CATALAN DICT

CATALAN DICTIONARY

English–Catalan/Catalan–English

London and New York

First published 1993
by Bibliograf, S.A.
Calabria, 108, 08015 Barcelona

Reprinted 1994, 1999, 2000
by Routledge
11 New Fetter Lane, London EC4P 4EE

Simultaneously published in the USA and Canada
by Routledge
29 West 35th Street, New York, NY 10001

Routledge is an imprint of the Taylor & Francis Group

Typeset in Times

Printed and bound in Great Britain by
TJ International Ltd, Padstow, Cornwall
Printed on acid-free paper.

British Library Cataloguing in Publication Data
A catalogue record for this book is available from the British Library

Library of Congress Cataloging in Publication Data
Catalan dictionary: Catalan–English, English–Catalan
p. cm.
ISBN 0–415–10802–0
1. Catalan language–Dictionaries–English 2. English language–Dictionaries–Catalan. I. Routledge
PC3291.C38 1994
449′.9321–dc20
93-42875
CIP

ISBN 0–415–10802–0

CONTENTS

PREFACE

This new edition of the English–Catalan/Catalan–English dictionary is not intended to be an exhaustive treatment of the languages which would make it inappropriate for beginners in either of the languages. Nor is it a mere list of words and equivalents. Instead, we have situated the dictionary mid-way between these two extremes, so that, in this way, it fills a significant gap in the lexicography of English and Catalan.

The new edition's general layout, its number of entries – 18,000 in each section, the internal structure and content of its entries, combine together to make this dictionary a very useful piece of equipment for both English-speaking and Catalan-speaking students, whether as a guide at the outset of their studies of the other language, or as a constant source of reference.

The words selected for inclusion in this dictionary are in common use. We have avoided words either excessively formal or obsolete; we have also avoided slang and technical or other specialized terminology as long as this is not part of standard English or Catalan. Similarly, every headword has been translated into the equivalent or equivalents in most current use, whilst with the aid of abbreviations we have indicated register and special fields of use and meaning. We have used examples and phraseology in general to illustrate better certain meanings and to present figurative and idiomatic senses, in current use, of certain words.

Included in this dictionary are: personal names, place names, acronyms and some other abbreviations in current use, English irregular verbs and some American English equivalents, where they differ from British English. We have also included a sizeable number of words drawn from Valencian, from North-Western Catalan and from Catalan spoken in the Balearic Islands and in Rousillon.

Entry words, with the exception of a few abbreviations, are given with their phonetic transcription – using IPA symbols.

Finally, in the *Notes* following, the reader will find further guidance on how to use this dictionary.

NOTES

When using this dictionary, the reader should bear in mind the following points:

a) Immediately after the headword follows its phonetic transcription —using I.P.A. symbols— in accordance with how the word is pronounced in standard English/Catalan.
b) The grammatical category of the headword is indicated in every entry. The possible changes of category are also indicated, both in Catalan (with ■) and in the English translation (after the word).
c) Information about register and special fields of use and meaning are given using abbreviations.
d) In translating, the most up-to-date English equivalents have been used. Furthermore, examples and semantic explanations (the latter in English and in square brackets) have been given where necessary to illustrate the meanings. Included in the entry are also some of the most common idiomatic expressions. These examples and idioms are given after (:) or (||), according to how closely they follow the meaning indicated.
e) At the end of the entry, after the sign ▲, follow explanations of grammar, especially as to conjugation and irregular forms of verbs.
f) In addition to words in common use, the dictionary includes acronyms, abbreviations, place names and personal names.
g) Words used in North-Western Catalan, Valencian and in Catalan spoken in the Balearic Isles and in Roussillon are usually given with a cross-reference to their equivalent in standard Catalan.

KEY TO THE PRONUNCIATION OF CATALAN

VOWELS

PHONETICS DESCRIPTION		EXAMPLES
(i)	like in p*i*t	*nit* (nit), *llit* (ʎit)
(e)	nonexistent; similar to g*e*t but closer	*nét* (net), *carrer* (kərré)
(ɛ)	like in g*e*t	*nen* (nɛn), *plego* (plɛ́γu)
(a)	like in b*a*rn but shorter	*vas* (bas), *mare* (márə)
(ɔ)	like in p*o*t	*pot* (pɔt), *allò* (əʎɔ́)
(o)	like in *o*rder	*onze* (ónzə), *cançó* (kənsó)
(u)	like in r*oo*m	*únic* (únik), *donar* (duná)
(ə)	like in *a*nnoy	*porta* (pɔ́rtə), *mare* (márə)

SEMIVOWELS

(ĭ)	like in jo*y*	*drapaire* (drəpáĭrə), *boira* (bɔ́ĭrə)
(ŭ)	like in co*w*	*ciutat* (siŭtát), *babau* (bəβáŭ)

SEMICONSONANTS

(ĵ)	like in *u*niversity	*noia* (nɔ́ĵə), *boia* (bɔ́ĵə)
(w)	like in *w*ell	*guant* (gwán), *quatre* (kwátrə)

CONSONANTS

(p)	like in *p*ocket	*porta* (pɔ́rtə), *empipar* (əmpipá)
(b)	like in *b*et	*balcó* (bəlkó), *bo* (bɔ)
(t)	like in foo*t*	*taula* (táŭlə), *entre* (éntrə)
(d)	like in *d*ark	*dona* (dɔ́na), *dit* (dit)
(k)	like in *k*ing	*casa* (kázə), *quatre* (kwátrə)
(g)	like in ci*g*arette	*gat* (gat), *goma* (gómə)
(β)	nonexistent. Fricative bilabial	*àvia* (áβiə), *rebut* (rrəβút)
(ð)	like in mo*th*er	*adéu* (əðéŭ), *cada* (káðə)
(γ)	nonexistent. Fricative velar	*aigua* (áĭγwə), *negar* (nəγá)
(f)	like in *f*eather	*font* (fɔn), *agafar* (əγəfá)
(s)	like in *s*ail	*cera* (sɛ́rə), *caçador* (kəsəðó), *rossa* (rrósə)

(z)	like in ro*s*e	*colze* (kólzə), *pisos* (pízus)
(ʃ)	like in *sh*ark	*xic* (ʃik), *creix* (kreʃ)
(ʒ)	like in mea*s*ure	*jove* (ʒóβə), *ajagut* (əʒəɣút)
(ts)	like in *ts*e*ts*e fly	*potser* (putsé)
(dz)	like in goo*ds*	*dotze* (dódzə), *magatzem* (məɣədzém)
(tʃ)	like in *ch*ocolate	*despatx* (dəspátʃ), *desig* (dəsítʃ)
(dʒ)	like in *j*am	*metge* (médʒə), *corretja* (kurrédʒə)
(m)	like in *m*ap	*mes* (mes), *meu* (meŭ)
(n)	like in *n*et	*noi* (nɔĭ), *anar* (əná)
(ŋ)	like in ri*ng*	*sang* (saŋ), *ungla* (úŋglə)
(ɲ)	nonexistent. Voiced nasal palatal. Similar to o*ni*on	*menys* (mɛɲs), *canya* (káɲə)
(ʎ)	nonexistent. Voiced lateral palatal. Similar to sa*li*ent	*allà* (əʎá), *llibre* (ʎíbrə)
(l)	like in *l*ost	*línia* (líniə), *alè* (əlɛ́)
(r)	nonexistent. Simple voiced vibrant alveolar. Similar to *r*ed, ba*rr*ow	*però* (pərɔ́), *fora* (fɔ́rə)
(rr)	nonexistent. Multiple voiced vibrant alveolar	*rosa* (rrɔ́zə), *arròs* (ərrɔ́s)

OTHER SIGNS

(ˈ) main stress

(ˌ) secondary stress

A SUMMARY OF CATALAN GRAMMAR

SYLLABLES

a) INSEPARABLE: **uu** *(duu)*, **güe** *(aigües)*, **güi** *(am-bi-güi-tat)*, **qüe** *(qües-ti-ó)*, **qüi** *(o-bli-qüi-tat)*, **ny** *(es-tany)*.

b) SEPARABLE:
   1) those syllables where **i** and **u** are semiconsonants (neither following on strong vowels, nor at the start of a word, nor between vowels): *grà-ci-a*, *pi-e-tat*, *cu-a*, *fu-et*, but note: *io-de*, *iu-ca*, *no-ia*, *to-ia.*
   2) the digraphs **rr**, **ss** and **l·l** *(bar-ra, pas-si-ó, al-lu-si-ó).*
   3) those vowels which do not form a diphthong, this being indicated by the relevant accent or diaeresis (¨): *pa-ís*, *pa-ï-sos*, *be-ne-ït*, *lla-üt*, *pe-ü-lla*, *ru-ï-na*, etc. The diaeresis is omitted in the endings of the future and conditional tenses and of gerunds: *tra-i-ré*, *tra-i-ri-en*, *tra-int*, and in compound words such as: *co-in-ci-dir*, *re-in-te-grar*, *re-u-nir*, etc.

ACCENTUATION

Accents are written on:

1) all words with stress on the final syllable ending in:
à, **é**, **è**, **í**, **ó**, **ò**, **ú** *(demà, puré, setè, robí, peó, això, oportú)*; **às**, **és**, **ès**, **én**, **èn**, **ís**, **ín**, **ós**, **òs**, **ús** *(cabàs, accés, espès, amén, ofèn, vernís, esplín, amorós, espòs, abús)*; but NOT on those words ending in **i**, **is**, **in**, **u**, or **us**, if these form part of a diminishing diphthong *(espai, serveis, gripau, guineus, dinou)*.

2) all words with stress on the penultimate syllable but without any of the above endings:
àcid, *anàveu*, *antídot*, *cànem*, *diàfan*, *diguéssiu*, *húmer*, *inèdit*, *tròlei.*

3) all words with stress on the antepenultimate syllable:
ànima, *àrdu-a*, *Àsi-a*, *brúixola*, *cúpula*, *dèri-a*, *època*, *perpètu-a*, *rèmora*, *sèri-e*, *vàlvula*, *zitzàni-a*; but note: *aigua*, *aigües*, *llengua*, *llengües*, because these form diphthongs.

THE DIACRITIC ACCENT

This is used to distinguish identical-looking words having different meanings, for example: *bé(ns)* and *be(ns)*, *bóta* and *bota*, *Déu - déu* and *deu*, *dóna (-es)* and *dona (-es)*, *és* and *es*, *fóra* and *fora*, *nét(s)* and *net(s)*, *ós* and *os*, *sé* and *se*, *séc* and *sec*, *sí* and *si*, *sóc* and *soc*, *són* and *son*, *té* and *te*, *ús* and *us*, *véns* and *vens*, *vós* and *vos*, *mà* and *ma*, *mòlt* and *molt*, *pèl(s)* and *pel(s)*, *sòl* and *sol*, etc.

THE ARTICLE

		Singular	Plural
DEFINITE	masculine:	**(lo)**, **el**, **l'**	**(los)**, **els**
	feminine:	**la**, **l'**	**les**
INDEFINITE	masculine:	**un**	**uns**
	feminine:	**una**	**unes**

The bracketed forms are the traditional ones or ones which still persist in dialects; **el** adopts the apostrophised form **l'** before a **vowel** or **h** provided the vowel is not the beginning of a diphthong: *el* pare, *l'*ase, *l'*home, *l'*oncle, but *el* ion; **la** is shortened to **l'** in the same instances, except for the vowels **i** or **u** where these are unstressed: *l'*àvia, *l'*herba, *l'*oda, *l'*ungla; but: *la* idea, *la* hidròlisi, *la* unió, *la* humitat. **El**, **els** are contracted in combination with **a**, **de** and **per**, forming **al**, **als**, **del**, **dels**, and **pel**, **pels**: *al* pare, *als* pobres, *del* riu, *dels* vius, *pel* camí, *pels* homes; but note: *a l'*avi, *de l'*home, *per l'*esquena, etc.

CHANGES OF MEANING ACCORDING TO GENDER

El còlera (disease) - *la* còlera (anger), *el* fi (purpose) - *la* fi (end), *el* llum (lamp) - *la* llum (light), *el* salut (greeting) - *la* salut (health).

The definite article is also used before **personal names**: *La* Maria, *l'*Enric, even before well-known **surnames**: *l'*Adenauer, *la* Callas. Note, however, that it changes to **en (En)** before masculine names beginning with a consonant: *en* Lluís, *en* Narcís, *en* Ramon.

NOUN FORMS

NOUNS AND ADJECTIVES

Formation of the feminine (fem.) from the masculine (masc.) form, and of the plural (pl.) from the singular (sing.) form.

FEMININE FORMS

— Where masc. ends in an unstressed **e**, fem. ends in **a**: *alumn(e)/(-a), sogr(e)/(-a).*
— Where masc. ends in a stressed vowel, fem. = masc. + **na**: *cosí(na)*, *bo(na)*, *fi(na)*.
— In a few cases, fem. = masc. + **essa**: *poet-(essa)*, *abad(essa)*.
— With spelling changes:
a) *nebot - neboda*, *llop - lloba*, *jueu - jueva*, *boig - boja*, *mig - mitja.*
b) *actor - actriu*, *emperador - emperadriu.*
c) *raça - races*, *figa - figues*, *pluja - pluges*, *taca - taques*, *llengua - llengües.*
— Fem. totally different from masc: *ase - somera*, *boc - cabra*, *cavall - euga*, *gendre - nora*, *marit - muller*, *oncle - tia*, *pare - mare*, etc.
— Fem. = masc. + femella: *un pinsà femella*, or, conversely, *una cadernera mascle.*

PLURAL FORMS

In general, pl. = sing. + **s**: *cap(s)*, *fill(s)*, *gat(s)*, *noi(s)*, *brut(s)*.
— Where ending is an unstressed **e** or **a**, pl. ends in **es**: *alumn(es)*, *sogr(es)*, *cas(es)*, *mar(es)*.
— Where ending is a stressed vowel, pl = sing. + **ns**: *cosí (ins)*, *lleó (ons)*, *bo (bons)*.
Exceptions: *bisturí(s)*, *cafè(s)*, *clixé(s)*, *esquí(s)*, *mamà(s)*, *menú(s)*, *mercè(s)*, *papà(s)*, *sofà(s)*, etc.
— With monosyllables, or words with final syllable stress, ending in **ç** or **s**:
a) pl. = sing. + **os**: *braç(os)*, *llaç(os)*, *avis(os)*, *gas(os)*, *matís(os)*.
b) pl. = sing. + **sos**: *arròs(sos)*, *cabàs(sos)*, *ingrés(sos)*, *nas(sos)*, *os(sos)*, *pas(sos)*, *revés(sos)*, *rus(sos)*.
c) pl. (fem. nouns) = sing. + **s** (or *invariable*): *calç(s)*, *falç(s)*, *pols.*
d) but note that some masc. polysyllabic nouns without final syllable stress are *invariable*: *cactus*, *òmnibus*, etc.
— Where ending is **g** or **ig**, pl. = sing. + **s** (mute): *desig(s)*, *faig(s)*, *raig(s)* (or *fajos*, *rajos*).
— With masc. nouns having final syllable stress and ending in **sc**, **st**, **tx**, **x**, or **xt**, pl. = sing. + **os** (or **s**): *bosc(os)*, *gest(os)*, *despatx(os)*, *boix(os)*, *peix(os)*, *text(os)*.
— Words without final syllable stress, or instances of fem., pl. = sing. + s: *apèndix(s)*, *còdex(s)*, *hèlix(s)*, *índex(s)*.

DEMONSTRATIVE ADJECTIVES

Singular		Plural	
masc.	fem.	masc.	fem.
aquest	**aquesta**	**aquests (-os)**	**aquestes**
(aqueix)	**(aqueixa)**	**(aqueixos)**	**(aqueixes)**
aquell	**aquella**	**aquells**	**aquelles**

Examples: *Aquest* home i *aquelles* dones pertanyen a una sola família. (This man, and those women over there belong to one single family). The forms in brackets are traditional or poetical.

POSSESSIVE ADJECTIVES

One possessor

	Singular		Plural	
	masc.	fem.	masc.	fem.
1st person	**el meu** (mon)	**la meva** (ma)	**els meus** (mos)	**les meves** (mes)
2nd »	**el teu** (ton)	**la teva** (ta)	**els teus** (tos)	**les teves** (tes)
3rd »	**el seu** (son)	**la seva** (sa)	**els seus** (sos)	**les seves** (ses)

Several possessors

	Singular		Plural
1st person	**el nostre** (nostre)	**la nostra** (nostra)	**els/les nostres**
2nd "	**el vostre** (vostre)	**la vostra** (vostra)	**els/les vostres**
3rd "	**el seu** (llur)	**la seva** (llur)	**els seus (llurs)** **les seves**

Modern Catalan is tending to disregard, or reserve for poetical use, the traditional forms in brackets above used without articles.

PERSONAL PRONOUNS

STRONG FORMS

	Singular		Plural	
	masc.	fem.	masc.	fem.
1st person	**jo, mi**		**nosaltres(nós)**	
2nd "	**tu**		**vosaltres(vós)**	
3rd "	**ell**	**tella**	**ells**	**elles**
3rd reflexive	**si**		**si/ells**	**si/elles**

Formal (polite) versions of the 2nd person are: **vostè** (and **vos**). **Mi** replaces **jo** after the prepositions **a**, **amb**, **de**, **en**, **per**, **contra**, **entre**, **sense**, and **envers**, but not when these govern two or more related terms, e.g.: *contra mi,* but: *contra jo, tu i ell,* **Si** is used only after a preposition, although in pl. the forms **ells** - **elles** are often preferred, e.g.: parlava *de* si; deien *entre ells (elles)*.

WEAK FORMS

Person	Function	Gender	Singular: Before the verb, Complete	Singular: Before the verb, Elided	Singular: After the verb, Complete	Singular: After the verb, Elided	Plural: Before the verb, Complete	Plural: Before the verb, Elided	Plural: After the verb, Complete	Plural: After the verb, Elided
1st person	Direct and Indirect Object		**em**	**m’**	**-me**	**’m**	**ens**		**-nos**	**’ns**
2nd person	Direct and Indirect Object		**et**	**t’**	**-te**	**’t**	**us**		**-vos**	**’us**
3rd person	Direct Object	masc.	**el**	**l’**	**-lo**	**’l**	**els**		**-los**	**’ls**
		fem.	**la**	**l’**	**-la**		**les**		**-les**	
		neuter	**ho**		**-ho**					
	Indirect Object	masc. fem. neuter	**li**		**-li**		**els**			
	Reflexive		**es**	**s’**	**-se**	**’s**	**es**	**s’**	**-se**	**’s**
Invariable forms										
Adverbial or prepositional pronouns			**hi**		**-hi**					
			en	**n’**	**-ne**	**‘n**				

Hi stands for adverbs or adverbial phrases of place and manner with the prepositions **a**, **amb**, **en**. It is used with *haver* and other verbs such as: *fer*, *sentir*, *tocar* and *veure*. Finally, it replaces **li**, **els**, **(als)** beside the accusative forms **el**, **la**, **els**, **les**, **em**, **et**, **ens**, **us** (and the dative form **li**).

En stands for adverbial phrases of place and for prepositional phrases beginning with the preposition **de**. It is used with reflexive verbs of motion.

DEMONSTRATIVE PRONOUNS

These have the same forms as the corresponding demonstrative adjectives along with the neuter forms (**aço, ço**) — which are obsolete or rare — and **això**, **allò**. For example: No vull *això*, porta'm *allò*.

POSSESSIVE PRONOUNS

These have the same forms as the corresponding adjectives.

OTHER ADJECTIVAL AND PRONOMINAL FORMS

INDEFINITE.

a) **es, un, una, hom, un hom, algú, ningú, cadascú, alguna cosa** or **quelcom, qualsevol, tot, tothom, res,** and **altri**.

b) **un, una, uns, unes, algun** (-a, -s, -es), **cert** (-a, -s, -es), **mateix** (-a, -os, -es), **altre** (-a, -es), **qualsevol (qualssevol** or **qualsevols), cada, cadascun** (-a), **cap, ambdós, ambdues, sengles**.

Examples: *Es* va dient, i *un* (*hom, un hom*) acaba creient-ho. (A thing gets spread around and in the end people come to believe it's true). *Algú* deia que *ningú* no ho sabia. (Someone said that no-one knew). Digué *alguna cosa (quelcom)*. (He said something). *Qualsevol* pensaria...! (Whoever would think). *Tot* s'ho creu! (He believes anything!). *Tothom* treballava de valent. (Everybody was working away with a will). No veig *res*. (I can't see a thing). No facis mal a *altri*. (Don't do harm to others). *Cert* dia, jo *mateix* i *uns altres* companys, en *tal* i en *tal altre*... (One day, myself and a few mates, so-and-so and so-and-so...). Per *qualsevol* cosa, es posa nerviós. (He gets upset over anything). *Cada* home, *cadascun* de vosaltres, vindrà armat. (Every man, every single one of you, will come armed). No n'he vist *cap*. (I haven't seen any). *Ambdues* germanes eren fora. (Both of the sisters were outside).

QUANTIFYING

molt, molta, molts, moltes, poc, poca, pocs, poques, tant (-a, -s, -es), **quant** (-a, -s, -es), **bastant, gaire,** (-s), **cap, diferent** (-s), **divers** (-a, -os, -es); **més, menys, que, prou, massa, força, una mica de, un xic de, gota de, gens de**, etc.

Examples:

Molts joves van venir. (Many young men [or young people] came). *Poca* gent l'escoltava. (Few listened to him). *Quant* val? *Tant* (How much does it cost? So much). Hi ha *bastant* de boira. (There's quite a bit of fog). No n'han vingut *gaires*. (Very few of them have come). No hi he trobat *cap* home.(I didn't find a single man there). *Diferents* persones l'ajudaven. (Various people helped him). *Diversos* homes bevien. (Several men were drinking). *Més* vi, *menys* aigua! (More wine, less water!). *Que* car! (How expensive!). *Prou* d'això! (That's enough of that!). *Massa* fressa. (Too much noise). *Força* dansaires. (A whole lot of dancers). *Una mica* de blat. (A little corn). *Una pila* de llenya. (A heap of firewood). *Un xic* d'aigua. (A drop of water).

NUMBERS

Cardinal	Ordinal
un, una	**primer, u, primera**
dos, dues	**segon, segona**
tres	**tercer**
quatre	**quart**
cinc	**cinquè (quint)**
sis	**sisè**
...	...
nou	**novè**
deu	**desè (dècim)**

onze	**onzè**
...	...
vint	**vintè**
vint-i-un (-i-una)	**vint-i-unè, vint-i-u**
...	...
cent	**centèsim, centè**
dos-cents quaranta-quatre	**(dos-cents quaranta-quatrè)**
...	...
mil	**mil·lèsim, milè**

Vint-i-dos milions, quatre-cents vint-i-sis mil, nou cents, trenta-tres.

PARTITIVE

These have the same form as the ordinals, exept for: **en octau**, **en dotzau** for books, and **quinta**, **sexta**, **sèptima**, **octava** in music, all these being latinisms.

INTERROGATIVE

Variable forms: **quin**, **quina**, **quins**, **quines** (which, what)
quant, **quanta**, **quants**, **quantes** (how much, how many)
Invariable forms: **com** (how), **on** (where), **quan** (where).

Examples: *Qui* era? (Who was it?). De *qui* parlàveu? (Who were you talking about?). De *què* es tracta? (What's it about?). No sé pas *què* vol. (I don't know what he wants). No m'afiguro *qui* podia ser. (I have no idea who it might be). *Quin* germà era? (Which brother was it?). M'agradaria saber *quina* d'elles ha estat. (I'd like to know which one of them [fem.] it was). *Quins* homes! (What men!). *Com* et dius? (What's your name?). *On* és ara? (Where is he now?). *Quan* arribaran? (When do they arrive?). *Quant* val? (How much does it cost?). *Quantes* cols portes? (How many cabbages have you brought?). No sé pas descriure-us *com* és de meravellós aquell paisatge! (I just don't know how to describe to you how beatiful that countryside is!).

RELATIVE

Que, **qui**, **què**; **el (la) qual**, **els (les) quals**; **on** (adverbial); **qui**, **el (la) qui**, **els (les) qui**; **el que** (neuter) **[ço que]** (noun uses).

Examples: L'home *que* ve es el forner. (The man coming is the baker). La noia *que* vas veure és mestra. (The girl you saw is a teacher). Els oficials mataven els soldats *que* fugien. (The officers killed the soldiers who fled). L'home *amb qui* anava era el meu germà. (The man I was with was my brother). La cosa *de què* parlàveu ja està resolta. (The matter you were discussing has already been resolved). Problemes molt importants, *els quals* cal estudiar. (Very serious problems which must be gone into). El tribunal davant *el qual* compareix. (The court before which he is appearing). La llei *de la qual* tothom parla. (The law everybody's talking about). Un mas *al voltant del qual*. (A farmstead around which). Un sant les virtuts *del qual*. (A saint whose virtues). La via *on* s'ha esdevingut l'accident. (The road where the accident occurred). El país *d'on* ve l'oli. (The country where oil comes from). La finestra *per on* es fica el vent. (The window which lets the wind in). *Qui* gosi que ho digui. (Whoever dares let him speak up). Ho dono *a qui* vull. (I'll give it to whoever I like). *El qui* fa això és un porc. (Whoever does that is a swine). *Els qui* enganyen s'enganyen. (Those who seek to deceive, deceive but themselves). *El que* has de fer és dormir. (What you must do is sleep). Pensa *en el que* jurares. (Think about what you swore). *Del que* em contes no en crec res. (I don't believe a thing of what you're telling me).

Sometimes **què** is a good substitute for this neuter: No sé pas *el que* vol (=*què* vol). (I don't know what he wants). Pensa *en què* jurares, etc.

Instead of **ço que** (obsolete) are used the compounds **allò que**, **això que**, **la cosa que**, all of which are neuters, but which are accompanied by a **que** similar to that in: **aquell que**, **tothom que**, i.e. really a weak form pronoun with its own antecedent: *Això que* dius és fals. (What you're saying is false). *La cosa que* em contes se la creurà la teva àvia! (Look for someone more gullible to believe what you're telling me!). Allò que objectes no val! (Your objection isn't valid).

VERB CONJUGATIONS

AUXILIARY VERBS

haver

INDICATIVE

Present	*Past*
he (o haig)	haguí (o vaig haver) hagut
has	hagueres (o vas haver) hagut
ha	hagué (o va haver) hagut
havem (o hem)	haguérem (o vam haver) hagut
haveu (o heu)	haguéreu (o vau haver) hagut
han	hagueren (o van haver) hagut
Imperfect	*Pluperfect*
havia	havia hagut
havies	havies hagut
havia	havia hagut
havíem	havíem hagut
havíeu	havíeu hagut
havien	havien hagut
Past simple	*Perfect*
haguí (o vaig) haver	he hagut
hagueres (o vas) haver	has hagut
hagué (o va) haver	ha hagut
haguérem (o vam) haver	havem (o hem) hagut
haguéreu (o vau) haver	haveu (o heu) hagut
hagueren (o van) haver	han hagut
Future	*Future perfect*
hauré	hauré hagut
hauràs	hauràs hagut
haurà	haurà hagut
haurem	haurem hagut
haureu	haureu hagut
hauran	hauran hagut

CONDITIONAL

Simple	*Perfect*
hauria (o haguera)	hauria (o haguera) hagut
hauries (o hagueres)	hauries (o hagueres) hagut
hauria (o haguera)	hauria (o haguera) hagut
hauríem (o haguérem)	hauríem (o haguérem) hagut
hauríeu (o haguéreu)	hauríeu (o haguéreu) hagut
haurien (o hagueren)	haurien (o hagueren) hagut

SUBJUNCTIVE

Present	*Perfect*
hagi	hagi hagut
hagis	hagis hagut
hagi	hagi hagut
hàgim (o haguem)	hàgim hagut
hàgiu (o hagueu)	hàgiu hagut
hagin	hagin hagut

Imperfect	*Pluperfect*
hagués	hagués hagut
haguessis	haguessis hagut
hagués	hagués hagut
haguéssim	haguéssim hagut
haguéssiu	haguéssiu hagut
haguessin	haguessin hagut

GERUND	INFINITIVE
Present: havent	*Present:* haver
Past: havent hagut	*Past:* haver hagut

PARTICIPLE

hagut, haguda
haguts, hagudes

ésser o ser

INDICATIVE

Present	*Past*
sóc	haguí (o vaig haver) estat
ets	hagueres (o vas haver) estat
és	hagué (o va haver) estat
som	haguérem (o vam haver) estat
sou	haguéreu (o vau haver) estat
són	hagueren (o van haver) estat
Imperfect	*Pluperfect*
era	havia estat
eres	havies estat
era	havia estat
érem	havíem estat
éreu	havíeu estat
eren	havien estat
Past simple	*Perfect*
fui (o vaig) ésser	he estat
fores (o vas) ésser	has estat
fou (o va) ésser	ha estat
fórem (o vam) ésser	havem (o hem) estat
fóreu (o vau) ésser	haveu (o heu) estat
foren (o van) ésser	han estat
Future	*Future perfect*
seré	hauré estat
seràs	hauràs estat
serà	haurà estat
serem	haurem estat
sereu	haureu estat
seran	hauran estat

CONDITIONAL

Simple	*Perfect*
seria (o fóra)	hauria (o haguera) estat
series (o fores)	hauries (o hagueres) estat
seria (o fóra)	hauria (o haguera) estat
seríem (o fórem)	hauríem (o haguérem) estat
seríeu (o fóreu)	hauríeu (o haguéreu) estat
serien (o foren)	haurien (o hagueren) estat

SUBJUNCTIVE

Present	*Perfect*
sigui	hagi estat
siguis	hagis estat
sigui	hagi estat
siguem	hàgim estat
sigueu	hàgiu estat
siguin	hagin estat

Imperfect	*Pluperfect*
fos	hagués estat
fossis	haguessis estat
fos	hagués estat
fóssim	haguéssim estat
fóssiu	haguéssiu estat
fossin	haguessin estat

IMPERATIVE	GERUND
sigues	*Present:* essent (o sent)
sigui	*Past:* havent estat
siguem	
sigueu	
siguin	

INFINITIVE	PARTICIPLE
Present: ésser (o ser)	estat, estada
Past: haver estat	estats, estades

estar

INDICATIVE

Present	*Past*
estic	haguí (o vaig haver) estat
estàs	hagueres (o vas haver) estat
està	hagué (o va haver) estat
estem	haguérem (o vam haver) estat
esteu	haguéreu (o vau haver) estat
estan	hagueren (o van haver) estat

Imperfect	*Pluperfect*
estava	havia estat
estaves	havies estat
estava	havia estat
estàvem	havíem estat
estàveu	havíeu estat
estaven	havien estat

Past simple
estiguí (o vaig) estar
estigueres (o vas) estar
estigué (o va) estar
estiguérem (o vam) estar
estiguéreu (o vau) estar
estigueren (o van) estar

Perfect
he estat
has estat
ha estat
havem (o hem) estat
haveu (o hem) estat
han estat

Future
estaré
estaràs
estarà
estarem
estareu
estaran

Future perfect
hauré estat
hauràs estat
haurà estat
haurem estat
haureu estat
hauran estat

CONDITIONAL

Simple
estaria
estaries
estaria
estaríem
estaríeu
estarien

Perfect
hauria (o haguera) estat
hauries (o hagueres) estat
hauria (o haguera) estat
hauríem (o haguérem) estat
hauríeu (o haguéreu) estat
haurien (o hagueren) estat

SUBJUNCTIVE

Present
estigui
estiguis
estigui
estiguem
estigueu
estiguin

Perfect
hagi estat
hagis estat
hagi estat
hàgim estat
hàgiu estat
hagin estat

Imperfect
estigués
estiguessis
estigués
estiguéssim
estiguéssiu
estiguessin

Pluperfect
hagués estat
haguessis estat
hagués estat
haguéssim estat
haguéssiu estat
haguessin estat

IMPERATIVE
estigues
estigui
estiguem
estigueu
estiguin

GERUND
Present: estant
Past: havent estat

INFINITIVE
Present: estar
Past: haver estat

PARTICIPLE
estat, estada
estats, estades

MODEL VERBS

I) cantar

INDICATIVE

Present	*Past*
canto	haguí (o vaig haver) cantat
cantes	hagueres (o vas haver) cantat
canta	hagué (o va haver) cantat
cantem	haguérem (o vam haver) cantat
canteu	haguéreu (o vau haver) cantat
canten	hagueren (o van haver) cantat

Imperfect	*Pluperfect*
cantava	havia cantat
cantaves	havies cantat
cantava	havia cantat
cantàvem	havíem cantat
cantàveu	havíeu cantat
cantaven	havien cantat

Past simple	*Perfect*
cantí (o vaig) cantar	he cantat
cantares (o vas) cantar	has cantat
cantà (o va) cantar	ha cantat
cantàrem (o vam) cantar	havem (o hem) cantat
cantàreu (o vau) cantar	haveu (o heu) cantat
cantaren (o van) cantar	han cantat

Future	*Future perfect*
cantaré	hauré cantat
cantaràs	hauràs cantat
cantarà	haurà cantat
cantarem	haurem cantat
cantareu	haureu cantat
cantaran	hauran cantat

CONDITIONAL

Simple	*Perfect*
cantaria	hauria (o haguera) cantat
cantaries	hauries (o hagueres) cantat
cantaria	hauria (o haguera) cantat
cantaríem	hauríem (o haguérem) cantat
cantaríeu	hauríeu (o haguéreu) cantat
cantarien	haurien (o hagueren) cantat

SUBJUNCTIVE

Present	*Perfect*
canti	hagi cantat
cantis	hagis cantat
canti	hagi cantat
cantem	hàgim cantat
canteu	hàgiu cantat
cantin	hagin cantat

Imperfect
cantés
cantessis
cantés
cantéssim
cantéssiu
cantessin

Pluperfect
hagués cantat
haguessis cantat
hagués cantat
haguéssim cantat
haguéssiu cantat
haguessin cantat

IMPERATIVE
canta
canti
cantem
canteu
cantin

GERUND
Present: cantant
Past: havent cantat

INFINITIVE
Present: cantar
Past: haver cantat

PARTICIPLE
cantat, cantada
cantats, cantades

IIa) perdre

INDICATIVE

Present
perdo
perds
perd
perdem
perdeu
perden

Past
haguí (o vaig haver) perdut
hagueres (o vas haver) perdut
hagué (o va haver) perdut
haguérem (o vam haver) perdut
haguéreu (o vau haver) perdut
hagueren (o van haver) perdut

Imperfect
perdia
perdies
perdia
perdíem
perdíeu
perdien

Pluperfect
havia perdut
havies perdut
havia perdut
havíem perdut
havíeu perdut
havien perdut

Past simple
perdí (o vaig) perdre
perderes (o vas) perdre
perdé (o va) perdre
perdérem (o vam) perdre
perdéreu (o vau) perdre
perderen (o van) perdre

Perfect
he perdut
has perdut
ha perdut
havem (o hem) perdut
haveu (o heu) perdut
han perdut

Future
perdré
perdràs
perdrà
perdrem
perdreu
perdran

Future perfect
hauré perdut
hauràs perdut
haurà perdut
haurem perdut
haureu perdut
hauran perdut

CONDITIONAL

Simple	*Perfect*
perdria	hauria (o haguera) perdut
perdries	hauries (o hagueres) perdut
perdria	hauria (o haguera) perdut
perdríem	hauríem (o haguérem) perdut
perdríeu	hauríeu (o haguéreu) perdut
perdrien	haurien (o hagueren) perdut

SUBJUNCTIVE

Present	*Perfect*
perdi	hagi perdut
perdis	hagis perdut
perdi	hagi perdut
perdem	hàgim perdut
perdeu	hàgiu perdut
perdin	hagin perdut

Imperfect	*Pluperfect*
perdés	hagués perdut
perdessis	haguessis perdut
perdés	hagués perdut
perdéssim	haguéssim perdut
perdéssiu	haguéssiu perdut
perdessin	haguessin perdut

IMPERATIVE
perd
perdi
perdem
perdeu
perdin

GERUND
Present: perdent
Past: havent perdut

INFINITIVE
Present: perdre
Past: haver perdut

PARTICIPLE
perdut, perduda
perduts, perdudes

IIb) témer

INDICATIVE

Present	*Past*
temo	haguí (o vaig haver) temut
tems	hagueres (o vas haver) temut
tem	hagué (o va haver) temut
temem	haguérem (o vam haver) temut
temeu	haguéreu (o vau haver) temut
temen	hagueren (o van haver) temut

Imperfect	*Pluperfect*
temia	havia temut
temies	havies temut
temia	havia temut
temíem	havíem temut
temíeu	havíeu temut
temien	havien temut

Past simple
temí (o vaig) témer
temeres (o vas) témer
temé (o va) témer
temérem (o vam) témer
teméreu (o vau) témer
temeren (o van) témer

Perfect
he temut
has temut
ha temut
havem (o hem) temut
haveu (o heu) temut
han temut

Future
temeré
temeràs
temerà
temerem
temereu
temeran

Future perfect
hauré temut
hauràs temut
haurà temut
haurem temut
haureu temut
hauran temut

CONDITIONAL

Simple
temeria
temeries
temeria
temeríem
temeríeu
temerien

Perfect
hauria (o haguera) temut
hauries (o hagueres) temut
hauria (o haguera) temut
hauríem (o haguérem) temut
hauríeu (o haguéreu) temut
haurien (o hagueren) temut

SUBJUNCTIVE

Present
temi
temis
temi
temem
temeu
temin

Perfect
hagi temut
hagis temut
hagi temut
hàgim temut
hàgiu temut
hagin temut

Imperfect
temés
temessis
temés
teméssim
teméssiu
temessin

Pluperfect
hagués temut
haguessis temut
hagués temut
haguéssim temut
haguéssiu temut
haguessin temut

IMPERATIVE
tem
temi
temem
temeu
temin

GERUND
Present: tement
Past: havent temut

INFINITIVE
Present: témer
Past: haver temut

PARTICIPLE
temut, temuda
temuts, temudes

IIIa) sentir

INDICATIVE

Present	*Past*
sento	haguí (o vaig haver) sentit
sents	hagueres (o vas haver) sentit
sent	hagué (o va haver) sentit
sentim	haguérem (o vam haver) sentit
sentiu	haguéreu (o vau haver) sentit
senten	hagueren (o van haver) sentit

Imperfect	*Pluperfect*
sentia	havia sentit
senties	havies sentit
sentia	havia sentit
sentíem	havíem sentit
sentíeu	havíeu sentit
sentien	havien sentit

Past simple	*Perfect*
sentí (o vaig) sentir	he sentit
sentires (o vas) sentir	has sentit
sentí (o va) sentir	ha sentit
sentírem (o vam) sentir	havem (o hem) sentit
sentíreu (o vau) sentir	haveu (o heu) sentit
sentiren (o van) sentir	han sentit

Future	*Future perfect*
sentiré	hauré sentit
sentiràs	hauràs sentit
sentirà	haurà sentit
sentirem	haurem sentit
sentireu	haureu sentit
sentiran	hauran sentit

CONDITIONAL

Simple	*Perfect*
sentiria	hauria (o haguera) sentit
sentiries	hauries (o hagueres) sentit
sentiria	hauria (o haguera) sentit
sentiríem	hauríem (o haguérem) sentit
sentiríeu	hauríeu (o haguéreu) sentit
sentirien	haurien (o hagueren) sentit

SUBJUNCTIVE

Present	*Perfect*
senti	hagi sentit
sentis	hagis sentit
senti	hagi sentit
sentim	hàgim sentit
sentiu	hàgiu sentit
sentin	hagin sentit

Imperfect
sentís
sentissis
sentís
sentíssim
sentíssiu
sentissin

Pluperfect
hagués sentit
haguessis sentit
hagués sentit
haguéssim sentit
haguéssiu sentit
haguessin sentit

IMPERATIVE
sent
senti
sentim
sentiu
sentin

GERUND
Present: sentit
Past: havent sentit

INFINITIVE
Present: sentir
Past: haver sentit

PARTICIPLE
sentit, sentida
sentits, sentides

IIIb) servir

INDICATIVE

Present
serveixo
serveixes
serveix
servim
serviu
serveixen

Past
haguí (o vaig haver) servit
hagueres (o vas haver) servit
hagué (o va haver) servit
haguérem (o vam haver) servit
haguéreu (o vau haver) servit
hagueren (o van haver) servit

Imperfect
servia
servies
servia
servíem
servíeu
servien

Pluperfect
havia servit
havies servit
havia servit
havíem servit
havíeu servit
havien servit

Past simple
serví (o vaig) servir
servires (o vas) servir
serví (o va) servir
servírem (o vam) servir
servíreu (o vau) servir
serviren (o van) servir

Perfect
he servit
has servit
ha servit
havem (o hem) servit
haveu (o heu) servit
han servit

Future
serviré
serviràs
servirà
servirem
servireu
serviran

Future perfect
hauré servit
hauràs servit
haurà servit
haurem servit
haureu servit
hauran servit

CONDITIONAL

Simple	*Perfect*
serviria	hauria (o haguera) servit
serviries	hauries (o hagueres) servit
serviria	hauria (o haguera) servit
serviríem	hauríem (o haguérem) servit
serviríeu	hauríeu (o haguéreu) servit
servirien	haurien (o hagueren) servit

SUBJUNCTIVE

Present	*Perfect*
serveixi	hagi servit
serveixis	hagis servit
serveixi	hagi servit
servim	hàgim servit
serviu	hàgiu servit
serveixin	hagin servit

Imperfect	*Pluperfect*
servis	hagués servit
servissis	haguessis servit
servís	hagués servit
servíssim	haguéssim servit
servíssiu	haguéssiu servit
servissin	haguessin servit

IMPERATIVE	GERUND
serveix	*Present:* servint
serveixi	*Past:* havent servit
servim	
serviu	
serveixin	

INFINITIVE	PARTICIPLE
Present: servir	servit, servida
Past: haver servit	servits, servides

COMMENTS:

All verbs with the infinitive ending in **ar** —except *anar* and *estar*— follow model verb I above. Those with infinitive endings **gar**, **car**, **jar**, **çar**, **guar** and **quar** suffer —where conjugation endings beginning with **e** or **i** occur— the usual spelling changes to **gu**, **qu**, **g**, **c**, **gü** and **qü**. For example, *pagar*: *paguem*, *paguin*; *tocar*: *toqueu*, *toquin*; *començar*: *comenceu*, *comencin*; *obliquar*: *obliqüem*, *obliqüin*. As to diaeresis, something similar occurs in the case of the conjugation endings **i**, **is**, **in**: 1) when the verb stem ends in a vowel (*creïn*, *estudiïn*), but NOT where **i** is a semivowel *(esglaiar)*; 2) where **u** is a semivowel (intervocalic or preceded by a **g** or **q**: *creuar*, *enaiguar*, *obliquar*) these endings have no diaeresis. For example: *creï*, *estudiïs*, *lloïn*, *suï*, *suïs*, *esglaï*, *esglaïn*; but note: *creui*, *creuis*, *creuin*, *enaigüi*, *obliqüin*.

Verbs with infinitives ending in **re** or in **er** stressed (*haver*, *poder*, *saber*, *valer*, *voler*, *soler*) follow the pattern of model verb IIa.

Verbs with infinitive ending in unstressed **er***(témer)* follow model IIb.

Few follow the pattern of IIIa: *(acudir)*, *(acullir)*, *ajupir*, *bullir*, *collir*, *cosir*, *cruixir*, *dormir*, *eixir*, *(escollir)*, *escopir*, *fugir*, *(mentir)*, *morir*, *munyir*, *obrir*, *omplir*, *pudir*, *recollir*, *retrunyir*, *sentir*, *sortir*, *tenir*, *tossir*, *obtenir*, etc.

The verbs bracketed are also conjugated like model verb IIIb, just as the majority of verbs whose infinitives end in **ir**. If the verb stem ends in a vowel (*trair*, *obeir*, *oir*, *traduir*) a diaeresis is written over the **i** in some of the conjugation endings, except in the future and conditional tenses and not in the gerund: *traïm*, *traïa*, *traíem*, *traíeu*, *traïen*, *traís*, *traïssis*, *traíssiu*, *traïssin*, *traí*, *traïres*, *traírem*, *traíreu*, *traïren*, *traït*, *traïda*, *traint*, *trairé*, *trairia*, etc.

Examples: Quan *vaig haver cantat* i m'*haguéreu sentit*, tots us en *vau meravellar*. (When I sang and you listened to me, you were amazed). *Vas témer (temeres)* que no t'*haguéssim sentit*. (You were afraid that we hadn't heard you). Que *vàgiu servir* d'esquer! (That you acted as bait!). Ja ens ho *havíem* mig *temut*. (We had already more or less feared as much). Que *hagin perdut (vagin perdre)* el camí era cosa previsible. (That they should have lost their way was something foreseeable). Que es *perdin* i no els *hàgim* de *veure* mai més! (May they get lost and may we never have to see them again!).

MOODS OF VERBS

The Indicative Mood: Verb action is thought of as something really happening and, for this reason, existing objectively: *volia marxar* (he wanted to leave); *ara vinc* (I'm just coming); *vindré demà* (I'll come tomorrow); *he arribat tard* (I came late). The verb tense can be **present**, **past** or **future**.

The Subjunctive Mood: Verb action is thought of as something only existing in our mind and without objective existence outside the mind. This mood covers possibility/probability, doubt, volition: *vull que vinguis* (I want you to come); *es probable que plogui* (it'll probably rain); *si m'ho haguessis dit* (if you had told me...). The tenses can be **present** or **past**.

The Imperative Mood: This is used to give orders: *menja!* (eat!); *calla!* (be quiet!); *entreu* (come in!). However, negative commands are put in the subjunctive: *no caiguis!* (don't fall off); *no vinguis tard* (don't be late!).

ADVERBS

TIME

abans: Vindré *abans* de sopar. (I'll come before dinner).
abans d'ahir: Vam arribar *abans d'ahir*. (We arrived the day before yesterday).
ahir: *Ahir* va ploure. (Yesterday it rained).
anit: *Anit* anirem al cinema. (Tonight we're going to the cinema).
ara: *Ara* fa sol. (Now the sun is shining).
aviat: Sortirem *aviat*. (We'll be leaving soon).
avui: *Avui* hi ha vaga d'autobusos. (Today there is a bus strike).
demà: *Demà* comença el curs. (The course begins tomorrow).
demà passat: *Demà passat* és el meu aniversari. (The day after tomorrow is my birthday).
encara: *Encara* no he acabat. (I still haven't finished, I haven't finished yet).
ja: *Ja* ho he fet. (I've already done it).
llavors: *Llavors* es va posar a plorar. (Then he began to cry).

sempre: *Sempre* dius el mateix. (You always say the same).
tard: Si no ens apressem farem *tard*. (If we don't hurry up, we'll be late).

PLACE
allà: Posa-ho *allà*. (Put it over there).
amunt: Estira cap *amunt*. (Pull up [wards]).
aquí: *Aquí* no hi ha ningú. (There's no-one here).
avall: Tirarem carrer *avall*. (We'll go down the street).
baix: El pis de *baix* és buit. (The flat downstairs is empty).
dalt: És *dalt* de l'armari. (It's on top on the cupboard).
damunt: Deixa-ho *damunt* la taula. (Leave it on the table).
darrera: És *darrera* la porta. (It's behind the door).
davant: Posa't aquí *davant*. (Stand here in front).
endarrera: El cotxe anava cap *endarrera*. (The car was going backwards).
endavant: Mira *endavant*. (Look ahead).
endins: La llança ha entrat molt *endins*. (The lance has gone in very deep).
enfora: Aquesta biga surt massa *enfora*. (This beam sticks out too much).
on: No sé *on* és. (I don't know where he is).
sobre: M'ha caigut a *sobre*. (It fell on top of me).
sota: El gat és *sota* la taula. (The cat is under the table).

QUANTITY
bastant: Ho fas *bastant* bé. (You're doing it quite well).
força: La pel·lícula és *força* interessant. (The film is rather interesting).
gaire: En vols *gaire*? (How much do you want?) / Que plou *gaire*? (Is it raining a lot?).
no gaire: *No* fa *gaire* calor. (It's not very hot).
gairebé: El dipòsit és *gairebé* buit. (The tank is almost empty).
massa: Corres *massa*. (You're in too much of a hurry).
més: És *més* interessant que l'altre. (It's more interesting than the other).
menys: Has de menjar *menys*. (You must eat less).
molt: Xerres *molt*. (You talk a lot).
prou: Ja n'hi ha prou. (That's enough).
quant: *Quant* val?. (How much is it?).
tan: No era *tan* complicat com semblava. (It wasn't as complicated as it seemed).
tant: No treballis *tant*. (Don't work so hard).

MANNER
així: Fes-ho *així*. (Do it like this).
a poc a poc: Has de parlar més *a poc a poc*. (You must speak more slowly).
bé: No hi sento *bé*. (I don't hear very well).
com: *Com* ho podem solucionar? (How can we sort this out?).
de pressa: No mengis tan *de pressa*. (Don't eat so quickly).
malament: Cantes molt *malament*. (You sing very badly).
millor: Ara ja em trobo *millor*. (I feel better now).
pitjor: Cada dia ho fas *pitjor*. (You're getting worse every day).

ADJECTIVE + *ment*
ràpidament: quickly (or fast).
lentament: slowly.
astutament: cunningly.

OTHER ADVERBS
no: Negative: *No* ho sap ningú. Ningú *no* ho sap. (Nobody knows it).
Expletive: Tinc por que *no* el trenqui. (I'm afraid he'll break it). Promet més que *no* dóna. (He promises more than he gives).
pas: No ens veurem *pas*, demà. (But we won't see each other tomorrow) / Aquest vas vessa, no estarà *pas* trencat? (This glass leaks. Could it be cracked?). No sé *pas* què t'empatolles. (I have no idea what you are talking about) / Fa més fred dintre la casa que no *pas* fora. (It's colder inside the house than outside) / No *pas* jo! (Not me!).

sí: Affirmative: Va dir: *«sí»*. (She said, «Yes»).
també: Affirmative: Que tinguis unes bones vacances! Tu *també*. (Have a nice holiday! You, too). La Teresa *també* va venir a la festa. (Teresa also came to the party). *També* hi vam anar, al parc. (We went to the park, as well).

PREPOSITIONS

UNSTRESSED PREPOSITIONS:

a:
— indirect object: Vaig portar un llibre *a* la meva mare. (I took a book to my mother).
— place, direction, time, etc.: Sóc *a* casa. (I'm at home). Viu *a* Lleida. (She lives in Lleida). Anem *a* l'escola. (We go to school). *A* les vuit. (At eight o'clock).
— in excepcional cases, direct object: Et mirava *a* tu. (She was looking at you).
— prepositional verbs: accedir *a* (to accede to), contribuir *a* (to contribute to), dedicar-se *a* (to devote oneself to), etc.

de:
— locative use: Vinc *del* despatx. (I've just come from the office).
— genitive: La botiga *de* la teva mare. (Your mother's shop).
— partitive: Una mica *de* llenya. (A little firewood). De tisores ja en tinc. (I have already got some scissors).
— prepositional verbs: adonar-se *de* (to realise), oblidar-se *de* (to forget), recordar-se *de* (to remember).

en:
— locative use, with demonstrative adjectives, **un** and **algun**: Vivia *en* aquella casa. (He used to live in that house). Ha de ser *en* algun lloc. (It must be somewhere).
— before an infinitive: *En* fer-se de dia vam marxar. (We left when dawn broke). *En* veure'l em vaig decidir a marxar. (On seeing him I decided to leave).
— prepositional verbs: pensar *en* (to think of or about).

amb:
— means, company, contact: Mullar *amb* aigua. (To wet with water). Amb la seva cosina. (With his cousin). He vingut *amb* autobús (I came by bus).

per:
— reason, cause, means, agent: Ho ha fet *per* enveja. (He did it out of envy). Ha estat pintat *per* un pintor de renom. (It was painted by a famous artist). Hem rebut les notícies *per* télex. (We got the news by telex). He vingut *per* saludar-te. (I came to say hello to you).

per a:
— Tinc notícies *per a* tu: (I'got some news for you). Cursos *per a* adults. (Adult courses).

STRESSED PREPOSITIONS

contra: Ho han fet *contra* la meva voluntat. (They did it against my will).
entre: La casa és *entre* dos turons. (The house stands between two hills) / *Entre* els convidats hi havia la reina. (Among the guests there was the queen).
malgrat: *Malgrat* la pluja he trobat taxi. (I found a taxi despite the rain).
segons: *Segons* ell, aquí no ha vingut ningú. (According to him, no-one's been here).
sense: No puc viure *sense* tu. (I can't live without you).
cap (a): Caminava a poc a poc *cap a* mi. (He was walking slowly towards me).
des de: Et vaig veure *des de* la porta. (I saw you from the door).
fins (a): Han anat *fins a* Badalona. (They went as far as Badalona). Es va quedar a casa nostra *fins* l'endemà. (He stayed at our house until the next day).
sobre: Un tractat *sobre* genètica. (A treatise on genetics). Quatre graus *sobre* zero. (Four degrees above zero).
sota: Han actuat *sota* la seva direcció. (They acted under his direction). Deu graus *sota* zero. (Ten degrees below zero).
durant: Ho va dir *durant* el sopar. (He said that during dinner). Ha plogut *durant* tres dies. (It's been raining for three days).

OTHER PREPOSITIONS

arran de: La polèmica esclatà *arran d'*unes declaracions del president. (The controversy arose out of some statements made by the chairman).

entorn de: Feien voltes *entorn de* l'arbre. (They were circling around the tree).

quant a: *Quant a* això que dius, ja ho discutirem més endavant. (As for what you're saying, we'll talk about later).

mitjançant: Ho hem aconseguit *mitjançant* un préstec. (We got it through a bank loan).

en lloc de: *En lloc d'*anar a París aniré a Varsòvia. (I'll go to Warsaw instead of Paris).

CONJUNCTIONS

COORDINATING CONJUNCTIONS

COPULATIVE

i, **ni**: La mare canta *i* el fillet dorm. (The mother sings and her little son sleeps). Tu no ho saps *ni* ell tampoc. (You don't know nor does he).

DISTRIBUTIVE

Adés... adés, ara ...ara (adés), mig ...mig, ni... ni, o... o, sia... sia, ja... ja, entre... i, l'una... l'altra, qui... qui, que... que, no solament... sinó (que), etc.

Examples: *Adés* riu, *adés* plora. (Now he laughs, now he cries). *Ara* guanyen, *ara* (*adés*) perden. (One moment they're winning, the next they're losing). *Mig* ho fa de bon grat, *mig* per força. (He does it half willingly, half of necessity). *Ni* tu ho saps, *ni* ell tampoc. (Neither you nor he knows). *O* és boig, *o* el fa. (He's either mad or pretending to be so). *Ja* rigui, *ja* plori, mai no endevines per què. (Whether he laughs or cries, you can never tell the reason). *Entre* morts *i* ferits eren més de mil. (There were more than a thousand of them, counting dead and wounded). *No solament* és ruc, *sinó que* ho sembla. (He's not only stupid, but he looks it, too).

DISJUNCTIVE

O (o bé): Hi aniré jo *o* hi aniràs tu. (Either I'll go or you). És bo, *o bé* és dolent? (Is it good, or is it bad?).

ADVERSATIVE

Ara, però, sinó, tanmateix, ans (=sinó que), together with the phrases **això no obstant, amb tot, així i tot, tot i (amb) això, malgrat (tot) això, més aviat**, etc.

Examples: Pot ser que tinguis raó; *ara*, no t'ho prenguis tan a la valenta! (Maybe you're right; but don't take it so much to heart!). Volíem votar *però* no ens fou possible. (We wanted to vote, but we couldn't). No és culpa d'ell, *sinó* del seu amic. (It's not his fault, but his friend's). No hi crec; *tanmateix* ho provaré. (I've got no faith in it; nevertheless, I'll give it a try). N'està ben tip; *això no obstant*, aguanta. (He's fed up with the whole business, but he's nevertheless putting up with it). Estic malalt; *amb tot*, no ho sembla. (I'm ill; yet I don't look it). Estava prou cansat; *així i tot* [(*tot i* (*amb*) *això*) (*malgrat això*)] no ha dubtat a emprendre el camí. (He was pretty tired but in spite of this he didn't hesitate to set out). No és pas blau, *més aviat* tira a verd. (It isn't blue; rather, it's greenish). No ho rebutjo, *sinó que* (*ans*) al contrari ho accepto agraït. (I don't reject it; on the contrary, I accept it gratefully).

CAUSAL

Car (obsolete), **que** and **perquè**.

Examples: No voldré mai el seu ajut; *car*, si l'acceptava, esdevindria el seu esclau. (I'll never want his help; because, were I to accept it, I'd become a slave to him). Riu, *que* ara, núbil, et somriu la vida! (Laugh away, because now, winsome as you are, life is all smiles!). No em diguis que no, *perquè* em faràs posar trist. (Don't say no to me, because you'll make me sad).

CONDITIONAL

Altrament (=**d'altra manera**), **si no**.

Examples: Clava-ho; *altrament* caurà. (Nail it up; otherwise it'll fall down). Estudia; *si no*, restaràs sempre un ignorant. (Study hard; otherwise you'll always be ignorant).

CONSECUTIVE

Doncs.

Examples: No deies que vingués? *Doncs* ja ha arribat. (Weren't you saying that he should come? Well, he has come!).

CONTINUATIVE

Encara, **així mateix**, **a més de**, (**a**) **més a més**, **i tot**, etc.

Examples: Hi ha guanyat diners, i la dona, i, *encara*, la sogra. (He's made money over it, and so too his wife and even his mother-in-law). Recorda-li el que et dic i recomana-li, *així mateix*, que no faci tard. (Remind him of what I'm telling you and, furthermore, ask him not to be late). Li atorgà el seu ajut i, *a més* ([*a*] *més a més*), la seva amistat. (He gave him his assistance and, moreover, his friendship). Tan forta com era, i es va trencar *i tot*! (For all its strength, it still broke!).

SUBORDINATING CONJUNCTIONS

SUBSTANTIVE-COMPLETIVE

Que: M'interessa *que* vinguis. (It's important for me that you come). S'entesta *que* es faci. (He stubbornly insists that it be done). This **que** precedes phrases functioning as a) subject or b) complement: a) No m'agrada *que* fumis. (I don't like you smoking); b) Voldria *que* vinguessis. (He would like you to come).

CAUSAL

Perquè, **com que**, **ja que**, **puix**, **puix que**, **vist que**, **per tal com** (obsolete and literary, like **puix**, **puix que**).

Examples: Li ho pago *perquè* s'ho mereix. (I'm paying him because he deserves it); *Com que* és tard, té son. (Since it's late, he is sleepy). *Ja que* ets peresós, et despatxo. (Seeing that you're lazy, I'm giving you the sack). *Vist que* no pots fer-hi res, deixa-ho estar. (Seeing that you can't do a thing about it, let it be).

FINAL

Perquè (with the subjunctive. NOT **per a que**), **a fi que**, **per tal que**.

Examples: Te'l deixo *perquè* estudiïs (I'll let you have it, so that you'll study). On the other hand: *Per què* vols el bastó? (What do you want the walking-stick for?). Dóna-li pipa, *a fi que* calli! (Give him the dummy in order to keep him quiet!). El van apallissar, *per tal que* parlés. (They beat him up to make him talk).

TEMPORAL

Quan, mentre, abans que, així que, tan aviat com, cada vegada que, d'ençà que (= des que), després que, fins que.

Examples: *Mentre* podia treballar, menjaven. (They had food to eat for as long as he was able to work). *Abans que* te'n vagis, avisa'm. (Let me know before you go). *Així que* arribis, truca'm. (Give me a ring as soon as you arrive). *Cada vegada que* hi penso, ploro. (Whenever I think about it, I cry). *D'ençà que* viuen junts, tot són renyines. (Since they've been living together, they've never stopped fighting). *Des* [*de*] *que* ha vingut no fa sinó xerrar. (He has done nothing but talk from the moment he arrived). *Després que* haurem sopat, anirem al cinema. (We'll go to the cinema after we've had dinner). Va treballar *fins que* estigué mort de son. (He worked until he was falling asleep on his feet).

Some people nowadays use colloquially *sempre que* —originally with a slight conditional sense— as a synonym of *cada vegada que*.

Example: *Sempre que* baixa em visita. (Whenever he comes down he visits me).

CONDITIONAL

Si, **mentre (que)**, **amb que**, **en cas que**, **només que**, **posat que**, **sempre que**.

Examples: *Si* el veies, fes-m'ho saber. (If you see him, let me know). *Amb que* l'ajudés una mica, n'hi hauria prou. (It would be enough if you only helped him a little). *En cas que* sigui així com dius, potser té raó. (If it is as you say, he could possibly be right). *Només que* m'esperis un moment, podré acompanyar-te. (If you will only wait a moment, I'll be able to come with you). *Posat que* se'n penedeixi, la perdono. (If she is sorry for it, I'll forgive her).

Hi anirem demà, *sempre que* no plogui. (We'll go there tomorrow, provided it doesn't rain). *Si no* ho saps de cert, no ho contis. (If you're not sure of it, don't talk about it).

CONCESSIVE

Si, si bé, amb tot (i) que, bé que, baldament, encara que, malgrat que, ni que, per bé que, per més que, tot i (+ infinitive or gerund), **tot i que**.

Examples: *Si* té diners, els seus maldecaps li costen! (Money he has, but it certainly gives him a headache or two!). *Si bé* no ho sé de cert, almenys ho endevino. (Even though I don't know it for sure, at least I can guess it). *Amb tot i que* li ho vaig advertir, no me'n feu cas. (Despite my having warned him, he didn't pay any attention to me). *Bé que* no menja gaire, està prou sa. (Although he doesn't eat much, he's quite healthy). *Baldament* no ho vulguis admetre, és ell qui té raó. (Even though you won't admit it, he's the one who's right). *Encara que* no et plagui, has de venir. (Though you dislike it, you've got to come). *Malgrat que* et sàpiga greu, l'has vessada. (Although it grieves you, you've made a mistake). *Ni que* em donessin tot l'or del món, hi consentiria. (I wouldn't agree to it, were they to give me all the tea in China). *Per bé que* voldria fer el sant, sóc com els altres. (Though I'd like to pretend I'm a saint, I'm in fact no better than the rest). *Per més que* m'afalaguin els teus elogis, no me'ls crec. (However much I like to hear your praises, I don't believe in them). *Tot i volent-ho*, no podia moure's. (Even though he had wanted to, he couldn't move). *Tot i que* no em plau, vindré (Even though I don't like it, I'll come).

CONSECUTIVE

Així que, de manera que, que.

Examples: Estem mancats de verdura, *així que* n'haurem d'anar a comprar. (We're short of greens, so we'll have to go and buy some). Em trobo privat de feina i de salut, *de manera que* no tindré cap altre remei sinó anar a captar. (Here I am, sick and out of work with the result that I have no choice but to go and beg). Trobo l'espai tan curt *que* m'hi hauré de negar. (I find the space such a squeeze that I'll have to reject it).

COMPARATIVE

Tal... com (tal), tan (tant)... com, com (quant) més (menys)... més (menys), més (menys)... que, etc.

Examples: *Tal* (*talment*) obra, com parla. (He is as good as his word). *Tal* faràs, *tal* trobaràs. (Do as you would be done by). *Tan* aviat diu que sí, *com* que no. (One moment he is saying yes, the next, no). *Com (quant) més* ho assegura, *menys* ho crec. (The more he assures me of it, the less I believe it). Parla *més que* no obra. (He talks a lot more than he acts). Fa *menys que no* diu. (He does less than he says).

MODAL

Com, així com, com si, segons com (que), etc.

Examples: (*Així*) *com* vesteix ella, ho fa la seva germana. (Her sister dresses just as she does). *Com si* fos veritat el que diu, es fa l'important. (He makes out he's important, as if what he says were true). *Segons com* tractis els altres, (*així*) els altres faran amb tu. (Just as you treat others, so they will treat you).

COMMON CATALAN SUFFIXES

-able, -ible:	are equivalent to the English suffixes **-able**, **-ible**: *respectable* (respect*able*); *possible* (poss*ible*)
-ació, -ada, -ança/-ença, -atge, -ment, -ció:	are equivalent to **-ment**, **-tion**, **-sion**, **-ing**, in words denoting action or effect: *solució* (solu*tion*); *partença* (leav*ing*)
-ada, -alla, -am, -atge, -eria:	group or collection of: *cadiram* (set of chairs); *cristalleria* (glassware); *gentada* (crowd)
-all, -ar, -eda, -ori:	place: *dormitori* (bedroom), *amagatall* (hiding place)
-all, -et, -dor/-dora:	instrument, tool, machine: *raspall* (brush); *ganivet* (knife); *aspirador* (vacuum cleaner)
-at, -ia:	are equivalent to **-dom**, **-ship**, **-cy** for state, office, place: *capitania* (captain*cy*); *ciutadania* (citizen*ship*)
-aire, -er/-era, -ista, -or/-ora, -òleg/-òloga:	are equivalent to **-ist**, **-er** for occupation or profession: *periodista* (journal*ist*); *biòloga* (biolog*ist*), *forner* (bak*er*)
-at/-ada, -ible, -ós/-osa, -ut/-uda:	are equivalent to **-ed**, **-ing**, **-ous**, **-able** for quality: *comprensible* (understand*able*); barb*ut* (beard*ed*); *famós* (fam*ous*)
-às/-assa, -arro/-arra, -ot/-ota:	are augmentative endings
-et/-eta, -í/-ina, -ó/-ona:	are diminutive endings
-esa, -itat/-etat, -etud/-itud, -ió, -ia, -ència/-ància:	are equivalent to **-ence**, **-ness**, **-ity**, **-hood** for qualitites: *paciència* (pati*ence*); *ambigüitat* (ambigu*ity*)
-ment:	are equivalent to **-ly**: *seriosament* (serious*ly*); *ràpidament* (rapid*ly*)
-íssim/-íssima:	is the superlative ending

ENGLISH–CATALAN

ABBREVIATIONS

a.: adjective
abbr., *abbr.*: abbreviation
adv.: adverb
adv. phr.: adverbial phrase
AER.: aeronautics
AGR.: agriculture
ANAT.: anatomy
ant.: antiquated
ARCH.: architecture
ARITH.: arithmetic
art.: article
ARTILL.: artillery
ASTR.: astronomy
ASTROL.: astrology
AUTO.: automobile
AVIAT.: aviation

(BAL.): Balearic Islands
BIOL.: biology
BOT.: botany

cast.: castellanism
CHEM.: chemistry
CIN.: cinema
coll.: colloquial
COMM.: commerce
COMP.: computers
COND.: conditional
conj.: conjunction
CONJUG.: conjugation
CONSTR.: building industry
contr.: contraction
COOK.: cookery
cop.: copulative
COSM.: cosmetics

dem.: demonstrative
dim.: diminutive
DRAW.: drawing

ECCL.: ecclesiology
ECON.: economy
EDUC.: education
ELECTR.: electricity
ENT.: entomology
esp.: especially

f.: feminine
fig.: figurative
Fut.: future

GARD.: gardening
(G.B.): Great Britain
GEMM.: gemmology
GEOGR.: geography
GEOL.: geology
GEOM.: geometry
GER.: gerund
GRAMM.: grammar

HERALD.: heraldry
HIST.: history

i.: intransitive verb
ICHTHY.: ichthyology
imper.: impersonal
IMPERAT.: imperative
Imperf.: imperfect
IND.: industry
indef.: indefinite
INDIC.: indicative
interj.: interjection
interr.: interrogative
iron.: ironic(al)

JOURN.: journalism

LING.: linguistics
lit.: literary
LIT.: literature
LITURG.: liturgy

m.: masculine
MAR.: maritime
MATH.: mathematics
MECH.: mechanics
MED.: medicine
METALL.: metallurgy
METEOR.: meteorology
MIL.: military
MIN.: mining
MINER.: mineralogy
MUS.: music
MYTH.: mythology

NAUT.: nautical
(N.-O.): North-Western Catalan
num.: numeral
NUMIS.: numismatics

(OCC.): Western Catalan

OPT.: optics
ORNIT., ORNITH.: ornithology

p.: pronominal
P.A..: performing arts
pej.: pejorative
Perf.: perfect
pers.: personal
PHIL.: philosphy
phr.: phrase
PHYS.: physics
PHYSIOL.: physiology
PHON.: phonology
PHOT.: photography
pl.: plural
poet.: poetical
POL.: politics
poss.: possessive
P. P.: past participle
pr. n.: proper noun
pr. p.: present participle
prep.: preposition
prep. phr.: prepositional phrase
Pres.: present
PRINT.: printing
pron.: pronoun
PSYCH.: psychology

RADIO: radio
RAIL.: railway

REL.: religion
RHET.: rhetorics
(ROSS.): Roussillon

SEW.: sewing
sing.: singular
sl.: slang
SP.: sports
SUBJ.: subjunctive

t.: transitive verb
TECH.: technology
TEXT.: textile
THEATR.: theatre
TRANS.: transport
T.V.: television
TYPOGR.: typography
(USA): United States of America
usu.: usually

(VAL.): Valencia
VIT.: viticulture
vulg.: vulgarism

ZOOL.: zoology

■ change of grammatical category
▲ grammatical explanations
|| introduces phraseology
~ substitutes headword

a (ei, ə) **an** (ən, æn) *art. indef.* un *m.*, una *f.*
A. A. (ˌei 'ei) *s.* (*Automobile Association*) associació *f.* de l'automòbil.
Aachen ('ɑːkən) *n. pr.* GEOGR. Aquisgrà.
aback (ə'bæk) *adv.* cap enrera [esp. nàutica]. ‖ ***to be taken ~,*** quedar-se parat, desconcertat. *2* NÀUT. en fatxa.
abandon (to) (ə'bændən) *t.* abandonar. ▪ *2 p.* ***to ~ oneself,*** abandonar-se.
abandonment (ə'bændənmənt) *s.* abandó *m.*, abandonament *m.* *2* impulsivitat *f.*, irreflexió *f.*
abase (to) (ə'beis) *t.* humiliar, avergonyir, rebaixar.
abash (to) (ə'bæʃ) *t.* avergonyir. *2* ***to be ~ed,*** quedar confós.
abate (to) (ə'beit) *t.* reduir, disminuir [violència]. ▪ *2 i.* minvar, amainar, afluixar [el vent, la pluja, etc.].
abbey ('æbi) *s.* abadia *f.*
abbot ('æbət) *s.* abat *m.*
abbreviate (to) (ə'briːvieit) *t.* abreujar, abreviar.
abbreviation (əbriːvi'eiʃən) *s.* abreviació *f.* *2* abreviatura *f.*
ABC (ˌei biː'si) *s.* abecé *m.*
abdicate (to) ('æbdikeit) *t.-i.* abdicar *t.*
abdication (ˌæbdi'keiʃən) *s.* abdicació *f.*
abdomen ('æbdəmen) *s.* ANAT. abdomen *m.*
abdominal (æb'dɔminl) *a.* abdominal.
abduct (to) (æb'dʌkt) *t.* liter. raptar.
abduction (æb'dʌkʃən) *s.* liter. rapte *m.*
aberration (ˌæbə'reiʃən) *s.* aberració *f.*
abet (to) (ə'bet) *t.* incitar. 2 LOC. DRET ***to aid and ~,*** ésser còmplice de.
abeyance (ə'beiəns) LOC. DRET ***to be in ~,*** estar en suspens.
abhor (to) (əb'hɔːʳ) *t.* avorrir, detestar.
abhorrence (əb'hɔrəns) *s.* avorriment *m.*, odi *m.*
abhorrent (əb'hɔrənt) *a.* detestable, odiós.
abide (to) (ə'baid) *i.* ant. habitar. *2* romandre. *3* ***to ~ by,*** atenir-se *p.* a. ▪ *4 t.* suportar, aguantar. ▲ Pret. i p. p.: ***abode*** (ə'boud) o ***abided*** (ə'baidid).
abiding (ə'baidiŋ) *a.* permanent; perdurable.
ability (ə'biliti) *s.* capacitat *f.*, aptitud *f.* *2* talent *m.*
abject ('æbdʒekt) *a.* abjecte, roí.
abjection (æb'dʒekʃən) *s.* abjecció *f.*
abjure (to) (əb'dʒuəʳ) *t.* abjurar.
ablaze (ə'bleiz) *adv.-a.* abrandat *a.* *2 a.* fig. resplendent.
able ('eibl) *a.* capaç, apte. ‖ ***to be ~ to,*** saber [fer alguna cosa]: ***I'll buy you a car when you are ~ to drive,*** et compraré un cotxe quan sàpigues conduir; poder: ***will you be ~ to come?,*** podràs venir?
ABM (ˌeibiː'em) *s.* (anti-ballistic missile) míssil *m.* antibalístic.
abnegation (ˌæbni'geiʃən) *s.* renúncia *f.*, abnegació *f.*
abnormal (æb'nɔːməl) *a.* anormal. *2* insòlit.
abnormality (ˌæbnɔː'mæliti) *s.* anomalia *f.* *2* monstruositat *f.*
aboard (ə'bɔːd) *prep.* dalt de [tren, avió, vaixell, etc.]. ▪ *2 adv.* a bord.
abode (ə'boud) Veure ABIDE (TO) ▪ *2 s.* habitacle *m.*, domicili *m.*
abolish (to) (ə'bɔliʃ) *t.* abolir, suprimir.
abolition (ˌæbə'liʃən) *s.* abolició *f.*, supressió *f.*
A-bomb ('eibɔm) *s.* *(atomic bomb)* bomba *f.* atòmica.
abominate (to) (ə'bɔmineit) *t.* abominar.
abomination (əˌbɔmi'neiʃən) *s.* abominació *f.*
aboriginal (ˌæbə'ridʒənəl) *a.-s.* aborigen, indígena.
aborigines (ˌæbə'ridʒiniːz) *s. pl.* aborígens, indígenes.
abort (to) (ə'bɔːt) *i.* avortar.

abortion (ə'bɔːʃən) *s.* avortament *m.*
abound (to) (ə'baund) *i.* abundar.
about (ə'baut) *prep.* per, en: ***to travel ~ the world,*** viatjar pel món. *2* prop de, pels volts de, al voltant de: ***~ the park,*** prop del parc. *3* quant a, sobre, relatiu a: ***to speak ~,*** parlar de. *4* ***how*** o ***what ~ that?,*** què et sembla? [per demanar informació i fer suggeriments]. ▪ *5 adv.* aproximadament, cap allà, entorn de: ***she came ~ 10 o'clock,*** va venir cap allà les deu. *6 loc. adv.* ***~ to,*** a punt de.
above (ə'bʌv) *prep.* dalt (de), damunt (de). *2* superior a, major de, més de [números]. *3 loc. prep.* ***~ all,*** sobretot *adv.* ▪ *4 adv.* (a) dalt; (al) damunt. *5* més amunt [text]. ▪ *6 a.* anterior: ***the ~ paragraph,*** el paràgraf anterior.
abrasion (ə'breiʒən) *s.* abrasió *f.;* encetament [de la pell] *m.*
abreast (ə'brest) *adv.* de costat: ***four ~,*** quatre de costat.
abridge (to) (ə'bridʒ) *t.* abreviar; resumir; compendiar.
abridg(e)ment (ə'bridʒmənt) *s.* resum *m.;* compendi *m.*
abroad (ə'brɔːd) *adv.* a fora, a l'estranger: ***to go ~,*** anar a l'estranger. *2* ***there is a rumour ~,*** corren rumors de.
abrogate (to) ('æbrəugeit) *t.* abrogar.
abrupt (ə'brʌpt) *a.* abrupte. *2* rost [terreny]. *3* inconnex [estil]. ▪ *4* **-ly** *adv.* sobtadament; precipitadament.
abruptness (ə'brʌptnəs) *s.* brusquedat *f.* *2* rost *m.*
abscess ('æbses) *s.* MED. abscés *m.*
abscond (to) (əb'skɔnd) *i.* fugir; escapolir-se *p.*
absence ('æbsəns) *s.* absència *f.* *2* falta *f.* d'assistència. *3* ***~ of mind,*** distracció *f.*
absent ('æbsənt) *a.* absent.
absent-minded (ˌaebsənt'maindid) *a.* distret.
absent (to) ('æbsent) *p.* absentar-se.
absentee (ˌæbsən'tiː) *s.* absent.
absinth(e ('æbsinθ) *s.* absenta *f.*
absolute ('æbsəluːt) *a.* absolut; complet; total. *2* pur: ***~ alcohol,*** alcohol pur. ▪ *3 s.* ***the ~,*** l'absolut *m.*
absolution (ˌæbsə'luːʃən) *s.* absolució *f.*
absolutism ('æbsəluːtizəm) *s.* absolutisme *m.*
absolve (to) (əb'zɔlv) *t.* absoldre.
absorb (to) (əb'sɔːb) *t.* absorbir. ‖ ***to be ~ ed in (by),*** estar absort en. ‖ ***to become ~ ed in,*** abstreure's *p.* en.
absorbent (əb'sɔːbənt) *a.* absorbent. ▪ *2 s.* absorbent *m.*
absorbing (əb'sɔːbiŋ) *a.* absorbent. *2* interessant [treball, etc.].
absorption (əb'sɔːpʃən) *s.* absorció *f.*, absorbiment *m.* *2* abstracció *f.* [mental].
abstain (to) (əb'stein) *i.* abstenir-se *p.*
abstemious (æb'stiːmjəs) *a.* abstemi.
abstention (æb'stenʃən) *s.* abstenció *f.*
abstinence ('æbstinəns) *s.* abstinència *f.*
abstinent ('æbstinənt) *a.* abstinent.
abstract ('æbstrækt) *a.* abstracte. *2 s.* extracte *m.*, resum *m.*
abstract (to) (æb'strækt) *t.* extreure. *2* sostreure [robar]. *3* resumir; compendiar. *4 p.* ***to ~ oneself,*** abstreure's.
abstraction (æb'strækʃən) *s.* abstracció *f.*
abstruse (æb'struːs) *a.* abstrús, difícil.
absurd (əb'səːd) *a.* absurd, ridícul.
absurdity (əb'səːditi) *s.* absurd *m.*, absurditat *f.*
abundance (ə'bʌndəns) *s.* abundància *f.*
abundant (ə'bʌndənt) *a.* abundant.
abuse (ə'bjuːs) *s.* abús *m.* *2* maltractament *m.;* insult *m.*
abuse (to) (ə'bjuːz) *t.* abusar de *i.* *2* maltractar.
abusive (ə'bjuːsiv) *a.* abusiu. *2* injuriós. ▪ *3* **-ly** *adv.* de manera insultant.
abyss (ə'bis) *s.* abisme *m.*
A.C. ('eisiː) *s.* ELECT. (*alternating corrent*) corrent *m.* altern.
acacia (ə'keiʃə) *s.* BOT. acàcia *f.*
academic (ˌækə'demik) *a.-s.* acadèmic *m.*
academy (ə'kædəmi) *s.* acadèmia *f.*
accede (to) (æk'siːd) *i.* accedir. *2* prendre possessió [càrrec]. *3* pujar [al tron].
accelerate (to) (ək'seləreit) *t.-i.* accelerar.
acceleration (əkˌselə'reiʃən) *s.* acceleració *f.*
accelerator (ək'seləreitə[r]) *s.* accelerador *m.*
accent ('æksənt) *s.* accent *m.*
accent (to) (æk'sent) *t.* accentuar.
accentuate (to) (ək'sentjueit) *t.* fig. intensificar. *2* accentuar.
accentuation (əkˌsentju'eiʃən) *s.* accentuació *f.*
accept (to) (ək'sept) *t.* acceptar. *2* admetre.
acceptable (ək'septəbl) *a.* acceptable. *2* adequat.
acceptance (ək'septəns) *s.* acceptació *f.;* acolliment *m.*
acceptation (ˌæksep'teiʃən) *s.* accepció *f.*
accesible (æk'sesibl) *a.* accessible. *2* assequible.
access ('ækses) *s.* accés *m.*
accession (æk'seʃən) *s.* accessió *f.* *2* adveniment *m.* [al tron]. *3* augment *m.* *4* adquisició *f.*
accessory (æk'sesəri) *a.* accessori. ▪ *2 s.* accessori *m.:* ***car accessories,*** accessoris de cotxe.

accident ('æksidənt) *s.* accident *m.* 2 LOC. ***by ~,*** per casualitat *f.* 3 contratemps *m.*
accidental (ˌæksi'dentl) *a.* accidental, fortuït. ▪ 2 **-ly** *adv.* accidentalment; casualment.
acclaim (to) (ə'kleim) *t.* aclamar.
acclamation (ˌæklə'meiʃən) *s.* aclamació *f.*
acclimatize (to) (ə'klaimətaiz) *t.* aclimatar. ▪ 2 *i.* aclimatar-se *p.*
accolade ('ækəleid) *s.* bescollada *f.* [investidura de cavallers]. 2 elogi *m.;* guardó *m.*
accommodate (to) (ə'kɔmədeit) *t.* adaptar. 2 allotjar. ▪ 3 *i.* adaptar-se *p.;* acomodar-se *p.*
accommodating (ə'kɔmədeitiŋ) *a.* servicial, atent.
accommodation (əˌkɔmə'deiʃən) *s.* allotjament *m.* 2 ***~ loan,*** préstec *m.;* pagaré *m.* de favor.
accompaniment (ə'kʌmpənimənt) *s.* acompanyament *m.*
accompany (to) (ə'kʌmpəni) *t.* acompanyar (*with, by,* de). ▪ 2 *i.* MÚS. acompanyar (*on,* amb).
accomplice (ə'kɔmplis) *s.* còmplice.
accomplish (to) (ə'kɔmpliʃ) *t.* acomplir; dur a terme.
accomplished (ə'kɔmpliʃt) *a.* complet, consumat. 2 distingit; cultivat.
accomplishment (ə'kɔmpliʃmənt) *s.* realització *f.* 2 assoliment *m.* 3 *pl.* qualitats *f.*
accord (ə'kɔ:d) *s.* acord *m.;* pacte *m.;* conveni *m.* || ***with one ~,*** unànimement *adv.* 2 acord *m.,* harmonia *f.* || ***of one's own ~,*** de bon grat *adv.*
accord (to) (ə'kɔ:d) *t.* concedir. ▪ 2 *i.* harmonitzar; concordar (*with,* amb).
according (ə'kɔ:diŋ) *loc. prep.* ***~ to,*** segons.
accordingly (ə'kɔ:diŋli) *adv.* en conseqüència, conseqüentment. 2 per tant.
accordion (ə'kɔ:djən) *s.* acordió *m.*
accost (to) (ə'kɔst) *t.* abordar, adreçar-se *p.* a.
account (ə'kaunt) *s.* compte *m.* || COM. ***current ~,*** compte corrent; ***deposit ~,*** compte a terme fix; ***joint ~,*** compte indistint; ***savings ~,*** compte d'estalvis. || ***profit and loss ~,*** balanç *m.* de guanys i pèrdues; ***statement of ~,*** estat *m.* de comptes. 2 informe *m.,* relació *f.* (*of,* de). 3 MÚS. versió *f.,* interpretació *f.* 4 ***to take into ~,*** tenir en compte. 5 LOC. ***by*** o ***from all ~s,*** segons sembla, pel que es diu. || ***of no ~,*** sense importància. || ***on ~ of,*** a causa de. || ***on no ~,*** de cap de les maneres.
account (to) (ə'kaunt) *i.* ***to ~ for,*** respondre (a; de); explicar *t.;* justificar *t.:* ***that ~s for his attitude,*** això justifica la seva actitud. || ***there is no ~ ing for tastes,*** sobre gustos no hi ha res escrit. 2 destruir, matar. ▪ 3 *t.* considerar.
accountable (ə'kauntəbl) *a.* responsable (*for,* de; *to,* davant).
accountancy (ə'kauntənsi) *s.* comptabilitat *f.*
accountant (ə'kauntənt) *s.* comptable.
accounting (ə'kauntiŋ) *s.* Veure ACCOUNTANCY.
accredit (to) (ə'kredit) *t.* acreditar. 2 reconèixer. 3 atribuir.
accrue (to) (ə'kru:) *i.* ECON. augmentar; acumular-se *p.* || ***~d interest,*** interès *m.* acumulat || ***~d income,*** renda *f.* acumulada.
accumulate (to) (ə'kju:mjuleit) *t.* acumular; apilar. ▪ 2 *i.* acumular-se *p.*; apilar-se *p.*
accumulation (əˌkju:mju'leiʃən) *s.* acumulació *f.*
accumulator (ə'kju:mjuleitə[r]) *s.* ELECT., INFORM. acumulador *m.*
accuracy ('ækjurəsi) *s.* precisió *f.;* exactitud *f.*
accurate ('ækjurit) *a.* precís; exacte.
accusation (ˌækju:'zeiʃən) *s.* acusació *f.* || ***to bring an ~,*** presentar una denúncia. 2 imputació *f.,* càrrec *m.*
accusative (ə'kju:zətiv) *a.-s.* GRAM. acusatiu *m.*
accuse (to) (ə'kju:z) *t.* acusar: ***to ~ somebody of theft,*** acusar algú de robatori; ***to be ~d of something,*** ésser acusat d'alguna cosa.
accused (ə'kju:zd) *s.* DRET acusat. Veure també DEFENDANT.
accuser (ə'kju:zə[r]) *s.* acusador.
accusing (ə'kju:ziŋ) *a.* acusatori. ▪ 2 **-ly** *adv.* d'una manera acusatòria.
accustom (to) (ə'kʌstəm) *t.* acostumar. ▪ 2 *p.* ***to become ~ ed*** o ***to ~ oneself to,*** acostumar-se a.
accustomed (ə'kʌstəmd) *a.* acostumat.
ace (eis) *s.* as *m.*
ache (eik) *s.* dolor *m.* (i *f.*), mal *m.:* ***head ~,*** mal de cap; ***tooth ~,*** mal de queixal.
ache (to) (eik) *i.* fer mal, tenir mal (de): ***my head ~s,*** em fa mal el cap.
achieve (to) (ə'tʃi:v) *t.* dur a terme, realitzar: ***he will never ~ anything,*** no farà mai res de bo. 2 aconseguir [un fi]; arribar a *i.*
achievement (ə'tʃi:vmənt) *s.* realització *f.* 2 consecució *f.* 3 èxit *m.* [resultat]. 4 proesa *f.*
acid ('æsid) *a.* àcid. ▪ 2 *s.* àcid *m.*
acidity (ə'siditi) **acidness** ('æsidnis) *s.* acidesa *f.*
acid rain (ˌæsid'rein) *s.* pluja *f.* àcida.
acid test ('æsidˌtest) *s.* fig. prova *f.* de foc.
acknowledge (to) (ək'nɔlidʒ) *t.-p.* reconèi-

xer; confessar. *2 t.* agrair [exterioritzar agraïment]. *3* ***to ~ receipt,*** acusar recepció, rebuda.
acknowledgment (ək'nɔlidʒmənt) *s.* reconeixement *m.*, confessió *f.* *2* agraïment *m.* *3* acusament *m.* de recepció.
acme ('ækmi) *s.* acme *f.*, súmmum *m.*, cima *f.*
acne ('ækni) *s.* MED. acne *f.*
acolyte ('ækəlait) *s.* acòlit *m.*
acorn ('eikɔ:n) *s.* BOT. gla. *f.* (i *m.*).
acoustic (ə'ku:stik) *a.* acústic.
acoustics (ə'ku:stiks) *s.* acústica *f.*
acquaint (to) (ə'kweint) *t.-p.* assabentar (*with,* de); informar; posar al corrent: ***to be ~ ed with,*** conèixer; tenir tracte amb.
acquaintance (ə'kweintəns) *s.* coneixença *f.* *2* tracte *m.*, relació *f.* *3* conegut [pers.].
acquiesce (to) (ˌækwi'es) *i.* consentir (*in,* a). *2* acceptar *t.* *3* sotmetre's *p.* (*in,* a).
acquiescence (ˌækwi'esəns) *s.* aquiescència *f.*, conformitat *f.*
acquire (to) (ə'kwaiəʳ) *t.* adquirir. ‖ ***to ~ a taste for,*** agafar gust a. *3* obtenir, aconseguir.
acquirement (ə'kwaiəmənt) *s.* adquisició. *2 pl.* coneixements *m.*
acquisition (ˌækwi'ziʃən) *s.* adquisició *f.*
acquisitive (ə'kwizitiv) *a.* cobdiciós; acaparador.
acquit (to) (ə'kwit) *t.* absoldre; exculpar. ▪ *2 p.* ***to ~ oneself,*** comportar-se. ‖ ***to ~ oneself well,*** sortir-se'n bé.
acquittal (ə'kwitl) *s.* DRET absolució *f.*, exculpació *f.* *2* descàrrec *m.* [un deute].
acquittance (ə'kwitəns) *s.* liquidació *f.*, pagament *m.* [un deute].
acre ('eikəʳ) *s.* MÈTR. acre *m.* [40, 47 àrees].
acreage ('eikəridʒ) *s.* superfície *f.*, extensió *f.* [en acres].
acrimonious ('ækri'mounjəs) *a.* acrimoniós. *2* agre. *3* aspre. *4* mordaç.
acrimoniousness (æ'kri'mounjəsnis) , **acrimony** ('ækriməni) *s.* acritud *f.* *2* acrimònia *f.* *3* aspresa *f.*
acrobat ('ækrəbæt) *s.* acròbata.
acrobatics (ˌækrə'bætiks) *s.* acrobàcia *f.*
across (ə'krɔs) *prep.* a través: ***to walk ~ the street,*** travessar el carrer ‖ a l'altre costat, a l'altra banda: ***my mother lives ~ the street,*** la meva mare viu a l'altra banda del carrer. ▪ *2 adv.* de través; en creu; pel mig; d'un costat a l'altre.
act (ækt) *s.* acte *m.*, fet *m.*, acció *f.* ‖ ***in the (very) ~ of,*** en el moment de, in fraganti, mentre. *2* ***~ of God,*** força *f.* major. *3* TEAT. acte *m.* *4* DRET llei *f.* *5* número *m.* [món de l'espectacle]. *6* col·loq. fingiment *m.*, comèdia *f.*: ***to put on an ~,*** fer comèdia.
act (to) (ækt) *i.* obrar, actuar, comportar-se *p.*, fer de: ***to ~ as referee,*** fer d'àrbitre. *2* TEAT. actuar. ▪ *3 t.* fer, representar, interpretar [un paper]. ‖ ***don't ~ the fool,*** no facis el ruc.
acting ('æktiŋ) *a.* interí, suplent. ▪ *2 s.* TEAT. representació *f.* *3* professió *f.* d'actor.
action ('ækʃən) *s.* acció *f.* *2* DRET. acció *f.*; demanda *f.* ‖ ***to bring an ~ against somebody,*** presentar una demanda contra algú.
activate (to) ('æktiveit) *t.* activar.
active ('æktiv) *a.* actiu. *2* viu, enèrgic, vigorós. *3* en activitat. ▪ *5* **-ly** *adv.* activament, enèrgicament.
activity (æk'tiviti) *s.* activitat *f.*
actor ('æktəʳ) *s.* actor *m.*
actress ('æktrəs) *s.* actriu *f.*
actual ('æktjuəl) *f.* real, veritable, concret. ‖ LOC. ***in ~ fact,*** de fet, en realitat.
actually ('æktʃuəli) *adv.* de fet, en efecte, efectivament, realment. *2* fins i tot: ***he not only insulted me; he ~ hit me!,*** no tan sols em va insultar; fins i tot em va pegar!
actuary ('æktʃuəri) *s.* actuari *m.* d'assegurances.
actuate (to) ('æktʃueit) *t.* MEC. accionar, impulsar.
acumen (ə'kju:men) *s.* perspicàcia *f.* ‖ ***business ~,*** bona vista pels negocis.
acute (ə'kju:t) *a.* agut. *2* greu, crític [malaltia]. ▪ *3* **-ly** *adv.* agudament, amb agudesa.
acuteness (ə'kju:tnis) *s.* agudesa *f.*
A.D. (ei'di:) (Anno Domini) d. C (després de Crist).
Adam ('ædəm) *n. pr.* Adam *m.* *2* ANAT. ***~'s apple,*** nou *f.* [del coll].
adamant ('ædəmənt) *a.* inexorable, inflexible. ▪ *2 s.* diamant *m.*
adapt (to) (ə'dæpt) *t.-p.* adaptar.
adaptable (ə'dæptəbl) *a.* adaptable.
adaptation (ˌædæp'teiʃən) *s.* adaptació *f.*, versió *f.*
add (to) (æd) *t.* afegir, agregar, sumar, addicionar. ‖ ***to ~ in,*** afegir, incloure; ***to ~ together, to ~ up,*** sumar. *2* MAT. sumar. ▪ *3 i.* augmentar, acréixer *t.*, engrandir *t.*: ***to ~ to,*** augmentar, engrandir; ***to ~ up to,*** sumar *t.*, pujar a. *4* fig. voler dir, venir a ésser. ‖ ***it doesn't ~ up to much,*** no té gaire importància.
adder ('ædəʳ) *s.* ZOOL. vibra *f.*, escurçó *m.*
addict ('ædikt) *s.* partidari, entusiasta. 2 ***drug ~,*** toxicòman.
addict (to) (ə'dikt) *t.-p.* tornar o fer addicte. ‖ ***to be ~ ed to,*** ésser addicte a. ▲ esp. passiva.

addicted (ə'diktid) *a.* afeccionat; entusiasta; addicte.
addiction (ə'dikʃən) *s.* inclinació *f.*, afecció *f.* 2 ***drug ~,*** toxicomania *f.*
addition (ə'diʃən) *s.* addició *f.*, afegidura *f.*, afegit *m.* 2 MAT. addició *f.*, suma *f.* 3 *loc. adv.* ***in ~,*** a més a més; ***in ~ to,*** a més a més de.
additional (ə'diʃənl) *a.* addicional, suplementari, de més.
additionally (ə'diʃənəli) *adv.* a més a més.
addle-brained ('ædlbreind) *a.* cap *m.* buit, capsigrany *m.*
addled ('ædld) *a.* podrit [ou].
address (ə'dres) *s.* adreça *f.* 2 ***form of ~,*** tractament *m.* [verbal i escrit]. 3 discurs *m.* 4 ***public ~ system,*** sistema *m.* de megafonia *m.*
address (to) (ə'dres) *t.* parlar, adreçar-se *p.*, dirigir-se *p.* 2 trametre, enviar [correspondència].
addressee (ˌædre'siː) *s.* destinatari *m.*
adduce (to) (ə'djuːs) *t.* adduir.
adept ('ædept) *a.* expert, hàbil. ■ 2 *s.* expert.
adequacy ('ædikwəsi) *s.* suficiència *f.*, adequació *f.*
adequate ('ædikwit) *a.* adequat, suficient, satisfactori. ■ 2 **-ly** *adv.* adequadament.
adhere (to) (əd'hiəʳ) *i.* adherir *i.-t.* adherir-se *p.*, enganxar-se *p.*, enganxar *t.*
adherence (əd'hiərəns) *s.* adhesió *f.*, adherència *f.*
adherent (əd'hiərənt) *a.* adherent, adhesiu. ■ 2 *s.* partidari, simpatitzant.
adhesion (əd'hiːʒən) *s.* adherència *f.* 2 adhesió *f.*
adhesive (əd'hiːsiv) *a.* adhesiu.
adjacent (ə'dʒeisənt) *a.* adjacent, contigu, del costat: ***~ room,*** l'habitació del costat.
adjective ('ædʒiktiv) *a.* adjectiu. ■ 2 *s.* adjectiu *m.*
adjoining (ə'dʒɔiniŋ) *a.* contigu, del costat: ***~ bedrooms,*** habitacions contigües.
adjourn (to) (ə'dʒəːn) *t.* ajornar, interrompre, suspendre [la sessió]. ■ 2 *i.* ajornar-se *p.* 3 traslladar-se *p.* [persones].
adjournment (ə'dʒəːnmənt) *s.* ajornament *m.*
adjudge (to) (ə'dʒʌdʒ) *t.* adjudicar. 2 jutjar [un assumpte]. ■ 3 *i.* dictar *t.* [sentència]; decidir *t.* de donar [un premi].
adjunct ('ædʒʌŋkt) *s.* adjunt *m.*, accessori *m.*
adjure (to) (ə'dʒuəʳ) *t.* implorar, adjurar.
adjust (to) (ə'dʒʌst) *t.-p.* ajustar; adaptar. 2 *t.* arranjar. 3 modificar.
adjustment (ə'dʒʌstmənt) *s.* ajust *m.*; arranjament *m.* 2 canvi *m.*, modificació *f.*
adman ('ædmæn) *s.* professional de la publicitat.
admass ('ædmæs) *s.* part de la població influïda pels mitjans de publicitat.
administer (to) (əd'ministə) *t.-i.* administrar *t.* 2 *t.* donar. 3 aplicar.
administration (ədˌminis'treiʃən) *s.* govern *m.*, administració *f.* 2 administració [sacrament, jurament, càstig, etc.].
administrator (əd'ministreitəʳ) *s.* administrador; governant.
admirable ('ædmərəbl) *a.* admirable.
admiral ('ædmərəl) *s.* almirall *m.*
admiralty ('ædmərəlti) *s.* almirallat *m.* 2 Ministeri *m.* de la Marina.
admiration (ˌædmə'reiʃən) *s.* admiració *f.*
admire (to) (əd'maiəʳ) *t.* admirar.
admirer (əd'maiərəʳ) *s.* admirador.
admission (əd'miʃən) *s.* admissió *f.*, entrada *f.*, accés *m.*: ***~ free,*** entrada lliure; ***no ~,*** prohibida l'entrada. 2 reconeixement *m.*; acceptació *f.*: ***~ of guilt,*** reconeixement *m.* de culpabilitat.
admit (to) (əd'mit) *t.* admetre, deixar entrar [a un local, a una festa, etc.]. 2 reconèixer, confessar.
admittance (əd'mitəns) *s.* admissió *f.*, entrada *f.*: ***no ~,*** prohibida l'entrada.
admittedly (əd'mitidli) *adv.* sens dubte: ***he is ~ a great writer,*** és, sens dubte, un gran escriptor. 2 ***~, she is very pretty,*** s'ha de reconèixer que és molt bonica.
admonish (to) (əd'mɔniʃ) *t.* amonestar, reprendre. 2 prevenir, avisar. 3 aconsellar.
admonition (ˌædmə'niʃən) *s.* reprensió *f.*, amonestació *f.* 2 advertència *f.* 3 consell *m.*
adolescence (ˌædə'lesəns) *s.* adolescència *f.*
adolescent (ˌædə'lesənt) *a.-s.* adolescent.
adopt (to) (ə'dɔpt) *t.* adoptar; acceptar [un suggeriment]. 2 aprovar [una moció, un informe].
adoption (ə'dɔpʃən) *s.* adopció *f.* ‖ ***country of ~,*** país *m.* adoptiu.
adoptive (ə'dɔptiv) *a.* adoptiu: ***~ son,*** fill adoptiu.
adorable (ə'dɔːrəbl) *a.* adorable.
adoration (ˌædɔː'reiʃən) *s.* adoració *f.*
adore (to) (ə'dɔːʳ) *t.* adorar. 2 col·loq. encantar: ***I ~ London,*** m'encanta Londres.
adorn (to) (ə'dɔːn) *t.* adornar.
adornment (ə'dɔːnmənt) *s.* adorn *m.*, adornament *m.*
adrift (ə'drift) *adv.-a.* a la deriva, sense direcció. ‖ fig. ***to turn somebody ~,*** deixar algú desemparat.
adulation (ˌædju'leiʃən) *s.* adulació *f.*
adult ('ædʌlt) *a.* adult: ***~ education,*** educació d'adults. ■ 2 *s.* adult.

adulterate (to) (ə'dʌltəreit) *t.* adulterar, desnaturalitzar.
adulteration (əˌdʌltə'reiʃən) *s.* adulteració *f.*
adulterer (ə'dʌltərəʳ) *s.* adúlter *m.*
adulteress (ə'dʌltəris) *s.* adúltera *f.*
adulterous (ə'dʌltərəs) *a.* adúlter.
adultery (ə'dʌltəri) *s.* adulteri *m.*
advance (əd'vɑ:ns) *s.* avanç *m.*, avançament *m.*, avenç *m.* ‖ ***to book in*** **~**, reservar anticipadament. *2* COM. avançament *m.*, pagament *m.* anticipat.
advance (to) (əd'vɑ:ns) *t.* avançar. *2* proposar, exposar [idees, etc.]. *3* anticipar, avançar [diners]. *4* ascendir [persones]. ■ *5 i.* avançar, avançar-se *p.* *6* pujar, apujar-se *p.* [preus].
advanced (əd'vɑ:nst) *a.* avançat.
advancement (əd'vɑ:nsmənt) *s.* avenç *m.*, progrés *m.*
advantage (əd'vɑ:ntidʒ) *s.* avantatge *m.* *2* profit *m.*, benefici *m.* ‖ ***to take*** **~** ***of,*** aprofitar, aprofitar-se *p.* de.
advantageous (ˌædvən'teidʒəs) *a.* avantatjós; profitós. ■ *2* **-ly** *adv.* avantatjosament, d'una manera avantatjosa; amb profit.
advent ('ædvənt) *s.* adveniment *m.* *2* ECLES. A~, advent *m.*
adventure (əd'ventʃəʳ) *s.* aventura *f.*
adventure (to) (əd'ventʃəʳ) *t.* Veure VENTURE (TO).
adventurer (əd'ventʃərəʳ) *s.* aventurer *m.*
adventuress (əd'ventʃəris) *s.* aventurera *f.*
adventurous (əd'ventʃərəs) *a.* aventurer, emprenedor.
adverb ('ædvə:b) *s.* adverbi *m.*
adversary ('ædvəsəri) *s.* adversari.
adverse ('ædvə:s) *a.* advers; contrari. *2* desfavorable, negatiu: **~** ***balance,*** balanç negatiu. ■ *3* **-ly** *adv.* adversament.
adversity (əd'və:siti) *s.* adversitat *f.*; desgràcia *f.*; infortuni *m.*
advertise, advertize (to) ('ædvətaiz) *t.* anunciar, publicar [anuncis]. ■ *2 i.* fer publicitat o propaganda *3* ***to*** **~** ***for,*** posar un anunci per .
advertisement (əd'və:tismənt) , (EUA) (ˌædvər'taizmənt) *s.* anunci *m.*
advertiser, advertizer ('ædvətaizəʳ) *s.* anunciant.
advertising ('ædvətaiziŋ) *s.* publicitat *f.*, propaganda *f.*
advice (əd'vais) *s.* consell *m.*: ***to ask for*** **~** o ***to seek*** **~**, demanar consell.
advisable (əd'vaizəbl) *a.* aconsellable, recomanable, prudent.
advisability (ədˌvaizə'biliti) *s.* conveniència *f.*
advise (to) (əd'vaiz) *t.* aconsellar, recomanar. *2* NEG. assessorar. *3* COM. notificar. ■ *4 i.* ***to*** **~** ***against,*** desaconsellar *t.*; ***to*** **~** ***on,*** assessorar *t.* sobre.
adviser (əd'vaizəʳ) *s.* conseller. *2* NEG. assessor. *3* ***legal*** **~**, advocat. *4* ***spiritual*** **~**, confessor.
advisory (əd'vaizəri) *a.* consultiu; assessor: **~** ***board*** o **~** ***committee,*** comitè consultiu.
advocate ('ædvəkət) *s.* defensor, partidari. *2* DRET (ESC.) advocat.
advocate (to) ('ædvəkeit) *t.* advocar per *i.*; defensar. *2* recomanar.
aerial ('ɛəriəl) *a.* aeri: **~** ***cablecar,*** funicular aeri. ■ *2 s.* RADIO. antena *f.*
aerodrome ('ɛərədroum) *s.* aeròdrom *m.*
aerodynamics (ˌɛəroudai'næmiks) *s.* aerodinàmica *f.*
aeronautics (ˌɛərə'nɔ:tiks) *s.* aeronàutica *f.*
aeroplane ('ɛərəplein) *s.* avió *m.*, aeroplà *m.*
aesthetic (i:s'θetik) *a.* estètic.
aesthetics (i:s'θetiks) *s.* estètica *f.*
affability ('æfə'biliti) *s.* afabilitat *f.*
affable ('æfəbl) *a.* afable.
affair (ə'fɛəʳ) *s.* afer *m.*, assumpte *m.* ‖ ***business*** **~*****s,*** negocis *m.*; ***current*** **~*****s,*** actualitats *f.*; ***love*** **~**, aventura *f.* amorosa.
affect (to) (ə'fekt) *t.* afectar. *2* alterar [la salut]. *3* commoure, impressionar. *4* MED. afectar, atacar.
affectation (ˌæfek'teiʃən) *s.* afectació *f.*
affected (ə'fektid) *a.* afectat.: **~** ***manners,*** comportament afectat, cursi. ■ *2* **-ly** *adv.* afectadament.
affection (ə'fekʃən) *s.* afecte *m.* *2* afecció *f.*
affectionate (ə'fekʃənit) *a.* afectuós. ■ *2* **-ly** *adv.* afectuosament, amb afecte.
affidavit (ˌæfi'deivit) *s.* declaració *f.* jurada, afidàvit *m.*
affiliate (ə'filieit) *a.-s.* afiliat. *2* Veure també MEMBER.
affiliate (to) (ə'filieit) *t.* afiliar. ■ *2 i.* afiliar-se *p.*
affiliation (əˌfili'eiʃən) *s.* afiliació *f.*
affinity (ə'finiti) *s.* afinitat *f.*
affirm (to) (ə'fə:m) *t.* afirmar.
affirmation (ˌæfə:'meiʃən) *s.* afirmació *f.*
affirmative (ə'fə:mətiv) *a.* afirmatiu.
affix (to) (ə'fiks) *t.* posar, afegir [la firma, etc.]. *2* enganxar [segell, cartell, etc...].
afflict (to) (ə'flikt) *t.* afligir. ‖ ***to be*** **~*****ed with,*** patir de.
affliction (ə'flikʃən) *s.* aflicció *f.* *2* desgràcia *f.* *3* dolor *m.* (i *f.*), mal *m.*
affluence ('æfluəns) *s.* afluència *f.* *2* abundància *f.* *3* riquesa *f.*
affluent ('æfluənt) *a.* abundós, abundant. *2* opulent: ***the*** **~** ***society,*** la societat opulenta. ■ *3 s.* GEOGR. afluent *m.*

afford (to) (ə'fɔ:d) *t.* poder-se *p.* permetre, tenir els mitjans [econòmics] per: ***I can't ~ to go on holiday,*** no em puc permetre d'anar de vacances. *2* disposar de o tenir temps: ***I can't ~ the time to go to the cinema,*** no disposo de temps per anar al cinema. *3* córrer el risc, permetre's *p.* el luxe: ***I can't ~ to neglect my work,*** no em puc permetre el luxe de desatendre la meva feina. *4* form. proporcionar, oferir: ***the trees ~ed shade,*** els arbres proporcionaven ombra. ▲ gralmt. amb **can, could, able to.**

affront (ə'frʌnt) *s.* afront *m.*, insult *m.*, ofensa *f.*

aflame (ə'fleim) *a.-adv.* abrandat *a.*

afloat (ə'flout) *a.-adv.* a flor d'aigua, flotant *a.*

aforesaid (ə'fɔ:sed) *a.* abans esmentat.

afraid (ə'freid) *a.* ***to be ~,*** tenir por: ***he's ~ of the dark,*** té por de la foscor. *2* ***to be ~ of*** + *ger.*, tenir por de + *inf.*: ***he was ~ of hurting her feelings,*** tenia por de ferir els seus sentiments. *3* ***to be ~ to*** + *inf.*, no atrevir-se. ‖ ***don't be ~ to ask for my help,*** no dubtis en demanar-me ajut. *4* ***I'm ~ he's out,*** ho sento, però no hi és; ***I'm ~ I have to go now,*** ho lamento, però haig de marxar; ***I'm ~ so!,*** ho sento però és així.

afresh (ə'freʃ) *adv.* de nou, una altra vegada.

aft (ɑ:ft) *adv.* MAR. a popa.

after ('ɑ:ftəʳ) *prep.* després de [temps]. *2* després de, darrera (de) [ordre, lloc]. *3* segons [indicant estil, imitació]: ***a painting ~ Picasso,*** un quadre en o segons l'estil de Picasso. ‖ *loc. prep.* ***~ all,*** desprès de tot, malgrat tot. ‖ ***day ~ day,*** un dia darrera l'altre. ‖ ***time ~ time,*** molt sovint. ■ *4 adv.* després [temps]. ‖ *loc. adv.* ***long ~***, molt després; ***soon ~,*** poc desprès. *5* darrera [lloc]. ■ *6 conj.* després que. ■ *7 a.* posterior: ***in ~ years,*** en els anys posteriors.

afterbirth ('ɑ:ftəbə:θ) *s.* placenta *f.*, secundines *pl. f.*

aftercare ('ɑ:ftəkɛəʳ) *s.* assistència *f.* postoperatòria.

after-dinner (ˌɑ:ftə'dinəʳ) *a.* de sobretaula.

after-effect ('ɑ:ftərifekt) *s.* conseqüència *f.;* efecte *m.* secundari.

afternoon (ˌɑ:ftə'nu:n) *s.* tarda *f.*

aftertaste ('a:ftəteist) *s.* regust *m.*

afterthought ('ɑ:ftəθɔ:t) *s.* segon pensament *m.*, idea *f.* addicional.

afterwards ('ɑ:ftəwədz) *adv.* després, més tard.

again (ə'gen) *adv.* una altra vegada; de nou. ‖ LOC. ***~ and ~,*** repetidament; ***as many ~, as much ~,*** el mateix; ***every now and ~,*** de tant en tant; ***never ~,*** mai més. *2* ***and ~, it may not be true,*** a més, és possible que no sigui veritat.

against (ə'gənst) *prep.* contra: ***~ time,*** contra rellotge. *2* en contra (de). ‖ LOC. ***~ that, as ~ that,*** contrastant amb això.

agape (ə'geip) *a.-adv.* bocabadat.

age (eidʒ) *s.* edat *f.* ‖ ***to come of ~,*** arribar a la majoria d'edat *f.* *2* ***old ~,*** vellesa *f.* ‖ ***over ~,*** massa vell ‖ ***under ~,*** menor d'edat. *3* època *f.;* segle *m.;* era *f.*

age (to) (eidʒ) *t.* envellir. ■ *2 i.* envellir-se *p.*

aged ('eidʒid) , *a.* vell, gran [persona]. *2* (eidʒd) de [tants anys de] edat: ***a boy ~ ten,*** un xicot de deu anys. ■ *2 s.* ***the ~,*** els vells *m.*

ageless ('eidʒlis) *a.* sempre jove, etern.

agency ('eidʒənsi) *s.* agència *f.*: ***advertising ~,*** agència de publicitat; ***travel ~,*** agència de viatges. *2* mediació *f.*: ***through the ~ of,*** mitjançant *prep.*

agenda (ə'dʒendə) *s.* ordre *m.* del dia.

agent ('eidʒənt) *s.* agent; representant; delegat.

agglomerate (to) (ə'glɔməreit) *t.* aglomerar. ■ *2 i.* aglomerar-se *p.*

agglomeration (əglɔmə'reiʃən) *s.* aglomeració *f.*

aggravate (to) ('ægrəveit) *t.* agreujar. *2* col·loq. irritar, exasperar ‖ ***how aggravating!,*** què empipador!

aggravation (ˌægrə'veiʃən) *s.* agreujament *m.* *2* col·loq. exasperació *f.*

aggregate ('ægrigeit) *a.* global, total. ‖ ***in the ~,*** globalment. ■ *2 s.* agregat *m.* [conjunt de diferents coses o persones]. *3* CONSTR. conglomerat *m.*

aggregate (to) ('ægrigeit) *t.* agregar, ajuntar. ■ *2 i.* pujar [quantitat total].

aggression (ə'greʃən) *s.* agressió *f.*

aggressive (ə'gresiv) *a.* agressiu. *2* emprenedor, dinàmic.

aggressor (ə'gresəʳ) *s.* agressor.

aggrieved (ə'gri:vd) *a.* ofès: ***he was much ~,*** es va ofendre molt.

aghast (ə'gɑ:st) *a.* horroritzat, esgarrifat. ‖ ***to be ~, to stand ~,*** quedar(se horroritzat. ‖ ***to be ~ at, to stand ~ at,*** horroritzar-se de.

agile ('ædʒail) *a.* àgil.

agility (ə'dʒiliti) *s.* agilitat *f.*

agitate (to) ('ædʒiteit) *t.* agitar. *2* inquietar, pertorbar. ■ *3 i.* ***to ~ for,*** fer campanya a favor de.

agitation (ˌædʒi'teiʃən) *s.* agitació *f.* *2* nerviositat *f.*, excitació *f.* *3* discussió *f.* *4* campanya *f.* [per alguna qüestió socio-política].

agitator ('ædʒiteitəʳ) *s.* agitador [esp. polític]. *2* QUÍM. agitador *m.*

ago (ə'gou) *a.* ***two years ~,*** fa dos anys. ▪ *2 adv.* ***long ~,*** fa molt de temps; ***not long ~,*** no fa gaire [temps] || ***how long ~ is it that you last saw her?,*** quan fa que no la veus?, quan la vas veure per última vegada?

agonized ('ægənaizd) *a.* angoixós.

agonizing ('ægɑnaiziŋ) *a.* atroç, agut [dolor]. *2* angoixant.

agony ('ægəni) *s.* dolor *m.* agut [físic]. *2* angoixa *f.* [mental].

agrarian (ə'grɛəriən) *a.* agrari.

agree (to) (ə'gri:) *i.* ***to ~ (to),*** assentir, consentir *t.* *2* acordar *t.;* posar-se *p.* d'acord, estar d'acord (*on,* en), (*with,* amb): ***I ~ with you,*** estic d'acord amb tu. *3* avenir-se *p.*, congeniar [persones]. *4* avenir-se *p.*, concordar [coses]. *5* ***to ~ with,*** anar bé, provar [clima, menjar, etc.]. *6* GRAM. concordar (*with,* amb). ▪ *7 t.* acceptar, aprovar [xifres, comptes, ofertes, etc.].

agreeable (ə'gri:əbl) *a.* agradable. *2* simpàtic, agradable [persones]. *3* conforme. *4* disposat; (estar) d'acord: ***is that ~ to you?,*** hi estàs d'acord? ▪ *4* **-ly** *adv.* agradablement.

agreement (ə'gri:mənt) *s.* acord *m.* || ***to come to an ~*** arribar a un acord *2* conveni *m.*, pacte *m.*, contracte *m.* *3* GRAM. concordança *f.*

agricultural (ˌægri'kʌltʃərəl) *a.* agrícola.

agriculture ('ægrikʌltʃə[r]) *s.* agricultura *f.*

aground (ə'graund) *adv.* MAR. encallat || ***to run ~,*** encallar-se, embarrancar-se.

ahead (ə'hed) *adv.* davant, al davant. || ***go ~!,*** endavant!; ***straight ~,*** tot recte. *2* ***to be ~ of the times,*** anticipar-se al temps.

aid (eid) *s.* ajuda *f.*, ajut *m.*, auxili. *m.* *2* ***in ~ of,*** en benefici *m.* de.

aid (to) (eid) *t.* ajudar, socórrer, auxiliar.

AIDS (eidz) *s.* MED. *(acquired immune deficiency syndrome)* SIDA *f.* (síndrome de immunodeficiència adquirida).

ail (to) (eil) *t.* ant. afligir ▪ *2 i.* estar malalt.

ailing ('eiliŋ) *a.* malalt.

ailment ('eilmənt) *s.* malaltia *f.*, indisposició *f.*

aim (eim) *s.* punteria *f.* || ***to take ~ at,*** apuntar. *2* fig. objectiu *m.*, propòsit *m.*

aimless ('eimlis) *a.* sense objecte.

aim (to) (eim) *t.* apuntar [pistola, etc.], dirigir [míssil, etc.]. ▪ *2 i.* aspirar a.

ain't (eint) contr. col·loq. de ***am not, is not, are not, has not*** i ***have not.***

air (ɛə[r]) *s.* aire *m.* *2* aspecte *m.*, aire *m.* [aparença]. || ***to put on ~s,*** donar-se aires. *3* ***in the ~,*** incert, dubtós [plans, idees, etc.]. *4* RADIO. ***on the ~,*** en antena *f.*

air (to) (ɛə[r]) *t.* airejar, ventilar. [també fig.] *3* exhibir.

air-conditioned ('ɛəkən'diʃənd) *a.* refrigerat, amb aire condicionat.

air-conditioning ('ɛəkən'diʃəniŋ) *s.* aire *m.* condicionat.

aircraft ('ɛəkrɑ:ft) *s.* avió *m.*

aircraft carrier ('ɛəkrɑ:ftˌkæriə[r]) *s.* portaavions *m. pl.*

air force ('ɛəfɔ:s) *s.* aviació *f.*, forces *f.* aèries.

air gun ('ɛəgʌn) *s.* escopeta *f.* d'aire comprimit.

air hostess ('ɛə'houstis) *s.* hostessa *f.* d'avió.

airing ('ɛəriŋ) *s.* aireig *m.*, ventilació *f.*

airlift ('ɛəlift) *s.* pont *m.* aeri.

airline ('ɛəlain) *s.* línia *f.* aèria.

airmail ('ɛəmeil) *s.* correu *m.* aeri.

airman ('ɛəmən) *s.* aviador *m.*

airplane ('ɛəplein) *s.* (EUA) avió *m.*

airport ('ɛəpɔ:t) *s.* aeroport *m.*

air raid ('ɛəreid) *s.* atac *m.* aeri.

airship ('ɛəʃip) *s.* aeronau *m.*, dirigible *m.*

airstrip ('ɛəstrip) *s.* pista *f.* d'aterratge.

airtight ('ɛətait) *a.* hermètic.

airway ('ɛəwei) *s.* línia *f.* aèria. *2* ruta *f.* aèria.

airy ('ɛəri) *a.* airejat, ventilat. *2* eteri, immaterial. *3* superficial. *4* despreocupat.

aisle (ail) *s.* corredor *m.*, passadís *m.* [teatre, avió, autocar, etc.]. *2* ARQ. nau *f.*

ajar (ə'dʒɑ:) *a.* entreobert, ajustat: ***the door is ~,*** la porta està ajustada.

akimbo (ə'kimbou) *a.* ***with arms ~,*** amb les mans a les caderes.

akin (ə'kin) *a.* semblant, anàleg.

alabaster ('æləbɑ:stə[r]) *s.* alabastre *m.*

alarm (ə'lɑ:m) *s.* alarma *f.;* alerta *f.* *2* inquietud *f.*, temor *m.*

alarm (to) (ə'lɑ:m) *t.* alarmar || ***to be ~ed,*** alarmar-se *p.* (*at,* de). *2* espantar, inquietar.

alarm clock (ə'lɑ:mklɔk) *s.* despertador *m.*

alarming (ə'lɑ:miŋ) *a.* alarmant.

albatross ('ælbətrɔs) *s.* ORN. albatros *m.*

albino (æl'bi:nou) *s.* albí. *s.-a.*

ALBM ('ei el bi:'em) *s.* (*air launched ballistic missile*) míssil *m.* balístic aire-aire.

album ('ælbəm) *s.* àlbum *m.*

albumen ('ælbjumin) *s.* albumen *m.* *2* BIOL. albúmina *f.*

alchemist ('ælkimist) *s.* alquimista.

alchemy ('ælkimi) *s.* alquímia *f.*

alcohol ('ælkəhɔl) *s.* alcohol *m.*

alcoholic (ˌælkə'hɔlik) *s.-a.* alcohòlic.

alderman ('ɔ:ldəmən) *s.* regidor *m.* de certa antiguitat.

ale (eil) *s.* (G.B.) tipus de cervesa *f.*

Alec ('ælik) *n. pr.* fam. Àlex *m.* *2* ***smart ~,*** set-ciències.

alert (ə'lə:t) *a.* alerta, vigilant. *2* viu, llest,

espavilat. ▪ *3 s.* alerta *f.*, alarma *f.* ‖ ***on the ~,*** en alerta *f.*
alert (to) (əˈləːt) *t.* alertar, avisar.
Alexander (ˌæligˈzaːndeʳ) *n. pr.* Alexandre *m.*
alga (ˈælgə) *s.* BOT. alga *f.* ▲ *pl.* **algae** (ˈældʒiː)
algebra (ˈældʒibrə) *s.* àlgebra *f.*
Algeria (ˌælˈdʒiəriə) *n. pr.* Algèria.
Algiers (ælˈdʒiəz) *n. pr.* Alger.
alias (ˈeiliəs) *adv.* àlias. ▪ *2 s.* àlias *m.*
alibi (ˈælibai) *s.* coartada *f.* *2* col·loq. excusa *f.*
Alice (ˈælis) *n. pr.* Alícia *f.*
alien (ˈeiljən) *a.* aliè, estrany. *2* ***~ to,*** contrari, oposat. *3* DRET estranger.
alienate (to) (ˈeiljəneit) *t.* alienar. *2* apartar [amics, etc.] *3* perdre simpatia.
alienation (ˌeiljəˈneiʃən) *s.* alienació *f.* *2* allunyament *m.* [d'un amic].
alight (əˈlait) *a.* encès. ‖ ***to be ~,*** estar encès. ‖ ***to set ~,*** encendre, calar foc.
alight (to) (əˈlait) *i.* baixar (*from,* de) [un tren, un cavall, etc.]. *2* aterrar, posar-se *p.* [un ocell, etc.].
align (to) (əˈlain) *t.* alinear. ▪ *2 p.* ***to ~ oneself with,*** posar-se al costat de. ▪ *3 i.* alinear-se *p.*
alignment (əˈlainmənt) *s.* alineació *f.*
alike (əˈlaik) *a.* igual; semblant. ▪ *2 adv.* igual, de la mateixa manera.
alimentary (ˌæliˈmentəri) *a.* alimentós, alimentari.
alimony (ˈæliməni) *s.* pensió *f.* alimentària. *2* DRET. aliments *m. pl.*
alive (əˈlaiv) *a.* viu. *2* actiu, enèrgic. *3* ***~ with,*** ple de.
all (ɔːl) *a.* tot. ‖ ***on ~ fours,*** de quatre grapes ‖ ***you, of ~ people,*** tu, precisament! *2* qualsevol: ***at ~ hours,*** a qualsevol hora. ▪ *3 adv.* totalment, completament ‖ col·loq. ***she was ~ excited,*** estava completament entusiasmada. *4* LOC. col·loq. ***~ for,*** a favor de. *5* ***~ -out,*** al màxim, a fons. *6* ***~ over,*** arreu. *7* ***~ right,*** (EUA) ***alright,*** satisfactori, bé; sí, d'acord. *8* ***~ the same,*** malgrat tot. *9* ***~ told,*** tot plegat. *10* ESPORT ***three ~,*** empat a tres. ▪ *11 s.* tot *m.* ***to stake one's ~*** jugar-s'ho tot. ▪ *12 pron.* tot. *13* LOC. ***above ~,*** sobretot; ***after ~,*** després de tot, al final; ***~ in ~,*** fet i fet; ***at ~,*** en absolut; ***not at ~,*** en absolut, gens; no es mereixen.
Allah (ˈælə) REL. *n. pr.* Alà *m.*
allegation (ˌæləˈgeiʃən) *s.* al·legat *m.* *2* DRET. al·legació *f.*.
allege (to) (əˈledʒ) *t.* al·legar; declarar.
allegiance (əˈliːdʒəns) *s.* lleialtat *f.*; fidelitat *f.* [a un govern o governant].
allegory (ˈæligəri) *s.* al·legoria *f.*
allergy (ˈælədʒi) *s.* al·lèrgia *f.*
alleviate (to) (əˈliːvieit) *t.* alleujar, mitigar.
alley (ˈæli) *s.* carreró *m.* ‖ ***blind ~,*** atzucac *m.* *2* camí *m.*
alliance (əˈlaiəns) *s.* aliança *f.*
allied (ˈælaid) *a.* aliat. *2* semblant.
alligator (ˈæligeitəʳ) *s.* ZOOL. caiman *m.*
allocate (to) (ˈæləkeit) *t.* assignar. *2* repartir, distribuir.
allocation (ˌæləˈkeiʃən) *s.* assignació *f.*; repartiment *m.*
allot (to) (əˈlɔt) *t.* assignar; repartir, distribuir.
allotment (əˈlɔtmənt) *s.* assignació *f.* *2* (G.B.) parcel·les *f. pl.* municipals cultivables.
allow (to) (əˈlau) *t.* permetre. *2* donar, concedir. *3* admetre. ▪ *4 i.* ***to ~ for,*** tenir *t.* en compte.
allowance (əˈlauəns) *s.* pensió *f.* *2* subsidi *m.* *3* COM. descompte *m.*, rebaixa *f.* *4* ***to make ~s for,*** tenir en compte, en consideració.
alloy (ˈælɔi) *s.* QUÍM. aliatge *m.*
allude (to) (əˈluːd) *i.* al·ludir; referir-se *p.* (*to,* a).
alluring (əˈljuəriŋ) *a.* seductor, encantador.
allusion (əˈluːʒən) *s.* al·lusió *f.*
ally (ˈælai) *s.* aliat.
ally (to) (əˈlai) *t.-p.* ***to ~(oneself) with*** o ***to,*** aliar-se *p.* amb. *2* ***allied to,*** connectat amb.
almighty (ɔːlˈmaiti) *a.* omnipotent, totpoderós. *2* ***the A~,*** el Totpoderós *m.*
almond (ˈɑːmənd) *s.* ametlla *f.*
almond tree (ˈɑːməndtriː) *s.* ametller *m.*
almanac (ˈɔːlmənæk) *s.* almanac *m.*
almost (ˈɔːlmoust) *adv.* quasi, gairebé.
alms (ɑːmz) *s.* almoina *f.*
alone (əˈloun) *a.* sol. *2* únic. *3* ***let ~,*** ni molt menys, encara menys ▪ *4 adv.* només, únicament: ***that ~ can help us,*** només això ens pot ajudar.
along (əˈlɔŋ) *prep.* per; al llarg de.: ***I was walking ~ the street,*** anava pel carrer. *2* LOC. ***~ here,*** per aquí [direcció]. ▪ *3 adv.* LOC. ***all ~,*** sempre, des del començament ‖ ***~ with,*** amb, conjuntament amb. *4 interj.* ***come ~,*** vinga!
aloof (əˈluːf) *adv.* a part: ***to keep (oneself) ~ (from),*** mantenir-se al marge de. ▪ *2 a.* reservat [caràcter].
aloud (əˈlaud) *adv.* en veu alta.
alphabet (ˈælfəbet) *s.* alfabet *m.*
alpine (ˈælpain) *a.* alpí.
already (ɔːlˈredi) *adv.* ja.
alright (ɔːlˈrɑit) (EUA) Veure ALL 7.
also (ˈɔːlsou) *adv.* també; a més a més.
altar (ˈɔːltəʳ) *s.* altar *m.*
altarpiece (ˈɔːltəpiːs) *s.* retaule *m.*

alter (to) ('ɔːltəʳ) *t.* alterar, canviar, modificar. *2* MAR. ~ ***course,*** canviar la direcció. ▪ *3 i.* canviar.
alteration ('ɔːltə'reiʃən) *s.* alteració *f.*, canvi *m.*, modificació *f.*
alternate (ɔːl'təːnit) *a.* altern, alternatiu: ***on ~ days,*** cada dos dies, un dia sí un dia no.
alternate (to) ('ɔːltəːneit) *t.-i.* alternar.
alternating ('ɔːltəːneitiŋ) *a.* ELECT. alterna [corrent].
alternative (ɔːl'təːnətiv) *a.* alternatiu. *2* GRAM. disjuntiva. [conjunció] ▪ *3 s.* alternativa *f.* [opció]. ▪ *4* **-ly** *adv.* alternativament.
although (ɔːl'ðou) *conj.* encara que; si bé.
altitude ('æltitjuːd) *s.* altitud *f.*, altura *f.*, elevació *f.*
altogether (ˌɔːltə'geðəʳ) *adv.* del tot, enterament. *2* en total, tot plegat, en conjunt.
altruism ('æltruizəm) *s.* altruisme *m.*
aluminium (ˌælju'miniəm) (EUA) (ə'luːminəm) *s.* QUÍM. alumini *m.*
always ('ɔːlweiz) *adv.* sempre ‖ *loc. adv.* ***as ~,*** com sempre.
a. m. ('eiem) (*ante meridiem*) a la matinada, al matí: ***at 9 a. m.*** a les 9 del matí.
amalgam (ə'mælgəm) *s.* amalgama *f.*
amalgamate (to) (ə'mælgəmeit) *t.* amalgamar. ▪ *2 i.* amalgamar-se *p.*
amass (to) (ə'mæs) *t.* acumular, apilar.
amateur ('æmətəʳ) *a.-s.* aficionat, afeccionat.
amaze (to) (ə'meiz) *t.* sorprendre; esbalair. *2* ***to be ~ d at,*** admirar-se *p.* de.
amazement (ə'meizmənt) *s.* sorpresa *f.*; esbalaïment *m.*; admiració *f.*
amazing (ə'meiziŋ) *a.* sorprenent; esbalaïdor; admirable.
Amazon ('æməzən) *s.* MIT. amazona *f.* *2 n. pr.* GEOGR. Amazones *m.*
ambassador (æm'bæsədəʳ) *s.* ambaixador *m.*
ambassadress (æm'bæsədris) *s.* ambaixadriu *f*
amber ('æmbəʳ) *s.* ambre *m.*
ambergris ('æmbəgriːs) *s.* ambre *m.* gris.
ambiguity (ˌæmbi'gjuːəti) *s.* ambigüitat *f.*
ambiguous (æm'bigjuəs) *a.* ambigu. ▪ *2* **-ly** *adv.* ambiguament.
ambition (æm'biʃən) *s.* ambició *f.*
ambitious (æm'biʃəs) *a.* ambiciós.
ambivalent (æm'bivələnt) *a.* ambivalent.
amble (to) ('æmbl) *i.* amblar. *2* caminar a poc a poc [una persona].
ambulance ('æmbjuləns) *s.* ambulància *f.*
ambush ('æmbuʃ) *s.* emboscada *f.*
ambush (to) ('æmbuʃ) *t.* parar o preparar una emboscada. *2* emboscar. ‖ ***to be ~ed,*** caure en una emboscada. ▪ *4 i.* posar-se *p.* a l'aguait.
ameliorate (to) (ə'miːljəreit) *t.-i.* millorar.
amelioration (əˌmiːljə'reiʃən) *s.* millora *f.*, millorament *m.*
amenable (ə'miːnəbl) *a.* dócil; submís.
amend (to) (ə'mend) *t.* esmenar. *2* rectificar, corregir. ▪ *3 i.* esmenar-se *p.*
amendment (ə'mendmənt) *s.* esmena *f.* *2* rectificació *f.*, correcció *f.*
amends (ə'mendz) *s.* reparació; *f.*; compensació *f.* ‖ ***to make ~ for,*** compensar.
amenity (ə'miːnəti) *s.* amenitat *f.* *2* afabilitat *f.* *3 pl.* ***-ies,*** comoditats; equipaments *m.* [de cultura i esbarjo].
American (ə'merikən) *a.-s.* americà. *2* nord-americà.
amethyst ('æmiθist) *s.* ametista *f.*
amiable ('eimiəbl) *a.* amable.
amicable ('æmikəbl) *a.* amistós.
amid (ə'mid) , **amidst** (-st) *prep.* poèt. enmig de, entre.
amiss (ə'mis) *adv.* malament ‖ ***to take something ~,*** agafar-se una cosa malament. ▪ *2 a.* impropi.
ammeter ('æmitəʳ) *s.* ELECT. amperímetre *m.*
ammoniac (ə'mouniæk) *s.* amoníac *m.*
ammunition (ˌæmju'niʃən) *s.* MIL. munició *f.*, municions *f. pl.*
amnesia (æm'niːziə) *s.* amnèsia *f.*
amnesty ('æmnisti) *s.* amnistia *f.*
amoeba (ə'miːbə) *s.* ameba *f.*
among (st) (ə'mʌŋ, -st) *prep.* entre, enmig de.
amoral (ei'mɔrəl) *a.* amoral.
amorous ('æmərəs) *a.* amorós; enamoradís.
amorphous (ə'mɔːfəs) *a.* amorf.
amortize (to) (ə'mɔːtaiz) *t.* amortitzar.
amount (ə'maunt) *s.* total *m.*, suma *f.* *2* quantitat *f.* *3* import *m.*
amount (to) (ə'maunt) *i.* ***to ~ to,*** pujar; equivaler a.
amp (æmp) , **ampere** ('æmpɛəʳ) *s.* ELECT. amper *m.*
amphibian (æm'fibiən) *s.* amfibi *m.* *2* AERON. amfibi *m.*, vehicle *m.* amfibi ▪ 3 *a.* amfibi.
amphibious (æm'fibiəs) *a.* amfibi: ~ ***vehicles,*** vehicles *m.* amfibis; ~ ***operation,*** operació *f.* amfíbia [militar].
amphitheatre, (EUA) **amphitheater** ('æmfiˌθiətəʳ) *s.* amfiteatre *m.*
ample (æmpl) *a.* ampli, espaiós. *2* abundant. *3* suficient. *4* de sobra.
amplification (æmplifi'keiʃən) *s.* amplificació *f.* *2* ampliació *f.*
amplifier ('æmplifaiəʳ) *s.* amplificador.

amplify (to) ('æmplifai) *t.* ampliar, amplificar.
amplitude ('æmplitju:d) *s.* amplitud *f.*
amply ('æmpli) *adv.* ben; àmpliament.
amputate (to) ('æmpjuteit) *t.* amputar.
amputation (ˌæmpju'teiʃən) *s.* amputació *f.*
amulet ('æmjulit) *s.* amulet *m.*
amuse (to) (ə'mju:z) *t.-p.* entretenir; divertir.
amusement (ə'mju:zmənt) *s.* diversió *f.;* entreteniment *m.;* passatemps *m.*
amusing (ə'mju:ziŋ) *a.* divertit; graciós; entretingut.
an (ən, æn) *art. indef.* Veure A.
anachronism (ə'nækrənizəm) *s.* anacronisme *m.*
anaemic (ə'ni:mik) *a.* anèmic.
anagram ('ænəgræm) *s.* anagrama *m.*
analogous (ə'næləgəs) *a.* anàleg.
analogy (ə'nælədʒi) *s.* analogia *f.*, semblança *f.* ‖ ***on the ~ of,*** per analogia amb.
analyse, -ze (to) ('ænəlaiz) *t.* analitzar.
analysis (ə'nælisis) *s.* anàlisi *f.*
analyst ('ænəlist) *s.* analista.
anarchic(al (æ'nɑ:kik, -əl) *a.* anàrquic.
anarchist ('ænəkist) *s.* anarquista.
anarchy ('ænəki) *s.* anarquia *f.*
anathema (ə'næθəmə) *s.* anatema *m.*
anatomy (ə'nætəmi) *s.* anatomia *f.*
ancestor ('ænsestəʳ) *s.* avantpassat *m.*, antecessor.
ancestral (æn'sestrəl) *a.* ancestral. ‖ ~ ***home,*** casa *f.* pairal.
ancestry ('ænsestri) *s.* ascendència *f.;* llinatge *m.*
anchor ('æŋkəʳ) *s.* àncora *f.*
anchor (to) ('æŋkəʳ) *t.* ancorar. ▪ *2 i.* tirar l'àncora, ancorar.
anchorage ('æŋkəridʒ) *s.* ancoratge *m.*
anchovy ('æntʃəvi) *s.* ICT. anxova *f.;* seitó *m.*
ancient ('einʃənt) *a.* antic.: ***the ~s,*** els antics. *2* vell.
ancillary (æn'siləri) *a.* auxiliar; secondari. *2* subordinat.
and (ænd, ənd) *conj.* i.
andiron ('ændaiən) *s.* capfoguer *m.*
Andrew ('ændru:) *n. pr.* Andreu *m.*
anecdote ('ænikdout) *s.* anècdota *f.*
anemone (ə'neməni) *s.* BOT. anemone *f.:* ***sea ~,*** anemone *f.* de mar.
angel ('eindʒəl) *s.* àngel *m.*
angelic(al (æn'dʒelik, -əl) *a.* angèlic, angelical.
anger ('æŋgəʳ) *s.* còlera *f.*, ira *f.*, enuig *m.*
anger (to) ('æŋgəʳ) *t.* enutjar, enfurir.
angle ('æŋgl) *s.* angle *m.* *2* fig. punt *m.* de vista.
angle (to) ('æŋgl) *i.* pescar *t.* amb canya ▪ 2 *t.* enfocar [un informe, les notícies, etc. gralnt. de forma parcial].
angler ('æŋgləʳ) *s.* pescador *m.* [de canya].
angler fish ('æŋgləfiʃ) *s.* ICT. rap *m.*
angling ('æŋgliŋ) *s.* pesca *f.* [amb canya].
Anglo-Saxon (ˌæŋglou'sæksən) *a.-s.* anglosaxó.
angry ('æŋgri) *a.* enfadat, enrabiat, irritat.
anguish ('æŋgwiʃ) *s.* angoixa *f.* [mental]. *2* dolor *m.* agut [corporal].
angular ('æŋgjuləʳ) *a.* angular. *2* angulós.
animadversion ('ænimæd'və:ʃən) *s.* (EUA) crítica *f.*, animadversió *f.*
animadvert (to) (ˌænimæd'və:t) *i.* ***to ~ on someone's action,*** criticar *t.* l'acció d'algú.
animal ('ænimәl) *a.* animal. ▪ *2 s.* animal *m.*
animate ('ænimit) *a.* animat.
animate (to) ('ænimeit) *t.* animar. *2* estimular.
animated ('ænimeitid) *a.* animat: ~ ***cartoons,*** dibuixos *m.* animats.
animation (ˌæni'meiʃən) *s.* animació *f.*
animosity (ˌæni'mɔsiti) *s.* animositat *f.*
ankle ('æŋkl) *s.* ANAT. turmell *m.*
annals ('ænəlz) *s. pl.* annals *m.*
annex ('ænəks) *s.* annex *m.*
annex (to) (ə'neks) *t.* annexar, annexionar.
annexation (ˌænek'seiʃən) *s.* annexió *f.*
annihilate (to) (ə'naiəleit) *t.* anihilar; aniquilar.
annihilation (əˌnaiə'leiʃən) *s.* anihilament *m.;* aniquilament *m.*
anniversary (ˌæni'və:səri) *s.* aniversari *m.*
Anno Domini (ˌænou'dɔminɑi) *s.* Veure A.D.
annotate (to) ('ænouteit) *t.* anotar; postil·lar.
annotation (ˌænou'teiʃən) *s.* anotació *f.*
announce (to) (ə'nauns) *t.* anunciar, fer saber, declarar.
announcement (ə'naunsmənt) *s.* anunci *m.*, avís *m.*, declaració *m.*
announcer (ə'naunsəʳ) *s.* locutor [de ràdio i televisió]. *2* anunciador.
annoy (to) (ə'nɔi) *t.* fer enfadar, molestar.
annoyance (ə'nɔiəns) *s.* molèstia *f.*
annoying (ə'nɔiiŋ) *a.* molest.
annual ('ænjuəl) *a.* anual, anyal.
annuity (ə'nju:iti) *s.* anualitat *f.*, renda *f.* anual. ‖ ***life ~,*** renda *f.* vitalícia.
annul (to) (ə'nʌl) *t.* anul·lar. *2* DRET revocar.
annulment (ə'nʌlmənt) *s.* anul·lació *f.*
anodyne ('ænədain) *a.-s.* anodí *a.*
anoint (to) (ə'nɔint) *t.* untar, ungir [esp. en una cerimònia religiosa].
anomalous (ə'nɔmələs) *a.* anòmal.
anomaly (ə'nɔməli) *s.* anomalia *f.*
anon (ə'nɔn) *adv.* ant. aviat; després.
anonymity (ˌænə'nimәti) *s.* anonimat *m.*

anonymous (ə'nɔniməs) *a.* anònim.
anorak ('ænəræk) *s.* anorac *m.*
another (ə'nʌðəʳ) *a.-pron.* un altre.
answer ('ɑːnsəʳ) *s.* resposta *f.* (*to,* a). ‖ ***in ~ to,*** en resposta a. *2* solució *f.* (*to,* a).
answer (to) ('ɑːnsəʳ) *t.-i.* respondre (a), contestar (a). ‖ ***to ~ the door,*** obrir la porta. *2* ***to ~ back,*** replicar. *3* ***to ~ for,*** respondre de.
answerable ('ɑːnsərəbl) *a.* que té resposta. *2* responsable (*to,* davant o *for,* de).
ant (ænt) *s.* ENT. formiga *f.*
antagonism (æn'tægənizəm) *s.* antagonisme *m.*
antagonist (æn'tægənist) *s.* antagonista, adversari.
antagonize (to) (æn'tægənaiz) *t.* contrariar, enemistar-se *p.* amb.
antarctic (ænt'ɑːktik) *a.* antàrtic. ▪ *2* GEOGR. Antàrtic.
antecedent (ˌænti'siːdənt) *a.* antecedent. ▪ *2 s.* antecedent *m.*
antechamber ('æntiˌtʃeimbəʳ) *s.* antecambra *f.*
antedate (to) (ˌænti'deit) *t.* antedatar. *2* ser anterior.
antelope ('æntiloup) *s.* ZOOL. antílop *m.*
antenatal (ˌænti'neitl) *a.* prenatal.
antenna (æn'tenə) *s.* ZOOL., RADIO. antena *f.* ▲ *pl.* ***antennae*** (æn'teniː) , ***antennas*** (æn'tenas) .
anterior (æn'tiəriəʳ) *a.* anterior.
anteroom ('æntirum) *s.* antesala *f.* *2* sala *f.* d'espera.
anthem ('ænθəm) *s.* REL. antífona *f.* *2* ***national ~,*** himne *m.* nacional.
ant-hill ('ænthil) *s.* formiguer *m.*
anthology (æn'θɔlədʒi) *s.* antologia *f.*
Anthony ('æntəni) *n. pr.* Antoni *m.*
anthracite ('ænθrəsait) *s.* antracita *f.*
anthrax ('ænθræks) *s.* àntrax *m.*
anthropology (ˌænθrə'pɔlədʒi) *s.* antropologia *f.*
anti-aircraft (ˌænti'ɛəkrɑːft) *a.* antiaeri.
antibiotic (ˌæntibai'ɔtik) *a.* antibiòtic. ▪ *2 s.* antibiòtic *m.*
antibody ('æntiˌbɔdi) *s.* anticòs *m.*
anticipate (to) (æn'tisipeit) *t.* comptar amb. *2* gastar per endevant. *3* anticipar-se *p.* (a). *4* prevenir, preveure. *5* esperar.
anticipation (ænˌtisi'peiʃən) *s.* previsió *f.* *2* anticipació *f.* ‖ LOC. ***in ~,*** per endavant. *3* esperança.
anti-climax (ˌænti'klaimæks) *s.* anticlímax *m.*
anti-clockwise (ˌænti'klɔkwaiz) *a.-adv.* en sentit contrari a les agulles del rellotge. *2* TECNOL. ***~ movement,*** moviment *m.* sinistrors.
anticyclone (ˌænti'saikloun) *s.* anticicló *m.*
antidepressant (ˌæntidi'prəsnt) *a.* antidepressiu. ▪ *2 s.* antidepressiu *m.*
antidote ('æntidout) *s.* MED. antídot *m.*
antifreeze ('æntifriːz) *s.* anticongelant *m.*
Antilles (æn'tiliːz) *n. pr.* GEOGR. Antilles.
antinomy ('æntinəmi) *s.* antinòmia *f.*
antipathy (æn'tipəθi) *s.* antipatia *f.*, aversió *f.*
Antipodes (æn'tipədiːz) *s. pl.* GEOGR. Antípodes.
antiquarian (ˌænti'kwɛəriən) *s.* antiquari.
antiquary ('æntikwəri) *s.* antiquari.
antiquated ('æntikweitid) *a.* antiquat.
antique (æn'tiːk) *a.* antic. *2 s.* antiguitat *f.*, antigalla *f.*
antiquity (æn'tikwiti) *s.* antiguitat *f.* *2 pl.* antiguitats *f.*
antiseptic (ˌænti'septik) *a.* MED. antisèptic. ▪ *2 s.* antisèptic *m.*
antisocial (ˌænti'souʃl) *a.* antisocial.
antitank (ˌænti'tæŋk) *a.* MIL. antitanc.
antithesis (æn'tiθəsis) *s.* antítesi *f.*
antler ('æntləʳ) *s.* banya *f.*; banyam *m.*
antonym ('æntənim) *s.* antònim *m.*
Antwerp ('æntwəːp) *n. pr.* Anvers.
anus ('einəs) *s.* ANAT. anus *m.*
anvil ('ænvil) *s.* enclusa *f.*
anxiety (æŋ'zaiəti) *s.* ansietat *f.*, inquietud *f.*; ànsia *f.*; desfici *m.*; fal·lera *f.*
anxious ('æŋkʃəs) *a.* preocupat, inquiet, ansiós. *2* angoixós: ***an ~ moment,*** un moment angoixós. *3* desitjós, desficiós.
any ('eni) *a.* qualsevol, algun: ***you can come ~ day,*** pots venir qualsevol dia. ‖ LOC. ***in ~ case,*** en qualsevol cas. *2 interrog.* algun, cap: ***have you had ~ letters lately?,*** has rebut alguna carta últimament?; ***have you got ~ money?,*** tens diners? *3 neg.* cap. *4* LOC. ***at ~ rate,*** de totes maneres, sigui com sigui. ▪ *5 adv.* ***are you ~ better?,*** et trobes (una mica) millor?; ***she isn't ~ too well,*** no es troba gens bé; ***do you want ~ more?,*** en vols més? ▲ gralnt. no es tradueix. ▪ *6 pron.* algú, algun: ***if there are ~ who can swim,*** si hi ha algú que sàpiga nadar. *7* cap, ningú: ***I haven't got ~,*** no en tinc cap. *8* qualsevol: ***~ of those would do,*** qualsevol d'aquests aniria bé.
anybody ('eniˌbɔdi) *pron.* algú, qualsevol, tothom. *2 neg.* ningú. *3* algú [persona important].
anyhow ('enihau) *adv.* de qualsevol manera. *2* sense ordre, de qualsevol manera [descuidat]. *3* de totes maneres.
anyone ('eniwʌn) *pron.* Veure ANYBODY.
anyplace ('enipleis) *adv.* (esp. EUA) Veure ANYWHERE.
anything ('eniθiŋ) *pron.* alguna cosa, quel-

com. *2* qualsevol cosa, tot. ‖ LOC. ~ ***but,*** tot menys. ‖ col·loq. ***(as) easy as ~,*** molt fàcil.

anyway ('eniwei) *adv.* de totes maneres. *2 interj.* en fi.

anywhere ('eniwɛəʳ) *adv.* a qualsevol lloc, a algun lloc, on sigui. *2 neg.* enlloc.

aorta (ei'ɔ:tə) *s.* ANAT. aorta *f.*

A.P. (ei'pi:) *s.* (Associated Press) premsa *f.* associada.

apart (ə'pɑ:t) *adv.* a part. ‖ ***~from,*** a part de. *2* per separat. *3* separat *a.*

apartheid (ə'pɑ:teit) *s.* apartheid *m.*, segregació *f.* racial [a Sud-Àfrica].

apartment (ə'pɑ:tmənt) *s.* apartament *m.*, pis *m.* *2* cambra *f.* *3* (EUA) ~ ***house,*** bloc *m.* de pisos.

apathetic (ˌæpə'θetik) *a.* apàtic.

apathy ('æpəθi) *s.* apatia *f.*

ape (eip) *s.* ZOOL. simi *m.* ‖ fig. ***to play the ~,*** imitar algú.

ape (to) (eip) *t.* imitar.

aperture ('æpətʃəʳ) *s.* obertura *f.*

apex ('eipeks) *s.* àpex *m.* *2* fig. cim *m.*

aphorism ('æfərizəm) *s.* aforisme *m.*

apiary ('eipjəri) *s.* abellar *m.*

apiece (ə'pi:s) *adv.* cada un. *2* per persona.

apologetic(al (əˌpɔlə'dʒetik, -əl) *a.* contrit, ple de disculpes.

apologize (to) (ə'pɔlədʒaiz) *i.* disculpar-se *p.* (*for,* de; *to,* a).

apology (ə'pɔlədʒi) *s.* disculpa *f.*, excusa *f.* *2* apologia *f.*

apoplexy ('æpəpleksi) *s.* MED. apoplexia *f.*

apostate (ə'pɔsteit) *a.-s.* apòstata.

apostatize (to) (ə'pɔstətaiz) *i.* apostatar.

apostle (ə'pɔsl) *s.* apòstol *m.*

apostleship (ə'pɔslʃip) , **apostolate** (ə'pɔstəlit) *s.* apostolat *m.*

apostolic (ˌæpəs'tɔlik) *a.* apostòlic.

apostrophe (ə'pɔstrəfi) *s.* GRAM. apòstrof *m.*

apostrophize (ə'pɔstrəfaiz) *t.* apostrofar.

apotheosis (əˌpɔθi'ousis) *s.* apoteosi *f.*

appal(l (to) (ə'pɔ:l) *t.* horroritzar. *2* consternar.

appalling (ə'pɔ:liŋ) *a.* espantós, horrorós.

apparatus (ˌæpə'reitəs) *s.* aparell *m.*

apparent (ə'pærənt) *a.* evident. *2* aparent. ▪ *3* **-ly** *adv.* aparentment; sembla ser que. *4* evidentment.

apparition (ˌæpə'riʃən) *s.* aparició *f.*

appeal (ə'pi:l) *s.* ***an ~ for,*** una crida *f.* per. *2* DRET apel·lació *f.* *3* reclamació *f.* [esp. esports]. *4* atractiu *m.*, encant *m.* *5* súplica *f.*, petició *f.*

appeal (to) (ə'pi:l) *i.* fer una crida. *2* DRET apel·lar. *3* recórrer; apel·lar. *4* atreure *t.*, agradar.

appealing (ə'pi:liŋ) *a.* commovedor. *2* atraient, atractiu.

appealingly (ə'pi:liŋli) *adv.* d'una manera suplicant.

appear (to) (ə'piəʳ) *i.* aparèixer. *2* TEAT. sortir, actuar. *3* publicar-se *p.* [un llibre, etc.]. *4* semblar. *5* comparèixer.

appearance (ə'piərəns) *s.* aparició *f.* ‖ ***to make an ~,*** aparèixer. ‖ ***to make one's first ~,*** debutar. [teatre, etc.]. *2* aparença *f.*, aspecte *m.* ‖ ***to keep up ~s,*** salvar les aparences. *3* DRET compareixença *f.*

appease (to) (ə'pi:z) *t.* apaivagar, calmar.

appendage (ə'pendidʒ) *s.* afegidura *f.*, afegit *m.*, addició *f.*

appendicitis (əˌpendi'saitis) *s.* MED. apendicitis *f.*

appendix (ə'pendiks) *s.* apèndix *m.*

appetite ('æpitait) *s.* gana *f.*, apetit *m.;* desig *m.*

appetizer ('æpitaizəʳ) *s.* aperitiu *m.*

appetizing ('æpitaiziŋ) *a.* apetitós.

applaud (to) (ə'plɔ:d) *t.* aplaudir. *2* alabar. ▪ *3 i.* aplaudir.

applause (ə'plɔ:z) *s.* aplaudiment(s *m.*

apple ('æpl) *s.* BOT. poma *f.* *2* ~ ***of one's eye,*** nineta *f.* dels ulls.

apple pie ('æpl'pai) *s.* pastís *m.* de poma.

apple tree ('æplˌtri:) *s.* pomer *m.*

appliance (ə'plaiəns) *s.* aparell *m.*, instrument *m.*, estri *m.* ‖ ***house-hold ~s,*** electrodomèstics *m.*

applicable (ə'plikəbl) *a.* aplicable (*to,* a); apropiat (*to,* a).

applicant ('æplikənt) *s.* sol·licitant, aspirant.

application (ˌæpli'keiʃən) *s.* sol·licitud *f.;* petició *f.* *3* aplicació *f.*

application form (ˌæpli'keiʃnfɔ:m) *s.* imprès *m.* de sol·licitud.

apply (to) (ə'plai) *i.* ***to ~ for,*** sol·licitar *t.*, demanar *t.;* ***to ~ to,*** adreçar-se *p.* a. ▪ *2 t.* aplicar. *3 t.-i.* ***to ~ to,*** concernir *t.*, afectar *t.* *4 i.-p.* ***to ~ (oneself) to,*** aplicar-se a, esforçar-se a.

appoint (to) (ə'pɔint) *t.* fixar [hora, lloc, etc.]. *2* nomenar.

appointment (ə'pɔintmənt) *s.* cita *f.*, compromís *m.*, hora *f.* [amb el metge, etc.]. *2* lloc *m.* de treball. *3 pl.* mobiliari *m.;* equip *m.*

apportion (to) (ə'pɔ:ʃən) *t.* prorratejar; repartir.

appraisal (ə'preizəl) *s.* apreciació *f.*, estimació *f.*, taxació *f.*

appreciable (ə'pri:ʃəbl) *a.* apreciable, sensible.

appreciate (to) (ə'pri:ʃieit) *t.* apreciar, estimar, avaluar. *2* agrair. ▪ *3 i.* augmentar de valor.

appreciation (əˌpriːʃiˈeiʃən) *s.* apreciació *f.*, avaluació *f.* *2* reconeixement *m.* *3* augment *m.* de valor.
apprehend (to) (ˌæpriˈhend) *t.* arrestar, capturar. *2* form. témer. *3* ant. comprendre.
apprehension (ˌæpriˈhenʃən) *s.* temor *m.* *2* comprensió *f.* *3* captura *f.*
apprehensive (ˌæpriˈhensiv) *a.* aprensiu, recelós.
apprentice (əˈprentis) *s.* aprenent.
apprenticeship (əˈprentiʃip) *s.* aprenentatge *m.* [esp. d'un ofici].
approach (əˈproutʃ) *s.* aproximació *f.*, apropament *m.* *2* entrada *f.*, accés *m.* *3* enfocament *m.*, plantejament *m.*
approach (to) (əˈproutʃ) *i.-t.* apropar-se *p.* (a); aproximar-se *p.* (a). *2 t.* fig. enfocar; abordar. *3* dirigir-se *p.* a [algú per alguna qüestió].
approachable (əˈproutʃəbl) *a.* accessible, abordable.
approaching (əˈproutʃiŋ) *a.* proper, pròxim.
appropriate (əˈproupriət) *a.* apropiat, adient.
appropriate (to) (əˈprouprieit) *t.* destinar [a un ús]; assignar [una quantitat]. *2* apropiar-se *p.*
appropriation (əˌproupriˈeiʃən) *s.* apropiació *f.*; assignació *f.* [esp. de diners].
approval (əˈpruːvəl) *s.* aprovació *f.*; consentiment *m.*; vist-i-plau *m.* *2* COM. ***on*** ~, a prova *f.*
approve (to) (əˈpruːv) *t.-i.* ***to*** ~ ***of,*** aprovar *t.* *2 t.* aprovar, confirmar.
approximate (əˈprɔksimət) *a.* aproximat. ▪ *2* **-ly** *adv.* aproximadament.
approximate (to) (əˈprɔksimeit) *i.* aproximar-se *p.* (*to,* a).
approximation (əˌprɔksiˈmeiʃən) *s.* aproximació *f.*
apricot (ˈeiprikɔt) *s.* BOT. albercoc.
apricot tree (ˈeiprikɔtˌtriː) *s.* albercoquer *m.*
April (ˈeipril) *s.* abril *m.*
apron (ˈeiprən) *s.* davantal *m.*
apropos (ˈæprəpou) *a.* oportú. ▪ *2 adv.* a propòsit.
apse (æps) *s.* ARQ. àbsida *f.*
apt (æpt) *a.* apropiat. *2* llest; apte. *3* propens.
aptitude (ˈæptitjuːd) *s.* aptitud *f.* ‖ ~ ***test,*** prova *f.* d'aptitud. *2* capacitat *f.*, facilitat *f.*
aptness (ˈæptnis) *s.* justesa *f.* *2* tendència *f.*
aquarium (əˈkwɛəriəm) *s.* aquàrium *m.*
aquatic (əˈkwætik) *a.* aquàtic. *2* ~***s,*** esports *m.* aquàtics.
aqueduct (ˈækwidʌkt) *s.* aqüeducte *m.*
Arab (ˈærəb) *a.-s.* àrab.
arable (ˈærəbl) *a.* cultivable, de conreu [terra].
arbiter (ˈɑːbitəʳ) *s.* àrbitre [no esports].
arbitrary (ˈɑːbitrəri) *a.* arbitrari. *2* despòtic. ▪ *3* **-ly** *adv.* arbitràriament.
arbitrate (to) (ˈɑːbitreit) *t.-i.* arbitrar *t.*
arbitration (ˌɑːbiˈtreiʃən) *s.* arbitratge *m.*, arbitrament *m.* *2* DRET ***to go to*** ~, recórrer a l'arbitratge.
arc (ɑːk) *s.* arc *m.*
arcade (ɑːˈkeid) *s.* ARQ. arcada *f.* *2* porxos *m. pl.* ‖ ***shopping*** ~, galeria *f.* comercial.
arch (ɑːtʃ) *s.* ARQ. arc *m.*; volta *f.* ▪ *2 a.* ~ ***smile,*** somriure *m.* murri. *3* gran, principal: ~ ***enemies,*** eterns rivals.
arch (to) (ɑːtʃ) *t.* arquejar. ▪ *2 i.* arquejar-se *p.*
archaeology (ˌɑːkiˈɔlədʒi) *s.* arqueologia *f.*
archaic (ɑːˈkeiik) *a.* arcaic.
archaism (ˈɑːkeiizəm) *s.* arcaisme *m.*
archbishop (ˌɑːtʃˈbiʃəp) *s.* arquebisbe *m.*
archduke (ˌɑːtʃˈdjuːk) *s.* arxiduc *m.*
archer (ˈɑːtʃəʳ) *s.* arquer.
archery (ˈɑːtʃəri) *s.* ESPORT tir *m.* amb arc.
archetype (ˈɑːkitaip) *s.* arquetipus *m.*
archipielago (ˌɑːkiˈpeləgou) *s.* arxipèlag *m.*
architect (ˈɑːkitekt) *s.* arquitecte.
architecture (ˈɑːkitektʃəʳ) *s.* arquitectura *f.*
archives (ˈɑːkaivz) *s. pl.* arxiu *m.* [de documents històrics].
archivist (ˈɑːkivist) *s.* arxiver.
archway (ˈɑːtʃwei) *s.* arc *m.* d'entrada; arcada *f.*
Arctic (ˈɑːktik) *a.* GEOGR. àrtic. ▪ *2 s.* Àrtic *m.*
Arctic Circle (ˌɑːktikˈsəːkl) *s.* GEOGR. Cercle *m.* Polar Àrtic.
ardent (ˈɑːdənt) *a.* ardent; apassionat; fervorós.
arduous (ˈɑːdjuəs) *a.* laboriós, difícil [treball]. *2* ardu [un camí, etc.].
are (ɑːʳ) Veure BE (TO).
area (ˈɛəriə) *s.* GEOM. àrea *f.*, superfície *f.* *2* GEOGR. regió *f.*, zona *f.*, àrea *f.*
arena (əˈriːnə) *s.* arena *f.*, cercle *m.* *2* fig. esfera *f.*, terreny *m.*
argue (to) (ˈɑːgjuː) *i.* discutir *t.* (*with,* amb; *about,* sobre), barallar-se *p.* ▪ *2 i.-t.* argüir *i.*, argumentar *i.* ▪ *3 t.* persuadir [mitjançant arguments]. *4* debatre.
argument (ˈɑːgjumənt) *s.* discussió *f.*, disputa *f.* *2* argument *m.*; raonament *m.* *3* argument *m.* [d'un llibre, etc.].
argumentation (ˌɑːgjumenˈteiʃən) *s.* argumentació *f.* *2* discussió *f.*
arid (ˈærid) *a.* àrid [també fig.].
aridity (æˈriditi) *s.* aridesa *f.*
arise (to) (əˈraiz) *i.* aparèixer, sorgir, presentar-se *p.* *2* originar-se *p.* (*from,* en), re-

sultar (*from,* de). *3* ant. llevar-se *p.*, aixecar-se *p.* ▲ Pret.: ***arose*** (ə'rouz); p. p.: ***arisen*** (ə'rizn).
aristocracy (ˌæris'tɔkrəsi) *s.* aristocràcia *f.*
aristocrat (ˌəristəkræt) *s.* aristòcrata.
aristocratic (ˌæristə'krætik) *a.* aristocràtic.
arithmetic (ə'riθmətik) *s.* aritmètica *f.*
ark (ɑ:k) *s.* arca *f.* ‖ ***A~ of the Covenant,*** Arca *f.* de l'Aliança. ‖ ***Noah's A~*** Arca *f.* de Noè.
arm (ɑ:m) *s.* braç *m.* ‖ ***~ in ~,*** de bracet. *2* fig. braç [del mar, cadira, etc.]. *3* MIL. arma *f.* [cossos en què es divideix un exèrcit].
arm (to) (ɑ:m) *t.* armar. ■ *2 i.-p.* armar-se.
armament ('ɑ:məmənt) *s.* MIL. armament *m.*
armband (('ə:mbænd) *s.* braçal *m.*
armchair ('ɑ:mtʃɛəʳ) *s.* butaca *f.*, cadira *f.* de braços.
armful ('ɑ:mful) *s.* braçat *m.*, braçada *f.*
armistice ('ɑ:mistis) *s.* armistici *m.*
armour, (EUA) **armor** ('ɑ:məʳ) *s.* armadura *f.* *2* blindatge *m.*
armourer, (EUA) **armorer** ('ɑ:mərəʳ) *s.* armer *m.*
armoury, (EUA) **armory** ('ɑ:məri) *s.* armeria *f.*
armpit ('ɑ:mpit) *s.* ANAT. aixella *f.*
army ('ɑ:mi) *s.* exèrcit *m.*: ***~ corps,*** cos *m.* de l'exèrcit.
Arnold ('ɑ:nəld) *n. pr.* Arnau *m.*
aroma (ə'roumə) *s.* aroma *f.*
aromatic (ˌærə'mætik) *a.* aromàtic.
around (ə'raund) *adv.* al voltant, a l'entorn. ‖ ***all ~,*** per tot arreu. *3* col·loq. a prop [lloc]. ■ *4 prep.* al voltant de; cap: ***~ nine o'clock,*** cap a les nou.
arouse (to) (ə'rauz) *t.* despertar. *2* excitar, estimular.
arrange (to) (ə'reindʒ) *t.* arranjar; organitzar; posar en ordre. *2* MÚS. arranjar, adaptar. ■ *3 i.* posar-se *p.* d'acord, acordar *t.*, quedar [en alguna cosa].
arrangement (ə'reindʒmənt) *s.* arranjament *m.*; ordre *m.* *2* MÚS. arranjament *m.*, adaptació *f.* *3* acord *m.*, entesa *f.*
arrant ('ærənt) *a.* acabat, consumat.
array (ə'rei) *s.* MIL. ordre *m.*, formació *f.* *2* ornament *m.*, gala *f.*
array (to) (ə'rei) *t.* formar [les tropes]. *2* abillar, vestir: ***~ed like a queen,*** vestida com una reina.
arrears (ə'riəz) *s. pl.* endarreriments *m.*, endarreriatges *m.* [esp. ús econòmic].
arrest (ə'rest) *s.* arrest *m.*, detenció *f.*
arrest (to) (ə'rest) *t.* arrestar, detenir. *2* aturar [un procés, etc.]. *3* cridar [l'atenció].
arrival (ə'raivəl) *s.* arribada *f.* [també s'utilitza per persones].
arrive (to) (ə'raiv) *i.* arribar (*in* o *at,* a) [lloc]. *2* ***to ~ at,*** arribar a [una conclusió, un objectiu].
arrogance ('ærəgəns) *s.* arrogància *f.*
arrogant ('ærəgənt) *a.* arrogant.
arrow ('ærou) *s.* fletxa *f.*, sageta *f.*
arsenal ('ɑ:sənl) *s.* arsenal *m.*
arsenic ('ɑ:sənik) *s.* arsènic *m.*
arson ('ɑ:sn) *s.* DRET incendi *m.* provocat [delicte].
art (ɑ:t) *s.* art *m.*: ***~ and crafts,*** arts i oficis *m.* *2* ***black ~,*** màgia *f.* negra.
artery ('ɑ:teri) *s.* ANAT. artèria. *2* fig. artèria *f.* [carretera, etc.].
artful ('ɑ:tful) *a.* arter, astut. *2* hàbil, destre.
Arthur ('ɑ:θəʳ) *n. pr.* Artur *m.*
artichoke ('ɑ:titʃouk) *s.* carxofa *f.*
article ('ɑ:tikl) *s.* objecte *m.* *2* PERIOD. article *m.* ‖ ***leading ~,*** article *m.* de fons, editorial *m.* *3* GRAM. article *m.*
articulate (ɑ:'tikjulit) *a.* articulat. *2* clar [discurs].
articulate (to) (ɑ:'tikjuleit) *t.-i.* articular *t.*
articulation (ɑ:ˌtikju'leiʃən) *s.* articulació *f.*
artifice ('ɑ:tifis) *s.* artifici *m.*
artificial (ˌɑ:ti'fiʃəl) *a.* artificial. *2* postís. *3* artificial, afectat [persona].
artillery (ɑ:'tiləri) *s.* artilleria *f.*
artilleryman (ɑ:'tilərimən) *s.* artillero *m.*
artist ('ɑ:tist) *s.* artista.
artistic (ˌɑ:'tistik) *a.* artístic.
artless ('ɑ:tlis) *a.* natural, senzill, ingenu.
as (æz, əz) *conj.-adv.* com (que), ja que. *2* quan, mentre. *3* (tal) com; el que. *4* com, igual que. *5 compar.* ~ ... ~, tan... com. *6* LOC. ***~ for*** o ***to,*** quant a.; ***~ from,*** a partir de.; ***~ well,*** també.; ***~ yet,*** encara. ■ *7 prep.* com. ■ *8 pron.* que: ***the same friend ~ I have,*** el mateix amic que jo tinc.
ascend (to) (ə'send) *t.* pujar [muntanya]. *2* remuntar [riu]. ■ *3 i.* pujar, ascendir.
ascendancy, -dency (ə'sendənsi) *s.* domini *m.*; ascendent *m.*
ascendant, -dent (ə'sendənt) *a.* ascendent. *2* predominant. ■ *3 s.* ascendent *m.*
ascension (ə'senʃən) *s.* ascensió *f.*
ascent (ə'sent) *s.* pujada *f.*, ascensió *f.*
ascertain (to) (ˌæsə'tein) *t.* esbrinar; encertir *t.-p.*
ascetic (ə'setik) *a.* ascètic. ■ *2 s.* asceta.
ascribe (to) (ə'skraib) *t.* atribuir (*to,* a).
ash (æʃ) *s.* cendra *f.* *2* BOT. freixe *m.*
ashamed (ə'ʃeimd) *a.* avergonyit. ‖ ***to be ~,*** avergonyir-se *p.* (*of,* de).
ashen ('æʃən) *a.* pàl·lid.
ashtray ('æʃtrei) *s.* cendrer *m.*

ashore (ə'ʃɔːʳ) *adv.* NÀUT. en terra. || ***to go ~,*** desembarcar *t.-i.; **to run ~,*** encallar-se *p.*

Ash Wednesday ('æʃ'wenzdi) *s.* REL. Dimecres *m.* de cendra.

Asia ('eiʃə) *n. pr.* Àsia *f.*

aside (ə'said) *adv.* a part, de costat, de banda. ▪ *2 s.* TEAT. apart *m.*

ask (to) (ɑːsk) *t.* preguntar. *2* ***to ~ for*** o ***of,*** demanar, sol·licitar. || ***don't ~ me!,*** no ho sé!, a mi què m'expliques! *3* convidar, invitar. || ***to ~ someone in,*** fer passar algú, dir-li que entri. ▪ *4 i.* ***to ~ after, about*** o ***for,*** preguntar per, demanar per. *5* ***to ~ for trouble,*** col·loq. ***to ~ for it,*** buscar-se *p.* problemes.

askance (əs'kæns) *adv.* ***to look ~ at,*** mirar amb desconfiança.

askew (əs'kjuː) *adv.* al o de biaix. *2 a.* esbiaixat.

aslant (ə'slɑːnt) *adv.* obliquament, de través. ▪ *2 prep.* a través de.

asleep (ə'sliːp) *a.-adv.* adormit. || ***to be fast ~,*** dormir profundament. || ***to fall ~,*** adormir-se *p.*

ASM ('eies'em) *s.* *(air-to-surface missile)* míssil *m.* aire-terra.

asp (æsp) *s.* ZOOL. àspid *m.*

asparagus (ə'spærəgəs) *s.* BOT. espàrrec *m.*

aspect ('æspekt) *s.* aspecte *m.* *2* orientació *f.* [d'una casa]. *3* GRAM. aspecte *m.*

aspen ('æspən) *s.* BOT. trèmol *m.*

aspersions (ə'spəːʃnz) *s. pl.* ***to cast ~ on somebody,*** calumniar *t.* algú.

asphalt ('æsfælt) *s.* asfalt *m.*

asphalt (to) ('æsfælt) *t.* asfaltar.

asphyxia (æs'fiksiə) *s.* asfíxia *f.*

asphyxiate (to) (æs'fiksieit) *t.* asfixiar.

aspirant (əs'paiərənt) *s.* aspirant, candidat (*to* o *after,* a).

aspiration (ˌæspə'reiʃən) *s.* aspiració *f.* *2* anhel *m.*, desig *m.*

aspire (to) (əs'paiəʳ) *i.* aspirar (*to* o *after,* a).

aspirin ('æsprin) *s.* aspirina *f.*

ass (æs) *s.* ZOOL. ase *m.*, ruc. *2* fig. ruc. *3* (EUA) pop. cul *m.*

assail (to) (ə'seil) *t.* assaltar; atacar. *2* emprendre [una tasca]. *3* importunar, enutjar [amb preguntes, etc.].

assailant (ə'seilənt) *s.* assaltador.

assassin (ə'sæsin) *s.* assassí.

assassinate (to) (ə'sæsineit) *t.* assassinar.

assassination (əˌsæsi'neiʃən) *s.* assassinat *m.*

assault (ə'sɔːlt) *s.* assalt *m.*, assaltament *m.*

assault (to) (ə'sɔːlt) *t.* assaltar.

assemble (to) (ə'sembl) *t.* ajuntar, reunir, agrupar. *2* MEC. muntar. ▪ *3 i.* ajuntar-se *p.*, reunir-se *p.*

assembly (ə'sembli) *s.* assemblea *f.*, (ROSS.) assemblada *f.*, reunió *f.* *2* MEC. muntatge *m.*

assembly hall (ə'semblihɔːl) *s.* sala f. d'actes.

assembly line (ə'semblilain) *s.* MEC. cadena *f.* de muntatge.

assert (to) (ə'səːt) *t.* asseverar, afirmar. *2* mantenir, defensar. *3* fer valer [drets]. ▪ *4 p.* ***to ~ oneself,*** reafirmar-se.

assertion (ə'səːʃən) *s.* asseveració *f.*, afirmació *f.* *2* reivindicació *f.*

assess (to) (ə'ses) *t.* avaluar; preuar. *2* taxar. *3* DRET. acensar.

assessment (ə'sesmənt) *s.* avaluació *f.* *2* taxació *f.*

assessor (ə'sesəʳ) *s.* assessor; taxador.

asset ('æset) *s. pl.* béns *m.: **personal ~s,*** béns *m.* mobles. *2* COM. haver *m.*, actiu *m.* *3* avantatge *m.*

assiduity (ˌæsi'djuːəti) *s.* assiduïtat *f.*

assiduous (ə'sidjuəs) *a.* assidu.

assign (to) (ə'sain) *t.* assignar. *2* atribuir. *3* cedir [propietat, etc.]. *4* nomenar.

assignment (ə'sainmənt) *s.* assignació *f.* *2* atribució *f.* *3* DRET cessió *f.* [d'una propietat, etc.]. *4* tasca *f.*, missió *f.*

assimilate (to) (ə'simileit) *t.* assimilar. ▪ *2 i.* assimilar-se *p.*

assimilation (əˌsimi'leiʃən) *s.* assimilació *f.*

assist (to) (ə'sist) *t.-i.* assistir *t.;* ajudar.

assistance (ə'sistəns) *s.* assistència *f.;* ajut *m.;* auxili *m.* || ***to be of ~ (to),*** ajudar a.

assistant (ə'sistənt) *a.* ajudant; auxiliar. || ***shop- ~,*** dependent *s.* ▪ *2 s.* ajudant.

associate (ə'souʃiət) *a.* associat. *2* (EUA) adjunt [professor]. ▪ *3 s.* soci. *4* còmplice [d'un crim].

associate (to) (ə'souʃieit) *t.-p.* associar (*with,* amb). ▪ *2 i.* relacionar-se *p.* (*with,* amb), fer-se *p.* (*with,* amb).

association (əˌsousi'eiʃən) *s.* associació *f.* *2* COM. societat *f.*

assonance ('æsənəns) *s.* assonància *f.*

assorted (ə'sɔːtid) *a.* assortit, variat. *2* avingut: ***an ill- ~ couple,*** un matrimoni mal avingut.

assortment (ə'sɔːtmənt) *s.* assortiment *m.;* varietat *f.* *2* classificació *f.*

assuage (to) (ə'sweidʒ) *t.* calmar, suavitzar, assuaujar, mitigar.

assume (to) (ə'sjuːm) *t.* suposar. || LOC. ***assuming that,*** suposant que; considerant que. *2* assumir. *3* prendre, adoptar: ***~ a new name,*** adoptar un nom nou.

assumption (ə'sumpʃən) *s.* suposició *f.* || LOC. ***on the ~ that,*** suposant que. *2* assumpció *f.* [d'una responsabilitat, etc.]; presumpció *f.;* fingiment *m.* || ECLES. ***The A~,*** L'Assumpció *f.*

assurance (ə'ʃuərəns) *s.* seguretat *f.* [confiança en un mateix]. *2* garantia *f.; promesa f.* *3* COM. assegurança f. *4* desvergonyiment *m.*
assure (to) (ə'ʃuəʳ) *t.* assegurar.
asterisk ('æstərisk) *s.* asterisc *m.*
astern (əs'tə:n) *adv.* NÀUT. a la popa. *2* NÀUT. cap enrera.
asthma ('æsmə) *s.* MED. asma *f.*
astonish (to) (əs'tɔniʃ) *t.* sorprendre, deixar parat. || ***to be ~ ed,*** sorprendre's *p.*, quedar-se p. parat.
astonishing (əs'tɔniʃiŋ) *a.* sorprenent, xocant.
astonishment (əs'tɔniʃmənt) *s.* sorpresa *f.*, estupefacció *f.*
astound (to) (əs'taund) *t.* esbalair, deixar estupefacte.
astray (ə'strei) *adv.* esp. fig. pel mal camí. ▪ *2 a.* extraviat. || ***to go ~,*** extraviar-se. || ***to lead ~,*** despistar, desencaminar.
astride (ə'straid) *adv.-a.* cama ací, cama allà *loc. adv.* ▪ *2 prep.* sobre.
astringent (əs'trindʒənt) *a.* astringent. *2* fig. dur, sever. ▪ *3 s.* astringent *m.*
astrologer (əs'trɔlədʒəʳ) *s.* astròleg.
astrology (əs'trɔlədʒi) *s.* astrologia *f.*
astronaut ('æstrənɔ:t) *s.* astronauta.
astronomer (əs'trɔnəməʳ) *s.* astrònom.
astronomy (əs'trɔnəmi) *s.* astronomia *f.*
astute (əs'tju:t) *a.* astut.
astuteness (əs'tju:tnis) *s.* astúcia *f.*
asunder (ə'sʌndəʳ) *adv.* liter. separats [dues o més coses]. || ***to tear ~,*** trossejar .
asylum (ə'sailəm) *s.* asil *m.*, refugi *m.* || ***political ~,*** asil *m.* polític. *2* ant. manicomi *m.*
at (æt, ət) *prep.* a, en, per [lloc, posició, direcció]. || ***~ the top of the page,*** dalt de la pàgina. *2* a, per [temps]: ***~ Christmas,*** per Nadal; ***~ two o'clock,*** a les dues. || LOC. ***~ once,*** immediatament. *3* a [valor, cost]: ***~ 12 p. each,*** a 12 penics cadascun. *4* [indicant activitat, manera o condició]: ***to be bad ~ something,*** no valer per a alguna cosa.
ate (et, eit) *pret.* de TO EAT.
A-team ('eiti:m) *s.* equip *m.* A [grup d'experts].
atheism ('eiθiizəm) *s.* ateisme *m.*
atheist ('eiθiist) *s.* ateu.
Athens ('æθənz) *n. pr.* Atenes *f.*
athlete ('æθli:t) *s.* ESPORT atleta.
athletic (æθ'letik) *a.* atlètic.
athletics (æθ'letiks) *s.* ESPORT atletisme *m.*
Atlantic (ət'læntik) *a.* atlàntic. ▪ *2 n. pr.* GEOGR. Atlàntic *m.*
atlas ('ætləs) *s.* GEOGR. atlas *m.*
atmosphere ('ætməsfiəʳ) *s.* atmosfera *f.* *2* ambient *m.*
atoll ('ætɔl) *s.* atol *m.*, atol·ló *m.*
atom ('ætəm) *s.* àtom *m.*
atom bomb ('ætəmˌbɔm) *s.* bomba *f.* atòmica.
atone (to) (ə'toun) *i.* ***to ~ (for),*** expiar *t.*, reparar *t.*
atonement (ə'tounmənt) *s.* expiació *f.*, reparació *f.* || ***to make ~ for a fault,*** reparar una falta.
atrocious (ə'trouʃəs) *a.* atroç. *2* col·loq. espantós, terrible.
atrocity (ə'trɔsiti) *s.* atrocitat *f.*
atrophy ('ætrəfi) *s.* atròfia *f.* **[també fig.]**
atrophy (to) ('ætrəfi) *t.* atrofiar. ▪ *2 i.* atrofiar-se *p.*
attach (to) (ə'tætʃ) *t.* lligar, fermar. *2* enganxar. *3* incloure, adjuntar [documents, etc.]. *4* donar [importància, valor, etc.]. *5* DRET confiscar, embargar. ▪ *6 i.* ***to ~ to,*** correspondre a, pertànyer a. ▪ *7 p.* ***to ~ oneself,*** entrar a formar part de; enganxar-se *p.* a [pejoratiu].
attaché (ətæʃei) *s.* agregat.
attaché case (ə'tæʃiˌkeis) *s.* maletí *m.* [per a documents].
attachment (ə'tætʃmənt) *s.* unió *f.; lligament m.; col·locació f.* *2* accesori *m.*, peça *f.* *3* acoblament *m.* *4* afecte *m.*, estimació *f.* *5* DRET confiscació *f.*, embargament *m.*
attack (ə'tæk) *s.* atac *m.*
attack (to) (ə'tæk) *t.* atacar.
attain (to) (ə'tein) *t.* aconseguir, assolir. ▪ *2 i.* ***to ~ to,*** arribar a.
attainment (ə'teinmənt) *s.* assoliment *m.*, aconseguiment *m.*, consecució *f.* *2 pl.* coneixements *m.*
attempt (ə'tempt) *s.* temptativa *f.*, intent *m.*, prova *f.*
attempt (to) (ə'tempt) *t.* intentar, provar. *2* emprendre. *3* ant. atemptar *i.*
attend (to) (ə'tend) *t.* assistir a *i.*, anar a *i.* [una reunió, classes, etc.]. *2* assistir [una persona], servir, atendre. *3* form. acompanyar. ▪ *4 i.* ***to ~ to,*** atendre, fer atenció a, ocupar-se de. *5* ***to ~ (on*** o ***upon),*** atendre (a).
attendance (ə'tendəns) *s.* assistència *f.*, concurrència *f.; presència f.* *2* MED. assistència *f.* || ***to be in ~,*** estar al servei *m.* de.
attendant (ə'tendənt) *a.* concomitant. *2* assistent. ▪ *3 s.* acompanyant. *4* servidor. *5* assistent.
attention (ə'tenʃən) *s.* atenció *f.* || ***to pay ~,*** fer atenció *f.* *2 pl.* atencions *f.*, detalls *m.* *3* MIL. ***~!,*** ferms!
attentive (ə'tentiv) *a.* atent.
attenuate (to) (ə'tenjueit) *t.* form. atenuar, disminuir.
attenuating (ə'tenjueitiŋ) *a.* atenuant.

attic ('ætik) *s.* golfes *f.pl.* [habitables].
attire (ə'taiəʳ) *s.* liter.-poèt. vestit *m.*
attire (to) (ə'taiəʳ) *t.* ant. vestir.
attitude ('ætitju:d) *s.* postura *f.* [del cos]. *2* actitud *f.*
attorney (ə'tə:ni) *s.* apoderat. *2* (EUA) advocat; fiscal, procurador. *3* ***Attorney General,*** (G.B.) fiscal del Tribunal Suprem; (EUA) ministre *m.* de Justícia.
attract (to) (ə'trækt) *t.* atreure.
attraction (ə'trækʃən) *s.* atracció *f.* *2* atractiu *m.*
attractive (ə'træktiv) *a.* atractiu; atraient.
attribute ('ætribju:t) *s.* atribut *m.*
attribute (to) (ə'tribju:t) *t.* atribuir.
attribution (ˌætri'bju:ʃən) *s.* atribució *f.*
ATV (ˌeiti:'vi:) *s.* *(Associated Television)* televisió *f.* associada.
auburn ('ɔ:bən) *a.* castany rogenc. [esp. cabells].
auction ('ɔ:kʃən) *s.* subhasta *f.*, encant *m.* ‖ ***to put up for ~,*** posar en subhasta *f.*, subhastar *t.*
audacious (ɔ:'deiʃəs) *a.* audaç, atrevit. *2* desvergonyit, descarat.
audacity (ɔ:'dæsiti) *s.* audàcia *f.* *2* pej. atreviment *m.*, barra *f.*
audible ('ɔ:dibl) *a.* oïble, audible.
audience ('ɔ:djəns) *s.* públic *m.*: ~ ***ratings,*** nivells d'audiència [ràdio, TV]. *2* lectors *m. pl.* [d'un escriptor]. *3* form. audiència *f.* [entrevista].
audio-visual (ˌɔ:diou'vizjuəl) *a.* àudio-visual.
audit ('ɔ:dit) *s.* ECON. intervenció *f.*, revisió *f.* [de comptes].
audit (to) ('ɔ:dit) *t.* ECON. intervenir, verificar [comptes].
audition (ɔ:'diʃən) *s.* audició *f.* *2* prova *f.* de veu, dansa, etc.
audition (to) (ɔ:'diʃən) *t.* fer una audició.
auditor ('ɔ:ditəʳ) *s.* interventor; auditor.
auditorium (ˌɔ:di'tɔ:riəm) *s.* auditori *m.*
augur (to) ('ɔ:gəʳ) *t.-i.* augurar *t.*
August ('ɔ:gəst) *s.* agost *m.*
aunt (ɑ:nt) *s.* tia *f.*
au pair (ˌou'pɛəʳ) *s.* au pair.
aura ('ɔ:rə) *s.* auréola *f.* *2* emanació *f.* [de les flors, etc.]. *3* ambient *m.*
aurora (ɔ:'rɔ:rə) *s.* aurora *f.* ‖ ~ ***australis,*** aurora astral. ‖ ~ ***borealis,*** aurora boreal.
auscultate (to) ('ɔ:skəlteit) *t.* MED. auscultar.
auspice ('ɔ:spisiz) *s.* auspici *m.*
auspicious (ɔ:s'piʃəs) *a.* propici; favorable.
austere (ɔs'ti:əʳ) *a.* auster.
austerity (ɔs'teriti) *s.* austeritat *f.*
Australia (ɔs'treiliə) *n. pr.* GEOGR. Austràlia *f.*
Austrian ('ɔstriən) *a.-s.* austríac.
authentic (ɔ:'θentik) *a.* autèntic.
authentically (ɔ:'θentikli) *adv.* autènticament.
authenticity (ˌɔ:θen'tisiti) *s.* autenticitat *f.*
author ('ɔ:θəʳ) *s.* autor, escriptor.
authoritarian (ɔ:ˌθɔri'tɛəriən) *a.* autoritari.
authoritative (ɔ:'θɔritətiv) *a.* autoritzat, amb autoritat. ‖ ***from an ~ source,*** de bona font.
authority (ɔ:'θɔriti) *s.* autoritat *f.* *2* ***the ~ies*** *pl.*, les autoritats *f.*
authorize (to) ('ɔ:θəraiz) *t.* autoritzar.
autobiography (ˌɔ:toubai'ɔgrəfi) *s.* autobiografia *f.*
autocracy (ɔ:'tɔkrəsi) *s.* autocràcia *f.*
autocrat ('ɔ:təkræt) *s.* autòcrata.
autocrime ('ɔ:təkrəim) *s.* DRET robatori *m.* de cotxes o el que contenen.
autograph ('ɔ:təgrɑ:f) *a.-s.* autògraf *m.*
automatic (ˌɔ:tə'mætik) *a.* automàtic.
automatically (ˌɔ:tə'mætikli) *adv.* automàticament.
automaton (ɔ:'tɔmətən) *s.* autòmata.
automobile ('ɔ:təməbi:l) , (EUA) (ˌɔ:təmə'bi:l) *s.* automòbil *m.*
autonomous (ɔ:'tɔnəməs) *a.* autònom.
autonomy (ɔ:'tɔnəmi) *s.* autonomia *f.*
autopsy ('ɔ:tɔpsi) *s.* autòpsia *f.*
autumn ('ɔ:təm) *s.* tardor *f.*
autumnal (ɔ:'tʌmnəl) *a.* tardorenc.
auxiliary (ɔ:g'ziljəri) *a.-s.* auxiliar.
AV (ei'vi:) *s.* *(audio-visual) a.* audiovisual.
Av (ei'vi:) *s.* *(avenue)* Avda., Av. (avinguda).
av. (ei'vi:) *s.* *(average)* mitjana *f.*
avail (ə'veil) *s.* ***it is of no ~,*** no serveix de res; ***it is of little ~,*** serveix de poca cosa; ***to no ~,*** en va, sense cap resultat.
avail (to) (ə'veil) *p.* ***to ~ oneself,*** aprofitar-se, valer-se (*of,* de). ▪ *2 i.* liter. servir.
available (ə'veiləbl) *a.* disponible. ‖ ***are you ~ tomorrow?,*** estàs lliure demà? *2* assequible. *3* vàlid [bitllet].
avalanche ('ævəlɑ:nʃ) *s.* allau *f.* *2* fig. devessall *m.*
avant-garde (ˌævɔn'gɑ:d) *s.* avantguarda *f.*
avarice ('ævəris) *s.* avarícia *f.*
avaricious (ˌævə'riʃəs) *a.* avar, avariciós.
avenge (to) (ə'vendʒ) *t.-p.* venjar.
avenger (ə'vendʒəʳ) *s.* venjador.
avenue ('ævənju:) *s.* avinguda *f.* *2* fig. camí *m.*
average ('ævəridʒ) *s.* mitjana *f.*, terme *m.* mitjà. ‖ ***on an*** o ***the ~,*** de mitjana, per terme mitjà. ▪ *2 a.* mitjà, normal, corrent.
average (to) ('ævəridʒ) *t.* calcular la mitjana de. ▪ *2 i.* fer una mitjana de: ***we ~ 200 miles a day,*** fem una mitjana de 200 milles per dia.

averse (ə'vəːs) *a.* oposat, contrari. || ***he is ~ to work,*** no li agrada gens treballar.
aversion (ə'vəːʃən) *s.* aversió *f.*, repugnància *f.*
avert (to) (ə'vəːt) *t.* apartar (*from,* de) [ulls, pensaments, etc.]. *2* esquivar, impedir [un accident, etc.].
aviary ('eivjəri) *s.* gabial *m.*
aviation (ˌeivi'eiʃən) *s.* aviació *f.*
aviator ('eivieitəʳ) *s.* aviador.
avid ('ævid) *a.* àvid.
avocado (ˌævə'kɑːdou) *s.* BOT. alvocat *m.*
avoid (to) (ə'vɔid) *t.* evitar; esquivar; eludir; defugir: ***to ~ meeting someone,*** evitar o esquivar algú. *2* DRET invalidar.
avoidable (ə'vɔidəbl) *a.* evitable, eludible.
avoidance (ə'vɔidəns) *s.* evitació *f.* *2* DRET invalidació *f.*
avow (to) (ə'vau) *t.* form. admetre, confessar, reconèixer.
avowal (ə'vauəl) *s.* form. confessió *f.*, declaració *f.*
await (to) (ə'weit) *t.* esperar. || ***good times ~ us,*** ens esperen bons temps.
awake (ə'weik) *a.* despert.
awake (to) (ə'weik) *i.* despertar-se *p.* *2* fig. adonar-se *p.*, (BAL.) témer-se *p.* (*to,* de). ■ *3 t.* despertar: ***the noise awoke me,*** el soroll em va despertar. ▲ Pret.: ***awoke*** (ə'wouk); p. p. ***awoken*** (ə'woukn).
awaken (to) (ə'weikən) *t.* despertar. *2* fig. espavilar. || ***to ~ someone to something,*** fer adonar algú d'alguna cosa. ■ *3 i.* despertar-se *p.* *4* fig. espavilar-se *p.*
awakening (ə'weikniŋ) *s.* despertar *m.* || ***a rude ~,*** una sorpresa *f.* desagradable.
award (ə'wɔːd) *s.* DRET sentència *f.* *2* premi *m.* *3* adjudicació *f.*
award (to) (ə'wɔːd) *t.* concedir, atorgar. *2* DRET adjudicar.
aware (ə'wɛəʳ) *a.* ***to be ~ of*** o ***that,*** conscient de o que: ***are you ~ of the situation?,*** ets conscient de la situació? *2* assabentat, coneixedor.
awareness (ə'wɛənis) *s.* consciència *f.*, coneixement *m.*
away (ə'wei) *adv.* lluny: ***the house is two miles ~,*** la casa està a dues milles. || LOC. ***far ~,*** molt lluny [d'aquí]. || ***far and ~,*** de molt, de lluny. || ***from far ~,*** de lluny. *2* fora: ***are you playing at home or ~?,*** jugueu a casa o fora? || ***~ with,*** fora: ***~ with you!,*** ves-te'n! *3* contínuament, sense parar: ***he is working ~,*** no para de treballar. *4* ***right*** o ***straight ~,*** immediatament. ▲ us. amb verbs indica pèrdua, disminució, exhauriment.
awe (ɔː) *s.* temor *m.* *2* respecte *m.* temerós.
awful ('ɔːful) *a.* espantós, terrible. *2* col·loq. lleig, horrorós.
awfully ('ɔːfuli) *adv.* espantosament, terriblement. || ***I'm ~ sorry,*** ho sento moltíssim.
awhile (ə'wail) *adv.* durant una estona. || ***stay ~,*** queda't una estona.
awkward ('ɔːkwəd) *a.* difícil; perillós; delicat; violent; incòmode; inadequat; inoportú. || col·loq. ***an ~ customer,*** un pesat. *2* maldestre, graponer.
awl (ɔːl) alena *f.*
awning ('ɔːniŋ) *s.* vela *f.*, tendal *f.*
awoke (ə'wouk) *pret. i p.p. de* AWAKE.
ax, axe (æks) *s.* destral *f.* || col·loq. ***to get the ~,*** ésser acomiadat d'una feina.
awry (ə'rai) *adv.* de través, mal posat. || ***to go ~,*** sortir malament, fracassar. ■ *2 a.* tort.
ax, axe (to) (æks) *t.* col·loq. reduir, retallar [els costos, el pressupost]. *2* acomiadar.
axiom ('æksiəm) *s.* axioma *m.*
axiomatic (ˌæksiə'mætik) *a.* axiomàtic.
axis ('æksis) *s.* eix *m.* *2* ANAT. axis *m.*
axle ('æksl) *s.* eix *m.* [d'una roda]; arbre *m.* [d'una màquina].
axle-box ('ækslbɔks) *s.* TECNOL. caixa *f.* de l'eix *m.*
azure ('æʒəʳ) *a.* poèt. blau cel. ■ *2 s.* atzur *m.*

B

B, b (biː) *s.* b *f.* [lletra]. *2* MÚS. si *m.* ‖ ***B flat,*** si bemol. ▲ *pl.* ***B's, b's*** (biːz).

B.A. (biː'ei) *s.* *(Bachelor of Arts)* llicenciat en filosofia i lletres. *2* *(British Academy)* acadèmia *f.* britànica. *3* *(British Airways)* companyia *f.* aèria britànica.

baa (bɑː) *s.* bel *m.*

baa (to) (bɑː) *i.* belar.

babble ('bæbl) *s.* murmuri *m.*, remor *f.*, barbull *m.* *2* balboteig *m.;* barboteig *m.*

babble (to) ('bæbl) *i.* balbotejar; barbotejar. *2* murmurejar, murmurar [d'un rierol, etc.]. ■ *3* *t.* barbollar, xerrar. *4* revelar [un secret].

babbler ('bæbləʳ) *s.* xerraire; bocamoll.

babel ('beibəl) *s.* babel *f.*, xivarri *m.* *2* ***Tower of Babel,*** torre *f.* de Babel.

baboon (bə'buːn) *s.* ZOOL. babuí *m.*, papió *m.*

baby ('beibi) *s.* criatura *f.*, nen, bebè *m.* *2* benjamí. *3* pop. nena *f.*, monada *f.*

babyish ('beibiiʃ) *a.* pej. infantil, de nen, pueril.

baby-sit (to) ('beibisit) *i.* fer de cangur [de nens].

baby-sitter ('beibiˌsitəʳ) *s.* cangur [de nens].

baby-sitting ('beibiˌsitiŋ) *s.* tenir cura de nens.

bachelor ('bætʃələʳ) *s.* solter *m.*, celibatari ‖ ~ ***girl,*** soltera *f.* *2* llicenciat [universitat].

bacillus (bə'siləs) *s.* bacil *m.* ▲ *pl.* ***bacilli*** (bə'silai).

back (bæk) *s.* ANAT. esquena *f.* *2* llom *m.* [d'un animal, d'un llibre]. *3* respatller *m.* *4* dors *m.*, revers *m.* *5* darrera *m.;* fons *m.* *6* ESPORTS defensa *f.* ■ *7* *a.* de darrera, posterior. *8* endarrerit.

back (bæk) *t.* reforçar. *2* ***to ~ (up),*** donar suport. *3* apostar a [cavalls, etc.]. *4* tirar enrera, fer anar enrera [un cotxe, un cavall, etc.]. ■ *5* *i.* retrocedir. *6* fig. ***to ~ out,*** fer-se enrera [en una promesa].

back (bæk) *adv.* endarrera, enrera, (VAL.) arrere. *2* enrera, en el passat: ***years ~,*** anys enrera. *3* de tornada: ***journey ~,*** viatge de tornada. ‖ ***when will she be ~?,*** quan tornarà? *4* [sentit de tornar, retornar]: ***don't answer ~!,*** no contestis!

backbencher ('bækbentʃəʳ) *s.* diputat que no forma part del consell de ministres.

backbite (to) ('bækbait) *i.-t.* criticar *t.* [a l'esquena]. ▲ Pret.: ***backbit;*** p. p.: ***backbit*** o ***-bitten*** (ˌbækbit, -n).

backbone ('bækboun) *s.* ANAT. espinada *f.*, columna *f.* vertebral. *2* fig. puntal *m.*, pal *m.* de paller.: ***such men are the ~ of the country,*** homes com aquests són els puntals del país. *3* fig. caràcter *m.*, nervi *m.*

back-breaking ('bækbreikiŋ) *a.* esgotador, extenuant [un treball].

backchat ('bæktʃæt) *s.* col·loq. rèplica *f.*, comentari *m.* impertinent.

backer ('bækəʳ) *s.* apostador. *2* partidari. *3* COM. avalador.

background ('bækgrəund) *s.* fons *m.* [d'una vista, escena, etc.]. ‖ ***the political and social ~,*** el rerafons *m.* polític i social. *2* bagatge [cultural, etc., d'una persona]. *3* origen *m.*, antecedents *m. pl.* [d'una persona, una situació].

backhand ('bækˌhænd) *a.* ESPORT amb el dors de la mà: ~ ***shot*** o ***stroke,*** revés *m.* ■ *2* *s.* revés *m.*

backhanded (ˌbæk'hændid) *a.* amb el dors de la mà. *2* fig. ambigu; sarcàstic.

backing ('bækiŋ) *s.* suport *m.*, recolzament *m.* [moral i físic]. *2* seguidors *pl.*

backlog ('bæklɔg) *s.* endarreriments *m. pl.;* acumulació *f.* de feina.

back number ('bæk'nʌmbəʳ) *s.* número *m.* endarrerit [d'una publicació, etc.].

back pay ('bækpei) *s.* pagaments *m. pl.* endarrerits, endarreriatges *m. pl.*

backside ('bækˌsaid) *f.* col·loq. cul *m.*

backslide (to) ('bæk,slaid) *i.* reincidir, recaure. *2* fig. desencaminar-se *p.*
backward ('bækwəd) *a.* retrògrad: ***a ~ movement,*** un moviment endarrera. *2* endarrerit, retardat [un país, un nen, etc.]. *3* tímid.
backwards ('bækwədz) *adv.* (cap) enrera, (VAL.) arrere. *2* al revés. *3* ~ ***and forward(s,*** d'un cantó a l'altre. *3* ***to know something ~,*** conèixer una cosa perfectament.
backwater ('bæk,wɔ:tə^r) *s.* rabeig *m.* *2* fig. recés *m.*
bacon ('beikən) *s.* cansalada *f.* viada; bacó *m.*
bacterium (bæk'tiəriəm) *s.* bacteri *m.* ▲ *pl.* ***bacteria*** (bæk'tiəriə).
bad (bæd) *a.* dolent, (VAL.) roín; mal [davant de substantiu]. *2* desagradable. *3* greu, seriós. *4* podrit. *5* malalt. *6* col·loq. ***to feel ~ about,*** saber greu. *7* ***not (so) ~,*** força bé: ***how are you? not (so) ~,*** com estàs? anar fent. ■ *8 s.* dolent: ***from ~ to worse,*** com més va pitjor. ■ *9* **-ly** *adv.* mal, malament. *10* per molt. *11* de totes, totes.
bade (beid) Veure BID (TO).
badge (bædʒ) *s.* insígnia *f.*, distintiu *m.* *2* símbol *m.*
badger ('bædʒə^r) *s.* ZOOL. teixó *m.*
badger (to) ('bædʒə^r) *t.* empipar [esp. per aconseguir alguna cosa].
badminton ('bædmintən) *s.* ESPORT bàdminton *m.*
badness ('bædnis) *s.* maldat *f.*
bad-tempered (,bæd'tempəd) *a.* malhumorat, geniüt.
baffle (to) ('bæfl) *t.* desconcertar, confondre.
bag (bæg) *s.* bossa *f.* *2* sac *m.*, saca *f.* *3* CINEG. cacera *f.*
bag (to) (bæg) *t.* posar dins una bossa, ensacar. *2* col·loq. embutxacar-se *p.* *3* caçar. ■ *4 i.* fer bossa [els pantalons, etc.].
baggage ('bægidʒ) *s.* equipatge *m.* *2* bagatge *m.* [d'un exèrcit].
baggy ('bægi) *a.* folgat, que fa bossa.
bagpipe ('bægpaip) *s.* MÚS. gaita *f.*
Bahamas (bə'hɑ:məz) *n. pr.* GEOGR. Bahames *f. pl.* [les illes].
bail (beil) *s.* DRET fiança *f.* ‖ ***to be out on ~,*** estar en llibertat sota fiança.
bail (to) (beil) *t.* ***to ~ somebody out,*** aconseguir la llibertat d'algú sota fiança. ■ *2 t.-i.* NÀUT. treure l'aigua d'una embarcació.
bailiff ('beilif) *s.* DRET agutzil *m.*, algutzir *m.* *2* administrador [d'un terratinent].
bait (beit) *s.* esquer *m.*, esca *f.*, carnada *f.* *2* fig. esquer *m.*, cimbell *m.*, reclam *m.*
bait (to) (beit) *t.* esquerar, posar un esquer. *2* fig. fer la guitza, turmentar.
baize (beiz) *s.* tapet *m.* verd.
bake (to) (beik) *t.* coure [en el forn]. ‖ ***~d potatoes,*** patates al forn. *2* fig. torrar-se *p.* [al sol]. ■ *3 i.* coure, coure's *p.*
baker (,beikə^r) *s.* forner. ‖ ***~'s,*** forn *m.* [de pa], fleca *f.*
baker's dozen (,beikəz'dʌzn) *s.* dotzena *f.* de frare, tretze.
bakery ('beikəri) *s.* forn *m.* [de pa], fleca *f.*
baking ('beikiŋ) *s.* cocció *f.*: ***~-time,*** temps de cocció. ■ *2 a.* ***~-hot,*** molt calorós.
baking powder ('beikiŋ,paudə) *s.* llevat *m.* en pols.
balance ('bæləns) *s.* balança *f.*, balances *f. pl.* *2* balanç *m.*, equilibri *m.* [físic, mental, etc.]: ***to keep one's ~,*** mantenir l'equilibri. *3* COM. saldo *m.*
balance (to) ('bæləns) *t.* sospesar [un problema, etc.]. *2* comparar, contrastar. *3* equilibrar. *4* COM. saldar. ■ *5 i.* equilibrar-se *p.* *7* COM. anivellar-se *p.*
balanced ('bælənst) *a.* equilibrat: ***a ~ diet,*** una dieta *f.* equilibrada.
balance sheet ('bælənsʃi:t) *s.* COM. balanç *m.*
balcony ('bælkəni) *s.* balcó *m.* *2* TEAT. amfiteatre *m.*
bald (bɔ:ld) *a.* calb. ‖ ***to go ~,*** quedar-se calb. *2* fig. pelat [un paisatge, etc.]. *3* fig. sobri [estil]. ■ *4* **-ly** *adv.* fig. de manera directa.
baldness ('bɔ:ldnis) *s.* calvície *f.*, calbesa *f.*
bale (beil) *s.* bala *f.*, paca *f.* [de llana, palla, etc.].
bale (to) (beil) *t.* embalar, empacar.
Balearic Islands (,bæli'ærik 'ailəndz) *n. pr.* GEOGR. Illes Balears *f. pl.*
baleful ('beilful) *a.* perniciós, funest, sinistre.
balk (bɔ:k) *s.* biga *f.* *2* contratemps *m.*
balk (to) (bɔ:k) *t.* obstaculitzar, impedir [intencionadament]. ■ *2 i.* ***to ~ (at),*** negar-se *p.* a anar endavant; vacil·lar.
Balkan ('bɔ:lkən) *a.* balcànic. ■ *2 n. pr.* GEOGR. ***the ~s,*** els Balcans *m.*
ball (bɔ:l) *s.* pilota *f.* *2* bola *f.* ‖ ***to be on the ~,*** ésser espavilat. *3* ball *m.* de gala. *4 pl. pop.* ous *m.*, collons *m.*
ballad ('bæləd) *s.* LIT.-MÚS. balada *f.*
ballast ('bæləst) *s.* llast *m.* [també fig.], balast *m.*
ballast (to) ('bæləst) *t.* llastar.
ballet ('bælei) *s.* ballet *m.*
ballistic (bə'listik) *a.* balístic.
ballistics (bə'listiks) *s.* balística *f.*
balloon (bə'lu:n) *s.* globus *m.*

ballot ('bælət) *s.* papereta *f.* [per votar]. *2* votació *f.* || ***to take a ~ on,*** pasar a votació.
ballot (to) ('bælət) *i.* votar.
ballot box ('bælət,bɔks) *s.* urna *f.*
balm (bɑ:m) *s.* bàlsam *m.*
balmy ('bɑ:mi) *a.* balsàmic. *2* fig. suau, reconfortant.
balsam ('bɔ:lsəm) *s.* bàlsam *m.*
Baltic Sea ('bɔ:ltik'si:) *n. pr.* GEOGR. Mar *f.* Bàltica.
baluster ('bæləstəʳ) *s.* ARQ. balustre *m.*
balustrade (,bæləs'treid) *s.* ARQ. balustrada *f.*
bamboo (bæm'bu:) *s.* BOT. bambú *m.*
ban (bæn) *s.* prohibició *f.*, interdicció *f.*, proscripció *f.*
ban (to) (bæn) *t.* prohibir, interdir, proscriure.
banal (bə'nɑ:l) *a.* banal.
banality (bə'næləti) *s.* banalitat *f.*
banana (bə'nɑ:nə) *s.* plàtan *m.*, banana *f.*
banana tree (bə'nænə,tri:) *s.* plataner *m.*, bananer *m.*
band (bænd) *s.* banda *f.*, tira *f.*, cinta *f.* *2* sanefa *f.* *3* MÚS. banda *f.*, orquestra *f.* *4* colla *f.*, banda *f.* || ***to climb*** o ***to jump on the ~ wagon,*** posar-se *p.* al costat del més fort, seguir el corrent.
band (to) (bænd) *t.* lligar, fermar. *2* ***to ~ together*** o ***with,*** ajuntar. ▪ *3 i.* ajuntar-se *p.*
bandage ('bændidʒ) *s.* bena *f.*, embenat *m.*
bandage (to) ('bændidʒ) *t.* embenar.
bandit ('bændit) *s.* bandit *m.*, bandoler *m.*
bandoleer (,bændə'liəʳ) *s.* bandolera *f.*
bandy (to) ('bændi) *t.* intercanviar [paraules, insults, etc.]. || ***to ~ a story about,*** passar-ho de boca en boca.
bandy-legged ('bændi,legd) *a.* garrell.
bane (bein) *s.* verí *m.* [només en paraules compostes]. *2* fig. perdició, ruïna *f.*
baneful ('beinful) *a.* funest, perniciós, nociu.
bang (bæŋ) *s.* cop *m.*, trompada *f.* *2* soroll *m.*, estrèpit *m.* *3* explosió *f.*, detonació *f.* ▪ *4 adv.* col·loq. justament, exactament: ***he arrived ~ on time,*** va arribar a l'hora exacta. ▪ *5 interj.* pam!, patapam! [cop, caiguda], paf! [bofetada].
bang (to) (bæŋ) *t.-i.* donar cops, copejar *t.* [amb soroll], donar-se *p.* cops. *2* ***to ~ about,*** malmetre. *3* ***to ~ down,*** llançar amb fúria. ▪ *4 i.* espetegar.
bangle ('bæŋgl) *s.* braçalet *m.*, polsera *f.*, anella *f.*
banish (to) ('bæniʃ) *t.* desterrar (*from,* de). *2* deixar de banda.
banishment ('bæniʃmənt) *s.* desterrament *m.*, exili *m.*
banister ('bænistəʳ) *s.* barana *f.*, passamà *m.* ▴ *esp. pl.*
banjo ('bændʒou) *s.* MÚS. banjo *m.* ▴ *pl.* ***banjoes, banjos.***
bank (bæŋk) *s.* COM. banc. *2* banca *f.* [en el joc]. *3* riba *f.*, vora *f.*, marge *m.* *4* terraplè *m.* *5* ***sand ~,*** banc *m.* de sorra. *6* piló [de neu]. *7* peralt *m.* [carretera].
bank (to) (bæŋk) *t.* amuntegar [terra, etc.]. *2* canalitzar [un riu, etc.]. *3* COM. dipositar [en un banc]. *4* decantar [un avió]. ▪ *5 i.* decantar-se *p.* *6* ***to ~ on,*** comptar amb. *7* ***to ~ up,*** amuntegar-se *p.*
banker ('bæŋkəʳ) *s.* COM. banquer.
bank holiday (,bænk'hɔlədei) *s.* dia *m.* festiu.
banking ('bæŋkiŋ) *s.* COM. banca *f.*
bankrupt ('bæŋkrʌpt) *a.* insolvent, fallit. || ***to go ~,*** anar a la bancarrota. *2* ***~ in*** o ***of,*** mancat de. ▪ *3 s.* ECON. bancarrota *f.*
bankruptcy ('bæŋkrəptsi) *s.* fallida *f.*, crac *m.*, bancarrota *f.* ▴ *pl.* ***-cies.***
bank switching ('bænk,switʃiŋ) *s.* INFORM. commutació *f.* de bancs.
banner ('bænəʳ) *s.* pancarta *f.* *2* esp. fig. senyera *f.*, bandera *f.* *3* REL. pendó *m.* *4* PERIOD. ***~ headlines,*** grans titulars *m.*
banns (bænz) *s.* amonestacions *f. pl.*
banquet ('bæŋkwit) *s.* banquet *m.*
banter ('bæntəʳ) *s.* burla *f.*, broma *f.* simpàtica.
banter (to) ('bæntəʳ) *t.* burlar-se *p.* de, fer burla *f.* ▪ *2 i.* bromejar.
baptism ('bæptizəm) *s.* baptisme *m.* [sagrament]. *2* bateig *m.*
baptismal (bæp'tizməl) *a.* baptismal.
baptize (to) (bæp'taiz) *t.* batejar.
bar (bɑ:ʳ) *prep.* col·loq. llevat de, tret de. || ***~ none,*** sense excepció.
bar (bɑ:ʳ) *s.* barra *f.* [ús. general]. *2* barrot *m.* *3* barrera *f.* *4* fig. obstacle *m.* *5* MÚS. compàs *m.;* línea *f.* divisòria. *6* franja *f.*, raig *m.* [de color, llum]. *7* DRET tribunal *m.*
bar (to) (bɑ:ʳ) *t.* barrar [una porta]. *2* obstruir. *3* excloure (*from,* de). *4* col·loq. impedir; prohibir.
barb (bɑ:b) *s.* llengüeta *f.* [d'una sageta, d'un ham].
Barbados (bɑ:'beidɔs) *n. pr.* GEOGR. Barbados *f.*
barbarian (bɑ:'bɛəriən) *a.-s.* bàrbar *m.*
barbarism ('bɑ:bərizəm) *s.* barbàrie *f.* *2* GRAM. barbarisme *m.*
barbarity (bɑ:'bæriti) *s.* barbaritat *f.* ▴ *pl.* ***barbarities.***
barbarous ('bɑ:bərəs) *a.* bàrbar, cruel.
barbecue ('bɑ:bikju:) *s.* barbacoa *f.*
barbed (bɑ:bd) *a.* provist de pues.

barbed wire (ˌbɑːbd'waiəʳ) *s.* filferro *m.* de punxes o espinós.
barber ('bɑːbəʳ) *s.* barber *m.*: *~'s shop,* barberia *f.*
bar code (bɑː'koud) *s.* codi *m.* de barres.
bard (bɑːd) *s.* bard *m.*
bare (bɛəʳ) *a.* descobert; despullat. *2* pelat [paisatge]. *3* gastat [per l'ús]. *4* senzill, sense ornaments [estil]. *5* buit. *6* escàs.
bare (to) (bɛəʳ) *t.* despullar; descobrir.
barefaced ('bɛəfeist) *a.* descarat, poca-vergonya.
barefoot ('bɛəfut), **barefooted** ('bɛəfutid) *adv.-a.* descalç *a.*
bareheaded (ˌbɛə'hedid) *a.* amb el cap descobert.
barely ('bɛəli) *adv.* a penes, gairebé no. *2* escassament, pobrament.
bareness ('bɛənis) *s.* nuesa *f.*
bargain ('bɑːgin) *s.* tracte *m.* [de negocis]; pacte *m.;* acord *m.* [laboral]. *2* ***into the ~,*** a més a més. *3* COM. ganga *f.*, ocasió *f.*: ***~ price,*** preu *m.* de saldo; ***~ sale,*** venda *f.* de saldos *m. pl.*, liquidació *f.*
bargain (to) ('bɑːgin) *i.* negociar. *2* ***to ~ for,*** esperar *t.*, comptar amb. ▪ *3 t.* negociar; regatejar. *4* ***to ~ away,*** sacrificar.
barge (bɑːdʒ) *s.* NÀUT. barcassa *f.*, gavarra *f.* *2* MIL. falua.
bark (bɑːk) *s.* BOT. escorça *f.* *2* ZOOL. lladruc *m.* ‖ ***his ~ is worse than his bite,*** crida molt però no mossega. *3* tos *f.* forta. *4* poèt. barca *f.*
bark (to) (bɑːk) *t.* escorçar, pelar. *2* fig. ***to ~ (out) an order,*** donar una ordre cridant. ▪ *3 i.* bordar (*at,* a). *4* ***to ~ up the wrong tree,*** equivocar-se *p.*
barley ('bɑːli) *s.* BOT. ordi *m.*
barm (bɑːm) *s.* llevat *m.* de cervesa.
barmaid ('bɑːmeid) *s.* cambrera *f.*
barmy ('bɑːmi) *a.* col·loq. (G.B.) sonat, guillat.
barman ('bɑːmən) *s.* bàrman *m.*, cambrer *m.*
barn (bɑːn) graner *m.*, paller *m.* *2* (EUA) estable *m.*
barnacle ('bɑːnəkl) *s.* cast. ZOOL. percebe *m.*, peu *m.* de cabra.
barn yard ('bɑːn jɑːd) *s.* corral *m.*
barometer (bə'rɔmitəʳ) *s.* baròmetre *m.*
baron ('bærən) *s.* baró *m.* *2* fig. (EUA) magnat *m.*, potentat *m.*
baroness ('bærənis) *s.* baronesa *f.*
baronet ('bærənit) *s.* baronet *m.*
baroque (bə'rɔk) *a.* barroc. ▪ *2 s.* barroc *m.*
barracks ('bærəks) *s. pl.* quarter *m. sing.*, caserna *f. sing.*
barrage ('bærɑːʒ) *s.* resclosa *f.*, presa *f.* *2* MIL. línia *f.* de foc.
barrel ('bærəl) *s.* barril *m.*, bóta *f.* *2* canó *m.* [d'artilleria]. *3* MEC. cilindre *m.* *4* MÚS. ***~ organ,*** orgue *m.* de maneta.
barrel (to) ('bærəl) *t.* embotar.
barren ('bærən) *a.* estèril, eixorc, infecund: ***~ land,*** terra *f.* improductiva.; ***~ of,*** mancat de. *2* fig. infructuós; estèril.
barricade (ˌbæri'keid) *s.* barricada *f.*
barricade (to) (bæri'keid) *t.* ***to ~ (in*** o ***off),*** aixecar barricades. ▪ *2 p.* ***to ~ oneself,*** parapetar-se.
barrier ('bæriəʳ) *s.* barrera *f.* *2* fig. obstacle *m.*
barring ('bɑːriŋ) *prep.* excepte.
barrister ('bæristəʳ) *s.* (G.B.) advocat.
barrow ('bærou) *s.* carretó *m.*
barrow-boy ('bærouboi) *s.* venedor *m.* ambulant de fruita, etc.
Bart. (bɑːt) *m.* (abrev. ***baronet***) baronet.
barter ('bɑːtəʳ) canvi *m.*, permuta *f.*, barata *f.*
barter (to) ('bɑːtəʳ) *t.-i.* canviar *t.*, permutar *t.* *2* fig. ***to ~ away,*** malvendre *t.*
Bartholomew (bɑː'θɔləmjuː) *n. pr. m.* Bartomeu.
basalt ('bæsɔːlt) *s.* MINER. basalt *m.*
base (beis) *a.* baix, infame. ▪ *2 s.* base *f.*
base (to) (beis) *t.* basar, fundar (*on,* en). ▪ *2 p.* ***to ~ (oneself),*** basar-se.
baseball ('beisbɔːl) *s.* ESPORT beisbol *m.*
baseless ('beislis) *a.* sense fonament.
basement ('beismənt) *s.* soterrani *m.*
bash (bæʃ) *s.* cop *m.* violent. ‖ col·loq. ***to have a ~ at something,*** intentar alguna cosa.
bash (bæʃ) *t.* col·loq. etzibar, descarregar un cop *m.* [contra algú o algun objecte].
bashful ('bæʃful) *a.* vergonyós, tímid. ▪ *2* **-ly** adv. tímidament.
bashfulness ('bæʃfulnis) *s.* vergonya *f.*, timidesa *f.*
basic ('beisik) *a.* bàsic, fonamental, elemental.
Basil ('bæzl) *n. pr. m.* Basili.
basilica (bə'zilikə) *s.* basílica *f.*
basilisk ('bæzilisk) *s.* ZOOL., MITOL. basilisc *m.*
basin ('beisn) *s.* palangana *f.;* gibrell *m.* *2* lavabo *m.* *3* bol *m.* *4* GEOG. conca *f.* *5* dàrsena *f.*
basis ('beisis) *s.* base *f.*, fonament *m.* ‖ ***on the ~ of,*** partint de. ▲ *pl.* ***bases*** ('beisiːz).
bask (to) (bɑːsk) *i.* ***to ~ in the sunshine,*** prendre el sol. *2* fig. gaudir (*in,* de).
basket ('bɑːskit) *s.* cistell *m.*, cabàs *m.* *2* cistella *f.;* cove *m.* ‖ ***waste-paper ~,*** paperera. *3* ESPORT cistella *f.*
basket ball ('bɑːskitbɔːl) *s.* ESPORT bàsquet *m.*
Basle (bɑːl) *n. pr.* GEOGR. Basilea *f.*

Basque ('bæsk), ('bɑ:sk) *a.-s.* basc: ~ ***Country,*** País *m.* Basc.
bas-relief (ˌbæsri'li:f) *s.* ART baix relleu *m.*
bass (bæs) *s.* ICT. llobarro *m.*, llobina *f.*
bass (beis) *a.* MÚS. baix. ▪ *2 s.* MÚS. baix *m.* [cantant, instrument] ‖ ***double*** ~, contrabaix *m.*
bassoon (bə'su:n) *s.* MÚS. fagot *m.*, baixó *m.*
bastard ('bɑ:stəd) *a.-s.* bastard. *2 s.* pop. fill de puta.
baste (to) (beist) *t.* embastar. *2* CUI. enllardar. *3* apallissar, estomacar.
bat (bæt) *s.* ZOOL. rat-penat *m.* *2* ***to have ~s in the belfy,*** estar tocat de l'ala. *3* ESPORT pal *m.* [cricket, etc.], pala *f.* [ping-pong]. *4* ***off one's own*** ~, pel propi compte, sense ajuda.
bat (to) (bæt) *t.-i.* ESPORT pegar, copejar [amb la pala]. *2* fig. ***not to ~ an eyelid,*** no immutar-se *p.;* no poder aclucar els ulls.
batch (bætʃ) *s.* fornada *f.* *2* sèrie *f.*, remesa *f.* [de béns]. *3* piló *m.* [de cartes]. *4* grup *m.* [de persones].
bath (bɑ:θ) *s.* bany *m.* ‖ ***to have a ~,*** banyar-se *2* banyera *f.* *3 pl.* banys *m.* [turcs, públics, etc.].
bathe (to) (beið) *t.* banyar [una ferida, els ulls, etc.]. ‖ ***to be ~d in,*** estar banyat en. ▪ *3 i.* banyar-se *p.*
bather ('beiðəʳ) *s.* banyista.
bathing ('beiðiŋ) *s.* bany *m.*
bathing costume ('beiðiŋˌkɔstju:m), **bathing suit** ('beiðiŋˌsu:t) *s.* vestit *m.* de bany.
bathrobe ('bɑ:θroub) *s.* barnús *m.*
bath room ('bɑ:θrum) *s.* lavabo *m.;* cambra *f.* de bany *m.*
bathtub ('bɑ:θtʌb) *s.* banyera *f.*
baton ('bætən) *s.* porra *f.* [policia]. *2* MÚS. batuta *f.* *3* bastó *m.* de comandament. *4* ESPORT testimoni *m.* [cursa de relleus].
batsman ('bætsmən) *s.* ESPORT jugador de cricket o beisbol.
battalion (bə'tæljən) *s.* batalló *m.*
batten ('bætn) *s.* llistó *m.*, travesser *m.*
batten (to) ('bætn) *i.* ***to ~ on*** o ***upon,*** engreixar-se *p.;* fig. viure a costa de.
batter ('bætəʳ) *s.* CUI. pasta *f.* [per arrebossar].
batter (to) ('bætəʳ) *t.* apallissar. *2* batre [del vent, les onades]. *3* masegar. *4* ***to ~ down,*** tirar a terra [una porta, etc.]. *5* ***to ~ about,*** maltractar.
battered ('bætəd) *a.* espatllat, fet malbé. *2* maltractat: ~ ***child,*** nen maltractat.
battery ('bætəri) *s.* MIL., ELECT., CUI. bateria *f.* *2* ELECT. pila *f.*
battle ('bætl) *s.* batalla *f.*, combat *m.* *2* fig. batalla *f.* ‖ ***to do ~ for,*** lluitar per. ‖ ***to fight a losing ~,*** lluitar per una causa *f.* perduda. ‖ ***to give*** o ***offer ~,*** moure guerra *f.*
battle (to) ('bætl) *i.* combatre (*with* o *against,* contra), (*for,* per).
battlefield ('bætlfi:ld) *s.* camp *m.* de batalla.
battlements ('bætlmənts) *s. pl.* ARQ. merlets *m.*
battleship ('bætlʃip) *s.* MIL. cuirassat *m.*
bauble ('bɔ:bl) *s.* galindaina *f.;* quincalla *f.*
Bavaria (bə'vɛəriə) *n. pr.* GEOGR. Baviera *f.*
Bavarian (bə'vɛəriən) *a.* GEOGR. bavarès.
bawdy ('bɔ:di) *a.* obscè, indecent. ‖ ~ ***talk,*** conversa *f.* picant.
bawl (to) (bɔ:l) *i.-t.* cridar. ‖ ***to ~ out,*** vociferar. ‖ ***to ~ someone out,*** esbroncar *t.* algú.
bay (bei) *s.* BOT. llorer *m.:* ~ ***wreath,*** corona de llorer. *2* GEOGR. badia *f.;* golf *m.* [gran]. *3* ARQ. nau *f.* [trens; industrial]. *4* ARQ. intercolumni *m.* *5* lladruc. *6* ***at ~,*** acorralat ‖ ***to keep someone at ~,*** tenir algú a ratlla.
bay (to) (bei) *i.* lladrar, udolar [esp. gos de caça].
bayonet ('beiənit) *s.* baioneta *f.*
bay window (ˌbei'windou) *s.* ARQ. finestra *f.* balconera.
bazaar (bə'zɑ:ʳ) *s.* basar *m.* *2* venda *f.* benèfica.
bazooka (bə'zu:kə) *s.* MIL. bazooka *m.*, llançagranades.
B.B.C. (bi:bi:'si:) *s.* *(British Broadcasting Corporation)* corporació *f.* britànica de radiotelevisió.
B.C. (bi:'si:) *(before Christ)* a.C. (abans de Crist).
be (to) (bi:) *i.* ésser, ser. *2* estar. *3* tenir: ***he is ten,*** té deu anys; ***I'm cold,*** tinc fred; ***she's right,*** té raó. *4* fer: ***it's hot,*** fa calor; ***it's sunny,*** fa sol. *5 impers.* (amb ***there***) haver-hi: ***there is,*** hi ha *sing.;* ***there are,*** hi ha *pl.* *6 aux.* (passiva) ***he is hated,*** l'odien; (pres. continu) ***I'm studying,*** estic estudiant; (fut. immediat) ***we are coming,*** venim, vindrem; (indicant obligació) ***I am to go out,*** he de marxar. ▪ ***to ~ after,*** perseguir, buscar; ***to ~ at,*** estar fent; ***to ~ away,*** ser fora [per alguns dies]; ***to ~ in,*** ser-hi [a casa, a l'oficina, etc.]; ***to ~ off,*** anar-se'n *p.*, començar; cancel·lar; acabar-se *p.;* passar-se *p.* [el menjar]; ***to ~ up,*** haver-se o estar llevat. ▲ CONJUG. INDIC. Pres. ***I am*** (æm, əm, m), ***you are*** (ɑ:ʳ, ɑʳ, əʳ), ***he is*** (iz, z, s), ***we are,*** etc. | Pret.: ***I, he was*** (wɔz, wəz), ***you, we, they were*** (wə:ʳ, wəʳ). ‖ SUBJ. Pres.: ***be.*** | Pret.: ***were.*** ‖ Part. Pas.: ***been*** (bi:n, bin). ‖ GER.: ***being*** ('bi:iŋ).
beach (bi:tʃ) *s.* platja *f.*
beach (to) (bi:tʃ) *t.* treure una embarcació del mar.

beachwear ('bi:tʃwɛəʳ) *s.* vestits *m.* de platja.
beacon ('bi:kən) *s.* alimara *f.* *2* far *m.* *3* MAR., AVIA. balisa *f.*
bead (bi:d) *s.* gra *m.* [de rosari; collaret]. *2* gota *f.* *3 pl.* collaret *m. sing.;* rosari *m. sing.*
beadle ('bi:dl) *s.* bidell *m.* *2* REL. ant. macer *m.*
beak (bi:k) *s.* bec *m.* [de l'au, etc.]. *2* nas *m.* ganxut. *3* col·loq. magistrat.
beam (bi:m) *s.* biga *f.*, travesser *m.* *2* raig *m.* [de llum, de sol]. *3* NÀUT. bau *m.;* mànega *f.* *4* fig. somriure *m.* *5* camastró *m.* [de balança]. *6* timó *m.* [de l'arada].
beam (to) (bi:m) *t.* emetre [llum, calor, senyals ràdio]. ▪ *2 i.* brillar. *3* fig. somriure.
beaming ('bi:miŋ) *a.* somrient; radiant.
bean (bi:n) *s.* mongeta *f.*, (VAL.) fesol *m.*: ***broad ~s,*** faves *f.; **French ~s,*** mongetes *f.* verdes. *2* mongetera *f.*
bear (bɛəʳ) *s.* ZOOL. ós, (ROSS.) urs. *2* ASTR. ***the Great and Little Bear,*** L'Ossa *f.* Major i Menor. *3* COM. baixista [en borsa].
bear (to) (bɛəʳ) *t.* portar. *2* tenir. *3* suportar, aguantar. *4* donar; proporcionar. *5* donar a llum: ***she was born in Liverpool,*** va néixer a Liverpool. *6* sentir (*against* o *towards,* envers o cap a). *7* merèixer. *8* ***to ~ in mind,*** tenir present. ▪ *9 i.* dirigir-se *p.* a. *10* tombar. *11* suportar, sostenir. ▪ ***to ~ down,*** vèncer; córrer (*on* o *upon,* cap a); ***to ~ out,*** confirmar, corroborar; ***to ~ up,*** resistir, aguantar *(against, —).* ▲ Pret.: ***bore*** (bɔ:ʳ); p. p. ***borne; born*** (bɔ:n) [nascut].
bearable ('bɛərəbl) *a.* suportable, tolerable, passable.
beard (biəd) *s.* barba *f.*: ***he has a ~,*** porta barba *f.* *2* BOT. aresta *f.*
bearded ('biədid) *a.* barbut, amb barba.
beardless ('biədlis) *a.* imberbe, barbamec.
bearer ('bɛərəʳ) *s.* portador. *2* mosso *m.* [per encàrrecs]. *3* arbre *m.* fructífer: ***a poor ~,*** un arbre de pocs fruits.
bearing ('bɛəriŋ) *s.* comportament *m.;* conducta *f.;* maneres *f. pl.* *2* aspecte(s *m.* [d'una qüestió]. *3* relació *f.*, connexió *f.* *4* aguant *m.*: ***beyond all ~,*** insuportable, intolerable. *4 pl.* orientació *f.* ***to lose one's ~s,*** desorientar-se. [també fig.]. *5* MEC. coixinet *m.*
beast (bi:st) *s.* bèstia *f.*, animal *m.* [també persona]. ‖ fig. ***it is a ~ of a job,*** és una feina espantosa.
beastly (bi:stli) *a.* bestial. *2* col·loq. horrible, desagradable. ▪ *3 adv.* de manera desagradable.
beat (bi:t) *s.* batec *m.* [del cor]; pulsació *f.* [cops o sons regulars]. *2* toc *m.* [de tambor]. *3* MÚS. ritme *m.* *4* ronda *f.*: ***policemen on the ~,*** policies fent la ronda *f.* pel carrer. *5* fig. ***to be off*** (o ***out of***) ***one's ~,*** no ser el fort [d'algú].
beat (to) (bi:t) *t.* copejar o picar repetidament [esp. amb un pal]; pegar, (ROSS.) trucar. ‖ ***to ~ somebody up,*** apallissar algú. *2* MÚS. marcar el temps. *3* batre [les ales, els ous]. *4* derrotar, guanyar. *5* confondre, deixar perplex. ▪ *6 i.* batre, donar cops (*against,* contra) [del vent, etc.]. *7* bategar [del cor, etc.]. ▲ Pret.: ***beat*** (bi:t); p. p. ***beaten*** (bi:tn).
beatify (to) (bi'ætifai) *t.* REL. beatificar.
beating ('bi:tiŋ) *s.* pallisa *f.* [de cops]. *2* derrota *f.* *3* batec *m.* [del cor]; pulsació *f.*
beatitude (bi'ætitju:d) *s.* beatitud *f.* *2* REL. *pl.* ***the Beatitudes,*** les Benaurances.
beatnik ('bi:tnik) *s.* beatnik.
Beatrice ('biətris) *n. pr. f.* Beatriu.
beautician (bju:'tiʃn) *s.* esteticista *f.*
beautiful ('bju:tiful) *a.* bonic, cast. maco. *2* preciós, meravellós. ▪ *3* **-ly,** *adv.* meravellosament.
beautify (to) ('bju:tifai) *t.* embellir.
beauty ('bju:ti) *s.* bellesa *f.*
beauty spot ('bju:tispɔt) *s.* piga *f.* *2* contrada *f.* de gran bellesa.
beaver ('bi:vəʳ) *s.* ZOOL. castor *m.*
became (bi'keim) Veure BECOME (TO).
because (bi'kɔz) *conj.* perquè: ***I did it ~ they asked me to do it,*** ho vaig fer perquè m'ho van demanar. ▪ *2 prep.* ***~ of,*** a causa de.
beckon (to) ('bekən) *t.* cridar gesticulant, fer signes. ▪ *2 i.* ***to ~ to,*** cridar fent signes a, fer signes a.
become (to) (bi'kʌm) *i.* esdevenir, fer-se *p.*, tornar-se *p.;* convertir-se *p.;* posar-se *p.* ‖ ***to ~ angry,*** empipar-se *p.* ‖ ***to ~ of,*** fer-se'n *p.*: ***what has ~ of your brother?,*** què se n'ha fet del teu germà? ▪ *3 t.* afavorir; escaure *i.*: ***this behaviour doesn't ~ you,*** aquesta conducta no t'escau. ▲ Pret.: ***became*** (bi'keim); p. p.: ***become*** (bi'kʌm).
becoming (bi'kʌmiŋ) *a.* que cau bé, escaient; apropiat.
bed (bed) *s.* llit. ‖ ***to go to ~,*** anar a dormir. *2* GEOGR. llit *m.* [d'un riu], llera *f.* *3* GEOL. estrat *m.* *4* JARD. massís *m.*, parterre *m.*
bed (to) (bed) *t.* fixar, col·locar, encastar. *2* ***to ~ down,*** fer un jaç per a *3* ***to ~ out*** o ***to ~ in,*** plantar.
bedaubed (bi'dɔ:bd) *a.* ***~ (with),*** empastifat [amb fang, guix, etc.].
bedbug ('bedbʌg) *s.* ENT. xinxa *f.*
bedcover ('bedkʌvəʳ) *s.* vànova *f.*, cobrellit *m.*
bedding ('bediŋ) *s.* roba de llit, llençols. *2* jaç *m.* de palla [per a animals].

bedecked (bi'dekt) *a.* ~ ***(with)***, decorat, adornat [amb flors, joies, etc.].
bedhead ('bedhed) *s.* capçal *m.*, capçalera *f.*
bedlam ('bedləm) *s.* fig. rebombori *m.* *2* ant. manicomi *m.*
bed linen ('bedlinin) *s.* llençols *m.*, roba *f.* de llit.
Bedouin ('beduin) *a.-n. pr.* GEOGR. beduí.
bedpan ('bedpæn) *s.* orinal *m.*, gibrelleta *f.*
bedraggled (bi'drægld) *a.* brut; moll [esp. roba].
bedridden ('bed,ridn) *a.* obligat a fer llit per debilitat o vellesa.
bedroom ('bedrum) *s.* dormitori *m.*, habitació *m.*, cambra *f.*
bedside ('bedsaid) *s.* capçal *m.*, capçalera *f.*
bedside table (,bedsaid'teibl) *s.* tauleta *f.* de nit.
bedside manner (,bedsaid'mænə) *s.* tracte *m.* amb un malalt.
bedstead ('bedsted) *s.* carcassa *f.* del llit.
bee (bi:) *s.* abella. *2* ***to have a ~ in one's bonnet***, tenir una dèria. *3* (EUA) reunió *f.* social.
beech (bi:tʃ) *s.* BOT. faig *m.*
beechnut ('bi:tʃnʌt) *s.* faja *f.*
beef (bi:f) *s.* carn *f.* de bou i de vaca. *2* múscul *m.* [de l'home].
beef (to) (bi:f) *i.* col·loq. queixar-se *p.*
beef cattle ('bi:fkætl) *s.* bestiar *m.* boví.
beefsteak ('bi:fsteik) *s.* bistec *m.*
beehive ('bi:haiv) *s.* rusc *m.*
bee-line ('bi:lain) *s.* línia *f.* recta. ‖ ***to make a ~ for***, anar de dret a.
been (bi:n, bin) Veure BE (TO).
beer (biəʳ) *s.* cervesa *f.*: ***draught ~***, cervesa de barril. *2* ***he thinks no small ~ of himself***, té una opinió *f.* molt elevada de si mateix.
beeswax ('bi:zwæks) *s.* cera *f.* d'abella.
beet (bi:t) *s.* BOT. planta *f.* d'arrel dolça: ***red ~***, remolatxa f., ***white ~***, bleda-rave *f.*
beetle ('bi:tl) *s.* ENT. escarabat *m.*
beetroot ('bi:tru:t) *s.* BOT. remolatxa *f.*
beetle-browed ('bi:tlbraud) *a.* cellut.
befall (to) (bi'fɔ:l) *t.-i.* passar *i.*, passar a *i.*, ocórrer *i.* ▲ només s'usa en tercera persona. Pret.: ***befell*** (bi'fel) p.p.: ***befallen*** (bi'fɔ:lən).
befit (to) (bi'fit) *t.* form. correspondre a *i.*; venir bé a *i.* ▲ només s'usa en tercera persona.
befitting (bi'fitiŋ) *a.* convenient.
before (bi'fɔ:ʳ) *adv.* abans. *2* (per) endavant [espai i temps]. ■ *3 prep.* abans de. ‖ ***~ long***, aviat. *4* davant de [ordre]. *5* en presència de, davant de. *6* abans que [indicant preferència]. ■ *7 conj.* abans que.
beforehand (bi'fɔ:hænd) *adv.* per endavant *loc. adv.*, anticipadament: ***I made preparations ~***, vaig fer els preparatius amb antelació.
befriend (to) (bi'frend) *t.* socórrer, ajudar; fer-se *p.* amic [esp. d'algú necessitat].
beg (to) (beg) *t.* pregar, demanar, suplicar. ■ *2 i.* demanar caritat. *3* gosar. ‖ ***I ~ to inform you that***, tinc el gust de fer-li saber que.
began (bi'gæn) Veure BEGIN (TO).
beget (to) (bi'get) *t.* engendrar. *2* fig. engendrar, ocasionar. ▲ Pret.: ***begot*** (bi'gɔt); p. p.: ***begotten*** (bi'gɔtn).
beggar ('begəʳ) *s.* captaire, mendicant. *2* col·loq. ***you lucky ~!***, quina sort que tens paio!; ***poor ~!***, pobre home!
beggar (to) ('begəʳ) *t.* arruinar, empobrir.
beggarly ('begəli) *a.* pobre, miserable; mesquí.
begin (to) (bi'gin) *t.-i.* començar, iniciar. *2 t.* ***to ~ to*** [+ inf.] o ***to ~*** [+ ger.], començar a *i.* *3* ***to ~ at***, començar a partir de, des de; ***to ~ with***, per començar, en primer lloc. ▲ Pret.: ***began*** (bi'gæn); p. p.: ***begun*** (bi'gʌn); ger.: ***beginning*** (bi'giniŋ).
beginner (bi'ginəʳ) *s.* principiant.
beginning (bi'giniŋ) *s.* començament *m.*, principi *m.* ‖ ***at the ~ of the book***, al començament del llibre. ‖ ***in the ~ I was lost***, al principi anava perdut.
begone (bi'gɔn) *interj.* fora! ▲ només s'usa com imperatiu.
begot (bi'gɔt), **begotten** (bi'gɔtn) Veure BEGET (TO).
begrimed (bi'graimd) *a.* brut.
beguile (to) (bi'gail) *t.* enganyar; ensibornar; seduir. *2* entretenir-se *p.*, distreure's *p.*
begun (bi'gʌn) Veure BEGIN (TO).
behalf (bi'hɑ:f) *s.* ***on ~ of***, en nom *m.* de, en representació *f.* de.
behave (to) (bi'heiv) *i.* comportar-se *p.*, portar-se *p.*: ***~ yourself!***, porta't bé!. *2* funcionar [un cotxe, etc.].
behaviour (bi'heivjəʳ) *s.* conducta *f.* comportament *m.*
behead (to) (bi'hed) *t.* decapitar.
beheading (bi'hediŋ) *s.* decapitació *f.*
beheld (bi'held) Veure BEHOLD (TO).
behind (bi'haind) *adv.* darrera, per darrera. ‖ ***to fall*** o ***lag ~***, quedar-se enrera. ‖ ***to leave ~***, deixar, deixar enrera. ■ *2 prep.* darrera (de). ‖ ***to be*** o ***lie ~***, ésser la causa o explicació de. *3* per sota [inferior].
behindhand (bi'haind,hænd) *adv.-a.* endarrerit *a.*, amb retard *adv.*
behold (to) (bi'hould) *t.* ant. liter. esguardar. ▲ Pret. i p. p.: ***beheld*** (bi'held).

beige (beiʒ) *s.* beix *m.* ▪ *2 a.* beix, de color *m.* beix.
being ('bi:iŋ) *s.* ésser *m.*, ser *m.*: ***human ~,*** ésser humà; ***The Supreme ~,*** l'ésser suprem. ‖ ***to bring into ~,*** crear, engendrar. ‖ ***to come into ~***, néixer, començar a existir. ▲ *ger. de* BE (TO).
belated (bi'leitid) *a.* tardà: ***a ~ greeting card,*** una felicitació *f.* tardana. ▪ *2* **-ly** *adv.* tardanament.
belch (beltʃ) *s.* eructe *m.*, rot *m.*
belch (to) (beltʃ) *i.* eructar, fer rots. ▪ *2 t.* ***to ~ out,*** vomitar foc o flames [un volcà, etc.].
beleaguer (to) (bi'li:gəʳ) *t.* assetjar.
belfry ('belfri) *s.* campanar *m.*
Belgian ('beldʒən) *a.-s.* GEOGR. belga.
Belgium ('beldʒəm) *n. pr.* GEOGR. Bèlgica *f.*
Belgrade (bel'greid) *n. pr.* GEOGR. Belgrad *f.*
belie (to) (bi'lai) *t.* desmentir, contrariar. *2* defraudar [una promesa, una esperança, etc.].
belief (bi'li:f) *s.* creença *f.* ‖ ***beyond ~,*** increïble *a.* *2* confiança *f.* ‖ ***in the ~ that,*** amb el convenciment *m.* que. *3* fe *f.*
believe (to) (bi'li:v) *t.* creure; pensar *t.-p.* ▪ *2 i.* creure; confiar (*in,* en). ‖ ***to make ~,*** fer *t.* creure, fingir *t.*
believer (bi'li:vəʳ) *s.* REL. creient. *2* partidari.
belittle (to) (bi'litl) *t.* menysprear, donar poca importància.
bell (bel) *s.* campana *f.*; campaneta *f.*; cascavell *m.*; esquella *f.* *2* timbre *m.*: ***to ring the ~,*** tocar el timbre ‖ col·loq. fig. ***it rings a ~,*** em sona.
bellboy ('belbɔi) *s.* mosso *m.*, grum *m.*
belle (bel) *s.* beutat *f.*
bell hop ('belhɔp) *s.* (EUA) mosso *m.*, grum *m.*
bellicose ('belikous) *a.* bel·licós.
bellied ('belid) *a.* esp. ***pot- ~,*** panxut.
belligerent (bi'lidʒərənt) *a.-s.* bel·ligerant.
bellow (to) ('belou) *i.* bramar, bramular, rugir. ▪ *2 t.* ***to ~ (out),*** dir o cantar cridant.
bellows ('belouz) *s. pl.* manxa *f.*
belly ('beli) *s.* col·loq. ventre *m.*, panxa *f.* *2* panxa [d'animals i coses]: ***the ~ of a plane,*** la panxa de l'avió.
belly (to) ('beli) *t.* inflar [les veles]. ▪ *2 i.* inflar-se *p.* [les veles].
belly-ache ('belieik) *s.* mal *m.* d'estómac.
belly-ache (to) ('belieik) *t.* col·loq. queixar-se *p.*
belly button ('beli,bʌtn) *s.* col·loq. melic *m.*
bellylanding ('belilændiŋ) *s.* AERON. aterratge *m.* de panxa.
belong (to) (bi'lɔŋ) *i.* pertànyer (*to,* a), ser (*to,* de). *2* ser de [nadiu, resident]. *3* ser soci, ser membre (*to,* de). *4* anar [lloc apropiat]: ***this book ~s on that shelf,*** aquest llibre va en aquell prestatge. *5* adir-se *p.*, combinar *t.* bé.
belongings (bi'lɔŋiŋz) *s. pl.* béns *m.*, objectes *m.* personals: ***my ~,*** les meves coses *f.*
beloved (bi'lʌvd) *a.* estimat. ▪ *2 a.-s.* (bi'lʌvid) estimat: ***my ~,*** el meu estimat.
below (bi'lou) *adv.* sota, davall, dessota. ▪ *2 prep.* sota, per sota. *3* inferior, per sota. ‖ ***~ zero,*** sota zero.
belt (belt) *s.* cinturó *m.*, cinyell *m.* faixa *f.* *2* GEOGR. cinturó *m.*, zona *f.* *3* MEC. corretja *f.* de transmissió.
bemoan (to) (bi'moun) *t.* liter. lamentar, plorar.
Ben (ben) *n. pr. m.* (dim. ***Benjamin***) Benjamí.
bench (bentʃ) *s.* banc *m.* [de pedra, de fusta, etc.]. *2* DRET ***The Bench,*** tribunal. *3* banc *m.* de fuster.
bend (bend) *s.* corba *f.*; revolt *m.*: ***a sharp ~,*** una corba *f.* tancada. *2* meandre *m.* [d'un riu]. *3* inclinació *f.* [del cos].
bend (to) (bend) *t.* corbar, doblegar, torçar. *2* inclinar. *3* dirigir; concentrar [esforç, atenció, etc.]. ▪ *4 i.* inclinar-se *p.* *5* sotmetre ('s. ▲ Pret. i p. p.: ***bent*** (bent).
bending ('bendiŋ) *s.* corba *f.*; flexió *f.*
Benedict ('benidikt) *n. pr. m.* Benet.
Benedictine (,beni'diktin) *a.-s.* REL. benedictí.
benediction (,beni'dikʃən) *s.* benedicció *f.*
beneath (bi'ni:θ) *adv.-prep.* lit. sota, baix. *adv.* *2* indigne *a.* de. *3* inferior *a.* a.
benefaction (,beni'fækʃən) *s.* bona obra *f.* *2* almoina *f.*, donació *f.*
benefactor ('benifæktəʳ) *s.* benefactor.
beneficial (,beni'fiʃəl) *a.* form. beneficiós, profitós.
beneficiary (,beni'fiʃəri) *s.* beneficiari.
benefit ('benifit) *s.* benefici *m.*, profit *m.*, utilitat *f.* ‖ ***for the ~ of,*** en benefici de. *2* subsidi *m.*: ***unemployment ~,*** subsidi *m.* d'atur.
benefit (to) ('benifit) *t.* beneficiar. ▪ *2 i.* beneficiar-se *p.* (*from* o *by,* de).
benevolence (bi'nevələns) *s.* benevolència *f.*, generositat *f.*
benevolent (bi'nevələnt) *a.* benèvol (*to* o *towards,* amb). ▪ *2* **-ly** *adv.* benèvolament.
benign (bi'nain) *a.* benigne. *2* favorable.
benignant (bi'nignənt) *a.* form. benigne, bondadós.
bent (bent) Veure BEND (TO). *2 a.* tort. *3* pop. deshonest. *4* ***to be ~ on,*** estar fer-

mament disposat a. ▪ *5 s.* inclinació *f.*, tendència *f.*
benumb (to) (bi'nʌm) *t.* entumir.
benzine ('benzi:n) *s.* QUÍM. benzina *f.*
bequeath (to) (bi'kwi:ð) *t.* llegar, deixar.
bequest (bi'kwest) *s.* llegat *m.*, donació *f.*
bereave (to) (bi'ri:v) *t.* privar, desposseir de. ▴ Pret. i p. p.: ***bereaved*** (bi'ri:vd) o ***bereft*** (bi'reft).
bereavement (bi'ri:vmənt) *s.* pèrdua *f.* [d'una persona]. *2* dol *m.*
bereft (bi'reft) Veure BEREAVE (TO).
beret ('berei) *s.* boina *f.*
Berlin (bə:'lin) *n. pr.* GEOGR. Berlín *m.*
Berliner (bə:'linəʳ) *s.* GEOGR. berlinès.
Bermuda (bə:'mju:də) *n. pr.* GEOGR. Bermudes *f. pl.* [les illes].
Bernard ('bə:nəd) *n. pr. m.* Bernat.
Berne (bə:n) *n. pr.* GEOGR. Berna *f.*
berry ('beri) *s.* baia *f.*; gra *m.*
berserk (bə'sə:k) *a.* fig. ***to go ~,*** perdre els estreps.
Bert (bə:t) *n. pr. m.* fam. (abrev. ***Albert, Herbert,*** etc.)
berth (bə:θ) *s.* llitera *f.* [tren, vaixell, etc.]. *2* NÀUT. cabina *f.* *3* NÀUT. amarrador *m.*
berth (to) (bə:θ) *t.-i.* NÀUT. donar *t.* cabina. *2 t.* amarrar.
beseech (to) (bi'si:tʃ) *t.* liter. implorar, suplicar. ▴ *Pret.* i *p. p.*: ***besought*** (bi'sɔ:t).
beset (to) (bi'set) *t.* assetjar; acorralar; encerclar. ▴ Pret. i p. p.: ***beset;*** ger.: ***besetting.***
beside (bi'said) *prep.* al costat de; prop de. *2* al costat de, en comparació de. *3 ~ **oneself,*** fora de si. *4 ~ **the point,*** que no fa al cas.
besides (bi'saidz) *adv.* a més; d'altra banda. ▪ *2 prep.* a més de, a més a més de.
besiege (to) (bi'si:dʒ) *t.* assetjar. *2* fig. *~ **with,*** acorralar, estrènyer.
besmear (to) (bi'smiəʳ) *t.* embrutar; empastifar; untar.
besought (bi'sɔ:t) Veure BESEECH (TO).
bespattered (bi'spætəd) *a.* *~ **with,*** esquitxat [de fang, etc.].
bespeak (to) (bi'spi:k) *t.* encarregar, reservar, emparaular.
bespoke (bi'spouk) *a.* fet a mida [roba]: *~ **tailor,*** sastre que fa vestits a mida.
Bess (bes) *n. pr. f.* fam. Isabel, Elisabet.
best (best) *a. superl.* (el o la) millor. *2* LOC. ***the ~ part of,*** la major part de [temps]. ▪ *3 adv. superl.* millor. *4* més: ***the painting I like ~,*** el quadre *m.* que més m'agrada. ▪ *5 pron.* el millor, la cosa millor. ‖ ***to do one's ~,*** fer el màxim que es pot. ‖ LOC. ***at ~,*** en el millor dels casos. ▴ *a. superl.* de GOOD; *adv. superl.* de WELL.
bestial ('bestjəl) *a.* bestial.
best man (ˌbest'mæn) *s.* amic del nuvi que fa de padrí de boda.
best seller ('best'selə) *s.* llibre *m.* d'èxit comercial; best seller *m.*
bestow (to) (bi'stou) *t.* ***to ~ (on o upon),*** atorgar, conferir.
bestowal (bi'stouəl) *s.* atorgament *m.*, donació *f.*, concessió *f.*
bestride (to) (bi'straid) *t.* muntar *i.* [eixarrancat]. ▴ Pret.: ***bestrode*** (bi'stroud); p. p.: ***bestridden*** (bi'stridn).
bet (bet) *s.* aposta *f.*
bet (to) (bet) *t.* apostar (*on,* a); jugar-se *p.* ▪ *2 i.* fer una aposta.
Bethlehem ('beθlihem) *n. pr.* GEOGR. Betlem *m.*
betray (to) (bi'trei) *t.* trair. *2* revelar; delatar, (ROSS.) decelar.
betrayal (bi'treiəl) *s.* traïció *f.*
betroth (to) (bi'trouð) *t.* ant. prometre's *p.* en matrimoni.
betrothal (bi'trouðel) *s.* ant. esposalles *f. pl.*
betrothed (bi'trouðd) *s.* ant. promès.
better ('betəʳ) *a.* millor, més bé, més bo: ***this brand is ~,*** aquesta marca és més bona. ▪ *2 adv.* millor. ‖ *~ **off,*** més acomodat, més ric; més bé. ‖ ***so much the ~,*** molt millor. *3 **had ~,*** millor que [consell, suggeriment, etc.]. ▪ *4 s.* ***for ~ or for worse,*** en el bé i en el mal. *5 s. pl.* superiors.
better (to) ('betəʳ) *t.* millorar. *2 **to ~ oneself,*** millorar de posició [socio-econòmica, laboral].
betterment ('betəmənt) *s.* millora *f.*, millorament *m.*
betting ('betiŋ) *s.* aposta *f.*
bettor, better (betəʳ) *s.* apostador.
Betty ('beti) *n. pr. f. fam.* Elisabet.
between (bi'twi:n) *adv.* ***(in) ~,*** enmig, al mig. ▪ *2 prep.* entre [indicant connexió entre dos].
bevel ('bevəl) *s.* bisel *m.*
bevel (to) ('bevəl) *t.* bisellar.
beverage ('bevəridʒ) *s.* beguda *f.* [excepte l'aigua].
bewail (to) (bi'weil) *t.* poet. lamentar, plorar.
beware (to) (bi'wɛəʳ) *i.* guardar-se *p.* (*of,* de), anar amb compte (*of,* amb).
bewilder (to) (bi'wildəʳ) *t.* desconcertar, atordir, deixar perplex.
bewilderment (bi'wildəmənt) *s.* desconcert *m.*, atordiment *m.*
bewitch (to) (bi'witʃ) *t.* embruixar, encisar, encantar.
bewitchment (bi'witʃmənt) *s.* embruix *m.*, encís *m.* *2* fascinació *f.*, encant *m.*
beyond (bi'jɔnd) *adv.* més enllà, més lluny.

■ *2 prep.* més enllà de. *3* fig. per sobre de [ultrapassant]. ■ *4 s. **the ~,*** el més enllà *m.*

B.H.P., b.h.p. (bi:eitʃ'pi:) *(brake horsepower)* potència de frenada.

bias ('baiəs) *s.* tendència *f.*, inclinació *f.* *2* parcialitat *f.*, prejudici *m.* *3* COST. biaix *m.*: ***to cut on the ~,*** tallar al biaix.

bias (to) ('baiəs) *t.* influir. || ***to be ~ ed,*** ser parcial.

bib (bib) *s.* pitet *m.*

Bible ('baibl) *s.* REL. Bíblia *f.*

biblical ('biblikəl) *a.* REL. bíblic.

bibliography (ˌbibli'ɔgrəfi) *s.* bibliografia *f.*

biceps ('baisəps) *s.* ANAT. bíceps *m.*

bicker (to) ('bikəʳ) *i.* barallar-se *p.*

bicycle ('baisikl) *s.* bicicleta *f.*

bid (bid) *s.* oferta *f.*, postura *f.* [en una subhasta]. *2* aposta *f.* [cartes].

bid (to) (bid) *t.* licitar; oferir. *2* ordenar, manar. *3* ant. dir. *4* ant. convidar. ■ *5 i.* fer una oferta. ▲ Pret.: ***bade*** (bæd); p. p.: ***bidden*** ('bidn).

bidden ('bidn) Veure BID (TO).

bidding ('bidiŋ) *s.* ordre *f.* *2* licitació *f.* *3* aposta *f.* [cartes].

bide (to) (baid) *t.* ***to ~ one's time,*** esperar el moment oportú.

biennial (bai'eniəl) *a.* biennal.

bier (biəʳ) *s.* fèretre *m.*

bifocal (ˌbai'foukl) *a.* bifocal. ■ *2 s. pl.* ulleres *f.* bifocals.

big (big) *a.* gran, gros. *2* voluminós, corpulent.

bigamy ('bigəmi) *s.* bigàmia *f.*

bight (bait) *s.* MAR. cala *f.* *2* NÀUT. baga *f.* *3* recolze *m.* [riu, camí].

bigot ('bigət) *s.* fanàtic.

bigoted ('bigətid) *a.* fanàtic.

bigotry ('bigətri) *s.* fanatisme *m.*, intolerància *f.*

bigwig ('bigwig) *s.* fam. peix *m.* gros.

bile (bail) *s.* bilis *f.* [també fig.].

bilge (bildʒ) *s.* MAR. sentina *f.* *2* col·loq. bajanada *f.*

bilingual (bai'liŋgwəl) *a.* bilingüe.

bill (bil) *s.* factura *f.*, compte *m.* *2* nota *f.*, llista *f.* || ***~ of fare,*** menú *m.*; ***~ of lading,*** coneixement *m.* d'embarcament. *3* ORN. bec *m.* *4* COM. ***~ of exchange,*** lletra *f.* de canvi. *5* (EUA) bitllet *m.* de banc. *6* certificat *m.* *7* TEAT. cartell *m.*, programa *f.* *8* POL. projecte *m.* de llei.

bill (to) (bil) *t.* presentar factura. *2* anunciar [en programes i cartells].

Bill ('bil) *n. pr. m.* (*dim.* ***William***) Guillem.

billboard ('bilbɔ:d) *s.* (EUA) tanca *f.* publicitària.

billet ('bilit) *s.* MIL. allotjament *m.* *2* col·loq. lloc *m.* de treball.

billet (to) ('bilit) *t.* MIL. allotjar.

billiards ('biljədz) *s.* JOC billar *m.*

billion ('biljən) *s.* (G.B.) bilió *m.* *2* (EUA) mil milions *m. pl.*

billow ('bilou) *s.* liter. ona *f.*, onada *f.* *2 pl.* poèt. mar. *3* fig. onada *f.*

billow (to) ('bilou) *i.* ondular.

billowy ('biloui) *a.* ondulant.

billy-goat ('biligout) *s.* ZOOL. cabró *m.*, boc *m.*

bin (bin) *s.* recipient *m.* esp. amb tapadora; galleda *f.*

bind (baind) *s.* llaç *m.* *2* fig. llauna *f.*, murga *f.* *3* MÚS. lligadura *f.*

bind (to) (baind) *t.* lligar, unir [també fig.]. *2* enribetar. *3* ***~ (up),*** embenar, lligar. *4* enquadernar. *5* endurir. *6* obligar. ■ *7 i.* endurir-se *p.* ■ *8 p.* ***to ~ oneself,*** comprometre's (*to,* a). ▲ Pret. i p. p.: ***bound*** (baund).

binder ('baindəʳ) *s.* enquadernador. *2* AGR. màquina *f.* d'agarbonar.

binding ('baindiŋ) *a.* obligatori. ■ *2 s.* enquadernació *f.* *3* ribet *m.*

bindweed ('baindwi:d) *s.* BOT. corretjola *f.*; enfiladissa *f.*

binnacle ('binəkl) *s.* NÀUT. bitàcola *f.*

binoculars (bi'nɔkjuləz) *s.* ÒPT. binocle(s *m.*; prismàtics *m. pl.*

biography (bai'ɔgrəfi) *s.* biografia *f.*

biology (bai'ɔlədʒi) *s.* biologia *f.*

biped ('baiped) *s.* bípede *m.*

birch (bə:tʃ) *s.* BOT. bedoll *m.*, beç *m.* *2* vara *f.* [de bedoll].

birch (to) (bə:tʃ) *t.* fustigar.

bird (bə:d) *s.* ocell *m.* (OCC.) moixó *m.*, (VAL.) pardal *m.* *2* col·loq. (G.B.) nena *f.*, noia *f.*

bird-lime ('bə:dlaim) *s.* CINEG. vesc *m.*

birth (bə:θ) *s.* naixement *m.* *2* MED. part *m.* || ***by*** o ***from ~,*** de naixement *m.* || ***give ~ to,*** donar a llum. *3* fig. començament *m.*; origen *m.* *4* llinatge *m.*

birth-control ('bə:θkəntroul) *s.* control *m.* de natalitat.

birthday ('bə:θdei) *s.* aniversari *m.*

birthmark ('bə:θmɑ:k) *s.* marca *f.* de naixement.

birthplace ('bə:θpleis) *s.* lloc *m.* de naixement; poble *m.* natal.

biscuit ('biskit) *s.* galeta *f.*, (BAL.) (VAL.) galleta *f.* *2* CERÀM. bescuit *m.*

bisect (to) (bai'sekt) *t.* bisecar.

bishop ('biʃəp) *s.* ECLES. bisbe *m.* 2 JOC alfil *m.* [escacs].

bishopric ('biʃəprik) *s.* ECLES. bisbat *m.*

bison ('baisn) *s.* ZOOL. bisó *m.* ▲ *pl.* ***bison.***

bit (bit) *s.* tros *m.*, trosset *m.* *2* mica *f.* || ***~ by ~,*** de mica en mica; ***not a ~,*** gens ni mica. *3* bocí *m.*, mos *m.* [de menjar]. *4* fre *m.*, mos *m.* [de brida]. *5* MEC. broca *f.*; barrina *f.* *6* INFORM. bit *m.*

bit (bit) Veure BITE (TO).

bitch (bitʃ) *s.* ZOOL. gossa *f.*; guilla *f.*; lloba *f.* *2* col·loq. bruixa *f.* || vulg. ***son of a ~,*** fill *m.* de puta *f.*

bite (bait) *s.* mossegada *f.* *2* picada *f.* [d'insecte]. *3* mos *m.* *4* aferrament *m.* [d'una serra, dels pneumàtics, etc.]. *5* fig. mordacitat *f.*

bite (to) (bait) *t.* mossegar. *2* picar [insecte, etc.]. *3* tallar: ***the cold bit into his hands,*** el fred li va tallar les mans. *4* MEC. aferrar-se *p.* *5* MEC. corroir. ■ *6 i.* mossegar. ▲ Pret.: ***bit*** (bit); p. p.: ***bit*** o ***bitten*** ('bitn).

biting ('baitiŋ) *a.* mordaç. *2* que talla [vent, etc.].

bitten ('bitn) Veure BITE (TO).

bitter ('bitəʳ) *a.* amarg; agre. *2* fig. cruel, amarg. *3* penetrant, punyent. ■ *4 s.* cervesa *f.* amarga.

bitterness ('bitənis) *s.* amargor *m.*, amargura *f.* *2* agror *f.* *3* crueltat *f.* *4* rancor *m.*, rancúnia *f.*

bitter-sweet ('bitəswi:t) *a.* agredolç [també fig.].

bitumen ('bitjumin) *s.* betum *m.*

bivouac ('bivuæk) *s.* bivac *m.*

bizarre (bi'zɑ:ʳ) *a.* estrany, rar. *2* estrafolari.

blab (to) (blæb) *t.* revelar, divulgar. ■ *2 i.* xafardejar.

black (blæk) *a.* negre: *~ **art*** o ***magic,*** màgia negra. *2* morè, bru, negre: *~ **man,*** negre *m.* [home]; *~ **woman,*** negra *f.* [dona]. *3* pur [cafè]. *4* fig. negre, funest, malcarat. ■ *5 s.* negre *m.* *6* dol *m.*

black (to) (blæk) *t.* ennegrir. *2* enllustrar [les sabates]. *3* boicotejar. ■ *4* ***to ~ out,*** desmaiar-se *p.*

black-and-blue (ˌblæk-ən-'blu:) *a.* ple de blaus.

blackberry ('blækbəri) *s.* BOT. móra *f.*

blackbird ('blækbə:d) *s.* ORN. merla *f.*

blackboard ('blækbɔ:d) *s.* pissarra *f.*

black box (ˌblæk'bɔks) *s.* AERON. caixa *f.* negra.

blacken (to) ('blækən) *t.* ennegrir. *2* difamar. ■ *3 i.* ennegrir-se *p.*

blackguard ('blægɑ:d) *s.* poca-vergonya, canalla *m.*

blackhead ('blækˌhed) *s.* MED. barb *m.*

blackmail ('blækmeil) *s.* xantatge *m.*

blackmail (to) ('blækmeil) *t.* fer xantatge a.

Black Maria (ˌblækmə'raiə) *n. pr.* arg. camioneta *f.* de la bòfia; cotxe *m.* cel·lular.

black market (ˌblæk'mɑ:kit) *s.* mercat *m.* negre, estraperlo *m.*

blackness ('blæknis) *s.* negror *f.*; foscor *f.*

black-out ('blækaut) *s.* ELECT. apagada *f.* *2* pèrdua *f.* de coneixement.

black pudding (ˌblæk'pudiŋ) *s.* botifarra *f.* negra.

Black Sea ('blæk'si:) *n. pr.* GEOGR. Mar *f.* Negra.

black sheep (ˌblæk'ʃi:p) *s.* ovella *f.* negra.

blacksmith ('blæksmiθ) *s.* ferrer *m.*, ferrador *m.*

bladder ('blædəʳ) *s.* ANAT. bufeta *f.*, veixiga *f.*

blade (bleid) *s.* fulla *f.* [d'un ganivet, etc.]. *2* pala *f.* [d'un rem]. *3* BOT. bri *m.*

blame (bleim) *s.* culpa *f.*: ***to bear the ~,*** tenir la culpa *f.* *2* censura *f.*, blasme *m.*, retret *m.*

blame (to) (bleim) *t.* culpar; blasmar; censurar.

blanch (to) (blɑ:ntʃ) *t.* emblanquir, blanquejar; empal·lidir. ■ *2 i.* empal·lidir.

bland (blænd) *a.* afable. *2* suau, fluix.

blandish (to) ('blændiʃ) *t.* afalagar. *2* llagotejar, ensibornar.

blandishment ('blændiʃmənt) *s.* afalac *m.*, falagueria *f.* *2* llagoteria *f.*

blank (blæŋk) *a.* en blanc [xec, paper, etc.]. *2* buit, sense interès o expressió. *3* perplex. *4* MIL. *~ **cartridge,*** cartutx *m.* sense bala. ■ *5 s.* espai *m.* en blanc. *6* fig. llacuna *f.* || ***my mind was a complete ~,*** em vaig quedar en blanc.

blanket ('blæŋkit) *s.* manta *f.* *2* col·loq. ***wet ~,*** esgarriacries.

blare (blεəʳ) *s.* trompetada *f.* *2* estrèpit *m.*

blare (to) (blεəʳ) *i.* sonar; ressonar [una trompeta]. ■ *2 t.* dir cridant.

blaspheme (to) (blæs'fi:m) *i.-t.* blasfemar.

blasphemous ('blæsfəməs) *a.* blasfem.

blasphemy ('blæsfəmi) *s.* blasfèmia *f.*

blast (blɑ:st) *s.* ràfega *f.* [de vent]. *2* explosió *f.* *3* buf *m.*, bufada *f.* [d'aire]. *4* col·loq. ***at full ~,*** a tota marxa *f.* *5* MÚS. toc *m.* [d'un instrument]. *6* MIL. barrinada *f.*

blast (to) (blɑ:st) *t.* volar [fer explotar]. *2* MIL. bombardejar. *3* marcir. ■ *4 i.* continuar disparant.

blatant ('bleitənt) *a.* estrepitós; cridaner. *2* descarat. *3* evident.

blaze (bleiz) *s.* flamarada *f.* *2* foc *m.* *3* resplendor *m.* *4* fig. atac *m.* *5* clapa *f.* blanca [en el front d'un cavall o un bou]. *6* senyal *m.* [en un arbre]. *7* vulg. ***go to ~s!,*** vés a fer punyetes!

blaze (to) (bleiz) *i.* cremar. *2* brillar, resplandir. *3* fig. estar encès. ■ *4 i.-t.* ***to ~ away,*** disparar *t.* sense parar. ■ *5 t.* senyalar [un arbre]. *6* proclamar; fer córrer.

blazer ('bleizəʳ) *s.* jaqueta *f.* d'esport.

blazon ('bleizn) *s.* HERÀLD. blasó *m.*
bleach ('bli:tʃ) *s.* lleixiu *m.*
bleach (to) (bli:tʃ) *t.* posar en lleixiu; blanquejar. ▪ *2 i.* blanquejar.
bleak (bli:k) *a.* METEOR. fred, trist [el temps]. *2* desolat [un indret]. *3* fig. monòton, trist.
bleary ('bliəri) *a.* lleganyós [ull]. *2* borrós.
bleat (bli:t) *s.* ZOOL. bel *m.*
bleat (to) (bli:t) *i.* belar. ▪ *2 t.* ***to ~ (out),*** dir amb veu gemegosa.
bled (bled) Veure BLEED (TO).
bleed (to) (bli:d) *i.* sagnar [també fig.]. *2* exsudar [plantes]. ▪ *3 t.* sagnar, treure sang. *4* fig. fam. treure diners de. ▲ Pret. i p. p.: ***bled*** (bled).
bleeder ('bli:dəʳ) *s.* MED. hemofílic.
bleep (bli:p) *s.* RADIO. so *m.* agut.
bleep (to) (bli:p) *i.* RADIO. emetre *t.* senyals.
bleeper ('bli:pəʳ) *s.* RADIO. buscapersones *m.*
blemish ('blemiʃ) *s.* defecte *m.;* fig. tatxa *f.* || ***without ~,*** perfecte *a.*
blemish (to) ('blemiʃ) *t.* tacar [també fig.], fer malbé.
blend (blend) *s.* barreja *f.*, combinació *f.*
blend (to) (blend) *t.* barrejar, combinar, (BAL.) (VAL.) mesclar. ▪ *2 i.* barrejar-se *p.*, combinar-se *p.* *3* avenir-se *p.*, combinar, casar [esp. colors]. ▲ Pret. i p. p.: ***blended*** ('blendid) o liter. ***blent*** (blent).
blent (blent) Veure BLEND (TO).
bless (to) (bles) *t.* beneir. || ***~ you!,*** Jesús! [quan algú esternuda].
blessed ('blesid) *a.* REL. beneit; sant; benaventurat. *2* col·loq. maleït.
blessing ('blesiŋ) *s.* REL. benedicció *f.;* gràcia *f.* *2* benefici *m.*, avantatge *m.* *3* fam. ***what a ~!,*** quina sort! *f.*
blew (blu:) Veure BLOW (TO).
blight (blait) *s.* BOT. rovell *m.;* neula *f.* *2* fig. plaga *f.*
blight (to) (blait) *t.* BOT. rovellar-se *p.;* neular-se *p.* *2* fig. arruinar; frustrar.
Blighty ('blaiti) *n. pr.* MIL. arg. Anglaterra.
blind (blaind) *a.* cec, orb. *2* fig. cec, encegat. *3* ocult. *4* arg. borratxo. ▪ *5 s.* persiana *f.* *6* tendal *m.* *7* fig. pretext *m.*, excusa *f.* ▪ *8* **-ly** *adv.* cegament.
blind (to) (blaind) *t.* encegar; enlluernar [també fig.].
blindfold ('blaindfould) *a.* amb els ulls embenats o tapats. ▪ *2 s.* MED. bena *f.* [pels ulls].
blindfold (to) ('blaindfould) *t.* embenar o tapar els ulls.
blindness ('blaindnis) *s.* MED. ceguetat *f.*, ceguesa *f.*, orbetat *f.*
blink (bliŋk) *s.* pestanyeig *m.*, parpalleig *m.* *2* llampada *f.*
blink (to) (bliŋk) *i.* parpellejar, pestanyejar. ▪ *2 t.* fer l'ullet. *3* fig. eludir.
blinkers ('bliŋkəz), (EUA) **blinders** ('blaindəz) *s.* aclucalls *f.* [de cavall].
bliss (blis) *s.* benaurança *f.;* benaventurança *f.*
blissful ('blisful) *a.* benaurat, feliç.
blister ('blistəʳ) *s.* MED. butllofa *f.*, (BAL.) bòfega *f.*, (VAL.) bambolla *f.*
blister (to) ('blistəʳ) *t.* embutllofar, fer butllofes. ▪ *2 i.* cobrir-se *p.* de butllofes.
blizzard ('blizəd) *s.* METEOR. borrufada *f.*
bloated ('bloutid) *a.* inflat [també fig.].
block (blɔk) *s.* bloc *m.* *2* piló *m.;* tallador *m.* *3* illa *f.* [de cases]. *4* MEC. politja *f.*, corriola *f.* *5* MAR. bossell *m.* *6* talòs. *7* COM. lot *m.* *8* bloc *m.* de paper. *9* obstacle *m.*
block (to) (blɔk) *t.* obstruir; destorbar; bloquejar. *2* donar forma [a un barret, etc.]. ▪ *3 i.* tancar-se *p.*, bloquejar-se *p.*
blockade (blɔ'keid) *s.* MIL. bloqueig *m.*
blockade (to) (blɔ'keid) *t.* MIL. bloquejar; blocar.
blockhead ('blɔkhed) *s.* gamarús, totxo, pallús.
bloke (blouk) *s.* col·loq. individu *m.*, tipus *m.*
blond (blɔnd) *a.-s.* ros *m.*
blonde (blɔnd) *a.-s.* rossa *f.*
blood (blʌd) *s.* sang *f.* || fig. ***in cold ~,*** a sang *f.* freda. *2* fig. sang *f.* [temperament]. *3* llinatge *m.*, sang *f.*
bloodcurdling ('blʌdˌkə:dliŋ) *a.* horripilant, esborronador.
bloodhound ('blʌdhaund) *s.* gos *m.* coniller.
bloodless ('blʌdlis) *a.* exsangüe, sense sang. *2* esblanqueït. *3* insensible, fred.
blood pressure ('blʌdˌpreʃə) *s.* MED. pressió *f.* arterial.
bloodshed ('blʌdʃəd) *s.* matança *f.*, carnisseria *f.*
bloodthirsty ('blʌdˌθə:sti) *a.* sanguinari.
bloody ('blʌdi) *a.* sagnant, sangonós; sangonent. *3* pop. maleït, cony de... ▪ *4 adv.* pop. molt. *5* ***not ~ likely!,*** ni pensar-hi!, ni en broma!
bloom (blu:m) *s.* BOT. flor *f.:* ***in ~,*** en flor. *2* floració *f.* *3* frescor *m.*, ufanor *f.* *4* fig. flor *f.:* ***the ~ of youth,*** la flor de la joventut.
bloom (to) (blu:m) *i.* BOT. florir [també fig.].
blossom ('blɔsəm) *s.* BOT. flor *f.* [esp. d'un arbre fruiter]: ***in ~,*** en flor, florit.
blossom (to) ('blɔsəm) *i.* BOT. florir. *2* fig. ***to ~ out,*** desenvolupar-se *p.;* prosperar.
blot (blɔt) *s.* esborrall *m.*, taca *f.* [de tinta]. *2* fig. taca *f.*
blot (to) (blɔt) *t.* esborrallar, tacar [amb tin-

ta]. *2* assecar [amb paper assecant]. *3* ***to ~ out,*** esborrar, ratllar; tapar; anihilar, destruir [l'enemic].

blotch (blɔtʃ) *s.* taca *f.* [de tinta, etc.]. *2* MED. erupció *f.; *pústula *f.*

blotchy ('blɔtʃi) *a.* tacat. *2* vermellós [la pell].

blotter ('blɔtə^r) *s.* assecador *m.*, assecant *m.*

blotting-paper ('blɔtiŋ,peipə^r) *s.* paper *m.* assecant.

blouse (blauz) *s.* brusa *f.*

blow (blou) *s.* cop *m.*, (VAL.) colp *m.* [també fig.]. ‖ ***at a (single) ~, at one ~,*** d'un (sol) cop *2* bufada *f.* *3* ***to go for a ~,*** anar a prendre l'aire.

blow (to) (blou) *i.* bufar [el vent, etc.]. *2* sonar [una sirena, etc.]. *3* esbufegar. *4* fondre's *p.* [fusibles]. *5* rebentar. ▪ *6 t.* emportar-se *p.* [el vent, etc.]. *7* bufar [foc, vidre, instrument musical, xiulet, etc.]. *8* treure [aire, fum]. *9* ***to ~ one's nose,*** mocar-se *p.* *10* rebentar. *11* fondre [fusibles]. *12* ***to ~ out,*** apagar; inflar [les galtes]; rebentar; buidar [una caldera]. *13* ***to ~ up,*** inflar; volar [un pont, etc.]; ampliar [una foto]. ▲ Pret.: ***blew*** (blu:); p. p.: ***blown*** (bloun).

blowfly ('blouflai) *s.* ZOOL. mosca *f.* vironera.

blowlamp ('bloulæmp) *s.* soldador *m.*

blown (bloun) Veure BLOW (TO).

blowout ('blou,aut) *s.* rebentada *f.* *2* ELECT. fusió *f.* *3* fam. tec *m.*

blowpipe ('bloupaip) *s.* sarbatana *f.*

blowtorch ('bloutɔ:tʃ) *s.* bufador *m.*

blubber ('blʌbə^r) *s.* greix *m.* de balena.

blubber (to) ('blʌbə^r) *i.* ploriquejar, somicar. ▪ *2 t.* ***to ~ out,*** dir plorant.

bludgeon ('blʌdʒən) *s.* porra *f.*

blue (blu:) *a.* blau. *2* moradenc. *3* col·loq. trist; deprimit; depriment. *4* POL. conservador. *5* verd [acudit, pel·lícula]. ▪ *6 s.* blau *m.* [color]. *7* fig. poét. mar *f.* *8* fig. cel. *m.* ‖ ***out of the ~,*** inesperadament *adv.*, com caigut del cel.

blueprint ('blu:print) *s.* FOT. cianografiat *f.* fotocalc *m.* *2* fig. avantprojecte *m.*

bluestocking ('blu:,stɔkiŋ) *s.* sàvia *f.*, saberuda *f.*, setciències *f.*

bluff (blʌf) *a.* escarpat *m.* *2* brusc [persona]. ▪ *3 s.* GEOGR. cingle *m.*, penyal *m.* *4* angl. bluf *m.;* fanfarronada *f.* *5* JOC catxa *f.*

bluff (to) (blʌf) *i.* fer un bluf; fanfarronejar. ▪ *2 t.* enganyar.

blunder (to) ('blʌndə^r) *i.* espifiar *t.*

blunder ('blʌndə^r) *s.* fig. relliscada *f.*, planxa *f.*

blunderbuss ('blʌndəbʌs) *s.* trabuc *m.*

blunt (blʌnt) *a.* esmussat. *2* brusc [persona]. ▪ **3 -ly** *adv.* francament, clarament.

blunt (to) (blʌnt) *t.* esmussar; espuntar, despuntar.

blur (blə:^r) *s.* taca *f.* *2* esborrall *m.*

blur (to) (blə:^r) *t.* entelar; desdibuixar; fer borrós. ▪ *2 i.* entelar-se *p.;* desdibuixar-se *p.*

blurt (to) (blə:t) *t.* ***to ~ out,*** fig. deixar anar [un secret, etc.].

blush (blʌʃ) *s.* vermellor *f.*, enrojolament *m.*

blush (to) (blʌʃ) *i.* posar-se *p.* vermell; enrojolar-se *p.* *2* avergonyir-se *p.*

bluster (to) ('blʌstə^r) *i.* METEOR. ratxar, ratxejar. *2* faronejar; vociferar. ▪ *3 t.* ***to ~ out,*** proferir.

B.M.A. (bi:em'ei) *s.* *(British Medical Association)* associació *f.* britànica de metges.

B.M.C. (bi:em'si:) *s.* *(British Motor Corporation)* corporació *f.* britànica del motor.

boa (bouə) *s.* ZOOL. boa *f.* *2* boà *m.*

boar (bɔ:^r) *s.* ZOOL. verro *m.*

board (bɔ:d) *s.* post *f.;* tauló *m.* [de fusta]. *2* tauler *m.* [d'anuncis]. *3* taula *f.* *4* NÀUT. bord *m.*: ***on ~,*** a bord. *5* consell *m.*, junta *f.* *6* pensió *f.*: ***full ~,*** pensió completa. *6* TEAT. ***the ~s,*** les taules *f.*, l'escenari *m.*

board (to) (bɔ:d) *t.* entaular, entarimar. *2* NÀUT. embarcar-se *p.;* pujar a [un tren, etc.]. *3* tenir a dispesa. ▪ *4 i.* estar a dispesa [*with,* a].

boarder ('bɔ:də^r) *s.* hoste. *2* intern [a una escola].

boarding ('bɔ:diŋ) *s.* empostissat *m.*, entaulat *m.*

boarding card ('bɔ:diŋ,kɑ:d) *s.* targeta *f.* d'embarcament.

boarding house ('bɔ:diŋ,haus) *s.* pensió *f.*, dispesa *f.*

boarding school ('bɔ:diɑ,sku:l) *s.* internat *m.*

boast (boust) *s.* jactància *f.* *2* orgull *m.*

boast (to) (boust) *i.* jactar-se *p.*, vanagloriar-se *p.* *2* presumir de.

boaster ('boustə^r) *s.* fanfarró.

boastful ('boustful) *a.* jactanciós, faroner.

boat (bout) *s.* vaixell *m.*, nau *f.* *2* barca *f.* [petita]. ‖ ***cargo ~,*** vaixell de càrrega. ‖ ***sailing ~,*** veler *m.*

boating ('boutiŋ) *s.* passeig *m.* en barca [esp. de rems].

boatman ('boutmən) *s.* barquer *m.*

boatswain ('bousn) *s.* MAR. contramestre *m.*

Bob (bɔb) *n. pr. m.* (*dim.* ***Robert***) Robert.

bob (bɔb) *s.* llentilla *f.* [de pèndol]. *2* ant. xelí *m.*

bob (to) (bɔb) *i.* balancejar-se *p.;* moure's *p.* [amunt i avall]. *2* fig. ***to ~ up,*** sorgir de nou, reaparèixer. ■ *3 t.* ant. tallar [els cabells per damunt les espatlles].

bobbin ('bɔbin) *s.* MEC. bobina *f.*, rodet *m.*

Bobby ('bɔbi) *n. pr. m.* (*dim.* ***Robert***) Robert. *2 s.* (G.B.) policia *m.*

bobsled ('bɔbsled), **bobsleigh** ('bɔbslei) *s.* ESPORT angl. bobsleigh *m.*

bobtail ('bɔbteil) *s.* ZOOL. cua *f.* tallada.

Boche (bɔʃ) *a.-s.* col·loq. alemany.

bode (to) (boud) *t.-i.* ant., poèt. presagiar *t.* *2* pronosticar *t.*

bodice ('bɔdis) *s.* cosset *m.*

bodily ('bɔdili) *a.* corporal; físic. ■ *2 adv.* en persona. *3* en pes.

body ('bɔdi) *s.* cos *m.* *2* part *f.* principal. *3* AUTO. carrosseria *f.* *4* grup *m.;* conjunt *m.;* massa *f.* ‖ LOC. ***in a ~,*** en bloc. *5* col·loq. individu *m.*, persona *f.* *6* entitat *f.*, societat *f.*

bodyguard ('bɔdigɑ:d) *s.* guàrdia personal.

bog (bɔg) *s.* pantà *m.*, aiguamoll *m.* *2* pop. wàter *m.*

bogey ('bougi) *s.* follet *m.;* espectre *m.*

boggy ('bɔgi) *a.* pantanós.

boil (bɔil) *s.* bull *m.*: ***to come to the ~,*** arrencar el bull. *2* MED. furóncol *m.*

boil (to) (bɔil) *i.* bullir [també fig.]. ■ *2 t.* fer bullir. ■ ***to ~ away,*** estar bullint, evaporar *t.-p.;* ***to ~ down,*** reduir *t.-p.;* ***to ~ over,*** vessar *t.-p.*

boiler ('bɔilə^{r}) *s.* caldera *f.*

boiling ('bɔiliŋ) *a.* bullent. ‖ col·loq. ***it's ~ hot,*** fa molta calor. ■ *2 s.* ebullició *f.*

boisterous ('bɔistərəs) *a.* borrascós, violent, mogut [el vent, etc.]. *2* bulliciós, esvalotat.

bold (bould) *a.* valent, intrèpid. *2* atrevit. *3* descarat.

boldness ('bouldnis) *s.* valentia *f.*, coratge *m.* *2* gosadia *f.*, atreviment *m.* *3* fam., fig. barra *f.*, penques *f. pl.*

Bolshevik ('bɔlʃəvik) *a.-s.* bolxevic.

Bolshevism ('bɔlʃəvizm) *s.* bolxevisme *m.*

bolster (to) ('boulstə^{r}) *t.* ***to ~ up,*** recolzar; animar.

bolt (boult) *s.* baldó *m.;* forrellat *m.* *2* pany *m.* [d'un rifle]. ■ *3 adv.* ***~ upright,*** dret com un ciri.

bolt (to) (boult) *t.* tancar amb baldó; passar el forrellat. *2* ***to ~ in,*** tancar a dins. *3* ***to ~ out,*** tancar a fora. *4* empassar-se *p.*, engolir. ■ *5 i.* sortir disparat, fugir; desbocar-se *p.* [un cavall].

bomb (bɔm) *s.* ARM. bomba *f.*

bomb (to) (bɔm) *t.* ARM. bombardejar.

bombard (to) (bɔm'bɑ:d) *t.* ARM. bombardejar [amb projectils]. *2* fig. bombardejar [amb preguntes, etc.].

bombardier (ˌbɔmbə'diə^{r}) *s.* ARM. bombarder *m.* [soldat].

bombardment (bɔm'bɑ:dmənt) *s.* ARM. bombardeig *m.*

bombast ('bɔmbæst) *s.* ampul·lositat *f.*

bombastic (bɔm'bæstik) *a.* ampul·lós, inflat.

bomber ('bɔmə^{r}) *s.* ARM. bombarder *m.*

bombing ('bɔmiŋ) *s.* ARM. bombardeig *m.*

bombproof ('bɔmpru:f) *a.* a prova de bombes.

bombshell ('bɔmʃel) *s.* fig. bomba *f.*

bonanza (bə'nænzə) *s.* (EUA) fig. mina [font de riquesa]. ■ *2 s.* pròsper. ▲ pl. ***bonanzas.***

bond (bɔnd) *s.* lligam *m.;* vincle *m.;* llaç *m.* *2* pacte *m.*, compromís *m.* *3* COM. bo *m.* *4 pl.* fig. cadenes *f.*, captivitat *f.*

bondage ('bɔndidʒ) *s.* esclavitud *f.*, servitut *f.*

bone (boun) *s.* ANAT. os *m.* *2* espina *f.* [de peix].

bone (to) (boun) *t.* desossar. *2* fam. pispar.

bonfire ('bɔnfaiə^{r}) *s.* foguera *f.*, fogata *f.*

bonnet ('bɔnit) *s.* casquet *m.* [de dona]. *2* gorra *f.* escocesa. *3* AUTO. capot *m.*

bonny ('bɔni) *a.* (ESC.) bonic, formós.

bonus ('bounəs) *s.* ECON. prima *f.*, plus *m.*, gratificació *f.*

bony ('bouni) *a.* ossat, ossut. *2* fig. esquelètic.

booby ('bu:bi) *s.* babau, talòs.

book (buk) *s.* llibre *m.* *2* llibret *m.*

book (to) (buk) *t.* reservar [entrades, etc.]. ‖ ***to be ~ ed up,*** estar complet, no haver-hi [entrades], exhaurit. *2* fitxar [la policia]. *3* anotar.

bookbinding ('bukˌbaindiŋ) *s.* enquadernació *f.*

bookcase ('bukkeis) *s.* prestatge *m.* per llibres, llibreria *f.*

booking office ('bukiŋˌɔfis) *s.* taquilla *f.*

bookkeeper ('bukˌki:pə^{r}) *s.* COM. tenidor de llibres.

book-keeping ('bukˌki:piŋ) *s.* COM. tenidoria *f.* de llibres.

booklet ('buklit) *s.* fullet *m.*

bookmaker ('bukmeikə) *s.* (G.B.) corredor d'apostes.

bookseller ('bukˌselə^{r}) *s.* llibreter.

bookshop ('bukʃɔp), **bookstore** (-stɔ:^{r}) *s.* llibreria *f.* [botiga].

bookstall ('bukstɔ:l) *s.* quiosc *m.;* parada *f.* de llibres.

bookworm ('bukwə:m) *s.* ZOOL. arna *f.* *2* fig. rata *f.* de biblioteca.

boom (bu:m) *s.* espetec *m.;* retrò *m.* *2* fig. auge *m.*, boom *m.* *3* NÀUT. botavara *f.;* botaló *m.* *4* ***sonic ~,*** bang *m.* sònic.

boom (to) (bu:m) *i.* ressonar. *2* prosperar, estar en el moment àlgid.
boon (bu:n) *s.* liter. mercè *f.*, favor *m.* *2* avantatge *m.;* benefici *m.* ▪ *3 a.* alegre: ***a ~ companion,*** un company alegre.
boor (buəʳ) *s.* fig. pagerol.
boorish ('buəriʃ) *a.* tosc, groller.
boost (bu:st) *s.* propulsió *f.* *2* fig. estímul.
boost (to) (bu:st) *t.* propulsar. *2* fig. estimular. *3* apujar, augmentar.
boot (bu:t) *s.* bota *f.* || fig. ***to get the ~,*** ésser acomiadat; ***to give someone the ~,*** acomiadar. *2* AUTO. (G.B.) portaequipatge *m.* *3* ***to ~,*** a més *adv.;* a més a més *adv.*
bootblack ('bu:tblæk) *s.* enllustrador.
booth (bu:ð) , (EUA) (bu:θ) *s.* parada *f.* [esp. d'un mercat]. *2* ***polling ~,*** cabina *f.* electoral.
bootleg (bu:tleg) *a.* de contraban. || ***a ~ edition,*** una edició pirata.
booty ('bu:ti) *s.* botí *m.*
booze (bu:z) *s.* beguda *f.* [alcohólica].
booze (to) (bu:z) *i.* col·loq. beure *t.* [begudes alcohóliques].
border ('bɔ:dəʳ) *s.* vora *f.*, vorera *f.* *2* COST. ribet *m.* *3* POL. frontera *f.* ▪ *4 a.* fronterer.
border (to) ('bɔ:dəʳ) *t.* vorejar. *2* COST. ribetejar. ▪ *3 i.* ***to ~ on*** o ***upon,*** afrontar; estar tocant a; fer frontera amb. *4* ranejar.
border line ('bɔ:dəlain) *s.* frontera *f.* [també fig.].
borderline ('bɔ:dəlain) *a.* fig. dubtós.
bore (bɔ:ʳ) Veure BEAR (TO).
bore (bɔ:ʳ) *s.* forat *m.*, barrinada *f.* *2* ànima [d'una arma de foc]. *3* pesat, fig. corcó [persona]. *4* llauna *f.*, avorriment *m.*
bore (to) (bɔ:ʳ) *t.* perforar. *2* barrinar [obrir forats]. *3* avorrir, donar la llauna.
boredom ('bɔ:dəm) *s.* avorriment *m.*
boring (bɔ:riŋ) *a.* avorrit, pesat.
born (bɔ:n) *p. p.* de BEAR (TO). *2* ***to be ~,*** néixer *i.*, (VAL.) nàixer *i.* ▪ *3 a.* nat.
borne (bɔ:n) *p. p.* de BEAR (TO).
borough ('bʌrə) *s.* (G.B.) municipi *m.* *2* districte *m.*
borrow (to) ('bɔrou) *t.* manllevar, demanar: ***can I ~ your pen?,*** em deixes el bolígraf? *2* apropiar-se *p.* [d'una idea, etc.].
borrower ('bɔrouəʳ) *s.* manllevador.
bosom ('buzəm) *s.* ANAT. ant. pit *m.* *2* COST. pitrera *f.* *3* fig. si *m.* ▪ *4 a.* ***a ~ friend,*** un amic íntim.
boss (bɔs) *s.* col·loq. cap *m.*, patró, director, capitost *m.*
boss (to) (bɔs) *t.-i.* manar.
bossy ('bɔsi) *a.* manaire.
botanist ('bɔtənist) *s.* botànic.
botany ('bɔtəni) *s.* botànica *f.*
botch (bɔtʃ) *s.* barroeria *f.;* nyap *m.;* fig. bunyol *m.*
botch (to) (bɔtʃ) *t.* potinejar; fer barroerament.
both (bouθ) *a.-pron.* ambdós, els dos, tots dos: ~ ***of us,*** nosaltres dos; ~ ***of them,*** els dos, ambdós. ▪ *2 adv.* a la vegada, alhora.
bother ('bɔðəʳ) *s.* preocupació *f.* *2* empipament *m.;* molèstia *f.*
bother (to) ('bɔðəʳ) *t.* preocupar, amoïnar. *2* empipar. || ***I can't be ~ ed to do it,*** no tinc humor per fer-ho. ▪ *3 i.* ***to ~ about,*** amoïnar-se *p.* per.
bothersome ('bɔðəsəm) *a.* empipador, molest.
bottle ('bɔtl) *s.* ampolla *f.*, botella *f.*
bottle (to) ('bɔtl) *t.* embotellar. *2* fig. ***to ~ up,*** reprimir [sentiment, etc.].
bottleneck ('bɔtlnek) *s.* fig. embús *m.* [a la carretera].
bottom ('bɔtəm) *s.* fons *m.;* cul *m.* [d'ampolla, etc.]. || fig. ***at ~,*** en el fons *m.* *2* base *f.*, fonament *m.* *3* peu *m.* [de muntanya, de pàgina, etc.]. *4* seient *m.* [de cadira, etc.]. *5* NÀUT. quilla *f.* *6* ANAT. col·loq. cul *m.*, (ROSS.) pompill *m.* ▪ *7 a.* inferior, més baix. *8* darrer, últim.
bottom (to) ('bɔtəm) *i.* ***to ~ (out),*** tocar fons.
bottomless ('bɔtəmlis) *a.* sense fons, sense límits. *2* fig. insondable.
boudoir ('bu:dwɑ:ʳ) *s.* tocador *m.*, lligador *m.* [cambra].
bough (bau) *s.* BOT. branca [d'un arbre].
bought (bɔ:t) Veure BUY (TO).
boulder ('bouldəʳ) *s.* GEOL. còdol *m.*, palet *m.*, cantal *m.*
boulevard ('bu:ləvɑ:d) *s.* bulevard *m.*
bounce (bauns) *s.* bot *m.* [pilota]. *2* vitalitat *f.* [persona].
bounce (to) (bauns) *t.* fer botar. ▪ *2 i.* botar. *3* saltar. *4* col·loq. ser retornat [un xec bancari]. *5* fig. ***to ~ back,*** recuperar-se *p.*
bound (baund) Veure BIND (TO). *2 a.* destinat. *3* obligat. *4* ***~ for,*** en direcció a, cap a. *5* fig. ***~ up in,*** absorbit per; ***~ up with,*** molt lligat amb. ▪ *6 s.* límit *m.* *7* salt *m.;* bot *m.*
bound (to) (baund) *t.* limitar. *2* afrontar *i.* ▪ *2 i.* saltar; botar.
boundary ('baundəri) *s.* límit *m.*, frontera *f.*
boundless ('baundlis) *a.* il·limitat, infinit. ▪ *2* **-ly** *adv.* il·limitadament, infinitament.
bounteous ('bauntiəs) , **bountiful** ('bauntiful) *a.* liter. generós. *2* abundant.
bounty ('baunti) *s.* form. generositat *f.*, liberalitat *f.* *2* form. regal *m.* *3* subsidi *m.* *4* gratificació *f.*, recompensa *f.*

bouquet ('bukei) *s.* ram *m.*, pom *m.*, toia *f.* [de flors]. *2* bouquet *m.* [de vi].
Bourbon ('buəbən) *n. pr.* HIST. Borbó. *2* (EUA) whisky *m.*
bourgeois ('buəʒwɑː) *a.-s.* burgès.
bout (baut) *s.* torn *m.*, tanda *f.* *2* ESPORT combat *m.;* assalt *m.* [boxa]. *3* MED. accés *m.*, atac *m.*
1) bow (bou) *s.* arc *m.* [arma]. *2* MÚS. arquet *m.* *3* llaç *m.*, llaçada *f.*
2) bow (bau) *s.* inclinació *m.*, reverència *f.* *2* MAR. proa *f.*
1) bow (to) (bou) *t.* MÚS. passar l'arquet.
2) bow (to) (bau) *t.* inclinar [el cap, el cos]. ‖ ***to ~ (somebody) in/out,*** rebre/acomiadar (algú) amb una reverència. *2* doblegar. ▲ gralnt. en la passiva. ■ *3 i.* inclinar-se *p.*
bowel ('banəl) *s.* ANAT. budell *m.*, intestí *m.* *2 pl.* fig. entranyes *f.*
bower ('bauə^r) *s.* glorieta *f.;* pèrgola *f.*
bowl (boul) *s.* bol *m.* *2* cassoleta *f.* *3* (EUA) amfiteatre *m.* *4* JOC bola *f.*
bowl (to) (boul) *t.* fer rodar. *2* fig. ***to ~ over,*** aixafar; deixar bocabadat. ■ *3 i.* jugar a bowling. *4* ***to ~ along,*** lliscar [un cotxe].
bow-legged ('bou,legd) *a.* garrell.
bowler ('boulə^r) *s.* ESPORT jugador de bowling o bitlles; llançador [críquet]. *2* ***~ (hat),*** barret *m.* fort.
bowling alley ('bouliŋæliː) *s.* pista *f.* de bitlles.
bowman ('boumən) *s.* arquer *m.*
bow window (,bou'windou) *s.* ARQ. mirador *m.*
box (bɔks) *s.* capsa *f.* [receptacle petit]; caixa *f.* [receptacle gran]. *2* apartat *m.* de correus. *3* TEAT. llotja *f.* *4* BOT. boix *m.* *5* mastegot *m.* *6* ***~ post office,*** apartat *m.* de correus.
box (to) (bɔks) *t.* encaixonar, embalar. *2* ***to ~ up,*** tancar. ■ *3* ESPORT *i.* boxar.
boxer ('bɔksə^r) *s.* ESPORT boxador, boxejador.
boxing ('bɔksiŋ) *s.* ESPORT boxa *f.*
Boxing Day ('bɔksiŋ dei) *s.* el vint-i-sis de desembre, dia de Sant Esteve.
box office ('bɔks,ɔfis) *s.* TEAT. taquilla *f.*
boxwood ('bɔkswud) *s.* BOT. boix *m.*
boy (bɔi) *s.* noi *m.*, xicot *m.*, (BAL.) al·lot *m.*, (VAL.) xic *m.*, (ROSS.) nin *m.*
boycott ('bɔikɔt) *s.* angl. boicot *m.*
boycott (to) ('bɔikɔt) *t.* boicotejar.
boyfriend ('bɔifrend) *s.* amic *m.* [íntim], xicot *m.*
boyhood ('bɔihud) *s.* infantesa *f.*, joventut *f.* [d'un home].
boyish ('bɔiiʃ) *a.* pueril.
B.P. (biː'piː) *s.* *(British Petroleum)* petrolis *m. pl.* britànics.
Br. (biː'ɑː^r) *a.* *(British)* britànic.
bra (brɑː) *s.* col·loq. sostenidors *m. pl.*
brace (breis) *s.* abraçadora *f.*, grapa *f.* *2* filaberquí *m.* *3* parell *m.* *4* ARQ. trava *f.*, tirant *m.* *5* MAR. braça *f.* *6 pl.* elàstics *m. pl.* *7 pl.* ODONT. ferros *m. pl.* [per les dents].
brace (to) (breis) *t.* lligar; assegurar. *2* ***to ~ up,*** animar, encoratjar. ■ *3 p.* ***to ~ oneself,*** preparar-se [per una adversitat].
bracelet ('breislit) *s.* braçalet *m.*
bracing ('breisiŋ) *a.* fortificant.
bracken ('brækən) *s.* BOT. falguera *f.*
bracket ('brækit) *s.* TIPOGR. parèntesi *m.*, claudàtor *m.* *2* ARQ. mènsula *f.* *3* suport *m.* *4* abraçadora. *5* fig. grup *m.*, classe *f.*
bracket (to) ('brækit) *t.* TIPOGR. posar entre parèntesis. *2* fixar amb mènsules. *3* agrupar.
brackish ('brækiʃ) *a.* salabrós.
brag (bræg) *s.* fanfarronada *f.;* jactància *f.*
brag (to) (bræg) *i.* fanfarronejar, vanar-se *p.*
braggart ('brægət) *s.* fanfarró, cregut.
braid (breid) *s.* trena *f.* *2* galó *m.* [d'un uniforme, etc.].
braid (to) (breid) *t.* trenar. *2* galonejar.
brain (brein) *s.* ANAT. cervell *m.* *2 pl.* GASTR. cervell *m.* *3* ANAT. col·loq. cap *m.* *4* fig. intel·ligència *f.* *5* cervell *m.* [persona brillant].
brain-child ('breintʃaild) *s.* idea *f.*, invenció *f.* [genial].
brainless ('breinlis) *a.* tonto, tòtil.
brainstorm ('breinstɔːm) *s.* atac *m.* de bogeria.
brainstorming (breinstɔːmiŋ) *s.* brainstorming *m.*
Brains Trust ('breinz,trʌst) *s.* grup *m.* consultiu d'experts.
brainwash ('breinwɔʃ) *f.* rentar el cervell.
brainwashing ('brein,wɔʃiŋ) *s.* rentat *m.* de cervell.
brake (breik) *s.* fre *m.* [també fig.].
brake (to) (breik) *t.* frenar.
bramble ('bræmbl) *s.* BOT. esbarzer *m.*
bran (bræn) *s.* AGR. segó *m.*, breu *m.*
branch (brɑːntʃ) *s.* BOT. branca *f.* *2* fig. branca *f.;* secció *f.* *3* sucursal *f.* *4* braç *m.* [d'un riu]. *5* bifurcació *f.*
branch (to) (brɑːntʃ) *i.* BOT. treure branca. *2* ramificar-se *p.*, bifurcar-se *p.* *3* ***to ~ off,*** desviar-se *p.* *4* ***to ~ out,*** expandir-se *p.*
brand (brænd) *s.* COM. marca *f.* *2* RAMA. marca *f.*, senyal *m.* *3* teia *f.* *4* ferro *m.* de marcar.
brand (to) (brænd) *t.* RAMA. marcar [amb un ferro]. *2* estigmatitzar.

brandish (to) ('brændiʃ) *t.* brandar, brandir, brandejar.
brand-new (ˌbrænd'nju:) *a.* nou de trinca, flamant.
brandy ('brændi) *s.* conyac *m.*, brandi *m.*
brass (brɑ:s) *s.* llantó *m.* *2* MÚS. metall *m.* [instruments]. *3* desvergonyiment *m.*, barra *f.* *4* col·loq. ***top ~,*** peixos *m. pl.* grossos.
brass band (ˌbrɑ:s'bænd) *s.* xaranga *f.*
brass hat ('brɑ:s'hæt) *s.* MIL. fam. capitost *m.*
brassière ('bræsiεəʳ) *s.* sostenidors *m. pl.*
brat (bræt) *s.* mocós.
bravado (brə'vɑ:dou) *s.* bravata *f.*, fanfarronada *f.*
brave (breiv) *a.* valent, brau. ▪ *2 s.* valent *m.*
brave (to) (breiv) *t.* afrontar. *2* desafiar.
bravery ('breivəri) *s.* valentia *f.*
bravo (ˌbrɑ:'vou) *interj.* bravo!
brawl (brɔ:l) *s.* baralla *f.*, batussa *f.*
brawl (to) (brɔ:l) *i.* barallar-se *p.*, esbatussar-se *p.*
brawn (brɔ:n) *s.* múscul *m.* *2* força *f.* muscular. *3* GASTR. carn *f.* de porc adobada.
brawny ('brɔ:ni) *a.* musculós, musculat.
bray (brei) *s.* bram *m.* *2* so *m.*; ronc *m.* [de trompeta, etc.].
bray (to) (brei) *i.* bramar. ▪ *2 t.* ***to ~ (out),*** dir o tocar [la trompeta] de manera estrident. *3* triturar, picar.
braze (to) (breiz) *t.* soldar amb llantó.
brazen ('breizn) *a.* de llantó. *2* com llantó. *3* ronc [so]. *4* descarat.
brazier ('breizjəʳ) *s.* braser *m.*
Brazil (brə'zil) *n. pr.* GEOGR. Brasil *m.*
breach (bri:tʃ) *s.* infracció *f.*; incompliment *m.*; ruptura *f.* *2* bretxa *f.* *3* obertura *f.*, forat *m.*
breach (to) (bri:tʃ) *t.* obrir una bretxa. *2* trencar, violar [un acord, etc.].
bread-and-butter (ˌbredən'bʌtəʳ) *s.* pa *m.* amb mantega *f.* *2* fig. col·loq. mitjans *pl. m.* de vida. ▪ *3 a.* corrent, normal. ‖ ***~ letter,*** carta d'agraïment.
bread (bred) *s.* pa *m.* [també fig.]. *2* col·loq. peles *f. pl.*
breadcrumb ('bredkrʌm) *s.* engruna *f.* de pa. *2 pl.* pa *m. sing.* ratllat.
breadth (bredθ) *s.* amplada *f.* *2* fig. llarguesa *f.*, liberalitat *f.*
breadwinner ('bredwinəʳ) *s.* el qui guanya el pa.
break (breik) *s.* ruptura *f.*, trencament *m.* *2* descans *m.*; interrupció *f.*; pausa *f.*; esbarjo *m.* [a l'escola]. *3* començament *m.*: ***~ of day,*** alba *f.* *4* canvi *m.* *5* METEOR. clariana *f.* *6* ELECT. interrupció *f.* [en un circuit]. *7* oportunitat *f.* *8* fuga *f.*, evasió *f.*
break (to) (breik) *t.* trencar, rompre. *2* esmorteir. *3* interrompre. *4* fer fracasar. *5* dominar; domar. *6* arruïnar. *7* divulgar, comunicar, donar [una notícia]. *8* violar [la llei, etc.]. *9* ESPORT ***to ~ the record,*** batre el rècord. ▪ *10 i.* trencar-se *p.*, rompre's *p.*, partir-se *p.* *11* debilitar-se *p.*, malmetre's *p.* [la salut]. 12 irrompre; prorrompre. *13* dissoldre's *p.*; dissipar-se *p.* *14* trencar *t.* [relacions]. *15* fallar, fallir; espatllar-se *p.* *16* aparèixer, sortir; trencar [l'alba]. *17* divulgar-se *p.* [una notícia, etc.]. ▪ ***to ~ away,*** deslligar-se *p.*, escapar-se *p.*; ***to ~ down,*** destruir, desballestar; avariar-se *p.* [una màquina, etc.], ressentir-se *p.*, esfondrar-se *p.* [la salut]; fracasar; ***to ~ into,*** entrar a robar; trencar; començar; ***to ~ off,*** trencar [un pacte, una relació, etc.]; parar [de treballar, etc.]; ***to ~ out,*** esclatar, desencadenar-se *p.*; escapar-se *p.*: ***to ~ through,*** aparèixer; descobrir; travessar; ***to ~ up,*** rompre, trencar, esmicolar; acabar.
breakage ('breikidʒ) *s.* ruptura *f.*; trencament *m.* *2 pl.* objectes *m.* trencats; indemnització *f.* per objectes trencats.
breakdown ('breikdaun) *s.* MEC. avaria *f.*, pana *f.* *2* MED. col·lapse *m.*, depressió *f.* nerviosa. *3* QUÍM. descomposició *f.* *4* anàlisi *m.* *5* fracàs *m.*; ruptura *f.*
breaker ('breikəʳ) *s.* MAR. rompent *m.* [ona].
breakfast ('brekfəst) *s.* esmorzar *m.*, (BAL.) berenar *m.*, (VAL.) desdejuni *m.*: ***to have ~,*** esmorzar.
breakneck ('breiknek) *a.* perillós, suïcida [velocitat].
break-up ('breikˌʌp) *s.* ruptura *f.*, separació *f.* *2* METEOR. empitjorament *m.* [del temps].
breakwater ('breikˌwɔ:təʳ) *s.* escullera *f.*
bream (bri:m) *s.* ICT. ***sea ~,*** besuc *m.*
breast (brest) *s.* ANAT. pit *m.* *2* mama *f.*, mamella *f.*, pit *m.* [dona i femella]. *3* pit *m.* [animals]. *4* pitrera *f.*
breast (to) (brest) *t.* resoldre amb decisió; afrontar; plantar cara.
breastbone ('brestboun) *s.* ANAT. estèrnum *m.* *2* ORN. barca *f.*
breast-feed (to) ('brestˌfi:d) *t.* donar el pit, donar mamar.
breastplate ('brestˌpleit) *s.* pitet *m.* *2* ARM. plastró *m.*
breaststroke ('brestˌstrouk) *s.* ESPORT braça *f.*
breastwork ('brestwə:k) *s.* FORT. parapet *m.*

breath (breθ) *s.* alè *m.;* respiració *f.: **out of ~,*** desalenat; panteixant *a.* *2* bufada *f.*
breathalyse (to) ('breθəlaiz) *t.* fer la prova de l'alcohol.
breathe (to) (bri:ð) *i.* respirar. *2* bufar. *3* esbufegar. *4 **to ~ in,*** aspirar. *5 **to ~ out,*** exhalar *t.*, expirar *t.* ▪ *6 t.* inhalar. *7* insuflar. *8* respirar.
breathing ('bri:ðiŋ) *s.* respiració *f.*
breathing space ('bri:ðiŋ,speis) *s.* descans *m.*, respir *m.*
breathless ('breθlis) *a.* sense alè. *2* panteixant, esbufegant.
bred (bred) Veure BREED (TO).
breech (bri:tʃ) *s.* ARM. recambra *f.*
breeches ('britʃiz) *s. pl.* pantalons *m.*
breed (bri:d) *s.* casta *f.*, raça *f.*
breed (to) (bri:d) *t.* criar [animals]. *2* fig. engendrar; produir. *3* criar, educar. ▪ *4 i.* reproduir-se *p.* ▲ Pret. i p. p.: ***bred*** (bred).
breeding ('bri:diŋ) *s.* cria *f.;* reproducció *f.* *2* educació *f.*, criança *f.*
breeze (bri:z) *s.* METEOR. brisa *f.*, airet *m.*
breviary ('bri:vjəri) *s.* REL. breviari *m.*
brevity ('breviti) *s.* brevetat *f.*
brew (bru:) *s.* infusió *f.* [beguda]; beuratge *m.*
brew (to) (bru:) *t.* per, preparar [cervesa, te, etc.]. *2* tramar, ordir. ▪ *3 i.* fabricar *t.* cervesa. *4* preparar-se *p.*, formar-se *p.*, amenaçar *t.* [una tempestat].
brewery ('bruəri) *s.* cerveseria *f.* [fàbrica].
Brian ('braiən) *n. pr. m.* Bernardí.
bribe (braib) *s.* suborn *m.*, subornació *f.*
bribe (to) (braib) *t.* subornar.
bribery ('braibəri) *s.* suborn *m.*
bric-a-brac ('brik ə bræk) *s.* curiositats *f. pl.*
brick (brik) *s.* CONSTR. totxo *m.*, maó *m.* *2* fig. un tros de pa [persona].
brick (to) (brik) *t.* CONSTR. posar totxos. ‖ ***to ~ up*** o ***in,*** tapar amb totxos. *2* enrajolar.
bricklayer ('brik,leiə[r]) *s.* CONSTR. paleta *m.*, (BAL.) picapedrer *m.*, (VAL.) obrer *m.*
bridal ('braidl) *a.* nupcial.
bride (braid) *s.* núvia *f.: **the ~ and the groom,*** els nuvis *m. pl.*
bridegroom ('braidgrum) *s.* nuvi *m.*, (BAL.) novii *m.*
bridesmaid ('braidzmeid) *s.* dama *f.* d'honor [de la núvia].
bridge (bridʒ) *s.* CONSTR. pont *m.* *2* ANAT. os *m.* del nas. *3* ODONT. pont *m.* *4* JOC bridge *m.*
bridge (to) (bridʒ) *t.* fer un pont sobre. *2* fig. omplir.
Bridget ('bridʒit) *n. pr. f.* Brígida.
bridle ('braidl) *s.* EQUIT. brida *f.* *2* fig. fre *m.*
bridle (to) ('braidl) *t.* embridar. *2* fig. refrenar. ▪ *3 i.* engallar-se *p.*, molestar-se *p.*
bridle path ('braidlpæθ) *s.* camí *m.* de ferradura.
brief (bri:f) *a.* breu, concís. *2* fugaç. ▪ *3 s.* resum *m.* *4* DRET expedient *m.* *5* ECLES. breu *m.* *6 pl.* calçotets *m.;* calces *f.*
brief (to) ('bri:f) *t.* informar. *2* contractar, donar instruccions. *3* resumir.
brier, briar ('braiə[r]) *s.* BOT. esbarzer *m.;* bruc *m.*
brig (brig) *s.* MAR. bergantí *m.*
brigade (bri'geid) *s.* brigada *f.*
brigand ('brigənd) *s.* bandit *m.;* bergant *m.*
brigantine ('brigənti:n) *s.* MAR. bergantí-goleta *m.*
bright (brait) *a.* brillant. *2* lluminós. *3* radiant [somriure, etc.]. *4* intel·ligent, brillant. *5* viu, animat. ▪ *6* **-ly**, *adv.* brillantment. *7* enginyosament.
brighten (to) ('braitn) *t.* abrillantar. *2* animar, avivar. ▪ *3 i.* esclarir-se *p.* [el temps]. *4* animar-se *p.*, avivar-se *p.*
brightness ('braitnis) *s.* brillantor *f.* *2* claredat *f.*, lluminositat *f.* *3* alegria *f.*, vivesa *f.* *4* intel·ligència *f.*, enginy *m.*
brine (brain) *s.* salmorra *f.*
brilliance, -cy ('briljəns, -si) *s.* brillantor *f.;* resplendor *m.* *2* fig. brillantor *f.*
brilliant ('briljənt) *a.* brillant [també fig.]. ▪ *2 s.* GEMM. brillant *m.*
brim (brim) *s.* vora *f.* [d'un got, etc.]. *2* ala *f.* [d'un barret].
brimful ('brim,ful) *a.* fins a dalt, a vessar.
brimstone ('brimstoun) *s.* ant. QUÍM. sofre *m.*
brindled ('brindld) *a.* clapejat [en fons gris o marró].
bring (to) (briŋ) *t.* portar, (ROSS.) aportar, dur; conduir. *2* causar, produir. *3* induir, persuadir. *4* adduir. *5* posar [en un estat, condició, etc.]. *6* DRET. iniciar. ▪ ***to ~ about,*** ocasionar, provocar; ***to ~ back,*** tornar; ***to ~ down,*** baixar; enderrocar, abatre; ***to ~ forth,*** donar a llum, donar [fruit]; ***to ~ in,*** entrar; recollir [la collita]; donar, produir, rendir [diners, etc.]; introduir; ***to ~ out,*** treure; publicar; fer palès; ***to ~ round,*** portar [una persona]; convèncer; fer tornar en si; desviar [una conversa, etc.]; ***to ~ up,*** pujar; educar, criar; treure [un tema]; vomitar, treure. ▲ Pret. i p. p.: ***brought*** (brɔ:t).
brink (briŋk) *s.* vora *f.* *2* fig. caire *m.* ‖ ***on the ~ of,*** al caire de, a punt de.
brisk (brisk) *a.* viu, actiu, animat. *2* àgil, lleuger.
brisket ('briskit) *s.* GASTR. carn *f.* [del pit]. *2* pit *m.* [d'animal].

briskness ('brisknis) *s.* vivesa *f.*, activitat *f.*
bristle ('brisl) *s.* cerra *f.*
bristle (to) ('brisl) *i.* eriçar-se *p.* 2 fig. enfurismar-se *p.* 3 ***to ~ with,*** estar ple de. ▪ 4 *t.* eriçar. 5 proveir de cerres.
Brit. ('brit) *s. (Britain)* Gran Bretanya *f.* 2 *(Britannia)* Britania *f.* ▪ 3 *a. (British)* britànic.
Britain ('britn) *n. pr.* GEOGR. ***Great ~,*** Gran Bretanya *f.*
British ('britiʃ) *a.-s.* britànic.
Briton ('britn) *a.-s.* HIST. brità, britó. 2 LITER. britànic.
Brittany ('britəni) *n. pr.* GEOGR. Bretanya *f.*
brittle ('britl) *a.* trencadís. 2 fig. irritable.
broach (to) (broutʃ) *t.* posar aixeta; foradar. 2 portar a col·lació, treure [un tema].
broad (brɔ:d) *a.* ample. 2 ampli, extens, lat. 3 general. 4 clar. 5 comprensiu, tolerant, obert. 6 atrevit, groller. 7 ***in ~ daylight,*** en ple dia.
broadcast ('brɔ:dkɑ:st) *s.* RADIO. emissió *f.*
broadcast (to) ('brɔ:dkɑ:st) *t.* RADIO. emetre, radiar; televisar. 2 escampar, difondre. 4 AGR. sembrar a eixams. ▪ 5 *i.* parlar, cantar, etc. per ràdio o televisió.
broadcaster ('brɔ:dkɑ:stə[r]) *s.* locutor.
broadcasting ('brɔ:dkɑ:stiŋ) *s.* RADIO. radiodifusió *f.*: ***~ station,*** emissora *f.*
broaden (to) ('brɔ:dn) *t.* eixamplar. ▪ 2 *i.* eixamplar-se *p.*
broad-minded (ˌbrɔ:d'maindid) *a.* liberal, tolerant, obert.
broadside ('brɔ:dsaid) *s.* MAR. costat *m.*, andana *f.* ‖ ***~ on,*** de costat. 2 andanada *f.*
broadways ('brɔ:dweiz) , **broadwise** (-waiz) *adv.* a l'ample; lateralment.
brocade (brə'keid) *s.* TÈXT. brocat *m.*
broccoli ('brɔkəli) *s.* BOT. bròquil *m.*
brochure ('brouʃə[r]) *s.* fullet *m.*, prospecte *m.*
broil (to) (brɔil) *t.* rostir [en unes graelles]. 2 fig. rostir, torrar. ▪ 3 *i.* rostir-se *p.* 4 fig. torrar-se *p.*
broken ('broukən) Veure BREAK (TO). ▪ 2 *a.* trencat; fracturat. 3 crebantat. 4 trencada [línia]. 5 accidental [terreny]. 6 interromput. 7 arruïnat. 8 fig. trencat, partit.
broker ('broukə[r]) *s.* COM. corredor, agent. 2 borsista.
bronchitis (brɔŋ'kaitis) *s.* MED. bronquitis *f.*
bronze (brɔnz) *s.* METAL. bronze *m.*
brooch (broutʃ) *s.* agulla *f.* [de pit].
brood (bru:d) *s.* cria *f.*; llocada *f.*; niuada *f.* 2 fig. progènie *f.*, prole *f.* 3 casta *f.*
brood (to) (bru:d) *i.* covar *t.*, incubar *t.* 2 fig. ***to ~ on*** o ***over,*** rumiar *t.*, cavil·lar *t.*
broody ('bru:di) *a.* lloca *f.*, cloca *f.* 2 fig. melangiós.
brook (bruk) *s.* rierol *m.*, rieró *m.*
broom (bru:m) *s.* escombra *f.*, (BAL.) (VAL.) granera *f.* 2 BOT. ginesta *f.*
bronze (to) (brɔnz) *t.* bronzejar, embrunir. ▪ 2 *i.* embrunir-se *p.*
Bros. ('brɔs) *s. pl.* COM. *(Brothers)* germans *m.*
broth (brɔθ) *s.* GASTR. brou *m.*
brothel ('brɔθl) *s.* bordell *m.*
brother ('brʌðə[r]) *s.* germà *m.* ‖ *pl.* ***~s and sisters,*** germans *m.*
brotherhood ('brʌðəhud) *s.* germandat *f.* 2 REL. confraria *f.*
brother-in-law ('brʌðərinlɔ:) *s.* cunyat *m.*, germà *m.* polític.
brotherly ('brʌðəli) *a.* fraternal.
brought (brɔ:t) Veure BRING (TO).
brow (brau) *s.* ANAT. cella *f.* 2 ANAT. front *m.* 3 cim *m.*
browbeat (to) ('braubi:t) *t.* intimidar [amb amenaces].
brown (braun) *a.* marró [color]. ‖ ***~ paper,*** paper *m.* d'estrassa. ‖ ***~ bread,*** pa *m.* integral. 2 castany [cabells]. 3 morè, bru [pell].
brown (to) (braun) *t.* torrar. 2 GASTR. daurar.
browse (to) (brauz) *i.* brostejar, pasturar. 2 fullejar *t.* [un llibre].
bruise (bru:z) *s.* morat *m.*, blau *m.*, contusió *f.* 2 macadís *m.*, macadura *f.* [la fruita].
bruise (to) (bru:z) *t.* fer un blau o morat, masegar, contusionar. 2 macar [la fruita]. ▪ 3 *i.* fer-se *p.* un blau o morat, contusionar-se *p.* 2 macar-se *p.*
brunch (brʌntʃ) *s.* col·loq. esmorzar-dinar *m.*
brunette (bru:'net) *a.-s.* morena *f.*
brunt (brʌnt) *s.* allò més fort, allò més violent: ***to bear the ~ of the attack,*** aguantar allò més violent de l'atac.
brush (brʌʃ) *s.* raspall *m.*, (BAL.) espalmador *m.* 2 pinzell *m.*; brotxa *f.* 3 raspallada *f.*; pinzellada *f.* 4 BOT. bardissa *f.*, brossa *f.* 5 fig. cua *f.* peluda [de guineu, etc.].
brush (to) (brʌʃ) *t.* raspallar. ‖ ***to ~ up,*** repassar, refrescar.
brushwood ('brʌʃwud) *s.* BOT. brossa *f.*, bardissa *f.*
brusque (bru:sk) *a.* brusc.
Brussels (brʌslz) *n. pr.* GEOGR. Brussel·les *f.*
Brussels sprouts (ˌbrʌslz'sprauts) *s. pl.* BOT. cols *m.* de Brussel·les.
brutal ('bru:tl) *a.* brutal; cruel.

brutality (bru:'tæliti) *s.* brutalitat *f.;* crueltat *f.*
brute (bru:t) *a.* brutal. *2* brut [pes, força, etc.]. ■ *3 s.* bèstia *f. 4* fig. bèstia *f.*, salvatge [persona].
brutish ('bru:tiʃ) *a.* abestiat, brutal. *2* estúpid.
B.Sc. (bi:es'si:) *s. (Bachelor of Science)* llicenciat en ciències.
bubble ('bʌbl) *s.* bombolla *f. 2* fig. il·lusió *f.*
bubble (to) ('bʌbl) *i.* bombollejar, borbollejar. *2* fig. ***to ~ with joy,*** desbordar d'alegria.
bubble gum ('bʌblgʌm) *s.* xiclet *m.*
bubonic (bju:'bɔnik) *a.* MED. ***~ plague,*** pesta *f.* bubònica.
buccaneer (ˌbʌkə'niəʳ) *s.* bucaner *m.*
buck (bʌk) *s.* ZOOL. mascle *m.* [del cèrvol, la llebre i el conill]. *2* fig. petimetre *m. 3* fam. (EUA) dòlar *m. 4* fam. ***to pass the ~ to (somebody),*** carregar el mort a (algú). ■ *5 a.* mascle.
buck (to) (bʌk) *i.* saltar amb les anques arquejades [un cavall]. *2* ***to ~ up,*** animar-se *p. 3* ***~ up!*** afanya't!, afanyeu-vos!. ■ *4 t.* desmuntar, boleiar. *5* ***to ~ up,*** animar.
bucket ('bʌkit) *s.* galleda *f.;* (BAL.) (VAL.) poal *m. 2* catúfol *m.*
buckle ('bʌkl) *s.* sivella *f.*
buckle (to) ('bʌkl) *t.* cordar, ensivellar. ■ *2 i.* ***to ~ to*** o ***down to,*** esforçar-se *p.* a. *3* corbar-se *p.*, torçar-se *p.* [metall, etc.].
buckshot ('bʌkʃɔt) *s.* perdigó *m.*
buckskin ('bʌkskin) *s.* pell *m.* d'ant.
bucktooth ('bʌk'tu:θ) *s.* dent *f.* sortint.
bucolic (bju:kɔlik) *a.* bucòlic.
bud (bʌd) *s.* BOT. brot *m.;* botó *m.*, gemma *f. 2* poncella *f.*, capon *m.:* ***in ~,*** treure brot o poncella. *3* fig. ***nip in the ~,*** tallar de soca-rel.
bud (to) (bʌd) *i.* BOT. brotar, borronar.
Buddha ('buda) *n.pr.m.* REL. Buda.
budding ('bʌdiŋ) *a.* en flor. *2* fig. en potència, en embrió.
budge (to) (bʌdʒ) *t.* moure. *2* fig. fer canviar [una actitud, etc.]. ■ *3 i.* moure's. *p. 2* fig. canviar [d'actitud, etc.].
budgerigar ('bʌdʒərigɑ:ʳ) *s.* ORN. periquito *m.*
budget ('bʌdʒit) *s.* ECON. pressupost *m.*
budget (to) ('bʌdʒit) *i.* ***to ~ for,*** pressupostar, fer el pressupost.
buff (bʌf) *a.* de color d'ant. ■ *2 s.* pell *m.* d'ant.
buffalo ('bʌfəlou) *s.* ZOOL. búfal *m.*
buffer ('bʌfəʳ) *s.* MEC. amortidor *m. 2* FERROC. topall *m.*
buffer state ('bʌfəˌsteit) *s.* estat *m.* tampó.
buffet ('bufei) *s.* bar *m.*, cantina *f.:* (G.B.) ***~ car,*** vagó-bar *m. 2* ***cold ~,*** sopar *m.* fred. *3* MOBL. bufet *m.*, trinxant *m.*
buffet ('bʌfit) *s.* bufetada *f. 2* fig. bufetada *f.*, cop *m.*, desgràcia *f.*
buffet (to) ('bʌfit) *t.* copejar. *2* bufetejar. *3* sacsejar.
buffoon (bʌ'fu:n) *s.* bufó *m.*
buffoonery (bʌ'fu:nəri) *s.* bufonada *f.*
bug (bʌg) *s.* ZOOL. xinxa *f.;* cuca *f.;* bestiola *f. 2* col·loq. microbi *m. 3* col·loq. defecte *m.;* fallada *f. 4* petit micròfon *m.* ocult. *5* col·loq. ***big ~,*** peix *m.* gros.
bug (to) (bʌg) *t.* col·loq. intervenir [mitjançant un micròfon ocult]. *2* col·loq. (EUA) empipar.
bugbear ('bʌgbɛəʳ) *s.* fig. malson *m. 2* espantall *m.*
bugger ('bʌgəʳ) *m.* sodomita. *2* col·loq. ximple *s.*
bugger (to) ('bʌgəʳ) *t.* vulg. donar pel sac. ■ *2 i.* vulg. ***to ~ off,*** fotre el camp; tocar el dos. *3* ***to ~ up,*** fer malbé.
bugle ('bju:gl) *s.* MÚS. clarí *m.*, corneta *f.*
build (bild) *s.* estructura *f. 2* forma *f.*, figura *f.*, complexió *f.*
build (to) (bild) *t.* construir, calificar. *2* fundar, fonamentar. ■ *3 i.* construir-se *p.* ■ ***to ~ in,*** encastar, incorporar; ***to ~ on,*** edificar en; fig. basar, fonamentar; ***to ~ up,*** urbanitzar, muntar; fig. elaborar, crear, fer; augmentar; enfortir. ▲ Pret. i p. p.: ***built*** (bilt).
builder ('bildəʳ) *s.* constructor. *2* mestre *m.* de cases. *3* fig. creador, fundador.
building ('bildiŋ) *s.* construcció *f.*, edificació *f. 2* edifici *m.*, casa *f.*
building society ('bildiŋsəˌsaiəti) *s.* societat *f.* especialitzada en prèstecs per l'habitatge.
built (bilt) Veure BUILD (TO).
bulb (bʌlb) *s.* BOT. bulb *m. 2* ELECT. bombeta *f.*
bulge (bʌldʒ) *s.* protuberància *f. 2* bombament *m. 3* increment *m. 4* MIL. sortint.
bulge (to) (bʌldʒ) *i.* fer panxa; bombar-se *p.;* sobresortir. ■ *2 t.* engrossir; inflar.
bulk (bʌlk) *s.* volum *m.*, tossa *f. 2* mola *f. 3* la major part *f. 4 loc. adv.* ***in ~,*** a l'engròs.
bulk-buying (ˌbʌlk'baiiŋ) *s.* compra *f.* a l'engròs.
bulky ('bʌlki) *a.* voluminós.
bull (bul) *s.* ZOOL. toro *m. 2* ECLES. butlla *f. 3* COM. alcista.
bulldog ('buldɔg) *s.* angl. ZOOL. buldog *m.*
bulldozer ('bulˌdouzəʳ) *s.* bulldozer *f.*, excavadora *f.*
bullet ('bulit) *s.* bala *f.*

bulletin ('bulitin) *s.* butlletí *m.* [publicació]. *2* comunicat *m.*, anunci *m.*
bullet-proof ('bulitpru:f) *a.* a prova de bales.
bullfight ('bulfait) *s.* cursa *f.* de braus.
bullfighter ('bulfaitəʳ) *s.* cast. torero *m.*
bullfighting ('bulfaitiŋ) *s.* tauromàquia *f.*, toreig *m.*, toros *m. pl.*
bullion ('buljən) *s.* or i plata en lingots *m.*
bullock ('bulək) *s.* ZOOL. jònec *m.* *2* bou *m.*
bullring ('bulriŋ) *s.* plaça *f.* de toros.
bull's eye ('bulzai) *s.* fitó *m.* *2* ARQ. MAR. ull *m.* de bou.
bullshit ('bulʃit) *s.* vulg. bestieses *f. pl.*, collonades *f. pl.*
bully ('buli) *s.* pinxo *m.*, perdonavides *m.* ▪ *2 a.* excel·lent.
bully (to) ('buli) *t.* intimidar.
bulwark ('bulwək) *s.* baluard *m.*, [també fig.]. *2* MAR. escullera *f.* *3* MAR. macarró.
bum (bʌm) *a.* inútil; dolent; fumut. ▪ *2 s.* col·loq. cul *m.* *2* col·loq. (EUA) dropo, gandul, vague.
bum (bʌm) *i.* vagar, vagabundejar. ▪ *2 t.* gorrejar *i.*
bumble-bee ('bʌmbl,bi:) *s.* ENT. borinot *m.*
bump (bʌmp) *s.* xoc *m.*, patacada *f.*, trompada *f.* *2* nyanyo *m.*, bony *m.* *3* sot *m.*, clot *m.*
bump (to) (bʌmp) *t.* donar un cop, copejar; xocar amb. *2* col·loq. ***to ~ off,*** pelar, carregar-se *p.* [algú]. ▪ *3 i.* donar-se *p.* un cop, xocar (***against, into,*** amb, contra). *4* fig. ***to ~ into (someone),*** topar-se *p.* amb (algú).
bumper ('bʌmpeʳ) *a.* abundant. ▪ *2 s.* AUTO. para-xocs *m.* *2* FERROC. topall *m.* *3* got *m.* ple.
bumpkin ('bʌmpkin) *s.* fig. pagès, pagerol.
bumptious ('bʌmpʃəs) *a.* presumptuós, pretensiós.
bun (bʌn) *s.* ALIM. brioix *m.*, pasta *f.* *2* castanya *f.*, cast. monyo *m.*
bunch (bʌntʃ) *s.* ram *m.*, pom *m.* [de flors]. *2* manat *m.*, manoll *m.*, grapat *m.* *3* carràs *m.* *4* grup *m.*, colla *f.*
bunch (to) (bʌntʃ) *t.* ***to ~ up*** o ***together,*** ajuntar, agrupar. ▪ *2 i.* ***to ~ up*** o ***together,*** ajuntar-se *p.*, agrupar-se *p.*
bundle ('bʌndl) *s.* lligall *m.*, [de papers]. *2* feix *m.* [de llenya]. *3* farcell *m.* [de roba]. *2* paquet *m.*
bundle (to) ('bʌndl) *t.* ***to ~ up*** o ***together,*** lligar, empaquetar. *2* ficar [de qualsevol manera].
bungalow ('bʌŋgəlou) *s.* bungalow *m.*, caseta *f.*
bungle ('bʌŋgl) *s.* barroeria *f.*, nyap *m.*, bunyol *m.*
bungle (to) ('bʌŋgl) *t.* potinejar, fer barroerament. ▪ *2 i.* potinejar.
bungler ('bʌŋgləʳ) *s.* potiner, barroer.
bunion ('bʌnjən) *s.* galindo *m.*
bunk (bʌŋk) *s.* llitera *f.*
bunker ('bʌŋkəʳ) *s.* carbonera *f.*
bunny ('bʌni) *s.* col·loq. conillet *m.*
bunting ('bʌntiŋ) *s.* TÈXT. estam *m.* *2* banderetes *m. pl.*, gallarets *m. pl.*
buoy (bɔi) *s.* MAR. boia *f.*; balisa *f.*
buoy (to) (bɔi) *t.* abalisar, senyalar amb boies. *2* aboiar. *3* ***to ~ up,*** fer flotar; fig. animar.
buoyancy ('bɔiənsi) *s.* flotabilitat *f.* *2* fig. animació *f.*, optimisme *m.*
buoyant ('bɔiənt) *a.* flotant. *2* fig. animat, optimista, puixant.
B.U.P. (bi:yu:,pi:) *s.* *(British United Press)* premsa *f.* britànica unida.
burden (to) ('bə:dn) *t.* carregar; aclaparar.
burden ('bə:dn) *s.* càrrega *f.*, pes *m.* [gralnt. fig.]. ‖ ***beast of ~,*** bèstia de càrrega. *2* NÀUT. tonatge *m.* *3* tornada *f.* [d'una cançó]. *4* tema *m.*, idea *f.* principal.
burdensome ('bə:dnsəm) *a.* feixuc, carregós, pesat, molest.
bureau ('bjuərou) *s.* MOBL. (G.B.) escriptor; *m.*, taula *f.* *2* departament *m.*, oficina *f.*: ***Tourist B~,*** Oficina *f.* de Turisme. *3* (EUA) MOBL. calaixera *f.*
bureaucracy (bjuə'rɔkrəsi) *s.* burocràcia *f.*
burglar ('bə:gləʳ) *s.* lladre.
burglar alarm ('bə:glərə,lɑ:m) *s.* alarma *f.* antirobatòria.
burglarproof ('bə:glə,pru:f) *a.* a prova de lladres.
burglary ('bə:gləri) *s.* robatori *m.*
burgle (to) ('bə:gl) *t.-i.* robar *t.*
burial ('beriəl) *s.* enterrament *m.*
burial ground ('beriəlgraund) *s.* cementiri *m.*
Burial Service ('beriəl,sə:vis) *s.* ECLES. funerals *m. pl.*, exèquies *m. pl.*
burlap ('bə:læp) *s.* xarpellera *f.*, arpillera *f.*
burlesque (bə:'lesk) *a.* burlesc.
burly ('bə:li) *a.* corpulent.
Burma ('bə:mə) *n. pr.* GEOGR. Birmània.
Burmese (bə:'mi:z) *a.-s.* GEOGR. birmà.
burn (bə:n) *s.* cremada *f.*
burn (to) (bə:n) *t.* cremar; abrasar. *2* escaldar [la llengua, etc.]. *3* torrar, coure. ▪ *4 i.* cremar, cremar-se *p.* *5* incendiar-se *p.* *6* fig. cremar, estar encès. ▪ ***to ~ away,*** no parar de cremar; cremar-se *p.* del tot; ***to ~ down,*** consumir-se *p.*, apagar-se *p.*; incendiar-se *p.*; ***to ~ out,*** extingir-se *p.*, apagar-se *p.*; cremar; fondre's *p.*; fig. acabar-se *p.* [una persona]; ***to ~ up,*** cremar de nou, cremar; fig. enfurir, enfurir-se *p.* ▲

Pret. i p. p.: ***burned*** (bə:nd) o ***burnt*** (bə:nt).
burner ('bə:nəʳ) *s.* cremador *m.* *2* blener *m.*, blenera *f.*
burning ('bə:niŋ) *a.* ardent, roent, cremós. *2* fig. candent [qüestió, tema, etc.]. *3* fig. fervent.
burnish (to) ('bə:niʃ) *t.* brunyir.
burnt (bə:nt) Veure BURN (TO).
burp (bə:p) *s.* col·loq. rot *m.*
burp (to) (bə:p) *i.* col·loq. rotar, eructar. ■ *2 t.* fer eructar [un nen].
burrow ('bʌrou) *s.* cau *m.*, lloriguera *f.*, llodriguera *f.*
burrow (to) ('bʌrou) *t.* fer un cau, excavar. ■ *2 i.* encanar-se *p.*
burst (bə:st) *s.* explosió *f.*, esclat *m.*, rebentada *f.*
burst (to) (bə:st) *i.* rebentar, esclatar, explotar; trencar-se *p.* *2* prorrompre. *3* fig. desbordar. ■ *4 t.* rebentar; fer esclatar. ■ ***to ~ in*** o ***into,*** irrompre. || fig. ***to ~ into tears*** o ***laughter,*** posar-se a plorar o riure; ***to ~ out,*** saltar, esclatar. || ***to ~ out laughing*** o ***crying,*** esclatar de riure o plorar.
bury (to) ('beri) *t.* enterrar.
bus (bʌs) *s.* autobús *m.*: fig. ***to miss the ~,*** perdre una oportunitat, perdre el tren.
bush (buʃ) *s.* BOT. arbust *m.* *2* ***the ~,*** bosc *m.* baix [Austràlia i Àfrica]. 3 fig. ***to beat about the ~,*** anar amb embuts.
bushel ('buʃl) *s.* AGR. mesura *f.* d'àrids [G.B. 36,36 l., EUA 35,24 l.].
bushy ('buʃi) *a.* cobert de mates. *2* espès, pelut.
busily ('bizili) *adv.* diligentment; activament.
business ('biznis) *s.* negocis *m. pl.* *2* negoci *m.*; empresa *f.*; establiment *m.* *3* ofici *m.*, treball *m.* *4* assumpte *m.*, qüestió *f.*: ***it's my ~,*** és cosa meva; ***to mean ~,*** parlar o actuar de debò. *5* dret *m.* *6* feinada *f.*, embolic *m.*
bus stop ('bʌsstɔp) *s.* parada *f.* de l'autobús.
bust (bʌst) *s.* bust *m.*
bust (to) (bʌst) *t.* trencar. *2* arrestar. *3* COM. causar fallida. ■ *4 i.* COM. fer fallida.
bustle ('bʌsl) *s.* moviment *m.*, bullícia *f.*, enrenou *m.*
bustle (to) ('bʌsl) *i.* afanyar-se *p.*, apressar-se *p.*, atrafegar-se *p.*; bellugar-se *p.* ■ *2 t.* apressar, cuitar.
bust-up ('bʌstʌp) *s. pop.* baralla *f.*: ***they had a ~,*** han trencat.
busy ('bizi) *a.* ocupat; enfeinat; atrafegat. *2* actiu. *3* concorregut, ple [lloc, local, etc.].
busy (to) ('bizi) *t.-p.* ocupar; enfeinar.
busybody ('bizi,bɔdi) *s.* manefla, tafoner.
but (bʌt, bət) *conj.* però, mes, (ROSS.) mè; sinó, sinó que; sense; sense que. || ***I can't write ~ I get tied in knots,*** no puc escriure sense fer-me un embolic. ■ *2 adv.* només, no més que, solament. *3* ***all ~,*** gairebé. ■ *4 prep.-conj.* menys, tret de, llevat de. || ***~ for, ~ that,*** si no fos per; sense. || ***~ then,*** d'altra banda. || ***the last ~ one,*** el penúltim.
but (bʌt, bət) *n.* però *m.*, objecció *f.*
butane ('bju:tein) *s.* butà *m.*
butcher ('butʃəʳ) *s.* carnisser. || ***the ~'s,*** la carnisseria *f.* *2* fig. carnisser.
butcher (to) ('butʃəʳ) *t.* matar [animals]. *2* fig. matar, fer una carnisseria.
butchery ('butʃəri) *s.* carnisseria *f.* [també fig.].
butler ('bʌtləʳ) *s.* majordom *m.*
butt (bʌt) *s.* bóta *f.*, tona *f.*, tonell *m.* *2* aljub *m.* *3* extrem *m.*; ARM. culata *f.* [d'un fusell]. *4* burilla *f.* [d'un cigarret]. *5 pl.* camp *m.* de tir. *6* blanc *m.*, fitó *m.* *7* fig. objecte *m.* *8* tossada *f.*
butt (to) (bʌt) *t.* tossar *i.* ■ *2 i.* col·loq. ***to ~ in,*** ficar-hi cullerada. *3* ***to ~ into,*** xocar amb.
butter ('bʌteʳ) *s.* ALIM. mantega *f.*
butter (to) ('bʌtəʳ) *t.* posar mantega a. *2* ***to ~ somebody up,*** afalagar.
butterfly ('bʌtəflai) *s.* ENT. papallona *f.* || fig. ***to have butterflies (in one's stomach),*** tenir un nus a l'estómac.
buttery ('bʌtəri) *a.* mantegós.
buttock ('bʌtək) *s.* ANAT. natja *f.*, anca *f.*, galta *f.* del cul. *2 pl.* darreres *m.*, cul *m. sing.*
button ('bʌtn) *s.* botó *m.*
button (to) ('bʌtn) *t.* cordar, botonar. ■ *2 i.* cordar-se *p.*
buttonhole ('bʌtnhoul) *s.* trau *m.*
buttress ('bʌtris) *s.* ARQ. contrafort *m.* *2* fig. suport *m.*
buxom ('bʌksəm) *a. f.* pleneta; de bon any.
buy (to) (bai) *t.* comprar. ▲ Pret. i p. p.: ***bought*** (bɔ:t).
buyer ('baiəʳ) *s.* comprador.
buyer's market ('baiəz,mɑ:kit) *s.* mercat *m.* del comprador.
buzz (bʌz) *s.* brunzit *m.*, bonior *m.* *2* murmuri *m.*
buzz (to) (bʌz) *i.* bonir, brunzir. *2* murmurar. *3* fer el baliga-balaga. || col·loq. ***to ~ off,*** tocar el pirandó. ■ *4 t.* AVIA. intimidar, passar molt a prop.
buzzard ('bʌzəd) *s.* ORN. aligot *m.*
by (bai) *prep.* prop de, a prop de, al costat de. *2* segons, d'acord amb. *3* a, amb, de, en, per. || ***~ day,*** de dia; ***~ far,*** de bon tros, de molt.; ***~ heart,*** de memòria; ***~ now,*** a hores d'ara, ja.; ***~ oneself,*** sol, tot sol, sen-

se ajut. *4* ~ ***the way,*** a propòsit. ■ *5 adv.* prop, al costat, davant. *6* ~ ***and*** ~, més tard, després. *7* ~ ***and large,*** en general.

by-election ('baiilәkʃn) *s.* POL. elecció *f.* parcial.

by-gone ('baigɔn) *a.* passat. ■ *2 s. pl.* el passat: ***let*** **~*s be*** **~*s,*** deixem-ho córrer, no en parlem més.

by-law ('bailɔ:) *s.* DRET ordenança *f.*, estatut *m.*, reglament *m.* [municipal].

by-pass ('baipɑ:s) *s.* cinturó *m.* [de trànsit]. *2* MEC., ELECT. derivació *f.*, desviació *f.*

by-pass (to) ('baipa:s) *t.* evitar. *2* desviar. *3* fig. negligir.

bypath ('baipa:θ) *s.* sendera *f.*, caminoi *m.*

by-product ('bai͵prɔdәkt) *s.* subproducte *m.*, derivat *m.*

by-road ('bairoud) *s.* carretera *f.* secundària.

bystander ('bai͵stændәʳ) *s.* espectador, curiós.

byte (bait) *s.* INFORM. byte *m.*

byword ('baiwә:d) *s.* ***to be a*** ~ ***for,*** ser famós per.

Byzantine (bai'zæntain) *a.-s.* HIST. bizantí.

Byzantium (bai'zæntiәm) *n. pr.* GEOGR.-HIST. Bizanci.

C

C, c (si:) *s.* c *f.* [lletra]. *2* MÚS. do *m.*
C (si:) *s.* QUÍM. *(carbon)* C (carboni).
c (si:) *(Celsius)* Celsius. *2 (centigrade)* centígrad. *3 (Centum)* centum. *4* POL. *(conservative)* conservador.
ca. (si:'ei) *(circa)* als volts de, cap a: ***ca. 1789,*** cap al 1789.
cab (kæb) *s.* taxi *m. 2* cabina *f.* [de conductor de tren, camió, etc.].
cabal (kə'bæl) *s.* facció *f.* de conspiradors [esp. política].
cabaret ('kæbərei) *s.* cabaret *m.*
cabbage ('kæbidʒ) *s.* BOT. col *f.*: ***red ~,*** col llombarda.
cabin ('kæbin) *s.* MAR.-AERON. cabina *f. 2* cabanya *f.*
cabin boy ('kæbinbɔi) *s.* grumet *m.*
cabin cruiser ('kæbin,kru:zə) *s.* iot *m.* d'esbargiment.
cabinet ('kæbinit) *s.* MOBL. armari *m.;* consola *f.;* vitrina *f. 2* POL. consell *m.* de ministres, govern *m.*
cabinetmaker ('kæbinit,meikə^r^) *s.* FUST. ebenista.
cable ('keibl) *s.* cable *m. 2* telegrama *m.,* cablegrama *m.*
cable (to) ('keibl) *t.-i.* TELECOM. cablegrafiar *t.*
cable car ('keiblkɑ:^r^) *s.* telefèric *m.*
cablegram ('keiblgræm) *s.* TELECOM. cablegrama *m.*
cable railway ('keibl'reilwei) *s.* funicular *m.*
cabman ('kæbmən) *s.* taxista.
caboose (kə'bu:s) *s.* NÀUT. cuina *f. 2* FERROC. (EUA) furgó *m.* de cua.
cackle ('kækl) *s.* cloqueig *m. 2* riallada *f. 3* garla *f.,* garleria *f.*
cackle (to) ('kækl) *i.* cloquejar. *2* garlar.
cactus ('kæktəs) *s.* BOT. cactus *m.* ▲ *pl.* ***cactuses*** o ***cacti*** ('kæktai).
cad (kæd) *s.* canalla *m.,* brètol *m.*
cadaver (kə'deivə^r^) *s.* cadàver *m.*
cadaverous (kə'dævərəs) *a.* cadavèric; pàl·lid.
caddy ('kædi) *s.* capseta *f.* per a te. *2* ESPORT el qui porta els pals de golf.
cadence ('keidəns) *s.* LING., MÚS. cadència *f.*
cadet (kə'det) *s.* MIL. cadet *m.*
cadge (kædʒ) *t.-i.* gorrejar *i.*
cadger ('kædʒə^r^) *s.* gorrer.
Caesar ('si:zə^r^) *n. pr. m.* Cesar.
c.a.f. (si:ei'ef) *s. (cost and freight)* cost *m.* i càrrega *f.*
café ('kæfei) *s.* cafè *m.* [establiment].
cafeteria (,kæfi'tiəriə) *s.* restaurant *m.* d'autoservei.
caffeine ('kæfi:n) *s.* cafeïna *f.*
cage (keidʒ) *s.* gàbia *f.*
cage (to) (keidʒ) *t.* engabiar.
cagey ('keidʒi) *a.* col·loq. cautelós; reservat. ■ *2* **cagily** *adv.* cautelosament.
cajole (to) (kə'dʒoul) *t.* entabamar, ensarronar, afalagar.
cajolery (kə'dʒouləri) entabanament *m.;* ensabonada *f.;* llagoteria *f.*
cake (keik) *s.* pastís *m.,* (ROSS.) gató *m.* ‖ ***sponge ~,*** mena de pa *m.* de pessic. *2* pastilla *f.* [de sabó, cera, etc.]. *3* col·loq. ***a piece of ~,*** bufar i fer ampolles. *4 **(selling) like hot ~s,*** (vendre's) com pa *m.* beneït.
cake (to) (keik) *i.* endurir-se *p.;* incrustar-se *p.;* coagular-se *p.*
calabash ('kæləbæʃ) *s.* BOT. carbassa *f.* [assecada i buidada].
calamitous (kə'læmitəs) *a.* calamitós, desastrós.
calamity (kə'læmiti) *s.* calamitat *f.,* desgràcia *f.*
calcify ('kælsifai) *t.* calcificar. ■ *2 i.* calcificar-se *p.*
calcium ('kælsiəm) *s.* QUÍM. calci *m.*
calculable ('kælkjuləbl) *a.* calculable.
calculate (to) ('kælkjuleit) *t.* calcular. *2* fig.

to be calculated to, fer amb una intenció o finalitat. ■ *3 i.* fer càlculs.
calculating ('kælkjuˌleitiŋ) *a.* calculador, astut.
calculating machine ('kælkjuleitiŋməˌʃiːn) *s.* màquina *f.* calculadora.
calculation (ˌkælkju'leiʃn) *s.* càlcul *m.* *2* astúcia *f.*
calculus ('kælkjuləs) *s.* càlcul *m.*: ***differential*** o ***integral*** **~,** càlcul diferencial o integral. *2* MED. càlcul *m.* [pedra]. ▲ *pl.* ***calculi*** ('kælkjulai), ***calculuses.***
calendar ('kælində[r]) *s.* calendari *m.*
calender ('kælində[r]) *s.* TECNOL. calandra *f.*
calf (kɑːf) *s.* ZOOL. vedell || ***cow in*** o ***with*** **~,** vaca *f.* prenyada. *2* ANAT. panxell *m.*, tou *m.* de la cama. ■ *pl.* ***calves.***
calfskin ('kɑːfskin) *s.* pell *f.* de vedell.
calibrate (to) ('kælibreit) *t.* calibrar; graduar.
calibre, (EUA) **caliber** ('kælibə[r]) *s.* calibre *m.*
calico ('kælikou) *s.* TÈXT. calicó *m.*
caliph ('keilif) *s.* califa *m.*
call (kɔːl) *s.* crit *m.*; crida *f.* *2* trucada *f.* [telefònica]. *3* visita *f.* curta; parada *f.* curta. *4* demanda *f.*; exigència *f.* *5* fig. motiu, necessitat. *6* vocació *f.*
call (to) (kɔːl) *t.* cridar. *2* anomenar, dir. *3* convocar. *4* considerar. *5* COM. demanar el reembors. ■ *6 i.* cridar, donar veus. *7* fer *t.* una trucada [telefònica]. *8* fer una visita, passar. *9* parar [tren], fer escala [vaixell]. ■ ***to ~ at,*** passar per, fer una visita; ***to ~ back,*** tornar a trucar [per telèfon]; recordar; fer tornar; ***to ~ down,*** fer baixar; invocar; renyar; ***to ~ for,*** demanar; cridar (a), ***to ~ forth,*** provocar; fer sorgir; ***to ~ in,*** demanar el retorn; ***to ~ off,*** suspendre, cancel·lar; ***to ~ on,*** visitar; ***to ~ together,*** reunir; ***to ~ up,*** trucar per telèfon; evocar; cridar al servei militar; ***to ~ upon,*** exhortar.
call box ('kɔːlbɔks) *s.* cabina *f.* telefònica.
caller ('kɔlə[r]) *s.* visitant.
calling ('kɔliŋ) *s.* professió *f.* *2* vocació *f.*; crida *f.*
callosity (kæ'lɔsiti) *s.* callositat *f.*, durícia *f.*
callous ('kæləs) *a.* callós. *2* fig. ~ ***to*** insensible, indiferent.
callousness ('kæləsnis) *s.* callositat *f.*, durícia *f.* *2* fig. insensibilitat, indiferència.
calm (kɑːm) *a.* calmat, tranquil. || ***keep ~,*** tranquil, calma't. ■ *2 s.* calma *f.*, assossec *m.*
calm (to) (kɑːm) *t.* calmar, assossegar, tranquil·litzar. ■ *2 i.* ***to ~ down,*** calmar-se *p.*, tranquil·litzar-se *p.*
calmness ('kɑːmnis) *s.* tranquil·litat *f.*, calma *f.*
calorie ('kæləri) *s.* caloria *f.*
calorific (ˌkælə'rifik) *a.* calorífic: ~ ***value,*** poder *m.* calorífic.
calumniate (to) (kə'lʌmnieit) *t.* calumniar.
calumny ('kæləmni) *s.* calúmnia *f.*
calyx ('keiliks) *s.* BOT. calze *m.* ▲ *pl.* ***calyxes*** o ***calyces*** ('keilisiːz).
cam (kæm) *s.* MEC. lleva *f.*
came (keim) Veure COME (TO).
camel ('kæməl) *s.* ZOOL. camell *m.*
camellia (kə'miːliə) *s.* BOT. camèlia *f.*
cameo ('kæmiou) *s.* camafeu *m.*
camera ('kæmərə) *s.* camera *f.* fotogràfica, màquina *f.* de fotografiar. *2* màquina *f.* de filmar [TV, video].
cameraman ('kæmərəmæn) *s.* CINEM. cameraman, segon operador.
camomile ('kæməmail) *s.* BOT. camamilla *f.*, camamil·la *f.*
camouflage ('kæməflɑːʒ) *s.* camuflament *m.*
camouflage (to) ('kæməflɑːʒ) *t.* camuflar.
camp (kæmp) *s.* campament *m.* || ***holiday ~,*** campament o colónies *f. pl.* d'estiu; ***summer ~,*** colónies *f. pl.* d'estiu. *2* grup *m.*, facció *f.*
camp (kæmp) *a.* col·loq. cursi, afectat, amanerat. ■ *2 s.* amanerament *m.*, afectació *f.*
camp (to) (kæmp) *i.-t.* acampar. *2 i.* ***to ~ (it up),*** fer comèdia; actuar de manera exagerada.
campaign (kæm'pein) *s.* campany *f.*: ***advertising ~,*** campanya publicitària.
campaign (to) (kæm'pein) *i.* fer campanya [a favor de].
campaigner (kæm'peinə[r]) *s.* lluitador, batallador; paladí *m.* *2* ***old ~,*** veterà.
camphor ('kæmfə[r]) *s.* QUÍM., FARM. càmfora *f.*
camping ('kæmpiŋ) *s.* càmping *m.*: ~ ***site,*** càmping *m.*
camshaft ('kæmʃɑːft) *s.* MEC. arbre *m.* de lleves.
can (kæn) *s.* llauna *f.*, (BAL.) (VAL.) llanda *f.* || ~ ***opener,*** obrellaunes *m.* *2* bidó *m.* [de metall]. *3* fig. ***to carry the ~,*** carregar les culpes, carregar-se-la.
can (kæn, kən) *aux.* poder: ***I ~ wait for it,*** puc esperar. *2* saber: ***he ~ swim very well,*** sap nedar molt bé. ▲ Pret. i cond.: ***could*** (kud, kəd).
can (to) (kæn) *t.* enllaunar, envasar en llauna.
Canada ('kænədə) *n. pr.* GEOGR. Canada *m.*
Canadian (kə'neidjən) *a.-n. pr.* GEOGR. canadenc.
canal (kə'næl) *s.* canal *m.*
canalize (to) ('kænəlaiz) *t.* canalitzar.

canapé ('kænəpei) *s.* canapè *m.*
canary (kə'nɛəri) *s.* ORN. canari *m.*
Canary Islands (kə'nɛəri 'ailəndz) *n. pr.* GEOGR. Illes *f. pl.* Canàries.
cancel (to) ('kænsəl) *t.* cancel·lar; anul·lar; invalidar. *2* ratllar, passar ratlla. *3* marcar [un segell]. *4 **to ~ out,*** neutralitzar-se mútuament.
cancer ('kænsə^r) *s.* MED. càncer *m.*
Cancer ('kænsə^r) *s.* ASTR. Càncer o Cranc. *2* GEOGR. ***Tropic of ~,*** Tròpic *m.* de Càncer.
cancerous ('kænsərəs) *a.* cancerós, cancerígen.
candelabrum (ˌkændi'lɑ:brəm) *s.* canelobre *m.* ▲ *pl.* ***candelabra*** (ˌkændi'lɑ:brə).
candid ('kændid) *a.* sincer, franc. ‖ ***~ camera,*** camera *f.* indiscreta.
candidate ('kændidət) *s.* candidat; aspirant. *2* examinand, opositor.
candied ('kændid) *a.* ensucrat, confitat, garapinyat.
candle ('kændl) *s.* espelma *f.*
candlestick ('kændlstik) *s.* candeler *m.*; portabugia *m.*
candour, (EUA) **candor** ('kændə^r) *s.* sinceritat *f.*, franquesa *f.*
candy ('kændi) *s.* sucre candi. *2* (EUA) caramel.
candy (to) ('kændi) *t.* ensucrar, confitar, garapinyar.
cane (kein) *s.* BOT. canya *f.*: ***sugar ~,*** canya de sucre. *2* pal *m.*, bastó *m.*, vara *f.*
canine ('keinain) *a.* caní.
canine tooth (ˌkeinain'tu:θ) *s.* ODONT. ullal *m.*
canister ('kænistə^r) *s.* pot *m.*, capseta *f.* de llauna [per a te, tabac, etc.].
canker ('kæŋkə^r) *s.* MED. úlcera *f.* [bucal]. *2* fig. càncer *m.*
canker (to) ('kæŋkə^r) *t.* corrompre; ulcerar. ▪ *2 i.* corrompre's *p.*; ulcerar-se *p.*
cannabis ('kænəbis) *s.* cànem *m.* indi.
canned (kænd) *a.* enllaunat. *2* col·loq. pre-enregistrat: ***~ music,*** música pre-enregistrada, fil musical. *3* col·loq. (EUA) trompa, borratxo.
cannery ('kænəri) *s.* fàbrica *f.* de conserves.
cannibal ('kænibəl) *a.-s.* caníbal.
cannibalize ('kænibəlaiz) *f.* fer servir les peces d'un cotxe o màquina.
cannon ('kænən) *s.* canó *m.* *2* carambola.
cannonball ('kænənbɔ:l) *s.* bala *f.* de canó.
cannonade (ˌkænə'neid) *s.* canoneig *m.*
cannon fodder ('kænənˌfɔdə^r) *s.* carn *f.* de canó.
cannon shot ('kænənʃɔt) *s.* canonada *f.*
cannot ('kænɔt) forma composta de ***can*** i ***not.***
canoe (kə'nu:) *s.* NÀUT. canoa *f.*; piragua *f.*
canon ('kænən) *s.* cànon *m.* *2* canonge *m.*
canonical (kə'nɔnikəl) *a.* canònic.
canonize (to) ('kænənaiz) *t.* canonitzar.
canopy ('kænəpi) *s.* dosser *m.*, baldaquí *m.* [fix]; pal·li *m.*, tàlem *m.* [mòbil].
can't (kɑ:nt, kænt) *contr.* de ***can*** i ***not.***
cant (kænt) *s.* hipocresia *f.* *2* argot *m.* *3* inclinació *f.*
cant (to) (kænt) *t.* inclinar, decantar.
cantankerous (kən'tæŋkərəs) *a.* intractable, malhumorat.
canteen (kæn'ti:n) *s.* cantina *f.* *2* cantimplora *f.*
canter ('kæntə^r) *s.* mig galop *m.*
canter (to) ('kæntə^r) *i.* anar a mig galop.
canticle ('kæntikl) *s.* BIB. càntic *m.*
cantilever ('kæntili:və^r) *s.* CONSTR. suport *m.*, biga *f.* voladissa.
canvas ('kænvəs) *s.* lona *f.* *2* ART tela *f.*, llenç *m.*
canvass (to) ('kænvəs) *t.-i.* sol·licitar *t.* vots (*to, for;* de, per a). *2* COM. buscar *t.* comandes o clients. *3 t.* examinar en detall, discutir.
canyon ('kænjən) *s.* vall *f.* profunda, gorja *f.*
cap (kæp) *s.* gorra *f.*; casquet *m.* *2* còfia. ‖ fig. ***~ in hand,*** barret *m.* en mà, humilment *adv.* *3* tap *m.*, tapadora *f.* [d'un bolígraf, etc.].
cap (to) (kæp) *t.* cobrir *t.-p.* [el cap]; tapar. *2* superar, millorar.
capability (ˌkeipə'biliti) *s.* capacitat *f.*, aptitud *f.*
capable ('keipəbl) *a.* capaç, apte, dotat. *2* ***~ of,*** capaç de.
capacious (kə'peiʃəs) *a.* espaiós, gran.
capacity (kə'pæsiti) *s.* capacitat *f.* cabuda *f.* *2* competència *f.*, capacitat *f.* [persones]. *3* posició *f.*, condició *f.*
cape (keip) *s.* esclavina *f.*, capa *f.* curta. *2* GEOGR. cap *m.*
caper ('keipə^r) *s.* cabriola *f.*; entremaliadura *f.* *2* BOT. tàpera *f.*
caper (to) ('keipə^r) *i.* cabriolar.
capital ('kæpitl) *a.* capital: DRET ***~ punishment,*** pena *f.* capital. *2 a.-s.* GRAM. majúscula *a.-f.* ▪ *3 s.* capital *f.* [ciutat]. *4* ECON. capital *m.*: ***fixed ~,*** capital fix; ***floating ~,*** capital circulant. *5* ARQ. capitell *m.*
capitalism ('kæpitəlizəm) *s.* ECON. capitalisme *m.*
capitalist ('kæpitəlist) *a.-s.* capitalista.
capitulate (to) (kə'pitʃuleit) *i.* capitular, rendir-se *p.*
capitulation (kəˌpitʃu'leiʃən) *s.* capitulació *f.*
caprice (ke'pri:s) *s.* caprici *m.*; rampell *m.*

capricious (ke'priʃəs) *a.* capritxos, inconstant. ▪ *2* **-ly**, *adv.* capritxosament.
capsize (to) (kæp'saiz) *t.* NÀUT. bolcar. ▪ *2* *i.* NÀUT. bolcar-se *p.*, sot-sobrar.
capstan (kæpstən) *s.* cabrestant *m.*, argue *m.*
capsule ('kæpsju:l) *s.* càpsula *f.*
Capt. (si:eipi:'ti:) *s.* *(Captain)* capità.
captain ('kæptin) *s.* capità.
caption ('kæpʃən) *s.* encapçalament *m.*, títol *m.* *2* peu *m.* [de fotografia o il·lustració]. *3* CINEM. peu *m.*
captious ('kæpʃəs) *a.* criticaire, mastegatatxes.
captivate (to) ('kæptiveit) *t.* captivar, fascinar.
captivating ('kæptiveitiŋ) *a.* captivador, fascinador, seductor.
captive ('kæptiv) *a.-s.* captiu.
captivity (kæp'tiviti) *s.* captivitat *f.*
capture ('kæptʃə[r]) *s.* captura *f.*, presa *f.*
capture (to) ('kæptʃə[r]) *t.* capturar, empresonar.
car (kɑ:[r]) cotxe *m.* *2* FERROC. vagó *m.;* cotxe *m.: **sleeping ~,*** vagó-llit.
caramel ('kærəmel) *s.* caramel *m.*
carapace ('kærəpeis) *s.* ZOOL. closca *f.*
carat ('kærət) *s.* quirat *m.*
caravan (ˌkærə'væn) *s.* caravana *f.* [sentit de corrua i de remolc].
caraway (ˌkærəwei) *s.* BOT. comí *m.*
carbide ('kɑ:baid) *s.* QUÍM. carbur *m.*
carbine ('kɑ:bain) *s.* ARM. carrabina *f.*
carbon ('kɑ:bən) *s.* QUÍM. carboni *m.*
carbonate ('kɑ:bənit) *s.* QUÍM. carbonat *m.*
carbon dating ('kɑ:bənˌdeitiŋ) *s.* mètode *m.* del carboni catorze.
carbonic (kɑ:'bɔnik) *a.* carbònic.
carbonize (to) ('kɑ:bənaiz) *t.* carbonitzar.
carbon paper ('kɑ:bənˌpeipə) *s.* paper *m.* carbó.
carbuncle ('kɑ:bʌŋkl) *s.* MINER. carboncle *m.* *2* MED. carboncle *m.*
carburettor, (EUA) **carburetor** ('kɑ:bjuretə[r]) *s.* carburador *m.*
carcass, carcase ('kɑ:kəs) *s.* cos *m.* d'animal *m.* mort. *2* cos *m.* humà. *3* carcassa *f.*, carcamada *f.*
card (kɑ:d) *s.* targeta *f.* [postal]: ***Christmas ~,*** targeta de felicitació de Nadal. *2* targeta *f.;* carnet *f.* *3* fitxa *f.* *4* JOC carta *f.* naip *m.* *5* TÈXT. carda *f.*
card (to) (kɑ:d) *t.* TÈXT. cardar.
cardboard ('kɑ:dbɔ:d) *s.* cartó *m.*, cartró *m.*
cardigan ('kɑ:digən) *s.* jersei *m.* obert, jaqueta *f.* de punt.
cardinal ('kɑ:dinl) *a.* cardinal. || ***~ numbers,*** nombres *m. pl.* cardinals. || ***the ~ points,*** els punts *m. pl.* cardinals. ▪ *2 s.* REL. cardenal *m.*
care (kɛə[r]) *s.* compte *m.*, cura *f.* || ***take ~!,*** fes bondat!, ves amb compte! || col·loq. ***to take ~ of,*** tenir cura de, encarregar-se. || ***~ of, c/o,*** a casa de [en una carta]. *2* preocupació *f.*, inquietud *f.*
care (to) (kɛə[r]) *i.* preocupar-se *p.*, inquietar-se *p.* || ***he doesn't ~ a damn,*** l'importa un rave. *2* ***to ~ about,*** interessar-se *p.*, ésser important [per a algú]. *3* ***to ~ for,*** tenir cura, fer-se *p.* càrrec; sentir afecte; voler, agradar.
careen (to) (kə'ri:n) *t.* MAR. carenar.
career (kə'riə[r]) *s.* carrera *f.;* professió *f.* *2* curs *m.*, decurs *m.* [de la vida, d'una idea]. *3* carrera *f.* [moviment *m.* ràpid].
career (to) (ke'riə[r]) *i.* ***to ~ about*** o ***along,*** córrer com un llamp.
careful ('kɛəful) *a.* cautelós, prudent. *2* acurat. *3* ***to be ~,*** anar amb compte (*of* o *to;* amb o en) || ***be ~!,*** vés amb compte! ▪ *4* **-ly**, *adv.* prudentment; amb cura.
carefulness ('kɛəfulnis) *s.* cura *f.*, atenció *f.* *2* prudència *f.*, cautela *f.*
careless ('kɛəlis) *a.* descurós, negligent. *2* imprudent, irreflexiu. *3* liter. ***~ of,*** indiferent, insensible.
carelessness ('kɛəlisnis) *s.* falta de cura, negligència *f.* *2* imprudència *f.*
caress (kə'res) *s.* carícia *f.* *2* afalac *m.*
caress (to) (kə'res) *t.* acariciar.
caretaker ('kɛəˌteikə[r]) *s.* conserge, porter.
caretaker government ('kɛəteikə'gʌvənmənt) *s.* govern *m.* provisional.
cargo ('kɑ:gou) *s.* MAR., AERON. càrrega *f.*, carregament *m.* ▪ *pl.* ***cargoes.***
caricature ('kærikətjuə[r]) *s.* caricatura *f.*
caricature (to) ('kærikə'tjuə[r]) *t.* caricaturar, ridiculitzar.
caricaturist ('kærikətjuərist) *s.* caricaturista.
caries ('kɛəri:z) *s.* MED. càries.
carmine ('kɑ:main) *a.* carmí. ▪ *2 s.* carmí *m.*
carnage ('kɑ:nidʒ) *s.* matança *f.*, carnatge *m.*, carnisseria *f.*
carnal ('kɑ:nl) *a.* carnal. ▪ *2 adv.* **-ly**, carnalment.
carnation (kɑ:'neiʃən) *s.* BOT. clavell *m.* [flor]. *2* BOT. clavellina [planta].
carnival ('kɑ:nivəl) *s.* festa *f.* [al carrer], carnaval *m.*
carnivore ('kɑ:nivɔ:[r]) *s.* ZOOL. carnívor *m.*
carnivorous (kɑ:'nivərəs) *a.* carnívor.
carol ('kærəl) *s.* nadala *f.*
carp (kɑ:p) *s.* ICT. carpa *f.* ▴ *pl.* ***carp.***

carp (to) (kɑ:p) *i. to ~ (at),* queixar-se *p.*, rondinar [per bajanades].
carpenter ('kɑ:pintə^r) *s.* fuster.
carpentry ('kɑ:pintri) *s.* fusteria *f.*
carpet ('kɑ:pit) *s.* catifa *f. 2* fig. *to call somebody on the ~,* demanar explicacions.
carpet (to) ('kɑ:pit) *t.* encatifar. *2* arg. renyar.
carriage ('kæridʒ) *s.* carruatge *m. 2* FERROC. vagó *m. 3 ~ way,* carretera *f.*, calçada *f.*: *dual ~ way,* carretera de doble direcció. *4* transport *m. 5* carro *m.* [de màquina d'escriure]. *6* port *m.*, aire *m.* [d'una persona]. *7* ARTILL. curenya *f.*
carrier ('kæriə^r) *s.* transportista, missatger. *2* empresa *f.* de transports. *3* portador [de malaltia]. *4* AERON. *aircraft- ~,* portaavions *m. 5 ~ bag,* bossa *f.* [per a queviures, etc.].
carrion ('kæriən) *s.* carronya *f.*
carrot ('kærət) *s.* BOT. pastanaga *f.*
carry (to) ('kæri) *t.* portar, (ROSS.) aportar, transportar, dur. *2* implicar, portar implícit. *3* tenir, contenir. *4* guanyar. ‖ *to ~ the day,* guanyar, sortir-se'n bé. ▪ *5 i.* arribar. *6* sentir-se *p.* ▪ *to ~ away,* endur-se *p.*, emportar-se *p.*; fig. exaltar-se *p.*; *to ~ back,* fer recordar; *to ~ forward,* sumar i seguir; *to ~ off,* emportar-se *p.*, guanyar [premis]; *to ~ on,* continuar; mantenir; dirigir; tenir un embolic [amorós]; *to ~ out,* dur a terme, executar; *to ~ through,* ajudar; acomplir.
cart (kɑ:t) *s.* carro *m.*, carreta *f.*
cart (to) (kɑ:t) *t.* carretejar, carrejar.
cartage ('kɑ:tidʒ) *s.* carretatge *m.*
carte blanche (ˌkɑ:t 'blɔnʃ) *s.* carta *f.* blanca.
cartel (kɑ:'tel) *s.* ECON. càrtel *m.*
carter ('kɑ:tə^r) *s.* carreter *m.*
cartilage ('kɑ:tilidʒ) *s.* ANAT. cartílag *m.*
cartilaginous (ˌkɑ:ti'lædʒinəs) *a.* cartilaginós.
cart-load ('kɑ:tloud) *s.* carretada *f.*
carton ('kɑ:tn) *s.* capsa *f.* o caixa *f.* de cartró. ‖ *a ~ of cigarettes,* un cartró *m.* de tabac.
cartoon (kɑ:'tu:n) *s.* caricatura *f.*, còmic *m.* [dibuix]. ‖ *animated ~,* pel·lícula *f.* de dibuixos animats. *3* ART cartró *m.*, cartó *m.*
cartridge ('kɑ:tridʒ) *s.* ARM. cartutx *m.*
cartridge belt ('kɑ:tridʒbelt) *s.* canana *f.*
cartridge box ('kɑ:tridʒbɔks) *s.* cartutxera *f.*
carve (to) (kɑ:v) *t.* esculpir, cisellar, entallar, gravar [pedra, marbre, etc.]. *2* trinxar, tallar [la carn].
carver ('kɑ:və^r) *s.* ART. entallador, tallista, escultor. *2* trinxador [persona]. *3* trinxant *m.* [forquilla].
carving ('kɑ:viŋ) *s.* entalladura, talla, escultura.
carving knife ('kɑ:viŋnaif) *s.* ganivet *m.* per trinxar.
cascade (kæsk'keid) *s.* cascada *f.*
case (keis) *s.* cas *m.*, assumpte *m.* ‖ LOC. *in any ~,* en qualsevol cas; *in ~,* si és cas que, si de cas. *2* DRET plet *m.*, procés *m. 4* estoig *m.*; funda *f.*; maleta *f.*
case (to) (keis) *t.* embalar, enfundar.
case history ('keis'histri) *s.* historial *m.* mèdic.
casein ('keisi:n) *s.* caseïna.
casement ('keismənt) *s.* finestra *f.* de frontissa.
case study (ˌkeis'stʌdi) *s.* estudi *m.* d'un cas.
cash (kæʃ) *s.* ECON. efectiu *m.*, diners *m. pl.* comptants ‖ *~ down,* al comptat; *~ on delivery,* entrega *f.* contra reemborsament; *in ~,* en metàl·lic; *to be out of ~,* no tenir-ne ni cinc; *to pay ~,* pagar al comptat.
cash (to) (kæʃ) *t.* cobrar, pagar, fer efectiu [un xec]. *2 to ~ in (on) something,* aprofitar-se *p.* de.
cashier (kæ'ʃiə^r) *s.* caixer.
cashmere (kæʃ'miə^r) *s.* TÈXT. caixmir *m.*
cash register ('kæʃˌredʒistə') *s.* caixa *f.* enregistradora.
cash point ('kæʃpɔint) *s.* caixer *m.* automàtic.
casing ('keisiŋ) *s.* coberta *f.*, folre *m.*, embolcall *m.*
cask (kɑ:sk) *s.* barril *m.*, bóta *f.*, tona *f.*
casket ('kɑ:skit) *s.* arqueta *f.*, cofre *m.*, capseta *f. 2* taüt *m.*, bagul *m.*
casserole ('kæsəroul) *s.* cassola *f.*
cassette (kə'set) *s.* cassette *f.* [de cinta magnètica]. *2* FOT. rodet *m.*
cassock ('kæsək) *s.* sotana *f.*
cast (kɑ:st) *s.* llançament *m.*, tirada *f. 2* motlle *m.*; màscara *f. 3* peça *f.* fosa. *4* TEAT. repartiment *m. 5* tipus *m.* ‖ *~ of mind,* mentalitat *f. 6* ÒPT. lleuger estrabisme *m.*
cast (to) (kɑ:st) *t.* llançar, tirar. *~-off clothes, ~-offs,* vestits per llençar. *2* dirigir, girar [els ulls]. *3* projectar [una ombra, llum, etc.]. *4* emmotllar. *5* assignar, donar [un paper]. *6* NÀUT. *to ~ off,* desamarrar; abandonar, llançar. *7 to ~ lots,* fer-ho a sorts. ▪ *8 i. to ~ about for,* buscar *t.* [excuses, etc.].
castanets (ˌkæstə'nets) *s. pl.* MÚS. castanyoles *f. pl.*, castanyetes *f. pl.*
castaway ('kɑ:stəwei) *a.-s.* nàufrag.
caste (kɑ:st) *s.* casta *f.*; classe *f.*
castellated ('kæsteleitid) *a.* emmerletat.

castigate (to) ('kæstigeit) *t.* castigar.
casting ('kɑ:stiŋ) *s.* peça *f.* fosa. *2* TEAT. repartiment *m.* *3* llançament *m.* ‖ COM. ~ ***director,*** cap de promoció i llançament.
casting vote ('kɑ:stiŋˌvout) *s.* vot *m.* decisiu.
castle ('kɑ:sl) *s.* castell *m.* ‖ fig. ~***s in the air*** o ***in Spain,*** castells en l'aire. *2* torre *f.* [escacs].
castor, caster ('kæstəʳ) *s.* rodeta *f.* [de butaca, moble, etc.]. *2* saler *m.*, sucrera *f.*
castoroil ('kɑ:stərˌɔil) *s.* oli *m.* de ricí.
castor sugar ('kɑ:stəˌʃugə) *s.* sucre *m.* en pols.
castrate (to) (kæs'treit) *t.* castrar, capar.
casual ('kæʒjuəl) *a.* casual, fortuït. *2* despreocupat. ‖ ~ ***clothes,*** roba d'esport o d'estar per casa. *3* ~ ***labour,*** feina eventual, temporal.
casually ('kæʒjuəli) *adv.* casualment. *2* despreocupadament.
casualty ('kæʒjuəlti) *s.* accident *m.* [amb desgràcies personals]. *2* MIL. baixa *f.* *3* víctima *f.* [d'un accident].
cat (kæt) *s.* ZOOL. gat.
cataclysm ('kætəklizəm) *s.* cataclisme *m.*
catacombs ('kætəku:mz) *s. pl.* catacumbes *f.*
catafalque ('kætəfælk) *s.* cadafal *m.*
Catalan ('kætələn) *a.-s.* GEOGR.. català. 2 *s.* català *m.* [llengua].
catalogue ('kætəlɔg) , (EUA) **catalog** ('kætəlɔ:g) *s.* catàleg *m.*
catalogue (to) ('kætəlɔg) [llengua]. (EUA) **catalog (to)** ('kætəlɔ:g) *t.* catalogar.
Catalonia (ˌkætəlounjə) *n. pr.* GEOGR. Catalunya *f.*
catalysis (kə'tæləsis) *s.* QUÍM.-FÍS. catàlisi *f.*
catalyst ('kætəlist) *s.* catalitzador *m.*
catamaran (ˌkætəmə'ræn) *s.* MAR. catamarà *m.*
catapult ('kætəpʌlt) *s.* ARM., AERON. catapulta *f.* *2* tirador *m.* [joguina].
cataract ('kætərækt) *s.* GEOGR. cascada *f.* *2* ÒPT. cataracta *f.*
catarrh (kə'tɑ:ʳ) *s.* MED. catarro *m.*
catastrophe (kə'tæstrəfi) *s.* catàstrofe *f.* GEOL. cataclisme *m.*
catcall ('kætkɔ:l) *s.* xiulada *f.*
catch (kætʃ) *s.* agafada *f.* *2* pesca *f.*, xarxada *f.* *3* partit *m.*: ***he's a good*** ~, és un bon partit. *4* parany *m.*, trampa *f.* *5* balda *f.*, baldó *m.* *6* MÚS. cànon *m.*
catch (to) (kætʃ) *t.* agafar, (ROSS.) hajar. *2* agafar, arreplegar [una malaltia]. *3* atrapar, sorprendre, enxampar. *4* copsar, sentir. *5* ***to ~ one's breath,*** contenir la respiració. *6* ***to ~ up,*** encalçar. ▪ *7 i.* enredar-se *p.*, enganxar-se *p.* *8* ***to ~ fire,*** encendre's *p.* ‖ Pret. i p. p.: ***caught*** (kɔ:t).
catching ('kætʃiŋ) *a.* MED. contagiós. *2* fig. encomanadís [una cançó, un hàbit].
catchment ('kætʃmənt) *s.* captació *f.* ‖ ~-***area,*** àrea *f.* de captació; ~-***basin,*** conca *f.* de captació [d'un riu].
catchphrase ('kætʃfreiz) *s.* eslògan *m.;* frase *f.* de reclam.
catchword ('kætʃwə:d) *s.* lema *m.*, eslògan *m.*
catchy ('kætʃi) *a.* encomanadís [melodia]. *2* enganyós, capciós.
catechism ('kætikizəm) *s.* catecisme *m.*
categorical (ˌkæti'gɔrikəl) *a.* categòric.
categorize ('kætigəraiz) *t.* classificar.
category ('kætigəri) *s.* categoria *f.*
cater (to) ('kəitəʳ) *i.* ***to ~ for,*** fornir, proveir, subministrar [queviures, menjar]. *2* ***to ~ for*** o ***to,*** complaure *t.*, satisfer *t.*
caterer ('keitərəʳ) *s.* proveidor, abastador.
caterpillar ('kætəpiləʳ) *s.* ZOOL. eruga *f.*
catgut ('kætgʌt) *s.* catgut *m.* [corda *f.* de tripa].
cathedral (kə'θi:drəl) *s.* catedral *f.*
Catherine ('kæθrin) *n. pr. f.* Caterina.
cathode ('kæθoud) *s.* ELECT. càtode *m.* ‖ ~ ***ray,*** raig *m.* catòdic.
catholic ('kæθəlik) *a.-s.* catòlic.
Catholicism (kə'θɔlisizəm) *s.* catolicisme *m.*
catkin ('kætkin) *s.* BOT. ament *m.*, candela *f.*
catnap ('kætnæp) *s.* becaina *f.*
cat sleep ('kætsli:p) *s.* becaina *f.*
cattle ('kætl) *s.* bestiar *m.* [boví].
cattle cake ('kætlkeik) *s.* pinso *m.*
cattleman ('kætlmən) *s.* ramader *m.*
cattle raiser ('kætlˌreizəʳ) *s.* ramader *m.*
cattle raising ('kætlˌreiziŋ) *s.* ramaderia *f.*
catwalk ('kaetwɔ:k) *s.* passarel·la *f.*
caucus ('kɔ:kəs) *s.* comitè [d'un partit polític]. *2* reunió *f.* del comitè.
caught (kɔ:t) Veure CATCH (TO).
cauldron (kɔ:ldrən) *s.* calder *m.*, calderó *m.*
cauliflower ('kɔliflauəʳ) *s.* BOT. col·i-flor *f.*
caulk (to) (kɔ:k) *t.* MAR. calafatar.
causal ('kɔ:zəl) *a.* causal.
cause (kɔ:z) *s.* causa *f.*, raó *f.*, motiu *m.*
cause (to) (kɔ:z) *t.* causar, motivar. *2* fer (amb inf.); fer que, impel·lir a.
causeless ('kɔ:zlis) *a.* sense motiu, sense fonament.
causeway ('kɔ:zwei) *s.* pas *m.* elevat [esp. sobre aiguamolls].
caustic ('kɔ:stik) *a.* càustic [també fig.].
caustic soda (ˌkɔ:stik'soudə) *s.* QUÍM. sosa *f.* càustica [hidròxid de sodi].
cauterize (to) ('kɔ:təraiz) *t.* cauteritzar.
caution ('kɔ:ʃən) *s.* cautela *f.*, precaució *f.* *2* advertència *f.*, avís *m.*

caution (to) ('kɔːʃən) *t.* advertir, avisar. *2* amonestar.
cautious ('kɔːʃəs) *a.* caut, cautelós, prudent. ▪ *2* **-ly** *adv.* cautament.
cautiousness ('kɔːʃəsnis) *s.* cautela *f.*, precaució *f.*, prudència *f.*
cavalcade (ˌkævəl'keid) *s.* cavalcada *f.*, desfilada *f.*
cavalier (ˌkævə'liəʳ) *a.* alegre, espavilat. *2* descortès, groller.
cavalry ('kævəlri) *s.* MIL. cavalleria.
cave (keiv) *s.* cova *f.*, caverna *f.*, gruta *f.*
cave (to) (keiv) *i.* ***to ~ in,*** enfonsar-se *p.*, ensorrar-se *p.* [un túnel, el terra etc.], esfondrar-se *p.*
caveman ('keivmæn) *s.* troglodita *m.*
cavern ('kævən) *s.* liter. caverna *f.*
caviar ('kæviɑːʳ) *s.* caviar *m.*
cavil (to) ('kævil) *i.* ***to ~ (at),*** posar dificultats o entrebancs.
cavity ('kæviti) *s.* cavitat *f.*: ***nasal cavities,*** cavitats nasals.
caw (kɔː) *s.* ORN. grall *m.* [del corb, la gralla]; cucleig *m.* [de la cornella].
caw (to) (kɔː) *i.* ORNIT. grallar, cuclejar.
C.B.S. (siːbiː'es) *s.* (EUA) *(Columbia Broadcasting System)* sistema *m.* de radiotelevisió de Columbia.
C.C. (siː'siː) *s.* *(City Council)* consell *m.* municipal. *2 (Consular Corps)* cos *m.* consular. *3 (County Council)* consell *m.* del comtat.
c.c. (siː'siː) *s.* *(cubic centimetre)* centimetre *m.* cúbic.
cease (to) (siːs) *i.-t.* parar, cessar, deixar de.
cease-fire (ˌsiːs'faiəʳ) *s.* MIL. alto *m.* el foc.
ceaseless ('siːslis) *a.* continu, incessant, persistent, constant. ▪ *2* **-ly** *adv.* constantment, sense parar.
Cecil ('sesil) *n. pr. m.* Cecili.
Cecilia (sə'siːljə) *n. pr. f.* Cecília.
cedar ('siːdəʳ) *s.* BOT. cedre *m.*
cede (to) (siːd) *t.* cedir, transferir (*to,* a).
ceiling ('siːliŋ) *s.* sostre *m.* *2* fig. màxim *m.* límit *m.* ‖ ***to fix a price ~,*** fixar un límit de preus.
celebrate (to) ('selibreit) *t.* celebrar; commemorar. ▪ *2 i.* divertir-se *p.*, passar-s'ho *p.* bé.
celebrated ('selibreitid) *a.* cèlebre, famós.
celebration (ˌseli'breiʃən) *s.* celebració *f.* *2* festa *f.*
celebrity (si'lebrəti) *s.* celebritat *f.*; fama *f.*
celery ('seləri) *s.* BOT. api *m.*
celestial (si'lestjəl) *a.* celestial, celest. ‖ ***~ body,*** astre *m.* *2* fig. celestial, diví.
celibacy ('selibəsi) *s.* REL. celibat *m.*
celibate ('selibət) *a.-s.* cèlibe *s.*
cell (sel) *s.* cel·la *f.* [de presó, convent, etc.]. *2* ZOOL. cel·la *f.* [d'abelles]. *3* ELECT. cel·la *f.* *4* BIOL. cèl·lula *f.*
cellar ('seləʳ) *s.* celler *m.;* soterrani *m.*
cellist ('tʃelist) *s.* MÚS. violoncel·lista.
cello ('tʃelou) *s.* MÚS. violoncel *m.*
cellophane ('seləfein) *s.* cel·lofana *f.* [paper].
cellular ('seljuləʳ) *a.* cel·lular.
celluloid ('seljulɔid) *s.* QUÍM. cel·luloide *m.*
cellulose ('seljulous) *s.* QUÍM.-BOT. cel·lulosa *f.*
Celt (kelt) , (EUA) (selt) *s.* celta.
Celtic ('keltik) , (EUA) (seltik) *a.-s.* cèltic: ~ ***languages,*** llengües cèltiques.
cement (si'ment) *s.* ciment *m.*
cement (to) (si'ment) *t.* cimentar, unir amb ciment. *2* fig. consolidar, afermar, reforçar.
cemetery ('semətri) *s.* cementiri *m.*
cenotaph ('senətɑːf) *s.* cenotafi *m.*
censor ('sensəʳ) *s.* censor.
censor (to) ('sensəʳ) *t.* censurar.
censorious (sen'sɔːriəs) *a.* censurador, sever, rígid.
censorship ('sensəʃip) *s.* censura *f.*
censure ('senʃəʳ) *s.* censura *f.;* crítica *f.*
censure (to) ('senʃəʳ) *t.* censurar, criticar, reprovar.
census ('sensəs) *s.* cens *m.*, padró *m.*
cent (sent) *s.* cèntim *m.*, centèssima part *f.* [moneda]. *2* cent: ***per ~,*** per cent.
centenarian (ˌsenti'nɛəriən) *s.-a.* centenari [una persona].
centenary (sen'tiːnəri) *a.-s.* centenari.
centennial (sen'teniəl) *a.-s.* centenari.
centigrade ('sentigreid) *a.* centígrad.
centipede ('sentipiːd) *s.* ENT. centpeus *m.*
central ('sentrəl) *a.* central; cèntric: ***a ~ location,*** una localització cèntrica.
Central America ('sentrəl ə'merikə) *n. pr.* GEOGR. Amèrica *f.* Central.
central heating ('sentrəl'hiːtiŋ) *s.* calefacció *f.* central.
centralization (ˌsentrəlai'zeiʃən) *s.* centralització *f.*
centralize (to) ('sentrəlaiz) *t.* centralitzar.
centre, (EUA) **center** ('sentəʳ) *s.* centre *m.* [tots els sentits].
centre (to) ('sentəʳ) *t.* centrar. *2* concentrar. ▪ *3 i.* concentrar-se *p.*, centrar-se *p.*
century ('sentʃəri) *s.* segle *m.*, centúria *f.*
ceramic (si'ræmik) *a.* ceràmic.
ceramics (si'ræmiks) *s.* ceràmica *f.*
cereal ('siəriəl) *s.* cereal *m.* ▲ gralnt. s'usa en plural.
cerebral ('seribrəl) , (EUA) (sə'riːbrəl) *a.* cerebral [també fig.].
ceremonial (ˌseri'mounjəl) *a.* cerimonial. ▪ *2 s.* cerimonial *m.*
ceremonious (ˌseri'mounjəs) *a.* cerimoniós.

ceremony ('seriməni) *s.* cerimònia. ‖ ***please don't stand on ~,*** si et plau, no facis compliments.
certain ('sə:tn) *a.* cert, segur, indubtable. ‖ ***~ of*** o ***about,*** o ***to,*** segur, convençut (de o que). ‖ ***for ~,*** sens dubte, de ben segur. ‖ ***to make ~,*** assegurar-se, confirmar. ▪ *2* **-ly** *adv.* certament, naturalment.
certainty ('sə:tnti) *s.* certesa *f.*, seguretat *f.*, convenciment *m.*
certificate (sə'tifikit) *s.* certificat *m.*: COM. ***~ of origin,*** certificat *m.* d'origen. ‖ ***birth ~,*** partida *f.* de naixement. *2* diploma *m.*, títol *m.*
certificate (to) (sə'tifikeit) *t.* certificar.
certify (to) ('sə:tifai) *t.* certificar, assegurar. *2* ***to ~ to something,*** atestar, donar fe d'alguna cosa.
cessation (se'seiʃən) *s.* cessació *f.*, acabament *m.*, suspensió *f.*
cession ('seʃən) *s.* cessió *f.*, traspàs *m.*
cesspit ('sespit) , **cesspool** ('sespu:l) *s.* pou *m.* mort, pou *m.* sec. *2* fig. sentina *f.*
Ch. (si:'eitʃ) *s.* *(chapter)* cap. *m.* (capítol).
chafe (to) (tʃeif) *t.* fregar [per escalfar]. *2* encetar, irritar. ▪ *3 i.* encetar-se *p.*, irritar-se *p.* ‖ fig. ***to ~ at*** o ***under,*** impacientar-se *p.*, irritar-se *p.* (amb o per).
chaff (tʃɑ:f) *s.* BOT. boll *m.*; pellofa *f.*, pellerofa *f.* *2* palla *f.* menuda [pinso].
chaffinch (tʃæfintʃ) *s.* ORN. pinsà *m.*
chafing dish ('tʃeifiŋ diʃ) *s.* fogonet *m.*, escalfador *m.*
chagrin ('ʃægrin) *s.* disgust *m.*, enuig *m.*, contrarietat *f.*
chain (tʃein) *s.* cadena *f.* *2 pl.* cadenes *f.* [de presoner]. ‖ ***in ~s,*** empresonat; captiu. *3* ***he's a ~ smoker,*** fuma com un carreter.
chain (to) (tʃein) *t.* encadenar.
chain reaction ('tʃeinriˌækʃn) *s.* QUÍM. reacció *f.* en cadena.
chain store ('tʃeinstɔ:ʳ) *s.* botiga *f.* [d'una cadena d'establiments].
chair (tʃɛəʳ) *s.* cadira *f.*: ***folding ~,*** cadira *f.*, plegable. 2 ***the ~,*** presidència *f.*: ***to take the ~,*** presidir. *3* càtedra.
chairman ('tʃɛəmən) *s.* president [d'una reunió, d'una empresa].
chalet ('ʃælei) *s.* xalet *m.*
chalice ('tʃælis) *s.* calze *m.*
chalk (tʃɔ:k) *s.* guix *m.* ‖ ***as different as ~ from cheese,*** tan diferent com la nit i el dia. *2* creta *f.*
chalk (to) (tʃɔ:k) *t.* guixar, escriure o dibuixar amb guix.
chalkpit ('tʃɔ:kpit) *s.* pedrera *f.* de creta.
challenge ('tʃælindʒ) *s.* repte *m.*, desafiament *m.*
challenge (to) ('tʃælindʒ) *t.* reptar, desafiar. *2* DRET recusar. *3* MIL. donar l'alto.
challenger ('tʃælindʒəʳ) *s.* reptador, desafiador. *2* aspirant [a un títol].
chamber ('tʃeimbəʳ) *s.* POL., COM. cambra *f.* ***Chamber of Commerce,*** Cambra de Comerç. *2* ant. cambra *f.*, sala *f.*
chamber music ('tʃeimbəˌmju:zik) *s.* música *f.* de cambra.
chameleon (kə'mi:ljən) *s.* ZOOL. camaleó *m.* [també fig.].
chamois ('ʃæmwɑ:) *s.* ZOOL. camussa *f.*, isard *m.*
chamois leather ('ʃæmiˌleðəʳ) *s.* camussa *f.* [pell].
champ (to) (tʃæmp) *t.* mastegar [fent soroll]. *2* fig. ***to ~ (at the bit),*** impacientar-se *p.*
champagne (ʃæm'pein) *s.* xampany *m.*, cava *m.*
champion ('tʃæmpjən) *s.* defensor, paladí. *2* ESPORT campió.
champion (to) ('tʃæmpjən) *t.* defensar, advocar.
championship ('tʃæmpjənʃip) *s.* campionat *m.*
chance (tʃɑ:ns) *s.* sort *f.*, atzar *m.*; casualitat *f.* ‖ *loc. adv.* ***by ~,*** per casualitat ‖ *f.* *2* possibilitat *f.* *3* oportunitat *f.*
chance (to) (tʃɑ:ns) *i.* ***to ~ (on*** o ***upon),*** trobar *t.*; veure *t.* [casualment]. ‖ ***it ~d that,*** va passar que. ▪ *3 t.* ***to ~ it,*** arriscar-s'hi *p.*
chancel ('tʃɑ:nsəl) *s.* presbiteri *m.*
chancellery ('tʃɑ:nsələri) *s.* cancelleria *f.*
chancellor ('tʃɑ:nsələʳ) *s.* canceller. *2* rector [d'universitat]. *3* (G.B.) ***Chancellor of the Exchequer,*** Ministre d'Hisenda.
chancy (tʃɑ:nsi) *a.* col·loq. arriscat; incert.
chandelier (ˌʃændi'liəʳ) *s.* llum *m.*, aranya *f.* [llum].
change (tʃeindz) *s.* canvi *m.*, modificació *f.*, alteració *f.* ‖ LOC. ***for a ~,*** per variar. *2* muda *m.* [de roba; de pell]. *3* canvi *m.*, permuta *f.* *4* COM. canvi *m.* [d'un bitllet; d'un pagament]. *5* COM. moneda *f.* menuda, xavalla *f.*
change (to) (tʃeindz) *t.* canviar, alterar, modificar, transformar. ‖ ***to ~ colour,*** canviar de color. ‖ ***to ~ one's mind,*** canviar d'opinió. ‖ ***to ~ one's tune,*** baixar de to. ▪ *2 i.* canviar, mudar. *3* fer transbord [de trens, etc.].
changeable ('tʃeindʒəbl) *a.* variable [temps, caràcter, etc.], canviant. *2* canviable.
changeless ('tʃeindʒlis) *a.* immutable, invariable.
channel ('tʃænl) *s.* canal *m.* [braç de mar]: ***the English Channel,*** el Canal *m.* de la Mànega. *2* llit *m.* [d'un riu, etc.], llera *f.* *3*

RADIO., TELEV. canal *m.* *4* fig. canal *m.* [d'informació, transmissió, etc.].
channel (to) ('tʃænl) *t.* acanalar. *2* canalitzar.
chant (tʃɑ:nt) *s.* MÚS. salmòdia *f.*, monodia *f.*, cant *m.*
chant (to) ('tʃɑ:nt) *t.* salmodiar, cantar.
chaos ('keiɔs) *s.* caos *m.*
chaotic (kei'ɔtik) *a.* caòtic.
chap (tʃæp) *s.* col·loq. tipus *m.*, individu *m.*, home *m.*: ***poor old ~,*** pobre home. *2* tall *m.*, clivella *f.* [a la pell, als llavis].
chap (to) (tʃæp) *i.* tallar-se *p.*, encetar-se *p.* [la pell, els llavis].
chapel ('tʃæpəl) *s.* capella *f.*
chaperon ('ʃæpəroun) *s.* acompanyant; dama *f.* de companyia [d'una noia].
chapfallen ('tʃæpfɔ:lən) *a.* desanimat, desmoralitzat, moix.
chaplain ('tʃæplin) *s.* REL. capellá *m.*
chapter ('tʃæptəʳ) *s.* capítol *m.* *2* ECLES. capítol *m.*
char (to) (tʃɑ:ʳ) *t.* socarrar. ▪ *2 i.* socarrar-se *p.* *3* fer feines de neteja a hores.
character ('kærəktəʳ) *s.* caràcter *m.* [tots els sentits]. *2* LIT., TEAT. personatge. *3* fama *f.*
characteristic (ˌkærəktə'ristik) *a.* característic. ▪ *2 s.* característica *f.*
characterize (to) ('kærəktəraiz) *t.* caracteritzar.
charade (ʃə'rɑ:d) , (EUA) (ʃə'reid) *s.* xarada *f.*
charcoal ('tʃɑ:koul) *s.* carbó *m.* vegetal. *2* DIB. carbonet *m.*
charcoal burner ('tʃɑ:koulˌbə:nəʳ) *s.* carboner *m.*
charge (tʃɑ:dʒ) *s.* ARM., ELECT. càrrega *f.* *2* càrrec *m.*; responsabilitat *f.*; encàrrec *m.* ‖ ***to be in ~ of,*** tenir la responsabilitat de, ser l'encarregat de; ***to take ~ of,*** fer-se càrrec de. *3* DRET acusació *f.*, càrrec *m.* *4* COM. preu *m.*, cost *m.* *5* MIL., ESP. càrrega *f.*, atac *m.*
charge (to) (tʃɑ:dz) *t.* ARM.-ELECT. carregar. *2* ***to ~ with,*** encarregar de, responsabilitzar de. *3* acusar (*with,* de). *4* manar; exhortar. *5* COM. carregar [en compte]. *6 t.-i.* COM. cobrar *t.* (*for,* per). *7 t.-i.* MIL. carregar.
chargeable ('tʃɑ:dʒəbl) *a.* acusable. *2* COM. a càrrec *m.* de.
charger ('tʃɑ:dʒəʳ) *s.* ant. corser *m.*
chariot ('tʃæriət) *s.* HIST. carro *m.*, quadriga *f.*
charisma (kə'rizmə) *s.* carisma *m.*
charitable ('tʃæritəbl) *a.* caritatiu. ‖ ***~ institutions,*** institucions benèfiques.
charity ('tʃæriti) *s.* caritat *f.*; compassió *f.* *2* institució *f.* benèfica.
charivari (ˌʃɑ:ri'vɑ:ri) , (EUA) (ˌʃivə'ri:) *s.* xivarri *m.*
charlatan ('ʃɑ:lətən) *s.* engalipador, ensibornador, xarlatà. *2* cast. curandero.
Charles ('tʃɑ:lz) *n. pr. m.* Carles.
Charley, Charlie ('tʃɑ:li) *n. pr. m.* (*dim.* ***Charles***) Carles.
charm (tʃɑ:m) *s.* encant *m.*, atractiu *m.*, encís *m.* *2* amulet *m.* ‖ ***to work like a ~,*** funcionar a meravella.
charm (to) (tʃɑ:m) *t.* encantar, encisar, embadalir.
charming ('tʃɑ:miŋ) *a.* encantador, encisador. ‖ ***how ~ of you!,*** quin detall!
chart (tʃɑ:t) *s.* carta *f.* nàutica. *2* diagrama *m.*; gràfic *m.*; taula *f.*
chart (to) (tʃɑ:t) *t.* fer un diagrama o un gràfic; dibuixar un mapa.
charter ('tʃɑ:təʳ) *s.* carta *f.*, fur *m.*, privilegi *m.* *2* lloguer *m.* [d'un vaixell, d'un avió].
charter (to) ('tʃɑ:təʳ) *t.* concedir una carta o un privilegi. *2* llogar [un vaixell, un avió, etc.].
charter flight ('tʃɑ'təfləit) *s.* vol *m.* charter.
chary ('tʃɛəri) *a.* cautelós, prudent, caut (*of,* en).
chase (tʃeis) *s.* caça *f.*, persecució *f.*
chase (to) (tʃeis) *t.* perseguir, empaitar, (BAL.) encalçar, (VAL.) acaçar. *2* cisellar. ▪ *3 i.* córrer, precipitar-se *p.*
chasm ('kæzəm) *s.* abisme *m.* [també fig.].
chassis ('ʃæsi) *s.* xassís *m.*, bastidor *m.*
chaste (tʃeist) *a.* cast. *2* simple, senzill, sobri [l'estil, el gust].
chasten (to) ('tʃeisn) *t.* castigar. *2* polir; simplificar [l'estil, etc.].
chastise (to) (tʃæs'taiz) *t.* castigar severament.
chastisement ('tʃæ'aizmənt) *s.* càstig *m.*
chastity ('tʃæstiti) *s.* castedat *f.*
chasuble ('tʃæzjubl) *s.* ECLES. casulla *f.*
chat (tʃæt) *s.* xerrada *f.*, taba *f.*
chat (to) (tʃæt) *i.* xerrar, (BAL.) ratllar. *2* col·loq. ***to ~ somebody up,*** lligar-se *p.* algú.
chattels ('tʃætlz) *s.* béns *m.* mobles.
chatter ('tʃætəʳ) *s.* xerrameca *f.*, (ROSS.) rall *m.* *2* petament *m.* [de dents]. *3* piulada *f.*; refilet *m.* [d'un ocell].
chatter (to) ('tʃætəʳ) *i.* xerrar, garlar. *2* petar, batre [les dents]. *3* piular [els ocells].
chatterbox ('tʃætəbɔks) *s.* xerraire.
chatty ('tʃæti) *a.* xerraire.
chauffeur ('ʃoufəʳ) *s.* xofer.
chauvinism ('ʃouvinizm) *s.* xovinisme *m.*
cheap (tʃi:p) *a.* barat, econòmic. *2* baix, menyspreable. *3* superficial; poc sincer.
cheapen (to) ('tʃi:pən) *t.* abaratir. *2* menysprear. ▪ *3 i.* abaratir-se.

cheapness ('tʃi:pnis) *s.* barator *f.* *2* baixesa *f.*
cheat (tʃi:t) *s.* estafa *f.*, estafada *f.*, trampa *f.* *2* estafador.
cheat (to) (tʃi:t) *t.* estafar. *2 i.* fer trampa.
check (tʃek) *s.* comprovació *f.*, verificació *f.*, inspecció *f.* *2* fre *m.*, control *m.* *3* COM. (EUA) xec *m.*, taló *m.* *4* disseny *m.* a quadres: ~ ***tablecloth,*** estovalles *f. pl.* de quadres. *5* ***in*** ~, escac *m.* al rei. *6* ~***-in (desk),*** taulell *m.* de facturació. *7* ~ ***out,*** caixa *f.* [en un supermercat, grans magatzems, etc.].
check (to) (tʃek) *t.* comprovar, verificar, inspeccionar. *2* frenar, aturar. *3* obstaculitzar. *4* refrenar. *5* fer escac al rei. *6* (EUA) marcar. ▪ *7 i.* aturar-se *p.* *8* correspondre, ésser conforme. ▪ ***to*** ~ ***in,*** facturar, consignar; ***to*** ~ ***out,*** retirar; pagar el compte [d'un hotel, etc.]; ***to*** ~ ***with,*** preguntar, mirar: ***check with your father,*** pregunta-li al teu pare.
checkbook ('tʃekbuk) (EUA) *s.* talonari *m.* de xecs.
checker (to) ('tʃekəʳ) *t.* (EUA) Veure CHEQUER (TO).
checkers ('tʃekəz) *s. pl.* (EUA) JOC dames *f. pl.*
checkmate ('tʃekmeit) *s.* escac *m.* i mat.
checkmate (to) ('tʃekmeit) *t.* fer escac i mat.
checkup ('tʃekʌp) *s.* MED. reconeixement *m.*, revisió *f.* mèdica.
cheek (tʃi:k) *s.* galta *f.* *2* fig. barra *f.*, galtes *f. pl.*
cheekbone ('tʃi:kboun) *s.* ANAT. pòmul *m.*
cheeky ('tʃi:ki) *s.* descarat, barrut.
cheep (tʃi:p) *s.* piulet *m.*, piu [de pollet, d'ocell].
cheep (to) (tʃi:p) *i.* piular.
cheer (tʃiəʳ) *s.* ànim *m.;* alegria *f.* *2* ant. ***good*** ~, bon menjar i beure. *3* visca *m.*, víctor *m.* *4 interj.* ***cheers!,*** salut!
cheer (to) (tʃiəʳ) *t.* ***to*** ~ ***(up),*** animar, alegrar. *2* aclamar, cridar visques, victorejar. ▪ *3 i.* animar-se *p.*, alegrar-se *p.* ‖ ***cheer up!,*** ànim, anima't.
cheerful ('tʃiəful) *a.* animat, alegre, jovial.
cheer leader ('tʃiəli:də') *s.* (EUA) animador *m.* [de grup, de festa].
cheerless ('tʃiəlis) *a.* trist, malenconiós.
cheese (tʃi:z) *s.* formatge *m.*
cheesecake ('tʃi:zkeik) *s.* pastís *m.* de formatge.
cheetah ('tʃi:tə) *s.* ZOOL. guepard *m.*
chef (ʃef) *s.* xef *m.*, cuiner en cap.
chemical ('kemikəl) *a.* químic. ▪ *2 s.* producte *m.* químic.
chemist ('kemist) *s.* químic. *2* farmacèutic: ~***'s (shop),*** farmàcia *f.*
chemistry ('kemistri) *s.* química *f.*
chemotherapy (ˌkemou'θerəpi) *s.* quimioteràpia *f.*
cheque (tʃek) *s.* (G.B.) COM. xec *m.*, taló *m.:* ~***-book,*** talonari *m.* de xecs; ***crossed*** ~, taló *m.* barrat.
chequer, (EUA) **checker** ('tʃekəʳ) *t.* fer o marcar amb quadres [un teixit, etc.]. *2* fig. variar.
cherish (to) ('tʃeriʃ) *t.* acariciar. *2* fig. acariciar, nodrir, alimentar [una idea, una esperança].
cherry ('tʃeri) *s.* BOT. cirera *f.*
cherry tree ('tʃeritri:) *s.* cirerer *m.*
cherub ('tʃerəb) *s.* querubí *m.*
chess (tʃes) *s.* escacs *m. pl.*
chessboard ('tʃesbɔ:d) *s.* taulell *m.*, escaquer *m.*
chessman ('tʃesmæn) *s.* peça *f.*, escac *m.*
chest (tʃest) *s.* cofre *m.*, arca *m.* ‖ ~ ***of drawers,*** calaixera *f.* *2* ANAT. pit *m.* *3* col·loq. (EUA) ***the community*** ~, fons d'una institució *f.* pública. *4* fig. col·loq. ***to get something off one's*** ~, desfogar-se.
chestnut ('tʃesnʌt) *s.* BOT. castanya *f.* ▪ *2 a.* castany [color].
chestnut tree ('tʃesnʌttri:) *s.* castanyer *m.*
chew (to) (tʃu:) *t.* ***to*** ~ ***(up),*** mastegar. *2* col·loq. ***to*** ~ ***on something*** o ***to*** ~ ***something over,*** rumiar, meditar, considerar.
chewing-gum ('tʃu:iŋgʌm) *s.* xiclet *m.*
chiaroscuro (kiˌɑ:rə'skuərou) *s.* clar-obscur *m.*
chic (ʃi:k) *a.* distingit, elegant. ▪ 2 s. gràcia *f.*, estil *m.*, distinció *f.*
chicanery (ʃi'keinəri) *s.* enredada *f.*, tracamanya *f.*, argúcia *f.*
chick (tʃik) *s.* pollet *m.* *2* pop. mossa *f.*
chicken ('tʃikin) *s.* pollastre *m.*
chicken feed ('tʃikinfi:d) *s.* minúcies *f. pl.*, menuderies *f. pl.*
chicken-hearted ('tʃikin'hɑ:tid) *a.* covard, cagat, poruc.
chicken run ('tʃikinrʌn) *s.* galliner *m.*, corral *m.*
chick-pea ('tʃikpi:) *s.* BOT. cigró *m.*
chicken-pox ('tʃikinpɔks) *s.* MED. varicel·la *f.*
chicory ('tʃikəri) *s.* BOT. xicoira *f.*
chief (tʃi:f) *a.* principal, major. ▪ *2 s.* cap *m.*, director *m.* ‖ ***-in-***~, en cap, suprem.
chiefly ('tʃi:fli) *adv.* principalment; sobretot.
chieftain ('tʃi:ftən) *s.* cap *m.* de clan, cap *m.* de tribu.
chiffon ('ʃifɔn) *s.* gasa *f.* [tela].
chilblain ('tʃilblein) *s.* MED. penelló *m.*
child (tʃaild) *s.* nen *m.*, nena *f.*, (OCC.) (BAL.) nin *m.*, nina *f.*, (VAL.) (ROSS.) xi-

quet *m.*, xiqueta *f.* *2* infant *m.*, criatura *f.* *2* fill *m.*, filla *f.* ▲ *pl.* ***children.***
childbirth ('tʃaildbə:θ) *s.* FISIOL. part *m.*
childhood ('tʃəildhud) *s.* infantesa *f.*, infància *f.* *2* fig. infància *f.*
childish ('tʃaildiʃ) *a.* pueril, infantil.
childless ('tʃaildlis) *a.* sense fills.
childlike ('tʃaildlaik) *a.* infantil. *2* fig. innocent.
children ('tʃildrən) Veure CHILD.
Chile ('tʃili) *n. pr.* GEOGR. Xile *m.*
Chilean ('tʃiliən) *a.-s.* GEOGR. xilè.
chill (tʃil) *s.* fred *m.* [sensació]. *2* esgarrifança *f.*, calfred *f.* *3* refredat *m.*, constipat *m.* ■ *4 a.* desplaent, desagradable.
chill (to) (tʃil) *t.* refredar; glaçar. ■ *2 i.* refredar-se *p.*; glaçar-se *p.*
chilli, chile, chili ('tʃili) *s.* AGR. bitxo *m.*
chilly ('tʃili) *a.* fred; glaçat. *2* fig. fred, distant.
chime (tʃaim) *s.* joc *m.* de campanes [del carilló], campaneig *m.*
chime (to) (tʃaim) *t.* tocar, fer sonar [campanes]. ■ *2 i.* sonar, tocar [campanes]. *3* harmonitzar.
chimney ('tʃimni) *s.* xemeneia *f.* *2* tub *m.* de vidre [de làmpada]. *3* GEOL. xemeneia *f.*, goleró *m.*
chimney sweep ('tʃimniswi:p) *s.* escura-xemeneies *m.*
chimpanzee (ˌtʃimpæn'zi:) *s.* ZOOL. ximpanzé *m.*
chin (tʃin) *s.* ANAT. barbeta *f.*, mentó *m.* ‖ fig. ***to keep one's ~ up,*** no desanimar-se.
China ('tʃainə) *n. pr.* GEOGR. Xina *f.*
china ('tʃainə) *s.* porcellana *f.*, pisa *f.*
chinaware ('tʃainəwɛə[r]) *s.* porcellana *f.*, pisa *f.*
Chinese (ˌtʃai'ni:z) *a.-s.* GEOGR. xinès. *2 s.* xinès [llengua].
chink (tʃiŋk) *s.* esquerda *f.*; escletxa *f.*; clivella *f.* *2* dring *m.*, so *m.* metàl·lic o de vidre.
chink (to) (tʃiŋk) *i.* dringar. ■ *2 t.* fer dringar.
chip (tʃip) *s.* estella *f.*, esberla *f.*, tros *m.* ‖ fig. ***a ~ off the old block,*** si el pare és músic el fill és ballador. *2* escantell *m.* *3* fitxa *f.* [de joc]. *4* grill *m.* ‖ ***potato ~s,*** patates *f. pl.* fregides.
chip (to) (tʃip) *t.* estellar, esberlar, escantellar. *2* obrir a grills. ■ *3 i.* estellar-se *p.*, esberlar-se *p.*, escantellar-se *p.* *4* col·loq. ***to ~ in,*** participar [en una conversa]; contribuir [amb diners].
chiropodist (ki'rɔpədist) *s.* callista.
chirp (tʃə:p) *s.* refilet *m.*, piular *m.* [dels ocells]; carrisqueig *m.*, xerric *m.* [dels grills].
chirp (to) (tʃə:p) *i.* refilar; xerricar; carrisquejar.
chisel ('tʃizl) *s.* cisell *m.*
chisel (to) ('tʃizl) *t.* cisellar. *2* col·loq. enganyar; fer trampa.
chit (tʃit) *s.* pej. marrec *m.*, criatura *f.*, nena *f.* consentida. *2* nota *f.*, carteta *f.* *3* nota *f.*, compte *m.* [d'un hotel, d'un bar].
chit-chat ('tʃittʃæt) *s.* xerrada *f.*, xerradeta *f.*
chivalrous ('ʃivəlrəs) *a.* cavallerós. *2* cavalleresc.
chivalry ('ʃivəlri) *s.* HIST. cavalleria *f.* [institució]. *2* cavallerositat *f.*
chlorine ('klɔ:ri:n) *s.* QUÍM. clor *m.*
chloroform ('klɔrəfɔ:m) *s.* QUÍM. cloroform *m.*
chlorophyll ('klɔrəfil) *s.* BOT. clorofil·la *f.*
chock (tʃɔk) *s.* falca *f.*
chock-full ('tʃɔkˌful) *a.* col·loq. ple, atapeït.
chocolate ('tʃɔklət) *s.* xocolata *f.*
choice (tʃɔis) *s.* elecció *f.*, tria *f.*, selecció *f.* *2* alternativa *f.*, opció *f.* *3* varietat *f.* *4* persona *f.* o cosa *f.* escollida. ■ *5 a.* escollit; selecte.
choir ('kwaiə[r]) *s.* MÚS. cor *m.*, coral *f.*
choke (to) (tʃouk) *i.* ofegar-se *p.*, sufocar-se *p.*, ennuegar-se *p.* ■ *2 t.* ***to ~ (with),*** ofegar, sufocar. *3* ***to ~ up,*** obturar, embussar.
cholera ('kɔlərə) *s.* MED. còlera *m.*
choleric ('kɔləric) *a.* colèric.
choose (to) (tʃu:z) *t.* escollir, triar, seleccionar. ▲ Pret.: ***chose*** (tʃouz); p. p.: ***chosen*** ('tʃouzn).
chop (tʃɔp) *s.* tall *m.*, cop *m.* tallant. *2* costella *f.* [tros de carn].
chop (to) (tʃɔp) *t.* podar; tallar; picar [carn, etc.]. ‖ ***to ~ off,*** tallar [separant].
choppy ('tʃɔpi) *a.* mogut, agitat, picat [mar].
chopsticks ('tʃɔpstiks) *s.* bastonets *m.* [per al menjar xinès, etc.].
choral ('kɔ:rəl) *a.* MÚS. coral.
chord (kɔ:d) *s.* MÚS. acord *m.* *2* GEOM. corda *f.*
chore (tʃɔ:[r]) *s.* feina *f.* domèstica.
choreography (ˌkɔri'ɔgrəfi) *s.* coreografia *f.*
chorus ('kɔ:rəs) *a.-s.* MÚS., TEAT. cor *m.* *2* tornada *f.* [poesia i música] *3* LOC. ***in ~,*** a l'uníson.
chorus girl ('kɔ:rəsgə:l) *s.* TEAT. corista *f.*
chose (tʃouz) Veure CHOOSE (TO).
chosen ('tʃouzn) Veure CHOOSE (TO).
Christ (kraist) *n. pr.* REL. Crist *m.*
christen (to) ('krisn) *t.* REL. batejar. *2* batejar, posar nom.
Christendom ('krisndəm) *s.* REL. cristiandat *f.*
christening ('krisniŋ) *s.* bateig *m.*

Christian ('kristjən) *n. pr. m.* Cristià.
Christian ('kristjən) *a.-s.* cristià.
christian name ('kristjənneim) *s.* nom *m.* de pila.
Christine ('kristi:n) *n. pr. f.* Cristina.
Christmas ('krisməs) *s.* Nadal *m.* || ***Father ~***, Papà *m.* Noel.
Christmas carol (ˌkrismə'kærəl) *s.* nadala *f.*
Christmas Day ('krisməs'dei) *s.* dia *m.* de Nadal.
Christmas Eve ('krisməs'i:v) *s.* nit *f.* de Nadal.
Christopher ('kristəfəʳ) *n. pr. m.* Cristòfol, Cristòfor.
chronic ('krɔnik) *a.* crònic. *2* col·loq. dolent, terrible.
chronicle ('krɔnikl) *s.* crònica *f.*
chronicle (to) ('krɔnikl) *t.* fer la crònica de, narrar.
chronicler ('krɔnikləʳ) *s.* cronista.
chronology (krə'nɔlədʒi) *s.* cronologia *f.*
chrysalis ('krisəlis) *s.* ZOOL. crisàlide *f.*
chubby ('tʃʌbi) *a.* grassonet, rodanxó.
chuck (tʃʌk) *s.* MEC. mandrí *m.* *2* ***to get the ~***, ser acomiadat.
chuck (to) (tʃʌk) *t.* col·loq. ***to ~ (away)***, llençar [escombraries]. *2* col·loq. ***to ~ (out)***, expulsar, foragitar [una persona]. *3* ***to ~ (up)***, abandonar, renunciar a. *4* ***to ~ somebody under the chim***, fer moixaines al sotabarba.
chum (tʃʌm) *s.* fam. amic, company [esp. entre nois]. || ***to be great ~s***, ser molt amics.
chump (tʃʌmp) *s.* soc *m.*, talòs *m.* *2* fam. talòs; boig. *3* fam. cap *m.*
church (tʃə:tʃ) *s.* església *f.*
churchgoer ('tʃə:tʃgouəʳ) *s.* missaire.
churchyard ('tʃə:tʃ'jɑ:d) *s.* cementiri *m.* [al costat de l'església].
churl (tʃə:l) *s.* taujà *s.* *2* ant. pagès.
churlish ('tʃə:liʃ) *a.* rude.
churn (tʃə:n) *s.* manteguera *f.* *2* lletera *f.* [grossa i de metall].
churn (to) (tʃə:n) *t.* batre [per fer mantega]. *2* remenar, agitar, sacsejar. ▪ *3 i.* agitar-se *p.*
C.I.A. (si:ai'ei) *s.* *(Central Intelligence Agency)* agència *f.* central d'intel·ligència.
cicada (si'kɑ:də) *s.* ENT. cigala *f.*
C.I.D. (si:ai'di:) *s.* *(Criminal Investigation Department)* departament *m.* d'investigació criminal.
cider ('saidəʳ) *s.* sidra *f.*
c.i.f. (si:ai'ef) *s.* *(cost, insurance and freight)* cost *m.*, assegurança *f.* i càrrega *f.*
cigar (si'ga:ʳ) *s.* cigar *m.*
cigarette (ˌsigə'ret) *s.* cigarret *m.*, cigarreta *f.*
cigarette case ('sigə'retˌkeis) *s.* portacigarretes *m.*
cigarette holder ('sigə'retˌhouldəʳ) *s.* broquet *m.*
cm (si:'em) *s.* *(centimetre)* cm. (centímetre) *m.*
C.N.D. (si:en'di:) *s.* *(Campaign for Nuclear Disarmament)* campanya *f.* per al desarmament nuclear.
cinder ('sindəʳ) *s.* carbonissa *f.*, terregada *f.* *2 pl.* cendres *f.*
cinema ('sinəmə) *s.* cinema *m.*, cine *m.*
cinnamon ('sinəmən) *s.* canyella *f.*
cipher ('saifəʳ) *s.* MAT. zero *m.* 2 MAT. xifra *f.* *3* clau *f.*, codi *m.*
cipher (to) ('saifəʳ) *t.* xifrar, escriure en clau. *2* col·loq. fer càlculs, sumar.
circle ('sə:kl) *s.* GEOM. cercle *m.* *2* TEAT. amfiteatre *m.;* primer *m.* pis. *3* cercle *m.*, ambient *m.*
circle (to) ('sə:kl) *t.* envoltar, encerclar. *2* circumdar. ▪ *3 i.* donar *t.* voltes, giravoltar.
circuit ('sə:kit) *s.* circuit *m.;* recorregut *m.* *2* gira *f.* [viatge]. *3* cadena *f.* [de cinemes, teatres]. *4* ELECT. circuit.
circuitous (sə:'kju:itəs) *a.* indirecte, tortuós.
circular ('sə:kjuləʳ) *a.* circular. ▪ *2 s.* circular *f.* [carta].
circulate (to) ('sə:kjuleit) *t.* fer circular; posar en circulació; divulgar. ▪ *2 i.* circular.
circulation (ˌsə:kju'leiʃən) *s.* circulació *f.* *2* tirada *f.* [d'un diari].
circumcision (ˌsə:kəm'siʒən) *s.* MED. circumcisió *f.*
circumference (sə'kʌmfərəns) *s.* GEOM. circumferència *f.*
circumflex ('sə:kəmfleks) *a.*. circumflex. ▪ *2* circumflex *m.*
circumlocution (ˌsə:kəmlə'kju:ʃən) *s.* circumlocució *m.*
circumscribe (to) ('sə:kəmskraib) *t.* circumscriure.
circumspect ('sə:kəmspekt) *a.* circumspecte, prudent.
circumstance ('sə:kəmstəns) *s.* circumstància *f.* || DRET ***extenuating ~s***, circumstàncies *f. pl.* atenuants. *2* detall *m.* *3 pl.* posició *f.* o situació *f.* econòmica.
circumstantial (ˌsə:kəm'stænʃəl) *a.* circumstancial. *2* DRET ***~ evidence***, prova conjectural.
circumvent (to) (ˌsə:kəm'vent) *t.* form. frustrar [els plans d'algú]. *2* eludir; trampejar [una llei, una dificultat].
circus ('sə:kəs) *s.* circ *m.* *2* plaça *f.* circular.
cistern ('sistən) *s.* cisterna *f.*
citadel ('sitədl) *s.* ciutadella *f.*

citation ('sai'teiʃən) *s.* citació *f.*
cite (to) (sait) *t.* citar, esmentar. *2* DRET citar, convocar [en procediments legals].
citizen ('sitizn) *s.* ciutadà; habitant.
citizenship ('sitiznʃip) *s.* ciutadania *f.*
citron ('sitrən) *s.* BOT. poncemer *m.* [arbre]. *2* poncem *m.*, poncir *m.* [fruita].
citrus ('sitrəs) *s. pl.* BOT. *~ fruits,* cítrics *m.*
city ('siti) *s.* ciutat *f.* ‖ *city council,* ajuntament *m.*, consell *m.* municipal. ‖ *the City,* centre *m.* financer de Londres.
civet ('sivit) *s.* ZOOL. civeta *f.*, gat *m.* d'algàlia. *2* algàlia *f.*
civic ('sivik) *a.* cívic.
civil ('siv(i)l) *a.* civil.
civil servant (ˌsivil'səːvənt) *s.* funcionari *m.* de l'estat. *2* cortès; educat.
civilian (si'viljən) *a.* civil, de paisà. ■ *2 s.* civil *m.*, paisà *m.*
civility (si'viliti) *s.* cortesia *f.*, urbanitat *f.*
civilization (ˌsivilai'zeiʃən) *s.* civilització *f.*
civilize (to) ('sivilaiz) *t.* civilitzar.
clad (klæd) ant. Veure CLOTHE (TO). ■ *2 a.* poèt. vestit (*in,* de).
claim (kleim) *s.* demanda *f.*, reclamació *f.*, reivindicació *f.* *2* dret *m.*, pretensió *f.* *3* afirmació *f.*, declaració *f.* *4* MIN. concessió *f.*
claim (to) (kleim) *t.* exigir, demanar; reclamar, reivindicar. *2* afirmar, declarar.
claimant ('kleimənt) *s.* demandant. *2* pretendent [al tron].
clairvoyance (klɛə'vɔiəns) *s.* clarividència *f.*
clairvoyant (klɛə'vɔiənt) *a.* clarivident.
clam (klæm) *s.* ZOOL. cloïssa *f.*
clamber (to) ('klæmbəʳ) *i.* enfilar-se *p.*, pujar de quatre grapes.
clammy ('klæmi) *a.* humit; fred i enganxós.
clamour, (EUA) **clamor** ('klæməʳ) *s.* clamor *m.*, cridòria *f.*
clamour, (EUA) **clamor (to),** ('klæməʳ) *i.* clamar; vociferar, cridar.
clamorous ('klæmərəs) *a.* clamorós, sorollós.
clamp (klæmp) *s.* MEC. abraçadora *f.*, armella *f.*
clamp (to) (klæmp) *t.* subjectar [amb una abraçadora]. ■ *2 i.* col·loq. *to ~ down (on),* fer pressió per aturar; suprimir *t.*
clandestine (klænd'destin) *a.* form. clandestí.
clang (to) (klæŋ) *t.* fer sonar o tocar ■ *2 i.* tocar, sonar [les campanes].
clank (to) (klæŋk) *t.* fer sonar. ■ *2 i.* sonar, tocar.
clap (klæp) *s.* espetec *m.* [d'un tro]. *2* palmellada *f.*, aplaudiment *m.*
clap (to) (klæp) *t.* aplaudir, picar de mans. *2* copejar [l'esquena, etc.].
clapper ('klæpəʳ) *s.* batall *m.* [d'una campana]. *2* xerrac *m.*, carrau *m.*
clapping ('klæpiŋ) *s.* aplaudiments *m. pl.*, picaments *m. pl.* de mans.
claptrap ('klæptræp) *s.* bestieses *m. pl.*
claret ('klærət) *a.-s.* claret *m.* [vi].
clarify (to) ('klærifai) *t.* aclarir. ■ *2 i.* aclarir-se.
clarinet (ˌklæri'net) *s.* MÚS. clarinet *m.*
clarion ('klæriən) *s.* clarí *m.*
clash (klæʃ) *s.* soroll *m.* [de metall]. *2* estrèpit *m.* *3* conflicte *m.;* desacord *m.*
clash (to) (klæʃ) *i.* xocar, topar. *2* estar en desacord. *3* sonar [en xocar]. *4* coincidir [dates]. *5* desentonar [colors]. ■ *5 t.* fer xocar. *6* fer sonar.
clasp (klɑːsp) *s.* afiblall *m.;* tanca *m.;* gafet *m.* *2* encaixada *f.* [de mà].
clasp (to) (klɑːsp) *t.* cordar [un gafet, un collaret, etc.]. *2* encaixar [les mans]. *3* agafar, aferrar. *4* abraçar.
class (klɑːs) *s.* classe *f.* [grup, categoria]. *2* classe *f.* [a l'ensenyament]. *3* (EUA) EDUC. promoció *f.* *4* col·loq. estil, distinció.
class (to) (klɑːs) *t.* classificar.
classic ('klæsik) *a.* clàssic. ■ *2 s.* clàssic *m.* [obra literària, etc.]. *3 the ~s,* literatura i llengües clàssiques [llatí, grec].
classical ('klæsikəl) *a.* clàssic.
classification (ˌklæsifi'keiʃən) *s.* classificació *f.*
classify (to) ('klæsifai) *t.* classificar.
class-mate ('klɑːsmeit) *s.* company de classe.
classroom ('klɑːsrum) *s.* aula *f.*
clatter ('klætəʳ) *s.* soroll *m.;* enrenou *m.* *2* martelleig *m.* *3* guirigall *m.*
clatter (to) ('klætəʳ) *t.* fer sonar; fer xocar [plats, forquilles]. ■ *2 i.* sonar, fer soroll.
clause (klɔːz) *s.* clàusula. *2* GRAM. frase *f.* simple, oració *f.*
claw (klɔː) *s.* ZOOL. urpa *f.;* ungla *f.* *2* arpa *f.* [del gat, lleó, etc.]. *3* pinces *f. pl.* [de l'escamarlà]. *4* TECNOL. garfi *m.*
claw (to) (klɔː) *t.-i.* esgarrapar; esquinçar.
clay (klei) *s.* argila *f.*
clean (kliːn) *a.* net. ‖ *to make something ~,* netejar una cosa. *2* net, pur. *3* ben format, proporcionat. *4* hàbil; fi. *5* decent. ■ *6 adv.* completament, totalment.
clean (to) (kliːn) *t.* netejar, rentar, (VAL.) llavar. ‖ *to ~ one's teeth,* rentar-se *p.* les dents. *2* col·loq. *to be ~ed out,* quedar-se *p.* sense ni cinc. *3 to ~ up,* endreçar, netejar. ■ *4 i. to ~ (up),* fer neteja.
cleaner ('kliːnəʳ) *s.* persona que neteja. *2*

netejador *m.*, detergent *m.* *3 (dry) ~'s,* tintoreria *f.*
cleanliness ('klenlinis) *s.* neteja *f.*
cleanly ('klenli) *a.* net, polit.
cleanly ('kli:nli) *adv.* netament, amb netedat. *2* clarament.
cleanse (to) (klenz) *t.* form.-ant. netejar, rentar. *2* purificar.
clear (kliəʳ) *a.* clar. || *~ about,* segur, confiat. || *~ of,* lliure [d'obstacles]. || *to make oneself ~,* fer-se entendre. *2* net, pur. *3* tranquil. *4* ampli. ■ *5 adv.* clar. || *to keep ~ of,* evitar, mantenir-se lluny.
clear (to) (kliəʳ) *t.* aclarir, dissipar [també fig.]. *2* netejar, arranjar, treure [destorbs, etc.]. *3* desparar [la taula]. *4* liquidar, pagar [un compte, etc.]. *5* absoldre. *6* salvar, saltar per sobre. *7* COM. compensar. *8* ESPORT allunyar. ■ ***to ~ away,*** treure; dissipar-se *p.*; ***to ~ off*** o ***out,*** allunyar-se *p.*, tocar el dos; ***to ~ up,*** allunyar-se *p.*; aclarir.
clearance ('kliərəns) *s.* espai *m.* lliure. *2* MAR. despatx *m.* de duanes. *3* COM. *~ sale,* liquidació *f.*
clear-cut (ˌkliə'kʌt) *adj.* ben definit, clar.
clear-headed ('kliə'hedid) *a.* intel·ligent, lúcid.
clearing ('kliəriŋ) *s.* clariana *f.* [en un bosc]. *2* COM. compensació *f.*; liquidació *f.*
clearing-house ('kliəriŋhaus) *s.* COM. cambra *f.* de compensació.
clearness ('kliənis) *s.* claredat *f.*
clear-sighted (ˌkliə'saitid) *a.* clarivident, lúcid.
1) cleave (to) (kli:v) *i.* adherir-se *p.*, enganxar-se *p.* *2* fig. ser fidel. ▲ Pret. i p. p.: ***cleaved*** (kli:vd).
2) cleave (to) (kli:v) *t.* esquerdar, clivellar; partir. ■ *2 i.* esquerdar-se *p.*, clivellar-se *p.*, partir-se *p.* ▲ *Pret.*: ***cleft*** (kleft), ***cleaved*** (kli:vd) o ***clove*** (klouv); p. p.: ***cleft, cleaved*** o ***cloven*** (klouvn).
cleavage ('kli:vidʒ) *s.* escletxa *f.* *2* divisió *f.*, partició *f.* *3* col·loq. escot *m.*
clef (klef) *s.* MÚS. clau *f.*
cleft (kleft) *a.* clivellat. ■ *2 s.* clivella *f.*, escletxa *f.* (BAL.) retxillera *f.*, (VAL.) badall *m.* ▲ pret. i p. p. de TO CLEAVE.
clemency ('klemənsi) *s.* clemència *f.*
clench (to) (klentʃ) *t.* estrènyer [els punys, les dents]. *2* agafar; aferrar.
clergy ('klə:dʒi) *s.* ECLES. clericat *m.*, clerecia *f.*
clergyman ('klə:dʒimən) *s.* ECLES. clergue *m.*; pastor *m.* protestant.
cleric ('klerik) *s.* clergue *m.*
clerical ('klerikəl) *a.* clerical. *2* d'oficina; d'oficinista: *~ **error,*** error de còpia.
clerk (klɑ:k), (EUA) (klə:k) *s.* oficinista, administratiu. *2* recepcionista [d'hotel]. *3* (EUA) dependent. *4* clergue *m.*
clever ('klevəʳ) *a.* llest, espavilat, intel·ligent. *2* hàbil, destre. *3* enginyós.
cleverness ('klevənis) *s.* intel·ligència *f.* *2* habilitat *f.* *3* enginy *m.*
click (klik) *s.* cop *m.* sec.
click (to) (klik) *i.* fer *t.* clic, sonar. *2* col·loq. agradar-se *p.*
client ('klaiənt) *s.* client.
cliff (klif) *s.* GEOL. espadat *m.*, penya-segat *m.*
climate ('klaimit) *s.* METEOR. clima *m.* *2* fig. clima *m.*, ambient *m.*
climax ('klaimæks) *s.* clímax *m.*, punt *m.* culminant.
climb (klaim) *s.* pujada *f.*, escalada *f.*, ascensió *f.*
climb (to) (klaim) *t.* pujar, escalar, ascendir *i.* *2* pujar *i.*, a enfilar-se *p.* a ■ *3 i.* pujar, enfilar-se *p.* *4* ***to ~ down,*** baixar; fig. ferse *p.* enrera; desdir-se *p.*
climber ('klaiməʳ) *s.* escalador; alpinista. *2* BOT. enfiladissa *f.* *3* fig. ***(social) ~,*** arribista.
clinch (klintʃ) *s.* TECNOL. reblada *m.* [d'un clau]. *2* conclusió, resolució [d'un tracte, etc.]. *3* col·loq. abraçada *m.*
clinch (to) (klintʃ) *t.* reblar [un clau]. *2* concloure, resoldre [un tracte]. *3* estrènyer [les dents, els punys]. ■ *4 i.* ESPORT lluitar cos a cos. *5* col·loq. abraçar-se, *p.*
cling (to) (kliŋ) *i.* ***to ~ to,*** agafar-se *p.*, aferrar-se *p.* [també fig.]. ▲ Pret. i p. p.: ***clung*** (klʌŋ).
clinic ('klinik) *s.* clínica *f.*
clink (to) (kliŋk) *t.* fer dringar, fer sonar. ■ *2 i.* dringar.
clip (klip) *s.* clip *m.* [de papers, etc.]. *2* grapa *f.* *3* agafador [de bolígraf]. *4* esquilada *f.*; estisorada *f.*
clip (to) (klip) *t.* subjectar, ajuntar [amb un clip, grapa, etc.]. *2* esquilar; tallar; retallar.
clipper ('klipəʳ) *s.* NÀUT. clíper *m.* *2* esquilador. *3 pl.* maquineta *f.* per tallar cabells.
clipping ('klipiŋ) *s.* retall *m.* [de roba, de diari, etc.]. *2* tallat *f.* [dels cabells]. *3* esquilada *m.*
clique (kli:k) *s.* colla *f.*, camarilla *f.* [esp. d'art].
cloak (klouk) *s.* capa *f.* *2* fig. capa *f.*, pretext *m.*
cloak (to) (klouk) *t.* encapotar, cobrir. *2* encobrir, dissimular.
cloak and dagger (ˌkloukən'dægeʳ) *s.* LIT. de capa *f.* i espasa *f.*
cloak-room ('kloukrum) *s.* guarda-roba *m.* [teatre, etc.].

clock (klɔk) rellotge *m.* [de paret o taula]. *2* fig. ***round the ~,*** dia i nit.
clockwise ('klɔkwaiz) *adv.* en el sentit de les agulles del rellotge.
clockwork ('klɔkwəːk) *s.* mecanisme *m.* de rellotgeria.
clod (klɔd) *s.* terròs *m.* [de terra]. *2* pej. tanjà, pagesot.
clog (klɔg) *s.* esclop *m. 2* fig. obstacle *m.;* càrrega *f.*
clog (to) (klɔg) *t.* obstruir. ▪ *2 i.* obstruir-se *p.*
cloister ('klɔistəʳ) *s.* claustre *m.*
1) close (klouz) *s.* fi *f.*, final *m.* conclusió *f.*
2) close (klous) *a.* proper, pròxim [a prop]. *2* tancat. *3* íntim [amic]. *4* premut; molt junt, compacte. *5* detallat, minuciós [examen]. *6* precís [argument]. *7* exacte, fidel [traducció]. *8* carregat [ambient]; mal ventilat [habitació]; feixuc, xafogós [clima]. *9* GRAM. tancat [vocal]. *10* avar. ▪ *11 s.* clos *m.*, recinte *m.* ▪ *12 adv.* prop de.
close (to) (klouz) *t.* tancar. *2* tapar, obstruir. *3* estrènyer [una fila, etc.]. *4* acabar, concloure. *5* clausurar. *6* COM. saldar [un compte]. ▪ *7 i.* tancar-se *p. 8* apropar-se *p.* ▪ ***to ~ down,*** tancar [definitivament]; ***to ~ in,*** escurçar-se *p.* [els dies]; acostar-se *p.*, envoltar; ***to ~ up,*** tancar; tancar-se *p.* [les flors]; ajuntar-se *p.*
closeness ('klousnis) *s.* proximitat *f. 2* intimitat *f. 3* detall *m.*, minuciositat *f. 4* fidelitat *f.* [traducció]. *5* avarícia *f. 6* inaccessibilitat [d'un grup, etc.].
closet (klɔzit) *s.* (EUA) armari *m.*, guarda-roba *m. 2* ant. lavabo *m.*, wàter *m.*
closure ('klouʒəʳ) *s.* tancament *m.*, closa *f. 2* clausura *f.*
clot (klɔt) *s.* grumoll *m.*, coàgul *m.*
clot (to) (klɔt) *t.* coagular, guallar. ▪ *2 i.* coagular-se *p.*
cloth (klɔθ) *s.* TÈXT. teixit *m.*, roba *f.*, tela *f.*, drap *m. 2* eixugamà *m.*, drap *m.* de cuina. *3* ***table- ~,*** estovalles *f. pl.*
clothe (to) (klouð) *t.* vestir. *2* fig. revestir. ▲ Pret. i p. p.: ***clothed*** (klouðd) o (ant.) ***clad*** (klæd).
clothes (klouðz) *s.* roba *f. sing.;* vestits *m.*
clothes brush ('klouðzbrʌʃ) *s.* raspall *m.* de la roba, (BAL.) (VAL.) espalmador *m.*
clothes hanger ('klouðzˌhæŋəʳ) *s.* penjador *m.*
clothing ('klouðiŋ) *s.* roba *f.*, vestits *m. pl.*
cloud (klaud) *s.* METEOR. núvol *m.*, (BAL.) nígul *m.* [també fig.] ‖ fig. ***to have one's head in the ~s,*** estar als núvols.
cloud (to) (klaud) *t.* METEOR. ennuvolar [també fig.]. ▪ *2 i.* ***~ (over),*** ennuvolar-se *p.* [també fig.].
cloud-burst ('klaudbəːst) *s.* METEOR. xàfec *m.*
cloudy ('klaudi) *a.* METEOR. ennuvolat, nuvolós. *2* tèrbol [líquids].
clove (klouv) *s.* clau *m.*, clavell *m.* [d'espècia]. *2* gra *m.* [d'all].
cloven ('klouvn) Veure CLEAVE (TO). *2 a.* ZOOL. forcat: ***~ hoof,*** peülla forcada.
clover ('klouvəʳ) *s.* BOT. trèbol *m.* ‖ fig. ***to live in ~,*** viure com un rei.
clown (klaun) *s.* pallasso. *2* taujà.
clownish ('klauniʃ) *a.* de pallasso. *2* rústec, grosser.
cloy (to) (klɔi) *t.-i.* embafar *t.*
club (klʌb) *s.* club *m.*, centre *m.* social. *2* clava *f.*, porra *f. 3* ESPORT bat *m.;* pal *m.* [de golf]. *4* trèvol *m.* [joc de cartes].
club (to) (klʌb) *t.* bastonejar, garrotejar. ▪ *2 i.* ***to ~ together,*** reunir-se *p.*, unir-se *p.* [amb una finalitat].
club-foot (ˌklʌb'fut) *s.* peu *m.* esguerrat.
cluck (klʌk) *s.* cloqueig *m.*
cluck (to) (klʌk) *i.* cloquejar.
clue (kluː) *s.* indici *m.*, pista *f.* ‖ ***I haven't got a ~,*** no en tinc ni idea.
clump (klʌmp) *s.* BOT. grup *m.* [d'arbres]. *2* BOT. mata *f.* [de planta].
clump (to) (klʌmp) *t.* agrupar [plantes, etc.]. ▪ *2 i.* caminar pesadament.
clumsiness ('klʌmzinis) *s.* matusseria *f.;* malaptesa *f.;* poca traça *f.*
clumsy ('klʌmzi) *a.* maldestre; matusser.
clung (klʌŋ) Veure CLING (TO).
cluster ('klʌstəʳ) *s.* grup *m. 2* ram *m.;* raïm *m.;* carràs *m.;* penjoll *m.* [de fruita, etc.].
cluster (to) ('klʌstəʳ) *i.* arraïmar-se *p.*, agrupar-se *p.;* apinyar-se *p.*
clutch (klʌtʃ) *s.* agarrada *f. 2 pl.* fig. urpes *f. 3* MEC. embragatge *m. 4* ORN. niuada *f.*
clutch (to) (klʌtʃ) *t.* agarrar, agafar fortament. ▪ *2 i.* ***to ~ (at),*** mirar d'agafar-se *p.*, aferrar-se *p.*
Co. ('cou) *s.* *(Company)* Cia. *f.* (companyia).
c/o (siː'ou) (abrev. ***care of***) a casa de.
coach (koutʃ) *s.* (G.B.) autocar *m. 2* FERROC. vagó *m. 3* carruatge *m.*, cotxe *m. 4* carrossa *f. 5* professor *m.* particular. *6* ESPORT entrenador.
coach (to) (koutʃ) *t.-i.* fer classes particulars. *2 t.* ESPORT entrenar.
coachman ('koutʃmən) *s.* cotxer *m.*
coagulate (to) (kou'ægjuleit) *t.* coagular. ▪ *2 i.* coagular-se *p.*
coal (koul) *s.* MINER. carbó *m.*, hulla *f.*
coal (to) (koul) *t.* proveir de carbó. ▪ *2 i.* proveir-se *p.* de carbó, carbonejar.
coalesce (to) (ˌkouə'les) *i.* unir-se *p.;* fondre's *p.*

coalfield ('koulfi:ld) *s.* conca *f.* minera.
coalition (ˌkouəˈliʃən) *s.* POL. coalició *f.*
coalman ('koulmæn) *s.* carboner *m.* ▲ *pl.* ***coalmen.***
coalmine ('koulmain) *s.* mina *f.* de carbó.
coalpit ('koulpit) *s.* mina *f.* de carbó.
coarse (kɔ:s) *a.* bast, groller [caràcter, etc.]. *2* vulgar, groller [llengua, etc.]. *3* aspre, gruixut [material, etc.].
coast (koust) *s.* costa *f.;* litoral *m.*
coast (to) (koust) *i.* costerejar. *2* AUTO. lliscar, anar en punt mort.
coastal ('koustl) *a.* costaner, costenc.
coaster ('koustəʳ) *s.* vaixell *m.* de cabotatge. *2* sotacopa *f.* o *m.*
coastline ('koustlain) *s.* litoral *m.*
coat (kout) *s.* abric *m.*, (ROSS.) manto *m.* *2* jaqueta *f.* *3* ZOOL. pelatge *m.;* ORN. plomatge *m.* *4* capa *f.* [de pintura]. *5* coberta *f.;* revestiment *m.* *6* ~ ***of arms,*** escut *m.* d'armes.
coat (to) (kout) *t.* cobrir.
coating ('koutiŋ) *s.* capa *f.*, mà *f.* [de pintura, etc.].
coax (to) (kouks) *t.* fig. esperonar, estimular.
cob (kɔb) *s.* ZOOL. cigne *m.* *2* ZOOL. haca *f.* *3* ***corn-~,*** panotxa *f.*
cobalt ('koubɔ:lt) *s.* QUÍM. cobalt *m.*
cobble ('kɔbl) *s.* còdol *m.*, palet *m.*
cobble (to) ('kɔbl) *t.* empedrar amb còdols. *2* adobar [sabates].
cobbler ('kɔbləʳ) *s.* ant. sabater. *2* barroer. *3* fig. ***a load of (old) ~s,*** bajanades *f.*
cobweb ('kɔbweb) *s.* teranyina *f.*
cocaine (kou'kein) *s.* cocaïna *f.*
cock (kɔk) *s.* ZOOL. gall *m.* ‖ ***fighting ~,*** gall de baralla. *2* mascle *m.* d'un ocell. *3* aixeta *f.*, clau *f.* *4* percussor *m.* [d'una pistola]. *5* vulg. titola *f.*, cigala *f.*
cock (to) (kɔk) alçar, dreçar. *2* muntar [una pistola]. *3* col·loq. ***to ~ up,*** fúmer enlaire.
cockade (kɔ'keid) *s.* escarapel·la *f.*
cockatoo (ˌkɔkə'tu:) *s.* ORN. cacatua *f.*
cockchafer ('kɔkˌtʃeifəʳ) *s.* ENT. borinot *m.*
cockerel ('kɔkərəl) *s.* ZOOL. gall *m.* jove, pollastre *m.*
cock-fighting ('kɔkfaitiŋ) *s.* baralla *f.* de galls.
cockle ('kɔkl) *s.* ZOOL. escopinya *f.* de gallet. *2* vaixell *m.* petit.
cockney ('kɔkni) *a.* propi dels nadius de certes àrees de Londres. ■ *2 s.* nadius de certes àrees de Londres; parla *f.* característica d'aquestes àrees.
cockpit ('kɔkpit) *s.* gallera *f.* *2* AERON. carlinga *f.*, cabina *f.*
cockroach ('kɔkroutʃ) *s.* ENT. cuca *f.* panera, cuca *f.* molla.
cocktail ('kɔkteil) *s.* còctel *m.*
cocky ('kɔki) *a.* col·loq. pressumptuós.
coco ('koukou) *s.* BOT. cocoter *m.*
cocoa ('koukou) *s.* cacau *m.*
coconut ('koukənʌt) *s.* coco *m.*
cocoon (kə'ku:n) *s.* capoll *m.*, capell *m.*
C.O.D. (si:ou'di:) COM. *(cash on delivery),* (EUA) *(collect on delivery)* lliurament *m.* contra reemborsament.
cod (kɔd) *s.* ICT. bacallà *m.*
coddle (to) ('kɔdl) *t.* tractar amb una cura excessiva. *2* bullir a poc a poc.
code (koud) *s.* codi *m.* *2* xifra *f.*
codify (to) ('koudifai) *t.* codificar.
coerce (to) (kou'ə:s) *t.* constrènyer, coercir, obligar (*into,* a).
coercion (kou'ə:ʃən) *s.* coerció *f.*
coffee ('kɔfi) *s.* cafè *m.:* ***black ~,*** cafè sol; ***white ~,*** cafè amb llet, tallat *m.*
coffeepot ('kɔfipɔt) *s.* cafetera *f.*
coffer ('kɔfəʳ) *s.* cofre *m.*, arca *f.*
coffin ('kɔfin) *s.* caixa *f.* de morts, taüt *m.*, bagul *m.*
cog (kɔg) *s.* dent *f.* [d'engranatge].
cogency ('koudʒənsi) *s.* força *f.*, pes *m.* [d'un argument].
cogent ('koudʒənt) *a.* convincent.
cogitate (to) ('kɔdʒiteit) *t.-i.* meditar, reflexionar *t.*
cognate ('kɔgneit) *a.* cognat. *2* anàleg [llengua, etc.]. ■ *3 s.* cognació *f.* *4* analogia.
cognizance ('kɔgnizəns) *s.* DRET coneixement *m.* *2* DRET competència *f.*
cohabit (to) (kou'hæbit) *i.* form. cohabitar.
cohere (to) (kou'hiəʳ) *i.* form. adherir-se *p.* *2* ésser coherent [arguments, etc.].
coherence (kou'hiərəns) , **coherency** (kou'hiərənsi) *s.* adherència *f.* *2* coherència *f.*
coherent (kou'hiərənt) *a.* adherent, adhesiu. *2* coherent.
cohesion (kou'hi:ʒən) *s.* cohesió *f.* [també fig.].
coil (kɔil) *s.* rotlle *m.* [de corda, etc.]. *2* ELECT. bobina *f.* *3* MED. col·loq. espiral *f.* [anticonceptiu].
coil (to) (kɔil) *t.* enrotllar, cargolar. ■ *2 i.* enrotllar-se *p.*, cargolar-se *p.*
coin (kɔin) *s.* moneda *f.*
coin (to) (kɔin) *t.* encunyar, amonedar. *2* fig. encunyar, crear, inventar [mots, etc.].
coinage ('kɔinidʒ) *s.* encunyació *f.* *2* moneda *f.* *3* invenció *f.* [de mots, etc.].
coincide (to) (ˌkouin'said) *i.* coincidir.
coincidence (kou'insidəns) *s.* coincidència *f.*
coke (kouk) *s.* coc *m.* [carbó]. *2* col·loq. ***C~,*** Coca-Cola *f.* *3* col·loq. coca *f.* [cocaïna].
colander, cullender ('kʌləndəʳ) *s.* escorredora *f.*, colador *m.*
cold (kould) *a.* fred: ***to be ~,*** ser fred [cosa];

fer fred [temps]; tenir fred [persona]. *2* fig. fred, indiferent [caràcter]. *3* fig. fred [situació, etc.]. *4* frígid. ▪ *5 s.* fred *m.* *6* constipat *m.*, refredat *m.*: ***to catch a ~***, constipar-se *p.*; ***to have a ~***, estar constipat.

cold-blooded (ˌkould'blʌdid) *a.* fig. insensible. 2 ZOOL. de sang freda.

coldness ('kouldnis) *s.* fredor *f.*

collaborate (to) (kə'læbəreit) *t.* col·laborar.

collaboration (kəˌlæbə'reiʃən) *s.* col·laboració *f.*

collaborator (kə'læbəreitəʳ) *s.* col·laborador. *2* col·laboracionista.

collapse (kə'læps) *s.* esfondrament *m.*, ensorrament *m.*, enderrocament *m.* *2* fig. fracàs *m.*, ruina *f.* *3* MED. col·lapse *m.*

collapse (to) (kə'læps) *i.* esfondrar-se *p.*, ensorrar-se *p.*, enderrocar-se *p.* *2* fig. fracassar. *3* MED. tenir un col·lapse.

collapsible, -able (kə'læpsibl) *a.* plegable, desmuntable.

collar ('kɔləʳ) *s.* coll *m.* [d'una peça de vestir]. *2* collar *m.*

collar (to) ('kɔləʳ) *t.* agafar pel coll. *2* ant. col·loq. pispar.

collarbone ('kɔləboun) *s.* ANAT. clavícula *f.*

collate (kɔ'leit) *t.* acarar, confrontar.

collateral (kɔ'lætərəl) *a.* col·lateral.

collation (kɔ'leiʃən) *s.* confrontació *f.*, col·lació *f.* *2* àpat *m.* lleuger.

colleague ('kɔli:g) *s.* col·lega, company [de feina, etc.].

collect (to) (kə'lekt) *t.* recollir, aplegar. *2* recaptar [diners, etc.]. *3* col·leccionar. *4* anar a buscar. *5* posar en ordre [les idees, etc.]. ▪ *6 p.* ***to ~ oneself,*** asserenar-se *p.* ▪ *7 i.* congregar-se *p.*, aglomerar-se *p.*, acumular-se *p.*

collected (kə'lektid) *a.* complet: ~ ***works,*** obres completes. *2* fig. assossegat, tranquil.

collection (kə'lekʃən) *s.* recollida *f.* *2* col·lecta *f.*; recaptació *f.* *3* col·lecció *f.*

collective (kə'lektiv) *a.* col·lectiu.

collectivize (to) (kə'lektivaiz) *t.* col·lectivitzar.

collector (kə'lektəʳ) *s.* col·leccionista. *2* recaptador: ***tax*** ~, recaptador d'impostos.

college ('kɔlidʒ) *s.* escola *f.*, institut *f.* [d'ensenyament superior i professional]. *2* col·legi *m.* [d'advocats, metges, etc.]. *3* universitat *f.*; facultat *f.* universitària.

collide (to) (kə'laid) *i.* xocar [també fig.], col·lidir.

collie ('kɔli) *s.* ZOOL. gos *m.* pastor escocès.

collier ('kɔliəʳ) *s.* miner [de carbó]. *2* MAR. vaixell *m.* carboner.

colliery ('kɔljəri) *s.* mina *f.* de carbó.

collision (kə'liʒən) *s.* col·lisió *f.*, xoc *m.* *2* conflicte *m.*

colloquial (kə'loukwiəl) *a.* col·loquial, familiar.

colloquialism (kə'loukwiəlizəm) *s.* expressió *f.* o frase *f.* col·loquial.

collusion (kə'lu:ʒən) *s.* col·lusió *f.*, confabulació *f.*

colonel ('kə:nl) *s.* MIL. coronel *m.*

colonist ('kɔlənist) *s.* colonitzador. *2* colon *m.*

colonize (to) ('kɔlənaiz) *t.* colonitzar.

colony ('kɔləni) *s.* colònia *f.*

colossal (kə'lɔsl) *a.* colossal.

colour, (EUA) **color** ('kʌləʳ) *s.* color *m.* (i *f.*). ‖ ***to lose ~,*** empal·lidir. *2 pl.* ART colorit *m. sing.*, tons *m.* ‖ ***water- ~s,*** aquarel·la *f.* *3* MIL. *pl.* colors *m.*, bandera *f.* sing. ‖ ***to hoist the ~s,*** hissar la bandera. *4 pl.* colors *m.*, distintiu *m. sing.* [d'un club, etc.].

colour (to), (EUA) **color (to)** ('kʌləʳ) *t.* acolorir; pintar; tenyir. *2* alterar [les notícies, etc.]. ▪ *3 i.* ***to ~ (up),*** verolar [fruits, etc.], canviar de color; enrojolar-se *p.* [persones].

colour bar ('kʌləba:ʳ) *s.* barrera *f.* racial.

colour-blind ('kʌləblaind) *a.* daltònic.

colourful ('kʌləfl) *a.* ple de color. *2* animat, viu.

colouring ('kʌləriŋ) *s.* coloració *f.* *2* colorit *m.*

colourless ('kʌləlis) *a.* incolor. *2* descolorit. *3* pàl·lid. *4* fig. insípid.

colt (koult) *s.* ZOOL. poltre *m.* *2* fig. xitxarel·lo *m.*

column ('kɔləm) *s.* columna *f.*

columnist ('kɔləmnist) *s.* articulista, periodista.

comb (koum) *s.* pinta *f.* *2* carda *f.* *3* bresca *f.* *4* ZOOL. cresta *f.*

comb (to) (koum) *t.* pentinar. *2* cardar [la llana, etc.]. *3* col·loq. fer una batuda. *4* fig. ***to ~ out,*** fer neteja. ▪ *5 i.* ***to ~ over,*** rompre's *p.* [les ones].

combat ('kɔmbæt) *s.* combat *m.*

combat (to) ('kɔmbæt) *t.-i.* combatre.

combatant ('kɔmbətənt) *a.-s.* combatent.

combative ('kɔmbətiv) *a.* combatiu.

combativeness ('kɔmbətivnis) *s.* combativitat *f.*

combination (ˌkɔmbi'neiʃən) *s.* combinació *f.*

combine ('kɔmbain) *s.* COM. associació *f.* *2* AGR. ~ o ~ ***harvester,*** segadora-batedora *f.*, recol·lectora *f.*

combine (to) (kəm'bain) *t.* combinar. *2* fusionar, unir. *3* QUÍM. combinar(se. ▪ *4 i.* combinar-se *p.* *5* fusionar-se *p.*, unir-se *p.*

combustible (kəm'bʌstibl) *a.* combustible.

2 fig. explosiu [persones]. ▪ *3 s. pl.* combustible *m. sing.*
combustion (kəm'bʌstʃən) *s.* combustió *f.*
come (to) (kʌm) *i.* venir, arribar. *2* provenir, procedir. *3* aparèixer, surtir. *4* passar, ocòrrer. *5* entrar [en contacte, en acció, etc.]. *6* col·loq. escórrer-se *p.* [ejacular]. *7* ***to ~ true,*** acomplir-se *p.*, esdevenir-se *p.* ▪ ***to ~ about,*** passar, succeir, ***to ~ across,*** topar *t.*, trobar *t.* per casualitat; ***to ~ apart*** o ***asunder,*** desmuntar-se *p.*, trencar-se *p.;* dividir-se *p.;* ***to ~ back,*** tornar; recordar, tornar a la memòria; ***to ~ by,*** aconseguir, obtenir; ***to ~ down,*** esfondrar-se *p.*, caure; baixar; ***to ~ forth,*** sortir, aparèixer; ***to ~ forward,*** presentar-se *p.*, oferir-se *p.;* ***to ~ in,*** entrar; ***to ~ of;*** provenir. ‖ ***to ~ of age,*** arribar a la majoria d'edat; ***to ~ off,*** tenir lloc; tenir èxit; despendre's *p.*, desenganxar-se *p.;* ***to ~ on,*** seguir; desenvolupar-se *p.*, progressar; arribar; ***to ~ out,*** sortir, aparèixer; desaparèixer; ***to ~ round,*** visitar, deixar-se *p.* caure; entendre, assentir; ***to ~ to,*** tornar en si; pujar a; arribar a; ***to ~ together,*** ajuntar-se *p.;* ***to ~ up,*** pujar, aparèixer, sortir, sorgir; ser discutit; acostar-se *p.;* ***to ~ upon,*** caure sobre, sorprendre. ‖ Pret.: ***came*** (keim); p. p.: ***come*** (kʌm).
comedian (kə'mi:djən) *s.* comediant *m.*
comedienne (kəˌmi:dj'en) *s.* comedianta *f.*
comedy ('kɔmidi) *s.* comèdia *f.*
comeliness ('kʌmlinis) *s.* ant. gentilesa *f.* *2* gràcia *f.*, encís *m.*
comely ('kʌmli) *a.* ant. gentil; ben plantat. 2 decent.
comet ('kɔmit) *s.* ASTR. cometa *m.*
comfort ('kʌmfət) *s.* comoditat *f.*, benestar *m.* [físic]. *2* consol *m.*
comfort (to) ('kʌmfət) *t.* consolar. *2* alleujar. *3* animar, reconfortar.
comfortable ('kʌmftəbl) *a.* còmode!. ‖ ***make yourself ~!,*** posa't còmode! *2* confortable. *3* ***a ~ income,*** uns bons ingressos; ***a ~ life,*** una vida folgada.
comforter ('kʌmfətə[r]) *s.* consolador. *2* (G.B.) bufanda *f.* *3* (G.B.) xumet *m.* *4* (EUA) edredó *m.*
comfortless ('kʌmfətlis) *a.* incòmode. *2* trist, gris.
comfort station ('kʌmfətˌsteiʃn) *s.* (EUA) lavabo *m.* públic.
comic ('kɔmik) *a.* còmic, graciós. ▪ *2 s.* TEAT. comèdia *f.* *3* còmic *m.* [publicació].
comical ('kɔmikəl) *a.* graciós, còmic, divertit.
coming ('kʌmiŋ) *a.* proper, vinent. ▪ *2 s.* arribada *f.*, vinguda *f.*
command (kə'mɑ:nd) *s.* ordre *f.*, mandat *m.* *2* comandament *m.;* domini *m.* *3* MIL. comandància *f.*
command (to) (kə'mɑ:nd) *t.* manar, ordenar, comandar. *2* dominar. *3* disposar *i.* de ▪ 4 i. manar *t.*
commandant (ˌkɔmən'dænt) *s.* MIL. comandant *m.*
commander (kə'mɑ:ndə[r]) *s.* MIL. comandant *m.* *2* MAR. capità *m.* de fragata.
commandment (kə'mɑ:ndmənt) *s.* manament *m.* ‖ REL. ***The Ten Commandments,*** Els Deu Manaments.
commando (kə'mɑ:ndou) *s.* MIL. comando *m.*
commemorate (to) (kə'meməreit) *t.* commemorar.
commemoration (kəˌmemə'reiʃən) *s.* commemoració *f.*
commence (to) (kə'mens) *t.-i.* form. començar.
commencement (kə'mensmənt) *s.* form. començament *m.*
commend (to) (kə'mend) *t.* recomanar. *2* encomanar.
commensurate (kə'menʃərit) *a.* proporcional, corresponent.
comment ('kɔmənt) *s.* comentari *m.* ‖ ***no ~!,*** sense comentaris! *m. pl.*
comment (to) ('kɔment) *i.* comentar *t.*, opinar (*on* o *upon,* sobre).
commentary ('kɔmentəri) *s.* comentari *m.* ‖ ***running ~,*** retransmissió *f.* en directe.
commentator ('kɔmenteit'ə[r]) *s.* comentarista; locutor.
commerce ('kɔmə:s) *s.* comerç *m.*
commercial (kə'mə:ʃəl) *a.* comercial. ▪ 2 s. RADIO., TELEV. anunci *m.*
commercial traveller (ˌkəˌmə:ʃəl'trævlə[r]) *s.* viatjant *m.*
commiserate (to) (kə'mizəreit) *i.* apiadar-se *p.* (*with,* de).
commiseration (kəˌmizə'reiʃən) *s.* commiseració *f.*
commissariat (ˌkɔmi'seəriət) *s.* comissariat *m.* *2* MIL. intendència.
commissary ('kɔmisəri) *s.* comissari *m.* *2* MIL. intendent *m.*
commission (kə'miʃən) *s.* comissió *f.* [encàrrec]. *2* COM. comissió *f.:* ***on ~,*** a comissió. *3* MIL. despatx *m.*, nomenament *m.* *4* comissió *f.*, delegació *f.*
commission (to) (kə'miʃən) *t.* comissionar, encarregar.
commissioner (kə'miʃənə[r]) *s.* comissari. *m.* *2* enviat, propi.
commit (to) (kə'mit) *t.* cometre, perpetrar. *2* confiar, entregar. *3* comprometre: ***to ~ oneself,*** comprometre's (*to,* a). *4* tancar, empresonar; internar.

commitment (kə'mitmənt) *s.* compromís *m.*, obligació *f.* 2 empresonament *m.*, internament *m.*, reclusió *f.*
committee (kə'miti) *s.* comitè *m.*, comissió *f.*
commodious (kə'moudjəs) *a.* espaiós.
commodity (kə'mɔditi) *s.* article *m.* [de consum], producte *m.*
common ('kɔmən) *a.* comú. 2 corrent, ordinari. 3 col·loq. vulgar [persona]. 4 DRET consuetudinari. 5 ***the Common Market,*** el Mercat *m.* Comú. ■ 6 *s.* empriu *m.*, terra *f.* comunal. 7 *loc. adv.* ***in ~,*** en comú. 8 *pl.* POL. ***the House of Commons,*** la Cambra dels Comuns.
commoner ('kɔmənəʳ) *s.* plebeu.
commonplace ('kɔmənpleis) *a.* comú, vulgar. ■ 2 *s.* tòpic *m.*, lloc *m.* comú. 3 cosa *f.* corrent.
commonsense (ˌkɔmən'sens) *s.* sentit *m.* comú.
commonwealth ('kɔmənwelθ) *s.* estat *m.* 2 comunitat *f.* de Nacions. 3 ***the Commonwealth,*** la Commonwealth *f.*
commotion (kə'mouʃən) *s.* rebombori *m.*, tumult *m.*, disturbi *m.* 2 commoció *f.*
commune ('kɔmju:n) *s.* comuna *f.* 2 comunitat *f.*
communicate (to) (kə'mju:nikeit) *t.* comunicar. ■ 2 *i.* comunicar-se *p.* (*with,* amb). 3 REL. combregar.
communication (kəˌmju:ni'keiʃən) *s.* comunicació. 2 ***official ~,*** comunicat *m.* oficial.
communion (kə'mju:njən) *s.* comunió *f.*
communism ('kɔmjunizəm) *s.* comunisme *m.*
communist ('kɔmjunist) *a.-s.* comunista.
community (kə'mju:niti) *s.* comunitat *f.* ‖ ***~ centre,*** centre *m.* o local *m.* social; centre *m.* cívic.
commutation (ˌkɔmju:'teiʃən) *s.* commutació *f.*
commutation ticket (ˌkɔmju:teiʃnˌtikit) *s.* (EUA) abonament *m.*
commute (to) (kə'mju:t) *t.* commutar. ■ 2 *i.* viatjar diàriament de casa a la feina.
commuter (kə'mju:təʳ) *s.* persona *f.* que viatja diàriament de casa a la feina.
compact ('kɔmpækt) *s.* pacte *m.*, conveni *m.* 2 COSM. polvorera *f.*
compact (kəm'pækt) *a.* compacte, dens. 2 breu, concís [estil].
compact (to) (kəm'pækt) *t.* estrènyer, comprimir, condensar.
companion (kəm'pænjən) *s.* company. 2 persona *f.* de companyia.
companionship (kəm'pænjənʃip) *s.* companyonia *f.*
company ('kʌmpəni) *s.* companyia *f.* 2 visita *f.*, convidats *m. pl.*
comparable ('kɔmpərəbl) *a.* comparable.
comparative (kəm'pærətiv) *a.* comparatiu. 2 relatiu. 3 comparat. ■ 4 *s.* GRAM. comparatiu *m.*
compare (kəm'pɛəʳ) *s.* poèt. ***beyond*** o ***past ~,*** sens parió.
compare (to) (kəm'pɛəʳ) *t.* comparar. 2 acarar, confrontar. ■ 3 *i.* comparar-se *p.*: ***this cannot ~ with that,*** no es poden comparar; ***how do they ~?,*** en què es diferencien?
comparison (kəm'pærisn) *s.* comparació *f.*: ***by*** o ***in ~,*** en comparació *f.*
compartment (kəm'pɑ:tmənt) *s.* compartiment *m.*, departament *m.*
compass ('kʌmpəs) *s.* brúixola *f.* 2 ~ o ***~es,*** compàs *m.* 3 abast *m.*; extensió *f.*
compass (to) ('kʌmpəs) *t.* Veure ENCOMPASS (TO).
compassion (kəm'pæʃən) *s.* compassió *f.*
compassionate (kəm'pæʃənit) *a.* compassiu.
compatibility (kəm'pætə'biliti) *s.* compatibilitat *f.*
compatible (kəm'pætəbl) *a.* compatible.
compatriot (kəm'pætriət) *s.* compatriota.
compel (to) (kəm'pel) *t.* compel·lir, obligar. 2 imposar.
compendium (kəm'pendiəm) *s.* compendi *m.*, resum *m.*
compensate (to) ('kɔmpenseit) *t.* compensar. 2 indemnitzar. ■ 3 *i.* ***to ~ for,*** compensar *t.*
compensation (ˌkɔmpen'seiʃən) *s.* compensació *f.*
compete (to) (kəm'pi:t) *i.* competir.
competence ('kɔmpitəns) *s.* competència *f.*, aptitud *f.*, aptesa *f.* 2 DRET competència *f.*
competent ('kɔmpitənt) *a.* competent, capaç. 2 adequat, idoni.
competition (ˌkɔmpi'tiʃən) *s.* competició *f.* 2 competència *f.* 3 certamen *m.*, concurs *m.*
competitive (kəm'petitiv) *a.* de competència. ‖ ***~ examination,*** concurs *m.*, oposicions *f. pl.*
compilation (ˌkɔmpi'leiʃən) *s.* compilació *f.*, recopilació *f.*
compile (to) (kəm'pail) *t.* compilar, recopilar.
complacence (kəm'pleisəns) , **complacency** (kəm'pleisnsi) *s.* autosatisfacció *f.* 2 complaença *f.*
complacent (kəm'pleisənt) *a.* satisfet de si mateix.
complain (to) (kəm'plein) *i.* queixar-se *p.*
complaint (kəm'pleint) *s.* queixa *f.* 2 MED. mal *m.*, malaltia *f.*

complaisance (kəm'pleizəns) *s.* complaença *f.*, amabilitat *f.*
complaisant (kəm'pleizənt) *a.* complaent, amable.
complement ('kɔmplimənt) *s.* complement *m.* 2 GRAM. atribut *m.*, complement *m.* 3 MAR. dotació *f.*
complete (kəm'pli:t) *a.* complet. 2 acabat. 3 total. 4 consumat.
complete (to) (kəm'pli:t) *t.* completar; acabar.
completion (kəm'pli:ʃən) *s.* acabament *m.*, terminació *f.* 2 realització *f.*
complex ('kɔmpleks) *a.* complex; complicat. ▪ 2 *s.* complex *m.* 3 PSICOL. complex *m.*
complexion (kəm'plekʃən) *s.* cutis *m.*, color *m.* de la cara. 2 fig. aspecte *m.*, caire *m.*
complexity (kəm'pleksiti) *s.* complexitat *f.*
compliance (kəm'plaiəns) *s.* condescendència *f.*, submissió *f.* 2 conformitat *f.*
compliant (kəm'plaiənt) *a.* condescendent. 2 dòcil; submís.
complicate (to) ('kɔmplikeit) *t.* complicar.
complicated ('kɔmplikeitid) *a.* complicat.
complication (ˌkɔmpli'keiʃən) *s.* complicació *f.*
complicity (kəm'plisiti) *s.* complicitat *f.*
compliment ('kɔmplimənt) *s.* compliment *m.* 2 atenció *f.*, detall *m.* 3 *pl.* salutacions *f.*
compliment (to) ('kɔmpliment) *t.* complimentar; felicitar.
complimentary ('kɔmpli'mentəri) *a.* elogiós, afalagador. 2 de favor, gratuït.
comply (to) (kəm'plai) *i.* condescendir, accedir (*with,* a). 2 ***to ~ with,*** complir *t.*, obeir *t.*
compose (to) (kəm'pouz) *t.-i.* compondre. ▪ 2 *t.-p.* calmar, asserenar.
composed (kəm'pouzd) *a.* asserenat, assossegat.
composer (kəm'pouzəʳ) *s.* compositor.
composite ('kɔmpəzit) *a.-s.* compost.
composition (ˌkɔmpə'ziʃən) *s.* composició *f.* 2 redacció *f.* [exercici].
compositor (kəm'pɔzitəʳ) *s.* IMPR. caixista *m.*
compost ('kɔmpɔst) *s.* AGR. adob *m.*, compost *m.*
composure (kəm'pouʒəʳ) *s.* calma *f.*, serenitat *f.*
compound ('kɔmpaund) *a.* compost. ▪ 2 *s.* compost *m.*, barreja *f.* 3 GRAM. paraula *f.* composta.
compound (to) (kəm'paund) *t.* combinar, barrejar. 2 compondre, arranjar. 3 agreujar [un insult, una ofensa]. ▪ 4 *i.* arribar a un acord, pactar.
comprehend (to) (ˌkɔmpri'hend) *t.* comprendre. 2 contenir.
comprehensible (ˌkɔmpri'hensəbl) *a.* comprensible.
comprehension (ˌkɔmpri'henʃən) *s.* comprensió *f.*
comprehensive (ˌkɔmpri'hensiv) *a.* extens, ampli. 2 comprensiu.
comprehensiveness (ˌkɔmpri'hensivnis) *s.* comprensió *f.* 2 amplitud.
comprehensive school (ˌkɔmpri'hensivsku:l) *s.* institut *m.* d'ensenyament mitjà.
compress ('kɔmpres) *s.* compresa *f.*
compress (to) (kəm'pres) *t.* comprimir. 2 condensar.
compression (kəm'preʃən) *s.* compressió *f.*; condensació *f.*
compressor (kəm'presəʳ) *s.* compressor *m.*
comprise (to) (kəm'praiz) *t.* comprendre, incloure.
compromise ('kɔmprəmaiz) *s.* avinença *f.*, transacció *f.* 2 DRET compromís *m.* 3 terme *m.* mitjà.
compromise (to) ('kɔmprəmaiz) *t.* acordar. 2 comprometre. ▪ 3 *i.* arribar a un acord. 4 transigir.
compulsion (kəm'pʌlʃən) *s.* compulsió *f.*, coacció *f.* ‖ ***under ~,*** per força.
compulsory (kəm'pʌlsəri) *a.* obligatori.
compunction (kəm'pʌŋkʃən) *s.* compunció *f.*, remordiment *m.*
compute (to) (kəm'pju:t) *t.* computar, calcular.
computer (kəm'pju:təʳ) *s.* computador *m.*, computadora *f.* 2 calculador *m.*, calculadora *f.* 3 ordinador *m.*
comrade ('kɔmreid) *s.* company, camarada.
comradeship ('kɔmreidʃip) *s.* companyonia *f.*
con (to) (kɔn) *t.* col·loq. fig. ensarronar.
con (kɔn) *s.* contra *m.*: ***the pros and ~s,*** els pros i contres. 2 col·loq. estafa *f.*
concave ('kɔnkeiv) *a.* còncau, concavat. ▪ 2 *s.* concavitat *f.*
conceal (to) (kən'si:l) *t.* ocultar, amagar, encobrir, tapar.
concealment (kon'si:lment) *s.* ocultació *f.* 2 amagatall *m.*
concede (to) (kən'si:d) *t.* concedir, atorgar. 2 admetre, reconèixer.
conceit (kən'si:t) *s.* vanitat *f.*, presumpció *f.* 2 idea *f.* enginyosa.
conceited (kən'si:tid) *a.* vanitós, presumptuós, envanit.
conceivable (kən'si:vəbl) *a.* concebible.
conceive (to) (kən'si:v) *t.-i.* concebre *t.*
concentrate (to) ('kɔnsentreit) *t.* concentrar. ▪ 2 concentrar-se *p.*

concentration (ˌkɔnsen'treiʃən) *s.* concentració *f.*
concept ('kɔnsept) *s.* concepte *m.*
conception (kən'sepʃən) *s.* concepció *f.* 2 idea *f.*, concepció *f.*
concern (kən'sə:n) *s.* assumpte *m.*, cosa *f.*: ***it's no ~ of mine,*** no és cosa meva. 2 negoci *m.; empresa f.* 3 interès *m.*, part *f.* 4 preocupació *f.*, inquietud *f.*
concern (to) (kən'sə:n) *t.* afectar, concernir. || ***as far as I'm ~ed,*** quant a mi. 2 tractar. 3 preocupar. ■ 4 p. interessar-se.
concerning (kən'sə:niŋ) *prep.* pel que fa a; sobre.
concert ('kɔnsə:t) *s.* MÚS. concert *m.* 2 concert *m.*, acord *m.*
concert (to) (kən'sə:t) *t.* concertar.
concerted (kən'sə:tid) *a.* concertat; conjunt. || ***~ effort,*** esforç conjunt.
concession (kən'seʃən) *s.* concessió *f.*
conch (kɔntʃ) *s.* ZOOL. cargol *m.* de mar.
conciliate (to) (kən'silieit) *t.* conciliar, propiciar.
conciliation (kənˌsili'eiʃən) *s.* conciliació *f.*
conciliatory (kən'siliətəri) *a.* conciliatori.
concise (kən'sais) *a.* concís.
conciseness (kən'saisnis) *s.* concisió *f.*
conclave ('kɔnkleiv) *s.* conclave *m.*
conclude (to) (kən'klu:d) *t.* concloure, acabar. 2 concertar (*with,* amb) [un tractat]. 3 concloure, inferir. 4 decidir, determinar. ■ 5 *i.* concloure *t.*
conclusion (kən'klu:ʒən) *s.* conclusió *f.;* final *m.*: ***in ~,*** en conclusió. 2 ***a foregone ~,*** un resultat *m.* inevitable.
conclusive (kən'klu:siv) *a.* conclusiu. 2 concloent.
concoct (to) (kən'kɔkt) *t.* confeccionar. 2 mesclar, inventar [sopa, beguda, etc.]. 3 fig. ordir, tramar.
concoction (kən'kɔkʃən) *s.* mescla *f.;* beuratge *m.* 2 fig. trama *f.*
concomitant (kən'kɔmitənt) *a.* form. concomitant. ■ 2 *s.* form. cosa *f.* concomitant.
concord ('kɔŋkɔ:d) *s.* concòrdia *f.* 2 GRAM. concordança *f.*
concordance (kən'kɔ:dəns) *s.* concordança *f.*, acord *m.* 2 concordances *f. pl.* [índex].
concordant (kən'kɔ:dənt) *a.* concordant.
concourse ('kɔŋkɔ:s) *s.* concurrència *f.* 2 (EUA) vestíbul *m.* [d'una estació de tren].
concrete ('kɔŋkri:t) *a.* concret. ■ 2 *s.* CONSTR. formigó *m.*, ciment *m.*
concrete (to) ('kɔŋkri:t) *t.* recobrir de formigó i ciment. ■ 2 *i.* solidificar-se *p.*
concur (to) (kən'kə:ʳ) *i.* assentir, estar d'acord. 2 concórrer; coincidir; cooperar.
concurrence (kən'kʌrəns) *s.* acord *m.* 2 concurrència *f.*
concussion (kən'kʌʃən) *s.* MED. commoció *f.* cerebral. 2 convulsió *f.*, espasme *m.*
condemn (to) (kən'dem) *t.* condemnar. 2 confiscar.
condemnation (ˌkɔndem'neiʃən) *s.* condemnació *f.*
condensation (ˌkɔnden'seiʃən) *s.* condensació *f.*
condense (to) (kən'dens) *t.* condensar. 2 condensar, abreujar [discurs, etc.]. ■ 3 *i.* condensar-se *p.*
condescend (to) (ˌkɔndi'send) *i.* condescendir, dignar-se *p.*
condescension (ˌkɔndi'senʃən) *s.* condescendència *f.*
condiment ('kɔndimənt) *s.* ALIM. condiment *m.*
condition (kən'diʃən) *s.* condició *f.* || ***on ~ (that),*** a (o amb) la condició de (o que).
condition (to) (kən'diʃən) *t.* condicionar.
conditional (kən'diʃənl) *a.* condicional.
condole (to) (kən'doul) *i.* condoldre's *p.*
condolence (kən'douləns) *s.* condol *m.*, condolença *f.*
condone (to) (kən'doun) *t.* condonar, perdonar.
conduce (to) (kən'dju:s) *i.* ***to ~ to*** o ***towards,*** conduir a; contribuir a.
conducive (kən'dju:siv) *a.* conduent.
conduct ('kɔndʌkt) *s.* conducta *f.*
conduct (to) (kən'dʌkt) *t.* conduir, guiar. 2 dirigir, controlar. 3 QUÍM. conduir.
conductor (kən'dʌktəʳ) *s.* MÚS. director. 2 cobrador [d'autobús]. 3 (EUA) revisor [de tren].
cone (koun) *s.* GEOM., BOT. con *m.*
confection (kən'fekʃən) *s.* dolços *m. pl.* 2 confecció *f.*
confectioner (kən'fekʃənəʳ) *s.* confiter, pastisser.
confectionery (kən'fekʃənəri) *s.* confits *m. pl.*, caramels *m. pl.*, bombons *m. pl.* 2 confiteria *f.*, pastisseria *f.*
confederacy (kən'fedərəsi) *s.* confederació *f.*
confer (to) (kən'fə:ʳ) *t.* conferir, concedir. ■ 2 *i.* conferir, conferenciar.
conference ('kɔnfərəns) *s.* congrés *m.*, conferència *f.* [reunió].
confess (to) (kən'fes) *t.* confessar. ■ 2 *i.* confessar-se *p.*
confessed (kən'fest) *a.* confessat, declarat, reconegut.
confession (kən'feʃən) *s.* confessió *f.*: ***~ of faith,*** confessió *f.* de fe. 2 credo *m.*
confessional (kən'feʃənl) *a.* confessional. ■ 2 *s.* confessionari *m.*
confidant (ˌkɔnfi'dænt) *s.* confident.
confide (to) (kən'faid) *t.-i.* confiar.

confidence ('kɔnfidəns) *s.* confiança *f.*, fe *f.* *2* confidència *f.*
confident ('kɔnfidənt) *a.* confiat, segur.
confidential (ˌkɔnfi'denʃəl) *a.* confidencial. *2* de confiança *f.*
confines ('kɔnfainz) *s. pl.* límits *m.*, fronteres *f.*
confine (to) (kənˌfain) *t.* confinar. *2* limitar, restringir.
confinement (kən'fainmənt) *s.* confinament *m.* *2* presó *f.*, reclusió *f.* *3* part *m.*, infantament *m.*
confirm (to) (kən'fə:m) *t.* confirmar, corroborar, ratificar. *2* REL. confirmar.
confirmation (ˌkɔnfə'meiʃən) *s.* confirmació *f.* *2* REL. confirmació *f.*
confirmed (kən'fə:md) *a.* confirmat. *2* inveterat.
confiscate (to) ('kɔnfiskeit) *t.* confiscar.
confiscation (ˌkɔnfis'keiʃən) *s.* confiscació *f.*
conflagration (ˌkɔnflə'greiʃən) *s.* incendi *m.*
conflict ('kɔnflikt) *s.* conflicte *m.*
conflict (to) (kən'flict) *i.* entrar en conflicte, estar en conflicte.
confluence ('kɔnfluəns) *s.* confluència *f.*
conform (to) (kən'fɔ:m) *t.* conformar. ■ *2 i.* conformar-se *p.*
conformist (kən'fɔ:mist) *s.* conformista.
conformity (kən'fɔ:miti) *s.* conformitat *f.*, concordança *f.*, consonància *f.*
confound (to) (kən'faund) *t.* confondre, desconcertar ■ *2* interj. ant. ~ ***it!,*** ostres!
confounded (kən'faundid) *a.* confús. *2* fam. maleït.
confraternity (ˌkɔnfrə'tə:niti) *s.* confraria *f.*, confraternitat *f.*
confront (to) (kən'frʌnt) *t.* confrontar, acarar. *2* afrontar.
confuse (to) (kən'fju:z) *t.* confondre.
confusion (kən'fju:ʒən) *s.* confusió *f.*
congeal (to) (kən'dʒi:l) *t.* congelar, quallar, coagular. ■ *2 i.* congelar-se *p.*, quallar-se *p.*, coagular-se *p.*
congenial (kən'dʒi:njəl) *a.* congenial. *2* simpàtic, agradable.
congenital (kən'dʒenitl) *a.* congènit.
conger ('kɔŋgəʳ) *s.* ICT. ~ ***eel,*** congre *m.*
congest (to) (kən'dʒest) *t.* congestionar, aglomerar. ■ *2 i.* congestionar-se *p.*, aglomerar-se *p.*
congestion (kən'dʒestʃən) *s.* congestió *f.* *2* aglomeració *f.*
conglomerate (kən'glɔmərit) *a.-s.* conglomerat *s.* [també fig.].
conglomerate (to) (kən'glɔməreit) *t.* conglomerar. ■ *2 i.* conglomerar-se *p.*
congratulate (to) (kən'grætjuleit) *t.* congratular, felicitar. ■ *2 p.* ***to ~ oneself,*** felicitar-se.
congratulation (kənˌgrætju'leiʃən) *s.* congratulació *f.*, felicitació *f.*
congregate (to) ('kɔŋgrigeit) *t.* congregar, aplegar, ajuntar. ■ *2 i.* congregar-se *p.*, aplegar-se *p.*, ajuntar-se *p.*
congregation (ˌkɔŋgri'geiʃən) *s.* congregació *f.*, reunió *f.*
congress ('kɔŋgres) *s.* congrés *m.*
congruent ('kɔŋgruənt) , **congruous** ('kɔŋgruəs) *a.* congruent.
conic ('kɔnik), **conical** ('kɔnikəl) *a.* cònic.
conifer ('kɔnifəʳ) *s.* BOT. conífera *f.*
conjecture (kən'dʒektʃəʳ) *s.* conjectura *f.*, presumpció *f.*
conjecture (to) (kən'dʒektʃəʳ) *t.-i.* conjecturar *t.*, presumir *t.*
conjoin (to) (kən'dʒɔin) *t.* unir, ajuntar. ■ *2 i.* unir-se *p.*, ajuntar-se *p.*
conjoint ('kɔndʒɔint) *a.* unit, associat.
conjugal ('kɔndʒugəl) *a.* conjugal.
conjugate (to) ('kɔndʒugeit) *t.* conjugar. ■ *2 i.* conjugar-se *p.*
conjugation (ˌkɔndʒu'geiʃən) *s.* conjugació *f.*
conjunction (kən'dʒʌŋkʃən) *s.* GRAM. conjunció *f.* *2* conjunció *f.*, unió *f.*
conjuncture (kən'dʒʌŋktʃəʳ) *s.* conjuntura *f.*, circumstàncies *f. pl.*
conjure (to) (kən'dʒuəʳ) *t.* conjurar, implorar, suplicar. *2* ('kʌndʒəʳ) *t.* conjurar, evocar [un esperit, etc.]. *3* fer alguna cosa com per art de màgia. *4* ***to ~ up,*** evocar [imatges, etc.]. ■ *5 i.* fer jocs de mans.
conjurer, conjuror ('kʌndʒərəʳ) *s.* prestidigitador.
con man ('kɔnmaen) *s.* estafador *m.*
connect (to) (kə'nekt) *t.* connectar. *2* unir, enllaçar; comunicar. *3* relacionar, associar. ■ *4 i.* unir-se *p.*, enllaçar-se *p.*, comunicar, comunicar-se *p.* *5* FERROC. enllaçar.
connection, connexion (kə'nekʃən) *s.* connexió *f.*, enllaç *m.* *2* relació *f.* *3* comunicació *f.* *4* FERROC. enllaç *m.*, correspondència *f.*
connivance (kə'naivəns) *s.* connivència *f.*, consentiment *m.*, complicitat *f.*
connive (to) (kə'naiv) *i.* fer els ulls grossos. *2* confabular-se *p.*
conquer (to) ('kɔŋkəʳ) *t.* conquerir. *2* vèncer, derrotar; dominar.
conqueror ('kɔŋkərəʳ) *s.* conqueridor. *2* vencedor.
conquest ('kɔŋkwest) *s.* conquesta *f.*
Conrad ('kɔnræd) *n. pr. m.* Conrad.
consanguinity (ˌkɔnsæŋ'gwiniti) *s.* consanguinitat *f.*
conscience ('kɔnʃəns) *s.* consciència *f.*: ***a matter of ~,*** una qüestió *f.* de consciència.

conscientious (ˌkɔnʃiˈenʃəs) *a.* conscienciós, de consciència.
conscientiousness (ˌkɔnʃiˈenʃəsnis) *s.* consciència *f.*, rectitud *f.*, escrupolositat *f.*
conscious (ˈkɔnʃəs) *a.* conscient.
consciousness (ˈkɔnʃəsnis) *s.* consciència *f.* *2* MED. coneixement.
conscript (ˈkɔnskript) *a.* reclutat. ■ *2 s.* recluta *m.*
conscript (to) (kənˈskript) *t.* reclutar.
conscription (kənˈskripʃən) *s.* reclutament *m.*
consecrate (to) (ˈkɔnsikreit) *t.* consagrar.
consecration (ˌkɔnsiˈkreiʃən) *s.* consagració *f.* *2* dedicació *f.*
consecutive (kənˈsekjutiv) *a.* consecutiu, successiu.
consensus (kənˈsensəs) *s.* consens *m.*
consent (kənˈsent) *s.* consentiment *m.*, assentiment *m.*: ***all with one ~,*** unànimement.
consent (to) (kənˈsent) *i.* consentir, accedir.
consequence (ˈkɔnsikwəns) *s.* conseqüència *f.*, resultat *m.* *2* conclusió *f.* *3* importància *f.*
consequent (ˈkɔnsikwənt) *a.* conseqüent, lògic. *2* LÒG. conseqüent.
consequential (ˌkɔnsiˈkwenʃəl) *a.* consegüent. *2* important, significatiu.
consequently (ˈkɔnsikwəntli) *adv.* consegüentment, en conseqüència, per consegüent.
conservation (ˌkɔnsəːveiʃən) *s.* conservació *f.*
conservative (kənˈsəːvətiv) *a.* conservador. *2* moderat. ■ *3 s.* POL. conservador.
conservatoire (kənˈsəːvətwɑːʳ) *s.* conservatori *m.*
conservatory (kənˈsəːvətri) *s.* hivernacle *m.*
conserve (kənˈsəːv) *s.* conserva *f.*, confitura *f.*
conserve (to) (kənˈsəːv) *t.* conservar, mantenir. *2* confitar.
consider (to) (kənˈsidəʳ) *t.* considerar.
considerable (kənˈsidərəbl) *a.* considerable.
considerate (kənˈsidərit) *a.* considerat [envers els altres].
consideration (kənˌsidəˈreiʃən) *s.* consideració *f.* *2* retribució *f.*, paga *f.*, diners *m. pl.*
considering (kənˈsidəriŋ) *prep.* tenint en compte.
consign (to) (kənˈsain) *t.* consignar, confiar, dipositar.
consignment (kənˈsainmənt) *s.* consignació *f.* *2* COM. tramesa *f.*, remesa *f.*
consist (to) (kənˈsist) *i.* consistir. *2* constar (*of*, de).
consistence (kənˈsistəns) , **consistency** (kənˈsistənsi) *s.* conseqüència *f.* [en el comportament, etc.]. *2* consistència *f.*
consistent (kənˈsistənt) *a.* conseqüent. *2* consistent, sòlid.
consolation (ˌkɔnsəˈleiʃən) *s.* consolació *f.*, consol *m.*, conhort *m.*
console (ˈkɔnsoul) *s.* ***~-table,*** consola *f.*
console (to) (kənˈsoul) *t.* consolar.
consolidate (to) (kənˈsɔlideit) *t.* consolidar. ■ *2 i.* consolidar-se *p.*
consonance (ˈkɔnsənəns) *s.* consonància *f.*; conformitat *f.*, acord *m.*
consonant (ˈkɔnsənənt) *a.-s.* consonant *f.*
consort (ˈkɔnsɔːt) *s.* consort.
consort (to) (kənˈsɔːt) *i.* anar amb, ajuntar-se *p.* *2* concordar, correspondre's *p.*
conspicuous (kənsˈpikjuəs) *a.* conspicu, eminent. *2* sobresortint, singular.
conspiracy (kənˈspirəsi) *s.* conspiració *f.*
conspirator (kənˈspirətəʳ) *s.* conspirador.
conspire (to) (kənsˈpaiəʳ) *i.* conspirar, conjurar-se *p.* ■ *2 t.* tramar, ordir.
constable (ˈkʌnstəbl) *s.* agent de policia. *2* conestable *m.*
constancy (ˈkɔnstənsi) *s.* constància *f.*, fermesa *f.*, perseverança *f.*
constant (ˈkɔnstənt) *a.* constant. *2* lleial. *3* continu.
constellation (ˌkɔnstəˈleiʃən) *s.* ASTR. constel·lació *f.* [també fig.].
consternation (ˌkɔnstəˈneiʃən) *s.* consternació *f.*
constipate (to) (ˈkɔnstipeit) *t.* restrènyer.
constipation (ˌkɔnstiˈpeiʃən) *s.* restrenyiment *m.*
constituency (kənˈstitjuənsi) *s.* districte *m.* electoral. *2* electors *pl.*
constituent (kənsˈtitjuənt) *a.* constitutiu, constituent. *2* POL. constituent. ■ *3 s.* constituent *m.* *4* POL. elector.
constitute (to) (ˈkɔnstitjuːt) *t.* constituir.
constitution (ˌkɔnstiˈtjuːʃən) *s.* constitució *f.*
constrain (to) (kənˈstrein) *t.* constrènyer, obligar.
constraint (kənˈstreint) *s.* constrenyiment *m.*, coacció *f.* *2* repressió *f.*
constrict (to) (kənˈstrikt) *t.* estrènyer, prémer, comprimir. *2* MED. estrangular [una vena, etc.].
construct (to) (kənˈstrʌkt) *t.* construir, fabricar, fer.
construction (kənˈstrʌkʃən) *s.* construcció *f.* *2* edificació *f.*
construe (to) (kənˈstruː) *t.* GRAM. construir. *2* interpretar; analitzar. *3* traduir. *4* explicar.
consul (ˈkɔnsəl) *s.* cònsol.
consular (ˈkɔnsjuləʳ) *a.* consular.

consulate ('kɔnsjulit) *s.* consolat *m.*
consult (to) (kən'sʌlt) *t.* consultar. ▪ *2 i.* deliberar.
consultation (ˌkɔnsəl'teiʃən) *s.* consulta *f.* *2* junta *f.*
consultative (kən'sʌltətiv) *a.* consultiu.
consume (to) (kən'sju:m) *t.* consumir. ▪ *2 i.* consumir-se.
consumer (kən'sju:məʳ) *s.* consumidor.
consummate (kən'sʌmit) *a.* consumat, perfecte.
consummate (to) ('kɔnsəmeit) *t.* consumar.
consummation (ˌkɔnsə'meiʃən) *s.* consumació *f.*
consumption (kən'sʌmpʃən) *s.* consum *m.*, consumpció *f.* *2* MED. pop. tisi *f.*
contact ('kɔntækt) *s.* contacte *m.*
contact (to) ('kɔntækt) *t.* posar-se *p.* en contacte amb, estar en contacte amb.
contagion (kən'teidʒən) *s.* contagi *m.*
contagious (kən'teidʒəs) *a.* contagiós, encomanadís.
contagiousness (kən'teidʒəsnis) *s.* contagiositat *f.*
contain (to) (kən'tein) *t.* contenir; tenir cabuda. *2* comprendre, incloure. *3* reprimir, refrenar.
container (kən'teinəʳ) *s.* contenidor *m.*, continent *m.*, recipient *m.*, envàs *m.*
contaminate (to) (kən'tæmineit) *t.* contaminar.
contamination (kənˌtæmi'neiʃən) *s.* contaminació *f.*
contemplate (to) ('kɔntempleit) *t.* contemplar. *2* proposar-se *p.*, considerar. ▪ *3 i.* meditar.
contemplation (ˌkɔntem'pleiʃən) *s.* contemplació *f.* *2* projecte *m.* *3* meditació *f.*
contemplative (kɔn'templətiv) *a.* contemplatiu.
contemporaneous (kənˌtempə'reinjəs) *a.*
contemporary (kən'tempərəri) *a.-s.* contemporani *s.*
contempt (kən'tempt) *s.* menyspreu *m.*, menyspreament *m.*, desdeny *m.*
contemptible (kən'temptəbl) *a.* menyspreable. *2* desdenyós.
contend (to) (kən'tend) *i.* contendre, contendir. *2* competir, rivalitzar. *3* lluitar, pugnar, esforçar-se. ▪ *4 t.* mantenir, afirmar.
1) content ('kɔntent) *s.* contingut *m.*
2) content (kən'tent) *a.* content, satisfet. ▪ *2 s.* contentació *f.*, satisfacció *f.*
content (to) (kən'tent) *t.* acontentar, satisfer.
contented (kən'tentid) *a.* content, satisfet.
contention (kən'tenʃən) *s.* disputa *f.*, baralla *f.* *2* argument *m.*, afirmació *f.*
contentious (kən'tenʃəs) *a.* contenciós. *2* litigiós.
contentment (kən'tentmənt) *s.* satisfacció *f.*, contentació *f.*
contest ('kɔntest) *s.* lluita *f.*, contesa *f.*, disputa *f.*; litigi *m.* *2* competició *f.*, concurs *m.*, certamen *m.*, torneig *m.*, combat *m.* [boxa].
contest (to) (kən'test) *t.* disputar, lluitar per *i.*, pugnar per *i.* *2* impugnar. ▪ *3 i.* contendre, contendir, competir.
contestant (kən'testənt) *s.* contrincant, contendent, participant.
context ('kɔntekst) *s.* context *m.*
contiguous (kən'tigjuəs) *a.* contigu, immediat, proper.
continence ('kɔntinəns) *s.* continència *f.*
continent ('kɔntinənt) *a.* que es conté [persona]. ▪ *2 s.* GEOGR. continent *m.*
contingency (kən'tindʒənsi) *s.* contingència *f.* *2* eventualitat *f.*
contingent (kən'tindʒent) *a.* contingent. ▪ *2 s.* contingent *m.*
continual (kən'tinjuəl) *a.* continu, incessant.
continuance (kən'tinjuəns) *s.* duració *f.*, continuació *f.* *2* permanència *f.*
continuation (kənˌtinju:'eiʃən) *s.* continuació *f.*
continue (to) (kən'tinju:) *t.* continuar. ▪ *2 i.* durar, continuar.
continuity (ˌkɔnti'nju:əti) *s.* continuïtat *f.*
continuous (kən'tinjuəs) *a.* continu. ▪ *2* **-ly** *adv.* continuament.
contort (to) (kən'tɔ:t) *t.* retòrcer, retorçar, tòrcer, torçar.
contortion (kən'tɔ:ʃən) *s.* contorsió *f.*
contour ('kɔntuəʳ) *s.* contorn *m.*
contraband ('kɔntrəbænd) *s.* contraban *m.*
contraception (ˌkɔntrə'sepʃn) *s.* contracepció *f.*, anticoncepció *f.*
contraceptive (kɔntrə'septiv) *a.* anticonceptiu. ▪ *2 s.* anticonceptiu *m.*
contract ('kɔntrækt) *s.* contracte *m.*
contract (to) (kən'trækt) *t.* contractar, pactar. *2* contreure, contraure, encongir. *3* contreure [matrimoni, etc.]. ▪ *4 i.* contreure's *p.*, contraure's *p.*, encongir-se *p.* *5* comprometre's *p.* per contracte.
contraction (kən'trækʃən) *s.* contracció *f.*
contractor (kən'træktəʳ) *s.* contractant. *2* contractista.
contradict (to) (ˌkɔntrə'dikt) *t.* contradir. *2* desmentir, negar.
contradiction (ˌkɔntrə'dikʃən) *s.* contradicció *f.*
contradictory (ˌkɔntrə'diktəri) *a.* contradictori.

contraption (kən'træpʃən) *s.* col·loq. artefacte *m.*
contrarily (kən'trɛərəli) *adv.* obstinadament, tossudament.
contrariness ('kɔntrərinis) *s.* oposició *f.* *2* obstinació *f.*, tossuderia *f.*
contrary ('kɔntrəri) *a.* contrari, oposat. *2* advers, desfavorable. *3* tossut, obstinat. ▪ *4 s.* ***the ~,*** el contrari *m.* ▪ *5 prep.* ***~ to,*** contràriament. *6* ***on the ~,*** al contrari; ***to the ~,*** en contra.
contrast ('kɔntrɑ:st) *s.* contrast *m.*
contrast (to) (kən'trɑ:st) *t.* fer contrast, comparar. ▪ *2 i.* contrastar.
contravene (to) (ˌkɔntrə'vi:n) *t.* contravenir. *2* contradir.
contravention (ˌkɔntrə'venʃən) *s.* contravenció *f.*, infracció *f.*
contribute (to) (kən'tribju:t) *t.* contribuir *i.* amb, aportar. ▪ *2 i.* contribuir, col·laborar.
contribution (ˌkɔntri'bju:ʃən) *s.* contribució *f.*, col·laboració *f.*, aportació *f.* *2* contribució *f.*, taxa *f.*
contributor (kən'tribju:tə[r]) *s.* contribuïdor. *2* col·laborador.
contrite ('kɔntrait) *a.* contrit.
contrition (kən'triʃən) *s.* contrició *f.*
contrivance (kən'traivəns) *s.* inventiva *f.* *2* traça *f.*, enginy *m.* *3* invenció *f.*, aparell *m.* *4* pla *m.*, idea *f.*
contrive (to) (kən'traiv) *t.* idear, enginyar, inventar. *2* maquinar, tramar. *3* aconseguir. ▪ *4 i.* enginyar-se *p.*
control (kən'troul) *s.* control *m.*, autoritat *f.* *2* govern *m.*, direcció *f.* *3* fre *m.*, aturador *m.* *4* inspecció *f.*, comprovació *f.* *5* MEC. comandament *m.*, control *m.*
control (to) (kən'troul) *t.* controlar. *2* reprimir. *3* governar, dirigir.
controversial (ˌkɔntrə'və:ʃəl) *a.* controvertible, discutible.
controversy ('kɔntrɔvəsi) *s.* controvèrsia *f.*
controvert (to) (ˌkɔntrə'və:t) *t.* controvertir *i.* *2* negar; discutir.
contumacious (ˌkɔntju'meiʃəs) *a.* form. contumaç.
contumacy ('kɔntjuməsi) *s.* contumàcia *f.*, rebel·lia *f.*
contumely ('kɔntju:mli) *s.* form. injúria *f.*
contusion (kən'tju:ʒən) *s.* MED. contusió *f.*
conundrum (kə'nʌndrəm) *s.* endevinalla *f.*
conurbation (ˌkɔnə:'beiʃn) *s.* conurbació *f.*
convalescence (ˌkɔnvə'lesns) *s.* convalescència *f.*
convalescent (ˌkɔnvə'lesnt) *a.* convalescent.
convene (to) (kən'vi:n) *t.* convocar. *2* citar. ▪ *3 i.* reunir-se *p.*
convenience (kən'vi:njəns) *s.* conveniència *f.*, comoditat *f.* *2* (G.B.) ***public ~s,*** lavabos *m.* públics.
convenient (kən'vi:njənt) *a.* convenient. *2* oportú. *3* còmode.
convent ('kɔnvənt) *s.* convent *m.*
convention (kən'venʃən) *s.* convenció *f.* *2* congrés *m.*, assemblea *f.*, reunió *f.*, convenció *f.*
conventional (kən'venʃənəl) *a.* convencional.
converge (to) (kən'və:dʒ) *i.* convergir. ▪ *2 t.* fer convergir.
convergence (kən'və:dʒəns) *s.* convergència *f.*
convergent (kən'və:dʒənt) *a.* convergent.
conversant (kən'və:sənt) *a.* ~ ***with,*** versat en.
conversation (ˌkɔnvə'seiʃən) *s.* conversa *f.*, conversació *f.*
converse ('kɔnvə:s) *a.* oposat, contrari. ▪ *2 s.* inversa *f.*
converse (to) (kən'və:s) *i.* conversar.
conversion (kən'və:ʃən) *s.* conversió *f.*
convert ('kɔnvə:t) *s.* convers *a.-s.*
convert (to) (kən'və:t) *t.* convertir. ▪ *2 i.* convertir-se *p.*
convex ('kɔnveks) *a.* convex.
convexity (kɔn'veksiti) *s.* convexitat *f.*
convey (to) (kən'vei) *t.* portar, transportar. *2* transmetre. *3* DRET traspassar.
conveyance (kən'veiəns) *s.* transport *m.* *2* transmissió *f.* *3* DRET traspàs *m.*
convict ('kɔnvikt) *s.* presidiari, convicte.
convict (to) (kən'vikt) *t.* condemnar. *2* DRET declarar culpable.
conviction (kən'vikʃən) *s.* convicció *f.*, convenciment *m.* *2* DRET declaració *f.* de culpabilitat, condemna *f.*
convince (to) (kən'vins) *t.* convèncer.
convivial (kən'viviəl) *a.* sociable, jovial.
convocation (ˌkɔnvə'keiʃən) *s.* convocació *f.*, convocatòria *f.* *2* assemblea *f.*
convoke (to) (kən'vouk) *t.* convocar, reunir.
convoy ('kɔnvɔi) *s.* comboi *m.;* escorta *f.*, protecció *f.*
convoy (to) ('kɔnvɔi) *t.* acomboiar, escortar.
convulse (to) (kən'vʌls) *t.* crispar. ‖ ***to be ~d with laughter,*** trencar-se *p.* de riure.
convulsion (kən'vʌlʃən) *s.* convulsió *f.*
convulsive (kən'vʌlsiv) *a.* convulsiu.
coo (ku:) *s.* parrup *m.* [dels coloms].
coo (to) (ku:) *i.* parrupejar [els coloms].
cook (kuk) *s.* cuiner.
cook (to) (kuk) *t.* cuinar; guisar; coure. *2* fig. falsificar. *3* fig. ***to ~ up,*** tramar; inventar. ▪ *4 i.* cuinar; coure's *p.*
cooker ('kukə[r]) *s.* cuina *f.* [electrodomèstic]. *2* fruita *f.* per cuinar [poma, pera, etc.].

cookery ('kukəri) *s.* GASTR. cuina *f.*: ***Indian ~,*** cuina *f.* índia.
cooking ('kukiŋ) *s.* GASTR. cuina *f.* || ***to do the ~,*** cuinar. ■ *2 a.* de cuina, culinari.
cool (ku:l) *a.* fresc; fred; tebi. *2* tranquil; fresc. *3* agosarat. *4* fig. fred [comportament]. ■ *5 s.* fresca *f.* *6* frescor *f.* *7* fig. col·loq. sang *f.* freda: ***keep your ~!,*** no perdis els estreps!
cool (to) (ku:l) *t.* refrescar; refredar. *2* calmar. ■ *3 i.* refrescar-se *p.*; refredar-se *p.* *4* fig. ***to ~ down,*** calmar-se *p.*
coolness ('ku:lnis) *s.* fresca *f.* *2* frescor *f.* *3* fredor *f.* *4* serenitat *f.*
coop (ku:p) *s.* galliner *m.*
co-op ('kouɔp) *s.* col·loq. cope *f.*
cooper ('ku:pə^r) *s.* boter *m.*
co-operate (to) (kou'ɔpəreit) *i.* cooperar.
co-operation (kou,ɔpə'reiʃən) *s.* cooperació *f.*
co-operative (kou'ɔpərətiv) *a.* cooperatiu. ■ *2 s.* cooperativa *f.*
cop (kɔp) *s.* pop. bòfia, policia.
cop (to) (kɔp) *t.* pop. ***to ~ it,*** tocar el rebre. *2* ***to ~ out (of),*** abandonar.
cope (to) (koup) *i.* ***to ~ (with),*** poder amb; sortir-se'n *p.*; enfrontar-se *p.* amb.
copious ('koupjəs) *a.* copiós, abundant. *2* prolífic [un escriptor].
copper ('kɔpə^r) *s.* QUÍM. coure *m.* *2* ant. moneda *f.* *3* pop. bòfia, policia.
coppice ('kɔpis) *s.* ***~ (woods),*** bosquina *f.*, bosquet *m.*
copulate (to) ('kɔpjuleit) *i.* copular (*with,* amb).
copulation (,kɔpju'leiʃən) *s.* copulació *f.*
copulative ('kɔpjulətiv) *a.* copulatiu. ■ *2 s.* GRAM. còpula *f.*
copy ('kɔpi) *s.* còpia *f.*; imitació *f.*; reproducció *f.* *2* exemplar *m.* [de llibre, de diari]. *3* IMPR. original *m.* *4* ***rough ~,*** esborrany *m.*
copy (to) ('kɔpi) *t.* copiar. *2* imitar.
copyright ('kɔpirait) *s.* drets *m. pl.* de propietat literària, musical, artística, etc.
copywriter ('kɔpiraitə^r) *s.* escriptor *m.* de material publicitari.
coquetry ('kɔkitri) *s.* coqueteria *f.*, flirteig *m.*
coquette (kɔ'ket) *s.* coqueta *f.*
coquettish (,kɔ'ketiʃ) *a.* coqueta.
coral ('kɔrəl) *s.* coral *m.*
corbel ('kɔ:bəl) *s.* ARQ. mènsula *f.*
cord (kɔ:d) *s.* cordill *m.* gruixut. *2* ***vocal ~s,*** cordes *f.* vocals.
cordage ('kɔ:didʒ) *s.* NÀUT. cordam *m.*
cordial ('kɔ:djəl) *a.* cordial. ■ *2 s.* cordial *m.*
cordiality (,kɔ:di'æliti) *s.* cordialitat *f.*
cordon ('kɔ:dn) *s.* cordó *m.*
corduroy ('kɔ:dərɔi) *s.* pana *f.* *2 pl.* pantalons *m.* de pana.
core (kɔ:^r) *s.* centre *m.*, nucli *m.*; ànima *f.* *2* cor *m.* [d'una fruita].
core (to) (kɔ:) *t.* espinyolar.
cork (kɔ:k) *s.* suro *m.* *2* tap *m.* de suro.
cork (to) (kɔ:k) *t.* tapar [amb suro].
cork oak ('kɔ:kouk) *s.* alzina *f.* surera.
cork-screw ('kɔ:kskru:) *s.* gal·lic. tirabuixó *m.*, llevataps *m.*: ***~ curl,*** tirabuixó *m.*
cormorant ('kɔ:mərənt) *s.* ORN. cormorà *m.*
corn (kɔ:n) *s.* gra *m.*; cereal *m.* *2* blat *m.*, (EUA) blat *m.* de moro. *3* durícia *f.*
corn (to) (kɔ:n) *t.* salar, assaonar, adobar.
corncob ('kɔ:nkɔb) *s.* (EUA) panotxa *f.*
corned beef (,kɔ:nd'bi:f) *s.* carn *f.* salada i fumada.
corner ('kɔ:nə^r) *s.* angle *m.*; cantonada *f.*; racó *m.*; cantell *m.* || ***~ shelf,*** cantonera *f.* *2* fig. atzucac *m.* *3* lloc *m.* aïllat, remot. *4* punta *f.* [d'un barret]. *5* COM. acaparament *m.* *6* ESPORT corner *m.*
corner (to) (kɔ:nə^r) *t.* arraconar; abordar [també fig.]. *2* col·loq. posar entre l'espasa i la paret. ■ *3 i.* girar una cantonada. *4* COM. acaparar.
corner-stone ('kɔ:nəstoun) *s.* pedra *f.* angular. *2* fig. part *f.* fonamental.
cornet ('kɔ:nit) *s.* corneta *f.*; cornetí *m.* *2* cucurutxo *m.*
corn exchange ('kɔ:nik,stʃeindz) *s.* llotja *f.* de gra.
cornice ('kɔ:nis) *s.* ARQ. cornisa *f.*
coronation (,kɔrə'neiʃən) *s.* coronació *f.*
coroner ('kɔrənə^r) *s.* DRET mena de jutge de primera instància.
coronet ('kɔrənet) *s.* corona *f.* [de noble]. *2* diadema *f.*
corporal ('kɔ:pərəl) *a.* corporal. ■ *2 s.* MIL. corporal *m.*
corporation (,kɔ:pə'reiʃən) *s.* corporació *m.*; gremi *m.* *2* COM. companyia *f.* *3* ***municipal ~,*** ajuntament *m.* *4* (EUA) societat *f.* anònima.
corporeal (kɔ:'pɔ:riəl) *a.* corpori. *2* tangible.
corps (kɔ:^r, *pl.* kɔ:z) *s.* MIL. cos *m.* *2* cos *m.*: ***the Diplomatic ~,*** el cos diplomàtic.
corpse (kɔ:ps) *s.* cadàver *m.*
corpulence ('kɔ:pjuləns) *s.* corpulència *f.*
corpulent ('kɔ:pjulənt) *a.* corpulent.
corpuscle ('kɔ:pʌsl) *s.* ANAT. corpuscle *m.*; glòbul *m.* *2* FÍS. corpuscle *m.*
correct (kə'rekt) *a.* correcte. *2* vàlid. *3* exacte.
correct (to) (kə'rekt) *t.* corregir. *2* reformar *3* ajustar.

correction (kə'rekʃən) *s.* correcció *f.*, esmena *f.* *2* càstig *m.*
correctness (kə'rektnis) *s.* correcció *f.* *2* exactitud *f.*
correspond (to) (ˌkɔris'pɔnd) *i.* correspondre, correspondre's *p.* (*to*, a; *with*, amb). *2* escriure's *p.* (*with*, amb).
correspondence (ˌkɔris'pɔndəns) *s.* correspondència *f.*
correspondent (ˌkɔris'pɔndənt) *s.* corresponsal *m.* ▪ *2 a.* corresponent.
corresponding (ˌkɔris'pɔndiŋ) *a.* corresponent.
corridor ('kɔridɔːʳ) *s.* corredor *m.*, passadís *m.*
corroborate (to) (kə'rɔbəreit) *t.* corroborar, confirmar.
corroboration (kəˌrɔbə'reiʃən) *s.* corroboració *f.*
corrode (to) (kə'roud) *t.* corroir.
corrosion (kə'rouʒən) *s.* corrosió *f.*
corrosive (kə'rousiv) *a.* corrosiu. ▪ *2 s.* corrosiu *m.*
corrugate (to) ('kɔrəgeit) *t.* corrugar.
corrupt (kə'rʌpt) *a.* corromput, corrupte.
corrupt (to) (kə'rʌpt) *t.* corrompre, degradar; adultera. ▪ *2 i.* corrompre's *p.*
corruptible (kə'rʌptəbl) *a.* corruptible.
corruption (kə'rʌpʃən) *s.* corrupció *f.*
corsair ('kɔːsɛəʳ) *s.* corsari *m.*
corset ('kɔːsit) *s.* cotilla *f.* *2* faixa *f.* ortopèdica.
cortege (kɔː'teiʒ) *s.* seguici *m.*; acompanyament *m.*
corvette (kɔː'vet) *s.* NÀUT. corbeta *f.*
cosily ('kouzili) *adv.* confortablement; còmodament.
cosmetic (kɔz'metik) *a.* cosmètic. ▪ *2 s.* cosmètic *m.* ▲ gralnt. plural.
cosmic ('kɔzmik) *a.* ASTR. còsmic.
cosmonaut ('kɔzmə'nɔːt) *s.* cosmonauta, astronauta.
cosmopolitan (ˌkɔzmə'pɔlitən) *a.-s* cosmopolita.
cost (kɔst) *s.* ECON. cost *m.*, preu *m.* ‖ *~ **of living**,* cost de vida; ***running** ~s,* despeses *f.* *2* fig. cost *m.*, preu *m.*: ***at all** ~s,* a qualsevol preu, costi el que costi. *3 pl.* DRET costes *f.*
cost (to) (kɔst) *i.* costar, valer [també fig.]. ▪ *2 t.* calcular el cost de. ▲ no en passiva. ▲ Pret. p. p.: ***cost*** (kɔst).
cosy ('kouzi) *a.* acollidor, còmode.
costliness ('kɔstlinis) *s.* preu *m.* elevat. *2* fig. sumptuositat *f.*
costly ('kɔstli) *a.* costós, car [també fig.].
costume ('kɔstjuːm) *s.* vestit *m.* ‖ ***historical** ~,* vestit *m.* històric; ***swimming** ~,* vestit *m.* de bany. ‖ *~ **jewellery**,* bijuteria *f.*

cot (kɔt) *s.* llit *m.* de baranas. *2* catre *m.*, llitera *f.*
coterie ('koutəri) *s.* tertúlia *f.*; cercle *m.*
cottage ('kɔtidʒ) *s.* casa *f.* de camp.
cottage cheese (ˌkɔtidz'tʃiːz) *s.* mató *m.*
cotton ('kɔtn) *s.* cotó *m.* ‖ BOT. *~-**plant**,* cotoner *m.*
cotton wool (ˌkɔtən'wul) *s.* cotó *m.* fluix.
couch (kautʃ) *s.* MOBL. sofà *m.* *2* MOBL. canapè *m.*
couch (to) (kautʃ) *t.* form. expressar. ▪ *2 i.* ajupir-se *p.*; estar a l'aguait [animals].
cough (kɔːf) *s.* tos *f.*
cough (to) (kɔːf) *i.* tossir. ▪ *2 t.* expel·lir [tossint]. *3* fig. pop. ***to** ~ **up**,* deixar anar [esp. diners].
could (kud) Veure CAN.
council ('kaunsil) *s.* consell *m.*; junta *f.* *2* assemblea *f.* *3* ***city** ~,* ajuntament *m.*
councillor, (EUA) **councilor** ('kaunsiləʳ) *s.* regidor.
counsel ('kaunsəl) *s.* form. consell *m.* *2* advocat, conseller legal.
counsel (to) ('kaunsəl) *t.* form. aconsellar.
counsellor, (EUA) **counselor** ('kaunsələʳ) *s.* conseller. *2* (EUA), (IRL.) advocat.
count (kaunt) *s.* compte *m.* *2* càlcul *m.* *3* còmput *m.*; recompte *m.* *4* comte *m.* [títol nobiliari].
count (to) (kaunt) *t.* MAT. comptar. *2* comptar, incloure. *3* considerar, tenir per. ▪ *4 i.* comptar. *5* comptar, tenir valor. *6* ***to** ~ **on**,* comptar amb.
countdown ('kauntdaun) *s.* compte *m.* a l'inrevés.
countenance ('kauntinəns) *s.* rostre *m.*, semblant *m.*: ***to change** ~,* trasmudar *t.*; ***to put out of** ~,* desconcertar *t.* *2* suport *m.*; aprovació *f.*
countenance (to) ('kauntinəns) *t.* donar suport, recolzar.
counter ('kauntəʳ) *s.* fitxa *f.* [de joc]. *2* taulell *m.* *3* comptador *m.* ▪ *4 a.* contrari; hostil. ▪ *5 adv.* *~ **to**,* en oposició a, contrari a.
counter (to) ('kauntəʳ) *t.* contrarestar; contestar; oposar. ▪ *2 i.* tornar-s'hi *p.* *3* oposar-se *p.*
counteract (to) (ˌkauntə'rækt) *t.* contrarestar.
counter-attack ('kauntərə'tæk) *s.* contraatac *m.*
counter-attack (to) ('kauntərə'tæk) *t.-i.* contraatacar.
counterbalance ('kauntəˌbæləns) *s.* contrapès *m.*
counterfeit ('kauntəfit) *a.* falsificat, fals. ▪ *2 s.* falsificació *f.*
counterfeit (to) ('kauntəfit) *t.* falsificar.

counterfoil ('kauntəfɔil) *s.* matriu *f.* [d'un talonari].
counterpane (ˌkauntəpein) *s.* cobrellit *m.*
counterpart ('kauntəpɑ:t) *s.* duplicat *m.* *2* complement *m.;* part *f.* complementària.
counterpoint ('kauntəpɔint) *s.* MÚS. contrapunt *m.* *2* contraposició *f.*
counterpoise ('kauntəpɔiz) *s.* contrapès *m.* *2* equilibri *m.*
counterpoise (to) ('kauntəpɔiz) *t.* equilibrar.
countersign ('kauntəsain) *s.* contrasenya *f.*
countersign (to) ('kauntəsain) *t.* refrendar, visar, ratificar. *2* contrasignar.
countess ('kauntis) *s.* comtessa *f.*
countless ('kauntlis) *a.* incontable, innombrable.
country ('kʌntri) *s.* pàtria *f.;* país *m.;* nació *f.* *2* regió *f.*, comarca *f.* || ~ ***dance,*** ball *m.* popular. *3* ~ ***(side),*** terra *f.*, camp *m.;* zona *f.* rural: ~ ***house,*** casa *f.* de camp.
countryman ('kʌntrimən) *s.* pagès *m.* *2* compatriota *m.*
county ('kaunti) *s.* (G.B.) comtat *m.* *2* (EUA) districte.
couple ('kʌpl) *s.* parell *m.* *2* parella *f.*
couple (to) ('kʌpl) *t.* unir, connectar, aparellar. *2* apariar. *3* casar. ▪ *2 i.* unir-se *p.* sexualment.
courage ('kʌridʒ) *s.* coratge *m.*, valentia *f.*
courageous (kə'reidʒəs) *a.* coratjós, valent.
courier ('kuriəʳ) *s.* missatger. *2* guia turístic. *3* contrabandista. *4* correu [diplomàtic].
course (kɔ:s) *s.* trajectòria *f.;* curs *m.* [dels esdeveniments]. *2* fig. direcció *f.;* camí *m.;* rumb *m.* *3* línia *f.* [de conducta]. *4* curs *m.* [d'estudis], carrera *f.* [universitària]. *5* ARQ. filada *f.* *6* plat *m.* [d'un menjar]. *7* ESPORT camp *m.*, pista *f.* ▪ *8 loc. adv.* ***of*** ~, és clar, naturalment *adv.*
course (to) (kɔ:s) *t.* caçar [amb gossos]. ▪ *2 i.* lliscar, córrer.
court (kɔ:t) *s.* DRET tribunal *m.;* jutjat *m.* *2* pista *f.* [de tennis]. *3* pati *m.* || ***inside*** ~, celobert *m.* *4* cort *f.* [d'un sobirà]. *5* ***pay*** ~ ***to (a woman),*** fer la cort *f.*
court (to) (kɔ:t) *t.* cortejar, galantejar. *2* sol·licitar, buscar.
courteous ('kə:tjəs) *a.* cortès, educat.
courtesan (ˌkɔ:ti'zæn) *s.* HIST. cortesana *f.*
courtesy ('kə:tisi) *s.* cortesia *f.*
courtier ('kɔ:tjəʳ) *s.* cortesà *m.* palatí.
courtly ('kɔ:tli) *a.* cortesà; elegant, refinat.
court-martial (ˌkɔ:t'mɑ:ʃəl) *s.* MIL. consell *m.* de guerra.
courtship ('kɔ:tʃip) *s.* galanteig *m.* *2* prometatge *m.*
courtyard ('kɔ:tjɑ:d) *s.* pati *m.;* atri *m.*, placeta *f.* interior.
cousin ('kʌzn) *s.* cosí.
cove (kouv) *s.* cala *f.*, ansa *f.*
covenant ('kʌvənənt) *s.* DRET conveni *m.*, pacte *m.*
covenant (to) ('kʌvənənt) *t.* acordar, estipular. ▪ *2 i.* pactar.
cover ('kʌvəʳ) *s.* tapadora *f.* *2* coberta *f.* [d'un llibre, etc.]. *3* embolcall *m.* *4* cobert *m.* [estar a]. *5* GASTR. cobert *m.* *6* ECON. cobertura *f.* *7* ***under*** ~ ***of,*** sota pretext *m.* *8* PERIOD. crònica *f.*
cover (to) ('kʌvəʳ) *t.* cobrir. *2* protegir. *3* amagar. *4* incloure. *5* abastar. *6* PERIOD. cobrir.
covering ('kʌvəriŋ) *s.* CONSTR. cobert *m.* *2* cobertor *m.* *3* pretext *m.*, aparença *f.*
coverlet ('kʌvəlit) *s.* cobrellit *m.*
covert ('kʌvət) *a.* encobert, dissimulat. ▪ *2 s.* ('kʌvəʳ) amagatall *m.*
covet (to) ('kʌvit) *t.* cobejar.
covetous ('kʌvitəs) *a.* cobejós.
covetousness ('kʌvitəsnis) *s.* cobdícia *f.*
covey ('kʌvi) *s.* ORN. bandada *f.* *2* grup *m.*
cow (kau) *s.* ZOOL. vaca *f.*
cow (to) (kau) *t.* intimidar, acovardir.
coward ('kauəd) *a.-s.* covard.
cowardice ('kauədis) *s.* covardia *f.*
cowardly ('kauədli) *a.* covard; menyspreable. ▪ *2 adv.* covardament.
cowboy ('kaubɔi) *s.* vaquer *m.*
cower (to) ('kauəʳ) *i.* ajupir-se *p.;* arraulir-se *p.*
cowl (kaul) *s.* cogulla *f.;* caputxa *f.* *2* barret *m.* [de xemeneia].
cowling ('kauliŋ) *s.* AERON. coberta *f.* [del motor].
cowpox (kaupɔks) *s.* MED. vacuna *f.*
cowslip ('kauslip) *s.* BOT. primavera *f.*
coxcomb ('kɔkskoum) *s.* petimetre, gomós.
coxswain ('kɔkswein, 'kɔksn) *s.* NÀUT. timoner, patró.
coy (kɔi) *a.* púdic, tímid [falsament].
coyness ('kɔinis) *s.* timidesa *f.*, modèstia *f.* [simulada].
cozen (to) ('kʌzn) *t.* liter. enganyar.
crab (kræb) *s.* ZOOL. cranc *m.* *2* BOT. poma *f.* borda. *3* col·loq. queixa *f.*
crack (kræk) *s.* esquerda *f.*, escletxa *f.*, (BAL.) retxillera *f.*, (VAL.) badell *m.* *2* cruixit *m.* *3* espetec *m.* ▪ *4 a.* expert, molt bo.
crack (to) (kræk) *t.* esquerdar, esbotzar, esberlar. *2* trencar [una nou]. *3* QUÍM. desfer [hidrats de carbó, etc.]. ▪ *4 i.* cruixir, esclafir. *5* esquerdar-se *p.*, esberlar-se. *6* ***to*** ~ ***up,*** embogir. *7* trencar-se *p.* [la veu].
crack-brained ('krækbreind) *a.* sonat, boig.
cracker ('krækəʳ) *s.* galeta *f.* *2* correcames *m.* *3* sorpresa *f.* *4 pl.* trencanous *m.* *5 pl.* col·loq. sonat *sing.*

crackle ('krækl) *s.* cruixit *m.*, esclafit *m.*, crepitació *f.*
crackle (to) ('krækl) *i.* espetegar, esclafir, crepitar.
cradle ('kreidl) *s.* bressol *m.* [també fig.]. *2* NÀUT. bastida *f.* [de drassana]. *3* suport *m.* [del telèfon].
cradle (to) ('kreidl) *t.* bressar, bressolar.
craft (krɑ:ft) *s.* art *m.* *2* destresa *f.*, habilitat *f.* *3* ofici *m.*; gremi *m.* *4* astúcia *f.*, artifici *m.* *5* NÀUT. embarcació *f.* *6* nau *f.*
craftiness ('krɑ:ftinis) *s.* manya *f.*, traça *f.* *2* arteria *f.*, astúcia *f.*
craftsman ('krɑ:ftsmən) *s.* artesà *m.*
craftsmanship ('krɑ:ftsmənʃip) *s.* artesania *f.*
craftswoman ('krɑ:ftswʌmən) *s.* artesana *f.*
crafty ('krɑ:fti) *a.* astut, arterós.
crag (kræg) *s.* cingle *m.*, estimball *m.*, precipici *m.*
cragged ('krægid) , **craggy** ('krægi) *a.* abrupte, escabrós, dur, sever.
cram (to) (kræm) *t.* atiborrar. *2* col·loq. estudiar de valent. ▪ *3 i.* atiborrar-se *p.*
crammer ('kræmə^r) *s.* professor particular. *2* col·loq. molt estudiós.
cramp (kræmp) *s.* MED. rampa *f.* *2* CONSTR. abraçadora *f.*, armella *f.*
cramp (to) (kræmp) *t.* restringir, obstaculitzar. *2* MED. agafar rampa. *3* faixar, arrapinyar.
crane (krein) *s.* ORN. grua *f.* *2* CONSTR. grua *f.*
crane (to) (krein) *t.* aixecar com amb grua. ▪ *2 i.* estirar el coll.
cranium ('kreinjəm) *s.* crani *m.*
crank (kræŋk) *s.* MEC. manubri *m.*, manovella *f.* *2* maniàtic, excèntric.
crankshaft ('kræŋkʃɑ:ft) *s.* AUTO. cigonyal *m.*
cranky ('kræŋki) *a.* guillat. *2* guerxo. *3* MEC. poc ferm, inestable.
cranny ('kræni) *s.* esquerda *f.*, escletxa *f.*
crape (kreip) *s.* crespó *m.*
crash (kræʃ) *s.* trencadissa *f.*, terrabastall *m.* *2* xoc *m.*, topada *f.* *3* COM. fallida *f.*
crash (to) (kræʃ) *t.* trencar [plats, etc.]. ▪ *2 i.* estrellar-se *p.* [cotxe, avió]. *3* COM. fer fallida.
crass (kræs) *a.* cras, molt estúpid.
crater ('kreitə^r) *s.* cràter *m.*
cravat (krə'væt) *s.* corbata *f.*
crave (to) (kreiv) *t.* desitjar, implorar, anhelar. ▪ *2 i.* antullar-se *p.*, tenir un desig.
craven ('kreivən) *a.-s.* covard.
craving ('kreiviŋ) *s.* desig *m.*; anhel *m.*, antull *m.*
crawfish ('krɔ:fiʃ) *s.* ZOOL. llagosta *f.*
crawl (krɔ:l) *s.* reptació *f.* *2* ESPORT crol *m.*
crawl (to) ('krɔ:l) *i.* reptar; arrossegar-se *p.*; anar de quatre grapes. *2* sentir formigueig. *3 to ~ with,* estar infestat de.
crayfish ('kreifiʃ) *s.* Veure CRAWFISH.
crayon ('kreiən) *s.* ART llapis *m.* de cera, carbó o guix.
craze (kreiz) *s.* mania *f.*; moda *f.*; ceba *f.*
crazy ('kreizi) *a.* esbojarrat; insensat. *2* boig; dement. *3* extravagant. *4* ruinós.
creak (to) (kri:k) *i.* cruixir, grinyolar.
creaking ('kri:kiŋ) *s.* cruixit *m.*, carrisqueig *m.*
cream (kri:m) *s.* ALIM. crema *f.* de llet; ***whipped ~,*** nata *f.* *2* ALIM. crema *f.* [sopa]. *3* COSM. crema *f.* *4* fig. la flor *f.* i nata *f.*
crease (kri:s) *s.* plec *m.*, doblec *m.* *2* séc *m.*, arruga *f.* *3* ratlla *f.* dels pantalons.
crease (to) (kri:s) *t.* doblegar. *2* arrugar. ▪ *3 i.* arrugar-se *p.*
create (to) (kri:'eit) *t.* crear. *2* produir, causar.
creation (kri:'eiʃən) *s.* creació *f.*
creative (kri:'eitiv) *a.* creador; creatiu.
creator (kri:'eitə^r) *s.* creador.
creature ('kri:tʃə^r) *s.* criatura *f.*
credence ('kri:dəns) *s.* creença *f.*
credentials (kri'denʃəlz) *s.* credencials *f.*
credible ('kredəbl) *a.* creïble.
credit ('kredit) *s.* COM. crèdit *m.*; haver *m.* ‖ ***on ~,*** a crèdit. *2* honor *m.*; reputació *f.*: ***that does you ~,*** això t'honra. *3* CINEM. ***~s,*** títols *m.* de crèdit.
credit (to) ('kredit) *t.* creure. *2* fig. donar crèdit. *3* COM. acreditar, abonar.
creditable ('kreditəbl) *a.* fidel, honest, lloable.
creditor ('kreditə^r) *s.* creditor.
credulity (kri'dju:liti) *s.* credulitat *f.*
credulous ('kredjuləs) *a.* crèdul.
creed (kri:d) *s.* REL. creença *f.*, credo *m.*
creek (kri:k) *s.* GEOGR. ançó *m.*; rada *f.*, cala *f.* *2* (EUA) rierol *m.*
creep (kri:p) *s.* arrossegament *m.*, arrossegada *f.* *2* GEOL. lliscament *m.* *3* formigueig *m.* [a la pell]. *4* horror *m.* *5* fam. desgraciat. ▪ *6 **to give the ~s,*** posar la pell de gallina.
creep (to) (kri:p) *i.* arrossegar-se *p.*; lliscar *2* enfilar-se *p.* [les plantes]. *3* obeir servilment. *4* sentir formigueig. *5* tenir calfreds. ▲ *pret.* i *p. p.* ***crept*** (krept).
creeper ('kri:pə^r) *s.* ZOOL. grimpaire. *2* BOT. planta *f.* enfiladissa.
cremate (to) (kri'meit) *t.* incinerar.
cremation (kri'meiʃən) *s.* incineració *f.*
crematorium (ˌkremə'tɔ:riəm) , **crematory** (ˌkremətəri) *s.* crematori *m.*, forn *m.* crematori.

Creole ('kriːoul) *a.-s.* crioll.
crept (krept) Veure CREEP (TO).
crescent ('kresnt) *a.* crescent. ▪ *2 s.* mitja lluna *f.* *3* carrer *m.* corbat.
crest (krest) *s.* ORN. cresta *f.;* plomall *m.* *2* MIL. plomall *m.* *3* HERÀLD. emblema *m.* *4* cim *m.;* cresta *f.* [d'onada].
crestfallen ('krest,fɔːlən) *a.* abatut, descoratjat.
crevice ('krevis) *s.* escletxa *f.,* esquerda *f.* [en una roca, etc.].
crew (kruː) *s.* MAR., AVIA. tripulació *f.* *2* equip *m.;* escamot *m.;* colla *f.* ▲ *pret.* de CROW (TO).
crib (krib) *s.* menjadora *f.* *2* bressol *m.* *3* REL. (USA) pessebre *m.* *4* traducció *f.* literal.
crib (to) (krib) *t.* confinar. *2* encaixonar. *3* plagiar.
crick (krik) *s.* MED. torticoli *f.*
cricket ('krikit) *s.* ENT. grill *m.* *2* ESPORT criquet *m.*
crier ('kraiəʳ) *s.* nunci, pregoner. *2* ploraner.
crime (kraim) *s.* delicte *m.;* crim *m.* *2* delinqüència *f.;* criminalitat *f.* *3* fig. crim *m.*
criminal ('kriminl) *a.-s.* criminal.
crimp (to) (krimp) *t.* arrissar; ondular.
crimson ('krimzn) *s.* carmesí. ▪ *2 s.* carmesí *m.*
cringe (to) (krindʒ) *i.* arraulir-se *p.* [de por]. *2* comportar-se *p.* servilment.
crinkle ('kriŋkl) *s.* plec *m.;* ris *m.* [en un paper, etc.].
crinkle (to) ('kriŋkl) *t.* arrissar, arrugar. ▪ *2 i.* arrissar-se *p.,* arrugar-se *p.*
crinoline ('krinəlin) *s.* TÈXT. crinolina *f.*
cripple ('kripl) *s.* coix i esguerrat.
cripple (to) ('kripl) *t.* mutilar; esguerrar [també fig.].
crippled ('kripld) *a.* esguerrat; mutilat.
crisis ('kraisis) *s.* crisi *f.*
crisp (krisp) *a.* GASTR. sec, torrat, cruixent. *2* encrespat. *3* glaçat, sec [aire]. *4* precís; decidit. ▪ *5 s. pl.* patates *f.* fregides de bossa.
crisp (to) (krisp) *t.* encrespar, arrissar. *2* torrar. *3* fer cruixir. ▪ *4 i.* encrespar-se *p.,* arrissar-se *f.*
criss-cross ('kriskrɔs) *a.* encreuat. ▪ *2 adv.* en creu.
criterion (krai'tiəriən) *s.* criteri *m.* ▲ *pl.* ***criteria*** (krai'tiəriə).
critic ('kritik) *s.* crític.
critical ('kritikəl) *a.* crític.
criticism ('kritisizəm) *s.* crítica *f.;* opinió *f.;* judici *m.* *2* pej. crítica *f.*
criticize (to) ('kritisaiz) *t.* criticar. ▪ *2 i.* fer crítica.
croak (krouk) *s.* grall *m.* [de corb]. *2* ranc *m.* [de la granota].
croak (to) (krouk) *i.* grallar; rancar. *2* rondinar. ▪ *3 t.* augurar [males notícies]. *4* col·loq. matar.
crochet ('krouʃei) *s.* ganxet *m.* [labor].
crockery ('krɔkəri) *s.* terrissa *f.*
crocodile ('krɔkədail) *s.* ZOOL. cocodril *m.*
crocus ('kroukəs) *s.* BOT. safrà *m.*
crone (kroun) *s.* vellota *f.;* harpia *f.*
crony ('krouni) *s.* camarada.
crook (kruk) *s.* gaiato *m.* *2* ganxo *m.;* garfi *m.* *3* corba *f.* *4* ANAT. sofraja *f.* *5* col·loq. malfactor.
crook (to) (kruk) *t.* forçar; encorbar; doblegar. ▪ *2 i.* forçar-se *p.;* encorbar-se *p.;* doblegar-se *p.*
crooked ('krukid) *a.* torçat. *2* tortuós. *3* poc honrat, dolent.
crookedness ('krukidnis) *s.* sinuositat *f.* *2* maldat *f.*
crop (krɔp) *s.* AGR. collita *f.* *2* cabells *m. pl.* molt curts. *3* ORN. pap *m.* *4* munt *m.,* grapat *m.* [també fig.].
crop (to) (krɔp) AGR. collir; recol·lectar; fer la collita *i.* *2* AGR. plantar; cultivar. *3* tallar; retallar. ▪ *4 i.* AGR. donar rendiment [la terra].
croquet ('kroukei) *s.* ESPORT croquet *m.*
crosier ('krouʒiəʳ) *s.* REL. bàcul *m.*
cross (krɔs) *s.* creu *f.* *2* senyal *m.* de la creu *f.* *3* encreuament *m.* *4* fig. creu *f.;* sofriment *m.* *5* BOT. creuament *m.,* hibridació *f.* ▪ *6 a.* transversal. *7* oposat; recíproc. *8* enfadat; malhumorat.
cross (to) (krɔs) *t.* travessar; creuar [un carrer, etc.]. *2* creuar [races]. *3* encreuar. *4* contrariar, frustrar. *5* ***to ~ off*** o ***out,*** esborrar; cancel·lar. *6* barrar [xecs]. ▪ *7 i.* creuar-se *p.* [correspondència, etc.]. *8* ***to ~ over,*** creuar, passar a l'altre costat ▪ 9 p. ***to ~ oneself,*** senyar-se.
crossbar ('krɔsbɑːʳ) *s.* travesser *m.*
crossbones ('krɔsbounz) *s.* pl. ossos *m.* encreuats [senyal de perill].
crossbow ('krɔsbou) *s.* MIL. ballesta *f.*
crossbred ('krɔsbred) *a.-s.* híbrid.
cross-country (,krɔs'kʌntri) *a.* camp *m.* a través.
cross-examine (to) ('krɔsig'zæmin) *t.* DRET interrogar minuciosament; repreguntar.
cross-eyed (krɔsaid) *a.* guenyo.
cross-grained ('krɔsgreind) *a.* de gra *m.* encreuat [fusta]. *2* fig. intractable; irritable.
crossing ('krɔsiŋ) *s.* MAR. travessia *f.* *2* encreuament *m.* *3* pas *m.* [de peatons]. *4* gual *m.* *5* ***level ~,*** pas *m.* a nivell.
crosspiece ('krɔspiːs) *s.* travesser *m.*

crossroads ('krɔsroudz) *s.* encreuament *m.;* cruïlla *f.*
crosswise ('krɔswaiz) *adv.* transversalment. *2* de biaix; en creu.
cross-word (puzzle) ('krɔswə:d'pʌzl) *s.* mots *m. pl.* encreuats.
crotch (krɔtʃ) *s.* forqueta *f.* [dels arbres]. *2* entrecuix *m.* [dels pantalons].
crotchet ('krɔtʃit) *s.* MÚS. negra. *2* mania *f.;* caprici *m.*
crotchety ('krɔtʃiti) *a.* de mala lluna; irritable.
crouch (to) (krautʃ) *i.* ajupir-se *p.;* arraulir-se *p.* *2* fig. rebaixar-se *p.*
crow (krou) *s.* ORN. corb *m.*, gralla *f.* *2* ***cock's ~,*** cant *m.* del gall.
crow (to) (krou) *i.* cantar [el gall]. *2* jactar-se *p.;* vantar-se *p.*
crowbar ('kroubɑ:[r]) *s.* palanca *f.*
crowd (kraud) *s.* multitud *f.*, gentada *f.*
crowd (to) (kraud) *t.* reunir; aplegar; amuntegar. ▪ *2 i.* reunir-se *p.;* aplegar-se *p.;* amuntegar-se *p.*
crown (kraun) *s.* corona *f.* *2* ANAT. coroneta *f.* *3* cim *m.;* cimera *f.* *4* copa *f.* [d'arbre, de barret].
crown (to) (kraun) *t.* coronar.
crow's foot ('krouzfut) *s.* pota *f.* de gall.
crucial ('kru:ʃəl) *a.* crucial.
crucifix ('kru:sifiks) *s.* crucifix *m.*
crucifixion (ˌkru:si'fikʃən) *s.* crucifixió *f.*
crucify (to) ('kru:sifai) *t.* crucificar. *2* tormentar.
crude (kru:d) *a.* cru [materials]. *2* tosc. *3* vulgar; rude. ▪ *3 s.* material *m.* cru, sense processar.
crudity ('kru:diti) *s.* cruesa *f.* *2* tosquedat. *f.* *3* vulgaritat *f.*
cruel (kruəl) *a.* cruel.
cruelty ('kruəlti) *s.* crueltat *f.*
cruet ('kru:it) *s.* setrill *m.:* ~ ***stand,*** setrilleres *f. pl.*
cruise (kru:z) *s.* NÀUT. creuer *m.*
cruise (to) (kru:z) *t.* NÀUT. fer un creuer. *2* MIL. patrullar.
cruiser ('kru:zə[r]) *s.* MIL. creuer *m.*
crumb (krʌm) *s.* engruna *f.* [també fig.]. *2* molla *f.*
crumble (to) ('krʌmbl) *t.* esmicolar; esbocinar; desfer. ▪ *2 i.* decaure; esfondrar-se *f.* enfonsar-se *p.* [també fig.].
crumple (to) ('krʌmpl) *t.* arrugar; rebregar. ▪ *2 i.* arrugar-se *p.;* rebregar-se *p.*
crunch (to) (krʌntʃ) *t.* fer cruixir [el menjar]. *2* fer cruixir. ▪ *3 i.* cruixir.
crusade (kru:'seid) *s.* croada *f.*
crusader (kru:'seidə[r]) *s.* croat *m.*
crush (krʌʃ) *s.* esclafamenta *f.* *2* atapeïment *m.;* aglomeració *f.* *3* suc *m.* de fruita.
crush (to) (krʌʃ) *t.* esclafar, (ROSS.) nyafar; matxucar. *2* oprimir. *3* anihilar. *4* prémer. *5* esprémer.
crust (krʌst) *s.* MED., ALIM., GEOL. crosta *f.* *2* rosegó *m.*
crustacean (krʌs'teiʃən) *s.* ZOOL. crustaci *m.* ▪ *2 a.* crustaci.
crusty ('krʌsti) *a.* crostós, crostat. *2* rude. *3* aspre, tosc.
crutch (krʌʃ) *s.* MED. crossa *f.* *2* forqueta *f.*, bifurcació *f.*
cry (krai) *s.* exclamació *f.;* crit *m.* *2* lament *m.* *3* plor *m.* *4* crida *f.*, pregó *m.*
cry (to) (krai) *i.* exclamar; fer un crit. *2* plorar. *3* udolar. ▪ *4 t.* proclamar. *5* demanar [ajuda, etc.]. *6* ***to ~ down,*** desacreditar. *7 t.-i.* ***to ~ out,*** cridar, fer un crit.
crying ('kraiiŋ) *a.* escandalós; atroç. ▪ *2 s.* plor *m.*
crypt (kript) *s.* cripta *f.*
cryptic ('kriptik) *a.* críptic, secret, ocult.
crystal ('kristl) *s.* cristall *m.* ▪ *2 a.* cristal·lí.
crystalline ('kristəlain) *a.* cristal·lí.
crystallize (to) (kristəlaiz) *t.-i* cristal·litzar.
cub (kʌb) *s.* cadell *m.*
cube (kju:b) *s.* GEOM., MAT. cub *m.* ‖ ~ ***root,*** arrel *f.* cúbica.
cube (to) (kju:b) *t.* cubicar.
cubic(al ('kju:bik(əl) *a.* cúbic.
cubicle ('kju:bikl) *s.* cubiculum *m.*
cubism ('kju:bizəm) *s.* ART cubisme *f.*
cubist ('kju:bist) *a.-s.* cubista.
cuckoo ('kuku:) *s.* ORN. cucut *m.*
cucumber ('kju:kʌmbə[r]) *s.* BOT. cogombre *m.*
cuddle (to) ('kʌdl) *t.* abraçar; acaronar. ▪ *2 i.* estar abraçat.
cudgel ('kʌdʒəl) *s.* ant. garrot *m.;* porra *f.*
cudgel (to) ('kʌdʒəl) *t.* bastonejar; garrotejar. *2* ***to ~ one's brains,*** escalfar-se *p.* el cap.
cue (kju:) *s.* senyal *m.;* indicació *f.* *2* TEAT. peu *m.;* entrada *f.* *3* ESPORT tac *m.* [de billar].
cuff (kʌf) *s.* COST. puny *m.*
cuff (to) (kʌf) *t.* bufetejar.
cuff links ('kʌfliŋks) *s. pl.* botons *m. pl.* de puny.
cuirass (kwi'ræs) *s.* cuirassa *f.*
cull (to) (kʌl) *t.* escollir. *2* triar; destriar; seleccionar.
culminate (to) ('kʌlmineit) *i.* culminar.
culpability (ˌkʌlpə'biliti) *s.* DRET culpabilitat *f.*
culpable ('kʌlpəbl) *a.* DRET culpable.
culprit ('kʌlprit) *s.* DRET culpable, reu.
cult (kʌlt) *s.* culte *m.*
cultivate (to) ('kʌltiveit) *t.* AGR. cultivar. *2* civilitzar. *3* refinar, educar.

cultivation (ˌkʌltiveiʃən) *s.* AGR. cultiu *m.*
cultivator (ˈkʌltiveitəʳ) *s.* AGR. agricultor; cultivador. *2* AGR. aixada *f.*
culture (ˈkʌltʃəʳ) *s.* cultura *f.*
cultured (ˈkʌltʃəd) *a.* cultivat; culte.
cumbersome (ˈkʌmbəsəm) *a.* voluminós; pesat.
cumulative (ˈkju:mjulətiv) *a.* acumulatiu.
cunning (kʌniŋ) *a.* astut; sagaç. *2* ant. habilidós; enginyós. *3* (EUA) atractiu. ▪ *4 s.* sornegueria *f.; *dissimulació *f.;* sagacitat *f.*
cup (kʌp) *s.* tassa *f. 2* REL. calze *m. 3* ESPORT copa *f.* [trofeu].
cupboard (ˈkʌbəd) *s.* armari *m.;* rebost *m.* [moble].
cupidity (kju:ˈpiditi) *s.* avarícia *f.*
cupola (ˈkju:pələ) *s.* ARQ. cúpula *f.*
cur (kə:ʳ) *s.* pej. gos bastard. *2* canalla *m.*
curable (ˈkjuərəbl) *a.* curable.
curate (ˈkjuərit) *s.* REL. coadjutor.
curator (kjuəˈreitəʳ) *s.* conservador [d'un museu, etc.].
curb (kə:b) *s.* ZOOL. barbada *f. 2* fig. fre *m.;* repressió *f. 3* ARQ. vorada *f.*
curb (to) (kə:b) *t.* posar la barbada [a un cavall]. *2* fig. refrenar; reprimir; delimitar.
curd (kə:d) *s.* ALIM. quallada *m. 2* mató *m.*
curdle (ˈkə:dl) *t.* ALIM. quallar; coagular. ▪ *2* ALIM. quallar-se *p.;* coagular-se *p. 3* fig. gelar-se *p.* [d'horror].
cure (kjuəʳ) *s.* remei *m.;* cura *f. 2* curació *f.;* guariment *m. 3* REL. tasca *m.* pastoral.
cure (to) (kjuəʳ) *t.* MED. curar; guarir. *2* ALIM. assaonar; adobar. ▪ *3 i.* MED. guarir-se *p.*
curfew (ˈkə:fju:) *s.* MIL. toc *m.* de queda.
curio (ˈkjuəriou) *s.* ART curiositat *f.;* antiguitat *f.* [objecte].
curiosity (ˌkjuəriˈɔsiti) *s.* curiositat *f.* [per saber]; objecte *m.* rar.
curious (ˈkjuəriəs) *a.* investigador, inquiridor. *2* tafaner. *3* rar; original.
curl (kə:l) *s.* ris *m.;* rínxol *m.;* rull *m. 2* remolí *m.*
curl (to) (kə:l) *t.* arrissar. *2* caragolar. *3* encrespar [la mar]. ▪ *4 i.* arrissar-se *p. 5* caragolar-se *p. 6* encrespar-se *p.* [la mar].
curlew (ˈkə:lju:) *s.* ORN. corriol.
curling tongs (ˈkə:liŋtɔŋz) *s. pl.* molls *m.*
curmudgeon (kə:ˈmʌdʒən) *s.* col·loq. avar; mesquí *a.*
currant (ˈkʌrənt) *s.* ALIM. pansa *f.* de Corint. *2* BOT. grosella *f.*
currency (ˈkʌrənsi) *s.* circulació *f.;* ús *m.* corrent; acceptació *f.* general. *2* ECON. moneda *f.* corrent; moneda *f.* en circulació.
current (ˈkʌrənt) *a.* corrent; actual. *2* en moviment. ▪ *3 s.* METEOR. corrent *m.* [d'aigua, d'aire]. *4* curs *m.* [dels esdeveniments]. *5* FÍS. corrent *m.* elèctric.
curry (ˈkʌri) *s.* ALIM. curry *m.* [condiment].
curry (to) (ˈkʌri) *t.* estrijolar [cavalls]. *2* adobar, assaonar [pells]. *3* adular.
curse (kə:s) *s.* maledicció *f. 2* imprecació *f. 3* calamitat *f.*
curse (to) (kə:s) *t.* imprecar. *2* maleir. *4* jurar; renegar.
cursed (ˈkə:sid) *a.* damnable. *2* maleït.
cursory (ˈkə:səri) *a.* superficial; fet amb presses; imprecís.
curt (kə:t) *a.* sobtat; brusc; curt.
curtail (to) (kə:ˈteil) *t.* escurçar. *2* limitar; restringir.
curtain (ˈkə:tn) *s.* cortina *f.*: ***to draw the ~,*** córrer la cortina. *2* TEAT. teló *m.*
curtness (ˈkə:tnis) *s.* brusquetat *f.;* rudesa *f.*
curtsy (ˈkə:tsi) *s.* reverència *f.*
curtsy (to) (ˈkə:tsi) *i.* fer una reverència.
curvature (ˈkə:vətʃəʳ) *s.* curvatura *f.*
curve (kə:v) *s.* corba *f.*
curve (to) (kə:v) *t.* corbar; arquejar. ▪ *2 i.* corbar-se *p.*, arquejar-se *p.*
cushion (ˈkuʃən) *s.* coixí *m.*
custard (ˈkʌstəd) *s.* ALIM. crema *f.*
custodian (kʌsˈtoudjən) *s.* guardià; conservador [d'un museu, etc.].
custody (ˈkʌstədi) *s.* custòdia *f.*, vigilància *f. 2* detenció *f.;* empresonament *m.*: ***to take into ~,*** detenir. *3* DRET custòdia *f.*
custom (ˈkʌstəm) *s.* costum *m.;* hàbit *m. 2* COM. clientela *f.* ▪ *3 pl.* duana *m.;* drets *m.* de duana.
customary (ˈkʌstəməri) *a.* acostumat; habitual; usual.
customer (ˈkʌstəməʳ) *s.* COM. client; parroquià.
custom-made (ˈkʌstəmˌmeid) *a.* fet a mida, fet per encàrrec.
cut (kʌt) *s.* tall *m.;* incisió *f. 2* ganivetada *f. 3* reducció *f.;* escurçada *f.;* supressió *f. 4* ALIM. llesca *f.;* toll *m.;* tallada *f. 5* COST. tall. *6* desdeny *m.;* rebuf *m. 7* ***short ~,*** drecera *f.*
cut (to) (kʌt) *t.* tallar; separar; partir. *2* tallar [roba; el gas; l'aigua]. *3* ALIM. llescar. *4* retallar, escapçar. *5* ferir [també fig.]. *6* segar. *7* reduir, escurçar. *8* intersectar; interrompre. *9* diluir; adulterar [un líquid, etc.]. *10* desdenyar. ▪ *11 i.* desviar-se *p.;* marrar. *12* CINEM. deixar de filmar. *13* poder-se *p.* tallar. ▪ ***~ away,*** tallar; ***~ back,*** reduir; podar; ***~ down,*** talar; escurçar; rebatre; disminuir, minvar; ***~ into,*** interrompre; dividir; bescanviar; ***~ off,*** tallar; aïllar; ***~ out,*** retallar; suprimir, excloure;

reemplaçar; espatllar-se *p.; desconnectar-se p.; ~ **it** o **that out!**,* interj. prou!; ~ ***up,*** capolar, esmicolar; afligir-se *p.*
cute (kju:t) *a.* llest, viu. *2* (EUA) bonic.
cuticle ('kju:tikl) *s.* FISIOL. cutícula *f.*
cutlass ('kʌtləs) *s.* HIST. simitarra *f.*
cutlery ('kʌtləri) *s.* coberteria *f.*
cutlet ('kʌtlit) *s.* GASTR. costella *f.*
cut-throat ('kʌtθrout) *s.* assassí *m.* ▪ *2 a.* assassí; cruel; despietat.
cutting ('kʌtiŋ) *s.* retall *m.* [de diari]. *2* CONSTR. rasa *f. 3* AGR. esqueix *m.;* estaca *f.* ▪ *4 a.* tallant. *5* fig. feridor.
cuttlefish ('kʌtlfiʃ) *s.* ZOOL. sèpia.
cycle (to) ('saikl) *i.* anar en bicicleta.
cycling ('saikliŋ) *s.* ESPORT ciclisme *m.*
cyclist ('saiklist) *s.* ESPORT ciclista.
cyclone ('saikloun) *s.* METEOR. cicló *m.*
cylinder ('silindəʳ) *s.* GEOM., MEC. cilindre *m.*
cymbal ('simbəl) *s.* MÚS. plateret *m.*
cynic ('sinik) *s.* cínic.
cynical ('sinikəl) *a.* cínic.
cynicism ('sinisizəm) *s.* cinisme *m.*
cynosure (ˌsinəz'juəʳ) *s.* (EUA) centre *m.* d'atracció.
cypress ('saipris) *s.* BOT. xiprer *m.*
Cyril ('sirəl) *n. pr. m.* Ciril.
czar (zɑ:ʳ) *s.* tsar *m.*

D

D, d (di:) *s.* d [lletra]. *2* MÚS. re *m.* *3* xifra romana per 500. ▲ *4 'd* abreviatura per **would, had, should.**

dab (dæb) *s.* copet *m.*, brotxada *f.* *2* expert. *3* ICT. palaia *f.*

dab (to) (dæb) *t.* tustar. *2* eixugar [els ulls]. ■ *3 i.* fer pinzellades.

dabble (to) ('dæbl) *t.* sucar. *2* ruixar; humitejar, esquitxar. *3 **to ~ in,*** interessar-se *p.* per; afeccionar-se *p.* a.

D.C. (di:'si:) *s.* ELECT. *(direct current)* corrent *m.* directe. *2* (EUA) *(District of Columbia)* districte *m.* de Colúmbia.

dad (dæd) , **daddie, daddy** ('dædi) *s.* col·loq. pare *m.;* papà *m.*

dado ('deidou) *s.* ARQ. dau *m.* *2* ARQ. gris *m.*

daffodil ('dæfədil) *s.* BOT. narcís *m.*

daft (dɑ:ft) *a.* liró; beneit.

dagger ('dægəʳ) *s.* daga *f.*

dahlia ('deiljə) *s.* BOT. dàlia *f.*

daily ('deili) *a.* diari. ■ *2 adv.* diàriament.

dainty ('deinti) *a.* exquisit; elegant; refinat. ■ *2 s.* GASTR. llepolia *f.*, llaminadura *f.*

dairy ('dɛəri) *s.* IND. indústria *f.* làctia; formatgeria *f.* *2* COM. lleteria *f.*

dairymaid ('dɛərimeid) *s.* lletera *f.* [persona].

dairyman ('dɛərimən) *s.* lleter *m.*

dais ('deiis) *s.* tarima *f.;* estrada *f.*

daisy ('deizi) *s.* BOT. margarida *f.*

dale (deil) *s.* poèt. GEOL. vall *f.*

dalliance ('dæliəns) *s.* flirteig *m.;* frivolitat *f.*

dally (to) ('dæli) *i.* jugar; joguinejar, entretenir-se *p.* *2* perdre el temps.

dam (dæm) *s.* CONSTR. dic *m.;* presa *f.* *2* mare *m.* [en ramaderia].

dam (to) (dæm) *t.* embassar. *2* estancar, deturar; bloquejar. *3* reprimir [sentiments].

damage ('dæmidʒ) *s.* dany *m.;* perjudici *m.* ■ *2 pl.* DRET indemnització.

damage (to) ('dæmidʒ) *t.* danyar; perjudicar. ■ *2 i.* avariar-se *p.*

damaging ('dæmidʒiŋ) *a.* perjudicial; nociu.

damask ('dæməsk) *a.* adomassat. ■ *2 s.* domàs *m.*

dame (deim) *s.* dama *f.* *2* ant., poèt., iròn. dona *f.*

damn (dæm) *s.* col·loq., fig. rave *m.: **I don't give a ~,*** m'importa un rave. *2* TEOL. maledicció *f.*, damnació *f.*

damn (to) (dæm) *t.* TEOL. damnar; condemnar; maleir. *2* desaprovar; desacreditar. ■ *4 interj.* ***~ it,*** merda!; ***~ you!,*** maleït siguis!

damnable ('dæmnəbl) *a.* damnable; condemnable; execrable.

damnation (dæm'neiʃən) *s.* TEOL. damnació *f.*, condemna *f.;* perdició *f.* *2* crítica *f.* mordaç.

damp (dæmp) *a.* humit. ■ *2 s.* humitat *f.*

damp (to) (dæmp) *t.* humitejar. *2* descoratjar, entristir. ■ *3 i.* humitejar-se *p.*

dampen (to) ('dæmpən) *t.* Veure TO DAMP.

dampness ('dæmpnis) *s.* humitat *f.*

Dan (dæn) *n. pr. m. (dim. Daniel)* Daniel.

dance (dɑ:ns) *s.* dansa *f.;* ball *m.*

dance (to) (dɑ:ns) *t.-i.* dansar; ballar. ‖ fig. ***to ~ attendance on,*** ser molt amable amb.

dancer ('dɑ:nsəʳ) *s.* ballador. *2* ballarí. *3* dansador; dansaire.

dancing ('dɑ:nsiŋ) *s.* dansa *f.*, ball *m.* ■ *2 a.* de dansa *f.*, que dansa.

dandelion ('dændilaiən) *s.* BOT. dent *f.* de lleó.

dandle (to) ('dændl) *t.* fer saltar [un nen] damunt els genolls.

dandruff ('dændrʌf) *s.* caspa *f.*

dandy ('dændi) *a.* col·loq. excel·lent. ■ *2 s.* dandi *m.*

Dane (dein) *s.* GEOGR. danès.

danger ('deindʒəʳ) *s.* perill *m.;* risc *m.*

dangerous ('deindʒərəs) *a.* perillós; insegur.

dangle (to) ('dæŋgl) *t.* fer ballar [en l'aire]; dur penjant [les claus, etc.]. ▪ *2 i.* penjar, estar penjat.
Daniel ('dænial) *n. pr. m.* Daniel.
Danish ('deiniʃ) *a.* GEOGR. danès.
dank (dæŋk) *a.* rellent; humit.
dapper ('dæpəʳ) *a.* eixerit. *2* pulcre, net.
dapple(d ('dæpld) *a.* clapejat. *2* clapat [cavall, etc.].
dare (dεəʳ) *s.* repte *m.;* desafiament *m.;* provocació *f.*
dare (to) (dεɑʳ) *i.* gosar, atrevir-se *p.: do I ~ to ask her?,* li ho pregunto? ▪ *2 t.* reptar, desafiar: *he ~d me to jump from the bridge,* em va desafiar a saltar des del pont. ▪ *3 aux.* gosar, atrevir-se *p.: ~ he tell them what he knows?,* gosarà dir-los què sap? ▲ pret. *dared* (dεəd) o *durst* (də:st); p. p. *dared.*
daring ('dεəriŋ) *s.* coratge *m.;* gosadia *f.* ▪ *2 a.* coratjós; agosarat.
dark (dɑ:k) *a.* fosc; obscur, negrós. *2* morè. *3* fig. amagat; misteriós. *4* fig. trist, melangiós. *5* HIST. *the D ~ Ages,* Alta Edat Mitjana. ▪ *6 s.* fosca *f.;* foscor *f.;* negror *f.: in the ~,* a les fosques *pl.* *7* fig. ignorància *f.*
darken (to) ('dɑ:kən) *t.* enfosquir. ▪ *2 i.* enfosquir-se *p.;* entristir-se *p.*
darkness ('dɑ:knis) *s.* foscor *f.* *2* tenebra *f.* *3* fig. ignorància *f.*
dark room ('dɑ:krum) *s.* FOT. cambra *f.* oscura.
darling ('dɑ:liŋ) *a.* estimat.
darn (dɑ:n) *s.* COST. sargit *m.*
darn (to) (dɑ:n) *t.* sargir.
darnel ('dɑ:nl) *s.* BOT. zitzània *f.;* jull *m.*
darning ('dɑ:niŋ) COST. sargit *m.* *2* roba *f.* per sargir.
dart (dɑ:t) *s.* dard *m.* *2* ZOOL. fibló *m.* *3* moviment *m.* brusc.
dart (to) (dɑ:t) *t.* llançar. ▪ *2 i.* llançar-se *p.;* precipitar-se *p.*
dash (dæʃ) *s.* arremesa *f.;* escomesa *f.* *2* embat *m.* *3* IMPR. guió *m.* *4* tret *m.* [d'escriptura]. *5 to cut a ~,* fer un gran paper. *6* una mica.
dash (to) (dæʃ) *t.* llançar. *2* trencar; estavellar. *3* esquitxar. *4* diluir. *5* frustrar. *6* confondre; enredar. *7* fer depressa [un dibuix, etc.]. ▪ *8 i.* xocar. *9* llançar-se *p.*
dashboard ('dæʃbɔ:d) *s.* AUTO. quadre *m.* de comandament.
dashing ('dæʃiŋ) *a.* vigorós, enèrgic; desimbolt. *2* ostentós; vistós.
DAT ('dæt) *s. (Digital Audio Tape)* cinta *f.* audio digital.
data ('deitə) *s. pl.* dades *f.*
date (deit) *s.* data *f.* ‖ *out of ~,* antiquat; *up to ~,* fins avui; al dia. *2* cita *f.* *3* BOT. dàtil *m.*
date (to) (deit) *t.* datar. *2* citar. ▪ *3 i. to ~ from* o *back to,* datar de.
dative ('deitiv) *a.* datiu. ▪ *2 s.* GRAM. datiu *m.*
daub (dɔ:b) *s.* pastitxo *m.,* taca *f.*
daub (to) (dɔ:b) *t.* empastifar.
daughter ('dɔ:təʳ) *s.* filla *f.*
daughter-in-law ('dɔ:tərinlɔ:) *s.* jove *f.,* nora *f.*
daunt (to) (dɔ:nt) *t.* intimidar; acovardir, descoratjar.
dauntless ('dɔ:ntlis) *a.* coratjós, impàvid.
dauphin ('dɔ:fin) *s.* HERÀLD. delfí *m.*
David ('deivid) *n. pr. m.* David. *2 St. ~'s Day,* 1er. de Març.
Davy ('deivi) *n. pr. m. (dim. David)* David.
Davy lamp ('deivi,læmp) *s.* MIN. llum *m.* de davy.
daw (dɔ:) *s.* ORN. cornella *f.*
dawdle (to) (dɔ:dl) *i.* romancejar. ▪ *2 t.* malgastar [el temps, etc.].
dawn (dɔ:n) *s.* alba *f.*
dawn (to) (dɔ:n) *i.* llostrejar, clarejar. *2* acudir-se *p.* [quelcom a algú].
dawning ('dɔ:niŋ) *s.* albada *f.* *2* albors *pl. m.;* inicis *pl. m.*
day (dei) *s.* dia *m.;* jorn *m.* *2* jornada *f.* ‖ *~ off,* dia lliure; *by ~,* de dia; *the ~ after tomorrow,* demà passat, (BAL.) passat demà, (VAL.) després demà; *the ~ before yesterday,* abans d'ahir.
day-book ('deibuk) *s.* COM. diari *m.*
daybreak ('deibreik) *s.* alba *f.*
daylight ('deilait) *s.* llum *f.* de dia. *2* fig. *~ robbery,* estafa *f.* *3* alba *f.*
daze (deiz) *s.* desconcert *m.;* atordiment *m.*
daze (to) (deiz) *t.* desconcertar; atordir.
dazzle ('dæzl) *s.* enlluernament *m.*
dazzle (to) ('dæzl) *t.* enlluernar.
dazzling ('dæzliŋ) *a.* enlluernador; llampant.
DBS (di:bi:'es) *s. (Direct Broadcasting by Satellite)* transmissió *f.* directa per satèl·lit.
D.D.T (di:di:'ti:) *s. (dichloro-diphenyl-trichloroethane)* D.D.T. (diclorodifeniltricloroetà).
deacon ('di:kən) *s.* REL. diaca *m.*
dead (ded) *a.* mort. *2* difunt. *3* inert. *4* insensible [pel fred, etc.]. *5* sord [soroll]. *6* mat [color]. *7* exacte. *8* col·loq. molt: *~ easy,* facilíssim. ▪ 9 adv. totalment. ▪ *10 s. the ~,* els morts *m. pl.*
deaden (to) ('dedn) *t.* esmorteir, alleujar [el dolor, etc.].
dead end (,ded'end) *s.* carreró *m.* sense sortida [també fig.].
deadline ('dedlain) *s.* termini *m.* màxim.

deadlock ('dedlɔk) *s.* punt *m.* mort; situació *f.* irreversible.
deadly ('dedli) *a.* mortal. ‖ REL. ***the seven ~ sins,*** els set pecats capitals. ▪ *2 adv.* mortalment; excessivament.
deaf (def) *a.* sord. ‖ ***~ and dumb,*** sord-mut; ***to turn a ~ ear to,*** fer-se el sord.
deafen (to) ('defn) *t.* eixordar. *2* ensordir.
deafmute (ˌdef'mju:t) *s.* sord-mut.
deafness ('defnis) *s.* sordesa *f.*
deal (di:l) *s.* COM. tracte *m.;* pacte *m. 2* tracte *m. 3* quantitat *f.* ‖ ***a great ~ (of),*** molt. *4* JOC repartiment *m.* [de cartes].
deal (to) (di:l) *t.* dividir, distribuir, repartir. *2* donar [un cop, etc.]. ▪ *3 i.* COM. ***to ~ with*** o ***at,*** fer negocis amb, tenir tractes amb. *4* COM. ***to ~ in,*** vendre, dedicar-se *p.* a. *5* ***to ~ with,*** tractar [una persona, un problema], tenir relacions amb. ▲ pret. i p. p. ***dealt*** (delt).
dealer ('di:lə^r^) *s.* comerciant; tractant; traficant. *2* JOC el qui reparteix les cartes.
dealing ('di:liŋ) *s.* capteniment *m.;* conducta *f.* ▪ *2 pl.* COM. negocis *m.;* transaccions *f.*
dealt (delt) Veure DEAL (TO).
dean (di:n) *s.* degà.
dear (diə^r^) *a.* estimat. *2* encantador. *3* car. ‖ ***~ Sir,*** benvolgut Senyor. *4 interj.* ***~ me!,*** mare meva!; oh! ▪ *5 adv.* car.
dearly ('dieəli) *adv.* moltíssim. *2* tendrament. *3* molt car.
dearth (də:θ) *s.* carestia *f.;* mancança *f.;* escassetat *f.*
death (deθ) *s.* mort *f.* ‖ ***to put to ~,*** executar. *2* fig. ***sick to ~,*** fart.
death duty ('deθˌdju:ti) *s.* drets *m. pl.* de successió.
deathless ('deθlis) *a.* immortal; imperible.
deathly ('deθli) *a.* mortal; de mort *f.*
death rate ('deθreit) *s.* taxa *f.* de mortalitat.
death roll ('deθroul) *s.* llista *f.* de baixes [en una guerra etc.].
death-trap ('deθtræp) *s.* lloc *m.* perillós, insegur.
debar (to) (di'bɑ:^r^) *t.* excloure. *2* prohibir; impedir.
debase (to) (di'beis) *t.* rebaixar; degradar; adulterar.
debasement (di'beismənt) *s.* degradació *f.;* alteració *f.*
debatable (di'beitəbl) *a.* discutible.
debate (di'beit) *s.* debat *m.;* discussió *f.*
debate (to) (di'beit) *t.* debatre; discutir. *2* reflexionar. ▪ *3 i.* participar en un debat.
debauch (di'bɔ:tʃ) *s.* corrupció *f.;* llibertinatge *m.*
debauch (to) (di'bɔ:tʃ) *t.* corrompre, seduir.
debauchee (ˌdebɔ:'tʃi:) *s.* llibertí.
debauchery (di'bɔ:tʃəri) *s.* llibertinatge *m.;* intemperància *f.*
debenture (di'bentʃə^r^) *s.* ECON. obligació *f.*
debilitate (to) (di'biliteit) *t.* debilitar, enervar.
debility (di'biliti) *s.* debilitat *f.;* llanguiment *m.*
debit ('debit) *s.* COM. deure *m. 2* COM. dèbit *m.*
debit (to) ('debit) *t.* COM. deure. *2* afegir a un compte.
debouch (to) (di'bautʃ) *i.* desembocar, emergir. ▪ *2 t.* fer desembocar; fer emergir.
debris ('debri:) *s.* runa *f.;* enderroc *m.*
debt (det) *s.* deute *m. 2* deure *m.*
debtor ('detə^r^) *s.* deutor.
debunk (to) (di:'bʌŋk) *t.* desacreditar. *2* col·loq. fig. desemmascarar.
début ('deibju:) *s.* TEAT. debut *m.;* estrena *f. 2* presentació *f.* en societat.
débutante (ˌdeibju'tɑ:nt) *s.* noia *f.* presentada en societat. *2* debutant.
decade ('dekeid) *s.* dècada *f.*
decadence ('dekədəns) *s.* decadència *f.*
decadent ('dekədənt) *a.* decadent.
Decalogue ('dekəlɔg) *s.* REL. els deu manaments *m. pl.*
decamp (to) (di'kæmp) *i.* MIL. decampar. *2* fugir en secret.
decant (to) (di'kænt) *t.* decantar [líquids, etc.]. *2* trafegar, trascolar.
decanter (di'kæntə^r^) *s.* ampolla *f.;* brocal *m.*
decapitate (to) (di'kæpiteit) *t.* decapitar.
decay (di'kei) *s.* decadència *f.;* ruïna *f. 2* podridura *f. 3* MED. càries *f. pl.*
decay (to) (di'kei) *i.* decaure; disminuir. *2* esfondrar-se *p. 3* podrir-se *p. 4* marcir-se *p. 5* MED. corcar-se *p.*
decease (di'si:s) *s.* form. decés *m.;* defunció *f.*
decease (to) (di'si:s) *i.* form. morir.
deceased (di'si:st) *a.-s.* form. difunt.
deceit (di'si:t) *s.* engany *m.;* frau *m. 2* mentida *f.;* superxeria *f.*
deceitful (di'si:tful) *s.* fals; fraudulent. *2* enganyador.
deceive (to) (di'si:v) *t.* enganyar, (BAL.) enganar. *2* defraudar.
deceiver (di'si:və^r^) *s.* impostor.
December (di'sembə^r^) *s.* desembre *m.*
decency ('di:snsi) *s.* decència *f. 2* decòrum *m.*
decent ('di:snt) *a.* decent. *2* passador; satisfactori.
decentralize (di:'sentrəlaiz) *t.* POL. descentralitzar.
deception (di'sepʃən) *s.* engany *m.;* frau *m.*
deceptive (di'septiv) *a.* enganyós; fal·laç.

decide (to) (di'said) *t.* decidir; acabar; determinar. ▪ *2 i.* decidir-se *p.*
decided (di'saidid) *a.* decidit. *2* clar; definit. ▪ *3* decididament; indubtablement.
deciduous (di'sidjuəs) *a.* BOT. de fulla *f.* caduca.
decimal ('desiməl) *a.* decimal.
decimate (to) ('desimeit) *t.* delmar.
decimeter, -tre ('desiˌmi:təʳ) *s.* decímetre *m.*
decipher (to) (di'saifəʳ) *t.* desxifrar.
decision (di'siʒən) *s.* decisió *f.*
decisive (di'saisiv) *a.* decidit. *2* decisiu.
deck (deck) *s.* MAR. coberta *f.; 2* imperial *m.* [d'un autobús]. *3* JOC baralla *f.* [de cartes].
deck (to) (dek) *t.* engalanar; adornar.
declaim (to) (di'kleim) *t.* declamar; recitar. ▪ *2 i.* declamar.
declamation (ˌdeklə'meiʃən) *s.* declamació *f. 2* discurs *m.*
declaration (ˌdeklə'reiʃən) *s.* declaració *f. 2* manifest *m.*
declare (to) (di'klɛəʳ) *t.* declarar. *2* manifestar. ▪ *2 i.* fer una declaració. *4* ***to ~ for*** o ***against,*** declarar-se *p.* a favor o en contra.
decline (di'kləin) *s.* declinació *f.*, decadència *f. 2* decaïment *m. 3* minva *f.*
decline (to) (di'klain) *t.* declinar; refusar. *2* inclinar. *3* GRAM. declinar. ▪ *4 i.* minvar. *5* decaure.
declivity (di'kliviti) *s.* GEOGR. declivi *m.;* pendís *m.*
decoction (di'kɔkʃən) *s.* decocció *f.*
décolleté (dei'kɔltei) *a.* escotat.
decompose (to) (ˌdikəm'pouz) *t.* descomposar. ▪ *2 i.* descomposar-se *p.*
decomposition (ˌdi:kɔmpə'ziʃən) *s.* descomposició *f.*
decorate (to) ('dekəreit) *t.* decorar; ornamentar. *2* condecorar.
decoration (ˌdekə'reiʃən) *s.* decoració *f.;* ornament *m. 2* condecoració *f.*
decorative ('dekərətiv) *a.* decoratiu; ornamental.
decorous ('dəkərəs) *a.* decorós; correcte; decent. ▪ *2* ***~ly,*** *adv.* decorosament; correctament.
decorum (di'kɔ:rəm) *s.* decòrum *m.*
decoy ('dikɔi) *s.* ORN. reclam *m.;* enze *m. 2* fig. ensarronada *f.;* fig. esquer *m.*
decoy (to) ('dikɔi) *t.* atraure amb reclam. *2* ensarronar; seduir.
decrease ('di:kri:s) *s.* decreixement *m.;* disminució *f.*
decrease (to) (di:'kri:s) *i.* decréixer; disminuir. ▪ *2 t.* fer decréixer; disminuir.
decree (di'kri:) *s.* DRET decret *m.;* edicte *m.;* ordre *f.*
decree (to) (di'kri:) *t.* decretar.
decrepit (di'krepit) *a.* decrèpit.
decrepitude (di'krepitju:d) *s.* decrepitud *f.*
decry (to) (di'krai) *t.* desacreditar, rebaixar. *2* depreciar [una moneda *f.*, etc.].
dedicate (to) ('dedikeit) *t.* dedicar. *2* consagrar.
dedication ('dedi'keiʃən) *s.* dedicació *f. 2* dedicatòria *f.*
deduce (to) (di'dju:s) *t.* deduir; inferir.
deduct (to) (di'dʌkt) *t.* deduir; restar; descontar.
deduction (di'dʌkʃən) *s.* deducció *f.;* descompte *m. 2* inferència *f.*
deed (di:d) *s.* fet *m.;* acció *f. 2* gesta *f.;* proesa *f. 3* DRET escriptura *f.*
deem (to) (di:m) *t.* considerar; judicar; creure.
deep (di:p) *a.* profond; fons. *2* obscur; complicat. *3* greu [un so]. *4* intens [un color]. ▪ *5 adv.* a fons; profundament. ▪ *6 s.* pèlag *m.;* abisme *m.;* profunditat *f.*
deepen (to) ('di:pən) *t.* aprofundir; profunditzar; intensificar. ▪ *2 i.* fer-se *p.* profund; intensificar-se *p.*
deepness ('di:pnis) *s.* profunditat *f.;* intensitat *f.*
deer (diəʳ) *s.* ZOOL. cérvol *m.*
deface (to) (di'feis) *t.* desfigurar; mutilar.
defacement (di'feismənt) *s.* desfiguració *f.;* mutilació *f.*
defamation (ˌdefə'meiʃən) *s.* difamació *f.*
defamatory (di'fæmətəri) *a.* difamatori; calumniós.
defame (to) (di'feim) *t.* difamar; calumniar.
default (di'fə:lt) *s.* incompliment *m. 2* omissió *m. 3* negligència *f. 4* DRET rebel·lia *f.*
default (to) (di'fɔ:lt) *i.* faltar [a un deure, etc.]. *2* DRET no comparèixer.
defeat (di'fi:t) *s.* derrota *f.;* desfeta *f.*
defeat (to) (di'fi:t) *t.* derrotar; vèncer. *2* frustrar.
defeatist (di'fi:tist) *s.* derrotista.
defect ('difekt) *s.* defecte *m.*
defection (di'fekʃən) *s.* defecció *f.*
defective (di'fektiv) *a.* defectuós. *2* GRAM. defectiu. *3* PSICOL. deficient.
defence, (EUA) **defense** (di'fens) *s.* defensa *f.*
defenceless, (EUA) **defenseless** (di'fenslis) *a.* indefens.
defend (to) (di'fend) *t.* defensar.
defendant (di'fendənt) *s.* DRET demandat; acusat.
defender (di'fendəʳ) *s.* ESPORT defensor.
defensible (di'fensəbl) *a.* defensable.

defensive (di'fensiv) *a.* defensiu. ▪ *2 s.* defensiva *f.*
defer (to) (di'fəːʳ) *t.* ajornar; diferir. ▪ *2 i.* deferir.
deference ('defərəns) *s.* deferència *f.;* consideració *f.*
deferential (ˌdefə'renʃəl) *a.* ant. deferent; respectuós.
defiance (di'faiəns) *s.* desafiament *m.;* repte *m.* ‖ ***in ~ of,*** a despit de.
defiant (di'faiənt) *a.* desafiador; reptador.
deficiency (di'fiʃənsi) *s.* deficiència *f. 2* insuficiència *f.*
deficient (di'fiʃənt) *a.* deficient. *2* insuficient.
deficit ('defisit) *s.* dèficit *m.*
defile ('diːfail) *s.* GEOL. congost *m.;* gorja *f.*
defile (to) (di'fail) *t.* embrutar. *2* profanar. *3* MIL. desfilar.
defilement (di'failmənt) *s.* embrutament *m.;* pol·lució *f. 2* profanació *f.*
definable (di'fainəbl) *a.* definible.
define (to) (di'fain) *t.* definir. *2* delimitar. *3* caracteritzar.
definite ('definit) *a.* definit. *2* clar; terminant. ▪ *3* **-ly** *adv.* definitivament; certament.
definiteness ('definitnis) *s.* exactitud *f.;* precisió *f.*
definition (ˌdefi'niʃən) *s.* definició *f. 2* precisió *f.,* nitidesa *f.*
definitive (di'finitiv) *a.* definitiu.
deflate (to) (di'fleit) *t.* desinflar [també fig.]. ▪ *2 i.* desinflar-se *p.* [també fig.].
deflation (di'fleiʃən) *s.* ECON. deflació *f. 2* GEOL. deflació *f.*
deflect (to) (di'flekt) *t.* desviar. ▪ *2 i.* desviar-se *p.*
deflection (di'fklekʃən) *s.* desviació *f.;* desviament *m.*
deflower (to) (diː'flauəʳ) *t.* desflorar. *2* saquejar; destrossar.
deform (to) (di'fɔːm) *t.* deformar; alterar. *2* degradar; envilir.
deformation (ˌdifɔː'meiʃən) *s.* deformació *f.*
deformed (di'fɔːmd) *a.* deformat. *2* deforme.
deformity (di'fɔːmiti) *s.* deformitat *f.*
defraud (to) (di'frɔːd) *t.* defraudar; estafar.
defrauder (di'frɔːdəʳ) *s.* defraudador.
defraudation (difrɔː'deiʃn) *s.* defraudació *f.*
defray (to) (di'frei) *t.* sufragar.
deft (deft) *s.* destre; llest; hàbil.
defunct (di'fʌŋkt) *a.* difunt.
defy (to) (di'fai) *t.* desafiar; reptar.
degeneracy (di'dʒenərəsi) *s.* degeneració *f.*
degenerate (di'dʒenərit) *a.-s.* degenerat.
degenerate (to) (di'dʒenəreit) *i.* degenerar.
degeneration (diˌdʒenə'reiʃən) *s.* degeneració *f.*
degradation (ˌdegrə'deiʃən) *s.* degradació *f. 2* degeneració *f.*
degrade (to) (di'greid) *t.* degradar; rebaixar. ▪ *2 i.* rebaixar-se *p.*
degrading (di'greidiŋ) *a.* degradant.
degree (di'griː) *s.* grau *m. 2* nivell *m. 3* ENSENY. títol *m.:* ***to take a ~,*** llicenciar-se *p. 4* ***by ~s,*** gradualment.
dehydrate (to) (diː'haidreit) *t.* deshidratar ▪ *2 i.* deshidratar-se *p.*
deification (ˌdiːifi'keiʃən) *s.* deïficació *f.;* divinització *f.*
deify (to) ('diːifai) *t.* deïficar; divinitzar.
deign (to) (dein) *i.* dignar-se *p.*
deism ('diːizəm) *s.* REL. deisme *m.*
deist ('diːist) *s.* deista.
deity ('diːiti) *s.* deïtat *f.;* divinitat *f.*
deject (to) (di'dʒekt) *t.* desanimar; deprimir; abatre.
dejected (di'dʒektid) *a.* desanimat; deprimit; abatut.
dejection (di'dʒekʃən) *s.* abatiment *m.*
delay (di'lei) *s.* dilació *f.;* retard *m.*
delay (to) (di'lei) *t.* diferir; ajornar. *2* retardar. ▪ *3 i.* tardar.
delegate ('deligit) *s.* delegat.
delegate (to) ('deligeit) *t.* delegar; comissionar.
delegation (ˌdeli'geiʃən) *s.* delegació *f.*
delete (to) (di'liːt) *t.* esborrar.
deliberate (di'libərit) *a.* deliberat, premeditat, intencionat. *2* cautelós, caut.
deliberate (to) (di'libəreit) *t.* reflexionar, considerar, rumiar. ▪ *2 i.* deliberar.
deliberation (diˌlibə'reiʃən) *s.* deliberació *f.;* reflexió *f.*
delicacy ('delikəsi) *s.* delicadesa *f. 2* finesa *f.;* sensibilitat *f. 3* mirament *m. 4* refinament *m. 5* llaminadura *f.*
delicate ('delikit) *a.* delicat. *2* considerat, primmirat. *3* exquisit.
delicatessen (ˌdelikə'tesn) *s.* productes *m. pl.* de xarcuteria selecta. *2* xarcuteria *f.* selecta.
delicious (di'liʃəs) *a.* deliciós. *2* saborós.
delight (di'lait) *s.* delit *m.,* plaer *m.,* delícia *f.,* satisfacció *f.*
delight (to) (di'lait) *t.* delectar, encantar. ▪ *2 i.* delectar-se *p.,* complaure's *p.*
delightful (di'laitful) *a.* delectable; deliciós, encantador, exquisit.
delimit (diː'limit) , **delimitate** (diː'limiteit) *t.* delimitar.
delimitation (diˌlimi'teiʃən) *s.* delimitació *f.*
delineate (to) (di'linieit) *t.* delinear, esbossar.

delineation (diˌliniˈeiʃən) *s.* delineació *f.*, esbós.
delinquency (diˈliŋkwənsi) *s.* delinqüència *f. 2* culpa *f.*, falla *f.*
delinquent (diˈliŋkwənt) *a.-s.* delinqüent, culpable.
delirious (diˈliriəs) *a.* delirant.
delirium (diˈliriəm) *s.* deliri *m.*, desvariejament *m.*, frenesí *m.*
deliver (to) (diˈlivəʳ) *t.* lliurar, repartir [correu, comandes]. *2* alliberar, deslliurar, salvar (*from,* de). *3* pronunciar [un discurs, etc.]. *4* ***to ~ (up*** o ***over)*** lliurar, donar; rendir, retre. *5* MED. assistir un part: ***the doctor ~ed her baby,*** el metge va assistir-la en el part. ‖ ***to be ~ed of a child,*** donar a llum, deslliurar.
deliverance (diˈlivərəns) *s.* alliberament *m.*, deslliurament *m.*
deliverer (diˈlivərəʳ) *s.* llibertador, salvador, alliberador.
delivery (diˈlivəri) *s.* lliurament *m.*, repartiment *m.* [correu, comandes, etc.]. *2* alliberament *m. 3* presentació *f.*, execució *f.* [d'un discurs, etc.]. *4* MED. part *m.*
dell (del) *s.* vall *f.* petita, sot *m.*
delta (ˈdeltə) *s.* delta *m.*
delude (to) (diˈlu:) *t.* enganyar.
deluge (ˈdelju:dʒ) *s.* diluvi *m. 2* inundació *f. 3* fig. diluvi *m.*
deluge (to) (ˈdelju:dʒ) *t.* inundar [també fig.].
delusion (diˈlu:ʒən) *s.* engany *m.*
delusive (diˈlu:siv) *a.* enganyós, il·lusori.
delve (to) (delv) *t.-i.* ant. cavar *t. 2 i.* fig. ***to ~ into,*** aprofundir *t.*, buscar a fons.
demagogic (ˌdeməˈgɔgik) *a.* demagògic.
demagogue (ˈdeməgɔg) *s.* demagog.
demagogy (ˈdeməgɔgi) *s.* demagògia *f.*
demand (diˈmɑ:nd) *s.* demanda *f.*, petició *f.* ‖ ***law of supply and ~,*** llei *f.* de l'oferta i la demanda.
demand (to) (diˈmɑ:nd) *t.* exigir, reclamar, demanar.
demarcate (to) (ˈdi:mɑ:keit) *t.* demarcar, delimitar.
demarcation (ˌdi:mɑ:ˈkeiʃən) *s.* demarcació *f.*, delimitació *f.*
demean (to) (diˈmi:n) *t.-p.* rebaixar(se, degradar(se.
demeanour, (EUA) **demeanor** (diˈmi:nəʳ) *s.* comportament; *m.;* posat *m.*
demented (diˈmentid) *a.* dement.
demerit (di:ˈmerit) *s.* demèrit *m.*
demesne (diˈmein) *s.* DRET propietat *f.*, possessió *f.*, heretat *f.*
demigod (ˈdemigɔd) *m.* MIT. semidéu.
demilitarize (to) (ˈdi:ˈmilitəraiz) *t.* desmilitaritzar.
demise (diˈmaiz) *s.* DRET defunció *f.*
demobilize (to) (di:ˈmoubilaiz) *t.* MIL. desmobilitzar.
democracy (diˈmɔkrəsi) *s.* democràcia *f.*
democrat (ˈdeməkræt) *s.* demòcrata.
democratic (ˌdeməˈkrætik) *a.* democràtic.
demolish (to) (diˈmɔliʃ) *t.* enderrocar. *2* fig. enfonsar, ensorrar, destruir.
demon (ˈdi:mən) *s.* dimoni *m. 2* esperit *m.*
demonstrate (to) (ˈdemənstreit) *t.* demostrar. ▪ *2 i.* manifestar-se *p.*
demonstration (ˌdeməns'treiʃən) *s.* demostració *f. 2* manifestació *f.* pública.
demonstrative (diˈmɔnstrətiv) *a.* demostratiu.
demonstrator (ˈdemənstreitəʳ) *s.* manifestant. *2* demostrador, mostrador.
demoralization (diˌmɔrəlaiˈzeiʃən) *s.* desmoralització *f.*
demoralize (to) (diˈmɔrəlaiz) *t.* desmoralitzar, descoratjar.
demoralizing (diˈmɔrəlaiziŋ) *a.* desmoralitzador.
demur (diˈmə:ʳ) *s.* vacil·lació *f.*, indecisió *f. 2* objecció *f.*
demur (to) (diˈmə:ʳ) *i.* ***to ~ (to*** o ***at),*** objectar *t.*, posar inconvenients (a). *2* vacil·lar.
demure (diˈmjuəʳ) *a.* seriós, formal. *2* pudorós, púdic. *3* melindrós.
den (den) *s.* ZOOL. cau *m.* [també fig.].
denial (diˈnaiəl) *s.* negació *f. 2* negativa *f.*, denegació *f.*
denigrate (to) (ˈdenigreit) *t.* denigrar.
denizen (ˈdenizn) *s.* habitant.
denominate (to) (diˈnɔmineit) *t.* denominar, anomenar.
denomination (diˌnɔmiˈneiʃən) *s.* denominació *f. 2* ECLES. confessió *f.*, secta *f. 3* classe *f.*, categoria *f.*
denominator (diˈnɔmineitəʳ) *s.* MAT. denominador *m.*
denote (to) (diˈnout) *t.* denotar, indicar, assenyalar.
dénouement (deiˈnu:mɑ:ŋ) *s.* desenllaç *m.*
denounce (to) (diˈnauns) *t.* denunciar. *2* DRET denunciar [un tractat].
dense (dens) *a.* dens, espès. *2* fig. espès.
density (ˈdensiti) *s.* densitat *f.*
dent (dent) *s.* bony *m.*, abonyec *m.*, osca *f.*
dent (to) (dent) *t.* oscar, abonyegar. ▪ *2 i.* abonyegar-se *p.*
dental (ˈdentl) *a.* dental.
dentifrice (ˈdentifris) *s.* dentifrici *a.-m.*
dentist (ˈdentist) *s.* dentista.
denture (ˈdentʃəʳ) *s.* dentadura *f.* postissa.
denude (to) (diˈnju:d) *t.* GEOL. denudar. *2* despullar (*of,* de).
denunciation (diˌnʌnsiˈeiʃən) *s.* denúncia *f.*

deny (to) (di'nai) *t.* negar, denegar.
deodorant (di:'oudərənt) *s.* desodorant *a.-m.*
depart (to) (di'pɑ:t) *i.* marxar, sortir. *2* allunyar-se *p.;* fugir. *3* ant. morir. ‖ ***the ~ ed,*** els difunts.
department (di'pɑ:tmənt) *s.* departament *m. 2* districte *m. 3* secció *f.* [grans magatzems].
department store (di'pɑ:tmənt,stɔ:) *s.* grans magatzems *m. pl.*
departure (di'pɑ:tʃə^r) *s.* sortida *f. 2* fig. orientació *f.*
depend (to) (di'pend) *i.* dependre (*on* o *upon,* de).
dependable (di'pendəbl) *a.* formal, fiable, segur.
dependant (di'pendənt) *s.* persona *f.* a càrrec.
dependence (di'pəndəns) *s.* dependència *f. 2* confiança *f.*
dependency (di'pendənsi) *s.* protectorat *m.* [territori].
dependent (di'pendənt) *a.* dependent. ‖ ***to be ~ on,*** dependre de. ■ *2 s.* persona *f.* a càrrec.
depict (to) (di'pikt) *t.* dibuixar, representar, descriure.
deplete (to) (di'pli:t) *t.* esgotar, exhaurir.
depletion (di'pli:ʃən) *s.* esgotament *m.,* exhauriment *m.*
deplorable (di'plɔ:rəbl) *a.* deplorable, lamentable.
deplore (to) (di'plɔ:^r) *t.* deplorar, lamentar.
deploy (to) (di'plɔi) *t.* MIL. desplegar. *2* fig. desplegar [arguments, energia, etc.].
deployment (di'plɔimənt) *s.* desplegament *m.*
depopulate (to) (di:'pɔpjuleit) *t.* despoblar. ■ *2 i.* despoblar-se *p.*
deport (to) (di'pɔ:t) *t.* deportar, desterrar
deportation (,di:pɔ:'teiʃən) *s.* deportació *f.*
deportment (di'pɔ:tmənt) *s.* conducta *f.,* comportament *m.;* maneres *f. pl.*
depose (to) (di'pouz) *t.* destituir, deposar. ■ *2 i.* DRET declarar *t.*
deposit (di'pɔzit) *s.* COM. dipòsit *m. 2* GEOL. dipòsit *m.,* (BAL.) (VAL.) depòsit *m.;* sediment *m.;* jaciment *m.*
deposit (to) (di'pɔzit) *t.* COM. dipositar, posar. *2* GEOL. dipositar, sedimentar.
deposition (,depə'ziʃən) *s.* destitució *f.,* deposició *f. 2* DRET deposició *f.,* testimoni *m.*
depository (di'pɔzitəri) *s.* magatzem *m.;* guardamobles *m.*
depot ('depou) , (EUA) ('di:pou) *s.* dipòsit *m.,* magatzem *m.* [esp. militar]. *2* cotxera *f. 3* (EUA) estació *f.* [d'autobús o de tren].
deprave (to) (di'preiv) *t.* depravar, corrompre, pervertir, viciar.
depravity (di'præviti) *s.* depravació *f.,* perversió *f. 2* acció *f.* depravada.
deprecate (to) ('deprikeit) *t.* desaprovar.
deprecation (,depri'keiʃən) *s.* desaprovació *f.*
depreciate (to) (di'pri:ʃieit) *t.* depreciar. *2* menysprear, desestimar. ■ *3 i.* depreciar-se *p.*
depreciation (di,pri:ʃi'eiʃən) *s.* depreciació *f. 2* desestimació *f.*
depredation (,depri'deiʃən) *s.* depredació *f. 2 pl.* estralls *m.*
depress (to) (di'pres) *t.* deprimir, enfonsar. *2* deprimir, desanimar. *4* fer baixar [preus].
depressed (di'prest) *a.* desanimat; deprimit [persona]. ‖ ***~ area,*** zona *f.* deprimida.
depressing (di'presiŋ) *a.* depriment.
depression (di'preʃən) *s.* depressió *f. 2* abatiment *m.,* desànim. *3* COM. crisi *f. 4* CLIMAT. depressió *f.* atmosfèrica.
depressive (di'presiv) *a.* depressiu; depriment. ■ *2 s.* PSICOL. depressiu [persona].
deprivation (,depri'veiʃən) *s.* privació *f.*
deprive (to) (di'praiv) *t.* privar, desposseir. *2* obstaculitzar, impedir. *3* destituir.
depth (depθ) *s.* profunditat *f.,* fondària *f. 2* cor *m.,* fons *m.* [també fig.]. *3* intensitat *f.* [de color, pensament, etc.].
deputation (,depju'teiʃən) *s.* diputació *f.,* delegació *f.*
depute (to) (di'pju:t) *t.* delegar, diputar.
deputy (di'pjuti) *s.* delegat, representant, comissari *m. 2* diputat.
derail (to) (di'reil) *t.* fer descarrilar. ■ *2 i.* descarrilar.
derailment (di'reilmənt) *s.* descarrilament *m.*
derange (to) (di'reindʒ) *t.* desarreglar, trastornar. *2* destorbar, interrompre.
derangement (di'reindʒmənt) *s.* trastorn *m.,* alteració *f.,* desordre *m. 2* PSICOL. pertorbació *f.* mental.
derelict ('derilikt) *a.* abandonat, deixat. *2* negligent. ■ *3 s.* NÀUT. derelicte *m.*
dereliction (,deri'likʃən) *s.* abandó *m.,* deixadesa *f. 2* negligència *f.*
deride (to) (di'raid) *t.* burlar-se *p.,* riure's *p.,* fer riota.
derision (di'riʒən) *s.* riota *f.,* mofa *f.,* escarn *m.*
derisive (di'raisiv) *a.* burlesc; risible, ridícul.
derisory (di'raisəri) *a.* irrisori.
derivation (,deri'veiʃən) *s.* derivació *f. 2* origen *m.,* procedència *f.*

derive (to) (di'raiv) *t.* obtenir; treure; deduir; derivar. ▪ *2 i.* derivar, derivar-se *p.*
derogate (to) ('derəgeit) *i. to ~ from,* detractar *t.*, detreure *t.*
derrick ('derik) *s.* grua *f.*, càbria *f.* *2* torre *f.* de perforació.
dervish ('də:viʃ) *s.* REL. dervix *m.*
descend (to) (di'send) *i.* descendir, baixar (*from,* de). *2* rebaixar-se *p.* (*to,* a). *3 to ~ on* o *upon,* caure sobre, atacar *t.*, sorprendre *t.* ▪ *4 t.* descendir, baixar.
descendant (di'sendənt) *a.* descendent. ▪ *2 s.* GENEAL. descendent.
descent (di'sent) *s.* baixada *f.*; descens *m.* *2* GENEAL. llinatge *m.*, descendència *f.* *3* pendent *m.* *4* MIL. incursió *f.*
describe (to) (dis'kraib) *t.* descriure.
description (dis'kripʃən) *s.* descripció *f.*
descriptive (dis'kriptiv) *a.* descriptiu.
desecrate (to) ('desikreit) *t.* profanar.
desert ('dezət) *a.* desèrtic, desert. ▪ *2 s.* desert *m.*
desert (to) (di'zə:t) *t.* abandonar, deixar, desertar. ▪ *2 i.* MIL. desertar *t.*
deserter (di'zə:tə[r]) *s.* desertor.
desertion (di'zə:ʃən) *s.* abandó *m.* *2* MIL. deserció *f.*
deserts (di'zə:ts) *s. pl.* mérits *m.* ‖ *to get one's (just) ~,* obtenir el que hom mereix, obtenir una recompensa justa.
deserve (to) (di'zə:v) *t.-i.* merèixer *t.*, merèixer-se *p.*
deserving (di'zə:viŋ) *a.* mereixedor. *2* meritori.
desiccate (to) ('desikeit) *t.* dessecar, deshidratar. ▪ *2 i.* dessecar-se *p.*, deshidratar-se *p.*
design (di'zain) *s.* disseny *m.*, dibuix *m.*, projecte *m.* *2* intenció *f.*, propòsit *m.*
design (to) (di'zain) *t.* concebre, enginyar, ordir, idear, projectar. ▪ *2 i.* dissenyar *t.* projectar *t.*
designate (to) ('dezigneit) *t.* indicar, assenyalar. *2* designar, anomenar. *3* nomenar.
designation (ˌdezig'neiʃən) *s.* nomenament *m.*, designació *f.*
designedly (di'zainidli) *adv.* expressament, a posta.
designer (di'zainə[r]) *s.* dissenyador, delineant.
designing (di'zainiŋ) *a.* arter, insidiós, intrigant. ▪ *2 s.* disseny *m.*
desirable (di'zaiərəbl) *a.* desitjable.
desire (di'zaiə[r]) *s.* desig *m.* *2* anhel *m.*, ànsia *f.*
desire (to) (di'zaiə[r]) *t.* desitjar, anhelar. *2* demanar, pregar.
desirous (di'zaiərəs) *a.* desitjós, anhelós.
desist (to) (di'zist) *i.* desistir.
desk (desk) *s.* escriptori *m.*, pupitre *m.*, taula *f.*
desolate ('desəlit) *a.* desolat, desert, solitari, sol, trist.
desolate (to) ('desəleit) *t.* assolar, devastar. *2* desolar, afligir, entristir.
desolation (ˌdesə'leiʃən) *s.* desolació *f.*, devastació *f.* *2* aflicció *f.*, tristor *f.*
despair (dis'pɛə[r]) *s.* desesperació *f.*; desesperança *f.*
despair (to) (dis'pɛə[r]) *i.* desesperar(se; desesperançar(se.
despairingly (dis'pɛəriŋli) *adv.* desesperadament.
despatch (dis'pætʃ) Veure DISPATCH.
desperado (ˌdespə'rɑ:dou) *s.* malfactor, criminal.
desperate ('despərit) *a.* desesperat. *2* arriscat, temerari. ▪ *3* **-ly** *adv.* desesperadament.
desperation (despə'reiʃən) *s.* desesperació *f.*, furor *m.*
despicable ('despikəbl) *a.* menyspreable, baix.
despise (to) (dis'paiz) *t.* menysprear, menystenir.
despite (dis'pait) *prep.* malgrat, tot i, amb tot.
despoil (to) (dis'pɔil) *t.* despullar, privar (*of,* de).
despond (to) (dis'pɔnd) *i.* desanimar-se *p.*, abatre's *p.*
despondence, -cy (dis'pɔndəns, -i) *s.* desànim *m.*, abatiment *m.*
despondent (dis'pɔndənt) *a.* desanimat, abatut.
despot ('despɔt) *s.* dèspota.
despotic (de'spɔtik) *a.* despòtic.
despotism ('despətizəm) *s.* despotisme *m.*
dessert (di'zə:t) *s.* postres *f. pl.*
destination (ˌdesti'neiʃən) *s.* destinació *f.*
destine (to) ('destin) *t.* destinar. ‖ *to be ~d,* estar destinat.
destiny ('destini) *s.* destí *m.*, fat *m.*
destitute ('destitju:t) *a.* indigent, necessitat. *2* desproveït.
destitution (ˌdesti'tju:ʃən) *s.* misèria *f.*, indigència *f.*
destroy (to) (dis'trɔi) *t.* destruir. *2* trencar, destrossar, anihilar. *3* matar, sacrificar [animals].
destroyer (dis'trɔiə[r]) *s.* destructor. *2* MAR. destructor *m.*
destruction (dis'trʌkʃən) *s.* destrucció *f.* *2* ruïna *f.*, perdició *f.*
destructive (dis'trʌktiv) *a.* destructiu. *2* danyós [animal].
desuetude (di'sju:itju:d) *s.* desús *m.*

desultory ('desəltəri) *a.* intermitent, irregular, discontinu.
detach (to) (di'tætʃ) *t.* separar, desenganxar. *2* MIL. destacar.
detachable (di'tætʃəbl) *a.* separable. *2* MEC. desmontable.
detached (di'tætʃt) *a.* separat. || ~ ***house,*** torre *f.* [casa]. *2* imparcial.
detachment (di'tætʃmənt) *s.* separació *f.* *2* objectivitat *f.;* despreocupació *f.;* despreniment *m.* *3* MIL. destacament *m.*
detail ('di:teil) *s.* detall *m.*, particularitat *f.* *2* MIL. destacament *m.*
detail (to) ('di:teil) *t.* detallar, especificar. *2* MIL. destacar.
detain (to) (di'tein) *t.* retenir, deturar. *2* retardar-se *p.* *3* DRET arrestar, detenir.
detect (to) (di'tekt) *t.* descobrir; advertir, percebre. *2* RADIO. detectar.
detection (di'tekʃən) *s.* descobriment *m.;* investigació *f.* *2* RADIO detecció *f.*
detective (di'tektiv) *a.* ~ ***novel*** o ***story,*** novel·la policíaca. ▪ *2 s.* detectiu.
detector (di'tektəʳ) *s.* detector *m.*
déteute ('dei'tɑ:nt) *s.* distensió *f.*
detention (di'tenʃən) *s.* DRET detenció *f.*, arrest *m.* || ~ ***barracks,*** calabós *m.*
deter (to) (di'tə:ʳ) *t.* dissuadir, impedir, desanimar.
detergent (di'tə:dʒənt) *a.* detergent. ▪ *2 s.* detergent *m.*
deteriorate (to) (di'tiəriəreit) *t.* deteriorar, empitjorar. ▪ *2 i.* deteriorar-se *p.*, empitjorar-se *p.*
deterioration (diˌtiəriə'rei'ʃən) *s.* deteriorament *m.*, empitjorament *m.*
determinate (di'tə:minit) *a.* determinat, fixe, definit. *2* definitiu.
determination (diˌtə:mi'neiʃən) *s.* determinació *f.* *2* decisió *f.* *3* DRET resolució *f.*, veredicte *m.*
determine (to) (di'tə:min) *t.* determinar, establir, fixar. *2* calcular. *3* DRET anul·lar, rescindir. ▪ *4 i.* decidir-se *p.* (*on,* per).
deterrent (di'terənt) *a.* dissuasiu. ▪ *2 s.* impediment *m.*, fre *m.*
detest (to) (di'test) *t.* detestar, avorrir, odiar.
detestable (di'testəbl) *a.* detestable, odiós.
detestation (ˌdi:tes'teiʃən) *s.* odi *m.*, aversió *f.*
dethrone (to) (di'θroun) *t.* destronar [també fig.].
dethronement (di'θrounmənt) *s.* destronament *m.*
detonate (to) ('detouneit) *i.* esclatar, detonar. ▪ *2 t.* fer esclatar, fer detonar.
detonation (ˌdetə'neiʃən) *s.* detonació *f.*, explosió *f.*
detonator ('detəneitəʳ) *s.* detonador *m.*
detour ('di:tuəʳ) *s.* desviació *f.;* marrada *f.*
detoxify (to) (di:'tɔksifɑi) *t.* desintoxicar.
detract (to) (di'trækt) *t.* treure. *2* denigrar, detractar, detreure. ▪ *3 i.* ***to ~ from,*** treure; rebaixar.
detraction (di'trækʃən) *s.* detracció *f.*, denigració *f.*, maldiença *f.*
detriment ('detrimənt) *s.* detriment *m.*, dany *m.*, perjudici *m.*
detrimental (ˌdetri'mentl) *a.* perjudicial, nociu.
deuce (dju:s) *s.* JOC dos *m.* *2* empat a 40, 40 iguals [tennis]. *3* col·loq. dimoni *m.*
devaluation (ˌdi:vælju'eiʃən) *s.* devaluació *f.*, desvaloració *f.*
devalue (to) (di:vælju:) , **devaluate (to)** (di:'væljueit) *t.* devaluar, desvalorar.
devastate (to) ('devəsteit) *t.* devastar, assolar.
devastation (ˌdevəs'teiʃən) *s.* devastació *f.*, assolament *m.*
develop (to) (di'veləp) *t.* desenvolupar, desenrotllar. *2* fer créixer, fomentar. *3* millorar, perfeccionar. *4* urbanitzar. *5* agafar, contraure. *6* explotar [una mina, etc.]. *7* mostrar, manifestar. *8* FOT. revelar. *9* MIL. desplegar. ▪ *10 i.* desenvolupar-se *p.*, evolucionar. *11* augmentar, créixer. *12* aparèixer.
development (di'veləpmənt) *s.* desenvolupament *m.*, evolució *f.* *2* foment *m.*, explotació *f.*, urbanització *f.* *3* esdeveniment *m.* *4* FOT. revelat *m.*
deviate (to) ('di:vieit) *i.* desviar-se *p.;* allunyar-se *p.*
deviation (ˌdi:vi'eiʃən) *s.* desviació *f.*, allunyament *m.*
device (di'vais) *s.* ardit *m.*, estratagema *f.* *2* artifici *m.* *3* aparell *m.*, artefacte *m.*, dispositiu *m.* *4* divisa *f.*, emblema *m.*
devil ('devl) *s.* diable *m.*, dimoni *m.*
devilish ('devliʃ) *a.* diabòlic. *2* endimoniat.
devilment ('devilmənt) , **devilry** ('devlri) *s.* entremaliadura *f.*, malesa *f.* *2* perversitat *f.*, malignitat *f.*
devious ('di:vjəs) *a.* desviat. *2* enrevessat, tortuós.
devise (to) (di'vaiz) *t.* inventar, concebre. *2* enginyar, ordir. *3* DRET llegar.
devoid (di'vɔid) *a.* mancat, faltat.
devolution (ˌdi:və'lu:ʃən) *s.* lliurament *m.*, traspàs *m.* [de poder, competències, etc.]. *2* delegació *f.*, descentralització *f.*
devolve (to) (di'vɔlv) *t.* traspassar, transferir. ▪ *2 i.* recaure.
devote (to) (di'vout) *t.* consagrar, dedicar, destinar. *2 p.* ***to ~ oneself,*** consagrar-se, dedicar-se.

devoted (di'voutid) *a.* consagrat, dedicat, destinat. *2* devot, lleial.
devotee (ˌdevou'tiː) *s.* devot, beat. *2* fanàtic.
devotion (di'vouʃən) *s.* devoció *f.*, lleialtat *f.* *2* dedicació *f.*
devour (to) (di'vauəʳ) *t.* devorar [també fig.].
devout (di'vaut) *a.* devot, piadós, beat. *2* fervorós, sincer.
dew (djuː) *s.* rosada *f.*
dew (to) (djuː) *t.* enrosar, humitejar de rosada, enrellentir. *2* fig. banyar. ▪ *3 i.* rosar.
dewlap ('djuːlæp) *s.* papada *f.*
dewy ('djuːi) *a.* enrosat, mullat de rosada.
dexterity (deks'teriti) *s.* destresa *f.*, habilitat *f.*, manya *f.*
dexterous ('dekstərəs) *a.* destre, hàbil, manyós.
diabolic(al (ˌdaiə'bɔlik(əl) *a.* diabòlic.
diadem ('daiədəm) *s.* diadema *f.*
diaeresis (dai'iərisis) *s.* dièresi *f.*
diagnose (to) ('daiəgnouz) *t.* diagnosticar.
diagnosis (ˌdaiəg'nousis) *s.* diagnosi *f.*
diagnostic (ˌdaiəg'nɔstik) *a.* diagnòstic. ▪ *2 s.* diagnòstic *m.*
diagonal (dai'ægənl) *a.* diagonal. ▪ *2 s.* diagonal *f.*
diagram ('daiəgræm) *s.* diagrama *m.*, esquema *m.*
dial ('daiəl) *s.* esfera *f.* [de rellotge]. *2* disc *m.* [de telèfon]. *3* rellotge *m.* de sol, quadrant *m.*
dial (to) ('daiəl) *t.* TELEF. marcar.
dialect ('daiəlekt) *s.* dialecte *m.*
dialectics (ˌdaiə'lektiks) *s.* dialèctica *f.*
dialogue ('daiəlɔg) *s.* diàleg *m.*
diameter (dai'æmitəʳ) *s.* diàmetre *m.*
diamond ('daiəmənd) *s.* GEMM. diamant *m.* *2* GEOM. rombe *m.* *3* JOC diamant [cartes].
Diana (dai'ænə) *n. pr. f.* Diana.
diaper ('daiəpəʳ) *s.* (EUA) bolquer *m.*
diaphanous (dai'æfənəs) *a.* diàfan.
diaphragm ('daiəfræm) *s.* diafragma *m.*
diarrhoea (ˌdaiə'riːə) *s.* diarrea *f.*
diary ('daiəri) *s.* diari *m.* [d'experiències personals]. *2* agenda *f.*, dietari *m.*
diatribe ('daiətraib) *s.* diatriba *f.*
dice (dais) *s.* daus *m.* *2* cubets *m.*
dice-box ('daisbɔks) *s.* gobelet *m.*
Dick (dik) *n. pr. m. (dim. **Richard**)* Ricard.
dickens ('dikinz) *s.* col·loq. dimoni *m.*, diantre *m.*
dictaphone ('diktəfoun) *s.* dictàfon *m.*
dictate ('dikteit) *s.* ordre *f.* ▲ gralnt. *pl.*
dictate (to) (dik'teit) *t.* dictar. *2 i.* manar *t.*
dictation (dik'teiʃən) *s.* dictat *m.*
dictator (dik'teitəʳ) *s.* dictador.
dictatorial (ˌdiktə'tɔːriəl) *a.* dictatorial.
dictatorship (dik'teitəʃip) *s.* dictadura *f.*
diction ('dikʃən) *s.* dicció *f.*, estil *m.*
dictionary ('dikʃənri) *s.* diccionari *m.*
dictum ('diktəm) *s.* dita *f.*, aforisme *m.*
did (did) *pret.* de TO DO.
didactic (dai'dæktik) *a.* didàctic.
didn't (didnt) *contr.* de ***did*** i ***not.***
die (dai) *s.* JOC dau *m.* *2 pl.* GASTR. daus *m.* ▲ *pl.* ***dice*** (dais).
die (dai) *s.* ARQ. dau *m.* *2* MEC. encuny *m.* *3* TECNOL. matriu *f.* ▲ *pl.* ***dies*** (daiz).
die (to) (dai) *i.* morir(se. ‖ fig. ***to be dying to*** o ***for,*** morir-se *p.* per. ‖ ***I'm dying to start,*** em moro de ganes de començar. ▪ ***to ~ down,*** apagar-se *p.* [foc, soroll, passió]; ***to ~ out,*** extingir-se *p.*, desaparèixer. ▪ Pret. i p. p.: ***died*** (daid); ger.: ***dying*** ('daiiŋ).
diet ('daiət) *s.* ALIM. dieta *f.* *2* HIST. dieta *f.*
diet (to) (daiət) *t.* posar a dieta, tenir a dieta. ▪ *2 i.* estar a dieta.
differ (to) ('difəʳ) *i.* diferir, diferenciar-se *p.* *2* ***to ~ from,*** discrepar, dissentir.
difference ('difrəns) *s.* diferència *f.* *2* desigualtat *f.* *3* desacord *m.*
different ('difrənt) *a.* diferent. ▪ *2* **-ly** adv. diferentment.
differentiate (to) (ˌdifə'renʃieit) *t.* diferenciar. ▪ *2 i.* diferenciar-se *p.*
difficult ('difikəlt) *a.* difícil.
difficulty ('difikəlti) *s.* dificultat *f.* *2* obstacle *m.*, objecció *f.* *3* problema *m.*
diffidence ('difidəns) *s.* timidesa *f.*, manca *f.* de confiança *f.* en un mateix.
diffident ('difidənt) *a.* tímid.
diffuse (di'fjuːs) *a.* prolix. *2* difús.
diffuse (to) (di'fjuːz) *t.* difondre. ▪ *2 i.* difondre's *p.*
diffusion (di'fjuːʒən) *s.* difusió *f.*
dig (dig) *s.* cop *m.* de colze. *2* indirecta *f.* *3* ARQUEOL. excavació *f.* *4 pl.* col·loq. (G.B.) allotjament *m.*
dig (to) (dig) *t.* cavar, excavar, remoure. ‖ ***to ~ out*** o ***up,*** desenterrar. *3* col·loq. agradar *i.* ▪ *4 i.* cavar *t.*, excavar *t.* ▲ Pret. i p. p.: ***dug*** (dʌg).
digest ('daidʒest) *s.* compendi *m.*, compilació *f.*, resum *m.*
digest (to) (di'dʒest) *t.* digerir, pair, (ROSS.) acotxar [també fig.]. *2* resumir, compilar. ▪ *3 i.* digerir-se *p.*, pair-se *p.* [també fig.].
digestible (di'dʒestəbl) *a.* digerible.
digestion (di'dʒestʃən) *s.* digestió *f.*
digestive (di'dʒestiv) *a.* digestiu.
digger (digəʳ) *s.* cavador. *2* ARQUEOL. excavador.
digging ('digiŋ) *s.* excavació *f.*
dignified ('dignifaid) *a.* dignificat. *2* digne, solemne, elegant, majestuós.
dignify (to) ('dignifai) *t.* dignificar, lloar.

dignitary ('dignitəri) *s.* dignatari.
dignity ('digniti) *s.* dignitat *f.* *2* honor *m.* *3* rang *m.*
digress (to) (dai'gres) *i.* divagar.
digression (dai'greʃən) *s.* digressió *f.*
dike (daik) *s.* dic *m.* *2* escorranc *m.*
dilapidated (di'læpideitid) *a.* ruinós, espatllat, vell, malmès.
dilapidation (diˌlæpi'deiʃən) *s.* ruina *f.*, decadència *f.*
dilate (to) (dai'leit) *t.* dilatar. ▪ *2 i.* dilatar-se *p.*
dilation (dai'leiʃən) *s.* dilatació *f.*
dilatory ('dilətəri) *a.* dilatori. *2* lent, triganer.
dilemma (di'lemə) *s.* dilema *m.*
dilettante (ˌdili'tænti) *s.* afeccionat.
diligence ('dilidʒəns) *s.* diligència *f.*, aplicació *f.*
diligent ('dilidʒənt) *a.* diligent.
dilly-dally (to) ('diliˌdæli) *i.* perdre el temps, entretenir-se *p.* *2* vacil·lar, titubejar.
dilute (to) (dai'lju:t) *t.* diluir, deixatar [també fig.]. ▪ *2 i.* diluir-se *p.*, deixatar-se *p.*
dilution (dai'lju:ʃən) *s.* dilució *f.*
dim (dim) *a.* confús, desdibuixat, boirós. *2* obscur, fosc. *3* feble, imprecís. *4* fig. pessimista. *5* col·loq. curt.
dim (to) (dim) *t.* enfosquir, obscurir, esmorteir. ▪ *2 i.* enfosquir-se *p.*, esmorteir-se *p.*
dime (daim) *s.* (EUA) deu *m.* centaus.
dimension (di'menʃən) *s.* dimensió *f.*
diminish (to) (di'miniʃ) *t.-i.* disminuir.
diminution (ˌdimi'nju:ʃən) *s.* disminució *f.*
diminutive (di'minjutiv) *a.* diminut. ▪ *2 s.* GRAM. diminutiu *m.*
dimness ('dimnis) *s.* penombra *f.*, mitja llum *f.* *2* obscuritat *f.*, foscor *f.* *3* pal·lidesa *f.* [llum].
dimple ('dimpl) *s.* clotet *m.*
din (din) *s.* xivarri *m.*, rebombori *m.*, enrenou *m.*
dine (to) (dain) *i.* form. sopar. ▪ *2 t.* fer un sopar.
diner ('dainəʳ) *s.* comensal. *2* FERROC. vagó-restaurant *m.*
dinghy ('diŋgi) *s.* barqueta *f.* *2* llanxa *f.* de goma.
dinginess ('dindʒinis) *s.* brutícia *f.*, sordidesa *f.*
dingy ('dindʒi) *a.* brut, sòrdid.
dining-car ('dainiŋkɑ:ʳ) *s.* FERROC. vagó-restaurant *m.*
dining-room ('dainiŋrum) *s.* menjador *m.*
dinner ('dinəʳ) *s.* sopar *m.*; dinar *m.* [l'apat més fort del dia].
dinner jacket ('dinəˌdzækit) *s.* angl. smoking *m.*
dinner service ('dinəˌsə:vis) *s.* vaixella *f.*
dinner set ('dinəset) *s.* vaixella *f.*
dint (dint) *s.* ant. escantell *m.*, abonyec *m.* ▪ *2* LOC. ***by ~ of,*** a força de.
diocese ('daiəsis) *s.* ECLES. diòcesi *f.*
dip (dip) *s.* fam. remullada *f.*, bany *m.* *2* pendent *m.*
dip (to) (dip) *t.* submergir, banyar, mullar. *2* abaixar [els llums]. *3* MAR. saludar [amb banderes]. ▪ *4 i.* submergir-se *p.*, remullar-se *p.* *5* baixar *t.*, inclinar-se *p.* *6* fig. ***to ~ into a book,*** fullejar un llibre. ***to ~ into one's pocket,*** gastar-se'ls; ***to ~ into the future,*** preveure el futur.
Dip. Ed. (dip'ed) *s.* *(Diploma of Education)* diploma *m.* d'educació.
diphthong ('difθɔŋ) *s.* diftong *m.*
diploma (di'ploumə) *s.* diploma *m.*
diplomacy (di'plouməsi) *s.* diplomàcia *f.*
diplomat ('dipləmæt), **diplomatist** (di'ploumətist) *s.* diplomàtic *m.*
diplomatic (ˌdiplə'mætik) *a.* diplomàtic.
dipper ('dipəʳ) *s.* culler *m.*, culleró *m.* *2* ORN. merla *f.* d'aigua. *3* ***big ~,*** muntanyes *f. pl.* russes.
dipstick ('dipstik) *s.* AUTO. vareta *f.* de l'oli.
dire ('daiəʳ) *a.* terrible, espantós. *2* extrem.
direct (di'rekt) *a.* directe, dret: ***~ object,*** complement *m.* directe. *2* recte. *3* clar [resposta]. *4* obert [caràcter].
direct (to) (ˌdi'rekt) *t.* dirigir, manar, ordenar. *2* encaminar, adreçar. ▪ *3 i.* dirigir *t.*, encarregar-se *p.*
direction (di'rekʃən) *s.* direcció *f.*, orientació *f.* *2 pl.* instruccions *f.*, indicació *f.*
directly (di'rektli) *adv.* directament. *2* de seguida. *3* exactament; just. ▪ *4 conj.* tan aviat com, tan bon punt.
directness (di'rektnis) *s.* franquesa *f.*, rectitud *f.*
director (di'rektəʳ) *s.* director. *2* gerent.
directorate (di'rektərit) *s.* direcció *f.* [càrrec]. *2* junta *f.* directiva.
directory (di'rektəri) *s.* directori *m.* *2* guia *f.* [telefònica, etc.].
direful ('daiəful) *a.* terrible, espantós, horrible.
dirge (də:dʒ) *s.* cant *m.* fúnebre.
dirt (də:t) *s.* brutícia *f.*; greix *m.* *2* fang *m.*
dirty ('də:ti) *a.* brut, tacat. *2* indecent, fastigós. *3* vil, baix. ‖ ***~ trick,*** marranada *s. f.*; ***~ old man,*** vell *m.* verd.
dirty (to) ('də:ti) *t.* embrutar, tacar. ▪ *2 i.* embrutar-se *p.*, tacar-se *p.* [també fig.].
disability (ˌdisə'biliti) *s.* impotència *f.*, incapacitat *f.*, impediment *m.*, impossibilitat *f.*
disable (to) (dis'eibl) *t.* inutilitzar, impossibilitar. *2* esguerrar. *3* DRET incapacitar.

disabled (dis'eibld) *a.* mutilat, esguerrat, invàlid.
disablement (dis'eiblmənt) *s.* incapacitat *f.*, invalidesa *f.* *2* mutilació *f.* *3* impediment *m.*, impossibilitat *f.*
disabuse (to) (ˌdisə'bju:z) *t.* desenganyar, treure de l'error.
disadvantage (ˌdisəd'vɑ:ntidʒ) *s.* desavantatge *m.* *2* inconvenient *m.*
disadvantageous (ˌdisædvɑ:n'teidʒəs) *a.* desavantatjós.
disaffected (ˌdisə'fektid) *a.* desafecte.
disaffection (ˌdisə'fekʃən) *s.* descontentament *m.*, deslleialtat *f.*
disagree (to) (ˌdisə'gri:) *i.* discrepar, dissentir, no estar d'acord. *2* no provar.
disagreeable (ˌdisə'griəbl) *a.* desagradable. *2* malagradós, antipàtic.
disagreement (ˌdisə'gri:mənt) *s.* discrepància *f.*, desacord *m.*, discordança *f.* *2* dissentiment *m.*
disallow (to) (ˌdisə'lau) *t.* denegar, rebutjar. *2* ESPORT anul·lar.
disappear (to) (ˌdisə'piə[r]) *i.* desaparèixer.
disappearance (ˌdisə'piərəns) *s.* desaparició *f.*
disappoint (to) (ˌdisə'pɔint) *t.* defraudar, decebre, desenganyar, desil·lusionar.
disappointment (ˌdisə'pɔintmənt) *s.* desil·lusió *f.*, desengany *m.*, desencant *m.* *2* escarment *m.*
disapproval (ˌdisə'pru:vəl) *s.* desaprovació *f.*, censura *f.*
disapprove (to) (ˌdisə'pru:v) *t.* desaprovar. ▪ *2 i.* desaprovar *t.* *(of, —).*
disarm (to) (dis'ɑ:m) *t.* desarmar [també fig.]. ▪ *2 i.* desarmar-se *p.*, deposar les armes.
disarmament (disˌɑ:məmənt) *s.* desarmament *m.*
disarrange (to) ('disə'reindʒ) *t.* desordenar, desarranjar. *2* pertorbar, desbaratar, desorganitzar.
disarray ('disə'rei) *s.* desordre *m.*, confusió *f.* *2* deixadesa *f.*
disarray (to) ('disə'rei) *t.* desendreçar, desordenar.
disaster (di'zɑ:stə[r]) *s.* desastre *m.*
disastrous ('disɑ:strəs) *a.* desastrós.
disavow (to) ('disə'vau) *t.* form. repudiar, renegar, denegar. *2* desaprovar.
disband (to) (dis'bænd) *t.* dissoldre [organització]. *2* dispersar [manifestació, etc.]. *3* llicenciar [tropes]. ▪ *4 i.* dispersar-se *p.*, dissoldre's *p.*
disbelief (ˌdisbi'li:f) *s.* incredulitat *f.*
disbelieve (to) (ˌdisbi'li:v) *t.-i.* descreure *t.*, no creure *t.* *(in,* en).
disburse (to) (dis'bə:s) *t.* desemborsar, pagar.
disbursement (dis'bə:smənt) *s.* desembors *m.*, desemborsament *m.*, pagament *m.*
disc , (EUA) **disk** (disk) *s.* disc *m.*
discard (to) (di'kɑ:d) *t.* descartar, rebutjar, llençar. ▪ *2 i.* descartar-se *p.*
discern (to) (di'sə:n) *t.* discernir, distingir. *2* percebre, copsar.
discerning (di'sə:niŋ) *a.* perspicaç.
discernment (di'sə:nmənt) *s.* discerniment *m.*, perspicàcia *f.* *2* bon criteri *m.*
discharge ('distʃɑ:dʒ) *s.* descàrrega *f.* *2* tret *m.* *3* fuita *f.* [d'un gas]. *4* sortida *f.* [d'un líquid]. *5* pagament *m.* *6* acompliment *m.*, realització *f.* *7* rebut *m.*, quitança *f.* *8* destitució *f.*, acomiadament *m.* *8* DRET absolució *f.*, alliberament *m.* [d'un pres] *9* MED. supuració *f.* *10* MED. alta *f.* *11* MIL. llicenciament *m.*
discharge (to) (dis'tʒɑ:dʒ) *t.* descarregar. *2* ARM. disparar. *3* saldar [un deute]. *4* realitzar [una tasca, etc.]. *5* acomiadar, destituir. *6* MED. donar d'alta. *7* DRET absoldre, exonerar; alliberar. *8* MIL. llicenciar. ▪ *10 i.* desguassar [un riu]. *11* descarregar-se *p.* *12* MED. supurar.
disciple (di'saipl) *s.* deixeble.
discipline ('disiplin) *s.* disciplina *f.* *2* càstig *m.*
discipline (to) ('disiplin) *t.* disciplinar. *2* castigar.
disc jockey ('diskdʒɔki) *s.* disc-jòquei.
disclaim (to) (dis'kleim) *t.* negar, rebutjar, repudiar. *2* DRET renunciar.
disclose (to) (dis'klouz) *t.* revelar.
disclosure (dis'klouʒə[r]) *s.* revelació *f.*; descobriment *m.*
discolour, (EUA) **discolor (to)** (dis'kʌlə[r]) *t.* descolorir, destenyir. ▪ *2 i.* descolorir-se *p.*, destenyir-se *p.*
discomfit (to) (dis'kʌmfit) *t.* desconcertar, confondre.
discomfiture (dis'kʌmfitʃə[r]) *s.* desconcert *m.*
discomfort (dis'kʌmfət) *s.* incomoditat *f.*, malestar *m.* *2* molèstia *f.*
discompose (to) (ˌdiskəm'pouz) *t.* torbar, pertorbar; desconcertar.
discomposure (ˌdiskəm'pouʒə[r]) *s.* torbació *f.*, pertorbació *f.*, desconcert *m.*
disconcert (to) (ˌdiskən'sə:t) *t.* desconcertar, confondre. *2* pertorbar, trastornar.
disconnect (to) (ˌdiskə'nekt) *t.* desconnectar.
disconnected (ˌdiskə'nektid) *a.* desconnectat. *2* incoherent, inconnex.
disconsolate (dis'kɔnsəlit) *a.* desconsolat.

discontent (ˌdiskənˈtent) *s.* descontentament *m.*, disgust *m.*
discontent (to) (ˌdiskənˈtent) *t.* descontentar, disgustar.
discontinuance (ˌdiskənˈtinjuəns) *s.* discontinuitat *f.*, interrupció *f.*, cessament *m.*
discontinue (to) (ˌdiskənˈtinjuː) *t.* interrompre, cessar, suspendre. ▪ *2 i.* interrompre's *p.*, suspendre's *p.*, acabar.
discontinuous (ˌdiskənˈtinjues) *a.* discontinu.
discord (ˈdiskɔːd) *s.* discòrdia *f.* *2* MÚS. dissonància *f.*
discordant (disˈkɔːdənt) *a.* discordant. *2* MÚS. dissonant.
discount (ˈdiskaunt) *s.* descompte *m.*, rebaixa *f.*
discount (to) (disˈkaunt) *t.* descomptar, rebaixar. *2* rebutjar; no fer cas.
discourage (to) (disˈkʌridʒ) *t.* descoratjar, desanimar. *2* dissuadir.
discouragement (disˈkʌridʒmənt) *s.* descoratjament *m.*, desànim *m.* *2* dissuasió *f.*
discourse (ˈdiskɔːs) *s.* discurs *m.*, conferència *f.*, conversa *f.*, dissertació *f.*; tractat *m.*
discourse (to) (disˈkɔːs) *i.* dissertar, discòrrer, exposar. ‖ ***to ~ upon,*** parlar de.
discourteous (disˈkəːtjəs) *a.* descortès.
discourtesy (disˈkəːtisi) *s.* descortesia *f.*
discover (to) (disˈkʌvəʳ) *t.* descobrir, trobar. *2* adonar-se *p.*
discoverable (disˈkʌvərəbl) *a.* esbrinadís.
discoverer (disˈkʌvərəʳ) *s.* descobridor.
discovery (disˈkʌvəri) *s.* descobriment *m.*, troballa *f.*
discredit (disˈkredit) *s.* descrèdit *m.*, desprestigi *m.* *2* dubte *m.*
discredit (to) (disˈkredit) *t.* desacreditar, desprestigiar, deshonrar. *2* posar en dubte; no creure.
discreet (disˈkriːt) *a.* discret, prudent, assenyat, seriós.
discrepancy (disˈkrepənsi) *s.* discrepància *f.*, diferència *f.*
discretion (disˈkreʃən) *s.* discreció *f.*, prudència *f.*, sensatesa *f.*, seny *m.*
discriminate (to) (disˈkrimineit) *t.* distingir, diferenciar, discernir, discriminar. ▪ *2 i.* discriminar *t.*
discriminating (disˈkrimineitiŋ) *a.* perspicaç, sagaç. *2* discriminant.
discrimination (disˌkrimiˈneiʃən) *s.* discerniment *m.* *2* discriminació *f.*
discursive (disˈkəːsiv) *a.* divagador. *2* discursiu.
discus (ˈdiskəs) *s.* ESPORT disc *m.*
discuss (to) (disˈkʌs) *t.* parlar; tractar; discutir.
discussion (disˈkʌʃən) *s.* discussió *f.*, debat *m.*
disdain (disˈdein) *s.* desdeny *m.*, menyspreu *m.*
disdain (to) (disˈdein) *t.* desdenyar, menysprear. ‖ ***to ~ to,*** no dignar-se *p.* a.
disdainful (disˈdeinful) *a.* desdenyós.
disease (diˈziːz) *s.* malaltia *f.*, afecció *f.*
diseased (diˈziːzd) *a.* malalt. *2* morbós, malalt [ment]. *3* MED. contagiat [teixit].
disembark (to) (ˌdisimˈbɑːk) *t.-i.* desembarcar.
disembarkation (ˌdisembaːˈkeiʃən) *s.* desembarcament *m.*
disembodied (ˌdisimˈbɔdid) *a.* incorpori, immaterial.
disembowel (to) (ˌdisimˈbauəl) *t.* esbudellar, estripar.
disenchant (to) (ˌdisinˈtʃɑːnt) *t.* desencantar, desencisar, desil·lusionar.
disenchantment (ˌdisinˈtʃɑːntmənt) *s.* desencant *m.*, desencís *m.*; desengany *m.*, desil·lusió *f.*
disencumber (to) (ˌdisinˈkʌmbəʳ) *t.* desembarassar.
disengage (to) (ˈdisinˈgeidʒ) *t.* deslligar, deslliurar; desembarassar. *2* AUTO. desembragar. *3* MEC. desenclavar, desenganxar. *4* MIL. retirar. ▪ *5 i.* MIL. retirar-se *p.*
disengaged (ˌdisinˈgeidʒd) *a.* lliure; desocupat.
disentangle (to) (ˌdisinˈtæŋgl) *t.* desenredar, desembrollar; aclarir. ▪ *2 i.* desenredar-se *p.*
disentanglement (ˌdisinˈtæŋglmənt) *s.* desembolic *m.*, desembrollament *m.*, desembullament *m.*
disestablishment (ˌdisisˈtæbliʃmənt) *s.* separació *f.* de l'Església i l'Estat.
disfavour, (EUA) **disfavor** (ˌdisˈfeivəʳ) *s.* desfavor *m.*, desaprovació *f.*; desgràcia *f.*
disfigure (to) (disˈfigəʳ) *t.* desfigurar, enlletgir, deformar.
disfranchise (to) (disˈfræntʃaiz) *t.* privar dels drets civils. *2* privar del dret de vot.
disgorge (to) (disˈgɔːdʒ) *t.* vomitar, gitar. *2* retornar, tornar, restituir.
disgrace (disˈgreis) *s.* desgràcia *f.*, infortuni *m.* *2* deshonra *f.*, vergonya *f.*
disgrace (to) (disˈgreis) *t.* deshonrar, desacreditar. ▪ *2 p.* ***to ~ oneself,*** deshonrar-se, desacreditar-se.
disgraceful (disˈgreisful) *a.* deshonrós, vergonyós, escandalós.
disgruntled (disˈgrʌntld) *a.* descontent, malhumorat.
disguise (disˈgaiz) *s.* disfressa *f.*
disguise (to) (disˈgaiz) *t.* disfressar. *2* amagar, ocultar, dissimular.

disgust (dis'gʌst) *s.* aversió *f.*, fàstic *m.*, repugnància *f.*, repulsió *f.*
disgust (to) (dis'gʌst) *t.* repugnar, fer fàstic, fastiguejar.
disgusting (dis'gʌstiŋ) *a.* repugnant, fastigós. ‖ ***how ~!,*** quin fàstic!
dish (diʃ) *s.* plat *m.* *2* plata *f.* *3* pop. bombó [persona atractiva].
dish (to) (diʃ) *t.* ***to ~ up,*** posar en una plata, servir. *2* fig. presentar [arguments, etc.]. *3* ***to ~ out,*** distribuir. *4* col·loq. frustrar.
dish-cloth ('diʃklɔθ) *s.* drap *m.* de cuina.
dishearten (to) (dis'hɑ:tn) *t.* descoratjar, desanimar.
dishevel (to) (di'ʃevəl) *t.* despentinar, descabellar; desendreçar.
dishevelled (di'ʃevəld) *a.* despentinat, descabellat; deixat, descurat.
dishonest (dis'ɔnist) *a.* deshonest, fals, poc honrat. *2* fraudulent. ▪ *3* **-ly** adv. deshonestament; fraudulentament.
dishonesty (dis'ɔnisti) *s.* deshonestedat *f.*, falsedat *f.*, manca *f.*, d'honradesa.
dishonour, (EUA) **dishonor** (dis'ɔnəʳ) *s.* deshonor *m.*, deshonra *f.*, vergonya *f.* *2* afront *m.*
dishonour, (EUA) **dishonor (to)** (dis'ɔnəʳ) *t.* deshonrar. *2* afrontar. *3* refusar de pagar [un xec, un deute, etc.].
dishonourable, (EUA) **dishonorable** (dis'ɔnərəbl) *a.* deshonrós. *2* poc honrat.
dishwasher ('diʃwɔʃəʳ) *s.* rentaplats *m.* *pl.*
disillusion (ˌdisi'lu:ʒən) *s.* desil·lusió *f.*, desengany *m.*, desencant *m.*
disillusion (to) (ˌdisi'lu:ʒən) *t.* desil·lusionar.
disinclination (ˌdisinkli'neiʃən) *s.* aversió *f.;* resistència *f.*
disincline (to) ('disin'klain) *t.* ***to be ~ed,*** estar o sentir-se poc disposat, poc inclinat.
disinfect (to) (ˌdisin'fekt) *t.* desinfectar.
disinfectant (ˌdisin'fektənt) *a.* desinfectant. ▪ *2 s.* desinfectant *m.*
disinfection (ˌdisin'fekʃən) *s.* desinfecció *f.*
disingenuous (ˌdisin'dʒenjuəs) *a.* fals, enganyós, simulat.
disinherit (to) (ˌdisin'herit) *t.* desheretar.
disintegrate (to) (dis'intigreit) *t.* desintegrar, disgregar. ▪ *2 i.* desintegrar-se *p.*, disgregar-se *p.*
disinter (to) (ˌdisin'tə:ʳ) *s.* desenterrar, exhumar.
disinterested (dis'intristid) *a.* desinteressat. *2* imparcial.
disinterment (ˌdisin'tə:mənt) *s.* desenterrament *m.*, exhumació *f.*
disinvestment (ˌdisin'vestmənt) *s.* ECON. desinversió *f.*
disjoin (to) (dis'dʒɔin) *t.* separar, desjuntar, desunir. ▪ *2 i.* separar-se *p.*, desjuntar-se *p.*, desunir-se *p.*
disjoint (to) (dis'dʒɔint) *t.* desarticular, desencaixar, desllorigar, desengranar, desmembrar.
disjointed (dis'dʒɔintid) *a.* inconnex, incoherent [un discurs, etc.].
dislike (dis'laik) *s.* aversió *f.*, antipatia *f.*
dislike (to) (dis'laik) *t.* desagradar, no agradar. *2* tenir antipatia, sentir aversió.
dislocate (to) ('disləkeit) *t.* dislocar, desllorigar, desconjuntar, desencaixar.
dislodge (to) (dis'lɔdʒ) *t.* desallotjar, desocupar, fer fora.
disloyal ('dis'lɔiəl) *a.* deslleial.
disloyalty ('dis'lɔiəlti) *s.* deslleialtat *f.*
dismal ('dizməl) *a.* trist, melangiós, depriment.
dismantle (to) (dis'mæntl) *t.* desmantellar, desguarnir. *2* desmuntar.
dismay (dis'mei) *s.* descoratjament *m.*, desànim *m.* *2* consternació *f.*, desconcert *m.*, abatiment *m.*
dismay (to) (dis'mei) *t.* descoratjar, desanimar, espantar, consternar, abatre.
dismember (to) (dis'membəʳ) *t.* desmembrar.
dismiss (to) (dis'mis) *t.* acomiadar, expulsar, despatxar. *2* destituir, llicenciar. *3* deixar marxar. *4* dissoldre [una junta, etc.]. *5* rebutjar, allunyar [un pensament, etc.].
dismissal (dis'misəl) *s.* acomiadament *m.*, expulsió *f.* *2* destitució *f.* *3* dissolució *f.*
dismount (to) ('dis'maunt) *t.* desmuntar. ▪ *2 i.* descavalcar, baixar.
disobedience (ˌdisə'bi:djəns) *s.* desobediència *f.*
disobedient (ˌdisə'bi:djənt) *a.* desobedient, malcreient.
disobey (to) (ˌdisə'bei) *t.-i.* desobeir *t.*
disorder (dis'ɔ:dəʳ) *s.* desordre *m.*, confusió *f.*, tumult *m.* *2* malaltia *f.*, trastorn *m.*
disorder (to) (dis'ɔ:dəʳ) *t.* desordenar, trastornar. *2* trastocar, pertorbar.
disorderly (dis'ɔ:dəli) *a.* desordenat. *2* esvalotat, tumultuós.
disorganization (disˌɔ:gənai'zei:ʃən) *s.* desorganització *f.*
disorganize (to) (dis'ɔ:gənaiz) *t.* desorganitzar.
disown (to) (dis'oun) *t.* repudiar, rebutjar, negar, renegar.
disparage (to) (dis'pæridʒ) *t.* detractar, denigrar. *2* menystenir, menysprear, rebaixar.
disparagement (dis'pæridʒmənt) *s.* detracció *f.*, menyspreu *m.*

disparagingly (dis'pæridʒiŋli) *adv.* amb desdeny, desdenyosament.
disparity (dis'pæriti) *s.* disparitat *f.*
dispassionate (dis'pæʃənit) *a.* desapassionat, fred. *2* imparcial.
dispatch (dis'pætʃ) *s.* despatx *m.* [acció]. *2* despatx *m.*, comunicat *m.*, comunicació *f.* *3* celeritat *f.*, promptitud *f.*
dispatch (to) (dis'pætʃ) *t.* despatxar, enviar, expedir. *2* enllestir.
dispel (to) (dis'pel) *t.* dissipar, esvair.
dispensary (dis'pensəri) *s.* dispensari *m.*
dispensation (ˌdispen'seiʃən) *s.* dispensació *f.*, distribució *f.* *2* designi *m.* diví, providència *f.* divina. *3* exempció *f.*, dispesa *f.* *4* REL. llei *f.* *5* DRET administració *f.*
dispense (to) (dis'pens) *t.* dispensar, distribuir, concedir. *2* dispensar, eximir. *3* DRET administrar. ▪ *4 i.* ***to ~ with,*** prescindir de.
dispersal (dis'pə:səl) *s.* dispersió *f.*
disperse (to) (dis'pə:s) *t.* dispersar. *2* FÍS. descompondre [la llum]. ▪ *3 i.* dispersar-se *p.* *4* FÍS. descompondre's *p.*
dispirit (to) (di'spirit) *t.* descoratjar, desanimar.
displace (to) (dis'pleis) *t.* desplaçar. *2* traslladar, canviar de lloc. ‖ ***~ed person,*** exiliat. *3* reemplaçar, substituir. *4* QUÍM. desplaçar.
displacement (dis'pleismənt) *s.* desplaçament *m.* *2* trasllat *m.* *3* reemplaçament *m.*, substitució *f.*
display (dis'plei) *s.* exposició *f.;* exhibició *f.;* demostració *f.;* manifestació *f.* *2* ostentació *f.* *3* pompa *f.*, cerimònia *f.* *4* TECNOL. representació *f.* visual.
display (to) (dis'plei) *t.* desplegar. *2* exposar, mostrar. *3* exhibir, ostentar, lluir.
display artist (dis'pleiˌɑ:tist) *s.* aparadorista.
displease (to) (dis'pli:z) *t.* desagradar, disgustar, ofendre, enutjar.
displeasure (dis'pleʒə[r]) *s.* desgrat *m.*, desplaer *m.*, disgust *m.*
disposable (dis'pouzəbl) *a.* disponible. *2* no retornable, per llençar.
disposal (dis'pouzəl) *s.* disposició *f.*, arranjament *m.*, col·locació *f.* [acció]. *2* destrucció *f.*, eliminació *f.:* ***waste ~,*** destrucció *f.* d'escombraries. *3* neutralització *f.* [d'una bomba]. *4* evacuació *f.* *5* disposició *f.*, resolució *f.* ‖ ***at the ~ of-,*** a la disposició de. *6* COM. venda *f.*
dispose (to) (dis'pouz) *t.* disposar, col·locar, arranjar. *2* decidir, determinar. *3* inclinar, moure, persuadir. ▪ *4 i.* ***to ~ of,*** disposar de; desfer-se *p.* de, llençar *t.* *5* cedir *t.*, alienar *t.* [els drets, etc.]. *6* resoldre *t.* [un problema]. *7* despatxar *t.* [un negoci]. *8* COM. vendre *t.*
disposition (ˌdispə'ziʃən) *s.* disposició *f.*, arranjament *m.* *2* caràcter *m.*, temperament *m.* *3* inclinació *f.*, tendència *f.*, propensió *f.*, predisposició *f.* *4* traspàs *m.* [propietat].
disposses (to) (ˌdispə'zes) *t.* desposseir. *2* DRET desnonar.
disproportion (ˌdisprə'pɔ:ʃən) *s.* desproporció *f.*
disproportionate (ˌdisprə'pɔ:ʃənit) *a.* desproporcionat.
disproval ('dis'pru:vəl) *s.* refutació *f.*
disprove (to) (ˌdis'pru:v) *t.* refutar, confutar.
disputable (dis'pju:təbl) *a.* disputable, discutible, controvertible, qüestionable.
dispute (dis'pju:t) *s.* disputa *f.*, discussió *f.:* ***in ~,*** a debat *m.* *2* DRET plet *m.*, litigi *m.:* ***under ~,*** en litigi *m.*
dispute (to) (dis'pju:t) *t.* discutir, disputar. ▪ *2 i.* controvertir, disputar.
disqualify (to) (dis'kwɔlifai) *t.* inhabilitar, incapacitar. *2* ESPORT desqualificar.
disqualification (disˌkwɔlifi'keiʃən) *s.* inhabilitació *f.*, incapacitació *f.* *2* ESPORT desqualificació *f.*
disquiet (dis'kwaiət) *s.* inquietud *f.*, ànsia *f.*, preocupació *f.*, intranquil·litat *f.*
disquiet (to) (dis'kwaiət) *t.* inquietar, desassossegar, preocupar, intranquil·litzar.
disquieting (dis'kwaiətiŋ) *a.* inquietant, preocupant.
disregard ('disri'gɑ:d) *s.* desatenció *f.;* indiferència *f.;* despreocupació *f.;* desdeny *m.* *2* DRET desacatament *m.*
disregard (to) (ˌdisri'gɑ:d) *t.* desatendre, descurar, desdenyar. *2* DRET desacatar.
disrepair (ˌdisri'pɛə[r]) *s.* mal estat *m.*, deteriorament *m.*, ruïna *f.* ‖ ***to fall into ~,*** deteriorar-se *p.*, amenaçar ruïna.
disreputable (dis'repjutəbl) *a.* desacreditat. *2* deshonrós, vergonyós. *3* de mala reputació.
disrepute (ˌdisri'pju:t) *s.* descrèdit *m.*, desprestigi *m.*, deshonra *f.* *2* mala reputació *f.*, mala fama *f.* ‖ ***to fall into ~,*** desprestigiar-se *p.*, desacreditar-se *p.*
disrespect (ˌdisris'pekt) *s.* manca *f.* de respecte, desacatament *m.*
disrespectful (ˌdisris'pektful) *a.* irrespectuós.
disrobe (to) (dis'roub) *t.* despullar, desvestir. ▪ *2 i.* despullar-se *p.*, desvestir-se *p.*
disrupt (to) (dis'rʌpt) *t.* trencar, dividir. *2* desbaratar, alterar; interrompre.
disruption (dis'rʌpʃən) *s.* trencament *m.*, ruptura *f.*, divisió *f.* *2* trastorn *m.;* inte-

rrupció *f.*; desbaratament *m.*; desorganització *f.* [plans].

disruptive (dis'rʌptiv) *a.* destructiu. *2* trastornador. *3* perjudicial, nociu. *3* ELECT. disruptiu.

dissatisfaction (ˌdisˌsætis'fækʃən) *s.* insatisfacció *f.*, descontentament *m.*

dissatisfy (to) (di'sætisfai) *t.* descontentar, no satisfer.

dissect (to) (di'sekt) *t.* dissecar. *2* fig. dissecar, examinar detalladament.

dissection (di'sekʃən) *s.* disecció *f.*, dissecació *f.*

dissemble (to) (di'sembl) *t.* simular, fingir. ▪ *2 i.* dissimular *t.*

dissembler (di'semblə^r) *s.* simulador, fingidor, hipòcrita.

disseminate (to) (di'semineit) *t.* disseminar. *2* difondre, divulgar, propagar. ▪ *3 i.* disseminar-se *p.* *4* difondre's *p.*, divulgar-se *p.*, propagar-se *p.*

dissension (di'senʃən) *s.* dissensió *f.*, discòrdia *f.*

dissent (di'sent) *s.* dissentiment *m.*

dissent (to) (di'sent) *i.* dissentir, diferir, discrepar.

dissertation (ˌdisə'teiʃən) *s.* dissertació *f.*

disservice (dis'sə:vis) *s.* perjudici *m.*

dissever (to) (dis'sevə^r) *t.* partir, dividir, separar, desunir. *2* partir, dividir. *3* trencar [relacions]. ▪ *4 i.* separar-se *p.*, desunir-se *p.*

dissidence ('disidəns) *s.* dissidència *f.* *2* dissentiment *m.*, desacord *m.*

dissimilar (di'simila^r) *a.* diferent, desigual, distint.

dissimilarity (ˌdisimi'læriti) *s.* diferència *f.*, dissemblança *f.*, desigualtat *f.*

dissimulate (to) (di'simjuleit) *t.-i.* dissimular, fingir.

dissimulation (diˌsimju'leiʃən) *s.* dissimulació *f.*, fingiment *m.*, simulació *f.* *2* hipocresia *f.*

dissipate (to) ('disipeit) *t.* dissipar. *2* esvair. ▪ *3 i.* dissipar-se *p.*, esvair-se *p.*

dissipation (ˌdisi'peiʃən) *s.* dissipació *f.* *2* diversió *f.* *3* dissolució *f.*

dissociate (to) (di'souʃieit) *t.* dissociar. ▪ *2 i.* dissociar-se *p.*

dissociation (diˌsousi'eiʃən) *s.* dissociació *f.*

dissoluble (di'sɔljubl) *a.* dissoluble.

dissolute ('disəlju:t) *a.* dissolut, dissipat.

dissoluteness (disəlju:tnis) *s.* dissolució *f.*, dissipació *f.*

dissolution (ˌdisə'lu:ʃən) *s.* dissolució *f.* [acció de dissoldre o dissoldre's]. *2* DRET dissolució *f.*

dissolve (to) (di'zɔlv) *t.* dissoldre. *2* fig. desfer. *3* CINEM. fondre, encadenar. ▪ *4 i.* dissoldre's *p.* *5* fig. desfer-se *p.* *6* CINEM. fondre's *p.*, encadenar-se *p.*

dissonance ('disənəns) *s.* discòrdia *f.*, dissensió *f.* *2* MÚS. dissonància *f.*

dissuade (to) (di'sweid) *t.* dissuadir, desaconsellar.

dissuasion (di'sweiʒən) *s.* dissuasió *f.*

distaff ('distɑ:f) *s.* filosa *f.*

distance ('distəns) *s.* distància *f.* *2* llunyania *f.*, llunyària *f.*: ***in the ~***, lluny, al lluny. *3* MÚS. interval *m.* *4* ESPORT ***long ~ race***, cursa *f.* de fons; ***middle ~ race***, cursa *f.* de mig fons.

distance (to) ('distəns) *t.* distanciar. *2* allunyar.

distant ('distənt) *a.* distant, llunyà. *2* fig. distant, fred.

distaste (dis'teist) *s.* aversió *f.*, odi *m.*, repugnància *f.*

distasteful (dis'teistful) *a.* desagradable, repugnant.

distemper (dis'tempə^r) *s.* VET. brom *m.* *2* fig. malaltia *f.*, malestar *m.* *3* B. ART. trempa *f.*, pintura *f.* al tremp. *4* DRET desordre *m.*

distemper (to) (dis'tempə^r) *t.* pintar al tremp.

distend (to) (dis'tend) *t.* inflar, dilatar, distendre. ▪ *2 i.* inflar-se *p.*, dilatar-se *p.*, distendre's *p.*

distil, (EUA) **distill (to)** (dis'til) *t.-i.* destil·lar *t.*

distillation (ˌdisti'leiʃən) *s.* destil·lació *f.* *2* extret *m.*, essència *f.*

distillery (dis'tiləri) *s.* destil·leria *f.*

distinct (dis'tiŋkt) *a.* distint, clar. *2* diferent: ***as ~ from***, a diferència de. *3* marcat, assenyalat.

distinction (dis'tiŋkʃən) *s.* distinció *f.* *2* diferència *f.* ‖ ***of ~***, distingit *a.*, eminent *a.*; ***with ~***, amb distinció, amb menció.

distinctive (dis'tiŋktiv) *a.* distintiu.

distinguish (to) (dis'tiŋgwiʃ) *t.* distingir. *2* discernir. ▪ *3 i.* distingir-se *p.*

distinguished (dis'tiŋgwiʃt) *a.* distingit. *2* famós, eminent, notable.

distorsion (dis'tɔ:ʃən) *s.* distorsió *f.*, deformació *f.* *2* fig. tergiversació *f.*, falsejament *f.*, desnaturalització *f.* *3* FÍS., FOT. distorsió *f.*

distort (to) (dis'tɔ:t) *t.* torçar, deformar. *2* fig. tergiversar, falsejar.

distract (to) (dis'trækt) *t.* distreure. *2* pertorbar, enfollir. *3* atordir, confondre.

distracted (dis'træktid) *a.* distret. *2* pertorbat, enfollit, trastornat.

distraction (dis'trækʃən) *s.* distracció *f.* *2* pertorbació *f.*, confusió *f.* *3* bogeria *f.* *4* diversió *f.*, entreteniment *m.*

distraught (dis'trɔːt) *a.* boig, enfollit.
distress (dis'tres) *s.* pena *f.*, aflicció *f.* *2* misèria *f.*, pobresa *f.*, necessitat *f.* *3* tràngol *m.* *4* MED. cansament *m.*, esgotament *m.* *5* DRET embargament *m.*
distress (to) (dis'tres) *t.* afligir, entristir. *2* preocupar, neguitejar.
distressed (dis'trest) *a.* afligit, neguitós, engoixat. *2* en perill. *3* MED. esgotat.
distressing (dis'tresiŋ) *a.* penós.
distribute (to) (dis'tribjuːt) *t.* distribuir, repartir. *2* classificar.
distribution (ˌdistri'bjuːʃən) *s.* distribució *f.*, repartiment *m.* *2* classificació *f.* [estadística].
distributive (dis'tribjutiv) *a.* distributiu. ▪ *2* *s.* GRAM. adjectiu distributiu.
distributor (dis'tribjutəʳ) *s.* distribuïdor.
district ('distrikt) *s.* districte *m.* *2* partit *m.*, comarca *f.*, regió *f.* *3* barri *m.*
distrust (dis'trʌst) *s.* desconfiança *f.*, recel *m.*
distrust (to) (dis'trʌst) *t.* desconfiar, recelar, malfiar-se *p.*
disturb (to) (dis'təːb) *t.* torbar, pertorbar, trastornar, preocupar. *2* agitar. *3* distreure, destorbar, molestar. ‖ ***Do not ~,*** no molesteu.
disturbance (dis'təːbəns) *s.* torbació *f.*, pertorbació *f.*, trastorn *m.* *2* agitació *f.*, alteració *f.* *3* destorb *m.*, molèstia *f.*, malestar *m.*
disturbing (dis'təːbiŋ) *a.* pertorbador, torbador. *2* molest, preocupant.
disunion (dis'juːnjən) *s.* desunió *f.* *2* dissensió *f.*
disunite (to) (ˌdisjuː'nait) *t.* desunir. ▪ *2* *i.* desunir-se *p.*
disuse (dis'juːs) *s.* desús *m.*, abandó *m.*
disuse (to) (dis'juːz) *t.* desusar, deixar d'usar.
ditch (ditʃ) *s.* rasa *f.*, fossat *m.*, cuneta *f.*, canal *m.*, sèquia *f.*, rec *m.*, reguer *m.* *2* ESPORT fossat *m.*
ditch (to) (ditʃ) *t.* fer rases o sèquies en. *2* col·loq. abandonar, deixar, llençar, desferse *p.* de. ▪ *3* *i.* obrir rases o sèquies. *2* AVIA. amarar per força.
dither ('diðəʳ) *s.* ***to be all of a ~,*** estar fet un embolic.
dither (to) ('diðəʳ) *i.* vacil·lar, dubtar.
ditto ('ditou) *s.* ídem *adv.*
ditto mark ('ditouˌmɑːk) *s.* cometes *f. pl.*
ditty ('diti) *s.* cançó *f.*, corranda *f.*
diurnal (dai'əːnl) *a.* diürn.
divagate (to) ('daivəgeit) *i.* divagar.
divagation (ˌdaivə'geiʃən) *s.* divagació *f.*
divan (di'væn) *s.* divan *m.*
dive (daiv) *s.* capbussada *f.*, immersió *f.*, submersió *f.* *2* salt *m.* [a l'aigua]. *3* col·loq. taverna *f.*, timba *f.* *4* AVIA. picat *m.* *5* ESPORT estirada *f.* [del porter].
dive (to) (daiv) *i.* cabussar-se *p.*, capbussarse *p.*, submergir-se *p.* *2* nedar sota l'aigua. *3* tirar-se *p.* de cap. *4* AVIA. baixar en picat. *5* ESPORT estirar-se *p.*, tirar-se *p.* [el porter]. ▪ *6* *t.* cabussar, submergir.
diver ('daivəʳ) *s.* bus.
diverge (to) (dai'vəːdʒ) *i.* divergir. *2* separar-se *p.*, allunyar-se *p.* *3* dissentir, divergir, discrepar. ▪ *4* *t.* desviar.
divergence (dai'vəːdʒəns) *s.* divergència *f.*
divergent (dai'vəːdʒənt) *a.* divergent.
diverse (dai'vəːs) *a.* divers, diferent, distint, vari.
diversify (to) (dai'vəːsifai) *t.* diversificar, variar.
diversion (dai'vəːʃən) *s.* desviació *f.*, desviament *m.* *2* diversió *f.*, entreteniment *m.*
diversity (dai'vəːsiti) *s.* diversitat *f.*
divert (to) (dai'vəːt) *t.* desviar, allunyar. *2* divertir, entretenir. *3* distreure.
diverting (dai'vəːtiŋ) *a.* divertit.
divest (to) (dai'vest) *t.* desvestir, despullar. *2* desposseir. ▪ *3* *p.* ***to ~ oneself,*** desfer-se, desembarassar-se, desempallagar-se.
divide (to) (di'vaid) *t.* dividir, separar. ▪ *2* *i.* dividir-se *p.*, separar-se *p.;* bifurcar-se *p.*
dividend ('dividend) *s.* COM., MAT. dividend *m.*
divider (di'vaidəʳ) *s.* partidor. *2* MAT. divisor *m.* *3* *pl.* compàs *m.*
divination (ˌdivi'neiʃən) *s.* endevinació *f.*
divine (di'vain) *a.* diví. *2* fig. sublim, meravellós. ▪ *2* *s.* teòleg, eclesiàstic.
divine (to) (di'vain) *t.-i.* endevinar *t.* *2* predir *t.*
diviner (di'vainəʳ) *s.* endevinador, endevinaire.
diving ('daiviŋ) *s.* immersió *f.* *2* cabussada *f.* *3* AVIA. picat *m.* *4* ESPORT salt *m.*
diving bell ('daiviŋbel) *s.* campana *f.* de bus.
diving board ('daiviŋbɔːd) *s.* trampolí *m.*
diving suit ('daiviŋsuːt) *s.* vestit *m.* de bus.
divining (di'vainiŋ) *a.* endevinatori.
divining rod (di'vainiŋrɔd) *s.* vareta *f.* de saurí.
divinity (di'viniti) *s.* divinitat *f.* *2* teologia *f.*
divisibility (diˌvizi'biliti) *s.* divisibilitat *f.*
divisible (di'vizəbl) *a.* divisible.
division (di'viʒən) *s.* divisió *f.* *2* separació *f.* *3* secció *f.*, departament *m.* *4* desacord *m.*, discrepància *f.* *5* votació *f.* [Parlament Britànic]. *6* MAT. divisió *f.*

divisor (di'vaizəʳ) *s.* MAT. divisor *m.*
divorce (di'vɔ:s) *s.* divorci *m.*
divorce (to) (di'vɔ:s) *t.* divorciar. ▪ *2 i.* divorciar-se *p.*
divorcee (di,vɔ:'si:) *s.* divorciat.
divulge (to) (dai'vʌldʒ) *t.* divulgar, fer públic.
D.I.Y. (di:əi'wəi) *s. (do-it-yourself)* bricolatge *m.*
dizziness ('dizinis) *s.* vertigen *m.*, mareig *m.*, rodament *m.* de cap.
dizzy ('dizi) *a.* vertiginós. *2* marejat, atordit.
D.N.A. (di:en'ei) *s. (deoxyribonucleic acid)* A.D.N. *m.* (àcid deoxiribonucleic).
do (to) (du:) *t.* fer [sentit general]. *2* concloure, acabar. *3* complir [un deure, etc.]. ‖ ***to ~ one's best,*** esforçar-se *p.*, mirar-s'hi *p. 4* produir. *5* preparar, arranjar. ‖ ***to ~ one's hair,*** pentinar-se *p. 6* guisar, coure. ▪ *7 i.* obrar, actuar. *8* portar-se *p.*, comportar-se *p.*, estar. ‖ ***how ~ you ~?,*** molt de gust, encantat. *9* ***well to ~,*** ric. ▪ ***to ~ away with,*** abolir; ***to ~ by,*** tractar; ***to ~ for,*** treballar per a; espavilar-se *p.;* destruir, acabar; ***to ~ out,*** netejar, arranjar; ***to ~ up,*** restaurar, reparar; lligar, embolicar; cordar; ***to ~ with,*** fer amb; aguantar, tolerar; necessitar, estar satisfet amb; ***to ~ without,*** passar sense, prescindir de; ▲ a) auxiliar en frases negatives [***he did not go,*** no hi va anar] i interrogatives [***does he go?*** ell hi va?]; b) per emfatitzar [***I do like it,*** m'agrada de veritat]; c) per substituir un verb que no es vol repetir [***she plays the piano better now than she did last year,*** toca el piano millor ara que no [el tocava] l'any passat]. ▲ INDIC. Pres., 3.ª pers.: ***does*** (dʌz, dəz). | Pret.: ***did*** (did). | Part. p.: ***done*** (dʌn).
docile ('dousail) *a.* dòcil.
docility (dou'siliti) *s.* docilitat *f.*
dock (dɔk) *s.* dic *m.*, dàrsena *f. 2* desambarcador *m.;* moll *m. 3* banc *m.* dels acusats. *4* BOT. paradella *f. 5 pl.* port *m.*
dock (to) (dɔk) *t.* escuar. *2* tallar, retallar. *3* descomptar, deduir. *4* acoblar [naus espacials]. *5* NÀUT. fer entrar un vaixell en un dic. ▪ *6 i.* acoblar-se *p.* [naus espacials]. *7* entrar en un dic.
docker ('dɔkəʳ) *s.* estibador, carregador o descarregador del moll.
dockyard ('dɔkjɑ:d) *s.* drassana *f.*
doctor ('dɔktəʳ) *m.* doctor. *2* metge, facultatiu.
doctor (to) ('dɔktəʳ) *t.* doctorar. *2* MED. tractar. *3* reparar, esmenar. *4* adulterar [menjar, etc.]. *5* trucar, falsejar.
doctorate ('dɔktərit) *s.* doctorat *m.*
doctrine ('dɔktrin) *s.* doctrina *f.*
document ('dɔkjumənt) *s.* document *m.*
document (to) ('dɔkjumənt) *t.* documentar.
documentary (dɔkju'mentari) *a.* documental: ***~ proof,*** prova documental. ▪ *2 s.* CINEM. documental *m.*
dodder (to) ('dɔdəʳ) *i.* tentinejar, fer tentines.
dodge (dɔdʒ) *s.* esquivament *m.*, esquivada *f.*, finta *f. 2* truc *m.*, astúcia *f.*, argúcia *f.*
dodge (to) (dɔdʒ) *i.* esquitllar-se *p.*, escapolir-se *p.*, esmunyir-se *p.;* enretirar-se *p. 2* amagar-se *p. 3* anar amb embuts. ▪ *4 t.* defugir, eludir, esquivar. *5* col·loq. fer campana.
dodgems ('dɔdʒemz) *s.* autos *m.* de xoc.
dodger ('dɔdʒəʳ) *s.* trampós, murri.
doe (dou) *s.* ZOOL. daina *f.;* conilla *f.*, llebre *f.*
doer ('du:əʳ) *s.* agent, persona *f.* activa.
does (dʌz, dəz) Veure TO DO.
doff (to) (dɔf) *t.* ant. treure's *p.* [el barret, l'abric, etc.].
dog (dɔg) *s.* ZOOL. gos *m.*, (BAL.) ca *m.* ‖ ***stray ~,*** gos *m.* vagabund. ‖ col·loq. ***the ~s,*** cursa *f.* de llebrers. *2* mascle *m.* [de la guineu, del llop, etc.]. *3* pop., pej. gos *m.: **dirty ~,*** mal parit *m. 4* ASTR. ca *m. 5* TECNOL. capçal *m. 6* ***~ in the manger,*** que no fa ni deixa fer. ***hot ~,*** frankfurt *m. 7* ***to go to the ~s,*** arruinar-se *p.*
dog (to) (dɔg) *t.* perseguir, seguir, empaitar.
dog days ('dɔgdeiz) *s. pl.* canícula *f.*
doge (doudʒ) *s.* dux *m.* [de Venècia i de Gènova].
dog-ear (dɔgiəʳ) *s.* punta *f.* doblegada d'una pàgina. ▪ *2 a.* ***~ed,*** gastat [un llibre, una revista, etc.].
dogfight ('dɔgfait) *s.* baralla *f.* de gossos. *2* col·loq. brega *f.*, batussa *f. 3* AVIA. combat *m.* aeri.
dogfish ('dɔgfiʃ) *s.* ICT. gat *m.*
dogged ('dɔgid) *a.* tossut, obstinat. ▪ *2* **-ly** *adv.* obstinadament.
doggedness ('dɔgidnis) *s.* tossuderia *f.*, obstinació *f.*, tenacitat *f.*
doggerel ('dɔgərəl) *s.* vers *m.* dolent o vulgar. *2* pej. rodolí *m.*
doggish ('dɔgiʃ) *a.* semblant al gos, caní. *2* fig. esquerb.
dogma ('dɔgmə) *s.* dogma *m.*
dogmatic(al (dɔg'mætik(əl) *a.* dogmàtic.
do-gooder (,du:'gudəʳ) *s.* benefactor.
dogsbody ('dɔgsbɔdi) *s.* fig. bèstia *f.* de càrrega.
dog tired (,dɔg'taiəd) *a.* esgotat.
doing ('du:iŋ) *ger.* de TO DO. ▪ *2 s.* obra *f.*, acció *f. 3* esforç *m. 4 pl.* esdeveniments *m.*, fets *m.*

doldrums ('dɔldrəmz) *s. pl.* MAR. zona *f. sing.* de calmes equatorials. *2* ***in the ~,*** abatut, afligit; en calma [borsa]; ECON. estancat; NEG. aturat.
dole (doul) *s.* col·loq. subsidi *m.* de l'atur: ***to be on the ~,*** cobrar de l'atur. *2* distribució *f.*, repartiment *m.* [de menjar, vestits, etc.].
doleful ('doulful) *a.* trist, dolorós, lúgubre. *2* afligit.
doll (dɔl) *s.* nina *f. 2* col·loq. nena *f.*, noia *f.*
dollar ('dolə[r]) *s.* dòlar *m.*
dolly ('dɔli) *s.* nineta *f. 2* picador *m.* [per rentar roba]. *3* bolquet *m.*, carretó *m. 4* CINEM. travelling *m.*
Dolly ('dɔli) *n. pr. f.* (*dim.* ***Dorothy***) Dorotea.
dolphin ('dɔlfin) *s.* ZOOL. dofí *m.*
dolt (doult) *s.* talós, toix.
domain (də'mein) *s.* domini *m. 2* finca *f.*, propietat *f. 3* camp *m.*, àrea *f.*, terreny *m.* [de coneixements, de ciència].
dome (doum) *s.* ARQ. cúpula *f.*
domestic (də'mestik) *a.* domèstic. *2* casolà. *3* nacional, interior. ▪ *4 s.* domèstic, criat.
domesticate (to) (də'mestikeit) *t.* domesticar. *2* civilitzar. *3* aclimatar [plantes].
domicile ('dəmisail) *s.* domicili *m.*
dominance ('dɔminəns) *s.* dominació *f.*, predomini *m.*
dominant ('dɔminənt) *a.* dominant. ▪ *2 s.* MÚS. dominant *f.*
dominate (to) ('dɔmineit) *t.* dominar. ▪ *2 i.* dominar. *3* predominar.
domination (ˌdɔmi'neiʃən) *s.* dominació *f.*
domineer (to) (ˌdɔmi'niə[r]) *i.* dominar, tiranitzar *t.*
domineering (ˌdɔmi'niəriŋ) *a.* dominant, autoritari.
dominion (də'minjən) *s.* dominació *f.*, govern *m. 2* senyoria *f. 3 pl.* REL. ***~s,*** dominacions *f.*
domino ('dɔminou) *s.* dominó *m.* [vestit]. *2* JOC dòmino *m.* [fitxa]. *3 pl.* JOC dòmino *m.*
don (dɔn) *s.* don *m.* [tractament espanyol]. *2* (G.B.) professor *m.*, catedràtic *m.*
don (to) (dɔn) *t.* ant. vestir-se *p.*
donate (to) (dou'neit) *t.* donar.
donation (dou'neiʃən) *s.* donatiu *m. 2* DRET donació *f.*
done (dʌn) *p. p.* de TO DO. *2* acabat, enllestit. *3* esgotat, extenuat. *3* CUI. fet [carn]. *4* gastat. *5 ~!,* fet!
donkey ('dɔŋki) *s.* ase *m.*, burro *m. 2 pl.* col·loq. ***~'s years,*** segles *m.*
donor ('dounə[r]) *s.* donant.
doodle ('du:dl) *s.* gargot *m.*
doodle (to) ('du:dl) *i.* gargotejar, empastifar *t.*
doom (du:m) *s.* sentència *f.*, condemna *f. 2* destí *m.*, sort *f. 3* ruïna *f.*, perdició *f.*, condemnació *f. 4* mort *f. 5* REL. judici *m.* final.
doom (to) (du:m) *t.* destinar. *2* REL., DRET condemnar.
doomsday ('du:mzdei) *s.* REL. dia *m.* del judici *m.* final.
door (dɔ:[r], dɔə[r]) *s.* porta *f.* ‖ ***front ~,*** porta *f.* d'entrada, porta *f.* principal. ‖ ***next ~,*** casa *f.* del costat. ‖ ***out of ~s,*** a l'aire *m.* lliure. *2* portal *m.*
door bell (dɔ:bel) *s.* timbre *m.* [de la porta].
door case ('dɔ:keis) *s.* marc *m.* de la porta.
door keeper ('dɔ:ˌki:pə[r]) *s.* porter, conserge.
doorknob ('dɔ:ˌnɔb) *s.* pom *m.* [de la porta].
doorman ('dɔ:mən) *s.* porter, conserge.
door plate ('dɔ:pleit) *s.* placa *f.* [a la porta].
doorstepping ('dɔ:stepiŋ) *s.* el porta a porta *m.*
doorway ('dɔ:wei) *s.* entrada *f.*, portal *m. 2* fig. porta *f.*
dope (doup) *s.* col·loq. droga *f.*, narcòtic *m. 2* col·loq. informació *f. 3* col·loq. idiota.
dope (to) (doup) *t.* drogar, narcotitzar.
dormant ('dɔ:mənt) *a.* adormissat, endormiscat, letàrgic. *2* inactiu, latent, secret. *3* DRET desusat.
dormitory ('dɔ:mitri) *s.* dormitori *m.* [per varies persones en internats, etc.].
dormouse ('dɔ:maus) *s.* ZOOL. linó *m.* ▲ *pl.* ***dormice*** ('dɔ:mais).
Dorothy ('dɔrəθi) *n. pr. f.* Dorotea.
dorsal ('dɔ:səl) *a.* ANAT. dorsal.
dosage ('dousidʒ) *s.* dosificació *f. 2* administració *f.* [d'un fàrmac]. *3* fig. dosi *f.*
dose (dous) *s.* dosi *f.*
dose (to) (dous) *t.* medicar. *2* dosificar.
doss house ('dɔshaus) *s.* col·loq. fonda *f.* de mala mort.
dot (dɔt) *s.* punt *m.*, senyal *m.* ‖ ***on the ~,*** a l'hora *f.* en punt. ‖ ***three ~s,*** punts suspensius. ‖ ***to pay on the ~,*** pagar bitllo-bitllo, al comptat.
dot (to) (dɔt) *t.* posar el punt a [la i]. *2* escampar, sembrar. *3* MÚS. puntejar.
dotage ('doutidʒ) *s.* repapieg *m.*
dotard ('doutəd) *s.* vell xaruc.
dote (to) (dout) *i.* repapiejar. *2* ***to ~ on,*** adorar *t.*, estar boig per, perdre el seny per.
double ('dʌbl) *a.* doble, duple. *2* doble [de dues parts]. *3* doble [ambigu, insincer]: ***~ dealing,*** doble joc, joc brut. *3* COM. ***~ entry,*** partida doble. ▪ *4 s.* doble *m. 5* duplicat *m.*, còpia *f. 6* plec *m.*, doblec *m. 7*

pl. ESPORT dobles *m.* [tennis]. ▪ *8 adv.* doblement.
double (to) ('dʌbl) *t.* doblar, duplicar, redoblar; repetir. *2* doblegar, plegar. ▪ *3 i.* doblar-se *p.*, duplicar-se *p.*, redoblar. *4* ***to ~ back,*** tornar [algú] sobre els seus passos. *5* ***to ~ up,*** doblegar(se, cargolar-se; compartir [habitació].
double-cross (ˌdʌbl'krɔs) *t.* trair.
double-decker (ˌdʌbl'dekəʳ) *s.* autobús *m.* de dos pisos. *2* (EUA) entrepà *m.* doble. *3* MAR. vaixell *m.* amb dues cobertes.
doubt (daut) *s.* dubte *m.* ‖ ***no ~,*** sens dubte. *2* incertesa *f.*
doubt (to) (daut) *t.* dubtar, (ROSS.) hesitar: ***I ~ it,*** ho dubto. ▪ *2 i.* dubtar, desconfiar.
doubtful ('dautful) *a.* dubtós. *2* indecís. *3* incert. *4* sospitós.
doubtless ('dautlis) *adv.* indubtablement, sens dubte.
dough (dou) *s.* pasta *f.*, massa *f.* [del pa]. *2* pop. pasta *f.* [diners].
doughnut ('dounʌt) *s.* bunyol *m.*
doughty ('dauti) *a.* poèt. valent, valerós.
doughy ('doui) *a.* pastós, tou.
dour (duəʳ) *a.* auster, sever, rígid. *2* tossut, obstinat.
Douro ('dourou) *s. n. pr.* GEOGR. Duero *m.*
douse (to) (daus) *t.* ficar a l'aigua. *2* mullar, remullar, ruixar. *3* col·loq. apagar [un llum]. *4* MAR. arriar.
dove (dʌv) *s.* ORN. colom.
dovecote ('dʌvkɔt) *s.* colomar *m.*
dowager ('dauədʒəʳ) *s.* vídua *f.* rica.
dowdy ('daudi) *a.* deixat, malforjat.
dower ('dauəʳ) *s.* viduïtat *f.* *2* dot *m.* *3* do *m.*
down (daun) *s.* plomissol *m.*, plomissa *f.* *2* borrisol *m.*, pèl *m.*, moixí. *3* pelussa *f.* *4* duna *f.*, turó *m.* *6 pl.* ***ups and ~s,*** alts *m.* i baixos *m.* ▪ *7 adv.-prep.* avall, cap avall: ***~ the street,*** carrer avall. *8* a baix, per baix. *9* de dalt a baix. ▪ *10 a.* baix. ‖ pendent, descendent. *12* deprimit, afligit, malalt. *13 a.-adv.* COM. al comptat. ▪ *14 interj.* a baix!
down (to) (daun) *t.* abaixar. *2* abatre, tombar. *3* derrotar. *4* empassar, beure [d'un glop].
down-and-out (ˌdaunən'aut) *a.* indigent, que no té diners.
downcast ('daunkɑːst) *a.* afligit, trist, deprimit. *2* baix [els ulls, la mirada].
downfall ('daunfɔːl) *s.* ruixat *m.* [d'aigua]. *2* fig. daltabaix *m.*, ruïna *f.*, esfondrament *m.*
downhearted (ˌdaun'hɑːtid) *a.* afligit, deprimit, desanimat.
downhill (ˌdaun'hil) *s.* pendent *m.*, baixada *f.* ▪ *2 a.* inclinat. ‖ ESPORT ***~ race,*** cursa *f.* de descens *m.* [esquí]. ▪ *3 adv.* costa avall.
downpour ('daunpɔːʳ) *s.* xàfec *m.*, ruixat *m.*
downright ('daunrait) *a.* sincer, franc. *2* clar, categòric. *3* evident, manifest. *4* absolut, total. ▪ *4 adv.* clarament, categòricament, totalment, rotundament.
downstairs (ˌdaun'stɛəz) *adv.* a baix [al pis de sota].
downstream ('daunstriːm) *a.-adv.* riu avall.
down-to-earth (ˌdauntu'əːθ) *a.* pràctic, realista.
downtown ('dauntaun) *adv.* (EUA) al centre de la ciutat. ▪ *2 a.* cèntric. ▪ *3 s.* centre *m.*
downward ('daunwəd) *a.* descendent. *2* COM. a la baixa, de baixa. ▪ *3 adv.* cap avall.
downwards ('daunwədz) *adv.* cap avall. ‖ ***face ~,*** de bocaterrossa.
downy ('dauni) *a.* pelut. *2* suau, tou.
dowry ('dauəri) *s.* dot *m.*
doz. ('dʌz) *s.* (abrev. ***dozen***) dotzena *f.*
doze (douz) *s.* becaina *f.*
doze (to) (douz) *i.* dormisquejar. *2* ‖ ***to ~ off,*** adormir-se *p.*, fer una becaina.
dozen ('dʌzn) *s.* dotzena *f.* ‖ ***baker's ~,*** dotzena *f.* de frare.
dozy ('douzi) *a.* endormiscat. *2* ensopit.
drab (dræb) *s.* castany *m.* terrós. ▪ *2 a.* castany, terrós. *4* monòton, trist, gris.
drabble (to) ('dræbl) *t.* enfangar(se, enllodar(se.
draft (drɑːft) *s.* esborrany *m.* *2* esbós *m.*, apunt *m.* *3* redacció *f.*, versió *f.* *4* tiratge *m.* [d'una xemeneia]. *5* glop *m.* *6* COM. lletra *f.* de canvi, xec *m.*, gir *m.* *7* DRET minuta *f.*, projecte *m.* *8 pl.* JOC dames *f.* *9* MIL. quinta *f.*, lleva *f.* *10* ***~ bill,*** avantprojecte *m.* de llei. *11* ***on ~,*** a pressió *f.*
draft (to) (drɑːft) *t.* esbossar. *2* fer un esborrany. *3* fer un projecte. *4* redactar. *5* MIL. reclutar, quintar.
draftsman (drɑːftsmən) *s.* dibuixant, delineant, projectista. *2* redactor. *3* JOC dama *f.* [peça].
draftsmanship ('draːftsmənʃip) *s.* dibuix *m.* lineal, disseny *m.*
drag (dræg) *s.* fig. obstacle *m.*, impediment *m.* *2* col·loq. pipada *f.*, xuclada *f.* *3* col·loq. llauna *f.*: ***what a ~!,*** quina llauna! *4* AGR. rascle *m.*, romàs *m.* *5* AVIA. resistència *f.* aerodinàmica. *6* TEAT. disfressa *f.* de dona: ***in ~,*** disfressat de dona.
drag (to) (dræg) *t.* arrossegar. *2* dragar. *3* rastrejar. *4* col·loq. donar la llauna. *5* AGR. rastellar, rasclar. *6* fig. ***to ~ down,*** enfonsar. ▪ *7 i.* arrossegar-se *p.* *8* endarrerir-se *p.* *9* fer-se *p.* llarg, allargar-se *p.* *10* ***to ~ on,*** anar per llarg, haver-n'hi per temps.

draggle (to) ('drægl) *t.* enfangar, enllotar. ▪ *2 i.* enfangar-se *p.*, enllotar-se *p.* *3* endarrerir-se *p.*, ressagar-se *p.*
dragon ('drægən) *s.* MIT. drac *m.* *2* fig. fera *f.*, fura *f.*
dragonfly ('drægənflai) *s.* ENT. libèl·lula *f.*
dragoon (drə'gu:n) *s.* MIL. dragó *m.*
dragoon (to) (drə'gu:n) *t.* perseguir, intimidar. *2* tiranitzar. *3* forçar, obligar [a fer alguna cosa].
drain (drein) *s.* desguàs *m.*, cuneta *f.* escorranc *m.* *2* claveguera *f.* *3 pl.* claveguerام *m.* *4* fig. sangonera *f.* *5* MED. drenatge *m.* *6* TECNOL. purgador *m.*
drain (to) (drein) *t.* desguassar, buidar, escórrer. *2* dessecar. *3* fig. esprémer, exhaurir, empobrir, esgotar. *4* beure d'un glop. *5* AGR. drenar. *6* MED. drenar. *7* TECNOL. purgar. ▪ *8 i.* buidar-se *p.*, escórre's *p.*, dessecar-se *p.* *9* exhaurir-se *p.*, empobrir-se *p.*, esgotar-se *p.*
drainage ('dreinidʒ) *s.* desguàs *m.* *2* assecament *m.*, dessecació *f.* *3* clavegueram *m.* *4* AGR., MED. drenatge *m.*
drainage basin ('dreinidzˌbeisn) *s.* GEOGR. conca *f.*
draining board ('dreiniŋbɔ:d) *s.* escorredora *f.*, escorreplats *m.*
drake (dreik) *s.* ORN. ànec *m.* [mascle].
drama ('dra:mə) *s.* TEAT. drama *m.* [també fig.].
dramatic (drə'mætik) *a.* dramàtic.
dramatist ('dræmətist) *s.* TEAT. dramaturg.
dramatize (to) ('dræmətaiz) *t.* dramatitzar [també fig.].
drank (dræŋk) Veure TO DRINK.
drape (dreip) *s.* caient *m.* [d'un vestit]. *2* domàs *m.* *3* (EUA) cortina *f.*
drape (to) (dreip) *t.* drapar. *2* penjar [cortines, etc.]. *3* entapissar. *4* adornar, guarnir, cobrir [amb tapissos, banderes, etc.].
draper ('dreipəʳ) *s.* draper.
drapery ('dreipəri) *s.* draperia *f.* *2* tapisseria *f.* *3* domàs *m.*, guarniment *m.*, parament *m.*
drastic ('dræstik) *a.* dràstic. *2* enèrgic, sever. *3* important.
draught (dra:ft) *s.* corrent *m.* [d'aire]. *2* tiratge *m.* [d'una xemeneia]. *3* xarxada *f.*, pescada *f.* *4* esbós *m.* *5* glop *m.* *6 pl.* JOC dames. *7* MAR. calat *m.*
draught (to) (dra:ft) *t.* Veure TO DRAFT.
draughtsman ('dra:ftsmæn) *s.* JOC dama *f.* [fitxa]. *2* Veure DRAFTSMAN.
draw (drɔ:) *s.* tracció *f.*, arossegament *m.*, tirada *f.*, remolc *m.* *2* atracció *f.* *3* sorteig *m.*; premi *m.* [de la loteria]. *4* col·loq. pipada *f.* *5* ESPORT empat *m.*
draw (to) (drɔ:) *t.* arrossegar, tirar. *2* treure, (VAL) traure. *3* extreure. *4* atreure. *5* estirar, allargar. *6* desenfundar, desembeinar. *7* aconseguir, guanyar, cobrar. *8* aspirar, inspirar, inhalar. *9* fer parlar. *10* esbossar, traçar. *11* redactar, estendre [un xec]. *12* contreure, deformar. *13* córrer [les cortines]. *14* COM. girar. *15* JOC sortejar, fer-ho a sorts. ▪ *16 i.* tirar [una xemeneia]. *17* dibuixar. *18* empatar. ▪ ***to ~ away,*** allunyar-se *p.*; ***to ~ back,*** fer-se *p.* enrere; ***to ~ in,*** acabar-se *p.*; encongir-se *p.*; ***to ~ on,*** acostar-se *p.*; ***to ~ out,*** allargar(se, estirar(se; ***to ~ up,*** aturar-se *p.* ▲ *Pret.*: ***drew*** (dru:); p. p.: ***drawn*** (drɔ:n).
drawback ('drɔ:bæk) *s.* inconvenient *m.*; desavantatge *m.*
drawbridge ('drɔ:bridʒ) *s.* pont *m.* llevadís.
drawee (drɔ'i:) *s.* COM. lliurat *m.*
drawer (drɔ:ʳ, drɔəʳ) *s.* calaix *m.* *2* dibuixant. *3 pl.* calcotets *m.*, bragues *f.*
drawing ('drɔ:iŋ) *s.* dibuix *m.* *2* tracció *f.*, arrossegament *m.* *3* sorteig *m.*
drawing pin ('drɔ:iŋpin) *s.* xinxeta *f.*
drawing room ('drɔ:iŋrum) *s.* saló *m.*
drawing up (ˌdrɔ:iŋ'ʌp) redacció *f.*, el·laboració *f.*
drawl (drɔ:l) *s.* parla *f.* lenta i pesada.
drawl (to) (drɔ:l) *t.* pronunciar lentament. ▪ *2 i.* parlar lentament.
drawn (drɔ:n) *p. p.* de TO DRAW. ▪ *2 a.* arrossegat. *3* empatat. *4* cansat, ullerós.
dread (dred) *s.* por *f.*, temor *m.* ▪ *2 a.* temible, terrible, espantós.
dread (to) (dred) *t.* témer, tenir por (de).
dreadful ('dredful) *a.* terrible, espantós. *2* dolentíssim, fatal. *3* fig. horrible, repugnant. ‖ ***how ~!,*** quin horror! ▪ *4* **-ly,** *adv.* terriblement.
dream (dri:m) *s.* somni *m.* *2* quimera *f.*, il·lusió *f.*
dream (to) (dri:m) *t.* somiar. *2* imaginar, pensar. *3* ***to ~ up,*** idear, enginyar. ▪ *4 i.* somiar. *5* somiejar. ‖ Pret. i p. p.: ***dreamed*** o ***dreamt*** (dremt).
dreamer ('dri:məʳ) *s.* somiador.
dreamt (dremt) Veure DREAM (TO).
dreariness ('driərinis) *s.* tristesa *f.*, melangia *f.* *2* monotonia *f.*, avorriment *m.*
dreary ('driəri) *a.* trist, melangiós. *2* monòton, avorrit.
dredge (dredʒ) *s.* draga *f.*, rossegall *m.*
dredge (to) (dredʒ) *t.* dragar. *2* empolvorar, enfarinar. ▪ *3 i.* utilitzar una draga.
dredging ('dredʒiŋ) *s.* dragatge *m.*
dregs (dregz) *s. pl.* baixos *m.*, pòsit *m. sing.*, solatge *m. sing.*, sediment *m. sing.* *2* mare *f.* [del vi]. *3* fig. escòria *f.*, púrria *f.*

drench (to) (drentʃ) *t.* mullar, calar, amarar, xopar. *2* VET. administrar una poció.
dress (dres) *s.* vestit *m.* [de dona]. *2* vestit *m.*, vestimenta *f.* *3* indumentària *f.*, roba *f.*
dress (to) (dres) *t.* vestir. ‖ ***to get ~ed,*** vestir(se. *2* preparar, adobar, amanir. *3* pentinar, arreglar [els cabells]. *4* adornar, guarnir. *5* MED. curar, embenar [ferides]. *6* MIL. arrenglar, alinear. ▪ *7 i.* vestir-se *p.* *8* MIL. arrenglar-se *p.*, alinear-se *p.* ▪ ***to ~ up,*** mudar(se. ‖ ***to ~ up as,*** disfressar(se de.
dresser ('dresəʳ) *s.* bufet *m.* de cuina. *2* calaixera *f.* amb un mirall. *3* (EUA) lligador *m.*, tocador *m.* *4* TECNOL. adobador *m.*
dressing ('dresiŋ) *s.* vestiment *m.* [acció de vestir(se]. *2* adorn *m.*, guarniment *m.* *3* CUI. amaniment *m.*, condiment *m.* *4* MED. cura *f.*, bena *f.* *5* ~ o ~ ***down,*** allisada *f.*, reny *m.*
dressing gown ('dresiŋgaun) *s.* bata *f.*
dressing room ('dresiŋrum) *s.* TEAT. camerino *m.*
dressing table ('dresiŋˌteibl) *s.* lligador *m.*, tocador *m.*
dressmaker ('dresˌmeikəʳ) *s.* modista.
dressmaking ('dresmeikiŋ) *s.* costura *f.*
dress rehearsal ('dresri'hə:səl) *s.* assaig *m.* general.
drew (dru:) Veure TO DRAW.
dribble ('dribl) *s.* degoteig *m.*, regalim *m.* *2* bava *f.* *3* angl. ESPORT dribbling *m.*
dribble (to) ('dribl) *i.* degotar, regalimar. *2* bavejar. *3* ESPORT esquivar. ▪ *4 t.* degotar, regalimar. *5* ESPORT fer un dribbling.
dried (draid) Veure TO DRY. ▪ *2 a.* sec.
drier ('draiəʳ) *s.* assecador *m.* *2* eixugador *m.*
drift (drift) *s.* arrossegament *m.* *2* corrent *m.* [d'aigua, d'aire]. *3* rumb *m.*, direcció *f.*, intenció *f.*, sentit *m.*, tendència *f.* *5* impuls *m.* *6* ARQ. càrrega *f.* *6* AVIA., NÀUT. deriva *f.*
drift (to) (drift) *t.* arrossegar, empènyer. *2* amuntegar. ▪ *3 i.* deixar-se *p.* arrossegar, ser arrossegat. *4* amuntegar-se *p.* *5* AVIA., NÀUT. anar a la deriva, derivar.
drill (dril) *s.* trepant *m.*, barrina *f.* *2* exercici *m.* *3* AGR. solc *m.*, rega *f.*; sembradora *f.* *4* MIL. instrucció *f.* *5* TÈXT. dril *m.* *6* ZOOL. mandril *m.*
drill (to) (dril) *t.* trepar, foradar, perforar, barrinar. *2* entrenar, exercitar. *3* AGR. sembrar a solc. *4* MIL. fer instrucció. ▪ *5 i.* entrenar-se *p.*, exercitar-se *p.* *6* MIL. fer instrucció.
drink (driŋk) *s.* beguda *f.* *2* glop *m.* *3* copa *f.* ‖ ***soft ~,*** beguda *f.* no alcohòlica. ‖ ***to have a ~,*** fer una copa *f.* ‖ ***to take to ~,*** donar-se *p.* a la beguda *f.*
drink (to) (driŋk) *t.* beure('s. ‖ ***to ~ to someone's health,*** brindar a la salut d'algú. *2* fig. absorbir, xuclar. ▪ *3 i.* emborratxar-se *p.* ‖ Pret.: ***drank*** (draŋk); *p. p.*: ***drunk*** (drʌŋk).
drinkable ('driŋkəbl) *a.* potable.
drinker (driŋkəʳ) *s.* bevedor. ‖ ***hard ~,*** bevedor recalcitrant.
drinking ('driŋkiŋ) *s.* beguda *f.*, beure *m.*
drinking bout ('driŋkiŋbaut) *s.* gresca *f.*, borratxera *f.*
drinking trough ('driŋkiŋtrɔf) *s.* abeurador *m.*
drinking water ('driŋkiŋˌwɔ:tə) *s.* aigua *f.* potable.
drip (drip) *s.* degoteig *m.*, degotament *m.* *2* degotall *m.* *3* col·loq. corcó *m.* tanoca, sòmines.
drip (to) (drip) *i.* degotar, degotejar, gotejar. ▪ *2 t.* deixar caure gota a gota.
drive (draiv) *s.* passeig *m.* o viatge *m.* en cotxe. *2* camí *m.*, carrer *m.*, avinguda *m.* [privat]. *3* energia *f.*, esforç *m.*, empenta *f.* *4* campanya *f.* *6* AUTO. tracció *f.*, transmissió *f.* *7* ESPORT cop *m.*, impuls *m.*, drive *m.* [tennis]. *8* ***~-in,*** parador *m.* [de carretera]; autocinema *m.*
drive (to) (draiv) *t.* conduir. *2* portar, dur, menar. *3* guiar, dirigir. *4* empényer, impulsar. *5* ***to ~ away,*** allunyar, foragitar. *6* ***to ~ back,*** rebutjar, fer retrocedir. *7* ***to ~ mad,*** fer tornar boig. ▪ *8 i.* conduir *t.* *9* anar en cotxe. *10* ***to ~ back,*** tornar en cotxe. *11* ***to ~ off,*** anar-se'n en cotxe, arrencar i marxar.
drivel (to) ('drivl) *i.* dir bestieses. *2* bavejar.
driven ('drivn) Veure TO DRIVE.
driver ('draivəʳ) *s.* conductor. *2* cotxer; carreter; xofer; camioner; taxista. *3* AUTO. corredor, pilot *m.* *4* FERROC. maquinista. *5* TECNOL. roda *f.* motriu.
driving ('draiviŋ) *s.* conducció *f.* *2* impuls *m.* ▪ *3 a.* motriu. *4* de conducció *f.*
driving licence ('draiviŋˌlaisəns) *s.* permís *m.* o carnet *m.* de conduir.
driving school ('draiviŋsku:l) *s.* auto-escola *f.*
driving test ('draiviŋtest) *s.* examen *m.* de conducció.
drizzle ('drizl) *s.* plugim *m.*, xim-xim *m.*
drizzle (to) ('drizl) *i.* plovisquejar, caure gotes.
droll (droul) *a.* estrany, peculiar. *2* còmic, divertit.
dromedary ('drʌmədəri) *s.* ZOOL. dromedari *m.*

drone (droun) *s.* ENT. abellot *m. 2* fig. dropo, gandul. *3* brunzit *m.*, bonior *f.*
drone (to) (droun) *t.* murmurar. ■ *2 i.* murmurar, xiuxiuejar. *3* brunzir.
droop (dru:p) *s.* inclinació *f.*, caiguda *f.*
droop (to) (dru:p) *t.* inclinar, abaixar. ■ *2 i.* inclinar-se *p.*, abaixar-se *p. 3* fig. pansir-se *p.*, ensopir-se *p.*
drop (drɔp) *s.* gota *f. 2* baixa *f.*, disminució *f. 3* descens *m.*, caiguda *f.*, baixada *f. 4* declivi *m.*, inclinació *f.*, desnivell *m. 5* JOI. arracada *f. 6* MIL. aprovisionament *m.* aeri.
drop (to) (drɔp) *t.* deixar caure, deixar anar, llençar. ‖ ***to ~ a hint,*** llençar una indirecta. *2* fer caure, abatre. *3* disminuir, minvar. *4* ometre. *5* deixar, deixar córrer, abandonar. *6* ***to ~ a line,*** escriure quatre ratlles. ■ *7 i.* caure, descendir. *8* degotar, gotejar. *9* disminuir, baixar. *10* acabar-se *p.*, cessar. ■ fig. ***to ~ by, to ~ in,*** deixar-se *p.* caure, visitar; ***to ~ off,*** decaure, disminuir; adormir-se *p.*, endormiscar-se *p.*; ***to ~ out,*** plegar, retirar-se *p.*
dropper ('drɔpəʳ) *s.* MED., QUÍM. comptagotes *m.*
dropsy ('drɔpsi) *s.* MED. hidropesia *f.*
dross (drɔs) *s.* METAL. escòria *f.* [també fig.].
drought (draut) *s.* sequera *f.*, secada *f.*
drove (drouv) Veure TO DRIVE. *2 s.* ramat, *m.*, ramada *f. 3* munió *f.*, gentada *f.*, multitud *f.*
drover ('drouvəʳ) *s.* ramader.
drown (to) (draun) *t.* negar, ofegar. *2* fig. inundar; amarar. ■ *3 i.* negar-se *p.*, ofegar-se *p.*
drowse (to) (drauz) *t.-i.* endormiscar-se *p.*
drowsiness ('drauzinis) *s.* somnolència *f.*, sopor *m. 2* fig. apatia *f.*, ensopiment *m.*
drowsy ('drauzi) *a.* somnolent. *2* soporífer.
drub (to) (drʌb) *t.* bastonejar, apallissar.
drubbing ('drʌbiŋ) *s.* bastonada *f.*, pallissa *f.*
drudge (drʌdʒ) *s.* escarràs *m.*, esdernec *m.*
drudge (to) (drʌdʒ) *i.* escarrassar-se *p.*, esdernegar-se *p.*
drudgery ('drʌdʒəri) *s.* treball *m.* dur, treballada *f. 2* feina *f.* monòtona.
drug (drʌg) *s.* droga *f. 2* MED. medicina *f.*, medicament *m.*
drug (to) (drʌg) *t.* drogar(se. *2* narcotitzar.
drug addict ('drʌg ˌædikt) *s.* toxicòman, drogadicte.
drug addiction ('drʌgəˌdikʃən) *s.* toxicomania *f.*, drogadicció *f.*
druggist ('drʌgist) *s.* (G.B.) adroguer, farmacèutic. *2* (EUA) propietari *m.* d'un DRUGSTORE.
drugstore ('drʌgstɔ:ʳ) *s.* (EUA) drugstore *m.*, botiga *f.* amb serveis múltiples [farmàcia, perfumeria, adrogueria, etc.].
drum (drʌm) *s.* MÚS. tambor *m.*, timbal *m.* ‖ ***bass ~,*** bombo *m. 2* bidó *m. 3 pl.* bateria *f. 4* ANAT. timpà *m. 5* MEC. cilindre *m. 6* MIL. ***major ~,*** tambor *m.* major.
drum (to) (drʌm) *i.* tocar el tambor, tamborinejar. *2* fig. tamborinar.
drumbeat ('drʌmbi:t) *s.* toc *m.* de tambor, toc *m.* de timbal.
drummer ('drʌməʳ) *s.* tambor, timbaler. *2* bateria. *3* (EUA) viatjant de comerç.
drumstick ('drʌmstik) *s.* MÚS. baqueta *f.* [de tambor]. *2* CUI. cuixa *f.* [de pollastre, d'ànec, etc.].
drunk (drʌŋk) *p. p.* de DRINK (TO). ■ *2 a.* begut, embriac, borratxo. ‖ ***to get ~,*** emborratxar-se *p. 3* fig. ebri. ■ *3 s.* embriac, bor-
ratxo.
drunkard ('drʌŋkəd) *s.* embriac, borratxo.
drunken ('drʌŋkən) *a.* bebedor, embriac, borratxo. ‖ ***~ state,*** estat *m.* d'embriaguesa *f.*
drunkenness ('drʌnkənnis) *s.* embriaguesa *f.*
dry (drai) *a.* sec, eixut.*2* sòlid. *3* avorrit.
dry (to) (drai) *t.* assecar, eixugar, (VAL) torcar. ■ *2 i.* assecar-se *p.*, eixugar-se *p.*, (VAL.) torcar-se *p. 3* col·loq. ***~ up!,*** calla!
dry cleaning (ˌdrai'kli:niŋ) *s.* rentat *m.* en sec.
dry ice (ˌdrai'ais) *s.* neu *f.* carbònica.
dry land (ˌdrai'lænd) *s.* terra *f.* ferma.
dry law ('drailɔ:) *s.* (EUA) llei *f.* seca.
dryness ('drainis) *s.* sequedat *f.*, eixutesa *f. 2* aridesa *f.*
dry nurse ('drainə:s) *s.* dida *f.* seca.
dubious ('dju:bjəs) *a.* dubtós. *2* sospitós, equívoc, ambigu. ■ *3* **-ly,** *adv.* dubtosament.
dubiousness ('dju:bjəsnis) *s.* dubte *m.*, incertesa *f.*
ducal ('dju:kəl) *a.* ducal.
ducat ('dʌkət) *s.* ducat *m.* [moneda].
duchess ('dʌtʃis) *s.* duquessa *f.*
duchy ('dʌtʃi) *s.* ducat *m.* [territori].
duck (dʌk) *s.* ORN. ànec *m.*, ànega *f. 2* capbussada *f.*, esquivament *m. 3* TÈXT. dril *m.*
duck (to) (dʌk) *t.* capbussar, cabussar. *2* esquivar, ajupir. *3* fig. eludir. *4* col·loq. ***to ~ a class,*** fer campana. ■ *5 i.* capbussar-se *p.*, cabussar-se *p. 6* ajupir-se *p.*
duct (dʌkt) *s.* conducte *m.*
ductile ('dʌktail) *a.* dúctil [també fig.].
due (dju:) *a.* degut. ‖ ***~ to,*** degut a. *2* convenient, oportú. *3* previst. ‖ ***in ~ time,*** a l'hora prevista, quan sigui l'hora. *4* COM.

pagable. || ~ ***date,*** data de venciment, data de pagament. || ~ ***payment,*** pagament pendent. ▪ *5 s. **to give someone his*** ~, castigar algú com es mereix. *6* COM. deute *m.* *7 pl.* drets *m.* [per pagar]; quota *f. sing.* ▪ *8 adv.* exactament; directament.

duel ('dju:əl) *s.* duel *m.*

duenna (dju:'enə) *s.* senyora *f.* de companyia [per a noies].

duet (dju:'et) *s.* MÚS. duo *m.*

duffer ('dʌfə[r]) *s.* col·loq. talós, toix, estúpid.

dug (dʌg) Veure TO DIG. *2* mamella *f.*

dug-out ('dʌgaut) *s.* NÀUT. piragua *f.* *2* MIL. trinxera *f.*, refugi *m.* subterrani.

duke (dju:k) *s.* duc *m.*

dukedom ('dju:kdəm) *s.* ducat *m.*

dull (dʌl) *a.* apagat, mat, esmorteït, somort. *2* ennuvolat, boirós [temps]. *3* talós, obtús, espès. *4* avorrit, monòton. *5* trist. *6* esmussat.

dull (to) (dʌl) *t.* esmorteir, mitigar. *2* alleugerir, alleujar. *3* deslluir, enfosquir. *4* esmussar [també fig.]. *5* fig. refredar. ▪ *6 i.* esmorteir-se *p.* *7* alleujar-se *p.* *8* deslluir-se *p.*, enfosquir-se *p.* *9* esmussar-se *p.* [també fig.]. *10* fig. refredar.

dullness ('dʌlnis) *s.* esmorteiment *m.*, pal·lidesa *f.* *2* alleujament *m.* *3* deslluïment *m.*, opacitat *f.*, grisor *f.* *4* avorriment *m.* *5* bestiesa *f.*

duly ('dju:li) *adv.* degudament. *2* puntualment, a l'hora.

dumb (dʌm) *a.* mut [també fig.]. *2* (EUA) enze, soca, talós.

dumbbell ('dʌmbel) *s.* ESPORT halters *m. pl.*

dumbfound (to) (dʌm'faund) *t.* sorprendre, esbalair, deixar parat.

dumbness ('dʌmnis) *s.* mudesa *f.* *2* mutisme *m.*, silenci *m.*

dumb show ('dʌmʃou) *s.* pantomima *f.*

dummy ('dʌmi) *a.* fals, postís, d'imitació. ▪ *2 s.* maniquí *m.*, figurí *m.* *3* maqueta *f.* *4* xumet *m.* *5* mort *m.* [cartes].

dump (dʌmp) *s.* abocador *m.* *2 pl.* abatiment *m. sing.*, aflicció *f. sing.* *3* MIL. dipòsit *m.* [d'armes, etc.].

dump (to) (dʌmp) *t.* abocar, descarregar, buidar [de cop]. *2* desfer-se *p.* de, desempallegar-se *p.* de. *3* COM. inundar el mercat.

dumpy ('dʌmpi) *a.* rabassut.

dun (dʌn) *a.* marró grisenc. ▪ *2 s.* marró *m.* grisenc. *3* persona que persegueix morosos.

dun (to) (dʌn) *t.* perseguir morosos.

dunce (dʌns) *s.* beneit, talós.

dune (dju:n) *s.* duna *f.*

dung (dʌŋ) *s.* AGR. fems *m. pl.*, (ROSS.) aixer *m.*

dung (to) (dʌŋ) *t.* femar.

dungaress (ˌdʌngə'ri:z) *s. pl.* granota *f. sing.* [vestit].

dungeon ('dʌndʒən) *s.* calabós *m.*, masmorra *f.*

dunghill ('dʌŋhil) *s.* femer *m.*

duo ('dju:ou) *s.* MÚS. duo *m.*

dupe (dju:p) *s.* pau *m.*, taujà.

dupe (to) (dju:p) *t.* enredar, entabanar, ensarronar.

duplicate ('dju:plikit) *a.* duplicat. ▪ *2 s.* duplicat *m.*, còpia *f.*

duplicate (to) ('dju:plikeit) *t.* duplicar.

duplicity (dju:'pliciti) *s.* duplicitat *f.*

durability (ˌdjuərə'biliti) *s.* durabilitat *f.*, durada *f.*, duració *f.*

durable ('djuərəbl) *a.* durable, durador.

duration (djuə'reiʃən) *s.* duració *f.*, durada *f.*

duress (djuə'res) *s.* coacció *f.* *2* empresonament *m.*

during ('djuəriŋ) *prep.* durant.

durst (də:st) Veure TO DARE.

dusk (dʌsk) *s.* vespre *m.*, crepuscle *m.* *2* fosca *f.*, foscor *f.*

dusky ('dʌski) *a.* fosc, obscur, ombrívol. *2* bru, morè.

dust (dʌst) *s.* pols *f.* *2* col·loq. merder *m.*, confusió *f.* *3* liter., ant. cendres *f. pl.*, restes *f. pl.* mortals.

dust (to) (dʌst) *t.* treure la pols, espolsar. *2* empolsar, enfarinar.

dustbin ('dʌstbin) *s.* galleda *f.* de les escombraries.

dust cloud ('dʌstklaud) *s.* polseguera *f.*

duster ('dʌstə[r]) *s.* drap *m.* de la pols. *2* espolsadors *m. pl.* *3* esborrador *m.*

dustman ('dʌstmən) *s.* escombriaire.

dusty ('dʌsti) *a.* polsós, empolsinat.

Dutch (dʌtʃ) *a.-s.* holandès.

dutiful ('dju:tiful) *a.* obedient, respectuós.

duty (dju:ti) *s.* deure *m.*, obligació *f.* || ***to do one's*** ~, complir algú el seu deure *2* obediència *f.*, respecte *m.* *3* funció *f.*, feina *f.*, tasca *f.* *4* servei *m.* || ***on*** ~, de servei || ***to be off*** ~, estar lliure de servei. *5* impost *m.* (*on,* sobre). *6 pl.* drets *m.* || ***customs*** ~***ies,*** aranzels *m.*, drets *m.* de duana.

dwarf (dwɔ:f) *a.-s.* nan.

dwarf (to) (dwɔ:f) *t.* no deixar créixer. *2* empetitir, fer semblar petit.

dwarfish ('dwɔ:fiʃ) *a.* nan, diminut.

dwell (to) (dwel) *i.* liter. habitar, viure, residir. *2* estar-se *p.* *3* fig.: ***to*** ~ ***on*** o ***upon,*** allargar-se *p.*, estendre's *p.* || Pret. i p. p.: ***dwelt*** (dwelt).

dweller ('dwelə[r]) *s.* habitant.

dwelling ('dweliŋ) *s.* casa *f.*, morada *f.*, vivenda *f.*

dwindle (to) ('dwindl) *i.* minvar, disminuir.
dye (dai) *s.* tintura *f.*, tint *m.*, color *m.*
dye (to) (dai) *t.* tenyir, tintar. ▪ *2 i.* tenyir-se *p.*
dyer ('daiə[r]) *s.* tintorer.
dying ('daiiŋ) *ger.* de TO DIE. ▪ *2 a.* moribund, agonitzant. *3* final, darrer.
dynamic (dai'næmik) *a.* dinàmic.
dynamics (dai'næmiks) *s.* FÍS. dinàmica *f.*
dynamite ('dainəmait) *s.* dinamita *f.*
dynamo ('dainəmou) *s.* ELECT. dinamo *f.*
dynastic (di'næstik) *a.* dinàstic.
dynasty ('dinəsti) *s.* dinastia *f.*
dysentery ('disəntri) *s.* disenteria *f.*
dyspepsia (dis'pepsiə) *s.* dispèpsia *f.*
dyspeptic (dis'peptik) *a.* dispèptic.

E

E, e (iː) *s.* e [lletra]. *3* MÚS. mi *m.*
each (iːtʃ) *a.* cada, cadascun. ▪ *2 pron.* cada u, cadascú. ‖ ~ ***other,*** l'un a l'altre, mútuament, entre ells, entre si. *3* ***the apples cost 30 p.*** ~, les pomes costen 30 penics cada una.
eager ('iːgəʳ) *a.* frisós, ansiós, bascós. ▪ *2* **-ly** *adv.* ansiosament.
eagerness ('iːgənis) *s.* frisança *f.*, ànsia *f.*, afany *m.*
eagle ('iːgl) *s.* ORN. àguila *f.*, àliga *f.*
ear (iəʳ) *s.* orella *f.* ‖ fig. ***up to the ~s,*** fins el capdemunt. *2* oïda *f.*, orella *f.* ‖ ***to give ~ to,*** donar o prestar orella. ‖ ***to play by ~,*** tocar d'oïda *f.;* fig. improvisar. *3* BOT. espiga *f.*
ear-ache ('iəreik) *s.* mal *m.* d'orella.
eardrum ('iədrʌm) *s.* ANAT. timpà *m.*
earl (əːl) *s.* comte *m.*
earldom (əːldəm) *s.* comtat *m.*
early ('əːli) *a.* primitiu, antic, primer. *2* pròxim [en el futur]. *3* primerenc. *4* precoç. *5* ***to be ~,*** arribar d'hora. ▪ *6 adv.* al principi. *7* aviat, (BAL.) prest, (VAL.) prompte. *8* d'hora, (VAL.) enjorn.
earn (to) (əːn) *t.* guanyar(se, cobrar, percebre. *2* merèixer(se, aconseguir.
earnest ('əːnist) *a.* seriós, formal. *2* sincer, franc. *3* constant, ferm, diligent. ▪ *4 s.* seriositat *f.*, formalitat *f.* ‖ ***in ~,*** seriosament, amb seriositat. *5* COM. paga *f.* i senyal *6* penyora *f.* ▪ *7* **-ly** *adv.* seriosament, de veritat.
earnestness ('əːnistnis) *s.* seriositat *f.*, formalitat. *2* fermesa *f.*, constància *f.*, tenacitat *f.*
earnings ('əːniŋz) *s. pl.* ingressos *m.*, guanys *m.*, beneficis *m.* *2* sou *m. sing.*, salari *m. sing.*
earphones ('iəfounz) *s. pl.* auriculars *m.*
earpiece ('iəpiːs) *s.* TELEF. auricular *m.*
earring ('iəriŋ) *s.* arracada *f.*
earshot ('iəʃɔt) *s.* abast de l'orella *f.* ‖ ***to be within ~,*** estar a l'abast de l'orella.
earth (əːθ) *s.* terra *f.* [planeta, etc.]. *2* terra *m.*, sòl *m.* *3* TECNOL. terra *f.* *4* ZOOL. cau *m.*
earthen ('əːθen) *a.* de fang, de terrissa.
earthenware ('əːθən-wɛəʳ) *s.* terrissa *f.*, ceràmica *f.* ▪ *2 a.* de fang.
earthly ('əːθli) *a.* terrenal, terrestre. *2* carnal, mundà.
earthquake ('əːθkweik) *s.* terratrèmol *m.*, moviment *m.* sísmic.
earthwork ('əːθwəːk) *s.* terraplè *m.*
earthworm ('əːθwəːm) *s.* ZOOL. cuc *m.*, llambric *m.*
earthy ('əːθi) *a.* terrós, terri, terrenc. *2* fig. groller, vulgar.
earwig ('iəwig) *s.* ENT. papaorelles *f.*, tisoreta *f.*
ease (iːz) *s.* alleujament *m.*, descans *m.* *2* tranquil·litat *f.*, serenitat *f.* *3* comoditat *f.*, benestar *m.*, assossec *m.* *4* facilitat *f.* *5* MIL. ***at ~,*** descans *m.* [posició].
ease (to) (iːz) *t.* alleujar, alleugerir. *2* mitigar, apaivagar. *3* descarregar. *4* assossegar, tranquil·litzar. *5* facilitar. *6* afluixar, relexar. ▪ *7 i.* afluixar, disminuir. *8* ***to ~ off,*** o ***up,*** relaxar-se *p.*, tranquil·litzar-se *p.*, moderar-se *p.*
easel ('iːzl) *s.* cavallet *m.* [de pintor].
easily ('iːzili) *adv.* fàcilment, tranquillament. *2* amb tranquil·litat, amb calma.
easiness ('iːzinis) *s.* facilitat *f.*, desimboltura *f.* *2* comoditat *f.*, tranquil·litat *f.*
east (iːst) *s.* est *m.*, orient *m.*, llevant *m.* ▪ *2 a.* de l'est, oriental. ‖ ***Far E~,*** Extrem Orient. ‖ ***Middle E~,*** Orient Mitjà. ‖ ***Near E~,*** Pròxim Orient.
Easter ('iːstəʳ) *s.* Pasqua *f.* de Resurrecció *f.*, Setmana *f.* Santa.
easterly ('iːstəli) *a.* oriental, de l'est. ▪ *2 adv.* cap a l'est, a l'est.

eastern ('i:stən) *a.* oriental, de l'est.
easy ('i:zi) *a.* fàcil, senzill. *2* còmode, confortable. || ~ ***chair,*** butaca *f. 3* desimbolt, tranquil, natural. *4* ***take it ~!,*** calma't!, pren-t'ho amb calma! ▪ *5 adv.* fàcilment, tranquil·lament.
easy-going (ˌi:zi'gouiŋ) *a.* tranquil, indolent. *2* tolerant, condescendent. *3* lent. *4* deixat. *5* afable, simpàtic.
eat (to) (i:t) *t.* menjar(se. *2* consumir, gastar. ▪ *3 i.* menjar(se. ▪ ***to ~ away*** o ***into,*** corroir, gastar, menjar-se; ***to ~ up,*** menjar-se, acabar-se. ▲ Pret.: ***ate*** (et, eit); p. p.: ***eaten*** (i:tn).
eatable ('i:təbl) *a.* comestible. ▪ *2 s. pl.* comestibles *m.*
eaten ('i:tn) *p. p.* de TO EAT.
eating-house ('i:tiŋhaus) *s.* restaurant *m.*
eau-de-Cologne (oudəkə'loun) *s.* aigua *f.* de Colònia.
eaves (i:vz) *s. pl.* ARQ. ràfec *m.*, volada *f.*
eavesdrop (to) ('i:vzdrɔp) *i.* escoltar d'amagat.
ebb (eb) *s.* reflux *m.* || ***the ~ and flow,*** el flux *m.* i el reflux *m. 2* fig. decadència *f.*, caiguda *f.*, disminució *f.*
ebb (to) (eb) *i.* minvar, baixar [la marea]. *2* fig. decaure, disminuir.
ebb tide ('ebtaid) *s.* marea *f.* minvant.
ebony ('ebəni) *s.* BOT. banús *m.* ▪ *2 a.* de banús.
ebullience (i'bʌljəns) *s.* exuberància *f.*, exaltació *f.*, entusiasme *m.*, animació *f.*
ebullient (i'bʌljənt) *a.* exuberant, exaltat, entusiasmat.
eccentric (ik'sentrik) *a.* excèntric. ▪ *2 s.* excèntric. *3* MEC. excèntrica *f.*
eccentricity (ˌeksen'trisiti) *s.* excentricitat *f.*
ecclesiastic (iˌkli:zi'æstik) *a.-s.* eclesiàstic.
echo ('ekou) *s.* eco *m.*
echo (to) ('ekou) *t.* repetir, imitar. *2* fer-se *p.* eco de. ▪ *2 i.* ressonar, fer eco.
eclectic (i'klektik) *a.-s.* eclèctic.
eclipse (i'klips) *s.* eclipsi *m.*
eclipse (to) (i'klips) *t.* eclipsar.
eclogue ('eklɔg) *s.* LIT. ègloga *f.*
ecological (i:kə'lɔdʒikəl) *a.* ecològic.
ecologist (i'kɔlədʒist) *s.* ecologista.
ecology (i'kɔlədʒi) *s.* ecologia *f.*
economic (ˌikə'nɔmik) *a.* econòmic. || ~ ***crisis,*** crisi econòmica.
economical (ˌi:kənɔmikəl) *a.* econòmic, barat. || ***an ~ holiday,*** unes vacances econòmiques.
economics (ˌi:kə'nɔmiks) *s.* economia *f.* [ciència].
economist (i'kɔnəmist) *s.* economista.
economize (to) (i:'kɔnəmaiz) *t.-i.* economitzar *t.*, estalviar *t.*
economy (i'kɔnəmi) *s.* economia *f.*
ecosystem ('i:kousistəm) *s.* ecosistema *m.*
ecstasy ('ekstəsi) *s.* èxtasi *m.*
Ecuador (ˌekwə'dɔ:ʳ) *n. pr.* GEOGR. l'Equador *m.*
ecumenic (ˌi:kju:'menik) *a.* ecumènic.
ed. (ed) *s.* (abrev. ***edition, editor, education***) edició *f.*, editor, educació *f.*
Ed (ed) *n. pr. m.* (dim. ***Edgar, Edward***) Edgar, Eduard.
eddy ('edi) *s.* remolí *m.*
eddy (to) ('edi) *i.* arremolinar-se *p.*
edge (edʒ) *s.* tall *m.*, fil *m. 2* vora *f.*, cantó *m.* || ***on ~,*** de cantó; fig. impacient. *3* marge *m.*, riba *f. 4* extrem *m.*, límit *m.*, afores *f. pl. 5* ***to set the teeth on ~,*** fer esgarrifar.
edge (to) (edʒ) *t.* enribetar, ribetejar, orlar. *2* vorellar. *3* esmolar. *4* moure a poc a poc. ▪ *5 i.* moure's *p.* a poc a poc.
edgeways ('edʒweiz) , **edgewise** (-waiz) *adv.* de cantó. *2* fig. ***not get a word in ~,*** no poder obrir la boca, no poder dir la seva [en una conversa].
edging ('edʒiŋ) *s.* ribet *m.*, vorell *m.*
edible ('edibl) *a.* comestible. ▪ *2 s. pl.* comestibles *m.*
edict ('i:dikt) *s.* edicte *m.*, decret *m.*
edification (ˌedifi'keiʃən) *s.* edificació *f.* [moral, etc.].
edifice ('edifis) *s.* edifici *m.* [també fig.].
edify (to) ('edifai) *t.* edificar [sentit moral].
Edimburgh ('edimbərə) *n. pr.* GEOGR. Edimburg *m.*
edit (to) ('edit) *t.* revisar, corregir, preparar l'edició [d'un diari, un llibre, etc.]. *2* redactar, dirigir [un diari].
edition (i'diʃən) *s.* edició *f.* || ***paperback ~,*** edició de butxaca. *2* tirada *f. 3* fig. versió *f.*
editor ('editəʳ) *s.* director, redactor [d'una publicació].
editorial (ˌedi'tɔ:riəl) *a.* de direcció, de redacció: ~ ***staff,*** redacció *f.* [d'un diari]. ▪ *2 s.* editorial *m.*, article *m.* de fons.
educate (to) ('edjukeit) *t.* educar. *2* instruir, formar, ensenyar.
educated ('edjukeitid) *a.* culte, instruït.
education (ˌedju:'keiʃən) *s.* educació *f.*, ensenyament *m. 2* instrucció *f.*, formació *f.*, cultura *f.*
educational (ˌedjukeiʃənl) *a.* educacional, relatiu a l'ensenyament. *2* docent. *3* cultural.
educator ('edju:keitəʳ) *s.* educador, pedagog.
Edward ('edwəd) *n. pr. m.* Eduard.
EEC ('i:i:'si:) *s.* *(European Economic Community)* CEE (Comunitat Econòmica Europea).

eel (i:l) *s.* ICT. anguila *f.*
eerie, eery ('iəri) *a.* misteriós, esgarrifós, fantàstic, terrible.
efface (to) (i'feis) *t.* esborrar.
effect (i'fekt) *s.* efecte *m.* || ***in ~,*** de fet. || ***to take ~,*** fer efecte; posar en vigor. || ***to the ~ that,*** en el sentit que. *2* resultat *m.*, conseqüència *f.* *3* impressió *f.* *4 pl.* efectes *m.*
effect (to) (i'fekt) *t.* efectuar, dur a terme, realitzar.
effective (i'fektiv) *a.* efectiu, eficaç, eficient. *2* DRET vigent. || ***to become ~,*** entrar en vigor. *3* MIL., TECNOL. útil.
effectual (i'fektjuəl) *a.* eficaç; adequat.
effectuate (to) (i'fektjueit) *t.* efectuar, realitzar.
effeminacy (i'feminəsi) *s.* efeminació *f.*
effeminate (i'feminit) *a.* efeminat.
effervesce (to) (ˌefə'ves) *i.* estar en efervescència.
effervescence (ˌefə'vesns) *s.* efervescència *f.*
effervescent (ˌefə'vesənt) *a.* efervescent.
effete (i'fi:t) *a.* esgotat. *2* decadent.
efficacious (ˌefi'keiʃəs) *a.* eficaç; adequat.
efficacy ('efikəsi) *s.* eficàcia *f.*
efficiency (i'fiʃənsi) *s.* eficiència *f.*, eficàcia *f.*, rendiment *m.*
efficient (e'fiʃənt) *a.* eficient. *2* capaç; competent. *3* eficaç.
effigy ('efidʒi) *s.* efígie *f.*, imatge *f.*
effort ('efət) *s.* esforç *m.* *2* col·loq. obra *f.*, intent *m.*
effortless ('efətlis) *a.* fàcil, sense esforç.
effrontery (e'frʌntəri) *s.* afrontament *m.* *2* desvergonyiment *m.*
effulgence ('efʌldʒəns) *s.* fulgor *m.;* resplendor *m.*
effulgent (e'fʌldʒənt) *a.* resplendent.
effusion (i'fju:ʒən) *s.* efusió *f.* [també fig.]. *2* MED. vessament *m.*
effusive (i'fju:siv) *a.* efusiu.
e.g. ('i:'dʒi: ˌfərig'zɑ:mpl) (abrev. ***exempli gratia, for example***) per exemple.
egg (eg) *s.* ou *m.* || ***boiled ~,*** ou *m.* passat per aigua. || ***fried ~,*** ou *m.* ferrat. || ***hard-boiled ~,*** ou *m.* dur. || ***new-laid ~,*** ou *m.* fresc. *2* fig. ***to put all one's ~s in one basket,*** jugar-s'ho tot a una sola carta.
egg (to) (eg) *t.* ***to ~ on,*** instigar, incitar.
egg-cup ('egkʌp) *s.* ouera *f.*
eggplant ('egplɑ:nt) *s.* BOT. albergínia. *2* alberginiera.
eggshell ('egʃəl) *s.* closca *f.* d'ou.
egg-whisk ('egwisk) *s.* batidora *f.* d'ous.
egg white ('egwait) *s.* clara *f.* d'ou.
ego ('i:gou, 'egou) *s.* FIL., PSICOL. jo *m.* || col·loq. ***he's on an ~ tip,*** només pensa en ell mateix.
egoist ('əgouist) *s.* egoista.
egotism ('egoutizəm) *s.* egotisme *m.*
egregious (i'gri:dʒiəs) *a.* egregi; insigne.
Egypt ('i:dʒipt) *n. pr.* GEOGR. Egipte *m.*
Egyptian (i'dʒipʃən) *a.-s.* egipci.
eiderdown ('aidədaun) *s.* edredó *m.*
eight (eit) *a.* vuit, (VAL.) huit. ■ *2 s.* vuit *m.*, (VAL) huit *m.*
eighteen (ˌei'ti:n) *a.* divuit, (BAL.) devuit, (VAL.) dèvuit, (ROSS.) desavuit. ■ *2 s.* divuit *m.*, (BAL.) devuit *m.*, (VAL.) dèvuit *m.*, (ROSS.) desavuit *m.*
eighteenth ('ei'ti:nθ) *a.* divuitè.
eighth (eitθ) *a.* vuitè. ■ *2 s.* vuitè *m.*
eightieth ('eitiiθ) *a.* vuitantè. ■ *2 s.* vuitantè *m.*
eighty ('eiti) *a.* vuitanta. ■ *2 s.* vuitanta *m.*
Eire ('ɛərə) *n. pr.* GEOGR. República *f.* d'Irlanda.
either ('aiðə[r], 'i:ðə[r]) *a.-pron.* l'un o l'altre. *2* qualsevol [dels dos]. *3* cap. ■ *4 adv.* tampoc. ■ *5 conj.* ***~... or,*** o... o.
ejaculate (to) (i'dʒækjuleit) *t.* FISIOL. ejacular. *2* exclamar.
eject (to) (i'dʒekt) *t.* expel·lir. *2* expulsar; fer fora.
eke out (to) (i:k aut) *t.* augmentar [amb dificultat]; suplir [insuficiències].
elaborate (i'læbərit) *a.* elaborat; detallat; complicat.
elaborate (to) (i'læbəreit) *t.* elaborar; desenvolupar. ■ *3 i.* elaborar-se *p.* *4* aprofundir.
elapse (to) (i'læps) *i.* passar; transcórrer [temps].
elastic (i'læstik) *a.* elàstic, flexible [també fig.]. ■ *2 s.* elàstic *m.*
elate(d (i'leit(id) *a.* alegre, joiós.
elation (i'leiʃən) *s.* elació *f.;* joia *f.*, gaubança *f.*
elbow ('elbou) *s.* colze *m.* || ***at one's ~,*** al costat. *3* MEC. colze *m.*
elbow (to) ('elbou) *t.* donar colzades. || ***to ~ one's way,*** obrir-se pas a colzades [també fig.].
elder ('eldə[r]) *a.* gran, (VAL.) major [en edat]: ***~ sister,*** germana gran. ■ *2 s.* gran [persona]. *3* BOT. saüc *m.*
elderly ('eldəli) *a.* d'edat avançada; ancià.
eldest ('eldist) *a. superl.* més gran [d'edat]. *2* primogènit *m.*
elect (i'lekt) *a.* escollit. *2* electe. ■ *3 s.* TEOL. ***the ~,*** els escollits *m. pl.*
elect (to) (i'lekt) *t.* elegir, escollir.
election (i'lekʃən) *s.* elecció *f.*
elective (i'lektiv) *a.* electiu; electoral.
elector (i'lektə[r]) *s.* elector.
electric (i'lektrik) *a.* elèctric. || ***~ chair,*** cadira elèctrica. || ***~ guitar,*** guitarra elèctrica. *2* fig. molt tens.

electrical (i'lektrikl) *a.* elèctric. ‖ ~ ***engineer,*** enginyer electrotècnic. *2* fig. electritzant.
electrician (ilek'triʃən) *s.* electricista *m.*
electricity (ilek'trisiti) *s.* electricitat *f.*
electrify (to) (i'lektrifai) *t.* electritzar [també fig.]. *2* TECNOL. electrificar.
electrocute (to) (i'lektrəkju:t) *t.* electrocutar.
electrode (i'lektroud) *s.* FÍS. elèctrode *m.*
electron (i'lektrɔn) *s.* FÍS. electró *m.*
electronic (ilek'trɔnik) *a.* electrònic.
electroplate (to) (i'lektroupleit) *t.* FÍS. galvanitzar.
elegance ('eligəns) *s.* elegància *f.*
elegant ('eligənt) *a.* elegant.
elegy ('elidʒi) *s.* LIT. elegia *f.*
element ('elimənt) *s.* element *m.*, part *f.*, constituent *m.*, factor *m.* *3 pl.* forces *f.* de la natura.
elementary (ˌeli'mentəri) *a.* elemental. ‖ ~ ***education,*** ensenyament *m.* primari.
Eleanor ('elinəʳ) *n. pr. f.* Elionor.
elephant ('elifənt) *s.* ZOOL. elefant.
elephantine (eli'fæntain) *a.* fig. elefantí, mastodòntic, gegantí.
elevate (to) ('eliveit) *t.* elevar, aixecar. *2* fig. millorar.
elevated ('eliveitid) *a.* elevat. *2* aeri. *3* col·loq. alegre.
elevation (ˌeli'veiʃən) *s.* elevació *f.* *2* dignitat *f.*, grandiositat *f.* *3* GEOGR. altitud *f.* *4* ARQ. alçat *m.*
elevator ('eliveitəʳ) *s.* elevador *m.* *2* muntacàrregues *m. pl.* *3* (EUA) ascensor *m.* *4* (G.B.) escala *f.* mecànica. *5* AGR. magatzem *m.* de gra.
eleven (i'levn) *a.* onze. ▪ *2 s.* onze *m.*
elicit (to) (i'lisit) *t.* treure; arrencar; fer sortir.
eleventh (i'levnθ) *a.-s.* onzè. *2* ***at the ~ hour,*** al darrer moment.
elf (elf) *s.* MIT. elf *m.*
elide (to) (i'laid) *t.* GRAM. elidir.
eligible ('elidʒəbl) *a.* elegible, adequat. ‖ ***an ~ young man,*** un bon partit *m.* *2* ***~ for a pension,*** tenir dret a una pensió.
eliminate (to) (i'limineit) *t.* eliminar.
elimination (iˌlimi'neiʃən) *s.* eliminació *f.*
elision (i'liʒən) *s.* GRAM. elisió *m.*
élite (ei'li:t) *s.* gal·lic. èlite *f.*
elixir (i'liksəʳ) *s.* elixir *m.*
Elizabeth (i'lizəbəθ) *n.pr.f.* Isabel, Elisabet.
elk (elk) *s.* ZOOL. ant *m.*
ellipse (i'lips) *s.* GEOM. el·lipse *f.*
ellipsis (i'lipsis) *s.* GRAM. el·lipsi *f.*
elliptic (i'liptik) , **elliptical** (i'liptikəl) *a.* el·líptic.
elm (elm) *s.* BOT. om *m.*
elocution (ˌelə'kju:ʃən) *s.* elocució *f.*; declamació *f.*; dicció *f.*
elongate (to) ('i:lɔŋgeit) *t.* allargar; extendre [en l'espai]. ▪ *2 i.* allargar-se *p.*; extendre's *p.*
elongation (ˌi:lɔŋ'geiʃən) *s.* elongació *f.* *2* allargament *m.*, extensió *f.*
elope (to) (i'loup) *i.* escapar-se *p.* [amb un amant].
elopement (i'loupmənt) *s.* fuga *f.* [amb un amant].
eloquence ('eləkwəns) *s.* eloqüència *f.*
eloquent ('eləkwənt) *a.* eloqüent.
else (els) *adv.* més: ***did you see anybody ~?,*** vas veure algú més? *2* d'una altra manera: ***how ~ would you do it?,*** de quina altra manera ho faries? ▪ *3 conj.* si no: ***run or ~ you'll be late,*** corre, si no faràs tard.
elsewhere ('els'wεəʳ) *adv.* en (qualsevol) altre lloc.
elucidate (to) (i'lu:sideit) *t.* elucidar; dilucidar.
elude (to) (i'lu:d) *t.* eludir, fugir, evitar: ***the answer ~s me,*** la resposta se m'escapa. *2* desfer-se *p.*, desempallegar-se *p.*
elusive (i'lu:siv) *a.* elusiu. *2* difícil de retenir [a la memòria].
emaciate (to) (i'meiʃieit) *t.* emaciar; demacrar.
emaciation (iˌmeisi'eiʃən) *s.* emaciació *f.*; demacració *f.*
email ('i:meiəl) *s.* INFORM. correu *m.* electrònic.
emanate (to) ('eməneit) *i.* emanar.
emanation (ˌemə'neiʃən) *s.* emanació *f.*
emancipate (to) (i'mænsipeit) *t.* emancipar.
emancipation (iˌmænsi'peiʃən) *s.* emancipació *f.*
emasculate (to) (i'mæskjuleit) *t.* emascular; capar.
embalm (to) (im'bɑ:m) *t.* embalsamar.
embankment (im'bæŋkmənt) *s.* CONSTR. terraplè *m.*; dic *m.*
embargo (em'bɑ:gou) *s.* COM. prohibició *f.*; restricció *f.* [també fig.]. *2* DRET embarg *m.*, embargament *m.*
embark (to) (im'bɑ:k) *t.* embarcar. ▪ *2 i.* embarcar-se *p.* *3* fig. ***to ~ on,*** empendre *t.*, embarcar-se *p.* [en un negoci, etc.].
embarkation (ˌembɑ:'keiʃən) *s.* embarcament *m.*
embarrass (to) (im'bærəs) *t.* torbar; desconcertar. *2* embarassar; fer nosa. *3* ECON. crear problemes econòmics.
embarrassing (im'bærəsiŋ) *a.* violent, molest, tens, desagradable.
embarrassment (im'bærəsmənt) *s.* torbació

*f.; desconcert *m. 2* embaràs *m.; nosa *f. 3* ECON. problemes *m. pl.* econòmics.
embassy ('embəsi) *s.* ambaixada *f.*
embattle (to) (im'bætl) *t.* MIL. formar en batalla. *2* fortificar. *3* emmerletar.
embed (to) (im'bed) *t.* encaixar; encastar; incrustar. *2* fig. ficar, fixar.
embellish (to) (im'beliʃ) *t.* embellir; adornar.
embellishment (im'beliʃmənt) *s.* embelliment *m.;* adornament *m.*
ember ('embəʳ) *s.* brasa *f.*
embezzle (to) (im'bezl) *t.* ECON. desfalcar. *2* malversar.
embezzlement (im'bezlmənt) *s.* ECON. peculat *m. 2* malversació *f.*
embitter (to) (im'bitəʳ) *t.* exasperar. *2* amargar [una persona]. *3* enverinar [una discussió].
emblem ('embləm) *s.* emblema *m. 2* símbol *m.*
embodiment (im'bɔdimənt) *s.* encarnació *f. 2* incorporació *f. 3* personificació *f.*
embody (to) (im'bɔdi) *t.* expressar, exposar. *2* incloure, incorporar. *3* encarnar, personificar, materialitzar.
embolden (to) (im'bouldən) *t.* encoratjar.
embolism ('embəlizəm) *s.* MED. embòlia *f.*
emboss (to) (im'bɔs) *t.* repussar; estampar en relleu. *2* gofrar.
embrace (im'breis) *s.* abraçada *f.*
embrace (to) (im'breis) *t.* abraçar. *2* comprendre; abastar. *3* acceptar; fer ús de. ▪ *4 i.* abraçar-se *p.*
embrasure (im'breiʒəʳ) *s.* MIL. canonera *f.*, tronera *f. 2* ARQ. ampit; rebaix.
embrocation (ˌembrə'keiʃən) *s.* MED. embrocació *f.*
embroider (to) (im'brɔidəʳ) *t.* COST. brodar. *2* fig. embellir.
embroidery (im'brɔidəri) *s.* COST. brodat *m.*
embroil (to) (im'brɔil) *t.* embrollar; enredar; embolicar.
embryo ('embriou) *s.* BOT., ZOOL. embrió *m.* [també fig.]. ‖ lit. fig. ***in ~***, en embrió *m.*
embryonic (ˌembri'ɔnik) *a.* embrionari.
emend (to) (i'mend) *t.* esmenar; corregir.
emendation (ˌi:men'deiʃən) *s.* esmena *f.;* correcció *f.*
emerald ('emərəld) *s.* GEMM. maragda *f.* ▪ *2 a.* de color de maragda.
emerge (to) (i'mə:dʒ) *i.* emergir; sortir; aparèixer; sorgir. ‖ ***it ~s that,*** resulta que. *2* treure's *p. 3* DRET deduir *t.*
emergence (i'mə:dʒəns) *s.* emergència *f.*, sortida *f.;* aparició *f.*
emergency (i'mə:dʒənsi) *s.* emergència *f.* ‖ ***~ brake,*** fre *m.* de seguretat. ‖ ***~ exit,*** sortida *f.*, d'emergència. ‖ ***~ landing,*** aterratge *m.* forçós o d'emergència. *2* MED. urgència *f.*
emergent (i'mə:dʒənt) *a.* emergent. *2* inesperat. *3* jove. ‖ ***~ country,*** país *m.* jove.
emery ('eməri) *s.* MINER. esmeril *m.*
emery board ('eməriˌbɔ:d) *s.* llima *f.* de les ungles.
emery paper ('eməriˌpeipər) *s.* paper *m.* de vidre.
emigrant ('emigrənt) *s.* emigrant, emigrat.
emigrate (to) ('emigreit) *i.* emigrar.
emigration (ˌemi'greiʃən) *s.* emigració *f.*
Emily ('eməli) *n. pr. f.* Emília.
eminence ('eminəns) *s.* eminència *f.*, distinció *f. 2* GEOGR. eminència *f. 3* REL. ***His Eminence,*** S'Eminència.
eminent ('eminənt) *a.* eminent; distingit. *2* manifest.
emir (e'miəʳ) *s.* emir *m.*
emissary ('emisəri) *s.* emissari.
emission (i'miʃən) *s.* emisió *f.* [no de ràdio]; descàrrega *f.*, expulsió *f.*
emit (to) (i'mit) *t.* emetre [no un programa de ràdio]; expulsar.
emolument (i'mɔljumənt) *s.* emolument *m.*
emotion (i'mouʃən) *s.* emoció *f.*
emotional (i'mouʃənl) *a.* emocional, emotiu.
emperor ('empərəʳ) *s.* emperador *m.*
emphasis ('emfəsis) *s.* èmfasi *m.;* insistència *f. 2* GRAM. èmfasi *m.*
emphasize (to) ('emfəsaiz) *t.* emfasitzar; recalcar. *2* GRAM. emfasitzar.
emphatic (im'fætik) *a.* remarcat, enèrgic.
empire ('empaiəʳ) *s.* imperi *m.*
empiric (im'pirik) , **empirical** (im'pirikəl) *a.-s.* empíric.
empiricism (im'pirisizəm) *s.* empirisme *m.*
emplacement (im'pleismənt) *s.* MIL. emplaçament *m.*
employ (to) (im'plɔi) *t.* col·locar; donar feina. *2* esmerçar [el temps, etc.].
employee (ˌemplɔi'i:) *s.* empleat; treballador.
employer (im'plɔiəʳ) *s.* patró; amo.
employment (im'plɔimənt) *s.* col·locació *f.*, treball *m. 2* ocupació *f.*
emporium (im'pɔ:riəm) *s.* empori *m.;* centre *m.* comercial.
empower (to) (im'pauəʳ) *t.* autoritzar, donar poder.
empress ('empris) *s.* emperadriu *f.*
emptiness ('emptinis) *s.* buidor *f.* [també fig.]. *2* fatuïtat *f.*
empty ('empti) *a.* buit. *2* vacant; desocupat. *3* fatu. ▪ *4 s.pl.* cascs *m.* o envasos *m.* buits.
empty (to) ('empti) *t.* buidar. *2* abocar, des-

carregar. *3* treure de. ▪ *3 i.* buidar-se *p. 4* GEOGR. desembocar.

empty-headed (ˌempti'hedid) *a.* cap de trons; eixelebrat.

emulate (to) ('emjuleit) *t.* emular, rivalitzar amb.

emulation (ˌemju'leiʃən) *s.* emulació *f.*, rivalitat *f.*

emulsion (i'mʌlʃən) *s.* QUÍM. emulsió *f.*

enable (to) (i'neibl) *t.* habilitar; facultar. *2* facilitar. *3* permetre.

enact (to) (i'nækt) *t.* DRET aprovar, decretar; promulgar. *2* TEAT. fer [un paper]; representar [un personatge].

enactment (i'næktmənt) *s.* DRET promulgació *f.;* llei *f.;* estatut *m.*

enamel (i'næməl) *s.* esmalt *m.*

enamel (to) (i'næməl) *t.* esmaltar.

enamour, (EUA) **enamor (to)** (i'næməʳ) *t.* enamorar. *2* fig. captivar, seduir.

encaged (in'keidʒd) *a.* engabiat.

encamp (to) (in'kæmp) *t.* acampar. ▪ *2 i.* acampar, plantar una tenda.

encampment (in'kæmpmənt) *s.* campament *m.*

encase (to) (in'keis) *t.* encaixonar. *2* ficar [dins].

enchain (to) (in'tʃein) *t.* encadenar.

enchant (to) (in'tʃɑːnt) *t.* encantar; embruixar. *2* captivar, encisar.

enchanter (in'tʃɑːntəʳ) *s.* encantador *m.;* fetiller *m.*

enchanting (in'tʃɑːntiŋ) *a.* encantador; encisador.

enchantment (in'tʃɑːntmənt) *s.* encantament *m.;* fetilleria *f. 2* encant *m.;* encís *m.*

enchantress (in'tʃɑːntris) *s.* encantadora *f.;* fetillera *f.*

encircle (to) (in'səːkl) *t.* encerclar; envoltar.

enclose (to) (in'klouz) *t.* envoltar [amb una tanca]. *2* confinar. *3* adjuntar [a una carta].

enclosure (in'klouʒəʳ) *s.* encerclament *m. 2* tancat *m.;* clos *m. 3* tanca *f.*, barrera *f. 4* document *m.* adjunt.

encode (to) (in'koud) *t.* codificar.

encomium (en'koumiəm) *s.* encomi *m.;* lloança *f.* calorosa.

encompass (to) (in'kʌmpəs) *t.* encerclar; envoltar. *2* abastar.

encore ('ɔŋkɔː) *interj.* un altre! ▪ *2 s.* MÚS., TEAT. bis *m.;* repetició *f.*

encounter (in'kauntəʳ) *s.* encontre *m.;* xoc *m. 2* fig. topada *f.*

encounter (to) (in'kauntəʳ) *t.* encontrar. *2* combatre. *3* fig. topar [pel carrer, etc.].

encourage (to) (in'kʌridʒ) *t.* encoratjar; animar. *2* incitar. *3* estimular; fomentar; promoure.

encouragement (in'kʌridʒmənt) *s.* encoratjament *m.*, ànim *m. 2* estímul *m.*

encroach (to) (in'kroutʃ) *i.* ***to ~ on*** o ***upon,*** ultrapassar [límits]; abusar; usurpar; envair.

encroachment (in'kroutʃmənt) *s.* abús *m.;* usurpació *f.;* intromissió *f.*

encumber (to) (in'kʌmbəʳ) *t.* destorbar. *2* tenir [deutes]. *3* omplir.

encumbrance (in'kʌmbrəns) *s.* obstacle *m.;* destorb *m. 2* DRET càrrega *f.*, gravamen *m.*

encyclop(a)edia (enˌsaiklou'piːdjə) *s.* enciclopèdia *f.*

end (end) *s.* fi *m. 2* final *m.*, límit *m.*, extrem *m.* ‖ ***at the ~ of,*** a finals de. ‖ ***in the ~,*** al final. *3* cap *m.*, punta *f.*, cabota *f. 4* burilla *f. 5* conclusió *f.*, acabament *m.*, mort *f.* ‖ ***to come to an ~,*** acabar-se. ‖ ***to make an ~ of,*** acabar amb. *6* finalitat *f.*, objectiu *m.* ‖ ***to the ~ that,*** a fi que, a fi i efecte que. ‖ ***the ~ justifies the means,*** a bon fi, tot li és camí. *7* col·loq. ***to go off the deep ~,*** perdre els estreps.

end (to) (end) *t.* acabar, donar fi, terminar. ‖ ***to ~ by saying,*** acabar tot dient. ▪ *2 i.* acabar, terminar. *3* morir. ▪ ***to ~ in,*** acabar en; ***to ~ off,*** concloure; ***to ~ up,*** acabar.

endanger (to) (in'deindʒeʳ) *t.* posar en perill; comprometre.

endear (to) (in'diəʳ) *t.* fer estimar; fer admirar.

endearing (in'diəriŋ) *a.* atractiu.

endearment (in'diəmənt) *s.* expressió *f.* afectuosa.

endeavour, (EUA) **endeavor** (in'devəʳ) *s.* form. esforç *m.;* afany *m.;* temptativa *f.*

endeavour, (EUA) **endeavor (to)** (in'devəʳ) *i.* form. esforçar-se *p.;* intentar *t.*

ending ('endiŋ) *s.* final *m.;* conclusió *f. 2* GRAM. terminació *f.*

endive ('endiv) *s.* BOT. endívia *f.*

endless ('endlis) *a.* inacabable; interminable, sense fi. *2* continu.

endorse (to) (in'dɔːs) *t.* COM. endossar [un xec, etc.]. *2* aprovar; recolzar.

endorsee (ˌendɔː'siː) *s.* COM. endossatari.

endorsement (in'dɔːsmənt) *s.* COM. endossament *m. 2* inhabilitació *f.* [per conduir]. *3* fig. aprovació *f.*, confirmació *f.*

endow (to) (in'dau) *t.* dotar [també fig.]. *2* subvencionar.

endowment (in'daumənt) *s.* dotació *f.*, donació *f.*, subvenció *f. 2* dot *m. 3* fig. do *m.* qualitat *f.*

endurable (in'djuərəbl) *a.* suportable, tolerable, aguantable.

endurance (in'djuərəns) *s.* resistència *f.*, aguant *m.*, fortalesa *f.* ‖ ***~ race,*** cursa *f.* de resistència.

endure (to) (in'djuə^r) *t.* suportar, aguantar, tolerar, resistir. ■ *2 i.* durar, perdurar.
enduring (in'djuəriŋ) *a.* durable, resistent, sofert.
endways ('endweiz) , **endwise** (-waiz) *adv.* de punta. *2* de cantó. *3* dret. *4* longitudinalment.
enemy ('enimi) *s.-a.* enemic.
energetic (ˌenə'dʒetik) *a.* energètic.
energize (to) ('enədʒaiz) *t.* vigoritzar, donar energia. *2* fig. activar, estimlar. *3* ELECT. excitar. ■ *3 i.* actuar amb energia, amb vigor.
energy ('enədʒi) *s.* energia *f.*
enervate (to) ('enəveit) *t.* enervar, debilitar, deprimir.
enervating ('enəveitiŋ) *a.* enervant; depriment.
enfeeble (to) (in'fi:bl) *t.* debilitar, afeblir.
enfold (to) (in'fould) *t.* embolicar. *2* abraçar.
enforce (to) (in'fɔ:s) *t.* fer complir; posar en vigor [una llei, etc.]. *2* imposar [obediència, etc.]. *3* fer respectar [disciplina, etc.]. *4* reforçar [un argument, etc.].
enfranchise (to) (in'fræntʃaiz) *t.* concedir drets polítics. *2* DRET manumetre. *3* fig. alliberar, emancipar.
Eng. ('iŋ) *s.* (abrev. ***England, English***) Anglaterra *f,* anglès.
engage (to) (in'geidʒ) *t.* contractar, agafar, llogar. *2* reservar [una habitació, etc.]. *3* comprometre, garantir. *4* ocupar, atreure [l'atenció]. *6* encetar [una conversa]. *7* MIL. atacar. ■ *8 i.* comprometre's *p. 9* ocuparse *p.* en, dedicar-se *p.* a. *10* MEC. engranar, encaixar, embragar.
engaged (in'geidʒd) *a.* promès, compromès. *2* ocupat. *3* MEC. engranat, encaixat, ficat. *4* TELEF. comunicant. ‖ ~ ***tone,*** senyal *m.* de comunicar.
engagement (in'geidʒmənt) *s.* compromís *m.,* contracte *m.,* obligació *f. 2* prometatge *m. 3* cita *f. 4* MIL. atac *m.,* acció *f.*
engaging (in'geidʒiŋ) *a.* atractiu, simpàtic.
engender (to) (in'dʒendə^r) *t.* engendrar, produir, causar.
engine ('endʒin) *s.* motor *m. 2* màquina *f.* ‖ ***steam ~,*** màquina *f.* de vapor. *3* FERROC. locomotora *f.*
engine driver ('endzin'draiva^r) *s.* FERROC. maquinista.
engineer (ˌendʒi'niə^r) *t.* enginyer. *2* mecànic *m.*
engineer (to) (ˌendʒi'niə^r) *t.* construir. *2* projectar, dissenyar. *3* fig. enginyar, ordir, assolir.
engineering ('endʒi'niəriŋ) *s.* enginyeria *f.* *2* maneig *m.,* manejament *m.* [d'un aparell, d'una màquina, etc.].
England ('iŋglənd) *n. pr.* GEOGR. Anglaterra *f.*
English ('iŋgliʃ) *a.-s.* anglès.
English Channel (ˌiŋgliʃ'tʃænl) *s.* GEOGR. canal *m.* de la Mànega.
Englishman ('ingliʃmən) *s.* anglès *m.*
Englishwoman ('ingliʃˌwumən) *s.* anglesa *f.*
engrave (to) (in'greiv) *t.* gravar, cisellar [també fig.].
engraver (in'greivə^r) *s.* gravador.
engraving (in'greiviŋ) *s.* gravat *m. 2* làmina *f.,* estampa *f.*
engross (to) (in'grous) *t.* fig. absorbir, encativar. ‖ ***to be ~ed in,*** estar absort en. *2* DRET copiar.
engulf (to) (in'gʌlf) *t.* englotir, engolir. *2* submergir, sumir.
enhance (to) (in'hɑ:ns) *t.* realçar, destacar. *2* incrementar, encarir [preus, etc.].
enigma (i'nigmə) *s.* enigma *m.*
enigmatic (ˌenig'mætik) *a.* enigmàtic.
enjoin (to) (in'dʒɔin) *t.* manar, ordenar, prescriure, encarregar. *2* imposar. *3* DRET prohibir.
enjoy (to) (in'dʒɔi) *t.* gaudir de, fruir de. *2* agradar. *3* tenir, posseir. *4 p.* ***to ~ oneself,*** divertir-se, passar-s'ho bé.
enjoyable (in'dʒɔiəbl) *a.* agradable, divertit.
enjoyment (in'dʒɔimənt) *s.* plaer *m.,* delectació *f.,* gust *m. 2* possessió *f.,* gaudi *m. 3* divertiment *m.*
enlarge (to) (in'lɑ:dʒ) *t.* augmentar, engrandir, estendre. *2* allargar, eixamplar. *3* FÍS., MED. dilatar. *4* FOT. ampliar. ■ *5 i.* estendre's *p.,* engrandir-se *p. 6* allargar-se *p.,* eixamplar-se *p. 7* FOT. ampliar-se *p. 8* ***to ~ upon,*** allargar-se *p.* [un discurs, etc.].
enlargement (in'lɑ:dʒmənt) *s.* augment *m.,* engrandiment *m.,* extensió *f. 2* allargament *m.,* eixamplament *m. 3* FÍS., MED. dilatació *f. 4* FOT. ampliació *f.*
enlighten (to) (in'laitn) *t.* aclarir, il·luminar, il·lustrar. *2* informar, instruir.
enlightened (in'laitənd) *a.* il·lustrat, culte.
enlightening (in'laitniŋ) *a.* informatiu; instructiu.
enlightenment (in'laitnmənt) *s.* il·lustració *f.,* cultura *f. 2* aclariment *m. 3* HIST. ***The Age of E~,*** Segle *m.* de les Llums *m. pl.*
enlist (to) (in'list) *t.* MIL. allistar, reclutar. *2* fig. aconseguir. ■ *3 i.* allistar-se *p.*
enliven (to) (in'laivn) *t.* avivar, animar, alegrar.
enmesh (to) (in'meʃ) *t.* enxarxar, enredar.
enmity ('enmiti) *s.* enemistat *f.*
ennoble (to) (i'noubl) *t.* ennoblir [també fig.].

ennumerate (to) (i'nju:məreit) *t.* enumerar. *2* numerar, comptar.
enormity (i'nɔ:miti) *s.* enormitat *f.* *2* atrocitat *f.*, monstruositat *f.*
enormous (i'nɔ:məs) *a.* enorme. ▪ *2* **-ly** *adv.* enormement.
enough (i'nʌf) *a.* prou, suficient, bastant. ▪ *2 adv.* prou, suficientment. ‖ ***sure ~,*** sens dubte. ▪ *3 interj.* ***that's ~!,*** prou! ▪ *4 s.* ***there's ~ for everyone,*** n'hi ha prou per a tots.
enquire (to) (in'kwaiəʳ) Veure INQUIRE (TO).
enquiry (in'kwaiəri) *s.* Veure INQUIRY.
enrage (to) (in'reidʒ) *t.* enrabiar, enfurismar, exasperar.
enrapture (to) (in'ræptʃəʳ) *t.* encisar, entusiasmar, extasiar.
enrich (to) (in'ritʃ) *t.* enriquir [també fig.]. *2* AGR. fertilitzar.
enrichment (in'ritʃmənt) *s.* enriquiment *m.* [també fig.]. *2* AGR. fertilització *f.*
enrol(l (to) (in'roul) *t.* inscriure, registrar, matricular. *2* MIL. allistar, reclutar. ▪ *3 i.* inscriure's *p.*, matricular-se *p.* *4* MIL. allistar-se *p.*
enrol(l)ment (in'roulmənt) *s.* inscripció *f.*, registre *m.*, matriculació *f.* *2* MIL. allistament *m.*
ensemble (ɔn'sɔmbl) *s.* conjunt *m.* *2* MÚS. conjunt *m.*, grup *m.;* orquestra *f.* de cambra. *3* TEAT. companyia *f.*
enshrine (to) (in'ʃrain) *t.* REL. ficar en un reliquiari. *2* tancar, ficar. *3* fig. conservar religiosament.
enshroud (to) (in'ʃraud) *t.* embolcallar, embolcar.
ensign ('ensain: in the navy, ensn) *s.* insígnia *f.*, estendard *m.*, ensenya *f.*, bandera *f.* ‖ ***~ bearer,*** banderer. *2* (EUA) MIL. alferes [de la marina].
enslave (to) (in'sleiv) *t.* esclavitzar.
enslavement (in'sleivmənt) *s.* esclavitud *f.*, esclavatge *m.*
ensnare (to) (in'snɛəʳ) *t.* entrampar, agafar en una trampa.
ensue (to) (in'sju:) *i.* seguir *t.*, seguir-se *p.*, resultar.
ensure (to) (in'ʃuəʳ) *t.* assegurar, garantitzar. ▪ *2 p.* ***to ~ oneself,*** assegurar-se.
entail (in'teil) *s.* DRET vinculació *f.*
entail (to) (in'teil) *t.* comportar, ocasionar. *2* implicar, suposar. *3* DRET vincular.
entangle (to) (in'tæŋgl) *t.* enredar(se, embolicar(se. ‖ ***to get ~ed,*** ficar-se en un embolic.
enter (to) ('entəʳ) *t.* entrar *i.* a.: ***to ~ a house,*** entrar a una casa. *2* ingressar *i.* *3* registrar, anotar. *4* inscriure, matricular. *5* DRET entaular; interposar. ▪ *6 i.* entrar. *7* inscriure's *p.* *8* començar.
enterprise ('entəpraiz) *s.* empresa *f.* *2* iniciativa *f.*, empenta *f.*
enterprising ('entəpraiziŋ) *a.* emprenedor. *2* decidit.
entertain (to) (ˌentə'tein) *t.* entretenir, divertir. *2* convidar. *3* atendre, complimentar [convidats]. *4* considerar, prendre en consideració. *5* nodrir, tenir [idees, sentiments]. ▪ *6 i.* tenir convidats; oferir àpats o festes.
entertainer (ˌentə'teinəʳ) *s.* artista, actor, músic. *2* animador. *3* amfitrió.
entertaining (ˌentə'teiniŋ) *a.* divertit, entretingut.
entertainment (ˌentə'teinmənt) *s.* entreteniment *m.*, diversió *f.*, distracció *f.* *2* funció *f.*, espectacle *m.* *3* hospitalitat *f.*, acolliment *m.*
enthral, (EUA) **enthrall (to)** (in'θrɔ:l) *t.* captivar, fascinar, seduir.
enthrone (to) (in'θroun) *t.* entronitzar [també fig.].
enthuse (to) (in'θju:z) *i.* col·loq. ***to ~ over,*** entusiasmar-se *p.* per.
enthusiasm (in'θju:ziæzəm) *s.* entusiasme *m.*
enthusiast (in'θju:ziæst) *s.* entusiasta.
enthusiastic (in'θju:zi'æstik) *a.* entusiàstic.
entice (to) (in'tais) *t.* atreure, temptar. *2* seduir.
enticement (in'taismənt) *s.* atractiu *m.*, temptació *f.* *2* seducció *f.*
entire (in'taiəʳ) *a.* enter, complet. *2* tot, total. ▪ *3* **-ly** *adv.* totalment, del tot, completament.
entirety (in'taiərəti) *s.* totalitat *f.*
entitle (to) (in'taitl) *t.* titular. *2* autoritzar, donar el dret a. ‖ ***to be ~d to,*** tenir dret a.
entity ('entiti) *s.* entitat *f.* ‖ DRET ***legal ~,*** persona *f.* jurídica. *2* FIL. ens *m.*
entomology (ˌentə'mɔlədʒi) *s.* entomologia *f.*
entourage (ˌɔntu'rɑ:ʒ) *s.* seguici *m.*, acompanyament *m.* *2* ambient *m.*
entrails ('entreilz) *s. pl.* entranyes *f.*, vísceres *f.*
entrance ('entrəns) *s.* entrada *f.* ‖ ***no ~,*** prohibida l'entrada. *2* accés *m.*, ingrés *m.* *3* porta *f.*, portal *m.* *4* boca *f.*, obertura *f.*
entrance (to) (in'trɑ:ns) *t.* captivar, extasiar.
entreat (to) (in'tri:t) *t.* suplicar, pregar, implorar.
entreaty (in'tri:ti) *s.* súplica *f.*, petició *f.*, prec *m.*
entrench (to) (in'trentʃ) *t.* atrinxerar. ▪ *2 i.* atrinxerar-se *p.*

entrenchment (in'trentʃmənt) *s.* atrinxerament *m.*
entrepreneur (ˌɔntrəprənəː[r]) *s.* empresari.
entrust (to) (in'trʌst) *t.* confiar. *2* encarregar.
entry ('entri) *s.* entrada *f.*, ingrés *m.*, accés *m.* || ***no ~,*** direcció *f.* prohibida; prohibida l'entrada *f. 2* porta *f.*, portal *m.*, vestíbul *m. 3* anotació *f.*, nota *f. 4* article *m.* [de diccionari]. *5* COM. partida *f. 6* DRET presa *f.* de possessió. *7* ESPORT participant.
entwine (to) (in'twain) *t.* entrellaçar, entrelligar. ■ *2 i.* entrellaçar-se *p.*, entrelligar-se *p.*
enumeration (iˌnjuːmə'reiʃən) *s.* enumeració *f.*
enunciate (to) (i'nʌnsieit) *t.* enunciar. *2* pronunciar. *3* formular. ■ *4 i.* articular *t.*
enunciation (iˌnʌnsi'eiʃən) *s.* enunciació *f. 2* pronunciació *f.*, articulació *f. 3* proclamació *f.*, declaració *f.*
envelop (to) (in'veləp) *t.* embolicar, embolcar, cobrir.
envelope ('enviloup) *s.* sobre *m.* [de carta]. *2* embolcall *m.*, coberta *f. 3* MAT. envolupant.
envelopment (in'veləpmənt) *s.* embolcallament *m. 2* embolcall *m.*
enviable ('enviəbl) *a.* envejable.
envious ('enviəs) *a.* envejós. || ***to be ~ of,*** envejar, tenir enveja de.
environment (in'vaiərənmənt) *s.* ambient *m.*, medi ambient *m.* condicions *f. pl.* ambientals.
environmental (inˌvaiərənmentəl) *a.* ambiental.
environs (inv'airənz) *s. pl.* voltants *m.*, entorns *m.*, rodalies *f.*
envisage (to) (in'vizidʒ) *t.* imaginar(se, concebre. *2* veure, enfocar [idees, pensaments]. *3* preveure, projectar.
envoy ('envɔi) *s.* missatger. *2* ambaixador, enviat.
envy ('envi) *s.* enveja *f.*
envy (to) ('envi) *t.* envejar, tenir enveja.
epaulet ('epoulet) *s.* MIL. xarretera *f.*
ephemeral (i'femərəl) *a.* efímer.
epic ('epik) *a.* èpic. ■ *2 s.* epopeia *f.*, poema *m.* èpic.
epicure ('epikjuə[r]) *s.* epicuri. *2* gastrònom, sibarita.
epidemic (ˌepi'demik) *a.* MED. epidèmic. ■ *2 s.* MED. epidèmia *f.* [també fig.].
epigram ('epigræm) *s.* epigrama *m.*
epigrammatic (ˌepigrə'mætik) *a.* epigramàtic.
epilepsy ('epilepsi) *s.* MED. epilèpsia *f.*
epileptic (ˌepi'leptik) *a.-s.* MED. epilèptic.
epilogue, (EUA) **epilog** ('epilɔg) *s.* epíleg *m.*
episcopal (i'piskəpəl) *a.* ECLES. episcopal.
episode ('episoud) *s.* episodi *m.*
episodic(al (ˌepi'sɔdik, -əl) *a.* episòdic. *2* esporàdic, circumstancial, incidental.
epistle (i'pisl) *s.* epístola *f.*
epitaph ('epitɑːf) *s.* epitafi *m.*
epithet ('epiθet) *s.* epítet *m.*
epitome (i'pitəmi) *s.* epítom *m. 2* resum *m.*, compendi *m. 3* fig. personificació *f.*, model *m.*
epitomize (to) (i'pitəmaiz) *t.* resumir, compendiar. *2* fig. personificar.
epoch ('iːpɔk) *s.* època *f.*, edat.
epoch-making ('iːpɔkˌmeikiŋ) *a.* que fa època.
equable ('ekwəbl) *a.* igual, uniforme, regular, invariable. *2* tranquil, reposat.
equal ('iːkwəl) *a.* igual. *2* equitatiu. *3* ***to be ~ to,*** tenir forces per; estar a l'altura de ■ *4 s.* igual. ■ *5* **-ly** *adv.* igualment, a parts iguals.
equal (to) ('iːkwəl) *t.* igualar, ser igual a.
equality (iː'kwɔliti) *s.* igualtat *f.*
equalize (to) ('iːkwəlaiz) *t.* igualar.
equanimity (ˌiːkwə'nimiti) *s.* equanimitat *f.*
equation (i'kweiʒən) *s.* MAT. equació *f.*
equator (i'kweitə[r]) *s.* equador *m.*
equatorial (ˌekwə'tɔːrial) *a.* equatorial.
equestrian (i'kwestriən) *a.* eqüestre.
equidistant (ˌiːkwi'distənt) *a.* equidistant.
equilateral (ˌiːkwi'lætərəl) *a.* GEOM. equilàter.
equilibrium (ˌiːkwi'libriəm) *s.* equilibri *m.*
equinoctial (ˌiːkwi'nɔkʃəl) *a.* ASTR. equinoccial.
equinox (ˌiːkwinɔks) *s.* ASTR. equinocci *m.*
equip (to) (i'kwip) *t.* equipar, proveir, fornir.
equipment (i'kwipmənt) *s.* equip *m.*, equipament *m. 2* material *m.*, estris *m.pl.*, eines *f.pl.*
equitable ('ekwitəbl) *a.* just, equitatiu, imparcial.
equity ('ekwiti) *s.* equitat *f. 2* justícia *f. 3 pl.* COM. accions *f.* ordinàries. || ***~ capital,*** capital en accions ordinàries.
equivalence (i'kwivələns) *s.* equivalència *f.*
equivalent (i'kwivələnt) *a.* equivalent. ■ *2 s.* equivalent *m.*
equivocal (i'kwivəkəl) *a.* equívoc. *2* sospitós, dubtós.
equivocate (to) (i'kwivəkeit) *i.* parlar amb ambigüitat.
equivocation (iˌkwivə'keiʃən) *s.* equívoc *m. 2* ambigüitat *f.*
era ('iərə) *s.* era *f.* [de temps]. || ***to mark an ~,*** fer època *f.*
eradicate (to) ('irædikeit) *t.* AGR. desarrelar. *2* fig. eradicar, extirpar.

eradication (iˌrædi'keiʃən) *s.* AGR. desarrelament *m.* *2* fig. eradicació *f.*, extirpació *f.*
erase (to) (i'reiz) *t.* esborrar. *2* ratllar, guixar.
eraser (i'reizəʳ) *s.* esborrador *m.* *2* goma *f.* d'esborrar.
erasure (i'reiʒəʳ) *s.* esborrament *m.* *2* rascada *f.*
erect (i'rekt) *a.* erecte, dret, eret. *2* eriçat, de punta [els cabells].
erect (to) (i'rekt) *t.* erigir, aixecar. *2* construir, edificar. *3* muntar, armar.
erection (i'rekʃən) *s.* erecció *f.* *2* estructura *f.* *3* construcció *f.*, edifici *m.* *4* MEC. muntatge *m.*
ermine ('ə:min) *s.* ZOOL. armini *m.*
Ernest ('ə:rnist) *n.pr. m.* Ernest.
erode (to) (i'roud) *t.* erosionar. *2* corroir, desgastar. ▪ *3 i.* desgastar-se *p.*
erosion (i'rouʒən) *s.* erosió *f.* *2* corrosió *f.*, desgast *m.*
erotic (i'rɔtik) *a.* eròtic.
eroticism (e'rɔtisizəm) *s.* erotisme *m.*
err (to) (ə:ʳ) *i.* errar, equivocar-se *p.* *2* pecar.
errand ('erənd) *s.* encàrrec *m.* ‖ ~ ***boy,*** noi dels encàrrecs.
errant ('erənt) *a.* errant. ‖ ***knight-~,*** cavaller *m.* errant.
erratic (i'rætik) *a.* erràtic. *2* variable, inconstant. *3* irregular, desigual.
erratum (e'rɑ:təm) *s.* errata *f.* ▲ *pl.* ***errata*** (e'rɑ:tə).
erroneus (i'rounjəs) *a.* erroni, equivocat. ▪ *2* **-ly** *adv.* erròniament.
error ('erəʳ) *s.* error *m.*, errada *f.*, equivocació *f.*
eructate (to) (i'rʌkteit) *t.* eructar.
eructation (ˌi:rʌk'teiʃən) *s.* eructe *m.*
erudite ('eru:dait) *a.* erudit.
erudition (ˌeru:'diʃən) *s.* erudició *f.*, coneixements *m. pl.*
erupt (to) (i'rʌpt) *t.* expulsar, expel·lir. ▪ *2 i.* estar en erupció, entrar en erupció [un volcà]. *3* brollar, sorgir. *4* esclatar [una guerra, etc.]. *5* MED. fer erupció.
eruption (i'rʌpʃən) *s.* erupció *f.* *2* esclat *m.*, explosió *f.*
escalade (ˌeskə'leid) *s.* MIL. escalada *f.*
escalate (to) ('eskəleit) *t.* incrementar, augmentar, intensificar, estendre. *2* COM. apujar. ▪ *3 i.* incrementar-se *p.*, intensificar-se *p.*, estendre's *p.*
escalation (ˌeskə'leiʃən) *s.* escalada *f.* *2* increment *m.*, augment *m.* *3* puja *f.*
escalator ('eskəleitəʳ) *s.* escala *f.* mecànica.
escapade (ˌeskə'peid) *s.* aventura *f.;* escapada *f.*
escape (is'kip) *s.* fuga *f.*, fugida *f.* *2* fuita *f.* *3* evasió *f.* *4* escapatòria *f.* *5* ***fire ~,*** sortida *f.* d'incendis.
escape (to) (is'keip) *t.* evitar, eludir. *2* defugir, esquivar. ▪ *3 i.* escapar-se *p.* *4* escapolir-se *p.*, fugir.
escape clause (is'keipˌklɔ:z) *s.* DRET clàusula *f.* d'excepció.
escapee (eskei'pi:) *s.* fugitiu.
escapism (is'keipizm) *s.* fig. evasió *f.*
escarpment (is'kɑ:pmənt) *s.* GEOL. escarpament *m.*, escarpa *f.*
eschew (to) (is'tʃu:) *t.* form. abstenir-se *p.* de, evitar.
escort ('eskɔ:t) *s.* escorta *f.*, seguici *m.* *2* comboi *m.* *3* acompanyant.
escort (to) (is'kɔ:t) *t.* escortar, acomboiar, acompanyar.
escutcheon (is'kʌtʃən) *s.* HERÀLD. escut *m.* d'armes, blasó *m.*
Eskimo ('eskimou) *a.-s.* esquimal.
especial (is'peʃəl) *a.* especial, peculiar, particular.
especially (is'peʃəli) *adv.* especialment, particularment, sobretot.
espionage (ˌespiə'nɑ:ʒ) *s.* espionatge *m.*
esplanade (ˌesplə'neid) *s.* passeig *m.* *2* passeig *m.* marítim.
espousal (is'pauzəl) *s.* adhesió *f.* *2* fig. adopció.
espouse (to) (is'pauz) *t.* amullerar-se *p.*, casar-se *p.* *2* adherir-se *p.* *3* adoptar.
espy (to) (is'pai) *t.* albirar, entreveure, percebre.
Esquire (is'kwaiəʳ) *s.* **(Esq.)** títol posat darrera del cognom a les cartes; equival a Sr. o En.
essay ('esei) *s.* intent *m.*, temptativa *f.*, esforç *m.* *2* assaig *m.*, redacció *f.*, composició *f.*
essay (to) ('esei) *t.-i.* assajar *t.*, intentar *t.*, provar *t.*
essence ('esns) *s.* essència *f.* ‖ ***in ~,*** en essència, essencialment. *2* fons *m.*
essential (i'senʃəl) *a.* essencial. *2* indispensable, primordial, fonamental. ▪ *2 s.* l'essencial *m.* *3 pl.* fonaments *m.*, coses *f.* essencials. ▪ *4* **-ly,** *adv.* essencialment, fonamentalment.
establish (to) (is'tæbliʃ) *t.* establir, fundar, instal·lar. *2* provar, demostrar.
established (is'tæbliʃt) *a.* establert. *2* oficial. *3* sabut, conegut.
establishment (is'tæbliʃmənt) *t.* establiment *m.*, fundació *f.* *2* demostració *f.*, comprovació *f.* *3* personal *m.*, servei *m.* *4* MIL. forces *f.pl.* *5* ***the E~,*** la classe *f.* dominant.
estate (is'teit) *s.* propietat *f.*, finca *f.* ‖ ~ ***agent,*** corredor de finques, agent immo-

biliari. || ***housing* ~,** urbanització *f.* || ***industrial* ~,** polígon *m.* industrial. *2* béns *m.pl.* || **~ *car,*** cotxe *m.* familiar. || ***personal* ~,** béns *m.pl.* mobles. || ***real* ~,** béns *m. pl.* seents. *3* estat *m.* [estament social]. *4* herència *f.*

estate duty (i'steit,dju:ti) *s.* DRET drets *m. pl.* de successió.

esteem (is'ti:m) *s.* estima *f.*, estimació *f.*, afecte *m.*

esteem (to) (is'ti:m) *t.* estimar, apreciar. *2* considerar.

Esther ('estəʳ) *n. pr. f.* Ester.

estimate ('estimit) *s.* estimació *f.*, càlcul *m.* *2* pressupost *m.* [d'una obra].

estimate (to) ('estimeit) *t.* estimar, avaluar, jutjar [també fig.]. ▪ *2 i.* ***to* ~ *for,*** calcular o fer un pressupost.

estimation (,esti'meiʃən) *s.* opinió *f.*, judici *m.* || ***in my* ~,** segons el meu parer *m.* *2* estimació *f.*, apreci *m.* *3* avaluació *f.*

estrange (to) (is'treindʒ) *t.* estranyar, allunyar, alienar, fer perdre l'amistat.

estrangement (is'treindʒment) *s.* allunyament *m.*, separació *f.* *2* desavinença *f.*, enemistat *f.*

estuary ('estʃuəri) *s.* estuari *m.*

etch (to) (etʃ) *t.* gravar a l'aiguafort.

etching ('etʃiŋ) *s.* gravat *m.* a l'aigua fort, aiguafort *m.*

eternal (i'tə:nl) *a.* etern, perpetu, sempitern.

eternity (i'tə:niti) *s.* eternitat *f.*

ether ('i:θəʳ) *s.* èter *m.*

ethereal (i'θiəriəl) *a.* eteri. *2* subtil, vaporós, incorpori.

ethic(al ('eθik,-əl) *a.* ètic. *2* honrat. *3* moral.

ethic ('eθik) *s.* ètica *f.*, moralitat *f.* *3 pl.* FIL. ètica *f.*

Ethiopia (,i:θi'oupiə) *n. pr.* GEOGR. Etiopia *f.*

ethnic(al ('eθnik,-əl) *a.* ètnic.

etiquette ('etiket) *s.* etiqueta *f.*, protocol *m.* *2* normes *f.pl.* professionals, ètica *f.* professional. *3* bones maneres *f. pl.*

etymology (,eti'mɔlədʒi) *s.* etimologia *f.*

eucalyptus (,ju:kə'liptəs) *s.* BOT. eucaliptus *m.*

Eucharist ('ju:ərist) *s.* REL. Eucaristia *f.*

eucharistic (,ju:kə'ristik) *a.* eucarístic.

eugenics (ju:'dʒeniks) *s.* eugenèsia *f.*

eulogize (to) ('ju:lədʒaiz) *t.* elogiar, lloar, encomiar.

eulogy ('ju:lədʒi) *s.* elogi *m.*, lloança *f.*, encomi *m.*

eunuch ('ju:nək) *s.* eunuc *m.*

euphemism ('ju:fimizəm) *s.* eufemisme *m.*

Europe ('juərəp) *n. pr.* GEOGR. Europa *f.*

European (,juərə'pi:ən) *a.-s.* europeu.

Eurovision ('juərəviʒn) *s.* TELEV. Eurovisió *f.*

euthanasia ('juθəneiziə) *s.* eutanàsia *f.*

evacuate (to) (i'vækjueit) *t.* evacuar. *2* desocupar, buidar.

evacuation (i'vækju'eiʃən) *s.* evacuació *f.* *2* deposició *f.*

evade (to) (i'veid) *t.* evadir, eludir, defugir, evitar.

evaluate (to) (i'væljueit) *t.* avaluar, valorar, apreuar [també fig.].

evaluation (i'vælju'eiʃən) *s.* avaluació *f.*, valoració *f.* [també fig.].

evanescent (,i:və'nesnt) *a.* evanescent; fugaç, efímer.

evangelize (to) (i'vændʒilaiz) *t.* evangelitzar.

evaporate (to) (i'væpəreit) *t.* evaporar. *2* deshidratar. ▪ *3 i.* evaporar-se *p.* *4* esvair-se *p.*

evasion (i'veiʒən) *s.* evasió *f.* *2* evasiva *f.* *3* COM. evasió *f.* [fiscal].

evasive (i'veisiv) *a.* evasiu.

Eve (i:v) *n. pr. f.* Eva.

eve (i:v) *s.* vigília *f.* || ***Christmas E~,*** nit *f.* de Nadal. || ***New Year's E~,*** cap *m.* d'any. || fig. ***on the* ~ *of,*** en vigílies de.

even (i:vən) *a.* pla, llis. *2* regular, uniforme, constant. *3* igual, igualat, equilibrat. || **~ *odds,*** les mateixes possibilitats a favor i en contra. || col·loq. ***to break* ~,** quedar-se igual, no guanyar ni perdre. || fig. ***to get* ~ *with,*** passar comptes amb. *4* parell. *5* tranquil, reposat, serè. ▪ *6 adv.* fins i tot, àdhuc. || **~ *as,*** en el precís moment que. || **~ *if,*** encara que, tot i que. || **~ *so,*** tot i així. *7* ***not* ~,** ni tan sols. *8* **-ly** *adv.* uniformement; equitativament. *9* plàcidament, serenament.

even (to) ('i:vən) *t.* aplanar, allisar, igualar.

evening ('i:vniŋ) *s.* vespre *m.*, nit *f.*

evening dress ('i:vniŋdres) *s.* vestit *m.* de nit.

evening star ('i:vniŋ,stɑ:ʳ) *s.* estel *m.* vespertí.

event (i'vent) *s.* esdeveniment *m.* *2* succés *m.*, cas *m.*, fet *m.* || ***at all* ~*s,*** en tot cas. || ***current* ~*s,*** actualitat *f.* *3* ESPORT prova *f.*

eventful (i'ventful) *a.* ple d'esdeveniments, agitat, accidentat.

eventual (i'ventʃuəl) *a.* final; conseqüent. ▪ *3* **-ly** *adv.* finalment, conseqüentment, posteriorment.

ever ('evəʳ) *adv.* sempre. || ***for* ~,** per sempre. *2* alguna vegada. *3* (després de negació) mai. || ***hardly* ~,** gairebé mai. || ***more than* ~,** més que mai. *4* **~ *since,*** des d'aleshores; des que. *5* **~ *so,* ~ *so much,*** molt.; **~ *so little,*** molt poc.

evergreen ('evəgri:n) *a.* BOT. de fulla perenne. ▪ *2 s.* BOT. sempreviva *f.*
evergreen oak (ˌevəgri:n'ouk) *s.* BOT. alzina *f.*
everlasting (ˌevə'lɑ:stiŋ) *a.* etern, perpetu, sempitern. *2* incessant, constant.
evermore ('evə'mɔ:ʳ) *adv.* eternament, sempre. ‖ ***for ~,*** per sempre més.
every ('evri) *a.* cada, tot, tots. ‖ ***~ day,*** cada dia. ‖ ***~ other day,*** dia sí dia no, dia per altre. ‖ ***his ~ word,*** cada paraula que deia. ‖ ***~ now and then,*** de tant en tant. ‖ ***~ time,*** sempre, sempre que. *2* ***~ bit,*** igual que, tant: ***he is ~ bit as intelligent as his brother,*** és tant intel·ligent com el seu germà.
everybody ('evribɔdi) *pron.* tothom, tots; cadascun.
everyday ('evridei) *a.* diari, quotidià. *2* corrent, ordinari.
everyone ('evriwʌn) *pron.* Veure EVERYBODY.
everything ('evriθiŋ) *pron.* tot.
everywhere ('evriwɛəʳ) *adv.* a tot arreu; pertot arreu, arreu.
evict (to) (i'vikt) *t.* desnonar, desallotjar.
evidence ('evidəns) *s.* evidència *f.* *2* prova *f.*, demostració *f.* *3* DRET testimoni *m.*, declaració *f.* ‖ ***to give ~,*** prestar declaració.
evident ('evidənt) *a.* evident, clar, manifest. ▪ *2* **-ly** *adv.* evidentment, naturalment.
evil (i:vl) *a.* dolent, perniciós. *2* malvat, pervers, maligne. ‖ ***~ eye,*** mal d'ull. *3* infaust, malastruc. ▪ *3 s.* mal *m.*, desastre *m.*, desgràcia *f.* *4* **-ly** *adv.* malignament, perversament.
evil-doer ('i:vl'du:əʳ) *s.* malfactor.
evil-minded (ˌi:vl'maindid) *a.* malintencionat; malpensat.
evocation (i:vou'keiʃən) *s.* evocació *f.*
evocative (i'vɔkətiv) *a.* evocador, suggestiu.
evoke (to) (i'vouk) *t.* evocar.
evolution (ˌi:və'lu:ʃən) *s.* evolució *f.* *2* desenvolupament *m.*
evolve (to) (i'vɔlv) *t.* desenvolupar, desenrotllar. ▪ *2 i.* evolucionar, desenvolupar-se *p.*
ewe (ju:) *s.* ZOOL. ovella *f.*, (ROSS.) feda *f.*
ex (eks) *prep.* sense; fora de. *2* ***~ works price,*** preu de fàbrica. ▪ *3 pref.* ex-, antic: ***~-president,*** ex-president. ▪ *4 s.* col·loq. ***my ex,*** el meu o la meva ex [marit, dona, etc.].
exacerbate (to) (eks'æsə:beit) *t.* form. exacerbar.
exact (ig'zækt) *a.* exacte. *2* precís, rigorós. ▪ *3* **-ly,** *adv.* exactament.
exact (to) (ig'zækt) *t.* exigir, imposar.
exacting (ig'zæktiŋ) *a.* exigent. *2* sever, rigorós.
exaction (ig'zækʃən) *s.* DRET exacció *f.*
exactness (ig'zæktnis) *s.* exactitud *f.*
exaggerate (to) (ig'zædʒəreit) *t.* exagerar.
exaggeration (igˌzædʒə'reiʃən) *s.* exageració *f.*
exalt (to) (ig'zɔ:lt) *t.* exaltar, elevar. *2* lloar.
exaltation (ˌegzɔ:l'teiʃən) *s.* exaltació *f.*
exam (ig'zæm) *s.* (abrev. col·loq. ***d'examination***) examen *m.*
examination (igˌzæmi'neiʃən) *s.* examen *m.* ‖ ***entrance ~,*** examen *m.* d'ingrés *m.* *2* DRET interrogatori *m.;* instrucció *f.;* sumari *m.* *3* MED. reconeixement *m.*, investigació *f.*
examine (to) (ig'zæmin) *t.* examinar. *2* DRET interrogar, instruir. *3* MED. reconèixer.
examinee (igˌzæmi'ni:) *s.* examinand. *2* candidat.
examiner (ig'zæminəʳ) *s.* examinador.
example (ig'zɑ:mpl) *s.* exemple *m.* ‖ ***for ~,*** per exemple. *2* model *m.* *3* representant. *4* mostra *f.*, exemplar *m.*
exasperate (to) (ig'zɑ:spəreit) *t.* exasperar, irritar.
exasperation (igˌzɑ:spə'reiʃən) *s.* exasperació *f.*
excavate (to) ('ekskəveit) *t.* excavar.
excavation (ˌekskə'veiʃən) *s.* excavació *f.*
excavator ('ekskəveitəʳ) *s.* excavador. *2* MEC. excavadora *f.*
execrable ('eksikrəbl) *a.* execrable, abominable.
exceed (to) (ik'si:d) *t.* excedir(se, ultrapassar, depassar.
exceeding (ik'si:diŋ) *a.* excessiu. *2* superior. ▪ *3* **-ly** *adv.* extremadament.
excel (to) (ik'sel) *t.* avantatjar, sobrepassar, superar. ▪ *2 i.* excel·lir, distingir-se *p.*, sobresortir.
excellence ('eksələns) *s.* excel·lència *f.*
Excellency ('eksələnsi) *s.* excel·lència. ‖ ***His ~,*** Sa excel·lència.
excellent ('eksələnt) *a.* excel·lent.
except (ik'sept) *prep.* excepte, llevat de, tret de. ▪ *2 conj.* a menys que, si no és que.
except (to) (ik'sept) *t.* exceptuar, excloure.
exception (ik'sepʃən) *s.* excepció *f.* *2* objecció *f.* ‖ ***to take ~,*** objectar; ofendre's.
exceptionable (ik'sepʃənəbl) *a.* objectable, recusable.
exceptional (ik'sepʃənl) *a.* excepcional, extraordinari, desusat.
excerpt ('eksə:pt) *s.* cita *f.*, fragment *m.*, extracte *m.*
excess (ik'ses) *s.* excés *m.* ‖ ***~ luggage,*** excés *m.* d'equipatge. *2* abús *m.* *3* COM. excedent *m.*
excessive (ik'sesiv) *a.* excessiu.

exchange (iks'tʃəindʒ) *s.* canvi *m.*, bescanvi *m.* || *in ~ for,* a canvi de. *2* COM. borsa *f.;* llotja *f.* *3 bill of ~,* lletra *f.* de canvi. || *foreign ~,* divises *f. pl.* *4* TELEF. central *f.* telefònica.
exchange (to) (iks'tʃeindʒ) *t.* canviar, bescanviar. || *to ~ greetings,* saludar-se *2* creuar [mirades]. *3* donar, propinar [cops].
exchange rate (iks'tʃeindzˌreit) *s.* taxa *f.* de canvi.
Exchequer (iks'tʃekə^r) *s.* (G.B.) ministeri *m.* d'hisenda *f.* || *Chancellor of the ~,* ministre d'hisenda *f.* *2* tresor *m.* o erari *m.* públic.
excise ('eksaiz) *s.* COM. impost *m.* indirecte.
excise (to) (ik'saiz) *t.* gravar amb l'impost indirecte. *2* extirpar. *3* suprimir.
excision (ik'siʒən) *s.* excisió *f.* *2* extirpació *f.* *3* supressió *f.*
excitability (ikˌsaitə'biliti) *s.* excitabilitat *f.*
excitable (ik'saitəbl) *a.* excitable, nerviós.
excite (to) (ik'sait) *t.* emocionar, entusiasmar. *2* excitar, provocar. *3* despertar, suscitar [emocions, sentiments, etc.].
excited (ik'saitid) *a.* entusiasmat, emocionat, excitat, nerviós. || *to get ~,* emocionar-se, entusiasmar-se, excitar-se. ▪ *2* **-ly** *adv.* amb entusiasme, amb emoció, amb excitació.
excitement (ik'saitmənt) *s.* excitació *f.*, emoció *f.*, agitació *f.*, entusiasme *m.*
exciting (ik'saitiŋ) *a.* excitant. *2* emocionant, apassionant.
exclaim (to) (iks'kleim) *t.-i.* exclamar.
exclamation (ˌekskləˈmeiʃən) *s.* exclamació *f.*
exclamation mark (ˌekskləˈmeiʃnmɑ:k) *s.* GRAM. signe *m.* d'admiració.
exclude (to) (iks'klu:d) *t.* excloure. *2* evitar.
excluding (iks'klu:diŋ) *prep.* excepte, exceptuant, llevat de, tret de.
exclusion (iks'klu:ʒən) *s.* exclusió *f.*
exclusive (iks'klu:siv) *a.* exclusiu, selecte. || *~ interview,* entrevista *f.* en exclusiva *f.* || *~ of,* exceptuant. ▪ *2* **-ly** *adv.* exclusivament.
excommunicate (to) (ˌekskə'mju:nikeit) *t.* REL. excomunicar.
excruciating (iks'kru:ʃieitiŋ) *a.* terrible, insoportable; agut [dolor].
exculpate (to) ('ekskʌlpeit) *t.* form. exculpar.
excusable (iks'kju:zəbl) *a.* excusable, disculpable.
excursion (iks'kə:ʃən) *s.* excursió *f.* || *~ ticket,* tarifa *f.* d'excursió.
excuse (iks'kju:s) *s.* excusa *f.*, (ROSS.) desencusa *f.*
excuse (to) (iks'kju:z) *t.* excusar. *2* perdonar, dispensar: *excuse me!,* dispensi!, perdoni!
execrate (to) ('eksikreit) *t.* execrar, abominar.
execration (ˌeksi'kreiʃən) *s.* execració *f.*, abominació *f.*
execute (to) ('eksikju:t) *t.* executar, complir, dur a terme. *2* executar, ajusticiar. *3* atorgar [un document]. *4* TEAT. fer [un paper].
execution (ˌeksi'kju:ʃən) *s.* execució *f.* *2* DRET execució *f.*
executioner (ˌeksi'kju:ʃənə^r) *s.* executor, botxí *m.*
executive (ig'zekjutiv) *a.* executiu. ▪ *2 s.* executiu. *3* executiu *m.* [poder]. *4* directiva *f.*, executiva *f.* [junta].
executor (ig'zekjutə^r) *s.* DRET executor, marmessor.
exemplary (ig'zempləri) *a.* exemplar. *2* il·lustratiu.
exemplify (to) (ig'zemplifai) *t.* exemplificar.
exempt (ig'zempt) *a.* exempt, lliure, franc.
exempt (to) (ig'zempt) *t.* eximir, dispensar, alliberar.
exemption (ig'zempʃən) *s.* exempció *f.*
exercise ('eksəsaiz) *s.* exercici *m.* *2* pràctica *f.*
exercise (to) ('eksəsaiz) *t.* exercitar. *2* exercir, fer ús. *3* preocupar, amoïnar. ▪ *4 i.* exercitar-se *p.*
exert (to) (ig'zə:t) *t.* exercir, utilitzar. ▪ *2 p. to ~ oneself,* esforçar-se.
exertion (ig'ze:ʃən) *s.* esforç *m.* *2* exercici *m.*
exhalation (ˌekshə'leiʃən) *s.* exhalació.
exhale (to) (eks'heil) *t.* exhalar. ▪ *2 i.* exhalar-se *p.*
exhaust (ig'zɔ:st) *s.* MEC. escapament *m.* || *~ pipe,* tub *m.* d'escapament.
exhaust (to) (ig'zɔ:st) *t.* exhaurir, esgotar. *2* buidar.
exhaustion (ig'zɔ:stʃən) *s.* exhaustió *f.*, esgotament *m.*
exhaustive (ig'zɔ:stiv) *a.* exhaustiu.
exhibit (ig'zibit) *s.* objecte *m.*, exposat, peça *f.* de museu. *2* DRET prova *f.*
exhibit (to) (ig'zibit) *t.* exhibir, exposar. *2* mostrar, evidenciar. ▪ *3 i.* fer una exposició.
exhibition (ˌeksi'biʃən) *s.* exhibició *f.*, exposició *f.* *2* demostració *f.*
exhibitionist (ˌeksi'biʃənist) *s.* exhibicionista.
exhibitor (ig'zibitə^r) *s.* expositor.
exhilarate (to) (ig'zilәreit) *t.* alegrar, animar.
exhilarating (ig'zilәreitiŋ) *a.* estimulant, vivificant.

exhilaration (ig,zilə'reiʃən) *s.* alegria *f.*, animació *f.*
exhort (to) (ig'zɔ:t) *t.* form. exhortar.
exhortation (,eksɔ:'teiʃən) *s.* exhortació *f.*
exhume (to) (eks'hju:m) *t.* exhumar. *2* fig. desenterrar.
exigence, -cy ('eksidʒens, -i) *s.* exigència *f.* *2* necessitat *f.*, urgència *f.*
exile ('eksail) *s.* exili *m.*, desterrament *m.* ‖ ***to go into ~,*** exiliar-se *2* exiliat, desterrat [persona].
exile (to) ('eksail) *t.* exiliar, desterrar.
exist (to) (ig'zist) *i.* existir. *2* viure.
existence (ig'zistəns) *s.* existència *f.* ‖ ***to come into ~,*** néixer.
exit ('eksit) *s.* sortida *f.* *2* TEAT. mutis *m.*
exodus ('eksədəs) *s.* èxode *m.*
exonerate (to) (ig'zɔnəreit) *t.* exonerar, eximir. *2* exculpar.
exoneration (ig,zɔnə'reiʃən) *s.* exoneració *f.*, disculpació *f.*
exorbitant (ig'zɔ:bitənt) *a.* exorbitant, excessiu.
exorcise (to) ('eksɔ:saiz) *t.* exorcitzar.
exorcism ('eksɔ:sizəm) *s.* exorcisme *m.*
exordium (ek'sɔ:djəm) *s.* exordi *m.*
exotic (ig'zɔtik) *a.* exòtic.
expand (to) (iks'pænd) *t.* estendre, dilatar, eixamplar, ampliar. *2* obrir, desplegar. ■ *3 i.* estendre's *p.*, dilatar-se *p.*, eixamplar-se ampliar-se *p.* *4* desplegar-se *p.* *5* expansionar-se *p.*
expandable (ik'spændəbl) *a.* expansible, dilatable, extensible.
expanse (iks'pæns) *s.* extensió *f.*
expansion (ik'spænʃən) *s.* expansió *f.* *2* dilatació *f.* *3* extensió *f.*
expansive (ik'spænsiv) *a.* expansiu. *2* comunicatiu.
expatiate (to) (ek'speiʃieit) *i.* form. estendre's *p.* [parlant, etc.].
expatriate (eks'pætriət) *s.* expatriat.
expatriate (to) (eks'pætrieit) *t.-p.* expatriar(se.
expect (to) (iks'pekt) *t.* esperar. ‖ ***to be ~ing,*** esperar una criatura. *2* suposar.
expectancy (ik'spektənsi) *s.* expectació *f.*, expectativa *f.* *2* esperança *f.* ‖ ***life ~,*** esperança de vida.
expectant (ik'spektənt) *a.* expectant. ‖ ***~ mother,*** dona embarassada.
expectation (,ekspek'teiʃən) *s.* expectació *f.*, espera *f.* *2* perspectiva *f.*, esperança *f.*
expedient (ik'spi:djənt) *a.* convenient, oportú. ■ *2 s.* expedient *m.*, recurs *m.*
expedite (to) ('ekspidait) *t.* accelerar, facilitar. *2* despatxar, expedir.
expedition (,ekspi'diʃən) *s.* expedició *f.* [militar, científica].
expeditious (,ekspi'diʃəs) *a.* expeditiu, prompte.
expel (to) (ik'spel) *t.* expel·lir. *2* expulsar.
expend (to) (iks'pend) *t.* gastar. *2* esgotar, exhaurir. *3* passar, dedicar [el temps].
expenditure (ik'spenditʃə[r]) *s.* despesa *f.*, desembors *m.* *2* dedicació *f.*, utilització *f.*
expense (iks'pens) *s.* despesa *f.*, desembors *m.*: ***legal ~s,*** despeses judicials; ***overhead ~,*** despeses generals. *2* fig. ***at my ~,*** a expenses *f. pl.* meves.
expensive (ik'spensiv) *a.* car, costós.
experience (ik'spiəriəns) *s.* experiència *f.*
experience (to) (ik'spiəriəns) *t.* experimentar. *2* tenir l'experiència. *3* patir l'experiència.
experiment (ik'sperimənt) *s.* experiment *m.*
experiment (to) (ik'speriment) *i.* experimentar, fer experiments.
expert ('ekspə:t) *a.* expert, destre. *2* DRET pericial. ■ *3 s.* expert, perit.
expertise (,ekspə:'ti:z) *s.* COM. peritatge *m.*
expertness ('ekspə:tnis) *s.* perícia *f.*, habilitat *f.*
expiate (to) ('ekspieit) *t.* expiar.
expiation (,ekspi'eiʃən) *s.* expiació *f.*
expiration (,ekspaiə'reiʃən) *s.* expiració *f.* *2* mort *f.* *3* terminació *f.* *4* COM. venciment *m.*
expire (to) (ik'spaiə[r]) *i.* expirar, morir. *2* fig. expirar, acabar. *3* COM. véncer [un termini, etc.]. ■ *4 t.* expirar, expel·lir.
expiry (ik'spaiəri) *s.* expiració *f.* *2* COM. venciment *m.*
explain (to) (ik'splein) *t.* explicar. *2* exposar, aclarir. *3* ***to ~ away,*** justificar. ■ *4 p.* ***to ~ oneself,*** explicar-se.
explanation (,eksplə'neiʃən) *s.* explicació *f.* *2* aclariment *m.*
explanatory (ik'splænətri) *a.* explicatiu, aclaridor.
expletive (ik'spli:tiv) *s.* exclamació *f.*, interjecció *f.* *2* renec *m.* *3* GRAM. expletiu *a.*
explicit (ik'splisit) *a.* explícit.
explode (to) (iks'ploud) *t.* fer explotar, volar. *2* desmentir. *3* refutar, rebatre, impugnar. ■ *4 i.* volar, explotar.
exploit ('eksplɔit) *s.* proesa *f.*, gesta *f.*
exploit (to) (iks'plɔit) *t.* explotar [també fig.].
exploitation (,eksplɔi'teiʃən) *s.* explotació *f.*, aprofitament *m.* *2* abús *m.*
exploration (,eksplə'reiʃən) *s.* exploració *f.*
explore (to) (iks'plɔ:[r]) *t.* explorar. *2* examinar, analitzar, investigar.
explorer (iks'plɔ:rə[r]) *s.* explorador.
explosion (iks'plouʒən) *s.* explosió *f.*, esclat *m.*
explosive (iks'plousiv) *a.-s.* explosiu.

expo ('ekspou) *s.* (abrev. d'*exposition*) exposició *f.* universal.
exponent (iks'pounənt) *s.* representant, exponent. *2* MAT. exponent *m.*
export ('ekspɔːt) *s.* COM. exportació *f.*
export (to) (eks'pɔːt) *t.* COM. exportar.
exportation (ˌekspɔː'teiʃən) *s.* COM. exportació *f.*
exporter (eks'pɔːtəʳ) *s.* exportador.
expose (to) (iks'pouz) *t.* exposar. *2* descobrir, revelar, desemmascarar. *3* FOT. exposar. ▪ *4 p.* ***to ~ oneself,*** exposar-se.
expostulate (to) (iks'pɔstjuleit) *i.* protestar. *2* ***to ~ with,*** discutir amb; reconvenir *t.* a; intentar convèncer *t.*
expostulation (iksˌpɔstju'leiʃən) *s.* protesta *f.*, reconvenció *f.*
exposure (iks'pouʒəʳ) *s.* exposició *f.* *2* orientació *f.* [d'una casa]. *3* revelació *f.*, desemmascarament *m.*, descobriment *m.* *4* FOT. exposició.
exposure meter (iks'pouzəˌmiːtəʳ) *s.* FOT. fotòmetre *m.*
express (iks'pres) *a.* exprés, clar, explícit. *2* especial, urgent [correu, servei, etc.]. *3* FERROC. exprés, ràpid. ▪ *4 s.* FERROC. exprés *m.*, ràpid *m.*
express (to) (iks'pres) *t.* expressar. *2* esprémer, premsar. ▪ *3 p.* ***to ~ oneself,*** expressar-se, explicar-se.
expressive (iks'presiv) *a.* expressiu. ▪ *2* **-ly** *adv.* explícitament, clarament, terminantment. *2* expressament, a posta.
expressway (iks'preswei) *s.* (EUA) autopista *f.*
expropriate (to) (eks'prouprieit) *t.* DRET expropiar. *2* desposseir.
expropriation (eksˌproupri'eiʃən) *s.* expropiació *f.*
expulsion (iks'pʌlʃən) *s.* expulsió *f.*
exquisite ('ekskwizit) *a.* exquisit. *2* delicat, refinat. *3* intens, viu, agut [dolor, etc.].
extant (eks'tænt) *a.* existent, que queda.
extempore (eks'tempəri) *a.* extemporari, improvisat. ▪ *2 adv.* extemporàriament, improvisadament.
extemporize (to) (iks'tempəraiz) *t.-i.* improvisar *t.*
extend (to) (iks'tend) *t.* estendre. *2* allargar, perllongar. *3* engrandir, eixamplar. *4* donar, oferir [la mà, les gràcies, etc.]. *5* fig. abraçar, incloure. ▪ *6 i.* estendre's *p.* *7* allargar-se *p.*, perllongar-se *p.*
extension (iks'tenʃən) *s.* extensió *f.* *2* prolongació *f.*, allargament *m.* 3 annex *m.* *4* COM. pròrroga *f.*
extensive (iks'tensiv) *a.* extens, ample, vast. *2* freqüent, general [ús]. ▪ *3* **-ly** *adv.* extensament. ‖ ***to travel ~,*** viatjar molt.
extent (iks'tent) *s.* extensió *f.*; magnitud *f.*; longitud *f.* *2* abast *m.* ‖ ***to a certain ~,*** fins a cert punt *m.*
extenuate (to) (iks'tenjueit) *t.* atenuar, pal·liar, mitigar.
extenuating (iks'tenjueitiŋ) *a.* atenuant: ***~ circumstance,*** circumstància atenuant.
exterior (iks'tiəriəʳ) *a.* exterior, extern. ▪ *2 s.* exterior *m.*
exterminate (to) (iks'təːmineit) *t.* exterminar.
external (iks'təːnl) *a.* extern, exterior. ▪ *2* **-ly** *adv.* exteriorment, externament, per fora.
extinct (iks'tiŋkt) *a.* extint, extingit. *2* apagat [foc, volcà, etc.].
extinction (iks'tiŋkʃən) *s.* extinció *f.*
extinguish (to) (iks'tiŋgwiʃ) *t.* extingir, apagar, (ROSS.) atudar [també fig.]. *2* saldar, liquidar [un compte, un deute].
extinguisher (iks'tiŋgwiʃəʳ) *s.* extintor *m.*
extirpate (to) ('ekstəpeit) *t.* fig. extirpar, eradicar.
extol (to) (iks'toul) *t.* lloar, exalçar, enaltir.
extort (to) (iks'tɔːt) *t.* extorquir, arrabassar, obtenir alguna cosa per la força.
extortion (iks'tɔːʃən) *s.* extorsió *f.* *2* exacció *f.*
extortionate (iks'tɔːʃənit) *a.* excessiu, exorbitant.
extra ('ekstrə) *a.* addicional, de més. *2* extra, extraordinari [pagament, etc.]. *3* suplementari [despeses, serveis, etc.]. ▪ *4 adv.* especialment, extraordinàriament. ▪ *5 s.* extra *m.* *6* suplement *m.* [en una factura, etc.]. *7* CINEM., TEAT. extra, comparsa, figurant. *8* PERIOD. edició *f.* extraordinària [d'un diari].
extract ('ekstrækt) *s.* LIT. extracte *m.*, selecció *f.* *2* CUI. concentrat *m.* *3* QUÍM. extret *m.*
extract (to) (iks'trækt) *t.* extreure. *2* treure, arrencar.
extraction (iks'trækʃən) *s.* extracció *f.* *2* origen *m.*, ascendència *f.*
extracurricular (ˌekstrəkə'rikjuləʳ) *a.* extraacadèmic.
extradite ('ekstrədait) *t.* concedir l'extradició. *2* obtenir l'extradició.
extradition (ˌekstrə'diʃən) *s.* extradició *f.*
extramural ('ekstrə'mjuərəl) *a.* extraacadèmic. *2* extramurs.
extraneous (eks'treinjəs) *a.* aliè. *2* form. estrany, no relacionat.
extraordinary (iks'trɔːdnri) *a.* extraordinari. ‖ ***envoy ~,*** enviat especial. *3* rar.
extravagance (iks'trævəgəns) *s.* malbarata-

ment *m.*, balafiament *m.* *2* extravagància *f.*

extravagant (iks'trævəgənt) *a.* malgastador, malbaratador. *2* extravagant. ▪ *3* **-ly** *adv.* amb extravagància, excessivament.

extreme (iks'tri:m) *a.* extrem. *2* extremat. *3* extremista. ▪ *4 s.* extrem *m.*, extremitat *f.* ▪ *5* **-ly** *adv.* extremadament, summament.

extremity (iks'tremiti) *s.* extremitat *f.*, punta *f.* *2* necessitat *f.*, tràngol *m.* *3* pl. ANAT. extremitats *f.*

extricate (to) ('ekstrikeit) *t.* alliberar, deslliurar, deslligar [també fig.]. ▪ *2 p.* ***to ~ oneself,*** alliberar-se, deslliurar-se, deslligar-se.

extrinsic (eks'trinsik) *a.* extrínsec.

extrovert ('ekstrəvə:t) *a.-s.* extravertit.

exuberance (ig'zu:bərəns) *s.* exuberància *f.* *2* eufòria *f.*, exultació *f.*

exuberant (ig'zu:bərənt) *a.* exuberant. *2* eufòric, exultant.

exude (to) (ig'zju:d) *t.* traspuar. ▪ *2 i.* regalar.

exult (to) (ig'zʌlt) *i.* exultar. *2* ***to ~ in*** o ***at,*** alegrar-se *p.* de o per. *3* ***to ~ over,*** triomfar sobre.

exultant (ig'zʌltənt) *a.* exultant. *2* triomfant.

exultation (ˌegzʌl'teiʃən) *s.* exultació *f.*, alegria *f.*, entusiasme *m.*

eye (ai) *s.* ull *m.* ‖ ***black ~,*** ull de vellut. ‖ ***evil ~,*** mal d'ull. ‖ ***to catch the ~ of,*** cridar l'atenció. ‖ ***to keep an ~ on,*** no perdre d'ull, no perdre de vista. ‖ ***to set ~s on,*** posar els ulls en. ‖ ***to turn a blind ~ to,*** fer els ulls grossos.

eye (to) (ai) *t.* fitar, mirar, observar.

eyeball ('aibɔ:l) *s.* ANAT. globus *m.* ocular.

eye brow ('aibrau) *s.* ANAT. cella *f.*

eyecatcher ('aiˌkætʃə[r]) *s.* persona o cosa vistosa.

eyecatching ('aiˌkætʃiŋ) *a.* vistós.

eyelash ('ailæʃ) *s.* ANAT. pestanya *f.*

eyelet ('ailit) *s.* COST. ullet *m.*

eyelid ('ailid) *s.* ANAT. parpella *f.*

eye-opener ('aiˌoupnə[r]) *s.* fig. sorpresa *f.*, revelació *f.*

eye-shade ('aiʃeid) *a.* visera *f.*

eye-shadow ('aiˌʃædou) *s.* COSM. ombrejador *m.*, ombra *f.* d'ulls.

eyesight ('aisait) *s.* vista *f.* [sentit].

eyesore ('aisɔ:[r]) *s.* monstruositat *f.*, cosa que fa mal a la vista.

eye-tooth ('aitu:θ) *s.* ullal *m.*

eye-witness ('aiˌwitnis) *s.* testimoni ocular o presencial.

F

F, f (ef) *s.* f. *f.* [lletra]. *2* MÚS. fa *m.*

F.A. ('ef'ei) *s. (Football Association)* federació *f.* de futbol.

fable ('feibl) *s.* LIT. faula *f.* [també fig.].

fabric ('fæbrik) *s.* TÈXT. teixit *m.*, roba *f.*, tela *f.*, (ROSS.) estofa *f.* *2* ARQ. fàbrica *f.* *3* CONST. estructura *f.* [també fig.].

fabricate (to) ('fæbrikeit) *t.* falsificar, falsejar. *2* inventar.

fabrication (ˌfæbri'keiʃən) *t.* falsificació *f.*, falsejament *m.* *2* invenció *f.*, mentida *f.*

fabulous ('fæbjuləs) *a.* fabulós. *2* increïble. *3* col·loq. magnífic, esplèndid.

façade (fə'sɑːd) *s.* ARQ. façana *f.* *2* fig. aparença *f.*

face (feis) *s.* cara *f.*, rostre *m.*, semblant *m.* ‖ fig. ***in the ~ of,*** malgrat; davant de, en presència de. *2* expressió *f.*, gest *m.*, ganyota *f.* ‖ ***to go about with a long ~,*** fer cara llarga. ‖ ***to make ~s,*** fer ganyotes. *3* barra *f.*, atreviment *m.* ‖ ***to have the ~ to,*** tenir la barra de. *4* prestigi *m.*, aparences *f. pl.* ‖ ***to lose ~,*** perdre prestigi. ‖ ***to save ~,*** salvar les aparences. *5* aspecte *m.*, aparença *f.* ‖ ***on the ~ of it,*** a primera vista, segons les aparences. *6* superfície *f.*, façana *f.* [d'un edifici]. *7* esfera *f.* [d'un rellotge].

face (to) (feis) *t.* estar de cara a, posar-se *p.* de cara a. *2* donar a, mirar cap. *3* enfrontar, afrontar, fer front. *4* CONSTR. revestir. ■ *5 i.* estar encarat cap a. *6* ***to ~ up to,*** reconèixer *t.*, acceptar *t.*

face-cream ('feiskriːm) *s.* COSM. crema *f.* de bellesa.

face-flannel ('feisˌflænl) *s.* manyopla *f.*, tovalloleta *f.* [per la cara].

face-lifting ('feisliftiŋ) *s.* operació *f.* de cirugia estètica [de la cara], estirada *f.* de pell [de la cara].

face-powder ('feisˌpaudəʳ) *s.* COSM. pólvores *f. pl.*

facet ('fæsit) *s.* faceta [també fig.].

facetious (fə'siːʃəs) *a.* faceciós, graciós.

face value ('feisˌvɑljuː) *s.* COM. valor nominal; fig. valor *m.* aparent.

facile ('fæsail) *a.* fàcil. *2* superficial.

facilitate (to) (fə'siliteit) *t.* facilitar, possibilitar.

facility (fə'siliti) *s.* facilitat *f.*

facing ('feisiŋ) *prep.-adv.* davant de, de cara a. ■ *2 s.* CONSTR. revestiment *m.*, parament.

facsimile (fæk'simili) *s.* facsímil *m.*

fact (fækt) *s.* fet *m.* ‖ ***in ~,*** de fet. *2* realitat *f.*, veritat *f.* ‖ ***as a matter of ~,*** en realitat. *3* dada *f.*

faction ('fækʃən) *s.* facció *f.*; bàndol *m.*

factious ('fækʃəs) *a.* faccioso.

factitous ('fæk'tiʃəs) *a.* form. factici, artificial.

factor ('fæktəʳ) *s.* factor *m.*, element *m.* *2* COM. agent.

factory ('fæktəri) *s.* fàbrica *f.*

factotum (fæk'toutəm) *s.* factòtum *m.*

factual ('fæktjuəl) *a.* objectiu, basat en fets.

faculty ('fækəlti) *s.* facultat *f.*

fad (fæd) *s.* mania *f.*, caprici *m.*

fade (to) (feid) *t.* marcir, pansir. *2* descolorir, destenyir. *3* afeblir. ■ *4 i.* marcir-se *p.*, pansir-se *p.* *5* descolorir-se *p.*, destenyir-se. *p.* *6* apagar-se *p.*, desaparèixer [gradualment]. *7* ***to ~ away,*** esvanir-se *p.*

fag (fæg) *s.* col·loq. feinada *f.*, feina *f.* pesada. *2* pop. cigarret *m.*

fag (to) (fæg) *t.* col·loq. cansar, fatigar. ■ *2 i.* col·loq. pencar.

fail (feil) *s.* ***without ~,*** sens falta *f.*

fail (to) (feil) *t.* decebre, fallar. *2* suspendre. ■ *3 i.* suspendre *t.* *4* fracassar, fallar, fallir. *5* debilitar-se *p.*, decaure. *6* exhaurir-se *p.*, acabar-se *p.* *7* ***to ~ to,*** deixar de.

failing ('feiliŋ) *s.* falta *f.*, defecte *m.*, flaquesa *f.* ■ *2 prep.* a falta de.

failure ('feiljəʳ) *s.* suspens *m.* *2* fracàs *m.* *3* avaria *f.* [d'un motor, etc.]. *4* aturada *f.* [del cor]. *4* COM. fallida *f.*

faint (feint) *a.* feble. *2* borrós, desdibuixat. *3* pàl·lid. *4* imperceptible, fluix, vague. *5* ***to feel ~,*** estar marejat. ▪ *6 s.* desmai *m.*

faint (to) (feint) *i.* desmaiar-se *p.* *2* defallir.

faint-hearted (ˌfeint'hɑ:tid) *a.* poruc, covard.

fair (fɛəʳ) *a.* just, imparcial, equitatiu. *2* honest, honrat. ‖ ***~ play,*** joc net. *3* bo, serè [el temps, el cel, etc.]. *4* pàl·lid, blanc [pell, etc.]. *5* ros [cabells]. *6* net, clar. ‖ ***~ copy,*** còpia neta. *7* bonic, formós. ▪ *8 adv.* imparcialment, equitativament. *9* ***~ enough,*** molt bé, d'acord. *10* **-ly** *adv.* amb imparcialitat, honestament. *11* col·loq. completament, totalment. *12* força, bastant: ***~ good,*** força bo; ***~ well,*** bastant bé. ▪ *13 s.* fira *f.*, mercat *m.*

fairground ('fɛəgraund) *s.* parc *m.* d'atraccions. *2* recinte *m.* firal. *3* emplaçament *m.* d'una fira.

fairness ('fɛənis) *s.* justícia *f.*, imparcialitat *f.* ‖ ***in all ~,*** per ser justos. *2* blancor *f.*, pal·lidesa *f.*, claror *f.* *3* bellesa *f.*

fairy ('fɛəri) *s.* fada *f.* *2* pop. marieta *m.*

fairy tale ('fɛəriteil) *s.* conte *m.* de fades.

fait accompli (ˌfeitə'kɔpli) *s.* fet *m.* consumat.

faith (feiθ) *s.* fe *f.* ‖ ***in good ~,*** de bona fe. ‖ ***to keep ~,*** complir la paraula donada. *2* religió *f.*, creença *f.*, confessió *f.*

faithful ('feiθful) *a.* fidel, lleial. ▪ *3* **-ly** *adv.* fidelment, lleialment. *4* ***yours faithfully,*** el saluda atentament. ▪ *5 s. pl.* ***the ~,*** els fidels *m.*

faithfulness ('feiθfulnis) *s.* fidelitat *f.*, lleialtat *f.* *2* exactitud *f.*

faith healing ('feiθˌhi:liŋ) *s.* curació *f.*, per la fe.

faithless ('feiθlis) *a.* deslleial, pèrfid. *2* descregut.

fake (feik) *a.* fals. ▪ *2 s.* imitació *f.*, falsificació *f.* *3* impostor.

fake (to) (feik) *t.* falsificar. *2* fingir. *3* inventar.

fakir ('feikiəʳ) *s.* faquir *m.*

falcon ('fɔ:lkən) *s.* ORN. falcó *m.*

Falkland ('fɔ:klənd) *n. pr.* GEOGR. ***the ~ Islands,*** Illes *f. pl.* Malvines.

fall (fɔ:l) *s.* caiguda *f.* *2* decadència *f.* *3* baixa *f.*, descens *m.* *4* declini *m.*, desnivell *m.* *5* cascada *f.*, saltant *m.* *6* MIL. rendició *f.* *7* (EUA) tardor *f.*

fall (to) (fɔ:l) *i.* caure [també fig.]. *2* baixar, descendir. *3* recaure, correspondre. *4* ***to ~ asleep,*** adormir-se *p.* *5* fig. ***to ~ flat,*** no tenir èxit. *6* ***to ~ in love,*** enamorar-se *p.* *7* ***to ~ short,*** fer curt, no arribar. ▪ ***to ~ back,*** retirar-se, retrocedir; ***to ~ back on,*** recórrer a; ***to ~ down,*** caure, esfondrar-se; fig. fracassar; ***to ~ for,*** enamorar-se de; deixar-se enredar; ***to ~ in with,*** estar d'acord amb; coincidir; ***to ~ out with,*** barallar-se renyir; ***to ~ through,*** fracassar; ***to ~ upon,*** caure sobre. ‖ Pret.: ***fell*** (fel); p. p.: ***fallen*** (fɔ:lən).

fallacious (fə'leiʃəs) *a.* fal·laç, fal·laciós.

fallen ('fɔ:lən) *p. p.* de FALL (TO).

fall guy ('fɔ:lgai) *s.* (EUA) col·loq. cap *m.* de turc.

fallibility (ˌfæli'biliti) *s.* fal·libilitat *f.*

fallible ('fæləbl) *a.* fal·lible.

falling star ('fɔ:liŋ'stɑ:ʳ) *s.* estel *m.* fugaç, estrella *f.* fugaç.

fallow ('fæləu) *a.-s.* AGR. guaret *m.*

fallow deer ('fælou'diəʳ) *s.* ZOOL. daina *f.*

false (fɔ:ls) *a.* fals. *2* postís [dents, cabells, etc.]. ▪ *3* **-ly** *adv.* falsament.

falsehood ('fɔ:lshud) *s.* falsedat *f.*

falsification (ˌfɔ:lsifi'keiʃən) *s.* falsificació *f.* *2* falsejament *m.*

falsify (to) ('fɔ:lsifai) *t.* falsificar. *2* falsejar.

falter (to) ('fɔ:ltəʳ) *t.* dir amb veu tremolosa, balbucejar. ▪ *2 i.* vacil·lar, titubejar. *3* balbucejar, vacil·lar.

fame (feim) *s.* fama *f.*, reputació *f.* ▪ *2 a.* ***~d*** famós.

familiar (fə'miliəʳ) *a.* familiar, conegut. ‖ ***to be ~ with,*** estar familiaritzat amb. *2* corrent, comú. *3* íntim. *4* fig. fresc.

familiarity (fəˌmili'æriti) *s.* familiaritat *f.* *2* coneixement *m.* *3* intimitat. *4* excessiva familiaritat.

familiarize (to) (fə'miliəraiz) *t.* familiaritzar, acostumar. ▪ *2 p.* ***to ~ oneself,*** familiaritzar-se.

family ('fæmili) *s.* família *f.* *2* llinatge *m.* ▪ *3 a.* familiar, de família.

family name ('faemiliˌneim) *s.* cognom *m.*

family planning ('fæmiliˌplæniŋ) *s.* planificació *f.* familiar.

famine ('fæmin) *s.* fam *f.* *2* misèria *f.*, penúria *f.*

famished ('fæmiʃt) *a.* famèlic, afamat.

famous ('feiməs) *a.* famós, cèlebre.

fan (fæn) *s.* ventall *m.* *2* ventilador *m.* *3* col·loq. fan, admirador.

fan (to) (fæn) *t.* ventar. *2* atiar [també fig.]. ▪ *3 p.* ***to ~ oneself,*** ventar-se. ▪ *4 i.* ***to ~ out,*** obrir-se *p.* com un ventall.

fanatic (fə'nætik) *a.-s.* fanàtic.

fanatical (fə'nætikəl) *a.* fanàtic.

fanaticism (fə'nætisizəm) *s.* fanatisme *m.*

fanciful ('fænsiful) *a.* capriciós. *2* fantàstic. *3* irreal, imaginari.

fancy ('fænsi) *s.* imaginació *f.*, fantasia *f.* *2* quimera *f.*, il·lusió *f.* *3* caprici *m.*, antull *m.* ▪ *4 a.* de fantasia, d'adorn. *5* extravagant, excessiu.

fancy (to) ('fænsi) *t.* imaginar(se, afigurar-se *p.* *2* suposar, creure. *3* col·loq. encapritxar-se *p.;* agradar; venir de gust. *4* **~ *that!*,** imagina't!, fixa't!

fancy dress (ˌfænsi'dres) *s.* disfressa *f.*

fanfare ('fænfɛəʳ) *s.* MÚS. fanfara *f.*

fang (fæŋ) *s.* ullal *m.* [d'animal]. *2* dent *f.* [de serp].

fantasize ('fæntəˌsaiz) *i.-t.* fantasiar *i.*, fantasiejar *i.*

fantastic(al (fæn'tæstik, -əl) *a.* fantàstic, imaginari. *2* extravagant, absurd. *3* pop. extraordinari, magnífic.

fantasy ('fæntəsi) *s.* fantasia *f.*, imaginació *f.*

FAO (ˌefei'ou) *s.* *(Food and Agricultural Organization)* FAO *f.* (Organització per a l'agricultura i l'alimentació).

far (fɑːʳ) *adv.* lluny, al lluny. ‖ **~ *and wide*,** pertot arreu. ‖ ***as* ~ *as*,** fins, tan lluny com. ‖ ***as* ~ *as I know*,** pel que jo sé. ‖ ***in so* ~ *as*,** pel que fa. ‖ ***so* ~,** fins ara.

farce (fɑːs) *s.* farsa *f.*

farcical ('fɑːsikəl) *a.* absurd, ridícul. *2* burlesc.

fare (fɛəʳ) *s.* preu *m.* [d'un viatge]. *2* bitllet *m.* *3* client *m.*, passatger. *4* menú *m.*, menjar *m.*

fare (to) (fɛəʳ) *i.* passar-ho [bé o malament]. ‖ ***how did you* ~?** com t'ha anat? *2* ***to* ~ *alike*,** còrrer la mateixa sort.

farewell ('fɛə'wel) *interj.* adéu-siau! ▪ *2 s.* comiat *m.*, adéu *m.* ‖ ***to say* ~ *to*,** acomiadar(se.

farm (fɑːm) *s.* granja *f.* *2* hisenda *f.*, masia *f.* *3* viver *m.*

farm (to) (fɑːm) *t.* conrear, llaurar. ▪ *2 i.* tenir terres, conrear la terra, fer de pagès. *2* ***to* ~ *out*,** arrendar, donar feina.

farmer ('fɑːməʳ) *s.* granger. *2* pagès, (VAL.) llaurador.

farmhand ('fɑːmhænd) *s.* bracer *m.*

farmhouse (fɑːmhaus) *s.* granja *f.* *2* mas *m.*, masia *f.*

farming ('fɑːmiŋ) *s.* conreu *m.*, cultiu *m.* *2* agricultura *f.*

farmyard ('fɑːmjɑːd) *s.* corral *m.*

fart (fɑːt) *s.* vulg. pet *m.*

farther ('fɑːðəʳ) *adv.* més lluny, més enllà. *2* a més. ▪ *3 a.* més llunyà, més distant.

farthest ('fɑːðist) *a. superl.* el més llunyà, extrem. ▪ *2 adv.* més lluny.

farthing ('fɑːðiŋ) *s.* ant. quart de penic, *m.* ‖ ***it's not worth a brass* ~,** no val ni cinc.

fascinate (to) ('fæsineit) *t.* fascinar, captivar.

fascination (ˌfæsi'neiʃən) *s.* fascinació *f.*, suggestió *f.*

fascism ('fæʃizəm) *s.* feixisme *m.*

fascist ('fæʃist) *a.-s.* feixista.

fashion ('fæʃən) *s.* manera *f.*, forma *f.* ‖ ***after a* ~,** en certa manera *f.* *2* moda *f.* ‖ ***in* ~,** de moda. ‖ ***out of* ~,** passat de moda. *4* bon gust *m.*, elegància *f.*

fashion (to) ('fæʃən) *t.* donar forma, modelar. *2* emmotllar.

fashionable ('fæʃnəbl) *a.* de moda. *2* elegant. ▪ *3* **-ly** *adv.* elegantment, a la moda.

fast (fɑːst) *s.* dejuni *m.*

fasten (to) ('fɑːsn) *t.* assegurar, fermar, lligar, subjectar. *2* enganxar. *3* tancar [amb baldó, etc.]. *4* cordar. ▪ *5 i.* subjectar-se *p.*, afermar-se *p.* *6* cordar-se *p.*

fastener ('fɑːsnəʳ) *s.* balda *f.* *2* gafet *m.*, cremallera *f.* *3* clip *m.*, grapa *f.* [de papers].

fastidious (fæs'tidiəs) *a.* delicat. *2* exigent. *3* primmirat.

fat (fæt) *a.* gras. *2* gruixut. *3* magre [carn]. *4* gran: **~ *profits*,** grans beneficis. *5* fèrtil [terra]. ▪ *6 s.* greix *m.* *7* llard *m.* [per cuinar]. ‖ ***to live on the* ~ *of the land*,** viure a cor què vols, cor què desitges.

fatal ('feitl) *a.* fatal; mortal. *2* funest.

fatalism ('feitəlizəm) *s.* fatalisme *m.*

fatalist ('feitəlist) *s.* fatalista.

fatality (fə'tæliti) *s.* fatalitat *f.* *2* víctima *f.*, mort.

fate (feit) *s.* fat *m.*, destí *m.* *2* sort *f.*

fast (fɑːst) *a.* ràpid, veloç. *2* fix [color, nus, etc.]. ‖ ***to make* ~,** subjectar, fermar; MAR. amarrar. *3* avançat [rellotge]. *4* profund [son]: **~ *asleep*,** completament adormit. *5* FOT. ràpid. *6* col·loq. ***to pull a* ~ *one on someone*,** fer una mala passada a algú. ▪ *7 adv.* ràpid, ràpidament, veloçment, de pressa. *8* fermament. ‖ ***stuck* ~,** ben enganxat.

fated ('feitid) *a.* destinat, predestinat.

fateful ('feitful) *a.* fatal, fatídic. *2* decisiu.

father ('fɑːðəʳ) *s.* pare *m.* *2* REL. ***Our F*~,** Pare *m.* nostre.

father (to) ('fɑːðəʳ) *t.* engendrar.

fatherhood ('fɑːðəhud) *s.* paternitat *f.*

father-in-law ('fɑːðərinlɔː) *s.* sogre *m.*, pare *m.* polític.

fatherland ('fɑːðəlænd) *s.* pàtria *f.*

fatherly ('fɑːðəli) *a.* paternal.

fathom ('fæðəm) *s.* MAR. braça *f.* [mesura].

fathom (to) ('fæðəm) *t.* MAR. sondar, sondejar. *2* comprendre, entendre.

fatigue (fə'tiːg) *s.* fatiga *f.*, cansament *m.*

fatigue (to) (fə'tiːg) *t.* fatigar, cansar.

fatness ('fætnis) *s.* grassor *f.*, grassesa *f.*, obesitat *f.*

fatten (to) ('fætn) *t.* engreixar, encebar [animals].

fatty ('fæti) *a.* gras; greixós.

fatuous ('fætjuəs) *a.* fatu, neci.

fault (fɔ:lt) *s.* culpa *f.*: ***it's my ~,*** és culpa meva. *2* defecte *m.* [també fig.]. *3* error. *4* GEOL., MIN. falla *f.*
fault-finding ('fɔ:lt,faindiŋ) *a.* criticaire.
faultless ('fɔ:ltlis) *a.* impecable, perfecte. *2* irreprotxable.
faulty ('fɔ:lti) *a.* defectuós.
fauna ('fɔ:nə) *s.* fauna *f.*
favour, (EUA) **favor** ('feivə[r]) *s.* favor. ‖ ***do me the ~ of,*** fes el favor de; ***to be in ~ of,*** estar a favor, donar suport a; ***to be in ~ with,*** gaudir del favor [d'algú]; ***to curry ~ with,*** intentar congraciar-se amb.
favour, (EUA) **favor (to)** ('feivə[r]) *t.* afavorir. *2* donar suport, recolzar.
favourable, (EUA) **favorable** ('feivərəbl) *a.* favorable, propici.
favoured, (EUA) **favored** ('feivəd) *a.* afavorit. ‖ ***~ by nature,*** dotat per la natura, ben plantat.
favourite, (EUA) **favorite** ('feivərit) *a.* favorit, preferit, predilecte. ▪ *2 s.* favorit.
fawn (fɔ:n) *s.* ZOOL. cervatell *m.*
fawn (to) (fɔ:n) *i.* fig. ***to ~ on*** o ***upon,*** adular, afalagar.
F.B.I. ('efbi:'ai) *s. (Federal Bureau of Investigation)* FBI *m.* (oficina federal d'investigació).
fear (fiə[r]) *s.* por *f.*, temor *m.*
fear (to) (fiə[r]) *t.* tenir por de, témer. ▪ *2 i.* ***to ~ for,*** témer per.
fearful ('fiəful) *a.* aprensiu. *2* espantós, esfereïdor. *3* col·loq. terrible, horrible. *4* poruc, (VAL.) poregós.
fearless ('fiəlis) *a.* intrèpid, agosarat, audaç, que no té por. ‖ ***~ of,*** sense por de.
fearlessness ('fiəlisnis) *s.* intrepidesa *f.*
fearsome ('fiəsəm) *a.* temible, espantós.
feasibility (,fi:zə'biliti) *s.* viabilitat *f.*, plausibilitat *f.*
feasible ('fi:zəbl) *a.* factible, possible, viable.
feast (fi:st) *s.* festí *m.*, banquet *m.*, tiberi *m.* *2* REL. ~, ***~ day,*** festa *f.*
feast (to) (fi:st) *t.* festejar, celebrar. *2* complimentar. *3* oferir un banquet. *4* fig. ***to ~ one's eyes on,*** regalar-se *p.* la vista. ▪ *5 i.* banquetejar.
feat (fi:t) *s.* proesa *f.*, gesta *f.*
feather ('feðə[r]) *s.* ploma *f.* [d'au]. ‖ fig. ***that's a ~ in his cap,*** això és un triomf *m.* per a ell.
feather (to) (feðə[r]) *t.* emplomallar. *2* cobrir amb plomes. *3* fig. ***to ~ one's nest,*** procurar per un mateix.
feather bed ('feðə,bed) *s.* matalàs *m.* de plomes.
feather duster ('feðə,dʌstə) *s.* plomall *m.*
feature ('fi:tʃə[r]) *s.* tret *m.*, facció *f.* [de la cara]. *2 pl.* cara *f. sing.* *3* forma *f.*, figura *f.* *4* característica *f.*, tret *m.* distintiu. *5* CINEM. ~, ***~ film,*** pel·lícula *f.* principal.
feature (to) ('fi:tʃə[r]) *t.* presentar [un actor en una pel·lícula]. *2* descriure. *3* representar. *4* caracteritzar. *5* actuar *i.*, treballar *i.* ▪ *6 i.* figurar, constar.
February ('februəri) *s.* febrer *m.*
fecundity (fi'kʌnditi) *s.* fecunditat *f.* *2* fertilitat *f.*
fed (fed) *pret.* i *p. p.* de FEED (TO).
federal ('fedərəl) *a.* federal.
federate (to) ('fedəreit) *t.* federar. ▪ *2 i.* federar-se *p.*
federation (,fedə'reiʃən) *s.* federació *f.*, lliga *f.*
fee (fi:) *s.* honoraris *m. pl.*, drets *m. pl.*, quota *f.* ‖ ***membership ~,*** quota *f.* de soci. ‖ ***registration ~,*** drets *m. pl.* de matrícula.
feeble ('fi:bl) *a.* feble, dèbil.
feeble-minded ('fi:bl'maindid) *a.* deficient mental.
feed (fi:d) *s.* menjar *m.*, aliment *m.* *2* pinso *m.* [dels animals].
feed (to) (fi:d) *t.* alimentar, nodrir, donar menjar a. *2* subministrar. *3* ***to ~ up,*** encebar, sobrealimentar. *4* ***to be fed up (with),*** estar fart (de). ▪ *5 i.* menjar. *6* pasturar. *7* ***to ~ on*** o ***upon,*** alimentar-se *p.* de ▲ Pret. i p. p.: ***fed*** (fed).
feedback ('fi:dbæk) *s.* ELECT. realimentació *f.* *2* reacció *f.*, resposta *f.*, comentaris *m. pl.*
feel (fi:l) *s.* tacte *m.* *2* sensació *f.*
feel (to) (fi:l) *t.* tocar, palpar. ‖ ***to ~ one's way,*** anar a les palpentes. *2* prendre [el pols]. *3* examinar, sondejar. *4* sentir, experimentar. *5* creure, pensar. ▪ *6 i.* sentir-se *p.*, estar, tenir. ‖ ***I ~ sorry for you,*** ho sento per tu. ‖ ***to ~ bad,*** sentir-se *p.* malament; ***to ~ cold,*** tenir fred; ***to ~ hot,*** tenir calor. *7* ser sensible, sentir *t.* *8* ***it feels cold,*** ho trobo fred. *9* ***to ~ for,*** buscar a les palpentes; condoldre's *p.* *10* ***to ~ like,*** tenir ganes de. *11* ***to ~ up to,*** sentir-se *p.* capaç de.
feeling ('fi:liŋ) *s.* sentiment *m.* *2* sensació *f.*, percepció *f.* *3* tacte *m.* [sentit]. *4* calor *f.*, passió *f.*, tendresa *f.*, compassió *f.* *5* pressentiment *m.* ▪ *6 a.* sensible. ▪ *7* **-ly** *adv.* amb emoció, amb sensibilitat.
feet (fi:t) *s. pl.* de FOOT.
feign (to) (fein) *t.* fingir, aparentar, fer veure que. *2* inventar [una excusa]. ▪ *3 i.* fingir *t.*
felicity (fi'lisiti) *s.* form. felicitat *f.* *2* ***to express oneself with ~,*** expressar-se amb facilitat, amb desimboltura.
feline ('fi:lain) *a.* felí.

fell (fel) *pret.* de FALL (TO). ▪ *2 a.* poèt. cruel; funest. ▪ *3 s.* tala *f.* [d'arbres]. *4* pell *m.*, cuir *m.* *5* turó *m.*, pujol *m.*
fell (to) (fel) *t.* tombar, abatre. *2* tallar [arbres].
fellow ('felou) *s.* col·loq. xicot *m.*, tio *m.*, tipus *m.* ‖ ***good ~,*** bon noi *m.* *2* igual. *3* soci *m.*, membre *m.* [d'una acadèmia, etc.]. ▪ *4 a.* ***~ being, ~ creature,*** proïsme; ***~ citizen,*** conciutadà; ***~ student,*** condeixeble; ***~ traveller,*** company de viatge.
fellowship ('felouʃip) *s.* companyerisme *m.* *2* comunicat *f.* *3* companyia *f.*, associació *f.* *4* cos *m.*, societat *f.* *5* beca *f.*
felony ('feləni) *s.* crim *m.*, delicte *m.* greu.
felt (felt) *pret.* i *p. p.* de FEEL (TO). ▪ *2 s.* feltre *m.*
female ('fi:meil) *s.* femella *f.* *2* dona *f.* ▪ *3 a.* femení. *4* femella.
feminine ('feminin) *a.* femení.
femení *m.*
feminism ('feminizm) *s.* feminisme *m.*
fen (fen) *s.* pantà *m.*, aiguamoll *m.*
fence (fens) *s.* tanca *f.*, clos *m.*, closa *f.*, estacada *f.*
fence (to) (fens) *t.* tancar [amb una tanca]. *2* protegir. *3* fig. esquivar. ▪ *3 i.* esgrimir.
fencing ('fensiŋ) *s.* ESPORT esgrima *f.* *2* material *m.* per a tanques.
fend (to) (fend) *t.* ***to ~ off,*** defensar-se *p.* de, parar [un cop]. ▪ *2 i.* ***to ~ for oneself,*** espavilar-se *p.* sol, defensar-se *p.* sol.
fender ('fendəʳ) *s.* guardafoc *m.* *2* AUTO. para-xocs *m.* *3* MAR. defensa *f.*
fennel ('fenl) *s.* BOT. fonoll *m.*
ferment ('fə:mənt) *s.* ferment *m.* *2* fermentació *f.* *3* fig. agitació *f.*
ferment (to) (fə'ment) *i.-t.* fermentar. *2* agitar(se.
fern (fə:n) *s.* BOT. falguera *f.*
ferocious (fə'rouʃəs) *a.* feroç, ferotge, terrible.
ferocity (fə'rɔsiti) *s.* ferocitat *f.*, feresa *f.*
ferret ('ferit) *s.* ZOOL. fura *f.*, furó *m.*
ferret (to) ('ferit) *i.* furar, furonar. *2* fig. ***to ~ about,*** furetejar, remenar. ▪ *3 t.* fig. ***to ~ out,*** esbrinar.
ferroconcrete (ˌferou'kɔŋkri:t) *s.* formigó *m.* armat.
ferrous ('ferəs) *a.* ferrós.
ferrule ('feru:l) *s.* guaspa *f.*, virolla *f.* *2* abraçadora *f.*
ferry ('feri) *s.* transbordador *m.* *2* embarcador *m.*
ferry (to) ('feri) *t.* transportar. ▪ *2 i.* creuar [en vaixell].
ferryman ('ferimæn) *s.* barquer *m.*
fertile ('fə:tail) *a.* fèrtil. *2* fecund.
fertilize (to) ('fə:tilaiz) *t.* fertilitzar. *2* fecundar. *3* adobar.
fertilizer ('fə:tilaizəʳ) *s.* fertilitzant *m.*, adob *m.*
fervent ('fə:vənt) *a.* fervent, fervorós, vehement.
fervour, (EUA) **fervor** ('fə:vəʳ) *s.* fervor *m.*, ardor *m.*
festal ('festl) *a.* festiu, alegre.
fester (to) ('festəʳ) *i.* MED. supurar. *2* podrir-se *p.* *3* fig. enverinar-se *p.* exasperar-se *p.*
festival ('festəvəl) *s.* festa *f.*, festivitat *f.* ‖ ***Christmas is a Church ~,*** El Nadal és una festa religiosa. *2* festival *m.*
festivity (fes'tiviti) *s.* animació *f.*, alegria *f.* *2* festa *f.*, festivitat *f.*
festoon (fes'tu:n) *s.* fistó *m.* [adorn].
fetch (to) (fetʃ) *t.* anar a buscar. *2* portar. *3* vendre's *p.* a o per. *4* col·loq. clavar, ventar [un cop].
fête (feit) *s.* festa *f.*, celebració [generalment al carrer, a l'aire lliure].
fetid ('fetid) *a.* fètid, pestilent.
fetish ('fetiʃ) *s.* fetitxe *m.*
fetter ('fetəʳ) *s.* grilló *m.* [d'un pres]. *2* trava *f.* [d'un cavall]. *3 pl.* fig. traves *f.*, obstacles *m.*
fetter (to) ('fetəʳ) *t.* encadenar. *2* fig. posar traves.
fettle ('fetl) *s.* estat *m.*, condició *f.*: ***in fine ~,*** en bones condicions; de bon humor *m.*
fetus ('fi:təs) *s.* Veure FOETUS.
feud (fju:d) *s.* renyida *f.*, enemistat *f.*
feudal ('fju:dl) *a.* feudal.
feudalism ('fju:dəlizəm) *s.* feudalisme *m.*
fever ('fi:vəʳ) *s.* MED. febre *f.* [també fig.].
feverish ('fi:vəriʃ) *a.* febril.
few (fju:) *a.-pron.* pocs, alguns. ‖ ***a ~,*** uns quants. ‖ ***quite a ~,*** bastants.
fewer ('eju:əʳ) *a.-pron. comp.* de FEW; menys: ***the ~ the better,*** quants menys millor.
fiancé (fi'ɑ:nsei) *s.* promès *m.*
fiancée (fi'ɑ:nsei) *s.* promesa *f.*
fiasco (fi'æskou) *s.* fracàs *m.*
fib (fib) *s.* col·loq. bola *f.*, mentida *f.*
fibre, (EUA) **fiber** ('faibəʳ) *s.* fibra *f.* *2* fig. nervi *m.*, caràcter *m.*
fibre-glass, (EUA) **fiberglass** ('faibəglɑ:s) *s.* fibre *m.* de vidre.
fibrous ('faibrəs) *a.* fibrós.
fickle ('fikl) *a.* inconstant, voluble, veleïtós.
fickleness ('fiklnis) *s.* inconstància *f.*
fiction ('fikʃən) *s.* ficció *f.*
fiddle ('fidl) *s.* MÚS. col·loq. violí *m.* *2* col·loq. trampa *f.* *3* ***tax ~,*** defraudació *f.* fiscal.
fiddle (to) ('fidl) *t.* colloq. falsificar. *2* obtenir amb trampes. *3* defraudar [taxes]. ▪

4 i. col·loq. tocar el violí. *5 to ~ about,* perdre el temps. *6 to ~ with,* tocar, remenar.
fiddling ('fidliŋ) *a.* col·loq. fútil, trivial.
fidelity (fi'deliti) *s.* fidelitat *f.*
fidget (to) ('fidʒit) *i.* moure's *p.;* estar nerviós; agitar-se *p. 2 to ~ with,* tocar, remenar.
fidgety ('fidʒiti) *a.* inquiet, nerviós, impacient.
field (fi:ld) *s.* camp *m.* [de terra]. *2* camp *m.* [de batalla]. *3* fig. camp *m.*, domini *m. 4* ESPORT competidors *pl.*, participants *pl. 5* MIN. jaciment *m.*
field artillery ('fi:ldɑ:ˌtiləri) *s.* artilleria *f.* de campanya.
field glasses ('fi:ldˌglɑ:siz) *pl.* binocles *m. pl.*, prismàtics *m. pl.* de campanya.
fieldwork ('fi:ldwə:k) *s.* treball *m.* sobre el terreny.
fiend (fi:nd) *s.* dimoni *m.*, diable *m.*
fiendish ('fi:ndiʃ) *a.* diabòlic.
fierce (fiəs) *a.* feroç, ferotge. *2* furiós. *3* intens.
fierceness ('fiəsnis) *s.* ferocitat *f.*
fieriness ('faiərinis) *s.* ardor *m.*, calor *f. 2* fogositat *f.*, passió *f.*
fiery ('faiəri) *a.* igni. *2* ardent, encès. *3* fogós, apassionat. *4* irascible, soberbi.
fifteen (fif'ti:n) *a.* quinze. ■ *2 s.* quinze *m.*
fifteenth (ˌfif'ti:nθ) *a.-s.* quinzè.
fifth (fifθ) *a.-s.* cinquè.
fiftieth ('fiftiəθ) *a.-s.* cinquantè.
fifty ('fifti) *a.* cinquanta. ■ *2 s.* cinquanta *m.*
fig (fig) *s.* BOT. figa *f. 2* fig. rave *m.*: ***I don't care a ~,*** m'importa un rave.
fight (fait) *s.* lluita *f.*, combat *m. 2* baralla *f.*, disputa *f.*
fight (to) (fait) *i.* lluitar. *2* barallar-se *p.* ■ *3 t.* lluitar amb o contra. *4* combatre, resistir. *5* entaular [una batalla]. *6* torejar. *7 **to ~ down,*** reprimir. *8 **to ~ off,*** rebutjar, treure's *p.* de sobre. ▲ Pret. i p. p.: ***fought*** (fɔ:t).
fighter ('faitə^r) *s.* lluitador. *2* combatent. *3* guerrer. *4* AVIA. avió *m.* de caça. *5* ESPORT boxador.
fighting ('faitiŋ) *a.* lluitador, combatiu. ‖ ***~ spirit,*** combativitat, ànim de lluita. ■ *2 s.* combat *m.*, lluita *f.*, baralla *f.* ‖ ***street ~,*** baralles *f. pl.* al carrer.
fig leaf ('figli:f) *s.* fulla *f.* de cep.
figment ('figmənt) *s.* ficció *f.*, invenció *f.* ‖ ***~ of the imagination,*** quimera *f.*
fig tree ('figtri:) *s.* figuera *f.*
figurative ('figjurətiv) *a.* figurat. *2* ART figuratiu.
figure ('figə^r) *s.* ARIT. xifra *f.*, número *m. 2* figura *f. 3* tipus *m.*, figura *f.*, cos *m. 4* preu *m.*, valor *m. 5* quantitat *f.*, suma *f. 6* dibuix *m.;* estàtua *f.*
figure (to) ('figə^r) *t.* figurar-se *p.*, imaginar. *2* calcular. *3* representar. *4 **to ~ out,*** resoldre; desxifrar; entendre; calcular. ■ *5 i.* figurar, constar. *6 **to ~ (in),*** figurar, aparèixer. *7* (EUA) ***to ~ (on),*** projectar, calcular.
figurehead ('figəhed) *s.* mascaró *m.* de proa. *2* fig. figura *f.* decorativa.
filament ('filəmənt) *s.* filament *m.*
filch (to) (filtʃ) *t.* pispar, robar.
file (fail) *s.* llima *f. 2* carpeta *f.*, arxivador *m.*, fitxer *m.* ‖ ***police ~s,*** arxius *m.* policials. *3* expedient *m. 4* fila *f.*, filera *f.*
file (to) (fail) *t.* llimar(se. *2* arxivar, registrar, classificar. *3 **to ~ a claim,*** presentar una reclamació. ■ *4 i. **to ~ past,*** desfilar davant de.
filibuster ('filibʌstə^r) *s.* POL. obstruccionista, filibuster. *2* maniobra *f.* obstruccionista.
filigree ('filigri:) *s.* filigrana *f.*
filing ('failiŋ) *s.* llimada *f.*, llimadura *f.* [acció]. *2* acció *f.* d'arxivar. *3 pl.* llimadures *f.*
filing cabinet ('failiŋˌkæbint) *s.* fitxer *m.*, arxivador *m.*
filing card ('failiŋkɑ:d) *s.* fitxa *f.* [de fitxer].
fill (fil) *s.* afartament *m.*, atipament *m.* ‖ ***I've had my ~ of him,*** estic tip d'ell.
fill (to) (fil) *t.* omplir. *2* afegir, completar. *3* ocupar [un lloc]. *4* tapar, cobrir. *5* empastar [un queixal]. *6* dur a terme. *7* CUI. farcir. ■ *8 i.* omplir-se *p.* ■ ***to ~ in,*** omplir [un imprès]; ***to ~ out,*** eixemplar(se, engreixar(se; ***to ~ up,*** omplir, tapar.
fillet ('filit) *s.* cinta *f.* [pel cabell]. *2* CARN. filet *m.*
fillet (to) ('filit) *t.* tallar en filets.
filling ('filiŋ) *s.* farcit *m.;* ompliment *m. 2* envàs *m. 3* empastat *m.*
filling station ('filiŋˌsteiʃn) *s.* estació *f.* de servei.
fillip ('filip) *s.* ditada *f.*, closquet *m. 2* fig. estímul *m.*
filly ('fili) *s.* ZOOL. poltra *f.*
film (film) *s.* pel·lícula *f.*, capa *f. 2* pel·lícula *f.*, film *m.*
film (to) (film) *t.* CINEM. filmar, rodar. *2* entelar, cobrir [amb una capa o una pel·lícula]. ■ *3 i.* filmar *t. 4* cobrir-se *p.* [amb una capa o una pel·lícula].
film star ('filmstɑ:) *s.* estrella *f.* del cine.
filter ('filtə^r) *s.* filtre *m.*
filter (to) ('filtə^r) *t.* filtrar [també fig.]. ■ *2 i.* filtrar-se *p.* [també fig.].
filth (filθ) *s.* brutícia *f.*, porqueria *f. 2* corrupció *f.*, obscenitat *f.*

filthiness ('filθinis) *s.* brutícia *f.* *2* obscenitat *f.*
filthy ('filθi) *a.* brut, llardós. *2* corromput, impur. *3* col·loq. *~ rich,* fastigosament ric.
fin (fin) *s.* aleta *f.* [de peix].
final ('fainl) *a.* últim, darrer, final. *2* conclusiu. *3* definitiu, decisiu; determinant. ■ *4 s.* ESPORT final *f.* *5 pl.* examens *m.* finals. ■ *6* **-ly** *adv.* finalment, per fi.
finance (fai'næns) (EUA) (fi'næns) *s.* finances *f. pl.* *2 pl.* fons *m.*
finance (to) (fai'næns) (EUA) (fi'næns) *t.* finançar.
financial (fai'nænʃəl) (EUA) (fi'nænʃəl) *a.* financer. ‖ *~ year,* any econòmic.
financier (fai'nænsiəʳ) (EUA) (fi'nænsiəʳ) *s.* financer.
finch (fintʃ) *s.* ORN. pinzà *m.*
find (faind) *s.* troballa *f.*, descobriment *m.*
find (to) (faind) *t.* trobar. ‖ *to ~ fault with,* trobar defectes, censurar. *2* descobrir. *3* proporcionar. *4 to ~ one's feet,* començar a caminar; fig. independitzar-se *p.* *5* DRET *to ~ guilty,* declarar culpable. ■ *6 p. to ~ oneself,* trobar-se. ■ *7 i.* fallar. ■ *to ~ for,* fallar a favor de; *to ~ out,* esbrinar; *to ~ out about,* informar-se sobre, esbrinar sobre. ▲ Pret. i p. p.: *found* (faund).
finding ('faindiŋ) *s.* descobriment *m.* *2 pl.* troballes *f.* *3* DRET sentència *f.*, veredicte *m.*, resolució *f.*
fine (fain) *a.* fi. *2* maco, bonic. ‖ *~ arts,* belles arts. *3* bo, excel·lent. *4* primorós. *5* elegant. *6* petit, menut. *7* esmolat. *8* refinat, pur [metalls]. *9* elevat, noble. ■ *10 s.* multa *f.* ■ *11 adv.* col·loq. molt bé.
fine (to) (fain) *t.* multar.
fineness ('fainnis) *s.* finor *f.*, finesa *f.* *2* delicadesa *f.* *3* excel·lència *f.*
finery ('fainəri) *s.* arreus *m. pl.*, guarniments *m. pl.*
finesse (fi'nes) *s.* astúcia *f.*, subtilesa *f.* *2* tacte *m.*, diplomàcia *f.* *3* discerniment *m.;* discriminació *f.*
finger ('fiŋgəʳ) *s.* dit *m.* ‖ *index ~,* dit índex. ‖ *little ~,* dit petit. ‖ *midde ~,* dit del mig. ‖ *ring ~,* dit anular. ‖ *to burn one's ~s,* picar-se els dits.
finger (to) ('fiŋgəʳ) *t.* tocar, grapejar. *2* teclejar. *3* pispar, robar.
fingernail ('fiŋgəneil) *s.* ungla *f.* [dels dits de la mà].
fingerprint ('fiŋgəprint) *s.* emprempta *f.* digital.
fingertip ('fiŋgətip) *s.* punta *f.* del dit.
finicky ('finiki) *a.* primmirat, punyeter.
finish ('finiʃ) *s.* fi *m.*, final *m.* *2* acabat *m.* *3* ESPORT arribada *f.*, meta *f.*
finish (to) ('finiʃ) *t.* acabar, terminar, concloure. *2* donar l'acabat a. *3* vèncer, matar, acabar amb. ■ *4 i.* acabar(se.
finite ('fainait) *a.* finit.
Finland ('finlənd) *n. pr.* GEOGR. Finlàndia *f.*
Finn (fin) *s.* finlandès.
Finnish ('finiʃ) *a.-s.* finlandès. ■ *2 s.* finlandès *m.* [llengua].
fir (fəːʳ) *s.* BOT. avet *m.*
fir cone ('fəːkoun) *s.* pinya *f.* d'avet.
fire ('faiəʳ) *s.* foc *m.* ‖ *to be on ~,* cremar, estar cremant; *to catch ~,* encendre's; *to set on ~* o *to ~,* calar foc a, incendiar. *2* foc *m.*, incendi *m.* *3* foc *m.* [trets]. ‖ *to miss ~,* fallar el tret *m.* *4* estufa *f.* *5* fig. ardor *m.*, passió *f.*, inspiració *f.*
fire (to) ('faiəʳ) *t.* encendre, calar foc, incendiar, cremar. *2* disparar [una arma de foc]. *3* acomiadar [un treballador]. *4* fig. despertar, inspirar, excitar. ■ *5 i.* encendre's *p.* *6* disparar-se *p.* *7* enardir-se *p.*, excitar-se *p.*
fire alarm ('faiərəˌlɑːm) *s.* alarma *f.* d'incendis.
firearm ('faiərɑːm) *s.* arma *f.* de foc.
firebrigade ('faiəbriˌgeid) *s.* bombers *m. pl.*
fire engine ('faiərˌendʒin) *s.* cotxe *m.* de bombers.
fireman ('faiəmən) *s.* bomber. *2* FERROC. fogoner.
fireplace ('faiəpleis) *s.* llar *f.*, xemeneia *f.*
fireproof ('faiəpruːf) *a.* incombustible, a prova de foc.
fire raiser ('faiəˌreizəʳ) *s.* incendiari *m.*
fireside ('faiəsaid) *s.* lloc *m.* al costat de la llar de foc.
firewood ('faiəwud) *s.* llenya *f.*
fireworks ('faiəwəːks) *s. pl.* focs *m.* artificials.
firing ('faiəriŋ) *s.* cuita *f.* [de totxos]. *2* AUTO. encesa *f.* *3* MIL. tret *m.;* tiroteig *m.;* canonades *f. pl.*
firm (fəːm) *a.* ferm. *2* dur, consistent. ■ *3 s.* firma *f.*, empresa *f.*, casa *f.*
firmness ('fəːmnis) *s.* fermesa *f.* [també fig.].
first (fəːst) *a.* primer. *2* primitiu original. *3* anterior. *4* primerenc. ■ *5 adv.* primer. *6* abans, al principi. *7* per primer cop, per primera vegada. ■ *8 s.* primer. *9* principi *m.: at ~,* al principi; *from the ~,* des del principi. ■ *10* **-ly** *adv.* primer, en primer lloc, primerament.
first aid ('fəːst'eid) *s.* primers auxilis *m. pl.*
first-born ('fəːstbɔːn) *a.-s.* primogènit.
first-hand ('fəːst'hænd) *a.* de primera mà.
first name ('fəːst'neim) *s.* nom *m.* de pila.
first night ('fəːst'nait) *s.* TEAT. nit *f.* d'estrena.

first-rate ('fə:st'reit) *a.* excel·lent, de primera classe. ▪ *2 adv.* molt bé.
firth (fə:θ) *s.* ria *f.*, estuari *m.*
fiscal ('fiskəl) *a.* ECON. fiscal. ‖ ~ ***year,*** any fiscal.
fish (fiʃ) *s.* ICT. peix *m.;* (ROSS.) pei *m. 2* fig. ***a queer*** ~, un tipus o un individu estrany.
fish (to) (fiʃ) *t.* pescar. ▪ *2 i.* anar a pescar, fer pesca.
fisherman ('fiʃəmən) *s.* pescador, (ROSS.) pescaire.
fishing ('fiʃiŋ) *s.* pesca *f.*
fishing rod ('fiʃiŋrɔd) *s.* canya *f.* de pescar.
fishing tackle ('fiʃiŋˌtækl) *s.* ormeig *m.* de pescar.
fishhook ('fiʃhuk) *s.* ham *m.*
fishmonger ('fiʃˌmʌŋgəʳ) *s.* peixater. ‖ ~***'s shop,*** peixateria *f.*
fishpond ('fiʃpɔnd) *s.* viver *m.*, piscina *f.*
fission ('fiʃən) *s.* FÍS. fissió *f.*
fissure ('fiʃəʳ) *s.* fissura *f.*, escletxa *f.*
fist (fist) *s.* puny *m.*
fisticuffs ('fistikʌfs) *s. pl.* cops *m.* de puny.
fit (fit) *a.* apte, capaç, apropiat, convenient. *2* bé de salut, sà. *3* llest, preparat. ▪ *4 s.* atac *m.*, rampell *m. 5* MED. atac *m.*, accés *m. 6* ajustatge *m.*, reglatge *m.*, encaixament *m. 7* ***by ~s and starts,*** a empentes.
fit (to) (fit) *t.* ajustar, encaixar. *2* capacitar. *3* escaure a, anar bé a. *4* proveir, equipar. *5* disposar, preparar. *6* ficar, posar, col·locar. ▪ *7 i.* encaixar. *8* correspondre a. *9* ser propi o adeqüat de o per a. *10* adaptar-se *p.*, ajustar-se *p. 11* escaure, anar bé o malament.
fitful ('fitful) *a.* variable. *2* capritxós. *3* espasmòdic.
fitness ('fitnis) *s.* aptitud *f.*, conveniència *f. 2* salut *f.*
fitting ('fitiŋ) *a.* propi, adeqüat, convenient. ▪ *2 s.* ajustatge *m.*, encaixament *m. 3* emprova *f.*, entallament *m.* [d'un vestit]. *4 pl.* accesoris *m.*, guarniments *m.;* mobles *m. 5* MEC. muntatge *m.*
five (faiv) *a.* cinc. ▪ *2 s.* cinc *m.*
fiver ('faivəʳ) *s.* col·loq. bitllet *m.* de cinc lliures.
fix (fiks) *s.* mal tràngol *m.*, compromís *m.*, embolic *m. 2* col·loq. punxada *f.* [de droga].
fix (to) (fiks) *t.* fixar, assegurar. *2* assenyalar; posar, establir. *3* gravar [a la memòria]. *4* atreure, cridar [l'atenció]. *5* arranjar, arreglar. *6* col·loq. manejar, trucar; passar comptes amb algú. ▪ *7 i.* fixar-se *p.*, solidificar-se *p. 8* ***to ~ on,*** decidir-se *p.* per, escollir.
fixture ('fikstfəʳ) *s.* cosa *f.*, moble *m.*, etc., fix a un lloc. *2* persona *f.* que viu fixa en un lloc. *3 pl.* instal·lació *f.* [de gas, etc.]. *4* ESPORT partit *m.*
fizz (to) (fiz) *i.* bombollejar. *2* fer un soroll sibilant.
fizzle (to) ('fizl) *i.* xiuxiuejar. *2* ***to ~ out,*** apagar-se *p.;* fig. fracassar.
flabbergast (to) ('flæbəga:st) *t.* col·loq. confondre, desconcertar.
flabbiness ('flæbinis) *s.* flacciditat *f. 2* fluixesa *f.*
flabby ('flæbi) *a.* flàccid, fluix, flonjo.
flaccid ('flæksid) *a.* flàccid, fluix.
flaccidity (flæk'siditi) *s.* flacciditat *f.*
flag (flæg) *s.* bandera *f.*, senyera *f.*, bandereta *f.*, estendard *m. 2* llosa *f.*
flag (to) (flæg) *i.* afluixar, decaure, flaquejar. *2* fig. desanimar-se *p.*
flagellate (to) ('flædʒəleit) *t.* flagel·lar.
flagging ('flægiŋ) *a.* fluix, esmaperdut.
flagon ('flægən) *s.* gerra *f. 2* ampolla *f.* [de dos litres].
flagrant ('fleigrənt) *a.* flagrant, notori, escandalós.
flagship ('flægʃip) *s.* vaixell *m.* o nau *f.* almirall.
flair (flɛəʳ) *s.* instint *m.*, disposició *f.* natural.
flake (fleik) *s.* floc *m.* [de neu]. *2* escama *f.*, lamel·la *f.*
flaky ('fleiki) *a.* escamós. *2* col·loq. inestable; excèntric, extravagant. *3* CUI. fullat, fullada.
flamboyant (flæm'bɔiənt) *a.* cridaner. *2* vistós, extremat. *3* ARQ. flamejant.
flame (fleim) *s.* flama *f.;* foc *m. 2* passió *f.*
flame (to) (fleim) *i.* flamejar, encendre's *p.*, inflamar-se *p.*
flamingo (flə'miŋgou) *s.* ORN. flamenc *m.*
flange (flændʒ) *s.* MEC. brida *f.*, pestanya *f.*, vorell *m.*
flank (flæŋk) *s.* illada *f. 2* costat *m. 3* MIL. flanc *m.*
flank (to) (flæŋk) *t.* vorejar. *2* MIL. flanquejar.
flannel ('flænl) *s.* TÈXT. franel·la *f.*
flap (flæp) *s.* tapeta *f.* [de butxaca]. *2* tapa *f.* [de vestit]. *3* peça *f.* plegable [de taula]. *4* cop *m.* d'ala. *5* ***to get into a*** ~, posar-se nerviós.
flap (to) (flæp) *t.* moure, batre [les ales]. ▪ *2 i.* aletejar, esbategar.
flare (flɛəʳ) *s.* flamarada *f.;* llampada *f. 2* espurneig *m.*, llampurneig *m. 3* vol *m.* [d'una faldilla]. *4* fig. rampell *m.*, llampec *m.* [d'ira, d'inspiració, etc.]. *5* MIL. bengala *f.*
flare (to) (flɛəʳ) *t.* acampanar [una faldilla,

etc.]. ▪ *2 i.* acampanar-se *p. 3* flamejar, resplendir, brillar. *4* fig. ***to ~ up,*** encendre's *p.*, enutjar-se *p.*
flash (flæʃ) *s.* flamarada *f.*, fogonada *f.*, llampec *m. 2* ostentació *f.*
flash (to) (flæʃ) *t.* encendre. *2* deixar anar [llum, flamarades, etc.]. *3* RADIO. radiar. *4* TELEGR. telegrafiar. ▪ *5 i.* flamejar, brillar, resplendir.
flashlight ('flæʃlait) *s.* llanterna *f. 2* FOT. flash *m.*
flashy ('flæʃi) *a.* cridaner, extremat.
flask (flɑ:sk) *s.* flascó *m. 2* QUÍM. matràs *m.*
flat (flæt) *a.* pla, llis, ras. *2* esmussat, xato. *3* positiu, categòric. *4* fig. monòton, avorrit, insuls. *5* MÚS. desafinat. *6* MÚS. bemoll. ▪ *7 s.* plana *f.*, pla *m. 8* palmell *m.* [de la mà]. *9* pis *m.*, apartament. *10* MÚS. bemoll *m.* ▪ *11 adv.* planerament; completament; terminantment.
flatness ('flætnis) *s.* planor *f. 2* planura *f. 3* fig. monotonia *f.*, insipidesa *f.*
flatten (to) ('flætn) *t.* aplanar, allisar. *2* abatre. *3* aixafar, aplastar. ▪ *4 i.* allisar-se *p. 5* perdre el gust.
flatter (to) ('flætəʳ) *t.* adular, llagotejar. *2* afalagar.
flattering ('flætəriŋ) *a.* falaguer, afalagador.
flattery ('flætəri) *s.* adulació *f.*, llagoteria *f. 2* afalac *m.*
flatulent ('flætjulent) *s.* flatulent.
flaunt (to) (flɔ:nt) *t.* fer onejar. *2* lluir, ostentar. ▪ *3 p.* ***to ~ oneself,*** gallejar. ▪ *4 i.* onejar, ondejar.
flautist ('flɔ:tist) *s.* flautista.
flavour, (EUA) **flavor** ('fleivəʳ) *s.* gust *m.*, sabor *m. 2* aroma *m. 3* CUI. assaonament *m.*
flavour, (EUA) **flavor (to)** ('fleivəʳ) *t.* condimentar, assaonar.
flaw (flɔ:) *s.* esquerda *f. 2* defecte *m.*, imperfecció *f.*, desperfecte *m.*
flawless ('flɔ:lis) *a.* impecable, perfecte.
flax (flæks) *s.* lli *m.*
flaxen ('flæksən) *a.* de lli. *2* ros clar [cabell].
flay (to) (flei) *t.* escorxar. *2* fig. renyar; deixar com un drap brut.
flea (fli:) *s.* puça *f.*
flea market ('fli:mɑ:kit) *s.* encants *m. pl.*
fleck (flek) *s.* taca *f.*, placa *f.*
fled (fled) Veure FLEE (TO).
fledged ('fledʒd) *a.* plomat. *2* fig. ***fully-~,*** de cap a peus, del tot.
flee (to) (fli:) *i.* fugir, (ROSS.) fúger. *2* fugir de, evitar. ▲ Pret. i p. p.: ***fled*** (fled).
fleece (fli:s) *s.* velló *m. 2* llana *f.*
fleece (to) (fli:s) *t.* esquilar. *2* fig. plomar, deixar pelat, robar.
fleecy ('fli:si) *a.* llanós, llanut.
fleet (fli:t) *s.* armada *f. 2* flota *f.*, esquadra *f.* ▪ *2 a.* poèt. veloç, lleuger.
fleeting ('fli:tiŋ) *a.* fugaç, passatger, efímer.
Flemish ('flemiʃ) *a.* flamenc [de Flandes]. ▪ *2 s.* flamenc *m.* [llengua].
flesh (fleʃ) *s.* carn *f.* [també fig.]. ‖ ***to lose ~,*** aprimar-se. ‖ ***to put on ~,*** engreixar-se.
fleshy ('fleʃi) *a.* carnós. *2* gras [persones].
flew (flu:) *Pret.* de FLY (TO).
flex (fleks) *s.* ELECT. cable *m.* flexible.
flex (to) (fleks) *t.* doblar, plegar.
flexibility (ˌfleksi'bility) *s.* flexibilitat *f.*
flexible ('fleksəbl) *a.* flexible.
flexitime ('fleksitaim) *s.* horari *m.* flexible.
flick (flik) *s.* copet *m. 2* col·loq. pel·lícula *f. 3* col·loq. ***the ~s,*** el cine *m.*
flicker ('flikəʳ) *s.* centelleig *m. 2* fig. mica *f.*, bocí *m.*
flicker (to) ('flikəʳ) *i.* vacil·lar, tremolar. *2* vibrar.
flight (flait) *s.* vol *m. 2* trajectòria *f.* [d'un projectil]. *3* bandada *f.* [d'ocells]. *4* esquadrilla *f.* [d'avions]. *5* fuga *f.*, fugida *f. 6* tram *m.* [d'escala].
flighty ('flaiti) *a.* frívol, capritxós, voluble.
flimsiness ('flimzinis) *s.* feblesa *f. 2* fragilitat *f.*
flimsy ('flimzi) *a.* feble, dèbil. *2* futil, trivial. ▪ *3 s.* paper *m.* de ceba.
flinch (to) (flintʃ) *i.* acovardir-se *p.*, recular, fer-se *p.* enrera (*from,* davant).
fling (fliŋ) *s.* tir *m. 2* intent *m.*, temptativa *f. 3* bot *m. 4* pulla *f. 5* ball *m.* escocès.
fling (to) (fliŋ) *t.* llençar, llançar, tirar. ‖ ***to ~ open,*** obrir de cop. ▪ *2 i.* llençar-se *p.*, llançar-se *p.*, tirar-se *p.* ▲ Pret. i p. p.: ***flung*** (flʌŋ).
flint (flint) *s.* pedrenyal *m.*, pedra *f.* foguera. *2* pedra *f.* d'encenedor.
flip (flip) *s.* closquet *m.*, copet *m. 2* col·loq. ***the ~ side,*** la segona cara *f.* d'un disc. *3* AVIA. vol *m.* curt.
flip (to) (flip) *t.* llançar, tirar enlaire [amb els dits].
flippancy ('flipənsi) *s.* frivolitat *f. 2* lleugeresa *f.*
flippant ('flipənt) *a.* lleuger, frívol. *2* impertinent, petulant.
flirt (flə:t) *s.* coqueta *f.* [noia].
flirt (to) (flə:t) *i.* flirtejar, coquetejar. *2* fig. ***to ~ with,*** acariciar [una idea].
flirtation (flə:'teiʃən) *s.* flirteig *m.*, coqueteig *m.*, festeig *m.*
flit (to) (flit) *i.* volar, voletejar.
float (flout) *s.* flotador *m.*, boia *f. 2* rai *m.*, barca *f. 3* carrossa *f.*
float (to) (flout) *i.* flotar, surar [també fig.]. ▪ *2 t.* fer flotar. *3* COM. emetre.
flock (flɔk) *s.* ramat *m.* [de cabres, bens,

etc.]. *2* estol *m.*, bandada *f.* [d'ocells]. *3* multitud *f.*, gentada *f.* *4* REL. ramat *m.*
flock (to) (flɔk) *i.* reunir-se *p.*, congregar-se *p.*, ajuntar-se *p.*
floe (flou) *s.* panna *f.* de glaç.
flog (to) (flɔg) *t.* fuetejar, assotar. *2* col·loq. vendre.
flogging ('flɔgiŋ) *s.* pallissa *f.*, atupada *f.*
flood (flʌd) *s.* inundació *f.* *2* torrent *m.* *3* abundància *f.*
flood (to) (flʌd) *t.* inundar [també fig.]. *2* desbordar. ■ *3 i.* desbordar-se *p.* *4* ***to ~ in,*** arribar a grapats. *5* ***to ~ out,*** desallotjar; fig. inundar.
flood-light ('flʌdlait) *s.* focus *m.*
flood tide ('flʌdtaid) *s.* plenamar *f.*
floor (flɔːʳ) *s.* terra *m.*, sòl *m.* *2* fons [del mar]. *3* paviment *m.* [d'una casa]. *4* ***ground ~,*** planta *f.* baixa.
floor (to) (flɔːʳ) *t.* posar el terra [d'una casa]. *2* tombar, tirar a terra. *3* fig. tombar, vèncer. *4* fig. desconcertar.
flooring ('flɔːriŋ) *s.* paviment *m.*, sòl *m.* [interior]. *2* enrajolat *m.*
flop (to) (flop) *i.* deixar-se *p.* caure amb tot el pes. *2* col·loq. fracassar.
flora ('flɔːrə) *s.* BOT. flora *f.*
Florence ('flɔrəns) *n. pr.* GEOGR. Florència *f.*
florid ('flɔrid) *a.* florit [estil]. *2* vermell [cara].
florin ('flɔrin) *s.* florí *m.*
florist ('flɔrist) *s.* florista.
flotsam ('flɔtsəm) *s.* restes *f. pl.*, despulles *f. pl.* [d'un naufragi].
flounce (flauns) *s.* volant *m.*, farbalà *m.* *2* estremiment *m.*
flounce (to) (flauns) *t.* posar volants o farbalans. ■ *2 i.* moure's *p.* bruscament.
flounder ('flaundəʳ) *s.* ICT. palaia *f.*
flounder (to) (flaundəʳ) *i.* debatre's *p.* *2* equivocar-se *p.*, entrebancar-se *p.*; vacil·lar.
flour ('flauəʳ) *s.* farina *f.*
flour (to) ('flauəʳ) *t.* enfarinar.
flourish ('flʌriʃ) *s.* floreig *m.* [amb l'espasa]. *2* cop *m.* de ploma. *3* toc *m.* de trompeta. *4* MÚS. fanfara *f.*
flourish (to) ('flʌriʃ) *i.* florir, prosperar. ■ *2 t.* adornar. *3* brandir [l'espasa, etc.].
flourishing ('flʌriʃiŋ) *a.* pròsper, florent.
floury ('flauəri) *a.* farinós. *2* enfarinat.
flout (to) (flaut) *t.* mofar-se *p.* de, burlar-se *p.* de, insultar.
flow (flou) *s.* corrent *m.* *2* flux *m.* *3* doll *m.* *4* torrent *m.*
flow (to) (flou) *i.* fluir, córrer. *2* rajar, brollar. *3* procedir, provenir. *4* ***to ~ away,*** esmunyir-se *p.* *5* ***to ~ into,*** desembocar.
flower ('flauəʳ) *s.* BOT. flor *f.* ‖ ***~ vase,*** gerro *m.*, florera *f.* *2* fig. ***the ~ of,*** la flor *f.* i la nata *f.* de.
flower (to) ('flauəʳ) *i.* florir.
flowerpot ('flauəpɔt) *s.* test *m.*
flowery ('flauəri) *a.* florit [també fig.].
flowing ('flouiŋ) *a.* fluid, fluent. *2* deixat anar [cabell]. *3* ample, folgat [roba].
flown (floun) *p. p.* de FLY (TO).
flu (fluː) *s.* MED. col·loq. (*abrev.* de ***influenza***) grip *f.*
fluctuate (to) ('flʌktjueit) *i.* fluctuar.
fluctuation (ˌflʌktju'eiʃən) *s.* fluctuació *f.*
flue (fluː) *s.* fumeral *m.*, tub *m.*, conducte *m.*
fluency ('fluənsi) *s.* fluïdesa *f.* *2* facilitat *f.*, domini *m.* [d'una llengua].
fluent (fluənt) *a.* fluid. *2* bo. ■ *3* **-ly** *adv.* amb fluïdesa, bé.
fluff (flʌf) *s.* borrissol *m.*, llaneta *f.*
fluff (to) (flʌf) *t.* estufar, estovar, esponjar. *2* suspendre [un examen]. *3* col·loq. TEAT. dir malament, equivocar-se *p.* ■ *4 i.* esponjar-se *p.*
fluffy ('flʌfi) *a.* tou, esponjat.
fluid ('fluːd) *a.* fluid. *2* inestable. ■ *3 s.* fluid *m.*
fluidity (fluː'iditi) *s.* fluïdesa *f.*
fluke (fluːk) *s.* col·loq. xamba *f.*, sort *f.* *2* MAR. ungla *f.* [d'una àncora]. *3* ZOOL. trematode *m.*
flung (flʌŋ) Veure FLING (TO).
fluorescent (fluə'resnt) *a.* fluorescent.
flurry ('flʌri) *s.* agitació *f.*, neguit *m.* *2* ràfega *f.* [de vent, de pluja, etc.].
flurry (to) ('flʌri) *t.* posar nerviós, neguitejar.
flush (flʌʃ) *a.* ple, ric, abundant. *2* vermell, encès. *3* anivellat, ras. ■ *4 s.* broll *m.* [d'aigua]. *5* rubor *m.*, enrojolament *m.*
flush (to) (flʌʃ) *i.* posar-se *p.* vermell, enrojolar-se *p.* *2* sortir, brollar. ■ *3 t.* netejar [amb aigua]. *4* fer posar vermell, fer enrojolar. *5* animar. *6* inundar. *7* igualar. *8* ***to ~ the toilet,*** tirar la cadena del wàter.
fluster ('flʌstəʳ) *s.* neguit *m.*, nerviosisme *m.*, confusió *f.*
fluster (to) ('flʌstəʳ) *t.* posar nerviós, neguitejar, atordir. ‖ ***to get ~ed,*** posar-se *p.* nerviós.
flute (fluːt) *s.* flauta *f.* *2* ARQ. estria *f.* *3* plec *m.*
flutter ('flʌtəʳ) *s.* aleteig *m.* *2* vibració *f.*, palpitació *f.* *3* fig. agitació *f.*, conmoció *f.*
flutter (to) ('flʌtəʳ) *i.* aletejar, moure [les ales]. *2* onejar. *3* agitar-se *p.* ■ *4 t.* agitar, bellugar.
fluvial ('fluːvjəl) *a.* fluvial.
flux (flʌks) *s.* flux *m.* *2* fundent *m.*

fly (flai) *s.* ENT. mosca *f.* *2* bragueta *f.*
fly (to) (flai) *i.* volar. *2* anar amb avió. *3* hissar [una bandera]. *4* fugir, escapar-se *p.* *5* llançar-se *p.* contra, precipitar-se *p.* sobre. *6* saltar, esclatar. *7* ***to ~ into a passion,*** encendre's *p.* d'indignació. ■ *8 t.* portar, pilotar [un avió]. *9* fer onejar [una bandera]. *10* evitar, fugir de. ▲ Pret.: ***flew*** (flu:) i ***flown*** (floun).
flying ('flaiiŋ) *a.* volador, volant. ‖ ***~ club,*** club d'aviació. *2* ràpid, veloç. ‖ ***~ visit,*** visita breu, fugitiu. *3* onejant [bandera].
flying buttress ('flaiiŋ'bʌtris) *s.* ARQ. arcbotant *m.*
flying saucer ('flaiiŋ'sɔ:sə[r]) *s.* platet *m.* volant.
flyleaf ('flaili:f) *s.* guarda *f.* [d'un llibre].
flywheel ('flaiwi:l) *s.* MEC. volant *m.*
foal (foul) *s.* ZOOL. poltre *m.*
foam (foum) *s.* escuma *f.*
foam (to) (foum) *i.* fer escuma; treure escuma.
f.o.b. (fɔb,'efou'bi:) (abrev. ***free on board***) franc a bord.
focus ('foukəs) *s.* focus *m.* *2* fig. centre *m.*
focus (to) ('foukəs) *t.* enfocar. *2* centrar, fixar [l'atenció, etc.].
fodder ('fɔdə[r]) *s.* pinso *m.*, farratge *m.*
foe (fou) *s.* poèt. enemic.
foetus, (EUA) **fetus** ('fi:təs) *s.* fetus *m.*
fog (fɔg) *s.* boira *f.*, broma *f.* ‖ fig. ***to be in a ~,*** sumit en un mar de dubtes *m. pl.*
foggy ('fɔgi) *a.* boirós, bromós. *2* FOT. velat.
foible ('fɔibl) *s.* punt *m.* flac, debilitat *f.* *2* mania *f.*
foil (fɔil) *s.* ***aluminium ~,*** paper *m.* d'alumini. *2* ESGR. floret *m.* *3* làmina *f.* [de metall].
foil (to) (fɔil) *t.* frustrar. *2* fig. realçar, fer destacar.
foist (to) (fɔist) *t.* ***to ~ something on somebody,*** endossar, encolomar [una mercaderia, etc.] amb engany.
fold (fould) *s.* plec *m.*, séc *m.* *2* pleta *f.*, cleda *f.* [pels bens]. *3* REL. ramat *m.*
fold (to) (fould) *t.* doblar, doblegar, plegar. *2* creuar [els braços]. ■ *3 i.* doblar-se *p.*, doblegar-se *p.*, plegar-se *p.* *4* ***to ~ up,*** fracassar, tancar [un negoci].
folder (fouldə[r]) *s.* carpeta *f.*
folding ('fouldiŋ) *a.* plegable: ***~ chair,*** cadira plegable.
foliage ('fouliidʒ) *s.* fullatge *m.*
folio ('fouliou) *s.* foli *m.*
folk (foulk) *s.* gent *f.*, poble *m.* *2 pl.* col·loq. família *f. sing.* ■ *3 a.* popular.
folklore ('fouklɔ:[r]) *s.* folklore *m.*
folk song ('fouksɔŋ) *s.* cançó *f.* popular.
follow (to) ('fɔlou) *t.* seguir. ‖ ***as follows,*** tal com segueix. *2* perseguir. *3* ***to ~ on*** o ***up,*** prosseguir. *4* ***to ~ out,*** dur a terme.
follower ('fɔlouə[r]) *s.* seguidor. *2* partidari. *3* deixeble.
following ('fɔlouiŋ) *a.* següent. ■ *2 s.* seguidors *m. pl.*, partidaris *m. pl.*
folly ('fɔli) *s.* bestiesa *f.* *2* bogeria *f.*
foment (to) (fou'mənt) *t.* MED. fomentar [també fig.].
fond (fɔnd) *a.* afectuós. *2* ***to be ~ of,*** estimar; ser afeccionat a. ■ *3* **-ly,** *adv.* afectuosament.
fondle (to) ('fɔndl) *t.* acariciar, acaronar.
fondly ('fɔndli) *adv.* afectuosament. *2* ingènuament.
fondness ('fɔndnis) *s.* afecció *f.* *2* tendresa *f.*
font (fɔnt) *s.* pila *f.* baptismal.
food (fu:d) *s.* menjar *m.*, aliment *m.* ‖ ***~-stuffs,*** comestibles *m.*, productes *m.* alimentaris.
fool (fu:l) *s.* ximplet, enze. *2* boig. *3* pallasso. ‖ ***to make a ~ of,*** ridiculitzar, posar en ridícul.
fool (to) (fu:l) *t.* enganyar. *2* entabanar, ensarronar. ■ *3 i.* fer broma, fer el ximple.
foolhardy ('fu:l,hɑ:di) *a.* temerari.
foolish ('fu:liʃ) *a.* ximple, ximplet, neci. *2* absurd, ridícul.
foolishness ('fu:liʃnis) *s.* bestiesa *f.*, ximpleria *f.*
foot (fut) *s.* ANAT. peu *m.* ‖ ***on ~,*** a peu. *2* pota *f.*, peu *m.* [d'animal, moble, etc.]. *3* peu *m.*, base *f.* *4* peu *m.* [mesura]. *5* fig. ***to get back on one's feet,*** restablir-se, aixecar el cap; ***to get cold feet,*** espantar-se, tenir por; ***to put one's ~ in it,*** ficar-se de peus a la galleda. ▲ *pl.* ***feet*** (fi:t).
footage ('futidʒ) *s.* longitud *f.* en peus. *2* CINEM. metratge *m.*
football ('futbɔ:l) *s.* ESPORT futbol *m.* *2* pilota *f.* [de futbol].
footfall ('futfɔ:l) *s.* trepitjada *f.*, passa *f.*, pas *m.*
footing ('futiŋ) *s.* peu *m.*, base *f.*, fonament *m.*
footlights ('futlaits) *s. pl.* TEAT. bateria *f. sing.* [de llums].
footman ('futmən) *s.* lacai *m.*
footpath ('futpɑ:θ) *s.* viarany *m.*, camí *m.*, sendera *f.*
footprint ('futprint) *s.* petjada *f.*, petja *f.*
footsore ('futsɔ:[r]) *a.* espeuat, amb els peus cansats.
footstep ('futstep) *s.* pas *m.*, passa *f.*
footwear ('futwεə[r]) *s.* calçat *m.*
fop (fɔp) *s.* petimetre *m.*
for (fɔ:[r], fə[r]) *prep.* per; per a; a causa de; durant; contra; a favor de; de [amb des-

tinació a]. || ***as ~ me,*** pel que fa a mi; ***but ~,*** si no fos per; sense; ***~ all that,*** no obstant això, malgrat tot; ***~ ever, ~ good,*** per sempre; ***~ sale,*** en venda, es ven; ***the flight ~ Barcelona,*** el vol de Barcelona. ■ *2 conj.* ja que, perquè.

forage ('fɔridʒ) *s.* farratge *m.*

forage (to) ('fɔridʒ) *i.* farratjar. *2* fig. furgar. ■ *2 t.* fig. saquejar, pillar.

forasmuch as (fərəz'mʌtʃæz) *conj.* ja que, atès que [legal].

foray ('fɔrei) *s.* incursió *f.*, ràtzia *f.*, irrupció *f. 2* saqueig *m.*

forbade (fə'beid) Veure FORBID (TO).

forbear, (EUA) **forebear** ('fɔ:bɛəʳ) *s. pl.* avantpassats *m.*

forbear (to) (fɔ:'bɛəʳ) *t.* form. evitar, deixar de. *2* sofrir amb paciència. ■ *3 i.* abstenir-se *p.* ▲ Pret.: ***forbore*** (fɔ:'bɔ:ʳ); p. p.: ***forborne*** (fɔ:'bɔ:n).

forbearance (fɔ:'bɛərəns) *s.* abstenció *f.*, contenció *f. 2* paciència *f.*, indulgència *f.*

forbid (to) (fə'bid) *t.* prohibir, vedar, privar. || ***God ~!,*** Déu no ho vulgui! ▲ Pret.: ***forbade*** (fə'beid) o ***forbad*** (fə'bæd); p. p.: ***forbidden*** (fə'bidn).

forbidding (fə'bidiŋ) *a.* inhòspit, amenaçador, terrible. *2* formidable, impressionant. *3* sever [persona].

forbore (fɔ:'bɔ:ʳ) Veure FORBEAR (TO).

forborne (fɔ:'bɔ:n) Veure FORBEAR (TO).

force (fɔ:s) *s.* força *f.*: ***by ~,*** per força, per la força. *2* vigor *m.*, energia *f. 3* virtut *f.*, eficàcia *f. 4* ***in ~,*** en vigor, vigent.

force (to) (fɔ:s) *t.* forçar. *2* obligar. *3* imposar. *4* obtenir, treure, ficar, etc. [per la força]. || ***to ~ one's way,*** obrir-se *p.* pas a empentes.

forceful ('fɔ:sful) *a.* fort, poderós, eficaç; violent.

forcemeat ('fɔ:smi:t) *s.* farciment *m.*

forceps ('fɔ:səps) *s. pl.* fòrceps *m.*

forcible ('fɔ:səbl) *a.* violent, forçat. *2* eficaç, convincent [persona].

ford (fɔ:d) *s.* gual *m.*

ford (to) (fɔ:d) *t.* travessar, passar a gual.

fore (fɔ:, fɔəʳ) *a.* davanter. ■ *2 s.* davantera *f. 3* MAR. proa *f.* ■ *3 adv.* a proa.

forearm ('fɔ:rɑ:m) *s.* avantbraç *m.*

forebode (to) (fɔ:'boud) *t.* presagiar, predir. *2* pressentir.

foreboding (fɔ:'boudiŋ) *s.* presagi *m.*, predicció *f. 2* pressentiment *m.*

forecast ('fɔkɑ:st) *s.* pronòstic *m.*, previsió *f.* || ***weather ~,*** previsió *f.* meteorològica.

forecast (to) ('fɔ:kɑ:st) *t.* pronosticar, preveure. ▲ Pret. i p. p.: ***forecast*** o ***-ted*** (-tid).

foredoomed (fɔ:'du:md) *a.* condemnat o destinat d'entrada.

forefather ('fɔ:ˌfɑ:ðəʳ) *s.* avantpassat *m.*

forefinger ('fɔ:ˌfiŋgəʳ) *s.* dit *m.*, índex.

forefoot ('fɔfut) *s.* pota *f.* davantera.

forefront ('fɔ:frʌnt) *s.* avantguarda *f.*; primer pla *m. 2* MIL. primera línia *f.*

foregoing (fɔ:'gouiŋ) *a.* anterior, precedent.

foreground ('fɔ:graund) *s.* primer terme *m.*, primer pla *m.* [també fig.].

forehead ('fɔrid) *s.* ANAT. front *m.*

foreign ('fɔrin) *a.* estranger, exterior. || (G.B.) ***F~ Office,*** ministeri d'assumptes exteriors. *2* foraster, estrany. *3* aliè.

foreigner ('fɔrinəʳ) *s.* estranger [persona]. *2* foraster.

foreknowledge ('fɔ:'nɔlidʒ) *s.* presciència *f.*

foreland ('fɔ:lənd) *s.* cap *m.*, promontori *m.*

foreleg ('fɔ:leg) *s.* pata *f.* davantera.

forelock ('fɔ:lɔk) *s.* tupè *m.*

foreman ('fɔ:mən) *s.* capataç *m.*, encarregat *m.*

foremost ('fɔ:moust) *a.* primer, principal, capdavanter. ■ *2 adv.* ***first and ~,*** primer que res, abans de tot.

forensic (fə'rensik) *a.* forense.

forerunner ('fɔ:ˌrʌnəʳ) *s.* precursor. *2* anunci *m.*, presagi *m.*

foresee (to) (fɔ:'si:) *t.* preveure. ▲ Pret.: ***foresaw*** (fɔ:'sɔ:); p. p.: ***foreseen*** (fɔ:'si:n).

foreshadow (to) (fɔ:'ʃædou) *t.* prefigurar, presagiar.

foreshortening (fɔ:'ʃɔ:tniŋ) *s.* escorç *m.*

foresight ('fɔ:sait) *s.* previsió *f.*, perspicàcia *f. 2* prudència *f.*

foreskin ('fɔ:skin) *s.* ANAT. prepuci *m.*

forest ('fɔrist) *s.* bosc *m. 2* fig. selva *f.*

forestall (to) (fɔ:'stɔ:l) *t.* anticipar(se. *2* prevenir, impedir.

forestry ('fɔristri) *s.* silvicultura *f.* || ***~ expert,*** silvicultor.

foretell (to) (fɔ:'tel) *t.* predir. ▲ Pret. i p. p.: ***foretold*** (fɔ:'tould).

forethought ('fɔ:θɔ:t) *s.* previsió *f.*, prudència *f. 2* premeditació *f.*

forever (fə'revəʳ) *adv.* sempre, per sempre.

forewarn (to) (fɔ:'wɔ:n) *t.* prevenir, advertir, avisar.

foreword ('fɔ:wə:d) *s.* prefaci *m.*

forfeit ('fɔ:fit) *s.* pena *f.*, multa *f. 2 pl.* joc *m.* de penyores. *3* DRET pèrdua *f.* [també fig.].

forfeit (to) ('fɔ:fit) *t.* DRET perdre [també fig.]. *2* confiscar, comissar, decomissar.

forge (fɔ:dʒ) *s.* farga *f.*, forja *f.*, foneria *f.*

forge (to) (fɔ:dʒ) *t.* forjar, fargar [també fig.]. *2* falsificar [documents]. ■ *3 i.* ***to ~ ahead,*** progressar, avançar.

forgery ('fɔ:dʒəri) *s.* falsificació *f.*

forget (to) (fə'get) *t.* oblidar(se, descuidar-se *p.* || ***~ it,*** oblida-ho, no t'amoinis. ■ *2 i.*

oblidar-se *p.* ▲ Pret.: ***forgot*** (fə,gɔt) ; p.p.: ***forgotten*** (fə'gɔtn).
forgetful (fə'getful) *a.* oblidadís.
forgive (to) (fə'giv) *t.* perdonar, dispensar. ▲ Pret.: ***forgave*** (fə'geiv); p. p.: ***forgiven*** (fə'givn).
forgiveness (fə'givnis) *s.* perdó *m.*, remissió *f. 2* misericòrdia *f. 3* indulgència *f.*
forgo (to) (fɔ:'gou) *t.* renunciar a, privar-se *p.* de, estar-se *p.* de. ▲ Pret.: ***forwent*** (fɔ:'went); p. p.: ***forgone*** (fɔ:'gɔn).
forgot (fə'gɔt) , **forgotten** (fə'gɔtn) Veure FORGET (TO).
fork (fɔ:k) *s.* forquilla *f.*, (BAL.), (VAL.) forqueta *f. 2* forca *f.*, forquilla *f. 3* bifurcació *f.*, enforcall *m.*
fork (to) (fɔ:k) *t.* agafar amb la forca, enforcar. ▪ *2 i.* bifurcar-se *p.*
forlorn (fə'lɔ:n) *a.* poèt. abandonat. *2* trist, desolat. *3* desesperat.
form (fɔ:m) *s.* forma *f. 2* manera *f. 3* classe *f.*, tipus *m. 4* imprès *m.*, formulari *m. 5* banc, *m.* [seient]. *6* (G.B.) curs *m.*, grau *m.*
form (to) (fɔ:m) *t.* formar. *2* fer. *3* modelar. *4* pronunciar, dir. *5* crear. *6* fer-se *p.*, formar-se *p. 7* concebre, idear. *8* MIL. formar. ▪ *9 i.* formar-se *p.*, prendre forma.
formal ('fɔ:məl) *a.* formal. *2* solemne, formalista. *3* cerimoniós, protocolari. *4* oficial. *5* d'etiqueta. *6* correcte. *7* COM. en ferm.
formality (fɔ:'mæliti) *s.* formalitat *f.*, tràmit *m.*, requisit. *2* cerimònia *f.*, etiqueta *f.*
formation (fɔ:'meiʃən) *s.* MIL. formació [també fig.]. *2* disposició *f.*, estructura *f.*
former ('fɔ:mə[r]) *a.* anterior, precedent, antic. ▪ *2 pron.* el primer [de dos]. *3* ***the ~..., the latter...***, aquest..., aquell...
formerly ('fɔ:məli) *adv.* abans, anteriorment. *2* antigament.
formidable ('fɔ:midəbl) *a.* formidable. *2* fig. impressionant.
formula ('fɔ:mjulə) *s.* fórmula *f.*
formulate (to) ('fɔ:mjuleit) *t.* formular.
fornicate (to) ('fɔ:nikeit) *i.* fornicar.
fornication (,fɔ:ni'keiʃən) *s.* fornicació *f.*
forsake (to) (fə'seik) *t.* abandonar, desemparar. *2* renunciar a. ▲ Pret.: ***forsook*** (fə'suk); p. p.: ***forsaken*** (fə'seikən).
forswear (to) (fɔ:'swɛə[r]) *t.* abjurar, renunciar a. ▲ Pret.: ***forswore*** (fɔ:'swɔ:[r]); p. p.: ***forsworn*** (fɔ:'swɔ:n).
fort (fɔ:t) *s.* fort *m.*, fortalesa *f.*
forth (fɔ:θt) *adv.* endavant; en endavant. ‖ ***and so ~,*** i així successivament.
forthcoming (fɔ:θ'kʌmiŋ) *a.* proper, pròxim, vinent. *2* disponible. *3* amable.
forthwith (,fɔ:θ'wiθ) *adv.* immediatament, de seguida.
fortieth ('fɔ:tiəθ) *a.-s.* quarantè.
fortification (,fɔ:tifi'keiʃən) *s.* fortificació *f.*
fortify (to) ('fɔ:tifai) *t.* MIL. fortificar. *2* enfortir, reforçar. *3* preparar.
fortitude ('fɔ:titju:d) *s.* fermesa *f.*, valor *m.*
fortnight ('fɔ:tnait) *s.* quinzena *f.*
fortnightly ('fɔ:t,naitli) *a.* quinzenal, bimensual. ▪ *2 adv.* cada quinze dies.
fortress ('fɔ:tris) *s.* fortalesa *f.*
fortuitous (fɔ:'tju:itəs) *a.* fortuït, casual.
fortunate ('fɔ:tʃənit) *a.* afortunat, feliç. *2* oportú.
fortune ('fɔ:tʃən) *s.* fortuna *f.*, sort *f.* ‖ ***~-teller,*** endevinaire. *2* fortuna *f.*, riquesa *f.*
forty ('fɔ:ti) *a.* quaranta. ▪ *2 s.* quaranta *m.*
forum ('fɔ:rəm) *s.* fòrum *m. 2* fig. tribunal *m.*
forward ('fɔwəd) *a.* davanter. *2* precoç, avançat. *3* atrevit, descarat. *4* avançat, primerenc. ▪ *5 s.* ESPORT davanter.
forward (to) ('fɔ:wəd) *t.* enviar, expedir, trametre. *2* promoure, afavorir, fer avançar.
forward(s ('fɔ:wəd(z) *adv.* endavant, (VAL.) avant. ‖ ***We look forward to hearing from you,*** esperem notícies seves.
forwardness ('fɔ:wədnis) *s.* progrés *m. 2* promptitud *f. 3* precocitat *f. 4* audàcia *f. 5* barra *f.*, desvergonyiment *m.*
fossil ('fɔsil) *a.* fòssil. ▪ *2 s.* fòssil *m.* [també fig.].
fossilize (to) ('fɔsilaiz) *t.* fossilitzar [també fig.]. ▪ *2 i.* fossilitzar-se *p.* [també fig.].
foster ('fɔstə[r]) *a.* de llet. ‖ ***~-brother,*** germà de llet. 2 adoptiu. ‖ ***~-child,*** fill adoptiu. ‖ ***~-mother,*** mare adoptiva.
foster (to) ('fɔstə[r]) *t.* criar [una criatura]. *2* fomentar, promoure.
fought (fɔ:t) Veure FIGHT (TO).
foul (faul) *a.* brut, fastigós. 2 fètid, pudent. *3* viciat [aire]. *4* dolent, lleig [temps]. *5* obscè. *6* embussat. ▪ *7 adv.* brut. ▪ *8 s.* ESPORT falta *f.*
foul (to) (faul) *t.* embrutar, enllardar, tacar. *2* embussar. *3* encallar-se *p.* amb. *4* topar amb, xocar amb. *5* ESPORT fer una falta. ▪ *6 i.* embrutar-se *p.*, enllardar-se *p.*, tacar-se *p. 7* embussar-se *p. 8* encallar-se *p. 9* ESPORT fer una falta.
foul play ('faul'plei) *s.* DRET crim *m.* violent. *2* ESPORT joc *m.* brut.
found (faund) Veure FIND (TO).
found (to) (faund) *t.* fundar. *2* basar, fonamentar. *3* TECNOL. fondre.
foundation (faun'deiʃən) *s.* fundació *f.* [acció; institució]. *2* fig. fonament *m.*, base *f. 3* ARQ. fonaments *m. pl.*

foundation cream ('faundeiʃnˌkri:m) *s.* COSM. maquillatge *m.* base.
foundation stone ('faundeiʃnˌstoun) *s.* ARQ. primera pedra *f.* *2* fig. pedra *f.* angular.
founder ('faunðəʳ) *s.* fundador. *2* TECNOL. fonedora *f.*
founder (to) ('faundəʳ) *t.* NÀUT. fer anar a pic, enfonsar. *2* fer caure [un cavall]. ▪ *3* *i.* NÀUT. enfonsar-se *p.*, anar a pic. *2* ensopegar, caure [un cavall]. *3* ensorrar-se *p.*, enfonsar-se *p.* [un negoci, etc.]. *4* fracassar.
foundling ('faundliŋ) *s.* expòsit, bord.
foundry ('faundri) *s.* foneria *f.*
fount (faunt) *s.* brollador *m.*
fountain ('fauntin) *s.* font *f.*, brollador *m.*
fountain pen ('fauntinˌpen) *s.* ploma *f.* estilogràfica.
four (fɔ:ʳ, fɔəʳ) *a.* quatre. ‖ ***on all ~s,*** de quatre grapes. ▪ *2* *s.* quatre *m.*
fourteen (ˌfɔ:'ti:n) *a.* catorze. ▪ *2* *s.* catorze *m.*
fourteenth (ˌfɔ:'ti:nθ) *a.* catorzè.
fourth (fɔ:θ) *a.-s.* quart.
fowl (faul) *s.* ocell *m.* o au *f.* de corral.
fox (fɔks) *s.* ZOOL. guineu *f.*, guilla *f.*, guillot *m.*
foxy ('fɔksi) *a.* astut, murri.
fraction ('frækʃən) *s.* fragment *m.*, tros *m.* *2* MAT. fracció *f.*
fractious ('frækʃəs) *a.* repelós, susceptible, malgeniüt.
fracture ('fræktʃəʳ) *s.* fractura *f.*
fracture (to) ('fræktʃəʳ) *t.* fracturar, trencar. ▪ *2* *i.* fracturar-se *p.*, trencar-se *p.*
fragile ('frædʒail) *a.* fràgil. *2* trencadís, delicat.
fragment ('frægmənt) *s.* fragment *m.*, tros *m.*
fragmentary ('frægməntəri) *a.* fragmentari.
fragrance ('freigrəns) *s.* fragància *f.*
fragrant ('freigrənt) *a.* fragant, olorós.
frail (freil) *a.* fràgil. *2* dèbil, feble.
frame (freim) *s.* carcassa *f.*, carcanada *f.*, bastiment *m.* *2* cos *m.* *3* bastidor *m.*, marc *m.* *4* ***~ of mind,*** estat *m.* d'ànim.
frame (to) (freim) *t.* formar, construir. *2* emmarcar, enquadrar. *3* idear. *4* expressar.
framework ('freimwə:k) *s.* carcassa *f.*, estructura *f.*
franc (fræŋk) *s.* franc *m.* [moneda].
France (frɑ:ns) *n. pr.* GEOGR. França *f.*
franchise ('fræntʃaiz) *s.* privilegi *m.* *2* dret *m.* polític.
Francis ('frɑ:nsis) *n. pr. m.* Francesc.
frank (fræŋk) *a.* franc, sincer.
Frank (fræŋk) *n. pr. m.* (dim. ***Francis***) Cesc.
frankfurter ('fræŋkˌfɔ:təʳ) *s.* salsitxa *f.* de Frankfurt.
frankincense ('fræŋkinˌsens) *s.* encens *m.*
frankness ('fræŋknis) *s.* franquesa *f.*, sinceritat *f.*
frantic ('fræntik) *a.* frenètic, furiós, desesperat.
fraternal (frə'tə:nl) *a.* fraternal.
fraternity (frə'tə:niti) *s.* germanor *f.*, fraternitat *f.*
fraternize (to) ('frætənaiz) *i.* fraternitzar.
fratricide ('frætrisaid) *s.* fratricidi *m.* *2* fratricida.
fraud (frɔ:d) *s.* frau *m.*, engany *m.*, dol *m.* *2* farsant, impostor.
fraudulent ('frɔ:djulənt) *a.* fraudulent.
fraught (frɔ:t) *a.* ple, carregat, proveït.
fray (frei) *s.* baralla *f.*, batussa *f.*
fray (to) (frei) *t.* gastar, desgastar, esfilagarsar. ▪ *2* *i.* gastar-se *p.*, desgastar-se *p.*, esfilagarsar-se *p.*
freak (fri:k) *s.* caprici *m.*, antull *m.* *2* raresa *f.* *3* monstre *m.*, monstruositat *f.*
freakish ('fri:kiʃ) *a.* monstruós. *2* estrany. *3* capriciós.
freckle ('frekl) *s.* piga *f.*
Fred (fred) , **Freddy** (fredi) *n. pr. m.* (dim. ***Frederick***) Frederic.
Frederick ('fredrik) *n. pr. m.* Frederic.
free (fri:) *a.* lliure. ‖ ~ ***and easy,*** despreocupat. *2* franc, exempt. *3* gratuït, de franc. *4* espontani, voluntari. *5* liberal, generós. *6* desfermat, fàcil. *7* atrevit, desvergonyit. *8* desocupat, vacant. ▪ *9* *adv.* lliurement. *10* **-ly** *adv.* lliurement. *11* francament. *12* voluntàriament.
free (to) (fri:) *t.* deslliurar, alliberar. *2* eximir. *3* desembarassar. *4* deixar anar.
freebooter ('fri:ˌbu:təʳ) *s.* filibuster *m.* *2* Veure FILIBUSTER.
freedom ('fri:dəm) *s.* llibertat *f.* *2* facilitat *f.*, desimboltura *f.*
freehand ('fri:hænd) *a.* fet a pols [dibuix].
freehold ('fri:hould) *s.* propietat *f.* absoluta.
freemason ('fri:ˌmeisn) *s.* francmaçó *m.*
freemasonry ('fri:ˌmeisnri) *s.* francmaçoneria *f.*
freer (friəʳ) *s.* llibertador.
free trade (ˌfri:'treid) *s.* lliure canvi *m.*
free will (ˌfri:'wil) *s.* lliure arbitri *m.*
freeze (fri:z) *s.* glaçada *f.*, gelada *f.*
freeze (to) (fri:z) *t.* glaçar, gelar, congelar. ▪ *2* *i.* glaçar-se *p.*, gelar-se *p.*, congelar-se *p.* ▲ *Pret.:* ***froze*** (frouz); p. p.: ***frozen*** (frouzn).
freezing ('fri:ziŋ) *a.* glacial. ‖ ~ ***point,*** punt de congelació. *2* frigorífic.
freight (freit) *s.* càrrega *f.* *2* noli *m.*, nòlit *m.*

French (frentʃ) *a.-s.* GEOGR. francès. *2 s.* francès *m.* [llengua].
French bean (ˌfrentʃ'biːn) *s.* mongeta *f.* verda.
Frenchman ('frentʃmən) *s.* francès *m.* [home].
French window (ˌfrentʃ'windou) *s.* porta *f.* finestra [d'un balcó o un jardí].
Frenchwoman ('frentʃˌwumən) *s.* francesa *f.* [dona].
frenzied ('frenzid) *a.* frenètic.
frenzy ('frenzi) *s.* frenesí *m.*, bogeria *f.*, deliri *m.*
frequency ('friːkwənsi) *s.* freqüència *f.*
frequent ('friːkwənt) *a.* freqüent. *2* habitual, regular.
frequent (to) (fri'kwent) *t.* freqüentar.
fresco ('freskou) *s.* B. ART. fresc *m.*
fresh (freʃ) *a.* fresc, nou, recent. *2* fresc, tou [pa]. *3* pur [aire]. *4* descansat [tropa]. *5* fresc, barrut. *6* dolça [aigua]. ■ *7* **-ly** *adv.* recentment.
freshen (to) ('freʃn) *t.-i.* refrescar.
freshman ('freʃmən) *s.* estudiant de primer curs a la universitat.
freshness ('freʃnis) *s.* frescor *f.* *2* verdor *f.* *3* novetat *f.* *3* desvergonyiment *m.*, barra *f.*
fret (fret) *s.* frec *m.*, fregament *m.* *2* raspadura *f.*, rosec *m.* *3* irritació *f.*
fret (to) (fret) *t.* fregar, gastar, desgastar, rosegar. *2* amoïnar, neguitejar, irritar. ■ *3 i.* fregar-se *p.*, gastar-se *p.*, desgastar-se *p.* *4* amoïnar-se *p.*, neguitejar-se *p.*, irritar-se *p.*
fretful ('fretful) *a.* irritable, irascible. *2* nerviós, impacient.
friar ('fraiəʳ) *s.* frare *m.*, monjo *m.*
friction ('frikʃən) *s.* fricció *f.*, frec *m.*, rosec *m.*
Friday ('fraidi) *s.* divendres *m.* ‖ ***Good ~,*** Divendres Sant.
fried (fraid) *p. p.* de FRY (TO). *2 a.* fregit.
friend (frend) *s.* amic. ‖ ***bosom ~,*** amic íntim; amic de l'ànima. ‖ ***to make ~s with,*** fer amistat amb, fer-se amic de.
friendless ('frendlis) *a.* sense amics.
friendly ('frendli) *a.* amistós, amical; simpàtic. *2* benèvol, favorable.
friendship ('frendʃip) *s.* amistat *f.*
frieze (friːz) *s.* ARQ. fris *m.*
frigate ('frigit) *s.* fragata *f.*
fright (frait) *s.* por *f.*, terror *m.* *2* esglai *m.*, ensurt *m.* *3* espantall *m.*
frighten (to) ('fraitn) *t.* espantar. *2* esverar, esglaiar. ‖ ***to ~ away,*** espantar, fer fugir.
frightful ('fraitful) *a.* espantós, terrible, esfereïdor. *2* horrorós, molt lleig. ■ *3* **-ly** *adv.* terriblement.
frightfulness ('fraitfulnis) *s.* horror *m.*, espant *m.*
frigid ('fridʒit) *a.* frígid. *2* fred.
frigidity (fri'dʒiditi) *s.* frigidesa *f.* *2* fredor *f.*, indiferència *f.*
frill (fril) *s.* COST. punta *f.*, volant *m.*, farbalà *f.*
fringe (frindʒ) *s.* serrell *m.*, flocadura *f.*, orla *f.* *2* serell *m.* [de cabell]. *3* vora *f.*
fringe (to) (frindʒ) *t.* orlar, posar serrells o flocadures.
frippery ('fripəri) *s.* penjolls *m. pl.* ■ *2 a.* frívol.
frisk (to) (frisk) *i.* saltar, saltironar, guimbar. *2* ■ *3 t.* escorcollar.
frisky ('friski) *a.* juganer, alegre, bellugadís.
fritter ('fritəʳ) *s.* bunyol *m.* *2* fragment *m.*
fritter (to) ('fritəʳ) *t.* esmicolar. *2* ***to ~ away,*** malgastar, fer malbé.
frivolity (fri'vɔliti) *a.* frivolitat *f.*
frivolous ('frivələs) *a.* frívol.
frizzle (to) ('frizl) *t.* arrissar, crespar.
fro (frou) *adv.* ***to and ~,*** endavant i endarrera; amunt i avall; d'aquí cap allà.
frock (frɔk) *s.* hàbit *m.* [monacal]. *2* vestit *m.* [de dona]. *3* ***~ coat,*** levita *f.* [peça de vestir].
frog (frɔg) *s.* granota *f.*
frolic ('frɔlik) *s.* joc *m.*, diversió *f.* *2* gresca *f.*, gatzara *f.*
frolic (to) ('frɔlik) *i.* jugar, divertir-se *p.*, fer gatzara.
frolicsome ('frɔliksəm) *a.* juganer, entremeliat, esbojarrat.
from (frɔm, frəm) *prep.* de, des de. *2* a partir de. *3* de part de. *4* pel que, segons. *5* per, a causa de.
front (frʌnt) *s.* front *m.* *2* façana *f.* *3* davantera *f.* *4* pitrera *f.* [de camisa]. *5* ***in ~ of,*** davant de. ■ *6 a.* davanter; principal; frontal.
front (to) (frʌnt) *t.* fer front a. *2* donar a, mirar cap a.
frontier ('frʌntiəʳ) *s.* frontera *f.* ■ *2 a.* fronterer.
frontispiece ('frʌntispiːs) *s.* frontispici *m.* *2* portada *f.* [d'un llibre].
frost (frɔst) *s.* gebre *m.* *2* gelada *f.*, glaçada *f.*
frost-bitten ('frɔstˌbitn) *a.* gelat, glaçat; cremat [per la glaçada].
frosty ('frɔsti) *a.* gelat, glaçat, glacial.
froth (frɔθ) *s.* escuma *f.*
froth (to) (frɔθ) *t.* escumar.
frothy ('frɔθi) *a.* escumós. *2* frívol.
frown (fraun) *s.* celles *f. pl.* arrufades.
frown (to) (fraun) *i.* arrufar les celles o el nas.

frowning ('frauniŋ) *a.* malcarat, amb les celles arrufades.
froze (frouz) Veure FREEZE (TO).
frozen ('frouzn) Veure FREEZE (TO).
frugal ('fru:gəl) *a.* frugal.
frugality (fru'gæliti) *s.* frugalitat *f.*
fruit (fru:t) *s.* fruit *m.* *2* fruita *f.* [fruits comestibles].
fruit (to) (fru:t) *i.* fructificar.
fruiterer ('fru:tərə[r]) *s.* fruiter. || *~'s shop,* fruiteria *f.*
fruitful ('fru:tful) *a.* fructífer, fructuós. *2* fèrtil; abundant.
fruition (fru:'iʃən) *s.* fruïció *f.*
fruitless ('fru:tlis) *a.* infructuós, estèril, va.
fruit tree ('fru:ttri:) *s.* arbre *m.* fruiter.
frump (frʌmp) *s.* persona *f.* amb roba vella i antiguada.
frustrate (to) (frʌs'treit) *t.* frustrar. *2* fer fracassar.
frustration (frʌs'treiʃən) *s.* frustració *f.*
fry (frai) *s.* fresa *f.*, peixet *m.* || fig. ***small ~,*** xusma *f.*
fry (to) (frai) *t.* fregir. ▪ *2 i.* fregir-se *p.*
frying ('fraiiŋ) *s.* fregida *f.*
frying pan ('fraiiŋpæn) *s.* paella *f.*
fuck (fʌk) *s.* vulg. clau *m.*, cardada *f.* *2* ***~-all,*** res de res. *3* ***~er,*** idiota, imbècil. ▪ *4 a.* ***~ing that ~ guy!,*** aquest cony de paio!
fuck (to) (fʌk) *t.-i.* vulg. cardar *i.*, fotre. || ***~ it!,*** merda! || ***~ off!,*** ves-te'n a la merda! || ***to ~ something up,*** fer malbé una cosa.
fuel (fjuəl) *s.* combustible *m.* *2* fig. pàbul *m.*
fugitive ('fju:dʒitiv) *a.* fugitiu. *2* fugaç, fugisser. ▪ *3 s.* fugitiu.
fulfil, (EUA) **fulfill (to)** (ful'fil) *t.* complir, realitzar. *2* satisfer. *3* executar, dur a terme.
fulfilment (ful'filmənt) *s.* execució *f.*, realització *f.* *2* satisfacció *f.*, acompliment *m.*
full (ful) *a.* ple, curull, replet, atapeït. || TEAT. ***~ house,*** ple *m.* || ***~ moon,*** lluna plena. *2* íntegre, complet, tot. || ***at ~ speed,*** a tota velocitat. *3* plenari [sessió]. *4* abundant, copiós. *5* extens, detallat. || ***in ~,*** detalladament, sense abreujar. *6* exacte. ▪ *7 adv.* justament, en ple, de ple. *8* pel cap baix.
full-back ('fulbæk) *s.* ESPORT defensa.
full dress (ˌful'dres) *s.* vestit *m.* de gala, vestit *m.* d'etiqueta.
full-grown (ˌful'groun) *a.* adult, madur.
full-length (ˌful'leŋθ) *a.* de tot el cos, dret [retrat].
fullness ('fulnis) *s.* plenitud *f.*, totalitat *f.* *2* abundància *f.* *3* afartament *m.*, atipament *m.*
full stop (ˌful'stɔp) *s.* punt *m.* [puntuació].
full-time (ˌful'taim) *a.* de jornada plena, de dedicació exclusiva [treball, activitat, etc.]. ▪ *2 adv.* ***to work ~,*** treballar a jornada plena. ▪ *3 s.* ESPORT **full time,** final *m.* [del partit].
fully ('fuli) *adv.* plenament. *2* totalment, completament, del tot. *3* de ple. *4* àmpliament.
fulminate (to) ('fʌlmineit) *t.* fulminar. ▪ *2 i.* ***to ~ against,*** clamar, cridar contra.
fumble (to) ('fʌmbl) *i.* buscar a les palpentes. ▪ *2 t.* toquejar, grapejar.
fumbler ('fʌmblə[r]) *s.* poca-traça.
fume (fju:m) *s. pl.* fum *m.*, fumarada *f.* *2* vapor *m.*, gas *m.* *3* còlera *f.*, enrabiada *f.*
fume (to) (fju:m) *t.* fumar. ▪ *2 i.* fumar, fumejar. *3* estar empipat o enrabiat.
fumigate (to) ('fju:migeit) *t.* fumigar.
fuming ('fju:miŋ) *a.* enutjat, furiós.
fumigation (ˌfju:mi'geiʃən) *s.* fumigació *f.*
fun (fʌn) *s.* broma *f.* || ***in*** o ***for ~,*** de broma; ***to be ~,*** ser divertit; ***to have some ~,*** divertir-se. *2* diversió *f.* *3* burla *f.* || ***to make ~ of,*** burlar-se de.
function ('fʌŋkʃən) *s.* funció *f.* *2* festa *f.*, reunió *f.*, acte *m.*
function (to) ('fʌŋkʃən) *i.* funcionar.
functional ('fʌŋkʃənl) *a.* funcional.
fund (fʌnd) *s.* COM. fons *m.*, capital *m.* *2* provisió *f.*, reserva *f.* *3 pl.* fons *m.* *4* fig. font *f.*
fund (to) (fʌnd) *t.* consolidar [el deute públic]. *2* col·locar. *3* invertir. *4* proveir fons.
fundamental (ˌfʌndə'mentl) *a.* fonamental. ▪ *2 s. pl.* fonaments *m.*, principis *m.* ▪ *3* **-ly** *adv.* fonamentalment.
funeral ('fju:nərəl) *s.* enterrament *m.* *2* funeral *m.*, exèquies *f. pl.* ▪ *3 a.* fúnebre, funeral, funerari.
funfair ('fʌnfɛə) *s.* parc *m.* d'atraccions.
fungus ('fʌŋgəs) *s.* BOT. fongs *m.*
funk (fʌŋk) *s.* covardia *f.*, por *f.*
funnel ('fʌnl) *s.* embut *m.* *2* xemeneia *f.* [de vapor].
funny ('fʌni) *a.* còmic, graciós, divertit. *2* curiós, estrany.
fur (fə:[r]) *s.* pell *f.* || ***~ coat,*** abric *m.* de pell. *2* saburra *f.*
furbish (to) ('fə:biʃ) *t.* brunyir, polir. *2* netejar.
furious ('fjuəriəs) *a.* furiós, furibund, irat.
furl (to) (fə:l) *t.* plegar [banderes]. *2* MAR. aferrar [veles]. *3* enrotllar.
furlong ('fə:lɔŋ) *s.* estadi *m.* [mesura].
furlough ('fə:lou) *s.* MIL. permís *m.*
furnace ('fə:nis) *s.* forn *m.* || ***blast ~,*** alt forn.
furnish (to) ('fə:niʃ) *t.* proveir, fornir. *2* equipar, amoblar. *3* subministrar, proporcionar.

furnishings ('fə:niʃiŋ) *s. pl.* mobiliari *m. sing.*, parament *m. sing.*
furniture ('fə:nitʃə^r) *s.* mobiliari *m.*, mobles *m. pl.* || ***piece of*** **~,** moble *m.*
furrier ('fʌriə^r) *s.* pellisser *m.*
furrow ('fʌrou) *s.* solc *m. 2* arruga *f.*
furrow (to) ('fʌrou) *t.* solcar, fer solcs.
further ('fə:ðə^r) *a.* addicional, ulterior, nou, altre. || ~ ***education,*** educació superior no universitària. *2* més llunyà. *3* COM. ~ ***to my letter,*** en relació amb la meva carta.
further (to) ('fə:ðə^r) *t.* afavorir, fomentar, donar suport, promoure.
furthermore ('fə:ðəmɔ:^r) *adv.* a més.
furthest ('fə:ðist) *a.-adv.* Veure FARTHEST.
furtive ('fə:tiv) *a.* furtiu.
fury ('fjuəri) *s.* furor *m.*, fúria *f. 2* entusiasme *m.*, exaltació *f. 3* fig. fúria *f.* [nena, dona].
furze (fə:z) *s.* BOT. gatosa *f.*
fuse (fju:z) *s.* espoleta *f.*, enceb *m.*, metxa *f. 2* ELECT. fusible *m.*
fuse (to) (fju:z) *t.* fondre. *2* fig. fusionar. ▪ *3 i.* fondre's *p. 4* fig. fusionar-se *p.*
fuselage ('fju:zilɑ:ʒ) *s.* buc *m.*, fusellatge *m.*
fusilier (ˌfju:zi'liə^r) *s.* MIL. fuseller *m.*
fusillade (ˌfju:zi'leid) *s.* descàrrega *f.* [d'armes].
fusion ('fju:ʒən) *s.* fusió *f.* [també fig.].
fuss (fʌs) *s.* esvalot *m.*, enrenou *m.*, commoció *f.* || ***to make a*** **~,** fer escàndol *m.*, fer mullader *m.;* queixar-se enèrgicament. || ***to make a*** **~** ***of,*** contemplar [algú]. ▪ *2 a.* col·loq. ~ ***pot,*** perepunyetes.
fuss (to) (fʌs) *t.* molestar, amoïnar. ▪ *2 i.* neguitejar-se *p.*, amoïnar-se *p.;* queixar-se *p.* [per bestieses].
fussy ('fʌsi) *a.* inquiet. *2* primmirat, perepunyetes, exigent.
fustian ('fʌstiən) *a.* de fustany. *2* altisonant, grandiloqüent. ▪ *3 s.* TÈXT. fustany *m.*
fusty ('fʌsti) *a.* ranci, passat. *2* que fa pudor de resclosit. *3* fig. antiquat.
futile ('fju:tail) *a.* fútil. *2* frívol. *3* va, inútil.
future ('fu:tʃə^r) *a.* futur. *2* proper; a venir. ▪ *3 s.* futur *m.*, esdevenidor *m. 4 pl.* COM. futurs *m.*
fuzz (fʌz) *s.* borrissol *m.*, pelussa *f. 2* col·loq. policia *f.*
fuzzy ('fʌzi) *a.* pilós, pelut. *2* arrissat, crespat. *3* borrós.

G

G, g (dʒiː) *s.* g *f.* [lletra]. *2* (EUA) col·loq. mil dòlars *m. pl.* *3* MÚS. sol *m.*
gab (gæb) *s.* loquacitat *f.*, xerrameca *f.*
gabardine (ˌgæbəˈdiːn) *s.* TÈXT. gavardina *f.* [roba].
gabble (ˈgæbl) *s.* xerrameca *f.*, garla *f.* *2* barboteig *m.*
gabble (to) (ˈgæbl) *t.* xampurrejar, murmurar. ■ *2 i.* barbotejar. *3* xerrar.
gable (ˈgeibl) *s.* ARQ. frontó *m.*
Gabriel (ˈgeibriəl) *n. pr. m.* Gabriel.
gad (to) (gæd) *i.* ***to ~ about,*** rondar, vagar, anar d'un cantó a l'altre.
gadabout (ˈgædəbaut) *s.* rondaire.
gadfly (ˈgædflai) *s.* ENT. tàvec *m.*, tavà *m.*
gadget (ˈgædʒit) *s.* col·loq. dispositiu *m.*, mecanisme *m.*
gaff (gæf) *s.* arpó *m.*, garfi *m.* *2* col·loq. ***to blow the ~,*** destapar un assumpte, xerrar-ho tot. *3* MAR. pic *m.* d'aurica. *4* MAR. ***~ sail,*** cangrea *f.*, aurica *f.*
gag (gæg) *s.* mordassa *f.* [també fig.]. *2* gag *m.*, acudit *m.* *3* TEAT. improvisació *f.*
gag (to) (gæg) *t.* amordassar [també fig.]. *2* TEAT. improvisar. ■ *3 i.* tenir nàusees. *4* fer broma, dir acudits.
gage (geidʒ) *s.* Veure GAUGE.
gage (to) (geidʒ) *t.* Veure GAUGE (TO).
gaiety (ˈgeiəti) *s.* alegria *f.*, diversió *f.* *2 pl.* ***gaieties,*** diversions *f.*
gain (gein) *s.* guany *m.*, benefici *m.* *2* augment *m.* *3* avantatge *m.*
gain (to) (gein) *t.* guanyar. *2* aconseguir. *3* recuperar. *4* avançar [el rellotge]. ■ *5 i.* guanyar, millorar. *6* progressar, avançar. *7* augmentar, pujar. *8* ***to ~ on,*** apropar-se *p.* a; guanyar terreny.
gainful (ˈgeinful) *a.* profitós, lucratiu, remunerat.
gainings (ˈgeiniŋz) *s. pl.* guanys *m.*
gainsay (to) (geinˈsei) *t.* liter. contradir, negar.
gait (geit) *s.* form. pas *m.*, manera *f.* de caminar.
gaiter (ˈgeitəʳ) *s.* polaina *f.*
gala (ˈgɑːlə) *s.* gala *f.*, festa *f.*
galaxy (ˈgæləksi) *s.* galàxia *f.* *2* fig. constel·lació *f.*, plèiade *f.*
gale (geil) *s.* vendaval *m.* *2* tempestat *f.*
gall (gɔːl) *s.* bilis *f.* *2* fig. fel *m.*, amargura *f.* *3* fig. barra *f.* *4* VET. matadura *f.*
gall (to) (gɔːl) *t.* rascar, irritar. *2* humiliar, ferir l'amor propi i fer la guitza.
gallant (ˈgælənt) *a.* ant. galà. *2* gallard, valent. *3* galant, cortès. ■ *4 s.* galant *m.*
gallantry (ˈgæləntri) *s.* valentia *f.* *2* galanteria *f.*
gall bladder (ˈgɔːlˌblædəʳ) *s.* ANAT. vesícula *f.* biliar.
galleon (ˈgæliən) *s.* MAR. galió *m.*
gallery (ˈgæləri) *s.* galeria *f.* *2* passadís *m.*, corredor *m.* *3* tribuna *f.* *4* TEAT. galliner *m.*
galley (ˈgæli) *s.* MAR. galera *f.* *2* MAR. cuina *f.*
galley proof (ˈgælipruːf) *s.* IMPR. galerada *f.*
galley slave (ˈgælisleiv) *s.* galiot *m.*
gallicism (ˈgælisizəm) *s.* gal·licisme *m.*
gallivant (to) (ˌgæliˈvænt) *i.* ***to ~ about off,*** vagar, rondar, anar d'un cantó a l'altre.
gallon (ˈgælən) *s.* galó *m.* [mesura].
gallop (ˈgæləp) *s.* EQUIT. galop *m.*
gallop (to) (ˈgæləp) *t.* fer galopar. ■ *2 i.* galopar. *3* anar o fer a corre-cuita. ‖ ***he ~ed through the lecture,*** va fer la conferència molt depressa.
galloping (ˈgæləpiŋ) *a.* MED. galopant [també fig.].
gallows (ˈgælouz) *s.* forca *f.*, patíbul *m.*, cadafal *m.*
gallows bird (ˈgælouzˌbəːd) *s.* fig. carn *f.* de canó.
gallstone (ˈgɔːlstoun) *s.* MED. càlcul *m.* biliar.

galore (gə'lɔː^r) *adv.* en abundància.
galoshes (gə'lɔʃiz) *s. pl.* xancles *m.*
galvanize (to) ('gælvənaiz) *t.* galvanitzar. *2* fig. fer moure.
gambit ('gæmbit) *s.* JOC gambit *m.* [escacs]. *2* fig. tàctica *f.*
gamble ('gæmbl) *s.* jugada *f. 2* risc *m.*, empresa *f.* arriscada.
gamble (to) ('gæmbl) *t.-i.* jugar(se [diners]. *2 to ~ away,* perdre en el joc [diners].
gambling ('gæmbliŋ) *s.* joc *m.*
gambling den ('gæmbliŋ,den), **gambling house** ('gæmbliŋ,haus) *s.* casa *f.* de joc.
gambol ('gæmbəl) *s.* salt *m.*, bot *m.*, saltiró *m.*, cabriola *f.*
gambol (to) ('gæmbəl) *i.* saltar, botar, saltironar, fer cabrioles.
game (geim) *s.* joc *m.*, diversió *f. 2* caça *f.* [animals]. || ***big ~,*** caça major. *3* burla *f.*, broma *f. 4* fig. embolic *m. 5* COM. dedicació *f.*, ofici *m. 6* ESPORT partit *m. 7* JOC partida *f.*
game (to) (geim) Veure GAMBLE (TO).
gamecock ('geimkɔk) *s.* gall *m.* de combat.
gamekeeper ('geim,kiːpə^r) *s.* guardabosc.
gamester ('geimstə^r) *s.* jugador.
gammon ('gæmən) *s.* tipus de pernil *m.* que es menja cuit.
gamut ('gæmət) *s.* gama *f.*, escala *f.*
gander ('gændə^r) *s.* ZOOL. oc *m.*
gang (gæŋ) *s.* grup *m.*, quadrilla *f.*, brigada *f.*, colla *f.*
gangplank ('gæŋplæŋk) *s.* MAR. palanca *f.*, passarel·la *f.*
gangrene ('gæŋgriːn) *s.* MED. gangrena *f.*
gangster ('gæŋstə^r) *s.* gàngster *m.*, pistoler *m.*
gangway ('gæŋwei) *s.* corredor *m.*, passadís *m. 2* pasarel·la *f. 3* MAR. portaló *m.*
gaol (dʒeil) *s.* presó *f.*
gap (gæp) *s.* portell *m.*, bretxa *f. 2* esvoranc *m.*, forat *m. 3* buit *m.*, buidat *m.* [també fig.]. || ***generation ~,*** buit generacional. *4* llacuna *f. 5* barranc *m.*, congost *m.*
gape (geip) *s.* badall *m. 2* mirada *f.* atònita.
gape (to) (geip) *i.* badallar. *2* quedar-se *p.* bocabadat.
garage ('gærɑːʒ) , (EUA) (gə'rɑːʒ) *s.* garatge *m.*
garb (gɑːb) *s.* vestit *m.*, indumentària *f.*
garbage ('gɑːbidʒ) *s.* (EUA) escombraries *f. pl.* || (EUA) *~ **can,*** galleda *f.* de les escombraries. *2* G.B.) rebuigs *m. pl.*, deixalles *f. pl.* [també fig.].
garble (to) ('gɑːbl) *t.* falsificar, falsejar.
garden ('gɑːdn) *s.* jardí *m.* || *m.* hort *2 pl.* parc *m. sing.*, jardins *m.* ■ *3 a.* de jardí; de l'hort.
gardener ('gɑːdnə^r) *s.* jardiner. *2* hortolà.
gardenia (gɑː'diːnjə) *s.* BOT. gardènia *f.*
gardening ('gɑːdniŋ) *s.* jardineria *f.*, horticultura *f.* ■ *2 a.* de jardineria, d'horticultura.
garden party ('gɑːdn,pɑːti) *s.* festa *f.* a l'aire lliure.
gargle (to) ('gɑːgl) *t.-i.* gargaritzar *i.*, fer gàrgares.
gargoyle ('gɑːgɔil) *s.* ARQ. gàrgola *f.*
garish ('gɛəriʃ) *a.* cridaner, llampant.
garland ('gɑːlənd) *s.* garlanda *f.*
garlic ('gɑːlik) *s.* BOT. all *m.*
garment ('gɑːmənt) *s.* vestit *m.*, peça *f.* [de vestir].
garnet ('gɑːnit) *s.* MIN. granat *m.*
garnish ('gɑːniʃ) *s.* adorn *m. 2* CUI. guarnició *f.*
garnish (to) ('gɑːniʃ) *t.* adornar. *2* CUI. guarnir, amanir.
garret ('gærət) *s.* golfes *f. pl.*
garrison ('gærisn) *s.* MIL. guarnició *f.*
garrison (to) ('gærisn) *t.* MIL. posar una guarnició, guarnir.
gar(r)otte (gə'rɔt) *s.* garrot *m.* [collar].
gar(r)otte (to) (gə'rɔt) *t.* donar garrot.
garrulity (gə'ruːliti) *s.* xerrameca *f.*, garla *f.*
garrulous ('gærələs) *a.* loquaç, xerraire.
garter ('gɑːtə^r) *s.* lligacama *f.*
gas (gæs) *s.* gas *m. 2* (EUA) abrev. col·loq. gasolina *f.*
gasbag ('gæsbæg) *s.* AERON. bossa *f.* del gas *2* col·loq. xerraire.
gas cooker ('gæs,kukə^r) *s.* cuina *f.* de gas.
gaseous ('gæsiəs) *a.* gasós.
gas fire ('gæs,faiə^r) *s.* estufa *f.* de gas.
gas fitter ('gæs,fitə^r) *s.* treballador *m.* del gas.
gash (gæʃ) *s.* ganivetada *f.*, ferida *f.*
gash (to) (gæʃ) *t.* acoltellar, apunyalar, ferir [amb un ganivet].
gasket ('gæskit) *s.* MEC. junta *f.*, juntura *f.*
gaslight ('gæslait) *s.* llum *f.* de gas.
gas mask ('gæmɑːsk) *s.* màscara *f.* de gas.
gas meter ('gæs,miːtə^r) *s.* comptador *m.* del gas.
gasoline, gasolene ('gæsəliːn) *s.* (EUA) gasolina *f.*
gasp (gɑːsp) *s.* esbufec *m. 2* crit *m.* de sorpresa.
gasp (to) (gɑːsp) *i.* esbufegar. *2* quedar-se *p.* parat, sense respiració. ■ *3 t.* dir amb la veu mig nuada.
gas station ('gæs,steiʃn) *s.* (EUA) gasolinera. *f.*
gastric ('gæstrik) *a.* ANAT. gàstric.
gastritis (gæs'traitis) *s.* MED. gastritis *f.*
gastronomy (gæs'trɔnəmi) *s.* gastronomia *f.*
gasworks ('gæswəːks) *s.* fàbrica *f.* de gas.

gate (geit) *s.* porta *f.* [d'una ciutat, muralla, etc.]. *2* entrada *f.* *3* reixat *m.*, barrera *f.* *4* comporta *f.* [d'un canal, etc.].

gatecrash (to) ('geitkræʃ) *t.* entrar sense pagar o sense estar convidat.

gatekeeper ('geitˌki:pəʳ) *s.* porter. *2* FERROC. guardabarrera.

gate-legged table (ˌgeit legd'teobñ) *s.* tabla *f.* plegable.

gate money ('geitˌmɲni) *s.* recaptació *f.*, *traquilla* .

gateway ('geitwei) *s.* porta *f.*, entrada *f.* [també fig.].

gather (to) ('gæðəʳ) *t.* recollir, collir, reunir. *2* acumular, arreplegar. *3* recol·lectar, recabdar. *4* deduir, inferir. *5* agafar [aire, color, etc.]. *6* augmentar, guanyar. *7* COST. arrugar. ▪ *8 i.* reunir-se *p.*, ajuntar-se *p.* *9* acumular-se *p.*, amuntegar-se *p.*

gathering ('gæðəriŋ) *s.* assemblea *f.*, reunió *f.* *2* recol·lecció *f.* *3* recaptació *f.* *4* acumulació *f.* *5* COST. plec *m.*, arruga *f.* *6* MED. abscés *m.*

gaudily ('gɔ:dili) *adv.* ostentosament.

gaudy ('gɔ:di) *a.* cridaner, llampant; ostentós.

gauge, (EUA) **gage** (geidʒ) *s.* mesura *f.* *2* indicació *f.*, mostra *f.* *3* ARM. calibre *m.* *4* FERROC. entrevia *f.*, ample *m.* de via. *5* MAR. calat *m.* *6* MAR. ***weather ~,*** sobrevent *m.* *7* TECNOL. indicador *m.*, manòmetre *m.*

gauge (to) (geidʒ) *t.* mesurar, calibrar. *2* fig. jutjar, calcular, estimar. *3* MAR. arquejar.

gaunt (gɔ:nt) *a.* prim, demacrat. *2* fig. lúgubre, tètric.

gauntlet ('gɔ:ntlit) *s.* guantellet *m.*, manyopla *f.* *2* guant *m.* ‖ fig. ***to take up the ~,*** recollir el guant, acceptar un repte.; fig. ***to throw down the ~,*** llançar el guant, desafiar.

gauze (gɔ:z) *s.* gasa *f.*, glassa. ‖ ***wire-~,*** tela *f.* metàl·lica.

gauzy ('gɔ:zi) *a.* transparent.

gave (geiv) *pret.* de GIVE (TO).

gawky ('gɔ:ki) *a.* beneit, espès, maldestre.

gay (gei) *a.* alegre. *2* vistós, llampant. *3* col·loq. gai, homosexual. ▪ *4 s.* col·loq. gai, homosexual.

gaze (geiz) *s.* mirada *f.* fixa. *2* contemplació *f.*

gaze (to) (geiz) *i.* mirar *t.* fixament. *2* contemplar *t.*

gazelle (gə'zel) *s.* ZOOL. gasela *f.*

gazette (gə'zet) *s.* gaseta *f.* [periòdica].

gazetteer (ˌgæzi'tiəʳ) *s.* índex *m.* geogràfic.

G.B. ('dʒi:'bi:) *s. (Great Britain)* Gran Bretanya *f.*

gear (giəʳ) *s.* vestits *m. pl.*, equip *m.* *2* estris *m. pl.*, eines *f. pl.* *3* arreus *m. pl.*, ormeig *m.* [del cavall]. *4* AUTO., MEC. velocitat *f.*, marxa *f.* ‖ ***neutral ~,*** punt *m.* mort. *5* MEC. engranatge *m.*, mecanisme *m.* [de transmissió, etc.]. ‖ ***to put into ~,*** engranar, posar una marxa. *6* MAR. aparell *m.*

gear (to) (giəʳ) *t.* engranar *i.* *2* abillar, guarnir, arrear. ▪ *3 i.* engranar. *4* ***to ~ to,*** adaptar, ajustar.

gear lever ('giəˌli:vəʳ) *s.* palanca *f.* del canvi de marxes.

gear shift ('giəʃift) *s.* Veure GEAR LEVER.

geese (gi:s) *s. pl.* de GOOSE.

gelatine (ˌdʒelə'ti:n) *s.* gelatina *f.*

gelatinous (dʒi'lætinəs) *a.* gelatinós.

geld (to) (geld) *t.* castrar, capar.

gelding ('geldiŋ) *s.* cavall *m.* castrat.

gem (dʒem) *s.* JOI. gemma *f.*, pedra *f.* preciosa. *2* fig. joia *f.*

gender ('dʒendəʳ) *s.* GRAM. gènere *m.* *2* sexe *m.*

general ('dʒenərəl) *a.* general. ‖ ***as a ~ rule,*** per regla general. ‖ ***in ~,*** en general. ▪ *2 s.* general *m.* ▪ *4* **-ly** *adv.* generalment.

general delivery (ˌdʒenərəldi'livəri) *s.* (EUA) llista *f.* de correus.

generality (ˌdʒenə'ræliti) *s.* generalitat *f.*

generalization (ˌdʒenrəlai'zeiʃən) *s.* generalització *f.*

generalize (to) ('dʒenrəlaiz) *t.-i.* generalitzar(se.

generate (to) ('dʒenəreit) *t.* generar, produir.

generation (ˌdʒenə'reiʃən) *s.* generació *f.*

generator ('dʒenəreitəʳ) *s.* TECNOL. generador. *2* (EUA) dinamo *m.*

generic (dʒi'nerik) *a.* genèric.

generosity (ˌdʒenə'rɔsiti) *s.* generositat *f.*, noblesa *f.*

generous ('dʒenərəs) *a.* generós. *2* noble. *3* ampli.

genetic (dʒi'netik) *a.* genètic. ‖ ***~ code,*** codi genètic. ‖ ***~ engineering,*** enginyeria genètica. ▪ *2 pl. s.* genètica *f. sing.*

genial ('dʒi:njəl) *a.* afable, alegre, simpàtic. *2* suau, moderat [clima]. *3* reconfortant. *4* genial.

geniality (ˌdʒi:ni'æliti) *s.* cordialitat *f.*, afabilitat *f.*, simpatia *f.* *2* alegria *f.* *3* clemència *f.*, suavitat *f.* [del clima].

genie ('dʒi:ni) *s.* geni *m.* [dels contes àrabs]. ▲ *pl.* ***genies*** ('dʒi:niz) o ***genii*** ('dʒi:niai).

genius ('dʒi:njəs) *s.* geni *m.* [poder creatiu; caràcter d'un poble, època, etc.]. ▲ *pl.* ***geniuses*** ('dʒi:nəsiz). *2 pl.* ***genii*** ('dʒi:niai) geni *m.* [ésser sobrenatural].

genre ('ʒɑ:nrə) *s.* gènere *m.*, classe *f.*, tipus *m.*

genteel (dʒen'ti:l) *a.* cortès, gentil. *2* iròn. cursi.

gentile ('dʒentail) *a.-s.* gentil, pagà.

gentle ('dʒentl) *a.* de bona posició social. *2* amable, afable. *3* dòcil. *4* bondadós, generós. *5* lleuger. *6* lent. *7* suau, moderat.

gentleman ('dʒentlmən) *s.* cavaller *m.*, senyor *m.* || *~'s agreement,* pacte *m.* entre cavallers. || ***ladies and gentlemen!,*** senyores i senyors!

gentlemanliness ('dʒentlmənlinis) *s.* cavallerositat *f.*

gentlemanly ('dʒentlmənli) *a.* cavallerós.

gentleness ('dʒentlnis) *s.* amabilitat *f.* *2* bondat *f.* *3* afabilitat *f.* *4* dolçor *f.*, suavitat *f.* *5* distinció *f.* *6* docilitat *f.*

gentlewoman ('dʒentlˌwumən) *f.* ant. senyora *f.*, dama *f.*

gently ('dʒentli) *adv.* amablement. *2* suaument. *3* poc a poc, lentament.

gentry ('dʒentri) *s.* ***the ~,*** petita noblesa *f.*, alta burgesia *f.* *2* iròn. gent *f.*

genuflection, genuflexion (ˌdʒenju'flekʃən) *s.* genuflexió *f.*

genuine ('dʒenjuin) *a.* genuí, autèntic, veritable. *2* sincer. ▪ *3* **-ly** *adv.* veritablement; sincerament.

genuineness ('dʒenjuinnis) *s.* autenticitat *f.* *2* sinceritat *f.*

geographer (dʒi'ɔgrəfəʳ) *s.* geògraf.

geography (dʒi'ɔgrəfi) *s.* geografia *f.*

geology (dʒi'ɔlədʒi) *s.* geologia *f.*

geometry (dʒi'ɔmitri) *s.* geometria *f.*

George (dʒɔ:dʒ) *n. pr. m.* Jordi.

geranium (dʒi'reinjəm) *s.* BOT. gerani *m.*

germ (dʒə:m) *s.* BIOL., BOT. germen *m.* [també fig.]. *2* microbi *m.*, bactèria *f.* || ~ ***warfare,*** guerra *f.* bacteriològica.

German ('dʒə:mən) *a.* alemany. *2* MED. col·loq. ~ ***measles,*** rubèola *f.*, rosa *f.* ▪ *3 s.* alemany [persona]. *4* alemany *m.* [llengua].

germane (dʒe:'mein) *a.* ~ ***to,*** relacionat amb, pertinent.

Germany ('dʒə:məni) *n. pr.* GEOGR. Alemanya *f.*

germicide ('dʒə:misaid) *s.* germicida *m.*

germinate (to) ('dʒə:mineit) *i.* germinar. ▪ *2 t.* fer germinar.

germination (ˌdʒe:mi'neiʃən) *s.* germinació *f.*

gesticulate (to) (dʒes'tikjuleit) *i.* gesticular, fer gests.

gesticulation (dʒesˌtikju'leiʃən) *s.* gesticulació *f.* *2* gests *m. pl.*

gesture ('dʒestʃəʳ) *s.* gest *m.*, moviment *m.* *2* fig. detall *m.*, mostra *f.*

get (to) (get) *t.* obtenir, aconseguir. *2* proporcionar. *3* agafar, atrapar. *4* posar [en un estat], fer tornar. || ***to ~ ready,*** preparar(se. *5* comprendre. *6* ***to ~ hold of,*** agafar, aferrar. *7* ***to ~ the better of,*** avantatjar. *8* ***to ~ wind of,*** assebentar-se *p.* de. ▪ *9 i.* estar [a un lloc]. *10* anar, arribar. *11* ferse *p.*, tornar-se *p.*, posar-se *p.* || ***to ~ better,*** millorar. || ***to ~ old,*** envellir, fer-se *p.* vell. *12* ***to ~ rid of,*** desfer-se *p.* de. *13* ***to ~ near,*** apropar-se *p.* ▪ ***to ~ about,*** desplaçar-se, moure's; difondre's, escampar-se; viatjar molt; ***to ~ along,*** avenir-se; progressar, fer progressos; millorar; anar; anar fent; espavilar-se; marxar; ***to ~ away,*** allunyar-se; marxar; escapar-se; ***to ~ back,*** recobrar; tornar; ***to ~ by,*** defensar-se, espavilar-se; ***to ~ down,*** baixar; desanimar; empassar-se; ***to ~ in,*** entrar; arribar; pujar, muntar; tornar; ***to ~ into,*** ficar-se a; entrar a; pujar a; muntar a; posar a; posar-se; ***to ~ off,*** baixar de; escapar-se; marxar; arrencar; sortir; desempellegar-se; ***to ~ on,*** muntar a, pujar a; armonitzar; avançar; progressar; fer-se vell; fer-se tard. || ***to ~ on one's nerves,*** emprenyar-se; ***to ~ out,*** sortir, escapar-se; baixar; sortir; publicar; fer-se públic. || ***~ out!,*** fora!, marxa!; ***to ~ over,*** millorar; refer-se; superar [un obstacle]; passar a l'altra banda, travessar; passar per sobre; acabar amb; ***to ~ through,*** aconseguir; passar per; acabar; aprovar; comunicar; ficar al cap; col·loq. gastar; DRET fer aprovar; ser aprovat; ***to ~ to,*** arribar a; aprendre a; ***to ~ up,*** llevar-se, (BAL.) aixecar-se, (VAL.) alçar-se ▲ Pret. i p. p.: ***got*** (gɔt), (EUA) p. p. ***gotten*** (gɔtn).

get-up ('getʌp) *s.* col·loq. indumentària *f.*, vestits *m. pl.*

gewgaw ('gju:gɔ:) *s.* fotesa *f.*, bagatel·la *f.*

geyser ('gi:zəʳ), (EUA) ('gəizəʳ) *s.* GEOL. guèiser *m.* *2* (G.B.) escalfador *m.* d'aigua.

ghastliness ('gɑ:stlinis) *s.* pal·lidesa *f.* *2* horror *m.*

ghastly ('gɑ:stli) *a.* horrible. *2* fantasmal. *3* lívid, cadavèric. *4* col·loq. espantós, terrible. ▪ *5 adv.* horriblement, terriblement.

gherkin ('gə:kin) *s.* cogombre *m.* petit.

ghetto ('getou) *s.* ghetto *m.*

ghost (goust) *s.* esperit *m.*, ànima *f.* || ***the Holy ~,*** l'Esperit Sant. *2* espectre *m.*, fantasma *m.*

ghost writer ('goustˌraitəʳ) *s.* escriptor a sou.

ghoul (gu:l) *s.* esperit *m.* necròfag, vampir. *2* col·loq. persona *f.* macabra.

giant ('dʒaiənt) *a.-s.* gegant.

gibber (to) ('dʒibəʳ) *i.* farfollar, embarbollar-se *p.*

gibberish ('gibəriʃ) *s.* xerrameca *f.*, xerroteig *m.*

gibbet ('dʒibit) *s.* forca *f.* *2* cadafal *m.*, patíbul *m.*

gibe (dʒaib) *s.* mofa *f.*, escarn *m.*, burla *f.*
gibe (to) (dʒaib) *i.* mofar-se *p.*, burlar-se *p.*
giblets ('dʒiblits) *s. pl.* CUI. menuts *m.*
giddiness ('gidinis) *s.* vertigen *m.* *2* mareig *m.*
giddy ('gidi) *a.* vertiginós. *2* marejat, que pateix vertigen. *3* eixelebrat, frívol. ▪ *4* **-ly** *adv.* vertiginosament.
gift (gift) *s.* regal *m.*, obsequi *m.* *2* do *m.*, talent *m.* *3* DRET donació *f.*
gifted (giftid) *a.* dotat.
gig (gig) *s.* calessa *f.* *2* bot *m.*, llanxa *f.* *3* col·loq. actuació *f.*
gigantic (dʒai'gæntik) *a.* gegantí.
giggle ('gigl) *s.* rialleta *f.* nerviosa, rialleta *f.* ximple.
giggle (to) ('gigl) *i.* riure nerviosament, riure per no res.
gild (to) (gild) *t.* daurar.
gill (gil) *s.* ganya *f.* [de peix]. *2 pl.* papada *f.*, sotabarba *f.* ‖ ***to look green about the ~,*** fer mala cara *f.* *4* (dʒil) quart *m.* de pinta [mesura].
gilt (gilt) *a.* daurat. ▪ *2 s.* daurat *m.*
gimmick ('gimik) *s.* col·loq. artefacte *m.*, giny *m.* *2* truc *m.*
gin (dʒin) *s.* ginebra *f.* [licor]. *2* trampa *f.* *3* esborradora *f.* [de cotó].
ginger ('dʒindʒəʳ) *s.* BOT. gingebre *m.* *2* ros *m.* vermellós [color].
gingerly ('dʒindʒəli) *a.* cautelós, caute. ▪ *2 adv.* cautelosament, amb precaució.
gipsy ('dʒipsi) *s.* gitano.
giraffe (dʒi'rɑ:f) *s.* girafa *f.*
gird (to) (gə:d) *t.* cenyir. *2* envoltar. *3* fig. preparar-se *p.*; investir. ▲ Pret. i p. p.: ***girded*** (gə:did) o ***girt*** (gə:t).
girdle ('gə:dl) *s.* cenyidor *m.* *2* faixa *f.* *3* cinturó *m.*
girdle (to) ('gə:dl) *t.* cenyir. *2* envoltar.
girl (gə:l) *f.* noia *f.*, nena *f.*
girlfriend ('gə:lfrend) *s.* xicota *f.*, amiga *f.*
girlhood ('gə:lhud) *s.* joventut *f.*, infantesa *f.* [de la dona].
girlish ('gə:liʃ) *a.* juvenil, de nena.
girt (gə:t) Veure GIRD (TO).
girth (gə:θ) *s.* cingla *f.*, faixa *f.* *2* grassor *f.*, obesitat. *3* circumferència *f.*, perifèria *f.*, contorn *m.*
gist (dʒist) *s.* ***the ~,*** el quid *m.*, l'essència *f.*, el fons *m.*
give (to) (giv) *t.* donar; regalar; lliurar; concedir. *2* proveir de. *3* encomanar. *4* pronunciar [un discurs]. *5* comunicar. *6* dedicar. *7* ***to ~ birth to,*** donar a llum, parir. *8* MED. posar [una injecció]. *8* DRET pronunciar [una sentència], condemnar a. ▪ *9 i.* fer regals. *10* cedir; donar-se *p.* *11* donar a [una finestra, etc.]. ▪ ***to ~ away,*** regalar; repartir; lliurar; revelar [un secret]; ***to ~ back,*** tornar, retornar; ***to ~ off,*** treure, llançar [fum, etc.]; ***to ~ out,*** repartir, distribuir; publicar; emetre; exhaurir-se [mercaderies, etc.]; difondre; ***to ~ over,*** lliurar; deixar de, desistir de; ***to ~ up,*** renunciar a; lliurar; dimitir; deixar de; deixar córrer; cedir. ▲ Pret.: ***gave*** (geiv); p. p.: ***given*** ('givn).
gizzard ('gizəd) *s.* pedrer *m.* *2* fig. ***that sticks in my ~,*** això no m'ho empasso.
glacial ('gleisjəl) *a.* glacial.
glacier ('glæsjəʳ) *s.* GEOL. glacera *f.*
glad (glæd) *a.* alegre, content, feliç. ‖ ***to be ~ of,*** alegrar-se de. ▪ *2* **-ly** *adv.* amb molt de gust.
gladden (to) ('glædn) *t.* alegrar.
glade (gleid) *s.* clariana *f.* [en un bosc].
gladness ('glædnis) *s.* alegria *f.*, satisfacció *f.*
gladsome ('glædsəm) *a.* lit. alegre, content.
glamorous ('glæmərəs) *a.* encantador, fascinador, atractiu.
glamour (EUA) **glamor,** ('glæməʳ) *s.* encant *m.*, atractiu *m.*, encís *m.*
glance (glɑ:ns) *s.* mirada *f.* *2* cop *m.* d'ull, ullada *f.* ‖ ***at first ~,*** a primera vista *f.* *3* besllum *m.* *4* centelleig *m.*, llampurneig *m.*
glance (to) (glɑ:ns) *t.* donar un cop d'ull, mirar. ▪ *2 i.* donar un cop d'ull, donar una ullada. *3* mirar. *4* mirar de reüll. *5* centellejar, llampurnejar. *6* ***to ~ off,*** rebotar, desviar-se *p.*
gland (glænd) *s.* ANAT., BOT. glàndula *f.*
glare (glɛəʳ) *s.* resplendor *f.*, llum *f.* intensa. *2* enlluernament *m.* *3* mala mirada *f.*
glare (to) (glɛəʳ) *i.* brillar. *2* enlluernar. *3* mirar malament.
glaring ('glɛəriŋ) *a.* brillant, enlluernador. *2* cridaner. *3* evident. *4* irat, feroç.
glass (glɑ:s) , (EUA) (glæs) *s.* vidre *m.*, cristall *m.* ‖ ***~ case,*** aparador *m.* *2* got *m.*, vas *m.*, (BAL.) tassó *m.* *3* cristalleria *f.* *4* mirall *m.* *5 pl.* ulleres *f.*; binocles *m.*
glass-house ('glɑ:shaus) *s.* hivernacle *m.* *2* col·loq. presó *f.* militar.
glassware ('glɑ:s-wɛəʳ) *s.* cristalleria *f.*, objectes *m. pl.* de vidre.
glassy ('glɑ:si) *a.* vidriós, vitri; llis.
glaze (gleiz) *s.* vernís *m.*, llustre *m.*
glaze (to) (gleiz) *t.* vernissar, esmaltar. *2* posar vidres. ▪ *3 i.* envidriar-se *p.* [els ulls].
G.L.C. ('dʒi: el' si:) *s.* *(Greater London Council)* Corporació *f.* Metropolitana de Londres.
gleam (gli:m) *s.* raig *m.*, resplendor *f.* *2* llampada *f.*, guspira *f.* *3* fig. besllum *m.*, raig *m.* [de llum, d'esperança].

gleam (to) (gli:m) *i.* brillar, llampurnar, resplendir.
glean (to) (gli:n) *t.-i.* espigolar [també fig.]. *2* fig. arreplegar.
glee (gli:) *s.* alegria *f.*, joia *f.*
gleeful ('gli:ful) *a.* alegre, joiós.
glen (glen) *s.* vall *f.* estreta, sot *m.*, clotada *f.*
glib (glib) *a.* garlaire, xerraire.
glide (glaid) *s.* lliscament *m.* *2* AVIA. planatge *m.*
glide (to) (glaid) *i.* lliscar, relliscar. *2* AVIA. planar.
glider ('glaidəʳ) *s.* AVIA. planador *m.*
glimmer ('gliməʳ) *s.* besllum *m.*, resplendor *m.*, poca llum *f.* *2* fig. raig *m.*
glimmer (to) ('gliməʳ) *i.* brillar amb poca llum.
glimpse (glimps) *s.* visió *f.* ràpida, visió *f.* momentània.
glimpse (to) (glimps) *i.* donar una ullada. *2* brillar amb llum trèmula. ▪ *3 t.* entreveure.
glint (glint) *s.* centelleig *m.*, espurneig *m.*
glint (to) (glint) *i.* brillar, centellejar, espurneig *m.* ▪ *2 t.* reflectir [la llum].
glisten (to) ('glisn) *i.* brillar, centellejar, relluir.
glitter ('glitəʳ) *s.* resplendor *f.* *2* lluentor *f.*, brillantor *f.*
glitter (to) ('glitəʳ) *i.* brillar, lluir, centellejar.
gloaming ('gloumiŋ) *s.* capvespre *m.*, crepuscle *m.*
gloat (to) (glout) *i.* ***to ~ over,*** recrear-se *p.* amb, complaure's *p.* en.
globe (gloub) *s.* globus *m.*, bola *f.* *2* esfera *f.* [terrestre].
globe-trotter ('gloug,trɔtəʳ) *s.* rodamón *m.*
globular ('glɔbjuləʳ) *a.* globular.
globule ('glɔbju:l) *s.* glòbul *m.*
gloom (glu:m) *s.* foscor *f.* *2* fosca *f.* *3* tristesa *f.*, malenconia *f.*, pessimisme *m.*
gloomy ('glu:mi) *a.* fosc, llòbreg, obscur. *2* trist, pessimista, malencònic.
Gloria ('glɔ:riə) *n. pr. f.* Glòria.
glorification (,glɔrifi'keiʃən) *s.* glorificació *f.*
glorify (to) ('glɔ:rifai) *t.* glorificar. *2* lloar.
glorious ('glɔ:riəs) *a.* gloriós. *2* esplèndid, magnífic. *3* enorme, colossal.
glory ('glɔ:ri) *s.* glòria *f.* *2* grandesa *f.* *3* B. ART. aurèola *f.*
glory (to) ('glɔ:ri) *t.* gloriar-se *p.* de, vanagloriar-se *p.* de.
gloss (glɔs) *s.* brillantor *f.*, lluentor *f.* *2* glossa *f.*, comentari *m.* *3* fig. oripell *m.*
gloss (to) (glɔs) *t.* enllustrar, polir. *2* pal·liar. *3* glossar. *4* ***to ~ over,*** encobrir, disfressar. ▪ *5 i.* fer glosses.
glossary ('glɔsəri) *s.* glossari *m.*
glossy ('glɔsi) *a.* brillant, llustrós. *2* llis. *3* satinat. *4* FOT. brillant.
glove (glʌv) *s.* guant *m.*
glove compartment ('glʌvkɔm,pɑ:tmənt) *s.* AUTO. guantera. *f.*
glow (glou) *s.* fulgor *m.*, llum *f.*, resplendor *f.* *2* vermellor *f.*, color *m.* viu. *3* calor *f.*, escalfor *f.*
glow (to) (glou) *i.* fer llum o calor; cremar; brillar, resplenir. *2* tenir colors vius. *3* envermellir. *4* encendre's *p.*
glower (to) ('glauəʳ) *i.* mirar amb les celles arrufades. *2* llançar una mirada furiosa.
glowing ('gloviŋ) *a.* resplendent, incandescent. *2* ardent, encès. *3* viu [color]. *4* entusiasta. *5* càlid. *6* ***~ with health,*** ple de salut.
glow-worm ('glouwə:m) *s.* ZOOL. cuca *f.* de llum.
glucose ('glu:kous) *s.* QUÍM. glucosa *f.*
glue (glu:) *s.* cola *f.*, goma *f.* [d'enganxar].
glue (to) (glu:) *t.* encolar, enganxar [amb cola].
gluey ('glu:i) *a.* enganxós.
glum (glʌm) *a.* malenconiós, trist.
glut (glʌt) *s.* sobreabundància *f.*, excés *m.* *2* sacietat *f.*
glut (to) (glʌt) *t.* afartar, atipar. *2* omplir, abarrotar. *3* COM. inundar [el mercat].
glutinous ('glu:tinəs) *a.* glutinós, viscós, enganxós.
glutton ('glʌtn) *s.* golafre, fart, voraç. ‖ ***to be a ~ for,*** ser insaciable per a, no tenir-ne mai prou de.
gluttony ('glʌtəni) *s.* golafreria *f.*, gula *f.*, voracitat *f.*
glycerine ('glisəri:n) , (EUA) **glycerin** ('glisərin) *s.* QUÍM. glicerina *f.*
gnarl (nɑ:l) *s.* nus *m.* [de la fusta].
gnarled (nɑ:ld) *a.* nuós, nodós.
gnash (to) (næʃ) *i. t.* fer carrisquejar, fer cruixir [les dents]. ▪ *2 i.* carrisquejar, cruixir [les dents].
gnat (næt) *s.* ENT. mosquit *m.*
gnaw (to) (nɔ:) *t.* rosegar. *2* ratar, mossegar. *3* fig. ***~ at,*** rosegar, turmentar. ▪ Pret.: ***gnawed*** (nɔ:d); p. p.: ***gnawed*** (nɔ:d) o ***gnawn*** (nɔ:n).
gnome (noum) *s.* gnom *m.*, nan *m.*
G.N.P. ('dʒi:en'pi:) *s.* *(Gross National Product)* producte *m.* nacional brut.
go (gou) *s.* energia *f.* *2* empenta *f.* *3* temptativa *f.* *4* moda *f.*: ***it is all the ~,*** està de moda.
go (to) (gou) *i.* anar. *2* anar-se'n *p.*, marxar. ‖ ***to ~ abroad,*** anar a l'estranger; ***to ~ as-***

tray, perdre's *p.; **to let ~,*** deixar anar. *3* anar, funcionar. *4* caure bé [un vestit]. *5* decaure; morir. *6* sortir, (VAL.) eixir, (ROSS.) sàller. *7* desaparèixer, perdre's *p.* *8* quedar-se *p.*, tornar-se *p.* || ***to ~ bad,*** fer-se *p.* malbé: ***to ~ mad,*** tornar-se *p.* boig. *9* sonar. *10* dir; fer. *11* cedir, trencar-se *p.* *12* caure. *13* fondre's *p.* *14* vendre's *p.* *15* transcórrer. *16* cabre. *17* valer. *18* ***to ~ ahead,*** avançar. *19* ***to ~ to sleep,*** adormir-se *p.* *20* ***to ~ wrong,*** sortir malament. ▪ *21 t.* seguir. || ***to ~ one's way,*** fer el seu camí. *22* caminar, recórrer. *23* jugar-se *p.*, apostar. *24* ***to ~ halves,*** anar a mitges. ▪ ***to ~ about,*** anar d'un costat a l'altre; circular, córrer; recórrer; empendre; ***to ~ after,*** seguir, perseguir; anar darrera; ***to ~ along,*** continuar; passar per; estar d'acord. || ***to ~ along with,*** acompanyar; ***to ~ at,*** atacar, escometre; ***to ~ away,*** anar-se'n, marxar; desaparèixer; ***to ~ back,*** tornar; recular; ***to ~ between,*** interposar-se, mitjançar; ***to ~ by,*** passar [de llarg]; transcórrer; atenir-se a; ***to ~ down,*** baixar; enfonsar-se; amagar-se [el sol]; disminuir; decaure; ***to ~ for,*** anar a buscar; escometre; valer per a; votar per; ***to ~ in*** o ***into,*** entrar; ***to ~ off,*** anar-se'n, marxar; disparar-se; fer-se malbé; explotar; sonar; adormir-se; ***to ~ on,*** continuar; avançar, progressar; ***to ~ out,*** sortir, (VAL.) eixir, (ROSS.) sàller; publicar-se, passar de moda; apagar-se [la llum]; ***to ~ over,*** repassar; travessar, passar [per sobre; a l'altre costat]; recórrer; anar; assajar; ***to ~ through,*** travessar; sofrir, patir; examinar a fons; ser aprobat; gastar. || ***to ~ through with,*** dur a terme; ***to ~ up,*** pujar. || ***to ~ up to,*** apropar-se a; ***to ~ without,*** passar sense. ▲ Pres. 3.ª pers.: ***goes*** (gouz), pret.: ***went*** (went), p. p.: ***gone*** (gɔn).

goad (goud) *s.* agulló *m.*, agullada *f.* *2* fig. agulló *m.*, estímul *m.*

goad (to) (goud) *t.* agullonar, punxar, picar. *2* fig. agullonar, estimular.

goal (goul) *s.* ESPORT meta *f.*, porteria *f.*, gol *m.* || ***to score a ~,*** fer un gol. *2* fig. finalitat *f.*, objectiu *m.*, propòsit *m.*

goalkeeper ('goulˌki:pəʳ) *s.* ESPORT porter.

goat (gout) *s.* ZOOL. cabró *m.*, boc *m.* [mascle]. *2* cabra *f.* [femella]. *2* fig. col·loq. ***to get one's ~,*** emprenyar.

goatee (gou'ti:) *s.* pera *f.*, barba *f.* de cabra.

goat-herd ('gouthə:d) *s.* cabrer.

gob (gɔb) *s.* vulg. gargall *m.*, escopinada *f.* *2* col·loq. boca *f.* *3* (EUA) col·loq. mariner.

gobble (to) ('gɔbl) *t.* ***to ~ up,*** engolir-se *p.* ▪ *2 i.* ***to ~ up,*** endrapar. *3* escatainar [el gall d'indi].

go-between ('goubiˌtwi:n) *s.* intermediari, mitjancer. *2* missatger.

goblet ('gɔblit) *s.* copa *f.*

goblin ('gɔblin) *s.* follet *m.*, esperit *m.* dolent.

God, god (gɔd) *n. pr. m.* Déu. || col·loq. ***for God's sake!,*** per l'amor de Déu!; ***Good G~,*** Déu meu senyor!; ***G~ willing,*** si Déu vol. *2 s.* déu *m.*

godchild ('gɔdtʃaild) *s.* fillol.

goddess ('gɔdis) *s.* deessa *f.*, dea *f.*

godfather ('gɔdˌfɑ:ðəʳ) *s.* padrí *m.*

godforsaken ('gɔdfəˌseikn) *a.* deixat de la mà de Déu, abandonat. *2* trist, desert, desolat.

godless ('gɔdlis) *a.* descregut, impiu, ateu.

godlessness ('gɔdlinis) *s.* impietat *f.*

godliness ('gɔdlinis) *s.* pietat *f.*, devoció *f.*

godly ('gɔdli) *a.* pietós, devot.

godmother ('gɔdˌmʌðəʳ) *f.* padrina *f.*

goggle ('gɔgl) *a.* ***~-eyed,*** d'ulls sortits. *2 s. pl.* ulleres *f.* submarines.

goggle (to) ('gɔgl) *i.* fer girar els ulls, obrir molt els ulls. *2* ***to ~ at,*** mirar amb els ulls molt oberts.

goggle-box ('gɔglbɔks) *s.* col·loq. televisió *f.*

going ('gouiŋ) *s.* camí *m.* *2* pas *m.* *3* fig. manera *f.* de fer, conducta *f.* *4* fig. progrés *m.* *5* fig. liter. ***the ~s and comings,*** les anades *f.* i vingudes. ▪ *6 a.* ***a ~ concern,*** una empresa que va bé. *7* existent. *8* corrent [preu].

going-over (ˌgouiŋ'ouvəʳ) *s.* inspecció *f.* *2* fig. pallissa *f.*

goings-on ('gouiŋz'ɔn) *s. pl.* col·loq. tripijocs *m.*

go-kart ('gouka:t) *s.* ESPORT kart *m.*

gold (gould) *s.* or *m.* [també fig.]. || ***~ leaf,*** pa *m.* d'or. ▪ *2 a.* d'or, daurat.

golden ('gouldən) *a.* d'or, daurat, auri. || ***G~ Age,*** Edat d'Or. || ZOOL. ***~ eagle,*** àguila daurada o reial. *2* fig. excel·lent, d'or.

goldfinch ('gouldfintʃ) *s.* cadernera *f.*

goldsmith ('gouldsmiθ) *s.* orfebre.

golf (gɔlf) *s.* ESPORT golf *m.*

golf course ('gɔlfkɔ:s) *s.*, **golf links** ('gɔlfliŋks) *s. pl.* camp *m.* de golf.

gone (gɔn) *p. p.* de GO (TO). ▪ *2 a.* passat. || ***to be ~,*** ser fora. || ***to be far ~,*** estar passat [menjar]; estar begut; estar molt malalt. *3* fig. boig. || ***to be ~ on,*** estar boig per. *4* fig. acabat, mort.

goner ('gɔnəʳ) *s.* col·loq. malalt desnonat; persona *f.* arruïnada, acabada.

gong (gɔŋ) *s.* MÚS. gong *m.*

good (gud) *a.* bo; amable; agradable; vàlid. || ***~-for-nothing,*** inútil, bo per a res; ***Good Friday,*** Divendres Sant; ***~ morning,*** bon dia; ***~ night,*** bona nit; ***~ time,*** bona estona; diversió; ~ ***turn,*** favor; ***a ~ deal,*** molt; ***a ~ while,*** una bona estona. ▪ *2 interj.* molt bé! ▪ *3 s.* bé *m.* ‖ ***to feel ~,*** trobar-se bé. *4* utilitat *f.* ‖ ***what is the ~ of it?,*** per què serveix? *5* ***for ~,*** per sempre.

good-bye (ˌgud'bai) *s.* adéu *m.* ‖ ***to say ~ to,*** dir adéu a, acomiadar. ▪ *2 interj.* adéu!

goodly ('gudli) *a.* agradable. *2* bonic, maco. *3* considerable.

goodness ('gudnis) *s.* bondat *f. 2* virtut *f. 3* substància *f. 4* qualitat *f.* ▪ *5* interj. ~ ***gracious!*** Déu meu! ‖ ***for ~ sake!,*** per l'amor de Déu!

goods (gudz) *s. pl.* béns *m.*, efectes *m.* ‖ ~ ***and chattels,*** efectes personals. *2* COM. gènere *m. sing.*, articles *m.*, mercaderies *f.* ‖ ***consumer ~,*** articles de consum.

goody ('gudi) *s.* llaminadura *f. 2* **~-~,** beat; hipòcrita. ▪ *3* interj. ***~!,*** que bé!

goof (gu:f) *s.* col·loq. beneit, babau. *2* (EUA) col·loq. espifiada *f.*, pifia *f.*

goon (gu:n) *s.* col·loq. beneit, babau.

goose (gu:s) *s.* ORN. oca *f.* ▲ *pl.* ***geese*** (gi:s).

gooseberry ('guzbəri) *s.* BOT. riber *m.* espinós, agrassó *m. 2* grosella *f.*, riba *f.*

gooseflesh ('gu:sfleʃ) *s.* pell *f.* de gallina.

goose pimples ('gu:sˌpimplz) *s. pl.* Veure GOOSEFLESH.

gore (gɔ:ʳ) *s.* liter. sang *f.* [quallada, vessada]. *3* COST. gaia *f.* [d'un vestit].

gore (to) (gɔ:ʳ) *t.* posar una gaia a. *2* banyegar, cornar. *3* ferir amb els ullals.

gorge (gɔ:dʒ) *s.* gorja *f.*, gola *f. 2* gorja *f.*, call *m.*

gorge (to) (gɔ:dʒ) *t.* engolir, empassar-se *p.* ▪ *2 i.-p.* afartar-se *p.*, atipar-se *p.*

gorgeous ('gɔ:dʒəs) *a.* magnífic, esplèndid. *2* col·loq. bonic.

gorilla (gə'rilə) *s.* ZOOL. goril·la *m.*

gory ('gɔ:ri) *a.* ensangonat, sangonós, sagnant.

go-slow ('gou'slou) *s.* ~ ***strike,*** vaga *f.* de zel.

gospel ('gɔspəl) *s.* BIB. ***the Gospel,*** evangeli *m.* [també fig.].

gossamer ('gɔsəməʳ) *s.* teranyina *f. 2* gasa *f.* ▪ *3 a.* fi, molt prim.

gossip ('gɔsip) *s.* xafarderia *f.*, comareig *m.* ‖ ***piece of ~,*** una xafarderia. *2* rumor. *3* xafarder, murmurador.

gossip (to) ('gɔsip) *i.* xafardejar, comarejar. *2* xerrar, murmurar.

gossip column ('gɔsipˌkɔləm) *s.* notes *f. pl.* de societat [d'un diari o revista].

got (gɔt) Veure GET (TO).

Gothic ('gɔθik) *a.* gòtic.

gouge (gaudʒ) *s.* TECNOL. gúbia *f.*, badaine *m.*

gouge (to) (gaudʒ) *t.* foradar amb el badaine. *2* col·loq. arrencar, treure.

gourd (guəd) *s.* BOT. carbassa *f.*, (BAL.), (VAL.) carabassa *f.*

gourmet ('guəmei) *s.* gastrònom.

gout (gaut) *s.* MED. gota *f.*

gouty ('gauti) *a.* MED. gotós.

govern (to) ('gʌvən) *t.* governar. *2* dirigir, administrar. *3* guiar. *4* dominar. *5* GRAM. regir. ▪ *6 i.* governar *t.*

governance ('gʌvənəns) *s.* form. govern *m.*, governació *f.*

governess ('gʌvənis) *s.* institutriu *f.*

government ('gʌvənmənt) *s.* govern *m. 2* direcció *f.*, autoritat *f.*, administració *f.*, gestió *f. 3* fig. domini *m.*, control *m. 4* GRAM. règim *m.* ▪ *5 a.* del govern, governamental, administratiu.

governor ('gʌvənəʳ) *s.* governador. *2* director, administrador. *3* col·loq. cap *m. 4* TECNOL. regulador *m.*

gown (gaun) *s.* vestit *m.* de dona. *2* túnica *f.*, toga *f.*

G.P. ('dʒi: 'pi:) *s. (General Practitioner)* metge de capçalera.

G.P.O. ('dʒi:pi:'ou) *s. (General Post Office)* central *f.* de Correus.

grab (to) (græb) *t.* agafar, aferrar. *2* apropiar-se *p. 3* col·loq. ***to ~ a bite,*** fer un mos. ▪ *4 i.* ***to ~ at,*** intentar d'agafar(se.

grace (greis) *s.* gràcia *f.* [física, espiritual]. *2* amabilitat *f. 3* elegància *f.*, encant *m. 4* disposició *f.* [d'ànim]: ***with bad ~,*** a desgrat, de mala gana *f. 5* cortesia *f. 6 pl.* ***good ~s,*** favor *m. 7* ***Your G~,*** Excel·lència *f.* [duc]; Il·lustríssim(a [bisbe]. *7* MIT. *pl.* ***The G~,*** les gràcies *f.*

grace (to) (greis) *t.* adornar, ornar. *2* agraciar. *3* honorar.

graceful ('greisful) *a.* graciós, agraciat, airós, elegant.

gracefulness ('greisfulnis) *s.* gràcia *f.*, gentilesa *f.*, desimboltura *f.*

gracious ('geiʃəs) *a.* graciós, atractiu. *2* afable, cortès. *3* bondadós, gentil. ▪ *4 interj.* ~! valga'm Déu! ▪ *5* **-ly,** *adv.* graciosament, agradablement.

graciousness ('greiʃəsnis) *s.* gràcia *f.*, benevolència *f. 2* afabilitat *f.*, bondat *f.*, amabilitat. *3* REL. misericòrdia *f.*

gradation (grə'deiʃən) *s.* gradació *f.*

grade (greid) *s.* grau *m. 2* classe *f.*, qualitat *f. 3* pendent *m. 4* nivell *m.* ‖ ***to make the ~,*** arribar al nivell desitjat. *5* nota *f. 6* (EUA) curs *m.* [escolar].

grade (to) (greid) *t.* graduar. *2* degradar [un color]. *3* classificar. *4* anivellar, aplanar. *4* (EUA) qualificar, posar nota.

gradient ('greidjənt) *s.* pendent *m.*, desnivell *m.*

gradual ('grædjuəl) *a.* gradual, progressiu. ■ *2* **-ly** *adv.* gradualment.

graduate ('grædjuit) *a.* graduat, llicenciat, diplomat [a la universitat].

graduate (to) ('grædjueit) *t.* graduar. *2* donar un títol, un diploma. ■ *3 i.* graduar-se *p.*, aconseguir un títol.

graft (grɑ:ft) *s.* AGR., MED. empelt *m.* *2* (EUA) tripijoc *m.*, corrupció *f.* *3* col·loq. treball *m.*

graft (to) (grɑ:ft) *t.* AGR., MED. empeltar. ■ *2 i.* fer tripijocs, ser corrupte.

grain (grein) *s.* gra *m.* [de blat, raïm, etc.]. *2* cereals *m. pl.* *3* fibra *f.*, veta *f.* ‖ fig. ***against the ~,*** a repèl *4* fig. mica *f.* *6* FOT. gra *m.*

gram, gramme (græm) *s.* gram *m.*

grammar ('græməʳ) *s.* gramàtica *f.*

grammar school ('græmə,sku:l) *s.* (G.B.) institut *m.* d'ensenyament secundari; (EUA) escola *f.* primària.

granary ('grænəri) *s.* graner *m.*

grand (grænd) *a.* gran, gros. *2* impressionant, fabulós. *3* complet, general. ■ *4 s.* (EUA) col·loq. mil dòlars *m. pl.*

grandchild ('grændtʃaild) *s.* nét *m.*, néta *f.*

granddaughter ('grændɔ:təʳ) *s.* néta *f.*

grandeur ('grændʒəʳ) *s.* grandesa *f.*, grandiositat *f.*, magnificència *f.*

grandfather ('grænd,fɑ:ðəʳ) *s.* avi *m.*

grandiloquent (græn'diləkwənt) *a.* grandiloqüent.

grandiose ('grændious) *a.* grandiós [també fig.]. *2* pompós, pretensiós.

grandmother ('græn,mʌðəʳ) *s.* àvia *f.*

grandparents ('græn,pɛərənts) *s. pl.* avis *m.*

grand piano (,grændpi'ænou) *s.* MÚS. piano *m.* de cua.

grandson ('grænsʌn) *s.* nét *m.*

grandstand ('grændstænd) *s.* tribuna *f.*

grange (greindʒ) *s.* granja *f.*, casa *f.* de camp. *2* casa *f.* pairal.

granite ('grænit) *s.* granit *m.*

granny, -nie ('græni) *s.* iaia *f.*

grant (grɑ:nt) *s.* concessió *f.*, donació *f.*, atorgament *m.* *2* subvenció *f.* *3* beca *f.* *4* DRET donació *f.*, cessió *f.*

grant (to) (grɑ:nt) *t.* concedir, atorgar, donar. *2* admetre. *3* ***to take for ~ed,*** donar per descomptat. *4* ***~ed that,*** en el cas que; donat que. *5* DRET cedir.

granulated ('grænjuleitid) *a.* granulat.

grape (greip) *s.* BOT. raïm *m.*

grapefruit ('greipfru:t) *s.* BOT. aranja *f.*, naronja .

grape-vine ('greipvain) *s.* vinya *f.*, cep *m.*, parra *f.*

graph (græ:f) *s.* gràfic *m.*

graphic(al ('græfik(əl) *a.* gràfic.

graphite ('græfait) *s.* MINER. grafit *m.*

grapple (to) (græpl) *t.* agafar, aferrar. ■ *2 i.* lluitar, abraonar-se *p.* *3* fig. intentar resoldre [un problema].

grasp (grɑ:sp) *s.* agafament *m.* *2* encaixada *f.* [de mans]. *3* domini *m.*, poder *m.* *4* comprensió *f.*

grasp (to) (grɑ:sp) *t.* agafar, subjectar. *2* abraçar, abastar. *3* estrènyer. *4* comprendre, entendre. ■ *5 i.* ***to ~ at,*** intentar agafar; aprofitar [una oportunitat].

grasping ('grɑ:spiŋ) *a.* avar, gasiu.

grass (grɑ:s) *s.* herba *f.*, gespa *f.*, pastura *f.*

grasshopper ('grɑ:s,hɔpəʳ) *s.* ENT. llagosta *f.*, saltamartí *m.*

grassland ('grɑ:slænd) *s.* prat *m.*, prada *f.*

grassy ('grɑ:si) *a.* cobert d'herba, herbós.

grate (greit) *s.* graelles [d'una llar de foc].

grate (to) (greit) *t.* ratllar. *2* fer grinyolar. ■ *3 i.* ***to ~ (on),*** carrisquejar, grinyolar; molestar *t.*

grateful ('greitful) *a.* agraït. *2* grat, agradable.

gratification (,grætifi'keiʃən) *s.* satisfacció *f.* *2* gratificació *f.*

gratify (to) ('grætifai) *t.* satisfer, complaure. *2* gratificar.

grating ('greitiŋ) *a.* aspre. *2* estrident. *3* irritant. ■ *4 s.* reixa *f.*, enreixat. *5* graella *f.*, engraellat *m.*

gratis ('greitis) *adv.* gratis.

gratitude ('grætitju:d) *s.* gratitud *f.*, agraïment *m.*

gratuitous (grə'tju:itəs) *a.* gratuït. *2* injustificat.

gratuity (grə'tjuiti) *s.* gratificació *f.* *2* propina *f.*

grave (greiv) *a.* greu. ■ *2 s.* tomba *f.*, sepulcre *m.*

gravel ('grævəl) *s.* grava *f.*

gravestone (greivstoun) *s.* làpida *f.* sepulcral.

graveyard ('greivjɑ:d) *s.* cementiri *m.*, (BAL.), (VAL.) cementeri *m.*

gravitate (to) ('græviteit) *i.* gravitar. *2* ***to ~ towards,*** tenir tendència a, sentir-se *p.* atret per.

gravitation (,grævi'teiʃən) *s.* gravitació *f.*

gravity ('græviti) *s.* FÍS. física *f.*

gravy ('greivi) *s.* CUI. suc *m.* [de la carn], salsa *f.* [feta amb el suc de la carn].

gray (grei) *a.* Veure GREY.

graze (greiz) *s.* fregament *m.* *2* rascada *f.* *3* pastura *f.*

graze (to) (greiz) *t.* fregar. *2* rascar. ■ *3 i.* pasturar.

grazing ('greiziŋ) *s.* pasturatge *m.* *2* pastura *f.* ‖ ***~-land,*** devesa *f.*

grease (gri:s) *s.* greix *m.* *2* sèu *m.*
grease (to) (gri:z) *t.* engreixar, untar.
greasy ('gri:si) *a.* greixós.
great (greit) *a.* gran, gros, major, magne. *2* ~ ***age,*** edat avançada. *3* important, destacat. *4* magnífic, fantàstic. ▪ *5* **-ly** *adv.* molt, altament.
greatness ('greitnis) *s.* grandesa *f.* *2* amplitud *f.* *3* esplendor *f.*
Grecian ('gri:ʃən) *a.* grec [art, arquitectura, trets, etc.].
greed, greediness (gri:d, -inis) *s.* cobdícia *f.* *2* ànsia *f.* *3* voracitat *f.*, golafreria *f.*
greedy ('gri:di) *a.* ansiós, cobdiciós. *2* golafre, voraç.
Greek (gri:k) *a.-s.* grec. GEOGR. grec. *2* grec *m.* [llengua].
green (gri:n) *a.* verd [color, fruita]. *2* càndid, inexpert. *3* fig. ufanós. ▪ *4 s.* verd *m.* [color]. *5* verdor *f.* *6* prat *m.* *7 pl.* verdures *f.*, hortalises *f.*
greengrocer ('gri:nˌgrousəʳ) *s.* verdulaire.
greenhouse ('gri:nhaus) *s.* hivernacle *m.*
Greenland ('gri:nlənd) *n. pr.* GEOGR. Groenlàndia *f.*
greet (to) (gri:t) *t.* saludar.
greeting ('gri:tiŋ) *s.* salutació *f.* *2 pl.* salutacions *f.*, records *m.* [en una carta].
gregarious (gre'gɛəriəs) *a.* gregari.
grenade (gri'neid) *s.* granada *f.*
grew (gru:) *pret.* de GROW (TO).
grey, gray (grei) *a.* gris. ▪ *2 s.* gris *m.*
greyhound ('greihaund) *s.* llebrer *m.*
grid (grid) *s.* reixa *f.*, enreixat *m.* *2* CUI. graelles *f. pl.*, graella *f.* *3* ELECT. xarxa *f.* *4* RADIO. reixa *f.*
grief (gri:f) *s.* dolor *m.*, pena *f.*, aflicció *f.* *2* dany *m.*, mal *m.*, desgràcia *f.* ‖ ***to come to ~,*** patir una desgràcia, sofrir un dany.
grievance (gri:vəns) *s.* greuge *m.*, ofensa *f.*, agravi *m.*
grieve (to) (gri:v) *t.* afligir, entristir. ▪ *2 i.* afligir-se *p.*, entristir-se *p.*
grievous ('gri:vəs) *a.* dolorós, penós. *2* sever, atroç.
grill (gril) *s.* CUI. graella *f.*, graelles *f. pl.*
grill (to) (gril) *t.* fer a la brasa. *2* col·loq. interrogar [la policia]. ▪ *3 i.* fer-se *p.* a la brasa.
grille (gril) *s.* reixa *f.*, enreixat *m.*
grim (grim) *a.* sorrut, malcarat. *2* lleig. *3* horrible, sinistre.
grimace (gri'meis) *s.* ganyota *f.*, (BAL.) carussa *f.*, (VAL.) carassa *f.*
grimace (to) (gri'meis) *i.* fer ganyotes, (BAL.) fer carusses, (VAL.) fer carasses.
grime (graim) *s.* engrut *m.*, greix *m.*, brutícia *f.*
grime (to) (graim) *t.* embrutar, enllardar.
grimy ('graimi) *a.* brut, llardós.
grin (grin) *s.* ganyota *f.* *2* somriure *m.* obert.
grin (to) (grin) *i.* somriure. *2* fer ganyotes. ▪ *3 t.* expressar amb un somriure o una ganyota.
grind (to) (graind) *t.* moldre, triturar. *2* esmolar, afilar. *3* fer carrasquejar [les dents]. *4* molestar, oprimir. ▪ *5 i.* moldre's *p.*, triturar-se *p.* *6* preparar-se *p.* ▲ Pret. i p. p.: ***ground*** (graund).
grindstone ('graindstoun) *s.* mola *f.*, pedra *f.* d'esmolar.
grip (grip) *s.* agafament *m.* *2* poder *m.*, domini *m.* *3* agafador *m.*, puny *m.* *4* ***to come to ~s,*** atacar de valent. *5* (EUA) maletí *m.* *6* fig. comprensió *f.* [d'un problema].
grip (to) (grip) *t.* agafar, empunyar, estrènyer. ▪ *2 i.* agafar-se *p.*, arrapar-se *p.*
gripes (graips) *s. pl.* col·loq. recargolament *m. sing.* de ventre.
grisly ('grizli) *a.* horrorós, terrible.
gristle ('grisl) *s.* cartílag *m.*
grit (grit) *s.* sorra *f.*, arena *f.* *2* fermesa *f.*
grizzle (to) ('grizl) *t.* somicar, ploriquejar.
groan (groun) *s.* gemec *m.*, queixa *f.*
groan (to) (groun) *t.* dir gemegant. ▪ *2 i.* gemegar.
groats (grouts) *s. pl.* civada *f. sing.* trossejada.
grocer ('grousəʳ) *s.* androguer, botiguer [de comestibles].
grocery ('grousəri) *s.* adrogueria *f.*, botiga *f.* de comestibles. *2 pl.* comestibles *m.*
groggy ('grɔgi) *a.* vacil·lant, estabornit, atordit. *2* dèbil.
groin (grɔin) *s.* ANAT. engonal *m.* *2* ARQ. aresta *f.*
groom (grum) *s.* mosso d'estable. *2* nuvi *m.* *3* lacai *m.*
groom (to) (grum) *t.* tenir cura de [cavalls]. *2* empolainar, arreglar. *3* col·loq. preparar.
groove (gru:v) *s.* ranura *f.*, solc *m.* *2* fig. rutina *f.*
groove (to) (gru:v) *t.* acanalar.
grope (to) (group) *t.* buscar a les palpentes, tocar a les palpentes. ▪ *2 i.* caminar a les palpentes.
gross (grous) *a.* gros, gras. *2* gruixut. *3* dens. tosc, vulgar. *5* groller, obscè. *6* cras [error, engany, etc.]. *7* COM. total, brut. ▪ *8 s.* grossa *f.* ▪ *9* **-ly** *adv.* grollerament, toscament.
grossness ('grousnis) *s.* grolleria *f.* *2* enormitat *f.*
grotto ('grɔtou) *s.* gruta *f.*, cova *f.*
grotesque (grou'tesk) *a.* grotesc.
ground (graund) *s.* terra *m.*, (BAL.) trespol

m., (VAL.) pis *m.* *2* terreny *m.* *3* camp *m.* [de batalla; d'esports]. *4* àrea *f.* *5* terme *m.* [perspectiva]. *6* raó *f.*, motiu *m.*, causa *f.*, fonament *m.* *7 pl.* terrenys *m.* *8 pl.* pòsit *m.*, sediment *m.* *9* B. ART. fons *m.*, primera capa *f.* ▪ *10 pret.* i *p.p.* de GRIND (TO).

ground (to) (graund) *t.* MAR. encallar, fer encallar. *2* AVIA. obligar a quedar-se a terra. *3* ELECT. connectar amb terra. *4* basar, fonamentar. *5* ensenyar les bases. ▪ *6 i.* MAR. encallar(se. *7* AVIA. quedar-se *p.* a terra. *8* ELECT. connectar-se *p.* amb terra. *9* basar-se *p.*, fonamentar-se *p.*

ground floor (ˌgraund'flɔːʳ) *s.* (G.B.) planta *f.* baixa.

groundless ('graundlis) *a.* sense fonament, sense base.

group (gruːp) *s.* grup *m.*, conjunt *m.*

group (to) (gruːp) *t.-i.* agrupar(se.

grouse (graus) *s.* gall *m.* de bosc, gall *m.* fer, gall *m.* salvatge. *2* col·loq. queixa *f.*

grove (grouv) *s.* bosquet *m.*

grovel (to) ('grɔvl) *i.* arrossegar-se *p.*, humiliar-se *p.*, rebaixar-se *p.*

grow (to) (grou) *i.* créixer, desenvolupar-se *p.* *2* néixer, sortir [el cabell, etc.]. *3* fer-se *p.*, posar-se *p.*, tornar-se *p.* ‖ ***to ~ old,*** envellir, fer-se *p.* vell. ▪ *4 t.* conrear, cultivar. *5* fer créixer, deixar créixer. *6* criar. ▪ ***to ~ on/upon,*** arrelar [un costum, etc.]; arribar a agradar; ***to ~ out of,*** quedar petit, fer-se petit; deixar, abandonar; venir de, derivar-se; ***to ~ to,*** arribar a [estimar, etc.]; ***to ~ up,*** créixer, fer-se gran; desenvolupar-se. ▲ Pret.: ***grew*** (gruː); p. p.: ***grown*** (groun).

grower ('grouəʳ) *s.* conreador, cultivador.

growl (graul) *s.* grunyit *m.*

growl (to) (graul) *i.* grunyir. ▪ *2 t.* ***to ~ (out),*** dir rondinant.

grown (groun) *p. p.* de GROW (TO). ▪ *2 a.* adult, madur.

grown-up ('grounʌp) *a.-s.* adult.

growth (grouθ) *s.* creixement *m.* *2* desenvolupament *m.*, augment *m.* *3* conreu *m.*, cultiu *m.* *4* vegetació *f.* *5* MED. tumor *m.*

grub (grʌb) *s.* larva *f.*, cuc *m.* *2* col·loq. teca *f.*

grudge (grʌdʒ) *s.* ressentiment *m.*, rancúnia *f.*

grudge (to) (grʌdʒ) *t.* regatejar, escatimar. *2* envejar.

grudgingly ('grʌdʒiŋli) *adv.* de mala gana, a contracor.

gruel (gruəl) *s.* CUI. farinetes *f. pl.*

gruesome ('gruːsəm) *a.* horrible, horripilant. *2* repugnant.

gruff (grʌf) *a.* brusc, malhumorat, aspre.

gruffness ('grʌfnis) *s.* asprор *f.*, mala cara *f.*, mal humor *m.*

grumble ('grʌmbl) *s.* queixa *f.*, remugament *m.* *2* soroll *m.* sord.

grumble (to) ('grʌmbl) *i.* rondinar, remugar. *2* fer un soroll sord. ▪ *3 t.* dir remugant.

grunt (grʌnt) *s.* grunyit *m.*, gardeny *m.*

grunt (to) (grʌnt) *i.* grunyir, gardenyar.

guarantee (ˌgærən'tiː) *s.* garantia *f.*, fiança *f.* *2* DRET fiador, fiançador.

guarantee (to) (ˌgærən'tiː) *t.* garantir. *2* fer-se *p.* responsable.

guarantor (ˌgærən'tɔːʳ) *s.* garant. *2* fiador, fiançador.

guaranty ('gærənti) *s.* DRET garantia *f.*, fiança *f.*

guard (gɑːd) *s.* guàrdia *f.* *2* vigilància *f.*, protecció *f.* *3* guardià, guarda, vigilant. *4* guarda *f.* [de l'espasa]. *5* FERROC. cap de tren.

guard (to) (gɑːd) *t.* guardar, protegir, vigilar. ▪ *2 i.* guardar-se *p.* de.

guardian ('gɑːdjən) *s.* guarda, guardià, custodi. ‖ ~ ***angel,*** àngel custodi, àngel de la guarda. *2* DRET tutor.

guardianship ('gɑːdjənʃip) *s.* protecció *f.* *2* DRET tutela *f.*

guarded (gɑːdid) *a.* cautelós. ▪ *2* **-ly** *adv.* cautelosament.

gudgeon ('gʌdʒən) *s.* ICT. gòbit *m.*, gobi *m.*, cabot *m.* *2* MEC. piu *m.*, pern *m.*

guerrilla, guerilla (gə'rilə) *s.* guerriller. *2* guerrilla *f.*

guess (ges) *s.* conjectura *f.* *2* suposició *f.* *3* parer *m.*, opinió *f.*

guess (to) (ges) *t.-i.* endivinar. *2* encertar. *3* suposar, conjecturar, creure.

guest (gest) *s.* hoste, invitat, convidat.

guffaw (gʌ'fɔː) *s.* riallada *f.*, rialla *f.*

guffaw (to) (gʌ'fɔː) *i.* petar-se *p.* de riure.

guidance ('gaidəns) *s.* guia *f.*, govern *m.*, direcció *f.*

guide (gaid) *s.* guia [persona]. *2* guia *f.* [llibre]. *3* guia, conseller. *4* MEC., MIL. guia.

guide (to) (gaid) *t.* guiar. *2* governar, dirigir.

guild (gild) *s.* gremi *m.*, cofradia *f.*

guile (gail) *s.* astúcia *f.* *2* engany *m.*

guileful ('gailful) *a.* astut.

guileless ('gailliss) *a.* senzill, innocent, ingenu.

guilt (gilt) *s.* culpa *f.* *2* culpabilitat *f.*

guiltless ('giltlis) *a.* innocent, lliure de culpa.

guilty ('gilti) *a.* culpable.

guinea ('gini) *s.* guinea *f.* [moneda].

guinea fowl ('ginifaul) *s.* ZOOL. gallina *f.* de Guinea.

guinea pig ('ginipig) *s.* ZOOL. conillet *m.* d'Índies.
guise (gaiz) *s.* ant. guisa *f.*, manera *f.* ‖ ***under the ~ of,*** disfressat de, amb el pretext de.
guitar (gi'tɑːʳ) *s.* MÚS. guitarra *f.*
gulch (gʌlʃ) *s.* (EUA) barranc *m.*
gulf (gʌlf) *s.* GEOGR. golf *m.* ‖ ***Gulf Stream,*** Corrent *m.* del Golf. *2* abisme *m.*, avenc *m.*
gull (gʌl) *s.* ORN. gavina *f.* *2* fig. beneit, babau, crèdul.
gull (to) (gʌl) *t.* estafar, enganyar.
gullet ('gʌlit) *s.* gargamella *f.*, gola *f.* *2* ANAT. esòfag *m.*
gullibility (ˌgʌli'biliti) *s.* credulitat *f.*
gullible ('gʌlibl) *a.* babau, crèdul.
gully ('gʌli) *s.* barranc *m.* *2* regueró *m.*
gulp (gʌlp) *s.* glop *m.*, tirada *f.*
gulp (to) (gʌlp) *t.* empassar-se *p.*, englotir.
gum (gʌm) *s.* ANAT. geniva *f.* *2* goma *f.* ‖ ***chewing ~,*** xiclet *m.*
gum (to) (gʌm) *t.* engomar, encolar. *2* enganxar, (BAL.) aferrar; (VAL.) espigar.
gumboot ('gʌmbuːt) *s.* bota *f.* de goma.
gumption ('gʌmpʃən) *s.* col·loq. seny *m.*, sentit *m.* comú, iniciativa *f.*
gum tree ('gʌmtriː) *s.* BOT. eucaliptus *m.*
gun (gʌn) *s.* ARTILL. arma *f.* de foc. *2* pistola *f.*
gunboat ('gʌnbout) *s.* canoner *m.* [vaixell].
gunman ('gʌnmən) *s.* pistoler *m.*
gunner ('gʌnəʳ) *s.* MIL. artiller *m.*
gunnery ('gʌnəri) *s.* artilleria *f.*
gunpowder ('gʌnˌpaudəʳ) *s.* pólvora *f.*
gunshot ('gʌnʃɔt) *s.* tret *m.* [d'arma de foc].
gunwale ('gʌnl) *s.* MAR. borda *f.*, regala *f.*
gurgle ('gəːgl) *s.* gloc-gloc *m.*, clapoteig *m.* *2* xerroteig *m.* [de les criatures].
gurgle (to) ('gəːgl) *i.* clapotejar, fer gloc-gloc. *2* xerrotejar [una criatura].
gush (gʌʃ) *s.* raig *m.*, doll *m.* *2* fig. efusió *f.*, efusivitat *f.*
gush (to) (gʌʃ) *i.* rajar, brollar. *2* ser efusiu.
gushing ('gʌʃiŋ) *a.* efusiu.
gust (gʌst) *s.* ràfega *f.*, ratxa *f.* *2* explosió *f.*, rauxa *f.*
gusto ('gʌstou) *s.* gust *m.*, afecció *f.*
gusty ('gʌsti) *a.* borrascós.
gut (gʌt) *s.* ANAT. intestí *m.*, budell *m.* *2* corda *f.*, tripa *f.* [d'un instrument]. *3 pl.* col·loq. pebrots *m.* [valor].
gut (to) (gʌt) *t.* estripar, esbudellar, treure les tripes.
gutter ('gʌtəʳ) *s.* regueró *m.*, escorranc *m.* *2* cuneta *f.* *3* canal *m.*, canaló *m.* *4* rasa *f.*
gutter (to) ('gʌtəʳ) *i.* fondre's *p.*, consumir-se *p.* [una espelma].
guttersnipe ('gʌtəsnaip) *s.* trinxaraire.
guttural ('gʌtərəl) *a.* gutural.
guy (gai) *s.* individu *m.*, paio *m.* *2* mamarratxo *m.* *3* corda *f.*, vent *m.*
guy (to) (gai) *t.* ridiculitzar.
guzzle (to) ('gʌzl) *t.-i.* col·loq. empassar-se *p.*, englotir.
gymnasium (dʒim'neizjəm) *s.* gimnàs *m.*
gymnast ('dʒimnæst) *s.* gimnasta.
gymnastic (dʒim'næstik) *a.* gimnàstic.
gymnastics (dʒim'næstiks) *s.* gimnàstica *f.*
gypsum ('dʒipsəm) *s.* guix *m.*
gypsy ('dʒipsi) *a.-s.* Veure GIPSY.
gyrate (to) (ˌdʒai'reit) *i.* girar, giravoltar.
gyration (ˌdʒai'reiʃən) *s.* gir *m.*, volt *m.*

H, h (eitʃ) *s.* h *f.* [lletra].
haberdashery ('hæbədæʃəri) *s.* articles *m. pl.* de merceria. *2* (EUA) roba *f.* de senyors.
habit ('hæbit) *s.* hàbit *m.*, costum *m.* ‖ ***a bad ~,*** un mal costum. ‖ ***to be in the ~ of,*** tenir costum de. *2* hàbit *m.* [vestit].
habitable ('hæbitəbl) *a.* habitable.
habitation (ˌhæbi'teiʃən) *s.* habitació *f.*, habitatge *m.*
habitual (hə'bitjuəl) *a.* habitual, acostumat. *2* empedreït, inveterat: ***a ~ drunkard,*** un bebedor empedreït.
habituate (to) (hə'bitjueit) *t.-p.* habituar)se (*to,* a).
habitué (hə'bitjuei) *s.* persona *f.* assídua, parroquià.
hack (hæk) *s.* cavall *m.* de lloguer. *2* escriptor a sou. *3* tall *m.*, trau *m.*
hack (to) (hæk) *t.* tallar, trinxar. ▪ *2 i.* ***to ~ at,*** donar cops [de destral, matxet, etc].
hacking ('hækiŋ) *a.* seca [tos]. ‖ ***~ cough,*** tos de gos.
hackney ('hækni) *s.* cavall *m.*, euga *f.* ‖ ***~ carriage,*** cotxe *m.* de lloguer. ▪ *2 a.* ***~ed,*** suat, gastat [en sentit fig.].
hacksaw ('hæksɔ:) *s.* serra *f.* d'arquet [per a tallar metalls].
had (hæd, həd) Veure HAVE (TO).
haddock ('hædək) *s.* ICT. eglefí *m.* ▲ *pl.* invariable.
haft (hɑ:ft) *s.* mànec *m.*, puny *m.*
hag (hæg) *s.* fig. bruixa *f.*, vella *f.*
haggard ('hægəd) *a.* ullerós, macilent, cansat.
haggle (to) ('hægl) *i.* regatejar *t.* *2* discutir *t.-i.*
Hague (heig) *n. pr.* GEOGR. ***the ~,*** La Haia *f.*
hail (heil) *s.* calamarsa *f.*, granissa *f.*, pedra *f.* *2* fig. pluja *f.*: ***a ~ of blows,*** una pluja de cops. *3* salutació *f.*, crit *m.* ▪ *4 interj.* salve!
hail (to) (heil) *i.* pedregar, calamarsejar, granissar. *2* fig. ***to ~ down on,*** ploure sobre. *3* ***to ~ from,*** ser de, venir de. ▪ *4 t.* ploure [also fig.]. *5* saludar, cridar.
hair (hɛəʳ) *s.* cabell *m.*, cabells *m. pl.;* pèl *m.*, pèls *m. pl.* ‖ ***against the ~,*** a contrapèl. ‖ ***to cut one's ~,*** tallar-se els cabells [un mateix]. ‖ ***to have one's ~ cut,*** tallar-se els cabells, fer-se tallar els cabells.
hairbreadth (hɛəbreθ) *s.* fig. pèl *m.; **by a ~,*** pels pèls, per un pèl.
hairbrush ('hɛəbrʌʃ) *s.* raspall *m.* [dels cabells].
haircut ('hɛəkʌt) *s.* tallat *m.* de cabells, pentinat *m.*
hair-do ('hɛədu:) *s.* col·loq. pentinat *m.*
hairdresser ('hɛəˌdresəʳ) *s.* perruquer.
hairdresser's ('hɛəˌdresə:z) *s.* perruqueria *f.*
hairless ('hɛəlis) *a.* sense cabells, calb. *2* sense pèls, pelat.
hairpin ('hɛəpin) *s.* agulla *f.* dels cabells, agulla *f.* de ganxo.
hair-raising ('hɛəˌreiziŋ) *a.* esgarrifós, horripilant.
hairy ('hɛəri) *a.* pelut, pilós, vellós.
hake (heik) *s.* ICT. lluç *m.* ▲ *pl.* invariable.
halberd ('hælbəd) *s.* alabarda *f.*
halberdier (ˌhælbə'diəʳ) *s.* alabarder *m.*
hale (heil) *a.* sa, robust. ‖ ***~ and hearty,*** sa com un roure.
half (hɑ:f) *s.* meitat *f.* mig *m.* ‖ ***better ~,*** meitat *f.* [cònjuge]. ‖ ***to go halves,*** anar a mitges *f.* ‖ ***too clever by ~,*** fer massa el viu. ▲ *pl.* **halves** (hɑ:vz). ▪ *2 a.* mig. ▪ *3 adv.* mig; a mitges: ***~ crying,*** mig plorant.
half-back ('hɑ:fbæk) *s.* defensa *m,* mig *m.* [futbol, etc].
half-breed ('hɑ:fbri:d) *s.* mestís.
half-caste ('hɑ:fkɑ:st) *s.* Veure HALF-BREED.
half-length ('hɑ:fleŋθ) *a.* de mig cos [retrat].

halfpenny ('heipni) *s.* mig penic *m.*
half-time ('hɑ:ftaim) *s.* mitja jornada *f. 2* ESPORT mitja part *f.*
halfway (ˌhɑ:f'wei) *adv.* al mig; a mig camí [també fig.]. ▪ *2 a.* a mig camí.
half-witted ('hɑ:fwitid) *a.* imbècil, babau.
hall (hɔ:l) *s.* vestíbul *m.*, rebedor *m. 2* sala *f. 3* paranimf *m.*, saló *m.* d'actes [de la universitat]. *3* residència *f.* universitària, col·legi *m.* major. *4* ***Town Hall*** o ***City Hall,*** ajuntament *m.*
hallmark ('hɔ:lmɑ:k) *s.* contrast *m.* [segell oficial de garantia]. *2* fig. segell *m.*
hallo (hə'lou) *interj.* Veure HULLO.
halloo (hə'lu:) *interj.* busca!, au! [als gossos]. ▪ *2 s.* crit.
halloo (to) (hə'lu:) *t.* cridar. *2* aquissar, atiar [els gossos].
hallow ('hælou) *s.* ***All H~'s Day,*** dia *m.* de Tots Sants.
hallow (to) ('hælou) *t.* santificar; reverenciar.
Halloween (ˌhælou'wi:n) *s.* vigília *f.* de Tots Sants.
hallucinate (hə'lu:sineit) *i.* al·lucinar *t.*
hallucination (həˌlu:si'neiʃən) *s.* al·lucinació *f.*
halo ('heilou) *s.* ASTR. halo *m. 2* REL. aurèola *f.*, nimbe *m.*, halo *m.*
halogen ('hælədʒən) *s.* QUÍM. halogen *m.*
halt (hɔ:lt) *s.* alto *m.*, parada *f.* ‖ fig. ***to call a ~ (to),*** posar fre (a). *3* FERROC. baixador *m.*
halt (to) (hɔ:lt) *i.* aturar-se *p.*, parar-se *p.*, fer un alto. *2* vacil·lar. ▪ *3 t.* aturar, parar.
halter ('hɔ:ltə[r]) *s.* cabestre *m. 2* dogal *m.*
halting ('hɔ:ltiŋ) *a.* vacil·lant. *2* coix, defectuós [un vers].
halve (to) (hɑ:v) *t.* partir pel mig, dividir en dos. *2* reduir a la meitat.
halves (hɑ:vz) *s. pl.* de HALF.
ham (hæm) *s.* pernil *m.*: ***a slice of ~,*** un tall *m.* de pernil. *2* col·loq. amateur, afeccionat.
hamburger ('hæmbɛ:gə[r]) *s.* hamburguesa *f.*
hamlet ('hæmlit) *s.* llogarret *m.*, poblet *m.*
hammer ('hæmə[r]) *s.* martell *m. 2* ARM. percussor *m. 3* MÚS. martellet *m.*
hammer (to) ('hæmə[r]) *t.* martellejar, donar cops de martell. ‖ ***to ~ a nail,*** clavar un clau. *2* batre [metall]. *3* fig. insistir. *4* ESPORT apallissar, derrotar.
hammock ('hæmək) *s.* hamaca *f. 2* NÀUT. coi *m.*
hamper ('hæmpə[r]) *s.* cistell *m.*, cistella *f.*, panera *f.*: ***a Christmas ~,*** una panera de Nadal.
hamper (to) ('hæmpə[r]) *t.* destorbar, fer nosa, obstaculitzar.
hand (hænd) *s.* mà *f.* ‖ ***at first ~,*** de primera mà. ‖ ***at ~,*** a mà, a prop. ‖ ***by ~,*** a mà. ‖ ***to hold hands,*** agafar-se de les mans. ‖ ***to lend a ~,*** donar un cap de mà, ajudar. ‖ ***hands off!,*** fora les mans!, les mans quietes! ‖ ***hands up!,*** mans enlaire! *2* pam *m. 3* mà d'obra *f.*, operari; tripulant. *4* lletra *f.*, escriptura *f. 5* JOC mà *f.* [de cartes]. *6* ***to be ~ in glove,*** ser carn *f.* i ungla *f.*; ***to get the upper ~,*** tenir avantatge *m.*; ***on ~,*** disponible; ***on the one ~ ... on the other ~,*** per una banda *f.* ... per l'altra banda *f.*; ***second~,*** de segona mà.
hand (to) (hænd) *t.* donar; atansar; passar. ▪ ***to ~ down,*** transmetre, deixar; ***to ~ in,*** lliurar, presentar; ***to ~ out,*** donar, repartir; ***to ~ over,*** lliurar.
handbag ('hændbæg) *s.* bossa *f.* [de mà].
handball ('haendbɔ:l) *s.* handbol *m.*
handbarrow ('hænd:bærou) *s.* carreta *f.*
handbill ('hændbil) *s.* prospecte *m.*, fullet *m.*
handbook ('hændbuk) *s.* guia *f.*, manual *m.*
handbrake ('hændbreik) *s.* fre *m.* de mà.
handcart ('hændkɑ:t) *s.* carretó *m.*
handcuffs ('hændkʌfs) *pl.* manilles *f.*
handful ('hændful) *s.* grapat *m.*
handicap ('hændikæp) *s.* fig. obstacle *m.*, desavantatge *m.*, destorb *m. 2* ESPORT handicap *m.*
handicap (to) ('hændikæp) *t.* perjudicar; destorbar. *2* ESPORT handicapar.
handicapped ('hændikæpt) *a.* MED., PSICOL. disminuït *a.-s.*
handicraft ('hændikrɑ:ft) *s.* artesania *f. 2* habilitat *f.* manual.
handiwork ('hændiwə:k) *s.* obra *f. 2* treball *m.* manual.
handkerchief ('hæŋkətʃif) *s.* mocador *m.*
handle ('hændl) *s.* mànec *m.*; ansa *f.*, nansa *f.*; maneta *f.*; pom *m.*, agafador *m.*
handle (to) ('hændl) *t.* tocar. *2* toquejar, palpejar. *3* manipular. *4* portar, manejar. *5* dirigir, controlar. ▪ *6 i.* apanyar-se *p.*, espavilar-se *p.*
handlebar ('hændlbɑ:) *s.* manillar *m.*
handling ('hændliŋ) *s.* maneig *m.*, manipulació *f.*, tracte *m. 2* govern *m.*, direcció *f.*
hand luggage ('hændˌlʌgidʒ) *s.* equipatge *m.* de mà.
handmade ('hændmeid) *a.* fet a mà.
handout ('hændaut) *s.* fullet *m.*, prospecte *m. 2* comunicat *m.*
handshake ('haendʃeik) *s.* encaixada *f.* [de mans].
handsome ('hændsəm) *a.* bonic, atractiu. *2* generós, liberal.

handwork ('hændwə:k) *s.* treball *m.* manual.
handwriting ('hænd,raitiŋ) *s.* lletra *f.*
handy ('hændi) *a.* destre, hàbil. *2* a mà, proper. *3* pràctic, útil.
handyman ('haendi,mæn) *s.* home *m.* traçut.
hang (hæŋ) *s.* caient *m.* [d'un vestit, etc.]. *2* inclinació *f.*, pendent *m.* *3* col·loq. ***I don't give a ~,*** m'importa un rave *m.*
hangar ('hæŋə[r]) *s.* hangar *m.*
1) hang (to) (hæŋ) *t.* penjar, enforcar [persones]. ▲ Pret. i p. p.: ***hanged*** ('hæŋd).
2) hang (to) (hæŋ) *t.* penjar, suspendre. *2* estendre [la roba]. *3* abaixar [el cap]. *4* posar, enganxar. ■ *5 i.* penjar. *6* dependre, descansar. ■ ***to ~ on,*** agafar-se, aferrar-se ‖ col·loq. ***~ on a minute!,*** espera un moment!; ***to ~ up,*** penjar [el telèfon]. ‖ col·loq. ***to be hung up,*** estar penjat [emocionalment]. ▲ Pret. i p. p.: ***hung*** (hʌŋ).
hanger ('hæŋə[r]) *s.* ganxo *m.*; penjador *m.*, perxa *f.*
hanging ('hæŋiŋ) *a.* suspès. ■ *2 s.* execució *f.* a la forca. *3 pl.* draperia *f.*
hangman ('hæŋmən) *s.* botxí *m.*
hangover ('hæŋouvə[r]) *s.* caparra *f.* [després d'una borratxera].
hang-up ('hæŋʌp) *s.* fig. dificultat *f.*, obstacle *m.* *2* inhibició *f.*, obsessió *f.*
hank (hæŋk) *s.* cabdell *m.*, troca *f.*
hanker (to) ('hæŋkə[r]) *i.* ***to ~ after,*** anhelar, desitjar.
hankering ('hæŋkəriŋ) *s.* desig *m.*, anhel *m.*
haphazard (hæp'hæzəd) *a.* casual, fortuït. ■ *2 s.* casualitat *f.*, atzar *m.* ■ *3 adv.* a l'atzar.
happen (to) ('hæpən) *i.* passar, ocórrer. ‖ ***whatever ~s,*** passi el que passi. *2* ***I ~ed to be there,*** per casualitat jo era allà. *3* ***to ~ on,*** trobar, ensopegar.
happening ('hæpəniŋ) *s.* esdeveniment *m.*, succés *m.* *2* espectacle *m.* improvisat.
happily ('hæpili) *adv.* feliçment, afortunadament.
happiness ('hæpinis) *s.* felicitat *f.* *2* alegria *f.*
happy ('hæpi) *a.* feliç. *2* content, alegre, satisfet. ‖ ***to be ~ to,*** alegrar-se, estar content. *3* ***~-go-lucky,*** despreocupat.
harangue (hə'ræŋ) *s.* arenga *f.*
harangue (to) (hə'ræŋ) *t.* arengar. ■ *2 i.* fer una arenga.
harass (to) ('hærəs) *t.* turmentar. *2* fustigar, encalçar, assetjar.
harbour, (EUA) **harbor** ('hɑ:bə) *s.* MAR. port *m.* *2* fig. abric *m.*, refugi *m.*, recer *m.*
harbour, (EUA) **harbor (to)** ('hɑ:bə[r]) *t.* acollir, hostatjar. *2* protegir, amagar, encobrir. *3* fig. alimentar, acariciar [una idea, etc.]. ■ *4 i.* ancorar en un port.
hard (hɑ:d) *a.* dur. ‖ ***~ of hearing,*** dur d'orella. *2* fort, ferm, massís. ‖ ***~ facts,*** fets indiscutibles. *3* difícil, ardu ‖ ***~ labour,*** treballs forçats. *4* dolent, sever, rigorós. *5* COM. estable [preu]. ■ *6 adv.* durament, rigorosament. *7* fort, molt. *8* ***~ by,*** molt a prop de. *9* ***~ up,*** escurat [de diners].
hard cash (,hɑ:d'kæʃ) *s.* diners *m. pl.* comptants.
hard feelings (,hɑ:d'fi:liŋz) *s.* ressentiment *m.*
harden (to) ('hɑ:dn) *t.* endurir, enfortir [també fig.]. *2* fig. avesar. ■ *3 i.* endurir-se *p.*, enfortir-se *p.* *4* avesar-se *p.*
hardheaded (,hɑ:d'hedid) *a.* pràctic, realista, calculador.
hardhearted (,hɑ:d'hɑ:tid) *a.* insensible, de cor dur.
hardiness ('hɑ:dinis) *s.* força *f.*, vigor *m.* *2* fig. audàcia *f.*, atreviment *m.*
hardly ('hɑ:dli) *adv.* difícilment. *2* a penes, gairebé no. ‖ ***~ anybody,*** gairebé ningú. ‖ ***~ ever,*** gairebé mai. *3* durament.
hardness ('hɑ:dnis) *s.* duresa *f.* *2* dificultat *f.* *3* rigor *m.*, severitat *f.*
hardship ('hɑ:dʃip) *s.* dificultat *f.*, penalitat *f.* *2* sofriment *m.*, desgràcia *f.*
hardware ('hɑ:dwɛə[r]) *s.* ferreteria *f.*, quincalla *f.* ‖ ***~-shop,*** ferreteria *f.* *2* INFORM. hardware *m.*, sistema *f.* físic.
hardy ('hɑ:di) *a.* fort, robust, resistent. *2* fig. valent, audaç.
hare (hɛə[r]) *s.* ZOOL. llebre *f.*
hare-brained ('hɛəbreind) *a.* capfluix. *2* insensat.
harehound ('hɛəhaund) *s.* llebrer *m.*
haricot ('hærikou) *s.* monjeta *f.*
hark (to) (hɑ:k) *i.* escoltar, sentir. ■ *2* interj. escolta!, escolti!
harlot ('hɑ:lət) *s.* meuca *f.*, bagassa *f.*
harm (hɑ:m) *s.* mal *m.*, dany *m.*, perjudici *m.*
harm (to) (hɑ:m) *t.* fer mal, danyar, perjudicar.
harmful ('hɑ:mful) *a.* perjudicial, nociu, dolent.
harmless ('hɑ:mlis) *a.* inofensiu.
harmonic (hɑ:'mɔnik) *a.* MÚS. harmònic. ■ *2 s.* MÚS. harmònic *m.*
harmonica ('hɑ:'mɔnika) *s.* MÚS. harmònica *f.*
harmonious (hɑ:'mounjəs) *s.* harmoniós.
harmonize (to) ('hɑ:mənaiz) *t.* harmonitzar. ■ *2 i.* harmonitzar, concordar.
harmony ('hɑ:məni) *s.* harmonia *f.*
harness ('hɑ:nis) *s.* arnès *m.*, guarniments *m. pl.*, arreus *m. pl.*

harness (to) ('hɑ:nis) *t.* arrear, guarnir [un cavall]. *2* aprofitar [l'energia d'un riu, etc.].
harp (hɑ:p) *s.* MÚS. arpa *f.*
harp (to) (hɑ:p) *i.* tocar l'arpa. *2* fig. ***to ~ on,*** insistir, amaçar.
harpoon (hɑ:'pu:n) *s.* arpó *m.*
harpoon (to) (hɑ:'pu:n) *t.* arponar.
harpsichord ('hɑ:psikɔ:d) *s.* MÚS. clavicordi *m.*
harpy ('hɑ:pi) *s.* harpia *f.* [també fig.].
harrow ('hærou) *s.* AGR. rascle *m.*
harrow (to) ('hærou) *t.* AGR. rasclar. *2* fig. esquinçar, turmentar.
harrowing ('hærouiŋ) *a.* punyent, commovedor.
Harry ('hæri) *n. pr. m.* (dim. ***Henry***) Enric.
harry (to) ('hæri) *t.* soquejar, assolar. *2* empaitar, molestar.
harsh (hɑ:ʃ) *a.* aspre. *2* discordant, cridaner. *3* dur, cruel. ▪ *4* **-ly** *adv.* durament, amb aspresa.
harshness ('hɑ:ʃnis) *s.* aspresa *f.* *2* duresa *f.*, severitat *f.* *3* discordància *f.*
hart (hɑ:t) *s.* ZOOL. cérvol *m.*
harum-scarum ('hɛərəm'skɛərəm) *a.-s.* eixelebrat, cap *m.* de trons.
harvest (hɑ:vist) *s.* collita *f.*, anyada *f.* [també fig.]. ‖ ***~ festival,*** festa *f.* de la collita. *2* sega *f.* *3* verema *f.*
harvest (to) ('hɑ:vist) *t.* collir, recollir, recol·lectar, segar. ▪ *2 i.* fer la collita.
harvester ('hɑ:vistəʳ) *s.* segador. *2* segadora *f.* [màquina].
has (hæz, həz) *3.ª pers. pres. ind.* de HAVE (TO).
hash (hæʃ) *s.* CUI. picada *f.*, xixina *f.* *2* embolic *m.*, garbuix *m.* *3* col·loq. haixix *m.*
hash (to) (hæʃ) *t.* picar, trossejar [carn]. *2* col·loq. embullar, embolicar.
hashish (hæʃi:ʃ) *s.* haixix *m.*
hassle ('hæsl) *s.* col·loq. dificultat *f.*, problema *m.* *2* baralla *f.*, discussió *f.*
hassle (to) *i.* discutir, barallar-se *p.* ▪ *2 t.* empipar, molestar.
haste (heist) *s.* pressa *f.*, rapidesa *f.* ‖ ***to be in ~,*** tenir presa. ‖ ***to make ~,*** afanyar-se *p.*, apressar-se *p.*
hasten (to) (heisn) *t.* donar pressa, accelerar. ▪ *2 i.* afanyar-se *p.*, apressar-se *p.*
hastily ('heistili) *adv.* de pressa, apressadament. *2* precipitadament, a la lleugera.
hasty ('heisti) *a.* precipitat. *2* ràpid, prest. *3* irreflexiu.
hat (hæt) *s.* barret *m.*, (BAL.) capell *m.* *2* fig. ***to keep it under one's ~,*** mantenir-ho en secret; ***to take one's ~ off to,*** treure's el barret, descobrir-se [davant d'alguna cosa].
hatband ('hætbænd) *s.* cinta *f.* de barret.
hatbox ('hætbɔks) *s.* capellera *f.*
hatch (hætʃ) *s.* comporta *f.*, finestreta *f.*, trapa *f.*, portella. *2* niuada *f.*, covada *f.* *3* MAR. escotilla *f.*
hatch (to) (hætʃ) *t.* incubar, covar. *2* fig. idear, ordir. ▪ *3 i.* sortir de l'ou, trencar-se *p.* [l'ou]. *4* fig. madurar.
hatchet ('hætʃit) *s.* destral *f.* ‖ fig. ***to bury the ~,*** fer les paus.
hatchway ('hætʃwei) *s.* MAR. escotilla *f.*
hate (heit) *s.* odi *m.*, aversió *f.*
hate (to) (heit) *t.* odiar, detestar. *2* sentir, lamentar.
hateful ('heitful) *a.* odiós, detestable.
hatred ('heitrid) *s.* odi *m.*, aversió *f.*, repugnància *f.*
hatter ('hætəʳ) *s.* barreter, barretaire. ‖ fig. ***mad as a ~,*** boig com una cabra, boig rematat.
haughtiness ('hɔ:tinis) *s.* arrogància *f.*, altivesa *f.*
haughty ('hɔ:ti) *a.* altiu, arrogant. ▪ *2* **haughtily,** *adv.* altivament, amb arrogància.
haul (hɔ:l) *s.* estirada *f.*, estrebada *f.* *2* trajecte, recorregut. *3* botí *m.* *3* xarxada *f.*, pescada *f.*
haul (to) (hɔ:l) *t.-i.* arrossegar, estirar. *2* transportar, corretejar. *3* ***to ~ down,*** arriar. *4* ***to ~ somebody over the coals,*** renyar, clavar un esbronc.
haulage ('hɔ:lidʒ) *s.* transport *m.*, carreteig *m.*
haunch (hɔ:ntʃ) *s.* anca *f.*, cuixa *f.* ‖ ***to sit on one's ~es,*** asseure's a la gatzoneta. *2* CUI. cuixa *f.*
haunt (hɔ:nt) *s.* lloc *m.* freqüentat. *2* cau *m.*, amagatell *m.*
haunt (to) (hɔ:nt) *t.* freqüentar, rondar. *2* turmentar, obsessionar [una idea, etc.].
haunted ('hɔ:ntid) *a.* obsessionat. *2* ***~ house,*** casa encantada.
Havana (hə'vænə) *n. pr.* GEOGR. L'Havana *f.* ‖ ***~ cigar,*** havà *m.*
have (to) (hæv o həv) *aux.* haver. *2* ***I had rather go home,*** preferiria anar a casa; ***we had better do it,*** més val que ho fem. ▪ *3 t.* tenir, posseir. *4* saber, tenir coneixements: ***he has no latin,*** no sap llatí. *5* prendre, agafar. *6* beure, menjar. *7* rebre, acceptar, obtenir. *8* permetre, consentir. *9* fer que, fer fer. *10* passar. *11* trobar. *12* dir [un rumor, etc.]. ▪ ***to ~ against,*** tenir en contra; ***to ~ on,*** portar, vestir. ‖ col·loq. ***to ~ somebody on,*** enredar; ***to ~ to,*** haver de. ‖ ***to ~ a mind to,*** estar temptat de. ‖ ***to ~ to do with,*** tenir a veure amb. ▲ 3.ª pers. pres. ind.: ***has*** (hæz, həz); pret. i p. p.: ***had*** (hæd, həd).

haven ('heivn) *s.* MAR. port *m. 2* fig. refugi *m.*, recer *m.*

haversack ('hævəsæk) *s.* motxilla *f.*

havoc ('hævək) *s.* destrucció *f.*, estralls *m. pl.* || ***to play ~ with,*** fer estralls.

hawk (hɔ:k) *s.* ORN. falcó *m.*

hawk (to) (hɔ:k) *t.* vendre a domicili o pel carrer. *2* ESPORT caçar amb falcó. ▪ *3 i.* escurar-se *p.* el coll.

hawker ('hɔ:kəʳ) *s.* falconer. *2* venedor ambulant, quincallaire.

hay (hei) *s.* palla *f.*, fenc *m.* || fig. ***to make ~ while the sun shines,*** aprofitar l'ocassió, fer l'agost.

hay fever ('heiˌfi:vəʳ) *s.* MED. febre *f.* del fenc.

hayloft ('heilɔft) *s.* AGR. pallissa *f.*, herbera *f.*

hayrick ('heirik) , **haystack** (-stæk) *s.* paller *m.*, pallera *f.* || ***to look for a needle in a ~,*** cercar una agulla en un paller.

haywire ('heiwaiəʳ) *a.* col·loq. desorganitzat, desordenat. *2* fet malbé. *3* boig. || ***to go ~,*** fer-se malbé; desorganitzar-se; tornar-se boig. ▪ *4 s.* filferro *m.* per lligar pallers.

hazard ('hæzəd) *s.* risc *m.*, perill *m. 2* atzar *m. 3* ***~ lights,*** llums *f.* d'avaria *f.*

hazard (to) ('hæzəd) *t.* arriscar, posar en perill. *2* aventurar.

hazardous ('hæzədəs) *a.* arriscat, perillós. *2* aventurat.

haze (heiz) *s.* boirina *f.*, boirim *m. 2* fig. confusió *f.*, incertitud *f.*

hazel ('heizl) *s.* avellaner *m.* ▪ *2 a.* de color avellana.

hazelnut ('heizlnʌt) *s.* avellana *f.*

hazy ('heizi) *a.* boirós, bromós. *2* fig. vague, confús.

H-bomb ('eitʃbɔm) *s.* bomba *f.* d'hidrogen.

he (hi:) *pron. pers.* ell. *2 pron. indef.* el, aquell. ▪ *3 a.* mascle: ***~-bear,*** ós *m.* [mascle].

head (hed) *s.* cap *m.* || ***~ of hair,*** cabellera *f.* || ***~ over heels,*** de cap a peus, de cap a cap. *2* seny *m.*, intel·ligència *f.* || ***to keep one's ~,*** no perdre el cap. *3* cara *f.* [d'una moneda]: ***~s or tails,*** cara *f. sing.* o creu. *4* capçalera *f.*, capçal *m. 5* cim *m.;* cimal *m.* [d'un arbre]. *6* puny *m.* [de bastó]. *7* títol *m.*, encapçalament *m. 8* promontori *m.*, punta *f. 9* capça *f.*, cabdell *m.* [de col, etc.]. *10* escuma *f.* [d'un líquid], crema *f.* [de la llet]. *11* crisi *f.* || ***to come to a ~,*** arribar a un moment *m.* crític. *12* cap, encarregat, director. *13* NÀUT. proa *f.*

head (to) (hed) *t.* encapçalar, dirigir. *2* anar al davant. *3* donar un cop de cap [a la pilota]. *4* fig. ***to ~ off,*** evitar. ▪ *4 i.* anar, dirigir-se *p.*

headache ('hedeik) *s.* mal *m.* de cap.

heading ('hediŋ) *s.* títol *m.*, encapçalament *m.*, capçalera *f.*

headland ('hedlənd) *s.* GEOGR. promontori *m.*, punta *f.*

headlight ('hedlait) *s.* far *m.*, llum *m.* [de vehicle].

headline ('hedlain) *s.* titular *m.* [de diari]. *2* títol *m. 3 pl.* resum *m. sing.* de les notícies.

headlong ('hedlɔŋ) *a.* precipitat, impetuós. *2* de cap [caure].

headmaster (ˌhed'mɑ:ster) *s.* director [d'un col·legi].

headmistress (ˌhed'mistris) *s.* directora *f.* [d'un col·legi].

headquarters (ˌhed'kwɔ:təz) *s.* MIL. quarter *m.* general. *2* prefectura *f.* de policia. *3* seu *f.*, direcció *f.*, centre *m.* [d'una entitat, etc.].

headstrong ('hedstrɔŋ) *a.* obstinat, tossut.

heal (to) (hi:l) *t.* guarir, curar. ▪ *2 i.* guarir, sanar.

health (helθ) *s.* salut *f. 2* sanitat *f.*

healthy ('helθi) *a.* sa, bo. *2* saludable.

heap (hi:p) *s.* munt *m.*, pila *f.*, pilot *m.*, (ROSS.) petadissa *f.*

heap (to) (hi:p) *t.* apilonar, amuntegar. *2* omplir, curullar.

hear (to) (hiəʳ) *t.* sentir. *2* escoltar. *3* sentir a dir. ▪ *4 i.* ***to ~ about,*** saber *t.*, assabentar-se *p.*, sentir parlar de. || ***I won't ~ of it,*** no en vull sentir parlar. *5* ***to ~ from,*** tenir notícies de, rebre una carta de. *6* ***to ~ out,*** escoltar fins el final. *7* ***Hear! Hear!,*** molt bé! ▲ Pret. i p. p.: ***heard*** (hə:d).

heard (hə:d) Veure HEAR (TO).

hearer ('hiərəʳ) *s.* oient.

hearing ('hiəriŋ) *s.* oïda *f.*, orella *f.* [sentit]. || ***~ aid,*** audífon *m.*, aparell *m.* de sordera. || ***hard of ~,*** dur d'orella. || ***to be out of ~,*** no poder sentir, fora de l'abast de l'orella. || ***to be within ~,*** a l'abast de l'orella. *2* DRET audiència.

hearsay ('hiəsei) *s.* rumor *m.* || ***from ~,*** de nom, d'haver-ho sentit.

hearse (hə:s) *s.* cotxe *m.* funerari.

heart (hɑ:t) *s.* cor *m.* [també fig.]. || ***~ and soul,*** en cos i ànima. || ***to lose ~,*** desanimar-se. || ***to take to ~,*** prendre's a la valenta. || ***at ~,*** en el fons. || ***by ~,*** de memòria *f.*, de cor. || ***to one's ~'s content,*** a cor què vols. || ***to wear one's ~ on one's sleeve,*** anar amb el cor a la mà. *2* cor *m.*, moll *m.* [d'una fruita, etc.]. *3* centre *m. 4* cors *m. pl.* [de la baralla].

heartache ('hɑ:teik) *s.* aflicció *f.*, pena *f.*, angoixa *f.*
heart attack ('hɑ:tətæk) *s.* atac *m.* de cor.
heartbeat ('hɑ:tbi:t) *s.* batec *m.* [del cor].
heartbreak ('hɑ:tbreik) *s.* pena *f.*, angoixa *f.*
hearten (to) ('hɑ:tn) *t.* animar, encoratjar.
heart failure ('hɑ:tˌfeiljəʳ) *s.* fallida *f.* cardíaca.
heartfelt ('hɑ:tfelt) *a.* sincer, cordial.
hearth (hɑ:θ) *s.* llar *f.*, xemeneia *f.*
heartless ('hɑ:tlis) *a.* despietat, cruel.
heart-rending ('hɑ:tˌrendiŋ) *a.* punyent, angoixós, penós.
hearty ('hɑ:ti) *a.* cordial, sincer. *2* sa, robust. *3* gran, abundant.
heat (hi:t) *s.* calor *f.*, calda *f.* *2* fig. passió *f.*, vehemència *f.*, ardor *f.* *3* ZOOL. zel *m.*: ***in*** o ***on*** **~,** en zel.
heat (to) (hi:t) *t.* escalfar, acalorar [també fig.]. ▪ *2 i.* escalfar-se *p.*, acalorar-se *p.* [també fig.].
heat barrier ('hi:tˌbæriəʳ) *s.* barrera *f.* tèrmica.
heater ('hi:təʳ) *s.* escalfador *m.*
heathen ('hi:ðən) *a.-s.* pagà. *2* fig. bàrbar, salvatge.
heather ('heðeʳ) *s.* BOT. bruc *m.*
heating ('hi:tiŋ) *s.* calefacció *f.* ‖ ***central ~,*** calefacció central.
heatstroke ('hi:tstrouk) *s.* MED. insolació *f.*
heatwave ('hi:tweiv) *s.* onada *f.* de calor.
heave (hi:v) *s.* esforç *m.* [per aixecar]. *2* moviment *m.*, agitació *f.* *3* esbufec *m.* *4* palpitació *f.*
heave (to) (hi:v) *t.* aixecar, estirar, empènyer. *2* exhalar [un sospir, etc.]. *3* inflar [el pit]. ▪ *4 i.* pujar i baixar regularment. *5* esbufegar. *6* bategar. ▲ Pret. i p. p.: ***heaved*** (hi:vd) o ***hove*** (houv).
heaven ('hevn) *s.* cel *m.*, glòria *f.*, paradís *m.* ‖ ***~ knows!,*** Déu ho sap! ‖ ***for ~s sake!,*** per l'amor de Déu! ‖ ***thank ~!,*** gràcies a Déu! *2* cel *m.*, firmament *m.*
heavenly ('hevnli) *a.* celestial, diví. *2* ASTR. celest: ***~ body,*** cos celest.
heaven-sent (ˌhevn'sent) *a.* fig. providencial.
heavily ('hevili) *adv.* pesadament. *2* molt, profundament. *3* amb dificultat. *4* durament, amb força.
heaviness ('hevinis) *s.* pesadesa *f.* *2* letargia *f.*, abaltiment *m.* *3* força *f.*, pes *m.*
heavy ('hevi) *a.* pesat. *2* opressiu, sever. *3* fort, violent. *4* profund, intens. *5* ensopit, abaltit. *6* aclaparat, oprimit. *7* espès, atapeït. *8* tapat, fosc. ▪ *9 adv.* pesadament.
heavy-duty (ˌhevi'dju:ti) *a.* resistent, d'alta resistència.
heavy-handed (ˌhevi'hændid) *a.* maldestre.
heavyweight ('heviweit) *s.* pes *m.* pesat.
Hebrew ('hi:bru) *a.-s.* hebreu. *2 s.* hebreu *m.* [llengua].
heckle (to) ('hekl) *t.* interrogar, interrompre, interpel·lar.
hectare ('hektɑ:ʳ) *s.* hectàrea *f.*
hectic ('hektik) *a.-s.* MED. hèctic, tísic. *2 a.* febril, agitat.
hedge (hedʒd) *s.* tanca *f.*, clos *m.*, closa *f.*
hedge (to) (hedʒ) *t.* tancar, envoltar, encerclar [amb una tanca, etc.]. *2* fig. protegir; posar obstacles. ▪ *3 i.* contestar amb evasives. *4* AVIA. ***to ~ hop,*** volar baix.
hedgehog ('hedʒhɔg) *s.* ZOOL. eriçó *m.*
heed (hi:d) *s.* atenció *f.*, cas *m.*
heed (to) (hi:d) *t.* fer atenció, fer cas. *2* notar.
heedful ('hi:dful) *a.* cautelós, prudent, caut.
heedless ('hi:dlis) *a.* despreocupat, imprudent.
heehaw ('hi:hɔ:) *s.* bram *m.* *2* fig. riallada *f.*
heel (hi:l) *s.* taló *m.* ‖ ***Achille's ~,*** taló *m.* d'Aquil·les. ‖ ***to take to one's ~s,*** fugir, escapar-se.
heel (to) (hi:l) *t.* posar talons [a les sabates]. *2* ESPORT xutar amb el taló. *3* MAR. fer escorar. ▪ *4 i.* estalonar *t.* *5* MAR. escorar.
hefty ('hefti) *s.* massís, corpulent.
hegemony ('hi:'geməni) *s.* hegemonia *f.*
heifer ('hefəʳ) *s.* vedella *f.*
height (hait) *s.* alçada *f.*, alçària. *2* altitud *f.*, altura *f.* *3* estatura *f.* *4* cim *m.*, puig *m.* *4* fig. extrem *m.*, súmmum *m.*
heighten (to) ('haitn) *t.* aixecar, alçar. *2* augmentar, acréixer. *3* intensificar, realçar. ▪ *4 i.* elevar-se *p.* *5* créixer, augmentar. *6* intensificar-se *p.*
heinous ('heinəs) *a.* odiós, atroç.
heir (ɛəʳ) *s.* hereu *m.* ‖ DRET. ***~ apparent,*** hereu forçós.
heiress ('ɛəris) *s.* hereva *f.*
heirloom (ɛəlu:m) *s.* relíquia *f.* familiar. *2* fig. herència *f.*
held (held) Veure HOLD (TO).
Helen ('helən) *n. pr. f.* Helena, Elena.
helicopter ('helikɔptəʳ) *s.* AERON. helicòpter *m.*
heliport ('helipɔ:t) *s.* AERON. heliport *m.*
helix ('hi:liks) *s.* hèlix *f.*, hèlice *f.* ▲ *pl.* ***helices*** ('hi:lisi:z).
he'll (hi:l) contr. de HE SHALL i HE WILL.
hell (hel) *s.* infern *m.* ‖ fig. ***a ~ of a,*** infernal, fatal; fantàstic. ‖ fig. ***for the ~ of it,*** perquè sí. ‖ fig. ***to go through ~,*** passar-ho molt malament.
hello (hə'lou) *interj.* Veure HULLO.
helm (helm) *s.* MAR. timó *m.* [també fig.].

helmet ('helmit) *s.* casc *m.* *2* carota.
helmsman ('helmzmən) *s.* timoner *m.*
help (help) *s.* ajuda *f.*, ajut *m.*, auxili *m.*: ***help!*** auxili!, ajut! *2* remei *m.*: ***there is no ~ for it,*** no hi ha remei, no té remei. *3* dona *f.* de fer feines.
help (to) (help) *t.* ajudar, auxiliar, socórrer. *2* facilitar, fomentar. *3* evitar: ***I can't ~ crying,*** no puc evitar de plorar. *3* servir [menjar, etc.].
helper ('helpəʳ) *s.* ajudant, auxiliar, assistent, col·laborador.
helpful ('helpful) *a.* útil, profitós. *2* amable, servicial.
helping ('helpiŋ) *a.* ***to lend someone a ~ hand,*** donar un cop de mà. ▪ *2 s.* ració *f.*, porció *f.* [de menjar].
helpless ('helplis) *a.* desvalgut, indefens. *2* incapaç, inútil, inepte. *3* impotent, dèbil. ▪ *4* **-ly** *adv.* en va, inútilment. *5* sense esperança.
helplessness ('helplisnis) *s.* desemparança *f.* *2* impotència *f.* *3* incapacitat *f.*
helpmate ('helpmeit) , **helpmeet** ('helpmi:t) bon company. *2* marit *m.*; muller *f.*
helter-skelter (ˌheltə'skeltəʳ) *a.* atrafegat. ▪ *2 adv.* a corre cuita, precipitadament. ▪ *3 s.* desori *m.*, aldarull *m.* *4* desbandada *f.*
hem (hem) *s.* COST. vora *f.* ‖ ***to lower*** o ***raise the ~,*** escurçar o allargar [una peça de roba]. *2* voraviu *m.*, orla *f.*
hem (to) (hem) *t.* COST. fer la vora. *2* envoltar, encerclar.
hemline ('hemlain) *s.* repunt *m.*
hemp (hemp) *s.* cànem *m.* ‖ ***Indian ~,*** haixix *m.*; marihuana *f.*
hen (hen) *s.* ORN. gallina *f.* *2* femella *f.* d'au.
hence (hens) *adv.* des d'aquí, d'aquí. *2* des d'ara, d'aquí a. *3* per això.
henceforth (ˌhens'fɔ:θ) *adv.* d'ara en endavant.
henchman ('hentʃmən) *s.* sequaç (EUA), partidari. *2* home *m.* de confiança.
hen-coop ('henku:p) *s.* galliner *m.*
hen-house ('henhaus) *s.* Veure HEN-COOP.
hen party ('henpɑ:ti) *s.* col·loq. festa *f.* o reunió *f.* de dones.
henpecked ('henpekt) *a.* ***~ husband,*** calçasses *m.*
Henry ('henri) *n. pr. m.* Enric.
her (hə:ʳ, ə:ʳ, həʳ, əʳ) *pron. f.* (acusatiu o datiu) la, li. *2* (amb prep.) ella. ▪ *3 a. poss. f.* el seu, la seva, els seus, les seves.
herald ('herəld) *s.* herald *m.* *2* fig. capdavanter, precursor.
herald (to) ('herəld) *t.* anunciar.
heraldry ('herəldri) *s.* heràldica *f.*
herb (hə:b) *s.* herba *f.* *2 pl.* CUI. herbes *f.* fines.
herbalist ('hə:bəlist) *s.* herbolari.
Herbert ('hə:bət) *n. pr. m.* Heribert.
herbivore (hə:bivɔ:) *s.* ZOOL. herbívor *m.*
herbivorous (hə:'bivərəs) *a.* herbívor.
herd (hə:d) *s.* ramat *m.*, ramada *f.* [també fig.].
herd (to) (hə:d) *t.* arramadar, aplegar. ▪ *2 i.* arramadar-se *p.*, aplegar-se *p.*
herdsman ('hqp:dzmən) *s.* pastor *m.*
here (hiəʳ) *adv.* aquí, (VAL.) ací. ‖ ***~ it is,*** mi(ra)-te'l. ‖ col·loq. ***neither ~ nor there,*** no ve al cas.
hereabouts ('hiərəˌbauts) *adv.* per aquí a prop.
hereafter (hiər'ɑ:ftəʳ) *adv.* d'ara en endavant, en el futur. *2* seguidament, a continuació. ▪ *3 s.* l'altra vida *f.*, l'altre món *m.* *4* futur *m.*, esdevenidor *m.*
hereby (hiə'bai) *adv.* amb aquests mitjans. *2* amb aquesta carta.
heredity (hi'rediti) *s.* herència *f.*
hereditary (hi'rəditəri) *a.* hereditari.
heresy ('herəsi) *s.* heretgia *f.*
heretic ('herətik) *s.* heretge.
heritage ('heritidʒ) *s.* herència *f.*, heretatge *m.* *2* fig. patrimoni *m.*
hermetic(al (hə:'metik, -əl) *a.* hermètic.
hermit ('hə:mit) *s.* eremita, ermità.
hermitage ('hə:mitidʒ) *s.* ermita *f.*
hero ('hiərou) *s.* heroi *m.* *2* personatge *m.* principal, protagonista *m.* [masculí].
heroic(al (hi'rouik, -əl) *a.* heroic. ‖ ***~ verse,*** decasíl·lab. *2 pl.* grandiloqüència *f. sing.*
heroin ('herouin) *s.* heroïna *f.* [estupefaent].
heroine ('herouin) *f.* heroïna *f.* *2* personatge *m.* principal, protagonista *f.* [femenina].
heroism ('herouizəm) *s.* heroisme *m.*
heron ('herə) *s.* ORN. bernat *m.* pescaire.
herring ('heriŋ) *s.* ICT. areng *m.* *2* CUI. arengada *f.* ‖ ***smoked ~,*** arengada fumada. *3* fig. ***red-~,*** pista *f.* falsa.
herringbone ('heriŋboun) *a.* d'espiga [disseny].
hers (hə:z) *pron. poss. f.* el seu, la seva, els seus, les seves.
herself (hə:'self) *pron. pers. f.* d'ella, d'ella mateixa, es. *2* ella, ella mateixa. *3* ella sola [sense ajut].
he's (hi:z) contr. de HE IS i HE HAS.
hesitate (to) ('heziteit) *i.* dubtar, titubejar, (ROSS.) hesitar.
hesitation (ˌhezi'teiʃən) *s.* vacil·lació *f.*, dubte *m.*, titubeig *m.*
heterodox ('hetərədɔks) *a.* heterodox.
heterogeneous (ˌhetərə'dʒi:njəs) *a.* heterogeni.
hew (to) (hju:) *t.* tallar. *2* talar. *3* cisellar. ▲

Pret.: ***hewed*** (hju:d); p. p.: ***hewn*** (hju:n) o ***hewed*** (hju:d).
hexagon ('heksəgən) *s.* hexàgon *m.*
hexagonal (hek'sægənl) *a.* hexagonal.
hey (hei) *interj.* eh!, escolta!, escolti!, ep!, ei!
heyday ('heidei) *s.* fig. apogeu *m.*
hi (hai) *interj.* hola!, ei!
hiccough, hiccup ('hikʌp) *s.* singlot *m.*
hiccough, hiccup (to) ('hikʌp) *i.* singlotar, tenir singlot.
hid (hid) Veure HIDE (TO).
hidden ('hidn) *a.* amagat. *2* fig. ocult, secret. ■ *3 p. p.* de HIDE (TO).
hide (haid) *s.* pell *f.*, cuiro *m.*
hide (to) (haid) *t.* amagar, ocultar, tapar; encobrir. ■ *2 i.* amagar-se *p.*, ocultar-se *p.* *3* emparar-se *p.* ▲ Pret.: ***hid*** (hid); p. p.: ***hidden*** ('hidn) o ***hid.***
hide-and-seek ('haid ənd 'si:k) *s.* acuit *m.* i amagar [joc].
hideaway ('haidəwei), **hideout** ('haidaut) *s.* col·loq. amagatall *m.*
hideous ('hidiəs) *a.* espantós, horrible. *2* terrible, monstruós.
hiding ('haidiŋ) *s.* ocultació *f.* *2* DRET encobriment *m.* *3* col·loq. pallissa *f.*, llenya *f.*
hiding place ('haidiŋpleis) *s.* amagatall *m.*, refugi *m.*
hierarchy ('haiərɑ:ki) *s.* jerarquia *f.*
hieroglyph ('haiərəglif) *s.* jeroglífic *m.*
hi-fi ('hai,fai) *s.* (abrev. *high-fidelity*) alta fidelitat *f.*
high (hai) *a.* alt [cosa]. ‖ ~ ***seas,*** alta mar; ~ ***water,*** marea alta. *2* elevat. *3* il·lustre, noble. *4* altiu, altívol. *5* fort. *6* agut. *7* suprem. *8* car [preu]. *9* major [altar, missa]; gran [carrer]. *10* grossa [mar]. ■ *11 adv.* alt, enlaire. *12* ~ ***and low,*** per tot arreu. *13* **-ly,** *adv.* altament; fort; molt. ■ *14 s.* altura *f.*; extrem *m.* *15* (EUA) col·loq. rècord *m.*
high-born ('haibɔ:n) *a.* noble, aristòcrata.
highbrow ('haibrau) *a.-s.* intel·lectual.
high-class (,hai'klæs) *a.* de categoria. *2* de primera classe.
high-flown ('haifloun) *a.* altisonant, ampul·lós, pretensiós.
high-flying (,hai'flaiiŋ) *a.* ambiciós.
high-handed (,hai'hændid) *a.* arbitrari, despòtic, tirànic.
highland ('hailənd) *s.* terres *f. pl.* altes.
high-minded (,hai'maindid) *a.* noble, generós, magnànim.
highness ('hainis) *s.* altesa *f.*
highway ('haiwei) *s.* carretera *f.* *2* (EUA) autopista *f.* *3* fig. via *f.* directa.
highwayman ('haiweimən) *s.* saltejador *m.*, bandoler *m.* ▲ *pl.* ***highwaymen.***
hike ('haik) *s.* col·loq. excursió *f.*, caminada *f.* ‖ ***to go on a*** ~, anar d'excursió, fer una caminada.
hiker ('haikə[r]) *s.* excursionista.
hilarious (hi'lɛəriəs) *a.* alegre, divertit.
hill (hill) *s.* pujol *m.*, puig *m.*, turó *m.*, tossal *m.* *2* pendent *m.*, costa *f.*
hillock ('hilək) *s.* monticle *m.*, altell *m.*
hillside ('hilsaid) *s.* vessant *m.*
hilly ('hili) *a.* muntanyós.
hilt (hilt) *s.* empunyadura *f.*, puny *m.* *2* ***(up) to the*** ~, fins el fons, totalment.
him (him, im) *pron. m.* (acusatiu) el; (datiu) li. *2* (amb preposició) ell: ***to*** ~, a ell.
himself (him'self) *pron. pers. m.* ell, ell mateix, si mateix, se: ***he did it*** ~, ho va fer ell sol o ell mateix.
hind (haind) *a.* posterior, del darrera. ■ *2 s.* cérvola *f.*
hinder (to) ('hində[r]) *t.* obstaculitzar, destorbar, impedir.
hindrance ('hindrəns) *s.* destorb *m.*, obstacle *m.*, impediment.
hinge (hindʒ) *s.* frontissa *f.*, xarnera *f.* *2* fig. eix *m.*
hinge (to) (hindʒ) *t.* engolfar, posar xarneres. ■ *2 i.* ***to*** ~ ***on*** o ***upon,*** dependre de.
hint (hint) *s.* insinuació *f.*, suggeriment *m.*, indirecta *f.*, indicació *f.*
hint (to) (hint) *t.* indicar, suggerir, insinuar. ■ *2 i.* ***to*** ~ ***at,*** al·ludir a, fer al·lusió a.
hinterland ('hintəlænd) *s.* interior *m.* [d'un país].
hip (hip) *s.* maluc *m.*
hire (to) ('haiə[r]) *t.* llogar, arrendar.
hire ('haiə[r]) *s.* lloguer *m.*
his (hiz, iz) *a.-pron. poss. m.* el seu, la seva, els seus, les seves [d'ell].
hiss (his) *s.* xiuxiueig *m.* *2* xiulada *f.*
hiss (to) (his) *i.-t.* xiuxiuejar, xiular.
historian (his'tɔ:riən) *s.* historiador.
historic (his'tɔrik) *a.* històric.
historical (his'tɔrikəl) *a.* històric.
history ('histri) *s.* història *f.*
hit (hit) *s.* cop *m.*, (VAL.) colp *m.* *2* èxit *m.*, sensació *f.* ‖ ~ ***parade,*** llista *f.* d'èxits.
hit (to) (hit) *t.* pegar, copejar, donar cops a, ferir; encertar. ‖ ***to*** ~ ***the mark,*** fer blanc, encertar en el blanc. ‖ ***to*** ~ ***the nail on the head,*** encertar-la. ■ *2 i.* atacar *t.* *2* ensopegar amb, pensar en. ▲ Pret. i p. p.: ***hit*** (hit).
hitch (hitʃ) *s.* obstacle *m.*, entrebanc *m.*, dificultat *m.* *2* estrebada *f.*, sacsejada *f.*, sotrac *m.*
hitch (to) (hitʃ) *t.* pujar-se *p.* [els pantalons, etc.]. *2* lligar, enganxar. ■ *3 i.* lligar-se *p.*, enganxar-se *p.*
hitch-hike (to) ('hitʃhaik) *i.* fer autostop.

hitch-hiking ('hitʃhaikiŋ) *s.* autostop *m.*

hither ('hiðəʳ) *adv.* ant. aquí, cap aquí: ~ ***and thither,*** aquí i allà.

hitherto (ˌhiðə'tu:) *adv.* fins aquí, fins ara.

hive (haiv) *s.* rusc *m.;* arna *f.*, buc *m. 2* fig. formiguer *m.*

H.M.S. ('eitʃem'es) *s. (His/Her Majesty's Service)* servei *m.* de Sa Majestat (govern, exèrcit). *2 (His/Her Majesty's Ship)* vaixell *m.* de guerra britànic.

hoard (hɔ:d) *s.* tresor *m.*, acumulació *f.*, dipòsit *m.*

hoard (to) (hɔ:d) *t.* acumular, guardar, tresorejar, atresorar.

hoarding ('hɔ:diŋ) *s.* tresorejament *m. 2* tanca *f.* de construcció. *3* taula *f.* d'anuncis, llista *f.* d'espectacles.

hoarfrost ('hɔ:frɔst) *s.* gebre *m.*

hoarse (hɔ:s) *a.* ronc, aspre.

hoary ('hɔ:ri) *a.* canut, canós. *2* fig. vell.

hoax (houks) *s.* broma *f.*, jugada *f.*, parany *m.*

hoax (to) (houks) *t.* enganyar, enredar.

hobble ('hɔbl) *s.* coixesa *f. 2* trava *f.* [també fig.].

hobble (to) ('hɔbl) *i.* coixeijar. ▪ *2 t.* travar, posar traves [també fig.].

hobble skirt ('hɔblskə:t) *s.* faldilla *f.* de tub.

hobby ('hɔbi) *s.* entreteniment *m.*, passatemps *m.*

hobgoblin ('hɔbˌgɔblin) *s.* follet *m.* [dolent].

hockey ('hɔki) *s.* ESPORT hoquei *m.*

hoe (hou) *s.* aixada *f.*, aixadella *f.*, aixadell *m.*

hoe (to) (hou) *t.* treballar amb l'aixada.

hog (hɔg) *s.* porc *m.*, marrà *m.*

hogshead ('hɔgzhed) *s.* bocoi *m. 2* mesura aprox. equivalent a 240 litres.

hoist (hɔist) *s.* grua *f.*, muntacàrregues *m. 2* col·loq. empenta *f.* [cap amunt].

hoist (to) (hɔist) *t.* pujar, alçar, aixecar. *2* hissar, enarborar.

hold (hould) *s.* presa *f.*, agafada *f. 2* agafador *m.*, agafall *m.*, sostenidor *m.;* suport *m. 3* refugi *m.*, fortalesa *f. 4* receptacle *m. 5* fig. domini *m.*, influència *f.*, poder *m. 6* AVIA. cabina *f.* de càrrega *f. 7* ESPORT clau *f.* [de lluita]. *8* MAR. bodega *f. 9* ***to take*** o ***lay ~ of,*** agafar, apoderar-se *p.* de.

hold (to) (hould) *t.* tenir, posseir. *2* agafar, (ROSS.) hajar, subjectar. *3* aguantar, suportar, sostenir. *4* sostenir, defensar. *5* detenir, aturar. *6* ocupar, absorbir. *7* tenir capacitat per a. *8* celebrar [una reunió, etc.]; mantenir, tenir [una conversa]. *9* considerar, tenir por. *10* ***to ~ good,*** valer o servir per a. ▪ *11 i.* agafar-se *p. 12* mantenir-se *p.*, sostenir-se *p. 13* valer, estar o seguir en vigor. *13* durar, continuar. ▪ ***to ~ back,*** vacil·lar, contenir(se, refrenar; ***to ~ down,*** subjectar, aguantar; oprimir; ***to ~ forth,*** predicar, perorar; presentar, oferir; ***to ~ in,*** contenir(se; ***to ~ out,*** resistir, allargar, durar; ***to ~ over,*** ajornar, diferir; ***to ~ up,*** retardar, retenir; sostenir, aixecar; presentar, mostrar; atracar; ***to ~ with,*** estar d'acord amb. ▲ Pret. i p. p.: ***held*** (held).

holdall ('houldɔ:l) *s.* bossa *f.* de viatge; maleta *f.*

holder ('houldəʳ) *s.* tenidor, posseïdor. ‖ ESPORT ***record-~,*** posseïdor d'un rècord. *2* mànec *m.*, agafador *m.* ‖ ***cigarette-~,*** broquet *m. 3* titular. *4* FOT. xassís *m.*

holding ('houldiŋ) *s.* possessió *f.* [esp. de terra].

hold-up ('houldʌp) *s.* atracament *m.* a mà armada. *2* interrupció *f.* [de serveis]. *3* embussament *m.* [de trànsit].

hole (houl) *s.* forat *m.*, esvoranc *m. 2* buit *m.*, clot *m.*, fossa *f.*, sot *m. 3* cova *f.*, cau *m. 4* defecte *m. 4* col·loq. destret *m. 5* fig. cofurna *f.*

hole (to) (hoult) *t.* foradar, perforar. *2* ESPORT ficar en el forat [golf]. ▪ *3 i.* ***to ~ out,*** ficar la pilota al forat [golf]. *4* col·loq. ***to ~ up,*** amagar-se *p.*, encofurnar-se.

holiday ('hɔlədi, -lid-, -dei) *s.* festa *f.*, dia *m.* de festa, festivitat *f. 2 pl.* vacances *f.*, vacacions *f.* ▪ *3 a.* festiu.

holiness ('houlinis) *s.* santedat *f.*

hollow ('hɔlou) *a.* buit [també fig.]. *2* enfonsat [ulls, galtes]. *3* fals, poc sincer. ▪ *4 s.* buit *m.*, clot *m. 5* fondalada *f.*, vall *f.*

holly ('hɔli) *s.* BOT. grèvol *m.*

holm-oak ('houmouk) *s.* alzina *f.*

holocaust ('hɔləkɔ:st) *s.* holocaust *m.*

holster ('houlstəʳ) *s.* pistolera *f.*

holy ('houli) *a.* sant; sagrat.

homage ('hɔmidʒ) *s.* homenatge *m.:* ***to do*** o ***to pay ~ to,*** retre homenatge a.

home (houm) *s.* casa *f.*, llar *f.* ‖ ***at ~,*** a casa; ***make yourself at ~,*** com si fossis a casa teva. *2* asil *m.*, hospice *m. 3* pàtria *f.*, país *m.* natal. ▪ *4 a.* casolà. *5* domèstic. *6* nacional, del país. ‖ ***Home Office,*** ministeri de l'interior. ‖ ***~ Rule,*** autonomia, autogovern. ▪ *7 adv.* a casa: ***I'm going ~,*** me'n vaig a casa.

homeland ('houmlænd) *s.* pàtria *f.*, terra *f.* natal.

homeless ('houmlis) *a.* sense casa.

homely ('houmli) *a.* simple, senzill, casolà. *2* rústec, inculte. *3* (EUA) lleig, vulgar.

homemade (ˌhoum'meid) *a.* fet a casa.

homesick ('houmsik) *a.* enyorat, nostàlgic.

homesickness ('houmsiknis) *s.* enyorança *f.*, enyor *m.*, nostàlgia *f.*
homespun ('houmspʌn) *a.* teixit a casa, fet a casa. *2* fig. bast, senzill.
homicidal (ˌhɔmi'saidl) *a.* homicida.
homicide ('hɔmisaid) *s.* homicidi *m.* ‖ (EUA) *~ squad,* brigada *f.* d'homicidis. *2* homicida [persona].
homily ('hɔmili) *s.* homilia *f.*
homonym ('hɔmənim) *s.* homònim *m.* *2* LING. homònim *m.*
homosexual (ˌhoumə'sekʃuəl) *a.-s.* homosexual.
hone (to) (houn) *t.* esmolar.
honest ('ɔnist) *a.* honrat, probe. *2* just, recte. *3* sincer. *4* honest. ■ *5* **-ly** *adv.* sincerament.
honesty ('ɔnisti) *s.* honradesa *f.*, rectitud *f.* *2* sinceritat *f.*
honey ('hʌni) *s.* mel *m.* [també fig.]. *2* dolçor *f.*, dolcesa *f.* *3 ~!,* amor!
honey bee ('hʌnibi:) *s.* abella *f.* obrera.
honeycomb ('hʌnikoum) *s.* rusc *m.*
honeyed ('hʌnid) *a.* melós, dolç, melat.
honeymoon ('hʌnimu:n) *s.* lluna *f.* de mel.
honeysuckle ('hʌniˌsʌkl) *s.* BOT. xuclamel *m.*
honorary ('ɔnərəri) *a.* honorari, d'honor: *~ member,* membre honorari. *2* honorífic: *~ secretary,* secretari honorífic.
honour, (EUA) **honor** ('ɔnəʳ) *s.* honor *m.*, honra *f.* ‖ *guard of ~,* guàrdia *f.* d'honor; *maid of ~,* dama *f.* d'honor. *2* honradesa *f.* *3* glòria *f.*, llorer *m.* *4* ***Your Honour,*** Vostra Senyoria *f.*, Senyor Jutge. *5 pl.* honors *m.*
honour, (EUA) **honor** ('ɔnəʳ) *t.* honorar, honrar, retre honors. *2* condecorar, llorejar. *3* COM. fer honor a; acceptar, pagar.
honourable, (EUA) **honorable** ('ɔnərəbl) *a.* honorable. *2* honrat. *3* honrós.
hood (hud) *s.* caputxa *f.*, caputxó *m.*, caperutxa *f.*, caperulla *f.*, capirot *m.* *2* capota *f.* [de cotxe]; (EUA) capot *m.*
hoodwink (to) ('hudwiŋk) *t.* enganyar, enredar.
hoof (hu:f) *s.* casc *m.*, peülla *f.* ▲ *pl.* ***hoofs*** (hu:fs) o ***hooves*** (hu:vz).
hook (huk) *s.* ganxo *m.*, croc *m.*, garfi *m.* ‖ *~ and eye,* gafet *m.* i gafeta *f.* ‖ *by ~ or by crook,* a les bones o a les dolentes. *2* escàrpia. *3* ham *m.* *5* fig. col·loq. *his father got him off the ~,* el seu pare li va solucionar els problemes, el va treure d'un mal pas. *6* ESPORT ganxo *m.* [boxa]. *7* TELEF. *off the ~,* despenjat.
hook (to) (huk) *t.* enganxar. *2* pescar, atrapar. *3* penjar. *4* corbar, encorbar. *5* ESPORT fer un ganxo [boxa]. ■ *6 i.* enganxar-se *p.*
hooked (hukt) *a.* ganxut. ‖ *a ~ nose,* nas *m.* aguilenc. ‖ *~ on drugs,* drogadicte. ‖ *to get ~ on,* aviciar-se *a.*
hookup ('hukʌp) *s.* TECNOL. connexió *f.* *2* xarxa *f.* de comunicacions.
hoop (hu:p) *s.* rutlla *f.*, cèrcol. *2* anell *m.*, anella *f.*, argolla *f.*
hoot (hu:t) *s.* crit *m.*, udol *m.* *2* crit *m.* [del mussol]. *3* xiulet *m.* [de la locomotora]; botzinada *f.*
hoot (to) (hu:t) *i.* udolar, ulular. *2* cridar [mussol]. *3* xiular [persona]. ■ *4 t.* xiular.
hooter ('hu:təʳ) *s.* sirena *f.* [d'una fàbrica, etc.]. *2* AUTO. botzina *f.*
hop (hɔp) *s.* salt *m.*, bot *m.* *2* AERON. vol *m.* *3* BOT. llúpol *m.*, esparga *f.*, espàrgol *m.*
hop (to) (hɔp) *i.* saltar, botar. *2* col·loq. *~ it!,* toca el dos!
hope (houp) *s.* esperança *f.*, confiança *f.* *2* promesa *f.*
hope (to) (houp) *t.* esperar. ‖ *I ~ so!,* espero que sí. ■ *2 i.* esperar, tenir esperança. *3* confiar.
hopeful ('houpful) *a.* esperançat. *2* esperançador, prometedor. ■ *3 s.* promesa *f.*: *young ~s,* joves promeses.
hopeless ('houplis) *a.* desesperat, irremeiable. *2* MED. incurable.
horde (hɔ:d) *s.* horda *f.* *2* fig. multitud *f.*
horizon (hə'raizn) *s.* horitzó *m.* [també fig.].
horizontal (ˌhɔri'zɔntl) *a.* horitzontal.
horn (hɔ:n) *s.* banya *f.*, corn *m.* ‖ *~ of plenty,* corn *m.* de l'abundància. *2* botzina *f.* *3* MÚS. corn *m.*, trompa *f.*
hornet ('hɔ:nit) *s.* ENT. vespa *f.*
horny ('hɔ:ni) *a.* corni. *2* callós.
horrible ('hɔribl) *a.* horrible.
horrid ('hɔrid) *a.* horrorós, horripilant.
horrify (to) ('hɔrifai) *t.* horroritzar.
horror ('hɔrəʳ) *s.* horror *m.*
horse (hɔ:s) *s.* ZOOL. cavall *m.* ‖ *~ race,* cursa *f.* de cavalls. *2* cavallet *m.* *3* cavall *m.* [de gimnàstica]. *4* MIL. cavalleria *f.*
horseback ('hɔ:sbæk) *adv.* *on ~,* a cavall.
horsefly ('hɔ:sflai) *s.* ENT. tàvec *m.*, tavà *m.*
horsehair ('hɔ:shɛəʳ) *s.* crinera *f.*
horseman ('hɔ:smən) *s.* genet *m.* ▲ *pl.* ***horsemen.***
horsemanship ('hɔ:smənʃip) *s.* equitació *f.*
horsepower ('hɔ:sˌpauəʳ) *s.* cavall *m.* de vapor: *this is a 60 ~ engine,* és un motor de 60 cavalls.
horseshoe ('hɔ:sʃu:) *s.* ferradura *f.*
horse-sense ('hɔ:ssens) *s.* sentit *m.* comú.
horsewoman ('hɔ:sˌwumən) *s.* amazona *f.* ▲ *pl.* ***horsewomen.***
horticulture ('hɔ:tikʌltʃəʳ) *s.* horticultura *f.*
hose (houz) *s.* mànega *f.* *2* ant. mitges *f.*

pl.; mitjons *m. pl.* *3* ant. calces *f. pl.*, calçons *m. pl.*

hosier ('houʒiəʳ) *s.* calceter, mitger.

hosiery ('houʒiəri) *s.* calceteria *f.*, gènere *m.* de punt.

hospice ('hɔspis) *s.* hospital *m.* [per a malalts terminals]. *m.* *2* hostalatge *m.*

hospitable (hɔ'spitəbl) *a.* hospitalari, acollidor.

hospital ('hɔspitl) *s.* hospital *m.*

hospitality (ˌhɔspi'tæliti) *s.* hospitalitat *f.*

host (houst) *s.* amfitrió, hoste. *2* fondista, hostaler, dispeser. *3* host *f.* *4* multitud *f.* *5* BIOL. hoste *m.* *6* REL. hòstia *f.*

hostage ('hɔstidʒ) *s.* ostatge *m.*

hostel ('hɔstəl) *s.* residència *f.* [d'estudiants]. *2* alberg *m.*: ***youth ~***, alberg *m.* de la joventut.

hostess ('houstis) *s.* amfitriona *f.* *2* hostalera *f.*, dispesera *f.* *3* AVIA. ***air ~***, hostessa *f.*

hostile ('hɔstail) *a.* hostil.

hostility (hɔs'tiliti) *s.* hostilitat *f.*

hot (hɔt) *a.* calent. ‖ ***to be ~***, tenir calor. ‖ ***it is ~***, fa calor. *2* càlid, calorós. *3* acalorat, enardit. *4* fogós, vehement. *5* enèrgic. *6* fort [geni]. *7* recent [notícia, etc.]. *8* CUI. picant. ▪ *9* **-ly** *adv.* calorosament, acaloradament. *10* violentament.

hotbed ('hɔtbed) *s.* planter *m.* [també fig.].

hot-dog ('hɔtdɔg) *s.* frankfurt *m.*

hotel (hou'tel) *s.* hotel *m.*

hothead ('hɔthed) *s.* cap *m.* calent, exaltat.

hothouse ('hɔthaus) *s.* hivernacle *m.*

hound (haund) *s.* gos *m.* de caça, gos *m.* perdiguer, gos *m.* coniller.

hour ('auəʳ) *s.* hora *f.* ‖ ***~ hand***, agulla *f.* de les hores. ‖ ***per ~***, per hora. *2* fig. moment *m.*, temps *m.*

hourglass (auəglɑːs) *s.* rellotge *m.* de sorra.

hourly ('auəli) *a.* de cada hora, continu. ▪ *2 adv.* (un cop) cada hora.

house (haus) *s.* casa *f.* *2* cambra *f.*: ***House of Commons***, Cambra dels Comuns. *3* MEC. encaix *m.*, encaixament *m.* *4* TEAT. sala *f.*; públic *m.* ▴ *pl.* ***houses*** ('hauziz).

household ('haushould) *s.* casa *f.*, família *f.*, llinatge *m.* ▪ *2 a.* domèstic; casolà.

householder ('haushouldəʳ) *s.* cap *m.* de casa. *2* llogater.

housekeeper ('hausˌkiːpəʳ) *s.* majordoma *f.*, casera *f.*

housemaid ('hausˌmeid) *s.* criada *f.*, minyona *f.*

housewife ('hausˌwaif) *s.* mestressa *f.* de casa.

housework ('hauzˌwəːk) *s.* feines *f. pl.* de la casa.

housing ('hauziŋ) *s.* allotjament *m.*, habitatge *m.* *2* MEC. tapadora *f.*, cobertora *f.*

hove (houv) Veure HEAVE (TO).

hovel ('hɔvl) *s.* casot *m.*, casull *m.*

hovercraft ('hɔuəkrɑːft) *s.* aerolliscador *m.*

how (hau) *adv.* com, de quina manera. ‖ ***~ about...?***, què et sembla si...? ‖ ***~ are you?***, com estàs? ‖ col·loq. ***~ come...?***, com és que...? ‖ ***~ do you do?***, encantat, molt de gust. *2* que [admiratiu]: ***~ nice!***, que bonic! *3* quant: ***~ old are you?***, quants anys tens? ‖ ***~ long***, quant de temps. ‖ ***~ many***, quants. ‖ ***~ much***, quant.

however (hau'evəʳ) *adv.* per més que, per molt que. *2* ***~ that may be***, sigui com sigui; ***~ I do it***, ho faci com ho faci. ▪ *3 conj.* tanmateix, però, no obstant, de totes maneres.

howitzer ('hauitsəʳ) *s.* MIL. obús *m.*

howl (haul) *s.* udol *m.* *2* crit *m.*

howl (to) (haul) *i.* cridar, udolar. ▪ *2 t.* ***to ~ (down)***, aücar, esbroncar; fer callar a crits.

H.P., h.p. ('eitʃ'piː) *s.* *(hire purchase)* compra *f.* a terminis. *2* *(horse-power)* cavalls *m. pl.* de vapor.

H.Q. (eitʃ'kjuː) *s.* *(Headquarters)* quarter *m.* general.

hub (hʌb) *s.* botó *m.* [de roda]. *2* fig. centre *m.*, eix *m.*

hubbub ('hʌbʌb) *s.* xivarri *m.*, cridòria *f.*, gatzara *f.*

huckster ('hʌkstəʳ) *s.* quincallaire, quincaller.

huddle ('hʌdl) *s.* munió *f.*, tropell *m.*, gentada *f.*, confusió *f.*

huddle (to) ('hʌdl) *t.* apilonar, amuntegar. ▪ *2 i.* amuntegar-se *p.*, apilotar-se *p.*, *ajuntar-se p.* *3* arraulir-se *p.*, arrupir-se *p.*

hue (hjuː) *s.* color *m.*, matís *m.*, to *m.*

huff (hʌf) *s.* enrabiada *f.*, empipament *m.*, enuig *m.*

huffy ('hʌfi) *a.* enfadadís. *2* enutjat, enrabiat.

hug (hʌg) *s.* abraçada *f.*

hug (to) (hʌg) *t.* abraçar. *2* fig. aferrar-se *p.* a.

huge (hjuːdʒ) *a.* enorme, immens.

hulk (hʌlk) *s.* buc *m.* *2* fig. baluerna *f.*, galiassa *f.* ▪ *3 a.* ***~ ing***, feixuc, graponer.

hull (hʌl) *s.* clofolla *f.*, closca *f.*; pell *f.*, pela *f.* [de la fruita]; beina *f.* [del llegum]. *2* buc *m.* [d'un vaixell].

hull (to) (hʌl) *t.* pelar.

hullo (hə'lou) *interj.* hola!; digui! [telèfon].

hum (hʌm) *s.* brunzit *m.*, brunziment *m.*, remor *f.*

hum (to) (hʌm) *i.* brunzir. *2* cantussejar. *3* ***to ~ and haw***, titubejar, titubar. ▪ *4 t.* cantussejar *i.*

human ('hjuːmən) *a.* humà: ***~ being***, ésser

humà; ~ ***nature,*** naturalesa humana. ▪ *2* humanament.
humane (hju:'mein) *a.* humà, humanitari.
humanism ('hju:mənizm) *s.* humanisme *m.*
humanity (hju:mæniti) *s.* humanitat *f.* *2* gènere *m.* humà. *3 pl.* humanitats *f.*
humanize (to) ('hju:mənaiz) *t.* humanitzar.
humankind (ˌhju:mən'kaind) *s.* humanitat *f.*
humble ('hʌmbl) *a.* humil. *2* modest, senzill. ▪ **3 -ly** *adv.* humilment; modestament.
humble (to) ('hʌmbl) *t.-p.* humiliar(se.
humbleness ('hʌmblnis) *s.* humilitat *f.*
humbug ('hʌmbʌg) *s.* engany *m.*, mentida *f.*, bola *f.* *2* farsant, trampós. ▪ *3 interj.* ximpleries!, bestieses!
humbug (to) ('hʌmbʌg) *t.* enganyar, entabanar.
humdrum ('hʌmdrʌm) *a.* monòton, avorrit, rutinari. ▪ *2 s.* monotonia *f.*, rutina *f.*
humerus ('hju:mərəs) *s.* ANAT. húmer *m.*
humid ('hju:mid) *a.* humit.
humidify (hju:'midifai) *t.* humitejar.
humidity (hju:'miditi) *s.* humitat *f.*
humiliate (to) (hju:'milieit) *t.* humiliar.
humiliation (hju:ˌmili'eiʃən) *s.* humiliació *f.*
humility (hju:'militi) *s.* humilitat *f.*
humming ('hʌmiŋ) *a.* brunzent, brunzaire. *2* molt actiu, intens. ▪ *3 s.* cantussol *m.*, taral·la *f.* *4* brunzit *m.*, brunziment *m.* *5* murmuri *m.*, mormoleig *m.*
hummingbird ('hʌmiŋbə:d) *s.* colibrí *m.*
hummock ('hʌmək) *s.* altell *m.*, montitjol *m.* *2* monticle *m.* de gel.
humorist ('hju:mərist) *s.* humorista. *2* graciós, faceciós, bromista [persona].
humorous ('hju:mərəs) *a.* humorístic. *2* graciós, divertit. ▪ *3 adv.* humorísticament, amb gràcia.
humorousness ('hju:mərəsnis) *s.* humorisme *m.*, gràcia *f.*
humour, (EUA) **humor** ('hju:mə^r) *s.* humor *m.*, gràcia *f.* ‖ ***sense of*** ~, sentit *m.* de l'humor. *2* ANAT. ant. humor *m.*
humour, (EUA) **humor (to)** ('hju:mə^r) *t.* complaure, amanyagar.
hump (hʌmp) *s.* gep *m.*, gepa *f.*
humpback ('hʌmpbæk) *s.* geperut.
humbacked ('hʌmpbækt), **humped** (hʌmpt) *a.* geperut. *2* arquejat.
humpy ('hʌmpi) *a.* desigual [terreny].
hunch (hʌntʃ) *s.* gep *m.*, gepa *f.* *2* fig. pressentiment *m.*
hunch (to) (hʌntʃ) *t.* corbar, encorbar.
hundred ('hʌndrəd) *a.* cent. ▪ *3 s.* cent *m.* *2* centena *f.*
hundredfold ('hʌndredfould) *adv.* cèntuple *a.*
hundredth ('hʌndredθ) *a.* centèsim. ▪ *2 s.* centèsima *f.* part; centèsim *m.*
hundredweight ('hʌndrədweit) *s.* quintar *m.* [(G.B.) 58.8 kg.; (EUA) 45.36 kg.].
hung (hʌŋ) Veure HANG (TO).
hunger ('hʌŋgə^r) *s.* gana *f.*, fam *f.*, (VAL.) fam *f.* *2* fig. set *f.*
hunger (to) ('hʌŋgə^r) *i.* tenir gana, (VAL.) tenir fam. *2* fig. ***to*** ~ ***for*** o ***after,*** tenir set de.
hunger strike ('hʌngəstraik) *s.* vaga *f.* de fam.
hungrily ('hʌŋgrili) *adv.* àvidament, amb ànsia.
hungry ('hʌngri) *a.* famolenc, afamat. ‖ ***to be*** ~, tenir gana, (VAL.) tenir fam.
hunk (hʌŋk) *s.* col·loq. tros *m.*
hunt (hʌnt) *s.* caça *f.* [també fig.]. *2* cacera.
hunt (to) (hʌnt) *t.-i.* caçar. ‖ ***to go hunting,*** anar de caça. *2* buscar, cercar. *3* perseguir.
hunter ('hʌntə^r) *s.* caçador, (ROSS.) caçaire [també fig.].
hunting ('hʌntiŋ) *s.* cacera *f.*, munteria *f.*, caça *f.* [també fig.]. ▪ *2 a.* de caça, de cacera.
huntsman ('hʌntsmən) *s.* caçador *m.*, (ROSS.) caçaire *m.* *pl.* ***huntsmen.***
hurdle ('hə:dl) *s.* tanca *f.* *2* ESPORT obstacle *m.* [també fig.].
hurdle (to) ('hə:dl) *t.* tancar, barrar [amb tanques]. *2* fig. salvar, vèncer [els obstacles, etc.]. *3* ESPORT saltar [obstacles]. ▪ *4 i.* saltar obstacles. *5* fer una cursa d'obstacles.
hurdler ('hə:dlə^r) *s.* ESPORT corredor d'obstacles.
hurdy-gurdy ('hə:diˌgə:di) *s.* MÚS. orguenet *m.*, orgue *m.* de maneta.
hurl (hə:l) *s.* tir *m.*, llançament *m.*
hurl (to) (hə:l) *t.* llançar, tirar. *2 p.* ***to*** ~ ***oneself,*** llançar-se.
hurrah! (hu'rɑ:) *interj.* hurra!
hurricane ('hʌrikən) *s.* huracà *m.*
hurried ('hʌrid) *a.* precipitat, ràpid, fet amb presses.
hurry ('hʌri) *s.* pressa *f.*, precipitació *f.* ‖ ***to be in a*** ~, tenir pressa.
hurry (to) ('hʌri) *t.* apressar, acuitar. *2* accelerar, activar. *3* precipitar. ▪ *4 i.* afanyar-se *p.*, apressar-se *p.* donar-se *p.* pressa.
hurt (hə:t) *s.* ferida *f.*, lesió *f.* *2* fig. dany *m.*, perjudici *m.*
hurt (to) (hə:t) *t.* ferir, encetar. *2* fer mal. *3* perjudicar. *4* afligir, causar pena. ‖ ***to*** ~ ***someone's feelings,*** ofendre algú, ferir-li els sentiments. *5* ESPORT lesionar. ▪ *6 p.* ***to*** ~ ***oneself,*** fer-se mal, ferir-se. ▪ *7 i.* fer mal.

hurtful (hə:tful) *a.* perjudicial, danyós, nociu.

hurtle (to) ('hə:tl) *t.* llançar, tirar. ▪ *2 i.* volar, caure [amb violència]. *3* esfondrar-se *p.*, ensorrar-se *p.*

husband ('hʌzbənd) *s.* marit *m.*; col·loq. home *m.*; form. espòs *m.*

husband (to) (hʌzbənd) *t.* administrar, economitzar.

husbandry ('hʌzbəndri) *s.* agricultura *f.*, conreu *m.* *2* administració *f.*

hush (hʌʃ) *s.* silenci *m.*; tranquil·litat *f.*, calma *f.* ▪ *2 interj.* *~!* calla! ▪ *3 a.* *~-~*, molt secret.

hush (to) (hʌʃ) *i.* callar. ▪ *2 t.* fer callar. *3* assossegar, calmar. *4* ***to ~ up***, tirar terra damunt [d'un assumpte, etc.].

husk (hʌsk) *s.* closca *f.*, pellofa *f.*, beina *f.*

husk (to) ('hʌsk) *t.* despellofar. *2* pelar.

huskiness ('hʌskinis) *s.* ronquera *f.*

husky ('hʌski) *a.* ronc, rogallós. *2* amb closca, amb pellofa. *3* col·loq. fort, cepat, fornit. ▪ *4 s.* ZOOL. gos *m.* esquimal. ▪ *5 adv.* **huskily,** amb veu ronca.

hussy ('hʌsi) *s.* fresca *f.*, desvergonyida *f.*, impertinent. *2* dona *f.* perduda.

hustle ('hʌsl) *s.* activitat *f.*, bullícia *f.* || ***the ~ and bustle of life,*** el vaivé *m.* de la vida. *2* empenta *f.*; pressa *f.* *4* col·loq. estafa *f.*, estafada *f.* *5* (EUA) ***hustler,*** pinxo *m.*; prostituta *f.*

hustle (to) ('hʌsl) *t.* empènyer, acuitar. *2* (EUA) col·loq. estafar, robar; prostituir. ▪ *3 i.* afanyar-se *p.*, obrir-se *p.* pas a cops de colze. *4* (EUA) col·loq. prostituir-se *p.*

hustler ('hʌslə[r]) *s.* (EUA) pinxo *m.* *2* prostituta *f.*

hut (hʌt) *s.* barraca *f.*, cabanya *f.*, cabana. || ***mountain ~***, refugi *m.* de muntanya.

hutch (hʌtʃ) *s.* arca *f.*, cofre *m.* *2* conillera *f.*

hyacinth ('haiəsinθ) *s.* BOT., MIN. jacint *m.*

hyaena (hai'i:nə) *s.* Veure HYENA.

hybrid ('haibrid) *a.-s.* híbrid.

hydrangea (hai'dreindʒə) *s.* BOT. hortènsia *f.*

hydrant ('haidrənt) *s.* boca *f.* d'aigua. *2* ***fire ~***, boca *f.* d'incendis.

hydraulic (hai'drɔ:lik) *a.* hidràulic.

hydraulics (hai'drɔ:liks) *s.* hidràulica *f.*

hydrogen ('haidridʒən) *s.* QUÍM. hidrogen *m.*

hydroplane ('haidrəplein) *s.* AERON. hidroavió *m.*

hyena (hai'i:nə) *s.* ZOOL. hiena *f.*

hygiene ('haidʒi:n) *s.* higiene *f.*

hygienic (hai'dʒi:nik) *a.* higiènic.

hymen ('haimən) *s.* ANAT. himen *m.*

hymn (him) *s.* himne *m.*

hyperbole (hai'pə:bəli) *s.* hipèrbole *f.*

hyphen ('haifən) *s.* guió *m.*, guionet *m.*

hypnosis (hip'nousis) *s.* hipnosi *f.*

hypnotism ('hipnətizəm) *s.* hipnotisme *m.*

hypnotize (to) ('hipnətaiz) *t.* hipnotitzar.

hypocrisy (hi'pɔkrəsi) *s.* hipocresia *f.*

hypocrite ('hipəkrit) *s.* hipòcrita.

hypocritical (ˌhipə'kritikəl) *a.* hipòcrita.

hypotenuse (hai'pɔtinju:z) *s.* GEOM. hipotenusa *f.*

hypothesis (hai'pɔθisis) *s.* hipòtesi *f.*

hypothetic(al (ˌhaipə'θetik, -əl) *a.* hipotètic.

hysteria (his'tiəriə) *s.* histèria *f.*

hysterical (his'terikəl) *a.* histèric.

hysterics (his'teriks) *s. pl.* atac *m.* d'histèria.

I

I, i (ai) *s.* i *f.* [lletra]. *2* xifra romana per 1. ▲ *pl.* ***I's, i's*** (aiz).
I (ai) *pron. pers.* jo. ■ *2 s.* FIL. jo *m.*, ego *m.*
ice (ais) *s.* gel *m.*, glaç *m.* ‖ *fig.* ***break the ~,*** trencar el gel. *2* QUÍM. ***dry ~,*** neu *f.* carbònica.
ice (to) (ais) *t.* gelar, glaçar, congelar. *2* refredar, refrescar. *3* ***to ~ over*** o ***up,*** gelar, glaçar. ■ *4 i.* ***to ~ over*** o ***up,*** gelar-se *p.*, glaçar-se *p.*, congelar-se *p.*
iceberg ('aisbəːg) *s.* iceberg *m.* *2* fig. glaç *m.* [persona].
icebox ('aisbɔks) *s.* nevera *f.* [de gel].
icebreaker ('aisbreikəʳ) *s.* MAR. trencaglaç *m.* [vaixell].
ice cream ('aiskriːm) *s.* gelat *m.*
ice floe ('aisflou) *s.* panna *f.* de glaç.
Iceland ('aislənd) *n. pr.* GEOGR. Islàndia *f.*
ice rink ('aisriŋk) *s.* pista *f.* de patinatge sobre gel.
ice skating ('aisskeitiŋ) *s.* ESPORT patinatge *m.* sobre gel.
icicle ('aisikl) *s.* caramell *m.*
icing ('aisiŋ) *s.* AVIA. formació *f.* de gel. *2* CUI. pasta *f.* de sucre.
icing sugar (ˌaisiŋ'ʃugəʳ) *s.* CUI. sucre *m.* de llustre, sucre *m.* en pols.
icy ('aisi) *a.* gelat, glaçat, fred, glacial [també fig.].
I'd (aid) *contr.* de I HAD i I WOULD.
idea (ai'diə) *s.* idea *f.* ‖ ***to get an ~,*** fer-se una idea. ‖ ***to get used to the ~,*** fer-se a la idea. ‖ ***what an ~!,*** quina bestiesa!, quina ximpleria! *2* projecte *m.*, pla *m.* *3* intenció *f.* *4* opinió *f.*, impressió *f.*; concepte *m.*
ideal (ai'diəl) *a.* ideal. ■ *2 s.* ideal *m.* ■ *3* **-ly** *adv.* idealment, perfectament.
idealism (ai'diəlizəm) *s.* idealisme *m.*
idealist (ai'diəlist) *s.* idealista.
idealize (to) (ai'diəlaiz) *t.* idealitzar.
identical (ai'dəntikəl) *a.* idèntic.
identification (aiˌdentifi'keiʃən) *s.* identificació *f.*
identify (to) (ai'dentifai) *t.* identificar. ■ *2 i.* identificar-se *p.*
identikit (ai'dentikit) *s.* ***~ picture,*** retrat *m.* robot.
identity (ai'dentiti) *s.* identitat *f.* ‖ ***~ card,*** carnet *m.* d'identitat. ‖ ***mistaken ~,*** identitat errònia.
idiocy ('idiəsi) *s.* idiotesa *f.*, estupidesa *f.*, imbecilitat *f.*
idiom ('idiəm) *s.* idioma *m.*, llengua *f.* *2* locució *f.*, idiotisme *m.*, modisme *m.* *3* estil *m.* [d'un escriptor, etc.].
idiot ('idiət) *s.* idiota [també fig.].
idiotic (ˌidi'ɔtik) *a.* idiota, imbecil.
idle ('aidl) *a.* ociós, inactiu. *2* desocupat, aturat. *3* inútil, frívol. *4* dropo, gandul. *5* COM. improductiu. *6* MEC. alentit.
idle (to) ('aidl) *i.* estar ociós, perdre el temps, mandrejar. ‖ ***he idled away the afternoon,*** va estar perdent el temps tota la tarda. *2* MEC. funcionar a l'alentit.
idleness ('aidlnis) *s.* inactivitat *f.*, ociositat *f.* *2* futilesa *f.* *3* atur *m.*, desocupació *f.* *4* mandra *f.*, (BAL.) peresa *f.*, (VAL.) gos *m.*
idol ('aidl) *s.* ídol *m.*
idolatry (ai'dɔlətri) *s.* idolatria *f.*
idolize (to) ('aidəlaiz) *t.* idolatrar *t.-i.*
idyll ('idil) *s.* idil·li *m.*
idyllic (ai'dilk) *a.* idíl·lic.
i.e. (ˌai'iː) *(id est, that is)* és a dir, a saber.
if (if) *conj.* si. ‖ ***as ~,*** com si; ***even ~,*** encara que; ***~ only,*** si tan sols; ***~ so,*** si és així. *2* encara que, tot i que.
ignite (to) (ig'nait) *t.* encendre. ■ *2 i.* encendre's *p.*, inflamar-se *p.*
ignition (ig'niʃən) *s.* ignició *f.* *2* encesa *f.*, contacte *m.* [d'un motor].
ignoble (ig'noubl) *a.* innoble.
ignominious (ˌignə'miniəs) *a.* ignominiós.
ignorance ('ignərəns) *s.* ignorància *f.*

ignorant ('ignərənt) *a.* ignorant.
ignore (to) (ig'nɔːʳ) *t.* ignorar, no fer cas.
iguana (i'gwɑːnə) *s.* ZOOL. iguana *f.*
I'll (ail) *contr.* de I SHALL i I WILL.
ill (il) *a.* malalt. ‖ ***to fall ~,*** posar-se malalt. *2* marejat. *3* dolent, mal. ‖ ***~-breeding,*** mala educació. ‖ ***~ health,*** mala salut. ▪ *4 s.* mal *m.*, desgràcia *f.* ▪ *5 adv.* malament.
illegal (i'liːgəl) *a.* il·legal.
illegality (ˌili'gæliti) *s.* il·legalitat *f.*
illegible (i'ledʒibl) *a.* il·legible.
illegitimate (ˌili'dʒitimit) *a.* il·legítim.
illicit (i'lisit) *a.* il·lícit.
illiteracy (i'litərəsi) *s.* analfabetisme *m.* *2* ignorància *f.*
illiterate (i'litərit) *a.* analfabet. *2* il·letrat.
ill-mannered (ˌil'mænəd) *a.* mal educat.
illness ('ilnis) *s.* malaltia *f.*
illogical (i'lɔdʒikəl) *a.* il·lògic.
ill-timed (ˌil'taimd) *a.* inoportú, intempestiu.
ill-treat (to) (ˌil'triːt) *t.* maltractar.
illuminate (to) (i'ljuːmineit) *t.* il·luminar. *2* aclarir.
illumination (iˌluːmi'neiʃən) *s.* il·luminació *f.* *2 pl.* enllumenat *m.*
illusion (i'luːʒən) *s.* il·lusió *f.; miratge *m.*
illusory (i'luːsəri) *a.* il·lusori, enganyós.
illustrate (to) ('iləstreit) *t.* il·lustrar [amb dibuixos, etc.].
illustration (ˌiləs'treiʃən) *s.* il·lustració *f.* [d'un llibre, etc.]. *2* il·lustració *f.*, exemple *m.*
illustrious (i'lʌstriəs) *a.* il·lustre.
ILO ('aiel'ou) *s. (International Labour Organization)* OIT *f.* (Organització Internacional del Treball).
I'm (aim) *contr.* de I AM.
image ('imidʒ) *s.* imatge *f.* *2* representació *f.*, efígie *m.* *3* semblança *f.*
imaginable (i'mædʒinəbl) *a.* imaginable.
imaginary (i'mædʒinəri) *a.* imaginari.
imagination (iˌmædʒi'neiʃən) *s.* imaginació *f.*
imagine (to) (i'mædʒin) *t.* imaginar.
imbecile ('imbəsiːl) *a.-s.* imbecil.
imbecility (ˌimbi'siliti) *s.* imbecil·litat *f.*
imbibe (to) (im'baib) *t.* form. absorbir, assimilar. *2* embeure's *p.*
imbroglio (im'brouliou) *s.* embolic *m.*, embull *m.*
imbue (to) (im'bjuː) *t.* form. saturar, impregnar. *2* imbuir, infondre.
imitate (to) ('imiteit) *t.* imitar.
imitation (ˌimi'teiʃən) *s.* imitació *f.*
immaculate (i'mækjulit) *a.* immaculat.
immaterial (ˌimə'tiəriəl) *a.* immaterial. *2* indiferent, poc important: ***it is ~,*** no importa.
immature (ˌimə'tjuəʳ) *a.* immadur.
immeasurable (ˌi'meʒərəbl) *a.* immesurable.
immediate (i'miːdjət) *a.* immediat.
immediately (i'miːdjətli) *adv.* immediatament. ▪ *2 conj.* tan aviat com.
immense (i'mens) *a.* immens.
immensity (i'mensiti) *s.* immensitat *f.*
immerse (to) (i'məːs) *t.* submergir. *2* absorbir.
immersion (i'məːʃən) *s.* immersió *f.*
immigrant ('imigrənt) *a.-s.* immigrant.
immigration (ˌimi'greiʃən) *s.* immigració *f.*
imminent ('iminənt) *a.* imminent.
immobile (i'moubail) *a.* immòbil.
immobilize (to) (i'moubilaiz) *t.* immobilitzar.
immoderate (i'mɔdərit) *a.* immoderat, excessiu.
immoderation (ˌimɔdə'reiʃən) *s.* immoderació *f.*
immodest (i'mɔdist) *a.* immodest. *2* indecent.
immodesty (i'mɔdisti) *s.* immodèstia *f.* *2* indecència *f.*
immolate (to) ('iməleit) *t.* immolar.
immoral (i'mɔrəl) *a.* immoral.
immorality (ˌimə'ræliti) *s.* immoralitat *f.*
immortal (i'mɔːtl) *a.* immortal.
immortality (ˌimɔː'tæliti) *s.* immortalitat *f.*
immortalize (to) (i'mɔːtəlaiz) *t.* immortalitzar.
immovable (i'muːvəbl) *a.* inamovible, immòbil, fixe. *2* inalterable, inflexible.
immune (i'mjuːn) *a.* immune.
immunity (i'mjuːniti) *s.* immunitat *f.* *2* privilegi *m.*, exempció *f.*
immunize (to) ('imjunaiz) *t.* immunitzar.
immure (to) (i'mjuəʳ) *t.* form. emparedar, aparedar.
immutable (i'mjuːtəbl) *a.* immutable.
imp (imp) *s.* dimoniet *m.*, diablet [també fig.].
impact ('impækt) *s.* impacte *m.*, xoc *m.*, cop *m.*
impair (to) (im'pɛəʳ) *t.* danyar, deteriorar. *2* debilitar, afeblir.
impale (to) (im'peil) *t.* empalar.
impalpable (im'pælpəbl) *a.* impalpable.
impart (to) (im'pɑːt) *t.* form. donar, comunicar. *2* fer saber.
impartial (im'pɑːʃəl) *a.* imparcial.
impartiality (ˌim'pɑːʃi'æliti) *s.* imparcialitat *f.*
impassable (im'pɑːsəbl) *a.* impracticable, intransitable.
impasse ('æmpaːs) *s.* atzucac *m.* *2* fig. punt *m.* mort.

impassible (im'pæsibl) *a.* impassible, impàvid.
impassioned (im'pæʃənd) *a.* apassionat.
impassive (im'pæsiv) *a.* impassible, insensible.
impatience (im'peiʃəns) *s.* impaciència *f.* 2 ànsia *f.*
impatient (im'peiʃənt) *a.* impacient.
impeach (to) (im'pi:tʃ) *t.* posar en dubte, posar en qüestió. 2 DRET acusar.
impeccable (im'pəkəbl) *a.* form. impecable.
impede (to) (im'pi:d) *t.* impedir, destorbar.
impediment (im'pedimənt) *s.* impediment *m.*, destorb *m.*
impel (to) (im'pel) *t.* obligar, forçar. 2 impel·lir, impulsar.
impending (im'pendiŋ) *a.* imminent. 2 amenaçador.
impenetrable (im'penitrəbl) *a.* impenetrable.
impenitent (im'penitənt) *a.* form. impenitent.
imperative (im'perativ) *a.* imperatiu. ▪ 2 *s.* imperatiu *m.*
imperfect (im'pə:fikt) *a.* imperfecte. 2 GRAM. imperfet. ▪ 3 *s.* GRAM. *~, ~ tense,* imperfet *m.*
imperfection (ˌimpə'fekʃən) *s.* imperfecció *f.*
imperial (im'piəriəl) *a.* imperial.
imperialism (im'piəriəlizəm) *s.* imperialisme *m.*
imperialist (im'piəriəlist) *s.* imperialista.
imperialistic (imˌpiəriə'listik) *a.* imperialista.
imperil (to) (im'peril) *t.* posar en perill.
imperious (im'piəriəs) *a.* imperiós. ▪ 2 **-ly** *adv.* imperiosament.
imperishable (im'periʃəbl) *a.* imperible.
impersonal (im'pə:sənl) *a.* impersonal.
impersonate (to) (im'pə:səneit) *t.* imitar. 2 personificar. 3 fer-se *p.* passar per. 4 TEAT. representar, fer el paper de.
impertinence (im'pə:tinəns) *s.* impertinència *f.*
impertinent (im'pə:tinənt) *a.* impertinent.
impervious (im'pə:vjəs) *a.* impenetrable, impermeable. 2 insensible, impertèrrit.
impetuosity (imˌpetju'ɔsiti) *s.* impetuositat *f.*
impetuous (im'petjuəs) *a.* impetuós. ▪ 2 **-ly** *adv.* impetuosament.
impetus ('impitəs) *s.* ímpetu *m.*, impuls *m.*
impinge (to) (im'pindʒ) *i.* form. *~ **on*** o ***upon,*** xocar amb, topar amb.
impious ('impiəs) *a.* impiu.
impish ('impiʃ) *a.* entremaliat, maliciós.
implacable (im'plækəbl) *a.* form. implacable.
implant (to) (im'plɑ:nt) *t.* implantar.
implement ('implimənt) *s.* eina *f.*, instrument *m.* 2 *pl.* estris *m.*
implicate (to) ('implikeit) *t.* form. implicar. 2 embolicar, ficar, comprometre.
implication (ˌimpli'keiʃən) *s.* form. implicació *f.*
implicit (im'plisit) *a.* form. implícit. 2 absolut, incondicional.
implore (to) (im'plɔ:ʳ) *t.* implorar.
imply (im'plai) *t.* implicar, comportar. 2 significar, voler dir.
impolite (ˌimpə'lait) *a.* mal educat, descortès, groller.
imponderable (im'pɔndərəbl) *a.* imponderable. ▪ 2 *s.* imponderable *m.*
import ('impɔ:t) *s.* importació *f.* 2 *pl.* articles *m.* d'importació. 3 form. importància *f.* 4 significat *m.*
import (to) (im'pɔ:t) *t.* importar. 2 voler dir, significar.
importance (im'pɔ:təns) *s.* importància *f.*
important (im'pɔ:tənt) *a.* important.
importation (ˌimpɔ:'teiʃən) *s.* importació *f.*
importer (im'pɔ:təʳ) *s.* importador.
importunate (im'pɔ:tjunit) *a.* form. importú, pesat, insistent.
importune (to) (im'pɔ:tju:n) *t.* form. importunar.
importunity (ˌimpə'tju:niti) *s.* importunitat *f.*
impose (to) (im'pouz) *t.* taxar, posar un impost sobre. ▪ 2 *i.* ***to ~ on*** o ***upon,*** enganyar; aprofitar-se *p.* de.
imposing (im'pouziŋ) *a.* imponent, impressionant.
imposition (ˌimpə'ziʃən) *s.* imposició *f.* 2 impost *m.* 3 engany *m.*
impossibility (imˌpɔsə'biliti) *s.* impossibilitat *f.*
impossible (im'pɔsibl) *a.* impossible.
impostor (im'pɔstəʳ) *s.* impostor.
imposture (im'pɔstʃəʳ) *s.* impostura *f.*
impotence ('impətəns) *s.* impotència *f.*
impotent ('impətənt) *a.* impotent.
impound (to) (im'paund) *t.* confiscar. 2 tancar.
impoverish (to) (im'pɔvəriʃ) *t.* form. empobrir.
impracticable (im'præktikəbl) *a.* impracticable. 2 intransitable.
impregnable (im'pregnəbl) *a.* inexpugnable.
impregnate (to) ('impregneit) *t.* fecundar. 2 impregnar.
impresario (ˌimprə'sɑ:riou) *s.* TEAT. empresari.
impress ('impres) *s.* impressió *f.*, senyal *f.*, marca *f.*

impress (to) (im'pres) *t.* imprimir, gravar. *2* inculcar. *3* impressionar.
impression (im'preʃən) *s.* impressió *f.* *2* senyal *m.*, empremta *f.* *3* edició *f.* [d'un llibre, etc.].
impressive (im'presiv) *a.* impressionant, emocionant.
imprint ('imprint) *s.* impressió *f.*, empremta *f.* *2* IMPR. peu *m.* d'impremta.
imprint (to) (im'print) *t.* imprimir, estampar. *2* gravar.
imprison (to) (im'prizn) *t.* empresonar.
imprisonment (im'priznmənt) *s.* empresonament *m.* *2* presó *f.*
improbability (im,prɔbə'biliti) *s.* improbabilitat *f.*
improbable (im'prɔbəbl) *s.* improbable. *2* inverosímil, inversemblant.
impromptu (im'prɔmptju:) *a.* improvisat. ▪ *2 adv.* de sobte; improvisadament. ▪ *3 s.* MÚS. improvisació *f.*
improper (im'prɔpəʳ) *a.* impropi. *2* incorrecte. *3* indecorós.
impropriety (,imprə'praiətli) *s.* impropietat *f.* *2* incorrecció *f.* *3* indecència *f.*
improvidence (im'prɔvidəns) *s.* imprevisió *f.*
improvident (im'prɔvidənt) *a.* form. imprevisor. *2* malgastador.
improve (to) (im'pru:v) *t.* millorar, perfeccionar. *2* aprofitar. ▪ *3 i.* millorar, progressar, perfeccionar-se *p.*
improvement (im'pru:vmənt) *s.* millora *f.* *2* progrés *m.* *3* aprofitament *m.*
improvisation (,imprəvai'zeiʃən) *s.* improvisació *f.*
improvise (to) ('imprəvaiz) *t.-i.* improvisar *t.*
imprudence (im'pru:dəns) *s.* imprudència *f.*
imprudent (im'pru:dənt) *a.* imprudent.
impudence (impjudəns) *s.* impudència *f.*, insolència *f.*, desvergonyiment *m.*
impudent ('impjudənt) *a.* impudent, insolent, desvergonyit.
impugn (to) (im'pju:n) *t.* form. impugnar.
impulse ('impʌls) *s.* impuls *m.* *2* impulsió *f.*, ímpetu *m.*
impulsion (im'pʌlʃən) *s.* impulsió *f.*, ímpetu *m.*
impulsive (im'pʌlsiv) *a.-s.* impulsiu.
impunity (im'pju:niti) *s.* impunitat *f.*
impure (im'pjuəʳ) *a.* impur.
impurity (im'pjuəriti) *s.* impuresa *f.*; deshonestedat *f.*
imputation (,impju'teiʃən) *s.* imputació *f.*
impute (to) (im'pju:t) *t.* imputar, atribuir.
in (in) *prep.* a, amb, de, dins, dintre, durant, en, sota. ‖ ***dressed ~ black,*** vestit de negre. ‖ ***~ the morning,*** al matí. ‖ ***~ that,*** per què, ja que. *2* ***~ so far as,*** pel que fa. ▪ *3 adj.* interior, de dins, de dintre. *4* de moda, modern. ▪ *5 adv.* dins, dintre: ***~ here,*** aquí dins. *6* a casa. ‖ ***is Anne ~?,*** que hi és l'Anna? *7* en el poder. ▪ *8 s.* ***~s and outs,*** l'entrellat *m.*, detalls *m. pl.*
inability (,inə'biliti) *s.* incapacitat *f.*, impotència *f.*
inaccessible (,inæk'sesəbl) *a.* form. inaccessible.
inaccuracy (in'ækjurəsi) *s.* inexactitud, incorrecció.
inaccurate (in'ækjurit) *a.* inexacte, imprecís.
inaction (in'ækʃən) *s.* inacció *f.*
inactive (in'æktiv) *a.* inactiu.
inactivity (,inæk'tiviti) *s.* inactivitat *f.*
inadequacy (in'ædikwəsi) *s.* insuficiència *f.*, incapacitat *f.*
inadequate (in'ædikwit) *a.* inadequat. *2* insuficient.
inadmissible (,inəd'misəbl) *a.* inadmissible.
inadvertence (,inəd'və:təns) *s.* inadvertència *f.*
inadvertent (,inəd'və:tənt) *a.* form. inadvertit, distret. ▪ *2* **-ly** *adv.* inadvertidament.
inalienable (in'eiljənəbl) *a.* inalienable.
inane (i'nein) *a.* neci, estúpid.
inanimate (in'ænimit) *a.* inanimat. *2* exànime.
inanition (,inə'niʃən) *a.* inanició *f.*
inanity (i'næniti) *s.* inanitat *f.*, estupidesa *f.*, neciesa *f.*
inapplicable (in'æplikəbl) *a.* inaplicable.
inapposite (in'æpəzit) *a.* inadequat, poc apropiat.
inappreciable (,inə'pri:ʃəbl) *a.* inapreciable.
inappropriate (,inə'proupriit) *a.* impropi.
inappropriateness (,inə'proupriitnis) *s.* impropietat *f.*
inapt (in'æpt) *a.* inepte.
inaptitude (in'æptitju:d) *a.* ineptitud *f.*
inarticulate (,inɑ:'tikjulit) *a.* inarticulat.
inasmuch as (inez'mʌtʃ æz) *adv.* form. ja que, donat que.
inattention (,inə'tenʃən) *s.* inatenció *f.*, inadvertència *f.*
inattentive (,inɔ'tentiv) *a.* desatent, distret.
inaudible (in'ɔ:dibl) *a.* imperceptible [so].
inaugurate (to) (i'nɔ:gjureit) *t.* prendre possessió. *2* inaugurar.
inauguration (i,nɔ:gju'reiʃən) *s.* presa *f.* de possessió. *2* inauguració *f.*
inauspicious (,inɔ:s'piʃəs) *a.* poc propici, desfavorable.
inborn (,in'bɔ:n) *a.* innat, ingènit.
inbred (,in'bred) *a.* innat. *2* engendrat per endogàmia.

Inc. ('iŋk) *s.* (EUA) (*Incorporated*) S.A. *f.* (Societat Anònima).
incalculable (in'kælkjuləbl) *a.* incalculable. *2* imprevisible.
incandescent (ˌinkæn'desnt) *a.* incandescent.
incantation (ˌinkæn'teiʃən) *s.* conjur *m.*, encanteri *m.*, sortilegi *m.*
incapability (inˌkeipə'biliti) *s.* incapacitat *f.*
incapable (in'keipəbl) *a.* incapaç.
incapacitate (to) (ˌinkə'pæsiteit) *t.* incapacitar; inhabilitar.
incapacity (inkə'pæsiti) *s.* incapacitat *f.*
incarcerate (to) (in'kɑːsəreit) *t.* form. empresonar.
incarnate (in'kɑːnit) *a.* encarnat.
incarnation (ˌinkɑː'neiʃən) *s.* encarnació *f.*, personificació *f.*
incautious (in'kɔːʃəs) *a.* incaut, imprudent.
incendiary (in'sendjəri) *a.* incendiari [també fig.].
incense ('insens) *s.* encens *m.*
incense (to) (in'sens) *t.* irritar, enutjar.
incentive (in'sentiv) *s.* incentiu *m.*
inception (in'sepʃən) *s.* form. principi *m.*, començament *m.*
incertitude (in'səːtitjuːd) *s.* incertitud *f.*, incertesa *f.*
incessant (in'sesnt) *a.* incessant. ▪ *2* **-ly** *adv.* incessantment, sense cessar.
incest ('insest) *s.* incest *m.*
incestuous (in'sestjuəs) *a.* incestuós.
inch (intʃ) *s.* polzada *f.* [2.54 cm]. ‖ *~ **by** ~*, pam *m.* a pam, gradualment. ‖ ***by ~es***, per un pèl. ‖ ***every ~***, totalment, completament.
incidence ('insidəns) *s.* incidència *f.*
incident ('insidənt) *a.* incident. ▪ *2 s.* incident *m.*
incidental (ˌinsi'dentl) *a.* incidental. *2* imprevist; accesori, fortuït. *3* ~ ***to***, propi de, inherent a. ▪ *4* **-ly** *adv.* incidentalment, per cert.
incinerate (in'sinəreit) *t.* incinerar, cremar.
incinerator (in'sinəreitə[r]) *s.* cremador *m.*, incinerador *m.*
incipient (in'sipiənt) *a.* incipient.
incise (to) (in'saiz) *t.* tallar, fer una incisió.
incision (in'siʒən) *s.* incisió *f.*
incisive (in'saisiv) *a.* incisiu, tallant, mordaç.
incisor (in'saizə[r]) *s.* dent *f.*, incisiva.
incite (to) (in'sait) *t.* incitar.
incitement (in'saitmənt) *s.* incitació *f.*, estímul *m.*, incentiu *m.*
incivility (ˌinsi'viliti) *s.* incivilitat *f.*, descortesia *f.*
inclemency (in'klemənsi) *s.* inclemència *f.* *2* intempèrie *f.*
inclination (ˌinkli'neiʃən) *s.* inclinació *f.*, pendent *m.* *2* fig. inclinació *f.*, tendència *f.*
incline ('inklain) *s.* pendent *m.*; pujada *f.*; baixada *f.*
incline (to) (in'klain) *t.* inclinar [també fig.]. *2* abaixar [el cap]. ▪ *3 i.* inclinar-se *p.* *4* tendir. *5* MED. ser propens.
include (to) (in'kluːd) *t.* incloure. *2* compendre, contenir. *3* adjuntar.
included (in'kluːdid) *a.* inclós. *2* fins i tot.
inclusion (in'kluːʒən) *s.* inclusió *f.*
inclusive (in'kluːsiv) *a.* inclusiu.
incoherence (ˌinkou'hiərəns) *s.* incoherència *f.*
incoherent (ˌinkou'hiərənt) *a.* incoherent.
incombustible (ˌinkəm'bʌstəbl) *a.* incombustible.
income ('inkəm) *s.* ingressos *m. pl.*, guany *m.*, renda *f.*
income tax ('inkʌmtæks) *s.* impost *m.* sobre la renda.
incommensurate (ˌinkə'menʃərit) *a.* incommensurable. *2* desproporcionat.
incomparable (in'kəmprəbl) *a.* incomparable.
incompatible (ˌinkəm'pætəbl) *a.* incompatible.
incompetent (in'kəmpitənt) *a.* incompetent.
incomplete (ˌinkəm'pliːt) *a.* incomplet, inacabat.
incomprehensible (inˌkəmpri'hensəbl) *a.* incomprensible.
inconceivable (ˌinkən'siːvəbl) *a.* inconcebible. *2* increïble.
incongruous (in'kəŋgruəs) *a.* incongruent. *2* inadequat.
inconsequent (in'kənsikwənt) *a.* inconseqüent, incongruent.
inconsiderate (ˌinkən'sidərit) *a.* inconsiderat, desconsiderat. *2* irreflexiu.
inconsistency (ˌinkən'sistənsi) *s.* inconseqüència *f.*, contradicció *f.* *2* inconsistència *f.*
inconsistent (ˌinkən'sistənt) *a.* incompatible, contradictori. *2* inconseqüent. *3* inconsistent.
inconstancy (in'kənstənsi) *s.* inconstància *f.*
inconstant (in'kənstənt) *a.* inconstant. *2* inestable.
incontestable (ˌinkən'stestəbl) *a.* induscutible.
incontinence (in'kəntinəns) *s.* incontinència *f.*
inconvenience (ˌinkən'viːnjəns) *t.* inconveniència *f.*, inconvenient *m.* *2* incomoditat *f.*, molèstia *f.*
inconvenience (to) (ˌinkən'viːnjəns) *t.* incomodar, molestar.

inconvenient (ˌinkən'viːnjənt) *a.* inconvenient, impropi, inoportú. *2* incòmode, molest.
incorporate (to) (in'kɔːpəreit) *t.* incorporar, unir. *2* contenir, incloure. *3* constituir [una societat, etc.]. ▪ *4 i.* incorporar-se *p.*, unir-se *p.*
incorrect (ˌinkə'rekt) *a.* incorrecte. *2* inexacte.
incorrectness (ˌinkə'rektnis) *s.* incorrecció *f. 2* inexactitud *f.*
incorruptible (ˌinkə'rʌptəbl) *a.* incorruptible; íntegre.
increase (ˌiŋkriːs) *s.* augment *m.*, increment *m.*, creixement *m. 2* pujada *f.* alça *f.*
increase (to) (in'kriːs) *t.* augmentar, acréixer; engrandir. *2* apujar, alçar. ▪ *3 i.* créixer, augmentar. *4* apujar-se *p.*, pujar.
incredible (in'kredəbl) *a.* increïble. *2* col·loq. sorprenent.
incredulous (in'kredjuləs) *a.* incrèdul.
increment ('iŋkrəmənt) *s.* augment *m.*, increment *m.* ‖ ***unearned ~***, plusvàlua *f.*
incriminate (to) (in'krimineit) *t.* incriminar.
incubate (to) ('iŋkjubeit) *t.-i.* covar, incubar.
inculcate (to) ('inkʌlkeit) *t.* inculcar.
incumbent (iŋ'kʌmbənt) *a.* incumbent: ***to be ~ on***, incumbir a. ▪ *2 s.* titular [d'un càrrec]. *3* ECLES. beneficiat *m.*
incur (to) (in'kəːʳ) *t.* incórrer en. *2* contraure [un deute, etc.].
incurable (in'kjuərəbl) *a.* incurable. *2* fig. irremeiable. ▪ *3 s.* malalt desnonat.
incursion (in'kəːʃən) *s.* incursió *f.*, invasió *f.* [també fig.].
indebted (in'detid) *a.* endeutat *2* fig. agraït, obligat.
indecency (in'diːsnsi) *s.* indecència *f.*
indecent (in'diːsnt) *a.* indecent. *2* indecorós. ▪ *3* **-ly** *adv.* indecentment.
indecision (ˌindi'siʒən) *s.* indecisió *f.*, irresolució *f.*
indecisive (ˌindi'saisiv) *a.* indecís, irresolut.
indecorous (in'dekərəs) *a.* indecorós, impropi. ▪ *2* **-ly** *adv.* indecorosament.
indeed (in'diːd) *adv.* realment, de veritat; en efecte, efectivament, naturalment.
indefatigable (ˌindi'fætigəbl) *a.* infatigable, incansable.
indefensible (ˌindi'fensəbl) *a.* indefensable, insostenible, injustificable.
indefinite (in'definit) *a.* indefinit. *2* indeterminat. *3* vague, poc precís.
indelible (in'delibl) *a.* indeleble, inesborrable [també fig.].
indelicacy (in'delikəsi) *s.* indelicadesa *f. 2* grolleria *f.*
indelicate (in'delikit) *a.* indelicat. *2* indecorós. *3* groller.
indemnification (inˌdemnifi'keiʃən) *s.* indemnització *f.*
indemnify (to) (in'demnifai) *t.* indemnitzar. *2* assegurar(se.
indemnity (in'demniti) *s.* indemnitat *f.*, indemnització *f. 2* reparació *f.*
indent ('indent) *s.* osca *f.*, mossa *f. 2* COM. comanda *f.;* requisa *f.*
indent (to) (in'dent) *t.* dentar, oscar. *2* IMPR. entrar. ▪ *3 i.* COM. ***to ~ for,*** demanar; requisar.
indenture (in'dentʃəʳ) *s.* contracte *m.*
independence (ˌindi'pendəns) *s.* independència *f.*
independent (ˌindi'pendənt) *a.* independent. ‖ ***to become ~***, independitzar-se.
indescribable (ˌindis'kraibəbl) *a.* indescriptible.
indestructible (ˌindis'trʌktəbl) *a.* indestructible.
indeterminate (ˌindi'təːminit) *a.* indeterminat, indefinit.
indetermination ('indiˌtəːmi'neiʃən) *s.* indeterminació *f.*, indecisió *f.*, irresolució *f.*
index ('indeks) *s.* índex *m. 2* senyal *m.*, indici *m.*
index card ('indekskɑːd) *s.* fitxa *f.*
index finger ('indeksˌfiŋgəʳ) *s.* índex *m* [dit].
index number ('indeksˌnʌmbəʳ) *s.* MAT. índex *m.*, exponent *m.*
Indian ('indjən) *a.-s.* indi. ‖ ***in ~ file,*** en fila *f.* índia.
Indian club ('indiən klʌb) *s.* ESPORT. maça *f.* [de gimnàstica].
Indian ink (ˌindiən'iŋk) *s.* tinta *f.* xina.
Indian summer (ˌindiən'sʌməʳ) *s.* estiuet *m.* de San Martí.
india-rubber (ˌindjə'rʌbəʳ) *s.* cautxú *m. 2* goma *f.* d'esborrar.
indicate (to) ('indikeit) *t.* indicar.
indication (ˌindi'keiʃən) *s.* indicació *f.*, senyal *m.*, indici *m.*
indict (to) (in'dait) *t.* acusar. *2* processar.
indictment (in'daitmənt) *s.* acusació *f. 2* processament *m.*
Indies ('indiz) *s. pl.* GEOGR. Índies *f. 2* ***West ~***, Antilles *f.*
indifference (in'difrəns) *s.* indiferència *f.*
indifferent (in'difrəns) *s.* indiferent. *2* desinteressat.
indigence ('indidʒəns) *s.* indigència *f.*, pobresa *f.*
indigenous (in'didʒinəs) *a.* indígena.
indigestible (ˌindi'dʒestəbl) *a.* indigest, indigerible.

indigestion (ˌindi'dʒestʃən) *s.* indigestió *f.*, empatx *m.*
indignant (in'dignənt) *a.* indignat.
indignation (ˌindig'neiʃən) *s.* indignació *f.*
indignity (in'digniti) *s.* indignitat *f.* 2 ultratge *m.*, afront *m.*
indigo ('indigo) *s.* anyil *m.*, indi *m.*
indirect (ˌindi'rekt) *a.* indirecte. ‖ ECON. ~ ***tax,*** impost *m.* indirecte. ‖ GRAM. ~ ***object,*** complement *m.* indirecte.
indiscipline (in'disiplin) *s.* indisciplina *f.*
indiscreet (ˌindis'kri:t) *a.* indiscret. 2 imprudent, poc hàbil.
indiscretion (ˌindis'kreʃən) *s.* indiscreció *f.* 2 imprudència *f.*, error *m.*
indiscriminate (ˌindis'kriminit) *a.* indiscriminat, indistint.
indispensable (ˌindis'pensəbl) *a.* indispensable, imprescindible.
indisposed (ˌindis'pouzd) *a.* indisposat.
indisposition (ˌindispə'ziʃən) *s.* indisposició *f.*, malestar *m.*
indisputable (ˌindis'pju:təbl) *a.* indisputable, incontestable, inqüestionable.
indissoluble (ˌindi'sɔljubl) *a.* indissoluble.
indistinct (ˌindis'tiŋkt) *a.* indistint. 2 confús.
indistinguishable (ˌindis'tiŋgwiʃəbl) *a.* indistingible.
individual (ˌindi'vidjuəl) *a.* individual. 2 propi, particular, personal. ■ 3 *s.* individu.
indivisible (ˌindi'vizəbl) *a.* indivisible.
indoctrinate (to) (in'dɔktrineit) *t.* adoctrinar.
indolence ('indələns) *s.* indolència *f.*, mandra *f.*
indolent ('indələnt) *a.* indolent.
indomitable (in'dɔmitəbl) *a.* indomable, indòmit.
indoor ('indɔ:ʳ) *a.* interior. 2 ESPORT en pista coberta. ‖ ~ ***swimming pool,*** piscina coberta.
indoors (in'dɔ:z) *adv.* a casa, (a) dins: ***he stayed ~ all week,*** es va quedar a casa tota la setmana.
induce (to) (in'dju:s) *t.* induir, instigar, persuadir. 2 produir, ocasionar. 3 MED. provocar.
inducement (in'dju:smənt) *s.* mòbil *m.*, motiu *m.* 2 incentiu *m.*, al·licient *m.*
induct (to) (in'dʌkt) *t.* ECLES. instal·lar [en un càrrec]. 2 iniciar [un nou membre].
induction (in'dʌkʃən) *n.* introducció *f.*, iniciació *f.* 2 ECLES. instal·lació *f.* 3 FIL., FÍS. inducció *f.*
indulge (to) (in'dʌldʒ) *t.* satisfer [passions, etc.]. 2 complaure, acontentar. 3 consentir, malcriar. ■ 4 *i.* complaure's *p.*, delectar-se *p.* 5 permetre's *p.* [un luxe, etc.].
indulgence (in'dʌlʒəns) *s.* satisfacció *f.*, gratificació *f.* 2 complaença *f.*, acontentament *m.* 3 tolerància *f.* 4 abandó *m.*, rebaixament *m.* 5 ECLES. indulgència *f.*
indulgent (in'dʌldʒənt) *a.* indulgent.
industrial (in'dʌstriəl) *a.* industrial. ‖ ~ ***accident,*** accident de treball.
industrial action (in'dʌstriəl'ækʃn) *s.* vaga *f.* laboral.
industrial estate (in'dʌstriəli'steit) *s.* polígon *m.* industrial.
industrious (in'dʌstriəs) *a.* industriós, treballador, diligent.
industry ('indəstri) *s.* indústria *f.* 2 diligència *f.*, laboriositat *f.*
inebriated (i'ni:brieitid) *a.* ebri, embriac, borratxo.
inedible (in'edibl) *a.* immenjable, no comestible.
ineffable (in'efəbl) *a.* inefable.
ineffaceable (ˌini'feisəbl) *a.* inesborrable.
ineffective (ˌini'fektiv) *a.* ineficaç, inútil. ‖ ***to prove ~,*** no fer efecte.
ineffectual (ˌini'fektjuəl) *a.* ineficaç. 2 inútil.
inefficiency (ˌini'fiʃənsi) *s.* ineficàcia *f.*, incapacitat *f.*, incompetència *f.*
inefficient (ˌini'fiʃənt) *a.* ineficient, ineficaç. 2 incapaç, incompetent.
inept (i'nept) *a.* inepte, incapaç, incompetent.
inequality (ˌini'kwɔliti) *s.* desigualtat *f.* 2 desproporció *f.*
inert (i'nə:t) *a.* inert. 2 inactiu.
inertia (i'nə:ʃə) *s.* inèrcia *f.* 2 inacció *f.*, inactivitat *f.*
inescapable (ˌinis'keipəbl) *a.* ineludible.
inevitable (in'evitəbl) *a.* inevitable, ineludible. 2 col·loq. de costum, de sempre.
inexact (ˌinig'zækt) *a.* inexacte.
inexhaustible (ˌinig'zɔ:stəbl) *a.* inexhauri-ble, inesgotable.
inexorable (in'eksərəbl) *a.* inexorable; inflexible, implacable.
inexpedient (ˌiniks'pi:djənt) *a.* inoportú, inconvenient.
inexpensive (ˌiniks'pensiv) *a.* barat, econòmic, bé de preu.
inexperience (ˌiniks'piəriəns) *s.* inexperiència *f.*, imperícia *f.*
inexperienced (ˌiniks'piəriənst) *a.* inexpert.
inexpressive (ˌiniks'presiv) *a.* inexpressiu.
inextricable (in'ekstrikəbl) *a.* inextricable, intrincat.
infallibility (in'fælə'biliti) *s.* infal·libilitat *f.*
infallible (in'fæləbl) *a.* infal·lible.
infamous ('infəməs) *a.* infame, detestable.
infamy ('infəmi) *s.* infàmia *f.*
infancy ('infənsi) *s.* infància *f.*, infantesa *f.*

2 minoria *f.* d'edat. *3* fig. principi *m.*, començament *m.*
infant ('infənt) *s.* infant *m.*, criatura *f.*, nen. ■ *2 a.* infantil. *3* de pàrvuls. *4* fig. naixent.
infantile ('infəntail) *a.* infantil.
infantry ('infəntri) *s.* MIL. infanteria *f.*
infatuate (to) (in'fætjueit) *t.* encantar, enterbolir. *2* encapritxar-se *p.*, enamorar-se *p.* follament.
infatuated (in'fætjueitid) *a.* follament enamorat. *2* ***to be ~ with,*** estar boig per, haver-se begut l'enteniment per [algú].
infatuation (in'fætju'eiʃən) *s.* encaterinament *m.*, caprici *m.* *2* enamorament *m.*, passió *f.*, bogeria *f.*
infect (to) (in'fekt) *t.* infectar, (ROSS.) emmalignar. *2* contaminar; encomanar. *3* fig. corrompre, aviciar.
infection (in'fekʃən) *s.* infecció *f.* *2* contaminació *f.* *3* contagi *m.* [també fig.].
infectious (in'fekʃəs) *a.* infecciós. *2* contagiós [també fig.].
infer (to) (in'fəːʳ) *t.* inferir, deduir.
inference ('infərəns) *s.* inferència *f.*, deducció *f.*, conclusió *f.*
inferior (in'fiəriəʳ) *a.* inferior. ■ *2 s.* inferior *m.*
inferiority (in'fiəri'ɔriti) *s.* inferioritat *f.* || ***~ complex,*** complex *m.* d'inferioritat.
infernal (in'fəːnl) *a.* infernal.
infest (to) (in'fest) *t.* infestar.
infidel ('infidəl) *a.-s.* REL. infidel.
infiltrate (to) ('infiltreit) *t.* infiltrar. ■ *2 i.* infiltrar-se *p.*
infinite ('infinit) *a.* infinit. ■ *2 s.* infinit *m.*
infinitive (in'finitiv) *s.* GRAM. infinitiu *m.*
infinity (in'finiti) *s.* infinitat *f.* *2* MAT. infinit *m.*
infirm (in'fəːm) *a.* dèbil, feble. *2* insegur, inestable. *3* malaltís, malalt. *4* DRET nul.
infirmary (in'fəːməri) *s.* hospital *m.* *2* infermeria *f.*
infirmity (in'fəːmiti) *s.* malaltia *f.* *2* debilitat *f.*, afebliment *m.* *3* fig. flaquesa *f.*
inflame (to) (in'fleim) *t.* inflamar. *2* enutjar, enfurir. *3* encendre, escalfar [els ànims, etc.]. *4* MED. inflamar. ■ *5 i.* infamar-se *p.* *6* enutjar-se *p.*, enfurir-se *p.* *7* encendre's *p.*, escalfar-se *p.* *8* MED. inflamar-se *p.*
inflammable (in'flæməbl) *a.* inflamable. *2* irascible.
inflammation (ˌinflə'meiʃən) *s.* MED. inflamació [també fig.].
inflate (to) (in'fleit) *t.* inflar.
inflated (in'fleitid) *a.* inflat. *2* envanit, cregut. *3* fig. pompós, altisonant. *4* COM. inflacionista.
inflation (in'fleiʃən) *s.* inflor *f.*, infladura *f.* *2* fig. fums *m. pl.;* pompositat *f.* *3* ECON. inflació *f.*
inflect (to) (in'flekt) *t.* torçar, doblegar. *2* GRAM. declinar, conjugar. *3* MÚS. modular [la veu].
inflection (in'flekʃən) *s.* inflexió *f.*
inflexibility (inˌfleksə'biliti) *s.* inflexibilitat *f.*
inflexible (in'fleksəbl) *a.* inflexible.
inflict (to) (in'flikt) *t.* inflingir. *2* donar, clavar [un cop, etc.]. *3* provocar, causar [una ferida, etc.]. *4* imposar, aplicar.
infliction (in'flikʃən) *s.* inflicció *f.* *2* pena *f.*, càstig *m.*
inflow ('inflou) *s.* afluència *f.*
influence ('influəns) *s.* influència *f.*, influx *m.*, ascendent *m.* || ***under the ~ of drink,*** sota la influència o els efectes de l'alcohol. *2* ELECT. inducció *f.*
influence (to) ('influəns) *t.* influir *i.*
influential (ˌinflu'enʃəl) *a.* influent.
influenza (ˌinflu'enzə) *s.* MED. influença *f.*, grip *f.*
influx ('inflʌks) *s.* afluència *f.*, entrada *f.*
inform (to) (in'fɔːm) *t.* informar, fer saber. *2* comunicar. ■ *3 i.* ***to ~ against,*** delatar, denunciar, (ROSS.) decelar.
informal (in'fɔːml) *a.* informal. *2* senzill, sense cerimònia. *3* oficiós. *4* desimbolt, natural.
informality (ˌinfɔː'mæliti) *s.* informalitat *f.*, manca *f.* de compliments.
informally (in'fɔːməli) *adv.* informalment, de manera informal. *2* sense cerimònia, sense compliments. *3* oficiosament.
informant (in'fɔːmənt) *s.* informador, informant.
information (ˌinfɔ'meiʃən) *s.* informació *f.* *2* notícies *f. pl.*, informes *m. pl.* *3* coneixements *m. pl.*, dades *f. pl.* *4* DRET acusació *f.*, denúncia *f.*
informer (in'fɔːməʳ) *s.* denunciant. *2* delator. *3* confident, informador.
infraction (in'frækʃən) *s.* infracció *f.*
infringe (to) (in'frindʒ) *t.* infringir, violar. ■ *2 i.* ***to ~ on*** o ***upon,*** trepitjar *t.*, violar *t.* [drets, etc.].
infringement (in'frindʒmənt) *s.* infracció *f.*, violació *f.*
infuriate (to) (in'fjuərieit) *t.* enfurismar, irritar, exasperar.
infuse (to) (in'fjuːz) *t.* infondre. *2* fer una infusió.
ingenious (in'dʒiːnjəs) *a.* enginyós, hàbil, llest.
ingenuity (ˌindʒi'njuːiti) *s.* enginy *m.*, inventiva *f.* *2* habilitat *f.*, genialitat *f.*
ingenuous (in'dʒenjuəs) *a.* ingenu, càndid, innocent. *2* sincer, franc.

ingenuousness (in'dʒenjuəsnis) *s.* ingenuïtat *f.*, candidesa *f.*, sinceritat *f.*
inglorious (in'glɔ:riəs) *a.* ignominiós, vergonyós.
ingot ('ingət) *s.* llingot *m.*
ingratiate (to) (in'greiʃieit) *p.* ***to ~ oneself with,*** congraciar-se amb.
ingratitude (in'grætitju:d) *s.* ingratitud *f.*
ingredient (in'gri:djənt) *s.* ingredient *m.*
inhabit (to) (in'hæbit) *t.* habitar, viure a.
inhabitant (in'hæbitənt) *s.* habitant.
inhale (to) (in'heil) *t.* respirar, aspirar. *2* MED. inhalar.
inherent (in'hiərənt) *a.* inherent. *2* innat.
inherit (to) (in'herit) *t.-i.* heretar *t.*
inheritance (in'heritəns) *s.* herència *f.* [també fig.]. *2* successió *f.*
inhibit (to) (in'hibit) *t.* reprimir, inhibir. *2* impedir. *3* prohibir.
inhibition (ˌinhi'biʃən) *s.* inhibició *f.* *2* prohibició *f.*
inhospitable (in'hɔspitəbl) *a.* inhòspit, inhospitalari.
inhuman (in'hju:mən) *a.* inhumà, cruel.
inimical (i'nimikəl) *a.* form. hostil, contrari.
iniquitous (i'nikwitəs) *a.* inic.
iniquity (i'nikwiti) *s.* iniquitat *f.*
initial (i'niʃəl) *a.* inicial, primer. ■ *2 s. pl.* inicials *f.*, sigles *f.*
initiate (to) ('iniʃieit) *t.* iniciar, començar. *2* introduir, promoure. *3* admetre.
initiative (i'niʃiətiv) *s.* iniciativa *f.*
inject (to) (in'dʒekt) *t.* injectar [també fig.].
injection (in'dʒekʃən) *s.* injecció *f.*
injudicious (ˌindʒu:'diʃəs) *a.* form. imprudent.
injunction (in'dʒʌŋkʃən) *s.* injunció *f.* *2* ordre *f.*, manament *m.* *3* DRET requeriment *m.*
injure (to) ('indʒə^r) *t.* danyar, perjudicar. *2* ferir, fer mal [també fig.]. *3* DRET causar perjudici. *4* ESPORT lesionar.
injurious (in'dʒuəries) *a.* dolent, perjudicial. *2* lesiu. *3* injuriós, ofensiu.
injury ('indʒəri) *s.* mal *m.*, perjudici *m.* *2* ferida *f.*, lesió *f.* *3* injúria *f.*, ofensa *f.*
injury time ('indʒəritaim) *s.* ESPORT temps *m.* descomptat [per lesions].
injustice (in'dʒʌstis) *s.* injustícia *f.*
ink (iŋk) *s.* tinta *f.* ‖ ***in ~,*** amb tinta.
inkling ('iŋkliŋ) *s.* indici *m.* *2* sospita *f.* *3* idea *f.*, impressió *f.*
inland (in'lənd) *a.* interior, de l'interior, de terra endins. ‖ ***~ navigation,*** navegació fluvial. ■ *2 adv.* (in'lænd) terra endins, a l'interior. ■ *3 s.* interior *m.* [del país].
Inland Revenue (ˌinlənd'revinju:) *s.* (G.B.) contribució *f.* *2* hisenda *f.*
in-laws ('inlɔ:z) *s. pl.* parents *m.* polítics.
inlay (to) (ˌin'lei) *t.* incrustar, encastar, embotir. ▲ Pret. i p. p.: ***inlaid*** (in'leid).
inlet ('inlet) *s.* cola *f.*, badia *f.*, ansa *f.*, ria *f.* *2* MEC. admissió *f.*, entrada *f.*
inmate ('inmeit) *s.* habitant, ocupant, inquilí, resident. *2* malalt. *3* internat. *4* pres, presoner.
inmost ('inmoust) *a.* més interior, més íntim, més profund.
inn (in) *s.* fonda *f.*, posada *f.*, alberg *m.*
innate (i'neit) *a.* innat.
inner ('inə^r) *a.* interior, íntern. *2* fig. secret, íntim. *3* MED. intern.
inner tube ('inətju:b) *s.* cambra *f.* d'aire [d'un pneumàtic].
innkeeper ('inˌki:pə^r) *s.* dispeser, fondista, hosteler.
innocence ('inəsns) *s.* innocència *f.*
innocent ('inəsnt) *a.-s.* innocent.
innocuous (i'nɔkjuəs) *a.* innocu, inofensiu.
innovation (ˌinə'veiʃən) *s.* innovació *f.*, novetat *f.*
innuendo (ˌinju'endou) *s.* indirecta *f.*, insinuació *f.*
inoculate (to) (i'nɔkjuleit) *t.* MED. inocular.
inoffensive (ˌinə'fensiv) *a.* inofensiu.
inoperative (in'ɔpərətiv) *a.* inoperant.
inopportune (in'ɔpətju:n) *a.* inoportú.
inordinate (i'nɔ:dinit) *a.* immoderat, excessiu, desmesurat.
inorganic (ˌinɔ:'gænik) *a.* inorgànic.
inpatient ('impeiʃənt) *s.* malalt intern en un hospital.
input ('input) *s.* entrada *f.* *2* MEC. potència *f.* d'entrada. *3* INFORM. entrada *f.*
inquest ('inkwest) *s.* DRET investigació *f.*, judicial. *2* enquesta *f.*, indagació *f.*
inquire (to) (in'kwaiə^r) *t.* preguntar, demanar, informar-se *p.* sobre. ■ *2 i.* preguntar *t.* *3* ***to ~ after,*** preguntar per. *4* ***to ~ into,*** investigar, esbrinar, indagar.
inquiry (in'kwaiəri) *s.* pregunta *f.*, enquesta *f.* *2* investigació *f.*, indagació *f.* *3 pl.* ***inquiries,*** informació *f.* *sing.*
inquiry office ('inˌkwaiəri'ɔfis) *s.* oficina *f.* d'informació.
inquisition (ˌinkwi'ziʃən) *s.* inquisició *f.*, investigació *f.*, recerca *f.* *2* HIST. ***The I ~*** la Inquisició *f.*
inquisitive (in'kwizitiv) *a.* curiós, xafarder.
inroad ('inroud) *s.* MIL. incursió *f.*, invasió *f.* *2* fig. intrusió *f.*, violació *f.*
inrush ('inrʌʃ) *s.* irrupció *f.*, invasió *f.* *2* afluència *f.*, entrada *f.*
insane (in'sein) *a.* insà, boig, foll. ‖ ant. ***~ asylum,*** manicomi. *2* fig. insensat.
insanitary (in'sænitəri) *a.* antihigiènic, malsà, insalubre.

insanity (in'sæniti) *s.* bogeria *f.*, demència *f.*, insanitat *f.*
insatiable (in'seiʃəbl) *a.* insaciable.
inscribe (to) (in'skraib) *t.* inscriure. *2* gravar. *3* COM. registrar, enregistrar. ‖ ***~d stock,*** existències registrades. *4* MAT. inscriure.
inscription (in'skripʃən) *s.* inscripció *f.* *2* rètol *m.* *3* dedicatòria *f.* *4* COM. registre *m.*
inscrutable (in'skru:təbl) *a.* inescrutable.
insect ('insekt) *s.* ZOOL. insecte *m.*
insecure (ˌinsi'kjuəʳ) *a.* insegur, inestable.
insecurity (ˌinsi'kjuəriti) *s.* inseguretat *f.* *2* perill *m.*, risc *m.*
insensible (in'sensibl) *a.* insensible. *2* imperceptible. *3* MED. inconscient.
insensitive (in'sensitiv) *a.* insensible.
insert (to) (in'sə:t) *t.* inserir, introduir. *2* intercalar. *3* ficar, posar.
insertion (in'sə:ʃən) *s.* inserció *f.*, introducció *f.* *2* anunci *m.* *3* COST. entredós *m.*
inside (in'said) *s.* interior *m.* *2 pl.* entranyes *f.*, budells *m.*, estómac *m. sing.* ▪ *3 a.* interior, intern. *4* confidencial, secret. ▪ *5 adv.* (a) dins, a l'interior. ‖ ***~ out,*** de dalt a baix, a fons. *6* col·loq. en menys de, abans de: ***he can't do it ~ of a week,*** no pot fer-ho en menys d'una setmana. ▪ *7 prep.* dins de.
insidious (in'sidiəs) *a.* indisiós.
insight ('insait) *s.* perspicàcia *f.*, penetració *f.*, intuïció *f.* *2* ***to get an ~ into,*** fer-se una idea de.
insignificance (ˌinsig'nifikəns) *s.* insignificància *f.*
insincere (ˌinsin'siəʳ) *a.* poc sincer, hipòcrita, fals.
insinuate (to) (in'sinjueit) *t.* insinuar. *2 p.* ***to ~ oneself,*** insinuar-se.
insinuation (inˌsinju'eiʃən) *s.* insinuació *f.*
insipid (in'sipid) *a.* insípid, insuls [també fig.].
insipidity (ˌinsi'piditi) *s.* insipidesa *f.*, insipiditat *f.*
insist (to) (in'sist) *i.* insistir, persistir, obstinar-se *p.* a. ▪ *2 t.* sostenir. *3* insistir *i.* en.
insistence (in'sistəns) *s.* insistència *f.*, persistència *f.* obstinació *f.*
insistent (in'sistənt) *a.* insistent, persistent. ‖ ***to be ~,*** obsintar-se a.
insole ('insoul) *s.* plantilla *f.* [de sabata].
insolence ('insələns) *s.* insolència *f.* *2* descarament *m.*, atreviment *m.*
insolent ('insələnt) *a.* insolent. *2* descarat, atrevit.
insoluble (in'səljubl) *a.* insoluble.
insolvency (in'səlvənsi) *a.* DRET insolvència *f.*
insolvent (in'səlvənt) *a.* DRET insolvent.
insomnia (in'səmniə) *s.* MED. insomni *m.*
insomuch (ˌinsou'mʌtʃ) *adv.* ***~ that,*** fins el punt que. *2* ***~ as,*** ja que, donat que.
inspect (to) (ins'pekt) *t.* inspeccionar, examinar. *2* registrar. *3* MIL. passar revista a.
inspection (ins'pekʃən) *s.* inspecció *f.*, examen *m.* *2* registre *m.* *3* MIL. revista *f.*
inspector (ins'pektəʳ) *s.* inspector. *2* FERROC. revisor, interventor.
inspiration (ˌinspi'reiʃən) *s.* inspiració *f.*
inspire (to) (ins'paiəʳ) *t.* inspirar. *2* infondre. *3* suggerir. *4* MED. inspirar; aspirar. ▪ *5 i.* MED. inspirar, aspirar, respirar.
install (to) (ins'tɔ:l) *t.* instal·lar.
instalment, (EUA) **installment** (in'stɔ:lmənt) *s.* termini *m.* [de pagament]. *2* fascicle *m.* *3* instal·lació *f.*, muntatge *m.*
instance ('instəns) *s.* exemple *m.*, cas *m.*: ***for ~,*** per exemple. *2* instància *f.*
instant ('instənt) *s.* instant *m.*, moment *m.* ▪ *2 a.* instant, urgent. *3* immediat, imminent. *4* instantani. *5* corrent, present: ***the 10th ~,*** el deu del mes corrent, del present mes.
instantaneous (ˌinstən'teinjəs) *a.* instantani.
instantly ('instəntli) *adv.* instantàniament, immediatament, de seguida.
instead (ins'ted) *adv.* en o per comptes de, en lloc de. ‖ ***~ of,*** en lloc de, per comptes de.
instep ('instep) *s.* empenya *f.* [del peu, de la sabata].
instigate (to) ('instigeit) *t.* instigar, incitar. *2* fomentar.
instil, (EUA) **instill (to)** (in'stil) *t.* instil·lar. *2* fig. infondre, inculcar.
instinct ('instiŋkt) *s.* instint *m.*
institute ('institju:t) *s.* institut *m.*, institució *f.* *2* associació *f.* *3* centre *m.* social.
institute (to) ('institju:t) *t.* instituir, establir. *2* començar, iniciar.
institution (ˌinsti'tju:ʃən) *s.* institució *f.* *2* associació *f.* *3* hospici *m.* *4* establiment *m.*, creació *f.*
instruct (to) (in'strʌkt) *t.* instruir, ensenyar. *2* ordenar, manar. *3* donar instruccions.
instruction (in'strʌkʃən) *s.* instrucció *f.*, ensenyament *m.* *3 pl.* instruccions *f.*, ordres *f.*, indicacions *f.*
instrument ('instrumənt) *s.* instrument. *2* MED. *pl.* instrumental *m. sing.*
insubordination (ˌinsəˌbɔ:di'neiʃən) *s.* insubordinació *f.*
insubstantial (ˌinsəbs'tænʃəl) *a.* insubstancial, immaterial. *2* sense fonament.
insufferable (in'sʌfərəbl) *a.* insofrible, insuportable.
insufficient (ˌinsə'fiʃənt) *a.* insuficient.

insular ('insjulə[r]) *a.* insular, illenc. *2* fig. tancat, d'esperit estret.
insulate (to) ('insjuleit) *t.* aïllar. *2* separar, apartar.
insult ('insʌlt) *s.* insult *m.*
insult (to) (in'sʌlt) *t.* insultar.
insurance (in'ʃuərəns) *s.* COM. assegurança *f.* ‖ ~ ***policy,*** pòlissa *f.* d'assegurances. ‖ ***life*** ~, assegurança de vida. *2* garantia *f.*, seguretat *f.*
insure (to) (in'ʃuə[r]) *t.* COM. assegurar. *2* garantir. ▪ *3 i.* fer-se *p.* una assegurança.
insurgent (in'sə:dʒənt) *a.-s.* insurgent, insurrecte.
insurmountable (ˌinsə:'mauntəbl) *a.* insuperable, infranquejable.
insurrection (ˌinsə'rekʃən) *s.* insurrecció *f.*
intact (in'tækt) *a.* intacte, íntegre.
intake ('inteik) *s.* presa *f.*, entrada *f.* *2* admissió *f.* *3* consum *m.* *4* quantitat *f.* de persones admeses [en una escola, etc.].
intangible (in'tændʒibl) *a.* intangible, impalpable.
integer ('intidʒə[r]) *s.* MAT. (nombre) enter *m.*
integral ('intigrəl) *a.* integrant, essencial. *2* integral, sencer. ▪ *3 s.* MAT. integral *f.*
integrate (to) ('intigreit) *t.* integrar. ▪ *2 i.* integrar-se *p.*
integrity (in'tegriti) *s.* integritat *f.*, honradesa *f.* *2* totalitat *f.*
intellect ('intilekt) *s.* intel·lecte *m.*, intel·ligència *f.* ▪ *2 s.* fig. intel·lectual.
intellectual (ˌinti'lektjuəl) *s.-a.* intel·lectual.
intelligence (in'telidʒəns) *s.* intel·ligència *f.*, enteniment *m.* ‖ ~ ***quotient,*** quocient *m.* intel·lectual. *2* notícia *f.* *3* informació *f.* secreta.
intelligent (in'telidʒənt) *a.* intel·ligent.
intemperance (in'tempərəns) *s.* intemperància *f.*
intemperate (in'tempərit) *a.* intemperant, intemperat. *2* immoderat, excessiu.
intend (to) (in'tend) *t.* proposar-se *p.*, tenir l'atenció de, pensar. *2* destinar. *3* voler dir, voler fer.
intended (in'tendid) *a.* proposat, desitjat. *2* fet (*for,* per a) . 3 destinat (*for,* per a). ▪ *4 s.* col·loq. promès *m.;* futur *m.*
intense (in'tens) *a.* intens. *2* pujat, viu. *2* punyent, agut. *3* gran, enorme. *4* fort, penetrant, violent. *5* FOT. contrastat.
intensify (to) (in'tensifai) *t.* intensificar. *2* augmentar. *3* FOT. contrastar. ▪ *4 i.* intensificar-se *p.*, créixer.
intensive (in'tensiv) *a.* intensiu. ‖ MED. ~ ***care unit***, unitat de vigilància intensiva. *2* intens. *3* profund. *4* GRAM. intensiu.
intent (in'tent) *a.* absort, profund [pensament, mirada]. ‖ ~ ***on,*** atent a, dedicat a, absort en; dedicat a. ▪ *2 s.* propòsit *m.*, intenció *f.*
intention (in'tenʃən) *s.* intenció *f.*
intentional (in'tenʃənl) *a.* intencionat, intencional.
inter (to) (in'tə:[r]) *t.* form. enterrar, sepultar.
interact (to) (ˌintər'ækt) *i.* actuar recíprocament.
intercede (to) (ˌintə'si:d) *i.* intercedir.
intercept (to) (ˌintə'sept) *t.* interceptar. *2* aturar. *3* tallar. *4* MAT. interceptar.
interchange ('intətʃeindʒ) *s.* intercanvi *m.*, canvi *m.*
interchange (to) (ˌintə'tʃeindʒ) *t.* canviar, intercanviar, bescanviar. *2* alternar. ▪ *3 i.* alternar-se *p.*
intercom ('intəkɔm) *s.* col·loq. intercomunicador *m.*, intèrfon *m.*
intercourse ('intəkɔ:s) *s.* tracte *m.*, relació *f.* ‖ ***sexual*** ~, coit *m.* *2* comerç *m.;* intercanvi *m.*
interdict (to) (ˌintə'dikt) *t.* form. prohibir, interdir. *2* REL. entredir, posar entredit.
interest ('intrəst) *s.* interès *m.* *2* profit *m.*, benefici *m.* *3 pl.* indústria *f.* *sing.*, negocis *m.* *4* escreix *m.* *5* COM. interès *m.;* participació *f.*
interest (to) ('intrəst) *t.* interessar.
interesting ('intrəstiŋ) *a.* interessant.
interface ('intəfeis) *s.* interfície *f.* *2* fig. àrea comú de dos sistemes.
interfere (to) (ˌintə'fiə[r]) *i.*, interferir, entremetre's *p.*, ficar-s'hi *p.* ‖ ***to*** ~ ***with,*** remenar *t.*, grapejar *t.;* destorbar *f.*, dificultar *t.*
interference (ˌintə'fiərəns) *s.* interferència *f.* *2* RÀDIO paràsits *m. pl.* *3* ingerència *f.*, intromissió *f.* *4* obstacle *m.*, destorb *m.*
interim ('intərim) *a.* ínterim. *2* interí, provisional. ▪ *3 s.* entremig *m.* ‖ ***in the*** ~, mentrestant.
interior (in'tiəriə[r]) *a.* interior, intern. ▪ *2 s.* interior *m.*
interjection (ˌintə'dʒekʃən) *s.* GRAM. interjecció *f.*, exclamació *f.*
interlace (to) (ˌintə'leis) *t.* entrellaçar, entreteixir. ▪ *2 i.* entrellaçar-se *p.*, entreteixir-se *p.*
interlock (to) (ˌintə'lɔk) *t.* travar, entrellaçar. *2* engranar, encaixar. ▪ *3 i.* travar-se *p.*, entrellaçar-se *p.* *4* encaixar, engranar.
interloper ('intəloupə[r]) *s.* intrús, aprofitat.
interlude ('intəlu:d) *s.* TEAT. entreacte *m.* *2* MÚS. interludi *m.* *3* interval *m.*
intermarriage (ˌintə'mæridʒ) *s.* matrimoni *m.* mixt. *2* matrimoni *m.* entre parents.
interment (in'tə:mənt) *s.* form. enterrament *m.*

intermission (ˌintəˈmiʃən) *s.* intermissió *f.*, interrupció *f.* *2* CINEM. descans *m.* *3* TEAT. entreacte *m.*
intermittent (ˌintəˈmitənt) *a.* intermitent.
intern (inˈteːn) *s.* (EUA) intern [metge].
internal (inˈtəːnl) *a.* intern. *2* interior.
international (ˌinteˈnæʃnəl) *a.* internacional.
interplay (ˈintəplei) *s.* interacció *f.*
interpose (to) (ˌintəˈpouz) *t.* interposar. ▪ *2 i.* interposar-se *p.*, intervenir.
interpret (to) (ˌinˈtəːprit) *t.* interpretar. ▪ *2 i.* fer d'intèrpret.
interpretation (inˌtəːpriˈteiʃən) *s.* interpretació *f.*
interpreter (inˈtəːpritəʳ) *s.* intèrpret.
interrelate (to) (ˌintəriˈleit) *t.* interrelacionar.
interrelation (ˌintəriˈleiʃn) *s.* interrelació *f.*, correlació *f.*, relació *f.*
interrogate (to) (inˈterəgeit) *t.* interrogar.
interrupt (to) (ˌintəˈrʌpt) *t.* interrompre. ▪ *2 i.* interrompre's *p.*
interruption (ˌintəˈrʌpʃən) *s.* interrupció *f.*
intersect (to) (ˌintəˈsekt) *t.* tallar, encreuar [una línia, etc., amb una altra]. ▪ *2 i.* encreuar-se *p.* *3* MAT. intersecar-se *p.*
intersperse (ˌintəˈspəːs) *t.* escampar, sembrar, mesclar.
interstice (inˈtəːstis) *s.* interstici *m.*, escletxa *f.*
interval (ˈintəvəl) *s.* interval *m.* ‖ ***at short ~,*** freqüentment. *2* descans *m.* *3* TEAT. entreacte *m.*
intervene (to) (ˌintəˈviːn) *i.* intervenir. *2* ocórrer, sorgir. *3* interposar-se *p.*
intervening (ˌintəˈviːniŋ) *a.* que intervé. *2* intermediari. *3* intermedi.
interview (ˈintəvjuː) *s.* entrevista *f.* *2* interviu *f.* [periodística].
interview (to) (ˈintəvjuː) *t.* entrevistar(se, interviuar.
interweave (to) (ˌintəˈwiːv) *t.* entreteixir [també fig.]. ▲ Pret. ***interwove*** (ˌintəˈwouv); p. p. ***interwoven*** (ˌintəˈwouvn).
intestine (inˈtestin) *a.* intestí, intern. ▪ *2 s.* ANAT. intestí *m.*: ***large ~,*** intestí gros; ***small ~,*** intestí prim.
intimate (ˈintimit) *a.* íntim, personal. *2* de confiança. *3* profund. ▪ *4 s.* amic íntim. ▪ *5* **-ly** *adv.* íntimament.
intimate (to) (ˈintimeit) *t.* notificar, anunciar. *2* indicar.
intimation (ˌintiˈmeiʃən) *s.* notificació *f.*, anunci *m.* *2* indicació *f.*
intimidate (to) (inˈtimideit) *t.* intimidar.
into (ˈintu) *prep.* a, (a) dins, en [moviment, transformació, penetració]. ‖ ***he worked late ~ the night,*** va treballar fins ben entrada la nit. ‖ col·loq. ***he's very much ~ sport,*** té la febre de l'esport, està molt ficat en l'esport.
intolerable (inˈtɔlərəbl) *a.* intolerable, insuportable, inadmissible.
intonation (ˌintəˈneiʃən) *s.* entonació *f.*
intoxicate (to) (inˈtɔksikeit) *t.* embriagar(se [també fig.].
intoxication (inˌtɔksiˈkeiʃən) *s.* embriaguesa *f.* [també fig.].
intractable (inˈtræktəbl) *a.* intractable, rebel, indòcil [persona]. *2* difícil de resoldre [problema, etc.].
intransigent (inˈtrænsidʒent) *s.* intransigent.
intra-uterine (ˌintrəˈjuːtərain) *a.* MED. intrauteri. ***~ device,*** dispositiu intrauterí, esterilet.
intrepid (inˈtrepid) *a.* intrèpid.
intricacy (ˈintrikəsi) *s.* embolic *m.*, complicació *f.*
intricate (ˈintrikit) *a.* intricat, complicat, confús.
intrigue (inˈtriːg) *s.* intriga *f.*, conspiració *f.* *2* intriga *f.* amorosa. *3* LIT. novel·la *f.* d'embolics.
intrigue (to) (inˈtriːg) *t.-i.* intrigar.
introduce (to) (ˌintrəˈdjuːs) *t.* introduir. *2* presentar [una persona; un projecte de llei].
introduction (ˌintrəˈdʌkʃən) *s.* introducció *f.* *2* presentació *f.*
introductory (ˌintrəˈdʌktəri) *a.* introductiu, introductori.
intrude (to) (inˈtruːd) *t.* imposar [presència, opinions, etc.]. ▪ *2 i.* destorbar, molestar.
intruder (inˈtruːdəʳ) *s.* intrús.
intuition (ˌintjuːiˈʃən) *s.* intuició *f.*
intuitive (inˈtjuːitiv) *a.* intuitiu.
inundate (to) (ˈinʌndeit) *t.* inundar [també fig.].
inundation (ˌinʌnˈdeiʃən) *s.* inundació *f.*
inure (to) (iˈnjuəʳ) *t.* acostumar, habituar, avesar.
inured (iˈnjued) *a.* avesat, acostumat, habituat.
invade (to) (inˈveid) *t.* envair. *2* usurpar; violar [drets, etc.].
invader (inˈveidəʳ) *s.* invasor.
invalid (inˈvælid) *a.* invàlid, nul. *2* (ˈinvəlid) invàlid. *3* xacrós. ▪ *4 s.* invàlid. *5* persona xacrosa.
invalidate (to) (inˈvælideit) *t.* invalidar, anul·lar.
invaluable (inˈvæljuəbl) *a.* inestimable, incalculable. *2* sense valor.
invariable (inˈvɛəriəbl) *a.* invariable.

invasion (in'veiʒən) *s.* invasió *f.* *2* usurpació *f.*, violació *f.*
invective (in'vektiv) *s.* invectiva *f.*
invent (to) (in'vent) *t.* inventar. *2* imaginar, pensar.
invention (in'venʃən) *s.* invenció *f.*, invent *m.* *2* inventiva *f.*
inventor (in'ventəʳ) *s.* inventor.
inventory ('invəntri) *s.* inventari *m.*
invert (to) (in'və:t) *t.* invertir, capgirar.
inverted (in'və:tid) *a.* invertit. ‖ ~ ***commas,*** cometes *f. pl.*
invest (to) (in'vest) *t.* invertir [diners]. *2* investir, conferir. *3* ***to ~ with,*** revestir, cobrir. *4* MIL. assetjar. ▪ *5 i.* fer una inversió.
investigate (to) (in'vestigeit) *t.* investigar. *2* indagar. *3* examinar, estudiar.
investigation (inˌvesti'geiʃən) *s.* investigació *f.* *2* indagació *f.*
investment (in'vestmənt) *s.* investidura *f.* *2* inversió *f.* [de diners]. *3* MIL. setge *m.*
inveterate (in'vetərit) *a.* inveterat. *2* reconsagrat, pertinaç. *3* arrelat.
invidious (in'vidiəs) *a.* irritant, odiós. ▪ *2* **-ly** *adv.* odiosament.
invigorate (to) (in'vigəreit) *t.* vigoritzar, enfortir. *2* animar, estimular.
invigorating (in'vigəreitiŋ) *a.* vigoritzant, estimulant, vivificant.
invincible (in'vinsibl) *a.* invencible.
inviolable (in'vaiələbl) *a.* inviolable; sagrat.
invisible (in'vizəbl) *a.* invisible: ~ ***ink,*** tinta *f.* simpàtica.
invitation (ˌinvi'teiʃən) *s.* invitació *f.* *2* crida *f.*
invite (to) (in'vait) *t.* invitar, convidar. *2* demanar, sol·licitar. *3* temptar.
inviting (in'vaitiŋ) *a.* temptador. *2* atractiu, seductor. ▪ *3* **-ly** *adv.* temptadorament, d'una manera atractiva.
invoice ('invɔis) *s.* COM. factura *f.*
invoice (to) ('invɔis) *t.* COM. facturar.
invoke (to) (in'vouk) *t.* invocar. *2* implorar. *3* conjurar. *4* recórrer a. *5* demanar.
involve (to) (in'vɔlv) *t.* concernir. *2* afectar. *3* exigir. *4* comprendre. *5* embolicar, enrotllar. *6* embolicar, complicar, comprometre. *7* enredar.
involved (in'vɔlvd) *a.* embolicat, enredat, complicat, compromès. *2* intrincat. *3* absort.
inward ('inwəd) *a.* interior, intern, íntim.
inwardness ('inwədnis) *s.* espiritualitat *f.* *2* essència *f.* *3* naturalesa *f.* íntima.
inwards ('inwədz) *adv.* cap a dins.
IOU (ˌəi ou 'ju:) *s. (I owe you)* pagaré *m.*
IPA ('aipi:'ei) *s. (International Phonetic Alphabet)* AFI *m.* (Alfabet Fonètic Internacional). *2 (International Press Association)* associació *f.* internacional de premsa.
irate (ai'reit) *a.* aïrat, colèric, enutjós.
ire ('aiəʳ) *s.* form. ira *f.*, còlera *f.*
Ireland ('aiələnd) *n. pr.* GEOGR. Irlanda *f.* *2* ***Northern ~,*** Irlanda *f.* del Nord.
Irene (ai'ri:niˌ'airi:n) *n. pr. f.* Irene.
Irish ('aiəriʃ) *a.-s.* irlandès.
irksome ('ə:ksəm) *a.* pesat, carregós, enutjós.
iron ('aiən) *s.* MIN. ferro *m.* *2* planxa *f.* *3* ferro *m.* roent. *3 pl.* manilles *f.*, grillons *m.* *4* ESPORT pal *m.* de golf. ▪ *5 a.* de ferro, ferri. ‖ fig. ~ ***will,*** voluntat de ferro.
iron (to) ('aiən) *t.* planxar [la roba]. ‖ fig. ***to ~ out a difficulty,*** aplanar una dificultat.
Iron Age ('aiəneidʒ) *s.* Edat *f.* de ferro.
Iron Curtain ('aiən'kə:tn) *s.* teló *m.* d'acer.
ironic(al (ai'rɔnik, -əl) *a.* irònic. ▪ *2* **-ly** *adv.* irònicament.
irony ('aiərəni) *s.* ironia *f.*
irradiate (to) (i'reidieit) *t.* irradiar, radiar. *2* fig. aclarir, il·luminar. ▪ *3 i.* brillar, resplendir.
irrational (i'ræʃənəl) *a.* irracional. *2* absurd, il·lògic.
irreconciliable (i'rekənsailəbl) *a.* irreconciliable. *2* inconciliable.
irrecoverable (ˌiri'kʌvərəbl) *a.* irrecuperable. *2* incobrable. *3* fig. irreparable.
irredeemable (ˌiri'di:məbl) *a.* irredimible. *2* fig. irremeiable; incorregible. *3* COM. no amortitzable.
irregular (i'regjuləʳ) *a.* irregular. *2* desigual. ▪ *2* **-ly** *adv.* irregularment.
irrelevant (i'relivənt) *a.* irrellevant, no pertinent, aliè a la qüestió. *2* DRET improcedent.
irreligious (ˌiri'lidʒəs) *a.* irreligiós.
irrepressible (ˌiri'presəbl) *a.* irreprimible, incontrolable, irrefrenable.
irresistible (ˌiri'zistəbl) *a.* irresistible.
irresolute (i'rezəlu:t) *a.* irresolut, indecís.
irrespective (ˌiris'pektiv) *a.* ~ ***of,*** sense tenir en compte, prescindint de, independentment de.
irresponsible (ˌiris'pɔnsəbl) *a.* irresponsable. *2* irreflexiu.
irreverent (i'revərənt) *a.* irreverent.
irrigate (to) ('irigeit) *t.* AGR. irrigar, regar. *2* MED. irrigar.
irrigation (ˌiri'geiʃən) *s.* irrigació *f.* *2* regatge *m.*
irritable ('iritəbl) *a.* irritable.
irritate (to) ('iriteit) *t.* irritar.
irritation (ˌiri'teiʃən) *s.* irritació *f.*
Isabel ('izəbel) *n. pr. f.* Isabel.
ISBN ('aiesbi:'en) *s. (International Standard*

Book Number) ISBN *m.* (número estàndard internacional per a llibres).

island ('ailənd) *s.* illa *f.*

islander ('ailəndəʳ) *s.* illenc.

isle (ail) *s.* illot *m.* *2* illa *f.* || ***The I~ of Wight,*** l'Illa de Wight. || ***The British Isles,*** les Illes Britàniques.

isolate (to) ('aisəleit) *t.* aïllar. *2* separar, incomunicar.

isolation (ˌaisə'leiʃən) *s.* aïllament *m.*

issue (to) ('iʃu:) *t.* distribuir, repartir. *2* publicar, emetre, posar en circulació. *3* assignar, concedir. *4* donar, expedir [una ordre]. *5* DRET pronunciar. ▪ *6 i.* sortir; néixer; vessar. *7* desprendre's *p.* *8* acabar, resoldre's *p.* *9* publicar-se *p.*

issue ('iʃu:) *s.* sortida *f.* *2* vessament *m.;* flux *m.* *3* publicació *f.*, edició *f.*, tiratge *m.*, emissió *f.* *4* venda *f.*, distribució *f.* *5* resultat *m.*, solució *f.* *6* punt *m.*, tema *m.*, qüestió *f.* || ***at ~,*** a debat. || ***to avoid the ~,*** anar amb embuts. *7* beneficis *m. pl.*, renda *f.* *8* DRET prole *f.*, fillada *f.*

it (it) *pr. neutre* ell, ella, allò, això, el, la, li. ▪ *2 s.* atractiu *m.*

italic (i'tælik) *a.* en cursiva. ▪ *2 s. pl.* IMPR. cursiva *f. sing.*

Italy ('itəli) *n. pr.* GEOGR. Itàlia *f.*

itch (itʃ) *s.* MED. sarna *f.;* picor *f.*, coïssor *f.* *2* fig. pruïja *f.*, ganes *f. pl.* || col·loq. ***to have an ~,*** tenir la pruïja de.

itch (to) (itʃ) *i.* tenir picor. *2* picar, fer picor. *3* tenir pruïja, desitjar.

item ('aitem) s. article *m.* *2* punt *m.*, assumpte *m.* *3* detall *m.* *4* notícia *f.* *5* COM. partida *f.* *6* TEAT. número *m.* ▪ *7 adv.* així mateix, a més.

itemize (to) ('aitəmaiz) *t.* detallar, especificar.

iterate (to) ('itəreit) *t.* repetir, reiterar.

itinerant (ai'tinərənt) *a.* itinerant, ambulant.

itinerary (ai'tinərəri) *a.* itinerari. ▪ *2 s.* itinerari *m.* *3* guia *f.* [de viatge].

it'll ('itl) contr. de IT WILL, IT SHALL.

its (its) *a. poss.* el seu, la seva, els seus, les seves.

it's ('its) contr. de IT IS i IT HAS.

itself (it'self) *pron.* se, es. *2* ell mateix, ella mateixa, si mateix. *3* ***by ~,*** sol, aïllat.

ITV ('aiti:'vi:) *s.* (G.B.) *(Independent Television)* televisió *f.* independent.

I've (aiv) contr. de I HAVE.

ivory ('aivəri) *s.* ivori *m.*, vori *m.* *2* color *m.* de l'ivori. ▪ *3 a.* d'ivori. || fig. ~ ***tower,*** torre d'ivori. *4* de color de l'ivori.

ivy ('aivi) *s.* BOT. heura *f.*

J

J, j (dʒei) *s.* j *f.* [lletra].
jab (dʒæb) *s.* cop *m.*, punxada *f.* *2* col·loq. injecció *f.*
jab (to) (dʒæb) *t.* copejar; punxar, donar un cop de puny. ▪ *2 i.* ***to ~ at someone with a knife,*** atacar algú amb un ganivet.
jabber ('dʒæbəʳ) *s.* xerrameca *f.*, barboteig *m.*, guirigall *m.*
jabber (to) ('dʒæbəʳ) *t.* balbucejar, murmurar. ▪ *2 i.* xerrar, garlar, barbollar.
Jack ('dʒæk) *n. pr. m.* (dim. ***John***) Joan.
jack (dʒæk) *s.* col·loq. home *m.*, noi *m.* *2* sota *f.*, valet *m.* [cartes]. *3 pl.* joc *m. sing.* del botxí. *4* ELECT. endoll *m.*, clavilla *f.* [femella]. *5* ESPORT bolig *m.* [joc de botxes]. *6* MAR. mariner. *m.* *7* NÀUT. pavelló *m.*, bandera *f.* *8* MEC. gat *m.*, cric *m.*
jack (to) ('dʒæk) *t.* aixecar amb el gat. *2* augmentar, apujar [preus]. *3* col·loq. ***to ~ something in,*** deixar córrer, abandonar.
jackal ('dʒækɔːl), (EUA) ('dʒækl) *s.* ZOOL. xacal *m.*
jackass ('dʒækæs) *s.* ase *m.* [també fig.].
jackdaw ('dʒækdɔː) *s.* ORN. gralla *f.*
jacket ('dʒækit) *s.* jaqueta *f.*, americana *f.*, caçadora *f.* *2* sobrecoberta *f.* [d'un llibre]. *3* pell *f.* [de patata]. *4* MEC. camisa *f.*
jack-in-the-box ('dʒækinðəbɔks) *s.* caixa *f.* sorpresa.
jack-knife ('dʒæk naif) *s.* navalla *f.*
jackpot ('dʒækpɔt) *s.* grossa *f.* [premi]. ‖ ***to hit the ~,*** tocar la grossa; fig. tenir sort o èxit.
jade (dʒeid) *s.* MINER. jade *m.* *2* rossí *m.* [cavall] *3* meuca *f.* [dona].
jaded ('dʒeidid) *a.* fart. *2* esgotat, exhaust.
jagged ('dʒægid) *a.* dentat, oscat, descantellat. *2* irregular, desigual.
jaguar ('dʒægjuəʳ) *s.* ZOOL. jaguar *m.*
jail (dʒeil) *s.* presó *f.*
jail (to) (dʒeil) *t.* empresonar.
jailbird ('dʒeilbəːd) *s.* ant. pres reincident.
jailbreak ('dʒeilbreik) *s.* evasió *f.*, fugida *f.*, fuga *f.* [de la presó].
jailer ('dʒeiləʳ) *s.* carceller.
jalopy (dʒə'lɔpi) *s.* col·loq. carraca *f.*, cafetera *f.*, tartana *f.* [cotxe o avió].
jam (dʒæm) *s.* melmelada *f.*, confitura *f.* *2* embús *m.*, embussament *m.* [de trànsit]. *3* col·loq. embolic *m.*, tràngol *m.* *4* col·loq. ***money for ~,*** diners *m. pl.* fàcils. *5* MÚS. ***~ session,*** sessió *f.* informal de jazz.
jam (to) (dʒæm) *t.* comprimir, apilotar, apinyar. *2* travar, encallar. *3* embussar, obstruir. *4* encabir, fer cabre. *5* agafar-se *p.* [els dits]. *6* RADIO. interferir. ▪ *7 i.* apilotar-se *p.*, apinyar-se *p.* *8* travar-se *p.*, encallar-se *p.* *9* embussar-se *p.*
jamboree (ˌdʒæmbə'riː) *s.* festa *f.*, tabola *f.*, barrila *f.* *2* jambori *f.*
James ('dʒeima) *n. pr. m.* Jaume.
Jane ('dʒein) *n. pr. f.* Joana.
jangle (to) ('dʒæŋgl) *t.* fer sonar. ▪ *2 i.* esquellotejar, xerricar. *3* renyir, discutir.
janitor ('dʒænitəʳ) *s.* porter.
January (d'ʒænjuəri) *s.* gener *m.*
Japan (dʒə'pæn) *n. pr.* GEOGR. Japó *m.*
Japanese (ˌdʒæpə'niːz) *a.-s.* japonès. *2 s.* japonès *m.* [llengua].
jar (dʒɑːʳ) *s.* gerra *f.*, pot *m.* *2* xerric *m.*, grinyol *m.* *3* desavinença *f.*, desacord *m.* *4* fig. xoc *m.*, sotrac *m.*, esgarrifament *m.* *5* ***the door is on the ~,*** la porta és entreoberta.
jar (to) (dʒɑːʳ) *t.* irritar, crispar. *2* fer mal d'orella [un so]. ▪ *3 i.* xerricar, grinyolar. *4* desentonar. *5* fig. renyir, discutir. *6* fig. ***to ~ on,*** irritar *t.*, molestar *t.*
jargon ('dʒɑːgən) *s.* argot *m.* *2* xerroteig *m.*
jarring ('dʒɑːriŋ) *a.* discordant, estrident [també fig.].
jasmin ('dʒæsmin) *s.* BOT. gessamí *m.*, llessamí *m.*

jasper ('dʒæspəʳ) *s.* MINER. jaspi *m.*, diaspre *m.*

jaundice ('dʒɔːndis) *s.* MED. icterícia *f.* *2* fig. enveja *f.*, gelosia *f.*, despit *m.* ▪ *3 a.* MED. ictèric; groc, groguenc. *4* envejós, gelós.

jaunt (dʒɔːnt) *s.* passeig *m.*, excursió *f.*

jaunt (to) (dʒɔːnt) *i.* passejar, fer una excursió.

jauntiness ('dʒɔːntinis) *s.* vivacitat *f.*, gràcia *f.* *2* seguretat *f.*, confiança *f.*

jaunty ('dʒɔːnti) *a.* vivaç, airós, graciós.

javelin ('dʒævəlin) *s.* ESPORT javelina *f.* ‖ ***throwing the ~***, llançament *m.* de javelina.

jaw (dʒɔː) *s.* ANAT. mandíbula *f.*, barra *f.* *2* ANAT. maixella *f.* [d'animal]. *3* MEC. mordassa *f.* *4 pl.* fig. boca *f.* *sing.*, entrada *f.* *sing.*, portes *f.* *5* col·loq. xerrameca *f.*, garla *f.* *6* col·loq. sermó *m.*, discurs *m.*

jawbreaker ('dʒɔːbreikəʳ) *s.* col·loq. paraula *f.* difícil de pronunciar.

jazz (dʒæz) *s.* MÚS. jazz *m.*

jealous ('dʒeləs) *a.* gelós, envejós. *2* zelós. ▪ *3* **-ly** *adv.* gelosament.

jealousy ('dʒeləsi) *s.* gelosia *f.* *2* enveja *f.* *3* zel *m.*

Jean ('dʒiːn) *n. pr. f.* Joana.

jean (dʒiːn) *s.* TÈXT. dril *m.* *2 pl.* pantalons *m.* texans.

jeep (dʒiːp) *s.* AUTO. jeep *m.*

jeer (dʒiəʳ) *s.* burla *f.*, mofa *f.*, escarn *m.*

jeer (to) (dʒiəʳ) *t.-i.* burlar-se *p.*, mofar-se *p.*, fer escarn, escarnir *t.*

jeering ('dʒiːriŋ) *a.* burlaner, burlesc. ▪ *2 s.* burla *f.*, escarni *m.* *3* esbronc *m.*, aülls *m.* *pl.*

jell (to) (dʒel) *t.* col·loq. modelar, donar forma. ▪ *2 i.* quallar. *3* fig. agafar forma, cristal·litzar.

jelly ('dʒeli) *s.* gelatina *f.* *2* CUI. gelea *f.*

jellyfish ('dʒelifiʃ) *s.* ZOOL. medusa *f.*

jeopardize (to) ('dʒepədaiz) *t.* arriscar, exposar, posar en perill.

jeopardy ('dʒepədi) *s.* risc *m.*, perill *m.*, exposició *f.*

jerk (dʒəːk) *s.* sotregada *f.*, estrebada *f.*, batzegada *f.* *2* empenta *f.*, estirada *f.* *3* espasme *m.*, contracció *f.* *4* (EUA) col·loq. idiota; corcó *m.* *5* CUI. carn *f.* salada.

jerk (to) (dʒəːk) *t.* sotragar, batzegar. *2* estrebar, estirar. *3* sacsejar. *4* obrir de cop. *5* salar [la carn]. ▪ *6 i.* moure's *p.* a batzegades. *7* obrir-se *p.* de cop.

Jerry ('dʒeri) *n. pr. m.* (dim. ***Gerald***) Gerard. *2* (dim. ***Jeremy***) Jeremies.

jerry ('dʒeri) *s.* col·loq. orinal *m.* *2* col·loq. MIL. ***Jerry***, soldat *m.* alemany. *3* MIL. bidó *m.*

jerry-builder ('dʒeriˌbildəʳ) *s.* mal constructor *m.*

jerry-building ('dʒeriˌbildiŋ) *s.* construcció *f.* de mala qualitat.

jersey ('dʒəːzi) *s.* jersei *m.* *2* teixit *m.* de punt.

jest (dʒest) *s.* broma *f.*, mofa *f.*, burla *f.* *2* cosa *f.* per riure. *3* ***in ~***, de broma.

jest (to) (dʒest) *i.* bromejar, fer broma. *2* mofar-se *p.*, burlar-se *p.*

jester ('dʒestəʳ) *s.* burler, mofeta. *2* HIST. bufó *m.*

Jesuit ('dʒezjuit) *s.* ECLES. jesuïta *m.*

Jesus ('dʒiːzəs) *n. pr. m.* Jesús.

jet (dʒet) *s.* doll *m.*, raig *m.* *2* sortidor *m.* *3* avió *m.* a reacció, jet *m.*, reactor *m.* *4* cremador *m.* *5* MINER. atzabeja *f.*

jet (to) (dʒet) *t.* fer rajar a dolls. ▪ *2 i.* rajar a dolls.

jet lag ('dʒetlæg) *s.* transtorn *m.* fisiològic després d'un viatge llarg amb avió.

jetty ('dʒeti) *s.* espigó *m.*, dic *m.* *2* moll *m.*, desembarcador *m.*

Jew (dʒuː) *s.* jueu.

jewel ('dʒuːəl) *s.* joia *f.*, joiell *m.* *2* pedra *f.* preciosa. *3* fig. joia *f.*, perla *f.*

jeweller, (EUA) **jeweler** ('dʒuːələʳ) *s.* joier. ‖ ***~'s (shop)***, joieria *f.*

jewellery, (EUA) **jewelry** ('dʒuːəlri) *s.* joies *f. pl.*

Jewess ('dzuːis) *f.* jueva.

Jewish ('dʒuːiʃ) *a.* jueu.

jib (dʒib) *s.* MAR. floc *m.*

jib (to) (dʒib) *i.* plantar-se *p.* [un cavall]. *2* resistir-se *p.*

jig (dʒig) *s.* giga *f.*

jig (to) (dʒig) *i.-t.* caminar o moure's *p.* fent saltets. *2* saltar amunt i avall.

jilt (to) (dʒilt) *t.* donar carbassa, carbassejar, rebutjar [un noi].

Jim ('dʒim) *n. pr. m.* (dim. ***James***) Jaume.

jingle ('dʒiŋgl) *s.* dring *m.*, dringadissa *f.*, cascavelleig *m.* *2* cançoneta *f.*

jingle (to) ('dʒiŋgl) *i.* dringar, cascavellejar. *2* rimar. ▪ *3 t.* fer sonar.

jingo ('dʒiŋgou) *s.* patrioter *a.-s.*

jingoism ('dʒiŋgouizəm) *s.* patrioterisme *m.*

jinx ('dʒiŋks) *s.* col·loq. persona *f.* o cosa *f.* que porta mala sort. *2* mala sort *f.*

jitter (to) ('dʒitəʳ) *i.* estar nerviós. *2* moure's *p.* nerviosament.

jitters ('dʒitəz) *s. pl.* col·loq. nervis *m.*; por *f. sing.*, cangueli *m.* ‖ ***to have the ~***, tenir por, passar cangueli.

Joan (dʒoun) *n. pr. f.* Joana.

job (dʒɔb) *s.* obra *f.*, tasca *f.*, treball *m.* *2* feina *f.*, ocupació *f.* *3* assumpte *m.*, negoci *m.* *4* col·loq. ***just the ~***, just el que volia. *5* col·loq. ***to do a ~***, fer una feina [entre delinqüents].

job (to) (dʒɔb) *t.* donar feina a escarada o

a preu fet. *2* COM. comprar; vendre [accions]. *3* col·loq. recomanar, apadrinar. ■ *4 i.* treballar a preu fet. *5* treballar d'agent de borsa.
jockey ('dʒɔki) *s.* ESPORT joquei *m.*, genet *m.*
jockstrap ('dʒɔkstræp) *s.* suspensori *m.*
jocose (dʒə'kous) *a.* jocós, humorístic.
jocular ('dʒɔkjuləʳ) *a.* jocós. *2* bromista. *3* alegre, jovial.
jocund ('dʒɔkənd) *a.* jocund, jocós.
Joe ('dʒou) *n. pr. m.* (dim. ***Joseph***) Josep.
jog (dʒɔg) *s.* empenteta *f.*, copet *m.* *2* trot *m.*, pas *m.* curt. *3* fig. estímul *m.*
jog (to) (dʒɔg) *t.* donar una empenta. *2* refrescar [la memòria]. *3* sacsejar. ■ *4 i.* ***to ~ along,*** avançar a poc a poc [també fig.].
jogging ('dʒɔgiŋ) *s.* ESPORT footing *m.*, jogging *m.*
John ('dʒɔn) *n. pr. m.* Joan. *2* fig. ***~ Bull,*** Anglaterra; un anglès típic.
join ('dʒɔin) *s.* unió *f.* *2* junta *f.*, juntura *f.* *3* costura *f.*, cosit *m.*
join (to) (dʒɔin) *t.* unir, ajuntar, connectar. *2* ingressar *i.* a, entrar *i.* a; fer-se *p.* soci de. *3* reunir-se *p.* amb, anar *i.* amb *4* començar [una batalla]. *5* MEC. empalmar. *6* MIL. allistar-se *p.*, enrolar-se *p.* ■ *7 i.* unir-se *p.*, ajuntar-se *p.* *8* convergir, concórrer. *9* ***to ~ in,*** participar en.
joiner ('dʒɔinəʳ) *s.* ebenista, fuster.
joinery ('dʒɔinəri) *s.* ebenisteria *f.*, fusteria *f.*
joining ('dʒɔiniŋ) *s.* unió *f.*, junta *f.*, juntura *f.*
joint (dʒɔint) *s.* junta *f.*, juntura *f.* *2* unió *f.*, connexió *f.* *3* xarnera *f.*, frontissa *f.* *4* porció [de carn]; quart [de pollastre]. *5* col·loq. cau *m.*, antre *m.* *6* arg. porro *m.* *7* ANAT. articulació *f.* ‖ ***out of ~,*** dislocat. *8* BOT. nus *m.*, entrenús *m.* ■ *9 a.* unit, mixt. *10* comú, conjunt. ‖ ***~ author,*** co-autor. ■ *11* **-ly** *adv.* conjuntament, en comú.
jointed (ˌdʒɔintid) *a.* articulat. *2* BOT. nuós.
joint stock ('dʒɔint'stɔk) *s.* COM. capital *m.* social. ‖ ***~ company,*** companyia anònima.
joke (dʒouk) *s.* broma *f.*; acudit *m.* ‖ ***as a ~,*** de broma. ‖ ***practical ~,*** broma pesada, mala passada *f.* ‖ ***to play a ~ on,*** fer una broma.
joke (to) (dʒouk) *i.* bromejar, fer broma. ‖ ***no joking,*** seriosament, sense bromes. ‖ ***you must be joking!*** no ho deus dir seriosament!, ho dius en broma!
joker ('dʒoukəʳ) *s.* faceciós, graciós, bromista. *2* jòquer *m.* [de cartes]. *3* col·loq. paio *m.*, individu *m.*
joking ('dʒoukiŋ) *a.* humorístic; graciós. ■ *2* **-ly** *adv.* de broma.
jolly ('dʒɔli) *a.* alegre, divertit. *2* bo; bonic. ■ *3 adv.* col·loq. molt, la mar de: ***~ good!,*** la mar de bo.
jolt (dʒoult) *s.* estrebada *f.*, sacsejada *f.*, sotragada *f.* *2* xoc *m.* *3* fig. sorpresa *f.*, ensurt *m.*
jolt (to) (dʒoult) *i.* trontollar, botar. *2* moure's *p.* a estrebades. ■ *3 t.* donar una empenta, estirar de cop.
Jordan ('dʒɔ:dən) *n. pr.* GEOGR., Jordà *m.*
Joseph ('dʒouzif) *n. pr. m.* Josep.
jostle (to) ('dʒɔsl) *t.-i.* empentar, arrossegar. *2* donar empentes. *3* obrir-se *p.* pas a empentes.
jot (to) (dʒɔt) *t.* ***to ~ down,*** apuntar, prendre nota.
journal ('dʒə:nl) *s.* diari *m.*
journey ('dʒə:ni) *s.* viatge *m.*, trajecte *m.*, camí *m.*
journey (to) ('dʒə:ni) *i.* viatjar.
joust (dʒaust) *s.* HIST. justa *f.*, torneig *m.*
joust (to) (dʒaust) *i.* HIST. justar.
jovial ('dʒouvjəl) *a.* jovial, alegre.
jowl (dʒaul) *s.* queix *m.*, barra *f.* *2* galta *f.* *3* pap *m.*, papada *f.*
joy (dʒɔi) *s.* joia *f.*, alegria *f.*, felicitat *f.* *2* AVIA. col·loq. ***~-stick,*** palanca *f.* de govern.
joyful ('dʒɔiful) *a.* joiós, alegre. ■ *2* **-ly** *adv.* joiosament, alegrement.
J.P. ('dʒei'pi:) *s.* *(Justice of the Peace)* jutge de pau.
jubilant ('dʒu:bilənt) *a.* form. joiós, content.
jubilation (ˌdʒu:bi'leiʃən) *s.* alegria *f.*, joia *f.*
judge (dʒʌdʒ) *s.* jutge, magistrat. *2* expert, perit.
judge (to) (dʒʌdʒ) *t.-i.* jutjar *t.* *2* fer de jutge. *3* creure *t.*, considerar *t.*
judg(e)ment ('dʒʌdʒment) *s.* decisió *f.*, resolució. *2* sentència *f.*, veredicte *m.* *3* judici *m.*, criteri *m.*
judicious (dʒu:'diʃəs) *a.* form. judiciós, assenyat. ■ *2* **-ly** *adv.* judiciosament, assenyadament.
jug (dʒʌg) *s.* gerra *f.*, gerro *m.*, (BAL.), (VAL.) pitxer *m.* *2* col·loq. garjola *f.*, presó *f.*
juggle ('dʒʌgl) *s.* joc *m.* de mans. *2* truc *m.*, trampa *f.*
juggle (to) ('dʒʌgl) *i.* fer jocs de mans. ■ *2 t.* enganyar, enredar.
Jugoslavia ('ju:gəsla:vjə) *n. pr.* GEOGR. Iugoslàvia *f.*
juice (dʒu:s) *s.* suc *m.*
juicy ('dʒu:si) *a.* sucós. *2* col·loq. picant, divertit.
Julia ('dʒu:ljə) *n. pr. f.* Júlia.
July (dʒu:'lai) *s.* juliol *m.*

jumble ('dʒʌmbl) *s.* barreja *f.*, poti-poti *m.*, malendreç *m.*
jumble (to) ('dʒʌmbl) *t. **to ~ (up),*** amuntegar, apilonar, barrejar.
jumble sale ('dʒʌmblseil) *s.* mercat *m.* benèfic d'objectes usats.
jump (dʒʌmp) *s.* salt *m.*, bot *m. 2* augment *m.* brusc [dels preus]. *3* ensurt *m.*, sobresalt *m.*
jump (to) (dʒʌmp) *i.* saltar, botar. *2* augmentar, apujar-se *p.* [preus]. ▪ *3 t.* saltar, salvar. ‖ ESPORT. ***to ~ the gun,*** fer una sortida en fals; fig. precipitar-se *p.* ‖ ***to ~ the queue,*** passar davant [en una cua]. ‖ ***to ~ the track,*** descarrilar. ‖ ***to ~ to conclusions,*** precipitar-se *p.* a treure conclusions. ‖ ***to ~ at,*** agafar [oportunitat].
jumpy ('dʒʌmpi) *a.* saltador. *2* nerviós, excitable.
junction ('dʒʌŋkʃən) *s.* unió *f. 2* junta *f. 3* confluència *f. 4* ELECT. empalmament *m. 5* FERROC. enllaç *m.*, entroncament *m.*
juncture ('dʒʌŋktʃəʳ) *s.* form. junta *f.*, juntura *f. 2* articulació *f.*, connexió *f. 3* conjuntura *f.*, moment *m.* crític. ‖ ***at this ~,*** en aquests moments, en la conjuntura actual.
June (dʒu:n) *s.* juny *m.*
jungle ('dʒʌŋgl) *s.* jungla *f.*, selva *f. 2* fig. garbuix *m.*, embull *m.*
junior ('dʒu:njəʳ) *a.* menor, més jove, més petit. *2* fill: ***X X. ~,*** X.X. fill. ▪ *3 s.* jove, menor.
junk (dʒʌnk) *s.* andròmines *f. pl.*, trastos *m. pl. 2* MAR. jonc *m.*
junkie, junky ('dʒʌŋki) *s.* col·loq. drogadicte.
jurisdiction (ˌdʒuəris'dikʃən) *s.* jurisdicció *f.*
jury ('dʒuəri) *s.* DRET jurat *m.*
jurisprudence (ˌdʒuəris'pru:dəns) *s.* jurisprudència *f.*
jurist ('dʒuərist) *s.* jurista.
juror ('dʒuərəʳ) *s.* membre *m.* d'un jurat. *m.*
just (dʒʌst) *a.* just, recte. *2* merescut. *3* fidel, exacte. *4* justificat, ben fonamentat. ▪ *5 adv.* (G.B.) ***I've ~ had dinner,*** (EUA) ***I ~ had dinner,*** acabo de sopar. *6* ***~ as,*** alhora que, quan; tal com, igual que. *7* ***~ about,*** gairebé, quasi. *8* ***~ as well,*** sort que. *9* ***~ in case,*** en cas de, donat el cas, si de cas. *10* ***~ now,*** ara mateix; fa poc. *11* ***~ the same,*** no obstant, tanmateix. *12* **-ly** *adv.* justament, amb rectitud, exactament.
justice ('dʒʌstis) *s.* justícia *f. 2* veritat *f.*, exactitud *f. 3* DRET jutge, magistrat: ***~ of the peace,*** jutge de pau.
justification (ˌdʒʌstifi'keiʃən) *s.* justificació *f.*
justify (to) ('dʒʌstifai) *t.* justificar. ▪ *2 p.* ***to ~ oneself,*** justificar-se.
justness ('dʒʌstnis) *s.* justícia *f.*, equitat *f. 2* exactitud *f.*, precisió *f.*
jut (to) (dʒʌt) *i.* ***to ~ (out),*** sortir, sobresortir.
jute (dʒu:t) *s.* BOT. jute *m.*
juvenile ('dʒu:vinail) *a.* juvenil, jove. *2* ***~ Court,*** tribunal de menors. ▪ *3* DRET *s.* menor.
juxtapose (to) (dʒʌkstə'pouz) *t.* juxtaposar.

K

K, k (kei) *s.* k *f.* [lletra].
kaleidoscope (kəˈlaidəskoup) *s.* calidoscopi *m.* [també fig.].
kangaroo (ˌkæŋgəˈruː) *s.* ZOOL. cangur *m.*
Katharine, Katherine (ˈkæθrin), **Kathleen** (ˈkæθliːn) *n. pr. f.* Caterina.
keel (kiːl) *s.* quilla *f.*
keel (to) (kiːl) *i.* ***to ~ over,*** capgirar-se *p.*, bolcar, tombar-se *p.*
keen (kiːn) *a.* agut, esmolat, afilat. *2* intens, profund. *3* agut, perspicaç. *4* mordaç, punyent. *5* vehement. *6* ansiós. *7* ***to be ~ on,*** ser afeccionat a; estar interessat per; agradar molt. ▪ *8* **-ly** *adv.* amb entusiasme; profundament.
keenness (ˈkiːnnis) *s.* agudesa *f.*, vivacitat *f.* *2* agudesa *f.*, perspicàcia *f.* *3* entusiasme *m.*, vehemència *f.* *4* interès *m.*, afecció *f.*
keep (kiːp) *s.* menjar *m.*, subsistència *f.* *2* torre *f.* [d'un castell]. *3* col·loq. ***for ~s,*** per sempre.
keep (to) (kiːp) *t.* guardar, conservar. *2* tenir, mantenir. *3* tenir cura de, custodiar, guardar. *4* dirigir, portar [un establiment]. *5* portar [els llibres]. *6* contenir, dominar. *7* mantenir, sostenir, defensar. *8* aturar, impedir. *9* callar, amagar. *10* guardar [silenci]. *11* seguir, continuar. *12* tenir, celebrar [una reunió, etc.]. ▪ *13 i.* mantenir-se *p.*, conservar-se *p.* *14* seguir, continuar. *15* romandre, quedar-se *p.* *16* limitar-se *p.* a, complir. ▪ ***to ~ at,*** persistir en; ***to ~ away,*** mantenir(se allunyat; evitar; ***to ~ back,*** mantenir a ratlla; contenir, amagar; ***to ~ down,*** oprimir; dominar; limitar; retenir; ***to ~ from,*** abstenir-se *p.* de, impedir; evitar; amagar; ***to ~ off,*** no acostar-se *p.*, no tocar, no trepitjar; ***to ~ on,*** continuar, seguir; continuar portant [una peça de roba]; insistir; prosseguir; ***to ~ out,*** no deixar entrar; ***to ~ to,*** limitar-se *p.* a; complir; continuar; ***to ~ up,*** mantenir, sostenir; no endarrerir-se *p.;* aixecar; continuar. ▲ Pret. i p. p.: ***kept*** (kept).
keeper (ˈkiːpəʳ) *s.* guardià, guàrdia. *2* custodi, vetllador. *3* conservador; arxiver. *4* alcaid *m.* *5* propietari [de certs establiments]. *6* ~, ***game ~,*** guardabosc.
keeping (ˈkiːpiŋ) *s.* atenció *f.*, manteniment *m.* *2* tenidoria *f.* *3* DRET observança *f.*, compliment *m.* *4* LOC. ***in ~ with,*** d'acord amb.
keepsake (ˈkiːpseik) *s.* record *m.*, memòria *f.*
keg (keg) *s.* bóta *f.*, barril *m.*
Kelt (kelt) *s.* celta.
kennel (ˈkenl) *s.* canera *f.* *2* gossada *f.* *3 pl.* lloc *m. sing.* on guarden gossos.
Kenya (ˈkenjə) *n. pr.* GEOGR. Kènia *f.*
kept (kept) Veure KEEP (TO).
kerb (kəːb) *s.* vorada *f.* [de la vorera]. ‖ ***~ stone,*** pedra *f.* de la vorada.
kerchief (ˈkəːtʃif) *s.* ant. mocador *m.* [pel cap].
kernel (ˈkəːnl) *s.* gra *m.* [de blat]. *2* BOT. bessó *m.*, moll *m.* [també fig.].
kettle (ˈketl) *s.* bullidor *m.* [en forma de tetera].
kettledrum (ˈketldrʌm) *s.* MÚS. timbala *f.*
key (kiː) *s.* clau *f.* [també fig.]. *2* tecla *f.* [de piano, etc.]. *3* ***skeleton ~,*** rossinyol *m.* *4* GEOGR. illot *m.*, riell *m.* *5* MEC. xaveta *f.*, clavilla *f.* *6* MÚS. to *m.* *7* MÚS. afinador *m.*, temprador *m.*
keyboard (ˈkiːbɔːd) *s.* teclat *m.*
keyhole (ˈkiːhoul) *s.* forat *m.* del pany.
keynote (ˈkiːnout) *s.* tònica *f.* *2* idea *f.* clau.
keystone (ˈkiːstoun) *s.* ARQ. clau *f.* *2* fig. pedra *f.* clau.
kibbutz (kiˈbutç) *s.* kibbutz *m.*
kick (kik) *s.* puntada *f.*, cop *m.* [de peu]. *2* guitza *f.*, potada *f.* *3* col·loq. diversió *f.*, gràcia *f.*: ***to get a ~ out of,*** sentir-se atret, fer gràcia [alguna cosa]. ESPORT ***free ~,*** cop *m.*

franc. *5* MEC. pedal *m.* o palanca *f.* d'engegada.
kick (to) (kik) *t.* donar una puntada de peu, ventar una guitza. *2* ESPORT ficar, marcar [un gol]. *3* col·loq. ***to ~ the bucket,*** anarse'n *p.* al calaix, anar-se'n *p.* a l'altre barri. ■ *4 i.* ventar una guitza, donar una puntada de peu. *5* xutar. ■ ***to ~ against,*** oposar-se a, protestar per; ***to ~ back,*** retrocedir, tenir retrocés; ***to ~ down,*** tombar, fer caure; ***to ~ off,*** començar; ***to ~ out,*** fer fora a cops de peu; ***to ~ up,*** aixecar amb el peu. ‖ ***to ~ up a fuss,*** fer merder.
kickback ('kikbæk) *s.* culatada *f.* *2* (EUA) col·loq. comissió *f.*, percentatge *m.*
kick-off ('kikɔf) *s.* ESPORT sacada *f.* inicial. *2* fig. començament *m.*, principi *m.*
kid (kid) *s.* ZOOL. cabrit *m.* *2* cabritilla *f.* *3* cria *f.* *4* col·loq. criatura *f.*, nen *m.*, noi *m.* ‖ ***~'s stuff,*** joc de criatures. *5 pl.* canalla *f.*, mainada *f.*
kid (to) (kid) *t.* col·loq. enganyar, prendre el pèl: ***you're kidding me,*** em prens el pèl. ■ *2 i.* fer broma, bromejar. *3* parir *t.* [cries]. *4* ***no kidding!,*** i ara!
kidnap (to) ('kidnæp) *t.* segrestar, raptar [persones].
kidney ('kidni) *s.* ANAT. ronyó *m.* *2* fig. tipus *m.*, classe *f.*
kidney bean (ˌkidni'bi:n) *s.* mongeta *f.*
kidney machine ('kidniməˌʃi:n) *s.* ronyó *m.* artificial.
kidney stone ('kidniˌstoun) *s.* MED. càlcul *m.* renal.
kill (ki) *s.* peça *f.* [de caça, etc.]. *2* caça *f.*
kill (to) (kil) *t.* matar. ‖ ***to ~ off,*** exterminar. ‖ fig. ***to ~ time,*** matar el temps. *2* assassinar. *3* sacrificar [animals]. *2* fig. fer caure, carregar-se *p.*
killer ('kiləʳ) *s.* assassí.
killer whale ('kilə'weil) *s.* ZOOL. orca *f.*
killing ('kiliŋ) *a.* mortal. *2* assassí. *3* col·loq. esgotador, aclaparador. *3* col·loq. molt divertit. ■ *4 s.* assassinat *m.* *5* carnisseria *f.*, matança *f.*
killjoy ('kildʒɔi) *s.* esgarriacries.
kiln (kiln) *s.* forn *m.* [per assecar, etc.].
kilogram ('kiləgræm) *s.* quilogram *m.*
kilometre, (EUA) **kilometer** ('kiləˌmi:təʳ) *s.* quilòmetre *m.*
kilowatt ('kiləwɔt) *s.* ELECT. quilovat *m.*
kilt (kilt) *s.* faldilla *f.* [escocesa].
kin (kin) *s.* parents *m. pl.*, parentela *f.*, família *f.* ‖ ***next of ~,*** parent més pròxim. ■ *2 a.* relacionat; emparentat.
kind (kaind) *a.* amable, considerat. *2* bo; afectuós. *3* dòcil, mans. ■ *5 s.* espècie *f.*, mena *f.*, classe *f.*: ***a ~ of,*** una mena *f.* de.
kindergarten ('kindəgɑ:tn) *s.* parvulari *m.*, jardí *m.* d'infància.
kind-hearted (ˌkaind'hɑ:tid) *a.* bondadós, de bon cor.
kindle (to) ('kindl) *t.* encendre [també fig.]. *2* fig. despertar. ■ *3 i.* encendre's *p.* [també fig.].
kindliness ('kaindlinis) *s.* bondat *f.*, benevolència *f.* *2* favor *m.*, amabilitat *f.*
kindling ('kindliŋ) *s.* encenalls *m. pl.* *2* fig. encesa *f.*
kindly ('kaindli) *a.* bondadós, amable. *2* favorable, amable, benigne. ■ *3 adv.* bondadosament, amablement. *4* ***to take ~ to,*** acceptar de bon grat.
kindness ('kaindnis) *s.* bondat *f.*, benevolència *f.* *2* amabilitat *f.*, atenció *f.* *3* delicadesa *f.*, finesa *f.*
kindred ('kindrid) *a.* relacionat, emparentat. *2* semblant, afí. ■ *3 s.* parentiu *m.* *4* parents *pl.*, família *f.*
kinetics (kai'netiks) *s.* cinètica *f.*
king (kiŋ) *s.* rei *m.*, monarca *m.* ‖ ***the Three Kings,*** els tres reis *m.* d'orient. *2* rei *m.* [d'escacs]; dama *f.* [de dames].
kingdom ('kiŋdəm) *s.* regne *m.* *2* col·loq. ***~ -come,*** l'altra vida *f.* ‖ ***till ~ come,*** fins el dia *m.* del judici.
kingly ('kiŋli) *a.* reial, regi.
king-size ('kiŋsaiz) *a.* extragran, extrallarg: ***~ cigarettes,*** cigarretes extrallargues. *2* fig. enorme, gegant.
kink (kiŋk) *s.* nus *m.*, remolí *m.*, cargol *m.* [d'un cabell, un fil, etc. quan es dobleguen o s'entortolliguen].
kink (to) (kiŋk) *t.* cargolar, entortolligar, arrissar. ■ *2 i.* cargolar-se *p.*, entortolligar-se *p.*, arrissar-se *p.*
kinky (kiŋki) *a.* cargolat, entortolligat, arrissat. *2* col·loq. guillat, estrany.
kinship ('kinʃip) *s.* parentiu *m.* *2* afinitat *f.*
kiosk ('kiɔ:sk) *s.* quiosc *m.* *2* cabina *f.* telefònica.
kip (kip) *s.* (G.B.) col·loq. jaç *m.*, catre *m.* *2* allotjament *m.*, dispesa *f.* *3* ***to have a ~,*** fer un son *m.*
kipper (kipəʳ) *s.* areng *m.* fumat i salat.
kiss (kis) *s.* petó *m.*, (BAL.) besada *f.*, (VAL.) bes *m.* ‖ ***give me a ~,*** fes-me un petó. *2* ***~ of life,*** respiració *f.* boca a boca.
kiss (to) (kis) *t.* besar, fer un petó a. *2* fig. ***to ~ something goodbye,*** acomiadar(se (d')alguna cosa. *3* fig. ***to ~ the dust*** o ***the ground,*** ser assassinat; arrossegar-se *p.* per terra, ser humiliat. ■ *4 i.* besar-se *p.*, ferse *p.* petons.
kit (kit) *s.* equip *m.*, equipament *m.* *2* estris *m. pl.*, eines *f. pl.* *3* equipatge *m.* *4* maqueta *f.* *5* ***first-aid~,*** farmaciola *f.*

kitbag ('kitgæg) *s.* motxil·la *f.*, farcell *m.*
kitchen ('kitʃin) *s.* cuina *f.*
kitchen-boy ('kitʃinbɔi) *s.* marmitó *m.*
kitchen garden (ˌkitʃin'gɑ:dn) *s.* hort *m.*
kitchen range (ˌkitʃin'reindʒ) *s.* fogó *m.*
kitchen sink ('kitʃin'siŋk) *s.* aigüera *f.*
kitchenware ('kitʃinwɛə) *s.* bateria *f.* de cuina.
kite (kait) *s.* estel *m.*, (VAL.) milotxa *f.* *2* fig. ***fly a ~***, sandejar, llançar una idea. *3* ORN. milà *m.*
kitten ('kitn) *s.* gatet. *2* fig. ***to have ~s***, espantar-se.
kitty (kiti) *s.* bossa *f.*, fons *m.* comú. *3* mix, moix, gatet.
knack (næk) *s.* habilitat *f.*, traça *f.*, manya *f.* *2* truc *m.*, desllorigador *m.*
knapsack ('næpsæk) *s.* motxil·la *f.*, sarró *m.*
knave (neiv) *s.* ant. truà *m.*, bergant *m.* *2* valet *m.*; sota *f.* [cartes].
knavish ('neiviʃ) *a.* bergant. *2* astut. *3* entremaliat. ▪ *2* **-ly** *adv.* astutament.
knead (to) (ni:d) *t.* pastar. *2* fer una massa.
knee (ni:) *s.* ANAT. genoll *m.* ‖ ***~ breeches,*** pantalons *m. pl.* curts. ‖ ***on one's ~s,*** de genolls, agenollat. *2* MEC. colze *m.*
kneecap ('ni:kæp) *s.* ANAT. ròtula *f.*
kneel (to) (ni:l) *i.* agenollar-se *p.*, posar-se *p.* de genolls. *2* estar agenollat. ▪ Pret. i p. p.: ***knelt*** (nelt) o ***kneeled*** ('ni:ld).
knell (nel) *s.* toc *m.* de difunts. *2* fig. final *m.*
knelt (nelt) Veure KNEEL (TO).
knew (nju:) *pret.* de KNOW (TO).
knickerbockers ('nikəbɔkəz) bombatxos *m. pl.*, pantalons *m. pl.* de golf.
knickers ('nikəz) *s.* calces *f.*
knick-knack ('niknæk) *s.* galindaina *f.*, bagatel·la *f.*
knife (naif) *s.* ganivet *m.*, navalla *f.*, fulla *f.* [de tallar]. ▴ *pl.* ***knives*** (naivz).
knight (nait) *s.* cavaller *m.* *2* cavall *m.* [d'escacs].
knight (to) (nait) *t.* armar cavaller.
knight-errant (ˌnait'erənt) *s.* cavaller *m.* errant.
knit (to) (nit) *t.* teixir, tricotar. *2* adjuntar, unir. *3* ***to ~ one's brows,*** arrugar les celles. ▪ *4 i.* fer mitja. ▴ Pret. i p. p.: ***knit*** (nit) o ***knitted*** ('nitid).
knob (nɔb) *s.* pom *m.* [de la porta, etc.]. *2* botó *m.* [de la ràdio, etc.]. *3* bony *m.*, protuberància *f.* *4* terròs *m.*, tros *m.*
knock (nɔk) *s.* cop *m.* (VAL.) colp *m.* *2* col·loq. crítica *f.*
knock (to) (nɔk) *t.* picar, copejar, donar cops. ‖ fig. ***to ~ one's head against a brick wall,*** donar-se cops de cap a la paret. *2* xocar [també fig.]. *3* col·loq. criticar, deixar com un drap brut. ▪ *4 i.* picar *t.*, petar [motor]. ▪ ***to ~ about,*** rondar, vagar; ***to ~ down,*** enderrocar; atropellar; rebaixar, abaixar [preus]; ***to ~ off,*** plegar; rebaixar; col·loq. robar; ***to ~ out,*** estabornir, deixar fora de combat; eliminar [d'una competició]; ***to ~ up,*** pilotejar; (G.B.) col·loq. despertar.
knocker ('nɔkəʳ) *s.* picaporta *f.* *2* persona *f.* o cosa que dóna cops.
knock-out ('nɔkaut) *s.* ESPORT fora de combat *m.*, K.O. *m.* *2* col·loq. espaterrant *a.*, impressionant *a.* [persona, cosa].
knoll (noul) *s.* turó *m.*, pujol *m.*
knot (to) (nɔt) *s.* nus *m.* *2* llaç *m.* *3* fig. dificultat *f.*, problema *m.* *4* ***tie oneself in ~s,*** fer-se un embolic *m.*
knot (to) (nɔt) *t.* lligar, fer un nus, fer nusos. *2* arrugar [les celles]. ▪ *3 i.* fer-se *p.* un nus. *2* embolicar-se *p.*
knotty ('nɔti) *a.* nuós, nodós. *2* difícil, espinós. *3* aspre, rugós.
know (to) (nou) *t.* conèixer: ***to ~ by sight,*** conèixer de vista; ***to get to ~ someone,*** conèixer algú. *2* saber: ***to ~ how to, to ~ to,*** saber [fer]; ***for all I ~,*** pel que jo sé; al meu entendre. *3* reconèixer. *4* veure, comprendre. *5* distingir, discernir. ▪ *6 i.* saber *t.*: ***to ~ best,*** saber-ho millor. ▴ Pret.: ***knew*** (nju:); p. p.: ***known*** (noun).
know-how ('nouhau) *s.* habilitat *f.*, destresa *f.* *2* coneixements *m. pl.*
knowing ('nouiŋ) *a.* intel·ligent, llest. *2* astut, enginyós. *3* d'intel·ligència. ▪ *4* **-ly** *adv.* expressament. *5* hàbilment. *6* astutament.
knowledge ('nɔlidʒ) *s.* coneixement *m.* ‖ ***to the best of my ~,*** pel que jo sé. ‖ ***without my ~,*** sense saber-ho jo. *2* saber *m.*, coneixements *m. pl.*
knowledgeable ('nɔlidʒəbl) *a.* entès, erudit.
known (noun) *p. p.* de KNOW (TO). ‖ ***to make ~,*** fer saber.
knuckle ('nʌkl) *s.* ANAT. artell *m.* *2* jarret [d'un animal].
knuckle (to) ('nʌkl) *t.* copejar amb els artells. ▪ *2 i.* ***to ~ down to,*** posar-s'hi *p.* [a fer una cosa]; ***to ~ under,*** sotmetre's *p.*
knuckle-bone ('nʌklboun) *s.* taba *f.*, astràgal *m.* [os].
Korea (kɔ'riə) *n. pr.* GEOGR. Corea *f.*
Kuwait (ku'weit) *n. pr.* GEOGR. Kuwait *m.*

L

L, l (el) *s.* 1 *f.* [lletra]. 2 ***L-plate,*** placa *f.* de conductor novell. 3 xifra romana per 50.
lab (læb) *s.* col·loq. (abrev. ***laboratory***) laboratori *m.*
Lab ('læb) *s.* POL. (abrev. ***Labour***) laborista.
label ('leibl) *s.* etiqueta *f.*, rètol *m.*
label (to) ('leibl) *t.* etiquetar [també fig.], retolar, posar etiquetes, posar rètols.
laboratory (lə'bɔrətri) *s.* laboratori *m.*
laborious (le'bɔːriəs) *a.* treballador. 2 laboriós. 3 difícil, penós.
labour, (EUA) **labor** ('leibəʳ) *s.* treball *m.* ‖ ***Labour Exchange,*** institut *m.* nacional d'ocupació. ‖ ***hard ~,*** treballs *m. pl.* forçats. 2 tasca *f.*, feina *f.* 3 mà *f.* d'obra. 4 MED. part *m.* ▪ 5 *a.* laborista: ***Labour Party,*** Partit Laborista. 6 laboral.
labour (to), (EUA) **labor (to)** ('leibəʳ) *i.* treballar. 2 esforçar-se *p.* 3 ***to ~ under,*** patir *t.*, sofrir *t.* [una malaltia, un error, etc.]. ▪ 4 *t.* insistir en. 5 polir, perfilar. 6 AGR. treballar, conrear.
labourer, (EUA) **laborer** ('leibərəʳ) *s.* treballador *m.*, obrer *m.*, jornaler *m.*, bracer *m.*
labyrinth ('læbərinθ) *s.* laberint *m.* [també fig.].
lace (leis) *s.* cinta *f.*, cordó *m.* 2 galó *m.* [d'or o plata]. 3 punta *f.*, blonda *f.*
lace (to) (leis) *t.* cordar. 2 posar puntes o blondes. ▪ 3 *i.* cordar-se *p.*
lacerate (to) ('læsəreit) *t.* lacerar. 2 estripar. 3 fig. ferir [els sentiments, etc.].
lachrymose ('lækrimous) *a.* lacrimogen.
lack (læk) *s.* falta *f.*, manca *f.* 2 necessitat *f.*
lack (to) (læk) *t.* no tenir, mancar. 2 necessitar. ▪ 2 *i.* faltar.
lackey ('læki) *s.* lacai *m.* [també fig.].
lacking ('lækiŋ) *a.* mancat de, desprovist de. ‖ ***~ in,*** sense.
laconic (lə'kɔnik) *a.* lacònic.
lacquer ('lækəʳ) *s.* laca *f.*
lacquer (to) ('lækəʳ) *t.* lacar, envernissar amb laca.
lad (læd) *s.* noi *m.*, xicot *m.*, (BAL.) al·lot *m.*, (VAL.) xic *m.*
ladder ('lædəʳ) *s.* escala *f.* de mà. 2 carrera *f.* [a les mitges]. 3 fig. escala *f.*, jerarquia *f.* [social]. 4 fig. esglaó *m.*, graó *m.*
laden ('leidn) *a.* ***~ with,*** carregat de. 2 fig. aclaparat, desbordat.
lading ('leidiŋ) *s.* NÀUT. càrrega *f.*, carregament *m.* ‖ ***bill of ~,*** coneixement *m.*
ladle ('leidl) *s.* culler *m.*, cullerot *m.*
lady ('leidi) *s.* senyora *f.*, dama *f.* ‖ ***~-in-waiting,*** dama *f.* [d'una reina, princesa, etc.]. 2 ***Ladies,*** senyores *f.* [lavabos]. 3 (G.B.) Lady *f.* [títol nobiliari]. 4 REL. ***Our Lady,*** Nostra Senyora *f.* ▪ 5 *a.* ***~ doctor,*** doctora; ***~ lawyer,*** advocadesa. 6 ***~ killer,*** don Joan. 7 REL. ***Lady Day,*** dia de l'Anunciació. 8 ZOOL. ***~ bird,*** marieta.
ladylike ('leidilaik) *a.* elegant, distingit. 2 pej. efeminat, amanerat.
lag (læg) *s.* retard *m.* 2 col·loq. presoner, presidiari.
lag (to) (læg) *t.* revestir, aïllar [amb materials termoaïllants]. 2 col·loq. empresonar. ▪ 3 *i.* anar a poc a poc; retardar-se *p.*; trigar.
laggard ('lægəd) *s.* endarrerit *a.*; lent *a.* 2 gandul, dropo.
lagging ('lægiŋ) *s.* revestiment *m.* termoaïllant. 2 folre *m.*
lagoon (lə'guːn) *s.* llacuna *f.*, albufera *f.*
laid (leid) Veure LAY (TO).
lain (lein) *p. p.* de LIE (TO) 2.
lair (lɛəʳ) *s.* cau *m.* [també fig.].
lake (leik) *s.* llac *m.* 2 ***ornamental ~,*** estany *m.*, bassa *f.* 3 laca *f.* ▪ 4 *a.* lacustre, de llac.
lamb (læm) *s.* be *m.*, (BAL.) xot *m.*, (VAL.) corder *m.* 2 xai *m.*, anyell *m.* ‖ ***~ chops,*** costelles de be. 3 fig. xai *m.*

lame (leim) *a.* coix, esguerrat. *2* fig. fluix, poc convincent. *3* LIT. ~ ***verse,*** vers coix.
lame (to) (leim) *t.* deixar coix, esguerrar, incapacitar.
lameness ('leimnis) *s.* coixera *f.*, coixesa *f.* *2* fig. falta de solidesa *f.*, falta de convicció *f.*
lament (lə'ment) *s.* lament *m.*, queixa *f.* *3* MÚS. complanta *f.*
lament (to) (lə'ment) *t.* lamentar. *2* plorar. ▪ *3 i.* lamentar-se *p.*
lamentable ('læməntəbl) *a.* lamentable, deplorable. *2* planyívol, lamentós.
laminate (to) ('læmineit) *t.* laminar. *2* aplacar, contraplacar, contraxapar. *3* dividir en làmines. ▪ *4 i.* dividir-se *p.* en làmines.
lamp (læmp) *s.* llum *m.* || ~ ***holder,*** portallànties *m.*, portalàmpada *m.; **wall** ~,* aplic *m.;* ~ ***light,*** llum *f.* d'un fanal, claror *f.* d'un llum; ~ ***shade,*** pantalla *f.; **street** ~,* fanal *m.* *2* llanterna *f.* *3* llàntia *f.* *4* far *m.*
lamp-post ('læmpoust) *s.* pal *m.* d'un fanal. *2* fanal *m.*
lance (lɑ:ns) *s.* llança *f.* *2* MED. llanceta *f.*
lance (to) (lɑ:ns) *t.* llancejar, ferir amb una llança. *2* MED. obrir amb una llanceta.
land (lænd) *s.* terra *m.*, sòl *m.* *2* terreny *m.*, tros *m.*, terra *f.* [conreada]. *3* terra *f.*, país *m.*, nació *f.*, pàtria *f.*
land (to) (lænd) *t.* aterrar [un avió]. *2* desembarcar. *3* agafar, pescar [un peix]. *4* aconseguir, obtenir. ▪ *4 i.* aterrar. *5* desembarcar. *6* baixar. *7* posar-se *p.* *8* anar a parar, caure. || fig. ***to ~ on one's feet,*** tenir sort. *9* col·loq. ***to ~ up,*** arribar, anar a parar.
landing ('lændiŋ) *s.* aterratge *m.* *2* desembarcament *m.* *3* desembarcador *m.* *4* replà *m.* *5* AVIA. ~***-gear,*** tren *m.* d'aterratge.
landlady ('lænd,leidi) *s.* mestressa *f.;* propietària *f.* *2* dispesera *f.*
landlord ('lændlɔ:d) *s.* propietari *m.* [de terres], amo *m.* *2* dispeser *m.*
landmark ('lændmɑ:k) *s.* molló *m.*, fita *f.* *2* fig. punt *m.* decisiu. *3* MAR. marca *f.*, senyal *m.*
landowner ('lænd,ounə^r) *s.* terratinent, hisendat.
landscape ('lændskeip) *s.* paisatge *m.* || ~ ***architect,*** arquitecte paisagista.
landslide ('lændslaid) *s.* esllavissament *m.* de terres.
lane (lein) *s.* senda *f.*, camí *m.*, caminoi *m.* *2* carreró *m.* *3* AVIA., MAR. ruta *f.* *4* ESPORT banda *f.*
language ('læŋgwidʒ) *s.* llenguatge *m.* *2* llengua *f.*, idioma *m.* [d'un país].
languid ('læŋgwid) *a.* lànguid, decandit. *2* fluix; lent.
languish (to) ('læŋgwiʃ) *i.* esllanguir-se *p.* *2* consumir-se *p.*
lank (læŋk) *a.* llis, estirat [cabells]. *2* llarg i prim, esprimatxat.
lanky ('læŋki) *a.* llargarut [persona].
lanolin ('lænəlin) *s.* lanolina *f.*
lantern ('læntən) *s.* llanterna *f.*, fanal *m.*, llàntia *f.*
lap (læp) *s.* falda *f.* || ~ ***dog,*** gos *m.* de falda. *2* genolls *m. pl.* *3* llepada *f.* *4* clapoteig [de l'aigua]. *4* ***over*** ~, solapa *f.* *5* ESPORT volta *f.*
lap (to) (læp) *t.* encavalcar, cavalcar. *2* embolicar, envoltar. *3* llepar. ▪ *4 i.* encavallar-se *p.* *5* clapotejar. *6* fig. ***to ~ up,*** absorbir fàcilment o amb entusiasme. *7* ESPORT fer una volta.
lapel (lə'pel) *s.* solapa *f.* [d'un vestit, etc.].
lapse (læps) *s.* lapsus *m.*, error *m.*, equivocació *f.* *2* lapse *m.*, interval *m.* *3* DRET prescripció *f.*, caducitat *f.*
lapse (to) (læps) *i.* passar, transcórrer. *2* caure, relliscar. *3* recaure, reincidir [en un error, etc.]. *4* DRET caducar.
larceny ('lɑ:səni) *s.* DRET robatori *m.*, furt *m.*
larch (lɑ:tʃ) *s.* BOT. làrix *m.*
lard (lɑ:d) *s.* llard *m.*
larder ('lɑ:də^r) *s.* rebost *m.*
large (lɑ:dʒ) *a.* gran, gros. || ***on a ~ scale,*** a gran escala. *2* important. *3* abundant, nombrós. *4* ampli. *5* extens. *6* ~***-hearted,*** magnànim, generós. *7* ~***-minded,*** tolerant. ▪ *8 loc. adv.* ***at*** ~, extensament; en general; en llibertat. ▪ *9* **-ly** *adv.* àmpliament, en gran part.
lark (lɑ:k) *s.* ORN. alosa *f.* *2* col·loq. diversió *f.*, disbauxa *f.*, xerinola *f.*
lark (to) (lɑ:k) *i.* fer gresca, fer sarau. *2* divertir-se *p.* *3* ***to ~ about,*** fer bestieses.
larynx ('læriŋks) *s.* ANAT. laringe *f.*
lascivious (lə'siviəs) *a.* lasciu.
laser (leizə^r) *s.* làser *m.*
lash (læʃ) *s.* fuet *m.*, tralla *f.* *2* fuetada *f.*, assot *m.* *3* ANAT. pestanya *f.*
lash (to) (læʃ) *t.* fuetejar, assotar. *2* lligar. *3* fustigar. ▪ *4 i.* espetegar [el fuet].
lass (læs) *f.* noia *f.*, xicota *f.*
lasso ('læsu:) *s.* llaç *m.* escorredor.
lassitude ('læsitju:d) *s.* lassitud *f.*, fluixesa *f.*
last (lɑ:st) *a.* últim, darrer. || ~ ***but one,*** penúltim. *2* passat: ~ ***Sunday,*** diumenge passat; ~ ***night,*** ahir a la nit. ▪ *3 s.* fi *f.*, final *m.*, últim. || ***at*** ~, per fi. || ***to the*** ~, fins el final. *4* forma *f.* [de la sabata]. ▪ *5 adv.* finalment, en darrer lloc.
last (to) (lɑ:st) *i.* durar. *2* romandre, perdurar. *3* aguantar, resistir.

lasting ('lɑ:stiŋ) *a.* durable, perdurable. *2* sòlid, permanent.
latch (lætʃ) *s.* balda *f.*, baldó *m.*
late (leit) *a.* que arriba, passa o es fa tard, endarrerit. || ***to be ~,*** fer tard. *2* tardà, de finals de. *3* anterior; últim, darrer. *4* difunt. *5* recent. ▪ *6 adv.* tard. *7* recentment. *8* ***of ~,*** últimament. *9* ***~ in,*** a finals de.
lately ('leitli) *adv.* últimament, darrerament, recentment.
latent ('leitənt) *a.* latent. *2* amagat, dissimulat.
later ('leitəʳ) *a.-adv. comp.* de LATE: ***~ on,*** més tard, després.
lateral ('lætərəl) *a.* lateral.
latest ('leitist) *a.-adv. superl.* de LATE.
lathe (leið) *s.* MEC. torn *m.*
lather ('lɑ:ðəʳ) *s.* escuma *f.* [de sabó, etc.]. *2* suor *f.* [d'un cavall].
lather (to) ('lɑ:ðəʳ) *t.* ensabonar. ▪ *2 i.* fer escuma.
Latin ('lætin) *a.* llatí. ▪ *2* llatí *m.* [llengua].
latitude ('lætitju:d) *s.* latitud *f.*
latter ('lætəʳ) *a.* més recent, darrer, últim. *2* ***~-day,*** modern. *3* ***the ~,*** aquest, aquest darrer.
lattice ('lætis) *s.* reixa *f.*, enreixat. *m.* ▪ *2 a.* reixat.
laugh (lɑ:f) *s.* riure *m.*, rialla *f.*
laugh (to) (lɑ:f) *i.* riure('s. || ***to ~ at,*** riure's *p.* de, burlar-se *p.* de. ▪ *2 t.* dir rient.
laughing ('lɑ:fiŋ) *a.* rialler. *2* ***~ matter,*** cosa de riure. *3* ***~ gas,*** gas hilarant. ▪ *4 adv.* (tot) rient: ***she said ~,*** va dir tot rient. *5* **~ly,** rient.
laughing-stock ('lɑ:fiŋstɔk) *s.* riota *f.*, befa *f.*
laughter ('lɑftəʳ) *s.* rialla *f.*, riure *m.*, hilaritat *f.*
launch (lɔ:ntʃ) *s.* MAR. avarada *f.* *2* MAR. llanxa *f.*, faluga *f.*
launch (to) (lɔ:ntʃ) *t.* llançar. *2* MAR. varar. ▪ *3 i.* llançar-se *p.*
launching ('lɔ:ntʃiŋ) *s.* llançament *m.* *2* MAR. avarada *f.* *3* fundació *f.*, creació *f.*
launderette (lɔ:n'dret) *s.* bugaderia *f.* automàtica.
laundress ('lɔ:ndris) *s.* bugadera *f.*
laundry ('lɔ:ndri) *s.* safareig *m.* *2* bugaderia *f.* *3* ***the ~,*** la bugada *f.*
laurel ('lɔrəl) *s.* BOT. llorer *m.* *2 pl.* fig. llorers *m.*
lavatory ('lævətri) *s.* lavabo *m.*, wàter *m.*
lavender ('lævəndəʳ) *s.* espígol *m.* *2* ***~ water,*** lavanda *f.*
lavish ('læviʃ) *a.* pròdig, generós. *2* abundant, copiós.
lavish (to) ('læviʃ) *t.* prodigar. *2* malgastar.
law (lɔ:) *s.* DRET, FÍS. llei *f.* *2* dret *m.*, jurisprudència *f.* || ***to read ~,*** estudiar dret. *3* dret *m.*, codi *m.*, legislació *f.* || ***commercial ~,*** dret *m.* mercantil. *4* advocacia *f.*, fur *m.* *5* justícia *f.* || ***to take the ~ into one's own hands,*** agafar-se la justícia pel seu compte.
law-abiding ('lɔ:əˌbaidiŋ) *a.* observant de la llei.
lawful ('lɔ:ful) *a.* legal, legítim, lícit. *2* ***~ age,*** majoria d'edat. ▪ *3* **-ly** *adv.* legalment.
lawless ('lɔ:lis) *a.* sense llei. *2* il·legal, il·legítim, il·lícit. *3* ingovernable, caòtic. ▪ *4* **-ly** *adv.* il·legalment.
lawn (lɔ:n) *s.* gespa *f.* || ***~-mower,*** màquina de tallar la gespa. || ESPORT ***~ tennis,*** tennis sobre herba.
lawsuit ('lɔ:su:t) *s.* DRET acció *f.*, plet *m.*, procés *m.*
lawyer ('lɔ:jəʳ) *s.* advocat, lletrat.
lax (læks) *a.* lax, relaxat. *2* negligent, descurat. *3* MED. fluix [d'estómac].
laxity ('læksiti) *s.* laxitud *f.* *2* negligència *f.* *3* imprecisió *f.*
lay (lei) *a.* laic, seglar. *2* llec, no professional. ▪ *3 s.* situació *f.*, configuració *f.*, posició *f.* *4* LIT. troba *f.*, balada *f.*
lay (lei) *pret.* de LIE (TO) 2.
lay (to) (lei) *t.* ajeure, ajaure. *2* posar, col·locar, deixar. *3* assentar, establir. *4* estendre [un fil, etc.]. *5* cobrir, aplicar (sobre). *6* preparar, disposar. *7* imposar [càrregues]. *8* pondre [ous]. *9* parar [taula]. *9* assossegar, tranquil·litzar. *10* culpar, donar la culpa: ***to ~ the blame on someone,*** donar la culpa a algú. *12* presentar, exposar. *12* apostar, jugar-se *p.* [diners]. *13* ***to ~ hold of,*** agafar, apoderar-se *p.* *14* ***to ~ bare,*** descobrir, despullar. ▪ *15 i.* pondre [les gallines]. ▪ ***to ~ aside,*** guardar; deixar, deixar a un costat; rebutjar, arraconar; ***to ~ by,*** guardar; ***to ~ down,*** ajeure, tombar; retre, deixar; apostar [diners]; ordir, projectar; dictar [la llei]; ***to ~ in,*** proveir-se *p.*; ***to ~ on,*** instal·lar [aigua, gas, etc.]; col·loq. proveir, proporcionar; ***to ~ out,*** preparar, disposar, desplegar; projectar, organitzar, invertir [diners]. ▲ Pret. i p. p.: ***laid*** (leid).
layer ('leiəʳ) *s.* capa *f.* *2* ARQ. filada *f.* *3* GEOL. estrat *m.* *4* ZOOL. gallina *f.* ponedora.
layman ('leimən) *s.* seglar *m.*, laic. *m.* *2* fig. llec *m.*, profà *m.*
laziness ('leizinis) *s.* mandra *f.*, (BAL.) peresa *f.*, (VAL.) gos *m.*
lazy ('leizi) *a.* gandul, mandrós, (ROSS.) gansola. *2* lent, pesat.
L/C ('el'si:) *s.* *(Letter of Credit)* carta *f.* de crèdit.
1) lead (led) *s.* plom *m.* *2* mina *f.* [de llapis].
2) lead (li:d) *s.* corretja *f.* [de gos]. *2* direc-

ció *f.*, comandament *m.*, guia *f.* *3* JOC sortida *f.*, joc *m.* *4* avantatge *m.* *5* davantera *f.*, primer lloc *m.* *6* MEC., ELECT. cable *m.* *7* TEAT. primer paper *m.*, paper *m.* protagonista.

lead (to) (li:d) *t.* conduir, guiar, dirigir, impulsar, induir. *2* fer passar [un fil, etc.]. *3* aconduir [aigua, etc.]. *4* portar, (ROSS.) aportar [un tipus de vida]. *5* avantatjar, anar el primer. *6* ***to ~ astray,*** desviar, desencaminar. ▪ *7 i.* guiar *t.*, dirigir *t.* *8* dirigir *t.*, encapçalar *t.* ▲ Pret. i p. p.: ***led*** (led).

leaden ('ledn) *a.* de plom. *2* plomós. *3* fig. pesat.

leader (li:dəʳ) *s.* líder, dirigent. *2* conductor; guia. *3* cap, cabdill. *4* editorial *m.*, article *m.* de fons. ‖ ***~-writer,*** editorialista. *5* MÚS. primer violí *m.*

leadership ('li:dəʃip) *s.* direcció *f.*, comandament *m.* ‖ ***under the ~ of,*** sota la direcció de. *2* comandament *m.*, liderat *m.* ‖ ***to have powers of ~,*** tenir do de comandament.

leading ('li:diŋ) *a.* principal, primer: ***~ man,*** primer actor; ***~ lady,*** primera actriu. *2* destacat, eminent. *3* ***~ question,*** pregunta intencionada. *4* fig. dominant.

leaf (li:f) *s.* BOT. fulla *f.*, pètal. *2* full *m.*, plana *f.*, pàgina *f.* *3* ala *f.* [de taula]. *4* TECNOL. fulla *f.* ▲ *pl.* ***leaves*** (li:vz).

leafy ('li:fi) *a.* frondós. *2* fullós.

league (li:g) *s.* lliga *f.*, unió *f.* *2* ant. llegua *f.* *3* ESPORT lliga *f.*

league (to) (li:g) *t.* lligar, unir. ▪ *2 i.* lligar-se *p.*, aliar-se *p.*, unir-se *p.*

leak (li:k) *s.* fuga *f.* [de gas, líquid, etc.]. *2* gotera *f.* *3* escletxa *f.* *4* pèrdua *f.* *5* fig. filtració *f.* [d'informació, etc.].

leak (to) (li:k) *i.* perdre *t.*, tenir pèrdues, estar foradat [un recipient]. *2* gotejar [un sostre]. *3* filtrar-se *p.*, escapar-se *p.* [també fig.]. ▪ *4 t.* vessar, deixar sortir, deixar escapar. *5* fig. filtrar [notícies, secrets, etc.].

leaky ('li:ki) *a.* que vessa, que fa aigua.

lean (li:n) *a.* prim, xuclat. *2* magre. ▪ *3 s.* carn *f.* magra.

lean (to) (li:n) *t.* inclinar, reclinar, recolzar. ▪ *2 i.* inclinar-se *p.* [també fig.]. *3* recolzar-se *p.*, reclinar-se *p.* ▪ ***to ~ back,*** recolzar-se [cap enrera]; ***to ~ on something,*** recolzar-se en alguna cosa [també fig.]; ***to ~ out,*** abocar-se *p.* ▲ *Pret. i p. p.:* ***leant*** (lent) o ***leaned*** (li:nd).

leaning (li:niŋ) *s.* inclinació *f.* [també fig.]. *2* propensió *f.*, tendència *f.*

leant (lent) Veure LEAN (TO).

lean-to ('li:ntu:) *s.* cobert *m.*, rafal *m.*

leap (li:p) *s.* salt *m.*, bot *m.*, saltiró *m.* ‖ ***by ~s and bounds,*** a passes *f.* de gegant. *2* canvi *m.*, tomb *m.* *3* fig. salt *m.* ‖ ***a ~ in the dark,*** un salt en el buit. ▪ *4 a.* ***~-frog,*** saltar i parar [joc]. *5* ***~year,*** any de traspàs.

leap (to) (li:p) *i.* saltar, botar. *2* fig. saltar, fer un salt: ***my heart leapt,*** em va fer un salt el cor. ▪ *3 i.* saltar. *4* fer saltar. ▲ Pret. i p. p.: ***leapt*** (lept) o ***leaped*** (li:pt).

learn (to) (lə:n) *t.* aprendre. ‖ ***to ~ by heart,*** aprendre de memòria. *2* assabentar-se *p.*, saber. ▪ *3 i.* aprendre *t.* ▲ Pret. i p. p.: ***learned*** (lə:nd) o ***learnt*** (lə:nt).

learned ('lə:nid) *a.* docte, erudit, savi, versat en. *2* culte [estil]. *3* ***~ profession,*** professió liberal.

learner ('lə:nəʳ) *s.* principiant. *2* aprenent. *3* estudiant.

learning ('lə:niŋ) *s.* instrucció *f.*, saber *m.*, coneixements *m. pl.*

learnt (lə:nt) Veure LEARN (TO).

lease ('li:s) *s.* arrendament *m.* *2* contracte *m.* d'arrendament. *3* fig. ***to get a new ~ of life,*** recobrar la vitalitat, agafar noves forces per continuar.

lease (to) (li:s) *t.* arrendar; llogar. *2* donar o agafar una cosa en arrendament.

leash (li:ʃ) *s.* ronsal *m.*, corretja *f.* *2* fig. ***to strain at the ~,*** tenir moltes ganes. *3* fig. ***to hold in ~,*** dominar, controlar.

least (li:st) *a.* (*superl.* de LITTLE.) més petit, menor; mínim. ▪ *3 s.* ***the ~,*** el més petit, el menor, el mínim. ‖ ***at ~,*** almenys, com a mínim; ***not in the ~,*** gens ni mica, en absolut. ▪ *4 adv.* menys. ‖ ***~ of all,*** sobretot; menys que res; ***when you ~ expect it,*** quan menys t'ho esperes.

leather ('leðəʳ) *s.* cuiro *m.*, pell *f.* *2* ***patent ~,*** xarol *m.* ▪ *3 a.* de cuiro, de pell. *4 a.* **leathery** adobat. *5* fig. dur.

leave (li:v) *s.* permís *m.*, llicència *f.* ‖ ***by your ~,*** amb el vostre permís. *2* comiat *m.* ‖ ***to take ~,*** acomiadar-se.

leave (to) (li:v) *t.* deixar. *2* marxar *i.* *3* quedar *i.*, sobrar *i.* ▪ *4 i.* marxar, anar-se'n *p.*, sortir, (VAL) eixir, (ROSS.) sàller. ▪ ***to ~ behind,*** deixar enrera; ***to ~ for,*** marxar cap a; ***to ~ off,*** deixar de [fer una cosa]; deixar [la feina, un costum, etc.]. ▲ Pret. i p. p.: ***left*** (left).

leaven ('levn) *s.* llevat *m.* *2* fig. estímul *m.*

leaves (li:vz) *s. pl.* de LEAF.

leavings ('li:viŋz) *s. pl.* sobres *f.*, deixalles *f.*

lecherous ('letʃərəs) *a.* luxuriós, lasciu.

lectern ('lektə:n) *s.* faristol *m.*

lecture ('lektʃəʳ) *s.* conferència *f.*, discurs *m.* *2* classe *f.* [universitat]. *3* reprensió *f.*, sermó *m.* *4* ~ ***hall,*** aula *f.;* sala *f.* de conferències.

lecture (to) ('lektʃəʳ) *i.* fer una conferència. *2* donar una classe ▪ *3 t.* sermonejar, renyar.

lecturer ('lektʃərəʳ) *s.* conferenciant. *2* professor [universitat]. ‖ ***assistant*** ~, professor adjunt.

led (led) Veure LEAD (TO).

ledge (ledʒ) *s.* lleixa *f.*, represa *f.*, prestatge *m. 2* ARQ. repeu *m. 3* MAR. escull *m.*

ledger ('ledʒəʳ) *s.* COM. llibre *m.* mestre.

leech (li:tʃ) *s.* ZOOL. sangonera *f.* [també fig.].

leek (li:k) *s.* BOT. porro *m.*

leer (liəʳ) *s.* mirada *f.* de reüll; mirada *f.* lasciva; mirada *f.* maliciosa.

lees (li:z) *s. pl.* pòsit *m. sing.*, solatge *m. sing.* [també fig.]. ‖ ***to drink to the*** ~, beure-s'ho tot.

leeward ('li:wəd) *s.* MAR. sotavent *m.* ▪ *2 adv.* a sotavent.

left (left) *pret.* i *p. p.* de LEAVE (TO). ‖ ***to be*** ~ ***over,*** quedar. Sobrar. ▪ 2 *a.* esquerre. ▪ *3 s.* esquerra *f.:* ***on the*** ~, a l'esquerra. *4* POL. esquerrà. ▪ *5 adv.* a l'esquerra, cap a l'esquerra.

left-handed (ˌleft'hændid) *a.* esquerrà.

leg (leg) *s.* cama *f. 2* [persona]. *2* pota *f. 3* suport *m.*, peu *m. 4* camal *m. 5* CUI. cuixa *f.* [de pollastre]. *6* col·loq. ***to pull someone's*** ~, prendre el pèl *m.* a algú.

legacy ('legəsi) *s.* llegat *m.*, herència *f.* [també fig.].

legal ('li:gəl) *a.* legal. *2* legítim, lícit. *3* jurídic. ▪ *4* **-ly** *adv.* legalment.

legate ('legit) *s.* llegat *m.*

legation (li'geiʃən) *s.* legació *f. 2* ambaixada *f.*

legend ('ledʒənd) *s.* llegenda *f.*

legion ('li:dʒən) *s.* legió *f.*

legionary ('li:dʒənəri) *a.* legionari. ▪ *2 s.* legionari *m.*

legislate (to) ('ledʒisleit) *i.* legislar.

legislation (ˌledʒis'leiʃən) *s.* legislació *f.*

legislature ('ledʒisleitʃəʳ) *s.* cos *m.* legislatiu.

legitimacy (li'dʒitiməsi) *s.* legitimitat *f.*

legitimate (li'dʒitimit) *a.* legítim.

legitimize (to) (li'dʒitimaiz) *t.* legitimar.

leisure ('leʒəʳ) *s.* lliure *m.*, temps *m.* lliure, oci *m.* ‖ ~ ***hours,*** temps *m.* lliure. ‖ ***at one's*** ~, quan es pugui, quan es tingui temps.

lemon ('lemən) *s.* BOT. llimona *f.*, (OCC.) llimó *m.*, (VAL.) llima *f.* ‖ ~ ***tree,*** llimoner *m.*, (VAL.) llimera *f.*

lemonade (ˌlemə'neid) *s.* llimonada *f.*

lend (to) (lend) *t.* deixar [diners, etc.]. ‖ ***to*** ~ ***a hand,*** donar un cop de mà. *2* ***to*** ~ ***oneself*** o ***itself,*** prestar-se *p.* a. ▴ Pret. i p. p.: ***lent*** (lent).

lender ('lendəʳ) *s.* prestador.

length (leŋθ) *s.* longitud *f.*, llargada *f.*, llargària *f.* ‖ ***at*** ~, finalment, extensament, detalladament. ‖ ***at full*** ~, sense abreujar, in extenso. ‖ ***to go to any*** ~, fer tot el que calgui. *2* espai *m.*, extensió *f.*, tros *m.*

lengthen (to) ('leŋθən) *t.* allargar, perllongar. ▪ *2 i.* allargar-se *p.*, perllongar-se *p.*

lengthy ('leŋθi) *a.* llarg, extens. *2* massa llarg.

leniency ('li:njənsi) *s.* lenitat *f.*, indulgència *f.*, benevolència *f.*

lenient ('li:njənt) *a.* indulgent, benevolent, fluix.

lens (lenz) *s.* OPT. lent *f. 2* ANAT. cristal·lí *m.*

Lent (lent) *s.* REL. Quaresma *f.*

lent (lent) Veure LEND (TO).

lentil ('lentil) *s.* BOT. llentia *f.*

leper ('lepəʳ) *s.* leprós.

leprosy ('leprəsi) *s.* MED. lepra *f.*

less (les) *a.-adv.-prep.* menys. *2* menor. ‖ ***to grow*** ~, minvar.

lessen (to) ('lesn) *t.* reduir, disminuir, rebaixar. ▪ *2 i.* minvar, disminuir, empetitir-se *p.*

lesser ('lesəʳ) *a.* (*comp.* de LITTLE) menor.

lesson ('lesn) *s.* lliçó [també fig.]. *2* classe *f.*

lest (lest) *conj.* per por de, per por que, per tal de no.

let (let) *s.* DRET destorb *m.*, obstacle *m. 2* ESPORT ~ ***ball,*** let *m.* [tennis].

let (to) (let) *t.* llogar, arrendar: ***I'm going to*** ~ ***my flat,*** llogaré el meu pis. *2* deixar, permetre. *3* MED. treure [sang]. *4* ***to*** ~ ***alone,*** deixar en pau, no tocar; ***to*** ~ ***loose,*** deixar anar, deslligar, afluixar. *5* ***to*** ~ ***know,*** fer saber, avisar. ▪ *6 i.* llogar-se *p.* ▪ *7 aux.* ~ ***B equal C,*** posem que B és igual a C; ~ ***him come,*** que vingui; ~ ***us run,*** correm. ▪ ***to*** ~ ***down,*** abaixar, allargar; deixar anar; desinflar; fig. decebre, fallar; ***to*** ~ ***in,*** deixar o fer entrar; ***to*** ~ ***off,*** disparar; deixar sortir; ***to*** ~ ***on,*** dir; fingir(se; ***to*** ~ ***out,*** deixar sortir o escapar; deixar anar; afluixar; eixamplar [un vestit]; arrendar, llogar; ***to*** ~ ***up,*** disminuir, amainar, minvar; moderar-se. ▴ Pret. p. p.: ***let*** (let). ▪ *8 adv.* ~ ***alone,*** no diguem de, i encara menys.

lethal ('li:θəl) *a.* letal, mortal.

lethargy ('leθədʒi) *s.* letargia *f.*

let's (lets) *aux.* (*contr.* ***let us***) ~ ***go!,*** anem!, anem-nos-en!

letter ('letəʳ) *s.* lletra *f.* ‖ ***to the*** ~, al peu *m.* de la lletra. *2* carta *f.;* document *m.* ‖ ~ ***of credit,*** carta *f.* de crèdit. ‖ ~ ***box,*** bústia *f. 3 pl.* lletres *f.* [estudis, etc.].

lettering ('letəriŋ) *s.* rètol *m.*, inscripció *f.*, lletres *f. pl.*

lettuce ('letis) *s.* BOT. enciam *m.* (VAL.) encisam *m.*

level ('levl) *a.* llis, pla. *2* ras, uniforme. *3* horitzontal; anivellat. ‖ FERROC. ~ ***crossing,*** pas a nivell. *4* igual, igualat. *5* equilibrat; imparcial. *6* assenyat. ▪ *7 adv.* a nivell. *8* horitzontalment. ▪ *9 s.* nivell *m.* *10* plana *f.* *11* alçada *f.*; índex *m.* *12* ***on the ~,*** honrat, seriós.

level (to) ('levl) *t.* anivellar. *2* aplanar. *3* desmuntar, enderrocar. *4* apuntar [una arma]. *5* fig. dirigir. ▪ *6 i.* anivellar-se *p.* *7* COM. estabilitzar-se *p.*

lever ('li:vəʳ) *s.* palanca *f.*, alçaprem *m.*

levity ('leviti) *s.* form. frivolitat *f.* *2* vel·leïtat *f.*

levy ('levi) *s.* recaptació *f.* [d'impostos]. *2* MIL. lleva *f.*

levy (to) ('levi) *t.* recabdar [impostos]. *2* MIL. reclutar. ▪ *3 i.* DRET ***to ~ on,*** embargar *t.*

lewd (lu:d) *a.* indecent, lasciu.

liability (ˌlaiə'biliti) *s.* responsabilitat *f.* *2* risc *m.*, tendència *f.* *3 pl.* COM. obligacions *f.* *4 pl.* COM. passiu *m.*

liable ('laiəbl) *a.* responsable. *2* exposat, subjecte, susceptible. *3* propens.

liar ('laiəʳ) *s.* mentider.

Lib ('lib) *s.* POL. (abrev. ***Liberal***) liberal.

libel ('laibəl) *s.* libel *m.* *2* calumnia *f.*, difamació *f.*

liberal ('libərəl) *a.* liberal. ‖ ***the ~ arts,*** les lletres *f.* ‖ ~ ***education,*** educació *f.* humanista. *2* generós; abundant. ▪ *3 s.* POL. liberal.

liberality (ˌlibə'ræliti) *s.* liberalitat *f.*, generositat *f.* *2* mentalitat *f.* oberta.

liberate (to) ('libəreit) *t.* alliberar, llibertar, posar en llibertat.

libertine ('libəti:n) *a.-s.* llibertí.

liberty ('libəti) *s.* llibertat *f.* ‖ ***at ~,*** en llibertat, lliure. *2 pl.* privilegis *m.*

librarian (lai'brεəriən) *s.* bibliotecari.

library ('laibrəri) *s.* biblioteca *f.*

licence, (EUA) **license** ('laisəns) *s.* llicència *f.*, permís *m.* ‖ ***driving ~,*** carnet *m.* de conduir. *2* autorització *f.* *3* patent *f.*, concessió *f.* *4* llibertinatge *m.* *5* AUTO. ***~-plate,*** matrícula *f.* *6* LIT. llicència *f.* poètica.

licence, (EUA) **license (to)** ('laisəns) *t.* autoritzar, donar permís.

licentious (lai'senʃəs) *a.* llicenciós.

lick (lik) *s.* llepada *f.*

lick (to) (lik) *t.* llepar. ‖ fig. ***to ~ someone's boots,*** llepar el cul a algú. *2* col·loq. apallissar, donar una pallissa.

licorice ('likəris) *s.* BOT. regalèssia *f.*

lid (lid) *s.* tapa *f.*, tapadora *f.* *2* ***eye ~,*** parpella *f.*

lie (lai) *s.* mentida *f.* ‖ ***white ~,*** mentida *f.* pietosa. *2* posició *f.* *3* fig. ***the ~ of the land,*** l'estat *m.* de les coses.

1) lie (to) (lai) *i.* mentir. ▲ Pret. i p. p. ***lied*** (laid); ger. ***lying*** ('laiiŋ).

2) lie (to) (lai) *i.* ajeure's *p.*, ajaure's *p.*, estirar-se *p.* *2* estar estirat, estar ajagut. *3* estar enterrat, descansar. *4* estar, trobar-se *p.*, estar situat. *5* consistir, basar-se *p.*, raure. *6* estendre's *p.*, ocupar. *7* quedar-se *p.* *8* dependre. *9* MAR. estar ancorat. ▪ ***to ~ about,*** estar escampat, estar per tot arreu; ***to ~ in,*** quedar-se al llit; ***to ~ low,*** ajupir-se; estar quiet, amagar-se: ***to ~ on,*** dependre de; pesar sobre; ***to ~ up,*** no fer-se servir; estar-se al llit; MAR. desarmar. ▲ Pret.: ***lay*** (lei); p. p.: ***lain*** (lein); ger. ***lying*** ('laiiŋ).

lieutenant (lef'tenənt) , (EUA) (lu:'tenənt) *s.* lloctinent. m.*2* MIL. tinent *m.* ‖ ~ ***colonel,*** tinent coronel.

life (laif) *s.* vida *f.* ‖ ~ ***belt,*** cinturó *m.* salvavides; ~ ***sentence,*** cadena *f.* perpètua; ***a matter of ~ and/or death,*** qüestió *f.* de vida o mort; ***as large as ~,*** de tamany *m.* natural; ***for ~,*** per tota la vida; ***come to ~,*** ressuscitar; reanimar-se; ***low ~,*** gentussa *f.*, xusma *f.*; ART. ***still ~,*** natura *f.* morta. *2* durada *f.*, duració *f.* *3* animació. ▪ *4 a.* de la vida, vital. ‖ ~ ***force,*** força vital. *5* vitalici.

life-boat ('laifbout) *s.* MAR. bot *m.* salvavides.

lifeless ('laiflis) *a.* mort, sense vida. *2* inanimat, inert. *3* fig. fluix, insípid.

lifelong ('laiflɔŋ) *a.* de tota la vida, de sempre.

lifelike ('laiflaik) *a.* que sembla viu, natural, realista.

lifetime ('laiftaim) *s.* vida *f.* [duració]. ‖ ***the chance of a ~,*** l'oportunitat *f.* d'una vida. ▪ *2 a.* perpetu, vitalici, de tota una vida.

lift (lift) *s.* elevació *f.*, aixecament *m.* ‖ ~ ***-off,*** enlairament *m.* [d'un coet]. ‖ ***air-~,*** pont *m.* aeri. *2* augment *m.*, pujada *f.* *3* empenta *f.*, força *f.* *4* ***to give someone a ~,*** portar algú amb el cotxe. *5* fig. animació *f.*, exaltació *f.* *6* (G.B.) ascensor *m.*

lift (to) (lift) *t.* aixecar, elevar. *2* suprimir, aixecar [restriccions, etc.]. *3* transportar [en avió]. *4* fig. exaltar, animar. *5* col·loq. ***to shop-~,*** robar, pispar. ▪ *6 i.* aixecar-se *p.*, elevar-se *p.* *7* AVIA. enlairar-se *p.*

lifting ('liftiŋ) *s.* Veure FACE-LIFTING.

light (lait) *s.* llum *f.* ‖ ***to see the ~,*** veure la llum; néixer. *2* foc *m.* [per encendre]. *3* llum *m.*, llanterna *f.*, far *m.* ‖ ***traffic-~,*** semàfor *m.* || TEAT. ***foot-~,*** bateria *f. 4* claror *f.*, brillantor *f. 5* lluerna *f.*, claraboia *f. 6* fig. llumenera *f. 7* fig. aspecte *m.*, aparença. *f. 8 pl.* fig. llums *f.*, enteniment *m. sing.*, intel·ligència *f. sing.* ▪ *9 a.* de llum. *10* ros; pàl·lid. *11* clar [color]. *12* lleuger, lleu. *13* fi, suau. *14* alegre, content. ▪ *15 adv.* ***to travel ~,*** viatjar amb poc equipatge.

light (to) (lait) *t.* encendre, (ROSS.) allumar. *2* il·luminar. ▪ *3 i.* topar, trobar-se *p.* amb. *4* il·luminar-se *p.* [també fig.]. ▲ Pret. i p. p.: ***lighted*** ('laitid) o ***lit*** (lit).

lighten (to) ('laitn) *t.* il·luminar. *2* aclarir, avivar [un color]. *3* alegrar. *4* alleujar. ▪ *5 i.* il·luminar-se *p.* aclarir-se *p.*, avivar-se *p.* [un color]. *7* alegrar-se *p. 8* alleugerir-se *p. 9* llampegar.

lighter ('laitəʳ) *s.* encenedor *m. 2* MAR. gavarra *f.*, barcassa *f.*

light-headed (ˌlait'hedid) *a.* capverd, frívol. *2* marejat. *3* delirant.

lighthouse ('laithaus) *s.* MAR. far *m.*

lighting ('laitiŋ) *s.* il·luminació *f. 2* enllumenat *m. 3* encesa *f.*

lightness ('laitnis) *s.* lleugeresa *f. 2* agilitat *f. 3* claredat, lluminositat *f.*

lightning ('laitniŋ) *s.* llamp *m.*, llampec *m.* || ***~ rod,*** parallamps *m.*

likable, likeable ('laikəbl) *a.* simpàtic, agradable, amable.

like (laik) *a.* igual; semblant; equivalent, anàleg, tal. || ***~ father ~ son,*** tal el pare, tal el fill. *2* probable. ▪ *3 adv.* probablement. || ***~ enough, very ~,*** possiblement, probablement. *4* ***~ this,*** així. ▪ *5 prep.* com, igual que, tal com. *6* ***what's it ~?,*** què tal és?, com és? ▪ *7 conj.* com, de la mateixa manera. ▪ *8 s.* semblant. || col·loq. ***the ~s of,*** persones o coses com. *9 pl.* gustos *m.*, simpaties *f.*

like (to) (laik) *t.* agradar *i.*: ***I ~ your flat,*** m'agrada el teu pis. *2* apreciar, sentir simpatia per. *3* voler.

likelihood ('laiklihud) *s.* probabilitat *f.*; versemblança *f.*

likely ('laikli) *a.* probable, possible. *2* versemblant, creïble. *3* apropiat, adequat. *4* prometedor. ▪ *5 adv.* probablement.

liken (to) ('laikən) *t.* assemblar-se *p.*, comparar.

likeness ('laiknis) *s.* semblança *f. 2* aparença *f.*, forma *f. 3* retrat *m.*

likewise ('laikwaiz) *adv.* igualment, de la mateixa manera. *2* a més, també.

liking ('laikiŋ) *s.* inclinació *f.*, afecte *m.*, simpatia *f. 2* gust *m.*, afecció *f.*

lilac ('lailək) *s.* BOT. lila *f.*, lilà *m.* ▪ *2 a.* lila, de color lila.

lily ('lili) *s.* BOT. lliri *m.*; assutzena *f. 2* ***water ~,*** nenúfar *m. 3* HERÀLD. flor *f.* de lis. ▪ *4 a.* ***~-white,*** pàl·lid o blanc com un lliri; pur, innocent.

limb (limb) *s.* ANAT. membre *m. 2* BOT. branca *f.*

limber ('limbəʳ) *a.* flexible, àgil.

lime (laim) *s.* cala *f.* || ***~ pit,*** pedrera *f.* de calcària. *2* calcària *f. 3* BOT. llima *f.*; til·ler *m.*

limelight ('laimˌlait) *s.* TEAT. llum *m.*, bateria *f. 2* fig. ***to be in the ~,*** ser dalt de tot, atreure l'interès de tothom.

limestone ('laimstoun) *s.* pedra *f.* calcària.

limit ('limit) *s.* límit *m. 2* col·loq. súmmum *m.*: ***to be the ~,*** ser el súmmum.

limit (to) ('limit) *t.* limitar.

limitation (ˌlimi'teiʃən) *s.* limitació *f. 2* restricció *f.*

limited ('limitid) *a.* limitat. *2* reduït, escàs. *3* COM. ***~ company,*** societat anònima.

limp (limp) *s.* coixesa *f.* ▪ *2 a.* tou, flàcid. *3* fluix, flexible. *4* dèbil.

limp (to) (limp) *i.* coixejar.

limpid ('limpid) *a.* límpid, clar, transparent.

linden ('lindən) *s.* BOT. til·ler *m.*

line (lain) *s.* línia *f.*, ratlla *f.*, (BAL.) retxa *f. 2* fila *f.*, filera *f.*, cua *f. 3* línia *f.* [aèria, fèrria, etc.]. *4* TELEF. línia *f.* || ***hold the ~!,*** no pengis! *5* LIT. vers *m.* [línia]. *6* TEAT. paper *m. 7* fig. actitud *f.* || ***~ of conduct,*** línia *f.* de conducta. *8* conducció *f.*, canonada *f. 9* arruga *f.* [de la cara]. *10* branca *f.* [negocis, especialitat]. *11* corda *f.*, cordill *m.*, sedal *m. 12 pl.* línies *f.*, contorns *m.*; trets *m.*

line (to) (lain) *t.* ratllar. *2* arrugar [la cara]. *3* alinear(se. *4* fig. omplir. *5* TECNOL. folrar, revestir. ▪ *6 i.* ***to ~ up,*** alinear-se *p.*, posar-se *p.* en fila; fer cua; MIL. formar.

lineage ('liniidʒ) *s.* llinatge *m.*

lineaments ('liniəmənts) *s. pl.* form. trets *m.*, fesomia *f. sing.*

linen ('linin) *s.* lli *m.*, fil *m.*, llenç *m. 2* roba *f.* blanca [de llit, interior, etc.], (ROSS.) llinge *f.* || ***table-~,*** joc *m.* de taula. *3* fig. ***to wash one's dirty ~ in public,*** treure els draps bruts. ▪ *4 a.* de fil, de lli.

liner ('lainəʳ) *s.* AVIA. avió *m.* de línia. *2* MAR. transatlàntic *m.*, vaixell *m.*

linesman ('lainzmən) *s.* ESPORT línier *m.*, jutge *m.* de línia.

line-up ('lainʌp) *s.* alineació *f. 2* ESPORT alineació *f.*, formació *f. 3* RADIO., TELEV. programació *f.*: ***today's ~ includes a political debate,*** la programació d'avui inclou un debat polític.

linger (to) ('liŋgəʳ) *i.* romancejar, entretenir-se *p.* *2* trigar, endarrerir-se *p.* *3* persistir, subsistir [dubtes, etc.].

lingerie ('læn3eri:) *s.* roba *f.* interior femenina [nom comercial].

lingering ('liŋgəriŋ) *a.* lent. *2* romancer. *3* perllongat; persistent. *4* MED. crònic.

lingo ('lingou) *s.* col·loq. pej. llengua *f.*, idioma *m.*

linguistics (liŋ'gwistiks) *s.* lingüística *f.*

lining ('lainiŋ) *s.* folre *m.*, folro *m.* *2* TECNOL. revestiment *m.*, folre *m.* *3* ***every cloud has a ~,*** Déu escanya però no ofega.

link (liŋk) *s.* anella *f.*, baula *f.* || fig. ***missing ~,*** graó *m.* perdut. *2* fig. vincle *m.*, llaç *m.* *3* connexió *f.*, relació *f.* *4* ***cuff-~s,*** botons *m.* de puny. *5* ESPORT camp *m.* de golf.

link (to) (liŋk) *t.* encadenar. *2* unir, connectar. *3* acoblar. *4* fig. unir, relacionar. ▪ *5 i.* enllaçar-se *p.*, unir-se *p.* [també fig.]. *6* acoblar-se *p.*, empalmar.

linoleum (li'nouljəm) *s.* linòleum *m.*

lion ('laiən) *s.* ZOOL. lleó *m.* [també fig.]. || fig. ***the ~'s share,*** la part *f.* del lleó.

lioness ('laiənis) *s.* ZOOL. lleona *f.*

lip (lip) *s.* llavi *m.*, (BAL.) morro *m.* || ***~-reading,*** llegir els llavis. *2* broc *m.* *3* col·loq. insolència *f.*, impertinència *f.*

lipstick ('lipstik) *s.* pintallavis *m.*

liquefy (to) ('likwifai) *t.* liquar. ▪ *2 i.* liquar-se *p.*

liqueur (li'kjuə^r) *s.* licor *m.*

liquid ('likwid) *a.* líquid. *2* clar. *3* transparent, cristal·lí. ▪ *4 s.* líquid *m.*

liquor ('likə^r) *s.* (G.B.) beguda *f.* alcohòlica. *2* licor *m.*

liquorice, (EUA) **licorice** ('likəris) *s.* BOT. regalèssia *f.*

Lisbon ('lizbən) *n. pr.* GEOGR. Lisboa *f.*

lisp ('lisp) *s.* parlar *m.* papissot. *2* balboteig *m.*, balbuceig *m.* *3* fig. murmuri *m.*, xiuxiueig *m.*

lisp (to) (lisp) *i.* papissotejar, parlar papissot. ▪ *2 t.* dir papissotejant.

lissom, (EUA) **lissome** ('lisəm) *a.* àgil. *2* flexible.

list (list) *s.* llista *f.*, catàleg *m.*, relació *f.* || ***wine ~,*** carta *f.* de vins. || COM. ***price ~,*** llista *f.* de preus. *2* voraviu *m.* *3* MAR. inclinació *f.*, escora *f.* *4* MIL. escalafó *m.*

list (to) (list) *t.* fer una llista, posar en una llista; registrar. *2* enumerar. *3* COM. cotitzar. ▪ *4 i.* escorar, inclinar-se *p.*

listen (to) ('lisn) *i.* ***to ~ (to),*** escoltar, sentir; posar atenció a.

listener ('lisnə^r) *s.* oient, radioient.

listless ('listlis) *a.* distret, indiferent, apàtic, abatut. ▪ *2* **-ly** *adv.* sense interès.

lit (lit) *pret.* i *p. p.* de LIGHT (TO).

literal ('litərəl) *a.* literal. *2* prosaic. ▪ *2* **-ly** *adv.* literalment. ▪ *3 s.* IMPR. errata *f.*

literate ('litərit) *a.* instruït, culte. ▪ *2 s.* persona *f.* culta.

literature ('litrətʃə^r) *s.* literatura *f.* *2* fullets *m. pl.*, opuscles *m. pl.* [publicitaris]. *3* documentació *f.*

lithe ('laið), **lithesome** (-səm) *a.* flexible, àgil, vincladís.

lithography (li'θɔgrəfi) *s.* litografia *f.*

litigate (to) ('litigeit) *t.-i.* litigar *t.*

litre, (EUA) **liter** ('li:tə^r) *s.* litre *m.*

litter ('litə^r) *s.* llitera *f.* *2* jaç *m.*, pallat *m.* *3* escombraries *f. pl.*, porqueria *f.* || ***~-bin/basket,*** paperera *f.* || ***~-lout,*** persona *f.* que embruta el carrer. *4* fig. desordre *m.*, confusió *f.* *5* ZOOL. ventrada *f.*, llodrigada *f.*

litter (to) ('litə^r) *t.* escampar porqueria, embrutar, desordenar. *2* preparar un jaç de palla [per a animals]. ▪ *3 i.* parir [animals].

little ('litl) *a.* petit, (VAL.) xicotet. || ***~ finger,*** dit petit. *2* poc, mica. *3* fig. estret. ▪ *4 adv.* poc, mica. ▪ *5 s.* una mica *f.* *6* una estona *f.*

littleness ('litlnis) *s.* petitesa *f.* [també fig.]. *2* mesquinesa *f.*

live (laiv) *a.* viu [que viu; enèrgic; actiu]. *2* ardent, encès. || ***~ coals,*** brases *f.* || ***~ bomb,*** bombe sense explotar. *3* d'actualitat, candent. *4* ELECT. amb corrent. *5* RADIO., TELEV. en directe.

live (to) (liv) *t.* viure; portar, tenir [un tipus de vida, etc.]. ▪ *2 i.* viure. || ***to ~ together,*** viure junts. || ***~ and let ~,*** viu i deixa viure. ▪ ***to ~ by,*** viure de; ***to ~ in,*** viure a, habitar, ocupar; ***to ~ on*** o ***upon,*** viure de o a costa de, ***to ~ out,*** acabar; ***to ~ through,*** sobreviure, anar fent; ***to ~ it up,*** viure sense estar-se de res.

livelihood ('laivlihud) *s.* vida *f.*, mitjans *m.* de vida.

liveliness ('laivlinis) *s.* vida *f.*, vivacitat *f.*, animació *f.*

lively (laivli) *a.* viu. *2* animat. *3* alegre, brillant. *4* ràpid, enèrgic. *5* realista, gràfic [una descripció, etc.]. ▪ *6 adv.* vivament.

liver ('livə^r) *s.* ANAT., CUI. fetge *m.* *2* ***good ~,*** persona *f.* que sap viure.

livery ('livəri) *s.* lliurea *f.* *2* ***~ stable,*** quadra *f.* de cavalls de lloguer. *3* poèt. vestidura *f.*, plomatge *m.*

livestock ('laivstɔk) *s.* ramaderia *f.*, bestiar *m.*

livid ('livid) *a.* lívid, pàlid. *2* col·loq. furiós.

living ('liviŋ) *a.* viu, vivent; de vida, vital. *2* ***~-room,*** sala d'estar. ▪ *3 s.* vida *f.* [manera de viure, mitjans de vida]. || ***to make a ~,*** guanyar-se la vida. *4* ***the ~,*** els vius *m.*

*pl. 5 ~ **wage**,* sou *m.* mínim. *6 ~ **allowance**,* dietes *f. pl.*

Liz (liz) *n. pr. f.* (dim. ***Elisabeth***) Elisabet.

lizard ('lizəd) *s.* ZOOL. llangardaix *m.*, sargantana *f.*

llama ('lɑːmə) *s.* ZOOL. llama *f.*

load (loud) *s.* càrrega *f. 2* pes *m.* [també fig.]. *3* carregament *m. 4 pl.* col·loq. munt *m. sing.* [molts], (ROSS.) petadissa *f. sing. 5* MEC. rendiment *m.*

load (to) (loud) *t.* carregar [un vaixell, una arma, una filmadora, etc.]. *2* cobrir, omplir [d'honors, etc.]. *3* fig. aclaparar, oprimir. *5* INFORM. carregar. ▪ *6 i.* carregar-se *p.*, agafar càrrega.

loaf (louf) *s.* pa *m.*, barra *f.* de pa. *2* col·loq. cap *m.: **use your ~!**,* fes servir el cap! ▲ *pl. **loaves*** (louvz).

loaf (to) (louf) *i.* gandulejar. *2 **to ~ about**,* fer el dropo, perdre el temps.

loafer ('loufəʳ) *s.* gandul, dropo.

loan (loun) *s.* préstec *m. 2* COM. emprèstit *m. 3* LING. *~ **word**,* préstec *m.*

loan (to) (loun) *t.* form. deixar [diners].

loath (louθ) *a.* refractari, poc disposat.

loathe (to) (louð) *t.* odiar, detestar, sentir repugnància.

loathing ('louðiŋ) *s.* aversió *f.*, fàstic *m.*, odi *m.*, repugnància *f.*

loathsome ('louðsəm) *a.* fastigós, repugnant. *2* odiós.

lobby ('lɔbi) *s.* corredor *m.;* sala *f.* d'espera [de cambra legislativa]; vestíbul. *2* grup *m.* de pressió.

lobby (to) ('lɔbi) *t.* pressionar [políticament]. ▪ *2 i.* fer pressió [política].

lobe (loub) *s.* lòbul *m.*

lobster ('lɔbstəʳ) *s.* ZOOL. llagosta *f.*

local ('loukəl) *a.* local. ‖ *~ **news**,* notícies locals. *2* limitat, restringit. *3* urbà, interior. *4* municipal, regional, comarcal. *5* de rodalies. ▪ *6 s.* gent *f.* del poble; natiu. *7* secció *f.* local.

locality (lou'kæliti) *s.* localitat *f. 2* lloc *m. 3* regió *f. 4* situació *f. 5* orientació *f.*

localize (to) ('loukəlaiz) *t.* localitzar, fer local. *2* limitar.

locate (to) (lou'keit) *t.* localitzar, situar. *2* trobar. *3* posar, col·locar.

location (lou'keiʃən) *s.* localització *f. 2* situació *f.*, posició *f. 3* CINEM. exteriors *m. pl.* ‖ ***the film was shot on ~ in Almeria**,* la pel·lícula es va rodar a Almeria.

lock (lɔk) *s.* rínxol *m.*, rull *m. 2* floc *m.* [de cabells]. *3 pl.* cabells *m. pl. 4* pany *m. 5* clau *f.* [d'una arma; de lluita]. *6* resclosa *f.*

lock (to) (lɔk) *t.* tancar [amb clau]. *2* abraçar [fort]. *3* empresonar. *4* MEC. travar, enclavillar, clavillar. ▪ *5 i.* tancar-se *p.*, quedar-se *p.* tancat. *6* MEC. travar-se *p.* ▪ ***to ~ away**,* guardar amb pany i clau; ***to ~ in**,* tancar amb clau; ***to ~ out**,* tancar a fora; ***to ~ up**,* guardar amb pany i clau; deixar tancat; tancar [algú].

locker (l'kəʳ) *s.* armari *m.*, armariet *m.* [tancat amb clau que serveix per guardar coses en un lloc públic].

locket ('lɔkit) *s.* medalló *m.*, relíquia *f.*

lockout ('lɔkaut) *s.* locaut *m.*

locksmith ('lɔksmiθ) *s.* manyà.

locomotion (ˌloukə'mouʃən) *s.* locomoció *f.*

locomotive ('loukə'moutiv) *a.* locomotor, locomotriu. ▪ *2 s.* FERROC. locomotora *f.*

locust ('loukəst) *s.* ENT. llagosta *f.;* cigala *f. 2* BOT. ***locust o ~ tree**,* garrofer *m.*

locution (lou'kjuːʃən) *s.* locució *f.*

lode (loud) *s.* MIN. filó *m.*, veta *f. 2 ~ **star**,* estel *m.* polar; fig. nord *m.*, guia.

lodge (lɔdʒ) *s.* casa *f.* del guarda. *2* pavelló *m. 3* lògia *f.*

lodge (to) (lɔdʒ) *t.* allotjar. *2* ficar, col·locar. *3* dipositar. *4* presentar [una denúncia, etc.]. ▪ *5 i.* allotjar-se *p. 6* ficar-se *p.*

lodging ('lɔdʒiŋ) *s.* allotjament *m.* ‖ *~ **house**,* pensió *f.*

loft (lɔft) *s.* golfes *f. pl. 2* altell *m.* d'un paller.

log (lɔg) *s.* tronc *m.* ‖ ***to sleep like a ~**,* dormir com un tronc. *2* NAUT. diari *m.* de bord; quadern *m.* de bitàcola. *3* AVIA. diari *m.* de vol.

logarithm ('lɔgəriðəm) *s.* MAT. logaritme *m.*

loggerheads ('lɔgəhədz) *s. pl. **to be at ~**,* estar en desacord *m. sing.*

loggia ('lɔdʒiə) *s.* ARQ. pòrtic *m.*, galeria *f.*

logic ('lɔdʒik) *s.* lògica *f.*

logical ('lɔdʒikəl) *a.* lògic. ▪ *2* **-ly** *adv.* lògicament.

loin (lɔin) *s.* illada *f. 2* CARN. llom *m.*, rellom *m. 3 pl.* lloms *m. 4 ~**-cloth**,* tapall *m.*

loiter (to) ('lɔitəʳ) *i.* endarrerir-se *p.*, entretenir-se *p.;* gandulejar. ▪ *2 t. **to ~ away**,* perdre el temps.

loll (to) (lɔl) *i.* escarxofar-se *p.*, arrepapar-se *p. 2 **to ~ out**,* penjar [la llengua]. ▪ *3 t. **to ~ out**,* portar penjant [la llengua].

lollipop ('lɔlipɔp) *s.* pirulí *m.*, piruleta *f. 2 **ice ~**,* pol *m.* [gelat].

London ('lʌndən) *n. pr.* GEOGR. Londres *m.* ▪ *2 a.* londinenc.

Londoner ('lʌndənəʳ) *s.* londinenc.

lone (loun) *a.* sol [sense companyia; únic]. *2* solitari.

loneliness ('lounlinis) *s.* soledat *f.*, solitud *f. 2* tristesa *f.* [del qui està sol].

lonely ('lounli) *a.* sol, solitari. *2* que se sent sol.

long (lɔŋ) *a.* llarg. || ***in the ~ run,*** a la llarga. *2* extens, perllongat. *3* que triga: ***to be ~ in coming,*** trigar a venir. ▪ *4 adv.* durant [un temps]; molt temps. || ***as ~ as,*** mentre; sempre que. || ***~ ago,*** fa molt de temps. || ***so ~!,*** fins ara!, a reveure! ▪ *5 s.* llarg *m.*, llargària *f.*, longitud *f.*

long (to) (lɔŋ) *i.* ***to ~ (after, for, to),*** anhelar *t.*, tenir moltes ganes de, enyorar *t.*

longhand ('lɔŋhænd) *s.* escriptura *f.* normal [no taquigràfica].

longing ('lɔŋiŋ) *s.* ànsia *f.*, anhel *m.* *2* enyorament *m.* ▪ *3 a.* ansiós, delerós.

longitude ('lɔndʒitju:d) *s.* GEOGR., ASTR. longitud *f.*, llargària *f.*

long-sighted (ˌlɔŋ'saitid) *a.* MED. prèsbita. *2* previsor. *3* fig. perspicaç, astut.

long-suffering (ˌlɔŋ'sʌfəriŋ) *a.* sofert, pacient.

long-term (ˌlɔŋ'tə:m) *a.* a llarg termini.

longways ('lɔŋweiz), (EUA) **longwise** ('lɔŋwaiz) *adv.* pel llarg, longitudinalment.

long-winded (ˌlɔŋ'windid) *a.* llarg i avorrit. *2* interminable.

look (luk) *s.* mirada *f.*, ullada *f.*, cop *m.* d'ull. *2* cara *f.*, aspecte *m.* *3* aparença *f.*, aire *m.* *4 pl.* ***good ~s,*** bellesa *f.*

look (to) (luk) *i.* mirar. *2* considerar. *3* donar a, caure; estar situat. *4* semblar: ***he ~ed tired,*** semblava cansat. *5* aparèixer, manifestar-se *p.* *6* anar, escaure, caure [bé o malament]. *7* ***to ~ alike,*** assemblar-se *p.* *8* ***to ~ alive,*** cuitar, donar-se *p.* pressa. *9* ***to ~ like,*** semblar. ▪ *10 t.* mirar. *11* ***to ~ daggers (at),*** mirar malament, fulminar amb la mirada. ▪ ***to ~ about,*** mirar al voltant; ***to ~ after,*** tenir cura de; ***to ~ back,*** mirar enrera; fig. fer-se enrera; ***to ~ down on,*** menysprear; ***to ~ for,*** buscar, (BAL.) cercar; ***to ~ forward to,*** esperar amb il·lusió; ***to ~ into,*** investigar; ***to ~ out,*** abocar-se; anar amb compte. || ***~ out!,*** ves amb compte!; ***to ~ over,*** repassar, examinar; fullejar [un llibre]; ***to ~ through,*** donar una ullada; tenir cura de; registrar; fullejar; ***to ~ to,*** ocupar-se; mirar per; ***to ~ up,*** buscar [en un diccionari, etc.], consultar; ***to ~ upon,*** mirar, considerar.

looker-on (ˌlukər'ɔn) *s.* badoc; espectador.

looking-glass ('lukiŋglɑ:s) *s.* ant. mirall *m.*

lookout ('lukaut) *s.* talaia *f.* *2* mirador *m.* *3* guaita, vigia, sentinella. *4* vigilància *f.*, guaita *f.* || ***to be on the ~ for,*** estar a l'expectativa de. *5* perspectiva *f.*; responsabilitat *f.*

loom (lu:m) *s.* TÈXT. teler *m.*

loom (to) (lu:m) *i.* aparèixer, sorgir. *2* perfilar-se *p.*, dibuixar-se *p.* [d'una manera confusa o impressionant]. *3* amenaçar *t.*

loony (lu:ni) *a.* col·loq. sonat, guillat.

loop (lu:p) *s.* baga *f.*, llaç *m.* *2* revolt *m.*, corba *f.* *3* baqueta *f.* *4* AVIA. ris *m.* *5* INFORM. bucle *m.*

loop (to) (lu:p) *t.* fer una baga o un llaç. *2* cordar amb una bagueta. ▪ *3 i.* fer una baga. *4* serpentejar. *5* AVIA. ***to ~ the loop,*** fer un ris.

loophole ('lu:phoul) *s.* MIL. espitllera *f.*, respitllera *f.* *2* fig. sortida *f.*, escapatòria *f.*

loose (lu:s) *a.* solt, deslligat, descordat. *2* fluix [una dent; un cargol, etc.], ample, balder [un vestit, etc.]. *3* desmanegat, malgirbat. *4* tou, flonjo. *5* lliure; deslligat. || ***to break ~,*** escapar-se, deslligar-se. || ***to let ~,*** deixar anar. *6* lax, dissolut. *7* fig. imprecís, indeterminat; lliure [traducció]. *8* ELECT. desconnectat. *9* TECNOL. ***~ pulley,*** politja boja. ▪ *10 s.* llibertat *f.* || ***on the ~,*** en llibertat, lliure. ▪ *11* **-ly** *adv.* balderament; folgadament; aproximadament; dissolutament.

loose (to) (lu:s) *t.* deixar anar, deslligar, afluixar. *2* deixar en llibertat. *3* fig. deslligar [la llengua, etc.].

loose end (lu:s'end) *s.* cap per a lligar [també fig.]. *2* fig. ***to be at a ~,*** no tenir res per fer.

loosen (to) ('lu:sn) *t.* deixar anar, deslligar, afluixar. *2* esponjar, estovar. *3* ***to ~ up,*** relaxar, desentumir [els muscles]. *4* fig. fer parlar, fer córrer [la llengua]. *5* MED. descarregar, afluixar [la panxa]. ▪ *6 i.* deixar-se *p.* anar, deslligar-se *p.*, afluixar-se *p.* *7* ESPORT escalfar *t.* [els muscles]. *8* MED. descarregar, afluixar-se *p.* [la panxa].

loot (lu:t) *s.* botí *m.*, presa *f.* *2* ***~ing,*** saqueig *m.* *3* col·loq. guanys *m. pl.*, peles *f. pl.*

loot (lu:t) *t.-i.* saquejar *t.*, pillar *t.*

lop (to) (lɔp) *t.* ***to ~ (away/off),*** podar, esmotxar, tallar. ▪ *2 i.* penjar, caure: ***~-ears,*** orelles caigudes.

loquacious (lou'kweiʃəs) *a.* loquaç.

lord (lɔ:d) *s.* lord *m.* || ***Lord Mayor of London,*** alcalde *m.* de Londres. || ***House of Lords,*** cambra *f.* dels Lords. *2* senyor *m.*, amo *m.* *3* REL. ***the Lord,*** el Senyor *m.*

lordship ('lɔ:dʃip) *s.* senyoria *f.* *2* senyoriu *m.* || ***his*** o ***your ~,*** Sa o Vostra senyoria *f.*

lorry ('lɔri) *s.* camió *m.* || ***~ driver,*** camioner.

lose (to) (lu:z) *t.* perdre. || ***to ~ one's temper,*** perdre la paciència, enfadar-se *p.* || ***to ~ one's way,*** perdre's *p.*, no trobar el camí. *2* fer perdre. ▪ *3 i.* perdre, no guanyar. *4* ***to ~ out,*** sortir perdent. ▲ Pret. i p. p.: ***lost*** (lɔst).

loser ('lu:səʳ) *s.* perdedor.

loss (lɔs, lɔːs) *s.* pèrdua *f.* *2* dany *m.* *3* MED. pèrdua *f.* *4* ***to be a dead ~,*** ser un desastre *m.* [una persona]. *5* col·loq. ***to be at a ~,*** estar perplex, indecís.

lost (lɔst) Veure LOSE (TO). ▪ *2 a.* perdut. ‖ ***~ property office,*** oficina d'objectes perduts. ‖ ***to get ~,*** perdre's. ‖ ***get ~!,*** ves a fer punyetes! *3* arruïnat. *4* oblidat. *5* perplex, parat. *6* ***~ in thought,*** abstret, pensatiu. *7* fig. ***~ to,*** insensible a, perdut per a.

lot (lɔt) *s.* lot *m.*, part *f.* *2* solar *m.*, terreny *m.* *3* sort *f.*: ***to cast lots,*** fer-ho a la sort. *4* destí *m.* *5* grup *m.*, col·lecció *f.* *6* individu, persona *f.* *7* ***a ~ of, lots of,*** un munt *m.*, de, (ROSS.) petadissa *f.* ‖ ***quite a ~,*** bastants. ‖ ***the ~,*** la totalitat *f.* ‖ ***What a ~ of noise!,*** quin soroll! ▪ *8 adv.* ***a ~,*** molt.

lottery (ˈlɔtəri) *s.* loteria *f.*, rifa *f.* [també fig.].

loud (laud) *a.* fort, alt [so, crit, etc.]. *2* sorollós, estrepitós. *3* cridaner. *4* vulgar, ordinari. ▪ *5* **-ly** *adv.* en veu alta. *6* sorollosament.

loud-speaker (ˌlaudˈspiːkəʳ) *s.* RADIO. altaveu *m.*

Louise (luˌiːz) *n. pr. f.* Lluïsa.

lounge (laundʒ) *s.* sala *f.* d'estar, saló *m.* *2* ***~-chair,*** gandula *f.* *3* ***~-suit,*** vestit *m.* de carrer.

lounge (to) (laundʒ) *i.* passejar, gandulejar. *2* estar escarxofat o arrepapat.

louse (laus) *s.* ENT. poll *m.* *2* col·loq. pocavergonya, trinxeraire. ▴ *pl.* ***lice*** (lais).

lousy (ˈlauzi) *a.* pollós. *2* dolent. *3* col·loq. fastigós. *4* fig. ***to be ~ with,*** estar folrat.

lout (laut) *s.* rústec *a.*, taujà.

lovable (ˈlʌvəbl) *a.* adorable, encantador.

love (lʌv) *s.* amor *m.*, afecció *f.*, estimació *f.*, passió *f.* ‖ ***~ affair,*** aventura amorosa; ***~ at first sight,*** amor a primera vista; ***for ~,*** per amor; gratis; ***not for ~ or money,*** per res del món; ***to be in ~ with,*** estar enamorat de; ***to fall in ~ with,*** enamorar-se de; ***to make ~,*** fer l'amor. *2* amor *m.* [persona estimada]. *3* col·loq. rei, nen, maco. *4* ESPORT zero *m.* ‖ ***~ game,*** joc *m.* en blanc [tennis].

love (to) (lʌv) *t.* estimar. *2* agradar molt, encantar: ***I'd love to!,*** m'encantaria!

lovely (ˈlʌvli) *a.* preciós, encantador, adorable, deliciós, bonic. ‖ ***that's ~!,*** que bonic! *2* molt bé.

lover (ˈlʌvəʳ) *s.* amant. *2* amant afeccionat: ***he is a ~ of ballet,*** és un amant del ballet.

lovesick (ˈlʌvsik) *a.* malalt d'amor.

loving (ˈlʌviŋ) *a.* afectuós, tendre, manyac. *2* bondadós. ▪ *3* **-ly** *adv.* afectuosament, tendrament, bondadosament.

low (lou) *a.* baix. ‖ ***~-necked,*** escotat [un vestit]; ***~ relief,*** baix relleu; ***~ trick,*** mala passada, cop baix; ***~ water,*** baixamar, estiatge. *2* pobre, escàs, insuficient. *3* dèbil, malalt, abatut. ‖ ***~ spirits,*** abatiment, desànim. *4* groller, maleducat. *5* humil, submís. *6* AUTO. ***~ gear,*** primera [marxa]. *7* CUI. lent. *8* MÚS. baix, greu. *9* **-ly** *a.* humil, modest. ▪ *10 adv.* baix. *11* poc. *12* submisament. *13* **-ly,** humilment, modestament. ▪ *14 s.* mugit *m.*, bramul *m.*

lower (to) (ˈlouəʳ) *t.* abaixar, fer baixar. *2* arribar [una bandera]. *3* llançar. *4* rebaixar, reduir. *5* fig. humiliar, abatre. ▪ *6 p.* ***to ~ oneself,*** rebaixar-se. ▪ *7 i.* baixar. *8* disminuir.

lowering (ˈlauəriŋ) *a.* corrugant, amenaçador. *2* tapat, ennuvolat [el cel].

loyal (lɔiəl) *a.* lleial, fidel.

loyalty (ˈlɔiəlti) *s.* lleialtat *f.*, fidelitat *f.*

lozenge (ˈlɔzindʒ) *s.* GEOM. romb *m.* *2* HERÀLD. losange *m.* *3* pastilla *f.* [de menta, etc.].

LSD (ˌelesˈdiː) *s.* *(lysergic acid diethylamide)* LSD *m.* (dietilamida de l'àcid lisèrgic).

Ltd. (ˈlimitid) *s.* (abrev. ***Limited***) S.A. *f.* (societat anònima).

lubricant (ˈluːbrikənt) *a.* lubricant, lubrificant. ▪ *2 s.* lubricant *m.*, lubrificant *m.*

lubricate (ˈluːbrikeit) *t.* lubricar, lubrificar, greixar.

lucid (ˈluːsid) *a.* lúcid.

lucidity (luːˈsiditi) *s.* lucidesa *f.*

luck (lʌk) *s.* sort *f.*, fortuna *f.* [bona o dolenta]. ‖ ***just my ~!,*** estic de pega *f.*

luckily (ˈlʌkili) *adv.* per sort, afortunadament.

lucky (ˈlʌki) *a.* afortunat. *2* feliç.

lucrative (ˈluːkrətiv) *a.* lucratiu.

ludicrous (ˈluːdikrəs) *a.* còmic, ridícul, absurd.

luggage (ˈlʌgidʒ) *s.* equipatge *m.* ‖ AUTO. ***~ rack,*** baca *f.*; FERROC. portaequipatges *m.*

lugubrious (ləˈguːbriəs) *a.* lúgubre.

lukewarm (ˌluːkˈwɔːm) *a.* tebi, temperat [també fig.].

lull (lʌl) *s.* respir *m.*, treva *f.*, moment *m.* de calma o de silenci.

lull (to) (lʌl) *t.* adormir. *2* calmar. ▪ *3 i.* amainar, calmar-se *p.*

lullaby (ˈlʌləbai) *s.* cançó *f.* de bressol.

lumbago (lʌmˈbeigou) *s.* MED. lumbago *m.*

lumber (ˈlʌmbəʳ) *s.* fusta *f.* [serrada], fusta *f.* de construcció. ‖ ***~ jack,*** llenyataire. *2* andròmines *f. pl.* ‖ ***~ room,*** cambra *f.* dels mals endreços.

luminous (ˈluːminəs) *a.* lluminós.

lump (lʌmp) *s.* tros *m.* *2* terròs [de sucre]. *3* bony *m.*, protuberància *f.* *4* col·loq. corcó *m.*, pesat. *5* TÈXT. nus *m.* [també fig.].

6 in the ~, tot plegat; *~ sum*, suma *f.* global.

lunacy ('lu:nəsi) *s.* bogeria *f.*, demència *f.*

lunar ('lu:nəʳ) *a.* lunar.

lunatic ('lu:nətik) *a.-s.* llunàtic, boig, dement.

lunch (lʌntʃ), **luncheon** ('lʌntʃən) *s.* dinar *m.* ‖ *~ time*, hora *f.* de dinar.

lunch (to) (lʌntʃ) *i.* dinar. ■ *2 t.* convidar a dinar.

lung (lʌŋ) *s.* pulmó *m.*

lunge (lʌndʒ) *s.* estocada *f. 2* embestida *f.*

lurch (lə:tʃ) *s.* sacsejada *f.*, sotrac *m.*, tomb *m. 2* batzegada *f.*, bandada *f. 3 to leave in the ~*, deixar plantat.

lure (ljuəʳ) *s.* cimbell *m.*, reclam *m. 2* esquer *m. 3* fig. al·licient.

lure (to) (ljuəʳ) *t.* atreure [amb un reclam]. *2* seduir, temptar.

lurid ('ljuərid) *a.* rogent, vermell. *2* fosc. *3* fig. horripilant, horrorós.

lurk (to) (lə:k) *i.* estar a l'aguait, estar amagat. *2* fig. rondar.

luscious ('lʌʃəs) *a.* deliciós, exquisit. *2* dolç; saborós. *3* embafador. ■ *4* **-ly** *adv.* saborosament, exquisitament.

lush (lʌʃ) *a.* fresc, ufanós. *2* fig. exuberant. ■ *3 s.* (EUA) col·loq. borratxo.

lust (lʌst) *s.* luxúria *f. 2* anhel *m.*, ànsia *f.*

lust (to) (lʌst) *i. to ~ after* o *for*, cobejar, desitjar [amb luxúria].

lustful ('lʌstful) *a.* luxuriós, libidinós.

lustre ('lʌstəʳ) *s.* llustre *m.*, lluentor *f. 2* reflex *m. 3* aranya *f.* [llum]. *4* fig. glòria *f.*, esplendor *m.*

lustrous ('lʌstrəs) *a.* llustrós, lluent.

lusty ('lʌsti) *a.* ufanós, fort, robust. *2* vigorós, enèrgic.

lute (lu:t) *s.* MÚS. llaüt *m.*

Luxembourg ('lʌksəmbə:g) *n. pr.* GEOGR. Luxemburg *m.*

luxuriant (lʌg'zuəriənt) *a.* luxuriant, exuberant, frondós.

luxurious (lʌg'zuəriəs) *a.* luxós, fastuós.

luxury ('lʌkʃəri) *s.* luxe *m.*, fast *m.*

lyceum (lai'si:əm) *s.* liceu *m. 2* (EUA) auditori *m.*, sala *f.* de conferències.

Lydia ('lidiə) *n. pr. f.* Lidia.

lye (lai) *s.* QUÍM. lleixiu *f.*

lying ('laiiŋ) *ger.* de LIE (TO). ■ *2 a.* mentider. *3* estirat. *4* situat.

lynch (to) (lintʃ) *t.* linxar.

lynx (liŋks) *s.* ZOOL. linx *m.* ▲ *pl.* ***lynxes*** o ***lynx.***

lyre ('laiəʳ) *s.* MÚS. lira *f.*

lyric ('lirik) *a.* líric. ■ *2 s. ~ poem*, poema *m.* líric. *3 pl.* lletra *f. sing.* [d'una cançó].

M

M, m (em) *s.* m. [lletra]. *2* xifra romana per 1.000.

M (em) *s.* (G.B.) *(Motorway)* A *f.* (autopista).

M.A. ('em'ei) *s.* *(Master of Arts)* llicenciat amb grau de filosofia i lletres.

ma (mɑ:) *s.* col·loq. (abrev. de ***mamma***) mama *f.*

macaroni (ˌmækə'rouni) *s.* macarrons *m. pl.*

macaroon (ˌmækə'ru:n) *s.* GASTR. ametllat *m.* [pastís].

mace (meis) *s.* maça *f.* [arma; insígnia]. || ***~ bearer,*** macer.

machination (ˌmæki'neiʃən) *s.* maquinació *f.*

machine (mə'ʃi:n) *s.* màquina *f.*

machine-code (mə'ʃi:nkoud) *s.* INFORM. codi *m.* màquina.

machine-gun (mə'ʃi:ngʌn) *s.* metralleta *f.*

machinery (mə'ʃi:nəri) *s.* maquinària *f.* *2* mecanisme *m.*, sistema *m.* [també fig.].

mackerel ('mækrəl) *s.* ICT. cavalla *f.*, verat *m.* *2* ***~ sky,*** cel *m.* aborrallonat.

mackintosh ('mækintɔʃ) *s.* (G.B.) impermeable *m.*

macrobiotic (ˌmækroubai'ɔtik) *a.* macrobiòtic.

mad (mæd) *a.* boig. || col·loq. fig. ***like ~,*** com un boig; ***to be ~ about,*** estar boig per; ***to drive somebody ~,*** fer tornar boig algú; fig. ***to go ~,*** tornar-se boig. *2* insensat, desbaratat. *3* furiós. *4* rabiós [animal]. ▪ *5* **-ly** *adv.* bojament, furiosament.

madam ('mædəm) *s.* senyora *f.* *2* ***to be a bit of a ~,*** ser molt manaire. *3* mestressa *f.* [d'un bordell].

madden (to) ('mædn) *t.* embogir, fer tornar boig. ▪ *2 i.* embogir, tornar-se *p.* boig.

maddening ('mædniŋ) *a.* exasperant.

made (meid) *pret.* i *p. p.* de MAKE (TO). ▪ *2 a.* fet, compost, confeccionat, fabricat.

made-up ('meidʌp) *a.* fet, confeccionat [vestit, roba]. *2* maquillat, pintat [cara]. *3* artificial, fictici, inventat [història, etc.].

madhouse ('mædhaus) *s.* col·loq. manicomi *m.* *2* fig. casa *f.* de bojos.

madman ('mædmən) *s.* boig *m.*

madness ('mædnis) *s.* bogeria *f.*, demència *f.* *2* fúria *f.*, ràbia *f.*

Madrid (mə'drid) *n. pr.* GEOGR. Madrid *m.*

maelstrom ('meilstrəm) *s.* vòrtex [també fig.]. *2* fig. remolí *m.*

magazine (ˌmægə'zi:n) *s.* revista *f.* [periòdica]. *2* dipòsit *m.* [d'armes]. *3* polvorí *m.* *4* recambra *f.*

Magi ('meidʒai) *s. pl.* ***the ~,*** els tres Reis *m.* d'Orient.

magic ('mædʒik) *s.* màgia *f.* [també fig.]. || ***as if by ~,*** com per art de màgia *f.* ▪ *2 a.* màgic. || CINEM. ***~ lantern,*** llanterna *f.* màgica.

magical ('mædʒikəl) *a.* màgic; encantat.

magician (mə'dʒiʃən) *s.* mag, màgic, bruixot. *2* prestidigitador.

magistrate ('mædʒistreit) *s.* magistrat. *2* jutge de pau.

magnanimous (mæg'næniməs) *a.* magnànim. ▪ *2* **-ly** *adv.* magnànimament.

magnate ('mægneit) *s.* magnat, potentat.

magnet ('mægnit) *s.* ELECT. imant *m.*

magnetic (mæg'netik) *a.* magnètic. || ***~ needle,*** brúixola *f.* *2* fig. magnètic, atractiu.

magnificence (mæg'nifisns) *s.* magnificència *f.*

magnificent (mæg'nifisnt) *a.* magnífic, esplènid. ▪ *2* **-ly** *adv.* magníficament.

magnify (to) ('mægnifai) *t.* augmentar, amplificar, engrandir. *2* exagerar. *3* magnificar.

magnifying glass ('mægnifaiiŋglɑ:s) *s.* lent *f.* d'augment, lupa *f.*

magpie ('mægpai) *s.* ORN. garsa *f.* *2* fig. cotorra *f.*, barjaula *f.*, (ROSS.) llorma *f.*

mahogany (mə'hɔgəni) *s.* BOT. caoba *f.*

maid (meid) *s.* ant., liter. donzella *f.* || ~ ***of honour,*** dama *f.* d'honor. *2* criada *f.*, minyona *f.*, cambrera *f.* *3* ***old*** ~, conca *f.*
maiden ('meidn) *s.* donzella *f.* ▪ *2 a.* de soltera: ~ ***name,*** nom *m.* de soltera. *3* virginal. *4* primer, inicial, inaugural.
maid-servant ('meid,sə:vənt) *s.* criada *f.*, minyona *f.*
mail (meil) *s.* malla *f.*, cota *f.* de malles. *2* correu *m.*, correspondència *f.* || ~ ***boat,*** vaixell *m.* correu. || ***air*** ~, correu *m.* aeri.
mail (to) (meil) *t.* tirar al correu, enviar per correu.
mailbox ('meilbɔks) *s.* (EUA) bústia *f.*
maim (to) (meim) *t.* mutilar, esguerrar.
main (mein) *a.* principal, primer, major, més important. || ~ ***body,*** gros *m.* [de l'exèrcit]. ▪ *2 s.* allò principal o essencial. || ***in the*** ~, en la major part, principalment. *3* canonada *f.*, conducció *f.* [de gas, d'aigua, etc.]. *4* ELECT. gralnt. ~***s,*** xarxa *f.* elèctrica.
mainland ('meinlənd) *s.* continent *m.*, terra *f.* ferma.
main-spring ('meinspriŋ) *s.* molla *f.* principal [rellotge]. *2* fig. causa *f.* principal, origen *m.*
mainstay ('meinstei) *s.* MAR. estai *m.* major. *2* fig. pilar *m.*, fonament *m.*
maintain (to) (mein'tein) *t.* mantenir. *2* afirmar, sostenir. *3* conservar, guardar.
maintenance ('meintinəns) *s.* manteniment *m.*, conservació *f.* *2* sosteniment *m.*, suport *m.* *3* manutenció *f.*
maize (meiz) *s.* BOT. blat *m.* de moro.
majestic (mə'dʒestik) *a.* majestuós.
majesty ('mædʒisti) *s.* majestat *f.* *2* majestuositat *f.*
major ('meidʒə[r]) *a.* major, principal, màxim. ▪ *2 s.* DRET major d'edat. *3* especialitat *f.* [universitària]. *4* MIL. comandant *m.*
Majorca (mə'dʒɔ:kə) *n. pr.* GEOGR. Mallorca *f.*
majority (mə'dʒɔriti) *s.* majoria *f.* || ***one's*** ~, majoria d'edat.
make (meik) *s.* marca *f.*, tipus *m.*, model *m.* *2* fabricació *f.*, factura *f.* *3* ***to be on the*** ~, fer-se ric o progressar al preu que sigui.
make (to) (meik) *t.* fer [crear, elaborar; fabricar; formar; causar; produir; efectuar; etc.]. || ***to*** ~ ***a mistake,*** equivocar-se *p.* || ***to*** ~ ***a noise,*** fer soroll. || ***to*** ~ ***fun of,*** burlar-se *p.* de. *2* fer [que algú faci alguna cosa]. *3* ***to*** ~ ***angry,*** fer enfadar; ***to*** ~ ***clear,*** aclarir; ***to*** ~ ***good,*** complir, dur a terme; mantenir; justificar [amb el resultat]; ***to*** ~ ***haste,*** donar-se *p.* pressa; ***to*** ~ ***known,*** fer saber; ***to*** ~ ***much of,*** donar molta importància a; apreciar; ***to*** ~ ***the most of,*** treure profit. ▪ *4 i.* anar, dirigir-se *p.* a. *5* contribuir a. *6* ***to*** ~ ***merry,*** divertir-se *p.* ▪ ***to*** ~ ***away,*** anar-se'n *p.*; ***to*** ~ ***away with,*** emportar-se *p.*; suprimir, destruir; ***to*** ~ ***for,*** anar cap a, dirigir-se *p.* a; ***to*** ~ ***into,*** transformar en, convertir en; ***to*** ~ ***off,*** marxar corrents; ***to*** ~ ***out,*** fer; escriure; comprendre; desxifrar; entreveure, estendre; omplir; creure; imaginar-se *p.*; ***to*** ~ ***over,*** canviar, transformar; cedir; ***to*** ~ ***up,*** inventar; maquillar(se; muntar; embolicar; constituir; composar; arreglar; compaginar; confeccionar; recuperar; compensar; fer les paus; ***to*** ~ ***up for,*** suplir, compensar. ▲ Pret. i p. p.: ***made*** (meid).
maker ('meikə[r]) *s.* fabricant. *2* constructor. *3* autor, artífex. *4* DRET signant. *5* REL. ***The Maker,*** el Creador *m.*
makeshift ('meikʃift) *a.* provisional. *2* improvisat. ▪ *2 s.* recurs *m.*, arranjament *m.* provisional.
make-up ('meikʌp) *s.* caràcter *m.*, temperament *m.* *2* construcció *f.*, estructura *f.* *3* COM. maquillatge *m.* *4* TÈXT. confecció *f.* *4* TIPOGR. compaginació *f.*
making ('meikiŋ) *s.* confecció *f.*, formació *f.*, fabricació *f.* || ***in the*** ~, en vies de ferse; en potència. || ***his many setbacks were the*** ~ ***of him,*** els molts revessos de la vida el van anar formant. *2* preparació *f.*, composició *f.*, creació *f.* *3 pl.* guanys *m.*; fig. qualitats *f.*, fusta *f. sing.*
maladjustment (,mælə'dʒʌstmənt) *s.* fig. inadaptació *f.* *2* TECNOL. mal ajustatge *m.*, ajustatge *m.* defectuós.
maladroit ('mælədrɔit) *a.* maldestre; espès.
malady ('mælədi) *s.* MED. mal *m.*, malaltia *f.* [també fig.].
malcontent ('mælkɔntent) *a.-s.* malcontent, descontent *a.*
male (meil) *a.* mascle. *2* baró: ~ ***child,*** fill baró. *3* masculí. ▪ *4 s.* home *m.* *5* mascle *m.* [animal, etc.].
malefactor ('mælifæktə[r]) *s.* malfactor.
maleficent (mə'lefisnt) *a.* malèfic.
malevolence (mə'levələns) *s.* malvolença *f.*
malice ('mælis) *s.* mala voluntat *f.* *2* malícia *f.*, malignitat *f.* *3* rancor *m.*, rancúnia *f.*
malicious (mə'liʃəs) *a.* malèvol, rancorós. *2* entremaliat, bergant. ▪ *3* **-ly** *adv.* malèvolament, malignament.
malign (mə'lain) *a.* maligne, malèvol. *2* danyós, nociu.
malign (to) (mə'lain) *t.* difamar, calumniar.
malignant (mə'lignənt) *a.* maligne. *2* malèfic. *3* malèvol.
mallard ('mæləd) *s.* ORN. ànec *m.* coll-verd.
malleable ('mæliəbl) *a.* mal·leable.

mallet ('mælit) *s.* maça *f.*, mall *m.*
mallow ('mælou) *s.* BOT. malva *f.*
malt (mɔ:lt) *s.* malt *m.*
maltreat (to) (mæl'tri:t) *t.* maltractar.
mammal ('mæməl) *s.* ZOOL. mamífer *m.*
mammoth ('mæməθ) *s.* mamut *m.*
mammy ('mæmi) *s.* mama *f.* *2* (EUA) mainadera *f.* negra.
man (mæn) *s.* home *m.*, baró *m.* *2* ésser *m.* humà. ‖ ***the ~ in the street,*** l'home del carrer. ‖ ***to a ~,*** tots, tothom [sense excepció]. *3* el gènere *m.* humà. ▲ *pl.* ***men*** (men).
man (to) (mæn) *t.* NÀUT. tripular. *2* proveir d'homes, guarnir d'homes.
manacle (to) ('mænəkl) *t.* emmanillar, posar les manilles. *2* fig. reprimir, controlar.
manacles ('mænəklz) *s. pl.* manilles *f.*, grillons *m.*
manage (to) ('mænidʒ) *t.* manejar. *2* dirigir, governar, administrar. *3* manipular amb compte. *4* aconseguir. *5* col·loq. poder menjar o beure: ***can you ~ another drink?,*** podries beure-te'n una altra?
manageable ('mænidʒəbl) *a.* manejable. *2* dòcil.
management ('mænidʒmənt) *s.* maneig *m.*, govern *m.*, administració *f.*; cura *f.* *2* gerència *f.* *3* habilitat *f.*
manager ('mænidʒə^r) *s.* gerent, director, administrador.
mandate ('mændeit) *s.* mandat *m.*, ordre *m.*
mane (mein) *s.* crinera *f.* [de cavall]. *2* cabellera *f.*
manful ('mænful) *a.* brau, valent, decidit.
manganese ('mæŋgəni:z) *s.* QUÍM. manganès *m.*
mange (meindʒ) *s.* MED. ronya *f.*, sarna *f.*
manger ('meindʒə^r) *s.* pessebre *m.*, menjadora *f.*
mangle (to) ('mæŋgl) *t.* planxar amb màquina. *2* destrossar, mutilar. *3* fig. fer malbé.
mango ('mæŋgou) *s.* mango *m.*
mangy ('meindʒi) *a.* sarnós.
manhood ('mænhud) *s.* virilitat *f.* *2* valor *m.* *3* homes *m. pl.*
mania ('meinjə) *s.* mania *f.*, fal·lera *f.*, bogeria *f.*
maniac ('meiniæk) *s.* maníac.
maniacal (mə'naiəkl) *a.* maníac. *2* fig. fanàtic.
manicure ('mænikjuə^r) *s.* manicura *f.*
manifest ('mænifest) *a.* manifest, patent, evident.
manifest (to) ('mænifest) *t.-p.* manifestar(se.
manifestation (ˌmænifes'teiʃən) *s.* manifestació *f.*
manifesto (ˌmæni'festou) *s.* manifest *m.* [polític, etc.].
manifold ('mænifould) *a.* múltiple, divers, variat. ■ *2 s.* col·lector *m.*
manipulate (to) (mə'nipjuleit) *t.* manipular, manejar.
manipulation (məˌnipju'leiʃən) *s.* manipulació *f.*
mankind (mæn'kaind) *s.* humanitat *f.*, gènere *m.* humà. *2* els homes *m. pl.*
manlike ('mænlaik) *a.* viril, masculí.
manliness ('mænlinis) *s.* virilitat *f.*, masculinitat *f.*
manly ('mænli) *a.* viril, masculí.
mannequin ('mænikin) *s.* maniquí *f.*
manner ('mænə^r) *s.* manera *f.*, mode *m.* ‖ ***by no ~ of means,*** de cap manera. ‖ ***in a ~,*** en certa manera; fins a cert punt. *2* costum *m.*, hàbit *m.* *3* aire *m.*, port *m.* *4 pl.* maneres *f.*, modes *m.*
mannerly ('mænəli) *a.* cortès, ben educat.
manoeuvre, (EUA) **maneuver** (mə'nu:və^r) *s.* MIL., MAR. maniobra *f.* *2* maneig *m.*
manoeuvre, (EUA) **maneuver (to)** (mə'nu:və^r) *t.* maniobrar. *2* induir, manipular. ■ *3 i.* maniobrar.
manor ('mænə^r) *s.* casa *f.* senyorial al camp, casa *f.* pairal. *2* ***~-house,*** residència *f.*
manservant ('mænˌsə:vənt) *s.* criat *m.*
mansion ('mænʃən) *s.* casa *f.* gran, mansió *f.*
manslaughter ('mænˌslɔ:tə^r) *s.* homicidi *m.*
mantelpiece ('mæntlpi:s) *s.* lleixa *f.* de la llar de foc.
mantle ('mæntl) *s.* mantell *m.* *2* fig. capa *f.*
mantle (to) ('mæntl) *t.* cobrir, tapar, embolicar.
manual ('mænjuəl) *a.* manual. ■ *2 s.* manual *m.*
manufacture (ˌmænju'fæktʃə^r) *s.* manufactura *f.* [fabricació; producte fabricat].
manufacture (to) (ˌmænju'fæktʃə^r) *t.* manufacturar, fabricar.
manufacturer (ˌmænju'fæktʃərə^r) *s.* fabricant.
manure (mə'njuə^r) *s.* AGR. fems *m. pl.*, (ROSS.) aixer *m.*, adob *m.*
manure (to) (mə'njuə^r) *t.* adobar, femar.
manuscript ('mænjuskript) *a.* manuscrit. ■ *2 s.* manuscrit *m.*
many ('meni) *a.* molts. *2* (en composició): poli-, multi-: ***many-coloured,*** multicolor, policrom. ■ *3 pron.* molts. ‖ ***as ~ as,*** tants com ‖ ***as ~ as you want,*** tants com en vulguis. ‖ fins, no menys que: ***as ~ as six passed the exam,*** sis van aconseguir passar l'examen. ‖ ***as ~ times as,*** tantes vegades com. ‖ ***how ~?,*** quants? ‖ ***one too ~,*** un de més. ‖ ***so ~,*** tants. ‖ ***too ~,*** massa. ‖ ***twice***

as ~, el doble. ▪ *4 s.* majoria *f.* || ***a great ~***, un gran nombre *m.*
map (mæp) *s.* mapa *m.*, plànol *m.* *2* carta *f.*
maple ('meipl) *s.* BOT. auró *m.*
marathon ('mærəθən) *s.* ESPORT marató *f.*
marble ('mɑ:bl) *s.* marbre *m.* *2* JOC bala *f.* ▪ *3 a.* de marbre.
March (mɑ:tʃ) *s.* març *m.*
march (mɑ:tʃ) *s.* marxa *f.* [caminada; curs; progrés]. *2* MÚS., MIL. marxa *f.*
march (to) (mɑ:tʃ) *i.* marxar, caminar. *2* avançar, progressar. ▪ *3 t.* fer anar [a algun lloc].
mare (mɛəʳ) *s.* ZOOL. euga *f.*
Margaret ('mɑ:gərit) *n. pr. f.* Margarida.
margarine (ˌmɑ:dʒə'ri:n) *s.* margarina *f.*
margin ('mɑ:dʒin) *s.* marge *m.* *2* vora *f.* *3* COM., ECON. marge *m.*
marginal ('mɑ:dʒinəl) *a.* marginal.
marijuana, marihuana (ˌmæri'wɑ:nə) *s.* marihuana *f.*
marine (mə'ri:n) *a.* MAR. marí, mariner. ▪ *2 s.* marina *f.* *3* soldat *m.* de marina. *4 pl.* infanteria *f.* de marina.
marionette (ˌmæriə'net) *s.* titella *f.*, putxinel·li *m.*
marital ('mæritəl) *a.* marital. *2* matrimonial. *3 ~* ***status***, estat civil.
marjoram ('mɑ:dʒərəm) *s.* BOT. marduix *m.*, majorana *f.*
Mark ('mɑ:k) *n. pr. m.* Marc.
mark (mɑ:k) *s.* marca *f.*, senyal *m.* *2* taca *f.* *3* empremta *f.* *4* signe *m.*, indici *m.* *5* importància *f.*, distinció *f.* *6* nota *f.*, qualificació *f.*, punt *m.* *7* blanc *m.*, fi *m.*, propòsit *m.* || ***to miss the ~***, errar el tret *m.* || ***beside the ~***, irrellevant, que no fa al cas. *8* marc *m.* [moneda].
mark (to) (mɑ:k) *t.* marcar, senyalar. *2* indicar. *3* delimitar. *4* advertir, observar, notar. || *~* ***my words!***, fixa't en què dic! *5* puntuar, qualificar. *6* MIL. ***to ~ time***, marcar el pas. *7* ***to ~ down***, posar per escrit; COM. rebaixar. *8* ***to ~ out***, traçar; amollonar [un camp, una propietat, etc.].
market ('mɑ:kit) *s.* mercat *m.* || *~* ***price***, preu del mercat. || *~* ***town***, població amb mercat. *2* borsa *f.*
marketing ('mɑ:kitiŋ) *s.* COM. marketing *m.*
marksman ('mɑ:ksmən) *s.* bon tirador.
marmalade ('mɑ:məleid) *s.* melmelada *f.*
marmot ('mɑ:mət) *s.* ZOOL. marmota *f.*
marquetry ('mɑ:kitri) *s.* marqueteria *f.*
marquis, marquess ('mɑ:kwis) *s.* marqués *m.*
marriage ('mæridʒ) *s.* matrimoni *m.* || ***by ~***, polític [parent]. *2* casament *m.*, boda *f.*
marriageable ('mæridʒəbl) *a.* casador.
married ('mærid) *a.* casat. || *~* ***couple***, matrimoni. || ***to get ~***, casar-se.
marrow ('mærou) *s.* medul·la *f.*, moll *m.* de l'os.
marry (to) ('mæri) *t.* casar. *2* casar-se *p.* amb. *3* fig. unir, ajuntar. ▪ *4 i.* casar-se *p.*
marsh (mɑ:ʃ) *s.* pantà *m.*, maresme *m.*
marshal ('mɑ:ʃəl) *s.* MIL. mariscal *m.* *2* mestre de cerimònies.
marshy ('mɑ:ʃi) *a.* pantanós.
mart (mɑ:t) *s.* empori *m.*; centre *m.* comercial.
marten ('mɑ:tin) *s.* ZOOL. marta *f.*
Martha ('mɑ:θə) *n. pr. f.* Marta.
martial ('mɑ:ʃəl) *a.* marcial, militar: *~* ***law***, llei marcial.
Martin ('mɑ:tin) *n. pr. m.* Martí.
martin ('mɑ:tin) *s.* oreneta *f.* || ***house-martin***, oreneta *f.* cuablanca.
martyr ('mɑ:təʳ) *s.* màrtir.
martyr (to) ('mɑ:təʳ) *t.* martiritzar.
martyrdom ('mɑ:tədəm) *s.* martiri *m.*
marvel ('mɑ:vəl) *s.* meravella *f.*, prodigi *m.*
marvel (to) ('mɑ:vəl) *i.* meravellar-se *p.*, admirar-se *p.*
marvellous ('mɑ:viləs) *a.* meravellós, prodigiós. *2* sorprenent.
Mary ('mɛəri) *n. pr. f.* Maria.
marzipan ('mɑ:zipæn) *s.* massapà *m.*
mascot ('mæskət) *s.* mascota *f.*
masculine ('mɑ:skjulin) *a.* masculí, viril. *2* homenenc.
mask (to) (mɑ:sk) *t.* emmascarar. ▪ *2 i.* posar-se *p.* una màscara. *3* disfressar-se *p.* || ***~ed ball***, ball de màscares.
mason ('meisn) *s.* paleta, (BAL.) picapedrer, (VAL.) obrer. *2* maçó *m.*, francmaçó *m.*
masonry ('meisnri) *s.* obra *f.*, pedra *f.* i morter *m.*, maçoneria *f.* *2* ***Masonry***, francmaçoneria *f.*
masquerade (ˌmɑ:skə'reid) *s.* mascarada *f.*, ball *m.* de màscares. *2* màscara *f.* [disfressa]. *3* fig. farsa *f.*
masquerade (to) (ˌmɑ:skə'reid) *i.* disfressar-se *p.*
mass (mæs) *s.* massa *f.*, embalum *m.*, mola *f.* *2* munt *m.*, (ROSS.) petadissa *f.*, gran quantitat *f.* || *~* ***production***, producció *f.* en sèrie. *3* ***the ~es***, les masses *f.*
Mass (mæs) *s.* ECLES. missa *f.*
mass (to) (mæs) *t.* reunir o ajuntar en massa. ▪ *2 i.* ajuntar-se *p.* o reunir-se *p.* en massa.
massacre ('mæsəkəʳ) *s.* carnisseria *f.*, matança *f.*
massacre (to) ('mæsəkəʳ) *t.* fer una matança. *2* assassinar en massa.
massage ('mæsɑ:ʒ) *s.* massatge *m.*

massive ('mæsiv) *a.* massís. *2* voluminós. *3* dures [faccions]. *4* imponent.
mass media (ˌmæs'miːdjə) *s.* mitjans *m. pl.* de comunicació de masses.
mast (mɑːst) *s.* asta *f.* [d'una bandera]. *2* MAR. pal *m.*, arbre *m.* *3* RADIO. torre *f.*
master ('mɑːstəʳ) *s.* amo *m.*, propietari *m.* *2* senyor *m.*, senyoret *m.* *3* cap *m.*, director *m.* *4* ***school ~,*** mestre *m.*, professor *m.* [d'institut]; llicenciatura *f.* amb grau. *5* MAR. patró *m.*, capità *m.* ▪ *6 a.* mestre, magistral. ‖ *~* ***builder,*** mestre d'obra. ‖ *~* ***-key,*** clau mestra.
master (to) ('mɑːstəʳ) *t.* dominar, vèncer, subjugar. *2* dominar [un idioma, un art, etc.].
masterful ('mɑːstəful) *a.* dominant, autoritari. *2* hàbil, destre. *3* magistral.
masterly ('mɑːstəli) *a.* magistral, genial.
masterpiece ('mɑːstəpiːs) *s.* obra *f.* mestra.
mastery ('mɑːstəri) *s.* domini *m.* [poder; coneixement]. *2* mestria *f.*
masticate (to) ('mæstikeit) *t.* mastegar.
mastication (ˌmæsti'keiʃən) *s.* masticació *f.*
mastiff ('mæstif) *s.* mastí *m.*
masturbate ('mæstəbeit) *t.* masturbar. ▪ *2 i.* masturbar-se *p.*
masturbation (ˌmæstər'beiʃən) *s.* masturbació *f.*
mat (mæt) *s.* estora *f.* *2* estoreta *f.*, pallet *m.* *3* individual *m.* [tovalles]; estalvis *m. pl.* *4* grenya *f.*, nus *m.* [cabells]. ▪ *5 a.* mat.
mat, matt (mæt) *a.* mat.
mat (to) (mæt) *t.* embolicar, embullar. ▪ *2 i.* embolicar-se *p.*, embullar-se *p.*
match (mætʃ) *s.* llumí *m.*, misto *m.* *2* parella *f.*, igual. *3* casament *m.* *4* partit *m.*: ***he's a good ~,*** és un bon partit [per casar-s'hi]. *5* ESPORT partit *m.*, encontre *m.*
match (to) (mætʃ) *t.* aparellar, casar. *2* equiparar, igualar a. *4* adaptar. *5* fer lligar. ▪ *6 i.* fer joc, lligar.
matchless ('mætʃlis) *a.* incomparable, sense parió.
mate (meit) *s.* col·loq. company. *2* col·loq. xicot. *3* col·loq. consort, cònjuge. *4* ajudant. *5* JOC mat *m.*, escac *m.* al rei. *6* MAR. segon de bord.
mate (to) (meit) *t.* acoblar, apariar [animals]. ▪ *2 i.* acoblar-se *p.*
material (mə'tiəriəl) *a.* material. *2* físic, corpori. *3* important, essencial. *4* DRET pertinent. ▪ *5 s.* material *m.*, matèria *f.* *6* roba *f.*, gènere *m.* *7 pl.* materials *m.*, ingredients *m.;* fig. fets *m.*, dades *f.*
materialism (mə'tiəriəlizm) *s.* materialisme *m.*
materialize (to) (mə'tiəriəlaiz) *t.* materialitzar. *2* fer visible. ▪ *3 i.* materialitzar-se *p.*
maternal (mə'təːnəl) *a.* matern, maternal.
maternity (mə'təːniti) *s.* maternitat *f.*
mathematics (ˌmæθi'mætiks) *s. pl.* matemàtiques *f.*
maths (mæθs) , (EUA) **math** (mæθ) *s.* col·loq. (abrev. de ***mathematics***) matemàtiques *f. pl.*
matriculate (to) (mə'trikjuleit) *t.* matricular. ▪ *2 i.* matricular-se *p.* [a la universitat].
matrimony ('mætriməni) *s.* matrimoni *m.*
matrix ('meitriks) *s.* matriu *f.*
matron ('meitrən) *s.* matrona *f.*
matter ('mætəʳ) *s.* matèria *f.*, substància *f.* *2* assumpte *m.*, qüestió *f.*, tema *m.* ‖ *~* ***of course,*** fet *m.* lògic, natural. ‖ ***as a ~ of fact,*** de fet, en realitat. *3* motiu *m.*, ocasió *f.* *4* cosa *f.*: ***a ~ of ten years,*** cosa de deu anys. *5* importància *f.* *6* ***printed ~,*** impresos *m. pl.* *7* ***what's the ~?,*** què passa?; ***what's the ~ with you?,*** què et passa?
matter (to) ('mætəʳ) *t.* importar: ***it doesn't ~,*** no importa.
matting ('mætiŋ) *s.* estora *f.*
mattock ('mætək) *s.* aixadella *f.*
mattress ('mætris) *s.* matalàs *m.*, (VAL.) matalaf *m.*
mature (mə'tjuəʳ) *a.* madur. *2* adult; assenyat. *3* COM. vençut.
mature (to) (mə'tjuəʳ) *t.* madurar. ▪ *2 i.* madurar. *2* COM. vèncer.
maturity (mə'tjuəriti) *s.* maduresa *f.* *2* COM. venciment *m.* [d'un deute, un termini, etc.].
maul (to) (mɔːl) *t.* destrossar, ferir.
mawkish ('mɔːkiʃ) *a.* apegalós, carrincló.
maxim ('mæksim) *s.* màxima *f.*, sentència *f.*
maximize ('mæksimaiz) *t.* portar al màxim.
May (mei) *s.* maig *m.* *2* BOT. arç *m.* blanc.
may (mei) *v. aux.* poder [tenir facultat, llibertat, oportunitat, propòsit o permís; ser possible]: *~* ***I go?,*** puc marxar?; ***come what ~,*** pasi el que passi; ***she ~ be late,*** potser arribarà tard, és possible que arribi tard. *2* (expressió de desig): *~* ***it be so,*** tant de bo sigui així. ▲ Pret.: ***might*** (mait) [només té pres. i pret.].
maybe ('meibiː) *adv.* potser, tal vegada, (BAL.) per ventura.
mayonnaise (ˌmeiə'neiz) *s.* CUI. maionesa *f.*
mayor (mɛəʳ) *s.* alcalde *m.*, batlle *m.*, (BAL.) batlle *m.*
maypole ('meipoul) *s.* maig *m.*, arbre *m.* de maig.
maze (meiz) *s.* laberint *m.*, dèdal *m.* *2* confusió *f.*, perplexitat *f.* ‖ ***to be in a ~,*** estar perplex.
me (miː, mi) *pron. pers.*, em, me, mi, jo:

she looked at ~, em va mirar; *it's* ~, sóc jo; *with* ~, amb mi.
meadow ('medou) *s.* prat *m.*, prada *f.*
meagre, (EUA) **meager** ('mi:gəʳ) *a.* magre, prim. *2* pobre, escàs.
meal (mi:l) *s.* menjar *m.*, àpat *m.* || ~ ***time,*** hora *f.* de menjar. *2* farina *f.* [de blat, etc.].
mean (mi:n) *a.* mitjà, intermedi. || ~ ***term,*** terme mitjà. *2* baix, humil. *3* roí, vil. *4* (EUA) desagradable. ▪ *5 s.* terme *m.* mitjà, mitjana *f. 6 pl.* mitjà *m. sing.*, mitjans *m.* [de fer, aconseguir, etc.]. || ***by all*** ~***s,*** naturalment, és clar que sí; ***by*** ~***s of,*** per mitjà de, mitjançant; ***by no*** ~***s,*** de cap manera. *7 pl.* mitjans *m.*, recursos *m.* econòmics.
mean (to) (mi:n) *t.* significar, voler dir. || ***what do you*** ~ ***by that?,*** què vols dir amb això? *2* pensar, proposar-se *p.*, tenir intenció de. *3* destinar, servir: ***clothes are meant for use,*** els vestits serveixen per portar-los. *4* col·loq. ***to*** ~ ***business,*** parlar seriosament. ▪ *5 i.* tenir intenció [bona o dolenta]. ▲ Pret. i p. p.: ***meant*** (ment).
meander (mi'ændəʳ) *s.* meandre *m.*
meander (to) (mi'ændəʳ) *i.* serpejar. *2* errar, vagar.
meaning ('mi:niŋ) *s.* significat *m.*, sentit *m.*, accepció *f. 2* intenció *f.*
meanness (mi:nnis) *s.* humilitat *f.*, pobresa *f. 2* mala qualitat *f. 3* vilesa *f. 4* mesquinesa *f. 5* gasiveria *f.*
meant (ment) Veure MEAN (TO).
meantime ('mi:ntaim), **meanwhile** ('mi:nwail) *adv.* mentre. || ***in the*** ~, mentrestant.
measles ('mi:zlz) *s. pl.* MED. xarampió *m. sing. 2* MED. ***German*** ~, rubèola *f. sing.*
measure ('meʒəʳ) *s.* mesura *f.*, mida *f.* || ***beyond*** ~, sobre manera, en gran manera. || ***to take*** ~***s,*** prendre les mesures o les disposicions *f.* necessàries. *2* quantitat *f.*, grau *m.*, extensió *f.* || ***in some*** ~, fins a cert punt *m.*, en certa manera. *3* ritme *m. 4* MÚS. compàs *m.*
measure (to) ('meʒəʳ) *t.* mesurar, amidar, prendre mides. || ***she measured her length,*** va caure a terra tan llarga com era. *2* ajustar, proporcionar. ▪ *3 i.* mesurar *t.*, tenir *t.*, fer *t.*
measured ('meʒəd) *a.* mesurat. *2* rítmic, compassat. *3* moderat.
measurement ('meʒəmənt) *s.* mesurament *m. 2* mesura *f. 3 pl.* mides *f.*, dimensions *f.*
meat (mi:t) *s.* carn *f.* [aliment]. *2* menjar *m.*, teca *f. 3* fig. suc *m.*, substància *f.*
meatball ('mi:tbɔ:l) *s.* mandonguilla *f.*, pilota *f.*
meat safe ('mi:tseif) *s.* carner *m.*, rebost *m.*
mechanic (mi'kænik) *a.* mecànic. ▪ *2 s.* mecànic *m.*
mechanical (mi'kænikəl) *a.* mecànic. *2* fig. mecànic, maquinal.
mechanics (mi'kæniks) *s.* mecànica *f.* [ciència]. *2* mecanisme *m.*
mechanism ('mekənizəm) *s.* mecanisme *m.*
medal ('medl) *s.* medalla *f.*
medallion (mi'dæljən) *s.* medalló *m.*
meddle (to) ('medl) *i.* entremetre's *p.*, ficar-se *p.* (*in,* en).
meddlesome ('medlsəm) *a.* xafarder, que es fica on no el demanen.
media ('mi:diə) *s.* mitjans *m. pl.* de comunicació de massa.
mediate (to) ('mi:dieit) *i.* mitjançar, intercedir. ▪ *2 t.* fer de mitjancer en [un conflicte, acord, etc.].
mediation (ˌmi:di'eiʃən) *s.* mediació *f.*
mediator ('mi:dieitəʳ) *s.* mediador, mitjancer.
medical ('medikəl) *a.* mèdic, de medicina.
medicament (mi'dikəmənt) *s.* medicament *m.*
medicate (to) ('medikeit) *t.* medicar.
medicine ('medsin) *s.* medicina *f.* [ciència]. *2* medecina *f.*, medicament *m. 3* fig. càstig *m.* merescut, conseqüències *f. pl.*
mediocre (ˌmi:di'oukəʳ) *a.* mediocre.
meditate (to) ('mediteit) *t.* meditar. *2* projectar, pensar. ▪ *3 i.* meditar, reflexionar (*up/upon,* sobre).
meditation (ˌmedi'teiʃən) *s.* meditació *f.;* reflexió *f.*
Mediterranean (ˌmeditə'reiŋjən) *a.* GEOGR. mediterrani. || ~ ***Sea,*** mar Mediterrània.
medium ('mi:djəm) *s.* mitjà *m. 2* terme *m.* mitjà. *3* medi *m.*, conducte *m. 4* mèdium [espiritisme]. ▲ *pl.* ***mediums*** o ***media.*** ▪ *5 a.* mitjà, intermedi.
medlar ('medləʳ) *s.* BOT. nespra *f.*, nespla *f. 2* nesprer *m.*, nespler *m.*
medley ('medli) *s.* barreja *f.*, mescla *f. 2* MÚS. popurri *m.*
meek (mi:k) *a.* mans, mansoi, dòcil.
meekness (mi:knis) *s.* mansuetud *f.*, docilitat *f.*
meet (to) (mi:t) *t.* trobar. || ***to go to*** ~, anar a esperar o rebre. *2* topar(se *p.* amb. *3* enfrontar-se *p.* amb. *4* conèixer, ser presentat a. *5* reunir-se *p.*, entrevistar-se *p.* amb. *6* fer front a [les despeses, etc.]. *7* satisfer, omplir, complir, cobrir [necessitats; requisits, etc.]. *8* refutar, respondre. ▪ *9 i.* reunir-se *p.*, trobar-se *p.*, veure's *p. 10* oposar-se *p.*, barallar-se *p. 11* conèixer-se

p. 12 confluir. *13* batre's *p.*, enfrontar-se *p. 14* ***to ~ with,*** trobar *t.*, trobar-se *p.* amb; sofrir *t.*, tenir *t.*, ensopegar amb. ▲ Pret. i p. p.: ***met*** (met).
meeting ('mi:tiŋ) *s.* reunió *f. 2* junta *f.*, sessió *f.*, assemblea *f.*, (ROSS.) assemblada *f. 3* míting *m. 4* trobada *f.*, aplec *m. 5* cita *f. 6* conferència *f.*, entrevista *f.*
megaphone ('megəfoun) *s.* megàfon *m.*
melancholic (ˌmeləŋ'kɔlik) *a.* malenconiós, melangiós.
melancholy ('meləŋkəli) *s.* malenconia *f.*, melangia *f.* ■ *2 a.* malenconiós. *3* deprimen, trist.
mellifluous (me'lifluəs) *a.* mel·liflu.
mellow ('melou) *a.* madur, dolç [fruit]. *2* tou, tendre, pastós, melós. *3* suau, vell [vi]. *4* pur, suau, dolç [veu, so, color, llum]. *5* col·loq. alegre [begut]. ■ *6* **-ly** *adv.* dolçament, suaument, tendrament.
mellow (to) ('melou) *t.* madurar. *2* suavitzar. ■ *3 i.* madurar. *3* suavitzar-se *p.*
melodious (mi'loudjəs) *a.* melodiós.
melody ('melədi) *s.* MÚS. melodia *f.*
melon ('melən) *s.* BOT. meló *m.*
melt (to) (melt) *t.* fondre, desfer, dissoldre. *2* dissipar, esvair. *3* ablanir, estovar. ■ *4 i.* fondre's *p.*, desfer-se *p.*, dissoldre's *p. 5* dissipar-se *p.*, esvair-se *p. 6* ablanir-se *p.*, estovar-se *p. 7* fig. ***to ~ into tears,*** desfer-se *p.* en llàgrimes.
member ('membəʳ) *s.* membre *m. 2* soci. *3* diputat, membre *m.* [d'una cambra]. *4* ANAT. membre *m.*
membership ('membəʃip) *s.* qualitat *f.* de membre o soci. || ***~ dues, ~ fee,*** quota de soci.
memoir ('memwɑ:ʳ) *s.* memòria *f.*, informe *m. 2 pl.* memòries *f.*
memorable ('memərəbl) *a.* memorable.
memo ('memou) *s.* (abrev. de ***memorandum***) memoràndum *m.*
memorandum (ˌmemə'rændəm) *s.* memoràndum *m. 2* nota *f.*, apunt *m.* ▲ *pl.* ***memorandums*** o ***memoranda.***
memorial (mi'mɔ:riəl) *a.* commemoratiu. ■ *2 s.* monument *m.* commemoratiu. || ***war ~,*** monument als caiguts. *3* (EUA) memorial *m.*
memorize (to) ('meməraiz) *t.* aprendre de memòria, memoritzar.
memory ('meməri) *s.* memòria *f.*, retentiva *f. 2* record *m.* || ***within living ~,*** que es recorda.
men (men) *s. pl.* de MAN.
menace ('menəs) *s.* amenaça *f.*
menace (to) ('menəs) *t.* amenaçar.
mend (to) (mend) *t.* adobar, reparar, apariar. *2* repassar, surgir. *3* corregir, esmenar. *4* millorar. ■ *5 i.* corregir-se *p.*, esmenar-se *p. 6* millorar, restablir-se *p.*
menial ('mi:njəl) *a.* domèstic. *2* pej. servil. ■ *2 s.* criat, servent.
meningitis (ˌmenin'dʒaitis) *s.* MED. meningitis *f.*
menopause ('menəpɔ:z) *s.* menopausa *f.*
Menorca (mi'nɔ:kə) *n. pr.* GEOGR. Menorca *f.*
menstruation (ˌmenstru'eiʃn) *s.* menstruació *f.*
mental ('mentl) *a.* mental, intel·lectual. ■ *2* **-ly** *adv.* mentalment.
mentality (ˌmen'tæliti) *s.* mentalitat *f.*
mention ('menʃən) *s.* menció *f.*, esment *m.*
mention (to) ('menʃən) *t.* esmentar, mencionar. || ***don't ~ it,*** de res.
menu ('menju:) *s.* menú *m.*
mercantile ('mə:kəntail) *a.* mercantil, mercant.
mercenary ('mə:sinəri) *a.* mercenari. *2* interessat. ■ *3 s.* MIL. mercenari.
merchandise ('mə:tʃəndaiz) *s.* mercaderia *f.*, gènere *m.*
merchant ('mə:tʃənt) *s.* mercader, comerciant. ■ *2 a.* mercant, mercantil.
merciful ('mə:siful) *a.* misericordiós, clement, compassiu. ■ *2* **-ly** *adv.* amb misericòrdia, compassivament.
mercifulness ('mə:sifulnis) *s.* misericòrdia *f.*, clemència *f.*, compassió *f.*
merciless ('mə:silis) *a.* implacable, despietat, cruel.
mercury ('mə:kjuri) *s.* QUÍM. mercuri *m.*
mercy ('mə:si) *s.* misericòrdia *f.*, clemència *f.*, compassió *f. 2* mercè *f.*, gràcia *f.* || ***at the ~ of,*** a la mercè de.
mere (miəʳ) *a.* mer, simple. *2* només. ■ *2 s.* estany *m.*, llac *m.*
merge (to) (mə:dʒ) *t.* ajuntar, combinar, fusionar, unir. ■ *2 i.* ajuntar-se *p.*, combinar-se *p.*, fusionar-se *p.*, unir-se *p.*
meridian (mə'ridiən) *s.* meridià *m.*
meridional (mə'ridiənl) *a.* meridional.
meringue (mə'ræŋ) *s.* CUI. merenga *f.*
merit ('merit) *s.* mèrit *m.*, mereixement *m.*
merit (to) ('merit) *t.* merèixer, ser digne de.
meritorius (ˌmeri'tɔ:riəs) *a.* meritori.
mermaid ('mə:meid) *s.* MIT. sirena *f.*
merrily ('merili) *adv.* alegrement.
merriment ('merimənt) *s.* alegria *f.*, joia *f. 2* festa *f.*, diversió *f.*
merry ('meri) *a.* alegre, divertit, festiu. || ***to make ~,*** divertir-se. *2* content, rialler.
merry-go-round ('merigouˌraund) *s.* cavallets *m. pl.*
mesh (meʃ) *s.* malla *f.*, xarxa *f. 2* MEC. engranatge *m. 3 pl.* parany *m.*, trampa *f.*
mesmerize (to) ('mezməraiz) *t.* hipnotitzar.

mess (mes) *s.* confusió *f.* *2* desordre *m.*, brutícia *f.* || ***to make a ~ of,*** desordenar, enredar, embrutar. *2* embolic *m.;* enrenou *m.* || ***to set into a ~,*** ficar-se en un embolic, embolicar-se. *3* MIL. menjador *m.* d'oficials.
mess (to) (mes) *t.* desarreglar, desendreçar. *2* embrutar. *3* desbaratar, fer malbé. *4* ***to ~ about,*** empipar. ▪ *5 i.* ***to ~ about,*** perdre el temps; fer el ximple.
message ('mesidʒ) *s.* missatge *m.* *2* encàrrec *m.*
messenger ('mesindʒə[r]) *s.* missatger. *2* propi *m.* *3* herald *m.*
Messiah (mi'saiə) *s.* Messies *m.*
met (met) *pret.* i *p. p.* de MEET (TO).
metal ('metl) *s.* metall *m.* *2 pl.* FERROC. raïls *m.*
metallic (mi'tælik) *a.* metàl·lic.
metamorphosis (ˌmetə'mɔ:fɔsis) *s.* metamorfosi *f.*
metaphor ('metəfə[r]) *s.* metàfora *f.*
metaphysics (ˌmetə'fiziks) *s.* metafísica *f.*
meter ('mi:tə[r]) *s.* comptador *m.* [del gas, de l'aigua, etc.].
methane ('mi:θein) *s.* metà *m.*
method ('meθəd) *s.* mètode *m.* *2* tècnica *f.*
methodical (mi'θɔdikəl) *a.* metòdic.
meticulous (mi'tikjuləs) *a.* meticulós.
metre, (EUA) **meter** ('mi:tə[r]) *s.* metre *m.*
metropolis (mi'trɔpəlis) *s.* metròpoli *f.*
metropolitan (ˌmetrə'pɔlitən) *a.* metropolità. ▪ *2 s.* ECLES. ***Metropolitan,*** metropolita *m.*
mettle ('metl) *s.* ànim *m.*, tremp *m.*, empenta *f.*
Mexican ('meksikən) *a.-s.* mexicà.
Mexico ('meksikou) *n. pr.* GEOGR. Mèxic *m.*
mica ('maikə) *s.* MINER. mica *f.*
mice (mais) *s. pl.* de MOUSE.
Michael ('maikl) *n. pr. m.* Miquel.
microbe ('maikroub) *s.* microbi *m.*
microphone ('maikrəfoun) *s.* micròfon *m.*
mid (mid) *a.* mig, mitjan.
midday (ˌmid'dei) *s.* migdia *m.*, (VAL.) migjorn *m.*
midget ('midʒit) *s.* nan, lil·liputenc. ▪ *2 a.* molt petit. *3* de butxaca.
middle ('midl) *a.* del mig, mig, mitjà; central. ▪ *2 s.* mig *m.*, meitat *f.*, centre *m.* || ***in the ~ of,*** a mitjan, al mig de, enmig de. *3* col·loq. cintura *f.*
middle-aged (ˌmidl'eidʒd) *a.* de mitjana edat.
Middle Ages (ˌmidl'eidʒiz) *s.* HIST. Edat *f.* Mitjana.
middle-class (ˌmidl'klɑ:s) *s.* classe *f.* mitjana.
Middle East (ˌmidl'i:st) *n. pr.* GEOGR. Orient *m.* Mitjà.
midnight ('midnait) *s.* mitjanit *f.* || ***~ Mass,*** missa *f.* del gall.
midst (midst) *s.* centre *m.*, mig *m.* || ***in the ~ of,*** entre, enmig de.
midsummer ('midˌsʌmə[r]) *s.* ple estiu *m.;* solstici *m.* d'estiu.
midway (ˌmid'wei) *a.-adv.* a mig camí, a la meitat del camí.
midwife ('midwaif) *s.* llevadora *f.*
mien (mi:n) *s.* liter. semblant *m.*, aire *m.*, capteniment *m.*
might (mait) *pret.* de MAY. ▪ *2 s.* poder *m.*, força *f.* || ***with ~ and main,*** a més no poder, amb totes les forces.
mighty ('maiti) *a.* poderós. *2* vigorós, potent. *3* enorme, gran, inmens. ▪ *4 adv.* col·loq. molt.
migraine ('mi:grein) *s.* migranya *f.*
migrate (to) (mai'greit) *i.* emigrar. *2* ZOOL. migrar.
migration (mai'greiʃən) *s.* emigració *f.* *2* ZOOL. migració *f.*
Mike (maik) *n. pr. m.* (dim. de ***Michael***) Miquel.
mike (maik) *s.* (abrev. de ***microphone***) micro *m.* (micròfon).
mild (maild) *a.* plàcid, tranquil. *2* pacífic, mansoi. *3* suau, benigne, bonancenc. *4* poc sever. *5* fluix, suau [menjar, beure, etc.]. ▪ *6* **-ly** *adv.* plàcidament, tranquil·lament.
mildew ('mildju:) *s.* AGR. florit *m.*, verdet *m.* [orgànic]. *2* AGR. míldiu *m.;* neula *f.*, rovell *m.*
mildness ('maildnis) *s.* suavitat *f.*, benignitat *f.* *2* indulgència *f.*, lenitat *f.* *3* docilitat *f.* *4* dolçor *f.*
mile (mail) *s.* milla *f.* || ***it is ~s away,*** és molt lluny.
mileage ('mailidʒ) *s.* quilometratge *m.* [en milles]. || ***~ indicator,*** comptador *m.* de milles. || FERROC. ***~ ticket,*** bitllet quilomètric. *2* recorregut *m.*, distància *f.* *3* despeses *f. pl.* [de viatge]. *4* cost *m.* [del transport].
milestone ('mailstoun) *s.* fita *f.* *2* fig. punt *m.* decisiu [de la història].
militancy ('militənsi) *s.* bel·licositat *f.*, combativitat *f.* *2* militància *f.* [política, sindical].
military ('militri) *a.* militar. *2* castrense. ▪ *3 s.* ***the ~,*** els militars *m. pl.*
militate (to) ('militeit) *i.* militar.
militia (mi'liʃə) *s.* milícia *f.*
milk (milk) *s.* llet *f.*
milk (to) (milk) *t.* munyir. ▪ *2 i.* donar llet.
milk can ('milkkæn) *s.* lletera *f.*
milk churn ('milktʃə:n) *s.* lletera *f.*

milkman ('milkmən) *s.* lleter *m.* ▲ *pl.* ***milkmen.***
milk shake ('milkʃeik) *s.* batut *m.*
milksop ('milksɔp) *s.* col·loq. gallina *m.*, marieta *m.*
milk tooth ('milktu:θ) *s.* dent *f.* de llet. ▲ *pl.* ***milk teeth.***
milky ('milki) *a.* lletós, lacti. ‖ ASTR. ***Milky Way,*** Via Làctia.
mill (mil) *s.* molí *m.* *2* molinet *m.* [de cafè, etc.]. *3* fàbrica *f.*, taller *m.*
mill (to) (mil) *t.* moldre, triturar. *2* fresar. ■ *3 i.* ***to ~ about*** o ***around,*** arremolinar-se *p.*, apinyar-se *p.* [la gent].
miller ('miləʳ) *s.* moliner.
million ('miliən) *s.* milió *m.*
millionaire (ˌmiliə'nɛəʳ) *s.* milionari.
mime (maim) *s.* TEAT. mim *m.* [teatre; persona].
mimic ('mimik) *a.* mímic. *2* mimètic. *3* imitatiu. *4* dissimulat, fictici. ■ *5 s.* imitador.
mimic (to) ('mimik) *t.* imitar; escarnir. ▲ Pret. i p. p.: ***mimicked*** ('mimiked); ger.: ***mimicking*** ('mimikiŋ).
mimosa (mi'mouzə) *s.* BOT. mimosa *f.*
mince (mins) *t.* esmicolar. *2* trinxar [carn]. ‖ fig. ***without mincing words,*** sense pèls a la llengua. ■ *3 i.* parlar, caminar d'una manera amanerada.
mincing ('minsiŋ) *a.* afectat, amanerat.
mind (maind) *s.* ment *f.*, esperit *m.*, enteniment *m.*, seny *m.*, intel·ligència *f.*, cervell *m.*, ànim *m.* ‖ ***presence of ~,*** presència d'ànim; ***state of ~,*** estat d'ànim; ***to go out of one's ~,*** perdre el seny. *2* mentalitat *f.* *3* intenció *f.*, propòsit *m.*, desig *m.*, voluntat *f.* ‖ ***to know one's ~,*** saber el que es vol. ‖ ***to set one's ~ on,*** estar decidit a. *4* pensament *m.*, memòria *f.*, record *m.* ‖ ***to bear*** o ***to keep in ~,*** tenir present; ***to bring to ~,*** recordar, fer recordar; ***out of ~,*** oblidat. *5* opinió *f.*, idea *f.*, parer *m.* ‖ ***of one ~,*** unànimes; ***to change one's ~,*** canviar d'idea, canviar d'opinió; ***to my ~,*** segons el meu parer.
mind's eye ('maindz'ai) *s.* imaginació *f.*
mind (to) (maind) *t.* tenir en compte, fer cas de, posar atenció. *2* tenir inconvenient a; molestar-se *p.* per, importar: ***do you ~ the smoke?,*** el molesta el fum? *3* tenir cura de, ocupar-se *p.* de, vigilar, pensar en. *4* anar amb compte amb. ‖ ***~ your language,*** compte què dius. *5* recordar(se. *6* ***~ you,*** en realitat, la veritat és que. ■ *7 i.* preocupar-se *p.* ‖ ***I don't ~,*** no em fa res, no m'importa. ‖ ***never ~,*** és igual, no s'amoïni, no en faci cas. *8* ***mind!,*** compte!
mindful ('maindful) *a.* atent, prudent, conscient. ■ *2* **-ly** *adv.* atentament, prudentment, conscientment.
1) mine (main) *pron. poss.* meu, meva, meus, meves: ***a friend of ~,*** un amic meu.
2) mine (main) *s.* MIL., MIN., MAR. mina *f.* ‖ MIN. ***coal ~,*** mina de carbó. *2* fig. mina *f.*, pou *m.*
mine (to) (main) *t.* minar [també fig.]. *2* volar, destruir [amb mines]. *3* posar mines. ■ *4 i.* obrir una mina. *5* extreure minerals.
miner ('mainəʳ) *s.* miner.
mineral ('minərəl) *a.* mineral. *2 s.* mineral *m.*
mingle (to) ('miŋgl) *t.* barrejar, mesclar. ■ *2 i.* barrejar-se *p.*, mesclar-se *p.*
miniature ('minitʃəʳ) *s.* miniatura *f.* ■ *2 a.* en miniatura.
minimize (to) ('minimaiz) *t.* minimitzar; treure importància.
minimum ('miniməm) *a.* mínim. ■ *2 s.* mínim *m.*
minister ('ministəʳ) *s.* ministre. *2* ECLES. pastor *m.*
minister (to) ('ministəʳ) *i.* ***to ~ to,*** atendre *t.* *2* auxiliar *t.*, ajudar *t.*
ministry ('ministri) *s.* ministeri *m.* *2* ECLES. sacerdoci *m.*, ministeri *m.*
mink (miŋk) *s.* ZOOL. visó *m.*
Minorca (miˌnɔ:kə) *n. pr.* GEOGR. Menorca *f.*
minor ('mainəʳ) *a.* menor. *2* secundari. *3* menut. ‖ ***~ expenses,*** despeses menudes. *4* MÚS. menor. ‖ ***~ key,*** to menor. ■ *5 s.* menor d'edat.
minority (mai'nɔriti) *s.* minoria *f.* *2* minoria *f.* d'edat.
minstrel ('minstrəl) *s.* joglar *m.*, trobador *m.* *2* cantant còmic.
mint (mint) *s.* BOT. menta *f.* *2* caramel *m.* de menta. *3* casa *f.* de la moneda. ■ *4 a.* nou. ‖ ***in ~ condition,*** com nou; en perfecte estat.
mint (to) (mint) *t.* encunyar [també fig.].
minus ('mainəs) *a.* negatiu. ■ *2 prep.* menys. *3* col·loq. sense. ■ *4 s.* signe *m.* menys. *5* quantitat *f.* negativa.
1) minute (mai'nju:t) *a.* menut, petit. *2* minuciós.
2) minute ('minit) *s.* minut *m.* *2* minuta *f.* *3* nota *f.* *4 pl.* actes *f.* [d'una reunió, etc.]. *5* fig. moment *m.*, instant *m.*
minute hand ('minithænd) *s.* minutera *f.*
miracle ('mirəkl) *s.* miracle *m.*
miracle play ('mirəklplei) *s.* TEAT. miracle *m.*, auto *m.* sacramental.
miraculous (mi'rækjuləs) *a.* miraculós. *2* meravellós.
mirage ('mirɑ:ʒ) *s.* miratge *m.* [també fig.].
mire ('maiəʳ) *s.* fang *m.*, llot *m.*

mirror ('mirəʳ) *s.* mirall *m.*, (OCC.), (VAL.) espill *m.* *2* fig. mirall *m.*, reflex *m.*
mirror (to) ('mirəʳ) *t.* liter. fig. reflectir.
mirth (mə:θ) *s.* alegria *f.*, joia *f.* *2* riallada *f.*, rialla *f.*
miry ('maiəri) *a.* llotós, fangós.
misadventure (ˌmisəd'ventʃəʳ) *s.* desgràcia *f.*, contratemps *m.*
misanthropy (mi'zænθrəpi) *s.* misantropia *f.*
misapply (to) (ˌmisə'plai) *t.* aplicar malament. *2* fer mal ús.
misapprehend (to) (ˌmisæpri'hend) *t.* comprendre malament.
misbehave (to) (ˌmisbi'heiv) *i.* portar-se *p.* malament.
misbehaviour, (EUA) **misbehavior** (ˌmisbi'heivjəʳ) *s.* mal comportament *m.* *2* discortesia *f.*
misbelief (ˌmisbi'li:f) *s.* falsa creença *f.*; opinió *f.* equivocada; error *m.* *2* REL. heretgia *f.*
miscarry (to) (mis'kæri) *i.* MED. avortar [involuntàriament]. *2* perdre's *p.* [una carta]. *3* sortir malament.
miscarriage (ˌmis'kæridʒ) *s.* MED. avortament *m.* [natural]. *2* error *m.* ‖ *~ of justice,* error judicial. *3* pèrdua *f.* *4* fig. fracàs *m.*
miscellaneous (ˌmisə'leinjəs) *a.* miscel·lani, variat, divers.
miscellany (mi'seləni) *s.* miscel·lània *f.*
mischange (ˌmis'tʃɑ:ns) *s.* desgràcia *f.*, infortuni *m.*
mischief ('mistʃif) *s.* mal *m.*, dany *m.*, perjudici *m.* ‖ ***to make ~,*** embolicar, armar embolics. *2* entremaliadura *f.*
mischievous ('mistʃivəs) *a.* dolent, nociu. *2* maliciós. *3* entremaliat. ▪ *4* **-ly** *adv.* maliciosament, amb malícia.
misconduct (mis'kɔndəkt) *s.* mala conducta *f.* *2* mala gestió *f.*
misconduct (to) (ˌmiskən'dʌkt) *t.* ***to ~ oneself,*** portar-se malament. *2* dirigir o administrar malament.
misconstrue (to) (ˌmiskən'stru:) *t.* interpretar malament.
misdeed (ˌmis'di:d) *s.* malifeta *f.*, delicte *m.*
misdemeanour, (EUA) **misdemeanor** (ˌmisdi'mi:nəʳ) *s.* DRET falta *f.*, delicte *m.* menor. *2* mala conducta *f.*
misdirect (to) (ˌmisdi'rekt) *t.* dirigir malament. *2* posar malament l'adreça [en una carta]. *3* DRET instruir malament.
miser ('maizəʳ) *s.* avar, gasiu, miserable.
miserable ('mizrəbl) *a.* desgraciat. *2* trist. *3* miserable.
miserly ('maizəli) *a.* avar, gasiu, rata.
misery ('mizəri) *s.* misèria *f.*, pobresa *f.* *2* desgràcia *f.*, tristesa *f.*, infortuni *m.* *3* pena *f.*, dolor *m.*, sofriment *m.*
misfire (to) (ˌmis'faiəʳ) *i.* fallar [un tret, un motor, etc.].
misfit ('misfit) *s.* vestit *m.* que no cau bé. *2* fig. inadaptat, marginat.
misfortune (ˌmis'fɔ:tʃu:n) *s.* infortuni *m.*, desventura *f.*, desgràcia *f.*
misgiving (ˌmis'giviŋ) *s.* dubte *m.*, sospita *f.*, recel *m.*, temor *m.*
misgovernment (ˌmis'gʌvənmənt) *s.* desgovern *m.*, mala administració *f.*
misguide (to) (ˌmis'gaid) *t.* dirigir malament, aconsellar malament.
misguided (ˌmis'gaidid) *a.* mal aconsellat, desencaminat; poc afortunat.
mishandle (ˌmis'hændl) *t.* tractar malament. *2* manejar malament.
mishap ('mishæp) *s.* desgràcia *f.*, accident *m.*, contratemps *m.*
misjudge (to) (ˌmis'dʒʌdʒ) *t.-i.* jutjar malament; calcular malament.
mislay (to) (ˌmis'lei) *t.* extraviar, perdre. ▲ Pret. i p. p.: ***mislaid*** (ˌmis'leid).
mislead (to) (ˌmis'li:d) *t.* desencaminar, desencarrilar. *2* despistar. *3* enganyar, seduir. ▲ Pret. i p. p.: ***misled*** (ˌmis'led).
mismanagement (ˌmis'mænidʒmənt) *s.* mala administració *f.*, mala gestió *f.*
misplace (to) (ˌmis'pleis) *t.* posar fora de lloc, col·locar malament. *2* extraviar. *3* fig. atorgar immerescudament [afecció, confiança, etc.].
misprint ('misprint) *s.* errata *f.*, error *m.* d'impremta, falta *f.* tipogràfica.
misrepresent (to) (ˌmisˌrepri'zent) *t.* descriure malament. *2* desfigurar, tergiversar.
Miss (mis) *s.* senyoreta *f.*
miss (mis) *s.* errada *f.*, error *m.* *2* falta *f.*, pèrdua *f.* *3* fracàs *m.*
miss (to) (mis) *t.* errar. *2* perdre [un tren, etc.]. *3* perdre's *p.* [un esdeveniment, etc.]. *4* ometre. *5* no assistir *i.*, faltar *i.* *6* equivocar-se *p.* *7* trobar a faltar. *8* no entendre, no sentir, perdre's: ***I ~ed what you said,*** no he entès què has dit, no he pogut sentir què has dit. ▪ *9 i.* errar el tret, errar el fitó. *10* fallar, no fer efecte. *11* equivocar-se *p.*
misshapen (ˌmis'ʃeipən) *a.* deforme.
missile ('misail) , (EUA) ('misl) *s.* míssil *m.*, projectil *m.*
missing ('misiŋ) *a.* extraviat, perdut, que falta. ‖ ***to be ~,*** faltar, estar extraviat o perdut. *2* absent. *3* desaparegut.
mission ('miʃən) *s.* missió *f.*
missive ('misiv) *s.* missiva *f.* [carta].
misspend (ˌmis'spend) *t.* malgastar. ▲ Pret. i p. p.: ***misspent*** (ˌmis'spent).

mist (mist) *s.* boira *f.*, vapor *m.*, tel *m.* *2* fig. vel *m.*
mistake (mis'teik) *s.* equivocació *f.*, error *m.*, confusió *f.* ‖ ***to make a ~,*** equivocar-se.
mistake (to) (mis'teik) *t.* equivocar, confondre, prendre per una altra [persona o cosa]. ▪ *2 i.* equivocar-se *p.* ▴ Pret.: ***mistook*** (mis'tuk); p. p.: ***mistaken*** (mis'teiken).
mistaken (mis'teikən) *p. p.* de MISTAKE (TO). ▪ *2 a.* equivocat, errat. *3* erroni, incorrecte.
mister ('mistəʳ) *s.* senyor *m.*
mistletoe ('misltou) *s.* BOT. vesc *m.*
mistress ('mistris) *s.* mestressa *f.*, senyora *f.* *2* mestra *f.* [d'escola]. *3* amant *f.*, amistançada *f.*
mistrust (ˌmis'trʌst) *s.* desconfiança *f.*, recel *m.*
mistrust (to) (ˌmis'trʌst) *t.* desconfiar de, recelar de.
mistrustful (ˌmis'trʌstful) *a.* desconfiat, recelós.
misty ('misti) *a.* boirós, nebulós. *2* entelat. *3* confús, vague.
misunderstand (to) (ˌmisˌʌndə'stænd) *t.* entendre malament.
misunderstanding (ˌmisˌʌndə'stændiŋ) *s.* equivocació *f.*, error *m.*, mala interpretació *f.* *2* malentès *m.* *3* desavinença *f.*
misuse (ˌmis'ju:s) *s.* mal ús *m.*, ús *m.* impropi.
misuse (to) (ˌmis'ju:z) *t.* maltractar. *2* usar malament, fer ús impropi.
mite (mait) *s.* petitesa *f.* *2* mica *f.*, bocí *m.* *3* criatura *f.* [nen petit].
mitigate (to) ('mitigeit) *t.* mitigar, disminuir, atenuar.
mitigation (ˌmiti'geiʃən) *s.* mitigació *f.*, mitigament *m.*
mitre ('maitəʳ) *s.* ECLES. mitra *f.*
mitten ('mitn) *s.* manyopla *f.* *2* mitena *f.*
mix (miks) *s.* mescla *f.*, barreja *f.*
mix (to) (miks) *t.* mesclar, barrejar. *2* ***to ~ up,*** mesclar; confondre. ▪ *3 i.* barrejar-se *p.*, mesclar-se *p.* *4* ajuntar-se *p.*
mixed (mikst) *a.* mesclat, barrejat. *2* mixt. *3* assortit, variat.
mixed-up ('mikstʌp) *a.* confús, atabalat.
mixture ('mikstʃəʳ) *s.* mescla *f.*; mixtura *f.*
mix-up ('miksʌp) *s.* embolic *m.*, confusió *f.*
moan (moun) *s.* gemec *m.*, queixa *f.*, lament *m.*
moan (to) (moun) *i.* gemegar, queixar-se *p.* ▪ *2 t.* dir gemegant.
moat (mout) *s.* FORT. fossat *m.*
mob (mɔb) *s.* populatxo *m.*, xusma *f.*, turba *f.* *2* multitud *f.*, gentada *f.*
mob (to) (mɔb) *t.* amuntegar-se *p.* o aplegar-se *p.* per a admirar o atacar.
mobile ('moubail) *a.* mòbil. *2* inconstant, variable.
mobilize (to) ('moubilaiz) *t.* mobilitzar. ▪ *2 i.* mobilitzar-se *p.*
moccasin ('mɔkəsin) *s.* mocassí *m.*
mock (mɔk) *a.* fictici, fals. *2* fingit, simulat. *3* burlesc. ▪ *4 s.* ant. burla *f.*, mofa *f.* ‖ ***to make a ~ of,*** burlar-se de, mofar-se de.
mock (to) (mɔk) *t.* mofar-se *p.* de, burlar-se *p.* de, riure's *p.* de. *2* imitar. ▪ *3 i.* ***to ~ at,*** burlar-se *p.* de.
mockery ('mɔkəri) *s.* burla *f.*, mofa *f.*, escarn *m.* *2* imitació *f.*, paròdia *f.*
mock-up ('mɔkʌp) *s.* maqueta *f.*
model ('mɔdl) *s.* model *m.* *2* maqueta *f.* *3* disseny *m.*, mostra *f.* *4* model *m.*, figurí *m.* *5* model *m.*, exemple *m.* ▪ *5 a.* model, modèlic. ‖ ***~ school,*** escola modèlica.
model (to) ('mɔdl) *t.* modelar. ▪ *2 i.* fer de model, servir de model.
moderate ('mɔdərit) *a.* moderat. *2* temperat. *3* mòdic. *4* mitjà, regular. ▪ *5* **-ly** *adv.* moderadament.
moderate (to) ('mɔdəreit) *t.* moderar. *2* temperar. ▪ *3 i.* moderar-se *p.*; calmar-se *p.*
moderation (ˌmɔdə'reiʃən) *s.* moderació *f.* *2* temperància *f.* *3* sobrietat *f.* *4* mesura *f.*
modern ('mɔdən) *a.* modern.
modest ('mɔdist) *a.* modest. *2* moderat. *3* púdic.
modesty ('mɔdisti) *s.* modèstia *f.* *2* pudor *m.*, decència *f.*
modify (to) ('mɔdifai) *t.* modificar. *2* moderar, temperar, suavitzar.
modulate (to) ('mɔdjuleit) *t.* modular. ▪ *2 i.* MÚS. modular.
Mohammed (mou'hæmed) *n. pr. m.* REL. Mahoma *m.*
Mohammedan (mou'hæmidən) *a.-s.* REL. mahometà.
moiety ('mɔiəti) *s.* meitat *f.*
moist (mɔist) *a.* humit, moll, mullat.
moisten (to) ('mɔisn) *t.* humitejar, mullar. ▪ *2 i.* humitejar-se *p.*, mullar-se *p.*
moisture ('mɔistʃəʳ) *s.* humitat *f.*
mole (moul) *s.* piga *f.* *2* NÀUT. moll *m.* *3* ZOOL. talp *m.*
molecule ('mɔlikju:l) *s.* mol·lècula *f.*
molest (to) (mə'lest) *t.* molestar, importunar. *2* molestar, agredir [sexualment].
mollify (to) ('mɔlifai) *t.* moderar; calmar, apaivagar.
molten ('moultən) *p. p.* de MELT (TO). ▪ *2 a.* fos [metall].
moment ('moumənt) *s.* moment *m.* *2* instant *m.*, estona *f.* *3* importància *f.*

momentarily ('moumәntrili) *adv.* momentàniament.
momentous (mou'mentәs) *a.* important, greu, transcendental.
momentum (mou'mentәm) *s.* FÍS. moment *m.* *2* fig. ímpetu *m.*
Monaco ('mɔnәkou) *n. pr.* GEOGR. Mónaco *m.*
monarch ('mɔnәk) *s.* monarca *m.*
monarchy ('mɔnәki) *s.* monarquia *f.*
monastery ('mɔnәstri) *s.* monestir *m.*, convent *m.*
monastic (mә'næstik) *a.* monàstic.
Monday ('mʌndi, -dei) *s.* dilluns *m.*
Monegasque ('mɔnәgɑ:sk) *a.-s.* monegasc.
money ('mʌni) *s.* diners *m. pl.*, cèntims *m. pl.*, (BAL.) doblers *m. pl.*, (ROSS.) sous *m. pl.*
money-box ('mʌnibɔks) *s.* guardiola *f.*, (BAL.) (VAL.) vidriola *f.*, (ROSS.) denieirola *f.*
money-lender ('mʌniˌlendәʳ) *s.* prestador.
money order ('mʌniˌɔ:dәʳ) *s.* gir *m.* postal.
mongol ('mɔŋgɔl) *a.* mongol. ▪ *2 s.* mongol. *3* mongol *m.* [llengua].
mongoose ('mɔŋgu:s) *s.* ZOOL. mangosta *f.*, icnèumon *m.*
mongrel ('mʌŋgrәl) *a.* mestís [planta o animal]. *2* petaner [gos]. ▪ *3 s.* mestís. *4* petaner *m.*
Monica ('mɔnikә) *n. pr. f.* Mònica.
monitor ('mɔnitәʳ) *s.* monitor. *2* RADIO. monitor *m.*
monk (mʌŋk) *s.* monjo *m.*, frare *m.*
monkey ('mʌŋki) *s.* ZOOL. mona *f.*, mico *m.*
monkey wrench ('mʌŋkirenʃ) *s.* MEC. clau *f.* anglesa.
monograph ('mɔnәgrɑ:f) *s.* monografia *f.*
monologue ('mɔnәlɔg) *s.* monòleg *m.*
monopolize (to) (mә'nɔpәlaiz) *t.* monopolitzar.
monopoly (mә'nɔpәli) *s.* monopoli *m.*
monotonous (mә'nɔtәnәs) *a.* monòton.
monotony (mә'nɔtәni) *s.* monotonia *f.*
monsoon (mɔn'su:n) *s.* CLIMAT. monsó *m.*
monster ('mɔnstәʳ) *s.* monstre *m.* ▪ *2 a.* monstruós, enorme.
monstrosity (mɔns'trɔsiti) *s.* monstruositat *f.*
monstruous ('mɔnstrәs) *a.* monstruós. ▪ *2* **-ly** *adv.* monstruosament.
month (mʌnθ) *s.* mes *m.*
monthly ('mʌnθli) *a.* mensual. ▪ *2 adv.* mensualment. ▪ *3 s.* publicació *f.* mensual.
monument ('mɔnjumәnt) *s.* monument *m.*
mood (mu:d) *s.* humor *m.*, disposició *f.* [d'ànim]. || ***to be in no ~ for*** o ***to,*** no tenir ganes de.
moody ('mu:di) *a.* malhumorat, trist, melanconiós. *2* estrany, variable, capritxós.
moon (mu:n) *s.* ASTR. lluna *f.* || ***full ~,*** lluna plena; ***new ~,*** lluna nova. || col·loq. ***once in a blue ~,*** de tant en tant.
moonlight ('mu:nlait) *s.* llum *f.* de la lluna.
Moor (muәʳ) *s.* moro.
moor (muәʳ) *s.* erm *m.*, ermàs *m.*
moor (to) (muәʳ) *t.* MAR. amarrar.
mop (mәp) *s.* baieta *f.*, borràs *m.* *2* grenya *f.*
mop (to) (mɔp) *t.* fregar, netejar. *2* eixugar, assecar [la suor, etc.].
mope (to) (moup) *i.* estar abatut, estar deprimit, estar trist.
moral ('mɔrәl) *a.* moral. *2* virtuós. ▪ *3 s.* moral *f.*, moralitat *f.* *4 pl.* moral *f.*, ètica *f.* *5* moral *f.* [costums].
morale (mɔ'rɑ:l) *s.* moral *f.* [estat d'ànim].
morality (mә'ræliti) *s.* moralitat *f.*
moralize (to) ('mɔrәlaiz) *t.-i.* moralitzar *t.*
morass (mә'ræs) *s.* pantà *m.*, maresma *f.* *2* fig. empantanegament *m.*, embolic *m.*
morbid ('mɔ:bid) *a.* mòrbid, morbós.
morbidity (mɔ:'biditi) *s.* morbositat *f.*
more (mɔ:r) *a.-adv.* més. || ***do you want any ~?,*** en vols més?; ***~ or less,*** més o menys; ***once ~,*** un cop més, una altra vegada; ***she can't come any ~,*** no pot venir més; ***the ~ the merrier,*** com més serem, més riurem. ▪ *2 s.-pron.* més. || ***we can't spend ~,*** no podem gastar més.
moreover (mɔ:'rouvәʳ) *adv.* a més, a més a més; d'altra banda.
mordant ('mɔ:dәnt) *a.* mordaç. *2* corrosiu. ▪ *3 s.* mordent *m.*
Moresque (mә'resk) *a.* moresc, àrab.
morgue (mɔ:g) *s.* dipòsit *m.* de cadàvers.
morning ('mɔ:niŋ) *s.* matí *m.* *2* matinada *f.* *3* alba *f.*, albada *f.* ▪ *4 a.* matinal, matutí, del matí, de l'alba.
morning star ('mɔ:niŋ'stɑ:) *s.* estel *m.* del matí.
Moroccan (mә'rɔkәn) *a.-s.* marroquí.
Morocco (mә'rɔkou) *n. pr.* GEOGR. Marroc *m.*
morose (mɔ'rous) *a.* malhumorat, taciturn, brusc. ▪ *2* **-ly** *adv.* amb mal humor.
morphia ('mɔ:fje) , **morphine** ('mɔ:fi:n) *s.* morfina *f.*
morrow ('mɔrou) *s.* liter. demà *m.*
morsel ('mɔ:sәl) *s.* mos *m.* *2* trosset *m.*, bocí *m.*
mortal ('mɔ:tl) *a.* mortal. || ***~ sin,*** pecat mortal. ▪ *2 s.* mortal. ▪ *3* **-ly** *adv.* mortalment [també fig.].
mortality (mɔ:'tæliti) *s.* mortalitat *f.* *2* mortals *pl.*, humanitat *f.*
mortar ('mɔ:tәʳ) *s.* morter *m.*

mortgage ('mɔ:gidʒ) *s.* hipoteca *f.*
mortgage (to) ('mɔ:gidʒ) *t.* hipotecar.
mortify (to) ('mɔ:tifai) *t.* mortificar [també fig.]. ■ *2* MED. gangrenar-se *p.*
mortuary ('mɔ:tjuəri) *a.* mortuori. ■ *2 s.* dipòsit *m.* de cadàvers.
mosaic (mə'zeiik) *a.* mosaic.
Moscow ('mɔskou) (EUA) ('mɔskau) *n. pr.* GEOGR. Moscou *m.*
Moslem ('mɔzlem) *a.-s.* musulmà.
mosque (mɔsk) *s.* mesquita *f.*
mosquito (məs'ki:tou) *s.* ENT. mosquit *m.*
mosquito net (mɔs'kitounet) *s.* mosquitera *f.*
moss (mɔs) *s.* BOT. molsa *f.*
most (moust) *adj. superl.* de MORE, MUCH i MANY. *2* molts, gairebé tots, la majoria. *3* ***for the ~ part,*** majoritàriament *adv.*, en gran part. ■ *4 adv.* summament; molt; més. || ***M~ Reverend,*** reverendíssim. ■ *5 s. pron.* el màxim. || ***at the ~,*** com a màxim, com a molt. || ***~ of them,*** gairebé tots, la majoria.
mostly ('moustli) *adv.* en la major part, en general; principalment, sobretot.
M.O.T. (ˌemou'ti:) *s.* (*Ministry of Transport*) ministeri *m.* de transports. || ***~-test,*** ITV *f.* (inspecció tècnica de vehicles).
motel (mou'tel) *s.* motel *m.*
moth (mɔθ) *s.* ENT. arna *f.*; papallona *f.* nocturna.
mother ('mʌðəʳ) *s.* mare *f.*
motherhood ('mʌðəhud) *s.* maternitat *f.*
mother-in-law ('mʌðərinˌlɔ:) *s.* sogra *f.*
motherly ('mʌðəli) *a.* maternal, matern. ■ *2 adv.* maternalment.
mother-of-pearl (ˌmʌðərəv'pə:l) *s.* nàcar *m.*
mother ship ('mʌðəʃip) *s.* MAR. vaixell *m.* escola.
mother tongue ('mʌðətʌŋ) *s.* llengua *f.* materna.
motif (mou'ti:f) *s.* MÚS., ART. motiu *m.*
motion ('mouʃən) *s.* moviment *m.*, moció *f.* *2* senyal *m.*, gest *m.* *3* moció *f.*, proposició *f.*
motion (to) ('mouʃən) *i.-t.* fer un gest, fer un senyal.
motionless ('mouʃənlis) *a.* immòbil.
motion picture (ˌmouʃn'piktʃəʳ) *s.* CINEM. form. pel·lícula *f.*, film *m.*
motive ('moutiv) *s.* motiu *m.*, mòbil *m.*, causa *f.*, raó *f.* || ***ulterior ~,*** motiu ocult. ■ *2 a.* motor, motriu. || ***~ power,*** força motriu.
motor ('moutəʳ) *s.* motor *m.* ■ *2 a.* motor. *3* de motor; automòbil.
motorbike ('moutəbaik) *s.* col·loq. moto *f.*
motorcar ('moutəkɑ:) *s.* ant. cotxe *m.*
motorcycle ('moutəsaikl) *s.* motocicleta *f.*
motorcycling ('moutəˌsaikliŋ) *s.* motociclisme *m.*
motorcyclist ('moutəˌsaiklist) *s.* motorista.
motorist ('moutərist) *s.* automobilista.
motor racing ('moutəˌreisiŋ) *s.* ESPORT automobilisme *m.*
motorway ('moutəˌwei) *s.* autopista *f.*
mottle ('mɔtl) *s.* taca *f.*, pinta *f.*, clapa *f.* [de color].
mottle (to) ('mɔtl) *t.* clapar, clapejar.
motto ('mɔtou) *s.* lema *m.*, divisa *f.*, consigna *f.*
mould, (EUA) **mold** (mould) *s.* floridura *f.*, florit *m.*, verdet *m.*, rovell *m.* *2* terra *f.* vegetal; fem *m.* *3* motlle *m.*, matriu *f.* *4* forma *f.*, figura *f.*, factura *f.*
mould, (EUA) **mold (to)** (mould) *t.* emmotllar, motllurar. *2* modelar. *3* buidar. ■ *4 i.* florir-se *p.*
moulder, (EUA) **molder (to)** ('mouldəʳ) *i.* consumir-se *p.*, esfondrar-se *p.*, ensorrar-se *p.* [també fig.].
moulding, (EUA) **molding** ('mouldiŋ) *s.* ARQ., FUST. motllura *f.* *2* buidat *m.* *3* emmotllament *m.* *4* fig. emmotllament *m.*, formació *f.*
mouldy, (EUA) **moldy** ('mouldi) *a.* florit, rovellat.
moult, (EUA) **molt (to)** (moult) *t.* mudar [la ploma, la veu, etc.]. ■ *2 i.* mudar, fer la muda [un animal].
moulting, (EUA) **molting** ('moultiŋ) *s.* muda *f.* [dels animals].
mound (maund) *s.* pujol *m.* *2* túmul *m.* *3* terraplè *m.*
mount (maunt) *s.* liter. muntanya *f.*, turó *m.*, pujol. *2* muntura *f.*, cavall *m.* *3* muntura *f.* [d'un objecte].
mount (to) (maunt) *t.* pujar [pendent, etc.]. *2* pujar, aixecar. *3* pujar, enfilar-se *p.*, muntar *i.* *4* muntar, armar; organitzar. *5* MAR., MIL. muntar [canons; la guàrdia]. *6* TEAT. posar en escena, muntar. ■ *7 i.* pujar, enfilar-se *p.* *2* elevar-se *p.*
mountain ('mauntin) *s.* muntanya *f.* *2* fig. munt *m.*, pilot *m.*
mountain climber ('mauntinˌklaimə) *s.* alpinista *m.*, muntanyenc *m.*
mountain dew ('mauntin'dju:) *s.* col·loq. whisky *m.* escocès.
mountain range ('mauntin'reindʒ) *s.* serralada *f.*
mountaineer (ˌmaunti'niəʳ) *s.* muntanyenc. *2* alpinista.
mountaineering ('mauntinˌiəriŋ) *s.* muntanyisme *m.*, alpinisme *m.*
mountainous ('mauntinəs) *a.* muntanyós. *2* enorme.

mounting ('mauntiŋ) *s.* pujada *f.* *2* muntatge *m.* *3* muntura *f.*, marc *m.* suport *m.*
mourn (to) (mɔ:n) *t.* deplorar, lamentar, plorar. ■ *2 i.* lamentar-se *p.*, doldre's *p.* *3* portar dol, anar de dol.
mournful ('mɔ:nful) *a.* trist, llòbrec, fúnebre. *2* afigit.
mourning ('mɔ:niŋ) *s.* dolor *m.*, pena *f.* *2* plor *m.*, lamentació *f.* *3* dol *m.* ‖ ***to be in ~,*** portar dol.
mouse (maus) *s.* ZOOL. rata *f.*, ratolí *m.* *2* fig. persona *f.* tímida. ▲ *pl.* ***mice*** (mais).
mousetrap ('maustræp) *s.* ratera *f.*
moustache (məs'tɑ:ʃ), (EUA) **mustache** ('mʌstæʃ) *s.* bigoti *m.*
mouth (mauθ) *s.* ANAT. boca *m.* ‖ ***down in the ~,*** trist, de cara *f.* llarga. *2* boca *f.* [entrada, forat]. *3* boca *f.*, desembocadura *f.* [riu].
mouthful ('mauθful) *s.* mos *m.*, queixalada *f.* [de menjar]. *2* glopada *f.* [aire, fum, etc.].
mouth-organ ('mauθɔ:gn) *s.* MÚS. harmònica *f.*
mouthpiece ('mauθpi:s) *s.* MÚS. broc *m.*, embocadura *f.* *2* portaveu.
movable ('mu:vəbl) *a.* movible, mòbil. ■ *2 s. pl.* mobles *m.*, mobiliari *m. sing.*
move (mu:v) *s.* moviment *m.* ‖ ***on the ~,*** en moviment, en marxa *f.* ‖ fam. ***to get a ~ on,*** apressar-se, anar de pressa. *2* jugada *f.* *3* canvi *m.* de lloc, trasllat *m.*, mudança *f.* *4* pas *m.*, diligència *f.*
move (to) (mu:v) *t.* moure. *2* induir, persuadir. *3* remenar. *4* traslladar, mudar. *5* commoure, entendrir, impressionar. *6* despertar, excitar [sentiments]. *7* proposar [en una reunió]. *8* JOC moure [peça]. ■ *9 i.* moure's *p.*, caminar. *10* traslladar-se *p.* *11* circular. *12* anar-se'n, marxar. *13* mudar-se *p.* *14* jugar, fer una jugada. *15* fer gestions, prendre mesures. ■ ***to ~ about,*** anar i venir; moure's; ***to ~ along,*** avançar per; ***to ~ aside,*** posar-se en un costat, sortir del mig; ***to ~ away,*** anar-se'n; allunyar-se; ***to ~ back,*** moure's cap enrera; ajornar; ***to ~ in,*** instal·lar-se en una casa; ***to ~ off,*** allunyar-se; marxar; posar-se en camí; ***to ~ on,*** fer circular [gent]; continuar; reprendre el viatge; ***to ~ out,*** desallotjar; traslladar; abandonar [lloc]; sortir; ***to ~ round,*** donar voltes; ***to ~ up,*** pujar, ascendir.
movement ('mu:vmənt) *s.* moviment *m.* *2* mecanisme *m.* [rellotge, etc.]. *3* joc *m.* *4* circulació *f.* *4* activitat *f.*
movie ('mu:vi) *s.* CINEM. col·loq. pel·lícula *f.* *2 pl.* ***the ~s,*** el cine *m. sing.*
moving ('mu:viŋ) *a.* mòbil, que es mou. ‖ ***~ picture,*** pel·lícula [cine]. *2* motor. *3* fig. commovedor, patètic. ■ *4* **-ly** *adv.* commovedorament, patèticament.
mow (to) (mou) *t.* segar, tallar. *2* ***to ~ down,*** segar [també fig.]. ▲ Pret. ***mowed*** (moud); p. p.: ***mown*** (moun).
mown (moun) *p. p.* de MOW (TO).
M.P. ('em'pi:) *s.* (G.B.) *(Member of Parliament)* membre *m.* del parlament, diputat.
Mr. ('mistəʳ) *s.* (abrev. ***Mister***) Sr. *m.* (Senyor).
Mrs. ('misis) *s.* (abrev. ***Mistress***) Sra. *f.* (Senyora).
M.Sc. (ˌemes'si:) *s.* *(Master of Science)* llicenciat en ciències amb grau.
much (mʌtʃ) *a.* molt. ■ *2 adv.* molt. ‖ ***as ~ as,*** tant com; ***how ~?,*** quant?; ***so ~ the better,*** molt millor. ■ *3 s.* molt, *pron.* gran part *f.*, gran cosa *f.* *4* ***to make ~ of,*** comprendre; donar importància, exagerar.
muck (mʌk) *s.* fems *m. pl.* *2* brutícia *f.* *3* col·loq. porqueria *f.*
mud (mʌd) *s.* fang *m.*, llot *m.* ‖ ***to sling ~ at,*** enfangar, difamar.
muddle ('mʌdl) *s.* embolic *m.*, confusió *f.*, desordre *m.*
muddle (to) ('mʌdl) *t.* embolicar, desordenar. *2* enterbolir. *3* atordir, confondre. ■ *4 i.* ***to ~ through,*** sortir-se'n *p.*
muddy ('mʌdi) *a.* fangós, enfangat, enllotat. *2* tèrbol. *3* confús.
mudguard ('mʌdgɑ:d) *s.* AUTO. parafang *m.*
muesli ('mju:zli) *s.* ALIM. muesli *m.* [cereals].
muezzin (mu:'ezin) *s.* muetzí *m.*
muffle (to) ('mʌfl) *t.* tapar, cobrir, embolicar, emboçar. *2* esmorteir, apagar [so].
muffler ('mʌfləʳ) *s.* bufanda *f.* *2* (EUA) MEC. silenciador *m.*
mug (mʌg) *s.* tassa *f.*, gerra *f.* [per beure]. *2* col·loq. babau, enze.
mug (to) (mʌg) *t.* col·loq. atracar, assaltar, robar.
mulatto (mju:'lætou) *a.-s.* mulat.
mulberry ('mʌlbərri) *s.* BOT. morera *f.* *2* mòra *f.*
mule (mju:l) *s.* ZOOL. mul *m.* ‖ ***she-~,*** mula *f.*
multiple ('mʌltipl) *a.* múltiple. ■ *2 s.* múltiple *m.*
multiply (to) ('mʌltiplai) *t.* multiplicar. ■ *2 i.* multiplicar-se *p.*
multitude ('mʌltitju:d)) *s.* multitud *f.*
multitudinous (ˌmʌlti'tju:dinəs) *a.* nombrós. *2* multitudinari.
mum (mʌm) *s.* col·loq. mama *f.* *2 interj.* silenci *m.* ■ *3 a.* callat.
mumble (to) ('mʌmbl) *t.* mussitar. ■ *2 i.* remugar.

mummy ('mʌmi) *s.* mòmia *f.* *2* mamà *f.*
mumps (mʌmps) *s.* MED. galteres *f. pl.*
munch (to) (mʌntʃ) *t.* mastegar.
mundane (mʌn'dein) *a.* mundà.
Munich ('mju:nik) *n. pr.* GEOGR. Múnic *m.*
municipal (mju:'nisipl) *a.* municipal.
municipality (mju:ˌnisi'pæliti) *s.* municipalitat *f.*, municipi *m.*
munificent (mju:'nifisnt) *a.* form. munífic, munificent.
munitions (mju:'niʃənz) *s. pl.* municions *f.*
murder (to) ('mə:də[r]) *t.* assassinar, matar.
murder ('mə:də[r]) *s.* assassinat *m.* *2* DRET homicidi *m.*
murderer ('mə:dərə[r]) *s.* assassí. *2* DRET homicida.
murderous ('mə:dərəs) *a.* assassí, homicida. *2* sanguinari, cruel.
murky ('mə:ki) *a.* obscur, llòbrec, fosc.
murmur ('mə:mə[r]) *s.* murmuri *m.*, xiuxiueig *m.*, remor *f.* *2* queixa *f.*
murmur (to) ('mə:mə[r]) *t.* murmurar. ■ *2 i.* xiuxiuejar. *3* remugar.
muscle ('mʌsl) *s.* ANAT. muscle *m.*
muscular ('mʌskjulə[r]) *a.* muscular. *2* musculós, musculat, cepat.
Muse (mju:z) MIT. musa *f.* [també fig.].
muse (to) (mju:z) *i.* meditar, reflexionar. *2* estar distret, estar encantat.
museum (mju:'ziəm) *s.* museu *m.*
mushroom ('mʌʃrum) *s.* BOT. bolet *m.*, xampinyó *m.*
music ('mju:zik) *s.* música *f.* || fig. ***to face the ~,*** afrontar les conseqüències *f. pl.;* afrontar les crítiques *f. pl.*
musical ('mju:zikəl) *a.* musical, músic. || ***~ comedy,*** comèdia musical, opereta. *2* harmoniós, melodiós.
musician (mju:'ziʃən) *s.* músic.
music stand ('mju:zikstænd) *s.* faristol *m.*
musk (mʌsk) *s.* mesc *m.*, almesc *m.* || ***~ melon,*** meló *m.*
musket ('mʌskit) *s.* ARM. mosquet *m.*, fusell *m.*
musketeer (ˌmʌski'tiə[r]) *s.* mosqueter *m.*, fuseller *m.*
musketry ('mʌskitri) *s.* mosqueteria *f.*, fuselleria *f.*
muskrat ('mʌskræt) *s.* ZOOL. rata *f.* mesquera.
muslin ('mʌzlin) *s.* TÈXT. mussolina *f.* *2* percala *f.*
must (mʌst, məst) *s.* most *m.* *2* col·loq. ***his latest film is a ~,*** tothom hauria de veure la seva darrera pel·lícula.
must (mʌst, məst) *aux.* haver de, caldre [només en present]. *2* deure: ***you ~ be joking!,*** deus estar de broma, oi? *3* ser necessari.
mustard ('mʌstəd) *s.* mostassa *f.*
muster ('mʌstə[r]) *s.* reunió *f.* *2* MIL. llista *f.*, revista *f.*
muster (to) ('mʌsə[r]) *t.* ajuntar, reunir. *2* MIL. cridar a revista. ■ *3 i.* reunir-se *p.*, ajuntar-se *p.*
musty ('nʌsti) *a.* florit. *2* ranci. *3* fig. vell, antiquat.
mute (mju:t) *a.* mut. *2* GRAM. mut. ■ *3 s.* mut. *4* MÚS. sordina *f.* ■ *5* **-ly** *adv.* amb sordina; silenciosament.
mutilate (to) ('mju:tileit) *t.* mutilar.
mutilation (ˌmju:ti'leiʃən) *s.* mutilació *f.*
mutineer (ˌmju:ti'niə[r]) *s.* amotinat.
mutinous ('mju:tinəs) *a.* rebel, indòmit. *2* amotinat, amotinador, subversiu. ■ *3* **-ly** *adv.* sediciosament.
mutiny ('mju:tini) *s.* motí *m.*, insubordinació *f.*, sublevació *f.*
mutiny (to) ('mju:tini) *i.* amotinar-se *p.*, insubordinar-se *p.*, sublevar-se *p.*
mutter ('mʌtə[r]) *s.* murmuri *m.*
mutter (to) ('mʌtə[r]) *t.* murmurar. ■ *2 i.* murmurar, xiuxiuejar.
mutton ('mʌtn) *s.* carn *f.* de be. || ***~ chop,*** costella *f.* de be.
mutual ('mju:tjuəl) *a.* mutu, mutual; recíproc. *2* comú.
muzzle ('mʌzl) *s.* morro *m.*, musell. *2* boç *m.*, morrió *m.* *3* boca *f.* [d'una arma de foc].
muzzle (to) ('mʌzl) *t.* emboçar, posar el morrió. *2* fig. tapar la boca.
my (mai) *a. poss.* el meu, la meva, els meus, les meves: ***~ book,*** el meu llibre. ■ *2 interj.* ***oh, ~!,*** carai!
myopia (mai'opjə) *s.* MED. miopia *f.*
myrrh (mə:[r]) *s.* mirra *f.*
myrtle ('mə:tl) *s.* BOT. murta *f.*, murtra *f.*
myself (mai'self) *pron.* jo, jo mateix. *2* em, me. *3* mi, meu.
mysteri ('mistəri) *s.* misteri *m.*
mysterious (mis'tiəriəs) *a.* misteriós.
mystery play ('mistəriˌplei) *s.* TEAT. acte *m.* sacramental.
mystic ('mistik) *a.-s.* místic.
mysticism ('mistisizəm) *s.* misticisme *m.*, mística *f.*
mystify (to) ('mistifai) *t.* confondre, desconcertar, desorientar.
mystique (mis'ti:k) *s.* caràcter *m.* esotèric. *2* misteri *m.*
myth (miθ) *s.* mite *m.*
mythological (ˌmiθə'lɔdʒikəl) *a.* mitològic.
mythology (mi'θɔlədʒi) *s.* mitologia *f.*

N

N, n (en) *s.* n *f.* [lletra].
nacre ('neikə[r]) *s.* nacre *m.*
nadir ('neidiə[r]) *s.* ASTR. nadir *m.* *2* fig. punt *m.* més baix.
nag (næg) *s.* rossí *m.*, ròssa *f.*
nag (to) (næg) *t.-i.* renyar *t.;* empipar *t.;* criticar *t.*
nail (neil) *s.* ANAT. ungla *f.* *2* ZOOL. unglot *m.*, urpa *f.* *3* clau *m.* *4* ***on the ~,*** a l'acte *m.*
nail (to) (neil) *t.* clavar, subjectar amb claus.
nail clippers ('neil,klipəz) *s. pl.* tallaungles *m.*
naïve, naive (nai'i:v) *a.* senzill, ingenu. ▪ *2* **-ly** *adv.* ingènuament.
naked ('neikid) *a.* despullat, nu. ‖ ***with the ~ eye,*** a simple vista. *2* descobert, sense protecció. ▪ *3* **-ly** *adv.* clarament.
name (neim) *s.* nom *m.* ‖ ***in the ~ of,*** en nom de; ***nick ~,*** sobrenom *m.*, malnom *m.;* ***what is your ~?,*** com et dius? *2* fama *f.*, reputació *f.*
name (to) (neim) *t.* dir, denominar, anomenar. *2* esmentar, fer esment. *3* designar, indicar.
name day ('neimdei) *s.* sant *m.* [dia].
nameless ('neimlis) *a.* anònim. *2* innominat. *3* sense nom. *4* indescriptible.
namely ('neimli) *adv.* és a dir, a saber.
namesake ('neimseik) *s.* homònim.
nanny ('næni) *s.* mainadera *f.*
nap (næp) *s.* becaina *f.*, migdiada *f.* *2* borrissol *m.*, pelussa *f.*
nap (næp) *i.* fer una becaina, fer la migdiada. *2* ***to catch napping,*** agafar desprevingut.
nape (neip) *s.* ~ ***of the neck,*** clatell *m.*, (BAL.) clotell *m.*, (VAL.) bescoll *m.*
napkin ('næpkin) *s.* tovalló *m.* *2* bolquer *m.*
Naples ('neiplz) *n. pr.* GEOGR. Nàpols *m.*
narcissus (nɑ:'sisəs) *s.* BOT. narcís *m.*
narcotic (nɑ:'kɔtik) *a.* MED. narcòtic. ▪ *2 s.* MED. narcòtic *m.*
nard (nɑ:d) *s.* BOT. nard *m.*, vara *f.* de Jessè.
narrate (to) (næ'reit) *t.* narrar.
narration (næ'reiʃən) *s.* narració *f.*
narrative ('nærətiv) *a.* narratiu. ▪ *2 s.* narració *f.*, relat *m.* *3* narrativa *f.*
narrow ('nærou) *a.* estret, angost. ‖ ~ ***gauge,*** de via estreta. *2* escàs, reduït, limitat. ‖ ~ ***circumstances,*** pobresa, estretor. *3* amb poc marge. ‖ ***I had a ~ escape,*** vaig escapar pels pèls. *4* intolerant. ▪ *5* **-ly** *adv.* estretament, de prop; per poc; minuciosament; mesquinament.
narrow (to) ('nærou) *t.* estrényer, fer estret, reduir. ▪ *2 i.* estrényer-se *p.*, fer-se *p.* estret, reduir-se *p.*
narrow-minded (,nærou'maindid) *a.* estret de mires, mesquí, intolerant.
narrowness ('nærounis) *s.* estretor *f.*, estretesa *f.*
NASA ('næsə) *s.* (EUA) *(National Aeronautics and Space Administration)* NASA *f.* (administració nacional aeronàutica i espacial).
nasal ('neizəl) *a.* nasal. ▪ *2 s.* so *m.* nasal.
nasty ('nɑ:sti) *a.* brut, porc. *2* fastigós, repugnant. *3* indecent, groller. *4* desagradable. *5* dolent.
nation ('neiʃən) *s.* nació *f.*
national ('næʃnəl) *a.* nacional.
national anthem (,næʃnəl'ænθəm) *s.* himne *m.* nacional.
National Debt (,næʃnəl'det) *s.* COM. deute *m.* públic.
nationalism ('næʃnəlizm) *s.* nacionalisme *m.*
nationalist ('næʃnəlist) *s.* nacionalista.
nationality (,næʃə'næliti) *s.* nacionalitat *f.*
nationalize (to) ('næʃnəlaiz) *t.* nacionalitzar

[la indústria, etc.]. *2* nacionalitzar, naturalitzar. *3* esdevenir una nació.
national service (ˌnæʃnəl'səːvis) *s.* servei *m.* militar.
nationwide ('neiʃənˌwaid) *a.* a tota la nació, per tota la nació, a escala nacional.
native ('neitiv) *a.* natural, nadiu. *2* originari, oriünd. *3* indígena. *4* natal; matern. ■ *5 s.* natural *m.*, nadiu, indígena.
nativity (nə'tiviti) *s.* nativitat *f.*, naixença *f.*, naixement *m.*
NATO ('neitou) *s.* *(North Atlantic Treaty Organization)* OTAN *f.* (Organització del Tractat de l'Atlàntic Nord).
natter (to) ('nætəʳ) *i.* col·loq. xerrar, xerrotejar. *2* queixar-se *p.*, remugar.
natty ('næti) *a.* col·loq. elegant. *2* destre, hàbil.
natural ('nætʃrəl) *a.* natural. *2* nat, innat, de naixement. *3* instintiu. ■ *4 s.* MÚS. nota *f.* natural; becaire *m.* *5* imbecil. *6* col·loq. persona *f.* amb dots naturals.
naturalize (to) ('nætʃrəlaiz) *t.* naturalitzar. *2* BOT., ZOOL. aclimatar. ■ *3 i.* naturalitzar-se *p.* *4* BOT., ZOOL. aclimatar-se *p.*
nature ('neitʃəʳ) *s.* natura *f.*, naturalesa *f.* *2* caràcter *m.*, temperament *m.* ‖ ***good ~***, amabilitat *f.*, bon caràcter. *3* tipus *m.*, classe *f.*, gènere *m.* *4* essència *f.* *5* ART ***from ~***, del natural.
naught (nɔːt) *s.* zero *m.* *2* res: ***to come to ~***, anar a parar a res, frustrar-se.
naughty ('nɔːti) *a.* entremaliat, desobedient, dolent, (VAL.) roín.
nausea ('nɔːsjə) *s.* nàusea *f.*, basca *f.*
nauseate (to) ('nɔːsieit) *t.* fer venir nàusea, fer fàstic.
nauseous ('nɔːsiəs) *a.* nauseabund.
nautical ('nɔːtikəl) *a.* nàutic.
naval ('neivəl) *a.* naval.
nave (neiv) *s.* ARQ. nau *f.*
navel ('neivəl) *s.* ANAT. melic *m.*, llombrígol *m.*
navigate (to) ('nævigeit) *t.* governar, portar [un vaixell, etc.]. *2* fig. guiar. ■ *3 i.* navegar.
navigation (ˌnævi'geiʃən) *s.* navegació *f.*; nàutica *f.*
navigator ('nævigeitəʳ) *s.* navegant.
navy ('neivi) *s.* armada *f.*, flota *f.*, marina *f.* de guerra.
N.B. (ˌen'biː) *(Nota Bene, note well)* N.B. (Nota Bene, nóteu bé).
NBC (ˌenbiː'siː) *s.* (EUA) *(National Broadcasting Company)* NBC *f.* (societat nacional de radiodifusió).
near (niəʳ) *a.* pròxim, proper, immediat, a prop. ‖ COM. ***~ offer***, preu a discutir. *2* estret, íntim. ■ *3 adv.* prop. ‖ ***to come ~***, apropar-se, acostar-se *4* gairebé, a punt de. ■ *5 prep.* a prop de. *6* gairebé. ‖ ***~ the end of the year***, a finals d'any.
near (to) (niəʳ) *t.* apropar, acostar. ■ *2 i.* apropar-se *p.*, acostar-se *p.*
nearby ('niəbai) *a.* proper, pròxim. ■ *2 adv.* prop, a prop.
Near East (ˌniər'iːst) *s.* GEOGR. Pròxim Orient *m.*
nearly ('niəli) *adv.* quasi, gairebé; per poc. *2* prop; aproximadament.
neat (niːt) *a.* polit, pulcre. *2* net, endreçat. *3* acurat. *4* elegant. *5* hàbil, destre. *6* pur, sol.
neatness ('niːtnis) *s.* pulcritud *f.*, cura *f.* *2* habilitat *f.*; elegància *f.*
nebula ('nebjulə) *s.* ASTR. nebulosa *f.* ▲ *pl.*: ***nebulae*** ('nebjuliː), ***nebulas*** ('nebjuləz).
nebulous ('nebjuləs) *a.* ASTR. nebulós [també fig.].
necessary ('nesisəri) *a.* necessari. ■ *2 s. pl.* necessitats *f.*
necessitate (to) (ni'sesiteit) *t.* necessitar; fer necessari, exigir.
necessitous (ni'sesitəs) *a.* form. necessitat, pobre.
necessity (ni'sesiti) *s.* necessitat *f.*, requisit *m.* *2 pl.* articles *m.* de primera necessitat.
neck (nek) *s.* ANAT. coll *m.* *2* coll *m.*, broc *m.* *3* istme *m.*, estret *m.* *4* part *f.* estreta. *5* fig. ***to get it in the ~***, carregar els neulers, carregar-se-les. *6* fig. ***to stick one's ~ out***, arriscar-se. *7* COST. ***V-~***, coll *m.* de punxa. *8* ESPORT coll *m.*: ***to win by a ~***, guanyar per un coll. *9* MED. ***stiff ~***, torticoli *f.*
neck (to) (nek) *i.* col·loq. petonejar-se *p.*; abraçar-se *p.*; acaronar-se *p.*
necklace ('neklis) *s.* collaret *m.*
need (niːd) *s.* necessitat *f.*, manca *f.* *2* necessitat *f.*, pobresa *f.*, indigència *f.*
need (to) (niːd) *t.* necessitar, haver de menester, requerir. ■ *2 i.* tenir necessitat. *3* caldre.
needful ('niːdful) *a.* necessari. *2* necessitat. ■ *3 s.* col·loq. ***do the ~***, fer tot el que calgui.
needle ('niːdl) *s.* agulla *f.* ‖ ***magnetic ~***, agulla nàutica.
needless ('niːdlis) *a.* innecessari, inútil. ‖ ***~ to say***, no cal dir que.
needlework ('niːdlwəːk) *s.* costura *f.* *2* brodat *m.*
needy ('niːdi) *a.* necessitat, indigent. ■ *2 s.* ***the ~***, els necessitats *pl.*
nefarious (ni'fɛəriəs) *a.* nefand, vil, infame.
negation (ni'geiʃən) *s.* negació *f.*
negative ('negətiv) *a.* negatiu. ■ *2 s.* negativa *f.*, negació *f.* *3* FOT., ELECT. negatiu *m.*
neglect (ni'glekt) *s.* descuit *m.*, negligència

f. *3* deixadesa *f*., abandonament. *4* incompliment *m*., inobservància *f*.

neglect (to) (ni'glekt) *t*. abandonar, descurar, deixar. *2* no complir, no observar. *3* no fer cas de, menysprear.

neglectful (ni'glektful) *a*. descurat, negligent. *2* abandonat, deixat. ▪ *3* **-ly** *adv*. negligentment.

negligence ('neglidʒəns) *s*. negligència *f*., descuit *m*., deixadesa *f*.

negotiate (to) (ni'gouʃieit) *t*. negociar. *2* col·loq. travessar, saltar, salvar. ▪ *3 i*. negociar amb.

negotiation (ni,gouʃi'eiʃən) *s*. negociació *f*.

Negress ('ni:gres) *s*. negra *f*. [dona].

Negro ('ni:grou) *s*. negre *m*. [home].

neigh (nei) *s*. renill *m*.

neigh (to) (nei) *i*. renillar.

neighbour, (EUA) **neighbor** ('neibəʳ) *s*. veí. *2* REL. proïsme.

neighbourhood, (EUA) **neighborhood** ('neibəhud) *s*. veïnat *m*. *2* voltants *m*. *pl*., rodalies *f*. *pl*.

neighbouring, (EUA) **neighboring** ('neibəriŋ) *a*. veí, proper, immediat.

neither ('naiðəʳ, 'ni:ðəʳ) *a*. cap [dels dos]. ▪ *2 conj*. ni. ▪ *3 adv*. tampoc, ni tan sols. ▪ *4 pron*. cap, ni l'un ni l'altre.

neologism (ni:'ɔlədʒizəm) *s*. neologisme *m*.

nephew ('nevju:) *s*. nebot *m*.

nerve (nə:v) *s*. ANAT., BOT. nervi *m*. [també fig.]. *2* sang *f*. freda, valor *m*.; barra *f*.: ***what a ~!,*** quina barra! *3 pl*. nervis *m*.

nervous ('nə:vəs) *a*. nerviós. *2* vigorós, enèrgic. *3* tímid, poruc.

nest (nest) *s*. niu *m*. [també fig.]. *2* covador *m*., ponedor *m*.

nest (to) (nest) *i*. fer el niu, niar. *2* buscar nius.

nestle (to) ('nesl) *t*. abraçar. ▪ *2 i*. acotxar-se *p*., escarxofar-se *p*. *3* arrupir-se *p*.

net (net) *s*. xarxa *f*. *2* malla *f*. [teixit]. *3* fig. parany *m*., trampa *f*. ▪ *4 a*. COM. net.

Netherlands ('neðərləndz) *n*. *pr*. GEOGR. ***the ~,*** els Països *m*. *pl*. Baixos.

nettle ('netl) *s*. BOT. ortiga *f*.

nettle (to) ('netl) *t*. picar-se *p*. [amb una ortiga]. *2* fig. irritar, molestar.

network ('netwə:k) *s*. xarxa *f*. [telegràfica, telefònica, etc.].

neuter ('nju:təʳ) *a*. neutre. ▪ *2 s*. gènere *m*. neutre.

neutral ('njutrəl) *a*. neutral; neutre. ▪ *2 s*. país *m*. neutral, persona *f*. neutral. *3* AUTO. ***in ~,*** en punt mort.

never ('nevəʳ) *adv*. mai. ‖ ***~ again,*** mai més. *2* de cap manera; no. ‖ ***~ fear,*** no t'amoïnis. ‖ ***~ mind,*** és igual. *3* col·loq. ***on the ~ -~,*** a terminis.

nevertheless (,nevəðə'les) *adv*.-*conj*. tanmateix, no obstant.

new (nju:) *a*. nou. ‖ ***~ look,*** nova imatge. *2* tou [pa]. *3* modern. *4* fresc, recent. ‖ ***~ arrival,*** nouvingut. ▪ *5* **-ly** *adv*. novament; recentment.

newborn ('nju:bɔ:n) *a*. ***a ~ baby,*** un nen acabat de néixer, un nadó.

new-comer ('nju:,kʌməʳ) *s*. nouvingut.

New Delhi ('nju:'deli) *n*. *pr*. GEOGR. Nova Delhi *f*.

new-laid ('nju:leid) *a*. ***a ~ egg,*** un ou fresc, acabat de pondre.

news (nju:z) *s*. notícia *f*., notícies *f*. *pl*., nova *f*., noves *f*. *pl*. ‖ ***a piece of ~,*** una notícia *f*. *2* premsa *f*., diaris *m*. *pl*., telenotícies *m*.

newscaster ('nju:zkæstər) *s*. locutor de telenotícies.

newspaper ('nju:s,peipəʳ) *s*. periòdic *m*., diari *m*.

newspaperman ('nju:speipəmæn) *s*. periodista *m*.

newspaperwoman ('nju:speipəwumən) *s*. periodista *f*.

newt (nju:t) *s*. ZOOL. tritó *m*.

New York (,nju:'jɔ:k) *n*. *pr*. GEOGR. Nova York *m*.

New Zealand (,nju:'zi:lənd) *n*. *pr*. GEOGR. Nova Zelanda *f*. ▪ *2 a*. neozelandès.

New Zealander (,nju:'zi:ləndəʳ) *s*. GEOGR. neozelandès.

next (nekst) *a*. pròxim, proper, immediat, contigu, del costat, veí; següent, successiu; futur, vinent. ‖ ***~ door,*** del costat, de la casa del costat. ‖ ***~ life,*** vida futura. ▪ *2 adv*. després, més tard, a continuació. ‖ ***~ to,*** al costat de; després de; fig. gairebé, quasi. ▪ *3 prep*. al costat de. *4* després de, immediatament, la pròxima vegada.

nib (nib) *s*. plomí *m*., tremp *m*. [d'una ploma]. *2* MEC. punta *f*., pua *f*. dent *f*.

nibble ('nibl) *s*. mossegada *f*., picada *f*.

nibble (to) ('nibl) *t*. mossegar, rosegar. *2* picar [un peix]. ▪ *3 i*. fig. ***to ~ at,*** sentir-se *p*. temptat, interessar-se *p*. per.

Nicaragua (nikə'rægjuə), (EUA) (nikæ'rægwæ) *n*. *pr*. GEOGR. Nicaragua.

Nicaraguan (nikə'rægjuə), (EUA) (nikæ'rægwən) *a*.-*s*. nicaragüenc.

nice (nais) *a*. maco, bonic. *2* bo, agradable, deliciós, exquisit. *3* elegant, refinat. *4* amable, simpàtic. *5* subtil, fi; exacte, precís. *6* acurat, meticulós. *7* delicat, exigent. ▪ *8* **-ly** *adv*. subtilment; amablement, agradablement; elegantment; molt bé.

niche (nitʃ) *s*. nínxol *m*., fornícula *f*. *2* fig. forat *m*.

Nicholas ('nikələs) *n*. *pr*. *m*. Nicolau.

Nick ('nik) *n. pr. m.* (dim. ***Nicholas***) Nicolau.
nick (nik) *s.* incisió *f.*, tall *m.*, osca *f.* || ***in the ~ of time,*** en el moment *m.* precís.
nickel ('nikl) *s.* QUÍM. níquel *m.* *2* (EUA) col·loq. moneda *f.* de cinc centaus.
nickname ('nikneim) *s.* sobrenom *m.*, malnom *m.*
niece (ni:s) *s.* neboda *f.*
niggard ('nigəd) *s.* avar, gasiu.
niggardly ('nigədli) *a.* avar, gasiu. ▪ *2 adv.* amb gasiveria, amb avarícia.
night (nait) *s.* nit *f.* || ***at ~, by ~,*** de nit, a la nit. || ***last ~,*** ahir a la nit, anit. ▪ *2 a.* de nit, nocturn.
nightfall ('naitfɔ:l) *s.* vespre *m.*, cap al tard *m.*
nightgown ('naitgaun) *s.* camisa *f.* de dormir; bata *f.* de nit.
nightingale ('naitiŋgeil) *s.* ORN. rossinyol *m.*
nightly ('naitli) *adv.* cada nit. ▪ *2 a.* de cada nit.
nightmare ('naitmɛəʳ) *s.* malson *m.*
night-time ('naittaim) *s.* nit *f.* || ***in the ~,*** de nit, a la nit.
night-watchman (ˌneit'wɔtʃmən) *s.* sereno *m.*, vigilant *m.* nocturn.
nil (nil) *s.* ESPORT zero *m.*, res *m.*
nimble ('nimbl) *a.* àgil, lleuger. *2* viu, actiu.
nincompoop ('ninkəmpu:p) *s.* babau, talós.
nine (nain) *a.* nou. ▪ *2 s.* nou *m.* || ***~ o'clock,*** les nou *f. pl.*
ninepins ('nainpinz) *s.* joc *m.* de bitlles.
nineteen (ˌnain'ti:n) *a.* dinou, (BAL.) denou, (VAL.) dèneu, (ROSS.) desanou. ▪ *2 s.* dinou *m.*, (BAL.) denou *m.*, (VAL.) dèneu *m.*, (ROSS.) desanou *m.*
nineteenth (ˌnain'ti:nθ) *a.* dinovè. ▪ *2 s.* dinovè *m.*
ninetieth ('naintiəθ) *a.* norantè. ▪ *2 s.* norantè *m.*
ninety ('nainti) *a.* noranta. ▪ *2 s.* noranta *m.*
ninny ('nini) *s.* babau, talòs.
ninth (nainθ) *a.* novè. ▪ *2 s.* novè *m.*
nip (nip) *s.* pessigada *f.*; mossegada *f.* *2* glop *m.* [d'una beguda].
nip (to) (nip) *t.* pessigar. *2* glaçar, gelar [una planta]. *3* tallar: ***to ~ in the bud,*** tallar en sec, tallar d'arrel. ▪ *4 i.* picar *t.*, espicossar *t.* *5* col·loq. córrer, anar de pressa.
nipper ('nipəʳ) *s.* pinces *f. pl.* [de crustaci]. *2 pl.* pinces *f.*, alicates *f.* *3* (G.B.) col·loq. criatura, nen.
nipple ('nipl) *s.* ANAT. mugró *m.* *2* tetina *f.* *3* protuberància *f.*
nit (nit) *s.* ZOOL. llémena *f.* *2* imbecil, idiota.
nitrogen ('naitridʒən) *s.* QUÍM. nitrogen.
no (nou) *adv.* no. || ***I have ~ more money,*** no tinc més diners; ***~ more,*** mai més; ***she ~ longer lives here,*** ja no viu aquí. ▪ *2 a.* cap, ningú: ***~ one,*** ningú. || ***with ~ money,*** sense diners. ▪ *3 s.* no *m.* ▲ *pl.:* ***noes*** ('nouz).
nobility (nou'biliti) *s.* noblesa *f.*
noble ('noubl) *a.-s.* noble.
nobleman ('noublmən) *s.* noble *m.*, aristòcrata *m.*
nobleness ('noublnis) *s.* noblesa *f.* [moral].
nobody ('noubədi) *pron.* ningú. ▪ *2 s.* ningú *m.*, no ningú *m.*
nod (nɔd) *s.* cop *m.* de cap, moviment *m.* del cap [senyal d'assentiment; salutació, etc.]. *2* capcinada *f.*, cop *m.* de cap [quan es dorm assegut].
nod (to) (nɔd) *t.* inclinar el cap. *2* assentir [amb el cap]. *3* saludar [amb el cap]. ▪ *4 i.* fer cops de cap, pesar figues.
noise (nɔiz) *s.* soroll *m.*, so *m.* *2* soroll *m.*, rebombori *m.*, estrèpit *m.* *3* col·loq. ***big ~,*** peix *m.* gros.
noise (to) (nɔiz) *t.* ***to ~ abroad,*** divulgar, difondre, fer córrer.
noiseless ('nɔizlis) *a.* silenciós, apagat, tranquil.
noisome ('nɔisəm) *a.* fètid, repugnant, ofensiu [olor]. *2* nociu, perniciós.
noisy ('nɔizi) *a.* sorollós, estrepitós, escandalós.
nomad ('noumæd) *a.-s.* nòmada.
nominate (to) ('nɔmineit) *t.* nomenar. *2* anomenar. *3* proposar.
nomination (ˌnɔmi'neiʃən) *s.* nominació *f.*, nomenament *m.*, proposta *f.*
non-aligned (ˌnɔnə'laind) *a.* neutral, no alineat.
nonchalance ('nɔnʃələns) *s.* indiferència *f.*, indolència *f.*
nonconformist (ˌnɔnkən'fɔ:mist) *a.-s.* inconformista, dissident.
nondescript ('nɔndiskript) *a.-s.* indefinit, estrany, difícil de classificar.
none (nʌn) *pron.* ningú, cap. || ***~ but,*** només. ▪ *2 adv.* no, de cap manera. || ***~ theless,*** tanmateix, no obstant.
nonentity (nɔ'nentiti) *s.* no res *m.*, no existència *f.* *2* zero *m.* a l'esquerra, nul·litat *f.* [persona].
non-payment (ˌnɔn'peimənt) *s.* manca *f.* de pagament.
nonplus (to) (nɔn'plʌs) *t.* deixar parat, deixar perplex.
nonsense ('nɔnsəns) *s.* absurditat *f.*, disbarat *m.*, (BAL.) doi *m.*, desbarat *m.*, (VAL.) destrellat *m.* *2* bestieses *f. pl.* ▪ *3 interj.* quina bestiesa!
non-skid (ˌnɔn'skid) *a.* antilliscant.

noodle ('nu:dl) *s.* tallarina *f.*, fideu *m.* *2* fig. babau, talòs.
nook (nuk) *s.* racó *m.* *2* fig. amagatall *m.*, cau *m.*
noon (nu:n) *s.* migdia *m.*, (VAL.) migjorn *m.*
noose (nu:s) *s.* nus *m.* o llaç *m.* escorredor. *2* ***hangman's ~,*** dogal *m.*
nor (nɔ:ʳ) *conj.* ni: ***neither you ~ I,*** ni tu ni jo. *2* tampoc: ***~ I,*** jo tampoc.
norm (nɔ:m) *s.* norma *f.*, pauta *f.*, model *m.;* tipus *m.*
normal ('nɔ:məl) *a.* normal. ▪ *2 s.* nivell *m.* normal, estat *m.* normal, grau *m.* normal. *3* normalitat *f.* ▪ *3* **-ly** *adv.* normalment.
Norman ('nɔ:mən) *a.-s.* normand.
Norse (nɔ:s) *a.* noruec, escandinau. ▪ *2 s.* noruec *m.* [llengua].
north (nɔ:θ) *s.* nord *m.* ▪ *2 a.* del nord, nòrdic, septentrional. ▪ *3 adv.* cap al nord, al nord.
northern ('nɔ:ðən) *a.* del nord, septentrional.
North Pole ('nɔ:θˌpoul) *s.* GEOGR. Pol *m.* Nord.
Norwegian (nɔ:'wi:dʒen) *a.* noruec. ▪ *2 s.* noruec [persona]. *3* noruec *m.* [llengua].
Norway ('nɔ:wei) *n. pr.* GEOGR. Noruega *f.*
nose (nouz) *s.* ANAT. nas *m.* *2* nas *m.*, olfacte *m.* *3* morro *m.*, musell *m.* *4* AVIA. morro *m.* *5* MAR. proa *f.*
nose (to) (nouz) *t.* olorar, ensumar, flairar. *2* rastrejar. ▪ *3 i.* tafanejar, xafardejar.
nose bag ('nouzbæg) *s.* morral *m.*, civadera *f.*
nosegay ('nouzgei) *s.* ram *m.*, pom *m.* [de flors].
nosey ('nouzi) *a.* col·loq. tafaner, xafarder.
nostalgia (nɔs'tældʒiə) *s.* nostàlgia *f.*
nostril ('nɔstril) *s.* nariu *f.*
not (nɔt) *adv.* no. ‖ ***absolutely ~!,*** de cap manera; ***~ a few;*** no pas pocs; ***~ anymore,*** ja no, prou; ***~ at all,*** gens; de cap manera; de res; ***~ likely!,*** ni parlar-ne!
notable ('noutəbl) *a.* notable. *2* memorable. ▪ *3 s.* persona *f.* notable.
notary (public) ('noutəri) *s.* notari.
notation (nou'teiʃən) *s.* notació *f.* *2* anotació *f.*
notch (nɔtʃ) *s.* osca *f.*, mossa *f.*
notch (to) (nɔtʃ) *t.* oscar, escantellar. *2* dentar.
note (nout) *s.* nota *f.*, apunt *m.* *2* nota *f.*, comunicació *f.* *3* nota *f.*, observació *f.*, anotació *f.* ‖ ***to take ~ of,*** observar. *4* importància *f.* *5* senyal *m.*, marca *f.* *6* bitllet *m.* [de banc]. *7* MÚS. nota *f.*
note (to) (nout) *t.* notar, observar, advertir. *2* fer notar. *3* anotar, registrar, apuntar. ‖ ***to ~ down,*** apuntar.
notebook ('noutbuk) *s.* agenda *f.*, llibreta *f.*, quadern *m.*
noted ('noutid) *a.* conegut, famós.
nothing ('nʌθiŋ) *s.* res *pron.* ‖ ***for ~,*** gratis, en va, per a res, inútilment. *2* bestiesa *f.* *3* MAT. zero *m.* ▪ *4 adv.* res *pron.;* de cap manera; no.
notice ('noutis) *s.* avis *m.*, advertència *f.* *2* anunci *m.*, cartell *m.* *3* coneixement *m.;* observació *f.;* cas *m.* ‖ ***to take ~ of,*** notar; fer cas de. *4* atenció *f.*, interès *m.*, cortesia *f.* *5* acomiadament *m.:* ‖ ***to give ~,*** acomiadar. *6* ressenya *f.* [literària, etc.].
notice (to) ('noutis) *t.* notar, observar, remarcar. *2* adonar-se *p.*, fixar-se *p.* *3* esmentar, ressenyar, fer la ressenya [d'un llibre]. *4* reconèixer, veure.
noticeable ('noutisəbl) *a.* evident, obvi. *2* perceptible, notable.
notify (to) ('noutifai) *t.* notificar, comunicar, fer saber. *2* informar, avisar.
notion ('nouʃən) *s.* noció *f.* *2* idea *f.*, concepte *m.* *3* intenció *f.* *4* caprici *m.* *5 pl.* (EUA) articles *m.* de merceria.
notorious (nou'tɔ:riəs) *a.* notori, molt conegut, famós [gralnt. pej.].
notwithstanding (ˌnɔtwiθ'stændiŋ) *adv.* tanmateix, no obstant. ▪ *2 prep.* malgrat. ▪ *3 conj.* tot i que, per més que.
nougat ('nu:gɑ:) *s.* mena de turró *m.* d'avellanes, nogat *m.*
nought (nɔ:t) *s.* res *pron.* *2* MAT. zero *m.*
noughts-and-crosses ('nɔ:tsən'krɔsiz) *s.* JOC marro *m.*
noun (naun) *s.* GRAM. nom *m.*, substantiu *m.*
nourish (to) ('nʌriʃ) *t.* nodrir, alimentar [també fig.].
nourishing ('nʌriʃiŋ) *a.* nutritiu.
nourishment ('nʌriʃmənt) *s.* aliment *m.* *2* nutrició *f.*
novel ('nɔvəl) *a.* nou; original. ▪ *2 s.* LIT. novel·la *f.*
novelist ('nɔvəlist) *s.* LIT. novel·lista.
novelty ('nɔvəlti) *s.* novetat *f.*
November (nou'vembəʳ) *s.* novembre *m.*
novice ('nɔvis) *s.* principiant. *2* ECLES. novici.
now (nou) *adv.* ara; avui, actualment. ‖ ***from ~ on,*** des d'ara, d'ara (en) endavant; ***just/right ~,*** ara mateix; fa un moment; ***~ and then,*** de tant en tant. *2* aleshores. *3* ara, ara bé. *4* ***now... now,*** ara... ara, tan aviat... com. ▪ *5 conj.* ara. ▪ *6 interj.* vinga!, va!
nowadays ('nauədeiz) *adv.* avui dia, avui en dia, actualment.

nowhere ('nouwεəʳ) *adv.* enlloc. *2* fig. ni de bon tros.
noxious ('nɔkʃəs) *a.* nociu, perniciós.
N.T. (ˌen'tiː) *s.* *(New Testament)* Nou Testament *m.*
nth (enθ) *a.* col·loq. enèsim; màxim, extrem.
nuance ('njuːɑːns) *s.* matís *m.*
nuclear ('njuːkliəʳ) *a.* nuclear.
nucleus ('njuːkliəs) *s.* nucli *m.*
nude (njuːd) *a.* nu, despullat [també fig.]. ▪ *2 s.* ART nu *m.*
nudge (nʌdʒ) *s.* cop *m.* de colze.
nudge (to) (nʌdʒ) *t.* donar un cop de colze.
nugget ('nʌgit) *s.* MIN. palleta *f.*
nuisance ('njuːsns) *s.* molèstia *f.*, incomoditat *f.* *2* llauna *f.*: ***to be a ~,*** donar la llauna; ser una llauna. *3* pesat, corcó *m.*
null (nʌl) *a.* nul, invàlid. ‖ ***~ and void,*** nul i sense efecte.
nullify (to) ('nʌlifai) *t.* anul·lar, invalidar.
numb (nʌm) *a.* entumit, enravenat, encarcarat, adormit.
numb (to) (nʌm) *t.* entumir, enravenar, encarcarar.
number ('nʌmbəʳ) *s.* número *m.* *2* nombre *m.* *3* ***a ~ of,*** diversos, alguns: ***any ~ of,*** la mar *f.* de.
number (to) ('nʌmbəʳ) *t.* numerar. *2* comptar. ▪ *3 i.* pujar a, sumar. *4* ***to ~ off,*** numerar-se *p.*
numberless ('nʌmbəlis) *a.* innombrable, innumerable.
numbness (nʌmnis) *s.* entumiment *m.*, encarcarament *m.* *2* fig. insensibilitat *f.*
numeral ('njuːmərəl) *a.* numeral. ▪ *2 s.* número *m.*, xifra *f.*
numerator ('njuːməreitəʳ) *s.* numerador *m.*
numerous ('njuːmərəs) *a.* nombrós. *2* molts.
numskull ('nʌmskʌl) *s.* tanoca, totxo, pallús.
nun (nʌn) *s.* monja *f.*, religiosa *f.*
nuncio ('nʌnsiou) *s.* ECLES. nunci *m.* [apostòlic].
nunnery ('nʌnəri) *s.* convent *m.* [de monges].
nuptial ('nʌpʃəl) *a.* nupcial.
nurse (nəːs) *s.* infermera *f.* *2* dida *f.* *3* mainadera *f.*
nurse (to) (nəːs) *t.* donar el pit, criar. *2* assistir, tenir cura de [un nen, un malalt, etc.]. *3* bressolar, acaronar. *4* alimentar [també fig.]. *5* fomentar.
nursery ('nəːsri) *s.* habitació *f.* dels nens. ‖ ***day ~,*** jardí *m.* d'infants, escola *f.* bressol. *2* AGR. criador *m.*, planter *m.*
nursery rhyme ('nəːsriˌraim) *s.* cançó *f.* de criatures.
nursery school ('nəːsriˌskuːl) *s.* jardí *m.* d'infants.
nursing ('nəːsiŋ) *s.* criança *f.*, alletament *m.*, lactància *f.* *2* assistència *f.* [de malalts]. *3* professió *f.* d'infermera.
nursing home ('nəːsiŋˌhoum) *s.* clínica *f.* de repòs.
nurture ('nəːtʃəʳ) *s.* alimentació *f.*, nutrició *f.* *2* criança *f.*, educació *f.*
nurture (to) ('nəːtʃəʳ) *t.* alimentar, nodrir. *2* criar, educar.
nut (nʌt) *s.* BOT. nou *f.* *2* MEC. femella *f.*, rosca *f.* *3* col·loq. sonat, guillat. ‖ ***to be ~s about,*** estar boig per, anar boig per. ‖ ***to go ~s,*** tornar-se boig.
nut-brown ('nʌtbraun) *a.* castany, torrat.
nutcrackers ('nʌtˌkrækəz) *s. pl.* trencanous *m.*
nutrition (njuː'triʃən) *s.* form. nutrició *f.*
nutritious (njuː'triʃəs) *a.* form. nutritiu, alimentós.
nutshell ('nʌtʃəl) *s.* closca *f.* de nou. *2* fig. ***in a ~,*** amb poques paraules *f. pl.*
nuzzle (to) ('nʌzl) *t.* fregar amb el morro, furgar amb el morro. ▪ *2 i.* ***to ~ up (to/against),*** fregar o empènyer amb el morro.
nymph (nimf) *s.* MIT. nimfa *f.*

O

O, o (ou) *s.* o *f.* [lletra]. *2* zero *m.* [telèfon].
oak (ouk) *s.* BOT. roure *m.*
oar (ɔːʳ, ɔəʳ) *s.* rem *m.*
oarsman ('ɔːzmən) *s.* remer *m.*
oasis (ou'eisis) *s.* oasi *m.*
oat (out) *s.* BOT. civada *f.* [gralnt. pl.].
oath (ouθ) *s.* jurament *m.*, jura *f.* ‖ ***to take ~,*** prestar jurament. *2* renec *m.*, blasfèmia *f.*
oatmeal ('outmiːl) *s.* farina *f.* de civada.
obduracy ('ɔbdjurəsi) *s.* obstinació *f.*, tossuderia *f.*, obduració *f.*
obedience (ə'biːdjəns) *s.* obediència *f.*
obedient (ə'biːdiənt) *a.* obedient. *2* dòcil.
obeisance (ou'beisəns) *s.* reverència *f.* [salutació]. *2* respecte *m.*, homenatge *m.*
obelisk ('ɔbilisk) *s.* obelisc *m.*
obesity (ou'biːsiti) *s.* obesitat *f.*
obey (to) (ə'bei) *t.-i.* obeir.
obituary (ə'bitjuəri) *a.* necrològic. ▪ *2 s.* obituari *m.*, necrologia *f.*, nota *f.* necrològica.
object ('ɔbdʒikt) *s.* objecte *m.* *2* objecte *m.*, objectiu *m.* *3* GRAM. objecte *m.*
object (to) (əb'dʒekt) *i.* oposar-se *p.*, tenir objeccions. ▪ *2 t.* objectar.
objection (əb'dʒekʃən) *s.* objecció *f.*, inconvenient *m.*
objectionable (əb'dʒekʃənəbl) *a.* objectable, censurable. *2* molest, inconvenient.
objective (ɔb'dʒektiv, əb-) objectiu. ▪ *2 s.* objectiu *m.*
objector (əb'dʒektəʳ) *s.* objector. ‖ ***conscientious ~,*** objector de consciència.
obligate (to) ('ɔbligeit) *t.* obligar.
obligation (ˌɔbli'geiʃən) *s.* obligació *f.*, deure *m.*, compromís *m.* *2* ***to be under ~ to,*** deure favors *m. pl.* a.
oblige (to) (ə'blaidʒ) *t.* obligar. *2* complaure, servir. ‖ ***much obliged,*** molt agraït.
obliging (ə'blaidʒiŋ) *a.* atent, servicial, cortés. ▪ *2* **-ly** *adv.* cortesament, atentament, amablement.
oblique (ə'bliːk) *a.* oblic. *2* indirecte.
obliterate (to) (ə'blitəreit) *t.* esborrar, fer desaparèixer, obliterar.
oblivion (ə'bliviən) *s.* oblit *m.*
oblivious (ə'bliviəs) *a.* oblidós. *2* desmemoriat. *3* inconscient.
oblong ('ɔblɔŋ) *a.* oblong.
obnoxious (əb'nɔkʃəs) *a.* ofensiu, detestable, odiós, obnoxi.
oboe ('oubou) *s.* MÚS. oboè *m.*
obscene (ɔb'siːn) *a.* obscè; indecent.
obscure (əbs'kjuəʳ) *a.* obscur. *2* fosc. *3* borrós, vague.
obscure (to) (əbs'kjuəʳ) *t.* obscurir, enfosquir. *2* amagar.
obscurity (əb'skjuəriti) *s.* obscuritat *f.*, fosca *f.* *2* confusió *f.*, vaguetat *f.*
obsequies ('ɔbsikwiz) *s. pl.* exèquies *f.*, funerals *m.*
obsequious (əb'siːkwiəs) *a.* obsequiós, servil.
observance (əb'zəːvəns) *s.* observança *f.* *2* cerimònia *f.*, ritus *m.*, pràctica *f.*
observant (əb'zəːvənt) *a.* atent, vigilant. *2* observador. *3* escrupulós.
observation (ˌɔbzə(ː)'veiʃən) *s.* observació *f.*
observatory (əb'zəːvətri) *s.* observatori *m.*
observe (to) (əb'zəːv) *t.* observar. *2* complir. *3* celebrar [una festa]. *4* dir, fer notar. ▪ *5 i.* observar *t.*
observer (əb'zəːvəʳ) *s.* observador.
obsess (to) (əb'ses) *t.* obsessionar.
obsession (əb'seʃən) *s.* obsessió *f.*
obsolete ('ɔbsəliːt) *a.* obsolet.
obstacle ('ɔbstəkl) *s.* obstacle *m.* *2* impediment *m.*, inconvenient *m.*
obstinacy ('ɔbstinəsi) *s.* obstinació *f.* *2* tossuderia *f.*, persistència *f.*

obstinate ('ɔbstinit) *a.* obstinat. *2* tossut. *3* persistent.

obstruct (to) (əbs'trʌkt) *t.* obstruir. *2* obturar, embossar. *3* destorbar, impedir.

obstruction (əbs'trʌkʃən) *s.* obstrucció *f.* *2* obstacle *m.*, destorb *m.*

obtain (to) (əb'tein) *t.* obtenir, aconseguir. ▪ *2 i.* ser general, prevaler, regir.

obtrude (to) (əb'tru:d) *t.* imposar. ▪ *2 i.* imposar-se *p.*

obtrusive (əb'tru:siv) *a.* intrús, molest, inoportú.

obtuse (əb'tju:s) *a.* obtús. *2* adormit [sentit]. *3* apagat [dolor]. ▪ *4* **-ly** *adv.* obtusament.

obverse ('ɔbvə:s) *s.* anvers *m.*

obviate (to) ('ɔbvieit) *t.* obviar, prevenir, evitar.

obvious ('ɔbviəs) *a.* obvi, evident, patent. *2* senzill, fàcil de descobrir. ▪ *3* **-ly** *adv.* obviament, evidentment.

occasion (ə'keiʒən) *s.* ocasió *f.*, oportunitat *f.*, cas *m.*, circumstància *f.* ‖ ***on ~,*** de tant en tant, de vegades. *2* ocasió *f.*, vegada *f.* *3* motiu *m.*, raó *f.* ‖ ***on the ~ of,*** amb motiu de.

occasion (to) (ə'keiʒən) *t.* ocasionar, causar, motivar.

occasional (ə'keiʒənl) *a.* ocasional. *2* casual. *3* poc freqüent. ▪ *4* **-ly** *adv.* de tant en tant, ocasionalment.

Occident ('ɔksidənt) *s.* occident *m.*

occlude (to) (ɔ'klu:d) *t.* cloure, tancar. ▪ *2 i.* encaixar [les dents].

occult (ɔ'kʌlt) *a.* ocult, secret, misteriós.

occupant ('ɔkjupənt) *s.* ocupant, inquilí.

occupation (ˌɔkju'peiʃən) *s.* ocupació *f.* *2* possessió *f.*, tinença *f.* *3* ocupació *f.*, passatemps *m.*

occupy (to) ('ɔkjupai) *t.* ocupar. *2* passar, invertir. *3* ***to ~ oneself in,*** ocupar-se de, dedicar-se a.

occur (to) (ə'kə:ʳ) *i.* esdevenir, ocórrer, succeir. *2* trobar-se *p.*, ser. *3* ocórre's *p.*

occurrence (ə'kʌrəns) *s.* esdeveniment *m.*, cas *m.*, incident *m.*

ocean ('ouʃən) *s.* oceà *m.*

Oceania (ousi'ɑ:niə) *n. pr.* GEOGR. Oceania *f.*

Oceanian (ousi'ɑ:niən) *a.-s.* oceànic.

ochre, (EUA), **ocher** ('oukəʳ) *s.* ocre *m.*

o'clock (ə'klɔk) *adv.* ***at seven ~,*** a les set. ‖ ***he left at six ~,*** va marxar a les sis.

October (ɔk'toubəʳ) *s.* octubre *m.*

octopus ('ɔktəpəs) *s.* ZOOL. pop *m.*

ocular ('ɔkjuləʳ) *a.* ocular. ▪ *2 s.* ocular *m.*

oculist ('ɔkjulist) *s.* oculista.

odd (ɔd) *a.* imparell, senar [números]. *2* desparellat, de més. ‖ col·loq. ***~ man out,*** que sobra, que no encaixa, que hi està de més [persona o cosa]. *3* ocasional. ‖ ***~ job,*** feina ocasional. ‖ ***~ times,*** estones perdudes. *4* i escaig: ***ten pounds ~,*** deu lliures i escaig. *5* rar, estrany, curiós. ▪ *6* **-ly** *adv.* estranyament.

oddity ('ɔditi) *s.* raresa *f.*, singularitat *f.* *2* persona *f.* estranya.

odds (ɔdz) *s.* desigualtat *f.*; superioritat *f.* ‖ ***to fight against ~,*** lluitar contra forces *f. pl.* superiors. *2* avantatge *m.* [en el joc, en l'esport]. *3* probabilitats *f. pl.* [a favor o en contra]. *4* desavinença *f.* ‖ ***to be at ~ with,*** estar renyits. *5* ***~ and ends,*** bagatel·les *f. pl.*, fòtils *m. pl.* *6* ***it makes no ~,*** és igual. ▲ pl.: ***odds*** (ɔdz).

ode (oud) *s.* LIT. oda *f.*

odious ('oudiəs) *a.* odiós, repugnant.

odium ('oudiəm) *s.* odi *m.*

odour, (EUA) **odor** ('oudəʳ) *s.* olor *f.* *2* fragància *f.*, perfum *m.* *3* pudor *f.* *4* aprovació *f.* ‖ ***to be in good/bad ~ with,*** estar en bones o males relacions *f. pl.* amb, gaudir o no del favor *m.* o aprovació de.

odourless, (EUA) **odorless** ('oudəlis) *a.* inodor.

of (ɔv, əv) *prep.* en molts casos es tradueix per *de;* en d'altres per *a, en, amb, per,* etc. ‖ ***~ himself,*** sol, per ell mateix. ‖ ***~ late,*** darrerament, últimament.

off (ɔ:f, ɔf) *adv.* lluny, fora; totalment, del tot [indica allunyament, absència, separació, privació, cessament]: ***from far ~,*** de lluny; ***I'm ~,*** me'n vaig. *2* ***on and ~,*** a temporades. ▪ *3 prep.* de; des de; fora de; lluny de. *4* MAR. a l'altura de. ▪ *5 a.* dolent, passat: ***the meat is ~,*** la carn s'ha fet malbé. *6* allunyat, absent. *7* lateral [carrer, etc.]. *8* lliure: ***I'm ~ on Thursday,*** tinc els dijous lliures. *9* cancel·lat, interromput, suspès. *10* tret, desconnectat. *11* tancat, tallat, apagat [gas, aigua, etc.].

offal ('ɔfəl) *s.* corada *f.*, freixura *f.*, tripes *f. pl.* *2* deixalles *f. pl.*

offence, (EUA) **offense** (ə'fens) *s.* ofensa *f.*, greuge *m.* *2* ofensiva *f.*, atac *m.* *3* pecat *m.* *4* infracció *f.*, delicte *m.*

offend (to) (ə'fend) *t.* ofendre. *2* molestar. ▪ *3 i.* ***to ~ against,*** pecar contra.

offender (ə'fendəʳ) *s.* ofensor. *2* pecador. *3* infractor, delinqüent.

offensive (ə'fensiv) *a.* ofensiu. *2* perjudicial. ▪ *3 s.* ofensiva *f.*

offer ('ɔfəʳ) *s.* oferta *f.*, oferiment *m.* *2* proposta *f.*, proposició *f.* *3* COM. oferta *f.*

offer (to) ('ɔfəʳ) *t.* oferir. *2* brindar. *3* fer [un comentari, etc.]. ▪ *4 i.* presentar-se *p.*, donar-se *p.* *5* oferir-se *p.*

offering ('ɔfəriŋ) *s.* oferta *f.* *2* oferiment *m.*

off-hand ('ɔf:'hænd) *a.* brusc. *2* improvisat. ■ *2 adv.* improvisadament; sense pensar-s'hi; de cop.
office ('ɔfis) *s.* oficina *f.*, despatx *m.*, agència *f.* departament *m.* ‖ ***booking ~,*** taquilla *f.* *2* càrrec *m.*, feina *f.* [esp. públic, d'autoritat]. *3* ofici *m.*, funció *f.*, ministeri *m.* *4 pl.* oficis *m.*: ***good ~s,*** bons oficis. *5* ECLES. ofici *m.*
officer ('ɔfisəʳ) *s.* MAR., MIL. oficial. *2* funcionari.
official (ə'fiʃəl) *a.* oficial. ■ *2 s.* persona *f.* que té un càrrec públic. *3* funcionari.
officiate (to) (ə'fiʃieit) *i.* oficiar.
officious (ə'fiʃəs) *a.* oficiós. *2* obsequiós.
offing ('ɔfiŋ) *s.* MAR. ***in the ~,*** a la llunyania; fig. en perspectiva *f.*
offset ('ɔ:fset) *s.* compensació *f.* *2* IMPR. offset *m.*
offside ('ɔf'said) *adv.* fora de joc [futbol].
offspring ('ɔ:fspriŋ) *s.* descendent, fill, fills *pl.*, descendència *f.* ▲ *pl.* invariable.
oft (ɔft) *adv.* poèt. Veure OFTEN.
often ('ɔ(:)fn) *adv.* sovint, freqüentment, molt, moltes vegades. ‖ ***as ~ as,*** tan sovint com, tantes vegades com; ***every so ~,*** de tant en tant; ***how ~?,*** quantes vegades?
ogle (to) ('ougl) *t.-i.* mirar amb insinuació.
ogre ('ougəʳ) *s.* ogre *m.*
oil (ɔil) *s.* oli *m.* *2* petroli *m.* *3* ART oli *m.*, color *m.* o pintura *f.* a l'oli. ‖ ***~ painting,*** pintura *f.* a l'oli.
oilcloth ('ɔilklɔθ) *s.* hule *m.* *2* linòleum *m.*
oily ('ɔili) *a.* oliós. *2* greixós, llardós. *3* llagoter, llepa, hipòcrita.
ointment ('ɔintmənt) *s.* ungüent *m.*, untura *f.*
O.K. (ˌou'kei) *dim.* d'OKAY.
okay (ˌou'kei) *a.* correcte, aprovat. ■ *2 adv.* d'acord, molt bé. *3* vist i plau.
old (ould) *a.* vell, antic. ‖ ***how ~ are you?,*** quants anys tens?; ***~ boy,*** antic alumne; ***~ man,*** vell *m.*; ***~ salt,*** llop *m.* de mar; BIB. ***O~ Testament,*** Antic Testament.
old-fashioned (ˌould'fæʃənd) *a.* antiquat, passat de moda.
oldster ('ouldstəʳ) *s.* col·loq. vell.
oleander (ˌouli'ændəʳ) *s.* BOT. baladre *m.*
oligarchy ('ɔligɑ:ki) *a.* oligarquia *f.*
olive ('ɔliv) *s.* BOT. olivera *f.*, oliver *m.* *2* oliva *f.*
olive grove ('ɔlivgrouv) *s.* oliverar *m.*, oliveda *f.*
olive oil (ˌɔliv'ɔil) *s.* oli *m.* d'oliva.
olive tree ('ɔlivtri:) *s.* olivera *f.*, oliver *m.*
omelette, omelet ('ɔmlit) *s.* truita *f.* [d'ous].
omen ('oumən) *s.* auguri *m.*, averany *m.*, presagi *m.*
ominous ('ɔminəs) *a.* ominós; amenaçador; de mal averany.
omission (ə'miʃən) *s.* omissió *f.* *2* oblit *m.*, descuit *m.*
omit (to) (ə'mit) *t.* ometre. *2* descuidar-se *p.*, oblidar.
omnibus ('ɔmnibəs) *s.* òmnibus *m.* ■ *2 a.* general, complet.
omnipotent (ɔm'nipətənt) *a.* omnipotent.
omniscient (ɔm'nisiənt) *a.* omniscient.
omnivorous (ɔm'nivərəs) *a.* omnívor. ‖ fig. ***an ~ reader,*** un lector insaciable.
on (ɔn) *prep.* a, en, sobre, a sobre, de; amb; per; sota. ‖ ***~ all sides,*** per tot arreu; ***~ arrival*** o ***arriving,*** en arribar, quan arribi; ***~ board,*** a bord; ***~ credit,*** a crèdit; ***~ duty,*** de servei; de guàrdia; ***~ foot,*** a peu; ***~ pain of,*** sota pena de; ***~ the table,*** a la taula, sobre la taula; ***~ this condition,*** amb aquesta condició; ***what's ~ TV tonight?,*** què fan aquesta nit a la tele? *2* ***~ Monday,*** el dilluns. ■ *3 adv.* posat: ***to have one's hat ~,*** portar el barret posat. *4* endavant. ‖ ***and so ~,*** i així successivament. ‖ ***to go ~,*** continuar. *5* ***~ and ~,*** sense parar. *6* més: ***later ~,*** més tard, posteriorment. ■ 5 *a.* que funciona; encès; obert: ***the light is ~,*** el llum és encès o obert.
once (wʌns) *adv.* una vegada, un cop. ‖ ***all at ~,*** de cop, de sobte; ***at ~,*** ara mateix, de seguida, (BAL.) (VAL.) tot d'una; ***~ a week,*** un cop per setmana; ***~ and again,*** una altra vegada; ***~ and for all,*** una vegada per sempre; ***~ in a blue moon,*** molt de tant en tant; ***~ upon a time there was,*** hi havia una vegada. *2* antigament, abans. ■ *3 conj.* tan aviat com.
one (wʌn) *a.* un. ‖ ***~ hundred,*** cent. *2* sol, únic. ‖ ***his ~ chance,*** la seva única oportunitat. *3* idèntic, mateix. ‖ ***it is all ~ to me,*** és el mateix, m'és igual. *4* ***the last but ~,*** el penúltim. ■ *5 pron.* un. ‖ ***no ~,*** ningú; ***~ another,*** l'un a l'altre; ***the ~ who,*** el que, aquell que; ***this ~,*** aquest. ■ *6 s.* u *m.* [número].
onerous ('ɔnərəs) *a.* onerós.
oneself (wʌn'self) *pron.* se, es, si mateix, un mateix. ‖ ***by ~,*** sol; ***to hurt ~,*** fer-se mal; ***within ~,*** dins un mateix.
one-way ('wʌnwei) *a.* direcció única. *2* d'anada [bitllet].
onion ('ʌnjən) *s.* BOT. ceba *f.*
only (ounli) *a.* sol, únic. ■ *2 adv.* només, sols, solament, únicament. ‖ ***not ~ ... but ...,*** no només... sinó que... *3* ***if ~,*** tant de bo: ***if ~ I could go,*** tant de bo pugués anar-hi. ■ *4 conj.* només que, però.
onrush ('ɔnrʌʃ) *s.* envestida *f.*, arremesa *f.* *2* força *f.*, ímpetu *m.*

onset ('ɔnset) *s.* atac *m.*, arremesa *f.* 2 principi *m.*, començament *m.*

onslaught ('ɔnslɔ:t) *s.* atac *m.* violent, assalt *m.*

onto ('ɔntə,'ɔntu:) *prep.* cap a, sobre.

onward ('ɔnwəd) *a.* cap endavant, (VAL.) avant: ***the ~ movement,*** el moviment cap endavant. ▪ 2 *adv.* Veure ONWARDS.

onwards ('ɔnwədz) *adv.* cap endavant. 2 ***from then ~,*** des d'aleshores; ***from the 18th century ~,*** des del segle XVIII, a partir del segle XVIII.

ooze (u:z) *s.* llacor *f.*, llot *m.*, fang *m.*

ooze (to) (u:z) *i.* traspuar, filtrar-se *p.* 2 rajar, brollar [lentament]. ▪ 3 *t.* traspuar [també fig.].

opal ('oupəl) *s.* MINER. òpal *m.*

opaque (ou'peik) *a.* opac. 2 obscur [estil]. 3 obtús, espès.

open ('oupən) *a.* obert. ‖ ***in the ~ air,*** a l'aire lliure. ‖ ***the Open University,*** universitat a distància. 2 ras, descobert. 3 destapat, descobert [un cotxe, etc.]. 4 exposat a. 5 visible, públic, conegut: ***~ secret,*** secret de domini públic. 6 franc, sincer. ▪ 7 **-ly** *adv.* obertament, públicament, francament.

open (to) ('oupən) *t.* obrir. 2 desplegar, estendre, destapar, desembolicar. 3 ***to ~ up,*** descobrir, obrir, fer accesible. ▪ 4 *i.* obrir(se. 5 confiar-se *p.*, obrir el cor a. 6 començar. 7 ***to ~ into, on, upon,*** donar accès, sortir a, donar a.

opening ('oupəniŋ) *s.* obertura *f.*; entrada *f.*; portell *m.*; clariana *f.* 2 començament *m.*, inici *m.* 3 inauguració *f.* 4 oportunitat *f.* 5 TEAT. estrena *f.*

open-minded (,oupən'maindid) *a.* de mentalitat oberta, sense prejudicis.

openness ('oupənnəs) *s.* franquesa *f.*

opera ('ɔprə) *s.* MÚS. òpera *f.*

opera glasses ('ɔpərə,glɑ:siz) *s. pl.* binocles *m.* de teatre.

operate (to) ('ɔpəreit) *t.* fer funcionar, fer anar, moure, manejar, dirigir. 2 efectuar. ▪ 3 *i.* obrar. 4 funcionar. 5 fer efecte. 6 COM., MED., MIL. operar.

operation (,ɔpə'reiʃən) *s.* operació *f.* 2 funcionament *m.*

operator ('ɔpəreitəʳ) *s.* operador. ‖ ***telephone ~,*** telefonista. 2 operari, maquinista.

opinion (ə'pinjən) *s.* opinió *f.*, parer *m.*

opinionated (ə'pinjəneitid) *a.* tossut, entestat.

opium ('oupjəm) *s.* opi *m.* ‖ ***~ poppy,*** cascall *m.*

opossum (ə'pɔsəm) *s.* ZOOL. opòssum *m.*, sariga *f.*

opponent (ə'pounənt) *s.* oponent, contrari, adversari, contrincant.

opportune ('ɔpətju:n) *a.* oportú.

opportunity (,ɔpə'tju:niti) *s.* oportunitat *f.*, ocasió *f.*

oppose (to) (ə'pouz) *t.* oposar(se. 2 resistir(se.

opposed (ə'pouzd) *a.* oposat, contrari.

opposite ('ɔpəzit) *a.* oposat: ***~ angles,*** angles oposats. 2 del costat, del davant. 3 contrari. ▪ 4 *prep.* davant de. ▪ 5 *prep.* al davant. ▪ 6 *s.* el contrari.

opposition (,ɔpə'ziʃən) *s.* oposició *f.*; resistència *f.*

oppress (to) (ə'pres) *t.* oprimir. 2 tiranitzar. 3 aclaparar, afeixugar, abatre.

oppression (ə'preʃən) *s.* opressió *f.*, tirania *f.*

oppressor (ə'presəʳ) *s.* opressor.

opprobious (ə'proubiəs) *a.* oprobiós. 2 injuriós, ultratjant.

opt (to) (ɔpt) *i.* optar.

optic ('ɔptik) *a.* òptic.

optician (ɔp'tiʃən) *s.* òptic.

optimist ('ɔptimist) *s.* optimista.

optimistic (,ɔpti'mistik) *a.* optimista.

option ('ɔpʃən) *s.* opció *f.* 2 alternativa *f.*

optional ('ɔpʃənl) *a.* opcional, facultatiu.

opulence ('ɔpjuləns) *s.* opulència *f.*

opulent ('ɔpjulənt) *a.* opulent.

or (ɔ:ʳ) *conj.* o. ‖ ***two hours ~ so,*** unes dues hores, dues hores més o menys. ‖ ***50 ~ so,*** uns 50. 2 ni.

oracle ('ɔrəkl) *s.* oracle *m.*

oral ('ɔ:rəl) *a.* oral.

orange ('ɔrindʒ) *s.* BOT. taronja *f.*

orange blossom ('ɔrindʒ,blɔsəm) *s.* BOT. tarongina *f.*, flor *f.* del taronger.

orange tree ('ɔrindʒtri:) *s.* BOT. taronger.

oration (ɔ:'reiʃən) *s.* discurs *m.*

orator ('ɔrətəʳ) *s.* orador.

oratory ('ɔrətəri) *s.* oratòria *f.* 2 oratori *m.*, capella *f.*

orb (ɔ:b) *s.* orbe *m.* 2 esfera *f.*

orbit ('ɔ:bit) *s.* ASTR. òrbita *f.*

orchard ('ɔ:tʃəd) *s.* hort *m.* [d'arbres fruiters].

orchestra ('ɔ:kistrə) *s.* orquestra *f.* 2 TEAT. platea *f.*

orchid ('ɔ:kid) *s.* BOT. orquídia *f.*

ordain (to) (ɔ:'dein) *t.* ECLES. ordenar. 2 ordenar, decretar, disposar.

ordeal (ɔ:'di:l) *s.* HIST. ordalia *f.* 2 prova *f.* [penosa].

order ('ɔ:dəʳ) *s.* ordre *m.* [disposició o arranjament regular]. ‖ ***in ~,*** en ordre. ‖ ***out of ~,*** desordenat, desendreçat. 2 condecoració *f.* 3 ordre *m.*, manament *m.*, precepte *m.* 4 ordre *m.*, classe *f.*, grau *m.*, classificació *f.* 5 ***in ~ to,*** per, a fi de. 6 COM. comanda *f.* 7 ECLES., MIL. orde *m.*

order (to) ('ɔːdəʳ) *t.* ordenar. 2 demanar. 3 COM. demanar, fer una comanda. 4 ECLES. ordenar. 5 MED. prescriure. 6 MIL. ***~ arms!,*** descanseu!

orderly ('ɔːdəli) *a.* ordenat, metòdic. 2 obedient, tranquil. ▪ 3 *s.* MED. practicant, infermer. 4 MIL. ordenança *m.*, assistent *m.* ▪ 5 *adv.* ordenadament.

ordinal ('ɔːdinl) *a.* ordinal. ▪ 2 *s.* número *m.* ordinal, ordinal *m.*

ordinary ('ɔːdin(ə)ri) *a.* ordinari, corrent. 2 ***in ~,*** en funcions, en activitat. ▪ 3 *s.* ECLES. ordinari *m.* [de la missa].

ordnance ('ɔːdnəns) *s.* artilleria *f.*, canons *m. pl.*

ordure ('ɔːdjuəʳ) *s.* brutícia *f.*

ore (ɔːʳ, ɔəʳ) *s.* MIN. mineral *m.*, mena *f.*

organ ('ɔːgən) *s.* òrgan *m.* [d'un animal, una planta, un partit, etc.]. 2 MÚS. orgue *m.* ‖ ***barrel ~,*** orgue *m.* de maneta, orguenet *m.*

organ grinder ('ɔːgənˌgraindəʳ) *s.* tocador *m.* d'organet.

organism ('ɔːgənizəm) *s.* BIOL., FIL., organisme *m.*

organization (ˌɔːgənai'zeiʃən) *s.* organització *f.*

organize (to) ('ɔːgənaiz) *t.* organitzar. ▪ 2 *i.* organitzar-se *p.*

orgasm ('ɔːgæzəm) *s.* orgasme *m.*

orgy ('ɔːdʒi) *s.* orgia *f.*

Orient ('ɔːriənt) *s.* GEOGR. orient *m.*

orient (to) ('ɔːrient) *t.* Veure ORIENTATE (TO).

orientate (to) ('ɔːrienteit) *t.* orientar. 2 ***to ~ oneself,*** orientar-se.

orifice ('ɔrifis) *s.* orifici *m.*

origin ('ɔridʒin) *s.* origen *m.* 2 procedència *f.*

original (ə'ridʒənl) *a.* original: ***~ sin,*** pecat original. 2 primitiu, primer. ▪ 3 *s.* original *m.*

originate (to) (ə'ridʒineit) *t.* originar, crear, produir. ▪ 2 *i.* originar-se *p.*, néixer, venir de.

ornament ('ɔːnəmənt) *s.* ornament *m.*, adorn *m.*

ornament (to) ('ɔːnəment) *t.* ornamentar, adornar.

ornamental (ˌɔːnə'mentl) *a.* ornamental, decoratiu.

ornate (ɔː'neit) *a.* molt adornat, enfarfegat. 2 florit [estil].

ornithology (ˌɔːni'θɔlədʒi) *s.* ornitologia *f.*

orography (ɔ'rɔgrəfi) *s.* orografia *f.*

orphan (ˌɔːfən) *a.-s.* orfe.

orphanage ('ɔːfənidʒ) *s.* orfanat *m.*, hospici *m.* 2 orfandat *f.*

orthodox ('ɔːθədɔks) *a.* ortodox.

orthodoxy ('ɔːθədɔksi) *s.* ortodòxia *f.*

orthography (ɔː'θɔgrəfi) *s.* ortografia *f.*

oscillate (to) ('ɔsileit) *i.* oscil·lar [també fig.]. ▪ 2 *t.* fer oscil·lar.

osier ('ouʒiəʳ) *s.* BOT. vimetera *f.* 2 vim *m.*, vímet *m.*

Oslo ('ɔzlou) *n. pr.* GEOGR. Oslo *m.*

ostensible (ɔs'tensibl) *a.* ostensible. 2 aparent.

ostentation (ˌɔsten'teiʃən) *s.* ostentació *f.*

ostentatious (ˌɔsten'teiʃəs) *a.* ostentós.

ostler ('ɔsləʳ) *s.* mosso *m.* d'estable, palafrener *m.*

ostracism ('ɔstrəsizəm) *s.* ostracisme *m.*

ostrich ('ɔstritʃ) *s.* ORN. estruç *f.*

other ('ʌðəʳ) *a.* altre. ‖ ***every ~ day,*** dies alterns; ***on the ~ hand,*** per altra banda; ***the ~ one,*** l'altre. ▪ 2 *pron.* -*s.* ***the ~,*** l'altre; ***the ~s,*** els altres; ***no ~ than,*** cap altre, només. ▪ 3 *adv.* ***~ than,*** altra cosa que.

otherwise ('ʌðəwaiz) *adv.* d'altra manera, altrament. 2 per altra part, per la resta. ▪ 3 *conj.* si no, altrament. ▪ 4 *a.* diferent.

otiose ('ouʃious) *a.* form. ociós.

otter ('ɔtəʳ) *s.* ZOOL. llúdria *f.*, llúdriga *f.*

ought (ɔːt) *def.* i *aux.* haver de, caldre: ***I ~ to write,*** he d'escriure, hauria d'escriure, cal que escrigui.

ounce (auns) *s.* unça *f.* [mesura].

our ('auəʳ) *a. poss.* (el) nostre, (la) nostra, (els) nostres, (les) nostres: ***O~ Lady,*** Nostra Senyora; ***~ brothers,*** els nostres germans.

ours ('auəz) *pron. poss.* (el) nostre, (la) nostra, (els) nostres, (les) nostres: ***a friend of ~,*** un amic nostre.

ourselves (ˌauə'selvz) *pron.* nosaltres mateixos. ‖ ***by ~,*** nosaltres sols [sense ajuda]; nosaltres sols [sense ningú més]. 2 ens, -nos, a nosaltres mateixos.

oust (to) (aust) *t.* desallotjar, treure, fer fora.

out (aut) *adv.* fora, a fora, enfora. ‖ ***to go ~,*** sortir. 2 clar, sense embuts: ***speak ~,*** parla clar. 3 completament, fins el final. 4 ***~ and away,*** de bon tros, de molt; ***~ for,*** a la recerca de; ***~ of favour,*** en desgràcia; ***~ on strike,*** en vaga; ***~ to win,*** decidit a vèncer. ▪ 5 *a.* absent, fora de casa. 6 tancat, apagat; expirat. 7 publicat, que ha sortit. 8 ***~ and ~,*** completament; acèrrim, empedreït; ***~ of place,*** fora de lloc; incongruent; ***~ of this world,*** extraordinari, fantàstic. ▪ 9 *prep.* fora de: ***~ of danger,*** fora de perill. 10 per: ***~ of pity,*** per pietat. 11 de: ***~ of a bottle,*** d'una ampolla; ***one ~ of***

ten, un de cada deu; un sobre deu [nota]. *12* entre: ***one book ~ of many,*** un llibre entre molts. *13* sense: ***~ of money,*** sense diners. ▪ *14 interj.* ~!, fora!
outbreak ('autbreik) *s.* erupció *f.* *2* rampell *m.*, rauxa *f.* *3* començament *m.*, declaració *f.* [d'una guerra, etc.]. *4* epidèmia *f.*, passa *f.* *5* onada *f.* [de crims, violència, etc.].
outbuilding ('autbildiŋ) *s.* dependència *f.* [d'un edifici].
outburst ('autbə:st) *s.* rampell *m.*, atac *m.*, explosió *f.*: ***~ of laughter,*** atac de riure.
outcast ('autkɑ:st) *a.-s.* proscrit, pària.
outcome ('autkʌm) *s.* resultat *m.*, conseqüència *f.*, desenllaç.
outcry ('autkrai) *s.* crit *m.* *2* clam *m.*, protesta *f.*, clamor *m.*
outdo (to) (aut'du:) *t.* excedir, superar, sobrepassar. *2* ***to ~ oneself,*** superar-se. ▪ Pret. ***outdid*** (ˌaut'did); p.p.: ***outdone*** (ˌaut'dʌn).
outdoor ('aut'dɔ:) *a.* a l'aire lliure. *2* de carrer.
outdoors (ˌaut'dɔ:z) *adv.* fora de casa; a l'aire lliure.
outer ('autə[r]) *a.* exterior, extern. ‖ ASTR. ***~ space,*** espai exterior.
outfit ('autfit) *s.* equip *m.* *2* eines *f. pl.*, joc *m.* d'eines. *3* conjunt *m.* [de vestir].
outfit (to) ('autfit) *t.* equipar.
outflow ('autflou) *s.* efusió *f.*, fluix *m.*, pèrdua *f.* *2* desaiguament *m.*
outing ('autiŋ) *s.* sortida *f.*, excursió *f.*
outlaw ('autlɔ:) *s.* bandit, bandoler. *2* proscrit.
outlet ('autlet) *s.* sortida *f.* [també fig.]. *2* desaiguament *m.* *3* COM. sortida *f.* [també fig.]. *2* desaiguament *m.* *3* COM. sortida *f.*, mercat *m.* *4* ELECT. presa *f.* [de corrent].
outline ('autlain) *s.* contorn *m.*, perfil *m.* *2* esbós *m.* *3* esquema *m.*, resum *m.;* idea *f.* general.
outlook ('autluk) *s.* vista *f.*, perspectiva *f.* *3* perspectives *f. pl.*, pronòstic *m.* *4* actitud *f.* mental.
outlying ('autlaiiŋ) *a.* allunyat, llunyà. *2* aïllat. *3* exterior, de les afores.
out-of-date ('autəvdeit) *a.* passat de moda, antiquat.
out-of-print (ˌautəv'print) *a.* exhaurit [una edició, un llibre, etc.].
outpost ('autpoust) *s.* MIL. avançada *f.*
output ('autput) *s.* producció *f.*, rendiment *m.* *2* INFORM. sortida *f.*
outrage ('autreidʒ) *s.* ultratge *m.*, abús *m.*, excés *m.*
outrage (to) ('autreidʒ) *t.* ultratjar, abusar de, violar.
outrageous (aut'reidʒəs) *a.* ultratjant. *2* violent. *3* enorme, atroç. ▪ *4* **-ly** *adv.* d'una manera ultratjant, violentament, atroçment.
outright ('autrait) *a.* sincer, franc, directe. *2* complet, absolut. ▪ *3 adv.* completament. *4* obertament, francament. *5* d'un cop, d'una vegada.
outset ('autset) *s.* principi *m.*, començament *m.*
outside (ˌaut'said) *s.* exterior *m.*, part *f.* externa; superfície *f.* *2* aparença *f.*, aspecte *m.* *3* ***at the ~,*** pel cap alt. *4* ESPORT extrem *m.* ▪ *5 a.* exterior, extern. *6* remot. *7* màxim. *8* forà, aliè. ▪ *9 adv.* fora, a fora; al carrer, a l'aire lliure. ▪ *10 prep.* a fora de, mes enllà de.
outsider (ˌaut'saidə[r]) *s.* foraster. *2* estrany, intrús. *3* cavall *m.* no favorit [en una cursa]; candidat sense possibilitats [en unes eleccions].
outskirts ('autskə:ts) *s. pl.* afores *m.*
outstanding (aut'stændiŋ) *a.* sortint, prominent. *2* rellevant, notable, excel·lent. *3* pendent, per pagar o cobrar.
outstretched (ˌaut'stretʃt) *a.* estès, allargat, estirat.
outstrip (to) (aut'strip) *t.* avantatjar, deixar enrera.
outward ('autwəd) *a.* exterior, extern. *2* aparent, superficial. *3* que surt cap enfora, que surt. *4* d'anada.
outwards ('autwədz) *adv.* cap enfora.
outwit (to) (aut'wit) *t.* enganyar, ser més llest que.
oval ('ouvəl) *a.* oval, ovalat. ▪ *2 s.* figura *f.* ovalada, objecte *m.* ovalat.
ovary ('ouvəri) *s.* ANAT. ovari *m.*
oven ('ʌvn) *s.* forn *m.*
over ('ouvə[r]) *adv.* a sobre, per sobre. *2* a l'altra banda. *3* davant. *4* completament. ‖ ***all ~,*** a tot arreu, pertot arreu. *5* més, de més. ‖ ***take the food that is left ~,*** agafa el menjar que ha sobrat; *6* ***~ again,*** una altra vegada. *7* ***to be ~,*** estar acabat, acabar-se. *8* ***to run ~,*** desbordar-se, vessar-se. ▪ *9 prep.* per sobre de, a sobre de. *10* a l'altra banda, de l'altra banda, de l'altre costat. *11* més de. *12* durant. *13* per, a. *14* amb: ***he stumbled ~ the stone,*** va ensopegar amb la pedra. *15* de, a propòsit de. *16* superior, més alt. *17* que cobreix. *18* excessiu, de més.
overalls ('ouvərɔ:lz) *s.* granota *f.* [vestit]. *2* guardapols *m.*
overawe (to) (ˌouvər'ɔ:) *t.* intimidar, fer por.
overbear (to) (ˌouvə'bɛə[r]) *t.* dominar, imposar(se. *2* aclaparar. *3* fig. intimidar. ▲

Pret.: ***overbore*** (ˌouvəˈbɔːʳ); p. p.: ***overborne*** (ˌouvəˈbɔːn).
overbearing (ˌouvəˈbɛəriŋ) *a.* dominador, despòtic, altiu.
overcast (ˌouvəkɑːst) *a.* ennuvolat, tapat. *2* fig. obscur; trist.
overcharge (to) (ˌouvəˈtʃɑːdʒ) *t.* sobrecarregar, recarregar. *2* cobrar massa. ▪ *3 i.* cobrar *t.* massa.
overcoat (ˈouvəkout) *s.* abric *m.*, sobretot *m.*, gavany *m.*
overcloud (to) (ˌouvəˈklaud) *t.* ennuvolar. ▪ *2 i.* ennuvolar-se *p.*
overcome (to) (ˌouvəˈkʌm) *t.* vèncer, triomfar sobre. *2* vèncer, superar, salvar [obstacles, dificultats, etc.]. *3* superar, sobreposar-se *p.* *4* rendir, esgotar. ▲ Pret.: ***overcame*** (ˌouvəˈkeim); p. p. ***overcome*** (ˌouvəˈkʌm).
overcrowd (to) (ˌouvəˈkraud) *t.* abarrotar, omplir, atapeir.
overdo (to) (ˌouvəˈduː) *t.* fer massa, excedir-se *p.*, exagerar. *2* fer caure massa. ▲ Pret.: ***overdid*** (ˌouvəˈdid); p.p.: ***overdone*** (ˌouvəˈdʌn).
overdress (to) (ˌouvəˈdres) *t.* mudar, empolainar excessivament. ▪ *2 i.* anar massa mudat o empolainat, mudar-se *p.* excessivament.
overflow (ˈouvəflou) *s.* inundació *f.*, desbordament *m.*, vessament *m.* *2* excés *m.*
overflow (to) (ˌouvəˈflou) *t.* inundar. *2* desbordar. ▪ *3 i.* desbordar-se *p.* [també fig.]. *4* vessar.
overgrown (ˌouvəˈgroun) *a.* massa alt [per a la seva edat]. *2* cobert de plantes, d'herbes.
overhang (to) (ˌouvəˈhæŋ) *t.* projectar(se sobre. *2* amenaçar. ▪ *3 i.* penjar per sobre de. ▲ Pret. i p. p.: ***overhung*** (ˌouvəˈhʌŋ).
overhaul (ˈouvəhɔːl) *s.* repàs *m.*, revisió *f.*
overhaul (to) (ˌouvəˈhɔːl) *t.* repassar, revisar, examinar. *2* atrapar.
overhead (ˌouvəˈhed) *adv.* per sobre [del cap]. ▪ *2 a.* (ˈouvəhed) de dalt. *2* aeri.
overhear (to) (ˌouvəˈhiəʳ) *t.* sentir per casualitat, sentir sense voler. ▲ Pret. i p.p.: ***overheard*** (ˌouvəˈhəːd).
overjoyed (ˌouvəˈdʒɔid) *a.* molt content, ple d'alegria.
overland (ˈouvəlænd) *a.* terrestre. ▪ *2 adv.* (ˌouvəˈlænd) per terra, per via terrestre.
overlap (to) (ˌouvəˈlæp) *t.-i.* encavalcar, encavallar(se, sobreposar-se *p.* *2* fig. coincidir parcialment.
overlook (to) (ˌouvəˈluk) *t.* mirar des de dalt. *2* dominar [amb la vista]. *3* donar a, tenir vista a. *4* inspeccionar, vigilar. *5* repassar, revisar. *6* passar per alt, no veure, oblidar. *7* tolerar, perdonar.
overnight (ˌouvəˈnait) *adv.* anit, a la nit anterior. *2* a la nit, durant la nit. ‖ ***to stay ~,*** passar la nit. ▪ *3 a.* (ˈouvənait) de nit, nocturn, d'una nit. ‖ ***~ success,*** èxit de la nit al dia.
overpower (to) (ˌouvəˈpauəʳ) *t.* vèncer, dominar. *2* aclaparar, afeixugar. *3* provocar massa polèmica.
overpowering (ˌouvəˈpauəriŋ) *a.* dominador, dominant. *2* aclaparador, irresistible.
overrate (to) (ˌouvəˈreit) *t.* valorar excessivament.
overrun (to) (ˌouvəˈrʌn) *t.* cobrir totalment, invadir, ocupar. *2* excedir, sobrepassar. ▲ Pret. ***overran*** (ˌouvəˈran); p.p. ***overrun*** (ˌouvəˈrʌn).
oversea (ˌouvəˈsiː) *a.* d'ultramar.
overseas (ˌouvəˈsiːz) *adv.* a ultramar, a l'altra banda del mar.
oversee (to) (ˌouvəˈsiː) *t.* vigilar, inspeccionar, supervisar. ▲ Pret.: ***oversaw*** (ˌouvəˈsɔː); p.p.: ***overseen*** (ˌouvəˈsiːn).
overseer (ˈouvəsiəʳ) *s.* inspector, supervisor. *2* capataç.
overshadow (to) (ˌouvəˈʃædou) *t.* fer ombra [també fig.].
overshoe (ˈouvəˌʃuː) *s.* xancle *m.*
oversight (ˈouvəsait) *s.* descuit *m.*, omissió *f.*, distracció *f.* *2* vigilància *f.*, cura *f.*
overstate (to) (ˌouvəˈsteit) *t.* exagerar.
overstep (to) (ˌouvəˈstep) *t.* anar més enllà de, ultrapassar.
overtake (to) (ˌouvəˈteik) *t.* atrapar. *2* passar, deixar enrera. *3* sorprendre. ▲ Pret.: ***overtook*** (ˌouvəˈtuk); p.p.: ***overtaken*** (ˌouvəˈteikən).
overthrow (to) (ˌouvəˈθrou) *t.* bolcar, tombar. *2* derrocar, enderrocar. *3* destruir. *4* vèncer. ▲ Pret. ***overthrew*** (ˌouvəˈθruː); p.p.: ***overthrown*** (ˌouvəˈθroun).
overtime (ˈouvətaim) *s.* hores *f. pl.* extres o extraordinàries. ▪ *2 adv.* en hores extres o extraordinàries.
overture (ˈouvətjuəʳ) *s.* insinuació *f.*, proposició *f.*, proposta *f.* [de pau, etc.]. *2* MÚS. obertura *f.*
overturn (to) (ˌouvəˈtəːn) *t.* bolcar. *2* enderrocar. *3* transtornar. ▪ *4 i.* bolcar.
overweening (ˌouvəˈwiːniŋ) *a.* presumptuós, pretensiós.
overwhelm (to) (ˌouvəˈwelm) *t.* inundar. *2* aclaparar, afeixugar. *3* confondre, desconcertar.
overwhelming (ˌouvəˈwelmiŋ) *a.* aclaparador, irresistible, poderós.
owe (to) (ou) *t.* deure: ***he owes £50 to his***

brother, deu 50 lliures al seu germà. ▪ *2 i.* deure *t.*, tenir deutes.

owing ('ouiŋ) *ger.* de OWE (TO). ▪ *2 a.* que es deu. ▪ *3 prep.* ~ ***to,*** per causa de, degut a.

owl (aul) *s.* ORN. mussol *m.*, òliba *f.*, gamarús *m.*

own (oun) *a.* propi, seu: ***his ~ mother,*** la seva pròpia mare; ***this car is my ~,*** aquest cotxe és meu. ▪ *2 pron.* ***on one's ~,*** sol; pel seu compte; únic.

own (to) (oun) *t.* posseir, tenir. *2* reconèixer, confessar. ▪ 3 i. reconèixer *t.*, confessar *t.*

owner ('ounəʳ) *s.* amo, propietari, posseïdor.

ox (ɔks) *s.* ZOOL. bou *m.* *2* BOT. ~***-eye,*** margarida *f.* ▲ *pl.* ***oxen*** ('ɔksən).

oxide ('ɔksaid) *s.* QUÍM. òxid *m.*

oxygen (ˌɔksidʒən) *s.* oxigen *m.*

oyster ('ɔistəʳ) *s.* ostra *f.*

P

P, p (pi:) *s.* p *f.* [lletra]. *2 **to mind one's ~'s and q's,*** anar amb compte amb el que es diu.

pa (pɑ:) *s.* col·loq. (abrev. de ***papa***) papa *m.*

pace (peis) *s.* pas *m.*, passa *f.* [marxa, manera de caminar; mesura]. *2* ritme *m.*, velocitat *f.* *3* ambladura *f.*, portant *m.* [d'un cavall].

pace (to) (peis) *i.* passejar, caminar. *2* amblar [un cavall]. ▪ *3 t.* apassar, mesurar a passes.

pacemaker ('peismeikəʳ) *s.* MED. marcapàs *m.* *2* ESPORT el qui marca el pas [en una cursa].

pacific (pə'sifik) *a.* pacífic.

Pacific Ocean (pə'sifik'ouʃn) *n. pr.* GEOGR. Oceà *m.* Pacífic.

pacify (to) ('pæsifai) *t.* pacificar, apaivagar, calmar, assossegar.

pack (pæk) *s.* farcell *m.*, fardell *m.*, bolic *m.*, bala *f.*, paquet *m.*, càrrega *f.* *2* baralla *f.* [de cartes]. *3* reguitzell *m.*, enfilall *m.* *4* quadrilla *f.*, colla *f.* *5* ramat *m.* *6* gossada *f.*, canilla *f.*

pack (to) (pæk) *t.* empaquetar, embolicar; envasar. *2* fer [una maleta, etc.]. *3* entaforar, encabir, entatxonar. *4* CUI. conservar, fer conserves. ▪ *5 i.* entaforar-se *p.*, encabir-se *p.*, entatxonar-se *p.* *6* ***to ~ up,*** fer la maleta; col·loq. plegar; fer-se *p.* malbé.

package ('pækidʒ) *s.* paquet *m.*, farcell *m.*, fardell *m.*

package holiday ('pækidʒ,hɔlidei), **package tour** ('pækidʒ,tuəʳ) *s.* vacances *f. pl.* organitzades, viatge *m.* organitzat.

pack animal ('pæk,æniml) *s.* animal *m.* de càrrega.

packet ('pækit) *s.* paquet *m.* *2* paquet *m.* de tabac [cigarretes].

packet boat ('pækit,bout) *s.* MAR. paquebot *m.*

packing ('pækiŋ) *s.* embalatge *m.*; envàs *m.*

packsaddle ('pæk,sædl) *s.* albarda *f.*, bast *m.*

pact (pækt) *s.* pacte *m.*, acord *m.*

pad (pæd) *s.* coixí *m.*, coixinet *m.* *2* postís *m.* *3* farciment *m.* *4* musclera *f.*; genollera *f.*; plastró *m.* *5* bloc *m.*, llibreta *f.* *6* tampó *m.* [de tinta]. *7* ***launching ~,*** plataforma *f.* de llançament [d'un coet]. *8* tou *m.* [de la pota d'un animal].

pad (to) (pæd) *t.* encoixinar, farcir, folrar [amb un material tou]. *2* ***to ~ out,*** posar palla [en un discurs, etc.]. ▪ *3 i.* caminar.

padding ('pædiŋ) *s.* farciment *m.*, farcit *m.*, coixí *m.* *2* fig. palla *f.* [en un discurs, etc.].

paddle ('pædl) *s.* platós *m.* [rem]. *2* paleta *f.* [d'una roda].

paddle (to) ('pædl) *t.* impulsar amb platós. ▪ *2 i.* remar amb platós. *3* xipollejar, mullar-se *p.* els peus.

paddle boat ('pædlbout) *s.* vaixell *m.* de rodes.

paddock ('pædək) *s.* devesa *f.*, clos *m.*, cleda *f.* *2* clos *m.* [per a cavalls de cursa].

padlock ('pædlɔk) *s.* cadenat *m.*

pagan ('peigən) *a.-s.* pagà.

page (peidʒ) *s.* pàgina *f.*, plana *f.* *2* patge *m.* *3* grum *m.*

pageant ('pædʒənt) *s.* cavalcada *f.*, desfilada *f.* *2* espectacle *m.*, festa *f.*

paid (peid) *pret.* i *p.p.* de PAY (TO).

pail (peil) *s.* galleda *f.*, (BAL.) (VAL.) poal *m.* *2* MAR. bujol *m.*

pain (pein) *s.* dolor *m.*, sofriment *m.*, mal *m.*; aflicció *f.* *2* pena *f.* [càstig]: ***on/under ~ of,*** sota pena de. *3* treball *m.*, esforç *m.*, molèstia *f.* ‖ ***to take ~s to,*** esforçar-se a, fer tot el possible per. 4 col·loq. ***to be a ~ in the neck,*** ser un pesat, ser una llauna *f.*

pain (to) ('pein) *t.* fer mal. *2* doldre, saber greu.
painful ('peinful) *a.* dolorós. *2* penós, angoixós, desagradable. *3* ardu. *4* dolorit. ■ *5* **-ly** *adv.* dolorosament, penosament.
painstaking ('peinzˌteikiŋ) *a.* afanyat, industriós, polit, diligent, curós.
paint (peint) *s.* pintura *f.* *2* COSM. coloret *m.*
paint (to) (peint) *t.-i.* pintar *t.* [també fig.].
paintbrush ('peintbrʌʃ) *s.* brotxa *f.*, pinzell *m.*
painter ('peintəʳ) *s.* pintor. *2* MAR. amarra *f.*
painting ('peintiŋ) *s.* pintura *f.* [acció, art; color]. *2* pintura *f.*, quadre *m.*, retrat *m.*
pair (pεəʳ) *s.* parell *m.* ‖ *~ of scissors,* unes tisores. ‖ *~ of trousers,* uns pantalons. *2* parella *f.* *3* tronc *m.*
pair (to) (pεəʳ) *t.* aparellador. *2* aparionar, acoblar. *3* casar. ■ *4 i.* aparellar-se *p.*, aparionar-se *p.* *5* fer parella.
pajamas (pə'dʒɑːməz) *s. pl.* pijama *m. sing.*
pal (pæl) *s.* col·loq. company, camarada, amic.
palace ('pælis) *s.* palau *m.*
palatable ('pælətəbl) *a.* saborós, suculent. *2* agradable, acceptable.
palate ('pælit) *s.* paladar *m.*
pale (peil) *a.* pàl·lid. *2* descolorit. *3* esblanqueït. ■ *4 s.* pal *m.*, estaca *f.* *5* fig. límit *m.*, frontera *f.* ■ *6* **-ly** *adv.* pàl·lidament.
pale (to) (peil) *i.* empal·lidir.
palette ('pælit) *s.* ART paleta *f.* [de pintor].
palfrey ('pɔːlfri) *s.* poèt. palafrè *m.*
paling ('peiliŋ) *s.* palissada *f.*, estacada *f.*
palisade (ˌpæli'seid) *s.* palissada *f.*, estacada *f.*, tanca *f.*
pall (pɔːl) *s.* drap *m.* fúnebre. *2* fig. cortina *f.* [de fum]. *3* ECLES. pal·li *m.*
pall (to) (pɔːl) *i.* ***to ~ (on/upon),*** avorrir *t.*, embafar *t.*, cansar *t.*
palliate (to) ('pælieit) *t.* pal·liar, mitigar. *2* atenuar, excusar.
pallid ('pælid) *a.* pàl·lid, desmaiat, esmorteït.
palm (pɑːm) *s.* palmell *m.*, palma *f.* [de la mà]. *2* BOT. palma *f.*, palmera *f.* *3* fig. victòria *f.*, palma *f.*
palm (to) (pɑːm) *t.* escamotejar. *2* ***to ~ off on,*** encolomar, endossar.
palmist ('pɑːmist) *s.* quiromàntic.
palmistry ('pɑːmistri) *s.* quiromància *f.*
Palm Sunday (ˌpɑːm'sʌndei) *s.* diumenge *m.* de rams.
palm tree ('pɑːmtriː) *s.* BOT. palmera *f.*
palpable ('pælpəbl) *a.* palpable, evident.
palpitate (to) ('pælpiteit) *i.* palpitar, bategar.
paltry ('pɔːltri) *a.* mesquí, miserable. *2* insignificant, fútil.
pampas ('pæmpəs) *s. pl.* pampa *f. sing.*
pamper (to) ('pæmpəʳ) *t.* consentir, malacostumar.
pamphlet ('pæmflit) *s.* fullet *m.*, opuscle *m.*
pan (pæn) *s.* cassola *f.*, cassó *m.* ‖ ***frying ~,*** paella *f.* *2* balançó *m.*, plat *m.* [d'una balança]. *3* cassoleta *f.* [d'una arma de foc].
panacea (ˌpænə'siə) *s.* panacea *f.*
Panama (ˌpænə'mɑː) *n. pr.* GEOGR. Panamà *m.*
Panamian (ˌpænə'meiniən) *a.-s.* panameny.
pancake ('pænkeik) *s.* crêpe *f.*, crespell *m.*, bunyol *m.*
pane (pein) *s.* vidre *m.* [de finestra, etc.].
panegyric (ˌpæni'dʒirik) *s.* panegíric *m.*
panel ('pænl) *s.* ARQ., CONSTR. plafó *m.*, entrepilastra *f.*, cassetó *m.*, cassetonat *m.* *2* tauler *m.* [de control, de comandament, etc.]. *3* llista *f.* [de jurats]. *4* jurat *m.*
panelling, (EUA) **paneling** ('pænəliŋ) *s.* revestiment *m.* *2* cassetonat *m.* *3* plafons *m. pl.*
pang (pæŋ) *s.* punxada *f.*, fiblada *f.* [també fig.].
panic ('pænik) *s.* pànic *m.*
panic ('pænik) *i.* espantar-se *p.*, atemorir-se. *2* esverar-se *p.*: ***don't ~!*** no t'esveris!
pannier ('pæniəʳ) *s.* sarrià *m.*, sarrió *m.* *2* cistella *f.* [d'una bicicleta, etc.]. *3* mirinyac *m.*
panorama (ˌpænə'rɑːmə) *s.* panorama *m.*
pansy ('pænzi) *s.* BOT. pensament *m.* *2* fig. col·loq. marieta *m.*
pant (pænt) *s.* esbufec *m.*, bleix *m.*, panteix *m.* *2* batec *m.*
pant (to) (pænt) *i.* esbufegar, panteixar. *2* bategar. ■ *3 i.* dir esbufegant.
pantheist ('pænθiist) *s.* panteista.
panther ('pænθəʳ) *s.* ZOOL. pantera *f.* *2* (EUA) puma *m.*
panties ('pæntiz) *s. pl.* calces *f.*, calcetes *f.*
pantomime ('pæntəmaim) *s.* pantomima *f.*
pantry ('pæntri) *s.* rebost *m.*
pants (pænts) *s. pl.* (G.B.) calçotets *m.* *2* (EUA) pantalons *m.*
papa (pə'pɑː) *s.* col·loq. papà *m.*
papacy ('peipəsi) *s.* papat *m.*, pontificat *m.*
papal ('peipəl) *a.* papal, pontifical.
paper ('peipəʳ) *s.* paper *m.* ‖ ***~ currency, ~ money,*** paper moneda. *2* document *m.* *3* full *m.* d'examen. *3* diari *m.*
paper (to) ('peipəʳ) *t.* empaperar.
paperback ('peipəbæk) *s.* llibre *m.* de butxaca. ■ *2 a.* en rústica.
paper clip ('peipəklip) *s.* clip *m.* per a papers.
paper knife ('peipənaif) *s.* tallapapers *m.*

paper-weight ('peipəweit) *s.* petjapapers *m.*
par (pɑːʳ) *s.* paritat *f.*, igualtat *m.* 2 COM. par *f.* ‖ ***at ~,*** a la par. ‖ ***to be on a ~ with,*** ser igual a.
parable ('pærəbl) *s.* BIB., LIT. paràbola *f.*
parabola (pə'ræbələ) *s.* GEOM. paràbola *f.*
parachute ('pærəʃuːt) *s.* paracaigudes *m.*
parade (pə'reid) *s.* MIL. parada *f.*, revista *f.* 2 desfilada *f.*, cavalcada *f.*, seguici *m.* 3 ostentació *f.*, gala *f.* 4 passeig *m.*, avinguda *f.*
parade (to) (pə'reid) *t.* ostentar, fer gala de. 2 fer formar. ▪ 3 *i.* formar, posar-se *p.* en formació. 4 desfilar.
paradise ('pærədais) *s.* paradís *m.*
paradox ('pærədɔks) *s.* paradoxa *f.*
paragon ('pærəgən) *s.* model *m.*, exemple *m.*
paragraph ('pærəgrɑːf) *s.* paràgraf *m.* 2 PERIOD. entrefilet *m.*
Paraguay ('pærəgwai) *n. pr.* GEOGR. Paraguai *m.*
Paraguayan (ˌpærə'gwaiən) *a.-s.* paraguaià.
parakeet ('pærəkiːt) *s.* ORN. periquito *m.*
paralyse (to) ('pærəlaiz) *t.* paralitzar.
parallel ('pærəlel) *a.* paral·lel. ▪ 2 *s.* paral·lelisme *m.*, semblança *f.* 3 paral·lel *m.* 4 ELECT. ***in ~,*** en paral·lel *m.* 5 GEOGR. paral·lel *m.*
parallel (to) ('pærəlel) *t.* establir un paral·lelisme. 2 ser paral·lel a [també fig.].
parallelogram (ˌpærə'leləgræm) *s.* GEOM. paral·lelògram *m.*
paralysis (pə'rælisis) *s.* paràlisi *f.*
paralytic (ˌpærə'litik) *a.-s.* paralític.
paramount ('pærəmaunt) *a.* superior, suprem, màxim.
parapet ('pærəpit) *s.* ampit *m.*, barana *f.* 2 MIL. parapet *m.*
parasite ('pærəsait) *s.* paràsit *m.* 2 gorrer, gorrista.
parasol (ˌpærə'sɔl) *s.* ombrel·la *f.*, parasol *m.*
paratrooper ('pærətruːpəʳ) *s.* paracaigudista.
parcel ('pɑːsl) *s.* paquet *m.;* farcell *m.* 2 parcel·la *f.*
parcel (to) ('pɑːsl) *t.* ***to ~ out,*** parcel·lar; dividir. 2 ***to ~ up,*** empaquetar, embalar.
parch (to) (pɑːtʃ) *t.* torrar. 2 cremar. 3 agostejar, agostar, ressecar.
parchment ('pɑːtʃmənt) *s.* pergamí *m.;* vitel·la *f.*
pardon ('pɑːdn) *s.* perdó *m.* ‖ ***I beg your ~,*** perdoni. 2 DRET indult *m.*, amnistia *f.*
pardon (to) ('pɑːdn) *t.* perdonar, disculpar. ‖ ***~ me,*** perdoni. 2 DRET indultar, amnistiar.
pare (to) (pɛəʳ) *t.* tallar. 2 pelar [fruita, etc.]. 2 retallar, rebaixar. 3 fig. reduir.
parent ('pɛərənt) *s.* pare *m.*, mare *m.* 2 *pl.* pares *m.*
parentage ('pɛərəntidʒ) *s.* família *f.*, llinatge *m.*, origen *m.*
parish ('pæriʃ) *s.* (G.B.) parròquia *f.*
parishioner (pə'riʃənəʳ) *s.* parroquià, feligrès.
Paris ('pæris) *n. pr.* GEOGR. París *m.*
Parisian (pə'rizjən) *a.-s.* parisenc.
park (pɑːk) *s.* parc *m.* 2 jardí *m.*
park (to) (pɑːk) *t.* aparcar. 2 col·loq. deixar, posar [coses]; instal·lar-se *p.* [persones]. ▪ 3 *i.* aparcar *t.*
parking ('pɑːkiŋ) *s.* aparcament *m.*
parley ('pɑːli) *s.* conferència *f.*, debat *m.*, discussió *f.*
parley (to) ('pɑːli) *i.* discutir, debatre, conferenciar, parlamentar.
parliament ('pɑːləmənt) *s.* parlament *m.*, corts *f. pl.*
parlour, (EUA) **parlor** ('pɑːləʳ) *s.* sala *f.* 2 saló *m.* d'audiències. 3 (EUA) saló *m.* [de bellesa]; sala *f.* [de billar]. 4 ECLES. locutori *m.*
parochial (pə'roukjəl) *a.* parroquial. 2 fig. limitat, reduït, estret.
parody ('pærədi) *s.* paròdia *f.*
parole (pə'roul) *s.* paraula *f.*, paraula *f.* d'honor. 2 llibertat *f.* sota paraula. 3 MIL. sant *m.* i senya.
paroxysm ('pærəksizəm) *s.* paroxisme *m.*, rampell *m.*
parrot ('pærət) *s.* ORN. lloro *m.*, cotorra *f.*, papagai *m.*
parry ('pæri) *s.* parada *f.* 2 fig. elusió *f.*
parry (to) ('pæri) *t.* parar, aturar [un cop, etc.]. 2 fig. evitar, eludir.
parsimonious (ˌpɑːsi'mounjəs) *a.* parsimoniós, estalviador.
parsley ('pɑːsli) *s.* BOT. julivert *m.*
parsnip ('pɑːsnip) *s.* BOT. xirivia *f.*
parson ('pɑːsn) *s.* ECLES. rector *m.*, vicari *m.* 2 col·loq. sacerdot *m.*
parsonage ('pɑːsənidʒ) *s.* rectoria *f.*
part (pɑːt) *s.* part *f.* [tros; divisió; participació; participants]. ‖ ***to take the ~ of,*** posar-se de part de. 2 *pl.* llocs *m.*, parts *f.* 3 MEC. peça *f.*, recanvi *m.* 4 MÚS. part *f.* 5 TEAT. papers *m.* ▪ 6 *a.* parcial. ▪ 7 *adv.* parcialment.
part (to) (pɑːt) *t.* dividir, separar. ‖ ***to ~ one's hair,*** fer-se *p.* la clenxa. ▪ 2 *i.* separar-se *p.* 3 apartar-se *p.* 3 despendre's *p.*, saltar. 4 morir. 5 ***to ~ with,*** despendre's *p.*
partake (to) (pɑː'teik) *i.* ***to ~ in,*** participar en. 2 ***to ~ of,*** participar de.

partial (ˈpɑːʃəl) *a.* parcial. *2* afeccionat. ■ *3* **-ly** *adv.* parcialment.

partiality (ˌpɑːʃiˈæliti) *s.* parcialitat *f.*, favoritisme *m.* *2* afecció *f.*, inclinació *f.*

participate (to) (pɑːˈtisipeit) *i.* ***to ~ (in),*** participar (en), prendre part.

participle (ˈpɑːtisipl) *s.* GRAM. participi *m.*

particle (ˈpɑːtikl) *s.* partícula *f.* *2* mica *f.*, engruna *f.* *3* GRAM. partícula *f.*

particular (pəˈtikjuləʳ) *a.* particular, concret. *2* minuciós, detallat. *3* escrupulós, exigent. ■ *4 s.* detall *m.* || ***in ~,*** amb detall.

particularize (to) (pəˈtikjuləraiz) *t.-i.* particularitzar *t.*, detallar *t.*, especificar *t.*

parting (ˈpɑːtiŋ) *s.* separació *f.*, divisió *f.* || fig. ***~ of the ways,*** moment de separació. *2* marxa *f.*, comiat *m.* *3* clenxa *f.*, ratlla *f.*

partisan (ˌpɑːtiˈzæn) *s.* partidari. *2* guerriller, partisà. ■ *3 a.* partidari, partidista.

partition (pɑːˈtiʃən) *s.* partició *f.*, fragmentació. *2* divisió *f.* *3* envà *m.*

partly (ˈpɑːtli) *adv.* en part, en certa manera.

partner (ˈpɑːtnəʳ) *s.* soci [en un negoci]. *2* company [de joc]. *3* parella *f.* [de ball]. *4* cònjuge *m.*

partridge (ˈpɑːtridʒ) *s.* ORN. perdiu *f.*

party (ˈpɑːti) *s.* partit *m.* [polític]; bàndol *m.* *2* festa *f.*, reunió *f.* *3* grup *m.* de persones [en un viatge, a la feina, etc.]. *4* part *f.* [en un contracte; una disputa]. *5* tipus *m.*, individu *m.* *6* MIL. destacament *m.* ■ *7 a.* de partit, partidista. *8* de festa, de gala.

pass (pɑːs) *s.* pas *m.*, port *m.* de muntanya, gorja *f.*, congost *m.* *2* passi *m.*, salconduit *m.* *3* carnet *m.* [de soci]. *4* situació *f.* *5* aprovat *m.* *6* ESPORT passada *f.*

pass (to) (pɑːs) *i.* passar. *2* oblidar-se *p.*, desaparèixer. *3* ser acceptable. *4* aprovar *t.* ■ *5 t.* passar. *6* travessar, deixar enrera. *7* sobrepassar, passar de. *8* sofrir, tolerar. *9* passar [temps]. *10* aprovar [un examen, una llei, etc.]. *11* fer córrer [coses falses]. *12* deixar passar. *13* fer marxar, fer passar. *14* DRET dictar, pronunciar [sentència]. ■ ***to ~ away,*** passar, desaparèixer, oblidar-se; morir; ***to ~ by,*** deixar de banda, deixar córrer; passar prop de; passar de llarg; ***to ~ out,*** deixar, graduar-se [el col·legi, la universitat, etc.]; col·loq. desmainar-se; ***to ~ round,*** passar de l'un a l'altre. ▲ Pret. i p.p.: ***passed*** o ***past*** (pɑːst).

passable (ˈpɑːsəbl) *a.* transitable, practicable. *2* tolerable, passable, acceptable.

passage (ˈpæsidʒ) *s.* pas *m.*, passatge *m.*, trànsit *m.* *2* passatge *m.*, entrada *f.* *3* passatge *m.* [d'un vaixell, etc.]. *4* passatge *m.* [d'un llibre]. *5 pl.* encontre *m. sing.*, baralla *f. sing.*

passenger (ˈpæsindʒəʳ) *s.* passatger, viatger.

passer-by (ˈpɑːsəˈbai) *s.* transeüent, vianant.

passing (ˈpɑːsiŋ) *s.* pas *m.* *2* trànsit *m.*, mort *f.* ■ *3 a.* que passa. *4* passatger, transitòri.

passion (ˈpæʃən) *s.* passió *f.* *2* còlera *f.*, ira *f.* *3* REL. ***the Passion,*** la Passió *f.*

passionate (ˈpæʃənit) *a.* apassionat. *2* irat, encès. ■ *3* **-ly** *adv.* apassionadament, acaloradament.

passive (ˈpæsiv) *a.* passiu, inactiu. *2* GRAM. passiu. ■ *3 s.* GRAM. veu *f.* passiva.

passport (ˈpɑːspɔːt) *s.* passaport *m.*

password (ˈpaːswəːd) *s.* sant *m.* i senya, contrasenya. *f.*

past (pɑːst) *a.* passat, propassat. *2* anterior. *3* consumat. *4* GRAM. passat. ■ *5 s.* passat *m.* ■ *6 prep.* més de. *7* per davant de; més enllà de. *8* ***it's ~ 11,*** són les onze tocades.

paste (peist) *s.* pasta *f.*, massa *f.* *2* engrut *m.*, pastetes *f. pl.*

paste (to) (peist) *t.* enganxar amb engrut. *2* col·loq. apallissar, atonyinar.

pasteboard (ˈpeistbɔːd) *s.* cartró *m.*

pastel (ˈpæstəl) *s.* ART pastel *m.* [pintura]. ■ *2 a.* al pastel.

pastime (ˈpɑːstaim) *s.* passatemps *m.*

pastor (ˈpaːstəʳ) *s.* pastor *m.* [de l'església].

pastoral (ˈpɑːstərəl) *a.* pastoral. ■ *2 s.* pastoral *f.*

pastry (ˈpeistri) *s.* pasta *f.* *2* pastisseria *f.*, pastissos *m. pl.*, pastes *f. pl.*

pastrycook (ˈpeistrikuk) *s.* pastisser.

pasturage (ˈpɑːstjuridʒ) *s.* pastura *f.*

pasture (ˈpɑːstʃəʳ) *s.* pastura *f.*, past *m.*

pasture (to) (ˈpɑːstʃəʳ) *t.* pasturar, portar a pasturar. ■ *2 i.* pasturar.

pat (pæt) *a.* exacte, convenient, oportú. ■ *2 adv.* oportunament. ■ *3 s.* copet *m.*, closquet *m.*

pat (to) (pæt) *t.-i.* donar copets.

patch (pætʃ) *s.* pedaç *m.*, sargit *m.* *2* pegat *m.* *3* taca *f.* [de color]. *4* tros *m.*, parcel·la *f.* *5* piga *f.*, postissa.

patch (to) (pætʃ) *t.* apedaçar, posar pedaços, aparracar. *2* ***to ~ up,*** arreglar; fig. posar pau.

patent (ˈpeitənt) *a.* patent, manifest. *2* patentat. *3* ***~ leather,*** xarol *m.* ■ *4 s.* patent *f.*, llicència *f.*

patent (to) (ˈpeitənt) *t.* patentar.

paternity (pəˈtəːniti) *s.* paternitat *f.*

path (pɑːθ) *s.* camí *m.*, caminet *m.*, senda *f.*, viarany *m.* *2* ruta *f.*, itinerari *m.*, curs *m.*

pathetic (pəˈθetik) *a.* patètic. *2* llastimós, penós.

pathos ('peiθɔs) *s.* patetisme *m.*, sentiment *m.*, emoció *f.*
pathway ('pɑːθwei) *s.* camí *m.*, caminet *m.*, viarany *m.*
patience ('peiʃəns) *s.* paciència *f.* *2* (G.B.) JOC solitari *m.*
patient ('peiʃənt) *a.* pacient, sofert. ▪ *2 s.* MED. pacient, malalt. ▪ *3* **-ly** *adv.* pacientment.
patriarch ('peitriɑːk) *s.* patriarca *m.*
patrimony ('pætriməni) *s.* patrimoni *m.*
patriot ('peitriət) *s.* patriota.
patriotism ('pætriətizəm) *s.* patriotisme *m.*
patrol (pə'troul) *s.* patrulla *f.*, ronda *f.*
patrol (to) (pə'troul) *t.-i.* patrullar *i.*, rondar *i.*
patron ('peitrən) *a.* patró. ▪ *2 s.* patró *m.* [sant]. *3* patrocinador *m.*, protector *m.* *4* parroquià *m.*, client *m.*
patronage ('pætrənidʒ) *s.* protecció *f.*, patrocini *m.* *2* clientela *f.* *3* REL. patronat *m.*
patroness ('peitrənis) *s.* patrona *f.* [santa]. *2* patrocinadora *f.*, protectora *f.* *3* parroquiana *f.*, clienta *f.*
patronize (to) ('pætrənaiz) *t.* protegir, patrocinar. *2* tractar de manera condescendent.
patten ('pætn) *s.* esclop *m.*, xancle *m.*
pattern ('pætən) *s.* model *m.* *2* mostra *f.* *3* exemplar *m.*, tipus *m.* *4* patró *m.*, plantilla *f.* *5* dibuix *m.*, disseny *m.*
paunch ('pɔːntʃ) *s.* panxa *f.*, ventre *m.*
pauper (pɔːpəʳ) *s.* pobre [persona].
pause (pɔːz) *s.* pausa *f.* *2* interrupció *f.* *3* vacil·lació *f.* *4* descans *m.*, treva *f.* *5* MÚS. calderó *m.*
pause (to) (pɔːz) *i.* fer una pausa, aturar-se *p.* *2* vacil·lar, dubtar.
pave (to) (peiv) *t.* pavimentar. *2* empedrar.
pavement ('peivmənt) *s.* (G.B.) vorera *f.* *2* paviment *m.*
pavillion (pə'viljən) *s.* pavelló *m.* *2* envelat *m.*
paw (pɔː) *s.* pota *f.* *2* grapa *f.*, arpa *f.*
paw (to) (pɔː) *t.* toquejar, grapejar. ▪ *2 i.* potejar.
pawn (pɔːn) *s.* peó *m.* [d'escacs]. *2* fig. ninot *m.* *3* garantia *f.*, dipòsit *m.*, penyora *f.* ‖ ***in ~,*** com a penyora.
pawn (to) (pɔːn) *t.* empenyorar.
pawnbroker ('pɔːnˌbroukəʳ) *s.* prestador.
pawnshop ('pɔːnʃɔp) *s.* casa *f.* d'empenyorament.
pay (pei) *s.* paga *f.*, pagament *m.* *2* sou *m.*, salari *m.* *3* gratificació *f.*
pay (to) (pei) *t.* pagar. *2* ingressar [diners al banc]. *3* compensar. *4* parar, prestar [atenció]. *5* rendir, donar. *6* fer [compliments]; retre [homenatge]. ▪ *7 i.* pagar. *8* ser rendible, profitós. ▪ ***to ~ back,*** tornar [diners], reemborsar; ***to ~ for,*** pagar per [també fig.]; ***to ~ off,*** liquidar, saldar; ***to ~ out,*** pagar, abonar; NÀUT. amollar; ***to ~ up,*** saldar. ▲ Pret. i p.p.: ***paid*** (peid).
payable ('peiəbl) *a.* pagable, pagador.
payer ('peiəʳ) *s.* pagador.
paymaster ('peiˌmɑːstəʳ) *s.* pagador. *2* habilitat.
payment ('peimənt) *s.* pagament *m.* *2* retribució *f.*, recompensa *f.*
pea (piː) *s.* BOT. pèsol *m.*
peace (piːs) *s.* pau *f.* *2* ordre *m.* públic. *3* tranquilitat *f.*
peaceful ('piːsful) *a.* pacífic, tranquil. ▪ *2* **-ly** *adv.* pacíficament.
peacemaker ('piːsˌmeikəʳ) *s.* pacificador.
peach (piːtʃ) *s.* BOT. préssec *m.*, (BAL.) melicotó *m.*, (VAL.) bresquilla *f.*
peach tree ('piːtʃtriː) *s.* BOT. presseguer *m.*
peacock ('piːkɔk) *s.* ORN. paó *m.*
peahen ('piːˌhen) *s.* ORN. paona *f.*
peak (piːk) *s.* cim *m.*, cúspide *f.* [també fig.]. *2* punta *f.* ‖ ***off ~,*** fora de l'hora *f.* punta. *3* cresta *f.* [d'una onada]. *4* visera *f.* [de gorra].
peal (piːl) *s.* repic *m.*, repicada *f.*, toc *m.* [de campanes]. *2* esclat *m.*, estrèpit *m.*
peal (to) (piːl) *t.* repicar, tocar [les campanes]. *2* fer sonar, fer ressonar. ▪ *3 i.* sonar.
peanut ('piːnʌt) *s.* BOT. cacauet *m.* *2 pl.* col·loq. poques peles *f.*
pear (pɛəʳ) *s.* BOT. pera *f.*
pearl (pəːl) *s.* perla *f.* *2* nacre *m.*
pearly ('pəːli) *a.* perlat, perlí, nacrat. *2* de perla, de perles, amb perles.
pear tree ('pɛətriː) *s.* BOT. perera *f.*
peasant ('pezənt) *s.* camperol, pagès, (VAL.) llaurador.
peasantry ('pezəntri) *s.* gent *f.* del camp, pagesia *f.*
peat (piːt) *s.* GEOL. torba *f.*
pebble ('pebl) *s.* còdol *m.*, palet *m.*
peck (pek) *s.* mesura d'àrids [aprox. 9 litres]. *2* becarrada *f.*, picada *f.* *3* fig. pila *f.*, munt *m.*
peck (to) (pek) *t.* picar [amb el bec]. *2* espicassar. *3* col·loq. fer petons per rutina. ▪ *4 i.* picotejar.
pectoral ('pektərəl) *a.* pectoral.
peculiar (pi'kjuːliəʳ) *a.* peculiar, propi. *2* particular, especial. *3* estrany, singular.
peculiarity (piˌkjuːli'æriti) *s.* peculiaritat *f.*
pecuniary (pi'kjuːnjəri) *a.* pecuniari.
pedagogue ('pedəgɔg) *s.* pedagog. *2* col·loq. professor pedant.
pedal ('pedl) *s.* pedal *m.* ▪ *2 a.* del peu.
pedant ('pedənt) *s.* pedant.
pedantry ('pedəntri) *s.* pedanteria *f.*

peddle (to) ('pedl) *i.* vendre per les cases. ▪ *2 t.* escampar, fer córrer la veu.
peddler ('pedləʳ) *s.* venedor ambulant; firaire.
pedestal ('pedistl) *s.* pedestal *m.*, peu *m.*, base *f.*
pedestrian (pi'destriən) *a.* pedestre. ▪ *2 s.* vianant.
pedigree ('pedigri:) *s.* genealogia *f.*, llinatge *m. 2* arbre *m.* genealògic.
peel (pi:l) *s.* pell *f.*, pellofa *f.*, pela *f.*, escorça *f.*
peel (to) (pi:l) *t. **to ~ (off)**,* pelar, esclofollar. ▪ *2 i. **to ~ (off)**,* saltar, despendre's *p.* [la pell, etc.].
peelings ('pi:liŋz) *s. pl.* peles *f.*, peladures *f.*, pellofes *f.*
peep (pi:p) *s.* ullada *f.*, cop *m.* d'ull, mirada *f. 2* alba *f.*, albada *f. 3* piu *m.*, piulet *m.* [d'ocell].
peep (to) (pi:p) *i.* donar un cop d'ull, donar una ullada. *2* mirar d'amagat. *3* treure el cap, treure el nas. *4* piular.
peep-hole ('pi:phoul) *s.* espiera *f.*, espiell *m.*
peer (piəʳ) *s.* igual *m. 2* par *m.* [noble].
peer (to) (piəʳ) *i.* mirar atentament, fitar, clavar els ulls. *2* sortir, aparèixer.
peerage ('piəridʒ) *s.* dignitat *f.* de par. *2* noblesa *f. 3* guia *f.* de la noblesa.
peerless ('piəlis) *a.* sense parió, incomparable.
peevish ('pi:viʃ) *a.* malcarat, brusc, sorrut, irritable.
peg (peg) *s.* agulla *f.* [d'estendre roba]. *2* penjador *m.*, penja-robes *m. 3* clavilla *f. 4* estaca *f.*, pal *m. 4* fig. pretext *m.*, tema *m.*
peg (to) (peg) *t.* clavar, clavillar.
Peking (pi:'kiŋ) *n. pr.* GEOGR. Pequín *m.*
pelican ('pelikən) *s.* ORN. pelicà *m.*
pellet ('pelit) *s.* piloteta *f.*, boleta *f. 2* píndola *f. 3* perdigó *m.*
pell-mell (ˌpel'mel) *adv.* amb presses, desordenadament.
pellucid (pe'lu:sid) *a.* diàfan, transparent.
pelota (pə'loutə) *s.* ESPORT pilota *f.* basca.
pelt (pelt) *s.* pell *m.*, cuir *m.*
pelt (to) (pelt) *t.* llançar, tirar. ▪ *2 i.* ploure a bots i barrals. *3* xocar contra, caure amb força sobre. *4* anar a tota velocitat.
pen (pen) *s.* ploma *f.* [per escriure]. *2* bolígraf *m. 3* corral *m.*, galliner *m.*
pen (to) (pen) *t.* escriure. *2* tancar [el bestiar]. ▲ Pret. i p.p.: ***penned*** o ***pent.***
penal ('pi:nl) *a.* penal. *2* penable.
penalize (to) ('pi:nəlaiz) *t.* penar, castigar, penalitzar.
penalty ('penəlti) *s.* pena *f.*, càstig *m. 2* ESPORT penal *m.* [futbol].
penance ('penəns) *s.* penitència *f.*
penchant ('pɑ:nʃɑ:n) *s.* tendència *f.*, inclinació *f.*
pence (pens) *s.* Veure PENNY.
pencil ('pensl) *s.* llapis *m. 2* pinzell *m.* fi.
pendant, pendent ('pendənt) s. penjoll *m.;* penjarella *f.*, arracada *f. 2* ARQ. penjant *m.*
pendent ('pendənt) *a.* penjant. *2* pendent.
pendulum ('pendjuləm) *s.* pèndol *m.*
penetrate (to) ('penitreit) *t.-i.* penetrar, entrar, travessar *t.*
penetrating ('penitreitiŋ) *a.* penetrant. *2* perspicaç.
penetration (ˌpeni'treiʃən) *s.* penetració *f.*
penfriend ('penfrend) *s.* amic per correspondència.
penguin ('peŋgwin) *s.* ORN. pingüí *m.*
penholder ('penˌhouldəʳ) *s.* portaploma *m.*
peninsula (pə'ninsjulə) *s.* península *f.*
peninsular (pə'ninsjuləʳ) *a.* peninsular.
penis ('pi:nis) *s.* ANAT. penis *m.*
penitence ('penitəns) *s.* penitència *f.;* contricció *f.*, penediment *m.*
penitent ('penitənt) *a.-s.* penitent, penedit.
penitential (ˌpeni'tenʃəl) *a.* penitencial.
penitentiary (ˌpeni'tenʃəri) *s.* penitenciari *m.*, presó *f.* ▪ *2 a.* penitenciari.
penknife ('pennaif) *s.* trempaplomes *m.*, navalla *f.*
pennant ('penənt) *s.* MAR. gallardet *m. 2* flàmula *f.*, banderí *m.*
penniless ('penilis) *a.* pobre, que no té diners.
penny ('peni) *s.* penic *m.* ▲ *pl. **pennies*** ('peniz).
pension ('penʃən) *s.* pensió *f.*, retir *m.*, jubilació *f. 2* ('pɑ:nsiɔ:n) pensió *f.*, dispesa *f.*
pension (to) ('penʃən) *t.* pensionar, retirar, jubilar.
pensioner ('penʃənəʳ) *s.* pensionista.
pensive ('pensiv) *a.* pensatiu, pensarós; trist.
pentagon ('pentəgən) *s.* GEOM. pentàgon *m.*
Pentecost ('pentikɔst) *s.* REL. pentecosta *f.*
penthouse ('penthaus) *s.* rafal *m.*, cobert *m. 2* àtic *m.*
pent-up ('pentʌp) *a.* reprimit.
penultimate (pi'nʌltimit) *a.* penúltim.
penury ('penjuri) *s.* penúria *f.*, estretor *f. 2* pobresa *f. 3* manca *f.*, mancança *f.*
people ('pi:pl) *s.* gent *f.*, persones *f. pl.: **the young ~,*** la gent jove; ***two ~,*** dues persones. *2* poble *m.*, raça *f.*, nació *f. 3* poble *m.* [ciutadans; no nobles, etc.]. *4* col·loq. família *f.*, parents *m. pl.*
people (to) ('pi:pl) *t.* poblar.
pep (pep) *s.* col·loq. empenta *f.*, vigor *m.*

pepper ('pepəʳ) *s.* pebre *m.* *2* pebrotera *f.;* pebrot *m.* ‖ ***red ~,*** pebrot *m.* vermell.
pepper (to) ('pepəʳ) *t.* amanir amb pebre. *2* assetjar [amb preguntes, etc.].
peppermint ('pepəmint) *s.* BOT. menta *f.*
per (pə(:)ʳ) *prep.* per: ~ ***cent,*** per cent. *2* col·loq. ***as ~,*** segons.
perambulate (to) (pə'ræmbjuleit) *t.* liter. recórrer. ▪ *2 i.* caminar, passejar, voltar.
perambulator (pə'ræmbjuleitəʳ) *s.* Veure PRAM.
perceivable (pə'si:vəbl) *a.* perceptible.
perceive (to) (pə'si:v) *t.* percebre; veure; compendre.
percentage (pə'sentidz) *s.* percentatge *m.*
perceptible (pə'septibl) *a.* perceptible, visible.
perception (pə'sepʃən) *s.* percepció *f.*
perch (pə:tʃ) *s.* ICT. perca *f.* *2* mesura *f.* de longitud [aprox. 5 metres]. *3* perxa *f.*, pal *m.*, barra *f.* *4* col·loq. bona posició *f.*
perch (to) (pə:tʃ) *t.* penjar, enfilar. ▪ *2 i.* posar-se *p.* [en una branca, etc.]. *3* enfilar-se *p.*
perchance (pə'tʃɑ:ns) *adv.* ant. per atzar, per ventura.
percolate (to) ('pə:kəleit) *t.* colar, filtrar. ▪ *2 i.* colar-se *p.*, filtrar-se *p.*
percolator ('pə:kəleitəʳ) *s.* cafetera *f.* russa *f.*, cafetera *f.* de filtre.
percussion (pə:'kʌʃən) *s.* percussió *f.*
perdition (pə:'diʃən) *s.* perdició *f.*
peregrination (ˌperigri'neiʃən) *s.* peregrinació *f.*, viatge *m.*
peremptory (pə'remptəri) *a.* peremptori, terminant. *2* autoritari, imperiós.
perennial (pə'renjəl) *a.* perenne.
perfect ('pə:fikt) *a.* perfecte. *2* absolut, consumat. ▪ *3* **-ly** *adv.* perfectament; absolutament.
perfect (to) (pə'fekt) *t.* perfeccionar.
perfection (pə'fekʃən) *s.* perfecció *f.*
perfidious (pə:'fidiəs) *a.* pèrfid.
perfidy ('pə:fidi) *s.* perfídia *f.*
perforate (to) ('pə:fəreit) *t.* perforar, foradar.
perforce (pə'fɔ:s) *adv.* per força.
perform (to) (pə'fɔ:m) *t.* fer, dur a terme, executar, realitzar. *2* representar [una obra]; tocar [un instrument]; cantar [una cançó]. ▪ *3 i.* actuar. *4* tocar, cantar.
performance (pə'fɔ:məns) *s.* execució *f.*, compliment *m.*, acompliment *m.*, realització *f.* *3* acció *f.*, gesta *f.* *4* funció *f.*, representació *f.*, concert *m.;* actuació *f.;* sessió *f.*
perfume ('pə:fju:m) *s.* perfum *m.*
perfume (to) (pə'fju:m) *t.* perfumar.
perfunctory (pə'fʌŋktəri) *a.* perfuntori, rutinari.
perhaps (pə'hæps, præps) *adv.* potser, tal vegada, (BAL.) per ventura.
peril ('peril) *s.* perill *m.* *2* risc *m.*
perilous ('periləs) *a.* perillós, arriscat.
period ('piəriəd) *s.* període *m.* *2* època *f.* *3* punt *m.* *4* MED. menstruació *f.*
periodic (ˌpiəri'ɔdik) *a.* periòdic.
periodical (ˌpiəri'ɔdikəl) *a.* periòdic. ▪ *2 s.* periòdic *m.*, publicació *f.* periòdica, revista *f.*
periscope ('periskoup) *s.* periscopi *m.*
perish (to) ('periʃ) *t.* fer malbé, deteriorar. *2* ***to be ~ed with hunger,*** estar mort de gana. ▪ *3 i.* fer-se *p.* malbé, deteriorar-se *p.* *4* morir, perir.
perishable ('periʃəbl) *a.* perible, alterable, que no es conserva.
perjure (to) ('pə:dʒəʳ) *t.* ***to ~ oneself,*** perjurar.
perjury ('pə:dʒəri) *s.* perjuri *m.*
perk (to) (pə:k) *t.* ***to ~ up,*** aixecar [el cap]. *2* animar, encoratjar. ▪ *3 i.* ***to ~ up,*** reanimar-se *p.*, revifar-se *p.*
perky ('pə:ki) *a.* espavilat, eixerit. *2* descarat, fresc, barrut.
permanence ('pə:mənəns) *s.* permanència *f.*
permanent ('pə:mənənt) *a.* permanent, estable, fix. ‖ ~ ***wave,*** permanent [dels cabells]. ▪ *2* **-ly** *adv.* permanentment.
permeate (to) ('pə:mieit) *t.* penetrar, amarar, impregnar. ▪ *2 i.* penetrar.
permission (pə'miʃən) *s.* permís *m.*, llicència *f.*, vènia *f.* *2* MIL. permís *m.*
permissive (pə'misiv) *a.* permissiu, tolerant.
permit ('pə:mit) *s.* permís *m.*, llicència *f.*, passi *m.*
permit (to) (pə'mit) *t.* permetre. ▪ *2 i.* ***to ~ of,*** admetre *t.*, permetre *t.*
pernicious (pə:'niʃəs) *a.* perniciós, perjudicial.
perorate (to) ('perəreit) *i.* perorar.
perpendicular (ˌpə:pən'dikjuləʳ) *a.* perpendicular. ▪ *2 s.* perpendicular *f.*
perpetrate (to) ('pə:pitreit) *t.* perpetrar.
perpetual (pə'petjuəl, -tʃuəl) *a.* perpetu. *2* continu, constant. ▪ *3* **-ly** *adv.* perpètuament.
perpetuate (to) (pə'petjueit) *t.* perpetuar.
perplex (to) (pə'pleks) *t.* deixar perplex, confondre. *2* atabalar. *3* complicar, enredar.
perplexity (pə'pleksiti) *s.* perplexitat *f.*, confusió *f.* *2* atabalament *m.* *3* complicació *f.*
perquisite ('pə:kwizit) *s.* percaç *m.* *2* sobresou *m.*, propina *f.* *3* privilegi *m.*

persecute (to) ('pə:sikju:t) *t.* perseguir. *2* assetjar, importunar.
persecution (ˌpə:si'kju:ʃən) *s.* persecució *f.*
perseverance (ˌpə:si'viərəns) *s.* perseverància *f.*
persevere (to) (ˌpə:si'viə[r]) *i.* perseverar.
persist (to) (pə'sist) *i.* persistir [*in*, a].
persistence (pə'sistənt) *s.* persistència *f.*, insistència *f.* *2* constància *f.*
persistent (pə'sistənt) *a.* persistent. *2* constant, tenaç. *3* insistent. ▪ *4* **-ly** *adv.* persistentment, constantment, insistentment.
person ('pə:sn) *s.* persona *f.*
personable ('pə:sənəbl) *a.* atractiu, ben plantat, agradable.
personal ('pə:snəl) *a.* personal, particular, privat. ‖ ~ ***estate*** o ***property,*** béns mobles. ▪ *2 s. pl.* nota *f.* de societat. ▪ *3* **-ly** *adv.* personalment.
personage ('pə:sənidʒ) *s.* personatge *m.* *2* personalitat *f.*
personality (ˌpə:sə'næliti) *s.* personalitat *f.* *2* individualitat *f.* *3* personalisme *m.* *4* personatge *m.*, personalitat *f.* [famós]. *5 pl.* al·lusions *f.* personal.
personate (to) ('pə:səneit) *t.* TEAT. fer el paper de, fer de. *2* fingir, fer-se *p.* passar per. *3* personificar.
personify (to) (pe:'sɔnifai) *t.* personificar.
personnel (ˌpə:sə'nel) *s.* personal *m.*, plantilla *f.* ‖ ~ ***manager,*** cap de personal.
perspective (pə'spektiv) *s.* perspectiva *f.* [també fig.].
perspicacious (ˌpe:spi'keiʃəs) *a.* perspicaç.
perspicuous (pə'spikjuəs) *a.* perspicu.
perspiration (ˌpə:spi'reiʃən) *s.* transpiració *f.*, suor *f.*
perspire (to) (pəs'paiə[r]) *i.* transpirar, suar.
persuade (to) (pə'sweid) *t.* persuadir, convèncer. *2* exhortar, intentar convèncer.
persuasion (pə'sweiʒən) *s.* persuasió *f.* *2* creença *f.* *3* convicció *f.*
pert (pə:t) *a.* petulant, impertinent, descarat. *2* (EUA) viu, alegre, espavilat. ▪ *3* **-ly** *adv.* descaradament.
pertain (to) (pə:'tein) *i.* pertànyer; pertocar. *2* tenir a veure amb, correspondre.
pertinacious (ˌpe:ti'neiʃəs) *a.* pertinaç.
pertinent ('pə:tinənt) *a.* pertinent, oportú, apropiat.
pertness ('pə:tnis) *s.* petulància *f.*, insolència *f.*, arrogància *f.* *2* vivacitat.
perturb (to) (pə'tə:b) *t.* pertorbar, torbar, trasbalsar.
perturbation (ˌpə:tə'beiʃən) *s.* pertorbació *f.*, torbament *m.*, transtorn *m.*
Peru (pə'ru:) *n. pr.* GEOGR. Perú *m.*
perusal (pə'ru:zəl) *s.* form. lectura *f.*
peruse (to) (pə'ru:z) *t.* form. llegir.
Peruvian (pə'ru:vjən) *a.-s.* peruà.
pervade (to) (pə'veid) *t.* penetrar, omplir, escampar-se *p.* per.
perverse (pə'və:s) *a.* pervers. *2* tossut, obstinat. *3* díscol. ▪ *4* **-ly** *adv.* perversament.
perversion (pə'və:ʃən) *s.* perversió *f.* *2* corrupció *f.*, alteració *f.*
perverseness (pə'və:snis), **perversity** (pə'və:siti) *s.* perversitat *f.*, malícia *f.* *2* tossuderia *f.*, obstinació *f.* *3* indocilitat *f.*
pervert ('pə:və:t) *s.* pervertit.
pervert (to) (pə'və:t) *t.* pervertir. *2* corrompre, fer malbé. *3* tergiversar, falsejar.
pervious ('pə:vjəs) *a.* penetrable, permeable.
pessimist ('pesimist) *s.* pessimista.
pest (pest) *s.* pesta *f.*, plaga *f.* *2* insecte *m.* nociu. *3* col·loq. fig. pesat, plom *m.*
pester (to) ('pestə[r]) *t.* molestar, importunar.
pestiferous (pes'tifərəs) *a.* pestífer, pestilent. *2* danyós, nociu. *3* fig. perniciós.
pestilence ('pestiləns) *s.* MED. pesta *f.*, pestilència *f.*
pestle ('pesl) *s.* mà *f.* de morter.
pet (pet) *a.* favorit, predilecte; consentit. ‖ ~ ***name,*** apel·latiu afectuós. ‖ ~ ***aversion,*** enrabiada. *2* domèstic ▪ *3 s.* animal *m.* domèstic. *6* persona *f.* consentida; favorit.
pet (to) (pet) *t.* acariciar, amanyagar. *2* malcriar, consentir. ▪ *3 i.* acariciar-se *p.*, amanyagar-se *p.*
petal ('petl) *s.* BOT. pètal *m.*
Peter ('pi:tə[r]) *n. pr. m.* Pere.
petition (pi'tiʃən) *s.* petició *f.*, sol·licitud *f.* *2* prec *m.*, súplica *f.* *3* DRET demanda *f.*, petició *f.*, recurs *m.*
petition (to) (pi'tiʃən) *t.* sol·licitar. *2* adreçar una petició a. *3* DRET presentar una demanda. ▪ *4 i.* fer una sol·licitud.
petrel ('petrəl) *s.* ORN. petrell *m.*
petrify (to) ('petrifai) *t.* petrificar. *2* fig. deixar de pedra. ▪ *3 i.* petrificar-se *p.* *4* fig. quedar-se *p.* de pedra.
petrol ('pətrəl) *s.* (G.B.) gasolina *f.*, benzina *f.*, (ROSS.) essència *f.*
petroleum (pi'trouljəm) *s.* petroli *m.* ‖ ~ ***jelly,*** vaselina *f.*
petticoat ('petikout) *s.* combinació *f.*, enagos *m. pl.*
pettifoger ('petifɔgə[r]) *s.* picaplets.
pettiness ('petinis) *s.* insignificança *f.*, fotesa *f.*, nimietat *f.* *2* mesquinesa *f.*
pettish ('petiʃ) *a.* geniüt, malcarat, sorrut.
petty ('peti) *a.* petit, insignificant. ‖ ~ ***cash,*** diners per a o procedents de, despeses menors. ‖ ~ ***thief,*** lladregot. *2* mesquí. *3* inferior, subaltern. ‖ MAR. ~ ***officer,*** sotsoficial [de la marina], contramestre.

petulance ('petjuləns) *s.* impaciència *f.*, mal geni *m.*, mal humor *m.*
petulant ('petjulənt) *a.* irritable, geniüt, malcarat.
pewter ('pju:təʳ) *s.* peltre *m.*
phalanx ('fælæŋks) *s.* ANAT., HIST. falange *f.* ▲ *pl.* ***phalanges*** (fə'lændʒi:z).
phantasm ('fæntæzəm) *s.* fantasma *m.*
phantom ('fæntəm) *s.* fantasma *f.*, aparició *f.* 2 miratge *m.*, il·lusió *f.* òptica. ■ *3 a.* fantasmal.
pharmacy ('fɑ:məsi) *s.* farmàcia *f.*
phase (feiz) *s.* fase *f.* ‖ ***out of*** ~, desfasat.
phase (to) (feiz) *t.* escalonar; programar per fases. *2* ***to ~ into,*** introduir de mica en mica. *3* ***to ~ out,*** desfer; reduir progressivament.
pheasant ('feznt) *s.* ORN. faisà *m.*
phenomenon (fi'nɔminən) *s.* fenomen *m.*
philander (to) (fi'lændəʳ) *i.* flirtejar, festejar.
philanthropy (fi'lænθrəpi) *s.* filantropia *f.*
philharmonic (ˌfilɑ:'mɔnik) *a.* filarmònic.
philologist (fi'lɔlədʒist) *s.* filòleg.
philosopher (fi'lɔsəfəʳ) *s.* filòsof.
philosophy (fi'lɔsəfi) *s.* filosofia *f.*
philtre, (EUA) **philter** ('filtəʳ) *s.* filtre *m.*, beuratge *m.* [amorós].
phlegm (flem) *s.* MED. flegma *f.* [també fig.].
phlegmatic(al (fleg'mætik(əl) *a.* flegmàtic.
phoenix ('fi:niks) *s.* MIT. fènix.
phone (foun) *s.* col·loq. telèfon *m.* ‖ ~ ***boot,*** cabina *f.* telefònica. ‖ ~ ***call,*** trucada *f.* telefònica. *2* GRAM. fonema *m.*
phone (to) (foun) *t.-i.* col·loq. telefonar *t.*, trucar *t.* per telèfon.
phone-in ('founin) *s.* RADIO., TELEV. programa *m.* amb participació telefònica.
phonetics (fə'netiks) *s.* fonètica *f.*
phoney, phony ('founi) *a.* col·loq. fals, enganyós. ■ *2 s.* farsant.
photo ('foutou) *s.* col·loq. foto *f.*
photocopy ('foutoukɔpi) *s.* fotocòpia *f.*
photocopy (to) ('foutoukɔpi) *t.* fotocopiar.
photograph ('foutəgrɑ:f) *s.* fotografia *f.* ‖ ~ ***library,*** fototeca *f.*
photograph (to) ('foutəgrɑ:f) *t.* fotografiar, fer una fotografia. ■ *2 i.* ***to ~ well*** o ***badly,*** ser o no ser fotogènic.
photogravure (ˌfoutəgrə'vjuəʳ) *s.* GRAF. fotogravat *m.*
phrase (freiz) *s.* frase *f.* *2* locució *f.*, expressió *f.* *3* GRAM. locució *f.* *4* MÚS. frase *f.*
phrase (to) (freiz) *t.* expressar, redactar.
physical ('fizikəl) *a.* físic. ‖ ~ ***fitness,*** bon estat físic. ‖ ~ ***training,*** educació física. ■ *2* **-ly** *adv.* físicament.
physician (fi'ziʃən) *s.* metge, doctor.
physicist ('fizisist) *s.* físic.
physics ('fiziks) *s.* física *f.*
physiognomy (ˌfizi'ɔnəmi) *s.* fisonomia *f.*, fesomia *f.*
physiologist (ˌfizi'ɔlədʒist) *s.* fisiòleg.
physique (fi'zi:k) *s.* físic *m.* [figura, constitució].
pianist ('piənist) *s.* MÚS. pianista.
piano (pi'ænou) *s.* piano *m.* ‖ ***grand ~,*** piano *m.* de cua. ‖ ***upright ~,*** piano *m.* vertical.
picaresque (ˌpikə'resk) *a.* picaresc.
pick (pik) *s.* pic *m.* *2* collita *f.* *3* selecció *f.* ‖ fig. ***the ~ of,*** la flor *f.* i nata, el bó *m.* i millor. *4* MÚS. plectre *m.*
pick (to) (pik) *t.* foradar. *2* picar. *3* collir, plegar [flors, fruita, etc.]. *4* escollir, triar. *5* pelar, netejar, escurar. *6* rebentar [un pany]. *7* picar, espicossar. *8* ***to ~ a quarrel,*** cercar o buscar raons. *9* MÚS. puntejar [les cordes]. ■ *10 i.* picar *t.*, menjotejar. ■ ***to ~ off,*** arrencar, arrancar; ***to ~ on,*** escollir; criticar, censurar; ***to ~ out,*** distingir; escollir; ***to ~ up,*** collir, recollir; agafar; captar; copsar; despenjar [el telèfon]; comprar; millorar, refer-se; agafar velocitat; recuperar-se.
picket ('pikit) *s.* estaca *f.*, pal *m.* *2* piquet *m.* [de vaga; de soldats].
pickle ('pikl) *s.* salmorra *f.*, adob *m.*, escabetx *m.* *2* col·loq. embolic *m.*, tràngol *m.* *3 pl.* confitats *m.*
pickle (to) ('pikl) *t.* adobar, marinar, escabetxar.
pickpocket ('pikˌpɔkit) *s.* carterista, pispa.
pickup ('pikʌp) *s.* ELECT. càpsula *f.* fonocaptora. *2* furgoneta *f.* de repartiment. *3* cosa *f.* trobada. *4* col·loq. aventura *f.*, embolic *m.* [amorós]. *5* AUTO. acceleració *f.*
picnic ('piknik) *s.* excursió *f.*, sortida *f.* al camp; menjar *m.* al camp. *2* col·loq. plaer *m.*, cosa *f.* senzilla.
picnic (to) ('piknik) *i.* menjar al camp.
picture ('piktʃəʳ) *s.* pintura *f.*, quadre *m.* *2* imatge *f.*, retrat *m.* *3* làmina *f.*, gravat *m.* *4* escena *f.*; quadre *m.* *5* descripció *f.* *6* visió *f.* *7* CINEM. pel·lícula *f.* ‖ ***the ~s,*** el cine *m.* *8* FOT. fotografia *f.* *9* TELEV. imatge *m.*
picture (to) ('piktʃəʳ) *t.* pintar, retratar. *2* descriure. *3* imaginar-se *p.*, representar-se *p.*
picturesque (ˌpiktʃə'resk) *a.* pintoresc. *2* típic. *3* original [persona].
pie (pai) *s.* pastís *m.*, (ROSS.) gató *m.*; empanada *f.* ‖ fig. ***as easy as ~,*** facilíssim. ‖ ***to have a finger in every ~,*** estar ficat en tot.
piece (pi:s) *s.* tros *m.*, bocí *m.* ‖ fig. ***to give someone a ~ of one's mind,*** cantar les veritats a algú. ‖ fig. ***to go to ~s,*** esfondrar-se

[una persona]. *2* peça *f.*, component *m.* [d'un mecanisme]. *3* ~ ***of advice,*** consell *m.*; ~ ***of furniture,*** moble *m.*; ~ ***of news,*** notícia *f. 4* moneda *f. 5* MÚS., LIT., TEAT. peça *f.*, obra *f.*

piece (to) (pi:s) *t.* ***to*** ~ ***together,*** muntar, armar; fig. lligar caps. *2* ***to*** ~ ***something out,*** completar.

piecemeal ('pi:smi:l) *a.* fet a poc a poc, de mica en mica. *2* poc sistemàtic. ▪ *3 adv.* a poc a poc, per parts.

piecework ('pi:swə:k) *s.* treball *m.* a preu.

pied (paid) *a.* clapat, clapejat.

pier (piəʳ) *s.* dic *m.*, espigó *m.*, escullera *f. 2* moll *m.*, embarcador *m. 3* ARQ. pilar *m.*, pilastra *f.*; pany *m.*

pierce (to) (piəs) *t.* travessar, traspassar; penetrar. *2* perforar, foradar, fer un forat. *3* fig. commoure.

piercing ('piəsiŋ) *a.* agut, penetrant. *2* esgarrifós. *3* tallant, que talla [vent].

piety ('paiəti) *s.* pietat *f.*, devoció *f.*

pig (pig) *s.* ZOOL. porc *m.*, marrà *m. 2* fig. porc, bacó [persona]. *3* CUI. ***suckling*** ~, garrí *m.*, porcell *m.*

pigeon ('pidʒin) *s.* colom *m.* ‖ ***carrier/homing*** ~, colom *m.* missatger. *2* CUI. colomí *m. 3* ESPORT colom *m.*

pigeonhole ('pidʒinhoul) *s.* covador *m.* [de colomar]. *2* casella *f.* [de caseller].

piggy bank ('pigibæŋk) *s.* guardiola *f.*, (BAL.) (VAL.) vidriola *f.*, (ROSS.) denieirola *f.*

pig-headed (ˌpig'hedid) *a.* tossut, obstinat.

pigskin ('pigskin) *s.* pell *f.* de porc.

pigsty ('pigstai) *s.* cort *f.*, baconera *f. 2* fig. cort *f.*

pigtail ('pigteil) *s.* cua *f.* [de cabells].

pike (paik) *s.* MIL. pica *f.* [arma]. *2* ICT. lluç *m.* de riu. *3* barrera *f.* de peatge.

pilaster (pi'læstəʳ) *s.* ARQ. pilastra *f.*

pile (pail) *s.* ARQ. estaca *f.*, puntal *m. 2* pila *f.*, munt *m.* ‖ ***funeral*** ~, pira funerària. ‖ col·loq. ***make a*** ~, fer molts diners, fer una pila de diners. *3* borrissol *m.*, pèl *m.* [de roba]. *4* ELECT. pila *f.*, bateria *f. 5* MED. hemorroides *f.*

pile (to) (pail) *t.* amuntegar, apilar, apilonar. *2* assegurar amb puntals. ▪ *3 i.* amuntegar-se *p.*, apilonar-se *p.*; acumular-se *p. 4* ***to*** ~ ***up,*** amuntegar(se, apilonar(se, acumular(se.

pileup ('pailʌp) *s.* col·loq. xoc *m.* múltiple o en cadena [de cotxes].

pilfer (to) ('pilfəʳ) *t.-i.* rampinyar *t.*, pispar *t.*, cisar *t.*

pilfering ('pilfəriŋ) *s.* rampinya *f.*, cisa *f.*

pilgrim ('pilgrim) *s.* pelegrí, romeu.

pilgrimage ('pilgrimidʒ) *s.* peregrinació *f.*, romeria *f.*, romiatge *m.*

pill (pil) *s.* píndola *f.*, pastilla *f.* ‖ ***the*** ~, la píndola *f.* [anticonceptiva]. ‖ ***to be on the*** ~, prendre la píndola *f.* [anticonceptiva]. *2* fig. ***a bitter*** ~ ***to swallow,*** un mal tràngol *m.*

pillage ('pilidz) *s.* pillatge *m.*, saqueig *m.*

pillage (to) ('pilidz) *t.* pillar, saquejar.

pillar ('piləʳ) *s.* pilar *m.*, columna *f.*, suport *m.*, puntal *m.* [també fig.]. *2* fig. ***from*** ~ ***to post,*** anar d'Herodes a Pilat.

pillar box ('piləbɔks) *s.* (G.B.) bústia *f.*

pillion ('piljən) *s.* seient *m.* de darrera.

pillory (piləri) *s.* picota *f.*

pillow (pilou) *s.* coixí *m.*

pillowcase ('piloukeis) , **pillowslip** ('pilouslip) *s.* coixinera *f.*

pilot ('pailət) *m.* AVIA. pilot, aviador. *2* MAR. pilot, pràctic. *3* fig. guia, conseller. ▪ *4 a.* pilot, experimental.

pilot (to) ('pailət) *t.* pilotar. *2* dirigir, guiar.

pimp (pimp) *s.* alcavot, macarró, proxeneta.

pimple ('pimpl) *s.* gra *m.*, barb *m.* [a la pell].

pin (pin) *s.* agulla *f.* de cap. ‖ ***drawing*** ~, xinxeta *f.* ‖ fig. ~***s and needles,*** formigueig *m. 2* agulla *f.* [joia]. *3* ESPORT bitlla *f. 4 pl.* ESPORT pals *m.* [de billar]. *5* MEC. pern *m. 6* TECNOL. xaveta *f.*

pin (to) (pin) *t.* clavar, posar [agulles]. *2* subjectar [amb agulles]. *2* ***to*** ~ ***down,*** subjectar; trobar, localitzar; precisar. ‖ fig. ***to*** ~ ***somebody down,*** obligar algú a comprometre's *p. 3* ***to*** ~ ***something on somebody,*** culpar, acusar, responsabilitzar algú d'alguna cosa; ***to*** ~ ***one's hopes on,*** posar les esperances en.

pinafore ('pinəfɔ:ʳ) *s.* bata *f.*, davantal *m.* [de criatura]. ‖ ~ ***dress,*** fandilla *f.* amb pitet.

pincers ('pinsəz) *s. pl.* tenalles *f.*, estenalles *f.*, alicates *f. 2* ZOOL. pinces *f.*

pinch (pintʃ) *s.* pessic *m. 2* punxada *f.*, fiblada *f.* [de dolor]. *3* pessic *m.*, mica *f.*, polsim *m. 4* fig. tràngol *m.*, destret *m.* ‖ ***at a*** ~, en cas de necessitat.

pinch (to) (pintʃ) *t.* pessigar. *2* estrènyer [la sabata]. *3* pispar, cisar. *4* reduir, cisar. *5* agafar(se, enganxar(se. ▪ *6 i.* economitzar *t.*, estalviar *t.*

pine (pain) *s.* BOT. pi *m.*

pine (to) (pain) *i.* defallir, consumir-se *p.*, llanguir [gralnt. amb ***away***]. *2* afligir-se *p. 3* ***to*** ~ ***for*** o ***after,*** delir-se *p.* per, anhelar.

pineapple ('painˌæpl) *s.* BOT. ananàs *m.*, pinya *f.*

pinecone ('painkoun) *s.* BOT. pinya *f.*

pine kernel ('pain,kə:nl) , **pine nut** ('painnʌt) *s.* BOT. pinyó *m.*
ping-pong ('piŋpɔŋ) *s.* ESPORT, col·loq. ping-pong *m.*
pinion ('pinjən) *s.* ORN., poèt. ala *f.* *2* MEC. pinyó *m.*
pinion (to) ('pinjən) *t.* tallar les ales. *2* lligar de mans.
pink (piŋk) *s.* BOT. clavell *m.*, clavellina *f.* ‖ col·loq. ***in the ~ of health,*** bona salut *f.* *2* rosa *m.* [color]. ▪ *3 a.* rosa. *4* POL. rogenc.
pinnacle ('pinəkl) *s.* ARQ. piñacle *m.* [també fig.]. *2* cim *m.*
pint (paint) *s.* pinta *f.* [mesura].
pioneer (,paiə'niəʳ) *s.* pioner. *2* explorador. *3* iniciador. *3* MIL. sapador.
pious ('paiəs) *a.* pietós, devot. ▪ *2* **-ly** *adv.* pietosament.
pip (pip) *s.* VET. pepida *f.* *2* JOC punt [daus, dòmino, etc.]. *3* (G.B.) MIL., col·loq. galó *m.* *4* BOT. llavor *f.*, pinyol *m.* *5* RÀDIO., TELEV. senyal *m.*
pipe (paip) *s.* tub *m.*, canonada *f.*, conducte *m.* *2* tub *m.* [d'un orgue]. *3* xiulet *m.* *3* xiulet *m.*, xiulada *f.* *4* pipa *f.* [per fumar]. *5* bóta *f.* *6 pl.* canonada *f. sing.* *7* MÚS. flauta *f.*, caramella *f.*, flautí *m.; pl.* gaita *f. sing.*, sac *m. sing.* de gemecs.
pipe (to) (paip) *t.* canalitzar, acanonar, aconduir [per una canonada, etc.]. *2* MAR. cridar [amb una sirena]. ▪ *3 i.* MÚS. tocar la flauta, la caramella, etc. *4* cridar; cantar. *5* col·loq. ***to ~ down,*** callar.
pipe dream ('paipdri:m) *s.* castell *m.* en l'aire, il·lusió *f.*
pipeline ('paiplain) *s.* canonada *f.*, tub *m.* ‖ ***gas ~,*** gasoducte *m.* ‖ ***oil ~,*** oleoducte *m.* ‖ ***to be in the ~,*** estar a punt d'arribar.
piper ('paipəʳ) *s.* gaiter. *2* flautista.
piping ('paipiŋ) *a.* agut, aflautat. ▪ *2 adv.* ***~ hot,*** molt calent, calentíssim. ▪ *3 s.* canonada *f.*, tub *m.* *4* xiulet *m.* *5* adorn *m.* *6* COST. ribet *m.* *7* MÚS. so *m.* de la flauta, la caramella, la gaita, etc.
piquancy ('pi:kənsi) *s.* picantor *f.* [també fig.].
piquant ('pi:kənt) *a.* picant [també fig.].
pique (to) (pi:k) *t.* picar, ferir, ofendre. *2* picar, excitar [la curiositat].
piracy ('pairəsi) *s.* pirateria *f.* [també fig.].
pirate ('paiərit) *s.* pirata. ‖ ***~ edition,*** edició *f.* pirata. ‖ ***~ radio,*** emissora *f.* pirata.
pirate (to) ('paiərit) *t.* publicar una edició pirata de. ▪ *2 i.* piratejar.
piss (pis) *s.* vulg. pipí *m.*, pixum *m.*
piss (to) (pis) *t.* vulg. pixar. ▪ *2 i.* vulg. pixar(se. *3* vulg. ***~ off!,*** ves a fer punyetes!
pissed (pist) *a.* vulg. trompa, borratxo. *2* vulg. ***to be ~ off,*** estar empipat, emprenyat.
pistil ('pistl) *s.* BOT. pistil *m.*
pistol ('pistl) *s.* pistola *f.*
pistol case ('pistlkeis) *s.* pistolera *f.*
pistol shot ('pistlʃɔt) *s.* tret *m.* de pistola.
piston ('pistən) *s.* MEC. pistó *m.*, èmbol *m.* ‖ ***~ ring,*** anella *f.* del pistó. ‖ ***~ rod,*** tija *f.* ‖ ***~ stroke,*** moviment *m.* de l'èmbol.
pit (pit) *s.* forat *m.*, clot *m.*, sot *m.*, pou *m.* *2* senyal *m.*, marca *f.* [de la verola]. *3* mina *f.* *4* (EUA) pinyol *m.* [de fruita]. *5* (EUA) mercat *m.* [de Borsa]. *6* fig. trampa *f.* *7* fig. abisme *m.* *8* ANAT. boca *f.* [de l'estómac]. *9* MEC. pou *m.* de reparació [d'un garatge]. *10* TEAT. platea *f.*
pit (to) (pit) *t.* marcar, senyalar [la verola]. *2* omplir de forats, de clots. *3* (EUA) espinyolar, treure el pinyol [de la fruita]. *4* ***to ~ one thing against another,*** oposar. *5* ***to ~ against,*** enfrontar-se *p.*, lluitar contra.
pit-a-pat (,pitə'pæt) *s.* batec *m.*, palpitació *f.*
pitch (pitʃ) *s.* pega *f.*, brea *f.*, quitrà *f.* *2* llançament *m.* *3* inclinació *f.*, pendent *m.* *4* parada *f.* [de mercat]. *5* pas *m.* [de rosca]. *6* fig. grau *m.*, nivell *m.* *7* ARQ. pendent *m.* *8* ESPORT camp *m.*, terreny *m.* *9* MAR. capficall *m.* *10* MÚS. to *m.*
pitch (to) (pitʃ) *t.* embrear, enquitranar. *2* clavar, plantar. *3* posar, col·locar. *4* armar, muntar. *5* fer caure. *6* ESPORT llançar, tirar. *7* MÚS. entonar. ▪ *8 i.* acampar. *9* caure. *10* MAR. capficar, fer capficalls.
pitcher ('pitʃəʳ) *s.* gerro *m.*, (BAL.) (VAL.) pitxer *m.*, gerra *f.* *2* ESPORT llançador [beisbol].
pitchfork ('pitʃfɔ:k) *s.* AGR. forca *f.*
piteous ('pitiəs) *a.* llastimós, lamentable.
pitfall ('pitfɔ:l) *s.* trampa *f.* [també fig.].
pith (piθ) *s.* medul·la *f.*, moll *m.* *2* vigor *m.*, força *f.* *3* fig. essència *f.*, cor *m.*
pithy ('piθi) *a.* fig. concís, substancial; expressiu.
pitiable ('pitiəbl) *a.* llastimós, lamentable. *2* menyspreable.
pitiful ('pitiful) *a.* llastimós. *2* compassiu. *3* menyspreable. ▪ *4* **-ly** *adv.* llastimosament; compassivament.
pitiless ('pitilis) *a.* despietat, cruel, inhumà. ▪ *2* **-ly** *adv.* depietadament.
pity ('piti) *s.* pietat *f.*, compassió *f.* *3* llàstima *f.*, pena *f.* ‖ ***what a ~!,*** quina pena!, quina llàstima!
pity (to) ('piti) *t.* compadir(se, apiadar-se *p.*
pivot ('pivət) *s.* TECNOL. eix *m.*, pivot *m.*, piu *m.* *2* fig. eix *m.*, base *f.* *3* ESPORT pivot [bàsquet].

placard ('plækɑ:d) *s.* cartell *m.*, anunci *m.*, placard *m.*
placate (to) (plə'keit) *t.* apaivagar, aplacar.
place (pleis) *s.* lloc *m.*, indret *m.* || ***out of ~,*** fora de lloc. || col·loq. ***to go ~s,*** arribar lluny; viatjar; tenir èxit. *2* part *f.*, banda *f.* *3* local *m.*, casa *f.*, oficina *f.* *4* lloc *m.*, col·locació *f.*, càrrec *m.*, feina *f.* *5* pàgina *f.* *6* seient *m.*, plaça *f.* *7* plaça *f.* *8* ***to take ~,*** tenir lloc, ocórrer, celebrar-se. *9* ESPORT posició *f.*, lloc *m.*
place (to) (pleis) *t.* col·locar, posar, emplaçar, acomodar. *2* identificar. *3* COM. invertir, col·locar. *4* ESPORT clasificar-se *p.*
placement ('pleismənt) *s.* col·locació *f.*, situació *f.*, emplaçament *m.*
placid ('plæsid) *a.* plàcid, tranquil.
plague (pleig) *s.* plaga *f.* *2* desastre *m.* *3* fig. molèstia *f.* *4* MED. pesta *f.*
plague (to) (pleig) *t.* infestar, empestar. *2* molestar, importunar.
plaid (plæd) *s.* manta *f.* escocesa. *2* tartà *m.* *3* roba *f.* de quadres.
plain (plein) *a.* pla, llis. *2* planer, clar, evident. *3* franc, sincer. *4* simple, corrent. *5* lleig, sense atractiu. *6* pur, natural, sense mescla. ▪ *7 adv.* clarament. ▪ *8 s.* pla *m.*, plana *f.*, planura *f.* ▪ *9* **-ly** *adv.* clarament, senzillament.
plain clothes (ˌplein'klouðz) *s.* roba *f.* de paisà. || ***~ policeman,*** policia *m.* de paisà.
plain sailing (ˌplein'seiliŋ) *s.* fig. ***to be ~,*** ésser bufar i fer ampolles.
plainsong ('pleinsɔŋ) *s.* MÚS. cant *m.* pla.
plaint (pleint) *s.* queixa *f.* *2* poèt. plany *m.*, lament *m.* *3* DRET demanda *f.*, querella *f.*
plaintiff ('pleintif) *s.* DRET demandant, querellant.
plaintive ('pleintiv) *a.* planyívol, lamentós.
plait (plæt) *s.* trena *f.*
plait (to) (plæt) *t.* trenar.
plan (plæn) *s.* pla *m.*, disseny *m.*, esquema *f.* *2* pla *m.*, projecte *m.* *3* plànol *m.*
plan (to) (plæn) *t.* planejar, projectar, planificar. *2* fer el plànol de. ▪ *3 i.* fer projectes.
plane (plein) *a.* pla. ▪ *2 s.* avió *m.* *3* fig. pla *m.*, nivell *m.* *4* MAT. pla *m.* *5* TECNOL. garlopa *f.*, ribot *m.*
plane (to) (plein) *t.* TECNOL. ribotar. ▪ *2 i.* AVIA. volar, planar.
planet ('plænit) *s.* ASTR. planeta *m.*
plank (plæŋk) *s.* tauló *m.*, biga *f.* *2* postam *m.*
plant (plɑ:nt) , (EUA) (plænt) *s.* BOT. planta *f.* *2* equip *m.*, instal·lació *f.*, maquinària *f.* *3* planta *f.*, fàbrica *f.* *4* col·loq. trampa *f.*, estratagema *f.*
plant (to) (plɑ:nt) , (EUA) (plænt) *t.* plantar, sembrar, conrear. *2* plantar-se *p.* [una persona]. *3* col·locar, posar. *4* col·loq. amagar; comprometre. *5* fig. inculcar, imbuir.
plantation (plæn'teiʃən) *s.* plantació *f.* || ***banana ~,*** platanar *m.*, plataneda *f.* || ***coffee ~,*** cafetar *m.*
plaster ('plɑ:stəʳ) *s.* guix *m.* *2* ***~, sticking ~,*** espadadrap *m.* *3* enguixat *m.*, estucat *m.*
plaster (to) ('plɑ:stəʳ) *t.* enguixar. *2* emplastrar. *3* enguixar, estucar. *4* posar, enganxar [un cartell, etc.].
plastic ('plæstik) *a.* plàstic. || ***~ arts,*** arts plàstiques. || ***~ explosive,*** explosiu plàstic. || ***~ surgery,*** cirurgia plàstica. *2* fig. influenciable, mal·leable. ▪ *3 s.* plàstic *m.*
plate (pleit) *s.* planxa *f.*, làmina *f.* *2* gravat *m.*, làmina *f.* *3* plat *m.*, plata *f.* *4* vaixella *f.* [de plata, etc.]. *5* placa *f.*
plate (to) (pleit) *t.* blindar. *2* xapar, argentar, niquelar, daurar. *3* IMPR. imprimir amb clixés.
plateau ('plætou) *s.* altiplà *m.*
platform ('plætfɔ:m) *s.* plataforma *f.* *2* cadafal *m.*, estrada *f.* *3* entaulat *m.*, tarima *f.* *4* FERROC. andana *f.*
platinum ('plætinəm) *s.* platí *m.*
platitude ('plætitju:d) *s.* tòpic *m.*, lloc *m.* comú.
platoon (plə'tu:n) *s.* MIL. escamot *m.*
plausible ('plɔ:zibl) *a.* plausible, versemblant. *2* convincent [persona].
play (plei) *s.* joc *m.* [diversió, esport]. || ***fair ~,*** joc net; ***foul ~,*** joc brut; ***~ on words,*** joc de paraules. *2* joc *m.*, funcionament *m.*, acció *f.*, activitat *f.* *3* joc *m.* [de llums, de colors, etc.]. *4* MEC. joc *m.* *5* TEAT. representació *f.* *6* TEAT. comèdia *f.*, obra *f.*, drama *m.*, peça *f.*
play (to) (plei) *t.* jugar [una partida, etc.]; moure [una peça]. *2* posar en moviment. *3* fer, causar: ***to ~ a trick on,*** fer una mala passada a. *4* fingir. || ***to ~ the fool,*** fer-se el ximplet. *5* col·loq. ***to ~ truant,*** fer campana. *6* CINEM. treballar. *7* ESPORT jugar *8* MÚS. tocar, interpretar. *9* TEAT. representar, interpretar [una obra]; fer [un paper]. ▪ *10 i.* divertir-se *p.*, jugar; fer broma. *11* ***to ~ fair,*** jugar net. ▪ ***to ~ about/around,*** fer el ximple; joguinejar; jugar amb, burlar-se *p.*; ***to ~ at,*** jugar a, fer [poc seriosament]; ***to ~ back,*** posar; tornar a posar; tornar a sentir [un disc, etc.]; ***to ~ down,*** treure importància, minimitzar; ***to ~ on,*** aprofitar-se de; continuar jugant o tocant. || ***to ~ on someone's nerves,*** fer la guitza, fer el corcó; ***to ~ out,*** acabar; ***to ~ up,*** exagerar [un fet].
playacting ('pleiˌæktiŋ) *s.* fig. comèdia *f.*
player ('pleiəʳ) *s.* ESPORT jugador. *2* MÚS.

músic, executant, intèrpret. *3* TEAT. actor *m.*, actriu *f.*
player piano ('pleiəpi,ænou) *s.* MÚS. pianola *f.*
playful ('pleiful) *a.* juganer, enjogassat. *2* alegre.
playgoer ('pleigouəʳ) *s.* afeccionat al teatre.
playground ('pleigraund) *s.* pati *m.* [de col·legi]. *2* camp *m.* de joc. *3* parc *m.* infantil.
playhouse ('pleihaus) *s.* teatre *m.*
play-off ('pleiɔf) *s.* ESPORT desempat *m.*, play off *m.*
playwright ('pleirait) *s.* autor dramàtic, dramaturg.
PLC, plc (pi:el'si:) *s.* COM. *(public limited company)* mena de societat anònima.
plea (pli:) *s.* petició *f.* *2* disculpa *f.*, excusa *f.*, pretext *m.* *3* súplica *f.* *4* DRET al·legant *m.*, defensa *f.*
plead (to) (pli:d) *i.* DRET pledejar. *2* advocar, intervenir. *3* implorar, suplicar. ▪ *4 t.* defensar, al·legar [en defensa]. *5* DRET ***to ~ guilty,*** declarar-se *p.* culpable.
pleading ('pli:diŋ) *s.* (gralnt. *pl.*) DRET al·legats *m.* *2* precs *m.*, súpliques *f.*
pleasant ('pleznt) *a.* agradable, grat, plaent. *2* simpàtic, amable, afable. ▪ *3* **-ly** *adv.* agradablement, amablement, gratament.
pleasantry ('plezntri) *s.* broma *f.*, facècia *f.*
please (to) (pli:z) *t.* agradar *i.* *2* complaure, acontentar. *3* caure bé. *4* ***to be pleased (to),*** estar content; voler; alegrar-se *p.* ▪ *5 i.* agradar. *6* dignar-se *p.* *7* voler *t.* ‖ ***~ yourself!,*** com vulguis!
pleased ('pli:zd) *a.* content, satisfet. ‖ ***~ to meet you,*** encantat de conèixe'l.
pleasing ('pli:ziŋ) *a.* agradable, grat, plaent. *2* afable, cortès. ▪ *3* **-ly** *adv.* agradablement, gratament, etc.
pleasurable ('pleʒərəbl) *a.* agradable, delitós, grat.
pleasure ('pleʒəʳ) *s.* plaer *m.*, delit *m.*, goig *m.*, gust *m.* ‖ ***~ trip,*** viatge *m.* de plaer. *2* distracció *f.*, divertiment *m.* *3* voluntat *f.*, desig *m.*
pleasure boat ('pleʒəbout) *s.* vaixell *m.* de plaer.
pleasure ground ('pleʒəgraund) *s.* parc *m.* d'atraccions.
pleat (pli:t) *s.* plec *m.*, doblec *m.*
plebeian (pli'bi:ən) *a.-s.* plebeu.
pledge (pledʒ) *s.* penyora *f.*, garantia *f.* *2* empenyorament *m.* *3* promesa *f.* *4* compromís *m.* *5* brindis *m.*
pledge (to) (pledʒ) *t.* empenyorar, deixar de penyora. *2* comprometre's *p.* *3* prometre, jurar. *4* brindar *i.* per.
plentiful ('plentiful) *a.* abundant, copiós.
plenty ('plenti) *s.* abundància *f.* ‖ ***~ of,*** molt; de sobres; bastant, prou. ▪ *2 adv.* col·loq. prou, bastant.
pliable ('plaiəbl) *a.* dúctil, manejable. *2* fig. flexible, dòcil.
pliant ('plaiənt) *a.* flexible, vincladís. *2* fig. tou, dòcil, complaent.
pliers ('plaiəz) *s. pl.* alicates *f.*, tenalles *f.*, estenalles *f.*
plight (plait) *s.* tràngol *m.*, destret *m.* *2* situació *f.*, estat *m.*, condició *f.*
plod (to) (plɔd) *t.* recórrer [penosament]. ▪ *2 i.* caminar, arrossegar-se *p.* [pesadament]. *3* treballar laboriosament, afanyar-se *p.*
plot (plɔt) *s.* terreny *m.*, tros *m.*, parcel·la *f.*, solar *m.* *2* conspiració *f.*, complot *m.*, maquinació *f.* *3* LIT. trama *f.*, argument *m.*
plot (to) (plɔt) *t.* tramar, maquinar, ordir. *2* fer el plànol de, traçar. ▪ *3 i.* conspirar, intrigar.
plotter ('plɔtəʳ) *s.* conspirador, intrigant.
plough, (EUA) **plow** (plau) *s.* AGR. arada *f.*
plough, (EUA) **plow (to)** (plau) *t.* llaurar. *2* solcar. ▪ *3 i.* llaurar *t.* ▪ ***to ~ back,*** reinvertir; ***to ~ through a crowd,*** obrir-se camí entre la gentada; ***to ~ through a book,*** llegir un llibre amb dificultat.
ploughman, (EUA) **plowman** (plaumən) *s.* llaurador *m.*, menador *m.*
pluck (plʌk) *s.* valor *m.*, empenta *f.* *2* estrebada *f.*, estirada *f.* *3* corada *f.*, freixura *f.*, menuts *m. pl.*
pluck (to) (plʌk) *t.* plomar. *2* agafar, collir. *3* estirar, arrencar. *4* ***to ~ up courage,*** armar-se *p.* de valor, animar-se *p.* *5* col·loq. robar, estafar. *6* MÚS. puntejar.
plug (plʌg) *s.* tap *m.*, tac *m.* *2* col·loq. publicitat *f.* [ràdio, televisió]. *3* AUTO. bugia *f.* *4* ELECT. clavilla *f.*, endoll *m.*
plug (to) (plʌg) *t.* tapar, obturar. *2* col·loq. fer publicitat de; repetir, insistir en. *3* (EUA) col·loq. tirar un tret a, matar. *4* ELECT. ***to ~ in,*** endollar, connectar. ▪ *5 i.* col·loq. ***to ~ away at,*** continuar treballant en.
plum (plʌm) *s.* BOT. pruna *f.* *2* col·loq. ganga *f.*, ocasió *f.*
plumage ('plu:midʒ) *s.* plomatge *m.*
plumb (plʌm) *s.* ***~-line,*** plom *m.*, plomada *f.* ▪ *2 a.* vertical. *3* complet. ▪ *4 adv.* a plom. *5* (EUA) col·loq. completament; directament.
plumb (to) (plʌm) *t.* sondar, sondejar [també fig.]. *2* CONSTR. aplomar.
plumber ('plʌməʳ) *s.* lampista *m.*
plumbing ('plʌmiŋ) *s.* lampisteria *f.* *2* instal·lació *f.* de canonades; instal·lació *f.* sanitària.

plume (plu:m) *s.* ploma *f.* [d'au]. *2* plomatge *m. 3* plomall *m.*
plump (plʌmp) *a.* rodanxó, grassonet. *2* categòric, terminant.
plum tree ('plʌmtri:) *s.* BOT. prunera *f.*
plunder ('plʌndəʳ) *s.* pillatge *m.*, saqueig *m. 2* botí *m.*
plunder (to) ('plʌndəʳ) *s.* pillar, saquejar, robar.
plundering ('plʌndəriŋ) *s.* pillatge *m.*, rapinya *f. 2* espoliació *f.*
plunge (plʌndʒ) *s.* cabussó *m.*, cabussada *f. 2* immersió *f. 3* salt *m.*, caiguda *f. 4* fig. ***to take the ~,*** fer un pas decisiu.
plunge (to) (plʌndʒ) *t.* enfonsar, submergir. *2* clavar. *3* sumir. ▪ *4 i.* saltar, cabussar-se *p. 5* enfonsar-se *p.*, submergir-se *p. 6* llançar-se *p.*, precipitar-se *p.* [també fig.].
plunger ('plʌndʒəʳ) *s.* TECNOL. èmbol *m. 2* desembussador *m.*
pluperfect (ˌplu:'pə:fikt) *a.-s.* GRAM. plusquamperfet *m.*
plural ('pluərəl) *a.* plural. ▪ *2 s.* plural *m.*
plus (plʌs) *prep.* més. ▪ *2 a.* ELECT., MAT. positiu. ▪ *3 s.* MAT. més *m. 4* col·loq. fig. qualitat *f.* positiva.
plush (plʌʃ) *s.* TÈXT. pelfa *f.; peluix *m.* ▪ *2 a.* de pelfa, pelfat. *3* col·loq. fig. luxós.
ply (plai) *s.* cap *m.*, gruix *m.* ‖ ***three-~ wool,*** llana de tres caps.
ply (to) (plai) *t.* usar, utilitzar, manejar. *2* practicar. *3* treballar durament en. *4* ***to ~ with,*** atabalar amb preguntes; fer menjar o beure. ▪ *5 i.* ***to ~ between,*** fer el servei entre.
plywood ('plaiwud) *s.* fusta *f.* contraxapada.
p.m. (ˌpi:'em) (*post meridiem*) a la tarda, al vespre: ***at 8 p.m.,*** a les 8 del vespre.
poach (to) (poutʃ) *i.* caçar *t.* o pescar *t.* en vedat o il·legalment. ▪ *2 t.* caçar o pescar en vedat o il·legalment. *3* fig. robar, pispar. *4* CUI. escumar [ous].
poacher ('poutʃəʳ) *s.* caçador o pescador furtiu.
pock (pɔk) *s.* MED. senyal *m.*, marca *f.* [deixats per la verola].
pocket ('pɔkit) *s.* butxaca *f. 2* ANAT. bossa *f.*, sac *m. 3* AVIA. bossa *f.* d'aire. *4* JOC tronera *f.* [billar]. *5* MIL. sac *m.*
pocket (to) ('pɔkit) *t.* ficar(se, guardar(se a la butxaca. *2* embutxacar-se *p.*, apropiar-se *p. 3* fig. robar, pispar. *4* fig. empassar-se *p.*: ***he pocketed his pride,*** es va empassar el seu orgull. *5* JOC ficar la bola a la tronera [billar].
pocketbook ('pɔkitbuk) *s.* llibreta *f. 2* (EUA) bitlletera *f.;* bossa *f.* de mà.
pocket knife ('pɔkitnaif) *s.* navalla *f.*
pocket money ('pɔkitˌmʌni) *s.* setmanada *f.* [esp. dels nens].
pock-marked ('pɔkmɑ:kt) *a.* marcat de verola.
pod (pɔd) *s.* BOT. beina *f.*, tavella *f.*
poem ('pouim) *s.* poema *m.*, poesia *f.*
poet ('pouit) *s.* poeta *m.*
poetess ('pouites) *s.* poetessa *f.*
poetry ('pouitri) *s.* poesia *f.* [art]. *2* poètica *f.*
poignant ('pɔinjənt) *a.* acerb, cruel. *2* agut, punyent. *3* mordaç. *4* commovedor. ▪ *5* **-ly** *adv.* punyentment, cruelment, agudament, etc.
point (pɔint) *s.* punta *f.*, punxa *f. 2* punxó *m.*, buril *m. 3* punt *m.* ‖ ***on the ~ of,*** a punt de. ‖ ***~ of view,*** punt de vista. *4* qüestió *m.*, tema *m.*, intenció *f.* ‖ ***beside the ~,*** no venir al cas. ‖ ***to come to the ~,*** anar al gra; venir al cas. *5* sentit *m.*, significat *m. 6* peculiaritat *f.*, tret *m.*, característica *f. 7* l'important, el quid *m. 8* moment *m. 9* finalitat *f.*, propòsit *m.*, intenció *f.* ‖ ***to carry one's ~,*** sortir-se amb la seva *f.* ‖ ***what's the ~?,*** per què?, que se'n treu? *10* grau *m.* [en una escala]. *11* ESPORT, JOC punt *m. 12* FERROC. agulla *f. 13* GEOGR. punta *f. 14* GRAM. punt *m. 15* MAT. punt *m.*, coma *f.* [dels decimals].
point (to) (pɔint) *t.* afilar, esmolar, fer punta a. *2* apuntar, enfocar, encarar. *3* assenyalar, indicar, fer notar. ▪ *4 i.* assenyalar la caça [un gos]. *5* ***to ~ at, to*** o ***toward,*** assenyalar, apuntar cap a. *6* ***to ~ out,*** mostrar, indicar, assenyalar.
point-blank (ˌpɔint'blæŋk) *a.* directe, clar. *2* fet a boca de canó [també fig.]. ▪ *3 adv.* a boca de canó [també fig.]. *4* directament, clarament; categòricament.
pointed ('pɔintid) *a.* punxegut. *2* afilat, esmolat. *3* fig. mordaç, intencionat. *4* ARQ. ogival. ▪ *5* **-ly** *adv.* intencionadament, agudament, mordaçment.
pointer ('pɔintəʳ) *s.* indicador *m.*, agulla *f. 2* gos *m.* de mostra. *3* apuntador *m. 4* fig. indicació *f.*
pointless ('pɔintlis) *a.* sense punta. *2* fig. sense sentit, inútil.
poise (pɔiz) *s.* equilibri *m. 2* serenitat *f. 3* aire *m.*, aspecte *m. 4* elegància *f.*, aplom *m.*
poise (to) (pɔiz) *t.* equilibrar. *2* balancejar. ▪ *3 i.* estar en equilibri, estar suspès. *4* planar.
poison ('pɔizn) *s.* verí *m.*, metzina *f.*
poison (to) ('pɔizn) *t.* enverinar, emmetzinar [també fig.].
poisonous ('pɔiznəs) *a.* verinós. *2* tòxic. *3* fig. odiós; perniciós.

poke (pouk) *s.* empenta *f.*, cop *m.* de colze. *2* burxada *f.*

poke (to) (pouk) *t.* clavar, burxar. *2* empènyer. *3* atiar, avivar. *4* ficar. *5* ***to ~ fun at,*** riure's *p.* de, burlar-se *p.* de. *6* fig. ***to ~ one's nose into,*** ficar el nas. ▪ *7 i.* burxar *t.*, remenar *t.* *8* ***to ~ about/around,*** ficar el nas pertot, xafardejar.

poker ('poukəʳ) *s.* furga *f.*, atiador *m.* *2* JOC pòquer *m.* ‖ fig. col·loq. ***~-face,*** cara *f.* d'esfinx, cara inescrutable.

Poland ('poulənd) *n. pr.* GEOGR. Polònia *f.*

polar ('pouləʳ) *a.* polar. *2* fig. oposat.

pole (poul) *s.* pol *m.* *2* pal *m.* *3* llança *f.* [de carruatge]. *4* ***Pole,*** polonès. *5* ***flag ~,*** asta *f. de bandera.* *6* fig. col·loq. ***to be up the ~,*** estar com un llum *m.* *7* ESPORT perxa *f.*

polemic (pə'lemik) *a.* polèmic. ▪ *2 s.* polèmica *f.* *3* polemista.

pole-star ('poulstɑːʳ) *s.* estrella *f.* polar.

pole vault ('poulvɔːlt) *s.* ESPORT salt *m.* de perxa.

police (pə'liːs) *s.* policia *f.*

police (to) (pə'liːs) *t.* mantenir l'ordre, vigilar, controlar.

police force (pə'liːsfɔːs) *s.* cos *m.* de policia, força *f.* pública, policia *f.*

policeman (pə'liːsmən) *s.* policia *m.*, guàrdia *m.*

police record (pə'liːsˌrekɔːd) *s.* antecedents *m. pl.* penals.

police station (pə'liːsˌsteiʃn) *s.* comissaria *f.* de policia.

policewoman (pə'liːsˌwumən) *s.* dona *f.* policia.

policy ('pɔlisi) *s.* política *f.* *2* principis *m. pl.*, norma *f.* *3* sistema *m.*, tàctica *f.* *4* pòlissa *f.* [d'assegurances].

Polish (pouliʃ) *a.* polonès. ▪ *2 s.* polonès [persona]. *3* polonès *m.* [llengua].

polish ('pɔliʃ) *s.* poliment *m.* *2* lluentor *f.*, brillantor *f.* *3* betum *m.*, llustre *m.* *4* cera *f.* *5* esmalt *m.*, laca *f.* *6* fig. refinament *m.*, elegància *f.*

polish (to) (pɔliʃ) *t.* polir, brunyir, enllustrar, abrillantar, encerar. *2* fregar, netejar. *3* fig. polir, refinar. *4* ***to ~ off,*** polir-se *p.* [menjar, beure]; despatxar, acabar. *5* ***to ~ up,*** polir, abrillantar, enllustrar; fig. polir, perfeccionar.

polite (pə'lait) *a.* cortès, atent, ben educat. *2* culte, refinat.

politeness (pə'laitnis) *s.* cortesia *f.*, bona educació *f.*, urbanitat *f.*

politic ('pɔlitik) *a.* polític, diplomàtic, prudent. *2* astut, sagaç.

political (pə'litikəl) *a.* POL. polític.

politician (ˌpɔli'tiʃən) *s.* polític.

politics ('pɔlitiks) *s. pl.* política *f. sing.*

poll (poul) *s.* votació *f.*, elecció *f.* escrutini *m.*, resultat *m.* *2* llista *f.* electoral. *3 pl.* eleccions *f.* *4* ***to go to the ~s,*** anar a votar. *5* sondeig *m.* [d'opinió].

poll (to) (poul) *t.* obtenir, aconseguir [vots]. *2* registrar. *3* sondejar [opinions]. *4* escornar. *5* podar. ▪ *6 i.* votar.

pollen ('pɔlin) *s.* BOT. pol·len *m.*

polling ('pouliŋ) *s.* votació *f.*

polling booth ('pouliŋˌbuːð) *s.* cabina *f.* per a votar.

polling station ('pouliŋˌsteʃn) *s.* col·legi *m.* electoral.

poll tax ('poultæks) *s.* capitació *f.*

pollute (to) (pɔ'luːt) *t.* pol·luir, contaminar, embrutar. *2* fig. corrompre.

pollution (pɔ'luːʃən) *s.* contaminació *f.*, pol·lució *f.*

polo ('polou) *s.* ESPORT polo *m.*

polo-neck ('poulouˌnek) *s.* COST. coll *m.* alt.

polygamous (pɔ'ligəməs) *a.* polígam.

polytechnic (ˌpɔli'teknik) *s.* escola *f.* politècnica, politècnic *m.* ▪ *2 a.* politècnic.

polytheism ('pɔliθiːizəm) *s.* politeisme *m.*

pomegranate ('pɔmigrænit) *s.* BOT. magrana *f.* *2* BOT. magraner *m.*

pommel ('pɔml) *s.* pom *m.* [de l'espasa, de l'arçó, etc.].

pommel (to) ('pʌml) *t.* bastonejar, donar cops de puny.

pomp (pɔmp) *s.* pompa *f.*, fastuositat *f.*

pompous ('pɔmpəs) *a.* pompós, fastuós. *2* presumit, vanitós. ▪ *3* **-ly** *adv.* pomposament.

pond (pɔnd) *s.* bassa *f.*, toll *m.* (ROSS.) gassot *m.*

ponder (to) ('pɔndəʳ) *t.* ponderar, sospesar. *2* ***to ~ on*** o ***over,*** rumiar, reflexionar sobre. ▪ *3 i.* meditar, reflexionar *t.*

ponderous (pɔndərəs) *a.* pesat, feixuc. *2* pesat, avorrit. ▪ *3* **-ly** *adv.* pesadament.

pony ('pouni) *s.* ZOOL. poni *m.*

ponytail ('pouniteil) *s.* cua *f.* de cavall [cabells].

poodle ('puːdl) *s.* gos caniche.

pool (puːl) *s.* bassa *f.*, toll *m.*, (ROSS.) gassot *m.* *2* estany *m.* *3* piscina *f.* *4* posta *f.* [en el joc]. *5 pl.* travessa *f.* *6* (EUA) billar *m.* americà. *7* fig. font *f.*, reserva *f.* *8* COM. capital *m.*, fons *m.* comú; consorci *m.*

pool (to) (puːl) *t.* unir, ajuntar. *2* fer un fons comú.

poop (puːp) *s.* MAR. popa *f.*

poor (puəʳ) *a.* pobre. ‖ ***~ thing,*** pobret. *2* dolent, de mala qualitat. *3* humil. *4* mediocre. *5* dèbil; malalt. *6* ***the ~,*** els pobres *pl.* *7* ***to be ~ at,*** no servir per a. ▪ *8* **-ly** *adv.* pobrement, insuficientment.

poor-spirited (ˌpuə'spiritid) *a.* apocat, pobre d'esperit.

pop (pɔp) *s.* esclat *m.*, crec *m.*, pet *m.* *2* col·loq. beguda *f.* gasosa. *3* col·loq. pop *m.* [música]. *4* (EUA) col·loq. papà *m.* ▪ *5 a.* pop: ~ ***art,*** art pop; ~ ***concert,*** concert pop.

pop (to) (pɔp) *t.* rebentar, punxar, fer esclatar. *2* treure el cap. *3* deixar anar, disparar. *4* ficar. *5* col·loq. ***to ~ the question,*** declarar-se *p.* ▪ *6 i.* esclatar, petar, rebentar. *7* col·loq. disparar. ▪ ***to ~ across/by/over/round,*** apropar-se *p.*, passar per; ***to ~ in,*** entrar de cop; ***to ~ off,*** marxar; col·loq. dinyar-la; ***to ~ up,*** aparèixer inesperadament, sorgir.

pop-corn ('pɔpˌkɔːn) *s.* crispetes *f. pl.*, rosetes *f. pl.* [de blat de moro].

Pope (poup) *s.* Papa *m.*, pontífex *m.* *2* pope *m.*

pop-eyed ('pɔpaid) *a.* d'ulls sortints.

poplar ('pɔplə^r) *s.* BOT. àlber *m.*, àlba *f.*; pollancre *m.*, pollanc *m.*

poppy ('pɔpi) *s.* BOT. rosella *f.*, gallaret *m.*

popular ('pɔpjulə^r) *a.* popular. *2* corrent, general. *3* estimat. *4* de moda.

popularity (ˌpɔpju'læriti) *s.* popularitat *f.*

populate (to) ('pɔpjuleit) *t.* poblar.

population (ˌpɔpju'leiʃən) *s.* població *f.*, habitants *m. pl.* ‖ ***the ~ explosion,*** l'explosió *f.* demogràfica.

porcelain ('pɔːsəlin) *s.* porcellana *f.*

porch (pɔːtʃ) *s.* pòrtic *m.*, porxo *m.*

porcupine ('pɔːkjupain) *s.* ZOOL. porc *m.* espí *m.*

pore (pɔː^r) *s.* porus *m.*

pore (to) (pɔː^r) *i.* ***to ~ over,*** mirar de prop; llegir amb atenció.

pork (pɔːk) *s.* porc *m.*, carn *f.* de porc. ‖ ***~ chop,*** costella *f.* de porc. ‖ ***~ sausage,*** butifarra *f.*

porkpie (ˌpɔːk'pai) *s.* empanada *f.* de porc.

porn (pɔːn) *s.* (abrev. col·loq. ***pornography***) porno *m.*

pornography (pɔː'nɔgrəfi) *s.* pornografia *f.*

porpoise ('pɔːpəs) *s.* ZOOL. marsopa *f.*

porridge ('pɔridʒ) *s.* farinetes *f. pl.* [de civada].

port (pɔːt) *s.* port *m.* [de mar o riu]. ‖ ***free ~,*** port franc. *2* fig. refugi *m.* *3* ENOL. porto *m.* *4* MAR. portell *m.*, portalera *f.* *5* MAR. babord *m.* ▪ *6 a.* portuari.

portable ('pɔːtəbl) *a.* portàtil.

portcullis (pɔːt'kʌlis) *s.* FORT. rastell *m.*

portend (to) (pɔː'tend) *t.* form. anunciar, presagiar.

portent ('pɔːtent) *s.* portent *m.* *2* presagi *m.*

portentous (pɔː'tentəs) *a.* portentós. *2* presagiós. *3* greu, solemne.

porter ('pɔːtə^r) *s.* porter, conserge. *2* mosso *m.* [d'estació, d'hotel, etc.].

portfolio (pɔːt'fouliou) *s.* carpeta *f.*, cartera *f.* *2* cartera *f.*, ministeri *m.* *3* COM. cartera *f.* [d'un banc].

portion ('pɔːʃən) *s.* porció *f.*, part *f.*, tros *m.* *2* ració *f.* *3* sort *f.*, destí *m.* *4* ant. dot *f.*

portion (to) ('pɔːʃən) *t.* dividir; repartir, distribuir. *2* ant. dotar.

portly ('pɔːtli) *a.* gros, corpulent.

portmanteau (pɔːt'mæntou) *s.* maleta *f.*, bagul *m.* *2* GRAM. paraula *f.* nova formada a partir de dues paraules ja existents.

portrait ('pɔːtrit) *s.* retrat *m.*

portray (to) (pɔː'trei) *t.* pintar un retrat, retratar. *2* fig. retratar. *3* TEAT. representar.

portrayal (pɔ'treiəl) *s.* retrat *m.* [també fig.]. *2* representació *f.*

Portugal ('pɔːtjəgl) *n. pr.* GEOGR. Portugal *m.*

Portuguese (ˌpɔːtju'giːz) *a.* portuguès. ▪ *2 s.* portuguès [persona]. *3* portuguès *m.* [llengua].

pose (pouz) *s.* actitud *f.*, postura *f.* *2* fig. posa *f.*, afectació *f.*

pose (to) (pouz) *t.* ART col·locar, posar. *2* plantejar [un problema, etc.]. *3* fer [una pregunta]. ▪ *4 i.* ART posar. *5* ***to ~ as,*** donar-se *p.* aires; fer-se *p.* passar per.

posh (pɔʃ) *a.* col·loq. elegant, distingit. *2* luxós. *3* afectat, cursi.

position (pə'ziʃən) *s.* posició *f.* *2* postura *f.* *3* condició *f.*, situació *f.* ‖ ***in a ~ to,*** en condicions de. ‖ ***put yourself in my ~,*** posa't al meu lloc. *4* lloc *m.*, categoria *f.*

position (to) (pə'ziʃən) *t.* col·locar, posar, situar.

positive ('pɔzitiv) *a.* positiu. *2* categòric, definitiu. *3* indubtable, real, veritable. *4* segur, convençut. ‖ COM. ***~ order,*** comanda *f.* en ferm. *5* enèrgic. ▪ *6 s.* allò positiu. *7* ELECT. pol *m.* positiu. *8* FOT. positiu *m.* ▪ *9* **-ly** *adv.* positivament, definitivament, veritablement.

possess (to) (pə'zes) *t.* posseir, tenir. *2* induir, empènyer: ***what ~ed him to do it?,*** què el va induir a fer-ho? *3* ***to be ~ed,*** estar posseït, estar boig. *4* ***to be ~ed with,*** estar obsessionat amb.

possession (pə'zeʃn) *s.* possessió *f.* ‖ ***she's in full ~ of her senses,*** en plena possessió de les seves facultats mentals. ‖ ***to be in ~ of,*** tenir, posseir. *2 pl.* possessions *f.*, béns *m.* *3* DRET tinença *f.*, possessió *f.* *4* REL. possessió *f.* diabòlica, possessió *f.*

possibility (ˌpɔsi'biliti) *s.* possibilitat *f.* ‖ ***to have possibilities,*** tenir possibilitats, prometre.

possible ('pɔsibl) *a.* possible. || *as far as* ~, tant com sigui possible. || *as soon as* ~, com més aviat millor. *2* acceptable, satisfactori. ■ *3 s.* persona *f.* o cosa *f.* possibles o amb possibilitats.
possibly ('pɔsibli) *adv.* possiblement, potser.
post (poust) *s.* pal *m.*, puntal *m.* *2* lloc *m.*, feina *f.*, càrrec *m.* *3* (G.B.) *trading* ~, factoria *f.* comercial. *4* correu *m.*, cartes *f. pl.;* correus *m. pl.* *5* HIST. posta *f.* [per viatjar]. *6* MIL. post *m.*
post (to) (poust) *t.* anunciar [amb cartells]; enganxar, posar [cartells]: ~ *no bills,* prohibit enganxar cartells. *2* situar, apostar. *3* enviar [per correu], tirar a la bústia. *4* declarar: *the ship was ~ed missing,* van declarar desaparegut el vaixell. *5 to keep someone ~ed,* tenir algú al corrent. *6* MIL. destinar, enviar. ■ *7 i.* viatjar en posta.
postage ('poustidʒ) *s.* franqueig *m.*
postage stamp ('poustidʒˌstæmp) *s.* segell *m.* de correus.
postal ('poustəl) *a.* postal.
postal order ('poustəlˌɔːdə[r]) *s.* gir *m.* postal.
postbox ('poustbɔks) *s.* bústia *f.*
postcard ('poustkɑːd) *s.* postal *f.*
postcode ('poustkoud) *s.* codi *m.* postal.
postdate (to) (ˌpoust'deit) *t.* postdatar.
poster ('poustə[r]) *s.* cartell *m.*, pòster *m.* || *bill* ~, persona *f.* que enganxa cartells. *2* anunci *m.* || ~ *designer,* cartellista.
posterity (pɔs'teriti) *s.* posteritat *f.*
postman ('poustmən) *s.* carter *m.*
postmark ('poustmaːk) *s.* mata-segells *m.*
post office ('poustˌɔfis) *s.* oficina *f.* de correus, correus *m.*
postpone (to) (pə'spoun) *t.* ajornar, diferir.
postponement (pə'spounmənt) *s.* ajornament *m.*
postscript ('pousskript) *s.* postdata *f.*
posture ('pɔstʃə[r]) *s.* postura *f.*, actitud *f.* *2* estat *m.*, situació *f.*
pot (pɔt) *s.* olla *f.*, pot *m.* *2* terrina *f.* *3* test *m.* *4* col·loq. copa *f.;* premi *m.* *5* col·loq. marihuana *f.* *6* col·loq. *big* ~, peix *m.* gros. *7 pl.* col·loq. *~s of money,* molts diners, una pila *f. sing.* de diners.
potato (pə'teitou) *s.* BOT. patata *f.*, (VAL.) creïlla *f.* || *sweet* ~, moniato *m.*, batata *f.*
potency ('poutənsi) *s.* potència *f.* *2* poder *m.*, autoritat *f.*, força *f.*
potent ('poutənt) *a.* potent. *2* eficaç. *3* poderós, fort.
potentate ('poutənteit) *s.* potentat.
potential (pə'tenʃəl) *a.* potencial. *2* possible. ■ *3 s.* potèncial *m.* *4* potència *f.*, potencialitat *f.* *5* ELECT. potència *f.* ■ *6* **-ly** *adv.* potencialment.
pothole ('pɔthoul) *s.* GEOL. olla *f.* de gegants, avenc *m.*
potluck (ˌpɔt'lʌk) *s. to take* ~, agafar o menjar el que hi hagi.
potshot ('pɔtˌʃɔt) *s.* tret *m.* a l'atzar.
potter ('pɔtə[r]) *s.* terrissaire, ceramista. || *~'s wheel,* torn *m.* de terrissaire.
pottery ('pɔtəri) *s.* terrisseria *f.* *2* terrissa *f.* *3* ceràmica *f.*
pouch (pautʃ) *s.* bossa *f.*, sac *m.* *2* petaca *f.* *3* cartutxera *f.* *4* ANAT., ZOOL. bossa *f.*
poultice ('poultis) *s.* MED. cataplasma *f.*, emplastre *m.*
poultry ('poultri) *s.* aviram *m.*, volateria *f.*
poultry farm ('poultrifɑːm) *s.* granja *f.* avícola.
poultry keeper ('poultriˌkiːpə[r]), **poultry farmer** ('poultriˌfɑːmə[r]) *s.* avicultor.
poultry keeping ('poultriˌkiːpiŋ), **poultry farming** ('poultriˌfɑːmiŋ) *s.* avicultura *f.*
pounce (pauns) *s.* escomesa *f.* *2* envestida *f.* *3* atac *m.*
pounce (to) (pauns) *i.* atacar *t.*, escometre *t.*, envestir *t.* *2 to* ~ *on/at,* saltar sobre, llançar-se *p.* sobre. *3* fig. *to* ~ *at,* precipitar-se *p.* sobre; no perdre l'oportunitat.
pound (paund) *s.* lliura *f.* [pes; moneda]. *2* dipòsit *m.* [per a animals, cotxes, etc.].
pound (to) (paund) *t.* bastonejar, atonyinar, apallissar. *2* picar, batre. *3* matxucar, trinxar. *4* MIL. batre.
pour (to) (pɔː[r]) *t.* avocar, vessar. *2* tirar. *3* servir. *4 to* ~ *away/off,* buidar. *5 to* ~ *out one's heart,* desfogar-se *p.* ■ *6 i.* fluir, córrer, brollar. *7* ploure [molt]. || *it's ~ing down,* plou a bots i barrals. || fig. *it never rains but it ~s,* una desgràcia no ve mai sola. *8 to* ~ *out,* sortir a munts, sortir a empentes.
pout (paut) *s.* mala cara *f.*, morros *m. pl.* *2 pl.* morros *m.*
pout (to) (paut) *i.* fer morros, posar mala cara.
poverty ('pɔvəti) *s.* pobresa *f.*, indigència *f.* *2* manca *f.*, mancança *f.*
poverty-stricken ('pɔvətiˌstrikn) *a.* pobre, indigent.
powder ('paudə[r]) *s.* pólvores *f. pl.* *2* ARM. pólvora *f.*
powder (to) ('paudə[r]) *t.* polveritzar. *2* empolsegar, empolsinar. *3* empolvorar-se *p.* ■ *4 i.* polveritzar-se *p.* *5* empolsegar-se *p.*, empolsinar-se *p.* *6* empolvar-se *p.*
powder box ('paudəbɔks) , **powder compact** ('paudəˌkɔmpækt) *s.* polvorera *f.*
powder magazine ('paudəmægəˌziːn) *s.* polvorí *m.*
powdered ('paudəd) *a.* en pols.

powdery ('paudəri) *a.* en pols, polvoritzat: *~ snow,* neu en pols.
power ('pauəʳ) *s.* poder *m.* *2* facultat *f.* *3* força *f.*, energia *f.* *4* potestat *f.*, autoritat *f.*, influència *f.* *5* potència *f.* [país]. *6* capacitat *f.*, possibilitat *f.* *7* COM. ***purchasing ~,*** poder *m.* adquisitiu. *8* DRET poder *m.*: ***~ of attorney,*** poders *m. pl.* *9* ELECT., FÍS. energia, força *f.*, potència *f.* || ***~ cut,*** tallada *f.* de corrent; apagament *m.* || ***~ plant,*** central *f.* elèctrica.
powered ('pauəd) *a.* ***~ by,*** impulsat per, accionat per. *2* fig. ***a high-~ executive,*** executiu amb un gran poder de convicció.
powerful ('pauəful) *a.* poderós. *2* fort. *3* intens, potent. *4* convincent. ▪ *5* **-ly** *adv.* poderosament.
power-house ('pauəhaus) *s.* central *f.* elèctrica.
powerless ('pauəlis) *a.* impotent, ineficaç.
practicable ('præktikəbl) *a.* practicable. *2* factible, realitzable. *3* transitable.
practical ('præktikəl) *a.* pràctic. *2* virtual, de fet. *3* ***~ joke,*** broma pesada. ▪ *4* **-ly** *adv.* de manera pràctica, eficaçment. *5* pràcticament, quasi, gairebé.
practice ('præktis) *s.* pràctica *f.* || ***in ~,*** en la pràctica. *2* costum *m.* || ***to make a ~ of,*** tenir el costum de. *3* clientela *f.* *4* exercici *m.* [de la professió]. *5* estratagema *f.* *6* DRET pràctica *f.*, procediment *m.* *7* ESPORT entrenament *m.*
practise, (EUA) **practice (to)** ('præktis) *t.* practicar. *2* exercir [una professió]. *3* ESPORT practicar, entrenar-se *p.* ▪ *4 i.* fer pràctiques, fer exercicis. *5* exercitar-se *p.* *6* ESPORT entrenar-se *p.*
practised, (EUA) **practiced** ('præktist) *a.* expert.
practitioner (præk'tiʃənəʳ) *s.* professional, persona que exerceix la seva professió. *2* metge. || ***general ~,*** metge de capçalera.
Prague ('prɑ:g) *n. pr.* GEOGR. Praga *f.*
pragmatic (præg'mætik) *a.* pragmàtic.
prairie ('prɛəri) *s.* prada *f.*, prat *m.*, plana *f.*
prairie wolf ('prɛəri͵wulf) *s.* ZOOL. coiot *m.*
praise (preiz) *s.* lloança *f.*, elogi *m.*
praise (to) (preiz) *t.* lloar, elogiar.
praiseworthy ('preiz͵wə:ði) *a.* lloable, digne d'elogi.
pram (præm) *s.* (abrev. ***perambulator***) cotxet *m.* de criatura.
prance (prɑ:ns) *s.* cabriola *f.*, piafada *f.* [d'un cavall].
prance (to) (prɑ:ns) *i.* fer cabrioles, piafar [un cavall]. *2* fig. gallejar, fer-se *p.* veure.
prank (præŋk) *s.* entremaliadura *f.*, dolenteria *f.* *2* broma *f.*
prattle ('prætl) *s.* xerrameca *f.*, garla *f.* *2* balbuceig *m.*
prattle (to) ('prætl) *i.* xerrar, garlar. *2* balbucejar.
prawn (prɔ:n) *s.* ZOOL. gamba *f.*
pray (to) (prei) *t.* pregar, suplicar. ▪ *2 i.* resar, pregar.
prayer (prɛəʳ) *s.* prec *m.*, súplica *f.* *2* REL. oració *f.*, pregària *f.* || ***the Lords P~,*** el Parenostre *m.* *3 pl.* REL. pregàries *f.*
prayer book ('prɛəbuk) *s.* missal *m.*
preach (to) (pri:tʃ) *t.-i.* predicar, sermonar *i.*
preacher ('pri:tʃəʳ) *s.* predicador.
preamble (pri:'æmbl) *s.* preàmbul *m.*
prebend ('prebənd) *s.* prebenda *f.*
precarious (pri'kɛəriəs) *a.* precari. *2* incert, insegur. *3* infondat.
precaution (pri'kɔ:ʃən) *s.* precaució *f.*
precede (to) (pri:'si:d) *t.-i.* precedir *t.*
precedence ('presidəns) *s.* precedència *f.* *2* prioritat *f.*, preferència *f.*
precedent ('presidənt) *a.* precedent. ▪ *2 s.* precedent *m.* || ***to set a ~,*** establir un precedent.
precept ('pri:sept) *s.* precepte *m.*
precinct ('pri:siŋkt) *s.* recinte *m.* *2* zona *f.*, illa *f.* || ***pedestrian ~,*** illa *f.* de vianants. *3* límit *m.*, frontera *f.* *4 pl.* voltants *m.* *5* (EUA) districte *m.* electoral. *6* (EUA) barri *m.*
precious ('preʃəs) *a.* preciós, preat. *2* estimat. *3* preciosista. ▪ *4 adv.* molt. *5* **-ly** *adv.* extremadament.
precipice ('precipis) *s.* precipici *m.* *2* estimball *m.*
precipitate (pri'sipitit) *a.* precipitat. *2* sobtat. ▪ *3 s.* (pri'sipiteit) QUÍM. precipitat *m.*
precipitate (to) (pri'sipiteit) *t.* precipitar(se.
precipitous (pri'sipitəs) *a.* abrupte, rost, escarpat.
precise (pri'sais) *a.* precís, clar. *2* exacte, just, concret. || ***~!,*** exacte! *3* meticulós, primmirat. ▪ *4* **-ly** *adv.* precisament, justament, exactament.
preciseness (pri'saisnis) *s.* precisió *f.*, exactitud *f.* *2* claredat *f.*
precision (pri'siʒən) *s.* precisió *f.*, exactitud *f.*
preclude (to) (pri'klu:d) *t.* impedir, evitar, impossibilitar. *2* excloure.
precocious (pri'kouʃəs) *a.* precoç.
precursor (pri:'kə:səʳ) *s.* precursor.
predecessor ('pri:disəsəʳ) *s.* predecessor, antecessor.
predestinate (to) (pri:'destineit) *t.* predestinar.
predestination (pri:͵desti'neiʃən) *s.* predestinació *f.*

predestine (to) (priː'destin) *t.* predestinar.
predicament (pri'dikəmənt) *s.* tràngol *m.*, destret *m.*
predict (to) (pri'dikt) *t.* predir, pronosticar.
prediction (pri'dikʃən) *s.* predicció *f.*, pronòstic *m.*
predilection (ˌpriːdi'lekʃən) *s.* predilecció *f.*
predispose (to) (ˌpriːdis'pouz) *t.* predisposar.
predominance (pri'dɔminəns) *s.* predomini *m.*
predominate (to) (pri'dɔmineit) *t.* predominar, prevaler.
pre-eminent (priː'eminənt) *a.* preeminent.
prefabricated (ˌpriː'fæbrikeitid) *a.* prefabricat.
preface ('prefis) *s.* prefaci *m.*, pròleg *m.*
prefect ('priːfekt) *s.* perfecte *m.*
prefer (to) (pri'fəːʳ) *t.* preferir. *2* ascendir. *4* DRET presentar [càrrecs].
preferable ('prefrəbl) *a.* preferible.
preference ('prefrəns) *s.* preferència *f.* *2* predilecció *f.*
preferential (ˌprefə'renʃəl) *a.* preferent.
preferment (pri'fəːmənt) *s.* ascens *m.*, promoció *f.* *2* preferència *f.*, suport *m.*
prefix ('priːfiks) *s.* GRAM. prefix *m.*
pregnancy ('pregnənsi) *s.* embaràs *m.*
pregnant ('pregnənt) *a.* prenyada, embarassada. *2* fig. important, significatiu.
prehensile (priː'hensail) *a.* prènsil.
prehistory ('priːhistri) *s.* prehistòria *f.*
prejudge (to) (ˌpriː'dʒʌdʒ) *t.* prejutjar.
prejudice ('predʒudis) *s.* prejudici *m.*, parcialitat *f.* *2* perjudici *m.*, dany *m.*
prejudice (to) ('predʒudis) *t.* prevenir, predisposar. *2* perjudicar, fer mal.
prejudicial (ˌpredʒu'diʃəl) *a.* perjudicial, nociu.
prelate ('prelit) *s.* ECLES. prelat *m.*
preliminary (pri'liminəri) *a.* preliminar. ▪ *2 s.* preliminar *m.* *3 pl.* preliminars *m.*
prelude ('preljuːd) *s.* preludi *m.*
prelude (to) ('preljuːd) *t.-i.* preludiar.
premature ('premətjuəʳ) *a.* prematur. ▪ *2* **-ly** *adv.* prematurament.
premeditate (to) (priː'mediteit) *t.* premeditar.
premier ('premjəʳ) *a.* primer, principal. ▪ *2 s.* primer ministre, cap *m.* del govern.
première ('premiɛəʳ) *s.* CINEM., TEAT., estrena *f.*
premise, premiss ('premis) *s.* premissa *f.* *2 pl.* locals *m.*, casa *f.* *sing.*, edifici *m.* *sing.*
premium ('priːmjəm) *s.* premi *m.* *2* COM. prima *f.*, interès *m.* ‖ ***at a ~,*** per damunt de la par; fig. altament valorat.
premonition (ˌpriːmə'niʃən) *s.* premonició *f.*, pressentiment *m.*
preoccupation (ˌpriːɔkju'peiʃn) *s.* preocupació *f.*
preoccupy (to) (priː'ɔkjupai) *t.* preocupar(se.
preparation (ˌprepə'reiʃən) *s.* preparació *f.* *2* gralnt. *pl.* preparatiu *m.* *3* preparat *m.*
preparatory (pri'pærətəri) *a.* preparatori. ‖ ***~ school*** escola preparatòria. *2* ***~ to,*** abans de, amb vistes a.
prepare (to) (pri'pɛəʳ) *t.* preparar. ▪ *2 i.* preparar-se *p.*
prepayment (ˌpriː'peimənt) *s.* bestreta *f.*
preponderance (pri'pɔndərəns) *s.* preponderància *f.*
preposition (ˌprepə'ziʃən) *s.* GRAM. preposició *f.*
prepossess (to) (ˌpriːpə'zes) *t.* imbuir [una idea, etc.]. *2* predisposar.
prepossessing (ˌpriːpə'zesiŋ) *a.* simpàtic, atractiu.
preposterous (pri'pɔstərəs) *a.* absurd, ridícul. ▪ *2* **-ly** *adv.* absurdament.
prerequisite (ˌpriː'rekwizit) *s.* requisit *m.* previ, condició *f.* prèvia. ▪ *2 a.* previament necessari.
prerogative (pri'rɔgətiv) *s.* prerrogativa *f.*
presage ('presidʒ) *s.* presagi *m.* *2* pronòstic *m.*, auguri *m.*
presage (to) (pri'seidʒ) *t.* presagiar. *2* predir.
Presbyterian (ˌprezbi'tiəriən) *a.-s.* presbiterià.
presbytery ('prezbitri) *s.* ARQ. presbiteri *m.*, santuari *m.*
prescribe (to) (pris'kraib) *t.* prescriure. *2* ordenar, manar. *3* MED. receptar. ▪ *4 i.* establir per llei o per norma. *5* MED. fer una recepta.
prescription (pris'kripʃən) *s.* prescripció *f.* *2* precepte *m.*, norma *f.* *3* MED. recepta *f.*
presence ('prezns) *s.* presència *f.* ‖ ***~ of mind,*** presència d'esperit. *2* assistència *f.* *3* aire *m.*, personalitat *f.*
present ('preznt) *a.* present. ‖ ***to be ~,*** assistir, ser present. *2* actual. *3* GRAM. present [temps]. ▪ *4 s.* present *m.*, actualitat *f.* ‖ ***at ~,*** actualment, ara, avui. ‖ ***for the ~,*** de moment, per ara. *5* regal *m.*, obsequi *m.* *6* GRAM. present *m.*
present (to) (pri'zent) *t.* presentar. ‖ ***to ~ oneself,*** presentar-se [a un lloc]. *2* exposar, plantejar. *3* oferir. *4* plantejar. *5* apuntar [una arma]. *6* ***to ~ with,*** regalar, obsequiar amb. *7* TEAT., CINEM. representar; presentar.
presentation (ˌprezen'teiʃən) *s.* presentació *f.* *2* plantejament *m.* *3* lliurament *m.* *4* obsequi *m.*, regal *m.* *5* TEAT. representació *f.* ▪ *6 a.* ***~ copy,*** exemplar d'obsequi.

presentiment (pri'zentimənt) *s.* pressentiment *m.*
presently ('prezntli) *adv.* aviat. *2* d'aquí a poca estona. *3* (EUA) ara, actualment.
preservation (ˌprezə'veiʃən) *s.* conservació *f. 2* preservació *f.*
preserve (pri'zə:v) *s.* conserva *f.*, confitura *f. 2* vedat *m.*, reserva *f. 3* fig. terreny *m.*, domini *m.*: ***to poach on someone's ~,*** ficar-se en el terreny d'un altre.
preserve (to) (pri'zə:v) *t.* protegir, preservar. *2* conservar, mantenir. *3* CUI. conservar, confitar.
preside (to) (pri'zaid) *i.* presidir; dirigir. ‖ ***to ~ at*** o ***over,*** presidir.
president ('prezidənt) *s.* president. *2* director.
press (pres) *s.* pressió *f.* [també fig.]. *2* multitud *f.*, gentada *f. 3* pressa *f.*, urgència *f. 4* ESPORT ***~-up,*** flexió *f. 7* PERIOD. premsa *f.*
press (to) (pres) *t.* prémer, pitjar. *2* premsar, esprémer. *3* allisar, planxar. *4* atacar, hostilitzar. *5* estrényer. *6* fig. instar, constrènyer. *7* fig. obligar. *8* ***to ~ for,*** demanar amb insistència. ▪ *9 i.* fer pressió, prémer *t. 10* amuntegar-se *p.*, apilotar-se *p. 11* avançar. *12* urgir, apressar.
press box ('presbɔks) *s.* tribuna *f.* de premsa.
press clipping ('presˌklipiŋ) , **press cutting** ('presˌkʌtiŋ) *s.* retall *m.* de diari.
press conference ('presˌkɔnfrəns) *s.* roda *f.* de premsa.
pressing ('presiŋ) *a.* urgent, imperiós. *2* insistent, persistent. ▪ *3 s.* premsatge *m.*
press release ('presˌrili:s) *s.* comunicat *m.* de premsa.
pressure ('preʃə[r]) *s.* pressió *f. 2* força *f.*, potència *f. 3* pes *m.*, pesantor *f. 4* fig. urgència *f.*, pressa *f.*· *5* ELECT. tensió *f. 6* MED. pressió *f.*, tensió *f.*
pressure cooker ('preʃəˌkukə[r]) *s.* CUI. olla *f.* a pressió.
prestidigitation (ˌpresti'didʒiteiʃən) *s.* prestidigitació *f.*
prestige (pres'ti:ʒ) *s.* prestigi *m.*
presume (to) (pri'zju:m) *t.* presumir, suposar, creure. *2* atrevir-se *p.*, permetre's *p.*
presumption (pri'zʌmpʃən) *s.* presumpció *f.*, suposició *f. 2* atreviment *m.*, gosadia *f. 3* DRET presumpció *f.*
presumptive (pri'zʌmptiv) *a.* pressumpte, suposat. *2* DRET pressumptiu.
presumptuous (pri'zʌmptjuəs) *a.* pressumptuós, presumit. *2* atrevit. ▪ *2* **-ly** *adv.* pressumptuosament.
presuppose (to) (ˌpri:sə'pouz) *t.* pressuposar.
pretence, (EUA) **pretense** (pri'tens) *s.* pretensió *f. 2* fingiment *m.*, aparïència *f. 3* pretext *m.* ‖ ***under ~ of,*** amb el pretext de. ‖ ***under falses ~s,*** amb engany *m.*, amb frau *m. 4* ostentació *f.*
pretend (to) (pri'tend) *t.* aparentar, fingir, simular. *2* pretendre, aspirar a. ▪ *3 i.* dissimular, fingir. *4* pretendre, aspirar a.
pretender (pri'tendə[r]) *s.* pretendent.
pretentious (pri'tenʃəs) *a.* pretensiós. *2* presumptuós, presumit. ▪ *3* **-ly** *adv.* pretensiosament, amb presumpció.
preterit(e ('pretərit) *a.* GRAM. pretèrit, passat. ▪ *2 s.* GRAM. pretèrit *m.*
pretext ('pri:tekst) *s.* pretext *m.*
prettily ('pritili) *adv.* amb gràcia, amb elegància.
pretty ('priti) *a.* bonic, preciós. *2* graciós. *3* considerable: ***a ~ penny,*** una quantitat considerable [de diners]. ▪ *4 adv.* bastant, força: ***~ well,*** força bé. ▪ *5 s.* ***my ~,*** rei meu.
prevail (to) (pri'veil) *i.* prevaler. *2* predominar, imperar, regnar. *3* ***to ~ upon*** o ***with,*** convèncer, persuadir.
prevalent ('prevələnt) *a.* predominant. *2* corrent, comú. *3* general.
prevaricate (to) (pri'værikeit) *i.* deformar la veritat, falsejar, mentir. *2* DRET prevaricar.
prevent (to) (pri'vent) *t.* prevenir, evitar, impedir.
prevention (pri'venʃn) *s.* prevenció *f.* ‖ ***~ is better than cure,*** més val curar-se en salut. *2* impediment *m. 3* protecció *f.* ‖ ***society for the ~ of cruelty to animals,*** societat *f.* protectora d'animals.
preventive (pri'ventiv) *a.* preventiu. *2* impeditiu. ▪ *2 s.* preventiu, *m.* profilàctic *m.* [medicament].
preview ('pri:vju:) *s.* CINEM., TEAT. preestrena *f.*
previous ('pri:vjəs) *a.* previ. *2* anterior, precedent. ‖ ***~ to,*** abans de. ▪ *3* **-ly** *adv.* prèviament. *2* anteriorment, abans.
prevision (pri:'viʒən) *s.* previsió *f.*
prey (prei) *s.* presa *f.*, rapinya *f. 2* fig. presa *f.*, víctima *f.*, botí *m.*
prey (to) (prei) *i.* ***to ~ on*** o ***upon,*** atacar, devorar [una presa]; robar, pillar; preocupar, amoïnar.
price (prais) *s.* preu *m.*, cost *m.*, valor *m.* [també fig.]. ‖ fig. ***at any ~,*** a qualsevol preu. ‖ ***fixed ~,*** preu fix. *2* COM. cotització *f.* ‖ ***closing ~,*** cotització final. ‖ ***opening ~,*** cotització d'obertura o inicial.
price (to) (prais) *t.* valorar, taxar, avaluar, posar preu a. *2* fig. valorar.
priceless ('praislis) *a.* inapreciable, inesti-

mable, que no té preu. *2* col·loq. divertidíssim, graciosíssim.

prick (prik) *s.* punxada *f.*, picada *f.*, fiblada *f.* *2* vulg. pixa *f.*, verga *f.*, cigala *f.*

prick (to) (prik) *t.* punxar(se, picar. *2* burxar. *3* foradar, perforar. *4* ***to ~ up one's ears,*** parar orella. *5* fig. remordir *i.* ▪ *6 i.* picar, formiguejar.

prickle ('prikl) *s.* BOT. espina *f.*, punxa *f.* *2* ZOOL. pua *f.*, punxa *f.* *3* picor *f.*, coïssor *m.*

prickle (to) ('prikl) *t.-i.* picar [també fig.].

prickly ('prikli) *a.* espinós [també fig.]. *2* ple d'espines; que pica.

prickly pear (,prikli'pɛəʳ) *s.* BOT. figuera *f.* de moro [arbre]. *2* figa *f.* de moro [fruit].

pride (praid) *s.* orgull *m.* ‖ ***to take ~ in,*** enorgullir-se. *2* altivesa *f.*, supèrbia *f.* *3* ***false ~,*** vanitat *f.* *4* fig. pompa *f.*, esplendor *f.*

pride (to) (praid) *p.* ***to ~ oneself on*** o ***upon,*** enorgullir-se de o per.

priest (pri:st) *s.* sacerdot *m.* ‖ ***high ~,*** summe sacerdot.

priestess ('pri:stis) *s.* sacerdotessa *f.* ‖ ***high ~,*** summa sacerdotessa.

priesthood ('pri:sthud) *s.* sacerdoci *m.* *2* clergat *m.*

prig (prig) *s.* beat, pretensiós. *2* presumptuós, pedant.

prim (prim) *a.* primmirat, repolit, melindrós. *2* rigorós, exacte. ▪ *3* **-ly** *adv.* melindrosament, amb afectació, etc.

primacy ('praiməsi) *s.* primacia *f.*

primary ('praiməri) *a.* primari. *2* primer. *3* fonamental, essencial, bàsic. *4* ENSENY. primari: ~ ***education,*** ensenyament primari; ~ ***school,*** escola primària. ▪ *5 s. pl.* (EUA) eleccions *f.* primàries. ▪ *6* ***primarily*** *adv.* en primer lloc, abans de tot, principalment.

primate ('praimeit) *s.* ECLES. primat *m.* *2* ZOOL. primats *m. pl.*

prime (praim) *a.* primer, principal. ‖ ~ ***mover,*** força *f.* motriu; fig. instigador, promotor. *2* fonamental, bàsic. *3* original, primitiu. *4* superior, excel·lent, selecte. *5* MAT. primer. ▪ *6 s.* prima *f.* [hora]. *7* flor *f.*; perfecció *f.* ‖ ***the ~ of life,*** la flor de la vida. *9* poèt. alba *f.*, albada *f.*

prime (to) (praim) *t.* encebar [una arma, etc.]. *2* preparar [una superfície, etc.]. *3* instruir, informar.

prime minister (,praim'ministəʳ) *s.* primer ministre.

primer ('praiməʳ) *s.* llibre *m.* elemental [de text]. *2* carbasseta *f.* *3* fulminant *m.*

primeval (prai'mi:vəl) *a.* primitiu, prehistòric.

primitive ('primitiv) *a.* primitiu. *2* rudimentari. ▪ *3 s.* ART primitiu.

primordial (prai'mɔ:djəl) *a.* primordial.

primrose ('primrouz) *s.* BOT. primavera *f.*, prímula *f.*

prince (prins) *s.* príncep *m.*

princely ('prinsli) *a.* principesc, digne d'un príncep. *2* fig. noble, regi.

princess (prin'ses) *f.* princesa *f.*

principal ('prinsipl) *a.* principal. ▪ *2 s.* cap. *3* director [d'un col·legi]; rector [de la universitat]. *4* COM. capital *m.* principal. *5* DRET poderdant. ▪ *6* **-ly** *adv.* principalment.

principality (,prinsi'pæliti) *s.* principat *m.*

principle ('prinsəpl) *s.* principi *m.* [origen, veritat fonamental; norma; llei]. ‖ ***in ~,*** en principi. ‖ ***on ~,*** per principi. *2* QUÍM. principi *m.*

print (print) *s.* emprempta *f.*, marca *f.* ‖ ***finger ~s,*** empremtes *f.* digitals. ‖ ***foot ~s,*** petjades *f.* *2* estampa *f.*, gravat *m.*, imprès *m.* ‖ ***in ~,*** imprès; a la venda; disponible; ***large ~,*** caràcters *m. pl.* grans; ***out of ~,*** exhaurit; ***small ~,*** caràcters *m. pl.* petits; ***to get into ~,*** publicar-se. *3* FOT. còpia *f.* *4* TÈXT. estampat *m.*

print (to) (print) *t.* imprimir, gravar [també fig.]. *2* publicar, tirar, fer una tirada. *3* escriure amb lletres d'imprempta. *4* TÈXT. estampar. ▪ *5 i.* imprimir-se *p.*

printable ('printəbl) *a.* imprimible.

printed ('printid) *a.* imprès. ‖ ~ ***circuit,*** circuit imprès. ‖ ~ ***matter/papers,*** impresos. *2* estampat, gravat. *3* d'impremta.

printing ('printiŋ) *s.* impressió *f.* *2* estampat *m.* *3* impremta *f.*, tipografia *f.* *4* imprès *m.*, estampa *f.* *5* tiratge *m.*

printing house ('printiŋ,haus) *s.* impremta *f.*

printing office ('printiŋ,ɔfis) *s.* impremta *f.*, taller *m.* gràfic.

printing press ('printiŋ,pres) *s.* premsa *f.*

prior ('praiəʳ) *a.* anterior, previ. ▪ *2 adv.* ~ ***to,*** abans de. ▪ *3 s.* ECLES. prior *m.*

priority (prai'ɔriti) *s.* prioritat *f.* *2* antelació *f.*

prism (prizəm) *s.* FÍS., MAT. prisma *m.*

prismatic (priz'mætik) *a.* prismàtic. *2* brillant, variat [colors].

prison ('prizn) *s.* presó *f.* ▪ *2 a.* de la presó, penitenciari. ‖ ~ ***population,*** població reclusa. ‖ ~ ***system,*** règim penitenciari.

prisoner ('priznəʳ) *s.* pres, presoner. *2* detingut, arrestat. *3* DRET acusat.

pristine ('pristi:n) *a.* pristi, primitiu, original.

privacy ('praivəsi) *s.* retir *m.*, aïllament *m.*

2 secret *m.*, reserva *f.* 3 intimitat *f.*, vida *f.* privada.

private ('praivit) *a.* privat, personal, particular. ‖ ~ ***hospital,*** clínica privada; ~ ***means,*** mitjans o béns personals; ~ ***parts,*** parts pudendes. 2 reservat, confidencial. 3 secret. 4 íntim. 5 sol: ***they wish to be*** ~, volen estar sols. ▪ 6 *s.* soldat *m.* ras. 7 ***in*** ~, en privat; en secret; a porta tancada. ▪ 8 **-ly** *adv.* en la intimitat; en secret; confidencialment, personalment; a porta tancada.

private enterprise (ˌpraivit'entəpraiz) *s.* iniciativa *f.* privada.

privateer (ˌpraivə'tiəʳ) *s.* MAR. corsari *m.*

privation (prai'veiʃən) *s.* privació *f.*, estretor *f.*, misèria *f.*, penúria *f.*

privilege ('privilidʒ) *s.* privilegi *m.* 2 prerrogativa *f.*, honor *m.* 3 exempció *f.* 4 immunitat *f.*: ***parliamentary*** ~, immunitat parlamentària.

privy ('privi) *a.* privat, ocult, secret. ‖ ~ ***council,*** consell privat; ~ ***parts,*** parts pudendes; ~ ***seal,*** segell real. 2 ~ ***to,*** assabentat; còmplice de. ▪ 3 *s.* ant col·loq. wàter.

prize (praiz) *s.* premi *m.*, recompensa *f.* [també fig.]. 2 grossa *f.* [de loteria]. 3 MAR. presa *f.*, captura *f.* ▪ 4 *a.* de primera. 5 digne de premi.

prize (to) (praiz) *t.* apreuar, estimar, valorar, avaluar. 2 alçapremar, palanquejar.

prize giving ('praizgiviŋ) *s.* repartiment *m.* de premis.

prizewinning ('praizwiniŋ) *a.* premiat, guardonat.

probability (ˌprɔbə'biliti) *s.* probabilitat *f.* ‖ ***in all*** ~, probablement, amb tota probabilitat. 2 versemblança *f.*

probable ('prɔbəbl) *a.* versemblant.

probation (prə'beiʃən) *s.* període *m.* de prova. 2 DRET llibertat *f.* vigilada. ‖ ***on*** ~, a prova; en llibertat provisional. ‖ ~ ***officer,*** oficial *m.* encarregat de la vigilància de les persones en llibertat condicional.

probe (proub) *s.* MED. sonda *f.* 2 enquesta *f.*, sondeig *m.*, investigació *f.* 3 TECNOL. ***space*** ~, sonda *f.* còsmica.

probe (to) (proub) *t.* MED. sondar. 2 explorar, sondejar, investigar. ▪ 3 *i.* ***to*** ~ ***into,*** examinar *t.*, investigar *t.*, esbrinar *t.*

probity ('proubiti) *s.* form. probitat *f.*

problem ('prɔbləm) *s.* problema *m.* ▪ 2 *a.* problemàtic, difícil: ***a*** ~ ***child,*** un nen problemàtic, un nen difícil.

problematic(al (ˌprɔbli'mætik, -əl) *a.* problemàtic. 2 enigmàtic, dubtós.

procedure (prə'si:dʒəʳ) *s.* procediment *m.* ‖ ***legal*** ~, procediment legal. 2 tràmits *m. pl.*, diligències *f. pl.*

proceed (to) (prə'si:d) *i.* procedir. 2 prosseguir, continuar.

proceeding (prə'si:diŋ) *s.* procediment *m.* 2 marxa *f.*, procés *m.* 3 sistema *m.* 4 *pl.* actes *f. pl.* 4 DRET procés *m.*, actuacions *f. pl.*

proceeds ('prousi:dz) *s. pl.* producte *m. sing.*, beneficis *m.*, guanys *m.*

process ('prouses) *s.* procés *m.*, curs *m.*, progrés *m.* ‖ ***in*** ~, en curs; ***in*** ~ ***of,*** en via de, en curs de. ‖ ***in*** ~ ***of time,*** amb el temps *m.* 2 procediment *m.*, sistema *f.* 3 ANAT., BOT. apòfisi *f.*, apèndix *m.* 4 DRET procés *m.*, causa *f.* 5 TECNOL. fotomecànica *f.*

process (to) ('prouses) *t.* tractar. 2 transformar, elaborar. 3 processar. 4 FOT. revelar. 5 IMPR. reproduir per fotomecànica.

process (prə'ses) *i.* anar en processó; desfilar.

processing ('prousesiŋ) *s.* tractament *m.* 2 procediment *m.* 3 transformació *f.* 4 INFORM. processament *m.* ‖ ***central*** ~ ***unit,*** unitat *f.* central; ***data*** ~, processament de dades.

procession (prə'seʃən) *s.* processó *f.* 2 desfilada *f.*, seguici *m.*, cavalcada *f.* 3 curs *m.*, progrés *m.* 4 fig. sèrie *f.*

proclaim (to) (prə'kleim) *t.* proclamar. 2 declarar, anunciar. 3 revelar, descobrir.

proclamation (ˌprɔklə'meiʃən) *s.* proclamació *f.* 2 declaració *f.* 3 proclama *f.*, ban *m.*, edicte *m.*

proclivity (prə'kliviti) *s.* form. proclivitat *f.*, tendència *f.*, inclinació *f.*

procrastinate (to) (prou'kræstineit) *t.-i.* diferir *t.*, ajornar *t.*

procreation (ˌproukri'eiʃən) *s.* procreació *f.*

procure (to) (prə'kjuəʳ) *t.* procurar aconseguir, obtenir. 2 procurar, proporcionar.

prod (prɔd) *s.* cop *m.* 2 punxada *f.*, fiblada *f.* 3 fig. estímul *m.*

prod (to) (prɔd) *t.* donar un cop [amb un objecte punxagut]. 2 donar un cop de colze. 3 picar, punxar. 3 fig. estimular.

prodigal ('prɔdigəl) *a.* pròdig. ‖ BIB. ***the Prodigal Son,*** el fill *m.* pròdig. ▪ 2 **-ly** *adv.* pròdigament.

prodigious (prə'didʒəs) *a.* prodigiós, portentós. 2 enorme, immens. ▪ 3 **-ly** *adv.* prodigiosament.

prodigy ('prɔdidʒi) *s.* prodigi *m.*, portent *m.* ‖ ***child/infant*** ~, nen prodigi.

produce ('prɔdju:s) *s.* producte *m.*, producció. ‖ AGR. ***farm*** ~, productes *m. pl.* agrícoles.

produce (to) (prə'dju:s) *t.* presentar, mostrar, exhibir. 2 produir, fabricar. 3 criar.

4 causar, ocasionar. *5* CINEM. produir. *6* DRET presentar. *7* TEAT. dirigir, posar en escena. *8* TELEV. realitzar. ■ *10 i.* produir *t.*

producer (prəˈdju:səʳ) *s.* productor. *2* fabricant. *3* CINEM. productor. *4* TEAT. director d'escena, escenògraf. *5* TELEV. realitzador.

product (ˈprɔdʌkt) *s.* producte *m.*, producció *f.* || ***gross national ~,*** producte nacional brut. || ***manufactured ~s,*** productes manufacturats. *2* resultat *m.*, efecte *m.* *3* MAT., QUÍM. producte *m.*

production (prəˈdʌkʃən) *s.* producció *f.* || ***mass ~,*** producció en sèrie. *2* fabricació *f.* *3* rendiment *m.* *4* ART, LIT. obra *f.* *5* CINEM., TELEV. realització *f.* *6* TEAT. direcció *f.* escènica, representació *f.* ■ *7 a.* de sèrie. || ***~ motorcycle,*** motocicleta de sèrie.

production line (prəˈdʌkʃnˌlain) *s.* cadena *f.* de muntatge.

productive (prəˈdʌktiv) *a.* productiu. *2* AGR. fèrtil, fecund [també fig.].

profane (prəˈfein) *a.* profà. *2* irreverent, blasfem. *3* malparlat, groller.

profane (to) (prəˈfein) *t.* profanar.

profanity (prəˈfæniti) *s.* profanitat *f.* *2* irreverència *f.*, renec *m.* *3* blasfèmia *f.* *4 pl.* renecs *m.*

profess (to) (prəˈfes) *t.* professar. *2* declarar, manifestar, confesar. *3* exercir. ■ *4 i.* exercir.

professed (prəˈfest) *a.* declarat. *2* ostensible. *3* suposat, pretès. *4* profés.

profession (prəˈfeʃən) *s.* professió *f.*, ofici *m.* || ***by ~,*** de professió. *2* professió *f.*, manifestació *f.* || ***~ of faith,*** professió de fe. *3* professió *f.*, religió *f.*

professor (prəˈfəsəʳ) *s.* catedràtic. *2* professor.

professorship (prəˈfesəʃip) *s.* càtedra *f.* *2* professorat *m.*

proffer (ˈprɔfəʳ) *s.* oferta *f.*, proposició *f.*

proffer (to) (ˈprɔfəʳ) *t.* oferir, proposar, presentar [una oferta].

proficiency (prəˈfiʃənsi) *s.* perícia *f.*, habilitat *f.*, capacitat *f.*

proficient (prəˈfiʃənt) *a.* pèrit, expert. *2* competent, capaç. *3* destre, hàbil.

profile (ˈproufail) *s.* perfil *m.* || ***in ~,*** de perfil. *2* silueta *f.*, contorn *m.* *3* descripció *f.* *4* fig. retrat *m.*; ressenya *f.* biogràfica. *5* ARQ. secció *f.*

profile (to) (ˈproufail) *t.* perfilar(se.

profit (ˈprɔfit) *s.* profit *m.*, avantatge *m.*, utilitat *f.* *2* COM. guany *m.*, benefici *m.* || ***~ and loss,*** guanys *m. pl.* i pèrdues. || ***~ sharing,*** participació *f.* en els beneficis.

profit (to) (ˈprɔfit) *i.* guanyar, treure profit, beneficiar-se *p.* *2* ***to ~ by,*** treure profit, aprofitar(se. ■ *3 t.* aprofitar. *4* ser útil a, servir.

profitability (ˌprɔfitəˈbiliti) *s.* rendibilitat *f.*

profitable (ˈprɔfitəbl) *a.* profitós, beneficiós, rendible, lucratiu.

profiteer (ˌprɔfiˈtiəʳ) *s.* aprofitat, acaparador, explotador.

profligate (ˈprɔfligit) *a.-s.* llibertí, llicenciós. *2* pròdig, malgastador.

profound (prəˈfaund) *a.* profund. ■ *2* **-ly** *adv.* profundament.

profuse (prəˈfju:s) *a.* profús. *2* pròdig, generós. ■ *3* **-ly** *adv.* profusament; pròdigament.

profusion (prəˈfju:ʒən) *s.* profusió *f.*, abundància *f.* *2* prodigalitat *f.*

progeny (ˈprɔdʒini) *s.* prole *f.*, descendència *f.*

prognosticate (to) (prɔgˈnɔstikeit) *t.* pronosticar.

programme, (EUA) **program** (ˈprougræm) *s.* programa *m.*

programme, (EUA) **program (to)** (ˈprougræm) *t.* INFORM. programar. *2* projectar, programar.

progress (ˈprougres) *s.* progrés *m.* *2* marxa *f.*, curs *m.*, desenvolupament *m.*

progress (to) (prəˈgres) *i.* progressar, fer progressos. *2* avançar. *3* desenvolupar-se *p.*

progressive (prəˈgresiv) *a.* progressiu. *2* POL. progressista. ■ *3 s.* POL. progressista.

prohibit (to) (prəˈhibit) *t.* prohibir. *2* impedir.

prohibition (ˌprouiˈbiʃən) *s.* prohibició *f.* || (EUA) ***~ law,*** llei *f.* seca, prohibicionisme *m.*

project (ˈprɔdʒekt) *s.* projecte *m.*, pla *m.*

project (to) (prəˈdʒekt) *t.* projectar, idear. *2* projectar, llançar. *3* GEOM. projectar. ■ *4 i.* sobresortir, destacar.

projection (prəˈdʒekʃn) *s.* projecció *f.* *2* sortint *m.* *3* fig. concepció *f.*

projection room (prəˈdʒekʃnˌru:m) *s.* CINEM. cabina *f.* de projecció.

proletariat (ˌprouleˈtɛəriət) *s.* proletariat *m.*

proliferation (prəˌlifəˈreiʃn) *s.* proliferació *f.*, multiplicació *f.* || ***non- ~ treaty,*** tractat *m.* per a la no proliferació d'armament nuclear.

prolix (ˈprouliks) *a.* form. prolix, difús.

prologue (ˈproulɔg) *s.* pròleg.

prolong (to) (prəˈlɔŋ) *t.* prolongar, perllongar. *2* allargar.

promenade (ˌprɔmiˈnɑ:d) *s.* passeig *m.* *2* avinguda *f.*, passeig *m.* *3* passeig *m.* marítim.

promenade concert (ˈprɔmənɑ:dˌkɔnsət) *s.*

concert *m.* en el qual una part del públic està dret.

prominence ('prɔminəns) *s.* prominència *f.* 2 fig. eminència *f.* importància *f.* ‖ ***to come into ~,*** adquirir importància.

prominent ('prɔminənt) *a.* prominent, sortint. 2 fig. notable, distingit, eminent. ▪ 3 **-ly** *adv.* prominentment, eminentment.

promiscuous (prə'miskjuəs) *a.* promiscu. 2 llicenciós, llibertí.

promise ('prɔmis) *s.* promesa *f.* 2 avenir *m.* 3 esperança *f.*

promise (to) ('prɔmis) *t.-i.* prometre 2 augurar, prometre, pronosticar, anunciar. ‖ ***the Promised Land,*** la terra promesa.

promising ('prɔmisiŋ) *a.* prometedor, falaguer, que promet.

promissory ('prɔmisəri) *a.* promissori. ‖ COM. ~ ***note,*** pagaré.

promontory ('prɔməntri) *s.* promontori *m.*

promote (to) (prə'mout) *t.* promoure, ascendir. 2 promoure, fomentar. 3 estimular, afavorir. 4 fundar, organitzar [una empresa]. 5 finançar.

promotion (prə'mouʃən) *s.* promoció *f.* 2 ascens *m.* ‖ ~ ***list,*** escalafó *m.* 3 foment *m.* 4 creació *f.*, fundació *f.* 5 presentació *f.*

prompt (prɔmpt) *a.* prompte, prest. 2 llest, preparat. 3 ràpid, puntual, immediat. ‖ ~ ***payment,*** pagament immediat. ▪ 4 *s.* TEAT. apuntament *m.* ▪ 5 **-ly** *adv.* amb promptitud; ràpidament; immediatament, puntualment.

prompt (to) (prɔmpt) *t.* incitar, induir, moure. 2 suggerir, inspirar. ▪ 3 TEAT. apuntar.

prompt box ('prɔmptbɔks) *s.* TEAT. coverol *m.*

prompter ('prɔmptə[r]) *s.* TEAT. apuntador.

promulgate (to) ('prɔməlgeit) *t.* promulgar, publicar. 2 fig. divulgar, difondre.

prone (proun) *a.* pron, bocaterrós. 2 inclinat, propens.

prong (prɔŋ) *s.* pua *f.*, punxa *f.*, punta *f.*, pollegó *m.* [de forca, de forquilla, etc.]. 2 forca *f.*

pronoun ('prounaun) *s.* GRAM. pronom *m.*

pronounce (to) (prə'nauns) *t.* pronunciar [sons; sentències]. 2 declarar. ▪ 3 *i.* pronunciar-se *p.*

pronounced (prə'naunst) *a.* pronunciat, marcat, decidit, fort.

pronunciation (prəˌnʌnsi'eiʃən) *s.* pronunciació *f.*

proof (pru:f) *s.* prova *f.* 2 comprovació *f.* 3 assaig *m.* 4 DRET., FOT., IMPR., MAT. prova *f.* ‖ IMPR. ~ ***reader,*** corrector de proves. ▪ 5 *a.* resistent. ‖ ~ ***against,*** a prova de. 6 de graduació normal [alcohol].

prop (prɔp) *s.* suport *m.*, puntal *m.*, pilar *m.* [també fig.]. 2 AVIA. (abrev. ***propeller***) hèlice *f.* 3 CINEM., TEAT. (abrev. ***properties***) accesoris *m. pl.*

prop (to) (prɔp) *t.* apuntalar, suportar, sostenir [també fig.]. 2 mantenir. 3 ***to ~ oneself against,*** repenjar-se a, sobre.

propaganda (ˌprɔpə'gændə) *s.* pej. propaganda *f.*

propagate (to) ('prɔpəgeit) *t.* propagar. 2 difondre. ▪ 3 *i.* propagar-se *p.*

propel (to) (prə'pel) *t.* propulsar, impel·lir.

propeller (prə'pelə[r]) *s.* propulsor *m.* 2 hèlix *f.*, hèlice *f.* [de vaixell o avió].

propensity (prə'pensiti) *s.* propensió *f.*, tendència *f.*

proper ('prɔpə[r]) *a.* propi, característic. 2 propi, apropiat. 3 correcte [en el seu ús, etc.]. 4 pròpiament dit. 5 convenient, adient. 6 decent. 7 GRAM. propi [nom]. ▪ 8 **-ly** *adv.* pròpiament, correctament, convenientment, degudament.

property ('prɔpəti) *s.* propietat *f.* 2 TEAT. accesoris *m. pl.*

prophecy ('prɔfisi) *s.* profecia *f.*

prophesy (to) ('prɔfisai) *t.-i.* profetitzar *t.*

prophet ('prɔfit) *s.* profeta.

prophetic(al (prə'fetik, -əl) *a.* profètic.

propitiate (to) (prə'piʃieit) *i.* propiciar.

propitious (pre'piʃəs) *a.* propici. 2 favorable. ▪ 3 **-ly** *adv.* propíciament.

proportion (prə'pɔ:ʃən) *s.* proporció *f.*, correlació *f.* ‖ ***in ~ to,*** en proporció amb. 2 *pl.* proporcions *f.*, tamany *m. sing.* 3 MAT. proporció *f.*

proportion (to) (prə'pɔ:ʃən) *t.* proporcionar, equiparar.

proportional (prə'pɔ:ʃənl) *a.* proporcional. ▪ 2 **-ly** *adv.* proporcionalment.

proportionate (prə'pɔ:ʃənit) *a.* Veure PROPORTIONAL.

proposal (prə'pouzəl) *s.* proposició *f.*, proposta *f.* 2 oferiment *m.*, oferta *f.* 3 declaració *f.*, proposta *f.* de matrimoni.

propose (to) (prə'pouz) *t.* proposar. 2 proposar-se *p.* de, tenir la intenció de. ▪ 3 *i.* proposar *t.* 4 demanar *t.* la mà, declarar-se *p.*

proposition (ˌprɔpə'ziʃən) *s.* proposició *f.*, afirmació *f.* 2 proposició *f.* 3 tasca *f.*, empresa *f.* 4 col·loq. problema *m.*

propound (to) (prə'paund) *t.* form. proposar. 2 presentar, plantejar.

proprietor (prə'praiətə[r]) *s.* propietari *m.*, amo *m.*

proprietress (prə'praiətris) *s.* propietària *f.*, mestressa *f.*

propriety (prə'praiəti) *s.* propietat *f.* [qualitat d'apropiat]. 2 correcció *f.*, decència *f.* 3 *pl.* urbanitat *f.*, normes *f.* socials.

prorogue (to) (prə'roug) *t.* prorrogar.
proscribe (to) (prəs'kraib) *t.* proscriure.
proscription (prəs'kripʃn) *s.* proscripció *f.*
prose (prouz) *s.* prosa *f.*
prosecute (to) ('prɔsikju:t) *t.* form. prosseguir, continuar. *2* DRET processar, demandar.
prosecution (ˌprɔsi'kju:ʃən) *s.* form. prossecució *f.*, continuació *f.* *2* DRET procés *m.*, processament *m.* *3* DRET ministeri *m.* fiscal.
prosecutor ('prɔsikju:tə^r) *s.* DRET demandant; acusador privat. *2* DRET *public ~,* fiscal.
prosody ('prɔsedi) *s.* mètrica *f.* *2* prosòdia *f.*
prospect ('prɔspekt) *s.* perspectiva *f.* *2* vista *f.*, panorama *f.* *3 pl.* expectatives *f.* *4* esperança *f.* *5* possible client.
prospect (to) (prəs'pekt) *t.* explorar [per buscar or, petroli, etc.]. ▪ *2 i.* fer prospeccions.
prospective (prəs'pektiv) *a.* possible, probable, en perspectiva.
prospectus (prəs'pektəs) *s.* prospecte *m.*
prosper (to) ('prɔspə^r) *i.* prosperar. ▪ *2 t.* liter. fer prosperar, afavorir.
prosperity (prɔs'periti) *s.* prosperitat *f.*
prosperous ('prɔspərəs) *a.* pròsper.
prostitute ('prɔstitju:t) *s.* prostituta.
prostrate ('prɔstreit) *a.* prostrat, prosternat. *2* fig. abatut, aclaparat. *3* BOT. prostrat.
prostrate (to) (prɔs'treit) *t.* prostrar, abatre. *2 to ~ oneself,* prostrar-se, prosternar-se.
prostration (prɔs'treiʃən) *s.* prostració *f.*
prosy ('prouzi) *a.* prosaic [estil]. *2* llauna, avorrit.
protect (to) (prə'tekt) *t.* protegir.
protection (prə'tekʃən) *s.* protecció *f.*
protective (prə'tektiv) *a.* protector. *2* proteccionista.
protector (prə'tektə^r) *s.* protector.
protein ('prouti:n) *s.* QUÍM. proteïna *f.*
protest ('proutest) *s.* protesta *f.*
protest (to) (prə'test) *t.-i.* protestar.
Protestant ('prɔtistənt) *a.-s.* REL. protestant.
Protestantism ('prɔtistəntizəm) *s.* REL. protestantisme *m.*
protocol ('proutəkɔl) *s.* protocol *m.*
protract (to) (prə'trækt) *t.* allargar, prolongar.
protrude (to) (prə'tru:d) *t.* fer sortir. ▪ *2 i.* sortir, sobresortir.
protuberance (prə'tju:bərəns) *s.* protuberància *f.*
proud (praud) *a.* orgullós. ‖ *to be ~ of,* enorgullir-se de. *2* superb, arrogant. *3* esplèndid, magnífic, noble. ▪ *4* **-ly** *adv.* orgullosament, amb orgull; arrogantment; esplèndidament.
prove (to) (pru:v) *t.* provar. *2* demostrar, comprovar. *3* confirmar. *4* posar a prova; fer la prova de. ▪ *5 i.* sortir, resultar. *6* demostrar *t.* que s'és [apte, etc.]. ▲ p.p.: ***proved*** (pru:vd) o ***proven*** (pru:vn).
provender ('prɔvində^r) *s.* pinso *m.*, farratge *m.* *2* col·loq. menjar *m.*, teca *f.*
proverb ('prɔvə:b) *s.* proverbi *m.*, refrany *m.*, dita *f.*
provide (to) (prə'vaid) *t.* proveir, proporcionar. *2* subministrar. *3* estipular. ▪ *4 i. to ~ for,* mantenir *t.*, proveir *t.* de, proporcionar mitjans de vida. *5 to ~ against,* prevenir-se *p.* contra, prendre precaucions contra.
provided (prə'vaidid) *conj.* *~ (that),* a condició que, sempre que.
providence ('prɔvidəns) *s.* providència *f.*, previsió *f.* *2* REL. providència *f.*
provident ('prɔvidənt) *a.* provident, previsor.
province ('prɔvins) *s.* província *f.* *2* regió *f.*, districte *m.*, comarca *f.* *3* esfera *f.*, àmbit *m.* [d'activitat, etc.]. *4* competència *f.*, incumbència *f.*
provision (prə'viʒən) *s.* provisió *f.*, previsió *f.* *2* mesura *f.*, providència *f.* *3 pl.* provisions *m.* DRET clàusula *f.*, disposició *f.*
provisional (prə'viʒənl) *a.* provisional. ▪ *2* **-ly** *adv.* provisionalment.
proviso (prə'vaizou) *s.* estipulació *f.*, condició *f.*, clàusula *f.*
provocative (prə'vɔkətiv) *a.* provocatiu, provocador.
provoke (to) (prə'vouk) *t.* provocar, causar. *2* provocar, irritar.
provoking (prə'voukiŋ) *a.* provocador, provocatiu. *2* irritant, exasperant.
prow (prau) *s.* MAR. proa *f.*
prowess ('prauis) *s.* valor *m.*, coratge *m.* *2* habilitat *f.*, traça *f.*
prowl (to) (praul) *t.-i.* rondar [a l'aguait].
proximate ('prɔksimit) *a.* form. pròxim; immediat.
proxy ('prɔksi) *s.* procuració *f.*, delegació *f.* ‖ *by ~,* per poders *m. pl.* *2* apoderat, delegat.
prude (pru:d) *s.* melindrós, amanerat.
prudence ('pru:dəns) *s.* prudència *f.*
prudent ('pru:dənt) *a.* prudent; previsor. ▪ *2* **-ly** *adv.* prudentment.
prudery ('pru:dəri) *s.* amanerament *m.*, afectació *f.*
prudish ('pru:diʃ) *a.* melindrós, primmirat.
prune (to) (pru:n) *t.* podar. *2* fig. treure, retallar.

pruning-hook ('pru:niŋ,huk) , **pruning-knife** ('pru:niŋ,naif) *s.* podadora *f.*, podall *m.*
prurience ('pruəriəns) *s.* lascívia *f.*
pry (to) (prai) *i.* espiar, tafanejar. ▪ *2 t.* alçapremar, palanquejar.
ps (,pi:'es) *s.* (abrev. ***postscript***) postdata *f.*
psalm (sɑ:m) *s.* psalm *m.*, salm *m.*
pseudonym ('sju:dənim) *s.* pseudònim *m.*
psychiatrist (sai'kaiətrist) *s.* psiquiatra.
psychiatry (sai'kaiətri) *s.* psiquiatria *f.*
psychologic(al (,saikə'lɔdʒik(əl) *a.* psicològic.
psychologist (sai'kɔlədʒist) *s.* psicòleg.
psychology (sai'kɔledʒi) *s.* psicologia *f.*
psychosis (sai'kousis) *s.* MED. psicosi *f.*
pub (pʌb) *s.* bar *m.*, pub *m.*
puberty ('pju:bəti) *s.* pubertat *f.*
public ('pʌblik) *a.* públic. ▪ *2 s.* públic *m.* ▪ *3* **-ly** *adv.* públicament.
publication (,pʌbli'keiʃən) *s.* publicació *f.* *2* edició *f.*
public-house (,pʌblik'haus) *s.* bar *m.*, pub *m.*
publicity (pʌ'blisiti) *s.* publicitat *f.*
publish (to) ('pʌbliʃ) *t.* publicar. *2* editar. *3* difondre, escampar.
publisher ('pʌbliʃə^r^) *s.* editor.
pucker ('pʌkə^r^) *s.* arruga *f.*, plec *m.*
pucker (to) ('pʌkə^r^) *t.* arrugar, plegar. ▪ *2 i.* ***to ~ (up),*** arrugar-se *p.*
pudding ('pudiŋ) *s.* púding *m.*
puddle ('pʌdl) *s.* bassal *m.*, toll *m.*
pudgy ('pʌdʒi) *a.* rodanxó, rabassut.
puerility (pjuə'riliti) *s.* puerilitat *f.*
puff (pʌf) *s.* bufada *f.* *2* alenada *f.*, bafarada *f.* *3* CUI. bunyol *m.* *4* COST. bollat *m.*
puff (to) (pʌf) *i.* bufar; esbufegar. *2* fumar, fumejar. ▪ *3 t.* bufar. *4* treure, deixar anar [fum, etc.]. *5* ***to ~ out,*** inflar. *6* ***to ~ up,*** inflar-se *p.*, estarrufar-se *p.*
puff pastry ('pʌf,peistri) *s.* pasta *f.* de full.
pugilist ('pju:dʒilist) *s.* púgil, boxador.
pugnacious (pʌg'neiʃəs) *a.* form. pugnaç, belicós.
pull (pul) *s.* estirada *f.*, estrebada *f.* *2* glop *m.* *3* atracció *f.* *4* esforç *m.* *5* pipada *f.* *6* agafador *m.*, cordó *m.* *7* col·loq. influències *f. pl.*, padrins *m. pl.*
pull (to) (pul) *t.* estirar. *2* arrossegar. *3* atreure. *4* arrencar, treure, (VAL.) traure. *5* estripar, esquinçar, destrossar. *6* prémer, pitjar. *7* córrer, descórrer [cortines]. *8* moure [rems]. *9* distendre [un lligament, una articulació]. *10* impulsar. *11* treure [una arma]. *12* fig. ***to ~ one's leg,*** prendre el pèl. ▪ *13 i.* estirar *t.*, donar una estrebada. *14* xuclar, fer un traguet. *15* girar, desviar-se *p.* *16* remar. ▪ ***to ~ apart,*** separar; esquinçar; ***to ~ away,*** arrencar; separar-se; ***to ~ back,*** fer-se enrere; ***to ~ down,*** enderrocar; abaixar; desanimar; ***to ~ in,*** aturar-se arribar [un tren]; ***to ~ off,*** arrencar [vehicle]; sortir-se'n; ***to ~ on;*** posar-se [mitges, mitjons, etc.]; ***to ~ out,*** arrencar, treure; sortir, marxar; ***to ~ through,*** recuperar-se; dur a terme; treure d'un mal pas; ***to ~ up,*** acostar, apropar-se; arrencar; aturar; renyar.
pulley ('puli) *s.* corrida *f.*, politja *f.*
pullover ('pul,ouvə^r^) *s.* pullòver *m.*, jersei *m.*
pulp (pʌlp) *s.* polpa *f.* *2* pasta *f.* [de paper, de fusta].
pulpit ('pulpit) *s.* púlpit *m.*, trona *f.* *2 pl.* ***the ~s,*** el clergat *m. sing.*
pulsate (to) (pʌl'seit) *i.* bategar, polsar. ▪ *2 t.* fer bategar.
pulse (pʌls) *s.* pols *m.* *2* pulsació *f.*, batec *m.*
pulse (to) (pʌls) *i.* polsar, bategar.
pulverize (to) ('pʌlvəraiz) *t.* polvoritzar. *2* fig. destruir [arguments contraris, etc.]. ▪ *3 i.* esmicolar-se *p.*
puma ('pju:mə) *s.* ZOOL. puma *m.*
pumice, pumice stone ('pʌmisstoun) *s.* pedra *f.* tosca.
pump (pʌmp) *s.* MEC. bomba *f.*: ***water ~,*** bomba d'aigua. *2* bambes *f. pl.*
pump (to) (pʌmp) *t.* bombar, treure, extreure. *2* inflar [amb una bomba]. *3* fig. estirar la llengua. ▪ *4 i.* fer anar una bomba.
pumpkin ('pʌmpkin) *s.* BOT. carbassa *f.*, carabassa *f.*
pun (pʌn) *s.* joc *m.* de paraules.
punch (pʌntʃ) *s.* ponx *m.* *2* cop *m.* (VAL.) colp *m.*, cop *m.* de puny. *3* punxó *m.*, picador *m.* *4* fig. energia *f.*
Punch (pʌntʃ) *n. pr.* putxinel·li *m.* || ***~-and-Judy show,*** teatre *m.* de putxinel·lis.
punch (to) (pʌntʃ) *t.* picar. *2* foradar, perforar. *3* pegar, donar un cop.
punctilious (pʌŋk'tiliəs) *a.* puntós, meticulós.
punctual ('pʌŋktjuəl) *a.* puntual. ▪ *2* **-ly** *adv.* puntualment.
punctuality (,pʌŋktju'æliti) *s.* puntualitat *f.*
punctuate (to) ('pʌŋktjueit) *t.* GRAM. puntuar. *2* interrompre.
punctuation (,pʌnktju'eiʃən) *s.* GRAM. puntuació *f.*
puncture ('pʌŋktʃə^r^) *s.* punxada *f.* MED. punció *f.*
puncture (to) ('pʌŋktʃə^r^) *t.* punxar, foradar. *2* rebentar. *3* fig. desinflar-se *p.* ▪ *4 i.* punxar-se *p.*
pungent ('pʌndʒənt) *a.* picant, fort. *2* mordaç. *3* agut, viu, penetrant.

punish (to) ('pʌniʃ) *t.* castigar, penar. *2* maltractar. *3* col·loq. devorar [menjar].
punishment ('pʌniʃmənt) *s.* càstig *m.*, pena *f.*
punt (pʌnt) *s.* barca *f.* de perxa.
punt (to) (pʌnt) *t.* portar en una barca de perxa. ▪ *2 i.* anar en una barca de perxa. *3* apostar, fer apostes [en cavalls].
puny ('pju:ni) *a.* escarransit, escanyolit. *2* petit, insignificant.
pup (pʌp) *s.* cadell.
pupil ('pju:pl, -pil) *s.* alumne, deixeble. *2* ANAT. pupil·la *f.* *3* DRET pupil.
puppet ('pʌpit) *s.* titella *m.*, putxinel·li *m.*, ninot *m.*
purchase ('pə:tʃəs) *s.* compra *f.*, adquisició *f.* *2* MAR. aparell *m.* *3* MEC. palanca *f.*; suport *m.*; agafador *m.*
purchase (to) ('pə:tʃəs) *t.* comprar, adquirir: ***purchasing power,*** poder adquisitiu.
purchaser ('pə:tʃəsə[r]) *s.* comprador.
pure ('pjuə[r]) *a.* pur. ▪ *2* **-ly** *adv.* purament, simplement.
purgative ('pə:gətiv) *a.* purgatiu, purgant. ▪ *2 s.* purgant *m.*
purgatory ('pə:gətəri) *s.* purgatori *m.*
purge (pə:dʒ) *s.* purga *f.* *2* purgant *m.*
purge (to) (pə:dʒ) *t.* purgar. *2* depurar.
purification (ˌpjuərifi'keiʃən) *s.* purificació *f.* *2* depuració *f.*
purifier (ˌpjuərifaiə[r]) *s.* purificador. *2* depurador.
purify ('pjuərifai) *t.* purificar. *2* depurar.
puritan ('pjuəritən) *a.-s.* purità.
purity ('pjuəriti) *s.* puresa *f.*
purl (pə:l) *s.* poèt. remor *f.* de l'aigua. *2* punt *m.* del revés. *3* COST. punta *f.*
purl (to) (pə:l) *t.* fer punt del revés. *2* posar puntes. ▪ *3 i.* poèt. remorejar [l'aigua]. *4* fer punt del revés.
purloin (to) (pə:'lɔin) *t.* form. robar, furtar.
purple ('pə:l) *a.* porprat, purpuri. ▪ *2 s.* porpra, púrpura [color].
purport ('pə:pət) *s.* significat *m.*, sentit *m.*
purport (to) (pə'pɔ:t) *t.* significar, voler dir; donar a entendre. *2* pretendre.
purpose ('pə:pəs) *s.* propòsit *m.*, intenció *f.*, objectiu *m.* ‖ ***on ~,*** a posta. *2* resolució *f.*, determinació *f.* *3* efecte *m.*, resultat *m.*, ús *m.*, utilitat *m.* ▪ *4* **-ly** *adv.* a posta, expressament.
purpose (to) ('pə:pəs) *t.* liter. proposar-se *p.*
purr (pə:[r]) *s.* ronc *m.*
purr (to) (pə:[r]) *i.* roncar [un gat]. ▪ *2 t.* dir suaument.
purse (pə:s) *s.* moneder *m.*, portamonedes *m.* *2* butxaca *f.*, bossa *f.* [diners]. *3* col·lecta *f.* *4* (EUA) bossa *f.* [de mà].
purse (to) (pə:s) *t.* arrugar, arrufar [les celles], arronsar [els llavis].
pursue (to) (pə'sju:) *t.* perseguir, empaitar, (BAL.) encalçar, (VAL.) acaçar. *2* perseguir [un objectiu]. *3* prosseguir, continuar.
pursuit (pə'sju:t) *s.* persecució *f.*, caça *f.*, recerca *f.* *2* pretensió *f.*, afany *m.* *3* prossecució *f.* *4* ocupació *f.*, feina *f.*, activitat *f.*
purvey (to) (pə:'vei) *t.-i.* proveir *t.*, subministrar *t.*
purveyor (pə:'veiə[r]) *s.* proveïdor, subministrador.
purview ('pə:vju:) *s.* esfera *f.*, límits *m. pl.*, abast *m.*
pus (pʌs) *s.* MED. pus *m.*
push (puʃ) *s.* empenta *f.* *2* empenta *f.*, determinació *f.*, energia *f.* *3* embranzida *f.* *4* moment *m.* crític.
push (to) (puʃ) *t.* empènyer. *2* empentar, (ROSS.) pussar, pussir. *3* trepitjar; prémer. *4* impulsar. *5* insistir, instar, apressar. ▪ *6 i.* empènyer; fer pressió. ▪ ***to ~ aside,*** apartar; deixar de banda; ***to ~ forward,*** avançar, obrir-se pas; ***to ~ in,*** passar davant [en una cua]; col·loq. ***to ~ off,*** tocar el dos; MAR. desatracar; ***to ~ over,*** fer caure, empentar, donar empentes; ***to ~ through,*** fer avançar; dur a terme; ***to ~ up,*** pujar, aixecar.
push-button ('puʃˌbʌtn) *s.* botó *m.*, botó *m.* elèctric.
pusillanimous (ˌpju:si'læniməs) *a.* pusil·lànime.
puss (pus) *s.* mix, mixeta. *2* col·loq. noia *f.*
put (put) *s.* llançament *m.* ▪ *2 a.* ***to stay ~,*** estar quiet.
put (to) (put) *t.* posar, col·locar, ficar. *2* fer [una pregunta]. *3* expressar, exposar. *4* instar, apressar. ▪ *5 i.* MAR. posar el rumb. ▪ ***to ~ aside,*** deixar de banda, deixar de, renunciar a; ***to ~ away,*** guardar; estalviar; rebutjar; ***to ~ back,*** posposar, ajornar; ***to ~ down,*** posar [a terra]; reprimir; ridiculitzar, deixar en ridícul; humiliar; apuntar, anotar; atribuir; ***to ~ forth,*** exposar; mostrar; proposar; ***to ~ forward,*** plantejar, proposar; ***to ~ in,*** dedicar; interrompre; posar; ***to ~ off,*** ajornar; fer esperar; dissuadir, fer perdre les ganes; treure's [un vestit]; ***to ~ on,*** posar-se [un vestit]; oferir [un servei]; encendre [el llum, el foc, etc.]; enganyar; fer posat de; TEAT. posar en escena. ‖ ***to ~ on weight,*** engreixar-se; ***to ~ out,*** treure, (VAL.) traure; apagar [la llum, el foc, etc.]; molestar; desconcertar; dislocar; ***to ~ over,*** expressar, explicar; ***to ~ through,*** posar amb [per telèfon]; fer aprobar; fer passar; ***to ~ together,*** muntar;

to ~ up, aixecar, erigir, armar, muntar; allotjar; enganxar, penjar; oferir [resistència]; proporcionar [diners]; apujar; embolicar. || *to ~ up with,* aguantar, sofrir. ▲ Pret. i p.p.: *put* (put); ger.: *putting* ('putiŋ).

putrefaction (ˌpju:tri'fækʃən) *s.* putrefacció *f.*

putrefy (to) ('pju:trifai) *t.* podrir. ■ *2 i.* podrir-se *p.*

putrid ('pju:trid) *a.* pútrid, podrit. *2* pudent. *3* corromput. *4* col·loq. horrible.

putty ('pʌti) *s.* massilla *f.*

puzzle ('pʌzl) *s.* perplexitat *f.*, estranyesa. *2* problema *m.*, enigma *m.* *3* trencaclosques *m.;* endevinalla *f.* || *crossword ~,* mots *m. pl.* encreuats.

puzzle (to) ('pʌzl) *t.* deixar parat, confondre. *2 to ~ out,* desxifrar, solucionar [un problema, etc.]. ■ *3 i. to ~ over,* meditar sobre, reflexionar sobre.

puzzling ('pʌzliŋ) *a.* enigmàtic, intrigant.

pygmy ('pigmi) *a.-s.* pigmeu.

pyjamas (pə'dʒɑ:məz) *s. pl.* pijama *m. sing.*

pyramid ('pirəmid) *s.* piràmide *f.*

pyre ('paiə^r) *s.* pira *f.*, foguera *f.*

Pyrenees (ˌpirə'ni:z) *n. pr.* GEOGR. Pirineus *m. pl.*

python ('paiθən) *s.* ZOOL. pitó *m.*

Q

Q, q (kju:) *s.* q f. [lletra].
quack (kwæk) *s.* claca *f.* [de l'ànec]. *2* xarlatà, curandero. ▪ *3 a.* fals; de xarlatà.
quack (to) (kwæk) *i.* clacar.
quadrangle ('kwɔˌdræŋgl) *s.* quadrangle *m.* *2* pati *m.* [esp. d'un col·legi].
quag (kwæg) *s.* Veure QUAGMIRE 1.
quagmire ('kwægmaiə^r^) *s.* fanguissar *m.*, fangar *m.* *2* fig. empantanegament *m.*, entrebanc *m.*
quail (kweil) *s.* ORN. guatlla *f.*
quail (to) (kweil) *i.* acovardir-se *p.*, arronsar-se *p.*
quaint (kweint) *a.* curiós, singular, original.
quake (to) (kweik) *i.* tremolar, estremir-se *p.*
qualification (ˌkwɔlifi'keiʃən) *s.* qualificació *f.* *2* condició *f.*, requisit *m.* *3* capacitat *f.*, aptitud *f.*
qualified ('kwɔlifaid) *a.* qualificat, apte, competent.
qualify (to) ('kwɔlifai) *t.* qualificar. *2* capacitar. *3* limitar, concretar. *4* GRAM. modificar. ▪ *5 i.* capacitar-se *p.* *6* ESPORT qualificar-se *p.*
quality ('kwɔliti) *s.* qualitat *f.*
qualm (kwa:m) *s.* dubte *m.*, escrúpol *m.*, remordiment *m.* *2* basques *f. pl.*, nàusea *f.*, mareig *m.*
quandary ('kwɔndəri) *s.* incertesa *f.*, perplexitat *f.* *2* dilema *m.;* situació *f.* difícil.
quantity ('kwɔntiti) *s.* quantitat *f.* *2 pl.* gran quantitat *f. sing.* *3* MAT. ***unknown ~,*** incògnita *f.*
quantity surveyor ('kwɔntitisəˌveiə^r^) *s.* CONSTR. aparellador *m.*
quarantine ('kwɔrənti:n) *s.* quarantena *f.* [aïllament].
quarrel ('kwɔrəl) *s.* disputa *f.*, discussió *f.* *2* baralla *f.*, batussa *f.*
quarrel (to) ('kwɔrəl) *i.* renyir, barallar-se *p.*, discutir. *2* ***to ~ with,*** dissentir de; queixar-se *p.* de; protestar contra.
quarrelsome ('kwɔrəlsəm) *a.* buscabregues; buscaraons.
quarry ('kwɔri) *s.* MIN. pedrissa *f.*, pedrera *f.* *2* presa *f.*, caça *f.*
quart (kwɔ:t) *s.* quart *m.* de galó.
quarter ('kwɔ:tə^r^) *s.* quart *m.*, quarter, *m.*, quarta part *f.* *2* trimestre *m.* *3* regió *f.*, part *f.*, direcció *f.* ‖ ***from all ~s,*** d'arreu. *4* font *f.* [d'informació, etc.]. *5* barri *m.* *6 pl.* allotjament *m.*, habitatge *m.* *7* (EUA) moneda *f.* de 25 cèntims. *8 pl.* MIL. quarter *m. sing.* ‖ ***to give no ~,*** no donar quarter.
quarter (to) ('kwɔtə^r^) *t.* esquerterar, dividir en quarters. *2* MIL. aquarterar; allotjar.
quarterly ('kwɔ:təli) *a.* trimestral. ▪ *2 adv.* trimestralment. ▪ *3 s.* publicació *f.* trimestral.
quartet (kwɔ:'tet) *s.* MÚS. quartet *m.*
quartz (kwɔ:ts) *s.* MINER. quars *m.*
quash (to) (kwɔʃ) *t.* DRET anul·lar. *2* reprimir.
quatrain ('kwɔtrein) *s.* LIT. quarteta *f.*
quaver (to) ('kweivə^r^) *i.* tremolar, vibrar. *2* MÚS. refilar, trinar. ▪ *3 t.* dir amb veu tremolosa.
quay (ki:) *s.* moll *m.*, desembarcador *m.*
queen (kwi:n) *s.* reina *f.* *2* JOC reina *f.* [d'escacs]; dama *f.* [de cartes].
queen bee ('kwi:n'bi:) *s.* ZOOL. abella *f.* reina.
queer (kwiə^r^) *a.* rar, estrany, estrafalari. *2* excèntric, tocat de l'ala. *3* misteriós. *4* malalt. ‖ ***I feel ~,*** em trobo malament. ▪ *5 s.* vulg. marieta *m.* [homosexual].
quell (to) (kwel) *t.* poèt. reprimir, sofocar. *2* apaivagar. *3* calmar.
quench (to) (kwentʃ) *t.* apagar [també fig.].
querulous ('kwerulәs) *a.* gemegaire, queixós.

query ('kwiəri) *s.* pregunta *f.* *2* dubte *m.* *3* interrogant *m.*
query (to) ('kwiəri) *t.* posar en dubte, dubtar. *2* preguntar, interrogar. *3* ***to ~ whether/if,*** preguntar-se *p.* si.
quest (kwest) *s.* busca *f.*, recerca *f.* || ***in ~ of,*** a la recerca de.
quest (to) (kwest) *t.-i.* buscar *t.*, cercar *t.*
question ('kwestʃən) *s.* pregunta *f.* || ***~ mark,*** interrogant *m.* *2* objecció *f.*, dubte *m.* || ***beyond all ~,*** fora de dubtes; ***out of the ~,*** impossible; ***to call in ~,*** posar en dubte; ***without ~,*** sens dubte. *3* qüestió *f.*, problema *m.* || ***beside the ~,*** que no ve al cas.
question (to) ('kwestʃən) *t.* preguntar; interrogar. *2* posar en dubte, dubtar de. *3* discutir.
questionable ('kwestʃənəbl) *a.* qüestionable, disutible. *2* dubtós, sospitós.
questionnaire (ˌkwestʃə'nɛəʳ) *s.* qüestionari *m.;* enquesta *f.*
queue (kju:) *s.* cua *f.* [filera].
queue (to) (kju:) *i.* fer cua.
quibble ('kwibl) *s.* evasiva *f.*, subterfugi *m.*
quibble (to) ('kwibl) *i.* ***to ~ (over),*** parlar amb evasives.
quick (kwik) *a.* ràpid, veloç. *2* viu [geni]. *3* intel·ligent, llest. *4* àgil. ▪ *5 s.* carn *f.* viva. || fig. ***to cut the ~,*** tocar el punt *m.* sensible. ▪ *6* **-ly** *adv.* ràpidament, veloçment.
quicken (to) ('kwikən) *t.* avivar, animar. *2* accelerar, apressar. ▪ *3 i.* avivar-se *p.*, animar-se *p.* *4* accelerar-se *p.*, apressar-se *p.*
quicklime ('kwiklaim) *s.* calç *f.* viva.
quickness ('kwiknis) *s.* rapidesa *f.* *2* promptitud *f.* *3* intel·ligència.
quicksand ('kwiksænd) *s.* arenes *f. pl.* movedisses.
quick-tempered (ˌkwik'tempəd) *a.* geniüt.
quick-witted (ˌkwik'witid) *a.* astut, perspicaç.
quid (kwid) *s.* tabac *m.* de mastegar. *2* (G.B.) col·loq. lliura *f.* [diners].
quiet ('kwaiət) *a.* silenciós, callat. *2* tranquil, calmat, reposat. *3* senzill, discret, amable. *4* suau, apagat. ▪ *5 s.* tranquil·litat *f.*, silenci *m.*, calma *f.*, pau *f.* *6* ***on the ~,*** d'amagat, per sota mà.
quiet (to) (kwaiət) *t.* calmar, tranquil·litzar, assossegar. *2* fer callar. ▪ *3 i.* ***to ~ down,*** calmar-se *p.*, tranquil·litzar-se *p.*, assossegar-se *p.;* callar.
quill (kwil) *s.* ploma *f.* [d'au]. *2* canó *m.* [d'una ploma].
quilt (kwilt) *s.* edredó *m.*
quilt (to) (kwilt) *t.* embuatar, enconxar.
quince (kwins) *s.* BOT. codony *m.* *2* codonyer *m.*
quintal ('kwintl) *s.* quintar *m.*
quintessence (kwin'tesns) *s.* quinta essència *f.*
quintet (kwin'tet) *s.* MÚS. quintet *m.*
quip (kwip) *s.* comentari *m.* sarcàstic, acudit *m.*
quit (kwit) *a.* deslliurat, lliure, exent.
quit (to) (kwit) *t.* deixar, abandonar. *2* deixar de, renunciar a. ▪ *3 i.* marxar, anarse'n *p.* *4* dimitir; parar.
quite (kwait) *adv.* completament, totalment. || ***you're ~ right,*** tens tota la raó. *2* força, bastant. *3* col·loq. ***a ~ man,*** tot un home. *4* col·loq. ***~ so,*** és clar, efectivament.
quits (kwits) *a.* ***to be ~ with,*** estar en paus amb.
quittance ('kwitəns) *s.* quitament *m.*, quitança *f.* *2* pagament *m.*
quiver ('kwivəʳ) *s.* carcaix *m.*, aljava *f.* *2* tremolor *m.*, estremiment *m.*, vibració *f.*
quiver (to) ('kwivəʳ) *i.* tremolar, estremir-se *p.*, vibrar, moure.
quixotic (kwik'sɔtik) *a.* quixotesc.
quiz (kwiz) *s.* RADIO., TELEV. concurs *m.*
quoit (kɔit) , (EUA) (kwɔit) *s.* tella *f.*, joc *m.* de tella.
quotation (kwou'teiʃən) *s.* citació *f.* *2* COM. cotització *f.* ▪ *3 a.* ***~ marks,*** cometes *f.*
quote (to) (kwout) *t.* citar, esmentar [un texte, un autor]. *2* COM. cotitzar; fixar el preu de.
quotidian (kwɔ'tidiən) *a.* recurrent [febre].
quotient ('kwouʃənt) *s.* MAT. quocient *m.*

R

R, r (aːʳ) *s.* r *f.* [lletra].
Rabat (rəˈbæt) *n. pr.* GEOGR. Rabat *m.*
rabbi (ˈræbai) *s.* rabí *m.*
rabbit (ˈræbit) *s.* ZOOL. conill *m.* *2* col·loq. ESPORT jugador dolent.
rabbit-hole (ˈræbithoul) *s.* llodriguera *f.*, cau *m.* de conills.
rabbit-hutch (ˈræbithʌtʃ) *s.* conillera *f.*
rabble (ˈræbl) *s.* xusma *f.*, canalla *f.* *2* multitud *f.* turbulenta.
rabid (ˈræbid) *a.* MED. rabiós. *2* furiós, violent, fanàtic.
rabies (ˈreibiːz) *s.* MED. ràbia *f.*
rac(c)oon (rəˈkuːn) *s.* ZOOL. ós *m.* rentador.
race (reis) *s.* raça *f.* *2* casta *f.*, llinatge *m.* *3* poble *m.* *4* ESPORT cursa *f.*, regata *f.*
race (to) (reis) *i.* córrer [en una cursa]. ▪ *2* *t.* fer córrer. *3* competir amb [en una cursa].
racial (ˈreiʃəl) *a.* racial.
racism (ˈreisizəm) *s.* racisme *m.*
rack (ræk) *s.* prestatge *m.*, lleixa *f.* *2* penjador *m.* *3* cavall *m.* de tortura. *4* FERROC. reixa *f.* [per l'equipatge]. *5* MEC. cremallera *f.*
rack (to) (ræk) *t.* torturar. *2* turmentar. *3* fig. ***to ~ one's brains,*** escalfar-se *p.* el cap.
racket (ˈrækit) *s.* ESPORT raqueta *f.* *2* xivarri *m.*, soroll *m.*, gresca *f.* *3* col·loq. estafa *f.*, engany *m.*
rack-railway (ˈrækˌreilwei) *s.* FERROC. ferrocarril *m.* de cremallera.
racy (ˈreisi) *a.* viu, animat [estil]. *2* salat, picant, fort.
radar (ˈreidɑːʳ) *s.* TECNOL. radar *m.*
radial (ˈreidjəl) *a.* radial.
radiance (ˈreidjəns) *s.* brillantor *f.*, resplendor *f.*, esplendor *f.*
radiant (ˈreidjənt) *a.* radiant, resplendent, brillant.
radiate (to) (ˈreidieit) *t.* radiar, irradiar. ▪ *2* *i.* partir de, sortir de.
radiation (ˌreidiˈeiʃən) *s.* radiació *f.*
radiator (ˈreidieitəʳ) *s.* radiador *m.*
radical (ˈrædikəl) *a.* radical. ▪ *2* *s.* POL. radical. *3* MAT. radical *m.* ▪ *3* **-ly** *adv.* radicalment.
radio (ˈreidiou) *s.* ELECT. ràdio *f.* ▪ *2* *a.* de ràdio, radiofònic.
radioactive (ˌreidiouˈæktiv) *a.* radioactiu.
radio set (ˈreidiouˌset) *s.* ràdio *f.*, aparell *m.* de ràdio.
radish (ˈrædiʃ) *s.* BOT. rave *m.*
radium (ˈreidjəm) *s.* QUÍM. radi *m.*
radius (ˈreidjəs) *s.* GEOM., ANAT. radi *m.* *2* radi *m.* [d'acció].
raffle (ˈræfl) *s.* rifa *f.*
raffle (to) (ˈræfl) *t.* rifar, sortejar.
raft (rɑːft) *s.* rai *m.* *2* bot *m.*
rafter (ˈrɑːftəʳ) *s.* ARQ. biga *f.*
rag (ræg) *s.* drap *m.* *2* parrac *m.* ‖ ***in ~s,*** desparracat. *3* col·loq. diari *m.* de mala mort.
ragamuffin (ˈrægəmʌfin) *s.* trinxeraire, perdulari.
rage (reidʒ) *s.* ràbia *f.*, ira *f.* *2* fúria *f.*, violència *f.* *3* passió *f.*, fervor *m.* *4* ***to be all the ~,*** estar de moda *f.*, ser el darrer crit *m.*
rage (to) (reidʒ) *i.* enrabiar-se *p.*, posar-se *p.* furiós. *2* fer estralls, enfurismar-se *p.*, bramar [el vent, la pluja, etc.].
ragged (ˈrægid) *a.* esparracat, pollós. *2* estripat; escantellat. *3* fig. irregular, desigual. ▪ *4* **-ly** *adv.* amb esparracs, amb estrips.
ragman (ˈrægmæn) *s.* drapaire *m.*
raid (reid) *s.* incursió *f.*, ràtzia *f.*, atac *m.* *2* agafada *f.* [de la policia].
raid (to) (reid) *t.-i.* fer una incursió, atacar per sorpresa.
rail (reil) *s.* barana *f.*, passamà *m.* *2* tanca *f.*, closa *f.* *3* FERROC. carril *m.*, rail *m.*, via *f.* ‖ ***by ~,*** per ferrocarril *m.*
rail (to) (reil) *t.* encerclar amb una tanca. *2*

posar una barana. ▪ *3 i. to ~ at,* protestar contra, queixar-se *p.* de.
railing ('reiliŋ) *s.* barana *f.*, passamà *m.;* barrera *f.*
raillery ('reiləri) *s.* liter. facècia *f.*, broma *f.*
railway ('reilwei) , (EUA) **railroad** ('reilroud) *s.* ferrocarril *m.*, via *f.* fèrria.
rain (rein) *s.* pluja *f.* [també fig.].
rain (to) (rein) *i.-impers.-t.* ploure. ‖ *to ~ cats and dogs,* ploure a bots i barrals.
rainbow ('reinbou) *s.* arc *m.* de Sant Martí, arc *m.* iris.
raincoat ('reinkout) *s.* impermeable *m.*
raindrop ('reindrɔp) *s.* gota *f.* de pluja.
rainfall ('reinfɔ:l) *s.* xàfec *m.*, ruixat *m.* 2 pluviositat *f.*
rainstorm ('reinstɔ:m) *s.* aiguat *m.*, tempesta *f.*
rainy ('reini) *a.* plujós, de pluja.
raise (reiz) *s.* augment *m.*, puja *f.* [de preus, de salaris, etc.].
raise (to) (reiz) *t.* aixecar, alçar. 2 elevar, apujar, augmentar. 3 erigir, alçar [un monument, una estàtua, etc.]. 4 provocar, produir, suscitar. 5 promoure, presentar, plantejar [una objecció, protesta, etc.]. 6 conrear, cultivar [plantes]; fer cria, criar [animals]. 7 criar, pujar [una família]. 8 aconseguir, obtenir, reunir. 9 aixecar [un setge, una pena, etc.].
raisin ('reizn) *s.* pansa *f.*
raja(h ('rɑ:dʒə) *s.* rajà *m.*
rake (reik) *s.* AGR. rasclet *m.*, rascle *m.* 2 llibertí *m.* 3 NÀUT. inclinació *f.*
rake (to) (reik) *t.* rasclar, rastellar. 2 ramassar, aplegar. 3 furgar, burxar [el foc]. 4 fig. *to ~ in,* fer molts diners. 5 NÀUT. inclinar. ▪ 6 *i.* NÀUT. inclinar-se *p.*
rally ('ræli) *s.* reunió *f.*, concentració *f.*, replegament *m.* 2 recuperació *f.* millorament *m.* [salut, economia, etc.]. 3 ESPORT rally *m.*
rally (to) ('ræli) *t.* reunir, concentrar. 2 refer, reorganitzar. 3 animar. ▪ 4 *i.* reunir-se *p.*, concentrar-se *p.* 5 refer-se *p.* 6 reorganitzar-se *p.* 7 animar-se *p.*
ram (ræm) *s.* ZOOL. marrà *m.* 2 MIL. ariet *m.* 3 MEC. maçó *m.*, picó *m.*
ram (to) (ræm) *t.* piconar, maçonar. 2 clavar. 3 entaforar, ficar [per força]. 4 xocar *i.*, topar *i.*
ramble ('ræmbl) *s.* passeig *m.*, excursió *f.* 2 fig. divagació *f.*
ramble (to) ('ræmbl) *i.* passejar, fer una excursió. 2 fig. divagar.
rambler ('ræmbləʳ) *s.* excursionista.
rambling ('ræmbliŋ) *a.* tortuós, laberíntic, de distribució irregular [carrers, cases]. 2 inconnex, confús, incoherent [discurs; pensaments]. 3 BOT. enfiladís.
ramp (ræmp) *s.* rampa *f.*
rampant ('ræmpənt) *a.* exuberant [planta]. 2 violent, agressiu. 3 *to be ~,* estendre's, escampar-se [una malaltia, un vici, etc.]. 4 HERÀLD. rampant.
rampart ('ræmpɑ:t) *s.* muralla *f.*, terraplè *m.* 2 fig. defensa *f.*, protecció *f.*
ramshackle ('ræmˌʃækl) *a.* atrotinat, ruïnós.
ran (ræn) *pret.* de RUN (TO).
ranch (rɑ:ntʃ) *s.* (EUA) ranxo *m.*, hisenda *f.*
rancher ('rɑ:ntʃəʳ) *s.* (EUA) ranxer.
rancid ('rænsid) *a.* ranci.
rancour, (EUA) **rancor** ('ræŋkəʳ) *s.* rancor *m.*, rancúnia *f.*
random ('rændəm) *s. at ~,* a l'atzar *m.* ▪ 2 *a.* fortuït, casual.
rang (ræŋ) *pret.* de RING (TO) 2.
range (reindʒ) *s.* fila *f.*, filera *f.* ‖ *~ of mountains,* serra *f.*, carena *f.* 2 esfera *f.* [d'activitat, de coneixement]. 3 camp *m.* de tir. 4 abast *m.*, distància *f.* [d'una arma]. 5 abast *m.*, extensió *f.* [de la veu, l'oïda, etc.]. 6 escala *f.*, sèrie *f.*, gamma *f.* 7 cuina *f.* econòmica. 8 (EUA) devesa *f.*
range (to) (reindʒ) *t.* alinear, afilerar, arrenglerar. 2 arreglar, ordenar, classificar. 3 recórrer [també fig.]. 4 col·locar. 5 *to ~ oneself,* col·locar-se. ▪ 6 *i.* estendre's *p.* 7 vagar. 8 oscil·lar, variar. 9 abastar, arribar [una arma].
rank (rænk) *a.* pej. rematat, absolut. ‖ *a ~ injustice,* una gran injustícia. 2 pudent, ranci. 3 exuberant [vegetació]. ▪ 4 *s.* fila *f.*, filera *f.*, renglera *f.* 5 MIL. rang *m.*, graduació *f.*, grau *m.*
rank (to) (ræŋk) *t.* classificar, col·locar, posar. 2 alinear, arrenglerar. ▪ 3 *i.* figurar entre, formar part de. 4 ocupar *t.* un lloc [en una escala]. ‖ *to ~ high,* ocupar una alta posició.
rankle (to) ('ræŋkl) *i.* amargar *t.* ‖ *his failure still ~,* el seu fracàs encara li dol.
ransack (to) ('rænsæk) *t.* escorcollar; examinar. 2 saquejar, pillar.
ransom ('rænsəm) *s.* rescat *m.* 2 REL. redempció *f.*
ransom (to) ('rænsəm) *t.* rescatar. 2 REL. redimir.
rant (to) (rænt) *t.* dir amb ampul·lositat. ▪ 2 *i.* parlar amb grandiloqüència. 3 desvariar.
rap (ræp) *s.* cop *m.* sec. 2 col·loq. culpa *f.*: *to take the ~ for,* carregar amb les culpes per. 3 (EUA) col·loq. xerrada *f.*, conversa *f.*

rap (to) (ræp) *t.-i.* trucar, donar un cop. *2* (EUA) col·loq. xerrar.
rapacious (rə'peiʃəs) *a.* rapaç; àvid.
rape (to) (reip) *t.* violar, forçar.
rapid ('ræpid) *a.* ràpid. ▪ *2 s.* ràpid *m.* [d'un riu]. ▪ *3* **-ly** *adv.* ràpidament.
rapidity (rə'piditi) *s.* rapidesa *f.*
rapier ('reipiə^r) *s.* estoc *m.*, espasa *f.*
rapport (ræ'pɔː^r) *s.* relació *f.*, harmonia *f.*, conformitat *f.* || ***to be in ~ with,*** estar d'acord amb.
rapt (ræpt) *a.* absort, pensarós. *2* ravatat, captivat.
rapture ('ræptʃə^r) *s.* rapte *m.*, embaladiment *m.*, èxtasi *m.*
rapturous ('ræptʃərəs) *a.* extàtic, embadalit.
rare (rɛə^r) *a.* rar, poc freqüent, poc comú. *2* enrarit [aire]. *3* col·loq. excel·lent, molt bo. *4* CUI. poc fet [carn]. ▪ *5* **-ly** *adv.* rarament, rares vegades.
rarefy ('rɛərifai) *t.* enrarir. ▪ *2 i.* enrarir-se *p.*
rarity ('rɛəriti) *s.* raresa *f.*
rascal (rɑːskəl) *s.* bergant, murri.
rase (to) (reiz) *t.* Veure RAZE (TO).
rash (ræʃ) *a.* irreflexiu, precipitat, imprudent, temerari. ▪ *2 s.* MED. granissada *f.*, erupció *f.* ▪ *3* **-ly** *adv.* imprudentment; precipitadament.
rasp (to) (rɑːsp) *t.* llimar. *2* crispar [els nervis]. *3* ***to ~ out,*** dir amb veu aspra. ▪ *4 i.* fer un soroll aspra.
raspberry ('rɑːzbəri) *s.* BOT. gerd *m.*
rasping ('rɑːspiŋ) *a.* aspre. *2* irritant.
rat (ræt) *s.* ZOOL. rata *f.* *2* fig. traidor; esquirol.
ratchet ('rætʃit) *s.* MEC. cadell *m.*
rate (reit) *s.* raó *f.*, proporció *f.* *2* tant *m.* per cent. *3* tipus *m.*, [d'interés, canvi, etc.]. *4* preu *m.*, valor *m.* *5* velocitat *f.*, ritme *m.* *6* classe *f.*, categoria *f.* *7* taxa *f.*, impost *m.* *8* ***at any ~,*** de tota manera, en qualsevol cas.
rate (to) (reit) *t.* valorar, avaluar, estimar. *2* considerar. ▪ *3 i.* considerar *t.*, tenir *t.* per.
rather ('rɑːðə^r) *adv.* bastant, força, una mica. *2* més, millor: ***I would ~,*** m'estimaria més, preferiria. *3* més aviat, al contrari. *4* més ben dit. ▪ *5 interj.* ja ho crec!
ratify (to) ('rætifai) *t.* ratificar.
ratio ('reiʃiou) *s.* relació *f.*, proporció *f.* *2* MAT. raó *f.*
ration ('ræʃən) *s.* ració *f.*; ranxo *m.*
ration (to) ('ræʃən) *t.* ***to ~ (out),*** racionar.
rational ('ræʃənl) *a.* racional. *2* raonable, assenyat. ▪ *3* **-ly** *adv.* racionalment.
rationalize (to) ('ræʃənəlaiz) *t.* racionalitzar.
rationing ('ræʃəniŋ) *s.* racionament *m.*
rattle ('rætl) *s.* tust *m.*, colpejament *m.* *2* petarrelleig *m.* *3* sotragueig *m.* *4* cascavell *m.* [de serp]. *5* sonall *m.* *6* xerric-xerrac *m.*
rattle (to) ('rætl) *t.* fer sonar, fer vibrar, fer cruixir. *2* dir ràpidament; garlar *i.* ▪ *3 i.* ressonar, vibrar, cruixir. *4* fer sotracs, traguejar [un cotxe, un tren, etc.].
rattlesnake ('rætlsneik) *s.* ZOOL. serpent *f.* de cascavell.
rattling ('rætliŋ) *a.* lleuger, viu: ~ ***pace,*** pas lleuger. *2* fantàstic. ▪ *3 adv.* col·loq. molt.
raucous ('rɔːkəs) *a.* ronc, estrident.
ravage ('rævidʒ) *s.* destrossa *f.*, estrall *m.* *2 pl.* estralls *m.*
ravage (to) ('rævidʒ) *t.* devastar, destruir. *2* saquejar.
rave (to) (reiv) *i.* desvariejar. *2* bramar, enfurismar-se *p.* *3* parlar amb entusiasme.
raven ('reivn) *s.* ORN. corb *m.*
ravenous ('rævinəs) *a.* voraç. *2* famèlic, afamat.
ravine (rə'viːn) *s.* congost *m.*, gorja *f.*
raving ('reiviŋ) *s.* delirant. *2* furiós. ▪ *3 s. pl.* deliri *m. sing.*, desvariejament *m. sing.* ▪ *4 adv.* molt.
ravish (to) ('ræviʃ) *t.* extasiar, embadalir, encisar. *2* ant. violar.
raw (rɔː) *a.* cru. *2* en brut, sense refinar; en floca [cotó]. || ~ ***flesh,*** carn viva. || ~ ***material,*** materia prima. *3* cru, fred, viu [fred, vent, etc.]. *4* inexpert, principiant. *5* groller, brusc.
raw-boned (ˌrɔː'bound) *a.* ossut.
ray (rei) *s.* raig *m.* [de llum, energia, etc.]. *2* GEOM. radi *m.* *3* ICT. rajada *f.*
raze (to) (reiz) *t.* arrasar, assolar, devastar.
razor ('reizə^r) *s.* navalla *f.* d'afaitar. *2* màquina *f.* d'afaitar elèctrica.
razor blade ('reizəbleid) *s.* fulla *f.* d'afaitar.
reach (riːtʃ) *s.* abast *m.*, extensió *f.* || ***in ~ of,*** a l'abast de. || ***to have long ~,*** tenir els braços llargs.
reach (to) (riːtʃ) *t.* arribar *i.* [a un lloc; a tocar; a un acord; etc.]. *2* allargar, donar [un objecte]. *3* estendre, estirar. *4* localitzar, trobar. ▪ *5 i.* estendre's *p.*, arribar a.
react (to) (ri(ː)'ækt) *i.* reaccionar.
reactor (ri(ː)'æktə^r) *s.* reactor *m.*
read (to) (riːd) *t.* llegir. *2* desxifrar. *3* estudiar [a la universitat]. *4* interpretar, entendre. ▪ *5 i.* llegir. *6* dir *t.* [un text, un escrit, etc.]. *7* indicar *t.* [un termòmetre, un indicador, etc.]. ▲ Pret. i p.p.: ***read*** (red).
reader ('riːdə^r) *s.* lector. *2* IMPR. corrector.
readily ('redili) *adv.* de seguida. *2* de bon grat. *3* fàcilment.

readiness ('redinis) *s.* promptitud *f.*, facilitat *f.* *2* disposició *f.*, bona voluntat *f.* *3* disponibilitat *f.*
reading ('ri:diŋ) *s.* lectura *f.* *2* coneixements *m. pl.* *3* interpretació *f.* *4* indicació *f.*, lectura *f.* [d'un termòmetre, aparell, etc.].
readjust (to) ('ri:ə'dʒʌst) *t.* reajustar. *2* readaptar. ▪ *3 i.* reajustar-se *p.* *4* readaptar-se *p.*
ready ('redi) *s.* preparat, prompte, llest, amatent, a punt. *2* disposat. *3* viu, àgil, destre. *4* fàcil [mètode], a mà, disponible. *5* comptant, efectiu [diners].
ready-made (ˌredi'meid) *a.* fet, de confecció: ~ ***clothes,*** roba feta.
real (riəl) *a.* real, vertader. *2* sincer. *3* DRET immoble, seent [béns].
realism ('riəlizəm) *s.* realisme *m.*
realistic (riə'listik) *a.* realista. *2* pràctic.
reality (ri(:)'æliti) *s.* realitat *f.*
realization (ˌriəlai'zeiʃən) *s.* realització *f.* *2* comprensió *f.*
realize (to) ('riəlaiz) *t.* adonar-se *p.*, (ROSS.) s'envisar *p.*, comprendre. *2* realitzar, acomplir, dur a terme.
really ('riəli) *adv.* realment, de debó, (BAL.) (VAL.) de veres, (ROSS.) sensat.
realm (relm) *s.* regne *m.* *2* fig. camp *m.*, domini *m.*, món *m.*
reap (to) (ri:p) *t.* segar. *2* collir, recollir.
reaper ('ri:pə^r) *s.* segador. *2* segadora *f.* [màquina].
reaping ('ri:piŋ) *s.* sega *f.*
reappear (to) (ˌri:ə'piə^r) *i.* reaparèixer.
rear (riə^r) *a.* del darrera, posterior, de cua. ▪ *2 s.* part *f.* del darrera, cua *f.*, fons *m.* [d'una habitació], cua [d'una fila].
rear (to) (riə^r) *t.* aixecar, alçar, erigir. *2* criar, educar, pujar. ▪ *3 i.* arborar-se *p.* [un cavall].
rear-admiral (ˌriər'admirəl) *s.* MIL. contraalmirall.
rearguard ('riəgɑ:d) *s.* MIL. reraguarda *f.*
reason ('ri:zn) *s.* raó *f.* ‖ ***by ~ of,*** a causa *f.* de. ‖ ***it stands to ~,*** és raonable, és evident.
reason (to) ('ri:zn) *i.* raonar. *2* discutir amb, raonar amb. ▪ *3 t.* convèncer amb raons. *4* raonar.
reasonable ('ri:zənəbl) *a.* raonable. *2* racional.
reasoning (ri:z(ə)niŋ) *s.* raonament *m.*
reassurance (ˌri:ə'ʃuərəns) *s.* confiança *f.*, seguretat *f.*
reassure (to) (ˌri:ə'ʃuə^r) *t.* tranquil·litzar.
rebel ('rebl) *a.-s.* rebel.
rebel (to) (ri'bel) *i.* rebel·lar-se *p.* (*against,* contra).
rebelion (ri'beljən) *s.* rebel·lió *f.*, sublevació *f.*
rebound (ri'baund) *s.* rebot *m.*, retop *m.* [també fig.]. ‖ ***on the ~,*** de rebot, de retop.
rebound (to) (ri'baund) *i.* rebotar, rebotre. *2* fig. repercutir, afectar.
rebuff (ri'bʌf) *s.* rebuf *m.*, miquel *m.*, menyspreu *m.*
rebuff (to) (ri'bʌf) *t.* donar un rebuf o un miquel, menysprear.
rebuild (to) (ˌri:'bild) *t.* reconstruir.
rebuke (ri'bju:k) *s.* reprensió *f.*, censura *f.*
rebuke (to) (ri'bju:k) *t.* reprendre, renyar, censurar.
recalcitrant (ri'kælsitrənt) *a.* recalcitrant, obstinat, tossut.
recall (ri'kɔ:l) *s.* crida *f.* [per fer tornar algú]. *2* anul·lació *f.*, revocació *f.* *3* record *m.*
recall (to) (ri'kɔ:l) *t.* cridar, fer tornar. *2* recordar(se. *3* anul·lar, revocar.
recant (to) (ri'kænt) *t.* retractar. ▪ *2 i.* retractar-se *p.*
recapitulate (to) (ˌri:kə'pitjuleit) *t.-i.* recapitular *t.*, resumir *t.*
recede (to) (ri'si:d) *i.* retrocedir. *2* retirar-se *p.*, allunyar-se *p.*
receipt (ri'si:t) *s.* recepció *f.*, rebuda *f.* *2* rebut *m.* *3 pl.* COM. entrada *f. sing.*, ingressos *m.*
receive (to) (risi:v) *t.* rebre. *2* acceptar, admetre. *3* cobrar. *4* encobrir [objectes robats].
receiver (ri'si:və^r) *s.* receptor. *2* destinatari. *3* síndic. *4* encobridor [d'objectes robats]. *5* TECNOL. receptor *m.;* auricular *m.*
recent ('ri:snt) *a.* recent, nou. ▪ *2* **-ly** *adv.* recentment.
receptacle (ri'septəkl) *s.* receptacle *m.*, recipient *m.*
reception (ri'sepʃən) *s.* recepció *f.*, rebuda *f.* *2* acolliment *m.;* acceptació *f.*
receptionist (ri'sepʃənist) *s.* recepcionista.
recess (ri'ses) *s.* descans *m.*, pausa *f.;* suspensió *f.* *2* buit *m.;* alcova *f.*, nínxol *m.* *3* recer *m.* *4* fig. racó *m.*
recipe ('resipi) *s.* recepta *f.*
recipient (ri'sipiənt) *s.* receptor *m.*
reciprocal (ri'siprəkəl) *a.* recíproc, mutu. ▪ *2* **-ly** *adv.* recíprocament, mutuament.
reciprocate (to) (ri'siprəkeit) *t.* reciprocar. *2* tornar, correspondre a [un favor, etc.]. ▪ *3 i.* ser recíproc. *4* MEC. oscil·lar, tenir un moviment alternatiu.
recital (ri'saitl) *s.* relació *f.*, narració *f.* *2* MÚS. recital *m.*
recite (to) (ri'sait) *t.-i.* recitar *t.* *2* fer una relació.
reckless ('reklis) *a.* temerari, imprudent; inconscient, irreflexiu.
reckon (to) ('rekən) *t.* calcular, comptar. *2*

considerar. *3* suposar, pensar. ▪ *4 i.* ***to ~ on*** o ***upon,*** comptar amb. *5* fer càlculs, fer comptes.
reckoning ('rekəniŋ) *s.* compte *m.*, còmput *m.*, càlcul *m.* *2* compte *m.*, nota *f.*, factura *f.*
reclaim (to) (ri'kleim) *t.* fer cultivable o utilitzable [un terreny], guanyar terreny [al mar]. *2* reformar, regenerar. *3* reclamar.
recline (to) (ri'klain) *t.* reclinar, recolzar, jeure. ▪ *2 i.* recolzar-se *p.*, jeure's *p.*
recluse (ri'klu:s) *a.* solitari, retirat. ▪ *2 s.* anacoreta, eremita, persona *f.* retirada del món.
recognize (to) ('rekəgnaiz) *t.* reconèixer [no té el sentit d'examinar].
recoil (ri'kɔil) *s.* retrocés *m.*, reculada *f.* *2* ARM. retrocés *m.*
recoil (to) (ri'kɔil) *i.* retrocedir, recular. *2* ARM. tenir retrocés.
recollect (to) (ˌrekə'lekt) *t.* recordar. ▪ *2 i.* recordar-se *p.*
recollection (ˌrekə'lekʃən) *s.* record *m.*, memòria *f.*
recommend (to) (ˌrekə'mend) *t.* recomanar.
recommendation (ˌrekəmen'deiʃən) *s.* recomanació *f.* *2* consell *m.*
recompense ('rekəmpens) *s.* recompensa *f.* *2* compensació *f.*
recompense (to) ('rekəmpens) *t.* recompensar. *2* compensar.
reconcile (to) ('rekənsail) *t.* reconciliar. *2* conciliar, fer compatible. *3* ***to ~ oneself to,*** resignar-se a, conformar-se a.
reconciliation (ˌrekənsili'eiʃən) *s.* reconciliació *f.* *2* conciliació *f.*
reconnaissance (ri'kɔnisəns) *s.* MIL. reconeixement *m.*
reconnoitre (to) (ˌrekə'nɔitə^r) *t.* MIL. reconèixer. ▪ *2 i.* MIL. fer un reconeixement.
reconsider (to) (ˌri:kən'sidə^r) *t.* repensar, tornar a estudiar, a examinar.
reconstruct (to) (ˌri:kəns'trʌkt) *t.* reconstruir.
record ('rekɔ:d) *s.* registre *m.*, relació *f.*, document *m.* *2* acta *f.*, escriptura *f.* *3* full *m.* de serveis, historial *m.*, currículum *m.* *4* antecedents *m. pl.* *5* disc *m.* [enregistrat]. *6 pl.* arxius *m.* *7* ESPORT rècord *m.*, marca *f.*
record (to) (ri'kɔ:d) *t.* registrar, inscriure. *2* gravar, enregistrar. *3* indicar, marcar [un indicador, un termòmetre, etc.].
recorder (ri'kɔ:də^r) *s.* registrador. *2* arxiver. *3* MEC. indicador *m.*, comptador *m.* *4* MÚS. flauta *f.* dolça.
recount (to) (ri'kaunt) *t.* contar, explicar. *2* tornar a comptar, recomptar.
recourse (ri'kɔ:s) *s.* recurs *m.* ‖ ***to have ~ to,*** recórrer a.
recover (to) (ri'kʌvə^r) *t.* recobrar, recuperar. *2* refer-se *p.* *3* rescatar. *4* ***to ~ oneself,*** refer-se, recobrar-se, recuperar l'equilibri. ▪ *5 i.* refer-se *p.*, recuperar-se *p.*
recovery (ri'kʌvəri) *s.* recuperació *f.*, recobrament *m.* *2* restabliment *m.*, convalescència *f.*
re-create (to) (ˌri:kri'eit) *t.* recrear, tornar a crear.
recreate (to) ('rekrieit) *t.* recrear, divertir. ▪ *2 i.* recrear-se *p.*
recreation (ˌrekri'eiʃən) *s.* recreació *f.*, esbarjo *m.*
recriminate (to) (ri'krimineit) *i.* recriminar *t.*
recruit (ri'kru:t) *s.* recluta *m.*
recruit (to) (ri'kru:t) *t.* reclutar.
rectangle ('rekˌtæŋgl) *s.* GEOM. rectangle *m.*
rectify (to) ('rektifai) *t.* rectificar, corregir, esmenar. *2* QUÍM. rectificar.
rectitude ('rektitju:d) *s.* rectitud *f.*
rector ('rektə^r) *s.* rector.
rectory ('rektəri) *s.* rectoria *f.*
recumbent (ri'kʌmbənt) *a.* estirat, ajagut; jacent.
recuperate (to) (rik'ju:pəreit) *t.* recuperar, recobrar. ▪ *2 i.* refer-se *p.*, recobrar-se *p.*
recur (to) (ri'kə:^r) *i.* repetir-se *p.* *2* tornar [a la memòria, al cap, etc.]. *3* repetir *t.*, recordar *t.*
recurrence (ri'kʌrəns) *s.* recurrència *f.*, repetició *f.*
recurrent (ri'kʌrənt) *a.* recurrent; periòdic.
red (red) *a.* vermell, (OCC.) (VAL.) roig. ‖ ***~ corpuscle,*** glòbul roig; ***~ wine,*** vi negre. *2* enrojolat, encès. ‖ ***to turn ~,*** posar-se vermell, encendre's. *3* POL. roig. ▪ *4 s.* vermell *m.*, roig *m.* [colors]. *5* POL. roig.
redcurrant (ˌred'kʌrənt) *s.* riba *f.* vermella, grosella *f.*
redden (to) ('redn) *t.* envermellir, enrogir. ▪ *2 i.* enrogir-se *p.* *2* posar-se *p.* vermell, enrojolar-se *p.*, encendre's *p.*
redeem (to) (ri'di:m) *t.* redimir. *2* complir [una promesa, una obligació, etc.]. *3* compensar. *4* rescatar.
Redeemer (ri'di:mə^r) *s.* REL. ***the ~,*** el Redemptor *m.*
redemption (ri'dempʃən) *s.* redempció *f.*
red-hot (ˌred'hɔt) *a.* roent, candent. *2* aferrissat, entusiasta. *2* fresc, recent [notícies].
red-light (ˌred'lait) *a.* ***~ district,*** barri *m.* xinès.
redness (rednis) *s.* vermellor *f.*, rojor *f.*
redolent ('redoulənt) *a.* fragant, olorós; que

fa olor a. *2* que recorda a, que fa pensar en.

redouble (to) (ri'dʌbl) *t.* redoblar. ▪ *2 i.* redoblar-se *p.*

redoubtable (ri'dautəbl) *a.* liter. terrible, formidable.

redress (ri'dres) *s.* reparació *f.*, compensació *f.*, satisfacció *f.* *2* correcció *f.*

redress (to) (ri'dres) *t.* rectificar, reparar. *2* compensar, desgreujar.

Red Sea ('red'si:) *s.* GEOGR. Mar *m.* Roig.

redskin ('redskin) *s.* pell-roja.

red tape (ˌred'teip) *s.* paperassa *f.*, burocràcia *f.*

reduce (to) (ri'dju:s) *t.* reduir. *2* rebaixar. *3* diluir. *4* MIL. degradar. ▪ *5 i.* disminuir. *6* col·loq. aprimar-se *p.*

reduction (ri'dʌkʃən) *s.* reducció *f.*

redundancy (ri'dʌndənsi) *s.* redundància *f.*

reduplicate (to) (ri'dju:plikeit) *t.* reduplicar.

reed (ri:d) *s.* BOT. canya *f.*, canyís *m.*, jonc *m.* *2* canya *f.* [material]. *3* MÚS. llengüeta *f.* *4 pl.* MÚS. instruments *m.* de vent.

reef (ri:f) *s.* escull *m.*, baix *m.* *2* NÀUT. ris *m.*

reek (ri:k) *s.* pudor *f.*, mala olor *f.*

reek (to) (ri:k) *i.* fumejar. *2* ***to ~ of,*** fer pudor a, pudir.

reel (ri:l) *s.* rodet *m.*, debanador *m.*, bobina *f.* *2* tentina *f.*, vacil·lació *f.* *3* CINEM. rotlle *m.* [de pel·lícula].

reel (to) (ri:l) *t.* debanar, bobinar, enrotllar. ▪ *2 i.* fer tentines, vacil·lar. *2* tremolar.

refer (to) (ri'fə:ʳ) *t.* remetre. *2* fer referència a. ▪ *3 i.* referir-se *p.* *3* remetre's *p.* *4* aludir a. *5* recórrer a.

referee (ˌrefə'ri:) *s.* àrbitre; jutge.

reference ('refrəns) *s.* referència *f.*, al·lusió *f.*, esment *m.* *2* relació *f.* *4 pl.* referències *f.* ▪ *5 a.* de consulta: ~ ***book,*** llibre de consulta.

refine (to) (ri'fain) *t.* refinar. *2* polir, perfeccionar. ▪ *3 i.* refinar-se *p.*, polir-se *p.* perfeccionar-se *p.* *4* subtilitzar.

refined (ri'faind) *a.* refinat. *2* polit. *3* fi, culte.

refinement (ri'fainmənt) *s.* refinament *m.* *2* finesa *f.*, urbanitat *f.* *3* refinació *f.*, purificació *f.* *4* subtilesa *f.*

reflect (to) (ri'flekt) *t.* reflectir(se. *2* considerar. ▪ *3 i.* reflectir-se *p.* *4* reflexionar.

reflection (ri'flekʃən) *s.* reflexió *f.*, reflex *m.* *2* imatge *m.* *3* reflexió *f.*, consideració *f.* *4* crítica *f.*, retret *m.*

reflex ('ri:fleks) *a.* reflex. ▪ *2 s.* reflex *m.*

reform (ri'fɔ:m) *s.* reforma *f.*

reform (to) (ri:'fɔ:m) *t.* reformar, millorar, esmenar. ▪ *2 i.* reformar-se *p.*, corregir-se *p.*

reformation (ˌrefə'meiʃən) *s.* reforma *f.*

reformer (ri'fɔ:məʳ) *s.* reformador.

refraction (ri'frækʃən) *s.* refracció *f.*

refractory (ri'fræktəri) *a.* refractari. *2* tossut, obstinat.

refrain (ri'frein) *s.* tornada *f.* [d'una cançó].

refrain (to) (ri'frein) *i.* ***to ~ (from),*** estar-se *p.* de, abstenir-se *p.* de.

refresh (to) (ri'freʃ) *t.* refrescar. *2* recuperar [forces]; descansar. *3* ***to ~ oneself,*** refer-se, recobrar-se.

refreshment (ri'freʃmənt) *s.* refresc *m.*, refrigeri *m.*

refrigerate (to) (ri'fridʒəreit) *t.* refrigerar.

refrigerator (ri'fridʒəreitəʳ) *s.* refrigerador *m.*, nevera *f.*, frigorífic *m.*

refuge ('refju:dʒ) *s.* refugi *m.*, protecció *f.*, recer *m.*, aixopluc *m.* [també fig.].

refugee (ˌrefju(:)'dʒi:) *s.* refugiat.

refund (to) (ri:'fʌnd) *t.* reemborsar, reingresar, tornar.

refusal (ri'fju:zəl) *s.* refús *m.*, rebuig *m.*, negativa *f.* *2* opció *f.*

refuse ('refju:s) *s.* escombraries *f. pl.*, (BAL.) (VAL.) fems *m. pl.*, deixalles *f. pl.*

refuse (to) (ri'fju:z) *t.* refusar, rebutjar, denegar, negar. *2* negar-se *p.* a.

refute (to) (ri'fju:t) *t.* refutar, impugnar, rebatre.

regain (to) (ri'gein) *t.* recobrar, recuperar.

regal ('ri:gəl) *a.* reial, regi.

regale (to) (ri'geil) *t.* regalar, obsequiar, afalagar, delectar. *2* ***to ~ oneself,*** regalar-se, obsequiar-se, delectar-se.

regard (ri'gɑ:d) *s.* consideració *f.*, contemplació *f.*, cas *m.* ‖ ***without ~ to,*** sense fer cas de. *2* afecció *f.*, respecte *f.*, consideració *f.* *3* ***with ~ to,*** pel que fa a, respecte a, quant a. *4* ant. esguard *m.*, mirada *f.* *5 pl.* records *m.*

regard (to) (rigɑ:d) *t.* considerar, creure. *2* ***as ~s,*** pel que fa a, quant a. *3* fer cas. *4* ant. mirar, esguardar.

regarding (ri'gɑ:diŋ) *prep.* pel que fa a, quant a.

regenerate (to) (ri'dʒenəreit) *t.* regenerar. ▪ *2 i.* regenerar-se *p.*

regent ('ri:dʒənt) *a.-s.* regent.

regicide ('redʒisaid) *s.* regicidi *m.* *2* regicida.

regime (rei'ʒi:m) *s.* règim *m.*

regiment ('redʒimənt) *s.* MIL. regiment *m.*

region ('ri:dʒən) *s.* regió *f.*

register ('redʒistəʳ) *s.* registre *m.* *2* MEC. indicador *m.*

register (to) ('redʒistəʳ) *t.* registrar, enregistrar. *2* inscriure, matricular. *3* indicar, marcar. *4* mostrar, palesar. *5* certificar [una carta]. *6* facturar [l'equipatge]. ■ *7 i.* inscriure's *p.*, matricular-se *p.*

registrar (ˌredʒis'trɑːʳ) *s.* registrador, arxiver, secretari.

registration (ˌredʒis'treiʃən) *s.* registre *m.*; inscripció *f.*, matrícula *f.* *2* facturació *f.* [d'equipatges].

registry ('redʒistri) *s.* registre *m.* [inscripció; oficina]. *2* matrícula *f.*

regnant ('regnənt) *a.* regnant.

regression (ri'greʃən) *s.* regressió *f.*

regret (ri'gret) *s.* pesar *m.*, sentiment *m.*, recança *f.* *2* pendiment *m.* *3 pl.* excuses *f.*

regret (to) (ri'gret) *i.* sentir, lamentar, saber greu. *2* penedir-se *p.* de.

regretful (ri'gretful) *a.* pesarós; penedit. ■ *2* **-ly** *adv.* amb pena.

regrettable (ri'gretəble) *a.* sensible, lamentable.

regular ('regjuləʳ) *a.* regular. *2* sistemàtic, metòdic. *3* habitual. *4* normal, corrent.

regulate (to) ('regjuleit) *t.* regular. *2* reglamentar. *3* ajustar, arreglar.

regulation (ˌregju'leiʃən) *s.* regulació *f.* *2* reglament *m.*, reglamentació *f.*, regla *f.* ■ *2 a.* reglamentari, de reglament.

rehash (to) (ˌriː'hæʃ) *t.* refondre.

rehearsal (ri'həːsəl) *s.* repetició *f.*, enumeració *f.* *2* TEAT., MÚS. assaig *m.*

rehearse (to) (ri'həːs) *t.* TEAT., MÚS. assajar. *2* repetir, repassar.

reign (rein) *s.* regnat *m.* [també fig.].

reign (to) (rein) *i.* regnar [també fig.].

reimburse (to) (ˌriːim'bəːs) *t.* reemborsar. *2* indemnitzar.

rein (rein) *s.* regna *f.*, brida *f.* [també fig.].

reindeer ('reindiəʳ) *s.* ZOOL. ren *m.* ▲ *pl.* ***reindeer.***

reinforce (to) (ˌriːin'fɔːs) *t.* reforçar.

reinforced concrete (ˌriːin'fɔːst'kɔŋkriːt) *s.* ciment *m.* armat.

reinforcement (ˌriːin'fɔːsmənt) *s.* reforçament *m.* *2 pl.* reforços *m.*

reinsate (to) (ˌriːin'steit) *t.* reposar [en un càrrec]. *2* restablir. *3* reintegrar. *4* rehabilitar.

reiterate (to) (riː'itəreit) *t.* reiterar, repetir.

reject ('riːdʒekt) *s.* rebuig *m.*, deixalla *f.*, article *m.* defectuós.

reject (to) (ri'dʒekt) *t.* rebutjar. *2* denegar. *3* descartar, desestimar. *4* repel·lir.

rejection (ri'dʒekʃən) *s.* rebuig *m.* *2* denegació *f.*

rejoice (to) (ri'dʒɔis) *t.* alegrar, complaure. ■ *2 i.* alegrar-se *p.*, complaure's *p.*

rejoicing (ri'dʒɔisiŋ) *s.* alegria *f.*, satisfacció *f.* *2 pl.* festes *f.*, celebracions *f.*

rejoin (to) (ri'dʒɔin) *t.* reunir-se *p.* amb, tornar a, ajuntar-se *p.* amb.

rejoinder (ri'dʒɔindəʳ) *s.* resposta *f.*, rèplica *f.*

rejuvenate (to) (ri'dʒuːvineit) *t.*-*i.* rejovenir.

relapse (ri'læps) *s.* recaiguda *f.* *2* reincidència *f.*

relapse (to) (ri'læps) *i.* recaure. *2* reincidir.

relate (to) (ri'leit) *t.* form. relatar, referir, contar. *2* ***to ~ with/to,*** relacionar amb. ■ *3 i.* ***to ~ to,*** relacionar-se *p.* amb, fer referència a.

related (ri'leitid) *a.* relacionat, connex. *2* afí. *3* emparentat.

relation (ri'leiʃən) *s.* relació *f.*, narració *f.* *2* relació *f.*, connexió *f.* ‖ ***in ~ to,*** respecte a, en relació amb. *3* parentiu *m.* *4* parent.

relationship (ri'leiʃənʃip) *s.* relació *f.* [entre coses o persones]. *2* parentiu *m.*

relative ('relətiv) *a.* relatiu. ■ *2 s.* parent, familiar *m.* ■ *3* **-ly** *adv.* relativament.

relax (to) (ri'læks) *t.* relaxar, afluixar. *2* suavitzar, moderar. ■ *3 i.* relaxar-se *p.*, afluixar. *4* suavitzar-se *p.* *5* descansar.

relaxation (ˌriːlæk'seiʃən) *s.* relaxació *f.*, afluixament *m.* *2* descans *m.*, solaç *m.*, esbargiment *m.*

relay ('riːlei) *s.* relleu *m.* *2* TECNOL. repetidor *m.*

1) **relay (to)** (ri'lei) *t.* retransmetre. ▲ Pret. i p.p.: ***relayed*** (ri'leid).

2) **relay (to)** (ˌriː'lei) *t.* tornar a, posar, tornar a col·locar. ▲ Pret. i p.p.: ***relaid*** (ˌriː'leid).

release (ri'liːs) *s.* alliberament *m.*, escarceració *f.* *2* llibertat *f.* *3* emissió *f.*, llançament *m.* *4* descàrrec *m.*, absolució *f.*

release (to) (ri'liːs) *t.* alliberar, deixar anar. *2* descarregar, afluixar. *3* emetre, llançar. *4* DRET cedir.

relegate (to) ('religeit) *t.* relegar (*to,* a).

relent (to) (ri'lent) *i.* cedir, entendrir-se *p.*

relentless (ri'lentlis) *a.* implacable, inexorable.

relevant ('relivənt) *a.* pertinent, aplicable, que fa al cas.

reliable (ri'laiəbl) *a.* de confiança, seriós, segur. *2* fidedigne.

reliance (ri'laiəns) *s.* confiança *f.*

relic ('relik) *s.* relíquia *f.* *2 pl.* rastres *m.*, vestigis *m.*

relief (ri'liːf) *s.* ajuda *f.*, auxili *m.*, socors *m.*; almoina *f.* *2* alleujament *m.* *3* consol *m.* *4* descans *m.*, solaç *m.* *5* ART relleu *m.*, realçament *m.* *6* MIL. relleu *m.*

relieve (to) (ri'liːv) *t.* alleujar, alleugerir. *2* reconfortar, consolar. *3* esbravar. *4* auxiliar, socórrer. *5* realçar, fer realçar. *6* MIL. rellevar.

religion (ri'lidʒən) *s.* religió *f.*

religious (ri'lidʒəs) *a.* religiós. *2* devot. *3* escrupulós. ■ *4 s.* religiós.
relinquish (to) (ri'liŋkwiʃ) *t.* abandonar, deixar. *2* renunciar a, desistir de. *3* cedir.
relish ('reliʃ) *s.* gust *m.*, sabor *m. 2* gust *m.*, afecció *f. 3* apetència *f. 4* condiment *m.*
relish (to) ('reliʃ) *t.* assaborir, paladejar. *2* agradar.
reluctance (ri'lʌktəns) *s.* desgana *f.*, repugnància *f.* ‖ ***with ~,*** a contracor, de mala gana.
reluctant (ri'lʌktənt) *a.* refractari, remitent, poc disposat.
rely (to) (ri'lai) *i.* ***to ~ on*** o ***upon,*** confiar en, comptar amb, fiar-se *p.* de, refiar-se *p.* de.
remain (to) (ri'mein) *i.* quedar, sobrar, restar. *2* quedar-se *p.*, romandre, continuar.
remainder (ri'meində^r) *s.* resta *f.*, romanent *m. 2* MAT. resta *f.*, residu *m.*
remains (ri'meinz) *s. pl.* restes *f.*, ruïnes *f. 2* restes *f.* mortals, despulles *f.*
remark (ri'mɑ:k) *s.* observació *f.*, comentari *m.*
remark (to) (ri'mɑ:k) *t.* observar, comentar. *2* ant. observar, notar. ■ *3 i.* fer una observació, fer un comentari, comentar *t.*
remarkable (ri'mɑ:kəbl) *a.* notable, extraordinari.
remedy ('remidi) *s.* remei *m.*
remedy (to) ('remidi) *t.* remeiar.
remember (to) (ri'membə^r) *t.* recordar, recordar-se *p.* de. *2* donar records. ■ *3 i.* recordar *t.*, recordar-se *p.* de.
remind (to) (ri'maind) *t.* ***to ~ of,*** recordar, fer pensar.
reminder (ri'maində^r) *s.* recordatori *m.*
reminiscent (ˌremi'nisnt) *a.* evocador. *2* suggeridor. *3* ple de records.
remiss (ri'mis) *a.* negligent, descurat.
remission (ri'miʃən) *s.* remissió *f.*
remit (to) (ri'mit) *t.* remetre.
remittance (ri'mitəns) *s.* gir *m.* [de diners].
remnant ('remnənt) *s.* romanent *m.*, resta *f.*, residu *m. 2* vestigi *m. 3* retall *m.* [de roba].
remonstrate (to) (ri'mɔnstreit) *i.* protestar. *2* fer retrets, renyar *t.*
remorse (ri'mɔ:s) *s.* remordiment *m. 2* pietat *f.*: ***without ~,*** sense pietat.
remorseful (ri'mɔ:sful) *a.* penedit, compungit.
remorseless (ri'mɔ:slis) *a.* implacable, cruel.
remote (ri'mout) *a.* remot, distant, llunyà. *2* estrany, aliè. ■ *3* **-ly** *adv.* remotament.
removal (ri'mu:vəl) *s.* acció de treure o emportar-se. *2* trasllat *m. 3* mudança *f. 4* eliminació *f.*, supressió *f. 5* allunyament *m. 6* destitució *f.*
remove (to) (ri'mu:v) *t.* treure, (VAL.) traure. *2* eliminar, suprimir. *3* traslladar. *4* destituir, acomiadar. *5* ***~d from,*** allunyat de. ■ *6 i.* mudar-se *p.*, traslladar-se *p.*
remunerate (to) (ri'mju:nəreit) *t.* remunerar.
remunerative (ri'mju:nərətiv), (EUA) (ri'mjunəreitəv) *a.* remunerador.
Renaissance (ri'neisəns), (EUA) ('renəsɑ:ns) *s.* Renaixement *m. 2* Renaixença *f.*
rend (to) (rend) *t.* liter. tallar, esquinçar, trencar. *2* dividir, desunir, separar. *3* arrencar. ▲ Pret. i p.p.: ***rent*** (rent).
render (to) ('rendə^r) *t.* donar, lliurar. *2* retre. *3* tornar. *4* prestar, donar [ajuda, assistència, etc.]. *5* fer: ***to ~ useless,*** fer inútil. *6* traduir. *7* MÚS., TEAT. interpretar.
rendezvous ('rɔndivu:) *s.* cita *f. 2* lloc *m.* de reunió, lloc *m.* de cita.
renegade ('renigeid) *a.-s.* renegat.
renew (to) (ri'nju:) *t.* renovar. *2* reprendre. ■ *2 i.* renovar-se *p.*
renewal (ri'nju(:)əl) *s.* renovació *f. 2* represa *f.*
renounce (to) (ri'nauns) *t.* renunciar. *2* renegar. *3* repudiar, rebutjar.
renovate (to) ('renouveit) *t.* renovar, restaurar.
renown (ri'naun) *s.* renom *m.*, anomenada *f.*
renowned (ri'naund) *a.* conegut, famós.
rent (rent) Pret. i p.p. de REND (TO). ■ *2 s.* lloguer *m.*, arrendament *m. 3* estrip *m.*, (BAL.) esqueix *m.*, (VAL.) trencat *m.*; esquerda *f. 4* fig. cisma *f.*, escisió *f.*
rent (to) (rent) *t.* llogar. ■ *2 i.* llogar-se *p.*
renunciation (riˌnʌnsi'eiʃən) *s.* renúncia *f.*
reorganize (to) (ri:'ɔ:gənɑiz) *t.* reorganitzar. ■ *2 i.* reorganitzar-se *p.*
repair (ri'pɛə^r) *s.* reparació *f.*, restauració *f.*, pedaç *m.*, reforma *f. 2* estat *m.*: ***in good ~,*** en bon estat.
repair (to) (ri'pɛə^r) *t.* reparar, adobar. *2* reformar. *3* remeiar, reparar. ■ *4 i.* form. ***to ~ to,*** acudir a, anar a [esp. molta gent].
reparation (ˌrepə'reiʃən) *s.* reparació *f.*, compensació *f.*, satisfacció *f. 2 pl.* indemnitzacions *f.*
repartee (ˌrepɑ:'ti:) *s.* rèplica *f.* [ràpida].
repast (ri'pɑ:st) *s.* form. àpat *m.*
repay (to) (ri:'pei) *t.* tornar, reembossar. *2* pagar, correspondre a. *3* compensar.
repayment (ri:'peimənt) *s.* pagament *m.*, reemborsament. *2* devolució *f.*
repeal (ri'pi:l) *s.* abrogació *f.*, revocació *f.*
repeal (to) (ri'pi:l) *t.* abrogar, revocar.
repeat (to) (ri'pi:t) *t.* repetir. *2* reiterar. *3* recitar. *4* ***to ~ oneself,*** tornar a dir o fer. ■

5 i. repetir-se *p.* *6* tornar a la boca [el menjar].
repeatedly (ri'pi:tidli) *adv.* repetidament.
repel (to) (ri'pel) *t.* repel·lir, rebutjar. *2* repugnar.
repellent (ri'pelənt) *a.* repel·lent, repulsiu.
repent (to) (ri'pent) *i.* penedir-se *p.* ▪ *2 t.* penedir-se *p.* de.
repentance (ri'pentəns) *s.* penediment *m.*
repentant (ri'pentənt) *a.* penedit.
repercussion (ˌri:pə:'kʌʃən) *s.* repercussió *f.* [també fig.].
repetition (ˌrepi'tiʃən) *s.* repetició *f.* *2* recitació *f.* *3* reproducció *f.*
replace (to) (ri'pleis) *t.* reposar, tornar. *2* reemplaçar, substituir. *2* canviar [una peça].
replacement (ri'pleismənt) *s.* reposició *f.*, devolució *f.* *2* reemplaçament *m.*, substitució *f.* *3* devolució *f.* *4* recanvi *m.* [peça].
replenish (to) (ri'pleniʃ) *t.* omplir; reomplir. *2* renovar.
reply (ri'plai) *s.* resposta *f.*, contestació *f.*
reply (to) (ri'plai) *t.-i.* repondre, contestar. *2* DRET replicar.
report (ri'pɔ:t) *s.* informe *m.*, memòria *f.* *2* crònica *f.*, informació *f.*, notícia *f.* *3* narració *f.*, relat *m.*, relació *f.* *4* nota *f.*, comunicació *f.* *5* rumor *m.;* xafarderia *f.* *6* detonació *f.*, tret *m.* *7* form. reputació *f.*, fama *f.*
report (to) (ri'pɔ:t) *t.* relatar, contar. *2* donar part; comunicar, informar de. *3* denunciar. *4* prendre nota de; fer una ressenya de. ▪ *5 i.* presentar-se *p.* [en un lloc]. *6* fer un informe.
reporter (ri'pɔ:tə[r]) *s.* repòrter.
repose (ri'pouz) *s.* repòs *m.*
repose (to) (ri'pouz) *t.* descansar, reposar. *2* recolzar. *3* donar, posar [confiança, etc.]. ▪ *4 i.* recolzar-se *p.* *5* descansar, reposar. *6* basar-se *p.* en.
reposeful (ri'pouzful) *a.* assossegat, tranquil.
reprehend (to) (ˌrepri'hend) *t.* reprendre, renyar, censurar.
represent (to) (ˌrepri'zent) *t.* representar. *2* explicar. *3* presentar(se).
representation (ˌreprizen'teiʃən) *s.* representació *f.* *2* súplica *f.*, protesta *f.*, petició *f.*
representative (ˌrepri'zentətiv) *a.* representatiu. *2* típic. ▪ *3 s.* representant; delegat. *4* DRET apoderat.
repress (to) (ri'pres) *t.* reprimir, contenir, dominar, ofegar.
repression (ri'preʃən) *s.* repressió *f.*
reprieve (ri'pri:v) *s.* suspensió *f.*, ajornament *m.* [d'una execució]; indult *m.* *2* fig. respir *m.*, treva *f.*, descans *m.*
reprieve (to) (ri'pri:v) *t.* suspendre una execució, indultar.
reprimand ('reprimɑ:nd) *s.* reprensió *f.*, reprimenda *f.*
reprimand (to) ('reprimɑ:nd) *t.* reprendre, renyar.
reprint (ˌri:'print) *s.* reimpressió *f.* *2* tirada *f.* a part.
reprisal (ri'praizəl) *s.* represàlia *f.*
reproach (ri'proutʃ) *s.* reprotxe *m.*, censura *f.* *2* tatxa *f.*, oprobi *m.*
reproach (to) (ri'proutʃ) *t.* reprotxar, retreure. *2* reprendre, renyar.
reprobate ('reproubeit) *a.-s.* depravat, viciós.
reproduce (to) (ˌri:prə'dju:s) *t.* reproduir. ▪ *2 i.* reproduir-se *p.*
reproduction (ˌri:prə'dʌkʃən) *s.* reproducció *f.*
reproof (ri'pru:f) , **reproval** (ri'pru:vəl) *s.* reprovació *f.* *2* reprensió *f.*
reprove (to) (ri'pru:v) *t.* reprovar. *2* reprendre, renyar.
reptile ('reptail) *m.* ZOOL. rèptil.
republic (ri'pʌblik) *s.* república *f.*
repudiate (to) (ri'pju:dieit) *t.* repudiar. *2* rebutjar, negar(se).
repugnance (ri'pʌgnəns) *s.* repugnància *f.*
repugnant (ri'pʌgnənt) *a.* repugnant. *2* incompatible.
repulse (ri'pʌls) *s.* FÍS. repulsió *f.* [també fig.].
repulse (to) (ri'pʌls) *t.* repel·lir. *2* rebutjar, refusar. *3* desatendre, desdenyar, desanimar.
repulsive (ri'pʌlsiv) *a.* repulsiu.
reputable ('repjutəbl) *a.* respectat, acreditat. *2* honrat.
reputation (ˌrepju(:)'teiʃən) *s.* reputació *f.*, fama *f.* *2* bona fama *f.*, bon nom *m.*
repute (ri'pju:t) *s.* fama *f.*, reputació *f.* ‖ ***of ill ~,*** de mala fama. *2* bona fama *f.*, bona reputació *f.*
repute (to) (ri'pju:t) *t.* tenir fama de, reputar.
reputedly (ri'pju:tidli) *adv.* segons que diuen, diuen que.
request (ri'kwest) *s.* petició *f.*, sol·licitud *f.*, prec *m.*, demanda *f.* ‖ ***at the ~ of,*** a instàncies *f. pl.* de. ‖ ***in ~,*** sol·licitat.
request (to) (ri'kwest) *t.* demanar, sol·licitar, pregar.
require (to) (ri'kwaiə[r]) *t.* requerir, demanar. *2* necessitar, exigir. *3* demanar, voler.
requirement (ri'kwaiəment) *s.* requisit *m.*, condició *f.* *2* exigència *f.*, necessitat *f.*

requisite ('rekwizit) *a.* precís, necessari, imprescindible. ▪ *2 s.* requisit *m.*
rescind (to) (ri'sind) *t.* rescindir, anul·lar.
rescue ('reskju:) *s.* rescat *m.*, salvament *m.* *2* alliberament *m.*
rescue (to) ('reskju:) *t.* rescatar, salvar. *2* alliberar.
rescuer ('reskjuəʳ) *s.* salvador.
research (ri'sə:tʃ) *s.* recerca *f.*, investigació *f.*, indagació *f.*
research (to) (ri'sə:tʃ) *t.* investigar, indagar.
resemblance (ri'zembləns) *s.* semblança *f.*, retirada *f.*
resemble (to) (ri'zembl) *t.* semblar-se *p.* a.
resent (to) (ri'zent) *t.* ressentir-se *p.*, ofendre's *p.* per, molestar-se *p.* per.
resentful (ri'zentful) *a.* ressentit, ofès.
resentment (ri'zentmənt) *s.* ressentiment *m.*, irritació *f.*, enuig *m.*
reservation (ˌrezə'veiʃən) *s.* reserva *f.* [condició; terreny; per a un viatge].
reserve (ri'zə:v) *s.* reserva *f.*
reserve (to) (ri'zə:v) *t.* reservar.
reserved (ri'zə:vd) *a.* reservat. ▪ *2* **-ly** *adv.* reservadament.
reservoir ('rezəvwɑ:ʳ) *s.* dipòsit *m.* [d'aigua]. *2* bassa *f.* *3* cisterna *f.* *4* embassament *m.* *5* fig. font *f.*
reside (to) (ri'zaid) *i.* residir [també fig.].
residence ('reizidəns) *s.* residència *f.* [estada, edifici]. *2* casa *f.*, mansió *f.*
resident ('rezidənt) *a.-s.* resident.
residue ('rezidju:) *s.* residu *m.*, resta *f.* *2* COM. romanent *m.*
resign (to) (ri'zain) *t.* dimitir, renunciar a. *2* lliurar. *3* ***to ~ oneself to,*** resignar-se a, conformar-se a. ▪ *4 i.* dimitir.
resignation (ˌrezig'neiʃən) *s.* dimissió *f.*, renúncia *f.* *2* resignació *f.*, conformitat *f.*
resilience (ri'ziliəns) *s.* elasticitat *f.* *2* fig. capacitat *f.* de recuperació, resistència *f.*
resilient (ri'ziliənt) *a.* elàstic. *2* fig. resistent, amb capacitat de recuperació.
resin ('rezin) *s.* resina *f.*
resist (to) (ri'zist) *t.* resistir. ▪ *2 i.* resistir-se *p.*, oposar-se *p.*
resistance (ri'zistəns) *s.* resistència *f.*
resistant (ri'zistənt) *a.* resistent.
resolute ('rezəlu:t) *a.* resolut, resolt, decidit.
resolution (ˌrezə'lu:ʃən) *s.* resolució *f.*
resolve (ri'zɔlv) *s.* resolució *f.*, determinació *f.*
resolve (to) (ri'zɔlv) *t.* resoldre. ▪ *2 i.* resoldre's *p.*
resonance ('rezənəns) *s.* ressonància *f.*
resort (ri'zɔ:t) *s.* recurs *m.*, solució *f.* *2* lloc *m.* per anar de vacances. ‖ ***winter-sports ~,*** estació d'hivern.
resort (to) (ri'zɔ:t) *i.* ***to ~ to,*** recórrer a. *2* freqüentar *t.*
resound (to) (ri'zaund) *i.* ressonar, retrunyir, fer eco.
resource (ri'sɔ:s) *s.* recurs *m.*, mitjà *m.*, expedient *m.* *2 pl.* recursos *m.*
resourceful (ri'zɔ:sful) *a.* enginyós, llest.
respect (ris'pekt) *s.* respecte *m.*, atenció *f.*, consideració *f.* *2* respecte *m.*, relació *f.* ‖ ***with ~ to,*** respecte a. *3* aspecte *m.* ‖ ***in this ~,*** en aquest aspecte. *4 pl.* records *m.*, salutacions *m.*
respect (to) (ris'pekt) *t.* respectar. *2* ***to ~ oneself,*** respectar-se.
respectable (ris'pektəbl) *a.* respectable. *2* decent, presentable. *3* honrós.
respectful (ris'pektful) *a.* respectuós. ▪ *2* **-ly** *adv.* respectuosament.
respecting (ris'pektiŋ) *prep.* respecte a, quant a, pel que fa.
respective (ris'pektiv) *a.* respectiu.
respiration (ˌrespi'reiʃən) *s.* respiració *f.*, respir *m.*
respite ('respait) *s.* respir *m.*, treva *f.*, descans *m.* *2* suspensió *f.*, pròrroga *f.*
resplendent (ris'plendənt) *a.* resplendent.
respond (to) (ris'pɔnd) *i.* respondre, contestar. *2* respondre, correspondre [a una acció, situació, etc.].
response (ris'pɔns) *s.* resposta *f.*, contestació *f.*, rèplica *f.*
responsibility (risˌpɔnsi'biliti) *s.* responsabilitat *f.* *2* seriositat *f.*, formalitat *f.*
responsible (ris'pɔnsəbl) *a.* responsable. *2* seriós, formal.
responsive (ris'pɔnsiv) *a.* que respon, que correspon [a una acció, un efecte, etc.]. *2* sensible, obedient; que mostra interès.
rest (rest) *s.* descans *m.*, repòs *m.* ‖ ***at ~,*** en pau *f.* [mort]. *2* pau *f.*, tranquil·litat *f.* *3* peu *m.*, suport *m.* *4* resta *f.* ‖ ***the ~,*** la resta, els altres *pl.*
rest (to) (rest) *i.* descansar, reposar. *2* estar quiet. *3* parar, deturar-se *p.* *4* descansar sobre, recolzar(se en o sobre. *5* basar-se *p.* en. *6* romandre, seguir sent. *7* ***to ~ with,*** dependre de. ▪ *8 t.* descansar, deixar descansar. *9* recolzar, posar; basar.
restaurant ('restərənt) *s.* restaurant *m.*
restful ('restful) *a.* quiet, tranquil, assossegat. *2* reparador, relaxant, tranquil·litzador.
restive ('restiv) *a.* ingovernable, rebel [un animal]. *2* inquiet, impacient.
restless ('restlis) *a.* inquiet, intranquil, agitat. *2* bulliciós. *3* desvetllat, insomne.
restoration (ˌrestə'reiʃən) *s.* restauració *f.* *2* restitució *f.*

restore (to) (ris'tɔːʳ) *t.* restaurar. *2* restablir. *3* reposar. *4* tornar.
restrain (to) (ris'trein) *t.* refrenar, contenir, reprimir. *2* impedir. *3* limitar.
restraint (ris'treint) *s.* fre *m.*, control *m.*, restricció *f.* *2* reserva *f.*, circunspecció *f.* *3* contenció *f.*, moderació *f.*
restrict (to) (ris'trikt) *t.* restringir, limitar.
restriction (ris'trikʃən) *s.* restricció *f.*, limitació *f.*
restrictive (ris'triktiv) *a.* restrictiu.
result (ri'zʌlt) *s.* resultat *m.* *2* conseqüència *f.*
result (to) (ri'zʌlt) *i.* ***to ~ from,*** resultar de, originar-se *p.* *2* ***to ~ in,*** tenir com a resultat, produir, resultar.
resume (to) (ri'zjuːm) *t.* reassumir, reprendre. *2* tornar a ocupar. *3* continuar.
résumé ('rezjuːmei), (EUA) (ˌrezu'mei) *s.* resum *m.* *2* (EUA) currículum *m.*
resumption (ri'zʌmpʃən) *s.* reassumpció *f.* *2* represa *f.*, continuació *f.*
resurgence (ri'səːdʒəns) *s.* ressorgiment *m.*
resurrection (ˌrezə'rekʃən) *s.* resurrecció *f.* [també fig.].
resuscitate (to) (ri'sʌsiteit) *t.-i.* ressuscitar.
retail ('riːteil) *s.* venda *f.* al detall o a la menuda. ▪ *2 adv.* al detall, a la menuda.
retail (to) (riː'teil) *t.* detallar, vendre al detall o a la menuda. *2* repetir [un rumor, una història, etc.]. ▪ *3 i.* vendre's al detall o a la menuda.
retain (to) (ri'tein) *t.* retenir, conservar. *2* contenir; frenar. *3* contractar, aconductar [esp. un advocat].
retainer (ri'teinəʳ) *s.* minuta *f.* *2* ant. criat.
retaliate (to) (ri'tælieit) *i.* venjar-se *p.*, revenjar-se *p.*; tornar-s'hi *p.*
retaliation (riˌtæli'eiʃən) *s.* venjança *f.*, revenja *f.*
retard (ri'tɑːd) *s.* retard *m.*
retard (to) (ri'tɑːd) *t.* retardar, endarrerir.
reticent ('retisənt) *a.* reservat, reticent.
retina ('retinə) *s.* ANAT. retina *f.* ▲ *pl.* ***retinas*** ('retinəz), ***retinae*** ('retiniː).
retinue ('retinjuː) *s.* seguici *m.*, comitiva *f.*, acompanyament *m.*
retire (to) (ri'taiəʳ) *i.* retirar-se *p.* *2* jubilar-se *p.* *3* anar-se'n *p.* al llit. ▪ *4 i.* retirar, treure [de la circulació]. *5* jubilar.
retired (ri'taiəd) *a.* retirat, apartat, solitari [lloc]. *2* retirat, jubilat.
retirement (ri'taiəmənt) *s.* retir *m.*, jubilació *f.* *2* retirada *f.*
retiring (ri'taiəriŋ) *a.* reservat, retret, tímid.
retort (ri'tɔːt) *s.* rèplica *f.* mordaç. *2* QUÍM. retorta *f.*
retort (to) (ri'tɔːt) *t.-i.* replicar, respondre.
retrace (to) (ri'treis) *i.* refer [camí]. || ***to ~ one's steps,*** tornar algú sobre els seus passos, refer camí. *2* recordar, rememorar.
retract (to) (ri'trækt) *t.* retractar. ▪ *2 i.* retractar-se *p.*
retreat (ri'triːt) *s.* retirada *f.* *2* retir *m.*, aïllament *m.* *3* refugi *m.*, recer *m.* *4* MIL. retreta *f.*
retreat (to) (ri'triːt) *i.* retirar-se *p.*, retrocedir. *2* baixar, minvar. ▪ *3 t.* retirar, fer retrocedir.
retrench (to) (ri'trentʃ) *t.* reduir [despeses]. *2* tallar, escurçar. ▪ *3 i.* estalviar, economitzar.
retribution (ˌretri'bjuːʃən) *s.* càstig *m.* merescut, càstig *m.* just.
retrieve (to) (ri'triːv) *t.* recuperar, recobrar. *2* reparar, esmenar [errors, culpes, etc.]. *3* cobrar, agafar [la caça un gos]. ▪ *4 i.* cobrar *t.*, agafar *t.* [la caça un gos].
retrograde ('retrougreid) *a.* retrògrad.
retrospect ('retrouspekt) *s.* mirada *f.* retrospectiva. || ***in ~,*** retrospectivament.
return (ri'təːn) *s.* tornada *f.*, retorn *m.* || ***by ~,*** a correu *m.* seguit; ***many happy ~s,*** per molts anys; ***~ ticket,*** bitllet *m.* d'anada i tornada. *2* devolució *f.*, restitució *f.* *3* pagament *m.*, canvi *m.* || ***in ~,*** a canvi. *4 pl.* guanys *m.*, ingressos *m.* *5 pl.* ***~ of income,*** declaració *f.* de renda. *6* ***election ~s,*** resultat *m.* o dades *f. pl.* d'un escrutini.
return (to) (ri'təːn) *i.* tornar, restituir; pagar; donar a canvi. *2* escollir, votar [un candidat]. *3* declarar [ingressos; culpable]. *4* pronunciar [una sentència]. ▪ *5 i.* tornar.
reunion (ˌriː'juːnjən) *s.* reunió *f.*; retrobament *m.*
reunite (to) (ˌriːjuː'nait) *t.* reunir, reconciliar. ▪ *2 i.* reunir-se *p.*, reconciliar-se *p.*
reveal (to) (ri'viːl) *t.* revelar, descobrir.
revel ('revl) *s.* gresca *f.*, tabola *f.*
revel (to) ('revl) *i.* fer gresca, fer tabola. *2* delectar-se *p.* en, complaure's *p.* a.
revelation (ˌrevi'leiʃən) *s.* revelació *f.* *2* BIB. ***Revelation,*** Apocalipsi *f.*
revenge (ri'vendʒ) *s.* venjança *f.*, revenja *f.*
revenge (to) (ri'vendʒ) *t.* venjar(se.
revengeful (ri'vendʒful) *a.* venjatiu.
revenue ('revinjuː) *s.* guanys *m. pl.*, renda *f.*, beneficis *m. pl.* *2* renda *f.* pública, tresor *m.* públic.
reverberate (to) (ri'vəːbəreit) *t.-i.* reverberar.
revere (to) (ri'viəʳ) *t.* reverenciar, venerar.
reverence ('revərəns) *s.* reverència *f.*, veneració *f.*
reverence (to) ('revərəns) *t.* reverenciar, venerar.

reverend ('revərənd) *a.* reverend ▪ *2 s.* reverend *m.*
reverent ('revərənt) *a.* reverent.
reverie ('revəri) *s.* somni *m.*, fantasia *f.*, il·lusió *f.*
reversal (ri'vəːsəl) *s.* reversió *f.*; inversió *f.*
reverse (ri'vəːs) *a.* contrari, oposat. *2* invers; invertit. ▪ *3 s. the* ~, el contrari *m. 2* revers *m.*, revés *m.*, dors *m. 3* contratemps *m.*, revés *m. 4* MEC. marxa *f.* enrera.
reverse (to) (ri'vəːs) *t.* invertir, capgirar, canviar. *2* anul·lar, revocar. *3* MEC. fer anar marxa enrera.
review (ri'vjuː) *s.* revista *f.* [inspecció; publicació]. *2* revisió *f. 4* ressenya *f.*; crítica *f.* [d'un llibre].
review (to) (ri'vjuː) *t.* repassar, tornar a examinar. *2* revisar. *3* ressenyar, fer una ressenya.
revile (to) (ri'vail) *t.* ultratjar, denigrar, injuriar, insultar.
revise (to) (ri'vaiz) *t.* revisar, repassar; corregir.
revision (ri'viʒən) *s.* revisió *f.*, repàs *m.*; correcció *f.*
revival (ri'vaivəl) *s.* renaixement *m. 2* restabliment *m.*, restauració *f. 3* ressorgiment *m. 4* TEAT. CINEM. reposició *f.*
revive (to) (ri'vaiv) *t.* reanimar, despertar. *2* restablir, ressuscitar. ▪ *3 i.* despertar-se *p.*, revifar-se *p.*; ressuscitar.
revoke (to) (ri'vouk) *t.* revocar, derogar.
revolt (ri'voult) *s.* revolta *f.*, rebel·lió *f.*
revolt (to) (ri'voult) *i.* revoltar-se *p.*, sublevar-se *p.* [també fig.]. ▪ *2 t.* fer fàstic.
revolting (ri'voultiŋ) *a.* indignant, odiós. *2* fastigós, repugnant.
revolution (ˌrevə'luːʃən) *s.* revolució *f.*
revolve (to) (ri'vɔlv) *t.* girar, fer girar. *2* donar voltes [a una idea]. ▪ *3 i.* girar, giravoltar, donar voltes.
revolver (ri'vɔlvəʳ) *s.* revòlver *m.*
revulsion (ri'vʌlʃən) *s.* canvi *m.* sobtat, reacció *f.*
reward (ri'wɔːd) *s.* premi *m.*, recompensa *f.*, guardó *m. 2* pagament *m.*
reward (to) (ri'wɔːd) *t.* premiar, recompensar, pagar.
rhapsody ('ræpsədi) *s.* LIT., MÚS. rapsòdia *f.*
rhetoric ('retərik) *s.* retòrica *f.*
rheumatism ('ruːmətizəm) *s.* MED. reumatisme *m.*, reuma *m.*
rhinoceros (rai'nɔsərəs) *s.* ZOOL. rinoceront *m.*
rhomboid ('rɔmbɔid) *a.* romboïdal. ▪ *2 s.* romboide *m.*
rhubarb ('ruːbɑːb) *s.* BOT. ruibarbre *m.*
rhyme (raim) *s.* LIT. rima *f.* ‖ ***without ~ or reason,*** sense solta ni volta.
rhyme (to) (raim) *t.-i.* rimar.
rhythm ('riðəm) *s.* ritme *m.*
rib (rib) *s.* ANAT. costella *f. 2* barnilla *f.* [de paraigües; de ventall]. *3* ARQ. nervadura *f. 4* BOT., ENT. nervi *m.* [d'ala; de fulla]. *5* NÀUT. quaderna *f. 6* TÈXT. cordó *m.*
ribald ('ribəld) *a.* groller, obscè.
ribbon ('ribən) *s.* cinta *f.*, banda *f.*, galó *m. 2* tira *f.*: ***to tear to ~s,*** estripar una cosa, ferla a tires.
rice (rais) *s.* arròs *m.*
rich (ritʃ) *a.* ric. *2* car, luxós. *3* suculent. *4* dolç, embafador. *5* fèrtil. *6* abundant [beneficis]. *7* melodiós, sonor [veu, so]. *8* col·loq. divertit. ▪ *9* **-ly** *adv.* ricament; luxosament; abundantment.
riches ('ritʃiz) *s. pl.* riquesa *f. sing.*
rickets ('rikits) *s.* MED. raquitisme *m.*
rickety ('rikiti) *a.* raquític. *2* desmanegat; ruïnós.
rid (to) (rid) *t.* alliberar, desembarassar. ‖ ***to be ~ of,*** estar lliure de. ‖ ***to get ~ of,*** desembarassar-se *p.* de, desempallegar-se *p.* de, eliminar. *2* ***to ~ oneself of,*** alliberar-se, desembarassar-se de.
ridden ('ridn) *p. p.* de RIDE (TO).
riddle ('ridl) *s.* endevinalla *f. 2* enigma *m.*, misteri *m. 3* sedàs *m.*, garbell *m.*
riddle (to) ('ridl) *t.* ~ ***me this,*** endevina-ho. *2* garbellar, passar pel sedàs. *3* cosir a trets.
ride (raid) *s.* passeig o viatge a cavall, amb cotxe o amb bicicleta.
ride (to) (raid) *i.* anar a cavall, amb cotxe, amb bicicleta. *2* cavalcar, muntar. *3* anar, marxar, funcionar. *4* fig. ***to ~ for a fall,*** buscar-se-la *p. 5* NÀUT. ***to ~ at anchor,*** ancorar, fondejar. ▪ *6 t.* muntar [cavall, bicicleta, etc.]; anar *i.* a cavall, amb bicicleta, etc. *7* fendir [les onades]. *8* obsessionar, oprimir. ▪ ***to ~ down,*** atropellar, trepitjar; ***to ~ on,*** muntar, anar muntat; ***to ~ out,*** capejar [un temporal]; ***to ~ up,*** rebregar-se ▲ Pret.: ***rode*** (roud); p.p.: ***ridden*** ('ridn).
rider ('raidəʳ) *s.* genet [de cavall]. *2* ciclista; motorista, motociclista. *3* DRET clàusula *f.* addicional.
ridge (ridʒ) *s.* carener *m.*, cavalló *m.* [d'una teulada]. *2* carena *f.*, cresta *f. 3* AGR. cavalló *m.*
ridicule ('ridikjuːl) *s.* ridícul *m.*
ridicule (to) ('ridikjuːl) *t.* ridiculitzar, posar en ridícul.
ridiculous (ri'dikjuləs) *a.* ridícul.
riding ('raidiŋ) *s.* equitació *f.* ▪ *2 a.* d'equitació, de muntar.

riding breeches ('raidiŋ,bri:tʃiz) *s. pl.* pantalons *m.* de muntar.
rife (raif) *a.* corrent, general, freqüent. *2* ~ ***with,*** ple de.
riff-raff ('rifræf) *s.* ***the*** ~, la púrria *f.*, la xusma *f.*
rifle ('raifl) *s.* rifle *m.*, fusell *m.* *2 pl.* MIL. fusellers *m.*
rifle (to) ('raifl) *t.* escorcollar; saquejar, robar.
rift (rift) *s.* escletxa *f.*, esquerda *f.*; clariana *f.* *2* fig. dissensió *f.*, desavinença *f.*
rig (to) (rig) *t.* MAR. aparellar, ormejar. *2* ***to ~ out,*** equipar; col·loq. vestir, portar. *3* ***to ~ up,*** muntar, construir.
rigging ('rigiŋ) *s.* MAR. aparell *m.*, eixàrcia *f.*
right (rait) *a.* just, honrat. *2* bo, correcte, exacte. *3* convenient, adequat, apropiat. *4* recte. *5* dret, de la dreta. *6* autèntic, veritable. *7* que té raó. *8* assenyat. ▪ *9 adv.* directament, de dret. ‖ ~ ***away,*** de seguida. ‖ ~ ***now,*** ara mateix. *10* exactament. *11* correctament. *12* bé. *13* a la dreta. ▪ *14 interj.* ***all*** ~***!,*** d'acord! ▪ *15 s.* dret *m.*, justícia *f.*, raó *f.*, bé *m.* *16* dret *m.*, privilegi *m.* *17* dret *m.* [d'una roba]. *18* dreta *f.* ▪ *19* **-ly** *adv.* com cal, correctament.
right (to) (rait) *t.* adreçar, redreçar. *2* corregir, rectificar.
righteous ('raitʃəs) *a.* just. *2* honest, virtuós. ▪ *3* **-ly** *adv.* honestament.
rightful (raitful) *a.* legítim. *2* just, justificable.
rigid ('ridʒid) *a.* rígid. *2* sever, rigorós.
rigour, (EUA) **rigor** ('rigə[r]) *s.* rigor *m.*, rigidesa *f.*
rill (ril) *s.* poèt. rierol *m.*, rieró *m.*
rim (rim) *s.* vora *f.*, caire *m.*, vorell *m.*, marge *m.* *2* llanda *f.* [de roda].
rind (raind) *s.* clofolla *f.*; pell *f.*, pela *f.* *2* crosta *f.* [del formatge]. *3* cotna *f.* [de porc]. *4* escorça *f.* [d'un arbre].
ring (riŋ) *s.* anell *m.* *2* anella *f.*, cèrcol *m.*, rutlla *f.* *3* camarilla *f.*, cercle *m.*, banda *f.* *4* ring *m.* [boxa]; pista *f.*, arena *f.* *5* clos *m.*, tencat *m.* *6* aposta *f.* [cavalls]. *7* so *m.* vibrant o metàl·lic. *8* dring *m.*, dringadissa *f.* *9* so *m.*, to *m.* *10* toc *m.* [de timbre], truc *m.* *11* trucada *f.*, telefonada *f.*
1) ring (to) (riŋ) *t.* encerclar, envoltar. *2* anellar. ▲ Pret. i p.p.: ***ringed*** (riŋd).
2) ring (to) (riŋ) *t.* fer sonar, tocar [una campana, un timbre, etc.]. *2* ***to ~ up,*** trucar, telefonar. ▪ *3 i.* sonar, ressonar, dringar, repicar. *4* xiular [les orelles]. ▲ Pret.: ***rang*** (ræŋ); p.p.: ***rung*** (rʌŋ).
ringing ('riŋiŋ) *a.* sonor, vibrant. *2* enèrgic. ▪ *2 s.* repic *m.* *2* dringadissa *f.* *3* xiulet *m.* [a les orelles].
ringlet (riŋlit) *s.* rínxol *m.*, tirabuixó *m.*
rink (riŋk) *s.* pista *f.* de gel.
rinse (to) (rins) *t.* esbandir.
riot ('raiət) *s.* disturbi *m.*, aldarull *m.*, avalot *m.* *2* bullícia *f.*, gatzara *f.* *3* abundància *f.*, excés *m.*
riot (to) ('raiət) *i.* provocar disturbis o aldarulls. *2* excedir-se *p.*
rioter ('raiətə[r]) *s.* avalatador, amotinat.
riotous ('raiətəs) *a.* avalotador, agitador. *2* amotinat, insurrecte. *3* disbauxat.
rip (rip) *s.* estrip *m.* *2* descosit *m.*
rip (to) (rip) *t.* estripar, esquinçar; descosir; arrencar. ▪ *2 i.* estripar-se *p.*, esquinçar-se *p.*; descosir-se *p.* *3* córrer molt de pressa, anar o passar molt de pressa.
ripe (raip) *a.* madur. *2* llest, a punt.
ripen (to) ('raipən) *t.* fer madurar. ▪ *2 i.* madurar.
ripple ('ripl) *s.* ona *f.*, ondulació *f.* *2* murmuri *m.* [de l'aigua]. *3* xiuxiueig *m.*
ripple (to) ('ripl) *t.* arrissar, cargolar. ▪ *2 i.* arrissar-se *p.*, cargolar-se *p.*, onejar.
rise (raiz) *s.* ascensió *f.*, pujada *f.* *2* elevació [de terreny]. *3* sortida *f.* [del sol, etc.]. *4* pujada *f.*, costa *f.* *5* augment *m.*, pujada *f.* [de preus; temperatures, etc.]. *6* origen *m.*, causa *f.* ‖ ***to give ~ to,*** donar lloc *m.* a. *7* ascens *m.*
rise (to) (raiz) *i.* pujar, ascendir. *2* alçar-se *p.*, aixecar-se *p.* *3* aixecar-se *p.*, llevar-se *p.* *4* sortir [un astre]. *5* alçar-se *p.*, revoltar-se *p.* *6* pujar, augmentar; créixer. *7* néixer, sortir. *8* sorgir, aparèixer, ocórrer. *9* fer carrera, ascendir. ▲ Pret.: ***rose*** (rouz); p.p.: ***risen*** ('rizn).
risen ('rizn) *p.p.* de RISE (TO).
rising ('raiziŋ) *s.* pujada *f.* *2* aixecament *m.*, alçament *m.*, insurrecció *f.*
risk (risk) *s.* risc *m.*, perill *m.* ‖ ***to take ~s,*** arriscar-se.
risk (to) (risk) *t.* arriscar(se. *2* exposar-se *p.* a.
risky ('riski) *a.* arriscat, exposat. *2* verd, escabrós.
rite (rait) *s.* ritu *m.*
ritual ('ritjuəl) *a.* ritual. ▪ *2 s.* ritual *m.*
rival ('raivəl) *a.-s.* rival.
rival (to) ('raivəl) *t.* rivalitzar amb, competir amb.
rivalry ('raivəlri) *s.* rivalitat *f.*, competència *f.*
river ('rivə[r]) *s.* riu *m.* ‖ ***down ~,*** riu avall. ‖ ***up ~,*** riu amunt.
river-basin ('rivə,beisn) *s.* conca *f.* [d'un riu].

riverside ('rivəsaid) *s.* riba *f.*, vora *f.*, marge *m.* [d'un riu].
rivet (to) ('rivit) *t.* reblar. *2* fixar, concentrar [la mirada, l'atenció, etc.].
rivulet ('rivjulit) *s.* rierol *m.*
road (roud) *s.* carretera *f.*, camí *m.* *2* carrer *m.* *3* MAR. rada *f.*
road-house ('roudhaus) *s.* parador *m.*
roadway ('roudwei) *s.* calçada *f.*, carretera *f.*
roam (to) (roum) *t.-i.* vagar, errar per.
roar (rɔːʳ, rɔəʳ) *s.* bram *m.*; rugit *m.* *2* crit *m.* *3* soroll *m.*, terrabastall *m.*
roar (to) (rɔːʳ) *t.* ***to ~ out,*** cridar, dir cridant. *2* ***to ~ oneself hoarse,*** esgargamellar-se. ▪ *3 i.* bramar, rugir. *4* cridar. *5* gemegar. *6* fer molt soroll.
roaring ('rɔːriŋ) *s.* sorollós. *2* pròsper, bo [negoci, tracte, etc.].
roast (roust) *s.* rostit *m.* ▪ *2 a.* rostit, torrat.
roast (to) (roust) *t.* rostir, torrar. ▪ *2 i.* rostir-se *p.*, torrar-se *p.*
rob (to) (rɔb) *t.* robar.
robber ('rɔbəʳ) *s.* lladre.
robbery ('rɔbəri) *s.* robatori *m.*
robe (roub) *s.* vestidura *f.*, vestimenta *f.* *2* túnica *f.* *3* toga *f.* [de jutge, catedràtic, etc.]. *4* hàbit *m.* *5* bata *f.*
robe (to) (roub) *t.* vestir. ▪ *2 i.* vestir-se *p.*
robin ('rɔbin) *s.* ORN. pit-roig *m.*
robot ('roubɔt) *s.* robot *m.*
robust (rə'bʌst) *a.* robust; fort, sa.
rock (rɔk) *s.* roca *f.* *2* penya *f.*, penyal *m.* ‖ (EUA) ***on the ~s,*** amb gel [whisky]; fig. arruinat; NÀUT. encallat.
rock (to) (rɔk) *t.* bressar. *2* gronxar. *3* sacquejar. ▪ *4 i.* gronxar-se *p.* *5* fer sotracs.
rocket ('rɔkit) *s.* coet *m.*
rocking-chair ('rɔkiŋtʃɛəʳ) *s.* balancí *m.*
rock-salt ('rɔkɔːlt) *s.* sal *f.* gemma.
rocky ('rɔki) *a.* rocallós, pedregós. *2* col·loq. vacil·lant, inestable.
rod (rɔd) *s.* vara *f.*, vareta *f.*, barra *f.* *2* bastó *m.* de comandament. *3* canya *f.* [de pescar].
rode (roud) *pret.* de RIDE (TO).
rodent ('roudənt) *s.* ZOOL. rosegador *m.*
roe (rou) *s.* fresa *f.*, ous *m. pl.* de peix.
rogue (roug) *s.* bergant, brivall *m.*
role, rôle (roul) *s.* CINEM., TEAT. paper *m.* [també fig.].
roll (roul) *s.* rotlle *m.*, rotllo *m.* [de paper; pel·lícula, etc.]. *2* llista *f.*, nòmina *f.*, registre *m.* *3* panet *m.* *4* retró *m.*, retruny *m.* *5* balanceig *m.*, balandreig *m.* ‖ ***~ of the waves,*** onatge *m.*
roll (to) (roul) *t.* rodar, fer rodar. *2* moure, portar, empènyer [sobre rodes]. *3* enrotllar. *4* arromangar. *5* fer, cargolar [una cigarreta]. *6* embolicar. *7* aplanar [amb un corró]. *8* fer retrunyir. ▪ *9 i.* rodar, rodolar. *10* anar sobre rodes. *11* rebolcar-se *p.* *12* ondular [un terreny]. *13* onejar. *14* cargolar-se *p.*, enrotllar-se *p.* *15* retrúnyer, retrunyir. *16* redoblar [els tambors]. ▪ ***to ~ down,*** baixar, escolar-se, baixar rodant; fig. ***to ~ in,*** inundar; ***to ~ on,*** passar [el temps]; ***to ~ up,*** arribar.
roller ('rouləʳ) *s.* MEC. corró *m.*, cilindre *m.*, roleu *m.* *2* roda *f.* [de patí, d'un moble, etc.]. *3* MAR. onada *f.*
rolling ('rouliŋ) *a.* ondulant.
rolling-pin ('rouliŋpin) *s.* corró *m.* de cuina.
rolling-stock ('rouliŋstɔk) *s.* FERROC. material *m.* mòbil.
Roman ('roumən) *a.-s.* romà.
romance (rə'mæns) *s.* novel·la *f.* d'amor; història *f.* d'amor. *2* amor *m.*, idil·li *m.*, aventura *f.* amorosa. *3* aspecte *m.* romàntic, màgia *f.*, atractiu *m.* *4* LIT. ***Romance,*** novel·la *f.* de cavalleria.
Romanesque (ˌroumə'nesk) *a.* ARQ. romànic. ▪ *2 s.* ARQ. romànic *m.*
Romania (ru'meiniə) *n. pr.* GEOGR. Romania *f.*
Romanian (ru'meiniən) *a.* romanès. ▪ *2 s.* romanès [persona]. *3* romanès *m.* [llengua].
romantic (rou'mæntik, rə-) *a.* romàntic.
Rome (roum) *n. pr.* GEOGR. Roma *f.*
romp (to) (rɔmp) *i.* jugar, córrer, guimbar. *2* tenir èxit; vèncer; aprovar [un examen].
roof (ruːf) *s.* sostre *m.*, terrat *m.*, teulada *f.* ‖ ***flat ~,*** terrat. *2* esfera *f.* celeste. *3* fig. sostre *m.*, llar *f.*
roof (to) (ruːf) *t.* cobrir, ensostrar, sostrar.
rook (ruk) *s.* ORN. gralla *f.* *2* JOC torre *f.* [escacs].
room (ruːm) *s.* habitació *f.*, cambra *f.*, sala *f.*, saló *m.* *2* espai *m.*, lloc *m.*, cabuda *f.* ‖ ***to make ~,*** fer lloc; deixar passar. *3* raó *f.*, motiu *m.* ‖ ***there is no ~ for doubt,*** no hi ha dubte.
roomy ('rumi) *a.* espaiós, balder, ampli.
roost (ruːst) *s.* perxa *f.* *2* galliner *m.*
roost (to) (ruːst) *i.* ajocar-se *p.*, dormir [una au a la perxa].
rooster ('ruːstəʳ) *s.* gall *m.*
root (ruːt) *s.* arrel *f.* ‖ ***to take ~,*** arrelar.
root (to) (ruːt) *t.* fer arrelar. *2* clavar [una persona]. *3* arrelar *i.* *4* ***to ~ out,*** arrencar de soca-arrel, desarrelar. ▪ *5 i.* arrelar, fer arrels.
rope (roup) *s.* corda *f.*, soga *f.*, maroma *f.* ‖ fig. ***to know the ~s,*** conèixer fil *m.* per randa. *2* rest *m.*, rast *m.*, enfilall *m.*
rosary ('rouzəri) *s.* REL. rosari *m.*
rose (rouz) *s.* BOT. roser *m.* *2* BOT. rosa *f.* *3*

rosa *m.* [color]. *4* bec *m.* [d'una regadora]. *5* rosassa *f.*, roseta *f.* ▪ *6 pret.* de RISE (TO).
rosebud ('rouzbʌd) *s.* capoll *m.*, poncella *f.*
rosemary ('rouzməri) *s.* BOT. romaní *m.*
rosewood ('rouzwud) *s.* BOT. palissandre *m.*
rosy ('rouzi) *a.* rosat, de color rosa. *2* enrojolat. *3* fig. falaguer, esperançador.
rot (rɔt) *s.* putrefacció *f.*, descomposició *f.* *2* decadència *f.* *3* col·loq. bestieses *f. pl.*, bajanades *f. pl.*
rot (to) (rɔt) *t.* podrir, corrompre [també fig.]. ▪ *2 i.* podrir-se *p.*, corrompre's *p.* [també fig.].
rotary ('routəri) *a.* rotatori, de rotació.
rotate (to) (rou'teit) *t.* fer girar. *2* alternar. *3* AGR. conrear en rotació. ▪ *4 i.* girar, giravoltar. *5* alternar(se, fer torns.
rote (rout) *s.* ***by ~,*** per rutina *f.*; de memòria *f.*
rotten ('rɔtn) *a.* podrit, putrefacte, corromput. *2* fètid. *3* dolent, ofensiu, brut. *4* poc segur, de joguina.
rotund (rou'tʌnd) *a.* rotund. *2* gras.
rouble ('ru:bl) *s.* ruble *m.*
rouge (ru:ʒ) *s.* coloret *m.*
rough (rʌf) *a.* aspre, tosc, bast. *2* accidental, abrupte [terreny]. *3* agitat [mar]. *4* tempestuós [temps]. *5* rústic, inculte. *6* brusc, groller. *7* brut. ‖ ***~ copy,*** esborrany. *8* aproximat. *9* dur, brut, violent. ▪ *10* **-ly** *adv.* bruscament; toscament; violentament; aproximadament. ▪ *11 s.* terreny *m.* accidentat. *12* aspresa *f.* *13* ***in the ~,*** en brut. *14* pinxo *m.*, bergant *m.*
rough (to) (rʌf) *t.* esborrifar [els cabells]. *2* ***to ~ in,*** esbossar, fer un esbós. *3* col·loq. ***to ~ up,*** apallissar. *4* ***to ~ it,*** passar-les magres.
roulette (ru(:)'let) *s.* JOC ruleta *f.*
round (raund) *a.* rodó, (BAL.) (VAL.) redó, circular. *2* clar, categòric, rotund. *3* fort, sonor. *4* complet. *5* d'anada i tornada [viatge]. ▪ *6 s.* cercle *m.*, esfera *f.* *7* rotllana *f.* *8* recorregut *m.*, ronda *f.* *9* ronda *f.* [de begudes]. *10* successió *f.* [de fets]; rutina *f.* *11* salva *f.* [d'aplaudiments]. *12* salva *f.*, descàrrega *f.*, tret *m.* *13* volta *f.* [d'un circuit; electoral]. *14* ART retlleu *m.* *15* ESPORT assalt *m.* [boxa]; ***preliminary ~,*** eliminatòria *f.* ▪ *16 adv.* al voltant, entorn. ‖ ***all ~,*** pertot arreu. ‖ ***to hand ~ the cigars,*** fer circular els cigars, fer córrer els cigars. ‖ ***to turn ~,*** girar-se, tombar-se. ‖ ***we were ~ at the pub,*** erem al pub. ▪ *17 prep.* al voltant; pels volts de. ‖ ***~ (about),*** aproximadament. ‖ ***~ the world,*** al voltant del món, pertot el món. ‖ ***~ the corner,*** a la cantonada.
round (to) (raund) *t.* arrodonir. *2* tombar [una cantonada, revolt, etc.]. *3* envoltar, rodejar. *4* ***to ~ off,*** completar, arrodonir. *5* ***to ~ up,*** reunir, aplegar. ▪ *6 i.* arrodonir-se *p.* *7* ***to ~ off,*** culminar.
roundabout ('raundəbaut) *a.* indirecte. ‖ ***in a ~ way,*** fer volta; amb embuts. ▪ *2 s.* cavallets *m. pl.* [de fira]. *3* plaça *f.* [en un cruïlla].
roundly ('raundli) *adv.* francament. *2* rotundament, categòricament.
round-up ('raundʌp) *s.* acorralament *m.*, aplegament *m.* [del bestiar]. *2* agafada *f.*, batuda *f.* [de la policia].
rouse (to) (rauz) *t.* despertar. *2* animar, excitar. ▪ *3* despertar-se *p.* *3* animar-se *p.*, revifar-se *p.*
rout (raut) *s.* desfeta *f.*, derrota *f.*
rout (to) (raut) *t.* derrotar, desfer. *2* ***to ~ out,*** treure, fer sortir, fer fora.
route (ru:t) *s.* ruta *f.*, camí *m.* *2* itinerari *m.*, trajecte *m.*
routine (ru:'ti:n) *s.* rutina *f.* ▪ *2 a.* rutinari, de rutina.
rove (to) (rouv) *t.* recórrer. *2* piratejar. ▪ *3 i.* vagar, errar. *4* recórrer *t.* [alguna cosa amb la mirada].
rover ('rouvə[r]) *s.* vagabund, rodamón. *2* pirata.
1) row (rau) *s.* terrabastall *m.*, estrèpit *m.* *2* baralla *f.*, batussa *f.* *3* embolic *m.*, problema *f.*
2) row (rou) *s.* fila *f.*, filera *f.*, rengle *m.*, renglera *f.* *2* pass.
3) row (to) (rau) *t.* renyar. ▪ *2 i.* barallar-se *p.* (*with*, amb).
4) row (to) (rou) *t.* portar a rem. ▪ *2 i.* remar, vogar.
rowdy (raudi) *a.* avalotador, sorollós. ▪ *2 s.* cerca-bregues, cerca-raons.
rower (rouə[r]) *s.* remer.
royal ('rɔiəl) *a.* reial, regi.
royalty ('rɔiəlti) *s.* reialesa *f.* *2* família *f.* real. *3* drets *m. pl.* [d'autor].
rub (rʌb) *s.* frega *f.*, fricció *f.*; frec *m.* *2* dificultat *f.*, problema *m.*
rub (to) (rʌb) *t.* fregar, refregar, friccionar. *2* rascar, gratar. *3* enllustrar, polir. ▪ *4 i.* fregar. ▪ col·loq. ***to ~ along,*** anar fent; ***to ~ in,*** fer penetrar fregant; retreure, tirar per la cara; ***to ~ off,*** rascar, gratar; ***to ~ out,*** esborrar.
rubber ('rʌbə[r]) *s.* cautxú *m.*, goma *f.* *2* goma *f.* d'esborrar. *3 pl.* xancles *f.*
rubbish ('rʌbiʃ) *s.* escombraries *f. pl.*, (BAL.) (VAL.) fems *m. pl.*, (VAL.) brossa *f.* *2* bestieses *f. pl.*, bajanades *f. pl.*
rubble ('rʌbl) *s.* enderroc *m.*, runa *f.* *2* CONSTR. reble *m.*

rubblework ('rʌblwə:k) *s.* CONSTR. maçoneria *f.*
rubicund ('ru:bikənd) *a.* rubicund.
ruby ('ru:bi) *s.* MINER. robí *m.* *2* vermell *m.* fosc [color]. ▪ *3 a.* de robí. *4* de color vermell fosc.
rucksack ('rʌksæk) *s.* motxilla *f.*
ruction ('rʌkʃən) *s.* col·loq. raons *f. pl.* *2* sarau *m.*, gresca *f.*
rudder ('rʌdəʳ) *s.* NÀUT. timó *m.*, governall *m.*
ruddy ('rʌdi) *a.* rubicund; encès; vermell.
rude (ru:d) *a.* rude, grosser, maleducat. *2* tosc, rústec. *3* inculte. *4* verd, obscè.
rudeness ('ru:dnis) *s.* rudesa *f.* *2* grosseria *f.*, descortesia *f.* *3* obscenitat *f.*
rudiment ('ru:dimənt) *s.* BIOL. rudiment *m.* *2 pl.* rudiments *m.*
rue (ru:) *s.* BOT. ruda *f.*
rue (to) (ru:) *t.* liter. plorar, penedir-se *p.* de, lamentar.
rueful ('ru:ful) *a.* lamentable. *2* trist, afligit, penedit.
ruff (rʌf) *s.* ZOOL., ORN. collar *m.* *2* HIST. gorjera *f.*
ruffian ('rʌfjən) *a.* cruel, violent. ▪ *2 s.* rufià, pinxo.
ruffle ('rʌfl) *s.* COST. volant *m.* escarolat. *2* agitació *f.*
ruffle (to) ('rʌfl) *t.* COST. crespar, frunzir, prisar. *2* estarrufar, esborrifar. *3* ondular, arrugar. *4* agitar, torbar. ▪ *5 i.* estarrufar-se *p.* *6* ondular-se *p.*, arrugar-se *p.* *5* torbar-se *p.*
rug (rʌg) *s.* catifa *f.*, estora *f.*, pelut *m.* [petit]. *2* manta *f.* de viatge.
rugby (football) ('rʌgbi) *s.* ESPORT rugbi *m.*
rugged ('rʌgid) *a.* accidentat, abrupte, rocós. *2* dur [faccions]. *3* tosc. *3* desigual.
ruin (ruin) *s.* ruïna *f.* *2* destrucció *f.* *3* perdició *f.* *4 pl.* ruïnes *f.*
ruin (to) (ruin) *t.* arruïnar. *2* destruir. *3* perdre.
ruinous ('ruinəs) *a.* ruïnos.
rule (ru:l) *s.* regla *f.*, norma *f.*, precepte *m.* ‖ ***as a ~,*** com a regla general. *2* codi *m.*, reglament *m.* *3* domini *m.*, autoritat *f.*, govern *m.* *4* regle *m.*
rule (to) (ru:l) *t.* governar, regir, dirigir. *2* dominar, contenir [passions, instints, etc.]. *3* dominar, influir, guiar. *4* traçar [una ratlla], reglar. *5* ***to ~ out,*** rebutjar, refusar, excloure. *6* DRET decidir. ▪ *7 i.* governar *t.;* regnar. *8* DRET prendre una decisió.
ruler ('ru:ləʳ) *s.* governant; sobirà; autoritat *f.* *2* regle *m.*
rum (rʌm) *s.* rom *m.* *2* (EUA) aiguardent *m.* ▪ *3 a.* estrany, curiós.
rumble ('rʌmbl) *s.* retró *m.*, retruny *m.*, retrunyiment *m.* *2* estrèpit *m.*
rumble (to) ('rʌmbl) *i.* retrunyir, retronar. *2* fer soroll [els budells]. ▪ *3 t.* ***to ~ out,*** murmurar.
ruminant ('ru:minənt) *a.* remugant, ruminant. ▪ *2 s.* ZOOL. remugant *m.*, ruminant *m.*
ruminate (to) ('ru:mineit) *i.* rumiar *t.* *2* ZOOL. remugar *t.*, ruminar *t.*
rummage (to) ('rʌmidʒ) *i.* furgar *t.*, remenar *t.*, escorcollar *t.* ▪ *2 t.* escorcollar.
rumour, (EUA) **rumor** ('ru:məʳ) *s.* rumor *m.*
rumour, (EUA) **rumor (to)** ('ru:məʳ) *t.* córrer el rumor, dir(se: ***it is ~ed that,*** corre el rumor que, es diu que, diuen que.
rump (rʌmp) *s.* anques *f. pl.*, gropa *f.* [de cavall]. *2* carpó *m.* [de les aus]. *3* col·loq. ail *m.*
rumple (to) ('rʌmpl) *t.* arrugar, rebregar. *2* esborrifar, despentinar. ▪ *3 i.* arrugar-se *p.*, rebregar-se *p.* *4* esborrifar-se *p.*, despentinar-se *p.*
rumpus ('rʌmpəs) *s.* col·loq. xivarri *m.*, gresca *f.*
run (rʌn) *s.* carrera *f.*, correguda *f.*, corredissa *f.* *2* curs *m.*, marxa *f.*, direcció *f.* *3* sèrie *f.*, ratxa *f.* *4* viatge *m.*, excursió *f.* *5* distància *f.;* trajecte *m.*, recorregut *m.* *6* classe *f.*, tipus *m.* corrent. *7* ***in the long ~,*** a la llarga. *8* col·loq. llibertat *f.* de moviments, lliure accés *m.* ▪ *9 p.p.* de RUN (TO).
run (to) (rʌn) *i.* córrer. *2* estendre's *p.*, arribar a, assolir. *3* passar [a un estat]. ***to ~ dry,*** assecar-se *p.* [un pou]. *5* fluir, rajar. *6* fondre's *p.* *7* supurar. *8* durar, mantenir-se *p.* *9* TEAT. representar-se *p.* ininterrompudament. *10* seguir, ser vigent. *11* POL. presentar-se *p.* (per a). ▪ ***to ~ about,*** anar amunt i avall; ***to ~ across,*** trobar inesperadament; ***to ~ after,*** perseguir; ***to ~ away,*** fugir; ***to ~ down,*** criticar; atropellar; aturar-se, quedar-se sense corda; ***to ~ into,*** tenir [problemes]; trobar per casualitat; xocar; ***to ~ off,*** marxar, tocar el dos; ***to ~ on,*** allargassar-se [temps]; ***to ~ out (of),*** acabar-se, exhaurir-se; caducar; ***to ~ over,*** atropellar; vessar; ***to ~ through,*** travessar [amb una espasa, llança, etc.]; assajar [un paper]; ***to ~ up,*** acumular [factures]; ***to ~ up against,*** tenir [problemes]. ▲ Pret.: ***ran*** (ræn); p.p.: ***run*** (rʌn); ger.: ***running.***
runabout ('rʌnəbaut) *s.* avió *m.*, barca *f.* o cotxe *m.* lleuger. *2* (EUA) vagabund.
runaway ('rʌnəwei) *a.* fugitiu. *2* desbocat [cavall]. *3* sense fre. *4* fàcil [victoria]. ▪ *4 s.* fugitiu. *5* desertor. *6* cavall *m.* desbocat.
rung (rʌŋ) *s.* esglaó *m.*, graó *m.* ▪ *2 p. p.* de RING (TO) 2.

runner ('rʌnə^r) *s.* corredor [atleta]. *2* missatger. *3* contrabandista. *4* patí *m.* [de trineu]. *5* catifa *f.* o estora *f.* llarga. *6* BOT. estoló *m.* *7* MEC. corredora *f.*, cèrcol *m.* mòbil, roda *f.*

running ('rʌniŋ) *s.* carrera *f.*, correguda *f.*, corredissa *f.* *2* funcionament *m.* *3* direcció *f.*, govern *m.* ▪ *4 a.* corrent: *~ **water,*** aigua corrent. *5* continu. *6* cursiva [lletra]. ▪ *5 adv.* seguit.

running-knot ('rʌniŋ'nɔt) *s.* nus *m.* escorredor.

runway ('rʌnwei) *s.* AVIA. pista *f.* d'aterratge.

rupee (ru:'pi:) *s.* rupia *f.*

rupture ('rʌptʃə^r) *s.* ruptura *f.*, trencament *m.* *2* MED. hèrnia *f.*

rupture (to) ('rʌptʃə^r) *t.* trencar, esvinçar. *2* MED. herniar-se *p.* ▪ *3 i.* MED. herniar-se *p.*

rural ('ruərəl) *a.* rural.

ruse (ru:z) *s.* ardit *m.*, estratagema *f.*

1) rush (rʌʃ) *s.* precipitació *f.*, pressa *f.* *2* ímpetu *m.* *3* afluència *f.*, aglomeració *f.* [de gent]. *4* confusió *f.*, batibull *m.* *5* corrent *m.*, torrent *m.* *6* escomesa *f.*, atac *m.* *7* BOT. jonc *m.*

2) rush (rʌsk) *s.* galeta *f.*

rush (to) (rʌʃ) *i.* precipitar-se *p.*, abalançar-se *p.*, tirar-se *p.* *2* córrer. *3* anar de pressa, afanyar-se *p.* *4* ***to ~ out,*** sortir precipitadament. ▪ *5 t.* empènyer. *6* apressar. *7* fer de pressa. *8* portar ràpidament. *9* assaltar, atacar.

rush hour ('rʌʃauə^r) *s.* hora *f.* punta.

Russia ('rʌʃə) *n. pr.* GEOGR. Rússia *f.*

Russian ('rʌʃən) *a.* rus. ▪ *2 s.* rus [persona]. *3* rus *m.* [llengua].

rust (rʌst) *t.* rovellar, oxidar [també fig.]. ▪ *2 i.* rovellar-se *p.*, oxidar-se *p.*

rustic ('rʌstik) *a.* rústic. *2* rústec. ▪ *3 s.* pagès, aixafaterrossos.

rustle ('rʌsl) *s.* remor *f.*, murmuri *m.* *2* cruixit *m.*

rustle (to) ('rʌsl) *i.* remorejar, murmurar. *2* cruixir. *3* (EUA) col·loq. robar [bestiar]. ▪ *4 t.* xiuxiuejar *i.*, dir en veu baixa; moure fent remor.

rusty ('rʌsti) *a.* oxidat, rovellat [també fig.]. *2* de color de rovell. *3* descolorit, vell [un vestit negre].

rut (rʌt) *s.* rodera *f.*, carrilada *f.* *2* fig. rutina *f.* *3* ZOOL. zel *m.*

ruthless ('ru:θlis) *s.* cruel, despietat, inhumà. ▪ *2* **-ly** *adv.* cruelment, despietadament.

rye (rai) *s.* BOT. sègol *m.*

S

S, s (es) *s.* s *f.* [lletra].
Sabbath ('sæbəθ) *s.* dia *m.* de descans; diumenge *m.* [cristians]; dissabte *m.* [jueus].
sabotage ('sæbətɑːʒ) *s.* sabotatge *m.*
sabre, (EUA) **saber** ('seibəʳ) *s.* sabre *m.*
sack (sæk) *s.* sac *m.*, costal *m.* *2* saqueig *m.* *3* col·loq. acomiadament *m.*
sack (to) (sæk) *t.* saquejar. *2* ensacar, ficar dins d'un sac. *3* col·loq. acomiadar, fer fora.
sacrament ('sækrəmənt) *s.* REL. sagrament *m.* ‖ ***Holy Sacrament,*** sant sagrament.
sacred ('seikrid) *a.* sagrat.
sacrifice ('sækrifais) *s.* sacrifici *m.*
sacrifice (to) ('sækrifais) *t.* sacrificar(se.
sacrilege ('sækrilidʒ) *s.* REL. sacrilegi *m.*
sacrilegious (ˌsækri'lidʒəs) *a.* sacríleg.
sad (sæd) *a.* trist. *2* infaust. *3* lamentable, deplorable. ▪ *4* **-ly** *adv.* tristament; lamentablement.
sadden (to) ('sædn) *t.* entristir. ▪ *2 i.* entristir-se *p.*
saddle ('sædl) *s.* sella *f.* [de muntar]. *2* selló *m.* [d'una bicicleta, d'una motocicleta].
saddle (to) ('sædl) *t.* ensellar. *2* ***to ~ with,*** endossar, encolomar.
sadism ('sædizəm) *s.* sadisme *m.*
sadness ('sædnis) *s.* tristesa *f.*
safe (seif) *a.* segur. *2* il·lès, incòlume. ‖ ***~ and sound,*** sa i estalvi. *2* prudent, assenyat. *3* protegit, resguardat. ▪ *4 s.* caixa *f.* forta, caixa *f.* de cabals. *5* armari *m.* del rebost. ‖ ***meat-~,*** carner *m.* ▪ *6* **-ly** *adv.* sense perill. *7* amb seguretat. *8* sense novetat, sense cap incident.
safe-conduct (ˌseif'kɔndəkt) *s.* salconduit *m.*
safeguard ('seifgɑːd) *s.* salvaguarda *f.*
safety ('seifti) *s.* seguretat *f.* *2* prudència.
safety-belt ('seiftibelt) *s.* cinturó *m.* de seguretat.
safety-pin ('seiftipin) *s.* agulla *f.* imperdible, imperdible *f.*
safety-razor ('seiftiˌreizəʳ) *s.* maquineta *f.* d'afaitar.
saffron ('sæfrən) *s.* safrà *m.*
sag (to) (sæg) *i.* enfonsar-se *p.*, esfondrar-se *p.* *2* cedir, afluixar-se *p.* *3* baixar [els preus].
sagacious (sə'geiʃəs) *a.* sagaç.
sage (seidʒ) *s.* BOT. sàlvia *f.* *2* savi *m.* ▪ *3 a.* savi.
said (sed) *pret.* de SAY (TO).
sail (seil) *s.* MAR. vela *f.* *2* aspa *f.*, antena *f.* [de molí].
sail (to) (seil) *i.* navegar. *2* sortir [un vaixell, persones en un vaixell], fer-se *p.* a la mar. *3* lliscar, flotar, volar. ▪ *4 t.* tripular, navegar [un vaixell].
sailing ('seiliŋ) *s.* navegació *f.*, nàutica *f.* *2* ESPORT vela *f.*
sailor ('seiləʳ) *s.* mariner, marí.
saint (seint, snt) *s.* sant.
saintly ('seintli) *a.* sant.
sake (seik) *s.* causa *f.*, motiu *m.*, amor *m.*, consideració *f.*: ***for God's ~,*** per l'amor de Déu; ***for my ~,*** per mi; ***for the ~ of,*** per, amb motiu de, en consideració a.
salad ('sæləd) *s.* amanida *f.*, (BAL.) trempó *m.*, (VAL.) ensalada *f.*
salad-bowl ('sælədboul) *s.* enciamera *f.*
salamander ('sæləˌmændəʳ) *s.* ZOOL., MIT. salamandra *f.*
salary ('sæləri) *s.* sou *m.*, salari *m.*, paga *f.*
sale (seil) *s.* venda *f.* ‖ ***for ~, on ~,*** en venda, es ven. *2* liquidació *f.*, rebaixes *f. pl.* *3* subhasta *f.*
salesman ('seilzmən) *s.* venedor *m.* *2* viatjant *m.* [de comerç].
saleswoman ('seilzwumən) *s.* venedora *f.* *2* viatjant *f.* [de comerç].
saliva (sə'laivə) *s.* saliva *f.*
sallow ('sælou) *a.* pàl·lid, citrí, groguenc [cara].

salmon ('sæmən) *s.* ICT. salmó *m.* *2* salmó *m.* [color]. ▲ *pl.* ***salmon.***
salon ('sælɔŋ) *s.* saló *m.*
saloon (sə'lu:n) *s.* sala *f.*, saló *m.* [d'un hotel, un vaixell, etc.]. *2* (EUA) bar *m.*, taverna *f.*
salt (sɔ:lt) *s.* CUI., QUÍM. sal *f.* [també fig.]. ■ *2 a.* salat; salí.
salt (to) (sɔ:lt) *t.* posar sal. *2* salar.
saltpetre, (EUA) **saltpeter** (ˌsɔ:lt'pi:tə[r]) *s.* salnitre *m.*, salpetre *m.*, nitre *m.*
salutary ('sæljutəri) *a.* saludable, salutífer.
salutation (ˌsælju'teiʃən) *s.* salutació *f.*, salut *m.*
salute (sə'lu:t) *s.* salutació *f.*
salute (to) (sə'lu:t) *t.-i.* saludar *t.*
Salvador, El ('sælvədɔ:[r], 'el) *n. pr.* GEOGR. El Salvador *m.*
Salvadorean (sælvə'dɔ:riən) *a.-s.* salvadorenc.
salvage ('sælvidʒ) *s.* salvament *m.* *2* objectes *m. pl.* salvats.
salvation (sæl'veiʃən) *s.* salvació *f.*
same (seim) *a.* mateix; igual: ***at the ~ time,*** al mateix temps; ***the two dresses are the ~,*** els dos vestits són iguals. ■ *2 pron.* mateix: ***I'm the ~ as always,*** sóc el mateix de sempre; ***I did the ~,*** jo vaig fer el mateix. ■ *3 adv.* de la mateixa manera. *3* igual: ***It's all the ~ to me,*** m'és igual. *4* ***all the ~,*** tanmateix.
sameness ('seimnis) *s.* igualtat *f.* *2* monotonia *f.*
sample ('sɑ:mpl) *s.* COM. mostra *f.*
sample (to) ('sɑ:mpl) *t.* treure una mostra de. *2* provar, tastar.
sanatorium (ˌsænə'tɔ:riəm) *s.* sanatori *m.*
sanctimonious (ˌsæŋkti'mounjəs) *a.* rosegaaltars, beguí.
sanction ('sæŋkʃən) *s.* sanció *f.*
sanction (to) ('sæŋkʃən) *t.* sancionar.
sanctuary ('sæŋktjuəri) *s.* santuari *m.* [també fig.]. *2* sagrari *m.* *3* refugi *m.*
sand (sænd) *s.* sorra *f.*, (BAL.) (VAL.) arena *f.* *2* platja *f.*
sandal ('sændl) *s.* sandàlia *f.* *2* BOT. sàndal *m.*
sand-bar ('sændbɑ:[r]) *s.* banc *m.* de sorra.
sandwich ('sænwidʒ) *s.* sandvitx *m.*, entrepà *m.*
sané (sein) *a.* sa, en el seu seny. *2* assenyat, sensat, enraonat. ■ *3* **-ly** *adv.* assenyadament, sensatament.
sang (sæŋ) *pret.* de SING (TO).
sanguinary ('sæŋgwinəri) *a.* sanguinari. *2* sangonent, sangonós.
sanguine ('sæŋgwin) *a.* optimista; esperançat. *2* rubicund.
sanitary ('sænitəri) *a.* sanitari, de sanitat. *2* higiènic.
sanity ('sæniti) *s.* seny *m.*, salut *f.* mental. *2* seny *m.*, sensatesa *f.*
sap (sæp) *s.* BOT. saba *f.* [també fig.]. *2* col·loq. enze, babau. *3* MIL. sapa *f.*
sap (to) (sæp) *i.* fer sapes. ■ *2 t.* soscavar. *3* fig. minar.
sapphire ('sæfaiə[r]) *s.* MINER. safir *m.*
sarcasm ('sɑ:kæzəm) *s.* sarcasme *m.*
sarcastic (sɑ:'kæstik) *a.* sarcàstic.
sardine (sɑ:'di:n) *s.* ICT. sardina *f.*
Sardinia (sɑ:'diniə) *n. pr.* GEOGR. Sardenya *f.*
sardonic (sɑ:'dɔnik) *a.* sardònic.
sash (sæʃ) *s.* faixa *f.*, banda *f.*, faixí *m.*
sash window ('sæʃˌwindou) *s.* finestra *f.* de guillotina.
sat (sæt) *Pret.* i *p.p.* de SIT (TO).
satanic (sə'tænik) *a.* satànic.
satchel ('sætʃəl) *s.* cartera *f.* [de col·legi].
satellite ('sætəlait) *s.* satèl·lit *m.*
satiate (to) ('seiʃieit) *t.* form. saciar, sadollar(se, atipar-se *p.*
satiety (sə'taieti) *s.* form. sacietat *f.*
satin ('sætin) *s.* TÈXT. setí *m.*, ras *m.*
satire ('sætaiə[r]) *s.* sàtira *f.*
satiric (sə'tirik) *a.* satíric.
satirize (to) ('sætəraiz) *t.* satiritzar.
satisfaction (ˌsætis'fækʃən) *s.* satisfacció *f.*
satisfactory (ˌsætis'fæktəri) *a.* satisfactori. *2* suficient.
satisfy (to) ('sætisfai) *t.* satisfer. *2* convèncer: ***I am satisfied that,*** estic convençut que, estic segur que. ■ *3 i.* estar content, estar satisfet.
saturate (to) ('sætʃəreit) *t.* saturar. *2* impregnar, amarar [també fig.].
Saturday ('sætədi, -dei) *s.* dissabte *m.*
sauce (sɔ:s) *s.* salsa *f.*
sauce-boat ('sɔ:sbout) *s.* salsera *f.*
saucepan ('sɔ:spən) *s.* cassola *f.*
saucer ('sɔ:sə[r]) *s.* sotacopa *f.*, platet *m.*
saucy (s'ɔ:si) *a.* descarat, impertinent. *2* col·loq. bufó, elegant.
saunter (to) ('sɔ:ntə[r]) *i.* passejar-se *p.;* caminar a poc a poc [sense direcció].
sausage ('sɔsidʒ) *s.* botifarra *f.*, salsitxa *f.*, embotit *m.*
savage ('sævidʒ) *a.* salvatge, primitiu. *2* ferotge, furiós. ■ *3 s.* salvatge. ■ *4* **-ly** *adv.* salvatgement; ferotgement.
savagery ('sævidʒəri) *s.* salvatgeria *f.*, salvatjada *f.* *2* salvatgia *f.*, salvatgisme *m.*
savant ('sævənt) *s.* savi, erudit.
save (seiv) *prep.* llevat de. ■ *2 conj.* llevat que.
save (to) (seiv) *t.* salvar. *2* conservar, pre-

servar. *3* guardar; estalviar. *4* evitar, impedir.

1) saving ('seiviŋ) *s.* economia *f.*, estalvi *m.* *2 pl.* estalvis *m.*

2) saving ('seiviŋ) *prep.* llevat de, excepte.

savings bank ('seiviŋzbæŋk) *s.* caixa *f.* d'estalvis.

saviour, (EUA) **savior** ('seivjə) *s.* salvador.

savour, (EUA) **savor** ('seivəʳ) *s.* sabor *m.*, gust *m.;* olor *f.* *2* regust *m.*

savour, (EUA) **savor** ('seivəʳ) *t.* assaborir. ▪ *2 i.* tenir gust de.

savoury, (EUA) **savory** ('seivəri) *a.* saborós, gustós. *2* salat. ▪ *3 s.* tapa *f.* [menjar].

saw (sɔ:) *s.* serra *f.* [eina]. *2* dita *f.*, refrany *m.* ▪ *3 pret.* de SEE (TO).

saw (to) (sɔ:) *t.-i.* serrar. ▲ Pret.: ***sawed*** (sɔ:d); p.p.: ***sawn*** (sɔ:n).

sawdust ('sɔ:dʌst) *s.* serradures *f. pl.*

sawed (sɔ:d) Pret. de SAW (TO).

sawn (sɔ:n) *p.p.* de SAW (TO).

Saxon ('sæksn) *a.* saxó. ▪ *2 s.* saxó [persona]. *3* saxó *m.* [llengua].

say (sei) *s.* ***to have one's ~,*** dir la seva, tenir alguna cosa a dir.

say (to) (sei) *t.* dir. || ***it is said,*** es diu que, diuen que; ***that is to ~,*** és a dir; ***to ~ mass,*** dir missa. *2* recitar; resar. ▲ Pres. 3ª pers.: ***says*** (səz), pret. i p.p.: ***said*** (sed).

saying ('seiiŋ) *s.* dita *f.*, refrany *m.*

scab (skæb) *s.* MED. crosta *f.* *2* col·loq. esquirol.

scabbard ('skæbəd) *s.* beina *f.* [d'espasa].

scaffold ('skæfəld) *s.* CONSTR. bastida *f.* *2* cadafal *m.*, patíbul *m.*

scaffolding ('skæfəldiŋ) *s.* bastida *f.*, bastimentada *f.*

scale (skeil) *s.* escama *f.*, escata *f.* *2* escala *f.* [graduació; proporció; música]. *3* balançó *m.*, platet *m.* [d'una balança]. *4* balança *f.*, bàscula *f.*

scale (to) (skeil) *t.* escatar. *2* fer a escala. *3* escalar. ▪ *4 i.* saltar o caure a escates. *5* pesar.

scalp (skælp) *s.* cuir *m.* cabellut; cabellera *f.*

scalp (to) (skælp) *t.* arrencar la cabellera.

scalpel ('skælpəl) *s.* MED. escalpel *m.*

scaly ('skeili) *a.* escamós.

scamp (skæmp) *s.* bergant, brivall.

scamper ('skæmpəʳ) *s.* fugida *f.* o fuga *f.* precipitada.

scamper (to) ('skæmpəʳ) *i.* fugir, córrer [els animals].

scan (to) (skæn) *t.* observar; escodrinyar, escrutar [amb la vista]. *2* fer una ullada o un cop d'ull. *3* escandir.

scandal ('skændl) *s.* escàndol *m.*, vergonya *f.* *2* xafarderies *f. pl.*, murmuracions *f. pl.* *3* difamació *f.*

scandalize (to) ('skændəlaiz) *t.* escandalitzar.

scandalous ('skændələs) *a.* escandalós, vergonyós. *2* difamatori.

Scandinavia (ˌskændi'neiviə) *n. pr.* GEOGR. Escandinàvia *f.*

Scandinavian (ˌskændi'neiviən) *a.-s.* escandinau.

scant (skænt) *a.* escàs, poc.

scanty ('skænti) *a.* escàs, insuficient, magre.

scapegoat ('skeipgout) *s. fig.* cap *m.* de turc.

scar (skɑ:ʳ) *s.* cicatriu *f.* *2* fig. senyal *m.* *3* roca *f.* pelada.

scarce (skeəs) *a.* escàs, insuficient. *2* rar, poc freqüent.

scarcely ('skeəsli) *adv.* a penes, difícilment, amb prou feines. || ***~ ever,*** gairebé mai.

scarcity ('skeəsiti) *s.* escassesa *f.*, escassetat *f.* *2* raresa *f.*, poca freqüència *f.*

scare (skeəʳ) *s.* esglai *m.*, ensurt *m.*, alarma *f.* *2* por *f.*, pànic *m.*

scare (to) (skeəʳ) *t.* espantar, fer por; alarmar. *2* ***to ~ away,*** espantar, fer fugir. ▪ *3 i.* espantar-se *p.* *4* ***to be ~d,*** tenir por, estar espantat.

scarecrow ('skɛəkrou) *s.* espantaocells *m.*

scarf (skɑ:f) *s.* bufanda *f.* *2* mocador *m.* de coll o de cap. *3* xal *m.*

scarlet ('skɑ:lit) *a.* escarlata. ▪ *2 s.* escarlata *m.* [color].

scathing ('skeiðiŋ) *a.* acerb, mordaç, dur.

scatter (to) ('skætəʳ) *t.* dispersar, esparpallar, escampar, (ROSS.) escampillar. ▪ *2 i.* dispersar-se *p.*, esparpallar-se *p.*, escampar-se *p.*

scenario (si'nɑ:riou) *s.* TEAT., CINEM. guió *m.*

scene (si:n) *s.* escena *f.* || ***behind the ~s,*** entre bastidors *m.* [també fig.]. *2* escenari *m.* *3* vista *f.*, panorama *f.* *4* TEAT. decorat *m.*

scenery ('si:nəri) *s.* paisatge *m.*, panorama *f.*, vista *f.* *2* TEAT. decoració *f.*

scent (sent) *s.* olor *f.;* aroma *m.*, fragància *f.* *2* perfum *m.* *3* rastre *m.*, pista *f.*

scent (to) (sent) *t.* olorar, sentir olor de, flairar. *2* sospitar. *3* perfumar.

sceptic ('skeptik) *s.* FIL. escèptic.

sceptical ('skeptikl) *a.* escèptic.

scepticism ('skeptisizəm) *s.* escepticisme *m.*

sceptre, (EUA) **scepter** ('septəʳ) *s.* ceptre [reial].

schedule ('ʃedju:l) , (EUA) ('skedʒu:l) *s.* llista *f.*, inventari *m.* *2* horari *m.* [de trens, autobús, etc.]. *3* programa *m.*, pla *m.*, previsió *f.*

scheme (ski:m) *s.* combinació *f.*, arranja-

ment *m.* 2 projecte *m.*, disseny *m.*, pla *m.* 3 intriga *f.*, maquinació *f.*
scheme (to) (ski:m) *t.* projectar, idear, planejar. 2 ordir, tramar, maquinar. ■ 3 *i.* fer projectes. 4 ordir *t.*, tramar *t.*, maquinar *t.*
schism ('sizəm) *s.* cisma *m.*
scholar ('skɔləʳ) *s.* becari. 2 savi, erudit.
scholarship ('skɔləʃip) *s.* saber *m.*, erudició *f.* 2 beca *f.*
school (sku:l) *s.* escola *f.* 2 col·legi m. 3 institut *m.* 4 facultat *f.* [de la universitat]. ■ 5 *a.* escolar, d'escola. ‖ ~ ***year,*** any escolar.
school (to) (sku:l) *t.* ensenyar, instruir, educar.
schooling ('sku:liŋ) *s.* instrucció *f.*, ensenyament *m.*
schoolmaster ('sku:lˌma:stəʳ) *s.* mestre *m.* d'escola; professor *m.* d'institut.
schoolmistress ('sku:lˌmistris) *s.* mestra *f.* d'escola; professora *f.* d'institut.
science ('saiens) *s.* ciència *f.*
scientist ('saiəntist) *s.* científic.
scintillate (to) ('sintileit) *i.* centellejar, espurnejar.
scion ('saiən) *s.* BOT. brot *m.*, lluc *m.*, tany *m.* 2 descendent.
scissors ('sizəz) *s. pl.* tisores *f.*, estisores *f.*
scoff (skɔf) *s.* burla *f.*, mofa *f.* 2 riota *f.*
scoff (to) (skɔf) *i.* mofar-se *p.*, burlar-se *p.* (*at,* de).
scold (to) (skould) *t.-i.* renyar *t.*, escridassar *t.*
scoop (sku:p) *s.* pala *f.* 2 cullerot *m.*, culler *m.* 3 MAR. sàssola *f.* 4 TECNOL. cullera *f.* 4 ***at one*** ~, de cop *m.*, d'una revolada *f.*
scope (skoup) *s.* possibilitat *f.*, oportunitat *f.* 2 abast *m.*, àmbit *m.*, camp *m.* d'acció, camp *m.* d'observació.
scorch (to) (skɔ:tʃ) *t.* socarrimar, socarrar. 2 abrasar, cremar. ■ 3 *i.* socarrimar-se *p.*, socarrar-se *p.* 4 abrasar-se *p.*, cremar-se *p.*
scorching ('sckɔ:tʃiŋ) *a.* abrasador, molt calent. 2 molt calorós.
score (skɔ:ʳ) *s.* osca *f.*, mòssa *f.*, senyal *m.* 2 compte *m.* 3 motiu *m.*, raó *m.* 4 vintena *f.*, vint *m.* 5 ESPORT resultat *m.*, punts *m. pl.*, gols *m. pl.* 6 MÚS. partitura *f.*
score (to) (skɔ:ʳ) *t.* oscar, fer osques a, ratllar. 2 ESPORT marcar, fer [punts]. 3 MÚS. instrumentar, orquestrar. ■ 4 *i.* marcar gols, fer punts. 5 obtenir un resultat o una puntuació. 6 tenir èxit, guanyar.
scorn (skɔ:n) *s.* desdeny *m.*, menyspreu *m.* 2 escarniment *m.*, escarn *m.*
scorn (to) (skɔ:n) *t.* desdenyar, menysprear. 2 escarnir.
scorpion ('skɔ:pjən) *s.* ZOOL. escorpí *m.*
Scot (skɔt) *s.* escocès.
Scotch (skɔtʃ) *a.* escocès. ■ 2 *s.* whisky *m.* escocès.
Scotland ('skɔtlənd) *n. pr.* GEOGR. Escòcia *f.*
Scottish ('skɔtiʃ) *a.-s.* escocès.
scoundrel ('skaundrəl) *s.* canalla, facinerós, bergant.
scour (to) ('skauəʳ) *t.* fregar, refregar, netejar. 2 netejar; emportar-se *p.* amb un raig d'aigua. 3 escorcollar, recórrer.
scourge (skə:dʒ) *s.* fuet *m.*, flagell *m.* 2 fig. flagell *m.*, fuet *m.*
scourge (to) (skə:dʒ) *t.* assotar, flagel·lar.
scout (skaut) *s.* MIL. explorador, escolta. ‖ ~, ***boy*** ~, noi escolta *m.*
scout (to) (skaut) *t.* explorar; reconèixer [el terreny]. 2 rebutjar amb menyspreu. ■ 3 *i.* fer un reconeixement [del terreny], explorar *t.*
scowl (skaul) *s.* mala cara *f.*, nas *m.* arrufat, celles *f. pl.* arrufades.
scowl (to) (skaul) *i.* mirar amb les celles arrufades o amb cara de pomes agres.
scrag (skræg) *s.* persona *f.* o animal *m.* molt prim. 2 clatell *m.*, bescoll *m.*
scramble ('skræmbl) *s.* baralla *f.*, estiracabells *m.*, lluita *f.*
scramble (to) ('skræmbl) *i.* grimpar, enfilar-se *p.* 2 barallar-se *p.* per, anar a l'estiracabells. ■ 3 *t.* remenar. ‖ ~***d eggs,*** ous remenats.
scrap (skræp) *s.* tros. 2 *pl.* deixalles *f.*, sobres *f.* 3 retall *m.*
scrap-book ('skræpbuk) *s.* àlbum *m.* de retalls [de revistes o diaris].
scrap-iron ('skræp'aiən) *s.* ferralla *f.*, ferros *m. pl.* vells.
scrape (skreip) *s.* esgarrapada *f.*, raspadura *f.* 2 embolic *m.*, trencacolls *m.*
scrape (to) (skreip) *t.* rascar; llimar. 2 fregar. 3 fig. ~ ***along,*** anar tirant.
scratch (skrætʃ) *s.* esgarrapada *f.*, esgarrinxada *f.* 2 ratlla *f.*, marca *f.*; tall *m.* 3 ESPORT línia *f.* de sortida.
scratch (to) (skrætʃ) *t.-i.* esgarrapar, esgarrinxar(se. 2 ratllar, rascar(se. 4 retirar-se *p.* d'una competició.
scream (skri:m) *s.* crit *m.*, xiscle *m.*
scream (to) (skri:m) *t.-i.* cridar, xisclar.
screech (skri:tʃ) *s.* xiscle *m.*, esgarip *m.* 2 xerric *m.*
screech (to) (skri:tʃ) *i.* xisclar, fer esgarips. 2 xerricar.
screen (skri:n) *s.* pantalla *f.* 2 fig. cortina *f.*, protecció *f.*, mur *m.* 3 biomb *m.*, paravent *m.* 3 mosquitera *f.* 4 sedàs *m.*, gar-

bell *m.* *5 **the big ~**,* el cinema *m.; **the small ~**,* la petita pantalla *f.*, la televisió *f.*
screen (to) (skri:n) *t.* ocultar, amagar. *2* protegir. *3* garbellar. *4* CINEM. projectar.
screw (skru:) *s.* cargol *m.*, femella *f.* *2* volta *f.* [de cargol]. *3* hèlice *f.*
screw (to) (skru:) *t.* cargolar, collar. [també fig.]. *2 t.-i.* vulg. cardar *i.*
screwdriver ('skru:ˌdraivəʳ) *s.* tornavís *m.*, (BAL.) desengramponador *m.*
scribble (skribl) *s.* gargot *m.*
scribble (to) (skribl) *t.* escriure amb mala lletra. ▪ *2 i.* gargotejar.
script (skript) *s.* lletra *f.*, escriptura *f.* manual. *2* CINEM. guió *m.*
scroll (skroul) *s.* rotlle *m.* [de paper, pergamí, etc.].
scrounge (to) (skraundʒ) *i.* anar de gorra, fer el viu. ▪ *2 t.* gorrejar.
scrounger ('skraundʒəʳ) *s.* gorrer.
scrub (skrʌb) *s.* sotabosc *m.* *2* fregada *f.* ▪ *3 a.* petit, esquifit.
scrub (to) (skrʌb) *t.-i.* fregar.
scruff (skrʌf) *s.* ***the ~ of the neck,*** clatell *m.*
scruple ('skru:pl) *s.* escrúpol *m.*
scruple (to) ('skru:pl) *i.* tenir escrúpols; dubtar.
scrutinize (to) ('skru:tinaiz) *t.* escrutar, comptar amb detall.
scullery ('skʌləri) *s.* recuina *f.*, repartidor *m.*
sculptor ('skʌlptəʳ) *s.* escultor.
sculptress ('skʌlptris) *f.* escultora *f.*
sculpture ('skʌlptʃəʳ) *s.* escultura *m.*
scum (skʌm) *s.* escuma *f.* *2* fig. púrria *f.*, escòria *f.*
scurry (to) ('skʌri) *i.* córrer, apressar-se *p.*
scuttle ('skʌtl) *s.* fugida *f.* precipitada, retirada *f.* [amb covardia]. *2* escotilla *f.*
scuttle (to) ('skʌtl) *t.* MAR. fer anar a pic, enfonsar.
scythe (saið) *s.* dalla *f.*
sea (si:) *s.* mar. ‖ ***on the high ~,*** en alta mar; ***seamanship,*** destresa *f.* per a navegar. *2* fig. ***a ~ of blood,*** un riu de sang.
sea bream ('si:'bri:m) *s.* ICT. besuc *m.*
seagull ('si:gʌl) *s.* gavina *f.*, gavià *m.*
sea horse ('si:hɔ:s) *s.* ZOOL. cavall *m.* de mar.
seal (si:l) *s.* ZOOL. foca *f.* *2* segell *m.*
seal (to) (si:l) *t.* segellar, precintar.
sea level ('si:levl) *s.* nivell *m.* del mar.
sealing-wax ('si:liŋwæks) *s.* lacre *m.*
seam (si:m) *s.* costura *f.*, repunt *m.*
seam (to) (si:m) *t.* cosir. *2* fer repunts.
seaman ('si:mən) *s.* mariner *m.*
seamstress ('si:mstris) *s.* cosidora *f.*, modista *m.*
sear (to) (siəʳ) *t.* marcir, assecar. *2* abrasar, cremar. *3* marcar amb ferro roent.
search (sə:tʃ) *s.* recerca *f.*, escorcoll *m.*, registre *m.* *2* investigació *f.*, examen *m.*
search (to) (sə:tʃ) *t.-i.* examinar *t.*, investigar *t.* *2* registrar *t.*, escorcollar *t.*
searchlight ('sə:tʃlait) *s.* ELECT. reflector *m.*, focus *m.*
seasick ('si:sik) *a.* marejat [navegant].
seasickness ('si:siknis) *s.* mareig *m.* [navegant].
seaside ('si:said) *s.* platja *f.*, costa *f.*, zona *f.* costanera. ▪ *2 a.* costaner, de la costa.
season ('si:zn) *s.* estació *f.*, període *m.*, temporada *f.*, temps *m.* ‖ ***on due ~,*** al seu temps.
season (to) ('si:zn) *t.* assaonar, amanir. *2* alleugerir. *3* aclimatar, habituar.
seasonable ('si:zənəbl) *a.* oportú; adequat, apropiat.
season ticket ('si:zntikit) *s.* abonament *m.*
seat (si:t) *s.* seient *m.* ‖ ***to take a ~,*** seure, asseure's. *2* CINEM., TEAT. localitat *f.* *3* seu *f.* [d'un govern, etc.]. *4* localització *f.* [d'una malaltia].
seat (to) (si:t) *t.* asseure. *2* tenir capacitat per [seients]. *3* encaixar; instal·lar. ▪ *4 i.* fer bossa [pantalons, etc.].
seat belt ('si:tbelt) *s.* cinturó *m.* de seguretat.
sea wall ('si:wɔ:l) *s.* dic *m.*, escullera *f.*
secede (to) (si'si:d) *i.* escindir-se *p.*, separar-se *p.*
secession (si'seʃən) *s.* secessió *f.*, escissió *f.*
seclude (to) (si'klu:d) *t.* aïllar, separar, bandejar.
seclussion (si'klu:ʒən) *s.* aïllament *m.; *reclussió *f.* bandejament *m.*
second ('sekənd) *a.* segon. *2* secundari, subordinat. ▪ *3 s.* segon. ‖ ***~ hand,*** busca *f.* dels segons [rellotge]. ▪ *4* **-ly** *adv.* en segon lloc.
second (to) ('sekənd) *t.* recolzar, secundar.
secondary ('sekəndəri) *a.* secundari.
secondhand (ˌseknd'hænd) *a.* de segona mà.
secret ('si:krit) *a.-s.* secret. ▪ *2* **-ly** *adv.* secretament.
secretary ('sekrətri) *s.* secretari. *2* ministre.
secrete (to) (si'kri:t) *t.* amagar, ocultar. ▪ *2 i.* secretar.
sect (sekt) *s.* secta *f.* *2* grup *m.*, partit *m.*
section ('sekʃən) *s.* secció *f.*
secular ('sekjuləʳ) *a.* secular. ▪ *2 s.* seglar, laic.
secure (si'kjuəʳ) *a.* segur; confiat. *2* segur, ferm; assegurat. ▪ *3* **-ly** *adv.* de manera segura.
secure (to) (si'kjuəʳ) *t.* assegurar, fixar. *2* garantir. *3* aconseguir.

security (si'kjuəriti) *s.* seguretat *f.* 2 fiança *f.*
sedative ('sedətiv) *a.* MED. sedant ▪ 2 MED. *s.* sedant *m.*
sedentary ('sedntəri) *a.* sedentari.
sediment ('sedimənt) *s.* sediment *m.*
sedition (si'diʃən) *s.* sedició *f.*
seduce (to) (si'dju:s) *t.* induir, temptar. 2 seduir.
sedulous ('sedjuləs) *a.* diligent, aplicat.
see (si:) *s.* ECLES. seu *f.*: ***Holy ~,*** Santa Seu.
see (to) (si:) *t.* veure. 2 entendre, veure. 3 mirar, observar. 4 rebre. ▪ 5 *i.* veure. ‖ ***let's ~!,*** vejam!, a veure! 6 entendre *t.*, veure *t.* ‖ ***I ~!,*** ja ho veig!; ***you ~?*** ho entens?; ***as far as I can ~,*** al meu entendre. ▪ ***to ~ after,*** tenir cura de, encarregar-se de; ***to ~ into,*** investigar, examinar; ***to ~ off,*** acomiadar, dir adéu; ***to ~ through,*** veure a través; calar; penetrar; ***to ~ to,*** tenir cura de, atendre. ▲ Pret.: ***saw*** (sɔ:); ***seen*** (si:n).
seed (si:d) *s.* llavor *f.*, sement *f.*, gra *m.*
seed (to) (si:d) *t.* sembrar. 2 espinyolar. ▪ 3 *i.* granar.
seek (to) (si:k) *t.* buscar, (BAL.) cercar. 2 demanar. 3 perseguir, ambicionar. ▪ 4 *i.* ***to ~ after, for*** o ***out,*** buscar; sol·licitar. ▲ Pret. i p.p.: ***sought*** (sɔ:t).
seem (to) (si:m) *t.* semblar. ‖ ***it ~s to me that...,*** em sembla que...; ***it ~s so,*** això sembla.
seeming (si:miŋ) *a.* aparent. ▪ 2 *s.* aparença *f.* ▪ 3 **-ly** *adv.* aparentment.
seemly ('si:mli) *a.* form. correcte. 2 decent.
seen (si:n) *P.p.* de SEE (TO).
seep (to) (si:p) *i.* filtrar-se *p.*
seer ('si(:)ə[r]) *s.* vident; profeta.
seethe (to) (si:ð) *i.* bullir [també fig.].
segment ('segmənt) *s.* segment *m.*
segregation (ˌsegri'geiʃən) *s.* segregació *f.*, separació *f.*
seismic ('saizmik) *a.* sísmic.
seize (to) (si:z) *t.* agafar, engrapar. 2 DRET confiscar, embargar. 3 apoderar-se *p.* de. ▪ 4 *i.* ***to ~ (up),*** encallar-se *p.*
seizure ('si:ʒə[r]) *s.* DRET embargament *m.*, embarg *m.* 2 captura *f.*
seldom ('seldəm) *adv.* rarament, quasi gens.
select (si'lekt) *a.* selecte.
select (to) (si'lekt) *t.* seleccionar, escollir.
selection (si'lekʃən) *s.* selecció *f.* 2 elecció *f.* 3 COM. assortiment *m.*
self (self) *a.* mateix, idèntic. ▲ *pl.* ***selves*** (selvz).
self-adhesive (ˌselfəd'hi:siv) *a.* autoadhesiu.
self-appointed (ˌselfə'pɔintid) *a.* nomenat per si mateix.
self-centred, (EUA) **self-centered** (ˌself'sentəd) *a.* egocèntric.
self-confidence (ˌself'kɔnfidəns) *s.* seguretat *f.* en un mateix.
self-confident (ˌself'kɔnfidənt) *a.* segur d'un mateix.
self-conscious (ˌself'kɔnʃəs) *a.* conscient. 2 col·loq. tímid, vergonyós.
self-consciousness (ˌself'kɔnʃəsnis) *s.* consciència *f.* 2 col·loq. timidesa *f.*, vergonya *f.*
self-control (ˌselfkɔn'troul) *s.* autocontrol *m.*
self-denial (ˌselfdi'naiəl) *s.* abnegació *f.*
self-denying (ˌselfdi'naiŋ) *a.* abnegat.
self-discipline (ˌself'disiplin) *s.* autodisciplina *f.*
self-employed (ˌselfem'plɔid) *a.* que treballa per compte propi.
self-governing (ˌself'gʌvniŋ) *a.* autònom.
selfish (selfiʃ) *a.* egoista, interessat. ▪ 2 **-ly** *adv.* egoistament, de manera interessada.
selfishness ('selfiʃnis) *s.* egoisme *m.*
self-portrait (ˌself'pɔ:treit) *s.* autoretrat *m.*
self-respect (ˌselfris'pekt) *s.* dignitat *f.*, amor *m.* propi.
self-respecting (ˌselfris'pektiŋ) *a.* que té amor propi.
self-righteous (ˌself'raitʃəs) *a.* arrogant, desdenyós.
self-sacrifice (ˌself'sækrifais) *s.* abnegació *f.*
self-sacrificing (ˌself'sækrifaisiŋ) *a.* sacrificat, abnegat.
self-satisfied (ˌself'sætisfaid) *a.* satisfet de si mateix.
self-service (ˌself'sə:vis) *a.* d'autoservei.
self-starter (ˌself'stɑ:tə[r]) *s.* MEC. motor *m.* d'arrencada automàtica.
self-sufficient (ˌselfsə'fiʃnt) *a.* autosuficient.
sell (sel) *s.* col·loq. engany *m.*, estafa *f.*
sell (to) (sel) *t.* vendre. 2 trair, vendre. 3 enganyar. 4 ***to ~ off,*** liquidar. ▪ 5 *i.* vendre's *p.* ▲ Pret. i p.p.: ***sold*** (sould).
seller ('selə[r]) *s.* venedor. 2 article *m.* venut: ***it's a slow ~,*** és un producte que no es ven bé.
semaphore ('seməfɔ:[r]) *s.* FERROC., MAR. semàfor *m.*
semblance ('sembləns) *s.* semblança *f.* 2 aparença *f.*
semicolon (ˌsemi'koulən) *s.* punt i coma [ortografia].
seminar ('seminɑ:[r]) *s.* seminari *m.* [universitat].
senate ('senit) *s.* senat *m.* 2 claustre *m.* [universitat].
send (to) (send) *t.* enviar, trametre. 2 llançar. 3 tornar. 4 pop. tornar boig, entusiasmar. ▪ ***to ~ away,*** acomiadar; ***to ~ back,***

tornar; ***to ~ down,*** fer baixar; expulsar [un estudiant]; ***to ~ forth,*** treure, produir; ***to ~ on,*** tornar a enviar; ***to ~ up,*** fer apujar; satiritzar, parodiar. ▲ Pret. i p.p.: ***sent*** (sent).

sender ('sendəʳ) *s.* remitent. *2* RADIO. transmissor *m.*

senile ('si:nail) *a.* senil.

senior ('si:njəʳ) *a.* més gran, de més edat. *2* més antic, degà. ■ *3 s.* gran. *4* superior. *5* (EUA) estudiant de l'últim curs [universitat].

sensation (sen'seiʃən) *s.* sensació *f.* *2* sensacionalisme *m.*

sensational (sen'seiʃənl) *a.* sensacional. *2* sensacionalista.

sense (sens) *s.* sentit *m.* [corporal; de l'humor, etc.]. *2* seny *m.* ‖ ***common ~,*** sentit comú. *3* significat *m.*, sentit *m.* ‖ ***to make ~,*** tenir sentit. *4* sensació *f.*, impressió *f.* *5* seny *m.*, raó *f.* ‖ ***to be out one's ~s,*** estar boig.

sense (to) (sens) *t.* sentir; percebre; adonar-se *p.*

senseless ('senslis) *a.* absurd, sense sentit. *2* insensat. *3* MED. sense coneixement. ■ *4* **-ly** *adv.* absurdament. *5* sense coneixement.

sensible ('sensibl) *a.* sensat. *2* perceptible. ‖ ***to be ~ of,*** adonar-se'n de.

sensitive ('sensitiv) *a.* sensible. *2* susceptible.

sensual ('sensjuel) *a.* sensual.

sent (sent) *Pret.* i *p.p.* de SEND (TO).

sentence ('sentəns) *s.* DRET sentència; condemna *f.* *2* GRAM. oració *f.*, frase *f.*

sententious (sen'tenʃəs) *a.* sentenciós. *2* concís.

sentiment ('sentimənt) *s.* sentiment *m.* *2* parer *m.*, opinió *f.*

sentimental (ˌsenti'mentl) *a.* sentimental.

sentry ('sentri) *s.* MIL. sentinella *m.*

Seoul (soul, se'u:l) *n. pr.* GEOGR. Seúl *m.*

separate ('seprit) *a.* separat.

separate (to) ('sepəreit) *t.* separar. ■ *2 i.* separar-se *p.*

separation (ˌsepə'reiʃən) *s.* separació *f.*

September (səp'tembəʳ) *s.* setembre *m.*

sepulchre ('sepəlkəʳ) *s.* sepulcre *m.*, sepultura *f.*

sequel ('si:kwəl) *s.* seqüela *f.* *2* conclusió *f.* *3* continuació *f.*

sequence ('si:kwəns) *s.* seqüència *f.*, successió *f.*; sèrie *f.* *2* conseqüència *f.*

sequential (si'kwenʃəl) *a.* successiu, consecutiu. *2* consegüent.

serenade (ˌseri'neid) *s.* MÚS. serenata *f.*

serene (si'ri:n) *a.* serè.

serenity (si'reniti) *s.* serenitat *f.*

serf (sə:f) *s.* serf *m.*, serva *f.* *2* esclau.

sergeant ('sɑ:dʒənt) *s.* MIL. sargent *m.*

serial ('siəriəl) *a.* en sèrie, consecutiu. *2* serial. ■ *3 s.* serial *m.*

series ('siəri:z) *s.* sèrie *f.*: ***in ~,*** en sèrie.

serious ('siəriəs) *a.* seriós. ■ *2* **-ly** *adv.* seriosament, de debó.

seriousness ('siəriəsnis) *s.* seriositat *f.*; gravetat *f.*

sermon ('se:mən) *s.* sermó *m.*

serpent ('sə:pənt) *s.* serp *f.*

serried ('serid) *a.* atapeït, estret.

serum ('siərəm) *s.* sèrum *m.*

servant ('sə:vənt) *s.* servent, criat. *2* servidor. *3* ***civil ~,*** funcionari.

serve (to) (sə:v) *t.* servir. *2* assortir, proveir. *3* executar, notificar: ***to ~ a summons,*** entregar una citació. *4* complir [una condemna]. *5* ***it ~s me right,*** m'ho mereixo. ■ *6 i.* servir.

service ('se:vis) *s.* servei *m.* ‖ ***at your ~,*** a la seva disposició; ***bus ~,*** servei d'autobusos; ***military ~,*** servei militar. *2* ESPORT servei *m.*, sacada *f.* *3* REL. servei *m.* [església protestant]. *4* MEC. posada *f.* a punt. *5* utilitat *f.*, ajuda *f.* *6 pl.* forces *f.* armades.

serviceable ('sə:visəbl) *a.* servible. *2* útil. *3* durable. *4* servicial.

service station ('sə:visˌsteiʃn) *s.* estació *f.* de servei.

servile ('se:vail) *a.* servil.

servitude ('se:vitju:d) *s.* servitud. ‖ ***penal ~,*** treballs *m. pl.* forçats.

session ('seʃən) *s.* sessió *m.*

set (set) *s.* joc *m.*, col·lecció *f.*; grup *m.*; bateria *f.* [de cuina]. *2* actitud *f.*, postura *f.* *3* direcció *f.*; tendència *f.*; desviació *f.* *4* aparell *m.* [ràdio, televisió, etc.]. *5* esqueix *m.* *6* set *m.* [tenis]. *7* TEAT., CINEM. decorats *m. pl.*, plató *m.* ■ *8 a.* determinat, resolt. *9* ferm, fix; immòbil. ‖ ***~ price,*** preu *m.* fix. *10* preparat, estudiat.

set (to) (set) *t.* posar, col·locar, instal·lar. *2* fixar; destinar. *3* adobar, regular. *4* plantar; erigir. *5* preparar. *6* encastar [joies, etc.]. *7* adornar. *8* musicar. *9* atribuir, donar [feina, missió; valor]. *10* comparar, confrontar. *11* ***to ~ fire,*** calar foc. *12* ***to ~ going,*** posar en marxa. ■ *13 i.* pondre's *p.* [el sol]. *14* atacar. *15* dirigir-se *p.* *16* posar-se *p.* [a fer una feina]. ■ ***to ~ about,*** començar, posar-s'hi; atacar, contrarestar; ***to ~ aside,*** deixar de banda; ***to ~ back,*** endarrerir-se [un rellotge]; ***to ~ forth,*** emprendre el camí; ***to ~ free,*** alliberar; ***to ~ off,*** comparar; fer explotar; sortir; ***to ~ out,*** estendre, projectar; ***to ~ out for,*** partir, marxar [cap a un lloc]; ***to ~ up,*** alçar;

fundar; *to ~ up for,* fer-se passar per. ▲ Pret. i p.p.: *set* (set); ger.: *setting* ('setiŋ).
set-back ('setbæk) *s.* contrarietat *f.*, revés *m.*
settee (se'ti:) *s.* sofà *m.*
setting ('setiŋ) *s.* col·locació *f.*, distribució *m.* *2* encast *m.* [d'una joia]. *3* decoració *f.*; fons *m.*; ambient *m.* *4* CINEM., TEAT. decorats *m. pl.* *5* posta *m.* [del sol].
setting-up ('setiŋ'ʌp) *s.* establiment *m.*; fundació *f.*
settle ('setl) *s.* caixabanc *m.*
settle (to) ('setl) *t.* col·locar, establir. *2* colonitzar, poblar. *3* ordenar; arreglar. *4* temperar [nervis], alleugerir [dolor]. ■ *5 i.* instal·lar-se *p.*, posar-se *p.*; establir-se *p.* *6* dipositar-se *p.* ‖ *to ~ down,* instal·lar-se *p.*; acostumar-se *p.*; normalitzar-se *p.* [situació, etc.].
settlement ('setlmənt) *s.* establiment *m.*; instal·lació *f.* *2* colonització *f.*; poblament *m.* *3* poblat *m.* *4* acord *m.*, conveni *m.*
settler ('setləʳ) *s.* poblador, colon.
seven ('sevn) *a.-s.* set.
seventeen (ˌsevn'ti:n) *a.-s.* disset, (BAL.) desset, (VAL.) dèsset, (ROSS.) desasset.
seventeenth (ˌsevn'ti:nθ) *a.* dissetè.
seventh ('sevnθ) *a.* setè.
seventieth ('sevntiəθ, -tiiθ) *a.-s.* setantè.
seventy ('sevnti) *a.-s.* setanta.
sever (to) ('sevəʳ) *t.-i.* separar(se; trencar(se. *2 t.* tallar, retallar.
several ('sevrəl) *a.* uns quants, alguns. *2* diversos.
severe (si'viəʳ) *a.* sever. *2* auster [decoració, etc.]. *3* seriós, greu, important. ■ *4* **-ly,** *adv.* severament.
Seville (sə'vil) *n. pr.* GEOGR. Sevilla *f.*
sew (to) (sou) *t.-i.* cosir. ▲ Pret.: *sewed* (soud); p.p.: *sewn* (soun) o *sewed.*
sewage ('sju:idʒ) *s.* aigües *f. pl.* residuals.
sewed (soud) V. SEW (TO).
sewer (sjuəʳ) *s.* claveguera *f.*
sewing (souiŋ) *s.* costura *f.*
sewing machine ('souiŋməˌʃi:n) *s.* màquina *f.* de cosir.
sewn (soun) V. SEW (TO).
sex (seks) *s.* sex *m.* ‖ col·loq. *to have ~,* tenir relacions sexuals.
sexual ('seksjuəl) *a.* sexual.
shabby ('ʃæbi) *a.* usat, gastat. *2* vell, tronat. *3* espellifat. *4* mesquí, vil.
shack (ʃæk) *s.* barraca *f.*, barracot *m.*
shackle ('ʃækl) *s.* grilló *m.*; manilles *f. pl.* *2* destorb *m.*; obstacle *m.*
shade (ʃeid) *s.* ombra *f.* *2* obaga *f.* *3* pantalla *f.*; visera *f.*; cortina. *4* matís *m.*; to *m.*; tonalitat *m.* [d'un color].
shade (to) (ʃeid) *t.* fer ombra. *2* ombrejar.
shadow ('ʃædou) *s.* ombra *f.* [també fig.]. *2* visió *f.*; intuïció *f.* *3* fantasma. *4* foscor *f.*
shadow (to) ('ʃædou) *t.* fer ombra. *2* espiar, seguir, perseguir.
shaft (ʃɑ:ft) *s.* asta *f.*, pal *m.* [de bandera]. *2* fletxa *f.*, sageta *f.* *3* escletxa *f.* lluminosa. *4* tronc *m.* [d'arbre]. *5* MEC. eix *m.*
shake (ʃeik) *s.* sacseig *m.*; sotrac *m.*; batzegada *f.* *2* tremolor *m.* *3* encaixada *f.* de mans.
shake (to) (ʃeik) *i.* trontollar, tremolar: *to ~ with cold,* tremolar de fred. *2* estremir-se *p.* ■ *3 i.* sacsar, sacsejar, sotragar, batzegar. *4* fer trontollar, fer tremolar. *5* fer vacil·lar. *6 to ~ hands,* fer una encaixada [de mans].
shaky ('ʃeiki) *a.* vacil·lant, tremolós. *2* precari, poc estable. *3* malaltís.
shall (ʃæl, -əl) *v. aux.* fut. [només 1.ª pers.]: *I ~ go,* hi aniré. *2* haver de, tenir la intenció de [només 2.ª i 3.ª pers.]: *he ~ go,* hi ha d'anar.
shallow ('ʃælou) *a.* poc profund. *2* superficial, frívol. ■ *3 s.* aigües *f. pl.* baixes.
sham (ʃæm) *s.* hipocresia *f.* *2* imitació *f.*, cosa *f.* falsa. *3* imitador, falsificador.
sham (to) (ʃæm) *t.-i.* fingir, simular, imitar.
shame (ʃeim) *s.* vergonya *f.* ‖ *it's a ~,* és una llàstima.
shame (to) (ʃeim) *t.* avergonyir.
shameful ('ʃeimful) *a.* ignominiós, infamant, vergonyós. *2* **-ly** *adv.* ignominiosament.
shampoo (ʃæm'pu:) *s.* xampú *m.*
shank (ʃæŋk) *s.* canyella *f.* *2* tija *m.*
shape (ʃeip) *s.* forma *f.* [també fig.], figura *f.* *2* contorn *m.*
shape (to) (ʃeip) *t.* formar, donar forma. *2* emmotllar. *3* disposar. *4* modelar.
shapeless ('ʃeiplis) *a.* sense forma definida. *2* deforme.
share (ʃɛəʳ) *s.* part, porció *f.* *2* COMM. acció.
share (to) (ʃɛəʳ) *t.* distribuir, repartir, compartir. ■ *2 i.* prendre part, participar. ‖ *to do one's ~,* complir, fer el que toca.
shareholder ('ʃɛəˌhouldəʳ) *s.* COM. accionista.
shark (ʃɑ:k) *s.* ICT. tauró *m.* *2* estafador. *3* (EUA) entès, eminència *f.*
sharp (ʃɑ:p) *a.* esmolat; punxegut; agut. *2* llest; astut; viu. *3* irritable; impetuós. *4* dur, sever. *5* contundent. *6* MÚS. agut. *7* sobtat. *8* precís, exacte.
sharpen (to) ('ʃɑ:pən) *t.* esmolar, fer punta.
sharpener ('ʃɑ:pnəʳ) *s.* esmolador *m.* *2* maquineta *f.* de fer punta.
sharpness ('ʃɑ:pnis) *s.* agudesa *f.*; perspi-

càcia *f.;* astúcia *f.* *2* mordacitat *f.* *3* rigor *m.;* exactitud *m.*
shatter (to) ('ʃætəʳ) *t.* trencar, esmicolar, destrossar. *2* cansar, fatigar molt.
shave (to) (ʃeiv) *t.-i.* afaitar(se. *2 t.* fregar, passar arran.
shaving ('ʃeiviŋ) *s.* afaitat *m.;* afaitada *f.*
shaving brush ('ʃeiviŋbrʌʃ) *s.* brotxa *f.* d'afaitar.
shaving foam ('ʃeiviŋfoum) *s.* escuma *f.* d'afaitar.
shawl (ʃɔ:l) *s.* xal *m.*, mantó *m.*
she (ʃi:, ʃi) *pron. pers.* ella. ▪ *2 s.* femella *f.* ‖ *~-cat,* gata *f.*
sheaf (ʃi:f) *s.* feix *m.* ▲ *pl.* **sheaves** (ʃi:vz).
shear (to) (ʃiəʳ) *t.* esquilar, tondre. ▲ P. p.: ***shorn*** (ʃɔ:n).
sheath (ʃi:θ) *s.* beina *f.*, funda *f.* *2* condó *m.*
sheathe (to) (ʃi:ð) *t.* embeinar, enfundar.
shed (ʃed) *s.* cobert *m.;* barraca *f.* *2* nau *m.*
shed (to) (ʃed) *t.* vessar. *2* ser impermeable [a alguna cosa]. ▪ *3 i.* ZOOL. mudar.
sheen (ʃi:n) *s.* lluentor *f.*, lluïssor *f.*
sheep (ʃi:p) *s.* ovella *m.*, be *m.; xai m.;* (BAL.) xot *m.;* (OCC.) corder *m.;* (ROSS.) feda *f.* ▲ *pl.* ***sheep.***
sheepdog ('ʃi:pdɔg) *s.* gos *m.* d'atura.
sheer (ʃiəʳ) *a.* pur, mer. *2* complet, absolut. *3* pur, no adulterat. *4* costerut; escarpat; pendent. ▪ *5 adv.* completament. *6* verticalment.
sheer (to) (ʃiəʳ) *t.-i.* desviar(se.
sheet (ʃi:t) *s.* làmina *f.*, planxa *f.* *2* full *m.* *3* llençol *m.*
shelf (ʃelf) *s.* prestatge *m.;* lleixa *f.* *2 pl.* prestatgeria *f.* *3* sortint *m.* [roca]. *4* fig. plataforma *f.* *5* MAR. banc *m.* de sorra. ▲ *pl.* ***shelves*** (ʃelvz).
shell (ʃel) *s.* ZOOL. closca *f.;* clofolla *f.;* beina *f.;* petxina *f.*, conquilla *f.* *2* carcassa *f.*, armadura *f.* *3* MAR. buc *m.* *4* MIL. projectil *m.*
shell (to) (ʃel) *t.* treure la closca, pelar. *2* esgranar. *3* llençar projectils, bombardejar. ▪ *4 i.* pelar-se *p.*
shellfish ('ʃelfiʃ) *s.* crustaci *m.;* marisc *m.*
shelter ('ʃeltəʳ) *s.* refugi *m.;* aixopluc *m.* ‖ ***to take ~,*** aixoplugar-se.
shelter (to) ('ʃeltəʳ) *t.-i.* protegir(se, aixoplugar(se. *2 t.* amagar.
shelve (to) (ʃelv) *t.* posar prestatges. *2* posar en un prestatge. *3* fer fora, acomiadar; arraconar; arxivar. ▪ *4 i.* fer pendent, baixar.
shelves (ʃelvz) *s. pl.* de ***shelf.***
shepherd ('ʃepəd) *s.* pastor *m.*
sheriff ('ʃerif) *s.* xèrif *m.*
sherry ('ʃeri) *s.* xerès *m.*
shield (ʃi:ld) *s.* escut *m.* *2* defensa *f.* protector *m.;* protecció *f.*
shield (to) (ʃi:ld) *t.* protegir. *2* amagar, encobrir.
shift (ʃift) *s.* truc *m.;* subterfugi *m.* *2* canvi *m.;* trasllat *m.* *3* tarda *f.*, torn *m.* [de treball].
shift (to) (ʃift) *t.* canviar [per una altra cosa]. *2* alterar, modificar, canviar. *3* moure, canviar de lloc. *4* fam. treure's del damunt, llençar. ▪ *5 i.* canviar. *2* moure's *p.*
shiftless ('ʃiftlis) *a.* inútil. *2* mandrós, amb poca empenta.
shilling ('ʃiliŋ) *s.* xelí *m.*
shimmer ('ʃiməʳ) *s.* reflex *m.*, tornassol *m.*
shimmer (to) ('ʃiməʳ) *i.* reflectir lleument.
shin (ʃin) *s.* canya *f.* [de la cama]; sofraja *m.*
shin (to) (ʃin) *i.-t.* enfilar-se *p.;* pujar de quatre grapes.
shine (ʃain) *s.* lluor, lluïssor, resplendor, brillantor.
shine (to) (ʃain) *i.* brillar, resplendir, lluir. ▪ *2 t.* enllustrar [sabates]. ▲ Pret. i p.p.: ***shone*** (ʃɔn).
shingle ('ʃiŋgl) *s.* palets *m. pl.*, pedres *m. pl.* *2* platja *f.* amb pedres.
shining ('ʃainiŋ) *a.* brillant, lluent.
ship (ʃip) *s.* vaixell *m.*
ship (to) (ʃip) *t.-i.* embarcar(se. *2 t.* transportar, expedir.
shipbuilder ('ʃipˌbildəʳ) *s.* constructor naval.
shipment ('ʃipmənt) *s.* carregament *m.*, remesa *f.*
shipping ('ʃipiŋ) *s.* embarc *m.;* expedició *f.*
shipwreck ('ʃipreck) *s.* naufragi *m.*
shipwrecked ('ʃiprekt) *a.* ***to be ~,*** naufragar.
shipyard ('ʃipjɑ:d) *s.* drassana *f.*
shire ('ʃaiəʳ) *s.* (G.B.) districte *m.*, comtat *m.*, zona *f.*
shirk (to) (ʃə:k) *t.* eludir, evitar. ▪ *2 i.* fugir d'estudi.
shirt (ʃə:t) *s.* camisa *f.* ‖ ***in one's ~ sleeves,*** en mànigues de camisa.
shiver ('ʃivəʳ) *s.* tremolor *m.*, estremiment *m.*
shiver (to) ('ʃivəʳ) *i.* tremolar, estremir-se *p.* ▪ *3 t.* esmicolar.
shoal (ʃoul) *s.* GEOL., ZOOL. banc *m.* *2* fig. multitud *f.*
shock (ʃɔk) *s.* xoc *m.* *2* sacsejada *m.* *3* cop *m.* violent. *3* xoc *m.* [emocional]. *4* ensurt *m.* *5* MED. xoc *m.* [tractament].
shock (ʃuk) Veure SHAKE (TO).
shock (to) (ʃɔk) *t.* xocar, impressionar. *2* sacsejar; commoure. ‖ ***to be shocked,*** escandalitzar-se; estranyar-se; sorprendre's.

shocking ('ʃɔkiŋ) *a.* xocant, estrany.
shod (ʃɔd) Veure SHOE (TO).
shoe (ʃu:) *s.* sabata *f.*
shoe (to) (ʃu:) *t.* ferrar [cavalls]. ▲ Pret. i p.p.: ***shod*** (ʃɔd).
shoeblack ('ʃu:blæk) *s.* enllustrador.
shoehorn ('ʃu:hɔ:n) *s.* calçador *m.*
shoelace ('ʃu:leis) *s.* cordó *m.* de sabata.
shoemaker ('ʃu:ˌmeikəʳ) *s.* sabater.
shoe polish ('ʃu:pɔliʃ) *s.* betum *m.*
shoeshop ('ʃu:ʃɔp) *s.* sabateria *f.*
shoe tree ('ʃu:tri:) *s.* forma *f.* [de sabater].
shone (ʃɔn) SHINE (TO).
shoot (ʃu:t) *s.* BOT. lluc *m.;* brot *m.* *2* rampa *f.* *3* cacera *f.* *4* concurs *m.* de tir al blanc. *5* vedat *m.* de caça.
shoot (to) (ʃu:t) *t.* disparar, tirar [trets, sagetes, fotografies]. *2* matar o ferir amb arma de foc. *3* CINEM. rodar, filmar. *4* llençar [escombraries, deixalles]. *5* ESPORT xutar. ▪ *6 i.* anar a caçar. *7* llençar-se *p.*, precipitar-se *p.*
shooting ('ʃu:tiŋ) *s.* caça *f.* *2* tiroteig *m.;* afusellament *m.* *3* CINEM. rodatge *m.*
shop (ʃɔp) *s.* botiga *m.*
shop (to) (ʃɔp) *i.* comprar [en una botiga].
shop assistant ('ʃɔpəsistənt) *s.* dependent.
shopkeeper ('ʃɔpki:pəʳ) *s.* botiguer.
shopping ('ʃɔpiŋ) *s.* compra *f.* *2* coses *m. pl.* comprades, mercaderia *f.*
shopping bag ('ʃɔpiŋbæg) *s.* bossa *f.* d'anar a la plaça.
shop window (ˌʃɔp'windou) *s.* aparador *m.*, (BAL.) mostrador *m.*
shore (ʃɔ:r) *s.* costa *f.*, platja *f.* *2* vora *f.* [del mar]; riba *f.;* ribera *f.*
shorn (ʃɔ:n) Veure SHEAR (TO).
short (ʃɔ:t) *a.* curt, breu, escàs. *2* baix [persona]. *3* sec, brusc. ‖ ***to be ~ of,*** anar curt de; ***to cut ~,*** interrompre bruscament; ***to fall ~ of,*** no arribar; ***to run ~ of,*** fer curt. ▪ *2 adv.* breument. *3* ***~ of,*** si no. ▪ *4 s.* allò curt. ‖ ***for ~,*** per fer-ho més curt; ***in ~,*** en resum; ***~ for,*** forma abreujada per. *7* CINEM. curt-metratge *m.* *8 pl.* pantalons *m.* curts.
shortage ('ʃɔ:tidʒ) *s.* manca *f.;* insuficiència *f.*, escassetat *f.*
short cut ('ʃɔ:t'kʌt) *s.* drecera *f.*
shorten (to) ('ʃɔ:tn) *t.* escurçar, reduir.
shorthand ('ʃɔ:thænd) *s.* taquigrafia *f.*
shortly ('ʃɔ:tli) *adv.* en poques paraules. *2* aviat. ‖ ***~ before,*** poc abans.
short-sighted ('ʃɔ:tsaitid) *a.* curt de vista.
shot (ʃɔt) *a.* matisat, tornassolat. *2* destrossat [nervis, etc.]. ▪ *3 s.* tret *m.;* disparament *m.* *4* ESPORT xut *m.* *5* bala *m.;* projectil *m.* *6* intent *m.* *7* conjectura *m.* *8* dosi *m.* *9* tirada *f.*
shot-gun ('ʃɔtgʌn) *s.* escopeta *f.*
should (ʃud, ʃəd) *v. aux.* Cond. pret. de ***shall: I ~ come,*** vindria; ***you ~ come,*** hauries de venir.
shoulder ('ʃɔuldəʳ) *s.* espatlla *m.*, (VAL.) muscle *m.*
shoulder (to) ('ʃɔuldəʳ) *t.* posar-se o portar a l'esquena. *2* empènyer amb l'espatlla. *3* assumir una responsabilitat.
shoulder blade ('ʃouldəbleid) *s.* ANAT. omòplat *m.*
shout (ʃaut) *s.* crit *m.*
shout (to) (ʃaut) *t.* cridar. ▪ *2 i.* cridar, fer crits.
shove (ʃʌv) *s.* empenta *f.* *2* impuls *m.*
shove (to) (ʃʌv) *t.* empènyer, empentar. ▪ *2 i.* avançar a empentes.
shovel ('ʃʌvl) *s.* pala *f.* *2* palada *f.*
show (ʃou) *s.* demostració *f.;* exhibició *f.;* mostra *f.*, exposició *f.* *2* show *m.*, espectacle *m.*, funció *m.* *3* ostentació *f.*
show (to) (ʃou) *t.* mostrar, ensenyar, exhibir. *2* fer veure, demostrar. *3* revelar, descobrir. *4* palesar, indicar. *5* acompanyar: ***~ him in,*** fes-lo passar. *6* ***to ~ up,*** destacar. ▪ *7 i.* semblar, mostrar-se *p.* *8* TEAT. actuar. *9* ***to ~ off,*** fatxendejar. ▲ Pret.: ***showed*** (ʃoud); p.p.: ***shown*** (ʃoun) o ***showed.***
shower (ʃauəʳ) *s.* xàfec *m.* [també fig.]. *2* dutxa *f.*
shown (ʃoun) Veure SHOW (TO).
showroom ('ʃourum) *s.* exposició *f.*, sala *f.* de demostracions.
showy ('ʃoui) *a.* espectacular; cridaner. *2* ostentós, fatxenda.
shrank (ʃræŋk) Veure SHRINK (TO).
shred (ʃred) *s.* retall *m.*, tira *f.* *2* tros *m.*, fragment *m.*
shred (to) (ʃred) *t.* estripar, esquinçar. *2* fer a trossos.
shrew (ʃru:) *s.* ZOOL. musaranya *f.* *2* donota *f.*, mala pècora *f.*
shrewd (ʃru:d) *a.* perspicaç, llest, astut. ▪ *2* **-ly** *adv.* subtilment, astutament.
shriek (ʃri:k) *s.* xiscle *m.;* xerric *m.*
shriek (to) (ʃri:k) *i.* xisclar; xerricar.
shrill (ʃril) *a.* agut, penetrant [so].
shrill (to) (ʃril) *t.-i.* cridar, xisclar.
shrimp (ʃrimp) *s.* ZOOL. gambeta *f.* *2* napbuf *m.*, tap *m.* de bassa.
shrine (ʃrain) *s.* urna *f.* *2* santuari *m.* [també fig.].
shrink (to) (ʃriŋk) *t.-i.* encongir(se; contraure's *p.* *2* fig. acovardir-se *p.* ▲ Pret.: ***shrank*** (ʃræŋk) o ***shrunk*** (ʃrʌŋk); p.p.: ***shrunk*** o ***shrunken*** ('ʃrʌŋkən).
shrinkage ('ʃriŋkidʒ) *s.* encongiment *m.;* contracció *f.*

shrivel (to) ('ʃrivl) *t.-i.* arrugar(se, encongir(se, ressecar(se.
shroud (ʃraud) *s.* mortalla *f.*
shroud (to) (ʃraud) *t.* amortallar, ocultar.
shrub (ʃrʌb) *s.* arbust *m.*
shrug (to) (ʃrʌg) *t.-i.* arronsar les espatlles.
shrunk (ʃrʌŋk) Veure SHRINK (TO).
shrunken (ʃrʌŋkən) Veure SHRINK (TO).
shuck (to) (ʃʌk) *t.* (EUA) pelar, llevar la closca.
shudder ('ʃʌdə^r) *s.* tremolor *m.;* estremiment *m.*
shudder (to) ('ʃʌdə^r) *i.* estremir-se *p.* *2* tremolar.
shuffle (to) ('ʃʌfl) *t.* barrejar. *2* arrossegar [els peus]. ■ *2 i.* caminar arrossegant els peus. *3* actuar amb evasives. *4* barrejar [cartes].
shun (to) (ʃʌn) *t.* evitar, esquivar, defugir.
shut (to) (ʃʌt) *t.* tancar. ■ *2 i.* tancar-se *p.* ■ ***to ~ down,*** tancar [un negoci, etc.]; ***to ~ off,*** tallar [aigua, gas, etc.]; ***to ~ out,*** excloure. ▲ Pret. i p.p.: ***shut*** (ʃʌt); ger. ***shutting.***
shutter ('ʃʌtə^r) *s.* persiana *f.;* finestró *m.;* porticó *m.* *2* FOT. obturador *m.*
shy (ʃai) *a.* tímid; retret. *2* espantadís. ■ *3* **-ly** *adv.* tímidament.
shy (to) (ʃai) *i.* esquivar; espantar-se *p.* *2* reguitnar [un cavall].
shyness ('ʃainis) *s.* timidesa *f.;* vergonya *f.*
Sicily ('sisili) *n. pr.* GEOGR. Sicília *f.*
sick (sik) *a.-s.* malalt: ***he is ~,*** està malalt. *2* marejat. ‖ fig. ***to be ~ of,*** estar fart de.
sicken (to) ('sikn) *t.* fer emmalaltir, fer posar malalt. *2* fer fàstic. *3* embafar. *4* fig. enfastijar; afartar. ■ *5 i.* posar-se *p.* malalt. *6* marejar-se *p.*
sickening ('sikniŋ) *a.* nauseabund, repugnant.
sickle ('sikl) *s.* falç *f.*
sickly ('sikli) *a.* malaltís. *2* malsà, insalubre.
sickness ('siknis) *s.* malaltia *m.* *2* nàusea *f.;* mareig *m.*
side (said) *s.* banda *f.*, costat *m.*, (ROSS.) ban *m.* ‖ ***by the ~ of,*** al costat de. *2* vora *f.*, marge *m.* *3* falda *f.* [d'una muntanya]. *4* partit *m.*, bàndol *m.:* ***to take ~s with,*** prendre partit per. ■ *5 a.* lateral: ***~ door,*** porta lateral.
side (to) (said) *i.* ***to ~ with,*** prendre partit per; posar-se *p.* al costat de.
sideboard ('saidbɔːd) *s.* bufet *m.*
sidelong ('saidlɔŋ) *a.* de reüll. *2* lateral; oblic. ■ *3 adv.* de reüll. *2* lateralment, obliquament.
sidewalk ('saidwɔːk) *s.* (EUA) vorera *f.*, voravia *f.*
sideward(s ('saidwəd,-z) *a.* lateral, de costat. *2* de reüll. ■ *3 adv.* lateralment, de costat, cap un costat. *4* de reüll.
sideways ('saidweiz) , **sidewise** ('saidwaiz) *a.-adv.* Veure SIDEWARD.
siege (siːdʒ) *s.* setge *m.*
sieve (siv) *s.* sedàs, garbell.
sift (to) (sift) *t.* garbellar.
sigh (sai) *s.* sospir *m.*
sigh (to) (sai) *i.* sospirar: ***to ~ for,*** anhelar.
sight (sait) *s.* vista *f.*, visió *f.* [sentit; òrgan; acció de veure]. ‖ ***at first ~, on first ~,*** a primera vista; ***by ~,*** de vista. *2 pl.* llocs *m.* d'interès: ***to see the ~s,*** veure els llocs interessants. *3* mira *f.* [d'arma].
sight (to) (sait) *t.* veure, mirar. *2* albirar.
sightly ('saitli) *a.* atractiu, privilegiat [lloc, zona].
sightseeing ('saitˌsiːiŋ) *s.* turisme *m.* ‖ ***to go ~,*** visitar llocs interessants.
sign (sain) *s.* senyal *m.;* signe *m.* ‖ ***electric ~,*** anunci *m.* lluminós. *2* senyal *m.;* vestigi *m.;* indici *m.* *4* cartell *m.*, rètol *m.*
sign (to) (sain) *t.* signar, firmar. *2* indicar. ■ *3 i.* fer senyals. *4* signar. ‖ ***to ~ up,*** signar per [un equip de fútbol, una companyia, etc.], fitxar.
signal ('signəl) *s.* senyal *m.*
signalize (to) ('signəlaiz) *t.* assenyalar; distingir.
signatory ('signətəri) *a.-s.* signant, signatari.
signature ('signətʃə^r) *s.* signatura *f.*, firma *f.*
signboard ('sainbɔːd) *s.* tauler *m.* d'anuncis; anunci *m.*
significance, -cy (sig'nifikəns, -si) *s.* significació *f.* *2* significat *m.*
significant (sig'nifikənt) *a.* significatiu, important.
signify (to) ('signifai) *t.* significar. ■ *2 i.* importar.
signing-up ('sainiŋ'ʌp) *s.* ESPORT fitxatge *m.*
signpost ('sainpoust) *s.* indicador *m.* de pal.
silence ('sailəns) *s.* silenci *m.*
silence (to) ('sailəns) *t.* fer callar.
silent ('sailənt) *a.* silenciós.
silhouette (ˌsilu'et) *s.* silueta *f.*
silk (silk) *s.* seda *f.* *2 pl.* peces *f.* de roba de seda.
silken ('silkən) *a.* de seda. *2* sedós.
silkworm ('silkwəːm) *s.* ZOOL. cuc *m.* de seda.
sill (sil) *s.* llindar *m.* *2* ampit *m.*
silliness ('silinis) *s.* ximpleria *f.;* bestiesa *f.*
silly ('sili) *a.* ximple, ruc, totxo, talós. *2* absurd, forassenyat.
silver ('silvə^r) *s.* plata *f.*, argent *m.* ■ *2 a.* de plata, d'argent.
silversmith ('silvəsmiθ) *s.* argenter.

silverware ('silvəwɛəʳ) *s.* objectes *m. pl.* de plata.
silver wedding (ˌsilvə'wediŋ) *s.* noces *f. pl.* d'argent.
similar ('siməlʳ) *a.* similar, semblant.
similarity (ˌsimi'læriti) *s.* similaritat *f.*, semblança *f.*
simmer (to) ('siməʳ) *t.-i.* coure, bullir a foc lent.
simper ('simpəʳ) *s.* somriure *m.* estúpid.
simple ('simpl) *a.* simple.
simple-minded (ˌsimpl'maindid) *a.* ingenu. *2* ruc, talós.
simplicity (sim'plisiti) *s.* simplicitat *f. 2* senzillesa *f. 3* ingenuïtat *f.*
simplify (to) ('simplifai) *t.* simplificar.
simply ('simpli) *adv.* simplement.
simulate (to) ('simjuleit) *t.* simular; imitar.
simultaneous (ˌsiməl'teinjəs) *a.* simultani.
sin (sin) *s.* pecat *m.*
sin (to) (sin) *i.* pecar, fer pecats.
since (sins) *adv.* des de llavors, des d'aleshores. ‖ ***how long ~?,*** quant de temps fa? ▪ *2 prep.* des de, després de: ***~ last year,*** des de l'any passat. ▪ *3 conj.* des que: ***~ she was born,*** des que va néixer. *4* perquè, ja què, atès que, com que.
sincere (sin'siəʳ) *a.* sincer.
sincerity (sin'seriti) *s.* sinceritat *f.*, franquesa *f.*
sinew ('sinjuː) *s.* ANAT. tendó *m. 2* fig. nervi *m.;* vigor *m.;* energia *f. 3 pl.* fig. recursos *m.*, mitjans *m.*
sinewy ('sinju(ː)i) *a.* musculós, ple de nervis. *2* fig. fort, vigorós.
sinful ('sinful) *a.* pecador. *2* pecaminós.
sing (to) (siŋ) *t.-i.* cantar: ***to ~ out of tune,*** desafinar. ▲ Pret.: ***sang*** (sæŋ); p. p.: ***sung*** (sʌŋ).
singe (to) (sindʒ) *t.* socarrimar, socarrar.
singer ('siŋəʳ) *s.* cantant.
singing ('siŋiŋ) *s.* cant *m.*
single ('siŋgl) *a.* sol; únic. *2* individual. *3* solter. *4* senzill, simple.
single (to) ('siŋgl) *t.* ***to ~ out,*** singularitzar, distingir; escollir.
singsong ('siŋsɔŋ) *a.* monòton. ▪ *2 s.* cantada *f.* ‖ ***to have a ~,*** cantar.
singular ('siŋgjuləʳ) *a.* liter. singular. *2* form. rar. ▪ *3 s.* GRAM. singular *m.*
sinister ('sinistəʳ) *a.* sinistre. *2* HERÀLD. sinistrat.
sink (siŋk) *s.* lavabo *m.*, rentamans *m. pl. 2* aigüera *f.*
sink (to) (siŋk) *t.-i.* enfonsar(se, (VAL.) afonar(se. *2 t.* naufragar. *3* cavar, fer [un pou, forat, etc.]. *4* clavar [un pal]. *5* ***to ~ down,*** esfondrar-se *p.*, enfonsar-se *p.* ▪ *6 i.* pondre's *p.* [el sol]. ▲ Pret.: ***sank*** (sæŋk) o ***sunk*** (sʌŋk); p. p.: ***sunk*** o ***sunken*** ('sʌŋkən).
sinner ('sinəʳ) *s.* pecador.
sinuosity (ˌsinju'ɔsiti) *s.* sinuositat *f.*
sinuous ('sinjuəs) *a.* sinuós.
sip (sip) *s.* glop *m.*, xarrup *m.*
sip (to) (sip) *t.-i.* beure a glops, xarrupar.
sir (səːʳ, səʳ) *s.* senyor *m. 2* sir *m.* [títol].
sire ('saiəʳ) *s.* animal *m.* pare; semental *m. 2* ant. senyor *m.* [tractament del sobirà].
siren ('saiərin, -rən) *s.* MIT. sirena *f. 2* sirena *f.* [xiulet].
sirloin ('səːlɔin) *s.* filet *m.*, rellom *m.*
sister ('sistəʳ) *s.* germana *f. 2* REL. germana *f.*, monja *f. 3* infermera *f.*
sister-in-law ('sistərinˌlɔː) *s.* cunyada *f.*
sit (to) (sit) *i.* seure, asseure's *p.*, estar assegut. *2* posar-se *p.* [un ocell]. *3* ser membre [d'un comitè, etc.]. *4* celebrar sessió. *5* covar [una au]. *6* posar [per a una fotografia]. *7* estar situat. *8* estar-se *p.*, quedar-se *p. 9* fer un examen. ▪ *10 t.* asseure *p.;* fer seure. *11* covar [ous]. *12* presentar-se *p.* a un examen. ▪ ***to ~ down,*** asseure's; ***to ~ for,*** representar, ***to ~ on,*** reprimir, esclafar. ▲ Pret. i p. p.: ***sat*** (sæt).
site (sait) *s.* lloc *m.*, escenari *m.* [d'alguna cosa]. *2* situació *f.*, plaça *f.*, seient *m.* [d'una població, etc.].
sitting ('sitiŋ) *s.* sessió *f. 2* sentada *f.*, tirada *f. 3* llocada *f.*, covada *f.* ▪ *4 a.* assegut.
sitting room (θitiŋrum) *s.* sala *f.*, saló *m.*
situation (ˌsitju'eiʃən) *s.* situació *f. 2* condició *f.*, estat *m. 3* feina *f.*, lloc *m.* de treball.
six (siks) *a.* sis. ▪ *2 s.* sis *m.*
sixteen ('siks'tiːn) *a.* setze. ▪ *2 s.* setze *m.*
sixteenth ('siks'tiːnθ) *a.-s.* setzè.
sixth (siksθ) *a.-s.* sisè.
sixtieth ('sikstiəθ) *a.-s.* seixantè.
sixty ('siksti) *a.* seixanta. ▪ *2 s.* seixanta *m.*
size (saiz) *s.* mida *f.*, dimensió *f. 2* talla *f.*, estatura *f.* [de persones]. *3* talla *f.*, mida *f.* [roba, calçat].
size (to) (saiz) *t.* classificar per dimensions. *2* fig. ***to ~ up,*** mesurar, apamar. *3* encolar, aprestar.
sizeable ('saizəble) *a.* de considerables dimensions, força gran.
sizzle ('sizl) *s.* espetec *m.*, crepitació *m.*
sizzle (to) ('sizl) *i.* espetegar, crepitar.
skate (skeit) *s.* ZOOL. rajada *f. 2* ESPORT patí *m.*
skate (to) (skeit) *i.* ESPORT patinar. *2* fig. tractar superficialment [una qüestió, un tema, etc.].
skein (skein) *s.* troca *f. 2* fig. embolic *m.*
skeleton ('skelitn) *s.* esquelet *m. 2* carcassa *f. 3* esquema *f.*

skeleton key ('skelitn,ki:) *s.* clau *m.* mestra.
sketch (sketʃ) *s.* apunt *m.*, esborrany *m.;* esquema *m.* *2* TEAT. sainet *m.*
sketch (to) (sketʃ) *t.* esbossar, descriure amb trets generals. *2* DIB. esbossar, fer un croquis.
ski (ski:) *s.* ESPORT esquí *m.*
ski (to) (ski:) *i.* ESPORT esquiar.
skid (to) (skid) *i.* relliscar, patinar, (BAL.) llenegar, (VAL.) esvarar.
skier ('ski:əʳ) *s.* esquiador.
skiing (ski:ŋ) *s.* ESPORT esquí *m.*
skilful ('skilful) *a.* hàbil, expert, destre. ▪ *2* **-ly** *adv.* hàbilment, destrament.
skill (skil) *s.* habilitat *f.*, destresa *f.*, traça *f.;* tècnica *f.*
skilled (skild) *a.* expert. *2* qualificat, especialitzat [obrer].
skim (to) (skim) *t.* escumar; desnatar. *2* llegir, mirar pel damunt. ▪ *3 i.* passar a frec.
skin (skin) *s.* pell *f.*, cutis *m.* ‖ ***by the ~ of one's teeth,*** d'un pèl. *2* ZOOL. pell *f.*, despulla *f.* *3* BOT. pell *f.*, escorça *f.*
skin (to) (skin) *t.* espellar. *2* col·loq. fig. plomar, escurar. *3* pelar. *4* pelar-se *p.*, fer-se *p.* mal. ▪ *5 i.* ***to ~ over,*** cicatritzar.
skin-deep (,skin'di:p) *a.* superficial.
skip (skip) *s.* bot *m.*, saltet *m.* *2* salt *m.*, omissió *f.* *3* MIN. vagoneta *f.*
skip (to) (skip) *i.* saltar, saltironar. ▪ *2 t.* ometre, passar per alt.
skirmish ('skə:miʃ) *s.* batussa *f.*
skirt (skə:t) *s.* faldilla *f.*, (BAL.), (VAL.) faldeta *f.*, (ROSS.) jupa *f.* *2* contorn *m.*, extrem *m.*, vora *f.*
skirt (to) (skə:t) *t.-i.* vorejar *t.*, circumdar *t.* *2* evitar *t.*, defugir *t.*
skit (skit) *s.* burla *f.*, paròdia *f.*
skulk (to) (skʌlk) *i.* moure's *p.* furtivament, amagar-se *p.*
skull (skʌl) *s.* crani *m.*
sky (skai) *s.* cel *m.* ‖ ***to praise somebody to the skies,*** lloar algú. ▲ *pl.* ***skies.***
sky-blue (,skai'blu:) *a.* blau cel. ▪ *2 s.* blau *m.* cel.
skylark ('skailɑ:k) *s.* ORN. alosa *f.*
skylight ('skailait) *s.* claraboia *f.*
skyscraper ('skaiskreipəʳ) *s.* gratacels *m.*
slab (slæb) *s.* bloc *m.*, tros *m.*
slack (slæk) *a.* negligent, deixat. *2* inactiu, passiu. *3* fluix, destensat. ▪ *4 s.* part *f.* fluixa [d'una corda]. *5* inactivitat *f.*, calma *f.* *6 pl.* pantalons *m.* *7* MIN. carbonissa *f.*
slacken (to) ('slækən) *t.* afluixar; moderar. ▪ *2 i.* afluixar-se *p.;* minvar; relaxar-se *p.*
slag (slæg) *s.* escòria *f.*, cagaferro *m.*
slain (slein) Veure SLAY (TO).
slake (to) (sleik) *t.* calmar [desig, set]. *2* apagar [calç].
slam (slæm) *s.* cop *m.* violent; cop *m.* de porta.
slam (to) (slæm) *t.-i.* tancar(se amb violència.
slander ('slɑ:ndəʳ) *s.* calúmnia *f.*, difamació *f.*
slander (to) ('slɑ:ndəʳ) *t.* calumniar, difamar.
slanderous ('slɑ:dərəs) *a.* calumniós, difamatori.
slang (slæŋ) *s.* argot *m.*
slant (slɑ:nt) *s.* inclinació *f.*, pendent *m.* *2* punt *m.* de vista.
slant (to) (slɑ:nt) *t.-i.* inclinar(se, decantar(se.
slap (slæp) *s.* manotada *f.*, mastegot *m.* *2* fig. ofensa *f.*, desaire *m.*
slap (to) (slæp) *t.* donar una bufetada, colpejar, pegar.
slash (slæʃ) *s.* ganivetada *f.;* tall *m.* *2* vulg. pixarada *f.*
slash (to) (slæʃ) *t.* apunyalar, clavar el ganivet. *2* criticar durament. *3* vulg. tallar, reduir, rebaixar [preus, salaris, etc.].
slate (sleit) *s.* pissarra *f.*
slate (to) (sleit) *t.* empissarrar. *2* fig. col·loq. criticar, deixar malament.
slaughter ('slɔ:təʳ) *s.* degollament *m.* [d'animals]. *2* degolladissa *f.*, matança *f.*, carnisseria *f.*
slaughter (to) ('slɔ:təʳ) *t.* matar, degollar; fer una matança.
slaughterhouse ('slɔ:təhaus) *s.* escorxador *m.*
slave (sleiv) *s.* esclau.
slavery ('sleivəri) *s.* esclavatge *m.*, esclavitud *f.*
slave trade ('sleivtreid) *s.* comerç *m.* d'esclaus.
slay (to) (slei) *t.* matar, assassinar. ▲ Pret.: ***slew*** (slu:); p. p.: ***slain*** (slein).
sled (sled) , **sledge** (sledʒ) *s.* trineu *m.*
sleek (sli:k) *a.* llis, brillant, brunyit. *2* endreçat, polit, net [persona]. *3* afectat [persona].
sleek (to) (sli:k) *t.* allisar, polir, enllustrar.
sleep (sli:p) *s.* son *m.* *2* dormida *f.* *3* fig. mort *f.*
sleep (to) (sli:p) *i.* dormir. ‖ ***to ~ like a log,*** dormir com un tronc. ‖ ***to ~ away,*** dormir hores i hores. ▪ *2 t.* tenir llits: ***this hotel ~s sixty guests,*** en aquest hotel hi poden dormir seixanta hostes. ▲ Prep. i p. p.: ***slept*** (slept).
sleepiness ('sli:pinis) *s.* somnolència *f.*
sleeping ('slipiŋ) *a.* adormit.
sleeping bag ('sli:piŋbæg) *s.* sac *m.* de dormir.
sleeping car ('sli:piŋkɑ:ʳ) *s.* vagó *m.* llit.

sleeping pill ('sli:piŋpil) *s.* MED. somnífer *m.*, pastilles *f. pl.* per dormir.
sleeping tablet ('sli:piŋˌtæblit) *s.* Veure SLEEPING PILL.
sleeplessness ('sli:plisnis) *s.* insomni *m.*
sleepwalker ('sli:pˌwɔ:kəʳ) *s.* somnàmbul.
sleepy ('sli:pi) *a.* endormiscat, somnolent. *2* quiet, inactiu [lloc]. *3* massa madur [fruita].
sleeve (sli:v) *s.* màniga *f.* || ***to laugh up one's ~,*** riure per sota el nas.
sleigh (slei) *s.* trineu *m.*
sleight (slait) *s.* ***~ of hand,*** prestidigitació *f.;* destresa *f.* manual.
slender ('slendəʳ) *a.* prim. *2* tènue. *3* esvelt. *4* minso.
slept (slept) Veure SLEEP (TO).
sleuth (slu:θ) *s.* ant. col·loq. detectiu.
slew (slu:) Veure SLAY (TO).
slice (slais) *s.* llesca *f.*, tallada *f.*, tall *m.*, rodanxa *f.*
slice (to) (slais) *t.* llescar, tallar. ▪ *2 i.* fer rodanxes, fer talls.
slick (slik) *a.* relliscós; llis, sedós. *2* hàbil, astut. ▪ *3 s.* ***oil ~,*** marea *f.* negra.
slid (slid) Veure SLIDE (TO).
slide (slaid) *s.* relliscada *f.;* lliscada *f. 2* relliscall *m.*, rossola *f. 3* tobogan *m. 4* diapositiva *f. 5* placa *f.* [d'un microscopi]. *6* cursor *m. 7* despreniment *m.*
slide (to) (slaid) *i.* lliscar, relliscar, patinar. ▪ *2 t.* fer córrer, fer lliscar. *3* esmunyir-se *p.* ▲ *Pret. i p. p.:* ***slid*** (slid).
slight (slait) *a.* lleuger, lleu. *2* prim. *3* petit, insignificant. ▪ *4* **-ly** *adv.* lleugerament, una mica. ▪ *5 s.* desaire *m.*, ofensa *f.*
slight (to) (slait) *t.* ofendre, insultar, desairar, menysprear.
slim (slim) *a.* prim, esvelt. *2* col·loq. petit, trivial, escàs.
slime (slaim) *s.* llot *m.*, llim *m. 2* bava *f.* [de serps, llimacs, etc.].
slimy ('slaimi) *a.* ple de llot. *2* llefiscós, viscós. *3* col·loq., fig. adulador, servil.
sling (sliŋ) *s.* fona *f. 2* MED. cabestrell *m. 3* baga *m.*
sling (to) (sliŋ) *t.* llançar, tirar amb força. *2* suspendre, aguantar, penjar. ▲ Pret. i p. p.: ***slung*** (slʌŋ).
slink (to) (sliŋk) *i.* moure's *p.* furtivament. || ***to ~ away,*** escapolir-se *p.*, marxar d'amagat. ▲ Pret. i p. p.: ***slunk*** (slʌŋk).
slip (slip) *s.* relliscada *f.* [també fig.]. *2* oblit *m. 3* combinació *f.*, enagos *m. pl. 4* tira *f. 5* BOT. plançó *m.*, esqueix *m. 6* passera *f.* de fusta.
slip (to) (slip) *i.* relliscar, patinar, (BAL.) llenegar, (VAL.) esvarar. *2* moure's *p.* sigilosament, esmunyir-se *p.* ▪ *3 t.* relliscar, fugir de les mans. *4* deixar escapar, deixar anar [un objecte, un secret]. *5* engiponar, posar. *6* eludir, esquivar. ▪ ***to ~ off,*** escapar-se, fugir; ***to ~ up,*** equivocar-se.
slip-knot ('slipnɔt) *s.* nus *m.* escorredor.
slipper ('slipəʳ) *s.* sabatilla *f.*, babutxa *f.*
slippery ('slipəri) *a.* relliscós; llefiscós, viscós. *2* astut, arterós, sense escrúpols.
slip-up ('slipʌp) *s.* errada *f.*, equivocació *f.*
slit (slit) *s.* obertura *f.*, ranura *f.*, tall *m.*
slit (to) (slit) *t.* tallar, fer un tall. ▲ Pret. i p. p.: ***slit*** (slit).
slogan ('slougən) *s.* eslògan *m.*, lema *m.*
slop (slə) *s.* deixalles *m. pl.* líquides; excrements *m. pl. 2* aliments *m. pl.* líquids.
slop (to) (slɔp) *t.-i.* vessar(se.
slope (sloup) *s.* pendent *m.*, desnivell *m.*, inclinació *f. 2* GEOGR. vessant *m.*
slope (to) (sloup) *t.-i.* inclinar(se; fer baixada.
sloping ('sloupiŋ) *a.* inclinat, esbiaixat, que fa pendent.
sloppy (slɔpi) *a.* moll; enfangat, ple de tolls. *2* barroer, mal fet, descurat. *3* sensibler, cursi.
slot (slɔt) *s.* obertura *f.*, ranura *f.*
sloth (slouθ) *s.* mandra *f.*, (BAL.), (VAL.) peresa *f. 2* ZOOL. peresós *m.*
slot machine ('slɔtməʃi:n) *s.* màquina *f.* venedora.
slouch (to) (slautʃ) *t.-i.* fer el dropo. *2* rondar, vagarejar. *3 t.-i.* treure, desfer-se *p.* de.
sloven ('slʌvn) *s.* desmanegat, deixat [persona].
slovenly ('slʌvnli) *a.* desmanegat, deixat, desendreçat [persona].
slow (slou) *a.* lent. *2* curt, espès, aturat [persona]. *3* d'efectes retardats. *4* endarrerit [rellotge]. *5* avorrit, poc interessant. ▪ *6* **-ly** *adv.* lentament, a poc a poc.
slow (to) (slou) *t.* fer anar a poc a poc, alentir. ▪ *2 i.* anar a poc a poc, alentir-se *p.*
slowness ('slounis) *s.* lentitud. *2* calma, poca activitat.
slow-witted ('slou'witid) *a.* curt de gambals, totxo.
slug (slʌg) *s.* ZOOL. llimac *m. 2* ARTILL. bala *f.* irregular.
slug (to) (slʌg) *t.* pegar, atonyinar. ▪ *2 i.* caminar amb pas segur.
sluggish ('slʌgiʃ) *a.* lent; inactiu; encalmat. ▪ *2* **-ly,** *adv.* lentament, amb calma.
slum (slʌm) *s.* barri *m.* pobre, suburbi *m.*
slumber ('slʌmbəʳ) *s.* liter. son *m.*
slumber (to) ('slʌmbəʳ) *i.* liter. dormir tranquil·lament.
slump (slʌm) *s.* davallada *f.* econòmica.

slump (to) (slʌmp) *i.* ensorrar-se *p.;* deixar-se *p.* caure; desplomar-se *p.*
slung (slʌŋ) Veure SLING (TO).
slunk (slʌŋk) Veure SLINK (TO).
slur (slə:ʳ) *s.* reprotxe *m. 2* fig. taca *f.* màcula *f. 3* MÚS. lligat *m.*
slur (to) (slə:ʳ) *t.* barrejar. *2* ***to ~ over,*** passar per alt, deixar de banda.
slush ('slʌʃ) *s.* fangueig *m. 2* sentimentalisme *m.* barat.
slushy ('slʌʃi) *a.* enfangat. *2* sentimentaloide, cursi.
sly (slai) *a.* arterós; sagaç; murri. *2* furtiu, dissimulat. *3* maliciós, entremaliat.
slyness ('slainis) *s.* astúcia *f.;* sagacitat *f.;* murrieria *f. 2* dissimulació *f. 3* malícia *f.*
smack (smæk) *s.* plantofada *f.,* cop *m.* de mà. *2* petó *m.* sorollós. *3* MAR. balandre *m.* de pesca.
smack (to) (smæk) *i.* bofetejar. *2* ***to ~ of,*** tenir regust de [també fig.], suggerir.
small (smɔ:l) *a.* petit, (VAL.) xicotet. *2* baix [persona]. *3* poc important [detall].
smallness ('smɔ:lnis) *s.* petitesa *f.*
smallpox ('smɔ:lpɔks) *s.* MED. verola *f.*
smart (smɑ:t) *a.* elegant, selecte, refinat. *2* llest, brillant, eixerit. *3* lleuger, ràpid. ‖ ***a ~ pace,*** pas lleuger, bon pas. *4* dur, sever. ■ *5 s.* coïssor *f.,* picor *f. 6* fig. mal *m.,* dolor *m.*
smart (to) (smɑ:t) *i.* coure, picar. *2* fig. fer mal.
smash (smæʃ) *s.* trencadissa *f. 2* cop *m.,* topada *f. 3* hecatombe *f. 4* bancarrota *f. 5* ***a ~ hit,*** èxit *m.* fulminant [en música, etc.].
smash (to) (smæʃ) *t.-i.* trencar(se, destrossar(se; fer(se miques. *2 t.* copejar amb força. *3* fer fallida.
smashing ('smæʃiŋ) *a.* col·loq. formidable, fabulós.
smattering (smætəriŋ) *s.* ***a ~ of,*** coneixement *m.* superficial, nocions *m. pl.*
smear (smiəʳ) *s.* llàntia *f.,* taca *f.*
smear (to) (smiəʳ) *t.* enllardar, tacar, empastifar. *2* fig. calumniar.
smell (smel) *s.* olfacte *m. 2* olor *f.*
smell (to) (smel) *t.* sentir olor de, flairar. *2* ensumar, olorar. ■ *3 i.* fer olor de. *4* fer pudor. ▲ Pret. i p. p.: ***smelt*** (smelt).
smelt (to) (smelt) *t.* fondre, extreure per fusió [metalls]. *2* Pret. i p. p. de SMELL (TO).
smile (smail) *s.* somriure *m.,* mitja rialla *f.,* rialleta *f.*
smile (to) (smail) *i.* somriure, fer mitja rialla.
smirk (to) (smə:k) *i.* somriure afectadament.
smite (to) (smait) *t.* liter. colpejar. *2* fig. vèncer, esclafar. ■ *3 i.* donar cops. ▲ Pret.: ***smote*** (smout); p. p.: ***smitten*** ('smitn).
smith (smiθ) *s.* forjador; ferrer.
smithy ('smiði) *s.* forja *f.,* ferreria *f.*
smitten (smitn) Veure SMITE (TO).
smog (smɔg) *s.* boira *f.* amb fum *m.*
smoke (smouk) *s.* fum *m. 2* xemeneia *f.* alta. ‖ ***to have a ~,*** fumar, fer una cigarreta.
smoke (to) (smouk) *t.* fumar. *2* fumigar. ■ *3 i.* fumar. *4* fer fum; fumejar.
smokescreen ('smoukskri:n) *s.* cortina *f.* de fum. *2* fig. excusa *f.*
smokestack ('smoukstæk) *s.* xemeneia *f.*
smoking ('smoukiŋ) *a.* fumejant. ■ *2 s.* el fumar. *m.* ‖ ***no ~,*** no fumeu.
smoky ('smouki) *a.* ple de fum. *2* fumejant. *3* fumat.
smooth (smu:ð) *a.* llis, fi, suau. *2* fi, sense grumolls [líquid]. *3* agradable, afable. ■ *4* **-ly** *adv.* suaument.
smooth (to) (smu:ð) *t.* allisar. *2* assuaujar, facilitar [situacions]. ■ *3 i.* calmar-se *p.*
smote (smout) Veure SMITE (TO).
smother ('smʌðəʳ) *s.* polseguera *f.,* núvol *m.* de pols.
smother (to) ('smʌðəʳ) *t.* ofegar; asfixiar, sufocar.
smug (smʌg) *a.* presumit; pretensiós. ■ *2* **-ly** *adv.* pretensiosament.
smuggle (to) ('smʌgl) *t.* passar de contraban, fer contraban de.
smut (smʌt) *s.* taca *f.;* mascara *f. 2* col·loq. obscenitat *f.*
smut (to) (smʌt) *t.* tacar, emmascarar, embrutar.
snack (snæk) *s.* mos *m.;* queixalada *f.;* menjar *m.* lleuger.
snag (snæg) *s.* entrebanc *m.;* obstacle *m. 2* col·loq. dificultat *f.*
snake (sneik) *s.* serp *f.* ‖ ***to see ~s,*** veure visions.
snake (to) (sneik) *i.* serpentejar, zigzaguejar.
snail (sneil) *s.* ZOOL. cargol *m.*
snap (snæp) *s.* petament *m.,* clec *m. 2* mossegada *f.,* dentellada *f. 3* ***cold ~,*** onada *f.* de fred curta. *4* col·loq. energia *f.,* vigor *m.* ■ *5 a.* improvisat, sobtat.
snap (to) (snæp) *t.* mossegar, clavar queixalada. *2* trencar, petar. *3* obrir de cop, tancar de cop. *4* escridassar. *5* fer petar [els dits, etc.]. ■ *6 i.* trencar-se *p.,* petar-se *p. 7* fer clec, petar.
snapshot ('snæpsɔt) *s.* FOT. instantània *f.*
snare (snɛəʳ) *s.* parany *m.,* llaç *m. 2* fig. parany *m.;* temptació *m.*
snare (to) (snɛəʳ) *t.* fer caure a la trampa [també fig.].

snarl (snɑ:l) *s.* embolic *m.*, confusió *f.* 2 grunyit *m.*, gruny *m.*
snarl (to) (snɑ:l) *i.* ensenyar les dents, grunyir [animals]. 2 grunyir [persones]. 3 *t.-i.* embolicar(se, complicar(se.
snatch (snætʃ) *s.* engrapada *f.*, arpada *f.* 2 fragment *m.* 3 estona *f.*
snatch (to) (snætʃ) *t.* engrapar, arrabassar; prendre. 2 aprofitar [l'ocasió].
sneak (sni:k) *s.* traïdor, covard. 2 delator, espieta.
sneak (to) (sni:k) *i.* actuar furtivament. ▪ 2 *t.* robar.
sneer (sniəʳ) *s.* somriure *m.* burleta.
sneer (to) (sniəʳ) *i.* burlar-se *p.* de, fer escarni de; fer un somriure burleta.
sneeze (sni:z) *s.* esternut *m.*
sneeze (to) (sni:z) *i.* esternudar.
sniff (snif) *s.* ensumada *f.*; inhalació *f.*
sniff (to) (snif) *t.* inhalar, ensumar. 2 ***to ~ at,*** menystenir, no tenir en consideració [una oferta, etc.]. 3 empassar-se *p.* pel nas. ▪ 4 *i.* ensumar els mocs.
snip (snip) *s.* estisorada *f.*, tall *m.* 2 retall *m.* 3 ganga *f.*
snip (to) (snip) *t.* tallar, retallar. ▪ 2 *i.* fer retalls.
snivel (to) ('snivl) *i.* ploriquejar, queixar-se *p.*, fer el ploricó.
snob (snɔb) *s.* esnob.
snobbery ('snɔbəri) *s.* esnobisme *m.*
snooze (snu:z) *s.* becaina *f.*, dormideta *f.*
snooze (to) (snu:z) *i.* fer una dormideta.
snore (to) (snɔ:ʳ) *i.* roncar.
snort (to) (snɔ:t) *i.* esbufegar, brufolar. ▪ 2 *t.* dir esbufegant.
snout (snaut) *s.* musell *m.*, morro *m.* [d'un animal]. 2 col·loq. nàpia *f.* [d'una persona].
snow (snou) *s.* neu *f.*
snow (to) (snou) *i.* nevar.
snowdrift ('snoudrift) *s.* congesta *f.*, pila *f.* de neu.
snowfall ('snoufɔ:l) *s.* nevada *f.*
snowflake ('snoufleik) *s.* floc *m.* de neu.
snowplough ('snouplau) *s.* llevaneu *f.*
snowstorm ('snoustɔ:m) *s.* tempesta *f.* de neu.
snub (snʌb) *s.* repulsa *f.*, desaire *m.*
snub (to) (snʌb) *t.* reprender, renyar.
snub-nosed ('snʌb'nouzd) *a.* xato, camús.
snuff (snʌf) *s.* rapè *m.*
snuffle (to) ('snʌfl) *i.* respirar amb el nas tapat. 2 parlar amb el nas.
snug (snʌg) *a.* còmode, abrigat. 2 ajustat, cenyit.
snuggle (to) ('snʌgl) *i.* arraulir-se *p.*, acostar-se *p.*; arrupir-se *p.* ▪ 2 *t.* acostar, estrènyer [algú].
so (sou) *adv.* així: ***I hope ~,*** així ho espero. 2 tan, tant: ***~ big,*** tan gran; ***it's ~ hot!,*** fa tanta calor! 3 doncs, per tant. ▪ 4 *conj.* ***~ that,*** per tal de, perquè, per a què. 5 ***and ~ forth,*** etcètera; ***~ far,*** fins ara, fins aquí; ***~ many,*** tants; ***~ much,*** tan; ***~ to speak,*** per dir-ho d'alguna manera. 6 ***~ do I, ~ can I,*** jo també.
soak (souk) *s.* remull *m.*, remullada *f.*: ***in ~,*** en remull. 2 bebedor empedreït.
soak (to) (souk) *t.* remullar. 2 amarar. 3 ***to ~ up,*** absorbir. ▪ 4 *i.* remullar-se *p.* 5 amarar-se *p.* 6 ***to ~ through,*** penetrar, calar. 7 col·loq. entrompar-se *p.*
so-and-so ('souənsou) *s.* tal: ***Mr. ~,*** Sr. Tal.
soap (soup) *s.* sabó *m.*
soap (to) (soup) *t.* ensabonar [també fig.].
soapdish ('soupdiʃ) *s.* sabonera *f.*
soar (to) (sɔ:ʳ, sɔəʳ) *i.* elevar-se *p.*, enlairar-se *p.* 2 apujar-se *p.* [preus].
sob (sɔb) *s.* sanglot *m.*; sospir *m.*
sob (to) (sɔb) *t.-i.* sanglotar *t.* ‖ ***to ~ one's heart out,*** plorar a llàgrima viva.
sober ('soubəʳ) *a.* sobri. 2 serè, calmat. 3 seriós. 4 discret [colors]. ▪ 5 **-ly** *adv.* sòbriament; serenament.
sobriety (sou'braiəti) *s.* sobrietat *f.*, serenitat *f.*
so-called ('sou'kɔ:ld) *a.* anomenat, suposat.
sociable ('souʃəbl) *a.* sociable.
social ('souʃəl) *a.* social. ‖ ***~ security,*** seguretat social. 2 sociable. ▪ 3 *s.* reunió *f.*, trobada *f.*
socialism ('souʃəlizəm) *s.* socialisme *m.*
society (sə'saiəti) *s.* societat *f.* 2 associació *f.* 2 companyia *f.*
sock (sɔk) *s.* mitjó *m.*, (BAL.), (VAL.) calcetí *m.* 2 cop *m.*; cop *m.* de puny.
socket ('sɔkit) *s.* forat *m.*; cavitat *f.* 2 conca *f.* [de l'ull]. 3 alvèol *m.* [de les dents]. 4 ELECT. endoll *m.*
sod (sɔd) *s.* gespa *f.* 2 pa *m.* d'herba [tros d'herba]. 3 pop. cabró *m.*
sodden ('sɔdn) *a.* amarat, xop.
sofa ('soufə) *s.* sofà *m.*
soft (sɔft) *a.* tou: ***a ~ mattress,*** un matalàs tou. 2 suau, fi: ***~ skin,*** pell fina. 3 dolç, grat. 4 dèbil, tou [de caràcter]. 4 col·loq. fàcil [treball, tasca, etc.]. ▪ 5 **-ly** *adv.* suaument, blanament.
soften (to) ('sɔfn) *t.* ablanir, estovar, suavitzar. ▪ 2 *i.* ablanir-se *p.*, estovar-se *p.*, suavitzar-se *p.*
softness ('sɔftnis) *s.* suavitat *f.* 2 blanesa *f.*, mollesa *f.* 3 dolçor *f.*, dolcesa *f.*
soil (sɔil) *s.* terra *f.*, sòl *m.*
soil (to) (sɔil) *t.* embrutar, tacar. ▪ 2 *i.* embrutar-se *p.*, tacar-se *p.*

sojourn ('sɔdʒe:n) *s.* liter. sojorn *m.*, estada *f.*
sojourn (to) ('sɔdʒe:n) *i.* liter. sojornar.
solace ('sɔləs) *s.* consol *m.*, confort *m.*, reconfort *m.*
solace (to) ('sɔləs) *t.* consolar, confortar, reconfortar.
sold (sould) *Pret.* y *p. p.* de SELL (TO).
solder (to) ('sɔldə[r]) *t.* soldar.
soldier ('souldʒə[r]) *s.* soldat *m.*
sole (soul) *s.* planta *f.* [del peu]. *2* sola *f.* [d'una sabata]. *3* ICT. llenguado *m.* ▪ *4 a.* únic. *5* exclusiu.
solemn ('sɔləm) *a.* solemne.
solemnity (sə'lemniti) *s.* solemnitat *f.*
solemnize (to) ('sɔləmnaiz) *t.* solemnitzar.
snuff (to) (snʌf) *t.* inhalar. *2* olorar, ensumar. *3* esmocar, mocar [una espelma]. ▪ *4 i.* pop. ***to ~ out,*** dinyar-la.
solicit (to) (sə'lisit) *t.* solicitar. *2* induir, incitar.
solicitor (sə'lisitə[r]) *s.* DRET (G.B.) advocat. *2* (EUA) representant, agent.
solicitous (sə'lisitəs) *a.* sol·lícit, ansiós.
solicitude (sə'lisitju:d) *s.* sol·licitud *f.* *2* preocupació *f.*
solid ('sɔlid) *a.* sòlid. *2* massís. *3* dur, ferm.
solidarity (ˌsɔli'dæriti) *s.* solidaritat *f.*
solidify (to) (sə'lidifai) *t.* solidificar. ▪ *2 i.* solidificar-se *p.*
solidity (sə'liditi) *s.* solidesa *f.*
soliloquy (sə'liləkwi) *s.* soliloqui *m.*
solitary ('sɔlitəri) *a.* solitari. *2* sol, únic.
solitude ('sɔlitju:d) *s.* solitud *f.*
soluble ('sɔljubl) *a.* soluble.
solution (sə'lu:ʃən) *s.* solució *f.*
solve (to) (sɔlv) *t.* solucionar.
sombre, (EUA) somber ('sɔmbə[r]) *a.* obscur, ombrívol, fosc.
some (sʌm, səm) *a.* algun, alguns, (BAL.) qualque, qualques. *2* un, uns: ***~ years ago,*** fa uns anys. *3* una mica de, un xic de: ***I'll have ~ tea,*** prendré te; ***pass me ~ butter,*** passa'm una mica de mantega. ▪ *4 pron.* alguns, uns: ***~ came to the party,*** alguns van venir a la festa. *5* en: ***do you want ~?,*** què en vols? ▪ *6 adv.* més o menys, aproximadament. *8* col·loq. (EUA) una mica, un xic.
somebody ('sʌmbədi) *pron.* algú, (BAL.) qualcú: ***~ else,*** algú altre.
somehow ('sʌmhau) *adv.* d'alguna manera, d'una manera o altra. *2* per algun motiu: ***I like that place ~,*** no sé per què però m'agrada aquell lloc.
someone ('sʌmwʌn) *pron.* Veure SOMEBODY.
somersault ('sʌməsɔ:lt) *s.* tombarella *f.*, giravolt *m.*, (ROSS.) retorn *m.*
something ('sʌmθiŋ) *s.-pron.* alguna cosa, quelcom, (BAL.) qualque cosa; ***I need ~ to eat,*** haig de menjar alguna cosa; ***I think he's an engineer or ~,*** crec que és enginyer o alguna cosa així. ▪ *2 adv.* ***~ like,*** com; més o menys, alguna cosa com.
sometime ('sʌmtaim) *adv.* algún dia, alguna vegada.
sometimes ('sʌmtaimz) *adv.* a vegades, algunes vegades.
somewhat ('sʌmwɔt) *adv.* una mica, un xic. *2* ***~ of,*** alguna cosa, una mica.
somewhere ('sʌmwεə[r]) *adv.* en algún lloc.
son (sʌn) *s.* fill *m.*
song (sɔŋ) *s.* cant *m.* [acció de cantar]. *2* MÚS., LIT. cançó *f.*, cant *m.*
songbook (ˌsɔŋ'buk) *s.* cançoner *m.*
son-in-law ('sʌninlɔ:) *s.* gendre *m.*, fill *m.* polític.
sonnet ('sɔnit) *s.* LIT. sonet *m.*
sonorous (sə'nɔ:rəs) *a.* sonor.
soon (su:n) *adv.* aviat, (BAL.) prest, (VAL.) prompte. ‖ ***as ~ as,*** tan aviat com. ‖ ***~ after,*** poc després.
sooner (su:nə[r]) *adv. compar.* de SOON: més aviat: ***~ or later,*** tard o d'hora.
soot (sut) *s.* sutge *m.*, sutja *f.*, estalzí *m.*
soothe (to) (su:ð) *t.* alleujar, calmar, apaivagar.
soothsayer ('su:θˌseiə[r]) *s.* endeví.
sophism ('sɔfizəm) *s.* sofisma *m.*
sophisticated (sə'fistikeitid) *a.* sofisticat, refinat, selecte.
soporific (ˌsɔpə'rifik) *a.* soporífer, soporífic. ▪ *2 s.* soporífer *m.*, soporífic *m.*
soprano (sə'prɑ:nou) *s.* MÚS. soprano.
sorcerer ('sɔ:sərə[r]) *s.* bruixot *m.*
sorçery ('sɔ:səri) *s.* bruixeria *f.*
sordid ('sɔ:did) *a.* sòrdid.
sore (sɔ:[r], sɔə[r]) *a.* adolorit, inflamat; ***to have a ~ throat,*** tenir mal de coll. *2* afligit, entristit. *3* fig. dolorós. *4* ofès. ▪ *5 s.* úlcera *f.*, nafra *f.* *6* fig. pena *f.* ▪ 7 **-ly** *adv.* molt; profundament.
sorrow ('sɔrou) *s.* pena *f.*, dolor *m.*, pesar *m.*
sorrow (to) ('sɔrou) *i.* afligir-se *p.*, passar pena.
sorry ('sɔri) *a.* afligit, trist. ‖ ***I'm ~,*** ho sento. ‖ ***~!,*** perdoni! *2* penedit: ***aren't you ~ about what you said!,*** no et sap greu el que has dit! *3* ***to be o feel ~ for somebody,*** sentir llàstima o pena per algú, compadir-se d'algú. *4* llastimós, penós.
sort (sɔ:t) *s.* mena *f.*, espècie *f.* ‖ ***a ~ of,*** una mena de. *2* manera. *3* ***out of ~s,*** empiocat.
sort (to) (sɔ:t) *t.* col·loq. ***to ~ (out),*** ordenar, classificar; triar. *2* col·loq. ***to ~ (out)*** solucionar, aclarir.

so-so ('sousou) *a.-adv.* regular. *2 adv.* així així.
sough (to) (sau) *i.* murmurar, remorejar [el vent].
sought (sɔ:t) *Pret.* i *p. p.* de SEEK (TO).
soul (soul) *s.* ànima *f.*
sound (saund) *a.* sa, bo. || *of ~ mind,* en el seu seny. *2* sensat, enraonat. *3* sòlid, segur. *4* fort, bo. *5* profund, intens [son]. *6* sonor: *~ film,* pel·lícula sonora; *~ wave,* onda sonora. ▪ *7 s.* so *m. 8* GEOGR. braç *m.* de mar; ria *f.*
sound (to) (saund) *i.* sonar [també fig.]. ▪ *2 t.* tocar: *to ~ the trompet,* tocar la trompeta. *3* pronunciar, dir. *4* MAR. sondar.
sounding ('saundiŋ) *a.* sonor. ▪ *2 s.* MAR. sondeig *m. 3* fig. sondeig *m.* [d'opinió].
soundness ('saundnis) *s.* solidesa *f.* || *~ of body,* bona salut *f. 2* seny *m.*, rectitud *f.*
soup (su:p) *s.* sopa *f.*
sour ('sauəʳ) *a.* àcid, agre. *2* ranci. *3* esquerp, adust. || fig. *to turn ~,* fer-se agre, agrir-se.
sour (to) ('sauəʳ) *t.* agrir. ▪ *2 i.* agrir-se *p.*
source (sɔ:s) *s.* font *f.*, deu *f. 2* fig. font *f.*, origen *m.*
sourness ('sauənis) *s.* acidesa *f. 2* agror *f.* [també fig.].
south (sauθ) *s.* sud *m.*, migdia *m.*, migjorn *m.* ▪ *2 a.* del sud, meridional.
South Africa (ˌsauθ'æfrikə) *n. pr.* GEOGR. Sud-Àfrica *f.*
South African (ˌsauθ'æfrikən) *a.-s.* sud-africà.
South America (ˌsauθə'merikə) *s.* GEOGR. Sud-Amèrica *f.*
southern ('sʌðən) *a.* del sud, meridional.
souvenir ('su:vəniəʳ) *s.* record *m.* [objecte].
sovereign ('sɔvrin) *a.* sobirà. *2* suprem, summe. ▪ *3 s.* sobirà [monarca].
Soviet ('souviet) *a.-s.* soviètic.
Soviet Union ('souviət'ju:niən) *n. pr.* GEOGR. Unió Soviètica *f.*
sow (sau) *s.* truja *f.*
sow (to) (sou) *t.-i.* sembrar *t.* ▲ *Pret.: sowed* (soud); p. p.: *sown* (soun) o *sowed.*
spa (spɑ:) *s.* balneari *m.*
space (speis) *s.* espai *m.*
space (to) (speis) *t.* espaiar.
spacious ('speiʃəs) *a.* espaiós.
spade (speid) *s.* AGR. fanga, pala. || fig. *call a ~ a ~,* dir les coses pel seu nom.
Spain (spein) *n. pr.* GEOGR. Espanya *f.*
span (spæn) *s.* pam *m. 2* espai *m.*, lapse *m.* [temps]. *3* ARQ. arcada *f.;* ulleral *m.*, ull *m.* de pont. *4* AVIA. envergadura *f. 5 pret.* de SPIN (TO).
spangle (spæŋgl) *s.* lluentó *m.*
Spaniard ('spænjəd) *s.* espanyol.
Spanish ('spæniʃ) *a.* espanyol. ▪ *2 s.* espanyol *m.*, castellà *m.* [llengua].
spank (to) (spæŋk) *t.* natjar, pegar a les natges. ▪ *2 i. to ~ (along),* córrer, galopar.
spanner ('spænəʳ) *s.* MEC. clau *m.* || *shifting ~,* clau anglesa.
spar (spɑ:ʳ) *s.* perxa *f.*, pal *m. 2* combat *m.* de demostració [boxa]. *3* fig. baralla *f. 4* MINER. espat *m.*
spar (to) (spɑ:ʳ) *i.* fintar *t.*, fer fintes. *2* fig. barallar-se *p.*
spare (spɛəʳ) *a.* sobrant, sobrer; disponible; de recanvi. *2* flac, sec [persones]. *3* frugal, sobri.
spare (to) (spɛəʳ) *t.* estalviar, economitzar. *2* prescindir, estar-se *p.* de. *3* perdonar, fer gràcia de.
sparing ('spɛəriŋ) *a.* econòmic, parc, sobri. *2* escàs. ▪ *3* **-ly** *adv.* sòbriament, amb moderació.
spark (spɑ:k) *s.* espurna *f.*, guspira *f. 2* fig. engruna *f.*, pèl *m.*
spark (to) (spɑ:k) *i.* espurnejar, guspirejar. *2* fig. fer esclatar.
sparking plug ('spɑ:kiŋplʌg) , **spark plug** ('spɑ:kplʌg) *s.* AUTO. bugia *f.*
sparkle (spɑ:kl) *s.* espurneig *m.*, centelleig *m. 2* fig. vivesa *f.*, animació *f.*
sparkling ('spɑ:kliŋ) *a.* espurnejant; brillant. || *~ wine,* vi escumós.
sparrow ('spærou) *s.* pardal *m.*
sparse (spɑ:s) *a.* escàs; dispers. *2* esclarissat [pèls].
spasm ('spæzəm) *s.* espasme *m.*
spat (spæt) *Pret.* i *p. p.* de SPIT (TO).
spat (to) (spæt) *t.-i.* (EUA) barallar(se. *2* donar un cop.
spatter (to) ('spætəʳ) *t.-i.* esquitxar.
speak (to) (spi:k) *i.* parlar. || *to ~ out,* parlar clar, sense embuts; *to ~ to someone,* parlar amb algú. ▪ *2 t.* parlar, dir, expressar: *to ~ one's mind,* dir el que un pensa. ▲ Pret.: *spoke* (spouk); p. p.: *spoken* ('spoukən).
speaker ('spi:kəʳ) *s.* persona *f.* que parla. *2* orador. *3* president [d'una assemblea]. *4* ELECT. col·loq. altaveu *m.*
spear (spiəʳ) *s.* llança *f. 2* arpó *m.* [per pescar].
spear (to) (spiəʳ) *t.* allancejar. *2* travessar amb arpó.
special ('speʃəl) *a.* especial. ▪ *2* **-ly** *adv.* especialment, en especial.
specialist ('speʃəlist) *a.-s.* especialista *s.*
specialize (to) ('speʃəlaiz) *t.-i.* especialitzar(se.
species ('spi:ʃi:z) *s.* BIOL. espècie *f. 2* classe *f.*, mena *f.* ▲ *pl. species.*
specific (spi'sifik) *a.* específic. ▪ *2* específic *m. 3 pl.* detalls *m.* [fàrmac].

specify (to) ('spesifai) *t.* especificar.
specimen ('spesimin) *s.* espècimen *m.;* mostra *f.;* exemplar *m.*
specious ('spi:ʃəs) *a.* especiós, enganyós.
speck (spek) *s.* taca *f.*, partícula *f.* *2* fig. punt *m.*
speckle ('spekl) *s.* taqueta *f.*
spectacle ('spektəkl) *s.* espectacle *m.* *2 pl.* form. ulleres *m.*
spectacular (spek'tækjulə^r) *a.* espectacular.
spectator (spek'teitə^r) *s.* espectador.
spectre, (EUA) **specter** ('spektə^r) *s.* espectre *m.*
speculate (to) ('spekjuleit) *i.* especular, teoritzar (*about,* sobre). *2* COM. especular.
sped (sped) *Pret.* i *p. p.* de SPEED (TO).
speech (spi:tʃ) *s.* parla *f.*, paraula *f.*, llenguatge *m.* *2* discurs *m.* *3* pronúncia *f.*, manera *f.* de parlar. *4* TEAT. parlament *m.*
speed (spi:d) *s.* velocitat *f.* *2* rapidesa *f.;* pressa *f.*
speed (to) (spi:d) *t.* accelerar, donar pressa a. *2* disparar [una fletxa]. ▪ *3 i.* afanyar-se *p.* *4* anar de pressa. ▲ *Pret.* i *p. p.: **sped*** (sped) o ***speeded*** ('spi:did).
speedy ('spi:di) *a.* ràpid, veloç.
spelaeologist (ˌspi:li'ɔlədʒist) *s.* espeleòleg.
spelaeology (ˌspi:li'ɔlədʒi) *s.* espeleologia *f.*
spell (spel) *s.* encís *m.*, encant *m.* *2* fascinació *f.* *3* torn *m.*, tanda *f.* *4* període *m.*, temporada *f.*
spell (to) (spel) *t.* lletrejar, escriure's *p.: **how do you ~ your name?*** com s'escriu el teu nom? *2* ***to ~ out,*** escriure correctament; explicar en detall. *3* significar, voler dir. *4 t.-i.* escriure bé. ▲ Pret. i p. p.: ***spelled*** (speld) o ***spelt*** (spelt).
spelling ('speliŋ) *s.* lectura *f.* lletrejada. *2* ortografia *f.*
spelt (spelt) *Pret.* i *p. p.* de SPELL (TO).
spend (to) (spend) *t.* gastar, despendre. *2* consumir, esgotar. *3* gastar, passar [el temps]. ▲ Pret. i p. p.: ***spent*** (spent).
spendthrift ('spendθrift) *s.* malgastador.
spent (spent) *Pret.* i *p. p.* de SPEND (TO).
spermatazoon (ˌspə:mətə'zəuən) *s.* espermatozoide *m.*
sphere (sfiə) *s.* esfera *f.* *2* globus *m.*, orbe *m.*
sphinx (sfiŋks) *s.* esfinx.
spice (spais) *s.* espècia *f.*
spice (to) (spais) *t.* assaonar.
spicy ('spaisi) *a.* assaonat amb espècies, picant [també fig.].
spider ('spaidə) *s.* aranya *f.: **~'s web,*** teranyina *f.*
spike (spaik) *s.* punxa *f.*, pua *f.*, punta *f.* *2* clau *m.* [sabates]. *3* BOT. espiga *f.*
spike (to) (spaik) *t.* clavar. *2* fig. espatllar.
spill (spil) *s.* vessament *m.* *2* caiguda *f.* *3* teia *f.*
spill (to) (spil) *t.* vessar. *2* llençar, fer caure [del cavall]. ▪ *3 i.* vessar-se *p.* ▲ *Pret. i p. p.: **spilled*** (spild) o ***spilt*** (spilt).
spilt (spilt) *Pret.* i *p. p.* de SPILL (TO).
spin (spin) *s.* gir *m.*, tomb *m.*, volta *f.* *2* tomb *m.* [en vehicle].
spin (to) (spin) *t.* fer girar. *2* filar. *3* teixir [també fig.]. ‖ fig. ***to ~ a yarn,*** explicar una història. ▪ *4 i.* girar, donar voltes. *5* filar. ▲ Pret.: ***spun*** (spʌn) o ***span*** (spæn); p. p.: ***spun*** (spʌn).
spinach ('spinidʒ) *s.* espinac *m.*
spinal ('spainl) *a.* espinal: ***~ column,*** espina dorsal.
spindle ('spindl) *s.* fus *m.* [per filar]. *2* MEC. eix *m.*
spine (spain) *s.* ANAT. espinada *f.* *2* llom *m.* [d'un llibre]. *3* espina *f.*
spineless ('spainlis) *a.* invertebrat, sense espina. *2* fig. tou, dèbil [persona].
spinet (spi'net) *s.* MÚS. clavecí *m.*
spinner ('spinə) *s.* filador. *2 f.* filadora [màquina].
spinning ('spiniŋ) *s.* filatura *f.*, acció *f.* de filar.
spinning mill ('spiniŋmil) *s.* filatura *f.* [fàbrica].
spinning top ('spiniŋtɔp) *s.* baldufa *f.*
spinning wheel ('spiniŋwi:l) *s.* filosa *f.*
spinster ('spinstə) *s.* soltera *f.*
spiral ('spaiərəl) *a.* espiral: ***~ staircase,*** escala de cargol.
spire ('spaiə) *s.* ARQ. agulla *f.*
spirit ('spirit) *s.* esperit *m.* *2* ànim *m.*, valor *m.*, vivacitat *f.*, energia *f.* ‖ ***to be in high ~s,*** estar molt animat; ***out of ~s,*** trist, abatut. *3 pl.* esperit *m.*, alcohol *m.*, beguda *f.* alcohòlica.
spirit (to) ('spirit) *t.* ***to ~ (up),*** animar, encoratjar. *2* ***to ~ away*** o ***off,*** desaparèixer.
spirited ('spiritid) *a.* viu, coratjós, vigorós.
spiritless ('spiritles) *a.* exànime. *2* abatut, desanimat. *3* covard.
spiritual ('spiritjuəl) *a.* espiritual. ▪ *2 s.* espiritual *m.* negre [cant].
spit (spit) *s.* saliva *f.* *2* ast *m.*, rostidor *m.*
spit (to) (spit) *i.* escopir. *2* plovisquejar. ▪ *3 t.* escopir. ▲ Pret. i p. p.: ***spat*** (spæt).
spite (spait) *s.* despit *m.*, rancor *m.*, ressentiment *m.* ‖ ***in ~ of,*** a despit de, malgrat.
spite (to) (spait) *t.* molestar, irritar.
spiteful ('spaitful) *a.* rancorós; malèvol. ▪ *2* **-ly** *adv.* rancorosament; malèvolament.
splash (splæʃ) *s.* esquitxada *f.*, esquitx *m.*, ruixada *f.* ‖ fig. ***to make a ~,*** causar sensació. *2* xipolleig *m.* *3* taca *f.* [de color].

splash (to) (splæʃ) *t.* esquitxar; ruixar. ▪ *2 i.* xipollejar.
spleen (spli:n) *s.* ANAT. melsa *f. 2* bilis *f.*, mal humor *m. 3* esplín *m.*
splendid ('splendid) *a.* esplèndid. ▪ *2* **-ly** *adv.* esplèndidament.
splendour, (EUA) **splendor** ('splendə) *s.* esplendor *m. 2* magnificència *f.*
splint (splint) *s.* canya *f.* [per mantenir rígid un membre trencat].
splinter ('splintə) *s.* estella *f.* [de fusta]. *2* resquill *m.* [d'ós].
splinter (to) ('splintə) *t.* estellar, esberlar. ▪ *2 i.* estellar-se *p.*, esberlar-se *p.*
split (split) *s.* esquerda *f. 2* divisió *f.*, cisma *f. 3* POL. escissió *f. 4* ruptura *f.*, separació *f.*
split (to) (split) *t.* separar; partir; esquerdar. *2* POL. escindir. ▪ *3 i.* separar-se *p.*; partir-se *p.*; esquerdar-se *p.* ▲ Pret. i p. p.: ***split*** (split).
spoil (spɔil) *s.* botí *m.*, despulles *f. pl.*
spoil (to) (spɔil) *t.* espatllar, malmetre, fer malbé. *2* aviciar, malacostumar. *3* saquejar. ▪ *4 i.* fer-se *p.* malbé. ▲ Pret. i p. p.: ***spoiled*** (spɔild) o ***spoilt*** (spɔilt).
spoilt (spɔilt) *Pret.* i *p. p.* de SPOIL (TO).
spoke (spouk) *pret.* de SPEAK (TO). ▪ *2 s.* raig *m.* [de roda].
spoken ('spoukən) *P. p.* de SPEAK (TO).
spokesman ('spouksmən) *s.* portaveu.
sponge (spʌndʒ) *s.* esponja *f.*
sponge (to) (spʌndʒ) *t.* rentar amb esponja. *2* esborrar. *3* absorbir, xuclar. ▪ *4 i.* col·loq. gorrejar.
sponger ('spʌndʒə) *s.* col·loq. gorrer, paràsit.
sponsor ('spɔnsə) *s.* patrocinador. *2* fiador, garant. *3* padrí *m.*, padrina *f.*
sponsor (to) ('spɔnsə) *t.* patrocinar. *2* fiar, garantir. *3* apadrinar.
spontaneous (spɔn'teinjəs) *a.* espontani. ▪ *2* **-ly** *adv.* espontàniament.
spool (spu:l) *s.* rodet *m.*, bobina *f.*
spoon (spu:n) *s.* cullera *f.*
spoonful ('spu:nful) *s.* cullerada *f.*
sport (to) (spɔ:t) *t.* ostentar, lluir. ▪ *2 i.* jugar, enjogassar-se *p.*
sport (spɔ:t) *s.* esport *m. 2* diversió *f.*; joc *m.*; broma *f.*
sporting ('spɔ:tiŋ) *a.* esportiu. *2* honrat, lleial.
sportive ('spɔ:tiv) *a.* alegre, festiu, divertit.
sportsman ('spɔ:tsmən) *s.* esportista *m.*
sportswoman ('spɔ:tswumən) *s.* esportista *f.*
spot (spɔt) *s.* ANAT. gra *m. 2* taca *f.*, clapa *f. 3* pic *m.*, rodoneta *f.* [en la roba]. *4* lloc *m.* ‖ fig. ***in a ~,*** en un mal pas.
spot (to) (spɔt) *t.* tacar, clapejar. *2* localitzar, descobrir. ▪ *3 i.* tacar-se *p. 4* col·loq. caure gotes.
spotless ('spɔtlis) *a.* net, immaculat.
spotlight ('spɔtlait) *s.* TEAT. focus *m.*, reflector *m.* ‖ fig. ***to be in the ~,*** ésser el centre d'atenció.
spouse (spauz) *s.* espòs.
spout (spaut) *s.* broc *m.*, galet *m.* [atuell]. *2* canaló *m.*, canal *f.* [per l'aigua]. *3* brollador *m.*, sortidor *m.*
spout (to) (spaut) *t.* llançar, treure [a raig]. *2* col·loq. declamar. ▪ *3 i.* rajar, brollar.
sprain (sprein) *s.* MED. torçada *f.*
sprain (to) (sprein) *t.* MED. torçar: ***to ~ one's ankle,*** torçar-se *p.* el turmell.
sprang (spræŋ) *Pret.* de SPRING (TO).
sprawl (to) (sprɔ:l) *i.* estirar-se *p.*, ajeure's *p.* [persona]. *2* estendre's *p.*, escampar-se *p.* [coses].
spray (sprei) *s.* esprai *m. 2* ramet *f.* [flors].
spray (to) (sprei) *t.* polvoritzar [un líquid]. *2* ruixar.
spread (spred) *s.* desplegament *m.*, desenvolupament *m. 2* extensió *f. 3* difusió *f.*, propaganda *f. 4* AVIA. envergadura *f. 5* tiberi *m.* [menjar]. ▪ *6 Pret.* i *p. p.* de SPREAD (TO).
spread (to) (spred) *t.* estendre, desplegar. *2* untar, posar. *3* difondre, divulgar. ▪ *4 i.* estendre's *p.*, desplegar-se *p. 5* difondre's *p.*, divulgar-se *p.* ▲ *Pret.* i *p. p.:* ***spread*** (spred).
spree (spri:) *s.* gresca *f.*, diversió *f.* ‖ ***a spending ~,*** gastar molts diners de cop.
sprig (sprig) *s.* branquilló *m.*, ramet *m.*
sprightly ('spraitli) *a.* viu, alegre. *2* enèrgic, àgil.
spring (spriŋ) *s.* primavera *f. 2* font *f.*: ***~ water,*** aigua de font. *3* origen *m.*, començament *m. 4* salt *m.*, bot *m. 5* molla *f.*, ressort *m. 6* elasticitat *f. 7* vigor *m.*, energia *f. 8* ARQ. arrencada *f.* [d'un arc].
spring (to) (spriŋ) *i.* saltar, botar. *2* ***to ~ (up),*** brollar, néixer. *3* provenir, sortir (*from,* de). ▪ *2 t.* saltar, fer saltar. *3* deixar anar de cop (*on,* a) [sorpresa, notícia, etc.]. ▲ Pret.: ***sprang*** (spræŋ); p. p.: ***sprung*** (sprʌŋ).
springboard ('spriŋbɔ:d) *s.* trampolí *m.*, palanca *f.*
spring mattress (ˌspriŋ'mætrəs) *s.* matalàs *m.* de molles.
spring tide ('spriŋ'taid) *s.* marea *f.* viva.
springtime ('spriŋtaim) *s.* primavera *f.*
sprinkle (to) ('spriŋkl) *t.* esquitxar. *2* escampar. *3* ensalgar.
sprinkling ('spriŋkliŋ) *s.* esquitxada *f.* ‖ fig.

there was a ~ of young people, hi havia uns quants joves.
sprint (sprint) *s.* sprint *m.*, carrera *f.* ràpida i curta.
sprint (to) (sprint) *i.* córrer molt de pressa.
sprite (sprait) *s.* follet *m.*
sprout (spraut) *s.* brot *m.*, lluc *m.* *2 pl.* ***Brussels ~s,*** cols *m.* de Brussel·les.
sprout (to) (spraut) *i.* brotar, llucar.
spruce (spru:s) *a.* pulcre, polit, endreçat. ■ *2 s.* BOT. avet *m.* roig.
spruce (to) (spru:s) *t.-i.* empolainar(se; mudar(se.
sprung (sprʌŋ) Veure SPRING (TO).
spun (spʌn) Veure SPIN (TO).
spur (spə:ʳ) *s.* esperó *m.* *2* fig. estímul *m.* *3* GEOGR. esperó *m.*, morrot *m.*
spur (to) (spə:ʳ) *t.* esperonar. *2* fig. estimular.
spurious ('spjuəriəs) *a.* espuri, fals.
spurn (to) (spə:n) *t.* rebutjar; menysprear.
spurt (spə:t) *s.* arravatament *m.*, rampell *m.* *2* raig *m.*, doll *m.*
spurt (to) (spə:t) *i.* brollar. *2* fig. esclatar.
sputter ('spʌtəʳ) *s.* fig. capellà *m.*, saliva *f.* *2* espeternec *m.*, espetec *m.* *3* barboteig *m.*, balbuteig *m.*
sputter (to) ('spʌtəʳ) *i.* fig. tirar capellans, tirar saliva. *2* espeternegar. *3 t.-i.* balbucejar, balbotejar.
sputum ('spju:təm) *s.* MED. esput *m.* ▲ *pl.* ***sputa*** ('spj:tə).
spy (spai) *s.* espia.
spy (to) (spai) *t.* espiar. *2* intentar, mirar de. ■ *3 i.* espiar.
spyglass ('spaiglɑ:s) *s.* ullera *m.* llarga vista.
spyhole ('spaihoul) *s.* espiell *m.*
squabble ('skwɔbl) *s.* batussa *f.*, brega *f.*
squabble (to) ('skwɔbl) *i.* esbatussar-se *p.*, buscar raons.
squad (skwɔd) *s.* brigada *f.*, escamot *m.*
squadron ('skwɔdrən) *s.* MAR. esquadra *f.* *2* MIL. esquadró *m.*
squalid ('skwɔlid) *a.* sòrdid; miserable; brut.
squall (skwɔ:l) *s.* ràfega *f.;* gropada *f.* *2* xiscle *m.*
squall (to) (skwɔ:l) *i.* cridar, xisclar.
squalor ('skɔləʳ) *s.* misèria *f.;* brutícia *f.;* sordidesa *f.*
squander (to) ('skwɔndəʳ) *t.* malgastar, malbaratar.
square (skwɛəʳ) *s.* GEOM. quadrat *m.* *2* MAT. quadrat *m.* *3* JOC casa *f.*, casella *f.* *4* DIB. escaire *m.* *5* plaça *f.* [urbanisme]. *6* carca, reaccionari. ■ *7 a.* quadrat. *8* robust, fort. *9* exacte; ordenat, ben posat. *10* just, honrat, recte. *11* saldat; empatat.
square (to) (skwɛəʳ) *t.* quadrar; fer quadrar. *2* quadricular. *3* ESPORT empatar. *4* COM. quadrar. ■ *5 i.* quadrar, ajustar-se *p.*, adir-se *p.* *2* posar-se *p.* a la defensiva.
squash (skɔʃ) *s.* suc *m.* [de fruita]. *2* aixafamenta *f.* *3* munió *f.* *4* BOT. carabassa *f.* *5* ESPORT squash *m.*
squash (to) (skɔʃ) *t.-i.* aixafar(se, esclafar(se.
squat (skwɔ) *a.* ajupit. ■ *2 s.* edifici *m.* ocupat.
squat (to) (skwɔt) *i.* ajupir-se *p.*, arraulir-se *p.* *2* instal·lar-se *p.* en una propietat buida.
squawk (skwɔ:k) *s.* xiscle *m.;* queixa *f.*
squawk (to) (skwɔ:k) *i.* xisclar, queixar-se *p.*
squeak (ski:k) *s.* xiscle *m.*, xisclet *m.*, xerric *m.*
squeak (to) (ski:k) *i.* xisclar; xerricar.
squeal (ski:l) *s.* xiscle *m.*, esgarip *m.*
squeal (to) (ski:l) *i.* xisclar, fer esgarips.
squeamish ('skwi:miʃ) *a.* propens a la nàusea. *2* recelós, aprensiu.
squeeze (skwi:z) *s.* espremuda *f.* *2* encaixada *f.* [de mans]. *3* pressió *f.*, compressió *f.* *4* atapeïment *m.*
squeeze (to) (skwi:z) *t.* pressionar, comprimir. *2* prémer, premsar; exprémer [també fig.].
squelch (skweltʃ) *s.* xipolleig *m.* *2* aixafamenta *f.*
squelch (to) (skweltʃ) *t.* esclafar. ■ *2 i.* xipollejar.
squid (skwit) *s.* calamars *m.*
squint (skwint) *s.* MED. estrabisme *m.* *2* cop *m.* d'ull, llambregada *f.;* mirada *f.* de cua d'ull.
squint (to) (skwint) *i.* ser estràbic, mirar guenyo. *2* mirar de reüll. *3* llambregar, donar un cop d'ull.
squint-eyed ('skwint'aid) *a.* guenyo, estràbic.
squire ('skwaiəʳ) *s.* escuder *m.* *2* (G.B.) terratinent *m.;* amo *m.*
squirm (to) (skwə:m) *i.* caragolar-se *p.*, torçar-se *p.* recaragolar-se *p.*
squirrel ('skwirəl) *s.* esquirol *m.*
squirt (skwə:t) *s.* raig *m.*, doll *m.*, ruixada *m.* *2* milhomes *m.*
squirt (to) (skwə:t) *t.* llançar a raig, rajar. *2* xeringar. *3* ruixar.
stab (stæb) *s.* punyalada *f.*, ganivetada *f.* *2* col·loq. intent *m.*
stab (to) (stæb) *t.* apunyalar. ■ *2 i.* clavar una ganivetada. *3* intentar apunyalar.
stability (stə'biliti) *s.* estabilitat *f.*
stable ('steibl) *a.* estable. ■ *2 s.* estable *m.*, cort *f.*
stable (to) ('steibl) *t.* posar en un estable. ■ *2 i.* ser en un estable.

stack (stæk) *s.* AGR. garbera *f.* *2* pila *m.;* munt *m.* *3* ***chimney ~,*** canó *m.* de xemeneia. *4* pavelló *m.* de fusells. *5* col·loq. pila *f.;* munt *m.*, gran quantitat *f.* || ***~s of money,*** pela llarga. *6* conjunt *m.* d'altaveus.

stack (to) (stæk) *t.* apilar, amuntegar. *2* JOC trucar.

stadium ('steidjəm) *s.* ESPORT estadi *m.*

staff (stɑːf) *s.* bastó *m.*, palm *m.;* vara *f.*, gaiato *m.* *2* asta *f.*, pal *m.* *3* fig. suport *m.*, sustentació *f.* *4* MÚS. pentagrama *m.* *5* personal *m.*, plantilla *f.* *6* MIL. estat *m.* major.

staff (to) (stɑːf) *t.* proveir de personal. *2* treballar per.

stag (stæg) *s.* cérvol *m.* *2* fig. ***~ party,*** comiat *m.* de solter [només per homes].

stage (steidʒ) *s.* estrada *f.*, empostissat *m.*, plataforma *f.* *2* bastida *f.* *3* escenari *m.;* escena *f.* *4* professió *m.* teatral. *5* platina *f.* [d'un microscopi]. *6* parada *f.;* etapa *f.* [en una ruta]. *7* grau *m.;* nivell *m.*, període *m.*

stage (to) (steidʒ) *t.* posar en escena.

stagecoach ('steidʒkoutʃ) *s.* diligència *f.* [carruatge].

stagger (to) ('stægəʳ) *i.* fer tentines, tentinejar. *2* dubtar, vacil·lar. ▪ *3 t.* confondre, sorprendre, fer vacil·lar.

staging ('steidʒiŋ) *s.* bastida *f.* *2* posada *f.* en escena.

stagnant ('stægnənt) *a.* estancat, aturat. *2* inactiu.

stagnate (to) ('stægneit) *i.* estancar(se, paralitzar(se [també fig.].

staid (steid) *a.* assenyat, formal, seriós.

stain (stein) *s.* taca *f.* *2* descoloriment *m.* *3* tint *m.* *4* fig. màcula *f.*

stain (to) (stein) *t.-i.* tacar(se, descolorir(se, tenyir(se.

stained glass ('steind'glɑːs) *s.* vidre *m.* de color. || ***~ window,*** vitrall *m.*, vidriera *f.* de colors.

stainless ('steinlis) *a.* net, sense taca. || ***~ steel,*** acer inoxidable.

stair (stɛəʳ) *s.* esglaó *m.*, (BAL.), (VAL.) escaló *m.* *2* escala *f.* *3* ***~s,*** escala. || ***downstairs,*** el pis de sota; ***upstairs,*** el pis de sobre.

staircase ('stɛəkeis) *s.* escala *f.*

stake (steik) *s.* estaca *f.*, pal *m.;* puntal *m.* *2* JOC aposta *f.*, posta *f.* *3* foguera *f.;* martiri *m.* *4* premi *m.* [en una cursa]. *5* COM. interès *m.*

stake (to) (steik) *t.* tancar amb estaques. *2* apuntalar. *3* JOC apostar, jugar. *4* COM. invertir. *5* COM recolzar econòmicament.

stalactite ('stæləktait) *s.* estalactita *f.*

stalagmite ('stæləgmait) *s.* estalagmita *f.*

stale (steil) *a.* ranci, passat, sec, dur [menjar]. *2* fig. gastat, vell, suat [un argument, etc.]. || ***~ smell,*** pudor de resclosit.

stalk (stɔːk) *s.* BOT. tija *f.*, cama *f.*, tronxo *m.* *2* caminar *m.* majestuós.

stalk (to) (stɔːk) *i.* caminar majestuosament. *2* espiar, sotjar. ▪ *3 t.* espiar, sotjar, perseguir.

stall (stɔːl) *s.* estable *m.* *2* cadira *f.* del cor [en una església]. *3* parada *f.* [de mercat o fira]. *4* TEAT. butaca *f.* de platea.

stall (to) (stɔːl) *t.* tancar a l'estable. *2* aturar, embussar, ofegar [un motor]. *3* embolicar, entretenir [un afer] *p.* ▪ *4 i.* aturar-se *p.* embussar-se *p.;* ofegar-se *p.* [un motor]. *5* fig. no anar al gra, entretenir-se *p.*

stallion ('stæljən) *s.* cavall *m.* semental.

stalwart ('stɔːlwət) *a.* fornit, robust. *2* valent. *3* lleial. ▪ *4 s.* persona *f.* fornida, robusta. *5* persona *f.* valenta. *6* persona *f.* lleial.

stammer ('stæməʳ) *s.* quequeig *m.* *2* balbuceig *m.*

stammer (to) ('stæməʳ) *i.* quequejar. *2* balbucejar.

stamp (stæmp) *s.* segell *m.* *2* marca *f.*, empremta *f.* *3* tampó *m.* *4* cop *m.* de peu.

stamp (to) (stæmp) *t.* estampar, imprimir. *2* segellar. *3* marcar, timbrar. *4* posar segells. ▪ *5 t.-i.* picar de peus, donar cops amb el peu.

stampede (stæm'piːd) *s.* fugida *f.*, desbandada *f.*

stanch (stɑːntʃ) *a.* Veure STAUNCH (TO).

stand (stænd) *s.* posició *f.*, lloc *m.* *2* plataforma *f.;* tribuna *f.* *3* resistència *f.*, oposició *f.* *4* parada *f.*, estació *f.* *5* TEAT. funció *f.*, representació *f.* *6* peu *m.*, suport *m.* *7* MÚS. faristol *m.* *8* penjador *m.* *9* parada *f.* [de mercat o fira].

stand (to) (stænd) *i.* estar dret, estar dempeus, aixecar-se *p.:* ***~ up!,*** aixeca't! *2* mesurar d'alçada. *3* mantenir una posició o punt de vista. *4* ser, estar situat. *5* quedar-se *p.*, romandre. *6* durar; ser vàlid; estar en vigor. *7* ser [situacions temporals]. ▪ *8 t.* suportar, tolerar, resistir, aguantar: ***I can't ~ him!,*** no l'aguanto! *9* posar, col·locar. *10* pagar, sufragar, fer-se *p.* càrrec de [despeses]. *11* aixecar, posar dret. *12* complir [un deure]. *13* ***to ~ a chance,*** tenir una oportunitat. ▪ ***to ~ by,*** ser lleial, romandre fidel; ***to ~ for,*** simbolitzar, representar; ***to ~ on,*** descansar damunt de; dependre de; insistir. || ***to ~ on ceremonies,*** fer compliments; ***to ~ out,*** destacar, sobresortir; ***it ~s to reason,*** és raonable. ▲ Pret. i p. p. ***stood*** (stud).

standard ('stændəd) *s.* bandera *f.*, estendard *m.* *2* norma *f.*, nivell *m.*; ~ ***of living,*** nivell de vida. *3* patró *m.*, model *m.*; criteri *m.* *4* suport *m.* vertical, peu *m.* ■ *5 a.* model; estàndard; establert; oficial. *6* corrent, normal.

standard bearer ('stændəd,bɛərəʳ) *s.* banderer. *2* líder, capdavanter.

standardize (to) ('stændədaiz) *t.* estandarditzar, normalitzar.

standing ('stændiŋ) *a.* dempeus, dret. *2* AGR. encara no segat. *3* estancat. *4* permanent; constant. ■ *5 s.* categoria *f.* *6* situació *f.*, posició *f.*; reputació *f.* *7* durada *f.*; existència.

standpoint ('stændpɔint) *s.* punt *m.* de vista.

standstill ('stændstil) *s.* aturada *f.*, cul *m.* de sac.

stank (stæŋk) *pret.* de STINK (TO).

staple ('steipl) *s.* grapa *f.*; pinça *f.* *2* producte *m.* principal [d'un país]. *3* matèria *f.* primera. *4* tema *m.* principal.

staple (to) ('steipl) *t.* grapar, posar grapes.

star (stɑːʳ) *s.* ASTR. estrella *f.*, (VAL.) estrela *f.* *2* asterisc *m.* *3* placa *f.*, insignia *f.* *4* CINEM. estrella *f.*

star (to) (stɑːʳ) *t.* adornar amb estrelles. *2* marcar amb un asterisc. *3* TEAT., CINEM., fer sortir com a estrella, presentar com a estrella. ■ *4 i.* protagonitzar.

starboard ('stɑːbəd) *s.* MAR. estribord *m.*

starch (stɑːtʃ) *s.* midó *m.*, fècula *f.*

starch (to) (stɑːtʃ) *t.* emmidonar.

stare (stɛəʳ) *s.* mirada *f.* fixa.

stare (to) (stɛəʳ) *t.-i.* mirar fixament; clavar la vista.

starfish ('stɑːfiʃ) *s.* estrella *f.* de mar.

stark (stɑːk) *a.* rígid. *2* decidit, determinat. *3* pur, complet. *4* despullat [d'adorns]. ■ *5 adv.* completament. ‖ ~ ***raving mad,*** boig com una cabra.

starry ('stɑːri) *a.* estrellat, estelat.

start (stɑːt) *s.* ensurt *m.*, espant *m.* *2* començament *m.*; principi *m.* *3* arrencada *f.*, sortida. ‖ ***for a*** ~, per començar. *4* avantatge *m.*

start (to) (stɑːt) *i.* començar. ‖ ***to*** ~ ***with,*** per començar. *2* fer un bot [de sorpresa, etc.], sobresaltar-se *p.* *3* sortir amb força. ■ *4 t.* començar, emprendre. *5* engegar, posar en marxa. *6* fer sortir de l'amagatall.

starter ('stɑːtəʳ) *s.* ESPORT jutge de sortida. *2* ESPORT participant [en una cursa]. *3* iniciador, promotor. *4* primer plat *m.* *5* AUTO. starter *m.*

starting point ('stɑːtiŋpɔint) *s.* lloc *m.* de sortida, punt *m.* de partida.

startle (to) (stɑːtl) *t.-i.* englaiar(se, espantar(se; sorprendre(s.

starvation (stɑː'veiʃən) *s.* fam *f.*, inanició *f.*

starve (to) (stɑːv) *i.* passar gana. *2* morir de fam. ■ *3 t.* fer passar gana. *4* fer morir de fam.

state (steit) *s.* estat. ‖ ~ ***policy,*** policia estatal. *2* pompa *f.*, ostentació *f.*

state (to) (steit) *t.* expressar. *2* exposar, plantejar.

stateliness ('steitlinis) *s.* majestuositat *f.*

stately ('steitli) *a.* majestuós; impressionant.

statement ('steitmənt) *s.* afirmació *f.*, declaració *f.* *2* exposició *f.*, relació *f.* *3* COM. estat *m.* de comptes.

statesman ('steitsmən) *s.* home *m.* d'estat, estadista.

static ('stætik) *a.* estàtic.

station ('steiʃən) *s.* estació *f.* [de tren, autobús, etc.]. ‖ ***broadcasting*** ~, emissora *f.* de ràdio; ***police*** ~, comissaria *f.* de policia. *2* posició *f.*, situació *f.* *3* base *f.* militar.

station (to) ('steiʃən) *t.* estacionar, situar.

stationary ('steiʃnəri) *a.* estacionari, fix.

stationery ('steiʃnəri) *s.* papereria *f.* *2* material *f.* d'oficina.

statistics (stə'tistiks) *s.* estadística *f.*

statuary ('stætjuəri) *a.* estatuari *m.* ■ *2 s.* estatuària *f.*, estàtues *f. pl.*

statue ('stætjuː) *s.* estàtua *f.*

stature ('stætʃəʳ) *s.* estatura *f.*, talla *f.*

status ('steitəs) *s.* estatus *m.*, estat *m.* [legal, social, professional].

statute ('stætjuːt) *s.* estatut *m.*

staunch (stɔːntʃ) *a.* lleial, constant, ferm.

staunch (to) (stɔːntʃ) *t.* estroncar, aturar.

stave (steiv) *s.* doga *f.* [d'una bóta]. *2* MÚS. pentagrama *m.* *3* LIT. estrofa *f.*

stave (to) (steiv) *t.-i.* ***to*** ~ ***in,*** foradar(se, trencar(se. *2 t.* ajornar, diferir. ▲ Pret. i p. p.: ***staved*** (steivd) o ***stove*** (stouv).

stay (stei) *s.* estada *f.*, visita *f.* *2* sosteniment *m.*, soport *m.* *3* estai *m.* *4* DRET ajornament *m.* *5 pl.* cotilla *f.*

stay (to) (stei) *i.* romandre, quedar-se *p.* ‖ ~ ***a little,*** espera't una mica; ***to*** ~ ***in,*** quedar-se *p.* a casa. *2* viure, allotjar-se *p.*, estar-se *p.* *3* resistir, aguantar. ■ *4 t.* diferir, ajornar. *5* resistir, aguantar. *6* detenir, aturar. *7* soportar, sostenir.

stead (sted) *s.* ***in her*** ~, al seu lloc; en el lloc d'ella.

steadfast ('stedfəst) *a.* ferm, tenaç.

steadiness ('stedinis) *s.* fermesa *f.*, estabilitat *f.*

steady ('stedi) *a.* ferm, estable, fix. *2* regular, constant. *3* col·loq. xicot *m.*, xicota *f.*

steady (to) ('stedi) *t.-i.* agafar(se, aguantar(se, afermar(se. *2* regularitzar(se.

steak (steik) *s.* bistec *m.*

steal (to) (sti:l) *t.-i.* robar *t.*, furtar *t.*, prendre *t.* 2 *i.* moure's *p.* sigilosament, fer d'amagat. ‖ ***to ~ away,*** esmunyir-se *p.*, escapolir-se *p.* ▲ Pret.: ***stole*** (stoul); p.p.: ***stolen*** ('stoulən).

stealth (stelθ) *s.* ***by ~,*** furtivament, d'amagat, secretament.

stealthy ('stelθi) *a.* furtiu, secret.

steam (sti:m) *s.* vapor *m.* 2 baf *m.* 3 col·loq. força *f.*, energia *f.*

steam (to) (sti:m) *i.* fumejar [menjar calent, etc.]. 2 evaporar-se *p.* 3 funcionar a vapor. ■ 4 *t.* coure al vapor. 5 entelar.

steamboat ('sti:mbout) , **steamer** ('sti:mər), **steamship** ('sti:mʃip) *s.* NÀUT. vapor *m.*, vaixell *m.* de vapor.

steam engine ('sti:mˌendʒin) *s.* màquina *f.* de vapor.

steed (sti:d) *s.* liter. corser *m.*

steel (sti:l) *s.* acer *m.* ‖ ***stainless ~,*** acer *m.* inoxidable.

steel (to) (sti:l) *t.* endurir.

steep (sti:p) *a.* costerut, pendent, espadat. 2 col·loq. excessiu, desmesurat.

steep (to) (sti:p) *t.-i.* mullar(se, xopar(se, remullar(se.

steeple ('sti:pl) *s.* campanar *m.*

steepness ('sti:pnis) *s.* escarpament *m.;* declivi *m.*

steer (stiər) *s.* jònec *m.*

steer (to) (stiər) *t.* conduir, guiar [un vehicle]. ■ 2 *i.* conduir.

steering gear ('stiəriŋˌgiər) *s.* mecanisme *m.* de direcció.

steering wheel ('stiəriŋwi:l) *s.* AUTO. volant *m.*

stem (stem) *s.* BOT. tija *f.;* tronc *m.* 2 peu *m.;* canya *f.* 3 LING. arrel *f.* 4 NÀUT. tallamar *m.*

stem (to) (stem) *t.* contenir, aturar [un liquid, un corrent]. 2 obrir-se *p.* pas.

stench (stentʃ) *s.* pudor *f.*, tuf *m.*

stenography (ste'nɔgrəfi) *s.* taquigrafia *f.*

step (step) *s.* passa *f.*, pas *m.* [també fig.]: ***~ by ~,*** pas per pas, gradualment. 2 ***(foot) ~,*** petja *f.*, petjada *f.* 3 esglaó *m.:* ***~ ladder,*** escala *f.* plegable. 4 grau *m.*, nivell *m.*

step (to) (step) *i.* caminar, anar. 2 fer un pas. 3 col·loq. apressar-se *p.* ■ 4 *t.* trepitjar, caminar [per damunt de]. ■ ***to ~ aside,*** fer-se a un costat [també fig.]; fig. ***to ~ down,*** plegar, retirar-se; ***to ~ in,*** intervenir, prendre part; ***to ~ out,*** apressar el pas, anar de pressa.

stepfather ('stepˌfa:ðər) *s.* padrastre *m.*

stepmother ('stepˌmʌðər) *s.* madrastra *f.*

sterile ('sterail) *a.* estèril.

sterling ('stə:liŋ) *a.* pur, veritable [metall]. ‖ ***~ silver,*** plata de llei. 2 esterlí: ***~ pound,*** lliura esterlina.

stern (stə:n) *a.* dur, rigorós, sever, estricte. ■ 2 *s.* NÀUT. popa *f.*

sternness ('stə:nnis) *s.* severitat *f.*, rigor *m.*, austeritat *f.*

sternum ('stə:nnəm) *s.* ANAT. estèrnum *m.*

stevedore ('sti:vidɔ:r) *s.* estibador *m.*

stew (stju:) *s.* estofat *m.*, guisat *m.* ‖ ***to be in a ~,*** estar en un embolic.

stew (to) (stju:) *t.* estofar, guisar. ■ 2 *i.* guisar-se *p.*, coure's *p.*

steward (stjuəd) *s.* majordom *m.* 2 administrador *m.* [d'una finca]. 3 cambrer *m.*

stewardess ('stjuədis) *s.* hostessa *f.* [d'avió]; cambrera *f.*

stewed (stju:d) *a.* estofat, cuit.

stew-pan ('stju:pæn) , **stew-pot** (-pɔt) *s.* cassola *f.*, olla *f.*

stick (stik) *s.* branquilló *m.* 2 pal *m.;* bastó *m.* 3 barreta *f.* [de guix, de pintallavis, de carbó]. 4 talòs, estaquirot.

stick (to) (stik) *t.-i.* clavar(se. 2 enganxar(se, (BAL.) aferrar(se, (VAL.) apegar(se, adherir(se. 3 *t.* engiponar, ficar. 4 quedar-se *p.* enganxat, clavat [en el fang, etc.]. 5 aguantar, resistir [algú]. ▲ Pret. i p. p.: ***stuck*** (stʌk).

sticky ('stiki) *a.* enganxós, enganxifós.

stiff (stif) *a.* rígid, dur, enravenat. ‖ ***~ neck,*** torticoli *f.* 2 espès, consistent [pasta]. 3 enravenat, tibat [persona]. 4 fort [vent, alcohol].

stiffen (to) ('stifn) *t.-i.* endurir(se, encarcarar(se, enravenar(se, espesseir(se.

stiff-necked (ˌstif'nekt) *a.* fig. tossut, obstinat.

stiffness ('stifnis) *s.* rigidesa *f.*, duresa *f.*, enravement *m.*, tibantor *f.*

stifle (to) ('staifl) *t.-i.* ofegar(se, sufocar(se. 2 *t.* sufocar, reprimir [revolta, sentiment].

stigma ('stigmə) *s.* estigma *f.* ▲ *pl.* ***-s*** (-z), ***-ta*** (-tə).

still (stil) *a.* quiet, tranquil. 2 immòbil. 3 sense gas [beguda]. ■ 4 *s.* poèt. calma *f.*, quietud *f.* 5 CINEM. fotografia *f.* de rodatge. ■ 6 *adv.* encara. ■ 7 *conj.* tot i això, malgrat tot.

still (to) (stil) *t.* calmar, tranquilitzar, assossegar.

still life (ˌstil'laif) *s.* B. ART. natura *f.* morta.

stillness ('stilnis) *s.* calma *f.*, silenci *m.*

stilted ('stiltid) *a.* tibat, enravenat [persona].

stimulant ('stimjulənt) *a.* estimulant. ■ 2 *s.* estimulant *m.*

stimulate (to) ('stimjuleit) *t.-i.* estimular.

stimulus ('stimjuləs) *s.* estímul *m.*

sting (stiŋ) *s.* ZOOL. fibló *m.* 2 BOT. punxa

f. *3* picada *f.*, fiblada *f.* *4* coïssor *f.*, picor *f.*
sting (to) (stiŋ) *t.* picar. ■ *2 i.* picar, coure. *3* picar-se *p.*, enfadar-se *p.* ▲ *Pret. i p. p.*: ***stung*** (stʌŋk).
stinginess ('stindʒinis) *s.* gasiveria *f.*
stingy ('stindʒi) *s.* avar, gasiu.
stink (stiŋk) *s.* pudor *f.*, ferum *f.*, mala olor *f.* *2* persona *f.* non grata.
stink (to) (stiŋk) *i.* fer pudor, fer mala olor, pudir. ■ *2. t.* empestar. ▲ Pret.: ***stank*** (stæŋk) o ***stunk*** (stʌŋk); p. p.: ***stunk.***
stint (stint) *s.* tasca *f.* assignada. *2* ***without ~,*** sense límits.
stint (to) (stint) *t.-i.* limitar(se, reduir(se.
stipulate (to) ('stipjuleit) *t.* estipular.
stir (stəːʳ) *s.* activitat *f.;* commoció *f.*, excitament *m.*
stir (to) (stəːʳ) *t.-i.* moure(s, remenar(se. *2 t.* agitar, promoure, inspirar.
stirrup ('stirəp) *s.* estrep *m.*
stitch (stitʃ) *s.* punt *m.* [costura]; embasta *f.* *2* MED. punxada *f.*, dolor *m.* agut.
stitch (to) (stitʃ) *t.* cosir, embastar.
stock (stɔk) *s.* COM. estoc *m.*, provisió *f.*, existències *f. pl.* ‖ ***~ room,*** magatzem *m.;* ***~ taking,*** inventari *m.;* ***to take ~ of,*** evaluar, considerar. *2* quantitat *f.* *3* ***live ~,*** ramaderia *f.*, bestiar *m.* *4* COM. acció *f.*, valor *m.* ‖ ***~ exchange,*** borsa *f.* *5* llinatge *m.* *6* matèria *f.* prima. *7* brou *m.* *8* soport *m.*, mànec *m.*, empunyadura *f.* *9* BOT. portaempelt *m.*
stock (to) (stɔk) *t.* ***to ~ (with),*** proveir, assortir. *2* tenir en existència.
stockade (stɔ'keid) *s.* estacada *f.*, tancat *m.*
stockbreeder ('stɔkbriːdəʳ) *s.* ramader.
stockholder ('stɔkhouldəʳ) *s.* accionista.
stocking ('stɔkiŋ) *s.* mitja *f.*, (BAL.), (VAL.) calça *f.*
stocky ('stɔki) *a.* rodanxó, rabassut.
stoic ('stouik) , **stoical** ('stouikəl) *a.* estoic.
stoicism ('stəuisizəm) *s.* estoïcisme *m.*
stoke (to) (stouk) *t.-i.* atiar *t.*, mantenir *t.* [el foc, un forn, etc.].
stole (stoul) , **stolen** ('stoulən) Veure STEAL (TO).
stolid ('stɔlid) *a.* impassible.
stomach ('stʌmək) *s.* estómac *m.* [també fig.].
stomach ache ('stʌməkeik) *s.* mal *m.* d'estómac.
stone (stoun) *s.* pedra *f.* [també fig.]. ‖ ***hail ~,*** calamarsa *f.* *2* closca *f.*, llavor *f.* *3* (G.B.) unitat de pes. ‖ ***within a ~'s throw,*** aquí mateix, molt a prop.
stone (to) (stoun) *t.* apedregar. *2* espinyolar.
stony ('stouni) *a.* pedregós. *2* dur, insensible [persona].
stood (stud) Veure STAND (TO).
stool (stuːl) *s.* tamboret *m.*, banqueta *f.* *2* MED. excrement *m.* sòlid.
stoop (stuːp) *s.* inclinació *f.* del cos; carregament *m.* d'espatlles. *2* (EUA) porxo *m.*
stoop (to) (stuːp) *i.* abaixar el cap; doblegar l'esquena. *2* rebaixar(se moralment. ■ *3 i.* caminar encorbat.
stop (stɔp) *s.* parada *f.* *2* pausa *f.*, interrupció *f.* *3* GRAM. ***full ~,*** punt. *3* parada *f.*, escala *f.* *4* estada *f.* *5* LING. so *f.* oclusiu. *6* aturall *m.* *7* MÚS. clau *f.* [d'instrument]. *8* FOT. diafragma *m.* *9* aturada *f.* [laboral].
stop (to) *t.-i.* aturar(se, parar(se. *2* interrompre's, estroncar(se; tallar(se. *3* acabar(se. *4 t.* impedir, evitar. *5* deixar de. *6* col·loq. parar, fer estada.
stoppage ('stɔpidʒ) *s.* aturada *f.;* interrupció *f.* *2* obstrucció *f.*
stopper ('stɔpəʳ) *s.* tap *m.*
storage ('stɔːridʒ) *s.* emmagatzemament *m.* *2* acumulació *f.* *3* magatzem *m.*, dipòsit *m.*, recipient *m.*
store (stɔːʳ, stɔəʳ) *s.* provisió *f.*, provisions *f. pl.;* reserva *f.* *2* dipòsit *m.*, magatzem *m.* *3* grans magatzems *m. pl.* ‖ ***to have in ~,*** tenir emmagatzemat; (fig.) deparar.
store (to) (stɔːʳ, stɔəʳ) *t.* emmagatzemar; proveir. *2* dipositar; guardar. ‖ ***to ~ up,*** fer provisions, acumular.
storehouse ('stɔːhaus) *s.* grans magatzems *m. pl.*
storey ('stɔːri) *s.* ARQ. pis *m.*, planta *f.*
stork (stɔːk) *s.* ORN. cigonya *f.*
storm (stɔːm) *s.* tempesta *f.;* temporal *m.* *2* fig. tempesta *f.* [de queixes, protestes, etc.]. ‖ ***to take by ~,*** prendre per assalt.
storm (to) (stɔːm) *t.* assaltar, prendre per assalt. ■ *2 i.* fig enfadar-se *p.;* cridar.
stormy ('stɔːmi) *a.* tempestuós [també fig.].
story ('stɔːri) *s.* història *f.*, llegenda *f.*, conte *m.* *2* col·loq. bola *f.*, història *f.* ‖ ***the same old ~,*** la mateixa cançó *f.* *3* argument *m.*, trama *f.*
stout (staut) *a.* fort, resistent. *2* ferm, valent. *3* grassó, rodanxó.
stove (stouv) *s.* estufa *f.* *2* cuina *f.*, fogó *m.* *3* Veure STAVE (TO).
stow (to) (stou) *t.* estibar, emmagatzemar. *2* empaquetar, guardar. ■ ***to ~ away,*** guardar; anar de polissó.
straddle (to) ('strædl) *t.-i.* eixarrancar(se.
straggle (to) ('strægl) *i.* escampar-se *p.*, estendre's *p.* *2* ressagar-se *p.*, quedar-se *p.* enrera.
straight (streit) *a.* dret, recte. *2* directe. *3* en ordre. *4* honest, clar, franc. ■ *5 adv.* directament. ‖ ***~ ahead,*** tot recte, tot se-

guit; ~ ***away*** o ~ ***off,*** immediatament; ~ ***out,*** clarament, sense embuts.
straighten (to) ('streitn) *t.* adreçar, redreçar. ▪ *2 i.* adreçar-se *p.*, redreçar-se *p.*
straightforward (streit'fɔ:wəd) *a.* honrat. *2* franc, sincer.
straightness ('streitnis) *s.* rectitud *f. 2* honradesa *f.*
strain (strein) *s.* tensió *f. 2* esforç *m. 3* fatiga *f. 4* MED. torçada *f.*, revinclada *f. 5* to *m.;* accent *m.*, manera *f. 6* tendència *f.*, inclinació *f. 7* ZOOL. família *f.*, classe *f.*
strain (to) (strein) *t.* estirar; tibar. *2* forçar. *3* esgotar; cansar. *4* escórrer, colar. *5* MED. torçar(se. ▪ *6 i.* esforçar-se *p.*, donar el màxim. *7* filtrar-se *p.*
strainer ('streinəʳ) *s.* colador *m. 2* filtre *m.*
strait (streit) *a.* ant. estret. ‖ ~ ***jacket,*** camisa *f.* de força. ▪ *2 s.* GEOGR. estret *m. 3* fig. estretor *m.*, dificultat *f.*, mal pas *m.*
strand (strænd) *s.* cap *m.* [d'una corda], fil *m.*, tira *f. 2* fig. fil *m.* [d'un argument]. *3* liter. platja *f.*, riba *f.*
strand (to) (strænd) *t.-i.* embarrancar. *2 t.* deixar desemparat.
strange (streindʒ) *a.* estrany. ▪ *2* **-ly** *adv.* estranyament, de manera estranya.
stranger ('streindʒəʳ) *s.* foraster. *2* estrany.
strangle (to) ('stræŋgl) *t.* estrangular. *2* reprimir, sofocar.
strap (stræp) *s.* corretja *f. 2* tira *f.*
strap (to) (stræp) *t.* lligar amb una corretja. *2* pegar amb una corretja.
strapping ('stræpiŋ) *a.* robust, cepat.
stratagem ('strætidʒəm) *s.* estratagema *f.*
strategic(al (strə'ti:dʒik, -əl) *a.* estratègic.
stratosphere ('strætousfiəʳ) *s.* estratosfera *f.*
stratum ('streitəm, strɑ:təm) *s.* estrat *m.*, capa *f.* ▴ *pl.* ***strata*** ('streitə).
straw (strɔ:) *s.* palla *f.* ‖ ***that's the last*** ~, això ja passa de mida.
strawberry ('strɔ:bəri) *s.* maduixa *f.*, maduixot *m.*
straw hat ('strɔ:'hæt) *s.* barret *m.* de palla.
stray (strei) *a.* esgarriat; perdut; extraviat. ▪ *2 s.* animal *m.* extraviat. *3* nen abandonat.
stray (to) (strei) *i.* desviar-se *p.;* esgarriar-se *p.*, perdre's *p.*
streak ('stri:k) *s.* ratlla *f.;* línia *f.*, franja *f. 2* fig. vena *f. 3* ratxa *f.*, període *m.* curt.
streak (to) ('stri:k) *t.* ratllar. ▪ *2 i.* fer ratlles. *3* col·loq. moure's *p.* molt ràpidament.
streaky ('stri:ki) *a.* ratllat, amb ratlles.
stream (stri:m) *s.* riu *m.;* rierol *m. 2* corrent *m.:* fig. ***to go with the*** ~, seguir el corrent. *3* doll *m.*, fluix *m.*
stream (to) (stri:m) *i.* fluir. *2* rajar. *3* voleiar. ▪ *4 t.* classificar, agrupar [els alumnes].
streamline (to) ('stri:mlain) *t.* fig. agilitar, racionalitzar [sistemes, mètodes, etc.].
streamlined ('stri:mlaind) *a.* aerodinàmic. *2* fig. àgil, dinàmic [sistemes, mètodes, etc.].
street (stri:t) *s.* carrer. *2* fig. ***that's right up his*** ~, això cau dintre del seu camp d'interessos.
streetcar ('stri:tkɑ:ʳ) *s.* (EUA) tramvia *m.*
strength (streŋθ) *s.* força *f.*, energia *f. 2* fermesa *f. 3* poder *m. 4* intensitat *f.*
strengthen (to) ('streŋθən) *t.* enfortir, reforçar. ▪ *2 i.* enfortir-se *p.*, reforçar-se *p.*
strenuous ('strenjuəs) *a.* esgotador.
stress (stres) *s.* pressió *f.*, força *f.*, coacció *f. 2* LING., MÚS. accent *m. 3* èmfasi *m. 4* tensió *f. 5* MED. estrès *m.*, sobrecàrrega *f.* nerviosa.
stress (to) (stres) *t.* emfasitzar; accentuar; recalcar.
stretch (stretʃ) *s.* extensió *f. 2* estirada *f. 3* esforç *m.*, tensió *f. 4* rendiment *m.*
stretch (to) (stretʃ) *t.* estirar; allargar. *2* eixamplar, estendre. *3* tibar. ▪ *4 i.* estirar-se *p.;* allargar-se. *5* eixamplar-se *p.*, estendre's *p. 6* tibar-se *p.* ▪ *7 p.* ***to*** ~ ***oneself,*** estirar-se, fer mandres.
stretcher ('stretʃəʳ) *s.* MED. llitera *f. 2* eixamplador *m.*
strew (to) (stru:) *t.* escampar, sembrar. ▴ Pret.: ***strewed*** (stru:d), p. p.: ***strewed*** o ***strewn*** (stru:n).
stricken ('strikən) ferit, afectat [per una malaltia]. *2* trist, afligit. *3* espantat, esporuguit. *4* p. p. de STRIKE (TO).
strict (strikt) *a.* estricte; rigorós. ▪ *2* **-ly** *adv.* estrictament; rigorosament.
stridden ('stridn) Veure STRIDE (TO).
stride (straid) *s.* gambada *f.*, passa *f.*
stride (to) (straid) *i.* fer passes llargues. ▪ *2 t.* muntar o estar amb les cames eixarrancades. ▴ Pret.: ***strode*** (stroud); p. p.: ***stridden*** ('stridn).
strident (straidənt) *a.* estrident.
strife (straif) *s.* disputa *f.*, pugna *f.*
strike (straik) *s.* vaga *f.:* ***to be on*** ~, fer vaga. *2* MIL., ESPORT cop *m.;* atac *m. 3* descobriment *m.*, troballa *f.*
strike (to) (straik) *t.* colpejar, ferir. *2* trobar [or, petroli, etc.]. *3* tallar d'un cop, segar. *4* encendre [un llumí]. *5* xocar, sobtar, sorprendre. ‖ ***to*** ~ ***dumb,*** deixar mut. *6* ocórrer, venir al cap [una idea]. *7* encunyar [moneda]. *8* MÚS. tocar. *9* tocar [les hores]. *10* tancar [un tracte]. *11* semblar, opinar: ***how does she*** ~ ***you?,*** què et sembla?, què en penses d'ella? *12* hissar. ▪ *13*

i. marxar, partir. *14* declarar-se *p.* en vaga. ■ ***to ~ down,*** enderrocar; ***to ~ out,*** esborrar. ▲ Pret.: ***struck*** (strʌk); p. p.: ***struck*** o ***stricken*** (strikən).
strikebreaker ('straikbreikəʳ) *s.* esquirol *m.*
striker ('straikəʳ) *s.* vaguista.
striking ('straikiŋ) *a.* sorprenent, colpidor.
string (striŋ) *s.* cordill *m.*, cordó *m.* *2* MÚS. corda *f.* *3* enfilall *m.*
string (to) (striŋ) *t.* MÚS. encordar. *2* enfilar [collaret]. *3* empipar, excitar. *4* penjar d'una corda. *5* lligar amb una corda. ▲ *Pret.* i. *p.p.*: ***strung*** (strʌŋ).
stringent ('strindʒənt) *a.* estricte, sever [norma]. *2* COM. fluix [mercat].
strip (strip) *s.* tira *f.*, llenca *f.*
strip (to) (strip) *t.* despullar. *2* desmantellar, desmuntar. *3* desposseir. ■ *4 i.* despullar-se. *5* desmantellar-se *p.*, desmuntar-se *p.* ▲ *Pret.* i *p. p.*: ***stripped*** (stript).
stripe (straip) *s.* ratlla *f.*, franja *f.*
stripe (to) (straip) *t.* ratllar, fer ratlles.
striped (straipt) *a.* ratllat, amb ratlles.
striptease ('stripti:z) *s.* striptease *m.*
strive (to) (straiv) *i.* lluitar, combatre. *2* esforçar-se *p.*, escarrassar-se *p.* ▲ Pret.: ***strove*** (strouv); p. p.: ***striven*** ('strivn).
strode (stroud) *pret.* de STRIDE (TO).
stroke (strouk) *s.* cop *m.* [també fig.] *2* braçada *f.* [en natació]. *3* cop *m.* de rem. *4* ESPORT jugada *f.* *5* campanada *f.* *6* MED. atac *m.* *7* traç *m.*, pinzellada *f.* *8* raspallada *f.* *9* carícia *f.*
stroke (to) (strouk) *t.* acaronar, acariciar.
stroll (stroul) *s.* passejada *f.*: ***to take a ~,*** anar a fer una volta.
stroll (to) (stroul) *i.* passejar.
strong (strɔŋ) *a.* fort, dur, resistent.
stronghold ('strɔŋhould) *s.* fortalesa *f.*, plaça *f.* forta.
strong-minded (ˌstrɔŋ'maindid) *a.* decidit, resolt.
strong-willed ('strɔŋ'wild) *a.* obstinat; ferm.
strove (strouv) Veure STRIVE (TO).
struck (strʌk) Veure STRIKE (TO).
structure ('strʌktʃəʳ) *s.* estructura *f.*
struggle ('strʌgl) *s.* esforç *m.* *2* lluita *f.*, baralla *f.*
struggle (to) ('strʌgl) *i.* lluitar. *2* esforçar-se *p.*
strung (strʌŋ) Veure STRING (TO).
strut (to) (strʌt) *i.* fatxendejar. *2* caminar amb posat arrogant.
stub (stʌb) *s.* punta *f.* [de cigarret]. *2* extrem *m.* [d'un llapis gastat]. *3* matriu *f.* [de talonari].
stubble ('stʌbl) *s.* AGR. rostoll *m.* *2* barba *f.* de quatre dies.
stubborn ('stʌbən) *a.* tossut, obstinat.
stuck (stʌk) Veure STICK (TO).
stud (stʌd) *s.* tatxot *m.;* tatxó *m.;* galó *m.* *2* botó *m.* de puny. *3* quadra *f.*, cavallerissa *f.* *4* semental *m.*
stud (to) (stʌd) *t.* tatxonar, ribetejar amb tatxons.
student ('stju:dənt) *s.* estudiant.
studio ('stju:diou) *s.* estudi *m.;* taller *m.* *2* CINEM. estudi *m.*
studious ('stju:djəs) *a.* estudiós. *2* delerós.
study ('stʌdi) *s.* estudi *m.*
study (to) ('stʌdi) *t.-i.* estudiar *t.*
stuff (stʌf) *s.* material *m.;* matèria *f.;* substància *f.* ‖ ***good ~,*** cosa *f.* bona; ***silly ~,*** animalada *f.*
stuff (to) (stʌf) *t.* omplir, embotir, atapeir. *2* col·loq. enredar, diu boles [a algú]. *3* farcir. *4* dissecar. *5* atiborrar-se *p.*
stuffy ('stʌfi) *a.* mal ventilat. *2* tibat, orgullós. *3* antiquat; avorrit.
stumble ('stʌmbl) *s.* ensopegada *f.*
stumble (to) ('stʌmbl) *i.* ensopegar; entrebancar-se *p.*
stump (stʌmp) *s.* soca *f.* *2* monyó *m.* *3* punta *f.* [de cigarret].
stump (to) (stʌmp) *i.* carrenquejar, anar amb la pota ranca. *2* caminar enravenat. ■ *3 t.* ***I was ~ed by the last question,*** la darrera pregunta va ser massa difícil. *4* POL. fer mítings.
stumpy ('stʌmpi) *a.* rodanxó.
stun (to) (stʌn) *t.* estabornir, deixar inconscient. *2* atabalar, confondre, desconcertar.
stung (stʌŋ) Veure STING (TO).
stunk (stʌŋk) Veure STINK (TO).
stunt (stʌnt) *s.* truc *m.* publicitari. *2* proesa *f.* *3* acrobàcia *f.*
stunt (to) (stʌnt) *t.* atrofiar; impedir el creixement.
stunt man ('stʌnt mæn) *s.* CINEM. doble *m.*
stupefaction (ˌstju:pi'fækʃən) *s.* estupefacció *f.*
stupefy (to) ('stju:pifai) *t.* deixar estupefacte; atabalar; atordir.
stupendous (stju:'əendəs) *a.* estupend, fabulós, magnífic.
stupid ('stju:pid) *a.* estúpid. *2* atordit. ■ *3 s.* estúpid.
stupidity (stju(:)'piditi) *s.* estupidesa *f.*
stupor ('stju:pəʳ) *s.* estupor *m.*
sturdiness ('stə:dinis) *s.* robustesa *f.;* fermesa *f.;* vigor *m.*
sturdy ('stə:di) *a.* robust; ferm; vigorós.
stutter (to) ('stʌtəʳ) *i.* quequejar, tardamudejar. ■ *2 t.* dir quequejant.
stutterer ('stʌtərəʳ) *s.* quec, tartamut.
sty, stye (stai) *s.* cort *m.* de porcs, porcellera *f.* *2* MED. mussol *m.*

style (stail) *s.* estil *m.*
suave (swɑ:v) *a.* cortès, ben educat.
subconscious (ˌsʌb'kɔnʃəs) *a.* subconscient. ▪ *2 s.* subconscient *m.*
subdivision ('sʌbdiˌviʒən) *s.* subdivisió *f.*
subdue (to) (səb'dju:) *t.* subjugar, sotmetre. *2* atenuar, fer minvar.
subdued (səbdju:d) *a.* suau, atenuat, fluix.
subject ('sʌbdʒikt) *a.* subject; sotmès. ‖ ~ *to,* amb tendència a: ***are you ~ to headache?,*** tens sovint mal de cap? ▪ *2 s.* súbdit. *3* subjecte *m.*, tema *m. 4* contingut *m.* [d'un text]. *5* subjecte *m. 6* ENSENY. assignatura *f.*
subject (to) (səb'dʒekt) *t.* sotmetre, subjectar. *2* exposar(se (*to,* a) [ridícul, crítiques, etc.].
subjection (səb'dʒekʃən) *s.* subjugació *f.;* submissió *f.*
subjugate (to) ('sʌbdʒugeit) *t.* subjugar, conquerir.
sublime (sə'blaim) *a.* sublim.
submarine (ˌsʌbmə'ri:n) *a.* submarí. ▪ *2 s.* submarí *m.*
submerge (to) (səb'mə:dʒ) *t.* submergir. ▪ *2 i.* submergir-se *p.*
submission (sə'miʃən) *s.* submissió *f.*
submissive (səb'misiv) *a.* submís.
submit (to) (səb'mit) *t.* sotmetre(s. *2* presentar, suggerir. ▪ *2 i.* sotmetre's *p.* (*to,* a).
subordinate (sə'bɔ:dinit) *a.* subordinat.
subordinate (to) (sə'bɔ:dineit) *t.* subordinar.
subscribe (to) (səb'skraib) *t.* subscriure(s. ▪ *2 i.* subscriure's [a una revista, etc.]. *3* ***to ~ to,*** estar d'acord, aprovar.
subscription (səb'skripʃən) *s.* subscripció *f.*
subsequent ('sʌbsikwənt) *a.* subsegüent. ▪ *2* **-ly** *adv.* posteriorment.
subside (to) (səb'said) *i.* baixar, minvar [líquid]. *2* enfonsar-se *p.*, abaixar-se *p. 3* afluixar, calmar-se *p.*, minvar, disminuir.
subsidiary (səb'sidjəri) *a.* subsidiari, auxiliar. *2* COM. filial *f.* ▪ *3 s.* COM. filial *f.*
subsidize (to) ('sʌbsidaiz) *t.* subvencionar.
subsidy ('sʌbsidi) *s.* subvenció *f.*, subsidi *m.*
subsist (to) (səb'sist) *i.* subsistir.
subsistence (səb'sistəns) *s.* subsistència *f.*
substance ('sʌbstəns) *s.* substància *f.*
substantial (səb'stænʃəl) *a.* sòlid, resistent, fort. *2* substancial, considerable. *3* ric, benestant. *4* substantial, essencial. *5* real, existent.
substantiate (to) (səb'stænʃieit) *t.* provar, justificar.
substantive ('sʌbstəntiv) *m.* real; existent; essencial. ▪ *2 s.* GRAM. substantiu *m.*
substitute ('sʌbstitju:t) *s.* substitut.
substitute (to) ('sʌbstitju:t) *t.* substituir.
substitution (ˌsʌbsti'tju:ʃən) *s.* substitució *f.*
subterfuge ('sʌbtəfju:dʒ) *s.* subterfugi *m.*
subterranean (ˌsʌbtə'reinjən), **subterraneous** (-njəs) *a.* subterrani.
subtle ('sʌtl) *a.* subtil.
subtlety ('sʌtlti) *s.* subtilitat *f.*, subtilesa *f.* *2* astúcia *f.*
subtract (to) (səb'trækt) *t.* sostreure. *2* MAT. restar.
subtraction (səb'trækʃən) *s.* sostracció *f. 2* MAT. resta *f.*
suburb ('sʌbə:b) *s.* zona *f.* residencial.
subvention (səb'venʃən) *s.* subvenció *f.*
subversive (sʌb'və:siv) *a.* subversiu.
subway ('sʌbwei) *s.* pas *m.* subterrani. *2* (EUA) metro *m.*
succeed (to) (sək'si:d) *i.* assolir, sortir-se'n *p.;* tenir èxit. ▪ *2 t.* succeir [algú]. *3* heretar.
success (sək'ses) *s.* èxit *m.*
succesful (sək'sesful) *a.* afortunat; amb èxit. ▪ *2* **-ly** *adv.* feliçment, amb èxit.
succession (sək'seʃən) *s.* successió *f.*
successive (sək'sesiv) *a.* successiu.
successor (sək'səsə[r]) *s.* successor.
succour, (EUA) **succor** ('sʌkə[r]) *s.* socors *m. pl.*, auxili *m.*
succour, (EUA) **succor (to)** ('skə[r]) *t.* socórrer, auxiliar.
succulent ('sʌkjulənt) *a.* suculent; bo. *2* BOT. carnós.
succumb (to) (sə'kʌm) *f.* sucumbir.
such (sʌtʃ) *a.-pron.* tal, com aquest, així. ‖ ***Did you ever see ~ a thing?*** Havies vist mai una cosa semblant? *2* ***~ as,*** tal, tal com. ‖ ***~ people as those,*** gent com aquella. ▪ *3 adv.* tan: ***it was ~ a lovely night,*** va ser una nit tan meravellosa!
suchlike ('sʌtʃlaik) *s.* semblant, així, d'aquesta mena.
suck (to) (sʌk) *t.-i.* xuclar *t. 2* xarrupar.
sucker ('sʌkə[r]) *s.* xuclador *m. 2* ventosa *f.* *3* babau, beneit. *4* BOT. xuclador *m.*, pollanc *m.*
suckle (to) ('sʌkl) *t.* donar de mamar, alletar.
sudden ('sʌdn) *a.* sobtat; brusc. ‖ ***all of a ~,*** de sobte. ▪ *2* **-ly** *adv.* de sobte, sobtadament.
suddenness ('sʌdnnis) *s.* brusquedat *f.;* precipitació *f.*
suds (sʌdz) *s. pl.* sabonera *f.* [escuma], aigua *f.* sabonosa.
sue (to) (sju:, su:) *t.* DRET demandar. ▪ *2 i.* demanar (*for,* —).
suffer (to) ('sʌfə[r]) *t.* sofrir, patir. ‖ ***he ~s from headaches,*** té mal de cap molt sovint. *2* sofrir, experimentar. *3* permetre. *4* tolerar, aguanta. ▪ *5 i.* patir, sofrir.

suffering ('sʌfəriŋ) *s.* sofriment *m.*, patiment *m.*, dolor *m.*
suffice (to) (sə'fais) *t.-i.* bastar, ser suficient, haver-n'hi prou.
sufficient (sə'fiʃənt) *a.* suficient, prou. ▪ *2* **-ly** *adv.* suficientment, prou.
suffocate (to) ('sʌfəkeit) *t.* asfixiar. *2* sufocar. ▪ *3 i.* sufocar-se *p.*
suffrage ('sʌfridʒ) *s.* sufragi *m.*
suffuse (to) (sə'fju:z) *t.* fig. cobrir; inundar; amarar.
sugar ('ʃugə^r) *s.* sucre *m.* ‖ ***lump of ~***, terrós de sucre.
sugar (to) ('ʃugə^r) *t.* ensucrar, confitar.
sugar bowl ('ʃugəboul) *s.* sucrera *f.*
sugar cane ('ʃugəkein) *s.* conya *f.* de sucre.
suggest (to) (sə'dʒest) *t.* suggerir. *2* ocórre's *p.* [idea].
suggestion (sə'dʒestʃən) *s.* suggeriment *m.* *2* indici *m.;* indicació *f.*
suggestive (sə'dʒestiv) *a.* suggestiu, suggeridor.
suicide ('sjuisaid) *s.* suicidi *m.* ‖ ***to commit ~***, suicidar-se *p.*
suit (sju:t) *s.* vestit *m.* ‖ ***trouser-~***, vestit *m.* jaqueta. *2* DRET plet *m.*, procés *m.* *3* prec *m.*, demanda *f.* *4* coll *m.* [de cartes].
suit (to) (sju:t) *t.-i.* convenir, anar bé. *2 t.* caure bé, venir bé [esp. roba]. *3* ajustar-se *p.* ser adequat.
suitable ('sju:təbl) *a.* apropiat, satisfactori, convenient, adequat.
suitcase ('sju:tkeis) *s.* maleta *f.*
suite (swi:t) *s.* seguici *m.*, comitiva *f.* *2* joc *m.*, col·lecció *f.*, sèrie *f.* *3* suite [en un hotel]. *4* MÚS. suite *f.*
suitor ('sju:tə^r) *s.* DRET demandant, pledejador. *2* pretendent *m.*
sulk (to) (sʌlk) *i.* fer morros, estar empipat.
sulky ('sʌlki) *a.* malcarat; malhumorat.
sullen ('sʌlən) *a.* taciturn, sorrut. *2* gris, sinistre [cel, paisatge].
sully ('sʌli) *s.* màcula *f.*, taca *f.*
sully (to) ('sʌli) *t.* desacreditar, tacar la reputació.
sulphate ('sʌlfeit) *s.* sulfat *m.*
sulphur ('sʌlfə^r) *s.* sofre *m.*
sultriness ('sʌltrinis) *s.* xafogor *f.* *2* apassionament *m.*
sultry ('sʌltri) *a.* xafogós. *2* apassionat.
sum (sʌm) *s.* suma *f.* *2* total *m.*
sum (to) (sʌm) *t.-i.* sumar *t.* *2* ***to ~ up***, sumar *t.;* resumir *t.*
summarize (to) ('sʌməraiz) *t.* resumir, compendiar.
summary ('sʌməri) *a.* breu, sumari. *2* resum *m.;* compendi *m.*
summer ('sʌmə^r) *s.* estiu *m.*
summer (to) ('sʌmə^r) *i.* estiuejar.
summit ('sʌmit) *s.* cim *m.;* súmmum *m.*
summon (to) ('sʌmən) *t.* convocar. *2* demanar, requerir. *3* DRET citar.
summons ('sʌmənz) *s.* citació *f.* *2* crida *f.*
sumptuous ('sʌmptjuəs) *a.* sumptuós.
sun (sʌn) *s.* sol *m.*
sun (to) (sʌn) *t.* posar al sol, exposar al sol, assolellar. ‖ ***to ~ oneself***, prendre el sol.
sunbathe (to) ('sʌnbeið) *i.* prendre el sol.
sunbeam ('sʌnbi:m) *s.* raig *m.* de sol.
sunburn ('sʌnbə:n) *s.* morenor *f.* *2* cremada *f.*
sunburnt ('sʌnbə:nt) *a.* emmorenit, colrat, bru. *2* cremat pel sol.
Sunday ('sʌndi, -dei) *s.* diumenge *m.*
sunder (to) ('sʌndə^r) *t.* ant. liter. separar, dividir.
sundial ('sʌndaiəl) *s.* rellotge *m.* de sol.
sundown ('sʌndaun) *s.* posta *f.* de sol.
sundry ('sʌndri) *a.* diversos. ‖ col·loq. ***all and ~***, tots, tothom.
sunflower ('sʌnˌflauə^r) *s.* BOT. girasol *m.*
sung (sʌŋ) Veure SING (TO).
sunk (sʌŋk) Veure SINK (TO).
sunlight ('sʌnlait) *s.* sol *m.*, llum *f.* del sol.
sunny ('sʌni) *a.* assolellat. *2* radiant, alegre, content.
sunrise ('sʌnraiz) *s.* sortida *f.* del sol, sol *m.* ixent.
sunset ('sʌnset) *s.* posta *f.* de sol, sol *m.* ponent.
sunshade ('sʌnʃeid) *s.* parasol *m.* *2* tendal *m.*, vela *f.*
sunshine ('sʌnʃain) *s.* llum *f.* del sol, claror *f.* del sol.
sunstroke ('sʌnstrouk) *s.* MED. insolació *f.*
sup (to) (sʌp) *t.-i.* xarrupar; fer glops. *2 i.* sopar.
super (sju:pə^r) *a.* col·loq. excel·lent, sensacional, fabulós.
superb (sju(:)'pə:b) *a.* magnífic, fabulós, superb.
supercilious (ˌsju:pə'siliəs) *a.* arrogant, altiu.
superficial (ˌsju:pə'fiʃəl) *a.* superficial. ▪ *2* **-ly** *adv.* superficialment, de manera superficial.
superfluous (sju:'pə:fluəs) *a.* superflu.
superhuman (ˌsju:pə:'hju:mən) *a.* sobrehumà.
superintendent (ˌsju:pərin'tendənt) *s.* superintendent. *2* supervisor. *3* administrador.
superior (sju(:)'piəriə^r) *a.-s.* superior.
superiority (sju(:)ˌpiəri'ɔriti) *s.* superioritat *f.*
superlative (sju(:)'pə:lətiv) *a.* superlatiu. *2* suprem, superior. ▪ *3 s.* GRAM. superlatiu *m.*

supernatural (ˌsju(:)pəˈnætʃrəl) *a.* sobrenatural.
supersede (to) (ˌsju:pəˈsi:d) *t.* reemplaçar, substituir.
superstition (ˌsju:pəˈstiʃən) *s.* superstició *f.*
superstitious (ˌsju:pəˈstiʃəs) *a.* supersticiós.
supervise (to) (ˈsju:pəvaiz) *t.* inspeccionar, revisar, supervisar.
supervision (ˌsju:pəˈviʒən) *s.* inspecció *f.*, vigilància *f.*, supervisió *f.*
supervisor (ˈsju:pəvaizəʳ) *s.* inspector, director, supervisor.
supper (ˈsʌpəʳ) *s.* sopar *m.* ‖ ***to have ~,*** sopar.
supplant (to) (səˈplɑ:nt) *t.* suplantar.
supple (ˈsʌpl) *a.* flexible. *2* dòcil.
supplement (ˈsʌplimənt) *s.* suplement *m.*
supplement (to) (ˈsʌpliment) *t.* complementar, completar.
suppliant (ˈsʌpliənt) , **supplicant** (-kənt) *a.-s.* suplicant.
supplication (ˌsʌpliˈkeiʃən) *s.* súplica *f.*, prec *m.*
supplier (səˈplaiəʳ) *s.* subministrador, proveïdor.
supply (səˈplai) *s.* subministrament *m.*, abastament *m. 2 pl.* assortiment *m.*, existències *f.; provisions f.*
supply (to) (səˈplai) *t.* subministrar, proporcionar, assortir. *2* proveir, facilitar.
support (səˈpɔ:t) *s.* suport *m.*, aguant *m. 2* suport *m.*, recolzament *m.*
support (to) (səˈpɔ:t) *t.* suportar, aguantar. *2* donar suport, recolzar. *3* mantenir [una família, etc.].
supporter (səˈpɔ:təʳ) *s.* suport *m.*, aguant *m. 2* partidari, seguidor, fan [persona].
suppose (to) (səˈpouz) *t.* suposar.
supposed (səˈpouzd) *a.* suposat, pretès. ▪ *2* **-ly** *adv.* suposadament.
suppress (to) (səˈpres) *t.* suprimir. *2* reprimir.
suppression (səˈpreʃən) *s.* supressió *f. 2* opressió *f.*, repressió *f.*
supremacy (sjuˈpreməsi) *s.* supremacia *f.*
supreme (sju(:)ˈpri:m) *a.* suprem. ▪ *2* **-ly** *adv.* summament, supremament.
sure (ʃuəʳ) *a.* segur: ***I'm not quite ~,*** no n'estic segur. ‖ ***to make ~,*** assegurar-se'n, comprovar. *2* segur, fort, ressistent. ▪ *3* **-ly** *adv.* certament.
sureness (ˈʃuənis) *s.* seguretat *f.*
surety (ˈʃuəti) *s.* garantia *f. 2* garant [persona].
surf (sə:f) *s.* MAR. rompent *m.; escuma f.* [de les onades]. *2* ESPORT surf *m.*
surface (ˈsə:fis) *s.* superfície *f.* ▪ *2 a.* MIL. ***~ to air,*** terra aire [míssil, projectil, etc.]. *3* superficial.
surface (to) (ˈsə:fis) *t.* allisar, polir. *2* revestir. *3 t.-i.* (fer) sortir a la superfície.
surfeit (ˈse:fit) *s.* form. excés *m.*, empatx *m.*
surfeit (to) (ˈsə:fit) *t.* empatxar(se, afartar(se.
surge (sə:dʒ) *s.* anar i venir *m.*, anada *f.* [de gent, etc.].
surge (to) (sə:dʒ) *i.* moure's *p.* endavant, desplaçar-se *p.* [onades, masses de gent, etc.].
surgeon (ˈsə:dʒən) *s.* cirurgià. ‖ ***dental ~,*** odontòleg, dentista. *2* MIL. metge.
surgery (ˈsə:dʒəri) *s.* cirurgia *f. 2* (G.B.) consulta *f.* [metge, dentista].
surliness (ˈsə:linis) *s.* brusquedat *f.; mal geni m.*
surly (ˈsə:li) *a.* brusc; geniüt, malhumorat.
surmise (ˈsə:maiz) *s.* conjectura *f.*, suposició *f.*
surmise (to) (se:ˈmaiz) *t.* conjecturar, suposar.
surmount (to) (sə:ˈmaunt) *t.* vèncer, superar [obstacles, dificultats].
surmountable (sə:ˈmauntəbl) *a.* superable; conquerible.
surname (ˈsə:neim) *s.* cognom *m.*
surpass (to) (sə:ˈpɑ:s) *t.* sobrepassar; avantatjar; superar.
surpassing (sə:ˈpɑ:siŋ) *a.* incomparable.
surplus (ˈsə:pləs) *s.* superàvit *m.*, excedent *m.* ▪ *2 a.* excedent, sobrant.
surprise (səˈpraiz) *s.* sorpresa *f.* ▪ *2 a.* inesperat; de sorpresa.
surprise (to) (səˈpraiz) *t.* sorprendre. *2* ***to be ~,*** sorprendre's *p.*
surprising (səˈpraiziŋ) *a.* sorprenent, astorador.
surrender (səˈrendəʳ) *s.* rendició *f. 2* renúncia *f.*
surrender (to) (səˈrendəʳ) *t.* rendir, donar. *2* renunciar. *3 p.* ***to ~ oneself,*** abandonar-se [a emocions, hàbits, etc.]. ‖ ***she ~ed herself to despair,*** es va deixar portar per la desesperació. ▪ *4 i.* rendir-se *p.*, donar-se *p.*
surround (to) (səˈraund) *t.* envoltar, encerclar.
surrounding (səˈraundiŋ) *a.* circumdant, del voltant. ▪ *2 s. pl.* voltants *m.*, rodalies *f. 3* BOT., ZOOL. ambient *m.*
surveillance (sə:ˈveiləns) *s.* vigilància *f.*
survey (ˈsə:vei) *s.* inspecció *f.*, examen *m. 2* medició *f.*, fitació [de terra]. *3* informe *m.*
survey (to) (sə:ˈvei) *t.* inspeccionar, examinar. *2* mirar, fer una ullada. *3* mesurar, anidar, posar fites, alçar plànols.
surveyor (sə(:)ˈveiəʳ) *s.* agrimensor *m. 2* inspector [d'habitatges, etc.]. *3* topògraf.

survival (sə'vaivəl) *s.* supervivència *f.* *2* romanalla *f.*, relíquia *f.*, resta *f.*
survive (to) (sə'vaiv) *t.* sobreviure.
survivor (sə'vaivə[r]) *s.* sobrevivent.
susceptible (sə'septibl) *a.* susceptible, fàcilment afectable. *2* susceptible, capaç.
suspect ('sʌspekt) *a.-s.* sospitós.
suspect (to) (səs'pekt) *t.* sospitar; imaginar-se *p.* ‖ ***to be ~ed of,*** ser sospitós de.
suspend (to) (səs'pend) *t.* suspendre.
suspenders (səs'pendəz) *s. pl.* lligacames *f.* *2* (EUA) tirants *m.*, elàstics *m.*
suspense (səs'pens) *s.* suspens *m.*, interrupció *f.* *2* suspens *m.*, inquietud *m.*
suspension (səs'penʃən) *s.* suspensió *f.* ‖ ***~ bridge,*** pont *m.* penjat; ***~ points,*** punts *m.* suspensius.
suspicion (səs'piʃən) *s.* sospita *f.*
suspicious (səs'piʃəs) *a.* sospitós. ▪ *2* **-ly** *adv.* d'una manera sospitosa, sospitosament.
suspiciousness (səs'piʃəsnis) *s.* suspicàcia *f.*, recel *m.*
sustain (to) (səs'tein) *t.* sostenir, aguantar, resistir. *2* sofrir, aguantar, patir. *3* mantenir, continuar.
sustenance ('sʌstinəns) *s.* sustentació *f.*, aliment *m.*
swaddle (to) ('swɔdl) *t.* posar bolquers.
swagger ('swægə[r]) *s.* fatxenderia *f.*, arrogància *f.*
swagger (to) ('swægə[r]) *i.* fatxendejar; caminar amb arrogància.
swain (swein) *s.* ant., liter. jovencell *m.*; festejador *m.*
swallow ('swɔlou) *s.* glop *m.* *2* empassada *f.*, engoliment *m.* *3* ORN. oreneta *f.*
swallow (to) ('swɔlou) *t.-i.* empassar(se, engolir(se. *2* fig. ***to ~ up,*** engolir(se, desaparèixer.
swallow dive ('swɔloudaiv) *s.* salt *m.* de l'àngel.
swam (swæm) Veure SWIM (TO).
swamp ('swɔmp) *s.* aiguamoll *m.*, zona *f.* pantanosa.
swamp (to) ('swɔmp) *t.* inundar, negar, amarar. *2* fig. ***to ~ with,*** aclaparar.
swampy ('swɔmpi) *a.* pantanós.
swan (swɔn) *s.* ORN. cigne *m.*
swan dive ('swɔndaiv) *s.* (EUA) Veure SWALLOW DIVE.
swap (to) (swɔp) *t.* baratar, bescanviar. ▪ *2* *i.* fer barates, fer canvis.
sward (swɔ:d) *s.* liter. gespa *f.*
swarm (swɔ:n) *s.* eixam *m.*, estol *m.* [també fig.].
swarm (to) (swɔ:m) *i.* pul·lular, formiguejar.
swarthy ('swɔ:ði) *a.* bru, bronzejat.
swat (swɔt) *s.* plantofada *f.* *2* matamosques *m.*
swat (to) *t.* colpejar, esclafar. ‖ ***to ~ a fly,*** matar una mosca.
swathe (to) (sweið) *t.* embenar, embolcallar.
sway (swei) *s.* oscil·lació *f.*, balanceig *m.* *2* poder *m.*, domini *m.*: ***under the ~,*** sota el poder.
sway (to) (swei) *i.* oscil·lar, bressar-se *p.*, balancejar-se *p.* ▪ *2* *t.* fer oscil·lar, balancejar. *3* controlar; influenciar.
swear (to) (swɛə[r]) *t.* dir solemnement, dir emfàticament. *2* jurar. ▪ *3* *i.* jurar. *4* renegar. *5* col·loq. ***to ~ by,*** tenir plena confiança. ‖ Pret.: ***swore*** (swɔ:); p. p.: ***sworn*** (swɔ:n).
sweat (swet) *s.* suor *f.* ‖ ***to be in a ~,*** estar cobert de suor, estar suat. *2* suada *f.* *4* fig. feinada *f.*
sweat (to) (swet) *t.-i.* suar; transpirar. *2* (fer) suar [també fig.]. *3* supurar.
sweater ('swetə[r]) *s.* suèter *m.*; jersei *m.*
Sweden ('swi:dn) *n. pr.* GEOGR. Suècia *f.*
Swedish ('swi:diʃ) *a.-s.* GEOGR. suec. *2* *s.* suec *m.* [llengua].
sweep (swi:p) *s.* escombrada *f.* *2* moviment *m.* circular [del braç]. *3* extensió *f.*; estesa *f.* [de terreny]. *4* doll *m.*, corrent *m.* ininterromput. *5* corriola *f.* [de pou]. *6* ***(chimney) ~,*** escuraxemeneies.
sweep (to) (swi:p) *t.* escombrar, (BAL.), (VAL.) agranar [també fig.]. *2* abastar. ▪ *3* *i.* moure's *p.* majestuosament. ▲ Pret. i p. p.: ***swept*** (swept).
sweeper ('swi:pə[r]) *s.* escombriaire. *2* màquina *f.* d'escombrar.
sweet (swi:t) *a.* dolç, ensucrat. ‖ ***to have a ~ tooth,*** ser llaminer. *2* atractiu, agradable. *3* amable; benigne. *4* olorós. ▪ *5* *s.* dolçor *f.* *6* *pl.* llaminadures *f.*, dolços *m.*
sweeten (to) ('swi:tn) *t.* endolcir, ensucrar. ▪ *2* *i.* endolcir-se *p.*, ensucrar-se *p.*
sweetheart ('swi:thɑ:t) *s.* xicot, enamorat, estimat.
sweet-toothed ('swi:t'tu:θt) *a.* llaminer.
swell (swel) *s.* inflament *m.* *2* MAR. marejada *f.* *3* (EUA) elegant *a.*, distingit *a.* ▪ *4* *a.* elegant, refinat. *5* excel·lent, de primera classe.
swell (to) (swel) *t.* inflar; engrandir; enfortir. ▪ *2* *i.* inflar-se *p.*; engrandir-se *p.*; enfortir-se *p.* ▲ Pret.: ***swelled*** (sweld); p. p.: ***swollen*** ('swoulən), ***swelled.***
swelling ('sweliŋ) *s.* inflor *f.* *2* augment *m.*, crescuda *f.*
swelter (to) ('sweltə[r]) *i.* ofegar-se *p.* de calor.
swept (swept) Veure SWEEP (TO).
swerve (swə:v) *s.* desviació *f.* sobtada, gir *m.* brusc. *2* efecte *m.* [d'una pilota].

swerve (to) (swəːv) *t.* desviar bruscament. ■ *2 i.* desviar-se *p.* bruscament. *3* girar de sobte.
swift (swift) *a.* ràpid, lleuger, rabent.
swiftness ('swiftnis) *s.* rapidesa *f.*, velocitat *f.*
swim (swim) *s.* nedada *f.* ‖ ***to go for a ~,*** anar a nedar. *2* fig. ***to be out of the ~,*** no estar al cas, no saber de què va.
swim (to) (swim) *i.* nedar. ■ *2 t.* travessar nedant. ▲ Pret.: ***swam*** (swæm); p. p.: ***swum*** (swʌm).
swimmer ('swiməʳ) *s.* nedador.
swimming ('swimiŋ) *s.* ESPORT natació *f.*
swimming costume ('swimiŋ,kɔstjuːm) *s.* vestit *m.* de bany.
swimming pool ('swimiŋpuːl) *s.* piscina *f.*
swimsuit ('swimsuːt) *s.* Veure SWIMMING COSTUME.
swindle ('swindl) *s.* estafa *f.*, frau *m.*
swindle (to) ('swindl) *t.* estafar. ■ *2 i.* fer una estafa.
swindler ('swindləʳ) *s.* estafador, timador.
swine (swain) *s.* ant., liter. porc *m.*, marrà *m. 2* fig. porc, bandarra. ▲ *pl.* ***swine.***
swing (swiŋ) *s.* oscil·lació *f.*, balanceig *m. 2* ritme *f.* fort. ‖ ***in full ~,*** en plena acció. *3* gronxador *m. 4* MÚS. swing *m.*
swing (to) (swiŋ) *t.* gronxar, fer balancejar. *2* tombar, girar de sobte. *3* fer oscil·lar. ■ *4 i.* gronxar-se *p.;* balancejar(se. *5* oscil·lar; ballar [música swing]. *6* tombar-se *p.*, girar-se *p.* de sobte. ▲ Pret. i p. p.: ***swung*** (swʌŋ).
swipe (swaip) *s.* cop *m.* fort.
swipe (to) (swaip) *t.* colpejar amb força. *2* col·loq. pispar, furtar.
swirl (swəːl) *s.* remolí *m.*
swirl (to) (swəːl) *i.* giravoltar, arremolinar-se *p.* ■ *2 t.* fer giravoltar, fer voltar.
Swiss (swis) *a.-s.* suís.
switch (switʃ) *s.* ELECT. interruptor *m. 2* FERROC. agulla *f. 3* verga *f.*, vara *f.*, fuet *m. 4* canvi *m.*, desviació *f. 5* cabells *m. pl.* postissos.
switch (to) (switʃ) *t.* ELECT. ***to ~ off,*** tancar, apagar, desconnectar; ***to ~ on,*** encendre, connectar, obrir. *2* fer canviar de via [un tren]. *3* fer canviar, fer donar un tomb [a la conversa, etc.]. *4* fuetejar.
switch-board ('switʃbɔːd) *s.* ELECT. taula *f.* de control.
Switzerland ('switsələnd) *n. pr.* GEOGR. Suïssa *f.*
swollen ('swoulən) Veure SWELL (TO).
swoon (swuːn) *s.* desmai *m.*
swoon (to) (swuːn) *i.* desmaiar-se *p.*, caure en basca.
swoop (to) (swuːp) *i.* llançar-se *p.* al damunt, escometre, abatre's *p.* sobre.
swop (to) (swɔp) Veure SWAP (TO).
sword (swɔːd) *s.* espasa *f.* ‖ fig. ***to cross ~s with,*** barallar-se *p.* amb.
swore (swɔːʳ) Veure SWEAR (TO).
sworn (swɔːn) Veure SWEAR (TO).
swum (swʌm) Veure SWIM (TO).
swung (swʌŋ) Veure SWING (TO).
sycamore ('sikəmɔːʳ) *s.* BOT. sicòmor *m.*
syllable ('siləbl) *s.* síl·laba *f.*
syllabus ('siləbəs) *s.* programa *f.* [d'un curs].
symbol ('simbl) *s.* símbol *m.*
symbolic(al (sim'bɔlik, -əl) *a.* simbòlic.
symmetric(al (si'metrik, -əl) *a.* simètric.
symmetry ('simitri) *s.* simetria *f.*
sympathetic (,simpə'θetik) *a.* comprensiu. *2* compassiu. *3* amable. *4* ANAT., FÍS. simpàtic.
sympathize (to) ('simpəθaiz) *i.* tenir compassió, compadir-se *p. 2* simpatitzar, estar d'acord, comprendre.
sympathy ('simpəθi) *s.* compassió *f.*, condolència *f. 2* comprensió *f.*, afinitat *f.*
symphony ('simfəni) *s.* sinfonia *f.*
symptom ('simptəm) *s.* símptoma *m.*
syndicate ('sindikit) *s.* distribuidora *f.* de material periodístic. *2* sindicat *m.*
synonym ('sinənim) *s.* sinònim *m.*
synonymous (si'nɔniməs) *a.* sinònim.
syntax ('sintæks) *s.* GRAM. sintaxi *f.*
synthetic (sin'θetik) *a.* sintètic.
synthetize (to) ('sinθitaiz) *t.* sintetitzar.
Syria ('siriə) *n. pr.* GEOGR. Síria *f.*
Syrian ('siriən) *a.-s.* GEOGR. Sirià.
syringe ('sirindʒ) *s.* xeringa *f.*
syrup ('sirəp) *s.* almívar *m. 2* xarop *m.*
system ('sistəm) *s.* sistema *f.*
systematic(al (,sisti'mætik, -əl) *a.* sistemàtic.
systematize (to) ('sistimətaiz) *t.* sistematitzar.

T

T, t (ti) *s.* t *f.* [lletra].
tabernacle ('tæbə:nækl) *s.* tabernacle *m.*
table ('teibl) *s.* taula *f.* *2* taula *f.*, quadre *m.* [estadística, etc.]. *3* llista *f.*: ~ ***of contents,*** índex *m.* de matèries. *4* GEOGR. altiplà *m.*
table (to) ('teibl) *t.* posar sobre la taula. || ***to ~ a motion,*** presentar una moció. *2* fer un índex, ordenar.
tablecloth ('teibəlklɔθ) *s.* estovalles *f. pl.*
tablet ('tæblit) *s.* làpida *f.* *2* tauleta *f.*, pastilla *f.* *3* bloc *m.* de paper.
tableware ('teibəlwɛəʳ) *s.* vaixella *f.*, servei *m.* de taula.
taboo (tə'bu:) *a.* tabú, prohibit. ▪ *2 s.* tabú *m.*
tabulate (to) ('tæbjuleit) *t.* disposar en forma de taula. *2* classificar.
tacit ('tæsit) *a.* tàcit.
tack (tæk) *s.* tatxa *f.* *2* basta *f.* *3* fig. ***to get down to brass ~s,*** anar al gra. *4* NÀUT. amura *f.*, fig. rumb *m.*
tack (to) (tæk) *t.* tatxonar. *2* embastar. ▪ *3 i.* NÀUT. virar.
tackle ('tækl) *s.* estris *m. pl.*, ormeig *m.* *2* ESPORT càrrega *f.* *3* NÀUT. eixàrcia *f.*
tackle (to) ('tækl) *t.* abordar, emprendre [un problema, etc.]. *2* ESPORT blocar.
tacky ('tæki) *a.* enganxós.
tact (tækt) *s.* tacte *m.*, discreció *f.*
tactful ('tæktful) *a.* prudent, discret.
tactless ('tæktlis) *a.* indiscret, mancat de tacte.
tactics ('tæktiks) *s. pl.* tàctica *f. sing.*
tadpole ('tædpoul) *s.* ZOOL. cap-gros *m.*
tag (tæg) *s.* capçat *m.* *2* etiqueta *f.*, titllet *m.* *3* cap *m.*; parrac *m.* *4* ***to play ~,*** jugar a tocar i parar.
tag (to) (tæg) *t.* posar una etiqueta a. *2* seguir de prop. *3* ***to ~ on,*** afegir. ▪ *4 i.* ***to ~ along,*** seguir, anar al darrera. *5* ***to ~ on to someone,*** unir-se *p.* a algú.
tail (teil) *s.* cua *f.*, (BAL.) coa *f.* *2* faldó *m.* [d'un abric, camisa, etc.]. *3 pl.* creu *f. sing.* [d'una moneda].
tail (to) (teil) *t.* seguir de prop; vigilar. ▪ *2 i.* ***to ~ off,*** anar minvant, disminuir.
tail-coat ('teilkout) *s.* frac *m.*
tail-light ('teillait) *s.* llum *m.* posterior [d'un cotxe, etc.].
tailor ('teiləʳ) *s.* sastre *m.*
tailor (to) ('teiləʳ) *t.* confeccionar, fer. *2* fig. adaptar.
tailoring ('teiləriŋ) *s.* sastreria *f.* [ofici]. *2* tall *m.*
tailor-made ('teilə'meid) *a.* fet a mida [també fig.].
taint (teint) *s.* corrupció *f.*, infecció *f.* *2* taca *f.*
taint (to) (teint) *t.* corrompre. ▪ *2 i.* corrompre's *p.*; infectar-se *p.*
take (teik) *s.* CINEM. presa *f.* *2* (EUA) ingressos *m. pl.*, recaptació *f.*
take (to) (teik) *t.* prendre, agafar. *2* portar, conduir. *3* guanyar. *4* demanar. *5* reservar, ocupar. *6* admetre. *7* acceptar, agafar. *8* assumir. *9* aguantar, soportar. *10* tardar, trigar. *11* ***to ~ a chance,*** córrer el risc, provar; ***to ~ care of,*** tenir cura de; ***to ~ charge of,*** encarregar-se *p.* de; ***to ~ place,*** ocórrer, tenir lloc. ▪ *12 i.* agafar, prendre. *13* arrelar. *14* agradar, tenir èxit. ▪ ***to ~ away,*** emportar-se; ***to ~ back,*** tornar, retornar; ***to ~ down,*** treure; abaixar; aterrar; enderrocar; ***to ~ from,*** reduir, disminuir; ***to ~ in,*** recollir, agafar; allotjar; entendre; fam. donar gat per llebre; ***to ~ off,*** treure, despenjar [telèfon]; suprimir; descomptar, fer descompte; enlairar-se; prendre el vol; arrencar [vehicle]; minvar [vent]; ***to ~ on,*** prendre [forma, qualitat]; assumir; encarregar-se de; acompanyar; agafar [passatgers]; acceptar [repte]; col·loq. perdre els estreps; ***to ~ out,*** treure; fer sortir [taca]; fer-se [asseguran-

ça, certificat]; ***to ~ over,*** fer-se càrrec de; assolir el poder; substituir; ***to ~ to,*** afeccionar-se a, tirar-se a [beguda, vici]; ***to ~ up,*** agafar; pujar; aixecar; absorbir; prendre possessió de; dedicar-se a; criticar, censurar; seguir, acceptar. ▲ Pret.: ***took*** (tuk); p. p.: ***taken*** ('teikən).

take-down ('teik,daun) *a.* desmontable. ■ *2 s.* humiliació *f.*

taken ('teikən) Veure TAKE (TO). *2* ***to be ~ ill,*** posar-se malalt.

takeoff ('teikɔf) *s.* AVIA. envol *m.* *2* imitació *f.*, paròdia *f.*, sàtira *f.*

take-over ('teikouvəʳ) *s.* presa *f.* de possessió; presa *f.* de poder. *2* adquisició *f.*, compra *f.* [d'una empresa].

taking ('teikiŋ) *a.* atractiu, seductor. *2* contagiós. ■ *3 s. pl.* ingressos *m. pl.;* recaptació *f.*

talcum powder ('tælkəm,paudəʳ) *s.* pólvores *f.* de talc.

tale (teil) *s.* conte *m.:* ***fairy ~s,*** contes de fades. *2* relat *m.*, narració *f.* *3* xafarderia *f.* ‖ fam. ***to tell ~s,*** xafardejar.

talebearer ('teilbɛərəʳ) *s.* espieta, delator. *2* xafarder.

talent ('tælənt) *s.* talent *m.*, aptitud *f.*, do *m.*

tale-teller ('teil,teləʳ) *s.* narrador. *2* espieta. *3* xafarder.

talk (tɔ:k) *s.* conversa *f.* *2* conferència *f.;* xerrada *f.*, discurs *m.* *3* rumor *m.*, parleria *f.* *4* tema *m.* de conversa.

talk (to) (tɔ:k) *i.* parlar, conversar. ‖ ***to ~ for talking's sake,*** parlar per parlar; ***to ~ nineteen to the dozen,*** parlar pels descosits. ■ *2 t.* parlar [una llengua]. *3* dir. ‖ ***to ~ nonsense,*** dir disbarats. ■ ***to ~ about,*** parlar de; ***to ~ away,*** parlar sense parar; ***to ~ into,*** persuadir; ***to ~ out of,*** dissuadir; ***to ~ over,*** examinar; ***to ~ round,*** convèncer, persuadir; ***to ~ up,*** parlar clar.

talkative ('tɔ:kətiv) *a.* parlador, xerraire.

tall (tɔ:l) *a.* alt. ‖ ***how ~ are you?,*** quant fas d'alçada? *2* fam. excessiu, increïble, exagerat. ‖ ***~ talk,*** fanfarronada *f.*

tallness ('tɔ:lnis) *s.* alçada *f.* *2* estatura *f.*, talla *f.* [persona].

tallow ('tælou) *s.* sèu *m.*

tally ('tæli) *s.* HIST. tarja *f.* [bastó]. *2* compte *m.* *3* etiqueta *f.* *4* resguard *m.* *5* total *m.*

tally (to) ('tæli) *t.* portar el compte. *2* etiquetar. ■ *3 i.* ***to ~ (with),*** concordar, correspondre.

talon ('tælən) *s.* urpa *f.*, xarpa *f.* *2* JOC munt *m.*, pila *f.* [de cartes].

tamable ('teiməbl) *a.* domable, domesticable.

tambourine (,tæmbə'ri:n) *s.* MÚS. pandereta *f.*

tame (teim) *a.* domesticat, domat. *2* mans, dòcil. *3* domèstic. *4* insuls; avorrit. ■ *5* **-ly,** *adv.* mansament.

tame (to) (teim) *t.* domar, amansir.

tameness ('teimnis) *s.* mansuetud *f.* *2* submissió *f.* *3* insipidesa *f.*

tamer ('teiməʳ) *s.* domador.

tamp (to) (tæmp) *t.* maçonar.

tamper (to) ('tæmpəʳ) *i.* ***to ~ with,*** entremetre's *p.* *2* espatllar *t.* *3* graponejar *t.*, grapejar *t.*

tan (tæn) *a.* broncejat; torrat [color]. ■ *2 s.* broncejat *m.*, morenor *f.*

tan (to) (tæn) *t.* broncejar, colrar, emmorenir. *2* adobar, assaonar. *3* fam. apallissar. ■ *4 i.* broncejar-se *p.*, colrar-se *p.*

tang (tæŋ) *s.* olor *f.* forta, sentor *f.;* sabor *m.* fort. *2* toc *m.* [campana].

tangent ('tændʒənt) *a.* tangent. ■ *2 s.* tangent *f.* ‖ fig. ***to go off at a ~,*** anar-se'n per la tangent.

tangerine (,tændʒə'ri:n) *s.* mandarina *f.*

tangible ('tændʒəbl) *a.* tangible, palpable.

Tangier (tæn'dʒiəʳ) *n. pr.* GEOGR. Tànger *m.*

tangle ('tæŋgl) *s.* nus *m.*, embull *m.* *2* confusió *f.*, embolic *m.*

tangle (to) ('tæŋgl) *t.* enredar, embolicar, confondre. ■ *2 i.* enredar-se *p.*, embolicar-se *p.*, confondre's *p.*

tank (tæŋk) *s.* dipòsit *m.*, tanc *m.* *2* cisterna *f.* *3* MIL. tanc *m.*

tank (to) (tæŋk) *t.* ***to ~ up,*** omplir el dipòsit. ‖ fig. col·loq. ***to get ~ed up,*** emborratxar-se *p.*

tannery ('tænəri) *s.* adoberia *f.*

tantalize (to) ('tæntəlaiz) *t.* turmentar o exasperar amb impossibles; fer patir el suplici de Tàntal. *2* temptar.

tantalizing ('tæntəlaiziŋ) *a.* turmentador, empipador. *2* temptador, seductor.

tantamount ('tæntəmaunt) *a.* equivalent.

tantrum ('tæntrəm) *s.* enrabiada *f.*, rebequeria *f.*

tap (tæp) *s.* aixeta *f.* *2* copet *m.*

tap (to) (tæp) *t.* obrir [un barril]. *2* intervenir, interceptar [un telèfon, etc.]. *3 t.-i.* donar copets, copejar: ***to ~ at the door,*** trucar a la porta.

tap dance ('tæpdɑ:ns) *s.* claqué *m.*

tap dancer ('tæp,dɑ:nsəʳ) *s.* ballarí de claqué.

tape (teip) *s.* cinta *f.* *2* cinta *f.* magnetofònica. *3* MED. esparadrap *m.*

tape (to) (teip) *t.* lligar amb cinta. *2* gravar, enregistrar [en un magnetòfon].

tape measure ('teip,meʒəʳ) *s.* cinta *f.* mètrica.

taper ('teipə^r) *s.* espelma *f.;* ciri *m.*
taper (to) ('teipə^r) *t.* afuar. ▪ *2 i.* afuar-se *p.* *3* ***to ~ off,*** disminuir.
tape-recorder ('teipˌrikɔ:də^r) *s.* magnetòfon *m.*
tapestry ('tæpistri) *s.* tapís *m.* *2* tapisseria *f.*
tapestry maker ('tæpəstriˌmeikə^r) *s.* tapisser.
tapeworm ('teipwə:m) *s.* tènia *f.*, solitària *f.*
tar (tɑ:^{r}) *s.* quitrà *m.*, brea *f.* *2* col·loq. mariner *m.*
tar (to) (ta:^{r}) *t.* enquitranar, embrear.
tardiness ('tɑ:dinis) *s.* liter. lentitud *f.*, tardança *f.*
tardy ('tɑ:di) *a.* liter. lent, tardà. *2* retardat.
target ('tɑ:git) *s.* objectiu *m.*, fita *f.*
target practice ('tɑ:gitˌpræktis) *s.* tir *m.* al blanc.
tariff ('tærif) *s.* tarifa *f.;* aranzel *m.*
tariff barrier ('tærif'baeriə^r) *s.* ECON. barrera *f.* aranzelària.
tarmac ('tɑ:mæk) *s.* superfície *f.* enquitranada.
tarnish (to) ('tɑ:niʃ) *t.* desenllustrar, entelar. *2* fig. tacar [fama, reputació]. ▪ *3 i.* desenllustrar-se *p.*, entelar-se *p.*
tarpaulin (tɑ:pɔ:lin) *s.* lona *f.* enquitranada, encerada.
tarry ('tɑ:ri) *a.* enquitranat.
tarry (to) ('tæri) *i.* liter. romandre, restar. *2* trigar, demorar-se *p.*
tart (tɑ:t) *a.* acre, agre [també fig.]. ▪ *2 s.* pastís *m.* de fruita. *3* prostituta *f.*, meuca *f.*
tartan ('tɑ:tən) *s.* TÈXT. tartà *m.;* quadre *m.* escocès.
task (tɑ:sk) *s.* tasca *f.*, treball *m.* *2* missió *f.*, encàrrec *m.*, comesa *f.* *3* ***to take to ~,*** renyar, reprendre.
task force ('tɑ:skfɔ:s) *s.* MIL. exèrcit *m.* expedicionari.
tassel ('tæsəl) *s.* TÈXT. borla *f.*
taste (teist) *s.* gust *m.*, sabor *m.* ‖ ***there is no accounting for ~s,*** sobre gustos no hi ha res escrit. *2* ***the ~,*** gust *m.* [sentit]. *3* traguet *m.;* mos *m.* *4* afecció *f.*, gust *m.:* ***to have a ~ for,*** ser afeccionat a. *5* mostra *f.*, prova *f.*, experiència *f.*
taste (to) (teist) *t.* tastar; degustar. *2* notar gust de, sentir gust de. ▪ *3 i.* ***to ~ of,*** tenir gust de.
taste bud ('teistbʌd) *s.* ANAT. papil·la *f.* gustativa.
tasteful ('teistful) *a.* de bon gust, elegant.
tasteless ('teistlis) *a.* insuls, insípid. *2* de mal gust.
tasty ('teisti) *a.* saborós, apetitós. *2* de bon gust.
tatter ('tætə^r) *s.* parrac *m.*, pellingot *m.*
tattle ('tætl) *s.* xerrameca *f.*, xerrada *f.* *2* xafarderia *f.*
tattler ('tætlə^r) *s.* xerraire *m.*
tattle (to) ('tætl) *i.* xerrar. *2* xafardejar.
tattoo (tə'tu:) *s.* tatuatge *m.* *2* MIL. retreta *f.* *2* parada *f.* militar. *3* repicament.
tattoo (to) (tə'tu:) *t.* tatuar.
taught (tɔ:t) Veure TEACH (TO).
taunt (tɔ:nt) *s.* retret *m.*, reprotxe *m.*, provocació *f.;* sarcasme *m.*
taunt (to) (tɔ:nt) *t.* reprotxar, provocar, fer burla de, mofar-se *p.* de.
taut (tɔ:t) *a.* tens, tes, tibat.
tavern ('tævən) *s.* liter. taverna *f.*
tawdry ('tɔ:dri) *a.* cridaner, cursi [objecte].
tawny ('tɔ:ni) *a.* morè, bru. *2* lleonat; falb.
tax (tæks) *s.* ECON. impost *m.*, contribució *f.* *2* fig. càrrega *f.*, esforç *m.*
tax (to) (tæks) *t.* gravar, imposar un impost a. *2* esgotar, acabar [la paciència]. *3* acusar (*with,* de). *4* DRET taxar.
taxable ('tæksəbl) *a.* subjecte a impost: ~ ***income,*** renda subjecta a impost.
taxation (tæk'seiʃən) *s.* imposició *f.*, imposts *m.*, sistema *f.* tributari.
tax-free (ˌtæks'fri:) *a.* exempt d'impostos.
taxi (tæksi) , **taxicab** ('tæksikæb) *s.* taxi *m.*
taxi driver ('tæksiˌdraivə^r) *s.* taxista.
taxi rank ('tæksiræŋk) *s.* parada *f.* de taxis.
taxpayer ('tækspeiə^r) *s.* contribuent.
tea (ti:) *s.* te *m.* *2* infusió *f.* *3* fam. berenar-sopar *m.*, sopar *m.* *4* LOC. ***it's not my cup of ~,*** no és el meu estil, no és el meu tarannà.
tea break ('ti:breik) *s.* pausa *f.* per al te.
teach (to) (ti:tʃ) *t.* ensenyar, instruir. ▪ *2 i.* ensenyar, ser professor de, donar classes de. ▲ Pret. i p. p.: ***taught*** (tɔ:t).
teacher ('ti:tʃə^r) *s.* professor, mestre. ‖ ~ ***training,*** formació *f.* pedagògica.
teach-in ('ti:tʃin) *s.* seminari *m.*
teaching ('ti:tʃiŋ) *s.* ensenyament. ▪ *2 a.* docent: ~ ***staff,*** personal *m.* docent.
team (ti:m) *s.* grup *m.*, equip *m.* *3* ESPORT equip *m.:* ***home ~,*** equip local; ***away ~,*** equip visitant.
team (to) (ti:m) *i.* col·loq. ***to ~ up,*** associar-se *p.*, agrupar-se *p.* (*with,* amb).
teamwork ('ti:mwə:k) *s.* treball *m.* en equip.
tear (tɛə^r) *s.* estrip *m.*, estripada *f.*
tear (tiə^r) *s.* llàgrima *f.*, (ROSS.) llàgrama *f.* ‖ ***in ~s,*** plorant. ‖ ***to burst into ~s,*** esclatar en plors, desfer-se en plors.
tear (to) (tɛə^r) *t.* estripar, esqueixar, trencar. *2* arrencar, separar amb violència. *3*

MED. ferir, lacerar; distendre [múscul]. ■ *4 i.* estripar-se *p.*, esqueixar-se *p. 5* moure's *p.* de pressa. ■ ***to ~ along,*** anar a tota pastilla; ***to ~ down,*** demolir; desarmar; ***to ~ off,*** arrencar; anar corrent; sortir de pressa; ***to ~ up,*** arrencar; trencar a trossos. ▲ Pret.: ***tore*** (tɔːʳ, tɔəʳ); p. p.: ***torn*** (tɔːn).

tearful ('tiəful) *a.* plorós.

tear gas ('tiəgæs) *s.* gas *m.* lacrimògen.

teapot ('tiːpɔt) *s.* tetera *f.*

tease (to) (tiːz) *t.* empipar, fer la guitza; prendre el pèl.

tea set ('tiːset) *s.* joc *m.* de te.

teasing ('tiːziŋ) *a.* bromista, burleta. *2* turmentador. ■ *3 s.* broma *f.*, burla *f.* ■ *4* **-ly** *adv.* en broma.

teaspoon ('tiːspuːn) *s.* cullereta *f.*

teaspoonful ('tiːspuːnˌful) *s.* culleradeta *f.*

teat (tiːt) *s.* ANAT. mugró *m. 2* tetina *f.* [de biberó].

technical ('teknikəl) *a.* tècnic. ■ *2* **-ly** *adv.* tècnicament.

technicality (ˌtekni'kæliti) *s.* tecnicitat *f.;* consideració *f.* tècnica. *2* tecnicisme *m.* [paraula].

technician (tek'niʃən) *s.* tècnic, especialista.

technique (tek'niːk) *s.* tècnica *f.*

technology (ˌtek'nɔlədʒi) *s.* tecnologia *f.*

teddy bear ('tediˌbɛəʳ) *s.* osset *m.* de peluix.

tedious ('tiːdjəs) *a.* avorrit, tediós. ■ *2* **-ly** *adv.* avorridament, fastidiosament.

tediousness ('tiːdjəsnis) *s.* avorriment *m.*, tedi *m.*

tee (tiː) *s.* te [lletra]. *2* ESPORT punt *m.* de partida; suport *m.* de la pilota [golf]. *3* fig. ***to a ~,*** com anell al dit.

teem (to) (tiːm) *i.* abundar. ‖ ***to ~ with,*** abundar en, estar ple de.

teenage ('tiːnˌeidʒ) *a.* adolescent.

teenager ('tiːnˌeidʒəʳ) *s.* adolescent, jove de 13 a 19 anys.

teens (tiːnz) *s.* adolescència *f.*, edat *f.* entre els 13 i 19 anys.

tee-shirt ('tiːʃəːt) *s.* Veure T-SHIRT.

teeth (tiːθ) *s. pl.* de TOOTH.

teethe (to) (tiːð) *i.* sortir les dents.

teething (tiːðiŋ) *s.* dentició *f.* ‖ fig. ***~ troubles,*** problemes inicials [projecte, empresa, etc.].

teetotal (tiː'toutl) *a.* abstemi.

teetotaller, (EUA) **teetotaler** (tiː'toutləʳ) *s.* abstemi.

Teheran ('tehərɑːn) *n. pr.* GEOGR. Teheran *m.*

telecast ('telikɑːst) *s.* teledifusió *f.*, emissió *f.* televisada.

telecast (to) ('telikɑːst) *t.* televisar.

telegram ('teligræm) *s.* telegrama *m.*

telegraph ('teligrɑːf, -græf) *s.* telègraf *m.*

telephone ('telifoun) *s.* telèfon *m.*

telephone (to) ('telifoun) *t.-i.* telefonar, trucar per telèfon.

telephone booth ('telifounbuːð), **telephone box** ('telifounbɔks) *s.* cabina *f.* telefònica.

telephone call ('telifouncɔːl) *s.* trucada *f.* telefònica.

telephone directory ('telifoundaiˌrektri) *s.* guia *f.* telefònica.

telephone exchange ('telifounik'stʃeindʒ) central *f.* telefònica.

telephoto ('telifoutou) *a.* telefotogràfic. ■ *2 s.* telefoto *f. 3* ***~ lens,*** teleobjectiu *m.*

teleprinter ('teliprintəʳ) *s.* teletip *m.*

telescope ('teliskoup) *s.* telescopi *m.*

telescopic (ˌteli'skɔpik) *a.* telescòpic.

televiewer ('telivjuːəʳ) *s.* telespectador, televident.

television ('teliˌviʒən) *s.* televisió *f.*

television set ('teliˌviʒənset) *s.* aparell *m.* de televisió, televisor *m.*

televise ('telivaiz) *t.* televisar.

tell (to) (tel) *t.* narrar, dir, explicar. *2* dir, manar, ordenar. *3* distingir, conèixer; endevinar. ‖ ***to ~ on someone,*** bescantar algú; ***~ me another!,*** sí, home!, I què més!; ***there is no telling,*** no es pot preveure. ▲ Pret. i p. p.: ***told*** (tould).

telling ('teliŋ) *a.* eficaç, contundent. *2* expressiu, revelador.

temerity (ti'meriti) *s.* temeritat *f.*

temper ('tempəʳ) *s.* geni *m.*, humor *m.*: ***in a good ~,*** de bon humor. *2* còlera, geni. ‖ LOC. ***to keep one's ~,*** dominar-se, contenir-se; ***to lose one's ~,*** perdre els estreps, enfurismar-se. *2* TECNOL. tremp, punt de duresa [del metall, etc.].

temper (to) ('tempəʳ) *t.* TECNOL. trempar. *2* fig. temperar, moderar. ■ *3 i.* temperar-se *p.*

temperament ('tempərəmənt) *s.* temperament *m.* [persona].

temperance ('tempərəns) *s.* temperància *f.*, moderació *f. 2* sobrietat *f.;* abstinència [alcohol].

temperate ('tempərit) *a.* temperat, moderat.

temperature ('tempritʃəʳ) *s.* temperatura *f. 2* MED. febre *f.*: ***to have a ~,*** tenir febre.

tempest ('tempist) *s.* tempesta *f. 2* fig. agitació *f.*, convulsió *f.*

tempestuous (tem'pestʃuəs) *a.* tempestuós, agitat [també fig.]. ■ *2* **-ly** *adv.* tempestuosament.

temple ('templ) *s.* temple *m. 2* ANAT. templa *f.*

temporal ('tempərəl) *a.* temporal. *2* transitori, terrenal.

temporary ('tempərəri) *a.* temporal, provisional, interí. ‖ ~ ***work,*** treball eventual.
temporize (to) ('tempəraiz) *i.* contemporitzar; guanyar temps.
tempt (to) (tempt) *t.* temptar, induir, seduir.
temptation (temp'teiʃən) *s.* temptació *f.*
tempter ('temptəʳ) *s.* temptador.
tempting ('temtiŋ) *a.* temptador, atractiu, seductor.
ten (ten) *a.* deu. ■ *2 s.* deu *m.;* desena *f.* ‖ LOC. ~ ***to one,*** molt probablement.
tenable ('tenəbl) *a.* defensable, sostenible.
tenacious (ti'neiʃəs) *a.* tenaç; ferm. ■ *2* **-ly** *adv.* tenaçment, amb tenacitat.
tenacity (ti'næsiti) *s.* tenacitat *f.*
tenant ('tenənt) *s.* llogater, inquilí, arrendatari.
tend (to) (tend) *t.* atendre, vigilar, custodiar. ■ *2 i.* tendir a, inclinar-se *p.* a, tirar a.
tendency ('tendənsi) *s.* tendència *f.;* propensió *f.*
tender ('tendəʳ) *a.* tendre, tou. *2* delicat, sensible. *3* adolorit, sensible. *4* escrupolós. ■ *5 s.* COM. oferta *m.*, proposta *m.* ‖ ***by ~,*** per adjudicació.
tender (to) ('tendəʳ) *t.* oferir, presentar, donar. ■ *2 i.* fer una oferta.
tenderness ('tendənis) *s.* tendresa *f.*, suavitat *f.* *2* sensibilitat *f.*
tendon ('tendən) *s.* ANAT. tendó *m.*
tendril ('tendril) *s.* BOT. circell *m.*
tenement ('tenimənt) *s.* habitatge *m.*, pis *m.*: ***~-house,*** bloc *m.* de pisos.
tenet ('tenit) *s.* principi *m.;* creença *f.;* dogma *m.*
tennis ('tenis) *s.* ESPORT tennis *m.*
tennis elbow (ˌtenis'elbou) *s.* MED. colze *m.* de tenis.
tennis court ('teniskɔ:t) *s.* pista *f.* de tenis.
tenor ('tenəʳ) *s.* MÚS. tenor *m.* *2* contingut *m.*, significat *m.* *3* curs *m.*, tendència *f.*
tense (tens) *a.* tens, tibant [també fig.]. ■ *2 s.* GRAM. temps *m.* [verb].
tense (to) (tens) *t.* tensar, tibar.
tension ('tenʃən) *s.* tensió *f.*, tibantor *f.* [també fig.]. *2* ELECT. voltatge *m.*
tent (tent) *s.* tenda *f.* de campanya.
tentacle ('tentəkl) *s.* tentacle *m.*
tentative ('tentətiv) *a.* provisional; de tempteig. ■ *2* **-ly** *adv.* provisionalment; sense gran confiança.
tenth (tenθ) *a.-s.* desè.
tenuous ('tenjuəs) *a.* tènue; subtil. *2* prim.
tenure ('tenjuəʳ) *s.* possessió *f.* *2* ocupació *f.*, exercici *m.* [d'un càrrec].
tepid ('tepid) *a.* tebi, temperat [també fig.].
Terence ('terəns) *n. pr. m.* Terenci.
term (tə:m) *s.* termini *m.;* període *m.* *2* trimestre *m.* [universitat, escola, etc.]. *2* trimestre *m.* [universitat, escola, etc.]. *3* MAT., LÒG., LING. terme *m.* *4 pl.* condicions *f.*: ***to come to ~s,*** arribar a un acord, acceptar, adaptar-se a. *5 pl.* relacions *f.*: ***to be on good ~s,*** estar en bones relacions.
term (to) (tə:m) *t.* anomenar, denominar.
terminal ('tə:minl) *a.* terminal, final. ■ *2 s.* AERON., NÀUT., FERROC. terminal *f.* *3* ELECT. born *m.*, polo *m.*
terminate (to) (tə:mineit) *t.* acabar, concloure, finalitzar. ■ *2 i.* acabar-se *p.*, concloure's *p.*
termination (ˌte:mi'neiʃən) *s.* acabament *m.*, fi *f.* *2* GRAM. terminació *f.*
terminus ('tə:minəs) *s.* estació *f.* terminal, terminal *f.* [autobús, tren, etc.]. ▲ *pl.* ***termini*** ('tə:minai), ***terminuses*** ('tə:minəsiz).
terrace ('terəs) *s.* AGR. terrassa *f.* *2* ESPORT graderia *f.* *3* filera *f.* ‖ ~ ***houses,*** filera de cases contigües [normalment idèntiques]. *4* (EUA) terrassa *f.*
terrestrial (ti'restriəl) *a.* terrestre.
terrible ('teribl) *a.* terrible, horrible, fatal.
terribly ('teribli) *adv.* terriblement. *2* fam. espantosament.
terrier ('teriəʳ) *s.* ZOOL. terrier *m.*
terrific (te'rifik) *a.* terrorífic. *2* fam. fantàstic, fabulós, bàrbar.
terrify (to) ('terifai) *t.* terroritzar, aterrir.
territory ('teritəri) *s.* territori *m.*
terror ('terəʳ) *s.* terror *m.*, espant *m.*
terrorism ('terərizəm) *s.* terrorisme *m.*
terrorist ('terərist) *a.-s.* terrorista.
Terry ('teri) *n. pr.* (dim. de ***Terence, Theresa***) Terenci *m.*, Tere *f.*
terse (tə:s) *a.* concís, breu. ■ *2* **-ly** *adv.* concisament.
test (test) *s.* examen *m.* *2* prova *f.*, assaig *m.* *3* PSICOL. test *m.* *4* MED. anàlisi *f.*
test tube ('testˌtju:b) *s.* tub *m.* d'assaig, proveta *f.* ‖ ~ ***baby,*** nen proveta.
test (to) (test) *t.* examinar, provar, experimentar, posar a prova. *2* analitzar.
testament ('testəmənt) *s.* testament *m.*: ***New Testament,*** Nou Testament.
testify (to) ('testifai) *t.* testimoniar, donar fe de. ■ *2 i.* DRET declarar.
testimonial (testi'mounjiəl) *s.* certificat *m.*, testimonial *m.* *2* recomanació *f.*, carta *f.* de recomanació. *3* testimoni *m.* de gratitud.
testimony ('testiməni) *s.* testimoni *m.*, declaració *f.*
testy ('testi) *a.* irritable, susceptible.
tête-a-tête (ˌteitɑ:'teit) *s.* conversa *f.* confidencial. ■ *2 adv.* a soles.
tether ('teðəʳ) *s.* ronsal *m.* ‖ LOC. fig. ***at the***

end of one's ~, fart, tip; esgotat; a les últimes.
tether (to) ('teðəʳ) *t.* lligar [amb un ronsal].
text (tekst) *s.* text *m.* *2* tema *m.* [d'un discurs, etc.].
textbook ('tekstbuk) *s.* llibre *m.* de text.
textile ('tekstail) *a.* tèxtil *m.*: ~ ***mill,*** fàbrica *f.* de teixits.
Thames (temz) *n. pr.* GEOGR. Tàmesis *m.*
than (ðæn, ðən) *conj.* que [en comparatius]: ***he is taller*** ~ ***you,*** és més alt que tu. *2* de [amb nombres]: ***not more*** ~ ***five,*** no més de cinc.
thank (to) (θæŋk) *t.* agrair, donar les gràcies: ~ ***you,*** gràcies; ~ ***you very much,*** moltes gràcies.
thankful ('θæŋkful) *a.* agraït. ▪ *2* **-ly** *adv.* amb agraïment, amb gratitud.
thankfulness ('θæŋkfulnis) *s.* agraïment *m.*, gratitud *f.*
thankless ('θæŋklis) *a.* ingrat, desagraït.
thanksgiving ('θæŋks,giviŋ) *s.* acció *f.* de gràcies. ‖ (EUA) ***Thanksgiving Day,*** Dia d'Acció de Gràcies.
that (ðæt) *a.* aquell, aquella, (VAL.) eixe, eixa. ▪ *2 pron. pers.* aquest, (VAL.) este, aquesta (VAL.) esta, aquell, aquella: ***who's*** ~***?,*** qui és aquest? *3* això (VAL.) açò, allò. *4 pron. rel.* que: ***the girl*** ~ ***you saw,*** la noia que vas veure. *5* ***so*** ~, per tal que. ▪ *6 adv.* tan: ~ ***far,*** tan lluny; ~ ***big,*** així de gros.
thatch (θætʃ) *s.* palla *f.* seca; sostre *m.* de palla seca.
thatched (θætʃt) *a.* de palla. ‖ ~ ***cottage,*** caseta amb sostre de palla.
thaw (θɔ:) *s.* desglaç *m.*, fosa *f.*
thaw (to) (θɔ:) *t.* desglaçar, fondre. ▪ *2 i.* desglaçar-se *p.*, fondre's *p.*
the (ðə; davant vocal, ði:) *art.* el, la, els, les, (BAL.) es, sa, ses. ▪ *2 adv.* ~ ***more he has,*** ~ ***more he wants,*** com més té més vol.
theatre, (EUA) **theater** ('θiətəʳ) *s.* teatre *m.* ‖ ***variety*** ~, teatre de varietats.
theatregoer, (EUA) **theatergoer** ('θiətə,gouəʳ) *s.* afeccionat al teatre.
theatrical (θi'ætrikəl) *a.* teatral. *2* exagerat. *3 pl.* ***amateur*** ~***s,*** teatre *m.* d'afeccionats.
theft (θeft) *s.* robatori *m.*, furt *m.*
them (ðem, ðəm) *pron. pers.* els, 'ls, les, los. *2* (amb preposició) ell, ella: ***to*** ~, a ells, a elles.
theme (θi:m) *s.* tema *m.*
theme song ('θi:msɔŋ) *s.* CINEM., tema *f.* musical.
themselves (ðəm'selvz) *pron. pers.* ells mateixos, elles mateixes. *2* se, s'.
then (ðen) *adv.* llavors. ‖ ***what are we doing*** ~***?,*** què fem, doncs?; ~ ***it started raining,*** llavors va començar a ploure. *2* després: ***we'll have soup and*** ~ ***fish,*** menjarem sopa i després peix. ‖ ***now and*** ~, de tant en tant; ~ ***and there,*** allà mateix.
thence (ðens) *adv.* form. des d'allà. *2* per tant.
thenceforth ('ðens'fɔ:θ) *adv.* des d'aleshores.
theology (θi'ɔlədʒi) *s.* teologia *f.*
theoretic(al (θiə'retik, -əl) *a.* teòric. ▪ *2* ***theoretically,*** adv. teòricament, en teoria.
theory ('θiəri) *s.* teoria *f.*
there (ðɛəʳ, ðəʳ) *adv.* allà, allí. *2* ~ ***is,*** hi ha (sing); ~ ***are,*** hi ha (pl.); ~ ***was,*** hi havia (sing.); ~ ***were,*** hi havia (pl.). *3* ~ ***he is,*** ja és aquí.
thereabouts ('ðɛərə,bauts) *adv.* aproximadament; més o menys; si fa no fa.
thereafter (ðɛər'ɑ:ftəʳ) *adv.* després (d'això).
thereby ('ðɛə'bai) *adv.* d'aquesta manera, així.
therefore ('ðɛəfɔ:ʳ) *adv.* per tant, per això mateix.
therein (ðɛər'in) *adv.* allà; pel que fa a això.
thereof (ðɛər'ɔv) *adv.* d'això, d'allò.
Theresa (tə'ri:zə) *n. pr. f.* Teresa.
thereupon (,ðɛərə'pɔn) *adv.* llavors; com a conseqüència.
thermometer (θe'mɔmitəʳ) *s.* termòmetre *m.*
thermos flask ('θə:məs flɑ:sk) *s.* termos *m.*
these (ði:z) *a.-pron. pl.* de THIS.
thesis ('θi:sis) *s.* tesi *f.* ▪ *pl.* ***theses*** ('θi:si:z).
their (ðɛəʳ) *a. poss.* els seus, les seves.
theirs (ðɛəz) *pron. poss.* (el) seu, (la) seva, (els) seus, (les) seves [d'elles, d'elles].
they (ðei) *pron. pers.* ells, elles.
thick (θik) *a.* gruixut, (BAL.) gruixat, (VAL.) gros. ‖ ***two inches*** ~, de dues polzades de gruix. *2* espès, poblat [bomba]. ‖ ~ ***with,*** ple de. *3* seguit, continuat. *4* tèrbol, nebulós. *5* curt, talòs [persona]. *6* ronc [veu]. *7* dur d'orella. *8* íntim [amic]. ▪ *9 s.* gruix *m.*, gruixària *f.* ‖ ***through*** ~ ***and thin,*** incondicionalment.
thicken (to) ('θikən) *t.* espessir. *2* complicar. ▪ *3 i.* espessir-se *p.* *4* complicar-se *p.*
thicket ('θikit) *s.* garriga *f.*
thickness ('θiknis) *s.* espessor *f.*, densitat *f.*, gruix *m.* *2* copa *f.*, pis *m.*
thief (θi:f) *s.* lladre.
thieve (to) (θi:v) *i.* robar, (VAL.) furtar.
thigh (θai) *s.* ANAT. cuixa *f.*
thimble ('θimbl) *s.* didal *m.*
thin (θin) *a.* prim. ‖ ~***-skinned,*** hipersensible [persona]. *2* tènue, lleuger. *3* poc dens; buit; esclarissat. *4* pobre, escàs. *5* dèbil, agut, fluix [veu].
thin (to) (θin) *t.* aprimar, fer aprimar. *2* de-

satapeir. *3* desespessir. *4* disminuir, afluixar. ▪ *5 i.* aprimar-se *p.* *6* esllanguir-se *p.* *7* desatapeir-se *p.* *8* desespessir-se *p.*
thing (θiŋ) *s.* cosa *f.* || ***for one ~,*** en primer lloc; ***poor ~!,*** pobret!; ***to have a ~ about,*** tenir obsessió per.
think (to) (θiŋk) *t.-i.* pensar. *2 t.* considerar, creure. || ***I don't ~ so,*** em sembla que no. *3* imaginar-se *p.*: ***I can't ~ why she didn't come,*** no em puc imaginar perquè no va venir. *4* tenir la intenció de. || ***I ~ I'll stay in,*** em sembla que em quedaré a casa. *5* ***to ~ about,*** pensar en; reflexionar, considerar. || ***~ about it,*** pensa-t'ho; pensa-hi; ***to ~ of,*** pensar en. ▲ Pret. i p. p.: ***thought*** (θɔːt).
thinker ('θiŋkəʳ) *s.* pensador.
third (θəːd) *a.* tercer. ▪ *2 s.* terç *m.*, tercera part *f.*
thirst (θəːst) *s.* set *f.* [també fig.].
thirst (to) (θəːst) *i.* ***to ~ (for),*** tenir set. *2* fig. anhelar, desitjar.
thirsty ('θəːsti) *a.* assedegat. || ***to be ~,*** tenir set.
thirteen (ˌθəː'tiːn) *a.* tretze. ▪ *2 s.* tretze *m.*
thirteenth ('θəː'tiːnθ) *a.* tretzè.
thirtieth ('θəːtiiθ) *a.* trentè.
thirty ('θəːti) *a.* trenta. ▪ *2 s.* trenta *m.*
this (ðis) *a.-pron.* aquest, (VAL.) este, aquesta, (VAL.) esta.
thistle ('θisl) *s.* BOT. card *m.*
thither ('ðiðəʳ) *adv.* ant. allà, cap allà.
thong (θɔŋ) *s.* corretja *f.*
thorn (θɔːn) *s.* BOT. espina *f.*, punxa *f.* *2* fig. problema *m.*, dificultat *f.*, embolic *m.*
thorny ('θɔːni) *a.* ple de punxes, espinós. *2* fig. espinós, difícil.
thorough ('θʌrə) *a.* complet, total. *2* minuciós.
thoroughbred ('θʌrəbred) *a.-s.* pura sang, raça.
thoroughfare ('θʌrəfɛəʳ) *s.* carrer *m.*, via *f.* pública.
those (ðouz) *a.-pron. pl.* de THAT.
thou (ðau) *pron. pers.* ant., liter. tu.
though (ðou) *conj.* tot i que, encara que. *2* ***as ~,*** com si. ▪ *3 adv.* tanmateix.
thought (θɔːt) Veure THINK (TO). ▪ *2 s.* pensament *m.*, idea *f.* || ***on second ~s,*** pensant-ho millor.
thoughtful ('θɔːtful) *a.* pensarós, meditabund. *2* considerat, atent, sol·lícit. ▪ *3* **-ly** *adv.* pensativament. *4* atentament.
thoughtfulness ('θɔːtfulnis) *s.* seriositat *f.* *2* atenció *f.*, consideració *f.*
thoughtless ('θɔːtlis) *a.* irreflexiu. *2* egoista, desconsiderat.
thoughtlessness ('θɔːtlisnis) *s.* irreflexió *f.*; lleugeresa *f.* *2* egoisme *m.*; desconsideració *f.*
thousand ('θauzənd) *a.* mil. ▪ *2 s.* ***a ~, one ~,*** mil *m.*, un miler *m.*
thousandth ('θauzənθ) *a.* mil·lèsim, milè. ▪ *2 s.* mil·lèsim *m.*, milè *m.*
thrash (to) (θræʃ) *t.* colpejar, pegar, apallissar. *2* debatre, moure. *3* ***to ~ out,*** esclarir; esbrinar, aclarir. ▪ *4 i.* debatre's *p.*, moure's *p.*
thrashing ('θræʃiŋ) *s.* pallissa *f.*, estomacada *f.*, allisada *f.*
thread (θred) *s.* fil *m.* *2* femella *f.* [de caragol].
thread (to) (θred) *t.* enfilar. *2* caragolar [un caragol]. ▪ *3 i.* lliscar, passar.
threat (θret) *s.* amenaça *f.*
threaten (to) ('θretn) *t.-i.* amenaçar *t.*
threatening ('θretniŋ) *a.* amenaçador.
three (θriː) *a.* tres. ▪ *2 s.* tres *m.*
thresh (to) (θreʃ) *t.-i.* AGR. batre, trillar.
threshing ('θreʃiŋ) *s.* AGR. batuda *f.*
threshing floor ('θreʃiŋflɔːʳ) *s.* AGR. era *f.*
threshing machine ('θreʃiŋməˌʃiːn) *s.* AGR. màquina *f.* de batre, trilladora *f.*
threshold ('θreʃ(h)ould) *s.* llindar *m.*
threw (θruː) *pret.* de THROW (TO).
thrift (θrift) *s.* economia *f.*, frugalitat *f.*
thriftless ('θriftlis) *a.* malgastador, malbaratador.
thrifty ('θrifti) *a.* econòmic, frugal. *2* (EUA) pròsper.
thrill (θril) *s.* calfred *m.*, estremiment *m.* *2* emoció *f.* forta, excitació *f.* *3* esgarrifança *f.*
thrill (to) (θril) *t.* estremir; esgarrifar. *2* emocionar, excitar. *3* commoure, colpir. ▪ *4 i.* estremir-se *p.*, esgarrifar-se *p.* *5* emocionar-se *p.*, excitar-se *p.* *6* commoure's *p.* *7* tenir calfreds.
thriller ('θriləʳ) *s.* novel·la *f.*, film *m.* esborronador.
thrive (to) (θraiv) *i.* créixer, prosperar. || Pret.: ***throve*** (θrouv) o ***thrived*** (θraivd); p. p.: ***thrived*** o ***thrived*** ('θrivn).
throat (θrout) *s.* gola *f.*, gorja *f.*, coll *m.*: ***sore ~,*** mal *m.* de coll.
throb (θrɔb) *s.* batec *m.*, palpitació *f.*
throb (to) (θrɔb) *i.* bategar, palpitar.
throe (θrou) *s.* angoixa *f.*, patiment *m.*, dolor *m.*
throne (θroun) *s.* tron *m.*
throng (θrɔŋ) *s.* gentada *f.*, munió *f.*
throng (to) (θrɔŋ) *i.* apinyar-se *p.*, apilotar-se *p.* ▪ *2 t.* omplir de gom a gom.
throttle ('θrɔtl) *s.* vàlvula *f.* reguladora.
throttle (to) ('θrɔtl) *t.* escanyar, estrangular. *2* ***to ~ down,*** afluixar, reduir la marxa.
through (θruː) *prep.* per, a través de. *2* per

mitjà de, a causa de. ▪ *3 adv.* de banda a banda; completament. ‖ ***to be wet ~,*** estar totalment xop; ***to carry the plan ~,*** dur a terme el pla. ▪ *4 a.* directe [tren, etc.].

throughout (θru:'aut) *prep.* per tot. ‖ ***~ the country,*** arreu del país. *2* durant tot: ***~ the year,*** durant tot l'any. ▪ *2 adv.* per tot arreu. ‖ ***the chair was rotten ~,*** la cadira era tota ben podrida.

throve (θrouv) Veure THRIVE (TO).

throw (θrou) *s.* llançament *m. 2* tirada *f.*

throw (to) (θrou) *t.* tirar, llençar, llançar. *2* estendre, desplegar. *3* donar [la culpa]. *4* col·loq. fer [una festa]. *5* posar. ▪ ***to ~ away,*** llençar [a les escombraries]; malbaratar, desaprofitar; ***to ~ back,*** reflectir; tornar, retornar; refusar; fer enrera; retardar; ***to ~ down,*** llençar [de dalt a baix]; tirar a terra, abatre; ***to ~ in,*** tirar-hi; afegir; intercalar; ***to ~ off,*** treure's del damunt; renunciar [a un costum]; abandonar; despistar, fer perdre; ***to ~ open,*** obrir de bat a bat; ***to ~ out,*** treure, proferir; expulsar, fer [llum, pudor, soroll], arrelar; fer ressaltar; ***to ~ over,*** abandonar, deixar; posar-se [roba al damunt]; ***to ~ up,*** llençar enlaire; aixecar; vomitar. ▲ Pret.: ***threw*** (θru); p. p.: ***thrown*** (θroun).

thrown (θroun) Veure THROW (TO).

thrush (θrʌʃ) *s.* ORN. tord *m.*

thrust (θrʌst) *s.* atac *m.*, escomesa *f. 2* empenta *f. 3* MEC. empenyiment *m.*

thrust (to) (θrʌst) *t.* empènyer, empentar. *2* ficar, introduir. ‖ ***to ~ one's way,*** obrir-se *p.* camí. ▪ *2 i.* fer-se *p.* endavant; escometre. ▲ Pret. i p. p.: ***thrust*** (θrʌst).

thud (θʌd) *s.* patacada *f.;* cop *m.* sord.

thumb (θʌm) *s.* polze *m.*, dit *m.* gros.

thumbtack ('θʌmtæk) *s.* (EUA) xinxeta *f.*

thump (θʌmp) *s.* patacada *f.*, trompada *f.*

thump (to) (θʌmp) *t.-i.* donar cops de puny, donar patacades, estorar.

thunder ('θʌndəʳ) *s.* tro *m. 2* fig. fragor *m.*, terrabastall *m.*

thunder (to) ('θʌndəʳ) *i.* tronar. *2* fig. retrunyir.

thunderbolt ('θʌndəboult) *s.* llamp *m. 2* fig. daltabaix *m.*, catàstrofe *m.*, desgràcia *f.*

thunderclap ('θʌndəklæp) *s.* tro *m.;* tronada *f. 2* fig. males notícies *f. pl.* [sobtades].

thunderstorm ('θʌndəstɔ:m) *s.* tronada *f.*, tempestat *f.* amb trons.

thunderstruck ('θʌndəstrʌk) *a.* liter. atordit, atabalat, sorprès.

Thursday ('θə:zdi, -dei) *s.* dijous *m.*

thus (ðʌs) *adv.* d'aquesta manera, així. ‖ ***~ far,*** fins ara.

thwart (to) (θwɔ:t) *t.* obstruir, frustrar, impedir.

thyme (taim) *s.* BOT. farigola *f.*

tick (tik) *s.* tic-tac *m. 2* col·loq. moment *m.*, minut *m.* ‖ ***I'll be here in two ~s,*** arribaré en un no res. *3* marca *m.;* senyal *m. 4* ZOOL. paparra *f.*

tick (to) (tik) *i.* fer tic-tac [rellotge, taxímetre, etc.]. *2* col·loq. comportar-se *p.*, actuar. ▪ *3 t.* ***to ~ off,*** marcar, senyalar.

ticket ('tikit) *s.* bitllet *m.*, entrada *f.;* tiquet *m.* ‖ ***return ~,*** bitllet d'anada i tornada. *2* etiqueta *f.* [en roba, electrodomèstics, etc.]. *3* (EUA) POL. llista *f.* de candidats, candidatura *f. 4* multa *f.* de trànsit.

ticket office ('tikitɔfis) *s.* taquilla *f.;* despatx *m.* de bitllets.

tickle ('tikl) *s.* pessigolles *f. pl.*, pessigolleig *m.*

tickle (to) ('tikl) *t.* fer pessigolles. *2* divertir. *3* feu venir pessigolles. ▪ *4 i.* tenir pessigolles. *5* sentir pessigolleig.

ticklish ('tikliʃ) *a.* pessigoller. *2* delicat [afer].

tide (taid) *s.* marea *f. 2* opinió *f.*, corrent *m.;* tendència *f.*

tidily ('taidili) *adv.* en ordre, pulcrament.

tidiness ('taidinis) *s.* polidesa *f.*, netedat *f.;* ordre *m.*

tidings ('taidiŋz) *s. pl.* ant. notícies *f.*

tidy ('taidi) *a.* net; endreçat; polit; ordenat. *2* considerable. ‖ ***a ~ amount,*** una bona quantitat. *3 pl.* calaix *m.* dels mals endreços.

tidy (to) (taidi) *t.* netejar; endreçar; ordenar.

tie (tai) *s.* cinta *f.*, cordó *f.*, lligall *m. 2* llaç *m.*, nus *m. 3* corbata *f. 4* lligam *m. 5* ESPORT empat *m. 6* MÚS. lligat *m. 7* fig. lligam *m.*, destorb *m.*

tie (to) (tai) *t.* lligar. *2* cordar. *3* fer un nus. ▪ *4 i.* lligar-se *p. 5* ESPORT empatar. *6* anar lligat. ‖ ***where does that ~,*** on va lligat això?

tier (tiəʳ) *s.* renglera *f.*, filera *f.;* grada *f.*

tie-up ('taiʌp) *s.* lligam *m.*, enllaç *m. 2* fig. bloqueig *m.*, paralització *f.*

tiger ('taigəʳ) *s.* tigre *m.*

tight (tait) *a.* fort: ***hold me ~,*** agafa'm fort. *2* ben lligat, fort. *3* hermètic. *4* estret, ajustat [roba, sabates]. *5* tibant, estirat [corda]. *6* col·loq. borratxo. ‖ ***to be in a ~ spot,*** ajustar, trobar-se en un mal pas.

tighten (to) ('taitn) *t.* ajustar, estrènyer. *2* tibar. ▪ *3 i.* ajustar-se *p.*, estrènyer-se *p. 4* tibar-se *p.*

tightness ('taitnis) *s.* tibantor *f.*, tensió *f. 2* estretor *f.*

tights (taits) *n. pl.* mitges *f.*, pantis *m.*

tile (tail) *s.* rajola *f. 2* teula *f.*

tile (to) (tail) *t.* enrajolar, posar teules.
till (til) *prep.* Veure UNTIL.
till (to) (til) *t.* AGR. cultivar, conrear.
tillage ('tilidʒ) *s.* AGR. conreu *m.*, cultiu *m.*
tiller ('tiləʳ) *s.* AGR. llaurador, conreador. *2* NÀUT. canya *f.* del timó.
tilt (tilt) *s.* inclinació *f.*, pendent *m.* *2* escomesa *f.*, cop *m.* de llança. ‖ ***at full ~,*** a tota marxa.
tilt (to) (tilt) *t.* inclinar, decantar. *2* escometre. ▪ *3 i.* inclinar-se *p.*, decantar-se *p.* *4* HIST. justar.
timber ('timbəʳ) *s.* fusta *f.* tallada, tauló *m.* *2* biga *m.* *3* arbres *m. pl.* per a fusta.
time (taim) *s.* temps *m.;* hora *f.* ‖ ***at a ~,*** de cop, en un sol cop; ***at any ~,*** a qualsevol hora; ***at no ~,*** mai; ***at the same ~,*** alhora; ***for the ~ being,*** ara com ara, de moment; ***from ~ to ~,*** de tant en tant; ***in ~,*** a temps; ***on ~,*** puntual; ***to have a good ~,*** passar-ho bé; ***what ~ is it?, what's the ~?,*** quina hora és? *2* MÚS. compàs *m.*
time (to) (taim) *t.* triar el moment. *2* cronometrar. *3* regular, adaptar, fer coincidir.
timekeeper ('taimˌki:pəʳ) *s.* cronòmetre *m.* *2* cronometrador [persona].
timeless ('taimlis) *a.* etern. *2* sense durada.
timely ('taimli) *adv.* oportú.
time-table ('taimˌteibl) *s.* horari *m.*
timidity (ti'miditi) *s.* timidesa *f.*
timid ('timid) *a.* tímid; espantadís.
timorous ('timərəs) *a.* poruc, espantadís; tímid.
tin (tin) *s.* estany *m.* *2* llauna *f.*, (BAL.), (VAL.) llanda *f.*
tin (to) (tin) *t.* estanyar. *2* enllaunar. ‖ ***~ned goods,*** conserves.
tincture ('tiŋktʃəʳ) *s.* MED. tintura *f.*
tincture (to) ('tiŋktʃəʳ) *t.* tintar; tenyir.
tinder ('tindəʳ) *s.* esca *f.*
tinge (tindʒ) *s.* matís *m.* [també fig.].
tinge (to) (tindʒ) *t.* matisar. *2* fig. tenir regust de.
tingle ('tiŋgl) *s.* formigueig *m.;* coissor *f.*
tingle (to) ('tiŋgl) *i.* coure; sentir formigueig.
tinkle ('tiŋkl) *s.* dringadissa *f.*, dring *m.*
tinkle (to) ('tiŋkl) *i.* dringar. ▪ *2 t.* fer dringar.
tinsel ('tinsəl) *s.* oripell *m.* [també fig.].
tint (tint) *s.* matís *m.*, ombra *f.* [de color]. *2* tint *m.* [cabell].
tint (to) (tint) *t.* tintar, tenyir. *2* matisar.
tiny ('taini) *a.* petitet, petitó, minúscul.
tip (tip) *s.* extrem *m.*, punta *f.* *2* (G.B.) abocador *m.* [d'escombraries]. *4* pronòstic *m.*, indicacions *f. pl.* *5* propina *f.*
tip (to) (tip) *t.* posar punta, cobrir l'extrem. *2* moure; aixecar; inclinar. *3* buidar, abocar. *4* ser el factor decisiu. *5* tocar lleugerament. *6* donar propina a. *7* avisar, aconsellar. ▪ *8 i.* moure's *p.;* aixecar-se *p.;* inclinar-se *p.* *9* buidar-se *p.*
tipsy ('tipsi) *a.* alegre, una mica begut.
tiptoe ('tiptou) *s.* *adv.* ***on ~,*** de puntetes.
tiptoe (to) ('tiptou) *i.* anar de puntetes.
tirade (tai'reid) *s.* diatriba *f.*, invectiva *f.*
tire (to) ('taiəʳ) *t.* cansar. ▪ *2 i.* cansar-se *p.*
tired ('taiəd) *a.* cansat. ‖ ***~ out,*** exhaust.
tiredness ('taiədnis) *s.* cansament *m.*
tireless ('taiəlis) *a.* incansable.
tiresome ('taiəsəm) *a.* enutjós; pesat.
tiring ('taiəriŋ) *a.* cansat, pesat, esgotador.
tissue ('tisju:, tiʃju:) *s.* teixit *m.* *2* BIOL. teixit *m.* *3* fig. xarxa, sèrie, conjunt.
tissue paper ('tiʃu:ˌpeipəʳ) *s.* paper *m.* de seda, paper *m.* fi.
tit (tit) *s.* ORN. mallerenga *f.* *2* pop. mamella *f.* *3* col·loq. talòs, totxo. *4* LOC. ***~ for tat,*** qui la fa, la paga; tal faràs, tal trobaràs.
titbit ('titbit) fig. llaminadura *f.*, temptació *f.*
tithe (taið) *s.* HIST., REL. delme *m.*
title ('taitl) *s.* títol *m.*
title deed ('taitlˌdi:d) *s.* DRET títol *m.* de propietat.
title page ('taitl'peidʒ) *s.* portada *f.* [llibre].
titter ('titəʳ) *s.* rialleta *f.*
titter (to) ('titəʳ) *i.* riure per sota el nas.
titular ('titjuləʳ) *a.-s.* titular.
to (tu:, tu, tə) *prep.* a: ***~ the left,*** a l'esquerra, cap a l'esquerra. *2* fins a. *3* per, per a. *4* ***a quarter ~ three,*** tres quarts de tres. *5* ***I have ~ go,*** hi he d'anar. ▲ TO davant de verb és marca d'infinitiu.
toad (toud) *s.* ZOOL. gripau *m.*
toast (to) (toust) *t.* torrar. *2* brindar. ▪ *3 i.* torrar-se *p.*
toast (toust) *s.* torrada *f.*, pa *m.* torrat. *2* brindis *m.*
toaster ('toustəʳ) *s.* torradora *f.*
tobacco (tə'bækou) *s.* tabac *m.*
tobacconist (tə'bækənist) *s.* estanquer. ‖ ***~'s,*** estanc *m.*
today, to-day (tə'dei) *adv.-s.* avui, (VAL.) hui.
toe (tou) *s.* dit *m.* del peu. *2* punta *f.* [de sabata, mitjó, mitja, etc.].
toe-nail ('touneil) *s.* ungla *f.* [del dit del peu].
together (tə'geðəʳ) *adv.* junts. *2* alhora, al mateix temps. *3* d'acord. *4* ininterrompudament. ‖ ***to come ~,*** reunir-se, ajuntar-se; ***to go ~,*** sortir, festejar; harmonitzar, fer joc; ***to hang ~,*** tenir lògica, tenir cap i peus.
toil (tɔil) *s.* treball *m.*, esforç *m.*

toil (to) (tɔil) *i.* esforçar-se *p.*, afanyar-se *p.* *2* moure's *p.*, amb dificultat.
toilet ('tɔilit) *s.* lavabo *m.;* cambra *f.* de bany, wàter *m.* *2* neteja *f.* personal.
toilet bag ('tɔilitbæg) *s.* necesser *m.*
toilet paper ('tɔilit,peipəʳ) *s.* paper *m.* higiènic.
toiletries ('tɔilitriz) *s. pl.* articles *m.* de tocador.
toilet roll ('tɔilit,roul) *s.* rotlle *m.* de paper higiènic.
toilet soap ('tɔilit,soup) *s.* sabó *m.* de rentar-se les mans.
toilsome ('tɔilsəm) *a.* cansat, pesat, feixuc.
token ('toukən) *s.* senyal *m.*, marca *f.*, indici *f.* ▪ *2 a.* simbòlic.
Tokyo ('toukjou) *n. pr.* GEOGR. Tòquio *m.*
told (tould) Veure TELL (TO).
tolerance ('tɔlərəns) *s.* tolerància *f.*
tolerant ('tɔlərənt) *a.* tolerant.
tolerate (to) ('tɔləreit) *t.* tolerar.
toll (toul) *s.* peatge *m.* *2* danys *m. pl.*, pèrdues *f. pl.* *3* repic *m.* [de campana].
toll (to) (toul) *t.-i.* (fer) tocar [campana].
tomato (tə'mɑːtou, (EUA) tə'meitou) *s.* BOT. tomàquet *m.*, tomate *f.*, (BAL.), (VAL.) tomàtiga *f.*
tomb (tuːm) *s.* tomba *f.*, sepulcre *m.*
tombstone ('tuːmstoun) *s.* pedra *f.* de tomba, làpida *f.*
tomcat ('tɔm,kæt) *s.* ZOOL. gat *m.* [mascle].
tome (toum) *s.* llibrot *m.*
tomorrow (tə'mɔrou) *adv.-s.* demà. ‖ ***the day after ~,*** demà passat, (BAL.) passat demà, (VAL.) després demà.
ton (tʌn) *s.* tona *f.*
tone (toun) *s.* to *m.* [també fig.].
tone (to) (toun) *t.* donar to. *2* MÚS. entonar. ▪ ***to ~ down,*** abaixar el to; assuaujar; ***to ~in,*** fer joc, harmonitzar [colors]; ***to ~ up,*** acolorir [també fig.].
tongs (tɔŋz) *s. pl.* pinces *f.*, molls *m.*
tongue (tʌŋ) *s.* ANAT. llengua *f.* ‖ fig. ***to hold one's ~,*** mossegar-se la llengua. *2* LING. llengua *f.* ‖ ***mother ~,*** llengua materna.
tongue twister ('tʌŋtwistəʳ) *s.* embarbussament *m.* [joc de paraules].
tonic ('tɔnik) *a.-s.* tònic.
tonight (tə'nait, tu-) *adv.-s.* aquesta nit, avui a la nit.
tonnage ('tʌnidʒ) *s.* tonatge *m.*
tonsil ('tɔnsl) *s.* amígdala *f.*
tonsure ('tɔnʃəʳ) *s.* tonsura *f.*
too (tuː) *adv.* massa: ~ ***big,*** massa gran. *2* ~ ***much,*** massa: ~ ***much noise,*** massa soroll. *3* ~ ***many,*** massa: ~ ***many people,*** massa gent. *4* també; a més (a més).
took (tuk) Veure TAKE (TO).
tool (tuːl) *s.* eina *f.*, (VAL.) ferramenta *f.*, estri *m.*, utensili *m.*
tooth (tuːθ) *s.* dent *f.*, queixal *m.* ‖ ***to have a sweet ~,*** ser llaminer. ▴ *pl.* ***teeth*** (tiːθ).
toothache ('tuːθeik) *s.* mal *m.* de queixal.
toothbrush ('tuːθbrʌʃ) *s.* raspall *m.* de dents.
toothless ('tuːθlis) *a.* esdentegat.
toothpaste ('tuːθpeist) *s.* pasta *f.* de dents, pasta *f.* dentrifícia.
toothpick ('tuːθpik) *s.* escuradents *m.*
top (tɔp) *s.* part *m.* superior, dalt *m.* ‖ ***at the ~,*** dalt de tot; ***from ~ to bottom,*** de dalt a baix, de cap a peus; ***on (the) ~,*** al (cap)-damunt; fig. ***on the ~ of the world,*** feliç, content, pels núvols; ~ ***speed,*** màxima velocitat.
top (to) (tɔp) *t.* coronar [cim, edifici], rematar. *2* acabar, posar fi. *3* sobrepassar, excedir. *4* escapçar, llevar la punta.
topaz ('toupæz) *s.* MINER. topaci *m.*
top hat ('tɔp'hæt) *s.* barret *m.* de copa.
topic ('tɔpik) *s.* tema *m.*, qüestió *f.* ▪ *2 a.* d'actualitat, d'interès [tema].
topmost ('təmpmoust) *a.* més alt.
topple (to) ('tɔpl) *t.* fer caure; fer trontollar. *2* bolcar. ▪ *3 i.* caure; trontollar. *4* bolcar-se *p.*
torch (tɔːtʃ) *s.* torxa *f.*, atxa *f.* *2* fig. aclariment *m.*, solució *f.* *3* (G.B.) llanterna *f.*, lot *f.*
tore (tɔːʳ) Veure TEAR (TO).
torment ('tɔːmənt) *s.* turment *m.*, suplici *m.*
torment (to) (tɔː'ment) *t.* turmentar.
torn (tɔːn) Veure TEAR (TO). *2 a.* estripat, trencat.
tornado (tɔː'neidou) *s.* tornado *m.*
torpedo (tɔː'piːdou) *s.* MIL., ICT. torpede *m.*
torpedo (to) (tɔː'piːdou) *t.* torpedinar, disparar torpedes.
torpedo boat (tɔː'piːdoubout) *s.* MIL. llanxa *f.* llançatorpedes.
torpor ('tɔːpəʳ) *s.* apatia *f.;* torpor *m.*
torrent ('tɔrənt) *s.* torrent *m.* [també fig.].
torrid ('tɔrid) *a.* tòrrid.
torsion ('tɔːʃən) *s.* torsió *f.*
tortoise ('tɔːtəs) *s.* ZOOL. tortuga *f.*
torture ('tɔːtʃə) *s.* tortura *f.*, turment *m.*
torture (to) ('tɔːtʃəʳ) *t.* torturar, turmentar.
toss (to) (tɔs) *t.* llençar, tirar (enlaire). *3* jugar-se *p.* a cara o creu. *4* fig. discutir, pensar. *5* brandar, balancejar. ▪ *6 i.* balancejar-se *p.*, agitar-se *p.*, moure's *p.*
toss-up ('tɔsʌp) *s.* cara o creu *m.* *2* dubte *m.*, probabilitat *f.* incerta.
tot (tɔt) *s.* petarrell, marrec. *2* col·loq. vas *m.* licorer.
tot (to) (tɔt) *t.-i.* ***to ~ (up),*** sumar, ascendir a.

total ('toutl) *a.* total. ▪ *2 s.* total *m.* ▪ *3* **-ly** *adv.* totalment, completament.
totalitarian (ˌtoutæli'tɛəriən) *a.* totalitari.
totter (to) ('tɔtəʳ) *i.* fer tentines, vacil·lar. *2* amenaçar ruïna.
touch (tʌtʃ) *s.* toc *m.* *2* frec *m.* *3* tacte *m.* [sentit]. *4* mica *f.*, petita quantitat *f.*, pessic *m.* *5* contacte *m.*: ***to be in ~,*** estar en contacte.
touch (to) (tʌtʃ) *t.* tocar. *2* pegar [per contacte]. *3* assolir, arribar a. *4* tocar, afectar, commoure. *5* ocupar-se *p.* de. || ***to ~ off,*** provocar, desencadenar; ***to ~ up,*** retocar. ▪ *6 i.* tocar-se *p.*, estar de costat.
touchiness ('tʌtʃinis) *s.* susceptibilitat *f.*
touching ('tʌtʃiŋ) *a.* colpidor, commovedor. ▪ *2 prep.* tocant a, pel que fa a.
touchstone ('tʌtʃstoun) *s.* pedra *f.* de foc.
touchy ('tʌtʃi) *a.* susceptible, irritable.
tough (tʌf) *a.* dur, corretjut [carn]. *2* dur, fort, resistent. *3* fort, ferm, valent. *4* violent, rude, malcarat. *6* tossut; tenaç. *7* difícil, complicat [problema].
toughen (to) ('tʌfn) *t.* endurir, enfortir [també fig.]. ▪ *2 i.* endurir-se *p.*, enfortir-se *p.* [també fig.].
toughness ('tʌfnis) *s.* duresa *f.*; resistència *f.* *2* tenacitat *f.*
tour (tuəʳ) *s.* viatge *m.*, excursió *f.* *2* volta *f.*; visita *f.* [monument, etc.]. *3* gira *f.* || ***on ~,*** de tourné.
tour (to) (tuəʳ) *i.* anar de viatge, fer turisme. *2* anar de gira, fer una gira.
tourist ('tuərist) *s.* turista. ▪ *2 a.* turista, turístic, de turisme.
tournament ('tuənəmənt) *s.* torneig *m.*, competició *f.* *2* HIST. torneig *m.*
tow (tou) *s.* remolc *m.* || ***can you give me a ~?,*** pots remolcar-me?
toward (tə'wɔ:d) , **towards** (tə'wɔ:dz) *prep.* cap a, vers: ***he is running ~ the hill,*** corre cap el pujol; ***~ ten o'clock,*** cap a les deu. *2* cap a, envers. || ***what are your feelings ~ her?,*** què sents per ella?
towboat ('toubout) *s.* (EUA) remolcador *m.*
towel ('tauəl) *s.* tovallola *f.*, (VAL.) tovalla *f.*
towel rail ('tauelreil) *s.* tovalloler *m.*
tower ('tauəʳ) *s.* torre *f.*
tower (to) ('tauəʳ) *i.* sobresortir, dominar [en alçada].
towering ('tauəriŋ) *a.* ***~ rage,*** gran violència.
town (taun) *s.* ciutat *f.*, vila *f.*, població *f.* || ***~ gas,*** gas ciutat. *2* municipi *m.*
town council (ˌtaun'kaunsil) *s.* ajuntament *m.*, consistori *m.*
town hall (ˌtaun'hɔ:l) *s.* ajuntament *m.* [edifici].
town planning (ˌtaun'planiŋ) *s.* urbanisme *m.*
toxic ('tɔksik) *a.* tòxic. ▪ *2 s.* tòxic *m.*
toy (tɔi) *s.* joguina *f.* ▪ *2 a.* de joguina; petit.
toy (to) (tɔi) *i.* jugar, joguinejar. *2* acariciar [idea, projecte].
trace (treis) *s.* rastre *m.*, petja *f.*, marca *f.*, pista *f.* *2* indici *m.*, petita quantitat *f.*
trace (to) (treis) *t.* traçar; esbossar. *2* calcar, resseguir. *3* escriure laboriosament, traçar. *4* rastrejar, seguir la pista. *5* localitzar.
track (træk) *f.* rastre *m.*, pista *f.*, vestigi. *2* rodeva *f.* [de cotxe], solc *m.* [de vaixell]. *3* rumb *m.* trajectòria *f.* || ***to make ~s,*** tocar el dos. *4* via *f.* *5* ESPORT carril *m.*
track (træk) *t.* seguir el rastre, rastrejar, seguir la pista.
tract (trækt) *s.* àrea *f.*, franja *f.* de terreny. *2* ANAT. aparell *m.*, sistema *m.*
tractable ('træktəbl) *a.* dòcil; tractable; manejable.
traction ('trækʃən) *s.* tracció *f.*
tractor ('træktəʳ) *s.* tractor *m.*
trade (treid) *s.* comerç *m.*; negoci *m.* *2* ocupació *f.*, ofici *m.*
trade (to) (treid) *i.* comerciar, negociar, tractar. ▪ *2 t.* comerciar en, vendre, fer negoci amb.
trade gap ('treidgæp) *s.* COM. dèficit *m.*
trademark ('treidmɑ:k) *s.* marca *f.* registrada.
trader ('treidəʳ) *s.* comerciant.
tradesman ('treidzmən) *s.* botiguer.
trade union (ˌtreid'ju:njən) *s.* sindicat *m.*
trade unionist (ˌtreid'ju:njənist) *s.* sindicalista.
trading ('treidiŋ) *a.* comercial, mercantil.
tradition (trə'diʃən) *s.* tradició *f.*
traditional (trə'diʃənl) *a.* tradicional.
traduce (to) (trə'dju:s) *t.* form. difamar, calumniar.
traffic ('træfik) *s.* trànsit *m.*, circulació *f.* *2* tràfic *m.* [transport]. *3* tràfic *m.* comerç *m.* il·lícit.
traffic light ('træfiklait) *s.* semàfor *m.* ▲ sovint *pl.*
tragedian (trə'dʒi:djən) *s.* autor tràgic; actor tràgic.
tragedy ('trædʒidi) *s.* tragèdia *f.* [també fig.].
tragic(al ('trædʒik, -əl) *a.* tràgic. ▪ *2* **-ly** *adv.* tràgicament, d'una manera tràgica.
trail (treil) *s.* solc *m.*, cua *f.*, deixant *m.* *2* rastre *m.*, pista *f.* *3* camí *m.* de bosc.
trail (to) (treil) *t.* arrossegar. *2* seguir el rastre. ▪ *3 i.* arrossegar-se *p.* *4* enfilar-se *p.*, estendre's [planta]. *5* caminar arrossegant-se *p.*, amb dificultat.

trailer ('treilə[r]) *s.* AUTO. remolc *m.*, caravana *f.*, roulotte *f.* *2* BOT. enfiladissa *f.* *3* CINEM. trailer *m.*

train (trein) *s.* tren *m.*: ***goods ~,*** tren de mercaderies. *2* filera *f.*; corrua *f.* *3* sèrie *f.*, seguit *m.*; fil *m.* [de pensaments, etc.]. *4* cua *f.* [de vestit]. *5* reguerot *m.* de pólvora.

train (to) (trein) *t.* entrenar, formar, instruir. *2* BOT. enasprar. *3* ***to ~ on/upon,*** apuntar [arma]. ▪ *4 i.* entrenar-se *p.*, formar-se *p.*, instruir-se *p.*

trainee (trei'ni:) *s.* aprenent.

trainer ('treinə[r]) *s.* entrenador, ensinistrador.

training ('treiniŋ) *s.* entrenament *m.*, formació *f.*, instrucció *f.* ‖ ***~ college,*** escola *f.* de formació professional.

trait (trei) , (EUA) (treit) *s.* tret *m.*, peculiaritat *f.*, caràcter *m.*

traitor ('treitə[r]) *s.* traïdor.

tram (træm) , **tramcar** ('træmkɑ:[r]) *s.* tramvia *m.*

trammel (to) ('træməl) *t.* form. obstaculitzar, fer nosa.

tramp (træmp) *s.* vagabund, rodamón *m.* [persona]. *2* caminada *f.*, excursió *f.*

tramp (to) (træmp) *i.* caminar feixugament. *2* viatjar a peu, rodar.

trample (to) ('træmpl) *t.* petjar, trepitjar [també fig.].

trance (trɑ:ns) *s.* èxtasi *m.*, alienació *f.* *2* estat *m.* hipnòtic.

tranquil ('træŋkwil) *a.* tranquil, reposat.

tranquility (træŋ'kwiliti) *a.* tranquil·litat *f.*, pau *f.*, repòs *m.*

transact (to) (træn'zækt) *t.* fer [negocis, tractes]; tramitar.

transaction (træn'zækʃən) *s.* negoci *m.*, negociació *f.* *2* transacció *f.* *3 pl.* actes *f.*

transatlantic (ˌtrænzə'tlæntik) *a.* transatlàntic.

transcend (to) (træn'send) *t.* transcendir, ultrapassar.

transcendence (træn'sendəns) , **transcendency** (træn'sendənsi) *s.* transcendència *f.*

transcontinental (ˌtrænzˌkɔnti'nentl) *a.* transcontinental.

transcribe (to) (træns'kraib) *t.* transcriure.

transcript ('trænskript) *s.* transcripció *f.*, còpia *f.*

transfer ('trænsfə[r]) *s.* transferència *f.*, trasllat *m.*, traspàs *m.* *2* bitllet *m.* combinat [autobús, tren, etc.].

transfer (to) (træns'fə:[r]) *t.* transferir, traslladar, traspassar. *2* cedir, traspassar. ▪ *3 i.* transbordar, fer transbord.

transferable (træns'fə:rəbl) *a.* transferible.

transfix (to) (træns'fiks) *t.* travessar. *2* ***to be ~ed,*** quedar-se mut, petrificat, glaçat.

transform (to) (træns'fɔ:m) *t.-i.* transformar(se.

transformation (ˌtrænsfə'meiʃən) *s.* transformació *f.*

transgress (to) (træns'gres) *t.* transgredir, anar més enllà. *2* trencar, violar, infringir [la llei, un pacte].

transgression (træns'greʃən) *s.* transgressió *f.* *2* delicte *m.*, falta *f.*

transient ('trænziənt) *a.* transitori, passatger. ▪ *2 s.* hoste de pas.

transistor (træn'sistə[r]) *s.* ELECT. transistor *m.*

transit ('trænsit) *s.* trànsit *m.*, transport *m.* ‖ ***~ visa,*** visat *m.* de pas.

transition (træn'siʒən) *s.* transició *f.*

transitive ('trænsitiv) *a.* GRAM. transitiu.

transitory ('trænsitəri) *a.* Veure TRANSIENT.

translate (to) (træns'leit) *t.* traduir.

translation (træns'leiʃən) *s.* traducció *f.*

translator (træns'leitə[r]) *s.* traductor.

translucent (trænz'lu:snt) *a.* translúcid.

transmission (trænz'miʃən) *s.* transmissió *f.*; retransmissió *f.* *2* AUTO. transmissió *f.*

transmit (to) (trænz'mit) *t.* transmetre, retransmetre.

transmitter (trænz'mitə[r]) *s.* transmissor *m.*, emissor.

transom ('trænsəm) *s.* ARQ. travesser *m.*

transparence (træns'pærəns) *s.* transparència *f.*

transparency (træns'pærensi) *s.* transparència *f.* *2* transparència *f.*, diapositiva *f.*

transparent (træns'pærənt) *a.* transparent [també fig.].

transpiration (ˌtrænspi'reiʃən) *s.* transpiració *f.*

transpire (to) (træns'paiə[r]) *t.* transpirar. ▪ *2 i.* transpirar. *3* divulgar-se *p.*, fer-se *p.* públic.

transplant (to) (træns'plɑ:nt) *t.* trasplantar.

transplantation (ˌtrænsplɑ:n'teiʃən) *s.* trasplantament *m.*

transport ('trænspɔ:t) *s.* transport *m.*

transport (to) (træns'pɔ:t) *t.* transportar. *2* ant. deportar.

transportation (ˌtrænspɔ:'teiʃən) *s.* transport *m.*, transports *m. pl.* *2* ant. deportació *f.*

transpose (to) (træns'pouz) *t.* transposar. *2* MÚS. transportar.

transshipment (træn'ʃipmənt) *s.* transbord *m.* [en vaixells].

transversal (trænz'və:səl) *a.* transversal.

trap (træp) *s.* trampa *f.*, parany *m.*: ***to lay a ~,*** posar una trampa. *2* sifó *m.* [en fontaneria]. *3* col·loq. boca *f.* *4* cabriolé *m.*

trap (to) (træp) *t.* atrapar, capturar amb una trampa.
trapeze (trə'pi:z) *s.* trapezi *m.*
trapper ('træpəʳ) *s.* tramper, caçador.
trappings ('træpiŋz) *s. pl.* ornaments *m.*, adornaments *m.*, guarniments *m.*
trash (træʃ) *s.* fig. palla *f.*, fullaraca *f.* *2* deixalles *f. pl.*, escombraries *f. pl.*, brossa *f.*: *~-can,* galleda *f.* de les escombraries.
trashy ('træʃi) *a.* inútil. *2* dolent [literatura]. *3* sense valor.
travel ('trævl) *s.* viatge *m.*, viatjar *m.* *2* MEC. recorregut *m.*
travel (to) ('trævl) *i.* viatjar. ▪ *2 t.* viatjar *i.* per, recórrer.
traveller, (EUA) **traveler** ('trævləʳ) *s.* viatger.
traverse (to) ('trævə(:)s) *t.* recórrer, travessar.
travesty ('trævisti) *s.* paròdia *f.*, imitació *f.*, falsejament *m.*
travesty (to) ('trævisti) *t.* parodiar, imitar; falsejar.
tray (trei) *s.* safata *f.*
treacherous ('tretʃərəs) *a.* traïdor, deslleial. *2* incert, perillós, de poc fiar [temps, etc.]. ▪ *3* **-ly** *adv.* traïdorament.
treachery ('tretʃəri) *s.* traïció *f.*, deslleialtat *f.*
tread (tred) *s.* pas *m.*, petjada *f.*, trepig *m.* *2* graó *m.*, esglaó *m.* *3* banda *f.* de rodament [d'un pneumàtic].
tread (to) (tred) *t.* trepitjar, (ROSS.) pelsigar, petjar. *2* caminar *i.*, anar per [un camí, etc.]. ▲ Pret.: ***trod*** (trɔd); p. p.: ***trodden*** ('trɔdn) o ***trod.***
treason ('tri:zn) *s.* traïció *f.*
treasure ('treʒəʳ) *s.* tresor *m.*
treasure (to) ('treʒəʳ) *t.* atresorar, acumular. *2* valorar, apreciar.
treasurer ('trəʒərəʳ) *s.* tresorer.
treasury ('treʒəri) *s.* (G.B.) ***the Treasury,*** el tresor *m.* públic. *2* tresoreria *f.* *3* erari *m.*
treat (tri:t) *s.* plaer *m.* poc freqüent, plaer *m.* inesperat. *2* torn *m.*, ronda *f.* [de pagar].
treat (to) (tri:t) *t.* tractar. *2* ***to ~ as,*** considerar. *3* tractar, discutir. *4* convidar, pagar una ronda. ▪ *5 i.* ***to ~ with,*** fer tractes, negociar.
treatise ('tri:tiz) *s.* tractat *m.* [llibre].
treatment ('tri:tmənt) *s.* tracte *m.*, tractament *m.*
treaty ('tri:ti) *s.* tractat *m.*, conveni *m.*
treble ('trebl) *a.* triple. ▪ *2 s.* MÚS. tiple.
treble (to) ('trebl) *t.-i.* triplicar(se.
tree (tri:) *s.* BOT. arbre *m.* ‖ ***family ~,*** arbre genealògic.
treeless ('tri:lis) *a.* pelat, sense arbres.
trellis ('trelis) , **trellis-work** ('treliswə:k) *s.* gelosia *f.*, filat *m.*
tremble ('trembl) *s.* tremolor *m.*
tremble (to) ('trembl) *i.* tremolar.
tremendous (tri'mendəs) *a.* tremend, enorme. *2* col·loq. extraordinari; esplèndid.
tremor ('treməʳ) *s.* tremolor *m.* *2* estremiment *m.*, calfred *m.*
tremulous ('tremjuləs) *a.* tremolós. *2* tímid. *3* nerviós.
trench (trentʃ) *s.* rasa *f.*, fossa *f.* *2* MIL. trinxera *f.*
trench (to) (trentʃ) *t.* obrir rases, fer fosses. *2* MIL. cavar trinxeres.
trenchant ('trentʃənt) *a.* incisiu, mordaç [llenguatge].
trend (trend) *s.* direcció *f.*; tendència *f.*, inclinació *f.*
trend (to) (trend) *i.* tendir, inclinar-se *p.*
trepidation (ˌtrepi'deiʃən) *s.* inquietud *f.*, excitació *f.*
trespass ('trespəs) *s.* violació *f.* de propietat. *2* abús *m.* [de confiança, etc.]. *3* ant. pecat *m.*, falta *f.*
trespass (to) ('trespəs) *i.* violar la propietat. ‖ ***no ~ing!,*** no passeu! *2* ***to ~,*** abusar de [hospitalitat, confiança, etc.]. *3* ant. pecar, faltar.
trial ('traiəl) *s.* prova *f.*, assaig *m.*, provatura *f.* *2* judici *m.*, procés *m.* *3* contratemps *m.*, obstacle *m.*
triangle ('traiæŋgl) *s.* triangle *m.*
tribe (traib) *s.* tribu *f.*
tribulation (ˌtribju'leiʃən) *s.* tribulació *f.*
tribunal (trai'bju:nl) *s.* tribunal *m.*
tributary ('tribjutəri) *a.-s.* tributari. *2* afluent.
tribute ('tribju:t) *s.* tribut *m.*, homenatge *m.* *2* tribut *m.*, impost *m.*
trice (trais) *s.* ***in a ~,*** en un tres i no res; en un obrir i tancar d'ulls.
trick (trik) *s.* truc *m.*, enganyifa *f.*, ensarronada *f.* *2* hàbit *m.* peculiar, vici *m.*
trick (to) (trik) *t.* enganyar, enredar, estafar. *2* ***to ~ out*** o ***up,*** engalanar, adornar.
trickery ('trikəri) *s.* engany *m.*, enredada *f.*
trickle (to) ('trikl) *i.* degotar; rajar. ▪ *2 t.* fer degotar, fer rajar.
tricky ('triki) *a.* enredaire, ensarronador. *2* difícil, complicat.
tried (traid) Veure TRY (TO).
trifle ('traifl) *s.* fotesa *f.*, bagatel·la *f.* *2* misèria *f.*, petita quantitat *f.* [de diners]. ▪ *3 adv.* una mica, un pèl.
trifle (to) ('traifl) *i.* ***to ~ with,*** jugar amb, rifar-se *p.* [algú]. *2* ***to ~ away,*** malgastar, malbaratar.
trifler ('traifləʳ) *s.* persona *f.* frívola.

trifling ('traifliŋ) *a.* de poca importància, trivial.

trigger ('trigəʳ) *s.* gallet *m.*, disparador *m.*

trill (tril) *s.* refilet *m.*, trinat *m.* *2* MÚS. trinat *m.* *3* vibració *f.* [so].

trill (to) (tril) *t.-i.* refilar *i.*, trinar *i.* *2* pronunciar amb vibració.

trim (trim) *a.* endreçat, polit,ordenat. ■ *2* *s.* ordre *m.*, polidesa *f.*, disposició *f.* ■ *3* **-ly** *adv.* en ordre.

trim (to) (trim) *t.* allisar, polir, podar, esporgar, netejar. *2* guarnir, engalanar, adornar. *3* AERON., NÀUT. equilibrar. ■ *4 i.* POL. canviar de camisa; fer falses promeses; ser oportunista.

trimming ('trimiŋ) *s.* arranjament *m.;* allisament *m.* *2* poda *f.*, esporgada *f.* *3* guarniment *m.*, adorn *m.* *4* AERON., NÀUT. equilibri *m.* *5* col·loq. oportunisme *m.*

trinket ('triŋkit) *s.* quincalla *f.*

trip (trip) *s.* viatge *m.;* excursió *f.* *2* ensopegada *f.*, entrebancada *f.* [també fig.]. *3* viatge *m.* [amb al·lucinògens].

trip (to) (trip) *i.* brincar, saltironejar. *2* ***to ~ (out),*** viatjar [amb al·lucinògens]. *3 t.-i.* entrebancar(se.

triple ('tripl) *a.* triple.

tripper (tripəʳ) *s.* excursionista.

trite (trait) *a.* comú, vist, repetit [argument].

triumph ('traiəmf) *s.* triomf *m.*

triumph (to) ('traiəmf) *i.* triomfar, vèncer.

triumphal (trai'ʌmfəl) *a.* triomfal.

triumphant (trai'ʌmfənt) *a.* triomfant. ■ *2* **-ly** *adv.* triomfalment.

trivial ('triviəl) *a.* trivial, banal. *2* superficial, frívol [persona].

triviality (trivi'ælity) *s.* futilesa *f.*, banalitat *f.*, trivialita *f.*

trod (trɔd) Veure TREAD (TO).

trodden ('trɔdn) Veure TREAD (TO).

trolley ('trɔli) *s.* carretó *m.* *2* ***(tea) ~,*** tauleta *f.* amb rodes [per a servir menjar]. *3* tròlei *m.* [de tramvia, etc.].

trolley bus ('trɔlibʌs) *s.* tramvia *m.*

trombone (trɔm'boun) *s.* MÚS. trombó *m.*

troop (tru:p) *s.* estol *m.*, colla *f.* *2* MIL. tropa *f.* *3* estol *m.* [d'escoltes].

trophy ('troufi) *s.* trofeu *m.*

tropic ('trɔpik) *s.* tròpic *m.*, tròpics *m. pl.*

tropical ('trɔpikəl) *a.* tropical.

trot (trɔt) *s.* trot *m.:* ***at a ~,*** al trot.

trot (to) (trɔt) *i.* trotar. *2* col·loq. caminar, anar: ***~ along!,*** veste'n! ■ *3 t.* col·loq. ***to ~ out,*** treure, fer sortir. *4* fer caminar, fer causar.

trouble ('trʌbl) *s.* pertorbació *f.*, desordre *m.*, trastorn *m.* *2* pena *f.*, problema *f.* ‖ ***to be in ~,*** estar en un mal pas, tenir problemes. *3* inconvenient *m.*, molèstia *f.* *4* avaria *f.* *5* MED. malaltia *f.*, trastorn *m.:* ***heart ~,*** malaltia *f.* del cor.

trouble (to) ('trʌbl) *t.* torbar, pertorbar; trasbalsar. *2* preocupar; molestar. ■ *3 i.* preocupar-se *p.* *4* torbar-se *p.*

troublemaker ('trʌblmeikəʳ) *s.* agitador, busca-raons.

troublesome ('trʌblsəm) *a.* pesat, molest, enutjós.

trough (trɔf) *s.* menjadora *f.*, abeurador *m.* *2* pastera *f.* *2* METEOR. depressió *f.*

trousers ('trauzəz) *s. pl.* pantalons *m.*

trousseau ('tru:sou) *s.* aixovar *m.*

trout (traut) *s.* ICT. truita *f.*

truant ('tru(:)ənt) *s.* nen que fa campana: ***to play ~,*** fer campana, saltar-se les classes. ■ *2 a.* ociós, gandul.

truce (tru:s) *s.* treva *f.*

truck (trʌk) *s.* (G.B.) FERROC. vagó *m.* de plataforma. *2* (EUA) camió *m.* *3* carretó *m.* *4* canvi *m.*, barata *f.*

truculence ('trʌkjuləns) *s.* truculència *f.*, agressivitat *f.*

truculent ('trʌkjulənt) *a.* truculent, agressiu, ferotge.

trudge (trʌdʒ) *s.* caminada *f.*, esgotadora.

trudge (to) (trʌdʒ) *i.* caminar pesadament, caminar fatigosament.

true (tru:) *a.* veritable, cert, real. ‖ ***it's ~,*** és veritat. ‖ ***~ love,*** amor de debò. *2* ***~ (to),*** fidel, lleial.

truism ('tru(:)izəm) *s.* veritat *f.* manifesta; bajanada *f.*

truly ('tru:li) *adv.* de debò, (BAL.), (VAL.) de veres; veritablement. *2* sincerament. *3* veritable, de debò.

trump (trʌmp) *s.* JOC trumfo *m.* *2* liter. (soroll de) trompeta *f.*

trump (to) (trʌmp) *t.* JOC matar amb un trumfo. *2* ***to ~ up,*** inventar [excusa, història, etc.].

trumpery ('trʌmpəri) *s.* oripell *m.;* engany *m.*

trumpet ('trʌmpit) *s.* trompeta *f.* *2* trompetada *f.* [so].

truncheon ('trʌntʃən) *s.* porra *f.*

trunk (trʌŋk) *s.* tronc *m.* [d'arbre, del cos, etc.]. *2* bagul *m.* *3* trompa *f.* [d'elefant]. *4* *pl.* pantalons *m.* curts. *7* (EUA) portaequipatges *m.* maleta *f.* [de l'automòbil].

trunk call ('trʌnkkɔ:l) *s.* TELEF. conferència *f.* interurbana.

trust (trʌst) *s.* confiança *f.*, fe *f.* ‖ ***on ~,*** a ulls clucs, sense dubtar-ne; a crèdit. *2* COM. trust *m.* *3* responsabilitat *f.* *4* COM. custòdia *f.* ‖ ***national ~,*** patrimoni *m.* nacional.

trust (to) (trʌst) *i.* tenir confiança en. ▪ *2 t.* confiar. *3* fiar-se *p.* de.

trustee (trʌs'ti:) *s.* fideïcomís, dipositari. || ***board of ~s,*** patronat *m.*

trustful ('trʌstful) *a.* confiat. ▪ *2* **-ly** *adv.* confiadament.

trustworthy ('trʌst,wə:ði) *a.* digne de confiança, fidedigne.

trusty ('trʌsti) *a.* ant. Veure TRUSTWORTHY.

truth (tru:θ) *s.* veritat *f.*: ***to tell the ~,*** dir la veritat; per ser-te franc.

truthful ('tru:θful) *a.* veraç [persona].

truthfulness ('tru:θfulnis) *s.* veracitat *f.*

try (trai) *s.* intent *m.*, prova *f.*, temptativa *f.*

try (to) (trai) *t.* intentar. *2* ***to ~ (for),*** voler assolir, procurar. *3* provar. *4* posar a prova. *5* DRET jutjar. *6* ***to ~ on,*** emprovar-se *p.*

trying ('traiiŋ) *a.* irritant, molest, insuportable.

T-shirt ('ti:ʃə:t) *s.* samarreta *f.* de màniga curta.

tub (tʌb) *s.* cubell *m.*, cossi *m.* *2* col·loq. (G.B.) banyera *f.* *3* NÀUT. col·loq. pot *m.*, carraca *f.*

tube (tju:b) *s.* tub *m.* *2* (EUA), ELECT. làmpada *f.*, vàlvula *f.* *3* (G.B.) metro *m.*, ferrocarril *m.* metropolità.

tuberculosis (tju,bə:kju'lousis) *s.* tuberculosi *f.*

tuberculous (tju'bə:kjuləs) *a.* tuberculós.

tuck (to) (tʌk) *t.* ficar, entaforar.

Tuesday ('tju:zdi, -dei) *s.* dimarts *m.*

tuft (tʌft) *s.* tupè *m.*, floc *m.*, cresta *f.*

tug (tʌg) *s.* estirada *f.*, estrebada *f.* *2* ***~ (boat),*** remolcador *m.*

tug (to) (tʌg) *t.-i.* estirar *t.*, estrebar *t.*

tuition (tju'iʃən) *s.* ensenyament *m.* || ***private ~,*** classes *f. pl.* particulars.

tulip ('tju:lip) *s.* tulipa *f.*

tumble ('tʌmbl) *s.* caiguda *f.* *2* desordre *m.*, confusió *f.*

tumble (to) ('tʌmbl) *i.* caure a terra. *2* agitar-se *p.*, rebolcar-se *p.*, regirar-se *p.* *3* estar a punt de caure; amenaçar ruïna. ▪ *4 t.* fer caure. *5* preocupar, amoïnar. *6* desordenar; enredar. *7* ***to ~ to,*** adonar-se *p.* de, comprendre, veure.

tumbledown ('tʌmbldaun) *a.* que amenaça ruïna, a punt de caure.

tumbler ('tʌmblə^r) *s.* got *m.*, vas *m.*, (BAL.) tassó *m.* *2* fiador *m.* [de pany]. *3* acròbata.

tumour, (EUA) **tumor** ('tju:mə^r) *s.* MED. tumor *m.*

tumult ('tju:mʌlt) *s.* tumult *m.*

tumultuous (tju(:)'mʌltjuəs) *a.* tumultuós.

tuna ('tju:nə) , **tuna fish** ('tju:nəfiʃ) *s.* tonyina *f.*

tune (tju:n) *s.* melodia *f.*; tonada *f.* *2* melodia *f.*; melodiositat *f.* || ***in ~,*** a to, afinat; ***out of ~,*** fora de to, desafinat. *3* fig. harmonia *f.*, harmoniositat *f.*

tune (to) (tju:n) *t.* afinar [un instrument]. *2* RADIO. ***to ~ in (to),*** sintonitzar, fig. sintonitzar, estar al cas. ▪ *3 t.* trucar [un motor].

tuneful (tju:nful) *a.* harmoniós, melodiós.

tunic ('tju:nik) *s.* jaqueta *f.* [d'uniforme]. *2* túnica *f.*

tuning fork ('tju:niŋ,fɔ:k) *s.* MÚS. diapasó *m.*

Tunis ('tju:nis) *n. pr.* GEOGR. Tunis *m.*

tunnel ('tʌnl) *s.* túnel *m.*

tunny ('tʌni) *s.* ICT. tonyina *f.*, bonítol *m.*

turbid ('tə:bid) *a.* tèrbol [també fig.].

turbine ('tə:bin, -bain) *s.* MEC. turbina *f.*

turbojet ('tə:bou'dʒet) *s.* turboreactor *m.*

turbulent ('tə:bjulənt) *a.* turbulent, agitat, tumultuós.

turf (tə:f) *s.* gespa *f.*, herbei *m.* *2* JOC ***the ~,*** els cavalls *m. pl.*, les curses *f. pl.* de cavalls. *2* torba *f.*

turgid ('tə:dʒid) *a.* turgent. *2* ampul·lós, pompós.

Turin (tju'rin) *n. pr.* GEOGR. Torí *m.*

Turk (tə:k) , **Turkish** (tə:ki:ʃ) *s.* turc.

Turkey ('tə:ki) *n. pr.* GEOGR. Turquia *f.*

turkey ('tə:ki) *s.* gall *m.* dindi.

turmoil ('tə:mɔil) *s.* confusió *f.*, aldarull *m.*, desordre *m.*, tumult *m.*

turn (tə:n) *s.* volta *f.*, gir *m.* *2* canvi *f.* de direcció; giravolt *m.* *3* torn *m.*, ocasió *f.*, oportunitat *f.* || ***by ~s,*** per torns, per rotació. *4* tendència *f.* natural, inclinació *f.* *5* propòsit *m.*, necessitat, requeriment *m.* *6* TEAT. número *m.* *7* col·loq. xoc *m.*, impacte *m.* [sentiments].

turn (to) (tə:n) *t.* girar, fer girar, fer donar voltes. *2* tombar. *3* fer tornar, tornar, fer esdevenir. *4* desviar; evitar, eludir. *5* trastornar, trasbalsar. ▪ *6 i.* girar; donar voltes. *7* tornar, donar la volta. *8* tornar-se *p.* || ***she ~ed red,*** es va posar vermella. *9* canviar, variar. *10* dedicar-se *p.* ▪ ***to ~ against,*** enemistar; posar-se en contra; ***to ~ around,*** donar la volta; desvirtuar, falsejar; ***to ~ aside,*** desviar, fer-se a un costat; ***to ~ back,*** tornar, tornar enrera, fer tornar enrera; girar-se; ***to ~ down,*** abaixar, afluixar, mitigar; rebutjar; posar de cap per avall; ***to ~ in,*** fer a mans, lliurar; fer, executar; anar-se'n al llit; ***to ~ into,*** transformar, convertir, transformar-se, convertir-se, esdevenir; ***to ~ off,*** apagar, tancar, desconnectar; sortir [de la carretera], desviar-se; col·loq. destrempat; ***to ~ on,*** encendre, obrir, connectar; col·loq. excitar; dependre de; tornar-se contra; ***to ~ out,*** pasturar; girar de dintre a fora, tombar; vestir, equipar-se; apagar [llum]; col·loq. alçar-se, aixecar-se del llit; manufacturar, produir en cadena; resultar, ser; sortir; ***to ~ over,*** meditar, pensar; cedir; lliurar; girar full; ***to ~ up,*** aparèixer de sobte; apujar [volum, etc.]; escurçar [roba].

turning ('tə:niŋ) *s.* cantonada *f.*, encreuament *m.*

turning point ('tə:niŋpɔint) *s.* punt *m.* crucial, moment *m.* decisiu.

turnip ('tə:nip) *s.* nap *m.*

turnout ('tə:nˌaut) *s.* concurrència *f.*, públic *m.* *2* presència *f.*, aspecte *m.* [persona]. *3* neteja *f.*, netejada *f.*

turnover ('tə:nˌouvəʳ) CUI. cresteta *f.* *2* COM. volum *m.* de vendes. *3* moviment *m.* [gent, material, etc.].

turpentine ('tə:pəntain) *s.* trementina *f.*

turpitude ('tə:pitju:d) *s.* depravació *f.*, dolenteria *f.*, vilesa *f.*

turret ('tʌrit) *s.* torratxa *f.*; torreta *f.* *2* MIL. torreta *f.*

turtle ('tə:tl) *s.* ZOOL. tortuga *f.* de mar.

turtledove ('tə:tldʌv) *s.* ORN. tórtora *f.*

tusk (tʌsk) *s.* ullal *m.* [d'animal].

tussle ('tʌsl) *s.* baralla *f.*, brega *f.*, batussa *f.*

tutor ('tju:təʳ) *s.* preceptor, professor particular. *2* (G.B.) tutor [universitat].

tutor (to) ('tju:təʳ) *t.* ensenyar, instruir. *2* reprimir, educar, moderar [sentiments, passions].

tuxedo (tʌk'si:dou) *s.* (EUA) smoking *m.*

twang (twæŋ) *s.* so *m.* vibrant [d'una corda]. *2* to *m.* nasal, veu *f.* de nas.

tweed (twi:d) *s.* xeviot *m.*

tweezers ('twi:zəz) *s. pl.* pinces *f.*

twelfth (twelfθ) *a.* duodècim. ▪ *2 s.* duodécim *m.*

twelfth night ('twelfθˌnait) *s.* nit *f.* de reis.

twelve (twelv) *a.* dotze. ▪ *2 s.* dotze *m.*

twentieth ('twentiiθ) *a.* vintè, vigèsim. ▪ *2 s.* vintè *m.*, vigèsim *m.*

twenty ('twenti) *a.* vint. ▪ *2 s.* vint *m.*

twice (twais) *adv.* dos cops, dues vegades. ‖ ***~ as much,*** el doble.

twig (twig) *s.* BOT. branquilló *m.*

twilight ('twailait) *s.* crepuscle *m.* [també fig.].

twin (twin) *s.* bessó. ‖ ***~ bed room,*** habitació amb dos llits, habitació doble.

twine (twain) *s.* gansalla *f.*, ficel·la *f.*

twine (to) (twain) *t.* trenar, teixir [cordills, fils]. ▪ *2 i.* entortolligar-se *p.*, enroscar-se *p.*

twinge (twindʒ) *s.* punxada *f.*, dolor *m.* agut. *2* remordiment *m.*

twinkle ('twiŋkl) *s.* titil·lació *f.*, espurneig *m.*; centelleig *m.*; lluïssor *f.*

twinkle (to) ('twiŋkl) *i.* centellejar, espurnejar, titil·lar, lluir. *2* batre, fer anar amunt i avall.

twinkling ('twiŋkliŋ) *s.* ***in a ~,*** en un tres i no res; ***in the ~ of on eye,*** en un obrir i tancar d'ulls.

twirl (twə:l) *s.* giravolt *m.*, tomb *m.*

twirl (to) (twə:l) *t.* fer girar, fer rodar, fer giravoltar. ▪ *2 i.* girar, rodar, giravoltar.

twist (twist) *s.* torsió *f.* *2* torçal *m.*, trena *f.* *3* paperina *f.* *4* twist *m.* [ball]. *5* torçada *f.* [de peu, etc.]. *6* angle *m.* de torsió. *7* canvi *m.* inesperat.

twist (to) (twist) *t.* trenar. *2* caragolar, enroscar. *3* torçar-se *p.* [el peu, etc.]. *4* distorsionar. *5* fer girar. ▪ *6 i.* serpentejar. *7* distorsionar-se *p.* *8* ballar el twist.

twitch (twitʃ) *s.* tremolor *m.*, contracció *f.* nerviosa *f.*, crispació *f.* *2* estirada *f.*, estrebada *f.*

twitch (to) (twitʃ) *t.* endur-se *p.*, estirar, arrabassar. ▪ *2 i.* crispar-se *p.*, contraure's *p.* espasmòdicament.

twitter ('twitəʳ) *s.* piuladissa *f.*, refiladissa *f.* *2* agitació *f.* [en el parlar].

twitter (to) ('twitəʳ) *i.* piular, refilar. *2* parlar agitadament.

two (tu:) *a.* dos *m.*, dues *f.* ▪ *2 s.* dos *m.*

tycoon (tai'ku:n) *s.* magnat *m.*

type (taip) *s.* tipus *m.*, model *m.* *2* tipus *m.*, mena *f.* *3* TIPOGR. tipus *m.*

type (to) (taip) *t.-i.* escriure a màquina. *2 t.* determinar, fixar, esbrinar.

typewriter ('taipraitəʳ) *s.* màquina *f.* d'escriure.

typhoon (tai'fu:n) *s.* METEOR. tifó *m.*

typical ('tipikl) *a.* típic, característic. ▪ *2* **-ly** *adv.* típicament.

typist ('taipist) *s.* mecanògraf.

tyrannic(al (ti'rænik, -əl) *a.* tirànic.

tyrannize (to) ('tirənaiz) *t.* tiranitzar. ▪ *2 i.* obrar amb tirania.

tyranny ('tirəni) *s.* tirania *f.*

tyrant ('taiərənt) *s.* tirà.

tyre ('taiəʳ) *s.* pneumàtic *m.*

tyro ('taiərou) *s.* principiant, neòfit.

U

U, u (ju:) *s.* u *f.* [lletra].
ubiquity (ju:'bikwiti) *s.* ubiqüitat *f.*, omnipresència *f.*
udder ('ʌdəʳ) *s.* ZOOL. mamella *f.*
ugliness ('ʌglinis) *s.* lletjor *f.*
ugly ('ʌgli) *a.* lleig. *2* horrible, terrible. *3* amenaçador.
ulcer ('ʌlsəʳ) *s.* úlcera *f.*, nafra *f.*
ulcerate (to) ('ʌlsəreit) *t.-i.* ulcerar(se.
ulcerous ('ʌlsərəs) *a.* ulcerós.
ultimate ('ʌltimit) *a.* bàsic, fonamental, essencial, darrer. ▪ *2* **-ly** *adv.* finalment.
umbrage ('ʌmbridʒ) *s.* ressentiment *m.*
umbrella (ʌm'brelə) *s.* paraigüa *m.*, ombrel·la *f.* *2* fig. protecció *f.*
umbrella stand (ʌm'breləstænd) *s.* paraigüer *m.*
umpire ('ʌmpaiəʳ) *s.* àrbitre, jutge.
umpteen (ʌmp'ti:n) *a.* col·loq. molts, moltíssims.
unabashed (ˌʌnə'bæʃt) *a.* desvergonyit, descarat.
unable (ˌʌn'eibl) *a.* incapaç, impossibilitat. ‖ ***to be ~ to,*** no poder [fer quelcom].
unaccountable (ˌʌnə'kauntəbl) *a.* inexplicable, estrany.
unaccustomed (ˌʌnə'kʌstəmd) *a.* form. no acostumat, no habituat. *2* poc freqüentat, rar, desacostumat.
unadvised (ˌʌnəd'vaizd) *a.* sense consell. *2* imprudent, precipitat. ▪ *3* **-ly** *adv.* precipitadament, irreflexivament.
unaffected (ˌʌnə'fektid) *a.* senzill, natural, sense afectació [persona].
unalterable (ʌn'ɔ:ltərəbl) *a.* inalterable, immutable.
unanimity (ˌju:nə'nimiti) *s.* unanimitat *f.*
unanimous (ju(:)'næniməs) *a.* unànime.
unanswerable (ˌʌn'ɑ:nsərəbl) *a.* incontestable; irrebatible.
unarmed (ʌn'ɑ:md) *a.* desarmat, indefens.
unassuming (ˌʌnə'sju:miŋ) *a.* modest, sense pretensions.
unattached (ˌʌnə'tætʃt) *a.* independent; deslligat; lliure. *2* solter, sense compromís.
unavailing (ˌʌnə'veiliŋ) *a.* inútil, infructuós, va.
unavoidable (ˌʌnə'vɔidəbl) *a.* inevitable, ineludible.
unaware (ˌʌnə'wɛəʳ) *a.* desprevingut; ignorant. ‖ ***to be ~ of,*** no saber, no adonar-se de. ▪ *2 adv.* ***~s,*** per sorpresa, inesperadament. ‖ ***to take ~s,*** agafar desprevingut. *3* per descuit, sense adonar-se'n.
unbalanced (ˌʌn'bælənst) *a.* desequilibrat [esp. mentalment].
unbearable (ʌn'bɛərəbl) *a.* intolerable, insuportable, insostenible, inaguantable.
unbecoming (ˌʌnbi'kʌmiŋ) *a.* que no lliga, que cau malament [vestit]. *2* ~ ***to*** o ***for,*** impropi, inadequat. ▪ *3* **-ly** *adv.* de manera inadequada.
unbelief (ˌʌnbi'li:f) *s.* incredulitat *f.*
unbelievable (ˌʌnbi'li:vəbl) *a.* increïble.
unbend (to) (ˌʌn'bend) *i.* relaxar-se *p.*, calmar-se *p.* ▪ *2 t.* relaxar, alliberar de tensions.
unbending (ˌʌn'bending) *a.* inflexible [esp. persona].
unbias(s)ed (ˌʌn'baiəst) *a.* imparcial.
unborn (ˌʌn'bɔ:n) *a.* per néixer, futur.
unbosom (to) (ʌn'buzəm) *t.-p.* ***to ~ oneself,*** desfogar-se, confessar-se.
unbounded (ʌn'baundid) *a.* il·limitat, sense fronteres.
unbridled (ʌn'braidld) *a.* fig. desenfrenat, sense control.
unbroken (ˌʌn'broukən) *a.* indòmit. *2* ininterromput, seguit. *3* imbatut [rècord, etc.].
unburden (to) (ʌn'bə:dn) *t.-p.* ***to ~ oneself,*** desfogar-se, buidar el pap, confessar-se.

unbutton (to) (ˌʌn'bʌtn) *t.* descordar [botons].
uncanny (ʌn'kæni) *a.* misteriós, estrany.
unceasing (ʌn'si:siŋ) *a.* incessant, continu. ▪ *2* **-ly** *adv.* contínuament, sense parar.
unceremonious (ˌʌnˌseri'mounjəs) *a.* informal, familiar. *2* rude, descortès.
uncertain (ʌn'sə:tn) *a.* variable. *2* indecís; dubtós, incert. ▪ *3* **-ly** *adv.* incertament.
uncertainty (ʌn'sə:tnti) *s.* incertesa *f.*, dubte *m.*
unchanged ('ʌn'tʃeindʒd) *a.* inalterat.
uncharitable (ʌn'tʃæritəbl) *a.* dur, estricte [jutjant els altres].
unchecked ('ʌn'tʃekt) *a.* desenfrenat, no reprimit.
uncivil (ˌʌn'sivl) *a.* mal educat, groller.
uncle ('ʌŋkl) *s.* oncle *m.*, (BAL.) conco *m.*
unclouded (ˌʌn'klaudid) *a.* fig. clar, serè.
uncomfortable (ʌn'kʌmfətəbl) *a.* incòmode.
uncommon (ʌn'kɔmən) *a.* insòlit, poc usual. *2* extraordinari, insòlit. ▪ *3* **-ly** *adv.* rarament. *4* extraordinàriament.
uncompromising (ʌn'kɔmprəmaiziŋ) *a.* inflexible, intransigent.
unconcern (ˌʌnkən'sə:n) *s.* desinterès *m.;* indiferència *f.*
unconcerned (ˌʌnkən'se:nd) *a.* desinteressat, indiferent.
unconditional (ˌʌnkən'diʃənl) *a.* incondicional.
unconscious (ʌn'kɔnʃəs) *a.* inconscient [acte]. ▪ *2 s.* inconscient *m.* ▪ *3* **-ly** *adv.* inconscientment, sense adonar-se'n.
unconsciousness (ˌʌn'kɔnʃəsnis) *s.* inconsciència *f.*
unconventional (ˌʌnkən'venʃənl) *a.* anticonvencional, original, despreocupat.
uncouth (ʌn'ku:θ) *a.* incult, rude.
uncover (to) (ʌn'kʌvə[r]) *t.* destapar, descubrir. ▪ *2 i.* destapar-se *p.* descubrir-se *p.*.
unctuous ('ʌŋktjuəs) *a.* hipòcrita, llagoter.
undaunted (ʌn'dɔ:ntid) *a.* sense por; impàvid, impertèrrit.
undecided (ˌʌndi'saidid) *a.* indecís.
undefended (ˌʌndi'fendid) *a.* DRET sense defensa.
undeniable (ˌʌndi'naiəbl) *a.* innegable, indiscutible.
under ('ʌndə[r]) *prep.* sota, a sota. *2* per sota. ‖ *~ **repair,*** en reparació; *~ **an hour,*** menys d'una hora. ▪ *3 adv.* a sota, a baix. ▪ *4 a.* inferior, de sota, de baix.
under age ('ʌndər'eidʒ) *a.* menor d'edat.
underbrush ('ʌndəbrʌʃ) *s.* sotabosc *m.*, brossa *f.*, matolls *m. pl.*
underclothes ('ʌndəklouðz) *s.* roba *f.* interior, (ROSS.) llinge *f.*
undercover (ˌʌndə'kʌvə[r]) *a.* clandestí, secret. ‖ *~ **agent,*** espia.
underdeveloped (ˌʌndədi'veləpt) *a.* subdesenvolupat.
underdone ('ʌndədʌn, -'dʌn) *a.* CUI. poc fet.
underestimate (to) (ˌʌndər'estimeit) *t.* menystenir, no considerar.
underfed (ˌʌndə'fed) *a.* mal alimentat.
undergo (to) (ˌʌndə'gou) *t.* sofrir, aguantar, passar. ▲ Pret.: ***underwent*** (ˌʌndə'went); p. p.: ***undergone*** (ˌʌndə'gɔn).
undergraduate (ˌʌndə'grædjuit) *s.* estudiant universitari. ▪ *2 a.* universitari.
underground ('ʌndəgraund) *a.* subterrani. *2* secret, clandestí, subterrani. ▪ *3 adv.* sota terra. ▪ *4 s. **(the)** ~,* metro *m.*, ferrocarril *m.* subterrani. *5* resistència *f.*, moviment *m.* clandestí.
undergrowth ('ʌndəgrouθ) *s.* sotabosc *m.*, brossa *f.*, matolls *m. pl.*
underhand ('ʌndəhænd) *adv.* de sota mà, secretament. ▪ *2 a.* secret, clandestí.
underlie (to) (ˌʌndə'lai) *t.* estar a sota de; servir de base a.
underline (to) (ˌʌndə'lain) *t.* subratllar.
undermine (to) (ˌʌndə'main) *t.* minar, soscavar [també fig.].
underneath (ˌʌndə'ni:θ) *adv.* sota. ▪ *2 prep.* sota de.
underpants ('ʌndəpænts) *s. pl.* calçotets *m.*
underpay (to) (ˌʌndə'pei) *t.* pagar poc, pagar malament.
underrate (to) (ˌʌndə'reit) *t.* rebaixar, menystenir.
undersign (to) (ˌʌndə'sain) *t.* sotasignar, signar.
undershirt (ˌʌndəʃə:t) *s.* (EUA) samarreta *f.*, (BAL.), (VAL.) camiseta *f.*
understand (to) (ˌʌndə'stænd) *t.* entendre, comprendre. ‖ ***to make oneself understood,*** fer-se entendre. *2* sobreentendre. ▲ Pret. i p. p.: ***understood*** (ˌʌndə'stud).
understandable (ˌʌndə'stændəbl) *a.* comprensible.
understanding (ˌʌndə'stændiŋ) *s.* intel·ligència *f.* *2* comprensió *f.* *3* acord *m.*, entesa *f.* ‖ ***on the ~ that,*** amb el benentès que. ▪ *4 a.* comprensiu.
understatement ('ʌndəsteitmənt) *s.* descripció *f.* insuficient, declaració *f.* incompleta.
understood (ˌʌndə'stud) Veure UNDERSTAND (TO).
undertake (to) (ˌʌndə'teik) *t.* comprometre's *p.* a. *2* emprendre. ‖ Pret.: ***undertook*** (ˌʌndə'tuk); p. p.: ***undertaken*** (ˌʌndə'teikən).
undertaker ('ʌndəˌteikə[r]) *s.* enterramorts *m.*
undertaking (ˌʌndə'teikiŋ) *s.* tasca *f.*, empresa *f.* *2* promesa *f.*, compromís *m.*

undertone ('ʌndətoun) *s.* veu *f.* baixa, to *m.* baix. *2* qualitat *f.* subjacent. *3* color *m.* apagat, fluix.

undertook (ˌʌndə'tuk) *pret.* de UNDERTAKE (TO).

undertow ('ʌndətou) *s.* MAR. ressaca *f.*

undervalue (to) ('ʌndə'vælju:) *t.* menystenir, menysvalorar, infravalorar.

underwear ('ʌndəwɛəʳ) *s.* roba *f.* interior, (ROSS.) llinge *f.*

underwent (ˌʌndə'went) *pret.* de UNDERGO (TO).

underworld ('ʌndəwə:ld) *s.* MIT. més *m.* enllà. *2* baixos fons *m. pl.;* barris *m. pl.* baixos.

underwrite (to) ('ʌndərait) *t.* assegurar, reassegurar. *2* garantir, subscriure. ▲ Pret.: ***underwrote*** ('ʌndərout); p. p.: ***underwritten*** ('ʌndəˌritn).

undeserved (ˌʌndi'zə:vd) *a.* immerescut.

undeserving (ˌʌndi'zə:viŋ) *a.* indigne.

undesirable ('ʌndi'zaiərəbl) *a.-s.* indesitjable.

undeveloped ('ʌndi'veləpt) *a.* per desenvolupar, sense desenvolupar.

undid (ʌn'did) *pret.* de UNDO (TO).

undignified (ʌn'dignifaid) *a.* poc digne, indecorós.

undo (to) (ʌn'du:) *t.* descordar, desfer [també fig.]. || ***to come undone,*** descordar-se *p.* ▲ Pret.: ***undid*** (ʌn'did); p. p.: ***undone*** (ʌn'dʌn).

undone (ˌʌn'dʌn) *p. p.* de UNDO (TO): ***to leave ~,*** deixar inacabat, deixar per fer.

undoubted (ʌn'dautid) *a.* cert, indubtable, veritable. ▪ *2* **-ly** *adv.* indubtablement, certament.

undress (to) (ʌn'dres) *t.* despullar. ▪ *2 i.* despullar-se *p.*

undue (ˌʌn'dju:) *a.* indegut; excessiu.

undulate (to) ('ʌndjuleit) *i.* onejar, ondular.

unduly (ˌʌn'dju:li) *adv.* indegudament; excessivament.

undying (ʌn'daiiŋ) *a.* immortal, etern.

unearth (to) ('ʌn'ə:θ) *t.* desenterrar [també fig.].

uneasiness (ʌn'i:ʒinis) *s.* intranquil·litat *f.*, inquietud *f.*, agitació *f.*, malestar *m.*

uneasy (ʌn'i:zi) *a.* intranquil, inquiet, agitat.

uneducated (ˌʌn'edjukeitid) *a.* inculte, poc instruït.

unemployed (ˌʌnim'plɔid) *a.* aturat, sense feina, en atur [persona]. *2* no utilitzat.

unemployment (ˌʌnim'plɔimənt) *s.* atur *m.* [laboral].

unending (ʌn'endiŋ) *a.* inacabable, interminable.

unequal (ˌʌn'i:kwəl) *s.* desigual. *2* insuficient, ineficaç.

unequalled (ˌʌn'i:kwəld) *a.* sense igual, inigualat.

unerring (ʌn'ə:riŋ) *a.* infal·lible.

unexpected (ˌʌniks'pektid) *a.* inesperat, sobtat. ▪ *2* **-ly** *adv.* inesperadament, sobtadament.

unevenness (ˌʌn'i:vənnis) *s.* desnivell *m.*, desigualtat *f.*, rugositat *f.*

unfailing (ʌn'feiliŋ) *a.* constant, inexhaurible.

unfair (ˌʌn'fɛəʳ) *a.* injust. *2* deslleial.

unfaithful (ˌʌn'feiθful) *a.* infidel, deslleial.

unfaithfulness (ˌʌn'feiθfulnis) *s.* infidelitat *f.*, deslleialtat *f.*

unfamiliar (ˌʌnfə'miljəʳ) *a.* poc familiar, desconegut.

unfasten (to) ('ʌn'fɑ:sn) *t.* descordar, deslligar.

unfathomable (ʌn'fæðəməbl) *a.* insondable, sense fons [també fig.].

unfeeling (ʌn'fi:liŋ) *a.* dur, insensible, sense sentiments. *2* MED. insensible. ▪ *3* **-ly** *adv.* insensiblement.

unfinished ('ʌn'finiʃt) *a.* inacabat, incomplet.

unfit (ˌʌn'fit) *a.* incapaç, inepte; incompetent.

unfold (to) (ʌn'fould) *t.* obrir. *2* revelar, fer saber. ▪ *2 i.* obrir-se *p.* *3* revelar-se *p.*

unforeseen (ˌʌnfɔ:'si:n) *a.* imprevist.

unforgettable (ˌʌnfə'getəbl) *a.* inoblidable.

unfortunate (ʌn'fɔ:tʃənit) *a.-s.* dissortat, desgraciat. ▪ *2* **-ly** *adv.* dissortadament, desgraciadament.

unfounded (ˌʌn'faundid) *a.* infundat, sense fonament.

unfrequented (ˌʌnfri'kwentid) *a.* poc freqüentat, solitari.

unfriendly (ˌʌn'frendli) *a.* poc amistós, hostil.

unfurl (to) (ʌn'fə:l) *t.* desplegar, estendre [veles, etc.].

unfurnished (ˌʌn'fə:niʃt) *a.* sense mobles, desamoblat.

ungainly (ʌn'geinli) *a.* desmanegat; maldestre, graponer.

ungodly (ʌn'gɔdli) *a.* impietós. *2* col·loq. sorprenent, molest. *3* col·loq. poc raonable, exagerat.

ungrateful (ʌn'greitful) *a.* ingrat, desagraït. *2* poc grat, ingrat [tasca, feina].

unguent ('ʌŋgwənt) *s.* ungüent *m.*

unhappy (ʌn'hæpi) *a.* desgraciat, infeliç. || ***an ~ remark,*** un comentari poc afortunat.

unhealthy (ʌn'helθi) *a.* poc saludable, malsà. *2* col·loq. perillós.

unheard (ʌn'hə:d) *a.* imperceptible.

unheard-of (ʌn'hə:dəv) *a.* inaudit, sense precedents.
unhinge (to) (ʌn'hindʒ) *t.* treure de polleguera [també fig.]. *2* pertorbar [la ment].
unhook (to) (ˌʌn'huk) *t.* descordar; desenganxar, despenjar.
unification (ˌju:nifi'keiʃən) *s.* unificació *f.*
uniform (ˌju:nifɔ:m) *a.* uniforme. ▪ *2 s.* uniforme *m.*
unify (to) ('ju:nifai) *t.* unificar, unir. *2* uniformitzar, uniformar.
unimportant (ˌʌnim'pɔ:tənt) *a.* insignificant, gens important.
uninterested (ʌn'intristid) *a.* apàtic, indiferent, distret.
union ('ju:njən) *s.* unió *f. 2* sindicat *m. 3* associació *f.*
unique (ju:'ni:k) *a.* únic, rar, singular.
unison ('ju:nizn) *a.* uníson *m.*
unit ('ju:nit) *s.* unitat *f.*, peça *f.*, element *m.*
unite (to) (ju:'nait) *t.* unir; ajuntar. ▪ *2 i.* unir-se *p.*, ajuntar-se *p.*
United States (ju:ˌnaitid'steits) *n. pr. pl.* GEOGR. Estats Units *m.*
unity ('ju:niti) *s.* unitat *f.*, unió *f.*, armonia *f.*
universal (ˌju:ni'və:səl) *a.* universal.
universe ('ju:nivə:s) *s.* univers *m.*
university (ˌju:ni'və:siti) *s.* universitat *f.* ▪ *2 a.* de la universitat, universitari.
unjust (ˌʌn'dʒʌst) *a.* injust, immerescut.
unkempt (ˌʌn'kempt) *a.* desendreçat, malforjat. *2* despentinat, escabellat.
unkind (ʌn'kaind) *a.* poc amable, mal educat, despietat. ▪ *2* **-ly** *adv.* sense educació, despietadament.
unknown (ˌʌn'noun) *a.* desconegut, ignorat.
unlearned (ˌʌn'lə:nid) *a.* ignorant. *2* no après, instintiu.
unless (ən'les) *conj.* tret que, a no ser que. *2* tret de, excepte.
unlike (ˌʌn'laik) *a.* diferent, dissemblant. ▪ *2 prep.* diferent de.
unlikely (ʌn'laikli) *a.* improbable.
unload (to) (ʌn'loud) *t.* descarregar, buidar. *2* col·loq. ***to ~ (on to),*** desfer-se *p.* de, treure's del damunt. ▪ *3 i.* descarregar.
unlock (to) (ˌʌn'lɔk) *t.* obrir [un pany].
unlooked-for (ʌn'luktfɔ:[r]) *a.* imprevist, inesperat.
unloose (to) (ʌn'lu:s) *t.* deslligar, alliberar.
unmatched (ʌn'mætʃt) *a.* únic, sense igual, incomparable. *2* desaparellat.
unmindful (ʌn'maindful) *a.* ***~ (of),*** oblidadís, despistat.
unmistakable (ˌʌnmis'teikəbl) *a.* inequívoc, clar, evident.
unmoved (ʌn'mu:vd) *a.* indiferent, fred, impertorbable.
unnatural (ʌn'nætʃrəl) *a.* antinatural, no natural. *2* anormal.
unnecessary (ʌn'nesisəri) *a.* innecessari, no necessari, superflu.
unnoticed (ˌʌn'noutist) *a.* inadvertit, desapercebut.
unpack (to) (ˌʌn'pæk) *t.* desempaquetar; treure [de la maleta]. ▪ *2 i.* desfer [la maleta].
unparalleled (ʌn'pærəleld) *a.* únic, incomparable.
unpleasant (ʌn'pleznt) *a.* desagradable, molest. ▪ *2* **-ly** *adv.* desagradablement.
unprecedented (ʌn'presidentid) *a.* sense precedents.
unprejudiced (ʌn'predʒudist) *a.* sense prejudicis, imparcial.
unpretending (ˌʌnpri'tendiŋ), **unpretentious** (ˌʌnpri'tenʃəs) *a.* modest, sense pretensions.
unprincipled (ʌn'prinsipld) *a.* immoral, sense principis.
unqualified (ʌn'kwɔlifaid) *a.* no qualificat, incompetent, incapaç. *2* il·limitat, absolut.
unquestionable (ʌn'kwestʃənəbl) *a.* inqüestionable, indubtable.
unquiet (ʌn'kwaiət) *a.* liter. inquiet, agitat.
unravel (to) (ʌn'rævl) *t.* desfer, desenredar, desembullar. *2* aclarir, descobrir. ▪ *3 i.* desfer-se *p.*, desenredar-se *p.*, desembullar-se *p. 4* aclarir-se *p.*, descobrir-se *p.*
unreal (ˌʌn'riəl) *a.* irreal, il·lusori, imaginari.
unreasonable (ʌn'ri:znəbl) *a.* irraonable, poc raonable. *2* excessiu.
unrelenting (ˌʌnri'lentiŋ) *a.* inexorable, inflexible.
unreliable (ˌʌnri'laiəbl) *a.* informal, de poca confiança.
unreserved (ˌʌnri'zə:vd) *a.* sense reserva, lliure [taula, seient, etc.]. *2* total, complet.
unrest (ʌn'rest) *s.* inquietud *f.*, malestar *m.* [social, polític].
unrestrained (ˌʌnris'treind) *a.* lliure; desenfrenat.
unrivalled (ʌn'raivəld) *a.* únic, sense rival, incomparable.
unroll (to) (ʌn'roul) *t.-i.* descaragolar(se, desfer(se.
unruly (ʌn'ru:li) *a.* ingovernable, rebel, desobedient.
unsavoury, (EUA) **unsavory** (ʌn'seivəri) *a.* desagradable; groller; repugnant.
unscathed (ʌn'skeiðd) *a.* il·lès.
unscrupulous (ʌn'skru:pjuləs) *a.* sense escrúpols.

unseemly (ʌn'si:mli) *a.* inadequat, impropi [comportament, etc.].
unseen (ʌn'si:n) *a.* no vist, inadvertit; invisible.
unsettle (to) (ˌʌn'setl) *t.* alterar, pertorbar, excitar.
unsettled (ˌʌn'setld) *a.* inquiet, variable, inestable.
unsightly (ʌn'saitli) *a.* que fa mal a la vista, lleig.
unskilful, (EUA) **unskillful** (ˌʌn'skilful) *a.* poc hàbil, inexpert, maldestre.
unskilled (ˌʌn'skild) sense qualificar [feina, obrer].
unsound (ˌʌn'saund) *a.* en males condicions. *2* poc satisfactori. *3* DRET ***of ~ mind,*** pertorbat mental.
unspeakable (ʌn'spi:kəbl) *a.* indescriptible, inexpressable. *2* col·loq. molt desagradable.
unstable (ˌʌn'steibl) *a.* inestable. *2* inestable, pertorbat [persones].
unsure (ˌʌn'ʃuəʳ) *a.* insegur [persona]. *2* no del tot segur, dubtós.
unsuspected (ˌʌnsəs'pektid) *a.* insospitat, desconegut.
untidy (ʌn'taidi) *a.* desendreçat, desordenat [lloc]. *2* poc polit, malfardat [persona].
until (ən'til) *prep.* fins a. || ***I'll be here ~ nine o'clock,*** seré aquí fins les nou. ■ *2 conj.* fins que: ***she'll be at home ~ you get there,*** serà a casa fins que hi arribis.
untimely (ʌn'taimli) *a.* inoportú, fora de lloc.
untiring (ʌn'taiəriŋ) *a.* incansable, infatigable.
unto ('ʌntu) *prep.* ant. Veure TO.
untold (ˌʌn'tould) *a.* incalculable.
untouchable (ʌn'tʌtʃəbl) *a.* intocable. ■ *2 s.* intocable [membre de la casta més baixa, a l'Índia].
untoward (ˌʌnt'wɔ:d) *a.* indòcil, ingovernable, rebel. *2* infeliç, dissortat. *3* advers, poc favorable.
untruth (ʌn'tru:θ) *s.* falsetat *f.*
unused (ʌn'ju:zd) *a.* no usat, no fet servir. *2* (ʌn'ju:st) no acostumat (*to,* a).
unusual (ʌn'ju:ʒuəl) *a.* poc usual, poc freqüent, excepcional, insòlit. ■ *2* **-ly,** *adv.* excepcionalment, rarament.
unveil (to) (ʌn'veil) *t.-i.* treure('s el vel. *2 t.* mostrar, donar a conèixer, ensenyar.
unwieldy (ʌn'wi:ldi) *a.* difícil de manejar [per pes, volum, etc.].
unwilling (ˌʌn'wiliŋ) *a.* reaci, poc disposat. ■ *2* **-ly** *adv.* de mala gana, a contracor.
unwitting (ʌn'witiŋ) *a.* inconscient [acte]. ■ *2* **-ly** *adv.* sense voler, sense adonar-se'n, inconscientment.
up (ʌp) *adv.* dalt. *2* cap amunt; enlaire. *3* llevat, fora del llit. *4* del tot, completament: ***to burn ~,*** cremar-se del tot. *5* en contacte, en proximitat. || ***to lay ~,*** acumular. *6* ***it's ~ to you,*** depèn de tu; ***~ to date,*** fins ara; ***what's ~?,*** què passa?, què hi ha? ■ *7 a.* que puja, ascendent. ■ *8 prep.* a dalt de, al damunt de. ■ *10 s.* dalt *m.*, part *f.* superior. || *pl.* ***~s and downs,*** alts i baixos *m.*
upbraid (to) (ʌp'breid) *t.* renyar, reprendre, blasmar.
upbringing ('ʌpˌbriŋiŋ) *s.* educació *f.*, formació *f.*
upheaval (ʌp'hi:vəl) *s.* daltabaix *m.*, commoció *f.*, cataclisme *m.*
uphill (ˌʌp'hil) *a.* ascendent. *2* fig. difícil, dur. ■ *3 adv.* muntanya amunt, amunt.
uphold (to) (ʌp'hould) *t.* donar soport, recolzar. *2* confirmar, reafirmar. ▲ Pret. i p. p.: ***upheld*** (ʌp'held).
upholster (to) (up'houlstəʳ) *t.* entapissar, tapissar.
upholstery (ʌp'houlstəri) *s.* tapisseria *f.*, tapissat *m.*
upkeep ('ʌpki:p) *s.* manteniment *m.*, conservació *f.* *2* despeses *f. pl.* de manteniment.
upland ('ʌplənd) *s.* terra *f.* alta, altiplà *m.*
uplift ('ʌplift) *s.* inspiració *f.*, elevació *f.*
uplift (to) (ˌʌp'lift) *t.* inspirar; elevar.
upon (ə'pɔn) *prep.* form. Veure ON.
upper ('ʌpəʳ) *a.* superior, elevat. || ***the ~ part of the body,*** la part superior del cos. *2* ***~ class,*** classe alta. ■ *2 s.* empenya *f.* [de sabata].
uppermost ('ʌpəmoust, -məst) *a.* predominant, (el) més alt. ■ *2 adv.* dalt de tot; en primer lloc.
upright ('ʌprait) *a.* erecte, dret, vertical. *2* recte, honrat [persona]. ■ *3* **-ly** *adv.* verticalment, rectament, honradament.
uprightness ('ʌpˌraitnis) *s.* rectitud *f.* *2* fig. rectitud *f.*, honradesa *f.*
uprising (ʌp'raiziŋ) *s.* alçament *m.;* revolta *f.*
uproar ('ʌpˌrɔ:) *s.* enrenou *m.;* avalot *m.;* rebombori *m.*
uproarious (ʌp'rɔ:riəs) *a.* sorollós, escandalós [persona].
uproot (to) (ʌp'ru:t) *t.* arrencar de soca-rel. *2* desarrelar.
upset (ʌp'set) *a.* capgirat. *2* trastornat, trasbalsat. *3* molest; preocupat. ■ *4 s.* trastorn *m.*, trasbals *m.*
upset (to) (ʌp'set) *t.* bolcar, tombar, capgirar. *2* trastornar, alterar, trasbalsar. ■ *3 i.* bolcar-se *p.*, tombar-se *p.* ▲ Pret. i p. p.: ***upset*** (ʌp'set).

upside-down (ˌʌpsaid'daun) *adv.* de cap per avall [també fig.].
upstairs (ˌʌp'stɛəz) *adv.* al pis de dalt, dalt. ▪ *2 a.* del pis de dalt, de dalt. ‖ ***the man ~,*** el veí de dalt.
upstart ('ʌpˌstɑ:t) *a.-s.* arribista; nou ric. *2* pressumptuós, insolent.
up-to-date ('ʌptəˌdeit) *a.* modern, actual.
upward ('ʌpwəd) *a.* ascendent, que puja. ▪ *2 adv.* ***~(s),*** cap amunt, enlaire.
urban ('ə:bən) *a.* urbà.
urbanity (ə:'bæniti) *s.* urbanitat *f.*, refinament *m.*, cortesia *f.*
urchin ('ə:tʃin) *s.* pillet, murri.
urge (ə:dʒ) *s.* desig *m.*, necessitat *f.*, impuls *m.*
urge (to) (ə:dʒ) *t.* instar, apressar. *2* incitar; persuadir; convèncer.
urgency ('ə:dʒənsi) *s.* urgència *f.*, necessitat *f. 2* insistència *f.*
urgent ('ə:dʒənt) *a.* urgent. *2* insistent, persistent.
urinate (to) ('juərineit) *i.* orinar.
urn (ə:n) *s.* gerra *f.*, urna *f.* [per decoració]. *2* mena de recipient *m.* gros per fer cafè o te.
Uruguay ('ju:rəgwai) *n. pr.* GEOGR. Uruguai *m.*
Uruguayan (ˌju:rə'gwaiən) *a.-s.* uruguaià.
us (ʌs, əs, s) *pron. pers.* ens: ***to ~,*** a nosaltres. *2* ***~ Catalans,*** nosaltres els catalans.
usage ('ju:zidʒ) *s.* ús *m.*, maneig *m. 2* ús *m.*, costum *m.*
use (ju:s) *s.* ús *m.*, utilització *f.* ‖ ***out of ~,*** fora d'ús, que ja no es fa servir. *2* utilitat *f.*, servei *m.*, profit *m.* ‖ ***that's of no ~ to me,*** això no em serveix per a res. *3* ús *m.*, pràctica *f.*, costum *m.*
use (to) (ju:z) *t.* usar, utilitzar, emprar. *2* tractar. *3* ***to ~ (up),*** acabar; gastar; consumir.
used (ju:st) *v. aux.* (*pret.* de ***to use***), solia, acostumava. ‖ ***I ~ to smoke a lot,*** jo fumava molt. ▪ *2 a.* acostumat, habituat. *3* usat, fet servir.
useful ('ju:sful) *a.* útil; de profit.
useless ('ju:slis) *a.* inútil; inservible.
usher ('ʌʃə^r) *s.* TEAT., CINEM. acomodador *m. 2* uixer *m.*, porter *m.*
usher (to) ('ʌʃə^r) *t.* guiar, portar, acompanyar. *2* ***to ~ in,*** anunciar, fer saber.
usherette (ˌʌʃə'ret) *s.* TEAT., CINEM. acomodadora *f.*
usual ('ju:ʒuəl) *a.* usual, habitual: ***as ~,*** com de costum, com sempre. ▪ *2* **-ly** *adv.* generalment, normalment, usualment.
usurer ('ju:ʒərə^r) *s.* usurer.
usurp (to) (ju:'zə:p) *t.* usurpar.
usury ('ju:ʒuri) *s.* usura *f.*
utensil (ju:'tensl, -sil) *s.* utensili *m.*, eina *f.* ‖ *pl.* ***household ~s,*** estris *m.* de casa.
utility (ju:'tiliti) *s.* utilitat *f.*, profit *m. 2* ***(public) ~,*** servei *m.* públic [subministrament d'aigua, gas, etc.].
utilize (to) ('ju:tilaiz) *t.* utilitzar. *2* trobar utilitat.
utmost ('ʌtmoust, -məst) *a.* extrem, suprem. ‖ ***of the ~ importance,*** de summa importància. ▪ *2 s.* ***one's ~,*** el màxim *m.* ‖ ***to do one's ~,*** fer tot el possible.
utter ('ʌtə^r) *a.* total, complet, absolut. ▪ *2* **-ly** *adv.* completament, absolutament.
utter (to) ('ʌtə^r) *t.* articular, pronunciar. *2* dir, expressar. *3* posar en circulació [moneda, documents falsos, etc.].
utterance ('ʌtərəns) *s.* manera *f.* de parlar; pronúncia *f. 2* cosa *f.* dita, expressió *f. 3* declaració *f.*, discurs *m.*

V

V, v (viː) *s.* v *f.* [lletra].
vacancy ('veikənsi) *s.* vacant *f.* *2* habitació *f.* lliure [hotel, etc.]. *3* buit *m.*, buidor *f.*
vacant ('veikənt) *a.* buit. *2* buit, desocupat, lliure.
vacate (to) (və'keit) *t.* deixar vacant; desocupar; deixar lliure.
vacation (ve'keiʃən) *s.* vacances *f. pl.* [escolars], descans *m.* [dels tribunals]. *2* (EUA) vacances *f. pl.*
vaccinate (to) ('væksineit) *t.* vacunar, (ROSS.) vaccinar.
vaccine ('væksiːn) *s.* vacuna *f.*
vacillate (to) ('væsileit) *t.* fluctuar; vacil·lar.
vacuum ('vækjuəm) *s.* buit *m.* *2* ~ o ~ ***cleaner,*** aspirador.
vacuum flask ('vækjuːmflɑːsk) *s.* termo *m.*
vagabond ('vægəbɔnd) *a.-s.* vagabund.
vagary ('veigəri) *s.* caprici *m.;* estirabot *m.*
vagrant ('veigrənt) *a.-s.* vagabund; rodamón.
vague (veig) *a.* vague, incert. *2* confús, indefinit, incert [persona].
vain (vein) *a.* va, inútil. || ***in ~,*** debades; en va. *2* vanitós.
vainglory (vein'glɔːri) *s.* vanaglòria *f.*
vale (veil) *s.* liter. vall *f.*
valence ('veiləns) , **valency** ('veilənsi) *s.* QUÍM. valència *f.*
valentine ('væləntain) *s.* tarjeta *f.* postal del dia de Sant Valentí. *2* xicot *m.*, promès *m.* *3* xicota *f.*, promesa *f.*
valet ('vælit, -lei, -li) *s.* valet *m.*, ajuda *f.* de cambra.
valiant ('væljənt) *a.* valent, coratjós.
valid ('vælid) *a.* vàlid.
validity (və'liditi) *s.* validesa *f.*
valise (və'liːz) *s.* ant. valisa *f.*, maleta *f.* *2* MIL. sac *m.*
valley ('væli) *s.* vall *f.*
valour, (EUA) **valor** ('vælə[r]) *s.* valor *m.* coratge *m.*
valuable ('væljuəbl) *a.* valuós, de (gran) valor. ▪ *2 s. pl.* objectes *m.* de valor.
valuation (ˌvælju'eiʃən) *s.* valoració *f.*, estimació *f.*; avaluació *f.*
value ('væljuː) *s.* valor *m.*, mèrit *m.*, importància *f.*, vàlua *f.*
value (to) ('væljuː) *t.* valorar, avaluar, taxar. *2* valorar, apreciar, tenir una alta opinió de.
valve (vælv) *s.* vàlvula *f.* *2* ZOOL. valva *f.*
vampire bat ('væmpaiə[r] bæt) *s.* ZOOL. vampir *m.*
van (væn) *s.* camioneta *f.*, furgoneta *f.* *2* FERROC. (G.B.) cotxe *m.* d'equipatges.
vandalism ('vændəlizəm) *s.* vandalisme *m.*
vane (vein) *s.* gallet *m.*, penell *m.* *2* pala *f.*, aspa *f.*
vanguard ('vængɑːd) *s.* avantguarda *f.*
vanilla (və'nilə) *s.* BOT. vainilla *f.*
vanish (to) ('væniʃ) *i.* desaparèixer; esfumar-se *p.*, dissipar-se *p.* || ***to ~ into the air,*** fer-se *p.* fonedís.
vanity ('væniti) *s.* vanitat *f.;* orgull *m.* *2* vanitat *f.*, futilitat *f.*, buidesa *f.*
vanity case ('vænitikeis) *s.* estoig *m.* per als cosmètics, necesser *m.*
vanquish (to) ('væŋkwiʃ) *t.* liter. conquerir, conquistar.
vapid ('væpid) *a.* insípid, sense interès.
vaporize (to) ('veipəraiz) *t.* vaporitzar, evaporar. ▪ *2 i.* vaporitzar-se *p.*, evaporar-se *p.*
vaporous (veipərəs) *a.* vaporós. *2* fig. insubstancial.
vapour, (EUA) **vapor** ('veipə[r]) *s.* vapor *m.;* baf *m.* *2* boira *f.*
variable ('vɛəriəbl) *a.* variable, variant. ▪ *2 s.* variable *f.*
variance ('vɛəriəns) *s.* form. ***at ~ (with),*** en desacord, en discrepància.
variation (ˌvɛəri'eiʃən) *s.* variació *f.*
varied ('vɛərid) *a.* divers, variat.

variegated ('vɛərigeitid) *a.* bigarrat, jaspiat, matisat.
variety (və'raiəti) *s.* varietat *f.*, diversificació *f.* *2* varietat *f.*, classe *f.*, mena *f.* *3* TEAT. varietats *f. pl.*
various ('vɛəriəs) *a.* diversos, diferents. ‖ ***for ~ purposes,*** per propòsits varis.
varnish ('vɑːniʃ) *s.* vernís *m.* *2* esmalt *m.* de les ungles. *3* fig. vernís *m.*, aparença *f.* falsa.
varnish (to) ('vɑːniʃ) *t.* vernissar. *2* pintar-se *p.* les ungles.
vary (to) ('vɛəri) *i.* variar, ser variable. ▪ *2* *t.* variar, fer variar.
vase (vɑːz) *s.* gerro *m.*
vast (vɑːst) *a.* vast. ▪ *2* **-ly** *adv.* vastament.
vastness ('vɑːstnis) *s.* immensitat *f.*
vat (væt) *s.* tina *f.*, dipòsit *m.*, tanc *m.*
vaudeville ('voudəvil) *s.* vodevil *m.*, varietats *f. pl.*
vault (vɔːlt) *s.* ARQ. volta *f.* *2* celler *m.*; cripta *f.* *3* ESPORT salt *m.* [amb perxa].
vault (to) (vɔːlt) *t.-i.* ESPORT saltar [amb perxa].
vaunt (to) (vɔːnt) *t.* alabar; vanar-se *p.* de. ▪ *2* *i.* vanar-se *p.*, vanagloriar-se *p.*
veal (viːl) *s.* carn *f.* de vedella.
veer (to) (viəʳ) *i.* virar, fer un tomb.
vegetable ('vedʒitəbl) *a.* vegetal. ▪ *2* *s.* verdura *f.*, hortalissa *f.*
vegetate (to) ('vedʒiteit) *i.* vegetar.
vegetation (vedʒi'teiʃən) *s.* vegetació *f.*
vehemence ('viːiməns) *s.* vehemència *f.*
vehement ('viːimənt) *a.* vehement. ▪ *2* **-ly** *adv.* amb vehemència.
vehicle ('viːikl) *s.* vehicle *m.* *2* fig. vehicle *m.*, medi *m.*
veil (veil) *s.* vel *m.* [també fig.].
veil (to) (veil) *t.* cobrir amb un vel. *2* fig. dissimular, ocultar.
vein (vein) *s.* ANAT. vena *f.* *2* BOT. nervi *m.* *3* fig. rastre *m.*, foc *m.* lleuger. *4* MINER. veta *f.*, filó *m.* *5* vena *f.*, humor *m.*, estat *m.* d'ànim.
vellum ('veləm) *s.* pergamí *m.*
velocity (vi'lɔsiti) *s.* velocitat *f.*
velvet ('velvit) *s.* vellut *m.* ▪ *2* *a.* de vellut. *3* suau.
velvety ('velviti) *a.* vellutat.
veneer (vi'niəʳ) *s.* fullola *f.*
veneer (to) (vi'niəʳ) *t.* cobrir amb fullola.
venerable ('venərəbl) *a.* venerable.
venerate (to) ('venəreit) *t.* venerar, reverenciar.
veneration (ˌvenə'reiʃən) *s.* veneració *f.*
vengeance ('ven(d)ʒens) *s.* venjança *f.*, revenja *f.* ‖ col·loq. ***with a ~,*** amb fúria; en gran quantitat.
vengeful ('ven(d)ʒful) *a.* venjatiu.
Venice ('venis) *n. pr.* GEOGR. Venècia *f.*
venison ('venizn) *s.* carn *m.* de cérvol *m.*
venom ('venəm) *s.* verí *m.* [de serp]. *2* fig. odi *m.*, rencor *m.*
vent (vent) *s.* respirador *m.*, respirall *m.*, orifici *m.* *2* sortida *f.* ‖ ***to give ~ to anger,*** deixar sortir l'ira. *3* estrip *m.*, descosit *m.*
vent (to) (vent) *t.* donar sortida; descarregar [ira, mal humor, etc.].
ventilate (to) ('ventileit) *t.* ventilar. *2* exposar públicament.
ventilator ('ventileitəʳ) *s.* ventilador *m.*
ventriloquist (ven'triləkwist) *s.* ventríloc.
venture ('ventʃəʳ) *s.* risc *m.*, aventura *f.*, empresa *f.* arriscada.
venture (to) ('ventʃəʳ) *t.* aventurar, arriscar. ▪ *2* *i.* aventurar-se *p.*, arriscar-se *p.* (*on*, en).
venturesome ('ventʃəsəm) *a.* temerari, arriscat [persona].
veracious (və'reiʃəs) *a.* verídic, veritable. *2* veraç.
veranda(h) (və'rændə) *s.* terrassa *f.*, porxo *m.*; balconada *f.*
verb (vəːb) *s.* verb *m.*
verbal ('vəːbl) *a.* verbal, oral. *2* verbal, del verb. *3* literal: ***a ~ copy,*** una còpia literal.
verbatim (vəː'beitim) *adv.* al peu de la lletra, literalment.
verbena (və(ː)'biːnə) *s.* BOT. berbena *f.*
verbose (vəː'bous) *a.* verbós.
verbosity (vəː'bɔsiti) *s.* verbositat *f.*
verdant ('vəːdənt) *a.* liter. verd.
verdict ('vəːdikt) *s.* veredicte *m.* *2* dictamen.
verge (veːdʒ) *s.* marge *m.*; vora *f.* ‖ ***on the ~ of,*** apunt de.
verge (to) (vəːdʒ) *i.* ***to ~ on,*** o ***upon,*** estar a punt de; acostar-se *p.* a.
verification (ˌverifi'keiʃən) *s.* verificació *f.* *2* prova *f.* evidència *f.*
verify (to) ('verifai) *t.* verificar.
verily ('verili) *adv.* ant. veritablement, de debò.
veritable ('veritəbl) *a.* veritable.
vermicelli (ˌvəːmi'seli) *s.* fideus *m. pl.*
vermilion (və'miljən) *a.* vermell. ▪ *2* *s.* vermell *m.*
vermin ('vəːmin) *s.* animals *m. pl.* nocius.
vernacular (və'nækjuləʳ) *a.* vernacle. ▪ *2* *s.* llengua *f.* vernacle.
versatile ('vəːsətail) *a.* d'usos múltiples. *2* amb interessos diversos [persona].
verse (vəːs) *s.* vers *m.*
versed (vəːst) *a.* versat, instruït.
versify (to) ('vəːsifai) *t.-i.* versificar.
version ('vəːʃən) *s.* versió *f.*
vertebrate ('vəːtibrit) *a.* vertebrat. ▪ *2* *s.* vertebrat *m.*

vertical ('və:tikəl) *a.* vertical. ■ *2* **-ly** *adv.* verticalment.
vertiginous (və:'tidʒinəs) *a.* vertiginós.
vertigo ('və:tigou) *s.* vertigen *m.*
verve (vεəv, və:v) *s.* entusiasme *m.*, vigor *m.*
very ('veri) *a.* genuí, real. ‖ ***at that ~ moment,*** en aquell precís moment. ***the ~ truth,*** la pura veritat. *2* pur, simple. ‖ ***the ~ thought frightened me,*** només de pensar-hi ja m'agafava por. ■ *3 adv.* molt. ‖ ***~ much,*** moltíssim.
vessel ('vesl) *s.* vas *m.*, receptacle *m.* ‖ ***blood ~,*** vas *m.* sanguini. *2* vaixell *m.*
vest (vest) *s.* (G.B.) samarreta *f. 2* armilla *f.*
vested ('vestid) *a.* ***~ interest,*** interès *m.* creat.
vestibule ('vestibju:l) *s.* vestíbul *m.*, rebedor *m.*
vestige ('vestidʒ) *s.* vestigi *m.*
vestment ('vestmənt) *s.* vestidura *f.*
vestry ('vestri) *s.* sagristia *f. 2* junta *f.* parroquial.
vet ('vet) *s.* col·loq. (abrev. ***veterinary***) veterinari.
veteran ('vetərən) *a.-s.* veterà [esp. de guerra].
veterinary ('vetərinəri) *a.* veterinari. ‖ ***~ surgeon,*** veterinari *m.*
veto ('vi:tou) *s.* veto *m.*
veto (to) ('vi:tou) *t.* vetar, prohibir.
vex (to) (veks) *t.* molestar; irritar. ‖ ***~ed point,*** punt *m.* conflictiu.
vexation (vek'seiʃən) *s.* enuig *m.*, disgust *m.*, molèstia *f.*
via ('vaiə) *prep.* via: ***we travelled ~ Brussels,*** vam viatjar via Brussel·les.
viaduct ('vaiədʌkt) *s.* viaducte *m.*
vial ('vaiəl) *s.* flascó *m.*, ampolla *f.*
vibrant ('vaibrənt) *a.* vibrant.
vibrate (to) (vai'breit) *t.* fer vibrar. ■ *2 i.* vibrar.
vicar ('vikə^r) *s.* mossèn *m.* anglicà. *2* vicari *m.*
vicarage ('vikəridʒ) *s.* vicaria *f.*, rectoria *f.*
vicarious (vai'kεəriəs) *a.* vicari.
vice (vais) *s.* vici *m. 2* MEC. cargol *m.* de banc.
viceroy ('vaisrɔi) *s.* virrei *m.*
vice versa ('vaisi'və:sə) *adv.* viceversa.
vicinity (vi'siniti) *s.* proximitat *f. 2* encontorns *m. pl.*, veïnat *m.*
vicious ('viʃəs) *a.* viciós. *2* rancorós, rencuniós. *3* aviciat [animal]. *4* defectuós.
vicissitude (vi'sisitju:d) *s.* vicissitud *m.*
victim ('viktim) *s.* víctima *f.*
victor ('viktə^r) *s.* vencedor, conqueridor *m.*
victorious (vik'tɔ:riəs) *a.* victoriós, triomfant.
victory ('viktəri) *s.* victòria *f.*, triomf *m.*
victual (to) ('vitl) *t.* proveir, avituallar. ■ *2 i.* proveir-se *p.*, avituallar-se *p.*, fer provisions.
victuals ('vitlz) *s. pl.* provissions *f.*
vie (to) (vai) *t.* competir, rivalitzar.
Vienna (vi'enə) *n. pr.* GEOGR. Viena *f.*
Vietnam (viet'næm) *n. pr.* GEOGR. Vietnam *m.*
Vietnamese (vietnə'mi:z) *a.-s.* vietnamita.
view (vju:) *s.* vista *f.*; visió *f.* ‖ ***in ~ of,*** considerant. *2* vista *f.*, panorama *m.*, escena *f. 3* visió *f.*, opinió *f.* ‖ ***point of ~,*** punt de vista. *4* ànim *m.*, intenció *f.*, propòsit *m.*
view (to) (vju:) *t.* examinar; considerar; inspeccionar.
viewer ('vju:ə^r) *s.* telespectador. *2* projector *m.* de transparències.
viewpoint ('vju:pɔint) *s.* punt *m.* de vista *f.*
vigil ('vidʒil) *s.* vigília *f.*, vetlla *f.* [estat]. ‖ ***to keep ~,*** vetllar. *2* vigília *f.*, vetlla *f.* [la nit abans].
vigilance ('vidʒiləns) *s.* vigilància *f.*
vigilant ('vidʒilənt) *a.* amatent, a l'aguait, alerta.
vigorous ('vigərəs) *a.* vigorós, fort, enèrgic. ■ *2* **-ly** *adv.* vigorosament, enèrgicament.
vigour, (EUA) **vigor** ('vigə^r) *s.* vigor *m.*, força *f.*, energia *f.*
vile (vail) *a.* vil, roí. *2* col·loq. dolent, desastrós. ■ *3* **-ly** *adv.* vilment, roïnament.
vileness ('vailnis) *s.* vilesa *f.*, baixesa *f.*, vergonya *f.*, infàmia *f.*
vilify (to) ('vilifai) *t.* insultar, vilipendiar.
villa ('vilə) *s.* (G.B.) torre *f.*, casa *f.*, xalet *m. 2* torre *f.* d'estiueig.
village ('vilidʒ) *s.* poble *m.*, vila *f.*
villager ('vilidʒə^r) *s.* habitant [de poble], vilatà.
villain ('vilən) *s.* canalla, poca-vergonya, bandarra.
vindicate (to) ('vindikeit) *t.* vindicar, justificar. *2* reivindicar.
vindication (ˌvindi'keiʃən) *s.* vindicació *f.*, justificació *f. 2* reivindicació *f.*
vindictive (vin'diktiv) *a.* rancorós, vindicatiu.
vine (vain) *s.* BOT. parra *f. 2* enfiladissa *f.*
vinegar ('vinigə^r) *s.* vinagre *m.*
vineyard ('vinjəd) *s.* vinya *f.*
vintage ('vintidʒ) *s.* verema *f. 2* collita *f.* [de vi].
violate (to) ('vaiəleit) *t.* violar, trencar [un pacte, la llei]. *2* violar, profanar. *3* violar [una persona].
violence ('vaiələns) *s.* violència *f.*

violent ('vaiələnt) *a.* violent [atac; temperament, etc.]. *2* virulent, sever [dolor].
violet ('vɔiəlit) *s.* BOT. violeta *f.* *2* color *m.* violeta.
violin (ˌvaiə'lin) *s.* violí *m.*
violinist ('vaiəlinist) *s.* violinista.
violoncello (ˌvaiələn'tʃelou) *s.* violoncel *m.*
viper ('vaipəʳ) *s.* escurçó *m.* [també fig.].
virago (vi'rɑ:gou) *s.* donota *f.*, harpia *f.*
virgin ('və:dʒin) *s.* verge *f.* ‖ ***the Virgin,*** la Verge *f.* ▪ *2 a.* verge [també fig.].
virginity (və:'dʒiniti) *s.* virginitat *f.*
virile ('virail) *a.* viril.
virility (vi'riliti) *s.* virilitat *f.*
virtual ('və:tjuəl) *a.* virtual. ▪ *2* **-ly** *adv.* virtualment.
virtue ('və:tju:) *s.* virtut: ***by*** o ***in ~ of,*** en virtut de.
virtuosity (ˌvə:tju'ɔsiti) *s.* virtuosisme *m.*
virtuous ('və:tʃuəs, -tjuəs) *a.* virtuós; molt dotat.
virulence ('viruləns) *s.* virulència.
virulent ('virulənt) *a.* virulent.
virus ('vaiərəs) *s.* virus *m.* *2* col·loq. malaltia *f.* vírica.
visa ('vi:zə) *s.* visat *m.*
visage ('vizidʒ) *s.* liter. rostre *m.*, cara *f.*
viscount ('vaikaunt) *s.* vescomte *m.*
viscountess ('vaikauntis) *s.* vescomtessa *f.*
vise (vais) *s.* Veure VICE 2.
visible (vizibl) *a.* visible.
vision ('viʒən) *s.* visió *f.*
visionary ('viʒənəri) *a.* imaginari, fantàstic. *2* somiador, somiatruites [persona].
visit ('vizit) *s.* visita *f.*
visit (to) ('vizit) *t.* visitar. *2* (EUA) inspeccionar. ▪ *3 i.* anar a visitar, fer visita.
visitor ('vizitəʳ) *s.* visita *f.*, visitant. ‖ ***summer ~,*** estiuejant; turista.
visor ('vaizəʳ) *s.* visera *f.*
vista ('vistə) *s.* perspectiva *f.*, vista *f.*, panorama [també fig.].
visual ('vizjuəl) *a.* visual.
visualize (to) ('vizjuəlaiz) *t.* tenir present, imaginar-se *p.*, recordar.
vital ('vaitl) *a.* vital. *2* col·loq. mesures *f. pl.* [d'una dona]. *3* vital, indispensable. ▪ *4 s. pl.* ***~s,*** òrgans *m.* vitals.
vitality (vai'tæliti) *s.* vitalitat *f.*, força *f.* vital.
vitalize (to) ('vaitəlaiz) *t.* vivificar.
vitamin ('vitəmin, (EUA) 'vaitəmin) *s.* vitamina *f.*
vitiate (to) ('viʃieit) *t.* corrompre, degradar, viciar, fer malbé. ‖ ***~ air,*** aire *m.* viciat.
vitriol (vitriəl) *s.* vitriol *m.* *2* sarcasme *m.*
vituperate (to) (vi'tju:pəreit) *t.* vituperar.
vivacious (vi'veiʃəs) *a.* vivaç, viu, alegre, animat.
vivacity (vi'væsiti) *s.* vivacitat *f.*, vivesa *f.*
vivid ('vivid) *a.* vívid. *2* vivaç, viu. *3* clar, viu, distingible. ▪ *4* **-ly** *adv.* vivament.
vixen ('viksn) *s.* ZOOL. guineu *f.* *2* donota *f.*, mala pècora *f.*
vocabulary (və'kæbjuləri) *s.* vocabulari *m.*
vocal ('voukəl) *a.* vocal; oral; verbal. ▪ *2* **-ly** *adv.* vocalment, oralment.
vocalist ('voukəlist) *s.* vocalista.
vocation (vou'keiʃən) *s.* vocació *f.* *2* aptitud *m.*, talent *m.* *3* ofici *m.*, professió *f.*
vociferate (to) (vou'sifəreit) *t.* vociferar, dir a crits. ▪ *2 i.* vociferar, cridar, parlar a crits.
vociferous (vou'sifərəs) *a.* vociferant, cridaner, sorollós.
vogue (voug) *s.* moda *f.*, voga *f.*
voice (vɔis) *s.* veu *f.* [també fig.]. *2* parla *f.*, paraula *f.* ‖ ***with one ~,*** unànimement.
voice (to) (vɔis) *t.* posar en paraules; expressar.
voiced (voist) *a.* GRAM. sonor.
voiceless ('vɔislis) *a.* sense veu. *2* GRAM. sord.
void (vɔid) *a.* buit, vacant. *2* ***~ of,*** sense *prep.* *3* DRET ***null and ~,*** no vàlid, sense força. ▪ *4 s.* buit *m.* [també fig.].
volatile ('vɔlətail) *a.* volàtil. *2* inconstant, voluble [persona].
volcanic (vɔl'kænik) *a.* volcànic.
volcano (vɔl'keinou) *s.* volcà *m.*
volition (vou'liʃən) *s.* volició *f.*, voluntat *f.*
volley ('vɔli) *s.* descàrrega *f.* [artilleria]. *2* reguitzell *m.*, devesall *m.*, seguit *m.* [d'impropers; preguntes].
volley (to) ('vɔli) *i.* llençar una descàrrega. ▪ *2 t.* descarregar [artilleria].
volleyball ('vɔlibɔ:l) *s.* ESPORT boleivol *m.*
voltage ('voultidʒ) *s.* ELECT. voltatge *m.*, tensió *f.*
volt (voult) *s.* ELECT. volt *m.*
voluble ('vɔljubl) *a.* loquaç; que parla amb fluïdesa.
volume ('voljum) *s.* volum *m.*
voluminous (və'lju:minəs) *a.* voluminós. *2* productiu, fèrtil [autor].
voluntary ('vɔləntəri) *a.* voluntari.
volunteer (ˌvɔlən'tiəʳ) *s.* voluntari.
volunteer (to) (ˌvɔlən'tiəʳ) *t.-i.* oferir(se voluntàriament.
voluptuous (və'lʌptjuəs) *a.* voluptuós, sensual.
voluptuousness (və'lʌptjuəsnis) *s.* voluptuositat *f.*, sensualitat *f.*
volute (və'lju:t) *s.* voluta *f.*, espiral *f.*
vomit (to) ('vɔmit) *t.-i.* vomitar [també fig.].
voracious (və'reiʃəs) *a.* voraç, àvid.
voracity (vɔ'ræsiti) *s.* voracitat *f.*, avidesa *f.*
vortex ('vɔ:teks) *s.* vòrtex *m.;* remolí *m.*

[també fig.]. ▲ *vortexes* ('vɔːteksiz), *vortices* ('vɔːtisiːz).
vote (vout) *s.* vot *m.;* sufragi *m.;* votació *f.* *2* pressupost *m.*
vote (to) (vout) *i.* votar, donar el vot. ■ *2 t.* votar. *3* aprovar [pressupost]. *4* col·loq. declarar; anomenar. *5* suggerir, proposar.
voter ('voutəʳ) *s.* votant.
vouch (to) (vautʃ) *i.* ***to ~ for,*** respondre per.
voucher ('vautʃəʳ) *s.* rebut *m.*, comprovant *m.*, resguard *m.*
vouchsafe (to) (vautʃ'seif) *t.* concedir, permetre.
vow (vau) *s.* vot *m.*, promesa *f.*
vow (to) (vau) *t.* fer vots, prometre; jurar.
vowel ('vauəl) *a.* GRAM. vocal. *2* vocal *f.*
voyage (vɔiidʒ) *s.* viatge *m.* [per mar, per l'espai].
voyage (to) (vɔiidʒ) *i.* ant. viatjar.
voyager ('vɔiədʒəʳ) *s.* navegant; descobridor.
vulgar ('vʌlgəʳ) *a.* vulgar, de mal gust. *2* vulgar, comú, usual. *3* GRAM. vulgar.
vulgarize (to) ('vʌlgəraiz) *t.* vulgaritzar.
vulgarity (vʌl'gæriti) *s.* vulgaritat *f.*
vulnerable ('vʌlnərəbl) *a.* vulnerable.
vulture ('vʌltʃəʳ) *s.* voltor *m.*
vying ('vaiiŋ) *ger.* de VIE (TO).

W, w ('dʌblju:) *f.* w [lletra].
wad (wɔd) *s.* buata *f.*, farciment *m.*, tou *m.* *2* feix *m.* [documents, bitllets].
waddle (to) ('wɔdl) *i.* caminar com un ànec.
wade (to) (weid) *i.* caminar amb dificultat [pel fang, l'aigua, etc.]. ▪ *2 t.* travessar un terreny mullat, fangós, etc.
waft (to) (wɑ:ft, wɔ:ft, wɔft) *t.* transportar, portar [per l'aire, per l'aigua].
wag (wæg) *s.* remenament *m.;* bellugeig *m.*
wag (to) (wæg) *t.* remenar, bellugar, moure. ▪ *2 i.* remenar, moure's *p.*
wage (weidʒ) *s.* paga *f.*, jornal *m.*, salari *m.*, setmanada *f.* ▲ esp. *pl.*
wage (to) (weidʒ) *t.* emprendre, endegar.
wager ('weidʒəʳ) *s.* aposta *f.* ‖ ***to lay a ~,*** fer una aposta.
wager (to) ('weidʒəʳ) *t.-i.* apostar.
waggle (to) ('wægl) Veure WAG (TO).
waggon, (EUA) **wagon** ('wægən) *s.* carro *m.* ‖ fig. col·loq. ***on the ~,*** sense beure alcohol. *2* (EUA) FERROC. vagó *m.* de mercaderies.
waif (weif) *s.* nen sense llar.
wail (weil) *s.* lament *m.*, gemec *m.* [també fig.].
wail (to) (weil) *t.-i.* lamentar-se *p.*, gemegar *i.* [també fig.].
wainscot ('weinskət) *s.* sòcol *m.* de fusta.
waist (weist) *s.* cintura *f.*
waistcoat ('weiskout) *s.* armilla *f.*
wait (weit) *s.* espera *f.*
wait (to) (weit) *i.* esperar-se *p. 2* ***to ~ for,*** esperar *t.:* ***~ for me,*** espera'm. *3* ***to ~ on*** o ***upon,*** servir *t.*, atendre *t.* [algú]. ▪ *4 t.* esperar.
waiter ('weitəʳ) *s.* cambrer *m.*
waiting ('weitiŋ) *s.* espera *f.;* esperar *m.*
waiting room ('weitiŋrum) *s.* sala *f.* d'espera.
waitress ('weitris) *s.* cambrera *f.*
waive (to) (weiv) *t.* renunciar; desistir.
wake (weik) *s.* (G.B.) festa *f.* anual al Nord d'Anglaterra. *2* vetlla *f.* [d'un mort]. *3* solc *m.*, deixant *m.*
wake (to) (weik) *t.* ***to ~ (up),*** despertar [també fig.]. ▪ *2 i.* ***to ~ (up),*** despertar-se *p.* ▲ Pret. ***waked*** (weikt) o ***woke*** (wouk); p.p.: ***waked*** o ***woken*** ('woukən).
wakeful ('weikful) *a.* desvetllat. ‖ ***a ~ night,*** una nit en blanc.
waken (to) ('weikən) *t.-i.* despertar(se.
Wales (weilz) *n. pr.* GEOGR. Gal·les *f.*
walk (wɔ:k) *s.* passejada *f.;* volta *f.* ‖ ***to go for a ~,*** anar a fer un tomb *m. 2* passeig *m.;* camí *m.* ‖ fig. ***~ of life,*** condició *f.* social, professió *f. 3* caminar *m.*
walk (to) (wɔ:k) *i.* caminar. ▪ *2 t.* fer caminar, treure a passejar. *3* petjar, fer [un camí]. ▪ ***to ~ away with,*** derrotar, vèncer fàcilment; ***to ~ out,*** sortir; fer vaga; ***to ~ up to,*** importunar, abordar [algú].
walkie-talkie (ˌwɔ:ki'tɔ:ki) *s.* walkie-talkie *m.*
walking stick ('wɔ:kiŋstik) *s.* bastó *m.* [per a caminar].
wall (wɔ:l) *s.* paret *m.*, mur *m.;* muralla *f.* [també fig.]. *2* vora *f.*, costat *f.* [en un carrer]. ‖ ***to drive*** o ***to push to the ~,*** vèncer, derrotar.
wallet ('wɔlit) *s.* cartera *f.*, portamonedes *m.*
wallow (to) ('wɔlou) *i.* rebolcar-se *p.* [també fig.].
walnut ('wɔ:lnət) *s.* BOT. noguera *f. 2* nou *f.*
walnut tree ('wɔ:lnʌttri:) *s.* BOT. noguera *f.*
wan (wɔn) *a.* pàl·lid, malaltís [persona].
wand (wɔnd) *s.* vara *f.;* vareta *f.*
wander (to) ('wɔndəʳ) *t.-i.* voltar, rodar. *2 i.* desviar-se *p.*, perdre's *p. 3* divagar; volar [pensaments, etc.].
wanderer ('wɔndərəʳ) *s.* rodamón, nòmada. *2* animal *m.* nòmada.

wane (to) (wein) *i.* minvar [la lluna]. *2* minvar, disminuir.
want (wɔnt) *s.* manca *f.;* escassetat *f. 2* necessitat *f. 3 pl.* desigs *m.;* aspiracions *f.*, necessitats *f.*
want (to) (wɔnt) *t.* voler, desitjar. *2* requerir, necessitar. || ***his hair ~s cutting,*** s'hauria de tallar els cabells.
wanting ('wɔntiŋ) *a.* mancat. || ***he's ~ in politeness,*** no té educació.
wanton ('wɔntən) *a.* liter. joganer, capriciós. *2* sense aturador; exagerat. *3* intencionat. *4* irreflexiu. *5* ant. immoral.
war (wɔːʳ) *s.* guerra *f.*
war (to) (wɔːʳ) *i.* lluitar, fer la guerra, combatre.
warble ('wɔːbl) *s.* refilet *m.*, refiladissa *f.*
warble (to) ('wɔːbl) *t.-i.* refilar.
war cry ('wɔːcrai) *s.* crit *m.* de guerra [també fig.].
ward (wɔːd) *s.* custòdia *f.*, vigilància; tutela *f. 2* divisió *f.* administrativa. *3* sala *f.* [hospital, presó, etc.]. *4* guarda *f.* [de pany].
ward (to) (wɔːd) *t.* ***to ~ off,*** evitar.
war dance ('wɔːdɑːns) *s.* dansa *f.* de guerra.
warden ('wɔːdn) *s.* director; encarregat.
warder ('wɔːdəʳ) *s.* (G.B.) centinella *m.* [d'una presó].
wardrobe ('wɔːdroub) *s.* armari *m.* de la roba. *2* vestuari *m.*, roba *f.* [d'una persona].
ware (wɛəʳ) *s.* ***~s,*** *pl.* gènere *m.*, mercaderia *f.*, articles *m. pl.*
warehouse ('wɛəhaus) *s.* magatzem *m.*
warfare ('wɔːfɛəʳ) *s.* guerra *f.*
warhorse ('wɔːhɔːs) *s.* cavall *m.* de batalla. *2* fig. polític o soldat veterà.
wariness ('wɛərinis) *s.* cautela *f.*, precaució *f.*
warm (wɔːm) *a.* calent, càlid, tebi. || ***it's ~ in here,*** hi fa calor aquí. *2* calent, gruixut, d'abric [roba]. *3* que escalfa; que fa suar [activitat]. *4* esgotador, cansador. *5* cordial, afable.
warm (to) (wɔːm) *t.* ***to ~ (up),*** escalfar. *2* animar. ▪ *3 i.* ***to ~ (up),*** escalfar-se *p. 4* animar-se *p.*
warm-hearted (ˌwɔːm'hɑːtid) *a.* bona persona, bondadós.
warmth (wɔːmθ) *s.* escalfor *m. 2* afecte *m.*, cordialitat *f.*
warn (to) (wɔːn) *t.* avisar, advertir.
warning ('wɔːniŋ) *s.* avis *m.*, advertiment *m.* ▪ *2 a.* d'avís, d'advertiment.
warp (wɔːp) *s.* ordit *m.* [d'un teixit]. *2* guerxesa *f.* [de la fusta].
warp (to) (wɔːp) *t.* tornar guerxo, deformar. ▪ *2 i.* tornar-se *p.* guerxo, deformar-se *p.* [també fig.].
warrant ('wɔrənt) *s.* DRET ordre *f.* judicial, autorització *f.*
warrant (to) ('wɔrənt) *t.* justificar.
warranty ('wɔrənti) *s.* garantia *f.*
warrior ('wɔriəʳ) *s.* liter. guerrer *m.*, soldat *m.*
Warsaw ('wɔːsɔː) *n. pr.* GEOGR. Varsòvia *f.*
warship ('wɔːʃip) *s.* vaixell *m.* de guerra.
wary ('wɛəri) *a.* caut, prudent.
was (wɔz, wəz) *pret.* de BE (TO).
wash (wɔʃ) *s.* rentada *f.*: ***to give a ~,*** fer una rentada. *2* roba *f.* per a rentar, bugada *f. 3* bugaderia *f. 4* menjar *m.* per als porcs.
wash (to) (wɔʃ) *t.* rentar, (VAL.) llavar. ▪ *2 i.* rentar-se *p. 3* rentar-se *p.* bé, poder-se *p.* rentar. *4* batre, picar [onades]. || fig. ***he was ~ed away by the waves,*** les ones se'l van endur.
washable ('wɔʃəbl) *a.* rentable, que es pot rentar.
washbasin ('wɔʃbeisn) *s.* rentamans *m.*
washer ('wɔʃəʳ) *s.* MEC. volandera *f. 2* rentadora *f.*, màquina *f.* de rentar.
washerwoman ('wɔʃəˌwumən) *s.* bugadera *f.*, rentadora *f.* [persona].
washing machine ('wɔʃiŋməˌʃiːn) *s.* màquina *f.* de rentar.
washing powder ('wɔʃiŋˌpaudəʳ) *s.* detergent *m.*, sabó *m.* [en pols].
washing-up (ˌwɔʃiŋ'ʌp) *s.* rentada *f. 2* plats *m. pl.* per a rentar. || ***to do the ~,*** rentar els plats.
wash leather ('wɔʃleðəʳ) *s.* baieta *f.*, camussa *f.*
washroom ('wɔʃrum) *s.* lavabo *m.*, cambra *f.* de bany.
washstand ('wɔʃstænd) *s.* ant. rentamans *m.*
wasn't ('wɔznt) *contr.* de WAS NOT.
wasp (wɔsp) *s.* vespa *f.*
wasp's nest ('wɔspsnest) *s.* vesper *m.*, niu *m.* de vespes.
wastage ('weistidʒ) *s.* desaprofitament *m.*
waste (weist) *a.* erm, incultivat, eixorc [terra]. *2* inútil, superflu. *3* inútil, sobrant, innecessari. || ***~ products,*** productes residuals. ▪ *4 s.* malbaratament *m.*, desaprofitament *m.;* pèrdua [temps, energia, etc.]. *5* residus *m. pl.*, deixalles *f. pl.*
waste (to) (weist) *t.* malgastar, malbaratar; desaprofitar. || ***to ~ one's time,*** perdre el temps. *2* devastar, arrasar. *3* desgastar; afeblir. ▪ *4 i.* malgastar-se *p.*, malbaratar-se *p.;* desaprofitar-se *p. 5* desgastar-se *p.*, afeblir-se *p.*
wastepaper basket (weist'peipəˌbɑːskit) *s.* paperera *f.*
waste pipe ('weistpaip) *s.* desguàs *m.*
wastrel ('weistrəl) *s.* poca-pena *m.*, malgastador.

watch (wɔtʃ) *s.* vigilància *f.*, supervisió *f.* *2* torn *m.* de guàrdia, guàrdia *f.* *3* ant. vetlla *f.* *4* rellotge *m.* [de polsera, de butxaca].
watch (to) (wətʃ) *t.-i.* mirar, contemplar *t.*, esguardar: ***to ~ television,*** mirar la televisió. *2* ***to ~ out,*** vigilar, estar alerta. *3* ant. vetllar. *4* anar amb compte.
watchful ('wɔtʃful) *a.* desvetllat; despert. *2* vigilant.
watch-maker ('wɔtʃˌmeikəʳ) *s.* rellotger.
watchman ('wɔtʃmən) *s.* vigilant *m.*, nocturn. *2* sereno *m.*
watchword ('wɔtʃwəːd) *s.* MIL. sant i senya *m.*, contrasenya *f.* *2* consigna *f.*, lema *m.*, eslògan *m.*
water ('wɔːtəʳ) *s.* aigua *f.* ‖ ***drinking ~,*** aigua *f.* potable; ***in deep ~,*** en un trencacoll, en un mal pas, ***spring ~,*** aigua *f.* mineral, aigua *f.* de font. ▪ *2 a.* d'aigua, aquàtic.
water (to) ('wɔːtəʳ) *t.* regar, mullar. *2* donar aigua, fer beure. *3* ***to ~ down,*** aigualir [també fig.]. ▪ *4 i.* humitejar-se. ‖ ***to make the mouth ~,*** fer-se la boca aigua.
water closet ('wɔːtəklɔzit) *s.* lavabo *m.*, wàter *m.*
watercolour, (EUA) **watercolor** ('wɔːtəkʌləʳ) *s.* aquarel·la *f.*
waterfall ('wɔːtəfɔːl) *s.* salt *m.* d'aigua, cascada *f.*
waterfront ('wɔːtəfrʌnt) *s.* ribera *f.*, riba *f.*; zona *f.* litoral.
water ice ('wɔːtərais) *s.* ALIM. sorbet *m.*
watering ('wɔːtəriŋ) *s.* regatge *m.*; irrigació *f.*
watering can ('wɔːtəriŋkæn) *s.* regadora *f.*
watering place ('wɔːtəriŋpleis) *s.* abeurador *m.* *2* balneari *m.* *3* poble *m.* costaner d'estiueig.
water lily ('wɔːtəlili) *s.* BOT. nenúfar *m.*
waterline ('wɔːtəlain) *s.* MAR. línia *f.* de flotació.
waterlogged ('wɔːtəlɔgd) *a.* xopat, amarat, anegat [terreny]. *2* ple d'aigua, inundat [embarcació].
watermark ('wɔːtəmɑːk) *s.* TIPOGR. filigrana *f.*
watermelon (wɔːtə'melən) *s.* síndria *f.*
water power ('wɔːtəˌpauəʳ) *s.* energia *f.* hidràulica.
waterproof ('wɔːtəpruːf) *a.* a prova d'aigua; impermeable; submergible.
watershed ('wɔːtəʃed) *s.* fet *m.* trascendental, moment *m.* decisiu. *2* GEOGR. divisòria *f.* d'aigües.
water-skiing ('wɔːtəskiːiŋ) *s.* ESPORT esquí *m.* aquàtic.
waterspout ('wɔːtəspaut) *s.* mànega *f.*, tromba *f.* marina.
watertight ('wɔːtətait) *a.* hermètic [respecte a l'aigua]. *2* clar; molt ben fet, perfecte [pla, acord, etc.].
water wings ('wɔːtəwiŋz) *s. pl.* salvavides *m.* de braç.
watery ('wɔːtəri) *a.* aigualit. *2* humit, mullat. ‖ ***a ~ sky,*** cel *m.* plujós.
wave (weiv) *s.* ona *f.*, onada *f.* [també fig.]. *2* RADIO. ona *f.* *3* onda *f.*, ondulació *f.*
wave (to) (weiv) *i.* onejar, agitar-se *p.*, moure's *p.*, oscil·lar. ‖ ***she ~d at me,*** em va fer un signe amb la mà; ***she ~d to me,*** em va saludar amb la mà. ▪ *2 t.* agitar; fer anar amunt i avall. ‖ ***she ~d goodbye to me,*** em va fer adeu (amb la mà). *3* ondular.
wavelength ('weivleŋθ) *s.* RADIO. longitud *m.* d'ona.
waver (to) ('weivəʳ) *i.* oscil·lar, trontollar, tremolar. *2* vacil·lar. *3* trontollar [ideals, conviccions].
wavy ('weivi) *a.* ondulat. *2* onejant.
wax (wæks) *s.* cera *f.* ‖ ***~ candle,*** espelma *f.*, ***~ work,*** figura *f.* de cera.
wax (to) (wæks) *t.* encerar. ▪ *2 i.* créixer [la lluna].
way (wei) *s.* camí; carrer *m.*, via *f.* *2* camí *m.*, ruta *f.* ‖ ***on the ~,*** pel camí. *3* rumb *m.*, direcció *f.* ‖ ***~ down the road,*** carrer avall; ***this ~,*** per aquí, cap aquí; ***which ~ shall we go?,*** cap on anem? *4* manera *f.*, forma *f.* ‖ ***do it this ~,*** fes-ho així; ***no ~,*** de cap manera; ***the other ~ round,*** al revés. *5* costum *m.*, hàbit *m.*, comportament *m.* ‖ ***the Chinese ~ of life,*** la manera de viure xinesa.
wayfarer ('weiˌfɛərəʳ) *s.* liter. caminant.
waylay (to) (wei'lei) *t.* ant. abordar, escometre [una persona].
wayside ('weisaid) *s.* vora *f.* del camí.
wayward ('weiwed) *a.* rebec; entremaliat, rebel.
we (wiː, wi) *pron. pers.* nosaltres.
weak (wiːk) *a.* dèbil, fluix, feble. *2* fluix, aigualit [alcohol, sopa, etc.].
weaken (to) ('wiːkən) *t.* debilitar. ▪ *2 i.* debilitar-se *p.* *3* flaquejar, fluixejar.
weakness ('wiːknis) *s.* debilitat *f.*, flaquesa *f.*
weal (wiːl) *s.* blau *m.*; morat *m.* [a la pell]. *2* ant. bé *m.*, prosperitat *f.*
wealth (welθ) *s.* riquesa *f.* *2* fortuna *f.*
wealthy ('welθi) *a.* ric *m.*
weapon ('wepən) *s.* arma *f.*
wear (wɛəʳ) *s.* ús *m.* [roba, calçat, etc.]: ***for everyday ~,*** per a l'ús diari, per a tot portar. *2* ús *m.*, desgast *m.* ‖ ***these trousers are showing ~,*** aquests pantalons es veuen molt portats. *3* ***men's ~,*** roba *f.* d'home.
wear (to) (wɛəʳ) *t.* portar posat, vestir. *2* portar [ulleres, watch, etc.]. *3* gastar, desgastar, deteriorar. ▪ *4 i.* gastar-se *p.*, de-

teriorar-se *p.* || ~ ***thin,*** gastar-se *p.* ■ ***to ~ away,*** desgastar(se; esborrar(se; ***to ~ down,*** gastar(se: ***her shoe heels were worn down,*** tenia els talons de les sabates gastats; fig. esgotar(se, cansar(se; fig. ***to ~ off,*** dissipar-se; liter. ***to ~ on,*** perllongar-se, passar lentament [temps]; ***to ~ out,*** gastar(se, fer(se malbé. ▲ Pret.: ***wore*** (wɔ:) i p. p.: ***worn*** (wɔ:n).

weariness ('wiərinis) *s.* cansament *m.;* desànim *m.*

wearisome ('wiərisəm) *a.* avorrit; cansador.

weary ('wiəri) *a.* cansat. *2* abatut, desanimat; preocupat. *3* cansador, esgotador. ■ *4 adv.* **wearily,** amb cansament, penosament.

weasel ('wi:zl) *s.* mostela *f.*

weather ('weðə^r^) *s.* temps *m.* [atmosfèric]. || ***the ~'s fine today,*** avui fa bon dia; ***to feel under the ~,*** estar pioc, trobar-se malament; ***what's the ~ like?,*** quin temps fa?

weather (to) ('weðə^r^) *i.* exposar-se *p.* a la intempèrie. ■ *2 t.* superar, trampejar [problemes].

weather forecast ('weð'fɔ:kɑ:st) *s.* informació *f.* meteorològica.

weather vane ('weðəvein) *s.* gallet *m.*, penell *m.*

weave (wi:v) *s.* teixit *m.*, textura *f.*

weave (to) (wi:v) *t.* teixir. *2* ordir, tramar [també fig.]. ▲ Pret.: ***wove*** (wouv); p. p.: ***woven*** ('wouvən) o ***wove.***

weaver ('wi:və^r^) *s.* teixidor.

web (web) *s.* teixit *m.;* tela *f.* || ***(spider's) ~,*** teranyina *f.*

webfooted ('web'futid) *a.* ZOOL. palmípede.

we'd (wi:d) *contr.* de WE HAD, WE SHOULD, WE WOULD.

wed (to) (wed) *t.* casar-se *p.* amb. *2* liter. unir-se *p.* ■ *3 i.* casar-se *p.* ▲ Pret. i p. p.: ***wedded*** ('wedid) o ***wed*** (wed).

wedding ('wediŋ) *s.* casament *m.*, noces *f. pl.*, núpcies *f. pl.: **silver ~,*** noces d'argent.

wedge (wedʒ) *s.* falca *f.;* cuny *m.* [també fig.].

wedge (to) (wedʒ) *t.* falcar.

wedlock ('wedlɔk) *s.* DRET lligam *m.* matrimonial, matrimoni *m.*

Wednesday ('wenzdi, -dei) *s.* dimecres *m.*

weed (wi:d) *s.* herba *f.*, mala herba *f. 2* fig. persona *f.* prima, secall *m. 3* col·loq. herba *f.*, marihuana *f.*

weed (to) (wi:d) *t.-i.* desherbar *t.*, arrencar *t.* les males herbes. *2 t.* ***to ~ out,*** triar, destriar.

week (wi:k) *s.* setmana *f.*

weekend ('wi:kend) *s.* cap *m.* de setmana.

weekly ('wi:kli) *a.* setmanal. ■ *2 adv.* setmanalment. ■ *3 s.* setmanari *m.*, publicació *f.* setmanal.

weep (to) (wi:p) *i.* liter. plorar. ■ *2 t.* vessar [llàgrima]. ▲ Pret. i p. p.: ***wept*** (wept).

weeping ('wi:piŋ) *a.* ploraner. || BOT. ***~ willow,*** desmai *m.*

weight (weit) *s.* pes *m.* || ***to put on ~,*** engreixar-se *p. 2* sistema *m.* de mesures.

weigh (to) (wei) *t.-i.* pesar. ■ ***to ~ down,*** deprimir, fer anar cap avall [pel pes]; ***to ~ up,*** considerar, sospesar.

weight (to) (weit) *t.* posar pes, carregar.

weighty ('weiti) *a.* pesat. *2* important, de pes.

weir (wiə^r^) *s.* resclosa *f.*

weird (wiəd) *a.* fantàstic, rar, sobrenatural, misteriós.

welcome ('welkəm) *a.* benvingut, ben rebut. || ***you are ~ to borrow my car,*** si vols, et deixo el cotxe. *2* ***you are ~,*** de res, no es mereixen [les gràcies]. ■ *3 s.* benvinguda *f.*

welcome (to) ('welkəm) *t.* donar la benvinguda.

welcoming ('welkəmiŋ) *a.* acollidor.

welfare ('welfɛə^r^) *s.* benestar *m.*

we'll (wi:l) *contr.* de WE SHALL i WE WILL.

1) well (wel) *s.* pou *m.*

2) well (to) (wel) *i.* ***to ~ (up),*** brollar.

3) well (wel) *adv.* bé. || ***very ~,*** molt bé; ***~ done,*** ben fet; ***he's ~ over fifty,*** té cinquanta anys ben bons. *2* ***as ~,*** també. ■ *2 adj.* bé [salut].

well-being ('wel,bi:iŋ) *s.* benestar *m.*, felicitat *f.*, prosperitat *f.*

well-built (,wel'bilt) *a.* cepat, ben fet, quadrat.

wellington ('weliŋtən) , **wellington boot** (,weliŋtən'bu:t) *s.* botes *f. pl.* d'aigua, catiusques *f. pl.*

well-known (,wel'noun) *a.* conegut, de renom, famós.

well-meaning (,wel'mi:niŋ) *a.* ben intencionat.

well-off ('wel'ɔf) *a.* benestant, acomodat.

well-to-do ('weltə'du:) *a.* benestant, acomodat.

Welsh (welʃ) *a.* gal·lès. ■ *2 s.* gal·lès [persona]. *3* gal·lès *m.* [llengua].

went (went) *pret.* de GO (TO).

wept (wept) Veure WEEP (TO).

we're (wiə^r^) *contr.* de WE ARE.

were (wə:^r^; wə^r^) Veure BE (TO).

west (west) *s.* oest *m.*, occident *m.* ■ *2 a.* de l'oest, occidental.

westerly ('westəli) *a.* de l'oest. ■ *2 adv.* cap a l'oest.

West Indies (,west'indi:z) *s.* GEOGR. Antilles *f. pl.*

wet (wet) *a.* mullat; humit. || ***to be ~ through,*** estar xop; ***to set ~,*** mullar-se *p.* *2* plujós. *3* amb poca empenta, apagat [persona].

wet (to) (wet) *t.* mullar, (VAL.) banyar; humitejar. ▲ Pret. i p. p.: ***wet*** o ***wetted.***

wetness ('wetnis) *s.* mullena *f.*, humitat *f.*

whale (weil, hweil) *s.* ZOOL. balena *f.*

wharf (wɔ:f, hwɔ:f) *s.* moll *m.* ▲ *pl.* ***wharfs*** o ***wharves.***

what (wɔ:t, hwɔ:t) *a. interrog.* quin: ***~ time is it?,*** quina hora és?; ***~ a man!,*** quin home! ■ *2 pron. interrog.* què: ***~ happened?,*** què ha passat? || ***~ for,*** per a què. || ***~'s the weather like?,*** quin temps fa? *3 pron. rel.* què, allò que: ***I don't know ~ he wants,*** no sé què vol; ***~ you said is rubbish,*** allò que has dit són bestieses.

whatever (wɔt'evəʳ) *a.* qualsevol. ■ *2 pron.* qualsevol cosa, qualsevol.

whatsoever (ˌwɔtsou'evəʳ) *a.-pron.* liter. Veure WHATEVER.

wheat (wi:t, hwi:t) *s.* blat *m.*

wheat field ('wi:tfi:ld) *s.* camp *m.* de blat.

wheedle (to) ('wi:dl, 'hwi:dl) *t.* afalagar. *2* entabanar, afalagant.

wheel (wi:l, hwi:l) *s.* roda *f.* *2* MEC. torn *m.* *3* AUTO. volant *m.*

wheelbarrow ('wi:lˌbærou) *s.* carretó *m.*

wheeze (wi:z, hwi:z) *s.* panteix *m.;* bleix *m.;* esbufec *m.*

wheeze (to) (wi:z, hwi:z) *i.* bleixar; panteixar, esbufegar.

when (wen, hwen) *adv.-conj.* quan.

whence (wens, hwens) *adv.* form. d'on, d'allà on.

whenever (wen'eveʳ, hwen'evəʳ) *adv.* sempre que; quan.

where (wɛəʳ, hwɛəʳ) *adv.* on.

whereabouts ('wɛərəbauts) *s.* parador *m.*, situació *f.*, localització *f.*

whereas (wɛər'æz) *conj.* considerant que. *2* mentre que.

whereby (wɛə'bai) *adv.* amb la qual cosa, per la qual cosa.

whereupon (ˌwɛərə'pɔn) *adv.* després de la qual cosa, llavors.

wherever (wɛər'evəʳ) *adv.* arreu on, a qualsevol lloc on. || ***~ you are,*** siguis on siguis.

whet (to) (wet, hwet) *t.* esmolar. *2* fig. excitar, estimular.

whether ('weðəʳ) *conj.* si: ***I wonder ~ it's enough,*** no sé si n'hi deu haver prou; ***~ you come or not,*** tant si vens com si no.

which (witʃ, hwitʃ) *a. interrog.-pron. interrog.* quin: ***~ book do you prefer?,*** quin llibre t'estimes més? *2 a. rel.* form. el qual. || ***the first thing ~ I saw,*** la primera cosa que vaig veure.

whichever (witʃ'evəʳ, hwitʃ'evəʳ) *a.-pron.* qualsevol.

whiff (wif, hwif) *s.* buf *m.*, bufada *f.* *2* alè *m.*, bafarada *f.*

while (wail, hwail) *s.* estona *f.* || ***for a ~,*** durant (un) temps; ***once in a ~,*** de tant en tant. ■ *2 conj.* mentre, mentrestant.

while (to) (wail, hwail) *t.* ***to ~ away,*** passar [el temps, l'estona, etc.].

whilst (wailst, hwailst) *conj.* mentre, mentrestant.

whim (wim, hwim) *s.* antull *m.*, caprici *m.*

whimper ('wimpəʳ, 'hwimpəʳ) *s.* gemec *m.*, queixa *f.*, ploriqueig *m.*

whimper (to) ('wimpəʳ, hwimpəʳ) *i.* gemegar, ploriquejar.

whimsical ('wimzikəl, 'hwimzikəl) *a.* capriciós, extravagant.

whimsy ('wimzi, 'hwimzi) *s.* Veure WHIM.

whine (wain, hwain) *s.* gemec *m.*, plany *m.*, queixa *f.*

whine (to) (wain, hwain) *i.* gemegar *f.*, queixar-se *f.*

whip (wip, hwip) *s.* fuet *m.*, xurriaca *f.* || ***to have the ~ hand,*** dominar la situació, tenir la paella pel mànec. *2* ALIM. batut *m.*

whip (to) (wip, hwip) *t.* fuetejar. *2* CUI. batre. *3* col·loq. batre, derrotar, vèncer. *4* treure de cop; moure ràpidament. ■ *5 i.* treure's *p.* de cop; moure's *p.* ràpidament.

whipping ('wipiŋ, 'hwipiŋ) *s.* pallissa *f.*

whir (wə:ʳ, hwə:ʳ) *s.* zunzeig *m.*, fregadís *m.*

whir (to) (wə:ʳ, hwə:ʳ) *i.* brunzir, zumzejar.

whirl (wə:l, hwə:l) *s.* remolí *m.* *2* fig. confusió *f.*, embolic *m.*

whirl (to) (wə:l, hwə:l) *i.* donar voltes, giravoltar. ■ *2 t.* fer donar voltes, fer giravoltar.

whirlpool ('wə:lpu:l, 'hwə:lpu:l) *s.* remolí *m.*

whirlwind ('wə:lwind, 'hwə:lwind) *s.* remolí *m.* de vent.

whisker ('wiskəʳ, 'hwiskəʳ) *s.* patilla *f.* *2 pl.* ZOOL. bigotis *m.*

whiskey, whisky ('wiski) *s.* whisky *m.*

whisper ('wispəʳ, 'hwispəʳ) *s.* murmuri *m.*, xiuxiueig *m.*

whisper (to) ('wispəʳ, 'hwispəʳ) *i.-t.* xiuxiuejar, murmurejar. *2 t.* dir en secret; rumorejar.

whistle ('wisl, 'hwisl) *s.* xiulet *m.*

whistle (to) ('wisl, 'hwisl) *i.-t.* xiular.

whit (wit, hwit) *s.* ***not a ~,*** gens, gens ni mica.

white (wait, hwait) *a.* blanc. *2* pàl·lid, malaltís. ■ *3 s.* persona *f.* de raça blanca. *4* blanc *m.* de l'ull. *5* clara *f.* [d'ou].

white-hot (ˌwait'hɔt) *a.* candent, ardent, roent [també fig.].
whiten (to) ('waitn, 'hwaitn) *t.* emblanquinar. ▪ *2 i.* tornar-se *p.* blanc.
whiteness ('waitnis, 'hwaitnis) *s.* blancor *f.*
white paper (ˌwait'peipəʳ) *s.* (G.B.) llibre *m.* blanc [del govern].
whitewash (to) ('waitwɔʃ, 'hwaitwɔʃ) *t.* emblanquinar. *2* fig. encobrir, tapar.
Whitsunday (ˌwit'sʌndi) *s.* diumenge *m.* de Pentecosta.
Whitsuntide ('witsntaid) *s.* Pentecosta *f.*, Segona Pasqua *f.*
whiz o **whizz** (wiz, hwiz) *s.* zumzeig *m.*, batre *m.*, brunzit *m.*
whiz o **whizz (to)** (wiz, hwiz) *i.* zumzumejar, brunzir.
who (hu:, hu) *pron.* qui.
whoever (hu(:)'evəʳ) *pron. rel.* qualsevol. ‖ *~ **you are,*** siguis qui siguis.
whole (houl) *a.* tot, sencer: ***the ~ day,*** tot el dia. *2* íntegre, intacte. ▪ *3 s.* total *m.*, conjunt *m.*: ***as a ~,*** com un tot, en conjunt, ***on the ~,*** en general.
whole-hearted (ˌhoul'hɑ:tid) *a.* cordial, incondicional, sincer.
wholesale ('houlseil) *adv.* a l'engròs. ▪ *2 a.* a l'engròs. *3* fig. total, general. ▪ *3 s.* venda *f.* a l'engròs. *4* ***~r,*** majorista.
wholesome ('houlsəm) *a.* sa, saludable.
wholly ('houli) *adv.* completament, totalment.
whom (hu:m, hum) *pron.* a qui, qui.
whoop (hu:p) *s.* crit *m.*, udol *m.* *2* estossec *m.*, tos *f.*
whoop (to) (hu:p) *t.-i.* cridar, udolar.
whooping-cough ('hu:piŋkɔf) *s.* MED. tos ferina *f.*
whose (hu:z) *pron. pos.* de qui. *~ **is that?,*** de qui és això? *2 pron. rel.* del qual, de qui: ***the man ~ sister is a typist,*** l'home la germana del qual és mecanògrafa; ***the writer ~ books were published recently,*** l'escriptor a qui li han publicat llibres fa poc.
why (wai, hwai) *adv. interrog.* per què: *~ **didn't you come?,*** per què no vas venir? ▪ *2 interj.* caram, òndia, ostres. ▪ *3 s.* perquè *m.*, causa *f.*
wick (wik) *s.* ble *m.*
wicked ('wikid) *a.* dolent, pervers. *2* rancorós. *3* malèvol, feridor.
wicker ('wikəʳ) *s.* vímet *m.* ▪ *2 a.* de vímet.
wide (waid) *a.* ample: ***two feet ~,*** de dos peus d'ample. *2* ampli, vast, extens. *3* sense escrúpols: pop. *~ **boy,*** brètol, bandarra. ▪ *4 adv.* del tot, completament. ‖ *~ **open,*** ben obert; de bat a bat [porta]; fig. *~ **awake,*** alerta, despert, espavilat. *5* lluny, a distància.
widen (to) ('waidn) *t.* eixamplar, estendre. ▪ *2 i.* eixamplar-se *p.*; estendre's *p.*
wide-spread ('waidspred) *a.* estès, molt difós: ***a ~ belief,*** una creença general.
widow ('widou) *s.* vídua *f.*, viuda *f.*
widower ('widouəʳ) *s.* vidu *m.*, viudo *m.*
widowhood ('widouhud) *s.* viduïtat *f.*
width (widθ) *s.* amplada *f.*, amplària *f.*
wield (to) (wi:ld) *t.* utilitzar, manejar. ‖ ***to ~ authority,*** tenir autoritat.
wife (waif) *s.* muller *f.*, esposa *f.*, dona *f.* ▴ *pl.* ***wives*** (waivz).
wig (wig) *s.* perruca *f.*, postís *m.*
wild (waild) *a.* salvatge: *~ **duck,*** ànec *m.* salvatge. *2* silvestre; sense conrear. *3* agrest, desolat. *4* violent, incontrolat. *5* excitat, apassionat, descontrolat.
wild boar ('waild'bɔ:ʳ) *s.* ZOOL. porc *m.* senglar, senglar *m.*
wildcat ('waildkæt) *s.* ZOOL. gat *m.* salvatge. ▪ *2 a.* arriscat, temerari, perillós.
wilderness ('wildənis) *s.* terra *f.* erma, ermot *m.*
wildness ('waildnis) *s.* estat *m.* salvatge. *2* brutalitat *p.*
wile (wail) *s.* ardit *m.*, estratagema *f.*
wilfulness ('wilfulnis) *s.* obstinació *f.*, determinació *f.* *2* premeditació *f.*, intencionalitat *f.*, intenció *f.*
1) will (wil) *s.* voluntat *f.* *2* desig *m.* *3* DRET testament *m.*
2) will (wil) *aux. futur.*: ***I ~ go,*** hi aniré; *~ **you come?,*** vindràs?
3) will (to) (wil) *t.* desitjar, voler. *2* DRET llegar.
willing ('wiliŋ) *a.* amatent; servicial, disposat. *2* voluntari; entusiasta. ▪ *3* **-ly** *adv.* de bon grat, de gust.
willingness ('wiliŋnis) *s.* ganes *f. pl.*, disposició *f.*
willow ('wilou) *s.* BOT. salze *m.*
willowy ('wiloui) *a.* lleuger, àgil, esvelt.
willy-nilly (ˌwili'nili) *adv.* vulguis o no, a la força.
wilt (to) (wilt) *t.* marcir. ▪ *2 i.* marcir-se *p.* [plantes, flors]. *3* neulir-se *p.* [persones].
wily ('waili) *a.* astut, arterós.
win (to) (win) *t.* guanyar. *2* vèncer. ▪ *3 i.* guanyar-se *p.* *4* vèncer, triomfar. ▴ Pret. i p. p.: ***won*** (wʌn).
wince (wins) *s.* ganyota *f.* [de por, de dolor].
wince (to) (wins) *i.* fer una ganyota [de por, de dolor].
wind (wind) *s.* vent *m.* *2 pl.* ***~s,*** vents *m.*, punts *m.* cardinals. *3* respiració *f.*, alè *m.* *4* olor *f.* ‖ ***to get the ~ of,*** ensumar-se. *5* ventositat *f.*, flat *m.*
1) wind (to) (waind) *i.* serpentejar, zigza-

guejar. ▪ *2 t.* caragolar. *3* donar corda. ▲ Pret. i p. p.: ***wound*** (waund).

2) wind (to) (wind) *t.* ensumar, detectar amb l'olfacte. *2* panteixar *i.*, bufar *i.* ▲ Pret. i p. p.: ***winded*** ('windid).

windbag ('windbæg) *s.* col·loq. xerraire, parauler.

windfall ('windfɔ:l) *s.* fruita *f.* caiguda de l'arbre [pel vent]. *2* sort *f.* inesperada.

winding ('waindiŋ) *s.* caragolament *m.*, bobinat *m.* *2* corba *f.*, volta *f.*, giragonsa *f.* ▪ *3 a.* fortuós, sinuós. ‖ ~ ***stairs,*** escala *f.* de cargol.

windmill ('winmil) *s.* molí *m.* de vent.

window ('windou) *s.* finestra *f.* *2* ***shop-~,*** aparador *m.*

window frame ('windoufreim) *s.* marc *m.* [de finestra].

window pane ('windoupein) *s.* vidre *m.* [de finestra].

windpipe ('windpaip) *s.* tràquea *f.*

wind sock ('windsɔk) *s.* col·loq. anemoscopi *m.*, mànega *f.* aeroscòpica.

windscreen ('windskri:n) , (EUA) **windshield** ('windʃi:ld) *s.* AUTO. parabrisa *m.*

windy ('windi) *a.* ventós. ‖ ***it's ~,*** fa vent.

wine (wain) *s.* vi *m.*: ***red ~,*** vi *m.* negre.

wine cellar ('wainselə) *s.* celler *m.*

wineglass ('waingla:s) *s.* got *m.* per al vi.

wineskin ('wainskin) *s.* bot *m.* [per a contenir líquids].

wing (wiŋ) *s.* ala *f.* ‖ ***on the ~,*** en ple vol; ***to take ~,*** alçar el vol. *2* TEAT. bastidors *m. pl.*

wink (wiŋk) *s.* parpelleig *m.*, pestaneig *m.* *2* picada *f.* [d'ull]. ‖ ***I didn't sleep a ~,*** no vaig poder aclucar l'ull.

wink (to) (wiŋk) *i.-t.* fer l'ullet *i.*, picar l'ull *i.* ‖ ***he ~ed at his sister,*** va picar l'ullet a la seva germana. *2* pestanyejar *i.*, parpellejar *i.* *3 i.* centellejar, guspirejar.

winner ('winəʳ) *s.* guanyador, vencedor.

winning ('winiŋ) *a.* guanyador, vencedor. *2* persuasiu. *3* atractiu, encantador. *4* JOC ***~s,*** guanys *m. pl.*, beneficis *m. pl.*

winsome ('winsəm) *a.* agradable, atractiu [persona].

winter ('wintəʳ) *s.* hivern. ▪ *2 a.* d'hivern, hivernal: ~ ***month,*** mes d'hivern.

wintry ('wintri) *a.* hivernal. ‖ ***a ~ day,*** un dia fred.

wipe (to) (waip) *t.* eixugar, (VAL.) torcar; fregar. ‖ ***to ~ one's nose,*** mocar-se *p.* *2* ***to ~ away,*** eixugar [llàgrimes, etc.]. *3* ***to ~ off,*** fregar, netejar; esborrar; eixugar [dentes].

wire ('waiəʳ) *s.* fil *m.*, cable *m.* [elèctric, telefònic, etc.]; filferro *m.* ‖ fig. ***to pull the ~,*** moure fils, buscar influències. *2* col·loq. (EUA) telegrama *m.*

wireless ('waiəlis) *s.* telegrafia *f.* sense fils; ràdio *f.*

wiry ('waeiəri) *a.* prim, sec, nerviüt [persona].

wisdom ('wizdəm) *s.* seny *m.* ‖ ~ ***tooth,*** queixal *m.* del seny. *2* saviesa.

wise (waiz) *a.* savi, assenyat; prudent. ▪ *2* **-ly** *adv.* sàviament; de manera assenyada.

wish (wiʃ) *s.* desig *m.*, anhel *m.*

wish (to) (wiʃ) desitjar, tenir ganes. ‖ ***he ~es to be alone,*** vol estar sol; ***I ~ you were here,*** m'agradaria que fossis aquí. ▪ *2 i.* ***to ~ for,*** anhelar *t.* *3* expressar un desig.

wishful ('wiʃful) *a.* delerós, desitjós. ‖ ~ ***thinking,*** il·lusió *f.*, fantasia *f.*, desig *m.*

wistful ('wistful) *a.* trist, enyorat, malenconiós, capficat.

wit (wit) *s.* agudesa *f.*, enginy *m.*, intel·ligència *f.* ‖ ***to be at one's ~'s end,*** no saber com sortir-se'n; ***to be out of one's ~s,*** perdre el seny, atabalar-se. *2* agudesa *f.*, comicitat *f.*, humor *m.* *3* persona *f.* aguda.

witch (witʃ) *s.* bruixa *f.*

witchcraft ('witʃkra:ft) , **witchery** ('witʃəri) *s.* bruixeria *f.*

with (wið) *prep.* amb. ‖ ~ ***all speed,*** a tota velocitat; ***filled ~,*** ple de; ***have you got any money ~ you?,*** portes diners?

withdraw (to) (wið'drɔ:) *t.* retirar. *2* fer enrera; enretirar. ▪ *3 i.* retirar-se *p.* *4* fer-se *p.* enrera. ‖ ***to ~ a statement,*** retractar-se *p.* ▲ Pret.: ***withdrew*** (wið'dru:), p. p.: ***withdrawn*** (wið'drɔ:n).

withdrawal (wið'drɔ:əl) *s.* retirada *f.* *2* retractació *f.*

withdrawn (wið'drɔ:n) Veure WITHDRAW (TO).

withdrew (wið'dru:) Veure WITHDRAW (TO).

wither (to) ('wiðəʳ) *t.* marcir. *2* fig. fulminar [amb la mirada, etc.]. ▪ *3 i.* marcir-se *p.*

withheld (wið'held) Veure WITHHOLD (TO).

withhold (to) (wið'houl) *t.* retenir; no revelar. ▲ Pret. i p. p.: ***withheld*** (wið'held).

within (wi'ðin) *prep.* en, dins de, a l'abast de. ‖ ~ ***an hour,*** en menys d'una hora. ▪ *2 adv.* liter. dintre.

without (wi'ðaut) *prep.* sense. *2* ant. fora de. ▪ *3 adv.* ant. liter. fora.

withstand (to) (wið'stænd) *t.* resistir, aguantar. ▲ Pret. i p. p.: ***withstood*** (wið'stud).

withstood (wið'sud) Veure WITHSTAND (TO)

witness ('witnis) *s.* testimoni *m.*: ***eye-~,*** testimoni ocular. *2* prova *f.*, evidència *f.*

witness (to) ('witnis) *t.* ser testimoni de, presenciar. *2* mostrar, evidenciar. ▪ *3 i.* testificar.

witticism ('witisizəm) *s.* frase *f.* aguda, comentari *m.* encertat.
witty ('witi) *a.* enginyós, agut, còmic.
wives (waivz) *s. pl.* de WIFE.
wizard ('wizəd) *s.* bruixot *m.*
woe (wou) *s.* liter. pena *f.*, aflicció *f.*
woebegone ('woubi,gɔn) *a.* trist, compungit, abatut.
woeful ('wouful) *a.* afligit. *2* trist, entristidor.
woke (wouk) Veure WAKE (TO).
woken ('woukən) Veure WAKE (TO).
wolf (wulf) llop *m.* ▲ *pl.* ***wolves*** (wulvz).
wolf cub ('wulfkʌb) *s.* ZOOL. llobató *m.* *2* llobató *m.* [escoltisme].
woman ('wumən) dona *f.* ▲ *pl.* ***women*** ('wimin).
womanish ('wuməniʃ) *a.* de dona, femení, femenívol. *2* efeminat.
womankind ('wumən'kaind) *s.* el sexe *m.* femení, les dones *f. pl.*
womanly ('wumənli) *a.* femení, de dona.
womb (wu:m) *s.* úter *m.*, matriu *f.*
won (wʌn) Veure WIN (TO).
wonder ('wʌndəʳ) *s.* sorpresa *f.*, perplexitat *f.* astorament *m.* *2* meravella *f.*, prodigi *m.* ‖ ***no ~,*** no té res d'estrany.
wonder (to) ('wʌndəʳ) *t.* demanar-se *p.*, preguntar-se *p.* ‖ ***I ~ what he wants,*** no sé pas què vol; ***I ~ why,*** em demano per què. ■ *2 i.* ***to ~ at,*** meravellar-se *p.* de, sorprendre's *p.* de. *3* ***to ~ (about),*** demanar-se *p.*
wonderful ('wʌndəful) *a.* sorprenent; meravellós. ■ *2* **-ly** *adv.* meravellosament; sorprenentment.
wondrous ('wʌndrəs) *a.* aut. liter. sorprenent, meravellós.
wont (wount) *s.* ant. liter. costum *m.*, hàbit *m.*
won't (wount) *contr.* de WILL NOT.
woo (to) (wu:) *t.* ant. cortejar. *2* perseguir, buscar [fama, suport, èxit].
wood (wud) *s.* bosc *m.*; selva *f.* *2* fusta *f.* ‖ ***small ~,*** fustetes *f. pl.*
woodbine (wudbain) *s.* mareselva *f.*, lligabosc *m.*
wood-cutter ('wud,kʌtəʳ) *s.* llenyataire *m.*
wooded ('wudid) *a.* ple de boscos, boscós.
woodlouse ('wudlaus) *s.* panerola *f.* ▲ *pl.* ***woodlice.***
woodpecker ('wud,pekəʳ) *s.* ORN. picot *m.*
wool (wul) *s.* llana *f.*: ***all ~,*** pura llana *f.*
woolly ('wuli) *a.* de llana, llanut; com de llana.
word (wə:d) *s.* paraula *f.* ‖ ***by ~ of mouth,*** oralment. ‖ ***to have a ~ with,*** parlar (un moment) amb. *2* avís *m.*, informació *f.* ‖ ***to leave ~,*** deixar un encàrrec. *3* paraula *f.*, promesa *f.* *4* ordre *f.*
word (to) (wə:d) *t.* formular, expressar [amb paraules].
wordiness ('wə:dinis) *s.* vèrbola *f.*, verbositat *f.*
wordy ('wə:di) *a.* verbós.
wore (wɔ:ʳ, wɔəʳ) Veure WEAR (TO).
work (wə:k) *s.* treball *m.* *2* feina *f.*; ocupació *f.*, treball *m.* *2* obra *f.*; producció *f.* *3 pl.* mecanisme *m.*
work (to) (wə:k) *i.* treballar; fer feina. *2* funcionar, operar. *2* donar resultat, fer efecte. ■ *3 t.* fer treballar. *4* controlar. *5* treballar [metall, fusta, etc.]. *6* cosir, brodar. ■ ***to ~ in,*** penetrar, endinsar-se; ***to ~ out,*** resultar: ***did it ~ out?*** ha funcionat?; ***to ~ up,*** fer pujar, augmentar, pujar, inflamar, excitar.
workable ('wə:kəbl) *a.* factible, viable.
workday ('wə:kdei) *s.* dia *m.* feiner.
worker ('wə:kəʳ) *s.* obrer; treballador.
working (wə:kiŋ) *a.* que treballa. ‖ ***~ class,*** la classe obrera. *2* que funciona. ‖ ***in ~ order,*** en bon estat, a punt. *3* de treball. ‖ ***~ lunch,*** dinar *m.* de treball. *4* suficient; funcional. ‖ ***~ knowledge,*** nocions *f. pl.* bàsiques.
working day ('wə:kiŋ,dei) *s.* dia *f.* laborable. *2* jornada *f.* laboral.
working party ('wə:kiŋ,pɑ:ti) *s.* equip *m.* de treball; comissió *f.* de seguiment.
workman ('wə:kmən) *s.* obrer *m.* *2* artesà *m.*, operari *m.*
workmanlike ('we:kmənlaik) , **workmanly** ('wə:kmənli) *a.* d'artesà, ben fet.
workmanship ('wə:kmənʃip) *s.* factura *f.*; qualitat *f.*
workroom ('wə:krum) *s.* taller *m.*, obrador *m.*, estudi *m.*
workshop ('wə:kʃɔp) *s.* taller *m.* *2* seminari *m.*; grup *m.* de treball; taller *m.*: ***a theatre ~,*** un taller de teatre.
world (wə:ld) *s.* món *m.* *2* fig. món *m.*, ambient *m.*, univers *m.* ■ *3 a.* mundial, de nivell mundial.
worldly ('wə:ldli) *a.* material. *2* temporal. *3* terrenal.
worm (wə:m) *s.* cuc *m.* *2* fig. mitja cerilla *m.*, cuc *m.*, no-res *m.* [persona].
worm (to) (wə:m) *t.* medicar [per a extirpar cucs intestinals]. ■ *2 i.* ***to ~ one's way,*** esmunyir-se *p.*
worn (wɔ:n) *p. p.* de WEAR (TO). *2* ***~ out,*** usat, gastat; cansat, esgotat.
worried ('wʌrid) *a.* preocupat, angoixat, inquiet.
worry ('wʌri) *s.* preocupació *f.*; angoixa *f.*; molèstia *f.* *2 pl.* ***worries,*** preocupacions *f.*, problemes *m.*, mals *m.* de cap.
worry (to) ('wʌri) *t.* preocupar, angoixar,

inquietar, molestar. ■ *2 i.* preocupar-se *p.*, angoixar-se *p.*, inquietar-se *p.*
worse (wə:s) *a.-adv.* (*compar.* de ***bad***) pitjor, més malament. || ***to get ~,*** empitjorar. ■ *2 s.* empitjorament. || ***the ~,*** el pitjor.
worsen (to) ('wə:sn) *t.* empitjorar(se.
worship ('wə:ʃip) *s.* culte *m.*, adoració *f.*, veneració *f.*
worship (to) ('wə:ʃip) *t.* adorar, venerar. ■ *2 i.* rendir culte a.
worst (wə:st) *a. superl.* pitjor. || ***the ~,*** el pitjor. ■ *2 adv.* pitjor, més malament. ■ *3 s.* el pitjor *m.*, la pitjor part *f.*, allò pitjor *m.*
worst (to) (wə:st) *t.* derrotar, vèncer.
worsted ('wustid, -təd) *s.* TÈXT. estam *m.*
worth (wə:θ) *a.* tenir valor, estar valorat, valdre. || ***it's not ~ the effort,*** no val la pena esforçar-s'hi. ■ *2 s.* valor *m.*, preu *m.*; vàlua *f.*
worthless ('wə:θlis) *a.* inútil, sense valor.
worthy ('wə:ði) *a.* digne, mereixedor. ■ *2 s.* personatge *m.*, personalitat *f. 3* col·loq. iròn. personatge *m.*
would (wud, wəd) *aux. cond.:* ***I ~ like to go,*** m'agradaria anar-hi. || ***~ you please pass me the salt?,*** em pot passar la sal, si li plau? *2* Pret. ***he ~ come every day,*** venia cada dia.
would-be ('wuldbi:) *a.* aspirant. *2* suposat.
wouldn't ('wudənt) *contr.* de WOULD NOT.
1) wound (wu:nd) *s.* ferida *f. 2* ofensa *f.*
2) wound (waund) Veure WIND (TO) 1.
wound (to) (wu:nd) *t.* ferir, fer mal. *2* ofendre, ferir.
wounded ('wu:ndid) *a.* ferit. *2* ofès. ■ *3 s.* ferit *m.*
wove (wouv) Veure WEAVE (TO).
woven ('wouvən) Veure WAVE (TO).
wrangle ('ræŋgl) *s.* baralla *f.*, brega *f.*, batussa *f.*
wrangle (to) ('ræŋgl) *i.* barallar-se *p.*, esbatussar-se *p.*
wrap (ræp) *s.* embolcall *m. 2* abrigall *m.*, abric *m.*
wrap (to) (ræp) *t.-i.* ***to ~ (up),*** cobrir(se, embolicar(se, embolcallar(se. || ***~ yourself up!,*** tapa't!, abriga't! *2* ***to be ~ped (up) in,*** estar absort en.
wrapping ('ræpiŋ) *s.* embolcall *m.*, coberta *f.*, recobriment *m.*
wrapping paper ('ræpiŋ,peipəʳ) *s.* paper *m.* d'embolicar.
wrath (rɔ:θ) *s.* liter. còlera *f.*, ira *f.*
wrathful ('rɔ:θful) *a.* colèric, irat, furiós. ■ *2* **-ly** *adv.* colèricament, iradament.
wreak (to) (ri:k) *t.* liter. infligir, aplicar; descarregar.
wreath (ri:θ) *s.* garlanda *f.*, corona. *2* anell *m.*, virolla *f.* [de fum, boira, etc.].
wreathe (to) (ri:ð) *t.* cobrir, envoltar, encerclar. *2* entortolligar, entrellaçar. ■ *3 i.* entortolligar-se *p.*, entrellaçar-se *p.*
wreck (rek) *s.* ruïna *f.*, restes *f. pl. 2* restes *f. pl.*, carcassa *f.* [de vaixell]. *3* naufragi *m.*
wreck (to) (rek) *t.* fer naufragar; fer col·lisionar, destruir.
wreckage ('rekidʒ) *s.* ruïna *f.*, restes *f. pl.*
wrench (rentʃ) *s.* estirada *f. 2* torçada *f.*, torçament *m. 3* dolor *m.* pena *f.* [per separació]. *4 ~* o ***monkey ~,*** clau *f.* anglesa.
wrench (to) (rentʃ) *t.* torçar; fer girar. *2* torçar-se *p.* [el peu, etc.]. *3* distorsionar, falsejar.
wrest (to) (rest) *t.* prendre, arrencar, arrabassar. *2* deformar, distorsionar.
wrestle (to) ('resl) *i.* lluitar [cos a cos]. *2* fig. lluitar, batallar.
wretch (retʃ) *s.* miserable, desafortunat. *2* miserable, desgraciat, brivall, bandarra.
wretched ('retʃid) *a.* miserable, pobre. *2* de baixa qualitat, dolent. || ***your ~ stupidity,*** la teva immensa estupidesa.
wriggle (to) ('rigl) *i.* recargolar-se *p.*, moure's *p.* zigzaguejar. ■ *2 t.* moure, remenar.
wring (to) (riŋ) *t.* torçar, retorçar. *2* ***to ~ out,*** fer sortir, esprémer. || ***to ~ out the water,*** escórrer l'aigua. ▲ Pret. i p. p.: ***wrung*** (ruŋ).
wrinkle ('riŋkl) *s.* arruga *f.*, séc *m.*; solc *m.*
wrist (rist) *s.* ANAT. canell *m.*
wrist watch ('ristwɔtʃ) *s.* rellotge *m.* de polsera.
writ (rit) *s.* DRET ordre *f.*, decret *m.*
write (to) (rait) *t.-i.* escriure. || ***to ~ back,*** contestar per escrit, contestar una carta; ***to ~ down,*** escriure, anotar; ***to ~ up,*** completar, posar al dia; descriure. ▲ Pret.: ***wrote*** (rout); p. p.: ***written*** ('ritn).
writer ('raitəʳ) *s.* escriptor.
writhe (to) (raið) *i.* caragolar-se *p.*, recaragolar-se *p.* [de dolor].
writing ('raitiŋ) *s.* escrit *m.*, text *m. 2* lletra *f.*, escriptura *f.*
writing desk ('raitiŋdesk) *s.* escriptori *m.*
writing pad ('raitiŋpæd) *s.* bloc *m.* [de notes].
writing paper ('raitiŋ,peipəʳ) *s.* paper *m.* d'escriure.
written ('ritn) Veure WRITE (TO).
wrong (rɔŋ) *a.* dolent, mal fet. || ***It was ~ of you,*** vas fer mal fet. *2* erroni, equivocat. || ***the ~ side,*** el costat dolent, el costat de sota [d'una roba]; ***to be ~,*** anar equivocat, no tenir raó. ■ *3 adv.* malament. || ***what's ~ with you?,*** què caram et passa? ■ *4 s.* mal *m.*; injustícia *f.*

wrong (to) (rɔŋ) *t.* ofendre, tractar injustament.
wrongdoer ('rɔŋduəʳ) *s.* malfactor.
wrongful ('rɔŋful) *a.* injust.
wrote (rout) Veure WRITE (TO).
wrought (rɔ:t) *pret.* i *p. p. irreg.* ant. de WORK (TO). ■ *2 a.* treballat, forjat.
wrung (rʌŋ) Veure WRING (TO).
wry (rai) *a.* torçat, tort. ‖ ~ ***face,*** ganyota *f.*

X

X, x (eks) *s.* x *f.* [lletra].
xenophobia (ˌzenəˈfoubjə) *s.* xenofòbia *f.*
Xmas (ˈkrisməs) *s.* abrev. de CHRISTMAS.
X-ray (ˈeks rei) *s.* raigs X *m. pl.*

Y

Y, y (wai) *s.* y *f.* [lletra].
yacht (jɔt) *s.* MAR. iot *m.*
Yankee ('jæŋki) *a.-s.* ianqui.
yard (jɑ:d) *s.* iarda *f.* [0,914 m]. *2* pati *m.*, eixida *f.* ‖ ***back ~,*** pati *m.* anterior, pati *m.* de darrera.
yarn (jɑ:n) *s.* fil *m.* *2* narració *f.* fantàstica, història *f.* ‖ ***to spin a ~,*** explicar històries [com a excusa, etc.].
yawn (jɔ:n) *s.* badall *m.*
yawn (to) (jɔ:n) *i.* badallar.
year (jəː^{r}) *s.* any *m.* ‖ ***once a ~,*** un cop a l'any.
yearly ('je:li) *a.* anual, anyal. ▪ *2 adv.* anualment, anyalment.
yearn (to) (je:n) *i.* anhelar, desitjar (for, —).
yearning ('jə:niŋ) *s.* anhel *m.*, sospir *m.*
yeast (ji:st) *s.* llevat *m.*
yell (jell) *s.* xiscle *m.*, crit *m.;* udol *m.*
yell (to) (jel) *i.* cridar, xisclar, udolar. ▪ *2 t.* ***to ~ (out),*** cridar, xisclar, udolar.
yellow ('jelou) *a.* groc. *2* col·loq. covard.
yelp (jelp) *s.* esgarip *m.*, udol *m.*
yelp (to) (jelp) *i.* fer esgarips, udolar.
yeoman ('joumən) *s.* HIST. petit propietari *m.* rural. *2* ***~ of the guard,*** guarda *m.* de la Torre de Londres.
yes (jes) *adv.* sí. ▪ *2 s.* sí *m.*
yesterday ('jestədi, -dei) *adv.* ahir. ‖ ***the day before ~,*** abans d'ahir. ▪ *2 s.* ahir *m.*
yet (jet) *adv.* encara; ja: ***haven't you finished reading that book yet?,*** encara no has acabat de llegir aquell llibre? ▪ *2 conj.* no obstant això, tanmateix.
yew (ju:) *s.* BOT. teix *m.*
yield (ji:ld) *s.* producció *f.*, rendiment. *2* collita *f.*
yield (to) (ji:ld) *t.* produir, donar. ▪ *2 i.* rendir-se *p.*, cedir, abandonar.
yoga ('jougə) *s.* ioga *f.*
yogi ('jougi) *s.* iogui.
yoke (youk) *s.* jou *m.* [també fig.].
yoke (to) (jouk) *t.* junyir [també fig.].
yokel ('joukəl) *s.* pagerol *m.*, rústic *m.*
yolk (jouk) *s.* rovell *m.* [d'ou].
yore (jɔ:^{r}) *s.* ant. ***of ~,*** fa temps.
you (ju:, ju) *pron. pers.* tu, nosaltres. *2* et, te, us. ‖ ***I gave it to ~,*** t'ho vaig donar; us ho vaig donar; ***that's for ~,*** és per a tu; és per a vosaltres.
young (jʌŋ) *a.* jove. ‖ ***~ lady,*** senyoreta. *2* jovençà, novell. *3* ***the ~,*** els joves *m. pl.*, la gent *f.* jove. ▪ *4 s.* els petits *m. pl.*, les cries *f. pl.*
youngster ('jʌŋstə^{r}) *s.* noi *m.*, jove *m.*, jovenet *m.*
your (juə^{r}, jɔ:^{r}) *a. poss.* el teu, els teus, el vostre, els vostres: ***is that ~ chair?,*** aquesta és la teva cadira?; aquesta és la vostra cadira?
yours (juə^{r}, jɔ:^{r}) *pron. poss.* teu, teus, vostre, vostres: ***is that coat ~?,*** aquesta jaqueta és teva?; aquesta jaqueta és vostra?; ***where is ~?,*** on és el teu?; on és el vostre?
yourself (juə'self, jɔ:-) *pron. pers.* tu, tu mateix: ***buy it ~,*** compra-ho tu mateix; ***wrap ~ up in that coat,*** embolica't amb aquesta jaqueta. ▲ *pl.* ***yourselves*** (juə'selvz, jɔ:'selvz).
youth (ju:θ) *s.* joventut *f.*, adolescència *f.* *2* jove *m.;* noi *m.* *3* gent *f.* jove, joventut *f.*, jovenalla *f.*
youthful ('ju:θful) *a.* jove, juvenil; jovenívol. ▪ *2* **-ly** *adv.* jovenívolament, de manera juvenil.
Yugoslavia ('ju:gou'slɑ:vjə) *n. pr.* GEOGR. Iugoslàvia *f.*
Yugoslavian ('ju:gou'slɑ:vjən) *a.-s.* iugoslau.
yule (ju:l) *s.* ant. Nadal *m.*

Z

Z, z (zed) *s.* z *f.* [lletra].
zeal (zi:l) *s.* zel *m.*, entusiasme *m.*
zealot ('zelət) *s.* fanàtic.
zealous (zeləs) *a.* zelós, entusiasta. ■ *2* **-ly** *adv.* zelosament; amb entusiasme.
zebra ('zi:brə) *s.* ZOOL. zebra *f.*
zenith ('zeniθ) *s.* zènit *m.* [també fig.].
zephyr ('zefəʳ) *s.* METEOR. zèfir.
zero ('ziərou) *s.* zero *m.* || ***below*** ~, sota zero.
zest (zest) *s.* entusiasme *m.*, gran interès *m.* *2* al·licient *m.*
zigzag ('zigzæg) *s.* ziga-zaga *m.* ■ *2 a.-adv.* en ziga-zaga, fent ziga-zaga.
zigzag (to) ('zigzæg) *i.* fer ziga-zaga.
zinc (ziŋk) *s.* zenc *m.*, zinc *m.*
zip (zip) *s.* cremallera *f.* *2* xiulet *m.* [d'un projectil].
zip (to) (zip) *t.* tancar amb cremallera. *2* ***to ~ up,*** tancar la cremallera.
zip fastener ('zip'fɑ:snəʳ) , **zipper** ('zipəʳ) *s.* cremallera *f.*
zone (zoun) *s.* zona *f.;* àrea *f.*
zoo (zu:) *s.* zoo *m.*, parc *m.* zoològic.
zoological (ˌzouə'lɔdʒikl) *a.* zoològic.
zoology (zou'ɔlədʒi) *s.* zoologia *f.*
zoom (zu:m) *s.* brunzit *m.* [de l'avió que s'enlaira]. *2* FOT. ~ o ~ ***lens,*** zoom *m.*
zoom (to) (zu:m) *i.* enlairar-se *p.* ràpidament [avió]. *2* col·loq. pujar, apujar-se *p.* *3* FOT. usar el zoom.

CATALAN–ENGLISH

ABREVIATURES

a.: adjectiu
abrev., *abrev.*: abreviatura
ACÚST.: acústica
adj.: adjectiu
adv., *adv.*: adverbi
AERON.: aeronàutica
AGR.: agricultura
ALIM.: alimentació; indústries alimentàries
ANAT.: anatomia
(ANG.): Anglaterra
angl.: anglicisme
ant.: antic, antigament
ANTROP.: antropologia
arg.: argot
ARIT.: aritmètica
ARM.: armament
ARQ.: arquitectura
ARQUEOL.: arqueologia
art.: article
ASTR.: astronomia; astrologia
AUTO.: automòbil; automobilisme
aux.: verb auxiliar
AVIA.: aviació

(BAL.): Illes Balears
B. ART.: belles arts
BIB.: Bíblia
BIOL.: biologia
BOT.: botànica

CARN.: carniceria
cast.: castellanisme
CINEM.: cinematografia
CLIMAT.: climatologia
col·loq.: col·loquial
COM.: comerç
compar.: comparatiu
COND.: condicional
conj.: conjunció
CONJUG.: conjugació
CONSTR.: construcció
contr.: contracció
cop.: copulatiu
COSM.: cosmètica
COST.: costura
CUI.: cuina

def.: definit
defec.: defectiu
DIB.: dibuix
dim.: diminutiu
DISS.: disseny

ECLES.: eclesiàstic; església
ECON.: economia
ELECT.: electricitat
ENOL.: enologia
ENSENY.: ensenyament
ENT.: entomologia
EQUIT.: equitació
(ESC.): Escòcia
ESGR.: esgrima
esp.: especialment
(EUA): Estats Units d'Amèrica

f.: femení; nom femení
FERROC.: ferrocarrils
fig.: figurat
FIL.: filosofia
FÍS.: física
FISIOL.: fisiologia
form.: formal
FORT.: fortificació
FOT.: fotografia
FUST.: fusteria
Fut., *fut.*: futur

(GAL·LES): País de Gal·les
gal·lic: gal·licisme
(G.B.): Gran Bretanya
GEMM.: gemmologia
GENEAL.: genealogia
GEOGR.: geografia
GEOL.: geologia
GEOM.: geometria
GER., *ger.*: gerundi
GRÀF.: arts gràfiques
gralnt.: generalment
GRAM.: gramàtica

HERÀLD.: ciència heràldica
HIST.: història
HOST.: hosteleria

i., *i.*: verb intransitiu
ICT.: ictiologia
IMPER.: imperatiu
imperf.: imperfet
impers.: verb impersonal
IMPR.: impremta
IND.: indústria
indef.: indefinit
INDIC., *indic.*: indicatiu
INF., *inf.*: infinitiu
INFORM.: informàtica

interj.: interjecció
interrog.: interrogatiu
iròn.: usat irònicament
irreg.: irregular

JOI.: joieria

LING.: lingüística
LIT.: literatura
liter.: literari
LITÚRG.: litúrgia
LOC.: locució
loc. adv.: locució adverbial
loc. conj.: locució conjuntiva
loc. prep.: locució prepositiva

m.: masculí; nom masculí
MAR.: marina; marítim
MAT.: matemàtiques
MEC.: mecànica
MED.: medicina
METAL.: metal·lúrgia
METEOR.: meteorologia
MIL.: militar; milícia
MIN.: mineria
MINER.: mineralogia
MIT.: mitologia
MOBL.: mobiliari
MÚS.: música

NÀUT.: nàutica
neg.: negatiu
NEG.: negocis
n. pr.: nom propi

ORN.: ornitologia
ÒPT.: òptica

p.: verb pronominal
PART. PASS.: particip passat
pej.: pejoratiu
PERIOD.: periodisme
pers.: persona, persones; personal
pl.: plural
poèt.: poètic
POL.: política

pop.: popular
poss.: possessiu
p.p., *p.p.*: particip passat
pref.: prefix
prep.: preposició
Pres., *pres.*: present
Pret., *pret.*: pretèrit
pron.: pronom
PSICOL.: psicologia

QUÍM.: química

RADIO.: radiotelefonia, radiotelegrafia
ref.: verb reflexiu
REL.: religió
(ROSS.): Rosselló

s.: substantiu
SAN.: sanitat
sing.: singular
SUBJ.: subjuntiu
superl.: superlatiu

t., *t.*: verb transitiu
TEAT.: teatre
TECNOL.: tecnologia
TELEF.: telefonia
TELEGR.: telegrafia
TELEV.: televisió
TEOL.: teologia
TÈXT.: tèxtil
TIPOGR.: tipografia

us.: usat

(VAL.): País Valencià
VET.: veterinària
vulg.: vulgar

ZOOL.: zoologia

■ canvi de categoria gramatical
▲ explicació gramatical
|| introdueix fraseologia
~ substitueix la paraula de l'entrada

A, a (a) *f.* a [letter].

a (ə) *prep.* in: ***en Jaume viu ~ Girona,*** James lives in Girona; ***tornaré ~ la tarda,*** I'll be back in the afternoon. *2* to: ***demà vaig ~ València,*** tomorrow I'm going to Valencia; ***ho he donat ~ la teva germana,*** I gave it to your sister. *3* at: ***sóc ~ casa,*** I'm at home.

AAVV *f. pl. (Associació de Veïns)* residents association.

àbac (áβək) *m.* abacus.

abadessa (əβəðέsə) *f.* abbess.

abadia (əβəðíə) *f.* abbey.

abaixar (əβəʃá) *t.* to lower.

abalançar-se (əβələnsársə) *p.* to lean over. *2* to rush at.

abaltir-se (əβəltírsə) *p.* to fall asleep, to become drowsy.

abandó (əβəndó) *m.* neglect. *2* abandon. *3* giving up, desertion.

abandonament (əβəndunəmén) *m.* See ABANDÓ.

abandonar (əβənduná) *t.* to abandon. *2* to desert. ■ *3 p.* to give way to.

abandonat, -ada (əβəndunát, -áðə) *a.* negligent. *2* abandoned, deserted.

abans (əβáns) *adv.* before.

abans-d'ahir (əβąnzðəí) *adv.* the day before yesterday.

abaratir (əβərətí) *t.* to make cheaper; to cheapen.

abarrotar (əβərrutá) *t.* to fill to bursting.

abassegar (əβəsəɣá) *t.* to corner [a market]. *2* to monopolize.

abast (əβást) *m.* reach. || ***a l'~ de la mà,*** within reach; ***a l'~ de tothom,*** within everyone's each; ***no dono l'~,*** I can't cope.

abastar (əβəstá) *i.* to be able to. || ***no abasto a comprendre-ho,*** I can't understand it. *2* to reach. ■ *3 t.* to reach; to pick. *4* to supply.

abat (əβát) *m.* abbot.

abatre (əβátrə) *t.* to knock down. *2* fig. to dishearten. ■ *3 p.* to swoop down [a bird]. *4* fig. to creaken, to lose heart. ▲ CONJUG. like ***batre.***

abdicar (əbdiká) *t.* to abdicate.

abdomen (əbdómən) *m.* ANAT. abdomen.

abecedari (əβəsəðári) *m.* alphabet.

abella (əβéʎə) *f.* ENT. bee. || *~ **obrera,*** worker bee; *~ **reina,*** queen bee.

abellir (əβəʎí) *i.* to appeal, to be tempting. ■ *2 p.* to agree.

abellot (əβəʎɔ́t) *m.* ENT. drone. *2* bumble bee.

aberració (əβərrəsió) *f.* aberration.

abeurador (əβəŭrəðó) *m.* drinking trough.

abeurar (əβəŭrá) *t.* to water [animal].

abillar (əβiʎá) *t.* to set up. *2* to array. *3* fig. ***abillar-la,*** to be flush wish money.

abisme (əβízmə) *m.* abyss.

abissal (əβisál) *a.* abyssal.

abjecció (əbʒəksió) *f.* abjection.

abjurar (əbʒurá) *t.* to abjure.

ablanir (əβləní) *t.* to soften.

ablució (əβlusió) *f.* ablution.

abnegació (əbnəɣəsió) *f.* abnegation.

abnegat, -ada (əbnəɣát, -áðə) *a.* unselfish; self-sacrificing.

abocador (əβukəðó) *m.* tip, dump [for rubbish].

abocar (əβuká) *t.* to pour (*en,* into) [also fig.]. ■ *2 p.* to lean out [una finestra, etc.]. *3* to throng (*a,* to) [people]. *4* to dedicate oneself (*a,* to) [hobby, work, sport, etc.].

abolició (əβulisió) *f.* abolition.

abolir (əβulí) *t.* to abolish.

abominar (əβuminá) *t.* to abominate.

abonament (əβunəmén) *m.* season ticket. *2* COMM. payment to the credit, credit payment.

abonar (əβuná) *t.* to pay [bill, price]; to pay for [article]. *2* COMM. to credit (*a,* to). *3* to return [deposit on]. *4* to subscribe (*a,* for).

abonat, -ada (əβunát, -áðə) *a., m.-f.* subscriber.
abonyegar (əβuɲəɣá) *t.-p.* to dent.
abordar (əβurðá) *t.* MAR. to sail close to. *2* to board. *3* fig. to undertake [a matter]. ■ *4 i.* MAR. to tie up [a boat].
abordatge (əβurðádʒə) *m.* boarding.
aborigen (əβuriʒən) *a.* aboriginal. ■ *2 m. pl.* ***els ~s,*** the aborigines.
abraçada (əβrəsáðə) *f.* embrace.
abraçar (əβrəsá) *t.* to embrace; to surround. *2* to take in [view, motion, etc.]. ■ *3 p.* to embrace [people].
abrandar (əβrəndá) *t.* to set fire. *2* fig. to inflame [passions, tempers, etc.].
abraonar (əβrəuná) *t.-p.* to embrace or hug tightly. *2 p.* to hurl oneself (*contra,* against).
abrasar (əβrəzá) *t.* to burn.
abrasió (əβrəzió) *f.* abrasion.
abreujament (əβrəŭʒəmén) *m.* See ABREVIACIÓ.
abreujar (əβrəŭʒá) *t.* See ABREVIAR.
abreviació (əβrəβiəsió) *f.* abbreviation.
abreviar (əβrəβiá) *t.* to abbreviate; to abridge.
abreviatura (əβrəβiatúrə) *f.* abbreviation.
abric (əβrik) *m.* coat. *2* shelter.
abrigall (əβriɣáʎ) *m.* coat. *2* bedclothes *pl.*
abrigar (əβriɣá) *t.-p.* to wrap up [in clothes].
abril (əβril) *m.* April.
abrillantar (əβriʎəntá) *t.* to make shine.
abrupte, -ta (əβrúptə, -tə) *a.* abrupt; precipitous.
abrusar (əβruzá) *t.* to scorch. ■ *2 p.* to get scorched [by sun].
abscés (əpsés) *s.* MED. abscess. ▲ *pl.* ***-sos.***
abscsissa (əpsisə) *f.* GEOM. absciss.
absència (əpsέnsiə) *f.* absence. ‖ ***en ~ de,*** in absence of.
absent (əpsén) *a.* absent. *2* inattentive.
absenta (əpséntə) *f.* absinth [drink].
absentar-se (əpsəntársə) *p.* to absent oneself.
absoldre (əpsɔ́ldrə) *t.* REL. to absolve. *2* LAW. to acquit. ▲ CONJUG. GER.: ***absolent.*** ‖ P.p.: ***absolt.*** ‖ INDIC. Pres.: ***absolc, absols, absol,*** etc. ‖ SUBJ. Pres.: ***absolgui, absolguis,*** etc. ‖ Imperf.: ***absolgués, absolguessis, absolgués,*** etc.
absis (ápsis) *m.* ARCH. apse.
absolució (əpsulusió) *f.* REL. absolution. *2* LAW acquittal.
absolut, -ta (əpsulút, -ta) *a.* absolute. *2* utter. *3 phr.* ***en ~,*** not at all.
absolutisme (əpsulutizmə) *m.* absolutism.
absorbent (əpsurβén) *a.-m.* CHEM. absorbent. *2 a.* absorbing.
absorbir (əpsurβi) *t.* to absorb. *2* to engross [attention].
absorció (əpsursió) *f.* absorption.
absort, -ta (əpsór(t), -tə) *a.* absorbed. *2* engrossed.
abstemi, -èmia (əpstέmi, -έmiə) *a.* abstemious. ■ *2 m.-f.* teetotaller.
abstenció (əpstənsió) *f.* abstention.
abstenir-se (əpstənirsə) *p.* to abstain. ▲ CONJUG. P. p.: ***abstingut.*** ‖ INDIC. Pres.: ***m'abstinc, t'abstens, s'absté,*** etc. | Fut.: ***m'abstindré, t'abstindràs, s'abstindrà,*** etc. ‖ SUBJ. Pres.: ***m'abstingui, t'abstinguis, s'abstingui,*** etc. | Imperf.: ***m'abstingués, t'abstinguessis,*** etc. ‖ IMPER.: ***abstén-te.***
abstinència (əpstinέnsiə) *f.* abstinence.
abstracció (əpstrəksió) *f.* abstraction.
abstracte, -ta (əpstráktə, -tə) *a.* abstract.
abstreure (əpstrέurə) *t.* to abstract; to remove. ■ *2 p.* to be lost in thought. ▲ CONJUG. like ***treure.***
abstrús, -usa (əpstrús, -úzə) *a.* abstruse.
absurd, -da (əpsúr(t) -ðə) *a.* absurd. ■ *2 m.* absurdity.
abúlia (əβúliə) *f.* lack of willpower.
abundància (əβundánsiə) *f.* abundance.
abundar (əβundá) *i.* to abound.
abundor (əβundó) *f.* See ABUNDÀNCIA.
abús (əβús) *m.* abuse.
abusar (əβuzá) *i.* to abuse (*de,* -). *2* to take advantage of. *3* to assault [indecently].
abusiu, -iva (əβuziŭ, -iβə) *a.* abusive.
a.C. *abbr. (abans de Crist)* B.C. (Before Christ).
acabalat, -ada (əkəβəlát, -áðə) *a.* wealthy, well-off.
acaballes (əkəβ'aʎəs) *f. pl.* end. *2* final stages.
acabament (əkəβəmén) *m.* finishing; finishing touches.
acabar (əkəβá) *t.-i.* to finish, to end. *2 i.* to end up. ■ *3 p.* to finish. *4* fig. to pass away, to die.
acabat, -ada (əkəβát, -áðə) *a.* complete, utter. *2* perfect: ***és un mentider ~,*** he's a perfect liar. ■ *3 m.* finish. ■ *4 adv.* ***en ~,*** afterwards.
acaçar (əkəsá) *t.* (VAL.) See EMPAITAR.
acàcia (əkásiə) *f.* BOT. acacia.
acadèmia (əkəðέmiə) *f.* school [usually private]. *2* academy.
acadèmic, -ca (əkəðέmik, -kə) *a.* academic. ■ *2 m.-f.* academician.
acalorar (əkəlurá) *t.* to warm, to heat. *2* to excite, to work up [emotions]. ■ *3 p.* to get heated [with excitement].
acampar (əkəmpá) *t.-i.* to camp.
acanalar (əkənəlá) *t.* to groove. *2* to channel.

acaparar (əkəpərá) *t.* to monopolize. *2* to hoard.
àcar (ákər) *m.* ENT. acarus.
acaramullar (əkərəmuʎá) *t.* to fill up. *2* to heap; to amass.
acarar (əkərá) *t.* to confront [face-to-face]. *2* to compare [two texts].
acariciar (əkərisiá) *t.* to caress. *2* fig. to cherish [hope, wish, etc.].
acarnissar-se (əkərnisársə) *p.* to vent one's anger on; to fight with fury.
acarnissat, -ada (əkənisát, -ðə) *a.* fierce, without quarter.
acaronar (əkəruná) *t.* to fondle, to caress; to pamper.
acatar (əkətá) *t.* to respect; to defer.
accedir (əksəði) *i.* to accede, to agree (*a,* to).
acceleració (əksələrəsió) *f.* acceleration.
accelerador, -ra (əksələrəðó, -rə) *a.* accelerating, quickening. ▪ *2 m.* accelerator.
accelerar (əksələrá) *t.-p.* to accelerate.
accent (əksén) *m.* accent; stress.
accentuació (əksəntuəsió) *f.* accentuation; stress.
accentuar (əksəntuá) *t.* to accentuate; to stress. *2 fig.* to point out.
accepció (əksəpsió) *f.* acceptation; meaning.
acceptació (əksəptəsió) *f.* acceptance.
acceptar (əksəptá) *t.* to accept.
accés (əksés) *m.* access. ▲ *pl.* ***-sos.***
accessible (əksəsibblə) *a.* accessible, approachable.
accèsit (əksésit) *m.* accessit.
accessori, -òria (əksəsɔ́ri, -ɔ́riə) *a.-m.* accessory. *2 a.* secondary.
accident (əksiðén) *m.* accident. || ***per ~,*** by accident. *2* GRAMM. inflection.
accidental (əksiðəntál) *a.* accidental; fortuitous. *2* secondary.
accidentar-se (əksiðəntársə) *p.* to have an accident.
accidentat, -ada (əksiðəntát, -áðə) *a.* rough, uneven; hilly. ▪ *2 m.-f.* injured person.
acció (əksió) *f.* act; action. || ***fer ~ de,*** to make as if to; to make a move to. || ***bona ~,*** good deed. *2* CIN. *interj.* ***~!,*** action! *2 pl.* behaviour.
accionar (əksiuná) *i.* to make gestures; to gesticulate. ▪ *t. 2* MECH. to activate; to drive.
accionista (əksiunistə) *m.-f.* shareholder.
acer (əsér) *m.* steel: ~ ***inoxidable,*** stainless steel.
acetona (əsətónə) *f.* acetone.
ací (əsi) *adv.* (VAL.) See AQUÍ.
àcid, -da (ásit, -ðə) *a.* acid; bitter, sour. ▪ *2 m.* CHEM. acid.
aclamació (əkləməsió) *f.* acclamation.
aclamar (əkləmá) *t.* to acclaim, to hail as.
aclaparador, -ra (əkləpərəðó, -rə) *a.* oppressive; overwhelming.
aclaparar (əkləpərá) *t.* to oppress; overwhelm.
aclaridor (əkləriðó) *a.* explanatory.
aclariment (əklərimén) *m.* explanation.
aclarir (əkləri) *t.-p.* to clear. *2 t.* fig. to clarify, to explain. *3* to find out.
aclimatar (əklimətá) *t.* to acclimatise. ▪ *2 p.* to become acclimatised.
aclofar-se (əklufársə) *p.* to lounge; to sit back.
aclucar (əkluká) *t.* to close [one's eyes]. || ***no poder ~ l'ull,*** not to get a wink of sleep.
acne (áŋnə) *f.* MED. acne.
açò (əsɔ́) *dem. pron.* (VAL.) See AIXÒ.
acoblar (əkubblá) *t.-p.* to link up, to connect.
acollidor, -ra (əkuʎidó, -rə) *a.* welcoming; cosy.
acollir (əkuʎi) *t.* to welcome. *2* to receive. ▲ CONJUG. like ***collir.***
acollonir (əkuʎuni) *t.* coll. to intimidate. ▪ *2 p.* to get scared.
acolorir (əkuluri) *t.* to colour; to dye.
acomboiar (əkumbuiá) *t.* to convoy; to transport in a convoy. *2* MAR. to escort.
acomiadar (əkumiəðá) *t.* to dismiss, to sack (*de,* from). *2* to say goodbye. ▪ *3 p.* to say goodbye; to take one's leave (*de,* of).
acomodació (əkumuðəsió) *f.* adaptation.
acomodador, -ra (əkumuðəðó, -rə) *m.* usher. *2 f.* usherette.
acomodar (əkumuðá) *t.* to adapt. *2* to accommodate. ▪ *2 p.* to adapt oneself.
acomodat, -ada (əkumuðát, -áðə) *a.* wealthy, well-off.
acompanyament (əkumpəɲəmén) *m.* accompaniment.
acompanyant (-ta) (əkumpəɲán (-tə)) *a.* accompanying. ▪ *2 m.-f.* companion.
acompanyar (əkumpəɲá) *t.* to accompany.
acomplir (əkumpli) *t.* to perform; to fulfil. ▪ *2 p.* to be accomplished.
acompte (əkómtə) *m.* COMM. down-payment. *2* COMM. advance.
aconseguir (əkunsəɣi) *t.* to get, to obtain. *2* fig. to achieve. *3* to manage [to do]. *4* to catch up with; to reach [also fig.].
aconsellar (əkunsəʎá) *t.* to advise.
acontentar (əkuntəntá) *t.* to satisfy; to make happy. ▪ *2 p.* to become satisfied.
acoquinar (əkukiná) *t.* to intimidate. ▪ *2 p.* to be intimidated; to get scared.

acord (əkɔ́r(t)) *m.* agreement. ‖ ***d'~!,*** alright. *2* MUS. chord.
acordar (əkurðá) *t.* to agree. *2* to decide. *3* MUS. to tune.
acordió (əkurðió) *m.* MUS. accordion.
acordonar (əkurðuná) *t.* to cordon off.
Açores (əsɔ́rəs) *pr. n. f. pl.* GEOGR. Azores.
acorralar (əkurrəlá) *t.* to pen, to corral. *2* to corner.
acostar (əkustá) *t.* to move closer. ▪ *2 p.* to move closer; to approach; to come closer.
acostumar (əkustumá) *t.* to accustom, to get into the habit of. ▪ *2 i.* to be in the habit of. ▪ *3 p.* to get used to.
acotació (əkutəsió) *f.* marginal note.
acotar (əkutá) *t.* to incline, to lower: ~ ***el cap,*** to lower one's head. *2* to survey; to mark out. ▪ *3 p.* to bend down.
acotxar (əkutʃá) *t.* to tuck up [in bed], to wrap up [in clothes]. ▪ *2 p.* to wrap (oneself) up, to tuck oneself up. *3* to crouch.
acovardir (əkuβərðí) *t.* to intimidate; to frighten. ▪ *2 p.* to become intimidated; to become frightened.
acràcia (əkrásiə) *f.* anarchy.
àcrata (ákrətə) *a.* anarchic, anarchical. ▪ *2 m.-f.* anarchist.
acre (ákrə) *a.* pungent, bitter, sour. *2* fig. biting [humour]. ▪ *4 m.* acre [land measure].
acreditar (əkrəðitá) *t.* to vouch for. *2* fig. to do credit to. *3* ECON. to credit. *4* to accredit.
acrílic, -ca (əkrílik, -kə) *a.-m.* acrylic.
acritud (əkritút) *f.* pungency. *2* bitterness, sourness. *3* fig. acrimony.
acrobàcia (əkruβásiə) *f.* acrobatics.
acròstic, -ca (əkrɔ́stik, -kə) *a.* acrostic, acrostical. ▪ *2 m.* acrostic.
acròpoli (əkrɔ́puli) *f.* acropolis.
acta (áktə) *f.* document, minutes *pl.*
acte (áktə) *m.* act. *2* deed; action: ~ ***heroic,*** heroic deed. *3* public ceremony, public function. ‖ ~ ***d'inauguració,*** official opening. *4 adv. phr.* ***a l'~,*** instantly, immediately. *5* ***fer ~ de presència,*** to be present, to attend. *6* THEAT. act.
actini (əktíni) *m.* CHEM. actinium.
actitud (əktitút) *f.* attitude.
actiu, -iva (əktíŭ, -íβə) *a.* active; lively. ▪ *2 m.* COMM. assets *pl.*
activar (əktiβá) *t.* to activate. *2* to speed up.
activitat (əktiβitát) *f.* activity. ‖ *adv. phr.* ***en ~,*** active.
actor (əktó) *m.* actor. *2* LAW plaintiff.
actriu (əktríu) *f.* actress.
actuació (əktuəsió) *f.* THEATR., MUS. performance. *2* ***l'~ de la policia fou criticada,*** the way the police acted was criticised.
actual (əktuál) *a.* present day; up-to-date.
actualitat (əktuəlitát) *f.* news, current events *pl.* ‖ ***d'~,*** recent [events]. ‖ ***en l'~,*** nowadays.
actuar (əktuá) *t.* to actuate. ▪ *2 i.* to act.
acudir (əkuðí) *i.* to come; to turn up. ▪ *2 p.* to think of, to have [an idea]: ***se t'acut cada cosa!,*** you have the strangest ideas sometimes!
acudit (əkuðít) *m.* witty saying; joke; funny story.
acular (əkulá) *t.* to back (up to or against). *2* to corner. ▪ *3 p.* to dig one's heels in.
acumulació (əkumuləsió) *f.* accumulation.
acumular (əkumulá) *t.-p.* to accumulate, to build up.
acupuntura (əkupuntúrə) *f.* acupuncture.
acuradament (əkurəðəmén) *adv.* carefully.
acurat, -ada (əkurát, -áðə) *a.* careful; neat. *2* accurate [descriptions, definitions].
acusació (əkuzəsió) *f.* accusation. *2* LAW charge.
acusador, -ra (əkuzəðó, -rə) *a.* accusing. ▪ *2 m.-f.* accuser.
acusar (əkuzá) *t.* to accuse (*de,* of), to charge (*de,* with). *2* to show, to reveal. *3* ~ ***recepció,*** to acknowledge receipt.
acusat, -ada (əkuzát, -áðə) *m.-f.* LAW accused, defendant.
acústic, -ca (əkústik, -kə) *a.* acoustic. ▪ *2 f.* acoustics *pl.*
adagi (əðáʒi) *m.* adage, saying.
adàgio (əðáʒio) *m.* MUS. adagio *s.-a.* ▪ *2 adv.* MUS. adagio.
adaptable (əðəptábblə) *a.* adaptable.
adaptació (əðəptəsió) *t.* adaptation. *2* MUS. arrangement.
adaptar (əðəptá) *t.-p.* to adapt. *2* MUS. to arrange.
addicció (əddiksió) *f.* addiction.
addició (əddisió) *f.* addition. *2* bill [in a restaurant].
addicionar (əddisiuná) *t.* to add.
addicte, -ta (ədíktə, -tə) *a.* addicted. ▪ *2 m.-f.* addict; supporter; fan.
adduir (əddui) *t.* to adduce, to bring forward [proof, evidence].
adelerat, -ada (əðələrát, -áðə) *a.* eager; anxious.
adepte, -ta (əðéptə, -tə) *a., m.-f.* adept.
adequar (əðəkwá) *t.-p.* to adapt.
adequat, -ada (əðəkwát, -áðə) *a.* adequat, suitable. ‖ ***aquesta és la paraula adequada,*** that's exactly the right word for it.
adés (əðés) *adv.* just now.
adéu (əðéŭ) *interj.* goodbye, bye, see you. ▪ *3 m.* farewell. ‖ ***fer ~,*** to wave goodbye.

adéu-siau (əðę̃usiáŭ) *interj.* goodbye.
adherència (əðərέnsiə) *f.* adhesion; adherence.
adherent (əðərén) *a.* adherent, adhesive. ■ *2 m.* follower, adherent.
adherir (əðəri) *i.* to adhere. ■ *2 t.* to stick. ■ *3 p.* to support firmly.
adhesió (əðəzió) *f.* adhesion. *2* support.
adhesiu, -iva (əðəziŭ, -iβə) *a.* adhesive. ■ *2 m.* PRINT. sticker.
àdhuc (áðuk) *adv.* even.
adient (əðién) *a.* suitable, appropriate, apt.
adinerat, -ada (əðinərát, -áðə) *a.* wealthy, rich.
adipós, -osa (əðipós, -ózə) *a.* adipose, fatty.
adir-se (əðirsə) *p.* to match, to suit.
adiu (əðiŭ) *interj.* (ROSS.) See ADÉU.
adjacent (ədʒəsén) *a.* adjacent, adjoining.
adjectiu, -iva (ədʒəktiŭ, -iβə) *a.* adjectival. ■ *2 m.* GRAMM. adjective.
adjudicació (ədʒuðikəsió) *f.* award.
adjudicar (ədʒuðiká) *t.* to award. ■ *2 p.* to appropriate.
adjunt, -ta (ədʒún, -tə) *a.* joined, attached. *2 a., m.-f.* assistant. *3 m.-f.* associate.
adjuntar (ədʒuntá) *t.* to attach. *2* to enclose [in a letter, parcel, etc.].
admetre (əmmέtrə) *t.* to accept, to admit, to allow. ▲ CONJUG. P.p.: ***admès.***
administració (əmministrəsió) *f.* administration; management.
administrador, -ra (əmministrəðó, -ra) *a.* administrative. ■ *2 m.-f.* administrador, manager; steward [estates].
administrar (əmministrá) *t.* to administer, to administrate; to manage.
administratiu, -iva (əmministrətiŭ, -iβə) *a.* administrative, managerial. ■ *2 m.-f.* clerk, office worker.
admirable (əmmirábblə) *a.* admirable.
admiració (əmmirəsió) *f.* admiration, wonder. *2* GRAMM. ***signe d'~,*** exclamation mark.
admirador, -ra (əmmiraðó, -ra) *a., m.-f.* admirer *s.*
admirar (əmmirá) *t.* to admire; to wonder at. *2* to surprise, to amaze. ■ *3 p.* to be amazed (*de,* at), to be surprised.
admissió (əmmisió) *f.* admission, admittance.
admonició (əmmunisió) *f.* admonition, reproof.
adob (əðóp) *m.* repair, mend. *2* COOK. dressing, seasoning. *3* fertilizer.
adobar (əðuβá) *t.* to repair, to mend. *2* to season, to pickle, to dress. *3* to tan [leather]. *4* to fertilize.
adober (əðuβé) *m.* tanner.
adolescència (əðuləsέnsiə) *f.* adolescence.
adolescent (əðuləsén) *a., m.-f.* adolescent.
Adolf (əðólf) *pr. n. m.* Adolf, Adolph.
adolorir (əðuluri) *t.* to hurt; to cause pain.
adonar-se (əðunársə) *p.* to realise (*de,* —).
adopció (əðupsió) *f.* adoption.
adoptar (əðuptá) *t.* to adopt.
adoptiu, -iva (əðuptiŭ, -iβə) *a.* adoptive: ***fill ~,*** adoptive or adopted son.
adoració (əðurəsió) *f.* adoration, worship.
adorar (əðurá) *t.* to adore, to worship.
adormir (əðurmi) *t.* to send to sleep; to make drowsy. || ***estar adormit,*** to be asleep. ■ *2 p.* to fall asleep. || fig. ***se m'ha adormit el peu,*** my foot's fallen asleep.
adorn (əðór(n)) *m.* ornament.
adornar (əðurná) *t.* to adorn, to ornament, to decorate.
adossar (əðusá) *t.* to lean on or against.
adotzenat, -ada (əðudzənát, -áðə) *a.* vulgar; common.
adquirir (əkkiri) *t.* to acquire, to obtain. *2* to purchase.
adquisició (əkkizisió) *f.* acquisition.
adreç (əðrés) *m.* preparation. *2* COOK. seasoning.
adreça (əðrésə) *f.* address.
adreçar (əðrəsá) *t.* to straighten (out). ■ *2 p.* to address oneself (*a,* to).
Adrià (əðriá) *pr. n. m.* Adrian.
Adriana (əðriánə) *pr. n. f.* Adrienne.
adroguer (əðruɣé) *m.* grocer.
adrogueria (əðruɣəriə) *f.* grocery, grocer's.
adscriure (ətskriŭrə) *t.* to appoint; to assign. ▲ CONJUG. like ***escriure.***
adulació (əðuləsió) *f.* adulation.
adular (əðulá) *t.* to adulate; to flatter.
adult, -ta (əðul(t), -tə) *a., m.-f.* adult.
adúlter, -ra (əðúltər, -rə) *a.* adulterous. ■ *2 m.* adulterer. *3 f.* adulteress.
adulterar (əðultərá) *t.* to adulterate. *2 fig.* to corrupt, to vitiate. ■ *3 i.* to commit adultery.
adulteri (əðultέri) *m.* adultery.
adust, -ta (əðús(t), -tə) *a.* scorched. *2* fig. sullen, humourless.
adveniment (əbbənimén) *m.* advent.
advenir (əbbəni) *i.* to come about, to happen.
advent (əbbén) *m.* ECCL. Advent.
adventici, -ícia (əbbəntisi, -isiə) *a.* adventitious; fortuitous.
adverbi (əbbέrβi) *m.* adverb.
advers, -sa (əbbέrs, -sə) *a.* adverse; hostile.
adversari, -ària (əbbərsári, -áriə) *a.* contrary; hostile. ■ *2 m.-f.* adversary.
adversitat (əbbərsitát) *f.* adversity.
advertència (əbbərtέnsiə) *f.* warning; piece of advice. *2* awareness.

advertiment (əbbərtimén) *m.* See ADVERTÈNCIA.
advertir (əbbərtí) *t.* to warn. *2* to point out: ***l'hem advertit del seu error,*** we have pointed out his mistake to him. *3* to notice.
advocacia (əbbukasíə) *f.* the law, the legal profession.
advocació (əbbukəsió) *f.* advocation.
advocadessa (əbbukəðέsə) *f.* LAW woman lawyer.
advocat, -ada (əbbukát, -áðə) *m.-f.* LAW lawyer; solicitor, barrister. || ~ ***defensor,*** defence counsel. *5* (USA) attorney. *6* advocate.
aeri, aèria (əέri, əέriə) *a.* air. || ***línia aèria,*** airline. *2* airy [also fig.], insubstantial.
advocar (əbbuká) *i.* ~ ***per,*** to advocate *t.*
aerobi, -òbia (əerɔ́βi, -ɔ́βiə) *a.* aerobic. ▪ *2. m.* aerobe.
aerodinàmic, -ca (əeruðinámik, -kə) *a.* aerodynamic. ▪ *2 f.* aerodynamics.
aeròdrom (əerɔ́ðrum) *m.* aerodrome.
aeròlit (əerɔ́lit) *m.* meteorite.
aeronau (əerunáŭ) *f.* airship.
aeronauta (əerunáŭtə) *m.-f.* aeronaut.
aeronàutic, -ca (əerunáŭtik, -kə) *a.* aeronautic. ▪ *2 f.* aeronautics.
aeroplà (əeruplá) *m.* aeroplane, airplane.
aeroport (əerupɔ́r(t)) *m.* airport.
aerosol (əerusɔ́l) *m.* aerosol [the container].
aeròstat (əerɔ́stət) *m.* aerostat.
afabilitat (əfəβilitát) *f.* affability.
afable (əfábblə) *a.* affable.
afaiçonar (əfəisuná) *t.* to fashion; to create. *2* to embellish or to distort [description].
afaitar (əfəĭtá) *t.* to shave. || ***fulla d'~,*** razor blade; ***màquina d'~,*** shaver, razor [electric].
afalac (əfəlák) *m.* flattery. *2* flattering compliment.
afalagar (əfələɣá) *t.* to gratify; to please. *2* to flatter.
afamat, -ada (əfəmát, -áðə) *a.* hungry; starving.
afanada (əfənáðə) *f.* petty thieving.
afanar (əfəná) *t.* to nick, to pinch.
afany (əfáɲ) *m.* effort, industry; exertion. *2* desire (*de,* for).
afanyar-se (əfəɲársə) *p.* to get a move on, to hurry.
afartar (əfərtá) *t.* to overfeed. ▪ *2 p.* coll. to stuff oneself.
afavorir (əfəβurí) *t.* to favour.
afeblir (əfəbblí) *t.-p.* to weaken.
afecció (əfəksió) *f.* affection. *2* MED. ailment, trouble.
afeccionar-se (əfəksiunársə) *p.* to become fond (*de,* of).
afeccionat, -ada (əfəksiunát, -áðə) *a., m.-f.* amateur. *2 m.-f.* SP. supporter.
afectació (əfəktəsió) *f.* affectation.
afectar (əfəktá) *t.* to affect.
afecte, -ta (əfέktə, -tə) *a.* fond; inclined. ▪ *2 m.* fondness, affection, attachment.
afectiu, -iva (əfəktíŭ, -íβə) *a.* affective.
afectuós, -osa (əfəktuós, -óza) *a.* affectionate.
afegidura (əfəʒiðúrə) *f.* See AFEGIMENT.
afegiment (əfəʒimén) *m.* addition.
afegir (əfəʒí) *t.* to fix. *2* to add.
afegit (əfəʒít) *m.* addition; extra.
afer (əfér) *m.* matter; affair: ~***s estrangers,*** foreign affairs.
afermar (əfərmá) *t.* to strengthen, to secure. *2* to confirm. ▪ *3 pl.* fig. to be unmoved, to remain by what one has said.
aferrar (əfərrá) *t.* to seize, to take hold of. *2* (BAL.) See ENGANXAR. ▪ *3 p.* to cling, to stick.
aferrissar-se (əfərrisársə) *p.* to fight ruthlessly or savagely. *2* fig. to work furiously.
aferrissat, -ada (əfərrisát, -áðə) *a.* fierce, without quarter.
afganès, -esa (əfgənέs, -έzə) *a., m.-f.* afghan.
Afganistan (əfgənistán) *pr. n. m.* GEOGR. Afghanistan.
afí (əfí) *a.* related.
aficionat, -ada (əfisiunat, -áðə) See AFECCIONAT.
afidàvit (əfiðáβit) *m.* LAW affidavit.
afigurar-se (əfiɣurársə) *p.* to suppose; to fancy.
afilar (əfilá) *t.* See ESMOLAR.
afilerar (əfilərá) *t.-p.* to line, to line up.
afiliar (əfiliá) *t.* to affiliate. ▪ *2 p.* to join [society, club, etc.].
afiliat, -ada (əfiliát, -áðə) *a.* affiliated. ▪ *2 m.-f.* member [of a club, society, etc.].
afillar (əfiʎá) *t.* to adopt [as one's son].
afinador, -ra (əfinəðó, -rə) *m.-f.* MUS. tuner.
afinar (əfiná) *t.* to refine [minerals; taste; customs]. *2* to polish [slight imperfections]. *3* MUS. to tune. ▪ *4 i.* to play or sing in tune. ▪ *5 p.* to get close (*a,* to).
afinitat (əfinitát) *f.* affinity.
afirmació (əfirməsió) *f.* statement; assertion.
afirmar (əfirmá) *t.* to state; to assert.
afixar (əfiksá) *t.* to stick up, to put up [posters, etc.]. *2* GRAMM. to affix, to prefix.
aflaquir (əfləkí) *t.-p.* to weaken.
aflautat, -ada (əfləŭtát, -áðə) *a.* fluty [voice, sound, etc.].
aflicció (əfliksió) *f.* affliction.

afligir (əfliʒí) *t.* to distress. ■ *2 p.* to distress oneself.
aflorar (əflurá) *i.* to crop out; to sprout up. *2* fig. to crop up.
afluència (əfluɛ́nsiə) *f.* influx. *2* fluency; eloquence.
afluent (əfluén) *a.* flowing. ■ *2 m.* GEOGR. tributary.
afluir (əfluí) *i.* to flow. *2* fig. to throng, to rush.
afluixar (əfluʃá) *t.* to loosen. *2* to slacken. *3* to reduce. ■ *4 i.* to weaken; to relent; to abate. ‖ ***el vent afluixa,*** the wind is dying down. *5* to let up: ***no afluixis davant les dificultats,*** don't let up in the face of difficulty. ■ *6 p.* to come or to work loose.
afonar (əfuná) *t.-p.* (VAL.) See ENFONSAR.
afonia (əfuníə) *f.* MED. loss of voice.
afònic (əfɔ́nik) *a.* hoarse; voiceless.
afores (əfɔ́rəs) *m. pl.* outskirts.
aforisme (əfurízmə) *m.* aphorism.
afortunat, -ada (əfurtunát, -áðə) *a.* lucky; fortunate.
Àfrica (áfrikə) *pr. n. f.* GEOGR. Africa.
africà, -ana (əfriká, -ánə) *a., m.-f.* GEOGR. African.
afrodisíac, -ca (əfruðizíək, -kə) *a.* aphrodisiacal. ■ *2 m.* aphrodisiac.
afront (əfrón) *m.* public affront. *2* insult, indignity.
afrontar (əfruntá) *t.* to face; to face up [also fig.]. *2* to insult publicly. ■ *3 i.* to border on each other [counties, estates, etc.].
afta (áftə) *f.* MED. aphta.
afusellament (əfuzəʎəmén) *m.* execution, shooting [by firing squad].
afusellar (əfuzəʎá) *t.* to execute, to shoot [by firing squad]. *2* to plagiarize.
agafada (əɣəfáðə) *f.* seizing, seizure. *2* people caught [in a police raid or similar].
agarrada (əɣərráðə) gripping. *2* fig. altercation, fight.
agarrar (əɣərrá) *t.* to seize, to grip, to grasp. *2* (VAL.) See AGAFAR.
àgata (áɣətə) *f.* MINER. agate.
agençar (əʒənsá) *t.* to embellish; to arrange neathy or decoratively.
agència (əʒɛ́nsiə) *f.* agency ‖ ~ ***de publicitat,*** advertising agency; ~ ***de viatges,*** travel agency; ~ ***matrimonial,*** marriage bureau.
agenciar (əʒənsiá) *t.* to effect; to procure.
agenda (əʒéndə) *f.* diary; notebook. *2* agenda.
agafar (əɣəfá) *t.* to grasp, to take hold of; to pick up. ‖ fig. ~ ***-se les coses malament,*** to take things badly. *2* to catch [illnesses, diseases]. *3* to take [taxi]; to catch [public transport]. *4* to take [street, road, etc.]. *5* to cover; to take up, to occupy. *6* to catch: ***l'he agafat dient una mentida,*** I caught him lying. ■ *7 i.-p.* BOT. to take root. *8* to stick. *9 p.* to hold on (*a,* to). *10* to use [as an excuse].
agenollar-se (əʒənuʎársə) *p.* to kneel (down).
agent (əʒén) *a.* active; functioning. ■ *2 m.* agent, acting power. *3 m.-f.* agent [person]. *4* COMM. agent. ‖ ~ ***de canvi,*** stockbroker. *5* CHEM. agent.
agermanar (əʒərməná) *t.* to twin.
àgil (áʒil) *a.* agile. *2 fig.* lively, alert.
agilitat (əʒilitát) *f.* agility.
agitació (əʒitəsió) *f.* shaking. *2* restlessness. *3* unrest.
agitador, -ora (əʒitəðó, -rə) *a.* agitating. ■ *2 m.-f.* POL. agitator. *3* CHEM. agitator, shaker.
agitar (əʒitá) *t.* to shake. *2* fig. to move, to unsettle. ■ *3 p.* to shake. *4* to get upset; to get worried.
aglà (əɣlá) *f.* See GLA.
aglomeració (əɣlumərəsió) *f.* agglomeration; massing.
aglomerar (əɣlumərá) *t.-p.* to agglomerate; to crowd together.
aglutinació (əɣlutinəsió) *f.* agglutination.
aglutinar (əɣlutiná) *t.* to agglutinate.
Agnès (əŋnɛ́s) *pr. n. f.* Agnes.
agnòstic, -ca (əŋnɔ́stik, -kə) *a., m.-f.* agnostic.
agnosticisme (ənnustisízmə) *m.* agnosticism.
agombolar (əɣumbulá) *t.* to care solicitously. *2* to wrap up [person].
agonia (əɣuníə) *f.* dying moments; death agony.
agonitzar (əɣunidzá) *i.* to be dying.
agosarat, -ada (əɣuzərát, -áðə) *a.* daring; adventurous. *2* forward, cheeky.
agost (əɣós(t)) *m.* August. ‖***fer l'~,*** to make a pile [of money].
agraciat, -ada (əɣrəsiát, -áða) *a.* good-looking.
agradable (əɣrəðábblə) *a.* pleasant; nice.
agradar (əɣrəðá) *i.* to like *t.*: ***m'agrada la xocolata,*** I like chocolate; ***t'agrado?,*** do you like me? *2* to please: ***és una pel·lícula que agrada,*** it's a film which pleases.
(a)granar ((ə)ɣrəná) *t.* (BAL.), (VAL.) See ESCOMBRAR.
agraïment (əɣrəimén) *m.* gratitude.
agrair (əɣrəí) *t.* to thank for. *2* to be grateful for.
agraït, -ïda (əɣrəít, -íðə) *a.* thankful, grateful.
agrari, -ària (əɣrári, -áriə) *a.* agrarian.
agre, -a (áɣrə, -ə) *a.* bitter. *2* fig. acrimonious.

agredir (əɣrəðí) *t.* to attack; to assault.
agredolç, -ça (əɣrəðóls, -sə) *a.* bitter-sweet.
agregar (əɣrəɣá) *t.* to collect; to accumulate.
agregació (əɣrəɣəsió) *f.* collection; accumulation.
agregat (əɣrəɣát) *m.* attaché. || ***professor ~,*** senior lecturer.
agressió (əɣrəsió) *f.* agression, attack.
agressiu, -iva (əɣrəsíŭ, -iβə) *a.* aggressive.
agressor, -ra (əɣrəsó, -rə) *m.-f.* aggressor, attacker.
agrest, -ta (əɣrés(t), -tə) *a.* rural, country. *2* rough.
agreujament (əɣrəŭʒəmén) *m.* aggravation.
agreujar (əɣrəŭʒá) *t.* to aggravate. ▪ *2 p.* to become aggravated.
agrícola (əɣríkulə) *a.* agricultural. *2* farming.
agricultor, -ra (əɣrikultó, -rə) *m.-f.* farmer.
agricultura (əɣrikultúrə) *f.* agriculture.
agrimensor (əɣrimensó) *m.* surveyor.
agrònom, -ma (əɣrɔ́num, -mə) *a.* agricultural. ▪ *2 m.-f.* agronomist, farming, expert.
agror (əɣró) *f.* sourness; bitterness. *2* pungency.
agrumollar-se (əɣrumuʎársə) *p.* to clot.
agrupació (əɣrupəsió) *f.* grouping. *2* association, society.
agrupament (əɣrupəmén) *m.* grouping. *2* association.
agrupar (əɣrupá) *t.* to group together; to assemble.
aguait (əɣwáĭt) *m.* watching. || ***estar a l'~,*** to be on the alert.
aguant (əɣwán) *m.* resistance. *2* fig. staying-power.
aguantar (əɣwəntá) *t.* to hold. *2* fig. to put up with; to stand, to bear. ▪ *3 p.* fig. to carry on, to continue. || ***no m'aguanto dret,*** I can scarcely stay on my feet. *4* fig. to stand up, to hold water [arguments, alibis, etc.].
aguditzar (əɣuðidzá) *t.* to sharpen. ▪ *2 p.* fig. to become more intense.
agudesa (əɣuðɛ́zə) *f.* sharpness; acuteness; keenness. *2* wittiness.
àguila (áɣilə) *f.* ORNIT. eagle.
agulla (əɣúʎə) *f.* needle. || ***~ de fer mitja,*** knitting needle. *2* pin. || ***~ de cap,*** clothes pin. || ***~ imperdible,*** safety pin. *3* hairpin. *4* hand [of a clock]. *5 ~ **d'estendre,*** clothes peg.
agulló (əɣuʎó) *m.* goad. *2* fig. spur, incentive.
agullonar (əɣuʎuná) *t.* to goad; to spur [also fig.].
agut, -uda (əɣút, -úðə) *a.* acute; sharp; keen. *2* witty, smart. *3* MUS. high, sharp.
agutzil (əɣudzíl) See ALGUTZIR.
ah! (a) *interj.* Ah!
ahir (əí) *adv.* yesterday.
ai! (áĭ) *interj.* ouch! [pain]. *2* oh dear!
aigua (áĭɣwə) *f.* water. || ***a flor d'~,*** afloat; ***~ dolça,*** fresh water.
aiguader, -ra (əĭɣwəðé, -rə) *a.* abstemious, teetotalling. ▪ *2 m.-f.* teetotaller. *3* water seller.
aiguafort (ạĭɣwəfɔ́r(t)) *m.* etching.
aigualir (əĭɣwəlí) *t.* to water down; to dilute. ▪ *2 p.* to become watery. *3* fig. to bespoilt, to be ruined [party, meeting, etc.].
aiguamoll (ạĭɣwəmɔ́ʎ) *m.* marsh.
aiguaneu (ạĭɣwənéŭ) *f.* sleet.
aiguardent (ạĭɣwərðén) *m.* brandy.
aiguarràs (ạĭɣwərrás) *m.* turpentine.
aiguat (əĭɣwát) *m.* heavy shower; cloudburst [rain].
aiguavés (ạĭɣwəβés) *m.* GEOGR. slope.
aigüera (əĭɣwérə) *f.* sink.
aïllament (əiʎəmén) *m.* isolation.
aïllant (əiʎán) *a.* ELECT. insulating. *2* isolating. ▪ *3 m.* insulator.
aïllar (əiʎá) *t.* to insulate. *2* to isolate.
aïrat, -ada (əirát, -áðə) *a.* irate; very angry.
aire (áĭrə) *m.* air. || ***~ condicionat,*** air conditioning; ***a l'~ lliure,*** (in the) open-air. *2* wind; breeze. || ***cop d'~,*** gust [of wind]; fig. cold. *3* fig. air, appearance.
airejar (əĭrəʒá) *t.-p.* to air.
airós, -osa (əĭrós, -ózə) *a.* airy. *2* elegant.
aixa (áʃə) *f.* adze.
aixada (əʃáðə) *f.* hoe.
aixafar (əʃəfá) *t.* to squash; to squeeze; to crush. *2* fig. to crush [person]. *3* fig. to ruin, to spoil [plans].
aixecar (əʃəká) *t.* to lift (up); to raise, to raise up. *2* to stand up. *3* fig. ***~ la camisa,*** to pull someone's leg. ▪ *4 p.* to get up; to stand up. *5* to rise up.
aixella (əʃéʎə) *f.* ANAT. armpit.
aixer (əʃé) *m.* (ROSS.) See FEMS.
aixeta (əʃɛ́tə) *f.* tap.
així (əʃí) *adv.* so; thus. || ***~ i tot,*** nevertheless, however.
això (əʃɔ́) *dem. pron.* this; that.
aixopluc (əʃuplúk) *m.* refuge; cover; shelter [also fig.].
aixoplugar (əʃupluɣá) *t.-p.* to shelter.
ajaçar (əʒəsá) *t.* to put to bed.
ajaure (əʒáŭrə) See AJEURE.
ajeure (əʒɛ́urə) *t.-p.* to lay. ▲ CONJUG. like ***jeure.***
ajornar (əʒurná) *t.* to postpone.
ajuda (əʒúðə) *f.* help; aid; assistance.

ajudant, -ta (əʒuðán, -tə) *a., m.-f.* assistant; helper.
ajudar (əʒuðá) *t.* to help, to aid, to assist. ▪ *2 i.* to contribute to.
ajuntament (əʒuntəmén) *m.* town hall; city council.
ajuntar (əʒuntá) *t.-p.* to assemble; to meet; to gather together.
ajupir (əʒupí) *t.-p.* to bend down. ▲ CONJUG. INDIC. PRES.: ***ajupo, ajups, ajup.***
ajust (əʒús(t)) *m.* adjustment. *2* agreement.
ajustar (əʒustá) *t.* to adjust. *2* to agree [conditions, terms, etc.]. *3* to half-close, to leave ajar. ▪ *4 i.* to fit.
ajusticiar (əʒustisiá) *t.* to execute.
ajut (əʒút) *m.* See AJUDA.
al (əl) (*contr.* ***a + el***).
ala (álə) *f.* wing.
alabança (ələβánsə) See LLOANÇA.
alabar (ələβá) See LLOAR.
alabastre (ələβástrə) *m.* MINER. alabaster.
alacaigut, -uda (ələkəĭγút, -úðə) *a.* fig. crestfallen.
alambí (ələmbí) *m.* CHEM. still.
alarit (ələrít) *m.* warcry.
alarma (əlármə) *f.* alarm.
alarmar (ələrmá) *t.* to alarm. ▪ *2 p.* to become alarmed.
alarmista (ələrmístə) *m.-f.* alarmist.
alat, -ada (əlát, -áðə) *a.* winged.
alba (álβə) *f.* dawn.
albada (əlβáðə) *f.* dawn twilight.
albanès, -esa (əlβənés, -ézə) *a., m.-f.* albanian.
Albània (əlβániə) *pr. n.* GEOGR. Albania.
albarà (əlβərá) *m.* COMM. delivery note; slip.
albatros (əlβátrus) *m.* ORN. albatross.
àlber (álβər) *m.* BOT. poplar.
albercoc (əlβərkók) *m.* BOT. apricot.
albercoquer (əlβərkuké) *m.* BOT. apricot tree.
alberg (əlβérk) *m.* shelter, refuge. *2* hostel. ‖ ~ ***de joventut,*** youth hostel.
albergar (əlβərγá) *t.-i.* to shelter.
albergínia (əlβərʒíniə) *f.* BOT. aubergine; eggplant.
Albert (əlβér) *pr. n. m.* Albert.
albí, -ina (əlβí, -ínə) *a., m.-f.* albine.
albinisme (əlβinízmə) *m.* MED. albinism.
albirar (əlβirá) *t.* to glimpse. *2* to conjecture; to imagine.
albor (əlβó) *f.* whiteness. *2* dawn light.
albufera (əlβuférə) *f.* a kind of lagoon.
àlbum (álβum) *m.* album.
albumen (əlβúmən) *m.* albumen; white of egg.
albúmina (əlβúminə) *f.* CHEM. albumen.
alça (álsa) *f.* block. [to raise in height]. *2* rise [prices, temperature, etc.].
alçada (əlsáðə) *f.* height.
alcalde (əlkáldə) *m.* mayor.
alcaldessa (əlkəldésə) *f.* mayoress.
alcaldia (əlkəldíə) *f.* office of mayor [rank]. *2* mayor's office [room].
alcalí, -ina (əlkəlí, -ínə) *a.* alkaline.
alçament (əlsəmén) *m.* lifting; raising. *2* rise [price]. *3* MIL. revolt.
alçaprem (əlsəprém) *m.* lever [for lifting].
alçar (əlsá) *t.* to lift (up), to raise. *2* to make higher. *3* to build. *4* to stand up. *5* fig. to raise. ▪ *6 p.* to get up; to stand up. *7* to rise up. *8* (VAL.) See LLEVAR 3.
alcavot, -ta (əlkəβót, -tə) *m.-f.* go-between.
alcista (əlsístə) *m.* ECON. speculator.
alcohol (əlkuól) *m.* alcohol.
alcohòlic, -ca (əlkuólik, -kə) *a.* alcoholic: ***beguda no alcohòlica,*** soft drink. ▪ *2 m.-f.* alcoholic.
alcoholisme (əlkuulízmə) *m.* alcoholism.
alcova (əlkóβə) *f.* bedroom.
aldarull (əldərúʎ) *m.* disturbance. *2* racket, row.
alè (əlé) *m.* breath: ***sense ~,*** breathless.
aleatori, -òria (əleətóri, -óriə) *a.* uncertain. *2* fortuitous.
alegrar (ələγrá) *t.* to make happy; to gladden. ▪ *2 p.* to become happy. *3* to be happy; to rejoice.
alegre (əléγrə) *a.* hoppy, glad. *2* merry, slightly drunk.
alegria (ələγríə) *f.* happiness; rejoicing.
alejar (ələʒá) *i.* to flap its wings.
alemany, -nya (ələmáɲ, -ɲə) *a., m.-f.* GEOGR. German.
Alemanya (ələmáɲə) *pr. n.* GEOGR. Germany.
alena (əlénə) *f.* awl.
alenada (ələnáðə) *f.* puff [of air].
alenar (ələná) *i.* to breathe.
alentir (ələntí) *t.-p.* to slow down.
aleró (ələró) *m.* ORNIT. wing. *2* AVIAT. aileron.
alerta (əlértə) *interj.* look out. ▪ *2 adv.* ***anar ~,*** to step with care. ▪ *3 f.* ~ ***aèria,*** air alarm; bomber alarm.
alertar (ələrtá) *t.* to alert.
aleshores (ələzórəs) *adv.* then.
aleta (əlétə) *f.* small wing. *2* fin. *3* ***fer l'~,*** to court or curry the favour.
aletejar (ələtəʒá) *i.* See ALEJAR.
Alexandre (ələgzándrə) *pr. n. m.* Alexander.
Alexandria (ələgzəndríə) *pr. n.* GEOGR. Alexandria.
alfabet (əlfəβét) *m.* alphabet.
alfabètic, -ca (əlfəβétik, -kə) *a.* alphabetical.

alfàbrega (əlfáβrəγə) *f.* BOT. basil.
alfals (əlfáls) *m.* BOT. alfalfa, lucerne.
alferes (əlféres) *m.* MIL. second lieutenant.
alfil (əlfil) *m.* bishop [chess].
Alfred (əlfrét) *pr. n. m.* Alfred.
alga (álγə) *f.* BOT. alga. ▲ *pl.* ***-gues.***
àlgebra (álʒəβrə) *f.* algebra.
alforja (əlfórʒə) *f.* saddle-bag.
algerí, -ina (əlʒəri, -inə) *a., m.-f.* algerian.
Algèria (əlʒériə) *pr. n. f.* GEOGR. Algeria.
àlgid, -da (álʒit, -ðə) *a.* chilly. *2* culminating; decisive.
algú (əlγú) *indef. pron.* someone, anyone; somebody, anybody.
algun, -una (əlγún, -únə) *a.* some, any. || ***alguna cosa,*** something, anything.
algutzir (əlγutzi) *m.* bailiff.
alhora (əlórə) *adv.* simultaneously, at the same time.
aliança (əliánsə) *f.* alliance. *2* wedding ring.
aliar (əliá) *t.* to ally. ■ *2 p.* to form an alliance, to become allies.
àlias (áliəs) *adv.* alias. ■ *2 m.* alias.
aliat, -ada (əliát, -áðə) *a.* allied. ■ *2 m.-f.* ally.
aliatge (əlia'dʒə) *m.* CHEM. alloy.
alicates (əlikátəs) *f. pl.* MECH. pliers.
alié, -ena (əlié, -énə) *a.* alien.
alienar (əliəná) *t.* to alienate. *2* to estrange. *3* to drive mad or insane.
alienat, -ada (əliənát, -áðə) *a.* insane. ■ *2 m.-f.* lunatic.
àliga (áliγə) *f.* eagle.
alimara (əlimárə) *f.* (fire) beacon.
aliment (əlimén) *m.* food.
alimentació (əliməntəsió) *f.* feeding. *2* nourishment; food.
alimentar (əliməntá) *t.-p.* to feed.
alimentari, -ària (əliməntári, -áriə) *a.* alimentary; food.
alineació (əlineəsió) *f.* alignment.
alinear (əlineá) *t.* to align, to line up. ■ *2 p.* to line up.
all (áʎ) *m.* BOT. garlic. || ***grill d'~,*** clove of garlic.
Al·là (əlá) *pr. n. m.* REL. Allah.
allà (əʎá) *adv.* there, over there.
allargament (əʎərγəmén) *m.* prolonging; extension.
allargar (əʎərγá) *t.* to lengthen. *2* to prolong, to extend. *3* to hand, to pass. ■ *4 p.* to lenghten, to get longer. *5* to drag out.
allargassar (əʎərγəsá) *t.-p.* to drag out or on.
allau (əʎáu) *f.* avalanche. *2* fig. rush, torrent: ***una ~ de mots,*** a torrent of words.
al·legació (ələγəsió) *f.* allegation.
al·legar (ələγá) *t.* to give as a reason. *2* LAW to plead.
al·legat (ələγát) *m.* reasons *pl. 2* LAW plea.
al·legoria (ələγuriə) *f.* allegory.
al·legòric, -ca (ələγórik, -kə) *a.* allegorical.
al·legro (ələ́γro) *adv.-m.* MUS. allegro.
al·leluia (ələlújə) *interj.-m.* hallelujah.
al·lèrgia (əlérʒiə) *f.* MED. allergy.
alletar (əʎətá) *t.* to suckle.
alleugerir (əʎəŭʒəri) *t.* to alleviate. *2* to lighten.
alleujament (əʎəŭʒəmén) *m.* lightening [weight]. *2* alleviation.
alleujar (əʎəŭʒá) *t.* to lighten [weight]. *2* to alleviate.
allí (əʎi) *adv.* there.
alliberació (əʎiβərəsió) *f.* See ALLIBERAMENT.
alliberament (əʎiβərəmén) *m.* freeing; liberation.
alliberar (əʎiβərá) *t.* to set free. *2* to free (*de,* from). ■ *3 p.* to free oneself.
al·licient (əlisién) *m.* stimulus, incentive.
alliçonar (əʎisuná) *t.* to instruct.
allioli (a̧ʎiɔ́li) *m.* COOK. garlic mayonnaise.
allisada (əʎizáðə) *f.* smoothing; flattening. *2* fig. scolding. *3* fig. hiding [beating].
allisar (əʎizá) *t.* to smooth, to smooth down.
allistar (əʎistá) *t.-p.* to enrol. *2* MIL. to enlist; to sign up. *3* to list.
allitar-se (əʎitársə) *p.* to take to one's bed [through illness].
allò (əʎɔ́) *dem. pron.* that.
al·locució (əlukusió) *f.* allocution.
al·lot, -ta (əllɔ́t, -tə) *m.* (BAL.) boy. *2 f.* (BAL.) girl.
allotjament (əʎudʒəmén) *m.* lodgings; accommodation.
allotjar (əʎudʒá) *t.-p.* to lodge. *2 t.* to accommodate.
al·lucinació (əlusinəsió) *f.* hallucination.
al·lucinar (əlusiná) *t.* to hallucinate. *2* fig. to be fascinated.
al·ludir (əludi) *i.* to allude (*a,* to).
allumar (əʎumá) *t.* (ROSS.) See ENCENDRE.
allunyament (əʎuŋəmén) *m.* distancing.
allunyar (əʎuɲá) *t.* to move away; to drive away. ■ *2 p.* to move away, to go away.
al·lusió (əluzió) *f.* allusion.
al·lusiu, -iva (əluziŭ, -iβə) *a.* allusive.
al·luvió (əluβió) *m.* overflowing; flood. *2* GEOL. alluvium.
almanac (əlmənák) *m.* almanack.
almàssera (əlmásərə) *f.* oil press.
almenys (əlméɲs) *adv.* at least.
almirall (əlmiráʎ) *m.* admiral.
almirallat (əlmirəʎát) *m.* admiralty.
almívar (əlmiβər) *m.* syrup.
almogàver (əlmuγáβər) *m.* HIST. Catalan soldier of Middle Ages.

almoina (əlmɔ̀ĭnə) *f.* alms.
àloe (àloe) *m.* BOT. aloe.
alopècia (əlupɛ̀siə) *f.* MED. alopecia, baldness.
alosa (əlɔ̀zə) *f.* ORNIT. lark.
alpaca (əlpàkə) *f.* ZOOL. alpaca.
alpí, -ina (əlpí, -inə) *a.* alpine.
alpinisme (əlpinízmə) *m.* climbing, mountaineering.
alpinista (əlpinístə) *m.-f.* climber, mountaineer.
Alps (àlps) *pr. n. m. pl.* GEOGR. Alps.
alquímia (əlkímiə) *f.* alchemy.
alquimista (əlkimístə) *m.-f.* alchemist.
alt. (àl) *f.* (abbr. of ***altitud***) alt. (altitude).
alt, -ta (àl, -tə) *a.* high. *2* tall. *3* loud [sound]. *4* upper. *5* noble; excellent. ▪ *6 adv.* high, on high. *7* loudly [sound]. *8* ***passar per ~,*** to overlook, to ignore. ▪ *9 f.* ***donar l'alta,*** to discharge from hospital. *10* ***donar-se d'alta,*** to inscribe, to join.
altament (ạltəmén) *adv.* highly, exceedingly.
altar (əltà) *m.* altar.
altaveu (ạltəβɛ́u) *m.* loudspeaker.
altell (əltèʎ) *m.* hillock.
alteració (əltərəsió) *f.* alteration.
alterar (əltərà) *t.* to change; to alter; to distort. *2* to upset, to disturb. ▪ *3 p.* to get upset.
altercat (əltərkàt) *m.* altercation, quarrel.
altiplà (əltiplà) *m.* GEOGR. plateau.
alumini (əlumíni) *m.* aluminium.
alvocat (alβukàt) *m.* BOT. avocado pear.
alzina (əlzínə) *f.* BOT. evergreen oak, holm oak. ‖ ***~ surera,*** cork-oak.
alzinar (əlzinà) *m.* evergreen oak grove.
amabilitat (əməβilitàt) *f.* kindness, friendliness.
amable (əmàbblə) *a.* kind, nice, friendly.
amagar (əməγà) *t.-p.* to hide [also fig.].
amagat (əməγàt) *adv. phr.* ***d'~,*** behind one's back.
amagatall (əməγətàʎ) *m.* hiding place.
amagatotis (əməγətɔ̀tis) *adv. phr.* ***d'~*** See AMAGAT.
amagrir (əməγrí) *t.* to make thin. ▪ *2 p.* to lose weight.
amainar (əməĭnà) *t.* NAUT. to lower, to take in [a sail]. ▪ *2 i.* to slacken, to lessen.
amalgama (əməlγàmə) *f.* amalgam.
amanerat, -ada (əmənəràt, -àðə) *s.* affected [person].
amanida (əməníðə) *f.* salad.
amaniment (əmənimén) *m.* dressing, seasoning.
amanir (əmənі́) *t.* to dress, to season.
amansir (əmənsí) *t.* to tame, to calm down. ▪ *2 p.* to become tame, to calm down.
amant (əmàn) *a., m.-f.* lover.
amanyagar (əməɲəγà) *t.* to caress.
amar (əmà) *t.* lit. to love.
amarar (əmərà) *t.* to soak. ‖ ***amarat de suor,*** soaked in sweat. *2* fig. to brim with [emotion]. *3* AER. to land on water; to splash down.
amarg, -ga (əmàr(k), -γə) *a.* bitter.
amargar (əmərγà) *t.* to make bitter. *2* to embitter; to ruin. ▪ *3 i.* to taste bitter.
amarra (əmàrrə) *f.* NAUT. mooring rope or line.
amarrador (əmərrəðó) *m.* mooring, berth.
amarrar (əmərrà) *t.-i.* to berth.
amassar (əməsà) *t.* to build up.
amatent (əmətén) *a.* willing, ready.
amazona (əməzóna) *f.* MYTH. Amazon. ▪ *2* horsewoman.
Amazones (əmazónəs) *pr. n. m. pl.* GEOGR. Amazon.
amb (əm) *prep.* with. *2* in: ***escriure ~ bolígraf,*** to write in pen. *3* by: ***anar ~ cotxe,*** to go by car. *4* ***~ això,*** just then. ‖ ***~ tot,*** nevertheless.
ambaixada (əmbəʃàðə) *f.* embassy. *2* commission.
ambaixador, -ra (əmbəʃaðó, -rə) *m.-f.* ambassador. *2* envoy.
ambaixadriu (əmbəʃəðriu) *f.* ambassadress. *2* ambassador's wife.
ambdos, -dues (əmdós, -dúəs) *a.-pron. indef.* both.
ambició (əmbisió) *f.* ambition.
ambiciós, -osa (əmbisiós, -ózə) *a.* ambitious.
ambient (əmbién) *m.* atmosphere [also fig.]; environment. ‖ ***medi ~,*** environment.
ambientar (əmbiəntà) *t.* to give an atmosphere to. ▪ *2 p.* to get used to, to adapt oneself to.
ambigu, -gua (əmbíγu, -γwə) *a.* ambiguous.
ambigüitat (əmbiγwitàt) *f.* ambiguity.
àmbit (àmbit) *m.* field, area.
ambre (àmbrə) *m.* amber.
ambulància (əmbulànsiə) *f.* ambulance.
ambulant (əmbulàn) *a.* walking, itinerant. ‖ ***venedor ~,*** travelling salesman.
ambulatori, -òria (əmbulətɔ̀ri, -ɔ̀riə) *m.* out patients clinic.
amè, -ena (əmɛ́, -ɛ́nə) *a.* pleasant; entertaining.
ameba (əmɛ́βə) *f.* BOT. amoeba.
amén (əmén) *interj.* Amen. ‖ ***dir ~ a tot,*** to agree to everything.
amenaça (əmənàsə) *f.* threat, menace.
amenaçar (əmənəsà) *t.* to threaten, to menace.
amenitat (əmənitàt) *f.* amenity.

Amèrica (əmɛ́rikə) *pr. n. f.* GEOGR. America.
americà, -ana (əmərikà, -ánə) *a., m.-f.* GEOGR. American. *2 f.* jacket.
americanisme (əmərikənizmə) *m.* Americanism.
ametista (əmətistə) *f.* MINER. amethyst.
ametlla (əmɛ́ʎʎə) *f.* almond.
ametllat (əməʎʎát) *a.* almond-shaped. ▪ *2 m.* almond-covered ice-cream.
ametller (əməʎʎé) *m.* BOT. almond tree.
anfibi, -íbia (əmfiβi, -iβiə) *a.* amphibious. ▪ *2 m.* ZOOL. amphibian.
amfiteatre (əmfiteátrə) *m.* semi-circular theatre [originally Greek or Roman]. *2* balcony [of a theatre].
amfitrió (əmfitrió) *m.-f.* host.
àmfora (ámfurə) *f.* amphora.
amiant (əmián) *m.* asbestos.
amic, -iga (əmik, -iɣə) *a.* friendly; fond of. ▪ *2 m.-f.* friend. *3 m.* boyfriend. *4 f.* girlfriend.
amidar (əmiðá) *t.* to measure.
amigable (əmiɣábblə) *a.* amicable, friendly.
amígdala (əmiɣdələ) *f.* ANAT. tonsil.
amistançat, -ada (əmistənsát, -áðə) *m.-f.* lover. *2 f.* mistress.
amistat (əmistát) *f.* friendship. *2 pl.* friends, acquaintances.
amistós, -osa (əmistós, -ózə) *a.* friendly, amicable. *2* SP.friendly [match].
amnèsia (əmnɛ́ziə) *f.* MED. amnesia.
amnistia (əmnistiə) *f.* amnesty.
amnistiar (əmnistiá) *t.* to grant amnesty to.
amo (ámu) *m.* master, owner; landlord. || ***fer-se l'~,*** to take over (*de,* —).
amoïnar (əmuiná) *t.* to worry, to disquiet, to make uneasy. *2* to upset, to annoy; to pester, to harass. ▪ *3 p.* to worry, to get upset.
amoïnat, -ada (əmuinát, -áðə) *a.* worried, uneasy.
amoixar (əmuʃá) *t.* to caress, to fondle; to cuddle.
amollar (əmuʎá) *t.* to loosen, to slacken. *2* to let out; to let go [also fig.]. ▪ *3 i.* to slacken, to ease (off).
amonestació (əmunəstəsió) *f.* admonition, reproof. *2 pl. f.* marriage banns.
amonestar (əmunəstá) *t.* to admonish, to warn.
amoníac (əmuniək) *m.* CHEM. ammonia.
amor (əmór) *m.* (i *f.*) love, affection. || ***~ propi,*** self-respect; ***fer l'~,*** to make love; ***per ~ a l'art,*** unselfishly, not for money; ***per l'~ de Déu,*** for God's sake. *2 pl.* love affairs.
amoral (əmurál) *a.* amoral.
amoretes (əmurɛ́təs) *f. pl.* compliment, pass; flattery.
amorf, -fa (əmɔ́rf, -fə) *a.* amorphous.
amorosir (əmuruzi) *t.* to soften; to appease, to mitigate.
amorrar (əmurrá) *t.* to push someone's mouth or face to. || ***la policia la va ~ a la paret,*** the policewoman pushed her up against the wall. || ***li va ~ l'ampolla perquè begués,*** she pushed the bottle to his lips for him to drink. ▪ *2 p.* to push one's mouth or face to.
amortallar (əmurtəʎá) *t.* to shroud.
amortidor (əmurtiðó) *m.* damper. *2* MECH., AUTO. shock absorber.
amortir (əmurti) *t.* to deaden, to muffle, to absorb [shock].
amortitzar (əmurtidzá) *t.* LAW to amortize. *2* ECON. to redeem, to pay off [mortgage, bonds, etc.]. *3* to get one's money's worth out of.
amper (əmpɛ́r) *m.* ELECTR. amp, ampere.
amperímetre (əmpərimətrə) *m.* PHYS. ammeter.
ampit (əmpit) *m.* parapet, fence.
amplada (əmpláðə) See AMPLÀRIA.
amplària (əmpláriə) *f.* width, breadth.
ample, -a (ámplə, -plə) *a.* wide, broad. || ***de ca l'~,*** terrific. ▪ *2 m.* width, breadth.
ampli, àmplia (ámpli, ámpliə) *a.* ample, spacious; extensive.
ampliació (əmpliəsió) *f.* amplification. *2* PHOT. enlargement.
ampliar (əmpliá) *t.* to amplify. *2* PHOT. to enlarge.
amplificació (əmplifikəsió) *f.* amplification; enlargement.
amplificar (əmplifiká) *t.* to amplify; to enlarge.
amplitud (əmplitút) *f.* amplitude.
ampolla (əmpóʎə) *f.* bottle. || ***bufar i fer ampolles,*** nothing to it, piece of cake.
ampuHós, -osa (əmpulós, -ózə) *a.* pompous.
amputació (əmputəsió) *f.* MED. amputation.
amputar (əmputá) *t.* MED. to amputate.
Amsterdam (əmstərðám) *pr. n. f.* GEOGR. Amsterdam.
amulet (əmulɛ́t) *m.* amulet.
amunt (əmún) *adv.* up, above. || ***~ i avall,*** up and down.
amuntegar (əmuntəɣá) *t.* to heap, to pile (up). *2* fig. to hoard, to accumulate.
anacoreta (ənəkurɛ́tə) *m.-f.* REL. anchorite.
anacronisme (ənəkrunizmə) *m.* anachronism.
anada (ənáðə) *f.* the way there, going. *2* outing, excursion.
anaerobi, -òbia (ənəerɔ́βi, -ɔ́βiə) *a.* anaerobic. ▪ *2 m.* BIOL. anaerobe.

anagrama (ənəɣrámə) *m.* anagram.
anàleg, -oga (ənálək, -uɣə) *a.* analogous, akin.
analfabet, -ta (ənəlfəβɛ́t, -tə) *a., m.-f.* illiterate.
analgèsia (ənəlʒɛ́ziə) *f.* MED. analgesia.
analgèsic, -ca (ənəlʒɛ́zic, -cə) *a.-m.* MED. analgesic.
anàlisi (ənálizi) *f.* analysis.
analista (ənəlístə) *m.-f.* CHEM. analyst.
analitzar (ənəlidzá) *t.* to analyse, (USA) to analyze.
analogia (ənəluʒíə) *f.* analogy: ***per ~ amb,*** on the analogy of.
ananàs (ənənás) *m.* BOT. pineapple.
anar (əná) *i.* to go, to move. ‖ ***~ a la seva,*** to go one's own way; ***~ amb compte,*** to be careful; ***~ fent,*** to get by, to get on; ***deixar ~,*** to let go, to release; ***fer ~,*** to make work, to start; fig. ***no ~ enlloc,*** to lead to nothing. *2* to run, to work [a mechanism]. *3* to suit: ***et va bé demà a les nou?,*** would nine o'clock tomorrow suit you?. ‖ ***aquest vestit no li va bé,*** this dress doesn't suit her. *4* to discharge, to evacuate [excrement, etc.]. ▲ CONJUG. INDIC. Pres.: ***vaig, vas, va, van.*** | Fut.: ***aniré*** o ***iré,*** etc. ‖ SUBJ. Pres.: ***vagi, vagis, vagi, vagin.*** ‖ IMPER.: ***vés.***
ànima (ánimə) *f.* soul. ‖ ***caure l'~ al peus,*** to be disappointed; ***en cos i ~,*** entirely, completely; ***sortir de l'~,*** to come out spontaneously. *2* inner structure or area [of a building, etc.].
anarquia (ənərkíə) *f.* anarchy.
anàrquic, -ca (ənárkik, -kə) *a.* anarchic, anarchical.
anarquisme (ənərkízmə) *m.* anarchism.
anarquista (ənərkístə) *a., m.-f.* anarchist.
anar-se'n (ənársən) *p.* to leave, to go away. *2* fig. to die.
anatema (ənətɛ́mə) *m.* anathema.
anatomia (ənətumíə) *f.* anatomy.
anca (ánkə) *f.* haunch, rump; buttock.
ancestral (ənsəstrál) *a.* ancestral.
ancià, -ana (ənsiá, -ánə) *a.* ancient; old; elderly. *2 m.-f.* old man or woman.
ancianitat (ənsiənitát) *f.* old age.
àncora (áŋkurə) *f.* NAUT. anchor.
ancorar (əŋkurá) *t.-i.* NAUT. to anchor.
ancoratge (əŋkurádʒə) *m.* NAUT. anchorage.
andana (əndánə) *f.* platform [docks, train station]. *2* quay.
andante (əndántə) *adv.-m.* MUS. andante.
Andes (ándəs) *pr. n. m. pl.* GEOGR. Andes.
andí, -ina (əndí, -ínə) *a., m.-f.* Andean.
Andorra (əndórrə) *pr. n. f.* GEOGR. Andorra.
andorrà, -ana (əndurrá, -ánə) *a., m.-f.* Andorran.
ànec (ánək) *m.* ORNIT. duck; drake.
anècdota (ənɛ́gdutə) *f.* anecdote.
anell (ənéʎ) *m.* ring; hoop. ‖ ***com l'~ al dit,*** timely; just right.
anella (ənéʎə) *f.* ring, hoop. *2* link. *3* knocker [door]. *4 pl.* SP. rings.
anèmia (ənɛ́miə) *f.* MED. anaemia, anemia.
anèmic, -ca (ənɛ́mik, -kə) *a.* anaemic.
anemòmetre (ənəmɔ́mətrə) *m.* anemometer.
anemone (ənəmɔ́nə) *f.* BOT. anemone.
anestèsia (ənəstɛ́ziə) *f.* MED. anaesthesia, anesthesia.
anestesiar (ənəstəziá) *t.* MED. to anaesthetize, to anesthetize.
àngel (ánʒəl) *m.* angel.
angelical (ənʒəlikál) *a.* angelic, angelical.
angina (ənʒínə) *m.* MED. sore throat. *2* ***~ de pit,*** angina pectoris.
Anglaterra (əŋglətɛ́rrə) *pr. n. f.* GEOGR. England.
angle (áŋglə) *m.* angle; corner. ‖ ***~ recte,*** right angle. ‖ ***fer ~ amb,*** to be at an angle to.
anglès, -esa (əŋglɛ́s, -ɛ́zə) *a.* English. ■ *2 m.* Englishman. *3 f.* Englishwoman.
anglicà, -ana (əŋgliká, -ánə) *a., m.-f.* Anglican.
anglicisme (əŋglisízmə) *m.* anglicism.
anglòfil, -la (əŋglɔ́fil, -lə) *a., m.-f.* anglophile.
anglofòbia (əŋglufɔ́βiə) *f.* anglophobia.
anglo-saxó, -ona (aŋglusəksó, -ónə) *a., m.-f.* Anglo-Saxon.
angoixa (əŋgóʃə) *f.* anguish; distress, anxiety.
angoixar (əŋguʃá) *t.* to afflict, to distress, to worry. ■ *2 p.* to worry.
angoixós, -osa (əŋguʃós, -ózə) *a.* distressed, anxious; distressing, heartbreaking.
Angola (əŋgólə) *pr. n. f.* GEOGR. Angola.
angolès, -esa (əŋgulɛ́s, -ɛ́zə) *a., m.-f.* Angolan.
angost, -ta (əŋgós(t), -tə) *a.* narrow.
anguila (əŋgílə) *f.* ICHTHY. eel. *2* fig. ***esmunyir-se com una ~,*** to shirk responsibility.
angula (əŋgúlə) *f.* ICHTHY. elver, young eel.
angular (əŋgulá) *a.* angular. ‖ ***pedra ~,*** cornerstone.
angulós, -osa (əngulós, -ózə) *a.* angular.
angúnia (əŋgúniə) *f.* anguish, grief. *2* aversion. ‖ ***fer ~,*** to sicken; to disgust.
anguniejar (əŋguniəʒá) *t.* to anguish, to grieve. ■ *2 p.* to feel anguish; to grieve.
anguniós, -osa (əŋguniós, -ózə) *a.* distressing. *2* sickening, disgusting.

anhel (ənɛ́l) *m.* longing, yearning, desire. *2* aspiration.

anhelar (ənəlá) *t.* to desire, to long for. ■ *2 i.* to part, to gasp.

anhídrid (əniðrit) *m.* CHEM. anhydride.

anihilació (əniiləsió) *f.* annihilation.

anihilament (əniiləmén) *f.* See ANIHILACIÓ.

anihilar (əniilá) *t.* to annihilate.

ànim (ánim) *m.* intention, purpose. *2* courage, spirit.

animació (əniməsió) *f.* animation, liveliness. *2* bustle, crowd. *3* CIN. animation.

animador, -ra (əniməðó, -rə) *a.* cheering, encouraging. ■ *2 m.-f.* leader, organizer [of activities].

animadversió (əniməbbərsió) *f.* animadversion.

animal (animál) *m.* animal, beast. || ***fer l'~***, to behave rudely. ■ *2 a.* animal.

animalada (əniməláðə) *f.* coll. foolish, coarse action.

animalitat (əniməlitát) *f.* animality.

animaló (əniməló) *m. dim.* sweet little animal.

animar (ənimá) *t.* to encourage; to cheer up. *2* to enliven, to stimulate. ■ *3 p.* to cheer up.

aniquilació (ənikiləsió) *f.* See ANIHILACIÓ.

aniquilament (ənikiləmén) *m.* See ANIHILACIÓ.

aniquilar (ənikilá) *t.* See ANIHILAR.

anís (ənis) *m.* anise. *2* anisette. *3* small, round, white sweet.

anit (ənit) *adv.* tonight. *2* last night.

anivellar (əniβəʎá) *t.* to level (out). *2* fig. to even out, to level up [differences]. *3* fig. to balance.

aniversari (əniβərsári) *m.* anniversary. *2* birthday.

Anna (ánnə) *pr. n. f.* Ann.

annals (ənáls) *m. pl.* HIST. annals.

annex, -xa (ənɛ́ks, ənɛ́ksə) *a.* attached, annexed; joined. ■ *2 m.* annex.

annexió (ənəksió) *f.* annexation.

annexionar (ənəksiuná) *t.* to annex [territory].

ànode (ánuðə) *m.* ELECTR. anode.

anodí, -ina (ənuði, -inə) *a.* anodyne. *2* harmless, inoffensive. *3* fig. unsubstantial, uninteresting.

anòmal, -ala (ənɔ́məl, -ələ) *a.* anomalous.

anomalia (ənuməliə) *f.* anomaly, irregularity.

anomenada (ənumənáðə) *f.* fame, renown. *2* reputation.

anomenar (ənuməná) *t.* to name, to call. *2* to designate; to mention. ■ *3 p.* to be called.

anomenat, -ada (ənumənát, -áðə) *a.* renowned, famous; well-known.

anònim, -ma (ənɔ́nim, -mə) *a.* anonymous. ■ *2 m.* anonymous letter. *3* unsigned literary work.

anonimat (ənunimát) *m.* anonymity. || ***mantenir l'~***, to remain anonymous.

anorac (ənurák) *m.* anorak.

anormal (ənurmál) *a.* abnormal, unusual. ■ *2 m. f.* a mentally handicapped person.

anorrear (ənurreá) *t.* See ANIHILAR.

anotació (ənutəsió) *f.* annotation. *2* note, entry.

anotar (ənutá) *t.* to annotate. *2* to note, to write down.

anquilosar (əŋkiluzá) *t.* MED. to ankylose.

ans (ans) *adv.* before. ■ *2 conj.* but.

ansa (ánsə) *f.* See NANSA.

ànsia (ánsiə) *f.* fervour, eagerness; longing. *2* anguish. || ***passar ~***, to worry.

ansietat (ənsiətát) *f.* anxiety, worry.

ant (án) *m.* ZOOL. elk, moose. *2* suède [leather].

antagonisme (əntəγunizmə) *m.* antagonism.

antagonista (əntəγunistə) *a., m.-f.* antagonist, opponent.

antany (əntáɲ) *adv.* last year. *2* long ago. ■ *3 m.* the ancient world.

antàrtic, -ca (əntártik, -kə) *a.* GEOGR. Antarctic.

Antàrtida (əntártiðə) *pr. n. f.* GEOGR. the Antarctic, Antarctica.

antecedent (əntəsədén) *a.* previous, antecedent. ■ *2 m.* antecedent. *3 pl.* background. *4* LAW ***~s penals***, criminal record.

antecessor, -ra (əntəsəsó, -rə) *m.-f.* ancestor.

antediluvià, -ana (ə̧ntəðiluβiá, -ánə) *a.* antediluvian.

antelació (əntələsió) *f.* priority. || ***amb ~***, in advance.

antena (əntɛ́nə) *f.* RADIO aerial, antenna. *2* ZOOL. antenna, feeler.

antepenúltim, -ma (ə̧ntəpənúltim, -mə) *a.* antepenultimate, second from last.

anteposar (əntəpuzá) *t.* to place in front. *2* fig. to give preference to.

anteposició (əntəpuzisió) *f.* placement in front. *2* fig. preference.

anterior (əntərió(r)) *a.* anterior. *2* previous, former.

anterioritat (əntəriuritát) *f.* priority. || ***amb ~***, previously, beforehand.

avantsala (əβənsálə) *f.* ante-room; hall.

antiaeri, -èria (antiəɛ́ri, ɛ́riə) *a.* anti-aircraft.

antiadherent (ə̧ntiəðəren) *a.-m.* non-stick.

antial·lèrgic, -ca (ə̧ntiəlɛ́rʒik, -kə) *a. m.* MED. anti-allergenic.

antibiòtic (ąntiβiɔ́tik) *a.-m.* MED. antibiotic.
antic, -iga (əntik, -iɣə) *a.* ancient, antique, old. *2* former. ‖ ~ ***alumne,*** ex-student. *3 adv. phr.* ***a l'antiga,*** in an old-fashioned way.
anticaspa (ąntikáspə) *a.* anti-dandruff.
anticicló (ąntisikló) *m.* anticyclone.
anticipació (əntisipəsió) *f.* anticipation. ‖ ***amb*** ~, in advance.
anticipar (əntisipá) *t.* to advance, to bring forward [event]. *2* to anticipate, to foresee. ▪ *3 p.* to forestall. *4* to come early.
anticonceptiu, -iva (ąntikunsəptiŭ, -iβə) *a.-m.* contraceptive.
anticongelant (əntikunʒəlán) *a.-m.* antifreeze *s.*
anticonstitucional (ąntikunstitusiunál) *a.* unconstitutional.
anticòs (ąntikɔ́s) *m.* MED. antibody. ▲ *pl.* ***anticossos.***
anticrist (ąntikrist) *m.* Antichrist.
antidepressiu (ąntiðəprəsiu) *a.-m.* MED. antidepressant *s.*
antídot (əntiðut) *m.* antidote.
antiestètic, -ca (ąntiəstέtik, -kə) *a.* unaesthetic.
antifaç (əntifás) *m.* mask, veil.
antigalla (əntiɣáʎə) *f.* antique. *2* old custom or story.
antiguitat (əntiɣitát) *f.* antiquity, the ancient world. *2 pl.* antiques, antiquities.
antiheroi (ąntiərɔ́i) *m.* anti-hero.
antihigiènic, -ca (ąntiiʒiέnik, -kə) *a.* unhygienic, unsanitary.
Antilles (əntiʎəs) *pr. n. f. pl.* GEOGR. Antilles.
antílop (əntilup, coll. əntilɔ́p) *m.* ZOOL. antelope.
antinòmia (əntinɔ́miə) *f.* antinomy.
antipapa (ąntipápə) *m.* antipope.
antipatia (əntipətiə) *f.* antipathy, aversion.
antipàtic, -ca (əntipátik, -kə) *a.* disagreeable, unpleasant; uncongenial; unfriendly [atmosphere].
antípoda (əntipuðə) *m.-f.* antipodal person; fig. exact opposite. *2* antipode [place].
antiquari, -ària (əntikwári, -áriə) *m.-f.* antiquarian, antiquary.
antiquat, -ada (əntikwát, -áðə) *a.* antiquated, old-fashioned; obsolete.
antisemita (ąntisəmitə) *a.* anti-Semitic. ▪ *2 m.-f.* anti-Semite.
antisèpsia (ąntisέpsiə) *f.* MED. antisepsis.
antítesi (əntitəzi) *f.* antithesis.
antitètic, -ca (ąntitέtik, -kə) *a.* antithetic, antithetical.
antitoxina (ąntituksinə) *f.* BIOL. antitoxin.
antologia (əntuluʒiə) *f.* anthology.
Antoni (əntɔ́ni) *pr. n. m.* Anthony.
antònim (əntɔ́nim) *m.* antonym.
antonomàsia (əntunumáziə) *f.* antonomasia.
antracita (əntrəsitə) *f.* MINER. anthracite.
àntrax (ántrəks) *m.* MED. anthrax.
antre (ántrə) *m.* cavern; den.
antropòfag, -ga (əntrupɔ́fək, -ɣə) *a.* maneating, cannibalistic. ▪ *2 m.-f.* cannibal.
antropofàgia (əntrupufáʒiə) *f.* cannibalism.
antropòleg, -oga (əntrupɔ́lək, -uɣə) *m.-f.* anthropologist.
antropologia (əntrupuluʒiə) *f.* anthropology.
antropomorfisme (əntrupumurfizmə) *m.* anthropomorphism.
antull (əntúʎ) *m.* whim, notion, fancy.
antuvi (əntúβi) *adv. phr.* ***d'***~***,*** beforehand, first of all.
anual (ənuál) *a.* annual.
anuari (ənuári) *m.* annual, yearbook.
anular (ənulá) *a.* annular, ring-like. ‖ ***dit*** ~***,*** ring finger.
anul·lació (ənuləsió) *f.* annulment, cancellation. *2* LAW annulment, avoidance.
anul·lar (ənulá) *t.* to annul, to cancel.
anunci (ənúnsi) *m.* announcement. *2* notice. *3* advertisement, commercial.
anunciant (ənunsián) *m. f.* advertiser, (USA) advertizer.
anunciar (ənunsiá) *t.* to announce, to publicize. *2* to advertise.
anus (ánus) *m.* ANAT. anus.
anvers (əmbέrs) *m.* face, front. *2* obverse [of a coin or medal].
anxova (ənʃɔ́βə) *f.* ICHTHY. anchovy.
any (aɲ) *m.* year. ‖ ~***s i panys,*** many years; ***l'***~ ***de la picor,*** ages ago. *2 pl.* years, age. ‖ ***fer*** ~***s,*** to have a birthday; ***per molts*** ~***s,*** happy birthday; many happy returns; ***tinc trenta*** ~***s,*** I'm thirty years old.
anyada (əɲáðə) *f.* harvest, year's crop. *2* annuity, annual payment.
anyal (əɲál) *a.* annual.
anyell (əɲéʎ) *m.* ZOOL. lamb.
aorta (əɔ́rtə) *f.* ANAT. aorta.
apa! (ápə) *interj.* come on!, let's go!; hurry up! *2* well!; really!
apadrinar (əpəðriná) *t.* to sponsor, to back. *2* fig. to support, to favour.
apagar (əpəɣá) *t.* to put out, to extinguish [fire]. *2* to turn off, to switch off [light, radio, etc.]. *3* to quench [thirst]. *4* to silence, to muffle [sound]. *5* to soothe [pain]. ▪ *6 p.* to go out [fire]. *7* to go out, to be put out [light, etc.]. *8* to die away [sound].
apagat, -ada (əpəɣát, -áðə) *a.* dull [colours]. *2* off [radio, lights, heating, etc.]. ▪ *3 f.* ELECTR. black out; power cut.

apaïsat, -ada (əpəizát, -áðə) *a.* oblong.
apaivagar (əpəĭβəɣá) *t.* to appease, to calm down. ▪ *2 p.* to calm down, to quieten down.
apallissar (əpəʎisá) *t.* to beat, to thrash; to batter.
apanyar (əpəɲá) *t.* to mend, to repair. ▪ *2 p.* to manage. || ***ja t'apanyaràs!,*** that's your problem!
aparador (əpərəðó) *m.* shop window.
aparatós, -osa (əpərətós, -ózə) *a.* spectacular ostentatious, showy.
aparcament (əpərkəmén) *m.* car park, parking place, (USA) parking lot.
aparcar (əpərká) *t.* to park.
aparèixer (əpərέʃə) *i.* to appear. ▲ CONJUG. P. p.: ***aparegut.*** || INDIC. Pres.: ***aparec.*** || SUBJ. Pres.: ***aparegui,*** etc. || IMPERAT.: ***apareix.***
aparell (əpərέʎ) *m.* MECH. device, piece of equipment. || ***~ de televisió,*** television set. *2* instrument. || ***a l'~,*** on the phone. *3* appliance. *4* ANAT. system: ***~ respiratori,*** respiratory system.
aparellador, -ra (əpərəʎəðó, -rə) *m.-f.* ARCH. surveyor; architect's assistant.
aparellar (əpərəʎá) *t.-p.* to pair, to mate [animals]. *2 t.* to match, to level up.
aparença (əpərέnsə) *f.* appearance, look(s), aspect. *2* pl. (outward) appearance: ***salvar les ~s,*** to keep up appearances, to save face.
aparent (əpərén) *a.* apparent. *2* visible.
aparentar (əpərəntá) *t.* to look; to seem to be. || ***aparenta vint anys,*** she looks twenty years old. *2* to feign, to affect.
aparentment (əpərẹnmén) *adv.* apparently. *2* visibly.
apariar (əpəriá) *t.* to pair, to match. *2* to mate, to pair [animals]. *3* to prepare, to get ready.
aparició (əpərisió) *f.* appearance; publication. *2* apparition, spectre.
apart (əpár(t)) *m.* THEAT. aside.
apartament (əpərtəmén) *m.* apartment, flat.
apartar (əpərtá) *t.* to separate, to take away (*de,* from), to set apart. *2* to push aside, to move away. *3* to stray.
apartat (əpərtát) *m.* spare room. *2* box: ***~ de correus,*** post-office box. *3* paragraph, section.
apassionament (əpəsiunəmén) *m.* passion, vehemence.
apassionar (əpəsiuná) *t.* to appeal strongly to, to stir deeply: ***la lectura l'apassiona,*** he adores reading. ▪ *2 p.* to become impassioned; to fall madly in love (*per,* with) [person]; to become enthusiastic (*per,* about) [thing].
àpat (ápət) *m.* meal.
apatia (əpətíə) *f.* apathy.
apàtic, -ca (əpátik, -kə) *a.* apathetic.
apatrida (əpətríðə) *a.* stateless. ▪ *2 m.-f.* person with no nationality.
apedaçar (əpəðəsá) *t.* to mend, to patch. *2* to patch up; to partially repair or restore: ***~ el cotxe,*** to patch up the car.
apedregar (əpəðrəɣá) *t.* to stone; to throw stones at.
apegalós, -osa (əpəɣəlós, -ózə) *a.* sticky, adhesive. *2* fig. sloppy, cloying, sickeningly sweet [person].
apegar (əpəɣá) *t.* (OCC.) See ENGANXAR.
apelfat, -ada (əpelft, -áðə) *a.* plush, velvety.
apel·lació (əpələsió) *f.* LAW appeal.
apel·lar (əpəlá) *i.* LAW to appeal.
apendicitis (əpəndisítis) *f.* MED. appendicitis.
apèndix (əpέndiks) *m.* ANAT. appendix.
apercebre (əpərsέβrə) *t.* to notice, to become aware of; to detect. *2* to recognize, to identify. ▲ CONJUG. INDIC. Pres.: ***aperceps, apercep.***
apergaminat, -ada (əpərɣəminət, -áðə) *a.* parchment-like, dried-up; wrinkled [skin].
aperitiu, -iva (əpəritíŭ, -iβə) *a.* appetizing. ▪ *2 m.* appetizer, aperitif.
apetència (əpətέnsiə) *f.* appetite; craving, desire.
apetible (əpətíbblə) *a.* appetizing; desirable, attractive.
apetit (əpətít) *m.* appetite; hunger.
apetitós, -osa (əpətitós, -ózə) *a.* appetizing; tasty.
àpex (ápəks) *m.* apex; summit. ▲ *pl.* ***-s.***
api (ápi) *m.* BOT. celery.
apiadar-se (əpiəðársə) *p.* to take pity (*de,* on), to feel sorry (*de,* for).
apicultura (əpikultúrə) *f.* apiculture, beekeeping.
apilar (əpilá) *t.* to amass, to accumulate; to pile up.
apilonar (əpiluná) See APILAR.
apilotar (əpilutá) *t.* to pile up, to heap up.
apinyar (əpiɲá) *t.* to pack, to press together. ▪ *2 p.* to crowd together, to be packed tight.
apinyat, -ada (əpiɲát, -áðə) *a.* crowded, packed.
aplacar (əpləká) *t.* to soothe, to placate, to calm down.
aplanadora (əplənəðórə) *f.* steam-roller.
aplanar (əpləná) *t.* to level, to flatten, to

make even. *2* fig. to iron out [difficulty]. *3* to knock down.
aplaudiment (əpləŭðimén) *m.* applause.
aplaudir (əpləŭði) *i.-t.* to applaud.
aplec (əplék) *m.* meeting, gathering; get-together.
aplegar (əpləγá) *t.* to gather, to collect, to assemble; to put together, to join.
aplicació (əplikəsió) *f.* application. *2* adornment, appliqué [sewing].
aplicar (əpliká) *t.* to apply. ‖ ~ ***una llei,*** to implement a law; ~ ***una pena,*** to sentence; ~ ***la teoria a la pràctica,*** to put a theory into practice. ▪ *2 p.* to apply oneself, to devote oneself.
aplicat, -ada (əplikát, -áðə) *a.* applied. *2* studious, industrious.
aplom (əplóm) *m.* conviction; self-assurance.
apocalipsi (əpukəlipsi) *m.* apocalypse.
apocat, -ada (əpukát, -áðə) *a.* diffident; spiritless, faint-hearted.
apòcrif, -fa (əpɔ́krif, -fə) *a.* apocryphal. ▪ *2 m. pl.* Apocrypha.
apoderar-se (əpuðərársə) *p.* to seize (*de,* —), to take hold or possession (*de,* of).
apoderat, -ada (əpuðərát, -áðə) *m.-f.* LAW attorney. *2* representative, agent.
apogeu (əpuʒéu) *m.* ASTROL. apogee [also fig.].
apologia (əpuluʒiə) *f.* apology.
apoplexia (əpupləksiə) *f.* MED. apoplexy.
aportació (əpurtəsió) *f.* contribution.
aportar (əpurtá) *t.* to contribute, to bring [as one's share]. *2* to bring forward, to adduce [proof, reasons, etc.]. *3* (ROSS.) See PORTAR.
aposentar (əpuzəntá) *t.* to lodge, to put up. ▪ *2 p.* to take lodging.
aposta (əpɔ́stə) *f.* bet, wager; bid [cards].
apostar (əpustá) *t.* to station, to post. *2* to bet; to bid [cards]. ▪ *3 p.* to be posted or stationed. *4* to bet.
apostasia (əpustəsiə) *f.* apostasy.
a posteriori (əpustəriɔ́ri) *phr.* a posteriori, inductive.
apostolat (əpustulát) *m.* apostleship, apostolate.
apòstol (əpɔ́stul) *m.* apostle [also fig.].
apòstrof (əpɔ́struf) *m.* GRAMM. apostrophe.
apotecari (əputəkári) *m.* apothecary; chemist.
apotecaria (əputəkəriə) *f.* ant. chemist's [shop]; (USA) pharmacy, drugstore.
apoteosi (əputəɔ́zi) *f.* apotheosis.
apreciació (əprəsiəsió) *f.* appraisal. *2* appreciation; esteem, regard.
apreciar (əpresiá) *t.* to appraise. *2* to appreciate; to esteem, to like.
aprendre (əpréndrə) *t.* to learn. ▲ CONJUG. GER.: ***aprenent.*** ‖ P. P.: ***après.*** ‖ INDIC. Pres.: ***aprenc, aprens, aprèn,*** etc. ‖ SUBJ. Pres.: ***aprengui, aprenguis,*** etc. | Imperf.: ***aprengués, aprenguessis,*** etc.
aprenent, -ta (əprənén, -tə) *m.-f.* learner, apprentice. *2* beginner.
aprenentatge (əprənəntádʒə) *m.* learning. *2* apprenticeship, training period.
aprensió (əprənsió) *f.* apprehension, fear.
aprensiu, -iva (əprənsiu, -iβə) *a.* apprehensive.
apressar (əprəsá) *t.* to hurry, to hasten; to urge. ▪ *2 p.* to hurry, to make haste. ▪ *3 i.* to be urgent or pressing.
apressat, -ada (əprəsát, -áðə) *a.* hasty, hurried.
aprest (əprés(t)) *m.* finish [of leather]. *2* preparation.
apreuar (əprəwá) *t.* to estimate, to evaluate.
aprimar (əprimá) *t.* to make thin, to reduce. ▪ *2 p.* to lose weight; to become slim.
a priori (əpriɔ́ri) *phr.* a priori; deductive.
aprofitador, -ra (əprufitəðó, -rə) *a.* resourceful, diligent, saving.
aprofitar (əprufitá) *t.* to make (good) use of, to take advantage of, not to waste. ▪ *2 i.* to be of use, to be useful. ▪ *3 p.* to take (unfair) advantage of.
aprofundir (əprufundi) *t.* to deepen; to go deeply into [also fig.].
apropar (əprupá) *t.* to bring near or nearer, to bring over. ▪ *2 p.* to come near or nearer, to approach.
apropiació (əprupiəsió) *f.* appropriation.
apropiar (əprupiá) *t.* to apply, to adapt. ▪ *2 p.* to make one's own; to take over.
apropiat, -ada (əprupiát, -aðə) *a.* appropriate, suitable.
aprovació (əpruβəsió) *f.* approval, approbation.
aprovar (əpruβá) *t.* to approve, to approve of; to agree with. *2* to pass [an examination]. *3* to pass, to adopt [a bill, a resolution].
aprovat (əpruβát) *m.* pass, pass mark [on an examination].
aprovisionar (əpruβiziuná) *t.* to provision, to supply. ▪ *2 p.* to supply or furnish oneself (*de,* with).
aproximació (əpruksimasió) *f.* approximation; approach.
aproximar (əpruksimá) *t.* to bring near or nearer. ▪ *2 p.* to approach; to approximate (*a,* to).
aproximat, -ada (əpruksimát, -áðə) *a.* approximate; rough.

apte, -a (àptə, -tə) *a.* apt; suitable, fit. || ***una pel·lícula apta,*** a film suitable for all audiences, (USA) a film rated «G».
aptitud (ətitùt) *f.* aptitude, ability; skill.
apujar (əpuʒà) *t.* to raise, to increase [prices, taxes, etc.]; to turn up [heating, music, etc.].
apunt (əpùn) *m.* note, memorandum. *2* ARTS sketch. *3 pl.* notes: ***agafar ~s,*** to take notes.
apuntador, -ra (əpuntəðò, -rə) *m.-f.* THEATR. prompter.
apuntar (əpuntà) *t.* to take down, to jot down [notes]. *2* to register, to enter [on a list]. *3* to point at, to hint at. *4* THEATR. to prompt. *5* to aim [a gun] at, to take an aim at. ▪ *6 i.* to begin to appear: ***apunta el dia,*** dawn is breaking. *7* to aim.
apuntalar (əpuntəlà) *t.* ARCH. to prop (up), to shore up; to underpin. ▪ *2 p.* to lean (on); to get a good foothold.
apunyalar (əpuɲəlà) *t.* to stab.
apurar (əpurà) *t.* to purify, to cleanse. *2* to clarify, to clear up; to verify.
aquarel·la (əkwərɛ̀llə) *f.* ARTS water color, aquarelle.
Aquari (əkwàri) *m.* ASTROL. Aquarius.
aquàrium (əkwàriŭm) *m.* aquarium.
aquarterar (əkwərtərà) *t.* MIL. to billet, to quarter [soldiers].
aquàtic, -ca (əkwàtik, -kə) *a.* aquatic.
aqüeducte (əkwəðùktə) *m.* aqueduct.
aqueix, -xa (əkɛ̀ʃ, -ʃə) *dem. a., pron.* ant. that.
aquell, -lla (əkɛ̀ʎ, -ʎə) *dem. a., pron.* that.
aquest, -ta (əkèt, -stə) *dem. a., pron.* this.
aquí (əki) *adv.* here. || ***per ~,*** this way. *2* now: ***d'~ a vint dies,*** twenty days from now, in twenty days' time.
aquiescència (əkiəsɛ̀nsiə) *f.* acquiescence.
aquietar (əkiətà) *t.* to calm down, to quiet; to lull, to soothe.
aquífer, -ra (əkwifər, -rə) *a.* GEOL. aquiferous, water-bearing.
aquilí, -ina (əkili, -inə) *a.* aquiline.
Aquisgrà (əkisgrà) *pr. n. m.* GEOGR. Aachen.
aquós, -osa (əkwós, -ózə) *a.* aqueous.
ara (àrə) *f.* altar; altar stone.
ara (àrə) *adv.* now. || ***~ com ~,*** at the moment; ***d'~ endavant,*** from now on. *2* ***fins ~,*** see you soon. ▪ *3 conj.* however, but. || ***~ bé,*** however; ***i ~!,*** really!, the thought of it!
àrab (àrəp) *a.* Arab, Arabian. ▪ *2 m.-f.* Arab. *3 m.* Arabic [language].
aràbic, -iga (əràβik, -iɣə) *a.* Arab, Arabian, Arabic.
aràcnids (əràŋnits) *m. pl.* ZOOL. arachnids.
arada (əràðə) *f.* AGR. plough.
aram (əràm) *m.* METALL. copper.
aranja (əràŋʒə) *f.* BOT. grapefruit.
aranya (əràɲə) *f.* ZOOL. spider.
aranyó (ərəɲó) *m.* BOT. sloe [fruit].
aranzel (ərənzɛ̀l) *m.* ECON. tariff.
arbitrar (ərβitrà) *t.* to arbitrate [dispute]. *2* SP. to referee.
arbitrarietat (ərβitrəriətàt) *f.* arbitrariness; outrage.
arbitratge (ərβitràdʒe) *m.* arbitration.
àrbitre, -tra (àrβitrə, -trə) *m.-f.* arbiter; arbitrator. *2* SP. referee.
arbitri (ərβitri) *m.* free will. *2* LAW adjudication, decision.
arboç (ərβós) *m.* BOT. arbutus.
arborar (ərβurà) *t.* to hoist [a flag], to raise. *2* fig. to stir up. *3* fig. to inflame, to exasperate. ▪ *4 p.* to become exasperated.
arbori, -òria (ərβɔ̀ri, -ɔ̀riə) *a.* arboreal.
arbre (àβrə) *m.* BOT. tree. || ***~ genealògic,*** family tree. *2* MECH. axle, shaft.
arbreda (ərβrɛ̀ðə) *f.* grove; wooded land.
arbust (ərβùs(t)) *m.* BOT. shrub, bush.
arc (ark) *m.* bow. || ***~ de Sant Martí,*** rainbow. *2* ARCH. arch.
arç (ars) *m.* BOT. thornbush, briar.
arca (àrkə) *f.* ark.
arcà, -ana (ərkà, -ànə) *a.* arcane. ▪ *2 m.* secret, mystery.
arcada (ərkàðə) *f.* ARCH. arcade; arch, span [of bridge]. *2* MED. retching.
arcaic, -ca (ərkàĭk, -kə) *a.* archaic.
arcaisme (ərkəizmə) *m.* archaism.
arcàngel (ərkànʒəl) *m.* archangel.
ardent (ərðèn) *a.* burning. *2* fig. ardent.
ardiaca (ərðiàkə) *m.* archdeacon.
ardit, -ida (ərðit, -iðə) *a.* bold, intrepid, fearless. ▪ *2 m.* ruse, stratagem; trick.
ardor (ərðò) *m.-f.* heat, warmth. *2* fig. ardour.
ardu, àrdua (àrðu, àrduə) *a.* arduous, tough.
àrea (àreə) *f.* area; field. || ***~ de servei,*** service area.
arena (ərɛ̀nə) *f.* sand. *2* arena.
areng (ərɛ̀ŋ) See ARENGADA.
arenga (ərɛ̀ŋgə) *f.* harangue, lecture.
arengada (ərəŋgàðə) *f.* ICHTHY. herring.
areny (ərɛ̀ɲ) *m.* sandy ground. *2* sand pit.
aresta (ərɛ̀stə) *f.* edge. *2* ARCH. arris.
argamassa (ərɣəmàsə) *f.* mortar.
argelaga (ərʒəlàɣa) *f.* BOT. gorse.
argent (ərʒèn) *m.* silver. *2* ***~ viu,*** mercury. || ***semblar o ser un ~ viu,*** to be [like] a live wire.
argentí, -ina (ərʒənti, -inə) *a., m.-f.* GEOGR. Argentinian.

Argentina (ərʒəntinə) *pr. n. f.* GEOGR. Argentina.
argenter, -ra (ərʒəntė, -rə) *m.-f.* silversmith. *2* jeweller.
argenteria (ərʒəntəriə) *f.* silversmith's. *2* jeweller's.
argila (ərʒilə) *f.* clay.
argó (əryó) *m.* CHEM. argon.
argolla (əryóʎə) *f.* ring, hitching ring.
argot (əryɔ́t) *m.* jargon; slang.
argúcia (əryúsiə) *f.* subtlety, sophistry.
argüir (əryuí) *i.* to argue, to contend. ▪ *2 t.* to infer, to deduce.
argument (əryumén) *m.* argument. *2* plot [of a story, play, etc.].
argumentació (əryuməntəsió) *f.* argumentation.
argumentar (əryuməntá) *i.* to argue.
ari, ària (ári, áriə) *a., m.-f.* Aryan.
ària (áriə) *f.* MUS. aria.
àrid, àrida (árit, áriðə) *a.* arid, dry.
Àries (áriəs) *m.* ASTROL. Aries.
aristocràcia (əristukrásiə) *f.* aristocracy.
aristòcrata (əristɔ́krətə) *m.-f.* aristocrat.
aritmètic, -ca (ərimmɛ́tik, -kə) *a.* arithmetical. ▪ *2 f.* arithmetic.
arma (ármə) *f.* weapon, arm. ‖ ~ ***blanca,*** knife, sword blade; ***alçar-se en armes,*** to rise in armed rebellion; ***passar per les armes,*** to shoot, to execute [by firing squad].
armada (ərmáðə) *f.* navy.
armador (ərməðó) *m.* shipowner.
armadura (ərməðúrə) *f.* MIL., HIST. armour; suit of armour, (USA) armor. *2* frame, framework. ‖ ~ ***de llit,*** bedstead.
armament (ərməmén) *m.* MIL. armament.
armar (ərmá) *t.* to arm. *2* to put together, to prepare. *3* fig. to cause: ~ ***un aldarull,*** to cause a disturbance.
armari (ərmári) *m.* cupboard; wardrobe [for clothes].
armeria (ərməriə) *f.* armoury, (USA) armory.
armilla (ərmiʎə) *f.* waistcoat.
armistici (ərmistisi) *m.* armistice.
arna (árnə) *f.* ENT. moth.
arnar-se (ərnársə) *p.* to get or be motheaten.
Arnau (ərnáŭ) *pr. n. m.* Arnold.
arnès (ərnɛ́s) *m.* armour (USA), armor.
aroma (əróma) *f.* aroma, flavour.
arpa (árpə) *f.* MUS. harp. *2* claw; paw [animals].
arpegi (ərpɛ́ʒi) *m.* MUS. arpeggio.
arpillera (ərpiʎérə) *f.* sackcloth, sacking.
arpó (ərpó) *m.* harpoon.
arponer (ərpunė) *m.* harpooner.
arquebisbe (ərkəβizβə) *m.* archbishop.
arqueig (ərkɛ́tʃ) *m.* MAR. tonnage. *2* COMM. cashing up.
arqueòleg, -òloga (ərkəɔ́lək, -ɔ́luya) *m.-f.* archaeologist.
arqueologia (ərkəuluʒiə) *f.* archaeology.
arquer, -ra (ərkė, -rə) *m.-f.* archer; bowman.
arquet (ərkɛ́t) *m.* MUS. bow.
arquetipus (ərkətipus) *m.* archetype; prototype.
arquitecte (ərkitɛ́ktə) *m.* architect.
arquitectura (ərkitəktúrə) *f.* architecture.
arquivolta (ərkiβɔ́ltə) *f.* ARCH. archivolt.
arrabassar (ərrəβəsá) *t.* to clear [land for cultivation]. *2* to pull up, to uproot [plants]. *3* to snatch, to grab.
arracada (ərrəkáðə) *f.* earring.
arracar (ərrəká) *i.* (ROSS.) See RECAR.
arraconar (ərrəkuná) *t.* to put in a corner. *2* to discard. *3* to ignore. *4* to save [money].
arrambar (ərrəmbá) *t.* to move something up to, to put something against or near: ***arramba el cotxe a la paret,*** move the car (close) up to the wall. *2* to steal.
arran (ərrán) *adv.* almost touching. ‖ ***tallar*** ~, to cut very short. ▪ *2 prep. phr.* ~ ***de,*** very close to. ‖ ~ ***de terra,*** at ground level. *3* as a result of.
arranjament (ərrənʒəmén) *m.* putting in order, ordering. *2* MUS. arrangement.
arranjar (ərrənʒá) *t.* to put in order, to arrange. *2* MUS. to arrange. ▪ *3 p.* to manage: ***ens ho vam*** ~ ***per no treballar el dilluns,*** we managed to get Monday off.
arrapar-se (ərrəpársə) *p.* to cling to.
arrasar (ərrəzá) *t.* to raze to the ground; to destroy completely.
arraulir-se (ərrəŭlirsə) *p.* to huddle, to curl up.
arrauxat, -ada (ərrəŭʃát, -áðə) *a.* capricious; impulsive.
arrebossar (ərrəβusá) *t.* CONSTR. to cement render. *2* COOK. to batter.
arrebossat (ərrəβusát) *m.* CONSTR. coat of cement. *2* COOK. batter.
arrecerar (ərrəsərá) *t.* to shelter, to protect.
arreglar (ərrəgglá) *t.* to regulate, to organize. *2* to arrange, to put in order. ▪ *3 p.* to sort things out: ***pot*** ~***-se sol,*** he can sort things out for himself.
arrel (ərrɛ́l) *f.* root. *2* MATH. ~ ***quadrada,*** square root.
arrelar (ərrəlá) *i.* to root. ▪ *2 p.* to settle, to put down roots.
arremangar (ərrəməŋgá) *t.-p.* to roll up *t.* [sleeves, trousers, etc.].
arremetre (ərrəmɛ́trə) *t.-i.* to attack. ▲ CONJUG. P. P.: ***arremès.***

arremolinar (ərrəmulinà) *t.-p.* to swirl.
arrencada (ərrəŋkàðə) *f.* pulling up. *2* start [of a race]. *3* AUTO. starting.
arrencaqueixals (ərrɛ̀ŋkəkəʃàls) *m.* coll. dentist.
arrencar (ərrəŋkà) *t.* to pull up; to pull out; to pull off. *2* to drag something out of somebody [confessions, etc.]. *3* to start suddenly. ‖ ~ ***a córrer,*** to break into a run. *4* to start [a car]. ▪ *5 i.* to begin, to start.
arrendament (ərrəndəmèn) *m.* renting, hiring.
arrendar (ərrəndà) *t.* to rent; to hire.
arrendatari, -ària (ərrəndətàri, -àriə) *a., m.-f.* tennant *s.*
arrenglerar (ərrəŋglərà) *t.-p.* to line up.
arrepapar-se (ərrəpəpàrsə) *p.* to sit back, to make oneself comfortable.
arreplegar (ərrəpləɣà) *t.* to gather, to collect, to pick up. *2* to catch, to come down with [illnesses]. *3* to catch, to get.
arrere (ərrèrə) *adv.* (VAL.) See ENDARRERA.
arres (àrrəs) *f. pl.* security, deposit.
arrest (ərrès(t)) *m.* arrest.
arrestar (ərrəstà) *t.* to arrest, to apprehend.
arreu (ərrɛ́u) *adv.* all over: ~ ***del món,*** all over the world.
arreveure (ərrəβɛ́ŭrə) *m.* goodbye, farewell. *2* interj. goodbye.
arri! (àrri) *interj.* gee up!
arriar (ərrià) *t.* MAR. to slacken; to let go [ropes, cables]. *2* to strike [sails, flags]. *3* to drive, to urge on [animals].
arribada (ərriβàðə) *f.* arrival.
arribar (ərriβà) *i.* to arrive (*a,* in, at), to reach *t.* *2* fig. to reach, to attain: ***va ~ a ser el president del seu país,*** he became president of his country. *3* to come up to: ***l'aigua ens arribava als genolls,*** the water come up to our knees. *4* ***si ho arribo a saber,*** if only I'd known.
arrimar (ərrimà) t.-p. to move up to, to put close to.
arriscar (ərriskà) *t.* to risk. ▪ *2 p.* to take a risk.
arriscat, -ada (ərriskàt, -àðə) *a.* risky, hazardous. *2* daring [person].
arrissar (ərrisà) *t.* to curl, to frizz. ▪ *2 p.* to curl, to go frizzy.
arrodonir (ərruðuni) *t.* to make round. *2* fig. to finish off, to round off. ▪ *3 p.* to become round.
arrogància (ərruɣànsiə) *f.* arrogance.
arronsar (ərrunsà) *t.* to hunch up, to huddle. ‖ ~ ***les espatlles,*** to shrug one's shoulders. ▪ *2 p.* to shrink. *3* fig. to lose heart, to become frightened.
arrop (ərrɔ́p) *m.* grape syrup.
arròs (ərrɔ́s) *m.* rice.
arrossaire (ərrusàĭrə) *m.-f.* rice grower. *2* rice dealer. *3* rice lover.
arrossar (ərrusà) *m.* paddy field, rice field.
arrossegar (ərrusəɣà) *t.* to drag [also fig.]. ▪ *2 i.* to hang catching the ground. ▪ *3 p.* to drag oneself. *4* fig. to be humiliated. *5* to hang around.
arrossinat, -ada (ərrusinàt, -àðə) *a.* wretched, miserable.
arrufar (ərrufà) *t.* to wrinkle. ‖ ~ ***les celles,*** to frown; ~ ***el nas,*** to turn one's nose up.
arruga (ərrúɣə) *f.* wrinkle; crease.
arrugar (ərruɣà) *t.* to wrinkle. *2* to crease. ▪ *3 p.* to get wrinkled. *4* to get creased.
arruïnar (ərruinà) *t.* to ruin, to bankrupt. ▪ *2 p.* to go bankrupt; to be ruined.
arrupir-se (ərrupirsə) *p.* to huddle, to curl up. *2* to crouch.
arsenal (ərsənàl) *m.* arsenal.
arsènic (ərsɛ́nik) *m.* arsenic.
art (àr(t)) *m.-f.* art. ‖ ***~s i oficis,*** arts and crafts; ***obra d'~,*** work of art; ***belles ~s,*** fine arts. *2* skill, artistry. *3* ***males ~,*** trickery.
artefacte (ərtəfàktə) *m.* device, appliance.
artell (ərtèʎ) *m.* ANAT. knuckle.
artèria (ərtɛ́riə) *f.* ANAT. artery [also fig.].
arteriosclerosi (ərtɛriusklərɔ́zi) *f.* MED. arteriosclerosis.
artesà, -ana (ərtəzà, ànə) *m.-f.* craftsman *m.,* artisan.
artesià, -ana (ərtəzià, -ànə) *a.* artesian.
àrtic, -ca (ṙtik, -kə) *a.* GEOGR. Arctic.
article (ərtiklə) *m.* article. *2* GRAMM. article. *3* item. ‖ ***~s de luxe,*** luxury goods.
articulació (ərtikuləsiò) *f.* ANAT. joint, articulation. *2* PHON. articulation. *3* TECH. joint.
articular (ərtikulà) *t.* to articulate, to join together. *2* PHON. to articulate, to enunciate.
articulat, -ada (ərtikulàt, -àðə) *a.* jointed, articulated. *2* expressed in articles. ▪ *2 m.* LAW articles *pl.*
articulista (ərtikulistə) *m.-f.* columnist.
artífex (ərtifəks) *m.-f.* craftsman *m.* *2* fig. author, maker.
artifici (ərtifisi) *m.* skill, ingenuity. *2* (cunning) trick, artifice. *3* ***focs d'~,*** fireworks.
artificial (ərtifisiàl) *a.* artificial. ‖ ***focs ~s,*** fireworks.
artigar (ərtiɣà) *t.* to clear and prepare land for cultivation.
artilleria (ərtiʎəriə) *f.* artillery.
artista (ərtistə) *m.-f.* artist.
artístic, -ica (ərtistik, -kə) *a.* artistic.
artròpode (ərtrɔ́puðə) *m.* ZOOL. arthropod.
Artur (ərtúr) *pr. n. m.* Arthur.
arxiduc, -quessa (ərʃiðùk, -kɛ́sə) *m.* archduk. *2 f.* archduchess.

arxipèlag (ərʃipέlək) *m.* archipelago.
arxiu (ərʃiu) *m.* archives *pl.* *2* files *pl.*
arxivador (ərʃiβəðó) *m.* filing cabinet.
arxivar (ərʃiβá) *t.* to file. *2* to archive.
arxiver, -ra (ərʃiβé, -rə) *m.-f.* archivist.
as (as) *m.* ace [also fig.].
ascendència (əsəndέsiə) *f.* ancestry.
ascendent (əsəndén) *a.* ascending, ascendant. ▪ *2 m.* ancestor, forbear. *3* fig. ascendancy, ascendance.
ascendir (əsəndí) *i.* to rise, to go up. *2* to be promoted. ▪ *3 t.* to promote.
ascens (əsέns) *m.* promotion.
ascensió (əsənsió) *f.* ascent. *2* REL. ascension.
ascensor (əsənsó(r)) *m.* lift, (USA) elevator.
asceta (əsέtə) *m.-f.* ascetic.
ascetisme (əsətizmə) *m.* asceticism.
ase (ázə) *m.* ZOOL. ass [also fig.]. ‖ ***no dir ni ~ ni bèstia,*** not to say a word.
asèptic, -ca (əsέptik, -kə) *a.* aseptic.
asfalt (əsfál(t)) *m.* asphalt.
asfaltar (əsfəltá) *t.* to asphalt.
asfíxia (əsfíksiə) *f.* MED. asphyxia.
asfixiar (əsfiksiá) *t.* to asphyxiate.
Asia (ásiə) *pr. n. f.* GEOGR. Asia.
asiàtic, -ca (əziátik, -kə) *a., m.-f.* asian. *2 a.* asiatic.
asil (əzil) *m.* asylum, sanctuary. ‖ ***~ polític,*** political asylum; ***dret d'~,*** right of sanctuary. *2* fig. shelter, refuge. *3* home: ***~ d'infants,*** children's home.
asimetria (əsimətriə) *f.* asymmetry.
asma (ázmə) *f.* MED. asthma.
aspa (áspə) *f.* cross. *2* sails *pl.* of a windmill.
aspecte (əspéctə) *m.* appearance; aspect; look. *2* GRAMM. aspect.
aspergir (əspərʒí) *t.* to sprinkle.
aspersió (əspərsió) *f.* sprinkling.
áspid (áspit) *m.* ZOOL. asp.
aspiració (əspirəsió) *f.* breathing in, inhalation. *2* aspiration.
aspirador (əspirəðó) *m.* suction pump; extractor. *2 f.* vacuum cleaner.
aspirant (əspirán) *a., m.-f.* aspirant *s.;* applicant *s.;* contender *s.*
aspirar (əspirá) *i.* to aspire (*a,* to), to aim (*a,* at). *2* PHON. to aspirate. ▪ *3 t.* to inhale, to breathe in. *4* to suck in.
aspirina (əspirínə) *f.* aspirin.
aspre, -pra (ásprə, -prə) *a.* rough. *2* sour; tart [tastes]. *3* fig. harsh, gruff.
aspror (əspró) *f.* roughness. *2* sourness; tartness [tastes]. *3* fig. harshness.
assabentar (əsəβəntá) *t.* to inform (*de,* of, about), to tell (*de,* of, about); to acquaint (*de,* with). ▪ *2 p.* to discover, to find out (*de,* about), to learn.
assaborir (əsəβurí) *t.* to savour.
assagista (əsəʒístə) *m.-f.* essayist.
assaig (əsátʃ) *m.* LIT. essay. *2* THEATR., MUS. rehearsal. *3* TECH. test.
assajar (əsəʒá) *t.* THEATR., MUS. to rehearse. *2* to try. *3* TECH. to test.
assalt (əsál(t)) *m.* attack, assault. *2* SP. round [boxing].
assaltar (əsəltá) *t.* to attack; to assail; to assault.
assaonar (əsəuná) *t.-p.* to mature, to ripen. *2 t.* COOK. to season.
assassí, -ina (əsəsí, -ínə) *m.-f.* assassin; murderer.
assassinar (əsəsiná) *t.* to assassinate; to murder.
assassinat (əsəsinát) *m.* assassination; murder.
assecar (əsəká) *t.-p.* to dry.
assedegat, -ada (əsəðəγát, -áðə) *a.* thirsty [also fig.].
assegurança (əsəγuránsə) *f.* assurance. *2* insurance.
assegurar (əsəγurá) *t.* to secure, to fix, to fasten. *2* to assure: ***et puc ~ que...,*** I can assure you that... *3* COMM. to insure, to assure. ▪ *4 p.* to make sure (*de,* of).
assegut, -uda (əsəγút, -úðə) *a.* seated, sitting.
assemblada (əsəmbláðə) *f.* (ROSS.) See ASSEMBLEA.
assemblar-se (əsəmblársə) *p.* to look like, to be like.
assemblea (əsəmblέə) *f.* assembly; meeting.
assentada (əsəntáðə) *f.* sit-in. *2* sit down strike.
assentar (əsəntá) *t.* to place, to position, to fix. *2* fig. to settle, to establish. *3* to register. ▪ *p. 4* to come to rest; to settle.
assentir (əsəntí) *i.* to agree (—, to).
assenyalar (əsəɲəlá) *t.* to indicate. *2* to point to. *3* to fix.
assenyat, -ada (əsəɲát, -áðə) *a.* sensible, wise, judicious.
assequible (əsəkíbblə) *a.* accessible, within reach, obtainable.
asserció (əsərsió) *f.* assertion, affirmation.
asserenar (əsərəná) *t.* to calm. ▪ *2 p.* to calm down.
assessor, -ra (əsəsó, -rə) *a.* advisory. ▪ *2 m.-f.* consultant, advisor, adviser.
assessorar (əsəsurá) *t.* to advice. ▪ *2 p.* to take advice.
assestar (əsəstá) *t.* to deal, to strike [a blow].
assetjar (əsədʒá) *t.* to besiege. *2* fig. to beset.
asseure (əsέŭrə) *t.* to sit, to seat [a person in a place]. ▪ *2 p.* to sit down. ▲ CONJUG. like ***seure.***

asseverar (əsəβərá) *t.* to assert.
assidu, -ídua (əsíðu, -íðuə) *a.* assiduous.
assiduïtat (əsiduitát) *f.* assiduity.
assignació (əsiŋnəsió) *f.* assignation. *2* allocation. *3* wage.
assignar (əsiɲná) *t.* to assign; to allocate; to allot.
assignatura (əsiɲnətúrə) *f.* subject [of one's studies].
assimilació (əsimiləsió) *f.* assimilation.
assimilar (əsimilá) *t.* to make similar (*a,* to). *2* to compare. *3* to assimilate, to digest. ▪ *4 p.* to be alike, to become alike; to be similar to.
assistència (əsistɛ́nsiə) *f.* attendance. *2* those in attendance. *3* help, aid, assistance.
assistent, -ta (əsistén, -tə) *a.* assisting, helping. *2* present. ▪ *3 m.-f.* person present. *4* helper. ‖ ~ ***social,*** social worker. *5* assistant.
assistir (əsistí) *i.* to attend, to be present. ▪ *2 t.* to help, to aid, to assist. *3* to treat, to attend.
associació (əsusiəsió) *f.* association.
associar (əsusiá) *t.* to associate; to connect. *2* COMM. to take into partnership. ▪ *3 p.* to team up, to join together.
associat, -ada (əsusiát, -áðə) *m.-f.* member, associate.
assolar (əsulá) *t.* to raze; to destroy, to devastate.
assolellat (əsuləʎát) *a.* sunny.
assolir (əsulí) *t.* to reach, to attain, to achieve.
assonància (əsunánsiə) *f.* assonance.
assortiment (əsurtimén) *m.* selection, assortment.
assortir (əsurtí) *t.* to supply (*de,* with).
assortit, -ida (əsurtít, -íðə) *a.* assorted.
assossec (əsusɛ́k) *f.* peace, quiet, tranquillity.
assossegar (əsusəɣá) *t.* to calm, to tranquillize, to quieten. ▪ *2 p.* to calm down.
assot (əsɔ́t) *m.* scourge; whip. *2* lash.
assotar (əsutá) *t.* to scourge, to flog.
assuaujar (əsuəŭʒá) *t.* to soften.
assumir (əsumí) *t.* to assume.
assumpció (əsumsió) *f.* assumption.
assumpte (əsúmtə) *m.* subject, topic. *2* affair.
assutzena (əsudzɛ́nə) *f.* BOT. white lily.
ast (ás(t)) *m.* spit. ‖ ***pollastre a l'~,*** spit roast chicken.
asta (ástə) *f.* shaft. *2* lance, spear [weapon]. *3* pole, flagpole.
astènia (əstɛ́niə) *f.* MED. asthenia, debility.
asterisc (əstərísk) *m.* asterisk.
asteroide (əstərɔ́iðə) *m.* ASTR. asteroid.
astigmatisme (əstigmətízmə) *m.* MED. astigmatism.
astor (əstó) *m.* ORNIT. goshawk.
astorament (əsturəmén) *m.* shock, fright.
astorar (əsturá) *t.* to shock, to astound. ▪ *2 p.* to be shocked.
astracan (əstrəkán) *m.* astrakhan.
astral (əstrál) *a.* astral.
astre (ástrə) *m.* star; heavenly body.
astringent (əstrinʒén) *a.-m.* astringent.
astròleg, -òloga (əstrɔ́lək, -ɔ́luɣə) *m.-f.* astrologer.
astronauta (əstronáutə) *m.-f.* astronaut.
astrònom, -ma (əstrɔ́num, -mə) *m.-f.* astronomer.
astronomia (əstrunumíə) *f.* astronomy.
astruc, -ca (əstrúk, -kə) *a.* fortunate, lucky.
astrugància (əstruɣánsiə) *f.* fortune, luck.
astúcia (əstúsiə) *f.* astuteness, cleverness. *2* cunning.
astut, -ta (əstút, -tə) *a.* astute, clever. *2* artful, crafty.
atabalar (ətəβəlá) *t.* to tizzy, to fluster. ▪ *2 p.* to get plastered.
atac (əták) *m.* attack.
atacant (ətəkán) *a.* attacking. ▪ *2 m.-f.* attacker.
atacar (ətəká) *t.* to attack. *2* to attach, to fix.
ataconador (ətəkunəðó) *m.* cobbler.
ataconar (ətəkuná) *t.* to heel, to repair [shoes]. *2* to beat up. *3* to press down. ▪ *4 p.* to stuff oneself.
atalair (ətələjá) *t.* to watch, to observe. ▪ *2 p.* to realize.
atansar (ətənsá) *t.* to reach. ▪ *2 p.* to approach.
atapeir (ətəpəí) *t.* to compress. ▪ *2 p.* to cram together, to squeeze together.
atapeït, -ïda (ətəpəít, -íðə) *a.* squeezed together. *2* compact. *3* thick.
ataüllar (ətəuʎá) *t.* to see in the distance [not clearly].
atavisme (ətəβízmə) *m.* atavism.
ateisme (ətəízmə) *m.* atheism.
atemorir (ətəmurí) *t.* to frighten, to scare.
atemptar (ətəmtá) *i.* to make an attempt [on someone's life], to attack.
atemptat (ətəmtát) *m.* attack, outrage, assault.
atenció (ətənsió) *f.* attention. ‖ ***tothom esperava amb ~,*** everyone was waiting attentively. *2* courtesy, kindness. ‖ ***tingué l'~ de convidarme a dinar,*** he was kind enough to invite me to lunch. ▪ *3 interj.* look out!, be careful!
atendre (ətɛ́ndrə) *i.* to pay attention to. ▪ *2 t.* to take into account. *3* to attend to; to serve [shops]. ▲ CONJUG. GER.: ***atenent.***

‖ P. P.: ***atès.*** ‖ SUBJ. Pres.: ***atengui, atenguis,*** etc. | Imperf.: ***atengués, atenguessis,*** etc.

Atenes (ətɛ́nəs) *pr. n. f.* GEOGR. Athens.

atenès, -esa (ətənɛ́s, -ɛ́zə) *a., m.-f.* Athenian.

ateneu (ətənɛ́ŭ) *m.* society, association [scientific or cultural], atheneum.

atenir-se (ətənirsə) *p.* ~ ***a,*** to abide by; to stick to. ‖ ***vull saber a què atenir-me,*** I want to know where I stand. ▲ CONJUG. like ***abstenir-se.***

atent, -ta (ətén, -tə) *a.* attentive. *2* thoughtful, considerate.

atenuant (ətənuán) *a.* attenuating. *2* LAW extenuating. ■ *3 m.* LAW extenuating circumstance.

atenuar (ətənuá) *t.* to attenuate.

atènyer (ətɛ́ɲə) *t.* to reach, to get to. *2* fig. to achieve. ■ *3 i.* to reach. ▲ CONJUG. P. P.: ***atès.***

aterrar (ətərrá) *t.* to knock down, to bring down [also fig.]. ■ *2 i.* to land (*sobre,* on; *a,* at).

aterratge (ətərrádʒə) *m.* landing. ‖ ***pista d'~,*** runway, landing strip.

aterridor, -ra (ətərriðó, -rə) *a.* frightening, terrifying.

aterrir (ətərri) *t.* to terrify, to frighten.

atestar (ətəstá) *t.* to attest, to testify.

atestat (ətəstát) *m.* LAW certificate, certification.

ateu, atea (ətéŭ, ətéə) *a.* atheistic. ■ *2 m.-f.* atheist.

atiar (ətiá) *t.* to poke [a fire]. *2* fig. to stir up, to excite [passions]. *3* fig. to goad.

àtic (átik) *m.* top floor, penthouse.

atipar (ətipá) *t.* to satiate, to satisfy. *2* fig. to tire; to annoy. ■ *3 p.* to gorge oneself on, to stuff oneself with.

atlàntic, -ca (əllántik, -kə) *a.* GEOGR. Atlantic. ■ *2 pr. n. m.* ***Oceà Atlàntic,*** the Atlantic Ocean.

atlas (álləs) *m.* atlas.

atleta (əllɛ́tə) *m.-f.* athlete.

atletisme (əllətizmə) *m.* athletics.

atmosfera (əmmusférə) *f.* atmosphere.

atmosfèric, -ca (əmmusfɛ́rik, -kə) *a.* atmospheric.

atoHó (ətuló) *m.* GEOGR. atoll.

àtom (átum) *m.* atom.

atòmic, -ca (ətɔ́mik, -kə) *a.* atomic.

àton, -na (átun, -nə) *a.* GRAMM. unstressed, atonic.

atonia (ətuniə) *f.* lassitude. *2* MED. atony.

atònit, -ta (ətɔ́nit, -tə) *a.* amazed, astounded.

atordir (əturði) *t.* to stun, to daze. *2* to deafen. *3* fig. to confuse, to bewilder.

atorgar (əturɣá) *t.* to award.

atorrollar (əturruʎá) *t.* to confuse, to bewilder. ■ *2 p.* to get confused, to lose one's head.

atracador, -ra (ətrəkəðó, -rə) *m.-f.* robber. *2 m.* MAR. quay.

atracament (ətrəkəmén) *m.* robbery.

atracar (ətrəká) *t.* to rob, to attack ■ *2 p.* to stuff oneself.

atracció (ətrəksió) *f.* attraction. ‖ ***parc d'atraccions,*** funfair.

atractiu, -iva (ətrəktiŭ, -iβə) *a.* attractive, appealing. ■ *2 m.* attraction, appeal.

atrafegar-se (ətrəfəɣársə) *p.* to throw oneself into [work], to work away at.

atrafegat, -ada (ətrəfəɣát, -áðə) *a.* extremely busy. ‖ ***anar ~,*** to be up to one's eyes in work, to be rushed off one's feet.

atraient (ətrəĭén) *a.* attractive.

atrapar (ətrəpá) *t.* to catch.

atresorar (ətrəzurá) *t.* to hoard, to amass. *2* fig. to possess [qualities].

atreure (ətrɛ́ŭrə) *t.* to attract. ▲ CONJUG. like ***treure.***

atrevir-se (ətrəβirsə) *p.* to dare.

atrevit, -ida (ətrəβit, -iðə) *a.* daring, bold, audacious.

atri (átri) *m.* atrium.

atribolar (ətriβulá) *t.* to bewilder, to perplex. ■ *2 p.* to get confused, to lose one's head.

atribució (ətriβusió) *f.* attribution.

atribuir (ətriβui) *t.* to ascribe, to put down to. *2* to attribute: ***aquesta obra s'atribueix a Borrassà,*** this work is attributed to Borrassà. *3* to allocate.

atribut (ətriβút) *m.* attribute.

atrinxerar (ətrinʃərá) *t.* MIL. to entrench. ■ *2 p.* MIL. to dig in.

atroç (ətrɔ́s) *a.* cruel, atrocious. *2* terrible.

atrocitat (ətrusitát) *f.* atrocity.

atròfia (ətrɔ́fiə) *f.* ANAT. atrophy.

atrofiar (ətrufiá) *t.-p.* to atrophy.

astronomia (əstrunumiə) *f.* astronomy.

atropelladament (ətrupəʎáðəmén) *adv.* hurriedly, in a rush. *2* helter-skelter.

atropellament (ətrupəʎəmén) *m.* knocking down or over. *2* hurry, rush; jostling.

atropellar (ətrupəʎá) *t.* to knock down, to run over. *2* to rush. *3* to tire out, to harm. ■ *4 p.* to push, to jostle. *5* to gabble.

atrotinar (ətrutiná) *t.* to wear out *t.-i.,* to break *t.-i.*

atrotinat, -ada (ətrutinát, -áðə) *a.* worn out; broken; spoilt. ‖ ***anar ~,*** to wear tatty, old clothes.

ATS (ateésə) *(Assistent Tècnic Sanitari) f.* nurse. *2 m.* male nurse.

atudar (ətuðá) *t.* (ROSS.) See APAGAR.

atuell (ətuéʎ) *m.* bowl.
atuir (ətui) *t.* to strike down; to fulminate. *2* fig. to depress, to dishearten.
atur (ətú(r)) *m.* unemployment. ‖ ***carnet d'~,*** card showing entitlement to unemployment benefit.
aturar (əturá) *t.-p.* to stop.
aturat, -ada (əturát, -áðə) *a.* unemployed. *2* not dynamic [person]; thick. ▪ *3 m.-f.* unemployed person.
atxa (átʃə) *f.* large candle. ‖ ***endavant les atxes,*** let's get on with it!
atzabeja (ədzəβɛ́ʒə) *f.* GEOL. jet.
atzagaiada (ədzəɣəjáðə) *f.* hasty or reckless action.
atzar (ədzá(r)) *m.* chance. ‖ ***jocs d'~,*** games of chance.
atzarós, -osa (ədzərós, -ózə) *a.* risky.
atzavara (ədzəβárə) *f.* BOT. agave.
atzur (ədzúr) *m.* azure.
1) au (aŭ) *f.* bird.
2) au! (áŭ) *interj.* come on! off we go!
auca (áŭkə) *f.* printed sheet with pictures and rhyming couplets which tells a story. ‖ ***fer tots els papers de l'~,*** to be the general dog's body.
aücs (əúks) *m.-pl.* shouting, din; hue and cry.
audaç (əŭðás) *a.* daring, bold, audacious.
audàcia (əŭðásiə) *f.* daring, boldness, audacity.
audible (əŭðibblə) *a.* audible.
audició (əŭðisió) *f.* hearing. *2* audition.
audiència (əŭðiénsiə) *f.* audience.
àudio-visual (ˌaəŭðio βizuál) *a.* audio-visual. ▪ *2 m.* audio-visual material.
auditiu, -iva (əŭðitiŭ, -iβə) *a.* auditory.
auditor (əŭditó) *m.* auditor.
auditori (əŭðitɔ́ri) *m.* audience. *2* auditorium.
auge (áuʒə) *m.* ASTR. apogee. *2* fig. peak, climax.
augment (əŭmén) *m.* increase.
augmentar (əŭməntá) *t.-i.* to increase, to augment.
augurar (əŭɣurá) *t.* to augur, to pressage.
auguri (əŭɣúri) *m.* augury.
aula (áŭlə) *f.* lecture hall; lecture room. *2* classroom.
aura (áŭrə) *f.* soft breeze. *2* fig. approval, acceptance: ~ ***popular,*** general approval.
aurèola (əŭréulə, coll. əureɔ́lə) *f.* halo. *2* aureole.
auri, àuria (aŭri, áŭriə) *a.* golden.
aurícula (əŭrikulə) *f.* ANAT. auricle.
auricular (əŭrikulá) *a.* auricular. ▪ *2 m.* headphone.
aurífer, -ra (əŭrifər, -rə) *a.* gold-bearing, auriferous.
auriga (əŭriɣə) *m.* charioteer. *2* ASTR. Auriga.
aurora (əŭrórə) *f.* dawn. ‖ ~ ***boreal,*** aurora borealis, northern lights.
aürt (əúr(t)) *m.* bump, knock.
auscultar (əŭskultá) *t.* MED. to auscultate.
auspici (əŭspisi) *m.* auspice. ‖ ***sota els ~s de,*** under the auspices of.
auster, -ra (əŭsté(r), -rə) *a.* austere.
austeritat (əŭstəritát) *f.* austerity.
austral (əŭstrál) *a.* southern.
Austràlia (əŭstráliə) *pr. n. f.* GEOGR. Australia.
australià, -ana (əŭstraliá, -ánə) *a., m.-f.* Australian.
Àustria (áŭstriə) *pr. n. f.* GEOGR. Austria.
austríac, -ca (əŭstriək, -kə) *a., m.-f.* Austrian.
autarquia (əŭtərkiə) *f.* autarchy.
autèntic, -ca (əŭtέtik, -kə) *a.* authentic.
autenticitat (əŭtəntisitát) *f.* authenticity.
auto (áŭtu) *m.* car, automobile. ‖ ***~s de xoc,*** bumper cars.
autobiografia (ˌəŭtuβiuɣrəfiə) *f.* autobiography.
autobús (əŭtuβús) *m.* bus.
autocar (əŭtukár) *m.* coach.
autoclau (ˌəŭtukláŭ) *f.* autoclave. *2* sterilizer.
autocràcia (əŭtukrásiə) *f.* autocracy.
autòcrata (əŭtɔ́krətə) *m.-f.* autocrat.
autòcton, -na (əŭtɔ́ktun, -nə) *a.* autochthonous, native, indigenous.
autodidacte, -ta (aŭtuðiðáktə, -tə) *m.-f.* self-taught person.
autofinançament (əŭtufinənsəmén) *m.* self-financing.
autogen, -ògena (əŭtɔ́ʒən, -ɔ́ʒənə) *a.* autogenous.
autogir (ˌəŭtuʒir) *m.* autogiro or autogyro.
autògraf, -fa (əŭtɔ́ɣrəf, -fə) *a.-m.* autograph.
autòmat (əŭtɔ́mət) *m.* automaton, robot.
automàtic, -ca (əŭtumátik, -kə) *a.* automatic.
automatisme (əŭtumətizmə) *m.* automatism.
automòbil (əŭtumɔ́βil) *a.* automotive, self-propelled. ▪ *2 m.* automobile, car.
automobilisme (əŭtumuβilizmə) *m.* SP. motor racing.
automobilista (əŭtumuβilistə) *m.-f.* driver, motorist.
automotor, -ra (ˌəŭtumutó, -rə) *a.* automotive, self-propelled.
autònom, -ma (əŭtɔ́num, -mə) *a.* autonomous.
autonomia (əŭtunumiə) *f.* autonomy
autopista (əŭtupistə) *f.* motorway.

autòpsia (əŭtɔ́psiə) *f.* autopsy, post mortem.
autor, -ra (əutó, -rə) *m.-f.* author.
autoretrat (ąŭturrətrát) *m.* self-portrait.
autoritari, -ària (əŭturitári, -áriə) *a.* authoritarian.
autoritat (əŭturitát) *f.* authority.
autorització (əŭturidzəsió) *f.* authorization.
autoritzar (əŭturidzá) *t.* to authorize.
autoritzat, -ada (əŭturitzát, -áðə) *a.* authorized.
autoscola (ąŭtuskɔ́lə) *f.* driving school.
autoservei (ąŭtusərβέĭ) *m.* supermarket; self-service shop.
autostop (ąŭtustɔ́p) *m.* hitchhiking.
autosuggestió (ąŭtusuʒəstió) *f.* autosuggestion.
autovia (ąŭtuβiə) *m.* main road; motorway [with cross-roads].
auxili (əŭksíli) *m.* assistance, aid. *2* interj. help.
auxiliar (əŭksiliá) *a.* auxilliary. ▪ *2 m.-f.* assistant.
auxiliar (əŭksiliá) *t.* to help, to give help, to aid.
aval (əβál) *m.* guarantee. *2* guarantor's signature.
avalador, -ra (əβəlaðó, -rə) *a.* which guarantees. ▪ *2 m.-f.* guarantor.
avalar (əβəlá) *t.* to guarantee; to act as guarantor for. *2* fig. to answer for.
avall (əβáʎ) *adv.* down, downwards.
avalot (əβəlɔ́t) *m.* tumult; disturbance, riot. *2* uproar, din.
avalotar (əβəlutá) *t.* to disturb. ▪ *2 p.* to riot. *3* to become agitated, to get rowdy.
avaluació (əβəluəsió) *f.* estimate, valuation; assessment.
avaluar (əβəluá) *t.* to estimate, to value; to assess.
avanç (əβáns) See AVANÇAMENT.
avançada (əbənsáðə) *f.* See AVANÇAMENT.
avançament (əβənsəmén) *m.* advance. *2* advancement, promotion. *3* progress. *4* overtaking.
avançar (əβənsá) *t.* to advance; to move forward. *2* to overtake. ▪ *3 i.* to advance, to progress.
avant (əβán) *adv.* (VAL.) See ENDAVANT.
avantatge (əβəntádʒə) *m.* advantage.
avantatjar (əβəntədʒá) *t.* to be ahead of *i.;* to surpass, to be better than *i.*, to beat.
avantatjós, -osa (əβəntədʒós, -ózə) *a.* advantageous.
avantbraç (əβąmbrás) *m.* ANAT. forearm.
avantguarda (əβəŋgwárðə) *f.* advance guard. *2* fig. ART. avant-garde.
avantpassat, -ada (əβąmpəsát, -áðə) *m.* ancestor.
avantprojecte (əβąmpruʒέktə) *m.* preliminary draft. ‖ ~ ***de llei,*** white paper.
avar, -ra (əβár, -rə) *a.* miserly, avaricious, greedy. ▪ *2 m.-f.* miser.
avarar (əβərá) *t.* to launch.
avarca (əβárkə) *f.* kind of sandal.
avaria (əβəriə) *f.* TECH. breakdown. *2* damage.
avariar (əβəriá) *t.* to damage. ▪ *2 p.* TECH. to break down *i.*
avarícia (əβərísiə) *f.* avarice, greed. *2* miserliness.
avellana (əβəʎánə) *f.* BOT. hazelnut.
avellaner (əβəʎəné) *m.* BOT. hazel, hazel tree.
avenc (əβέŋ) *m.* pothole, chasm.
avenç (əβέns) *m.* advance; advancement; progress.
avenir (əβəni) *m.* future.
avenir-se (əβənírsə) *p.* to get on (*amb,* with); to agree (*a,* to). ▲ CONJUG. like ***abstenir-se.***
aventura (əβəntúrə) *f.* adventure. ‖ ~ ***amorosa,*** love affair. *2 adv. phr.* ***a l'~,*** randomly, at random.
aventurar (əβənturá) *t.* to risk. ▪ *2 p.* to take a risk.
aventurer, -ra (əβənturé, -rə) *a.* adventurous. ▪ *2 m.* adventurer. *3 f.* adventuress.
averany (əβəráɲ) *m.* omen; prediction.
avergonyir (əβərɣuɲi) *t.* to shame. *2* to embarrass. ▪ *3 p.* to be ashamed (*de,* of).
avern (əβέrn) *m.* hell.
aversió (əβərsió) *f.* aversion, revulsion.
avés (əβés) *m.* habit, custom.
avesar (əβəzá) *t.* to accustom, to get someone used to. ‖ ***estar avesat a,*** to be used to. ▪ *2 p.* to get used to.
avet (əβέt) *m.* BOT. fir, fir tree.
avi, àvia (áβi, áβiə) *m.* grandfather, grandad. *2 f.* grandmother, grandma.
aviació (əβiəsió) *f.* aviation. *2* air force.
aviador, -ra (əβiəðó, -rə) *m.-f.* aviator.
aviat (əβiát) *adv.* soon. ‖ ***fins ~,*** see you soon. *2 adv. phr.* ***més ~,*** rather. ‖ ***s'assembla més ~ a la mare que al pare,*** he looks more like his mother than like his father. ‖ ***és més ~ alt,*** he's on the tall side.
aviciar (əβisiá) *t.* to spoil [a child]. ▪ *2 p.* to pick up bad habits, to be corrupted.
avicultura (əβikultúrə) *f.* poultry keeping; aviculture.
àvid, -da (áβit, -ðə) *a.* avid, greedy.
avidesa (əβiðέzə) *f.* avidity, greed.
avinença (əβinέnsə) *f.* agreement; compromise; deal.
avinent (əβinén) *a.* easy to get on with. *2*

easily, accessible, convenient. *3 fer ~,* to remind.
avinentesa (əβinəntέzə) *f.* opportunity, chance.
avinguda (əβiŋgúðə) *f.* avenue.
avió (əβió) *m.* aeroplane, aircraft.
avioneta (əβiunέtə) *f.* biplane.
aviram (əβirám) *f.* poultry.
avís (əβis) *m.* announcement. *2* warning.
avisar (əβizá) *t.* to warn, to alert. *2* to inform.
avisat, -ada (əβizát, -áðə) *a.* wise, clever, prudent.
avituallar (əβituəʎá) *t.* to supply with food, to provision.
avivar (əβiβá) *t.* to enliven, to revive, to liven up, to brighten up. ▪ *2 p.* to burn more brightly [fires].
avorriment (əβurrimén) *m.* boredom. *2* abhorrence.
avorrir (əβurrí) *t.* to abhor. *2* to bore. ▪ *3 p.* to be bored.
avortament (əβurtəmén) *m.* abortion.
avortar (əβurtá) *i.* to miscarry, to have a miscarriage [involuntary]. *2* to abort [voluntary]. *3* fig. to fail, to abort.
avui (əβúĭ) *adv.* today. ‖ *~ (en) dia,* nowadays. ‖ *d'~ endavant,* from now on.
axial (əksiál) *a.* axial.
axil·la (əksilə) *f.* armpit, axilla.
axioma (əksiómə) *m.* axiom.
axiomàtic, -ca (əksiumátik, -kə) *a.* axiomatic.
axis (áksis) *m.* ANAT. axis.
azalea (əzəlέə) *f.* BOT. azalea.
azimut (əzimút) *m.* azimuth.

B

B, b (be) *f.* b [letter].
babalà (bəβəlá) *adv. phr.* ***a la ~,*** wildly, carelessly.
babarota (bəβərɔ́tə) *f.* scarecrow. ‖ ***fer babarotes,*** to make someone green with envy; to make faces at someone.
babau (bəβáŭ) *m.-f.* fool, idiot, simpleton, sucker.
babord (bəβór(t)) *m.* MAR. port [of a ship].
babuí (bəβui) *m.* ZOOL. baboon.
bac (bak) *m.* north facing slope; shady place.
baca (bákə) *f.* roofrack. ‖ ***fer la ~,*** to toss [in a blanket].
bacallà (bəkəʎá) *m.* ICHTHY. cod. ‖ ***sec com un ~,*** as thin as a rake. ‖ fig. ***tallar el ~,*** to be the boss.
bacanal (bəkənál) *f.* orgy.
bacant (bəkán) *f.* bacchante; nymphomaniac.
bacil (bəsil) *m.* bacillus.
bacó, -na (bəcó, -ónə) *m.* bacon. *2* pig. *3* *m.-f.* fig. dirty person.
bacteri (bəktέri) *m.,* **bactèria** (bəktέriə) *f.* bacterium.
badada (bəðáðə) *f.* distraction; missed opportunity; oversight.
badall (bəðáʎ) *m.* yawn. ‖ ***fer el darrer ~,*** to breathe one's last. *2* VAL. See ESCLETXA.
badallar (bəðəʎá) *i.* to yawn.
badar (bəðá) *t.* to split open, to open. ‖ ***no ~ boca,*** to say nothing. *2* to watch. ▪ *3 i.* to be (half) open [doors, windows]. *4* to be lost in wonder. *5* to be distracted, to miss an opportunity. ▪ *6 p.* to open.
badia (bəðiə) *f.* bay.
badiu (bəðiŭ) *m.* ANAT. nostril.
bàdminton (bádminton) *m.* SP. badminton.
badoc, -ca (bəðɔ́k, -kə) *a.* distracted; easily distracted. ▪ *2 m.-f.* onlooker. *3* easily distracted person.
baf (báf) *m.* vapour, steam. *2* bad air, smoky or sweaty atmosphere. *3* (bad) breath.
bafarada (bəfəráðə) *f.* strong smelling atmosphere or breath. *2* speech balloon [cartoons].
baga (báɣə) *f.* bow. *2* MECH. eyebolt. *3* MECH. screw eye.
bagassa (bəɣásə) *f.* prostitute, whore.
bagatel·la (bəɣətέlə) *f.* bagatelle, trifle.
bagatge (bəɣádʒə) *m.* baggage, luggage. ‖ fig. ~ ***cultural,*** cultural background.
bagul (bəɣúl) *m.* trunk. *2* coffin.
bah! (ba) *interj.* bah!
baia (bájə) *f.* BOT. berry.
baiard (bəjár(t)) *m.* stretcher.
baieta (bəjέtə) *f.* cloth; floorcloth. ‖ ***passar la ~,*** to wash the floor.
baioneta (bəjunέtə) *f.* bayonet.
1) baix, -xa (baʃ, -ʃə) *a.* low. *2* short, small. *3* deep. *4* fig. base, common. *5* MUS. flat [out of tune].
2) baix (baʃ) *m. (pl.)* the bottom part. ‖ ***els baixos d'una casa,*** the ground floor or basement of a house. ‖ ***alts i baixos,*** ups and downs. *2* MUS. bass.
3) baixa (baʃə) *f.* MIL. casualty, loss. *2* fig. ***anar de ~,*** to be on the way down (or out). ‖ ***donar de ~,*** to discharge, to dismiss, to expell.
4) baix (baʃ) *adv.* below. ‖ ***a ~ el dictador!,*** down with the dictator!; ***de dalt a ~,*** from top to bottom; ***és a ~,*** she's downstairs; ***parlar ~,*** to talk quietly, ***volar ~,*** to fly low.
baixà (bəʃá) *m.* pasha.
baixada (bəʃáðə) *f.* descent. ‖ ***la ~ a la cova,*** the way down to the cave. *2* downward slope.
baixador (bəʃəðó) *m.* RAIL. halt. *2* mounting block.
baixamar (baʃəmár) *f.* low tide.
baixar (bəʃá) *t.* to descend, to go down; to

take down; to bring down. ▪ *2 i.* to get off [trains, buses] (*de,* of); to get out (*de,* —) [cars]. *3* to descend. ‖ ***el dòlar ha baixat,*** the dollar has fallen; ***la febre ha baixat,*** his fever has come down; ***no ~ del burro,*** to be stubborn.

baixesa (bəʃɛ́zə) *f.* lowness, baseness. *2* vile action.

baixista (bəʃístə) *m.-f.* COMM. bear.

bajanada (bəʒənáðə) *f.* foolish thing, stupid thing.

bajoca (bəʒɔ́kə) *f.* pod, shell [pear, beans]. *2* (OCC.) See MONGETA.

bala (bálə) *f.* bale. *2* MIL. bullet. *3* GAME marble.

balada (baláðə) *f.* LIT., MUS. ballad.

baladre (bəláðrə) *m.* BOT. oleander.

baladrejar (bələðrəʒá) *i.* to shout, to yell.

balanç (bəláns) *m.* rocking movement. *2* COMM. balance. ‖ ***fer el ~,*** to balance the books [also fig.].

balança (bəlánsə) *f.* balance, scales *pl.* *2* fig. equilibrium, indecision. *3* ***~ de pagaments,*** balance of payments. *4* ASTROL. ***Balança,*** Scales.

balanceig (bələnsɛ́tʃ) *m.* swinging; rocking; roll [ships].

balancejar (bələnsəʒá) *i.-t.* to move from side to side, to rock.

balancí (bələnsí) *m.* rocking chair.

balançó (bələnsó) *m.* dish [on scales].

balandra (bəlándrə) *f.* MAR. sloop, yacht.

balandrejar (bələndrəʒá) *i.* to move from side to side, to rock. ▪ *2 p.* to swing.

balast (bəlás(t)) *m.* ballast.

balb, -ba (bálp, -βə) *a.* numb, stiff.

balbotejar (bəlβutəʒá) *i.-t.* to babble.

balbucejar (bəlβusəʒá) *i.-t.* to stammer, to stutter.

balcànic, -ca (bəlkánik, -kə) *a., m.-f.* Balkan.

Balcans (bəlkáns) *pr. n. m. pl.* GEOGR. the Balkans.

balcó (bəlkó) *m.* balcony.

balconada (bəlkunáðə) *f.* large balcony.

balda (báldə) *f.* latch, fastener. *2* door-knocker.

baldament (bəldəmén) *conj.* although; even though.

baldar (bəldá) *t.* to cripple, to paralyze. ‖ ***estic baldat,*** I'm shattered, I'm exhausted.

balder, -ra (bəldé, -rə) *a.* loose.

baldó (bəldó) *m.* See BALDA.

baldufa (bəldúfə) *f.* top [toy]. *2* fig. dumpy person.

balear (bəleá) *a.* GEOGR. Balearic. ▪ *2 m.-f.* native of the Balearic Islands. *3 f. pl.* ***Illes Balears,*** Balearic Islands.

balena (bəlɛ́nə) *f.* ZOOL. whale.

balener, -ra (bələné, -rə) *a.* whaling. ▪ *2 m.* whaling vessel, whaling ship. *3 m.-f.* whaler.

balí (bəlí) *m.* pellet, small bullet.

baliga-balaga (bəliɣəβəláɣə) *a.* unreliable person.

balisa (bəlízə) *f.* MAR. buoy, beacon. *2* AER. beacon.

balístic, -ca (bəlístik, -kə) *a.* ballistic. ▪ *2 f.* ballistics.

ball (baʎ) *m.* ball, dance. *2* dancing.

ballar (bəʎá) *i.* to dance. *2* to be loose; to wobble. ▪ *3 t.* to dance. ‖ fig. ***~-la,*** to be in a fix; ***~ pel cap,*** to have a vague recollection of; ***fer ~ el cap,*** to pester someone.

ballarí, -ina (bəʎərí, -ínə) *m.-f.* dancer; ballet dancer; ballerina *f.*

ballaruga (bəʎərúɣə) *f.* short, dumpy, active person. *2* coll. *pl.* dance.

ballesta (bəʎɛ́stə) *f.* crossbow. *2* AUT. spring.

ballet (bəʎɛ́t) *m.* ballet.

balma (bálmə) *f.* cave.

balneari, -ària (bəlnəári, -áriə) *a.-m.* spa.

baló (bəló) *m.* ball [football, rugby, etc.].

bàlsam (bálsəm) *m.* balsam, balm. *2* fig. balm.

bàltic, -ca (báltik, -kə) *a.* GEOGR. Baltic. ▪ *2 pr. n. f.* ***Mar Bàltica,*** the Baltic Sea.

baluard (bəluár(t)) *m.* bastion; bulwark [also fig.].

baluerna (bəluɛ́rnə) *f.* great big thing; monstrosity.

balustrada (bəlustráðə) *f.* ARCH. balustrade.

bamba (bámbə) *f.* pump [shoes].

bambolina (bəmbulínə) *f.* THEAT. flies.

bambolla (bəmbóʎə) *f.* (VAL.) See BUTLLOFA.

bambú (bəmbú) *m.* BOT. bamboo.

ban (bən) *m.* proclamation; edict. *2* fine. *3* (ROSS.) See BANDA 2.

banal (bənál) *a.* banal.

banalitat (bənəlitát) *f.* banality.

banana (bənánən) *f.* BOT. banana.

bananer (bənəné) *m.* BOT. banana tree.

banc (baŋ) *m.* bench; pew [church]. *2* COMM. bank. *3* GEOL. layer. ‖ ***~ de sorra,*** sandbank. *4* shoal. *5* ***~ de proves,*** test bench. ‖ ***~ de sang,*** blood bank.

banca (báŋkə) *f.* bench. *2* stood. *3* COMM. banking; the banking system. *4* COMM. bank. *5* GAME bank.

bancal (bəŋkál) *m.* AGR. patch; terrace.

bancarrota (bəŋkərrɔ́tə) *f.* ECON. bancruptcy.

banda (bándə) *f.* strip, band. ‖ ***~ sonora,*** soundtrack. *2* side: ***a ~ i ~,*** on both sides. ‖ *adv. phr.* ***d'altra ~,*** apart from that, furthermore. ‖ *conj.* ***d'una ~,... d'altra ~,***

..., on the one hand..., on the other hand... || *deixar de* ~, to leave aside. *3* place. *4* band, gang [thieves, etc.]. *5* RAD. band. *6* MUS. band: ***la ~ municipal,*** the town band.
bandarra (bəndárrə) *f.* prostitute, whore. *2 m.-f.* scoundrel, rascal.
bandejar (bəndəʒá) *t.* to exile, to banish; to expel. *2* fig. to banish.
bandera (bəndérə) *f.* flag, banner. || ***abaixar ~,*** to give in, to surrender. || ***abaixar la ~ costa setanta pessetes,*** the minimum fare is seventy pesetas [taxi]. *2* MIL. company.
banderí (bəndəri) *m.* pennant.
banderola (bəndərɔ́lə) *f.* pennant. *2* signalling flag.
bandit (bəndit) *m.* bandit; outlaw.
bàndol (bándul) *m.* faction, party.
bandoler (bəndulé) *m.* bandit; highwayman.
bandolera (bəndulérə) *f.* bandoleer.
banjo (bánʒu) *m.* MUS. banjo.
banquer, -ra (bəŋké, -rə) *m.-f.* banker.
banquet (bəŋkɛ́t) *m.* banquet. *2* small bench.
banqueta (bəŋkɛ́tə) *f.* MAR. bench, seat [in the bow].
banús (bənús) *m.* ebony.
bany (ban) *m.* bath, bathe. || ***cambra de ~,*** bathroom; ***prendre un ~ de sol,*** to sunbathe; ***vestit de ~,*** swimsuit, swimming costume. *2* bathroom.
banya (báɲə) *f.* horn; antler. *2* bump, lump [forehead]. || ***ficar la ~ en un forat,*** to dig one's heels in.
banyada (bəɲáðə) *f.* bath; bathe, dip. *2* thrust of a horn; wound caused by a horn.
banyar (bəɲá) *t.* to bathe. ▪ *2 p.* to have a bath [to get clean]. *3* to have a dip, to go for a swim [sea, swimming pool]. *4* (VAL.) See MULLAR.
banyera (bəɲérə) *f.* bath, bath tub. *2* MAR. cockpit.
banyeta (bəɲɛ́tə) *f.* small horn. *2 m.* ***en ~,*** Old Nick.
banyista (bəɲistə) *m.-f.* bather.
banyut, -uda (bəɲút, -úðə) *a.* horned. *2* fig. cuckolded.
baobab (bəuβáp) *m.* BOT. baobab.
baptisme (bəptizmə) *m.* baptism, christening.
baqueta (bəkɛ́tə) *f.* MUS. drumstick. || ***tractar a ~,*** to treat harshly.
bar (bar) *m.* bar.
baralla (bəráʎə) *f.* quarrel, fight, brawl. *2* pack, deck [cards].
barallar (bərəʎá) *t.* to cause to quarrel. ▪ *2 p.* to quarrel, to fight, to argue.
barana (bəránə) *f.* banister, rail.
barat, -ta (bərát, -tə) *a.* cheap. ▪ *2 f.* exchange.
barb (barp) *m.* spot, blackhead. *2* ICHTHY. barbel.
barba (bárβə) *f.* beard. || ***per ~,*** per head. *2* chin.
barbacana (bər̥βəkánə) *f.* barbican. *2* eaves *pl.*
barbacoa (bərbəcóə) *f.* barbecue.
barballera (bər̥βəʎérə) *f.* jowl; dewlap [animals]; double chin [man]; wattle [birds]. *2* chin strap.
barbamec (bər̥βəmɛ́k) *a.* smooth faced [man]. ▪ *2 m.* fig. pretentious youth, whipper-snapper.
bàrbar, -ra (bárβər, -rə) *a., m.-f.* barbarian. *2 a.* barbarous.
barbàrie (bərβáriə) *f.* barbarism. *2* barbarity, extreme cruelty.
barbarisme (bərβərizmə) *m.* GRAMM. barbarism.
barbaritat (bərβəritát) *f.* barbarity, outrage. *2* fig. enormous amount, awful lot.
barber (bərβé) *m.* barber.
barberia (bərβəriə) *f.* barber's.
barbeta (bərβɛ́tə) *f.* chin. || ***tocar la ~,*** to suck up to someone.
barbitúric, -ca (bərβitúrik, -kə) *a.* barbituric. ▪ *2 m.* barbiturate.
barbotejar (bərβutəʒá) *i.* to babble.
barbull (bərβúʎ) *m.* noise, babble.
barbut, -uda (bərβút, -úðə) *a.* bearded.
barca (bárkə) *f.* small boat.
barcassa (bərkásə) *f.* barge.
Barcelona (bərsəlónə) *pr. n. f.* GEOGR. Barcelona.
bard (bar) *m.* bard.
bardissa (bərðisə) *f.* BOT. undergrowth, brush. *2* thorn hedge.
barem (bərɛ́m) *m.* scale.
bari (bári) *m.* MINER. barium.
baríton (bəritun) *m.* MUS. baritone.
barjaula (bərʒáŭlə) *f.* prostitute, whore.
Barna (bárnə) *pr. n. f. dim. (Barcelona).*
barnilla (bərniʎə) *f.* rib [umbrella].
barnús (bərnús) *m.* bathrobe.
baró (bəró) *m.* baron. *2* respectable, upstanding man.
baròmetre (bərɔ́mətrə) *m.* barometer.
baronessa (bərunɛ́sə) *f.* baroness.
baronia (bəruniə) *f.* barony.
baronívol, -la (bəruniβul, -lə) *a.* virile, manly. *2* courageous, brave.
barquer, -ra (bərké, -rə) *m.-f.* boatman, boatwoman.
barra (bárrə) *f.* bar. *2* loaf [bread]. *3* jaw. || fig. ***quina ~!,*** what a nerve! *4* stripe.
barrabassada (bərrəβəsáðə) *f.* something

really stupid, extremely foolish thing to do.

barraca (bərrákə) *f.* cabin, hut. *2* stall, stand [fairs]. *3* (VAL.) thatched cottage.

barracot (bərrəkɔ́t) *m.* shack, shanty.

barral (bərrál) *m.* barrel.

barranc (bərráŋ) *m.* gully, ravine.

barraquisme (bərrəkizmə) *m.* slums. || ***l'ajuntament encara no ha pogut erradicar el ~ a la ciutat,*** the council has not yet been able to eliminate slums from the town.

barrar (bərrá) *t.* to bar [also fig.]. || ***~ el pas,*** to block the path, to bar the way. *2* COMM. to cross [cheques].

barreja (bərrɛ́ʒə) *f.* mixture, blend. *2* confusion.

barrejar (bərrəʒá) *t.* to mix, to blend. *2* GAME to shuffle [cards]. ▪ *3 p.* to mingle with. *4* to intervene.

barrera (bərrérə) *f.* barrier [also fig.]. || ***~ de so,*** sound barrier. *2* fig. obstacle.

barret (bərrɛ́t) *m.* hat: ***~ de copa,*** top hat.

barretina (bərrətinə) *f.* Catalan cap.

barri (bárri) *m.* area, district [of a town]. || fig. ***anar-se'n a l'altre ~,*** to go to meet one's maker.

barriada (bərriáðə) *f.* large or independent ***barri.***

barricada (bərrikáðə) *f.* barricade: ***aixecar barricades,*** to put up barricades.

barrija-barreja (bərriʒəβərrɛ́ʒə) *f.* jumble, mess, hotchpotch.

barril (bərril) *m.* barrel.

barrila (bərrilə) *f.* spree, wild time. || ***fer ~,*** to make a racket.

barrim-barram (bərrimbərrám) *adv.* helter-skelter, without rhyme or reason.

barrina (bərrinə) *f.* MECH. bit.

barrinada (bərrináðə) *f.* drill hole. *2* blast [of a charge].

barrinar (bərriná) *t.* to drill, to bore. *2* to mine. *3* fig. to meditate, to think deeply.

barroc, -ca (bərrɔ́k, -kə) *a.* baroque. ▪ *2 m.* baroque style. *3* baroque period.

barroer (bərrué, -rə) *a.* bad or clumsy. *2* botched [job]. ▪ *3 m.-f.* botcher.

barrot (bərrɔ́t) *m.* bar.

barrut, -uda (bərrút, -úðə) *a.* which eats a lot [esp. animals]. *2* fig. cheeky.

basalt (bəzál(t)) *m.* GEOL. basalt.

basar (bəzár) *m.* bazaar.

basar (bəzá) *t.* to base (*en,* on). ▪ *2 p.* to base oneself on, to be based on.

basarda (bəzárðə) *f.* terror, fear, dread.

basc, -ca (básk, -kə) *a., m.-f.* GEOGR. Basque. *2 m.* ***el País Basc,*** the Basque Country.

basca (báskə) *f.* anxiety. *2* loss of consciousness. || ***caure en ~,*** to faint. *3 pl.* nausea.

bàscula (báskulə) *f.* scales *pl.*

base (bázə) *f.* base. *2* fig. basis, grounds.

bàsic, -ca (bázik, -kə) *a.* basic.

basílica (bəzilikə) *f.* basilica.

basilisc (bəzilisk) *m.* basilisk.

basqueig (bəskɛ́tʃ) *m.* nausea.

bàsquet (báskət) *m.* See BASQUETBOL.

basquetbol (bəskɛbbɔ́l) *m.* SP. basketball.

bassa (básə) *f.* pond, pool. *2* reservoir. *3* latrine.

bassal (bəsál) *m.* puddle; pool.

bast, -ta (bás(t), -tə) *a.* coarse, crude. ▪ *2 m.* ***animal de ~,*** beast of burden. *3 f.* SEW. tacking stitch.

bastaix (bəstáʃ) *m.* bearer, porter.

bastant (bəstán) *a.* enough, sufficient; quite a lot of. ▪ *2 adv.* quite, rather, fairly, pretty.

bastar (bəstá) *i.* to suffice, to be enough, to be sufficient.

bastard, -da (bəstár(d), -ðə) *a., m.-f.* bastard. *2 a.* adulterated.

bastida (bəstiðə) *f.* scaffolding.

bastidor (bəstiðó) *m.* frame. *2* AUT. chassis. *3* THEATR. *pl.* flats. || *fig.* ***entre ~s,*** in private, behind the scenes.

bastiment (bəstimén) *a.* frame. *2* AUT. chassis.

bastió (bəstió) *m.* bastion, fortress.

bastir (bəsti) *t.* to construct, to build.

bastó (bəstó) *m.* stick; walking stick.

bata (bátə) *f.* dressing gown, housecoat, smock.

batall (bətáʎ) *m.* clapper.

batalla (bətáʎə) *f.* battle [also fig.]. || battlefield. || ***cavall de ~,*** hobbyhorse.

batallar (bətəʎá) *i.* to battle, to fight. *2* fig. to quarrel, to fight.

batalló (bətəʎó) *m.* MIL. battalion. *2* team [of workers].

batata (bətátə) *f.* BOT. sweet potato.

batec (bətɛ́k) *m.* beating [heart, bird's wings].

batedor, -ra (bətəðó, -rə) *m.-f.* scout. *2 m.* egg beater, whisk. *3 f.* AGR. threshing machine. *4 f.* electric beater or mixer; liquidizer.

bategar (bətəγá) *i.* to beat, to palpitate.

bateig (bətɛ́tʃ) *m.* baptism, christening. *2* naming [ship, plane, etc.].

batejar (bətəʒá) *t.* to baptize, to christen [also fig.]. *2* to name [ship, plane, etc.]. *3* to water down.

batent (bətén) *a.* banging. ▪ *2 m.* door jamb. *3* leaf [of a door].

bateria (bətəriə) *f.* MIL., ELECT. battery. *2*

MUS. drums. *3* THEAT. footlights *pl.* *4* ~ ***de cuina,*** kitchen equipment or utensils.
batí (bəti) *m.* dressing gown.
batibull (bətiβúʎ) *m.* mix-up, mess, confusion, tangle.
batista (bətistə) *f.* TEXT. cambric, batiste.
batle (bállə) *m.* (BAL.) See BATLLE.
batlle (báʎʎə) *m.* mayor.
batraci (bətrási) *m. pl.* ZOOL. batrachian.
batre (bátrə) *t.* to beat. *2* AGR. to thresh. *3* to beat up. ▪ *4 i.* to beat. ▪ *5 p.* ***~'s en retirada,*** to beat retreat.
batussa (bətúsə) *f.* fight, scuffle. *2* fig. quarrel.
batut, -uda (bətút, -úðə) *a.* threshed. *2* beaten. ▪ *3 m.* bang, crack [heavy blow]. *4* shake [drink]. *5 f.* beating, thrashing. *6* threshing. *7* ***fer una batuda,*** to raid.
batuta (bətútə) *f.* baton. || fig. ***portar la ~,*** to be in control.
batxillerat (bətʃiʎərát) *m.* three year period of secondary education immediately after primary education.
batzac (bədzák) *m.* crash, bump, thump.
batzegada (bədzəɣáðə) *f. See* BATZAC.
batzegar (bədzəɣá) *t.* to shake [violently].
bau (báu) *m.* MAR. beam.
bauxita (bəŭksitə) *f.* MINER. bauxite.
bava (báβə) *f.* saliva, dribble. || ***caure-li la ~ a algú,*** to be thrilled, to be delighted. || ***tenir mala ~,*** to be nasty or malicious.
bavejar (bəβəʒá) *i.* to dribble; to slobber.
bazooka (bəzɔ́kə) *m.* MIL. bazooka.
BCN *f. (Barcelona)* Barcelona.
be (bɛ) *m.* lamb. || fig. ***un ~ negre!,*** come off it!
1) bé (be) *adv.* well. || ***et trobes ~?,*** are you all right?, ***més ben dit,*** or rather; ***ben ~,*** exactly. *2* very. || ***ets ben ximple,*** you're really stupid. *3* ***anar ~,*** to go the right way. *4* ***venir ~,*** to be right. || ***aquesta faldilla no em va ~,*** this skirt doesn't fit me. ▪ *5 conj.* well. || ***ara ~,*** however. || ***doncs ~,*** well then. || ***per ~ que*** or ***si ~,*** although. ▪ *6 interj.* O.K., good, all right. *7* well. || ***~, on érem?,*** well, where were we? ▴ ***ben*** when followed by an adjective, adverb or verbal form.
2) bé (be) *m.* good. || ***gent de ~,*** good people, honest people. *2 pl.* goods, wealth. *3* LAW *pl.* assets. *4* ***~ de Déu,*** abundance: ***quin ~ de Déu de taronges!,*** what glorious oranges! ▴ *pl.* ***béns.***
beat, -ta (beát, -tə) *a.* blessed. *2* devout. ▪ *3 m.-f.* church goer.
beatificar (beətifiká) *t.* REL. to beatify.
bebè (bəβɛ́) *m.* baby.
bec (bek) *m.* beak. *2* fig. mouth. *3* spout. *4* MUS. mouthpiece.
beç (bɛs) *m.* BOT. birch.
beca (bɛ́kə) *f.* grant, scholarship.
becada (bəkáðə) *f.* beakful. *2* ORNIT. woodcock. *3* nod.
becaina (bəkáĭnə) *f.* nod.
becaire (bəkáĭrə) *m.* MUS. natural sign.
becari, -ària (bəkári, -áriə) *a.* grant holding, scholarship holding. ▪ *2 m.-f.* grant holder, scholarship holder.
beceroles (bəsərɔ́ləs) *f. pl.* primer, spelling book. *2* rudiments *pl.*
bedoll (bəðóʎ) *m.* BOT. birch.
befa (bɛ́fə) *f.* scorn, mockery, jeering. || ***fer ~,*** to mock, to scoff.
begònia (bəɣɔ́niə) *f.* BOT. begonia.
begut, -uda (bəɣút, -úðə) *a.* drunk. ▪ *2 f.* drink.
beina (bɛ́ĭnə) *f.* sheath [sword]. *2* pod.
Beirut (bəĭrút) *pr. n. m.* GEOGR. Beirut.
bèisbol (bɛ́ĭzbɔl) *m.* SP. baseball.
beix (bɛʃ) *a.-m.* beige.
beixamel (bəʃəmɛ́l) *f.* béchamel sauce.
bel, -la (bɛ́l, -lə) *a.* (ROSS.) See BELL. ▪ *2 m.* baa.
belar (bəlá) *i.* to bleat, to baa.
Belfast (bɛ́lfəs(t)) *pr. n. m.* GEOGR. Belfast.
belga (bɛ́lɣə) *a., m.-f.* GEOGR. Belgian.
Bèlgica (bɛ́lʒikə) *pr. n. f.* GEOGR. Belgium.
Belgrad (bəlɣrát) *pr. n. m.* GEOGR. Belgrade.
belitre (belitrə) *m.* scoundrel, knave.
bell, -lla (bɛ́ʎ, -ʎə) *a.* beautiful [woman], handsome [man]. *2* large; strong. || ***fa una ~a estona,*** a long while ago. *3* right. || *adv. phr.* ***al ~ mig,*** right in the middle. ***de ~ antuvi,*** from the very start. || ***de ~ nou*** over again.
belladona (bęʎəðɔ́nə) *f.* BOT. belladonna, deadly nightshade.
bellesa (bəʎɛ́zə) *f.* beauty.
bèl·lic, -ca (bɛ́lik, -kə) *a.* war, of war. || ***conflicte ~,*** war.
bel·licós, -osa (bəlikós, -ózə) *a.* warlike, bellicose.
bel·ligerància (bəliʒəránsiə) *f.* belligerency.
bel·ligerant (bəliʒərán) *a., m.-f.* belligerant.
bellugadissa (bəʎuɣəðisə) *f.* rustling [of leaves in wind]; seething, swarming, milling [of people].
bellugar (bəʎuɣá) *i.-t.* to move, to shake.
bemoll (bəmɔ́ʎ) *m.* MUS. flat.
ben (ben) *adv.* See BÉ 1).
bena (bɛ́nə) *f.* bandage. || fig. ***tenir una ~ davant dels ulls,*** to be blind to the truth.
benastruc, -uga (bęnəstrúk, -úɣə) *a.* fortunate, lucky.
benaurança (bęnəŭránsə) *f.* REL. beatitude.
benaventurança (bęnəβənturánsə) *f.* See BENAURANÇA.

benedicció (bənəðiksió) *f.* benediction.
benedictí, -ina (bənəðiktí, -ínə) *a.*, *m.-f.* Benedictine.
benefactor, -ra (bənəfəktó, -rə) *a.*, *m.-f.* benefactor *s.*
benèfic, -ca (bənέfik, -kə) *a.* charitable, beneficent.
beneficència (bənəfisέnsiə) *f.* charity, beneficence.
benefici (bənəfísi) *m.* benefit, advantage, gain. *2* COMM. profit: ~ ***net,*** clear profit. *3* THEAT. benefit (performance).
beneficiar (bənəfisiá) *t.* to benefit. ■ *2 p.* to benefit (*de,* from, by).
beneficiari, -ària (bənəfisiári, -áriə) *a.*, *m.-f.* beneficiary *s.*
beneir (bənəí) *t.* to bless. ‖ ~ ***la taula,*** to say grace.
beneit, -ta (bənέit, -tə) simple, stupid. *2* ant. blessed. ‖ ***vendre's com pa*** ~, to sell like hot cakes.
beneitó, -ona (bənəĭtó, -ónə) *a.* stupid, foolish, simple.
benemèrit, -ta (bənəmέrit, -tə) *a.* meritorious, worthy.
beneplàcit (bənəplásit) *m.* approval, blessing.
benestant (bęnəstán) *a.* comfortable, comfortably off; well off.
benestar (bęnəstá) *m.* well-being. *2* ECON. ***estat de*** ~, welfare state.
benèvol, -la (bənέβul, -lə) *a.* benevolent, kind.
benevolència (bənəβulέnsiə) *f.* benevolence, kindness.
benevolent (bənəβulén) *a.* See BENÈVOL.
benigne, -na (bəniŋnə, -nə) *a.* benign.
benjamí (bənʒəmí) *m.* youngest son.
benparlat, -ada (bęmpərlát, -áðə) *a.* well-spoken.
benvingut, -uda (bęmbiŋgút, -úðə) *a.* welcome. ■ *2 f.* welcome.
benvist, -ta (bęmbís(t), -tə) *a.* well-liked, well-thought-of.
benvolgut, -uda (bęmbulɣút, -úðə) *a.* dear; well-beloved.
benzina (bənzínə) *f.* benzine. *2* petrol, (USA) gasoline.
benzol (bənzɔ́l) *m.* CHEM. benzol.
berenar (bərəná) *i.* to have an afternoon snack or tea. *2* (BAL.) See ESMORZAR.
berenar (bərəná) *m.* afternoon snack, tea. *2* (BAL.) See ESMORZAR.
bergant, -ta (bərɣán, -tə) *m.-f.* rascal, scoundrel.
bergantí (bərɣəntí) *m.* MAR. brigantine, brig.
Berna (bέrnə) *pr. n. f.* GEOGR. Bern.
bernat (bərnát) *m.* bar. *2* ORNITH. ~ ***pescaire,*** heron. *3* ZOOL. ~ ***ermità,*** hermit crab.
Bernat (bərnát) *pr. n. m.* Bernard.
berruga (bərrúɣə) *f.* wart.
Berta (bέrtə) *pr. n. f.* Bertha.
Bertran (bərtrán) *pr. n. m.* Bertrand.
bes (bεs) *m.* lit. kiss. *2* (OCC) See PETÓ.
besada (bəzáðə) *f.* kissing. *2* lit. kiss. *3* (BAL.) See PETÓ.
besar (bəzá) *t.* lit., (BAL.), (OCC.) to kiss.
besavi, àvia (bəzáβi, -áβiə) *m.* great grandfather. *2 f.* great grandmother.
bescantar (bəskəntá) *t.* to slander, to denigrate, to insult.
bescanviar (bəskəmbiá) *t.* to exchange.
bescoll (bəskɔ́ʎ) *m.* (VAL.) See CLATELL.
bescuit (bəskúĭt) *m.* plain sponge cake. *2* rusk. *3* type of ice-cream.
besllum (bəsʎúm) *m.* diffused light. ‖ ***de*** ~, against the light. *2* fig. vague knowledge.
besnét, -éta (bəsnét, -étə) *m.* great grandson. *2 f.* great granddaughter.
bessó, -ona (bəsó, -ónə) *a.*, *m.-f.* twin.
bessonada (bəsunáðə) *f.* multiple childbirth. ‖ ***tenir*** ~, to give birth to twins, triplets, etc.
bèstia (bέstiə) *f.* beast, animal: ~ ***de càrrega,*** beast of burden. *2* beast, brute.
bestial (bəstiál) *a.* bestial, beasty. *2* brutal. *3* fig. terrible, awful, extreme.
bestiar (bəstiá) *m.* livestock. ‖ ~ ***boví,*** cattle.
bestiesa (bəstiέzə) *f.* silly thing, stupid thing.
bestiola (bəstiɔ́lə) *f.* little animal. *2* insect.
bestreta (bəstrétə) *f.* advance [money]. ‖ ***a la*** ~, in advance.
bestreure (bəstrέŭrə) *i.* to pay in advance, to make a payment before it is due. ▲ CONJUG. like ***treure.***
besuc (bəzúk) *m.* ICHTHY. bronze bream, Spanish bream.
betum (bətúm) *m.* bitumen, pitch, tar. *2* shoe polish.
beuratge (bəŭrádʒə) *m.* potion. *2* nasty drink.
1) **beure** (bέŭrə) *t.* to drink. ‖ ~ ***a morro,*** to drink straight from the bottle. ‖ fig. ***haver begut oli,*** to have had it. *2* to drink alcohol. ■ *3 p.* to soak up, to absorb. ‖ ~***'s l'enteniment,*** to act like a fool, to be mad. ▲ CONJUG. GER.: ***bevent.*** ‖ P. P.: ***begut.*** ‖ INDIC. Pres.: ***bec, beus,*** etc. ‖ SUBJ. Pres.: ***begui, beguis,*** etc. | Imperf.: ***begués, beguéssis,*** etc.
2) **beure** (bέŭrə) *n.* drink.
beutat (bəŭtát) *f.* belle, beauty.
bevedor, -ra (bəβəðó, -rə) *a.*, *m.-f.* drinker. *2 m.* (i *f.*) drinking trough.
beverri (bəβέrri) *m.* heavy drinker.

biaix (biáʃ) *m.* bias, slant. || *adv. phr.* ***al*** o ***de ~,*** askew, obliquely, on a slant.
biberó (biβəró) *m.* (feeding) bottle [for babies].
Bíblia (biβliə) *f.* REL. Bible.
bibliòfil, -la (biβliɔ́fil, -lə) *m.-f.* bibliophile, book lover.
bibliografia (biβliuγrəfiə) *f.* bibliography.
biblioteca (biβliutɛ́kə) *f.* library. || ***rata de ~,*** bookworm.
bibliotecari, -ària (biβliutəkári, -áriə) *m.-f.* librarian.
bicarbonat (bikərβunát) *m.* CHEM. bicarbonate. *2* bicarbonate of soda.
bíceps (bisəps) *m.* ANAT. biceps.
bicicleta (bisiklɛ́tə) *f.* bicycle.
bicolor (bikuló) *a.* two-tone, two-colour.
bidell (biðéʎ) *m.* beadle.
bidet (biðɛ́t) *m.* bidet.
bidó (biðó) *m.* can, drum.
biela (biɛ́lə) *f.* MECH. connecting rod.
biennal (biənál) *a.* biennial.
bifi, bífia (bifi, bifiə) *a.* thick-lipped.
bífid, -da (bifit, -iðə) *a.* ANAT. bifid.
bifocal (bifukál) *a.* bifocal.
bifurcació (bifurkəsió) *f.* fork [roads]; junction [railways].
bifurcar-se (bifurkársə) *p.* to fork.
biga (biγə) *f.* beam.
bigàmia (biγámiə) *f.* bigamy.
bigarrat, -ada (biγərrát, -áðə) *a.* multicoloured [clashing colours].
bigoti (biγɔ́ti) *m.* moustache.
bijuteria (biʒutəriə) *f.* (imitation) jewellery.
bilateral (bilətərál) *a.* bilateral.
biliar (biliá) *a.* biliary.
bilingüe (biliŋguə) *a.* bilingual.
bilingüisme (biliŋgwizmə) *m.* bilingualism.
bilió (bilió) *m.* billion.
bilis (bilis) *f.* bile [also fig.].
billar (biʎár) *m.* billiards.
bimensual (bimənsuál) *a.* twice a month.
binari, -ària (binári, -áriə) *a.* binary.
binocles (binɔ́kləs) *m. pl.* binoculars.
binomi (binɔ́mi) *m.* binomial.
biografia (biuγrəfiə) *f.* biography.
biòleg, -òloga (biɔ́lək, -ɔ́luγa) *m.-f.* biologist.
biologia (biuluʒiə) *f.* biology.
biòpsia (biɔ́psiə) *f.* MED. biopsy.
bioquímica (biukimikə) *f.* biochemistry.
bípede, -da (bipəðə, -ðə) *a.* biped, bipedal, two-footed.
biplà (biplá) *m.* biplane.
birmà, -ana (birmá, -ánə) *a., m.-f.* GEOGR. Burmese.
Birmània (birmániə) *pr. n. f.* GEOGR. Burma.
bis (bis) *adv.* twice. ▪ *2 interj.* encore. ▪ *3 m.* encore.
bisbe (bizβə) *m.* bishop. *2* short thick type of sausage.
bisectriu (bizəktriŭ) *f.* bisector.
bisell (bizéʎ) *m.* bevel.
bisó (bizó) *m.* ZOOL. bison.
bistec (bistɛ́k) *m.* steak. || ***~ rus,*** hamburger.
bisturí (bisturi) *m.* scalpel.
bit (bit) *m.* COMP. bit.
bitàcola (bitákulə) *f.* MAR. binnacle.
bitlla (biʎʎə) *f.* skittle. || ***joc de bitlles,*** skittles; bowling.
bitllet (biʎʎɛ́t) *m.* ticket. *2* banknote, note.
bitllo-bitllo (biʎʎuβiʎʎu) *adv. phr.* cash down.
bitxo (bitʃu) *m.* BOT. chili pepper.
bivac (biβák) *m.* bivouac.
bivalència (biβəlɛ́nsiə) *f.* bivalence.
bixest (biʃés(t)) *a.* leap: ***any ~,*** leap year.
bizantí, -ina (bizənti, -inə) *a.* Byzantine.
bla, blana (bla, blánə) *a.* soft.
Blai (bláĭ) *pr. n. m.* Blase.
blanc, -ca (blaŋ, -kə) white. *2* blank. || ***passar la nit en ~,*** not to sleep a wink all night. ▪ *3 m.* white. *4* blank space. *5* target.
Blanca (blánkə) *pr. n. f.* Blanche.
blanquejar (bləŋkəʒá) *t.* to whiten; to bleach. ▪ *2 i.* to be white; to be whitish.
blanqueria (bləŋkəriə) *f.* tanning. *2* tannery.
blasfem, -ma (bləsfɛ́m, -mə) *a.* blasphemous. ▪ *2 m.-f.* blasphemer.
blasfemar (bləsfəmá) *i.-t.* to blaspheme.
blasfèmia (bləsfɛ́miə) *f.* blasphemy.
blasmable (bləsmábblə) *a.* censurable, reprehensible.
blasmar (bləzmá) *t.* to censure, to disapprove of, to condemn.
blasme (blázmə) *m.* condemnation, disapproval.
blasó (bləzó) *m.* heraldry. *2* coat of arms. *3* arms.
blat (blat) *m.* BOT. wheat. || ***~ de moro,*** maize, sweetcorn.
blau, blava (bláŭ, bláβə) *a.* blue. || ***~ cel,*** sky blue. || ***~ marí,*** navy blue. ▪ *2 m.* bruise.
blauet (bləwɛ́t) *m.* BOT. cornflower. *2* ORNITH. kingfisher.
ble (blɛ) *m.* wick. *2* lock; tuft [hair].
bleda (blɛ́ðə) *f.* chard, Swiss chard. *2* fig. slow, stupid woman.
bleix (bléʃ) *m.* pant.
bleixar (bləʃá) *i.* to pant.
blenda (blɛ́ndə) *f.* MINER. blende; sphalerite.
blindar (blindá) *t.* to armour-plate.
bloc (blɔk) *m.* block [stone, flats]. *2* pad:

~ *de notes,* note pad. *3* series, group: *un ~ de propostes,* a series of proposals. *4* coalition; ideological grouping. || ~ *comunista,* communist bloc. *5 adv. phr.* ***en*** ~, en bloc.
blonda (blóndə) *f.* blonde lace.
bloqueig (blukɛ́tʃ) *m.* MIL. blockade, siege. *2* COMM. freezing, blocking. *3* MED. blockage.
bloquejar (blukəʒá) *t.* MIL. to blockade. *2* COMM. to freeze, to block. *3* to block.
bluf (bluf) *m.* bluff.
bo, bona (bɔ, bɔ́nə) *a.* good. || ***bon dia,*** good morning. || ***fa*** ~ ***avui,*** it's a nice day today. || ***bon home,*** gullible man. *2* ***més*** ~, better. *3 adv. phr.* ***a la bona de Déu,*** any old way. *4 adv. phr.* ***a les bones,*** amicably, without resorting to threats or force. ▪ *5 interj.* good! *6* well!: ~; ***ara l'he perdut!,*** well, now I've lost it! ▲ ***bon*** in front of *inf.* or *m. sing.*
boa (bɔ́ə) *f.* ZOOL. boa, boa-constrictor.
bon (bɔn) *a.* See BO.
bòbila (bɔ́βilə) *f.* brickyard; brickkiln.
bobina (buβínə) *f.* bobbin, reel [thread]. *2* reel [film]. *3* ELECT. coil.
boc (bɔ́k) *m.* ZOOL. goat, billy goat.
boca (bókə) *f.* mouth. || ***anar de*** ~ ***en*** ~, to go round, to be common knowledge; ~ ***de pinyó,*** small mouth; ***no badar*** ~, to say nothing. *2* MUS. mouthpiece. *3* mouth [rivers, tunnels]. *4* appetite. || ***fer*** ~, to be appetizing.
bocabadat, -ada (bokəβəðát, -áðə) *a.* open-mouthed, agape.
bocada (bukáðə) *f.* mouthful.
bocamàniga (bokəmániγə) *f.* cuff.
bocamoll, -lla (bokəmɔ́ʎ, -ʎə) *a.* big mouth *s.*
bocassa (bukásə) *f.* bad taste [esp. as a result of indigestion].
bocaterrós, -osa (bokətərrós, -ózə) *a.* lying face downwards. || ***de bocaterrosa,*** face downwards.
bocí (busí) *m.* bit, small piece [of food]. *2* bit. || ***fer bocins,*** to smash to pieces.
bocoi (bukɔ́ĭ) *m.* hogshead, cask.
boda (bóðə) *f.* wedding.
bodega (buðɛ́γə) *f.* MAR. hold.
bòfega (bɔ́fəγə) *f.* (BAL.) See BUTLLOFA.
bòfia (bɔ́fiə) *f.* blister. *2* fig. lie. *3* coll. the fuzz *pl.*, the cops *pl. 4 m.-f.* a cop.
bogeria (buʒəríə) *f.* madness, lunacy. || ***té una*** ~ ***pel tenis,*** she's mad about tennis. *2* mad thing to do or say. *3* mental asylum.
bohemi, -èmia (buɛ́mi, -ɛ́miə) *a.* bohemian. *2* GEOGR. Bohemian. ▪ *3 m.-f.* bohemian. *4* GEOGR. Bohemian. *5 f.* GEOGR. ***Bohèmia*** Bohemia.
boia (bɔ́jə) *f.* buoy.
boicot (buĭkɔ́t) *m.* boycott.
boicotejar (buĭkutəʒá) *t.* to boycott.
boig, boja (bɔ́tʃ, bɔ́ʒə) *a.* mad. *2* wild, excessive. ▪ *3 m.-f.* lunatic.
boina (bɔ́ĭnə) *f.* beret.
boira (bɔ́ĭrə) *f.* fog. || ***vés a escampar la*** ~!, why don't you go for a walk? *2* ~ ***pixanera,*** drizzle.
boirina (buĭrínə) *f.* mist.
boirós, -osa (buĭrós, -ózə) *a.* foggy [also fig.].
boix (bóʃ) *m.* BOT. box. *2* ~ ***grèvol,*** holly.
boixac (buʃák) *m.* BOT. marigold.
boixet (buʃɛ́t) *m.* bobbin.
bol (bɔ́l) *m.* bowl.
bola (bɔ́lə) *f.* ball. || ***formatge de*** ~, Edam. *2* fig. lie. *3* ***tenir*** ~ ***a algú,*** not to be able to stand someone.
bolcada (bulkáðə) *f.* capsizing [boats]; overturning.
bolcar (bulká) *t.* to overturn, to knock over. ▪ *2 i.* to capsize [boats]; to fall over.
boleivol (bulɛĭβɔ́l) *m.* SP. volleyball.
bolet (bulɛ́t) *m.* mushroom [edible]; toadstool [not edible]. *2* bowler hat. || coll. ***estar tocat del*** ~, to be not all there. *2* slop, smack.
bòlid (bɔ́lit) *m.* ASTR. meteorite. *2* SP. racing car.
bolígraf (bulíγrəf) *m.* ball pen, ball-point pen, biro.
bòlit (bɔ́lit) *adv. phr.* ***anar de*** ~, not to know whether one is coming or going.
bollabessa (buʎəβɛ́sə) *f.* bouillabaisse.
bolquer (bulké) *m.* nappy, (USA) diaper. || ***un nen de*** ~***s,*** a tiny baby.
bolquet (bulkɛ́t) *m.* wheelbarrow, barrow. *2* tip-lorry.
bolxevic (bulʃəβík) *a., m.-f.* Bolshevik.
bolxevisme (bulʃəβízmə) *m.* Bolshevism.
bomba (bómbə) *f.* bomb: ***a prova de*** ~, bomb-proof; col·loq. ***caure com una*** ~, to come as a bombshell; col·loq. ***passar-ho*** ~, to have a wonderful time. *2* pump.
bombar (bumbá) *t.-p.* to bulge (out). *2* to pump.
bombarda (bumbárðə) *f.* mortar.
bombardeig (bumbərðɛ́tʃ) *m.* bombardment.
bombardejar (bumbərðəʒá) *t.* to bombard; to bomb.
bombarder (bumbərðé) *m.* bomber.
bombatxo (bumbátʃu) *m.* knee breeches; knickerbockers, plus fours.
bombejar (bumbəʒá) *t.* See BOMBARDEJAR.
bomber (bumbé) *m.* fireman.
bombeta (bumbɛ́tə) *f.* lightbulb, bulb.
bombo (bómbu) *m.* MUS. big drum.

bombó (bumbó) *m.* chocolate, (USA) chocolate candy.
bombolla (bumbóʎə) *f.* bubble.
bombollejar (bumbuʎəʒá) *i.* to bubble.
bombona (bumbónə) *f.* large gas bottle. *2* carboy.
bon (bɔn) *a.* See BO.
bonament (bɔnəmén) *adv.* easily, without making too much effort. || *fes el que ~ puguis,* just do what you can.
bonança (bunánsə) *f.* good weather. *2* MAR. calm sea.
bonàs, -assa (bunás, -ásə) *a.* good-natured, easy-going.
bonaventura (bɔnəβəntúrə) *f.* fortune.
bondadós, -osa (bundəðós, -ózə) *a.* kind, kind-hearted.
bondat (bundát) *f.* kindness.
bonhomia (bunumíə) *f.* bonhomie, geniality.
bonic, -ca (buník, -kə) *a.* beautiful, pretty.
bonificar (bunifiká) *t.* to improve. *2* COMM. to pay into an account.
bonior (bunió) *f.* buzz, buzzing.
boniquesa (bunikɛ́zə) *f.* prettiness.
bonítol (bunítul) *m.* ICHTHY. bonito.
bony (bóɲ) *m.* bump, swelling, lump.
bonyegut, -uda (buɲəγút, -úðə) *a.* swollen; covered in bumps.
boquejar (bukəʒá) *i.* to gasp; to gape. *2* to be baggy [clothes].
borboll (burβóʎ) *m.* bubble, bubbling. *2* fig. confusion, tumult.
borbollar (burβuʎá) *i.* to bubble up. ■ *2 t.* to blurtout.
borbollons (burβuʎóns) *pl. a ~,* in a rush.
1) bord, -da (bor(t), -ðə) *m.* MAR. side, board. || *adv. pl. a ~,* on board. *2 f.* gunwale.
2) bord, -da (bor(t), -ðə) *a., m.-f.* bastard.
borda (bórðə) *f.* hut, outhouse.
bordada (burðáðə) *f.* barking.
bordar (burðá) *i.* to bark.
bordegàs, -assa (burðəγás, -ásə) *m.* lad, boy. *2 f.* lass, girl.
bordell (burðéʎ) *m.* brothel.
bordó (burðó) *m.* staff [stick]. *2* MUS. bass string; bass stop.
boreal (bureál) *a.* northern.
bòric, -ca (bɔ́rik, -kə) *a.* boric.
borinot (burinɔ́t) *m.* ZOOL. bumblebee. *2* fig. pest, nuisance.
borla (bɔ́rlə) *f.* tassel.
born (born) *m.* ELECT. terminal. *2* HIST. lists.
borni, bòrnia (bɔ́rni, bɔ́rniə) *a.* one-eyed.
bornoi (burnɔ́ĭ) *m.* MAR. buoy. *2* float.
borra (bórrə) *f.* TEXT. flock.
borrall (burráʎ) *m.* tiny piece, bit. || fig. *no entendre ni un ~,* to understand absolutely nothing. *2* flake.
borralló (burrəʎó) *m.* small ball of fibres. *2 ~ de neu,* snowflake.
borràs (burrás) *m.* TEXT. burlop. || *anar de mal ~,* to be in a bad way, to have come down in the world.
borrasca (burráskə) *f.* storm; squall. *2* fig. storm.
borrascós, -osa (burrəskós, -ózə) *a.* stormy [also fig.].
borratxera (burrətʃérə) *f.* drunkenness.
borratxo, -txa (burrátʃu, -tʃə) *a., m.-f.* drunk.
borrego (burrɛ́γu) *m.* COOK. type of toasted biscuit.
borrissol (burrisɔ́l) *m.* fluff, down.
borró (burró) *m.* fluff, fuzz. *2* BOT. bud. *3* ORNIT. down.
borrós, -osa (burrós, -ózə) *a.* blurred, confused, vague.
borrufada (burrufáðə) *f.* METEOR. blizzard.
borsa (bórsə) *f.* stock exchange.
borsari, -ària (bursári, -áriə) *a.* stock exchange.
borsista (bursístə) *m.* stockbroker.
bosc (bɔsk) *m.* wood, forest.
boscà, -ana (buská, -ánə) *a.* wood; wild.
boscatge (buskádʒə) *m.* small wood, copse.
bosquerol, -la (buskərɔ́l, -lə) *a.* wood. ■ *2 m.-f.* wood dweller.
bossa (bósə) *f.* bag. || *~ d'aire,* air-pocket. || *fer ~,* to go baggy. *2* handbag [bossa de mà]. *3* fig. money.
bot (bot) *m.* wineskin. || *ploure a ~s i barrals,* to pour down. *2* jump, leap [person]; bounce [ball]. *3* MAR. boat.
bota (bɔ́tə) *f.* boot [shoe].
bóta (bótə) *f.* barrel. *2* wineskin.
botànic, -ca (butánik, -kə) *a.* botanical. ■ *2 f.* botany [science]. *3 m.-f.* botanist.
botavara (butəβárə) *f.* MAR. boom.
botella (butéʎə) *f.* bottle.
boter (buté) *m.* cooper, barrel maker.
boterut, -uda (butərút, -úðə) *a.* barrel-shaped, short and fat. *2* misshapen.
botet (butɛ́t) *m.* birdcall, lure.
botí (butí) *m.* botty, loot. *2* spat.
botifarra (butifárrə) *f.* type of pork sausage.
botiga (butíγə) *f.* shop.
botiguer, -ra (butiγé, -rə) *m.-f.* shopkeeper. *2 m.* ORNIT. kingfisher.
botir (butí) *t.* to stuff, to cram. ■ *2 p.* to stuff oneself.
botó (butó) *m.* button. || *~s de puny,* cufflinks. || *anar de vint-i-un ~,* to be very well dressed.

botxa (bótʃə) *f.* bowl: *joc de botxes*, bowls. *2* crease [of an ill-fitting garment].
botxí (butʃi) *m.* executioner, hangman.
botzina (budzinə) *f.* AUTO., MUS. horn. *2* megaphone.
bou (bɔ́ŭ) *m.* ox, bullock. *2* seine fishing.
bouer, -ra (bué, -rə) *m.-f.* See BOVER.
bover, -ra (buβé, -rə) *m.-f.* cowherd, drover. *2* ***cargol*** **~**, edible snail.
boví, -ina (buβi, -inə) *a.* bovine.
bòvids (bɔ́βits) *m. pl.* bovines.
boxa (bɔ́ksə) *f.* SP. boxing.
boxador (buksəðó) *m.* SP. boxer.
boxar (buksá) *i.* SP. to box.
braç (bras) *m.* arm. || fig. ***ésser el ~ dret d'algú***, to be someone's right hand man. *3* COOK. ***~ de gitano***, Swiss roll.
braça (brásə) *f.* SP. breaststroke. *2* MAR. fathom [measure].
braçal (brəsál) *m.* armband.
braçalet (brəsəlɛ́t) *m.* bracelet, bangle.
bracejar (brəsəʒá) *i.* to wave one's arms about.
bracer (brəsé) *m.* farmhand, farm labourer.
bracet (brəsɛ́t) *adv. phr.* ***de ~***, arm-in-arm.
bràctea (bráktea) *f.* BOT. bract.
braguer (brəγé) *m.* truss [bell orthopaedic]. *2* ZOOL. udder.
bragues (bráγəs) *f. pl.* See CALCES.
bragueta (brəγɛ́tə) *f.* flies *pl.*, fly [of trousers].
bram (bram) *m.* braying [donkey]. *2* lowing [cow]. *3* bellow [bull].
bramadissa (brəməðisə) *f.* loud, persistant braying.
bramar (brəmá) *i.* to bray [donkey]. *2* to low [cow]. *3* to bellow [bull] [also fig.].
bramul (brəmúl) *m.* bellow, bellowing. *2* roaring, roar [storm].
bramular (brəmulá) *i.* to bellow, to roar.
branca (bráŋkə) *f.* branch.
brancatge (brəŋkádʒə) *m.* branches *pl.*
brandar (brəndá) *t.* to brandish.
brandó (brəndó) *m.* torch.
brànquia (bránkjə) *f.* gill [of a fish].
branquilló (brəŋkiʎó) *m.* twig.
braó (brəó) *m.* upper part of an animal's foreleg. *2* fig. courage, bravery.
braol (brəɔ́l) *m.* See BRAMUL.
braolar (brəulá) *i.* See BRAMULAR.
brasa (brázə) *f.* ember. || ***a la ~***, barbequed.
braser (brəzé) *m.* brazier.
Brasil (brəzil) *pr. n. m.* GEOGR. Brazil.
brasiler, -ra (brəzilé, -rə) GEOGR. *a.*, *m.-f.* Brazilian.
brau, -ava (bráŭ, -áβə) *a.* brave. *2* MAR. rough [sea]. *3* wild. ▪ *4 m.* bull.
bravada (brəβáðə) *f.* bad smell, stink.
bravata (brəβátə) *f.* bravado; boasting.
bravesa (brəβɛ́zə) *f.* bravery.
bravo! (bráβo) *interj.* bravo!
brea (brɛ́ə) *f.* tar, pitch.
brega (brɛ́γə) *f.* argument, quarrel, row, fight.
bregar (brəγá) *i.* to struggle, to fight [to achieve something].
bresca (brɛ́skə) *f.* honeycomb.
bresquilla (brəskiʎə) *f.* (OCC.) See PRÉSSEC.
bressar (brəsá) *t.* to rock.
bressol (brəsɔ́l) *m.* cradle.
bressolar (brəsulá) *t.* to rock [in a cradle].
bressoleig (brəsulɛ́tʃ) *m.* rocking.
brètol (brɛ́tul) *m.* rogue, rascal, scoundrel.
bretxa (brétʃə) *f.* breach.
breu (bréŭ) *a.* brief, short.
breument (breŭmén) *adv.* briefly.
brevetat (brəβətát) *f.* briefness.
breviari (brəβiári) *m.* REL. breviary.
bri (bri) *m.* thread, fibre, filament. *2* fig. tiny bit.
bricbarca (brigbárkə) *m.-f.* MAR. bark, barque.
bricolatge (brikuládʒə) *m.* do-it-yourself.
brida (briðə) *f.* bridle; reins.
bridge (britʃ) *m.* GAME. Bridge.
brigada (briγáðə) *f.* brigade, squad.
brillant (briʎán) *a.* brilliant, bright. ▪ *2 m.* diamond.
brillantina (briʎəntinə) *f.* brilliantine.
brillantor (briʎəntó) *f.* brilliance, brightness.
brillar (briʎá) *i.* to shine [also fig.]. || ***~ algú per la seva absència***, to be conspicuous by one's absence.
brindar (brindá) *i.* to toast [to drink someone's health]. ▪ *2* to offer [something to someone].
brioix (briɔ́ʃ) *m.* brioche.
brisa (brizə) *f.* breeze; seabreeze.
brisca (briskə) *f.* cold air. *2* card game.
britànic, -ca (británik, -kə) *a.* GEOGR. British. ▪ *2 m.-f.* Briton.
briva (briβə) *f.* rabble, riff-raff.
brivall (briβáʎ) *m.* ruffian, rascal, loafer, vagabond. *2* lad, boy.
broc (brɔk) *m.* spout. || ***abocar (alguna cosa) pel ~ gros***, not to mince words. *2 pl.* excuses.
broca (brɔ́kə) *f.* bit [drill].
brocal (brukál) *m.* small wall [round a well]; rim.
brocat (brukát) *m.* brocade.
brodar (bruðá) *t.* to embroider [also fig.].
brodat (bruðát) *m.* embroidery.
bròfec, -ega (brɔ́fək, -əγə) *a.* severe, harsh, gruff, crude, rude.
brogit (bruʒit) *m.* confused noises; rustling [leaves]; murmur [crowds, water].

broll (broʎ) *m.* jet [liquids]. *2* undergrowth.
brollador (bruʎəðó) *m.* spring. *2* fountain.
brollar (bruʎá) *i.* to gush, to spout.
broma (brómə) *f.* joking; joke; trick. || *~ pesada,* practical joke; *de ~,* jokingly; *fer ~,* to joke. *2* mist, fog. *3* foam.
bromejar (bruməʒá) *i.* to joke.
bromera (bruméra) *f.* foam.
bromista (brumístə) *a.* joking; fond of a joke. ▪ *2 m.-f.* joker; funny person.
bromós, -osa (brumós, -ózə) *a.* misty.
broncopneumònia (bruŋkunəŭmɔ́niə) *f.* MED. bronchopneumonia.
bronqui (brɔ́ŋki) *m.* ANAT. bronchus.
bronquitis (bruŋkítis) *f.* MED. bronchitis.
bronze (brónzə) *m.* bronze.
bronzejar (brunzəʒá) *t.* to bronze. *2* to bronze, to tan, to suntan.
bronzejat, -ada (brunzəʒát, -áðə) *a.* bronzed. *2* suntanned, tanned.
bròquil (brɔ́kil) *m.* BOT. broccoli.
brossa (brɔ́sə) *f.* dead leaves; undergrowth. *2* particle; speck, grain. *3* rubbish.
brostar (brustá) *i.* to sprout, to bud.
brot (brót) *m.* shoot, bud.
brotar (brutá) *i.* to bud.
brotxa (brɔ́tʃə) *f.* paintbrush. *2* shaving brush.
brou (bɔ́ŭ) *m.* broth; stock.
bru, -na (brú, -nə) *a.* brown; dark-skinned.
bruc (bruk) *m.* BOT. heather.
Bruges (brúʒəs) *pr. n. f.* GEOGR. Bruges.
bruguera (bruɣérə) *f.* See BRUC.
bruixa (brúʃə) *f.* witch. *2* coll. pej. bitch.
bruixeria (bruʃəríə) *f.* witchcraft, sorcery. || *per art de ~,* as if by magic.
brúixola (brúʃulə) *f.* compass.
bruixot (bruʃɔ́t) *m.* wizard, sorcerer.
brunyir (bruɲí) *t.* to burnish, to polish.
brunzir (brunzí) *i.* to hum, to buzz.
brunzit (brunzít) *m.* buzzing, buzz, humming, hum.
brusa (brúzə) *f.* blouse.
brusc, -ca (brusk, -kə) *a.* abrupt, brusque.
brusquedat (bruskəðát) *f.* abruptness, brusqueness.
Brusselles (bruséllǝs) *pr. n. f.* GEOGR. Brussels.
brut, -ta (brut, -tə) *a.* dirty. *2* raw, crude, unrefined. || *en ~,* in rough. || *pes ~,* gross weight. || *producte ~,* gross product. *3 adv. phr. jugar ~,* to play dirty.
brutal (brutál) *a.* brutal; animal.
brutalitat (brutəlitát) *f.* brutality.
brutícia (brutísiə) *f.* dirt, filth, dirtiness, filthiness.
buc (buk) *m.* cavity. *2* body [ship, plane], shell [house]. *3* stairwell.
bucal (bukál) *a.* buccal, of the mouth.
Bucarest (bukərés(t)) *pr. n. f.* GEOGR. Bucharest.
bucle (búklə) *m.* ringlet, curl.
bucòlic, -ca (bukɔ́lik, -kə) *a.* bucolic; rural.
Buda (búðə) *m.* Buddha.
Budapest (buðəpés(t)) *pr. n. f.* GEOGR. Budapest.
budell (buðéʎ) *m.* intestine, gut.
budellam (buðəʎám) *m.* intestines *pl.*, guts *pl.*
budisme (buðízmə) *m.* Buddhism.
buf (buf) *m.* blow, puff. *2* MED. murmur.
bufa (búfə) *f.* slap. *2* bladder. *3* wind, flatulence. *4 interj.* my goodness! good lord!
bufada (bufáðə) *f.* blow, puff.
bufador, -ra (bufəðó, -rə) *m.-f.* blower. *2 m.* blowlamp; welding torch. *3 m.* a windy place.
búfal (búfəl) *m.* ZOOL. buffalo.
bufanda (bufándə) *f.* scarf.
bufar (bufá) *i.-t.* to blow. || *és ~ i fer ampolles,* it's dead easy, it's a piece of cake.
bufat, -ada (bufát, -áðə) *a.* blown up, inflated, swollen. *2* fig. vain.
bufec (bufék) *m.* snort; whistling.
bufera (bufér ə) *f.* GEOGR. saltwater lagoon. *2* puff.
bufet (bufét) *m.* sideboard. *2* buffet [food]. *3* lawyer's office.
bufeta (bufétə) *f.* bladder.
bufetada (bufətáðə) *f.* slap, blow to the face.
bufetejar (bufətəʒá) *t.* to slap, to snack [the face].
bufó, -ona (bufó, -ónə) *a.* pretty, cute, lovely. ▪ *2 m.* fool, jester, buffoon.
bugada (buɣáðə) *f.* laundry [clothes]. *2* the washing operation. *3 fig.* cleaning, clearing.
bugaderia (buɣəðəríə) *f.* laundry [shop].
bugia (buʒíə) *f.* sparkplug. *2* candle. *3* MED. bougie.
buidar (buĭðá) *t.-p.* to empty.
buidatge (buĭðádʒə) *m.* emptying.
buidor (buĭðó) *f.* emptiness.
buina (búĭnə) *f.* cow dung.
buit, buida (búĭt, búĭðə) *a.* empty. || *adv. phr. de ~,* with no passengers or load, empty. ▪ *2 m.* empty space; vacuum. || *fer el ~,* to ignore.
bulb (búlp) *m.* bulb.
buldog (buldɔ́k) *m.* bulldog.
búlgar, -ra (búlɣər, -rə) *a., m.-f.* GEOGR. Bulgarian.
Bulgària (bulɣáriə) *pr. n. f.* GEOGR. Bulgaria.
bull (buʎ) *m.* boil, boiling. || *faltar-li a algú un ~,* to be not all there.
bullent (buʎén) *a.* boiling.

bullícia (buʎísiə) *f.* agitation, bustle. *2* din, uproar, noise.
bulliciós, -osa (buʎisiós, -ózə) *a.* bustling, restless; noisy.
bullida (buʎíðə) *f.* See BULL.
bullir (buʎí) *i.-t.* to boil.
bullit (buʎít) *m.* stew. *2 fig.* jumble, mess, muddle.
bum! (bum) *interj.* boom!, bang!
bunyol (buɲɔ́l) *m.* COOK. fritter. *2* fig. mess, botch, botched job.
BUP (bup) *m.* EDUC. *(Batxillerat Unificat Polivalent)* three year period of secondary education.
burg (burk) *m.* HIST. borough, small town formed round a castle.
burgés, -esa (burʒés, -ézə) *a.* middle-class. *2* bourgeois. ▪ *3 m.-f.* member of the middle-class.
burgesia (burʒəsíə) *f.* middle-class. *2* HIST. pej. bourgeoisie.
burí (burí) *m.* burin.
burilla (buríʎə) *f.* cigarette end, butt. *2* bogey. ‖ ***fer burilles,*** to pick one's nose.
burla (búrlə) *f.* jeer, gibe. ‖ ***fer ~ d'algú,*** to make fun of someone.
burlar-se (burlársə) *p.* to make fun of, to mock: ~ ***dels reglaments,*** to flout the rules.
burlesc, -ca (burlésk, -kə) *a.* burlesque.
burleta (burlétə) *m.-f.* one who pokes fun at everything; joker.
burocràcia (burukrásiə) *f.* bureaucracy. *2 pej.* red tape.
buròcrata (burɔ́krətə) *m.-f.* bureaucrat.
burro, -a (búrru, -ə) *m.-f.* ZOOL. donkey. *2* stupid person.
burxa (búrʃə) *f.* pointed metal rod. *2* poker.
burxar (burʃá) *t.* to prod, to poke. *2* to poke [a fire]. *3* fig. to pester someone to reveal something.
burxeta (burʃétə) *f.* nuisance; person who pesters.
bus (bus) *m.* diver.
busca (búskə) *f.* small piece, bit. *2* gnomon [sundial]; hand [watches, clocks]. *3* pointer.
buscagatoses (buskəɣətózəs) *m.* loafer, lazybones.
buscall (buskáʎ) *m.* log, piece of firewood.
buscar (buská) *t.* to look for, to seek.
busca-raons (buskərrəóns) *m.-f.* argumentative or quarrelsome person.
bust (bus(t)) *m.* bust.
bústia (bústiə) *f.* letterbox.
butà (butá) *m.* butane.
butaca (butákə) *f.* armchair. *2* seat.
butlla (búʎʎə) *f.* bull [papal].
butlleta (buʎʎétə) *f.* ticket; voucher; warrant.
butlletí (buʎʎətí) *m.* bulletin; report.
butllofa (buʎʎɔ́fə) *f.* blister.
butxaca (butʃákə) *f.* pocket.

C

C, c (se) *f.* c [letter].
1) ca (ka) *m.* (BAL.) See GOS.
2) ca (ka) *f. dim.* house; ***a ~ l'Andreu,*** at Andrew's.
3) ca! (ka) *interj.* nonsense!, rubbish!
cabal (kəβál) *m.* flow, amount of water which flows down a river. *2 pl.* possessions, goods.
càbala (káβələ) *f.* cabala, cabbala [Jewish mysticism]. *2* fig. cabal, intrigue.
cabalístic, -ca (kəβəlístik, -kə) *a.* cabalistic. *2* hidden, secret.
cabana (kəβánə) *f.* See CABANYA.
cabanya (kəβáɲə) *f.* cabin, hut, shack.
cabaret (kəβərét) *m.* cabaret, night-club.
cabàs (kəβás) *m.* basket.
cabdal (kəbdál) *a.* capital, principal.
cabdell (kəbdéʎ) *m.* ball [of wool]. *2* heart [lettuce, cabbage].
cabdellar (kəbdəʎá) *t.* to wind, to form a ball.
cabdill (kəbdíʎ) *m.* chief, leader; commander.
cabeça (kəβésə) *f.* bulb; head [of garlic].
cabell (kəβéʎ) *m.* a hair [of the head].
cabellera (kəβəʎérə) *f.* the hair, head of hair.
cabellut, -uda (kəβəʎút, -úðə) *a.* hairy.
cabina (kəβínə) *f.* MAR. cabin. *2* TRANS. cab. *3* booth. ‖ *~ **telefònica,*** telephone box.
cabirol (kəβirɔ́l) *m.* ZOOL. roe deer.
cable (kábblə) *m.* cable.
cabòria (kəβɔ́riə) *f.* trouble, worry [especially unfounded].
cabota (kəβɔ́tə) *f.* head [of a nail].
cabotage (kəβutádʒə) *m.* MAR. cabotage, coastal trade.
cabotejar (kəβutəʒá) *i.* to nod, to shake; to move the head backwards, forwards or sideways.
cabra (káβrə) *f.* goat. ‖ ***estar com una ~,*** to be daft, to be loony. *2 ~* ***de mar,*** crab.
cabre (káβrə) *i.* to fit. ‖ ***no hi cap de content,*** he's over the moon. ▲ CONJUG. GER.: ***cabent.*** ‖ P. P.: ***cabut, cabuda.*** ‖ INDIC. Pres.: ***cabo, caps, cap.*** ‖ SUBJ. Pres.: ***càpiga,*** etc. | Imperf.: ***cabés,*** etc.
cabrejar-se (kəβrəʒársə) *p.* to get really pissed off.
cabriola (kəβriɔ́lə) *f.* pirouette; leap.
cabrit (kəβrít) *m.* ZOOL. kid. *2* bugger [insult].
cabró (kəβró) *m.* billy-goat. *2* cuckold. *3* vulg. bastard [insult].
cabrum (kəβrúm) *a.* goat. ■ *2 m.* goats *pl.*
cabuda (kəβúðə) *f.* capacity.
caca (kákə) *f.* excrement, dirt. ‖ ***deixa això, és ~,*** don't touch that, it's dirty.
caça (kásə) *f.* hunting, shooting. *2* game. *3 m.* fighter plane.
caçador, -ra (kəsəðó, -rə) *a.* hunting. ■ *2 m.* hunter. *3 f.* huntress. *4 f.* windcheater.
caçaire (kəsáirə) *m.-f.* (ROSS.) See CAÇADOR 2, 3.
caçar (kəsá) *t.* to hunt, to shoot. *2* fig. to bag, to get.
cacatua (kəkətúə) *f.* ORNIT. cockatoo.
cacau (kəkáŭ) *m.* cocoa tree. *2* cocoa. *3* coll. ***quin ~!,*** what a mess!
cacauet (kəkəwét) *m.* BOT. peanut, groundnut.
cacera (kəsérə) *f.* hunting, shooting. *2* hunting party.
cacic (kəsík) *m.* cacique, political boss.
caciquisme (kəsikízmə) *m.* caciquism, despotism.
cacofonia (kəkufuníə) *f.* cacophony.
cactus (káktus) *m.* BOT. cactus.
cada (káðə) *a.* each, every: *~* ***dia,*** every day; *~* ***un,*** each. ■ *2 pron. ~* ***un,*** each one, every one.
cadafal (kəðəfál) *m.* platform, stage [in a public place]. *2* scaffold [for execution].
cadascú (kəðəskú) *pron.* each one, every-

one: ~ ***és lliure de fer el que vol,*** each man is free to do as he wants.

cadascun, -una (kəðəskún, -únə) *a.* each.

cadastre (kəðástrə) *m.* official property or land register, cadastre.

cadàver (kəðáβər) *m.* corpse, cadaver.

cadell,-lla (kəðéʎ, -ʎə) *a.* ZOOL. young. ■ *2 m.-f.* puppy, pup; cab [bear or wolf].

cadena (kəðέnə) *f.* chain. ‖ *adv. phr.* ***en ~,*** one after another, in succession.

cadenat (kəðənát) *m.* padlock.

cadència (kəðέnsiə) *f.* cadence, rhythm.

cadeneta (kəðənέtə) *f.* light chain [especially on military decorations]. ‖ ***punt de ~,*** chain stitch.

cadernera (kəðərnérə) *f.* ORNIT. goldfinch.

cadet (kəðέt) *m.* cadet.

cadira (kəðírə) *f.* chair. ‖ ***n'hi havia per a llogar-hi cadires!,*** you should have seen it!, what a performance!

cadireta (kəðirέtə) *f.* small chair. *2* type of chair formed by two people's hands.

caduc, -ca (kəðúk, -kə) *a.* about to fall, on the point of disappearing. *2* BOT. deciduous [leaves]. *3* decrepit, senile.

caducar (kəðuká) *i.* to be about to disappear. *2* to expire, to become invalid, to lapse.

caducitat (kəðusitát) *f.* expiry: ***data de ~,*** sell by date.

cafè (kəfέ) *m.* coffee. *2* café, coffee bar.

cafeïna (kəfəínə) *f.* caffeine.

cafetera (kəfətérə) *f.* coffeepot.

cafre (káfrə) *a., m.-f.* Kaffir *2 a.* fig. brutal, savage. *3 m.-f.* brute, savage.

cagacalces (kąγəkálsəs) *m.* coll. coward, chicken.

cagada (kəγáðə) *f.* defecation. *2* vulg. blunder.

cagadubtes (kąγəðúptəs) *m.-f.* ditherer, waverer.

cagalló (kəγəʎó) *m.* pellet, dropping [excrement]. *2* vulg. coward. *3* vulg. cowardice.

caganer, -ra (kəγəné, -rə) *a.* shitter. *2* cowardly. ■ *3* shitter. *4* little child. *5* coward.

caganiu (kąγəníu) *m.* youngest child.

cagar (kəγá) *i.-t.* to shit. *2* ***cagar-la,*** to make a mess (of), to make a balls of. *3 p. coll.* ***me cago en l'ou,*** shit!, damn!

cagarada (kəγəráðə) *f.* stool; shit.

cagarro (kəγárru) *m.* turd.

caiguda (kəĭúðə) *f.* fall. ‖ ***a la ~ del sol,*** when the sun sets, at sunset.

caiman (kəĭmán) *m.* ZOOL. alligator, caiman.

caire (káĭrə) *m.* edge. *2* aspect.

Caire, el (káĭrə, əl) *pr. n. m.* GEOGR. Cairo.

caixa (káʃə) *f.* box; chest. ‖ ~ ***forta,*** safe; AERON. ~ ***negra,*** black box, flight recorder. *2* ~ ***d'estalvis,*** savings bank.

caixer (kəʃé, -rə) *m.-f.* cashier. ‖ ~ ***automàtic,*** cash dispenser.

caixó (kəʃó) *m.* small box.

cal ([illegible]) (*contr.* ***ca*** + ***al***): ***vinc de ~ metge,*** I've just come from the doctor's.

cala (kálə) *f.* GEOGR. cove, inlet.

calabós (kələβós) *m.* cell. *2* MIL. coll. glasshouse. ▲ pl. ***-ossos.***

calafatar (kələfətá) *t.* to caulk.

calaix (kəláʃ) *m.* drawer. *2* ***anar-se'n al ~,*** to die.

calaixera (kələʃérə) *f.* chest of drawers.

calamars (kələmárs) *m.* ICHTHY. squid.

calamarsa (kələmársə) *f.* METEOR. hail, hailstones.

calamitat (kələmitát) *f.* calamity.

calandra (kələ́ndrə) *f.* MEC. radiator grille. *2* ORNIT. calandra lark. *3* TECH. calender.

calàndria (kələ́ndriə) *f.* ORNIT. calandra lark.

calar (kəlá) *t.* MAR. to shike a sail. *2* to penetrate [liquids into porous things]. *3* fig. to see through. *4* ~ ***foc,*** to set on fire. ■ *6 p.* ***~-se foc,*** to catch fire. *7* AUTO. to stall.

calat (kəlát) *m.* openwork.

calavera (kələβérə) *f.* skull. *2* skeleton. *3* fig. sensualist, libertine.

calb, -ba (kálp, -βə) *a., m.-f.* bald *s. 2 f.* bald head.

calc (kalk) *m.* tracing. *2* fig. copy, plagiarism.

calç (kals) *f.* CHEM. lime.

calçada (kəlsáðə) *f.* made road, paved road. *2* roadway [where cars may pass].

calçador (kəlsəðó) *m.* shoehorn. ‖ ***entrar amb ~,*** to be a tight fit.

calcar (kəlká) *t.* to trace. *2* fig. to copy, to plagiarise. *3* to put pressure on [with the foot].

calçar (kəlsá) *t.* to shoe; to make shoes for someone. *2* to take a certain size of shoe: ***quin número calces?,*** what size (shoe) do you take? ■ *3 p.* to put one's shoes on. *4* to buy one's shoes at a certain place.

calcari, -ària (kəlkári, -áriə) *a.* calcareous. ‖ ***pedra calcària,*** limestone.

calçasses (kəlsásəs) *m.* henpecked husband.

calçat (kəlsát) *a.-m.* wearing shoes. ■ *2 m.* footwear, shoes *pl.*

calces (kálsəs) *f. pl.* knickers, panties. *2* (BAL.), (VAL.) stockings.

calcetins (kəlsətíns) *m.-pl.* (BAL.), (VAL.) See MITJONS.

calci (kálsi) *m.* MINER. calcium.

calcificar (kəlsifiká) *t.* to calcify.

calcinar (kəlsiná) *t.* to calcine. ‖ ***el cotxe va***

quedar calcinat, the car was completely burnt out.
calcomania (kəlkumənìə) *f.* PRINT. transfer.
calçot (kəlsɔ̀t) *m.* type of spring onion usually cooked in embers.
calçotada (kəlsutàðə) *f.* a [usually] open air meal of ***calçots.***
calçotets (kəlsutɛ̀ts) *m. pl.* underpants.
càlcul (kàlkul) *m.* calculation. *2* calculus. *3* MED. calculus, stone.
calculador, -ra (kəlkuləðó, -rə) *a.* calculating. ▪ *2 m.-f.* calculator.
calcular (kəlkulà) *t.* to calculate.
calda (kàldə) *f.* heat. *2* stoking [furnace].
caldejar (kəldəʒà) *t.* to heat [sun].
caldera (kəldèra) *f.* boiler; cauldron.
calderada (kəldəràðə) *f.* boilerful, the contents of a boiler; cauldronful.
caldre (kàldrə) *i.* to be necessary, to need. || ***com cal,*** proper, as it should be. || ***no cal dir,*** of course. ▴ CONJUG. like ***valer.***
calé (kəlè) *m.* dough, bread, money. ▴ usu. *pl.*
calefacció (kələfəksió) *f.* heating.
calendari (kələndàri) *m.* calendar.
calent (kəlèn) *a.* hot. || ***el més ~ és a l'aigüera,*** there's nothing ready to eat [at mealtime]. || ***cap ~,*** nothead.
caler (kəlɛ̀) *i.* See CALDRE.
calfred (kəlfrɛ̀t) *m.* shiver.
calibrar (kəliβrà) *t.* to gauge, to calibrate.
calibre (kəliβrə) *m.* calibre.
càlid, -da (kàlit, -ðə) *a.* warm, hot.
calidoscopi (kəliðuskɔ̀pi) *m.* kaleidoscope.
califa (kəlifə) *m.* caliph.
calitja (kəlidʒə) *f.* METEOR. haze.
caliu (kəliŭ) *m.* embers, hot ashes. *2* fig. warmth, affection; well-being.
call (kaʎ) *m.* MED. corn; callous. *2* HIST. Jewish quarter.
callar (kəʎà) *t.* to silence, to shut up. ▪ *2 i.* to shut up, to be silent. || ***fer ~,*** to silence.
callat, -ada (kəʎàt, -àðə) *a.* silent, quiet.
cal·ligrafia (kəliɣrəfìə) *f.* calligraphy.
callista (kəʎistə) *m.-f.* chiropodist.
calm, -ma (kàlm, -mə) *a.* calm, tranquil. ▪ *2 f.* calm, calmness.
calmant (kəlmàn) *a.* calming, soothing. ▪ *2 m.* pain-killer, sedative, tranquillizer.
calmar (kəlmà) *t.* to calm, to calm down: ***això et calmarà el dolor,*** this will ease your pain. ▪ *2 i.* to become calm: ***el vent ha calmat,*** the wind has dropped. ▪ *3 p.* ***calma't!,*** take it easy!
calmós, -osa (kəlmós, -ózə) *a.* calm. *2* calm, unhurried.
calor (kəló) *f.* heat: ***fa ~,*** it's hot.
calorada (kəluràðə) *f.* great heat, oppresive heat. *2* heat [after physical effort].
caloria (kəluriə) *f.* calorie.
calorífic, -ca (kəlurifik, -kə) *a.* calorific.
calorós, -osa (kəlurós, -ózə) *a.* warm [also fig.].
calúmnia (kəlùmniə) *f.* calumny; slander [spoken]; libel [written].
calumniar (kəlumnià) *t.* to slander [spoken]; to libel [written]; to calumny.
calvari (kəlβàri) *m.* Calvary. *2* fig. trials and tribulations, suffering.
calvície (kəlβisiə) *f.* baldness.
calze (kàlzə) *m.* chalice. *2* BOT. calyx.
cama (kàmə) *f.* leg. || ***cames ajudeu-me,*** hell for leather. *2 adv. phr.* ***~ ací, ~ allà,*** astride *adv.-a.*
camafeu (kəməfɛ̀ŭ) *m.* cameo.
camal (kəmàl) *m.* leg [of trousers].
camaleó (kəməleó) *m.* ZOOL. chameleon.
camàlic (kəmàlik) *m.* porter, carrier.
camamilla (kəməmiʎə) *f.* BOT. camomile.
camarada (kəməràðə) *m.* comrade; mate.
camarilla (kəməriʎə) *f. cast.* clique; pressure group; lobby [Parliament].
camarot (kəmərɔ̀t) *m.* MAR. cabin.
cama-sec (kəməsɛ̀k) *m.* BOT. fairy ring mushroom.
cama-segat, -ada (kəməsəɣàt, àðə) *a.* exhausted, worn out.
Cambotja (kəmbɔ̀dʒə) *pr. n. f.* GEOGR. Cambodia.
cambotjà, -ana (kəmbudʒà, -ànə) *a., m.-f.* Cambodian.
cambra (kàmbrə) *f.* chamber; bedroom: ~ ***de bany,*** bathroom. *3* COMM. ~ ***de compensació,*** clearing house. *4* AUT. ~ ***d'aire,*** inner tube.
cambrer, -ra (kəmbrè, -rə) *m.* waiter, barman. *2 f.* waitress, barmaid.
camèlia (kəmɛ̀liə) *f.* BOT. camellia.
camell, -lla (kəmɛ̀ʎ, -ʎə) *m.-f.* ZOOL. camel. *2* coll. pusher.
camerino (kəmərinu) *m.* THEATR. dressing room.
camí (kəmi) *m.* way, route. *2* path, track; lame; road. || ~ ***de cabres,*** narrow, difficult track. || HIST. ~ ***ral,*** highway. *3* fig. ***a mig ~,*** halfway. *4* fig. ***obrir-se ~,*** to overcome difficulties to reach a goal. *5* fig. ***tots els camins duen a Roma,*** all roads lead to Rome. *6* fig. ***anar pel mal ~,*** to go astray.
caminada (kəminàðə) *f.* long walk.
caminador, -ra (kəminəðó, -rə) *a., m.-f.* good walker *s.* ▪ *2 m. pl.* reins [children].
caminar (kəminà) *i.* to walk. || ~ ***de puntetes,*** to tiptoe.
camió (kəmió) *m.* lorry, truck.
camió-cisterna (kəmió sistɛ̀rnə) *m.* tanker.
camioneta (kəmiunɛ̀tə) *f.* van.
camisa (kəmizə) *f.* shirt. || ~ ***de dormir,***

nightshirt; fig. ***aixecar la*** ~, to take [someone] in, to fool; ***anar en mànegues de*** ~, to be in shirt-sleeves.
campar (kəmpá) *i.* to get by, to manage. || ***campi qui pugui!***, every man for himself!
camiseria (kəmizəriə) *f.* shirt shop.
camp (kam) *m.* country, countryside [as opposed to town]. *2* field, open land: ~ ***d'aviació***, airfield: ~ ***d'esports***, sportsfield. *3* fig. field: ***el*** ~ ***de la televisió***, the field of television: ~ ***magnètic***, magnetic field. || ***fotre el*** ~, to go, to leave. || ***deixar el*** ~ ***lliure***, to leave the field open. || ***haver-hi*** ~ ***per córrer***, to have plenty of room to manoeuvre. || ~ ***de concentració***, concentration camp. || ~ ***de treball***, work camp. || ~ ***de visió***, field of vision.
campament (kəmpəmén) *m.* encampment; camp. *2* camping.
campana (kəmpánə) *f.* bell. || coll. ***fer*** ~, to play truant. || ***sentir tocar campanes (i no saber on)***, to have a vague idea or recollection of something.
campanada (kəmpənáðə) *f.* ringing; peal.
campanar (kəmpəná) *m.* bell tower, belfry.
campaner (kəmpəné) *m.* bellmaker. *2* bellringer.
campaneta (kəmpənέtə) *f.* small bell; handbell. *2* BOT. bellflower.
campanya (kəmpáɲə) *f.* country. *2* campaign: ~ ***electoral***, election campaign: ~ ***publicitària***, advertising campaign: ***fer*** ~ ***per***, to campaign for.
camperol, -la (kəmpərɔ́l, -lə) *a.* country, rural: ***flors camperoles***, wild flowers. ■ *2 m.-f.* country person.
càmping (kámpiŋ) *m.* camping. *2* camping site, camp site.
campió, -ona (kəmpió, -ónə) *m.-f.* champion.
campionat (kəmpiunát) *m.* championship.
camús, -usa (kəmús, -úzə) *a.* snub-nosed.
camussa (kəmúsə) *f.* ZOOL. chamois, izard.
can (kən) (*contr.* ***ca*** + ***en***): ***a*** ~ ***Miquel***, at Michael's (house). || ~ ***seixanta***, bedlam.
cana (kánə) *f.* measure of length equivalent to eight ***pams***.
Canadà (kənəðá) *pr. n. m.* GEOGR. Canada.
canadenc, -ca (kənəðέŋ, -kə) *a., m.-f.* Canadian.
canal (kənál) *m.* canal. *2* channel: ***el*** ~ ***de la Mànega***, the English Channel. *3* waveband *4 f.* defile, very narrow valley.
canalització (kənəlidzəsió) *f.* canalization.
canalitzar (kənəlidzá) *t.* to channel.
canalla (kənáʎə) *f.* children; kids. *2 m.* blackguard, scoundrel, swine.
canallada (kənəʎáðə) *f.* dirty trick. *2* large group of children. *3* childishness, childish act.
canapè (kənəpέ) *m.* COOK. canapé. *2* sofa, settee.
canari, ària (kənári, -áriə) *a.* GEOGR. Canary Islands. ■ *2 m.-f.* Canary Islander. *3 m.* ORNITH. canary.
Canàries (Illes) (kənáriəs, iʎəs) *pr. n. f. pl.* GEOGR. Canary Islands.
canastra (kənástrə) *f.* basket. *2* GAME canasta [cards].
cancel·lar (kənselá) *t.* to cancel.
canceller (kənsəʎé) *m.* chancellor.
cancelleria (kənsəʎəriə) *f.* chancellory, chancellery.
càncer (kánsər) *m.* cancer. *2* ASTROL. ***C***~, Cancer.
cancerós, -osa (kənsərós, -ózə) *a.* cancerous.
cançó (kənsó) *f.* song. || ~ ***de bressol***, lullaby.
cançoner (kənsuné) *m.* collection of poems. *2* collection of songs. *3* songbook. ■ *4 a.* dawdling.
candela (kəndέlə) *f.* candle. *2* icicle. *3* ***et cau la*** ~, your nose is running.
candent (kəndén) *a.* white-hot, red-hot. *2* fig. burning: ***un problema*** ~, a burning problem.
càndid, -da (kándit, -ðə) *a.* candid, frank, sincere. *2* naïve, innocent.
candidat, -ta (kəndiðát, -tə) *m.-f.* candidate; applicant.
candidatura (kəndiðətúrə) *f.* candidature. *2* list of candidates. *3* candidates, applicants *pl.*
candidesa (kəndiðέzə) *f.* candour.
candor (kəndó) *m.* candour, innocence.
candorós, -osa (kəndurós, -ózə) *a.* innocent, guileless.
canell (kənéʎ) *m.* ANAT. wrist.
canelobre (kənəlɔ́βrə) *m.* candelabrum, candelabra.
cànem (kánəm) *m.* BOT. hemp. || ~ ***indi***, cannabis.
canemàs (kənəmás) *m.* canvas.
cangueli (kəŋɣέli) *m.* coll. fear.
cangur (kəŋgúr) *m.* ZOOL. kangaroo. *2* babysitter. || ***fer de*** ~, to babysit.
caní, -ina (kəní, -ínə) *a.* canine.
caníbal (kəníβəl) *m.* cannibal.
canibalisme (kəniβəlízmə) *m.* cannibalism.
canícula (kəníkulə) *f.* METEOR. dog days *pl.*, high summer.
canó (kənó) *m.* tube; pipe. *2* barrel [guns]. || ***a boca de*** ~, point blank. *3* cannon. || ***carn de*** ~, cannon fodder.
canoa (kənɔ́ə) *f.* canoe.
cànon (kánon) *m.* canon. *2* MUS. canon. *3* LAW rent; levy.

canonada (kənunáðə) *f.* gunshot [artillery]. *2* pipe.
canoner, -ra (kənunér, -rə) *m.-f.* cannoneer. *2 m.* gunboat.
canonge (kənɔ́nʒə) *m.* canon.
canònic, -ca (kənɔ́nik, -kə) *a.* canon; canonical.
canonització (kənunidzəsió) *t.* canonization.
canós, -osa (kənós, -ózə) *a.* grey-haired; white-haired.
canot (kənɔ́t) *m.* canoe.
cansalada (kənsəláðə) *f.* salted. fat bacon. *2* coll. ***suar la ~,*** to sweat like a pig.
cansament (kənsəmén) *m.* tiredness.
cansar (kənsá) *t.-p.* to tire *t.-i.*
cansat, -ada (kənsát, -áðə) *a.* tired. *2* tiring.
cant (kan) *m.* song; singing.
cantaire (kəntáĭrə) *a.* singing. ▪ *2 m.-f.* singer.
cantant (kəntán) *m.-f.* singer.
cantar (kəntá) *i.-t.* to sing. || ***~ les veritats a algú,*** to speak frankly. *2 i.* to look wrong, to be wrong. *3 t.* fig. to squeal *i.*, to let out [a secret].
cantarella (kəntəréʎə) *f.* singsong quality; accent.
cantata (kəntátə) *f.* MUS. cantata.
cantautor, -ra (kəntəŭtó, -rə) *m.-f.* singer.
cantell (kəntéʎ) *m.* edge.
cantellut, -uda (kəntəʎút, -úðə) *a.* corner. *2* many-edged.
canterano (kəntəránu) *m.* bureau; desk.
càntic (kántik) *m.* canticle; song.
cantimplora (kəntimplórə) *f.* water-bottle.
cantina (kəntínə) *f.* buffet [station]; bar.
càntir (kánti) *m.* pitcher.
cantó (kəntó) *m.* corner. || ***quatre cantons,*** crossroads. *2* side.
cantonada (kəntunáðə) *f.* corner [street].
cantonera (kəntunérə) *f.* corner piece. *2* corner cabinet. *3* corner stone.
cantussejar (kəntusəʒá) *i.* to hum; to sing [softly, to oneself].
cànula (kánulə) *f.* MED. cannula.
canvi (kámbi) *m.* change, alteration. *2* exchange. || ***taxa de ~,*** exchange rate. *3* change [money]: ***tens ~ de mil pessetes?,*** have you got change of a thousand pesetas?, can you change a thousand pesetas? *4* ***lliure ~,*** free trade. *5 adv. phr.* ***en ~,*** on the other hand.
canviar (kəmbiá) *i.-t.* to change; to alter.
canvista (kəmbístə) *m.-f.* moneychanger.
canya (káɲə) *f.* cane. || ***~ de sucre,*** sugar cane || fig. ***no deixar ~ dreta,*** to destroy completely. *2* ***~ de pescar,*** fishing rod.
canyada (kəɲáðə) *f.* gorge with reeds.
canyamel (kəɲəmél) *f.* BOT. sugar cane.
canyar (kəɲá) *m.* cane plantation, reedbed.
canyella (kəɲéʎə) *f.* BOT. cinnamon. *2* shin.
canyís (kəɲís) *m.* cane or wicker lattice. *2* BOT. thin type of cane.
caoba (kəɔ́βə) *f.* BOT. mahogany.
caolí (kəulí) *m.* kaolin.
caos (káos) *m.* chaos.
caòtic, -ca (kəɔ́tik, -kə) *a.* chaotic.
1) cap (kap) *m.* head. || ***~ de turc,*** scapegoat; ***anar amb el ~ alt,*** to hold one's head high; ***anar amb el ~ sota l'ala,*** to be crestfallen; ***ballar pel ~,*** to have vague recollections of something; ***de ~ a peus,*** from head to toe; ***escalfar-se el ~,*** to rack one's brains; ***fer un cop de ~,*** to come to a decision; ***no tenir ni ~ ni peus,*** to be a real mess; ***pasar pel ~,*** to occur; ***per ~,*** each. *2* judgement, wisdom, common sense. *3* head, chief, leader. || ***~ de vendes,*** sales manager. *4* end. || ***~ d'any,*** New Year; ***~ de setmana,*** weekend; ***al ~ i a la fi,*** in fact; ***lligar ~s,*** to tie up loose ends. *5* GEOGR. cape.
2) cap (kap) *a.* no; none: ***no té ~ fill,*** she has no children; ***si ~ d'ells ve, t'ho diré,*** if none of them comes, I'll let you know; ***en tens ~?,*** haven't you got one? ▪ *2 prep.* towards. || ***vine ~ aquí,*** come here. || ***anava ~ a casa,*** she was going home. *3* not far from. || ***viu ~ a Tàrrega,*** he lives near Tàrrega. *4* approximately. || ***~ a tres quarts de cinc,*** at about a quarter to five.
Cap, Ciutat del (kəp, siŭtáddəl) *pr. n. f.* GEOGR. Cape Town.
capa (kápə) *f.* cape, cloak. *2* pretext; façade. *3* coat [paint]. *4* GEOL. stratum.
capaç (kəpás) *a.* able, capable. || ***és ~ de no venir!,*** he's liable not to come! *2* competent.
capacitar (kəpəsitá) *t.* to train, to qualify.
capacitat (kəpəsitát) *f.* capacity. *2* ability, aptitude.
capar (kəpá) *t.* to castrate, to geld.
caparrada (kəpərráðə) *f.* butt [push]. *2* rash or reckless act.
caparrut, -da (kəpərrút, -úðə) *a.* stubborn, pig-headed.
capatàs (kəpətás) *m.* overseer; foreman.
capbaix (kəbbáʃ, -ʃə) *a.* crestfallen.
capbussada (kəbbusáðə) *f.* dive.
capbussar (kəbbusá) *t.-p.* to dive.
capbussó (kəbbusó) *m.* See CAPBUSSADA.
capçada (kəpsáðə) *f.* crown, branches [of a tree]. *2* AGR. patch.
capçal (kəpsál) *m.* bedhead. *2* pillow. *3* ELECTR. head, tapehead.
capçalera (kəpsəlérə) *f.* headboard. || ***metge de ~,*** family doctor. *2* frontispiece. *3* heading, rubric.
capciós, -osa (kəpsiós, -zə) *a.* captious, art-

ful. || *una pregunta capciosa,* a catch question.

capdamunt (kąbdəmún) *adv. phr.* ***al ~,*** at the top, on top. || ***fins al ~,*** to the top. || ***estar-ne fins al ~ de,*** to be sick of.

capdavall (kąbdəβàʎ) *adv. phr.* ***al ~,*** at the bottom, in the bottom; at the end.

capdavant (kąbdəβàn) *adv. phr.* ***al ~ de,*** at the head of.

capdavanter, -ra (kąbdəβəntė, -rə) *m.-f.* leader. *2* fig. pioneer.

capell (kəpėʎ) *m.* hat. *2* cocoon.

capella (kəpėʎə) *f.* chapel.

capellà (kəpəʎà) *m.* priest, chaplain.

capelleta (kəpəʎėtə) *f.* coterie, clique.

capficar-se (kąpfikàrsə) *p.* to worry.

capgirar (kąbʒirà) *t.* to overturn, to turn upside down. *2* fig. to upset, to throw into disorder. *3* to confuse, to misunderstand.

capgirell (kąbʒirėʎ) *m.* fall, tumble. *2* fig. sudden change [in fortune].

cap-gros (kąbgrɔ̀s) *m.* bighead. *2* ZOOL. tadpole.

cap-i-cua (kąpikùə) *m.* palindromic number.

capiŀlar (kəpilà) *a.* hair. *2* capillary. ▪ *3 m.* capillary.

capiŀlaritat (kəpilərità t) *f.* capillarity.

capir (kəpi) *t.* to understand.

capità (kəpità) *m.-f.* captain.

capital (kəpitàl) *a.* capital, main, chief, principal. || ***enemic ~,*** principal enemy. || ***pena ~,*** death penalty. ▪ *2 m.* ECON. capital. || ***~ social,*** share capital. *3 f.* capital.

capitalisme (kəpitəlizmə) *m.* capitalism.

capitalista (kəpitəlistə) *a., m.-f.* capitalist.

capitalitzar (kəpitəlidzà) *t.-i.* to capitalize. *2* to accumulate capital.

capitanejar (kəpitənəʒà) *t.* to captain, to lead.

capitania (kəpitəniə) *f.* captaincy, captainship.

capitell (kəpitėʎ) *m.* ARCH. capital.

capítol (kəpitul) *m.* chapter. *2* BOT. capitulum.

capitost (kəpitɔ̀s(t)) *m.* chief, commander.

capitular (kəpitulà) *t.* to divide into chapters. ▪ *2 i.* to capitulate, to sign a truce.

capó (kəpó) *m.* capon; castrated animal.

capolar (kəpulà) *t.* to chop up, to cut up. *2* fig. to wear out [people].

capoll (kəpóʎ) *m.* BOT. bud. *2* ZOOL. cocoon.

caponar (kəpunà) *t.* to castrate, to geld.

caporal (kəpuràl) *m.* MIL. corporal.

capota (kəpɔ̀tə) *f.* AUT. folding top or hood.

caprici (kəprisi) *m.* See CAPRITX.

capriciós, -osa (kəprisiós, -ózə) *a.* See CAPRITXÓS.

Capricorn (kəprikórn) *m.* ASTROL. Capricorn.

capritx (kəpritʃ) *m.* caprice, whim.

capritxós, -osa (kəpritʃós, -ózə) *a.* capricious; moody.

capsa (kàpsə) *f.* box. || ***~ de llumins,*** matchbox.

capsigrany (kąpsiɣràɲ) *m.* ORNIT. shrike. *2* blockhead.

càpsula (kàpsulə) *f.* capsule.

capta (kàptə) *f.* begging. *2* collection.

captació (kəptəsió) *f.* harnessing [energy]. *2* begging. *3* reception [radio].

captaire (kəptàĭrə) *m.-f.* beggar.

captar (kəptà) *i.* to beg; to make a collection. ▪ *2 t.* to harness [water, energy]. *3 t.* to receive, to pick up [radio signals].

capteniment (kəptənimėn) *m.* behaviour.

captenir-se (kəptənirsə) p. to behave. ▲ CONJUG. like ***abstenir-se.***

captiu, -iva (kəptiŭ, -iβə) *a., m.-f.* captive.

captivador, -ra (kəptiβəðó, -rə) *a.* captivating.

captivar (kəptiβà) *t.* to capture, to take captive. *2* to captivate, to charm.

captivitat (kəptiβitàt) *f.* captivity.

captura (kəptúrə) *f.* capture, seizure.

capturar (kəpturà) *t.* to capture, to apprehend, to seize.

caputxa (kəpútʃə) *f.* hood.

caputxó (kəputʃó) *m.* little hood. *2* MECH. cap.

capvespre (kąbbėsprə) *m.* dusk.

caqui (kàki) *a.* khaki. ▪ *2 m.* BOT. persimmon.

car (kàr) *conj.* ant. for, because.

car, -ra (kàr, -rə) *a.* expensive, dear. *2* dear, darling.

cara (kàrə) *f.* face. || ***donar la ~,*** to own up, to accept responsibility; ***em va caure la ~ de vergonya,*** I nearly died of shame; ***fer mala ~,*** not to look well; ***fer una ~ nova,*** to beat up; ***plantar ~,*** to stand up to; ***tenir ~,*** to be cheeky. *2* obverse [coin]. || ***~ o creu,*** heads or tails.

caràcter (kəràktər) *m.* character. *2* character, characteristic. *3 prep. phr.* ***amb ~ de,*** as. *4* fig. (strong) personality, backbone.

caracteristic, -ca (kərəktəristik, -kə) *a.* characteristic, typical. ▪ *2 f.* characteristic.

caracteritzar (kərəktəridzà) *t.* to characterize. ▪ *2 p.* to be characterized. *3 p.* to make up and dress up [actors for a part].

caragirat, -ada (kąrəʒiràt, -àðə) *a.* traitorous. *2* false, hypocritical.

caram (kəràm) *interj.* good heavens!, gosh!, really!

carambola (kərəmbɔ́lə) *f.* cannon [billiards]. ‖ fig. ***per ~,*** indirectly.
caramel (kərəmɛ́l) *m.* caramel; sweet.
caramell (kərəméʎ) *m.* icicle. *2* stalactite.
carantoines (kərəntɔ̃ĭnəs) *f. pl.* caresses, fondling; flattery.
carassa (kərásə) *f.* broad face. *2* wry face. *3* grimace.
carat! (kərát) *interj.* (good) heavens!, you don't say!, really!
caràtula (kərátulə) *f.* mask.
caravana (kərəβánə) *f.* crowd, throng [of people on an outing]. *2* caravan, (USA) trailer. *3* AUTO. tailback, hold-up.
caravel·la (kərəβɛ́lə) *f.* NAUT. caravel, caravelle.
carbassa (kərβásə) *f.* BOT. pumpkin, gourd. *2* coll. ***donar ~,*** to refuse, to turn down [a lover]. ‖ ***treure ~,*** to fail [an examination]; (USA) to flunk.
carbassó (kərβəsó) *m.* BOT. marrow, (USA) squash.
carbó (kərβó) *m.* coal. ‖ ***~ de coc,*** coke; ***~ de pedra,*** coal; ***~ vegetal,*** charcoal.
carboner, -ra (kərβuné, -rə) *m.-f.* coal-dealer. *2* coal-cellar.
carboni (kərβɔ́ni) *m.* CHEM. carbon. ‖ ***diòxid de ~,*** carbon dioxide.
carbònic, -ca (kərβɔ́nik, -kə) *a.* CHEM. carbonic.
carbonífer, -ra (kərβunífər, -rə) *a.* carboniferous.
carbonissa (kərβunísə) *f.* coal-dust, slack.
carbonitzar (kərβunidzá) *t.* CHEM. to carbonize. *2* to make charcoal of.
carbur (kərβúr) *m.* CHEM. carbide.
carburador (kərβurəðó) *m.* carburettor.
carburant (kərβurán) *a.* carburetting. ■ *2 m.* liquid fuel, combustible liquid.
carburar (kərβurá) *t.* to carburet. ■ *2 i.* fig. to run, to work.
carcanada (kərkənáðə) *f.* carcass. *2* coll. skeleton.
carcassa (kərkásə) *f.* skeleton, carcass. *2* shell. *3* framework.
card (kar(t)) *m.* BOT. thistle.
carda (kárdə) *f.* BOT., TECH. teasel, card.
cardar (kərðá) *t.* to card. ■ *2 i.* sl. to fuck.
cardenal (kərðənál) *m.* cardinal.
cardíac, -ca (kərðíək, -kə) *a.* cardiac, heart. ■ *2 m.-f.* a person suffering from heart disease.
cardina (kərðínə) *f.* ORNIT. goldfinch.
cardinal (kərðinál) *a.* cardinal. ‖ ***nombres ~s,*** cardinal numbers. ‖ ***punts ~s,*** cardinal points.
carei (kərɛ́ĭ) *m.* ZOOL. tortoise.
carena (kərɛ́nə) *f.* NAUT. keel, careening. *2* ridge, hilltop.
carenejar (kərənəʒá) *i.* to follow or walk along the ridge of a mountain.
carestia (kərəstíə) *f.* shortage, scarcity. *2* high cost, high price.
careta (kərɛ́tə) *f.* mask. ‖ ***~ antigàs,*** gas mask. *2* fig. ***llevar-se la ~,*** to unmask oneself.
carga (kárɣə) *f.* load [unit of measure or weight].
cargol (kərɣɔ́l) *m.* snail. ‖ ***~ de mar,*** conch. *2* screw, bolt. *3* ***escala de ~,*** spiral staircase.
cargolar (kərɣulá) *t.* to roll [paper, cigarette, etc.]. *2* to curl [hair]. *3* MECH. to screw.
cariar-se (kəriársə) *p.* to decay, to rot.
cariàtide (kəriátiðə) *f.* caryatid.
Carib (kərip) *pr. n. m.* GEOGR. Caribbean.
caricatura (kərikətúrə) *f.* caricature. *2* fig. parody, travesty.
carícia (kərísiə) *f.* caress. *2* fig. soft touch.
càries (káriəs) *f.* bone decay, caries. *2* dental decay; (USA) cavity.
carilló (kəriʎó) *m.* MUS. carillon. *2* chimes.
caritat (kəritát) *f.* charity. *2* alms: ***fer ~,*** to give alms.
Carles (kárləs) *pr. n. m.* Charles.
carlina (kərlínə) *f.* BOT. carline [thistle].
carmanyola (kərməɲɔ́lə) *f.* lunch case.
Carme (kármə) *pr. n. m.* Carmen.
carmesí, -ina (kərməzí, -ínə) *a.-m.* crimson.
carmí (kərmí) *a.-m.* carmine.
carn (karn) *f.* flesh. ‖ fig. ***~ de canó,*** cannon-fodder; ***ésser ~ i ungla,*** to be thumb and nail; ***no ésser ni ~ ni peix,*** to be neither here nor there. *2* meat. ‖ ***~ d'olla,*** stewed meat; ***~ de porc,*** pork; ***~ de vedella,*** veal; ***~ picada,*** mince, (USA) ground beef.
carnada (kərnáðə) *f.* bait.
carnal (kərnál) *a.* carnal, of the flesh. *2* sexual: ***unió ~,*** sexual intercourse. *3* related by blood: ***cosí ~,*** first cousin.
carnaval (kərnəβál) *m.* carnival [period preceding lent], shrovetide.
carnestoltes (kərnəstɔ́ltəs) *m.* carnival [as celebrated in Catalonia]. *2* fig. scarecrow.
carnet (kərnɛ́t) *m.* notebook. *2* card, licence: ***~ de conduir,*** driving licence, (USA) driving license; ***~ d'identitat,*** identity card.
carnisser, -ra (kərnisé, -rə) *a.* carnivorous [animal]. *2* fig. cruel, bloodthirsty. ■ *3 m.-f.* butcher [also fig.].
carnisseria (kərnisəríə) *f.* butcher's [shop], meat market. *2* slaughter, massacre.
carnívor, -ra (kərníβur, -rə) *a.* carnivorous. ■ *2 m.-f.* carnivore.
carnós, -osa (kərnós, -ózə) *a.* fleshy [lips],

flabby [body]. *2* BOT. fleshy [fruit, leaf, etc.].
carota (kərɔ́tə) *f.* mask. *2* grotesque face.
caròtida (kərɔ́tiðə) *f.* ANAT. carotid.
carp (karp) *m.* ANAT. carpus.
carpa (kárpə) *f.* ICHTHY. carp.
carpel (kərpɛ́l) *m.* BOT. carpel.
carpeta (kərpɛ́tə) *f.* folder, (USA) binder.
carquinyoli (kərkiɲɔ́li) *m.* rock-hard biscuit made with flour, eggs, sugar and sliced almonds.
carrabina (kərrəβínə) *f.* carbine, short rifle.
carrabiner (kərrəβiné) *m.* carabineer.
carraca (kərrákə) *f.* NAUT. carrack. *2* old ship, galleon. *3* fig. hulk, sluggard.
carrat, -ada (kərrát, -áðə) *a.* square, truncated.
càrrec (kárrək) *m.* post, office. *2* load, burden. *3* fig. duty, job; charge. || ***fer-se ~,*** to take charge; to see to; to understand.
càrrega (kárrəγə) *f.* load [also fig.]. *2* burden, weight. *3* COMM. cargo. *4* fig. duty, obligation. *5* MIL. charge. *6* loading [act]. *7* ***~ elèctrica,*** charge, load. *8* ***tren de ~,*** freight train.
carregament (kərrəγəmén) *m.* load, cargo; loading. *2* fig. heaviness [of stomach, etc.]. *3* increase [in price].
carregar (kərrəγá) *t.* to load; to burden. *2* ELECTR. to charge. *3* fig. to burden, to encumber. || ***estar carregat de deutes,*** to be burdened with debts. || ***~ les culpes,*** to pass on the blame. ▪ *4 i.* to charge.
carregós, -osa (kərrəγós, -ózə) *a.* tiresome, burdensome; boring, annoying.
carrer (kərré) *m.* street, road. || fig. ***deixar al mig del ~,*** to leave in the lurch; ***treure al ~,*** to kick out.
carrera (kərrérə) *f.* career: ***una brillant ~ política,*** a brilliant political career. *2* (university) studies. *3* fig. ***fer ~,*** to get on, to make headway. *4* SP. race. *5* TEXT. ladder, (USA) run.
carrerada (kərrəráðə) *f.* cattle track.
carreró (kərrəró) *m.* alley. *2* SP. lane.
carreta (kərrɛ́tə) *f.* small wagon, low cart.
carretejar (kərrətəʒá) *t.* to cart, to haul.
carreter, -ra (kərrəté, -rə) *a.* cart. ▪ *2 m.-f.* carter. || ***parlar com un ~,*** to be foul-mouthed. *3 f.* road, highway.
carretó (kərrətó) *m.* small cart.
carreu (kərrɛ́ŭ) *m.* ARCH. ashlar.
carril (kərríl) *m.* rut, track; lane [motorway]. *2* rail, beam.
carrincló, -ona (kərriŋkló, -ónə) *a.* mediocre, run of the mill.
carrisquejar (kərriskəʒá) *i.* to chirp [bird, cricket]; to screech; to creak [wheel]; to grate [teeth, unoiled parts, etc.].
carro (kárru) *m.* cart, wagon. || ***~ de combat,*** tank. || fig. ***para el ~!,*** hang on a moment! *2* MECH. wheel.
carronya (kərróɲə) *f.* carrion. *2* fig. (old) good-for-nothing.
carrossa (kərrɔ́sə) *f.* coach, carriage; float [in procession].
carrosseria (kərrusəríə) *f.* AUTO. body [of a car]; bodywork.
carruatge (kərruádʒə) *m.* carriage.
carta (kártə) *f.* letter. *2* document, deed. || ***donar ~ blanca,*** to give someone carte blanche. *3* chart, map: ***~ nàutica,*** chart. *4* card. || fig. ***jugar-se l'última ~,*** to play one's last card. || ***tirar les cartes,*** to tell someone's fortune.
cartabó (kərtəβó) *m.* TECH. carpenter's square, draughtsman's triangle.
cartejar-se (kərtəʒársə) *p.* to correspond, to write to one another.
cartell (kərtéʎ) *m.* poster; bill [theatre]; wall chart.
carter (kərté) *m.* postman, (USA) mailman.
cartera (kərtérə) *f.* wallet. *2* briefcase, portfolio. *3* ECON. holdings. *4* POL. portfolio, (ministerial) post. || ***tenir en ~,*** to plan, to have in mind.
carterista (kərtərístə) *m.-f.* pick-pocket.
carteró (kərtəró) *m.* (ROSS.) See RÈTOL.
cartílag (kərtílək) *m.* ANAT. cartilage.
cartilla (kərtíʎə) *f.* card, record: ***~ militar,*** military record. *2* ***~ escolar,*** primer.
cartipàs (kərtipás) *m.* (lined) notebook, exercise book. *2* portfolio.
cartó (kərtó) *m.* cardboard.
cartògraf, -fa (kərtɔ́γraf, -fə) *m.-f.* cartographer, mapmaker.
cartografia (kərtuγrəfíə) *f.* cartography, map-drawing.
cartolina (kərtulínə) *f.* fine cardboard.
cartomància (kərtumánsiə) *f.* fortune-telling [with cards].
cartró (kərtró) *m.* See CARTÓ.
cartutx (kərtútʃ) *m.* cartridge. *2* roll [of coins].
cartutxera (kərtutʃérə) *f.* cartridge belt.
carxofa (kərʃɔ́fə) *f.* BOT. artichoke.
cas (kas) *m.* case, circumstance: ***en cap ~,*** under no circumstances. || ***no fer al ~,*** to be beside the point; ***si de ~,*** in [any] case. *2* GRAMM. case. *3* MED. case. *4* ***ets un ~!,*** you're a dead loss!
casa (kázə) *f.* house; home, household. *2* building. || ***~ de la vila,*** town or city hall; ***~ de barrets,*** brothel; ***~ de pagès,*** farmhouse; ***~ de pisos,*** block of flats. *3* ***d'estar per ~,*** casual [clothes], makeshift; ***tirar la ~ per la finestra,*** to go all out.
casaca (kəzákə) *f.* long coat, tunic.

casal (kəzál) *m.* family home, estate. *2* dynasty. *3* cultural or recreational centre: ~ ***d'avis,*** old age pensioner's club.
casalot (kəzəlɔ́t) *m.* large (ramshackle) house.
casament (kəzəmén) *m.* wedding [ceremony]; marriage. *2* fig. match, matching.
casar (kəzá) *t.* to marry. *2* fig. to match, to couple. ▪ *3 i.* to match, to harmonize. ▪ *4 p.* to get married.
casat, -ada (kəzát, -áðə) *a.* married. ▪ *2 m.-f.* married man or woman.
casc (kask) *m.* helmet. *2* NAUT. hull: ~ ***de la nau,*** hull [of a ship]. *3* district: ~ ***antic,*** old quarter [of a city].
cascada (kəskáðə) *f.* waterfall, cascade.
cascall (kəskáʎ) *m.* BOT. poppy.
cascar (kəská) *t.* to crack, to split. *2* to bruise. *3* ***tenir la veu cascada,*** to have a cracked voice.
cascavell (kəskəβéʎ) *m.* (little) bell. *2 f.* ZOOL. ***serp de ~,*** rattlesnake.
casella (kəzéʎə) *f.* compartment. *2* GAME square [crossword puzzle, chess, etc.].
caseriu (kəzəriŭ) *m.* hamlet, group of houses.
caserna (kəzέrnə) *f.* MIL. barracks.
caseta (kəzέtə) *f.* stall, booth: ~ ***de banys,*** bathing hut. *2* compartment.
casimir (kəzimir) *m.* cashmere.
casino (kəzinu) *m.* club. ‖ ~ ***de joc,*** casino.
casolà, -ana (kəzulá, -ánə) *a.* household, home-made; home-loving [person].
casori (kəzɔ́ri) *m.* wedding, marriage.
casot (kəzɔ́t) *m.* hut, hovel.
caspa (káspə) *f.* dandruff, scurf.
casquet (kəskέt) *m.* skull-cap, helmet. ‖ ~ ***glacial,*** ice-cap.
cassació (kəsəsió) *f.* LAW annulment.
casserola (kəsərɔ́lə) *f.* See CASSOLA.
cassó (kəsó) *m.* saucepan.
cassola (kəsɔ́lə) *f.* pan, large casserole; earthen cooking pan.
cast, -ta (kás(t), -tə) *a.* chaste. ▪ *2 f.* caste. *3* class, quality.
castany, -nya (kəstáɲ, -ɲə) *a.* chestnut-coloured. ▪ *2 f.* BOT. chestnut.
castanyada (kəstəɲáðə) *f.* chestnut-roasting party.
castanyer, -ra (kəstəɲé, -rə) *m.* BOT. chestnut-tree.
castanyoles (kəstəɲɔ́ləs) *f. pl.* castanets.
castedat (kəstəðát) *f.* chastity.
castell (kəstéʎ) *m.* castle. ‖ ~ ***de focs,*** fireworks. ‖ ~ ***de sorra,*** sand-castle.
castellanisme (kəstəʎənizmə) *m.* Castilianism.
càstig (kástik) *m.* punishment.
castigar (kəstiɣá) *t.* to punish. *2* fig. to strain [physically].
castís, -issa (kəstis, -isə) *a.* pure, authentic, genuine; purebred, pedigree, pure-blooded.
castor (kəstó) *m.* ZOOL. beaver.
castrar (kəstrá) *t.* to castrate, to geld.
castrense (kəstrέnsə) *a.* military.
casual (kəzuál) *a.* accidental, chance.
casualitat (kəzuəlitát) *f.* chance, coincidence. ‖ ***per ~,*** by chance, accidentally.
casuística (kəzuistikə) *f.* casuistry.
casulla (kəzúʎə) *f.* chasuble.
cataclisme (kətəklizmə) *m.* cataclysm. *2* fig. disaster.
catacumbes (kətəkúmbəs) *f. pl.* catacombs.
català, -ana (kətəlá, -ánə) *a.* Catalonian, Catalan. ▪ *2 m.-f.* Catalonian [person]. *3 m.* Catalan [language].
catalanisme (kətələnizmə) *m.* Catalanism; catalanism [linguistics].
catàleg (kətálək) *m.* catalogue.
catàlisi (kətálizi) *f.* catalysis.
Catalunya (kətəlúɲə) *pr. n. f.* GEOGR. Catalonia.
cataplasma (kətəplázmə) *f.* MED. poultice. *2* fig. sickly person.
catapulta (kətəpúltə) *f.* catapult.
cataracta (kətəráktə) *f.* MED. cataract.
catarro (kətárru) *m.* cold, head cold. *2* catarrh.
catàstrofe (kətástrufə) *f.* catastrophe.
catau (kətáŭ) *m.* den, lair; hideout, hiding place.
catecisme (kətəsizmə) *m.* catechism.
catecumen, -úmena (kətəkúmən, -úmənə) *m.-f.* catechumen.
càtedra (kátəðrə) *f.* chair, professorship [university]. ‖ ***exercir una ~,*** to hold a chair.
catedral (kətəðrál) *f.* cathedral.
catedràtic, -ca (kətəðrátik, -kə) *m.* professor, lecturer: ~ ***d'institut,*** grammar school teacher, (USA) secondary school teacher; ~ ***d'universitat,*** university professor.
categoria (kətəɣuriə) *f.* category; quality, standing.
categòric, -ca (kətəɣɔ́rik, -kə) *a.* categorical.
catequesi (kətəkέzi) *f.* catechesis.
caterva (kətέrβə) *f.* throng, crowd; flock.
catet (kətέt) *m.* GEOM. cathetus.
catifa (kətifə) *f.* rug, carpet [floor].
càtode (kátuðə) *m.* ELECTR. cathode.
catòlic, -ca (kətɔ́lik, -kə) *a., m.-f.* catholic. ‖ fig. ***no estar ~,*** to be under the weather.
catolicisme (kətulisizmə) *m.* Catholicism.
catorze (kətórzə) *a.-m.* fourteen.

catorzè, -ena (kəturzέ, -έnə) *a.-m.* fourteenth.

catre (kátrə) *m.* cot.

catric-catrac (kətrikkətrák) *m.* clickety-clack.

catúfol (kətúful) *m.* bucket, scoop [in a well]. || ***fer ~s,*** to dodder, to be in one's dotage.

catxalot (kətʃəlɔ́t) *m.* ZOOL. sperm whale.

cau (káŭ) *m.* den, lair; burrow. || ***a ~ d'orella,*** whispering in someone's ear. *2* card game.

caució (kəŭsió) *f.* caution. *2* guarantee, pledge.

caure (káŭrə) *i.* to fall, to drop. || ***~ a terra,*** to fall to the ground or on the floor. || ***deixar ~,*** to drop. *2* fig. ***~-hi,*** to realize. *3* to lie, to be located. *4* fig. ***~ a les mans,*** to come across. *5* fig. ***~ bé,*** to impress favourably. || ***em cauen malament,*** I don't take to them.

causa (káŭzə) *f.* cause, reason; grounds. || *prep. phr.* ***a ~ de,*** on account of, because of. *2* LAW lawsuit; case, trial.

causal (kəŭzál) *a.* causal.

causant (kəŭzán) *a.* causing. ■ *2 m.-f.* cause.

causar (kəŭzá) *t.* to cause; to create, to provoke.

càustic, -ca (káŭstik, -kə) *a.* caustic. *2* fig. sarcastic.

cauteritzar (kəŭtəridzá) *t.* to cauterize.

cautxú (kəŭtʃú) *m.* rubber.

cavalcada (kəβəlkáðə) *f.* cavalcade. *2* cavalry raid.

cavalcadura (kəβəlkəðúrə) *f.* beast of burden.

cavalcar (kəβəlká) *t.* to ride [a horse]. ■ *2 i.* to ride (horseback), to go riding.

cavall (kəβáʎ) *m.* horse. *2* fig. ***~ de batalla,*** main point or theme. *3* ***~ de vapor,*** horsepower.

cavalla (kəβáʎə) *f.* ICHTHY. mackerel.

cavaller (kəβəʎé) *m.* rider, horseman. *2* gentleman. *3* knight.

cavalleresc, -ca (kəβəʎərέsk, -kə) *a.* knightly, chivalric; of chivalry [literature].

cavalleria (kəβəʎəriə) *f.* chivalry. *2* cavalry.

cavallerissa (kəβəʎərisə) *f.* stable [for horses].

cavallerós, -osa (kəβəʎərós, -ózə) *a.* chivalrous; gentlemanly.

cavallet (kəβəʎέt) *m.* CONSTR. trestle, saw-horse. *2* easel. *3 pl.* roundabout, merry-go-round.

cavallot (kəβəʎɔ́t) *m.* large, clumsy horse. *2* fig. tomboy.

cavar (kəβá) *t.* to dig; to excavate.

càvec (káβək) *m.* mattock.

caverna (kəβέrnə) *f.* cavern, cave.

caviar (kəβiár) *m.* caviar.

cavil·lació (kəβiləsió) *f.* deep thought, rumination.

cavil·lar (kəβilá) *t.* to brood over, to ponder.

cavitat (kəβitát) *f.* cavity. *2* ANAT. ***~ toràcica,*** thoracic cavity.

ceba (séβə) *f.* BOT. onion. *2* fig. obsession.

ceballot (səβəʎɔ́t) *m.* onion bud. *2* fig. half-wit.

ceballut, -uda (səβəʎút, -úðə) *a.* obstinate, stubborn.

cec, cega (sék, -séγə) *a.* blind. ■ *2 m.* blind man. *3* caecum, blind gut. *4 f.* blind woman.

Cecília (səsiliə) *pr. n. f.* Cecily.

cedir (səði) *t.* to yield, to hand over; to transfer [property]. ■ *2 i.* to yield, to give in (*a,* to). *3* to diminish, to ease off.

cedre (séðrə) *m.* BOT. cedar.

cèdula (sέðulə) *f.* certificate, document; permit.

CEE () *f. (Comunitat Econòmica Europea)* EEC (European Economic Community).

cefàlic, -ca (səfálik, -kə) *a.* cephalic.

ceguesa (səγέzə) *f.* blindness.

cel (sεl) *m.* sky; heavens. || ***remoure ~ i terra,*** fig. to leave no stone unturned. *2* REL. heaven: fig. ***baixar del ~,*** to come as a godsend. *3* ***~ ras,*** ceiling.

celar (səlá) *t.* to conceal, to hide; to cover.

celebèrrim, -ma (sələβέrrim, -mə) *a.* very famous, (extremely) well-known.

celebració (sələβrəsió) *f.* celebration; holding [of a meeting].

celebrar (sələβrá) *t.* to celebrate; to hold [a meeting]. *2* to be glad of. ■ *3 p.* to take place, to be held.

cèlebre (sέləβrə) *a.* famous, well-known.

celebritat (sələβritát) *f.* celebrity, fame. *2* celebrity [famous person].

celeritat (sələritát) *f.* speed; promptness, swiftness.

celestial (sələstiál) *a.* celestial, heavenly. *2* fig. perfect, ideal; delightful.

celibat (səliβát) *m.* celibacy.

celístia (səlistiə) *f.* starlight.

cella (sέʎə) *f.* ANAT. eyebrow. || ***ficar-se una cosa entre ~ i ~,*** to be headstrong or obstinate. *2* METEOR. cloud-cap. *3* flange, projection; rim.

cel·la (sέlə) *f.* cell [in prison, convent, etc.].

cellajunt, -ta (səʎəʒún, -tə) *a.* bushy-eyebrowed, with knitted eyebrows. *2* fig. worried, scowling.

celler (səʎé) *m.* cellar, wine-cellar.

cel·lofana (səlufánə) *f.* cellophane.

cèl·lula (sέlulə) *f.* cell. ‖ ~ ***fotoelèctrica,*** photoelectric cell.
cel·lular (səlulá) *a.* cellular, cell. ‖ ***cotxe*** ~, prison van.
cel·lulitis (səlulitis) *f.* cellulitis.
cel·luloide (səlulɔ́iðe) *m.* celluloid.
cel·lulosa (səlulózə) *f.* cellulose.
celobert (sȩluβέr(t)) *m.* interior patio, (USA) shaft.
celta (sέltə) *m.* GEOGR. Celt.
cèltic, -ca (sέltik, -kə) *a.* Celtic [language]. ▪ *2 m.-f.* Celt.
cement (səmén) *m.* cement [of teeth].
cementiri (səməntiri) *m.* cemetery, graveyard. ‖ ~ ***d'automòbils,*** used-car dump.
cenacle (sənáklə) *m.* circle [literary, political, artistic, etc.].
cendra (sέndrə) *f.* ash.
cendrer (səndré) *m.* ashtray.
cens (sέns) *m.* census. ‖ ~ ***electoral,*** electoral roll.
censor (sənsó) *m.* censor.
censura (sənsúrə) *f.* censorship, censoring. *2* censure, blame. *3* POL. ***moció de*** ~, censure motion.
censurar (sənsurá) *t.* to censor. *2* to censure, to condemn; to blame.
cent (sen) *a.-m.* one hundred, a hundred.
centaure (səntáŭrə) *m.* MYTH. centaur.
centè, -ena (səntέ, -έnə) *a.-m.* hundredth. *2 f.* hundred.
centella (səntéʎə) *f.* spark; flash. ‖ ***ésser viu com una*** ~, fig. to be a live wire.
centenar (səntəná) *m.* hundred.
centenari, -ària (səntənári, -áriə) *a.* centennial. ▪ *2 m.* centenary [period]; centenary, (USA) centennial [anniversary].
centèsim, -ma (səntέzim, -mə) *a., m.-f.* hundredth.
centesimal (səntəzimál) *a.* centesimal.
centígrad, -da (səntiɣrət, -ðə) *a.* Celsius, centigrade. ‖ ***grau*** ~, degree Celsius.
centígram (səntiɣrəm) *m.* centigram.
centilitre (səntilitrə) *m.* centilitre, (USA) centiliter.
cèntim (sέntim) *m.* hundredth part, of a peseta; cent, penny. ‖ ***fer-ne cinc*** ~***s,*** give a brief explanation [of something]. *2 pl.* money.
centímetre (səntimətrə) *m.* centimetre, (USA) centimeter. *2* measuring tape.
centpeus (sȩmpέus) *m.* ZOOL. centipede.
central (səntrál) *a.* central, middle. ▪ *2 f.* head office; plant, station. ‖ ~ ***elèctrica,*** power station. ‖ ~ ***nuclear,*** nuclear power station.
centralisme (səntrəlizmə) *m.* centralism.
centralitzar (səntrəlidzá) *t.* to centre. *2* POL. to centralize.
centrar (səntrá) *t.* to centre. *2* SP. to centre.
centre (séntrə) *m.* centre. ‖ ~ ***de gravetat,*** centre of gravity. *2* fig. main topic [of conversation].
cèntric, -ca (sέntrik, -kə) *a.* central, middle; convenient. *2* downtown.
centrífug, -ga (səntrífuk, -ɣə) *a.* centrifugal.
centrípet, -ta (səntrípət, -tə) *a.* centripetal.
centúria (səntúriə) *f.* lit. century.
centurió (sənturió) *m.* centurion.
cenyidor (səɲiðó) *m.* sash, belt.
cenyir (səɲí) *t.* to girdle; to encircle. *2* to gird on [sword], to put on [belt]. *3* to fit tightly. ▪ *4 p.* to tighten [up]; to restrict. *5* fig. to limit oneself.
cep (sέp) *m.* BOT. grapevine, vine stem. *2* clamp [on a wheel].
cepat, -ada (səpát, -áðə) *a.* hefty, well-built.
ceptre (séptrə) *m.* sceptre.
cera (sέrə) *f.* wax.
ceràmic, -ca (sərámik, -kə) *a.* ceramic. ▪ *2 f.* ceramics, pottery.
ceramista (sərəmistə) *m.* potter, ceramic artist.
cerç (sεrs) *m.* cold north wind.
cerca (sέrkə) *f.* search, hunt; quest.
cercabregues (sȩrkəβrέɣəs) *m.-f.* quarrelsome *a.*, rowdy *a.*
cercar (sərká) *t.* lit. so seek. *2* (BAL.) See BUSCAR.
cerca-raons (sȩrkərrəóns) *m.-f.* quarrelsome *a.*, trouble-maker.
cerciorar (sərsiurá) *t.* to assure, to affirm. ▪ *2 p.* to ascertain, to make sure (*de*, of).
cercle (sérklə) *m.* circle. ‖ fig. ~ ***d'amistats,*** circle of friends. ‖ fig. ~ ***viciós,*** vicious circle.
cèrcol (sέrkul) *m.* rim; hoop.
cereal (səreál) *a.* cereal; grain. ▪ *2 m.* cereal.
cerebel (sərəβél) *m.* ANAT. cerebellum.
cerebral (sərəβrál) *a.* cerebral, brain. *2* fig. cerebral, intellectual.
ceri, -cèria (sέri, -sέriə) *a.* waxen, wax.
cerilla (səriʎə) *f.* match. *2* taper, cardle.
cerimònia (sərimɔ́niə) *f.* ceremony.
cerimonial (sərimuniál) *a.-m.* ceremonial.
cerimoniós, -osa (sərimuniós, -ózə) *a.* ceremonious, elaborate. *2* slow, deliberate.
cerra (sέrrə) *f.* (boar) bristle.
cert, -ta (sεrt, -tə) *a.* true, certain; sure. ‖ ***és*** ~, that's true; certainly. ‖ ***d'una*** ~ ***edat,*** of mature years.
certamen (sərtámən) *m.* contest, competition.
certament (sεrtəmén) *adv.* surely, certainly.
certesa (sərtέzə) *f.* certainty, sureness.

certificar (sərtifiká) *t.* to certify; to vouch for. *2* to register [letter, package].
certificat, -ada (sərtifikát, -áðə) *a.* certified. || ***correu*** ~, registered post, (USA) registered mail. ▪ *2 m.* certificate. || ~ ***d'aptitud,*** diploma.
certitud (sərtitút) *f.* See CERTESA.
cerumen (sərúmən) *m.* MED. earwax.
cervatell (sərβətéʎ) *m.* ZOOL. fawn.
cervell (sərβéʎ) *m.* brain. *2* fig. whizz-kid, genius [person].
cervesa (sərβέzə) *f.* beer.
cervical (sərβikál) *a.* cervical, neck.
cérvol, -la (sérβul, -lə) *m.* ZOOL. deer, stag. *2 f.* hind.
cessació (səsəsió) *f.* cessation, ceasing; suspension. *2* dismissal [of civil servant], firing [of worker].
cessar (səsá) *t.* to cease, to suspend [payment]. ▪ *2 i.* to stop, to cease; to leave off [activity], to let up [rain].
cessió (səsió) *f.* LAW, POL. cession, surrender.
cetaci (sətási) *m.* ZOOL. cetacean.
cianur (siənúr) *m.* cyanide.
ciàtic, -ca (siátik, -kə) *a.* sciatic. ▪ *2 f.* MED. sciatica.
cicatritzar (sikətridzá) *t.-p.* to heal, to cicatrize.
cicatriu (sikətriŭ) *f.* scar.
cicerone (sisərónə) *m.* guide [person].
cicle (siklə) *m.* cycle.
cíclic, -ca (siklik, -kə) *a.* cyclic, cyclical.
ciclisme (siklizmə) *m.* cycling. *2* SP. cycle racing.
ciclista (siklistə) *a.* cycle. ▪ *2 m.-f.* cyclist.
cicló (sikló) *m.* METEOR. cyclone.
cicuta (sikútə) *f.* BOT. hemlock.
CIEMEN (siέmən) *m.* *(Centre Internacional d'Estudis de les Minories Ètniques i Nacionals)* (International Centre of Ethnic and National Minority Studies).
ciència (siέnsiə) *f.* science; knowledge. || ***tenir la*** ~ ***infusa,*** to divine.
científic, -ca (siəntifik, -kə) *a.* scientific. ▪ *2 m.-f.* scientist.
cigala (siɣálə) *f.* ENT. cicada. *2* ZOOL. Norway lobster. *3* vulg. cock.
cigar (siɣár) *m.* cigar.
cigarrera (siɣərrέrə) *f.* cigar or cigarette case.
cigarret (siɣərrέt) *m.* cigarette.
cigarreta (siɣərrέtə) *f.* See CIGARRET.
cigne (siŋnə) *m.* ORNIT. swan.
cigonya (siɣóɲə) *m.* ORNIT. stork.
cigonyal (siɣuɲál) *m.* MECH. crankshaft.
cigró (siɣró) *m.* chikpea.
cili (sili) *m.* cilium.
cilici (silisi) *m.* cilice, hair shirt.
cilindre (silindrə) *m.* cylinder. *2* MECH. barrel; roller.
cilíndric, -ca (silindrik, -kə) *a.* cylindrical.
cim (sim) *m.* top [of tree]; top, peak, summit [of mountain]. || ***al*** ~ ***de,*** on top of.
cimal (simál) *m.* peak, summit [of mountain]. *2* top. branch, main branch [of tree].
cimbals (simbəls) *m. pl.* cymbals.
cimbori (simbɔ́ri) *m.* ARCH. base [of a dome].
ciment (simén) *m.* cement. || ~ ***armat,*** reinforced concrete.
cimera (simérə) *f.* summit meeting, summit conference. *2* crest [of helmet].
cinabri (sináβri) *m.* MINER. cinnabar.
cinc (siŋ) *a.-m.* five.
cinc-cents, -tes (siŋséns,-təs) *a.-m.* five hundred.
cine (sinə) *m.* See CINEMA. ~***-club,*** cinema club, film club, art cinema.
cinegètic, -ca (sinəʒέtik, -kə) *a.-f.* hunting.
cinema (sinέmə) *m.* cinema [art], films: ~ ***d'art i assaig,*** non-commercial films; ~ ***mut,*** silent films. *2* cinema [place], (USA) movie theatre, movies.
cinemàtic, -ca (sinəmátik, -kə) *a.* kinetic. ▪ *2 f.* kinematics.
cinematògraf (sinəmətɔ́ɣrəf) *m.* cine projector, (USA) movie projector. *2* cinema, (USA) movie theatre.
cinematografia (sinəmətuɣrəfiə) *f.* cinema, film-making. *2* films.
cinerari, -ària (sinərári, -áriə) *a.* cinerary.
cinètic, -ca (sinέtik, -kə) *a.* kinetic. ▪ *2 f.* kinetics.
cingla (siŋglə) *f.* girth.
cingle (siŋglə) *m.* cliff, crag.
cínic, -ca (sinik, -kə) *a.* cynical. *2* shameless.
cinisme (sinizmə) *m.* cynicism. *2* impudence, shamelessness.
cinquanta (siŋkwántə) *a.-m.* fifty.
cinquè, -ena (siŋkέ, -έnə) *a.-m.* fifth.
cinta (sintə) *f.* band, strip. *2* ribbon: ~ ***per a màquina d'escriure,*** typewriter ribbon. *3* tape: ~ ***aïllant,*** insulating tape; ~ ***mètrica,*** tape measure. *4* reel [cinema]. *5* ~ ***transportadora,*** conveyor belt.
cintura (sintúrə) *f.* waist; waistline.
cinturó (sinturó) *m.* belt. || ~ ***de seguretat,*** safety belt. *2* fig. belt, area. || ~ ***industrial,*** industrial belt. *3* ~ ***de ronda,*** ring road.
cinyell (siɲéʎ) *m.* belt, waistband; sash.
circ (sirk) *m.* circus. *2* GEOL. cirque.
circuit (sirkúĭt) *m.* circuit, route [around a place]. *2* ELECTR. circuit: ~ ***integrat,*** integrated circuit; ~ ***tancat,*** closed-circuit [TV]. *3* SP. circuit, track.

circulació (sirkuləsiò) *f.* circulation. *2* traffic; driving.
circular (sirkulà) *a.-f.* circular.
circular (sirkulà) *i.* to circulate. *2* to run [transport]; to drive [cars]. *3* to pass round. *4* fig. to get round [news].
circumcidar (sirkumsiðà) *t.* to circumcise.
circumcisió (sirkumsizió) *f.* circumcision.
circumdar (sirkumdà) *t.* to encircle, to surround.
circumferència (sirkumfərɛ́siə) *f.* circumference.
circumloqui (sirkumlɔ̀ki) *m.* circumlocution.
circumscripció (sirkumskripsió) *f.* division [of territory]. || ~ ***administrativa,*** constituency, district.
circumspecció (sirkumspəksió) *f.* caution, prudence.
circumspecte, -ta (sirkumspèktə, -tə) *a.* cautious, wary.
circumstància (sirkumstánsiə) *f.* circumstance.
circumval·lació (sirkumbələsió) *f.* encircling, walling in. *2* bypass, ring road.
cirera (sirèrə) *f.* cherry. *2* fig., coll. ***remenar les cireres,*** to be in charge, to hold the reins.
cirerer (sirərè) *m.* BOT. cherry tree.
ciri (siri) *m.* (wax) candle.
CIRIT (sirit) *f.* *(Comissió Interdepartamental de Recerca i Innovació Tecnològica)* (Interdepartamental Comission for Technological Research and Innovation).
cirrosi (sirrɔ̀zi) *f.* MED. cirrhosis.
cirrus (sirrus) *m.* METEOR. cirrus.
cirurgia (sirurʒiə) *f.* surgery.
cirurgià, -ana (sirurʒià, -ánə) *m.-f.* surgeon.
cisalla (sizàʎə) *f.* metal shears.
cisar (sizà) *t.* to trim; to shear. *2* to embezzle.
cisell (sizèʎ) *m.* chisel.
cisma (sizmə) *m.* schism, division.
cistell (sistèʎ) *m.* basket.
cistella (sistèʎə) *f.* basket. *2* SP. basket.
cisterna (sistɛ́rnə) *f.* cistern, storage tank.
cita (sitə) *f.* appointment [with doctor, dentist, etc.]; date [with friends].
citació (sitəsió) *f.* summons. || ~ ***judicial,*** subpoena. *2* LITER. quotation.
citar (sità) *t.* to make an appointment with. *2* to quote, to cite (*de,* from). *2* LAW to summon, to subpoena.
cítara (sitərə) *f.* MUS. zither.
cítric, -ca (sitrik, -kə) *a.* citric. || ***àcid*** ~, citric acid. ■ *2 m.* citrus.
ciutadà, -ana (siŭtəðà, -ánə) *a.* civic, city. ■ *2 m.-f.* citizen; inhabitant.
ciutadella (siŭtəðèʎə) *f.* citadel, look-out tower.
ciutat (siŭtát) *f.* city; town. || ~ ***dormitori,*** suburb. || ~ ***universitària,*** (university) campus.
civada (siβáðə) *f.* oat(s).
civeta (siβètə) *f.* ZOOL. civet, civet-cat.
cívic, -ca (siβik, -kə) *a.* civic; civil. || ***centre*** ~, civic centre.
civil (siβil) *a.* civil. *2* polite, obliging. ■ *3 m.-f.* ***guàrdia*** ~, Civil Guard.
civilització (siβilidzəsió) *f.* civilization.
civilitzar (siβilidzà) *t.* to civilize.
civisme (siβizmə) *m.* public spirit; patriotism.
clac (klak) *m.* clack [noise].
claca (klákə) *f.* claque.
clam (klam) *m.* claim, complaint. *2* outcry, clamour.
clamar (kləmà) *t.* to cry out for, to shout for; to demand. ■ *2 i.* to cry out, to clamour; to shout.
clamor (kləmó) *m.* (i *f.*) cry, shout; noise. *2* outcry, clamour [of protest].
clan (klan) *m.* clan. *2* faction, clique.
clandestí, -ina (kləndəsti, -inə) *a.* clandestine, hidden; underground [activity].
clap (klap) *m.* patch: ***un ~ de gespa,*** a patch of grass.
clapa (klápə) *f.* spot, mark [of colour]. *2* opening, gap; clearing.
clapir (kləpi) *i.* to yelp, to whine [a dog].
clapotejar (kləputəʒà) *i.* to splash, to be splashed [liquid].
clar, -ra (kla, -rə) *a.* clear, bright: ***un matí molt ~,*** a clear morning. *2* light [colour]. *3* thin. || ***una sopa clara,*** clear soup. *4* fig. clear, easy to understand. || ***és ~,*** of course, sure. || ***més ~ que l'aigua,*** obvious. ■ *5 adv.* clearly. || ***parlar ~,*** to be frank.
claraboia (klərəβɔ̀iə) *f.* skylight.
clarament (klarəmén) *a.* clearly; obviously.
claredat (klərəðát) *f.* brightness, light. *2* clearness, clarity.
clarejar (klərəʒà) *i.* to dawn, to grow light. *2* to be light or thin [liquid].
clarí (kləri) *m.* MUS. bugle.
clariana (kləriánə) *f.* break in the clouds. *2* clearing.
clarificar (klərifikà) *t.* to clarify.
clarinet (klərinɛ́t) *m.* MUS. clarinet.
clarividència (kləriβiðɛ́nsiə) *f.* clairvoyance.
claror (klərό) *f.* brightness [of light].
classe (klásə) *f.* class. || ***fer ~,*** to have class. || ~ ***social,*** social class. *2* classroom.
clàssic, -ca (klásik, -kə) *a.* classic. *2* typical, traditional. *3* classical.
classificació (kləsifikəsió) *f.* classification.

classificar (kləsifikà) *t.* to classify, to rate; to sort.
clatell (klətéʎ) *m.* back or nape of the neck.
clatellada (klətəʎàðə) *f.* slap on the neck.
clau (klàu) *m.* nail. ‖ fig. ***arribar com un ~***, to be punctual, on time. ‖ ***ésser sec com un ~***, to be skinny as a twig. *2* BOT. ***~ d'espècia***, clove. *3 f.* key. ‖ ***~ mestra***, skeleton key, master key. *4* tap, switch. ‖ ***~ de pas***, stopcock. ‖ ***~ d'una aixeta***, tap, (USA) faucet. *5* key [answer]. *6* MUS. key.
claudàtor (kləŭðàtor) *m.* square brackets.
Claudi (klàŭði) *pr. n. m.* Claudius.
Clàudia (klàŭðiə) *pr. n. f.* Claudia.
claudicar (kləŭðikà) *i.* to give way, to back down. *2* to be untrue to one's principles.
clauer (kləwé) *m.* key-ring.
claustre (klàŭstrə) *m.* cloister. *2* staff, (USA) faculty [of university].
clàusula (klàŭzulə) *f.* clause.
clausurar (kləŭzurà) *t.* to close (down); to adjourn.
clavar (kləβà) *t.* to nail; to hammer in. *2* to embed, to set. *3* to thrust, to drive [with violence]: ***~ una bufetada***, to hit, to punch [someone]. ▪ *4 p.* ***m'he clavat una estella al dit***, I've got a splinter in my finger. *5* ***m'he clavat una sorpresa***, I was absolutely amazed.
clavat, -ada (kləβát, -àðə) *a.* identical, very similar. *3* just right, exactly fitting.
clavecí (kləβəsi) *m.* MUS. harpsichord; spinet.
claveguera (kləβəγérə) *f.* sewer, drain.
clavell (kləβéʎ) *m.* BOT. carnation.
clavellina (kləβəʎinə) *f.* BOT. pink.
clavicèmbal (kləβisɛ́mbəl) *m.* MUS. See CLAVECÍ.
clavícula (kləβikulə) *f.* ANAT. collarbone, clavicle.
clavilla (kləβiʎə) *f.* pin, peg.
clàxon (klàkson) *m.* horn [of a car].
cleda (klɛ́ðə) *f.* pen, sheepfold.
clemència (kləmɛ́nsiə) *f.* mercy, clemency.
clement (kləmén) *a.* merciful, clement.
clenxa (klɛ́nʃə) *f.* parting [of hair].
clepsa (klɛ́psə) *f.* crown of the head; skull. *2* fig. brains.
cleptomania (kləptumənìə) *f.* kleptomania.
clergue (klɛ́rγə) *m.* clergyman, priest; minister.
clerical (klərikàl) *a.* clerical.
client, -ta (klién, -tə) *m.-f.* client, customer; patient [of a doctor].
clientela (kliəntélə) *f.* clients, customers; clientele.
clima (klimə) *f.* climate. *2* fig. atmosphere.
climatologia (klimətuluʒiə) *f.* climatology.
clin (klin) *m.* See CRIN.
clínic, -ca (klinik, -kə) *a.* clinical. ▪ *2 f.* clinic; clinical training.
clip (klip) *m.* paper clip; hairclip (USA) bobby pin.
clissar (klisà) *t.* to see, to notice. ▪ *2 i.* to see.
clivella (kliβéʎə) *f.* crack, cleft; crevice.
clixé (kliʃé) *m.* PRINT. stencil. *2* fig. cliché.
clofolla (kklufóʎə) *f.* shell, nutshell.
cloïssa (kluisə) *f.* ZOOL. clam.
cloquejar (klukəʒà) *i.* to cluck.
clor (klɔr) *m.* chlorine.
clorat (klurát) *m.* CHEM. chlorite.
clorhídric (kluriðrik) *a.* CHEM. hydrochloric.
clorofil·la (klurufilə) *f.* chlorophyll.
cloroform (kluruform) *m.* chloroform.
clorur (klurúr) *m.* CHEM. chloride.
clos, -sa (klɔs, -ɔ́zə) *a.* enclosed; fenced in, walled in. ▪ *2 m.* enclosed area, enclosure. *3 f.* fence, wall.
closca (klɔ́skə) *f.* shell; eggshell. *2* skull; head. ‖ fig. ***dur de ~***, thick-skulled.
clot (klɔt) *m.* hole, pit; hollow. *2* hole; grave. ‖ ***anar al ~***, to die [a person].
clotell (klutéʎ) *m.* (BAL.) See CLATELL.
cloure (klɔ́ŭrə) *t.* to close, to shut. *2* to clinch. ▲ CONJUG. P. P. ***clos.***
club (klup) *m.* club.
ço (sɔ) *dem. pron.* ant. this; that.
coa (kɔ́ə) *f.* (BAL.) See CUA.
coacció (kuəksió) *f.* coercion, duress.
coaccionar (kuəksiunà) *t.* to coerce; to compel.
coadjutor, -ra (kuadʒutó, -rə) *a., m.-f.* assistant, helper *s.*
coadjuvar (kuədʒuβà) *i.* to help one another, to co-operate.
coagular (kuəγulà) *t.* to coagulate, to clot; to curdle. ▪ *2 p.* to coagulate, to curdle; to set, to thicken.
coalició (kuəlisió) *f.* coalition.
coartada (kuərtàðə) *f.* alibi.
cobalt (kuβàl) *m.* MINER. cobalt.
cobdícia (kubdisiə) *f.* See COBEJANÇA.
cobejança (kuβəʒànsə) *f.* greed, covetousness.
cobejar (kuβəʒà) *t.* to covet, to desire; to long for.
cobert, -ta (kuβɛ́r(t), -tə) *a.* covered. *2* overcast [sky]. ▪ *3 m.* shelter. *4* place [at a table]. *5* meal [at a fixed charge]. *6* set of cutlery. *7* fig. ***estar a ~***, to be in the black.
cobertor (koβertór) *m.* (VAL.) See COBRELLIT.
cobla (kóbblə) *f.* MUS. popular Catalonian instrumental group.
cobra (kɔ́βrə) *f.* ZOOL. cobra.

cobrador, -ra (kuβrəðó, -rə) *m.-f.* collector; conductor [of bus].
cobrar (kuβrá) *t.* to collect, to receive [esp. money]. *2* to charge [price]. *3* to recover.
cobrellit (kǫβrəʎít) *m.* bedcover.
cobrir (kuβrí) *t.* to cover, to protect. *2* to spread or extend over. *3* to meet, to cover [expenses]. *4* to cover up for. ■ *5 p.* to cover up, to cover oneself. ▲ CONJUG. P. P.: ***cobert.***
coc (kɔk) *m.* cook; chef.
coca (kókə) *f.* flat, oven-baked dough with topping. *2* fig. ***estar fet una ~,*** to feel low or depressed. *3* BOT. coca [plant]. *4* coll. coke, cocaine.
cocaïna (kukəínə) *f.* cocaine.
cocció (kuksió) *f.* cooking, baking.
còccix (kɔ́ksiks) *m.* ANAT. coccyx.
coco (kóku) *m.* coconut.
cocodril (kukuðríl) *m.* ZOOL. crocodile.
cocoter (kukuté) *m.* BOT. coconut palm.
còctel (kɔ́ctəl) *m.* cocktail [drink]. *2* cocktail party.
coctelera (kuktəlérə) *f.* cocktail shaker.
coda (kɔ́ðə) *f.* MUS. coda.
còdex (kɔ́ðəks) *m.* codex.
codi (kɔ́ði) *m.* code. ‖ ***~ de circulació,*** highway code; ***~ genètic,*** genetic code; ***~ penal,*** penal code.
codificar (kuðifiká) *t.* to codify. *2* to rationalize, to order.
còdol (kɔ́ðul) *m.* boulder.
codolell (kuðuléʎ) *m.* pebble.
codony (kuðóɲ) *m.* BOT. quince [fruit].
codonyat (kuðuɲát) *m.* quince jelly.
codonyer (kuðuɲé) *m.* BOT. quince tree.
coeficient (kuəfisién) *m.* MATH. coefficient. *2* quotient.
coerció (kuərsió) *f.* coercion; compulsion.
coercir (kuərsí) *t.* to coerce; to compel.
coet (kuέt) *m.* rocket.
coetani, -ània (kuətáni, -ániə) *a.* contemporary [of the same period].
coexistir (kuəgzistí) *i.* to coexist.
còfia (kɔ́fiə) *f.* cap [of nurse, maid, etc.].
cofre (kófrə) *m.* chest, trunk, coffer.
cofurna (kufúrnə) *f.* hovel, dump; dingy room.
cognició (kuɲnisió) *f.* cognition.
cognom (kuɲnɔ́m) *m.* surname, (USA) last name; family name.
cognoscible (kuɲnusíbblə) *a.* knowable; recognizable.
cogombre (kuɣómbrə) *m.* BOT. cucumber.
cohabitar (kuəβitá) *i.* to live together; to cohabit.
coherència (kuərέnsiə) *f.* coherence.
coherent (kuərén) *a.* coherent.
cohesió (kuəzió) *f.* cohesion.
cohibició (kuiβisió) *f.* restraint, inhibition.
cohibir (kuiβí) *t.* to restrain, to inhibit.
coincidència (kuinsiðέnsiə) *f.* coincidence.
coincidir (kuinsiðí) *i.* to coincide. ‖ ***vam ~ al cinema,*** we ran into each other at the cinema. *2* to agree.
coïssor (kuisó) *f.* smart, burning or stinging pain.
coit (kɔ́ĭt) *m.* intercourse, coition.
coix, -xa (koʃ, -ʃə) *a.* lame, limping; crippled. ■ *2 m.-f.* lame person; crippled.
coixejar (kuʃəʒá) *i.* to limp, to hobble (along); to be lame or crippled.
coixesa (kuʃέzə) *f.* lameness; limp.
coixí (kuʃí) *m.* cushion; pillow.
coixinera (kuʃinérə) *f.* cushion-slip; pillowcase.
coixinet (kuʃinέt) *m.* small cushion or pillow; pad. *2* MECH. bearing.
col (kɔl) *f.* BOT. cabbage. ‖ ***~ de Brusel·les,*** (Brussels) sprout.
cola (kɔ́lə) *f.* glue; gum.
colador (kuləðó) *m.* strainer.
colar (kulá) *t.* to strain, to filter [a liquid].
coleòpters (kuləɔ́ptərs) *m. pl.* ENT. beetles.
còlera (kɔ́lərə) *m.* MED. cholera. *2 f.* rage, anger.
colgar (kulɣá) *t.* to bury, to cover up. ■ *3 p.* to cover oneself up [in bed]. *4* to go to bed.
colibrí (kuliβrí) *m.* ORNIT. hummingbird.
còlic, -ca (kɔ́lik, -kə) *a.* MED. colic [of the colon]. ■ *2 m.* colic. *3* diarrhea.
col-i-flor (kǫliflɔ́) *f.* BOT. cauliflower.
colitis (kulítis) *f.* MED. colitis.
coll (kɔʎ) *m.* neck. ‖ ***a ~,*** on one's back or in one's arms. *2* throat. *3* collar [of a shirt, a coat, etc.]. *4* mountain pass. *5* suit [cards].
colla (kɔ́ʎə) *f.* gathering, crowd; assembly. *2* series, group, collection.
col·laboració (kuləβurəsió) *f.* collaboration.
col·laborador, -ra (kuləβurəðó, -rə) *m.-f.* collaborator.
col·laborar (kuləβurá) *i.* to collaborate.
col·lació (kuləsió) *f.* conferment. *2* light meal, snack. *3* ***portar a ~,*** to bring up, to mention.
collada (kuʎáðə) *f.* mountain pass.
col·lapse (kulápsə) *m.* collapse, breakdown. *2* fig. collapse, ruin, stoppage.
collar (kuʎá) *m.* necklace. *2* collar [of dog].
collar (kuʎá) *t.* to screw together; to join. *2* fig. to subject.
collaret (kuʎərέt) *m.* necklace.
col·lateral (kulətərál) *a.* collateral.
col·lecció (kuləksió) *f.* collection.
col·leccionar (kuləksiuná) *t.* to collect.

coHeccionista (kuləksiunistə) *m.-f.* collector.
coHectar (kuləktà) *t.* to collect [taxes]; to take a collection [for charity].
coHectiu, -iva (kuləktiŭ, -iβə) *a.* collective; joint, group. ■ *2 m.* council, committee; group.
coHectivitat (kuləktiβitàt) *f.* whole; group, community.
coHector (kuləktó) *a.* collecting. ■ *2 m.* drain; sewer.
coHega (kulέγə) *m.* colleague, partner; mate.
coHegi (kulέʒi) *m.* school; school building. *2* association; body, college. || ~ ***electoral,*** electoral college.
coHegial (kuləʒiàl) *a.* school, college. ■ *2 m.* schoolboy. *3 f.* schoolgirl.
coHegiar-se (kuləʒiàrsə) *p.* to become a school, college or association. *2* to enter a school, college or association.
coHegiata (kuləʒiàtə) *f.* collegiate church.
collir (kuʎi) *t.* to pick, to pick up; to pluck. *2* to harvest, to reap; to gather, to collect. ▲ CONJUG. INDIC. Pres.: ***cullo, culls, cull, cullen.*** || SUBJ. Pres.: ***culli, cullis, culli, cullin.*** | IMPERAT.: ***cull, culli, cullin.***
coHiri (kuliri) *m.* MED. eye-salve, collyrium.
coHisió (kulizió) *f.* collision. *2* fig. clash.
collita (kuʎitə) *f.* crop, harvest; picking, gathering. || fig. ***de ~ pròpia,*** of one's own invention.
colló (kuʎó) *m.* ball, testicle. || interj. vulg. ***collons!,*** fucking hell!
coHocació (kulukəsió) *f.* placing. *2* job, position.
coHocar (kulukà) *t.* to place; to position, to put. *2* to invest.
coHoide (kulɔ̀iðə) *m.* colloid.
coHoqui (kulɔ̀ki) *m.* conversation. *2* discussion [after conference]; conference.
colobra (kulɔ̀brə) *f.* ZOOL. snake.
colofó (kulufó) *m.* colophon. *2* fig. end, ending.
colom (kulóm) *m.* pigeon.
colomí (kulumi) *m.* young pigeon. *2* greenhorn; naïve person.
còlon (kɔ̀lun) *m.* ANAT. colon.
colònia *f.* colony. *2* cologne.
Colònia (kulɔ̀niə) *pr. n. f.* GEOGR. Cologne.
colonitzar (kulunidzà) *t.* to colonize; to settle.
color (kuló) *m.* colour, (USA) color. || ***perdre el ~,*** to turn pale. *2* fig. shade, tone; aspect. *3* ***de ~,*** coloured, black [person].
coloració (kulurəsió) *f.* colouring, (USA) coloring. *2* coloration, markings.
colorant (kuluràn) *a.* colouring, (USA) coloring. ■ *2 m.* CHEM. dye, colouring, (USA), coloring.
colorar (kulurà) *t.* to colour, (USA) to color; to dye, to stain.
coloret (kulurέt) *m.* COSM. rouge, blusher.
colorit (kulurit) *m.* colouring, (USA) coloring.
colós (kulós) *m.* colossus; giant.
colossal (kulusàl) *a.* colossal, giant.
colp (kɔ̀lp) *m.* (VAL.) See COP.
colpejar (kulpəʒà) *t.* to hit; to strike, to punch, to beat; to bang.
colpidor, -ra (kulpiðó, -rə) *a.* shocking, startling.
colpir (kulpi) *t.* to hit, to strike, to beat; to injure. *2* fig. to move, to affect [emotionally]; to shock.
colrar (kulrrà) *t.* to tan [skin]. ■ *2 p.* to get tanned.
coltell (kultéʎ) *m.* ant. knife.
columna (kulúmnə) *f.* ARCH. column; pillar. *2* ANAT. spine. || ~ ***vertebral,*** spinal column, spine. *3* fig. pillar, support.
columnata (kulumnàtə) *f.* colonnade.
colze (kólzə) *m.* elbow. *2* elbow's length [measurement]. *3* elbow [joint].
com (kɔm) *adv.* how; like; as. || ~ ***a,*** as. || ~ ***ara,*** such as. *2* as, while. ■ *3 conj.* as, since; because.
coma (kómə) *m.* MED. coma. *2* GEOGR. (wide) mountain pass. *3* PRINT. comma.
comanar (kumənà) *t.* to entrust, to commission; to delegate. *2* to pay tribute to [an absent party].
comanda (kumàndə) *f.* commission, assignment; errand, job; order. *2* care, custody.
comandament (kuməndəmén) *m.* command; rule, authority. *2* commanding officers [army]. *3* control [of aircraft]; driving [of car].
comandant (kuməndàn) *m.* commander; commandant.
comandar (kuməndà) *t.* to command, to lead; to be in charge of.
comarca (kumàrkə) *f.* region; area, district.
comare (kumàrə) *f.* godmother. *2* midwife. *3* neighbour [woman]; gossip.
combat (kumbàt) *m.* battle, combat; fight. || ***posar o deixar fora de ~,*** to put out of action, to knock out.
combatent (kumbətén) *m.* combatant.
combatre (kumbàtrə) *t.* to attack, to fight. *2* to counter, to oppose. ■ *3 i.* to fight, to battle.
combinació (kumbinəsió) *f.* combination. *2* (women's) slip [undergarment].
combinar (kumbinà) *t.* to combine; to join, to put together. *2* to blend, to mix. ■ *3 p.* to combine; to mix, to match.

combinat (kumbinát) *m.* cocktail.
comboi (kumɔ̀ĭ) *m.* convoy. *2* train.
combregar (kumbrəɣá) *t.* ECCL. to administer communion to. ▪ *2 i.* to receive communion. *3* fig. to be of the same opinion or feeling. || ***fer ~ amb rodes de molí,*** to bamboozle.
combustible (kumbustíbblə) *a.* combustible. ▪ *2* fuel, combustible.
combustió (kumbustió) *f.* combustion.
comèdia (kumɛ́ðiə) *f.* comedy. *2* fig. farce, comedy. || fig. ***fer ~,*** to play the fool.
comediant, -ta (kuməðián, -tə) *a.* comic, comical. ▪ *2 m.* comedian. *3 f.* comedienne. *4 m.-f.* fake.
començ (kumɛ́ns) *m.* See COMENÇAMENT.
començament (kumənsəmén) *m.* beginning, start. || ***des del ~,*** all along, from the start. *2* birth.
començar (kumənsá) *t.* to begin, to start. *2* to undertake, to take on. ▪ *3 i.* to begin, to start. || ***~ per,*** to begin with. || ***per ~,*** to begin with, in first place.
comensal (kumənsál) *m.-f.* table companion, dinner guest.
comentar (kuməntá) *t.* to comment on; to discuss, to give one's opinion of.
comentari (kuməntári) *m.* commentary. *2* comment; remark.
comentarista (kuməntərístə) *m.-f.* commentator [literary, historical, etc.].
comerç (kumɛ́rs) *m.* commerce, trade; business. *2* dealers, merchants [as a whole].
comercial (kumərsiál) *a.* commercial; business, trade. || ***centre ~,*** shopping centre.
comerciant, -ta (kumərsián, -tə) *m.-f.* dealer, merchant; trader.
comerciar (kumərsiá) *i.* to do business; to trade.
comesa (kumɛ́zə) *f.* duty, custody. *2* commission, assignment; task, job.
comestible (kuməstíbblə) *a.* edible. ▪ *2 m. pl.* food, provisions; groceries.
cometa (kumɛ́tə) *m.* ASTR. comet.
cometes (kumɛ́təs) *f. pl.* PRINT. inverted commas, quotation marks.
cometre (kumɛ́trə) *t.* to commit; to make [error]. || ***~ un assassinat,*** to commit murder. ▲ CONJUG. like ***admetre.***
comí (kumí) *m.* BOT. cumin.
comiat (kumiát) *m.* farewell. *2* dismissal; firing, sacking.
còmic, -ca (kɔ́ik, -kə) *a.* comic, comical. ▪ *2 m.* comedian. *3* comic (strip), cartoon. *4 f.* comedienne.
comicis (kumísis) *m. pl.* elections.
comissari (kumisári) *m.* commissary, deputy. *2* (police) inspector.
comissaria (kumisəríə) *f.* commissioner's office. *2* police station.
comissura (kumisúrə) *f.* commissure. || ***la ~ dels llavis,*** the corner of the mouth.
comitè (kumitɛ́) *m.* committee.
comitiva (kumitíβə) *f.* retinue, procession.
commemoració (kumməmurəsió) *f.* commemoration.
commemorar (kumməmurá) *t.* commemorate.
commemoratiu, -iva (kumməmurətíŭ, -íβə) *a.* commemorative.
commensurable (kummənsurábblə) *a.* commensurable.
comminació (kumminəsió) *f.* threat.
comminar (kumminá) *t.* to threaten [with a penalty].
comminatori, -òria (kumminətɔ́ri, -ɔ́riə) *a.* threatening.
commoció (kummusió) *f.* commotion, shock, upheaval. || ***~ cerebral,*** concussion.
commoure (kummɔ́urə) *t.* to shake: ***una enorme explosió va ~ la ciutat,*** an enormous explosion shook the city. *2* to awake, [emotions]. *3* to move, to affect: ***les seves paraules ens van ~ a tots,*** her words moved all of us.
comissió (kumisió) *f.* commission.
commovedor, -ra (kummuβəðó, -rə) *a.* moving, touching.
commutador (kummutəðó) *m.* ELECTR. commutator.
commutar (kummutá) *t.* to exchange, to commute. *2* ELECTR. to commutate. *3* LAW to commute.
còmode, -da (kɔ́muðə, -ðə) *a.* comfortable. *2* convenient, handy.
comoditat (kumuðitát) *f.* comfort. *2* convenience. *3 pl.* comforts, amenities, conveniences.
compacte, -ta (kumpáktə, -tə) *a.* compact.
compadir (kumpəðí) *t.* to sympathize with. ▪ *2 p.* to take pity (*de,* on).
compaginar (kumpəʒiná) *t.* to combine, to put together. *2* PRINT. to make up. ▪ *3 p.* to go together, to fit in with.
company, -nya (kumpáɲ, -ɲə) *m.-f.* companion, mate, colleague.
companyia (kumpəɲíə) *f.* company. || ***fer ~ a algú,*** to keep someone company.
companyó, -ona (kumpəɲó, -ónə) *m.-f.* See COMPANY.
companyonia (kumpəɲuníə) *f.* companionship.
comparable (kumpərábblə) *a.* comparable.
comparació (kumpərəsió) *f.* comparison. || *adv. phr.* ***en ~ a,*** in comparison with, compared to.
comparar (kumpərá) *t.* to compare.

comparatiu, -iva (kumpərətiŭ, -iβə) *a.* comparative.

compareixença (kumpərəʃɛ́nsə) *f.* LAW appearance.

comparèixer (kumpərɛ́ʃə) *i.* to appear. ▲ CONJUG. P. P.: ***comparegut.*** | INDIC. Pres.: ***comparec.*** || SUBJ. Pres.: ***comparegui,*** etc. | Imperf.: ***comparegués,*** etc.

comparsa (kumpársə) *f.-m.* THEATR. extra. *2 f.* group of people in fancy dress in carnival.

compartiment (kumpərtimén) *m.* sharing. *2* compartment [train, ship, etc.].

compartir (kumpərti) *t.* to share (out).

compàs (kumpás) *m.* compass. *2* MUS. rhythm; bar; time. ▲ *pl.* ***-ssos.***

compassat, -ada (kumpəsát, -áðə) *a.* measured; steady.

compassió (kumpəsió) *f.* compassion.

compassiu, -iva (kumpəsiŭ, -iβə) *a.* understanding, sympathetic.

compatibilitat (kumpətiβilitát) *f.* compatibility.

compatible (kumpətibblə) *a.* compatible.

compatriota (kumpətriɔ́tə) *m.-f.* compatriot. *2 m.* countryman. *3 f.* countrywoman.

compel·lir (kumpəli) *t.* to compel, to force.

compendi (kumpɛ́ndi) *m.* summary, résumé; compendium.

compendiar (kumpəndiá) *t.* to summarize, to abridge.

compenetració (kumpənətrəsió) *f.* mutual understanding.

compenetrar-se (kumpənətrársə) *p.* to understand each other.

compensació (kumpənsəsió) *f.* compensation. *2* ECON. ***càmara de ~,*** clearing house.

compensar (kumpənsá) *t.* to compensate, to compensate for.

competència (kumpətɛ́nsiə) *f.* scope, province: ***això és ~ del director,*** that's the headmaster's province. *2* competence, ability. *3* competition: ***fer la ~,*** to compete.

competent (kumpətén) *a.* adequate. *2* competent; appropiate: ***ens posarem en contacte amb les autoritats ~s,*** we shall get in touch with the appropiate authorities.

competició (kumpətisió) *f.* competition.

competidor, -ra (kumpətiðó, -rə) *m.-f.* competitor.

competir (kumpəti) *i.* to correspond; to concern. *2* to compete.

compilació (kumpiləsió) *f.* compilation.

compilar (kumpilá) *t.* to compile.

complaença (kumpləɛ́nsə) *f.* desire to please. *2* pleasure. *3* satisfaction.

complaent (kumpləén) *a.* helpful, obliging. *2* satisfied, pleased.

complaure (kumpláŭrə) *t.* to please. ▪ *2 p.* to be pleased about. ▲ CONJUG. like ***plaure.***

complement (kumpləmén) *m.* complement. *2* GRAMM. object, complement.

complementar (kumpləməntá) *t.* to complement, to complete.

complementari, -ària (kumpləməntári, -áriə) *a.* complementary.

complert, -ta (kumplɛ́r(t), -tə) *a.* full, replete. *2* complete, whole.

complet (kumplɛ́t) *a.* complete. *2* full: ***l'hotel està ~,*** the hotel has no vacancies.

completar (kumplətá) *t.* to complete.

complex, -xa (kumplɛ́ks, -ksə) *a.* complex, complicated. ▪ *2 m.* complex.

complexió (kumpləksió) *f.* constitution, nature.

complicació (kumplikəsió) *f.* complication.

complicar (kumpliká) *t.* to complicate, to make complicated. ▪ *2 p.* to get complicated. *3* to get involved (*en,* in). *4* ***~-se la vida,*** to make life difficult for oneself.

complicat, -ada (kumplikát, -áðə) *a.* complicated.

còmplice (kɔ́mplisə) *m.-f.* accomplice.

complicitat (kumplisitát) *f.* complicity.

complidor, -ra (kumpliðó, -rə) *a.* reliable; obliging. ▪ *2 m.-f.* reliable person; obliging person.

compliment (kumplimén) *m.* carrying out; fulfilment. *2* compliment. || ***no fer ~s,*** not to stand on ceremony.

complimentar (kumpliməntá) *t.* to compliment.

complir (kumpli) *t.* to fulfil [a promise]; to carry out [an order]. *2* to reach [an age]; to meet [a deadline]. || ***demà compleix vint-i-sis anys,*** she's twenty six tomorrow. ▪ *3 i.* to do one's duty, to do what is required. ▪ *4 p.* to come true [predictions, desires]. ▲ CONJUG. P. P.: ***complert*** or ***complit.***

complit, -ida (kumplit, -iðə) *a.* See COMPLERT.

complot (kumplɔ́t) *m.* plot, conspiracy.

compondre (kumpɔ́ndrə) *t.* to make up; to put together. *2* to compose, to write. ▪ *3 p.* to tidy oneself up, to make oneself look smart. *4* ***compondre-s'ho,*** to sort things out, to manage. ▲ CONJUG. like ***respondre.***

component (kumpunén) *a.-m.-f.* component.

comporta (kumpɔ́rtə) *f.* sluice, floodgate.

comportament (kumpurtəmén) *m.* behaviour.

comportar (kumpurtá) *t.* to suffer, to put up with. *2* to imply, to involve. ▪ *3 p.* to behave, to behave oneself.

composició (kumpuzisió) *f.* composition.

compositor, -ra (kumpuzitó, -rə) *m.-f.* MUS. composer.
compost, -ta (kumpɔ́s(t), -tə) *a.-m.* compound. *2 m.* compost.
compota (kumpɔ́tə) *f.* compote.
compra (kómprə) *f.* buying, purchase. *2* shopping.
comprador, -ra (kumprəðó, -rə) *m.-f.* buyer, purchaser.
comprar (kumprá) *t.* to buy, to purchase.
comprendre (kumprέndrə) *t.* to understand, to comprehend. *2* to comprehend, to include. ▪ *3 p.* to be understandable. ▲ CONJUG. like ***aprendre.***
comprensible (kumprənsíbblə) *a.* understandable, comprehensible.
comprensió (kumprənsió) *f.* comprehension, understanding.
comprensiu, -iva (kumprənsíŭ, -íβə) *a.* understanding [person]. *2* comprehensive: ***un estudi ~,*** a comprehensive study.
compresa (kumprέzə) *f.* compress. *2* sanitary towel [for women].
compressió (kumprəsió) *f.* compression.
compressor, -ra (kumprəsó, -rə) *a.* compressive. ▪ *2 m.* compressor.
comprimir (kumprimí) *t.* to compress. *2* fig. to contain, to control. ▪ *2 p.* to control oneself.
comprimit, -ida (kumprimít, -íðə) *a.* compressed. ▪ *2 m.* tablet, pill.
comprometedor, -ra (kumprumətəðó, -rə) *a.* compromising.
comprometre (kumprumέtrə) *t.* to compromise. *2* to jeopardise, to endanger. *3* to implicate, to involve. *4* to promise. ▪ *5 p.* to commit oneself, to promise. || ***m'he compromès a escriure el llibre,*** I have undertaken to write the book. ▲ CONJUG. like ***admetre.***
compromís (kumprumís) *m.* obligation, commitment. *2* appointment, engagement. *3* fix. || ***no et vull posar en un ~,*** I don't want to put you in a difficult situation.
comprovació (kumpruβəsió) *f.* check, checking, verification. *2* proof.
comprovant (kumpruβán) *m.* proof; voucher; receipt.
comprovar (kumpruβá) *t.* to check, to verify; to prove.
comptabilitat (kumtəβilitát) *f.* accountancy, accounting, bookkeeping.
comptable (kumtábblə) *a.* countable. ▪ *2 m.* accountant.
comptador, -ra (kumtəðó, -rə) *m.-f.* accountant. *2* meter.
comptagotes (kǫmtəγótəs) *m.* dropper.
comptant (kumtán) *a.* ***diners ~s,*** cash.
comptar (kumtá) *t.* to count. *2* to be a certain age: ***quan comptava només dotze anys,*** when he was only twelve. || ***té els dies comptats,*** his days are numbered. *3* to ascribe: ***compteu-li aquest èxit,*** put this success down to her. ▪ *4 i.* to count: ***sap ~ fins a 100,*** he can count up to 100. *5* fig. to imagine: ***ja pots ~ el que degueren pensar!,*** you can imagine what they must have thought! *6* to sort out money matters: ***ja ho comptarem quan arribem a casa,*** we'll sort out who owes who what when we get home. *8* to be sure. || ***És molt fàcil. Ja pots ~!,*** It's very easy. Oh, I'm sure it is! [said sarcastically].
comptat, -ada (kumtát, -áðə) *a.* ***al ~,*** cash. *2 pl.* rare, scarce: ***hi he anat comptades vegades,*** I've seldom been there.
compte (kómtə) *m.* calculation, counting. *2* count. *3* care, attention. || ***~!,*** look out! || ***~ amb el ganivet,*** be careful with that knife. *4* bill. || ***passar ~s,*** to sort out money. *5* account. || ***donar ~ de,*** to inform of. || ***tenir en ~,*** to take into account. *6* bank account. *7* ***en ~s de,*** instead of.
compulsa (kumpúlsə) *f.* certified true copy.
compulsar (kumpulsá) *t.* to make a certified true copy. *2* to look through; to consult.
compulsió (kumpulsió) *f.* compulsion.
compunció (kumpunsió) *f.* remorse, compunction.
compungiment (kumpunʒimén) *m.* See COMPUNCIÓ.
compungir-se (kumpunʒírsə) *p.* to feel remorseful, to be sad.
compungit, -ida (kumpunʒít, -íðə) *a.* remorseful; sad.
còmput (kɔ́put) *m.* computation, calculation.
computador, -ra (kumputəðó) *a.* calculating, computing. ▪ *2 m.-f.* computer.
computar (kumputá) *t.* to compute, to calculate.
comtal (kumtál) *a.* count's.
comtat (kumtát) *m.* county, shire. *2* countship, earldom.
comte (kómtə) *m.* count, earl.
comtessa (kumtέsə) *f.* countess.
comú, -una (kumú, -únə) *a.* common: ***sentit ~,*** common sense. ▪ *2 f.* ant. toilet. *3 f.* commune.
comunament (kumunəmén) *adv.* commonly; often.
comunicació (kumunikəsió) *f.* communication.
comunicant (kumunikán) *a.* communicating. ▪ *2 m.-f.* communicant.
comunicar (kumuniká) *t.* to tell, to communicate: ***m'han comunicat la notícia,*** I've

bean told the news. *2* to transmit, to spread. ▪ *3 i.* to be engaged [telephone]. ▪ *4 p.* to be or get in touch. *5* to communicate.
comunicat (kumunikát) *m.* report; despatch; communiqué.
comunicatiu, -iva (kumunikətíŭ, -íβə) *a.* communicative.
comunió (kumunió) *f.* communion.
comunisme (kumunízmə) *m.* communism.
comunista (kumunístə) *a., m.-f.* communist.
comunitat (kumunitát) *f.* community. ‖ ~ ***de propietaris,*** owner's association.
con (kɔn) *m.* GEOM. cone.
conat (kunát) *m.* beginnings *pl.* *2* attempt.
conca (kóŋkə) *f.* bowl. *2* socket [of the eyes]. *3* basin [of a river].
concatenació (kuŋkətənəsió) *f.* concatenation, linking.
còncau, -ava (kɔ́ŋkəŭ, -əβə) *a.* concave.
concavitat (kuŋkəβitát) *f.* concavity, hollow; hollowness.
concebible (kunsəβíbblə) *a.* conceivable.
concebre (kunsɛ́βrə) *t.* to conceive. *2* fig. to conceive, to imagine, to have [an idea]. *3* ~ ***esperances,*** to have hopes. ▲ CONJUG. like ***rebre.***
concedir (kunsəðí) *t.* to award. *2* to concede, to allow.
concentració (kunsəntrəsió) *f.* concentration.
concentrar (kunsəntrá) *t.-p.* to concentrate.
concèntric, -ca (kunsɛ́ntrik, -kə) *a.* concentric.
concepció (kunsəpsió) *f.* conception.
concepte (kunséptə) *m.* concept. *2* conception, idea. *3* opinion.
conceptuar (kunsəptuá) *t.* to consider, to think, to judge.
concernent (kunsərnén) *a.* concerning, regarding.
concernir (kunsərní) *t.* to concern, to affect, to apply to.
concert (kunsɛ́r(t)) *m.* MUS. concert. *2* agreement.
concertar (kunsərtá) *t.* to arrange, to agree on. ‖ ~ ***la pau,*** to come to a peace agreement. ▪ *2 i.* MUS. to harmonize.
concertista (kunsərtístə) *m.-f.* MUS. concert performer, concert artist.
concessió (kunsəsió) *f.* concession. *2* awarding, granting, grant.
concessionari, -ària (kunsəsiunári, -áriə) *a.* concessionary. ▪ *2 m.-f.* concessionaire.
concili (kunsíli) *m.* council.
conciliàbul (kunsiliáβul) *m.* unlawful meeting, unlawful assembly.
conciliació (kunsiliəsió) *f.* conciliation.
conciliador, -ra (kunsiliəðó, -rə) *a.* conciliatory. ▪ *2 m.-f.* conciliator, peacemaker.
conciliar (kunsiliá) *t.* to reconcile; to conciliate. *2* to win, to gain [respect, favour, etc.].
conciliatori, -òria (kunsiliətɔ́ri, -ɔ́riə) *a.* conciliatory.
concís, -isa (kunsís, -ízə) *a.* concise.
concisió (kunsizió) *f.* conciseness.
conciutadà, -ana (kunsiŭtəðá, -ánə) *m.-f.* fellow citizen.
conclave (kuŋkláβə) *m.* conclave.
concloent (kuŋkluén) *a.* decisive, conclusive.
concloure (kuŋklɔ́ŭrə) *t.* to finish, to end, to conclude. *2* to conclude, to deduce. ▲ CONJUG. like ***cloure.***
conclusió (kuŋkluzió) *f.* conclusion.
conco, -a (kɔ́ŋku, -a) *m.* pej. bachelor. *2 f.* pej. spinster. *3 m.* BAL. See ONCLE.
concomitància (kuŋkumitánsiə) *f.* concomitance, accompaniment.
concomitant (kuŋkumitán) *a.* concomitant.
concordança (kuŋkurðánsə) *f.* harmony, concordance. *2* GRAMM. agreement.
concordant (kuŋkurðán) *a.* concordant.
concordar (kuŋkurðá) *t.* to make agree. *2* to agree on. ▪ *3 i.* to agree.
concordat (kuŋkurðát) *m.* concordat.
concòrdia (kuŋkɔ́rðiə) *f.* harmony, concord. *2* accord, agreement.
concórrer (kuŋkórrə) *i.* to concur, to coincide. *2* to concur, to happen together. *3* to converge, to meet. *4* to compete for. ▲ CONJUG. like ***córrer.***
concreció (kuŋkrəsió) *f.* concretion.
concret, -ta (kuŋkrét, -tə) *a.* concrete [not abstract]; definite, actual, specific. ‖ ***en aquest cas*** ~, in this particular case.
concretament (kuŋkrȩtəmén) *adv.* in particular, specifically, to be exact.
concretar (kuŋkrətá) *t.* to specify, to say definitely. ‖ ***encara no hem concretat cap hora per l'entrevista,*** we still haven't fixed an exact time for the interview. ▪ *2 p.* to limit. ‖ ***sempre divaga, no es concreta mai a la qüestió,*** he always digresses, he never confines himself to the matter in hand.
concubina (kuŋkuβínə) *f.* concubine.
conculcar (kuŋkulká) *t.* to infringe [laws]; to violate [rights]; not to respect [authority].
concupiscència (kuŋkupisɛ́nsiə) *f.* concupiscence, lustfulness. *2* greed.
concupiscent (kuŋkupisén) *a.* concupiscent, lustful. *2* greedy.
concurrència (kuŋkurrɛ́nsiə) *f.* crowd, gathering; audience. *2* convergence; concurrence. *3* competition, rivalry.

concurrent (kuŋkurrén) *a.* convergent. *2* concurrent. ▪ *3 m.-f.* contender; candidate. *4* member of the audience; spectator.

concurs (kuŋkúrs) *m.* competition, contest. *2* concourse. *3* gathering, crowd.

concursant (kuŋkursán) *m.-f.* competitor, candidate.

condecoració (kundəkurəsió) *f.* medal, decoration.

condecorar (kundəkurá) *t.* to decorate [with badge, medal].

condeixeble, -bla (kundəʃébblə, -bblə) *m.-f.* schoolmate, classmate.

condemna (kundémnə) *f.* LAW sentence. *2* fig. condemnation.

condemnar (kundəmná) *t.* LAW to sentence, to condemn. *2* to condemn. *3* MED. to declare incurable.

condemnat, -ada (kundəmnát, -áðə) *a.*, condemned; convicted; damned. ▪ *2 m.-f.* convicted person.

condensació (kundənsəsió) *f.* condensation.

condensador, -ra (kundənsəðó, -rə) *a.* condensational. ▪ *2 m.* condenser, capacitor.

condensar (kundənsá) *t.* to condense. ▪ *2 p.* to come together, to conglomerate.

condescendència (kundəsəndέnsiə) *f.* acquiescence; condescension.

condescendent (kundəsəndén) *a.* acquiescent; willing to help, kind.

condescendir (kundəsəndí) *i.* to acquiesce, to agree.

condició (kundisió) *f.* condition. *2* condition, state: ***la ~ natural,*** the natural state. ‖ ***en la seva ~ de ministre,*** in his capacity as a minister. *3* status; social rank. *4* ***a ~ de,*** provided.

condicional (kundisiunál) *a.* conditional. ‖ ***llibertat ~,*** probation.

condicionar (kundisiuná) *t.* to condition. *2* to prepare, to make suitable.

condiment (kundimén) *m.* condiment.

condimentar (kundiməntá) *t.* to condiment, to season.

condó (kundó) *m.* condom.

condol (kundɔ́l) *m.* condolence, sympathy. ‖ ***donar el ~,*** to express one's sympathy.

condoldre's (kundɔ́ldrəs) *p.* to sympathize, to express one's sympathy. ▲ CONJUG. like ***valer.***

condolença (kundulέnsə) *f.* condolence, sympathy.

condonar (kunduná) *t.* to condone, to pardon.

còndor (kɔ́ndur) *m.* ORNIT. condor.

conducta (kundúktə) *f.* conduct, behaviour, (USA) behavior.

conducte (kundúktə) *m.* conduit, pipe. *2* ANAT. duct, canal.

conductibilitat (kunduktiβilitát) *f.* conductivity.

conductor, -ra (kunduktó, -rə) *a.* conductive. ▪ *3 m.-f.* driver. *4 m.* ELECTR.. conductor.

conduir (kunduí) *t.* to lead, to guide. *2* to conduct, to transmit. *3* to drive. ▪ *4 p.* to behave.

conegut, -uda (kunəɣút, -úðə) *a.* known. *2* well-known, famous. ▪ *3 m.-f.* acquaintance.

coneixedor, -ra (kunəʃəðó, -rə) *m.-f.* expert.

coneixement (kunəʃəmén) *m.* knowledge. *2* consciousness: ***perdre el ~,*** to lose consciousness.

coneixença (kunəʃέnsə) *f.* knowledge: ***tenir ~ de,*** to know about, to be informed about. *2* acquaintanceship: ***fer la ~ d'algú,*** to make someone's acquaintance. *3* acquaintance.

conèixer (kunέʃə) *t.* to know. ‖ ***~ món,*** to be widely travelled. ‖ ***~ el món,*** to be a man of the world. *2* to meet: ***ahir vaig ~ una noia meravellosa,*** I met a wonderful girl yesterday. *3* to recognize: ***no em coneixes?,*** don't you recognise me?

confabulació (kumfəβuləsió) *f.* plot, intrigue.

confabular-se (kumfəβulársə) *p.* to plot, to intrigue.

confecció (kumfəksió) *f.* making-up, tailoring. *2* ready-made clothes; the production of ready-made clothes.

confeccionar (kumfəksiuná) *t.* to make up.

confederació (kumfəðərəsió) *f.* confederation.

confederar (kumfəðərá) *t.* to confederate.

confegir (kumfəʒí) *t.* to stick together [something broken]. *2* to spell out.

conferència (kumfərέnsiə) *f.* lecture. *2* meeting, conference.

conferenciant (kumfərənsián) *m.-f.* speaker, lecturer.

conferir (kumfərí) *t.* to award. ▪ *2 i.* to confer, to converse, to discuss.

confessar (kumfəsá) *t.* to confess. *2* to hear confession.

confessió (kumfəsió) *f.* confession.

confessional (kumfəsiunál) *a.* confessional.

confessionari (kumfəsiunári) *m.* ECCL. confessional.

confessor (kumfəsó) *m.* ECCL. confessor.

confetti (kumféti) *m.* confetti.

confí (kumfí) *m.* border. *2 pl.* limits, confines.

confiança (kumfiánsə) *f.* confidence; faith.

|| *de ~,* reliable, dependable, trustworthy. || *en ~,* confidentially. || *inspirar ~,* to inspire confidence.

confiar (kumfiá) *t.* to entrust, to confide in. ■ *2 i.* to trust. || *confio en tu,* I trust you.

confiat, -ada (kumfiát, -áðə) *a.* confident, sure. *2* credulous.

confidència (kumfiðɛ́nsiə) *f.* confidence, revelation of a secret.

confidencial (kumfiðənsiál) *a.* confidential.

confident (kumfiðén) *m.* confidant. *2 f.* confidante. *3 m.-f.* spy, informer.

configuració (kumfiɣurəsió) *f.* configuration, form.

configurar (kumfiɣurá) *t.* to shape, to configure.

confinar (kumfiná) *i.* to border with; to adjoin. ■ *2 t.* to confine. ■ *3 p.* to shut oneself up.

confirmació (kumfirməsió) *f.* confirmation.

confirmar (kumfirmá) *t.* to confirm.

confiscació (kumfiskəsió) *f.* LAW confiscation.

confiscar (kumfiská) *t.* LAW to confiscate.

confit (kumfit) *m.* sweet [sugar coated].

confitar (kumfitá) *t.* to sugar, to preserve in sugar. || *cireres confitades,* glacé cherries. *2* to pickle.

confiter, -ra (kumfité, -rə) *m.-f.* confectioner.

confiteria (kumfitəriə) *f.* sweet industry, confectionery. *2* sweetshop, confectioner's.

confitura (kumfitúrə) *f.* jam, preserve. *2* crystallized fruit.

conflicte (kumfliktə) *m.* conflict.

confluència (kumfluɛ́nsiə) *f.* confluence.

confluir (kumflui) *i.* to meet, to come together, to join.

confondre (kumfóndrə) *t.* to mistake. || *la vaig ~ amb la seva germana,* I mistook her sister for her. *2* to confound, to baffle. *3* to embarrass. ■ *4 p.* to run together, to be indistinguishable from, to blend in with. ▲ CONJUG. GER.: *confonent.* || P. P.: *confós.* || INDIC. Pres.: *confonc.* || SUBJ. Pres.: *confongui,* etc. Imperf.: *confongués.*

conformar (kumfurmá) *t.* to shape, to adapt, to adjust. ■ *2 p.* to comply with, to conform to, to resign oneself to.

conforme (kumfórmə) *a.* in accordance with, in keeping with. *2* in agreement. || *hi estàs ~?,* do you agree? || *3* proper, suitable, appropriate.

conformista (kumfurmistə) *m.-f.* conformist.

conformitat (kumfurmitát) *f.* conformity, similarity. *2* agreement, approval. *3* resignation.

confort (kumfɔ́r(t)) *m.* comfort.

confortable (kumfurtábblə) *a.* comfortable.

confortar (kumfurtá) *t.* to comfort, to console; to strengthen; to encourage.

confraria (kumfrəriə) *f.* brotherhood, society, association.

confraternitat (kumfrətərnitát) *f.* brotherhood.

confrontació (kumfruntəsió) *f.* confrontation.

confrontar (kumfruntá) *t.* to confront, to face. *2* to compare [two texts]. *3* to border.

confús, -usa (kumfús, -úzə) *a.* blurred, unclear, indistinct. *2* confused.

confusió (kumfuzió) *f.* confusion, chaos. *2* mistake.

congelar (kunʒəlá) *t.-p.* to freeze [also fig.].

congènere (kunʒɛ́nərə) *a.* of the same species. *2* similar.

congeniar (kunʒeniá) *i.* to get on (well) with.

congènit, -ta (kunʒɛ́nit, -tə) *a.* congenital.

congesta (kunʒéstə) *f.* patch of unmelted snow.

congestió (kunʒəstió) *f.* congestion.

congestionar (kunʒəstiuná) *t.* to congest. ■ *2 p.* to become congested.

conglomerar (kuŋglumərá) *t.* to conglomerate.

conglomerat (kuŋglumərát) *m.* conglomeration. *2* GEOL. conglomerate.

congost (kuŋgós(t)) *m.* narrow pass, narrow valley, defile.

congraciar-se (kuŋgrəsiársə) *p.* to ingratiate oneself.

congre (kóŋgrə) *m.* ICHTHY. conger eel.

congregació (kuŋgrəɣəsió) *f.* congregation.

congregar (kuŋgrəɣá) *t.-p.* to congregate, to gather.

congrés (kuŋgrés) *m.* congress.

congressista (kuŋgrəsistə) *m.-f.* congress-goer; congress member, delegate.

congriar (kuŋgriá) *t.* to create, to give rise to *i.* ■ *2 p.* to form, to build up.

congruència (kuŋgruɛ́nsiə) *f.* congruence.

congruent (kuŋgruén) *a.* appropriate, suitable.

conhortar (kunurtá) *t.-p.* to console, to comfort.

cònic, -ca (kɔ́nik, -kə) *a.* conical.

coníferes (kunifərəs) *f. pl.* BOT. conifers.

conill (kuniʎ) *m.* ZOOL. rabbit. ■ *2 a.* coll. naked, bare.

coniller, -ra (kuniʎé, -rə) *a.* rabbit. ■ *2 m.* (rabbit) hound. *3 f.* rabbit warren. *4* rabbit hutch.

conillets (kuniʎéts) *m. pl.* BOT. snapdragon.

conjectura (kunʒəktúrə) *f.* conjecture.

conjecturar (kunʒəkturá) *t.* to conjecture.
conjugació (kunʒuɣəsió) *f.* conjugation.
conjugal (kunʒuɣál) *a.* conjugal: ***vida ~,*** married life.
conjugar (kunʒuɣá) *t.-p.* to conjugate.
cònjuge (kɔ́nʒuʒə) *m.-f.* spouse. *2 m.* husband. *3 f.* wife.
conjuminar (kunʒuminá) *t.* to arrange, to manage [so that things come out well].
conjunció (kunʒunsió) *f.* conjunction.
conjunt, -ta (kunʒún, -tə) *a.* together; joint. ■ *2 m.* ensemble; whole, set. *3* outfit [clothes]. *4* MUS. ensemble; group.
conjuntiu, -iva (kunʒuntiŭ, -iβə) *a.* conjunctive. ■ *2 f.* ANAT. conjunctiva.
conjuntura (kunʒuntúrə) *f.* situation; circumstance: ***aprofitem la ~,*** let's take advantage of the situation. *2* ECON., POL. political and social situation.
conjuntivitis (kunʒuntiβítis) *f.* MED. conjunctivitis.
conjur (kunʒúr) *m.* exorcism; incantation.
conjurar (kunʒurá) *t.* to exorcise. *2* to ward off. ■ *3 p.* to conspire.
connectar (kunnəktá) *t.* to connect.
connex, -xa (kunnɛ́ks, -ksə) *a.* closely connected.
connexió (kunnəksió) *f.* connection, connexion.
connotació (kunnutəsió) *f.* connotation.
connotar (kunnutá) *t.* to connote.
conqueridor, -ra (kuŋkəriðó, -rə) *a.* conquering. ■ *2 m.-f.* conqueror.
conquerir (kuŋkərí) *t.* to conquer. *2* fig. to win over.
conquesta (kuŋkéstə) *f.* conquest.
conquilla (kuŋkiʎə) *f.* shell.
conquista (kuŋkístə) *f.* See CONQUESTA.
conquistador, -ra (kuŋkistəðó, -rə) *m.-f.* conqueror. *2* ladykiller.
conquistar (kuŋkistá) See CONQUERIR.
conreador, -ra (kunrreəðó, -rə) *m.-f.* AGR. cultivator, farmer. *2 f.* harrow.
conrear (kunrreá) *t.* to cultivate; to farm, to till. *2* fig. to improve. *3* fig. to dedicate oneself to.
conreu (kunrrɛ́u) *m.* AGR. cultivation. *2* fig. dedication.
consagració (kunsəɣrəsió) *f.* consecration.
consagrar (kunsəɣrá) *t.-p.* to dedicate, to devote. *2 t.* to consecrate.
consanguini, -ínia (kunsəŋgíni, -íniə) *a.* consanguineous.
consciència (kunsiɛ́nsiə) *f.* conscience: ***tenir la ~ neta,*** to have a clear conscience. *2* consciousness: ***perdre la ~,*** to lose consciousness.
conscient (kunsién) *a.* conscious. ‖ ***sóc ~ d'això,*** I am aware of that.
consecució (kunsəkusió) *f.* achievement, attainment.
consecutiu, -iva (kunsəkutiŭ, -iβə) *a.* consecutive. ‖ ***ha nevat cinc dies ~s,*** it has snowed five days running. *2* subsequent, resulting.
conseqüent (kunsəɣwén) *a.* resulting. ‖ ***despeses ~s al divorci,*** expenses arising from divorce. ■ *2 m.* consequence, conclusion.
consell (kunsɛ́ʎ) *m.* piece of advice. *2* council. ‖ COMM. ~ ***d'administració,*** board of directors; MIL. ~ ***de guerra,*** court martial; POL. ~ ***de ministres,*** cabinet.
conseller, -ra (kunsəʎé, -rə) *m.-f.* adviser, counsellor. *2* adviser, consultant [professional]. *3* COMM.member of the board. *4* POL. councillor. *5* minister in the ***Generalitat de Catalunya.***
consentiment (kunsəntimén) *m.* consent, approval.
consentir (kunsəntí) *t.* to tolerate, to permit, to allow. ■ *2 i.* to agree. ▲ CONJUG. like ***sentir.***
consentit, -ida (kunsəntít, -íðə) *a.* spoilt: ***un nen ~,*** a spoilt child.
conseqüència (kunsəkwɛ́nsiə) *f.* consequence. ‖ *prep. phr.* ***a ~ de,*** on account of. ‖ *adv. phr.* ***en ~,*** as a result, therefore.
conseqüent (kunsəkwén) *a.* consequent. *2* consistent.
conserge (kunsɛ́rʒə) *m.-f.* caretaker, (USA) janitor.
consergeria (kunsərʒəriə) *f.* porter's office.
conserva (kunsérβə) *f.* preserve, preserves; canned food, tinned food.
conservació (kunsərβəsió) *f.* conservation.
conservador, -ra (kunsərβəðó, -rə) *a.* POL. conservative. *2 m.-f.* curator [museums].
conservar (kunsərβá) *t.-p.* to keep *t.-p.-i.*, to maintain. *2 t.* to conserve.
conservatori, -òria (kunsərβətɔ́ri, -ɔ́riə) *a.* which conserves. ■ *2* MUS. *m.* conservatoire, conservatory.
considerable (kunsiðərábblə) *a.* considerable.
consideració (kunsiðərəsió) *f.* consideration. ‖ ***tenir en ~,*** to take into account.
considerar (kunsiðərá) *t.* to consider. *2* to respect: ***cal ~ els drets dels altres,*** we must respect others'rights.
consigna (kunsíŋnə) *f.* password. *2* left luggage locker, left luggage office.
consignar (kunsiŋná) *t.* to allocate. *2* to send. *3* COMM. to consign. *4* to write down, to record.
consignatari, -ària (kunsiŋnətári, -áriə) *m.-f.* COMM. consignee. *2* trustee.

consirós, -sa (kunsirós, -ózə) *a.* pensive, thoughtful, lost in thought.
consistència (kunsistɛ́nsia) *f.* consistency, substance, body.
consistent (kunsistén) *a.* solid, firm, thick. *2 ~ en,* consisting of.
consistir (kunsisti) *i.* to consist (*en,* of). *2* to lie in. || ***tots els seus problemes consisteixen a no tenir calers,*** all his problems reside in his lack of money.
consistori (kunsistɔ́ri) *m.* town council.
consol (kunsɔ́l) *m.* consolation.
cònsol (kɔ́nsul) *m.* consul.
consola (kúnsɔ́lə) *f.* console table. *2* console.
consolar (kunsulá) *t.* to console, to comfort. ▪ *2 p.* ***~-se amb,*** to make do with.
consolat (kunsulát) *m.* consulate.
consolidar (kunsuliðá) *t.-p.* to strengthen. *2* fig. to consolidate.
consonància (kunsunánsiə) *f.* consonance. *2* fig. harmony.
consonant (kunsunán) *a.* consonant. ▪ *2 m.* rhyming word, rhyme. *3 f.* consonant.
consorci (kunsɔ́rsi) *m.* ECON. consortium.
consort (kunsɔ́r(t)) *m.-f.* LAW consort. || ***el príncep ~,*** the Prince Consort.
conspicu, -ícua (kunspiku, -ikuə) *a.* eminent, prominent.
conspiració (kunspirəsió) *f.* conspiracy.
conspirar (kunspirá) *i.* to conspire.
constància (kunstánsiə) *f.* constancy; steadfastness; perseverance.
Constantinople (kunstəntinɔ́bblə) *pr. n. f.* GEOGR. Constantinople.
constant (kunstán) *a.* constant; persevering; steadfast. ▪ *2 f.* MATH. constant.
constar (kunstá) *i.* to consist. *2* to be certain, to be known. || ***em consta que has treballat molt,*** I know that you have worked very hard.
constatar (kunstətá) *t.* to establish, to verify. *2* to record.
constel·lació (kunstələsió) *f.* ASTR. constellation.
consternació (kunstərnəsió) *f.* consternation.
consternar (kunstərná) *t.* to appal, to dismay, to consternate.
constipar (kunstipá) *p.* to catch a cold.
constipat, -ada (kunstipát, -áðə) *a.* ***estic ~,*** I've got a cold. ▪ *2 m.* MED. cold.
constitució (kunstitusió) *f.* constitution.
constitucional (kunstitusiuná) *a.* constitutional.
constituent (kunstituén) *a.* constituent. ▪ *2 m.* CHEM. constituent.
constituir (kunstitui) *t.-p.* to form, to set up, to create. *2* to constitute, to be made up of.
constitutiu, -iva (kunstitutiŭ, -iβə) *a.* constituent, component.
constrènyer (kunstrɛ́ɲə) *t.* to constrain, to force. *2* to contain, to hold back, to repress. ▲ CONJUG. P. P.: ***constret.***
construcció (kunstruksió) *f.* construction.
constructiu, -iva (kunstruktiŭ, -iβə) *a.* constructive.
constructor, -ra (kunstruktó, -rə) *m.-f.* builder.
construir (kunstrui) *t.* to build, to construct.
consubstancial (kunsupstənsiál) *a.* consubstantial.
consuetud (kunsuətút) *f.* custom, habit.
consular (kunsulá) *a.* consular.
consulta (kunsúltə) *f.* consultation. *2* advice, opinion. *3* visit [to a doctor or lawyer]. || ***fer una ~,*** to ask for advice or information.
consultar (kunsultá) *t.* to consult.
consultiu, -iva (kunsultiŭ, -iβə) *a.* consultative, advisory.
consultori (kunsultɔ́ri) *m.* surgery [doctor, dentist]; office [lawyer].
consum (kunsúm) *m.* consumption. || ***béns de ~,*** consumer goods. || ***societat de ~,*** consumer society.
consumació (kunsuməsió) *f.* consummation.
consumar (kunsumá) *t.* to consumate.
consumidor, -ra (kunsumiðó, -rə) *a., m.-f.* consumer.
consumir (kunsumi) *t.* to consume, to use (up). ▪ *2 p.* to be used up. || ***l'oli s'ha consumit tot,*** all the oil has been used up.
consumpció (kunsumsió) *f.* consumption.
contacte (kuntáktə) *m.* contact. || ***posar en ~,*** to put in touch.
contagi (kuntáʒi) *m.* contagion, transmission.
contagiar (kuntəʒiá) *t.* to transmit, to give [diseases]. ▪ *2 p.* to become infected. *3* to be transmitted.
contagiós, -osa (kuntəʒiós, -ózə) *a.* contagious.
contaminació (kuntəminəsió) *f.* contamination. *2* pollution.
contaminar (kuntəminá) *t.* to contaminate. *2* to pollute.
contar (kuntá) *t.* to tell, to relate.
conte (kóntə) *m.* tale, story.
contemplació (kuntəmpləsió) *f.* contemplation. *2 pl.* due respect, ceremony. || ***tractar algú sense ~,*** to treat someone unceremoniously, not to stand on ceremony.
contemplar (kuntəmplá) *t.* to contemplate,

to stare at. *i. 2* to treat with respect, consideration or indulgence.
contemplatiu, -iva (kuntəmplətiŭ, -iβə) *a.* contemplative.
contemporani, -ània (kuntəmpuráni, -ániə) *a.* contemporany.
contenció (kuntənsió) *f.* containment. || ***mur de ~,*** retaining wall.
contenciós, -osa (kuntənsiós, -ózə) *a.* contentious.
contendre (kunténdrə) *i.* to contend, to dispute. ▲ CONJUG. like ***atendre.***
contenir (kuntəní) *t.* to contain. ■ *2 p.* to contain oneself. ▲ CONJUG. like ***obtenir.***
content, -ta (kuntén, -tə) *a.* content, pleased, happy; satisfied.
contesa (kuntέzə) *f.* dispute. *2* struggle, fight.
contesta (kuntéstə) *f.* answer, reply.
contestar (kuntəstá) *t.* to answer. ■ *2 i.* to object.
context (kuntéks(t)) *m.* context.
contigu, -gua (kuntíγu, -γwə) *a.* adjacent, contiguous.
continència (kuntinέnsiə) *f.* continence.
continent (kuntinén) *a.* continent. ■ *2 m.* container. *3* GEOGR. continent.
continental (kuntinəntál) *a.* continental.
contingència (kuntinʒέnsiə) *f.* contingency.
contingent (kuntinʒén) *a.* contingent, possible. ■ *2 m.* contingent.
contingut (kuntiŋgút) *m.* content [subject, matter of book or film]. *2* contents *pl.* [of bottle, tin, etc.; of book].
continu, -ínua (kuntínu, -ínuə) *a.* continuous. || ELECTR. ***corrent ~,*** continuous current.
continuació (kuntinuəsió) *f.* continuation. || *adv. phr.* ***a ~,*** next.
continuar (kuntinuá) *i.-t.* to continue.
continuïtat (kuntinuitát) *f.* continuity.
contorn (kuntórn) *m.* outline; edge, periphery.
contorsió (kuntursió) *f.* contortion.
contra (kóntrə) *prep.* against: ***va xocar ~ un cotxe,*** she crashed into a car. || ***en ~,*** against; ***el pro i el ~,*** the pros and the cons; ***fer*** o ***portar la ~ a algú,*** to go against someone.
contraatac (kɔ̹ntrəták) *m.* counterattack.
contrabaix (kɔ̹ntrəβáʃ) *m.* MUS. double bass.
contraban (kɔ̹ntrəβán) *m.* smuggling. || ***passar de ~,*** to smuggle.
contrabandista (kɔ̹ntrəβəndístə) *m.-f.* smuggler.
contracció (kuntrəksió) *f.* contraction.
contracepció (kɔ̹ntrəsəpsió) *f.* MED. contraception.
contracor (kɔ̹ntrəkɔ́r) *adv. phr.* ***a ~,*** reluctantly.
contractació (kuntrəktəsió) *f.* taking on, hiring; engagement.
contractar (kuntrəktá) *t.* to contract, to hire, to take on.
contracte, -ta (kuntráktə, -tə) *a.* contracted. ■ *2 m.* contract.
contràctil (kuntráktil) *a.* contractile.
contractista (kuntrəktístə) *m.* contractor.
contrada (kuntráðə) *f.* surrounding area; surroundings. *2* region, area.
contradicció (kuntrədiksió) *f.* contradiction.
contradictori, -òria (kuntrəðiktɔ́ri, -ɔ́riə) *a.* contradictory.
contradir (kuntrəðí) *t.-p.* to contradict. ▲ CONJUG. like ***dir.***
contrafer (kɔ̹ntrəfé) *t.* to contravene. *2* to forge, to counterfeit [money]. *3* to plagiarize, to copy. ▲ CONJUG. like ***desfer.***
contrafort (kɔ̹ntrəfɔ́r(t)) *m.* ARCH. buttress. *2* GEOL. spur.
contraindicació (kɔ̹ntrəĭndikəsió) *f.* MED. contraindication.
contrallum (kɔ̹ntrəʎúm) *m.* against the light: ***una fotografia feta a ~,*** a photograph taken against the light.
contralt (kuntrál) *m.-f.* MUS. contralto.
contramestre (kɔ̹ntrəmέstrə) *m.* MAR. boatswain. *2* foreman.
contrametzina (kɔ̹ntrəmədzínə) *f.* antidote.
contraordre (kɔ̹ntrórðrə) *f.* countermand.
contrapartida (kɔ̹ntrəpərtíðə) *f.* compensation.
contrapèl (kɔ̹ntrəpέl) *adv. phr.* ***a ~,*** the wrong way.
contrapès (kɔ̹ntrəpέs) *m.* counterbalance, counterweight.
contraposar (kuntrəpuzá) *t.* to oppose.
contraproduent (kɔ̹ntrəpruðuén) *a.* counterproductive.
contrapunt (kɔ̹ntrəpún) *m.* MUS. counterpoint.
contrarestar (kuntrərrəstá) *t.* to counteract, to cancel out.
contrari, -ària (kuntrári, -áriə) *a.* contrary (*a,* to), opposed (*a,* to). *2* opposite. || ***en sentit ~,*** the other way. *3* adverse, unfavourable. ■ *4 m.* the opposite, the contrary, the reverse. *5* opponent, adversary. *6 adv. phr.* ***al ~,*** on the contrary. *7 prep. phr.* ***al ~ de,*** unlike.
contrariar (kuntrəriá) *t.* to oppose, to go against. *i. 2* to annoy.
contrarietat (kuntrəriətát) *f.* opposition, conflict: ***~ d'interessos,*** conflict of interests. *2* setback; obstacle.
contrasenya (kɔ̹ntrəsέɲə) *f.* password.

contrast (kuntràs(t)) *m.* opposition, resistance. *2* contrast. *3* hallmark.
contrastar (kuntrəstà) *t.* to resist, to attempt to stop. *2* to assay, to check against a standard. ▪ *3 i.* to contrast (*amb*, with).
contratemps (kọntrətèms) *m.* setback. *2* MUS. syncopation.
contraure (kuntràŭrə) See CONTREURE.
contravenir (kuntrəβəní) *i.* to contravene. ▲ CONJUG. like ***obtenir.***
contreure (kuntrέŭrə) *t.* to contract. ‖ ~ ***amistat amb algú,*** to become the friend of someone; ~ ***deutes,*** to incur debts; ~ ***matrimoni,*** to contract marriage. *2* to contract, to catch [diseases]. ▪ *3 p.* to contract. ▲ CONJUG. like ***treure.***
contribució (kuntriβusió) *f.* contribution. *2* LAW tax.
contribuent (kuntriβuén) *m.-f.* contributor. *2* LAW tax-payer.
contribuir (kuntriβuí) *i.* to contribute. *2* LAW to pay taxes.
contrincant (kuntriŋkàn) *m.* opponent.
control (kuntrɔ̀l) *m.* control.
controlar (kuntrulà) *t.* to control. *2* to check, to verify, to examine.
controvèrsia (kuntruβέrsiə) *f.* controversy.
contuberni (kuntuβέrni) *m.* collusion.
contumaç (kuntumàs) *a.* contumacious, stubborn, disobedient.
contundent (kuntundén) *a.* blunt: ***un instrument ~,*** a blunt instrument. *2* fig. forceful, impressive [arguments].
contusió (kuntuzió) *f.* contusion, bruise.
convalescència (kumbələsέnsiə) *f.* convalescence.
convalescent (kumbələsén) *a., m.-f.* convalescent.
convèncer (kumbέnsə) *t.* to convince. ▲ CONJUG. like ***vèncer.***
convenció (kumbənsió) *f.* convention.
convencional (kumbənsiunàl) *a.* conventional.
conveni (kumbέni) *m.* agreement, accord, pact.
conveniència (kumbəniέnsiə) *f.* advisability, what is good for you, utility. ‖ ***no veig la ~ d'anar-hi,*** I don't see the point of going there.
convenient (kumbənién) *a.* convenient, advisable, suitable.
convenir (kumbəní) *t.* to agree, to arrange: ***què han convingut?,*** what have they arranged? ▪ *2 i.* to be good, to be advisable. ‖ ***et convé prendre el sol,*** you should sunbathe. *3* to agree. ▲ CONJUG. like ***obtenir.***
convent (kumbén) *m.* convent.
convergir (kumbərʒí) *i.* to converge.
convers, -sa (kumbέrs, -sə) *a.* REL. converted. ▪ *2 m.-f.* REL. convert.
conversa (kumbέrsə) *f.* conversation.
conversar (kumbərsà) *i.* to converse, to talk, to chat.
conversió (kumbərsió) *f.* conversion.
convertir (kumbərtí) *t.* to transform (en, *into*), to turn into. *2* to convert. *3* to persuade, to bring round. ▪ *4 p.* to become, to change into.
convex, -xa (kumbέks, -ksə) *a.* convex.
convexitat (kumbəksitàt) *f.* convexity.
convicció (kumbiksió) *f.* conviction.
convicte, -ta (kumbiktə, -tə) *a.* convicted.
convidar (kumbiðà) *t.* to invite. ‖ ***la pluja no convida a sortir,*** the rain doesn't really make you feel like going out.
convidat, -ada (kumbiðàt, -àðə) *m.-f.* guest.
convincent (kumbinsén) *a.* convincing.
convinença (kumbinέnsə) *f.* agreement; pact.
convit (kumbit) *m.* invitation. *2* meal, party [to which people are invited].
conviure (kumbiŭrə) *i.* to live together, to coexist. ▲ CONJUG. like ***viure.***
convivència (kumbiβέnsiə) *f.* living together; coexistence.
convocar (kumbukà) *t.* to call together. *2* to call, to convene, to convoke.
convocatòria (kumbukətɔ̀riə) *f.* convocation, convening. *2* document of convocation.
convuls, -sa (kumbúls, -sə) *a.* convulsed.
convulsió (kumbulsió) *f.* convulsion.
conxorxa (kunʃɔ̀rʃə) *f.* conspiracy, collusion.
cony (kɔ̀ɲ) *m.* vulg. cunt. *2 interj.* bloody hell!, fucking hell!
conya (kɔ̀ɲə) *f.* coll. joke, joking.
conyac (kuɲàk) *m.* cognac, brandy.
cooperació (kuupərəsió) *f.* cooperation.
cooperar (kuupərà) *i.* to cooperate.
cooperatiu, -iva (kuupərətiu, -iβə) *a.-f.* cooperative.
coordenada (kuurðənàðə) *f.* coordinate.
coordinació (kuurðinəsió) *f.* coordination.
coordinador, -ra (kuurðinəðó, -rə) *a.* coordinating. ▪ *2 m.-f.* coordinator.
coordinar (kuurðinà) *t.* to coordinate.
cop (kɔp) *m.* blow, knock [also fig.]. ‖ ***de ~ (i volta),*** suddenly; ***fer un ~ de cap,*** to make one's mind up, to decide; ***tancar de ~,*** to pull or push a door shut; ***un ~ baix,*** a blow below the belt; ***un ~ d'aire,*** a cold, a chill; ***un ~ de mà,*** a hand [help]; ***un ~ d'ull,*** a look, a glance. *2* time: ***un ~,*** once; ***un altre ~,*** again. *3* coup: ~ ***d'estat,*** coup d'état.

copa (kópə) *f.* glass: ***una ~ de vi,*** a glass of wine. ||***fer la ~,*** to have a drink [alcoholic]. *2* cup, trophy.
copejar (kupəʒá) *t.* to bang, to knock.
Copenhaguen (kupənáɣə) *pr. n. f.* GEOGR. Copenhagen.
còpia (kɔ́piə) *f.* copy. *2* copying. *3* PHOT. print.
copiós, -osa (kupiós, -ózə) *a.* copious, plentiful.
copista (kupístə) *m.-f.* copyist.
copropietari, -ària (kuprupiətári, -áriə) *m.-f.* joint owner.
copsar (kupsá) *t.* to catch [also fig.]. *2* fig. to understand, to grasp.
còpula (kɔ́pulə) *f.* GRAMM. copula. *2* ZOOL. copulation.
copulatiu, -iva (kupulətiŭ, -íβə) *a.* copulative.
coqueta (kukέtə) *f.* flirt.
coquetejar (kukətəʒá) *i.* to flirt.
cor (kɔr) *m.* ANAT. heart. || ***de tot ~,*** wholeheartedly; ***fer el ~ fort,*** to pluck up courage; ***tenir bon ~,*** to be good hearted. *2* choir.
coral (kurál) *a.* MUS. choral. ▪ *2 m.* chorale. *3 f.* choir. *4 m.* ZOOL. See CORALL.
corall (kuráʎ) *m.* ZOOL. coral.
coral·lí, -ina (kurəlí, -ínə) *a.* coralline.
coratge (kurádʒə) *m* courage, bravery.
coratjós, -osa (kurədʒós, -ózə) *a.* courageous, brave.
corb (korp) *m.* ORNIT. crow. || ***~ de mar,*** cormorant.
corb, -ba (korp, -βə) *a.* curved, bent. ▪ *2 f.* curve. *3* bend [in road].
corbar (kurβá) *t.-p.* to bend.
corbata (kurβátə) *f.* tie.
corbatí (kurβətí) *m.* bow tie.
corbeta (kurβέtə) *f.* MAR. corvette.
corc (kork) *m.* ENT. woodworm.
corcar (kurká) *t.* to eat into. *i.* ▪ *2 p.* to decay, to become eaten away. || ***se m'ha corcat un queixal,*** I've got a bad tooth.
corcó (kurkó) *m.* ENT. woodworm. *2* fig. pest.
corcoll (kurkóʎ) *m.* back of the neck. || ***anar de ~,*** not to know whether one is coming or going.
corda (kɔ́rðə) *f.* cord, rope. || ***~ vocal,*** vocal chord; ***donar ~,*** to wind up [watch, clock]; ***saltar a ~,*** to skip. *2* MUS. chord.
cordada (kurðáðə) *f.* lash. *2* climbers roped together.
cordar (kurðá) *t.* to button up, to do up, to fasten. *2* to string [rackets; musical instruments].
corder (kurðé) *m.* rope-maker, rope dealer. *2* ZOOL. (OCC.) See BE *m.*
cordial (kurðiál) *a.-m.* cordial.
cordialitat (kurðiəlitát) *f.* cordiality.
cordill (kurðíʎ) *m.* cord, string.
cordó (kurðó) *m.* lace [shoes]. *2* cordon.
Corea (kurέə) *pr. n. f.* GEOGR. Korea.
coreà, -ana (kureá, -ánə) *a., m.-f.* GEOGR. Korean.
coreògraf, -fa (kurəɔ́ɣrəf, -fə) *m.-f.* choreographer.
coreografia (kurəuɣrəfíə) *f.* choreography.
corfa (kɔ́rfə) *f.* bark [trees]. *2* skin, peel [fruit]. *3* rind [cheese]. *4* crust [bread]. *5* scab [wound].
corglaçar-se (kǫrɣləsársə) *p.* to become frightened.
corista (kurístə) *f.* chorus girl.
cormorà (kurmurá) *m.* ORNIT. cormorant.
corn (korn) *m.* horn. *2* MUS. horn.
cornada (kurnáðə) *f.* thrust with a horn.
cornamenta (kurnəméntə) *f.* horns *pl.* [bull]; antlers [deer].
cornamusa (kurnəmúzə) *f.* MUS. bagpipe.
còrner (kɔ́rnər) *m.* SP. corner.
cornet (kurnέt) *m.* cup [for dice]. *2* cornet, cone [ice-cream].
corneta (kurnέtə) *f.* MUS. cornet. *2* MUS. bugle.
cornetí (kurnətí) *m.* MUS. bugle.
corni, còrnia (kɔ́rni, kɔ́rniə) *a.* horny; hornlike. ▪ *2 f.* ANAT. cornea.
cornisa (kurnízə) *f.* GEOL. corniche.
Cornualla (kurnwáʎə) *pr. n. f.* GEOGR. Cornwall.
cornut, -uda (kurnút, -úðə) *a.* horned. *2* cuckolded. ▪ *3 m.* cuckold.
corol·la (kurɔ́lə) *f.* BOT. corolla.
corona (kurónə) *f.* crown.
coronació (kurunəsió) *f.* coronation.
coronar (kuruná) *t.* to crown [also fig.].
coronel (kurunέl) *m.* colonel.
coroneta (kurunέtə) *f.* ANAT. crown of the head. *2* REL. tonsure.
còrpora (kɔ́rpurə) *f.* body, torso, trunk.
corporació (kurpurəsió) *f.* corporation.
corporal (kurpurál) *a.* corporal; bodily.
corpori, -òria (kurpɔ́ri, -ɔ́riə) *a.* corporeal.
corprenedor, -ra (kurprənəðó, -rə) *a.* captivating, enthralling, enchanting.
corpulència (kurpulέnsiə) *f.* corpulence.
corpulent, -ta (kurpulén, -tə) *a.* corpulent.
corpuscle (kurpúsklə) *m.* corpuscle.
corral (kurrál) *m.* farmyard, barnyard.
corranda (kurrándə) *f.* folk song. *2* folk dance.
còrrec (kɔ́rrək) *m.* rill, channel cut by rainwater.
correcames (kǫrrəkáməs) *m.* jumping jack, jumping cracker, squib.

correcció (kurrəksió) *f.* correction. *2* correctness.

correccional (kurrəksiunál) *a.* correctional. ■ *2 m.* reformatory.

correcte, -ta (kurrɛ́ktə, -tə) *a.* correct.

corrector, -ra (kurrəktó, -rə) *m.-f.* corrector. *2* PRINT. proofreader.

corre-cuita (kɔrrəkúĭtə) *adv. phr.* ***a ~,*** hurriedly, hastily.

corredís, -issa (kurrəðís, -isə) *a.* sliding. ■ *2 f.* short run, dash.

corredor, -ra (kurrəðó, -rə) *a.* who runs a lot. ■ *2 m.-f.* runner. *3* COMM. representative. || ***~ de borsa,*** stockbroker. *5 m.* corridor.

corregir (kurrəʒí) *t.* to correct.

correguda (kurrəɣúðə) *f.* run.

correlació (kurrələsió) *f.* correlation.

correlatiu, -iva (kurrələtiŭ, -iβə) *a.* correlative.

correligionari, -ària (kurrəliʒiunári, -áriə) *m.-f.* coreligionist. *2* fig. colleague; like-thinker.

corrent (kurrén) *a.* running; flowing. *2* normal; common. || ***normal i ~,*** ordinary, normal. ■ *3 m.* current [water, electricity]. || ***contra ~,*** against the flow [also fig.]. *4* draught, current [air]. *5* trend [fashion]. || ***estar al ~,*** to be up to date; ***posar al ~,*** to bring up to date.

corrents (kurréns) *adv.* very quickly: ***vés-hi corrents,*** go there as fast as you can.

córrer (kórrə) *i.* to run. *2* to go fast. || ***aquest cotxe corre molt,*** this is a very fast car. || ***no corris tant!,*** don't drive so fast. *3* to hurry: ***corre, que fem tard,*** hurry up, we're late. *4* to circulate [rumours, news]. ■ *5 t.* to run [race]. *6* to move: ***correu les cadires cap a la paret,*** move the chairs up to the wall. *7* to run [risk]. ■ *8* ***deixa-ho ~!,*** forget about it!, it's not important. *9* ***~ món,*** to travel widely. *10* ***ara hi corro!,*** oh, I'll do it right away! [used sarcastically when one is not prepared to do what one is told or asked]. ▲ CONJUG. P.P.: ***corregut.*** || SUBJ. Pres.: ***correguem*** or ***correm, corregueu*** or ***correu.*** | IMPERF.: ***corregués,*** etc.

correspondència (kurrəspundɛ́siə) *f.* correspondence.

correspondre (kurrəspɔ́ndrə) *i.* to correspond, to match, to tally. || ***les notícies que he sentit jo no corresponen amb les que has sentit tú,*** the news I've heard is different from the news you've heard. *2* to belong, to pertain. || ***la casa correspon al fill gran,*** the house is the eldest son's. *3* to return [love, affection]. ■ *4 p.* to love one another. *5* to correspond. ▲ CONJUG. like ***respondre.***

corresponent (kurrəspunén) *a.* corresponding.

corresponsal (kurrəspunsál) *m.-f.* correspondent: ***~ de guerra,*** war correspondent. *2* representative.

corretja (kurrɛ́dʒə) *f.* belt; strap. || ***tenir ~,*** to be patient.

corretjola (kurrədʒɔ́lə) *f.* BOT. bindweed.

correu (kurrɛ́ŭ) *m.* HIST. messenger, courier. *2* mail, post. *3 pl.* post office; the postal service.

corriment (kurrimén) *m.* GEOL. landslide. *2* MED. discharge.

corriol (kurriɔ́l) *m.* narrow path. *2* ORNIT. plover.

corriola (kurriɔ́lə) *f.* pulley.

corró (kurró) *m.* TECH. roller.

cor-robat, -ada (kɔrruβát, -áðə) *a.* captivated, enthralled.

corroboració (kurruβurəsió) *f.* corroboration.

corroborar (kurruβurá) *t.* to corroborate, to bear out. *2* to strengthen.

corroir (kurruí) *t.* to eat away, to erode. *2* to corrode.

corrompre (kurrómprə) *t.-p.* to turn bad: ***la calor corromp el peix,*** heat turns fish bad. *2* to pollute. *3* fig. to corrupt, to pervert.

corrosió (kurruzió) *f.* corrosion.

corrosiu, -iva (kurruziu, -iβə) *a.* corrosive. *2* fig. biting.

corrua (kurrúə) *f.* line, file.

corrupció (kurrupsió) *f.* corruption: ***~ de menors,*** corruption of minors.

corruptela (kurruptɛ́lə) *f.* corruption, corruptness.

corruptor, -ra (kurruptó, -rə) *a.* corrupting. ■ *2 m.-f.* corrupter.

corsari, -ària (kursári, -áriə) *a., m.-f.* privateer.

corsecar (kɔrsəká) *t.-p.* to wither, to shrivel, to dry out *t.-i.* [also fig.].

corser (kursé) *m.* charger, steed.

cort (kor(t)) *f.* court [of kings]. *2 pl.* Spanish parliament. *sing. 3* pigsty; cowshed. *4* fig. pigsty.

cortès, -esa (kurtɛ́s, -ɛ́zə) *a.* courteous, polite.

cortesà, -ana (kurtəzá, -ánə) *a.* court. ■ *2 m.-f.* courtier. *3 f.* courtesan.

cortesia (kurtəziə) *f.* courtesy, politeness, respect.

cortina (kurtinə) *f.* curtain.

cortinatge (kurtinádʒə) *m.* curtains *pl.*

cos (kɔs) *m.* body. || ***anar de ~,*** to defecate. *2* dead body. *3* group, body. || ***~ de bombers,*** fire brigade. *4* bodice.

cosa (kɔ́zə) *f.* thing. *2* affair, business. *3* ***com qui no vol la ~,*** as if one is not interested.

4 com una mala ~, terribly, very badly. *5 és poca ~*, there's not much of it, it's quite small. *6 va marxar fa ~ de vint minuts*, he left about twenty minutes ago.

cosí, -ina (kuzí, -inə) *m.-f.* cousin. || *~ germà*, first cousin.

cosidor, -ra (kusiðó, -rə) *a.* sewing. ▪ *2 f.* seamstress. *3 m.* sewing room.

cosinus (kuzínus) *m.* GEOM. cosine.

cosir (kuzí) *t.* to sew, to stitch. *2* fig. to unite. *3* fig. *~ a punyalades*, to riddle with stab wounds. ▲ CONJUG. INDIC. Pres.: *cuso, cuses, cus, cusen.* || SUBJ. Pres.: *cusi, cusis, cusi, cusin.*

cosit (kusít) *m.* sewing.

cosmètic, -ca (kuzmɛ́tik, -kə) *a.-m.* cosmetic.

còsmic, -ca (kɔ́zmik, -kə) *a.* cosmic.

cosmopolita (kuzmupulítə) *a., m.-f.* cosmopolitan.

cosmos (kɔ́zmus) *m.* cosmos.

cosset (kusɛ́t) *m.* small body. *2* bodice.

cossi (kɔ́si) *m.* washtub.

cost (kɔs(t)) *m.* cost.

costa (kɔ́stə) *f.* coast. *2* slope. || fig. *venir* o *fer-se ~ amunt*, to be an uphill struggle, to be difficult. *3* cost.

costaner, -ra (kustəné, -rə) *a.* coastal.

costar (kustá) *i.* to cost [also fig.]. || *~ un ull de la cara* or *un ronyó*, to cost a fortune. || *costi el que costi*, whatever the cost.

costat (kustát) *m.* side. *2* ANAT. side; hip. *3* fig. side, aspect. *4 al ~ de*, next to; *de ~*, side by side; *del ~*, adjoining, next door; *fer ~*, to support, to back.

costejar (kustəʒá) *t.* to pay for. *2* MAR. to coast.

costella (kustéʎə) *f.* ANAT. rib. *2* chop. *3* AERON. frame. *4* fig. wife.

costellada (kustəʎáðə) *f.* ANAT. ribs *pl.*, ribcage. *2* barbecue of chops.

coster, -ra (kusté, -rə) *a.* steep; sloping. *2* lateral; side. ▪ *3 f.* coast.

costerut, -uda (kustərút, -úðə) *a.* steep.

costós, -osa (kustós, -ózə) *a.* expensive; costly.

costum (kustúm) *m.* custom, habit. || *de ~*, normally, usually.

costura (kustúrə) *f.* sewing. *2* stitching, seam.

cot, -ta (kot, -tə) *a.* bowed, facing downwards.

cota (kɔ́tə) *f.* height above sea level.

cotilla (kutíʎə) *f.* corset.

cotització (kutidzəsió) *f.* price, quotation.

cotitzar (kutidzá) *t.* to quote, to fix a price. *2* fig. to value. ▪ *3 i.* to pay one's dues [taxes, subscriptions].

cotna (kɔ́dnə) *f.* thick skin, [esp. of a pig].

cotó (kutó) *m.* cotton. || *~ fluix*, cotton wool.

cotorra (kutórrə) *f.* ORNIT. parrot. *2* chatterbox.

cotxe (kótʃə) *m.* car. *2* RAIL. carriage.

cotxinilla (kutʃiníʎə) *f.* ENT. woodlouse.

COU (kɔ́u) *m.* *(Curs d'Orientació Universitària)* the last year of secondary education.

coure (kɔ́urə) *m.* MINER. copper.

coure (kɔ́urə) *t.* to cook. *2* to bake. ▪ *3 i.* to sting: *em couen els ulls*, my eyes sting. *4* to be hot [spicy]. *5* fig. to hurt. ▪ *6 p.* to cook. ▲ CONJUG. GER.: *coent.* || P. P.: *cuit.* || INDIC. Pres.: *coc.* || SUBJ. Pres.: *cogui*, etc. || Imperf.: *cogués*, etc.

cova (kɔ́βə) *f.* cove. || fig. *~ de lladres*, den of thieves.

covar (kuβá) *t.* to sit on [eggs], to hatch. *2* fig. to hatch [plot]; to prepare in secret. *3* to carry [disease]. ▪ *4 i.* fig. to smoulder. ▪ *5 p.* to be overcooked [rice].

covard, -da (kuβár(t), -ðə) *a.* craven, cowardly. ▪ *2 m.-f.* coward.

covardia (kuβərðíə) *f.* cowardice.

cove (kɔ́βə) *m.* basket. || *fer-ne una com un ~*, to make a really stupid mistake. || *voler agafar la lluna en un ~*, to want the impossible.

coxal (kuksál) *a.* ANAT. (of the) hip.

crac (krak) *interj.* crack!, snap! ▪ *2 m.* crack, snap. *3* fig. bankruptcy.

cranc (kraŋ) *m.* ZOOL. crab.

crani (kráni) *m.* ANAT. cranium, skull.

cràpula (krápulə) *f.* drunkenness. *2 m.* dissolute man; debauched man.

cras, -assa (krəs, -ásə) *a.* crass.

cràter (krátə^r) *m.* crater.

creació (kreəsió) *f.* creation.

creador, -ra (kreəðó, -rə) *a.* which creates. ▪ *2 m.-f.* creator.

crear (kreá) *t.* to create.

crec (krɛk) *interj.* crack, snap. ▪ *2 m.* crack.

credencial (krəðənsiál) *a.* credential. ▪ *2 f.* credentials *pl.*

credibilitat (krəðiβilitát) *f.* credibility.

crèdit (krɛ́ðit) *m.* credence. *2* credit. *3* COMM. credit; loan.

creditor, -ra (krəðitó, -rə) *m.-f.* creditor.

credo (krɛ́ðu) *m.* REL. creed. || *al temps de dir un ~*, in a couple of shakes.

crèdul, -la (krɛ́ðul, -lə) *a.* credulous, gullible.

credulitat (krəðulitát) *f.* credulity, gullibility.

creença (krəɛ́nsə) *f.* belief.

cregut, -uda (krəγút, -úðə) *a.* conceited, vain. ▪ *2 m.-f.* conceited person.

creïble (kreíbblə) *a.* credible, believable.

creient (krəjén) *a.* who believes. *2* obedient [esp. children]. ▪ *3 m.-f.* believer.
creïlla (krəiʎə) *f.* (VAL.) See PATATA.
creixement (krəʃəmén) *m.* growth; increase.
creixença (krəʃɛ́nsə) *f.* growth; increase.
créixens (krɛ́ʃəns) *m. pl.* BOT. watercress.
créixer (krɛ́ʃə) *i.* to grow; to increase. *2* to grow. ▲ CONJUG. P. P.: ***crescut.***
crema (krémə) *f.* cream [also fig.]. ‖ ~ ***catalana,*** type of crème brûlée. *2* burning.
cremada (krəmáðə) *f.* burning. *2* burn.
cremallera (krəməʎérə) *f.* zip fastener. *2* rack railway. *3* TECH. rack.
cremar (krəmá) *t.-i.* to burn. *2 i.* to be very hot. ▪ *3 p.* to burn oneself, to get burnt. ‖ fig. ~ ***-se les celles,*** to flog oneself, to work really hard.
cremat (krəmát) *m.* drink made of coffee, rum and cinnamon. ▪ *2 interj.* (ROSS.) See OSTRA *2.*
cremor (krəmó) *f.* burning sensation, burning.
crepè (krəpɛ́) *m.* crêpe.
crepitar (krəpitá) *i.* to crackle.
crepuscle (krəpúsklə) *m.* twilight [also fig.].
crescuda (krəskúðə) *f.* growth. *2* swelling [of a river or stream].
cresp, -pa (krɛsp, -pə) *a.* frizzy.
cresta (krɛ́stə) *f.* crest. ‖ fig. ***alçar*** or ***abaixar la*** ~, to take or lose heart. ‖ fig. ***picar-se les crestes,*** to have a slanging match.
Creta (krɛ́tə) *pr. n. f.* GEOGR. Crete.
cretí, -ína (krəti, -inə) *a.* cretinous. ▪ *2 m.-f.* cretin.
cretona (krətónə) *f.* TEXT. cretonne.
creu (krɛ́ŭ) *f.* cross [also fig.]. ‖ ***ajudar a portar la*** ~, to lighten someone's load; ***ferse ~s,*** to marvel (*de,* at); ***fer ~ i ratlla,*** to want to forget completely.
creuar (krəwá) *t.* to cross *t.-i.*, to go across *i.*, to come across *i.*
creuer (krəwé) *m.* cruise.
creure (krɛ́ŭrə) *t.-i.-p.* to believe; to think. ‖ ***fer*** ~, to make out, to lead to believe. ‖ ***~'s qui sap què,*** to be full of one's own importance. ▲ CONJUG. GER.: ***creient.*** ‖ P.P.: ***cregut.*** ‖ INDIC. Pres.: ***crec.*** | Imperf.: ***creia,*** etc. ‖ SUBJ. Pres.: ***cregui,*** etc. | Imperf.: ***cregués,*** etc.
cria (kriə) *f.* breeding. *2* litter [mammals]; brood [birds].
criar (kriá) *t.* to bring up [children]. *2* to breed [animals]. *3* to produce. ▪ *4 i.* to give birth [animals].
criat, -ada (kriát, -áðə) *m.* servant, manservant. *2 f.* maid, maidservant.
criatura (kriətúrə) *f.* REL. creature, living being [created by God]. *2* baby; child. ‖ ***ésser una*** ~, to act like a baby.
cric (krik) *m.* jack [for cars].
crida (kriðə) *f.* call, calling. *2* proclamation.
cridaner, -ra (kriðəné, -rə) *a.* who shouts a lot. *2* garish. ▪ *2 m.-f.* person who shouts a lot.
cridar (kriðá) *t.* to call. *2* to call out someone's name. *3* fig. to attract: ~ ***l'atenció,*** to attract one's attention. *4* fig. to need, to require, to call for. ‖ ***aquest formatge crida un bon vi negre,*** a good red wine would go well with this cheese. ▪ *5 i.* to shout. *6* to scream. *7* to cry out.
cridòria (kriðɔ́riə) *f.* shouting, bawling.
crim (krim) *m.* serious crime [esp. murder].
criminal (kriminál) *a., m.-f.* criminal [esp. murderer].
crinera (krinérə) *f.* mane.
crioll, -lla (kriɔ́ʎ, -ʎə) *a., m.-f.* creole.
cripta (kriptə) *f.* crypt.
críptic, -ca (kriptik, -kə) *a.* cryptic.
crisàlide (krizáliðə) *f.* chrysalis.
crisantem (krizəntɛ́m) *m.* BOT. chrysanthemum.
crisi (krizi) *f.* crisis.
crisma (krizmə) *m.-f.* chrism, holy oil. ‖ ***rompre la ~ a algú,*** to smash someone's head in.
crispació (krispəsió) *f.* contraction of muscles. *2* fig. tension.
crispar (krispá) *t.* to tense, to cause to contract [muscles]. *2* fig. to make tense [situations].
crispeta (krispɛ́tə) *f.* pop corn.
cristall (kristáʎ) *m.* crystal. *2* glass.
cristalleria (kristəʎəriə) *f.* crystal, glassware. *2* glass making. *3* glass shop.
cristal·lí, -ina (kristəli, -inə) *a.* crystalline. ▪ *2 m.* ANAT. lens.
cristal·lització (kristəlidzəsió) *f.* crystallization.
cristal·lografia (kristəluɣrəfiə) *f.* crystallography.
cristià, -ana (kristiá, -ánə) *a., m.-f.* Christian.
cristianisme (kristiənizmə) *m.* Christianity.
crit (krit) *m.* scream. *2* shout. ‖ ***a ~s,*** in a loud voice, shouting. ‖ ***fer un ~ a algú,*** to call someone; to shout at someone.
criteri (kritɛ́ri) *m.* criterion.
crític, -ca (kritik, -kə) *a.* critical. ▪ *2 m.-f.* critic. *3 f.* criticism, (USA) animadversion.
criticaire (kritikáĭrə) *a.* critical, hypercritical, carping. ▪ *2 m.-f.* critic, carper, caviller.
criticar (kritiká) *t.* to criticize.
croada (kruáðə) *f.* HIST. crusade.
crocant (krukán) *m.* praline.

croissant (kruzán) *m.* croissant.
crom (krom) *m.* MINER. chromium.
cromàtic, -ca (krumátik, -kə) *a.* chromatic.
cromo (krómu) *m.* picture card, chromo.
cromosoma (krumuzómə) *m.* BIOL. chromosome.
crònic, -ca (krónik, -kə) *a.* chronic. ▪ *2 f.* HIST. chronicle. *3* JOURN. news report. || ~ ***esportiva,*** sports section, sports page.
cronista (krunístə) *m.-f.* JOURN. columnist.
cronologia (krunuluʒíə) *f.* chronology.
cronòmetre (krunɔ́mətrə) *m.* chronometer.
croquet (krukɛ́t) *m.* SP. croquet.
croqueta (krukɛ́tə) *f.* croquette.
croquis (krɔ́kis) *m.* sketch, outline.
cross (krɔs) *m.* SP. cross-country race.
crossa (krɔ́sə) *f.* crutch. *2* walking stick.
crosta (krɔ́stə) *f.* crust [bread]. *2* rind [cheese]. *3* scab [wound].
crostó (krustó) *m.* crust, (USA) heel [of bread loaf]. || ***tocar el ~ a algú,*** to thump someone.
cru, crua (kru, krúə) *a.* COOK. raw; half-cooked; not cooked. *2* fig. ***la veritat ~a,*** the harsh truth. *3* ***color ~,*** cream, off-white. *4* untreated; crude [oil].
cruament (kruəmén) *adv.* harshly, straight. || ***t'ho diré ~,*** I'll tell you plainly.
crucial (krusiál) *a.* crucial.
crucificar (krusifiká) *t.* to crucify.
crucifix (krusifíks) *m.* crucifix.
cruel (kruɛ́l) *a.* cruel.
crueltat (kruəltát) *f.* cruelty.
cruent, -ta (kruén, -tə) *a.* bloody.
cruïlla (kruíʎə) *f.* crossroads.
cruiximent (kruʃimén) *m.* stiffness [of muscles]. *2* exhaustion.
cruixir (kruʃí) *i.* to rustle [cloth, leaves]; to creak [doors]; to grind [teeth]. *2* to tire out, to exhaust. ▴ CONJUG. INDIC. Pres.: ***cruix.***
cruixit, -ida (kruʃít, -íðə) *a.* worn out, exhausted. ▪ *2 m.* rustling [leaves, cloth]; creaking [doors]; grinding [teeth].
cruspir-se (kruspírsə) *p.* to gobble up, to devour.
crustaci (krustási) *m.* ZOOL. crustacean.
cua (kúə) *f.* tail. || fig. ***amb la ~ entre cames,*** with one's tail between one's legs, dejected; ***deixar ~,*** to have consequences; ***girar ~,*** to turn tail; ***mirar de ~ d'ull,*** to look askance (-,at). *2* ponytail. *3* queue.
cub (kub) *m.* cube.
Cuba (kúβə) *pr. n. f.* GEOGR. Cuba.
cubà, -ana (kuβá, -ánə) *a., m.-f.* GEOGR. Cuban.
cubell (kuβéʎ) *m.* bin. || ~ ***de les escombraries,*** dustbin, rubbish bin.
cúbic, -ca (kúβik, -kə) *a.* cubic.
cubicar (kuβiká) *t.* to cube. || ***aquest model del cubica 1.500 c.c.,*** this model has a 1,500 c.c. engine.
cubisme (kuβízmə) *m.* ARTS cubism.
cúbit (kúβit) *m.* ANAT. ulna.
cuc (kuk) *m.* worm. || ~ ***de terra,*** earthworm; ***matar el ~,*** to have a bite between meals. || fig. ***tenir ~s,*** to be scared.
cuca (kúkə) *f.* worm; beetle; bug. || ~ ***de llum,*** glow-worm. || ***morta la ~, mort el verí,*** dead dogs don't bite.
cucanya (kukáɲə) *f.* greasy pole.
cucurutxo (kukurútʃu) *m.* cornet, cone.
cucut (kukút) *m.* ORNIT. cuckoo.
cuejar (kuəʒá) *i.* to wag the tail.
cuina (kúĭnə) *f.* kitchen. *2* cooker, stove. *3* cookery, cooking.
cuinar (kuĭná) *t.* to cook.
cuiner, -ra (kuĭné, -rə) *m.-f.* cook; chef *m.*
cuir (kuĭr) *m.* leather. *2* ~ ***cabellut,*** scalp.
cuirassa (kuĭrásə) *f.* armour.
cuirassat, -ada (kuĭrəsát, -áðə) *a.* armoured, armour-plated. ▪ *2 m.* MAR. battleship.
cuiro (kúĭru) *m.* See CUIR.
cuit, -ta (kúĭt, -tə) *a.* cooked, done. *2* fig. fed up, tired. ▪ *3 m.* GAME hide-and-seek. *4 f.* cooking, baking. *2* haste, speed. || ***a cuita-corrents,*** hastily.
cuitar (kuĭtá) *i.* to hurry (up). || ***cuita!,*** hurry up! || ~ ***el pas,*** to speed up, to quicken one's pace.
cuixa (kúʃə) *f.* thigh. *2* leg [chicken, pork, etc.]. *3* HIST. ***dret de ~,*** droit du seigneur.
cul (kul) bottom, backside, arse, (USA) ass. || coll. ***anar de ~,*** to have one's work cut out; ~ ***de món,*** godforsaken place; ***ésser ~ i merda,*** to be inseparable, ***ser el ~ d'en Jaumet,*** to be always on the go; ***tenir-ne el ~ pelat,*** to have a lot of practice.
culata (kulátə) *f.* butt [of a rifle]. *2* breech. *3* AUT. cylinder head.
cul-de-sac (kuldəsák) *m.* cul-de-sac.
culinari, -ària (kulinári, -áriə) *a.* culinary.
cullera (kuʎérə) *f.* spoon.
cullerada (kuʎəráðə) *f.* spoonful. || ***ficar-hi ~,*** to stick one's oar in.
cullereta (kuʎərɛ́tə) *f.* teaspoon; coffee-spoon. *2* ZOOL. tadpole.
cullerot (kuʎərɔ́t) *m.* tablespoon; serving spoon.
culminació (kulminəsió) *f.* culmination, climax.
culminar (kulminá) *i.* to culminate.
culpa (kúlpə) *f.* fault, misdemeanour. || ***donar la ~,*** to blame *t.,* to lay the blame on. || ***la ~ és de ton pare,*** it's your father's fault, your father's to blame.

culpabilitat (kulpəβilitát) *f.* guilt.
culpable (kulpábblə) *a.* guilty.
culpar (kulpá) *t.* to blame, to lay the blame on *i.*
culte, -ta (kúltə, -tə) *a.* cultured, educated. ▪ *2 m.* worship. *3* cult.
cultiu (kultiŭ) *m.* cultivation.
cultivar (kultiβá) *t.* to cultivate.
cultura (kultúrə) *f.* culture. || ***és una persona de poca ~,*** he's not very well educated, not widely read.
cultural (kulturál) *a.* cultural.
culturisme (kulturizmə) *m.* body-building.
culturista (kulturistə) *m.* body-builder.
cúmul (kúmul) *m.* heap, pile.
cuneïforme (kunəifórmə) *a.* cuneiform.
cuneta (kunɛ́tə) *f.* ditch.
cuny (kuɲ) *m.* wedge.
cunyat, -ada (kuɲát, -áðə) *m.* brother-in-law. *2 f.* sister-in-law.
cup (kup) *m.* wine press. *2* press house.
cupè (kupɛ́) *m.* coupé.
cupó (kupó) *m.* coupon.
cúpula (kúpulə) *f.* ARCH. dome, cupola.
cura (kúrə) *f.* care. *2* treatment; cure. || ***tenir ~,*** to be curable; to be careful.
curaçao (kurəsáu) *m.* curaçao.
curandero, -ra (kurəndéru, -rə) *m.-f.* quack, charlatan.
curar (kurá) *t.* to be careful with. *3* to intend, to propose. ▪ *4 i.-p.* ***~ de,*** to look after.
curatiu, -iva (kurətiŭ, -iβə) *a.* curative.
cúria (kúriə) *f.* HIST., REL. curia. *2* the legal profession.
curiós, -osa (kuriós, -ózə) *a.* curious. *2* clean, tidy. *3* rare.
curiositat (kuriuzitát) *f.* curiosity. *2* neatness.
curós, -osa (kurós, -ózə) *a.* careful.
curs (kurs) *m.* course; route. *2* EDUC. course; year.
cursa (kúrsə) *f.* race.
cursar (kursá) *t.* to deal with, to process [applications]. *2* to study; to attend classes.
cursi (kúrsi) *a.* affected, pretentious [people, behaviour]; flashy, showy [dresses]. ▪ *2 m.-f.* affected, pretentious or showy person.
cursiu, -iva (kursiŭ, -iβə) *a.* PRINT. cursive. ▪ *2 f.* PRINT. italics *pl.*
curt, -ta (kur(t), -ə) *a.* short. || ***~ de gambals,*** slow, thick; ***anar ~ de diners,*** to be short of cash; ***fer ~,*** to run short (*de*, of).
curull, -lla (kurúʎ, -ʎə) *a.* full, overflowing.
curvatura (kurβətúrə) *f.* curvature.
cúspide (kúspidə) *f.* peak. *2* cusp.
custòdia (kustɔ́ðiə) *f.* custody.
custodiar (kustuðiá) *t.* to guard; to defend.
cutani, -ània (kutáni, -ániə) *a.* cutaneous, of the skin.
cutícula (kutikulə) *f.* cuticle.
cutis (kútis) *m.* skin, complexion.

D

D, d (de) *f.* d [letter].
d' *prep.* See DE.
dactilografia (dəktiluɣrəfiə) *f.* typewriting.
dactiloscòpia (dəktiluskɔ́piə) *f.* identification by fingerprints.
dada (dáðə) *f.* datum, piece of information. || COMP. ***tractament de dades,*** data processing.
daga (dáɣə) *f.* dagger.
daina (dáĭnə) *f.* ZOOL. fallow deer.
daixonses (dəʃɔ́nsəs) *pron.* thingumajig, thingummy, thingummybob.
dàlia (dáliə) *f.* BOT. dahlia.
dalla (dáʎə) *f.* scythe.
dallar (dəʎá) *t.* to scythe, to cut with a scythe.
dalt (dal) *adv.* above, at the top. || ~ ***de tot,*** at the very top; fig. ***de ~ a baix,*** completely, thoroughly. ▪ *2 prep. phr.* ~ ***de,*** on top of; || ~ ***del tren,*** on the train. ▪ *3 m.* the top part; the top floor.
daltabaix (daltəβáʃ) *adv.* down, right down. ▪ *2 m.* disaster, calamity.
daltonisme (dəltunizmə) *m.* MED. colour blindness.
dama (dámə) *f.* lady. *2* GAME draughts, (USA) checkers.
Damasc (dəmás(k)) *pr. n. m.* GEOGR. Damascus.
damisel·la (dəmizɛ́lə) *f.* young lady; damsel.
damnació (dəmnəsió) *f.* REL. damnation.
damnar (dəmná) *t.* REL. to damn.
damnificar (dəmnifiká) *t.* to damage; to harm.
damnificat, -ada (dəmnifikát, -áðə) *a., m.-f.* victim.
damunt (dəmún) *adv.* above. *2* on top. || *adv. phr.* ***per ~,*** superficially. ▪ *3 prep.* on, on top of. *4* above.
dandi (dándi) *m.* dandy.
danès, -esa (dənɛ́s, -ɛ́zə) *a.* Danish. ▪ *2 m.-f.* Dane.
dansa (dánsə) *f.* dance. *2* dancing.
dansaire (dənsáĭrə) *m.-f.* dancer.
dansar (dənsá) *i.* to dance.
dantesc, -ca (dəntɛ́sk, -kə) *a.* Dantesque; Dantean.
dany (daɲ) *m.* damage; harm. *2* injury. *3* LAW ~***s i perjudicis,*** damages.
danyar (dəɲá) *t.* to damage; to harm. *2* to injure; to hurt.
danyós, -osa (dəɲós, -ózə) *a.* harmful. *2* fig. damaging.
dar (dá) *t.* See DONAR.
dard (dar(t)) *m.* dart. *2* poet. arrow.
darrer, -ra (dərré, -rə) *a.* last. *2* latest.
darrera (dərrérə) *adv.* behind, at the back. ▪ *2 prep.* behind, at the back of. *3* after: ***he sofert fracàs ~ fracàs,*** I've had failure after failure. ▪ *4 m.* back. *5* bottom, backside.
darrerament (dərrẹrəmén) *adv.* lately.
darrere (dərrérə) See DARRERA.
darreria (dərrəriə) *f.* end. *2 pl.* afters [of a meal].
dàrsena (dársənə) *f.* dock.
data (dátə) *f.* date.
datar (dətá) *t.* to date. ▪ *2* ~ ***de*** *i.* to date from.
dàtil (dátil) *m.* BOT. date.
dau (dáŭ) *m.* die.
daurar (dəŭrá) *t.* to gild. *2* fig. ~ ***la píndola,*** to sugar the pill.
daurat, -ada (dəurát, -áðə) *a.* golden. ▪ *2 m.* gilt.
davall (dəβáʎ) *adv.-prep.* See SOTA.
davallada (dəβəʎáðə) *f.* descent; way down. *2* fig. decrease, fall.
davallar (dəβəʎá) *t.* to come down *i.*, to go down. *i. 2* to bring down, to take down. ▪ *3 i.* to come down. *4* to fall, to decrease.
davant (dəβán) *adv.* in front; ahead. *2* opposite. *3* ~ ***per*** ~, face to face. ▪ *4 prep.* in

front of; ahead of. *5* opposite. ■ *6 m.* front part, front.
davantal (dəβəntál) *m.* apron.
davanter, -ra (dəβənté, -rə) *a.* leading. ■ *2 m.-f.* leader. *3 m.* SP. forward.
David (dəβit) *pr. n. m.* David.
d.C. *abbr. (Després de Crist)* A.D. (anno domini).
de (də) *prep.* of: ***fet ~ coure,*** made of copper. || ***una classe d'anglès,*** an English class; ***el pis ~ l'Andreu,*** Andrew's flat; ***vermell ~ cara,*** red-faced. *2* in: ***l'edifici més alt del poble,*** the tallest building in the village. *3* from: ***sóc ~ Terrassa,*** I'm from Terrassa. *4* by. || ***una pel·lícula ~ Passolini,*** a Passolini film, a film by Passolini. *5* ***~ debò,*** real, really. || ***~ cop,*** at once, at one go; ***~ dia,*** by day, during the daytime; ***~ petit,*** as a child.
deambular (deəmbulá) *i.* to stroll about.
debades (dəβáðəs) *adv.* in vain.
debanar (dəβəná) *t.* to wind.
debat (dəβát) *m.* debate; discussion.
debatre (dəβátrə) *t.* to debate; to discuss. ■ *2 p.* to struggle; to fight.
dèbil (dέβil) *a.* weak, feeble.
debilitar (dəβilitá) *t.* to debilitate, to weaken.
debilitat (dəβilitát) *f.* feebleness, weakness, debility. *2* weakness: ***les ~s humanes,*** human weaknesses.
dèbit (dʒεβit) *m.* COMM. debt.
debó (dəβó) *adv. phr.* ***de ~,*** actually, truly, really. *2* real, true.
debut (dəβút) *m.* debut.
dècada (dέkəðə) *f.* decade.
decadència (dəkəðέnsiə) *f.* decadence, decay, decline.
decadent (dəkəðén) *a.* decadent, decaying.
decagram (dəkəγrám) *m.* decagramme, decagram.
decaigut, -uda (dəkəĭγut, -úðə) *a.* depressed; discouraged. *2* weak.
decàleg (dəkáłək) *m.* decalogue.
decalitre (dəkəlitrə) *m.* decalitre.
decàmetre (dəkámətrə) *m.* decametre.
decandiment (dəkəndimén) *m.* weakness; weakening; loss of strength.
decandir-se (dəkəndirsə) *p.* to lose strength, to grow weak.
decantació (dəkəntəsió) *f.* CHEM. decantation.
decantament (dəkəntəmén) *m.* inclination, lean, leaning. *2* decantation.
decantar (dəkəntá) *t.* to tip [to one side]. *2* CHEM. to decant. ■ *3 p.* fig. to incline towards, to lean towards. || ***cap a quina alternativa et decantes?,*** which alternative do you prefer?
decapitació (dəkəpitəsió) *f.* decapitation, beheading.
decapitar (dəkəpitá) *t.* to decapitate, to behead.
decasíl·lab, -ba (dəkəsiləp, -βə) *a.* decasyllabic, ten-syllable. ■ *2 m.* decasyllable.
decaure (dəkáŭrə) *i.* to decline; to go downhill; to decay, to deteriorate. *2* to lose strength, to weaken, to flag. ▲ CONJUG. like ***caure.***
decebre (dəséβrə) *t.* to disappoint. ▲ CONJUG. like ***rebre.***
decelar (dəsəlá) *t.* (ROSS.) See DELATAR.
decència (dəsέnsiə) *f.* decency.
decenni (dəsέni) *m.* decennium.
decent (dəsén) *a.* decent.
decepció (dəsəpsió) *f.* disappointment.
decidir (dəsidí) *t.* to decide. ■ *2 p.* to make up one's mind.
decidit, -da (dəsiðit, -iðə) *a.* decided, resolute.
decigram (dəsiγrám) *m.* decigramme, decigram.
decilitre (dəsilitrə) *m.* decilitre, (USA) deciliter.
dècim, -ma (dέsim, -mə) *a., m.-f.* tenth. *2 m.* tenth part of a lottery ticket. *3 f.* tenth of a degree.
decimal (dəsimál) *a.-m.* MATH. decimal.
decímetre (dəsimətrə) *m.* decimetre, (USA) decimeter.
decisió (dəsizió) *f.* decision. *2* determination, resolution.
decisiu, -iva (dəsiziŭ, -iβə) *a.* decisive.
declamació (dəkləməsió) *f.* declamation; recitation.
declamar (dəkləmá) *t.-i.* to recite; to declaim.
declaració (dəklərəsió) *f.* declaration, statement. || ***~ de renda,*** income tax declaration. *2* LAW statement, evidence. || ***~ de culpabilitat,*** verdict of guilty.
declaradament (dəklərəðəmén) *adv.* openly, declaredly.
declarant (dəklərán) *m.-f.* LAW witness, testifier.
declarar (dəklərá) *t.* to declare; to state. *2* to tell. *3* LAW to find: ***~ culpable,*** to find guilty. *4* LAW to testify. ■ *5 p.* to declare oneself. *6* ***~-se en vaga,*** to go on strike.
declinar (dəkliná) *t.* to decline, to refuse. *2* GRAMM. to decline. *3 i.* to decline.
declivi (dəkliβi) *m.* slope, incline.
decoració (dəkurəsió) *f.* decoration; décor. *2* CIN., THEATR. set, scenery.
decorador, -ra (dəkurəðó, -rə) *m.-f.* decorator.
decorar (dəkurá) *t.* to decorate.
decorat (dəkurát) *m.* See DECORACIÓ *2.*

decoratiu, -iva (dəkurətiŭ, -iβə) *a.* decorative.
decorós, -osa (dəkurós, -ózə) *a.* decorous, proper, decent.
decòrum (dəkɔ́rum) *m.* decorum.
decreixent (dəkrəʃén) *a.* decreasing, diminishing.
decréixer (dəkréʃə) *i.* to decrease, to diminish. || CONJUG. like ***créixer.***
decrèpit, -ta (dəkrɛ́pit, -tə) *a.* decrepit.
decrepitud (dəkrəpitút) *f.* decrepitude.
decret (dəkrét) *m.* decree, order.
decretar (dəkrətá) *t.* to decree; to order.
decurs (dəkúrs) *m.* course.
dedicació (dəðikəsió) *f.* dedication.
dedicar (dəðiká) *t.* to dedicate. *2* to set aside. ▪ *3 p.* to devote oneself (*a,* to).
dedicatòria (dəðikətɔ́riə) *f.* dedication; inscription.
dedins (dəðins) *adv.* inside. ▪ *2 prep.* ***al ~ de,*** inside.
deducció (dəðuksió) *f.* deduction.
deduir (dəðui) *t.* to deduce. *2* to deduct [money]. *3* LAW to present [evidence]; to claim [rights].
deessa (dəɛ́sə) *f.* goddess.
defallir (dəfəʎi) *i.* to lose heart; to falter.
defecació (dəfəkəsió) *f.* defecation.
defecar (dəfəká) *i.* to defecate.
defecció (dəfəksió) *f.* defection, desertion.
defecte (dəféktə) *m.* defect, fault, flaw. *2* lack; absence.
defectuós, -osa (dəfəktuós, -ózə) *a.* defective, faulty.
defendre (dəfɛ́ndrə) *t.* See DEFENSAR.
defensa (dəfɛ́nsə) *f.* defence. || ***~ personal,*** self-defence. || LAW ***legítima ~,*** self-defence. || PSYCH. ***mecanisme de ~,*** defence-mechanism. *2* guard [on machines]. *3 m.-f.* SP. back, defender.
defensar (dəfənsá) *t.* to defend (*contra,* against; *de,* from). *2* to protect. *3* to defend, to uphold [ideas, arguments].
defensiu, -iva (dəfənsiŭ, -iβə) *a.* defensive. || *adv. phr.* ***a la defensiva,*** on the defensive.
defensor, -ra (dəfənsó, -rə) *a.* defending. ▪ *2 m.-f.* defender. *3* LAW counsel for the defence.
deferència (dəfərɛ́nsiə) *f.* deference.
deficiència (dəfisiɛ́nsiə) *f.* deficiency, shortcoming.
deficient (dəfisién) *a.* deficient, inadequate. ▪ *2 m.-f.* MED. ***~ mental,*** mental deficient.
dèficit (dɛ́fisit) *m.* deficit.
definició (dəfinisió) *f.* definition.
definir (dəfini) *t.* to define. *2* to determine, to establish. ▪ *3 p.* to make one's position or posture clear.
definit, -ida (dəfinit, -iðə) *a.* definite. || ***ben ~,*** well-defined.
definitiu, -iva (dəfinitiŭ, -iβə) *a.* definitive, final. || *adv. phr.* ***en definitiva,*** in short; finally, eventually; in the end.
deflació (dəfləsió) *f.* ECON. deflation.
defora (dəfɔ́rə) *adv.* outside. ▪ *2 prep.* out of. || ***al ~ de,*** out of, outside. ▪ *3 m.* outside.
deformació (dəfurməsió) *f.* deformation.
deformar (dəfurmá) *t.-p.* to deform [also fig.]. *2* fig. to distort. *3 p.* to lose shape, to go out of shape.
deforme (dəfórmə) *a.* deformed, misshapen.
deformitat (dəfurmitát) *f.* deformity, disfigurement. *2* deformed person or thing.
defraudar (dəfrəŭðá) *t.* to defraud. *2* to evade [taxes]. *3* to disappoint.
defugir (dəfuʒi) *t.* to evade, to avoid. ▲ CONJUG. like ***fugir.***
defunció (dəfunsió) *f.* decease, death.
degà (dəɣá) *m.* senior member. *2* dean.
deganat (dəɣənát) *m.* deanship. *2* deanery.
degeneració (dəʒənərəsió) *f.* degeneracy; degeneration.
degenerar (dəʒənərá) *i.* to degenerate (*en,* into).
degenerat, -ada (dəʒənərát, -áðə) *a., m.-f.* degenerate.
deglució (dəɣlusió) *f.* swallowing, deglutition.
deglutir (dəɣluti) *t.* to swallow.
degolladissa (dəɣuʎəðisə) *f.* See DEGOLLAMENT.
degollament (dəɣuʎəmén) *m.* throat cutting; slaughter.
degollar (dəɣuʎá) *t.* to cut the throat of *i.,* to slaughter.
degotar (dəɣutá) *i.* to drip. *2* to leak [in drips].
degradació (dəɣrəðəsió) *f.* degradation, humiliation. *2* MIL. demotion.
degradant (dəɣrəðán) *a.* degrading.
degradar (dəɣrəðá) *t.* to degrade, to humiliate. *2* MIL. to demote. ▪ *3 p.* to demean oneself.
degudament (dəɣuðəmén) *adv.* duly, properly.
degustació (dəɣustəsió) *f.* tasting, sampling.
degustar (dəɣustá) *t.* to taste, to sample.
deïficar (dəifiká) *f.* to deify.
deisme (dəizmə) *m.* deism.
deïtat (dəitát) *f.* deity, divinity.
deix (deʃ) *m.* slight accent. *2* after-effect.
deixa (déʃə) *f.* legacy. *2* remains. *3* leftovers.
deixadesa (dəʃəðɛ́zə) *f.* slovenliness; carelessness; untidiness.

deixalla (dəʃáʎə) *f.* waste. *2 pl.* left-overs.
deixament (dəʃəmén) *m.* slovenliness; untidiness. *2* languor, listlessness; discouragement.
deixar (dəʃá) *t.* to release, to let go. || ***deixa't anar,*** let go. *2* to leave. || ***deixa'm estar!,*** leave me alone! *3* to lend. *4* to abandon, to give up. || ***deixa-ho córrer!,*** forget about it! || ~ ***plantat,*** to stand someone up. ▪ *5 i.* to run [dye]. ▪ *6 p.* to forget, to leave behind.
deixat, -ada (dəʃát, -áðə) *a.* untidy; careless; slovenly.
deixatar (dəʃətá) *t.* to dissolve.
deixeble, -bla (dəʃébblə, -blə) *m.-f.* disciple, pupil, student, follower.
deixondir (dəʃundí) *t.-p.* to waken up, to liven up.
dejecció (dəʒəksió) *f.* dejection. *2* GEOL. débris.
dejú, -una (dəʒú, -únə) *a.* fasting, not having eaten. || ***en*** ~, without eating breakfast.
dejunar (dəʒuná) *i.* to fast.
dejuni (dəʒúni) *m.* fast.
del (dəl) (*contr.* ***de*** + ***el***).
delació (dələsió) *f.* denunciation; information.
delatar (dələtá) *t.* to report [to the police]; to inform on. *i. 2* to betray, to give away.
delator, -ra (dələtó, -rə) *a.*, which gives away. ▪ *2 m.-f.* informer, betrayer.
deleble (dəlébblə) *a.* delible.
delectació (dələktəsió) *f.* delight, delectation.
delectança (dələktánsə) *f.* See DELECTACIÓ.
delectar (dələktá) *t.* to delight. ▪ *2 p.* to take great pleasure, to take delight.
delegació (dələɣəsió) *f.* delegation. *2* local office; branch office: ~ ***d'Hisenda,*** local tax office.
delegar (dələɣá) *t.* to delegate.
delegat, -ada (dələɣát, -áðə) *a.* delegated. ▪ *2 m.-f.* delegate; representative.
delejar (dələʒá) *t.* to long for *i.*, to yearn for. *i.* ▪ *2 i.* to be impatient.
deler (dəlé) *m.* enthusiasm, zeal, eagerness. *2* desire, longing, yearning.
delerós, -osa (dələrós, -ózə) *a.* eager, enthusiastic.
deliberació (dəliβərəsió) *f.* deliberation.
deliberar (dəliβərá) *t.* to deliberate.
delicadesa (dəlikəðɛ́zə) *f.* delicacy. *2* refinement. *3* tact.
delicat, -ada (dəlikát, -áðə) *a.* delicate; exquisite [food]. *2* discerning, refined. *2* fussy, difficult to please. *3* polite, refined.
delícia (dəlísiə) *f.* delight.
deliciós, -osa (dəlisiós, -ózə) *a.* delightful.
delicte (dəliktə) *m.* offence, crime.
delictuós, -osa (dəliktuós, -ózə) *a.* criminal, unlawful.
delimitació (dəlimitəsió) *f.* delimitation.
delimitar (dəlimitá) *t.* to delimit.
delineant (dəlineán) *m.-f.* draughtsman.
delinear (dəlineá) *t.* to delineate, to outline [also fig.].
delinqüència (deliŋkwɛ́nsiə) *f.* crime, delinquency. || ~ ***juvenil,*** juvenile delinquency.
delinqüent (dəliŋkwén) *m.-f.* criminal, delinquent, offender.
delinquir (dəliŋkí) *i.* to commit an offence.
delir-se (dəlírsə) *p.* to long, to yearn.
delirar (dəlirá) *i.* to be delirious.
deliri (dəlíri) *m.* delirium. *2* wild passion.
delit (dəlít) *m.* joy, delight, pleasure. *2* energy, spirit, go.
delitós, -osa (dəlitós, -ózə) *a.* delightful, delectable. *2* lively, spirited.
delmar (dəlmá) *t.* to decimate.
delme (dɛ́lmə) *m.* HIST. tithe.
delta (dɛ́ltə) *m.* delta [of a river]. *2 f.* delta [Greek letter].
demà (dəmá) *adv.* tomorrow. || ~ ***al matí,*** tomorrow morning; ~ ***m'afaitaràs!,*** pull the other one!; ~ ***passat,*** (BAL.) ***passat*** ~, (VAL.) ***despús*** ~, the day after tomorrow. ▪ *2 m.* future.
demacrat, -ada (dəməkrát, -áðə) *a.* emaciated.
demagog (dəməɣɔ́k) *m.-f.* demagogue.
demagògia (dəməɣɔ́ʒiə) *f.* demagogy.
demanar (dəməná) *t.* to ask for, to request. || ~ ***la mà d'una moia,*** to ask for a girl's hand in marriage. || ~ ***la paraula,*** to ask to speak. *2* to order [meal, drink]. *3* to need, to demand. || ***la gespa*** ~ ***pluja,*** the lawn needs rain.
demanda (dəmándə) *f.* petition, request. *2* COMM. order. *3* LAW (legal) action.
demandar (dəməndá) *t.* LAW to sue, to take legal action against.
demarcació (dəmərkəsió) *f.* demarcation. *2* district.
demarcar (dəmərká) *t.* to demarcate.
demència (dəmɛ́nsiə) *f.* madness, insanity.
dement (dəmén) *a.* mad, insane, demented. ▪ *2 m.-f.* mad, insane or demented person.
demèrit (dəmɛ́rit) *m.* demerit, fault, defect.
democràcia (dəmukrásiə) *f.* democracy.
demòcrata (dəmɛ́krətə) *m.-f.* democrat.
democràtic, -ca (dəmukrátik, -kə) *a.* democratic.
democratitzar (dəmukrətidzá) *t.* to democratize.
demografia (dəmuɣrəfíə) *f.* demography.
demolició (dəmulisió) *f.* demolition.
demolir (dəmulí) *t.* to demolish [also fig.].

demoníac, -ca (dəmuníək, -kə) *a.* demoniacal, demoniac.
demora (dəmórə) *f.* delay, hold-up.
demorar (dəmurá) *t.* to delay, to hold up.
demostració (dəmustrəsió) *f.* demonstration. *2* show, display.
demostrar (dəmustrá) *t.* to demonstrate, to prove. *2* to show, to display.
demostratiu, -iva (dəmustrətiŭ, -iβə) *a.* demonstrative.
dempeus (dəmpɛ́ŭs) *adv.* standing, on one's feet.
denari, -ària (dənári, -áriə) *a.* decimal. ▪ *2 m.* denarius.
denegació (dənəɣəsió) *f.* refusal, denial.
dèneu (dɛ́nəŭ) , **denou** (dɛ́nɔŭ) *a., m.* (VAL.) See DINOU.
denegar (dənəɣá) *t.* to refuse, to deny.
denieirola (dəniəirɔ́lə) *f.* (ROSS.) See GUARDIOLA.
denigrar (dəniɣrá) *t.* to denigrate, to defame.
denominació (dənuminəsió) *f.* denomination, naming.
denominador, -ra (dənuminəðó, -rə) *a.* which denominates. ▪ *2 m.* MATH. denominator.
denominar (dənuminá) *t.* to denominate, to call, to designate.
denotar (dənutá) *t.* to denote, to signify, to indicate.
dens, -sa (dɛns, -sə) *a.* dense, thick.
densitat (dənsitát) *f.* density.
dent (den) *f.* tooth; front tooth. || ***parlar entre ~s,*** to mumble. *2* MECH. tooth, cog.
dentadura (dəntəðúrə) *f.* teeth, set of teeth. || ***~ postissa,*** false teeth, dentures *pl.*
dental (dəntál) *a.* dental.
dentar (dəntá) *t.* MECH. to provide with teeth. ▪ *2 i.* to teethe [babies].
dentat, -ada (dəntát, -áðə) *a.* toothed. ▪ *2 m.* set of teeth.
dentetes (dəntɛ́təs) *phr.* ***fer ~,*** to make someone jealous.
dentició (dəntisió) *f.* teething, dentition.
dentifrici, -ícia (dəntifrísi, -ísiə) *a.-m.* tooth paste *s.*
dentista (dəntístə) *m.-f.* dentist.
denúncia (dənúnsiə) *f.* LAW complaint. *2* denunciation, reporting; report.
denunciar (dənunsiá) *t.* to report [to the police]. *2* to announce, to proclaim. *3* to denounce.
departament (dəpərtəmén) *m.* department, section. *2* RAIL. compartiment. *3* department, province, district.
departir (dəpərtí) *i.* to converse, to talk.
depauperat, -ada (dəpəŭpərát, -áðə) *a.* very weak.
dependència (dəpəndɛ́nsiə) *f.* dependence; reliance. *2* dependency. *3* outhouse, outbuilding. *4* staff.
dependent, -ta (dəpəndén, -tə) *a.* dependent. ▪ *2 m.-f.* shop assistant.
dependre (dəpɛ́ndrə) *i.* to depend (*de,* on), to rely (*de,* on). || ***depèn*** or ***això depèn,*** it depends. ▲ CONJUG. like ***ofendre.***
depilació (dəpiləsió) *f.* COSM. depilation, hair removal.
depilar (dəpilá) *t.* COSM. to depilate, to remove hair.
depilatori, -òria (dəpilətɔ́ri, -ɔ́riə) *a.-m.* COSM. depilatory.
deplorar (dəlurá) *t.* to deplore; to lament.
deport (dəpɔ́r(t)) *m.* entertainment.
deportar (dəpurtá) *t.* to deport.
deposar (dəpuzá) *t.* to abandon [attitudes]. *2* to depose [rulers]. *3* LAW to state in evidence, to depose. ▪ *4 i.* to defecate.
depravació (dəprəβəsió) *f.* vice, depravity; corruption.
depravar (dəprəβá) *t.-p.* to deprave, to corrupt. ▪ *2 p.* to become depraved or corrupted.
depreciació (dəprəsiəsió) *f.* depreciation.
depreciar (dəprəsiá) *t.* to depreciate *t.-i.*
depredador, -ra (dəprəðəðó, -rə) *m.-f.* pillager, plunderer. *2* predator.
depredar (dəprəðá) *t.* to pillage, to plunder.
depressió (dəprəsió) *f.* depression.
depressiu, -iva (dəprəsiŭ, -iβə) *a., m.-f.* depressive.
depriment (dəprimén) *a.* depressing.
deprimir (dəprimí) *t.* to depress. ▪ *2 p.* to get depressed.
depuració (dəpurəsió) *f.* purification, purge.
depurar (dəpurá) *t.* to purify, to purge.
dèria (dɛ́riə) *f.* obsession.
deriva (dəriβə) *f.* drifting. || ***anar a la ~,*** to drift, to be off course [also fig.].
derivació (dəriβəsió) *f.* derivation.
derivar (dəriβá) *t.* to derive (*de,* from). *2* to divert. ▪ *3 i.* to derive, to be derived. *4* MAR. to drift.
dermatologia (dərmətuluʒíə) *f.* MED. dermatology.
dermis (dɛ́rmis) *f.* derm, dermis.
derogació (dəruɣəsió) *f.* repeal, derogation, abolition.
derogar (dəruɣá) *t.* to repeal, to abolish; to annul.
derrapar (dərrəpá) *i.* to skid.
derrota (dərrɔ́tə) *f.* defeat.
derrotar (dərrutá) *t.* to defeat; to beat.
derruir (dərruí) *t.* to demolish.

des (dės) *prep. phr.* ~ ***de*** or ~ ***que,*** since. *2* ~ ***de,*** from. ▪ *3 conj.* since.
desabrigat, -ada (dəzəβriɣát, -áðə) *a.* not wrapped up well enough. *2* exposed, unsheltered.
desaconsellar (dəzəkunsəʎá) *t.* to advise against *i.*
desacord (dəzəkɔ́r(t)) *m.* disagreement; discord.
desacreditar (dəzəkrəðitá) *t.* to disparage, to discredit, to denigrate. *2* to bring into discredit. ▪ *3 p.* to disgrace oneself.
desactivar (dəzəktiβá) *t.* to defuse, to make safe.
desafecte, -ta (dəzəfέktə, -tə) *a.* disaffected. ▪ *2 m.* disaffection. *3 m.-f.* disaffected person.
desafiador, -ra (dəzəfiəðó, -rə) *a.* defiant. *2* challenging.
desafiament (dəzəfiəmén) *m.* defiance. *2* challenge.
desafiar (dəzəfiá) *t.* to challenge [to a fight or duel]. *2* to defy; to challenge.
desafinar (dəzəfiná) *t.* to sing or play out of tune, to be out of tune. *2* to put out of tune. ▪ *3 p.* to go out of tune.
desafortunat, -ada (dəzəfurtunát, -áðə) *a.* unfortunate.
desagradable (dəzəɣrəðábblə) *a.* unpleasant, disagreeable.
desagradar (dəzəɣrəðá) *t.* to displease. ‖ ***no em desagrada,*** I don't dislike it.
desagraïment (dəzəɣrəimén) *m.* ungratefulness, ingratitude.
desagraït, -ïda (dəzəɣrəit, -iðə) *a.* ungrateful.
desajust (dəzəúst) *m.* discrepancy. *2* TECH. maladjustment.
desallotjar (dəzəʎudʒá) *t.* to eject, to evict. *2* to evacuate.
desamor (dəzəmór) *m.-(i f.)* lack of love, coldness, dislike.
desamortització (dəzəmurtidzəsió) *f.* disentailment.
desamortizar (dəzəmurtidzá) *t.* to disentail.
desànim (dəzánim) *m.* discouragement, downheartedness.
desanimar (dəzənimá) *t.* to discourage. ▪ *2 p.* to get discouraged, to lose heart.
desanou (dəzənɔ́ŭ) *a.-m.* (ROSS.) See DINOU.
desaparèixer (dəzəpərέʃə) *i.* to vanish, to disappear. ▪ CONJUG. like ***conèixer.***
desaparellar (dəzəpərəʎá) *t.* to split up a pair. ‖ ***aquests mitjons són desaparellats,*** these socks aren't a pair, these socks are odd.
desaparició (dəzəpərisió) *f.* disappearance.
desapercebut, -uda (dəzəpərsəβút, -úðə) *a.* unnoticed.
desaprensiu, -iva (dəzəprənsiŭ, -iβə) *a.* unscrupulous.
desaprofitar (dəzəprufitá) *t.* to waste, not to take advantage of.
desaprovar (dəzəpruβá) *t.* to disapprove of *i.*
desar (dəzá) *t.* to put away, to keep [in a safe place].
desarmament (dəzərməmén) *m.* disarmament.
desarmar (dəzərmá) *t.* to disarm [people]. *2* to take to pieces, to take apart, to dismantle [thing]. *3* fig. to calm, to appease.
desarrelar (dəzərrəlá) *t.* to uproot. *2* fig. to wipe out, to get rid of. *i.* ▪ *3 p.* fig. to uproot oneself.
desarrelat, -ada (dəzərrəlát, -aðə) *a.* rootles [person], uprooted.
desassenyat, -ada (dəzəsəɲát, -áðə) *a.* unwise, foolish, silly.
desasset (dəzəsέt) *a.-m.* (ROSS.) See DISSET.
desassossec (dəzəsusέk) *m.* uneasiness; anxiety; restlessness.
desastre (dəzástrə) *m.* disaster, calamity.
desastrós, -osa (dəzəstrós, -ózə) *a.* disastrous, awful, terrible; calamitous.
desatendre (dəzəténdrə) *t.* to ignore, to pay no attention to. *2* to neglect [work]. *3* to slight, to offend, to snub [person]. ▲ CONJUG. like ***atendre.***
desatent, -ta (dəzətén, -tə) *a.* inattentive, inconsiderate; discourteous.
desautoritzar (dəzəŭturidzá) *t.* to deprive of authority; to declare without authority.
desavantatge (dəzəβəntádʒə) *m.* disadvantage. *2* handicap; drawback.
desavinença (dəzəβinέsə) *f.* disagreement; discrepancy.
desavinent (dəzəβinén) *a.* inaccesible.
desavuit (dəzəβúĭt) *a.-m.* (ROSS.) See DIVUIT.
desballestar (dəzβəʎəstá) *t.* to take apart, to dismantle. *2* to break up [cars, ships].
desbancar (dəzβəŋká) *t.* GAME to break the bank. *2* to supplant, to oust.
desbandada (dəzβəndáðə) *f.* flight in disarray, scattering. ‖ ***fugir a la ~,*** to scatter.
desbandar-se (dəzβəndársə) *p.* to scatter, to flee in disarray.
desbaratar (dəzβərətá) *t.* to spoil, to ruin; to frustrate. *2* to throw into confusion. *3* TECH. to dismantle, to take to pieces. ▪ *4 p.* to deteriorate. ‖ ***s'ha desbaratat el temps,*** the weather's got worse.
desbarrar (dəzβərrá) *t.* to unbar. ▪ *2 i.* to talk absolute rubbish; to say too much.
desbocar-se (dəzβukársə) *p.* to bolt [horses]. *2* to give vent to a stream of abuse.
desbordament (dəzβurðəmén) *m.* overflow-

ing, flooding. *2* outburst. *3* MIL. outflanking.

desbordar (dəzβurðá) *t.* to cause to overflow, to cause to flood [rivers]. *2* fig. to arouse [passions]. *3* MIL. to outflank. ▪ *4 i.-p.* to overflow, to flood [rivers]. *5 p.* to burst out, to be aroused [passions].

desbrossar (dəzβrusá) *t.* to clear of weeds, undergrowth or rubbish.

descabdellar (dəskəbdəʎá) *t.* to unwind, to unravel. *2* fig. to expound in detail. ▪ *3 p.* to unravel.

descafeïnat, -ada (dəskəfəinát, -áðə) *a.* decaffeinated. *2* fig. wishy-washy.

descalç, -ça (dəskáls, -sə) *a.* barefoot; unshod.

descamisat, -ada (dəskəmizát, -áðə) *a.* shirtless. *2* fig. extremely poor.

descans (dəskáns) *m.* rest, repose. *2* relief. *3* break. *4* rest, support bracket.

descansar (dəskənsá) *i.* to rest, to have a rest, to take a break. *2* to sleep. *3* ~ ***en*** to rely on, to lean on. *4* ~ ***sobre,*** to rest on, to be supported by. ▪ *5 t.* to rest. *2* to help out.

descanviar (dəskəmbiá) *t.* to exchange, to change.

descarat, -ada (dəzkərát, -áðə) *a.* impudent, insolent, cheeky. ▪ *2 m.-f.* impudent, insolent or cheeky person.

descargolar (dəskərɣulá) *t.* to unscrew. ▪ *2 p.* to come unscrewed.

descarnat, -ada (dəskərnát, -áðə) *a.* without flesh. clean, bare [bones]. *2* thin. *3* bare, uncovered. *4* fig. plain, straightforward, without commentaries.

descàrrega (dəskárrəɣə) *f.* unloading; emptying. *2* ELECT. discharge.

descarregar (dəskərrəɣá) *t.* to unload; to empty. *2* to fire, to shoot. *3* fig. to relieve, to release, to free.

descarrilament (dəskərriləmén) *m.* derailment.

descarrilar (dəskərrilá) *i.* RAIL. to derail *t.-i.*

descartar (dəskərtá) *t.* to rule out, to reject. ▪ *2 p.* GAME to discard.

descendència (dəsəndέnsiə) *f.* offspring, descendents *pl.*, family.

descendent (dəsəndén) *a.* descending, descendent. ▪ *2 m.-f.* descendent.

descendir (dəsəndí) *t.* to go or come down; to descend. *2* to fall, to drop. *3* ~ ***a*** to stoop to, to lower oneself to. *4* ~ ***de,*** to descend from; to be derived from.

descens (dəsέns) *m.* descent. *2* fall, drop. *3* SP. downhill event [skiing]. *3* SP. relegation.

descentralitzar (dəsəntrəlidzá) *t.* to decentralize.

descentrar (dəsəntrá) *t.* to put off or out of centre. ▪ *2 p.* to get out of centre.

descloure (dəsklɔ́ŭrə) *t.-p.* lit. to open. ▲ CONJUG. like ***cloure.***

descobert, -ta (dəskuβέr(t), -tə) *a.* open, uncovered. ‖ *adv. phr.* ***al ~,*** uncovered, unprotected. ‖ *adv. phr.* MIL. ***en ~,*** exposed to enemy fire. ▪ *2 m.* ECON. overdraft. ▪ *3 f.* discovery, finding.

descobriment (dəskuβrimén) *m.* discovery.

descobrir (dəskuβrí) *t.* to discover, to find. *2* to uncover. *3* to show, to reveal. ▪ *4 p.* to take off one's hat. ▲ CONJUG. P. P.: ***descobert.***

descodificar (dəskuðifiká) *t.* to decode.

descollar (dəskuʎá) *t.* to unscrew. ▪ *2 p.* to come unscrewed.

descolonització (dəskulunitzəsió) *f.* decolonization.

descolorir (dəskulurí) *t.* to discolour. ▪ *2 p.* to fade.

descompondre (dəskumpɔ́ndrə) *t.* to break down, to decompose. *2* to perturb, to upset. ▪ *3 p.* to rot, to decompose. *4* to get upset; to get angry. ▲ CONJUG. like ***respondre.***

descomposició (dəskumpuzisió) *f.* decomposition, rotting. *2* discomposure. *3* MED. diarrhoea.

descomptar (dəskumtá) *t.* to leave aside, not to take into account. *2* to discount. ▪ *3 p.* to make a mistake [in calculations].

descompte (dəskómtə) *m.* COMM. discount, reduction.

desconcert (dəskunsέr(t)) *m.* discomposure, embarrassment.

desconcertar (dəskunsərtá) *t.* to disconcert, to bewilder; to embarrass. ▪ *2 p.* to get embarrassed, to be disconcerted.

desconeixement (dəskunəʃəmén) *m.* ignorance, lack of knowledge.

desconèixer (dəskunέʃə) *t.* not to know, to be ignorant of, to be unaware of. ▲ CONJUG. like ***conèixer.***

desconfiança (dəskumfiánsə) *f.* distrust, mistrust.

desconfiar (dəskumfiá) *i.* to be distrustful. ‖ ~ ***de,*** to distrust *t.*, to mistrust *t.*

descongestionar (dəskunʒəstiuná) *t.* to unblock, to decongest.

desconnectar (dəskunəktá) *t.* to disconnect; to turn off.

desconsol (dəskunsɔ́l) *m.* distress, grief; sorrow, sadness.

descontent, -ta (dəskuntén, -tə) *a.* discontent, discontented, dissatisfied, unhappy.

descoratjar (dəskurədʒá) *t.* to discourage,

to dishearten. ▪ *2 p.* to get discouraged, to lose heart.
descordar (dəskurðá) *t.* to unbutton, to undo. ▪ *2 p.* to come undone, to come unbuttoned.
descórrer (dəskórrə) *t.* to draw back, to open [curtains]. ▲ CONJUG. like ***córrer.***
descortès, -esa (dəskurtɛ́s, -ɛ́zə) *a.* rude, impolite, discourteous.
descosir (dəskuzí) *t.* to unstitch, to unpick. ▪ *2 p.* to come unstitched. ▲ CONJUG. like ***cosir.***
descosit, -ida (dəskuzít, -íðə) *a.* unstitched. ▪ *2 m.* seam which has come unstitched. || ***parla pels ~s,*** she never stops talking.
descrèdit (dəskrɛ́ðit) *m.* discredit; disrepute.
descregut, -uda (dəskrəɣút, -úðə) *m.-f.* unbeliever.
descripció (dəskripsió) *f.* description.
descriure (dəskriŭrə) *t.* to describe.
descuidar-se (dəskuĭðársə) *p.* to forget. || ***m'he descuidat les claus a casa,*** I've left my keys at home.
descuit (dəskúĭt) *m.* slip, oversight.
descurar (dəskurá) *t.* to be careless about, to neglect.
desdejunar (dəzðəʒuná) *i.* (VAL.) See ESMORZAR.
desdentat, -ada (dəzðəntát, -áðə) *a.* toothless.
desdeny (dəzðɛ́ɲ) *m.* scorn; disdain; contempt.
desdenyar (dəzðəɲá) *t.* to scorn, to disdain.
desdibuixar (dəzðiβuʃá) *t.* to blur. ▪ *2 p.* to become blurred.
desdir (dəzðí) *i.* to be inappropiate; to be unworthy. ▪ *2 p.* ~ ***-se de,*** to go back on [promises]; to retract *t.* [what one has said]. ▲ CONJUG. like ***dir.***
deseixir-se (dəzəʃírsə) *p.* to get rid of. *2* to get out of [difficult situations]. *3* to come out well.
desè, -ena (dəzɛ́, -ɛ́nə) *a.-m.* tenth. *2 f.* ***una desena,*** ten.
desembalar (dəzəmbəlá) *t.* to unpack.
desembarassar (dəzəmbərəsá) *t.* to get rid of *i.*
desembarcador (dəzəmbərkəðó) *m.* pier, landing stage, quay.
desembarcar (dəzəmbərká) *t.* to unload [things], to disembark [people]. ▪ *2 i.* to come ashore, to go ashore, to disembark.
desembastar (dəzəmbəstá) *t.* to untack.
desembeinar (dəzəmbəĭná) *t.* to draw, to unsheathe [swords].
desembocadura (dəzəmbukəðúrə) *f.* GEOGR. mouth.
desembocar (dəzəmbuká) *t.* ~ ***a*** o ***en,*** to lead to, to come out into; to flow into.
desembolicar (dəzəmbuliká) *t.* to unwrap.
desemborsar (dəzəmbursá) *t.* to pay out.
desembragar (dəzəmbrəɣá) *t.* MECH. to disengage, to disconnect.
desembre (dəzémbrə) *m.* December.
desembussar (dəzəmbusá) *t.* to unblock [pipe]. ▪ *2 p.* to become unblocked, to unblock itself.
desembutxacar (dəzəmbutʃəká) *t.* coll. to lay out [money].
desemmascarar (dəzəmməskərá) *t.* to unmask.
desempallegar-se (dəzəmpəʎəɣársə) *p.* to get rid of.
desempaquetar (dəzəmpəkətá) *t.* to unpack.
desemparar (dəzəmpərá) *t.* to desert, to abandon.
desemparat, -ada (dəzəmpərát, -áðə) *a.* abandoned. *2* helpless, defenceless.
desena (dəzɛ́nə) *f.* ten: ***una desena d' alumnes,*** (about) ten students.
desencadenar (dəzəŋkəðəná) *t.* to unleash [also fig.]. ▪ *2 p.* to break out.
desencaixar (dəzəŋkəʃá) *t.-p.* to disconnect. *2* to dislocate [bones]. *3 p.* fig. to become distorted or disfigured [face].
desencaminar (dəzəŋkəminá) *t.* ~ ***algú,*** to make somebody lose his way. *2* fig. to lead astray.
desencant (dəzəŋkán) *m.* disillusioning, disillusionment.
desencert (dəzənsɛ́r(t)) *m.* error, mistake.
desencís (dəzənsís) *m.* disillusion.
desencisar (dəzənsizá) *t.* to disillusion. ▪ *2 p.* to become disillusioned.
desencusa (dəzənkúzə) *f.* (ROSS.) See EXCUSA.
desendreçar (dezəndrasá) *t.* to disarrange; to mess up; to make untidy.
desendreçat, -ada (dəzəndrəsát, -áðə) *a.* untidy; in a mess.
desenfeinat, -ada (dəzəmfəĭnát, -áðə) *a.* at ease, at leisure.
desenfocar (dəzəmfuká) *t.* to unfocus.
desenfrenament (dəzəmfrənəmén) *m.* lack of self-control; wildness.
desenfrenat, -ada (dəzəmfrənát, -áðə) *a.* fig. wild, uncontrolled [person].
desenganxar (dəzəŋgənʃá) *t.* to unhook; to unstick; to undo.
desengany (dəzəŋgáɲ) *m.* undeception, disillusionment, disappointment.
desenganyar (dəzəŋgəɲá) *t.* to undeceive; to disappoint. ▪ *2 p.* to be undeceived, to be disappointed.

desengramponador (dəzəŋgrəmpunəðó) *m.* (BAL.) See TORNAVÍS.
desenllaç (dəzənʎás) *m.* outcome.
desenllaçar (dəzənʎəsá) *t.* to untie; to undo.
desenredar (dəzənrrəðá) *t.* to untangle, to disentangle, to unravel.
desenrotllament (dəzənrruʎʎəmén) *m.* development.
desenrotllar (dəzəruʎʎá) *t.-p.* to unroll. *2* to develop.
desentelar (dəzəntəlá) *t.* to de-mist [car window, etc.]. ■ *2 p.* to clear [glass].
desentendre's (dəzənténdrəs) *p.* fig. to wash one's hands. *2* to affect ignorance. ▲ CONJUG. like ***atendre.***
desenterrar (dəzəntərrá) *t.-p.* to unearth *t.*, to dig up *t.* [also fig.].
desentès, -sa (dəzəntɛ́s, -ɛ́zə) *phr.* ***fer-se el ~,*** to affect ignorance.
desentonar (dəzəntuná) *i.* MUS. to be out of tune. *2* fig. not to match; to clash.
desentortolligar (dəzənturtuʎiγá) *t.* to unwind. ■ *2 p.* to unwind itself.
desenvolupament (dəzəmbulupəmén) *m.* development.
desenvolupar (dəzəmbulupá) *t.-p.* to develop.
desequilibrat, -ada (dəzəkiliβrát, -βaðə) *a.* unbalanced. ■ *2 m.-f.* mentally unbalanced person.
desequilibri (dəzəkiliβri) *m.* imbalance. *2* unbalanced mental condition.
deserció (dəzərsió) *f.* desertion.
desert, -ta (dəzɛ́r(t), -tə) *a.* deserted. ■ *2 m.* desert.
desertar (dəzərtá) *t.* to desert.
desertor, -ra (dəzərtó, -rə) *m.-f.* deserter.
desesper (dəzəspér) *m.* See DESESPERACIÓ.
desesperació (dəzəspərəsió) *f.* despair; desperation.
desesperant (dəzəspərán) *a.* despairing. *2* infuriating.
desesperar (dəzəspərá) *i.-p.* to despair. ■ *2 t.* to drive to despair. *3* to infuriate.
desesperat, -ada (dəzəspərát, -áðə) *a.* desperate.
desestimar (dəzəstimá) *t.* to underestimate. *2* to rebuff. *3* LAW to reject.
desfalc (dəsfálk) *m.* embezzlement.
desfalcar (dəsfəlká) *t.* to embezzle. *2* to remove the wedge from.
desfavorable (dəsfəβurábblə) *a.* unfavourable.
desfavorir (dəsfəβuri) *t.* to withdraw one's favour from. *2* not to suit [dress], not to look well on *i.* [dress].
desfer (dəsfé) *t.* to undo. *2* to untie; to unleash [also fig.]. *3* to melt. ■ *4 p.* to come undone. *5* to unleash oneself. *6* fig. ***~-se en llàgrimes,*** to break down in tears. *7* to melt. *8* to come off. *9* ***~-se de,*** to get rid of. ▲ CONJUG. P. P.: ***desfet.*** ‖ INDIC. Pres.: ***desfaig, desfàs, desfà,*** etc. | Imperf.: ***desfeia,*** etc. | Perf.: ***vaig desfer,*** etc. | Fut.: ***desfaré,*** etc. ‖ SUBJ. Pres.: ***desfés,*** etc.
desfermar (dəsfərmá) *t.* to let out; to set loose; to unleash [also fig.]. ■ *2 p.* fig. to unleash itself; to break; to burst.
desfermat, -ada (dəsfərmát, -áðə) *a.* set loose; unleashed. *2* fig. beside oneself [emotions, mental state].
desferra (dəsfɛ́rrə) *f.* remains; ruins; waste.
desfeta (dəsfétə) *f.* defeat.
desfici (dəsfisi) *m.* anxiety; uneasiness.
desficiós, -osa (dəsfisiós, -ózə) *a.* anxious; uneasy; upset.
desfigurar (dəsfiγurá) *t.* to disfigure; to alter. *2* to change, to alter [facts].
desfilada (dəsfiláðə) *f.* march-past; parade.
desfilar (dəsfilá) *i.* to march; to parade. *2* coll. to leave (one after the other).
desflorar (dəsflurá) *t.* to pull off the flowers from [tree, plant]. *2* to deflower [woman].
desfogar-se (dəsfuγársə) *p.* to vent oneself, to vent one's anger.
desfullar (dəsfʎá) *t.* to remove the leaves from, to strip the leaves off.
desgana (dəzγánə) *f.* lack of appetite. *2* lack of interest.
desganat, -ada (dəzγənát, -áðə) *a.* lacking in appetite. *2* lacklustre; unenthusiastic.
desgast (dəzγás(t)) *m.* wear and tear.
desgastar (dəzγəstá) *t.* to wear out. *2* to wear down.
desgavell (dəzγəβéʎ) *m.* chaos, total confusion.
desgavellar (dəzγəβəʎá) *t.* to throw into confusion.
desgel (dəʒɛ́l) *m.* See DESGLAÇ.
desgelar (dəʒəlá) *i.-t.-p.* See DESGLAÇAR.
desglaç (dəzγlás) *m.* melting, thawing.
desglaçar (dəzγləsá) *i.-t.-p.* to melt, to thaw (out).
desglossar (dəzγlusá) *t.* to separate out. *2* fig. to schedule.
desgovern (dəzγuβɛ́rn) *m.* misgovernment; misrule. *2* lack of government; lack of rule.
desgovernar (dəzγuβərná) *t.* to misgovern; to misrule.
desgràcia (dəzγrásiə) *f.* misfortune. ‖ *interj.* ***quina ~!,*** what bad luck! *2* disgrace. ‖ ***caure en ~,*** to fall into disgrace.
desgraciar (dəzγrəsiá) *t.* to ruin, to spoil. *2* to injure [person]; to damage [thing].
desgraciat, -ada (dəzγrəsiát, -áðə) *a.* misfortunate; wretched. *2* graceless, ugly.
desgranar (dəzγrəná) *t.* to shell.

desgrat (dəzɣrát) *m.* displeasure. || *prep. phr.* ***a ~ de,*** in spite of.
desgravar (dəzɣrəβá) *t.* to reduce the tax on.
desgreuge (dəzɣréŭʒə) *m.* amends. *2* satisfaction.
desguàs (dəzɣwás) *m.* drainage, draining. *2* drain [pipe]. ▲ *pl.* ***-sos.***
desguassar (dəzɣwəsá) *t.* to drain [water]. ■ *2 i.* to flow into [sea, river, etc.].
desguitarrar (dəzɣitərrá) *t.* to disarrange; to mess. *2* to spoil, to frustrate [projects, plans].
deshabitat, -ada (dəzəβitát, -áðə) *a.* uninhabited.
desheretar (dəzərətá) *t.* to disinherit.
deshidratar (dəziðrətá) *t.-p.* to dehydrate.
deshonest, -ta (dəzunés(t), -tə) *a.* dishonest.
deshonestedat (dəzunəstəðát) *f.* dishonesty.
deshonor (dəzunór) *m.* *(i f.)* dishonour, shame.
deshonra (dəzónrrə) *f.* dishonour, disgrace.
deshonrós, -osa (dəzunrrós, -ózə) *a.* dishonourable; ignominious.
deshora (dəzɔ́rə) *adv. phr.* ***a ~,*** at the wrong time; at a bad time, inopportunely.
desideràtum (dəziðərátum) *m.* desideratum.
desídia (dezíðiə) *f.* apathy; idleness.
desidiós, -osa (dəziðiós, -ózə) *a.* apathetic; idle.
desig (dəzitʃ) *m.* desire, wish.
designació (dəziŋnəsió) *f.* appointment, designation.
designar (dəziŋná) *t.* to appoint, to designate.
designi (dəzíŋni) *m.* scheme, plan.
desigual (dəziɣwál) *a.* unequal; uneven.
desigualtat (dəziɣwəltát) *f.* unequality, unevenness.
desil·lusió (dəziluzió) *f.* disillusion, disappointment.
desil·lusionar (dəziluziuná) *t.* to disillusion; to disappoint. ■ *2 p.* to become disillusioned, to be disappointed.
desimbolt, -ta (dəzimbɔ́l, -tə) *a.* open; confident [manner].
desimboltura (dəzimbultúrə) *f.* openness; confidence [manner].
desinfecció (dəzimfəksió) *f.* disinfection.
desinfectant (dəzimfəktán) *a.-m.* disinfectant.
desinfectar (dəzimfəktá) *t.* to disinfect.
desinflar (dəzimflá) *t.* to deflate. ■ *2 p.* to lose air, to go flat; to go down.
desintegració (dəzintəɣrəsió) *f.* disintegration.
desintegrar (dəzintəɣrá) *t.-p.* to disintegrate.
desinterès (dəzintərɛ́s) *m.* lack of interest. *2* impartiality.
desinteressat, -ada (dəzintərəsát, -áðə) *a.* uninterested. *2* disinterested, impartial.
desistir (dəzistí) *i.* to desist.
desitjable (dəzidʒábblə) *a.* desirable.
desitjar (dəzidʒá) *t.* to desire, to wish.
desitjós, -osa (dəzidʒós, -ózə) *a.* eager, keen.
deslleial (dəzʎəjál) *a.* disloyal. *2* COMM. unfair [competition].
deslleialtat (dəzʎəjəltát) *f.* unfairness. *2* disloyalty.
deslletar (dəzʎətá) *t.* to wean.
deslligar (dəzʎiɣá) *t.* to untie; to unleash; to set loose.
deslliurament (dəzʎiŭrəmén) *m.* liberation. *2* giving birth, delivery [of child].
deslliurar (dəzʎiŭrá) *t.* to free, to set free. *2* to give birth, to deliver [child].
desllogar (dəzʎuɣá) *t.* to vacate. ■ *2 p.* to become vacant.
desllorigador (dəzʎuriɣəðó) *m.* ANAT. joint. *2* fig. solution, way out.
desllorigar (dəzʎuriɣá) *t.-p.* MED. to sprain; to dislocate.
deslluir (dəzʎuí) *t.* to tarnish. ■ *2 p.* to get tarnished.
desmai (dəzmáĭ) *m.* faint. *2* BOT. weeping willow.
desmaiar (dəzməjá) *i.-p.* to faint.
desmamar (dəzməmá) *t.* See DESLLETAR.
desmanegar (dəzmənəɣá) *t.* to disrupt, to mess up. *2* to remove the handle of.
desmanegat, -ada (dəzmənəɣát, -áðə) *a.* disordered; untidy. *2* handleless.
desmantellar (dəzməntəʎá) *t.* to dismantle.
desmantellat, -ada (dəzməntəʎát, -áðə) *a.* dismantled.
desmarcar (dəzmərká) *t.* to remove the label from. ■ *2 p.* SP. to lose one's marker, to get unmarked.
desmarxat, -ada (dəzmərʃát, -áðə) *a.* untidy, slovenly [person].
desmembrar (dəzməmbrá) *t.-p.* to break up [also fig.]. *2 t.* to dismember.
desmemoriar-se (dəzməmuriársə) *p.* to become forgetful.
desmemoriat, -ada (dəzməmuriát, -áðə) *a.* forgetful, absent-minded.
desmenjament (dəzmənʒəmén) *m.* lack or loss of appetite. *2* fig. lack of enthusiasm; disinclination.
desmenjat, -ada (dəzmənʒát, -áðə) *a.* lacking in appetite. *2* fig. unenthusiastic. *3* fig. scornful.

desmentiment (dəzməntimén) *m.* rebuttal, denial.
desmentir (dəzmənti) *t.* to rebut, to deny. ▲ CONJUG. INDIC. Pres.: ***desment*** o ***desmenteix.***
desmerèixer (dəzmərέʃə) *i.* to lose in value. *2* to compare unfavourably. ▲ CONJUG. like ***merèixer.***
desmèrit (dəzmέrit) *m.* unworthiness.
desmesura (dəzməzúrə) *f.* excess [also fig.]. *2* lack of moderation.
desmesurat, -ada (dəzməzurát, -áðə) *a.* excessive. *2* immoderate.
desmillorar (dəzmiʎurá) *t.* to spoil. *2* to impair, to weaken. ■ *3 p.* to get spoilt. *4* to become impaired, to weaken.
desmoralitzar (dəzmurəlidzá) *t.* to demoralize. *2* to corrupt. ■ *3 p.* to become demoralised.
desmuntar (dəzmuntá) *t.* MECH. to dismantle; to strip down. ■ *2 i.* to dismount [from horse].
desnaturalitzar (dəznəturəlidzá) *t.* to adulterate.
desnerit, -ida (dəznərit, -iðə) *a.* weak, puny [person].
desnivell (dəzniβέʎ) *m.* unevenness; slope. *2* fig. gap, inequality.
desnivellar (dəzniβəʎá) *t.* to make uneven. ■ *2 p.* to become uneven.
desnonar (dəznuná) *t.* to evict. *2* to give up [patient]; to deem incurable [illness].
desnucar (dəznuká) *t.* to break the neck of.
desnutrició (dəznutrisió) *f.* malnutrition; undernourishment.
desobediència (dəzuβəðiέnsiə) *f.* disobedience.
desobedient (dəzuβəðién) *a.* disobedient.
desobeir (dəzuβəi) *t.* to disobey.
desocupació (dəzukupəsió) *f.* leisure. *2* unemployment.
desocupat, -ada (dəzukupát, -áðə) *a.* at leisure. *2* unoccupied [seat, room]. ■ *3 m.-f.* person without an occupation, unemployed.
desodorant (dəzuðurán) *a.-m.* deodorant.
desolació (dəzuləsió) *t.* desolation. *2* fig. grief.
desolador, -ra (dəzuləðó, -rə) *a.* distressing.
desolar (dəzulá) *t.* to desolate [also fig.]. *2* to lay waste.
desolat, -ada (dəzulát, -áðə) *a.* desolate. *2* fig. distressed.
desorbitar (dəzurβitá) *t.* to carry to extremes; to exaggerate vastly. ■ *2 p.* to go to extremes; to get out of hand.
desorbitat, -ada (dəzurβitát, -áðə) *a.* disproportionate; greatly exaggerated.
desordenar (dəzurðəná) *t.* to disarrange; to make untidy.
desordenat, -ada (dəzurðənát, -áðə) *a.* disordered; untidy. ■ *2 m.-f.* disorganised person; untidy person.
desordre (dəzórðrə) *m.* disorder; untidiness.
desorganització (dəsurɣənidzəzió) *f.* lack of organisation; disorganisation.
desorganitzar (dəzurɣənidzá) *t.* to disorganise.
desori (dəzɔ́ri) *m.* confusion, disorder.
desorientació (dəzuriəntəsió) *f.* disorientation, loss of one's bearings; confusion.
desorientar (dəzuriəntá) *t.* to disorientate. ■ *2 p.* to lose one's bearings; to become disorientated.
desoxidar (dəzuksiðá) *t.* CHEM. to deoxidize.
desparar (dəspərá) *t.* ~ ***la taula,*** to clear the table.
despatx (dəspátʃ) *m.* office. *2* dispatch.
despatxar (dəspətʃá) *t.* to dispatch, to finish. *2* COMM. to sell. *3* to sack, to dismiss.
despectiu, -iva (dəspəktiŭ, -iβə) *a.* derogatory. *2* scornful.
despectivament (dəspəktiβəmén) *adv.* scornfully.
despendre (dəspέndrə) *t.* to spend. *2* fig. to dedicate. ▲ CONJUG. like ***ofendre.***
despenjar (dəspənʒá) *t.* to unhook, to take down. ‖ ~ ***el telefon,*** to pick up the telephone. ■ *2 p.* to come down. *3* fig. coll. to pop in, to drop in [person].
despentinar (dəspəntiná) *t.* to ruffle, to tousle [hair].
despenyar (dəspəɲá) *t.* to hurl from a height.
desperfecte (dəspərfέktə) *m.* slight damage.
despert, -ta (dəspέr(t), -tə) *a.* awake. *2* fig. alert. *3* sharp.
despertador (dəspərtəðó) *m.* alarm clock.
despertar (dəspərtá) *t.-p.* to wake up *t.-i.*
despesa (dəspέzə) *f.* expenditure: ~ ***pública,*** public expenditure. *2 pl.* expenses.
despietat, -ada (dəspiətát,-áðə) *a.* merciless, heartless. ■ *2 f.* cruelty, heartlessness.
despintar (dəspintá) *t.* to strip [paint]. ■ *2 p.* to fade, to lose colour.
despistar (dəspistá) *t.* to lead astray, to make lose one's way. *2* fig. to mislead. ■ *3 p.* to lose one's way.
despit (dəspit) *m.* spite. ‖ *prep. phr.* ***a*** ~ ***de,*** despite, in spite of.
desplaçament (dəspləsəmén) *m.* displacement. *2* journey, trip.
desplaçar (dəspləsá) *t.* to move, to displace. ■ *2 p.* to go; to drive; to fly.

desplaent (dəspləén) *a.* disagreeable, unpleasant.
desplaure (dəspláŭrə) *i.* to displease. ▲ CONJUG. like ***plaure.***
desplegar (dəspləγá) *t.* to unfold. *2* MIL. to deploy.
desplomar (dəsplumá) *t.* to cause to fall; to pull down. ■ *2 p.* to collapse, to fall down.
despoblació (dəspubbləsió) *f.* depopulation.
despoblat, -ada (dəspubblát, -áðə) *a.* unpopulated. ■ *2 m.* deserted spot.
desposseir (dəspusəí) *t.* to dispossess (*de,* of).
dèspota (dέsputə) *m.-f.* despot.
despotisme (dəsputízmə) *m.* despotism.
desprendre (dəspέndrə) *t.* to unfasten. ■ *2 p.* to come off, to come away. *3* fig. to follow (*de,* from) [of deductions]. *4* to get rid of. ▲ CONJUG. like ***aprendre.***
despreniment (dəsprənimén) *m.* unfastening; loosening. *2* release, emission.
despreocupat, -ada (dəsprəukupát, -áðə) *a.* carefree. *2* unconventional, free and easy.
després (dəsprés) *adv.* after, afterwards. *2* then. *3* later. *4* next, after. ‖ LOC. ~ ***de,*** after.
desprestigi (dəsprəstíʒi) *m.* loss of prestige; discredit.
desprestigiar (dəsprəstiʒiá) *t.* to discredit. ■ *2 p.* to fall into discredit, to lose prestige.
desproporcionat, -ada (dəsprupursiunát, -áðə) *a.* disproportionate.
despropòsit (dəsprupɔ́zit) *m.* absurdity, piece of nonsense.
despulla (dəspúʎə) *f.* plunder, spoils. *2 pl.* remains [corpse].
despullar (dəspuʎá) *t.-p.* to undress. *2 t.* to divest (*de* of), to denude (*de,* of).
despullat, -ada (dəspuʎát, -áðə) *a.* bare; naked.
desqualificar (dəskwəlifiká) *t.* to disqualify.
dessagnar (dəsəŋná) *t.* to bleed. ■ *2 p.* to bleed [to death].
dessecar (dəsəká) *t.-p.* to dry [fruit]; to dry up.
desset (dəsέt) *a.-m.* (BAL.) See DISSET.
dèsset (dέsət) *a.-m.* (VAL.) See DISSET.
dessobre (dəsóβrə) *adv.* on top ‖ *adv. phr.* ***al*** ~, on top.
dessota (dəsótə) *adv.* underneath ‖ *adv. phr.* ***al*** ~, underneath.
destacament (dəstəkəmén) *m.* MIL. detachment.
destacar (dəstəká) *t.* to point out; to highlight. ■ *2 p.* to stand out [also fig.].
destapar (dəstəpá) *t.* to uncover. *2* to open. *3* to uncork [bottle]. ■ *4 p.* to throw off one's bedclothes. *5* fig. to reveal oneself.
destarotar (dəstərutá) *t.* to perplex.
desterrar (dəstərrá) *t.* to exile, to banish.
destí (dəstí) *m.* destiny, fate.
destil·lar (dəstilá) *t.* to distil. *2* to drip; to ooze; to exude.
destil·leria (dəstiləríə) *f.* distillery.
destinació (dəstinəsió) *f.* destination.
destinar (dəstiná) *t.* to destine. *2* to appoint; to assign.
destinatari, -ària (dəstinətári, -áriə) *m.-f.* addressee.
destitució (dəstitusió) *f.* dismissal [from post].
destituir (dəstituí) *t.* to dismiss [from post].
destorb (dəstórp) *m.* hindrance, impediment.
destorbar (dəsturβá) *t.* to hinder, to impede. *2* to bother, to disturb.
destral (dəstrál) *f.* axe, ax.
destraler, -ra (dəstrəlé,-rɑ) *a.* fig. clumsy. ■ *2 m.* woodcutter.
destre, -tra (déstrə, -trə) *a.* skilful.
destrellat (dəstrəʎát) *m.* (VAL.) See DISBARAT.
destresa (dəstrέzə) *f.* skill.
destret (dəstrét) *m.* difficulty, jam, fix.
destriar (dəstriá) *t.* to separate (out).
destronar (dəstruná) *t.* to dethrone. *2* fig. to overthrow.
destrossar (dəstrusá) *t.* to destroy; to break up into pieces.
destrucció (dəstruksió) *f.* destruction.
destructor, -ra (dəstruktó, -rə) *a.* destructive. ■ *2 m.* destroyer.
destruir (dəstruí) *t.* to destroy.
desunió (dəzunió) *f.* lack of unity.
desús (dəzús) *m.* disuse.
desvagat, -ada (dəzβəγát, -áðə) *a.* at ease, at leisure; unoccupied.
desvalgut, -uda (dəzβəlγút, -úðə) *a.* helpless; destitute.
desvariar (dəzβəriá) *i.* See DESVARIEJAR.
desvariejar (dəzβəriəʒá) *i.* to rave, to talk nonsense.
desvergonyiment (dəzβərγuɲimén) *m.* shamelessness. *2* cheek, impudence.
desvestir (dəzβəstí) *t.-p.* to undress.
desvetllar (dəzβətʎá) *t.* to wake up: ***el cafè m'ha desvetllat,*** the coffee's woken me up. *2* to excite: ~ ***la curiositat,*** to excite curiosity.
desviació (dəzβiəsió) *f.* deviation; departure. *2* error.
desviar (dəzβiá) *t.* to divert, to deflect. ■ *2 p.* to deflect, to turn away [line]. *3* to turn off; to swerve [car]. *4* to deviate (*de,* from). ‖ ~***-se dels bons costums,*** to go astray.
desvirgar (dəzβirγá) *t.* to deflower [woman].

desvirtuar (dəzβirtuá) *t.* to impair; to detract from *i.*
desviure's (dəzβiŭrəs) *p.* ~ *per,* to be mad on; to do one's utmost for; to yearn for.
desxifrar (dəʃifrá) *t.* to decipher.
detall (dətáʎ) *m.* detail; particular. *2 al ~,* retail (sale). *3 quin ~!,* what a nice thought!; how sweet of you!
detallar (dətəʎá) *t.* to list; to detail.
detectiu (dətəktiŭ) *m.* detective.
detector (dətəktó) *m.* detector.
detenció (dətənsió) *f.* LAW arrest; detention.
deteniment (dətənimén) *m.* care, attention.
detenir (dətəni) *t.* to stop. *2 t.* LAW to arrest. ▲ CONJUG. like ***obtenir.***
detergent (dətərʒén) *a.-m.* detergent.
deterioració (dətəriurəsió) *f.* deterioration.
deteriorar (dətəriurá) *t.-p.* to deteriorate.
determinació (dətərminəsió) *f.* determination. *2* determination, decision, revolution.
determinant (dətərminán) *a.* determining. ■ *2 m.* determining factor.
determinar (dətərminá) *t.* to fix, to settle; to decide. *2* to cause, to bring about.
determini (dətərmini) *m.* See DETERMINACIÓ.
determinisme (dətərminízmə) *m.* determinism.
detestar (dətəstá) *t.* to detest, to loathe.
detonació (dətunəsió) *f.* detonation.
detonant (dətunán) *a.* detonating.
detonar (dətuná) *i.* to detonate.
detractar (dətrəktá) *t.* to detract from *i.*, to slander.
detractor, -ra (dətrəktó, -rə) *m.-f.* disparager; detractor.
detriment (dətrimén) *m.* detriment. ‖ ***en ~ de,*** to the detriment of.
detritus (dətritus) *m.* debris; detritus.
deturar (dəturá) *t.-p.* to stop.
deu (déu) *a.-m.* ten. *2 f.* spring [water].
déu (déu) *m.* REL. God. ‖ ***~n'hi do!,*** goodness me!; quite a lot!; ***com ~ mana,*** properly; vulg. ***tot ~,*** everybody.
deure (dέŭrə) *m.* duty. *2 pl.* homework. *3* ECON. debt.
deure (dέŭrə) *t.* to owe. *2* to have to; must. ‖ CONJUG. GER.: ***devent.*** ‖ P. P.: ***degut.*** ‖ INDIC. Pres.: ***dec.*** ‖ SUBJ. Pres.: ***degui,*** etc. | Imperf.: ***degués,*** etc.
deute (dέŭtə) *m.* ECON. debt.
deutor, -ra (dəutó, -rə) *m.-f.* debtor.
devastació (dəβəstəsió) *f.* devastation.
devastador, -ra (dəβəstəðó, -rə) *a.* devastating. ■ *2 m.-f.* ravager.
devastar (dəβəstá) *t.* to devastate.
devers (dəβérs) *prep.* towards.
devesa (dəβέzə) *f.* meadowland, meadows.
devessall (dəβəsáʎ) *m.* shower [also fig.]. *2* fig. torrent, stream. *3* mass, abundance.
devoció (dəβusió) *f.* devotion.
devolució (dəβulusió) *f.* return. *2* ECON. refund, repayment.
devorar (dəβurá) *t.* to devour; to eat up. *2* fig. to read avidly.
devot, -ta (dəβɔ́t, -tə) *a.* pious, devout.
devuit (dəβuĭt) *a.-m.* (BAL.) See DIVUIT.
dèvuit (dέβuit) *a.-m.* (VAL.) See DIVUIT.
dia (diə) *m.* day. ‖ ***bon ~!,*** good morning!, hello!; ***de ~,*** by day, in daytime, during the day; ***~ de cada ~,*** working day. *2* weather, day: ***fa bon ~ avui,*** it's a nice day today.
diabetis (diəβέtis) *f.* MED. diabetes.
diable (diábblə) *m.* devil.
diabòlic, -ca (diəβɔ́lik, -kə) *a.* diabolic.
diaca (diákə) *m.* deacon.
diada (diáðə) *f.* feast day; holiday.
diadema (diəðέmə) *f.* diadem.
diàfan, -na (diáfən, -nə) *a.* diaphanous, translucent; clear.
diafragma (diəfráŋmə) *m.* ANAT., PHOT. diaphragm.
diagnòstic (diəŋnɔ́stik) *m.* diagnosis.
diagnosticar (diəŋnustiká) *t.* to diagnose.
diagonal (diəɣunál) *a.-f.* diagonal.
diagrama (diəɣrámə) *m.* diagram.
dialecte (diəlέktə) *m.* dialect.
dialèctic, -ca (diəlέktik, -kə) *a.* dialectic, dialectical. ■ *2 m.-f.* dialectician. *3 f.* dialectics.
diàleg (diálək) *m.* dialogue.
diàlisi (diálizi) *f.* CHEM. dialysis.
diamant (diəmán) *m.* diamond.
diàmetre (diámətrə) *m.* GEOM. diameter.
dialogar (diəluɣá) *t.* to dialogue, to converse. ■ *2 t.* to set down in dialogue form.
diana (diánə) *f.* target. *2* MIL. reveille.
diantre (diántrə) *interj.* coll. gosh!
diapasó (diəpəzó) *m.* MUS. diapason. *2* tuning fork.
diapositiva (diəpuzitiβə) *f.* PHOT. slide.
diari, -ària (diári, -áriə) *a.* daily. ■ *2 m.* (daily) newspaper. *3* diary.
diarrea (diərrέə) *f.* diarrhoea.
diatriba (diətriβə) *f.* diatribe.
dibuix (diβúʃ) *m.* drawing. ‖ ***~ animat,*** cartoon. *2* pattern.
dibuixant (diβuʃán) *m.-f.* draughtsman; designer.
dibuixar (diβuʃá) *t.* to draw; to sketch. *2* to describe, to depict.
dic (dik) *m.* MAR. dike, sea-wall. *2* MAR. breakwater.
dicció (diksió) *f.* diction.
diccionari (diksiunári) *m.* dictionary.

dicotomia (dikutumiə) *f.* dichotomy.
dictador (diktəðó) *m.* dictator.
dictadura (diktəðúrə) *f.* dictatorship.
dictamen (diktámən) *m.* opinion, judgement. *2* expert's report. *3* dictum.
dictaminar (diktəminá) *i.* to give an opinion, to report.
dictar (diktá) *t.* to dictate. *2* fig. to suggest. *3* to issue [decree, law].
dictat (diktát) *m.* dictation.
dida (diðə) *f.* wet-nurse. || coll. ***engegar algú a ~***, to tell someone to go to hell.
didàctic, -ca (diðáktik, -kə) *a.* didactic, didactical. ▪ *2 f.* didactics.
didal (diðál) *m.* SEW. thimble.
dieta (diétə) *f.* diet. *2* expense allowance.
dietari (diətári) *m.* agenda. *2* diary.
dietètic, -ca (diətétik, -kə) *a.* dietetic. ▪ *2 f.* MED. dietetics *pl.*
difamació (difəməsió) *f.* defamation, slander, libel.
difamar (difəmá) *t.* to defame; to slander; to libel.
diferència (difərénsiə) *f.* difference.
diferencial (difərənsiál) *m.* AUTO. differential. *2 f.* MATH. differential.
diferenciar (difərənsiá) *t.* to differentiate between *i.*
diferent (difərén) *a.* different, unlike.
diferir (difəri) *i.* to be different, to differ. ▪ *2 t.* to postpone.
difícil (difisil) *a.* difficult.
dificultar (difikultá) *t.* to make difficult; to hinder; to obstruct.
dificultat (difikultát) *f.* difficulty; problem; trouble. *2* obstacle.
difondre (difóndrə) *t.-p.* to spread: *~ **notícies,*** to spread news. ▲ CONJUG. like ***confondre.***
diftèria (diftériə) *f.* diptheria.
difuminar (difuminá) *t.* to fade. ▪ *2 p.* to fade (away).
difunt, -ta (difún, -tə) *a., m.-f.* deceased.
difús, -usa (difús, -úzə) *a.* diffuse.
difusió (difuzió) *f.* diffusion; spreading; broadcasting.
digerir (diʒəri) *t.* to digest.
digestió (diʒəstió) *f.* digestion.
digestiu, -iva (diʒəstiu, -iβə) *a.* digestive. || ***tub ~***, alimentary canal.
dígit (diʒit) *m.* MATH. digit.
digital (diʒitál) *a.* finger. || ***empremta ~***, fingerprint. *2* digital: ***rellotge ~***, digital clock or watch.
dignar-se (diŋnársə) *p.* to deign, to condescend.
dignatari (diŋnətári) *m.* dignitary.
digne, -na (diŋnə, -nə) *a.* worthy. *~ **d'elogi,*** worthy of praise. *2* honourable, upright.
dignificar (diŋnifiká) *t.* to dignify.
dignitat (diŋnitát) *f.* dignity.
dijous (diʒɔ́ŭs) *m.* Thursday.
dilació (diləsió) *f.* delay. *2* postponement.
dilapidar (diləpiðá) *t.* to squander [fortune].
dilatar (dilatá) *t.-p.* to dilate, to widen; to expand, to enlarge. *2 t.* to put off, to postpone.
dilatori, -òria (dilətɔ́ri, -ɔ́riə) *a.* dilatory.
dilema (dilémə) *m.* dilemma.
diletant (dilətán) *m.-f.* dilettante.
diligència (diliʒénsiə) *f.* assiduity, diligence. *2* errand. *3* LAW execution [of court decision]; steps, measures. *4* stagecoach.
diligent (diliʒén) *a.* assiduous, diligent.
dilluns (diʎúns) *m.* Monday.
dilucidar (dilusiðá) *t.* to elucidate; to clear up, to solve.
diluir (dilui) *t.* to dilute.
diluvi (dilúβi) *m.* deluge, flood.
dimanar (dimənà) *i.* to arise or stem (*de*, from).
dimarts (dimárs) *m.* Tuesday.
dimecres (dimékrəs) *m.* Wednesday.
dimensió (dimənsió) *f.* dimension.
diminut, -uta (diminút, -útə) *a.* tiny, diminutive.
diminutiu, -iva (diminutiu, -iβə) *a.* diminutive.
dimissió (dimisió) *f.* resignation: ***presentar la ~***, to hand in one's resignation.
dimitir (dimiti) *i.* to resign.
dimoni (dimɔ́ni) *m.* demon.
Dinamarca (dinəmárkə) *pr. n. f.* GEOGR. Denmark.
dinàmic, -ca (dinámik, -kə) *a.* dynamic. ▪ *2 f.* dynamics f. *pl.*
dinamisme (dinəmizmə) *m.* dynamism.
dinamita (dinəmitə) *f.* dynamite.
dínamo (dinámu) *f.* AUTO. dynamo.
dinamòmetre (dinəmɔ́mətrə) *m.* MECH. dynamometer.
dinar (diná) *m.* lunch; luncheon.
dinar (diná) *i.* to have lunch.
dinastia (dinəstiə) *f.* dynasty.
diner (diné) *m.* HIST. diner [ancient Catalan coin]. *2 pl.* money, cash.
dineral (dinərál) *m.* a lot of money, a fortune: ***això ens costarà un ~***, that'll cost us a fortune!
dinou (dinóŭ) *a.-m.* nineteen.
dinovè, -ena (dinuβé, -énə) *a.* nineteenth.
dins (dins) *prep., adv.* in, inside. ▪ *2 m.* interior, inside.
diòcesi (diɔ́səzi) *f.* ECCL. diocese.
diòptria (diɔ́ptriə, coll. diuptriə) *f.* OPT. diopter, dioptre.
diorama (diurámə) *m.* diorama.

diploma (diplómə) *m.* diploma.
diplomàcia (diplumásiə) *f.* diplomacy.
diplomàtic, -ca (diplumátik, -kə) *a.* diplomatic. ▪ *2 m.-f.* diplomat. *3 f.* diplomacy [career].
dipòsit (dipɔ́zit) *m.* deposit. *2* warehouse, store. *3* tank.
dipositar (dipuzitá) *t.* to deposit. *2* to store. ▪ *3 p.* to settle, to deposit itself.
dipositari, -ària (dipuzitári, -ariə) *a.*, m.-f. ECON. depository. *2* LAW trustee. *3* fig. repository.
díptic (díptik) *m.* diptych.
diputació (diputəsió) *f.* deputation, delegation. ‖ ~ ***provincial,*** administrative body similar to a county council.
diputat, -ada (diputat, -aðə) *m.-f.* POL. member of parliament; representative.
1) **dir** (di) *t.* to say, to tell. ‖ ***digui!,*** hallo?, hello? [on the phone]; ***és a*** **~,** that is to say; ***no cal*** **~,** needless to say; ***tu diràs,*** of course. ▪ *2 p.* to be called. ‖ ***com et dius?,*** what's your name? ▲ CONJUG. GER.: ***dient.*** ‖ P. P.: ***dit.*** ‖ INDIC. Pres.: ***dic, dius, diu, diuen.*** | IMPERF.: ***deia, deies,*** etc. ‖ SUBJ. Pres.: ***digui,*** etc. | IMPERF.: ***digués,*** etc. ‖ IMPERAT. ***digues.***
2) **dir** (di) *m.* saying. ‖ ***és un*** **~,** it isn't meant seriously.
direcció (dirəksió) *f.* direction, guidance. *2* AUTO. steering. *3* COMM. management.
directe, -ta (dirέktə, -tə) *a.* direct. ‖ GRAMM. ***complement*** **~,** direct object. *2* RADIO. ***emissió en*** **~,** live broadcast.
directiu, -iva (dirəktiŭ, -iβə) *a.* managing, governing. ▪ *2 m.-f.* manager; executive.
director, -ra (dirəktó, -rə) *m.-f.* manager; director.
directori (dirəktɔ́ri) *m.* directory.
directriu (dirəktriŭ) *f.* standard, norm; guide-lines.
dirigent (diriʒén) *a.* leading, at the head or top. ▪ *2 m.-f.* manager, person in charge. *3* conductor, leader.
dirigir (diriʒí) *t.* AUTO. to steer; to direct. *2* COMM. to manage. *3* POL. to govern; to lead. *4* MUS. to conduct [orchestra]. ▪ *5 p.* to head for, to make one's way to. *6* to address *t.* (*a,* —) [persons].
disbarat (dizβərát) *m.* piece of nonsense, idiocy. *2* blunder.
disbauxa (dizβáŭʃə) *f.* debauchery; lack of self-control or moderation.
disc (disk) *m.* MUS. record. *2* disc.
discernir (disərní) *t.* to discern.
disciplina (disiplínə) *f.* discipline.
discòbol (diskɔ́βul) *m.* discus-thrower.
díscol, -la (dískul, -lə) *a.* uncontrollable [esp. child or young person].
disconformitat (diskumfurmitát) *f.* disagreement.
discordant (diskurðán) *a.* discordant.
discòrdia (diskɔ́rðiə) *f.* discord.
discórrer (diskórrə) *i.* to speak, to talk, to discourse. ▲ CONJUG. like ***córrer.***
discreció (diskrəsió) *f.* tact, discretion; prudence.
discrecional (diskrəsiunál) *a.* discretional, optional.
discrepància (diskrəpánsiə) *f.* discrepancy. *2* disagreement.
discrepar (diskrəpá) *i.* to differ, to disagree.
discret, -ta (diskrέt, -tə) *a.* discreet, tactful. *2* sober.
discriminació (diskriminəsió) *f.* discrimination: ~ ***racial,*** racial discrimination.
discriminar (diskriminá) *t.* to discriminate.
disculpa (diskúlpə) *f.* apology.
disculpar (diskulpá) *t.* to excuse, to pardon. *2* to exonerate. ▪ *3 p.* to apologize.
discurs (diskúrs) *m.* speech, discourse.
discussió (diskusió) *f.* argument. *2* discussion.
discutir (diskutí) *t.* to discuss. *2* to argue about. *i.*
disenteria (dizəntəriə) *f.* MED. dysentery.
disfressa (disfrέsə) *f.* disguise. *2* fancy dress.
disfressar (disfrəsá) *t.* to disguise [also fig.]. *2* to dress up in fancy dress. ▪ *3 p.* to disguise oneself. *4* to dress up in fancy dress.
disgregació (dizɣrəɣəsió) *f.* disintegration.
disgregar (dizɣrəɣá) *t.-p.* to disintegrate.
disgust (dizɣús(t)) *m.* unpleasant shock or surprise. *2* displeasure.
disgustar (dizɣustá) *t.* to give an unpleasant shock or surprise to. *2* to cause displeasure or annoyance to, to displease. ▪ *3 p.* to become annoyed.
disjunció (diʒunsió) *f.* disjunction.
dislèxia (dislέksiə) *f.* dyslexia.
dislocar (dizluká) *t.* to dislocate. *2* to sprain.
disminució (dizminusió) *f.* decrease, diminution.
disminuir (dizminuí) *t.-i.* to decrease, to diminish. *2* fig. to shrink.
disparador (dispərəðó) *m.* trigger, trigger mechanism. ‖ ~ ***automàtic,*** automatic triggering device.
disparar (dispərá) *t.-i.* to shoot. *2 t.* to set in motion. *3* coll. to set going.
dispendi (dispέndi) *m.* waste, extravagance.
dispensa (dispέnsə) *f.* dispensation.
dispensar (dispənsá) *t.* to exempt, to excuse. *2* to distribute.
dispensari (dispənsári) *m.* clinic.

dispers, -sa (dispérs, -sə) *a.* scattered, spread out, dispersed. || fig. ***una persona ~,*** scatterbrained person.
dispersar (dispərsá) *t.-p.* to scatter, to spread out, to disperse.
dispesa (dispέzə) *f.* inn, guest-house.
displicent (displisén) *a.* bad-tempered.
disponibilitat (dispuniβilitát) *f.* availability.
disponible (dispunibblə) *a.* available.
disposar (dispuzá) *t.* to arrange, to set out. *2* to make or get ready; to prepare. || ***~ de,*** to have (available). ▪ *3 p.* ***~-se a,*** to be about to.
disposició (dispuzisió) *f.* order, arrangement. *2* nature, disposition.
dispositiu, -ive (dispuzitíŭ, -íβə) *m.* device, mechanism, appliance.
dispost, -ta (dispɔ́s(t), -tə) *a.* ready, prepared.
disputa (dispútə) *f.* argument.
disputar (disputá) *t.-i.-p.* to argue. *2 t.* to dispute. *3 i.-p.* to have an argument.
disquisició (diskizisió) *f.* disquisition.
dissabte (disáptə) *m.* Saturday.
dissecar (disəká) *t.* ZOOL. to stuff. *2* MED. to dissect.
disseminar (disəminá) *t.* to spread.
dissemblança (disəmblánsə) *f.* lack of similarity, dissimilarity.
dissensió (disənsió) *f.* dissent; conflict [of opinions].
dissentir (disənti) *i.* to dissent.
disseny (disέɲ) *m.* design.
dissenyador, -ra (disəɲəðó, -rə) *m.-f.* designer.
dissenyar (disəɲá) *t.* to design.
dissertar (disərtá) *i.* to discourse.
disset (disέt) *a.-m.* seventeen.
dissetè, -ena (disətέ, -έnə) *a.-m.* seventeenth.
dissidència (disiðέnsiə) *f.* dissidence.
dissident (disiðén) *a.* dissident.
dissimilitud (disimilitút) *f.* dissimilarity, lack of resemblance.
dissimulació (disimuləsió) *f.* dissimulation, pretence.
dissimular (disimulá) *t.* to dissimulate. *2* to hide, to conceal. ▪ *3 i.* to dissemble, to pretend.
dissipació (disipəsió) *f.* dissipation.
dissipar (disipá) *t.* to dissipate [also fig.].
dissociació (disusiəsió) *f.* dissociation.
dissociar (disusiá) *t.* to dissociate, to separate.
dissoldre (disɔ́ldrə) *t.-p.* to dissolve. ▴ CONJUG. like ***absoldre.***
dissolució (disulusió) *f.* dissolution. *2* CHEM. solution.
dissolvent (disulβén) *a.-m.* dissolvent. *2 m.* dissolving agent.
dissonància (disunánsiə) *f.* MUS. dissonance.
dissort (disɔ́r(t)) *f.* bad luck, misfortune.
dissortat, -ada (disurtát, -áðə) *a.* unlucky, unfortunate.
dissuadir (disuəði) *t.* to dissuade.
distància (distánsiə) *f.* distance, gap, gulf.
distanciar (distənsiá) *t.* to space out. *2* to separate. ▪ *3 p.* to move off; to move further away. *4* to become estranged.
distant (distán) *a.* distant.
distar (distá) *i.* to be distant.
distendre (disténdrə) *t.-p.* to stretch. ▴ CONJUG. like ***atendre.***
distensió (distənsió) *f.* stretching. *2* easing [of tension].
distinció (distinsió) *f.* distinction, difference. *2* badge or mark of honour, distinction.
distingir (distinʒi) *t.* to distinguish; to make out; to tell. ▪ *2 p.* to be distinguished. *3* to stand out.
distingit, -ida (distinʒit, -íðə) *a.* distinguished.
distint, -ta (distin, -tə) *a.* different, distinct.
distintiu, -ive (distintiu, -iβə) *a.* distinctive; distinguishing. ▪ *2 m.* badge, distinguishing mark.
distracció (distrəksió) *f.* distraction. *2* amusement, entertainment.
distret, -ta (distrét, -tə) *a.* absent-minded. *2* enjoyable, entertaining.
distreure (distrέŭrə) *t.* to distract [attention, etc.]. ▪ *2 p.* to enjoy oneself. *3* to be or get absent-minded; to cease to pay attention: ***perdona'm, em vaig distreure un moment,*** sorry, I wasn't paying attention for a moment. ▴ CONJUG. like ***treure.***
distribució (distriβusió) *f.* distribution. *2* arrangement.
distribuir (distriβui) *t.* to distribute; to share out, to give out.
distributiu, -iva (distriβutiŭ, -iβə) *a.* distributive.
districte (distriktə) *m.* district: ***~ postal,*** postal district.
disturbi (distúrβi) *m.* disturbance; riot.
dit (dit) *m.* ANAT. toe: ***~ gros,*** big toe. *2* ANAT. finger: ***~ petit,*** little finger; ***llepar-se els ~s,*** to lick one's fingers. *3* coll. a dash, a few drops, a finger-tip [measure]: ***un ~ de vi,*** a dash of wine.
dita (ditə) *f.* saying, proverb.
ditada (ditáðə) *f.* fingerprint.
diumenge (diŭménʒə) *m.* Sunday.
diurètic, -ca (diurέtik, -kə) *a.-m.* MED. diuretic.

diürn, -na (diúrn, -nə) *a.* by day (-time), day.
diva (diβə) *f.* prima donna.
divagar (diβəγá) *i.* to wander about; to stroll around. *2* fig. to ramble; to wander from the point.
divan (diβán) *m.* divan, couch.
divendres (diβέdrəs) *m.* Friday.
divergir (diβərʒí) *i.* to diverge. *2* fig. to differ; to clash.
divers, -sa (diβέrs, -sə) *a.* various. *2* varied; of many aspects.
diversió (diβərsió) *f.* entertainment; amusement.
diversitat (diβərsitát) *f.* variety; diversity.
divertiment (diβərtimén) *m.* enjoyment.
divertir (diβərtí) *t.* to amuse, to entertain. ▪ *2 p.* to enjoy oneself.
divertit, -ida (diβərtít, -íðə) *a.* enjoyable; amusing.
diví, -ina (diβí, -ínə) *a.* divine.
dividend (diβiðén) *m.* MATH., COMM. dividend.
dividir (diβiðí) *t.* to split up, to divide.
divinitat (diβinitát) *f.* divinity, god or goddess. *2* fig. beauty, goddess.
divisa (diβízə) *f.* HERALD. coat-of-arms, blazon; emblem. *2* motto. *3 pl.* foreign currency, foreign exchange.
divisió (diβizió) *f.* division; dividing. *2* SP. division, league: ***un equip de primera ~,*** a first division team. *3* MIL. division.
divisor (diβizó) *m.* MATH. divisor, dividing number.
divorci (diβɔ́rsi) *m.* divorce.
divorciar (diβursiá) *t.* to divorce. ▪ *2 p.* to get divorced.
divuit (diβúĭt) *a.-m.* eighteen.
divuitè, -ena (diβuĭtέ, -έnə) *a.-m.* eighteenth.
divulgació (diβulγəsió) *f.* spreading, broadcasting.
divulgar (diβulγá) *t.* to spread, to broadcast, to make known. ▪ *2 p.* to become known; to leak out [secret].
DNI (deę̣nəí) *m.* *(Document Nacional d'Identitat)* identity card.
do (dɔ) *m.* MUS. do. *2* gift, present.
D.O. (dę̣ɔ́) *(Denominació d'Origen)* country or region of origin [food, wine].
doblar (dubblá) *t.-p.* to double. *2 t.* to fold. *3* CIN. to dub.
doblatge (dubbládʒə) *m.* CIN. dubbing.
doble (dóbblə) *a.* double [amount, size]. *2* thick [cloth, book, finger]. ▪ *3 m.* double or twice the amount or size. ‖ ***aquesta taula és el ~ de gran que aquella,*** this table is twice as big as that one. *4 m.-f.* CIN. stand-in, stunt-man.
doblec (dubblέk) *m.* fold; crease.
doblegadís, -issa (dubbləγəðís, -ísə) *a.* easy folding.
doblegar (dubbləγá) *t.* to fold; to bend. *2* fig. to cow, to break the resistance of. ▪ *3 p.* to submit.
dobler (dubblé) *m.* NUMIS. doubloon. *2* (BAL.) See DINERS.
DOC (dɔ́k) *m.* *(Diari Oficial de la Generalitat)* official publication of the Generalitat of Catalonia.
doc (dɔk) *m.* MAR. wharf warehouse.
docent (dusén) *a.* teaching; educational.
dòcil (dɔ́sil) *a.* amenable; docile.
docilitat (dusilitát) *f.* amenability; docility.
docte, ta (dɔ́ktə, -tə) *a.* learned, erudite.
doctor, -ra (duktó, -rə) *m.-f.* doctor [academic title]. *2* MED. coll. doctor.
doctorat (dukturát) *m.* doctorate.
doctrina (duktrínə) *f.* doctrine, teaching.
document (dukumén) *m.* document; paper.
documentació (dukuməntəsió) *f.* documents, sheaf of documents or papers; documentation.
documental (dukuməntál) *a.-m.* CIN. documentary.
documentar (dukuməntá) *t.* to document. ▪ *2 p.* to document oneself.
dofí (dufí) *m.* ZOOL. dolphin.
dogal (duγál) *m.* AGR. halter; rope. *2* noose [for hanging].
dogma (dɔ́gmə) *m.* dogma.
dogmàtic, -ca (dugmátik, -kə) *a., m.-f.* dogmatic *a.*
dogmatisme (dugmətízmə) *m.* dogmatism.
doi (dɔ́ĭ) *m.* (BAL.) See DISBARAT.
dojo (dóʒu) *adv. phr.* ***a ~,*** in plenty or abundance.
dol (dɔl) *m.* grief; mourning.
dòlar (dɔ́lər) *m.* dollar.
dolç, -ça (dóls, -sə) *a.* sweet. ▪ *2 m.* (sweet) cake, cakelet.
dolcesa (dulsέzə) *f.* See DOLÇOR.
dolçor (dulsó) *f.* sweetness [taste or character]; gentleness. *2* softness [to touch].
doldre (dɔ́ldrə) *i.* to hurt, to distress, to cause sorrow. ‖ ***em dol sentir-ho,*** I'm sorry to hear that. ▪ *2 p.* to be in pain. *3* to complain. ▲ CONJUG. like ***valer.***
dolença (dulέnsə) *f.* grief, distress.
dolent, -ta (dulén, -tə) *a.* bad. *2* evil. *3* useless, not much good.
dolenteria (duləntəríə) *f.* badness, evil. *2* piece of mischief, prank [esp. child].
doll (doʎ) *m.* jet, spurt; stream. ‖ ***un ~ de paraules,*** a stream or burst of words. *2 adv. phr.* ***a ~,*** in plenty or abundance.
dolmen (dɔ́lmən) *m.* dolmen.
dolor (duló) *m.* (i *f.*) pain. *2* grief, distress.

dolorit, -ida (dulurit, -iðə) *a.* grief-stricken, distressed.
dolorós, -osa (dulurós, -ózə) *a.* painful.
domesticar (duməstiká) *t.* to tame; to domesticate.
dominació (duminəsió) *f.* domination; sway, rule.
domador, -ra (duməðó, -rə) *m.-f.* (animal) tamer; (animal) trainer.
domar (dumá) *t.* to tame, to train [animals]; to break in [horse].
domàs (dumás) *m.* damask. *2 pl.* hangings, festoons.
domèstic, -ca (duméstik, -kə) *a.* home, house, domestic. || ***animals ~s,*** pets. ▪ *2 m.-f.* servant; home-help. *3 f.* cleaning lady.
domicili (dumisili) *m.* home address, residence; domicile. *2* ***servei ~,*** home delivery.
domiciliar (dumisiliá) *t.* ECON. to arrange payment of (a bill) by direct debit.
dominant (duminán) *a.* dominant. *2* domineering [person].
dominar (duminá) *t.* to dominate, to overlook. ▪ *2 i.* to be in a dominant or prominent position. ▪ *3 p.* to control oneself.
domini (dumini) *m.* control, authority; rule, sway; power. || *2* fig. grip: ***està sota el ~ dels sentiments,*** he's in the grip of his emotions. *3* dominion [land ruled]. *4* ***ser del ~ públic,*** to be common knowledge.
dominical (duminikál) *a.* Sunday.
dòmino (dɔ́minu) *m.* GAME. domino.
dona (dɔ́nə) *f.* woman. *2* wife.
donació (dunəsió) *f.* donation, gift. *2* LAW gift; legacy, bequest.
donant (dunán) *m.-f.* donor: ***~ de sang,*** blood donor.
donar (duná) *t.* to give. *2* to produce, to yield; to cause. *3* to provide. *4* to grant, to donate. *5* ***~ corda,*** to wind up; ***~-se les mans,*** to shake hands; to hold hands; ***tant se me'n dóna,*** it's all the same to me. ▪ *6 p.* to face (towards). ▪ *7 p.* to surrender. *8* to happen. *9* to abandon oneself (*a,* to).
donatiu (dunətiŭ) *m.* donation.
doncs (dɔns) *conj.* well. || ***no tens gana? ~ no mengis,*** so you're not hungry then? well, don't eat. *2* then, therefore: ***penso, ~ sóc,*** I think, therefore I am; ***què fem, doncs?,*** what're we going to do then?
doner (dunė) *a.* pej. womanizing, skirt-chasing: ***un home ~,*** a womaniser.
donzell (dunzéʎ) *m.* LIT. youth. *2* HIST. squire. *3* BOT. wormwood.
donzella (dunzéʎə) *f.* LIT. maiden.
dòric, -ca (dɔ́rik, -kə) *a.* ARCH. Doric.
dormida (durmiðə) *f.* sleep. || ***fer una bona ~,*** to have a good nap.
dormidor, -ra (durmiðó, -rə) *a.* sleepy, drowsy. ▪ *2 m.-f.* sleepy person.
dormilega (durmiléɣə) *m.-f.* sleepyhead.
dormir (durmi) *i.* to sleep, to be asleep. || ***~ com un tronc,*** to sleep like a log. ▲ CONJUG. INDIC. Pres.: ***dorm.***
dormitori (durmitɔ́ri) *m.* bedroom.
dors (dɔrs) *m.* back, behind; reverse.
dorsal (dursál) *a.* dorsal. ▪ *2 m.* SP. number [on back of player].
dos, dues (dos, dúəs) *a., m.-f.* two.
dos-cents, dues-centes (doséns, duəséntəs) *a.-m.* two hundred.
dosi (dɔ́zi) *f.* dose. *2* MED. dosis.
dot (dɔt) *m.* dowry. *2* gift, talent; ability.
dotació (dutəsió) *f.* endowment [act or money bestowed]. *2* staff [personnel]; equipment.
dotar (dutá) *t.* LAW to endow, to bestow. *2* to provide (*de,* with), to fit out (*de,* with).
dotze (dódʒə) *a.-m.* twelve.
dotzè, -ena (dudzɛ́, -ɛ́nə) *a.* twelfth. ▪ *2 m.* twelfth part.
dotzena (dudzɛ́nə) *f.* dozen. || ***~ de frare,*** baker's dozen.
dovella (duβéʎə) *f.* ARCH. voussoir.
Dr. *m. abbr. (Doctor)* Dr. (Doctor).
Dra. *f. abbr. (Doctora) Dr. (Doctor).*
drac (drak) *m.* MYTH. dragon.
dracma (drágmə) *f.* NUMIS. drachma. *2* HIST. dram [weight measure].
draga (dráɣə) *f.* dredger [ship or apparatus].
dragar (drəɣá) *t.* MAR. to dredge. *2* to swallow.
dragó (drəɣó) *m.* ZOOL. lizard; salamander.
drama (drámə) *m.* drama.
dramàtic, -ca (drəmátik, -kə) *a.* dramàtic. || ***un esdeveniment ~,*** a dramatic event. ▪ *2 m.* THEATR. playwright. *3 f.* drama, dramaturgy.
dramaturg, -ga (drəmətúrk,-ɣə) *m.* playwright, dramatist. *2 f.* (woman) playwright.
drap (drap) *m.* cloth, piece of cloth. || ***~ de pols,*** duster. || ***~ de cuina,*** kitchen cloth. *2* fig. ***deixar com un ~ brut,*** to heap over with insults. || fig. ***treure els ~s bruts,*** to hang out one's dirty washing in public.
drapaire (drəpáĭrə) *m.-f.* rag-and-bone man.
drassana (drəsánə) *f.* shipyard.
dràstic, -ca (drástik, -kə) *a.* drastic.
dreçar (drəsá) *i.* to lead (straight) to. *2* to drive. ▪ *3 t.* to put straight. *4* to erect. *5* to prepare.
drecera (drəsérə) *f.* shortcut [path]. || ***fer ~,*** to take a short-cut.

drenar (drənȧ) *t.* to drain [abcess; land, etc.].
dret, -ta (drėt, -tə) *a.* straight: ***posa't ~!,*** sit up straight!, stand up straight! *2* steep [path, road, etc.]. *3* ***estar ~,*** to be standing, to be upright. ▪ *4 m.* law: ***estudiant de ~,*** law student. *5* right: ***~s humans,*** human rights. *6* obverse, front side. *7 f.* right-hand, right. *8* POL. right-wing. *9 phr.* ***a tort i a ~,*** right and left.
dril (dril) *m.* TEXT. drill.
dringar (driŋgȧ) *i.* to tinkle.
droga (drɔ́γə) *f.* drug. *2* drugs [collectively].
drogueria (druγəriə) *f.* drugstore [shop selling paint and cleaning materials].
dromedari (druməðȧri) *m.* ZOOL. dromedary.
dropo, -pa (dró̇pu, -pə) *a.* idle, lazy. *2* coll. pej. good for nothing. ▪ *3 m.-f.* pej. layabout, idler.
dròpol (drɔ́pul) *m.* See DROPO.
druida (druiðə) *m.* HIST. druid.
dual (duȧl) *a.* dual.
dualitat (duəlitȧt) *f.* duality.
duana (duȧnə) *f.* customs. || ***passar la ~,*** to go through customs.
duaner, -ra (duənė, -rə) *a.* customs, of the customs. ▪ *2 m.-f.* customs officer.
dubitatiu, -iva (duβitətiu, -iβə) *a.* doubtful, dubious.
Dublín (dubblin) *pr. n. m.* GEOGR. Dublin.
dubtar (duptȧ) *t.-i.* to doubt. *2 i.* to be in doubt.
dubte (du̇ptə) *m.* doubt. || ***posar en ~,*** to raise doubts about. || ***sens ~,*** without doubt, doubtless.
duc (duk) *m.* duke. *2* ORNIT. eagle owl.
ducat (dukȧt) *m.* dukedom [title or territory]. *2* duchy [territory]. *3* HIST. ducat [coin].
dúctil (du̇ktil) *a.* ductile [metal]. *2* fig. ductile [person].
duel (duė́l) *m.* duel.
duna (du̇nə) *f.* dune, sand dune.
duo (du̇o) *m.* MUS. duet, duo. || ***tocar a ~,*** to play in duet.
duodè (duuðė́) *m.* ANAT. duodenum.
dúplex (du̇pləks) *m.* duplex.
duplicar (duplikȧ) *t.* to duplicate. *2* to double [quantity, size]. ▪ *3 p.* to double.
duplicitat (duplisitȧt) *f.* duplicity, deceitfulness.
duquessa (dukė́sə) *f.* duchess.
dur (du) *t.* to take. *2* to bring. *3* to carry. *4* to wear, to have on [clothes]. ▲ CONJUG. GER.: ***duent.*** || P. P.: ***dut.*** || INDIC. Pres.: ***duc, duus*** o ***dus, duu*** o ***du.*** | Imperf.: ***duia,*** etc. || SUBJ. Pres.: ***dugui,*** etc. | Imperf.: ***dugués,*** etc.
dur, -ra (du, -rə) *a.* hard. || ***un hivern ~,*** a hard winter; ***una feina ~,*** a hard or difficult job; ***és molt dura,*** she's a hard person. *2* fig. ***té el cap ~,*** she's not very bright; she's very obstinate.
duració (durəsió) *f.* duration, length [time].
durada (durȧðə) *f.* See DURACIÓ.
durant (durȧn) *prep.* during: ***~ la seva vida va inventar moltes coses,*** he invented a lot of things during his life-time. *2* for: ***varen parlar ~ una hora,*** they spoke for an hour.
durar (durȧ) *i.* to last.
duresa (durė́zə) *f.* hardness; toughness. *2* fig. difficulty. *3* fig. harshness, callousness.
durícia (durisiə) *f.* MED. hard patch, callosity.
duro (du̇ru) *m.* five-peseta coin.
dutxa (du̇tʃə) *f.* shower.
dutxar (dutʃȧ) *t.* to give a shower to. ▪ *2 p.* to have a shower, to shower.

E

E, e (ɛ) *f.* e [letter].
eben (ėβən) *m.* BOT. ebony.
ebenista (əβənistə) *m.* cabinetmaker; carpenter.
ebonita (eβunitə) *f.* MINER. ebonite.
Ebre (ėβrə) *pr. n. m.* GEOGR. Ebro.
ebri, èbria (ɛ́βri, ɛ́βriə) *a.* drunk, drunken.
ebullició (əβuʎisió) *f.* boiling. *2* fig. activity; ferment.
eclipsar (əklipsá) *t.* to eclipse. *2* fig. to outshine; to put in a shadow. ▪ *3 p.* to disappear all of a sudden.
eclèctic, -ca (əklɛ́ktik, -kə) *a.* eclectic.
eclesiàstic, -ca (əkləziástik, -kə) *a.* ecclesiastic(al. ▪ *2 m.-f.* ecclesiastic, church person.
eclipsi (əklipsi) *m.* eclipse.
eco (ɛ́ku) *m.* echo.
ecografia (əkuɣrəfiə) *f.* ultrasound test.
ecologia (əkuluʒiə) *f.* ecology.
ecològic (əkulɔ́ʒik) *a.* ecological.
ecologista (əkuluʒistə) *m.-f.* ecologist.
economat (əkunumát) *m.* cut-price store, cooperative store.
economia (əkunumiə) *f.* economy. *2* economy, saving. *3* economics [science].
econòmic, -ca (əkunɔ́mik, -kə) *a.* ECON. economic: ***crisi ~,*** economic crisis; ***problemes ~s,*** economic problems. *2* economical, money-saving. *3* economical, thrifty [person].
economista (əkunumistə) *m.-f.* economist.
economitzar (əkunumidzá) *t.* to economize, to save.
ecs! (ɛks) *interj.* ugh!
ecumènic, -ca (əkumɛ́nik, -kə) *a.* ECCL. ecumenic(al.
èczema (ɛ́gzəmə, coll. əgzɛ́mə) *m.* eczema.
edat (əðát) *f.* age. ‖ ***~ escolar,*** school age. *2* fig. old age: ***un home d'~,*** an old man. *3* LAW age: ***ser major d'~,*** to be of age. *4* age, time, epoch. ‖ ***és de l'~ de pedra,*** it's ancient.
edelweiss (əðəlβɛ́is) *m.* BOT. edelweiss.
edema (əðėmə) *m.* oedema.
edèn (əðɛ́n) *m.* HIST. Eden, Paradise. *2* fig. paradise.
edició (əðisió) *f.* edition. *2* issue, publication.
edicte (əðiktə) *m.* edict, proclamation, decree.
edificació (əðifikəsió) *f.* building, construction. *2* fig. edification.
edificant (əðifikán) *a.* edifying.
edificar (əðifiká) *t.* to build, to construct. *2* fig. to edify. *3* fig. to build up, to construct [theories].
edifici (əðifisi) *m.* building.
Edimburg (əðimbúrk) *pr. n. m.* GEOGR. Edinburgh.
editar (əðitá) *t.* to edit. *2* to publish.
editor, -ra (əðitó, -rə) *a.* publishing. ▪ *2 m.-f.* publisher. *3* editor.
editorial (əðituriál) *a.* publishing. ▪ *2 f.* publishing house, publishers. *3 m.* leading article; editorial.
edredó (əðrəðó) *m.* eiderdown. *2* quilt.
educació (əðukəsió) *f.* education; studies. *2* teaching. *3* upbringing; manners.
educar (əðuká) *t.* to educate. *2* to teach. *3* to bring up.
educat, -ada (əðukát, -áðə) *a.* well-mannered, polite.
educatiu, -iva (əðukətiu, -iβə) *a.* educative; educational, instructive, edifying.
efecte (əfėktə) *m.* effect. ‖ ***fer ~,*** to have effect; ***tenir ~,*** to take place. *2* impression: ***mal ~,*** bad impression. ‖ ***em fa l'~,*** I think. ▪ *3* MED. ***~s secundaris,*** side-effects.
efectista (əfəktistə) *a.* sensational. ▪ *2 m.-f.* sensationalist.
efectiu, -iva (əfəktiu, -iβə) *a.* effective. ▪ *2 m.* cash: ***en ~,*** in cash. *3 pl.* MIL. forces.

efectivament (əfəktiβəmén) *adv.* indeed, precisely [in answer].
efectivitat (əfəktiβitát) *f.* effectiveness.
efectuar (əfəktuá) *t.* to effect; to make, to perform. ■ *2 p.* to take place [function, performance].
efemèrides (əfəmériðəs) *f. pl.* ASTR. ephemerides.
efeminat, -ada (əfəminát, -áðə) *a.* womanish; effeminate.
efervescència (əfərβəsénsiə) *f.* effervescence; fizziness [drink]. *2* fig. ferment, unrest [of crowd].
eficàcia (əfikásiə) *f.* efficacy.
efígie (əfíʒiə) *f.* effigy.
efímer, -ra (əfímər, -rə) *a.* short-lasting, short-lived, ephemeral.
efluvi (əflúβi) *m.* emanation, effluvium.
efusió (əfuzió) *f.* leaking, pouring out [of liquid, gas]; shedding [of blood]: ***sense ~ de sang,*** without bloodshed. *2* fig. effusiveness.
EGB (éʒébé) *f. (Educació General Bàsica)* primary school education.
egipci, -ípcia (əʒípsi, -ípsiə) *a., m.-f.* GEOGR. Egyptian.
Egipte (əʒíptə) *pr. n. m.* GEOGR. Egypt.
ègloga (éɣluɣə) *f.* LIT. eclogue.
egoisme (əɣuízmə) *m.* egoism; selfishness.
egolatria (əɣulətríə) *f.* narcissism, self-worship.
egregi, -ègia (əɣréʒi, -éʒiə) *a.* eminent, distinguished.
egua (éɣwə) *f.* See EUGA.
ei! (ei̯) *interj.* hey! [to draw attention]. *2* hi! [to greet].
eina (éi̯nə) *f.* tool; instrument [also fig.]. *2 pl.* tools of trade; equipment. *3* coll. gear.
Eivissa (əiβísə) *pr. n. f.* GEOGR. Ibiza.
eix (eʃ) *m.* MECH. axle. *2* fig. axis, main point.
eix, eixa (eʃ, éʃə) (VAL.) *a.-pron.* that [near person addressed].
eixalar (əʃəlá) *t.* to clip the wings of [also fig.].
eixam (əʃám) *m.* swarm [bees].
eixampla, eixample (əʃámplə) *f.* extension; enlargement. *2* new quarter [of town].
eixamplar (əʃəmplá) *t.-p.* to widen, to extend.
eixancarrar-se (əʃəŋkərrársə) *p.* to separate or open out one's legs.
eixarreït, -ida (əʃərrəít, íðə) *a.* parched; dried out.
eixelebrat, -ada (əʃələβrát, -áðə) *a.* thoughtless.
eixerit, -ida (əʃərít, -íðə) *a.* lively, bright; alert; wide-awake: ***on vas tan ~?,*** where are you off to, looking so lively?
eixida (əʃíðə) *f.* courtyard. *2* exit, way-out.
eixir (əʃí) *i.* to come or go out (*de,* of), to leave *t.* *2* to get out (*de,* of) [vehicle]. *3* to start (out) [on journey]. ■ CONJUG. INDIC. Pres.: ***ixo, ixes, ix, ixen.*** ‖ SUBJ. Pres.: ***ixi, ixis, ixi, ixin.***
eixir (əʃí) *i.* (VAL.) See SORTIR.
eixorbar (əʃurβá) *t.* to blind [by removing the eyes].
eixorc, -ca (əʃór(k), -ə) *a.* arid, waste: ***terra ~,*** wasteland.
eixordar (əʃurðá) *t.* to deafen.
eixorivir (əʃuriβí) *t.* to wake up [also fig.].
eixugador, -ra (əʃuɣəðó, -rə) *a.* drying. ■ *2 m.* drying cloth; tea-towel.
eixugamà (əʃuɣəmá) *m.* kitchen hand-towel.
eixugar (əʃuɣá) *t.* to dry, to wipe: ***~ els plats,*** to wipe or dry the dishes. ■ *2 p.* to dry. ‖ ***~ -se les mans,*** to dry or wipe one's hands.
eixut, -ta (əʃút, -tə) *a.* dry. *2* dried out. *3* parched, arid [land].
ejacular (əʒəkulá) *i.* to ejaculate.
ejecció (əʒəksió) *f.* ejection. *2* ejaculation.
el (əl) *art. m. sing.* the. *2 neut.* before adjective: ***~ bell,*** beauty, what is beautiful. ■ *3 pers. pron.:* ***no ~ conec,*** I don't know him.
elaboració (ələβurəsió) *f.* elaboration.
elaborar (ələβurá) *t.* to produce, to manufacture: ***~ productes alimentaris,*** to manufacture foodstuffs. *2* to elaborate [project; theory].
elàstic, -ca (əlástik, -kə) *a.* elastic; flexible. ‖ fig. ***és una qüestió molt ~,*** it's a very flexible issue. ■ *2 m. pl.* braces [for trousers].
elecció (ələksió) *f.* selection, choosing. *2 pl.* POL. election *sing.*
electe, -ta (əléktə, -tə) *a.* elect.
elector, -ra (ələktó, -rə) *m.-f.* POL. elector.
electoral (ələkturál) *a.* election, electoral: ***campanya ~,*** election campaign.
elèctric, -ca (əléktrik, -kə) *a.* electric, electrical.
electricista (ələktrisístə) *m.* electrician.
electricitat (ələktrisitát) *f.* electricity. *2* electricity [science].
electritzar (ələktridzá) *t.* to electrify [also fig.].
electró (ələktró) *m.* electron.
electrocutar (ələktrukutá) *t.* to electrocute.
elèctrode (əléktruðə, coll. ələktrɔ́ðə) *m.* electrode.
electrodomèstic, -ca (ələktrudumɛ́stik, -kə) *a.* electrical goods, household electrical goods. ■ *2 m. pl.* electrical goods or appliances.
electrogen, -ògena (ələktrɔ́ʒən, -ɔ́ʒənə) *a.*

generating, generator. ▪ *2 m.* electric generator.
electroimant (əlɛ́ktruimán) *m.* electromagnet.
electròlisi (ələktrɔ́lizi) *f.* electrolysis.
electrònic, -ca (ələktrɔ́nik, -kə) *a.* electronic. ▪ *2 f.* electronics.
electroscopi (ələktruskɔ́pi) *m.* electroscope.
electrostàtic, -ca (əlɛ́ktrustátik, -kə) *a.* electrostatic. ▪ *2 f.* electrostatics.
elefant, -ta (ələfán, -tə) *m.-f.* ZOOL. elephant.
elefantiasi (ələfəntiázi) *f.* MED. elephantiasis.
elegància (ələγánsiə) *f.* elegance; smartness [clothes].
elegant (ələγán) *a.* elegant; smart [clothes].
elegia (ələʒiə) *f.* LIT. elegy.
elegíac, -ca (ələʒiak, -kə) *a.* LIT. elegiac.
elegir (ələʒí) *t.* to choose, to select. *2* to elect.
element (ələmén) *m.* element.
elemental (ələməntál) *a.* elementary. *2* basic.
elenc (əlɛ́ŋ) *m.* catalogue; list. *2* THEATR. cast.
elevació (ələβəsió) *f.* raising, lifting; elevation. *2* fig. loftiness [person].
elevar (ələβá) *t.* to raise. *2* fig. to elevate [to higher rank, etc.]. *3* MATH. to raise.
elidir (əliðí) *t.* to elide.
eliminació (əliminəsió) *f.* elimination: *adv. phr.* ***per*** **~**, by elimination.
eliminar (əliminá) *t.* to eliminate. *2* SP. to eliminate, to knock out [from competition]. *3* coll. to eliminate, to kill [person]: **~ *del mapa,*** to snuff out.
eliminatori, -òria (əliminətɔ́ri, -ɔ́riə) *a.* eliminatory. ▪ *2 f.* SP. heat [athletics]; preliminary round.
Elisabet (əlizəβɛ́t) *pr. n. f.* Elizabeth.
elisió (əlizió) *f.* elision.
elixir (əliksí) *m.* elixir [also fig.].
ell, ella (eʎ, éʎə) *pers. pron.* he, she.
el·lipse (əlípsə) *f.* ellipse.
el·lipsi (əlípsi) *f.* GRAMM. ellipsis.
elogi (əlɔ́ʒi) *m.* praise, eulogy.
elogiar (əluʒiá) *t.* to praise. *2* fig. to pay tribute to.
elogiós, -osa (əluʒiós, -ósə) *a.* eulogistic; favourable.
eloqüència (əlukwɛ́nsiə) *f.* eloquence [also fig.].
eloqüent (əlukwén) *a.* eloquent [also fig.]. *2* significant, expressive.
elucidar (əlusiðá) *t.* to elucidate.
elucubració (əlukuβrəsió) *f.* lucubration.
eludir (əluðí) *t.* to escape from *i.*, to elude. *2* to evade; to avoid.
em (əm) *pers. pron.* **~ *pots ajudar?,*** can you help me? ▲ em, me, 'm, m'.
emanar (əməná) *i.* to emanate, to arise (*de,* from) [also fig.].
emancipació (əmənsipəsió) *f.* emancipation.
emancipar (əmənsipá) *t.* to emancipate; to free. ▪ *2 p.* to emancipate oneself; to free oneself (*de,* from).
embadalir (əmbəðəlí) *t.* to charm; to entrance. ▪ *2 p.* to be filled with wonder, to be entranced.
embadocar (əmbəðuká) *t.-p.* See EMBADALIR.
embafar (əmbefá) *t.-p.* to cloy, to surfeit. *2* fig. to nauseate, to sicken.
embalar (əmbəlá) *t.* to pack (up); to wrap (up); to package.
embalar-se (əmbəlársə) *p.* to speed up [also fig.].
embalatge (əmbəládʒə) *m.* packing, packaging.
embalsamar (əmbəlsəmá) *t.* to embalm [corpses].
embalum (əmbəlúm) *m.* bulk. ‖ ***fer*** **~**, to be bulky.
embaràs (əmbərás) *m.* trouble, inconvenience; annoyance. *2* pregnancy.
embarassar (əmbərəsá) *t.* to be in the way of. *2* to tie down [fig.]. *3* to make pregnant.
embarbussar-se (əmbərβusársə) *p.* to mutter; to stammer.
embarcació (əmbərkəsió) *f.* boat; vessel.
embarcador (əmbərkəðó) *m.* MAR. landing-stage. *2* MAR. small quay.
embarcar (əmbərká) *t.* to take on board. *2* to load or put on board. ▪ *3 p.* to embark, to go on board.
embarg (əmbár) *m.* See EMBARGAMENT.
embargament (əmbərγəmén) *m.* LAW seizure. *2* MAR. embargo.
embargar (əmbərγá) *t.* LAW to seize. *2* MAR. to impose an embargo on.
embarrancar (əmbərrəŋká) *t.-p.* to run aground.
embassar (əmbəsá) *t.* to fill or cover with water [land, path, etc.]. ▪ *2 p.* to form pools of water.
embasta (əmbástə) *f.* SEW. wide stitching [usu. provisional].
embastar (əmbəstá) *t.* to baste.
embat (əmbát) *m.* breaking [waves]. *2* buffet, buffeting [wind].
embeinar (əmbəiná) *t.* to sheathe [sword, knife].
embellir (əmbəʎí) *t.* to improve, to beautify, to embellish.

embenar (əmbənà) *t.* to bind (up); to bandage (up).
embenat (əmbənàt) *m.* binding; bandage. || *~ de guix,* plaster cast.
embenatge (əmbənàdʒə) *m.* See EMBENAT.
embetumar (əmbətumà) *t.* to polish [shoes]. *2* to cover with pitch.
emblanquinar (əmbləŋkinà) *t.* to whitewash.
emblema (əmblέmə) *m.* emblem, badge; sign.
embocadura (əmbukəðúrə) *f.* MUS. mouthpiece [of instrument]. *2* entrance [to street].
emboçar (əmbusà) *t.* to muzzle [dog]. *2* to muffle (up) [face]. ▪ *3 p.* to muffle oneself up.
embogir (əmbuʒí) *t.* to madden, to drive mad.
emboirar (əmbuirà) *t.* to cover with fog or mist. *3* fig. to make foggy [memory].
èmbol (έmbul) *m.* piston.
embolcallar (əmbulkəʎà) *t.* to wrap (up).
embòlia (əmbɔ́liə) *f.* embolism.
embolic (əmbulík) *m.* mess; tangle. *2* fig. mess; chaos; confusion. *3* fig. jam, mess. *4* coll, affair, love-affair.
embolicaire (əmbulikáire) *a.* troublemaking; meddling. ▪ *2 m.-f.* troublemaker.
embolicar (əmbulikà) *t.* to wrap (up). *2* to tangle up. *3* coll. to get in a mess. *4* fig. to complicate [matters]. ▪ *5 p.* to get tangled up. *6* fig. to get or become complicated.
embolicat, -ada (əmbulikàt, -àðə) *a.* complicated, tricky. *2* wrapped up.
emborratxar (əmburrətʃà) *t.-p.* to get drunk *t.-i.*
emboscada (əmbuskàðə) *f.* ambush. || *caure en una ~,* to get caught in an ambush.
embossar (əmbusà) *t.* to pocket. *2* to put in a bag.
embotar (əmbutà) *t.* to barrel.
embotellar (əmbutəʎà) *t.* to bottle.
embotir (əmbutí) *t.* to cram or stuff.
embotit (əmbutít) *m.* cold meat [salted, cured, smoked, etc.].
embotornar (əmbuturnà) *t.* to make swell, to swell [part of body]. ▪ *2 p.* to swell, to puff up [eyes].
embragar (əmbrəɣà) *t.* MECH., to couple, to connect.
embragatge (əmbrəɣàdʒə) *m.* AUTO. clutch.
embrancar (əmbrəŋkà) *i.* to join up (*amb,* with). ▪ *2 p.* fig. to get tangled up.
embranzida (əmbrənzíðə) *f.* impetus; speed. || *agafar ~,* to speed up.
embriac, -aga (əmbriàk, -àɣə) *a.* drunk.
embriagar (əmbriəɣà) *t.* to intoxicate, to make drunk. *2* fig. to entrance, to enrapture. ▪ *3 p.* to get drunk. *4* to get or become entranced or enraptured.
embriagador, -ra (əmbriəɣəðó, -rə) *a.* intoxicating, heady. *2* fig. enrapturing, delightful.
embriaguesa (əmbriəɣέzə) *f.* drunkenness.
embrió (əmbrió) *m.* BIOL. embryo.
embrionari, -ària (əmbriunári, -áriə) *a.* BIOL. embryonic.
embrollaire (əmbruʎáĭrə) *m.-f.* See EMBOLICAIRE.
embrollar (əmbruʎà) *t.* to confuse, to complicate, to muddle.
embrollat, -ada (əmbruʎàt, -àðə) *a.* confused, complicated, muddled (up).
embromar-se (əmbrumàrsə) *p.* to cloud over.
embruix (əmbrúʃ) *m.* enchantment; bewitching [action].
embruixar (əmbruʃà) *t.* to enchant, to bewitch.
embrunir (əmbrunί) *t.* to tan, to make brown. ▪ *2 p.* to get tanned, to get brown, to get a suntan.
embrutidor, -ra (əmbrutiðó, -rə) *a.* dirty. *2* fig. degrading.
embrutir (əmbrutí) *t.* to dirty. *2* fig. to degrade. ▪ *3 p.* to get or become dirty. *4* to degrade oneself.
embuatar (əmbuətà) *t.* to cover or fill with cotton-wool.
embull (əmbúʎ) *m.* tangle, muddle, mess.
embullar (əmbuʎà) *t.* to entangle, to confuse, to muddle. ▪ *2 p.* to get confused or muddled.
embús (əmbús) *m.* See EMBUSSAMENT.
embussament (əmbusəmén) *m.* stopping-up; blocking [action]; blockage [effect]. *2* traffic jam.
embussar (əmbusà) *t.* to block (up). || *s'ha embussat la canonada,* the pipe has got blocked (up).
embut (əmbút) *m.* funnel [for decanting liquids, etc.]. *2 pl.* hints, allussions. || *parlar sense ~s,* not to beat about the bush.
emergència (əmərʒέnsiə) *f.* emergence. *2* emergency.
emergir (əmərʒí) *i.* to emerge.
emetre (əmέtrə) *t.* to emit, to send out. *2* to issue. ▲ CONJUG P. P.: *emès.*
èmfasi (έmfəzi) *m.-f.* emphasis, stress.
emfàtic, -ca (əmfàtik, -kə) *a.* emphatic.
emfisema (əmfizέmə) *m.* MED. emphysema.
emigració (əmiɣrəsió) *f.* emigration.
emigrant (əmiɣràn) *a.* emigrant; emigratory. ▪ *2 m.-f.* emigrant.
emigrar (əmiɣrà) *t.* to emigrate [people]. *2* to migrate [animals].

eminència (əminɛ́nsiə) *f.* GEOGR. high-point, summit. *2* protuberance, swelling. *3* fig. celebrity.
eminent (əminén) *a.* GEOGR. high, lofty. *2* fig. eminent: ***un científic ~,*** an eminent scientist.
emir (əmír) *m.* emir.
emissari, -ria (əmisári, -riə) *m.-f.* emissary.
emissió (əmisió) *f.* RADIO. broadcast [programme]; broadcasting [action]. *2* issue: ***~ de moneda,*** monetary issue. *3* POL. ***~ de vots,*** voting.
emissor, -ra (əmisó, -rə) *a.,* RADIO. transmitting; broadcasting. ▪ *2 m.* RADIO. transmitter. *3 f.* radio or tv. station.
emmagatzemar (əmməɣədzəmá) *t.* to store.
emmalaltir (əmmələltí) *i.* to fall or become ill. ▪ *2 t.* to make ill.
emmalignar (əmməliŋná) *t.* (ROSS.) See INFECTAR.
emmanillar (əmməniʎá) *t.* to manacle, to handcuff.
emmarcar (əmmərká) *t.* to frame. *2* fig. to border.
emmascarar (əmməskərá) *t.* to blacken, to smear.
emmenar (əmməná) *t.* to take. *2* to lead [also fig.].
emmerdar (əmmərðá) *t.* to dirty, to soil, to foul. *2* fig. to upset; to mess up.
emmetzinar (əmmədziná) *t.* to poison.
emmidonar (əmmiðuná) *t.* to starch.
emmirallar (əmmirəʎá) *t.* to mirror, to reflect. ▪ *2 p.* to be reflected. *3* to look at oneself in the mirror.
emmordassar (əmmurðəsá) *t.* to gag.
emmorenir (əmmurəní) *t.* to tan, to get brown.
emmotllar (əmmuʎʎá) *t.* to mould; to fashion. ▪ *2 p.* ***emmotllar-se a,*** to adjust oneself to.
emmudir (əmmuðí) *t.* to silence. ▪ *2 i.* to fall silent. ▪ *3 p.* to be elided [phoneme].
emmurallar (əmmurəʎá) *t.* to wall.
emmurriar-se (əmmurriársə) *t.* to sulk.
emmusteir (əmmustəí) *t.* to wither, to shrivel (up) [plant].
emoció (əmusió) *f.* excitement. *2* emotion; feeling, pathos.
emocionant (əmusiunán) *a.* exciting. *2* moving.
emocionar (əmusiuná) *t.* to excite. *2* to move. ▪ *3 p.* to get excited or worked up. *4* to become emotional.
emol·lient (əmulién) *a.-m.* CHEM. emollient.
emotiu, -iva (əmutíu, -íβə) *a.* emotive; stirring: ***un parlament molt ~,*** a really stirring speech.
emotivitat (əmutiβitát) *f.* emotiveness.
empadronar (əmpəðruná) *t.* to register, to enter on the register. ▪ *2 p.* to register [as a resident in the district].
empaitar (əmpəĭtá) *t.* to chase; to pursue. *2* fig. to badger.
empalar (əmpəlá) *t.* to impale.
empal·lidir (əmpəliðí) *t.-i.* to turn pale or white. ▪ *2 i.* to grow pale or white.
empalmar (əmpəlmá) *t.* to join up [also fig.].
empanada (əmpənáðə) *f.* pie [usu. savoury].
empantanegar (əmpəntənəɣá) *t.* fig. to obstruct, to block.
empaperar (əmpəpərá) *t.* to paper, to wallpaper. *2* coll. to open a file on.
empaquetar (əmpəkətá) *t.* to package, to parcel; to wrap up [parcel].
empara (əmpárə) *f.* protection, shelter. *2* defence [also fig.]. *3* LAW seizure.
emparar (əmpərá) *t.* to protect; to shelter. *2* to defend. ▪ *3 p.* to seek protection or refuge. *4* LAW to be seized or embargoed; to be confiscated.
emparaular (əmpərəulá) *t.* to promise *i.,* to give one's word to.
emparedar (əmpərəðá) *t.* to wall up, to immure [person].
emparentar (əmpərəntá) *i.-p.* to become related [by marriage].
empassar-se (əmpəsársə) to swallow [also fig.]. *2* fig. to face up to. *3* fig. to believe, to accept as true.
empastar (əmpəstá) *t.* to paste.
empastifar (əmpəstifá) *t.* to smear.
empat (əmpát) *m.* SP. draw.
empatar (əmpətá) *i.* SP. to draw.
empatollar-se (əmpətuʎársə) *p.* to get confused; to talk nonsense. ‖ ***què t'empatolles?,*** what on earth are you talking about?
empatx (əmpátʃ) *m.* feeling of being overfull, feeling of surfeit [also fig.].
empatxar (əmpətʃá) *t.* to obstruct, to impede. *2* to give or cause indigestion. ▪ *3 p.* to get indigestion; to have or suffer indigestion.
empedrar (əmpəðrá) *t.* to pave; to cobble.
empedrat (əmpəðrát) *m.* stone pavement or paving; cobbled surface. *2* COOK. kind of vegetable salad.
empedreir (əmpəðrəí) *t.-p.* to harden [also fig.]. *2* to turn to stone. *3 t.* to make hard or insensitive. *4 p.* to go stale [bread].
empegar (əmpəɣá) *t.* to paste [with glue].
empegueir-se (əmpəɣəírsə) *p.* to become embarrassed.
empèl (əmpɛ́l) *adv. phr.* ***a l'~,*** bare-back [horse-riding].

empelt (əmpɛ́l) *m.* MED., AGR. graft.
empeltar (əmpəltá) *t.* MED., AGR. to graft.
empenta (əmpɛ́ntə) *f.* push, shove. *2* fig. drive; impetus.
empentar (əmpəntá) *t.* See EMPENTEJAR.
empentejar (əmpəntəʒá) *t.* to push, to shove.
empenya (əmpɛ́ɲə) *f.* ANAT. instep.
empènyer (əmpɛ́ɲə) *t.* to push, to shove. *2* fig. to drive, to impel.
empenyorar (əmpəɲurá) *t.* to pawn, to pledge.
emperador (əmpərəðó) *m.* emperor. *2* ICHTHY. sword-fish.
emperadriu (əmpərəðriŭ) *f.* empress.
empescar-se (əmpəskársə) *p.* to invent, to think up.
empestar (əmpəstá) *t.* to stink out [of smell].
empetitir (əmpətiti) *t.* to make smaller. *2* fig. to dwarf. *3* fig. pej. to trivialize.
empiocar-se (əmpiukársə) *p.* to fall or become ill.
empipament (əmpipəmén) *m.* annoyance; anger, wrath.
empipar (əmpipá) *t.* to annoy. *2* to bother; to pester. ■ *3 p.* to get annoyed.
empíric, -ca (əmpírik, -kə) *a.* empiric(al.
empirisme (əmpirízmə) *m.* empiricism.
empitjorament (əmpidʒurəmén) *m.* worsening, deterioration.
empitjorar (əmpidʒurá) *t.-i.* to worsen.
emplaçament (əmpləsəmén) *m.* site, location.
emplaçar (əmpləsá) *t.* to site, to situate, to locate.
emplastre (əmplástrə) *m.* poultice; plaster. *2* fig. pej. layabout, good-for-nothing.
empleat, -ada (əmpleát, -áðə) *m.-f.* employee, worker.
emplenar (əmpləná) *t.* to fill (up) [container]; to occupy [time].
emplujat, -ada (əmpluʒát, -áðə) *a.* rainy, wet.
empobridor, -ra (əmpuβriðó, -rə) *a.* impoverishing, pauperising.
empobriment (əmpuβrimén) *m.* impoverishment; pauperisation.
empobrir (əmpuβrí) *t.* to impoverish. ■ *2 p.* to become poor or impoverished.
empolainar (əmpuləiná) *t.* to adorn; to dress up. ■ *2 p.* to dress up.
empolsar (əmpulsá) *t.* to cover in or with dust.
empolsegar (əmpulsəγá) *t.* See EMPOLSAR.
emporcar (əmpurká) *t.* See EMBRUTAR.
empori (əmpɔ́ri) *m.* trading centre, market. *2* market town.
emportar-se (əmpurtársə) *p.* to take (away); to remove. *2* to carry or bear away [of wind, water, etc.].
empostar (əmpustá) *t.* See EMPOSTISSAR.
empostissar (əmpustisá) *t.* to plank, to board (over).
emprar (əmprá) *t.* to use, to employ.
empremta (əmprémtə) *f.* print, trace, sign [also fig.]: *~ **digital,*** finger print. *2* printing, stamp [on document].
emprendre (əmprɛ́nðrə) *t.* to undertake, to set about; to begin. ▲ CONJUG. like ***aprendre.***
emprenedor, -ra (əmprənəðó, -rə) *a.* enterprising. *2* adventurous.
emprenyar (əmprəɲá) *t.* coll. to annoy, to anger.
empresa (əmprɛ́zə) *f.* enterprise, undertaking; task. *2* company; firm; business.
empresari, -ària (əmprəzári, -áriə) *m.* businessman. *2 f.* businesswoman.
empresonament (əmprəzunəmén) *m.* imprisonment.
empresonar (əmprəzuná) *t.* to imprison, to put into prison.
emprèstit (əmprɛ́stit) *m.* ECON. (public) loan.
emprova (əmprɔ́ba) *f.* trial fitting, trying-on [of item of clothing].
emprovador (əmpruβəðó) *m.* changing room [in clothes shop].
emprovar (əmpruβá) *t.-p.* to try on [clothing].
empudegar (əmpuðəγá) *t.* coll. to stink out.
empunyar (əmpuɲá) *t.* to grip, to hold firmly; to grasp.
èmul, -la (ɛ́mul, -lə) *m.-f.* rival, competitor [esp. in merits].
emulació (əmuləsió) *f.* emulation; rivalry.
emular (əmulá) *t.* to emulate; to rival.
emulsió (əmulsió) *f.* emulsion.
1) en (ən) *pron.-adv.* from there, from that place, thence: ***ara ~ vinc,*** I've just come from there. *2* of or about [person, thing, this or that]: ***sempre ~ parles!,*** you're always talking about her! *3* of [quantities]: ***no ~ tinc cap ni una,*** I haven't got a single one of them. ▲ 'n, n', ne.
2) en (ən) *art. m.* [before first names]: ***~ Joan ha vingut,*** John's come. ‖ ***~ Pau, ~ Pere i ~ Berenguera,*** (every) Tom, Dick and Harry.
3) en (ən) *prep.* in: ***visc ~ un pis petit,*** I live in a small flat. *2* in, inside: ***el trobaràs ~ aquella caixa,*** you'll find it in that box. *3* on: ***no seguis ~ aquesta cadira,*** don't sit on that chair. *4* in [time]: ***ho he fet ~ mitja hora,*** I dit it in half an hour. *5* into: ***entraren ~ una casa vella,*** they went into an

old house. *6* ~ ***sortir,*** on coming or going out.

enagos (ənáɣus) *m. pl.* petticoat *sing.*

enaltir (ənəltí) *t.* to praise, to extol, to exalt.

enamoradís, -issa (ənəmurəðís, -ísə) *a.* amorous; love-sick.

enamorament (ənəmurəmén) *m.* falling in love. *2* love-affair.

enamorar (ənəmurá) *t.* to make fall in love (*de,* with), to captivate, to enamour (*de,* with). ▪ *2 p.* ~ ***-se de,*** to fall in love with, to be captivated by.

enamorat, -ada (ənəmurát, -áðə) *a.* in love, captivated, enamoured; love-sick. ▪ *2 m.-f.* person in love; love-sick person.

enamoriscar-se (ənəmuriskársə) *p.* See ENAMORAR-SE.

enarborar (ənərβurá) *t.* to hoist, to raise [flag]. *2* to brandish [sword]. *3* to flourish.

enardir (ənərðí) *t.* to fire; to inspire.

ençà (ənsá) *adv.* up to here. ‖ ***d'~,*** since; from. ‖ ~ ***i enllà,*** here and there, hither and thither. ‖ ***de llavors ~,*** from that time on.

encabir (əŋkəβí) *t.-p.* to fit into, to insert. *2 t.* to put, to place.

encaboriar-se (əŋkəβuriársə) *p.* to worry.

encabritar-se (əŋkəβritársə) *p.* to rear up [horse].

encadellar (əŋkəðəʎá) *t.* to dovetail; to join together [wood joints].

encadenament (əŋkəðənəmén) *m.* chaining or joining together. *2* series [of events]. *3* linking [together].

encadenar (əŋkəðəná) *t.* to chain up or together. *2* fig. to chain (*a,* to); to be a slave (*a,* to). ▪ *3 p.* to follow (one another) in series.

encaix (əŋkáʃ) *m.* SEW. lace. *2* fitting, insertion. *3* joint; socket.

encaixada (əŋkəʃáðə) *f.* hand-shake.

encaixar (əŋkəʃá) *i.* to fit [also fig.]. *2* fig. to match. *3* to shake hands. ▪ *4 t.* ~ ***en,*** to fit into; to insert into.

encaixonar (əŋkəʃuná) *t.* to box (up). *2* to squeeze (*en,* into).

encalçar (əŋkəlsá) *t.* to pursue, to follow. *2* fig. to dog.

encalcinar (əŋkəlsiná) *t.* to whitewash.

encalitjar (ənkəlidʒá) *t.* to fog up, to mist up or over. *2* to cover with a haze. ▪ *3 p.* to be covered in a fog or mist or haze.

encallar (əŋkəʎá) *i.-p.* MAR. to run aground *i.* (*a, en,* on).

encalmar-se (əŋkəlmársə) *p.* MAR. to be becalmed.

encaminar (əŋkəminá) *t.* to direct (*a,* to), to point out or show the way. ▪ *2 p.* ~ ***-se,*** to head for; to set out for.

encanonar (əŋkənuná) *t.* CONSTR. to pipe. *2* to point or level at [firearm].

encant (əŋkán) *m.* charm; appeal. *2 pl.* flea-market *sing.*

encantador, -ra (əŋkəntəðó, -rə) *a.* charming, delightful. ▪ *2 m.* magician, sorcerer. *3 f.* magician, sorceress.

encantar (əŋkəntá) *t.* to charm; to delight. *2* to bewitch, to cast a spell on [also fig.]. ▪ *3 p.* to be spellbound; to be fascinated (*davant,* by).

encanyissada (əŋkəɲisáðə) *m.* cane fence or shelter.

encanyissat (əŋkəɲisát) *m.* See ENCANYISSADA.

encaparrar (əŋkəpərrá) *t.-p.* to worry.

encapçalar (əŋkəpsəlá) *t.* to head.

encapotar-se (əŋkəputársə) *p.* to cloud over [sky].

encapritxar-se (əŋkəpritʃársə) *p.* to form a fancy (*amb,* for).

encara (əŋkárə) *adv.* still; yet. *2* even. ▪ *3 conj.* ~ ***que,*** although, though.

encaramelat, -ada (əŋkərəməlát, -áðə) *a.* toffee-flavoured or covered. *2* fig. in a world of their own [of lovers].

encarar (əŋkərá) *t.* to point or level at.

encarcarar (əŋkərkərá) *t.* to stiffen, to make stiff or rigid. ▪ *2 p.* to become stiff or rigid.

encarir (əŋkərí) *i.-p.* to rise in price *i.* ▪ *2 t.* to raise the price of.

encarnació (əŋkərnəsió) *f.* incarnation, embodiment.

encarnar (əŋkərná) *t.* to embody, to incarnate. ▪ *2 i.* REL. to become flesh or incarnate. ▪ *3 p.* to be embodied.

encàrrec (əŋkárrək) *m.* task, job; assignment. *2* COMM. order. *3* message.

encarregar (əŋkərrəɣát) *t.* to order; to entrust. ▪ *2 p.* ***~-se de,*** to take charge of; to see about; to undertake to.

encarregat, -ada (əŋkərrəɣát, -áðə) *m.-f.* person in charge. *2* foreman.

encarrilar (əŋkərrilá) *t.* to put or set or head in the right direction [also fig.].

encartonar (əŋkərtuná) *t.* to box (up), to put in cardboard boxes. ▪ *2 p.* to become as stiff as cardboard.

encasellar (əŋkəzəʎá) *t.* to pigeon-hole.

encastar (əŋkəstá) *t.* to put or fix in; to embed.

encaterinar-se (əŋkətərinársə) *p.* to form a fancy (*amb,* for).

encatifar (əŋkətifá) *t.* to carpet.

encauar (əŋkəwá) *t.* to hide or conceal in a secret place.

encausar (əŋkəŭzá) *t.* to take legal action against. *2* LAW to sue; to prosecute.
encavalcar (əŋkəβəlká) *t.* to put astride, to mount on.
encebar (ənsəβá) *t.* to feed; to fatten [animal]. *2* to load [firearm].
encèfal (ənsέfəl) *m.* ANAT. encephalon.
encegador, -ra (ənsəγəðó, -rə) *a.* dazzling, blinding.
encegar (ənsəγá) *t.* to blind, to dazzle [also fig.].
encenall (ənsənáʎ) *m.* wood shaving, shaving.
encendre (ənséndrə) *t.* to light [fire; lamp, etc.]. *2* fig. to fire, to inflame, to excite. ▲ CONJUG. like ***atendre.***
encenedor (ənsənəðó) *m.* cigarette lighter, lighter.
encens (ənsέns) *m.* incense.
encerar (ənsərá) *t.* to wax.
encerclar (ənsərklá) *t.* to encircle; to surround.
encert (ənsέrt) *t.* good guess. *2* success. *3* right answer. *4* hit [on target].
encertar (ənsərtá) *t.* coll. to get right; to choose or guess correctly. *2* to hit [target].
encetar (ənsətá) *t.* to start on [also fig.]. *2* fig. to christen [new things]. *3* to rub or make sore.
enciam (ənsiám) *m.* lettuce.
enciamera (ənsiəmérə) *f.* lettuce bowl.
encíclica (ənsíklikə) *f.* ECCL. encyclical.
enciclopèdia (ənsiklupέðiə) *f.* encyclopedia.
encimbellar (əmsimbəʎá) *t.* to set on top. *2* to raise, to lift [to top].
encinta (ənsíntə) *a.* ▪ *f.* pregnant woman.
encís (ənsís) *m.* charm; attraction.
encisador, -ra (ənsizəðó, -rə) *a.* charming, delightful; enchanting, bewitching.
encisam (ənsizám) *m.* (VAL.) See ENCIAM.
encisar (ənsizá) *t.* to charm, to delight; to bewitch, to enchant. *2* to fascinate.
enclaustrar (əŋklaŭstrá) *t.* to shut in a convent; to cloister [also fig.].
enclavar (əŋkləβá) *t.* to fix in, to embed; to insert.
encloure (əŋklɔ́ŭrə) *t.* to shut in; to enclose. ▲ CONJUG. like ***cloure.***
enclusa (əŋklúzə) *f.* anvil. *2* ANAT. anvil, incus.
encobrir (əŋkuβrí) *t.* to conceal. *2* coll. to cover up.
encoixinar (əŋkuʃiná) *t.* to upholster, to pad, to cushion.
encolar (əŋkulá) *t.* to paste or cover with glue.
encolerir-se (ənkulərírsə) *p.* to get very angry.
encolomar (əŋkulumá) *t.* to put on [coat]. *2* fig. coll. to palm off (*a,* on) [unpleasant task].
encomanadís, -issa (əŋkumənəðís, -ísə) *a.* infectious, contagious.
encomanar (əŋkuməná) *t.* to assign, to give [job, task, etc.]. *2* to pass on [illness]; to infect. ▪ *3 p.* to seek the protection (*a,* of).
encomi (əŋkɔ́mi) *m.* praise, eulogy.
encongir (əŋkunʒí) *t.-p.* to shrink. ▪ *2 p.* to go in [clothes].
encongit, -ida (əŋkunʒít, -íðə) *a.* shrunk. *2* shrunken, wizened [person].
encontorns (əŋkuntórns) *m. pl.* See VOLTANTS.
encontrar (əŋkuntrá) *t.* to meet. *2* to find; to encounter.
encontre (əŋkɔ́ntrə) *m.* mishap. *2* SP. game.
encoratjador, -ra (əŋkurədʒəðó, -rə) *a.* encouraging; reassuring.
encoratjar (əŋkurədʒá) *t.* to encourage.
encorbar (əŋkurβá) *t.-p.* See CORBAR.
encortinar (əŋkurtiná) *t.* to curtain; to curtain off.
encreuament (əŋkrəwəmén) *m.* crossing; intersection. *2* crossroads.
encreuar (əŋkrəwá) *t.* to cross, to intersect. *2* ZOOL. to cross, to interbreed.
encruelir (əŋkruəlí) *t.* to make worse. *2* to accentuate. ▪ *3 p.* to delight in one's cruelty, to take delight in cruelty.
encuny (əŋkúɲ) *m.* NUMIS. die.
encunyar (əŋkuɲá) *t.* to mint, to strike.
endarrera (ənðərrérə) *adv.* back, backwards [space]. *2* back [time].
endarreriment (əndərrərimén) *m.* falling behind. *2 pl.* backlog [work]; arrears *pl.* [in payments]. *3* PSYCH. backwardness.
endarrerir (əndərrərí) *t.* to delay; to postpone. ▪ *2 p.* to fall behind or into arrears [with payments].
endavant (əndəβán) *adv.* forward; ahead, on(ward). *2* ~*!,* go ahead! *3* ***per*** ~*,* in advance.
endebades (əndəβáðəs) *adv.* in vain, to no avail.
endegar (əndəγá) *t.* to tidy up, to arrange. *2* fig. to channel; to carryout.
endemà (əndəmá) *m.* ***l'***~*,* the next day.
endemés (əndəmés) *adv.* besides, moreover.
endèmia (əndέmiə) *f.* endemic.
endèmic, -ca (əndέmik, -kə) *a.* endemic. *2* fig. rife.
enderroc (əndərrɔ́k) *m.* demolition, pulling down [house]. *2 pl.* debris *sing.*
enderrocar (əndərruká) *t.* to demolish, to pull down [house]. *2* to destroy; to ruin. *3* POL. to overthrow.
endeutar (əndəŭtá) *t.* to create debts or li-

abilities for. ▪ *2 p.* to get or fall into debt. *3* to pledge oneself.

endeví, -ina (əndəβí, -ínə) *m.-f.* augurer, seer.

endevinaire (əndəβináĭrə) *m.-f.* See ENDEVÍ.

endevinalla (əndəβináʎə) *f.* riddle; guessing game.

endevinar (əndəβiná) *t.* to guess. *2* to solve [riddle].

endiablat, -ada (əndiəbblát, -áðə) *a.* diabolical, fiendish.

endins (əndíns) *adv.* inside, within.

endinsar (əndinzá) *t.* to insert or fix. ▪ *2 p.* to penetrate *t.*, to penetrate into *i.*

endintre (əndíntrə) *adv.* See ENDINS.

endívia (əndíβiə) *f.* endive.

endocardi (əndukárði) *m.* ANAT. endocardium.

endocarp (əndukárp) *m.* BOT. endocarp.

endolar (əndulá) *t.* to put into mourning. *2* to dress in mourning.

endolat, -ada (əndulát, -áðə) *a.* in mourning, in black [clothes].

endolcir (əndulsí) *t.* to sweeten.

endoll (əndóʎ) *m.* ELECTR. plug; point; rocket.

endollar (ənduʎá) *t.* ELECTR. to plug in. *2* to plug or stop up.

endormiscar-se (əndurmiskársə) *p.* to fall into a doze. *2* coll. to nod off.

endós (əndós) *m.* endorsing [act]. *2* endorsement.

endossar (əndusá) *t.* to endorse; to sign over. *2* fig. to palm off [unpleasant task].

endrapar (əndrəpá) *t.* fig. coll. to gobble (up), to wolf (down) [food].

endreç (əndrés) *m.* tidying-up; putting in order. *2* arrangement. *3* adornment.

endreçar (əndrəsá) *t.* to tidy (up); to put in order; to clean (up). *2* LIT. to dedicate [work].

endreçat, -ada (əndrəsát, -áðə) *a.* clean and tidy.

endret (əndrét) , **indret** (indrét) *m.* side; face. *2* place, spot.

enduriment (əndurimén) *m.* hardening.

endurir (əndurí) *t.-p.* to harden; to stiffen.

endur-se (əndúrsə) *p.* to take away *t.* to carry away *t. 2* fig. ***em vaig endur un disgust,*** I was so disappointed.

enemic, -iga (ənəmík, -íɣə) *a.* hostile; unfriendly. ▪ *2 m.-f.* enemy.

enemistar (ənəmistá) *t.* to make an enemy of. ▪ *2 p.* to become enemies. *3* to fall out (*amb,* with).

enemistat (ənəmistát) *f.* enmity; unfriendliness.

energètic, -ca (ənərʒétik, -kə) *a.* energetic. ▪ *2 f.* energetics.

energia (ənəríə) *f.* energy, vitality; spirited. *2* persistence; firmness.

enèrgic, -ca (ənérʒik, -kə) *a.* energetic; spirited; full of life, active.

energumen (ənərɣúmən) *m.* madman.

enervar (ənərβá) *t.* to weaken, to enervate.

enèsim, -ma (ənézim, -mə) *a.* umpteenth.

enfadar (əmfəðá) *t.* ***(fer) ~,*** to make angry. ▪ *2 p.* to get angry.

enfadeir (əmfəðəí) *t.* COOK. to make tasteless or insipid.

enfadós, -osa (əmfəðós, -ózə) *a.* annoying, irksome.

enfaixar (əmfəʃá) *t.* to bind or wind round [rope, cloth, etc.].

enfangar (əmfəŋgá) *t.* to make muddy.

enfarfec (əmfərfék) *m.* nuisance. *2* coll. bother. *3* coll. hotch-potch; mess.

enfarfegar (əmfərfəɣá) *t.* to overload; to weigh down.

enfavar-se (əmfəβársə) *p.* coll. to become silly; to get dopey (*amb,* over).

enfebrar-se (əmfəβrársə) *p.* to become feverish; to run a temperature.

enfeinat, -ada (əmfəinát, -áðə) *a.* busy; occupied.

enfellonir (əmfəʎuní) *t.* to make furious, to infuriate; to make angry.

enfervorir (əmfərβurí) *t.* to excite, to animate; to fire [enthusiasm].

enfilall (əmfiláʎ) *m.* string. *2* fig. series.

enfilar (əmfilá) *t.* SEW. to thread. ‖ ***cadascú per on l'enfila,*** one man's meat is another man's poison. *3* to take, to set out on *i.* [path]. ▪ *4 p.* ~ ***-se en,*** to climb up.

enfit (əmfít) *m.* indigestion.

enfocar (əmfuká) *t.* to focus.

enfollir (əmfuʎí) *t.* to make mad, to madden. *2* coll. to make crazy.

enfondir (əmfundí) *t.* See APROFUNDIR.

enfonsament (əmfunzəmén) *m.* sinking. *2* collapse.

enfonsar (əmfunzá) *t.-p.* to sink. *2 t.* to embed. *3* to make collapse; to smash. ▪ *4 p.* to collapse.

enfora (əmfɔ́rə) *adv.* outside; out.

enformador (əmfurməðó) *m.* chisel.

enformar (əmfurmá) *t.* to form, to fashion, to shape. *2* to mould.

enfornar (əmfurná) *t.* to put or place in the oven.

enfortir (əmfurtí) *t.* to strengthen, to build up. ▪ *2 p.* to become stronger.

enfosquir (əmfuskí) *t.* to darken.

enfredorir (əmfrəðurí) *t.* to make catch cold.

enfront (əmfrón) *m.* façade, front. *2 prep. phr.* ~ ***de,*** opposite.

enfrontar (əmfruntá) *t.* to face; to confront.

■ *2 p.* to face each other or one another [in duel, fight, etc.].

enfundar (əmfundá) *t.* to sheathe [sword]. *2* to encase, to put in a case.

enfurir (əmfurí) *t.* to infuriate; to make angry, to anger.

enfurismar (əmfurizmá) *t.* to infuriate; to make angry. *2* to annoy, to irritate.

engabiar (əŋgəβiá) *t.* to put in a cage. *2* to imprison.

engalanar (əŋgələná) *t.* to embellish; to adorn; to beautify.

engalipar (əŋgalipá) *t.* to trick, to fool, to deceive; to hoodwink.

engallar-se (əŋgəʎársə) *p.* to make oneself smart. *2* coll. to swagger.

engaltar (əŋgəltá) *t.* to aim [firearm]. *2* fig. to talk straight *i.;* to go straight to the point *i.*

engalzar (əŋgəlzá) *t.* to join (up), to assemble. *2* fig. to trap, to catch.

enganar (əŋgəná) *t.-p.* (BAL.) See ENGANYAR.

enganxar (əŋgənʃá) *t.* to hook. *2* to stick, to glue. ■ *3 p.* to get caught on. *4* coll. to catch *t.* *5* coll. to be hooked [on drugs].

enganxós (əŋgənʃós, -ózə) *a.* sticky, gluey.

engany (əŋgáɲ) *m.* trick, deception; swindle.

enganyar (əŋgəɲá) *t.* to trick, to deceive, to swindle.

enganyifa (əŋgəɲífə) *f.* trick, deception. *2* coll. con; swindle.

enganyós, -osa (əŋgəɲós, -ózə) *a.* deceptive. *2* deceitful.

engargussar-se (əŋgərɣusársə) *p.* to get caught in one's throat. *2* to get blocked [drain].

engatar-se (əŋgətársə) *p.* to get drunk.

engavanyar (əŋgəβəɲá) *t.* to get in the way of [clothes].

engegada (ənʒəɣáðə) *f.* AUTO. starting. *2* letting-fly [exclamations]. *3* firing [projectiles].

engegar (ənʒəɣá) *t.* AUTO. to start. *2* to let fly [exclamations]. *3* to fire [projectiles]. *4* *~ a passeig,* to send somebody packing.

engelosir (ənʒəluzí) *t.* to make jealous. ■ *2 p.* to become jealous.

engendrar (ənʒəndrá) *t.* to procreate, to engender. *2* fig. to produce.

enginy (ənʒíɲ) *m.* ingeniousness, inventiveness. *2* skill. *3* cleverness, intelligence, wit.

enginyar (ənʒiɲá) *t.* to invent; to think up, to devise. ■ *2 p.* to manage to.

enginyer (ənʒiɲé) *m.* engineer.

enginyeria (ənʒiɲəríə) *f.* engineering.

engiponar (ənʒipuná) *t.* to throw together, to fix up [in a hurry].

englobar (əŋgluβá) *t.* to encompass; to include.

englotir (əŋglutí) *t.* See ENGOLIR.

engolir (əŋgulí) *t.* to swallow.

engomar (əŋgumá) *t.* to gum; to glue.

engonal (əŋgunál) *m.* ANAT. groin.

engraellat (əŋgrəʎát) *m.* grille; latticework; trellis.

engranatge (əŋgrənádʒə) *m.* MECH. engaging [of gears].

engrandir (əngrəndi) *t.* to enlarge, to make bigger. ■ *2 p.-i.* to grow; to get or become bigger or larger, to increase in size.

engrapar (əŋgrəpá) *t.* to grip; to hold tight. *2* MECH. to staple.

engreixar (əŋgrəʃá) *t.* to fatten (up). *2* to grease, to lubricate. ■ *3 p.* to get or become fat; to put on weight.

engreixinar (əŋgrəʃiná) *t.* to grease, to lubricate.

engrescar (əŋgrəská) *t.* to encourage; to inspire; to incite. *2* to excite; to delight. ■ *3 p.* to get or become excited; to be filled with excitement or delight.

engroguir (əŋgruɣí) *t.-p.* to turn yellow. *2 t.* to make or colour yellow.

engròs (əŋgrɔ́s) COMM. *a l'~,* wholesale.

engruna (əŋgrúnə) *f.* breadcrumb. *2* a bit; a touch, a dash. *3 pl.* left-overs [of meal].

engrut (əŋgrút) *m.* grime, filth. *2* paste [for gluing].

enguany (əŋgáɲ) *adv.* this year.

enguixar (əŋgiʃá) *t.* CONSTR. to plaster. *2* MED. to put in plaster.

enhorabona (ənɔrəβɔ́nə) *f.* congratulations: ***donar l'~,*** to congratulate (*per,* on).

enigma (əníɲmə) *m.* enigma.

enjogassat, -ada (ənʒuɣəsát, -áðə) *a.* playful.

enjoiar (ənʒuјá) *t.* to deck or adorn with jewels or jewellery.

enjorn (ənʒór(n)) *adv.* (VAL.) early.

enjudiciar (əŋʒudisiá) *t.* LAW to sue, to prosecute.

enlairar (ənləĭrá) *t.* to lift (up), to raise. ■ *2 p.* to rise. *3* AER. to take off.

enlaire (ənlaĭrə) *adv.* above, in the air. *2* upwards, up into the air. ‖ ***mans ~!,*** hands up! *3* fig. pending; in suspense, unresolved: ***deixar una qüestió ~,*** to leave an issue unresolved. *4* fig. ***engegar ~,*** to spoil, to ruin, to upset [plan].

enllà (ənʎá) *adv.* to or over there. *2* further back [time, space]. *3* further on [time, space]. *4* ***cap ~,*** that way. *5* ***el més ~,*** the beyond.

enllaç (ənʎás) *m.* junction; connection. *2*

link-up [between 2 points]. *3* go-between; link-man. || ~ ***sindical,*** trade union representative. *3* wedding; union.
enllaçar (ənʎəsá) *t.* to link up; to connect, to join.
enllefiscar (ənʎəfiská) *t.* to make sticky.
enllestir (ənʎəsti) *t.* to finish. *2* to put the finishing touches to. *3* to get ready. ▪ *4 p.* to hurry, to rush.
enllestit, -ida (ənʎəstit, -iðə) *a.* finished. *2* ready.
enlloc (ənʎɔ́k) *adv.* no-where. || ***no l'he trobat*** ~, I haven't found him anywhere.
enllotar (ənʎutá) *t.* to make muddy. ▪ *2 p.* to tarnish one's reputation.
enlluentir (ənʎuənti) *t.* to make shine; to put a shine on.
enlluernador, -ra (ənʎuərnəðó, -rə) *a.* dazzling, blinding [also fig.]: ***una dona enlluernadora,*** a woman of dazzling beauty.
enlluernament (ənʎuərnəmén) *m.* dazzling or blinding effect. *2* brilliance [light].
enlluernar (ənʎuərná) *t.* to dazzle, to blind [also fig.]. *2* to fascinate, to entrance. ▪ *3 p.* to be dazzled or blinded [also fig.]. *4* to be fascinated or entranced.
enllumenar (ənʎumənà) *t.* to illuminate, to light up: ~ ***un carrer,*** to illuminate a street.
enllumenat (ənʎumənát) *m.* AUTO. lighting. *2* CONSTR. illumination.
enllustrador, -ra (ənʎustrəðó, -rə) *m.-f.* bootblack.
enllustrar (ənʎustrá) *t.* to polish; to put a shine on. *2* to polish [shoes].
enmig (əmmitʃ) *prep. phr.* ~ ***de,*** in the middle of, amid(st. *2* among.
ennegrir (ənnəɣri) *t.-p.-i.* to blacken, to turn black. *2 t.* to black. *3 p.-i.* to go black.
ennoblir (ənnubli) *t.* to ennoble. *2* fig. to exalt, to honour. ▪ *3 p.* fig. to exalt oneself.
ennuegar-se (ənnuəɣársə) *p.* to choke, to go down the wrong way [food, drink].
ennuvolar-se (ənnuβulársə) *p.* to cloud over [sky].
enologia (ənuluʒiə) *f.* oenology.
enorgullir (ənurɣuʎi) *t.* to make proud. ▪ *2 p.* ~ ***-se de,*** to be proud of; to pride oneself on.
enorme (ənórmə) *a.* enormous, huge.
enormitat (ənurmitát) *f.* enormousness. *2* fig. enormity.
enquadernació (əŋkwəðərnəsió) *f.* binding: ***taller d'***~, bookbinder's.
enquadernar (əŋkwəðərná) *t.* to bind [book].
enquadrar (əŋkwəðrá) *t.* to frame [picture]. *2* to fit into [team]. *3* PHOT. to centre [picture on screen].
enquesta (əŋkéstə) *f.* survey; opinion-poll.
enquitranar (əŋkitrəná) *t.* to tar over.
enrabiar (ənrrəβiá) *t.* to annoy; to upset. *2* to make angry, to enrage. ▪ *3 p.* to get annoyed. *4* to get angry.
enrajolar (ənrrəʒulá) *t.* CONSTR. to tile.
enramada (ənrrəmáðə) *f.* tangle or network of branches. *2* bower [in garden].
enrampar (ənrrəmpá) *t.* to cause cramp. *2* ELECTR. to give a shock to. ▪ *3 p.* to get cramp: ***se m'ha enrampat el peu,*** I've got cramp in my foot. *4* ELECTR. to get a shock.
enraonar (ənrrəuná) *i.* to talk, to chat. ▪ *2 t.* to discuss, to talk about *i.*
enraonat, -ada (ənrrəunát, -áðə) *a.* reasonable.
enraonia (ənrrəuniə) *f.* talk, chatter; gossip.
enrarir (ənrrəri) *t.* to rarify, to get thinner [air].
enravenar (ənrrəβəná) *t.-p.* to stiffen. *2 p.* to become stiff or rigid.
enredada (ənrrəðáðə) *f.* decepcion, trick.
enredar (ənrrəðá) *t.* to catch in a net, to net. *2* fig. to get in a mess or a jam. *3* to deceive, to trick.
enregistrar (ənrrəʒistrá) *t.* to register; to sign in. *2* to record [sound].
enreixar (ənrrəʃá) *t.* to put bars or a grille on. *2* to put a railing round.
enrenou (ənrrənɔ́ŭ) *m.* bustle; to-ing and fro-ing. *2* hubbub.
enrera (ənrrérə) *adv.* See ENDARRERA.
enretirar (ənrrətirá) *t.-p.* to withdraw, to move away. *2 t.* to pull back.
enrevessat, -ada (ənrrəβəsát, -áðə) *a.* complex, complicated.
enribetar (ənrriβətá) *t.* SEW. to border.
Enric (ənrrík) *pr. n. m.* Henry.
enriolar-se (ənrriulársə) *p.* to be full of mirth. *2* to burst into laughter.
enriquir (ənrriki) *t.* to make rich or wealthy. ▪ *2 p.* to get or grow rich or wealthy; to enrich oneself, to make oneself rich.
enrobustir (ənrruβusti) *t.* to make strong or robust. ▪ *2 p.* to grow strong or robust.
enrocar (ənrruká) *i.* to castle [chess]. ▪ *2 t.* to get the hook caught in a stone or rock [angling]. ▪ *3 p.* to pick one's way between the rocks.
enrogallar-se (ənrruɣəʎársə) *p.* to grow or become hoarse.
enrogir (ənrruʒi) *t.* to make blush. ▪ *2 p.* to blush, to turn red [face].
enrojolament (ənrruʒuləmén) *m.* blushing. *2* blush.

enrojolar-se (ənrruʒulársə) *p.* to blush.

enrolar (ənrrulá) *t.* to sign on, to enrol; to enlist.

enronquir (ənrruŋkí) *t.* to make hoarse. ▪ *2 p.* to grow or become hoarse.

enroscar (ənrruská) *t.* MECH. to screw on.

enrotllar (ənrruʎʎá) *t.* to roll up. *2* to tie round.

enrunar (ənrruná) *t.* to pull down, to demolish. ▪ *2 p.* to fall down; to fall apart or to pieces [house, wall, etc.].

1) ens (əns) *pers. pron.* ~ ***heu vist?, did you see us?***

2) ens (ɛns) *m.* being; entity.

ensabonar (ənsəβuná) *t.* to soap (up). *2* fig. coll. to flannel.

ensacar (ənsəká) *t.* to put in a sack or bag.

ensaïmada (ənsəimáðə) *f.* ensaimada [a filled sweet pastry, typical of the Balearics].

ensalada (ənsəláðə) *f.* (VAL.) See AMANIDA.

ensarronar (ənsərruná) *t.* fig. to swindle, to trick, to deceive.

ensellar (ənsəʎá) *t.* to saddle.

ensems (ənséms) *adv.* together. *2* at the same time, simultaneously.

ensenya (ənsɛ́ɲə) *f.* standard, ensign.

ensenyament (ənsəɲəmén) *m.* teaching; instruction. *2* education. ‖ ~ ***mitjà,*** secondary school education.

ensenyança (ənsəɲánsə) *f.* teaching. *2* education.

ensenyar (ənsəɲá) *t.* to point out, to indicate. *2* to reveal, to show. *3* to teach; to instruct.

ensibornar (ənsiβurná) *t.* to trick, to fool.

ensinistrar (ənsinistrá) *t.* to train [esp. animals].

ensonyat, -ada (ənsuɲát, -áðə) *a.* sleepy, drowsy.

ensopegada (ənsupəγáðə) *f.* slip, trip, stumble. *2* fig. slip, oversight, error.

ensopegar (ənsupəγá) *i.* to trip, to stumble. ▪ *2 t.* to come across *i.*, fig. to stumble on *i.*

ensopiment (ənsupimén) *m.* sleepiness, drowsiness. *2* boredom, tedium.

ensopir (ənsupí) *t.* to make sleepy or drowsy; to send to sleep. ▪ *2 p.* to become sleepy or drowsy.

ensordir (ənsurðí) *t.* to deafen, to make deaf. ▪ *2* to become deaf; to be deafened.

ensorrar (ənsurrá) *t.* to pull down. *2* to stick; to bury [in sand]. *3* fig. to shatter, to leave shattered [person]. *4 p.* to collapse. *5* to sink [in sand]. *6* fig. to go to pieces.

ensotat, -ada (ənsutát, -áðə) *a.* sunk; sunken [also fig.].

ensucrar (ənsukrá) *t.* to sweeten with sugar. *2* to cover with sugar.

ensulsiar-se (ənsulsiárse) *p.* to fall down; to fall to pieces; to collapse [buildings].

ensumar (ənsumá) *t.-i.* to sniff. *2 t.* to smell.

ensurt (ənsúr(t)) *m.* start, shock; fright.

entabanar (əntəβəná) *t.* to trick, to swindle. *2* coll. to con.

entaforar (əntəfurá) *t.* to hide, to conceal.

entapissar (əntəpisá) *t.* to hang with tapestries. *2* to upholster.

entatxonar (əntətʃuná) *t.* to cram, to stuff. *2* to pack, to crowd (together). ▪ *3 p.* to crowd.

entaular (əntəŭlá) *t.* to start or begin [conversation]. *2* LAW to file, to put in [application, claim, etc.]. ▪ *3 p.* to sit down at the table.

entelar (əntəlá) *t.* to cover [sky]; to mist up or over [window].

entelèquia (əntəlɛ́kiə) *f.* PHIL. entelechy. *2* figment [of imagination].

1) entendre (ənténdrə) *t.* to understand, to comprehend; to grasp. ▪ *2 i.* to understand. *3* ~ ***de,*** to know about. ▪ *4 p.* to come to an agreement or an understanding. *5* coll. to have an affair: ***s'entén amb la filla del batlle,*** he's having an affair with the mayor's daughter. *6* coll. ***jo ja m'hi entenc,*** I can manage (on my own). ▴ CONJUG. like ***atendre.***

2) entendre (ənténdrə) *m.* understanding. ‖ ***al meu*** ~, to my way of thinking, the way I see it.

entendrir (əntəndrí) *t.* fig. to soften [feelings]; to touch, to move. ▪ *2 p.* fig. to soften.

entenedor, -ra (əntənəðó, -rə) *m.-f.* expert, knowledgeable person. *2 a.* intelligible, understandable.

enteniment (əntənimén) *m.* understanding, comprehension. *2* intellect; mind. ‖ ***que t'has begut l'~?,*** have you gone off your head?

entenimentat, -ada (əntənimənták, -áðə) *a.* sensible, prudent; wise.

enter, -ra (əntér, -rə) *a.* complete, whole, entire. ▪ *2 m.* MATH. whole number, integer.

enterbolir (əntərβulí) *t.* to make muddy; to make cloudy. *2* fig. to confuse [mind]. ▪ *3 p.* to get muddy or cloudy. *4* fig. to get confused.

enterc, -ca (əntɛ́rk, -kə) *a.* stiff, rigid. *2* fig. stubborn; unbending, uncompromising.

enteresa (əntərɛ́zə) *f.* self-possession. *2* integrity; honesty, decency.

enterrament (əntərrəmén) *m.* burial.

enterramorts (əntérrəmɔ́rs) *m.* grave-digger.

enterrar (əntərrá) *t.* to bury.

entès, -sa (əntés, -zə) *a.* expert; knowledgeable. ▪ *2 f.* understanding, agreement; collaboration.

entestar (əntəstá) *t.* to tie or knot together. ▪ *2 p.* to stick to [opinion].

entitat (əntitát) *f.* entity. *2* body, organisation.

entollar (əntuʎá) *t.* to form pools or puddles [water].

entomologia (əntumuluʒíə) *f.* entomology.

entonació (əntunəsió) *f.* intonation.

entonar (əntuná) *t.* MUS. to intone; to give [note]. *2* MED. to tone up; to build up.

entorn (əntórn) *m.* surroundings. ‖ ***a l'~,*** around. ▪ *2 prep. phr.* ***~ de,*** around, round.

entortolligar (ənturtuʎiγá) *t.* to wind. *2* to tangle (up) [string]. ▪ *3 p.* to wind. *2* to get tangled (up).

entossudir-se (əntusuðírsə) *p.* to insist (*a,* on) or to persist (*a,* in) stubbornly or obstinately. *2* to refuse stubbornly or obstinately [in negative phrases]: ***s'entossudeix a no fer-ho,*** he stubbornly refuses to do it.

entrada (əntráðə) *f.* entry. *2* entrance; access. *3* fig. admittance; admission. *4* ticket [for function]. *5* COMM. down-payment; first instalment [in series of payments]. *6* headword, entry [in dictionary]. *7 adv. phr.* ***d'~,*** from the start or beginning.

entrant (əntrán) *a.* next, following, coming: ***la setmana ~,*** the following week. ▪ *3 m.* COOK. first course. *4* GEOGR. inlet.

entranya (əntráɲə) *f. pl.* ANAT. insides *pl.* *2* fig. feelings *pl.* ‖ ***un home sense entranyes,*** a heartless man.

entrar (əntrá) *i.* to come or go in; to enter *t.* *2* to fit into; to get into: ***l'anell no m'entra al dit,*** the ring won't fit onto my finger. ‖ ***aquests pantalons no m'entren,*** I can't get into these trousers. *3* coll. to understand. ▪ *4 t.* to bring or take in. *5* to smuggle in [contraband].

entre (éntrə) *prep.* between. *2* among; amid(st.

entreacte (əntreáktə) *m.* THEATR. interval; pause [between acts].

entrebanc (əntrəβáŋ) *m.* obstacle, hindrance [also fig.]. *2* fig. stumbling-block; difficulty, problem. ‖ ***posar ~s a,*** to place obstacles in the way.

entrebancar (əntrəβəŋká) *t.* to hinder [also fig.]; to get in the way of [also fig.]. ▪ *2 p.* to stumble (*amb,* over, against), to trip (*amb,* over).

entrecella (ȩntrəséʎə) *f.* the space between the eyebrows.

entrecot (əntrəkɔ́t) *m.* entrecôte; steak.

entrecreuar-se (əntrəkrəwársə) *p.* to cross (each other), to intersect. *2* ZOOL. to interbreed.

entrecuix (ȩntrəkúʃ) *m.* ANAT. crotch. *2* SEW. gusset in the crotch.

entregirar-se (əntrəʒirársə) *p.* to half-turn. *2* fig. to get twisted: ***se m'han entregirat les mitges,*** my stockings have got twisted.

entrellaçar (əntrəʎəsá) *t.* to interlace. *2* to link together.

entrellat (əntrəʎát) *m.* fig. puzzle, complex mystery. ‖ ***treure'n l'~,*** to get to the bottom of the mystery.

entrelligar (əntrəʎiγá) *t.* to tie or knot together.

entrellucar (əntrəʎuká) *t.* See ENTREVEURE.

entremaliat, -ada (əntrəməliát, -áðə) *a.* mischievous. *2* coll. naughty.

entremès (əntrəmés) *m.* COOK. hors d'oeuvre. *2* THEATR. short one-act play.

entremesclar (əntrəməsklá) *t.* to mix (together); to mingle.

entremetre's (əntrəmétrəs) *p.* to interfere; to meddle.

entremig (əntrəmitʃ) *adv.* in the middle. *2* in the way [hindrance]. ▪ *3 m.* interval [time]; distance between [space].

entrenador, -ra (əntrənəðó, -rə) *m.-f.* SP. trainer, coach.

entrenar (əntrəná) *t.-p.* SP. to train.

entreobrir (əntrəuβrí) *t.* to half-open; to open slightly.

entrepà (əntrəpá) *m.* sandwich.

entreparent, -ta (ȩntrəpərén, -tə) *m.-f.* distant relative.

entresol (əntrəsɔ́l) *m.* mezzanine floor.

entresuar (əntrəsuá) *i.* to sweat or perspire slightly.

entretant (ȩntrətán) *adv.* meanwhile, in the meantime.

entretela (əntrətélə) *f.* lining [of clothes].

entretemps (ȩntrətéms) *m.* period between summer and winter, period between two seasons.

entretenir (əntrətəní) *t.* to delay, to hold up. *2* to entertain, to amuse. ▪ *3 p.* to spend or waste time. *4* to amuse oneself. ▲ CONJUG. like ***abstenir-se.***

entreveure (əntrəβéŭrə) *t.* to discern, to make out, to distinguish. *2* to glimpse; to spot. *3* fig. to discern, to spot: ***~ les intencions d'algú,*** to discern or spot someone's intentions. ▲ CONJUG. like ***veure.***

entrevista (əntrəβístə) *f.* interview.

entrevistar (əntrəβistá) *t.* to interview. ▪ *2 p.* to have a talk or talks; to interview.

entristir (əntristí) *t.-p.* to sadden, to grieve. *2 p.* to become sad.
entroncar (əntruŋká) *t.-i.* to connect, to join (together).
entronitzar (əntrunidzá) *t.* to enthrone.
entropessar (əntrupəsá) *i.* See ENSOPEGAR.
entumir (əntumí) *t.* to numb. ▪ *2 p.* to go numb.
entusiasmar (əntuziəzmá) *t.* to excite, to fire, to inspire; to make enthusiastic. ▪ *2 p.* to get excited; to get enthusiastic.
entusiasme (əntuziázmə) *m.* enthusiasm, excitement.
entusiasta (əntuziástə) *a.* enthusiastic; excited. ▪ *2 m.-f.* follower; admirer. *3* coll. fan.
enuig (ənútʃ) *m.* anger. *2* annoyance.
enumeració (ənumərəsió) *f.* listing; enumeration.
enumerar (ənumərá) *t.* to list; to enumerate.
enunciar (ənunsiá) *t.* to express, to state; to declare.
enunciat (ənunsiát) *m.* MATH. terms.
enutjar (ənudʒá) *t.* to anger. *2* to annoy. ▪ *3 p.* to get angry. *4* to get annoyed.
envà (əmbá) *m.* partition wall.
envair (əmbəí) *t.* to invade.
envanir (əmbəní) *t.* to make vain or conceited. ▪ *2 p.* to become haughty or lofty.
envàs (əmbás) *m.* packaging. *2* container, tin, (USA) can, bottle.
envasar (əmbəzá) *t.* to package, to bottle, to tin, (USA) to can.
enveja (əmbɛ́ʒə) *f.* envy. ‖ ***tenir ~ de,*** to envy *t.*
envejar (əmbəʒá) *t.* to envy.
envellir (əmbəʎí) *t.* to make old, to age. ▪ *2 i.-p.* to grow old; to put on years.
envergadura (əmbərɣəðúrə) *f.* extent; scale [also fig.]. *2* fig. scope; magnitude.
enverinament (əmbərinəmén) *m.* poisoning.
enverinar (əmberiná) *t.* to poison. *2* fig. to embitter.
envermellir (əmbərməʎí) *t.* to redden. ▪ *2 p.* to blush.
envernissar (əmbərnisá) *t.* to varnish.
envers (əmbɛ́rs) *prep.* towards; for.
envestir (əmbəstí) *t.* to attack, to assault. *2* to charge [esp. animals]. *3* to undertake, to set about.
enviar (əmbiá) *t.* to send; to dispatch. ▪ *2 p.* to swallow (down).
enviduar (əmbiðuá) *i.* to become a widow or widower.
envigorir (əmbiɣurí) *t.* to strengthen, to make strong or robust; to build up [someone's strength].
enviliment (əmbilimén) *m.* degradation, debasement.
envilir (əmbilí) *t.* to degrade, to debase. ▪ *2 p.* to degrade oneself; to lower oneself.
envisar-se (əmbizársə) *p.* (ROSS.) See ADONAR-SE.
envistes (embístəs) *prep. phr.* ***a les ~ de,*** in sight of.
envit (əmbít) *m.* call for bids, invitation to bid. *2* stake; bid.
envolar-se (əmbulársə) *p.* AER. to take off.
envoltant (əmbultán) *a.* surrounding.
envoltar (əmbultá) *t.-p.* to surround.
enxampar (ənʃəmpá) *t.* to trap, to catch. *2* fig. to catch out.
exampurrat, -ada (ənʃəmpurrát, -áðə) *a.* ***parlar ~,*** to speak badly or imperfectly.
enxarxar (ənʃərʃá) *t.* to net, to catch in the net. ▪ *2* fig. to catch, to trap.
enxiquir (ənʃikí) *t.* See EMPETITIR.
enxubat, -ada (ənʃuβát, -áðə) *a.* stuffy; airless [room].
enyorança (əɲuránsə) *f.* longing, yearning; nostalgia.
enyorar (əɲurá) *t.* to long or yearn for; to miss. ▪ *2 p.* to be filled with nostalgia. *3* to feel or be homesick.
enze (ɛ́nzə) *m.* decoy, lure [animal in hunting]. *2* fig. coll. thickhead.
ep! (ep) *interj.* hey!
èpic, -ca (ɛ́pik, -kə) *a.-f.* epic.
epicuri, -úria (əpikúri, -úriə) *a., m.-f.* Epicurean.
epidèmia (əpidɛ́miə) *f.* epidemic.
epidermis (əpiðɛ́rmis) *f.* ANAT. epidermis.
epifania (əpifəníə) *f.* Epiphany.
epiglotis (əpiɣlɔ́tis) *f.* ANAT. epiglottis.
epígraf (əpíɣrəf) *m.* caption; heading.
epigrama (əpiɣrámə) *m.* LIT. epigram.
epíleg (əpílək) *m.* epilogue.
epilèpsia (əpilɛ́psiə) *f.* MED. epilepsy.
epilèptic, -ca (əpilɛ́ptik, -kə) *a., m.-f.* epileptic.
episcopal (əpiskupál) *a.* episcopal.
episodi (əpizɔ́ði) *m.* episode.
epístola (əpístulə) *f.* epistle; letter.
epistolari (əpistulári) *m.* collected letters.
epitafi (əpitáfi) *m.* epitaph.
epiteli (əpitɛ́li) *m.* BOT. epithelium.
epítet (əpítet) *m.* epithet.
epítom (əpítum) *m.* LIT. summary; abridgement; abstract.
època (ɛ́pukə) *f.* age; time; epoch. *2* time, period. *3* fig. ***fer ~,*** to be a landmark [in history].
epopeia (əpupɛ́jə) *f.* epic [also fig.].
equació (əkwəsió) *f.* MATH. equation.
equador (əkwəðó) *m.* equator.

equànime (əkwánimə) *a.* equanimous; unruffled, calm, serene.
equatorial (əkwəturiál) *a.* equatorial.
eqüestre (əkwéstrə) *a.* equestrian.
equí, -ina (əki, -inə) *a.* ZOOL. equine.
equidistar (əkiðistá) *i.* to be equidistant, to be equal in distance from each other.
equilàter, -ra (əkilátər, -rə) *a.* equilateral.
equilibrar (əkiliβrá) *t.* to balance; to equilibrate [also fig.].
equilibri (əkiliβri) *m.* equilibrium; balance. ||***fer ~s,*** to totter. ||***perdre l'~,*** to lose one's balance.
equilibrista (əkiliβristə) *m.-f.* tightrope walker. *2* acrobat.
equinocci (əkinɔ́ksi) *m.* equinox.
equip (əkip) *m.* equipment; tools. *2* SP. team: ~ ***visitant,*** visiting team, visitors.
equipament (əkipəmén) *m.* equipping [act]. *2* equipment. *3* installations, facilities; amenities.
equipar (əkipá) *t.* to equip.
equiparar (əkipərá) *t.* to compare; to put on the same level.
equipatge (əkipádʒə) *m.* luggage, baggage.
equitació (əkitəsió) *f.* SP. horse-riding.
equitat (əkitát) *f.* justice, equity; fairness, impartiality.
equitatiu, -iva (əkitətiu, -iβə) *a.* equitable; fair; just.
equivalència (əkiβəlɛ́nsiə) *m.* equivalence.
equivalent (əkiβəlén) *a.-m.* equivalent.
equivaler (əkiβəlɛ́) *i.* to be equal; to be equivalent [also fig.]. ▲ CONJUG. like ***valer.***
equívoc, -ca (əkiβuk, -kə) *a.* wrong, mistaken, erroneous. ■ *2 m.* mistake, error.
equivocació (əkiβukəsió) *f.* mistake, error: ***per ~,*** by mistake or error.
equivocar (əkiβuká) *t.* to mistake. ■ *2 p.* to make a mistake.
era (érə) *f.* era, age. *2* AGR. threshing-floor.
erari (ərári) *m.* Treasury; Exchequer.
erecció (ərəksió) *f.* PHYSIOL. erection. *2* erection, building.
eremita (ərəmitə) *m.* hermit.
eriçar (ərisá) *t.-p.* to bristle (up).
eriçó (ərisó) *m.* ZOOL. hedgehog. ||~ ***de mar,*** sea-urchin.
erigir (əriʒi) *t.* to erect; to build. ■ *2 p.* to be erected; to be built.
erisipela (ərizipɛ́lə) *f.* MED. erysipelas.
erm, -ma (ɛ́rm, -mə) *a.* deserted, empty; desolate. ■ *2 m.* waste-land.
ermàs (ərmás) *m.* waste-land; desolate patch; moorland.
ermini (ərmini) *m.* ZOOL. stoat.
ermita (ərmitə) *f.* hermitage.
ermità, -ana (ərmitá, -ánə) *a., m.-f.* hermit. *2 a.* of a hermit, hermit's.
Ernest (ərnés) *pr. n. m.* Ernest.
erosió (əruzió) *f.* erosion, eroding.
erosionar (əruziuná) *t.-p.* to erode (away).
eròtic, -ca (ərɔ́tik, -kə) *a.* erotic.
erra (ɛ́rrə) *f.* ant. error, mistake.
errada (ərráðə) *f.* error, mistake.
errant (ərrán) *m.* wandering; roving. *2* HIST. errant.
errar (ərrá) *i.* to wander; to rove. ■ *2 t.* to miss [target]. *3* to mistake; to get wrong.
errata (ərrátə) *f.* PRINT. misprint, erratum.
erràtic, -ca (ərrátik, -kə) *a.* erratic.
erroni, -ònia (ərrɔ́ni, -ɔ́niə) *a.* mistaken, erroneous; wrong.
error (ərrór) *m.* mistake, error.
eructar (əruktá) *i.* to belch.
erudició (əruðisió) *f.* learning, erudition.
erudit, -ta (əruðit, -tə) *a.* learned, erudite. ■ *2 m.-f.* scholar.
eruga (ərúγə) *f.* ENT. caterpillar.
erupció (ərupsió) *f.* GEOL. eruption. *2* MED. rash.
eruptiu, -iva (əruptiŭ, -iβə) *a.* eruptive.
es (əs) art. (BAL.) See EL.
es (əs) *refl. pron.* ~ ***fa un cafè,*** she's making herself a coffee; ***mai no ~ dutxa,*** he never has a shower. ■ *2 impers. pron.:* ***no se sent res,*** it's absolutely silent. ▲ es, 's, s', se.
esbadellar-se (əzβəðəʎársə) to flower, to open [flower].
esbalair (əsβələi) *t.* to amaze, to astonish, to astound. ■ *2 p.* to be amazed; to be astonished, to be astounded.
esbaldida (əzβəldiðə) *f.* See ESBANDIDA.
esbaldir (əzβəldi) *t.* See ESBANDIR.
esbandida (əzβəndiðə) *f.* rinse, rinsing.
esbandir (əzβəndi) *t.* to rinse.
esbargir (əzβərʒi) *t.* to spread; to scatter. ■ *2 p.* to have fun; to amuse oneself.
esbarjo (əzβárʒu) *m.* recreation; play. *2* play-time [schools].
esbart (əzβár(t)) *m.* group; pack [animals]; flight [birds]. *2* THEATR. troop, company, group: ~ ***dansaire,*** folk dance company or group.
esbarzer (əzβərzé) *m.* BOT. bramble. *2* blackberry bush.
esbatussar-se (əzβətusársə) *p.* to fight.
esberlar (əzβərlá) *t.* to split, to cleave. *2* to crack (open). ■ *3 p.* to split. *4* to crack (open).
esbirro (əzβirru) *m.* HIST. constable; bailiff. *2* paid assassin. *3* ruffian; henchman.
esblaimar-se (əzβləimársə) *p.* to go pale; to go white [face].
esblanqueir-se (əzβləŋkəirsə) *p.* to lose colour; to become discoloured. *2* to go pale.

esbocinar (əzβusinȧ) *t.* to tear into pieces or shreds; to break into pieces.
esbojarrat, -ada (əzβuʒərrȧt, -ȧðə) *a.* crazy, mad, wild.
esbombar (əzβumbȧ) *t.* to spread, to broadcast; to publicise. ■ *2 p.* to be spread, to be broadcasted; to be publicised.
esborrador (əzβurrəðȯ) *m.* blackboard duster.
esborrany (əzβurrȧɲ) *m.* rough draft or copy; first or preliminary draft.
esborrar (əzβurrȧ) *t.* to erase, to rub out. ■ *2 p.* to become erased.
esborronar (əzβurrunȧ) *t.* to horrify, to make one's hair stand on end.
esbós (əzβȯs) *m.* sketch. *2* outline.
esbossar (əzβusȧ) *t.* to sketch.
esbotifarrar (əzβutifərrȧ) *t.* to burst; to split open.
esbotzar (əzβudzȧ) *t.* to burst, to smash; to break open.
esbrancar (əzβrəŋkȧ) *t.* to strip or break off the branches of.
esbravar-se (əzβrəβȧrsə) to go flat [drink]. *2* fig. to let oneself go, to relieve one's feelings.
esbrinar (əzβrinȧ) *t.* fig. to find out, to discover, to ascertain, to establish.
esbronc (əzβrȯŋ) *m.* telling-off, ticking-off, reprimand; warning.
esbroncar (əzβruŋkȧ) *t.* to tell off, to tick off, to reprimand.
esbrossar (əzβrusȧ) *t.* to clear [undergrowth].
esbudellar (əzβuðəʎȧ) *t.* to disembowel.
esbufegar (əzβufəγȧ) *i.* to gasp. *2* to wheeze; to puff; to pant.
esbufec (əzβufėk) *m.* gasp. *2* wheeze, puff; panting.
esbullar (əzβuʎʎȧ) *t.* to dishevel, to tousle [hair].
esca (ėskə) *f.* tinder. *2* fig. incentive, spur; cause.
escabellar (əskəβəʎȧ) *t.* to rumple, to dishevel [hair].
escabetx (əskəβėtʃ) *m.* COOK. vinegar and oil sauce.
escabetxar (əskəβətʃȧ) *t.* to cover or put in ***escabetx.*** *2* coll. to do in, to kill.
escabrós, -osa (əskəβrȯs, -ȯzə) *a.* rough, broken [terrain]. *2* fig. risky, dangerous. *3* fig. indecent; blue [film].
escacs (əskȧks) *m. pl.* chess. || ***escac i mat,*** check-mate.
escadusser, -ra (əskəðusė, -rə) *a.* odd; leftover.
escafandre (əskəfȧndrə) *m.* diving-suit and equipment.
escagarrinar-se (əskəγərrinȧrsə) *p.* vulg, to shit oneself [with fright]. *2* fig. coll. to be scared stiff.
escaient (əskəjėn) *a.* suitable, becoming.
escaig (əskȧtʃ) *m.* little bit over.
escaiola (əskəjɔ̇lə) *f.* BOT. birdseed. *2* MED. plaster cast.
escaire (əskȧĭrə) *m.* (carpenters) square. *2* bracket.
escala (əskȧlə) *f.* stairs; staircase. *2* ladder. || ~ ***de mà,*** steps; ~ ***mecànica,*** elevator, moving staircase; ~ ***d'incendis,*** fire escape. *3* scale; ***a gran*** ~, on a large scale.
escalada (əskəlȧðə) *f.* SP. climbing. *2* escalation, increase.
escalador, -ra (əskələðȯ, -rə) *m. f.* climber.
escalafó (əskələfȯ) *m.* scale; table; salary list.
escalar (əskəlȧ) *t.* to climb; to scale [also fig.].
escaldar (əskəldȧ) *t.* to burn, to scald. *2* to rub, to chafe. ■ *3 p.* to get burnt or scalded.
escalf (əskȧlf) *m.* heat; warmth [also fig.].
escalfabraguetes (əskəlfəβrəγėtəs) *f.* coll. teaser.
escalfador (əskəlfəðȯ) *a.* heating. ■ *2 m.* heater. *3 pl.* leg warmers.
escalfament (əskəlfəmėn) *m.* SP. warming up; loosening up.
escalfapanxes (əskalfəpȧnʃəs) *m.* fireplace.
escalfar (əskəlfȧ) *t.-p.* to warm (up), to heat (up). *2 t.* fig. to fire; to excite. *3* fig. to thrash, to give a hiding or thrashing to: ***ja t'escalfaré,*** I'll give you a right hiding. ■ *4 p.* fig. to get heated [discussion].
escalfor (əskəlfȯ) *f.* warmth; heat [also fig.].
escalinata (əskəlinȧtə) *f.* outside staircase.
escaló (əskəlȯ) *m.* See ESGLAÓ.
escalpel (əskəlpėl) *m.* scalpel.
escama (əskȧmə) *f.* ICHTHY. scale.
escamarlà (əskəmərlȧ) *m.* ZOOL. Norway lobster, crawfish.
escamot (əskəmɔ̇t) *m.* group, band. *2* MIL. squad; unit. *3* flock; herd [animals].
escamotejar (əskəmutəʒȧ) *t.* to make disappear or vanish. *2* to whisk (away) [out of sight].
escampadissa (əskəmpəðisə) *f.* scattering, spreading; dispersal.
escampall (əskəmpȧʎ) See ESCAMPADISSA.
escampar (əskəmmpȧ) *t.-p.* to scatter, to spread; to disperse.
escampillar (əskəmpiʎȧ) *t.* (ROSS.) See ESCAMPAR.
escandalitzar (əeskəndəlidzȧ) *t.* to shock, to scandalize. ■ *2 p.* to be shocked or scandalized.

escandall (əskəndáʎ) *m.* COMM. pricing [by sample]: ***fer ~,*** to sample. *t.* *2* MAR. lead.
escandalós, -osa (əskəndəlós, -ózə) *a.* shocking, scandalous.
escandinau, -va (əskəndináu, -βə) *a., m.-f.* Scandinavian.
Escandinàvia (əskəndináβiə) *pr. n. f.* GEOGR. Scandinavia.
escàndol (əskándul) *m.* scandal. ‖ ***l'~ de la venda d'armes a l'Iran,*** the scandal of the arms sales to Iran. *2* hubbub, hullabaloo.
escantellar (əskəntəʎá) *t.* to chip, to break (off) the edge or corner of.
escantonar (əskəntuná) *t.* See ESCANTELLAR.
escanyapobres (əskəɲəpɔ́βrəs) *m.-f.* coll. usurer.
escanyar (əskəɲá) *t.* to strangle, to throttle. *2* to make narrow. *3* to squeeze.
escanyolit, -ida (əskəɲulít, -íðə) *a.* weak, sickly, decrepit.
escapada (əskəpáðə) *f.* escape, flight. *2* brief or flying visit: ***fer una ~,*** to make a flying visit. *3* SP. break.
escapar (əskəpá) *i.-p.* to escape; to flee; to run away.
escapatòria (əskəpətɔ́riə) *f.* pretext, subterfuge. *2* excuse.
escapçar (əskəpsá) *t.* to behead. *2* to cut off or remove the head or top or tip of. *3* GAME to cut [cards].
escapolir-se (əskəpulírsə) *p.* coll. to get away. *2* to escape, to flee.
escàpula (əskápulə) *f.* ANAT. scapula, shoulder blade.
escaquista (əskəkístə) *m.-f.* chess player.
escarabat (əskərəβát) *m.* ENT. beetle.
escarafalls (əskərəfáʎs) *m. pl.* coll. fuss *sing.*
escaramussa (əskərəmúsə) *f.* skirmish.
escarapel·la (əskərəpɛ́lə) *f.* rosette; badge; cockade.
escarceller (əskərsəʎé) *m.* See CARCELLER.
escardalenc, -ca (əskərðəlɛ́ŋ, -kə) *a.* skin and bones; withered, dried up [person].
escarlata (əskərlátə) *a.-f.* scarlet.
escarlatina (əskərlətínə) *f.* scarlet fever.
escarment (əskərmén) *m.* taking to heart; learning of lesson; experience.
escarmentar (əskərməntá) *t.* to teach a lesson. ▪ *2 i.* to take to heart; to learn a lesson.
escarmussar (əskərmusá) *t.* (ROSS.) See ESCARMENTAR.
escarni (əskárni) *m.* taunt; jibe, ridicule.
escarnir (əskərní) *t.* to ridicule, to mock. *2* to ape.
escarola (əskərɔ́lə) *f.* BOT. endive.
escarpat, -ada (əskərpát, -áðə) *a.* steep; sheer.
escarpra (əskárprə) *f.* chisel.
escarransit, -ida (əskərrənsít, -íðə) *a.* mean. *2* weak, sickly. *3* puny; undersized.
escarrassar-se (əskərrəsársə) *p.* to toil; to make every effort.
escartejar (əskərtəʒá) *t.* to turn over [pages]. *2* to shuffle [cards].
escarxofa (əskərʃɔ́fə) *f.* See CARXOFA.
escàs, -assa (əskás, -ásə) *a.* scarce, rare; short: ***anar ~ de diners,*** to be short of money.
escassejar (əskəsəʒá) *i.* to be scarce or rare. ▪ *2 t.* to be sparing with, to skimp.
escata (əskátə) *f.* ICHTHY. scale. *2* flake.
escatar (əskətá) *t.* to scale [fish]. *2* to strip; to scrape.
escatimar (əskətimá) *t.* to skimp, to scrimp, to stint.
escatiment (əskətimén) *m.* ascertaining, finding out; discovery. *2* BOT. pruning.
escatir (əskətí) *t.* BOT. to prune. *2* to ascertain, to find out, to discover.
escatologia (əskətuluʒíə) *f.* eschatology.
escaure (əskáŭrə) *i.* to suit *t.* *to befit. t.* *2* to suit *t.* to look well on [clothes]. ▪ *3 p.* to happen to. *4* to happen, to occur. ▲ CONJUG. like ***caure.***
escena (əsɛ́nə) *f.* scene [also fig.]. *2* THEATR. stage. ‖ ***posar en ~,*** to put on stage. *3* THEATR. scene; scenery.
escenari (əsənári) *m.* THEAT. stage; scenery. *2* fig. scene: ***~ dels fets,*** scene of the action.
escenografia (əsənuɣrəfíə) *f.* scenography.
escèptic, -ca (əsɛ́ptik, -kə) *a.* sceptical. ▪ *2 m.-f.* sceptic.
escepticisme (əsəptisízmə) *m.* scepticism.
escissió (əsisió) *f.* split, division [also fig.]. *2* MED. excision, extirpation.
esclafar (əskləfá) *t.* to flatten, to squash. *2* to break (open) [eggs, nuts, etc.]. *2* coll. to flatten [enemy]. ▪ *3 p.* to break, to get broken. *4* to get flattened or squashed.
esclafir (əskləfí) *t.-i.* to snap; to crack; to crunch. *2 i.* to crash. ‖ fig. ***~ a riure,*** to burst into laughter, to burst out laughing.
esclafit (əskləfít) *m.* snap; crack; report [gun-shot]; crash or clap.
esclarir (əskləri) *t.* to comb straight; to smooth [hair]. *2* fig. to unravel, to get to the bottom of.
esclarissat, -ada (əsklərisát, -áðə) *a.* thin [hair]. *2* sparse [undergrowth].
esclat (əsklát) *m.* explosion, crash; clap. ‖ ***~ sònic,*** sonic boom. *2* fig. break-out [hostilities].
esclatar (əsklətá) *i.* to explode, to crash. *2* fig. to break out. *3* ***~ a,*** to burst into. *4* to open (up) [flowers].

esclau, -ava (əsklàŭ, -àβə) *m.-f.* slave.
esclavatge (əskləβàdʒə) *m.* See ESCLAVITUD.
esclavitud (əskləβitùt) *f.* slavery, servitude.
esclavitzar (əskləβidzà) *t.* to make a slave of, to enslave.
esclerosi (əsklərɔ̀zi) *f.* MED. sclerosis.
escleròtica (əsklərɔ̀tikə) *f.* ANAT. sclerotic, sclera.
escletxa (əsklètʃə) *f.* crack, opening. *2* GEOGR. fissure.
esclop (əsklɔ̀p) *m.* wooden clog or shoe.
escó (əskò) *m.* bench. *2* seat [in parliament].
escocès, -esa (əskusɛ̀s, -ɛ̀zə) *a.* Scottish. ■ *2 m.-f.* Scot. *3 m.* Scotsman. *4 f.* Scotswoman.
Escòcia (əskɔ̀siə) *pr. n. f.* GEOGR. Scotland.
escodrinyar (əskuðriɲà) *t.* to scrutinize, to examine carefully.
escofir (əskufì) *t.* (ROSS.) coll. ***estar escofit,*** to be broke.
escola (əskɔ̀lə) *f.* school. *2* PHIL. school. || ***fer ~,*** to have followers or imitators.
escolar (əskulà) *a., m.-f.* school: ***edat ~,*** school age. ■ *2 m.* school-boy. *3 f.* school-girl. *4 pl.* school-children.
escolarització (əskuləridʒəsiò) *f.* schooling, school education.
escolar-se (əskulàrsə) *p.* to leak [container]. *2* to bleed to death, to lose a lot of blood. *4* fig. to slip away [time; person].
escolàstic, -ca (əskulàstik, -kə) *a., m.-f.* scholastic.
escollir (əskuʎì) *t.* to choose, to pick (out), to select. ▲ CONJUG. INDIC. PRES.: ***escull*** o ***esculleix.***
escolopendra (əskulupɛ̀ndrə) *f.* ZOOL. centipede, scolopendrid.
escolta (əskòltə) *f.* listening. *2* leavesdropping. ■ *3 m.* scout. *4 f.* girl-guide.
escoltar (əscultà) *t.* to listen to *i.* ■ *2 p.* to listen to oneself [also fig.].
escoltisme (əskultìsmə) *m.* scouting [boys]. *2* girl guides [girls].
escombra (əskómbrə) *f.* broom.
escombrar (əskumbrà) *t.* to sweep [also fig.].
escombraries (əskumbrəriəs) *f. pl.* rubbish, refuse.
escombriaire (əskumbriàĭrə) *m.* dustman.
escomesa (əskumɛ̀zə) *f.* taking-on. *2* attack, assault; charge.
escometre (əskumɛ̀trə) *t.* to take on. *2* to attack; to charge. ▲ CONJUG. P. P.: ***escomès.***
escon (əskòn) *m.* See ESCÓ.
escopeta (əskupɛ̀tə) *f.* shotgun. || ***~ d'aire comprimit,*** air-gun.
escopidora (əskupiðórə) *f.* spittoon, bucket [for spit].
escopinada (əskupinàðə) *f.* spit.
escopinya (əskupìɲə) *f.* ZOOL. clam.
escopir (əskupì) *i.* to spit. || fig. ***~ a la cara d'algú,*** to despise, to treat with utter contempt. ■ *2 t.* to spit at *i.*
escorbut (əskurβùt) *m.* MED. scurvy.
escorç (əskòrs) *m.* foreshortening [sculpture, art].
escorça (əskɔ̀rsə) *f.* BOT. rind; bark. *2* fig. surface [outward appearance]. *3* GEOL. ***~ terrestre,*** outer crust.
escorcoll (əskurkòʎ) *m.* checking; frisking.
escorcollar (əskurkuʎà) *t.* to check; to frisk. *2* to scrutinize.
escòria (əskɔ̀riə) *f.* slag; rubbish. *2* fig. scum, dregs.
escorpí (əskurpì) *m.* ZOOL. scorpion. *2* ASTROL. Scorpio.
escorredor, -ra (əskurrəðò, -rə) *a.* loose; easily untied [knot]. ■ *2 m.* draining board. *3 f.* colander.
escorredís, -issa (əskurrəðìs, -isə) *a.* slippery; difficult to hold.
escorreplats (əskọrrəplàts) *m.* plate-rack.
escórrer (əskórrə) *t.* to drain, to let drain or dry. *2* to wring [clothes]. *3* to undo [woollen garment]. ▲ CONJUG. like ***córrer.***
escorrialles (əskurriàʎəs) *f. pl.* dregs, last drops; remnants [also fig.].
escorta (əskórtə) *f.* escort.
escortar (əskurtà) *t.* to escort; to accompany. *2* MIL. to escort.
escorxador, -ra (əskurʃəðò, -rə) *m.-f.* skinner [animals]. *2* bark-stripper. *3* abattoir, (USA) slaughter house.
escorxar (əskurʃà) *t.* to skin [animals]. *2* to strip [bark].
escot (əskɔ̀t) *m.* low neck [clothes].
escota (əskɔ̀tə) *f.* MAR. sheet.
escotat (əskutàt) *a.* low neck [clothes].
escotilla (əskutiʎə) *f.* MAR. hatch.
escotilló (əskutiʎò) *m.* MAR. poop hatch. *2* THEATR. trap door.
escreix (əskrèʃ) *m.* ampleness, abundance. *2* excess. *3* ***amb ~,*** amply.
escriba (əskrìβə) *m.* scribe, clerk.
escridassar (əskriðəsà) *t.* to boo. *2* to shout or scream at.
escriptor, -ra (əskriptò, -rə) *m.-f.* writer, author.
escriptori (əskriptɔ̀ri) *m.* desk, writing desk. *2* office; clerks' room.
escriptura (əskriptùrə) *f.* writing, handwriting, script. *2* LAW deed.
escripturar (əskripturà) *t.* LAW to draw up in legal form, to formalize legally.

escrit (əskrit) *m.* writing. *2* missive, formal letter; letter.
escriure (əskriŭrə) *t.* to write. ‖ ~ ***a mà-quina,*** to type. ‖ ~ ***a mà,*** to write (out) (in long hand). ▪ *2 p.* to spell: ***com s'escriu?,*** how do you spell it? ▲ CONJUG. GER.: ***escrivint.*** ‖ P. P.: ***escrit.*** ‖ INDIC. Pres.: ***escric.*** ‖ SUBJ. Pres.: ***escrigui,*** etc. | Imperf.: ***escrivís,*** etc.
escrivà (əskriβá) *m.* LAW clerk to the court.
escrivania (əskriβəniə) *f.* LAW office of notary. *2* LAW notary's office or room. *3* inkstand.
escrivent (əskriβén) *m.* public writer; copyist; clerk.
escròfula (əskrɔ́fulə) *f.* MED. scrofula.
escrostonar (əskrustuná) *t.* to chip. ▪ *2 p.* to get chipped. *3* to flake off.
escruixir (əskruʃi) *t.* fig. to shake. ▪ *2 p.* to be shaken. *3* to tremble, to shiver; to start, to shudder.
escrúpol (əskrúpul) *m.* scruple. *2* fig. scruple, hesitation.
escrutar (əskrutá) *t.* to scrutinize; to check or go into thoroughly. *2* ~ ***vots,*** to count (up) votes.
escrutini (əskrutini) *m.* scrutiny; thorough check or investigation. *2* counting (up) [of votes].
escuar (əskuá) *t.* to dock.
escudella (əskuðéʎə) *f.* broth, thick soup. *2* bowl, basin.
escuder (əskuðé) *m.* HIST. esquire. *2* page.
escull (əskúʎ) *m.* reef. *2* fig. pitfall.
escullera (əskuʎérə) *f.* MAR. breakwater.
esculpir (əskulpi) *t.* to sculpt, to sculpture, to carve. *2* to cut, to engrave.
escultor, -ra (əskultó, -rə) *m.* sculptor. *2 f.* sculptress.
escultura (əskultúrə) *f.* sculpture, carving [in stone].
escuma (əskúmə) *f.* foam; froth.
escumadora (əskuməðórə) *f.* COOK. skimmer.
escumejar (əskuməʒá) *i.* to froth; to foam.
escumós, -osa (əskumós, -ózə) *a.* frothy; foamy. ▪ *2 m.* sparkling wine.
escurabutxaques (əskųrəβutʃákəs) *m* pickpocket. *2 f.* coll. ***màquina*** ~, one-armed bandit, fruit machine.
escuradents (əskųrəðéns) *m.* toothpick.
escurapeus (əskųrəpéus) *m. pl.* shoe scraper.
escurar (əskurá) *t.* to scrape clean [plate]; to clean. *2* fig. coll. to clean (out); ***estar escurat,*** to be cleaned out, to be broke.
escuraungles (əskurəúŋgləs) *m.* nail-cleaner.
escura-xemeneies (əskųrəʃəmənéjəs) *m.* chimney-sweep.
escurçar (əskursá) *t.* to shorten. *2* to cut short. ▪ *3* to shrink.
escurçó (əskursó) *m.* ZOOL. viper, adder. *2* fig. evil person. ‖ ***llengua d'~,*** poison tongue.
escut (əskút) *m.* shield. ‖ ~ ***d'armes,*** coat-of-arms. *2* fig. protection; shelter.
esdentegat, -ada (əzðəntəɣát, -áðə) *a.* toothless.
esdevenidor, -ra (əzðəβəniðó, -rə) *a.* coming, future. ▪ *2 m.* the future.
esdeveniment (əsðəβənimén) *m.* happening, event, occurrence.
esdevenir (əzðəβəni) *i.* to become. ▪ *2 p.* to happen, to occur, to take place. ▲ CONJUG. like ***abstenir-se.***
esfera (əsférə) *f.* sphere [also fig.]. *2* scope.
esfereir (əsfərəi) *t.* to terrify, to horrify, to fill with terror or horror. ▪ *2 p.* to become horrified.
esfèric, -ca (əsférik, -kə) *a.* GEOM. spherical.
esfilagarsar (əsfiləɣarsá) *t.* to pull threads from. ▪ *2 p.* to fray, to get frayed.
esfínter (əsfintər) *m.* ANAT. sphincter.
esfinx (əsfiŋʃ) *m.-f.* MYTH. sphinx.
esfondrar (əsfundrá) *t.* to sink. *2* to demolish, to pull down. ▪ *3 p.* to collapse.
esforç (əsfɔ́rs) *m.* effort; attempt; striving.
esforçar-se (əsfursársə) *p.* to try (hard) to; to strive to. *2* to apply oneself to.
esfullar (əsfuʎá) *t.* to remove the leaves of; to defoliate. ▪ *2 p.* to lose its leaves, to become bare [tree].
esfumar (əsfumá) *t.* to tone down, to soften. ▪ *2 p.* to vanish, to disappear.
esgargamellar-se (əzɣərɣəməʎársə) *p.* to shout oneself hoarse.
esgarip (əzɣərip) *m.* scream; yell; howl.
esgarrapada (əzɣərrəpáðə) *f.* scratch(ing), scrape, scraping. *2* fig. coll. ***he sopat amb una*** ~, I rushed my dinner.
esgarrapar (əzɣərrəpá) *t.* to scratch; to scrape. *2* fig. to get together [money illegally].
esgarriacries (əzɣərriəkriəs) *m.-f.* wet-blanket.
esgarriar (əzɣərriá) *t.* to mislead. ▪ *2 p.* to lose one's way.
esgarrifança (əzɣərrifánsə) *f.* shiver; shudder.
esgarrifar (əzɣərrifá) *t.* to frighten, to scare; to make shiver. *2* to tremble; to thrill. ▪ *3 p.* to get frightened or scared; to shiver, to shudder.
esgarrinxada (əzɣərrinʃáðə) *f.* scratch.
esgarrinxar (əzɣərrinʃá) *t.* to scratch. ▪ *2 p.* to get scratched.

esglai (əzɣlái) *m.* fright; start; fear; terror.
esglaiar (əzɣləjá) *t.* to fighten, to horrify. ▪ *2 p.* to get fightened; to be shocked.
esglaó (əzɣləó) *m.* step, stair.
església (əzɣléziə) *f.* church.
esgotament (əzɣutəmén) *m.* exhaustion. *2* using up; depletion.
esgotar (əzɣutá) *t.* to exhaust. *2* to empty, to drain. *3* to use up, to exhaust. ▪ *4 p.* to be used up. *5* to wear oneself out.
esgranar (əzɣrəná) *t.* to thresh [cereal crops]; to pick off [grapes]; to shell [peas, beans, etc.].
esgrima (əzɣrímə) *f.* SP. fencing.
esgrimir (əzɣrimí) *t.* to brandish [also fig.]; to wield.
esguard (əzɣwár(t)) *m.* look. *2* consideration, respect; regard.
esguardar (əzɣwərðá) *t.* to look at. *2* to consider, to bear in mind, to take into account.
esguerrar (əzɣərrá) *t.* to cripple, to maim. *2* to waste, to spoil, to ruin.
esguerrat, -ada (əzɣərrát, -áðə) *a.* ruined, spoiled. *2* maimed; crippled, disabled. ▪ *3 m.-f.* cripple, disabled person.
esguerro (əzɣérru) *m.* waste, failure.
eslip (əzlíp) *m.* briefs, underpants.
esllanguir-se (əzʎəŋgírsə) *p.* to slim, to get slim.
esllanguit, -ida (əzʎəŋgít, -íðə) *a.* thin; slim.
esllavissar-se (əzʎəβisársə) *p.* to fall away, to subside; to slip or fall down [earth, rocks, etc.].
eslògan (əzlɔ́ɣən) *m.* slogan.
eslora (əzlórə) *f.* MAR. length.
esma (ɛ́zmə) *f.* instinct, intuition. *2* feel, knack. *3* strength of mind, determination.
esmalt (əzmál) *m.* enamel.
esmaltar (əzməltá) *t.* to enamel. *2* fig. to decorate colourfully.
esmaperdut (ɛ́zməpərðút, -úðə) *a.* disorientated.
esmena (əzmɛ́nə) *f.* correction, rectification. *2* repair, remedy. *3* LAW amendment.
esmenar (əzməná) *t.* to rectify, to correct; to amend.
esment (əzmén) *m.* knowledge, realisation, awareness. *2* care; attention. *3* mention. ‖ ***fer ~ de,*** to mention *t.;* to allude to.
esmentar (əzməntá) *t.* to mention; to allude to *i.*
esmerçar (əzmərsá) *t.* to invest; to spend.
esmicolar (əzmikulá) *t.* to break into pieces, to smash, to shatter.
esmolar (əzmulá) *t.* to grind, to sharpen. *2* to sharpen, to whet [also fig.].
esmolet (əzmulɛ́t) *m.* knife-grinder or sharpener. *2* sharp or alert person.
esmorteir (əzmurtəí) *t.* to deaden; to soften; to cushion, to muffle.
1) esmorzar (əzmurzá) *i.* to have breakfast, to breakfast.
2) esmorzar (əzmurzá) *m.* breakfast.
esmunyir (əzmuɲí) *t.* to slip (through). ▪ *2 p.* to slip (through), to squeeze (through).
esmussar (əzmusá) *t.* to blunt, to make blunt; to take the edge off. *2* fig. to blunt, to deaden [senses, sensitivity].
esnifar (əznifá) *t.* to sniff.
esnob (əznɔ́p) *m.-f.* snob.
esòfag (əzɔ́fək) *m.* ANAT. oesophagus.
esotèric, -ca (əzutɛ́rik, -kə) *a.* esoteric.
espacial (əspəsiál) *a.* space. ‖ ***viatge ~,*** space journey, journey through space.
espadat, -ada (əspəðát, -áðə) *a.* precipitous; steep. ▪ *2 m.* precipice; steep slope.
espai (əspáĭ) *m.* space, room. *2* distance. *3* space, period. *4* ASTR. space.
espaiar (əspəȷ̃á) *t.* to space out [also fig.].
espaiós, -osa (əspəȷ̃ós, -ózə) *a.* spacious, roomy.
espalmador (əspəlməðó) *m.* (BAL.) See RASPALL.
espant (əspán) *m.* fright; start, shock.
espantall (əspəntáʎ) *m.* scarecrow.
espantaocells (əspə̹ntəusɛ́ʎs) *m.* scarecrow.
espantar (əspəntá) *t.* to frighten. *2* coll. to scare. *3* to frighten away. *4* coll. to scare away.
espantós, -osa (əzpəntós, -ózə) *a.* frightening, dreadful. *2* astonishing. *3* exagerated.
Espanya (əspáɲə) *pr. n. f.* GEOGR. Spain.
espanyar (əspəɲá) *t.* to force [lock].
espanyol, -la (əspəɲɔ́l, -lə) *a.* Spanish. ▪ *2 m.* Spaniard.
espaordir (əspəurðí) *t.* to frighten, to scare; to terrify. ▪ *2 p.* to be frightened or afraid; to be terrified.
esparadrap (əspərəðáp) *m.* MED. sticking plaster.
espardenya (əspərðɛ́ɲə) *f.* (rope) sandal; beach sandal.
espargir (əspərʒí) *t.* to scatter, to spread (out).
esparracar (əspərrəká) *t.* to tear (up) [paper, clothes].
esparracat, -ada (əspərrəkát, -áðə) *a.* ragged, in rags.
espàrrec (əspárrək) *m.* COOK. asparagus.
espart (əspár(t)) *m.* BOT. esparto (grass).
espartà, -ana (əspərtá, -ánə) *a.* Spartan [also fig.]. ▪ *3 m.-f.* Spartan.
esparver (əspərβé) *m.* ORNIT. sparrowhawk.

esparverar (əspərβərá) *t.* to frighten, to strike fear into, to scare; to terrify.
espasa (əspázə) *f.* sword.
espasme (əspázmə) *m.* spasm.
espaterrar (əspətərrá) *t.* to cause an impression on, to impress; to astonish; to startle.
espatlla (əspáʎʎə) *f.* shoulder. || ***arronsar les espatlles,*** to shrug one's shoulders, fig. to be indifferent or resigned; ***guardar les espatlles,*** to protect or cover someone.
espatllar (əspəʎʎá) *t.* to break; to spoil, to ruin; to damage. *2* to injure; to main.
espatllera (əspəʎʎérə) *f.* back [chair]. *2* wall bars *pl.* [gym].
espàtula (əspátulə) *f.* spatula.
espavilar (əspəβilá) *t.* to get going again [fire]. *2* fig. to wake up. ▪ *3 p.* coll. to smarten up, to get a move on.
espècia (əspέsiə) *f.* spice; seasoning.
especial (əspəsiál) *a.* special. *2* extraordinary. *3* specific.
especialista (əspəsiəlístə) *m.-f.* specialist.
especialitat (əspəsiəlitát) *f.* speciality. *2* specialism.
especialitzar (əspəsiəlidzá) *t.-p.* to specialize.
espècie (əspέsiə) *f.* kind, sort, type, class. *2* BIOL. species.
específic, -ca (əspəsífik, -kə) *a.* special; characteristic. *2* specific. ▪ *3 m.* MED. specific.
especificar (əspəsifiká) *t.* to specify; to list.
espècimen (əspέsimən) *m.* specimen; sample.
espectacle (əspəktáklə) *m.* spectacle. *2* THEATR. show. || fig. ***fer un ~,*** to make a scene.
espectacular (əspəktəkulá) *a.* spectacular.
espectador, -ra (əspəktəðó, -rə) *m.-f.* spectator, onlooker.
espectre (əspέtrə) *m.* spectre, phantom. *2* PHYS. spectrum.
especulació (əspəkuləsió) *f.* speculation, musing. *2 pl.* dreaming, reverie *sing.* *3* ECON. speculation.
especular (əspəkulá) *t.-i.* to speculate.
espeleòleg, -òloga (əspələɔ́lək, -ɔ́luγə) *m.-f.* spelaeologist.
espeleologia (əspələuluʒíə) *f.* SP. spelaeology, pot-holing.
espelma (əspέlmə) *f.* candle. || fig. ***aguantar l'~,*** to chaperone.
espenta (əspέntə) *f.* See EMPENTA.
espenyar (əspəɲá) *t.* to throw down a precipice.
espera (əspérə) *f.* wait(ing). || ***sala d'~,*** waiting-room. || ***tenir ~,*** to be patient.
esperança (əspəránsə) *f.* hope; expectation; prospect.
esperanto (əspərántu) *m.* Esperanto.
esperar (əspərá) *t.* to hope for; to expect. *2* to wait.
esperit (əspərít) *m.* spirit. *2* spirit, ghost. *3* mind, ***presència d'~,*** presence of mind. *4* soul, spirit.
esperma (əspέrmə) *f.* BIOL. sperm.
espermatozoide (əspərmətuzɔ́ĭðə) *m.* BIOL. spermatozoid.
esperó (əspəró) *m.* spur. *2* fig. stimulus. *3* ZOOL. spur.
esperonar (əspəruná) *t.* to spur. *2* fig. to stimulate.
espès, -essa (əspέs, -έsə) *a.* thick, dense.
espesseir (əspəsəí) *t.-p.* See ESPESSIR.
espessir (əspəsí) *t.-p.* to thicken. *2 p.* to become dense or denser.
espessor (əspəsó) *f.* thickness; density.
espetec (əspətέk) *m.* crackle, crackling; snap(ping.
espetegar (əspətəγá) *i.* to crackle; to snap.
espeternec (əspətərnέk) *m.* crackle, crackling [of wood-fire].
espeternegar (əspətərnəγá) *i.* to kick out [angry child, etc.]. *2* fig. to crackle [fire].
espí (əspí) *m.* BOT. hawthorn. *2* ZOOL. ***porc ~,*** porcupine.
espia (əspíə) *m.-f.* spy.
espiadimonis (əspiəðimɔ́nis) *m.* ENT. dragonfly.
espiar (əspiá) *t.* to spy on.
espieta (əspiέtə) *m.-f.* spy; watcher. *2* informer.
espifiar (əspifiá) *t.* to miss. *2* fig. to botch, to bungle.
espiga (əspíγə) *f.* ear [corn]. *2* spike [flowers]. *3* peg. *4* TEXT. herring-bone.
espigar (əspiγá) *i.* to form ears [corn]. *2* to form spikes [flowers]. ▪ *3 p.* to shoot up [plants] [also fig.].
espigó (əspiγó) *m.* ear [corn, etc.]. *2* spike [flowers, etc.]. *3* MAR. dyke. *4* pole.
espígol (əspíγul) *m.* BOT. lavender.
espigolar (əspiγulá) *t.* to glean [corn]. *2* fig. to collect up [someone's leavings].
espill (əspíʎ) *m.* (OCC.) See MIRALL.
espina (əspínə) *f.* BOT. thorn [also fig.]. || ***fer mala ~,*** to cause mistrust; to raise suspicion. *4* ANAT. ***~ dorsal,*** spine, back-bone. *5* BOT. stalk, stem.
espinac (əspinák) *m.* BOT. spinach.
espinada (əspináðə) *f.* ANAT. spine, backbone.
espitllera (əspiʎʎérə) *f.* slit; arrow-slit.
espinguet (əspiŋgέt) *m.* screech. *2* screamer; loudmouth [person].
espionatge (əspiunádʒə) *m.* spying, espionage.
espira (əspírə) *f.* spiral; whorl.

espiració (əspirəsió) *f.* exhalation; breathing or blowing (out).
espiral (əspirál) *a.-f.* spiral. *2 f.* whorl; loop.
espirar (əspirá) *i.* to blow; to breathe out.
espiritisme (əspiritízmə) *m.* spiritualism.
espiritista (əspiritístə) *a.* spiritualistic. ▪ *2 m.-f.* spiritualist.
espiritual (əspirituál) *a.* spiritual. *2* not worldly; immaterial.
esplai (əsplái) *m.* recreation; relaxation.
esplaiar (əspləjá) *t.* to let go, to release [esp. feelings]. ▪ *2 p.* to let oneself go; to relax.
esplanada (əsplənáðə) *f.* flat or levelled open area.
esplèndid, -da (əsplέdit, -iðə) *a.* splendid; magnificent, glorious. *2* generous; openhanded, liberal.
esplendor (əspləndó) *f.* brightness; brilliance. *2* apogee, climax.
esplet (əsplέt) *m.* harvest, crop, yield. *2* plenty, abundance.
espluga (əsplúɣə) *f.* cave.
espoleta (əspulέtə) *f.* fuse [of bomb].
espoliació (əspuliəsió) *f.* deprivation; dispossession. *2* pillage.
espoliar (əspuliá) *t.* to deprive; to dispossess. *2* to pillage.
espolsador, -ra (əspulsəðó, -rə) *a.* dusting; cleaning. ▪ *2 m.-f.* duster; cleaner.
espolsar (əspulsá) *t.* to dust; to clean. *2* to shake. ▪ *3 p.* fig. to shake off, to get rid of.
espona (əspónə) *f.* side [of bed]. *2* edge, margin.
esponerós, -osa (əspunərós, -ózə) *a.* thick, abundant; luxuriant [growth].
esponja (əspɔ́nʒə) *f.* sponge. ‖ ~ ***de bany,*** bath sponge.
espontani, -ània (əspuntáni, -ánia) *a.* spontaneous.
espora (əspórə) *f.* BOT. spore.
esporàdic, -ca (əspurádik, -kə) *a.* sporadic.
esporgar (əspurɣá) *t.* BOT. to prune.
esport (əspɔ́r(t)) *m.* sport(s.
esportiu, -iva (əspurtiŭ, -iβə) *a.* sports; sporting.
esporuguir (əspuruɣí) *t.* to frighten, to make afraid. ▪ *2 p.* to get or become frightened or afraid.
espòs, -osa (əspɔ́s, -ɔ́zə) *m.-f.* spouse. *2 m.* husband. *3 f.* wife.
esposar (əspuzá) *t.* to marry, to get married to *t.*
espremedora (əsprəməðórə) *f.* squeezer.
esprémer (əsprémə) *t.* to squeeze (out). *2* fig. to exploit.
esprimatxat, -ada (əsprimətʃát, -áðə) *a.* thin, skinny, slim.
espuma (əspúmə) *f.* See ESCUMA.
espurna (əspúrnə) *f.* spark. *2* pinch; touch; bit.
espurneig (əspurnέtʃ) *m.* sparking; flying of sparks.
espurnejar (əspurnəʒá) *i.* to spark. *2* to sparkle.
esput (əspút) *m.* sputum.
esquadra (əskwáðrə) *f.* squad. *2* MIL. unit.
esquadró (əskwəðró) *m.* squadron.
esquarterar (əskwərtərá) *t.* to cut up, to butcher.
esqueix (əskέʃ) *m.* BOT. cutting, slip. *2* twisting [of ankle]; pulling [of muscle]. *3* tearing [of cloth, etc.].
esqueixar (əskəʃá) *t.* to tear (up), to rip (up). *2* to sprain, to twist.
esqueixat, -ada (əskəʃát, -áðə) *a.* torn (up), ripped (up). *2* sprained, twisted. ▪ *3 f.* kind of cod salad.
esquela (əskέlə) *f.* notice, announcement [in newspaper]. *2* death notice.
esquelet (əskəlέt) *m.* skeleton.
esquella (əskéʎə) *f.* bell [for cattle].
esquema (əskέmə) *m.* diagram; sketch.
esquena (əskέnə) *f.* ANAT. back. *2* back, rear. ‖ fig. ***caure d'~,*** to be flabbergasted or astounded; to be startled ‖ ***donar*** o ***girar l'~a,*** to turn one's back on; to give the cold shoulder to. ‖ coll. ***tirar-s'ho tot a l'~,*** not to give a damn about anything.
esquenadret, -ta (əskẹnəðrέt, -tə) *a.* lazy; good-for-nothing [of person].
esquer (əské) *m.* bait [also fig.].
esquerda (əskέrðə) *f.* crack; crevice; chink.
esquerdar (əskərðá) *t.-p.* to crack, to split.
esquerp, -pa (əskérp, -pə) *a.* rough; rugged. *2* shy, timid. *3* anti-social; distant.
esquerrà, -ana (əskərrá, -ánə) *a.* left-handed. *2* POL. left-wing. ▪ *3 m.-f.* POL. left-winger.
esquerre, -rra (əskέrrə, -rrə) *a.* left; on the left. ▪ *2 f.* the left.
esquí (əskí) *m.* ski; skiing. ‖ ~ ***aquàtic,*** waterskiing.
esquiar (əskiá) *i.* to ski.
esquiador, -ra (əskiəðó, -rə) *a.* skier.
esquif (əskíf) *m.* MAR. skiff; rowing, boat.
esquifit, -ida (əskifít, -íðə) *a.* under-sized; short; small; shrunken.
esquilar (əskilá) *t.* to shear.
esquimal (əskimál) *a., m.-f.* Eskimo.
esquinç (əskíns) *m.* pulling; tearing [of ligament, muscle, etc.]. ‖ ~ ***muscular,*** pulled muscle.
esquinçar (əskinsá) *t.-p.* to tear, to rip. *2* to sprain, to twist.

esquirol (əskirɔ́l) *m.* ZOOL. squirrel. *2* blackleg; strikebreaker.
esquitllar-se (əskiʎʎársə) *p.* to slip off or away.
esquitx (əskítʃ) *m.* splash; drop; sprinkle; dot.
esquitxar (əskitʃá) *t.* to splash, to splatter; to sprinkle; to scatter; to fleck with.
esquiu, -iva (əskiŭ, -íβə) *a.* shy, timid. *2* anti-social.
esquivar (əskiβá) *t.* to avoid, to go out of the way of. *i.* *2* to set to flight; to frighten away.
esquizofrenia (əskizufrέniə) *f.* PSYCH. schizophrenia.
essència (əsέnsiə) *f.* essence. *2* fig. core, heart. *3* (ROSS.) See BENZINA.
essencial (əsənsiál) *a.* essential; fundamental, basic.
ésser (əʒɑ̃) *i.* to be. ‖ ~ ***metge,*** he's a doctor; ***d'on ets?,*** where are you from?; ***sigui com sigui,*** whatever happens; ***són les set,*** it's seven o'clock; ***tant és,*** it makes no difference. ▲ CONJUG. P. P.: ***estat.*** ‖ INDIC. Pres.: ***sóc, ets, és, som, sou, són.*** | Perf.: ***fui (vaig ser), fores (vas ser), fou (va ser),*** etc. | Imperf.: ***era, eres,*** etc. | Fut.: ***seré,*** etc. ‖ COND.: ***seria,*** etc. ‖ SUBJ. Pres.: ***sigui,*** etc. | Imperf.: ***fos, fossis,*** etc. ‖ IMPERAT.: ***sigues,*** etc.
ésser (ésə) *m.* being; existence.
est (es(t)) *m.* east.
este, -ta *dem. a., pron.* (VAL.) See AQUEST.
estabilitat (əstəβilitát) *f.* stability; firmness; steadiness.
estabilitzar (əstəβilidzá) *t.* to stabilise; to steady.
estable (əstábblə) *a.* stable, steady; settled; firm. ▪ *2 m.* stall, cowshed.
establia (əstəbbliə) *f.* See ESTABLE.
establiment (əstəbblimén) *m.* establishment. *2* institution.
establir (əstəbblí) *t.* to establish; to found; to begin. *2* to decree; to order. ▪ *3 p.* to establish oneself.
estabornir (əstəβurní) *t.* to stun, to daze.
estaca (əstákə) *f.* stake, post; stick.
estació (əstəsió) *f.* station. ‖ ~ ***de servei,*** service station. *2* season.
estacionament (əstəsiunəmén) *m.* parking. *2* siting; location.
estacionar (əstəsiuná) *t.* to station; to situate. *2* to park. ▪ *3 p.* to become stationary or immobile.
estacionari, -ària (əstəsiunári, -áriə) *a.* stationary; immobile.
estada (əstáðə) *f.* stay; sojourn.
estadi (əstáði) *m.* SP. stadium. *2* state; period; stage.
estadista (əstaðistə) *m.* statesman. *2* statistician.
estafa (əstáfə) *f.* swindle.
estafar (əstəfá) *t.* to swindle; to cheat.
estafeta (əstəfέtə) *f.* branch [of post-office].
estalactita (əstələktitə) *f.* stalactite.
estalagmita (əstələŋmitə) *f.* stalagmite.
estalonar (əstəluná) *t.* to prop; to underpin. *2* to be on the heels of.
estalvi, -àlvia (əstálβi, -álβiə) *a.* safe. ‖ ***sa i ~,*** safe and sound. ▪ *2 m. pl.* saving, thrift. *3 pl.* tablemat *sing.*
estalviar (əstəlβiá) *t.* to save. *2 t.-p.* to save, to avoid.
estam (əstám) *m.* stamen.
estamordir (əstəmurðí) *t.* to daze, to stun. *2* to frighten.
estampa (əstámpə) *f.* print; engraving.
estampació (əstəmpəsió) *f.* printing; engraving.
estampat, -ada (əstəmpát, -áðə) *a.* printed. ▪ *2 m.* TEXT. print. *3* printing.
estampar (əstəmpá) *t.* to print; to engrave.
estampar (əstəmpá) *t.* to print; to engrave.
estanc (əstáŋ) *m.* tobacconist's [also sells stamps, government forms].
estança (əstánsə) *f.* room.
estancar (əstəŋká) *t.* to stem; to hold up [liquids]. *2* to dam.
estàndard (əstándar) *a.-m.* standard.
estant (əstán) *m.* shelf.
estany (əstáɲ) *m.* pool; lake. *2* MINER. tin.
estaquirot (əstəkirɔ́t) *m.* dumb, idiot. *2* scarecrow.
estar (əstá) *i.* to be. *2* to stay, to remain: ***estan tancats a l'ascensor,*** they are trapped in the lift; ***estigues quiet!,*** stay still! *3* to feel [health, mood]. *4* to spend, to take [time]: ***estaré dues hores a acabar-ho,*** it'll take me two hours to finish it. ▪ *5 p.* to stay: ***m'estic a casa d'uns amics,*** I'm staying at a friend's house. ‖ ***~-se de,*** to refrain from. ▲ CONJUG. Indic. Pres.: ***estic, està, estan.*** ‖ SUBJ. Pres.: ***estigui,*** etc. | Imperf.: ***estigues,*** etc.
estarrufar (əstərrufá) *t.* to bristle [hair, feathers]. ▪ *2 p.* to swell up with pride.
estat (əstát) *m.* state, condition. *2* status; class. *3* POL. state.
estatal (əstətál) *a.* state: ***defensa ~,*** state defence.
estatge (əstádʒə) *m.* room. *2* home.
estàtic, -ca (əstátik, -kə) *a.* static. ▪ *2 f.* statics *pl.*
estàtua (əstátuə) *f.* statue.
estatura (əstətúrə) *f.* height [person].
estatut (əstətút) *m.* statute. *2* rules *pl.* [club, sport].
estavellar (əstəβəʎá) *t.* to shatter; to smash. ▪ *2 p.* to crash.

estel (əstɛ́l) *m.* star. *2* kite.
estela (əstɛ́lə) *f.* stele.
estella (əstéʎə) *f.* chip, splinter.
estel·lar (əstəlá) *a.* stellar.
estellar (əstəʎá) *t.* to chip; to chop up.
estenalles (əstənáʎəs) *f.* See TENALLES.
estendard (əstəndár(t)) *m.* standard, banner.
estendre (əsténdrə) *t.* to spread or hang out. *2* to widen; to lengthen; to extend. ▪ *3 p.* to extend, to stretch. ▲ CONJUG. like ***atendre.***
estenedor (əstənəðó) *m.* washing line, clothes line; clothes horse.
estenografia (əstənuɣrəfíə) *f.* shorthand.
estepa (əstɛ́pə) *f.* steppe.
estereotip (əstɛ́r(ə)utip) *m.* stereotype.
estèril (əstɛ́ril) *a.* sterile, barren.
esterilitat (əstərilitát) *f.* sterility, barrenness.
esterilitzar (əstərilidzá) *t.* to sterilize.
esterlina (əstərlínə) *a.* ***Lliura ~,*** pound sterling.
esternudar (əstərnuðá) *i.* to sneeze.
estèrnum (əstɛ́rnum) *m.* ANAT. sternum.
esternut (əstərnút) *m.* sneeze.
estès, -esa (əstɛ́s, -ɛ́zə) *a.* spread or stretched out, extended. ▪ *2 f.* spreading.
esteta (əstɛ́tə) *m.-f.* aesthete.
estètic, -ca (əstɛ́tik, -kə) *a.* aesthetic: ***cirurgia ~,*** cosmetic surgery. ▪ *2 f.* aesthetics *pl.*
Esteve (əstéβə) *pr. n. m.* Stephen.
estiba (əstíβə) *f.* NÁUT. stowage. *2* pile, mound.
estibador (əstiβəðó) *m.* docker.
estibar (əstiβá) *t.* to store, to stow (away). *2* to pack.
estigma (əstíŋmə) *m.* stigma, mark.
estil (əstíl) *m.* style, manner. ‖ ***per l'~,*** like that.
estilar-se (əstilársə) *p.* to be in fashion.
estilet (əstilɛ́t) *m.* stiletto.
estilista (əstilístə) *m.-f.* stylist; designer.
estilitzar (əstilidzá) *t.* to stylize.
estilogràfica (əstiluɣráfikə) *f.* fountain pen.
estima (əstímə) *f.* value, worth. *2* fig. esteem, consideration, regard.
estimable (əstimábblə) *a.* esteemed.
estimar (əstimá) *t.* to love; to appreciate. *2* to estimate; to calculate. *3* fig. to consider, to deem. *4* ***~-se més,*** to prefer: ***m'estimo més quedar-me a casa,*** I prefer to stay at home.
estimació (əstiməsió) *f.* evaluation; valuation. *2* fig. regard, esteem.
estimball (əstimbáʎ) *m.* precipice.
estimbar (əstimbá) *t.* to throw or fling down a precipice. ▪ *2 p.* to hurl oneself from a height.
estímul (əstímul) *m.* stimulus; incentive.
estimular (əstimulá) *t.* to stimulate.
estipendi (əstipɛ́ndi) *m.* stipend; salary.
estipular (əstipulá) *t.* to stipulate.
estirabot (əstirəβɔ́t) *m.* piece of nonsense.
estirar (əstirá) *t.* to stretch (out). ‖ ***a tot ~,*** at the most. *2* to pull. ▪ *3 p.* to stretch out.
estireganyar (əstirəɣəɲá) *t.* to stretch out of shape.
estiregassar (əstirəɣəsá) *t.* to tug.
estirp (əstírp) *f.* stock, lineage, family.
estisora (əstizórə) *f.* See TISORES.
estiu (əstíŭ) *m.* summer. ‖ ***estiuet de Sant Martí,*** Indian Summer.
estiueig (əstiwɛ́tʃ) *m.* summer holiday.
estiuejar (əstiwəʒá) *i.* to spend the summer holiday.
estival (əstiβál) *a.* summer.
estoc (əstɔ́k) *m.* rapier. *2* COMM. stock.
Estocolm (əstukólm) *pr. n. m.* GEOGR. Stockholm.
estofa (əstɔ́fə) *f.* quality, class. *2* (ROSS.) See TELA.
estofar (əstufá) *t.* to stew [meat].
estofat (əstufát) *m.* stew.
estoic, -ca (əstɔ́ĭk, -kə) *a.* stoic, stoical. ▪ *2 m.-f.* stoic.
estoïcisme (əstuisízmə) *m.* stoicism.
estoig (əstótʃ) *m.* case, sheath.
estol (əstɔ́l) *m.* MAR. squadron. *2* group.
estòlid, -da (əstɔ́lit, -ðə) *a.* stupid.
estómac (əstómək) *m.* ANAT. stomach.
estomacal (əstuməkál) *a.* stomach.
estomacar (əstuməká) *t.* to beat up.
estona (əstónə) *f.* time, while; period. ‖ *adv. phr.* ***a estones,*** now and again. ‖ ***pasar l'~,*** to while the time away.
estopa (əstópə) *f.* tow.
estora (əstórə) *f.* carpet; mat.
estornell (əsturnéʎ) *m.* ORNIT. starling.
estossec (əstusɛ́k) *m.* cough.
estossegar (əstusəɣá) *i.* to cough.
estossinar (əstusiná) *t.* to beat to death.
estovalles (əstuβáʎəs) *f. pl.* See TOVALLES.
estovar (əstuβá) *t.-p.* to soften; to soften up. *2 t.* to beat up.
estrabisme (əstrəβízmə) *m.* MED. strabism.
estrada (əstráðə) *f.* platform, dais.
estrafer (əstrəfé) *t.* to mimic; to imitate. *2* to alter, to disguise [voice, looks].
estrafolari, -ària (əstrəfulári, -áriə) *a.* odd, bizarre.
estrall (əstráʎ) *m.* havoc, ruin.
estrambòtic, -ca (əstrəmbɔ́tik, -kə) *a.* extravagant; eccentric.
estranger, -ra (əstrənʒé, -rə) *a.* foreign. ▪ *2 m.-f.* foreigner.

estrangular (əstrəŋgulá) *t.* to strangle, to throttle.
estrany, -nya (əstráɲ, -ɲə) *a.* strange, unfamiliar; foreign. *2* peculiar.
estranyar (əstrəɲá) *t.* to banish. *2* to surprise. ■ *3 p.* to be surprised.
estranyesa (əstrəɲέzə) *f.* surprise; astonishment.
estraperlo (əstrəpέrlu) *m.* black market.
estrassa (əstrásə) *f.* rag. ‖ ***paper d'~,*** brown paper.
estrat (əstrát) *m.* stratum, layer. *2* class, level.
estratagema (əstrətəʒέmə) *m.* stratagem.
estrateg (əstrətέk) *m.* strategist.
estratègia (əstrətέʒiə) *f.* strategy.
estratègic, -ca (əstrətέʒik, -kə) *a.* strategic, strategical.
estratosfera (əstrətusférə) *f.* stratosphere.
estratus (əstrátus) *m.* METEOR. stratus.
estrebada (əstrəβáðə) *f.* tug, tugging.
estrella (əstréʎə) *f.* star. *2* ZOOL. ~ ***de mar,*** starfish.
estremiment (əstrəmimén) *m.* shudder; start; fit of trembling.
estremir-se (əstrəmírsə) *t.* to start; to shudder. *2* to tremble, to shiver.
estrena (əstrέnə) *f.* christening [first use]. *2* première; first performance.
estrenar (əstrəná) *t.* to christen [first use]. *2* to show or perform for the first time. ■ *3 p.* to make one's début.
estrènyer (əstrέɲə) *t.* to take in [clothing]. *2* to tighten [belt, binding, etc.]. *3* to be tight, to pinch *t.-i.* [shoes]. *4* to shift closer. ■ *5 p.* to squeeze up. ▲ CONJUG. P. P.: ***estret.***
estrep (əstrép) *m.* stirrup. ‖ ***perdre els ~s,*** to go berserk. *2* step [on vehicle]. *3* fig. support.
estrèpit (əstrέpit) *m.* din, noise.
estrès (əstrέs) *m.* stress [mental tension].
estret, -ta (əstrέt, -tə) *a.* narrow. *2* tight [esp. clothing]. *3* fig. close [relationship]. ■ *4 m.* strait, channel. *5 f.* hand-shake.
estri (έstri) *m.* tool; instrument; utensil.
estria (əstríə) *m.* groove; flute; striation; stria.
estriar (əstriá) *t.* to flute, to groove, to striate.
estribord (əstriβór(t)) *m.* starboard.
estricnina (əstriŋnínə) *f.* strychnine.
estricte, -ta (əstríktə, -tə) *a.* strict, disciplinarian; severe.
estridència (əstriðέnsiə) *f.* stridency; shrillness.
estrident (əstriðén) *a.* strident.
estrip (əstríp) *m.* tear, rip.
estripar (əstripá) *t.* to tear; to tear up.
estrofa (əstrɔ́fə) *f.* strophe, stanza.
estroncar (əstruŋká) *t.-p.* to dry up [also fig.]. *2 t.* to staunch [blood from wound].
estronci (əstrɔ́nsi) *m.* MINER. strontium.
estruç (əstrús) *m.* ORNIT. ostrich.
estructura (əstruktúrə) *f.* structure.
estructurar (əstrukturá) *t.* to construct, to structure; to organise.
estuari (əstuári) *m.* GEOGR. estuary.
estuc (əstúk) *m.* stucco, plaster.
estudi (əstúði) *m.* study; research. *2* study [room]; studio. *3* schooling, education. ‖ fig. ***fugir d'~,*** to skirt [conversation topic].
estudiant, -ta (əstuðián, -tə) *m.-f.* student.
estudiar (əstuðiá) *t.* to study.
estudiós, -osa (əstuðiós, -ózə) *a.* studious; bookish. ■ *2 m.-f.* studious or bookish person; scholar.
estufa (əstúfə) *f.* stove; heater.
estufar (əstufá) *t.* to fluff up. ■ *2 p.* to swell up; to become spongy. *3* to swell up with pride.
estultícia (əstultísiə) *f.* stupidity, idiocy.
estupefacció (əstupəfəksió) *f.* amazement, astonishment; stupefaction.
estupefaent (əstupəfəén) *a.* stupefying. ■ *2 m.* narcotic, drug.
estupend, -da (əstupέn, -ðə) *a.* wonderful, splendid.
estúpid, -da (əstúpit, -ðə) *a.* stupid, idiotic.
estupor (əstupó) *m.* stupor, daze.
esturió (əsturió) *m.* ICHTHY. sturgeon.
esvair (əzβəí) *t.* to dispel, to get rid of. *i. 2* fig. to clarify, to clear up [a doubt]. ■ *3 p.* to disappear, to vanish. *4* to feel very weak.
esvalot (əzβəlɔ́t) *m.* din, hubbub, hullabaloo.
esvalotar (əzβəlutá) *t.* to disturb. *2* to set in a turmoil. ■ *3 i.* to make a din or a racket. ■ *4 p.* to get excited. *5* to riot.
esvanir-se (əzβənírsə) *p.* to vanish. *2* to weaken; to faint.
esvarar (əzβərá) *i.* (VAL.) See RELLISCAR.
esvelt, -ta (əzβέl(t), -tə) *a.* slim, slender; graceful.
esveltesa (əzβəltέzə) *f.* slimness; gracefulness.
esventrar (əzβəntrá) *t.* to disembowel [animals]. *2* to gut [fish]. *3* to smash.
esverar (əzβərá) *t.* to frighten; to alarm. *2* to excite. ■ *3 p.* to get frightened or alarmed. *4* to get excited.
esvoranc (əzβuráŋ) *m.* opening, gap; hole.
et (ət) *pers. pron.* you: ~ ***criden,*** they are calling you. ‖ ***demà ~ portaré el llibre,*** I'll bring you the book tomorrow. ▲ t', 't, te.
etapa (ətápə) *f.* stage.
etcètera (ətsέtərə) *phr.* etcetera, and so on.

èter (ɛ́ter) *m.* ether.
etern, -na (ətɛ́rn, -nə) *a.* eternal; unending; infinite. *2* ageless.
eternitat (ətərnitát) *f.* eternity.
eternitzar (ətərnidzá) *t.* to perpetuate. ▪ *2 p.* pej. to drag out, to be interminable.
ètic, -ca (ɛ́tik, -kə) *a.* ethical. ▪ *2 f.* ethics *pl.*
etimologia (ətimuluʒíə) *f.* etymology.
etíop (ətíup) *a., m.-f.* Ethiopian.
etiòpia (ətiɔ́piə) *pr. n. f.* GEOGR. Ethiopia.
etiqueta (ətikɛ́tə) *f.* label, tag; ticket.
etnografia (ədnuɣrəfíə) *f.* ethnography.
etnologia (ədnuluʒíə) *f.* ethnology.
etzibar (ədziβá) *t.* to deal (out) [blows]. *2* to let fly [words].
EUA *pr. n. m. pl.* GEOGR. *(Estats Units d'America)* USA (United States of America).
eucaliptus (əŭkəlíptus) *m.* BOT. eucalyptus.
eufemisme (əŭfəmízmə) *m.* euphemism.
eufonia (əŭfuníə) *f.* euphony.
eufòria (əŭfɔ́riə) *f.* euphoria; exuberance.
eufòric, -ca (əŭfɔ́rik, -kə) *a.* euphoric.
euga (éŭɣə) *f.* ZOOL. mare.
eunuc (əŭnúk) *m.* eunuch.
Europa (əŭrópə) *pr. n. f.* GEOGR. Europe.
europeu, -ea (əŭrupɛ́ŭ, -ɛ́ə) *a., m.-f.* European.
evacuar (əβəkuá) *t.* to evacuate, to empty, to clear.
evadir (əβəðí) *t.* to evade, to elude; to escape from. ▪ *2 p.* to escape, to flee [esp. from prison].
evangeli (əβənʒɛ́li) *m.* gospel.
evangelitzar (əβənʒəlidzá) *t.* to evangelize.
evaporació (əβəpurəsió) *f.* evaporation.
evaporar (əβəpurá) *t.-p.* to evaporate.
evasió (əβəzió) *f.* escape, flight.
eventual (əβəntuál) *a.* fortuitous; possible. *2* seasonal; temporary [worker].
evidència (əβiðɛ́nsiə) *f.* evidence; proof.
evidenciar (əβiðənsiá) *t.* to demonstrate, to prove.
evident (əβiðén) *a.* evident, clear, obvious.
evitar (əβitá) *t.* to avoid. *2* to prevent.
evocació (əβukəsió) *f.* evocation; summoning up.
evocar (əβuká) *t.* to evoke.
evolució (əβulusió) *f.* evolution.
evolucionar (əβulusiuná) *i.* to evolve, to develop.
ex *m.* (abbr. ***exemple***) eg. (example).
exabrupte (əgzəβrúptə) *m.* sudden broadside [words].
exacció (əgzəksió) *f.* demand; extortion.
exacerbar (əgzəsərβá) *t.* to exacerbate. *2* to aggravate.
exacte, -ta (əgzáktə, -tə) *a.* exact, accurate; precise.
exactitud (əgzəktitút) *f.* exactness, accuracy; precision.
exageració (əgzəʒərəsió) *f.* exaggeration.
exagerar (əgzəʒərá) *t.* to exaggerate.
exagerat, -ada (əgzəʒərát, -áðə) *a.* exaggerated; tall [story].
exalçar (əgzəlsá) *t.* to extol, to praise highly.
exaltació (əgzəltəsió) *f.* exaltation; extolling. *2* overexcitement.
exaltar (əgzəltá) *t.* to exalt, to extol. *2* to increase [feelings]. ▪ *3 p.* to become excited or hot headed.
examen (əgzámən) *m.* examination; test.
examinar (əgzəminá) *t.* to examine, to inspect. *2* to test, to examine.
exànime (əgzánimə) *a.* lifeless.
exasperació (əgzəspərəsió) *f.* exasperation.
exasperar (əgzəspərá) *t.* to exasperate. ▪ *2* to become exasperated.
excavació (əkskəβəsió) *f.* excavation.
excavar (əkskəβá) *t.* to excavate; to dig out.
excedent (əksəðén) *a.* excess; surplus. *2* on leave; sabbatical. ▪ *3 m.* excess; surplus.
excedir (əksəðí) *t.* to exceed; to surpass, to outdo. ▪ *2 p.* to go too far.
excel·lència (əksəlɛ́nsiə) *f.* excellence: ***per ~,*** par excellence. *2* Excellency: ***Sa ~,*** His or Her Excellency.
excel·lent (əksəlén) *a.* excellent; superior. ▪ *2 m.* first class (honours) [university exam].
excel·lir (əksəlí) *i.* to excel, to be outstanding; to stand out.
excels, -sa (əksɛ́ls, -sə) *a.* exalted, sublime.
excèntric (əksɛ́ntrik, -kə) *a.-m.* eccentric.
excepció (əksəpsió) *f.* exception; exclusion. ‖ ***sense ~,*** without exception. ‖ *prep. phr.* ***a ~ de,*** with the exception of, excepting. *2* ***estat d'~,*** martial law.
excepcional (əksəpsiunál) *a.* exceptional.
excepte (əkséptə) *prep.* except (for), save.
exceptuar (əksəptuá) *t.* to except; to exempt.
excés (əksés) *m.* excess, surplus. *2* fig. excess.
excessiu, -iva (əksəsíu, -íβə) *a.* excessive.
excitació (əksitəsió) *f.* excitement; agitation.
excitar (əksitá) *t.* to excite. *2* to stimulate; to incite. ▪ *3 p.* to get worked up or excited.
exclamació (əkskləməsió) *f.* exclamation.
exclamar (əkskləmá) *t.* to exclaim; to shout out. ▪ *2 p.* to protest loudly.
excloure (əksklóurə) *t.* to exclude; to bar. *2* fig. to be incompatible with. ▲ CONJUG. like ***cloure.***
exclusió (əkskluzió) *f.* exclusion.

exclusiu, -iva (əkskluziŭ, -iβə) *a.* exclusive; sole. ▪ *2 f.* sole right. *3* JOURN. exclusive.
excomunicar (əkskumunikà) *t.* to excommunicate.
excrement (əkskrəmèn) *m.* excrement.
excretar (əkskrətà) *t.* to excrete.
exculpar (əkskulpà) *t.* to exonerate, to free. *2* LAW to absolve.
excursió (əkskursiò) *f.* excursion.
excursionisme (əkskursiunizmə) *m.* walking, hiking, rambling.
excursionista (əkskursiunistə) *a.* ramblers: ***club ~,*** ramblers club. ▪ *2 m.-f.* rambler, hiker. *3* tripper.
excusa (əkskùzə) *f.* excuse; pretext.
excusar (əkskuzà) *t.* to excuse. ▪ *2 p.* to excuse oneself; to apologize.
execrar (əgzəkrà) *t.* to execrate; to loathe.
execució (əgzəkusiò) *f.* performance, carrying out, execution. *2* LAW execution.
executar (əgzəkutà) *t.* to perform, to carry out, to execute. *2* LAW to execute.
executiu, -iva (əgzəkutiŭ, -iβə) *a.* executive. ▪ *2 m.-f.* executive.
exemplar (əgzəmplàr) *a.* exemplary. ▪ *2 m.* specimen. *3* PRINT. copy.
exemple (əgzèmplə) *m.* example. ‖ ***per ~,*** for example. ‖ ***donar ~,*** to set an example.
exemplificar (əgzəmplifikà) *t.* to exemplify.
exempt, -ta (əgzèm, -tə) *a.* exempt, free.
exèquies (əgzɛ̀kiəs) *f. pl.* funeral *sing.*, funeral service *sing.*
exercici (əgzərsisi) *m.* performance; practice. *2* financial or tax year. *3* exercise.
exercir (əgzərsi) *t.* to exercise. *2* to practise.
exèrcit (əgzɛ̀rsit) *m.* army.
exercitar (əgzərsità) *t.* to exercise. *2* to practise [profession]. ▪ *3 p.* to exercise; to practise.
exhalar (əgzəlà) *t.* to breathe out. *2* to heave [sigh].
exhaurir (əgzəŭri) *t.* to finish, to exhaust, to use up.
exhaust, -ta (əgzàŭs(t), -tə) *a.* exhausted, completely finished.
exhibició (əgziβisiò) *f.* exhibition. *2* display.
exhibir (əgziβi) *t.* to show, to expose, to exhibit. ▪ *2 p.* to show or exhibit oneself. *3* to show off.
exhortar (əgzurtà) *t.* to exhort.
exhumar (əgzumà) *t.* to exhume; to dig up. *2* fig. to dig up; to dig out.
exigència (əgiʒɛ̀nsiə) *f.* demand, requirement; exigency.
exigent (əgziʒèn) *a.* demanding, exacting.
exigir (əgziʒi) *t.* to demand. *2* to require.
exigu, -gua (əgziɣu, -ɣwə) *a.* minute; scanty, meagre.
exili (əgzili) *m.* exile.
exiliar (əgzilià) *t.* to exile; to banish.
eximi, -ímia (əgzimi, -imiə) *a.* eminent; select, distinguished.
eximir (əgzimi) *t.* to exempt, to free.
existència (əgzistɛ̀nsiə) *f.* existence; being.
existencialisme (əgzistənsiəlizmə) *m.* existentialism.
existencialista (əgzistənsiəlistə) *a., m.-f.* existentialist.
existir (əgzisti) *i.* to exist.
èxit (ɛ̀gzit) *m.* success; successful outcome.
ex-libris (ɛgzliβris) *m.* book-plate, ex-libris.
èxode (ɛ̀gzuðə) *m.* exodus.
exonerar (əgzunərà) *t.* to exonerate, to absolve (*de,* from).
exorbitant (əgzurβitàn) *a.* exorbitant; excessive; unreasonable; disproportionate.
exorcisme (əgzursizmə) *m.* exorcism.
exorcitzar (əgzursidzà) *t.* to exorcize.
exòtic, -ca (əgzɔ̀tik, -kə) *a.* exotic.
expansió (əkspənsiò) *f.* expansion; growth; extension.
expatriar (əkspətrià) *t.* to exile; to banish. ▪ *2 p.* to emigrate.
expectació (əkspəktəsiò) *f.* expectation; eager awaiting.
expectar (əkspəktà) *t.* to wait for *i.*, to await. *2* to expect.
expectativa (əkspəktətiβə) *f.* expectation; prospect.
expectorar (əkspəkturà) *t.* to spit, to expectorate.
expedició (əkspəðisiò) *f.* expedition. *2* COMM. shipment.
expedient (əkspəðièn) *a.* expedient; suitable, fitting. ▪ *2 m.* expedient; device. *3* file, dossier. ‖ ***~ acadèmic,*** academic record.
expedir (əkspəði) *t.* to ship; to forward [goods]. *2* to draw up; to issue [official documents].
expeditiu, -iva (əkspəðitiŭ, -iβə) *a.* expeditious.
expel·lir (əkspəli) *t.* to expel; to eject.
expendre (əkspɛ̀ndrə) *t.* to sell as an agent. *2* to sell retail. *3* to pass [counterfeit money]. ▲ CONJUG. like ***ofendre.***
expenses (əkspɛ̀nsəs) *f. pl.* expenses; costs.
experiència (əkspəriɛ̀nsiə) *f.* experience.
experiment (əkspərimèn) *m.* experiment, test; trial.
experimentar (əkspərimәntà) *t.* to try out; to experiment with *i.* *2* to experience, to undergo. *3* to suffer; to feel [emotion]. ▪ *4 i.* to make tests or trials; to experiment.
expert, -ta (əkspɛ̀r(t), -tə) *a.* expert; skilled. ▪ *2 m.-f.* expert.
expirar (əkspirà) *t.* to expire, to breathe

out. ▪ *2 i.* to expire, to run out. *3* fig. to come to an end.
explicació (əksplikəsió) *f.* explanation.
explicar (əkspliká) *t.* to explain; to tell about. ▪ *2 p.* to understand, to make out.
explícit, -ta (əksplísit, -tə) *a.* explicit.
exploració (əksplurəsió) *f.* GEOGR., MED. exploration. *2* MIL. scouting, reconnaissance.
explorar (əksplurá) *t.* GEOGR. to explore. *2* MED. to explore; to probe, to scan. *3* MIL. to scout, to reconnoitre.
explosió (əkspluzió) *f.* explosion; blast, bang. *2* fig. outburst.
explosiu, -iva (əkspluzíŭ, -iβə) *a.-m.* explosive.
explotació (əksplutəsió) *f.* exploitation; development. || ~ ***agrícola,*** farming, cultivation. || ~ ***forestal,*** forestry.
explotar (əksplutá) *t.* to exploit; to develop. *2* to exploit [person]. ▪ *3 i.* to explode, to go off.
exponent (əkspunén) *m.* exponent. *2* example.
exportació (əkspurtəsió) *f.* export, exportation. *2* exports *pl.*
exportar (əkspurtá) *t.* to export.
exposar (əkspuzá) *t.* to expose; to show, to exhibit [art]. *2* to state, to explain, to set forth [one's views or ideas]. ▪ *3 p.* to risk oneself, to put oneself in jeopardy.
exposició (əkspuzisió) *f.* exposing, exposure. *2* exhibition. *3* exposition; statement.
exprés, -essa (əksprés, -ésə) *a.* express. || ***cafè*** ~, expresso coffee. *2* clear, specific. ▪ *3 m.* express (train). ▪ *4 adv.* expressly; on purpose, deliberately.
expressament (əksprəsəmén) *adv.* on purpose.
expressar (əksprəsá) *t.* to express, to put forward, to voice; to state. ▪ *2 p.* to express oneself.
expressió (əksprəsió) *f.* expressing, expression. *2* idiom. *3* expressiveness.
expressionisme (əksprəsiunísmə) *m.* ART expressionism.
expropiació (əksprupiəsió) *f.* expropriation, dispossession; deprival.
expropiar (əksprupiá) *t.* to expropriate; to dispossess, to deprive.
expulsar (əkspulsá) *t.* to expel; to turn out, to kick out.
expulsió (əkspulsió) *f.* expulsion, expelling.
exquisit, -ida (əkskizít, -íðə) *a.* exquisite; delightful.
èxtasi (ékstəzi) *m.* ecstasy, rapture.
extens, -sa (əksténs, -sə) *a.* wide, extensive; spacious.
extensió (əkstənsió) *f.* extension. *2* extent, size. *3* expanse, stretch [of land or sea]. *4* length [of time], duration. *5* range, scope.
extenuar (əkstənuá) *t.* to exhaust, to tire out. *2* fig. to break one's back.
exterior (əkstərió) *a.* external; exterior. || ***comerç*** ~, foreign or overseas trade. || ***política*** ~, foreign policy. ▪ *2 m.* exterior; outside. *3* abroad, overseas.
exterioritzar (əkstəriuridzá) *t.* to show [outwardly], to express; to reveal.
exterminar (əkstərminá) *t.* to exterminate.
extermini (əkstərmíni) *m.* extermination.
extern, -na (əkstérn, -nə) *a.* external; outside, outward. ▪ *2 m.-f.* day student or pupil.
extinció (əkstinsió) *f.* extinction, extinguishing.
extingir (əkstinʒí) *t.* to extinguish, to put out [fire, flame, light]. ▪ *2 p.* to go out [fire]. *3* BIOL. to become extinct.
extintor, -ra (əkstintó, -rə) *a.* extinguishing. ▪ *2 m.* (fire) extinguisher.
extirpar (əkstirpá) *t.* MED. to remove [surgically]. *2* to eradicate, to extirpate [also fig.].
extorsió (əksturʃió) *f.* extortion.
extra (ékstrə) *a.* high-quality; Grade A. *2* extra, special: ***número*** ~, special issue [magazine, newspaper, etc.]. ▪ *3 m.* extra. || ***fer un*** ~, to give oneself a treat. *4* extra [acting].
extracció (əkstrəksió) *f.* extraction; draw [lottery]. *2* MED. extraction.
extracte (əkstráktə) *m.* extract, excerpt. *2* abstract, summary. || ~ ***de comptes,*** statement of account.
extradició (əkstrəðisió) *f.* extradition.
extralimitar-se (əkstrəlimitársə) *p.* to exceed or abuse one's authority, to overstep (oneself).
extraordinari, -ària (əkstrəurðinári, -áriə) *a.* extraordinary, unusual, outstanding; special. *2* extra. || ***hores extraordinàries,*** overtime.
extravagància (əkstrəβəγánsiə) *f.* extravagance; oddness, outlandishness.
extraviar (əkstrəβiá) *t.* to lose, to misplace. ▪ *2 p.* to go astray, to err.
extrem, -ma (əkstrém, -mə) *a.* extreme, ultimate, utmost; last, furthest. ▪ *2 m.* extreme, end. || fig. ***passar d'un*** ~ ***a l'altre,*** to go from one extreme to the other. *3* highest point or degree; utmost.
extremar (əkstrəmá) *t.* to carry to the extreme; to insist on. || ***s'han d'***~ ***les precaucions,*** we must take the utmost precautions. ▪ *2 p.* to do one's utmost.

extremisme (əkstrəmízmə) *m.* extremism.
extremitat (əkstrəmitát) *f.* end, tip, edge; extremity. *2 pl.* ANAT. extremities.
extremunció (əkstrəmunsió) *f.* extreme unction.
extreure (əkstrɛ́ŭrə) *t.* to extract, to pull out. *2* to abstract, to remove, to take out. *3* to draw. ▲ CONJUG. like ***treure.***
extrínsec, -ca (əkstrínsək, -kə) *a.* extrinsic.
exuberant (əgzuβərán) *a.* exuberant. *2* full-figured, buxom: ***una dona ~,*** a buxom woman.
exultar (əgzultá) *i.* to exult, to rejoice.

F

F, f (éfə) *f.* f [letter].
fa (fa) *m.* MUS. fa or F.
fàbrica (fáβrikə) *f.* factory; plant. *2* manufacture, manufacturing. *3* ARCH. structure, walls.
fabricació (fəβrikəsió) *f.* manufacture, manufacturing; making, production.
fabricant (fəβrikán) *m.* manufacturer; maker.
fabricar (fəβriká) *t.* to manufacture, to make; to produce. || *~ en sèrie,* to mass-produce. *2* to build; to put together.
fabril (fəβríl) *a.* manufacturing, production.
fabulós, -osa (fəβulós, -ózə) *a.* fabulous, mythical; fictitious. *2* tremendous; extraordinary.
façana (fəsánə) *f.* façade, front. || ***una casa amb ~ al mar,*** a house overlooking the sea.
facció (fəksió) *f.* faction, splinter group, esp. hostile group. *2 pl.* features [of face].
facècia (fəsέsiə) *f.* joke, wisecrack; witticism.
faceta (fəsέtə) *f.* facet [also fig.], quality [characteristic].
facial (fəsiál) *a.* facial, face.
facilitar (fəsilitá) *t.* to facilitate, to make easy. *2* to provide (with), to supply (with), to give.
fàcil (fásil) *a.* easy, simple; effortless. *2* possible, probable. || ***és ~ que plogui,*** it's likely to rain. *3* fluent: ***un estil ~,*** a fluent style.
facilitat (fəsilitát) *f.* ease, facility. || ***~ de paraula,*** fluency. || ***s'enfada amb ~,*** he gets angry easily. *2* aptitude, ability. || ***tenir ~ pels idiomes,*** to be good at languages. *3 pl.* facilities, terms. || ***~s de pagament,*** easy terms. || ***donar ~s,*** to offer facilities.
facinerós, -osa (fəsinərós, -ózə) *a.* criminal, villainous; evil. ▪ *2 m.-f.* criminal, villain; wrongdoer.
facsímil (fəksímil) *a.-m.* facsímile.
factible (fəktíbblə) *a.* feasible, possible, workable.
factor (fəktó) *m.* factor, element. *2* fig. agent.
factoria (fəkturíə) *f.* agency, trading post.
factòtum (fəktɔ́tum) *m.* factotum, jack of all trades.
factura (fəktúrə) *f.* bill, invoice. || ***passar ~,*** to send an invoice, to bill *t.* [also fig.].
facturació (fəkturəsió) *f.* billing, invoicing. *2* RAIL. registration [of luggage]. *3* checking-in [of luggage at an airport].
facturar (fəkturá) *t.* to bill, to invoice. *2* RAIL. to register [luggage]. *3* to check in [luggage at an airport].
facultar (fəkultá) *t.* to authorize, to empower.
facultat (fəkultát) *f.* faculty, right; ability. || ***amb plenes ~s mentals,*** with full mental capacity. *2* EDUC. faculty.
facultatiu, -iva (fəkultətiu, -iβə) *a.* optional, facultative. || ***prescripció facultativa,*** (medical) prescription. ▪ *2 m.* doctor, practitioner.
facúndia (fəkúndiə) *f.* eloquence, fluency.
fada (fáðə) *f.* fairy.
fadrí, -ina (fəðrí, -ínə) *m.* young man, youth. *2* bachelor. *3* clerk, assistant. *4 f.* (unmarried) young woman.
fagot (fəɣɔ́t) *m.* MUS. bassoon.
faiçó (fəĭsó) *f.* creation, making. *2* shape, form.
faig (fátʃ) *m.* BOT. beech.
faisà (fəĭzá) *m.* ORNIT. pheasant.
faixa (fáʃə) *f.* strip, band [of cloth]; sash. *2* girdle, corset.
falaguer, -ra (fələɣé, -rə) *a.* alluring, enticing; flattering. *2* hopeful, promising. || ***perspectives falagueres,*** good outlook *sing.*; good prospects.
falange (fəlánʒə) *f.* phalanx.
falç (fals) *f.* sickle.

falca (fálkə) *f.* wedge.
falcó (fəlkó) *m.* ORNIT. hawk, falcon.
falda (fáldə) *f.* lap. *2* slope, hillside. *3* skirt.
faldeta (fəldétə) *f.* (BAL.), (VAL.) See FALDILLA.
faldilla (fəldiʎə) *f.* skirt.
falguera (fəlɣérə) *f.* BOT. fern.
falla (fáʎə) *f.* GEOL. fault. *2* lack, shortage.
fal·làcia (fəlásiə) *f.* deceit, fraud; falseness.
fallada (fəʎáðə) *f.* error, mistake; fault; failure.
fallar (fəʎá) *t.* to miss [a shot, etc.]. ■ *2 i.* to fail; to miss, to go wrong.
fal·lera (fəlérə) *f.* mania, obsession, craze.
fallida (fəʎiðə) *f.* bankruptcy. ‖ ***fer ~,*** to go bankrupt.
fal·lus (fálus) *m.* phallus.
falòrnia (fəlɔ́rniə) *f.* hoax, imposture, fraud; (false) rumour, (USA) rumor.
fals, -sa (fals, -sə) *a.* false, fake, wrong. ‖ ***~ testimoni,*** false testimony. ‖ ***moneda falsa,*** fake coin. *2* ***agafar algú en ~,*** to catch someone in a lie. ‖ ***fer una passa en ~,*** to make a false move.
falsedat (fəlsəðát) *f.* falseness, dishonesty, deceit. *2* falsehood, lie.
falsejar (fəlsəʒá) *t.* to falsify, to forge. ‖ ***~ els resultats,*** to falsify the results. *2* to fake, to feign.
falset (fəlsét) *m.* MUS. falsetto.
falsia (fəlsiə) *f.* falseness, duplicity.
falsificació (fəlsifikəsió) *f.* falsification, forgery.
falsificar (fəlsifiká) *t.* to falsify, to counterfeit, to fake, to forge.
falta (fáltə) *f.* lack, shortage. ‖ ***fer ~,*** to be needed: ***em fa ~ un bolígraf,*** I need a pen. *2* fault, mistake. ‖ ***~ d'ortografia,*** spelling mistake. ‖ ***sens ~,*** without fail. *3* default, absence. ‖ ***~ d'assistència,*** absence.
faltar (fəltá) *i.* to be lacking or needed. ‖ ***en falten dos,*** two are needed. *2* to be missing. ‖ ***a taula falta gent!,*** table's ready!; ***trobar a ~,*** to miss. *3* to be absent; ***~ a una cita,*** to miss or break an appointment. *4* to fail. ‖ ***~ a una promesa,*** to break a promise. *5* ***falten cinc minuts per acabar,*** we've got five minutes left. *6* to be rude.
fam (fam) *f.* (extreme) hunger, starvation. *2* famine. *3* fig. craving, longing. *4* (VAL.) See GANA.
fama (fámə) *f.* fame; reputation, renown. ‖ ***mala ~,*** bad reputation. ‖ ***tenir ~ de,*** to be known to be.
famèlic, -ca (fəmélik, -kə) *a.* starving, famished.
família (fəmiliə) *f.* family. ‖ ***ser com de la ~,*** to be (like) one of the family. ‖ ***ser de bona ~,*** to be of a good family.
familiar (fəmiliár) *a.* family. *2* familiar. *3* informal. ■ *4 m.-f.* relative.
familiaritat (fəmiliərität) *f.* informality, familiarity. ‖ ***tractar algú amb massa ~,*** to be too familiar with someone.
famolenc, -ca (fəmuléŋ, -kə) *a.* hungry. *2* starving, famished.
famós, -osa (fəmós, -ózə) *a.* famous, renowned; well-known.
fan (fan) *m.-f.* fan.
fanal (fənál) *m.* lantern; street lamp.
fanàtic, -ca (fənátik, -kə) *a.* fanatical. ■ *2 m.-f.* fanatic; bigot.
fanatisme (fənətizmə) *m.* fanaticism; bigotry.
fandango (fəndáŋgu) *m.* fandango [Spanish popular dance].
fanfàrria (fəmfárriə) *f.* bravado, bluster; bragging. ■ *2 a., m.-f.* braggart, boaster; loudmouth.
fanfarró, -ona (fəmfərró, -ónə) *a.* boastful, pretentious, vain. ■ *2 m.-f.* braggart, boaster, bully; loudmouth.
fang (faŋ) *m.* mud, mire.
fanga (fáŋgə) *f.* AGR. spade; (garden) fork.
fangar (fəŋgá) *m.* bog, marsh; quagmire.
fangueig (fəŋgétʃ) *m.* See FANGAR.
fantasia (fəntəziə) *f.* fantasy, imagination, fancy.
fantasma (fəntázmə) *m.* ghost, phantom, apparition.
fantasmagoria (fəntəzməɣuriə) *f.* phantasmagoria.
fantàstic, -ca (fəntástik, -kə) *a.* fanciful, fantastic, unreal. *2* wonderful, extraordinary, superb.
fantotxe (fəntɔ́tʃə) *m.* puppet, marionette. *2* coll. nobody, nonentity.
faquir (fəkir) *m.* fakir.
far (far) *m.* lighthouse, beacon.
farad (fərát) *m.* ELECTR. faraday.
faramalla (fərəmáʎə) *f.* junk; rubbish. *2* show, display.
faràndula (fərándulə) *f.* THEATR. troupe of strolling players, (USA) road company.
faraó (fərəó) *m.* Pharaoh.
farbalà (fərβəlá) *m.* frill, furbelows *pl.*
farcell (fərséʎ) *m.* bundle, parcel, swag (Australia). *2* possessions, (personal) belongings.
farcir (fərsi) *t.* COOK. to stuff. *2* fig. to stuff, to cram.
fardell (fərðéʎ) *m.* See FARCELL.
farfallós, -osa (fərfəʎós, -ózə) *a.* unintelligible [speech].
farga (fárɣə) *f.* forge.
farigola (fəriɣólə) *f.* BOT. thyme.
farina (fərinə) *f.* flour. *2* meal, powder.

farinetes (fərinɛ́təs) *f. pl.* COOK. mush, pulp. *2* pap.
faringe (fəriŋʒə) *f.* ANAT. pharynx.
faringitis (fəriŋʒitis) *f.* MED. pharyngitis.
fariseu (fərizɛ́ŭ) *m.* hypocrite, pharisee.
faristol (fəristɔ́l) *m.* lectern; music stand.
farmacèutic, -ca (fərməsɛ́ŭtik, -kə) *a.* pharmaceutical. ▪ *2 m.-f.* chemist, pharmacist.
fàrmac (fármək) *m.* MED. drug.
farmàcia (fərmásiə) *f.* pharmacy [study]. *2* chemist's, (USA) drugstore, pharmacy. *3* dispensary.
farmaciola (fərməsiɔ́lə) *m.* medicine chest; first-aid kit.
faroner, -ra (fərunė, -rə) *m.-f.* lighthouse keeper.
farratge (fərrádʒə) *m.* fodder, forage.
farsa (fársə) *f.* THEATR. farce. *2* pretence, make-believe.
farsant (fərsán) *m.-f.* fake, phoney. ▪ *2 m.-f.* fake, impostor.
fart (far(t), -tə) *a.* full, satiated. *2* fig. fed up (*de*, with). ▪ *3 m.-f.* glutton. *4* excess. ‖ ***fer-se un ~ de riure,*** to laugh fit to burst, to split one's sides (with laughter).
fartaner, -ra (fərtənė, -rə) *m.-f.* glutton, pig. *2 f.* spread, feast.
fascicle (fəsiklə) *m.* fascicle; instalment.
fascinació (fəsinəsió) *f.* fascination, bewitchment.
fascinar (fəsiná) *t.* to fascinate, to bewitch, to captivate.
fase (fázə, coll. -ze) *f.* phase, stage; period.
fast (fast) *m.* pomp; splendour, (USA) splendor, magnificience.
fàstic (fástik) *m.* disgust, revulsion; loathing.
fastig (fəstik) *m.* dullness, tediousness.
fastigós, -osa (fəstiɣós, -ózə) *a.* disgusting, revolting, loathsome; repulsive.
fastiguejar (fəstiɣəʒá) *t.* to disgust, to revolt; to sicken. *2* to annoy, to bother, to upset.
fat, fada (fat, fáðə) *a.* tasteless, insipid. ▪ *2 m.* fate, destiny.
fatal (fətál) *a.* fatal, ill-fated. *2* fig. terrible, awful.
fatalitat (fətəlitát) *f.* fatality. *2* misfortune, ill-luck.
fatic (fətik) *m.* panting, gasping. *2 pl.* hardships, toils.
fatiga (fətiɣə) *f.* fatigue, weariness, exhaustion.
fatigar (fətiɣá) *t.* to fatigue, to exhaust, to tire out. ▪ *2 p.* to tire, to wear oneself out.
fatu, fàtua (fátu, fátuə) *a.* fatuous; vain.
fatxa (fátʃə) *f.* coll. face; look, appearance.
fatxada (fətʃáðə) *f.* See FAÇANA.
fatxenda (fətʃɛ́ndə) *f.* swank, show-off.
faula (fáŭlə) *f.* fable, tale; story.
fauna (fáŭnə) *f.* fauna.
faune (fáŭnə) *m.* MYTH. faun.
faust, -ta (fáŭst, -tə) *a.* lucky, fortunate. *2* happy, content.
fautor, -ra (fəŭtó, -rə) *m.-f.* abettor, assistant; accomplice.
fava (fáβə) *f.* BOT. (broad) bean. ‖ ***ésser faves comptades,*** to be definite, to be sure as fate. ‖ ***no poder dir ~,*** to be speechless (with exhaustion). *2* good-for-nothing. ▪ *3 a.* fig. wishy-washy.
favor (faβór) *m.* favour, (USA) favor. ‖ ***a ~ de,*** in favour of, all for. ‖ ***fes el ~ de callar,*** will you shut up?, do me a favour and shut up! *2* kindness, good turn.
favorable (fəβurábblə) *a.* favourable, (USA) favorable; auspicious. *2* benign, mild.
favorit, -ta (fəβurit, -tə) *a., m.-f.* favourite, (USA) favorite.
favoritisme (fəβuritizmə) *m.* favouritism, (USA) favoritism.
fe (fɛ) *f.* faith; belief. ‖ ***anar amb bona ~,*** to act in good faith. ‖ ***tenir ~ en,*** to have faith in. *2* testimony. ‖ ***donar ~ de,*** to bear witness to. *3* certificate. *4* PRINT. ***~ d'errates,*** (list of) errata.
feble (fébblə) *a.* feeble, weak, frail.
feblesa (fəbblɛ́zə) *f.* feebleness, weakness. *2* fig. moral weakness, lack of moral fibre, frailty.
febre (féβrə) *f.* fever.
febrer (fəβré) *m.* February.
febril (fəβril) *a.* feverish; restless, agitated.
fecal (fəkál) *a.* faecal.
fècula (fɛ́kulə) *f.* starch.
fecund, -da (fəkún, -də) *a.* prolific, productive. ‖ ***un escriptor ~,*** a prolific writer. *2* fecund, fertile.
fecundació (fəkundəsió) *f.* fertilization.
fecundar (fəkundá) *t.* to impregnate, to fertilize; to inseminate.
fecunditat (fəkunditát) *f.* productivity. *2* fecundity, fertility.
feda (fɛ́ðə) *f.* (ROSS.) See OVELLA.
federació (fəðərəsió) *f.* federation; club.
federal (fəðərál) *a.* federal.
federar (fəðərá) *t.* to federate, to band together.
fefaent (fęfəén) *a.* evidency, certifying. *2* authentic, reliable.
feina (fɛ́ĭnə) *f.* work; job, task. ‖ ***amb prou feines,*** hardly, scarcely.
feinada (fəĭnáðə) *f.* excessive or heavy work.
feinejar (fəĭnəʒá) *i.* to do light work, to potter (around).
feiner, -ra (fəĭné, -rə) *a.* hard-working, industrious, applied. *2* ***dia ~,*** work day.

feix (feʃ) *m.* bundle, bunch.
feixa (féʃə) *f.* AGR. plot, bed; patch.
feixisme (fəʃízmə) *m.* fascism.
feixista (fəʃístə) *a., m.-f.* fascist.
feixuc, -uga (fəʃúk, -úɣə) *a.* heavy, cumbersome; clumsy, awkward.
fel (fɛl) *m.* gall, bile.
feldspat (fəldspát) *m.* MINER. feldspar.
felí, -ina (fəlí, -ínə) *a.* feline, cat-like.
feliç (fəlís) *a.* happy. *2* opportune, well-timed; lucky.
felicitació (fəlisitəsió) *f.* congratulation, felicitation.
felicitar (fəlisitá) *t.* to congratulate. ▪ *2 p.* to feel proud or satisfied.
felicitat (fəlisitát) *f.* happiness. *2* luck, good fortune; success. *3 pl.* congratulations.
feligrès, -esa (fəliɣrɛ́s, -ɛ́zə) *m.-f.* parishioner.
Felip (fəlíp) *pr. n. m.* Philip.
fel·lació (fəlləsió) *f.* fellatio.
feltre (féltrə) *m.* felt (cloth).
fem (fem) *m.* manure. *2 pl.* (BAL.), (VAL.) See ESCOMBRARIES.
femar (fəmá) *t.* to manure, to fertilize.
femella (fəméʎə) *f.* female. *2* nut [of screw].
femení, -ina (fəməní, -ínə) *a.* feminine; womanish, womanlike.
femer (fəmé) *m.* manure heap, dunghill.
feminisme (fəminízmə) *m.* feminism.
feminitat (fəminitát) *f.* feminity, womanliness.
fems (fems) *m. pl.* See FEM.
femta (fɛ́mtə) *f.* excrement, faeces.
fèmur (fɛ́mur) *m.* ANAT. femur, thigh-bone.
fenc (fɛŋ) *m.* BOT. hay.
fendre (fɛ́drə) *t.* ant. to break [wind, water]. ▲ CONJUG. like ***prendre.***
fenici, -ícia (fənísi, -ísiə) *a., m.-f.* Phoenician.
fènix (fɛ́niks) *m.* MYTH. phoenix.
fenomen (fənɔ́mən) *m.* phenomenon. *2* fig. wonder; event.
fenomenal (fənumənál) *a.* phenomenal, remarkable. *2* tremendous.
fer (fe) *t.* to make, to create, to do. *2* to prepare. ‖ ~ ***el llit,*** to make the bed. ‖ ~ ***el sopar,*** to make dinner. *3* to do; to perform, to execute. ‖ ~ ***salts,*** to jump up and down. ‖ ~ ***una pregunta,*** to ask a question. *4* to cause, to produce. ‖ ~ ***fàstic,*** to disgust. ‖ ~ ***pudor,*** to smell bad, to stink. ‖ ~ ***soroll,*** to make noise. *5* to take on. ‖ ~ ***bondat,*** to behave oneself. ‖ ~ ***règim,*** to be on a diet. *6* to be [weather]. ‖ ***fa calor,*** it's hot. ‖ ***fa sol,*** it's sunny. *7* ***fa tres dies,*** three days ago. *8* to measure. ▪ *9 i.* to have enough. ‖ ***amb dos ja farem,*** we'll make do with two. ▪ *10 p.* to be friends (*amb,* with). *11* to become. ‖ ***fer-se gran,*** to grow old. ‖ ***fer-se petit,*** to shrink [clothes, etc.]. ▲ CONJUG. P.P.: ***fet.*** ‖ INDIC. Pres.: ***faig, fas, fa, fan.*** | IMPERF.: ***feia.*** | PERF.: ***fiu, feres, féu, férem,*** etc. | FUT.: ***faré,*** etc. ‖ SUBJ. Pres.: ***faci,*** etc. | IMPERF.: ***fes, fessis.*** ‖ IMPERAT.: ***fes.***
fer, -ra (fe, -rə) *a.* fierce, ferocious. ▪ *2 f.* wild beast or animal. *3* fig. monster; fiend.
feraç (fərás) *a.* very fertile.
feredat (fərəðát) *f.* terror, dread.
feréstec, -ega (fəréstək, -əɣə) *a.* fierce, wild [animal or person].
fèretre (fɛ́rətrə) *m.* coffin.
ferida (fəríðə) *f.* wound [also fig.]; injury.
feridura (fəriðúrə) *f.* MED. apoplexy.
ferir (fərí) *t.* to injure, to wound, to hurt [also fig.]. ▪ *2 p.* to have an apoplectic fit.
ferit, -ida (fərít, -íðə) *a.* injured, hurt, wounded. *2* apoplectic. ▪ *3 m.-f.* injured or wounded person; casualty.
ferm, -ma (fɛrm, -mə) *a.* firm, resolute, steadfast; steady. ▪ *2 adv.* firmly, steadily; hard.
fermall (fərmáʎ) *m.* brooch, pin.
fermar (fərmá) *t.* ant. to tie (up); to chain (up); to attach.
fermentació (fərməntəsió) *f.* fermentation.
fermentar (fərməntá) *i.* to ferment.
fermesa (fərmɛ́zə) *f.* fig. firmness, resolve; determination.
feroç (fərɔ́s) *a.* See FEROTGE.
ferotge (ferɔ́dʒə) *a.* ferocious, fierce, savage.
ferradura (fərrəðúrə) *f.* horseshoe.
ferralla (fərráʎə) *f.* scrap (iron).
ferramenta (fərrəméntə) *f.* ironwork [of building, etc.]. *2* (VAL.) See EINA.
Ferran (fərrán) *pr. n. m.* Ferdinand.
ferrar (fərrá) *t.* to bind with iron, to trim with ironwork. *2* to brand [cattle], to shoe [horse]. *3* ***ou ferrat,*** fried egg.
ferreny, -nya (fərrɛ́ɲ, -ɲə) *a.* iron [also fig.]; strong, powerful. *2* stern; austere.
ferrer (fərré) *m.* blacksmith.
ferreteria (fərrətəriə) *f.* ironmonger's (shop), hardware store.
ferri, fèrria (fɛ́rri, fɛ́rriə) *a.* iron. *2* fig. strong, hard, firm.
ferro (fɛ́rru) *m.* iron. *2* iron tool. *3* fig. ***tenir voluntat de ~,*** to have a will of iron.
ferrocarril (fərrukərríl) *m.* railway, (USA) railroad.
ferroviari, -ària (fərruβiári, -áriə) *a.* rail; railway, (USA) railroad. ▪ *2 m.-f.* railwayman, (USA) railroad worker.
fèrtil (fɛ́rtil) *a.* fertile; fruitful; rich.
fertilitzar (fərtilidzá) *t.* to fertilize.

ferum (fərúm) *f.* scent [of animal], smell; stench.
fervent (fərβén) *a.* fervent, passionate.
fervor (fərβór) *m.* fervour, (USA) fervor; zeal.
fesol (fəzɔ́l) *m.* BOT. (kidney) bean.
fesomia (fəzumíə) *f.* physiognomy, features *pl.*
festa (féstə) *f.* party, get-together. *2* celebration, festivity. || ~ ***major,*** celebration of a town's patron saint. *3* holiday(s), (USA) vacation; time off. *4* caress, stroke.
festejar (fəstəʒá) *t.* to court, to woo. *2* to celebrate.
festí (fəstí) *m.* feast, banquet.
festiu, -iva (fəstíŭ, -íβə) *a.* festive, merry. || ***ambient ~,*** festive atmosphere. || ***dia ~,*** holiday.
festival (fəstiβál) *m.* festival.
festivitat (fəstiβitát) *f.* festivity; (religious) feast, holiday.
fet (fet) *m.* act. *2* fact. || *adv. phr.* ***de ~,*** in fact, actually. || *phr.* ***~ i ~,*** all in all. *3* matter [question]. *4* event.
feta (fétə) *f.* feat, deed; achievement.
fetge (fédʒə) *m.* liver.
fetitxe (fətítʃə) *m.* fetish.
fètid, -da (fɛ́tit, -ðə) *a.* stinking, fetid. || ***bomba fètida,*** stink bomb.
fetor (fətó) *f.* stink, stench; smell.
fetus (fɛ́ntus) *m.* foetus.
feudal (fəŭdál) *a.* feudal.
feudalisme (fəŭdəlízmə) *m.* feudalism.
FFCC *m. pl. (Ferrocarrils Catalans)* (Catalan Railways).
fi (fi) *m.* aim, purpose. || *phr.* ***a ~ que,*** so (that). *2 f.* end, conclusion. || *phr.* ***a la ~,*** in the end, finally. || *phr.* ***al cap i a la ~,*** after all. || *adv. phr.* ***per ~!,*** at last!
fi, fina (fi, fínə) *a.* thin, fine. *2* delicate, subtle. *3* sharp, acute [hearing]. *4* smooth. *5* refined, well-bred; polite.
fiador, -ra (fiəðó, -rə) *m.* surety, guarantor, backer. *2* catch, latch, bolt.
fiança (fiánsə) *f.* LAW security, bond; bail. || ***sota ~,*** on bail.
fiar (fiá) *t.* to sell on credit. ▪ *2 p.* to trust (*de,* —), to rely (*de,* on).
fiasco (fiásko) *m.* fiasco; flop.
fiblar (fibblá) *f.* to prick, to sting.
fibló (fibbló) *m.* sting [of insect]. *2* fig. spur, incentive.
fibra (fíβrə) *f.* fibre, (USA) fiber.
ficar (fiká) *t.* to introduce, to put (in), to insert. *2* to misplace. || ***~ els peus a la galleda,*** to put one's foot in it. ▪ *3 p.* to interfere, to get involved. *4* to start. || ***~-se a córrer,*** to take off.
ficció (fiksió) *f.* fiction; invention.
fictici, -ícia (fiktísi, -ísiə) *a.* fictious, imaginary.
fidedigne, -na (fiðəðíŋnə, -nə) *a.* reliable, trustworthy.
fideïcomís (fiðəikumís) *m.* trust.
fidel (fiðɛ́l) *a.* faithful; reliable, trustworthy. ▪ *2 m.* faithful.
fidelitat (fiðəlitát) *f.* fidelity, loyalty, faithfulness; allegiance. *2* accuracy, precision.
fideu (fiðɛ́ŭ) *m.* noodle.
figa (fíɣə) *f.* fig. || ***~ de moro,*** prickly pear. || fig. ***figues d'un altre paner,*** a different story. || ***fer ~,*** to falter, to give way.
figuera (fiɣérə) *f.* fig tree.
figura (fiɣúrə) *f.* figure. *2* image; shape, form.
figuració (fiɣurəsió) *f.* figuration.
figurant, -ta (fiɣurán, -tə) *m.-f.* THEATR. walk-on.
figurar (fiɣurá) *t.* to portray, to represent. *2* to simulate, to affect. ▪ *3 i.* to appear [on list]. *4* to figure. ▪ *5 p.* to imagine.
figuratiu, -iva (fiɣurətíŭ, -íβə) *a.* figurative.
figurí (fiɣurí) *m.* fashion plate. *2* fashion magazine. *3* well-dressed person.
fil (fil) *m.* thread, yarn; filament, fibre. || ***perdre el ~,*** to lose the thread [of an argument]. *2* edge; blade.
fila (fílə) *f.* row, line; queue, (USA) line. *2* fig. face, look; mug.
filaberquí (filəβərkí) *m.* (carpenter's) brace.
filada (filáðə) *f.* line, row [of bricks, etc.].
Filadèlfia (filəðɛ́lfiə) *pr. n. f.* GEOGR. Philadelphia.
filador, -ra (filəðó, -rə) *a.* spinning. ▪ *2 m.-f.* spinner. *3 f.* spinning wheel.
filagarsa (filəɣársə) *f.* loose threads.
filament (filəmén) *m.* filament; thread.
filantrop (filəntrɔ́p) *m.* philanthropist.
filantropia (filəntrupíə) *f.* philanthropy.
filar (filá) *t.* TEXT. to spin. *2* fig. to see through, to discern. *3* ***~ prim,*** to be subtle, to draw it fine.
filat (filát) *m.* wire netting or fence. *2* network.
filatèlia (filətɛ́liə) *f.* stamp-collecting.
filatura (filətúrə) *f.* spinning [action]. *2* spinning mill.
filera (filérə) *f.* row, string, line; (fine) thread.
filet (filɛ́t) *m.* COOK. fillet, steak.
filferro (filfɛ́rru) *m.* (iron) wire.
filharmònic, -ca (filərmɔ́nik, -kə) *a.* philharmonic.
filiació (filiəsió) *f.* parent-child relationship. *2* affiliation; connection.
filial (filiál) *a.* filial. ▪ *2 f.* branch office.
filibuster (filiβusté) *m.* freebooter, pirate.

filiforme (filifórmə) *a.* thread-like, stringy.
filigrana (filiɣránə) *f.* filigree [gold]. *2* fig. delicate work of art; masterpiece. *3* TYPOGR. watermark.
filipí, -ina (filipí, -ínə) *a.* GEOGR. Philippine. ▪ *2 m.-f.* Philipine, Filipino.
Filipines (filipínəs) *pr. n. f. pl.* GEOGR. Philippines.
filípica (filípikə) *f.* harangue, tirade.
fill, -lla (fiʎ, -ʎə) *m.* son. *2 f.* daughter. *3 m.-f.* child.
fillada (fiʎáðə) *f.* offspring; brood.
fillastre, -tra (fiʎástrə, -trə) *m.* step-brother. *2 f.* step-daughter.
fillol, -la (fiʎɔ́l, -lə) *m.-f.* godson. *2* f. goddaughter. *3 m.-f.* godchild.
film (film) *m.* film.
filmar (filmá) *t.* to film, to shoot.
fil·loxera (filuksérə) *f.* ENT. phylloxera.
filó (filó) *m.* MIN. seam, vein.
filòleg, -òloga (filɔ́lək, -ɔ́luɣə) *m.-f.* philologist.
filologia (filuluʒíə) *f.* philology.
filosa (filózə) *f.* distaff.
filòsof (filɔ́zuf) *m.* philosopher.
filosofia (filuzufíə) *f.* philosophy.
filtració (filtrəsió) *f.* filtration, leakage. *2* fig. leak [of news, etc.].
filtrar (filtrá) *t.-i.-p.* to filter.
filtre (filtrə) *m.* filter, screen.
fimosi (fimɔ́zi) *f.* MED. phimosis.
final (finál) *a.* final, last. ▪ *2 m.* end, conclusion.
finalista (finəlístə) *m.-f.* finalist.
finalitat (finəlitát) *f.* purpose, aim; object.
finalitzar (finəlidzá) *t.-i.* to finish, to end, to finalize.
financer, -ra (finənsé, -rə) *a.* financial. ▪ *2 m.-f.* financier.
finat, -ada (finát, -áðə) *a., m.-f.* deceased.
finca (fiŋkə) *f.* property, land; estate. *2* farm, plantation.
finès, -esa (finɛ́s, -ɛ́zə) *a.* Finnish. ▪ *2 m.-f.* Finn. *3 m.* Finnish [language].
finesa (finɛ́zə) *f.* fineness, excellence; refinement. *2* courtesy, kindness.
finestra (finéstrə) *f.* window, bay window. ‖ fig. ***tirar la casa per la ~,*** to go all out.
finestral (finəstrál) *m.* (large) window.
finestrella (finəstréʎə) *f.* See FINESTRETA.
finestreta (finəstrɛ́tə) *f.* window [of booking office], ticket window.
finestró (finəstró) *m.* shutter.
fingiment (finʒimén) *m.* pretence, (USA) pretense, simulation; make-believe.
fingir (finʒí) *t.* to pretend, to simulate, to feign.
finir (finí) *t.-i.* to finish. *2 i.* to die.
finit, -ida (finít, -íðə) *a.* finite.
finlandès, -esa (finləndɛ́s, -ɛ́zə) See FINÈS.
Finlàndia (finlándiə) *pr. n. f.* GEOGR. Finland.
finor (finó) *f.* See FINESA.
fins (fins) *prep.* as far as, up to, down to, to [place]. *2* until, till, up to [time]. ‖ ~ ***aquí,*** so far; up to here; ~ ***després,*** see you later; ~ ***i tot,*** even; ~ ***que,*** until.
fiord (fiɔ́r(t)) *m.* fiord, fjord.
fira (fírə) *f.* (open-air) market, (weekly) fair.
firaire (firáirə) *m.-f.* stallholder, seller [at open-air market].
firal (firál) *m.* fairground, market-place.
firar (firá) *t.* to buy or sell at a market. ▪ *2 p.* to buy.
firma (firmə) *f.* signature. *2* firm, enterprise, company.
firmament (firməmén) *m.* firmament.
firmar (firmá) *t.* to sign.
fisc (fisk) *m.* (national) treasury, exchequer.
fiscal (fiskál) *a.* fiscal, tax; financial. ▪ *2 m.-f.* prosecutor; attorney, (USA) district attorney.
fiscalitzar (fiskəlidzá) *t.* to control, to inspect [officially].
físic, -ca (fízik, -kə) *a.* physical. ▪ *2 m.* physicist. *3* physique, appearance. ▪ *4 f.* physics.
fisiòleg, -óloga (fiziɔ́lək, -ɔ́luɣə) *m.-f.* physiologist.
fisiologia (fiziuluʒíə) *f.* physiology.
fisonomia (fizunumíə) *f.* See FESOMIA.
fisonomista (fizunumístə) *a.* good at remembering faces.
fissió (fisió) *f.* fission.
fissura (fisúrə) *f.* fissure.
fístula (fístulə) *f.* MED. fistula.
fit, -ta (fit, -tə) *a.* sharp, penetrating [look, glance]. ▪ *2 f.* boundary post or mark. *3* aim, goal.
fitar (fitá) *t.* to stare at *i.* to glare at *i.* *2* to mark off, to mark the boundary of.
fitó (fitó) *m.* target.
fitxa (fitʃə) *f.* (index) card. *2* GAME token, chip.
fitxar (fitʃá) *t.* to file, to index [a card]. *2* fig. to put someone on record. ▪ *3 i.* to clock in or out. *4* SP. to sign (*per,* with).
fitxatge (fitʃádʒə) *m.* SP. signing up.
fitxer (fitʃé) *m.* file. *2* filing-cabinet.
fix, -xa (fiks, -ksə) *a.* firm; steady, stable. ‖ ***no tenir una feina fixa,*** not to have a steady job. *2* fixed [price, date]. *3* permanent [staff, etc.].
fixació (fiksəsió) *f.* fixing, fastening; establishing. *2* MED. fixation.
fixador, -ra (fiksəðó, -rə) *a.* fixing, fasten-

ing. ▪ *2 m.* fixer [photography]. *3* fixative. *4* hair cream or lotion.
fixar (fiksá) *t.* to fix, to fasten, to secure; to stick (up); to set [hair]. *2* to establish, to settle or decide on, to appoint [date, time]. ▪ *3 p.* to notice (*en,* —), to pay attention (*en,* to); to stare (*en,* at).
flabiol (fləβiɔ́l) *m.* MUS. flageolet.
flac, -ca (flak, -kə) *a.* skinny, lean. *2* weak, feeble.
flàccid, -da (flåksit, -ðə) *a.* flabby, soft. *2* flaccid.
flagel (fləʒέl) *m.* flagellum.
flagell (fləʒéʎ) *m.* whip, scourge. *2* fig. scourge, affliction.
flagel·lar (fləʒəlá) *t.* to whip, to scourge, to flog; to flagellate.
flagrant (fləɣrán) *a.* flagrant; obvious, undeniable. ‖ ***en ~ delicte,*** in the act, redhanded.
flairar (fləirá) *t.* to smell, to scent [also fig.].
flaire (fláirə) *f.* smell, scent.
flama (flámə) *f.* flame [also fig.]: ***la ~ de l'amor,*** the flame of passion.
flamant (fləmán) *a.* flaming. *2* fig. brandnew, shiny new.
flamarada (fləməráðə) *f.* flare.
flam (flam) *m.* caramel custard.
flamejar (fləməʒá) *t.* to flame, to blaze. *2* to flutter [flag, sail, etc.].
flamenc, -ca (fləmέŋ, -kə) *a.* GEOGR. Flemish. *2* flamenco, Andalusian gypsy. ▪ *3 m.-f.* Fleming, Flemish. *4 m.* Flemish [language]. *5* flamenco. *6* ORNIT. flamingo.
flanc (flaŋ) *m.* flank, side.
flanquejar (fləŋkəʒá) *t.* to flank.
flaquejar (fləkəʒá) *i.* to become skinny or lean. *2* to slacken, to ebb; to flag.
flaquesa (fləkέzə) *f.* thinness, leanness. *2* frailty, feebleness, weakness.
flascó (fləskó) *m.* flask, bottle.
flash (fláʃ) *m.* flash; flashgun; flashcube.
flassada (fləsáðə) *f.* blanket.
flatulència (flətulέnsiə) *f.* flatulence.
flauta (fláŭtə) *f.* MUS. flute. *2 m.-f.* fluteplayer, flautist.
flautista (fləŭtístə) *m.-f.* flute-player, flautist.
fleca (flέkə) *f.* baker's, bakery.
flegma (flɛ́ɣma) *f.* phlegm [also fig.].
flegmó (fləɣmó) *m.* MED. gumboil.
flequer, -ra (fləké, -rə) *m.-f.* baker.
fletxa (flétʃə) *f.* arrow, dart.
fleuma (flέŭmə) *a.* wishy-washy, limp [person]. ▪ *2 m.-f.* drip, duffer.
flexibilitat (fleksiβilitát) *f.* flexibility.
flexible (fləksíbblə) *a.* flexible.
flexió (fləksió) *f.* flexion, bending.
flirtejar (flirtəʒá) *t.* to flirt, to dally.
floc (flɔ́k) *m.* lock [of hair]. *2* bunch. *3* flake.
flonjo, -ja (flɔ́nʒu, -ʒə) *a.* soft, spongy, springy; flabby.
flor (flɔ) *f.* flower [also fig.]; blossom, bloom. ‖ ***no tot són ~s i violes,*** it's not all milk and honey. *2* ***a ~ de,*** on the surface of. ‖ ***a ~ d'aigua,*** at water level.
flora (flɔ́rə) *f.* flora.
floració (flurəsió) *f.* bloom, flowering.
Florència (flurέsiə) *pr. n. f.* GEOGR. Florence.
floret (flurέt) *m.* foil [sword].
floreta (flurέtə) *f.* compliment, flattery. ‖ ***tirar floretes,*** to make a pass [at someone].
florí (flurí) *m.* NUMIS. florin.
floricultura (flurikultúrə) *f.* flower-growing, floriculture.
floridura (fluriðúrə) *f.* mould, mildew.
florir (flurí) *i.* to bloom, to flourish. *2* fig. to flourish. ▪ *3 p.* to get mouldy.
florista (fluristə) *m.-f.* florist.
florit, -ida (flurít, -íðə) *a.* flowery, covered in flowers. *2* mouldy. ▪ *3 m.* See FLORIDURA. *4 f.* blooming, flowering.
flota (flótə) *f.* MAR. fleet. *2* fig. multitude; crowd.
flotació (flutəsió) *f.* floating, flotation.
flotador (flutəðó) *m.* float; ball cock. *2* lifepreserver, life-buoy, (USA) life saver.
flotant (flután) *a.* floating; afloat.
flotar (flutá) *i.* to float.
fluctuar (fluktuá) *i.* to fluctuate; to waver.
fluid, -da (fluít, -ðə) *a.-m.* fluid. *2 m.* ELECTR. power.
fluïdesa (fluiðέzə) *f.* fluidity. *2* fluency.
fluir (fluí) *i.* to flow.
fluix, -xa (fluʃ, -ʃə) *a.* loose, slack. *2* soft, limp. *3* weak; poor [student]. ▪ *4 m.* flow, stream.
fluor (fluó, coll. flúor) *m.* CHEM. fluorine.
fluorescència (flurəsέnsiə) *f.* fluorescence.
fluvial (fluβiál) *a.* fluvial, river.
flux (fluks) *m.* flow, stream, flux. *2* rising or incoming tide.
FM (ęfəémə) *f.* *(Freqüència Modulada)* FM (Frequency Modulation).
fòbia (fɔ́βia) *f.* phobia.
foc (fɔk) *m.* fire. ‖ ***calar ~,*** to set fire to; ***castell de ~s,*** fireworks; ***~ de camp,*** camp fire; ***treure ~ pels queixals,*** to be mad with rage, to foam at the mouth.
foca (fókə) *f.* ZOOL. seal.
focus (fɔ́kus) *m.* focus. *2* fig. centre. *3* THEATR. spotlight.
fofo, -fa (fófu, -fə) *a.* soft, spongy; puffy, fluffy.
fogó (fuɣó) *m.* cooker, stove.

fogonada (fuɣunáðə) *f.* fireball, flash.
fogós, -sa (fuɣós, -ózə) *a.* fiery, ardent; vigorous.
fogot (fuɣɔ́t) *m.* sudden blush, flush.
foguejar (fuɣəʒá) *t.* to set fire to, to set on fire. *2* MED. to cauterize. *3* MIL. to fire on, to shoot (at).
foguera (fuɣérə) *f.* bonfire, blaze.
foguerada (fuɣəráðə) *f.* See FLAMARADA.
folgar (fulɣá) *i.* to take time off [work], to be iddle. *2* to mess about; to enjoy oneself, to have a good time.
folgat, -da (fulɣát, -áðə) *a.* loose, ample, baggy [clothes]. *2* fig. well-off, comfortable.
foli (fɔ́li) *m.* folio. *2* sheet [paper].
folklore (fulklɔ́r) *m.* folklore.
foll, -lla (foʎ, fóʎə) *a.* crazy, mad.
follet (fuʎét) *m.* goblin, elf.
follia (fuʎíə) *f.* madness, lunacy; folly.
folrar (fulrrá) *t.* to line; to pad; to cover [book, etc.]. ▪ *2 p.* to make a fortune.
folre (fɔ́lrrə) *m.* lining, padding; cover.
foment (fumén) *m.* incentive, promotion, encouragement.
fomentar (fuməntá) *t.* to foster, to promote, to encourage.
fona (fónə) *f.* sling [for propelling stones, etc.].
fonació (funəsió) *f.* phonation.
fonament (funəmén) *m.* foundation [also fig.]. *2* fig. source; basis, grounds. ‖ ***sense ~,*** groundless, baseless.
fonamental (funəməntál) *a.* fundamental; basic, essential. ▪ *2 f.* MUS. fundamental.
fonamentar (funəməntá) *t.* ARCH. to lay the foundations of. *2* fig. to found, to base.
fonda (fóndə) *f.* inn; lodging house.
fondalada (fundəláðə) *f.* lowland, lowlands; hollow.
fondària (fundáriə) *f.* depth.
fondejar (fundəʒá) *i.-t.* NAUT. to anchor.
fondo, -da (fóndu, -də) *a.* deep.
fondre (fóndrə) *t.* to melt; to blend, to fuse. ▪ *2 p.* to melt, to dissolve; to fuse. *3* fig. to vanish, to disappear. ▴ CONJUG. GER.: ***fonent.*** ‖ P. P.: ***fos.*** ‖ INDIC. Pres.: ***fonc.*** ‖ SUBJ. Pres.: ***fongui,*** etc. | Imperf.: ***fongués,*** etc.
fonedís, -issa (funəðís, -ísə) *a.* slippery, shifty. ‖ ***fer-se ~,*** to slip off or away, to vanish.
fonema (funémə) *m.* phoneme.
fonètic, -ca (funétik, -kə) *a.* phonetic. ▪ *2 f.* phonetics.
fònic, -ca (fɔ́nik, -kə) *a.* phonic.
fonògraf (funɔ́ɣrəf) *m.* gramophone, (USA) phonograph.
fonoll (funóʎ) *m.* BOT. fennel.
fons (fons) *m.* bottom. ‖ *adv.* ***a ~,*** thoroughly. ‖ *phr.* ***en el ~,*** at heart; actually. *2* sea bed, river bed. *3* back, far end [of room, etc.]. *4* ARTS, PHOTO. background. *5* ECON. fund; funds, resources. ‖ ***xec sense ~,*** bad cheque.
font (fɔn) *f.* fountain, spring. *2* fig. source, origin.
footing (fútiŋ) *m.* SP. jogging.
fora (fɔ́rə) *adv.* out, outside. ‖ ***ser ~,*** to be out or away. ‖ ***tenir una casa a ~,*** to have a house in the country. *2* fig. ***~ de sí,*** beside oneself.
forassenyat, -ada (fọrəsəɲát, -áðə) *a.* outrageous, absurd, nonsensical.
foraster, -ra (furəsté, -rə) *a.* alien; foreign. ▪ *2 m.-f.* stranger, outsider; foreigner, alien.
forat (furát) *m.* hole; hollow, pit. *2* fig. hide-out, retreat [place].
forca (fórkə) *f.* gallows. *2* pitchfork.
força (fɔ́rsə) *f.* strength, force. *2* power. ‖ ***~ pública,*** public pressure. ‖ ***per ~, a la ~,*** compulsively; against one's will. ▪ *3 a.* much, a lot of. ‖ ***~ gent,*** quite a crowd. ‖ ***~ soroll,*** a lot of noise. ▪ *4 adv.* very; rather. ‖ ***~ de pressa,*** very fast.
forçar (fursá) *t.* to force, to compel. *2* to force; to break down, to break into; to rape. *3* to strain [voice, ears, etc.].
forçat, -ada (fursát, -áðə) *a.* forced, compulsory. ‖ ***treballs ~s,*** hard labour, (USA) hard labor.
forcejar (fursəʒá) *i.* to struggle, to fight; to strive.
fòrceps (fɔ́rsəps) *m.* MED. forceps.
forçós, -osa (fursós, -ózə) *a.* compulsory, unavoidable; necessary.
forçut, -uda (fursút, -úðə) *a.* strong, tough, robust.
forense (furénsə) *a.* forensic. ▪ *2 m.-f.* forensic surgeon, coroner.
forestal (furəstál) *a.* forest. ‖ ***guarda ~,*** gamekeeper, game warden. ‖ ***incendi ~,*** forest fire.
forja (fɔ́rʒə) *f.* forge, foundry. *2* forging.
forjar (furʒá) *t.* t. to forge, to shape [also fig.].
forma (fórmə) *f.* form, shape. *2* way, means.
formació (furməsió) *f.* formation. *2* education, training. *3* MIL. formation; assembly.
formal (furmál) *a.* formal. *2* serious, well-behaved [person]. *3* reliable.
formalitat (furməlitát) *f.* formality. *2* reliability.
formalitzar (furməlidzá) *t.* to formalize.
formar (furmá) *t.* to form, to shape; to

make, to draw up. *2* to constitute, to make up. *3* to train, to educate. ▪ *4 i.* MIL. to fall in line.
format (furmát) *m.* format, size.
formatge (furmádʒə) *m.* cheese.
formatgeria (furmədʒəríə) *f.* cheese factory, dairy. *2* cheese shop. *3* cheese restaurant.
forment (furmén) *m.* BOT. bread wheat.
formidable (furmiðábblə) *a.* formidable, fearsome. *2* fig. extraordinary, magnificent.
formiga (furmíɣə) *f.* ENT. ant.
formigó (furmiɣó) *m.* concrete.
formigor (furmiɣó) *m.* creepy feeling, itchiness.
formigueig (furmiɣétʃ) *m.* See FORMIGOR.
formiguer (furmiɣé) *m.* anthill. *2* colony of ants. *3* fig. swarm [people].
formol (furmɔ́ml) *m.* CHEM. formol.
formós, -osa (furmós, -ózə) *a.* beautiful.
fórmula (fórmulə) *f.* formula.
formular (furmulá) *t.* to formulate.
formulari, -ària (furmulári, -áriə) *a.* perfunctory. ▪ *2 m.* formulary, form.
forn (forn) *m.* oven [for food]; kiln [for pottery]; furnace [for glass, metals]. *2* bakery, bread shop.
fornada (furnáðə) *f.* batch [also fig.].
fornal (furnál) *f.* forge.
forner, -ra (furné, -rə) *m.-f.* baker.
fornicació (furnikəsió) *f.* fornication.
fornicar (furniká) *i.* to fornicate.
fornir (furní) *t.* to supply, to provide.
fornit, -ida (furnít, -íðə) *a.* well-built, strong, muscular.
forqueta (furkétə) *f.* (BAL.), (VAL.) See FORQUILLA.
forquilla (furkíʎə) *f.* fork.
forrellat (furrəʎát) *m.* bolt.
fort, -ta (fɔ́rt, -tə) *a.* strong. *2* healthy. *3* loud. ▪ *4 m.* MIL. fort. || ***al ~ de l'estiu,*** in the height of summer. || ***el seu ~ és la física,*** physics is his strong point. ▪ *5 adv.* strongly. *6* loudly.
fortalesa (furtəlézə) *f.* strength. *2* MIL. fortress.
fortí (furtí) *m.* small fort.
fortificar (furtifiká) *t.* to fortify. *2* fig. to strengthen, to fortify.
fortor (furtó) *f.* stench, stink.
fortuït, -ta (furtuít) *a.* accidental; fortuitous.
fortuna (furtúnə) *f.* fortune.
fòrum (fɔ́rum) *m.* HIST. forum. *2* LAW legal profession. *3* THEATR. back.
fosa (fózə) *f.* melting [snow, butter, etc.]; smelting [metals]. *2* ART casting.
fosc, -ca (fosk, -kə) *a.* dark. || ***fer-se ~,*** to get dark. *2* fig. obscure. ▪ *3 f.* darkness. || ***a les fosques,*** in the dark.
foscor (fuskó) *f.* See FOSCA 3.
fosfat (fusfát) *m.* CHEM. phosphate.
fosforescent (fusfurəsén) *a.* phosphorescent.
fossa (fósə) *f.* grave. *2* ~ ***nasal,*** nostril.
fossar (fusá) *m.* cemetery, graveyard.
fossat (fusát) *m.* moat.
fòssil (fɔ́sil) *a.-m.* fossil.
fossilitzar (fusilidzár) *t.-p.* to fossilize.
fotesa (futézə) *f.* trifle, insignificant thing.
fòtil (fɔ́til) *m.* coll. useless object.
fotimer (futimé) *m.* coll. lot (*de,* of).
foto (fótu) *f.* coll. photo.
fotocòpia (futukɔ́piə) *f.* photocopy.
fotogènic, -ca (futuʒénik, -kə) *a.* photogenic.
fotògraf, -fa (futɔ́ɣrəf, -fə) *m.-f.* photographer.
fotografia (futuɣrəfíə) *f.* photography [activity]. *2* photograph.
fotografiar (futuɣrəfiá) *t.* to photograph, to take pictures of.
fotogravat (futuɣrəβát) *m.* photogravure.
fotòmetre (futɔ́mətrə) *m.* exposure meter, light meter.
fotonovel·la (fotunuβélə) *f.* romantic story with photographs.
fotosfera (fotusférə) *f.* photosphere.
fotosíntesi (fotusíntəzi) *f.* photosynthesis.
fotre (fótrə) *t.* vulg. to fuck. *2* coll. to make, to do. || ***què hi fots aquí?,*** what are you doing here? || ***el cotxe fot un soroll estrany,*** the car's making a funny noise. *3* to throw: ***li van ~ una galleda d'aigua per sobre,*** they threw a bucket of water over him. *4* to annoy, to bother: ***ho fan només per ~'ns,*** they do it only to annoy us. *5* to put: ***el van ~ a la presó,*** they put him in prison. *6* ***fot el camp!,*** bugger off! *7* to nick. ▪ *8 p.* to get depressed, to get bored, to become sick. *9* to eat; to drink. *10* to start. || ***tot just es fotia a clapar, van trucar a la porta,*** he was just off to sleep when there was a knock at the door. *11* to laugh (*de,* at).
FP (efəpé) *f.* EDUC. *(Formació Professional)* (technical training).
fra *f.* COMM. (abbr. of ***factura***) inv. (invoice).
frac (frak) *m.* dress coat, tails *pl.*
fracàs (frəkás) *m.* failure, disaster.
fracció (frəksió) *f.* part, fragment. *2* MATH. fraction.
fraccionari, -ària (frəksiunári, -áriə) *a.* fractional.
fractura (frəktúrə) *f.* fracture, break.
fracturar (frəkturá) *t.* to fracture, to break.
fragància (frəɣánsiə) *f.* fragance, perfume.
fragata (frəɣátə) *f.* NAUT. frigate.

fràgil (fràʒil) *a.* fragile, delicate. *2* fig. frail.
fragilitat (frəʒilitàt) *a.* fragility. *2* fig. frailty.
fragment (frəgmèn) *m.* fragment.
fragmentar (frəgməntà) *t.* to fragment, to fragmentize, to break up.
fragor (frəγò) *m.* din.
franc, -ca (fraŋ, -kə) *a.* free: ***port-~***, freeport. || ***de ~***, free. *2* frank. ▪ *m. 3* franc.
França (frànsə) *pr. n. f.* GEOGR. France.
francès, -esa (frənsɛ̀s, -ɛ̀zə) *a.* GEOGR. French. ▪ *2 m.* Frenchman. *3* French [language]. *4 f.* Frenchwoman.
Francesc (frənsɛ̀sc) *pr. n. m.* Francis.
francmaçoneria (frəŋməsunəriə) *f.* freemasonry.
francòfil, -la (frəŋkɔ̀fil, -lə) *a.* francophile.
franel·la (frənɛ̀lə) *f.* flannel.
franja (frànʒə) *f.* trimming, fringe.
franqueig (frəŋkètʃ) *m.* postage. *2* franking.
franquejar (frəŋkəʒà) *t.* to stamp, to frank. *2* to cross [rivers].
franquesa (frəŋkɛ̀zə) *f.* frankness, sincerity.
frare (fràrə) *m.* friar, monk. || ***dotzena de ~***, baker's dozen.
frase (fràzə) *f.* sentence; phrase. || ***~ feta,*** set phrase, set expression.
fraseologia (frəzəuluʒiə) *f.* phraseology.
fraternitat (frətərnitàt) *f.* fraternity, brotherhood.
fraternitzar (frətərnidzà) *i.* to fraternize.
fratricidi (frətrisiði) *m.* fratricide.
frau (fràŭ) *f.* fraud.
fraudulent, -ta (frəŭðulèn, -tə) *a.* fraudulent.
fre (frɛ) *m.* bit. *2* MECH. brake. *3* fig. curb, check.
frec (frɛ̀k) *m.* scraping, rubbing; brushing.
fred, -da (frɛ̀t, -ðə) *a.* cold: ***fa molt ~***, its very cold. || ***mantenir la sang ~a,*** to stay cool. *2* fig. cold, indifferent, unaffectionate. ▪ *3 m.* cold.
fredeluc, -uga (frəðəlùk, -ùγə) *a.* See FREDOLIC.
Frederic (frəðərik) *pr. n. m.* Frederic.
fredolic, -ca (frəðulik, -kə) *a.* who feels the cold. ▪ *2* BOT. edible type of agaric mushroom.
fredor (frəðò) *f.* coldness [also fig.].
frega (frɛ̀γə) *f.* rubbing, rub-down, massage.
fregadís (frəγəðis) *m.* rubbing.
fregall (frəγàʎ) *m.* pan-scrub, scourer.
fregar (frəγà) *t.* to scrub [the floor]; to clean. *2* to rub, to catch: ***frega el sostre amb els cabells,*** her hair catches the ceiling. ▪ *3 i.* to rub, to scrape.
fregidora (frəʒiðòrə) *f.* deep-fryer.
fregir (frəʒi) *t.* to fry *t.-i.* ▪ *2 p.* fig. to be roasting [people].
freixe (frèʃə) *m.* BOT. ash.
freixura (frəʃùrə) *f.* COOK. lungs.
frenar (frənà) *t.* to brake. *2* fig. to check, to curb, to restrain.
frenesí (frənəzi) *m.* frenzy.
frenètic, -ca (frənɛ̀tik, -kə) *a.* frenetic, frantic.
freqüència (frəkwɛ̀nsiə) *f.* frequency. || ***amb ~,*** often, frequently.
freqüent (frəkwèn) *a.* frequent, common, usual.
freqüentar (frəkwəntà) *t.* to frequent. *2* to do (something) often.
fresa (frèzə) *f.* MECH. milling machine.
fresc, -ca (frɛ̀sk, -kə) *a.* fresh, new. *2* cool. *3* coll. cheeky. ▪ *4 m.* ART fresco. *5 f.* cool ***fa ~***, it's cool [weather]. || ***prendre la ~,*** to get some fresh air.
frescor (frəskò) *f.* freshness. *2* fig. coolness, phlegm. *3* coll. cheek, cheekiness.
fressa (frɛ̀sə) *f.* noise.
fressat, -ada (frəsàt, -àðə) *a.* beaten [paths].
fretura (frətùrə) *f.* lack; scarcity, shortage.
fricandó (frikəndò) *m.* COOK. fricandeau.
fricció (friksiò) *m.* rubbing. *2* MECH. friction. *3* fig. friction, trouble. *4* MED. massage.
frigidesa (friʒiðɛ̀sə) *f.* frigidity.
frigorífic, -ca (friγurifik, -kə) *a.* refrigerating. ▪ *2 m.* refrigerator, fridge.
fris (fris) *m.* ARCH. frieze.
frisar (frizà) *i.* to get extremely impatient.
frívol, -la (friβul, -lə) *a.* frivolous.
fronda (fròndə) *f.* BOT. frond.
frondós, -osa (frundòs, -òzə) *a.* leafy.
front (fron) *m.* forehead. *2* front. || ***fer ~ a,*** to face (up to).
frontal (fruntàl) *a.* frontal.
frontera (fruntèrə) *f.* frontier, border [also fig.].
fronterer, -ra (fruntərè, -rə) *a.* border, frontier.
frontispici (fruntispisi) *m.* frontispiece.
frontissa (fruntisə) *f.* hinge.
frontó (fruntò) *m.* ARCH. pediment. *2* SP. pelota court. *3* SP. front wall of a pelota court.
fructificar (fruktifikà) *t.* to bear fruit, to fructify.
frugal (fruγàl) *a.* frugal.
fruir (frui) *i.* to enjoy *t.*
fruit (fruĭt) *f.* BOT. fruit. *2* BOT. fruit, result, benefit. || ***donar ~,*** to bear fruit, to give results.
fruita (rùĭtə) *f.* fruit [apples, oranges, etc.].

fruiter, -ra (fruĭtė, -rə) *a.* fruit. ▪ *2 m.* fruit tree. *3 m.-f.* greengrocer.
frunzir (frunzi) *t.* to gather [in cloth].
frustració (frustrəsiò) *f.* frustration.
frustrar (frustrà) *t.* to frustrate, to thwart.
fúcsia (fùksia) *f.* fuchsia.
fuet (fuὲt) *m.* whip. *2* long, thin, dried, cured sausage.
fuetejar (fuətəʒà) *t.* to whip, to flog.
fuga (fùɣə) *f.* escape, flight. *2* MUS. fugue.
fugaç (fuɣàs) *a.* fleeting.
fugida (fuʒiðə) *f.* escape, flight.
fugir (fuʒi) *i.* to escape, to flee; to run away. ‖ ***fer ~,*** to put to flight, to frighten away. *2* to come off; to come out of. ‖ ***la raqueta em va ~ de la mà,*** the racket flew out of my hand. *3* ***~ d'estudi,*** to evade the question. ▲ CONJUG. INDIC. Pres.: ***fujo, fuigs, fuig, fuig,*** etc.
fugisser, -ra (fuʒisė, -rə) *a.* fleeting.
fugitiu, -iva (fuʒitiŭ, -iβə) *a., m.-f.* fugitive.
fulard (fulàr) *m.* foulard.
fulgència (fulʒέnsiə) *f.* brilliance, dazzling brightness.
fulgor (fulɣò) *m.* See FULGÈNCIA.
fulgurar (fulɣurà) *i.* to flash, to emit flashes of light.
full (fuʎ) *m.* sheet of paper. *2* page. *3* COOK. ***pasta de ~,*** puff pastry.
fulla (fùʎə) *f.* leaf [trees, plants]. *2* blade. ‖ ***posa-t'hi fulles,*** it's not my problem.
fullaraca (fuʎəràkə) *f.* dead leaves. *2* fig. worthless book.
fullatge (fuʎàdʒə) *m.* foliage, leaves.
fullejar (fuʎəʒà) *t.* to leaf through [a book].
fulletó (fuʎətò) *m.* installment, part [of a novel published in parts].
fullola (fuʎɔ̀lə) *f.* veneer.
fulminant (fulminàn) *a.* fulminating.
fulminar (fulminà) *t.* to strike by lightning. ‖ ***~ amb la mirada,*** to cast a withering look at. *2* to explode. ▪ *3 i.* to flash with lightning. *4* to explode.
fum (fum) *m.* smoke; fumes. *2* vapour, steam. *3 pl.* airs *pl.*
fumador, -ra (fuməðò, -rə) *m.-f.* smoker. *2 m.* smoking room.
fumar (fumà) *t.-i.* to smoke. *2 i.* to steam: ***aquest cafe és massa calent; mira com fuma,*** this coffee's too hot; look how it's steaming.
fumarada (fuməràðə) *f.* (thick) cloud of smoke.
fumarola (fumərɔ̀lə) *f.* fumarole.
fumejar (fuməʒà) *i.* to give off smoke or steam; to smoke; to steam.
fúmer (fùmə) *t.* coll. See FOTRE.
fumera (fumèrə) *f.* cloud of smoke.
fumerol (fumərɔ̀l) *m.* light cloud of smoke or mist.
fumigar (fumiɣà) *t.* to fumigate.
funàmbul, -la (funàmbul, -lə) *m.-f.* tightrope walker.
funció (funsiò) *f.* function. *2* duty. *3* performance; show. *4* MATH. function. *5 phr.* ***en ~ de,*** in terms of. ‖ ***president en ~s,*** acting president.
funcional (funsiunàl) *a.* functional.
funcionament (funsiunəmėn) *m.* functioning, working.
funcionar (funsiunàr) *i.* to function, to work. ‖ ***fer ~,*** to make work. ‖ ***no funciona,*** out of order.
funcionari (funsiunàri) *m.* civil servant; functionary.
funda (fùndə) *f.* cover [flexible]; case [rigid].
fundació (fundəsiò) *f.* foundation.
fundar (fundà) *t.* to found [city]; to establish [business]. *2* to base (*en,* on): ***en què fundes aquesta deducció,*** on what do you base this deduction? ▪ *3 p.* to base oneself (*en,* on).
fúnebre (fùnəβrə) *a.* funeral. *2* funereal, gloomy.
funeral (funəràl) *m.* funeral.
funerari, -ària (funəràri, -àriə) *a.* funerary. ▪ *2 f.* undertaker's; (USA) funeral parlor.
funest, -ta (funės[t], -tə) *a.* fatal, deadly. *2* baneful, baleful.
funicular (funikulàr) *m.* cable car.
fur (fur) *m.* law or privilege [special to a certain region].
fura (fùrə) *f.* ZOOL. ferret. *2* fig. busybody, nosey parker, meddler.
furgar (furɣà) *t.* to poke, to stir, to prod. *2* to rummage about. *i. 3* fig. to meddle, to pry.
furgó (furɣò) *m.* wagon, huck. *2* RAIL. luggage van.
furgoneta (furɣunėεtə) *f.* van [small].
fúria (fùriə) *f.* fury.
furiós, -osa (furiòs, -òzə) *a.* furious.
furóncol (furòŋkul) *m.* MED. boil, furuncle.
furor (furò) *m.* furore.
furt (fur(t)) *m.* theft. *2* thing stolen.
furtiu, -iva (furtiŭ, -iβə) *a.* furtive. ‖ ***caçador ~,*** poacher.
fus (fus) *m.* spindle. *2* GEOM. lune. *3* ***~ horari,*** time zone.
fusell (fuzėʎ) *m.* rifle, gun.
fusible (fuzibblə) *a.* fusible. ▪ *2 m.* ELECTR. fuse.
fusió (fuziò) *f.* fusion. *2* COMM. merger.
fusta (fùstə) *f.* wood, timber. ‖ ***té ~ de santa,*** she's like a saint. *2* piece of wood.
fuster (fustė) *m.* carpenter; joiner.

fusteria (fustəriə) *f.* carpentry; joinery. *2* carpenter's or joiner's shop.
fustigar (fustiɣá) *t.* to flog, to whip.
futbol (fubbɔ́l) *m.* football.
futbolí (fubbulí) *m.* GAME table football.
futbolista (fubbulístə) *m.-f.* football player.
fútil (fútil) *a.* futile.
futur, -ra (futúr, -rə) *a.-m.* future.
futurisme (futurízmə) *m.* futurism.
futurista (futurístə) *a., m.-f.* futurist.

G

G, g (ʒe) *f.* g [letter].
gàbia (gáβiə) *f.* cage. ‖ ***muts i a la ~!,*** shut up!
gabial (gəβiál) *m.* large cage; aviary.
gabinet (gəβinɛ́t) *m.* study. *2* POL. cabinet. *3* office [lawyer's].
Gabriel (gəβriɛ́l) *pr. n. m.* Gabriel.
gafarró (gəfərró) *m.* ORNIT. greenfinch.
gafet (gəfét) *m.* clasp; hook [of hook and eye].
gai, -gaia (gái̯, -gáʝə) *a.* gay, festive. *2* homosexual. ▪ *3 m.-f.* homosexual, gay.
gaiato (gəʝátu) *m.* crook [shepherd's].
gaig (gatʃ) *m.* ORNIT. jay.
gaire (gái̯rə) *a.* much: ***en vols ~?,*** do you want much?; ***no n'hi ha ~,*** there isn't much; ***parles sense ~ convenciment,*** you don't sound very convinced. ▪ *2 adv.* very: ***no és ~ gran,*** it's not very big; ***vindràs ~ tard?,*** will you come very late?
gairebé (gəi̯rəβé) *adv.* almost, nearly. *2* ***~ no,*** hardly, scarcely.
gairell (gəiréʎ) *phr.* ***de ~,*** aslant, sideways.
gaita (gái̯tə) *f.* MUS. bagpipe. *2* ***estar de mala ~,*** to be in a bad mood.
gala (gálə) *f.* pomp, show. *2* ***sopar de ~,*** gala dinner.
galant (gəlán) *a.* gallant. ▪ *2 m.* beau; lover; suitor. *3* CIN., THEATR. (juvenile) lead.
galantejar (gələntəʒá) *t.* to be courteous to; to court, to woo.
galàpet (gəlápət) *m.* See GRIPAU.
galàxia (gəláksiə) *f.* ASTR. galaxy.
galdós, -osa (gəldós, -ózə) *a.* rotten, awful, terrible, shocking.
galena (gəlɛ́nə) *f.* MINER. lead sulphide, galena.
galera (gəlérə) *f.* NAUT., print. galley. *2* ant. women's prison. *3 pl.* galleys.
galerada (gələráðə) *f.* PRINT. galley proof.
galeria (gəlәriə) *f.* gallery. *2* corridor. *3* fig. public opinion.
galerna (gəlɛ́rnə) *f.* METEOR. strong north west wind.
galet (gəlɛ́t) *m.* spout.
galeta (gəlɛ́tə) *f.* biscuit, (USA) cookie. *2* coll. slap.
Galícia (gəlisiə) *pr. n. f.* GEOGR. Galicia.
galifardeu (gəlifərðɛ́ŭ) *m.* coll. lad, youth.
galimaties (gəlimətiəs) *m.* coll. mess; nonsense.
galindaina (gəlindái̯nə) *f.* bauble. *2 pl.* trifles.
galindó (gəlindó) *m.* ANAT. bunion.
galiot (gəliɔ́t) *m.* NAUT. galley slave.
gall (gaʎ) *m.* cock. ‖ ***~ dindi,*** turkey. *2* MUS. wrong note. *3* fig. bossy person.
gallard, -da (gəʎár(t), -ðə) *a.* charming, elegant. *2* fig. gallant, brave.
gallardet (gəʎərðét) *m.* pennant.
gallardia (gəʎərðiə) *f.* elegance, grace. *2* fig. courage.
gallaret (gəʎərét) *m.* See ROSELLA.
galleda (gəʎɛ́ðə) *f.* bucket. ‖ fig. ***ficar els peus a la ~,*** to put one's foot in it.
gallejar (gəʎəʒá) *i.* to strut about; to be arrogant. *2* to brag; to bluster.
gal·lès, -esa (gəlɛ́s, -zə) *a.* Welsh. ▪ *2 m.* Welshman. *3 f.* Welshwoman.
Gal·les (gáləs) *pr. n. f.* GEOGR. Wales.
gallet (gəʎɛ́t) *m.* young cock. *2* trigger. *3* weather vane, weather cock.
galleta (gəʎɛ́tə) *f.* (BAL.), (VAL.) See GALETA.
gàl·lic, -ca (gálik, -kə) *a.* Gallic.
gal·licisme (gəlisizmə) *m.* Gallicism.
gallimarsot (gəʎimərsɔ́t) *m.* cock without a crest. *2* masculine looking woman.
gallina (gəʎinə) *f.* hen. ‖ ***pell de ~,*** goosepimples, gooseflesh. *2* fig. chicken, coward.
gallinaire (gəʎinái̯rə) *m.-f.* poultry dealer or seller.

galliner (gəʎinė) *m.* hen run. *2* henhouse. *3* fig. bedlam, madhouse.
galló (gəʎó) *m.* segment, slice [fruit].
galó (gəló) *m.* MIL. stripe. *2* gallon.
galop (gəlɔ́p) *m.* gallop. *2* MAR. breakwater. *3* MUS. galop.
galopant (gəlupán) *a.* galloping.
galotxa (gəlɔ́tʃə) *f.* See ESCLOP.
galta (gáltə) *f.* cheek. *2 pl.* fig. cheek.
galtaplè, -ena (gəltəlɛ́, -ɛ́nə) *a.* chubby cheeked.
galtera (gəltérə) *f.* chinstrap. *2 pl.* MED. mumps.
galvana (gəlβánə) *f.* laziness.
galvànic, -ca (gəlβánik, -kə) *a.* ELECTR. galvanic.
galvanitzar (gəlβənidzá) *t.* to galvanize [also fig.].
galze (gálzə) *m.* groove.
galzeran (gəlzərán) *m.* BOT. butcher's broom.
gamarús (gəmərús) *m.* ORNIT. tawny owl. *2* type of mushroom.
gamba (gámbə) *f.* ZOOL. shrimp, prawn. *2* leg.
gambada (gəmbáðə) *f.* stride.
gambal (gəmbál) *m.* stirrup leather. || ***curt de ~s,*** slow, thick.
gamma (gámmə) *f.* gamma. *2* MUS. scale. *3* range.
gana (gánə) *f.* hunger. || ***tinc ~,*** I'm hungry. *2 pl.* wish *sing.* desire *sing.* || ***tinc ganes d'anar-me'n al llit,*** I want to go to bed. || ***no em dóna la ~,*** I don't feel like it.
ganàpia (gənápiə) *m.-f.* big baby.
gandul, -la (gəndúl, -lə) *a.* lazy, idle. ▪ *2 m.-f.* lazybones, idler, loafer.
gandulejar (gəndulәʒá) *i.* to be lazy, to be idle, to laze about.
ganduleria (gəndulәríə) *f.* laziness, idleness.
ganga (gáŋgə) *f.* bargain. *2* ORNIT. sandgrouse. *3* MINER. gangue.
gangli (gáŋgli) *m.* ANAT. ganglion.
gangrena (gəŋgrɛ́nə) *f.* gangrene.
gangrenar-se (gəŋgrənársə) *p.* to go gangrenous.
gànguil (gáŋgil) *m.* coll. lanky person, beanpole.
ganivet (gəniβɛ́t) *m.* knife.
ganiveta (gəniβɛ́tə) *f.* large knife; bread knife.
ganso, -sa (gánsu, -sə) *a.* dawdling.
gansola (gənsɔ́lə) *a.* (ROSS.) See GANDUL.
gansoner, -ra (gənsunė, -rə) *a.* See GANSO.
gansoneria (gənsunəríə) *f.* slowness, time wasting.
ganut, -uda (gənút, -úðə) *a.* starving, ravenous. *2* always hungry.
ganxet (gənʃɛ́t) *m.* crochet hook. || ***fer ~,*** to crochet.
ganxo (gánʃu) *m.* hook.
ganya (gáɲə) *f.* gill.
ganyota (gəɲɔ́tə) *f.* grimace, face.
gara-gara (gárəγárə) *f.* ***fer la ~ a,*** to suck up to.
garant (gərán) *a.* responsible. ▪ *2 m.-f.* guarantor.
garantia (gərəntíə) *f.* guarantee, warranty.
garantir (gərəntí) *t.* to guarantee. *2* to assure. *3* to vouch for.
garatge (gərádʒə) *m.* garage.
garba (gárβə) *f.* AGR. sheaf.
garbell (gərβéʎ) *m.* riddle; sieve.
garbí (gərβí) *m.* METEOR. south-west wind.
garbuix (gərβúʃ) *m.* tangle, mix-up, mess. || ***fer-se un ~,*** to get all mixed up.
gardènia (gərðɛ́niə) *f.* BOT. gardenia.
garfi (gárfi) *m.* sharp pointed hook; gaff.
gargall (gərγáʎ) *m.* spit.
gargamella (gərγəméʎə) *f.* throat.
gàrgara (gárγərə) *f.* gargle. || ***ves a fer gàrgares!,*** get lost!, push off!
gàrgola (gárγulə) *f.* gargoyle.
gargot (gərγɔ́t) *m.* scribble, scrawl.
gargotejar (gərγutəʒá) *t.* to scribble, to scrawl.
garita (gərítə) *f.* sentry box; lookout turret.
garjola (gərʒɔ́lə) *f.* clink, prison, jail.
garlaire (gərláirə) *m.-f.* chatterbox, prattler.
garlanda (gərlándə) *f.* garland.
garlar (gərlá) *i.* to prattle, to rabbit on.
garnatxa (gərnátʃə) *f.* variety of black grape. *2 m.* wine of this grape.
garneu, -ua (gərnɛ́ŭ, -wə) *a.* cunning, sly. ▪ *2 m.* ICHTHY. piper.
garra (gárrə) *f.* leg [animals].
garrafa (gərráfə) *f.* demijohn, large bottle.
garranyic (gərrəɲík) *m.* squeal; squeak.
garratibat, -ada (gərrətiβát, -áðə) *a.* stiff-legged. *2* fig. dumbfounded, astounded.
garrell, -lla (gərréʎ, -ʎə) *a.* bow-legged.
garrepa (gərrɛ́pə) *a.* mean, miserly. ▪ *2 m.-f.* miser; penny-pincher.
garreta (gərrɛ́tə) *f.* ANAT. back of the knee.
garrí, -ina (gərrí, -ínə) *m.-f.* piglet.
garriga (gərríγə) *f.* BOT. scrubland, scrub.
garrit, -ida (gərrít, -íðə) *a.* charming; gallant.
garró (gərró) *m.* ankle.
garrofa (gərrɔ́fə) *f.* BOT. carob bean or pod. || ***guanyar-se les garrofes,*** to earn one's living.
garrofer (gərrufé) *m.* BOT. carob tree.
garrot (gərrɔ́t) *m.* stick, stave, staff. *2* LAW garrotte or garotte.

garrotada (gərrutáðə) *f.* a blow with a stick or club.
garrotxa (gərrɔ́tʃə) *f.* difficult terrain, rugged land.
garsa (gársə) *f.* ORNIT. magpie.
gas (gas) *m.* gas. *2 pl.* wind *sing.*, gas *sing,* [in te stomach].
gasa (gázə) *f.* gauze.
gasela (gəzɛ́lə) *f.* ZOOL. gazelle.
gaseta (gəzɛ́tə) *f.* gazette.
gasetilla (gəzətiʎə) *f.* news-in-brief section. *2* short news item.
gasetiller (gəzətiʎé) *m.* writer of short news items.
gasificar (gəzifiké) *t.* to gasify.
gasiu, -iva (gəziŭ, -iβə) *a.* mean, tight-fisted.
gasiveria (gəziβəriə) *f.* meanness, tight-fistedness; miserliness.
gasògen (gəzɔ́ʒən) *m.* gasogene.
gas-oil (gəzɔ̆il) gas oil. *2* diesel [vehicles].
gasolina (gəzulinə) *f.* petrol, (USA) gasolene, gas.
gasolinera (gəzulinérə) *f.* garage, petrol station, (USA) gas station.
gasòmetre (gəzɔ́mətrə) *m.* gasometer.
gasós, -osa (gəzós, -ózə) *a.* gaseous. *2* fizzy. ▪ *3 f.* lemonade.
gaspatxo (gəspátʃu) *m.* gazpacho [a cold soup].
gassot (gəsɔ́t) *m.* (ROSS.) See TOLL.
gastar (gəstá) *t.-p.* to spend [money]. *2 t.* to use up. *3* to use [gas, electricity, etc.]. *4 p.* to be used up. *5* to wear out.
gastat, -ada (gəstát, -áðə) *a.* worn out.
gàstric, -ca (gástrik, -kə) *a.* gastric.
gastritis (gəstritis) *f.* gastritis.
gastronomia (gəstrunumiə) *f.* gastronomy.
gat, gata (gát, gátə) *m.* cat. *2* MECH. jack. *3* ~ ***vell,*** wise old bird; ***donar ~ per llebre,*** to sell someone a pig in a poke. *4 f.* she-cat.
gatejar (gətəʒá) *i.* to crawl on all fours.
gató (gətó) *m.* (ROSS.) See PASTÍS.
gatosa (gətózə) *f.* BOT. gorse, furze.
gatzara (gədzárə) *f.* shouting, uproar, din.
gatzoneta (gədzunɛ́tə) *phr.* ***a la ~,*** squatting.
gaudi (gáŭði) *m.* enjoyment, pleasure.
gaudir (gəŭði) *i.* to enjoy *t.*
gautxo, -txa (gáŭtʃu, -tʃə) *m.-f.* gaucho.
gavadal (gəβəðál) *m.* trough. ‖ fig. ***un ~ de,*** loads of.
gavardina (gəβərðinə) *f.* raincoat.
gavarra (gəβárrə) *f.* MAR. barge.
gavarrot (gəβərrɔ́t) *m.* tack.
gavatx, -txa (gəβátʃ, -tʃə) *a., m.-f.* pej. French. ▪ *2 m.-f.* pej. Frog.
gavella (gəβéʎə) *f.* AGR. sheaf.
gavet, -ta (gəβɛ́t, -tə) *m.* BOT. rhododendron. *2 f.* mortar trough.
gavià (gəβiá) *m.* ORNIT. seagull.
gavina (gəβinə) *f.* ORNIT. seagull.
gebrada (ʒəβráðə) *f.* See GEBRE.
gebrar (ʒəβrá) *i.* to freeze. ▪ *2 t.* COOK. to frost with sugar.
gebre (ʒéβrə) *m.* frost, hoar frost.
gec (ʒɛ́k) *m.* jacket.
gegant, -ta (ʒəɣán, -tə) *a., m.-f.* giant. *2 f.* giantess.
gegantesc, -ca (ʒəɣəntɛ́sk, -kə) *a.* gigantic.
gel (ʒɛ́l) *m.* ice. ‖ fig. ***trencar el ~,*** to break the ice.
gelar (ʒəlá) *t.-i.-p.* to freeze.
gelat, -ada (ʒəlát, -áðə) *a.* frozen. ▪ *2 m.* ice cream. *3 f.* freeze-up.
gelatina (gələtinə) *f.* gelatine.
gelea (ʒəlɛ́ə) *f.* jelly.
gelera (ʒəlérə) *f.* glacier.
gèlid, -da (ʒɛ́lit, -ðə) *a.* freezing, icy.
gelosia (ʒəluziə) *f.* jealousy.
gemec (ʒəmék) *m.* groan; moan.
gemegaire (ʒəməɣáirə) *m.-f.* moaner; groaner; wailer.
gemegar (ʒəməɣá) *i.* to moan, to groan [with pain].
geminat, -ada (ʒəminát, -áðə) *a.* geminate, arranged in pairs.
Gèmini (ʒɛ́mini) *m.* ASTROL. Gemini.
gemir (ʒəmi) *i.* See GEMEGAR.
gemma (ʒémə) *f.* BOT. bud. *2* MINER. gem.
gen (ʒɛn) *m.* BIOL. gene.
genciana (ʒənsiánə) *f.* BOT. gentian.
gendarme (ʒəndármə) *m.* gendarme.
gendre (ʒɛ́ndrə) *m.* son-in-law.
genealogia (ʒənəəluʒiə, coll. ʒənəuluʒiə) *f.* genealogy.
gener (ʒəné) *m.* January.
generació (ʒənərəsió) *f.* generation.
generador, -ra (ʒənərəðó, -rə) *a.* generating. ▪ *2 m.* TECH. generator.
general (ʒənərál) *a.* general. ▪ *2 m.* MIL. general.
generalitat (ʒənərəlitát) *f.* generality. *2* majority. *3* POL., HIST. the autonomous government of Catalonia and Valencia.
generalitzar (ʒənərəlidzá) *t.* to generalise. ▪ *2 p.* to become more common.
generar (ʒənərá) *t.* to generate.
gènere (ʒɛ́nərə) *m.* class, type, sort. *2* GRAMM. gender. *3* COMM. material, stuff.
generós, -osa (ʒənərós, -ózə) *a.* generous.
generositat (ʒənəruzitát) *a.* generosity.
gènesi (ɛ́nəzi) *f.* genesis, beginning.
genet (ʒənɛ́t) *m.* jockey; horseman.
genètica (ʒənɛ́tikə) *f.* genetics.
geni (ʒɛ́ni) *m.* MYTH. genie. *2* genius. *3* temper: ***té mal ~,*** he's bad-tempered.

genial (ʒəniál) *a.* inspired, brilliant.
genialitat (ʒəniəlitát) *f.* genius. *2* brilliant idea, stroke of genius.
genital (ʒənitál) *a.* genital. ▪ *2 m. pl.* genitals.
geniüt, -üda (ʒəniút, -úðə) *a.* bad-tempered, irascible.
geniva (ʒəniβə) *f.* ANAT. gum.
genoll (ʒənóʎ) *m.* ANAT. knee.
genollera (ʒənuʎérə) *f.* knee guard. *2* knee bandage.
Gènova (ʒέnuβə) *pr. n. f.* GEOGR. Genoa.
gens (ʒens) *adv.* not at all. ‖ ***no m'agrada gens,*** I don't like it at all. *2* any ***en vols ~?,*** do you want a bit? *3* ***gairebé ~,*** hardly at all.
gent (ʒen) *f.* people *pl.*
gentada (ʒəntáðə) *f.* crowd.
gentalla (ʒəntáʎə) *f.* riffraff.
gentil (ʒəntil) *a.* elegant, graceful. *2* REL. gentile; pagan, heathen.
gentilhome (ʒəntilɔ́mə) *m.* ant. gentleman.
gentilici, -cia (ʒəntilisi, -siə) *a.* national; tribal; family.
genuflexió (ʒənufləksió) *f.* genuflexion.
genuí, -ïna (ʒənui, -inə) *a.* genuine, real.
geògraf, -fa (ʒəɔ́ɣrəf, -fə) *m.-f.* geographer.
geografia (ʒəuɣrəfiə) *f.* geography.
geòleg, -òloga (ʒəɔ́lək, -ɔ́luɣə) *m.-f.* geologist.
geologia (ʒəuluʒiə) *f.* geology.
geometria (ʒəumətriə) *f.* geometry.
gep (ʒep) *m.* hump.
gepa (ʒépə) *f.* See GEP.
geperut, -uda (ʒəpərút, -úðə) *a.* humpbacked.
gerani (ʒəráni) *m.* BOT. geranium; pelargonium.
gerd (ʒέr(t)) *m.* BOT. raspberry.
gerent (ʒərén) *m.* director, manager.
geriatria (ʒəriətriə) *f.* MED. geriatrics.
germà, -ana (ʒərmá, -ánə) *m.* brother. *2 f.* sister.
germanastre, -tra (ʒərmənástrə, -trə) *m.* step-brother. *2 f.* step-sister.
germandat (ʒərməndát) *f.* brotherhood.
germani (ʒərmáni) *m.* MINER. germanium.
germanor (ʒərmənó) *f.* companionship.
germen (ʒέrmən) *m.* BIOL. germ.
germinar (ʒərminá) *i.* to germinate.
gernació (ʒərnəsió) *f.* crowd.
gerontologia (ʒəruntuluʒiə) *f.* MED. gerontology.
gerra (ʒέrrə) *f.* jug.
gerro (ʒέrru) *m.* vase, flower vase.
gespa (ʒéspə) *f.* lawn.
gessamí (ʒəsəmi) *m.* BOT. jasmine.
gest (ʒes(t)) *m.* gesture. *2* ***mal ~,*** awkward movement which causes injury.
gesta (ʒéstə) *f.* deed, exploit.
gestació (ʒəstəsió) *f.* gestation.
gesticular (ʒəstikulá) *i.* to gesticulate.
gestió (ʒəstió) *f.* management; handling. *2* step, measure.
gestionar (ʒəstiuná) *t.* to take steps to achieve; to negotiate.
gestor, -ra (ʒəstó, -rə) *a., m.-f.* administrator, manager.
gibrell (ʒiβréʎ) *m.* basin; bowl.
gibrelleta (ʒiβrəʎέtə) *f.* chamber pot.
gimnàs (ʒimnás) *m.* gymnasium.
gimnasta (ʒimnástə) *m.-f.* gymnast.
gimnàstica (ʒimnástikə) *f.* gymnastics.
ginebra (ʒinéβrə) *f.* gin.
Ginebra (ʒinébrə) *pr. n. f.* GEOGR. Geneva.
ginebró (ʒinəβró) *m.* BOT. juniper.
ginecologia (ʒinəkuluʒiə) *f.* MED. gynaecology, (USA) gynecology.
ginesta (ʒinéstə) *f.* BOT. broom.
gingiva (ʒinʒiβə) *f.* (ROSS.) See GENIVA.
gínjol (ʒinʒul) *m.* BOT. jujube. ‖ ***més content que un ~,*** as happy as a sandboy.
giny (ʒiɲ) *m.* device; contrivance; engine. *2* strategem.
gir (ʒir) *m.* turn, rotation. *2* ~ ***postal,*** postal or money order. *3* turn of phrase.
gira (ʒirə) *f.* the underside; the inside.
girada (ʒiráðə) *f.* turn. *2* twist. *3* turning place.
giragonsa (ʒirəɣónsə) *f.* bend, turn.
girafa (ʒiráfə) *f.* giraffe.
girar (ʒirá) *t.* to turn, to turn over; to turn round. ‖ fig. ~ ***cua,*** to turn tail. ▪ *2 i.* to turn; to spin; to go round. ▪ *3 p.* to turn round. *5* to twist. ‖ fig. ***s'ha girat la truita,*** the tables have turned.
gira-sol (ʒirəsɔ́l) *m.* BOT. sunflower.
giratori, -òria (ʒirətɔ́ri, -ɔ́riə) *a.* gyratory.
giravoltar (ʒirəβultá) *i.* to go round, to spin, to spin round.
Girona (ʒironə) *pr. n. f.* GEOGR. Gerona.
gitano, -na (ʒitánu, -nə) *m.-f.* gipsy.
gitar (ʒitá) *t.* to throw; to throw out; to throw up. ▪ *2 p.* (VAL.) to go to bed.
gla (gla) *f.* BOT. acorn.
glaç (glas) *m.* ice.
glaçar (gləsá) *t.-i.* to freeze.
glacera (gləsérə) *f.* See GELERA.
glacial (gləsiál) *a.* icy; glacial. ‖ ***era ~,*** ice age.
gladiador (gləðiəðó) *m.* gladiator.
gland (glan) *m.* ANAT. glans.
glàndula (glándulə) *f.* gland.
glatir (gləti) *i.-t.* to long for *i.*, to yearn for *i.;* to covet *t.*
glauc, -ca (gláuk, -kə) *a.* glaucous.
gleva (glέβə) *f.* clod. *2* lump. *3* clot. *4* HIST. glebe. *5* fam. slap.

glicerina (glisərinə) *f.* glycerine.
global (gluβál) *a.* global, total.
glòbul (glɔ́βul) *m.* globule. *2* corpuscle.
globus (glɔ́βus) *m.* balloon. *2* ~ ***terraqüi,*** the Earth.
gloc-gloc (glɔ̨gglɔ́k) *m.* glug-glug.
glop (glop) *m.* sip, gulp, swallow.
glopada (glupáðə) *f.* mouthful. *2* puff [smoke].
glopejar (glupəʒá) *t.* to rinse one's mouth out. *2* to taste a liquid by swilling it round one's mouth.
glòria (glɔ́riə) *f.* glory.
Glòria (glɔ́riə) *pr. n. f.* Gloria.
glorieta (gluriɛ́tə) *f.* arbour; bower.
glorificar (glurifiká) *t.* to glorify.
glosa (glɔ́zə) *f.* See GLOSSA.
glossa (glɔ́sə) *f.* footnotes, annotation. *2* commentary. *3* gloss [poetry].
glossari (glusári) *m.* glossary.
glotis (glɔ́tis) *f.* ANAT. glottis.
glucosa (glukózə) *f.* CHEM. glucose.
gluten (glútən) *m.* gluten.
gnom ((g)nom) *m.* gnome.
gnòstic, -ca ((g)nɔ́stik, -kə) *a., m.-f.* gnostic.
gobelet (guβəlɛ́t) *m.* dice cup.
godall (guðáʎ) *m.* piglet.
godallar (guðəʎá) *t.* to farrow.
goig (gɔtʃ) *m.* joy, enjoyment. || ***fer*** ~, to look pretty or lovely.
gol (gol) *m.* goal.
gola (gólə) *f.* throat. *2* mouth [caves, harbours, etc.]. *3* MIL. gorget. *4* ruff. *5* gluttony, greed.
golafre (guláfrə) *a.* greedy, gluttonous. ▪ *2 m.-f.* glutton.
golafreria (guləfrəriə) *f.* greed, gluttony.
goleta (gulɛ́tə) *f.* MAR. schooner.
golf (golf) *m.* GEOGR. gulf; bay. *2* SP. golf.
golfa (gólfə) *f.* attic, loft.
goll (goʎ) *m.* MED. goitre.
gom a gom (gɔ̨məγóm) *phr.* ***de*** ~, chockfull, jam packed.
goma (gómə) *f.* gum. *2* rubber.
gònada (gɔ́nəðə) *f.* ANAT., BIOL. gonad.
gòndola (góndulə) *f.* NAUT. gondola.
gonfanó (gumfənó) *m.* standard, banner.
gong (goŋ) *m.* MUS. gong.
goril·la (gurilə) *m.* ZOOL. gorilla.
gorja (gɔ́rʒə) *f.* throat. *2* gorge. *3* groove. *4* lever [in lock]. *5* pool [in river].
gormand, -da (gurmán, -də) *a.* greedy. *2* sybaritic.
gorra (górrə) *f.* cap. || ***de*** ~, on the scrounge; without paying.
gorrejar (gurrəʒá) *i.* to scrounge, to sponge.
gorrer, -ra (gurrér, -rə) *m.-f.* scrounger.
gos, gossa (gos, gósə) *m.* ZOOL. dog. *2* (VAL.) See MANDRA. *3 f.* bitch.
gosadia (guzəðiə) *f.* daring.
gosar (guzá) *i.* to dare.
got (gɔt) *m.* glass.
gota (gótə) *f.* drop, bead [of liquid]. || ***assemblar-se com dues gotes d'aigua,*** to be as alike as two peas in a pod; ***caure quatre gotes,*** to spit with rain; ***la*** ~ ***que fa vessar el vas,*** the straw that breaks the camel's back; ***ni*** ~, (none) at all; ***suar la*** ~, to sweat blood. *2* MED. gout.
gotejar (gutəʒá) *i.* to drip. *2* to drizzle.
gotera (gutérə) *f.* leak.
gòtic, -ca (gɔ́tik, -kə) *a.* Gothic.
gotim (gutim) *m.* bunch of grapes.
govern (guβɛ́rn) *m.* government.
governador, -ra (guβərnəðó, -rə) *m.-f.* governor.
governall (guβərnáʎ) *m.* MAR. rudder.
governant (guβərnán) *a.* governing, ruling. ▪ *2 m.-f.* governor, ruler.
governar (guβərná) *t.* to govern, to rule. *2* MAR. to steer.
gra (grə) *m.* grain [cereals, sand, etc.]. || ~ ***de raïm,*** grape. *2* spot. *3* bead [necklaces]. *4* fig. ***anar al*** ~, to get to the point. || fig. ***fer-ne un*** ~ ***massa,*** to go a bit too far.
gràcia (grácia) *f.* charm; style; attractiveness; wit. *2* grace, favour; pardon. *3 pl.* thanks. *4* ***fer*** ~ ***a,*** to please *t.-i.*, to attract *t.* || ***em va fer molta*** ~, it was really funny. *5* ***gràcies!,*** thank you!, thanks!.
gràcil (grásil) *a.* slim, slender; delicate.
grada (gráðə) *f.* step. *2* tier of seats.
gradació (grəðəsió) *f.* gradation.
graderia (grəðəriə) *f.* series of steps. *2* tier of seats.
graduació (grəðuəsió) *f.* graduation. *2* MIL. rank. *3* VIT. alcoholic content.
graduar (grəðuá) *t.* to graduate. *2* VIT. to determine the strength of. *3* to regulate, to set. *4* MIL. to confer a rank. ▪ *5 p.* EDUC. to graduate.
graella (grəéʎə) *f.* grill.
grafia (grəfiə) *f.* spelling. *2* graphic representation of a sound.
gràfic, -ca (gráfik, -kə) *a.* graphic. *2* vivid, lifelike. ▪ *3 m.* graph, diagram.
grafisme (grəfizmə) *m.* design.
grafista (grəfistə) *m.-f.* design artist.
grafit (grəfit) *m.* graphite.
grafologia (grəfuluʒiə) *f.* graphology.
gralla (gráʎə) *f.* ORNIT. jackdaw.
grallar (grəʎá) *i.* to caw.
gram (gram) *m.* gram, gramme. *2* BOT. Bermuda grass.
gramàtic, -ca (grəmátik, -kə) *m.-f.* grammarian. *2 f.* grammar. *3* grammar book.

gramòfon (grəmɔ́fun) *m.* gramophone, (USA) phonograph.
gran (gran) *a.* big, large. *2* old, elderly. *3* great, famous. ▪ *4 m. pl.* adults, grown-ups.
grana (gránə) *f.* seed.
granada (grənáðə) *f.* ARTILL. grenade.
granar (grəná) *i.* to seed [cereals].
granat, -ada (grənát, -áðə) *a.* AGR. with the grain formed [cereals]. *2* fig. grown-up, mature, adult.
G.B. *f. (Gran Bretanya)* G.B. (Great Britain).
Gran Bretanya (grán brətáɲə) *pr. n. f.* GEOGR. Great Britain.
grandària (grənðáriə) *f.* size.
grandesa (grəndɛ́sə) *f.* size. *2* greatness. *3* grandeur.
grandiloqüència (grəndilukwɛ́nsiə) *f.* grandiloquence.
grandiós, -osa (grəndiós, -ózə) *a.* grandiose.
granellada (grənəʎáðə) *f.* MED. rash.
granellut, -uda (grənəʎút, -úðə) *a.* spotty, pimply.
graner (grəné) *m.* barn, granery. *2 m.-f.* grain dealer.
granera (grənérə) *f.* (BAL.), (VAL.) See ESCOMBRA.
granger, -ra (grənʒé, -rə) *m.-f.* farmer.
granís (grənís) *m.* METEOR. hail.
granissar (grənisá) *i.* to hail.
granissat, -ada (grənisát, -áðə) *a.* iced drink. *2 f.* rash. *3* METEOR. hailstorm *m.*
granit (grənít) *m.* granite.
granívor, -ra (grəníβur, -rə) *a.* grain-eating.
granja (gránʒə) *f.* farm.
granota (grənɔ́tə) *f.* ZOOL. frog. *2* overall, overalls *pl.*
grànul (gránul) *m.* granule.
graó (grəó) *m.* step.
grapa (grápə) *f.* paw. ‖ ***de quatre grapes,*** on all fours. *2* coll. (bid) hand. *3* staple.
grapat (grəpát) *m.* handful.
grapejar (grəpəʒá) *t.* to paw, to handle, to finger.
gras, -assa (gras, -ásə) *a.* fatty. *2* fat.
grat, -ta (grət, -tə) *a.* pleasing, agreeable, pleasant. ▪ *2 m.* liking: ***és del meu ~,*** it is to my liking.
gratacel (grətəsɛ́l) *m.* skyscraper.
gratar (grətá) *t.* to scrape, to scratch.
gratificació (grətifikəsió) *f.* reward, recompense. *2* gratification.
gratificar (grətifiká) *t.* to reward, to recompense. *2* to gratify.
gratis (grátis) *adv.* free (of charge).
gratitud (grətitút) *f.* gratitude, gratefulness.
gratuït, -ta (grətuít, -tə) *a.* free (of charge). *2* gratuitous, uncalled for; unfounded, unjustified.
grau (graŭ) *m.* degree, stage. *2* step. *3* measure, rate. *4* degree.
grava (gráβə) *f.* gravel.
gravador, -ra (grəβəðó, -rə) *m.-f.* engraver.
gravamen (grəβámən) *m.* tax, obligation. *2* fig. obligation, burden.
gravar (grəβá) *t.* to engrave, to etch; to carve. *2* to tax; to levy. *3* fig. to engrave, to etch, to carve.
gravat, -ada (grəβát, -áðə) *a.* engraved, etched [also fig.]. ▪ *2 m.* etching; engraving; print; illustration.
gravetat (grəβətát) *f.* gravity. *2* fig. gravity, seriousness.
gravitar (grəβitá) *i.* gravitar.
grec, -ega (grék, -éγə) *a., m.-f.* Greek.
Grècia (grɛ́siə) *pr. n. f.* GEOGR. Greece.
gregal (grəγál) *m.* METEOR. north-east wind.
gregari, -ària (grəγári, -áriə) *a.* gregarious.
gregorià, -ana (grəγuriá, -ánə) *a.* Gregorian.
greix (greʃ) *m.* fat; lard. *2* grease.
greixatge (grəʃádʒə) *m.* greasing, lubrification; oiling.
greixós, -osa (grəʃós, -ózə) *a.* fatty; greasy, oily.
gremi (grɛ́mi) *m.* guild; union, association.
grenya (grɛ́ɲə) *f.* shock or mat of hair [on the face].
gres (gres) *m.* MINER. potter's clay. *2* stoneware, earthenware.
gresca (grɛ́skə) *f.* hubbub, hullabaloo, commotion; uproar. *2* row, revolt; riot.
greu (gréŭ) *a.* heavy, weighty. *2* grave, serious, extreme. *3* ***accent ~,*** grave accent. *4* MUS. deep, low. *5* ***saber ~,*** to be sorry.
greuge (gréŭʒə) *m.* offence, (USA) offense; injustice; wrong. *2* grievance, complaint.
grèvol (grɛ́βul) *m.* BOT. holly.
grill (griʎ) *m.* ENT. cricket. *2* piece, segment [of fruit].
grinyol (griɲɔ́l) *m.* howl, cry; shriek, screech. *2* screech [of tires, etc.], creak, squeak.
grinyolar (griɲulá) *i.* to howl; to shriek, to screech. *2* to creak, to screech [tires], to squeak.
grip (grip) *f.* MED. flu, influenza.
gripau (gripáŭ) *m.* ZOOL. toad.
gris, -sa (gris, -zə) *a., m.-f.* grey, (USA) gray.
groc, -oga (grɔ́k, -ɔ́γə) *a., m.-f.* yellow.
groller, -ra (gruʎé, -rə) *a.* coarse, rough [texture]. *2* rude, coarse; impertinent.
grolleria (gruʎəríə) *f.* rudeness, coarseness; discourtesy. *2* rude or coarse thing; vulgar remark, crack.

gronxador (grunʃəðó) *m.* swing.
gronxar (grunʃá) *t.* to swing, to push (on swing). ▪ *2 p.* to swing.
gropa (grópə) *f.* rump, hindquarters; crupper [animals].
gros, -ossa (grɔ́s, -ósə) *a.* big; thick; fat. ‖ ***dit ~,*** thumb. ▪ *2 m.* mass, main, body. ‖ ***el ~ de la manifestació,*** the bulk of the demonstration. *3 f.* ***la grossa de Nadal,*** the (Christmas) jackpot. *4* (VAL.) See GRUIXUT.
grosser, -era (grusé, -érə) *a.* coarse, rude; crass, gross.
grosseria (grusəriə) *f.* crassness, rudeness; tactlessness.
grotesc, -ca (grutɛ́sk, -kə) *a.* grotesque, hideous.
grua (grúə) *f.* ORNIT. crane. *2* MECH. crane. *3* tow truck.
gruix (gruʃ) *m.* thickness; width.
gruixària (gruʃáriə) *f.* thickness; width.
gruixat, -ada (gruʃát, -áðə) *a.* (BAL.) See GRUIXUT.
gruixut, -uda (gruʃút, -úðə) *a.* thick; bulky, fat; heavy; large.
grum (grum) *m.* bellboy, (USA) bellhop.
grumet (grumɛ́t) *m.* MAR. cabin boy, ship's boy.
grumoll (grumóʎ) *m.* lump; clot; curd.
grunyir (gruɲí) *i.* to grunt; to growl. *2* to grumble. ▲ CONJUG. INDIC. Pres.: ***gruny.***
grunyit (gruɲit) *m.* grunt; growl, snarl. *2* grumble, grouse.
grup (grup) *m.* group; cluster; batch. *2* unit, set.
gruta (grútə) *f.* grotto, cave.
guaita (gwáĭtə) *f.* vigilance, watch. *2 m.* guard, watchman.
guaitar (gwəĭtá) *t.* to watch, to keep an eye on. *2* to look at. *3* fig. ***guaita!,*** look!, listen!
gual (gwál) *m.* ford. *2* AUTO. entrance or exit across with parking is forbidden.
guant (gwán) *m.* glove.
guany (gwáɲ) *m.* gain, profit; benefit. *2* earnings.
guanyar (gwəɲá) *t.* to obtain, to earn, to win. *2* SP. to win, to beat; to score. *3* to gain. ▪ *4 p.* ***~-se el pa,*** to earn one's living. *5* fig. to win [affection, support], to win over. ▪ *6 i.* to look better.
guarda (gwárðə) *m.-f.* guard, keeper; watchman.
guardaagulles (gwərðəγúʎəs) *m.* RAIL. switchman.
guardabarrera (gwərðəβərrérə) *m.-f.* crossing keeper.
guardabosc (gwərðəβɔ́sk) *m.* forester, gamekeeper, (USA) forest ranger, game warden.
guardacostes (gwərðəkɔ́stəs) *m.* MAR. coastguard ship or vessel.
guardaespatlles (gwərðəspáʎʎəs) *m.* bodyguard. *2* shawl.
guardapols (gwárðəpóls) *m.* dustsheet. *2* dust coat.
guardar (gwərðá) *t.* to protect, to look after, to guard; to preserve. ‖ ***Déu nos en guard!,*** Heaven forbid! *2* to keep , to hold on to. *3* to put away. *4* ***Déu vos guard!,*** God be with you! [greeting]. ▪ *5 p.* to refrain (*de,* from), to avoid (*de,* —). *6* to be careful, to look out (for oneself).
guarda-roba (gwərðərrɔ́βə) *m.* cloakroom, (USA) checkroom.
guàrdia (gwərðiə) *f.* guard, guards; police. *2* watch, guard, custody. ‖ ***fer ~,*** to be on guard or on duty. ▪ *3 m.* policeman, guardsman.
guardià, -ana (gwərðiá, -ánə) *m.-f.* guardian, custodian; keeper. *2* watchman, caretaker.
guardiola (gwərðiɔ́lə) *f.* money-box; piggy bank. ‖ ***fer ~,*** to save up, to put one's pennies away.
guardó (gwərðó) *m.* reward, recompense.
guarició (gwərisió) *f.* cure, healing; treatment.
guarir (gwərí) *t.* to cure; to treat. ▪ *2 i.-p.* to recover, to get well; to get better.
guarnició (gwərnisió) *f.* MIL. garrison. *2* adornment, embellishment; lining [of brake]; setting [of jewel]. *3* COOK. side dish, garnish.
guarnir (gwərní) *t.* MIL. to garrison. *2* to adorn; to trim, to set [jewels]. *3* COOK. to garnish.
Guatemala (gwatəmálə) *pr. n. f.* GEOGR. Guatemala.
guatemaltenc, -ca (gwətəməltɛ́ŋ, -kə) *a., m.-f.* Guatemalan.
guatlla (gwáʎʎə) *f.* ORNIT. quail.
guenyo, -ya (gɛ́ɲu, -ɲə) *a.* cross-eyed.
guerra (gɛ́rrə) *f.* war, warfare.
guerrer, -ra (gərré, -rə) *a.* war, warlike. ▪ *2 m.-f.* warrior, soldier. *3 f.* combat jacket.
guerrilla (gərriʎə) *f.* guerrilla, warfare. *2* guerrilla [group].
guerriller (gərriʎé) *m.* guerrilla [person].
guerxo, -xa (gɛ́rʃu, -ʃə) *a.* cross-eyed. *2* twisted, bent.
guia (giə) *m.-f.* guide, leader. *2 f.* slide; runner. *3* guide, guidebook. ‖ ***~ telefònica,*** telephone directory.
guiar (giá) *t.* to guide, to show the way. *2* to direct, to lead.

guilla (giʎə) *f.* See GUINEU.
guillar (giʎá) *i.* to flee, to run away. ▪ *2 p.* to go mad, to lose one's marbles.
guillat, -ada (giʎát, -áðə) *a.* mad; crackers, barmy.
Guillem (giʎέm) *pr. n. m.* William.
guillotina (giʎutínə) *f.* guillotine. *2* guillotine, paper cutter.
guillotinar (giʎutiná) *t.* to guillotine.
guineu (ginέŭ) *f.* ZOOL. vixen, fox.
guió (gió) *m.* dash, hyphen. *2* sketch, outline. *3* (film) script.
guionista (giunístə) *m.-f.* scriptwriter.
guionet (giunét) *m.* hyphen.
guirigall (giriγáʎ) *m.* hubbub, din, roar.
guisar (gizá) *t.* to cook; to stew.
guisat (gizát) *m.* stew.
guitarra (gitárrə) *f.* MUS. guitar.
guitarrista (gitərrístə) *m.-f.* guitarist, guitar player.
guitza (gidzə) *f.* kick [animal]. || ***tirar guitzes,*** to kick.
guix (guiʃ) *m.* plaster. *2* chalk. *3* plaster, (USA) cast.
guixar (giʃá) *i.* to make a mark, to write: ***aquest bolígraf no guixa,*** this biro won't write. *2* fig. to work. ▪ *3 t.* to scribble on or in.
guspira (guspírə) *f.* spark; flash.
gust (gus(t)) *m.* taste [sense]. *2* taste, flavour, (USA) flavor. *3* pleasure. || ***si et ve de ~,*** if you like. *4* style. || ***mal ~,*** bad taste.
gustós, -osa (gustós, -ózə) *a.* tasty, savoury, (USA) savory.
gutural (guturál) *a.* guttural.

H

H, h (ak) *f.* h [letter].
hàbil (àβil) *a.* skilful, clever; adept. *2 **dia** ~,* working day.
habilitar (əβilitá) *t.* to enable; to entitle. *2* to convert (*com a,* into).
habilitat (əβilitát) *f.* skill, ability.
hàbit (áβit) *m.* habit, custom. *2* ECCL. habit. ‖ fig. ***penjar els ~s,*** to quit, to throw in the towel.
habitació (əβitəsió) *f.* room. *2* bedroom.
habitant (əβitán) *m.-f.* inhabitant. *2* resident, occupant.
habitar (əβitá) *t.* to inhabit, to live in. ▪ *2 i.* to live.
hàbitat (áβitət) *m.* habitat.
habitual (əβituál) *a.* habitual, regular.
habituar (əβituá) *t.* to accustom (*a,* to). ▪ *2 p.* to get accustomed or used (*a,* to).
Haia, La (áiə, lə) *pr. n. f.* GEOGR. The Hague.
haixix (əʃiʃ) *m.* hashish.
hajar (əʒá) *t.* (ROSS.) See AGAFAR.
ham (am) *m.* (fish) hook. *2* fig. bait.
hamaca (əmákə) *f.* hammock.
handbol (əmbɔ́l) *m.* SP. handball.
hangar (əŋgár) *m.* hangar.
harem (ərέm) *m.* harem.
harmonia (ərmuniə) *f.* MUS. harmony. *2* fig. agreement, accord.
harmònic, -ca (ərmɔ́nik, -kə) *a.* MUS. harmonic. *2 f.* harmonica, mouth-organ.
harmoniós, -osa (ərmuniós, -ózə) *a.* harmonious.
harmonitzar (ərmunidzá) *t.* to harmonize. ▪ *2 i.* to harmonize, to adapt; to come to terms.
harmònium (ərmɔ́niŭm) *m.* MUS. harmonium.
harpia (ərpiə) *f.* MYTH. harpy.
havà, -ana (əβá, -ánə) *a.* GEOGR. of Havana. ▪ *2 m.-f.* GEOGR. native of Havana. *3 m.* (Havana) cigar.
havanera (əβanérə) *f.* MUS. habanera.
haver (əβέ) *m.* COMM. assets.
haver (əβέ) *aux.* to have. ‖ ***~ de,*** to have to. ▪ *2 **~-hi,** impers.* to be [with ***there*** as a subject]. ‖ ***hi ha dos llibres al prestatge,*** there are two books on the shelf. ▪ *3 t.* to have; to own, to possess.
hebdomadari, -ària (əbduməðári, -áriə) *a.* weekly.
hebreu, -ea (əβrέŭ, -έə) *a., m.-f.* GEOGR., LING. Hebrew.
hecatombe (əkətómbə) *f.* hecatomb. *2* fig. slaughter.
hectàrea (əktáreə) *f.* hectare.
hectogram (əktuγrám) *m.* hectogram.
hectolitre (əktulitrə) *m.* hectolitre, (USA) hectoliter.
hectòmetre (əktɔ́mətrə) *m.* hectometre, (USA) hectometer.
hedonisme (əðunizmə) *m.* hedonism.
hegemonia (əʒəmuniə) *f.* hegemony.
Helena (əlέnə) *pr. n. f.* Helen.
heli (έli) *m.* helium.
hèlice (έlisə) *f.* helix, spiral. *2* AER., NAUT. propeller.
helicòpter (əlikɔ́ptər) *m.* helicopter, chopper.
hèlix (έliks) *f.* See HÈLICE.
hel·lènic, -ca (əllέnik, -kə) *a.* Hellenic.
hel·lenisme (ələnizmə) *m.* Hellenism.
helvètic, -ca (əlβέtik, -kə) *a.* Helvetic, Swiss.
hematoma (əmətómə) *m.* MED. haematoma; bruise.
hemicicle (əmisiklə) *m.* semi-circular theatre. *2* chamber, floor [of Parliament].
hemisferi (əmisfέri) *m.* hemisphere.
hemofilia (əmufiliə) *f.* MED. haemophilia, hemophilia.
hemorràgia (əmurráʒiə) *f.* MED. haemorrhage, hemorrhage.

hemorroide (əmurrɔ̀ĭðə) *f.* MED. haemorrhoids.
hendecasíl·lab, -ba (əndəkəsiləp, -βə) *a.* hendecasyllabic. ▪ *2 m.* hendecasyllable.
hepàtic, -ca (əpátik, -kə) *a.* hepatic, liver.
hepatitis (əpəptitis) *f.* MED. hepatitis.
heptàgon (əptáɣun) *m.* heptagon.
herald (ərál) *m.* herald [also fig.].
heràldic, -ca (əráldik, -kə) *a.* heraldic. ▪ *2 f.* heraldry.
herba (érβə) *f.* grass; herb. *2* grass [lawn].
herbari (ərβári) *m.* herbarium, plant collection.
herbei (ərβéĭ) *m.* lawn.
herbicida (ərβisíðə) *m.* CHEM. herbicide.
herbívor, -ra (ərβíβur, -rə) *a.* herbivorous.
herbolari (ərβulári) *m.* herbalist.
hereditari, -ària (ərəðitári, -áriə) *a.* hereditary, inherited.
herència (ərέnsiə) *f.* inheritance, estate. *2* BIOL. heredity. *3* fig. heritage.
heretar (ərətá) *t.* to inherit; to be heir to. *2* to name as one's heir.
heretge (ərédʒə) *m.-f.* heretic.
heretgia (ərədʒíə) *f.* heresy.
hereu, -eva (ərέŭ, -έβə) *m.-f.* heir, inheritor. ‖ *~ escampa,* spendthrift, squanderer.
hermafrodita (ərməfruðítə) *a.-m.* hermaphrodite.
hermètic, -ca (ərmέtik, -kə) *a.* airtight, hermetic.
hèrnia (έrniə) *f.* MED. hernia.
heroi (ərɔ̀ĭ) *m.* hero.
heroïcitat (əruisitát) *f.* heroism. *2* heroic deed.
heroïna (əruinə) *f.* heroine. *2* heroin [drug].
herpes (έrpəs) *m.* MED. herpes; shingles.
hesitar (əsitá) *t.-i.* (ROSS.) See DUBTAR.
heterodox, -xa (ətəruðɔ̀ks, -ksə) *a.* heterodox, unorthodox.
heterogeni, -ènia (ətəruʒέni, -έniə) *a.* heterogeneous.
heura (éŭrə) *f.* BOT. ivy.
heure (έŭrə) *t.* to get (hold of), to take over; to obtain. ‖ *phr. ~-se-les,* to have to contend, to be up (*amb,* against). ‖ ***heus aquí,*** this is, these are.
hexàgon (əgzáɣun) *m.* hexagon.
hexàmetre (əgzámətrə) *m.* hexameter.
hi (i) *pron.* there, here. ‖ ***ja ~ som,*** here we are, there we are. ‖ ***no ~ ha ningú,*** there's nobody here or there. ‖ ***per on ~ has entrat?,*** how did you get in (there). *2* ***t' ~ ajudaré; confia-~,*** I'll help you; trust me. ‖ ***no t'~ amoïnis!,*** don't worry about it! ‖ ***pensa-~,*** think about it. *3* ***no ~ sento,*** I can't hear. ‖ ***no ~ veig,*** I can't see.
híbrid, -da (íβrit, -ðə) *a.* hybrid.
hidra (íðrə) *f.* MYTH. Hydra.
hidrat (iðrát) *m.* CHEM. hydrate.
hidratar (iðrətá) *t.* to hydrate; to moisturize.
hidràulic, -ca (iðráulik, -kə) *a.* hydraulic, water. ▪ *2 f.* hydraulics.
hidroavió (iðruəβió) *m.* seaplane.
hidrocarbur (iðrukərβúr) *m.* CHEM. hydrocarbon.
hidroelèctric, -ca (iðruəlέktrik, -kə) *a.* hydroelectric.
hidròfil, -la (iðrɔ̀fil, -lə) *a.* absorbent. *2* hydrophilic.
hidrofòbia (iðrufɔ̀βiə) *f.* hydrophobia.
hidrogen (iðrɔ̀ʒən) *m.* hydrogen.
hidrografia (iðruɣrəfíə) *f.* hydrography.
hidrosfera (iðrusférə) *f.* hydrosphere.
hiena (jena) *f.* ZOOL. hyena.
higiene (iʒiέnə) *f.* hygiene; cleanliness.
higròmetre (iɣrɔ̀mətrə) *m.* hygrometer.
higroscopi (iɣruskɔ̀pi) *m.* hygroscope.
hilaritat (iləritát) *f.* hilarity; roar of laughter.
himen (ímen) *m.* ANAT. hymen.
himne (ímnə) *m.* hymn.
hindú (indú) REL. *a.-m.* Hindu.
hipèrbaton (ipέrβətun) *m.* hyperbaton.
hipèrbole (ipέrβulə) *f.* MATH. hyperbola. *2* LIT. hyperbole.
hipertròfia (ipərtrɔ̀fiə) *f.* hypertrophy.
hípic, -ca (ípik, -kə) *a.* horse. *2* horseback riding.
hipnosi (ibnɔ̀zi) *f.* hypnosis.
hipnotitzar (ibnutidzá) *t.* to hypnotize, to mesmerize.
hipocondria (ipukundríə) *f.* hypochondria.
hipocondríac, -ca (ipukundríək, -kə) *a., m.-f.* hypochondriac.
hipocresia (ipukrəzíə) *f.* hypocrisy, insincerity.
hipòcrita (ipɔ̀kritə) *a., m.-f.* hypocritical, false. ▪ *2 m.-f.* hypocrite, double-talker.
hipodèrmic, -ca (ipuðέrmik, -kə) *a.* hypodermic.
hipòdrom (ipɔ̀ðrum) *m.* race-track [horses].
hipòfisi (ipɔ̀fizi) *f.* ANAT. hypophisis.
hipopòtam (ipupɔ̀təm) *m.* ZOOL. hippopotamus.
hipoteca (iputέkə) *f.* mortgage; pledge.
hipotecar (iputəká) *t.* to mortgage; to bond, to pledge.
hipòtesi (ipɔ̀təzi) *f.* hypothesis, conjecture.
hipotétic, -ca (iputέtik, -kə) *a.* hypothetical, supposed.
hirsut, -ta (irsút, -tə) *a.* bristly, hairy.
hisenda (izέndə) *f.* (country) estate; hacienda. *2* finance. ‖ ***inspector d'~,*** tax inspector. ‖ ***Ministeri d'~,*** Treasury, Ministry of Finance.

hisendat, -ada (izəndát, -áðə) *m.-f.* landowner, property owner.
hispànic, -ca (ispánik, -kə) *a.* Hispanic, Spanish.
hissar (isá) *t.* to hoist.
histèria (istέriə) *f.* hysteria.
histèric, -ca (istέrik, -kə) *a.* hysterical.
historiador, -ra (isturiəðó, -rə) *m.-f.* historian.
història (istɔ́riə) *f.* history. *2* story; tale. *3* fig. mess.
historial (isturiál) *a.* record. || ~ ***mèdic,*** case history.
històric, -ca (istɔ́rik, -kə) *a.* historical. *2* historic.
historieta (isturiέtə) *f.* short story; anecdote. *2* ~ ***il·lustrada,*** (strip) cartoon.
histrió (istrió) *m.* ham [actor].
hivern (iβέrn) *m.* winter.
hivernacle (iβərnáklə) *m.* greenhouse, hothouse.
hivernar (iβərná) *i.* to hibernate.
ho (u) *pron.* it. || ~ ***has sentit?,*** did you hear it? || ***no ~ sé,*** I don't know. || ***qui s'~ creu?,*** who believes such a thing?
hola (ɔ́lə) *interj.* hullo; (USA) hello, hi.
Holanda (ulándə) *pr. n. f.* GEOGR. Holland.
holandès, -esa (uləndέs, -έzə) *a.* Dutch. ▪ *2 m.* Dutchman. *3* Dutch [language]. *4 f.* Dutchwoman.
holocaust (ulukáus(t)) *m.* holocaust. *2* fig. sacrifice.
hom (ɔm) *indef. pron.* ~ ***creu que,*** it is believed that. *2* one. || ***en aquests casos ~ no sap què dir,*** in such cases one is at a loss for words.
home (ɔ́mə) *m.* man. || ~ ***de negocis,*** businessman. || ~ ***de palla,*** sidekick, henchman. *2* mankind. *3* husband.
homenatge (umənádʒə) *m.* homage; tribute, honour.
homeopatia (uməupətiə) *f.* homeopathy, homoeopathy.
homicida (umisíðə) *a.* homicidal. || ***acte ~,*** act of murder.
homicidi (umisíði) *m.* murder, homicide.
homogeni, -ènia (umuʒέni, -έniə) *a.* homogeneous.
homòleg, -òloga (umɔ́lək, -ɔ́luɣə) *a.* matching, corresponding; homologous.
homònim, -ma (umɔ́nim, -mə) *a.* homonym.
homosexualitat (umusəksuəlitát) *f.* homosexuality.
homosexual (umusəksuál) *a., m.-f.* homosexual; gay.
honest, -ta (unés(t), -tə) *a.* decent, proper. *2* modest.
honestedat (unəstəðát) *f.* decency. *2* modesty; purity.
hongarès, -esa (uŋgərέs, -έzə) *a., m.-f.* Hungarian.
Hongria (uŋgriə) *pr. n. f.* GEOGR. Hungary.
honor (unór) *m.* honour, (USA) honor. *2* prestige.
honorable (unurábblə) *a.* honourable, (USA) honorable.
honorar (unurá) *t.* See HONRAR.
honorari, -ària (unurári, -áriə) *a.* honorary. ▪ *2 m. pl.* fees, charges.
honra (ónrrə) *f.* dignity; honour, (USA) honor. *2* good name, reputation.
honradesa (unrrəðέzə) *f.* honesty; integrity.
honrar (unrrá) *t.* to honour, (USA) to honor.
honrat, -ada (unrrát, -áðə) *a.* honest, decent; truthful.
hoquei (ukέi) *m.* SP. hockey.
hora (ɔ́rə) *f.* hour. *2* time. || ***d'~,*** early; ***és ~ de plegar,*** it's time to stop [work]; ***quina ~ és?,*** what time is it?
horabaixa (ɔ̜rəβáʃə) *f.* (BAL.) See TARDA.
horari, -ària (urári, -áriə) *a.* hourly; time, hour. ▪ *2 m.* timetable, schedule. || ***quin ~ fas?,*** what's your timetable like?
horda (órðə) *f.* horde. *2* swarm, mob.
horitzó (uridzó) *m.* horizon [also fig.].
horitzontal (uridzuntál) *a.* horizontal.
hormona (urmónə) *f.* hormone.
horòscop (urɔ́skup) *m.* horoscope.
horrible (urríbblə) *a.* horrifying, horrid; horrible; ghastly, dreadful.
horror (urrór) *m.* horror; dread.
horroritzar (urruridzá) *t.* to horrify; to terrify.
horrorós, -osa (urrurós, -ózə) *a.* horrible, terrible; horrifying. *2* fig. awful; hideous. || ***una calor horrorosa,*** dreadful heat.
hort (ɔr(t)) *m.* kitchen garden, back garden.
horta (ɔ́rtə) *f.* (large) vegetable garden, market garden.
hortalissa (urtəlisə) *f.* vegetable.
hortènsia (urtέnsiə) *f.* BOT. hydrangea.
hortolà, -ana (urtulá, -ánə) *m.-f.* (market) gardener.
hospici (uspísi) *m.* hospice [for the destitute], poorhouse.
hospital (uspitál) *m.* hospital.
hospitalari, -ària (uspitəlári, -áriə) *a.* hospital. *2* hospitable.
hospitalitat (uspitəlitát) *f.* hospitality.
hospitalitzar (uspitəlidzá) *t.* to hospitalize, to send to hospital.
hostal (ustál) *m.* inn, small hotel; hostel.
hostaler, -ra (ustəlé, -rə) *m.-f.* innkeeper, hosteler.

hoste (ɔ́stə) *m.* guest. *2* host.
hostessa (ustɛ́sə) *f.* guest. *2* hostess. *3* air hostess, stewardess.
hòstia (ɔ́stiə) *f.* REL. host. *2* fig. punch, clout, whack.
hostil (ustíl) *a.* hostile.
hostilitat (ustilitát) *f.* hostility, enmity. *2* hostile act.
hostilitzar (ustilidzá) *t.* to harass [enemy]. *2* fig. to antagonize.
hotel (utɛ́l) *m.* hotel.
hui (wí) *adv.* (VAL.) See AVUI.
huit (wit) (VAL.) See VUIT.
hule (úlə) *m.* oilskin, oilcloth.
hulla (úʎə) *f.* MINER. (soft) coal.
humà, -ana (umá, -ánə) *a.* human. *2* humane. ▪ *3 m. pl.* mankind, humanity.
humanisme (umənízmə) *m.* humanism.
humanitari, -ària (umənitári, -áriə) *a.* humanitarian.
humanitat (umənitát) *f.* humanity.
humanitzar (umənidzá) *t.* to humanize, to make humane.
húmer (úmər) *m.* ANAT. humerus.
humil (umíl) *a.* humble, meek. *2* lowly, poor. ‖ ***una família ~,*** a humble family.
humiliació (umiliəsió) *f.* humiliation, disgrace.
humiliar (umiliá) *t.* to humiliate; to disgrace, to shame. *2* to humble, to lower. ▪ *3 p.* to humble or lower oneself.
humilitat (umilitát) *f.* humility, humbleness.
humit, -ida (umít, -íðə) *a.* damp, humid; moist, wet.
humitat (umitát) *f.* humidity, dampness; moisture.
humitejar (umitəʒá) *t.* to dampen, to wet, to moisten; to humidify.
humor (umór) *m.* humour, (USA) humor [fluid]. *2* mood, temper. *3* humor, (USA) humor.
humorisme (umurízmə) *m.* humour, (USA) humor; humorousness.
humorístic, -ca (umurístik, -kə) *a.* funny, humorous.
humus (úmus) *m.* humus.
huracà (urəká) *m.* hurricane.
hurra! (úrrə) *interj.* hurray!, hurrah!
hússar (úsər) *m.* MIL. hussar.

I

I, i (i) *f.* i [letter].
i (i) *conj.* and.
iaia (jàjə) *f.* coll. granny, grandma.
ianqui (ǰàŋki) *a., m.-f.* Yankee, American.
iarda (ǰàrðə) *f.* yard [measurement].
iber, -ra (iβər, -rə) *a., m.-f.* HIST. Iberian.
ibèric, -ca (iβèrik, -kə) *a.* Iberian.
iceberg (isəβèrk) *m.* iceberg.
icona (ikónə) *f.* icon, ikon.
ICONA (ikónə) *m.* *(Instituto Nacional para la Conservación de la Naturaleza)* (National Institute for the Preservation of Nature).
iconoclasta (ikunuklàstə) *m.-f.* iconoclast.
icterícia (iktərisiə) *f.* MED. jaundice.
ictiologia (iktiuluʒiə) *f.* ichthyology.
idea (iðèə) *f.* idea. *2* plan, intention.
ideal (iðeàl) *a.* ideal, perfect. ▪ *2 m.* ideal, paragon. *2* ideal.
idealisme (iðeəlizmə) *m.* idealism.
idealista (iðeəlistə) *a.* idealistic. ▪ *2 m.-f.* idealist.
idealitzar (iðeəlidzà) *t.* to idealize.
idear (iðeà) *t.* to think up; to devise, to plan.
ídem (iðem) *adv.* ditto, the same, idem.
idèntic, -ca (iðèntik, -kə) *a.* identical, (exactly) the same.
identificació (iðəntifikəsió) *f.* identification.
identificar (iðəntifikà) *t.* to identify. ▪ *2 p.* to identify [with something, someone]. *3* to identify oneself.
identitat (iðəntitàt) *f.* identity.
ideologia (iðəuluʒiə) *f.* ideology.
idil·li (iðili) *m.* idyll, idyl. *2* love affair.
idioma (iðiómə) *m.* language.
idiosincràsia (iðiusiŋkràziə) *f.* idiosyncrasy.
idiota (iðiɔ́tə) *a.* MED. idiotic, imbecile. ▪ *2 m.-f.* idiot, imbecile. *3* fig. half-wit, dimwit, (USA) dummy.
idiotesa (iðiutèzə) *f.* MED. idiocy, imbecility. *2* fig. stupid or foolish thing.
idiotisme (iðiutizmə) *m.* idiom, (idiomatic) expression.
idò (iðɔ́) *conj.* (BAL.) See DONCS.
ídol (iðul) *m.* idol [also fig.].
idolatria (iðulətriə) *f.* idolatry, idolism. *2* fig. idolatry, (hero) worship.
idoni, -ònia (iðɔ́ni, -ɔ́niə) *a.* suitable, fit, appropriate; apt, capable.
Ignasi (iŋnàzi) *pr. n. m.* Ignatius.
ignomínia (iŋnuminiə) *f.* ignominy, disgrace.
ignorància (iŋnurànsiə) *f.* ignorance.
ignorar (iŋnurà) *t.* not to know, to be unaware (—, of). *2* to ignore.
ignot, -ta (iŋnɔ́t, -tə) *a.* unknown, undiscovered.
igual (iɣwàl) *a.* the same, equal. ‖ ***m'és ~,*** it's all the same to me, I don't mind. *2* alike, similar. *3* even, level; constant. ▪ *4 adv.* like. ‖ ***~ que,*** the same as. ▪ *5 m.* equal. *6* equals sign, (USA) equal mark or sign.
igualar (iɣwəlà) *t.* to make equal, to equalize. *2* MATH. to equate (*a,* to). *3* to consider equal. *4* to become equal. *5* to level; to even out, to smooth.
igualtat (iɣwəltàt) *f.* equality; similarity, alikeness. *2* evenness, levelness; uniformity.
illa (iʎə) *f.* island, isle. *2* block [of houses, buildings].
il·legal (iləɣàl) *a.* illegal.
il·legalitat (iləɣəlitàt) *f.* illegality.
il·legible (iləʒibblə) *a.* illegible.
il·legítim, -ma (iləʒitim, -mə) *a.* illegitimate; unlawful.
illenc, -ca (iʎèŋ, -kə) *a.* island. ▪ *2 m.-f.* islander.
il·lès, -esa (ilès, -èzə) *a.* unhurt, unharmed.
il·lícit (ilisit, -tə) *a.* illicit, unlawful.
il·limitat, -ada (ilimitàt, -àðə) *a.* unlimited; limitless.

il·lògic, -ca (ilɔ́ʒik, -kə) *a.* illogical.
illot (iʎɔ́t) *m.* small island.
il·luminació (iluminəsió) *f.* lighting; illumination.
il·luminar (iluminá) *t.* to illuminate, to light up. *2* to install lighting [in hall, building, etc.]. *3* fig. to enlighten.
il·lús, -usa (ilús, -úzə) *a.* easily led or deceived.
il·lusió (iluzió) *f.* illusion, delusion. *2* false hope, wishful thinking. ‖ ***fer-se il·lusions,*** to build up false hopes. *3* thrill, excitement: ***em fa molta ~ que hagis pensat en mi,*** I'm thrilled that you thought of me.
il·lusionar (iluziuná) *t.* to deceive, to delude. ▪ *2 p.* to be thrilled, to get excited.
il·lusionista (iluziunístə) *m.-f.* conjuror, illusionist.
il·lusori, -òria (iluzɔ́ri, -ɔ́riə) *a.* illusory, unreal.
il·lustració (ilustrəsió) *f.* learning; enlightenment. *2* illustration [in book, etc.].
il·lustrador, -ra (ilustrəðó, -órə) *a.* enlightening, instructive. ▪ *2 m.-f.* illustrator.
il·lustrar (ilustrá) *t.* to enlighten, to instruct. *2* to illustrate [book, etc.]. ▪ *3 p.* to learn, to acquire knowledge.
il·lustre (ilústrə) *a.* illustrious, famous.
imaginació (iməʒinəsió) *f.* imagination.
imaginar (iməʒiná) *t.* to imagine. *2* to think up, to conceive. ▪ *3 p.* to imagine, to fancy; to picture. ‖ ***imagina't!,*** (just) imagine!
imaginari, -ària (iməʒinári, -áriə) *a.* imaginary, fanciful, make-believe.
imaginatiu, -iva (iməʒinətíu, -íβə) *a.* imaginative, fanciful. ‖ ***és un nen molt ~,*** he's a boy with a lot of imagination.
imant (imán) *m.* magnet.
imatge (imádʒə) *f.* image; picture. *2* TV picture.
imbatible (imbətíbblə) *a.* unbeatable; invincible.
imbecil (imbəcíl) *a.* MED. imbecile. *2* fig. silly. ▪ *3 m.-f.* imbecile; idiot.
imberbe (imbérβə) *a.* beardless.
imbuir (imbuí) *t.* to imbue, to instill.
imitació (imitəsió) *f.* imitating, imitation. *2* imitation, fake.
imitar (imitá) *t.* to imitate. *2* to mimic, to ape. *3* to counterfeit, to fake.
immaculat, -ada (imməkulát, -áðə) *a.* immaculate, spotlessly clean; unblemished.
immaterial (immətəriál) *a.* immaterial.
immediat, -ta (imməðiát, -tə) *a.* immediate.
immemorial (imməmuriál) *a.* immemorial.
immens, -sa (immέs, -sə) *a.* immense, huge.
immensitat (immənsitát) *f.* immensity, hugeness.
immersió (immərsió) *f.* immersion, immersing; plunge.
immigració (immiɣrəsió) *f.* immigration.
immigrant (immiɣrán) *a., m.-f.* immigrant.
immigrar (immiɣrá) *i.* to immigrate.
imminent (imminén) *a.* imminent, impending.
immòbil (immɔ́βil) *a.* immobile, immovable. *2* motionless.
immobiliari, -ària (immuβiliári, -áriə) *a.* real estate. ▪ *2 f.* building society, (USA) real estate agency.
immobilitzar (immuβilidzá) *t.* to immobilize; to bring to a standstill.
immoble (immɔ́bblə) *a.* ***béns ~s,*** real estate. ▪ *2 m.* building.
immolar (immulá) *t.* to immolate.
immoral (immurál) *a.* immoral; unethical.
immoralitat (immurəlitát) *f.* immorality. *2* immoral act.
immortal (immurtál) *a.* immortal.
immortalitat (immurtəlitát) *f.* immortality.
immund, -da (immún, -də) *a.* filthy, dirty.
immune (immúnə) *a.* immune. *2* fig. free (*de,* from).
immunitat (immunitát) *f.* immunity.
immunitzar (immunidzá) *t.* to immunize.
immutable (immutábblə) *a.* immutable, unchangeable.
immutar (immutá) *t.* to alter, to cause a change in; to disturb. ▪ *2 p.* to lose one's self-possession; to change countenance.
impaciència (impəsiέnsiə) *f.* impatience.
impacientar (impəsiəntá) *t.* to make impatient, to exasperate. ▪ *2 p.* to lose one's patience; to get worked up, to fret.
impacte (impáktə) *m.* impact [also fig.]; blow, hit.
imparcial (impərsiál) *a.* impartial, unbiased.
imparcialitat (impərsiəlitát) *f.* impartiality, fairness.
imparell (impərέʎ) *a.* MATH. odd.
impartir (impərtí) *t.* to impart; to distribute, to give out.
impassible (impəsíbblə) *a.* impassive, cold.
impàvid, -da (impáβit, -ðə) *a.* fearless, intrepid.
impecable (impəkábblə) *a.* impeccable, faultless; spotless.
impediment (impəðimén) *m.* impeding, hindering. *2* impediment, hindrance.
impedir (impəðí) *t.* to impede, to hinder; to obstruct. *2* to keep from doing something, to thwart.
impel·lir (impəlí) *t.* to impel, to drive [also fig.].
impenetrable (impənətrábblə) *a.* impenetrable [also fig.]. *2* fig. obscure.

impenitent (impənitén) *a.* impenitent.
imperar (impərá) *t.* to rule, to be in command; to prevail [also fig.].
imperatiu, -iva (impərətiŭ, -iβə) *a.-m.* imperative.
imperceptible (impərsəptibblə) *a.* imperceptible, unnoticeable; slight.
imperdible (impərðibblə) *a.* See AGULLA 2.
imperdonable (impərðunábblə) *a.* unforgivable, inexcusable.
imperfecció (impərfəksió) *f.* imperfection; defect, fault.
imperfecte, -ta (impərfέktə, -tə) *a.* imperfect.
imperi (impέri) *m.* empire.
imperial (impəriál) *a.* imperial.
imperialisme (impəriəlizmə) *m.* imperialism.
imperialista (impəriəliztə) *a.* imperialistic, imperialist. ▪ *2 m.-f.* imperialist.
imperiós, -osa (impəriós, -ózə) *a.* imperative, urgent. ‖ ***una necessitat imperiosa,*** a pressing need.
impermeabilitzar (impermeəβilidzá) *t.* to waterproof.
impermeable (impərmeábblə) *a.* impermeable, waterproof. ▪ *2 m.* raincoat, mackintosh.
impersonal (impərsunál) *a.* impersonal.
impertèrrit, -ta (impərtέrrit, -tə) *a.* fearless; undaunted.
impertinència (impertinέnsiə) *f.* irrelevance. *2* impertinence, insolence.
impertinent (impərtinén) *a.* irrelevant, uncalled for. *2* impertinent, rude.
impertorbable (impərturβábblə) *a.* imperturbable; unruffled.
ímpetu (impətu) *m.* impetus, driving force; momentum.
impetuós, -osa (impətuós, -ózə) *a.* impetuous; impulsive.
implacable (impləkábblə) *a.* implacable, relentless.
implantació (impləntəsió) *f.* implantation, insertion; introduction.
implantar (impləntá) *t.* to implant [also fig.]; to establish; to introduce.
implicació (implikəsió) *f.* implication, involvement.
implicar (impliká) *t.* to implicate. *2* to imply. *3* to involve.
implícit, -ta (implisit, -tə) *a.* implicit, implied.
implorar (implurá) *t.* to implove, to beseech; to urge, to adjure.
imponderable (impundərábblə) *a.-m.* imponderable.
imponent (impunén) *a.* impressive, imposing.
impopular (impupulár) *a.* unpopular.
import (impɔ́r(t)) *m.* amount, cost.
importació (impurtəsió) *f.* import, imports *pl. 2* importation. ‖ ***d'~,*** imported, import.
importància (impurtánsiə) *f.* importance; significance. ‖ ***sense ~,*** unimportant.
important (impurtán) *a.* important; significant. *2* large; sizeable, considerable.
importar (impurtá) *t.* to imply, to import. *2* to cost. *3* to import. ▪ *4 i.* to matter. ‖ ***això a tu no t'importa,*** this doesn't concern you.
importunar (impurtuná) *t.* to bother; to importune.
imposar (impuzá) *t.* to impose; to force. *2* fig. to impose [tax, etc.], to set [task]; to command [respect]. ▪ *3 p.* to prevail. *4* to impose one's authority.
imposició (impuzisió) *f.* imposition; duty, tax. *2* ECON. deposit.
impossibilitat (impusiβilitát) *f.* impossibility.
impossible (impusibblə) *a.-m.* impossible. ‖ ***fer els ~s,*** to do one's utmost.
impost (impɔ́s(t)) *m.* tax, duty.
impostor, -ra (impustó, -rə) *m.-f.* impostor.
impotència (imputέnsiə) *f.* impotence; powerlessness.
impotent (imputén) *a.* impotent; powerless, helpless.
impracticable (imprəktikábblə) *a.* impassable [road, etc.].
imprecís, -isa (imprəsis, -izə) *a.* imprecise.
imprecisió (imprəsizió) *f.* imprecision.
impregnar (imprəɲá) *t.* to impregnate, to saturate.
impremeditat, -ada (imprəməðitát, -áðə) *a.* unpremeditated.
impremta (imprémtə) *f.* printing. *2* press, printing house or office. *3* print. ‖ ***lletra d'~,*** block letters.
imprès (imprέs) *m.* printed paper; form. *2* ***impresos,*** printed matter.
imprescindible (imprəsindibblə) *a.* essential, absolutely necessary.
impressió (imprəsió) *f.* impression, impress, imprint. *2* printing; edition. *3* fig. impression. *4* PHOTO. print, exposure.
impressionable (imprəsiunábblə) *a.* impressionable.
impressionar (imprəsiuná) *t.* to impress; to move, to affect. *2* PHOTO. to expose. ▪ *3 p.* to be impressed or moved.
impressionisme (imprəsiunizmə) *m.* ARTS Impressionism.
impressionista (imprəsiunistə) *a., m.-f.* Impressionist.

impressor, -ra (imprəsó, -rə) *a.* printing. ■ *2 m.-f.* printer. *3 f.* printing machine.
imprevisible (imprəβizíbblə) *a.* unforseeable, unpredictable.
imprevist, -ta (imprəβís(t), -tə) *a.* unexpected, unforeseen. ■ *2 m.* something unexpected.
imprimir (imprimí) *t.* to stamp, to print; to imprint. *2* to influence. *3* fig. to impress. ▲ CONJUG. P. P.: ***imprès.***
improbable (impruβábblə) *a.* unlikely, improbable.
improcedent (imprusəðén) *a.* inappropriate, inconvenient; untimely.
improductiu, -iva (impruðuktíŭ, -íβə) *a.* unproductive.
improperi (imprupέri) *m.* insult; offence, (USA) offense.
impropi, -òpia (imprɔ́pi, -ɔ́piə) *a.* improper; amiss, wrong.
improvís, -isa (impruβís, -ízə) *a.* sudden, unexpected. || ***d'~,*** unexpectedly.
improvisació (impruβizəsió) *f.* improvisation. *2* MUS. impromptu.
improvisar (impruβizá) *t.* to improvise.
imprudència (impruðέnsiə) *f.* imprudence, rashness. *2* unwise act.
imprudent (impruðén) *a.* imprudent, rash; unwise.
impúdic, -ca (impúðik, -kə) *a.* shameless, indecent.
impugnar (impuŋná) *t.* to oppose, to contest. *2* to impugn.
impuls (impúls) *m.* impulse, thrust, impetus. *2* fig. impulse, urge.
impulsar (impulsá) *t.* to propel, to drive. *2* to impel, to urge.
impulsiu, -iva (impulsíŭ, -íβə) *a.* impulsive.
impune (impúnə) *a.* unpunished.
impur, -ra (impúr, -rə) *a.* impure.
impuresa (impurέzə) *f.* impurity.
imputar (imputá) *t.* to impute, to ascribe.
inacabable (inəkəβábblə) *a.* interminable; endless.
inacceptable (inəksəptábblə) *a.* unacceptable.
inaccessible (inəksəsíbblə) *a.* inaccessible.
inactiu, -iva (inəktíŭ, -íβə) *a.* inactive; idle.
inactivitat (inəktiβitát) *f.* inactivity; idleness.
inadaptat, -ada (inəðəptát, -áðə) *a.* maladjusted.
inadequat, -ada (inəðəkuát, -áðə) *a.* inadequate; unsuitable.
inadmissible (inəmmisíbblə) *a.* inadmissable.
inadvertència (inəbbərtέnsiə) *f.* inadvertence, negligence. *2* oversight, slip.
inaguantable (inəɣwəntábblə) *a.* unbearable, intolerable. || ***fa una calor ~,*** it's unbearably hot.
inalterable (inəltərábblə) *a.* inalterable, immutable; fast [colour], permanent.
inanició (inənisió) *f.* starvation.
inanimat, -ada (inənimát, -áðə) *a.* lifeless, inanimate [also fig.].
inapetència (inəpətέnsiə) *f.* lack or loss of appetite.
inapreciable (inəprəsiábblə) *a.* insignificant, inappreciable. *2* invaluable, inestimable.
inassequible (inəsəkíbblə) *a.* unattainable, out of reach.
inaudit, -ta (inəŭðít, -tə) *a.* unprecedented, unheard-of.
inauguració (inəuɣurəsió) *f.* inauguration, opening.
inaugurar (inəŭɣurá) *t.* to inaugurate, to open.
inca (íŋkə) *a., m.-f.* Inca.
incalculable (iŋkəlkulábblə) *a.* incalculable.
incandescent (iŋkəndəsén) *a.* incandescent; glowing.
incansable (iŋkənsábblə) *a.* tireless, unflagging.
incapaç (iŋkəpás) *a.* incapable; incompetent; unable (*de,* to).
incapacitat, -ada (inkəpəsitát, -áðə) *a.* incapacitated. ■ *2 f.* incapacity, inability.
incaut, -ta (iŋkáŭt, -tə) *a.* incautious.
incendi (insέndi) *m.* fire, conflagration. || ***~ provocat,*** arson attack. || ***perill d'~,*** fire risk.
incendiar (insəndiá) *t.* to set fire to, to set on fire. ■ *2 p.* to catch fire.
incendiari, -ària (insəndiári, -áriə) *a.* incendiary. || ***bomba incendiària,*** incendiary (device). ■ *2 m.-f.* arsonist.
incentiu (insəntíŭ) *m.* incentive, inducement.
incert, -ta (insέr(t), -tə) *a.* uncertain, in the air; doubtful; vague.
incertesa (insərtέsə) *f.* uncertainty; doubt.
incertitud (insərtitút) *f.* See INCERTESA.
incessant (insəsán) *a.* incessant, unceasing.
incest (insés(t)) *m.* incest.
incidència (insiðέnsiə) *f.* incidence. *2* event.
incident (insiðén) *a.* incident.
incidir (insiðí) *i.* to fall (*sobre,* upon).
incineració (insinərəsió) *f.* incineration; cremation.
incinerar (insinərá) *t.* to incinerate; to cremate.
incipient (insipién) *a.* incipient.
incís (insís) *m.* GRAMM. clause, sentence.
incisió (insizió) *f.* incision.
incisiu, -iva (insizíŭ, -íβə) *a.* sharp. *2* fig.

incisive; cutting [remark, etc.]. ▪ *2 f.* ANAT. incisor.
incitació (insitəsió) *f.* incitement.
incitar (insitá) *t.* to incite, to rouse.
incivilitzat, -ada (insiβilidzát, -áðə) *a.* uncivilized.
inclemència (iŋkləmɛ́nsiə) *f.* harshness, inclemency.
inclinació (iŋklinəsió) *f.* inclination; incline, slope; stoop. *2* liking, inclination.
inclinar (iŋkliná) *t.* to incline; to slope, to tilt; to bend; to bow [head]. *2* fig. incline, lead. ▪ *3 p.* to bend forward, to bow. *4* to be inclined.
incloure (iŋklɔ́ŭrə) *t.* to include, to comprise. ‖ COMM. ***tot inclòs,*** all-in. *2* to enclose, to attach [correspondence]. ▲ CONJUG. like ***cloure.*** ‖ P. P.: ***inclòs.***
inclusió (iŋkluzió) *f.* inclusion.
incoar (iŋkuá) *t.* LAW to start, to initiate.
incògnit, -ta (iŋkɔ́ŋnit, -tə) *a.* unknown. ▪ *2 m.-f.* incognito [person]. *3 f.* unknown quantity or factor. ‖ *adv. phr.* ***d'incògnita,*** incognito.
incoherència (iŋkuərɛ́nsiə) *f.* incoherence.
incoherent (iŋkuərén) *a.* incoherent; disconnected.
incolor, -ra (iŋkulór, -rə) *a.* colourless, (USA) colorless.
incòlume (iŋkɔ́lumə) *a.* unhurt, unharmed.
incommensurable (iŋkummənsurábblə) *a.* unmeasurable, incommensurable.
incòmode, -da (iŋkɔ́muðə, -ðə) *a.* uncomfortable. *2* uneasy; awkward. *3* embarrassing.
incomoditat (iŋkumuðitát) *f.* discomfort. *2* uneasiness; awkwardness.
incomparable (iŋkumpərábblə) *a.* incomparable.
incompatibilitat (iŋkumpətiβilitát) *f.* incompatibility.
incompatible (iŋkumpətíbblə) *a.* incompatible.
incompetent (iŋkumpətén) *a.* incompetent.
incomplet (iŋkumplɛ́t) *a.* incomplete.
incomprensible (iŋkumprənsíbblə) *a.* incomprehensible.
incomptable (iŋkumtábblə) *a.* innumerable, countless.
incomunicació (iŋkumunikəsió) *f.* isolation. *2* solitary confinement.
incomunicar (iŋkumuniká) *t.* to cut off, to isolate. *2* to hold incommunicado.
inconcebible (iŋkunsəβíbblə) *a.* inconceivable.
incondicional (iŋkundisiunál) *a.* unconditional; whole-hearted.
inconfusible (iŋkumfusíbblə) *a.* unmistakable.
incongruència (iŋkuŋgruɛ́siə) *f.* incongruity.
incongruent (iŋkuŋgruén) *a.* incongruous.
inconsciència (iŋkunsiɛ́nsiə) *f.* unconsciousness. *2* fig. unawareness; thoughtlessness.
inconscient (iŋkunsién) *a.* unconscious. *2* fig. unaware; thoughtless. ▪ *3 m.* unconscious.
inconstància (iŋkunstánsiə) *f.* inconstancy; fickleness.
inconvenient (iŋkumbənién) *a.* unsuitable, inappropriate. ▪ *2 m.* problem, difficulty; drawback.
incorporació (iŋkurpurəsió) *f.* embodiment, incorporation.
incorporar (iŋkurpurá) *t.* to incorporate. *2* to embody. *3* to sit up. ▪ *4 p.* to sit up. *5* to join (*a,* —) [society, club, etc.].
incorrecció (iŋkurrəksió) *f.* inaccuracy, imprecision; error; slip.
incórrer (iŋkórrə) *i.* to commit, to perform (*en,* —) [crime; error]. *2* to incur; to bring upon oneself [punishment]. ▲ CONJUG. like ***córrer.***
incorruptible (iŋkurruptíbblə) *a.* incorruptible.
incrèdul, -la (iŋkrɛ́ðul, -lə) *a.* incredulous; sceptical.
increïble (iŋkrəíbblə) *a.* incredible, unbelievable.
increment (iŋkrəmén) *m.* increase, increment.
increpar (iŋkrəpá) *t.* to rebuke; to scold.
incriminar (iŋkrimininá) *t.* to condemn, to find guilty. *2* to accuse; to incriminate.
incrustació (iŋkrustəsió) *f.* incrustation. *2* inlaying.
incrustar (iŋkrustá) *t.* to incrust. *2* to inlay. ▪ *3 p.* to be incrusted. *4* to be inlaid.
incubar (iŋkuβá) *t.* to incubate; to hatch.
inculcar (iŋkulká) *t.* to inculcate; to instil.
inculpar (iŋkulpá) *t.* to accuse (*de,* of); to blame (*de,* for).
inculte, -ta (iŋkúltə, -tə) *a.* uncultured, boorish. *2* AGR. unworked, uncultivated.
incultura (iŋkultúrə) *f.* lack of culture, boorishness, uncouthness.
incumbir (iŋkumbí) *i.* to be fitting. *2* to be the duty of.
incunable (iŋkunábblə) *m.* incunabulum, incunable.
incursió (iŋkursió) *f.* incursion; raid.
indagar (indəɣá) *t.* to investigate, to inquire into.
indecència (indəsɛ́nsiə) *f.* indecency; filth. *2* obscenity [state, remark]; indecent act.
indecís, -isa (indəsís, -ízə) *a.* undecided. *2* indecisive; vacillating.

indecisió (indəsizió) *f.* indecision; lack of decision.
indefens, -sa (indəféns, -sə) *a.* defenceless, unprotected.
indefinit, -ida (indəfinit, -iðə) *a.* indefinite; undefined. *2* GRAMM. indefinite.
indeleble (indəlébblə) *a.* indelible.
indemne (indémnə) *a.* undamaged [thing]; unhurt, unharmed [person].
indemnització (indəmnidzəsió) *f.* damages *pl.;* compensation.
indemnitzar (indəmnidzá) *t.* to compensate (*per,* for).
independència (indəpəndénsiə) *f.* independence.
independent (indəpəndén) *a.* independent; self-sufficient.
indescriptible (indəskriptíbblə) *a.* indescribable.
indesxifrable (indəʃifrábblə) *a.* undecipherable.
indeterminat, -ada (indətərmiát, -áðə) *a.* undetermined; not fixed or settled. *2* irresolute [person]. *3* GRAMM. indefinite.
índex (índəks) *m.* forefinger, index finger. *2* ratio. *3* list; index [book]. *4* MATH. index.
indi, índia (índi, índiə) *a., m.-f.* Indian.
Índia (índiə) *pr. n. f.* GEOGR. India.
Índic, oceà (índik, useá) *pr. n. m.* GEOGR. Indian Ocean.
indicació (indikəsió) *f.* indication; suggestion. *2* sign. *3* instruction.
indicador, -ra (indikəðó, -rə) *m.* indicator; gauge, meter.
indicar (indiká) *t.* to point out, to indicate, to show. *2* to suggest, to hint.
indici (indísi) *m.* indication, mark, sign.
indiferència (indifərénsiə) *f.* indifference; lack of interest.
indiferent (indifərén) *a.* uninterested; indifferent. ‖ ***m'és ~,*** it makes no difference to me.
indígena (indíʒənə) *a., m.-f.* native.
indigència (indiʒénsiə) *f.* poverty; destitution.
indigest, -ta (indiʒés(t), -tə) *a.* indigestible; hard to digest.
indigestió (indiʒəstió) *f.* indigestion.
indignació (indiŋnəsió) *f.* indignation, anger.
indignar (indiŋná) *t.* to infuriate; to anger. ▪ *2 p.* to get angry.
indigne, -na (indíŋnə, -nə) *a.* unworthy (*de,* of). *2* fig. beneath (*de,* —).
indiot (indiót) *m.* turkey.
indirecte, -ta (indiréktə, -tə) *a.* indirect. ▪ *2 f.* hint, suggestion. ‖ ***deixar anar una ~,*** to drop a hint.
indisciplina (indisiplínə) *f.* lack of discipline, indiscipline.
indiscreció (indiskrəsió) *f.* tactlessness, lack of tact. *2* indiscreet or tactless act or remark.
indiscret, -ta (indiskrét, -tə) *a.* tactless, indiscreet.
indiscutible (indiskutíbblə) *a.* unquestionable, indisputable.
indispensable (indispənsábblə) *a.* essential, indispensable.
indisposar (indispuzá) *t.* ~ ***amb,*** to make unpopular with; to set against. *2* to indispose; to make ill. ▪ *3 p.* to fall ill.
indisposició (indispuzisió) *f.* MED. indisposition.
individu, -ídua (indiβíðu, -íðuə) *a., m.-f.* individual. *2 m.-f.* coll. guy, chap. *3* member [club].
individual (indiβiðuál) *a.* individual.
individualisme (indiβiðuəlízmə) *m.* individualism.
indocumentat, -ada (indukumənták, -áðə) *a.* not carrying identity papers.
indoeuropeu, -ea (induəŭrupéŭ, -éə) *a.* Indo-European.
índole (índulə) *f.* nature; character.
indolència (indulénsiə) *f.* apathy; indolence.
indòmit, -ta (indómit, -tə) *a.* untamed. *2* untameable [animal]; indomitable [person].
indret (indrét) *m.* spot; place. *2* LIT. passage; extract.
indubtable (induptábblə) *a.* unquestionable; indubitable.
inducció (induksió) *f.* inducement. *2* induction; inference. *3* ELECTR. induction.
induir (induí) *t.* to induce. *2* to infer. *3* ELECTR. to induce.
indulgència (indulʒénsiə) *f.* indulgence; clemency. *2* ECCL. indulgence.
indult (indúl(t)) *m.* LAW pardon; reprieve.
indultar (indultá) *t.* LAW to pardon; to reprieve.
indumentària (indumən táriə) *f.* study of period dress. *2* clothing, dress [worn].
indústria (indústriə) *f.* industry.
industrialitzar (industrialidzá) *t.* to industrialize.
inèdit, -ta (inéðid, -tə) *a.* unpublished.
inefable (inəfábblə) *a.* ineffable; indescribable, inexpressible.
ineficàcia (inəfikásiə) *f.* inefficiency; incompetence; ineffectiveness.
inepte, -ta (inéptə, -tə) *a.* inept, incompetent.
inèrcia (inérsiə) *f.* inertia. *2* apathy.
inerme (inérmə) *a.* unarmed; defenceless. *2* BOT. spineless, smooth.

inert, -ta (inέr(t), -tə) *a.* inert; inactive, immobile.
inesperat, -ada (inəspərát, -áðə) *a.* unexpected.
inestable (inəstábblə) *a.* unstable; unsettled.
inestimable (inəstimábblə) *a.* invaluable.
inevitable (inəβitábblə) *a.* inevitable; unavoidable.
inexactitud (inəgzəktitút) *f.* inaccuracy; imprecision.
inexistent (inəgzistén) *a.* non-existent.
inexorable (inəgzurábblə) *a.* inexorable.
inexpert, -ta (inəkspέr(t), -tə) *a.* inexpert; unexperienced.
inexplicable (inəksplikábblə) *a.* inexplicable; unaccountable.
inexplorat, -ada (inəksplurát, -áðə) *a.* unexplored.
inexpressiu, -iva (inəksprəsiŭ, -iβə) *a.* inexpressive; dull.
inexpugnable (inəkspuŋnábblə) *a.* MIL. unstormable; impregnable. *2* indomitable.
infal·libilitat (imfəliβilitát) *f.* infallibility.
infame (imfámə) *a.* infamous; vile.
infàmia (imfámiə) *f.* disgrace; disgracefulness.
infància (imfánsiə) *f.* infancy; childhood.
infant (imfán) *m.* infant; child.
infanteria (imfəntəriə) *f.* infantry.
infantesa (imfəntέzə) *f.* infancy; childhood.
infanticidi (imfəntisiði) *m.* infanticide.
infantil (imfəntil) *a.* infant; child's, children's: ***jocs ~s,*** children's games. *2* childlike. *3* pej. childish, infantile.
infart (imfár(t)) *m.* heart-attack.
infatuar (imfətuá) *t.* to make vain or conceited. ▪ *2 p.* to become vain or conceited.
infecció (imfəksió) *f.* infection.
infectar (imfəktá) *t.* to infect. to contaminate. *2* fig. to corrupt.
infecte, -ta (imféktə, -tə) *a.* infected. *2* fig. corrupt.
infeliç (imfəlis) *a.* unhappy; wretched.
inferior (imfərió(r)) *a.* lower. *2* fig. pej. inferior. ▪ *3 m.* inferior; subordinate.
inferioritat (imfəriuritát) *f.* inferiority. ‖ ***complex d'~,*** inferiority complex.
inferir (imfəri) *t.* to infer, to deduce. *2* to inflict [wound, damage]; to cause [offence].
infermer, -ra (imfərmé, -rə) *m.* male nurse. *2 f.* nurse.
infermeria (imfərməriə) *f.* infirmary.
infern (imfέrn) *m.* hell.
infestar (imfəstá) *t.* to overrun; to infest. *2* to infect. ▪ *3 p.* to be overrun or infested. *4* to be infected.

infidel (imfiðέl) *a.* unfaithful. *2* REL. unbelieving. ▪ *3* REL. unbeliever, infidel.
infidelitat (imfiðəlitát) *f.* infidelity, unfaithfulness.
infiltrar (imfiltrá) *t.* to infiltrate (*en,* into). ▪ *2 p.* to filter (*en,* into), to infiltrate.
ínfim, -ma (ímfim, -mə) *a.* lowest. *2* fig. meanest.
infinit, -ta (imfinit, -tə) *a.* infinite, endless. *2* fig. boundless. ▪ *3 m.* infinity. *4* MATH. infinity. ▪ *5 adv.* infinitely.
inflació (imfləsió) *f.* inflation. *2* MED. swelling.
inflamació (imfləməsió) *f.* ignition [catching fire]. *2* MED. inflammation.
inflamar (imfləmá) *t.* to ignite; to set fire or light to. *2* to inflame [also fig.]. ▪ *3 p.* to catch fire. *4* MED. to become inflamed. *5* fig. to get excited. *6* fig. coll. to get het-up.
inflar (inflá) *t.* to inflate; to blow up. *2* fig. to exaggerate. *3* fig. coll. ***~ el cap,*** to fill somebody's head (*amb,* with). ▪ *4 p.* to swell up. *5* fig. to get vain or conceited.
inflexible (imfləksibblə) *a.* rigid, inflexible; stiff.
inflexió (imfləksió) *f.* inflexion.
infligir (imfliʒi) *t.* to inflict (*a,* on).
inflor (imfló) *f.* fig. conceit; conceitedness, vanity. *2* MED. swelling.
influència (imfluέnsiə) *f.* influence (*sobre,* on, over).
influir (imflui) *i.* to have or exercise influence (*sobre,* on, over). ▪ *2 t.* to influence; to sway.
infondre (imfóndrə) *t.* fig. to instil (*a,* into); to fill with. ‖ ***~ por al contrari,*** to fill the opponent with fear, to frighten the opponent. ▲ CONJUG. like ***fondre.*** ‖ P. P.: ***infós.***
informació (imfurməsió) *f.* information. *2* news; item or piece of news.
informal (imfurmál) *a.* informal; casual. *2* unreliable [person].
informar (imfurmá) *t.* to shape, to form. *2* to inform. ▪ *3 p.* to inform oneself.
informàtic, -ca (imfurmátik, -kə) *a.* computer. ▪ *2 m.-f.* computer scientist. *3* computer science.
informatiu, -iva (imfurmətiŭ, -iβə) *a.* informative; enlightening.
informe (imfórmə) *a.* shapeless, formless; unshapely. ▪ *2 m.* report. *3 pl.* personal particulars.
infortunat, -ada (imfurtunát, -áðə) *a.* unfortunate, unlucky.
infortuni (imfurtúni) *m.* misfortune.
infracció (imfrəksió) *f.* infringement. *2* LAW

offence: ~ ***de tràfic,*** road traffic offence, driving offence. *3* LAW breach [contract].
infrastructura (imfrəstruktúrə) *f.* infrastructure.
infringir (imfrinʒí) *t.* to violate [terms]; to infringe [law]. *2* LAW to be in breach of [contract].
ínfula (ímfulə) *f.* infula. *2 pl.* fig. conceit, vanity.
infusió (imfuzió) *f.* infusion. *2* herbal tea.
ingent (inʒén) *a.* huge, enormous.
ingenu, -ènua (inʒénu, -ɛ́nuə) *a.* naïve, innocent; artless, ingenuous.
ingenuïtat (inʒənuitát) *f.* naïveté, innocence; artlessness, ingenuousness.
ingerència (inʒərɛ́nsiə) *f.* interference; meddling.
ingerir (inʒərí) *t.* to swallow. ▪ *2 p.* to meddle (*en,* in, with).
ingrat, -ta (iŋgrát, -tə) *a.* unpleasant. *2* thankless, unrewarding [task]. *3* ungrateful.
ingratitud (iŋgrətitút) *f.* ingratitude.
ingredient (iŋgrəðién) *m.* ingredient.
ingrés (iŋgrés) *m.* entry, entrance. *2* admission [to club, school, etc.]. *3* COMM. sum deposited or received, deposit. *4 pl.* income, earnings; revenue [company].
ingressar (iŋgrəsá) *t.* to deposit [money]. ▪ *3 i.* ~ ***a l'hospital,*** to go into hospital. *4* to be admitted [to society, club, etc.].
inhàbil (ináβil) *a.* unskilful. *2* LAW unfit (*per a,* for). ▪ *3 m.-f.* LAW unfit person [for a post].
inhabitable (inəβitábblə) *a.* uninhabitable.
inhalació (inələsió) *f.* inhalation.
inhalar (inəlá) *t.* to breathe in, to inhale.
inherent (inərén) *a.* inherent.
inhibició (iniβisió) *f.* inhibition.
inhibir (iniβí) *t.* to inhibit; to restrain. ▪ *2 p.* to keep out (*de,* of).
inhumà, -ana (inumá, -ánə) *a.* inhuman.
inhumar (inumá) *t.* to bury [esp. corpse].
inici (inísi) *m.* start, beginning.
inicial (inisiál) *a.* initial. *2 f. pl.* initials.
iniciar (inisiá) *t.-p.* to start, to begin. *2 t.* to initiate (*en,* in, into).
iniciativa (inisiətiβə) *f.* initiative, lead. *2* initiative, enterprise.
inimaginable (inimәʒinábblə) *a.* unimaginable.
inimitable (inimitábblə) *a.* inimitable.
inintel·ligible (inintəliʒíbblə) *a.* unintelligible.
iniquitat (inikitát) *f.* wickedness, iniquity. *2* injustice.
injecció (inʒəksió) *f.* injection.
injectar (inʒəktá) *t.* to inject. ▪ *2 p.* to inject oneself.
injúria (inʒúriə) *f.* insult, offence; outrage, wrong [act only].
injuriar (inʒuriá) *t.* to insult, to abuse, to revile.
injust, -ta (inʒus(t), -tə) *a.* unfair, unjust.
injustícia (inʒustʌsiə) *f.* unfairness, injustice. *2* injustice [act].
injustificat, -ada (inʒustifikát, -áðə) *a.* unjustified.
innat, -ta (innát, -tə) *a.* innate, inborn; inherent.
innocència (innusɛ́nsiə) *f.* innocence.
innocent (innusén) *a.* harmless. *2* LAW innocent. *3* artless, ingenuous. ▪ *3 m.-f.* LAW innocent person.
innocentada (innusəntáðə) *f.* coll. practical joke; hoax.
innocu, -òcua (innɔ́ku, -ɔ́kuə) *a.* harmless; innocuous.
innombrable (innumbrábblə) *a.* countless, innumerable.
innovació (innuβəsió) *f.* innovation; novelty.
innumerable (innumərábblə) *a.* See INNOMBRABLE.
inoblidable (inuβliðábblə) *a.* unforgettable.
inocular (inukulá) *t.* to inoculate.
inodor, -ra (inuðór, -rə) *a.* odourless.
inofensiu, -iva (inufənsíŭ, -iβə) *a.* harmless; innocuous, inoffensive.
inòpia (inɔ́piə) *f.* poverty, indigence.
inoportú, -una (inupurtú, -únə) *a.* untimely, inopportune; inconvenient.
inoportunitat (inupurtunitát) *f.* untimeliness, inopportuness; inconvenience.
inorgànic, -ca (inurɣánik, -kə) *a.* inorganic.
inqualificable (iŋkwəlifikábblə) *a.* indescribable. *2* pej. unspeakable.
inqüestionable (iŋkwəstiunábblə) *a.* unquestionable; indisputable.
inquiet, -ta (iŋkiét, -tə) *a.* restless. *2* coll. fidgety. *3* anxious.
inquietar (iŋkiətá) *t.* to unsettle. *2* to worry; to disturb. ▪ *3 p.* to worry.
inquietud (iŋkiətút) *f.* restlessness. *2* anxiety. *3 pl.* concern.
inquilí, -ina (iŋkilí, -inə) *m.-f.* tenant; lodger. *2* LAW lessee, tenant.
inquirir (iŋkirí) *t.* to investigate; to look into.
inquisició (inkizisió) *f.* investigation; enquiry. *2* ECCL. Inquisition.
inquisidor, -ra (iŋkiziðó, -rə) *a.* investigating. ▪ *2 m.* ECCL. Inquisitor. *3 m.-f.* fig. coll. busybody; carper.
inrevés (inrrəβés) *adv. phr.* ***a l'~,*** the other way round.
insà, -ana (insá, -ánə) *a.* mad. *2* MED. insane.

insaciable (insəsiábblə) *a.* insatiable.
insalubre (insəlúβrə) *a.* unhealthy, insalubrious [esp. place].
inscripció (inskripsió) *f.* registration, enrolment. *2* register.
inscriure (inskriŭrə) *t.* to inscribe. *2* to register, to record, to enrol. ▲ CONJUG. like ***escriure.***
insecte (insέktə) *m.* insect.
insecticida (insəktisíðə) *a.* insect killing. ■ *2 m.* insecticide.
insectívor, -ra (insəktíβur, -rə) *a.* insectivorous, insect-eating.
inseguretat (insəɣurətát) *f.* uncertainty. *2* lack of safety, insecurity.
inseminació (insəminəsió) *f.* insemination. ‖ ~ ***artificial,*** artificial insemination.
insensatesa (insənsətέzə) *f.* stupidity; senselessness. *2* idiotic or senseless remark.
insensibilitat (insənsiβilitát) *f.* lack of sensitivity or delicacy; lack of feeling, callousness. *2* MED. numbness, lack of feeling.
insensible (insənsíbblə) *a.* insensitive; callous. *2* MED. numb.
inseparable (insəpərábblə) *a.* inseparable.
inserció (insərsió) *f.* insertion.
inserir (insərí) *t.* to insert; to put into.
inservible (insərβíbblə) *a.* useless.
insidia (insíðiə) *f.* trap; trick [act or words].
insigne (insíŋnə) *a.* famous, celebrated.
insígnia (insíŋniə) *f.* badge; decoration.
insignificant (insiŋnifikán) *a.* trivial, unimportant, insignificant.
insinuar (insinuá) *t.* to insinuate. *2* to hint at, to allude to. ■ *3 p.* to make a pass (*a*, at).
insípid, -da (insípit, -ðə) *a.* tasteless, insipid; flat.
insistència (insistέnsiə) *f.* insistence; persistence.
insistir (insistí) *i.* to persist; to insist (*a*, in).
insociable (insusiábblə) *a.* unsociable; antisocial.
insolació (insuləsió) *f.* exposure to the sun. *2* MED. sunstroke.
insolència (insulέnsiə) *f.* insolence; rudeness.
insòlit, -a (insɔ́lit, -tə) *a.* unusual; extraordinary.
insolvència (insulβέnsiə) *f.* insolvency; bankruptcy [person only].
insomni (insɔ́mni) *m.* insomnia, sleeplessness.
insondable (insundábblə) *a.* unfathomable [also fig.].
insonoritzar (insunuridzá) *t.* to soundproof.
inspecció (inspəksió) *f.* inspection; examination. *2* survey. *3* inspectorate. *4* inspector's office [room].
inspeccionar (inspəksiuná) *t.* to inspect, to examine. *2* to survey.
inspector, -ra (inspəktó, -rə) *m.-f.* inspector. *2* surveyor.
inspiració (inspirəsió) *f.* inspiration.
inspirar (inspirá) *t.* to breathe in, to inhale. *2* to inspire. ■ *3 p.* to get or be inspired; to find inspiration.
instaŀlació (instələsió) *f.* installation.
instaŀlar (instəlá) *t.* to instal; to establish. ■ *2 p.* to instal oneself; to establish oneself.
instància (instánsiə) *f.* urging. *2* application; request [in writing]. *3* challenge [allegation, reason]. *4* instance: ***tribunal de primera ~,*** court of first instance.
instant (instán) *m.* moment, instant.
instantani, -ània (instəntáni, -ániə) *a.* instantaneous, immediate.
instar (instá) *t.* to urge; to press. *2* to challenge; to question [allegation, reason, etc.].
instaurar (instəŭrá) *t.* to constitute, to set up.
instigar (instiɣá) *t.* to instigate; to encourage. *2* LAW to incite.
instint (instín) *m.* instinct.
instintiu, -iva (instintíŭ, -íβə) *a.* instinctive.
institució (institusió) *f.* institution, establishment.
instituir (institui) *t.* to institute, to establish.
institut (institút) *m.* state secondary school.
instrucció (instruksió) *f.* teaching; education. *2* MIL. training, instruction; training drill. *3 pl.* instructions.
instructiu, -iva (instruktíŭ, -íβə) *a.* instructive; educational.
instruir (instruí) *t.* to teach; to instruct. *2* MIL. to train, to drill. *3* LAW to prepare [case].
instrument (instrumén) *m.* instrument; tool. *2* MUS. instrument.
insubordinar (insuβurðiná) *t.* to incite to rebellion or mutiny. ■ *2 p.* to rebel; to mutiny.
insubstituïble (insupstituíbblə) *a.* irreplaceable.
insuficiència (insufisiέnsiə) *f.* insufficiency, lack; inadequacy.
insular (insulár) *a.* insular.
insuls, -sa (insúls, -sə) *a.* tasteless; insipid [also person].
insult (insúl(t)) *m.* insult; offence; outrage [act only].
insultar (insultá) *t.* to insult, to offend; to abuse [words only].

insuperable (insupərábblə) *a.* insurmountable.
insuportable (insupurtábblə) *a.* unbearable; intolerable.
insurrecció (insurrəksió) *f.* rebellion; revolt.
intacte, -ta (intáktə, -tə) *a.* untouched; intact, undamaged.
intangible (intənʒíbblə) *a.* intangible.
integral (intəɣrál) *a.-f.* integral. || ***pa ~***, wholemeal bread.
integrar (intəɣrá) *t.* to compose, to constitute. *2* to integrate (*en,* in).
íntegre, -gra (íntəɣrə, -ɣrə) *a.* whole, integral. *2* fig. honourable; honest.
integritat (intəɣritát) *f.* integrity; honesty.
intel·lecte (intəlɛ́ktə) *m.* intellect.
intel·lectual (intələktuál) *a., m.-f.* intellectual.
intel·ligència (intəliʒɛ́nsiə) *f.* intelligence; understanding.
intel·ligent (intəliʒén) *a.* intelligent; clever.
intel·ligible (intəliʒíbblə) *a.* intelligible.
intempèrie (intəmpɛ́riə) *f.* inclemency; bad weather. *2 adv. phr.* ***a la ~***, in the open; exposed.
intempestiu, -iva (intəmpəstíŭ, -íβə) *a.* untimely, inopportune.
intenció (intənsió) *f.* aim, intention, purpose.
intencionat, -ada (intənsiunát, -áðə) *a.* ***ben ~***, well-meaning. ▪ *2 m.-f.* malicious person; wicked person.
intens, -sa (intɛ́ns, -sə) *a.* intense; deep [feetling].
intensitat (intənsitát) *f.* intensity; power; magnitude.
intensiu, -iva (intənsíŭ, -íβə) *a.* intensive.
intent (intén) *m.* purpose, aim, intention. *2* attempt.
intentar (intəntá) *t.* to attempt, to try. *2* to mean; to want.
intercalar (intərkəlá) *t.* to intercalate.
intercanvi (intərkámbi) *m.* exchange; interchange.
intercanviar (intərkəmbiá) *t.* to exchange; to interchange.
intercedir (intərsəðí) *i.* to intercede. *2* to plead (*per,* for).
interceptar (intərsəptá) *t.* to intercept; to cut off. *2* MATH. to intercept, to comprehend between.
interès (intərɛ́s) *m.* interest.
interessant (intərəsán) *a.* interesting.
interessar (intərəsá) *t.* to interest; to concern. *2* to involve, to interest. ▪ *3 p.* to get involved. *4* to take an interest.
interessat, -ada (intərəsát, -áðə) *a.* interested, involved, concerned.
interferència (intərfərɛ́nsiə) *f.* interference.
interferir (intərfərí) *i.* to interfere.
intèrfon (intɛ́rfun) *m.* doorphone. *2* intercom.
interí, -ina (intərí, -ínə) *a.* interim; provisional, temporary. *2* acting [person, in office]. *3 m.-f.* substitute; stand-in.
interior (intərió(r)) *a.-m.* interior, inside. *2 a.* inner [thoughts]. *3 m.* fig. inside or personal feelings; heart, soul. *4* inside-forward [football].
interjecció (intərʒəksió) *f.* exclamation; interjection.
interlocutor, -ra (intərlukutó, -rə) *m.-f.* speaker [in conversations].
interludi (intərlúði) *m.* MUS. pause, interlude. *2* THEATR. sketch [usually comic].
intermedi, -èdia (intərmɛ́ði, -ɛ́ðiə) *a.* intermediate; intervening. ▪ *2 m.* interval.
intermediari, -ària (intərməðiári, -áriə) *a.* intermediate. ▪ *2 m.-f.* mediator. *3 m.* COMM. middle-man.
intermitent (intərmitén) *a.* sporadic; intermittent. ▪ *2 m.* AUTO. indicator, trafficator.
intern, -na (intɛ́rn, -nə) *a.* internal, inside; interior. *2* fig. inner. *3* boarding [school, pupils]. ▪ *4 m.-f.* boarder [pupil].
internacional (intərnəsiunál) *a.* international.
internar (intərná) *t.* to insert. *2* to intern, to commit. *3* to admit. ▪ *4 p.* to penetrate. *5* to become a boarder [pupil].
internat (intərnát) *m.* boarding-school.
interpel·lar (intərpəlá) *t.* to appeal. *2* to interpellate.
interposar (intərpuzá) *t.* to put between; to interpose. *2* LAW to lodge [appeal]. ▪ *3 p.* to intervene, to mediate.
intèrpret (intɛ́rprət) *m.-f.* interpreter. *2* translator, interpreter.
interpretar (intərprətá) *t.* to interpret. *2* to translate, to interpret. *3* THEATR. to portray; to perform, to play [role, part].
interregne (intərrɛ́ŋnə) *m.* interregnum. *2* interval.
interrogació (intərruɣəsió) *f.* interrogation; questioning. *2* question mark.
interrogant (intərruɣán) *a.* questioning. ▪ *2 m.* question mark.
interrogar (intərruɣá) *t.* to interrogate; to question. *2* fig. to check, to investigate.
interrogatori (intərruɣətɔ́ri) *m.* questioning. *2* LAW examination [of witnesses].
interrompre (intərrómprə) *t.* to interrupt. *2* to impede; to obstruct.
interrupció (intərrupsió) *f.* interruption. *2* obstruction; impeding.

interruptor, -ra (intərruptó, -rə) *a.* interrupting. ▪ *2 m.* ELECTR. switch.
interurbà, -ana (intərurbá, -ánə) *a.* intercity.
interval (intərβál) *m.* interval, distance between. *2* interval [time]. *3* MUS. interval.
intervenir (intərβəní) *i.* to participate; to intervene (*en,* in). ▪ *2 t.* MED. to operate on. *3* COMM. to audit; to investigate. ▪ CONJUG. like ***abstenir-se.***
intervenció (intərβənsió) *f.* participation; intervention (*en,* in). *2* COMM. audit. *3* MED. operation.
interviu (intərβiŭ) *m.* interview.
intestí, -ina (intəstí, -ínə) *a.* internal, domestic; interior. ▪ *2 m.* ANAT. intestine.
íntim, -ma (íntim, -mə) *a.* intimate, inmost [thoughts, feelings]. *2* intimate, close [relationship].
intimar (intimá) *i.* to become very friendly or familiar; to become close friends.
intimidar (intimiðá) *t.* to intimidate; to frighten.
intimitat (intimitát) *f.* closeness, intimacy [relationship]. *2* familiarity, close or intimate terms. *3* fig. privacy, intimacy. *4 pl.* personal affairs, private life *sing.* [of couple]. *5* intimate gesture.
intitular (intitulá) *t.* to entitle, to head; to call.
intolerable (intulərábblə) *a.* unbearable; intolerable.
intoxicació (intuksikəsió) *f.* poisoning.
intoxicar (intuksiká) *t.* to poison. ▪ *2 p.* to get or be poisoned.
intransferible (intrənsfəríbblə) *a.* not transferable [ticket, title].
intransigència (intrənziʒέnsiə) *f.* intransigence; rigidity, inflexibility [person].
intrèpid, -da (intrέpit, -ðə) *a.* fearless, intrepid; daring.
intricat, -ada (intrikát, -áðə) *a.* intricate; involved; complicated.
intriga (intríɣə) *f.* intrigue, plot. *2* THEATR. plot.
intrigar (intriɣá) *i.* to plot, to intrigue. ▪ *2 t.* to intrigue, to perplex [person].
intrínsec, -ca (intrínsək, -kə) *a.* intrinsic; inherent.
introducció (intruðuksió) *f.* introduction.
introduir (intruðuí) *t.* to show in [person]. *2* to admit; to introduce. *3* to introduce [innovation]. ▪ *4 p.* to enter. *5* to get in; to slip in.
intromissió (intrumisió) *f.* meddling, interference.
introspecció (intruspəksió) *f.* introspection.
introversió (intruβərsió) *f.* introspection; introversion.
intrús, -usa (intrús, -úzə) *a.* intruding, intrusive.
intuïció (intuisió) *f.* intuition.
intuir (intuí) *t.* to guess; to feel; to know by intuition.
inundar (inundá) *t.* to flood. *2* fig. coll. to swamp. ▪ *3 p.* to get or be flooded. *4* fig. coll. to be swamped.
inútil (inútil) *a.* useless; pointless.
inutilitzar (inutilidzá) *t.* to ruin, to spoil. *2* to render useless.
invàlid, -da (imbálit, -ðə) *a.* disabled, unfit; invalid. ▪ *2 m.-f.* invalid, disabled person.
invalidar (imbəliðá) *t.* to invalidate; to nullify, to cancel.
invariable (imbəriábblə) *a.* unchanging, invariable.
invasió (imbəzió) *f.* invasion.
invasor, -ra (imbəzó, -rə) *a.* invading. ▪ *2 m.-f.* invader.
invectiva (imbəktíβə) *f.* invective; diatribe, philippic.
invencible (imbənsíbblə) *a.* unconquerable; unbearable.
invenció (imbənsió) *m.* invention, discovery.
invent (imbén) *m.* invention [device].
inventar (imbəntá) *t.* to discover, to find out; to invent [also fig.]. *2* fig. to make up; to fabricate.
inventari (imbəntári) *m.* inventory. *2* stocktaking [act]. ‖ ***fer ~,*** to stock-take.
inventiu, -iva (imbəntiŭ, -íβə) *a.* inventive; imaginative. ▪ *2 f.* inventiveness; imaginativeness.
inventor, -ra (imbəntó, -rə) *m.-f.* inventor.
invers, -sa (imbέrs, -sə) *a.* inverse; converse; reverse. *2* opposite.
inversemblant (imbərsəmblán) *a.* improbable, unlikely.
inversió (imbərsió) *f.* ECON. investment. *2* inversion.
invertebrat, -ada (imbərtəβrát, -áðə) *a., m.-f.* invertebrate.
invertir (imbərtí) *t.* to invert; to turn upside down. *2* to reverse; to turn round. *3* ECON. to invest.
investigació (imbəstiɣəsió) *f.* research. *2* investigation, enquiry.
investigar (imbəstiɣá) *t.* to investigate, to enquire into. *2* to do research in.
investir (imbəstí) *t.* to invest (*amb,* with).
invicte, -ta (imbíktə, -tə) *a.* undefeated, unbeaten; unconquered.
invisible (imbizíbblə) *a.* invisible.
invitació (imbitəsió) *f.* invitation.
invitar (imbitá) *t.* to invite.
invocar (imbuká) *t.* to invoke; to call up; to call on.

involucrar (imbulukrá) *t.* to involve; to include.
involuntari, -ària (imbuluntári, -áriə) *a.* involuntary; unintentional.
ió (ió) *m.* ion.
iode (ǰóðə) *m.* iodine.
ioga (iɔ́ɣə) *f.* yoga.
iogui (iɔ́ɣi) *a.* yoga. ▪ *2 m.-f.* yogi.
iogurt (ǰuɣúr(t)) *m.* yoghurt.
iot (iót) *m.* yacht.
ira (írə) *f.* anger; ire.
Iran (irán) *pr. n. m.* GEOGR. Iran.
iranià, -ana (irənià, -ánə) *a., m.-f.* Iranian.
Iraq (irák) *pr. n. m.* GEOGR. Iraq.
iraquià, -ana (irəkià, -ánə) *a., m.-f.* Iraqui.
irascible (irəsíbblə) *a.* irascible; irritable.
Irene (irέnə) *pr. n. f.* Irene.
iris (íris) *m.* ANAT. iris.
Irlanda (irlándə) *pr. n. f.* GEOGR. Ireland.
irlandès, -esa (irləndέs, -έzə) *a.* Irish. ▪ *2 m.* Irishman. *3 f.* Irishwoman.
ironia (iruníə) *f.* irony.
irònic, -ca (irɔ́nik, -kə) *a.* ironical.
IRPF (ie̜rrəpeéfə) *m.* *(Impost sobre la Renda de les Persones Físiques)* (form of income tax).
irracionalitat (irrəsiunəlitát) *f.* irrationality; unreasonableness.
irradiar (irrəðià) *t.* to irradiate; to radiate.
irreal (irreál) *a.* unreal; fantastic.
irreflexiu, -iva (irrəfləksiŭ, -íβə) *a.* thoughtless; impetuous; unreflected.
irrefutable (irrəfutábblə) *a.* unanswerable; irrefutable.
irregularitat (irrəɣuləritát) *f.* irregularity; abnormality.
irreparable (irrəpərábblə) *a.* irreparable.
irreprotxable (irrəprutʃábblə) *a.* irreproachable.
irresistible (irrəzistíbblə) *a.* irresistible.
irrespectuós, -osa (irrəspəktuós, -ózə) *a.* disrespectful.
irrespirable (irrəspirábblə) *a.* unbreathable.
irresponsable (irrəspunsábblə) *a.* irresponsible.
irrevocable (irrəβukábblə) *a.* irrevocable; irreversible.
irrigar (irriɣá) *t.* to water; to irrigate.
irrisió (irrizió) *f.* ridicule; derision.
irrisori, -òria (irrizɔ́ri, -ɔ́riə) *a.* ridiculous; derisive.
irritar (irritá) *t.* to irritate. ▪ *2 p.* to get angry (*amb,* with), (*per,* about).
irrogar (irruɣá) *t.* to damage; to injure.
irrompible (irrumpíbblə) *a.* unbreakable.
irrompre (irrómprə) *i.* to burst (*en,* in or into).
irrupció (irrupsió) *f.* bursting (*en,* into); invasion; rush (*en,* into).
Isabel (izəβέl) *pr. n. f.* Elisabeth.
islam (izlám) *m.* Islam.
islamisme (izləmízmə) *m.* Islamism.
islandès, -esa (isləndέs, -έzə) *a.* Icelandic. ▪ *2 m.-f.* Icelander.
Islàndia (islándiə) *pr. n. f.* GEOGR. Iceland.
isolar (izulá) *t.* See AÏLLAR.
isòsceles (isɔ́sələs) *a.* GEOM. isosceles.
Israel (izrrəέl) *pr. n. m.* GEOGR. Israel.
israelià, -ana (izrrəelià, -ánə) *a., m.-f.* Israeli.
israelita (izrrəelítə) *a., m.-f.* Israelite.
Istanbul (istəmbúl) *pr. n. m.* GEOGR. Istanbul.
istme (ízmə) *m.* isthmus; neck [of land].
Itàlia (itáliə) *pr. n. f.* GEOGR. Italy.
italià, -ana (italià, -ánə) *a., m.-f.* Italian.
itinerari, -ària (itinərári, -áriə) *a.* itinerant. ▪ *2 m.* itinerary; trip, journey.
iugoslau, -ava (ǰuɣuzláŭ, -áβə) *a.* Yugoslavian. ▪ *2 m.-f.* Yugoslav.
Iugoslàvia (ǰuɣuzláβiə) *pr. n. f.* GEOGR. Yugoslavia.
IVA (íβə) *m.* *(Impost sobre el Valor Afegit)* V.A.T. (Value Added Tax).
ivori (iβɔ́ri) *m.* ivory.
ixent (iʃén) *a.* lit. arising; rising [esp. sun].

J

ja (ʒa) *adv.* already. *2* now, at once [emphasis]. *3* in due course; given time [future event]. ▪ *4 interj.* I see!, well, well! *5* ~ ***vinc!,*** coming! ▪ *6 conj.* ~ ***que,*** since, seeing that, as.
jaç (ʒas) *m.* sleeping-place [esp. animals]. *2* coll. bed; shakedown.
jaciment (ʒəsimėn) *m.* bed; layer.
jacobí, -ina (ʒəkuβi, -inə) *a., m.-f.* Jacobin.
jactar-se (ʒəktársə) *p.* to brag, to boast.
jade (ʒáðə) *m.* jade.
jaguar (ʒəɣwár) *m.* ZOOL. jaguar.
Jamaica (ʒəmáĭkə) *pr. n. f.* GEOGR. Jamaica.
jamaicà, -ana (ʒəməĭká, -ánə) *a., m.-f.* Jamaican.
Japó (ʒəpó) *pr. n. f.* GEOGR. Japan.
japonès, -esa (ʒəpunɛ́s, -ɛ́zə) *a., m.-f.* Japanese.
jaqué (ʒəkė) *m.* morning coat.
jaqueta (ʒəkɛ́tə) *f.* jacket.
jardí (ʒərði) *m.* garden. *2* ~ ***d'infants,*** nursery school, kindergarten, crèche.
jardiner (ʒərðinė) *a.* garden. *2 m.-f.* gardener. *3 f.* window box.
jardinería (ʒərðinəria) *f.* gardening.
jaspi (ʒaspi) *m.* jasper.
Jaume (ʒáŭmə) *pr. n. m.* James.
jaure (ʒáŭrə) *i.* See JEURE.
javelina (ʒəβəlinə) *f.* javelin.
jazz (ʒas) *m.* jazz.
jeia (ʒɛ́jə) *f.* ***tenir bona*** ~, to lie comfortably. *2* fig. temperament, nature, disposition.
jerarquia (ʒərərkiə) *f.* hierarchy. *2* high rank.
jeroglífic, -ca (ʒəruɣlifik, -kə) *a.-m.* hieroglyphic. *2 m.* hieroglyph.
jersei (ʒərsɛ́ĭ) *m.* jumper, pullover, jersey; sweater.
Jerusalem (ʒəruzəlɛ́m) *pr. n. m.* GEOGR. Jerusalem.
jesuïta (ʒəsuitə) *m.* Jesuit.
jet (ʒɛt) *m.* jet.
jeure (ʒɛ́urə) *i.* to lie; to recline, to be recumbent. *2* to be confined to bed; to be bedridden [through illness]. *3* fig. to be inactive; to be out of action. *4* ~ ***amb,*** to sleep with. CONJUG. Ger. ***jaient.*** ‖ P. P.: ***jagut.*** ‖ INDIC. Pres.: ***jec*** (o ***jac***), ***jeus***, etc. | Imperf.; ***jeia, jeies***, etc. ‖ SUBJ. Pres.: ***jegui, jeguis, jegui, jaguen, jagueu, jeguin*** (o ***jagui, jaguis***, etc.). | Imperf.: ***jàgués,*** etc.
JJOO *m. pl. (Jocs Olímpics)* Olympic Games.
jo (ʒɔ) *pers. pron.* I. ▪ *2 m.* ego.
Joan (ʒuán) *pr. n. m.* John.
joc (ʒɔk) *m.* game. ‖ ~ ***brut,*** foul play. ‖ ***fora de*** ~, off-side [player]; out of play [ball]. ‖ ~ ***de penyores,*** game of forfeits. *2* set. ‖ ~ ***de cartes,*** set of playing cards; card game. ‖ ~ ***de taula,*** set of table linen. *3* ~ ***de paraules,*** pun, play on words. *4* fig. ***fer el doble*** ~, to be double-faced.
jocós, -osa (ʒukós, -ózə) *a.* comic, funny; humorous.
joglar (zugglá) *m.* HIST. minstrel; entertainer.
joguina (ʒuɣinə) *f.* toy; plaything. *2* fig. puppet [person], plaything.
Johannesburg (ʒuən̯əsbúrk) *pr. n. m.* GEOGR. Johannesburg.
joia (ʒɔ́jə) *f.* rejoicing, merriment; elation. *2* jewel; piece of jewellery.
joier, -ra (ʒujė, -rə) *m.-f.* jeweller.
joieria (ʒujəriə) *f.* jewellery.
joiós, -osa (ʒujós, -ózə) *a.* full of joy; joyful; elated.
joquei (ʒɔ́kəĭ) *m.* jockey.
jòquer (ʒɔ́kər) *m.* joker.
jordà, -ana (ʒurdá, -ánə) *a., m.-f.* Jordanian.
Jordània (ʒurðániə) *pr. n. f.* GEOGR. Jordan.

Jordi (ʒɔ́rdi) *pr. n. m.* GEOGR. George.
jorn (ʒorn) *m.* day; daylight.
jornada (ʒurnáðə) *f.* day, length of day. ‖ ***tota la ~,*** all day long. *2* journey, day's journey. *3* working day; working time; shift. ‖ ~ ***intensiva,*** continuous or intensive working day or shift.
jornal (ʒurnál) *m.* day's wage, daily pay. *2 adv. phr.* ***a ~,*** on a daily wage, paid daily.
jornaler, -ra (ʒurnəlé, -rə) *m.-f.* day labourer.
Josep (ʒusɛ́p) *pr. n. m.* Joseph.
jota (ʒɔ́tə) *f.* letter J. *2* kind of dance [esp. in Aragon].
jou (ʒɔ́ŭ) *m.* yoke [also fig.]. *2* fig. bond, tie.
jove (ʒóβə) *a.* young. ▪ *2 m.-f.* young person. *3 f.* daughter-in-law.
jovenalla (ʒuβənáʎə) *f.* youth, young [collective], young people.
jovent (ʒuβén) *m.* See JOVENALLA.
joventut (ʒuβəntút) *f.* youth [age]. *2* young people.
jovenívol, -la (ʒuβəníβul, -lə) *a.* young; youthful. *2* juvenile.
jovial (ʒuβiál) *a.* cheerful, jovial.
jubilació (ʒuβiləsió) *f.* retirement. *2* retirement pension.
jubilar (ʒuβilá) *t.-i.-p.* to retire. *2 i.* to rejoice.
jubileu (ʒuβilɛ́ŭ) *m.* jubilee.
judaic, -ca (ʒuðáik, -kə) *a.* Jewish, Judaean, Judaic.
judaisme (ʒuðəízmə) *m.* Judaism.
judicar (ʒudiká) *t.* to judge; to deem. *2* LAW to find.
judici (ʒuðísi) *m.* judgment. *2* LAW trial; hearing. *3* LAW ruling, decision; sentence. *4* opinion, view.
judicial (ʒuðisiál) *a.* judicial.
Judit (ʒuðít) *pr. n. f.* Judith.
judo (ʒúðo) *m.* SP. judo.
jueu, -eva (ʒuéŭ, -éβə) *m.-f.* Jew.
jugada (ʒuɣáðə) *f.* piece of play; move [board games]. *2* fig. trick, mean trick.
jugador, -ra (ʒuɣəðó, -rə) *a., m.-f.* player. *2 m.-f.* gambler.
juganer, -ra (ʒuɣəné, -rə) *a.* playful.
jugar (ʒuɣá) *i.-t.* to play; to gamble. ‖ ~ ***una mala passada,*** to play a dirty trick [*a,* on]. ▪ *2 p.* to risk; to gamble.
juguesca (ʒuɣɛ́skə) *f.* bet.
jugular (ʒuɣulár) *a.* jugular.
juliol (ʒuliɔ́l) *m.* July.
julivert (ʒuliβɛ́r(t)) *m.* parsley.
jungla (ʒúŋglə) *f.* jungle.
Júlia (ʒúliə) *pr. n. f.* Julia.
junt, -ta (ʒun, -tə) *a.* next to; beside. *2* together. ▪ *3 f.* joint. *4* AUTO. gasket; washer. *4* meeting; conference; assembly. *5* board [of directors]; committee. *6 adv.* together.
juntura (ʒuntúrə) *f.* joint.
juny (ʒuɲ) *m.* June.
junyir (ʒuɲí) *t.* to unite; to bring together. *2* to yoke. *3* fig. to subdue. ▪ *4 p.* to flow together, to join [two rivers].
jupa (ʒúpə) *f.* (ROSS.) See FALDILLA.
jura (ʒúrə) *f.* pledge, oath. ‖ MIL. ~ ***de bandera,*** pledge of loyalty to the flag.
jurar (ʒurá) *t.* to swear; to pledge.
jurat (ʒurát) *m.* LAW jury. *2* board or panel of judges [competition].
jurídic, -ca (ʒurídik, -kə) *a.* legal; juridical.
jurisconsult (ʒuriskunsúl(t)) *m.* legal expert; jurist.
jurisdicció (ʒurizðiksió) *f.* jurisdiction [esp. of court of law].
jurisprudència (ʒurispruðɛ́nsiə) *f.* jurisprudence.
jurista (ʒurístə) *m.-f.* jurist; lawyer.
just, -ta (ʒus(t), -tə) *a.* fair; just; right; legitimate. *2* correct, right; exact, precise. *3* scarce; low [income]. ‖ ***tenir un sou molt ~,*** to have a very low salary. ▪ *4 adv.* precisely, exactly. ‖ ***tot ~,*** scarcely, hardly. *5* ***anar ~,*** to be hard up. ▪ *6 phr.* ***justa la fusta!,*** absolutely!, I agree entirely!
justícia (ʒustísiə) *f.* justice; rectitude; equity. *2* fairness. *3* law; justice.
justicier, -ra (ʒustisié, -rə) *a.* upright, righteous, law-abiding; just.
justificació (ʒustifikəsió) *f.* justification; pretext.
justificant (ʒustifikán) *a.* justifying. ▪ *2 m.* voucher; certificate.
justificar (ʒustifiká) *t.* to substantiate; to justify. *2* to clear [suspect].
jutge (ʒúdʒə) *m.* LAW judge; magistrate. *2* judge [competition].
jutjar (ʒudʒá) *t.* to judge, to consider, to deem. *2* LAW to find; to rule.
jutjat (ʒudʒát) *m.* court of law; court.
juvenil (ʒuβənil) *a.* youthful; juvenile.
juxtaposar (ʒukstəpuzá) *t.* to juxtapose; to compare.

K

K, k (ka) *f.* k [letter].
kàiser (káizər) *m.* HIST. Kaiser, King [esp. in Germany].
karate (kərátə) *m.* karate.
kenià, -ana (kəniá, -ánə) *a.*, *m.-f.* Kenyan.
Kenya (kéniə) *pr. n. f.* GEOGR. Kenya.

L

L, l (èlə) f. l [letter].
l' *art. m.-f.: **l'home,*** the man; ***l'orella,*** the ear. ▪ *2 pers. pron.* See EL.
'l *pers. pron.* See EL.
la (lə) *art. f.* the. ▪ *2 pers. pron. f. **porteu-la,*** bring it, bring her. ▲ l'. [before vowels and h]. ▪ *3 f.* MUS. A.
laberint (ləβərin) *m.* labyrinth, maze.
labor (ləβòr) *f.* work, task, labour. *2* sewing; crochet work; embroidery; knitting.
laborable (ləβuràbblə) *a.* arable. *2 **dia ~,*** weekday; working day.
laborar (ləβurà) *i.* to labour, to toil. ▪ *2 t.* to work, to till.
laboratori (ləβurətɔ̀ri) *m.* laboratory.
laboriós, -osa (ləβuriòs, -òzə) *a.* hard-working. *2* laborious.
laboriositat (ləβuriuzitàt) *f.* industry.
laca (làkə) *f.* lacquer. *2* lac; shellac. *3* hair-spray.
lacai (ləkàĭ) *m.* lackey.
lacerar (ləsərà) *t.* to lacerate. *2* fig. to damage, to hurt, to harm.
lacònic, -ca (ləkɔ̀nik, -kə) *a.* laconic.
lacrar (ləkrà) *t.* to seal [with sealing wax].
lacre (làkrə) *m.* sealing wax.
lacrimal (ləkrimàl) *a.* lachrymal, tear. ▪ *2 m. pl.* lachrymal glands.
lactant (ləktàn) *a.* nursing. ▪ *2 m.* unweaned baby.
lacti, làctia (làkti, làktiə) *a.* milk, lactic. ‖ ***productes ~s,*** milk products. ‖ ***Via Làctia,*** Milky Way.
lacustre (ləkùstrə) *a.* lake.
laic, -ca (làĭk, -kə) *a.* lay.
lama (làmə) *m.* lama.
lament (ləmèn) *m.* lament; wail, moan.
lamentació (ləməntəsiò) *f.* lamentation.
lamentar (ləməntà) *t.* to lament, to mourn. *2* to be sorry (—, about), to regret. ▪ *3 p.* to complain.
làmina (làminə) *f.* sheet. *2* PRINT. plate.
laminar (ləminà) *t.* to roll, to roll out.
làmpada (làmpəðə) *f.* light bulb, lamp.
lampista (ləmpìstə) *m.-f.* electrician; plumber.
landa (làndə) *f.* moor; moorland.
lànguid, -da (làŋgit, -ðə) *a.* languid; listless.
làpida (làpiðə) *f.* inscribed stone; gravestone, tombstone.
lapidar (ləpiðà) *t.* to stone.
lapse (làpsə) *m.* space [of time], lapse.
laringe (ləriŋʒə) *f.* ANAT. larynx.
larinx (ləriŋs) *f.* ANAT. See LARINGE.
larva (làrβə) *f.* ENT. larva.
lasciu, -iva (ləsiŭ, -iβə) *a.* lascivious, lecherous.
làser (lasər) *m.* laser.
lassar (ləsà) *t.* ant. to tire.
lat, -ta (làt, -tə) *a.* extensive; wide. ▪ *2 f.* pest, nuisance.
latent (lətèn) *a.* latent.
lateral (lətəràl) *a.* lateral, side.
latifundi (lətifùndi) *m.* very large country estate.
latitud (lətitùt) *f.* latitude.
latria (lətriə) *f.* worship.
latrina (lətrinə) *f.* latrine.
laudable (ləŭðàbblə) *a.* praiseworthy, laudable.
Laura (làŭrə) *pr. n. f.* Laura.
lava (làβə) *f.* lava.
lavabo (ləβàβu) *m.* wash-basin. *2* wash-room. *3* toilet.
lavanda (ləβànðə) *f.* lavander. *2* lavander water.
lavativa (ləβətiβə) *f.* enema.
lax, -xa (ləks, -ksə) *a.* slack; lax.
laxar (ləksà) *t.* to slacken; to loosen. *2* to act as a laxative, to loosen the bowels.
lector, -ra (ləktò, -rə) *a., m.-f.* reader. *2 m.-f.* assistant lecturer.
lectura (ləktùrə) *f.* reading. *2* reading matter.

legació (ləɣəsió) *f.* legation.
legal (ləɣál) *a.* legal.
legalitat (ləɣəlitát) *f.* legality, lawfulness.
legalitzar (ləɣəlidʒá) *t.* to legalise.
legat (ləɣát) *m.* legate.
legió (ləʒió) *f.* MIL. legion. *2* multitude, great number.
legionari, -ària (ləʒiunári, -áriə) *a.-m.* legionary. *2 m.* legionnaire.
legislació (ləʒizləsió) *f.* legislation.
legislar (ləʒizlá) *i.* to legislate.
legislatura (ləʒizlətúrə) *f.* legislature.
legítim, -ma (ləʒítim, -mə) *a.* legitimate. *2* genuine, authentic, real.
legitimitat (ləʒitimitát) *f.* legitimacy.
lema (lémə) *m.* motto; slogan. *2* theme, subject. *3* MAT. lemma. *4* lemma [in logic].
lenitat (lənitát) *f.* leniency.
lenitiu, -iva (lənitiŭ, -iβə) *a.* soothing. ▪ *2 m.* soothing medicine.
lent, -ta (len, -tə) *a.* slow. ▪ *2 f.* lens.
lentitud (ləntitút) *f.* slowness.
lepra (léprə) *f.* MED. leprosy.
leprós, -osa (ləprós, -ózə) *a.* MED. leprous. ▪ *2 m.-f.* leper.
les (ləs) *art. f. pl.* the. ▪ *2 pers. pron. f. pl.* them: ***te ~ dono,*** I'll give them to you.
lesió (ləzió) *f.* injury.
lesionar (ləziuná) *t.* to injure; to wound.
letal (lətál) *a.* lethal, deadly.
letàrgia (lətárʒiə) *f.* lethargy.
letàrgic, -ca (lətárʒik, -kə) *a.* lethargic.
leucèmia (ləŭsέmiə) *f.* MED. leukaemia, leucaemia, (USA) leukemia, leucemia.
leucòcit (ləŭkɔ́sit, col. ləŭkusít) *m.* BIOL. leucocyte, (USA) leukocyte.
levita (ləβítə) *m.* frock coat. *2* Levite [bible].
lèxic (lέksik) *m.* lexis, vocabulary.
lexicografia (ləksikuɣrəfiə) *f.* lexicography.
li (li) *pers. pron.* him, her, it: ***dóna-li les claus,*** give him or her the keys.
liana (liánə) *f.* liana, liane.
libació (liβəsió) *f.* libation.
Líban (líβən) *pr. n. m.* GEOGR. Lebanon.
libanès, -esa (liβənέs, -έzə) *a., m.-f.* Lebanese.
libèl·lula (liβέlulə) *f.* ENT. dragonfly.
liberal (liβərál) *a.* liberal, generous. *2 a., m.-f.* POL. liberal.
liberalisme (liβərəlízmə) *m.* POL. Liberalism.
libi, líbia (líβi, líβiə) *a., m.-f.* Lybian.
Líbia (líbiə) *pr. n. f.* GEOGR. Libya.
libidinós, -osa (liβiðinós, -ózə) *a.* libidinous, lascivious.
libido (liβíðo) *f.* libido; sexual drive.
liceu (lisέŭ) *m.* lyceum: ***Teatre del ~,*** Barcelona Opera House. *2* secondary school. *3* literary society.
lícit, -ta (lísit, -tə) *a.* lawful, licit, permissible.
licitar (lisitá) *t.* to bid.
licor (likór) *m.* liqueur.
líder (líðə[r]) *m.-f.* leader.
lignit (liŋnít) *m.* lignite.
lila (lílə) *a.-m.* lilac [colour].
lilà (lilá) *m.* BOT. lilac.
lil·liputenc, -ca (liliputέŋ, -kə) *a.* Lilliputian.
limbe (límbə) *m.* BOT. limb. *2* edge.
limfa (límfə) *f.* BIOL. lymph.
limfàtic, -ca (limfátik, -kə) *a.* lymphatic.
liminar (liminár) *a.* introductory.
límit (límit) *m.* limit.
limitació (limitəsió) *f.* limitation.
limitar (limitá) *t.* to limit. ▪ *2 i.* to border [*amb,* on].
limítrof (limítruf) *a.* bordering.
límpid, -da (límpit, -ðə) *a.* limpid, pellucid.
lineal (lineál) *a.* linear, lineal. *2* line: ***dibuix ~,*** line drawing. || ***sentit ~,*** in a straight line.
lingot (liŋgɔ́t) *m.* ingot.
lingüista (liŋgwístə) *m.-f.* linguist, linguistician.
lingüístic, -ca (liŋgwístik, -kə) *a.* linguistic. ▪ *2 f.* linguistics *pl.*
línia (líniə) *f.* line.
liniment (liniméń) *m.* MED. liniment.
linòleum (linɔ́leŭm) *m.* linoleum, lino.
linx (liŋs) *m.* ZOOL. lynx.
linxar (linʃá) *t.* to lynch.
liquar (likwá) *t.* to liquefy. *2* to melt. *3* METALL. to liquate.
liquen (líkən) *m.* BOT. lichen.
líquid, -da (líkit, -ðə) *a.-m.* liquid.
liquidació (likiðəsió) *f.* ECON. liquidation. *2* clearance sale [shops]. *3* settlement [of debt]. *4* CHEM. PHYS. liquefaction.
liquidar (likiðá) *t.* to liquidate. *2* to sell off. *3* to settle [a debt]. *4* CHEM. PHYS. to liquefy. *5* fig. to eliminate, to get rid of, to kill.
lira (lírə) *f.* MUS. lyre.
líric, -ca (lírik, -kə) *a.* lyrical. ▪ *2 f.* lyrical poetry.
liró (liró) *m.* ZOOL. dormouse. *2 m.-f.* fool. ▪ *3 a.* stupid, silly. || ***fer tornar ~,*** to drive mad or round the bend.
lis (lis) *f.* BOT. lily. *2* HERALD. fleur-de-lis.
Lisboa (lisbóa) *pr. n. f.* GEOGR. Lisbon.
literal (litərál) *a.* literal.
literari, -ària (litərári, -áriə) *a.* literary.
literat, -ata (litərát, -átə) *m.-f.* man or woman of letters.
literatura (litərətúrə) *f.* literature.
liti (líti) *m.* CHEM. lithium.

litigar (litiγá) *t.* to litigate.
litigi (litiʒi) *m.* LAW litigation, lawsuit, suit. *2* fig. dispute, disagreement.
litografia (lituγrəfiə) *f.* lithography [art]. *2* lithograph [example of the art].
litoral (liturál) *a.* coastal. ▪ *2 m.* coast.
litre (litrə) *m.* litre, (USA) liter.
litúrgia (litúrʒiə) *f.* liturgy.
lívid, -da (liβit, -ðə) *a.* black and blue, livid. *2* ashen, pallid.
lividesa (liβiðέzə) *f.* lividness, lividity.
llac (ʎak) *m.* lake.
llaç (ʎas) *m.* bow. *2* fig. trap, snare. *3* noose. *4* fig. link, connection.
llaçada (ʎəsáðə) *f.* fancy, decorative bow.
llacuna (ʎəkúnə) *f.* small lake, tarn. *2* fig. gap, lacuna.
lladella (ʎəðéʎə) *f.* ENT. crab louse.
lladrar (ʎəðrá) *i.* to bark.
lladre (ʎáðrə) *m.* thief; robber. *2* ELECTR. adaptor.
lladruc (ʎəðrúk) *m.* bark [of dog].
llagasta (ʎəγástə) *f.* tick [parasite].
llagosta (ʎəγóstə) *f.* spiny lobster, crawfish. *2* ENT. locust; grasshopper.
llagostí. (ʎəγusti) *m.* type of large prawn.
llagotejar (ʎəγutəʒá) *t.* to flatter.
llagoter, -ra (ʎəγuté, -rə) *a.* flattering. ▪ *2 m.-f.* flatterer.
llàgrama (ʎáγrəmə) *f.* (ROSS.) See LLÀGRIMA.
llàgrima (ʎáγrimə) *f.* tear.
llagrimejar (ʎəγriməʒá) *i.* to weep, to cry.
llagrimós, -osa (ʎəγrimós, -ózə) *a.* weepy, tearful. *2* tear-jerking, tearful.
llagut (ʎəγút) *m.* NAUT. catboat.
llama (ʎámə) *m.* ZOOL. llama.
llamàntol (ʎəmántul) *m.* lobster.
llamborda (ʎəmbórðə) *f.* flag, flagstone. *2* cobble, cobblestone.
llambregada (ʎəmbrəγáðə) *f.* glimpse; peep; quick look.
llambregar (ʎəmbrəγá) *t.* to glimpse; to catch sight of.
llaminadura (ʎəminəðúrə) *f.* titbit, delicacy [esp. sweet ones].
llaminer, -ra (ʎəminé, -rə) *a.* sweet-toothed.
llamp (ʎam) *m.* bolt of lightening. ‖ ***mal ~***, damn! ‖ ***com un ~***, like lightening.
llampada (ʎəmpáðə) *f.* flash.
llampant (ʎəmpán) *a.* brand new, brand spanking new. *2* garish, loud [colours].
llampec (ʎəmpέk) *m.* flash of lightening. ‖ ***com un ~***, like lightening. *2* flash [also fig.]: ***una visita ~***, a lightening visit.
llampegar (ʎəmpəγá) *i.* to lighten.
llana (ʎánə) *f.* wool. ‖ ***tenir ~ al clatell***, to be dozy or dopey.

llança (ʎánsə) *f.* lance. ▪ *2 m.* lancer.
llançada (ʎənsáðə) *f.* thrust of the lance. *2* lance wound.
llançador, -ora (ʎənsəðó, -órə) *a., m.-f.* thrower. *2 f.* TEXT. shuttle.
llançaflames (ʎənsəflámәs) *f. pl.* MIL. flamethrower.
llançament (ʎənsəmén) *m.* launch, launching.
llançar (ʎənsá) *t.* to throw. *2* to launch [rockets, new products, etc.]. *3* fig. to let out. ‖ ***va ~ una exclamació de sorpresa***, she cried out in surprise. ▪ *4 p.* to throw oneself.
llanceta (ʎənsέtə) *f.* MED. lancet.
llanda (ʎándə) *f.* MECH. rim; wheel. *2* (BAL.), (VAL.) See LLAUNA.
llaner, -era (ʎəné, -érə) *a.* woollen.
llangardaix (ʎəŋgərðáʃ) *m.* ZOOL. lizard.
llangor (ʎəŋgó) *f.* languidness, listlessness.
llanguiment (ʎəŋgimén) *f.* See LLANGOR.
llanguir (ʎəŋgi) *i.* to languish.
llanta (ʎántə) *f.* MECH. rim; wheel.
llanterna (ʎəntέrnə) *f.* lantern. *2* torch, flashlight.
llàntia (ʎántiə) *f.* oil lamp. *2* oil or grease stain.
llantió (ʎəntió) *m.* small lamp.
llanut, -uda (ʎənút, -úðə) *a.* woolly. *2* stupid, dozy.
llanxa (ʎánʃə) *f.* NAUT. launch.
llaor (ʎəó) *f.* praise.
llapis (ʎápis) *m.* pencil. *2* ***~ de color***, crayon.
llar (ʎar) *f.* ***~ de foc***, fireplace. *2* home.
llard (ʎar(t)) *m.* lard.
llardó (ʎərðó) *m.* piece of crackling.
llardós, -osa (ʎərðós, -ózə) *a.* greasy.
llarg, -ga (ʎark, -γə) *a.* long. ‖ ***a la llarga***, in the long run. ‖ ***saber-la llarga***, to be clever. ‖ ***passar de ~***, to go past, to miss. ▪ *2 m.* length.
llargada (ʎərγáðə) *f.* length.
llargària (ʎərγáriə) *f.* See LLARGADA.
llargarut, -uda (ʎərγərút, -úðə) *a.* very long, very tall.
llarg-metratge (ʎạrmətrádʒə) *m.* CIN. long film.
llarguesa (ʎərγέzə) *f.* largesse, generosity.
llast (ʎas[t]) *m.* ballast [also fig.].
llàstima (ʎástimə) *f.* pity, grief.
llastimós, -osa (ʎəstimós, -ózə) *a.* pitiful; lamentable.
llatí, -ina (ʎəti, -inə) *a., m.-f.* Latin.
llatinista (ʎətinistə) *m.-f.* latinist.
llatzeret (ʎədzərέt) *m.* lazaretto, lazaret.
llauna (ʎáŭnə) *f.* tin sheet. *2* tin, can.
llauner, -era (ʎəŭné, -érə) *m.-f.* plumber.
llaurada (ʎəŭráðə) *f.* ploughing. *2* ploughed land.

llaurador, -ra (ʎəŭrəðó, -rə) *m.* ploughman. *2 f.* ploughwoman. *3* (VAL.) farmer.
llaurar (ʎəŭrá) *t.* to plough.
llaüt (ʎəút) *m.* MUS. lute. *2* NAUT. catboat.
llautó (ʎəŭtó) *m.* brass. ‖ ***veure-se-li el ~,*** to see through someone.
llavar (ʎəβá) *t.* (VAL.) See RENTAR.
llavi (ʎáβi) *m.* lip.
llavor (ʎəβó) *f.* seed [also fig.].
llavorer, -ra (ʎəβuré, -rə) *a.* stud.
llavors (ʎəβɔ́rs) *adv.* then.
llebeig (ʎəβέtʃ) *m.* METEOR. warm southwest wind.
llebre (ʎéβrə) *f.* ZOOL. hare. ‖ ***aixecar la ~,*** to let the cat out of the bag.
llebrer (ʎəβré) *a. m.* ZOOL. greyhound.
llebrós, -osa (ʎəβrós, -ózə) *a.* leprous. ▪ *2 m.-f.* leper.
lledó (ʎəðó) *m.* BOT. blackberry.
llefiscós, -osa (ʎəfiskós, -ózə) *a.* slimy; sticky.
lleganya (ʎəɣáɲə) *f.* sleep [in the eyes].
lleganyós, -osa (ʎəɣəɲós, -ózə) *a.* bleary.
llegar (ʎəɣá) *t.* to will; to bequeath, to leave.
llegat (ʎəɣát) *m.* legacy; bequest.
llegenda (ʎəʒéndə) *f.* legend. *2* inscription.
llegendari, -ària (ʎəʒəndári, -áriə) *a.* legendary.
llegible (ʎəʒibblə) *a.* legible. *2* readable.
llegir (ʎəʒí) *t.* to read.
llegítima (ʎəʒítimə) *f.* that part in a will which must be left to close relatives.
llegua (ʎéɣwə) *f.* league [distance].
llegum (ʎəɣúm) *m.* legume. *2 pl.* vegetables.
llei (ʎeĭ) *f.* law, rule. *2* kind, sort.
lleial (ʎəǰál) *a.* loyal, faithful.
lleialtat (ʎəǰəltát) *f.* loyalty, faithfulness, allegiance.
Lleida (ʎéĭðə) *pr. n. f.* GEOGR. Lleida.
lleig, lletja (ʎetʃ, ʎédʒə) *a.* ugly; foul [also fig.].
lleixa (ʎéʃə) *f.* shelf.
lleixiu (ʎəʃíŭ) *m.* bleach.
llenç (ʎεns) *m.* canvas.
llenca (ʎέŋkə) *f.* strip.
llençar (ʎənsá) *t.* to throw. *2* to throw away.
llenceria (ʎənsəríə) *f.* draper's (shop). *2* lingerie, underwear.
llençol (ʎənsɔ́l) *m.* sheet [linen, etc.].
llenegar (ʎənəɣá) *i.* (BAL.) See RELLISCAR.
llengota (ʎəŋgɔ́tə) *f.* ***m'ha fet una ~!,*** she put her tongue out at me!
llengua (ʎéŋgwə) *f.* tongue. ‖ ***no tenir pèls a la ~,*** to call a spade a spade. ‖ ***tenir la ~ llarga,*** to be all talk; not to know when to shut up. *2* language.
llenguado (ʎəŋgwáðu) *m.* ICHTHY. sole.
llenguallarg, -ga (ʎəŋgwəʎárk, -ɣə) *a.* talkative, who never stops talking.
llenguatge (ʎəŋgwádʒə) *m.* language.
llengüeta (ʎəŋgwέtə) *f.* tongue, flap.
llengut, -uda (ʎəŋgút, -úðə) *a.* talkative.
llentia (ʎəntíə) *f.* BOT. lentil.
llenya (ʎéɲə) *f.* wood, firewood. *2* fam. beating.
llenyataire (ʎəɲətáĭrə) *m.* woodcutter.
lleó, -na (ʎəó, -nə) *m.* lion. *2* ASTROL. Leo. *3 f.* lioness.
lleopard (ʎəupár(t)) *m.* ZOOL. leopard.
llepa (ʎépə) *m.-f.* coll. crawler; vulg. arselicker.
llepada (ʎəpáðə) *f.* lick.
llepaire (ʎəpáĭrə) *m.-f.* See LLEPA.
llepar (ʎəpá) *t.* to lick. *2* to suck up to; to crawl *i.*
llepissós, -osa (ʎəpisós, -ózə) *a.* See LLEFISCÓS.
llèpol, -la (ʎέpul, -lə) *a.* See LLAMINER.
llepolia (ʎəpulíə) *f.* See LLAMINADURA.
llera (ʎérə) *f.* GEOGR. bed.
llesamí (ʎəsəmí) *m.* BOT. jasmine.
llesca (ʎéskə) *f.* slice.
llest, -ta (ʎes(t), -tə) *a.* clever, quick. *2* ready. *3* finished.
llet (ʎet) *f.* milk. *2* ***mala ~,*** bad temper. ‖ ***està de mala ~,*** he's in a bad mood, he's angry.
lletania (ʎətəníə) *f.* LITURG. litany. *2* coll. long list.
lleter, -ra (ʎəté, -rə) *a.* milk. ▪ *2 m.-f.* milkman, milk seller. *3 f.* milk jug.
lleteria (ʎətəríə) *f.* dairy.
lletgesa (ʎədʒέzə) *f.* ugliness.
lletjor (ʎədʒó) *f.* ugliness.
lletra (ʎέtrə) *f.* letter [of the alphabet]. *2* writing. ‖ ***fer bona ~,*** to write neatly. *3* letter [written communication]. *4* COMM. ~ ***de canvi,*** bill of exchange. *5* words *pl.* [of song]. *6 pl.* arts [subjects].
lletraferit, -ida (ʎətrəfərít, -íðə) *a.* coll. fond of literature.
lletrat, -ada (ʎətrát, -áðə) *a.* lettered, learned. ▪ *2 m.-f.* lawyer.
lletrejar (ʎətrəʒá) *t.* to spell.
lleu (ʎéŭ) *a.* light. *2* slight; not serious.
lleuger, -ra (ʎəŭʒé, -rə) *a.* light. *2* slight, not serious. *3* agile, quick. ▪ *4 prep. phr.* ***a la lleugera,*** without thinking, lightly.
lleugeresa (ʎəŭʒərέzə) *f.* lightness. *2* agility, quickness. *3* hastiness.
lleure (ʎέŭrə) *m.* leisure, spare time.
lleva (ʎéβə) *f.* MECH. cam. *2* MIL. levy, conscription.
llevadís, -issa (ʎəβəðís, -ísə) *a.* which can be raised and lowered: ***pont ~,*** drawbridge.

llevadora (ʎəβəðórə) *f.* midwife.
llevant (ʎəβán) *m.* the east, the orient.
llevar (ʎəβá) *t.* to remove, to take out, to take off. *2* to take someone out of bed. ▪ *3 p.* to get up.
llevat (ʎəβát) *m.* yeast, leaven. ▪ *2 prep.* except, but. *3 prep. phr.* ~ ***de,*** except, but.
llevataps (ʎęβətáps) *m.* corkscrew.
lli (ʎi) *m.* BOT. flax. *2* linen.
lliberal (ʎiβərál) *a., m.-f.* See LIBERAL.
llibertar (ʎiβərtá) *t.* to liberate, to free, to set free.
llibertat (ʎiβərtát) *f.* liberty, freedom.
llibertí, -ina (ʎiβərti, -inə) *a.* libertine, licentious.
llibertinatge (ʎiβərtinádʒə) *m.* licentiousness, libertinism.
llibre (ʎiβrə) *m.* book.
llibrer, -ra (ʎiβré, -rə) *m.-f.* See LLIBRETER.
llibreria (ʎiβrəríə) *f.* bookshop. *2* bookshelf.
llibreta (ʎiβrétə) *f.* notebook, exercise book. ‖ ~ ***d'estalvis,*** savings book.
llibreter (ʎiβrəté, -rə) *m.-f.* book dealer; book seller.
llibreteria (ʎiβrətəríə) *f.* bookshop.
lliça (ʎisə) *f.* HIST. lists.
llicència (ʎisénsiə) *f.* licence, permit.
llicenciar (ʎisənsiá) *t.* to release from duty. *2* MIL. to discharge. *3* EDUC. to confer a bachelor's degree on. ▪ *4 p.* MIL. to finish one's national service. *5* to obtain or receive a bachelor's degree, to graduate.
llicenciat, -ada (ʎisənsiát, -áðə) *m.-f.* graduate. ‖ ***títol de ~,*** bachelor's degree.
llicenciatura (ʎisənsiətúrə) *f.* bachelor's degree. *2* degree course.
llicenciós, -osa (ʎisənsiós, -ózə) *a.* licentious.
lliçó (ʎisó) *m.* lesson.
lliga (ʎiγə) *f.* league, alliance. *2* SP. league. *3* alloy.
lligabosc (ʎiγəβɔ́sk) *m.* BOT. honeysuckle.
lligacama (ʎiγəkámə) *f.* garter.
lligadura (ʎiγəðúrə) *f.* MED., MUS. ligature.
lligall (ʎiγáʎ) *m.* sheaf [papers], bundle.
lligam (ʎiγám) *m.* bond, tie [also fig.].
lligament (ʎiγəmén) *m.* tie, bond [fig.]. *2* tying. *3* ANAT. ligament.
lligar (ʎiγá) *t.* to tie, to bind. ‖ fig. ***estar lligat de mans i peus,*** to have one's hands tied. *2* fig. to join, to connect, to link, to unite. ▪ *3 i.* to fit in (*amb,* with), to go well together. *4* to agree with; to get on with. *5 i.-p.* to chat up.
llim (ʎim) *m.* mud.
llima (ʎimə) *f.* file. *2* (VAL.) lemon.
llimac (ʎimák) *m.* ZOOL. slug.
llimadures (ʎiməðúrəs) *f. pl.* filings.

llimar (ʎimá) *t.* to file, to file off or down. *2* fig. to smooth, to polish.
llimbs (ʎims) *m. pl.* limbo *sing.* ‖ ***viure als ~,*** to live in the clouds.
llimó (ʎimó) *m.* (OCC.) See LLIMONA.
llimona (ʎimónə) *f.* lemon.
llimonada (ʎimunáðə) *f.* lemonade.
llimoner (ʎimuné) *m.* BOT. lemon tree.
llinatge (ʎinádʒə) *m.* lineage, family.
llinda (ʎində) *f.* lintel.
llindar (ʎindá) *m.* threshold [also fig.].
llinge (ʎinzə) *f.* (ROSS.) lingerie.
lliri (ʎiri) *m.* BOT. lily.
llís, -sa (ʎis, -zə) *a.* smooth; even. *2* straight [hair]. *3* plain, umpatterned.
lliscar (ʎiská) *i.* to slide, to slip.
llista (ʎistə) *f.* list, register. ‖ ***passar ~,*** to call the register, to call the roll.
llistat (ʎistát) *a.* striped. ▪ *2 m.* COMP. print out.
llistó (ʎistó) *m.* batten, lath, piece of wood.
llit (ʎit) *m.* bed. ‖ ***fer ~,*** to be ill in bed. *2* GEOGR. river bed.
llitera (ʎitérə) *f.* stretcher. *2* bunk [on ships]; sleeper, couchette [on trains]. *3 pl.* bunks.
lliura (ʎiŭrə) *f.* pound.
lliurament (ʎiŭrəmén) *m.* delivery.
lliurar (ʎiŭrá) *t.* to deliver, to hand over. *2* ~ ***batalla,*** to put up a fight. ▪ *3 p.* to hand oneself over, to give oneself up. *4* to devote oneself (*a,* to).
lliure (ʎiŭrə) *a.* free: ~ ***d'impostos,*** tax-free, duty free. ‖ ***entrada ~,*** free entry. ‖ ***dia ~,*** day off.
lloable (ʎuábblə) *a.* praiseworthy, laudable.
lloança (ʎuánsə) *f.* praise.
lloar (ʎuá) *t.* to praise.
lloba (ʎóβə) *f.* ZOOL. she-wolf.
llobarro (ʎuβárru) *m.* ICHTHY. bass.
llobató (ʎuβətó) *m.* ZOOL. wolf cub. *2* boy scout.
llobina (ʎuβínə) *f.* ICHTHY. See LLOBARRO.
llòbrec, -ega (ʎɔ́βrək, -əγə) *a.* dark, gloomy.
lloc (ʎɔk) *m.* place; scene. ‖ ***m'ha pres el ~,*** he's taken my seat. *2* room, space: ***no hi ha ~,*** there's no room.
lloca (ʎɔ́kə) *f.* broody hen.
lloctinent (ʎɔ̨ktinén) *m.* deputy, lieutenant.
llogar (ʎuγá) *t.* to hire [cars, sports equipment, etc.]; to rent [houses, flats, cars, etc.]. *2* to contract, to take on [workers]. ▪ *3 p.* to be for rent; to be for hire.
llogarret (ʎuγərrét) *m.* hamlet, tiny village.
llogater, -ra (ʎuγəté, -rə) *m.-f.* tenant.
lloguer (ʎuγé) *m.* rent. ‖ ***un pis de ~,*** a rented flat.

llom (ʎom) *m.* back, loin. *2* GEOGR. loin. *3* spine [book]. *4* COOK. loin of pork.
llombrígol (ʎumbriɣul) *m.* navel.
llonguet (ʎuŋgɛ́t) *m.* small elongated bread roll.
llonza (ʎónzə) *f.* COOK. chop.
llop (ʎop) *m.* ZOOL. wolf. || fig. ~ ***de mar,*** old sea dog.
llopada (ʎupáðə) *f.* pack of wolves.
llorer (ʎuré) *m.* BOT. laurel. || fig. ***adormir-se sobre els ~s,*** to rest on one's laurels.
llorigó (ʎuriɣó) *m.* ZOOL. bunny, young rabbit.
lloriguera (ʎuriɣérə) *f.* warren, rabbit warren. *2* fig. den of thieves.
llorma (ʎórmə) *f.* (ROSS.) See BARJAULA.
lloro (ʎɔ́ru) *m.* ORNIT. parrot.
llosa (ʎɔ́zə) *f.* tile.
llosc, -ca (ʎosk, -kə) *a.* short-sighted, myopic.
llot (ʎot) *m.* mud, mire.
llotja (ʎɔ́dʒə) *f.* THEATR. box. *2* COMM. (commodity) exchange.
lluc (ʎuk) *m.* BOT. shoot. *2* good judgement.
lluç (ʎus) *m.* ICHTHY. hake. || ~ ***de riu,*** pike.
llucar (ʎuká) *i.* to produce shoots. ▪ *2 t.* to see, to spot. *3* to look at. *4* fig. to see through, to suss, to weigh up.
llúcera (ʎúsərə) *m.* ICHTHY. blue whiting.
llúdria (ʎúðriə) *f.* ZOOL. otter.
llúdriga (ʎúðriɣə) *f.* ZOOL. See LLÚDRIA.
lluent (ʎuén) *a.* shining; bright; sparkling.
lluentó (ʎuəntó) *m.* sequin.
lluentor (ʎuəntó) *f.* brilliance; shine; sparkle; glow.
lluerna (ʎuɛ́rnə) *f.* skylight. *2* ENT. glowworm. *3* ICHTHY. streaked gurnard.
llufa (ʎúfə) *f.* silent fart. || fig. ***fer ~,*** to flop, to fail.
llufar-se (ʎufársə) *p.* to fart silently.
lluïment (ʎuimén) *m.* brilliance; sparkling; shining; sparkle; shine.
lluir (ʎui) *i.* to sparkle; to twinkle; to shine. *2* fig. to shine, to look good; to stand out. ▪ *3 t.* to show off. ▪ *4 p.* to shine; to succeed, to be a success, to excel oneself. *5* to make a fool of oneself, to make a mess of something.
Lluís (ʎuis) *pr. n. m.* Louis, Lewis.
lluïssor (ʎuisó) *f.* shine; sparkle; glitter; glow.
lluït, -ïda (ʎuit, -iðə) *a.* successful.
lluita (ʎúĭtə) *f.* fight, struggle.
lluitador, -ra (ʎuitəðó, -rə) *a.* fighting. ▪ *2 m.-f.* fighter. *3* SP. wrestler.
lluitar (ʎuĭtə) *i.* to fight; to struggle.
llum (ʎum) *f.* light. *2 m.* lamp, light [apparatus].
llumenera (ʎumənérə) *f.* oil lamp. *2* fig. very intelligent person.
llumí (ʎumi) *m.* match.
lluminària (ʎuminàriə) *f.* illuminations *pl.*
lluminós, -osa (ʎuminós, -ózə) *a.* luminous. *2* fig. ingenious, clever.
lluna (ʎúnə) *f.* moon. || ***de mala ~,*** in a bad mood. || ***demanar la ~ en un cove,*** to ask for the impossible. || ~ ***de mel,*** honeymoon.
llunàtic, -ca (ʎunátik, -kə) *a.* moody.
lluny (ʎuɲ) *adv.* far away. || ***de ~,*** by far.
llunyà, -ana (ʎuɲá, -ánə) *a.* far, distant, remote.
llunyania (ʎuɲəniə) *f.* distance.
lluquet (ʎukɛ́t) *m.* sulphur match.
llur (ʎur, ʎurs) *poss. a.* their. ▴ pl. ***llurs.***
llustre (ʎústrə) *m.* shine; polish; sparkle; lustre.
llustrós, -osa (ʎustrós, ózə) *a.* polished; shining; sparkling; lustrous.
lo (lu) *pers. pron.* ***doneu-~ al pare,*** give it to your father. ▪ *2* (OCC.) (lo) *art. m. sing.* the.
lòbul (lɔ́βul) *m.* lobe.
local (lukál) *a.* local. *2* SP. home. ▪ *3 m.* premises.
localitat (lukəlitát) *f.* locality, place. *2* seat; ticket [cinema, theatre, etc.].
localitzar (lukəlidzá) *t.* to localize. *2* to find, to locate.
loció (lusió) *f.* lotion.
locomoció (lukumusió) *f.* locomotion. || ***mitjà de ~,*** means of transport.
locomotor, -ra (lukumutó, -rə) *a.* locomotive; driving. ▪ *2 f.* engine, locomotive.
locució (lukusió) *f.* idiom. *2* phrase.
locutor, -ra (lukutó, -rə) *m.-f.* radio or television presenter.
logaritme (luɣəridmə) *f.* logarithm.
lògia (lɔ́ʒiə) *f.* lodge.
lògic, -ca (lɔ́ʒik, -kə) *a.* logical. ▪ *2 f.* logic.
lona (lónə) *f.* canvas; sailcloth.
londinenc, -ca (lundinɛ́ŋ, -kə) *a.* London, from London. ▪ *2 m.-f.* Londoner.
Londres (lóndrəs) *pr. n. m.* GEOGR. London.
longevitat (lunʒəβitát) *f.* longevity.
longitud (lunʒitút) *f.* length. *2* GEOGR. longitude.
longitudinal (lunʒituðinál) *a.* longitudinal.
loquaç (lukwás) *a.* loquacious, talkative.
loquacitat (lukwəsitát) *f.* loquacity.
lord (lɔr(t)) *m.* lord.
los (lus) *pers. pron. m.* them: ***doneu-~ a qui els vulgui,*** give them to whoever wants them. ▪ *2 m.-f.* them: ***doneu-~ dinar,*** give them lunch ▴ **els, 'ls.** ▪ *3* (OCC.) (los) art. *m. pl.* the.

lot (lɔt) *m.* share, portion. *2* lot [auctions]. *3* batch.
loteria (lutəriə) *f.* lottery.
lotus (lɔ́tus) *m.* BOT. lotus.
'ls *pers. pron.* See LOS.
lubricar (luβrikà) *t.* See LUBRIFICAR.
lubrificant (luβrifikàn) *a.* lubricating. ▪ *2 m.* lubricant.
lubrificar (luβrifikà) *t.* to lubricate.
lúcid, -da (lúsit, -ðə) *a.* lucid, clear.
lucidesa (lusiðέzə) *f.* lucidity.
lucratiu, -iva (lukrətiŭ, -iβə) *a.* lucrative.
lucre (lúkrə) *m.* gain, profit; benefit.
luctuós, -osa (luktuós, -ózə) *a.* sad, sorrowful.
lúgubre (lúγuβrə) *a.* lugubrious.
lumbago (lumbáγu) *m.* MED. lumbago.
lumbar (lumbár) *a.* MED. lumbar.
lunar (lunár) *a.* lunar, moon.
lupa (lúpə) *f.* magnifying glass.
lustre (lústrə) *m.* lustrum (5 year period).
luteranisme (lutərənizmə) *m.* Lutheranism.
luxació (luksəsió) *f.* MED. dislocation.
luxe (lúksə) *m.* luxury. ‖ ***de ~,*** luxury.
Luxemburg (luksəmbúrk) *pr. n. m.* GEOGR. Luxembourg.
luxós, -osa (luksós, -ózə) *a.* luxurious.
luxúria (luksúriə) *f.* lust, lechery.
luxuriós, -osa (luksuriós, -ózə) *a.* lustful, lecherous.

M

M, m (émə) *m.* m [letter].
m' *pers. pron. 1st pers. accus.* and *dat. sing.* before vowel or h: ***m'entens?,*** do you understand me? ▲ ***'m,*** after vowel: ***dona'm això!,*** give me that!
ma (mə) *poss. a. f.* my.
mà (ma) *f.* ANAT. hand. || fig. ***a ~,*** handy, within easy reach. || ***a ~ armada,*** armed. || fig. ***allargar la ~,*** to put one's hand out. || fig. ***arribar a les mans,*** to come to blows. || fig. ***demanar la ~,*** to ask for someone's hand [in marriage]. || ***de segona ~,*** second-hand. || fig. ***en bones mans,*** in good hands. || ***fer mans i mànigues,*** to do one's utmost, to do one's best. || ***lligar les mans,*** to tie someone's hands. || ***tenir manetes,*** to be handy. *2* ZOOL. paw; foot.
maça (másə) *f.* mace. *2* mallet. *3* pestle.
macabre, -bra (məkáβrə, -βrə) *a.* macabre.
macadura (məkəðúrə) *f.* bruise.
macar (məká) *t.* to bruise. ■ *2 p.* to get bruised.
macarró (məkərró) *m.* macaroni. *2* pimp.
macarrònic, -ca (məkərrɔ́nik, -kə) *a.* macaronic.
macer (məsé) *m.* REL. mace-bearer.
maceració (məsərəsió) *f.* maceration.
macerar (məsərá) *t.* to macerate.
maco, -ca (máku, -kə) *a.* cast. pretty, beautiful, nice.
maçó (məsó) *m.* freemason.
macrobiotic, -ca (məkruβiótik, -kə) *a.* macrobiotic. ■ *2 f.* macrobiotics *pl.*
macrocefalia (məkrusəfəliə) *f.* macrocephaly.
màcula (mákulə) *f.* esp. fig. stain.
macular (məkulá) *t.* esp. fig. to stain.
madeixa (məðéʃə) *f.* skein, hank.
madona (məðɔ́nə) *f.* Madonna. *2* (BAL.) landlady; mistress.
madrastra (məðrástrə) *f.* stepmother.
madrigal (məðriɣál) *m.* madrigal.
maduixa (məðúʃə) *f.* BOT. strawberry.
maduixera (məðuʃérə) *f.* BOT. strawberry plant.
maduixot (məðuʃɔ́t) *m.* strawberry.
madur, -ra (məðú, -rə) *a.* ripe [fruit]. *2* mature.
madurar (məðurá) *i.-t.* to ripen. *2* to mature [also fig.].
maduresa (məðurɛ́zə) *f.* ripeness [fruit]. *2* maturity.
mag (mak) *m.* magician.
magarrufa (məɣərrúfə) *f.* flattery.
magatzem (məɣədzɛ́m) *m.* warehouse; store. || ***grans ~s,*** department store.
magí (məʒí) *m.* coll. mind, head.
màgia (máʒiə) *f.* magic. || fig. ***per art de ~,*** by magic.
màgic, -ca (máʒik, -kə) *a.* magic; magical. ■ *2 m.-f.* magician. *3 f.* magic.
magisteri (məʒistéri) *m.* teaching. || ***estudio ~,*** I'm doing teacher training.
magistral (məʒistrál) *a.* masterly, magisterial.
magistrat (məʒistrát) *m.* judge.
magistratura (məʒistrətúrə) *f.* magistrature, magistracy.
magma (mágmə) *f.* GEOL. magma.
magnànim, -ma (məŋnánim, -mə) *a.* magnanimous.
magnat (məŋnát) *m.* magnate, baron.
magne, -na (máŋnə, -nə) *a.* great.
magnesi (məŋnɛ́zi) *m.* magnesium.
magnèsia (məŋnɛ́ziə) *f.* magnesia.
magnètic, -ca (məŋnɛ́tik, -kə) *a.* magnetic.
magnetisme (məŋnətizmə) *m.* magnetism.
magnetòfon (məŋnətɔ́fun, coll. məŋnətufón) *m.* tape-recorder.
magnífic, -ca (məŋnífik, -kə) *a.* magnificent; splendid.
magnificar (məŋnifiká) *t.* to magnify, to extol.

magnificència (məŋnifisɛ́nsiə) *f.* magnificence.
magnitud (məŋnitút) *f.* size; magnitude. *2* ASTR. magnitude.
magnòlia (məŋnɔ́liə) *f.* BOT. magnolia.
magrana (məɣránə) *f.* BOT. pomegranate.
magre, -gra (máɣrə, -ɣrə) *a.* lean. *2* fig. thin, lean.
mahometà, -ana (məumətá, ánə) *a., m.-f.* Mohammedan, Muslim.
mahometisme (məumətízmə) *m.* Mohammedanism, Islam.
mai (mái̯) *adv.* never. *2* ever: *si ~ véns,* if you ever come.
maig (matʃ) *m.* May.
mainada (məi̯náðə) *f.* children *pl.*
mainadera (məi̯nəðérə) *f.* nurse, nanny.
maionesa (məǰunɛ́zə) *f.* COOK. mayonnaise.
majestat (məʒəstát) *f.* majesty: *Sa Majestat,* Your or His or Her Majesty.
majestuós, -osa (məʒəstuós, -ózə) *a.* majestic.
majestuositat (məʒəstuuzitát) *f.* majesty.
majòlica (məʒɔ́likə) *f.* majolica.
major (məʒó) *a.* greatest, most important. ‖ *la ~ part,* the greater part, the majority. ‖ *carrer ~,* high street, main street. *2* MUS. major.
majoral (məʒurál) *m.* head shepherd. *2* IND. foreman.
majordom, -oma (məʒurðɔ́m, -ɔ́mə) *m.* butler; steward. *2 f.* housekeeper; stewardess.
majordona (məʒurðɔ́nə) *f.* priest's housekeeper.
majoria (məʒuríə) *f.* majority.
majorista (məʒurístə) *m.-f.* wholesaler.
majorment (məʒormén) *adv.* mainly, chiefly.
majúscul, -la (məʒúskul, -lə) *a.* enormous. ▪ *2 f.* capital, capital letter.
mal, mala (mal, málə) *a.* bad. ▲ usu. before noun. ▪ *2 m.* ache, pain. ‖ *~ de cap,* headache. *3* damage. ‖ *m'he fet ~,* I've hurt myself. *4* bad, badness; evil. ▪ *5 adv.* badly. ‖ *~ que bé,* somehow.
malabarisme (mələβərízmə) *m.* juggling.
malabarista (mələβərístə) *m.-f.* juggler.
malaconsellar (mələkunsəʎá) *t.* to mislead, to give bad advice to.
malagradós, -osa (mələɣrəðós, -ózə) *a.* unpleasant, unsociable, surly.
malagraït, -ïda (mələɣrəít, -íðə) *a., m.-f.* unthankful *a.,* ungrateful *a.*
malaguanyat, -ada (mələɣwəɲát, -áðə) *a.* wasted. *2* ill-fated. *3* prematurely dead. ▪ *4 interj.* what a shame!
malai, -aia (məlái̯, -áǰə) *a., m.-f.* Malay, Malayan.
malalt, -ta (məlál, -tə) *a.* ill; sick.
malaltia (mələltíə) *f.* illness; disease.
malaltís, -issa (mələltís, -ísə) *a.* unhealthy; sickly.
malament (mələmén) *m. adv.* badly, wrong, wrongly. ‖ *t'he entès ~,* I misunderstood you. ‖ *ho fas ~,* you're doing it wrong. ‖ *funciona ~,* it doesn't work properly.
malapte, -ta (məlápte, -tə) *a.* clumsy, hamfisted.
malaquita (mələkítə) *f.* MINER. malachite.
malària (məláriə) *f.* MED. malaria.
malastrugança (mələstruɣánsə) *f.* misfortune.
malaurat, -ada (mələŭrát, -áðə) *a.* unfortunate, unlucky; wretched.
malaventura (mələβəntúrə) *f.* misfortune.
malaventurat, -ada (mələβənturát, -áðə) *a.* unfortunate, unlucky.
malavesar (mələβəzá) *t.* to allow or encourage someone to acquire bad habits.
malavingut, -uda (mələβiŋgút, -úðə) *a.* incompatible.
malbaratador, -ora (məlβərətəðó, -órə) *a., m.-f.* squanderer *s.*
malbaratar (məlβərətá) *t.* to squander, to waste.
malbé (fer) (məlβé) *phr.* to spoil; to ruin, to destroy.
malcarat, -ada (məlkərát, -áðə) *a.* sullen.
malcontent, -ta (məlkuntén, -tə) *a.* discontent, unhappy.
malcreient (məlkrəjjén) *a.* coll. disobedient.
malcriar (məlkriá) *t.* to spoil, to bring up badly [child].
maldar (məldá) *i.* to strive (*per,* to),to try hard (*per,* to).
maldat (məldát) *f.* badness, evilness. *2* bad or evil action.
maldecap (məldəkáp) *m.* problem, trouble, worry, headache. ▲ usu *pl.*
maldestre, -a (məlðéstrə) *a.* clumsy; awkward.
maldir (məldí) *i.* to malign, to defame, to speak ill of.
maledicció (mələðiksió) *f.* curse.
malèfic, -ca (məlɛ́fik, -kə) *a.* evil, malefic.
malefici (mələfísi) *m.* curse.
maleir (mələí) *t.* to curse. ‖ *maleït siga,* damn it!, curse it!
malejar (mələʒá) *t.* to spoil.
malenconia (mələŋkuníə) *f.* melancholy.
malenconiós, -sa (mələŋkuniós, -ózə) *a.* melancholy, melancholic.
malendreç (mələndrés) *m.* untidiness; disorder.
malentès (mələntés) *m.* misunderstanding.

malesa (məlɛ́zə) *f.* badness; evil. *2* bad or evil action.
malestar (mąləstá) *m.* unease, uneasiness; unrest. *2* MED. malaise.
maleta (məlɛ́tə) *f.* suitcase, case.
maleter (mələté) *m.* suitcase maker or seller. *2* porter. *3* AUTO. boot, (USA) trunk.
maletí (məlэti) *m.* briefcase, attaché case.
malèvol, -la (məlɛ́βul, -lə) *a.* malevolent.
malfactor, -ra (mąlfəktó, -rə) *a., m.-f.* malefactor, wrongdoer.
malferir (mąlfəri) *t.* to wound badly.
malfiar-se (mąlfiársə) *p.* to mistrust *t.* (*de,* —), to distrust *t.* (*de,* —). *2* to suspect.
malforjat, -ada (mąlfurʒát, -áðə) *a.* scruffy, untidily dressed.
malgastar (mąlɣəstá) *t.* to waste.
malgirbat, -ada (mąlʒirβát, -áðə) *a.* scruffy.
malgrat (mąlɣrát) *prep.* despite, in spite of: ~ ***tot,*** after all.
malhumorat, -ada (mąlumurát, -áðə) *a.* bad-tempered.
malícia (məlisiə) *f.* malice.
maliciós, -osa (məlisiós, -ózə) *a.* malicious.
malifeta (mąlifétə) *f.* misdeed.
maligne, -na (məliŋnə, -nə) *a.* malignant.
malintencionat, -ada (mąlintənsiunát, -áðə) *a.* ill-intentioned.
mall (maʎ) *m.* sledgehammer.
malla (máʎə) *f.* mesh. *2* network. *3* mail, chain mail.
mal·leabilitat (məleəβilitát) *f.* malleability.
mal·leable (mələábblə) *a.* malleable.
mallerenga (məʎərɛ́ŋgə) *f.* ORNIT. tit: ~ ***cuallarga,*** long-tailed tit; ~ ***blava,*** blue tit; ~ ***carbonera,*** great tit.
Mallorca (məʎɔ́rkə) *pr. n. f.* GEOGR. Majorca.
Mallorca (Ciutat de) (məʎɔ́rkə, siutát ðə) *pr. n. f.* GEOGR. Palma de Majorca.
mallorquí, -ina (məʎurki, -inə) *a., m.-f.* Majorcan.
mallot (məʎɔ́t) *m.* leotard. *2* bathing suit, bathing costume.
malmès, -esa (mąlmɛ́s, -ɛ́zə) *a.* spoiled; ruined.
malmetre (mąlmɛ́trə) *t.* to spoil; to ruin. ▲ CONJUG. P. P.: ***malmès.***
malnom (mąlnɔ́m) *m.* nickname.
malparat, -ada (mąlpərát, -áðə) *a.* damaged, in bad condition.
malparlar (mąlpərlá) *i.* to run down, to speak ill of.
malparlat, -ada (mąlpərlát, -áðə) *a.* foul-mouthed.
malpensar (mąlpənsá) *i.* to think ill of. *2* to suspect.
malpensat, -ada (mąlpənsát, -áðə) *a.* evil-minded.
malsà, -ana (mąlsá, -ánə) *a.* unhealthy. *2* fig. unwholesome.
malson (mąlsɔ́n) *m.* nightmare.
malsonant (mąlsunán) *a.* ill-sounding. *2* rude, offensive. ‖ ***paraula*** ~, swearword.
maltractament (máltrəktəmén) *m.* abuse, ill-treatment.
maltractar (mąltrəktá) *t.* to abuse, to ill-treat, to treat badly. *2* to damage; to knock about.
maluc (məlúk) *m.* ANAT. hip.
malva (málβə) *f.* BOT. mallow.
malvasia (məlβəziə) *f.* malmsey [wine].
malvat, -ada (məlβát, -áðə) *a.* evil, wicked.
malvendre (mąlβɛ́drə) *t.* to sell at a loss. ▲ CONJUG. like ***vendre.*** ‖ INDIC. Pres.: ***malvèn.***
malversació (məlβərsəsió) *f.* embezzlement, misappropriation.
malversar (məlβərsá) *t.* to embezzle, to misappropriate.
malvestat (məlβəstát) *f.* bad or evil action.
malvist, -ta (mąlβis(t), -tə) *a.* considered wrong, not done.
malviure (mąlβiŭrə) *m.* to subsist, to live badly.
malvolença (mlβulɛ́nsə) *f.* malevolence.
mam (məm) *m.* coll. drink.
mama (mámə) *f.* mum, mummy. *2* breast.
mamà (məmá) *f.* mum, mummy.
mamar (məmá) *t.* to suck. *2* fig. to drink straight from a bottle. *3* to drink [alcohol].
mamarratxo (məmərrátʃu) *m.* fig. nincompoop [person].
mamella (məméʎə) *f.* breast [woman]; udder [animal].
mamífer, -ra (məmifər, -rə) *a.* mammalian. ■ *2 m.* mammal.
mampara (məmpárə) *f.* screen.
mamut (məmút) *m.* ZOOL. mammoth.
manaire (mənáĭrə) *a.* bossy.
manament (mənəmén) *m.* order. *2* REL. commandment.
manar (məná) *t.* to order, to command. *2* to rule.
manat (mənát) *m.* bunch; handful.
manc, -ca (maŋ, -kə) *a.* one-handed; one-armed.
manca (máŋkə) *f.* lack.
mancament (məŋkəmén) *m.* offence; insult; wrong. *2* nonfulfilment [of one's duty]; failure to keep [one's promise or word]; non-payment [of a debt].
mancança (məŋkánsə) *f.* See MANCA.
mancar (məŋká) *i.* to lack *t.*, not to have *t.* ‖ ***li manca un braç,*** he has an arm missing.
mancomunitat (məŋkumunitát) *f.* union, association [of towns, provinces, etc.].
mandarí (məndəri) *m.* mandarin.

mandarina (məndərinə) *f.* BOT. mandarin, tangerine, satsuma.
mandat (məndát) *m.* mandate.
mandatari (məndətári) *m.* mandatory.
mandíbula (məndiβulə) *f.* ANAT. mandible, jawbone.
mandolina (məndulinə) *f.* MUS. mandolin, mandoline.
mandonguilla (mənduŋgiʎə) *f.* COOK. meat ball.
mandra (mándrə) *f.* laziness.
mandràgora (məndráɣurə) *f.* BOT. mandrake, mandragora.
mandril (məndril) *m.* ZOOL. mandrill.
manduca (məndúkə) *f.* coll. grub, nosh.
mànec (mánək) *m.* handle. || ***tenir la paella pel ~,*** to give the orders.
manefla (mənɛ́flə) *a.* meddlesome, interfering. ▪ *2 m.-f.* meddler, busybody.
mànega (mánəɣə) *f.* sleeve. *2* hose. *3* MAR. beam.
manegar (mənəɣá) *t.* fig. to sort out. ▪ *2 p.* to cope, to manage.
maneig (mənɛ́tʃ) *m.* handling. *2* running; management.
manejable (mənəʒábblə) *a.* manageable. *2* handy.
manejar (mənəʒá) *t.* to handle, to control; to use. *2* to move (from side to side).
Manel (mənɛ́l) *pr. n. m.,* Emmanuel.
manera (mənérə) *f.* way, manner. || *adv. phr.* ***d'aquesta ~,*** in this way; ***de cap ~,*** in no way; *adv. phr.* ***de mala ~,*** far too much; *conj. phr.* ***de ~ que,*** so that; *adv. phr.* ***de tota ~,*** o ***de totes les maneres,*** anyhow, anyway; *phr.* ***no hi ha ~,*** it's impossible.
manescal (mənəskál) *m.* ant. veterinary surgeon, vet.
maneta (mənɛ́tə) *f.* small hand. || ***fer manetes,*** to hold hands. || ***tenir manetes,*** to be skilful with one's hands. *2* handle. *3* pestle.
manganès (məŋgənɛ́s) *m.* manganese.
mangosta (məŋgóstə) *f.* ZOOL. mangoose.
mania (məniə) *f.* mania, fad; obsession. || ***té la ~ de l'hoquei,*** he's obsessed with hockey. || ***ha agafat la ~ que s'està tornant cec.*** || he's got it into his head that he's going blind. || ***em té ~,*** he hates me. *2* bad habit.
maníac, -ca (məniək, -kə) *a.* maniacal, maniac.
maniàtic, -ca (məniátik, -kə) *a.* fussy, finicky; faddy.
manicomi (mənikɔ́mi) *m.* lunatic asylum, mental hospital.
manicur, -ra (mənikúr, -rə) *m.-f.* manicurist. *2 f.* manicure.
manifest, -ta (mənifés(t), -tə) *a.* manifest, patent. ▪ *2 m.* manifesto.
manifestació (mənifəstəsió) *f.* sign, show. *2* demonstration.
manifestar (mənifəstá) *t.* to show, to demonstrate. ▪ *2 p.* to demonstrate [in the street].
manifestant (mənifəstán) *m.-f.* demonstrator.
màniga (mánəɣə) *f.* sleeve. || ***estirar més el braç que la ~,*** to overspend.
manillar (məniʎár) *m.* handlebar, handlebars *pl.*
manilles (məniʎəs) *f. pl.* handcuffs.
maniobra (məni) *t.* handling, operation, manipulation; action. *2* manoeuvre, (USA) maneuver.
maniobrar (məniuβrá) *t.* to handle, to manipulate, to operate. ▪ *2 i.* to manoeuvre, (USA), to maneuver.
manipulació (mənipuləsió) *f.* manipulation.
manipular (mənipulá) *t.* to manipulate, to handle. *2* pej. to manipulate.
maniquí (məniki) *m.* (tailor's) dummy. *2* fig. puppet. *3 m.-f.* professional model.
manllevar (mənʎəβá) *t.* to borrow.
mannà (mənná) *m.* manna.
manobre (mənɔ́βrə) *m.* labourer.
manoll (mənóʎ) *m.* bunch; handful.
manòmetre (mənɔ́mətrə) *m.* pressure gauge.
manotada (mənutáðə) *f.* slap, blow with the hand.
mans, -sa (mans, -sə) *a.* tame; gentle.
mansalva (mənsálβə) ***a ~*** *phr.* without running any risk, without exposing oneself to danger.
mansió (mənsió) *f.* mansion.
mansoi, -ia (mənsɔ́ĭ, -ǰə) *a.* gentle; docile; tame.
mansuetud (mənsuətút) *f.* gentleness, tameness.
manta (mántə) *f.* blanket.
mantega (məntɛ́ɣə) *f.* butter.
manteleta (məntəlɛ́tə) *f.* shawl.
mantell (məntéʎ) *m.* cloak, cape.
mantellina (məntəʎinə) *f.* mantilla.
manteniment (məntənimén) *m.* maintenance; upkeep.
mantenir (məntəni) *t.* to keep, to maintain. || ***~ en un lloc fresc,*** to keep in a cool place. *2* to maintain, to carry on: ***~ una conversació,*** to carry on a conversation. *3* to maintain, to support: ***amb un sou no podem ~ tota la família,*** we can't support the whole family on one wage. *4* to maintain: ***jo mantic que...,*** I maintain that... ▪ *5 p.* to sustain oneself, to keep oneself. *6* to stay, to keep: ***com et mantens en forma?,*** how do you stay fit?
mantó (məntó) *m.* shawl.

manual (mənuál) *a.* manual. ■ *2 m.* manual, handbook, guide.
manubrí (mənúβri) *m.* handle; crank.
manufactura (mənufəktúrə) *f.* manufacture.
manuscrit, -ta (mənuskrít, -tə) *a.* handwritten. ■ *2 m.* manuscript.
manutenció (mənutənsió) *f.* maintenance.
manxa (mánʃə) *f.* bellows *pl.* *2* air pump.
manxar (mənʃá) *t.* to produce a draught or to make air with a pair of bellows. ■ *2 t.* to fan.
manya (máɲə) *f.* skill. *2* fig. ingenuity.
manyà (məɲá) *m.* locksmith.
manyac, -aga (məɲák, -áγə) *a.* gentle; docile, tame.
manyagueria (məɲəγəríə) *f.* gentleness; tameness, docility. *2* caress.
manyoc (məɲɔ́k) *m.* handful.
manyopla (məɲɔ́plə) *f.* mitten.
manyós, -osa (məɲós, -ózə) *a.* handy.
maó (məó) *m.* brick.
mapa (mápə) *m.* map.
mapamundi (mapəmúndi) *m.* world map, map of the world.
maqueta (məkέtə) *f.* scale model.
maquiavèl·lic, -ca (məkiəβέlik, -kə) *a.* Machiavellian.
maquillar (məkiʎá) *t.-p.* to make up.
maquillatge (məkiʎádʒə) *m.* make-up.
màquina (mákinə) *f.* machine. || *~ d'afaitar,* electric-shaver. || *~ d'escriure,* typewriter. || *~ de fotografiar,* camera.
maquinal (məkinál) *a.* fig. mechanical.
maquinar (məkiná) *t.* to plot, to machinate.
maquinària (məkinàriə) *f.* machinery.
maquinista (məkinístə) *m.-f.* RAIL. engine driver. *2* TECHNOL. operator, machinist.
mar (mar) *m.* (i *f.*) sea. || *en alta ~,* on the high seas. *2 f.* fig. *la ~ de,* a lot (of). || *hi havia la ~ de gent,* it was packed with people. || *és un noi la ~ de simpàtic,* he's ever such a nice boy.
marabú (mərəβú) *m.* ORNIT. marabou.
maragda (məráγdə) *f.* MINER. emerald.
marasme (mərázmə) *m.* MED. emaciation, wasting. *2* fig. paralysis, stagmation.
marassa (mərásə) *f.* (excessively) doting mother.
marató (mərətó) *f.* SP. marathon.
marbre (márβrə) *m.* marble.
marbrista (mərβrístə) *m.* marble cutter, worker in marble.
Marc (mark) *pr. n. m.* Mark.
març (mars) *m.* March.
marca (márkə) *f.* mark; spot; stain. *2* brand; make. *3* SP. record.
marcar (mərká) *t.* to mark; to brand [animals]. *2* to show. || *el meu rellotge marca les cinc,* according to my watch it's five o'clock. *3* SP. to score [goal]. *4* SP. to mark [man]. *5* to dial. *6* COMM. to price, to put a price on.
marcià, -ana (mərsiá, -ánə) *a., m.-f.* Martian.
marcial (mərsiál) *a.* martial.
marcir (mərsí) *t.* to wilt. ■ *2 p.* to will, to droop.
marcit, -ida (mərsít, -íðə) *a.* wilting, drooping; withered.
marduix (mərðúʃ) *m.* BOT. marjoram.
mare (márə) *f.* mother. *2* GEOL. bed. || fig. *sortir de ~,* to lose one's temper. *3* fig. origin.
marea (mərέə) *f.* tide.
mareig (mərέtʃ) *m.* dizziness; sick feeling; nausea; seasickness. *2* fig. confusion.
marejada (mərəʒáðə) *f.* METEOR. swell, surge.
marejar (mərəʒá) *t.* to make dizzy; to make feel sick. *2* fig. to confuse; to bother; to pester. ■ *3 p.* to feel dizzy; to feel sick. || *sempre em marejo en aquest cotxe,* I always get sick in this car.
maremàgnum (maremáŋnum) *m.* coll. mess, tangle.
mareperla (marəpέrlə) *f.* ZOOL. mother-of-pearl.
mareselva (marəsέlβə) *f.* BOT. honeysuckle.
màrfega (márfəγə) *f.* straw mattress.
marfil (mərfíl) *m.* ivory.
margalló (mərγəʎó) *m.* BOT. palmetto.
Margarida (mərγəríðə) *pr. n. f.* Margaret.
margarida (mərγəríðə) *f.* BOT. daisy [wild]. *2* BOT. marguerite [garden].
margarina (mərγərínə) *f.* margarine.
marge (márʒə) *m.* edge, border; side. || *adv. phr.* fig. on the sidelines. *2* margin [of page]. *3* COMM. margin. *4* opportunity.
marginal (mərʒinál) *a.* marginal.
marginar (mərʒiná) *t.* to leave out; to omit. *2* to discriminate against; to reject.
marí, -ina (mərí, -ínə) *a.* marine. ■ *2 m.* sailor, seaman. *3 f.* MIL. navy. *4* coast. *5* ART seascape.
Maria (məríə) *pr. n. f.* Mary.
maridar (məriðá) *t.-p.* to marry [also fig.].
marieta (məriέtə) *f.* ENT. ladybird. *2* coll. puff, pansy.
marihuana (məriuánə) *f.* marijuana, cannabis, hashish.
marinada (mərináðə) *f.* METEOR. sea breeze.
mariner, -ra (məriné, -rə) *a.* of the sea. || *un poble ~,* a coastal or seaboard town. ■ *2 m.* sailor, seaman.
marisc (mərísk) *m.* shellfish.
mariscal (məriskál) *m.* marshal.

marit (mərit) *m.* husband.
marítim, -ma (məritim, -mə) *a.* maritime.
marmessor (mərməsó) *m.* LAW. executor.
marmita (mərmitə) *f.* (large) cooking pot.
marmitó (mərmitó) *m.* scullion, kitchen boy.
marmota (mərmɔ́tə) *f.* ZOOL. marmot.
maroma (mərómə) *f.* hawser, thick rope.
maror (məró) *f.* swell, heavy sea. *2* fig. disagreement, discontent.
marquès, -esa (mərkɛ́s, -ɛ́zə) *m.* marquis, marquess. *2 f.* marchioness; marquise.
marquesat (mərkəzát) *m.* marquisate.
marquesina (mərkəzinə) *f.* ARCH. canopy; porch.
marqueteria (mərkətəriə) *f.* marquetry.
marrà (mərrá) *m.* ZOOL. ram. *2 m.-f.* pigheaded person. *3* filthy person. ▪ *4 a.* pigheaded, stubborn. *5* filthy, dirty.
marrada (mərráðə) *f.* indirect route. || ***per aquest camí farem*** ~, this is the long way round.
marrameu (mərrəmɛ́u) *m.* howl; howling, caterwauling. *2* fig. grouse, complaint.
marranada (mərrənáðə) *f.* herd of pigs. *2* dirty or rotten trick. *3* (temper) tantrum.
marraneria (mərrənəriə) *f.* (temper) tantrum.
Marràqueix (mərrákəʃ) *pr. n. m.* GEOGR. Marrakech.
marrar (mərrá) *i.* to go the long way round. *2* to go the wrong way. ▪ *3 t.* to wind, to be windy [a path, etc.].
marrasquí (mərrəski) *m.* maraschino.
marrec (mərrɛ́k) *m.* ZOOL. lamb. *2* small boy.
marro (márru) *m.* sediment; dregs *pl.;* grounds *pl.* [coffee].
marró (mərró) *a.-m.* brown.
Marroc (mərrɔ́k) *pr. n. m.* GEOGR. Morocco.
marroquí, -ina (mərruki, -inə) *a., m.-f.* Moroccan.
marroquineria (mərrukinəriə) *f.* Morocco leather dressing.
marsupial (mərsupiáal) *a.-m.* marsupial.
Mart (mart) *pr. n. m.* ASTR. Mars.
marta (mártə) *f.* ZOOL. (pine) marten.
Marta (mártə) *pr. n. f.* Marha.
martell (mərtɛ́ʎ) *m.* hammer. *2* ANAT. hammer, malleus.
Martí (mərti) *pr. n. m.* Martin.
martinet (mərtinɛ́t) *m.* ORNIT. heron. *2* MECH. drop-hammer. *3* CONSTR. pile-driver.
martingala (mərtiŋgálə) *f.* breeches worn under armour. *2* martingale. *3* fig. trick.
màrtir (mártir) *m.-f.* martyr.
martiri (mərtiri) *m.* martyrdom. *2* fig. torment.
martiritzar (mərtiridzá) *t.* to martyr. *2* fig. to torment.
marxa (márʃə) *f.* march. *2* SP. walk: || ~ ***atlètica,*** walking race. *3* AUTO. gear. *4* operation, running, working. || ***posar en*** ~, to start. *5* departure.
marxamo (mərʃámu) *m.* seal [placed by customs on goods].
marxant, -ta (mərʃán, -tə) *m.-f.* travelling salesman. *2* art dealer.
marxar (mərʃá) *i.* to leave, to depart. *2* to march. *3* to go, to work, to operate [machines, etc.].
marxisme (mərʃizmə) *m.* Marxism.
marxista (mərʃistə) *a., m.-f.* Marxist.
mas (mas) *m.* farmhouse; country house.
màscara (máskərə) *f.* mask. *2* masked person.
mascara (məskárə) *f.* mark [of soot, etc.].
mascaró (məskəró) *m.* figurehead [on ship].
mascle (másklə) *m.* male.
masclisme (məsklizmə) *m.* machismo.
mascota (məskɔ́tə) *f.* mascot.
masculí, -ina (məskuli, -inə) *a.* ANAT. male. *2* GRAMM. masculine. *3* manly, masculine.
masegar (məzəɣá) *t.* to batter, to bruise.
masia (məziə) *f.* (large) country house.
masmorra (məzmórrə) *f.* dungeon.
masover, -ra (məzuβé, -rə) *m.* (tenant) farmer. *2 f.* (tenant) farmer's wife.
massa (másə) *f.* mass; volume. *2* COOK. dough; pastry. ▪ *3 a.* too much; too many. ▪ *4 adv.* too.
massapà (məsəpá) *m.* marzipan.
massatge (məsádʒə) *m.* massage.
massatgista (məsədʒistə) *m.* masseur. *2 f.* masseuse.
massís, -issa (məsis, -isə) *a.* solid. *2* robust, strong. ▪ *3 m.* GEOG. massif.
mastegar (məstəɣá) *t.* to chew. *2* to mumble.
mastegot (məstəɣɔ́t) *m.* slap.
mastí (məsti) *m.* ZOOL. mastiff.
màstic (mástik) *m.* putty.
masticació (məstikəsió) *f.* chewing, mastication.
mastodont (məstuðón) *m.* mastodont.
masturbació (məsturβəsió) *f.* masturbation.
mat (mat) *m.* mate [chess]. ▪ *2 a.* matt.
mata (mátə) *f.* BOT. small bush.
mata-degolla (a) (mətəðəɣɔ́ʎə) *phr.* ***estar a*** ~, to be at daggers drawn.
matalaf (matəláf) *m.* (VAL.) See MATALÀS.
matalàs (mətəlás) *m.* mattress.
matamosques (mətəmóskəs) *m.* fly-killer.
matança (mətánsə) *f.* slaughter.

matar (mətá) *t.* to kill. *2* fig. to annoy, to get on one's nerves. || ***els casaments em maten,*** I can't stand weddings. *3* fig. to get rid of. ■ *4 p.* to commit suicide, to kill oneself. *5* to die [accidentally]. *6* fig. to go out of one's way, to bend over backwards [to help someone, etc.].
mateix, -xa (mətéʃ, -ʃə) *a.* the same. *2* || ***ara ~,*** right now; ***jo ~ ho faré,*** I'll do it myself; ***en aquest ~ pis,*** in this very flat. ■ *3 pron.* the same: ***sempre passa el ~,*** it's always the same.
matemàtic, -ca (mətəmátik, -kə) *a.* mathematical. *2* fig. exact, precise. ■ *3 m.-f.* mathematician. *4* f. mathematics. *pl.* ▲ usu. *pl.*
matèria (mətɛ́riə) *f.* matter. *2* material: ***~ primera,*** raw material. *3* subject.
material (mətəriál) *a.-m.* material.
materialisme (mətəriəlízmə) *m.* materialism.
matern, -na (mətɛ́rn, -nə) *a.* maternal. || ***llengua ~a,*** mother tongue.
maternal (mətərnál) *a.* maternal. *2* fig. protective.
maternitat (mətərnitát) *f.* maternity, motherhood.
matí (məti) *m.* morning: ***de bon ~,*** early in the morning.
matinada (mətináðə) *f.* early morning.
matinador, -ra (mətinəðó, -rə) *a.* who rises very early.
matinal (mətinál) *a.* early morning.
matinar (mətiná) *i.* to get up very early.
matinejar (mətinəʒá) *i.* See MATINAR.
matiner, -ra (mətiné, -rə) *a.* See MATINADOR.
matís (mətis) *m.* shade, hue [colours]. *2* fig. nuance [of meaning]; slight variation.
matisar (mətizá) *t.* to tinge. *2* to be more precise about.
mató (mətó) *m.* COOK. cottage cheese.
matoll (mətóʎ) *m.* thicket.
matràs (mətrás) *m.* CHEM. flask.
matrícula (mətríkulə) *f.* register, list. *2* enrolment, registration. *3* enrolment fee, registration fee. *4* AUTO. number plate, (USA) license plate. *5* AUTO. registration number, (USA) license number.
matricular (mətrikulá) *t.* to register; to licence. ■ *2 p.* to enrol; to register.
matrimoni (mətrimɔ́ni) *m.* matrimony. *2* married couple. || ***llit de ~,*** double bed.
matriu (mətriŭ) *f.* ANAT. womb. *2* mould, (USA) mold. *3* matrix. *4* stub [of a chequebook].
matusser, -ra (mətusé, -rə) *a.* clumsy, cack-handed, ham-fisted [person]; botched [job].
matuta (mətútə) *f.* contraband.
matutí, -ina (mətutí, -inə) *a.* See MATINAL.
matxet (mətʃɛ́t) *m.* machete.
matxucar (mətʃuká) *t.* to crumple, to crease. *2* to knock about; to bruise. *3* TECH. to crush; to pound. ■ *4 p.* to bruise, to get damaged. *5* to get crumpled; to crease.
maula (máŭlə) *f.* trick, ruse. *2 m.-f.* trickster, cheat.
maurar (məŭrá) *t.* to knead. *2* to pound.
màuser (máŭzər) *m.* ARTILL. Mauser.
mausoleu (məŭzulɛ́ŭ) *m.* mausoleum.
maxil·lar (məksilár) *a.* ANAT. maxillary. ■ *2 m.* jawbone.
màxim, -ma (máksim, -mə) *a.* maximum; highest. ■ *2 m.* maximum. *3 f.* maximum temperature.
me (mə) *pers. pron.* See EM.
mè (mɛ) *conj.* (ROSS.) See PERÒ.
meandre (meándrə) *m.* meander.
mecànic, -ca (məkánik, -kə) *a.* mechanical. ■ *2 m.* mechanic. *3 f.* mechanics *pl.*
mecanisme (məkənízmə) *m.* mechanism.
mecanització (məkənidzəsió) *f.* mechanization.
mecanitzar (məkənidzá) *t.* to mechanize.
mecanògraf, -fa (məkənɔ́ɣrəf, -fə) *m.-f.* typist.
mecanografia (məkənuɣrəfiə) *f.* typing, typewriting.
mecenes (məsɛ́nəs) *m.* patron.
medalla (məðáʎə) *f.* medal. *2* medallion. *3* fig. stain.
medi (mɛ́ði) *m.* medium. *2* historical or social context. *3* surroundings; environment.
mediació (məðiəsió) *f.* mediation. *2* agency; intercession.
mediador (məðiəðó) *a.* mediating. ■ *2 m.-f.* mediator, intermediary.
mèdic, -ca (mɛ́ðik, -kə) *a.* medical.
medicament (məðikəméŋ) *m.* medicine; medication.
medicació (məðikəsió) *f.* medication; medical treatment.
medicina (məðisínə) *f.* medicine.
medieval (məðiəβál) *a.* medieval, mediaeval.
mediocre (məðiɔ́krə) *a.* mediocre.
mediocritat (məðiukritát) *f.* mediocrity.
meditabund, -da (məðitəβún, -ðə) *a.* meditative, pensive, thoughtful.
meditació (məðitəsió) *f.* meditation.
meditar (məðitá) *t.* to consider carefully, to ponder. ■ *2 i.* to meditate.
mediterrani, -ània (məðitərráni, -ániə) *a.* Mediterranean. ■ *2 f.* the Mediterranean.
mèdium (mɛ́ðium) *m.* medium [spiritual].

medul·la (məðúlə, coll. méðulə) *f.* marrow, medulla.
medusa (məðúzə) *f.* ZOOL. jellyfish.
mefistofèlic, -ca (məfistufélik, -kə) *a.* Mephistophelian.
megàfon (məɣáfun) *m.* megaphone.
megalit (məɣálit) *m.* HIST. megalith.
megalític, -ca (məɣəlitik, -kə) *a.* HIST. megalithic.
meitat (məĭtát) *f.* half: ***trencar per la ~,*** to break in half.
mel (mɛl) *f.* honey.
melangia (mələnʒiə) *f.* melancholy.
melangiós, -osa (mələnʒiós, -ózə) *a.* melancholic.
melassa (məlásə) *f.* molasses.
melic (məlik) *m.* navel, belly button. ‖ ***se m'arrugà el ~,*** I got the wind up.
melicotó (məlikutó) *m.* (BAL.) See PRÉSSEC.
melindro (məlindru) *m.* sweet cake or bun. *2 pl.* affectation, affected ways.
melmelada (mẹlməláðə) *f.* jam; marmalade [citrus].
meló (məló) *m.* BOT. melon.
melodia (məluðiə) *f.* MUS. melody.
melòdic, -ca (məlɔ́ðik, -kə) *a.* melodic.
melodrama (məluðrámə) *m.* melodrama.
melòman, -ana (məlɔ́mən, -ənə) *m.-f.* music lover.
melós, -osa (məlós, -ózə) *a.* honeyed. *2* fig. sugary.
melsa (mélsə) *f.* ANAT. spleen.
membrana (məmbránə) *f.* membrane.
membre (mémbrə) *m.* member. *2* fig. part, component. *3* ANAT. penis. *4* ANAT. member, limb.
memorable (məmurábblə) *a.* memorable.
memoràndum (məmurándum) *m.* memorandum.
memòria (məmɔ́riə) *f.* memory. ‖ *adv. phr.* ***de ~,*** by heart. *2 pl.* memoirs. *3* report.
mena (ménə) *f.* kind, sort, type. ‖ *adv. phr.* ***de ~,*** by nature. *2* MINER. ore. *3* MAR. thickness [of rope].
menar (məná) *t.* to lead, to direct; to drive.
menció (mənsió) *f.* mention. ‖***fer ~,*** to mention.
mencionar (mənsiuná) *t.* to mention.
mendicar (məndiká) *i.-t.* to beg.
mendicitat (məndisitát) *f.* begging.
menester (mənəsté) *m.* need, necessity. ‖ ***hem de ~ més temps,*** we need more time.
menestral, -la (mənəstrál, -lə) *m.-f.* craftsman, artisan.
mengívol, -la (mənʒiβul, -lə) *a.* appetizing.
menhir (mənir) *m.* menhir.
meninge (məninʒə) *f.* ANAT. meninx.
meningitis (məninʒitis) *f.* MED. meningitis.
menisc (mənisk) *m.* ANAT. meniscus.
menja (ménʒə) *f.* delicacy, special dish.
menjador, -ra (mənʒəðó, -rə) *a.* big eater. ▪ *2 m.* dining room. *3 f.* manger.
menjar (mənʒá) *t.-p.* to eat. *2* fig. to eat up: ***el lloguer es menja tot el sou,*** the rent eats up all my wages.
menjar (mənʒá) *m.* food.
menor (mənór) *a.* smaller; the smallest; less; the least; lower; the lowest. ‖ ***un mal ~,*** the lesser of two evils. ▪ *2 m.-f.* minor.
Menorca (mənɔ́rkə) *pr. n. f.* GEOGR. Minorca.
menorquí, -ina (mənurki, -inə) *a., m.-f.* Minorcan.
menovell (mənuβéʎ) *m.* little finger.
menstruació (mənstruəsió) *f.* menstruation.
mensual (mənsuál) *a.* monthly.
mensualitat (mənsuəlitát) *f.* monthy payment or instalment.
mènsula (ménsulə) *f.* ARQ. console.
ment (men) *f.* mind; intellect.
menta (méntə) *f.* BOT. mint. *2* crème de menthe.
mental (məntál) *a.* mental.
mentalitat (məntəlitát) *f.* mentality.
mentida (məntiðə) *f.* lie.
mentider, -ra (məntiðé, -rə) *a.* lying. ▪ *2 m.-f.* liar.
mentir (mənti) *i.* to lie, to tell a lie. ▲ CONJUG. INDIC. Pres.: ***ment*** o ***menteix.***
mentó (məntó) *m.* ANAT. chin.
mentor (məntó) *m.* mentor; guide.
mentre (méntrə) *conj.* while, as long as.
mentrestant (mẹntrəstán) *adv.* meanwhile, in the meantime.
menú (mənú) *m.* menu.
menudesa (mənuðézə) *f.* smallness.
menut, -uda (mənút, -úðə) *a.* small, little. ▪ *2 m.-f.* child, little one. *3* COMM. *adv. phr.* ***a la menuda,*** retail.
menys (mɛɲs) *a.* less; fewer. ▪ *2 adv.* less. ‖ ***anar a ~,*** to come down in the world. ▪ *3 prep.* except (for), but (for). ▪ *4 m.* minus sign.
menyscabar (mẹɲskəβá) *t.* to diminish, to reduce. *2* to impair, to damage.
menyspreable (mẹɲsprɛábblə) *a.* contemptible. *2* insignificant.
menysprear (mẹɲsprɛá) *t.* to despise, to scorn. *2* to underrate, to underestimate. *3* to belittle.
menyspreu (mẹɲspréu) *m.* scorn. contempt.
mer, -ra (mer, -rə) *a.* mere. ▲ always before the noun.
meravella (mərəβéʎə) *f.* wonder, marvel.
meravellar (mərəβəʎá) *t.* to amaze, to astonish. *2* to fill with admiration. ▪ *3 p.* to be amazed or astounded; to marvel (*de,* at); to wonder (*de,* at).

meravellós, -osa (mərəβəʎós, -ozə) *a.* marvellous, wonderful.
mercader, -ra (mərkəðé, -rə) *m.-f.* merchant.
mercaderia (mərkəðəriə) *f.* merchandise, goods *pl.*
mercantil (mərkəntil) *a.* mercantile, commercial.
mercat (mərkát) *m.* market.
mercè (mərsɛ́) *f.* mercy; benevolence. *2 pl.* thanks.
mercenari, -ària (mərsənári, -áriə) *a.*, *m.-f.* mercenary.
merceria (mərsəriə) *f.* haberdasher's [shop]. *2* haberdashery.
mercuri (mərkúri) *m.* CHEM. mercury. *2 m.* ASTR. ***Mercuri,*** Mercury.
merda (mɛ́rðə) *f.* vulg. shit. || ***ves-te'n a la ~,*** fuck off. *2* dirt, filth, muck. *3* fig. crap; rubbish.
merder (mərðé) *m.* pigsty. *2* fig. chaos.
merèixer (mərɛ́ʃə) to deserve, to merit; to be worth. ▲ CONJUG. P. P.: ***merescut.***
merenga (mərɛ́ŋgə) *f.* meringue.
meretriu (mərətriŭ) *f.* prostitute, whore.
meridià, -ana (məriðiá, -ánə) *a.* midday. ■ *2 m.* meridian.
meridional (məriðiunál) *a.* southern.
mèrit (mɛ́rit) *m.* merit.
merla (mɛ́rlə) *f.* ORNIT. blackbird.
merlet (mərlɛ́t) *m.* ARCH. merlon.
1) mes (mes) *m.* month.
2) mes (mes) *conj.* but.
més (mes) *a.-adv.* more. || ***és molt ~ gran que jo,*** he's much older than I am. || ***feia ~ aviat calor,*** it was on the hot side. || ***a ~ (a ~),*** besides. || ***si ~ no,*** at least. ■ *2 pron.* else: ***alguna cosa ~, senyora?,*** anything else, madam?
mesa (mɛ́zə) *f.* altar. *2* board. || ***~ electoral,*** electoral college.
mesada (məzáðə) *f.* month. *2* month's wages *pl.*
mesc (mɛsk) *m.* musk.
mescla (mɛ́sklə) *f.* mixture; blend.
mesclar (məsklá) *t.* to mix; to blend.
mesquí, -ina (məski, -inə) *a.* mean, stingy. *2* fig. contemptible, despicable. *3* poor, wretched.
mesquinesa (məskinɛ́zə) *f.* meanness, stinginess. *2* fig. contempt, scorn. *3* poverty, wretchedness. *4* mean thing. *5* contemptible thing.
mesquita (məskitə) *f.* mosque.
messiànic, -ca (məsiánik, -kə) *a.* messianic.
messies (məsiəs) *m.* Messiah. *2* fig. saviour; leader.
mestís, -issa (məstis, -isə) *a.*, *m.-f.* half-breed, half-caste.
mestral (məstrál) *m.* METEOR. Mistral. *2* the north west.
mestratge (məstrádʒə) *m.* rank of master. *2* guidance, teaching.
mestre, -tra (mɛ́strə, -trə) *a.* masterly; skilled; skilful. *2* main, principal. ■ *3 m.-f.* teacher; expert. *4 m.* master. *5 f.* mistress.
mestressa (məstrɛ́sə) *f.* landlady; owner. *2* mistress. || ***~ de casa,*** housewife.
mestretites (mȩstrətitəs) *m.-f.* know-all.
mesura (məzúrə) *f.* measure. *2* moderation.
mesurar (məzurá) *t.* to measure. || ***~ les paraules,*** to weigh one's words.
meta (mɛ́tə) *f.* finish, finishing line. *2* fig. goal, aim, objective. *3* coll. tit, breast.
metà (mətá) *m.* methane.
metabolisme (mətəβulizmə) *m.* metabolism.
metafísic, -ca (mətəfizik, -kə) *a.* metaphysical. ■ *2 m.-f.* metaphysician. *3 f.* metaphysics *pl.*
metàfora (mətáfurə) *f.* metaphore.
metall (mətáʎ) *m.* metal.
metàl·lic, -ca (mətálik, -kə) *a.* metallic. ■ *2 m.* cash.
metal·lúrgic, -ca (mətəlúrʒik, -kə) *a.* metallurgical. ■ *2 m.-f.* metallurgist.
metamorfosi (mətəmurfɔ́zi) *f.* metamorphosis.
meteor (mətəɔ́r) *m.* meteor [atmospheric phenomenon]. *2* meteor, shooting star.
meteorit (mətəurit) *m.* meteorite.
meteoròleg, -òloga (mətəurɔ́lək, -ɔ́luɣə) *m.-f.* meteorologist.
meteorologia (mətəuruluʒiə) *f.* meteorologist.
metge (médʒə) *m.-f.* doctor.
metgessa (mədʒɛ́sə) *f.* lady doctor, woman doctor.
meticulós, -osa (mətikulós, -ózə) *a.* meticulous.
mètode (mɛ́tuðə) *m.* method.
metòdic, -ca (mətɔ́ðik, -kə) *a.* methodical.
metodisme (mətuðizmə) *m.* REL. methodism.
metodologia (mətuðuluʒiə) *f.* methodology.
metralla (mətráʎə) *f.* shrapnel.
metrallar (mətrəʎá) *t.* to machine-gun.
metre (mɛ́trə) *m.* metre, (USA) meter.
metro (mɛ́tru) *m.* underground, tube, (USA) subway.
metrònom (mətrɔ́num) *m.* MUS. metronome.
metròpoli (mətrɔ́puli) *f.* metropolis. *2* mother-country.
metropolità, -ana (mətrupulitá, -ánə) *a.* metropolitan. ■ *2 m.* See METRO.
metxa (métʃə) *f.* fuse.

metzina (mədzinə) *f.* poison.
mèu (mɛ́ŭ) *m.* meow, miaow.
meu, meva (meŭ, -mɛ́βə) *poss. a.* my: ***la ~ mare,*** my mother. ▪ *2 poss. pron.* mine: ***són meves aquestes sabates!,*** these shoes are mine.
meuca (mɛ́ŭkə) *f.* prostitute, whore.
Mèxic (mɛ́gzik) *pr. n. m.* GEOGR. Mexico.
mexicà, -ana (məgzikà, -ánə) *a., m.-f.* Mexican.
1) mi (mi) *m.* MUS. E.
2) mi (mi) *pers. pron.* me: ***vine amb ~,*** come with me. ▲ after preposition.
miasma (miázmə) *m.* miasma.
mica (míkə) *f.* bit. ‖ ***una miqueta,*** a little bit. *2 adv. phr.* ***de ~ en ~,*** bit by bit; ***fer miques,*** to smash to bits; ***gens ni ~,*** not a bit; not at all. *2* MINER. mica.
micció (miksió) *f.* miction.
mico (míku) *m.* ZOOL. long-tailed monkey.
micro (míkru) *m.* (abbr. de ***micròfon***) mike.
microbi (mikrɔ́βi) *m.* microbe.
microbús (mikruβús) *m.* minibus.
microcosmos (mikrukɔ́zmus) *m.* microcosm.
microfilm (mikrufilm) *m.* microfilm.
micròfon (mikrɔ́fun) *m.* microphone.
microorganisme (mikruryənizmə) *m.* microorganism.
microscopi (mikruskɔ́pi) *m.* microscope.
microscòpic, -ca (mikruskɔ́pik, -kə) *a.* microscopic.
mida (miðə) *f.* measure; size. ‖ ***fet a ~,*** bespoke.
midó (miðó) *m.* starch.
mielitis (mielítis) *f.* myelitis.
mig, mitja (mitʃ, midʒə) *a.* half. ‖ ***a ~ camí,*** halfway. ▪ *2 m.* half. ‖ ***al ~ de,*** in the middle of. *3 f.* See MITJA.
migdia (midʒdiə) *m.* noon. *2* south.
migdiada (midʒdiáðə) *f.* noon, afternoon. *2* siesta.
migjorn (midʒórn) *m.* noon. *2* south. *3* southern wind.
migració (miɣrəsió) *f.* migration.
migranya (miɣráɲə) *f.* MED. migraine.
migrar-se (miɣrársə) *prnl.* to languish.
migratori, -òria (miɣrətɔ́ri, -ɔ́riə) *a.* migratory.
migtemps (mitʃtémps) *m.* period of time between summer and winter.
mil (mil) *a.-m.* thousand.
milà (milá) *m.* ORNIT. kite.
Milà (milá) *pr. n. m.* GEOGR. Milan.
miler (milé) *m.* thousand.
milhomes (milɔ́məs) *m. pl.* braggart, cocky youth.
milícia (milísiə) *f.* soldiering. *2* militia.
milicià (milisiá) *m.* militiaman.
milió (milió) *m.* million.
milionari, -ària (miliunári, -áriə) *a.* millionary. ▪ *2 m.-f.* millionaire.
militant (militán) *a., m.-f.* militant, activist.
militar (militár) *a.* military. ▪ *2 m.* military man, soldier.
militar (militá) *i.* to soldier, to serve in the army. *2* POL. to belong to a party.
militarisme (militərizmə) *m.* militarism.
mill (miʎ) *m.* BOT. millet.
milla (miʎə) *f.* mile.
mil·lenari, -ària (milənári, -áriə) *a.* millennial. ▪ *2 m.* millennium.
mil·lèsim, -ma (milɛ́zim, -mə) *a.-m.* thousandth.
mil·ligram (miliɣrám) *m.* milligramme, (USA) milligram.
mil·lilitre (mililitrə) *m.* millilitre, (USA) milliliter.
mil·límetre (milimətrə) *m.* millimetre, (USA) millimeter.
millor (miʎó) *a.* better; the best. ▪ *2 adv.* better.
millora (miʎórə) *f.* improvement.
millorar (miʎurá) *t.* to improve, to make better. ▪ *2 i.* to improve, to get better.
milotxa (milɔ́tʃa) *f.* (VAL.) See ESTEL 2.
mim (mmim) *m.* mime.
mimetisme (mimətizmə) *m.* ZOOL. mimesis.
mímic, -ca (mimik, -kə) *a.* mímic. ▪ *2 f.* mimicry, mime.
mimosa (mimózə) *f.* BOT. mimosa.
mina (minə) *f.* MINER. mine. *2* refill, lead [of pencil]. *3* MIL. mine. *4* fig. mine.
minar (miná) *t.* MIL., MINER. to mine. *2* fig. to undermine.
minaret (mminərɛ́t) *m.* ARCH. minaret.
miner, -ra (miné, -rə) *a.* mining. ▪ *2 m.-f.* miner.
mineral (minərál) *a.-m.* mineral.
mineralogia (minərəluʒiə) *f.* mineralogy.
mineria (minəriə) *f.* mining.
minestra (minéstrə) *f.* vegetable soup.
miniatura (mminiətúrə) *f.* miniature.
minifaldilla (minifəldiʎə) *f.* mini-skirt.
mínim, -ma (minim, -mə) *a.-m.* minimum. ‖ *adv. phr.* ***com a ~,*** at least.
minimitzar (minimidzá) *t.* to minimize.
ministeri (ministɛ́ri) *m.* ministry.
ministre (ministrə) *m.* minister.
minorar (minurá) *t.* to diminish.
minoria (mminuriə) *f.* minority.
minso, -sa (minsu, -sə) *a.* weak, feeble. *2* scanty; thin; slender.
minúcia (minúsiə) *f.* unimportant detail, trifle.
minuciositat (minusiuzitát) *f.* meticulousness, thoroughness.

minúscul, -la (minúskul, -lə) *a.* tiny, minute. *2 a.-f.* PRINT. small (letter).
minut (minút) *m.* minute.
minuta (minútə) *f.* first draft. *2* lawyer's bill. *3* menu.
minutera (minutérə) *f.* minute hand.
minva (mímbə) *f.* decrease; lessening.
minvant (mimbán) *a.* decreasing. || ***quart ~,*** waning (moon).
minvar (mimbá) *t.-i.* to decrease, to diminish, to reduce.
minyó, -na (miɲó, -nə) *m.* boy-lad. *2 f.* girl. *3* maid.
miol (miɔ́l) *m.* mew.
miolar (miulá) *i.* to mew.
miop (miɔ́p) *a.* short-sighted. ▪ *2 m.-f.* short-sighted person.
miopia (miupíə) *f.* myopia, short-sightedness.
miquel (mikɛ́l) *m.* rebuff.
mira (mírə) *f.* fig. aim, purpose. *2* TECHNOL., MIL. sights.
miracle (miráklə) *m.* miracle.
mirada (miráðə) *f.* look, glance. || ***fixar la ~,*** to stare.
mirador, -ra (mirəðó, -rə) *m.* bay window. *2* belvedere. *3* peep hole.
mirall (miráʎ) *m.* mirror, looking-glass.
mirament (mirəmén) *m.* consideration, respect, regard. ▲ usu. *pl.*
mirar (mmirá) *t.* to look at. || fig. ***mira què m'ha dit,*** do you know what he said to me? *2* to try: ***miraré de ser-hi a les nou,*** I'll try to be there at nine. *3* to consider, to take into account. ▪ *4 i.* to point. *5* fig. ***~ contra el govern,*** to be cross-eyed. ▪ *6 p.* ***~-s'hi,*** to take great pains over.
mirat, -ada (mirát, -áðə) *a.* painstaking, meticulous. || ***ben mirat,*** on second thoughts; thinking about it.
miratge (mirádʒə) *m.* mirage [also fig.].
miríade (miríəðə) *f.* myriad.
mirra (mírrə) *f.* myrrh.
misantropia (mmizəntrupíə) *f.* misanthropy.
miscel·lània (misəlániə) *f.* miscellany.
míser, -ra (mízər, -rə) *a.* wretched.
miserable (mizərábblə) *a.* wretched, pitiable. *2* contemptible. *3* destitute, poverty-stricken. *4* miserly, stingy. ▪ *5 m.-f.* pitiable person, wretch. *6* contemptible person, wretch. *7* pauper, poor person. *8* miser.
misèria (mizɛ́riə) *f.* poverty. *2* misery, deprivation. *3* paltry sum, miserable quantity.
misericòrdia (mizərikɔ́rðiə) *f.* compassion; pity.
missa (mísə) *f.* mass. || ***arribar a misses dites,*** to arrive late.
missal (mmisál) *m.* missal, mass-book.
missatge (misádʒə) *m.* message.
missatger, -ra (misədʒé, -rə) *m.-f.* messenger.
missil (mísil) *m.* missile.
missió (misió) *f.* charge, duty, assignment. *2* REL. mission.
missioner, -ra (misiuné, -rə) *m.-f.* REL. missionary.
missiva (misíβə) *f.* missive.
mistela (mistɛ́lə) *f.* drink made with brandy, water, sugar and cinnamon.
misteri (mistɛ́ri) *m.* mystery.
misteriós, -osa (mistəriós, -ózə) *a.* mysterious.
místic, -ca (místik, -kə) *a.* mystic, mystical. ▪ *2 m.-f.* mystic. *3 f.* mystic.
misticisme (mistisízmə) *m.* mysticism.
mistificar (mistifiká) *t.* to falsify; to forge.
mite (mítə) *m.* myth.
mític, -ca (mítik, -kə) *a.* mythical.
mitigar (mitiɣá) *t.* to mitigate, to alleviate; to assuage; to quench.
míting (mítiŋ) *m.* meeting [esp. political].
mitja (mídʒə) *f.* stocking. *2 pl.* tights. *3* ***fer ~,*** to knit.
mitjà, -ana (midʒá, -ánə) *a.* average. ▪ *2 m.* means. *3 f.* average. *4* bottle of beer [33 cl].
mitjan (midʒán) *phr.* ***a ~,*** in the middle of, halfway through.
mitjançant (midʒənsán) *prep.* by, by means of, through.
mitjançar (midʒənsá) *i.* to mediate, to intercede.
mitjancer, -ra (midʒənsé, -rə) *m.-f.* mediator, intermediary.
mitjania (midʒəníə) *f.* mediocrity. *2* average.
mitjanit (midʒənít) *f.* midnight.
mitjó (midʒó) *m.* sock.
mitologia (mituluʒíə) *f.* mythology.
mix, mixa (miʃ, míʃə) *m.-f.* coll. pussy, pussycat.
mixt, -ta (miks(t), -tə) *a.* mixed. || ***col·legi ~,*** co-educational school.
mixtura (mikstúrə) *f.* mixture.
mnemotècnia ((m)nəmutɛ́kniə) *f.* mnemonics.
mòbil (mɔ́βil) *a.* mobile. *2* variable. ▪ *3 m.* motive [of a crime]. *4* mobile.
mobiliari (muβiliári) *m.* furniture.
mobilitat (muβilitát) *f.* mobility.
mobilització (muβilidzəsió) *f.* mobilization.
mobilitzar (muβilidzá) *t.* to mobilize.
moblar (mubblá) *t.* to furnish.

moble (mɔ́bblə) *m.* piece of furniture. *2 pl.* furniture.
moc (mok) *m.* mucus; coll. snot. *2* rebuff.
moca (mɔ́kə) *m.* mocha.
mocada (mukáðə) *f.* blow [nose].
mocador (mukəðó) *m.* handkerchief. *2* scarf.
mocar (muká) *t.* to blow someone's nose. ▪ *2 p.* to blow one's nose.
moció (musió) *f.* motion. ‖ *~ de censura,* censure motion.
mocós, -sa (mukós, -ózə) *a.* coll. snotty. ▪ *2 m.-f.* brat.
moda (mɔ́ðə) *f.* fashion. ‖ *estar de ~,* to be in fashion.
mode (mɔ́ðə) *m.* way. *2* GRAMM. mood.
model (muðɛ́l) *m.* pattern, standard. *2 m.-f.* ARTS., PHOT. model.
modelar (muðəlá) *t.* to model; to shape, to form.
modèlic, -ca (muðɛ́lik, -kə) *a.* modelic.
moderació (muðərəsió) *f.* moderation.
moderar (muðərá) *t.* to moderate, to restrain.
modern, -na (muðɛ́rn, -nə) *a.* modern.
modernisme (muðərnízmə) *m.* modernism.
modernització (mmuðərnidzəsió) *f.* modernization.
modernitzar (muðərnidzá) *t.* to modernize.
modest, -ta (muðɛ́s(t), -ə) *a.* modest.
modèstia (muðɛ́stiə) *f.* modesty.
mòdic, -ca (mɔ́ðik, -kə) *a.* reasonable, moderate.
modificació (muðifikəsió) *f.* modification.
modificar (muðifiká) *t.* to modify.
modista (muðístə) *m.-f.* dressmaker.
mòdul (mɔ́ðul) *m.* module. *2* modulus.
modulació (muðuləsió) *f.* modulation.
modular (muðulá) *t.-i.* to modulate.
mofa (mɔ́fə) *f.* mockery.
mofar-se (mufársə) *p.* to mock, to make fun of.
mofeta (mufɛ́tə) *a.* insolent. ▪ *2* ZOOL. *f.* skunk.
moix, -xa (moʃ, -ʃə) *a.* sad, depressed. ▪ *2 m.-f.* cat.
moixaina (muʃáĭnə) *f.* caress.
moixernó (muʃərnó) *m.* BOT. St. George's agaric.
moixó (muʃó) *m.* (OCC.) See OCELL.
mola (mɔ́lə) *f.* bulk, mass. *2* millstone, grindstone.
molar (mulár) *f.* molar.
moldre (mɔ́ldrə) *t.* to grind. ‖ fig. *he anat a cal metge i ha estat arribar i ~,* I went to the doctor's and I was straight in, no waiting. ▲ CONJUG. GER.: *molent.* ‖ P. P.: *mòlt.* ‖ INDIC. Pres.: *molc.* ‖ SUBJ. Pres.: *molgui,* etc. | Imperf.: *molgués,* etc.
molècula (mulɛ́kulə) *f.* molecule.
molest, -ta (mulɛ́(t), -tə) *a.* annoying.
molestar (muləstá) *t.* to annoy, to bother.
molèstia (mulɛ́stiə) *f.* nuisance.
molí (mulí) *m.* mill.
molinet (mulinɛ́t) *m.* hand mill. ‖ *~ de cafè,* coffee mill, coffee grinder.
moll (mɔʎ) *m.* ANAT. marrow. *2* flesh [of fruit]. *3* MAR. dock. *4* ICHTHY. red mullet. *5 pl.* tongs, curling tongs.
moll, -lla (mɔʎ, -ʎə) *a.* wet, damp. *2* soft, delicate.
molla (mɔ́ʎə) *f.* string. *2* crumb.
mol·lusc (mulúsk) *m.* ZOOL. mollusc.
molsa (mólsə) *f.* BOT. moss.
molt, -ta (mol, -tə) *a. sing.* much, a lot of; *pl.* many; a lot of. ▪ *2 pron. sing.* much, a lot; *plur.* many; a lot. ▪ *3 adv.* very.
moltó (multó) *m.* ZOOL. sheep, ram; mutton.
moment (mmumén) *m.* moment. ‖ *phr. d'un ~ a l'altre,* at any moment. *2* the right time.
momentani, -ània (mumәntáni, ániə) *a.* momentary.
mòmia (mɔ́miə) *f.* mummy.
momificar (mumifiká) *t.* to mummify.
mon, ma (mon, mə) *poss. a.* my.
món (mon) *m.* world. *2* fig. world, circle. ‖ *no és res de l'altre ~,* it's nothing special.
mona (mónə) *f.* monkey. *2* ‖ *agafar una ~,* to get pissed. *3* Easter cake.
Mònaco (mónəko) *pr. n. m.* GEOGR. Monaco.
monada (munáðə) *f.* stupid smile. *2* cute thing.
monarca (munárkə) *m.* monarch.
monarquia (munárkiə) *f.* monarchy.
monàrquic, -ca (munárkik, -kə) *a.* monarchic, monarchical, monarchist.
moneda (munɛ́ðə) *f.* currency, money. *2* coin, piece.
monegasc, -ca (munəɣás, -kə) *a., m.-f.* Monegasque.
monestir (munəstí) *m.* monastery.
mongeta (munʒɛ́tə) *f.* BOT. bean: *~ tendra,* green or runner bean.
mongetera (munʒətérə) *f.* BOT. bean plant.
mongòlic, -ca (muŋgɔ́lik, -kə) *a.* MED. mongol, mongolian.
mongolisme (muŋgulízmə) *f.* MED. mongolism.
moniato (muniátu) *m.* BOT. sweet potato.
monitor (munitó) *m.* group leader. *2* COMP. T.V. monitor.
monja (mɔ́nʒə) *f.* REL. nun, sister.
monjo (mɔ́nʒu) *m.* REL. monk.
monocle (munɔ́klə) *m.* monocle.

monògam, -ma (munɔ́ɣəm, -mə) *a.* monogamous.
monogàmia (mmunuɣámiə) *f.* monogamia.
monografia (munuɣrəfíə) *f.* monograph.
monòleg (munɔ́lək) *m.* monologue.
monòlit (munɔ́lit) *m.* monolith.
monologar (munuluɣá) *i.* to soliloquize.
monomania (mọnumənìə) *f.* monomania.
monomi (munɔ́mi) *m.* MATH. monomial.
monoplà (munuplá) *m.* AER. monoplane.
monopoli (munupɔ́li) *m.* ECON. monopoly.
monopolitzar (munupulidzá) *t.* to monopolize.
monoteisme (munutəízmə) *m.* monotheism.
monòton, -na (munɔ́tun, -nə) *a.* monotonous.
monsó (munsó) *m.* METEOR. monsoon.
monstre (mɔ́nstrə) *f.* monster.
monstruós, -osa (munstruós, -ózə) *a.* monstruous.
mont (mon) *m.* mount, mountain.
monument (munumén) *m.* monument.
monumental (munuməntál) *a.* monumental. *2* fig. huge; terrific.
monyó (muɲó) *m.* stump.
moqueta (mukétə) *f.* moquette.
móra (mórə) *f.* BOT. blackberry.
moral (murál) *a.* moral. ▪ *2 f.* morals *pl. 3* morale.
moralitat (murəlitát) *f.* moral [of story]. *2* morals *pl.*
morat, -ada (murát, -áðə) *a.* purple, violet. ▪ *2 m.* bruise.
moratòria (murətɔ́riə) *f.* moratorium.
mòrbid, -da (mɔ́rβit, -ðə) *a.* soft [esp. flesh].
morbós, -osa (murβós, -ózə) *a.* morbid, unhealthy [also fig.].
mordaç (murðás) *a.* biting, cutting, sarcastic.
mordassa (murðásə) *f.* gag.
mordent (murðén) *m.* mordant.
morè, -ena (murɛ́, -ɛ́nə) *a.* brown; tanned; black [hair].
morenes (murɛ́nəs) *f. pl.* MED. piles.
morera (murérə) *f.* BOT. mulberry tree.
moresc, -ca (murɛ́sk, -kə) *a.* Moorish. ▪ *2 m.* maize, (USA) corn.
morfina (murfínə) *f.* morphine.
morfologia (murfuluʒíə) *f.* morphology.
moribund, -da (muriβún, -də) *a.* dying.
morigerar (muriʒərá) *t.* to moderate.
morir (murí) *t.-p.* to die. ▲ CONJUG. P. P.: ***mort.***
morisc, -ca (murísk, -kə) *a.* Moorish.
moro, -ra (mɔ́ru, -rə) *a.* Moorish. ▪ *2 m.-f.* Moor.
morós, -osa (murós, -ózə) *a.* slow to pay up.
morral (murrál) *m.* nosebag.
morrió (murrió) *m.* muzzle.
morro (mórru) *m.* sout. *2* coll. lips *pl.* || ***ésser del ~ fort,*** to be stubborn. *3 pl.* (BAL.) See LLAVIS.
morsa (mórsə) *f.* ZOOL. walrus.
mort (mɔr(t)) *a.* dead. ▪ *2 f.* death. *3 m.-f.* corpse.
mortadel·la (murtəðɛ́lə) *f.* mortadella.
mortal (mmurtál) *a.* mortal. *2* deadly, lethal. *3* fatal. ▪ *4 m.-f.* person, human being.
mortaldat (murtəldát) *f.* mortality.
mortalitat (murtəlitát) *f.* death rate.
mortalla (murtáʎə) *f.* shroud.
morter (murté) *m.* mortar.
mortífer, -ra (murtífər, -rə) *a.* deadly, lethal.
mortificar (murtifiká) *t.* to mortify [also fig.].
mortuori, -òria (murtuɔ́ri, -ɔ́riə) *a.* mortuary.
morú, -una (murú, -únə) *a.* See MORESC.
mos (mos) *m.* bite, nip. *2* morsel.
mosaic (muzáĭk) *m.* mosaic.
mosca (móskə) *f.* ENT. fly.
moscatell (muskətéʎ) *m.* muscatel.
Moscou (muskɔ́ŭ) *pr. n. m.* GEOGR. Moscow.
mosqueter (mmuskəté) *m.* musketeer.
mosquetó (muskətó) *m.* musketoon.
mosquit (muskít) *m.* ENT. mosquito.
mossa (mósə) *f.* girl.
mossec (mmusɛ́k) *m.* See MOS.
mossegada (musəɣáðə) *f.* bite.
mossegar (mmusəɣá) *t.* to bite. *2* MECH. to catch.
mossèn (musɛ́n) *m.* priest, father.
mosso (mósu) *m.* lad. *2* servant. *3* porter.
most (mos(t)) *m.* must.
mostassa (mustásə) *f.* mustard.
mostatxo (mustátʃu) *m.* moustache.
mostela (mustɛ́lə) *f.* ZOOL. weasel.
mostra (mɔ́strə) *f.* sample. *2* model, pattern. *3* sign, indication.
mostrar (mustrá) *t.* to show. *2* to exhibit. *3* to demonstrate.
mostrari (mmustrári) *m.* collection of samples.
mot (mot) *m.* word. || ***~s encreuats,*** crossword puzzle.
motejar (mmutəʒá) *t.* to nickname.
motí (mutí) *m.* mutiny, revolt.
motiu (mutíŭ) *m.* motive. *2* nickname.
motivar (mutiβá) *t.* to motivate, to cause.
motlle (mɔ́ʎʎə) *m.* mould. *2* fig. model.
motllura (muʎʎúrə) *f.* moulding.
moto (mótu) *f.* (abbr. of ***motocicleta***) motorbike.
motocicleta (mutusiklɛ́tə) *f.* motorcycle.

motor, -ra (mutór, -rə) *a.* motive. ▪ *2 m.* engine; motor.
motorisme (muturízmə) *m.* motor racing.
motorista (muturístə) *m.-f.* motorcyclist.
motriu (mutríŭ) *a.* motive, driving.
motxilla (mmutʃíʎə) *f.* rucksack.
moure (mɔ́urə) *t.* to move. *2* to cause, to provoke. *3* to make, to produce [sounds, etc.]. ▲ CONJUG. GER.: ***movent.*** ‖ P. P.: ***mogut.*** ‖ INDIC. Pres.: ***moc.*** ‖ SUBJ. Pres.: ***mogui,*** etc. | Imperf.: ***mogués,*** etc.
moviment (muβimén) *m.* movement. *2* motion. ‖ ***en aquest despatx hi ha molt de ~,*** this office is very bury.
moviola (muβiɔ́lə) *f.* hand-viewer.
mucosa (mukósə) *f.* mucus.
mucositat (mukuzitát) *f.* mucosity.
mucus (múkus) *m.* mucus.
muda (múðə) *f.* change [of clothes]. *2* ZOOL. moult.
mudar (muðá) *t.* to change. *2* ZOOL., ORNIT. to shed, to moult. ▪ *3 i.* to change. ▪ *4 p.* to put on one's Sunday best.
mudat, -ada (muðát, -áðə) *a.* well-dressed.
mudèjar (muðέzər) *a., m.-f.* HIST. Mudejar.
mudesa (muðέzə) *f.* dumbness.
mufla (múflə) *f.* muffle.
mugir (muʒí) *i.* to moo, to bellow.
mugit (muʒít) *m.* moo; bellow.
mugró (muɣró) *m.* nipple.
mul, -a (mul, -ə) *m.-f.* mule.
mulat, -ta (mulát, -tə) *a., m.-f.* mulatto.
mullader (muʎəðé) *m.* pool, puddle. *2* rumpus.
mullar (muʎá) *t.* to wet; to soak; to damp, to dampen.
muller (muʎé) *f.* wife.
mullerar-se (muʎərársə) *p.* to marry.
multa (múltə) *f.* fine, penalty.
multar (multá) *t.* to fine.
multicolor (multikuló) *a.* multicoloured.
múltiple (múltiplə) *a.* multiple.
multiplicació (multiplikəsió) *f.* multiplication.
multiplicar (multipliká) *t.* to multiply.
multiplicitat (multiplisitát) *f.* multiplicity.
multitud (multitút) *f.* multitude; crowd; great number.
mundà, -ana (mundá, ánə) *a.* worldly.
mundial (mundiál) *a.* world; world-wide.
Múnic (múnik) *pr. n. m.* GEOGR. Munich.
munició (munisió) *f.* MIL. ammunition.
municipal (munisipál) *a.* municipal, town, city. ▪ *2 m.* policeman. *3 f.* policewoman.
municipi (munisípi) *m.* municipality, town. *2* town council.
munió (munió) *f.* multitude; great number.
munt (mun) *m.* mountain. *2* heap. ‖ ***un ~,*** a lot.
muntacàrregues (muntəkárrəɣəs) *m.* service lift.
muntador (muntəðó) *m.* fitter, assembler.
muntanya (muntáɲə) *f.* mountain. *2* mountains *pl.*, countryside.
muntanyenc, -ca (muntəɲέŋ, -kə) *a.* mountain.
muntanyós, -osa (muntəɲós, -ózə) *a.* mountainous; hilly.
muntar (muntá) *i.* to go up, to rise. ▪ *2 t.* to ride [horse, bicycle, etc.]. *3* to put together, to assemble.
muntatge (muntádʒə) *m.* MECH. assembly; fitting. *2* THEATR. production.
munteria (muntəríə) *f.* hunting.
muntura (muntúrə) *f.* mount [of animals]. *2* frame [of glasses]. *3* setting [of jewels].
munyir (muɲí) *t.* to milk. ▲ CONJUG. INDIC. Pres.: ***munyo.***
mur (mur) *m.*
mural (murál) *a.* wall. ▪ *2 m.* mural.
muralla (muráʎə) *f.* (city) wall, rampart.
murga (múrɣə) *f.* bind, drag; bore nuisance.
murmurar (murmurá) *i.* to mutter; to rustle. *2* to gossip. *3 i.-t.* to murmur, to whisper.
murmurejar (murmurəʒá) *i.* See MURMURAR 3.
murmuri (murmúri) *m.* murmur.
murri, múrria (múrri, múrriə) *a.* sly, cunning, crafty. ▪ *2 m.-f.* villain, sly person.
murtra (múrtrə) *f.* BOT. myrtle.
musa (múzə) *f.* MIT. Muse.
musaranya (muzəráɲə) *f.* ZOOL. shrew. ‖ ***mirar les musaranyes,*** to be miles away.
muscle (músklə) *m.* shoulder. *2* (VAL.) See ESPATLLA.
musclo (músklu) *m.* mussel.
múscul (múskul) *m.* muscle.
musculatura (muskulətúrə) *f.* muscles *pl.*
musell (muzéʎ) *m.* snout.
museu (muzέŭ) *m.* museum.
músic, -ca (múzik, -kə) *a.* musical, music. ▪ *2 m.-f.* musician. *3 f.* music.
musicar (muziká) *t.* to set [music for a text].
mussitar (musitá) *i.* to mutter.
mussol (musɔ́l) *m.* ORNIT. owl. *2* MED. stye. *3* simpleton.
mussolina (musulínə) *f.* TEXT. muslin.
musti, mústia (músti, mústiə) *a.* BOT. withered, faded, dry. *2* depressed.
mústig, -iga (mústik, -iɣə) *a.* See MUSTI.
musulmà, -ana (muzulmá, -ána) *a., m.-f.* Moslem, Muslim.
mut, muda (mut, múðə) *a., m.-f.* dumb. *2* silent, mute. ‖ ***~s i a la gàbia!,*** shut up!
mutació (mutəsió) *f.* mutation.

mutilació (mutiləsió) *f.* mutilation.
mutilar (mutilá) *t.* to mutilate.
mutis (mútis) *m.* THEATR. exit. || fig. ***fer*** ~, to keep quiet, to say nothing.
mutisme (mutízmə) *m.* mutism, silence.
mutu, mútua (mútu, mútuə) *a.* mutual.
mutualitat (mutuəlitát) *f.* mutuality. *2* mutual benefit society.

N

N, n (énə) *f.* n [letter].
n' *pron.* See EN 1.
na (nə) lit. *art. f.* [before first names].
nació (nəsió) *f.* nation.
nacional (nəsiunál) *a.* national; home; domestic.
nacionalisme (nəsiunəlizmə) *m.* nationalism.
nacionalitat (nəsiunəlitát) *f.* nationality.
nacionalitzar (nəsiunəlidzá) *t.* to nationalize.
nacre (nákrə) *m.* nacre.
Nadal (nəðál) *m.* Christmas, Xmas. || ***nit de ~,*** Christmas Eve.
nadala (nəðálə) *f.* Christmas carol. *2* Christmas card.
nadalenc, -ca (nəðəléŋ, -kə) *a.* Christmas.
nadiu (nəðiŭ) *a.* native, home. ▪ *2 m.-f.* native.
nadó (nəðó) *m.* newborn baby.
nafra (náfrə) *f.* wound, ulcer.
nafta (náftə) *f.* naphtha.
naftalina (nəftəlinə) *f.* naphthalene.
naixement (nəʃəmén) *m.* birth. *2* fig. birth, origin, source.
naixença (nəʃénsə) *f.* See NAIXEMENT.
nàixer (náʃə) *i.* (VAL.) See NÉIXER.
nan, nana (nan, nánə) *a., m.-f.* dwarf.
nansa (nánsə) *f.* handle, grip.
nap (nap) *m.* BOT. turnip.
napalm (nəpálm) *m.* napalm.
nap-buf (nabbúf) *m.* child. *2* small person, schrimp.
Nàpols (nápuls) *pr. n. m.* GEOGR. Naples.
narcís (nərsis) *m.* BOT. daffodil.
narcòtic, -ca (nərkɔ́tik, -kə) *a.-m.* narcotic.
nard (nar(t)) *m.* BOT. nard.
narguil (nərɣil) *m.* hookah.
nariu (nəriŭ) *m.* nostril.
narració (nərrəsió) *f.* narration, story.
narrador, -ra (nərrəðó, -rə) *m.-f.* narrator.
narrar (nərrá) *t.* to narrate, to tell.
narrativa (nərrətiβə) *f.* prose.
nas (nas) *m.* nose. || ***treure el ~,*** to have a look; ***no veure-hi més enllà del ~,*** to see no further than the end of one's nose; ***pujar-li a algú la mosca al ~,*** to get angry. *2* sense of smell.
nasal (nəzál) *a.* nasal, nose.
nat, nada (nat, náðə) *a.* born. || ***nou ~,*** newborn.
nata (nátə) *f.* cream. || fig. ***la flor i ~,*** the cream. *2* slap.
natació (nətəsió) *f.* swimming.
natal (nətál) *a.* natal, native; home.
natalitat (nətəlitát) *f.* birth rate.
natiu, -iva (nətiŭ, -iβə) *a., m.-f.* See NADIU.
natja (nádʒə) *f.* buttock.
natura (nətúrə) *f.* nature.
natural (nəturál) *a.* natural. *2* artless. *3* native. *4* nature, disposition.
naturalesa (nəturəlézə) *f.* See NATURA.
naturalisme (nəturəlizmə) *m.* ARTS naturalism.
naturalista (nəturəlistə) *a.* ARTS naturalistic. ▪ *2 m.-f.* ARTS naturalistic *a. 3* BOT., ZOOL. naturalist.
naturalitat (nəturəlitát) *f.* naturalness.
naturalitzar (nəturəlidzá) *t.* to naturalize.
naturisme (nəturizmə) *m.* naturism.
nau (náŭ) *f.* ship. || ***~ espacial,*** spaceship, spacecraft. *2* ARCH. nave [church]. *3* IND. large building, shop.
nàufrag, -ga (náŭfrək, -ɣə) *a.* shipwrecked. ▪ *2 m.-f.* shipwrecked person.
naufragar (nəŭfrəɣá) *i.* to be wrecked, to sink [ship]; to be shipwrecked [person].
naufragi (nəŭfráʒi) *m.* shipwreck.
nàusea (náŭzeə) *f.* nausea.
nàutic, -ca (náŭtik, -kə) *a.* nautical. ▪ *2 f.* navigation, sailing.
naval (nəβál) *a.* naval; ship; sea. || ***indústria ~,*** shipbuilding industry.

navalla (nəβáʎə) *f.* razor. *2* knife, pocket knife. *3* ZOOL. razor shell.
navegable (nəβəγábblə) *a.* navigable.
navegació (nəβəγəsió) *f.* navigation, shipping.
navegant (nəβəγán) *a.* navigating. ■ *2 m.-f.* navigator.
navegar (nəβəγá) *i.* to navigate; to sail. *2* fig. to lose one's way.
naveta (nəβέtə) *f.* incense box. *2* prehistoric monument in the Balearic Islands.
navili (nəβili) *m.* poet. ship, vessel.
ne (nə) *pron.* See EN 1.
nebot, -oda (nəβót, -óðə) *m.* nephew. *2 f.* piece.
nebulós, -osa (nəβulós, -ózə) *a.* nebulous, cloudy. *2* fig. nebulous; obscure. *3 f.* nebula.
necessari, -ària (nəsəsári, -áriə) *a.* necessary; needed.
necesser (nəsəsér) *m.* toilet case.
necessitar (nəsəsitá) *t.* to need.
necessitat, -ada (nəsəsitát, -áðə) *a.* needy. ■ *2 m.-f.* needy person. *3 f.* need, necessity. || ***fer les ~s,*** to relieve oneself.
neci, nècia (nέsi, nέsiə) *a.* stupid, silly.
necròfag, -ga (nəkrɔ́fək, -γə) *a.* necrophagous.
negació (nəγəsió) *f.* refusal. *2* denial. *3* negation. *4* exact opposite.
necròpolis (nəkrɔ́pulis) *f.* necropolis.
nèctar (nέktər) *m.* nectar.
nedador, -ra (nəðəðó, -rə) *m.-f.* swimmer.
nedar (nəðá) *i.* to swim.
nefand, -da (nəfán, -də) *a.* execrable.
nefast, -ta (nəfás(t), -tə) *a.* ill-fated, fateful.
nefritis (nəfritis) *f.* MED. nephritis.
negar (nəγá) *t.* to deny. ■ *2 t.-p.* to refuse. *3 p.* to drawn.
negat, -ada (nəγát, -áðə) *a.* hopeless.
negatiu, -iva (nəγətiŭ, -iβə) *a.-m.* negative. *2 f.* denial; refusal.
negligència (nəγliʒέnsiə) *f.* negligence.
negligir (nəγliʒi) *t.* to neglect. *2* to omit.
negoci (nəγɔ́si) *m.* business.
negociació (nəγusiəsió) *f.* negotiation, negotiating.
negociant (nəγusián) *m.* dealer, trader. *2* businessman.
negociar (nəγusiá) *i.* to trade. ■ *2 t.* to negotiate.
negociat (nəγusiát) *m.* department.
negre, -gra (nέγrə, -γrə) *a.* black. || ***em veig ~ per acabar aquest diccionari,*** I've got my work cut out to finish this dictionary. *2* red [wine]. ■ *3 m.-f.* black, nigger.
negrer, -ra (nəγré, -rə) *a., m.-f.* slave trader.
negror (nəγró) *f.* blackness.

neguit (nəγit) *m.* anxiety, restlessness. *2* uneasiness.
neguitejar (nəγitəʒá) *t.* to annoy, to upset. ■ *2 p.* to get annoyed. *3* to be anxious.
neguitós, -osa (nəγitós, -ózə) *a.* anxious. *2* annoyed. *3* uneasy.
néixer (néʃə) *i.* to be born. ▲ CONJUG. GER.: ***naixent.*** || P. P.: ***nascut.***
nen, nena (nεn, nέnə) *m.* boy; baby, child. *2 f.* girl.
nenúfar (nənúfər) *m.* BOT. water-lily.
neó (nəó) *m.* neon.
neoclàssic, -ca (nəuklásik, -kə) *a.* neoclassical, neoclassic.
neoclassicisme (nəukləsisizmə) *m.* neoclassicism.
neòfit, -ta (neɔ́fit, -tə) *m.-f.* neophyte.
neolític, -ca (nəulitik, -kə) *a.* neolithic. ■ *2 m.* neolith.
neologisme (nəuluʒizmə) *m.* neologism.
neozelandès, -esa (nẹuzələndέs, -έzə) *a., m.-f.* New Zealander.
nepotisme (nəputizmə) *m.* nepotism.
Neptú (nəptú) *m.* ASTR. Neptune.
nervi (nέβi) *m.* nerve. *2* sinew. *3* fig. strength, vigour.
nerviós, -osa (nərβiós, -ózə) *a.* nerve: ***centre ~,*** nerve centre. *2* highly-strung, nervous; upset; overwrought [person].
nespra (nésprə) *f.* BOT. medlar.
net, -ta (nεt, -tə) *a.* clean, tidy; neat. || ***joc ~,*** fair play. *2* COMM. net: ***preu ~,*** net price.
nét, -néta (net, -tə) *m.* nephew. *2 f.* niece.
netedat (nətəðát) *f.* cleanness; tidiness; neatness. *2* cleanliness.
neteja (nətέʒə) *f.* cleaning; cleansing. *2* clearing [act].
netejar (nətəʒá) *t.* to clean; to cleanse. *2* to clear.
neu (neŭ) *f.* snow.
neula (néŭlə) *f.* rolled wafer biscuit. *2* fog; mist. *3* BOT. rust.
neulir-se (nəŭlirsə) *p.* to weaken, to fade away [person]; to languish.
neulit, -ida (nəŭlit, -iðə) *a.* sickly, weak.
neurastènia (nəŭrəstέniə) *f.* neurasthenia.
neuròleg, -òloga (nəŭrɔ́lək, -ɔ́luγə) *m.-f.* neurologist.
neurologia (nəŭruluʒiə) *f.* neurology.
neurona (nəŭrónə) *f.* BIOL. neuron; nerve cell.
neurosi (nəŭrɔ́zi) *f.* MED. neurosis.
neutral (nəŭtrál) *a.* neutral.
neutralitat (nəŭtrəlitát) *f.* neutrality.
neutralitzar (nəŭtrəlidzá) *t.* to neutralize.
neutre, -tra (nέutrə, -trə) *a.* neutral. *2* neuter, sexless. *3* GRAMM. neuter.
neutró (nəutró) *m.* neutron.

nevada (nəβáðə) *f.* snowfall.
nevar (nəβá) *i.* to snow. ▪ *2 t.* to cover with snow; to snow up.
nevera (nəβérə) *f.* fridge, refrigerator.
nexe (nɛ́ksə) *m.* nexus; link.
ni (ni) *conj.* nor, neither: ~ ***estudia*** ~ ***treballa,*** he neither works nor studies, he doesn't work or study. *2* not.....even: ***no hi aniria*** ~ ***que em paguessin,*** I wouldn't go (even) if they paid me.
niar (niá) *i.* to nest.
Nicaragua (nikəráɣwə) *pr. n. f.* GEOGR. Nicaragua.
nicaragüenc, -ca (nikərəɣwɛ́ŋ -kə) *a., m.-f.* Nicaraguan.
nicotina (nikutínə) *f.* nicotine.
nigromància (niɣrumánsiə) *f.* necromancy.
nígul (níɣul) *m.* (BAL.) See NÚVOL.
nihilisme (niilízmə) *m.* nihilism.
Nil (nil) *pr. n. m.* GEOGR. Nile.
niló (niló) *m.* nylon.
nimbus (nímbus) *m.* METEOR. nimbus.
nimfa (nímfə) *f.* nymph.
nimietat (nimiətát) *f.* long-windedness, prolixity. *2* minute detail. *3* trivial detail.
nin, nina (niŋ, nínə) *m.* (BAL.) little boy. *2 f.* (BAL.) little girl. *3* doll. *4* ANAT. pupil.
ningú (niŋgú) *indef. pron. neg.* no-one, nobody; not anyone, anybody: ***aquí no hi ha*** ~, there isn't anybody here; there's nobody here. *2* pej. no-one, nobody, nonentity.
ninot (ninɔ́t) *m.* doll; puppet.
nínxol (nínʃul) *m.* niche; recess.
níquel (níkəl) *m.* METALL. nickel.
nit (nit) *f.* night. ‖ ***bona*** ~, good night. ‖ ***de la*** ~ ***al dia,*** overnight [also fig.]. ‖ ~ ***del lloro,*** sleepless night. ‖ ~ ***de Nadal,*** Christmas Eve. *2* ***s'ha fet de*** ~, night has fallen; it's got dark.
nítid, -da (nítit, -ðə) *a.* bright; clean. *2* sharp, clear [outline].
nitrogen (nitrɔ́ʒən) *m.* nitrogen.
niu (níŭ) *m.* nest. *2* coll. ***saber-ne un*** ~, to know a heap of things.
nivell (niβéʎ) *m.* level. ‖ ~ ***de vida,*** standard of living.
no (no) *adv.* no: ~, ***gràcies,*** no, thanks. *2* not: ~ ***t'estima,*** she doesn't love you.
nobiliari, -ària (núβiliári, -áriə) *a.* noble, aristocratic [title, law].
noble (nɔ́bblə) *a.* noble, aristocratic. *2* honest, upright. ▪ *3 m.-f.* noble. *4 m.* nobleman. *5 f.* noblewoman.
noblesa (nubblɛ́zə) *f.* nobility, aristocracy. *2* honesty, uprightness.
noces (nɔ́səs) *f. pl.* wedding, marriage.
noció (nusió) *f.* notion, idea. *2* rudiments; smattering.
nociu, -iva (nusíŭ, -íβə) *a.* harmful.
noctàmbul, -la (nuktámbul, -lə) *a.* sleepwalking. ▪ *2 m.-f.* sleep-walker.
nocturn, -na (nuktúrn, -nə) *a.* night; evening: ***curs*** ~, evening course. ▪ *2 m.* MUS. nocturne.
nodrir (nuðrí) *t.* to nourish; to feed [also fig.].
noguera (nuɣérə) *f.* BOT. walnut tree.
noi, noia (nɔi, nɔ́jə) *m.* boy; son. *2 f.* girl; daughter. ▪ *3 interj.* gosh!
nom (nɔm) *m.* name: ***posar*** ~, to name, to call. *2* first name, Christian name. *3* fig. reputation. *4* GRAMM. noun.
nòmada (nɔ́məðə) *a.* nomadic. ▪ *2 m.-f.* nomad.
nombre (nómbrə) *m.* number; amount.
nombrós, -osa (numbrós, -ózə) *a.* numerous.
nomenament (numənəmén) *m.* appointment [to a post].
nomenar (numəná) *t.* to appoint. *2* to nominate.
nomenclatura (numəŋklətúrə) *f.* nomenclature.
només (numés) *adv.* only; merely. *2* just; hardly, scarcely. ‖ ~ ***entrar, ja em varen cridar,*** scarcely had I gone in, when they summoned me.
nòmina (nɔ́minə) *f.* list, roll. *2* payroll. *3* pay, salary.
nominal (numinál) *a.* nominal, titular. *2* GRAMM. noun.
nominatiu, -iva (numinətíu, -íβə) *a.* GRAMM. nominative. *2* COMM. ***acció*** ~, nominee share.
nona (nɔ́nə) *f.* sleep. ‖ ***fer*** ~, to sleep.
non-non (nɔ̀nnɔ́n) *phr.* ***fer*** ~, to sleep.
nora (nɔ́rə) *f.* daughter-in-law.
noranta (nurántə) *a.* ninety.
norantè, -ena (nurəntɛ́, -ɛ́nə) *a.-m.* ninetieth.
nord (nɔr(t)) *m.* north. *2* fig. goal, aim; ideal.
nord-americà, -ana (nɔ̀rtəməriká, -ánə) *a., m.-f.* North-American; American.
nord-est (nɔ̞rés(t)) *m.* north-east.
nòrdic, -ca (nɔ́rðik, -kə) *a.* Nordic.
nord-oest (nɔ̞rués(t)) *m.* north-west.
no-res (norrɛ́s) *m.* nothing, nonentity. *2* nothingness.
norma (nórmə) *f.* norm, standard. *2* rule. *3* pattern.
normal (nurmál) *a.* normal; usual; standard.
normalitat (nurməlitát) *f.* normality; usualness.
normalització (nurməlidzəsió) *f.* normalization. *2* standardisation.

normalitzar (nurməlidzá) *t.* to normalize. *2* to standardize.
normand, -da (nurmán, -ðə) *a., m.-f.* Norman.
normatiu, -iva (nurmətiŭ, -iβə) *a.* standard. ■ *2 f.* norm; regulation.
noruec, -ega (nuruɛk, -ɛ́γə) *a., m.-f.* Norwegian. *2 m.* Norwegian.
Noruega (nuruɛ́γə) *pr. n. f.* GEOGR. Norway.
nos (nus) *pers. pron.* See ENS.
nosa (nɔ́zə) *f.* hindrance; impediment. ‖ ***fer ~,*** to be in the way; to be a hindrance. *2* mess.
nosaltres (nuzáltrəs) *pers. pron.* we. *2* us.
nostàlgia (nustálʒiə) *f.* nostalgia; yearning; longing. *2* homesickness.
nostàlgic, -ca (nustálʒik, -kə) *a.* nostalgic. *2* homesick.
nostre, -tra (nɔ́strə, -trə) *poss. a.* our. ■ *2 poss. pron.* ours.
nota (nɔ́tə) *f.* MUS. note. *2* note. *3* PRINT. footnote.
notable (nutábblə) *a.* noteworthy. *2* remarkable; outstanding. ■ *3 m.* good mark.
notar (nutá) *t.* to notice, to note. *2* to note (down). *3* to mark.
notari (nutári) *m.* notary.
notícia (nutísiə) *f.* news; piece or item of news.
noticiari (nutisiári) *m.* news column [in newspaper]. *2* CIN. newsreel. *3* RADIO news bulletin.
notificació (nutifikəsió) *f.* notification.
notificar (nutifiká) *t.* to notify, to inform.
notori, -òria (nutɔ́ri, -ɔ́riə) *a.* pej. notorious. *2* well-known. *3* obvious; blatant.
1) nou (nɔŭ) *f.* BOT. walnut [nut]. ‖ ***~ moscada,*** nutmeg. *2* ANAT. ***~ del coll,*** Adam's apple.
2) nou (nɔŭ) *a.-m.* nine.
nou, -va (nɔŭ, nɔ́βə) *a.* new. ‖ ***què hi ha de ~?,*** what've you got to tell me?; what's the latest? *2 adv. phr.* ***de ~,*** recently, lately. *3* ***de (bell) ~,*** again, once more. ■ *4 f.* news; piece or item of news.
nou-cents, -tes (nɔ̨ŭséns, -təs) *a.-m.* ninehundred.
nou-ric, -ca (nɔ̨ŭrrik, -kə) *m.-f.* pej. nouveau-riche.
Nova Delhi (nɔ̨βəðɛ́li) *pr. n. f.* GEOGR. New Delhi.
Nova York (nɔ̨βəjɔ́r(k)) *pr. n. m.* GEOGR. New York.
Nova Zelanda (nɔ́βəzəlánðə) *pr. n. f.* GEOGR. New Zealand.
novè, -ena (nuβɛ́, -ɛ́nə) *a.-m.* ninth.
novell, -lla (nuβéʎ, -ʎə) *a.* green, inexperienced, raw.
novel·la (nuβɛ́lə) *f.* novel.
novel·lesc, -ca (nuβəlɛ́sk, -kə) *a.* fictional, novel. *2* romantic; far-fetched.
novel·lista (nuβəlístə) *m.-f.* novelist.
novembre (nuβémbrə) *m.* November.
novetat (nuβətát) *f.* newness, novelty. *2* new item or development.
novici, -ícia (nuβísi, -ísiə) *m.-f.* ECCL. novice. *2* beginner, learner; novice.
nu, nua (nu, núə) *a.* nude, naked; bare. ■ *2 m.-f.* nude [painting].
nuca (núkə) *f.* nape [of neck].
nuclear (nukləár) *a.* nuclear; atomic. ‖ ***central ~,*** atomic power station.
nucli (núkli) *m.* nucleus. *2* fig. core. *3* ELECTR. core. *4* BOT. kernel.
nul, nul·la (nul, núlə) *a.* void, null and void [esp. in law]; invalid.
nul·litat (nulitát) *f.* LAW nullity. *2* nonentity, good-for-nothing [person].
numerador, -ra (numərəðó, -rə) *a.* numbering. ■ *2 m.* numbering machine. *3* MATH. numerator.
numeral (numərál) *a.* numeral; number.
numerar (numərá) *t.* to number.
número (núməru) *m.* number. *2* size [clothing]. *3* ***prendre el ~,*** to pull someone's leg.
numismàtic, -ca (numizmátik, -kə) *a.* numismatic. ■ *2 f.* numismatics.
nunci (núnsi) *m.* herald. *2* ECCL. nuncio.
nupcial (nupsiál) *a.* wedding, marriage, nuptial. *2* bridal.
nus (nus) *m.* knot. *2* fig. bond, link. *3* fig. core [of problem]. *5* ***tenir un ~ a la gola,*** to have a lump in one's throat.
nutrició (nutrisió) *f.* nutrition.
nutritiu, -iva (nutritíŭ, -íβə) *a.* nourishing, nutritious.
nuvi, núvia (núβi, -núβiə) *m.* bridegroom. *2 f.* bride.
núvol (núβul) *m.* cloud. ■ *2 a.* cloudy.
nyanyo (ɲáɲu) *m.* MED. bump, lump; swelling.
nyap (ɲap) *m.* fig. piece of rubbish; trash.
nyaufar (ɲəŭfá) *t.* (ROSS.) See ESCLAFAR.
nyigo-nyigo (ɲiγuɲíγu) *m.* screech.
nyigui-nyogui (ɲiγiɲɔ́γi) *phr. pej.* ***de ~,*** cheap.
nyonya (ɲóɲə) *f.* drowsiness.

O

O, o (ɔ) *f.* O [letter]. ▪ *2 conj.* or.
oasi (uázi) *m.* oasis.
obac, -aga (uβák, -áɣə) *a.* shady. ▪ *2 f.* north-facing slope.
obcecació (upsəkəsió) *f.* blindness [of mind]; disturbance [of mind].
obediència (uβəðiέsiə) *f.* obedience.
obedient (uβəðién) *a.* obedient; well-behaved.
obeir (uβəi) *t.-i.* to obey. *2 i.* to respond [treatment]. *3* to be due.
obelisc (uβəlisk) *m.* obelisk.
obert, -ta (uβέr(t), -tə) *a.* open [also fig.]; opened; clear.
obertura (uβərtúrə) *f.* opening; gap; aperture; crack. *2* MUS. overture.
obès, -esa (uβέs, -έzə) *a.* obese; fat.
obesitat (uβəzitát) *f.* obesity.
objecció (ubʒəksió) *f.* objection; criticism.
objectar (ubʒəktá) *t.* to object.
objecte (ubʒέktə) *m.* object. *2* subject, theme [of talk, writing, etc.]. *3* fig. objective, aim.
objectiu, -iva (ubʒəktiŭ, -iβə) *a.-m.* objective. *2 m.* PHOTO. lens.
objectivitat (ubʒəktivitát) *f.* objectivity.
objector, -ora (ubʒəktó, -órə) *a.* objecting. ▪ *2 m.-f.* objector: ~ ***de consciència,*** conscientious objector.
oblic, -iqua (uβlik, -ikwə) *a.* oblique; slanting.
oblidar (uβliðá) *t.-p.* to forget. *2* to leave behind. *3* to leave out, to omit.
obligació (uβliɣəsió) *f.* obligation; duty; responsibility. *2* ECON. liability. *3* ECON. bond.
obligar (uβliɣá) *t.* to force, to compel, to oblige.
obligatori, -òria (uβliɣətɔ́ri, -ɔ́riə) *a.* compulsory, obligatory.
oblit (uβlit) *m.* oblivion. *2* omission, oversight.
oboè (uβuέ) *m.* MUS. oboe.
obra (ɔ́βrə) *f.* work; piece of work. *2* deed. *3* THEATR. play. *4* building site. *5 pl.* CONSTR. repairs; alterations. ‖ ***a casa fem obres,*** we've got the workmen in at home.
obrar (uβrá) *t.* to work [material]. *2* to make; to perform. ▪ *3 i.* to act, to behave.
obrellaunes (ɔβrəʎáŭnəs) *m.* tin-opener.
obrer, -ra (uβré, -rə) *a.* working: ***la classe obrera,*** the working class. ▪ *2 m.-f.* worker; labourer. *3* (VAL.) See PALETA.
obridor (uβriðó) *m.* opener.
obrir (uβri) *t.-p.* to open; to open up. *2* to open out, to spread out. *3 t.* to sink; to bore [well]. *4* to head [procession]. *5* to turn on, to switch on [light, television, etc.]. *6* MED. to cut open. ▲ CONJUG. P. P.: ***obert.*** ‖ INDIC. Pres.: ***obre.***
obscè, -ena (upsέ, -έnə) *a.* obscene, filthy, lewd.
obscenitat (upsənitát) *f.* obscenity.
obscur, -ra (upskúr, -rə) *a.* dark, dim; gloomy. *2* fig. obscure.
obscuritat (upskuritát) *f.* darkness; gloominess. *2* fig. obscurity.
obsequi (upsέki) *m.* present.
obsequiar (upsəkiá) *t.* to give as a present, to present. *2* to regale.
observació (upsərβəsió) *f.* observation. *2* remark; comment. *3* objection.
observador, -ra (upsərβəðó, -rə) *a.* observant. ▪ *2 m.-f.* observer.
observar (upsərβá) *t.* to observe; to respect [law, rule, etc.]. *2* to watch, to observe; to notice.
observatori (upsərβətɔ́ri) *m.* observatory.
obsès, -essa (upsέz, -έsə) *a.* obsessed.
obsessió (upsəsió) *f.* obsession.
obsessionar (upsəsiuná) *t.* to obsess.
obstacle (upstákle) *m.* obstacle. *2* fig. stumbling-block, obstacle.

obstaculitzar (upstəkulidzá) *t.* to hinder. *2* to block [also fig.].
obstant (upstán) *adv. phr.* nevertheless, however, notwithstanding.
obstar (upstá) *i.* to be a hindrance or obstacle; to hinder [also fig.].
obstetrícia (upstətrísiə) *f.* MED. obstetrics.
obstinació (upstinəsió) *f.* stubbornness, obstinacy.
obstinar-se (upstinársə) *p.* ~ ***a*** o ***en,*** to persist in.
obstinat, -ada (upstinát, -áðə) *a.* stubborn, obstinate.
obstrucció (upstruksió) *f.* obstruction.
obstruir (upstruí) *t.* to obstruct, to block [also fig.].
obtenció (uptənsió) *f.* securing, attainment.
obtenir (uptəní) *t.* to obtain, to acquire, to get. ▲ CONJUG. P. P.: ***obtingut.*** || INDIC. Pres.: ***obtinc, obtens, obté,*** etc. | Fut.: ***obtindré, obtindràs,*** etc. || SUBJ. Pres.: ***obtingui,*** etc. | Imperf.: ***obtingués,*** etc. | IMPERAT.: ***obtén.***
obtús, -usa (uptús, -úzə) *a.* obtuse; dull [person]. *2* blunt. *3* MATH. obtuse.
obús (uβús) *m.* ARTILL. shell.
obvi, òbvia (ɔ́bbi, ɔ́bbiə) *a.* obvious, evident.
oca (ɔ́kə) *f.* goose.
ocàs (ukás) *m.* sunset. *2* fig. fall, decline.
ocasió (ukəzió) *f.* occasion. || ***en ~ de,*** on the occasion of. *2* opportunity, chance. || ***aprofitar l'~,*** to take the opportunity. *3* ***d'~,*** second-hand.
ocasionar (ukəziuná) *t.* to cause, to occasion.
occident (uksiðén) *m.* west, occident.
occidental (uksiðəntál) *a.* western, west.
occità, -ana (uksitá, -ánə) *a., m.-f.* Provençal.
oceà (useá) *m.* ocean.
Oceania (useəníə) *pr. n. m.* GEOGR. Oceania.
oceànic, -ca (useánik, -kə) *a.* oceanic. *2 a., m.-f.* Oceanian.
ocell (usέʎ) *m.* bird.
oci (ɔ́si) *m.* leisure; spare time.
ociós, -osa (usiós, -ózə) *a.* at leisure: ***una dona ~,*** a woman at leisure. *2* pej. idle, inactive.
ocórrer (ukórrə) *i.* to occur, to happen. *2* to occur. || ***em va ocórrer una bona idea,*** I had a good idea. ▲ CONJUG. like ***córrer.***
octàgon (uktáγun) *m.* octagon.
octubre (uktúβrə) *m.* October.
ocular (ukulár) *a.* ocular; eye.
oculista (ukulístə) *m.-f.* oculist.
ocult, -ta (ukul(t), tə) *a.* secret, hidden. *2* occult [science].
ocultar (ukultá) *t.* to hide, to conceal.
ocupació (ukupəsió) *f.* job; occupation.
ocupar (ukupá) *t.* to occupy. *2* to employ. ■ *3 p.* to look after, to take care of. *4* to be in charge of.
ocupat, -ada (ukupát, -áðə) *a.* busy. *2* engaged [toilette]. *3* taken [seat].
ocurrència (ukurrέsiə) *f.* event; incident.
odi (ɔ́ði) *m.* hate.
odiar (uðiá) *t.* to hate, to detest.
odiós, -osa (uðiós, -ózə) *a.* hateful, odious.
odissea (uðisέə) *f.* Odyssey.
odontòleg, -òloga (uðuntɔ́lək, -ɔ́luγə) *m.-f.* MED. odontologist.
odontologia (uðuntuluʒíə) *f.* MED. odontology, dentistry.
oest (ués(t)) *m.* west.
ofec (ufέk) *m.* choking; shortness of breath.
ofegar (ufəγá) *t.-p.* to choke; to suffocate. *2* to drown. *3 t.* to stifle [cry, exclamation].
ofendre (ufέndrə) *t.* to offend; to upset. ■ *2 p.* to take offence (*per,* at). ▲ CONJUG. GER.: ***ofenent.*** || P. P.: ***ofès.*** || INDIC. Pres.: ***ofenc, ofens, ofèn,*** etc. || SUBJ. Pres.: ***ofengui,*** etc. | Imperf.: ***ofengués,*** etc.
ofensa (ufέnsə) *f.* insult; offence.
ofensiu, -iva (ufənsiŭ, -íβə) *a.* insulting, offensive. ■ *2 f.* MIL. offensive.
oferiment (ufərimén) *m.* offer; offering.
oferir (ufərí) *t.* to offer; to present. ■ *2 p.* to offer oneself; to volunteer. ▲ CONJUG. P. P.: ***ofert.***
oferta (ufértə) *f.* offer; bid. *2* proposal; proposition. *3* COMM. ~ ***de la setmana,*** bargain of the week.
ofici (ufísi) *m.* profession; trade. *3* ECCL. service.
oficial (ufisiál) *a., m.-f.* official. *2 m.-f.* craftsman. *3* MIL. officer.
oficiar (ufisiá) *i.* REL. to officiate.
oficina (ufisínə) *f.* office [room, place].
oficinista (ufisinístə) *m.-f.* office clerk.
oficiós, -osa (ufisiós, -ósə) *a.* unofficial; informal.
ofrena (ufrέnə) *f.* offering, gift.
oftalmòleg, -òloga (uftəlmɔ́lək, -ɔ́luγə) *m.-f.* MED. ophthalmologist.
oftalmologia (uftəlmuluʒíə) *f.* MED. ophthalmology.
ogre (ɔ́γrə) *m.* ogre.
oh! (ɔ) *interj.* oh!
oi (ɔĭ) *interj.* really?, isn't that so?
oïda (uíðə) *f.* hearing. || ***ser dur d'~,*** to be hard of hearing. *2* sense of hearing.
oleoducte (oleoðúktə) *m.* oil pipeline.
olfacte (ulfáktə) *m.* smell, sense of smell.
oli (ɔ́li) *m.* oil.
òliba (ɔ́liβə) *f.* ORNIT. owl; barn-owl.

oligarquia (uliɣərkiə) *f.* oligarchy.
olimpíada (ulimpiəðə) *f.* Olympiad. *2 pl.* Olympics.
olímpic, -ca (ulimpik, -kə) *a.* Olympic.
oliós, -osa (uliós, -ózə) *a.* oily; greasy.
oliva (uliβə) *f.* olive.
olivera (uliβérə) *f.* BOT. olive-tree.
olla (ɔ́ʎə) *f.* pot, cooking pot. ‖ *~ de pressió,* pressure cooker. *2* stew.
olor (uló) *f.* smell, scent, odour. ‖ *fer bona ~,* to smell nice.
olorar (ulurá) *t.* to smell; to sniff. *2* fig. to sense.
olorós, -osa (ulurós, -ózə) *a.* fragrant, scented.
om (om) *m.* BOT. elm, elm-tree.
ombra (ómbrə) *f.* shadow; shade. ‖ *fer ~,* to provide shade.
ombrel·la (umbrɛ́llə) *f.* umbrella.
ombrívol, -la (umbriβul, -lə) *a.* shady; dark, shadowy.
ometre (umɛ́trə) *t.* to omit, to leave out. ▲ CONJUG. P. P.: *omès.*
omissió (umisió) *f.* omission; oversight.
omnipotència (umniputɛ́siə) *f.* omnipotence.
omnipotent (umniputén) *a.* all-powerful, almighty, omnipotent. ‖ *Déu ~,* Almighty God.
omnívor, -ra (umniβur, -rə) *a.* omnivorous.
omòplat (umɔ́plət) *m.* ANAT. shoulder, shoulder-blade.
omplir (umpli) *t.-p.* to fill (up). *2 t.* to fill in, to complete [form]. *3* coll. to stuff. *4 p.* coll. to stuff oneself.
OMS (ɔ́ms) *f. (Organització Mundial de la Salut)* WHO (World Health Organisation).
on (on) *adv.* where; where (to).
ona (ónə) *f.* wave. *2* RADIO wave. *3* wave [light, sound].
onada (unáðə) wave; surge; swell [sea]. *2* fig. wave: *~ de calor,* heat wave.
ONCE *f.* (*«Organización Nacional de Ciegos Españoles»*) (national organization for the blind).
oncle (óŋklə) *m.* uncle.
onda (óndə) *f.* roll [in land]. *2* curl [hair].
ondulació (unduləsió) *f.* undulation. *2* ripple [water]. *3* wave [hair].
ondular (undulá) *i.* to undulate. ▪ *2 t.* to wave.
onejar (unəʒá) *i.* to undulate [land]. *2* to wave, to flap [flag].
onomatopeia (unumətupɛ́jə) *f.* onomatopoeia.
onsevulga (ǫnsəβúlɣə) *adv.* wherever.
ONU (ɔ́nu) *f. (Organització de les Nacions Unides)* U.N. (United Nations).
onze (ónzə) *a.-m.* eleven.
onzè, -ena (unzɛ́, -ɛ́nə) *a.-m.* eleventh.
opac, -ca (upák, -kə) *a.* opaque; dull. *2* dark [glass].
opció (upsió) *f.* option; choice.
OPEP (ǫpɛ́p) *f. (Organització dels Països Exportadors de Petroli)* OPEC (Organization of the Petroleum Exporting Countries).
òpera (ɔ́pərə) *f.* opera.
operació (upərəsió) *f.* operation. *2* MED. operation. *3* COMM. transaction; deal.
operador, -ra (upərəðó, -rə) *a.* operating. ▪ *2 m.-f.* operator [of machinery]. *3* surgeon.
operar (upərá) *i.* to operate. *2* MED. to operate. ▪ *3 t.* to perform, to accomplish.
operari, -ària (upərári, -áriə) *m.-f.* labourer, worker.
opi (ópi) *m.* opium.
opinar (upiná) *i.* to be of the opinion, to consider. *2* to give one's opinion.
opinió (upinió) *f.* opinion, view; belief.
oportú, -una (upurtú, -únə) *a.* timely, opportune. *2* suitable, appropriate.
oportunisme (upurtunizmə) *m.* opportunism.
oportunitat (upurtunitát) *f.* opportunity, chance. *2* timeliness.
oposar (upuzá) *t.* to oppose. ▪ *2 p.* to oppose. *3* to object (*a,* to).
oposat, -ada (upuzát, -áðə) *a.* opposite. *2* contrary, opposing [esp. opinion].
oposició (upuzisió) *f.* opposition. *2 pl.* public examination.
opositor, -ra (upuzitó, -rə) *m.-f.* opponent; competitor. *2* candidate [state or public examination].
opressió (uprəsió) *f.* oppression.
opressiu, -iva (uprəsiŭ, -iβə) *a.* oppressive.
opressor, -ra (uprəsó, -rə) *a.* oppressing. ▪ *2 m.-f.* oppressor.
oprimir (uprimi) *t.* fig. to oppress; to crush.
optar (uptá) *i.* to choose (*per,* —); to opt (*per,* for).
òptic, -ca (ɔ́ptik, -kə) *a.* optic(al. ▪ *2 m.-f.* optician. *3 f.* optics.
òptim, -ma (ɔ́ptim, -mə) *a.* very best; optimum.
optimisme (uptimizmə) *m.* optimism.
optimista (uptimistə) *a.* optimistic. ▪ *2 m.-f.* optimist.
opulència (upulɛ́nsiə) *f.* opulence; luxury.
opulent, -ta (upulén, -tə) *a.* opulent; wealthy.
opuscle (upúsklə) *m.* booklet; short work.
or (ɔr) *m.* gold.
oració (urəsió) *f.* prayer. *2* speech; oration. *3* GRAMM. sentence.

oracle (uráklə) *m.* oracle.
orador, -ra (urəðó, -rə) *m.-f.* speaker; orator.
oral (urál) *a.* oral.
orangutan (urəŋgután) *m.* ZOOL. orang-outang.
orar (urá) *i.* to pray.
oratge (urádʒə) *m.* breeze.
orb (ór(p)) *a.* blind.
òrbita (ɔ́rβitə) *f.* orbit. *2* ANAT. eye-socket.
orca (ɔ́rkə) *f.* ZOOL. killer whale.
ordenació (urðənəsió) *f.* arrangement; ordering. *2* plan; planning. *3* ECCL. ordination.
ordenança (urðənánsə) *f.* rule; decree. || *~s municipals,* by-laws. *2 m.* office boy. *3* MIL. orderly; batman.
ordenar (urðəná) *t.* to arrange; to order, to put in order. *2* to order. *3* ECCL. to ordain.
ordi (ɔ́rði) *m.* BOT. barley; hop.
ordidor, -ra (urðidó, -rə) *a.* warping. ■ *2 m.-f.* warper. *3 f.* warping machine.
ordinador (urðinəðó) *m.* computer.
ordinal (urðinál) *a.* ordinal.
ordinari, -ària (urðinári, -áriə) *a.* ordinary; standard; usual; current. *2* coarse, vulgar.
ordir (urðí) *t.* to warp. *2* to weave. *3* fig. to plot, to scheme.
ordre (órðrə) *m.* order. || *~ del dia,* agenda; MIL. order of the day. || *~ públic,* law and order. || *sense ~,* in disarray; in disorder. *2 f.* order. *3* COMM. order.
orella (urέʎə) *f.* ear. *2* hearing. || *parlar a cau d'~,* to whisper.
oreneta (urənέtə) *f.* ORNIT. swallow.
orenga (urέŋgə) *f.* oregano.
orfe, òrfena (ɔ́rfə, -ɔ́rfənə) *a.* orphaned. ■ *2 m.-f.* orphan.
orfebre (urfέbrə) *m.* goldsmith.
orfeó (urfəó) *m.* MUS. choral society.
òrgan (ɔ́rɣən) *m.* organ.
orgànic, -ca (urɣánik, -kə) *a.* organic.
organisme (urɣənízmə) *m.* organism. *2* COMM. organisation, body.
organització (urɣənidzəsió) *f.* organization [act]. *2* institution, organization.
organitzador, -ra (urɣənidzəðó, -rə) *a.* organizing. ■ *2 m.-f.* organizer.
organitzar (urɣənidʒá) *t.* to organize.
orgasme (urɣázmə) *m.* orgasm.
orgia (urʒíə) *f.* orgy.
orgue (ɔ́rɣə) *m.* MUS. organ. *2* fig. *no estar per ~s,* I just want peace and quiet. || *~ de gats,* hullabaloo; confusion.
orgull (urɣúʎ) *m.* pride.
orgullós, -osa (urɣuʎós, -ózə) *a.* proud. *2* haughty.
orient (urién) *m.* east; orient.
orientació (uriəntəsió) *f.* orientation; direction. *2* information; guidance. *3* training; education.
oriental (uriəntál) *a.* eastern, oriental.
orientar (uriəntá) *t.* to orientate; to direct. *2* fig. to inform.
orifici (urifísi) *m.* orifice; opening; outlet.
origen (uríʒən) *m.* origin; source. *2* cause.
original (uriʒinál) *a.* original. ■ *2 m.* PRINT. original.
originar (uriʒiná) *t.* to give rise to, to originate; to cause.
originari, -ària (uriʒinári, -áriə) *a.* originating. || *ser ~ de,* to originate from; to be a native of.
orina (urínə) *f.* urine.
orinal (urinál) *m.* bedpot, chamberpot.
orinar (uriná) *i.-t.* to urinate.
orins (uríns) *m. pl.* urine.
oripell (ɔripéʎ) *m.* tinsel. *2* expensive-looking trash.
oriünd (uriún) *a.* originating (*de,* from), native (*de,* of).
ornament (urnəmén) *m.* adornment, ornament.
ornamentació (urnəməntəsió) *f.* ornamentation, adornment.
ornamentar (urnəməntá) *t.* to adorn, to embellish.
orni (ɔ́rni) *phr. fer l'~,* to pretend not to hear or not to understand.
ornitologia (urnituluʒíə) *f.* ornithology.
orografia (uruɣrəfíə) *f.* orography.
orquestra (urkéstrə) *f.* orchestra; band.
orquídia (urkíðiə) *f.* orchid.
ortiga (urtíɣə) *f.* stinging-nettle, nettle.
ortodox, -xa (urtuðɔ́ks, -ksə) *a.* orthodox.
ortografia (urtuɣrəfíə) *f.* spelling. || *falta d'~,* spelling mistake. *2* orthography.
ortopèdia (urtupέðiə) *f.* orthopaedics.
ortopèdic, -ca (urtupέdik, -kə) *a.* orthopaedic. ■ *2 m.-f.* orthopaedist.
orxata (urʃátə) *f.* drink made from almonds and sugar.
os (ɔs) *m.* bone. || *ser un sac d'ossos,* to be nothing but skin and bones.
ós, ossa (ós, ósə) *m.* bear. *2 f.* she-bear.
osca (ɔ́skə) *f.* nick, notch.
oscil·lació (usiləsió) *f.* oscillation. *2* fluctuation.
oscil·lar (usilá) *i.* to oscillate; to sway, to waver.
Oslo (óslo) *pr. n. m.* GEOGR. Oslo.
ossada (usáðə) *f.* skeleton; bones.
ossi, òssia (ɔ́si, -ɔ́siə) *a.* bony; osseous.
ostensible (ustənsíbblə) *a.* ostensible; evident.
ostentació (ustəntəsió) *f.* show, display; pomp; ostentation.

ostentar (ustəntà) *t.* to show, to display. *2* to show off; to parade.
ostra (ɔ́strə) *f.* oyster. *2 pl. interj.* coll. bloody hell!
ostracisme (ustrəsizmə) *m.* ostracism.
OTAN (ɔ́tən) *f.* *(Organització del Tractat de l'Atlàntic Nord)* NATO (North Atlantic Treaty Organization).
oto-rino-laringòleg, -òloga (uturrinulәriŋgɔ́lәk, -ɔ́luγә) *m.-f.* MED. otorhinolaryngologist.
oto-rino-laringologia (uturrinulәriŋguluʒiә) *f.* MED. otorhinolaryngology.
ou (ɔŭ) *m.* egg. || ~ ***dur,*** hard-boiled egg. || ~ ***ferrat,*** fried egg. || ~ ***passat per aigua,*** boiled egg. *2* fig. coll. ***ser la mare dels ~s,*** to be the cause or source of everything. *3* fig. ***ple com un ~,*** full up, absolutely full. *4 pl.* vulg. balls, bollocks.
OUA (ɔ̹úә) *f.* *(Organització de la Unitat Africana)* AUO (African Unity Organization).
ovació (uβәsió) *f.* applause, ovation.
ovalat, -ada (uβәlát, -áðә) *a.* oval.
ovari (uβári) *m.* ovary.
ovella (uβέʎә) *f.* sheep.
ovípar, -ra (uβípәr, -rә) *a.* oviparous.
òvul (ɔ́βul) *m.* ovule; ovum.
ovulació (uβulәsió) *f.* ovulation.
òxid (ɔ́ksit) *m.* oxide.
oxidar (uksiðá) *t.* to oxidize.
oxigen (uksíʒәn) *m.* oxygen.
oxigenada (uksiʒәnáðә) *f.* ***aigua ~,*** hydrogen peroxide.
oxigenar (uksiʒәná) *t.* to oxygenate.
ozó (uzó) *m.* ozone.

P

P, p (pe) *f.* p. [letter].
pa (pa) *m.* bread. || ~ ***integral,*** wholemeal bread. *2* fig. daily bread. *3* fig. ***ser un tros de ~,*** to have a heart of gold.
paciència (pəsiέsiə) *f.* patience.
pacient (pəsién) *a.* patient. ■ *2 m.-f.* patient [in hospital].
pacífic, -ca (pəsífik, -kə) *a.* pacific. *2* tranquil; calm [person]. *3* GEOGR. Pacific. ■ *4 pr. n. m.* ***Oceà Pacífic,*** Pacific Ocean.
pacificar (pəsifiká) *t.* to pacify; to calm.
pacifisme (pəsifízmə) *m.* pacifism.
pactar (pəktá) *t.* to agree to or on. ■ *2 i.* to come to an agreement.
pacte (páktə) *m.* agreement; covenant, pact.
padrastre (pəðrástrə) *m.* step-father.
padrí (pəðrí) *m.* godfather. *2* best man [in wedding]. *3* fig. patron.
padrina (pəðrínə) *f.* godmother. *2* fig. ***veure la ~,*** to be doubled up with pain.
padró (pəðró) *m.* census, roll, register [of inhabitants].
paella (pəéʎə) *f.* saucepan; pan. *2* paella [dish based on rice].
pàg. *f. abbr. (Pàgina)* page.
paga (páɣə) *f.* payment. *2* pay, wages.
pagà, -ana (pəɣá, -ánə) *a.* pagan.
pagament (pəɣəmén) *m.* payment; repayment. *2* ***suspensió de ~s,*** COMM. suspension of payments [decision not to meet outstanding bills].
pagar (pəɣá) *t.* to pay; to repay. *2* to pay for [service, article]. *3* fig. ~ ***els plats trencats,*** to take the blame.
pagaré (pəɣəré) *m.* ECON. IOU; promissory note.
pagès, -esa (pəʒέs, -έzə) *m.* countryman. *2 f.* countrywoman. *3 m.-f.* farm-hand. *4* pej. peasant.
pàgina (páʒinə) *f.* page.
pagoda (pəɣɔ́ðə) *f.* pagoda.
pair (pəí) *t.* to digest. *2* fig. ***no la puc pair,*** I can't stand her, I can't bear her.
pairal (pəirál) *a.* ancestral; parental.
país (pəís) *m.* POL. country. *2* country, terrain.
País Basc (pəis básk) *pr. n. m.* GEOGR. Basque Country.
paisà, -ana (pəizá, -ánə) *m.-f.* person from same city, town or village. *2 m.* POL. fellow-countryman. *3 f.* POL. fellow-countrywoman. *4* civilian. || ***un policia vestit de ~,*** a plain clothes policeman.
paisatge (pəizádʒə) *m.* countryside; landscape; scenery.
Països Baixos (pəísus báiʃus) *pr. n. m.* GEOGR. Netherlands, Holland.
pal (pal) *m.* stick; post, pole. *2* NAUT. mast. *3* SP. bat; stick.
pala (pálə) *f.* shovel; spade.
palada (pəláðə) *f.* shovelful, spadeful. || ***a palades,*** in heaps.
paladar (pələðá) *m.* palate [also fig.]. *2* sense of taste.
paladejar (pələðəʒá) *t.* to taste; to relish.
palanca (pəláŋkə) *f.* lever; crowbar. *2* SP. springboard.
palangana (pələŋgánə) *f.* washbowl, basin.
palangre (pəláŋgrə) *m.* MAR. trawl-net; trawl-line. || ***lluç de ~,*** trawler caught hake.
palau (pəláŭ) *m.* palace.
paleografia (pələuɣrəfíə) *f.* paleography.
paleolític, -ca (pələulítik, -kə) *a.* paleolithic.
paleontologia (pələuntuluʒíə) *f.* paleontology.
palès, -esa (pəlέs, -έzə) *f.* evident, obvious, clear.
palet (pəlέt) *m.* pebble.
paleta (pəlέtə) *m.* bricklayer. *2 f.* trowel. *3* palette.
palla (páʎə) *f.* straw. *2* fig. wind, hot air [in speech]; rubbish. *3* fig. ***tenir una ~ a l'ull,***

to be blind to the goings-on all around one.
pallasso (pəʎásu) *m.* clown.
paller (pəʎé) *m.* haystack. *2* hayloft; barn.
pal·liar (pəliá) *t.* to mitigate, to alleviate; to relieve.
pàl·lid, -ida (pálit, -iðə) *a.* pale, white; ghastly.
pal·lidesa (pəliðέzə) *f.* paleness, pallor.
pallissa (pəʎísə) *f.* barn. *2* thrashing, beating.
pallús (pəʎús) *m.* thickhead; dumbo.
palma (pálmə) *f.* palm-tree. *2* palm-leaf. *3* ANAT. palm.
palmell (pəlméʎ) *m.* ANAT. palm.
palmera (pəlmérə) *f.* palm tree.
palmípede (pəlmípəðə) *a.* palmiped, web-footed.
palmó (pəlmó) *m.* whitened palm leaf displayed on Palm Sunday.
palpable (pəlpábblə) *a.* palpable, tangible [also fig.].
palpar (pəlpá) *t.* to feel. *2* to frisk. *3* fig. to perceive, to appreciate.
palpentes (a les) (pəlpéntəs) *phr.* groping one's way; by groping.
palpís (pəlpís) *m.* boneless steak.
palpitació (pəlpitəsió) *f.* throbbing, beating, palpitation.
palpitar (pəlpitá) *i.* to throb, to beat.
paludisme (pəluðízmə) *m.* malaria.
pam (pam) *m.* span, hand-span; inches. ‖ fig. ~ ***a*** ~, inch by inch, gradually. ‖ fig. ***no ve d'un*** ~, it doesn't have to be so exact. *2 phr.* ***quedar amb un*** ~ ***de nas,*** to be disappointed.
pàmfil, -la (pámfil, -lə) *a.* slow; simple.
pamflet (pəmflέt) *m.* pamphlet.
pàmpol (pámpul) *m.* vine leaf. *2* lampshade.
pana (pánə) *f.* TEXT. corduroy. *2* AUTO. breakdown.
panacea (pənəséə) *f.* panacea, cure-for-all.
Panamà (pənəmá) *pr. n. m.* GEOGR. Panama.
panameny, -nya (pənəméɲ, -ɲə) *a., m.-f.* Panamanian.
pancarta (pəŋkártə) *f.* placard; banner.
pàncreas (páŋkreəs) *m.* pancreas.
pandereta (pəndərέtə) *f.* tambourine.
panegíric (pənəʒírik) *m.* panegyric.
paner (pəné) *m.* basket. *2* coll. backside, bottom.
panera (pənérə) *f.* basket.
panet (pənέt) *m.* bun, roll.
pànic (pánik) *m.* panic.
panificar (pənifiká) *t.* to turn into bread.
panís (pənís) *m.* millet. *2* maize.
panòplia (pənɔ́pliə) *f.* panoply.
panorama (pənurámə) *m.* panorama; vista, view. *2* fig. panorama, outlook.
panotxa (pənɔ́tʃə) *f.* corncob. ‖ ***color*** ~, orange.
pansa (pánsə) *f.* raisin. *2* sore [on lip].
pansir (pənsí) *t.-p.* to shrivel up; to wither.
pansit, -ida (pənsít, -íðə) *a.* withered. *2* fig. apathetic, lifeless.
pantà (pəntá) *m.* reservoir; artificial lake.
pantalla (pəntáʎə) *f.* screen.
pantalons (pəntəlóns) *m. pl.* trousers. ‖ ***portar els*** ~, to be in charge [esp. wife in marriage].
pantanós, -osa (pəntənós, -ózə) *a.* marshy, swampy.
panteisme (pəntəízmə) *m.* pantheism.
panteix (pəntέʃ) *m.* gasping, panting; heavy breathing.
panteixar (pəntəʃá) *i.* to gasp, to pant; to breathe heavily.
panteó (pənteó) *m.* pantheon; royal tomb; family vault.
pantera (pəntérə) *f.* panther.
pantomima (pəntumímə) *f.* pantomime.
panxa (pánʃə) *f.* coll. belly; paunch. ‖ ***estar de*** ~ ***enlaire,*** to be or lie on one's back. *2* bulge.
panxacontent, -ta (pənʃəkuntén, -tə) *a.* hedonistic.
panxada (pənʃáðə) *f.* bellyful.
panxell (pənʃéʎ) *m.* ANAT. calf.
panxó (pənʃó) *m.* bellyful. *2* ***fer-se un*** ~ ***de riure,*** to laugh like a drain.
panxut, -uda (pənʃút, -úðə) *a.* pot-bellied.
pany (paɲ) *m.* lock. *2* bolt. *3* ~ ***de paret,*** area of bare wall.
paó (pəó) *m.* ORNIT. peacock.
pap (pap) *m.* ORNIT. crop. *2* coll. belly, guts [person]. ‖ ***buidar el*** ~, to spill the beans; to get something off one's chest.
papa (pápə) *m.* pope.
papà (pəpá) *m.* Dad, Daddy.
papada (pəpáðə) *f.* double chin.
papadiners (pəpəðinés) *m.* slot machine. *2* swindler, sharp alec [person].
papagai (pəpəγái̯) *m.* parrot.
papaia (pəpájə) *f.* BOT. papaya, pawpaw.
papallona (pəpəʎónə) *f.* butterfly.
papallonejar (pəpəʎunəʒá) *i.* to flit about; to flutter about. *2* fig. to be inconstant or changeable.
papar (pəpá) *t.* to swallow, to gulp down.
paparra (pəpárrə) *f.* ENTOM. tick.
paper (pəpé) *m.* paper. ‖ ~ ***de plata,*** aluminium paper. ‖ ~ ***de vidre,*** sand paper. *2* role. *3 pl.* documents. *4 phr.* ***això és*** ~ ***mullat!,*** that's absolute rubbish!
paperer, -ra (pəpəré, -rə) *a.* paper. ▪ *2 f.* waste paper basket or bin.

papereria (pəpərəriə) *f.* stationer's. *2* stationery. *3* paper factory.
papereta (pəpərɛ́tə) *f.* slip [of paper]. || *~ de vot,* ballot paper.
paperina (pəperinə) *f.* paper cone; paper bag. *2* fig. coll. drunkenness.
papió (pəpió) *m.* baboon.
papir (pəpir) *m.* papyrus.
papissot (pəpisɔ́t) *a.* lisping. ▪ *2 m.-f.* lisper.
papista (pəpistə) *m.-f.* pej. papist. *2* fig. *ser més ~ que el papa,* to be a true fanatic.
papu (pápu) *m.* bogeyman.
papú (pəpú) *a., m.-f.* GEOGR. Papuan.
paquebot (pəkəβɔ́t) *m.* NAUT. packet boat; ferry.
paquet (pəkɛ́t) *m.* parcel, packet; package [also fig.]. || *~ de cigarretes,* packet of cigarettes. *2* fig. *~ de mesures econòmiques,* package of economic measures. *3* fig. pillion rider or passenger [on motor-bike].
paquiderm (pəkiðɛ́rm) *m.* ZOOL. pachyderm.
paràbola (pəráβulə) *f.* MATH. parabola. *2* LIT. parable.
parabrisa (pa̧rəβrizə) *m.* windscreen.
paracaiguda (pa̧rəkəiγúðəs) *m.* parachute.
parada (pəráðə) *f.* stop; stopping. || *~ d'autobús,* bus-stop. *2* SP. save: *quina parada ha fet!,* what a save he's made! [of goalkeeper]. *3* COMM. stand. *4* MIL. parade; procession.
paradigma (pərəðiŋmə) *m.* paradigm.
paradís (pərəðis) *m.* paradise.
parador (pərəðó) *m.* resting-place; whereabouts. *2* tourist hotel. *3* RAIL. halt.
paradoxa (pərəðɔ́ksə) *f.* paradox.
paradoxal (pərəðuksál) *a.* paradoxical.
parafang (pa̧rəfáŋ) *m.* mudguard.
parafina (pərəfinə) *f.* paraffin.
paràfrasi (pəráfrəzi) *f.* paraphrase.
paràgraf (pəráγrəf) *m.* paragraph.
Paraguai (pərəγwái̯) *pr. n. m.* GEOGR. Paraguay.
paraguaià, -ana (pərəγwəià, -ánə) *a., m.-f.* Paraguayan.
paraigua (pəráiγwə) *m.* umbrella.
paràlisi (pərálizi) *f.* paralysis.
paralític, -ca (pərəlitik, -kə) *a.* paralytic.
paralitzar (pərəlidzá) *t.* to paralyse [also fig.]. *2* fig. to bring to a standstill.
parallamps (pa̧rəʎáms) *m.* lightning conductor.
paral·lel, -la (pərəlɛ́l, -lə) *a.* parallel.
paral·lelepípede (pərələlpipəðə) *m.* parallelipiped.
paral·lelisme (pərələlizmə) *m.* parallelism.
paral·lelogram (pərəlȩluγrám) *m.* parallelogram.
parament (pərəmén) *m.* ornamentation; decoration. || *~s de la cuina,* kitchen decorations. *2* face [of wall].
paraninf (pərənimf) *m.* main or central hall of ceremonies [university].
parany (pəráɲ) *m.* trap; snare. *2* fig. trap; trick.
parapet (pərəpɛ́t) *m.* parapet; barricade.
parapetar (pərəpətá) *t.* to barricade. *2* fig. to shelter; to protect. ▪ *3 p.* to barricade oneself. *4* fig. to shelter (*darrera,* behind).
parar (pərá) *t.* to stop. *2* to check [progress]; to stop, to halt [machine, car, etc.]. *3* to ward off, to parry [blow]. *4* to get ready. || *~ la taula,* to lay the table. *5* SP. to stop [ball]; to save [shot]. *6 ~ la mà,* to hold out one's hand. *7 ~ la pluja,* to stand in the rain. ▪ *8 i.* to stop. || *~ de riure,* to stop laughing. || *sense ~,* continuously; incessantly. *9 anar a ~,* to end up.
paràsit, -ta (pərázit, -tə) *a.* parasitic. ▪ *2 m.-f.* parasite.
para-sol (pa̧rəsɔ́l) *m.* parasol; sun-shade.
parat, -ada (pəra̧t, -a̧ðə) *a.* stopped; motionless. *2* slow; dull [person]. *3* unemployed, out of work. *4 quedar ~,* to be struck dumb; to be taken aback.
paratge (pərádʒə) *m.* spot, place.
paraula (pəráulə) *f.* word. *2* speech; speaking. || *deixar algú amb la ~ a la boca,* to cut someone off, not to let someone finish. || *demanar la ~,* to ask to speak, to request leave to address [meeting, audience].
paravent (pa̧rəβén) *m.* screen; folding screen.
para-xocs (pa̧rəʃɔ́ks) *m.* AUTO. bumper.
parc (park) *m.* park. || *~ d'atraccions,* funfair. || *~ infantil,* children's playground. *2 ~ de bombers,* fire station.
parc, -ca (park, -kə) *a.* sparing; frugal; moderate.
parca (pa̧rkə) *f.* LIT. Parca.
parcel·la (pərsɛ́lə) *f.* plot [of land].
parcial (pərsiál) *a.* partial. *2* biassed; partisan.
parcialitat (pərsiəlitát) *f.* bias; prejudice.
pardal (pərdál) *m.* (VAL.) See OCELL.
pare (párə) *m.* father.
parèixer (pərɛ́ʃə) *i.* (VAL.) See SEMBLAR.
parell, -a (pərɛ́ʎ, -ə) *a.* similar; same; equal. *2* even [number]. ▪ *3 m.* pair. || *un ~ de sabates,* a pair of shoes. *4* a few, two or three. || *un ~ de noies,* two or three girls. *5 f.* couple [usu. man and woman].
parenostre (pa̧rənɔ́strə) *m.* Lord's Prayer.
parent, -ta (pərén, -tə) *m.-f.* relative.
parentela (pərəntɛ́lə) *f.* relatives, body of relatives.
parèntesi (pərɛ́ntəzi) *m.* parenthesis; aside. *2* PRINT. bracket. *3* fig. pause, interval.

parentiu (pərəntiŭ) *m.* relationship. *2* fig. tie, bond.
parer (pərɛ́) *m.* opinion, view; mind.
paret (pərɛ́t) *f.* wall. || fig. coll. ***em fa enfilar per les ~s,*** she drives me up the wall.
pària (páriə) *m.* pariah [also fig.]. *2* fig. outcast.
parida (pəriðə) *f.* birth, childbirth; delivery. *2* fig. idiocy; piece of nonsense.
parietal (pəriətál) *a.* parietal.
parió (pərió) *a.* twin; equivalent. || ***sense ~,*** peerless; unparalleled.
parir (pəri) *t.* to give birth to [child, animal offspring]. *2* to bear [child].
París (pəris) *pr. n. m.* GEOGR. Paris.
paritat (pəritát) *f.* equality; similarity. *2* COMM. parity.
parla (párlə) *f.* speech [faculty]. *2* language [local, regional].
parlament (pərləmén) *m.* speech; talk. *2* POL. parliament.
parlamentar (pərləməntá) *i.* to have talks. *2* to parley.
parlamentari, -ària (pərləməntári, -áriə) *a.* parliamentary. ▪ *2 m.-f.* member of parliament.
parlant (pərlán) *m.-f.* speaker [of a language].
parlar (pərlá) *i.* to speak; to talk. || ***~ clar,*** to speak one's mind. || ***~ pels descosits,*** to talk one's head off. ▪ *2 t.* to speak [a language]. ▪ *4 m.* way of talking; speech; language.
parler, -ra (pərlé, -rə) *a.* talkative, chatty. ▪ *2 f.* talkativeness.
parleria (pərləriə) *f.* wordiness; long-windedness. 2 gossip.
parlotejar (pərlutəʒá) *i.* to chatter, to prattle.
parnàs (pərnás) *m.* Parnassus.
paròdia (pərɔ́ðiə) *f.* parody; travesty.
parodiar (pəruðiá) *t.* to parody, to travesty.
paroxisme (pəruksizmə) *m.* paroxysm.
parpella (pərpéʎə) *f.* ANAT. eyelid.
parpellejar (pərpəʎəʒá) *i.* to blink; to wink. *2* fig. to blink; to flicker [light].
parquedat (pərkəðát) *f.* sparingness, frugality; moderation.
parquet (pərkɛ́t) *m.* parquet.
parquímetre (pərkimətrə) *m.* parking meter.
parra (párrə) *f.* BOT. vine.
parrac (pərrák) *m.* rag; strip [cloth].
parraguera (pərrəγérə) *f.* (ROSS.) See CORRAL.
parral (pərrál) *m.* vine arbour.
parricida (pərrisiðə) *m.* parricide.
parricidi (pərrisiði) *m.* parricide.
parròquia (pərrɔ́kiə) *f.* parish church. *2* parish. *3* COMM. clients, customers, clientèle.
parroquià, -ana (pərrukiá, -ánə) *m.-f.* parisher. *2* regular [customer].
parrup (pərrúp) *m.* ORNIT. cooing.
parrupar (pərrupá) *i.* ORNIT. to coo.
parsimònia (pərsimɔ́niə) *f.* thrift; parsimony.
1) part (par(t)) *f.* part; section. *2* share, portion. *3* LAW party. ▪ *4 adv. phr.* ***a ~,*** aside. || *adv. phr.* ***en ~,*** in part; partly. ▪ *5 phr.* ***prendre ~,*** to take part.
2) part (par(t)) *m.* birth, childbirth; delivery. *2* labour.
partença (pərtɛ́sə) *f.* departure; setting-off, setting-out.
partera (pərtérə) *f.* woman in labour.
parterre (pərtɛ́rrə) *m.* GARD. flower-bed(s).
partició (pərtisió) *f.* division; distribution, share-out; sharing-out.
partícip (pərtisip) *m.* participant.
participació (pərtisipəsió) *f.* participation. *2* announcement, notice [of engagement, marriage].
participant (pərtisipán) *a.* participating. *2* SP. competing. ▪ *3 m.-f.* participant. *4* SP. competitor.
participar (pərtisipá) *t.* to inform. *2* to announce. ▪ *3 i.* to take part (*en,* in). *4* SP. to compete (*en,* in).
participi (pərtisipi) *m.* participle.
partícula (pərtikulə) *f.* particle.
particular (pərtikulá(r)) *a.* private. *2* particular; especial. *3* unusual, peculiar; extraordinary.
particularitat (pərtikuləritát) *f.* peculiarity; special feature.
partida (pərtiðə) *f.* departure. *2* COMM. remittance. *3* GAME match, game; hand [cards].
partidari, -ària (pərtiðári, -áriə) *a.* in favour (*de,* off); partisan. ▪ *2 m.-f.* supporter; follower; adherent.
partió (pərtió) *f.* border, boundary.
partir (pərti) *t.* to divide. *2* to share (out), to apportion. *3* to split (up). ▪ *4 i.* to depart, to leave, to set off or out. *5* ***~ de,*** to set out from, to start from.
partit (pərtit) *m.* POL. party. *2* decision. *3* SP. game; match. *4* ***és un bon ~,*** he is a good match.
partitiu, -iva (pərtitiŭ, -iβə) *a.* partitive.
partitura (pərtitúrə) *f.* MUS. score.
parvitat (pərβitát) *f.* smallness, littleness; shortness [person]. *2* small or tiny amount.
parxís (pərʃis) *m.* GAME pachisi, parcheesi.
1) pas (pas) *m.* pace; step [also fig.]. *2* walk, way of walking. *3* footprint; trail. || fig. ***se-***

guir els ~s d'algú, to follow in someone's footsteps. *4* passage; stay. *5* crossing. || *~ zebra,* zebra crossing. || *~ a nivell,* level crossing.
2) pas (pas) *adv.* not [emphatic]. || ***no ho sé pas,*** I really don't know.
pasqua (páskwə) *f.* Easter.
pasquí (pəski) *m.* lampoon, pasquinade.
passa (pásə) *f.* pace, step. *2* epidemic.
passable (pəsábblə) *a.* bearable, tolerable; acceptable.
passada (pəsáðə) *f.* passing, passage. || fig. coll. ***fes-hi una ~ més amb la planxa,*** give it one more going-over with the iron. *2* series or row of stitches. *3* serenade. *4* serenaders [persons]. *5* trick; dirty trick. *6* ***de totes passades,*** whatever happens.
passadís (pəsəðis) *m.* corridor; passage, passage-way. *2* NAUT. gang-way.
passador, -ra (pəsəðó, -rə) *a.* tolerable, bearable; acceptable. ▪ *2 m.* hairpin. *3* MECH. bolt; fastener.
passamà (pəsəmá) *m.* banister. *2* TEXT. frill, fringe; trimming.
passamuntanyes (pąsəmuntáɲəs) *m. pl.* balaclava helmet.
passant (pəsán) *m.-f.* passer-by. *2* assistant.
passaport (pąsəpɔ́r(t)) *m.* passport.
passar (pəsá) *i.* to pass [basic sense]; to go through. || ***~ de llarg,*** not to stop. || fig. ***~ pel cap,*** to go through one's mind. *2* to happen, to occur: ***què t'ha passat?,*** what's happened to you? *3* to pass (by) [time; circumstances]. *4* to come or go in; to enter. || ***passi!,*** come in! *5* ***~ a ser,*** to go on to be or become [profession, trade]. || ***~ de,*** to exceed. || ***~ per,*** to have the reputation of; to pass for. ▪ *6 t.* cross [river, mountains]. || fig. ***~ pel damunt,*** to overlook. *7* to spend [period of time, holiday]. *8* to pass [exam]. *9* to exceed. *10* to go through; to be or to feel [feelings]. || ***hem passat molta por,*** we were really afraid. *11* ***~ apunts d'una llibreta a una altra,*** to copy or to transfer notes from one exercise-book to another. ▪ *12 p.* to go off [milk, fish]. *13* ***t'has passat!,*** you've gone too far! ▪ *14* ***passi-ho bé!*** good-bye [formal].
passarel·la (pəsərɛ́lə) *f.* footbridge.
passat (pəsát) *m.* past. *2 pl.* ancestors, forebears. ▪ *3 a.* last, previous; past. *4* off-colour; ill [person]; off [milk, fish]; overripe [fruit].
passatemps (pąsətéms) *m.* hobby, pastime; spare-time activity.
passatge (pəsádʒə) *m.* passage, passage-way. *2* fare [price of journey]. *3* fare [taxi client]; passengers, fare-payers [bus, coach, etc.]. *4* LIT. passage, excerpt.
passatger, -ra (pəsədʒé, -rə) *a.* ephemeral, short-lived. ▪ *2 m.-f.* passenger.
passeig (pəsɛ́t) *m.* walk, stroll [on foot]; drive, ride [using transport]. *2* walk, promenade [place].
passavolant (pąsəβulán) *m.-f.* person passing through. *2* coll. pej. fly-by-night.
passejada (pəsəʒáðə) *f.* walk, stroll [on foot]; drive, ride [using transport]. || ***fer una ~,*** to go for a walk.
passejar (pəsəʒá) *i.* to go for a walk [on foot]. ▪ *2 t.* to take for a walk. ▪ *3 p.* to go for a walk or stroll. *4* fig. coll. to take for a ride; to take the mickey out of.
passera (pəsérə) *f.* footbridge.
passerell (pəsəréʎ) *m.* ORNIT. linnet. *2* greenhorn.
passió (pəsió) *f.* passion [most senses]. *2* suffering. *3* REL. Passion.
passiu, -iva (pəsiŭ, -iβə) *a.* passive. ▪ *2 m.* ECON. liabilities.
passivitat (pəsiβitát) *f.* passivity, passiveness; apathy.
pasta (pástə) *f.* paste. || ***~ de paper,*** pulp; papier mâché. *2* COOK. pasta; dough. *3* pastry: ***~ de full,*** flaky pastry. *4* cake; cakelet. *5* fig. coll. dough [money]. *6* coll. ***ser de bona ~,*** to be of the right sort, to be a good person.
pastanaga (pəstənáɣə) *f.* BOT. carrot.
pastar (pəstá) *t.* to turn into a paste or into pulp. *2* to knead [dough]. *3* fig. coll. pej. ***ves a ~ fang!,*** bugger off!, get lost!
pastat, -ada (pəstát, -áðə) *a.* ***és el seu pare ~!,*** he's the living image of his father!
pastel (pəstɛ́l) *m.* pastel [painting].
pastell (pəstéʎ) *m.* PRINT. blot. *2* fig. mess. *3* fig. imbroglio, plot.
pastera (pəstérə) *f.* kneading-trough [for dough]. *2* trough [for working pastes, cement, etc.].
pasterada (pəstəráðə) *f.* pasting. *2* kneading. *3* botched job; mess.
pasteuritzar (pəstəridzá) *t.* to pasteurize.
pastilla (pəstiʎə) *f.* tablet. *2* bar: ***~ de sabó,*** bar of soap. || ***~ de xocolata,*** bar of chocolate.
pastís (pəstis) *m.* cake; tart.
pastisser, -era (pəstisé, -érə) *m.-f.* pastry-maker, pastry cook.
pastisseria (pəstisəriə) *f.* cake shop, pastry shop.
pastor, -ra (pəstó, -rə) *m.* shepherd. *2 f.* shepherdess.
pastoral (pəsturál) *a.* pastoral; shepherdman's. *2* REL. pastoral.
pastós, -osa (pəstós, -ózə) *a.* pasty; doughy; sticky.

pastura (pəstúrə) *f.* pasture. *2* fodder; food [for animals].
pasturar (pəsturá) *i.* to graze, to pasture; to feed [cows, sheep, etc.]. ■ *2 t.* to put out to graze or pasture.
patac (pəták) *m.* blow; knock.
patacada (pətəkáðə) *f.* blow; knock. *2* coll. swipe, whack; thump. *3* collision.
patafi (pətáfi) *m.* botch-up; botched job; mess.
patata (pətátə) *f.* potato. || ***patates rosses*** o ***fregides,*** chips. || ***patates de bossa,*** crisps.
patatera (pətətérə) *f.* BOT. potato-plant.
patena (pətɛ́nə) *f.* REL. paten, communion-plate.
patent (pətén) *a.* evident; obvious, clear. ■ *2 f.* COMM. patent.
patentar (pətəntá) *t.* COMM. to patent, to register as a patent.
patern, -na (pətɛ́rn, -nə) *a.* paternal [blood relationship].
paternal (pətərnál) *a.* paternal, fatherly.
paternitat (pətərnitát) *f.* fatherhood, paternity; parenthood.
patètic, -ca (pətɛ́tik, -kə) *a.* pathetic, moving.
patge (pádʒə) *m.* HIST. page, page-boy.
pati (páti) *m.* inner court; patio. *2* ***hora de ~,*** play-time [at school].
patí (pəti) *m.* roller-skate. *2* NAUT. catamaran.
patíbul (pətiβul) *m.* LAW scaffold.
patilla (pətiʎə) *f.* sideboard, sideburn.
patiment (pətimén) *m.* suffering.
pàtina (pátinə) *f.* patina.
patinada (pətináðə) *f.* skating. *2* slip.
patinar (pətiná) *i.* to skate [on ice]. *2* to slip; to slide. *3* to skid [vehicle].
patinatge (pətinádʒə) *m.* SP. skating.
patinet (pətinɛ́t) *m.* skooter [for child].
patologia (pətuluʒiə) *f.* pathology.
patir (pəti) *t.-i.* to suffer. || ***~ de nervis,*** to suffer from nerves. *2 t.* to endure.
patracol (pətrəkɔ́l) *m. pl.* bundle of papers; papers; paperwork [for authorities].
pàtria (pátriə) *f.* fatherland, mother country, native or home country.
patriarca (pətriárkə) *m.* patriarch.
patrimoni (pətrimɔ́ni) *m.* inheritance. *2* fig. heritage: ***el ~ artístic de Catalunya,*** the art heritage of Catalonia.
patriota (pətriɔ́tə) *m.-f.* patriot.
patrioter, -ra (pətriuté, -rə) *a.* fanatically patriotic. *2* pej. chauvinistic.
patriòtic, -ca (pətriɔ́tik, -kə) *a.* patriotic.
patriotisme (pətriutizmə) *m.* patriotism.
patuleia (pətulɛ́jə) *f.* tiny tots, toddlers; little children. *2* pej. rabble.
patró, -ona (pətró, -ónə) *m.-f.* boss employer. *2* company-owner, boss. *3* REL. patron, patron saint.
patrocinar (pətrusiná) *t.* to back, to sponsor [initiative, enterprise].
patrocini (pətrusini) *m.* backing; sponsorship; patronage.
patronal (pətrunál) *a.* REL. of the patron saint. *2* employer's. ■ *3 f.* employer's association.
patronat (pətrunát) *m.* trustees, board of trustees; patrons.
patronímic, -ca (pətrunimik, -kə) *a.* patronymic.
patrulla (pətrúʎə) *f.* patrol.
patrullar (pətruʎá) *i.* to go on patrol; to patrol.
patuès (pətuɛ́s) *m.* vernacular.
patufet (pətufɛ́t) *m.* tiny tot, toddler; little child.
patum (pətúm) *f.* make-believe animal carried in processions. *2* fig. big name [person].
patxoca (pətʃɔ́kə) *f.* impressiveness, presence [of person].
pau, -la (paŭ, páŭlə) *m.* simpleton, idiot.
pau (páŭ) *f.* peace. || fig. GAME coll. ***estar en ~,*** to be even. || ***fer les ~s,*** to make peace.
Pau (páŭ) *pr. n. m.* Paul.
pauperisme (pəupərizmə) *m.* pauperism.
paüra (pəúrə) *f.* fear, fright, dread.
pausa (páŭzə) *f.* pause. *2* slowness.
pausat, -ada (pəŭzát, -áðə) *a.* slow, calm; deliberate.
pauta (páŭtə) *f.* rule, guide, standard. *2* line, guide lines. *3* fig. model, example. *4* MUS. staff.
pavelló (pəβəʎó) *m.* pavillon. *2* flag, banner.
paviment (pəβimén) *m.* pavement, paving. *2* filing, flooring.
peatge (peádʒə) *m.* toll.
pebre (pɛ́βrə) *m.* pepper.
pebrot (pəβrɔ́t) *m.* pimento, pepper [green or red]. *2 pl.* vulg. balls.
peça (pésə) *f.* piece, fragment. *2* THEATR. piece, short play. *3* SEW. article, garment. *4* GAME piece. *5* room [of a house]. *6* ***~ de recanvi,*** spare part. *7* ***d'una ~,*** all in one piece [also fig.]. *8* ***ets una mala ~,*** you're a nasty piece of work. ▲ *pl.* ***peces.***
pecat (pəkát) *m.* sin: ***~ mortal,*** deadly or moral sin.
pècora (pɛ́kurə) *f.* ewe, sheep. || ***mala ~,*** wicked woman.
pectoral (pəkturál) *a.* pectoral.
peculi (pəkúli) *m.* peculium; private money or property.
peculiar (pəkuliá(r)) *a.* peculiar, particular, characteristic, special.

peculiaritat (pəkuliəritát) *f.* peculiarity. *2* characteristic or special feature.
pecuniari, -ària (pəkuniári, -áriə) *a.* pecuniary, money, financial.
pedaç (pəðás) *m.* patch. || ***posar un ~,*** to patch something up; to fix something temporarily.
pedagog, -ga (pəðəɣɔ́k, -ɣə) *m.-f.* pedagogue. *2* teacher, educator.
pedagogia (pəðəɣuʒíə) *f.* pedagogy.
pedal (pəðál) *m.* pedal.
pedalar (pəðəlá) *i.* to pedal *i.-t.*
pedalejar (pəðələʒá) *i.* See PEDALAR.
pedant (pəðán) *a.* pedantic. ▪ *2 m.-f.* pedant.
pedanteria (pəðəntəríə) *f.* pedantry.
pedestal (pəðəstál) *m.* pedestal, stand, base.
pedestre (pəðéstrə) *a.* pedestrian, on foot. *2* fig. pedestrian, dull, prosaic.
pediatre (pəðiátrə) *m.* paediatrician.
pediatria (pəðiətríə) *f.* paediatrics.
pedicur, -ra (pəðikúr, -rə) *m.-f.* chiropodist. *2 f.* chiropody, pedicure [science].
pedra (péðrə) *f.* stone, rock. *2* pebble. *3* MED. stone. *4 ~ **foguera,*** flint. *5* METEOR. hail, hailstone. *6* ***posar-se ~s al fetge,*** to worry; ***quedar-se de ~,*** to be thunderstruck; ***tirar la primera ~,*** to cast the first stone.
pedrada (pəðráðə) *f.* blow from or with a stone: ***va rebre una ~ al cap,*** he was hit on the head by a stone.
pedregada (pəðrəɣáðə) *f.* METEOR. hailstorm.
pedregar (pəðrəɣá) *m.* stony or rocky ground. || fig. ***anar el carro pel ~,*** to go badly.
pedregar (pəðrəɣá) *i.* to hail.
pedregós, -osa (pəðrəɣós, -ózə) *a.* stony, rocky, pebbly.
pedrer (pəðré) *m.* gizzard.
pedrera (pəðrérə) *f.* quarry.
pedreria (pəðrəríə) *f.* precious stones.
pedrís (pəðrís) *m.* stone bench.
pega (pέɣə) *f.* pitch, tar. *2* fig. bad luck. || ***estar de ~,*** to have hard luck. *3 ~ **dolça,*** liquorice.
pegar (pəɣá) *t.* to hit, to slap, to beat, to smack. || ***m'ha pegat una cleca,*** he slapped me. *2 ~ **un salt,*** to jump, to leap. ▪ *3 i.* to beat, to knock (against).
pegat (pəɣát) *m.* patch.
pegellida (pəʒəʎíðə) *f.* ZOOL. limpet.
pegot (pəɣɔ́t) *m.* cobbler. *2* fig. botch-up, patch.
peix (peʃ) *m.* fish. *2* coll. *~ **gros,*** bigwig, big shot; ***donar peixet,*** to give someone a head start; ***estar com ~ a l'aigua,*** to be in one's element.
peixater, -ra (pəʃəté, -rə) *m.-f.* fishmonger.
peixateria (pəʃətəríə) *f.* fish shop, fishmonger's.
péixer (péʃə) *t.* to feed. ▪ *2 i.* to graze. ▲ CONJUG. like ***néixer.***
peixera (pəʃérə) *f.* fish bowl or tank.
Peixos (péʃus) *m. pl.* ASTROL. Pisces.
pejoratiu, -iva (pəʒurətiŭ,-iβə) *a.* pejorative, deprecatory, disparaging.
pel (pəl) (*contr.* ***per*** + ***el***).
pèl (pεl) *m.* hair. *2* hair, coat, fur [of animals]. *3* down [of birds]. *4* fig. a bit. *5* fig. ***amb ~s i senyals,*** in great detail; ***en ~,*** naked, nude; ***no tenir ~s a la llengua,*** not to mince one's words; ***prendre el ~ a algú,*** to pull someone's leg.
pela (pέlə) *f.* skinning, peeling. *2* peelings, skins, husk. *3* coll. peseta, lolly, (USA) bread.
pelacanyes (pȩləkáɲəs) *m.* penniless fellow, down-and-out, wretch.
pèlag (pέlək) *m.* sea, high sea.
pelar (pəlá) *t.* to peel, to hull, to bark. *2* to cut: ***ahir em van ~,*** yesterday I had my hair cut. *3* fig. to fleece. *4* fig. to kill, to murder. *5* ***fa un fred que pela,*** it's bitterly cold. ▪ *6 p.* to peel. *7* to scrape. *8* vulg. ***~-se-la,*** to wank.
pelat, -ada (pəlát, -áðə) *a.* cut [hair]; shorn [sheep]; flayed, skinned [dead animal]; peeled [fruit]. *2* bald, bare; hairless. *3* barren; treeless. *4* fig. broke, penniless.
pelatge (pəládʒə) *m.* fur, coat, hair [of animal].
pelegrí, -ina (pələɣrí, -ínə) *m.-f.* pilgrim.
pelegrinar (pələɣriná) *i.* to go on a pilgrimage.
pelfa (pέlfə) *f.* plush.
pelicà (pəliká) *m.* ORNIT. pelican.
pell (peʎ) *f.* skin [person]; skin, peel [fruit]; skin, fur, leather [animal]. || fig. *~ **de gallina,*** goose flesh.
pelleringa (pəʎəríŋgə) *f.* flap; scrap, rag, shred.
pel·lícula (pəlíkulə) *f.* film, (USA) movie.
pellingot (pəʎiŋgɔ́t) *m.* See PARRAC.
pellofa (pəʎɔ́fə) *f.* skin [grape]; pod [bean]; husk.
pell-roja (péʎ rɔ́ʒə) *m.-f.* redskin.
pèl roig, roja (pȩlrrɔ́tʃ, -rrɔ́ʒə) *a.* red-haired.
pelsigar (pəlsiɣá) *t.* (ROSS.) See TREPITJAR.
pelussa (pəlúsə) *f.* fluff, fuzz [clothes]. *2* down [fruit].
pelussera (pəlusérə) *f.* coll. mop; long hair; unkempt hair.

pelut, -uda (pəlút, -úðə) *a.* hairy, shaggy. *2* fig. tricky, difficult.
pelvis (pɛ́lβis) *f.* ANAT. pelvis.
pena (pɛ́nə) *f.* penalty, punishment. || ~ ***de mort,*** capital punishment. *2* grief, sorrow, sadness. || ***semblar una ànima en*** **~,** look like a soul in torment. *3* pity, trouble, distress. || ***és una*** **~,** it's a pity. *4* ***val la*** **~,** it's worth it. ■ *5 adv. phr.* ***a penes,*** hardly; the moment that, as soon as.
penal (pənál) *a.* LAW penal, criminal. || ***dret*** **~,** penal law. ■ *2 m.* prison, gaol, jail.
penalitat (pənəlitát) *f.* punishment, penalty. *2* fig. suffering, hardship.
penar (pəná) *t.* to penalize, to punish. ■ *2 i.* to suffer, to grieve.
penca (pɛ́ŋkə) *f.* cut, piece, slice. *2 m.-f. pl.* coll. cheeky devil.
pencar (pəŋká) *i.* coll. to work.
pendent (pəndén) *a.* pending, outstanding. *2* sloping. ■ *3 m.* slope, gradient.
pendís (pəndís) *m.* slope, gradient, incline.
pendó (pəndó) *m.* banner, standard. ■ *2* coll. despicable, shabby person.
pèndol (pɛ́dul) *m.* pendulum.
penediment (pənəðimén) *m.* repentance; regret.
penedir-se (pənəðírsə) *p.* to repent. *2* to regret, to be sorry.
penell (pənéʎ) *m.* weathercock, weathervane.
penelló (pənəʎó) *m.* chilblain.
penetració (pənətrəsió) *f.* penetration.
penetrar (pənətrá) *t.-i.* to penetrate.
pengim-penjam (pənʒim, pənʒám) *adv.* lazily; in an ungainly manner.
penic (pəník) *m.* penny, pence.
penicil·lina (pənisilínə) *f.* MED. penicillin.
península (pənínsulə) *f.* GEOGR. peninsula.
penis (pɛ́nis) *m.* ANAT. penis.
penitència (pənitɛ́nsiə) *f.* penitence, penance.
penitenciari, -ària (pənitənsiári, -áriə) *a.* penitentiary. || ***centre*** **~,** prison, (USA) penitentiary.
penitent (pənitén) *a., m.-f.* penitent.
penjador (pənʒəðó) *m.* hanger.
penjament (pənʒəmén) *m.* insult, slander. || ***dir*** **~*s,*** to slander, to speak badly of.
penjar (pənʒá) *t.-i.* to hang, to hang up. *2* to hang [criminal]. *3* to impute.
penjarella (pənʒəréʎə) *f.* rag, tatter, shred.
penja-robes (pənʒərrɔ́βəs) *m.* hanger, clothes-hanger.
penjat, -ada (pənʒát, -áðə) *a.* hanging, hung; hanged. ■ *2 m.-f.* hanged person.
penjoll (pənʒɔ́ʎ) *m.* bunch. *2* charm.
penó (pənó) *m.* See PENDÓ 1.

penombra (pənómbrə) *f.* ASTR. penumbra [also fig.]. *2* half-light, semi-darkness.
pensa (pɛ́sə) *f.* thought.
pensada (pənsáðə) *f.* thought, idea.
pensador, -ra (pənsəðó, -rə) *m.-f.* thinker.
pensament (pəsəmén) *m.* thought. || ***fer un*** **~,** to decide. *2* BOT. pansy.
pensar (pənsá) *t.* to think over or out; imagine; to intend: ***penso anar al Liceu,*** I intend to go to the Liceu. ■ *2 i.* to think. || **~ *a,*** to remember, not to forget; **~ *en,*** to think of or about. ■ *3 p.* to think, to believe: ***no em pensava pas que vinguessis,*** I never thought you would come; ***pensar-s'hi,*** to think something over.
pensarós, -osa (pənsərós, -ózə) *a.* pensive, thoughtful.
pensió (pənsió) *f.* pension. *2* allowance, grant. *3* boarding or guest house.
pensionat (pənsiunát) *m.* boarding-school.
pensionista (pənsiunístə) *m.-f.* pensioner.
pentàgon (pəntáγun) *m.* MATH. pentagon.
pentagrama (pəntəγrámə) *f.* MUS. staff.
pentecosta (pəntəkɔ́stə) *f.* REL. Whitsun, Whitsuntide, Pentecost.
pentinador, -ra (pəntinəðó, -rə) *m.-f.* hairdresser. *2 m.* barber's sheet.
pentinar (pəntiná) *t.* to comb. *2* fig. to scold, to tell off.
pentinat (pəntinát) *m.* haircut. *2* coll. hairdo.
penúltim, -ma (pənúltim, -mə) *a.* penultimate, last but one.
penya-segat (pɛ́ɲəsəγát) *m.* cliff.
penyora (pəɲórə) *f.* pawn, pledge, token. *2* security [guarantee].
penúria (pənúriə) *f.* penury, shortage, want. *2* poverty.
penya (pɛ́ɲə) *f.* rock. *2* circle, group. *3* SP. fan club.
penyal (pəɲál) *m.* large rock, boulder.
peó (pəó) *m.* pedestrian. *2* foot-soldier. *3* unskilled worker. *4* GAME pawn.
Pequín (pəkín) *pr. n. m.* GEOGR. Peking.
per (pər) *prep.* through: **~ *la porta,*** through the door. *2* by: **~ *carretera,*** by road. *3* because of. || ***ho ha fet*** **~ *enveja,*** he did it out of envy. *4* to, in order to: ***he vingut*** **~ *veure't,*** I've come to see you. *5* in: ***contesta*** **~ *escrit,*** answer in writing. *6* for: ***l'he comprat*** **~ *mil cinc-centes,*** I bought it for fifteen hundred. *7* as: ***tenim un inepte*** **~ *director,*** we have a useless boss. *8* near: ***visc*** **~ *aquí,*** I live near here. *9* ***pel que fa a...,*** as far as... is concerned. *10* **~ *mitjà de,*** by means of. || **~ *què?,*** why? *12* **~ *tal que,*** so that. ▲ ***pel*** (pəl) *contr.* ***per*** **+ *el.***
pera (pɛ́rə) *f.* BOT. pear. *2* bulb. *3* fig. ***partir peres,*** to break up, to split up.

peralt (pəràl) *m.* banking [in a road].
perbocar (pərβukà) *t.* to vomit, to throw up.
percaçar (pərkəsà) *t.* to pursue, to search or to seek after. ▪ *2 p.* to get or procure for oneself. *3* to bring upon oneself.
percala (pərkàlə) *f.* calico, cambric.
percebe (pərséβə) *m.* ZOOL. barnacle.
percebre (pərsέβrə) *t.* to perceive, to notice, to see, to sense. *2* COMM. to receive, to earn. ▲ CONJUG. INDIC. Pres.: ***perceps, percep.***
percentatge (pərsəntàdʒə) *m.* percentage. *2* rate.
percepció (pərsəpsió) *f.* perception.
percudir (pərkuðì) *t.* to strike, to hit. *2* MED. to percuss. ▲ CONJUG. INDIC. Pres.: ***percuts, percut.***
percussió (pərkusió) *f.* percussion. *2* MUS. ***instruments de ~,*** percussion instruments. *3* MED. percussion.
perdedor, -ra (pərðəðó, -rə) *a.* losing. ‖ ***l'equip ~,*** the losing team. ▪ *2 m.-f.* loser. ‖ ***mal ~,*** bad loser.
perdonavides (pərðǫnəβiðəs) *m.* fig., coll. bully, spiv, thug, tough.
perdició (pərðisió) *f.* bane, ruin, downfall, undoing. *2* loss.
perdigó (pərðiγó) *m.* ORNIT. young partridge. *2* pellet.
perdigonada (pərðiγunàðə) *f.* shot or wound with bird shot.
perdigot (pərðiγɔ́t) *m.* ORNIT. male partridge.
perdiguer, -ra (pərðiγé, -rə) *a.* partridge-hunting. ▪ *2 m.* ***gos ~,*** setter.
perdiu (pərðiŭ) *f.* ORNIT. partridge.
perdó (pərðó) *m.* pardon, forgiveness. ‖ ***demanar ~,*** to apologize. ‖ ***perdó!,*** sorry!, I beg your pardon!
perdonar (pərðunà) *t.* to forgive *t.-i.* *2* to excuse, to overlook. *3* to pardon. *4* to spare [someone's life].
perdre (pέrðrə) *t.* to lose. ‖ ***~ les claus,*** to lose one's keys. *2* to waste. ‖ ***~ el temps,*** to waste time. *3* SP. to lose *i.* *4* to ruin, to spoil, to be the ruin of. ‖ ***el joc l'ha perdut,*** gambling has been his ruin. *5* to miss [train, bus]. *6* to leak *i.* ‖ ***aquest dipòsit perd,*** this tank leaks. *7* ***~ el camí,*** to lose one's way [also fig.]; fig. ***~ el cap,*** to lose one's head, to go mad: ***~ de vista,*** to lose sight of. ▪ *8 p.* to get lost. *9* to disappear, to vanish.
pèrdua (pέrðuə) *f.* loss. *2* waste [of time, etc.].
perdulari, -ària (pərðulàri, -àriə) *m.-f.* dissolute person; careless or sloppy person.
perdurar (pərðurà) *i.* to endure, to last. *2* still to survive, to stand.
Pere (pérə) *pr. n. m.* Peter.
peregrí, -ina (pərəγri, -inə) *a.* unusual, uncommon, rare. *2* fig. strange, odd, exotic.
peregrinar (pərəγrinà) *i.* to travel, to journey, to wander. *2* fig. to go to and fro.
peremptori, -òria (pərəmtɔ́ri, -ɔ́riə) *a.* peremptory, imperious. *2* pressing, urgent.
perenne (pərénnə) *a.* BOT. perennial, evergreen. *2* fig. everlasting, perennial.
perer (pəré) *m.* BOT. pear tree.
perera (pərérə) *f.* See PERER.
peresa (pərέzə) *f.* (OCC.), (BAL.) See MANDRA.
perfecció (pərfəksió) *f.* perfection.
perfeccionar (pərfəksiunà) *t.* to perfect. *2* to improve.
perfecte, -a (pərfέktə, -ə) *a.* perfect; complete.
pèrfid, -da (pέrfit, -tə) *a.* lit. perfidious. *2* treacherous.
perfídia (pərfiðiə) *f.* lit. perfidy. *2* treachery, betrayal.
perfil (pərfil) *m.* profile. *2* contour, outline, silhouette. *3* ARCH. section, cross section.
perfilar (pərfilà) *t.* to profile, to outline. *2* fig. to shape, to put the finishing touches to.
perforació (pərfurəsió) *f.* perforation, boring, drilling.
perforar (pərfurà) *t.* to perforate. *2* to drill, to bore.
perfum (pərfúm) *m.* perfume. *2* fragrance, scent.
perfumar (pərfumà) *t.* to perfume, to scent.
perfumeria (pərfumərìə) *f.* perfume industry. *2* perfumery. *3* perfume shop.
pergamí (pərγəmí) *m.* parchment.
pèrgola (pέrγulə) *f.* pergola.
pericardi (pərikàrð) *m.* ANAT. pericardium.
pericarp (pərikàrp) *m.* BOT. pericarp.
perícia (pərisiə) *f.* expertness, expertise. *2* skill, skilfulness.
perifèria (pərifέriə) *f.* periphery, outskirts.
perífrasi (pərifrəzi) *f.* periphrasis.
perill (pəriʎ) *m.* danger, peril. *2* risk, hazard.
perillar (pəriʎà) *i.* to be in danger, to run a risk.
perillós, -osa (pəriʎós, -ózə) *a.* dangerous, perilous, risky.
perímetre (pərimətrə) *m.* perimeter.
període (pəriuðə) *m.* period. *2* GRAMM. sentence; period. *3* PHYSIOL. period [menstruation].
periòdic, -ca (pəriɔ́ðik, -kə) *a.* periodic, periodical. *2* recurrent, recurring. ▪ *3 m.*

periodical, journal, magazine, newspaper.
periodisme (pəriuðízmə) *m.* journalism.
periodista (pəriuðístə) *m.-f.* journalist, reporter.
peripècia (pəripɛ́siə) *f.* vicissitude, incident. *2 pl.* ups and downs.
periple (pəríplə) *m.* circumnavigation. *2* account of a coastal journey. *3* journey, voyage.
periquito (pərikítu) *m.* ORNIT. parakeet, budgerigar.
periscopi (pəriskɔ́pi) *m.* periscope.
peristil (pəristíl) *m.* ARQ. peristyle.
perit, -ta (pərít, -tə, col. pɛ́rit) *a.* skilled, skilful, expert. ▪ *2 m.-f.* expert, professional and qualified person.
peritoneu (pəritunɛ́ŭ) *m.* ANAT. peritoneum.
peritonitis (pəritunítis) *f.* MED. peritonitis.
perjudicar (pərʒuðiká) *t.* to hurt, to damage, to injure, to impair, to harm.
perjudici (pərʒuðísi) *m.* damage, harm, prejudice. ‖ ***en ~ de,*** to the detriment of. *2* COMM. financial loss.
perjur, -ra (pərʒúr, -rə) *a.* perjured. ▪ *2 m.-f.* perjurer.
perjurar (pərʒurá) *i.* to commit perjury, to perjure oneself. *2 t.* to swear, to curse.
perjuri (pərʒúri) *m.* perjury.
perla (pɛ́rlə) *f.* pearl. *2* fig. pearl, gem.
perllongar (pərʎuŋgá) *t.* to lengthen, to extend, to protract. *2* to delay, to defer, to postpone, to put off.
permanència (pərmənɛ́nsiə) *f.* permanence. *2* stay.
permanent (pərmənén) *a.* permanent, lasting, constant. *2* perm [hair].
permeable (pərmeábblə) *a.* permeable, pervious.
permetre (pərmɛ́trə) *t.* to allow, to permit. ▪ *2 p.* to take the liberty of, to allow oneself. ‖ ***l'amo es permet de fer el què vol,*** the owner takes the liberty of doing what he wants. ‖ ***no em compro el cotxe, no m'ho puc permetre,*** I'm not buying the car, I can't afford it. ▲ CONJUG. P. P.: ***permès.***
permís (pərmís) *m.* permission; permit, licence [document]. ‖ ***~ de conduir,*** driving licence; ***~ de treball,*** work permit; ***demanar ~,*** to ask permission. *2* MIL. leave.
permissió (pərmisió) *f.* permission, consent.
permuta (pərmútə) *f.* barter, exchange.
permutar (pərmutá) *t.* to permute. *2* to exchange, to interchange. *3* to barter.
pern (pɛrn) *m.* bolt, pin. *2* fig. axis; foundation.
perniciós, -osa (pərnisiós, -ózə) *a.* pernicious, harmful, destructive; wicked [person].
pernil (pərníl) *m.* pig's ham or thigh. *2* ham. ‖ ***~ dolç,*** cooked or boiled ham. *3* leg of ham [cured or smoked]. *4* coll. and fig. person's thighs.
pernoctar (pərnuktá) *i.* to stay for the night.
però (pərɔ́) *conj.* but, yet. ‖ ***és una feina interessant, ~ mal pagada,*** it's an interesting job, but badly paid. ▪ *2 adv.* however, nevertheless. ‖ ***hi aniré però amb la condició que m'acompanyis,*** I'll go with the condition, however, that you come with me. ▪ *3 m.* objection, fault.
perol (pərɔ́l) *m.* pot, saucepan, cauldron.
peroné (pəruné) *m.* ANAT. fibula.
perorar (pərurá) *i.* to make a speech. *2* coll. to spout.
perpal (pərpál) *m.* lever, crowbar.
perpendicular (pərpəndikulá(r)) *a.* perpendicular, at right angles. ▪ *2 m.* perpendicular, vertical.
perpetrar (pərpətrá) *t.* to perpetrate, to commit.
perpetu, -ètua (pərpɛ́tu, -ɛ́tuə) *a.* perpetual, ceaseless, everlasting. ‖ ***cadena ~,*** life imprisonment.
perpetuar (pərpətuá) *t.* to perpetuate.
Perpinyà (pərpiɲá) *pr. n. m.* GEOGR. Perpignan.
perplex, -xa (pərplɛ́ks, -ksə) *a.* perplexed, puzzled, bewildered.
perplexitat (pərpləksitát) *f.* perplexity, bewilderment.
perquè (pərkɛ́) *conj.* because. ‖ ***no vinc perquè estic marejada,*** I'm not coming because I'm ill. *2* so that, in order that. ‖ ***t'ho explico perquè ho entenguis,*** I'm explaining it to you so that you can understand it. ▪ *2 m.* reason. ‖ ***vull saber el perquè,*** I want to know the reason.
perruca (pərrúkə) *f.* wig.
perruquer, -ra (pərruké, -rə) *m.-f.* hairdresser.
perruqueria (pərrukəríə) *f.* hairdresser's, barber's. *2* hairdressing.
perruquí (pərrukí) *m.* toupee.
persa (pɛ́rsə) *a., m.-f.* Persian.
persecució (pərsəkusió) *f.* pursuit, chase. *2* persecution.
perseguir (pərsəɣí) *t.* to pursue, to chase; to persecute. *2* fig. to go after.
perseverança (pərsəβəránsə) *f.* perseverance; constancy.
perseverar (pərsəβərá) *i.* to persevere, to persist.
persiana (pərsiánə) *f.* blind. ‖ ***~ veneciana,*** venetian blind; shutter.

persignar (pərsiɲná) *t.* to make the sign of the cross. ▪ *2 p.* to cross oneself.
persistència (pərsistέsiə) *f.* persistence.
persistir (pərsisti) *i.* to persist, to persevere.
persona (pərsónə) *f.* person. ‖ ***hi caben quatre persones,*** there is room for four people. *3* GRAMM. person. *4 pl.* persons, people.
personal (pərsunál) *a.* personal: ***defensa ~,*** self-defence; ***objectes ~s,*** personal belongings. *2* GRAMM. personal. ▪ *3 m.* personnel, staff.
personalitat (pərsunəlitát) *f.* personality.
personatge (pərsunádʒə) *m.* personage, celebrity. *2* THEATR., LIT. character. *3* fig. person.
personificar (pərsunifiká) *t.* to personify.
perspectiva (pərspəktiβə) *f.* perspective. *2* fig. prospect, outlook. *3* scope.
perspicaç (pərspikás) *a.* perspicacious, discerning, shrewd.
perspicàcia (pərspikásiə) *f.* perspicacity, clear-sightedness. *2* keen insight, acumen.
persuadir (pərsuəði) *t.* to persuade, to convince. ▪ *2 p.* to be persuaded, to convince oneself.
persuasió (pərsuəzió) *f.* persuasion. *2* conviction; belief.
pertànyer (pərtáɲə) *i.* to belong. *2* fig. to concern, to apply, to pertain. ▲ CONJUG. P. P.: ***pertangut.***
pertinaç (pərtinás) *a.* obstinat, stubborn, pertinacious, determined.
pertinàcia (pərtinásiə) *f.* obstinacy, doggedness, stubbornness.
pertinença (pərtinέnsə) *f.* possession, ownership, property. *2 pl.* belongings.
pertinència (pərtinέnsiə) *f.* relevance, appropriateness.
pertinent (pərtinén) *a.* pertinent, relevant. *2* appropriate.
pertocar (pərtuká) *i.* to concern. *2* to correspond, to answer (to); to belong. *3* to be one's turn.
pertorbar (pərturβá) *t.* to disturb. *2* to perturb, to upset, to unsettle. *3* to confuse, to agitate.
pertrets (pərtréts) *m.pl.* supplies. *3* tools, equipment, implements.
Perú (pərú) *pr. n. m.* GEOGR. Peru.
peruà, -ana (pəruá, -ánə) *a., m.-f.* Peruvian.
pervenir (pərβəni) *i.* to arrive at, to reach, to attain.
pervers, -sa (pərβέrs, -sə) *a.* perverse, wicked, depraved, evil.
perversió (pərβərsió) *f.* perversion. *2* depravity, wickedness.
perversitat (pərβərsitát) *f.* perversity, depravity, wickedness.
pervertir (pərβərti) *t.* to pervert, to lead astray, to corrupt. *2 p.* to become perverted or corrupt.
perxa (pέrʃə) *f.* coat stand, coat hanger. *2* pole. *3* SP. ***salt amb ~,*** pole-vault.
pes (pɛs) *m.* weight. *2* fig. weight, burden: ***el ~ de la responsabilitat,*** the burden of responsibility. *3* fig. weight, load, importance: ***el ~ de l'opinió pública,*** the weight of public opinion. ‖ ***treure's un ~ de sobre,*** to take a load off one's mind. *4* PHYS. weight. *5* SP. ***llençament de ~,*** shot put.
pesadesa (pəzəðέzə) *f.* heaviness, weight. *2* tiresomeness, clumsiness.
pesant (pəzán) *a.* heavy, weighty.
pesantor (pəzəntó) *f.* weight. *2* PHYS. gravity.
pesar (pəzá) *m.* sorrow, grief, regret. *2* repentance.
pesar (pəzá) *t.* to weigh [also fig.], to consider. ▪ *2 i.* to weigh, to be heavy. *3* to be sorry, to regret. *4* fig. to carry a lot of weight, to play an important part. ‖ ***el seu argument ha pesat molt en la decisió,*** his argument carried a lot of weight in the decision. *5 phr.* ***a ~ de,*** inspite of, despite, although.
pesat, -ada (pəzát, -áðə) *a.* heavy, weighty. *2* hard, tedious [job, etc.]. *3* tiresome, boring. *4* clumsy, sluggish. *5 m.-f.* bore, coll. drag.
pesca (pέskə) *f.* fishing, angling. ‖ ***~ fluvial,*** river fishing. *2* catch.
pescador, -ra (pəskəðó, -rə) *a.* fishing, angling. ▪ *2 m.-f.* angler. *3 m.* fisherman.
pescaire (pəskáĭrə) *m.* (ROSS.) See PESCADOR.
pescant (pəskán) *m.* coach driver's seat. *2* NAUT. davit.
pescar (pəská) *t.* to fish, to go fishing. *2* fig. to catch, to get hold of: ***he pescat un bon refredat,*** I've caught a bad cold. ‖ ***el van ~ buidant la joieria,*** he was caught robbing the jeweller's. *2* ***~ amb canya,*** to angle.
pèsol (pέzul) *m.* BOT. pea.
pesquer, -era (pəské, -érə) *a.* fishing. ‖ ***flota ~,*** fishing fleet; ***zona ~,*** fishing ground, fishery. ▪ *2 f.* fishing. *3 m.* fishing boat, trawler.
pessebre (pəséβrə) *m.* crib, manger. *2* nativity scene.
pesseta (pəsétə) *f.* peseta. *2* fig. ***canviar la ~,*** to throw up, to be sick.
pesseter, -ra (pəsəté, -rə) *a.* money-grubbing. ▪ *2 m.-f.* money grubber.
pessic (pəsik) *m.* pinch, nip. *2* pinch, bit. *3* ***pa de ~,*** spongecake.

pessigada (pəsiγáðə) *f.* pinch, nip. *2* bite, sting [of an animal].
pessigar (pəsiγá) *t.* to pinch. *2* to bite, to sting.
pessigolleig (pəsiγuʎɛ́tʃ) *m.* tickling.
pessigollejar (pəsiγuʎəʒá) *t.* to tickle.
pessigolles (pəsiγɔ́ʎəs) *f. pl.* tickling, ticklishness: ***tenir ~,*** to be ticklish.
pèssim, -ma (pɛ́sim, -mə) *a.* very bad, abominable, terrible.
pessimisme (pəsimizmə) *m.* pessimism.
pessimista (pəsimistə) *a.* pessimistic. ▪ *2 m.-f.* pessimist.
pesta (pɛ́stə) *f.* plague, epidemic. *2* fig. coll. stink, stench. *3* pestilence, evil. *4* fig. plague, pest, nuisance [person].
pestanya (pəstáɲə) *f.* ANAT. eyelash. *2* fringe, edge, rim. *3* TECH. flange.
pestanyejar (pəstəɲəʒá) *i.* to blink, to wink.
pestell (pəstéʎ) *m.* bolt, latch, catch.
pestilència (pəstilɛ́nsiə) *f.* pestilence. *2* stink, stench.
pet (pɛt) *m.* bang, crack, crash. *2* vulg. fart. *3* ***anar ~,*** to be pissed, to be sloshed.
petaca (pətákə) *f.* cigar case. *2* pocket flask.
petadissa (pətəðisə) *f.* (ROSS.) See MUNT fig.
pètal (pɛ́təl) *m.* BOT. petal.
petaner, -ra (pətəné, -rə) *a.* vulg. farting. ▪ *2 m.* lapdog.
petar (pətá) *i.* to crack, to crackle, to bang. *2* to die, to kick the bucket. || ***fer ~ la xerrada,*** to have a chat. || ***peti qui peti,*** no matter what. ▪ *3 p.* to snap, to burst, to split. || ***~-se de riure,*** to split one's slides laughing.
petard (pətár(t)) *m.* firecracker.
petarrell (pətərréʎ) *m.* pout. *2* fig. kid, nipper, tiny tot. || ***fer el ~,*** to pout, to sulk.
petició (pətisió) *f.* request, demand, appeal. *2* petition. *3* LAW petition, plea, claim.
petimetre (pətimɛ́trə) *m.* dandy, fop, dude.
petit, -ta (pətit, -tə) *a.* small, little. *2* short, brief. *3* young [child]. ▪ *4 m.-f. pl.* children; little ones, young ones [animals].
petitesa (pətitɛ́zə) *f.* smallness, littleness, small size. *2* fig. meanness. *3* slightest thing, trifle.
petja (pédʒə) *f.* step, tread. *2* foot print, trace, track, footstep. || ***no deixar de ~,*** to chase after.
petjada (pədʒáðə) *f.* footprint; trace, trail. || fig. ***seguir les petjades d'algú,*** to follow in someone's footsteps.
petjapapers (pędʒəpəpés) *m.* paperweight.
petjar (pədʒá) *t.* to step on, to tread on, to walk on.
petó (pətó) *m.* kiss. || ***fer un ~,*** to kiss.
petoneig (pətunɛ́tʃ) *m.* kissing. *2* coll. snogging.
petonejar (pətunəʒá) *t.* to cover with kisses. *2* coll. to snog.
petri, pètria (pɛ́tri, pɛ́triə) *a.* stone, of stone. *2* rocky, stony.
petricó (pətrikó) *m.* liquid measure (0.235 l.).
petrificar (pətrifiká) *t.* to petrify, to turn into stone. *2* fig. ***ens vam quedar petrificats,*** we were petrified, we stood rooted to the ground.
petroler, -ra (pətrulé, -rə) *a.* oil, petroleum. *2 m.-f.* petroleum retailer. *3 m.* oil tanker.
petroli (pətrɔ́li) *m.* petroleum, oil, mineral oil.
petrolier (pətrulié) *a., m.-f.* See PETROLER.
petulància (pətulánsiə) *f.* arrogance, insolence.
petulant (pətulán) *a.* arrogant, insolent; vain.
petúnia (pətúniə) *f.* BOT. petunia.
petxina (pətʃinə) *f.* shell.
peu (pɛŭ) *m.* ANAT. foot. *2* base, foot [of objects]. *3* ***~ de cabra,*** crowbar; ***~ de rei,*** slide calliper. *4* foot, bottom. || ***~ de pàgina,*** foot of the page. *5* foot [measurement]. ▪ *6* ***al ~ de la lletra,*** literally, exactly; ***amb peus de plom,*** carefully, warily; ***a ~ pla,*** on a level, on the same floor; ***ficar-se de peus a la galleda,*** to put one's foot in it; ***tenir fred als peus,*** to be green with envy.
peüc (pəúk) *m.* bootee [for babies]. *2* bed sock.
peülla (pəúʎə) *f.* hoof.
peungla (pəúŋglə) *f.* See PEÜLLA.
pi (pi) *m.* BOT. pine, pine tree. *2* MATH. pi.
piadós, -osa (piəðós, -ózə) *a.* pious, devout.
piafar (piəfá) *i.* to paw the ground, to prance [horse].
pianista (piənistə) *m.-f.* pianist.
piano (piánu) *m.* MUS. piano. || ***~ de cua,*** grand piano. ▪ *2 adv.* piano.
piastra (piástrə) *f.* NUMIS. piastre.
pic (pik) *m.* pick, pickaxe [tool]. *2* peak [mountain]. *3* knock [on door]. *4* time. *5* peak: ***al ~ de l'estiu,*** in the peak of summer. *6* dot, point.
pica (pikə) *f.* sink [kitchen, etc.]. *2* peak [mountain]. *3* ARTILL. pike.
picada (pikáðə) *f.* bite, sting [mosquito, etc.]. *2* COOK. sauce made in a mortar.
picadura (pikəðúrə) *f.* bite, sting. *2* cut tobacco.
picant (pikán) *a.* hot, spicy [also fig.].
picantor (pikəntó) *f.* itch, smart, tingling.
picapedrer (pikəpəðré) *m.* stonecutter, stonemason; quarryman. *2* (BAL.) See PALETA.
picaplets (pikəpléts) *m.-f.* coll. lawyer.

picaporta (pikəpɔ́rtə) *m.* doorknocker.
picar (pikà) *t.* to bite, to sting, to peck [reptile, insect, bird]. *2* to peck (at) [birds]. *3* to pick at, to nibble at. ‖ ***vols picar quatre olives?*** Do you want to pick at some olives? *5* to hit, to knock, to bang. ‖ ~ ***els dits,*** to teach a lesson. ■ *6 i.* to itch: ***aquest jersei pica,*** this jersey itches; to burn, to scorch: ***avui el sol pica,*** the sun is scorching today. *7* ~ ***de mans,*** to clap. ■ *8 p.* to become moth-eaten [cloth]; to get worm-eaten [wood]; to go bad, to decay, to go rotten [teeth, fruit, etc.]; to rust [metal]. *9* fig. to get narked, to get nettled; to get angry, to get cross.
picardia (pikərðìə) *f.* craftiness, slyness. *2* dirty trick, vile deed. *3* trick, prank.
picaresc, -ca (pikərɛ́sk, -kə) *a.* mischievous, roguish. *2* LIT. picaresque.
picarol (pikərɔ́l) *m.* small bell.
pica-soques (pikəsɔ́kəs) *m.* ORNIT. woodpecker.
picó, -na (pikó, -nə) *a.* with protruding upper teeth.
piconadora (pikunəðórə) *f.* steam-roller, road roller.
piconar (pikunà) *t.* to roll.
picor (pikó) *f.* itch, stinging, tingling.
picossada (pikusáðə) *m.* large sum, amount [of money].
picota (pikɔ́tə) *f.* HIST. pillory.
picotejar (pikutəʒá) *t.-i.* to peck.
pictòric, -ca (piktɔ́rik, -kə) *a.* pictorial.
pidolaire (piðuláĭrə) *m.-f.* beggar.
pidolar (piðulá) *t.* to beg.
pietat (piətát) *f.* piety. *2* pity, mercy.
pietós, -osa (piətós, -ózə) *a.* pious, devout. *2* compassionate, merciful.
pífia (pìfiə) *f.* blunder, gaffe.
piga (pìɣə) *f.* freckle. *2* beauty spot.
pigall (piɣáʎ) *m.* blind person's guide.
pigallós, -osa (piɣəʎós, -ózə) *a.* See PIGAT.
pigat, -ada (piɣát, -áðə) *a.* freckled, freckly.
pigment (pigmén) *m.* pigment.
pigmeu, -ea (pigmɛ́ŭ, -ɛ́ə) *a., m.-f.* pygmy.
pijama (piʒámə) *m.* pyjamas, (USA) pajamas.
pila (pìlə) *f.* pile, heap. *2* loads, lots, heaps. ‖ ***fa una*** ~ ***d'anys,*** lots of years ago. ‖ ***hi havia una*** ~ ***de gent,*** there were loads of people there. *3* baptismal font. *4* ELECTR. battery, cell. *5* ***nom de*** ~, first name, Christian name.
pilar (pilá) *m.* pillar [also fig.].
pilastra (pilástrə) *f.* ARCH. pilaster.
pillar (piʎá) *t.* to pillage, to plunder, to loot. *2* to grab, to catch.
pillatge (piʎádʒə) *m.* plunder, pillage, looting.
pillet, -ta (piʎɛ́t, -tə) See MURRI.
piló (piló) *m.* block. *2* chopping block. *3* heap.
pílor (pìlur) *m.* ANAT. pylorus.
pilós, -osa (pilós, -ózə) *a.* hairy, shaggy.
pilot (pilɔ́t) *m.* NAUT. pilot; mate. *2* AUTO. driver. *3* AVIAT. pilot. *4* heap; amount; bundle. ■ *5 a.* pilot. ‖ ***un projecte*** ~, a pilot scheme.
pilota (pilɔ́tə) *f.* SP. ball. *2* COOK. meatball. *3* fig. ***fer el*** ~, to play up to. ‖ ***tornar la*** ~, to give someone a taste of his own medicine; tit for tat.
pilotada (pilutáðə) *f.* blow with a ball.
pilotar (pilutá) *t.* ANAT. to pilot, to steer. *2* AVIAT. to pilot, to fly. *3* AUTO. to drive.
pilotatge (pilutádʒə) *m.* NAUT. piloting. *2* AVIAT. piloting, flying. *3* AUTO. driving.
pilotejar (pilutəʒá) *t.* See PILOTAR.
pinacle (pináklə) *m.* pinnacle. *2* fig. pinnacle, acme, peak.
pinacoteca (pinəkutɛ́kə) *f.* art or picture gallery.
pinar (piná) *m.* BOT. See PINEDA.
pinassa (pinásə) *f.* BOT. pine needles.
pinça (pìnsə) *f.* peg. *2* SEW. dart. *3 f. pl.* tongs, tweezers, pincers. *4* claws [of crabs, etc.].
pinçar (pinsá) *t.* to fasten, to secure, to hold, to grip. *2* to pinch.
píndola (pìndulə) *f.* pill. ‖ ***daurar la*** ~, to sugar or to sweeten the pill.
pineda (pinɛ́ðə) *f.* pine grove, pine wood.
ping-pong (piŋpóŋ) *m.* ping-pong, table tennis.
pingüí (piŋgwí) *m.* ORNIT. penguin.
pinsà (pinsá) *m.* ORNIT. chaffinch.
pinso (pìnsu) *m.* feed, fodder.
pinta (pìntə) *f.* comb. *2* fig. appearance, look. ‖ ***fer bona*** ~, to look good. *3 m.* rogue, scoundrel.
pintada (pintáðə) *f.* graffity.
pintar (pintá) *t.* to paint. *2* ARTS to paint, to draw, to sketch. *3* fig. to describe, to depict, to paint. ■ *4 p.* to put make-up on, to make oneself up.
pintor, -ra (pintó, -rə) *m.-f.* painter. *2* house painter.
pintoresc, -ca (pinturɛ́sk, -kə) *a.* picturesque. *2* colourful.
pintura (pintúrə) *f.* paint. *2* painting, picture.
pinxo (pìnʃu) *m.* show-off, boaster, swaggerer.
pinya (pìɲə) *f.* BOT. pine-cone. *2* pineapple. *3* fig. punch, blow. *4* crash [cars, etc.]. *5* cluster, bunch.

pinyac (piɲák) *m.* blow, punch.
pinyó (piɲó) *m.* BOT. pine seed, pine nut. *2* MECH. pinion.
pinyol (piɲɔ́l) *m.* BOT. stone, seed, (USA) pit.
pinzell (pinzéʎ) *m.* paintbrush, brush.
pinzellada (pinzəʎáðə) *f.* brushstroke, stroke. *2* fig. short description.
pioc, -ca (piɔ́k, -kə) *a.* weak, poorly, unhealthy.
piolet (piulέt) *m.* ice-axe.
pipa (pípə) *f.* pipe. *2* ***fer la ~,*** to suck one's thumb.
pipada (pipáðə) *f.* puff [of smoke].
pipar (pipá) *i.* to smoke. ■ *2 t.* to puff at.
pipeta (pipέtə) *f.* pipette.
pipí (pipí) *m.* wee-wee. || ***fer ~,*** do a wee-wee.
piqué (piké) *m.* piqué [type of cloth].
piquet (pikέt) *m.* picket.
pira (pírə) *f.* pyre.
piragua (piráɣwə) *f.* canoe.
piràmide (pirámiðə) *f.* pyramid.
pirandó (pirəndó) *m.* ***tocar el ~,*** to beat it, to hop it.
pirata (pirátə) *m.* pirate. ■ *2 a.* pirate, bootleg: ***edició ~,*** pirate edition.
pirateria (pirətəríə) *f.* piracy.
pirinenc, -ca (pirinέŋ, -kə) *a.* Pyrenean.
Pirineus (pirinέŭs) *pr. n. m. pl.* GEOGR. Pyrenees.
pirita (pirítə) *f.* MINER. pyrites.
pirotècnia (pirutέkniə) *f.* pyrotechnics.
pis (pis) *m.* flat, apartment. *2* floor, storey. *3* layer; deck. || ***casa*** (o ***bloc) de ~os,*** block of flats, high-rise building. *4* ***~ franc,*** flat used as a hideout by delinquents.
pisa (pízə) *f.* china, earthenware, pottery. *2* crockery.
piscicultura (pisikultúrə) *f.* pisciculture.
piscina (pisínə) *f.* swimming pool, (GB) swimming baths.
piscolabis (piskuláβis) *m.* whet, appetizer.
pispa (píspə) *m.* pickpocket, thief.
pispar (pispá) *t.* coll. to pinch, to nick, to lift.
pissarra (pisárrə) *f.* MINER. slate. *2* blackboard, board.
pista (pístə) *f.* trail, track. *2* trace, scent. *3* fig. clue. *4* SP. track; court. || ***~ de gel,*** ice rink; ***~ d'esquí,*** ski run or slope; ***~ de tennis,*** tennis court. *5* ***~ d'aterratge,*** runway. || ***~ de ball,*** dance floor.
pistil (pistíl) *m.* BOT. pistil.
pistó (pistó) *m.* MECH. piston. *2* MUS. piston, valve. *3* cartridge or percussion cap [of guns].
pistola (pistɔ́lə) *f.* pistol, gun. *2* spray or paint gun.
pistoler, -ra (pistulé, -rə) *m.* gangster, gunman. *2 f.* holster.
pistrincs (pistríŋks) *m. pl.* coll. money, dough.
pit (pit) *m.* ANAT. chest. *2* breast, bust, bosom [of woman]. *3* breast [of animal]. *4* ***prendre's una cosa a ~,*** to take something to heart.
pita (pítə) *f.* BOT. agave.
pitafi (pitáfi) *m.* botch-up, cock-up, mess-up.
pitam (pitám) *m.* big bust, large breasts.
pitança (pitánsə) *f.* daily ration or food allowance. *2* coll. daily bread; food.
pitet (pitέt) *m.* bib.
pítima (pítimə) *f.* coll. drunkenness.
pitjar (pidʒá) *t.* to press, to squeeze; to trample [down].
pitjor (pidʒó) *a.-adv.* worse, worst.
pitó (pitó) *m.* ZOOL. python.
pitonisa (pitunízə) *f.* pythoness.
pitrera (pitrérə) *f.* front, shirt-front. *2* coll. breast, bust, bosom, chest.
pit-roig (pitrrɔ́tʃ) *m.* ORNIT. robin, redbreast.
piu (piŭ) *m.* chirping, cheeping [birds]. || ***sense dir ni ~,*** without saying a word. *2* TECH. pin, peg; pivot, plug; catch. *3* vulg. penis, cock.
piula (piŭlə) *f.* banger, cracker, firework.
piular (piulá) *i.* to chirp, to cheep. *2* fig. to speak.
piulet (piŭlέt) *m.* chirping, cheeping [birds]. *2* screeching, screaming, squealing.
pixaner, -ra (piʃəné, -rə) *a., m.-f.* vulg. one who is always going for a piss.
pixar (piʃá) *t.-i.* vulg. to piss, to pee.
pixatinters (piʃətintés) *m.* pej. penpusher; clerk.
pixats (piʃáts) *m. pl.* vulg. piss. || fig. ***amb els ~ al ventre,*** in the act, red-handed.
pla, -ana (pla, -ánə) *a.* even, flat, level, smooth. ■ *2 m.* flat surface. *3* ARCH. draft, ground plan. *4* GEOGR. map; street plan. *5* project, plan. *6* MATH., GEOM. plane; straight. *7* plain. *8 f.* page.
placa (plákə) *f.* plate. || ***~ solar,*** solar panel.
plaça (plásə) *f.* square; circus. *2* job, post [work]; seat, place [cinema, bus, etc.]. *3* market, market place.
placenta (pləsέntə) *f.* ANAT. placenta.
plàcid, -da (plásit, -ðə) *a.* calm, peaceful, placid, still.
placidesa (pləsiðέzə) *f.* calmness, peacefulness, stillness, placidness.
plaent (pləén) *a.* agreeable, nice, pleasant, pleasing.
plaer (pləέ) *m.* pleasure, enjoyment, delight. || ***per ~,*** for pleasure, for fun.

plafó (pləfó) *m.* panel.
plaga (pláɣə) *f.* plague, curse, calamity, scourge. *2* MED. ulcer, sore. ▪ *3 m.* practical joker, leg-puller, mocker.
plagi (pláʒi) *m.* plagiarism, plagiary.
plagiar (pləʒiá) *t.* to plagiarise.
planador (plənəðó) *m.* AER. glider.
planar (pləná) *i.* AER. to glide. *2* to soar [birds].
plançó (plənsó) *m.* BOT. cutting, seedling; sapling, shoot, sprout. *2* fig. offspring.
planejar (plənəʒá) *t.* to plan. ▪ *2 i.* to be flat.
planell (plənéʎ) *m.* GEOGR. plateau, tableland.
planer, -ra (pləné, -rə) *a.* flat, level, even. *2* fig. simple, easy.
planeta (plənέtə) *m.* planet.
plànol (plánul) *m.* map, plan. *2* drawing, draft.
planta (plántə) *f.* BOT. plant. *2* ANAT. sole. *3* appearance, bearing. *4* ARCH. ground plan. *5* floor, storey.
plantació (pləntəsió) *f.* plantation; planting.
plantar (pləntá) *t.* AGR. to plant. *2* to put in, to stick. *3* coll. to place, to put, to set. ‖ *~ **cara,*** to face, to stand up to someone. *4* coll. to abandon, to give up, to leave. *5* coll. to land [blow], to slap, to hit. ▪ *6 p.* to get to.
plantat, -ada (pləntát, -áðə) *a.* planted; standing. ‖ ***ben** ~,* good-looking, well-built.
plantejament (pləntəʒəmén) *m.* exposition; planning. *2* approach. *3* statement [of problem]. *4* posing, raising [of question].
plantejar (pləntəʒá) *t.* to state, to set forth [problem]. *2* to raise, to pose [a question]. *3* to plan, to think out; to outline. *4* to carry out, to introduce [reform, etc.].
planter (pləntė) *m.* nursery, seedbed [for plants]. *2* seedling. *3* fig. training establishment, nursery.
plantificar (pləntifiká) *t.* coll. to put, to stick, to place.
plantilla (pləntiʎə) *f.* insole [of shoe]. *2* TECH. template, pattern; stencil. *3* personnel, employees; staff.
plantofa (pləntɔ́fə) *f.* slipper.
plantofada (pləntufáðə) *f.* blow, slap.
planura (plənúrə) *f.* GEOGR. plain.
planxa (plánʃə) *f.* plate, sheet. *2* iron [for ironing]. *3* PRINT. plate. *4* coll. bloomer, blunder. ‖ ***fer una** ~,* to drop a clanger.
planxar (plənʃá) *t.* to iron, to press [clothes].
plany (plaɲ) *m.* lament, complaint, moaning.
plànyer (pláɲə) *t.* to pity, to feel sorry for, to sympathize with. *2* to save, to use sparingly, to economize. ▪ *3 p.* to complain or to moan about.
plasma (plázmə) *m.* plasma.
plasmar (pləzmá) *t.* to shape, to mould; to create, to represent; to capture.
plàstic, -ca (plástik, -kə) *a.* plastic. ▪ *2 m.* plastic. *3 f.* plastic art, modelling.
plastificar (pləstifiká) *t.* to plasticize, to plastify.
plat (plat) *m.* plate, dish. *2* dish, plateful. *3* course.
plata (plátə) *f.* silver [metal]. *2* dish, serving dish, (USA) platter.
plataforma (plətəfórmə) *f.* platform. *2* open goods wagon or truck, (USA) flatcar. *3* footplate [trains, buses]. *4* *~ **de llançament,*** launching pad. *5* *~ **de perforació,*** drilling rig. *6* fig. stepping-stone.
plàtan (plátən) *m.* BOT. plane tree. *2* banana tree. *3* banana [fruit].
platanar (plətəná) *m.* banana plantation.
platea (plətéə) *f.* THEATR. stalls, pit.
platejat, -ada (plətəʒát, -áðə) *a.* silver-plated. *2* silvery [colour].
plateresc, -ca (plətərέsk, -kə) *a.* ART plateresque [style].
platerets (plətərέts) *m. pl.* MUS. cymbals.
platí (pləti) *m.* platinum.
platina (plətinə) *f.* MECH. plate, lock. *2* TECH. stage, slide [of microscope]. *3* worktable [machine tool]. *4* PRINT. platen.
platja (pládʒə) *f.* beach. *2* seaside.
platònic, -ca (plətɔ́nik, -kə) *a.* Platonic. *2* platonic.
plats-i-olles (pląd̦ziɔ́ʎəs) *m.* person who sells pottery.
plaure (pláŭrə) *i.* to please; to like. ‖ ***si et plau,*** please. ▲ CONJUG. GER. ***plaent.*** ‖ P. P.: ***plagut.*** ‖ INDIC. Pres.: ***plac.*** ‖ SUBJ. Pres.: ***plagui,*** etc. | Imperf.: ***plagués,*** etc.
plausible (pləŭzibblə) *a.* plausible.
ple, -ena (plέ, -έnə) *a.* full. *2* absolute, total. *3* chubby, plump, fat. ▪ *4 m.* THEATR. full house; sellout. *5* plenary session. ▪ *7 adv. phr.* ***de** ~,* totally, completelly.
plebeu, -ea (pləβέŭ, -έə) *a.* plebeian, vulgar, common.
plebiscit (pləβisit) *m.* plebiscite.
plebs (plεps) *f.* common people, masses, rabble. *2* coll. plebs.
plec (plέk) *m.* pleat [of clothes]; crease, fold [of paper etc.]. *3* GEOL. fold. *4* sealed leather.
pledejar (pləðəʒá) *t.* LAW to plead. ▪ *2 i.* LAW to plead (for or against).
plegar (pləɣá) *t.* to fold; to bend; to pleat [clothes]. *2* to stop; to close down. ▪ *3 i.*

to stop working, to knock off. || ***pleguem!***, that's enough, let's finish. *4* to pack up.

plegat, -ada (pləɣát, -áðə) *a. pl.* together. ▪ *2 m.* folding, bending. || *adv. phr.* ***tot ~***, finally, in short. || *adv. phr.* ***tot d'un ~***, all of a sudden, all at once.

plèiade (plέǰəðə) *f.* group, number [of famous people]. *3* ASTR. *pl.* Pleiades.

plenamar (plęnəmár) *f.* high tide, high water.

plenari, -ària (plənári, -áriə) *a.* plenary; full, complete. ▪ *2 m.* plenary session.

pleniluni (plənilúni) *m.* full moon.

plenipotenciari, -ària (plęniputənsiári, -áriə) *a., m.-f.* plenipotentiary.

plenitud (plənitút) *f.* plenitude, fullness; completeness. || ***en la ~ de***, in the fulness of. *2* fig. prime [persons].

pleonasme (pləunázmə) *m.* pleonasm.

plet (plet) *m.* debate, dispute, controversy. *2* LAW lawsuit, case.

pleta (plέtə) *f.* sheepfold, fold.

pleura (plέŭrə) *f.* ANAT. pleura.

pleuresia (pləŭrəziə) *f.* MED. pleuresy.

plom (plom) *m.* CHEM. lead [metal]. *2* ELECTR. fuse. *3* drag, bore [person].

ploma (plómə) *f.* feather. *2* quill; pen [writing instruments].

plomada (plumáðə) *f.* CONSTR. plumb-line.

plomall (plumáʎ) *m.* plumage; crest, plume. *2* feather duster.

plomar (plumá) *t.* to pluck.

plomatge (plumádʒə) *m.* plumage, feathers.

plomer (plumé) *m.* feather duster.

plomissol (plumisɔ́l) *m.* down.

plor (plɔ) *m.* crying, weeping. || ***arrencar el ~***, to start crying.

ploramiques (plǫrəmikəs) *m. f.* crybaby.

ploraner, -ra (plurəné, -rə) *a.* given to weeping or to crying; blubbering. ▪ *2 m.-f.* crybaby, whimperer. *3 f.* hired mourner.

plorar (plurá) *i.* to cry, to weep. ▪ *2 t.* to shed tears, to weep. *3* to mourn (for). *4* to regret. *5* to bemoan, to bewail.

ploricó (plurikó) *m.* whimpering, whining.

plorós, -osa (plurós, -ózə) *a.* tearful, weeping.

ploure (plɔ́ŭrə) *i.* to rain [also fig.]. || ***~ a bots i barrals***, to rain cats and dogs.

plovisquejar (pluβiskəʒá) *i.* to drizzle.

plugim (pluʒim) *m.* drizzle.

pluja (plúʒə) *f.* rain, shower [also fig.]. || ***una ~ d'aplaudiments***, a shower of applause.

plujós, -osa (pluʒós, -ózə) *a.* rainy, wet.

plural (plurál) *a.* plural.

pluralitat (plurəlitát) *f.* plurality. *2* majority. *3* a great number of variety.

plus (plus) *m.* bonus, extra pay. || ***~ de nocturnitat***, bonus for working nights.

plusquamperfet (pluskwəmpərfét) *m.* GRAMM. pluperfect.

plus-vàlua (pluzβáluə) *f.* appreciation, increased value; unearned increment.

Plutó (plutó) *m.* ASTR. Pluto.

plutocràcia (plutukrásiə) *f.* plutocracy.

pluvial (pluβiál) *a.* pluvial, rain.

pluviòmetre (pluβiɔ́mətrə) *f.* pluviometer, rain gauge.

pneumàtic, -ca (nəŭmátik, -kə) *a.* pneumatic. ▪ *2 m.* tyre, (USA) tire.

pneumònia (nəŭmɔ́niə) *f.* MED. pneumonia.

poagre (puáγrə) *m.* MED. podagra, gout.

poal (puál) *m.* (BAL), (VAL.) See GALLEDA.

població (pubbləsió) *f.* population. *2* city, town; village.

poblament (pubbləmén) *m.* populating, peopling.

poblar (pubblá) *t.* to peope, to populate [people]. *2* to populate [animals]. *3* to inhabit. *4* to settle, to colonize; to plant [trees]; to stock [fish].

poble (pɔ́bblə) *m.* people [nation]. *2* village. *3* common people.

pobre, -bra (pɔ́βrə, -βrə) *a.* poor [also fig.]. *2* little, no. ▪ *3 m.-f.* poor person; poor man or woman, beggar. *4 pl.* the poor.

pobresa (puβrέzə) *f.* poverty; need. *2* lack, scarcity, want.

pobrissó, -ona (puβrisó, -ónə) *a.* poor little thing.

poc, -ca (pɔk, -kə) *a.* little, not much; slight, scanty; not very. || ***~ útil***, not very useful. *2 pl.* not many, few; a few, some. || ***poques vegades***, not very often. ▪ *3 adv.* not very much, little. || ***entre ~ i massa***, it's not as important as all that. || ***a ~ a ~***, bit by bit, slowly. || ***al cap de ~***, after a short while. || ***~ més o menys***, more or less.

poca-solta (pɔ̀kəsɔ́ltə) *m.-f.* coll. scatterbrain, crackpot.

poca-traça (pɔ̀kətrásə) *m.-f.* awkward or clumsy person, bungler.

poca-vergonya (pɔ̀kəβərγóɲə) *m.-f.* cheeky or shameless person, rotter.

poció (pusió) *f.* potion. *2* fig. brew, concoction.

podar (puðá) *t.* to prune; to trim.

poder (puðέ) *m.* power, force, means; capacity; strength. *2* authority, control. || ***en ~ de***, in the hands of.

poder (puðέ) *t.* to be able to, can. *2* may, might [granting or asking for permission]. *3* to be allowed to. *4* may, might, can [possibility]. ▲ CONJUG. P. P.: ***pogut.*** || INDIC.

Pres.: ***puc, pots, pot,*** etc. || SUBJ. Pres.: ***pugui,*** etc. || Imperf.: ***pogués,*** etc.
poderós, -osa (puðərós, -ózə) *a.* powerful; strong.
podridura (puðriðúrə) *f.* putrefaction, rot, decay. *2* fig. corruption, rottenness.
podrir (puðri) *t.* to rot. ▪ *2 p.* to rot, to decompose.
podrit (puðrit) *m.* rotten part [of something].
poema (puέmə) *m.* poem.
poesia (puəziə) *f.* LIT. poetry. *2* poem.
poeta (puétə) *m.* poet.
poetastre (puətástrə) *m.* poetaster, would-be poet.
poetessa (puətέsə) *f.* poetess.
poètic, -ca (puέtik, -kə) *a.* poetic, poetical. *2* poetry.
pol (pɔl) *m.* pole.
polaina (puláĭnə) *f.* gaiter, legging.
polar (pulár) *a.* polar.
polaritzar (pulərid̲zá) *t.* to polarize.
polca (pɔ́lkə) *f.* MUS. polka.
polèmic, -ca (pulέmik, -kə) *a.* polemical. ▪ *2 f.* polemic, controversy. *3* polemics.
polemista (puləmístə) *m.-f.* polemicist; debater.
policia (pulisíə) *f.* police, police force. *2 m.* policeman. *3 f.* policewoman.
policíac, -ca (pulisíək, -kə) *a.* police. || ***novel·la policíaca,*** detective novel; coll. whodunit.
polidesa (pulidέzə) *f.* neatness, tidiness. *2* cleanliness. *3* refinement, polish, elegance.
poliedre (puliəðrə, col. puliέðrə) *m.* GEOM. polyhedron.
poliester (puliέstər) *m.* polyester.
polifonia (pulifuníə) *f.* MUS. polyphony.
polifònic, -ca (pulifɔ́nik, -kə) *a.* MUS. polyphonic.
poligàmia (puliɣámiə) *f.* polygamy.
poliglot, -ta (puliɣlɔ́t, -tə) *a., m.-f.* polyglot.
polígon (pulíɣun) *m.* GEOM. polygon. *2* ~ ***industrial,*** industrial estate.
polinomi (pulinɔ́mi) *m.* polynomial.
poliomelitis (puliuməlitis) *f.* MED. poliomyelitis.
pòlip (pɔ́lip) *m.* ZOOL., MED. polyp.
polir (pulí) *t.* to polish, to smooth. *2* fig. to touch up, to polish off. *3* fig. to polish, to refine [person]. *4* fig. to steal, to pinch. ▪ *5 p.* to squander, to waste [money, etc.].
polisíl·lab, -ba (pulisíləp, -βə) *a.* GRAMM. polysyllabic. ▪ *2 m.* polysyllable.
polisportiu (pɔlispurtíŭ) *m.* sports hall.
pòlissa (pɔ́lisə) *f.* policy [insurance]. *2* tax stamp, fiscal stamp. *3* contract.
polissó (pulisó) *m.* stowaway.
polit, -ida (pulít, -íðə) *a.* neat, trim; lovely, pretty.
politècnic, -ca (pulitέknik, -kə) *a.* polytechnic, polytechnical. ▪ *2 m.-f.* polytechnic.
politeisme (pulitəízmə) *m.* polytheism.
polític, -ca (pulítik, -kə) *a.* political. || ***fill ~,*** son-in-law. ▪ *2 f.* politics. *3* policy. *4 m.* politician, statesman.
politja (pulídʒə) *f.* pulley.
poll (poʎ) *m.* chick, chicken. *2* ENT. louse.
polla (póʎə) *f.* ORNIT. pullet, young hen.
pollancre (puʎáŋkrə) *m.* BOT. poplar.
pollastre (puʎástrə) *m.* chicken.
polleguera (puʎəɣérə) *f.* TECH. strap hinge, pivot, pin. || fig. ***fer sortir de ~,*** to get on one's nerves.
pol·len (pɔ́lən) *m.* BOT. pollen.
pollet (puʎέt) *m.* ORNIT. chick, chicken.
pollí, -ina (puʎí, -ínə) *m.-f.* young donkey or ass.
pollós, -osa (puʎós, -ózə) *a.* lousy. *2* fig. dirty, wretched.
pol·lució (pulusió) *f.* pollution.
polo (pɔ́lu) *m.* SP. polo.
polonès, -esa (pulunέs, -έzə) *a.* Polish. ▪ *2 m.-f.* Pole.
Polònia (pulɔ́niə) *pr. n. f.* GEOGR. Poland.
polpa (pólpə) *f.* pulp.
pols (pols) *m.* ANAT. pulse. *2* ANAT. temple. *3* dust.
polsada (pulsáðə) *f.* pinch.
polsar (pulsá) *t.* to take or to feel the pulse of. *2* to play, to strum, to pluch [guitar, violin, etc.]. *3* fig. to sound out, to probe.
polsegós, -osa (pulsəɣós, -ósə) *a.* dusty.
polseguera (pulsəɣérə) *f.* dust cloud, cloud of dust.
polsera (pulsérə) *f.* bracelet.
polsim (pulsím) *f.* very fine dust.
polsós, -osa (pulsós, -ózə) *a.* dusty.
poltre (póltrə) *m.* ZOOL. colt, foal. *2* SP. vaulting horse.
poltró, -ona (pultró, -ónə) *a.* idle, lazy. ▪ *2 f.* easy chair.
pólvora (pólβurə) *f.* gunpowder, powder [explosives].
polvorera (pulβurérə) *f.* COSM. compact.
pólvores (pólβurəs) *f. pl.* COSM. powder.
polvorí (pulβurí) *m.* powder magazine, gunpowder arsenal.
polvoritzador (pulβuridzəðó) *m.* pulverizer. *2* atomizer, spray.
polvoritzar (pulβuridzá) *t.* to pulverize, to crush, to grind [solids]. *2* to atomize, to spray [liquids].
polzada (pulzáðə) *f.* inch.
polze (pólzə) *m.* thumb.
pom (pom) *m.* knob. *2* bunch [of flowers].
poma (pómə) *f.* BOT. apple.

pomada (pumáðə) *f.* MED. ointment.
pomell (pumèʎ) *m.* bunch [of flowers].
pomer (pumè) *m.* BOT. apple tree.
pompa (pómpə) *f.* pomp; ceremony, display. *2* ***pompes fúnebres,*** funeral [ceremony], undertaker's [establishment].
pompill (pumpiʎ) *m.* (ROSS.) See CUL.
pompós, -osa (pumpós, -ózə) *a.* pompous, showy, self-important [person]. *2* splendid, sumptuous. *2* pompous, inflated [style].
pòmul (pɔ̀mul) *m.* ANAT. cheekbone.
poncell, -a (punsèʎ, -èʎə) *a.* virgin. ▪ *2 f.* virgin, maid. *3* BOT. bud.
ponderar (pundərá) *t.* to ponder over, to consider, to think over. *2* to balance, to weigh up. *3* to exaggerate. *4* to praise highly.
ponderat, -ada (pundərát, -áðə) *a.* measured [thing]. *2* prudent, tactful [person]. *3* well-balanced, steady.
pondre (pɔ̀ndrə) *t.* to lay [eggs]. ▪ *2 p.* to set, to go down [sun, etc.]. ▲ CONJUG. like ***respondre.***
ponedor (punəðó) *a.* egg-laying, laying. ▪ *2 m.* laying place, nest box.
ponència (punɛ́nsiə) *f.* report. *2* position of [reporter or rapporteur]. *3* rapporteur.
ponent (punén) *m.* GEOG. west. *2 m.-f.* rapporteur.
pont (pɔn) *m.* CONSTR. bridge. *2* NAUT. upper deck. *3* ~ ***aeri,*** airlift, air shuttle. *4* ***fer ~,*** to have a long weekend.
pontífex (puntífəks) *m.* REL. pontiff; pope.
pontificat (puntifikát) *m.* pontificate.
pontifici, -ícia (puntifísi, -ísiə) *a.* pontifical.
pontó (puntó) *m.* NAUT. pontoon.
ponx (pɔnʃ) *m.* COOK. punch.
pop (pop) *m.* ZOOL. octopus.
popa (pópə) *f.* NAUT. poop, stern.
pope (pɔ̀pe) *m.* pope.
popular (pupulá(r)) *a.* popular. ‖ ***un cantant ~,*** a popular singer. *2* of the people, folk; ***cançó ~,*** folk song; ***república ~,*** people's republic. *3* colloquial [language].
popularitat (pupuləritát) *f.* popularity.
popularitzar (pupuləridzá) *t.* to popularize. ▪ *2 p.* to become popular.
populatxo (pupulátʃu) *m.* populace, masses; mob, rabble.
populós, -osa (pupulós, -ózə) *a.* populous.
pòquer (pɔ̀kər) *m.* GAME. poker.
por (po) *f.* fear, fright, dread. ‖ ***tinc ~,*** I'm afraid (*de,* of). ‖ ***em fa ~,*** it frightens or scares me. *2* to be afraid that. ‖ ***tinc ~ de fer tard,*** I'm afraid I will be late.
porc, -ca (pɔrk, -kə) *m.-f.* pig, hog, swine; sow [female]. ‖ ~ ***espí,*** porcupine. ‖ ~ ***senglar,*** wild boar. *2* fig. pig, swine, bitch. ▪ *3 a.* dirty, filthy; disgusting; bawdy, smutty.
porcada (purkáðə) *f.* herd of pigs. *2* fig. dirty trick.
porcell (pursèʎ) *m.* piglet; sucking pig.
porcellana (pursəʎánə) *f.* porcelain, china.
porcí, -ina (pursí, -ínə) *a.* porcine, pig.
porció (pursió) *f.* portion; share. *2* COOK. part, amount; piece [of chocolate].
porfídia (purfíðiə) *f.* persistence; stubbornness.
porfidiejar (purfidiəʒá) *i.* to persist, to insist; to argue stubbornly.
porgar (purɣá) *t.* to sieve, to sift.
pornografia (purnuɣrəfíə) *f.* pornography.
porós, -osa (purós, -ózə) *a.* porous.
porpra (pórprə) *f.* purple.
porqueria (purkəríə) *f.* filth, muck. *2* dirty trick. *3* rubbish, junk.
porra (pórrə) *f.* truncheon, club. ‖ ***ves a la ~,*** get lost, go to hell!
porro (pɔ̀rru) *m.* BOT. leek. *2* coll. joint [drug].
porró (purró) *m.* glass wine jug with a long spout.
port (pɔr(t)) *m.* port, harbour, (USA) harbor. *2* GEOGR. pass. *3* bearing, air. *4 pl.* porterage; delivery charge.
porta (pɔ̀rtə) *f.* door; gate; doorway, entrance [also fig.]. ‖ ***a ~ tancada,*** behind closed doors. ‖ ***estar a les portes de,*** to be on the threshold of. ‖ ***tancar la ~ als nassos,*** to slam the door in one's face. ‖ ***trucar a la ~,*** to knock at someone's door [also fig.].
portaavions (pɔ̀rtəβións) *m.* aircraft carrier.
portabombeta (pɔ̹rtəβumbɛ́tə) *f.* ELECTR. bulb-holder.
portacigarretes (pɔ̹rtəsiɣərrɛ́təs) *m.* cigarette case.
portada (purtáðə) *f.* main door or entrance. *2* cover, title page [of book].
portador, -ra (purtəðó, -rə) *a.* carrying. ▪ *2 m.-f.* carrier. *3 m.* COMM. bearer, payee.
portaequipatges (pɔ̀rtəkipádʒəs) *m.* boot [of a car], (USA) trunk.
portal (purtál) *m.* main door or entrance; doorway.
portalada (purtəláðə) *f.* large doorway or entrance.
portalàmpades (pɔ̹rtəlámpəðəs) *m.* socket [of light bulb].
portamonedes (pɔ̹rtəmunɛ́ðəs) *m.* purse, (USA) change purse. *2* handbag, (USA) purse, bag.
portar (purtá) *t.* to bring (along), to carry on one, to have; to carry. ‖ ***portes diners?,*** have you any money (on you)? ‖ ***quina en portes de cap?,*** what have you got in mind? *2* to direct, to manage; to run [also fig.].

|| ~ ***un taxi,*** to drive a taxi. || ~ ***una botiga,*** to run a shop. *3* to wear. *4* to take; to lead. *5* to cause. || fig. ***els gats negres porten mala sort,*** black cats bring you bad luck. ▪ *6 p.* to behave (oneself).

portàtil (purtátil) *a.* portable.

portaveu (pǫrtəβέŭ) *m.-f.* spokesman.

portaviandes (pǫrtəβiándəs) *m.* lunch box. *2* picnic basket; ice-box.

portella (purtéʎə) *f.* little door. *2* door [of car].

portent (purtén) *m.* prodigy, phenomenon; marvel; sensation [person].

portentós, -osa (purtəntós, -ózə) *a.* marvellous, extraordinary; sensational.

porter, -ra (purté, -rə) *m.-f.* doorman, doorkeeper; porter. *2* SP. goalkeeper, goalie.

porteria (purtəriə) *f.* porter's lodge or lodgings. *2* hall, entrance [of a building]. *3* SP. goal.

pòrtic (pɔ́rtik) *m.* portico; porch.

porticó (purtikó) *m.* shutter [of window]. *2* small window.

porto-riqueny, -nya (purturrikέɲ, -ɲə) *a., m.-f.* Puerto Rican.

portuari, -ària (purtuári, -áriə) *a.* port, dock: ***treballador ~,*** docker.

Portugal (purtuɣál) *pr. n. m.* GEOGR. Portugal.

portuguès, -esa (purtuɣέs, -έzə) *a., m.-f.* Portuguese.

poruc, -uga (purúk, -úɣə) *a.* fearful, fainthearted; shaky.

porus (pɔ́rus) *m.* pore.

porxada (purʃáðə) *f.* arcade.

porxo (pɔ́rʃu) *m.* porch, portico.

posada (puzáðə) *f.* inn, lodging house. *2* ~ ***en comú,*** meeting, get-together. || ~ ***en escena,*** staging. || ~ ***en funcionament,*** implementation. || ~ ***en marxa,*** starting-up.

posar (puz8) *t.* to put; to place, to set. *2* fig. ~ ***atenció,*** to pay attention. || ***al gos li posarem «Pelut»,*** we'll call the dog «Pelut». *3* to suppose. ▪ *4 p.* to get, to become: ~-***se trist,*** to get sad. *5* to start. || ~-***se a córrer,*** to run off. || ~-***se a plorar,*** to start crying. *6* to put on [clothing, jewellery, etc.]. ▪ *7 i.* to stop over, to spend the night. *8* to pose [for an artist].

posat (puzát) *m.* attitude, air.

posició (puzisió) *f.* location; position. *2* situation. || fig. ~ ***econòmica,*** financial position. *3* position [also fig.].

pòsit (pɔ́zit) *m.* sediment, deposit. *2* fig. bed.

positiu, -iva (puzitíŭ, -íβə) *a.* positive.

positivisme (puzitiβízmə) *m.* PHIL. positivism.

positivista (puzitiβístə) *a., m.-f.* positivist *s.*

positura (pusitúrə) *f.* posture; pose.

posposar (puspuzá) *t.* to put after or behind. *2* to postpone; to put off.

posseïdor, -ra (pusəiðó, -rə) *a.* owning, possessing. ▪ *2 m.-f.* owner, possessor; holder.

posseir (pusəí) *t.* to possess, to own, to have; to hold.

possessió (pusəsió) *f.* possession, ownership. *2* tenure. *3* possession, property; estate.

possessiu, -iva (pusəsíŭ, -íβə) *a.* possessive.

possibilitar (pusiβilitár) *t.* to make possible or feasible; to permit.

possibilitat (pusiβilitát) *f.* possibility; chance.

possible (pusíbblə) *a.* possible. ▪ *2 m. pl.* assets, funds; means.

post (pɔs(t)) *f.* board, plank. || ~ ***de planxar,*** ironing-board. *2 m.* MIL. post.

posta (pɔ́stə) *f.* placing; relay [of horses]. || ***a ~,*** on purpose. *2* setting [of star]. *3* egg-laying; egg-laying season.

postal (pustál) *a.* postal, (USA) mail: ***gir ~,*** postal order, (USA) mail order. ▪ *2 f.* postcard.

postdata (puzdátə) *f.* postscript.

postergar (pustərɣá) *t.* to postpone; to delay. *2* to disregard, to ignore.

posterior (pustərió(r)) *a.* rear, back, posterior. *2* later, subsequent.

posteritat (pustəritát) *f.* posterity.

postís, -issa (pustís, -ísə) *a.* false, artificial.

postor (pustó) *m.* LAW bidder.

postrar (pustrá) *t.* See PROSTRAR.

postrem, -ma (pustrέm, -mə) *a.* last.

postres (pɔ́strəs) *f. pl.* dessert.

postular (pustulá) *t.* to postulate. *2* to request; to demand. *3* to collect [money].

postulat (pustulát) *m.* postulate.

pòstum, -ma (pɔ́stum, -mə) *a.* posthumous.

postura (pustúrə) *t.* See POSITURA 1. *2* bid. *3 pl.* affectation.

posturer, -ra (pusturé, -rə) *a.* affected: suave.

pot (pɔt) *m.* jar; pot.

pota (pɔ́tə) *f.* leg [of furniture]; foot, leg; paw [of animal].

potable (putábblə) *a.* drinkable. || ***aigua ~,*** drinking water. *2* fig. modest; passable.

potassa (putásə) *f.* CHEM. potash.

potassi (putási) *m.* CHEM. potassium.

potatge (putádʒə) *m.* stew; stewed vegetables. *2* mixture; mishmash.

potència (putέnsiə) *f.* power; capacity [mechanical].

potencial (putənsiál) *a.-m.* potential.

potent (putén) *a.* powerful; potent.

potentat (putəntát) *m.* potentate; magnate, tycoon.
potestat (putəstát) *f.* power, authority.
potinejar (putinəʒá) *t.* to dirty, to get dirty; to foul, to mess up. ■ *2 i.* to make a mess.
potiner, -ra (putiné, -rə) *a.* fithy, dirty; slovenly.
potinga (putiŋgə) *f.* coll. concoction. *2* MED. potion.
poti-poti (pɔ̜tipɔ́ti) *m.* jumble, mix-up, muddle.
pòtol (pɔ́tul) *m.* tramp, vagrant, (USA) bum.
potser (putsé) *adv.* maybe, perhaps; possibly.
pou (póŭ) *m.* well. *2* pit, shaft.
PPCC *pr. n. m. pl. (Països Catalans)* (Catalan Countries)
pràctic, -ca (práktik, -kə) *a.* practical; useful, handy; convenient. ■ *2 f.* practice. *3 pl.* training.
practicant (prəktikán) *a.* practising. ■ *2 m.-f.* medical assistant.
practicar (prəktiká) *t.* to practise, (USA) to practice. *2* to perform. *3* SP. to play, to go in for. *4* REL. to practise, (USA) to practice.
prada (práðə) *f.* meadow; grasslands.
Praga (práɣə) *pr. n. f.* GEOGR. Prague.
pragmàtic, -ca (prəgmátik, -kə) *a.-f.* pragmàtic.
pragmatisme (prəgmətízmə) *m.* pragmatism.
prat (prat) *m.* field, meadow; pasture.
preàmbul (prəə̯mbul) *m.* preamble, introduction.
prec (prek) *m.* request.
precari, -ària (prəkári, -áriə) *a.* precarious.
precaució (prəkəŭsió) *f.* precaution.
precedent (prəsəðén) *a.* preceding, foregoing. ■ *2 m.* precedent.
precedir (prəsəðí) *t.* to precede.
precepte (prəséptə) *m.* precept; rule.
preceptor, -ra (prəsətó, -rə) *m.-f.* preceptor, instructor.
precinte (prəsintə) *m.* seal, band [of package, furniture, etc.].
preciosisme (prəsiuzízmə) *m.* over-refinement, preciosity.
precipici (prəsipísi) *m.* precipice; cliff.
precipitació (prəsipitəsió) *f.* precipitation; (great) haste. *2* CHEM. precipitation.
precipitar (prəsipitá) *t.* to precipitate, to hurl; to hasten. ■ *2 p.* to rush; to be rash.
precipitat, -ada (prəsipitát, -áðə) *a.* precipitate, rash, sudden. ■ *2 m.* CHEM. precipitate.
precisar (prəsizá) *t.* to specify, to state precisely.
precisió (prəsizió) *f.* precision, accuracy.
precoç (prəkós) *a.* precocious.
preconitzar (prəkunidzá) *t.* to commend (publicly), to praise. *2* to propose, to put forward; to defend.
precursor, -ra (prekursó, -órə) *a.* precursory, preceding. ■ *2 m.-f.* forerunner, precursor.
predecessor, -ra (prəðəsəsó, -rə) *m.-f.* predecessor.
predestinar (prəðəstiná) *t.* to predestine. *2* to predestinate.
predeterminar (prəðətərminá) *t.* predetermine.
predi (préði) *m.* property, estate.
prèdica (préðikə) *f.* sermon; preaching. *2* fig. harangue.
predicar (prəðiká) *t.* to preach. *2* fig. to sermonize, to lecture.
predicció (prəðiksió) *f.* prediction, forecast.
predilecció (ppðiləksió) *f.* predilection; fondness.
predilecte, -ta (prəðiléktə) *a.* favourite, (USA) favorite, preferred.
predir (prəðí) *t.* to predict, to foretell; to forecast.
predisposar (prəðispuzá) *t.* to predispose. *2* to prejudice.
predisposició (prəðispuzisió) *f.* predisposition; tendency, inclination.
predominar (prəðuminá) *i.* to prevail; to predominate.
predomini (prəðumíni) *m.* predominance.
preeminent (prəəminén) *a.* pre-eminent.
preestablir (prəəstəbblí) *t.* to pre-establish.
preexistent (prəəgzistén) *a.* pre-existent, pre-existing.
prefaci (prəfási) *m.* preface.
prefecte (prəféktə) *m.* prefect [administrative official].
preferència (prəfərésiə) *f.* preference.
preferir (prəfərí) *t.* to prefer.
prefix (prəfiks) *m.* prefix. *2* area code [telephone].
pregar (prəɣá) *t.* ECCL. to pray. *2* to ask, to beg.
pregària (prəɣáriə) *f.* prayer.
pregó (prəɣó) *m.* announcement; proclamation. *2* speech [during special occasion].
pregon, -na (prəɣón, -nə) *a.* deep; profound.
pregunta (prəɣúntə) *f.* question.
preguntar (prəɣuntá) *t.* to ask.
prehistòria (prəistɔ́riə) *f.* prehistory.
prejudici (prəʒudísi) *m.* prejudgement. *2* prejudice, bias.
prejutjar (prəʒudʒá) *t.* to prejudge.
preliminar (prəliminá(r)) *a., m.* preliminary.
preludi (prəlúði) *m.* prelude.

preludiar (prəluðiá) *i.-t.* to prelude.
prematur, -ra (prəmətúr, -rə) *a.* premature.
premeditació (prəməðitəsió) *f.* premeditation; deliberation.
premeditar (prəməðitá) *t.* to plan, to premeditate.
prémer (prémə) *t.* to squeeze; to crush; to press.
premi (prέmi) *m.* reward. *2* award, prize.
premiar (prəmiá) *t.* to reward, to recompense. *2* to give an award or a prize to.
premissa (prəmísə) *f.* premise, premiss.
premsa (prémsə) *f.* press.
premsar (prəmsá) *t.* to press; to squeeze.
prenatal (prənətál) *a.* antenatal.
prendre (prέndrə) *t.* to take; to pick up, to lift. *2* to grab, to grasp. *3* to take out, to take away. *4* to have [to eat or drink]. *5* to adopt, to take [precautions, measures]. *6* ~ ***algú per un altre,*** to mistake someone for someone else. || ~ ***el pèl,*** to pull someone's leg; ~ ***el sol,*** to sunbathe; ~ ***la paraula,*** to speak [in a meeting]; ~ ***mal,*** to hurt or injure oneself; ~ ***part,*** to take part. ■ *7 i.* BOT. to take (root), to catch [fire]. ■ *8 p.* to congeal, to set, to thicken. ▲ CONJUG. GER.: ***prenent.*** || P. P.: ***pres.*** || INDIC. Pres.: ***prenc.*** || SUBJ. Pres.: ***prengui,*** etc. | Imperf.: ***prengués,*** etc.
prènsil (prέsil) *a.* prehensile.
prenyar (prəɲá) *t.* to make pregnant; to impregnate.
preocupació (prəukupəsiá) *f.* worry, concern, anxiety.
preocupar (prəukupá) *t.* to worry, to concern; to bother. ■ *2 p.* to worry, to be concerned.
preparació (prəpərəsió) *f.* preparation. *2* training, knowledge.
preparar (prəpərá) *t.* to prepare, to get ready. *2* to teach, to train. ■ *3 p.* to get ready, to prepare oneself; to be on the way [event].
preparat (prəpərát) *m.* ready, prepared, set.
preponderància (prəpundəránsiə) *f.* preponderance; superiority.
preponderar (prəpundərá) *i.* to preponderate. *2* to prevail.
preposició (prəpuzisió) *f.* preposition.
prepotent (prəputén) *a.* prepotent, all-powerful; overwhelming.
prepuci (prəpúsi) *m.* ANAT. prepuce, foreskin.
prerrogativa (prərruɣətíβə) *f.* prerogative, privilege.
pres, -sa (prεs, -zə) *a.* imprisoned. ■ *2 m.-f.* prisoner.
presa (prέzə) *f.* catch; loot; prey. || ***ocell de*** ~, bird of prey. *2* taking; capture. || ~ ***de possessió,*** taking over, inauguration [president]. *3* dam. *4* ~ ***de xocolata,*** bar or square of chocolate.
presagi (prəzáʒi) *m.* omen, presage.
presagiar (prəzəʒiá) *t.* to foreshadow, to forebode, to presage.
presbiteri (prəzβitέri) *m.* presbytery, chancel.
prescindir (prəsindí) *i.* to do without, to go without; to omit. || ***no podem*** ~ ***dels seus serveis,*** we can't do without his help.
prescripció (prəskripsió) *f.* prescription.
prescriure (prəskriŭrə) *t.-i.* to prescribe. ▲ CONJUG. like ***escriure.***
presència (prəzέnsiə) *f.* presence; bearing.
presenciar (prəzənsiá) *t.* to be present at; to witness.
present (prəzén) *a.* present [in time or place]. || ***estar de cos*** ~, to lie in state; ***fer*** ~, to remind; ***tenir*** ~, to bear in mind, to remember. ■ *2 m.-f.pl.* those present. ■ *3 m.* present.
presentació (prəzəntəsió) *f.* presentation, introduction.
presentar (prəzəntá) *t.* to present, to show; to put forward. *2* to introduce [person]. ■ *3 p.* to present oneself, to turn up, to appear. || ~***-se a algú,*** to introduce oneself. || ~***-se a un examen,*** to take or to sit (for) an examination. *4* to appear.
preservar (prəzərβá) *t.* to preserve, to protect (*de,* from).
preservatiu, -iva (prəzərβətíŭ, -íβə) *a.* preservative. ■ *2 m.* condom, sheath.
presidència (prəziðέnsiə) *f.* presidency; chairmanship.
president, -ta (prəziðén, -tə) *m.-f.* president; chairman.
presidi (prəzíði) *m.* prison; penitentiary.
presidiari (prəziðiári) *m.* convict, prisoner.
presidir (prəziðí) *t.* to preside.
presó (prəzó) *f.* prison, jail.
presoner, -ra (prəzuné, -rə) *m.-f.* prisoner.
pressa (présə) *f.* hurry, haste. || ***córrer*** ~, to be urgent. || *adv. phr.* ***de*** ~, quickly. || ***tenir*** ~, to be in a hurry.
préssec (présək) *m.* peach.
presseguer (prəsəɣé) *m.* BOT. peach tree.
pressentir (prəsəntí) *t.* to have a premonition or presentiment of. ▲ CONJUG. INDIC. Pres.: ***pressent.***
pressió (prəsió) *f.* pressure. || ~ ***arterial,*** blood pressure. || ~ ***atmosfèrica,*** air pressure. *2* fig. pressure, stress.
pressionar (prəsiuná) *t.* to pressure, to pressurize [a person]; to put pressure on.
pressuposar (prəsupuzá) *t.* to presuppose.

pressupost (prəsupɔ́s(t)) *m.* budget. *2* estimate.

prest, -ta (prɛs(t), -tə) *a.* ready. *2* prompt; quick. *3* (BAL.) See D'HORA.

prestar (prəstá) *t.* to lend, to loan. *2* fig. to lend, to give. || ~ ***atenció,*** to pay attention. || ~ ***declaració,*** to make a statement. ▪ *3 p.* to lend oneself to.

prestatge (prəstádʒə) *m.* shelf; ledge.

préstec (préstək) *m.* loan. *2* LING. loanword.

prestigi (prəstíʒi) *m.* prestige.

presumir (prəzumí) *t.* to presume, to surmise. ▪ *2 i.* to take pride in one's appearance. *3* to be conceited; to show off, to swank. *4* to boast (*de,* of).

presumpció (prəzumsió) *f.* presumption. *2* conceit, pretentiousness.

presumpte, -ta (prəzúmtə, -tə) *a.* alleged, supposed; so-called.

pretendent, -ta (prətəndén, -tə) *m.-f.* pretender. *2* suitor.

pretendre (prəténdrə) *t.* to seek, to try (to achieve); to be after. *2* to claim. ▲ CONJUG. like ***atendre.***

pretensió (prətənsió) *f.* aspiration; ambition. *2* pretension, claim. *3* pretentiousness.

preterir (prətəri) *t.* to omit, to leave out, to preternit; to overlook.

pretèrit, -ta (prətέrit, -tə) *a.* past, former. *2* GRAMM. past.

pretext (prətéks(t)) *m.* pretext; excuse.

preu (prɛŭ) *m.* price, cost; fare. || ***a ~ fet,*** by the job; fig. quickly; in one go. || ***a tot ~,*** at all costs.

prevaler (prəβəlέ) *i.-prnl.* to prevail, to predominate. ▲ CONJUG. like ***valer.***

prevaricació (prəβərikəsió) *f.* prevarication. *2* LAW breach of official duty, prevarication.

prevenció (prəβənsió) *f.* prevention; foresight. *2* prejudice.

prevenir (prəβəni) *t.* to foresee, to anticipate. *2* to prevent. *3* to warn; to admonish. ▪ *4 p.* to get ready; to provide oneself (*de,* with). ▲ CONJUG. like ***abstenir-se.***

preveure (prəβέŭrə) *t.* to foresee, to anticipate; to expect. ▲ CONJUG. like ***veure.***

previ, -èvia (prέβi, -έβiə) *a.* previous, prior.

previsió (prəβizió) *f.* anticipation, foresight.

prim, -ma (prim, -mə) *a.* thin; fine; subtle. || ***filar ~,*** to split hairs. || ***mirar ~,*** to be choosy. ▪ *2 f.* premium. *3* bonus.

primacia (priməsíə) *f.* primacy.

primari, -ària (primári, -áriə) *a.* primary.

primat (primát) *m.* primate, archbishop. *2 pl.* primates.

primavera (priməβérə) *f.* spring.

primer, -ra (primé, -rə) *a.* first. *2* prime. || ***de primera,*** first-rate, excellent. || ***nombre ~,*** prime number. ▪ *3 adv.* first (of all).

primícia (primísiə) *f.* first fruit; first attempt.

primitiu, -iva (primitíŭ, íβə) *a.* primitive; original. *2* ***colors ~s,*** primary colours, (USA) primary colors.

primogènit, -ta (primuʒέnit, -tə) *a., m.-f.* first-born.

primordial (primurðiál) *a.* primordial, primary. *2* fundamental, basic.

príncep (prínsəp) *m.* prince.

princesa (prinsέzə) *f.* princess.

principal (prinsipál) *a.* principal, chief; foremost. ▪ *2 m.* first floor, (USA) second floor.

principat (prinsipát) *m.* princedom. *2* principality [territory].

principi (prinsípi) *m.* beginning, start. *2* origin. *3* principle. || ***en ~,*** in principle. || ***per ~,*** on principle. *4 pl.* first notions; introduction.

prior, -ra (prió, -rə) *m.* prior. *2 f.* prioress.

prioritat (priuritát) *m.* priority; seniority.

prisar (prizá) *t.* to pleat.

prisma (prízmə) *m.* prism.

privar (priβá) *t.* to deprive (*de,* off); to bereave (*de,* of). *2* to forbid (*de,* to). ▪ *3 p.* ***~-se de,*** to go without; to do without.

privilegi (priβilέʒi) *m.* privilege; concession.

pro (prɔ) *m. prep.* on behalf of, in favour of. ▪ *2 m.* advantage. || ***el ~ i el contra,*** the pros and cons.

proa (próə) *f.* NAUT. prow; bow.

probabilitat (pruβəβilitát) *f.* probability. *2* chance.

probable (pruβábblə) *a.* probable, likely.

problema (pruβlémə) *m.* problem; question.

procaç (prukás) *a.* insolent, brazen; cheeky.

procedència (prusəðέsiə) *f.* source, origin. *2* point of departure [train, plane], port of origin [ship]. *3* propriety.

procedir (prusəði) *i.* to derive from, to originate in. *2* to come from. *3* to proceed. *4* to act, to behave. *5* LAW to proceed; to take proceedings.

procés (prusés) *m.* process. *2* course [of time]. *3* LAW proceedings, lawsuit, action.

processar (prusəsá) *t.* to prosecute, to try; to sue, to proceed against.

processó (prusəsó) *f.* procession. *2* fig. train. *3* ***la ~ li va per dins,*** he keeps it to himself.

proclamar (pruklәmá) *t.* to proclaim, to declare. *2* to acclaim, to praise.
procrear (prukreá) *t.* to procreate.
procurar (prukurá) *t.* to procure; to acquire, to obtain. *2* to try, to take care; to be sure. *3* to get, to find.
pròdig, -ga (prɔ́ðik, -γә) *a.* prodigal; wasteful.
prodigar (pruðiγá) *t.* to be lavish in; to squander. ▪ *2 p.* to be very active. *3* to make oneself (highly) visible.
prodigi (pruðíʒi) *m.* prodigy, wonder.
producció (pruðuksió) *f.* production; output, produce.
producte (pruðúktә) *m.* product; produce.
produir (pruðuí) *t.* to produce, to bear. *2* to make; to manufacture. *3* to cause, to bring about; to give. ▪ *4 p.* to act, to behave.
proemi (pruέmi) *m.* preface; prologue.
proesa (pruέzә) *f.* feat, brave deed.
profà, -ana (prufá, -ánә) *a.* profane. *2* ignorant. ▪ *3 m.-f.* lay person. *4* ignorant *a.*
profanar (prufәná) *t.* to profane. *2* to slander, to defile.
profecia (prufәsíә) *f.* prophecy.
proferir (prufәrí) *t.* to utter, to hurl [insult].
professar (prufәsá) *t.* to practise, (USA) to practice [profession]. *2* to teach. *3* to profess. *4* to harbour, (USA) to harbor, to bear [feeling]. *5* to take vows.
professió (prufәsió) *f.* profession, avowal. *2* profession; calling.
professional (prufәsiunál) *a.* professional.
professor, -ra (prufәsó, -rә) *m.-f.* teacher. *2* professor, lecturer [university].
profeta (prufέtә) *m.* prophet.
profilaxi (prufiláksi) *f.* prophylaxis.
profit (prufít) *m.* profit; benefit, advantage. ‖ ***bon ~!***, enjoy your meal! ‖ ***fer ~***, to do good.
pròfug, -ga (prɔ́fuk, -γә) *a., m.-f.* fugitive; deserter *s.*
profund, -da (prufún, -dә) *a.* deep; profound; low [note]. *2* fig. intense.
profunditzar (prufundidzá) *t.* to deepen. *2* fig. to go deeply into; to study in depth.
profusió (prufuzió) *f.* profusion. *2* extravagance.
progènie (pruʒέniә) *f.* progeny, offspring.
progenitor (pruʒәnitó) *m.-f.* ancestor. *2* parent.
programa (pruγrámә) *m.* programme, (USA) program; schedule.
progrés (pruγrés) *m.* progress; advance, development.
progressar (pruγrәsá) *i.* to progress, to advance; to make progress.
progressió (pruγrәsió) *f.* progression.
progressista (pruγrәsístә) *m.-f.* progressive.
prohibició (pruiβisió) *f.* prohibition, ban.
prohibir (pruiβí) *t.* to ban, to forbid; to prohibit, to bar.
prohom (pruɔ́m) *m.* man of mark, paragon, notability.
proïsme (pruízmә) *m.* fellow man; neighbour, (USA) neighbor.
projecció (pruʒәksió) *f.* projection. *2* showing [film].
projectar (pruʒәktá) *t.* to project. *2* to screen, to show [film]. *3* to plan. *4* to design [machine, building, etc.].
projecte (pruʒέktә) *m.* project, design. *2* plan; scheme.
projectil (pruʒәktíl) *m.* projectile, missile.
projector (pruʒәktó) *m.* spotlight; searchlight. *2* projector.
prole (prɔ́lә) *f.* offspring; brood.
pròleg (prɔ́lәk) *m.* prologue; preface.
proletari, -ària (prulәtári, -áriә) *m.-f.* proletarian.
prolix, -ixa (prulíks, -íksә) *a.* long-winded, verbose; tedious.
prologar (pruluγá) *t.* to preface; to introduce.
prolongar (pruluŋgá) *t.* to prolong.
promès, -esa (prumέs, -έzә) *m.* fiancé. *2 f.* fiancée.
promesa (prumέzә) *f.* promise; assurance.
prometatge (prumәtádʒә) *m.* engagement [to be married].
prometença (prumәtέsә) *f.* promise. *2* word (of honour), pledge. *3* pledge. *4* betrothal, engagement.
prometre (prumέtrә) *t.* to promise; to swear. *2* to pledge. *3* to assure; to warrant. ▪ *4 p.* to betroth; to get engaged. ▲ CONJUG. P. P.: ***promès.***
promiscu, -íscua (prumísku, -ískuә) *a.* promiscuous. *2* ambiguous.
promoció (prumusió) *f.* promotion. *2* class [of students or graduates].
promontori (prumuntɔ́ri) *m.* promontory.
promotor, -ra (prumutó, -rә) *a.* promotive; sponsoring. ▪ *2 m.-f.* promoter; instigator. *3* sponsor.
promoure (prumɔ́ŭrә) *t.* to promote; to pioneer [plan], to cause [scandal]. *2* to sponsor. ▲ CONJUG. like ***moure.***
prompte (prómtә) *adv.* (VAL.) See AVIAT.
promulgar (prumulγá) *t.* to promulgate, to proclaim. *2* to announce; to publicize.
pronòstic (prunɔ́stik) *m.* prediction, forecast. ‖ ***~ del temps,*** weather forecast. *2* MED. prognosis.
pronosticar (prunustiká) *t.* to predict, to forecast. *2* MED. to give a prognosis.

pronunciació (prununsiəsió) *f.* pronunciation.
pronunciar (prununsiá) *t.* to pronounce, to utter. *2* to pass [sentence]. ▪ *3 p.* to pronounce oneself; to make a pronouncement.
prop (prɔp) *adv.* ***(a)*** ~, near, nearly; close. *2* ***(a)*** ~ ***de,*** near; beside; about, approximately.
propà (prupá) *m.* CHEM.
propaganda (prupəɣándə) *f.* propaganda. *2* advertising.
propagar (prupəɣá) *t.-p.* to propagate. *2* to spread.
propens, -sa (prupέns, sə) *a.* inclined, prone; apt, likely.
propensió (prupənsió) *f.* propensity; tendency.
proper, -ra (prupé, -rə) *a.* near, close; nearby. *2* next; forthcoming.
propi, -òpia (prɔpi, -ɔ́piə) *a.* own, of one's own. *2* ***nom*** ~, proper name or noun. *3* ***amor*** ~, self-love. *4* ***sentit*** ~, proper meaning. ▪ *5 m.* messenger.
propici, -ícia (prupísi, -ísiə) *a.* propitious, auspicious; favourable, (USA) favorable [moment].
propietat (prupiətát) *f.* property, quality. *2* accuracy, faithfulness. *3* property.
propina (prupínə) *f.* tip [money]. ▪ *2 adv. phr.* ***de*** ~, on top of (all) that.
proporció (prupursió) *f.* proportion; ratio; rate. *2* size; extent.
proporcionar (prupursiuná) *t.* to adjust; to bring into proportion. *2* to give, to supply, to provide: ***li vaig*** ~ ***els documents,*** I provided him with the documents.
proposar (prupuzá) *t.* to propose. ▪ *2 p.* to propose, to intend; to set out.
proposició (prupuzisió) *f.* proposal; motion. *2* proposition. *3* GRAMM. clause.
propòsit (prupɔ́zit) *m.* intention, aim; purpose. ▪ *2 adv. phr.* ***a*** ~, appropriate, suitable; relevant. *3* ***a*** ~ ***de,*** regarding, on the subject of.
proposta (prupɔ́stə) *f.* proposal; offer.
propugnar (prupuŋná) *t.* to advocate; to defend.
propulsar (prupulsá) *t.* to propel, to drive (forward). *2* fig. to promote.
prorratejar (prurrətəʒá) *t.* to allot, to apportion, (USA) to prorate.
pròrroga (prɔ́rruɣə) *f.* prorogation, deferring. *2* extension; deferment [military service].
prorrogar (prurruɣá) *t.* to prorogue; to adjourn; to defer [military service]. *2* to extend, to lengthen.
prorrompre (prurrómprə) *i.* to break out, to burst [into tears, applause, etc.].
prosa (prɔ́zə) *f.* prose. *2* fig. tedium, ordinariness.
prosaic, -ca (pruzáĭk, -kə) *a.* prosaic; prose.
prosceni (prusέni) *m.* proscenium.
proscripció (pruskripsió) *f.* ban, prohibition; outlawing.
proscriure (pruskriŭrə) *t.* to ban; to proscribe; to outlaw [criminal]. *2* fig. to banish. ▲ CONJUG. like ***escriure.***
proselitisme (pruzəlitízmə) *m.* proselytism.
prosòdia (pruzɔ́ðiə) *f.* study or rules of pronunciation.
prospecte (pruspéktə) *m.* prospectus; leaflet.
pròsper, -ra (prɔ́spər, -rə) *a.* successful; favourable, (USA) favorable. *2* prosperous, flourishing: ***un negoci*** ~, a thriving business.
prosperar (pruspərá) *t.* to make prosperous or successful. ▪ *2 i.* to prosper, to thrive.
prosperitat (pruspəritát) *f.* prosperity; success.
prosseguir (prusəɣí) *t.* to continue, to carry on; to proceed; to pursue [study].
pròstata (prɔ́stətə) *f.* ANAT. prostate.
prosternar-se (prustərnársə) *p.* to prostrate oneself.
prostíbul (prustíbul) *m.* brothel.
prostitució (prustitusió) *f.* prostitution.
prostituir (prustituí) *t.* to prostitute [also fig.]. ▪ *2 p.* to prostitute oneself; to become a prostitute.
prostituta (prustitútə) *f.* prostitute; streetwalker.
prostrar (prustrá) *t.* to overcome; to exhaust, to weaken. ▪ *2 p.* to prostrate oneself.
protagonista (prutəɣunístə) *m.-f.* protagonist; main character; star [of film].
protecció (prutəksió) *f.* protection.
proteccionisme (prutəksiunízmə) *m.* protectionism.
protegir (prutəʒí) *t.* to protect; to defend. *2* to sponsor, to back.
proteïna (prutəínə) *f.* protein.
pròtesi (prɔ́təzi) *f.* MED. prosthesis.
protesta (prutéstə) *f.* protest.
protestantisme (prutəstəntízmə) *m.* protestantism.
protestar (prutəstá) *t.* to protest. ▪ *2 i.* to protest; to object.
protó (prutó) *m.* PHYS. proton.
protocol (prutukɔ́l) *m.* protocol.
protoplasma (prutuplázmə) *m.* protoplasm.
prototipus (prututípus) *m.* prototype.
protozou (prutuzów) *m.* protozoan.
prou (prɔŭ) *adv.* enough, sufficiently. *2*

quite, rather. *3* certainly; yes. ■ *4 a.* enough, sufficient. ■ *5 interj.* (that's) enough!, stop!

prova (prɔ́βə) *f.* attempt; try. *2* test; trial. || *adv. phr.* ***a ~,*** on trial. || *adv. phr.* ***a ~ d'aigua,*** water-proof. || *adv. phr.* ***a ~ de vent,*** wind-proof. *3* test, examination; audition [performers]. *4* proof.

provar (pruβá) *t.* to test, to try (out). *2* to sample, to taste [food]. *3* to prove. *4* to try, to attempt. ■ *5 i.* to suit. || ***~ bé,*** to do good.

proveir (pruβəí) *t.-i.* to provide, to supply; to furnish. ■ *2 p.* to provide oneself with.

Provença (pruβɛ́sə) *pr. n. f.* GEOGR. Provence.

provenir (pruβəní) *i.* to come from, to stem from.

proverbi (pruβɛ́rβi) *m.* proverb.

proveta (pruβɛ́tə) *f.* test-tube.

providència (pruβiðɛ́nsiə) *f.* measure, step. *2* Providence.

província (pruβínsiə) *f.* province; region.

provisió (pruβizió) *f.* provision: ***fer ~ de queviures,*** to gather provisions.

provisional (pruβiziunál) *a.* provisional; temporary.

provocar (pruβuká) *t.* to provoke; to rouse. *2* to cause, to bring about.

pròxim, -ma (prɔ́ksim, -mə) *a.* close, nearby; approaching. *2* next. ■ *3 m.-f.* neighbour, (USA) neighbor. *4 m.* fellow man. *5 f.* fellow woman.

prudència (pruðɛ́nsiə) *f.* prudence, caution. *2* apprehension.

prudent (pruðén) *a.* prudent, cautious. *2* apprehensive. *3* advisable, wise.

pruïja (pruíʒə) *f.* (terrible) itch. *2* fig. itch, urge.

pruna (prúnə) *f.* BOT. plum. || ***~ seca,*** prune.

prunera (prunérə) *f.* BOT. plum tree.

pseudònim (seŭðɔ́nim) *m.* pseudonym; penname.

psicoanàlisi (sikuənálizi) *f.* psychoanalysis.

psicodrama (sikuðrámə) *m.* psychodrama.

psicòleg, -òloga (sikɔ́lək) *m.-f.* psychologist.

psicologia (sikuluʒíə) *f.* psychology.

psicosi (sikɔ́zi) *f.* psychosis.

psico-somàtic (sikusumátik) *a.* psychosomatic.

psicoteràpia (sikutərápiə) *f.* psychotherapy.

psiquiatre (sikiátrə) *m.* psychiatrist.

psiquiatria (sikiətríə) *f.* psychiatry.

psíquic, -ca (síkik, -kə) *a.* psychic; psychical.

pta *f. abbr. (Pesseta)* peseta. ▲ *pl.* ***ptes.***

pua (púə) *f.* prickle, spike [of plants, animals]; tooth [of comb]; prong [of fork]; pick, plectrum [of instrument]. *2* fig. rogue.

púber (púβər) *a.* adolescent, teenager.

pubertat (puβərtát) *f.* puberty.

pubilla (puβíʎə) *f.* heiress.

pubis (púβis) *m.* ANAT. pubis.

públic, -ca (públik, -kə) *a.* public. *2* well-known. *3* ECON. ***sector ~,*** public sector. ■ *4 m.* audience. || ***el gran ~,*** the general public.

publicació (pubblikəsió) *f.* publication.

publicar (pubbliká) *t.* to publicize; to make public, to disclose. *2* LIT. to publish; to issue.

publicista (pubblisístə) *m.-f.* publicist; publicity agent.

publicitat (pubblisitát) *f.* publicity. *2* advertising.

puça (púsə) *f.* ENT. flea. *2* fig. midget.

pudent (puðén) *a.* stinking, foul-smelling; smelly.

pudir (puðí) *i.* to stink; to reek. ▲ CONJUG. INDIC. Pres.: ***puts, put.***

pudor (puðó) *m.* modesty; decency. *2* shyness, timidity; reserve. *3* stench, stink. || ***fer ~,*** to smell bad, to stink.

puericultura (puərikultúrə) *f.* paediatrics, pediatrics. *2* child-care.

pueril (puəríl) *a.* childish; child.

puf (puf) *m.* poof! [sound]. *2* pouffe.

púgil (púʒil) *m.* pugilist. *2* boxer.

pugna (púŋnə) *f.* battle, struggle; conflict.

pugnar (puŋná) *i.* to fight. *2* to struggle, to strive.

puig (putʃ) *m.* hill, small mountain.

puix (puʃ) *conj.* as, since; because.

puixança (puʃánsə) *f.* strength; vigour, (USA) vigor; drive.

puja (púʒə) *f.* climb. *2* rise, increase.

pujada (puʒáðə) *f.* climb, ascent; hill-climb. *2* (mountain) trail.

pujar (puʒá) *i.* to climb, to ascend; to go up, to come up; to rise. *2* to get into, to get onto [means of transport]. *3* to be promoted. *4* to rise, to increase; to go up [price]. *5* to amount (—, to). *6* ***~ al cap,*** to go to one's head. ■ *7 t.* to go up, to come up; to climb. *8* to raise; to carry up, to bring up. *9* fig. raise: ***ha hagut de treballar molt per ~ els seus fills,*** she's had to work hard to bring up her children.

pujol (puʒɔ́l) *m.* hillock, mound.

pulcre, -cra (púlkrə, -krə) *a.* neat, tidy, smart.

pulcritud (pulkritút) *f.* neatness, tidiness; cleanliness.

pul·lular (pululá) *i.* to proliferate, to multiply. *2* to overrun, to swarm.

pulmó (pulmó) *m.* ANAT. lung.

pulmonar (pulmunà(r)) *a.* pulmonary, lung.
pulmonia (pulmuniə) *f.* MED. pneumonia.
pulsació (pulsəsió) *f.* pulsation, throbbing. *2* beat [of heart]; tap [on typewriter].
pulverulent, -ta (pulβərulén, -tə) *a.* powdery. *2* dusty.
puma (púmə) *m.* ZOOL. puma.
punció (punsió) *f.* MED. puncture.
punir (puni) *t.* to penalize. *2* to punish.
punt (pun) *m.* point; dot, speck. *2* PRINT. full stop, (USA) period. || *~ i coma,* semicolon. *3* stitch. *4* knitwork, knitting. || *gèneres de ~,* knitwear; hosiery. *5* spot, place; point. *6* moment. *7 a ~,* ready. || *en ~,* sharp, exactly [time].
punta (púntə) *f.* point, (sharp) end, edge; tip [of tongue]; corner [sewing]. || *a ~ de dia,* at daybreak. *2 ~ de cigarreta,* (cigarette) butt. *3* fig. *estar de ~,* to be at odds. *4* fine lace.
puntal (puntál) *m.* prop, support; backbone [also fig.].
puntejar (puntəʒá) *t.* to dot, to cover with dots; to speckle. *2* to pluck [strings of an instrument].
punteria (puntəriə) *f.* aim, aiming. || *tenir bona ~,* to have a good aim.
puntetes (puntétəs) *adv. phr. de ~,* on tiptoe.
puntuació (puntuəsió) *f.* punctuation: *signes de ~,* punctuation marks. *2* mark, (USA) grade; score.
puntual (puntuál) *a.* reliable, prompt; punctilious. *2* punctual, on time. *3* accurate, precise.
puntualitat (puntuəlitát) *f.* punctuality: *la seva ~ és admirable,* he is remarkably punctual.
puntualitzar (puntuəlidzá) *t.* to specify; to fix; to state (in detail); to settle.
puntuar (puntuá) *t.* to punctuate. *2* to mark, (USA) to grade [exam], to give a score [sports]. ▪ *3 i.* to count, to score [sports], to get a mark or grade [exam].
punxa (púnʃə) *f.* spike, point; thorn, prickle. *2* fig. thorn.
punxada (punʃáðə) *f.* prick, puncture; jab. *2* twinge, shooting pain; pang.
punxar (punʃá) *t.* to prick, to puncture; to punch. *2* fig. to prod; to provoke.
punxegut, -uda (punʃəɣút, -úðə) *a.* sharp, pointed.
punxó (punʃó) *m.* punch; graver.
puny (puɲ) *m.* fist. || *cop de ~,* punch. *2* wrist. *3* hilt; handle.
punyal (puɲál) *m.* dagger.
punyalada (puɲəláðə) *f.* stab.
punyent (puɲén) *a.* bitter, pungent, biting; caustic. *2* sharp, penetrating.
punyida (puɲiðə) *f.* See PUNXADA.
punyir (puɲi) *t.-p.* See PUNXAR.
pupil, -il·la (pupil, -ilə) *m.-f.* boarder; orphan. *2* LAW ward. *3 f.* ANAT. pupil.
pupil·latge (pupiládʒə) *m.* pupillage. *2* public parking. *3* parking fee.
pupitre (pupitrə) *m.* desk.
pur, -ra (pur, -rə) *a.* pure, clean: *aire ~,* pure air. *2* sheer, simple. *3* innocent.
puré (puré) *m.* COOK. purée. || *~ de patates,* mashed potatoes.
puresa (purέzə) *f.* purity, pureness.
purga (púrɣə) *f.* purge.
purgar (purɣá) *t.* to purge.
purgatori (purɣətɔ́ri) *m.* purgatory.
purificar (purifiká) *t.* to purify, to cleanse.
purista (puristə) *m.-f.* purist.
puritÃ , -ana (puritá, -ánə) *a.* puritanical, Puritan. ▪ *2 m.-f.* Puritan.
púrpura (púrpurə) *f.* purple.
purpuri, -úria (purpúri, -úriə) *a.* purple, purplish.
purpurina (purpurinə) *f.* metallic paint. *2* glitter.
púrria (púrriə) *f.* rabble, riff-raff.
purulent, -ta (purulén, -tə) *a.* purulent, pus.
pus (pus) *m.* pus.
pusil·lànime (puzilánimə) *a.* faint-hearted, pusillanimous.
pussar (pusá) *t.* (ROSS.) to push.
pústula (pústulə) *f.* pustule; pimple, blister.
puta (pútə) *f.* whore, prostitute. || *fill de ~,* son of a bitch. ▪ *2 a.* bitch *s.*
putrefacció (putrəfəksió) *f.* putrefaction; rotting, decay.
putrefacte, -ta (putrəfáctə, -tə) *a.* rotten, putrid.
pútrid, -da (pútrit, -ðə) *a.* putrid, rotten.
putxinel·li (putʃinέli) *m.* puppet, marionette.

Q

Q, q (ku) *f.* q [letter].
quadern (kwəðέrn) *m.* notebook; exercise book.
quadra (kwáðrə) *f.* bay [factory]. *2* stable.
quadrant (kwəðrán) *m.* quadrant. *2* sundial.
quadrar (kwəðrá) *t.* to make square, to square (off). *2* MATH. to square. ▪ *3 p.* not to take it any longer. ▪ *4 i.* to square, to tally; to match. *5* to come together.
quadrat, -ada (kwəðrát, -áðə) *a.* square. *2* stocky, broad-shouldered [person]. ▪ *3 m.* square [shape].
quadratura (kwəðrətúrə) *f.* quadrature.
quadre (kwáðrə) *m.* square. *2* picture, painting [framed]. *3* officer corps. *4* chart, table. *5* scene.
quadricular (kwəðrikulá) *t.* to divide into squares, to rule squares on.
quadriga (kwəðriɣə) *f.* quadriga.
quadrilàter, -ra (kwəðrilátər, -rə) *a.-m.* quadrilateral.
quadrilla (kwəðriʎə) *f.* team; squad, gang. *2* gang of thieves.
quadrúpede, -da (kwəðrúpəðə, -ðə) *a.* quadrupedal, four-footed. ▪ *2 m.* quadruped.
quàdruple, -pla (kwáðruplə, -plə) *a.-m.* quadruple.
qual (el, la) (kwal) *a.* such as. ▪ *2 pron.* which; who; whom. ‖ ***el nom del ~,*** whose name. ‖ ***la ~ cosa,*** which, a fact which.
qualcú (kwalkú) *pron.* (BAL.) See ALGÚ.
qualificació (kwəlifikəsió) *f.* qualification, qualifying; rating. *2* mark, (USA) grade; rating.
qualificar (kwəlifiká) *t.* to qualify, to describe. *2* to mark, to grade [exam]; to assess. *3* to qualify.
quall (kwaʎ) *m.* rennet-bag. *2* rennet. *3* curd; clot.
quallar (kwəʎá) *t.* to curdle.
qualque (kwálkə) *a.-pron.* (BAL.) See ALGUN.
qualsevol (kwalsəβól) *a.* any; whatever; whichever. *2* ordinary, run-of-the-mill. ▪ *3 pron.* anyone; whatever; whichever; whoever. ▪ *4 m.-f.* nobody; (just) anyone.
quan (kwan) *adv.* when, whenever. ▪ *2 conj.* when; whenever. *3* if.
quant, -ta (kwán, -tə) *a.-pron.* how many; how much. *2* a few, several. ▪ *3 adv.* how. ‖ *adv. phr.* ***~ a,*** as to, as for.
quantia (kwəntiə) *f.* amount, quantity; extent, importance.
quantitat (kwəntitát) *f.* quantity, amount. *2* number. *3* quantity [mathematics].
quaranta (kwərántə) *a.* forty. ‖ ***cantar les ~,*** to tell a few home truths.
quarantè, -ena (kwərəntέ, -έnə) *a.-m.* fortieth.
quarantena (kwərəntέnə) *f.* two-score. *2* the age of forty. *3* quarantine. *4* fig. ***posar en ~,*** to have one's doubts.
quaresma (kwərέzmə) *f.* Lent.
quars (kwars) *m.* MINER. quartz.
quart, -ta (kwár(t), -tə) *a.* fourth. ▪ *2 a., m.-f.* quarter. ▪ *3 m.* quarter (of an hour): ***un ~ de dotze,*** a quarter past eleven.
quarter (kwərté) *m.* quarter [division], district. *2* MIL. barracks. ‖ ***~ general,*** headquarters.
quartet (kwərtέt) *m.* MUS. quartet. *2* LIT. quatrain.
quarteta (kwərtέtə) *f.* LIT. quatrain.
quartilla (kwərtiʎə) *f.* (small) sheet of paper. *2* manuscript page.
quasi (kwázi) *adv.* almost. ‖ ***~ mai,*** seldom, hardly ever. ‖ ***~ res,*** next to nothing.
quatre (kwátrə) *a.-m.* four. *2 a.* a few: ***a ~ passes,*** a stone's throw. *3* ***~ gats,*** hardly a soul. *4 adv. phr.* ***de ~ grapes,*** on all fours.
que (kə) *rel. pron.* that; who, whom; which. *2* ***el ~,*** what, whatever; that which. ▪ *3*

conj. that: ***no crec ~ plogui demà,*** I don't think (that) it'll rain tomorrow. *4* because. || ***tanca, ~ tinc fred,*** close the window; I'm cold. *5* than. *6* that. ▪ *7 adv.* how: ~ ***maco!,*** how lovely (it is)!

què (kɛ) *interr. pron.* what. *2 rel. pron.* which. || ***el llibre de ~ et parlava,*** the book I was telling you about.

quec, -ca (kɛk, -kə) *a.* stuttering, stammering. ▪ *2 m.-f.* stutterer.

quedar (kəðá) *i.* to be left, to remain. *2* to be (situated). *3* to agree. *4* to arrange to meet (each other). ▪ *5 p.* to stay; to stay on or behind. *6* to keep; to take.

queixa (kéʃə) *f.* complaint; grouse. *2* groan; moan.

queixal (kəʃál) *m.* molar. || ***~ del seny,*** wisdom tooth.

queixalada (kəʃəláðə) *f.* bite. *2* snack, bite.

queixar-se (kəʃársə) *p.* to groan, to moan. *2* to complain; to grumble.

quelcom (kəlkɔ́m) *indef. pron.* anything; something. ▪ *adv.* a bit; somewhat, rather.

quequejar (kəkəʒá) *i.* to stutter, to stammer.

quequesa (kəkɛ́zə) *f.* stutter, stammer.

querella (kəréʎə) *f.* dispute, controversy. *2* LAW charge, accusation.

querellar-se (kərəʎársə) *p.* LAW to file a complaint or charges.

qüestió (kwəstió) *f.* question. *2* ***posar en ~,*** to cast doubt on.

qüestionar (kwəstiuná) *i.* to argue.

qüestionari (kwəstiunári) *m.* questionnaire.

queviures (kəβiŭrəs) *m. pl.* provisions; food.

qui (ki) *interr. pron.* who: ***no sé ~ és,*** I don't know who he (or she) is. *2 rel. pron.* who; whom. *3* ***~ sap,*** who knows, God knows.

quid (kit) *m.* main point; core [of argument].

quiet, -ta (kiét, -tə) *a.* still; motionless. *2* calm; quiet, peaceful.

quietud (kiətút) *f.* peacefulness, quietude. *2* stillness.

quilla (kiʎə) *f.* MAR. keel.

quilo (kílu) *m.* kilo.

quilogram (kiluɣrám) *m.* kilogram, kilogramme.

quilòmetre (kilɔ́mətrə) *m.* kilometre, (USA) kilometer.

quilovat (kiluβát) *m.* kilowatt.

quimera (kimérə) *f.* chimera. *2* figment of one's imagination. *3* dislike. *4* anxiety, worry.

quimèric, -ca (kimɛ́rik, -kə) *a.* fanciful, imaginary; impossible [plan].

químic, -ca (kímik, -kə) *a.* chemical. ▪ *2 m.-f.* chemist.

química (kímikə) *f.* chemistry.

quimono (kimónu) *m.* kimono.

quin, -na (kin, -nə) *interr. a.* which; what. || ***~ hora és?,*** what time is it? *2* what (a): ***~ vestit més modern!,*** what a stylish dress!

quina (kínə) *f.* Peruvian bark; cinchona bark.

quincalla (kiŋkáʎə) *f.* cheap metal trinket; junk (jewellery).

quinina (kinínə) *f.* MED. quinine.

quinqué (kiŋké) *m.* oil lamp.

quint, -ta (kin, -tə) *a.* fifth. ▪ *2 f.* MUS. fifth. *3* MIL. class, call-up.

quintar (kintá) *m.* measure of weight [41.6 kg]. || ***~ mètric,*** 100 kg.

quintet (kintɛ́t) *m.* MUS. quintet.

quinze (kínzə) *a.-m.* fifteen. || ***a tres quarts de ~,*** at the wrong time; very late.

quiosc (kiɔ́sk) *m.* kiosk, (USA) newsstand; stand.

quiquiriquic (kikirikík) *m.* cock-a-doodle-doo.

quirat (kirát) *m.* carat.

quiròfan (kirɔ́fən) *m.* MED. operating theatre; surgery.

quiromància (kirumánsiə) *f.* palmistry.

qui-sap-lo (kisáplu) *a.* hoards of. ▪ *2 adv.* immensely.

quisca (kískə) *f.* dirt, filth; grime; shit.

quist (kis(t)) *m.* cyst.

quitrà (kitrá) *m.* tar.

quitxalla (kitʃáʎə) *f.* crowd of children.

quixot (kiʃɔ́t) *m.* quixotic person.

quocient (kusién) *m.* MATH. quotient.

quòrum (kwɔ́rum) *m.* quorum.

quota (kwɔ́tə) *f.* fee; dues.

quotidià, -ana (kutiðiá, -ánə) *a.* every-day, daily; quotidian.

R

R, r (érrə) *f.* r [letter].

rabadà (rrəβəðá) *m.* shepherd boy.

rabassut, -uda (rrəβəsút, -úðə) *a.* stocky, stout; bulky.

Rabat (rrəβát) *pr. n. m.* GEOGR. Rabat.

rabejar (rrəβəʒá) *t.* to soak; to dip [into water]. ▪ *2 p.* to gloat, to relish.

rabent (rrəβén) *a.* swift; speeding.

rabí (rrəβí) *m.* rabbi.

ràbia (rráβiə) *f.* rabies. *2* rage, fury. || ***fer ~,*** to infuriate, to make angry.

rabiola (rrəβiɔ́lə) *f.* tantrum; crying spell.

rabior (rrəβió) *f.* itch; throb [of pain].

raça (rrásə) *f.* race; breed [animals]. *2* fig. race. *3* stock.

ració (rrəsió) *f.* ration, portion; serving, helping.

raciocinar (rrəsiusiná) *i.* to reason.

racional (rrəsiunál) *a.* rational; reasonable, sensible.

racionalisme (rrəsiunəlízmə) *m.* rationalism.

racionar (rrəsiuná) *t.* to ration out, to dole out. *2* to ration.

racó (rrəkó) *m.* corner; nook. *2* scrap; stuff. *4* savings.

raconer, -ra (rrəkuné, -rə) *a.* corner [piece of furniture]. ▪ *2 f.* corner dresser; corner cupboard.

radar (rrəðár) *m.* radar.

radi (rráði) *m.* GEOM., ANAT. radius. *2* CHEM. radium. *3* spoke [of wheel]. *4* range. *5* ***~ d'acció,*** sphere of jurisdiction.

radiació (rrəðiəsió) *f.* radiation. *2* RADIO broadcasting.

radiar (rrəðiá) *i.* to radiate; to irradiate. ▪ *2 t.* to broadcast.

radical (rrəðikál) *a.* radical. *2* GRAMM., MATH. root.

radicar (rrəðiká) *t.* to lie [difficulty, problem, etc.]. *2* to be (located).

ràdio (rráðiu) *f.* radio, wireless. *2* radio (set). *3* wireless message.

radioactivitat (rrąðiuəktiβitát) *f.* radioactivity.

radiodifusió (rrąðiuðifuzió) *f.* broadcasting.

radiografia (rrąðiuɣrəfíə) *f.* radiography. *2* radiograph, X-ray.

radiograma (rrəðiuɣrámə) *m.* radiograph, X-ray. *2* wireless message.

radionovela (rrąðiunuβɛ́lə) *f.* radio serial.

radiooient (rrąðiuujén) *a., m.-f.* listener.

radioscòpia (rrąðiuskɔ́piə) *f.* radioscopy.

radioteràpia (rrąðiutərápiə) *f.* radiotherapy.

ràfec (rráfək) *m.* ARCH. eaves; gable-end.

ràfega (rráfəɣə) *f.* gust [of wind]. *2* flash. *3* burst [of shots].

1) rai (rraĭ) *m.* NAUT. raft.

2) rai (rraĭ) ***això ~,*** no problem, (that's) easily done.

raig (rratʃ) *m.* ray [also fig.]; beam. || ***~ de sol,*** sunbeam, ray of sunlight. *2* jet; squirt [of liquid]. || ***beure a ~,*** to drink a jet [wine, water, etc]. *3* ***a ~ fet,*** in abundance, in plenty. || ***un ~ de,*** a stream of; tons of.

rail (rrəil) *m.* rail.

raïm (rrəim) *m.* grape, grapes. *2* bunch, cluster.

raió (rrəió) *m.* TEXT. rayon.

rajà (rrəʒá) *m.* rajah.

rajar (rrəʒá) *i.* to spout, to gush (out). *2* fig. to pour out, to flow. *3* ***la font no raja,*** the fountain doesn't work.

rajol (rrəʒɔ́l) *m.* See RAJOLA.

rajola (rrəʒɔ́lə) *f.* (floor) tile. || ***~ de València,*** painted tile. || ***~ de xocolata,*** block or piece of chocolate.

rajolí (rrəʒulí) *m.* trickle, thin stream [of liquid].

ral (rral) *m.* ant. coin worth 25 cents [one quarter of a peseta]. || ***no tenir un ~,*** not to have a penny.

ralinga (rrəliŋgə) *f.* NAUT. bolt rope [of a sail].
rall (rraʎ) *m.* (BAL.), (ROSS.) See XERRAMECA.
ram (rram) *m.* branch [also fig.]. *2* bunch [of flowers, herbs]. *3* ***ésser del ~ de l'aigua,*** to be a homosexual.
rama (rámə) *f.* twig. *2* branches, twigs.
ramader, -ra (rrəməðé, -rə) *a.* cattle, stock. ▪ *2 m.-f.* stockbreeder, (USA) rancher.
ramaderia (rrəməðəriə) *f.* cattle raising, stockbreeding.
ramat (rrəmát) *m.* herd, flock.
rambla (rrámblə) *f.* stream bed, watercourse. *2* silt. *3* avenue; promenade.
ramificació (rrəmifikəsió) *f.* ramification.
ramificar-se (rrəmifikársə) to branch out, to ramify.
Ramon (rrəmón) *pr. n. m.* Raymond.
rampa (rrámpə) *f.* ramp; incline, slope. *2* cramp.
rampell (rrəmpéʎ) *m.* whim, (sudden) urge.
rampinyar (rrəmpiɲá) *t.* to steal; to get away with.
rampoina (rrəmpɔ̀ĭnə) *f.* (piece of) junk, rubbish. *2* fig. rabble, trash.
ran (rrán) *adv.* See ARRAN.
ranci, -ància (rránsi, -ánsiə) *a.* rancid, stale. *2* old, mellow [wine]. *3* mean, stingy.
rancor (rrəŋkó) *m.* bitterness, rancour; resentment.
rancorós, -osa (rrəŋkurós, -ózə) *a.* resentful. *2* spiteful, nasty.
rancúnia (rrəŋkúniə) *f.* spite; rancour.
randa (rrándə) *f.* lace (trinning). || ***contar fil per ~,*** to give a run-down, to tell in detail.
ranera (rrənérə) *f.* rasp, rattle [in breathing].
rang (raŋ) *m.* rank; standing.
ranura (rrənúrə) *f.* groove; slot.
ranxo (rránʃu) *m.* ranch, farm. *2* mess, communal meal.
raó (rrəó) *f.* reason; sense. || ***perdre la ~,*** to lose one's reason. *2* reason, motive. || ***demanar ~,*** to ask for an explanation or information. *3* right. || ***donar la ~ (a algú),*** to say (someone) is right. || ***tenir ~,*** to be right. *4 pl.* reasons, arguments. *5* ***~ social,*** trade name, firm name.
raonar (rrəuná) *i.* to reason. ▪ *2 t.* to reason out; to give reasons for.
rapaç (rrəpás) *a.* predatory; of prey [bird]. *2* rapacious, greedy.
rapar (rrəpá) *t.* to crop; to shave.
rapè (rrəpέ) *m.* snuff.
ràpid, -da (rrápit, -ðə) *a.* fast, quick, rapid; swift. ▪ *2 m.* rapids *pl. 3* RAIL. express (train).
rapidesa (rrəpiðέzə) *f.* rapidity, speed; swiftness.
rapinyar (rrəpiɲá) *t.* to steal; to snipe; to snatch.
rapsòdia (rrəpsɔ́ðiə) *f.* rhapsody.
raptar (rrəptá) *t.* to kidnap, to abduct. *2* to seize, to snatch.
rapte (rráptə) *m.* kidnapping, abduction.
raptor, -ra (rrəptó, -rə) *m.* kidnapper, abductor.
raqueta (rrəkέtə) *f.* racquet, racket.
raquis (rrákis) *m.* ANAT., BOT. rachis.
raquitisme (rrəkitizmə) *m.* MED. rickets, rachitis.
rar, -ra (rrár, -rə) *a.* rare, uncommon. *2* strange, odd, bizarre; remarkable. *3* eccentric; extravagant.
raresa (rrərέzə) *f.* rarity. *2* oddity, peculiarity.
ras, -sa (rrəs, -zə) *a.* cropped. *2* smooth; flat, level. || *adv. phr.* ***a ~ de,*** level with, flush with. *3* level [measurement]. *4* ***cel ~,*** clear sky. *5* ***soldat ~,*** private. ▪ *6 m.* plateau.
rasa (rrázə) *f.* ditch. *2* trench, drainage channel.
rasar (rrəzá) *i.-t.* to skin, to graze.
rascada (rrəskáðə) *f.* scratch.
rascar (rrəská) *t.* to scratch; to scrape.
rascle (rrásklə) *m.* AGR. rake; harrow.
raspa (rráspə) *f.* rasp, file.
raspall (rrəspáʎ) *m.* brush: ***~ de dents,*** toothbrush.
raspallar (rrəspəʎá) *t.* to brush. *2* fig. to butter up.
raspament (rrəspəmén) *m.* MED. scrape, scraping.
raspar (rrəspá) *t.* to rasp, to file; to scratch. *2* to scrape.
rasqueta (rrəskέtə) *f.* scraper, rasp.
rastre (rrástrə) *m.* track, trail. *2* trace.
rastrejar (rrəstrəʒá) *t.* to track, to trail. *2* to dredge, to drag; to trawl.
rasurar (rrəzurá) *t.* to shave (off).
rata (rrátə) *f.* ZOOL. rat; mouse. *2 m.* fig. tightwad, skinflint.
ratadura (rrətəðúrə) *f.* rat-hole.
ratafia (rrətəfiə) *f.* ratafia.
rata-pinyada (rrətəpiɲáðə) *f.* bat.
ratar (rrətá) *t.* to go rat-hunting. *2* to gnaw (at), to nibble (on).
ratera (rrətérə) *f.* mousetrap.
ratificació (rrətifikəsió) *f.* ratification.
ratificar (rrətifiká) *t.* to ratify.
ratlla (rráʎʎə) *f.* line; scratch. *2* stripe. *3* crease, fold. *4* line (of writing). *5* ***llegir entre ratlles,*** to read between the lines. *6* line, limit. *7* parting [in hair], (USA) part.
ratllar (rrəʎʎá) *t.* to line, to rule lines on.

2 to scratch (out). 3 to grate. 4 (BAL.), (ROSS.) See XERRAR.
ratolí (rrətuli) *m.* mouse.
rat-penat, rata-penada (rrątpənát, rrątəpənáðə) *m.-f.* ZOOL. See RATA-PINYADA.
ratxa (rrátʃə) *f.* gust [of wind]. 2 streak, spell.
ràtzia (rrádziə) *f.* raid, incursion; border-raid.
rauc, -ca (rraŭk, -kə) *a.* hoarse, harsh.
raure (ráurə) *i.* to treat with. 2 to end up. 3 to be staying. 4 to lie. ▲ CONJUG. like ***plaure.***
raval (rrəβál) *m.* suburb.
rave (rráβə) *m.* BOT. radish.
RDA *pr. n. f.* GEOGR. *(República Democràtica Alemanya)* GDR (German Democratic Republic).
re (rrɛ) *m.* MUS. re [musical note]; D.
reabsorbir (rreəpsurβi) *t.* to reabsorb, to resorb.
reacció (rreəksió) *f.* reaction.
reaccionar (rreəksiuná) *i.* to react; to respond.
reaccionari, -ària (rreəksiunári, -áriə) *a., m.-f.* reactionary.
reactor (rreəktó) *m.* reactor. 2 jet, jet plane.
real (rrəál) *a.* real, actual; true.
realçar (rreəlsá) *t.* to raise [value]. 2 to add to; to enhance.
realisme (rreəlizmə) *m.* realism.
realista (rreəlistə) *a.* realistic. ■ 2 *m.-f.* realist.
realitat (rreəlitát) *f.* reality; truth. ■ 2 *adv. phr.* ***en ~,*** in fact, actually.
realització (rreəlidzəsió) *f.* fulfilment; achievement, accomplishment. 2 T.V., CIN. production.
realitzar (rreəlidzá) *t.* to fulfil; to accomplish, to achieve; to carry out. 2 to do; to make. 3 to produce [film, programme, etc.]. 4 *p.* to come true; to be carried out; to occur.
reanimar (rreənimá) *t.* to revive [also fig.]; to encourage, to lift one's spirits.
reaparèixer (rreəpərɛ́ʃə) *i.* to reappear; to recur. ▲ CONJUG. like ***aparèixer.***
rearmar (rreərmá) *t.* to rearm.
rebaixa (rrəβáʃə) *f.* discount, rebate; reduction.
rebaixar (rrəβəʃá) *t.* to lower; to reduce, to cut (off) [price]; to lose [weight]; to lessen [intensity]. 2 to cut down, to humble.
rebatre (rrəβátrə) *t.* to repel; to ward off. 2 fig. to refute, to reject.
rebec, -ca (rrəβɛ́k, -kə) *a.* rebellious, insubordinate; stubborn, difficult.
rebedor (rrəβəðó) *m.* hall [house].
rebel (rrəβɛ́l) *a.* rebellious, insubordinate; rebel. 2 defiant; stubborn. ■ 3 *m.-f.* rebel.
rebel·lar-se (rrəβəlársə) *t.* to revolt, to rebel, to rise. 2 to feel or show indignance.
rebel·lió (rrəβəlió) *f.* revolt, rebellion; uprising.
rebentar (rrəβəntá) *i.* to burst [also fig.], to explode, to die [of laughing]. ■ 2 *t.* to burst, to explode. 3 to exhaust; to flog. 4 to annoy; to rile. 5 to criticize; to tell off.
rebequeria (rrəβəkəriə) *f.* stubbornness; disobedience. 2 tantrum, fit of temper.
rebesavi, -àvia (rrəβəzáβi, -áβiə) *m.* great-great-grandfather. 2 *f.* great-great-grandmother.
reblanir (rrəβləni) *t.* to soften [also fig.]; to soften up.
reble (rrɛ́bblə) *m.* gravel; rubble. 2 LIT. padding.
rebobinar (rrəβuβiná) *t.* to rewind.
rebolcar (rrəβulká) *t.* to overturn; to knock down. ■ 2 *p.* to turn over and over; to roll about.
rebombori (rrəβumβɔ́ri) *m.* bedlam, uproar, hullabaloo. 2 riot, uprising.
rebost (rrəβɔ́s(t)) *m.* larder, (USA) pantry. 2 food supply.
rebot (rrəβót) *m.* rebound, bounce. ‖ ***de ~,*** on the rebound.
rebotar (rrəβutá) *i.* to rebound, to bounce (back). ■ 2 *t.* to bounce off, to throw at.
rebotiga (rrəβutiγə) *f.* back room.
rebotre (rrəβótrə) *i.* See REBOTAR.
rebre (rrɛ́βrə) *t.* to take (on); to catch. 2 to receive; to welcome, to entertain. 3 to greet; to await. 4 to receive, to get: ***~ un cop de puny,*** to receive a punch. ▲ CONJUG. INDIC. Pres.: ***reps, rep.***
rebregar (rrəβrəγá) *t.* to squeeze; to crush; to crumple.
rebrot (rrəβrót) *m.* shoot, sprout; new growth.
rebrotar (rrəβrutá) *i.* to sprout, to shoot.
rebuda (rrəβúðə) *f.* reception, welcome. 2 receipt.
rebuf (rrəβúf) *m.* rebuff; retort.
rebufar (rrəβufá) *i.* to blow [strong wind]. 2 to recoil; to peel off [paint].
rebuig (rrəβútʃ) *m.* refusal, rejection. 2 refuse. 3 waste; left-overs. 4 scraps, left-overs, junk.
rebut (rrəβút) *m.* receipt.
rebutjar (rrəβudʒá) *t.* to refuse; to reject, to turn down.
rec (rrek) *m.* irrigation ditch or channel.
recalar (rrəkəlá) *i.* MAR. to sight land. 2 to reach port.
recalcar (rrəkəlká) *t.* to emphasize, to stress. ■ 2 *i.* to lean; to list [ship].

recambra (rrəkámbrə) *f.* side room; dressing room. *2* breech, chamber [of gun].
recança (rrəkánsə) *f.* regret.
recanvi (rrəkámbi) *m.* changing over, refilling. *2* spare: ***peça de ~,*** spare part.
recapitular (rrəkəpitulá) *t.* to recapitulate; to sum up.
recaptació (rrəkəptəsió) *f.* collection. *2* collection; takings, income.
recaptar (rrəkəptá) *t.* to collect, to take in. *2* to obtain by entreaty.
recapte (rrəkáptə) *m.* provisions. *2* food.
recar (rrəká) *i.* to grieve, to distress. || ***ara li reca de no haver vingut,*** now he regrets not having come.
recàrrec (rrəkárrək) *m.* extra charge, surcharge. *2* increase [in taxes, fees, etc.].
recarregar (rrəkərrəγá) *t.* to recharge [battery]; to reload. *2* to put an additional charge on, to increase.
recaure (rrəkáŭrə) *i.* to suffer a relapse. *2* to backslide, to fall back. *3* to fall upon, to fall to. *4* to weigh on or upon, to bear on. ▲ CONJUG. like ***caure.***
recel (rrəsέl) *m.* suspicion; apprehension, fear.
recelar (rrəsəlá) *i.* to suspect; to fear, to be apprehensive.
recensió (rrəsənsió) *f.* recension.
recent (rrəsén) *a.* recent; new.
recepció (rrəsəpsió) *f.* reception.
recepta (rrəséptə) *f.* MED. prescription. *2* COOK. recipe.
receptacle (rrəsəptáklə) *m.* receptacle, container; holder.
receptar (rrəsəptá) *t.* MED. to prescribe.
receptor (rrəsəptó) *a.* receiving. ■ *2 m.* receiver.
recer (rrəsé) *m.* shelter, refuge. || ***a ~ de,*** sheltered from, protected from.
recercar (rrəsərká) *t.* to look for again. *2* to research; to look into.
recés (rrəsés) *m.* retreat. *2* backwater. ▲ *pl.* ***recessos.***
reciclar (rrəsiklá) *t.* to recycle.
recinte (rrəsíntə) *m.* precint, enclosure.
recipient (rrəsipién) *m.* container, receptacle. || ***~ amb tapadora,*** bin.
recíproc, -ca (rrəsípruk, -kə) *a.* reciprocal, mutual.
recital (rrəsitál) *m.* recital.
recitar (rrəsitá) *t.* to recite.
recitat (rrəsitát) *m.* recitation [of poetry].
reclam (rrəklám) *m.* call. *2* COMM. advertisement. *3* fig. inducement; lure.
reclamació (rrəkləməsió) *f.* claim; demand. *2* complaint. || ***llibre de ~s,*** complaints book.
reclamar (rrəkləmá) *t.* to claim; to demand. ■ *2 i.* to make a claim. *3* to complain, to make a complaint; to protest.
reclinar (rrəkliná) *t.* to lean; to recline (*sobre,* on).
recloure (rrəklɔ́urə) *t.* to confine, to shut up. ▲ CONJUG. like ***cloure.***
reclús, -usa (rrəklús, -úzə) *a.* in prison, imprisoned. ■ *2 m.-f.* prisoner, convict.
reclusió (rrəkluzió) *f.* confinement, reclusion. *2* imprisonment.
recluta (rrəklútə) *m.* recruit [esp. army].
reclutar (rrəklutá) *t.* to recruit; to sign up. *2* MIL. to recruit; to enlist.
recobrar (rrəkuβrá) *t.* to recover, to regain; to get back.
recobrir (rrəkuβrí) *t.* to cover, to coat (*amb,* with) [esp. paint]. ▲ CONJUG. P. P.: ***recobert.***
recol·lectar (rrəkuləktá) *t.* to harvest, to gather in [crops].
recol·lecció (rrəkuləksió) *f.* gathering [of fruit, mushrooms, etc.]. *2* harvesting [cereal crops]; picking [fruit] [act].
recollir (rrəkuʎí) *t.* to collect, to gather. *2* to pick up, to collect: ***et recolliré demà a les 10,*** I'll pick you up at 10 tomorrow. *3* to take in [needy person]. ■ *4 p.* to withdraw, to retire [to meditate].
recolzament (rrəkolzəmén) *m.* support [also fig.]. *2* fig. backing.
recolzar (rrəkulzá) *t.* to lean, to rest (*a/ sobre,* on/against); to support [also fig.]. *2* fig. to back. ■ *3 i.* ***~ sobre,*** to lean on; to rest on [also fig.]. ■ *4 p.* to lean back. *5* fig. to base oneself, to be based (*en,* on).
recomanació (rrəkumənəsió) *f.* recommendation. || ***carta de ~,*** letter of introduction.
recomanar (rrəkuməná) *t.* to recommend. *2* to suggest; to advise.
recompensa (rrəkumpέnsə) *f.* reward.
recompensar (rrəkumpənsá) *t.* to reward (*per,* for).
recomptar (rrəkumtá) *t.* to count (up) again. *2* to count carefully.
recompte (rrəkómtə) *m.* recount. *2* inventory.
reconciliació (rrəkunsiliəsió) *f.* reconciliation.
reconciliar (rrəkunsiliá) *t.* to reconcile. ■ *2 p.* to become or be reconciled.
recòndit, -ta (rrəkɔ́ndit, -tə) *a.* recondite, hidden.
reconeixement (rrəkunəʃəmén) *m.* recognition. *2* acknowledgement; gratitude. *3* examination. || ***~ mèdic,*** check-up.
reconèixer (rrəkunέʃə) *t.* to recognise. *2* to acknowledge; to be grateful for. *3* to examine, to inspect.

reconfortar (rrəkumfurtá) *t.* to comfort, to cheer.
reconquerir (rrəkuŋkəri) *t.* to reconquer [land]; to recapture [town].
reconquesta (rrəkuŋkéstə) *f.* reconquest.
reconquista (rrəkuŋkistə) *f.* See RECONQUESTA.
reconquistar (rrəkuŋkistá) *t.* See RECONQUERIR.
reconsiderar (rrəkunsiðərá) *t.* to reconsider, to think over again.
reconstitució (rrəkunstitusió) *f.* reconstitution.
reconstituent (rrəkunstituén) *a.-m.* restorative. *2 m.* tonic.
reconstituir (rrəkunstitui) *t.* to reconstitute.
reconstrucció (rrəkunstruksió) *f.* reconstruction, rebuilding.
reconstruir (rrəkunstrui) *t.* to reconstruct, to rebuild.
reconvenir (rrəkumbəni) *t.* LAW to counterclaim. ▲ CONJUG. like ***abstenir-se.***
recopilar (rrəkupilá) *t.* to collect (up, together); to compile.
recopilació (rrəkupiləsió) *f.* collection; compilation.
record (rrəkɔ́rt) *m.* memory, recollection. *2* souvenir; memento; keepsake. *3 pl.* regards: ***dona-li ~s de part meva,*** give him my regards, remember me to him. ‖ ***molts ~s,*** best wishes, regards [at end of letter].
rècord (rrɛ́kor) *m.* record [esp. in sport].
recordança (rrəkurðánsə) *f.* commemoration; memory.
recordar (rrəkurðá) *t.* to remember, to recall. *2* to remind. ▪ *3 p.* ***~-se de,*** to recall, to remember.
recordatori (rrəkurðətɔ́ri) *m.* reminder, memento.
recorregut (rrəkurrəγút) *m.* journey; run.
recórrer (rrəkórrə) *i.* ***~ a,*** to have recourse to, to turn to [person]. *2* LAW to appeal, to lodge an appeal. ▪ *3 t.* to travel or journey over [area, region, etc.]; to travel [distance].
recrear (rrəkreá) *t.* to please; to delight. ▪ *2 p.* to enjoy oneself.
recreatiu, -iva (rrəkreətiŭ, -iβə) *a.* entertaining; amusing. ‖ ***sala ~,*** amusement arcade or hall.
recriminació (rrəkriminəsió) *f.* reproach, recrimination.
recriminar (rrəkriminá) *t.* to countercharge. *2* to reproach, to recriminate.
rectangle (rrəktáŋglə) *m.* rectangle.
rectangular (rrəktəŋgulá(r)) *a.* rectangular.
recte, -ta (rrɛ́ktə, -tə) *a.* straight, direct, unswerving. ‖ ***tot ~,*** straight on, straight ahead. *2* fig. honourable, honest. ▪ *3 m.* ANAT. rectum. *4 f.* straight line.
rectificació (rrəktifikəsió) *f.* rectification, correction.
rectificar (rrəktifikə̀) *t.* to rectify, to correct. *2* to change, to mend [one's ways, behaviour].
rectilini, -ínia (rrəktilini, -iniə) *a.* rectilinear.
rectitud (rrəktitút) *f.* straightness. *2* fig. honesty, uprightness.
rector, -ra (rrəktó, -rə) *a.* governing; guiding. ▪ *2 m.* ECCL. rector, parish priest. *3* rector; vice-chancellor [of university].
rectorat (rrəkturát) *m.* rector's office [in university].
rectoria (rrəkturiə) *f.* ECCL. rectory.
recuit (rrəkúĭt) *m.* COOK. kind of cottage cheese.
recular (rrəkulá) *i.* to back (away); to go back; to fall back.
recull (rrəkúʎ) *m.* compilation, collection.
reculons (a) (rrəkulóns) *adv. phr.* backwards.
rècula (rrɛ́kulə) *f.* line [of persons], train [of animals].
recuperació (rrəkupərəsió) *f.* recovery.
recuperar (rrəkupərá) *t.* to recover; to retrieve. *2* to make up [lost time]. *3* to reclaim; to re-cycle [waste]. ▪ *4 p.* to recover (*de,* from) [illness, set-back].
recurs (rrəkúrs) *m.* recourse, resort. *2* LAW appeal. *3 pl.* means; resources.
recusar (rrəkuzá) *t.* to reject. *2* LAW to challenge [jury person; allegation].
redacció (rrəðəksió) *f.* writing; essay, composition. *2* editorial staff. *3* editor's office.
redactar (rrəðəktá) *t.* to write down; to draw up; to compose [letter].
redactor, -ra (rrəðəktó, -rə) *m.-f.* writer. *2 m.* editor. *3 f.* woman editor.
redempció (rrəðəmsió) *f.* redemption.
redemptor, -ra (rrəðəmtó, -rə) *a.* redeeming. ▪ *2 m.-f.* redeemer.
redimir (rrəðimi) *t.* to redeem [also fig.]. *2* to ransom.
rèdit (rrɛ́ðit) *m.* ECON. yield, return [on capital].
redó, -ona (rrədó, -ónə) *a.* (BAL.), (VAL.) See RODÓ.
redoblar (rrəðubblá) *t.-i.* to redouble; to intensify. *2 i.* to beat a roll [on drum].
redolta (rrəðɔ́ltə) *f.* BOT. vine shoot.
redós (rrəðós) *m.* shelter; refuge.
redreçar (rrəðrəsá) *t.* to straighten (out, up); to stand up.
reducció (rrəðuksió) *f.* reduction, lessen-

ing, decrease; slackening (off). *2* setting [of bones].
reducte (rrəðúktə) *m.* redoubt, stronghold.
reduir (rrəðuí) *t.* to reduce, to lessen. *2* to put down [revolt]. ▪ *3 p.* **~-se a,** to be reduced to, to come down to.
reduït, -ïda (rrəðuít, -íðə) *a.* diminished, reduced. *2* small, limited [quantity].
redundància (rrəðunðánsiə) *f.* superfluity, excess; redundance.
reeixir (rrəəʃí) *i.* to succeed, to be successful. ▲ CONJUG. like ***eixir.***
reelecció (rrəələksió) *f.* re-election.
reemborsar (rrəəmbursá) *t.* See REEMBOSSAR.
reembossar (rrəəmbusá) *t.* to refund [expenses, deposit]; to return, to pay back [deposit]; to reimburse.
reemplaçar (rrəəmpləsá) *t.* to replace; to substitute.
refectori (rrəfəktɔ́ri) *m.* refectory [esp. in monastery].
refer (rrəfé) *t.* to redo, to do again. ‖ **~ *camí,*** to retrace one's steps. *2* to mend, to repair; to do up. ▪ *3 p.* to regain, to recover [one's health, strength]. ▲ CONJUG. like ***desfer.***
referència (rrəfərɛ́nsiə) *f.* reference. ‖ ***punt de ~,*** point of reference.
referèndum (rrəfərɛ́ndum) *m.* referendum.
refermar (rrəfərmá) *t.* to strengthen, to consolidate. ▪ *2 p.* to reaffirm [viewpoint].
refet, -ta (rrəfét, -tə) *a.* robust, well-built [person]. *2* restored to health, recovered.
refiar-se (rrəfiársə) *p.* **~ *de,*** to rely on.
refiat, -ada (rrəfiát, -áðə) *a.* confident; trusting.
refilar (rrəfilá) *i.* to chirp, to twitter; to trill; to warble [birds].
refilet (rrəfilɛ́t) *m.* chirping, twittering; trilling; warbling [birds].
refinament (rrəfinəmén) *m.* refinement.
refinar (rrəfiná) *t.* to refine [also fig.]. *2* fig. to make more cultured [person].
refineria (rrəfinəríə) *f.* refinery.
reflectir (rrəfləktí) *t.-p.* to reflect [also fig.]. *2* fig. to mirror.
reflector, -ra (rrəfləktó, -rə) *a.* reflecting, reflective. ▪ *2 m.* spotlight. *3* MIL. searchlight. *4* NAUT. rear reflector.
reflex, -xa (rrəflɛ́ks, -ksə) *a.* reflex [action]. ▪ *2 m.* reflection, mirroring [also fig.].
reflexió (rrəfləksió) *f.* reflection, thinking over. *2* conclusion [on reflection].
reflexionar (rrəfləksiuná) *t.* to reflect, to think over; to meditate on.
reflexiu, -iva (rrəfləksíŭ, -íβə) *a.* thoughtful. *2* GRAMM. reflexive.
reflux (rrəflúks) *m.* ebb.
refondre (rrəfóndrə) *t.* to re-melt; to resmelt [metals]; to recast [things]. *2* to rewrite [piece of work]. ▲ CONJUG. like ***confondre.***
reforç (rrəfɔ́rs) *m.* reinforcement. *2* fig. assistance, aid.
reforçant (rrəfursán) *a.-m.* MED. restorative. *2 a.* strengthening, invigorating; pepup [pills].
reforçar (rrəfursá) *t.* to strengthen. *2* to reinforce.
reforma (rrəfórmə) *f.* reform. *2 pl.* repairs; alterations.
reformar (rrəfurmá) *t.* to reform; to modify, to alter. *2* to mend; to improve.
reformatori (rrəfurmətɔ́ri) *m.* reformatory.
refractar (rrəfrəktá) *t.-p.* to refract.
refractari, -ària (rəfrəktári, -áriə) *a.* refractory [also fig.]. *2* fig. awkward; obstinate, stubborn.
refrany (rrəfráɲ) *m.* proverb, saying.
refredar (rrəfrəðá) *t.* to chill; to cool. *2* to give a cold to [person]. ▪ *3 p.* to catch a cold.
refredat (rrəfrəðát) *m.* cold.
refrenar (rrəfrəná) *t.* to restrain, to check. *2* to rein back [horse].
refresc (rrəfrɛ́sk) *m.* refreshment [drink].
refrescar (rrəfrəská) *t.-i.* to cool (down).
refrigeració (rrəfriʒərəsió) *f.* refrigeration; cooling. *2* cooling system or plant.
refrigerar (rrəfriʒərá) *t.* to cool; to refrigerate.
refrigeri (rrəfriʒɛ́ri) *m.* snack.
refugi (rrəfúʒi) *m.* shelter; refuge.
refugiar (rrəfuʒiá) *t.* to shelter. *2 t.* to give shelter to. *3 p.* to take refuge.
refulgir (rrəfulʒí) *i.* to shine.
refusar (rrəfuzá) *t.* to refuse, to turn down; to despise.
refutar (rrəfutá) *t.* to refute.
reg (rrek) *m.* irrigation; watering.
regadiu (rrəɣəðíŭ) *m.* irrigated or irrigable land.
regadora (rrəɣəðórə) *f.* watering can.
regal (rrəɣál) *m.* present.
regalar (rrəɣəlá) *t.* to give [as present]; to present. ▪ *2 i.* to run; to drip [liquids].
regalèssia (rrəɣəlɛ́siə) *f.* liquorice [plant].
regalim (rrəɣəlím) *m.* rivulet, drip [water, sweat, etc.].
regar (rrəɣá) *t.* to irrigate; to water.
regata (rrəɣátə) *f.* groove; small furrow, furrow.
regatejar (rrəɣətəʒá) *t.* to haggle over. *2* fig. to skimp.
regència (rrəʒɛ́nsiə) *f.* regency.
regenerar (rrəʒənərá) *t.* to regenerate.
regeneració (rrəʒənərəsió) *f.* regeneration.

regent (rrəʒén) *a., m.-f.* regent.
regi, ègia (rrέʒi, -έʒiə) *a.* royal [also fig.]. *2* fig. splendid.
regicidi (rrəʒisiði) *m.* regicide.
regidor, -ra (rrəʒiðó, -rə) *a.* POL. town councillor's. ▪ *2 m.-f.* POL. town councillor.
règim (rrέʒim) *m.* régime; rule. *2* MED. diet.
regiment (rrəʒimén) *m.* MIL. regiment. *2* government, administration.
regió (rrəʒió) *f.* region; district.
regional (rrəʒiunál) *a.* regional; district.
regir (rrəʒi) *t.* to rule; to govern. *2* to head, to run [company, business].
regirar (rrəʒirá) *t.* coll. to turn upside down, to mess up.
registrar (rrəʒistrá) *t.* to register; to record.
registre (rrəʒistrə) *m.* registration [act]. *2* register [book]; record.
regla (régglə) *f.* rule; standard, norm. *2* period, menstruation.
reglament (rrəgglәmén) *m.* rules, regulations.
regle (rrégglə) *m.* ruler. *2* rule, regulation.
regna (rréŋnə) *f.* rein.
regnar (rrəŋná) *i.* to reign, to rule; to govern. *2* fig. to reign, to prevail.
regnat (rrəŋnát) *m.* kingdom. *2* reign.
regne (rréŋnə) *m.* kingdom, world [of animals, minerals, etc.].
Regne Unit (réŋnə unit) *pr. n. m.* GEOGR. United Kingdom.
regraciar (rrəγrəsiá) *t.* to thank (*per,* for).
regressió (rrəγrəsió) *f.* regression. *2* fig. backward step.
reguerot (rrəγərɔ́t) *m.* irrigation or drainage ditch.
reguitzell (rrəγidzéʎ) *m.* series, line; stream.
regular (rrəγulá) *a.* average, not outstanding.
regular (rrəγulá) *t.* to regulate, to control.
regularitat (rrəγuləritát) *f.* regularity.
regularitzar (rrəγuləridzá) *t.* to regularize; to put in order.
regust (rrəγús(t)) *m.* after-taste.
rehabilitar (rreəβilitá) *t.* to rehabilitate. *2* to reinstate [in office].
rei (rrei̯) *m.* king.
reial (rrəjál) *a.* royal.
reialesa (rrəjəlέzə) *f.* royalty.
reialme (rrəjálmə) *m.* kingdom.
reimprimir (rrəimprimi) *t.* to reprint. ▲ CONJUG. P. P.: ***reimprès.***
reina (rréi̯nə) *f.* queen.
reincidir (rrəinsiði) *i.* to relapse (*en,* into) [crime, vice, etc.]. *2* to repeat [offence].
reincorporar (rrəiŋkurpurá) *t.* to reincorporate.
reintegrar (rrəintəγrá) *t.* to reintegrate. *2* to restore. ▪ *3 p.* to return to work.
reiterar (rrəi̯tərá) *t.* to reiterate, to repeat.
reivindicació (rrəiβindikəsió) *f.* claim.
reivindicar (rrəi̯βindiká) *t.* to claim; to demand [esp. wage-claims].
reixa (rréʃə) *f.* grille, grating; bars [on window].
reixat (rrəʃát) *m.* grille; railing. *2* iron gate [usu. wrought iron]. *3* SEW. openwork; open-stitch.
rejovenir (rrəʒuβəni) *t.* to rejuvenate, to make young again.
relació (rrələsió) *f.* report, account; narration. *2* relationship, connection. *3* bearing. *4* bond, tie. *5* relationship; acquaintance [between persons]. *6* sexual relations.
relacionar (rrələsiuná) *t.* to relate; to connect. ▪ *2 p.* to be connected (*a,* with).
relat (rrəlát) *m.* narration, account.
relatar (rrələtá) *t.* to relate, to narrate.
relatiu, -iva (rrələtiŭ, -iβə) *a.* relative [all senses].
relaxació (rrələksəsió) *f.* relaxation. *2* relaxing, slackening.
relaxar (rrələksá) *t.* to relax. *2* to slacken.
relegar (rrələγá) *t.* to relegate. *2* to banish.
religió (rrəliʒió) *f.* religion.
relíquia (rrəlikiə) *f.* REL. relic. *2* remains.
rella (rέʎə) *f.* blade [of plough].
relleu (rrəʎéŭ) *m.* ART relief, raised work; embossing [leather]. ‖ ***baix ~,*** bas-relief. *2* fig. emphasis, stress; importance.
rellevant (rrəʎəβán) *a.* eminent, excellent.
rellevar (rrəʎəβá) *t.* to take over from, to relieve [someone at work, in office, etc.].
relligar (rrəʎiγá) *t.* to tie up again. *2* to frame.
relliscada (rrəʎiskáðə) *f.* slip [also fig.]; stumble. *2* fig. oversight; error.
relliscar (rrəʎiská) *i.* to slip; to skid.
rellogar (rrəʎuγá) *t.* to sublet.
rellotge (rrəʎɔ́dʒə) *m.* clock; watch.
rellotgeria (rrəʎudʒəriə) *f.* watchmaker's.
rem (rrεm) *m.* oar.
remar (rrəmá) *i.* to row.
remarca (rrəmárkə) *f.* remark; comment.
remarcar (rrəmərká) *t.* to mark again. *2* to notice; to remark or comment on.
rematar (rrəmətá) *t.* to finish off [kill]. *2* to complete [job], to conclude [deal, negotiations].
remei (rrəmέi) *m.* remedy.
rememorar (rrəməmurá) *t.* to recall, to evoke.
remenar (rrəməná) *t.* to move or shift around; to stir; to shake. ‖ fig. ~ ***les ci-***

reres, to be in charge, to have the last word.
remesa (rrəmέzə) *f.* remittance; shipment, consignment.
remetre (rrəmέtrə) *t.* to remit, to send. *2* COMM. to ship, to consign. *3* to refer [book reference]. *4* to remit, to pardon. ■ *5 i.* to remit, to abate, to slacken (off). ■ *6 p.* *~'s a,* to keep or stick to [norms, rules]. ▲ CONJUG. P. P.: *remès.*
reminiscència (rrəminisέnsiə) *f.* reminiscence.
remissió (rrəmisió) *f.* remission [of sins, sentence].
remitent (rrəmitén) *m.-f.* sender.
remolatxa (rrəmulátʃə) *f.* BOT. beetroot.
remolc (rrəmólk) *m.* towing [act]. *2* trailer; caravan. *3* cable; tow-rope.
remolcar (rrəmulká) *t.* to tow.
remolí (rrəmulí) *m.* whirl [also fig.]. *2* whirlpool; eddy.
remor (rrəmó) *f.* murmur [people; waves]; rumble [waves; thunder].
remordiment (rrəmurðimén) *m.* remorse.
remot, -ta (rrəmɔ́t, -tə) *a.* remote, distant, far-away.
remoure (rrəmɔ́ŭrə) *t.* to move or shift about or around. *2* to move (away), to shift, to remove. ▲ CONJUG. like *moure.*
remugant (rrəmuɣán) *m. pl.* ZOOL. ruminant.
remugar (rrəmuɣá) *t.* to ruminate [also fig.]. *2* to chew [cud].
remull (rrəmúʎ) *m.* soaking, drenching; steeping. ‖ *deixar en ~,* to leave to soak [clothes].
remullar (rrəmuʎá) *t.* to soak, to drench; to steep.
remuneració (rrəmunərəsió) *f.* remuneration, pay.
remunerar (rrəmunərá) *t.* to remunerate, to pay.
remuntar (rrəmuntá) *t.* to soar (up) *i.* *2* to go or journey or travel upstream. ■ *3 p.* *~-se a,* to go back to [history].
ren (rrεn) *m.* ZOOL. reindeer.
renaixement (rrənəʃəmén) *m.* rebirth. *2* ART Renaissance.
renaixença (rrənəʃέnsə) *f.* rebirth. *2* LIT. Renaixença [19th century Catalan literary movement].
renàixer (rrənáʃə) *i.* See RENÉIXER.
renal (rrənál) *a.* renal, kidney.
renda (rrέndə) *f.* ECON. yield; income. ‖ *viure de ~,* to live on one's own income [interest from capital, investments, etc.].
rendibilitat (rrəndiβilitát) *f.* profitability.
rendible (rrəndíβlə) *a.* profitable [also fig.].
rendició (rrəndisió) *f.* surrender.
rendiment (rrəndimén) *m.* exhaustion. *2* ECON. yield, income. *3* performance; capacity.
rendir (rrəndí) *t.* to exhaust. *2* ECON. to yield. ■ *3 p.* to surrender.
rendista (rrəndístə) *m.-f.* pensioner. *2* person of independent means.
renec (rrənέk) *m.* blasphemy. *2* curse, oath.
renegar (rrənəɣá) *t.* to deny; to renege; to abjure; to disown. ■ *2 i.* to blaspheme; to curse; to swear.
renegat, -ada (rrənəɣát, -áðə) *a.* apostatic. ■ *2 m.-f.* apostate.
renéixer (rrənéʃə) *i.* to be born again, to be reborn. *2* fig. to revive. ▲ CONJUG. like *néixer.*
RENFE *(«Red Nacional de Ferrocarriles Españoles»)* (Spanish National Railways).
rengle (rrέŋglə) *f.* line, row [of persons, things].
renglera (rrəŋglérə) *f.* See *rengle.*
renill (rrəníʎ) *m.* neigh.
renillar (rrəniʎá) *i.* to neigh.
renom (rrənɔ́m) *m.* renown, fame. *2* nickname.
renou (rrənɔ́ŭ) *m.* bustle; hubbub, din [of people].
renovar (rrənuβá) *t.* to renew; to renovate.
rentadora (rrəntəðórə) *f.* washing machine.
rentamans (rrə̣ntəmáns) *m.* wash bowl, hand bowl, wash basin.
rentaplats (rrə̣ntəpláts) *f.* dish-washer.
rentar (rrəntá) *t.-p.* to wash. *2 p.* to have a wash.
renúncia (rrənúnsiə) *f.* renunciation. *2* abandoning, relinquishment [act].
renunciar (rrənunsiá) *t.* to renounce, to give up. ■ *2 i.* to resign. *3 ~ a fer-ho,* to decide not to do it; to stop doing it.
renyar (rrəɲá) *t.* to reproach, to rebuke, to upbraid. *2* coll. to tell off, to scold [esp. child].
renyina (rrəɲínə) *f.* quarrel.
renyir (rrəɲí) *i.* to quarrel. *2* to fall out with. *3* to fight.
reorganitzar (rrəurɣənidzá) *t.* to reorganise.
reòstat (rreɔ́stət, coll. rrəustát) *m.* ELECTR. rheostat.
repapar-se (rrəpəpársə) *p.* to lounge, to loll [in an armchair, on a sofa, etc.].
repapiejar (rrəpəpiəʒá) *i.* to be senile; to dodder.
reparació (rrəpərəsió) *f.* repair; repairing [act]. *2* compensation; redress, amends.
reparar (rrəpərá) *t.* to mend, to repair. *2* to spot, to notice, to observe. *3* to compensate, to make good. ■ *4 i.* *~ en,* to take heed of; to pay attention to.

repartició (rrəpərtisió) *f.* distribution, division, sharing out.
repartir (rrəpərti) *t.* to share out, to divide up. *2* to distribute.
repàs (rrəpás) *m.* revision; review. *2* meal.
repassar (rrəpəsá) *t.* to revise, to go over again; to review.
repatriar (rrəpətriá) *t.* to repatriate.
repèl (rrəpɛ́l) *m.* ANAT. hangnail. *2* splinter. ***a repèl,*** against the grain [also fig.].
repel·lent (rrəpəlén) *a.* repugnant; repulsive.
repel·lir (rrəpəli) *t.* to repel. *2* fig. to disgust, to be repugnant to.
repeló (rrəpəló) *m.* See REPÈL.
repenjar-se (rrəpənʒársə) *p.* ~ ***en,*** to lean or rest on.
repensar (rrəpənsá) *t.* to think over again, to reconsider. ▪ *2 p.* to change one's mind.
repercussió (rrəpərkusió) *f.* repercussion.
repercutir (rrəpərkuti) *i.* ~ ***en,*** to echo against; to reverberate on. *2* to have repercussions on, to affect.
repertori (rəpərtɔ́ri) *m.* repertory.
repetició (rrəpətisió) *f.* repetition.
repetir (rrəpəti) *t.* to repeat, to say again; to reiterate; to do again.
repetjó (rrəpədʒó) *m.* rise; slope, gradient.
repicar (rrəpiká) *t.* to ring or chime merrily [bells]. *2* poet. to tintin-nabulate.
replà (rrəplá) *m.* landing [stairs]. *2* small plateau, small area of flat ground.
replec (rrəplɛ́k) *m.* fold; crease [clothes]. *2* fold, undulation [land].
replicar (rrəpliká) *i.* to retort, to answer back.
repoblar (rrəpubblá) *t.* to repopulate, to resettle. *2* BOT. to reafforest; to replant.
report (rrəpɔ́r(t)) *m.* report, account.
reportatge (rrəpurtádʒə) *m.* JOURN. report; article [esp. news].
reportar (rrəpurtá) *t.* to bring [benefit, profit]. ▪ *2 p.* to control or restrain oneself.
repòrter (rrəpɔ́rtər) *m.* JOURN. reporter.
repòs (rəpɔ́s) *m.* rest, repose.
reposar (rrəpuzá) *t.* to put back, to replace. ▪ *2 i.* to have a rest, to rest. *3* to settle [liquids].
reprendre (rrəprɛ́ndrə) *t.* to start up again, to restart [activity]. *2* to rebuke, to admonish. *3* to upset [stomach]. ▲ CONJUG. like ***aprendre.***
reprensió (rrəprənsió) *f.* rebuke. *2* coll. telling-off, scolding [esp. child].
represa (rrəprɛ́zə) *f.* restart, recommencement, restarting [act].
represàlia (rrəprəzáliə) *f.* reprisal, retaliation.
representació (rrəprəsəntəsió) *f.* representation. *2* THEATR. performance [esp. of play], acting [of actors].
representant (rəprəzəntán) *a., m.-f.* representative.
representar (rrəprəzəntá) *t.* to represent; to stand for. *2* THEATR. to perform [esp. play]; to play [part, role].
repressió (rrəprəsió) *f.* repression; suppression.
repressiu, -iva (rrəprəsiŭ, -iβə) *a.* repressive.
reprimenda (rrəpriméndə) *f.* rebuke, reprimand.
reprimir (rrəprimi) *t.* to repress, to restrain, to check; to smother [yawn].
reproducció (rrəpruðuksió) *f.* reproduction.
reproduir (rrəpruðui) *t.-p.* to reproduce.
reprotxar (rrəprutʃá) *t.* to reproach, to ubraid, to censure.
reprotxe (rrəprɔ́tʃə) *m.* reproach, upbraiding, censure.
reprovar (rrəpruβá) *t.* to censure, to reprove, to condemn.
reptar (rrəptá) *i.* to slither, to wriggle [snake]. ▪ *2 t.* to challenge. *3* to reproach.
repte (rréptə) *m.* challenge.
rèptil (rrɛ́ptil) *a.* reptile.
república (rrəpúbblikə) *f.* republic.
republicà, -ana (rrəpubbliká, -ánə) *a.* republican.
repudiar (rrəpuðiá) *t.* to repudiate; to disown.
repugnància (rrəpuŋnánsiə) *f.* disgust, loathing (*per,* for), aversion (*per,* to).
repugnar (rrəpuŋná) *i.* to be hateful or loathsome. *2* to disgust, to revolt.
repulsa (rrəpúlsə) *f.* severe reprimand.
repulsió (rrəpulsió) *f.* repulsion [also fig.]. *2* fig. aversion (*per,* to).
repulsiu, -iva (rrəpulsiŭ, -iβə) *a.* disgusting, loathsome, repulsive.
repunt (rrəpunt) *m.* backstitch.
reputació (rrəputəsió) *f.* reputation.
reputar (rrəputá) *t.* to hold, to consider, to deem.
requerir (rrəkəri) *t.* to ask for; to require, to need; to demand.
rèquiem (rrɛ́kiəm) *m.* requiem.
requisar (rrəkizá) *t.* to requisition.
requisit (rrəkizit) *m.* requisite. *2* mouth-watering dish, succulent dish.
rerafons (rrẹrəfóns) *m.* background.
reraguarda (rrẹrəɣwárðə) *f.* MIL. rearguard, rear.
res (rrɛs) *pron.* nothing, not... anything [in negative phrases]: ***no hi ha*** ~ ***aquí,*** there isn't anything here. *2* anything, something

[in questions]: ***vols ~?,*** do you want something? ▪ *3 phr.* ***de ~,*** not at all, you're welcome [replying to thanks]. || ***no hi fa ~,*** it doesn't matter. || ***com aquell qui ~,*** just like that.
resar (rrəzá) *t.* to say [prayer]. *2* to pray *i.*
rescabalar (rrəskəβəlá) *t.* to repay; to compensate [loss].
rescalfar (rrəskəlfá) *t.* to warm up (again), to reheat.
rescat (rrəskát) *m.* rescue; rescuing [act]. *2* ransom.
rescatar (rrəskətá) *t.* to rescue. *2* to ransom.
rescindir (rrəsindí) *t.* LAW to rescind. *2* to cancel.
rescissió (rrəsisió) *f.* LAW rescission. *2* cancellation.
resclosa (rrəsklɔ́zə) *f.* dam; barrage.
resclosir-se (rrəskluzírsə) *p.* to go musty, to smell musty.
reserva (rrəzérβə) *f.* reservation, booking [hotel room, flight, etc.]. *2* secrecy, confidentiality. || ***sense reserves,*** frankly, openly, without reserve. *3* GEOGR. reservation, reserve [tribes]; reserve [nature].
reservar (rrəzərβá) *t.* to reserve, to book [room, flight]. *2* to put by, to reserve.
reservat, -ada (rrəzərβát, -áðə) *a.* reserved, timid, withdrawn [person]. *2* confidential [matter]. ▪ *3 m.* private room [in restaurant].
resguard (rrəzɣwár(t)) *m.* COMM. voucher; slip; receipt.
resguardar (rrəzɣwərðá) *t.* to protect, to shelter.
residència (rrəziðɛ́nsiə) *f.* residence.
residir (rrəzidí) *i.* to reside, to dwell, to live.
residu (rrəzídu) *m.* residue, remainder.
resignació (rrəziŋnəsió) *f.* resignation.
resignar-se (rrəziŋnársə) *p.* to resign oneself (*a,* to).
resina (rrəzínə) *f.* resin.
resistència (rrəzistɛ́siə) *f.* resistance [most senses]. *2* endurance, staying power.
resistent (rrəzistén) *a.* resistant (*a,* to).
resistir (rrəzistí) *i.* to resist (*a,* against), to stand up (*a,* to). ▪ *2 t.* to withstand; to put up with, to endure. ▪ *3 p.* to resist, to refuse; to be reluctant: ***em resisteixo a pensar que és un lladre,*** I'm reluctant to believe he's a thief; I refuse to believe he's a thief.
resoldre (rrəzɔ́ldrə) *t.* to solve [problem]; to sort out [matters]. *2* to decide [issue]. ▲ CONJUG. like ***absoldre.***
resolució (rrəzulusió) *f.* solution [of problem]. *2* decision.
respatler (rrəspəʎʎé) *m.* (VAL.) See RESPATLLER.
respatller (rrəspəʎʎé) *m.* chair back, seat back.
respectable (rrəspəktábblə) *a.* respectable. *2* sizeable, considerable.
respectar (rrəspəktá) *t.* to respect. || ***pel que respecta a,*** as regards, as for.
respecte (rrəspéktə) *m.* respect, consideration, regard. || *prep. phr.* ***~ a,*** regarding, with regard to.
respectiu, -iva (rrəspəktíŭ, -íβə) *a.* respective.
respectuós, -osa (rrəspəktuós, -ózə) *a.* respectful; courteous.
respir (rrəspír) *m.* breathing. *2* coll. breather [also fig.]. *3* respite.
respiració (rrəspirəsió) *f.* breathing; breath.
respirador (rrəspirəðó) *m.* ventilator; vent.
respirar (rrəspirá) *i.-t.* to breathe. *2 i.* fig. coll. to have a breather.
resplendent (rrəspləndén) *a.* gleaming; shining; resplendent [also fig.].
resplendir (rrəspləndí) *i.* to shine, to glow [also fig.].
resplendor (rrəspləndó) *f.* shining, glow, radiance, brilliance.
respondre (rrəspɔ́ndrə) *t.* to answer, to reply. ▪ *2 i.* to respond (*a,* to). *3* to correspond (*a,* to). ▲ CONJUG. GER.: ***responent.*** || P. P.: ***respost.*** || INDIC. Pres.: ***responc.*** || SUBJ. Pres.: ***respongui,*** etc. | Imperf.: ***respongués,*** etc.
responsabilitat (rrəspunsəβilitát) *f.* responsibility. *2* LAW liability; responsibility; accountability.
responsable (rrəspunsábblə) *a.* responsible (*de,* for); accountable (*de,* for). *2* accountable (*davant,* to).
resposta (rrəspɔ́stə) *f.* answer, reply; retort.
ressaca (rrəsákə) *f.* flowing back, receding [of waves, after breaking].
ressagar-se (rrəsəɣársə) *p.* to fall behind; to be left behind.
ressaltar (rrəsəltá) *i.* to project, to jut out. *2* fig. to stand out.
ressec, -ca (rrəsɛ́k, -kə) *a.* dried out, arid. *2* shrivelled (up); skin and bones [person].
ressecar (rrəsəká) *t.-p.* to dry up; to dry out, to dry off.
ressentiment (rrəsəntimén) *m.* resentment, bitterness.
ressentir-se (rrəsəntírsə) *p.* to feel the effects of [blow, injury]; to show the effects of. *2* fig. to be offended, to get upset, to be upset.
ressenya (rrəsɛ́ɲə) *f.* brief account or description, outline account. *2* review [book].

ressenyar (rrəsəɲá) *t.* to describe in brief or in outline, to write a brief account. *2* to review [book].
ressò (rrəsò) *m.* roll, thunder, boom; echo; resonance, reverberation.
ressonància (rrəsunánsiə) *f.* resonance, reverberation, echo(ing). *2* fig. ***tenir ~,*** to have widespread repercussions.
ressonar (rrəsuná) *i.* to resound, to reverberate, to echo.
ressopó (rrəsupó) *m.* high tea, late snack [at night], supper.
ressorgir (rrəsurʒí) *i.* to revive, to reappear.
ressort (rrəsɔ́r(t)) *m.* MECH. spring. *2* means.
ressortir (rrəsurtí) *t.* to project, to jut out, to be prominent. ▲ CONJUG. INDIC. Pres.: ***ressurt.***
ressuscitar (rrəsusitá) *t.* to resuscitate, to revive. *2* fig. to revive, to reappear.
resta (rrέstə) *f.* MATH. subtraction. *2* MATH. remainder. *3* rest, remainder. *4 pl.* left overs, remains.
restabliment (rrəstəbblimén) *m.* re-establishment. *2* MED. recovery, convalescence.
restablir (rrəstəbblí) *t.* to re-establish, to restore. ■ *2 p.* MED. to recover.
restant (rrəstán) *a.* remaining. ■ *2 m.* remainder, rest.
restar (rrəstá) *i.* to stay. *2* to be left; to have left: ***em resten només cent pessetes,*** I've only got one hundred pesetas left. ■ *3 t.* MATH. to subtract.
restauració (rrəstəŭrəsió) *f.* restoration; doing-up.
restaurador, -ra (rrəstəŭrəðó, -rə) *a.* restoring. ■ *2 m.-f.* restorer.
restaurant (rrəstəŭrán) *m.* restaurant.
restaurar (rrəstəŭrá) *t.* to restore; to do up.
restitució (rrəstitusió) *f.* return, restitution.
restituir (rrəstituí) *t.* to return, to restore, to give back.
restrènyer (rrəstrέɲə) *t.* to restrict, to limit. *2* to constipate. ▲ CONJUG. P. P.: ***restret.***
restrenyiment (rrəstrəɲimén) *m.* constipation.
restricció (rrəstriksió) *f.* restriction, limit.
restringir (rrəstrinʒí) *t.* to restrict, to limit.
resultar (rrəzultá) *i.* to turn out, to prove, to be. *2* to be effective; to be a good idea: ***treballar sense cobrar no resulta,*** working for nothing isn't a good idea.
resultat (rrəzultát) *m.* result, effect, upshot, outcome. ‖ ***donar ~,*** to give good results. *2* SP. result.
resum (rrəzúm) *m.* summary, brief outline. *2* abridgement [of book]. *3 adv. phr.* ***en ~,*** in brief, in short.
resumir (rrəzumí) *t.* to summarize. *2* to abridge [story, book, etc.].
resurrecció (rrəzurrəksió) *f.* resurrection.
ret (ret) *m.* hairnet.
retall (rrətáʎ) *m.* remnant, left-over, offcut.
retallar (rrətəʎá) *t.* to cut out [paper figure]; to trim [hair], to cut away, to cut off [excess]. *2* fig. to cut out; to trim, to prune [text].
retaló (rrətəló) *m.* ANAT. back of the heel. ‖ ***a ~,*** breaking down the back of the shoe.
retard (rrətár[t]) delay; lateness. ‖ ***amb ~,*** late [arrival]. *2* ***~ mental,*** backwardness, subnormality.
retardar (rrətərðá) *t.* to postpone, to put off. *2* to slow down, to hold up [movement]. ■ *3 i.* to be or go slow [clock]. ■ *4 p.* to be late.
retaule (rrətáŭlə) *m.* altarpiece, reredos.
retenció (rrətənsió) *f.* retention. *2* COMM. deduction, amount withheld.
retenir (rrətəní) *t.* to retain. *2* COMM. to deduct, to withhold, to hold back. ▲ CONJUG. like ***abstenir-se.***
retentiva (rrətəntíβə) *f.* retentiveness, retention.
reticència (rrətisέnsiə) *f.* reticence, reserve; taciturnity.
reticent (rrətisén) *a.* reticent, withdrawn, uncommunicative, taciturn.
reticle (rrətíklə) *m.* OPT. reticle. *2* reticulum [of cow].
retina (rrətínə) *f.* ANAT. retina.
retir (rrətír) *m.* retirement. *2* pension. *3* retreat [place].
retirada (rrətiráðə) *f.* MIL. retreat. *2* resemblance.
retirar (rrətirá) *t.* to take away, to remove, to withdraw. ■ *2 p.* to go away, to leave. *3* to retire (*de,* from) [job]. *4* to withdraw, to retire [into reclusion]. ■ *5 i.* to be like (*a,* —), to resemble (*a,* —).
retocar (rrətuká) *t.* to amend; to correct. *2* to touch up [painting, decorations].
rètol (rrέtul) *m.* sign; placard. *2* label; inscription.
retolar (rrətulá) *t.* to label [objects]; to put a sign (up) on [buildings]. *2* to inscribe; to head [document].
retop (rrətóp) *m.* rebound, bounce (back). ‖ *adv. phr.* ***de ~,*** on the rebound [also fig.].
retorçar (rrətursá) *t.* See RETÒRCER.
retòrcer (rrətɔ́rsə) *t.* to twist, to distort [also fig.]. *2* to wring (out) [wet clothes].
retòric, -ca (rrətɔ́rik, -kə) *a.* rhetorical. ■ *2 f.* rhetoric.

retorn (rrətórn) *m.* return, coming back.
retornar (rrəturná) *t.* to return, to give back. *2* to bring back to life or consciousness. ▪ *3 i.* to come back, to return.
retracció (rrətrəksió) *f.* retraction.
retractor (rrətrəktá) *t.-p.* to withdraw. *2 t.* to retract [claws; statement, words, etc.].
retràctil (rrətráktil) *a.* retractable.
retransmetre (rrətrənzmétrə) *t.* to broadcast live; to retransmit.
retrat (rrətrát) *m.* portrait, likeness.
retratar (rrətrətá) *t.* to portray [also fig.]. *2* fig. to depict.
retre (rrétrə) *t.* to return, to give back. *2* to render [homage]. *3* to yield, to produce [profits].
retret (rrətrét) *m.* reproach, censure. *2* coll. telling-off.
retreure (rrətréŭrə) *t.* to reproach. *2* coll. to tell off: ***em va ~ el meu retard,*** she told me off for being late. ▴ CONJUG. like ***treure.***
retribució (rrətriβusió) *f.* pay, payment. *2* reward [for service done].
retribuir (rrətriβui) *t.* to pay for. *2* to reward [for service done].
retroactiu, -iva (rrətruəktiŭ, -iβə) *a.* retroactive. ‖ ***donar efecte ~,*** to backdate.
retrocedir (rrətrusəði) *i.* to go back, to retrace one's steps.
retrocés (rrətrusés) *m.* set-back. *2* withdrawal, backing away, retreat. *3* recoil [gun].
retrògrad, -da (rrətrɔ́γrət, -ðə) *a.* retrograde, retrogressive.
retrospectiu, -iva (rrətruspəktiŭ, -iβə) *a.* retrospective.
retrovisor (rrətruβizó) *m.* AUTO. driving mirror.
retruc (rrətrúk) *m.* tap, knock. ‖ *adv. phr.* ***de ~,*** on the rebound [also fig.].
retruny (rrətrúɲ) *m.* roll, boom, reverberation, rumble; echo.
retxa (rrétʃə) *f.* (BAL.) See RATLLA.
retxillera (rrətʃiʎérə) *f.* (BAL.) See ESCLETXA.
reu, rea (rréu, -rréə) *a.* LAW of the accused. ▪ *2 m.-f.* LAW accused.
reüll (de) (rrəúʎ) *adv. phr.* out of the corner of one's eye.
reuma (rréŭmə) *m.* MED. rheumatism.
reumàtic, -ca (rrəumátik, -kə) *a.* rheumatic. ▪ *2 m.-f.* person suffering from rheumatism.
reumatisme (rrəŭmətizmə) *m.* rheumatism.
reunió (rrəŭnió) *f.* meeting; gathering.
reunir (rrəuni) *t.* to gather, to assemble, to collect. ▪ *2 p.* to meet, to gather.
revalidar (rrəβəliðá) *t.* to confirm, to ratify; to recognise [diploma; record].
revalorar (rrəβəlurá) *t.* to revalue.
revelació (rrəβələsió) *f.* revelation, disclosure.
revelar (rrəβəlá) *t.* to reveal; to disclose. *2* PHOTO. to develop [film].
revendre (rrəβéndrə) *t.* to retail, to resell. *2* to tout [tickets]. ▴ CONJUG. like ***vendre.***
revenja (rrəβénʒə) *f.* revenge, vengeance.
revenjar-se (rrəβənʒársə) *p.* to get revenge, to revenge oneself. *2* coll. to get one's own back.
reverberar (rrəβərβərá) *i.* to reverberate, to reflect (off). ▪ *2 t.* to reflect.
reverència (rrəβərésiə) *f.* reverence, respect, awe. *2* curtsy, bow.
reverend, -da (rrəβərén, -ðə) *a.* respected. *2* REL. reverend.
revers (rrəβérs) *m.* back, reverse, other side.
reversible (rrəβərsibblə) *a.* reversible.
revés (rrəβés) *m.* back, reverse, other side. ‖ *adv. phr.* ***al ~,*** the wrong way round. *2* fig. setback, reverse. *3* cuff [blow]. ▴ *pl.* ***revessos.***
revestiment (rrəβəstimén) *m.* CONSTR. facing; coating.
revestir (rrəβəsti) *t.* to face, to coat, to cover. *2* fig. to invest (*de,* with). *3* to assume [shape, appearance].
revetlla (rrəβéʎʎə) *f.* party, celebration.
reveure (rrəβéŭrə) *t.* to see again. ‖ *phr.* ***a ~!,*** see you!
revifalla (rrəβifáʎə) *f.* revival; recovery.
revifar (rrəβifá) *t.* to revive, to give new life to. ▪ *2 p.* to recover, to revive [person; fire, etc.].
revinclada (rrəβiŋkláðə) *f.* sprain.
revingut, -uda (rrəβiŋgút, -úðə) *a.* robust, strong, well-built.
revisar (rrəβizá) *t.* to check, to go over. *2* AUTO. to service.
revisió (rrəβizió) *f.* check, checking, going-over. *2* AUTO. service.
revisor, -ra (rrəβizó, -órə) *m.-f.* ticket collector [esp. railway]; ticket inspector [esp. railway].
revista (rrəβistə) *f.* inspection, check; review. *2* magazine. *3* review, variety show.
reviure (rrəβiŭrə) *t.* to relive, to live again. ▴ CONJUG. like ***viure.***
revocar (rrəβuká) *t.* to revoke, to cancel.
revolta (rrəβɔ́ltə) *f.* revolt, rebellion, uprising.
revoltar (rrəβultá) *t.* to make rebel or rise up. *2* to anger, to offend. ▪ *3 p.* to revolt, to rebel, to rise up.
revolució (rrəβulusió) *f.* revolution.

revolucionari, -ària (rrəβulusiunári, -áriə) *a., m.-f.* revolutionary.
revòlver (rrəβɔ́lβər) *m.* revolver.
revulsiu, -iva (rrəβulsiŭ, -iβə) *a.* MED. revulsive. || *tractament ~,* shock treatment.
RFA *pr. n. f.* GEOGR. *(República Federal Alemanya)* F.R.G. (Federal Republic of Germany).
ria (riə) *f.* GEOGR. ria, estuary.
rialla (rriáʎə) *f.* laughter, laughing. *2* laughing-stock.
rialler, -ra (rriəʎé, -rə) *a.* laughing; smiling; cheerful.
riba (rriβə) *f.* GEOGR. bank.
ribera (rriβérə) *f.* bank [of river]; beach, edge [of sea, lake].
ribet (rriβέt) *m.* SEW. border, edging.
ribot (rriβɔ́t) *m.* MECH. plane.
ric, -ca (rrik, -kə) *a.* rich [also fig.], wealthy, *2* fig. abundant.
Ricard (rrikár(t)) *pr. n. m.* Richard.
ridícul, -la (rriðikul, -lə) *a.* ridiculous. ▪ *2 m.* ridicule. || *fer el ~,* to make a fool of oneself.
ridiculitzar (rriðikulidzá) *t.* to ridicule, to mock, to deride. *2* to make a fool of.
riera (rriérə) *f.* kind of stream [usu. seasonal].
rierol (rriərɔ́l) *m.* stream. *2* LIT. brook.
rifa (rrifə) *f.* raffle, lottery.
rifar (rrifá) *t.* to raffle. ▪ *2 p.* to take in, to make a fool of.
rifle (rriflə) *m.* hunting gun; rifle.
rígid, -da (rriʒit, -ðə) *a.* stiff [also fig.], rigid. *2* severe, hard.
rigidesa (rriʒiðέzə) *f.* stiffness [also fig.], rigidity. *2* severity, hardness, rigour.
rigor (rriɣór) *m.-f.* rigour, severity, strictness; harshness. *2* precision, exactitude. || *en tot el seu ~,* to the letter [applying laws, rules, etc.].
rigorós, -osa (rriɣurós, -ózə) *a.* strict, severe; harsh.
rima (rrimə) *f.* rhyme.
rimar (rrimá) *t.-i.* to rhyme.
rímmel (rriməl) *m.* mascara.
Rin (rrin) *pr. n. m.* GEOGR. Rhine.
rinoceront (rrinusərón) *m.* rhinoceros.
rínxol (rrinʃul) *m.* ringlet, curl.
rioler, -ra (rriulé, -rə) *a.* laughing; smiling, cheerful.
riota (rriɔ́tə) *f.* laughing-stock. *2* mocking laugh.
riquesa (rrikέzə) *f.* wealth; richness, wealthiness, affluence.
ris (rris) *m.* ringlet, curl; loop.
risc (rrisk) *m.* risk, danger.
ritme (rridmə) *m.* pace, rate; rhythm. *2* MUS. rhythm, beat.
rítmic, -ca (rridmik, -kə) *a.* rhythmic.
ritu (rritu) *m.* rite, ceremony, ritual.
ritual (rritual) *a.* ritual.
riu (rriŭ) *m.* river.
riuada (rriwáðə) *f.* flood.
riure (rriŭrə) *m.* laughter, laughing.
riure (rriŭrə) *i.* to laugh. || *de per ~,* for fun, for a laugh or joke. || *cargolar-se de ~,* to split one's sides with laughter. ▲ CONJUG. GER.: *rient.* || P. P.: *rigut.* || INDIC. Pres.: *ric.* | Imperf.: *reia,* etc. || SUBJ. Pres.: *rigui,* etc. | Imperf.: *rigués,* etc.
rival (rriβál) *a., m.-f.* rival. *2 a.* competing. *3 m.-f.* competitor.
rivalitat (rribəlitát) *f.* rivalry; competition.
rivalitzar (rriβəlidzá) *i.* to rival, to compete.
roba (rrɔ́βə) *f.* clothes, clothing. || *~ de llit,* bed-clothes. || *guaita! hi ha ~ estesa,* watch out! walls have ears; careful! somebody's listening. *2 ~ interior,* underwear, underclothes.
robar (rruβá) *t.* to steal, to rob. || *m'han robat la cartera,* someone's stolen my wallet. || fig. *em té el cor robat,* he's stolen my heart.
robatori (rruβətɔ́ri) *m.* theft.
Robert (rruβέr) *pr. n. m.* Robert.
robí (rruβi) *m.* MINER. ruby.
robust, -ta (rruβús(t), -tə) *a.* strong, well-built, robust. *2* plump; chubby [child].
roc (rɔk) *m.* stone, pebble.
roca (rrɔ́kə) *f.* rock, boulder.
rococó (rrokokó) *m.* Rococo.
rocós, -osa (rrukós, -ózə) *a.* rocky, stony.
roda (rrɔ́ðə) *f.* wheel.
rodadits (rrɔ́ðəðits) *m.* MED. whitlow.
rodalia (rruðəliə) *f.* surroundings, surrounds, environs. *2* neighbourhood. ▲ usu. *pl.*
rodament (rruðəmén) *m.* rotation, going-round. || *~ de cap,* vertigo, dizziness, dizzy feeling.
rodamón (rrǫðəmón) *m.* tramp, vagabond.
rodanxa (rruðánʃə) *f.* slice.
rodanxó, -ona (rruðənʃó, -ónə) *a.* plump, round; chubby [child].
rodar (rruðá) *i.* to go round, to run round. *2* to drift [person]. *3* to roll. ▪ *4 t.* to roll; to wheel [vehicle]. *5* to travel (all) over, to cover [area]. *6* to film, to shoot [film].
rodatge (rruðádʒə) *m.* AUTO. running-in. *2* shooting [film].
rodejar (rruðəʒá) *t.* to surround, to encircle.
rodera (rruðérə) *f.* track, tyre-marks.
rodet (rruðεt) *m.* spool [film]; reel [fishing]; bobbin [sewing].

rodó, -ona (rruðó, -ónə) *a.* round. *2* fig. perfect. ▪ *3 f.* circunference.
rododèndron (rruðuðɛ́ndrun) *m.* BOT. rhododendron.
rodolar (rruðulá) *i.* to somersault, to turn somersaults.
rodolí (rruðuli) *m.* couplet.
roent (rruén) *a.* white-hot; red-hot, glowing.
rogent (rruʒén) *a.* reddish [esp. sky].
roger (rruʒé) *m.* red mullet.
Roger (rruʒé) *pr. n. m.* Roger.
roig, roja (rrɔtʃ, rrɔ́ʒə) *a.-m.* (occ.) See VERMELL.
roin, -ïna (rruin, -inə) *a.* See DOLENT.
roina (rrɔ̀ĭnə) *f.* drizzle.
rol (rrɔl) *m.* role, part.
rom (rrom) *m.* rum.
rom, -ma (rrom, -mə) *a.* blunt [blade].
Roma (rrómə) *pr. n. f.* GEOGR. Rome.
romà, -ana (rrumá, -ánə) *a., m.-f.* Roman. *2 f.* steelyard.
romanç (rumáns) *a.* Romance. ▪ *2 m.* LIT. romance.
romancejar (rrumənsəʒá) *i.* to slack [on the job]; to waste time.
romanços (rrumánsus) *m. pl.* excuses, stories; time-wasting. ‖ coll. ***deixar-se de ~,*** to cut out the flannel.
romandre (rrumándrə) *i.* to stay, so remain; to be. ▲ CONJUG. GER.: ***romanent.*** ‖ P. P.: ***romàs.*** ‖ INDIC. Pres.: ***romanc.*** ‖ SUBJ. Pres.: ***romangui,*** etc. | Imperf.: ***romangués,*** etc.
romanent (rrumənén) *a.* remaining. ▪ *2 m.* remainder, residue, remains.
romanès, -esa (rrumənɛ́s, -ɛ́zə) *a., m.-f.* Rumanian.
romaní (rumənì) *m.* BOT. rosemary.
Romania (rrumənìə) *pr. n. f.* GEOGR. Rumania.
romànic, -ca (rrumánik, -kə) *a.* Romanic. *2* ARCH. Romanesque.
romanista (rrumənìstə) *m.-f.* follower of the School of Rome. *2* Romance linguist.
romàntic, -ca (rrumántik, -kə) *a.* ART Romantic. *2* fig. romantic, sentimental.
romanticisme (rrumәntisìzmә) *m.* ART Romanticism.
rombe (rrɔ́mbə) *m.* rhombus.
romeria (rruməriə) *f.* pilgrimage; religious outing.
romiatge (rrumiádʒə) *m.* See ROMERIA.
rompre (rrómprə) *t.* to break. *2* to destroy, to break (up), to shatter, to smash. *3* to break through, to breach [wall, barrier]. ▲ CONJUG. GER.: ***rompent.*** ‖ INDIC. Pres.: ***rompo, romps, romp, rompem,*** etc. | Imperf.: ***rompia,*** etc. | Perf.: ***rompí, romperes,*** etc. | Fut.: ***rompré,*** etc. ‖ SUBJ. Pres.: ***rompi,*** etc. | Imperf.: ***rompés,*** etc. ‖ IMPERAT.: ***romp.***
ronc, -ca (rroŋ, -kə) *a.* hoarse; raucous. ▪ *2 m.* snore, snoring.
roncar (rrunká) *i.* to snore.
ronda (rróndə) *f.* round [drinks]. *2* night-patrol, night-watch. *3* by-pass.
rondalla (rrundáʎə) *f.* fairy-tale; nursery story; tale.
rondar (rrundá) *i.-t.* to patrol. *2 i.* to wander about, to walk the streets. *3 t.* to run after; to hang about.
rondinaire (rrundináĭrə) *a.* grumbling; sullen. ▪ *2 m.-f.* grumbler; sullen person.
rondinar (rrundiná) *i.* to grumble.
rònec, -ega (rrɔ́nək, -əɣə) *a.* desolate, abandoned [place].
ronquera (rruŋkérə) *f.* hoarseness, huskiness.
ronsa (rrónsə) *m.-f.* shirker [of work]; laggard.
ronsejar (rrunsəʒá) *i.* to shirk work.
ronya (rróɲə) *f.* scabies. *2* coll. layer of filth or dirt [on skin].
ronyó (rruɲó) *m.* ANAT. kidney.
ros, rossa (rros, rrósə) *a., m.-f.* blonde; redhead. *2 a.* fair [colour].
rosa (rrɔ́zə) *f.* rose. ‖ ***més fresc que una ~,*** as fresh as a daisy. *2* MED. German measles.
Rosa (rrɔ́zə) *pr. n. f.* Rose.
rosada (rruzáðə) *f.* dew.
rosari (rruzári) *m.* rosary; beads ‖ fig. coll. ***acabar-se com el ~ de l'aurora,*** to end badly.
rosat, -ada (rruzát, -áðə) *a.* pink. ‖ ***ví ~,*** rosé.
rosbif (rrozβif) *m.* COOK. roast beef.
rosec (rruzɛ́k) *m.* gnawing. *2* unease, nervousness; restlessness. *3* coll. fidgetiness. *4* remorse.
rosegador, -ra (rruzəɣəðó, -rə) *m.* ZOOL. rodent.
rosegar (rruzəɣá) *t.* to gnaw (at) [also fig.]. *2* fig. to eat up: ***l'ambició el rosega,*** he's eaten up with ambition. *3* fig. to nag; to torment.
rosegó (rruzəɣó) *m.* crust [of bread].
rosella (rruzéʎə) *f.* BOT. poppy.
roser (rruzé) *m.* rose-bush; rose tree.
ròssec (rrɔ́sək) *m.* after-effect, legacy [of illness]. *2* aftermath. *3* balance brought forward [accounting].
Rosselló (rrusəʎó) *pr. n. m.* GEOGR. Roussillon.
rossinyol (rrusiɲɔ́l) *m.* ORNIT. nightingale. *2* piclock.

rost, -ta (rrɔs(t), -tə) *a.* steep. ■ *2 m.* slope, sloping terrain; hillside.
rostir (rrusti) *t.* to roast; to grill. *2* to scorch, to burn.
rostit, -ida (rrustit, -iðə) *a.* COOK. roast; grilled.
rostoll (rrustóʎ) *m.* AGR. stubble.
rostre (rrɔ́strə) *m.* face; countenance. *2* beak.
rot (rrot) *m.* coll. belch, burp.
rotació (rrutəsió) *f.* rotation; turning; revolution.
rotar (rrutá) *i.* coll. to belch, to burp.
rotatiu, -iva (rrutətiŭ, -iβə) *a.* revolving, rotary. ■ *2 f.* rotary press.
rotatori, -òria (rrutətɔ́ri, -ɔ́riə) *a.* rotatory.
rotllana (rruʎʎánə) *f.* circle, ring. *2* ring [of people].
rotlle (rrɔ́ʎʎə) *m.* roll. *2* circle; knot, huddle, cluster [of people].
rotllo (rrɔ́ʎʎu) *m.* See ROTLLE.
ròtula (rrɔ́tulə) *f.* ANAT. knee-cap.
rotund, -da (rrutún, -də) *a.* emphatic [assent, denial, etc.]; flat [denial, refusal, etc.]. *2* forthright, straightforward.
roure (rróŭrə) *m.* BOT. oak, oak-tree.
rovell (rruβέʎ) *m.* rust. *2* yolk.
rovellar (rruβəʎá) *t.-p.* to rust.
rovelló (rruβəʎó) *m.* BOT. kind of edible mushroom.
r.p.m. *f. pl. abbr. (revolucions per minut)* rpm (revolutions per minute).
rubèola (rruβέulə) *f.* MED. German measles.
ruble (rrúbblə) *m.* ruble, rouble.
rubor (rruβór) *m.* blush, blushing.
ruboritzar-se (rruburidzársə) *p.* to blush, to go red in the face.
rúbrica (rrúβrikə) *f.* flourish [to signature].
ruc, -ca (rruk, -kə) *m.-f.* ass [also fig.].
rucada (rrukáðə) *f.* idiocy, act of stupidity.
rude (rrúðə) *a.* vulgar, coarse, uncultured. *2* rough [esp. manner]. *3* stiff, tough [fight].
rudesa (rruðέzə) *f.* vulgarity, coarseness, lack of culture. *2* roughness [esp. manner].
rudiment (rruðimén) *m.* rudiment.
rudimentari, -ària (rruðiməntári, -áriə) *a.* rudimentary.
rúfol, -la (rrúful, -lə) *a.* cloudy; stormy [weather].
rugbi (rrúɣbi) *m.* SP. rugby.
rugir (rruʒi) *i.* to roar [esp. lion]. *2* fig. to roar [person, wind, sea]; to bellow [person, wind].
rugit (rruʒit) *m.* roar, roaring.
ruibarbre (rruiβárβrə) *m.* BOT. rhubarb.
ruïna (rruinə) *f.* disintegration, falling apart, collapse, ruin [buildings, walls, etc.]. *2 pl.* ruins. *3* downfall, ruin [of person].
ruïnós, -osa (rruinós, -ózə) *a.* ruinous [also fig.].
ruixar (rruʃá) *t.* to sprinkle, to spray; to spatter.
ruixat (rruʃát) *m.* shower, rain-shower, downpour. *2* cloudburst.
ruixim (rruʃim) *m.* drizzle; fine rain.
ruleta (rrulέtə) *f.* roulette.
rull (rruʎ) *m.* curl [in hair].
rumb (rrumb) *m.* course [of ship]. *2* fig. line, path; way.
rumiar (rrumiá) *t.* to ruminate, to meditate (on), to ponder, to turn over in one's mind.
ruminant (rruminán) *a.-m.* ZOOL. ruminant.
rumor (rrumór) *m.* rumour; gossip.
runa (rrúnə) *f.* rubble.
rupestre (rrupéstrə) *a.* rock. ‖ ***pintura ~,*** cave painting.
rúpia (rrúpiə) *f.* NUMIS. rupee.
ruptura (rruptúrə) *f.* rupture, split [also fig.]. *2* break-up [of relationship].
rural (rrurál) *a.* rural, country.
rus, russa (rrus, rrúsə) *a., m.-f.* Russian.
rusc (rrusk) *m.* beehive.
Rússia (rrúsiə) *pr. n. f.* GEOGR. Russia.
rústec, -ega (rrústək, -əɣə) *a.* rough, coarse [to touch]. *2* fig. unrefined, uncultured.
rústic, -ca (rrústik, -kə) *a.* rustic, country; rural. *2 phr.* ***en rústica,*** softback; paperback.
ruta (rrútə) *f.* route, course; journey.
rutina (rrutinə) *f.* routine.
rutinari, -ària (rrutinári, -áriə) *a.* routine.
rutllar (rruʎʎá) *i.* to go round, to rotate. *2* to work, to function.

S

S, s (éssə) *f.* s [letter].
s. *m. abbr. (Segle)* c. (Century).
s' *pers. pron.* See ES.
sa (sə) *ant.* (BAL.) See LA.
SA *f.* COMM. *(Societat Anònima)* Co. (limited liability company).
sa, sana (sa, sánə) *a.* healthy, fit. *2* safe, intact, sound. || *~ i estalvi,* safe and sound.
saba (sáβə) *f.* BOT. sap.
sabana (səβánə) *f.* savannah, savanna.
sabata (səβátə) *f.* shoe.
sabater, -ra (səβəté, -rə) *m.-f.* shoemaker, cobbler.
sabateria (səβətəriə) *f.* shoe-shop, shoemaker's.
sabatilla (səβətiʎə) *f.* slipper.
saber (səβɛ́) *m.* knowledge, learning.
saber (səβɛ́) *t.* to know [facts, answers, etc.]. *2* to be able to, to know how to: ***sap nedar,*** he can swim. *3* to speak [languages]. *4 phr.* ***fer ~,*** to announce. || *phr.* coll. ***~-la llarga,*** to be an old fox. ▪ *5 i.* to taste. *6 phr.* ***~ greu,*** to be sorry (—, about), to regret *t.* ▲ CONJUG. INDIC. Pres.: ***sé, saps, sap,*** etc. || SUBJ. Pres.: ***sàpiga,*** etc. || IMPERAT.: ***sàpigues,*** etc.
saberut, -uda (səβərút, -úðə) *a.* knowledgeable; learned. ▪ *2 a., m.-f.* know-all.
sabó (səβó) *m.* soap.
sabonera (səβunérə) *f.* froth, foam. *2* soapdish.
sabor (səβó(r)) *m.* taste, flavour, savour.
saborós, -osa (səβurós, -ózə) *a.* tasty; appetizing. *2* fig. spicy.
sabotatge (səβutádʒə) *m.* sabotage.
sabotejar (səβutəʒá) *t.* to sabotage.
sabre (sáβrə) *m.* sabre.
sac (sak) *m.* bag; sack. || *~* ***de dormir,*** sleeping-bag; fig. *~* ***d'ossos,*** bag of bones [person].
saca (sákə) *f.* big sack.
sacarí, -rina (səkəri, -inə) *a.* sugar; sugared, sweetened. ▪ *2 f.* saccharin.
sacerdot (səsərðɔ́t) *m.* priest.
saciar (səsiá) *t.* to satiate, to satisfy [also fig.].
sacre, -cra (sákrə, -krə) *a.* sacred, holy. ▪ *2 m.* ANAT. sacrum.
sacrificar (səkrifiká) *t.* to sacrifice [also fig.]. *2* to slaughter [animal for meat]. ▪ *3 p.* fig. to make a sacrifice, to sacrifice oneself.
sacrifici (səkrifisi) *m.* sacrifice [also fig.]. *2* slaughter [animal for meat].
sacrilegi (səkrilɛ́ʒi) *m.* sacrilege.
sacseig (səksɛ́tʃ) *m.* shake, shaking; jerk.
sacsejar (səksəʒá) *t.* to shake; to jerk, to jolt. *2* to beat [carpet]. *3* to shake off [dust].
sàdic, -ca (sáðik, -kə) *a.* sadistic.
sadisme (səðizmə) *m.* sadism.
sadollar (səðuʎá) *t.* to satiate, to satisfy [person, appetite]. *2* to fill up, to fill to the brim [person]. *3* fig. to satisfy [wish].
safanòria (səfənɔ́riə) *f.* carrot.
safareig (səfərɛ́tʃ) *m.* washing sink, washing place [for clothes]. *2* fig. coll. gossip.
safata (səfátə) *f.* tray.
safir (səfir) *m.* GEMM. sapphire.
safrà (səfrá) *m.* BOT. saffron.
sagaç (səγás) *m.* wise, judicial, sagacious; shrewd.
sagacitat (səγəsitát) *f.* sagacity, sound judgement; shrewdness.
sageta (səʒɛ́tə) *f.* arrow.
Sagitari (səʒitári) *m.* ASTROL. Sagittarius, the Archer.
sagnar (səŋná) *t.-i.* to bleed.
sagrament (səγrəmén) *m.* sacrament.
sagrat, -ada (səγrát, -áðə) *a.* sacred, holy. *2* fig. sacred, inviolable.
sal (sal) *f.* salt.

sala (sálə) *f.* room [house]. *2* hall: ~ ***d'actes,*** meeting hall, lecture hall.
salamandra (sələmándrə) *f.* ZOOL. salamander, lizard.
salaó (sələó) *f.* salted meat; salt fish.
salar (səlá) *t.* to salt.
salari (səlári) *m.* salary, wage.
salconduit (sa̹lkundúit) *m.* safe-conduct.
saldar (səldá) *t.* COMM. to meet or pay [bill]; to pay (off) [debt]. *2* to sell off cheap.
saldo (sáldu) *m.* COMM. balance. *2* COMM. clearance sale.
saler (səlé) *m.* salt-cellar.
salfumant (salfumán) *m.* hydrochloric acid [for cleaning].
saliva (səliβə) *f.* saliva, spit.
salivera (səliβérə) *f.* dribble of saliva or spit.
sàller (sáʎər) *i.* (ROSS.) See SORTIR.
salmó (səlmó) *m.* salmon.
saló (səló) *m.* lounge, sitting room, drawing room. *2* COMM. salon. || ~ ***de bellesa,*** beauty parlour.
salpar (səlpá) *i.* NAUT. to upanchor, to weigh anchor, to set sail. ▪ *2 t.* NAUT. to draw up [anchor].
salsa (sálsə) *f.* sauce, dressing.
salsera (səlsérə) *f.* gravy boat, sauce boat.
salsitxa (səlsítʃə) *f.* sausage.
salt (sal) *m.* jump, leap, bound; hop, skip. *2* coll. *phr.* ***fer el ~,*** to be unfaithful; not to show up.
saltar (səltá) *i.* to jump, to leap, to spring; to hop, to skip. *2* to come off: ***m'ha saltat un botó a la camisa,*** a button's come off my shirt. *3 phr.* coll. ~ ***a la vista,*** to stick out a mile. ▪ *4 t.* to jump (over); to hop, to skip over. *5* to skip, to omit, to leave out.
saltejador (səltəʒəðó) *m.* highway robber, highwayman.
saltejar (səltəʒá) *t.* to hold up, to rob [on roads].
saltimbanqui (sa̹ltimbáŋki) *m.* travelling actor, juggler; travelling showman.
saltiró (səltiró) *m.* hop, skip.
salubre (səlúβrə) *a.* healthy, salubrious.
saludable (səluðábblə) *a.* healthy. *2* fig. salutary, beneficial, good.
saludar (səluðá) *t.* to greet.
salut (səlút) *f.* health. || ~*!,* cheers!, your health!
salutació (səlutəsió) *f.* greeting.
salvació (səlβəsió) *f.* salvation.
salvador, -ra (səlβəðó, -rə) *a.* saving. ▪ *2 m.-f.* rescuer; deliverer, saviour.
salvadorenc, -ca (səlβəðurέŋ, -kə) *a., m.-f.* Salvadorean.
salvament (səlβəmén) *m.* rescue; salvation.
salvar (səlβá) *t.* to rescue, to save. *2* to overcome [difficulty], to get round, to bypass [obstacle].
salvatge (səlβádʒə) *a.* wild; savage, fierce [animal]. ▪ *2 m.-f.* savage, barbarian.
salvatgina (səlβadʒínə) *f.* wild animal [of the forest].
salvavides (sa̹lβəβiðəs) *m.* lifebelt, life-jacket; life-preserver.
salze (sálzə) *m.* BOT. willow [tree].
samarreta (səmərrέtə) *f.* T-shirt; vest, (USA) undershirt.
samfaina (səmfáinə) *f.* COOK. fried vegetable sauce. *2* jumble, hotchpotch.
sanar (səná) *i.* to recover, to get over [an illness]. ▪ *2 t.* to castrate, to geld.
sanatori (sənətɔ́ri) *m.* sanatorium; nursing home.
sanció (sənsió) *f.* sanction, ratification.
sancionar (sənsiuná) *t.* to sanction.
sandàlia (səndáliə) *f.* sandal.
sandvitx (səmbítʃ) *m.* sandwich.
sanefa (sənέfə) *f.* trimming; border.
sanejament (sənəʒəmén) *m.* sanitation; cleaning-up [also fig.].
sanejar (sənəʒá) *t.* to sanitate; to clean up [also fig.].
sang (saŋ) *f.* blood. *2* bloodshed. *3* parentage. *4* ~ ***calenta,*** hotbloodedness; ~ ***freda,*** cold blood.
sanglot (səŋglɔ́t) *m.* sob.
sanglotar (səŋglutá) *i.* to sob.
sangonera (səŋgunérə) *f.* ZOOL. leech.
sangtraït (sa̹ŋtraít) *m.* bruise.
sanguinari, -ària (səŋginári, -áriə) *a.* bloodthirsty, cruel.
sanitari, -ària (sənitári, -áriə) *a.* sanitary; health.
sanitat (sənitát) *f.* health; healthiness. *2* public health (department).
sànscrit, -ta (sánskrit, -tə) *a.-m.* Sanskrit.
sant, -ta (san, -tə) *a.* holy, sacred, blessed; saintly. ▪ *2 m.-f.* saint. *3* saint's day. *4* statue or image of a saint. *5* ~ ***i senya,*** password.
santoral (sənturál) *m.* list of saints, hagiology. *2* hagiography.
santuari (səntuári) *m.* sanctuary, shrine.
saó (səó) *f.* maturity, ripeness. *2* occasion, moment.
sapastre (səpástrə) *m.* bungler; fumbler.
sapiència (səpiέnsiə) *f.* wisdom, knowledge.
saqueig (səkέtʃ) *m.* sacking, plunder, looting.
saquejar (səkəʒá) *t.* to sack, to loot, to plunder.
Sara (sárə) *pr. n. f.* Sarah.
saragata (sərəɣátə) *f.* bustle, hullabaloo.
sarau (səráŭ) *m.* dinner dance. *2* brawl, riot.

sarbatana (sərβətánə) *f.* blowpipe; peashooter [toy].
sarcasme (sərkázmə) *m.* sarcasm.
sarcàstic, -ca (sərkástik, -kə) *a.* sarcastic; backhanded.
sarcòfag (sərkɔ́fək) *m.* sarcophagus.
sardana (sərðánə) *f.* traditional folk-dance of Catalonia, danced in a circle.
Sardenya (sərðɛ́ɲə) *pr. n. f.* GEOGR. Sardinia.
sardina (sərðínə) *f.* sardine.
sargantana (sərɣəntánə) *f.* ZOOL. (small) lizard.
sargir (sərʒí) *t.* to mend, to sew (up).
sargit (sərʒít) *m.* mending. *2* mend, patch.
sarment (sərmén) *m.* vine shoot.
sarna (sárnə) *f.* itch; mange.
sarraí, -ïna (sərrəí, -ínə) *a., m.-f.* Saracen.
sarró (sərró) *m.* (leather) knapsack.
sarsuela (sərswɛ́lə) *f.* (Spanish) operetta. *2* fish served in sauce.
sastre (sástrə) *m.* tailor.
sastreria (səstrəríə) *f.* tailor's (shop). *2* tailoring.
sastressa (səstrɛ́sə) *f.* seamstress, dressmaker.
satèl·lit (sətɛ́lit) *m.* satellite. *2* hanger-on; henchman.
sàtira (sátirə) *f.* satire.
satíric, -ca (sətírik, -kə) *a.* satirical, satiric.
satisfacció (sətisfəksió) *f.* satisfaction.
satisfactori, -òria (sətisfəktɔ́ri, -ɔ́riə) *a.* satisfactory, adequate, passable.
satisfer (sətisfé) *t.* to satisfy, to please; to meet [need]. *2* to compensate. ▲ CONJUG. like ***desfer.***
satisfet, -ta (sətisfét, -tə) *a.* satisfied, contented.
saturar (səturá) *t.* to saturate, to soak.
Saturn (sətúrn) *m.* ASTR. Saturn.
saüc (səúk) *m.* BOT. elder.
sauna (sáŭnə) *f.* sauna.
savi, sàvia (sáβi, sáβiə) *a.* learned; wise, sensible.
saviesa (səβiɛ́zə) *f.* wisdom, knowledge; erudition.
saxó, -ona (səksó, -ónə) *a.* saxon.
saxofon (səksufɔ́n) *m.* MUS. saxophone.
se (sə) *pers. pron.* See ES.
Sebastià (səβəstiá) *pr. n. m.* Sebastian.
séc (sek) *m.* fold, pleat; wrinkle; line, groove.
sec, -ca (sɛk, -kə) *a.* dry; dried (up). *2* skinny [person]. *3* blunt [manner, character]. ‖ ***una salutació seca,*** a brusque greeting.
secà (səká) *m.* dry land.
secada (sekáðə) *f.* drought, dry season.
secall (səkáʎ) *m.* twig. *2* skinny person.
secant (səkán) *a.* drying; blotting [paper]. ■ *2 f.* GEOM. secant.
secció (səksió) *f.* section, cross-section. *2* section, division, department.
seccionar (səksiuná) *t.* to section, to divide into sections.
secessió (səsəsió) *f.* secession, seceding.
secreció (səkrəsió) *f.* secretion.
secret, -ta (səkrét, -tə) *a.* secret; confidential; undercover [agent, activity, etc.]. ■ *2 m.* secret; secrecy. ‖ *~ **professional,*** professional secrecy.
secretar (səkrətá) *t.-i.* to secrete, to exude.
secretari, -ària (səkrətári, -áriə) *m.-f.* secretary.
secretaria (səkrətəríə) *f.* (secretary's) office. *2* secretariat.
secta (sɛ́ktə) *f.* sect.
sector (səktó) *m.* section; area. *2* sector.
secular (səkulá(r)) *a.* age-old, centuries-old. *2* lay. *3* secular.
secundar (səkundá) *t.* to second, to support.
secundari, -ària (sekundári, -áriə) *a.* secondary: ***ensenyament*** *~*, secondary education. *2* ancillary; minor, lesser.
seda (sɛ́ðə) *f.* silk. ‖ ***anar com una*** *~*, to go like a dream.
sedant (səðán) *a.-m.* sedative.
sedàs (səðás) *m.* sieve.
sedentari, -ària (səðəntári, -áriə) *a.* sedentary.
sedició (səðisió) *f.* sedition.
sediment (səðimén) *m.* sediment, deposit.
sedimentar (səðiməntá) *t.* to deposit [sediment]. ■ *2 p.* to settle, to form [sediment].
seducció (səðuksió) *f.* seduction. *2* allure, charm.
seductor, -ra (səðuktó, -rə) *a.* alluring, seductive.
seduir (səðuí) *t.* to seduce, to allure; to captivate.
sega (séɣə) *f.* AGR. reaping, harvesting; mowing. *2* harvest [season].
segador, -ra (səɣəðó, -rə) *m.-f.* harvester, reaper.
segar (səɣá) *t.* to mow, to cut [grass], to reap [corn]. *2* to chop.
segell (səʒéʎ) *m.* seal. *2* stamp.
segellar (səʒəʎá) *t.* to seal. *2* to stamp.
segle (sécglə) *m.* century.
segment (səŋmén) *m.* segment; piece.
sègol (sɛ́ɣul) *m.* rye.
segon, -na (səɣɔ́n, -nə) *a.-m.* second.
segons (səɣóns) *prep.* according to; in accordance to. *2* depending on.
segregació (səɣrəɣəsió) *f.* segregation. *2* secretion.

segregar (səɣrəɣá) *t.* to segregate. *2* to secrete.
segrest (səɣrés(t)) *m.* kidnapping, abduction. *2* confiscation.
segrestar (səɣrəstá) *t.* to kidnap, to abduct. *2* to seize [publication]; to confiscate.
següent (səɣwén) *a.* next, following.
seguida (səɣíðə) *adv. phr.* ***de ~,*** at once, straight away, (USA) right away.
seguidor, -ra (səɣiðó, -rə) *m.-f.* follower, back-up. *2* SP. fan, supporter.
seguir (səɣí) *t.* to follow, to come or go after; to pursue. *2* to continue, to go on.
segur, -ra (səɣú, -rə) *a.* sure, definite. *2* safe; secure.
seguretat (səɣurətát) *f.* certainty, sureness. *2* security; safety. *3* confidence, self-confidence.
seient (səjjén) *m.* seat. *2* chair; saddle [of bicycle, motorcycle, etc.].
seitó (səitó) *m.* ICHTHY. anchovy.
seixanta (səʃántə) *a.* sixty.
seixantè, -ena (səʃənté, -énə) *a.-m.* sixtieth.
selecció (sələksió) *f.* selection. *2* SP. team.
seleccionar (sələksiuná) *t.* to select, to pick (out), to choose.
selecte, -ta (səléktə, -tə) *a.* choice, select.
sella (séʎə) *f.* saddle [on horse].
selva (sélβə) *f.* jungle; woods.
semàfor (səmáfur) *m.* traffic light; signal. *2* NAUT. semaphore.
semblança (səmblánsə) *f.* likeness, similarity; resemblance. *2* biographical sketch.
semblant (səmblán) *a.* similar, alike; akin. *2* such: ***no pot haver tramat ~s accions,*** he can't have plotted such actions. ▪ *3 m.* look, appearance. *4* fellow man or creature.
semblar (səmblá) *i.* to look (like); to seem, to look as though. || ***què et sembla?,*** what do you think (of this, that)? || ***sembla ser que,*** apparently, it seems as if.
sembra (sémbrə) *f.* sowing. *2* sowing season.
sembrar (səmbrá) *t.* to sow [also fig.].
semen (sémən) *m.* semen.
sement (səmén) *f.* seed.
semental (səməntál) *a.-m.* stud.
semestre (səméstrə) *m.* semester, half year.
semicercle (sẹmisérklə) *m.* semicircle.
semicorxera (sẹmikurʃérə) *f.* MUS. sixteenth note, semiquaver.
semifusa (sẹmifúzə) *f.* MUS. sixty-fourth note.
seminari (səminári) *m.* seminary. *2* seminar.
semita (səmítə) *a.* Semitic. ▪ *2 m.-f.* Semite.
semitò (sẹmitɔ́) *m.* half tone, semitone.
semivocal (sẹmiβukál) *f.* LING. semivowel.
sempre (sémprə) *adv.* always, for ever, (USA) forever. || ***per ~,*** for ever. *2 phr.* ***~ que,*** provided (that). ▲ with *subj.* or *indic.* || ***~ que,*** whenever, every time that with.
senador, -ra (sənəðó, -rə) *m.-f.* senator.
senar (səná) *a.* odd [number]. || ***parells o ~s,*** odds or evens [guessing game].
senat (sənát) *m.* senate.
sencer, -ra (sənsé, -rə) *a.* whole; entire.
senderi (səndéri) *m.* sense; gumption, brains.
senglar (səŋglá) *m.* ZOOL. boar.
sengles (séŋgləs) *pl. a.* each, both: ***portaven ~ bastons,*** each of them carried a cane.
senil (səníl) *a.* senile.
sens (sens) *prep.* See SENSE.
sensació (sənsəsió) *f.* feeling, sensation; sense. *2* fig. sensation; rage.
sensacional (sənsəsiunál) *a.* sensational.
sensat, -ta (sənsát, -tə) *a.* sensible; wise, sound. ▪ *2 adv.* (ROSS.) See DE DEBÒ.
sensatesa (sənsətézə) *f.* (good) sense, judgement.
sense (sénsə) *prep.* without.
sensibilitat (sənsiβilitát) *f.* sensitivity; sensibility; feeling.
sensible (sənsíbblə) *a.* sensitive. *2* perceptive, noticeable [change, improvement, etc.].
sensorial (sənsuriál) *a.* sensory.
sensual (sənsuál) *a.* sensual; sensuous.
sentència (sənténsiə) *f.* maxim. *2* LAW sentence.
sentenciar (səntənsiá) *t.* LAW to sentence.
sentiment (səntimén) *m.* feeling, emotion; sentiment. *2* regret; grief, sorrow.
sentimental (səntiməntál) *a.* sentimental. *2* love [affair, life].
sentinella (səntinéʎə) *m.* sentry, guard.
sentir (səntí) *t.* to feel. *2* to hear. || ***ho sents?,*** do you hear that? *3* to be sorry, to regret. || ***ho sento,*** I'm sorry. ▪ *4 p.* to feel: ***~ trist,*** to feel sad. ▲ CONJUG. INDIC. Pres.: ***sent.***
sentit, -ida (səntít, -íðə) *a.* sensitive [easily hurt]. ▪ *2 m.* sense. || ***perdre els ~s,*** to lose consciousness. *3* meaning, sense. *4* direction. || ***~ únic,*** one-way [street].
sentor (səntó) *f.* smell, odour, (USA) odor.
seny (sɛɲ) *m.* (good) sense, (good) judgement; prudence. || ***perdre el ~,*** to take leave of one's senses, to go mad.
senya (séɲə) *f.* feature [of person], distinguishing mark [of thing].
senyal (səɲál) *m.* mark; trace. *2* signal; gesture [of warning, greeting, etc.]. *3* sign, token; indication: ***donar ~ de vida,*** to show signs of life.
senyalar (səɲəlá) *t.* to mark. *2* to sign post [road], to put up signs on. *3* to point out,

to point to; to indicate. *4* to mark (for life), to sear.
senyera (səɲérə) *f.* flag; banner, standard.
senyor, -ra (səɲó, -rə) *m.* man, gentleman. *2* lord; owner, master. *3* mister [before proper name]; sir [in direct address]. ‖ ***sí* ~**, yes indeed. *4 f.* woman; lady. *5* mistress, owner. *6* wife. *7* missus [before proper name]; madam [in direct address].
senyorejar (səɲurəʒá) *t.* to control, to dominate; to rule. ▪ *2 i.* to act like a lord.
senyoreta (səɲurɛ́tə) *f.* young woman or lady. *2* miss [before proper name]. *3* teacher; miss.
senzill, -lla (senziʎ, -ʎə) *a.* simple. *2* easy. *3* plain, natural.
senzillesa (sənziʎɛ́zə) *f.* simplicity. *2* plainness, naturalness.
separació (səpərəsió) *f.* separation, removal. *2* space, distance; gap.
separar (səpərá) *t.* to separate; to move or take away. *2* to pull apart, to keep apart. ▪ *3 p.* to separate; to split up.
separatisme (səpərətizmə) *m.* separatism.
sepeli (səpɛ́li) *m.* burial; interment.
sèpia (sɛ́piə) *f.* ZOOL. See SÍPIA.
septentrional (səptəntriunál) *a.* north, northern.
sepulcre (səpúlkrə) *m.* tomb, grave; sepulchre.
sepultar (səpultá) *t.* to bury [also fig.]; to inter.
sepultura (səpultúrə) *f.* burial. *2* tomb, grave.
sequaç (səkwás) *m.-f.* follower, supporter; henchman.
sequedat (səkəðát) *f.* dryness. *2* fig. brusqueness, abruptness.
seqüela (səkwɛ́lə) *f.* sequel; aftermath.
sèquia (sɛ́kiə) *f.* irrigation channel.
ser (se) *m.* being.
ser (se) *i.* See ÉSSER.
serè, -ena (sərɛ́, -ɛ́nə) *a.* clear, cloudless [sky]. *2* calm, quiet, peaceful; serene [person].
serenata (sərənátə) *f.* serenade.
serenitat (sərənitát) *f.* peacefulness, quietness; serenity.
serenor (sərənó) *f.* See SERENITAT.
sergent (sərʒén) *m.* sergeant.
serial (səriál) *a.-m.* serial.
sèrie (sɛ́riə) *f.* series; sequence, string. ‖ ***producció en* ~**, massproduction. ‖ ***fora de* ~**, exceptional, out of the ordinary.
serietat (səriətát) *f.* seriousness; gravity. *2* consciousness, responsibility; formality.
serigrafia (səriɣrəfiə) *f.* silk-screen (printing).
seriós, -osa (sərióS, -ózə) *a.* serious; conscientious, responsible. *2* solemn. *3* serious, important; critical.
sermó (sərmó) *m.* speech. *2* fig. sermon, harangue.
serp (serp) *f.* ZOOL. snake, serpent.
serpent (sərpén) *m.-f.* ZOOL. See SERP.
serpentejar (sərpəntəʒá) *i.* to twist, to wind, to meander.
serra (sɛ́rrə) *f.* saw. *2* mountain range; mountains.
serradura (sərrəðúrə) *f.* sawing (off). *2* saw cut. *3 pl.* sawdust.
serralada (sərrəláðə) *f.* mountain range.
serraller, -ra (sərrəʎé, -rə) *m.-f.* locksmith.
serrar (sərrá) *t.* to saw (off, up). *2* to press (together), to clench: ~ ***les dents,*** to clench one's teeth.
serrat (sərrát) *a.* sawn; sawn-up, sawn-off. *2* serrated, toothed; jagged. ▪ *3 m.* range of hills.
serrell (sərréʎ) *m.* fringe. *2* fringe [of hair], (USA) bangs *pl.*
sèrum (sɛ́rum) *m.* serum.
servei (sərβɛ̀ĭ) *m.* favour, (USA) favor. *2* service; use, usefulness. *3* service, duty. ‖ ~ ***militar,*** military service. *4* servants, help; employees [of hotel]. *5 pl.* public utilities.
servent, -ta (sərβén, -tə) (domestic) servant, home-help.
servicial (sərβisiál) *a.* obliging, accomodating; obsequious.
servil (sərβil) *a.* servile; obsequious.
servilisme (sərβilizmə) *m.* servility.
servir (sərβi) *i.* to be useful or of use, to be handy. *2* to serve. ▪ *3 t.* to serve; to wait on [in a restaurant]; to be of help. ‖ ***en què et puc* ~?**, can I help you (in any way)? ▪ *4 p.* to use, to make use of.
sèsam (sɛ́zəm) *m.* BOT. sesame.
sessió (səsió) *f.* session; meeting; sitting. *2* show, performance; showing [cinema].
set (sɛt) *f.* thirst. ‖ ***tenir* ~**, to be thirsty. ▪ *2 a.-m.* seven. *3 m.* tear, rip [in material, paper], cut [in skin].
setanta (sətántə) *a.-m.* seventy.
setantè, -ena (sətəntɛ́, -ɛ́nə) *a.-m.* seventieth.
set-cents, -tes (sɛ̀tséns, -təs) *a.-m.* seven hundred.
set-ciències (sɛ̀tsiɛ́nsiəs) *m.-f.* know-all, (USA) know-it-all.
setè, -ena (sətɛ́, -ɛ́nə) *a.-m.* seventh.
setembre (sətémbrə) *m.* September.
setge (sédʒə) *m.* siege.
setí (səti) *m.* TEXT. sateen; satin.
setmana (səmmánə) *f.* week: ~ ***Santa,*** Holy Week, Easter.
setmanada (səmmənáðə) *f.* (weekly) wages, wage.

setmanal (səmmənál) *a.* weekly. ▪ *2 m.* weekly pay-sheet [amount].
setmanari (səmmənári) *m.* weekly [publication].
setmesó, -ona (sέdməzó, -ónə) *a.* premature. ▪ *2 m.-f.* premature baby.
setrill (sətriʎ) *m.* cruet.
setrilleres (sətriʎérəs) *f. pl.* cruet-set.
setze (sέdzə) *a.-m.* sixteen.
setzè, -ena (sədzέ, -έnə) *a.-m.* sixteenth.
seu (sέŭ) *f.* seat [of government], headquarters, head office [of company]. *2* cathedral.
seu, seva (seŭ, sέβə) *poss. a.* his, her, its; one's; your [polite address]. || ***ella i el ~ germà,*** she and her brother. || ***vostès i els ~s familiars,*** you and your relatives. *2* their: ***ells i el ~ equipatge,*** they and their baggage. ▪ *3 poss. pron.* his, hers. *4* theirs. || ***aquest és (el) ~,*** this is theirs. || ***el ~ no hi és,*** theirs isn't here.
sèu (sέŭ) *m.* grease, animal grease or fat.
Seül (səúl) *pr. n. m.* GEOGR. Seoul.
seure (sέŭrə) *i.* to sit (down). *2* to be seated or sitting. ▲ CONJUG. GER.: ***seient.*** || P. P.: ***segut.*** || Pres. INDIC.: ***sec,*** etc. || Pres. SUBJ.: ***segui,*** etc. | Imperf.: ***segués,*** etc.
sever, -ra (səβé(r), -rə) *a.* strict; harsh, hard; severe.
severitat (səβəritát) *f.* strictness; harshness, hardness; severity.
Sevilla (səβiʎə) *pr. n. f.* GEOGR. Seville.
sexe (sέksə) *m.* sex, gender. *2* sexual organs, genitalia.
sexual (səksuál) *a.* sexual, sex.
sexualitat (səksuəlitát) *f.* sexuality.
1) si (si) *m.* MUS. B.
2) si (si) *conj.* if, whether. || ***~ de cas,*** if perchance, should. || ***~ més no,*** at the very least.
3) sí (si) *adv.* yes.
4) si (si) *pers. refl. pron.* himself, herself, itself; oneself; yourself [polite address]. || ***tornar en ~,*** to recover consciousness, to come round.
sibarita (siβəritə) *a.* sybaritic, luxury-loving. ▪ *2 m.-f.* sybarite, luxury-lover.
Sicília (sisiliə) *pr. n. f.* GEOGR. Sicily.
sicilià, -ana (sisilià, -ánə) *a., m.-f.* Sicilian.
SIDA (siðə) *f.* MED. *(Síndrome de Immunodeficiència Adquirida)* AIDS (Acquired Immune Deficiency Syndrome).
sideral (siðərál) *a.* astral, sidereal.
siderúrgia (siðərúrʒiə) *f.* iron and steel industry, steel industry.
sidra (siðrə) *f.* cider.
sífilis (sifilis) *f.* MED. syphilis.
sifó (sifó) *m.* siphon. *2* soda siphon. *3* soda, soda water.

sigla (sigglə) *f.* acronym; abbreviation.
signar (siŋná) *t.* to sign.
signatura (siŋnətúrə) *f.* signature. *2* signing, signature [act]. *3* reference or catalogue number [on books].
signe (siŋnə) *m.* sign, mark; token.
significació (siŋnifikəsió) *f.* meaning; significance.
significar (siŋnifiká) *t.* to mean; to signify.
significat (siŋnifikát) *m.* meaning, sense.
silenci (silέnsi) *m.* silence, quiet. *2* MUS. rest.
silenciós, -osa (siləsiós, -ózə) *a.* quiet, silent.
sílex (siləks) *m.* MINER. flint, silex.
silicona (silikónə) *f.* CHEM. silicone.
síl·laba (siləβə) *f.* syllable.
sil·logisme (siluʒizmə) *m.* syllogism.
silueta (siluέtə) *f.* silhouette, outline.
silvestre (silβéstrə) *a.* wild.
Sílvia (silβiə) *pr. n. f.* Silvia, Sylvia.
simbiosi (simbiɔ́zi) *f.* BIOL. symbiosis.
símbol (simbul) *m.* symbol, sign.
simbòlic, -ca (simbɔ́lik, -kə) *a.* symbolic.
simbolitzar (simbulidzá) *t.* to symbolize.
simetria (simətriə) *f.* symmetry.
simètric, -ca (simέtrik, -kə) *a.* symmetric.
simfonia (simfuniə) *f.* MUS. symphony.
simi (simi) *m.* ZOOL. ape.
símil (simil) *m.* simile; comparison.
similar (similá(r)) *a.* similar.
similitud (similitút) *f.* similarity, resemblance, similitude.
simpatia (simpətiə) *f.* friendliness, pleasantness. *2* attraction. || ***li tinc molta ~,*** I like her a lot. *3* MED. sympathy.
simpàtic, -ica (simpátik, -kə) *a.* friendly; likeable, pleasant.
simple (simplə) *a.* undivided, whole. *2* uncomplicated, simple, straightforward.
simplicitat (simplisitát) *f.* simplicity, uncomplicatedness.
simplificar (simplifiká) *t.* to simplify.
símptoma (simtumə) *m.* symptom.
simulació (simuləsió) *f.* simulation; pretence; make-believe.
sípia**simulacre** (simulákrə) *m.* simulacrum.
simular (simulá) *t.* to simulate; to pretend, to feign, to sham.
simultani, -ània (simultáni, -ániə) *a.* simultaneous.
sina (sinə) *f.* breast, chest. *2* bosom [woman].
sinagoga (sinəɣɔ́ɣə) *f.* synagogue.
sincer, -ra (sinsé(r), -rə) *a.* frank; sincere.
sinceritat (sinsəritát) *f.* frankness; sincerity.
síncope (siŋkupə) *f.* GRAM., MUS. syncope. *2* MED. faint, fainting, fit.
sincronitzar (siŋkrunidzá) *t.* to synchronise.

sindical (sindikál) *a.* trade union, union.
sindicalisme (sindikəlizmə) *m.* trade-unionism.
sindicat (sindikát) *m.* syndicate. *2* union, trade union.
síndria (síndriə) *f.* BOT. water melon.
singladura (siŋgləðúrə) *f.* NAUT. day's run, day's sailing.
singlot (siŋglót) *m.* hiccup.
singlotar (siŋglutá) *i.* to hiccup.
singular (siŋgulá(r)) *a.* singular. *2* unusual, strange, odd.
sínia (síniə) *f.* water wheel.
sinistre, -ra (sinístrə, -trə) *a.* left. *2* sinister; evil. ▪ *3 m.* disaster, calamity; accident.
sinó (sinó) *conj.* but [contrast]. ‖ ***no es ell ~ el seu germà,*** it's not him but it's his brother.
sinònim, -ma (sinɔ́mim, -mə) *a.* synonymous.
sinonímia (sinunímiə) *f.* synonymy.
sintaxi (sintáksi) *f.* syntax.
síntesi (síntəzi) *f.* synthesis.
sintètic, -ca (sintɛ́tik, -kə) *a.* synthetic; artificial.
sintetitzar (sintətidzá) *t.* to synthesize.
sintonitzar (sintunidzá) *t.* to syntonize.
sinuós, -osa (sinuós, -ózə) *a.* windy, winding. *2* fig. devious.
sinus (sínus) *m.* GEOM. sine.
sinusitis (sinuzítis) *f.* MED. sinusitis.
sípia (sípiə) *f.* cuttlefish.
sirena (sirɛ́nə) *f.* siren, mermaid. *2* siren.
sirgar (sirɣá) *i.* MAR. to tow; to pull. *2* fig. to work hard, to toil.
síria (síriə) *pr. n. f.* GEOGR. Syria.
Sirià, -ana (sirià, -ánə) *a., m.-f.* Syrian.
sis (sis) *a.-m.* six.
sis-cents (sisέns) *a.* six hundred.
sisè, -ena (sizɛ́, -ɛ́nə) *a.-m.* sixth.
sisme (sízmə) *m.* earthquake, tremor.
sísmic, -ca (sízmik, -kə) *a.* seismic.
sismògraf (sizmɔ́ɣrəf) *m.* seismograph.
sistema (sistémə) *m.* system; method.
sistemàtic (sistəmátik, -kə) *a.* systematic; methodical.
sístole (sístulə) *f.* MED. systole.
sitja (sídʒə) *f.* underground silo or storage pit.
situació (situəsió) *f.* situation; location; status, standing.
situar (situá) *t.* to situate; to locate, so site. ▪ *2 p.* to establish oneself; to settle down [in life]. *3* coll. to make it [in life].
sivella (siβéʎə) *f.* buckle.
SL (ésə élə) *f.* COMM. *(Societat Limitada)* (limited liability company) [with restrictions on size].
so (sɔ) *m.* sound.
sobirà, -ana (suβirà, -ánə) *a., m.-f.* sovereign.
sobirania (suβirəníə) *f.* sovereignty.
sobra (sɔ́βrə) *f.* left-over, remainder; excess. ‖ *adv. phr.* ***de ~,*** more than enough, ample. *2 pl.* remains, left-overs.
sobrar (suβrá) *i.* to be superfluous or in excess. ‖ ***sobren tres cadires,*** there are three chairs too many.
sobrassada (suβrəsáðə) *f.* kind of sausage, made of pork, red pepper and salt.
sobre (sóβrə) *adv.* on top. ▪ *2 prep.* on, upon, on top of. *3* about, on [subject]. *4* besides, in addition to. ▪ *5 m.* top-side, top. *6* envelope.
sobreabundància (soβrəβundánsiə) *f.* overabundance, superabundance.
sobrealimentar (soβrəlimәntá) *t.* to overfeed.
sobrecàrrega (soβrəkárrəɣə) *f.* overload. *2* excess weight. *3* surcharge.
sobredosi (soβrəðɔ́si) *f.* overdose.
sobreentendre (soβrənténdrə) *t.* to infer.
sobrehumà, -ana (soβrəumá, -ánə) *a.* superhuman.
sobrenatural (soβrənəturál) *a.* supernatural.
sobrenom (soβrənɔ́m) *m.* nickname.
sobrepassar (soβrəpəsá) *t.* to surpass; to exceed. *2* to be taller [height].
sobreposar (soβrəpuzá) *t.* to superimpose, to put on top of. *2* fig. to give preference to (*a,* over). ▪ *3 p.* to pull oneself together, to regain one's self-control.
sobresalt (soβrəsál) *m.* start, jump; shock; fright.
sobreseure (soβrəsɛ́ŭrə) *t.* LAW to discontinue [proceedings].
sobresortir (soβrəsurtí) *i.* to stand or jut out, to project. *2* fig. to stand out, to be outstanding. ▲ CONJUG. like ***sortir.***
sobresou (soβrəsɔ́ŭ) *m.* extra pay, bonus.
sobretaula (soβrətáŭlə) *f.* chat over coffee and cigars, after-dinner table-talk.
sobretot (soβrətɔ́t) *adv.* above all.
sobrevalorar (soβrəβəlurá) *t.* to overvalue; to overrate.
sobrevenir (soβrəβəní) *i.* to happen suddenly, to come about. ▲ CONJUG. like ***abstenir-se.***
sobreviure (soβrəβíŭrə) *i.* to survive. ▲ CONJUG. like ***viure.***
sobri, sòbria (sɔ́βri, sɔ́βriə) *a.* sober, restrained; unadorned.
sobrietat (suβriətát) *f.* sobriety, restraint.
sobtadament (suptaðəmén) *adv.* suddenly, all of a sudden, abruptly.
sobtar (suptá) *t.* to catch (out), to catch unawares. *2* COOK. to undercook. ▪ *3 p.* to be

caught (out) or unawares. *4* COOK. to be undercooked.
sobtat, -ada (suptát, -áðə) *a.* sudden, abrupt.
sobte (de) (sóptə) *adv. phr.* suddenly, all of a sudden.
soca (sɔ́kə) *f.* stump, roots [of tree]. *2 adv. phr. de* ~ *rel,* totally, one hundred percent, through and through.
socarrar (sukərrá) *t.* to singe; to scorch.
socarrim (sukərrím) *m.* singing; scorching.
socarrimar (sukərrimá) *t.* See SOCARRAR.
soci, sòcia (sɔ́si, -sɔ́siə) *m.-f.* COMM. partner, associate. *2* member [club, society]. *3* guy, chap.
sociable (susiábblə) *a.* sociable, friendly, gregarious.
social (susiál) *a.* social. *2* COMM. company, commercial.
socialisme (susiəlízmə) *m.* socialism.
socialista (susiəlístə) *a., m.-f.* socialist.
societat (susiətát) *f.* society. || ~ ***de consum,*** consumer society. *2* COMM. corporation, company. || ~ ***anónima,*** limited liability company. *3* COMM. firm company, association.
sociòleg, -òloga (susiɔ́lək, -ɔ́luɣə) *m.-f.* sociologist.
sociologia (susiuluʒíə) *f.* sociology.
sòcol (sɔ́kul) *m.* socle, base, plinth. *2* skirting board [around wall].
socórrer (sukórrə) *t.* to aid, to assist, to help. *2* to meet, to relieve [needs].
socors (sukórs) *m.* aid, assistance, help: ~*!,* help!
soda (sɔ́ðə) *f.* soda water, soda.
sodi (sɔ́ði) *m.* MINER. sodium.
sofà (sufá) *m.* settee, sofa, couch.
sofert, -ta (sufɛ́r(t), -tə) *a.* long-suffering; patient [person]. *2* TEXT. hard-wearing, tough, long-lasting.
Sofia (sufíə) *pr. n. f.* GEOGR. Sofia.
sofisticació (sufistikəsió) *f.* sophistication, refinement, elegance. *2* pej. affectation.
sofre (sófrə) *m.* MINER. sulphur.
sofregir (sufrəʒí) *t.* to fry lightly.
sofriment (sufrimén) *m.* suffering. *2* endurance; tolerance, patience.
sofrir (sufrí) *i.* to suffer. ■ *2 t.* to endure [illness, misfortune]; to suffer from [illness]. || ~ ***un accident,*** to have an accident. || ~ ***un canvi,*** to undergo a change.
soga (sɔ́ɣə) *f.* rope. *2 phr.* ***veure's amb la*** ~ ***al coll,*** to be up to one's neck in it, to be in a tight spot.
sogre, -gra (sɔ́ɣrə, -ɣrə) *m.* father-in-law. *2 f.* mother-in-law.
soja (sɔ́ʒə) *f.* BOT. soya.
sojorn (suʒórn) *m.* stay, sojourn. *2* dwelling, dwelling-place, home, abode.
sojornar (suʒurná) *i.* to stay, to spend some time [in a place].
sol (sɔl) *m.* ASTR. sun. || ~ ***ixent,*** rising sun. *2* sunshine. || ***prendre el*** ~, to sunbathe; to lie in the sun. *3* MUS. G.
sòl (sɔl) *m.* ground. *2* floor [house]. *3* AGR. land, ground.
sol, sola (sɔl, sɔ́lə) *a.* alone, unaccompanied; single. || ***una sola vegada,*** one single time, once only. *2* lonely: ***trobar-se*** ~, to feel lonely.
sola (sɔ́lə) *f.* sole [of shoe].
solà, -ana (sulá, -ánə) *a.* sunny, sunlit. ■ *2 f.* sunny spot, suntrap.
solament (sɔ́ləmén) *adv.* only.
solapa (sulápə) *f.* lapel.
solar (sulá) *m.* building pot, plot, lot; site.
solar (sulá(r)) *a.* solar, sun.
solatge (suládʒə) *m.* deposit, sediment [from liquid].
solcar (sulká) *t.* AGR. to plough up; to furrow. *2* fig. to plough up [vehicles, of land]. *3* to ply [the seas]. *4* to cut through, to cleave [the waters, the airs]. *5* to score [hard surfaces].
soldador (suldəðó) *m.* soldering iron. *2* welder [person].
soldadura (suldəðúrə) *f.* welding [usu. act only]. *2* weld.
soldar (suldá) *t.* to weld.
soldat (suldát) *m.* soldier.
soledat (suləðát) *f.* solitude; loneliness.
solemne (sulɛ́mnə) *a.* solemn, serious, dignified.
solellada (suləʎáðə) *f.* sun-bathing. *2* MED. sunstroke.
soler (sulɛ́) *i.* to be in the habit or custom of, to be accustomed to. || ***sol anar al cine cada diumenge,*** he usually goes to the cinema every Sunday.
solfa (sɔ́lfə) *f.* MUS. solfa. *2* musical notation.
solfeig (sulfɛ́tʃ) *m.* MUS. solfa.
solfejar (sulfəʒá) *t.* MUS. to solfa.
sòlid, -da (sɔ́lit, -ðə) *a.-m.* solid. *2 a.* firm; hard.
solidari, -ària (suliðári, -áriə) *a.* joint, common [activities]. *2* shared in common; in solidarity. *3* LAW joint.
solidaritat (suliðəritát) *f.* solidarity.
solidaritzar-se (suliðəridzársə) *p.* to declare one's support for or solidarity with.
solidesa (suliðɛ́zə) *f.* solidity; firmness; hardness.
solidificar (suliðifiká) *t.* to solidify; to become firm or hard.

soliloqui (sulilɔ́ki) *m.* soliloquy, monologue.
solista (sulistə) *m.-f.* soloist, solo singer.
solitari, -ària (sulitári, -áriə) *a.* solitary; lonely; bleak, desolate. ▪ *2 m.-f.* loner. *3 f.* ENT. tapeworm.
solitud (sulitút) *f.* solitude. *2* lonely place.
sol·lícit, -ta (sulisit, -tə) *a.* solicitous, obliging.
sol·licitar (sulisitá) *t.* to apply for [job]. *2* to request, to solicit; to ask for.
sol·licitud (sulisitút) *f.* solicitude, concern. *2* petition; application (form).
solo (sɔ́lu) *m.* MUS. solo.
sols (sɔls) *adv.* See SOLAMENT.
solstici (sulstisi) *m.* solstice.
solt, -ta (sɔlt, -tə) *a.* loose; untied; free, flowing. *2* detached, separate. ▪ *2 f.* (common) sense, logic. ‖ ***sense solta ni volta,*** without rhyme or reason.
solter, -ra (sulté, -rə) *a.* single, unmarried. ▪ *2 m.* bachelor. *3 f.* spinster, unmarried woman.
soluble (sulúbblə) *a.* soluble. *2* solvable [problem].
solució (sulusió) *f.* solution.
solucionar (sulusioná) *t.* to solve. *2* to resolve, to settle.
solvència (sulβénsiə) *f.* solvency.
solvent (sulβén) *a.* solvent; afloat.
somera (sumérə) *f.* ZOOL. she-ass.
somiador, -ra (sumiəðó, -rə) *a.* idealistic; dreamy. ▪ *2 m.-f.* dreamer.
somiar (sumiá) *i.* to dream (*amb,* of). ▪ *2 t.* to dream about. ‖ ~ ***truites,*** to live in a dream, to build up (false) hopes.
somiatruites (sumiətrúitəs) *m.-f.* dreamer, escapist.
somicar (sumiká) *i.* to whimper, to whine.
somicó (sumikó) *m.* whimper, whine.
somier (sumié) *m.* spring mattress.
sòmines (sɔ́minəs) *m.* dolt, dimwit, dope.
somnàmbul, -la (sunámbul, -lə) *m.-f.* sleepwalker, somnambulist.
somni (sɔ́mni) *m.* dream. *2* pipe dream, fantasy.
somniar (sumiá) *i.* See SOMIAR.
somnífer, -ra (sumnifer, -rə) *a.* sleep-inducing, soporific. ▪ *2 m.* sleeping pill.
somnolència (sumnulénsiə) *f.* drowsiness, sleepiness.
somort, -ta (sumɔ́r(t), -tə) *a.* dying, weak; muffled [sound], dim [light].
somrient (sumrrién) *a.* smiling, beaning.
somrís (sumris) *m.* See SOMRIURE.
somriure (somrriŭrə) *m.* smile; grin.
somriure (sumrriŭrə) *i.* to smile, to grin; to bean. ▲ CONJUG. like ***riure.***
son (sɔn) *m.* sleep. *2 f.* sleepiness. ‖ ***tinc ~,*** I'm sleepy, I'm tired.
son, sa (son, sə) *poss. a.* his, her, its.
sonar (suná) *i.* to sound; to go off, to ring [bell]. *2* fig. to sound, familiar. ‖ ***et sona aquest nom?,*** does this name ring a bell? ▪ *3 t.* to play, to sound [instrument].
sonat, -ada (sunát, -áðə) *a.* well-known, talked-of. *2* crazy; bonkers.
sonata (sunátə) *f.* MUS. sonata.
sonda (sóndə) *f.* sounding. *2* TECH. bore, drill. *3* MED. probe; tube. ‖ ~ ***esofàgica,*** probang.
sondar (sundá) *t.* to sound, to probe. *2* TECH. to bore (into). *3* MED. to put a tube or probe into [patient]. *4* fig. to take polls, (USA) to do surveys.
sondeig (sundétʃ) *m.* sound, sounding; probe. *2* fig. poll, inquiry; survey.
sondejar (sundəʒá) *t.* to sound, to probe. *2* take polls, (USA) to do surveys.
sonet (sunét) *m.* sonnet.
Sónia (sɔ́niə) *pr. n. f.* Sonia.
sonor, -ra (sunór, -rə) *a.* sonorous; resonant; sound. ‖ ***banda sonora,*** sound-track.
sonoritat (sunuritát) *f.* sonority, resonance.
sopa (sópə) *f.* soup; broth. ‖ ***estar com una ~,*** to have a bad cold.
sopar (supá) *m.* dinner, supper.
sopar (supá) *i.* to have dinner or supper; to dine.
sopera (supérə) *f.* soup tureen.
sopluig (suplútʃ) *m.* shelter.
sopor (supó(r)) *m.* drowsiness; sluggishness.
soporífer, -ra (supurifər, -rə) *a.* sleep-inducing, soporific.
soprano (sopráno) *m.* MUS. soprano.
sord, -da (sor(t), -ðə) *a.* deaf. *2* muffled, dull; quiet. *2 m.-f.* deaf person.
sordejar (surðəʒá) *i.* to be hard of hearing.
sordesa (surðézə) *f.* deafness.
sordid, -da (sɔ́rðit, -ðə) *a.* sordid, filthy, squalid.
sordina (surðinə) *f.* MUS. damper, soft pedal.
sord-mut, sorda-muda (sormút, sorðəmúðə) *a.* deaf and dumb. *2 m.-f.* deaf and dumb person.
sorgir (surʒi) *i.* to avise, to emerge; to appear (unexpectedly); to crop up.
sorna (sórnə) *f.* sarcasm, slyness.
sorneguer, -ra (surnəɣé, -rə) *a.* underhand; sly, sneaky.
sornegueria (surnəɣəriə) *f.* slyness, cunning.
soroll (suróʎ) *m.* noise; uproar.
sorollós, -osa (suruʎós, -ózə) *a.* noisy, loud.
sorprendre (surpréndrə) *t.* to surprise, to

catch (unawares). *2* to surprise, to astonish, to amaze. ▲ CONJUG. like ***aprendre.***
sorprenent (surprənén) *a.* surprising; astonishing, amazing.
sorpresa (surprɛ́zə) *f.* surprise; astonishment, amazement.
sorra (sórrə) *f.* sand.
sorral (surrál) *m.* sandy spot; sandpit. *2* bunker [golf].
sorrut, -uda (surrút, -úðə) *a.* sullen, sulky; grin; unsociable.
sort (sɔr(t)) *f.* luck, (good) fortune. || ***tenir ~,*** to be lucky.
sorteig (surtɛ́tʃ) *m.* draw, raffle.
sortejar (surtəʒá) *t.* to draw lots for; to raffle.
sortida (surtíðə) *f.* departure; leaving; rising [of sun]. *2* SP. start. *3* exit, way out; outlet; valve, vent. *4* outing, excursion. *5* quip, witty remark; joke.
sortidor (surtiðó) *m.* jet, spout.
sortilegi (surtilɛ́ʒi) *m.* fortune-felling; sorcery.
sortir (surtí) *i.* to go out, to come out; to get out of. *2* to depart, to leave. *3* to appear, to emerge; to come out [publication]. *4* to rise [sun]. *5* to turn out, to prove (to be); to go [well or badly]. ▲ CONJUG. INDIC. Pres.: ***surto, surts, surt, surten.*** || SUBJ. Pres.: ***surti, surtis, surti, surtin.***
sospir (suspír) *m.* sigh; breath.
sospirar (suspirá) *i.* to sigh [also fig.].
sospita (suspítə) *f.* suspicion; doubt.
sospitar (suspitá) *t.* to suspect. ■ *2 i.* ***~ de,*** to be suspicious of, to have one's suspicious about.
sospitós, -osa (suspitós, -ózə) *a.* suspicious, suspect.
sostenidors (sustəniðós) *m. pl.* brassière, bra.
sosteniment (sustənimén) *m.* support; strengthening; upholding. *2* sustenance [of body].
sostenir (sustəní) *t.* to support, to hold' (up); to carry, to bear. *2* fig. to support, to back, to defend; to sustain, to maintain. ▲ CONJUG. like ***abstenir-se.***
sostingut, -uda (sustiŋgút, -úðə) *a.* steady, sustained; prolonged. ■ *2 a.-m.* MUS. sharp.
sostre (sɔ́strə) *m.* ceiling. *2* layer.
sostreure (sustrɛ́ŭrə) *t.* to take out, to take away; to remove. *2* MATH. to subtract, to deduct. ▲ CONJUG. like ***treure.***
sot (sɔt) *m.* ditch, pit; rut.
sota (sótə) *prep.* under, beneath, below. ■ *adv.* below, underneath.
sotabarba (sotəβárβə) *m.* double chin; jowl.
sotamà (sotəmá) *adv. phr.* ***de ~,*** underhand, on the sky; stealthily.
soterrani, -ània (sutərráni, -ániə) *a.* underground, subterranean. ■ *2 m.* basement.
sotjar (sudʒá) *t.* to spy on, to watch; to stalk [hunting].
sotmetre (summɛ́trə) *t.* to subdue, to overcome. *2* to subject to; to put under [treatment]. *3* to submit, to present. ■ *4 p.* to submit, to surrender. ▲ CONJUG. like ***admetre.***
sotrac (sutrák) *m.* jolt, bump [of car].
sotragada (sutrəγáðə) *f.* See SOTRAC.
sots-director, -ra (sodzðirəktó, -rə) *m.-f.* sub-director, assistant director.
sotsobrar (sutsuβrá) *t.* to knock down [person]. ■ *2 i.* MAR. to capsize, to overturn.
sots-oficial (sodzufisiál) *m.* non-commissioned officer. *2* MIL. sergeant-major.
sou (soŭ) *m.* salary, wage; pay. *2 pl.* (ROSS.) money.
soviètic, -ca (suβiɛ́tik, -kə) *a.* Soviet.
sovint (suβín) *adv.* often.
sovintejar (suβintəʒá) *t.* to do repeatedly or frequently. ■ *2 i.* to happen frequently, to be frequent.
SP *m. (Servei Públic)* Public Service.
Sr. *m. abbr. (Senyor)* Mr (Mister).
Sra. *f. abbr. (Senyora)* Mrs (Mistress).
Srta. *f. abbr. (Senyoreta)* Miss (Miss).
SS *f. (Seguretat Social)* Social Security.
St. *m. abbr. (Sant)* St. (Saint).
Sta. *f. abbr. (Santa)* St. (Saint).
suada (suáðə) *f.* sweat. *2* fig. toil, labour, (USA) labor.
suar (suá) *i.* to sweat. *2* fig. to work hard. ■ *3 t.* to sweat (off); to ooze. || ***~ la cansalada,*** to bathe in sweat. || ***~ sang,*** to sweat blood. *4* to make or get sweaty.
suau (suáŭ) *a.* soft; gentle, mild; smooth.
suavitat (suəβitát) *f.* softness, mildness, gentleness, smoothness.
suavitzar (suəβidzá) *t.* to soften; to smooth (out); to soothe.
subaltern, -na (subbəltɛ́rn, -nə) *a.* secondary; auxiliary, assistant.
subconscient (supkunsién) *a.-m.* subconscious.
súbdit, -ta (súbdit, -tə) *a., m.-f.* subject; citizen.
subdividir (subdiβiðí) *t.* to divide up, to subdivide.
subhasta (suβástə) *f.* auction.
subhastar (suβəstá) *t.* to put up for auction; to auction off.
subjacent (subʒəsén) *a.* underlying.

subjecció (subʒəksió) *f.* seizure; fastening. *2* subjection.
subjectar (subʒəktá) *t.* to hold (tight); to clutch, to seize; to fasten (together). *2* to subdue; to hold down.
subjecte (subʒέktə) *m.* GRAMM. subject. *2* person; type, character.
subjectivisme (subʒəktiβizmə) *m.* PHIL. subjectivism.
subjectivista (subʒəktiβistə) *a.* subjectivistic. *2* subjective. ■ *3 m.-f.* subjectivist.
subjugar (subʒuɣá) *t.* to subjugate, to subdue; to overpower.
sublim (suβlim) *a.* lofty, towering; sublime.
submarí, -ina (summəri, -inə) *a.* submarine, underwater. ■ *2 m.* NAUT. submarine.
submergible (summərʒibblə) *a.* submersible.
submergir (summərʒi) *t.* to submerge; to immerse, to plunge [also fig.].
subministrar (sumministrá) *t.* to supply, to provide; to give.
submís, -issa (summis, -isə) *a.* submissive, obedient.
submissió (summisió) *f.* submission; submissiveness.
subnormal (subnurmál) *a.* subnormal, retarded, mentally handicaped. ■ *2 m.-f.* retarded *a.*, subnormal.
subordinació (suβurðinəsió) *f.* subordination.
subordinar (suβurðiná) *t.* to subordinate.
subordinat, -ada (suβurdinát, -áðə) *a., m.-f.* ancillary; subordinate.
suborn (suβórn) *m.* bribery. *2* bribe.
subornar (suβurná) *t.* to bribe, to pay or buy off.
subratllar (subrrəʎʎá) *t.* to underline. *2* fig. to emphasize.
subscripció (suskripsió) *f.* signature, subscription. *2* subscription [to a periodical].
subscriure (suskriŭrə) *t.* to sign, to subscribe. ■ *2 p.* to subscribe.
subsidi (supsiði) *m.* subsidy, grant; allowance; benefit. ‖ ~ ***d'atur,*** unemployment benefit.
subsistència (supsistέnsiə) *f.* subsistence; sustenance.
subsistir (supsisti) *i.* to subsist; to stay alive; to survive.
subsòl (supsɔ́l) *m.* subsoil.
substància (sustánsiə) *f.* substance [also fig.]; essence, core.
substancial (sustənsiál) *a.* substantial. *2* vital, essential.
substanciós, -osa (sustənsiós, -ózə) *a.* substantial. ‖ ***un menjar*** ~, a solid meal. *2* fig. meaty.
substitució (sustitusió) *f.* substitution, replacement.
substituir (sustitui) *t.* to substitute, to replace; to stand in for [temporarily].
substitut, -ta (sustitút, -tə) *m.-f.* substitute, replacement; deputy, stand-in.
substrat (sustrát) *m.* substratum.
subterfugi (suptərfúʒi) *m.* subterfuge.
subterrani, -ània (suptərráni, -ániə) *a.* underground, subterranean.
subtil (suptil) *a.* subtle; fine [line], thin; keen, sharp [mind].
subtilesa (suptilέzə) *f.* subtlety; thinness.
subtítol (suptitul) *m.* subtitle; subheading.
subtracció (suptrəksió) *f.* MATH. subtraction; deduction.
suburbà, -ana (supurβá, -ánə) *a.* suburban.
suburbi (suβúrβi) *m.* (poor) suburb.
subvenció (subbənsió) *f.* subsidy, subvention.
subversió (subbərsió) *f.* subversion; overthrow [act].
subversiu, -iva (subbərsiŭ, -iβə) *a.* subversive.
suc (suk) *m.* juice. *2* gravy. *3* fig. essence, substance.
sucar (suká) *t.* to dip, to dunk. *2* coll. to have a hand in.
succedani, -ània (suksəðáni, -ániə) *a.* substitute.
succeir (suksəi) *i.* to follow, to succeed. *2* to happen.
succés (suksés) *m.* event, incident. *2* success.
successió (suksəsió) *f.* succession. *2* issue, offspring; heirs.
successiu, -iva (suksəsiŭ, -iβə) *a.* successive, consecutive. ‖ ***dos dies ~s,*** two days running, (USA) two days in a row.
successor, -ra (suksəsó, -rə) *a.* succeeding. ■ *2 m.-f.* successor; heir.
succint, -ta (suksin, -tə) *a.* succint, brief; to the point.
sucós, -osa (sukós, -ózə) *a.* juicy, succulent. *2* fig. solid.
sucre (súkrə) *m.* sugar.
sucrera (sukrérə) *f.* sugar-bowl, sugar-basin.
suculent, -ta (sukulén, -tə) *a.* succulent. *2* nutritious.
sucumbir (sukumbi) *i.* to succumb, to give way.
sucursal (sukursál) *a.-f.* branch, subsidiary.
sud (sut) *m.* south.
Sud-Àfrica (sutáfrikə) *pr. n. f.* GEOGR. South Africa.
sud-africà, -ana (sutəfriká, -ánə) *a., m.-f.* South African.

Sud-Amèrica (sutəmérikə) *pr. n. f.* GEOGR. South America.
sud-americà, -ana (sutəmərikà, -ànə) *a., m.-f.* South American.
suec, -ca (suék, -kə) *a.* Swedish. ▪ *2 m.-f.* Swede.
Suècia (suésiə) *pr. n. f.* GEOGR. Sweden.
suèter (swétər) *m.* sweater.
suficiència (sufisiénsiə) *f.* sufficiency, adequacy. *2* smugness, complacency.
suficient (sufisién) *a.* sufficient, enough; adequate. *2* smug, condescending.
sufocar (sufukà) *t.* to suffocate, to stifle. *2* to put out [fire]. *3* to crush [revolt]. *4* to make blush.
sufragar (sufrəγà) *t.* to cover, to meet [costs]; to aid, to help [economically].
sufragi (sufràʒi) *m.* suffrage. *2* vote.
suggeriment (suʒərimén) *m.* suggestion.
suggerir (suʒəri) *t.* to suggest.
suggestió (suʒəstiò) *f.* suggestion. *2* PSYCH. inducement.
suggestionar (suʒəstiunà) *t.* to influence; to induce; to hypnotize.
suggestiu, -iva (suʒəstiŭ, -iβə) *a.* stimulating, thought-provoking.
suïcida (suisiðə) *a.* suicidal. *2 m.-f.* suicide, person who is going to commit suicide. *3* fig. suicidal person.
suïcidar-se (suisiðàrsə) *p.* to commit suicide, to kill oneself.
suïcidi (suisiði) *m.* suicide.
suís, suïssa (suis, suisə) *a., m.-f.* Swiss.
Suïssa (suisə) *pr. n. f.* GEOGR. Switzerland.
suma (sùmə) *f.* addition. *2* sum; amount.
sumand (sumàn) *m.* addendum.
sumar (sumà) *t.* to add, to sum (up). *2* to total, to add up to.
sumari, -ària (sumàri, -àriə) *a.* brief. ▪ *2 m.* summary. *3* LAW indictment.
sumir (sumi) *t.* to bury; to sink [also fig.], to plunge.
súmmum (sùmmum) *m.* summit, peak. ‖ ***ser el ~***, to be the limit, to be the last straw.
sumptuós, -osa (sumtuòs, -òzə) *a.* sumptuous; lavish.
suor (suò) *f.* sweat, perspiration.
supeditar (supəðità) *t.* to subordinate.
superar (supərà) *t.* to surpass, to beat; to overcome, to get over.
superàvit (supəràβit) *m.* surplus.
superb, -ba (supérp, -βə) *a.* magnificent, splendid. *2* arrogant; haughty.
supèrbia (supérβiə) *f.* arrogance, haughtiness.
superficial (supərfisiàl) *a.* superficial, surface; shallow. ‖ ***una ferida ~***, a superficial wound. *2* fig. superficial, shallow; airy.
superfície (supərfisiə) *f.* surface. *2* area.
superflu, -èrflua (supérflu, -érfluə) *a.* superfluous, excessive.
superior, -ra (supəriò(r), -rə) *a.* higher, greater; upper; top. *2* better, superior. ▪ *3 m.-f.* superior.
superioritat (supəriurità t) *t.* superiority.
supermercat (supərmərkàt) *m.* supermarket.
superposar (supərpuzà) *t.* to superimpose, to put on top.
superstició (supərstisiò) *f.* superstition.
supervivent (supərβiβén) *a.* surviving. ▪ *2 m.-f.* survivor.
suplantar (supləntà) *t.* to supplant; to take over from.
suplement (supləmén) *m.* supplement. *2* extra fee or charge.
suplementari, -ària (supləməntàri, -àriə) *a.* supplementary; additional, extra.
suplent (suplén) *a., m.-f.* substitute.
súplica (sùplikə) *f.* request, appeal; supplication, entreaty.
suplicar (suplikà) *t.* to implore, to beg, to plead; to appeal to.
suplici (suplisi) *m.* torture, torment [also fig.].
suplir (supli) *t.* to substitute, to replace. *2* to make up (for). ▲ CONJUG. P. P.: ***suplert.***
suport (supɔ̀rt) *m.* aid, help; support, backing. *2* support, base.
suportable (supurtàbblə) *a.* bearable, endurable.
suportar (supurtà) *t.* to support, to back; to help. *2* to endure, to bear; to stand.
suposar (supuzà) *t.* to suppose, to assume. *2* to mean; to involve.
suposició (supuzisiò) *f.* assumption; supposition.
supositori (supuzitɔ̀ri) *m.* MED. suppository.
suprarenal (suprərrənàl) *f.* ANAT. suprarenal [gland].
suprem, -ma (suprém, -mə) *a.* supreme.
supremacia (suprəməsiə) *f.* supremacy.
supressió (suprəsiò) *f.* suppression, abolition; lifting; elimination.
suprimir (suprimi) *t.* to abolish; to supress [rebellion, book, etc.]; to eliminate; to lift [restrictions].
supurar (supurà) *i.* to suppurate, to fester.
surar (surà) *i.* to float.
suro (sùru) *m.* cork.
surra (sùrrə) *f.* walloping, tanning.
surrealisme (surreəlizmə) *m.* surrealism.
Susagna (suzàŋnə) *pr. n. f.* Susan, Suzanne.
susceptible (susəptibblə) *a.* susceptible; capable, liable. *2* touchy, sensitive.
suscitar (susità) *t.* to cause, to provoke; to start; to arouse [interest, suspicion].
suspendre (suspéndrə) *t.* to adjourn; to sus-

pend. *2* to hang. *3* to fail [exam]. ▲ CONJUG. like ***ofendre***.
suspens (suspéns) *m.* fail, failure [in exam].
suspensió (suspənsió) *f.* suspension. *2* adjournment.
suspicaç (suspikás) *a.* distrustful, suspicious.
suspicàcia (suspikásiə) *f.* mistrust, suspicion.
sustentar (sustəntá) *t.* to sustain, to nourish; to keep going. *2* to hold up.
sutge (súdʒə) *m.* soot.
sutura (sutúrə) *f.* MED. suture, sutura.

T

T, t (te) *f.* t [letter].
t', 't *pers. pron.* See ET.
tabac (təβák) *m.* tobacco. ‖ ~ ***ros,*** Virginia or blond tobacco. ‖ ***tens ~?,*** have you any cigarettes?
tabalot (təβəlɔ́t) *m.* scatter-brain.
tabola (təβɔ́lə) *f.* revelry, carousal, binge, spree. ‖ ***fer ~,*** to carouse; to make a racket.
tabú (təβú) *m.* taboo.
tac (tak) *m.* peg; plug.
taca (tákə) *f.* stain; spot, blotch. ‖ ***això ja passa de ~ d'oli,*** this has gone too far, this is beyond a joke.
tacar (təká) *t.* to stain; to spot, to mark.
tàcit, -ta (tásit, -tə) *a.* tacit; unspoken, unwritten.
taciturn, -na (təsitúrn, -nə) *a.* taciturn; sullen, moody.
tacte (táktə) *m.* touch [sense or act]; feel. *2* fig. tact.
tàctic, -ca (táktik, -kə) *a.* tactical. ▪ *2 f.* tactics; move.
tafanejar (təfənəʒá) *t.* to pry into; to spy on.
tafaner, -ra (təfəné, -rə) *a.* nosey, snooper.
tal (tal) *a.* such (a). ‖ ~ ***dia com avui,*** years ago today. *2* a certain; that. ‖ ***vindrem a ~ hora,*** we'll come at a certain time. *3* ***la senyora ~,*** Mrs. So-and-so. ▪ *4 a.-adv.* such a way. ‖ ***porta-ho ~ com t'han dit,*** carry it just as they told you to. *5 phr.* ***per ~ de,*** in order to. ‖ ***per ~ que,*** so that.
tala (tálə) *f.* (tree) felling. *2* fig. destruction, devastation.
talaia (təláǰə) *f.* watchtower.
talar (təlá) *t.* to fell, to cut down [trees]. *2* to devastate, to destroy; to demolish.
talc (talk) *m.* talc. *2* talcum powder.
talent (təlén) *m.* talent; ability.
TALGO (tályo) *m.* *(«Tren Articulado Ligero Goicoechea-Oriol»)* (special express train).
talismà (təlizmá) *m.* talisman; good-luck charm.
tall (táʎ) *m.* cutting. *2* cut, incision. *3* slice [of cheese, meat, etc.]. *4* meat or fish [in stew].
talla (taʎə) *f.* (wooden) sculpture; engraving. *2* height, stature. *3* size [of garment].
tallada (təʎáðə) *f.* cut, cutting. ‖ ***fer-se una ~ de cabells,*** to get one's hair cut. *2* slice [of food].
tallar (təʎá) *t.* to cut; to cut down [tree], to cut off [branch]; to chop; to slash. *2* to slit, to cut. *3* to cut off; to shut off. ▪ *4 p.* to curdle, to turn [milk, sauce, etc.].
tallat, -da (təʎát, -áðə) *a.* cut; cut down; cut off; chopped. ▪ *2 m.* (small) white coffee.
taller (təʎé) *m.* workshop, shop. *2* repair shop.
taló (təló) *m.* heel [of foot or shoe]. *2* cheque, (USA) check.
talonari (təlunári) *m.* cheque book, (USA) checkbook.
talòs, -ossa (təlɔ́s, -ɔ́sə) *a.* thick, dim, dopey.
talp (talp) *m.* ZOOL. mole.
també (təmbé) *adv.* also, too, as well: ***jo ~,*** me too.
tambor (təmbó) *m.* drum.
tamboret (təmburɛ́t) *m.* stool.
Tàmesi (táməsi) *pr. n. m.* GEOGR. Thames.
tampoc (təmpɔ́k) *adv.* neither; either [preceded by not]: ***ell ~ no ho sap,*** he doesn't know either.
tan (tan) *adv.* as: ***és ~ alt com tu,*** he's as tall as you (are). *2* so, such(a). ‖ ***és ~ simpàtica!,*** she's so nice!
tanc (taŋ) *m.* tank.
tanca (táŋkə) *f.* fence; palisade, stockade; wall. *2* bolt, latch; lock [of door]. *3* fastener; clasp; catch; lock.

tancar (təŋkȧ) *t.* to close; to block (up); to close down; to turn off; to lock (up). ‖ ~ ***amb clau,*** to lock. ▪ *2 i.* to close, to lock: ***aquesta porta no tanca,*** this door doesn't close well.
tancat, -ada (təŋkȧt, -ȧðə) *a.* closed; blocked; tuned off; locked (up). ▪ *2 m.* enclosure, enclosed area.
tanda (tȧndə) *f.* shift. *2* turn. *3* series; course.
tàndem (tȧndəm) *m.* tandem. *2* duo; pair.
tanga (tȧŋgə) *m.* G-string.
tanmateix (təmmətėʃ) *adv.* naturally; as expected. *2* nevertheless; however.
tanoca (tənɔ̇kə) *a., m.-f.* dumb, dopey, thick. ▪ *2 m.-f.* dim-wit, half-wit, idiot.
tant, -ta (tən, -tə) *a.-pron.* so much, as much; so many, as many: ***no n'hi ha ~s com m'havies dit,*** there aren't as many as you told me. ▪ *2 adv.* so; so much, as much: ***menja ~ com vulguis,*** eat as much as you please. ‖ ~ ***de bo,*** I hope so. ‖ ~ ***me fa,*** I don't care. ‖ ~ ***se val,*** it doesn't matter, it makes no difference. ‖ ***de ~ en ~,*** now and again, from time to time. ‖ ***per ~,*** so, therefore.
tap (tap) *m.* stopper, cap, top; cork. *2* plug; blockage. *3* fig. dwarf.
tapa (tȧpə) *f.* lid; cap, cover. *2* heel; heel-plate. *3* tidbit, snack [in a bar].
tapadora (təpəðórə) *f.* lid, cover.
tapar (təpȧ) *t.* to cover; to put the cap or lid on; to plug; to block (up), to stop (up). *2* to block. ‖ ***el núvol tapa el sol,*** the cloud is screening the sun. *3* to cover, to wrap. *4* fig. to conceal, to cover up.
tapet (təpėt) *m.* (small) table cover.
tàpia (tȧpiə) *f.* mud wall. *2* garden wall; boundary wall.
tapís (təpis) *m.* tapestry.
tapisser (təpisė) *m.* upholsterer.
tapisseria (təpisəriə) *f.* tapestry; upholstery [of car].
taquigrafia (təkiɣrəfiə) *f.* shorthand, stenography.
taquilla (təkiʎə) *f.* booking-office, ticket-window; box-office.
taquiller, -ra (təkiʎė, -rə) *m.-f.* (ticket) clerk.
tara (tȧrə) *f.* tare. *2* defect.
taral·lejar (tərələʒȧ) *t.* to hum.
tarannà (tərənnȧ) *m.* temperament; personality.
taràntula (tərȧntulə) *f.* ENT. tarantula.
tard (taər(t)) *adv.* late. ‖ ***fer ~,*** to be late. *2* evening. ‖ ***cap al ~,*** at dusk.
tarda (tȧrðə) *f.* afternoon; (early) evening.
tardà, -ana (tərdȧ, -ȧnə) *a.* slow [person]. *2* late: ***Renaixement ~,*** late Renaissance.
tardar (tərðȧ) *i.* to be late, to delay; to be delayed. *2* to take: ***quan tardarem a arribar?,*** how long will it take (us) to get there?
tardor (tərðó) *f.* autumn, (USA) fall.
targeta (tərʒėtə) *f.* card.
tarifa (tərifə) *f.* fare; rate.
tarima (tərimə) *f.* platform.
tarja (tȧrʒə) *f.* card.
taronger (tərunʒė) *m.* BOT. orange tree.
taronja (tərɔ̇nʒə) *f.* orange.
taronjada (tərunʒȧðə) *f.* orangeade.
Tarragona (tərrəɣónə) *pr. n. f.* GEOGR. Tarragona.
tars (tȧrs) *m.* ANAT. tarsus.
tartamut, -uda (tərtəmút, -úðə) *a.* stuttering, stammering.
tartana (tərtȧnə) *f.* cart [drawn by animals].
tarter, -ra (tərtȧ, -rə) *m.-f.* scree.
tasca (tȧskə) *f.* job, assignment, task.
tascó (təskó) *m.* chisel.
tassa (tȧsə) *f.* cup. *2* (toilet) bowl.
tassó (təsó) *m.* (BAL.) See GOT.
tast (tas(t)) *m.* tasting, sampling; taste, sample. *2* taste [flavour].
tastaolletes (tąstəuʎėtəs) *m.-f.* fly-by-night; quitter.
tastar (təstȧ) *t.* to taste, to sample; to try.
tatuar (tətuȧ) *t.* to tattoo.
tatuatge (tətuȧdʒə) *m.* tattoo. *2* tattooing [act].
taujà, -ana (təuʒȧ, -ȧnə) *a.* slow, thick. ▪ *2 m.-f.* nitwit, clot.
taula (tȧŭlə) *f.* table. *2* board, plank; slab [of stone]. *3* fig. index; table of contents. *4* ~ ***rodona,*** round-table conference. ‖ ***joc de ~,*** table-linen. ‖ ***parar ~,*** to set the table.
taulell (təŭlėʎ) *m.* (shop) counter. *2* work-bench.
tauler (təŭlė) *m.* board, plank. ‖ ~ ***d'anuncis,*** notice board, (USA) bulletin board. ‖ ~ ***d'escacs,*** chess-board. ‖ ~ ***d'instruments,*** panel.
tauleta (təŭlėtə) *f.* small table, side table. ‖ ~ ***de nit,*** bedside table.
tauló (təŭló) *m.* plank; beam.
Taure (tȧŭrə) *m.* ASTROL. Taurus.
taurí, -ina (təŭri, -inə) *a.* bull, bullfight-ing.
tauró (təŭró) *m.* ICHTHY. shark.
taüt (təút) *m.* coffin.
tàvec (tȧβək) *m.* ENT. horsefly.
taverna (təβėrnə) *f.* tavern.
taxa (tȧksə) *f.* fixed or standard price.
taxar (təksȧ) *t.* to fix a price; to rate; to regulate.
taxi (tȧksi) *m.* taxi, (USA) cab.
taxímetre (təksimətrə) *m.* taxi-meter.

taxista (təksistə) *m.-f.* taxi driver, (USA) cab driver.
1) te (tɛ) *m.* tea.
2) te (tə) *pers. pron.* See ET.
teatral (teətrál) *a.* theatre, (USA) theater, theatrical. *2* theatrical, showy.
teatre (teátrə) *m.* theatre, (USA) theater. *2* fig. show, histrionics; bluster.
tebi, tèbia (tέβi, tέβiə) *a.* lukewarm, tepid. *2* fig. cool, lukewarm.
tec (tɛk) *m.* spread, feast.
teca (tέkə) *f.* food.
tecla (tέklə) *f.* key [of mechanism]. *2* fig. subject.
teclat (təklát) *m.* keyboard, keys.
tècnic, -ca (tέŋik, -kə) *a.* technical. ▪ *2 m.-f.* technician; specialist. *3 f.* technique, method; skill.
tecnicisme (təŋnisízmə) *m.* technical term.
tecnologia (təŋnuluʒíə) *f.* technology.
tedi (tέði) *m.* tedium, boredom.
Teheran (təərán) *pr. n. m.* GEOGR. Teheran.
teia (tέǰə) *f.* fire-lighter, (small) fire-wood.
teixidor, -ra (təʃiðó, -rə) *m.-f.* weaver.
teixir (təʃí) *t.* to weave [also fig.]; to spin.
teixit, -ida (təʃít, -íðə) *a.* woven; spun. ▪ *2 m.* weave; woven material, fabric; textile. *2* tissue.
tel (tɛl) *m.* membrane, (thin) skin. *2* film, skin [over liquid].
tel. (tέl) *m. abbr. (telèfon)* tel. (telephone number).
tela (tέlə) *f.* cloth, material; fabric. || *~ metàl·lica,* wire netting.
telecomunicació (tələkumunikəsió) *f.* telecommunications.
teledirigit, -ida (tələðiriʒít, -íðə) *a.* TECH. remote-controlled, radio-controlled.
telefèric, -ca (tələfέrik, -kə) *m.* lift, cable car.
telèfon (təlέfun) *m.* telephone, phone.
telefonar (tələfuná) *t.* to telephone, to phone, (USA) to call.
telègraf (təlέɣrəf) *m.* telegraph.
telegrafiar (tələɣrəfiá) *t.* to telegraph.
teleobjectiu (tələŭbʒəktíŭ) *m.* telephoto lens.
telepatia (tələpətíə) *f.* telepathy.
teler (təlé) *m.* loom.
telescopi (tələskɔ́pi) *m.* telescope.
televident (tələβiðén) *m.-f.* (TV) viewer, televiewer.
televisar (tələβizá) *t.* to televise.
televisió (tələβizió) *f.* television, TV.
televisor (tələβizó) *m.* television set, TV set.
tell (teʎ) *m.* BOT. lime tree.
teló (təló) *m.* THEATR. curtain.
tema (témə) *m.* topic, subject; theme.
témer (témə) *t.-p.* to fear, to be afraid of. || *em temo que suspendré,* I'm afraid I'm going to fail.
temerari, -ària (təmərári, -áriə) *a.* rash, reckless; hasty.
temeritat (təməritát) *f.* temerity, rashness.
temible (təmíbblə) *a.* fearsome, frightful.
temor (təmó(r)) *m.* fear; alarm; apprehension.
temorenc, -ca (təmurέŋ, -kə) *a.* fearful, frightened.
temperament (təmpərəmén) *m.* temperament, disposition.
temperar (təmpərá) *t.* to temper, to moderate. *2* MUS. to tune (up).
temperatura (təmpərətúrə) *f.* temperature.
tempesta (təmpéstə) *f.* See TEMPESTAT.
tempestat (təmpəstát) *f.* storm; tempest.
tempestuós, -osa (təmpəstuós, -ózə) *a.* stormy, tempestuous [also fig.].
templa (témplə) *f.* ANAT temple.
temple (témplə) *m.* temple; chapel, church.
temporada (təmpuráðə) *f.* season; period, spell. || *tinc una ~ de molta feina,* I'm having a very busy spell (at the moment).
temporal (təmpurál) *a.* temporary. *2* ANAT., ECCL. temporal. ▪ *3 m.* storm; rough weather.
temporer, -ra (təmpuré, -rə) *a.* temporary, casual. ▪ *2 m.-f.* temporary (worker).
temps (tems) *m.* time. || *perdre el ~,* to waste time. *2* weather. || *quin ~ fa?,* what's the weather like? *3* MUS. tempo; movement. *4* season: *fruita del ~,* fruit of the season.
temptació (təmtəsió) *f.* temptation.
temptador, -ra (təmtəðó, -rə) *a.* tempting.
temptar (təmtá) *t.* to try, to test. *2* to tempt, to attract.
temptativa (təmtətíβə) *f.* attempt, effort.
tempteig (təmtέtʃ) *m.* test, trial.
temptejar (təmtəʒá) *t.* to test, to try out; to sound out.
tenaç (tənás) *a.* tenacious, determined.
tenacitat (tənəsitát) *f.* tenacity, determination.
tenalles (tənáʎəs) *f. pl.* pliers, pincers; forceps.
tenda (téndə) *f.* tent. *2* shop, (USA) store.
tendència (təndέnsiə) *f.* tendency, inclination; trend.
tendir (təndí) *i.* to tend; to be inclined.
tendó (təndó) *m.* tendon.
tendre, -dra (tέndrə, -drə) *a.* tender, soft [also fig.]. || *pa ~,* fresh bread.
tendresa (təndrέzə) *f.* tenderness, softness. *2* affection.
tendrum (təndrúm) *m.* cartilage.
tenebra (tənέβrə) *f.* darkness, dark, blackness; gloom.

tenebrós, -osa (tənəβrós, -ózə) *a.* dark; gloomy, black. *2* fig. dark, shady.
tenir (təni) *t.* to have. *2* to hold, to hold on to. *3* ~ ***algú per beneit,*** to take someone for a fool; ~ ***deu anys,*** to be ten (years old); ~ ***lloc,*** to take place, to be held; ***què tens?,*** what's wrong (with you)? ▲ CONJUG. P. P.: ***tingut.*** || INDIC. Pres.: ***tinc, tens, té, tenen.*** | Fut.: ***tindré,*** etc. || SUBJ. Pres.: ***tingui,*** etc. | Imperf.: ***tingués,*** etc. || IMPERAT.: ***té*** o ***ten*** (o ***tinguis***), ***teniu*** (o ***tingueu***).
tennis (tέnis) *m.* tennis.
tenor (tənór) *m.* tenor.
tens, -sa (tεns, -sə) *a.* tense [also fig.]; taut.
tensió (tənsió) *f.* tension; pressure; stress. *2* fig. tension, tenseness.
tentacle (təntáklə) *m.* tentacle.
tentines (təntinəs) *f. pl.* short unsteady steps. || ***fer*** ~, to toddle, to totter.
tènue (tέnuə) *a.* thin, fine; faint; slight.
tenyir (təɲi) *t.* to dye; to tinge [also fig.].
teologia (təuluʒiə) *f.* theology.
teorema (təurέmə) *m.* theorem.
teoria (təuriə) *f.* theory. || ***en*** ~, theoretically.
teòric, -ca (təɔ́rik, -kə) *a.* theoretical, theoretic.
teranyina (tərəɲinə) *f.* spider's web, spider web, cobweb.
terapèutic, -ca (tərəpέŭtik, -kə) *a.* therapeutic. ■ *2 f.* therapeutics.
teràpia (tərápiə) *f.* therapy.
tèrbol, -la (tέrβul, -lə) *a.* cloudy, turbid, murky. *2* fig. unclear; shady, murky.
terç, -ça (tεrs, -sə) *a.-m.* third.
tercer, -ra (tərsé, -rə) *a.* third. ■ *2 m.-f.* third party; mediator. *3 f.* MUS. third.
tercermundista (tərsẹmundistə) *a.* third world.
tercet (tərsέt) *m.* trio. *2* LIT. tercet.
terciari, -ària (tərsiári, -áriə) *a.* tertiary. ■ *2* GEOL. Tertiary period.
Teresa (tərέzə) *pr. n. f.* Teresa, Theresa.
tergal (tərγál) *m.* TEXT. poly-cotton.
tergiversar (tərʒiβərsá) *t.* to twist, to distort.
terme (térmə) *m.* end, conclusion. || ***dur a*** ~, to carry out. *2* boundary stone. *3* term. || ~ ***mitjà,*** middle term, average. *4 pl.* terms, conditions.
tèrmic, -ca (termik, -kə) *a.* thermic, heat.
terminal (tərminál) *f.* terminal, terminus.
termini (tərmini) *m.* term; time, period. *2* instalment.
termòmetre (tərmɔ́mətrə) *m.* thermometer.
termos (tέrmus) *m.* thermos (bottle).
termòstat (tərmɔ́stət, coll. -mustát) *m.* thermostat.
terna (tέrnə) *f.* threesome; trio.
terra (tέrrə) *f.* ASTR. earth. *2* land [surface]. || ***la meva*** ~, my homeland. || ***tenir terres,*** to own lands or estate(s). *3 m.* ground, floor. || ***caure a*** ~, to fall down. || ***sota*** ~, underground. || ***tirar a*** ~, to knock down.
terrabastall (tərrəβəstáʎ) *m.* crash, clatter; din.
terraplè (tẹrrəplέ) *m.* embankment; bank, rampart; terrace.
terraqüi, -àqüia (tərrákwi, -ákwiə) *a.* ***globus*** ~, globe [of the earth].
terrassa (tərrásə) *f.* terrace; balcony.
terrat (tərrát) *m.* (flat) roof.
terratinent (tέrrətinén) *m.-f.* landowner.
terratrèmol (tέrrətrέmul) *m.* earthquake.
terrenal (tərrənál) *a.* earthly, worldly.
terreny (tərrέɲ) *m.* terrain, land; earth, soil, ground. *2* plot, site; area, field [also fig.].
terrestre (tərréstrə) *a.* terrestrial; earthly, land, ground.
terrible (tərribblə) *a.* frightening, awful. *2* atrocious, terrible.
terrícola (tərrikulə) *m.-f.* earthling.
terrina (tərrinə) *f.* terrine, earthenware dish or jar.
terrissa (tərrisə) *f.* pottery, earthenware.
terrissaire (tərrisáĭrə) *m.-f.* potter.
territori (tərritɔ́ri) *m.* territory; domain.
terror (tərró(r)) *m.* terror.
terrorífic, -ca (tərrurifik, -kə) *a.* terrifying, frightening.
terrorisme (tərrurizmə) *m.* terrorism.
terrorista (tərruristə) *a., m.-f.* terrorist.
terròs (tərrɔ́s) *m.* clod; lump [of earth, sugar].
tertúlia (tərtúliə) *f.* gathering [social or literary]; get-together.
tes, -sa (tεs, -zə) *a.* stiff, rigid [also fig.]; erect; taut.
tesi (tέzi) *f.* thesis.
tesina (təsinə) *f.* minor thesis.
test (test) *m.* flowerpot, pot. || ***els testos s'assemblen a les olles,*** like father, like son. *2* test; quiz.
testa (téstə) *f.* head.
testament (təstəmén) *m.* will, testament. || ***fer*** ~, to make one's will.
testar (təstá) *i.* to make one's will.
testarrut (təstərrút) *a.* headstrong; obstinate, stubborn.
testicle (təstiklə) *m.* ANAT. testicle.
testificar (təstifiká) *t.* to testify to, to attest.
testimoni (təstimɔ́ni) *m.* LAW testimony, evidence. *2* witness.
testimoniar (təstimuniá) *t.* to testify to. *2* fig. to show.
testimoniadge (təstimuniádʒə) *m.* See TESTIMONI.

tètanus (tέtənus) *m.* MED. tetanus.
tetera (tətérə) *f.* teapot.
tetina (tətínə) *f.* (rubber) teat, (USA) rubber nipple.
tètric, -ca (tέtrik, -kə) *a.* gloomy, dismal.
teu, teva (teŭ, tέβə) *poss. a.* your *sing. el ~ amic,* your friend; *la teva germana,* your sister. ■ *2 poss. pron.* yours *sing.*
teula (tέŭlə) *f.* tile.
teulada (təŭláðə) *f.* See TEULAT.
teulat (təŭlát) *m.* (tiled) roof. || *sota ~,* indoors, inside.
text (teks(t)) *m.* text.
tèxtil (tέkstil) *a.* textile.
textual (təkstuál) *a.* textual. *2* exact, literal.
textura (təkstúrə) *f.* texture.
tia (tíə) *f.* aunt.
tibant (tiβán) *a.* taut, tight, tensed.
tibantor (tiβəntó) *f.* tautness, tightness.
tibar (tiβá) *t.* to tighten (up), to tauten. ■ *2 i.* to be tight. || *aquesta camisa em tiba,* this shirt is tight on me.
tiberi (tiβέri) *m.* spread, feast; blow-out.
tibia (tíβiə) *f.* ANAT. tibia, shin-bone.
tic (tik) *m.* tic.
tic-tac (tikták) *m.* tick-tock.
tifa (tífə) *f.* turd. *2 m.-f.* spineless person.
tifó (tifó) *m.* typhoon.
tifus (tífus) *m.* MED. typhus.
tigre (tíɣrə) *m.* ZOOL. tiger.
tija (tíʒə) *f.* BOT. stem, stalk; blade [of grass].
tiHa (tílə) *f.* BOT. (infusion of) lime flowers.
tiHer (tilé) *m.* BOT. lime tree, linden tree.
timba (tímbə) *f.* cliff, precipice. *2* gambling house.
timbal (timbál) *f.* (small) drum; kettledrum.
timbaler, -ra (timbəlé, -rə) *m.-f.* MUS. drummer.
timbre (tímbrə) *m.* bell, buzzer: *tocar el ~,* to ring the bell. *2* (fiscal) stamp. *3* timbre.
tímid, -da (tímit, -ðə) *a.* shy, timid; bashful.
timidesa (timiðέzə) *f.* shyness; bashfulness.
timó (timó) *m.* MAR. rudder; helm [also fig.]. *2* BOT. thyme.
timoner (timuné) *m.* steersman, helmsman; cox.
timpà (timpá) *m.* ANAT. tympanum, eardrum.
tina (tísə) *f.* vat, tub; washtub.
tinença (tinέnsə) *f.* possession: *~ il·lícita d'armes,* illegal possession of weapons.
tinent (tinén) *m.-f.* MIL. lieutenant.
tint (tin) *m.* dyeing. *2* dye.
tinta (tíntə) *f.* ink; dye. *2 pl.* shades, hues.
tinter (tinté) *m.* inkwell, inkpot.
tintoreria (tinturəríə) *f.* dry cleaner's.
tinya (tíɲə) *f.* MED. ringworm.
tió (tió) *m.* log [for firewood]. *2* log filled with small presents [Christmas tradition].
tip, tipa (tip, típə) *a.* full, satiated, stuffed. *2* fig. fed up, sick and tired. ■ *3 m.* repletion; fill. *4* excess. || *un ~ de riure,* a fit of laughing.
típic, -ca (típik, -kə) *a.* typical; traditional, picturesque.
tipografia (tipuɣrəfíə) *f.* typography; printing. *2* printing press.
tipus (típus) *m.* type. *2* sort, kind.
tiquet (tikέt) *m.* ticket.
tir (tir) *m.* shooting, firing. *2* shot [sound]. *3* SP. target practice.
tira (tírə) *f.* strip, band.
tirà, -ana (tirá, -ánə) *m.-f.* tyrant.
tirabuixó (tirəβuʃó) *m.* corkscrew. *2* ringlet.
tirada (tiráðə) *f.* throw; pull, tug. *2* tendency. *3* distance; stretch. *4* circulation [of newspaper], edition [of a book]. *5 adv. phr. d'una ~,* in one go, straight off.
tirallonga (tirəʎóŋgə) *f.* string; stream.
tirania (tirəníə) *f.* tyranny.
tirànic, -ca (tiránik, -kə) *a.* tyrannical, domineering.
tirant (tirán) *m.* brace, (USA) suspender; (shoulder) strap [of dress].
tirar (tirá) *t.* to throw, to cast, to hurl; to put in. *2* to post [letter]. *3* fig. to attract. || *li tira molt el cinema italià,* he's greatly fond of Italian cinema. *4* to shoot, to fire. *5* PRINT. to print, to run off. *6* to move. *7 ~ a terra,* to knock down. ■ *8 i.* to go; to turn: *hem de ~ a l'esquerra,* we must turn left. *9* to draw [chimney].
tiratge (tirádʒə) *m.* printing. *2* circulation [newspaper], edition [book].
tiroteig (tirutέtʃ) *m.* shooting, shoot-out.
tirotejar (tirutəʒá) *t.* to shoot at; to fire shots at.
tírria (tírriə) *f.* coll. grudge; aversion.
tisana (tizánə) *f.* medicinal tea, tisane.
tisi (tízi) *f.* MED. consumption, tuberculosis.
tísic, -ca (tízik, -kə) *a.* consumptive, tubercular. ■ *2 m.-f.* consumptive.
tisores (tizórəs) *f. pl.* scissors.
tisoreta (tizurέtə) *f.* ENT. earwig.
tita (títə) *f.* chick. *2* coll. widdler, willy.
tità (titá) *m.* MYTH. Titan.
titànic, -ca (titánik, -kə) *a.* titanic.
titella (titéʎə) *m.* puppet; marionette. *2* fig. fool, buffoon.
titllar (tiʎʎá) *t.* LING. to put a tilde over. *2* to brand [someone].
títol (títul) *m.* title. *2* heading, section. *3* qualification, degree [university].
titubeig (tituβέtʃ) *m.* hesitation.

titubejar (tituβəʒá) *i.* to hesitate; to shilly-shally, to hum and haw.
titular (titulá) *m.* headline.
titular (titulá) *t.* to title, to entitle; to name.
to (tɔ) *m.* MUS. tone, key. *2* tone [of voice]. *3* shade, hue. *4* ***posar-se a ~,*** to catch up.
tobogan (tuβuγán) *m.* toboggan. *2* slide.
toc (tɔk) *m.* touch. *2* sound; beat [of drum], blast [of trumpet]. *3* feel [sensation]. *4* touch, stroke. ‖ ***~ final,*** finishing touch.
tocadiscos (tɔkəðiskus) *m.* record-player.
tocador (tukəðó) *m.* dressing-table.
tocant (tukán) *phr.* ***~ a,*** concerning, with regard to; about.
tocar (tuká) *t.* to touch; to feel. *2* to hit [target]. *3* fig. to touch on [a subject]. *4* to play [instrument, piece], to ring [bell]. *5* to deal in, to handle. *6* to touch, to move. *7* to be one's turn: ***em toca a mi,*** it's my turn. *8* to win [lottery, contest]: ***m'ha tocat un cotxe,*** I won a car. *9* to strike [hour]. *10* ***~ el cor,*** to touch [emotionally]; ***~ el dos,*** to leave; ***estar tocat del bolet,*** to be touched or mad; ***no ~ de peus a terra,*** to live in a dream.
tocòleg, -òloga (tukɔ́lək, -ɔ́luγə) *m.-f.* MED. obstetrician.
tocologia (tukulugíə) *f.* obstetrics.
toia (tɔ́jə) *f.* bouquet [of flowers].
toix, toixa (toʃ, tóʃə) *a.* dull [also fig.].
tolerable (tulərábblə) *a.* tolerable, bearable.
tolerància (tuləránsiə) *f.* tolerance; toleration.
tolerant (tulərán) *a.* tolerant.
tolerar (tulərá) *t.* to tolerate, to bear; to endure.
toll (toʎ) *m.* puddle.
tom (tom) *m.* volume, tome.
tomaca (tumákə) *f.* See TOMÀQUET.
tomaquera (tuməkérə) *f.* tomato plant.
tomàquet (tumákət) *m.* tomato.
Tomàs (tumás) *pr. n. m.* Thomas.
tomata (tumátə) *f.* See TOMÀQUET.
tomàtiga (tomátiγa) *f.* See TOMÀQUET.
tomb (tom) *m.* turn. ‖ ***donar un ~,*** to turn. *2* about-face, about-turn; reversal. *3* (short) walk, stroll. ‖ ***fer un ~,*** to go for a stroll. *4* ***no venir a ~,*** to be irrelevant, not to be the point.
tomba (tómbə) *f.* tomb.
tombar (tumbá) *t.* to turn (round). *2* to knock down or over. ▪ *3 i.* to turn, to change.
tombarella (tumβəréʎə) *f.* tumble; somersault.
tómbola (tómbulə) *f.* tombola.
ton, ta (tun, tə) *poss. a.* your.
tona (tónə) *f.* ton. *2* barrel, keg.
tonada (tunáðə) *f.* tune [melody].
tonalitat (tunəlitət) *f.* MUS. key; tonality. *2* colour scheme, (USA) color scheme.
tonell (tunéʎ) *m.* barrel, keg.
tongada (tuŋgáðə) *f.* string, series.
tònic, -ca (tɔ́nik, -kə) *a.* tonic. ▪ *2 f.* tonic (water). *3* MUS. tonic, keynote.
tonificar (tunifiká) *t.* to tone; to tone up.
tonyina (tuɲinə) *f.* tunny; tuna, (USA) tuna fish. *2* fig. beating.
topada (tupáðə) *f.* bump, bang, knock; collision. *2* clash, run-in.
topall (tupáʎ) *m.* bumper [of car], buffer [of train].
topants (tupáns) *m. pl.* places.
topar (tupá) *i.* to bump, to hit, to collide. ▪ *2 t.* to run into [a person].
topazi (tupəezi) *m.* GEMM. topaz.
tòpic, -ca (tɔ́pik, -kə) *a.* local. ▪ *2 m.* commonplace; cliché.
topògraf, -fa (tupɔ́γrəf, -fə) *m.-f.* topographer, surveyor.
topografia (tupuγrəfiə) *f.* topography.
topònim (tupɔ́nim) *m.* toponym, name of a place.
toquejar (tukəʒá) *t.* to handle; to fiddle with.
Tòquio (tɔ́kiu) *pr. n. m.* GEOGR. Tokyo.
tòrax (tɔ́rəks) *m.* ANAT. thorax.
torb (torp) *m.* METEOR. snow-drift.
torbació (turβəsió) *f.* perturbation; anxiety, uneasiness.
torbar (turβá) *t.* to upset, to disturb; to distract. ▪ *2 p.* to get caught up. *3* to lose one's self-possession.
torçada (tursáðə) *f.* twist; sprain.
1) torcar (torkár) *t.* (VAL.) See EIXUGAR.
2) torcar (turká) *t.* to wipe.
torçar (tursá) *t.* to twist; to sprain, to strain; to bend. ‖ ***~-se el peu,*** to sprain one's foot. *2* to turn [direction].
tòrcer (tɔ́rsə) *t.* See TORÇAR.
torejar (turəʒá) *t.* to fight [bulls].
torero (turéru) *m.* bullfighter, matador.
Torí (turí) *pr. n. m.* GEOGR. Turin.
torn (torn) *m.* lathe. *2* turn; shift.
torna (tórnə) *f.* makeweight.
tornada (turnáðə) *f.* return. ‖ ***de ~,*** on the way back. *2* LIT. refrain.
tornar (turná) *i.* to return, to go or come back. *2* to do over, to do again: ***torna a ploure,*** it's raining again. ▪ *3 t.* to return, to put back. *4* to send or give back. ▪ *5 p.* to become, to turn. ‖ ***~-se boig,*** to go mad, (USA) to go crazy. *6* ***~-se'n,*** to return, to go back. ‖ ***~-s'hi,*** to counter-attack; to hit back.
tornassol (turnəsɔ́l) *m.* iridescence. *2* CHEM. litmus.

tornavís (turnəβís) *m.* screwdriver.
torneig (turnétʃ) *m.* tournament; competition.
torner, -ra (turné, -rə) *m.-f.* machinist; turner, lathe operator.
torniquet (turnikét) *m.* turnstile. *2* MED. tourniquet.
toro (tɔ́ru) *m.* bull.
torpede (turpéðə) *m.* torpedo.
torpedinar (turpəðiná) *t.* to torpedo.
torrada (turráðə) *f.* toasting. *2* (piece of) toast.
torrar (turrá) *t.* to toast. ■ *2 p.* fig. to bake, to roast. *3* to get drunk.
torrat, -ada (turrát, -áðə) *a.* toasted, roasted. *2* fig. legless, (USA) loaded.
torre (tórrə) *f.* tower. *2* villa, (country) house.
torrent (turrén) *m.* torrent, (rushing) stream.
tòrrid, -da (tɔ́rrit, -ðə) *a.* torrid.
torró (turró) *m.* nougat made of almonds, honey, and egg, typical of the Christmas season.
tors (tɔrs) *m.* torso.
tort, -ta (tɔr(t), -tə) *a.* bent; twisted, awry. ‖ ***a ~ i a dret,*** thoughtlessly.
tortell (turtéʎ) *m.* COOK. ring [filled with cream, jam, etc.].
torticoli (turtikɔ́li) *m.* MED. stiff neck, crick.
tórtora (tórturə) *f.* ORNIT. turtle-dove.
tortuga (turtúɣə) *f.* ZOOL. tortoise; turtle.
tortuós, -osa (turtuós, -ózə) *a.* tortuous, winding. *2* fig. devious, underhand.
tortura (turtúrə) *f.* torture [also fig.].
torturar (turturá) *t.* to torture.
torxa (tɔ́rʃə) *f.* torch.
tos (tos) *f.* cough: ***tenir ~,*** to have a cough.
tosc, -ca (tosk, -kə) *a.* coarse, rough; unrefined.
tossal (tusál) *m.* hill.
tossir (tusí) *i.* to cough. ▲ CONJUG. INDIC. Pres.: ***tus.***
tossuderia (tusuðəríə) *f.* obstinacy, stubbornness.
tossut, -uda (tusút, -úðə) *a.* obstinate, stubborn, headstrong.
tot, -ta (tot, -tə) *a.* all; whole, entire. *2* every. ‖ coll. ***~ déu,*** everybody and his brother. ■ *3 adv.* all, completely. ‖ ***~ d'una,*** all of a sudden, suddenly. ‖ ***~ seguit,*** then; next, immediately afterwards. *4* (BAL.) See DE SEGUIDA. ■ *5 m.* whole. ‖ ***del ~,*** wholly, entirely. ■ *6 indef. pron.* everything, all. ‖ ***~ i això,*** however, nevertheless.
total (tutál) *a.* total; complete. ■ *2 m.* total, whole. ■ *3 adv.* ***(en) ~,*** all in all; in short.
totalment (tutəlmén) *adv.* totally, completely.
totalitari, -ària (tutəlitári, -áriə) *a.* totalitarian.
totalitat (tutəlitát) *f.* whole, totality: ***la ~ dels treballadors,*** all the workers.
tothom (tutɔ́m) *indef. pron.* everybody, everyone.
tothora (totɔ́rə) *adv.* always.
tòtil, -la (tɔ́til, -lə) *m.-f.* nitwit, fool.
totxo, -xa (tɔ́tʃu, -ʃə) *a.* simple, thick. ■ *2 m.* brick.
tou, tova (toŭ, tóβə) *a.* soft; tender; gentle, mild; delicate. ■ *2 m.* (soft) flesh, soft part or mass.
tovalla (tuβáʎə) *f.* (VAL.) See TOVALLOLA. *2* table-cloth.
tovalló (tuβəʎó) *m.* napkin, serviette.
tovallola (tuβəʎɔ́lə) *f.* towel.
tòxic, -ca (tɔ́ksik, -kə) *a.* toxic, poisonous.
toxicitat (tuksisitát) *f.* toxicity.
toxicomania (tuksikumənίə) *f.* drug addiction.
toxina (tuksínə) *f.* toxin.
traç (trəs) *m.* line, stroke.
traca (trákə) *f.* string of bangers [firecrackers].
traça (trásə) *f.* skill, ability. *2* trace.
traçar (trəsá) *t.* to draw, to trace; to outline, to sketch; to plan. *2* fig. to contrive, to devise [a plan of action].
tracció (trəksió) *f.* traction; draught. *2* drive.
tractament (trəktəmén) *m.* treatment. *2* form of address.
tractant (trəktán) *m.* dealer, trader [in animals, cereals].
tractar (trəktá) *t.* to treat; to handle. *2* to deal with. *3* to address: ***~ de vostè,*** to address as «vostè» [polite form for the 2nd person]. ■ *4 i.* to try, to attempt (*de,* to). *5* ***~ de,*** to talk about, to be about. ‖ ***de què es tracta?,*** what's it all about? ■ *6 p.* to deal with, to have to do with: ***amb persones com tu no m'hi tracto,*** I have nothing to do with people like you.
tractat (trəktát) *m.* treaty, agreement. *2* treatise, study.
tracte (tráktə) *m.* treatment; handling. *2* behaviour, (USA) behavior; manner. *3* agreement, deal [also fig.]. *4* intercourse; relationship.
tractor (trəktó) *m.* tractor.
traçut, -uda (trəsút, -úðə) *a.* skilful, ingenious; clever.
tradició (trəðisió) *f.* tradition.
tradicional (trəðisiunál) *a.* traditional.
traducció (trəðuksió) *f.* translation.

traductor, -ra (trəðuktó, -rə) *m.-f.* translator.
traduir (trəðuí) *t.* to translate.
tràfec (tráfək) *m.* hustle and bustle. *2* live wire.
tràfic (tráfik) *m.* trade, business. || ~ ***d'armes,*** arms trade. *2* traffic.
traficant (trəfikán) *m.-f.* dealer, trafficker.
traficar (trəfiká) *i.* to traffic, to deal.
tragèdia (trəʒέðiə) *f.* tragedy [also fig.].
tràgic, -ca (tráʒik, -kə) *a.* tragic.
traginar (trəʒiná) *t.* to carry; to transport. *2* fig. to have.
traguet (trəγέt) *m.* sip.
traïció (trəisió) *f.* betrayal; treachery, treason.
traïdor, -ra (trəiðó, -rə) *a.* treacherous, deceiving. ▪ *2 m.-f.* betrayer, traitor.
trair (trəí) *t.* to betray.
trajecte (trəʒέktə) *m.* route [of vehicle], journey [of person], (USA) trip; stretch, section.
trajectòria (trəʒəktɔ́riə) *f.* trajectory, path. *2* course, development; line.
tram (tram) *m.* stretch, section; span [of bridge]. *2* flight [of stairs].
trama (trámə) *f.* weft. *2* fig. plot, scheme.
tramar (trəmá) *t.* to weave. *2* fig. to plot, to scheme; to be up to.
tramesa (trəmέzə) *f.* sending, remittance. 3 referecial *2* shipment; consignment *3* reference [books].
trametre (trəmέtrə) *t.* to send. ▲ CONJUG. P. P.: ***tramès.***
tràmit (trámit) *m.* step; procedure.
tramitar (trəmitá) *t.* to process, to negotiate; to transact.
tramoia (trəmɔ́jə) *f.* THEATR. piece of stage machinery. *2* fig. intrigue, scheme; to-do, fuss.
trampa (trámpə) *f.* trap; snare. *2* tuck, fiddle. || ***fer ~,*** to cheat.
trampejar (trəmpəʒá) *i.* to cheat. *2 i.-t.* to get along, to manage; to get by.
trampolí (trəmpulí) *m.* trampoline; springboard, diving-board.
trampós, -osa (trəmpós, -ózə) *a.* tricky, crooked.
tramuntana (trəmuntánə) *f.* METEOR. (strong) north wind.
tramvia (trəmbíə) *m.* tramway, (USA) street railway. *2* tram, (USA) streetcar, cable car.
tràngol (tráŋgul) *m.* heavy sea; swell. *2* quandary; crisis, difficult situation.
tranquil, -il·la (trəŋkíl, -ílə) *a.* calm, still; tranquil, peaceful, quiet.
tranquil·litat (trəŋkilitát) *f.* calmness, peacefulness, tranquility; peace and quiet.
tranquil·litzar (trəŋkilidzá) *t.* to calm (down), to reassure; to soothe. ▪ *2 p.* to calm down, to relax.
transacció (trənzəksió) *f.* transaction, deal.
transatlàntic, -ca (trə(n)zəllántik, -kə) *a.* transatlantic. ▪ *2 m.* (transatlantic) liner.
transbord (trə(n)zβórt) *m.* change [of trains, ships, etc.]. || ***fer ~,*** to change.
transbordador, -ra (trə(n)zβurðəðó, -rə) *a.* ferry. ▪ *2 m.* ferry.
transcendència (trəsəndέnsiə) *f.* significance; importance, consequence.
transcendental (trəsəndəntál) *a.* transcendental.
transcendir (trəsəndí) *t.* to transcend, to surpass. ▪ *2 i.* to reach, to get across to; to extend to.
transcórrer (trənskórrə) *i.* to pass, to go by [time]. ▲ CONJUG. like ***córrer.***
transcripció (trənskripsió) *f.* transcription, transcript; transliteration.
transcriure (trənskriúrə) *t.* to transcribe; to transliterate [alphabet]. ▲ CONJUG. like ***escriure.***
transcurs (trənskúrs) *m.* passing, course [of time]: ***el ~ dels anys,*** the passing of the years.
transeünt (trənzəún) *a.* provisional, temporary. ▪ *2 m.-f.* passer-by.
transferència (trə(n)sfərέnsiə) *f.* transference; transfer.
transferir (trə(n)sfərí) *t.* to transfer.
transformació (trənsfurməsió) *f.* transformation; conversion.
transformar (trənsfurmá) *t.* to transform; to convert, to change.
transfusió (trənsfuzió) *t.* transfusion.
transgredir (trənzγrəðí) *t.* to transgress.
transgressió (trənzγrəsió) *f.* transgression.
transhumància (trənzumánsiə) *f.* seasonal migration [of cattle].
transhumant (trənzumán) *a.* migrating [cattle].
transició (trənzisió) *f.* transition, changeover.
transigir (trənziʒí) *i.* to make concessions; to compromise.
transistor (trənzistó) *m.* transistor.
trànsit (tránzit) *m.* transit, movement. *2* traffic. || ***prohibit el ~,*** no thoroughfare.
transitar (trənzitá) *i.* to travel along, to go along; to drive along.
transitori, -òria (trənzitɔ́ri, -ɔ́riə) *a.* temporary, transitional, transitory.
translúcid, -da (trə(n)zlúsit, -ðə) *a.* translucent.
transmetre (trə(n)zmέtrə) *t.* to transmit; to transfer; to broadcast. ▲ CONJUG. P. P.: ***transmès.***

transmissió (trə(n)zmisió) *f.* transmission; transfer; broadcast.

transmissor, -ra (trə(n)zmisó, -rə) *a.* transmitting; broadcasting. ■ *2 m.-f.* transmitter.

transparència (trə(n)spərέnsiə) *f.* transparency. *2* slide.

transparent (trə(n)spərén) *a.* transparent; clear [air], filmy, see-through [cloth].

transpiració (trənspirəsió) *f.* perspiration; transpiration [of plants].

transport (trənspɔ́rt) *m.* transport; haulage; removal, (USA) moving.

transportar (trənspurtá) *t.* to transport; to haul, to carry. *2* MUS. to transpose.

trapelleria (trəpəʎəriə) *f.* swindle; trick.

trapezi (trəpέzi) *m.* trapeze. *2* GEOM. trapezium.

tràquea (trákeə) *f.* ANAT. trachea.

trasbals (trəzβáls) *m.* fig. upheaval; upset.

trasbalsar (trəzβəlsá) *t.* fig. to upset; to disturb; to confuse.

trascantó (trəskəntó) *adv. phr. de ~,* unexpectedly; all of a sudden.

traslladar (trəzʎəðá) *t.* to move [house, business, goods]; to transfer [business, goods]. *2* to postpone, to adjourn.

trasllat (trəzʎát) *m.* move, transfer; removal [esp. of furniture].

traspàs (trəspás) *m.* crossing. *2* LAW sale; conveyance; transfer. *3* decease. *4 phr.* ***any de ~,*** leap year.

traspassar (trəspəsá) *t.-i.* to cross (over). *2* to come or go through; to pierce *t.*, to perforate *t.* *3 t.* LAW to transfer [business]; to convey [property].

trasplantament (trəspləntəmén) *m.* MED. transplant. *2* BOT. transplantation.

trasplantar (trəsplənta) *t.* MED., BOT. to transplant.

traspuar (trəspuá) *t.* to ooze, to exude. *2* to ooze through.

trastejar (trəstəʒá) *i.* to do the housework or household chores. ■ *2 t.* to move [furniture].

trasto (trástu) *m.* good-for-nothing [person], useless person or thing; nuisance [person, thing].

trastocar (trəstuká) *t.* to turn crazy, to unhinge. ■ *2 p.* to go mad or crazy, to become unhinged.

trastorn (trəstórn) *m.* disorder, mix-up, confusion, upheaval. *2* upset.

trastornar (trəsturná) *t.* to disturb; to upset; to turn upside down. *2* to upset [person].

trau (traŭ) *m.* button-hole. *2* gash.

trauma (tráŭmə) *m.* trauma.

traumatòleg, -òloga (trəŭmətɔ́lək, -ɔ́luγə) *m.-f.* MED. traumatologist.

traumatologia (trəŭmətuluʒiə) *f.* MED. traumatology.

traure (tráŭre) *t.* (VAL.) See TREURE.

trava (tráβə) *f.* bond, tie. *2* hobble [horse]; shackle, fetter [captive, prisoner]. *3* fig. hindrance, obstacle, impediment. *4* fig. objection; difficulty.

travar (trəβá) *t.* to bind or tie together, to join, to link. *2* to tie up; to fasten. *3* to hobble [horse]; to shackle, to fetter [captive, prisoner]. *4* fig. to hinder, to impede. ■ *5 p.* fig. *phr.* ***~-se la llengua,*** to become or be tongue-tied; to stammer.

través (trəβés) *m.* width; breadth. ‖ *prep. phr.* ***a ~ de,*** across; through. ‖ *adv. phr.* ***camps a ~,*** across country. ‖ *adv. phr.* ***de ~,*** askew.

travessa (trəβέsə) *f.* crossing. *2* ARCH. crossbeam; rafter. *2* RAIL. sleeper. *3* football pools.

travessar (trəβəsá) *t.* to cross (over), to go across or over; to go or pass through. *2* to pierce, to go through, to come through.

travesser, -ra (trəβəsé, -rə) *m.* cross-piece. *2* ARCH. cross-beam. *3 f.* road through [village, town]. ■ *4 a.* transverse, cross.

travessia (trəβəsiə) *f.* cross-road. *2* through road [in town]. *3* MAR. crossing, passage.

traveta (trəβέtə) *f.* trip: ***fer-li la ~ a algú,*** to trip someone up. *2* stumble, slip.

treball (trəβáʎ) *m.* work. *2* job; task, chore. *3 pl.* hardship, troubles, difficulties. *4* ***~s manuals,*** handicraft, handiwork.

treballador, -ra (trəβəʎəðó, -rə) *a.* hardworking, assiduous, industrious. ■ *2 m.-f.* worker.

treballar (trəβəʎá) *i.-t.* to work. *2 t.* to fashion, to shape; to carve [wood, stone]; to knead [dough]. *3* to work at [subject]; to work on [project].

tremend, -da (trəmpen, -də) *a.* dreadful, terrible, fearsome. *2* tremendous, huge, enormous.

tremolar (trəmulá) *i.* to shiver; to tremble, to shake; to shudder [with fright].

tremolor (trəmuló) *m.* shiver, shivering; trembling, shaking; shudder [with fright].

tremp (trεm) *m.* fig. mettle, spirit [of person].

trempat, -ada (trəmpát, -áðə) *a.* genial; cheerful.

trempó (trəmpó) *m.* (BAL.) See AMANIDA.

tren (trεn) *m.* train.

trena (trέnə) *f.* plait, tress.

trenc (trεŋ) *m.* crack; fracture; breach. ‖ *phr.* ***a ~ d'alba,*** at dawn-break. *2* MED. fracture [of bone]; gash [in skin].

trencaclosques (trɛ̞ŋkəklɔ̀skəs) *m.* *2* puzzle, enigma. *3* coll. poser, teaser. *4* GAME picture bricks.
trencacolls (trɛ̞ŋkəcɔ̀ʎs) *m.* precipice, dangerous spot [with sheer drops]. *2* fig. coll. touchy or dangerous business or affair.
trencadís, -issa (trəŋkəðìs, -ìsə) *a.* fragile, delicate; brittle. ■ *2 f.* breakage, shattering. *3* coll. smash-up.
trencall (trəŋkàʎ) *m.* detour; diversion.
trencanous (trɛŋkənɔ̀ŭs) *m.* nutcracker.
trencar (trəŋkà) *t.-p.* to break, to fracture; to smash, to shatter. ‖ ***m'he trencat el dit,*** I've broken my finger. ‖ fig. ***~-se el cap,*** to rack one's brains. ‖ fig. ***~-se de riure,*** to laugh one's head off, to laugh like a drain. *2 t.* to interrupt; to cut off [supply, flow]; to break or cut in on [conversation, thoughts]. *3* to break [promise]; to infringe, to transgress [law]; to violate [treaty]. *4 ~* ***(amb),*** to break with [tradition, family, etc.]. *5* to break up *i.* [relationship]. ■ *6 i.* to turn: ***trenca a l'esquerra,*** turn left.
trencat, -da (trəŋkàt, -àðə) *a.* broken, fractured; smashed, shattered. ‖ fig. ***pagar els plats ~s,*** to take the blame. ■ *2 m.* MATH. fraction.
trenta (trɛ̀ntə) *a.-m.* thirty.
trentè, -ena (trəntɛ̀, -ɛ̀nə) *a.-m.* thirtieth.
trepanació (trəpənəsiò) *f.* trepanning, trepanation.
trepitjada (trəpidʒàðə) *f.* treading or stepping on someone's foot. *2* footprint, track.
trepitjar (trəpidʒà) *t.* to tread or step on.
tres (trɛs) *a.-m.* three. ‖ ***en un ~ i no res,*** in the twinkling of an eye, in a flash.
trescar (trəskà) *i.* to toil or work hard and quickly. *2* to rush [walking].
tres-cents, -tes (trɛsèns, -təs) *a.* three hundred.
tresor (trəzɔ̀r) *m.* treasure [also fig.].
tresorer, -ra (trəzurè, -rə) *m.-f.* treasurer.
trespol (trəspɔ̀l) *m.* (BAL.) floor. *2* (VAL.) ceiling; roof.
1) tret (tret) *m.* shot. *2* report [of fire-arm]. *2* feature; trait [of character]. *3 phr.* ***a grans ~s,*** broadly, in outline.
2) tret (tret) *prep.* ~ ***de,*** except for.
tretze (trèdzə) *a.-m.* thirteen.
tretzè, -ena (trədzɛ̀, -ɛ̀nə) *a.-m.* thirteenth.
treure (trɛ̀ŭrə) *t.* to take out (*de,* from), to pull or draw out [from pocket], to bring out. *2* to eject; to dismiss. *3* to obtain, to get; to gain. ‖ ***què en treus de dir mentides?,*** what do you gain by lying? *4* coll. to stick out [one's tongue, head, etc.]. *5* to except. ▲ CONJUG. GER.: ***traient.*** ‖ P. P.: ***tret.*** ‖ INDIC. Pres.: ***trec*** (o ***trac***). | Imperf.: ***treia, treies,*** etc. ‖ SUBJ. Pres.: ***tregui, treguis, tregui, traguem, tragueu, treguin*** (or ***tragui,*** etc.). | Imperf.: ***tragués,*** etc.
treva (trèβə) *f.* MIL. truce. *2* fig. let-up, respite.
trèvol (trɛ̀βul) *m.* BOT. clover. *2* HERALD. trefoil.
tria (trìə) *f.* selection, choosing. *2* sorting-out.
triangle (triàŋglə) *m.* triangle. *2* MUS. triangle.
triangular (triəŋgulà(r)) *a.* triangular.
triar (trià) *t.* to select, to choose. *2* to sort (out).
tribu (trìβu) *f.* tribe.
tribuna (triβùnə) *f.* rostrum, platform. *2* SP. grandstand. *3* ARCH. gallery.
tribunal (triβunàl) *m.* LAW court. ‖ ***portar algú als ~s,*** to take someone to court. *2* EDUC. board of examiners. *3* panel [of judges in competition].
tribut (triβùt) *m.* tax. *2* fig. tribute.
tributar (triβutà) *t.* to pay [taxes]. *2* fig. to pay [tribute, homage].
tríceps (trìsəps) *m.* ANAT. triceps.
tricicle (trisìklə) *m.* tricycle.
trigar (triɣà) *i.* See TARDAR.
trilió (triliò) *m.* trillion.
trillar (triʎà) *t.* to thresh [corn, wheat].
trimestral (triməstràl) *a.* quarterly, three-monthly.
trimestre (trimɛ̀strə) *m.* ECON. quarter. *2* EDUC. term.
trineu (trinɛ̀ŭ) *m.* sledge, sleigh.
trinxa (trìnʃə) *f.* SEW. waist.
trinxar (trinʃà) *t.* to carve [food].
trinxera (trinʃèrə) *f.* trench.
trinxeraire (trinʃəràĭrə) *m.-f.* lout, young layabout.
trio (trìu) *m.* MUS. trio. *2* coll. three-some, trio.
triomf (triòmf) *m.* triumph.
triomfar (triumfà) *i.* to triumph, to win.
tripa (trìpə) *f.* intestines.
tripijoc (tripiʒɔ̀k) *m.* coll. mess, tangle.
triple (trìplə) *a.* triple.
triplicar (triplikà) *t.* to triplicate.
trípode (trìpuðə) *m.* tripod.
tríptic (trìptik) *m.* triptych. *2* PRINT. three-page folded pamphlet.
tripulació (tripuləsiò) *f.* crew.
tripulant (tripulàn) *m.* crew-member, member of crew.
tripular (tripulà) *t.* to man [a ship, etc.].
trist, -ta (trìst, -tə) *a.* gloomy, dull, dreary; sad, sad-looking.
tristesa (tristɛ̀zə) *f.* gloominess, misery, dreariness. 2 sadness [person].
tristor (tristò) *f.* See TRISTESA.

triturar (triturà) *t.* to chop up, to hack up; to crush, to pulverize.
trivial (triβiàl) *a.* trivial, banal.
trivialitat (triβiəlitàt) *f.* triviality, banality.
tro (trɔ) *m.* clap of thunder, thunder.
trobador (truβəðò) *m.* troubadour.
troballa (truβàʎə) *f.* find, discovery.
trobar (truβà) *t.-p.* to meet *t.-i.* [persons]: ***ens trobarem demà a les nou,*** we'll meet at nine o'clock tomorrow. *2 t.* to find, to discover. *3 p.* to feel [state]. *4* to be (situated). ▪ *5 i.* to feel, to reckon, to think.
troca (trɔ̀kə) *f.* hank, skein. ‖ fig. coll. ***enredar la ~,*** to confuse things more.
trofeu (trufɛ̀ŭ) *m.* trophy.
trombó (trumbò) *m.* MUS. trombone.
trombosi (trumbɔ̀zi) *f.* MED. thrombosis.
trompa (tròmpə) *f.* MUS. horn. *2* trunk [of elephant]. *3* fig. coll. ***agafar una ~,*** to get drunk; ***estar ~,*** to be drunk.
trompada (trumpàðə) *f.* blow. *2* coll. clout, whack [persons]; crash [vehicles].
trompeta (trumpɛ̀tə) *f.* MUS. trumpet.
trompetista (trumpətistə) *m.-f.* MUS. trumpet-player, trumpeter.
tron (trɔn) *m.* throne.
trona (trɔ̀nə) *f.* pulpit. *2* high chair [for babies].
tronar (trunà) *i.* to thunder.
tronat, -ada (trunàt, -àðə) *a.* threadbare [garment], worn; worn out, falling to pieces.
tronc (troŋ) *m.* trunk [tree]. *2* ANAT. trunk. *3* log. ‖ ***dormir com un ~,*** to sleep like a log.
trontollar (truntuʎà) *i.* to shake; to wobble. *2* to stagger [person].
tropa (tròpə) *f.* troop.
tròpic (trɔ̀pik) *m.* tropic. *2* tropics.
tropical (trupikàl) *a.* tropical.
tros (trɔ̀s) *m.* piece, bit; fragment. ‖ ***ser un ~ de pa,*** to have a heart of gold.
trossejar (trusəʒà) *t.* to chop up; to cut or slice into pieces. *2* to break or smash up or into pieces. *3* to tear to pieces.
trot (trot) *m.* trot.
trotar (trutà) *i.* to trot. *2* fig. to rush (along), to race. *3* fig. coll. to beaver away.
truc (truk) *m.* knock; ring. *2* telephone-call, call, ring. *3* trick, ploy.
trucar (trukà) *i.* to knock; to ring. *2* to ring, to call [on telephone].
truita (trùĭtə) *f.* omelette. *2* ICHTHY. trout.
truja (truʒə) *f.* ZOOL. sow. *2* vulg. cow, bitch [insult].
trumfa (trùmfə) *f.* potato.
trust (trust) *m.* ECON. cartel; trust.
tsar (sər) *m.* czar, tsar.
tu (tu) *pers. pron. 2nd per. sing.* you [familiar address].
tub (tup) *m.* tube; pipe.
tubèrcul (tuβɛ̀rkul) *m.* BOT. tuber, tubercle.
tuberculós, -osa (tuβərkulòs, -òzə) *a.* MED. tuberculous. *2* BOT. tubercular.
tuberculosi (tuβərkulɔ̀zi) *f.* MED. tuberculosis.
tubular (tuβulà(r)) *a.* tubular.
tuf (tuf) *m.* pej. smell, stink. *2* smell, odour.
tuguri (tuɣùri) *m.* hovel; shack [building]. *2* dingy little room.
tul (tul) *m.* tulle, net.
tulipa (tulipə) *f.* tulip.
tumor (tumò(r)) *m.* tumour, growth.
tumult (tumùlt) *m.* uproar, hullabaloo; disturbance, commotion. *2* POL. riot.
tumultuós, -osa (tumultuòs, -òzə) *a.* uproarious, tumultuous. *2* POL. riotous.
tundra (tùndrə) *f.* tundra.
túnel (tùnəl) *m.* tunnel.
túnica (tùnikə) *f.* tunic, gown.
Tunis (tùnis) *pr. n. m.* GEOGR. Tunis.
Tunísia (tunisiə) *pr. n. f.* GEOGR. Tunisia.
tupí (tupi) *m.* small saucepan, small cooking pot.
turba (tùrβə) *f.* crowd, throng. *2* pej. mob.
turbant (turβàn) *m.* turban.
turbina (turβinə) *f.* turbine.
turbulència (turβulɛ̀nsiə) *f.* turbulence; storminess [character].
turc, -ca (tùr(k), -kə) *a.* Turkish. ▪ *2 m.-f.* Turk.
turgència (turʒɛ̀nsiə) *f.* turgidity.
turisme (turizmə) *m.* tourism. *2* saloon car.
turista (turistə) *m.-f.* tourist; sightseer.
turístic, -ca (turistik, -ka) *a.* tourist. ‖ ***ruta turística,*** scenic route.
turmell (turmɛ̀ʎ) *m.* ANAT. ankle.
turment (turmèn) *m.* torture; torment. *2* anguish; agony, torment. *3* torment [cause].
turmentar (turməntà) *t.-p.* to torture; to torment.
turó (turò) *m.* hill; hillock, mound.
Turquia (turkiə) *pr. n. f.* GEOGR. Turkey.
tustar (tustà) *t.* to beat, to knock, to hit, to strike.
tuteig (tutɛ̀tʃ) *m.* familiar address, usage of ***tu*** in address.
tutejar (tutəʒà) *t.* to address familiarly, to address using the ***tu.***
tutela (tutɛ̀lə) *f.* guardianship, tutelage. *2* fig. protection, shelter.
tutor, -ra (tutò, -rə) *m.-f.* guardian; tutor.
TV3 *f. (Televisió de Catalunya)* TV Channel 3 (the Catalan channel).

TVE *f. (Televisió Espanyola)* TV. Spanish television (the State channel).

txec, -ca (tʃɛk, -kə) *a., m.-f.* Czech. *2 m.* Czech [language].

Txecoslovàquia (tʃəkuzluβákiə) *pr. n. f.* GEOGR. Czechoslovakia.

U

1) U, u (u) *f.* u [letter].
2) u (u) *a.-m.* one [number].
ubiqüitat (uβikwitát) *f.* ubiquity.
udol (uðól) *m.* howl, howling [also fig.]. *2* shriek, scream [esp. of pain] [also fig.].
udolar (uðulá) *i.* to howl [also fig.].
ufana (ufánə) *f.* pomp, display, ostentation; ostentatiousness.
ufanós, -osa (ufənós, -ózə) *a.* pompous; ostentatious; extravagant.
ui! (uĭ) *interj.* wow!, gosh! [surprise]. *2* ouch! [pain].
uix! (uʃ) *interj.* ugh! [repugnance].
úlcera (úlsərə) *f.* MED. ulcer.
ull (uʎ) *m.* eye. || ***a ~,*** roughly; by guesswork. || ***~ de poll,*** corn; callus. || ***a ~s clucs,*** blindly, without looking. || ***fer els ~s grossos,*** to overlook; to ignore. || ***de cua d'~,*** out of the corner of one's eye.
ullada (uʎáðə) *f.* glance, look.
ullal (uʎál) *m.* canine, canine tooth, eye tooth. *2* tusk [of elephant]. *3* ZOOL. fang.
ullera (uʎérə) *f.* eye-piece; eye glass. *2* spyglass. *3 pl.* glasses, spectacles. *4* rings under one's eyes.
ullerós, -osa (uʎərós, -ózə) *a.* with rings under one's eyes; haggard.
ullet (uʎét) *m.* SEW. eyelet. *2* wink. || ***fer l'~,*** to wink (*a,* at).
ulterior (ultərió(r)) *a.* ulterior. *2* further, farther [place]. *3* later; subsequent [occasion].
últim, -ma (últim, -mə) *a.* last, ultimate.
ultimar (ultimá) *t.* to finish (off), to give the finishing touches to.
ultimàtum (ultimátum) *m.* ultimatum.
ultra (últrə) *prep.* besides, in addition to. ▪ *2 a.* POL. extreme. ▪ *3 m.-f.* POL. extremist.
ultramar (ultrəmár) *m.* overseas territory or territories; foreign parts.
ultrança (ultránsə) *adv. phr.* ***a ~,*** to the utmost. || ***combatre a ~,*** to fight to the end, to fight to death.
ultrapassar (ultrəpəsá) *t.* to exceed, to go beyond *i.,* to surpass.
ultratge (ultrádʒə) *m.* outrage; insult.
ultratomba (ultrətómbə) *f.* the beyond, the next world; life after death.
ultraviolat, -ada (ultrəβiulát, -áðə) *a.-m.* ultraviolet.
ulular (ululá) *i.* See UDOLAR.
umbilical (umbilikál) *m.* ANAT. umbilical. || ***cordó ~,*** umbilical cord.
un, una (un, únə) *a.* one. || ***ho hem fet en ~ sol dia,*** we did it in one single day. ▪ *2 indef. art.* a, an. ▪ *3 f.* one [hour]. ▪ *4 imper. pron.* one [formal]. ▪ *5 adv. phr.* ***tot d'una,*** all of a sudden, suddenly; (BAL.) at once.
unànime (unánimə) *a.* unanimous.
unanimitat (unənimitát) *f.* unanimity.
unça (unsə) *f.* ounce.
UNESCO (unésko) *f. (Organització de les Nacions Unides per a l'Educació, la Ciència i la Cultura)* UNESCO (United Nations Educational, Scientific and Cultural Organisation).
ungla (úŋglə) *f.* nail, fingernail; nail, toenail. || fig. ***ser carn i ~,*** to be as thick as thieves. *2* claw [cat]. *3* hoof [cow, horse, etc.].
unglot (uŋglɔ́t) *m.* hoof [cow, horse, etc.].
ungüent (uŋgwén) *m.* ointment.
únic, -ca (únik, -kə) *a.* only, sole, solitary; unique; lone. *2* unique, extraordinary.
unifamiliar (unifəmiliár) *a.* single family [house].
unificació (unifikəsió) *f.* unification.
unificar (unifiká) *t.* to unite, to unify.
uniformar (unifurmá) *t.* to standardize, to make uniform or standard; to make the same. *2* MIL. to put into uniform, to dress in uniform [persons].

uniforme (unifórmə) *a.* standard, uniform, regular; same. ▪ *2 m.* uniform.
uniformitat (unifurmitát) *f.* uniformity, regularity; sameness.
unilateral (unilətərál) *a.* unilateral; one-sided.
unió (unió) *f.* union; uniting [act]. *2* association, union. *3* unity. *4* ANAT. joint.
Unió Soviètica (uniǫsuβiέtikə) *pr. n. f.* GEOGR. Soviet Union.
unir (uni) *t.* to join; to bind or tie together; to couple. *2* to unite, to join [persons]. ▪ *3 p.* to unite *i.*, to join (together) *i.*
unitari, -ària (unitári, -áriə) *a.* unitary. *2* REL. Unitarian.
unitat (unitát) *f.* unity. *2* unit.
univers (uniβέrs) *m.* universe.
universal (uniβərsál) *a.* universal. || ***història* ~,** world history. *2* MECH. all-purpose.
universitari, -ària (uniβərsitári, -áriə) *a.* university. ▪ *2 m.-f.* university student.
universitat (uniβərsitát) *f.* university.
untar (untá) *t.* to grease; to smear. *2* fig. to bribe, to grease. ▪ *3 p.* to get greasy.
uralita (urəlitə) *f.* uralite.
urani (uráni) *m.* MINER. uranium.
urbà, -ana (urβá, -ánə) *a.* urban, city, town. ▪ *2 m.* city or town policeman.
urbanisme (urβənizmə) *m.* town planning.
urbanitat (urβənitát) *f.* good manners, urbanity, courtesy.
urbanització (urβənidzəsió) *f.* urban development. *2* housing estate.
urbanitzar (urβənidzá) *t.* to urbanise; to develop [open land].
urbs (urps) *f.* metropolis.
urèter (urέtər) *m.* ANAT. ureter.
uretra (urέtrə) *f.* ANAT. urethra.
urgència (urʒέnsiə) *f.* urgency; pressure. *2* emergency.
urgent (urʒén) *a.* urgent; pressing. || ***correu* ~,** express post.
urgir (urʒi) *i.* to be urgent; to be pressing.
urinari, -ària (urinári, -áriə) *a.* urinary. ▪ *2 m.* urinal [public use].
urna (úrnə) *f.* urn. *2* POL. ballot-box.
uròleg, -òloga (urulək, -ɔ́luγə) *m.-f.* MED. urologist.
urologia (uruluʒiə) *f.* MED. urology.
urpa (úrpə) *f.* talon, claw.
urs (úrs) *m.* (ROSS.) See ós.
URSS (urs) *pr. n. f.* GEOGR. *(Unió de les Repúbliques Socialistes Soviètiques)* USSR (Union of the Soviet Socialist Republics).
Úrsula (úrsulə) *pr. n. f.* Ursula.
urticària (urtikáriə) *f.* MED. urticaria, nettlerash.
Uruguai (uruγwáĭ) *pr. n. m.* GEOGR. Uruguay.
uruguaià, -ana (uruγwəiá, -ánə) *a., m.-f.* Uruguayan.
us (us) *pers. pron. pl.* you: ~ ***necessito,*** I need you. || ~ ***donaré el millor,*** I'll give the best one to you. || ~ ***en deixaré una mica,*** I'll leave a little for you.
ús (us) *m.* use, usage.
usar (uzá) *t.* to use, to employ, to make use of.
usat, -ada (uzát, -áðə) *a.* used. *2* worn; second-hand, used.
usdefruit (uzðəfrúĭt) *m.* LAW use, usufruct.
usdefruitar (uzðəfruĭtá) *t.* LAW to enjoy or have the use of.
usual (uzuál) *a.* usual, customary; normal.
usura (uzúrə) *f.* usury.
usurer, -ra (uzuré, -rə) *m.-f.* usurer, money-lender.
usurpador, -ra (uzurpəðó, -rə) *a.* usurping. ▪ *2 m.-f.* usurper.
usurpar (uzurpá) *t.* to usurp.
utensili (utənsili) *m.* utensil; tool, implement.
úter (útər) *m.* ANAT. uterus.
útil (útil) *a.* useful; handy.
utilitat (utilitát) *f.* usefulness, utility; benefit.
utilització (utilidʒəsió) *f.* utilisation.
utilitzar (utilidzá) *t.* to use, to utilise, to employ, to make use of.
utillatge (utiʎádʒə) *m.* tools, tools of trade; instruments.
utopia (utupiə) *f.* Utopia.
utòpic, -ca (utɔ́pik, -kə) *a.* Utopian.

V

V, v (be) *f.* v [letter].
va, vana (ba, bánə) *a.* vain, idle, useless; pointless, frivolous; illusory. ‖ ***en ~,*** in vain.
vaca (bákə) *f.* ZOOL. cow.
vacació (bəkəsió) *f.* vacancy [post].
vacances (bəkánsəs) *f. pl.* holidays. ‖ ***fer ~,*** to take a holiday, to go on holiday.
vacant (bəkán) *a.* vacant, empty, unoccupied. ■ *2 f.* vacancy [post].
vaccinar (bəksiná) *t.* (ROSS.) See VACUNAR.
vacil·lar (bəsilá) *i.* to shake; to wobble. *2* fig. to waver, to hesitate, to vacillate.
vacu, vàcua (báku, bákuə) *a.* empty. *2* fig. empty-headed, vacuous.
vacuïtat (bəkuitát) *f.* emptiness. *2* fig. empty-headedness, vacuity.
vacuna (bəkúnə) *f.* MED. vaccine.
vacunar (bəkuná) *t.* to vaccinate.
vaga (báɣə) *f.* POL., ECON. strike. ‖ ***declarar-se en ~,*** to go (out) on strike. ‖ ***fer ~,*** to be on strike, to strike. ‖ ***~ de zel,*** work-to-rule.
vagabund, -da (bəɣəβún, -də) *a.* wandering, roving. ■ *2 m.-f.* pej. tramp, vagabund; drifter.
vagabundejar (bəɣəβundəʒá) *i.* to wander about. *2* pej. to drift (around).
vagància (bəɣánsiə) *f.* loafing (around), idleness.
vagar (bəɣá) *i.* to wander around, to roam, to rove. *2* pej. to drift. *3* to fancy, to feel like. *4 phr.* ***ja et vagarà!,*** you'll have plenty of time!
vagina (bəʒínə) *f.* ANAT. vagina.
vagó (bəɣó) *m.* RAIL. carriage, coach, car [for passengers]; truck, waggon [for goods].
vagó-llit (bəɣoʎít) *m.* RAIL. sleeping-car, sleeper.
vagoneta (bəɣunɛ́tə) *f.* truck, waggon.
vague, -ga (báɣə, -ɣə) *a.* vague, undefined. *2* wandering.
vaguetat (bəɣətát) *f.* vagueness, indefiniteness.
vaguista (bəɣístə) *m.-f.* POL., ECON. striker.
vailet (bəĭlɛ́t) *m.* boy, lad, youngster; boy-helper.
vainilla (bəĭniʎə) *f.* vanilla.
vaivé (baĭβé) *m.* to-ing and fro-ing; movement to and fro. *2* fig. changes, ups and downs [of fortune].
vaixell (bəʃéʎ) *m.* ship; boat. *2* vessel.
vaixella (bəʃéʎə) *f.* crockery; china; dishes; service.
val (bal) *m.* voucher. *2* LAW promissory note; IOU.
València (bəlɛ́nsiə) *pr. n. f.* GEOGR. Valencia.
valent, -ta (bəlén, -tə) *a.* brave, courageous, valiant. ‖ ***de ~,*** a lot, very much.
valentia (bələntíə) *f.* bravery, courage. *2* brave or courageous deed.
valer (bəlɛ́) *i.* to be worth [also fig.]. ‖ ***quant val això?*** how much is this? ‖ fig. ***val la pena,*** it's worth-while. ‖ fig. ***aquella noia val molt,*** that girl's worth her weight in gold. *2* to be useful, to be of use. ‖ ***aquest martell no val res,*** this hammer's no good. *3* to count, to be valid. ‖ ***no s'hi val de jugar amb les mans,*** playing with one's hands doesn't count. *4* ***~ més,*** to be better. ‖ ***val més que callis!,*** you'd do better to shut up! ■ *5 conj.* ***val a dir,*** however. ■ *6 p.* to avail oneself of, to use. ▲ CONJUG. P. p.: ***valgut.*** ‖ INDIC. Pres.: ***valc.*** | Fut.: ***valdré,*** etc. ‖ SUBJ. Pres.: ***valgui,*** etc. | Imperf.: ***valgués,*** etc.
valerós, -osa (bələrós, -ózə) *a.* bold, courageous, brave.
vàlid, -da (bálit, -ðə) *a.* valid.
validesa (bəliðɛ́zə) *f.* validity.
vall (baʎ) *f.* valley; vale. *2 m.* MIL. ditch, fosse; moat [water-filled].

valor (bəló(r)) *m.-f.* value, worth; price. ‖ ***objectes de ~,*** valuables. ‖ ***~ adquisitiu,*** purchasing power. *2* valour, courage, bravery.
valorar (bəlurá) *t.* to evaluate; to appraise. *2* to appreciate, to value; to esteem.
vals (bals) *m.* MUS. waltz.
vàlua (báluə) *f.* worth, value.
valuós, -osa (bəluós, -ózə) *a.* valuable.
vàlvula (bálβulə) *f.* valve.
vampir (bəmpír) *m.* vampire.
vanagloriar-se (bənəɣluriársə) *p.* to boast, to brag.
vanar-se (bənársə) *p.* See VANAGLORIAR-SE.
vàndal, -la (bándəl, -lə) *m.-f.* HIST. Vandal. *2* fig. vandal.
vandàlic, -ca (bəndálik, -kə) Vandal(ic). *2* fig. destructive, vandal.
vanitat (bənitát) *f.* vanity. *2* idleness, futility, uselessness; emptiness.
vanitós, -osa (bənitós, -ózə) *a.* vain, smug, conceited.
vànova (bánuβə) *f.* bedspread.
vantar-se (bəntársə) *p.* See VANAGLORIAR-SE.
vapor (bəpór) *m.* vapour; haze. *2* steam. *3* NAUT. ***vaixell de ~,*** steamer, steamship.
vaporós, -osa (bəpurós, -ózə) *a.* vaporous; hazy. *2* steamy. *3* airy, diaphanous.
vaquer, -ra (bəké, -rə) *m.-f.* cowherd. *2 m.* cowboy. *3 f.* cowgirl. *4 m. pl.* jeans.
vaqueria (bəkəríə) *f.* dairy.
vaquí, -ina (bəkí, -ínə) *a.* bovine.
vara (bárə) *f.* stick; wand.
varar (bərá) *t.* to launch [boat].
vari, vària (bári, báriə) *a.* varied, diverse; variegated.
variable (bəriábblə) *a.* variable, changeable. ▪ *2 f.* MATH. variable.
variació (bəriəsió) *f.* variation, change, alteration.
variar (bəriá) *t.-i.* to change; to vary.
variat, -ada (βəriát, -áðə) *a.* varied, assorted; mixed. *2* variegated [colours].
variça (bərísə) *f.* MED. varicose veins.
varicel·la (bərisélə) *f.* MED. chickenpox.
varietat (bəriətát) *f.* variety; diversity. *2* variation.
Varsòvia (bərsɔ́βiə) *pr. n. f.* GEOGR. Warsaw.
vas (bas) *m.* glass; tumbler; beaker. *2* vase. *3* ANAT. vessel, vein.
vasectomia (bəzəktumíə) *f.* vasectomy.
vaselina (bəzəlínə) *f.* vaseline.
vassall, -lla (bəsáʎ, -ʎə) *m.-f.* vassal.
vast, -ta (bast, -tə) *a.* vast; extensive; huge.
vat (bat) *m.* watt.
vaticinar (bətisiná) *t.* to foretell, to prophecy, to predict.
vaticini (bətisíni) *m.* prophecy, prediction.
vector (bəktó) *m.* vector.
veda (béðə) *f.* prohibition; prevention. *2* close season [hunting].
vedar (bəðá) *t.* to prohibit; to prevent.
vedat (bəðát) *m.* game preserve [hunting].
vedell (bəðéʎ) *m.* ZOOL. calf, bull calf.
vedella (bəðéʎə) *f.* ZOOL. calf, heifer.
vegada (bəɣáðə) *f.* time; occasion. ‖ ***algunes vegades,*** sometimes. ‖ ***cada ~ més,*** increasingly more, more and more. ‖ ***cada ~ menys,*** increasingly less, less and less. ‖ ***una altra ~,*** once more, again. ‖ ***una ~,*** once. ‖ ***dues vegades,*** twice.
vegetació (bəʒətəsió) *f.* vegetation.
vegetal (bəʒətál) *a.-m.* vegetable; plant.
vegetar (bəʒətá) *i.* BOT. to grow. *2* fig. to vegetate.
vegetarià, -ana (bəʒətəriá, -ánə) *a., m.-f.* vegetarian.
veguer (bəɣé) *m.* HIST. chief-justice, chief magistrate.
vegueria (bəɣəríə) *f.* jurisdiction of chief-justice or chief magistrate.
vehemència (bəəménsiə) *f.* vehemence, passion. *2* impetuosity; eagerness.
vehement (bəəmén) *a.* vehement; passionate. *2* impetuous, eager.
vehicle (bəíklə) *m.* vehicle.
veí, veïna (bəí, bəínə) *a.* nearby, neighbouring. ▪ *2 m.-f.* neighbour, next-door neighbour. *3 m.-f.* local inhabitant; resident.
veïnat (bəinát) *m.* neighbourhood.
vel (bɛl) *m.* veil.
vela (bélə) *f.* sail. ‖ ***~ major,*** mainsail. ‖ ***a tota ~,*** full sail. *2* fig. phr. ***plegar veles,*** to call it a day, to go away.
veler (bəlŋ́) *m.* NAUT. sailing-ship.
vell, -lla (béʎ, -ʎə) *a.* old, aged; ancient. ‖ ***fer-se ~,*** to get old, to age. ▪ *2 m.* old man. *3 f.* old woman. *4* eldest person [in a family group, etc.].
vel·leïtat (bələitát) *f.* caprice, whim.
vellesa (bəʎézə) *f.* old age.
vellut (bəʎút) *m.* velvet. ‖ ***ull de ~,*** black eye.
veloç (belós) *a.* quick, fast, speedy, swift.
velocitat (bəlusitát) *f.* speed, velocity. *2* rate, pace.
velòdrom (bəlɔ́ðrum) *m.* velodrome.
vena (bénə) *f.* ANAT. vein. *2* GEOL. underground stream. *3* MINER. seam, lode, vein. *4* BOT. vein. *5* grain [wood]. *6* fig. vein, spirit, mood: ***estar en ~,*** to be in the mood or inspired.
vencedor, -ra (bənsəðó, -rə) *a.* winning, victorious. ▪ *2 m.-f.* winner, victor.
vèncer (bénsə) *t.* to conquer, to overcome;

to beat [rival]. ▪ *2 i.* to become or fall due [repayment], to mature [bond]; to expire [period, insurance, etc.]. ▲ CONJUG. P. p.: ***vençut.*** || INDIC. Pres.: ***venço, vences, venç, vencem,*** etc. || IMPERAT.: ***venç, venci.***

venciment (bənsimén) *m.* expiry [period, insurance, etc.]; maturity [bond].

venda (béndə) *f.* sale; selling. || ***en ~,*** for sale. || ***preu de ~,*** sale price.

vendaval (bəndəβál) *m.* gale, strong wind.

vendre (béndrə) *t.* to sell; to market; to sell off [in shop sales]. || ***~ a l'engròs,*** to sell wholesale. || ***~ a la menuda,*** to retail. *2* pej. to sell. ▪ *3 p.* pej. to sell oneself. ▲ CONJUG. GER.: ***venent.*** || P. P.: ***venut.*** || INDIC. Pres.: ***venc.*** || SUBJ. Pres.: ***vengui,*** etc. | Imperf.: ***vengués,*** etc.

Venècia (bənέsiə) *pr. n. f.* GEOGR. Venice.

venedor, -ra (bənəðó, -rə) *a.* sale, selling. ▪ *2 m.-f.* seller. *3 m.* salesman. *4 f.* saleswoman.

venenós, -osa (bənənós, -ózə) *a.* poisonous, venomous.

venerable (bənərábblə) *a.* venerable.

veneració (bənərəsió) *f.* veneration, worship.

venerar (bənərá) *t.* to venerate, to worship.

veneri, -èria (bənέri, -έriə) *a.* MED. venereal: ***malaltia venèria,*** venereal disease.

venir (bəní) *i.* to come; to arrive. || ***vinga!,*** come on! || ***el mes que ve,*** next month, the coming month. *2* to suit, to be convenient: ***m'ha vingut malament,*** it didn't suit me. *3* to fit. || ***aquests pantalons em venen estrets,*** these trousers are too tight for me. ▲ CONJUG. P. p.: ***vingut.*** || INDIC. Pres.: ***vinc, véns, ve, vénen.*** | Fut.: ***vindré,*** etc. || SUBJ. Pres.: ***vingui,*** etc. | Imperf.: ***vingués.*** || IMPERAT.: ***vine.***

venjança (bənʒánsə) *f.* revenge, vengeance.

venjar (bənʒá) *t.* to revenge, to avenge. ▪ *2 p.* to take revenge, to revenge oneself (*en,* on) (*de,* for).

venjatiu, -iva (bənʒətíŭ, -íβə) *a.* vindictive, revengeful.

vent (ben) *m.* wind. *2* GEOGR. cardinal point. *3* air; slipstream. *4* wind, flatulence. *5* guy-rope, guy [tent]. *6* fig. phr. ***anar ~ en popa,*** to go full-steam; to do extremely well. *7 phr.* ***bon ~ i barca nova!,*** good riddance!

ventada (bəntáðə) *f.* gust of wind.

ventall (bəntáʎ) *m.* fan. *2* bellows, fan [in kitchen]. *3* fig. range, assortment.

ventar (bəntá) *t.* to fan; to blow on. *2* to move to and fro; to wag [tail]. *3* to deal, to strike [blow]. ▪ *4 i.* to blow [wind].

ventijol (bəntiʒɔ́l) *m.* breeze.

ventilació (bəntiləsió) *f.* ventilation; airing.

ventilador (bəntiləðó) *m.* ventilator.

ventilar (bəntilá) *t.* to ventilate; to air [room]. *2* fig. to air [subject].

ventós, -osa (bəntós, -ózə) *a.* windy, airy.

ventosa (bəntózə) *f.* MED. cupping-glass. *2* sucker [animal organ].

ventositat (bəntuzitát) *f.* wind, flatulence.

ventre (béntrə) *m.* ANAT. belly, abdomen. || ***anar o fer de ~,*** to move one's bowels, to defecate. || ***mal de ~,*** indigestion.

ventricle (bəntríklə) *m.* ventricle.

ventríloc, -oqua (bəntríluk, -ukwə) *a.* ventriloquous, ventriloquist. ▪ *2 m.-f.* ventriloquist.

ventura (bəntúrə) *f.* fortune. *2* happiness. *3 adv. phr.* ***a la ~,*** with no fixed plan; happy-go-lucky. *4* (BAL.) *adv. phr.* ***per ~,*** perhaps, maybe.

ver, -ra (ber, -rə) *a.* true, authentic, veritable, real. ▪ *2 m.* truth. ▪ *3 adv. phr.* ***de ~*** o ***de veres,*** really, truly.

veraç (bərás) *a.* truthful, veracious.

veracitat (bərəsitát) *f.* truthfulness, veracity.

verat (bərát) *m.* ICHTHY. mackerel.

verb (bεrp) *m.* verb. *2* the Word [in the Bible].

verbal (bərβál) *a.* verbal, oral. ▪ *2 m.* (ROSS.) See MULTA.

verd, -da (bεrt, -ðə) *a.* green. *2* unripe, green. *3* blue, dirty indecent [film, joke]; randy [person]. ▪ *4 m.* green [colour].

verdet (bərðέt) *m.* CHEM. verdigris. *2* BOT. duckweed.

verdulaire (bərðuláĭrə) *m.-f.* greengrocer.

verdura (bərðúrə) *f.* greens, green vegetables.

veredicte (bərəðíctə) *m.* verdict.

verema (bərέmə) *f.* wine harvest; grape harvest.

veremar (bərəmá) *t.* to harvest, to pick [grapes].

veres (bérəs) *adv. phr.* ***de ~,*** (BAL.), (VAL.) See DE DEBÒ.

verge (bέrʒə) *a.* virgin. ▪ *2 f.* virgin. *3* REL. the Virgin. *4* ASTROL. ***V~,*** Virgo.

vergonya (bərγóɲə) *f.* shame; disgrace. *2* sense or feeling of shame. *3* shyness, bashfulness, timidity; embarrassment. || ***fer ~,*** to embarrass *t.* *4 pl.* ***les vergonyes,*** intimate parts.

vergonyós, -osa (bərγuɲós, -ózə) *a.* shameful, disgraceful. *2* shy, bashful, timid [person].

verí (bərí) *m.* poison, venom. *2* fig. poison.

verídic, -ca (bəríðik, -kə) *a.* truthful, true.

verificar (bərifiká) *t.* to check, to ascertain, to verify. *2* to inspect, to examine, to check.

verinós, -osa (bərinós, -ózə) *a.* poisonous, venomous.
veritable (bəritábblə) *a.* true, authentic, veritable, real.
veritat (bəritát) *f.* truth. ‖ ***de ~?,*** really? ‖ ***ho dius de ~?,*** do you really mean it? *2* fig. *phr.* ***cantar-li a algú les veritats,*** to speak plainly to someone.
vermell, -lla (bərmέʎ, -ʎə) *a.* red. ‖ ***tornar-se ~,*** to blush, to go red.
vermut (bərmút) *m.* vermouth. *2* pre-lunch or pre-dinner drinks and snack.
vernís (bərnís) *m.* varnish [on wood], glaze [on pottery]. *2* fig. gloss, veneer.
verola (bərɔ́lə) *f.* MED. smallpox.
vers (bɛrs) *m.* verse; poem. ▪ *2 prep.* toward(s), to [direction]. *3* around [quantity; time].
versar (bərsá) *i.* ***~ sobre,*** to deal with, to be about [book].
versat, -ada (bərsát, -áðə) *a.* ***~ en,*** versed or knowledgeable in.
versàtil (bərsátil) *a.* versatile. *2* pej. changeable, fickle.
versemblança (bərsəmblánsə) *f.* likeliness, probability.
versemblant (bərsəmblán) *a.* likely, probable.
versió (bərsió) *f.* version; translation.
vertader, -ra (bərtəðé, -rə) *a.* true, authentic, real.
vèrtebra (bέrtəβrə) *f.* ANAT. vertebra.
vertebrat, -ada (bərtəβrát, -áðə) *a.* vertebrate. ▪ *2 m.pl.* vertebrate animals.
vèrtex (bέrtəks) *m.* GEOM. apex, top, vertex.
vertical (bərtikál) *a.-f.* vertical. *2 a.* upright.
vertigen (bərtíʒən) *m.* vertigo, dizziness, giddiness.
vertiginós, -osa (bərtiʒinós, -ózə) *a.* dizzy, giddy. *2* fig. breakneck, dizzy [speed].
vescomte (bəskómtə) *m.* viscount.
vescomtessa (bəskumtέsə) *f.* viscountess.
vesícula (bəzíkulə) *f.* ANAT. vesicle. *2* ANAT. bladder: ***~ biliar,*** gall bladder.
vespa (béspə) *f.* ENT. wasp.
vespertí, -ina (bəspərtí, -ínə) *a.* evening.
vesprada (βəspráðə) *f.* See VESPRE. 2 (VAL.) See TARDA.
vespre (bésprə) *m.* evening, late afternoon.
vessament (bəsəmén) *m.* spillage, spilling; overflow. *2* MED. internal haemorrhage; collection of fluid.
vessant (bəsán) *a.* GEOGR. slope, hillside, mountainside.
vessar (bəsá) *i.-t.* to spill. *2* to leak. *3 t.* to pour [drinks]. *4* fig. ***~-la,*** to make a mistake or gaffe.
vestíbul (bəstíβul) *m.* hall, lobby, vestibule.
vestidor (bəstiðó) *m.* SP. changing room. *2* THEATR. dressing room.
vestigi (bəstíʒi) *m.* trace, mark, sign; vestige. *2 pl.* remains.
vestir (bəstí) *t.-p.* to dress *t.-i.*; to get dressed *t.-i.* *2 t.* to put on. *3* to clothe [person] (*de,* in). *4* to wear [clothes].
vestit (bəstít) *m.* dress [woman]; suit [esp. man]. ‖ ***~ de bany,*** bathing costume.
vestuari (bəstuári) *m.* THEATR. costumes. *2* wardrobe, set of clothes. *3* wardrobe [furniture]. *4* SP. changing room. *5* THEATR. dressing room.
veta (bέtə) *f.* ribbon. *2* GEOL. vein, seam. *3* noodle. *4 phr.* ***seguir-li la ~ a algú,*** to humour someone [never gainsaying him]. *5 phr.* ***tirar de ~,*** not to stint on expenses.
veterà, -ana (bətərá, -ánə) *a., m.-f.* veteran.
veterinari, -ària (bətərinári, -áriə) *a.* veterinary. ▪ *2 m.-f.* vet, veterinary surgeon. *3* veterinary science.
vetlla (bέʎʎə) *f.* staying up; night work, lucubration; sleepless night. *2* funeral wake. *3* eve, evening. *4* REL. vigil.
vetllada (bəʎʎáðə) *f.* staying up; wakefulness; vigil. *2* evening party; soirée.
vetllar (bəʎʎá) *i.* to stay up; to stay awake. *2* to keep watch [at night]. ‖ ***~ per,*** to watch over, to keep an eye on. ▪ *3 t.* to sit up with, to watch over [sick person].
veto (bέtu) *m.* veto.
veu (bɛŭ) *f.* voice. ‖ ***de viva ~,*** viva voce, verbally. ‖ ***en ~ alta,*** aloud. ‖ ***un fil de ~,*** weak or faint voice. *2* GRAMM. word, term. *3* piece of gossip, rumour. ‖ ***corre la ~ que...,*** rumour has it that... ‖ ***donar ~s,*** to broadcast a fact, to make a thing known. *4* say; turn to speak [in a meeting].
veure (bέurə) *t.* to see, to perceive, to spot. *2* fig. to see, to understand. *3* fig. to see, to ascertain, to check, to look into. ‖ *phr.* ***a veure,*** let's see, let me see. ‖ ***no tenir res a ~,*** to have nothing to do (*amb,* with). ‖ ***pel que es veu,*** as far as can be seen. *4* ***ve't aquí!,*** look!, see! *5* ***no poder ~,*** not to bear the sight of. *6* ***fer ~,*** to pretend, to make out. *7* ***fer-se ~,*** to attract attention.
vexació (bəksəsió) *f.* annoyance, vexation.
vexar (bəksá) *t.* to harass; to humiliate.
vi (bi) *m.* wine. ‖ ***~ blanc,*** white wine. ‖ ***~ negre,*** red wine. ‖ ***~ rosat,*** rosé.
via (biə) *f.* way, path; route; road. *2* RAIL. track; line. *3* ANAT. tract; passage. *4* ***fer ~,*** to walk. *6* fig. ***fer ~,*** to shift, to make headway [in work].
viable (biábblə) *a.* viable, feasible.
viaducte (biəðúktə) *m.* viaduct.

vianant (bianán) *m.* pedestrian; walker.
vianda (biándə) *f.* foodstuff, food.
viarany (biəráɲ) *m.* narrow path, track.
viatge (biádʒə) *m.* trip, journey. *2 pl.* travels.
viatger, -ra (biədʒé, -rə) *m.-f.* traveller.
viatjant (biədʒán) *m.* travelling salesman.
viatjar (biədʒá) *i.* to travel, to journey.
vibració (biβrəsió) *f.* vibration, shaking, shuddering.
vibrar (biβrá) *i.* to vibrate, to shake, to shudder. *2* to rattle [sound]. *3* to shake, to throb [with emotion].
Vicenç (bisɛ́ns) *pr. n. m.* Vincent.
vice-president, -ta (bisəprəsiðén(t), -tə) *m.-f.* vice-president.
viceversa (bisəβɛ́rsə) *adv.* vice versa.
vici (bísi) *m.* vice; bad habit. *2* defect, imperfection.
viciar (bisiá) *t.* to vitiate; to pervert, to corrupt, to deprave [person].
viciós, -osa (bisiós, -ózə) *a.* perverted, depraved, corrupt; vicious.
vicissitud (bisisitút) *f.* vicissitude; mishap, accident. *2 pl.* ups and downs.
víctima (bíktimə) *f.* victim.
Víctor (bíktur) *pr. n. m.* Victor.
victòria (biktɔ́riə) *f.* victory, triumph.
Victòria (biktɔ́riə) *pr. n. f.* Victoria.
victoriós, -osa (bikturiós, -ózə) *a.* victorious, triumphant.
vida (bíðə) *f.* life, living. || ***guanyar-se la ~,*** to earn one's livelihood. *2* lifetime. *3* way of living or life. *4 adj. phr.* ***amb molta ~,*** lively.
video (biðɛ́ŭ) *m.* video.
vidre (bíðrə) *m.* MINER. glass.
vidrier, -ra (biðrié, -rə) *a.* glass. ■ *2 m.-f.* glazier. *3 f.* large window. *4* stained glass window.
vidriola (biðriɔ́lə) *f.* (BAL.), (VAL.) See GUARDIOLA.
vidu, vídua (bídu, bíðuə) *a.* widowed. ■ *2 m.* widower. *3 f.* widow.
Viena (biénə) *pr. n. f.* GEOGR. Vienna.
Vietnam (biənnám) *pr. n. m.* Vietnam.
vietnamita (biənnəmítə) *a., m.-f.* Vietnamese.
vigent (biʒén) *a.* valid, in force.
vigilància (biʒilánsiə) *f.* vigilance, watchfulness.
vigilant (biʒilán) *a.* vigilant, watchful, alert. ■ *2 m.-f.* caretaker. *3 m.* watchman.
vigilar (biʒilá) *t.* to watch over; to supervise; to look after.
vigília (biʒíliə) *f.* REL. eve [before festival]. *2* vigil; wakefulness; lucubration.
vigir (biʒí) *i.* to be in force, to prevail.
vigor (biγó(r)) *m.* vigour, strength, stamina.
vigoritzar (biγuridzá) *t.* to invigorate; to revitalize, to stimulate.
vil (bil) *a.* mean, low, vile [person]; base, shabby [act, treatment].
vila (bílə) *f.* HIST. town, villager.
vilatà, -na (bilətá, -ánə) *a.* HIST. town, village. ■ *2 m.-f.* villager.
vilesa (bilɛ́zə) *f.* meanness, lowness, despicability, baseness. *2* base act, vile deed.
vímet (bímət) *m.* BOT. osier, willow. *2* wicker [material].
vinagre (bináγrə) *m.* vinegar.
vinagrera (binəγrérə) *f.* vinegar bottle.
vinater, -ra (binəté, -rə) wine. ■ *2 m.-f.* vintner, wine merchant.
vincladís, -issa (biŋkləðís, -ísə) *a.* pliable.
vincle (bíŋklə) *m.* link, bond, tie [also fig.].
vinculació (biŋkuləsió) *f.* linking, connection. *2* LAW entailing.
vincular (biŋkulá) *t.* to link, to bind, to tie. *2* LAW to entail.
vinent (binén) *a.* coming, next. || ***l'any ~,*** next year.
vinguda (biŋgúðə) *f.* coming; arrival.
vinícola (biníkulə) *a.* winemaking, wine-producing.
vint (bin) *a.-m.* twenty.
vintè, -ena (bintɛ́, -ɛ́nə) *a., m.-f.* twentieth.
vinya (bíɲə) *f.* BOT. vine. *2* vineyard.
viola (biɔ́lə) *f.* BOT. viola. *2* MUS. viola.
violació (biuləsió) *f.* breach, infringement; violation [of treaty]. *2* rape.
violar (biulá) *t.* to break, to infringe [law]; to violate [treaty]. *2* to rape.
violència (biulɛ́nsiə) *f.* violence.
violent, -ta (biulén, -tə) *a.* violent. *2* embarrassing.
violeta (biulɛ́tə) *a.* violet. ■ *2 m.* violet [colour]. *3 f.* BOT. violet.
violí (biulí) *m.* MUS. violin.
violinista (biulinístə) *m.-f.* violinist, violin player.
violoncel (biulunsɛ́l) *m.* MUS. cello, violoncello.
violoncel·lista (biulunsəlístə) *m.-f.* MUS. cello player, cellist, violoncellist.
virar (birá) *i.-t.* to turn, to turn round [vehicles]. *2* NAUT. to veer; to put about. *3* NAUT. to tack. *4 t.* PHOTO. to tone.
viratge (birádʒə) *m.* turning [vehicles]. *2* NAUT. veering; tacking. *3* bend, curve [road]. *4* PHOTO. toning.
Virginia (birʒíniə) *pr. n. f.* Virginia.
viril (biríl) *a.* manly, virile.
virilitat (birilitát) *f.* manliness; virility.
virrei (birrɛ́ĭ) *m.* viceroy.
virreina (birrɛ́ĭnə) *f.* vicereine.

virtuós, -osa (birtuós, -ózə) *a.* virtuous. ▪ *2 m.-f.* ARTS, MUS. virtuoso.
virtut (birtút) *f.* virtue. || *en ~ de,* by virtue of, because of, by reason of.
virulència (birulέnsiə) *f.* virulence.
virulent, -ta (birulén, -tə) *a.* virulent [also fig.].
virus (birus) *m.* MED. virus.
vis (bis) *m.* MECH. vice.
visat (bizát) *m.* visa.
visca! (biskə) *m.* long live...!
víscera (bísərə) *f.* ANAT. viscera, entrail.
viscós, -osa (biskós, -ózə) *a.* viscous; thick [liquid].
visera (bizérə) *f.* peak [on cap]; eyeshade; visor [on helmet].
visibilitat (biziβilitát) *f.* visibility.
visible (bizíbblə) *a.* visible. *2* clear, evident.
visió (bizió) *f.* REL. vision. *2* sight, vision. *3* view, overview. *4* fantasy, illusion. || *veure visions,* to see things.
visita (bizítə) *f.* visit; call. || *fer una ~,* to visit, to call by or in (*a,* on), to make a call (*a,* on). *2* visitor.
visitar (bizitá) *t.* to visit, to call (in) on.
visó (bizó) *m.* ZOOL. mink.
vista (bistə) *f.* sight. || *conèixer de ~,* to know by sight. || *perdre algú de ~,* to lose sight of someone. *2* view, sight. || *tenir ~ sobre,* to look out on, to have a view of [room, building]. *3* LAW hearing; trial. *4 m.* customs inspector.
vistós, -osa (bistós, -ózə) *a.* showy, spectacular. *2* pej. gaudy.
visual (bizuál) *a.* visual.
vital (bitál) *a.* life. *2* fig. vital, essential.
vitalici, -ícia (bitəlisi, -ísiə) *a.* life-long, life, for life.
vitalitat (bitəlitát) *f.* vitality.
vitamina (bitəminə) *f.* vitamin.
vitrina (bitrínə) *f.* show case, glass case.
vitualla (bituáʎə) *f.* victuals, provisions, food supplies.
viu, viva (bíu, bíβə) *a.* alive, live, living. *2* lively; vivid, bright [colours]. *3* lively [person]. *4* sharp, acute [pain]. *5* keen, sharp [mind]. *6 adv. phr. de ~ en ~,* live, alive.
viudo, -a (biŭðu, -a) *a.* widowed. ▪ *2 m.* widower. *3 f.* widow.
1) viure (biŭrə) *m.* life; living.
2) viure (biŭrə) *i.* to live, to be alive. || *~ de,* to live on. *2* to live, to reside. ▲ CONJUG. GER.: *vivint.* || P. P.: *viscut.* || INDIC. Pres.: *visc.* || SUBJ. Pres.: *visqui,* etc. | Imperf.: *visqués,* etc.
vivaç (biβás) *a.* vivacious. *2* long-lived; lasting. *3* BOT. perennial.
vivacitat (biβəsitát) *f.* vivacity, liveliness [person]. *2* brightness, vividness; liveliness [colours].
viver (biβé) *m.* BOT. nursery. *2* ICHTHY. hatchery; fishpond.
vividor, -ra (biβiðó, -rə) *a.* long-lived. ▪ *2 m.-f.* scrounger, bummer, cadger, sponger.
vocable (bukábblə) *m.* word; term.
vocabulari (bukəβulári) *m.* vocabulary.
vocació (bukəsió) *f.* vocation, calling.
vocal (bukál) *a.* vocal, voice. ▪ *2 m.-f.* board or committee member. *3 f.* LING. vowel.
vocalitzar (bukəlidzá) *i.-t.* LING. to vocalize. *2 i.* MUS. to hum; to sing scales.
vociferar (busifərá) *t.-i.* to shout, to yell; to scream.
vogar (buɣá) *i.* to row; to sail.
1) vol (bɔl) *m.* flight; flying. *2* flight [of birds].
2) vol. *m.* (abbr. of *volum*) vol. (volume).
volada (buláðə) *f.* flight. || fig. *de la primera ~,* fresh, inexperienced. *2* ARCH. projection.
volant (bulán) *a.* flying. ▪ *2 m.* AUTO. steering wheel. *3* SEW. frill, flounce. *4* pamphlet, leaflet.
volar (bulá) *i.* to fly [also fig.]; to fly away or off. *2* to be used up in no time, to disappear in a flash [money; food, etc.]. ▪ *3 t.* to blow up, to explode.
volàtil (bulátil) *a.* volatile, flying. *2* volatile, evaporable.
volatilitzar (bulətilidzá) *t.-p.* to vaporize *t.-i.*, to volatilize *t.-i.*
volcà (bulká) *m.* volcano.
1) voler (bulέ) *m.* wish; will; desire; volition; intention.
2) voler (bulέ) *t.* to want, to wish; to intend. *2* to be about to: *vol ploure,* it's about to rain. *3* to need, to require. *4 phr. ~ dir,* to mean, to signify. ▲ CONJUG. P. P.: *volgut.* || INDIC. Pres.: *vull.* | Fut.: *voldré,* etc. || SUBJ. Pres.: *vulgui,* etc. | Imperf.: *volgués,* etc. || IMPERAT.: *vulgues.*
1) volt (bɔl) *m.* edge, surround; perimeter. *2* walk, round. || *fer el ~,* to go around [place], to do the rounds *3 pl.* surroundings; neighbourhood, vicinity. || fig. *pels ~s de les nou,* around or about nine o'clock.
2) volt (bɔl) *m.* ELECTR. volt.
volta (bɔ́ltə) *f.* turn; round; circuit; tour [cycling]; lap [racing]. *2* trip, journey; walk, stroll. *3* turn, time. *4* bend, curve, turn. *5* ARCH. vault. *6 ~ de campana,* somersault; cartwheel. *7* phr. *fer ~,* to go the long way round.
voltant (bultán) *m.* perimeter; edge, sur-

round. *2 pl.* surroundings; vicinity, neighbourhood. ▪ *3 adv. phr.* ***al ~,*** around. ▪ *4 prep. phr.* ***al ~ de,*** around, round.
voltar (bultá) *i.* to turn (round), to go round; to revolve. *2* to stroll or walk (about); to go or walk around or up and down; to travel (about). || ***hem anat a ~,*** we went for a stroll. || ***he voltat per tot el món,*** I've been around the whole world. ▪ *3 t.* to surround.
voltatge (bultádʒə) *m.* ELECTR. voltage.
voltímetre (bultímətrə) *m.* PHYS. voltmeter.
voltor (bultó) *m.* ORNIT. vulture.
voluble (bulúbblə) *a.* changeable, fickle [person].
volum (bulúm) *m.* volume [sound; space]. *2* volume, tome [book].
voluminós, -osa (buluminós, -ózə) *a.* sizeable; bulky, massive; voluminous.
voluntari, -ària (buluntári, -áriə) *a.* voluntary. ▪ *2 m.-f.* volunteer.
voluntat (buluntát) *f.* will, desire, wish; intention; volition.
voluptuós, -osa (buluptuós, -ózə) *a.* voluptuous.
volva (bɔ́lβə) *f.* flake [snow]; speck [dust].
vòmit (bɔ́mit) *m.* vomit.
vomitar (bumitá) *t.-i.* to vomit, to throw up. *2* fig. to vomit, to belch forth.
vora (bɔ́rə) *f.* edge, edging; fringe; margin; perimeter. || ***la ~ d'un vestit,*** the fringe of a dress. *2* bank, side [river]; edge, side [path]. *3 adv. phr.* ***a la ~,*** nearby, in the vicinity.
voraç (burás) *m.* voracious. *2* fig. all-consuming.
voracitat (burəsitát) *f.* voracity.
voravia (bɔ̞rəβiə) *f.* See VORERA.
voraviu (bɔ̞rəβiŭ) *m.* SEW. selvage. *2* fig. ***tocar el ~,*** to hurt, to offend; to annoy.
vorejar (burəʒá) *t.* SEW. to edge, to fringe, to border.
vorera (burérə) *f.* pavement, path, (USA) sidewalk.
vori (bɔ́ri) *m.* ivory.
vos (bus) *pers. pron. 2nd pers. pl.* you: ***no puc donar-~ la carta,*** I can't give you the letter.
vós (bos) *pers. pron. 2nd pers. sing.* [polite you].
vosaltres (buzáltrəs) *pers. pron. 2nd pers. pl.* you.
vostè (bustɛ́) *pers. pron. 2nd pers. sing.* you [formal address].
vostre, -tra (bɔ́strə, -trə) *poss. a.* your [see ***vosaltres***]: ***el ~ cotxe,*** your car. ▪ *2 poss. pron.* yours: ***aquesta es la vostra,*** this one's yours.
vot (bɔt) *m.* POL. vote. *2* REL. vow. *3* wish [usu. pl.].
votació (butəsió) *f.* voting, ballot, vote.
votant (bután) *a.* voting. ▪ *2 m.-f.* voter.
votar (butá) *t.* to vote (for). *2* REL. to vow, to promise, to undertake.
vuit (buĭt) *a.-m.* eight.
vuitanta (buitántə) *a.-m.* eighty.
vuitantè, -ena (buitəntɛ́, -ɛ́nə) *a.-m.* eightieth.
vuit-cents, -tes (buĭtséns, -təs) *a.* eight hundred.
vuitè, -ena (buĭtɛ́, -ɛ́nə) *a.-m.* eighth.
vulgar (bulɣár) *a.* vulgar, gross, crude; common.
vulgaritat (bulɣəritát) *f.* vulgarity, grossness, crudeness; commonness. *2* vulgarism.
vulnerabilitat (bulnərəβilitát) *f.* vulnerability.
vulnerable (bulnərábblə) *a.* vulnerable.
vulnerar (bulnərá) *t.* to hurt, to wound [also fig.]. *2* fig. to break, to infringe [law].
vulva (búlβə) *f.* ANAT. vulva.

W, w (bė báʃə) *f.* w [letter].
wàter (báter) *m.* toilet, w.c., lavatory. *2* toilet or lavatory pot.
waterpolo (bətərpɔ́lu) *m.* SP. water polo.
watt (bat) *m.* See VAT.
WC *m.* *(water-closet)* WC.
whisky (wiski) *m.* whisky, scotch [Scotland]; whiskey [Ireland].

X, x (iks) *f.* x [letter].
xacal (ʃəkál) *m.* ZOOL. jackal.
xacra (ʃákrə) *f.* ailment, complaint; infirmity, disability.
xafar (ʃəfá) *t.* to flatten; to squash [also fig.]; to crush [also fig.]. *2* to mash [potatoes]. *3* fig. to leave dejected [person]. *4* fig. to deflate [person]; to make feel small.
xafardejar (ʃəfərðəʒá) *i.* to gossip. *2* to pry, to be nos(e)y.
xafarder, -ra (ʃəfərðé, -rə) *a.* gossiping. *2* nos(e)y, prying; inquisitive. ■ *3 m.-f.* gossip [person]. *2* prier, pryer. *3* coll. Nosey Parker.
xafarderia (ʃəfərðəriə) *f.* gossip, gossiping; piece of gossip. *2* nosiness; inquisitiveness.
xàfec (ʃáfək) *m.* downpour, heavy shower; cloudburst.
xafogor (ʃəfuɣó) *f.* sultriness; stifling heat [weather].
xai, -ia (ʃaĭ, -jə) *m.-f.* lamb. *2* fig. easygoing person; docile person.
xal (ʃal) *m.* shawl.
xalar (ʃəlá) *i.* to enjoy oneself, to have a good time.
xalet (ʃəlɛ́t) *m.* chalet; country house or villa.
xaloc (ʃəlɔ́k) *m.* south-easterly (wind).
xalupa (ʃəlúpə) *f.* NAUT. launch. *2* NAUT. brig; two-masted coaster.
xamfrà (ʃəmfrá) *m.* house corner.
xamós, -osa (ʃəmós, -ózə) *a.* charming. *2* witty, facetious.
xampany (ʃəmpáɲ) *m.* champagne, French champagne.
xampú (ʃəmpú) *m.* shampoo.
xampurrejar (ʃəmpurrəʒá) *i.-t.* to mumble, to speak badly [foreign language].
xancleta (ʃəŋklɛ́tə) *f.* sandal [esp. for beach]. *2* slipper.
xandall (ʃəndáʎ) *m.* tracksuit.
xanguet (ʃəŋgɛ́t) *m.* ICHTHY. whitebait.
xantatge (ʃəntádʒə) *m.* blackmail. ‖ ***fer-li ~ a algú,*** to blackmail someone.
xapa (ʃápə) *f.* plaque, disc [metal]. *2* board, panel [wood]. *3* ply [wood].
xarampió (ʃərəmpió) *m.* MED. measles.
xarcuteria (ʃərkutəriə) *f.* delicatessen, cold meats and sausages [esp. pork]. *2* delicatessen shop.
xardor (ʃərðó) *f.* stifling heat, oppressive heat [weather].
xarlatà, -ana (ʃərlətá, -ánə) *m.-f.* pedlar. *2 m.* smooth-tongued salesman. *3 f.* smooth-tongued saleswoman. *4 m.-f.* coll. big-mouth.
xaró, -ona (ʃəró, -ónə) *a.* coarse, crude, inelegant.
xarol (ʃərɔ́l) *m.* patent leather. *2* varnish [esp. on leather].
xarop (ʃərɔ́p) *m.* syrup; cordial.
xarrupada (ʃərrupáðə) *f.* sip; suck, pull [at drink through straw].
xarrupar (ʃərrupá) *t.* to suck [drink through straw]; to sip [drink].
xaruc, -uga (ʃərúk, -úɣə) *a.* doddering, doddery; senile.
xarxa (ʃárʃə) *f.* net.
xato, -ta (ʃátu, -tə) *a.* snub-nosed; flat-nosed.
xaval, -la (ʃəβál, -lə) *m.* coll. lad, guy; boy. *2* coll. girl; lass.
xavalla (ʃəβáʎə) *f.* small change [coins].
xec (ʃɛk) *m.* cheque, check.
xeixa (ʃéʃə) *f.* BOT. bread wheat.
xemeneia (ʃəmənɛ́jə) *f.* fireplace, hearth. *2* chimney.
xenofòbia (ʃənufɔ́biə) *f.* xenophobia.
xerès (ʃərɛ́s) *m.* sherry.
xeringa (ʃəríŋgə) *f.* syringe.
xerinola (ʃərinɔ́lə) *f.* merry-making, festivity; carousal.

xerrac (ʃərrák) *m.* hand-saw, saw.
xerrada (ʃerráðə) *f.* chat, conversation. *2* talk, discussion.
xerraire (ʃərráĭrə) *a.* gossipy; talkative, chatty. ■ *2 m.-f.* gossip [person]; chatterbox [person].
xerrameca (ʃərrəmékə) *f.* prattling; patter [seller]. *2* garrulity.
xerrar (ʃərrá) *i.* to gossip; to chatter, to prattle. *2* to chat.
xerrera (ʃərrérə) *f.* talkativeness, chattiness.
xic, -ca (ʃik, -kə) *a.* little, small. ■ *2 m.* (VAL.) boy, lad; youth. *3 f.* girl, lass.
xicot, -ta (ʃikɔ́t, -tə) *m.* lad, guy; youth; young man. *2 f.* girl, lass; young woman.
xicotet, -ta (ʃikutét, -tə) *a.* (VAL.) small, little.
xifra (ʃífrə) *f.* figure; number, numeral. *2* cipher, code. *3* monogram; initial(s).
Xile (ʃílə) *pr. n. m.* GEOGR. Chile.
xilè, -ena (ʃilɛ́, -ɛ́nə) *a., m.-f.* GEOGR. Chilean.
xíling (ʃíliŋ) *m.* shilling.
xilòfon (ʃilɔ́fun) *m.* MUS. xylophone.
ximpanzé (ʃimpənzé) *m.* ZOOL. chimpanzee.
ximple (ʃímplə) *a.* simple; obtuse, stupid.
ximpleria (ʃimplərίə) *f.* act of stupidity, idiocy. *2* piece of nonsense [spoken words].
ximplet, -eta (ʃimplɛ́t, -ɛ́tə) *a.* slow, slow-witted; simple.
Xina (ʃínə) *pr. n. f.* GEOGR. China.
xindria (ʃíndriə) *f.* BOT. water-melon.
xinès, -esa (ʃinɛ́s, -ɛ́zə) *a., m.-f.* Chinese.
xino-xano (ʃinuʃánu) *phr.* slowly, gradually, little by little, bit by bit.
xinxa (ʃínʃə) *f.* ENT. bedbug; bug.
xinxeta (ʃinʃétə) *f.* drawing pin.
xipollejar (ʃipuʎəʒá) *i.* to splash (about) [in water].
Xipre (ʃíprə) *pr. n. m.* GEOGR. Cyprus.
xiprer (ʃipré) *m.* BOT. cypress, cypress-tree.
xipriota (ʃipriɔ́tə) *a.* Cyprian, Cypriot. ■ *2 m.-f.* Cypriot.
xiquet, -ta (ʃikét, -tə) *m.-f.* (OCC.) See NEN.
xirivia (ʃiriβíə) *f.* parsnip.
xisclar (ʃisklá) *i.* to scream; to shriek; to cry out.
xiscle (ʃísklə) *m.* scream; shriek; cry.
xiular (ʃiŭlá) *i.-t.* to whistle.
xiulet (ʃiŭlɛ́t) *m.* whistle. *2* whistle [instrument].
xiuxiuejar (ʃiŭʃiwəʒá) *i.* to mutter, to murmur, to whisper.
xivarri (ʃiβárri) *m.* rumpus, hullabaloo, uproar [people].
xoc (ʃɔ́k) *m.* bump; jolt, jar; impact. *2* MED. shock.
xocant (ʃukán) *a.* startling, striking. *2* shocking, scandalous.
xocar (ʃuká) *i.* to collide; to crash [vehicles]. *2* to shock, to startle.
xocolata (ʃukulátə) *f.* chocolate.
xofer (ʃufé, col. ʃɔ́fər) *m.* chauffeur, driver.
xop, -pa (ʃóp, -pə) *a.* soaked, wet through, dripping wet.
xoriço (ʃurísu) *m.* kind of pork sausage, red pepper spiced.
xot (ʃot) *m.* (BAL.) See BE.
xuclar (ʃuklá) *t.* to sip [drink]. *2* to suck. ‖ fig. *~ **la sang a algú,*** to bleed someone dry [of their money].
xuclat, -ada (ʃuklát, -áðə) *a.* gaunt [esp. face]; skinny [body].
xufla (ʃúflə) *f.* BOT. earth almond, chufa.
xumar (ʃumá) *t.* to suck [at breast]. *2* to drink straight from [bottle, etc.].
xumet (ʃumét) *m.* dummy [rubber teat].
xurriaques (ʃurriákəs) *f. pl.* whip; switch.
xusma (ʃúzmə) *f.* rabble, mob.
xut (ʃut) *m.* shot [football]. *2* ORNIT. owl.
xutar (ʃutá) *i.* to shoot [football].

Z

Z, z (zɛ́tə) *f.* z [letter].
zebra (zéβrə) *f.* ZOOL. zebra.
zebú (zəβú) *m.* ZOOL. zebu.
zel (zɛl) *m.* keenness, zeal; ardour. *2* conscientiousness, zeal. *3* ZOOL. heat, rut. ‖ ***en ~,*** on heat, in season.
zenc (zɛŋ) *m.* MINER. zinc.
zenit (zɛ́nit) *m.* ASTR. zenith.
zero (zɛ́ru) *m.* zero. ‖ fig. coll. ***un ~ a l'esquerra,*** good-for-nothing, bum [person]; piece of trash, rubbish [thing].
ziga-zaga (ziɣəzáɣə) *f.* zigzag.
zinc (ziŋ) *m.* MINER. zinc.
zíngar, -ra (ziŋgər, -rə) *a., m.-f.* Gypsy.
zitzània (zitzániə) *f.* BOT. darnel. *2* fig. *phr.* ***sembrar ~,*** to sow discord.
zodíac (zuðiək) *m.* zodiac.
zona (zónə) *f.* zone.
zoo (zo) *m.* zoo.
zoòleg, -òloga (zuɔ́lək, -ɔ́luɣə) *m.-f.* zoologist.
zoologia (zuuluʒiə) *f.* zoology.
zoològic, -ca (zuulɔ́ʒik, -kə) *a.* zoological. ▪ *2 m.* ***(parc) ~,*** zoo.
zumzejar (zumzəʒá) *i.* to go up and down.
zum-zum (zumzúm) *m.* hum, humming; buzz, buzzing.